光前裕后：三百个苏州评弹人的口述历史

唐家璇

光前裕后

一百个苏州评弹人的口述历史

上 卷

唐力行 主编

商务印书馆

2019年·北京

图书在版编目（CIP）数据

光前裕后：一百个苏州评弹人的口述历史（全二卷）/
唐力行主编. —北京：商务印书馆，2019
（评弹与江南社会研究丛书）
ISBN 978-7-100-17470-1

Ⅰ.①光…　Ⅱ.①唐…　Ⅲ.①苏州弹词—艺术家—
访问记—中国—当代　Ⅳ.①K825.76

中国版本图书馆 CIP 数据核字（2019）第088046号

权利保留，侵权必究。

光 前 裕 后
一百个苏州评弹人的口述历史
（全二卷）

唐力行　主编

商 务 印 书 馆 出 版
（北京王府井大街36号　邮政编码100710）
商 务 印 书 馆 发 行
山东临沂新华印刷物流
集团有限责任公司印刷
ISBN　978-7-100-17470-1

2019年8月第1版　　开本 787×1092　1/16
2019年8月第1次印刷　印张 96¼　插页 8

定价：338.00元

谨以本书献给父亲唐耿良
及古往今来的苏州评弹艺人

国家社科基金重大项目

"评弹历史文献资料整理与研究"（14ZDB041）

上海市哲学社会科学规划重大课题

"评弹资料整理与研究"（2012DLS001）

《光前裕后——一百个苏州评弹人的口述历史》编委会

顾　　问：周　良　罗　扬　吴文科　陆　军　朱栋霖　彭本乐
主　　编：唐力行

编 委 会（以姓氏笔划为序）

编　　委：王　亮　王　宵　尹业通　申　浩　付　楠
　　　　　刘晓海　李东鹏　吴琛瑜　沈家悦　张盛满
　　　　　陈琪伟　季　珩　金　坡　周　巍　赵　倩
　　　　　洪　煜　秦筘茜　高　勤　唐力行　彭庆鸿
　　　　　韩秀丽　解　军　潘　讯　薛雄戈

荣誉编委：王玉贵　王正浩　王国平　尤志明　朱小田
　　　　　孙中旺　孙　惕　邢晏芝　邢晏春　刘士杰
　　　　　李　明　吴建华　吴强华　吴新伯　何其亮
　　　　　沈鸿鑫　张　进　张翔凤　陆建华　范林元
　　　　　金丽生　周亚君　周锡山　周震华　赵开生
　　　　　赵倩倩　施振眉　姜永春　秦建国　袁小良
　　　　　徐茂明　徐惠新　徐檬丹　殷德泉　翁思再
　　　　　高博文　唐力先　唐燕能　陶春敏　黄鹤英
　　　　　盛小云　章　燕　蒋云仙　窦福龙　魏真柏

力行同志，继史料集成后，你们又完成了一项大工程，请了许多人谈苏州评弹。谈苏州评弹的历史、现状、艺术流派及创作、音乐、表演等各个方面。不同内容，还有不同的新认识，如果能继续展开讨论，定将推进苏州评弹的研究工作，提高评弹艺术的理论水平。

周良
2019.2.5.

周　良　著名评弹理论家，文化部评弹工作领导小组负责人

历史原本有容颜
口述讲来神更传
七嘴八舌寻常事
众口一词为评弹

——题《光前裕后：
一百个评弹人的口述历史》

吴文科 2019.3.6

吴文科　中国曲艺家协会副主席，中国艺术研究院曲艺研究所所长

苏州评弹

江南神韵

陆 军

陆 军 江苏省政协原副主席，中国曲艺家协会苏州评弹艺术委员会主任

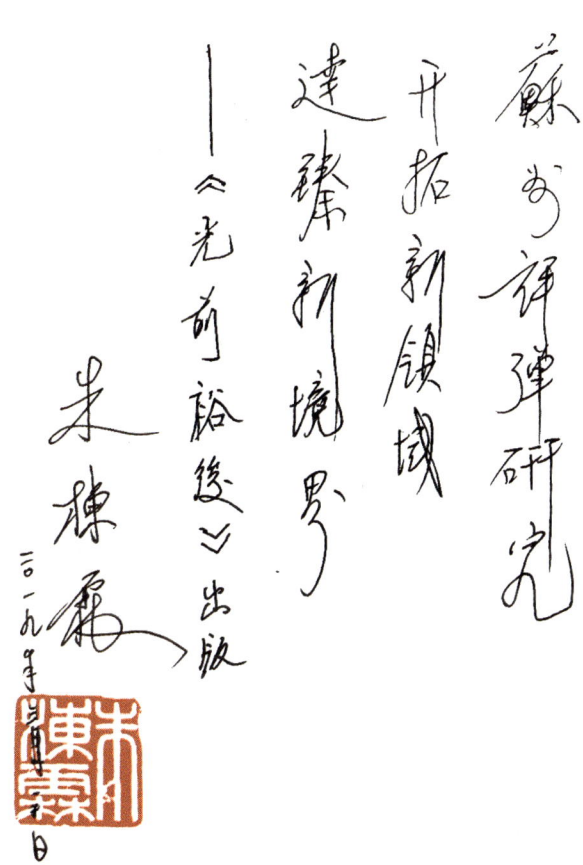

苏州评弹研究
开拓新领域
达臻新境界
——《光前裕后》出版

朱栋霖
二〇一九年

朱栋霖　苏州大学文学院原院长，中国昆曲评弹研究院院长

《苏州评弹和江南社会》系列讲座，既为深入研究江南社会的历史和现状提供了生动翔实的例证，又为保存和发展评弹艺术积累了知识和经验。

彭本乐

二〇一九年三月廿三日

彭本乐　上海艺术研究所研究员

总　序

唐力行

20世纪80年代以来，社会史研究在我国蓬勃兴起，学者们以整体史的新视野重新审读历史，不再满足于政治史和精英史，而是将目光向下，关注长时段的文化、心态、习俗、信仰、仪式、组织、结构、区域、普通人的生活、地方社会对国家的制衡等。而这些长期被忽略的历史要素大多是沉淀于具体的区域社会中的。因此，社会史的研究必然导向区域史研究。经过将近三十年的探索与积淀，区域社会经济史的研究已渐趋成熟。九年前我去英国参加一个社会文化史的会议，了解到欧美和中国台湾学者在这方面的学术成就，深感在区域社会经济研究的领域里应该而且必须引入文化的因子，才能在原有的基础上将研究工作推向深入。在做了充分的学术论证后，我确定以苏州评弹（又简称评弹）为切入口，开展苏州评弹与江南社会的研究。选择评弹文化为切入口不仅因为我是苏州人，我的父亲就是一个说书人；更为深层的原因是父亲唐耿良先生当时正在撰写他的回忆录，为了帮助他整理成书，我大量地接触了评弹历史和民国以来的评弹资料，深入认识了苏州评弹与江南社会的血肉联系。社会文化史是国际学术研究的前沿，要组织一支学术队伍是十分困难的。我从历年招收的博士生中，逐渐地组成了一支研究队伍。以往对评弹的研究都是从曲艺史或文学史的角度进行的，现在要从区域社会文化史的全新视野开展研究，几乎没有可供借鉴的前期成果，学术难度是相当大的。解决的办法还是从资料入手。在我的组织与指导下，数年来我们已搜集评弹与江南社会生活相关的资料两百余万言，除正史外，还广涉方志、笔记、文集、杂志、小说、档案以及苏州、上海两地报纸等。同时，我们还认真研读海外新史学的理论和方法，结合资料深入细致地展开讨论。筚路蓝缕，经过数年艰辛努力，终于有所收获。在商务印书馆的大力支持下，我们将陆续推出"评弹与江南社会研究丛书"，发布我们在这一研究领域的成果和资料。

苏州评弹不仅是观察江南社会的窗口，它与江南社会本来就是不可分割、相互影响的。缺失了评弹元素，我们心中的江南将不复存在。苏州评弹由评话与弹词两个曲种组成，其渊源可追溯到唐宋，但真正意义的苏州评弹则兴起于明末清初，与苏州市民社会的繁兴同步。苏州被誉为天堂，天下人无不乐居苏州，致使人地矛盾日益尖锐。而历代统治者视苏州为取之不竭的聚宝盆，明代丘濬云："江南财赋之渊薮也，自唐宋以来，国计咸仰于是。"[1]据《明会典》统计，洪武二十六年（1393）苏州府耕地仅占全国1%，实征税粮米麦竟占全国实征税粮的9.6%。苏州府的税粮总数、亩平均赋

---

[1] 丘濬：《大学衍义补》卷二十四，《四库全书》本。

税、人口平均赋税不仅高出全国平均水平近十倍,而且也高出江南地区其他府县。此外还有漕粮、白粮之征扰民。明清以来这种情况没有改观。在重赋与人口双重压力下,苏州人并不采取极端的行动,而是重理性、求变通,善于在夹缝中找到施展自己才能的天地。农业管理更趋精细,种桑植棉,发展手工业,成为国内丝绸、棉布等手工业生产的中心之一,吴绫苏布远销海内外。苏州城内五方杂处、百业俱兴、万商云集、市曹繁荣。为保障财赋收入,统治者对苏州的政治控制十分严密。乡绅、官宦的地方自治功能被削弱,市隐心态十分浓重,[1]转而构筑私家园林,寄情于诗书歌吟之间。有清一代苏州状元达二十六人,占全国的22.8%。经济与文化的交互作用催生了评弹与昆曲这对姐妹花。于是有状元、优伶为苏州土产之说。昆曲曲高和寡,主要流行于士大夫的圈子里。而评弹有着雅俗共赏的特点,其受众遍及士农工商乃至贩夫走卒。相应于苏州人的性格,昆曲又被称为"水磨腔",评弹弦索叮咚如同江南的水。如果说评话犹如太湖般开阔澎湃,弹词则如穿街越巷的小桥流水。水是最柔和的,也是最坚韧的。似水长流的评弹,深藏着苏州人的市隐心态,流淌着苏州人的心曲,叙说着苏州人的机敏、睿智、沉稳和变通。进茶馆品茗听书成为苏州市民的生活方式,"所谓说书者,实起于苏州。苏州人闲者居多,饭后一会书,挤在茶馆中度生活者,比比皆是"[2]。而绅商官宦则把评弹艺人请进家门举办堂会。苏州的大街小巷到处都可以听到悠悠的评弹音乐和声如金石的评话,与小桥流水枕河粉墙融合成一幅有声有色的苏州图景。

评弹从形成之初便走出苏州这一江南的中心城市,向吴语地区扩散。这是由评弹的艺术形式和内涵所决定的。评弹艺人在一个地方演出,根据书目,其演出周期少则十余天,多则数月。传统社会是一个熟人社会,人口流动小,演毕就要变换场地,而且数年内不会再重复莅临。这就是评弹的走码头。"内行中人称说书的为'吃开口饭',注定走江湖的命运,不能常驻一处,一俟说毕,即需另开码头。有因兴趣与生意清淡关系未经说完而中途告歇者,谓之'剪书'。不过说书的走码头,仅是南抵嘉兴,北达武进,以此一小小地域为限,因过远之处听不懂苏白,去亦徒然。"[3]苏白也就是苏州话,或称吴语。吴语是从古代的吴郡、吴兴郡、会稽郡等"三吴"(郡治分别在今苏州、湖州、绍兴)地区为中心的太湖流域、宁绍平原发展起来的,又称江浙话、江南话,主要通行于中国江苏南部、上海、浙江,是中国除官话方言(北方话)以外的第二大汉语方言。但是即使同在江南,各地语言实际上还有较大差别。江南南京的方言就属官话,而同为吴语的宁波话与"吴侬软语"的苏州话也大相径庭,故而有"宁与苏州人吵架,不与宁波人讲话"的民谚。传统的吴语以苏州话为代表方言。所以上揭"南抵嘉兴,北达武进,以此一小小地域为限"之说,划出了苏州评弹文化圈的边界,也可称之为吴语或江南的核心地带。

江南水乡水网密布,评弹艺人行装简单,评话艺人只需醒木和折扇,弹词艺人则背一琵琶

---

[1] 参见唐力行:《从碑刻资料看明清以来苏州社会的变迁——兼与徽州地区比较》,《历史研究》2000年第1期。
[2] 《听书随笔》,《生报》1939年2月21日。
[3] 香客:《评话、弹词小序》,《苏州日报》1948年12月11日。

或弦子，即可搭船成行。评弹的演出场地也极简单，村落集市的茶馆设一桌一椅（或两椅）即可开讲。评弹码头有大中小之分，艺人也相应分为苏州响档、码头响档和普通说书人。从小码头走进大码头，从普通说书人到成为苏州响档，这里充满了竞争、才能和机遇，能成为苏州响档的是极少数。实际上说书人并不只是从小码头向大码头进军，即使是身为苏州响档的说书人也是要到中小码头去的。评弹艺术借着走码头，深入到江南的每一个细胞中去。评弹文化圈的形成是一个渐进的过程。经过一个半世纪的发展，到乾隆年间评弹已趋成熟，如乾隆三十七年（1772）的弹词抄本《雷峰古本新编白蛇传》、乾隆刊本《新编重辑曲调三笑姻缘》等，一直流传至今；有了一批知名的评弹艺人，如演说评话《隋唐》的季武功、弹词《落金扇》的王周士、弹词《白蛇传》和《玉蜻蜓》的陈遇乾和俞秀山等；还有了评弹艺术的经验总结，如王周士的《书品》《书忌》。[1]与此同时，苏州评弹文化圈形成。由于旧时民间艺术没有地位，当时评弹艺人、书场、听众的资料稀缺，我们借用晚近的记载来描述文化圈内的共同文化特质。如评话艺人唐耿良初出道时，曾坐手摇船到阳澄湖边的小渔村沺泾说书，当地"只有肉店、豆腐店、南货店、馄饨店、铁匠铺、茶馆等几家小店"[2]。其中的茶馆也就是书场，每天的听众也就三四十人。又如，浙江吴兴县双林镇"是一个极小的乡镇码头，并无其他娱乐，只有书场数处，乃唯一之游艺场所，故镇民大都爱嗜评弹。以前光裕社'响档'老辈，莅临者不少"[3]。再如常熟"吴墅镇，属于琴川东乡，地接海濡，鳞次栉比，商贾辐辏，市廛殊为热闹。眺览郊野，阡陌纵横，茅屋两三，点缀于绿杨老树间，风景绝幽。镇人居斯，熙熙攘攘，不知有秦汉。该地人士，村居多闲，亦唯品茗听书为至上之娱乐。予旅斯土有年，竟与同化，驯乃浸淫成癖，予听书之兴趣，盖亦肇始于昔日乡居时也。有雅园书场者，与蜗庐望衢对宇，居停乃一徐娘，办事颇干练，岁常仆仆于苏沪道间，延揽光润名家，莅镇弹唱。女主人热于此道，历述社员之彼也优、彼也劣，言来不爽毫末。书场中亦多年高听客，经验綦丰，固尽素识者，辄与同座，为予纵谭书坛掌故，或名家书艺，如数家珍。举凡今日成名之李伯康、赵稼秋、张少蟾辈，早年皆尝肄该场弹唱者，予虽未聆及，然诸父老辄津津乐道之。壬申夏，女弹词家谢乐天应聘该镇同羽春茶楼，四乡人士，震谢之声誉，尤轰动一时"[4]。清代乾隆后两百年间江南市镇遍布茶馆书场，这在地方志中有大量的记载。常熟《福山镇志》载："解放前，福山的书场较多，港上有鸿园、徐楼、阳春轩、褚厅等书场，街上有南苑、鹤春园、长兴、严小林等书场，邓市、肖桥、郑桥等茶馆亦兼营过书场。大多苏州评弹名家魏含英、唐耿良、沈俭安、薛筱卿、徐云志、汪雄飞、杨振雄、杨振言等都来演出过。"[5]吴江《震泽

---

[1] 周良：《苏州评话弹词史》，中国戏剧出版社，2008年。
[2] 唐耿良著，唐力行整理：《别梦依稀——我的评弹生涯》，商务印书馆，2008年，第21页。
[3] 忆琴：《记潘慧寅、汝美玲夫妇双档》，《上海书坛》1949年12月14日。
[4] 程沙雁：《平沙落雁龛杂掇（四十三）》，《生报》1939年3月18日。
[5] 《福山镇志》，东南大学出版社，1992年。

镇志》载:"民国初年,镇上有的茶馆延请评弹艺人说书,上午卖茶,下午、晚上开书。到了20世纪30年代,镇上先后开办的书场有:'万旸厅'(彭康弄西)、'山泉'(花山头)、'塘'(仁德堂)、'承罗阁'(大桥东堍)、'新山泉'(彭康弄西)、'商余社'(浜桥东)、'和平楼'(秀水浜)等。'山泉'和'塘'书场以环境幽静、座位宽敞而闻名,每场书均能容纳近400位听众,为此,上海、苏州一些评弹名家陆续来此献艺,有严雪亭、金声伯、吴君玉、唐耿良、周玉泉、邢瑞亭等,沈俭安、薛筱卿的《珍珠塔》,徐云志、王鹰的《三笑》,张鉴国的《林子文》更为新老听客交口赞赏。"[1]据统计,在评弹最兴盛时期(1926—1966)江浙沪评弹书场有一千多家,仅苏州城区表演评弹的书场就有一百二十多家,常熟地区有一百零三家;评弹从业人员有二千余人;上演的各类长篇评弹书目一百五十多部;评弹的听众数量仅次于电影观众,位居第二。《书坛周讯》云:"江南盛行弹词,确为高尚娱乐,谈古论今、倡论道义,寓讽劝于无形,雅俗共赏,弦索悦耳,怡情悦性,毋怪人多杯茗在手,静聆雅奏而辄无倦意焉。"[2]在"南抵嘉兴,北达武进"的苏州评弹文化圈内,听书已是江南民众日常生活的一部分。

评弹有着如此强大的传播力,除了苏州是江南的经济文化中心,又是吴语区的中心外,还由于其雅俗共赏的文化内涵。一是评弹脚本多源于市民文学。明清以来的苏州是市民文学最为繁兴之地。苏州评话、弹词大多取材于演义小说、才子佳人小说。历代文人也有为之书写或润色者,如清代女弹词作家邱心如、陈端生等,近现代文人平襟亚、陆澹庵、姚苏凤、陈范吾、陈灵犀等。二是台上的说书人与台下的听众有面对面的交流,说书人会在听众的眼神、表情及对书情的反应中感受到是否有需改进之处。苏州市民普遍有着较高的文化素养和儒雅的风度,他们喜爱评弹,会对说书人书艺的高下、书情的合理性提出批评,有时甚至是苛求,从而使评弹艺术日趋精致。如,"平桥直街位于苏州之南城,地近南园,松风阁听客都系住客。在彼时既有科举出身之举人秀士,复有长署遣下之书吏差役。说书者对于唱句音韵及堂审手段,用刑工架,稍一不合,明日早茶时,互相批评,下午即相率不来"[3]。又如,"吾乡吴江,滨太湖而邻洞庭,民情淳朴,鱼米丰饶。乡人士于业务之暇,舍听书外无其他消遣,因之书场中多积有数十年经验之老听客。以故书艺稍次之说书人,咸不易久留,甚而仅说数日即离去者,盖若辈平庸不足饱老听客之书餍也"[4]。三是上流社会的堂会促进。1948年11月3日《书坛周讯》载:"目前吴趋坊某海上闻人做寿,邀聘临时堂会,其内名弹词家潘伯英、张鉴庭昆仲、唐耿良、蒋月泉等六档亦参加会串,一时书迷云集,片刻即将容一百多人之露天场宣告客满。宾客中银联社名票杨家伟、朱悦耕、金章□,及本社总编辑黄进之君,亦为兴趣,和主人的督促,上台献奏一番,居然亦有相当噱头云。"

---

1 《震泽镇志》,中国矿业大学出版社,1999年。
2 一叶楼主:《叶叟谈艺》,《书坛周讯》1948年10月13日。
3 《听书随笔》,《生报》1939年2月21日。
4 枫:《松陵书讯》,《弹词画报》第27期,1941年4月13日。

堂会将演员与士绅阶层、官宦人家、富商巨贾联系起来,从中可以看出士绅阶层的精神生活、他们精神需求和对美的追求。而对演员来说,被士绅召去演出,也是身份的提升,可以带来高收入,当然对他们书艺的要求也会提高,也有助于评弹的雅化。经过数百年的磨合,评弹开始在江南地方曲艺中独领风骚。

"随风潜入夜,润物细无声。"评弹艺术深刻影响着江南人的性格、社会风尚和价值伦理。同时,社会变迁也影响并制约着评弹的盛衰。首先是近代评弹的中心由苏州向上海的转移。这与太平天国战争对江南的破坏和大批江南绅商避难租界相关。据同治《苏州府志·田赋二》的统计,道光十年(1830)苏州府共有"实在人丁"3 412 694人;经过"庚申之难",同治四年(1865)苏州府的"实在人丁"锐减至1 288 145人,净减2 124 549人,这还不包括妇女、儿童和老人。苏州人口损失了约三分之二。据1865年1月13日《上海之友》报道:"自苏州复归于清军之手后,这些房舍以及无数桥梁全部消失了,整个十八里之内没有一幢房子,四周乡间,举目荒凉。……看不见男人,看不见女人,看不见儿童,也看不见任何一头牲畜。"[1]与苏州所遭到的破坏相比,上海租界却以不可思议的速度繁荣了起来。1860年,太平军挺进苏常,江南的缙绅商贾携带他们的财产,大规模逃入上海租界,以致租界人口激增至30万;1862年又增加到50万,一度曾达到70万。在某种程度上说,正是战争意外地推动了上海租界的飞速发展,它不再是松江府下的一个普通县城,而是成了中国最大的贸易中心、远东国际商港。苏州逐渐开始由江南的中心转变为上海的腹地。

据1885年与1915年的统计,居住在租界的华人中,江浙两省人占总人口的74.3%,以吴语为母语的占75%。这些新移民,为了躲避血雨腥风的战火,离开了曾经温柔富贵而今却变得残破荒芜的家乡,来到人地两疏的上海租界,心中挥之不去的是故乡、故土和故人,于是聆听以吴语演唱的评弹成为他们寄托乡思的最好去所,评弹成为租界最受欢迎的曲艺。[2]作为苏州和江南文化符号的评弹场景开始在租界大量复制。首先是在英租界宝善街、四马路一带,茶楼书场成蔓延之势。池子澂《沪游梦影》载:"余犹忆戊寅(1878)赴楚,沪上热闹之区独称宝善街为巨擘,今则销金之局盖在四马路焉。……盖英界为沪上之胜,而四马路又为英界之胜,是以游人竞称四马路焉。而余之游沪,以四马路会归外,更有八事焉:戏馆也,书场也,酒楼也,茶室也,烟间也,马车也,花园也,堂子也。""书场者,即世所称说大书也。自说大书之技不精,而后借粉黛以为助。其未说书也,必先使唱开篇。其既说也,又皆能插科打诨,相为接应。厌后喜听唱而不喜书,于是争废书而专用唱矣,说大书者仅退坐理管弦而已,此沪上书场所以专称'女唱书'也。书场共十二楼,皆聚于四马路,曰天乐窝,曰小广寒,曰桃花趣,曰也是楼,曰皆宜楼,曰万华

---

[1] 转引自〔英〕呤唎:《太平天国革命亲历记》下册,王维周译,上海古籍出版社,1985年,第566页。
[2] 分别参见:《上海公共租界及法租界内之中国人数》,《东方杂志》第13卷第3号,1916年,第2页;徐国桢编:《上海生活》,世界书局,1933年,第15页。

书屋，曰响遏行云楼，曰仙乐钧天楼，曰淞沪艳影楼，曰九霄艳云楼，曰四海论交楼，曰引商刻徵羽楼。"[1]英租界书场的繁华又扩展到法租界，据《申报·法界新设书场》载："本埠英租界内女先生弹唱南词，近来日盛一日，惟法界内则久无书场也。日前有王仁荣特具禀词谓英法租界似宜一例，刻下欲在小东门外大生街内开设一书场……于明日开书，想小东门外定更热闹矣。"[2]进入兼为茶馆的书场品茗聆听说书人的吴侬软语说噱弹唱，在这一特有的场景里，江南人忘却了离愁别绪，取得了心理上的满足。

就在评弹随着江南难民向上海租界大规模进军时，战乱中的评弹在它的中心地苏州却遭遇官府和男性评弹艺人组织光裕社的重重制约。战争平息后，江苏巡抚丁日昌出于重建文化秩序的目的，于清同治七年（1868）颁布了三条禁令：禁淫词、禁淫书、禁女性入茶馆。同时，苏州评弹社团光裕社为维护男弹词的垄断地位不仅排斥女弹词，而且还禁止男女拼档演出，"凡同业而与女档为伍，抑传授女徒，私行经手生意，察出议罚"[3]。这一行规一直延续到20世纪40年代，其影响遍及江南。

清政府为渊驱鱼的做法把评弹的中心从苏州驱到了上海租界。租界因属西人管辖而禁令不行，收容了被驱逐出苏州（包括上海华界）的女弹词。从19世纪中叶到末叶，书寓女弹词在上海极其兴盛。清季妓女弹词取而代之。20世纪20年代随着新女性的觉醒，职业女弹词的队伍形成。1929年起男女双档的形式开始出现，在苏州等地演出。1934年吴县当局以"男女档有伤风化"为由，禁止男女档在吴县演出。1935年男女档合作演出的艺人成立普余社，该社主要成员进入上海演出。男女双档极大丰富了评弹的表演力，使其刚柔相济更受市民的欢迎。上海租界所具有的相对宽容和自由，容纳了评弹中心的转移。

租界为评弹在上海的发展提供了前所未有的新天地。从《申报》的报道和广告可知，1910年前后苏州光裕社的男性评弹艺人也大举进入租界淘金。书场业极为兴盛，"上海的书场业有一个疯狂时期，三四马路、大新街附近一带以及南市城隍庙等处，简直是五步一家，十步一处，到处悬挂着书场灯笼与招牌"[4]，新气象层出不穷：

一、男女共坐一书场听书。1912年12月11—14日《申报》刊登"楼外楼"广告："特请姑苏名家吴西庚、叶声扬、吴祥和、吴瑞和，本楼自开幕以来，蒙中外伟人、富商巨贾，及闺阁名媛联袂偕来，莫不同声赞赏。本楼益加奋勉，精益求精，特聘姑苏名家，每晚八时起十一时止，演说古今全传，不另加资，以酬惠顾诸君之雅意。堂倌小账不取分文。如有需索，请告明账房，立即斥退。特此布告。楼外楼谨启。"

---

1 池子澂：《沪游梦影》，上海古籍出版社，1989年，第156—157页。
2 《申报》1876年4月8日。
3 马如飞：《南词必览·光裕公所改良章程》，转见周良：《苏州评弹旧闻钞》，江苏人民出版社，1983年，第42页。
4 唐凤春口述材料，上海评弹团艺术档案第24卷第24件。

二、男女评弹艺人同台献艺。《申报》1916年10月7日"天外天"广告,"本公司增广游艺,特聘吴西庚、沈莲舫、朱兰庵、菊庵等弹词,并也是娥说书"。10月12日广告,"'绣云天'开幕广告,男女说书"。

三、用苏州话做广告,足见占移民75%的江南人在租界的人气,以及评弹市场之大。1920年7月22—25日《申报》"新世界"广告:"新世界请到弹词界第一小辈英雄吴玉荪,一位大发松格朋友来哉。(日档)《描金凤》,(夜档)《玉蜻蜓》。吴玉荪格书,眼下红得生生活辣化,无论先生们,娘娘笃,实头欢喜听。俚格书,因为俚喉咙又好,说法又好,爆头又多,噱头又多,上子台,拼命格说,巴结听客,实头一等哉。俚格红,倒勿是碰额角头格红,倒是靠真本事格红。说点书,人人听得懂,而且大家勿行勿笑格。现在好容易到倪新世界来哉,六月初十起,日夜登台,各位请来听听罢。"

四、各游戏场纷纷推出加入海派文化要素的苏州弹词戏。1921年12月1日起到次年年中,《申报》连续刊登"笑舞台"的广告,推出《描金凤》《玉连环》《新落金扇》《法华庵》《玉蜻龙》《文武香球》及《珍珠塔》等弹词戏。《描金凤》的广告语称:"说书界中有一部大名鼎鼎之弹词戏曰《描金凤》,是善说者,大堪使夭多数听客日日着迷,非听不可,何以故,此书多关子。故今笑舞台,因近来观客非常之欢迎弹词戏,所以延聘名手,重编此剧。剧中如徐蕙兰之冤、钱笃笤之滑稽,既可令人为古人落泪,又可令人笑不可抑,爱观弹词戏者其来乎?"《文武香球》广告语云:"说书先生说《文武香球》,起码半年了结。新戏并不卖关子,只须费两日工夫,便可一目了然,便宜便宜,切勿错过。"1926年大世界苏州弹词戏日夜开张。新新屋顶花园光裕社弹词戏,聘马筱春、张云青、王似泉、夏莲君、十龄童、许筱峰和刘宾梅,日演《白蛇传》,夜演《李六文俊》。先施乐园,"新聘光裕社,特请姑苏最优等名家朱钰良、朱钰康、刘宝美、徐少琴、潘雪安、马筱春、姚幼梅、周品泉、徐菊林,化装弹词歌剧,日夜登台"。票房价值无形的手拉动着评弹的趋新。

五、知识精英为评弹定位造舆论。《申报》1926年3月29日刊登应鹏《弹词与大鼓》札记之一,从友人徐蔚南君曾说"现在的所谓游艺,其价值应该重新估定"谈起,介绍了吴宓《希腊文学史》一文中关于荷马史诗与弹词最为相近的论断。文中指出:"据上所言,荷马的史诗,当然就是中国的所谓弹词,是民众文学的结晶。不过我们中国的所谓缙绅士大夫素来看不起平民的作品,以为不能登大雅之堂,所以从不肯承认它们在文学上的价值。……拿《伊里亚特》《奥特赛》与中国弹词大鼓一类的东西并论,就是希望中国现在的文艺界,发生进一步的了解。"还有一些知识精英撰文充分肯定了评弹的社会功能,《申报》1925年4月16日载吴守拙《提倡改良说书之我见》,"闻托业于说者,苏人居其多数。光裕社、润余社两团体中,有七八百人,在各埠茶坊及游戏场等处,开演弹词平话,由来已久矣。……倘光裕社、润余社两团体诸君,竭力提倡整顿改良,将来风俗之善良,社会之进步,必咸颂说书之功不置,予不禁拭目以待之"。同年5月4日又发表陈叔平《改良说书我见》,认为:"说书取值廉而听众多,颇可引人入胜,实系民众文学之一种,苟能利用之以针砭末俗,匡正人心,其效力之伟大,远非寻常演说所能望其项背。"此等舆论使上海市民认定评弹为高雅艺术。"据云上海人之心理已渐转移,以游戏场非高尚消遣之所,故喜附庸风雅,以听书为最幽雅时髦之事也。"[1]

六、上海响档优于苏州响档。各游戏场以高额报酬聘请吸引男女评弹名家、响档到上海献艺。当时大世界的茶厅书场、新世界的雅聚厅书场被称为神仙书场,采取包银制度,与艺人签订长期合同,动辄一年半载,艺人的收入与书场经营的好坏无关。"楼外楼"、"天外天"屋顶花园、"云外楼"屋顶花园等也纷纷效仿。苏州评弹艺人开始"居上海"。此后饭店、旅馆等附设书场大量兴起,比较有名的新式附设书场有东方书场、静园书场、仙乐书场、沧洲书场等;它们都是花式书场,由四档或五档书越档做演出。1931年6月23日《申报》载擎南的《说书闲话》云:"十年以来,一般略具寸长之苏道说书人员,麇集沪埠,恋恋不去,非特苏之松太常、浙之嘉湖境属各乡镇,无说唱兼工之名家莅临,即光裕社产生地之苏州城内外各书场,亦都滥竽充数。"评话艺人唐耿良在《别梦依稀——我的评弹生涯》中谈到,上海响档是20世纪20—60年代评弹界最高层次的响档:"我说书十年,在苏州以及其他江浙码头也有了名气,可以称为码头响档,但这只是低层次的响档。我的奋斗目标是争取成为上海响档。因为上海是中国南方的经济文化中心,戏曲的名角,说书的响档都云集上海。一个说书人只有在上海的书场受到听众欢迎,走红了,才能称为上海响档,他到码头上去,人家会说他是'上海先生',从而号召力倍增。"[2]他本人就是上海20世纪40年代的"七煞档"和50年代的"四响档"之一。

综合以上列举的六点,可以断定从太平天国战争起到20世纪20年代,评弹的中心已逐渐由苏州转移到上海,其标志则是光裕社上海分社的建立。1924年经常在上海演出的光裕社成员建立光裕社上海分社,由光裕社的副社长朱耀庭担任首任会长。据《申报》是年8月24日载,社员"已经有二百余名矣"(一说社员共五十多人)。[3]光裕社上海分社积极参与社会事务,提高了评弹艺人在上海的社会地位。如《申报》1933年5月26日《东方书场会串书戏》载:"说书界中人,年来颇知热心公益及爱国,如前岁之水灾赈款,去岁一·二八之捐款,均有会书筹款之举。月之二十七、八、九三日,复有光裕社旅沪全体社员,在东方书场会串书戏《白蛇传》,以助航空救国之盛举。"评弹中心转移到上海后,直到20世纪60年代,在上海这一移民城市中,其受众始终居地方曲艺的第一位。

1949年5月27日上海解放,社会急剧转型。对于苏州评弹来说这也是一个转折点。《上海书坛》6月25日的大标题醒目地宣告:"革新实验大会书在积极推进中!"《上海书坛》7月23日的一

---

[1] 墨燕:《弹词在上海暴热》,《大光明》1930年2月12日。
[2] 唐耿良著,唐力行整理:《别梦依稀——我的评弹生涯》,第38页。
[3] 参见《评弹文化词典》,汉语大词典出版社,1996年,第214页。

则消息透露了这一切都是在新当局的指示下有计划地推行的,"星期二早与唐耿良、周云瑞及老师等访问左弦君[1]于文艺处,谈改革事,应采如何之步骤,左弦指示颇详,然因题材缺乏,所有之新书,如《小二黑结婚》《李家庄变迁》《死魂灵》等,或以书性散漫,或书太短,颇难即可献唱"。在"指示颇详"的规范下,评弹界出现一系列为新社会服务的新气象。《上海书坛》8月3日《慰劳人民解放军,发扬改革新评弹》一文告诉我们,现成地用旧书目已不行了,"本打算安排一段《啼笑姻缘》中的刘将军威逼沈凤喜的书戏,后都认为此剧封建思想与黄色成分太多,加上场面布景道具化妆复杂,取消。完全说新书,取消书戏。推潘伯英、张鸿声、唐耿良、杨斌奎、蒋月泉、杨德麟、谢毓菁、刘天韵、黄兆熊、周云瑞为筹备劳军义演编辑委员会。以《王贵与李香香》《子弟兵》《雷雨》《水浒》《忠王李秀成》五部书为参考"。《解放日报》9月3日有左弦的《漫谈"评弹"的形式》一文,提到唐耿良自告奋勇进工厂说书。《上海书坛》9月10日的标题为《新时代的推进者·旧评弹的垮台时》一文,直接点出了新时代与旧评弹是格格不入相对立的;文中介绍9日上午在汇泉楼头见到潘伯英、唐耿良二人在台上试说"李闯王饥民借粮"一段,每逢周五下午七时起,入工厂给工友说书。到21日则从组织上"成立检讨委员会,审查不良旧脚本",披露评弹会脚本自我检讨"在会所内举行,分数小组,《杨乃武与小白菜》由李伯康负责,《玉蜻蜓》由俞筱云负责,《三国》由唐耿良负责,《描金凤》由杨斌奎负责,《岳传》由张汉文负责,《三笑》由徐云志与刘天韵负责,《落金扇》由黄兆熊负责,《彭公案》由陈继良负责,《水浒传》由韩士良负责,《刺马》由潘伯英负责,《英烈》由张鸿声负责,《珍珠塔》由薛筱卿负责,《果报录》由唐逢春负责,各组脚本互相交换删改,由检讨会查核,再送文艺处审核"。尽管一些评弹艺人为演说新书做出很大努力,"可是听众并不买获奖新书的账,上座情况不理想。道理其实很简单,听客是来欣赏艺术的,新书的结构情节人物故事都不成熟,艺术的吸引力就大打折扣,当然吸引不住听众天天自掏腰包来听书了"[2]。当时《新民晚报》有关"营业不佳,另换阵容"的报道可为印证:"中小书场生意不佳,纷纷谋改阵容,但艺员有陋规,不得半途剪书,俗谓'铲高椅',场东就想出暂停营业的方法另起炉灶。"

在新旧交替、社会急剧转型过程中,评弹艺人开始组织化,加入集体或国营剧团。1951年11月上海市人民评弹工作团、苏州市新评弹实验工作团率先成立。评弹向来是个体单干的,现在变为集体的。短时段的事件所造成的结果开始显现。有别于传统时代的新时代开始了,至少延续了整整三十年。对于评弹艺人来说,虽然收入只及原先的三分之一乃至更低,但是换得长久生活的保障还是值得的。同时,当时评弹界的精英集中在一起研讨书艺,对艺术的进步也是大有裨益的:中篇评弹形式的创造,传统折子的整理,一些优秀现代作品的问世,都是明证。评弹进入第二次高潮,"20世纪50年代,巅峰时期上海每天有3万多人现场听评弹,最多时有8 000多人排队

---

[1] 左弦系吴宗锡笔名,后任上海市人民评弹工作团团长。
[2] 唐耿良著,唐力行整理:《别梦依稀——我的评弹生涯》,第70页。

等待买票"[1]。但是，艺术与政治本是两个概念，它们有联系也有差别。当政治要与艺术合而为一，当艺术成为无产阶级专政的工具时，一系列的问题也随之凸显。说书人在单干时，有着激烈的艺术竞争，有听众与书场的淘汰机制，当初的"十八艺人"正是在数以千计的说书人竞争中脱颖而出的。评弹团设立学馆，老艺人精心培养接班人，比起前辈说书人拜师学艺的条件不知好了多少倍。但是缺乏竞争的体制出不了大家，可以模仿得惟妙惟肖，但却创造不了流派。新的户口政策也使学馆不能招到苏州籍的学员。上海评弹团招来的学员大多是市郊的，不会说苏州话，还得从学说苏州话开始。连绵不断的政治运动，传统书目的多次"斩尾巴"，造成评弹后继乏人。"十年动乱"中江青大发淫威压制评弹。父亲唐耿良在回忆录中说："江青对评弹的仇恨，源于一曲歌颂杨开慧的弹词开篇毛主席诗词《蝶恋花》。这一开篇由赵开生谱曲，余红仙演唱，唱腔优美，很快风靡全国。激起江青醋性大发，她妒忌杨开慧，连带痛恨评弹，胡说什么'评弹是靡靡之音，听了要死人的'。从此评弹受到歧视和压制，搞得你动辄得咎，啼笑皆非。""十年动乱"使评弹受众断层，年轻一代对评弹已是十分陌生。评弹受众的老龄化使评弹在上海经历了失忆的过程，听评弹作为市民的生活方式逐渐淡化。这种情况在苏州乃至江南都是普遍的。世纪之交，评弹作为苏州、上海等江南地区的人们的文化记忆符号，在境内外吴语移民相对集中的城市呈内生型点状发展，在中国的香港、台湾地区和北美也广受欢迎。其中纽约和北京等地先后建立的票友组织使评弹的传播有了强大的后续性。这种境内、境外点状分布的评弹文化圈，反过来对上海、苏州等江南本土的评弹发送正能量，呼唤着评弹的复苏。

苏州评弹与江南社会间的互动关系及其变迁历程，为我们考察明清以来江南区域社会历史提供了一个极好的视角。这一互动的进程中，有着极为丰富的社会面相供我们探讨，诸如说书人与社会变迁、说书人的人生经历（口述史）、书目的传承与社会变迁、书场小社会与苏州大社会、苏州评弹与上海社会的变迁、苏州评弹与都市文化圈的演变、女弹词群体研究、苏州评弹与近代传媒间的互动、苏州评弹中的江南社会等和社会文化史相关的内容。此外，苏州评弹与江南社会的资料集先后被列为教育部人文社会科学重点研究基地重大项目（07JJD770115）、上海市哲学社会科学重大项目（2012DLS001）和国家社科基金重大项目（14ZDB041）。

近年来上海师范大学中国近代社会研究中心在学科建设上有所发展，建置了历史学一级学科博士点，并先后被评为上海市教委重点学科、上海市重点学科，2008年被列为上海市普通高等学校人文社会科学重点研究基地。上海市重点学科（S30404）、上海市普通高等学校人文社会科学重点研究基地（SJ0703）和上海市、国家重大项目为我们出版"评弹与江南社会研究丛书"提供了必要的条件。衷心希望本丛书能为海内外江南史学、文化研究的学者，包括卓有成就的资深学者和崭露头角的年轻学人，提供一片圣洁的学术园地，共同为繁荣江南社会文化研究贡献绵薄之力。

---

[1] 评弹艺人杨振言所述，参见《华埠举办评弹欣赏聚餐会，旅美名家呈献各派琵琶艺》，美国《侨报》1997年12月27日。

目录

序　言　/唐力行　1

上　卷　苏州评弹人演讲录
（"评弹与江南社会"系列讲座）

第 一 讲　苏州评弹与戏曲　/朱栋霖　3

第 二 讲　评弹的历史研究　/何其亮　13

第 三 讲　评弹艺术的特征：讲故事　/彭本乐　31

第 四 讲　陈云文艺观的历史与现实意义　/周良　45

第 五 讲　我的评弹观　/吴宗锡　61

第 六 讲　对评弹当前问题的思考　/周震华　77

第 七 讲　中篇评弹六十年（1952—2012）
　　　　　——从《一定要把淮河修好》说起　/彭本乐　89

第 八 讲　布莱希特戏剧理论与评弹　/蒋云仙　109

第 九 讲　评弹与文学和戏曲的关系之探讨　/周锡山　119

第 十 讲　如何为评弹名家立传初探
　　　　　——《皓月涌泉·蒋月泉传》写作浅谈　/唐燕能　147

第十一讲　试析评弹艺术的魅力所在　/袁小良　王瑾　169

第十二讲　我对评弹艺术的领悟与思考　/盛小云　179

第十三讲　艺术转换与评弹表演　／〔美〕马克·本德尔　191

第十四讲　我与评弹四十春　／孙惕　199

第十五讲　评弹的艺术性和社会性　／张如君　刘韵若　215

第十六讲　苏州评弹的定位与走向　／金丽生　227

第十七讲　第一书码头常熟
　　　　　——苏州评弹与江南基层社会的研究　／陶春敏　251

第十八讲　评弹的发展轨迹和艺术魅力　／沈鸿鑫　271

第十九讲　苏州评弹（曲艺）研究与学术规范意识　／吴文科　293

第二十讲　评弹教育和评弹教学　／邢晏芝　311

第二十一讲　沈东山评话艺术生涯回忆录　／沈东山　325

第二十二讲　我对评弹艺术的理解　／秦建国　359

第二十三讲　当前评弹的生存状态和发展契机　／高博文　375

第二十四讲　老书新说《珍珠塔》　／赵开生　395

第二十五讲　苏州评话七十年　／陈卫伯　409

第二十六讲　苏州评弹的艺术特征及其在浙江的发展状况　／施振眉　419

第二十七讲　我的评弹创作之路　／徐檬丹　429

第二十八讲　开拓历史学的新领域
　　　　　——从社会文化史的视野研究苏州评弹　／唐力行　439

第二十九讲　评弹在江南文化中的地位和意义　／周锡山　451

第三十讲　评弹还能存在多久
　　　　　——21世纪初，上海的书场、听众和演员调查　／彭本乐　477

第三十一讲　"蒋调"与蒋派　／翁思再　495

第三十二讲　解构国剧：戏曲与民族文化史的重建　／姜进　503

第三十三讲　说书说世——评弹艺术之我见　／陆建华　521

第三十四讲　上海文艺演出市场及评弹现状　／范林元　533

第三十五讲　中华人民共和国成立后评弹界的改制、改书与改人　／李庆福　549

第三十六讲　文化视野中的苏州评弹　／潘讯　561

第三十七讲	评弹与电视·评弹现状与将来	/殷德泉	581
第三十八讲	旧书新赏：以吴君玉的评话实例谈"噱头"之功用	/都文伟	595
第三十九讲	空间转向与苏州评弹研究	/吴琛瑜	603
第四十讲	坚守·克己——我的苏州评话缘	/姜永春	617
第四十一讲	评弹音乐的基因、生成和流变	/彭本乐	625
第四十二讲	苏州评弹的传承与创新	/陆军	645
第四十三讲	不入园林，不知春色如许 ——关于吸引青年进入评弹的思考	/窦福龙	651
第四十四讲	城市文化空间与集体所有制评弹团	/周亚君 朱维德	661
第四十五讲	寻找评弹的现实意义：我对评弹的实践与感悟	/徐惠新	675
第四十六讲	从评弹演出机制话书场与评弹兴衰	/王正浩	689
第四十七讲	黄慧如与陆根荣：弹词戏曲文本与社会文化变迁	/何其亮	705
第四十八讲	苏州评弹演出市场回眸与展望	/尤志明	719
第四十九讲	风雨一甲子 ——我演出《岳飞传》的一生经历与所思所感	/陈景声	729
第五十讲	苏州评话真的要灭亡了吗？	/李刚	737

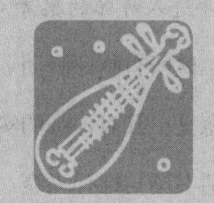

序　言

　　口述历史对于苏州评弹的研究来说，是极其重要的资料来源。历史科学有它的特殊性，我们研究的对象与自然科学或其他人文社会科学不同。自然科学的研究对象是可以在自然界直接面对，也可以在实验室里复制；其他人文社会科学，例如经济学、政治学、法学、文学也是可以在人类实践活动中直接面对的。唯有历史是一去不复返的，是不能直接面对的。所以我们研究历史只能借助于文献资料。苏州评弹人是一个普通人的群体，在传统时代属于社会下层和底层，不见于正史的记载。所以要重构苏州评弹的历史，就必须要寻找新资料。新资料主要有两个方面，一是文字资料，包括近代以来的报纸杂志、评话弹词脚本、档案文书、笔记小说、书信日记等；另一个方面就是口述资料了，其中既有口口相传的久远记忆，也有事件亲历者的回忆。口述史料内容丰富而具体，通过个体的人生经历披露历史的细节，弥补文字资料的不足。我们在搜集书面资料的同时，长期坚持口述资料的采集。方法有二，一是将评弹人请进学校，二是走出去访问评弹人。

　　将评弹人请进来，主要是举办"评弹与江南社会"系列讲座，共五十讲。从2012年5月24日启动，请苏州大学文学院原院长朱栋霖教授开讲《苏州评弹与戏曲》，到2017年11月26日请苏州电视台主持人、评话艺人李刚《苏州评话真的要灭亡了吗？》，先后历时五年半。加上整理工作，至今已有八年时间。主讲者有说书人、书场经营者、评弹事业管理者、听客票友、评弹脚本作者等，还有三位研究苏州评弹的海外学者。他们结合自己的亲身经历，回忆苏州评弹的昨天，见证苏州评弹的今天，展望苏州评弹的明天。五十位苏州评弹人的口述，交织成一幅苏州评弹的历史画卷，既宏伟开阔，又细致入微。口述讲座受到上海师范大学师生的欢迎，听讲的主体是从事苏州评弹研究的专家学者、博士生、硕士生，还有热爱评弹的师生和市民。根据学术讲座的规则，每一次演讲后，都安排时间提问、讨论，气氛热烈，往往欲罢不能。

　　我们还走出校门，从事田野考察，访问苏州评弹人，被访问者也形成五十讲访谈录。最早进行的访谈，始于1997年对唐耿良先生的访谈，距今已有二十多年了。在访谈对象的选择上，我们不局限于名人名家，而是多层次、多元化，力求涵盖各种类别的苏州评弹人。请进来的讲座，全部做了录像，走出去的访谈，大多做了录音。本书一百讲口述历史就是我们根据录像、录音整理而成的文字稿。

说是一百个评弹人的口述历史，其实是超过了一百个人。他们因经历不同，存在着丰富的差异性，但是他们共同关心的问题却集中在以下三个：苏州评弹是谁？苏州评弹从哪里来？苏州评弹往哪里去？

我们知道哲学有三个终极的问题：我是谁？我从哪里来？我往哪里去？这三个问题的思考，关系到如何更好地认识人类社会，并解决关于人类的问题。人类社会一些具体领域，例如传统文化中的苏州评弹，同样也存在着三个终极问题，他们关系到正确认识苏州评弹、解决关于苏州评弹的问题。[1]以下我们综合一百个评弹人的口述历史，看看苏州评弹人是怎样思考这三个终极问题的。

一、苏州评弹是谁？

苏州评弹的基本特征、艺术规律是在苏州评弹发展的历史过程中逐渐形成的，这种质的规定性一旦形成，也将规定并制约苏州评弹的发展道路。所以厘清苏州评弹的艺术本体，明确回答"我是谁"的问题，是确定苏州评弹自我认知和艺术发展道路的重要前提。一百位评弹人对这一问题也有着各自的理解，他们的回答勾勒出了苏州评弹艺术本体特征的大致面貌。

（一）以苏州方言为主要表演特色

苏州评弹的诞生地是苏州，苏州方言不仅是苏州评弹艺术本体中不可缺失的重要特色，也是苏州评弹初步确立"我是谁"，区别于其他曲艺的第一大特点。

在评弹人的口述中，关注到了苏州方言对评弹艺术本体的重要意义。针对以"上海评弹"模糊苏州评弹之现象，金丽生指出苏州方言是苏州评弹的标志性特点，他说："'苏州方言'这四个字基本上就把评弹的定位讲清楚了。"[2]所以必须立足于这一艺术特质来谈苏州评弹的传承和创新。孙惕将苏州方言作为苏州评弹的首要艺术特征，并言明苏州方言的保护对于评弹在当代的传承保护有着非常重要的意义。[3]袁小良、王瑾夫妇讲座中强调苏州评弹能从全国众多曲艺中存活下来，一大原因便是"语言好听"，表明苏州话在很大程度上提升了传统时期苏州评弹的竞争力。[4]

---

1 我曾为周良《苏州评话弹词史补编》（苏州古吴轩出版社，2018年）作序，将周先生的苏州评弹理论归纳为探讨三个终极问题：苏州评弹是谁，苏州评弹从哪里来，苏州评弹往哪里去。苏州评弹人的口述历史在提供丰富的历史资料的同时，也在实践的层面回应了周先生从理论上探讨的三个终极问题。
2 金丽生：《苏州评弹的定位与走向》，上海师范大学"评弹与江南社会"系列讲座第十六讲，2013年11月18日。
3 孙惕：《我与评弹四十春》，上海师范大学"评弹与江南社会"系列讲座第十四讲，2013年10月15日。
4 袁小良、王瑾：《试析评弹艺术的魅力所在》，上海师范大学"评弹与江南社会"系列讲座第十一讲，2013年4月15日。

（二）以说表为核心表演技巧

传统时期，艺人"背包囊，走官塘"深入到以苏州为中心的南抵嘉兴、北达武进的各处乡镇码头，立足书场，表演长篇。在这一过程中，艺人经过长期的表演实践，逐步形成了苏州评弹独有的艺术特点、演艺技巧和表演美学，这正是苏州评弹成为独立曲种的发展之路和立身之本。陈云同志曾提出"评弹以说表为主"等论断，其实就是强调评弹是一种以说表为核心技巧的口头表演艺术。诸多评弹人的讲述中也在不同程度上阐释了相同的观点。

以说表为核心的表演方式，首先决定了苏州评弹的基础是"讲故事"。朱栋霖教授将"讲故事"作为评弹区别于戏剧的最大特点。[1]马克·本德尔在对评弹表演做了长期的田野调查之后，得出了类似的结论，他认为评弹表演的第一步就是构建故事，艺人可以在故事框架内灵活地填充各种内容，使表演不断产生变化创新。[2]施振眉以《三国》名家汪雄飞为例，言其能将小说中仅两万余字的《过五关斩六将》情节扩充至十八回书，整理出版本长达二十七万字的演出本。[3]这样的案例在评弹表演中俯拾即是，可见评弹艺人的看家本领就是"讲故事"。

但艺人讲故事，也并非简单地讲说。在长期的表演实践中，评弹形成了"说法现身""一人多角""跳进跳出"的艺术特征。金丽生指出"我们（评弹）就是一人多角，'跳进跳出'，这是我们的特点……我们可以借鉴、运用戏曲的表演方式，……但和戏曲的表演是完全不同的。"[4]他在访谈中进一步阐释了这一观点："评弹塑造脚色追求一种神似，当然也要靠一点简单的动作来表演，没有各式服装、化妆来帮衬你，却要让听众觉得你很像……"[5]这样艺人能够在脚色和叙述者之间灵活切换，而不会让听众觉得生硬。孙惕也强调"一人多角"是苏州评弹的重要特点，所以需要艺人在"叙述人和脚色之间"灵活切换，"这正是评弹作为口头表演艺术的魅力所在"。

艺人说书的最高境界，便是"理、味、趣、细、技"皆备，要做到书路贯通、逻辑合理、情节发展自然、节奏安排恰当、用语贴合书情，等等，此间种种，皆体现在长篇说表的细节中。若无这些细节上的精心打磨，再多的技巧也不过是无本之木、无源之水。施振眉在讲座中列举的《三国·赠马》和《林海雪原·真假胡彪》两回书中马的故事，可以看出艺人对细节用心琢磨的

---

[1] 朱栋霖：《苏州评弹与戏曲》，上海师范大学"评弹与江南社会"系列讲座第一讲，2012年5月24日。
[2] 〔美〕马克·本德尔：《艺术转换与评弹表演》，上海师范大学"评弹与江南社会"系列讲座第十三讲，2013年6月3日。
[3] 施振眉：《苏州评弹的艺术特征及其在浙江的发展状况》，上海师范大学"评弹与江南社会"系列讲座第二十六讲，2014年11月21日。
[4] 金丽生：《苏州评弹的定位与走向》，上海师范大学"评弹与江南社会"系列讲座第十六讲，2013年11月18日。
[5] 金丽生口述，潘讯采访：《金声玉振——金丽生访谈录》。

功夫。[1]可以说，说表能达到这种境界的艺人，无不是享誉书坛的响档名家；而传统长篇早在历代艺人的打磨过程中形成了丰富的书路书情供后来者参考取用。

传统时期艺人有"说书说书，以说为主"的行话，便是指说表对于艺人来说是最重要、最根本的能力。清代评弹初成形之际，艺人全靠说表立足，然后才在此基础上发展出噱、弹、唱、演等各种技巧。艺人若是说表不够火候，便难以跻身响档之列。"张调"创始人张鉴庭最初因说表不足，七进上海方站稳脚跟，而"蒋调"创始人蒋月泉也有成名后返回码头苦练说表的艰苦经历。

评弹在长期的发展过程中，形成了"说、噱、弹、唱、演"五技，其中"说"在首位，是五技之首，也是其他技的基础，其他的技巧都必须服务于"说"，否则便会冲淡评弹本身的艺术特色，进而削弱艺术本体。吴文科提出，评弹必须是在以口头语言为主的叙述当中去进行适当的模仿，起脚色[2]，便是强调"演"不可过。而"弹""唱"二技本是艺人为了烘托说表中书情的自然发展、强化脚色情绪感染力而出现的。唱腔、曲调根据书情而来，而不是生搬硬套、胡乱改编而来的。再如"噱"，评弹有"无噱不成书"的行话，噱头的重要性在于提高评弹表演趣味、增进与听众的情感交流。例如《白蛇传》中著名的"吃馄饨"本来是一回"弄堂书"，但经过周玉泉、蒋月泉等艺人的演绎后，就生动地将大生堂老板王永生的悭吝表现出来，其风趣幽默之处令人捧腹，又耐人深思。噱头的运用需要建立在其与故事内容相适配的基础之上的。翁思再一再强调放噱头和起脚色一样，应该适度使用。[3]所以唱、演、噱在表演中穿插过多，便有喧宾夺主之感，这都是近代评弹发展的弊病之一。

说表是苏州评弹的核心技巧，是苏州评弹产生、发展、创新的基础，是弹、唱、演、噱等所有技巧的基石，所以说表就是苏州评弹艺术的核心元素。说表和长篇，二者互为表里，失去了艺人说表部分的长篇难以成立，而没有长篇的说表无处存身。这是苏州评弹曾经走过的道路所决定自我特征，最后确定了在书场表演长篇的发展道路。

（三）立足书场，表演长篇

在书场演出长篇，是苏州评弹的存在形式和生存方式。长篇是与评弹艺术同步诞生的艺术载体。一部好的长篇是历代艺人经过改编、表演、传承之后，如大浪淘沙一般留存下来的精华，也

---

[1] 施振眉：《苏州评弹的艺术特征及其在浙江的发展状况》，上海师范大学"评弹与江南社会"系列讲座第二十六讲，2014年11月21日。

[2] "起脚色"是苏州评弹的一种表演方法，也作"去脚色"，属特定行话俗语，全书亦统一作"脚色"。

[3] 翁思再：《"蒋调"与蒋派》，上海师范大学"评弹与江南社会"系列讲座第三十一讲，2015年5月21日。

是传统时期艺人在码头上"滚"出来的艺术结晶。正如周良所言:"苏州评弹造就了长篇书目,长篇书目造就了评弹的艺术特色和艺术水平。"[1]

一部优秀长篇作品往往是历代相传、由众多艺人倾毕生之力悉心打磨而成的,苏州评弹的韵味和艺术本体就体现在长篇叙说的过程中。薛君亚直言传统长篇魅力在于耐听,这些故事是积年累月在书台上磨炼出来的。[2]张如君、刘韵若夫妇也强调唯有长篇才能出流派、出响档、出名家。[3]周锡山认为传统长篇在主题、结构、人物、语言、艺术手段、哲理性等各方面都有很高的成就,并给予了它"人生教科书"的高度评价。[4]长篇中蕴含了丰富的社会情境和历史细节,陆建华结合演出的实践,指出:表演传统长篇,必须了解当时的社会形态、法律、规矩、服饰等内容,否则便无法创新。[5]所以评弹艺人要知识广博,防止评弹艺术的精华随着时间而流失掉。艺人在讲唱长篇的过程中,经常借由"放噱头"对社会现象和问题做评论、调侃。美国凡萨大学教授都文伟就非常重视艺人对噱头的运用,原因正在于此。[6]

表演长篇,就必须立足书场,这是评弹艺术的空间载体。传统时期,评弹艺人在书场与听众"零距离"接触,形成了一个独特的"小社会"。在书场中,艺人说书,听众就是艺人的欣赏者、检验者、指导者,双方的互动是建立在对评弹艺术的探讨之上。陶春敏认为常熟之所以被誉为"第一书码头",就在于当地的书场由场方、艺人、听客形成了一个优质生态链,从而吸引众多艺人前来献艺。[7]书场表演非常能锻炼艺人灵活应变的能力。张如君、刘韵若夫妇便提及艺人要关注听众的心理需求,听众群体的差异性对应不同的审美要求,这会对艺人表演不断提出挑战。[8]正因为立足书场,艺人才能在表演中不断与听众做直接互动,不断打磨技艺和长篇,为评弹的创新发展提供源源不断的生命力。

马克·本德尔曾说"评弹是中国最成熟的一个曲艺方式",原因便是评弹是极具创造性和流动性的曲种,他在跟随艺人跑码头的过程中发现,艺人立足书场表演长篇,在长篇表演的基础上会利用各种技巧和即兴添加的内容为表演增加丰富的层次和隽永的韵味。[9]可见,创新是评弹的本

---

[1] 周良口述,潘讯采访:《续谈苏州评弹的研究——周良访谈录》。
[2] 薛君亚口述,潘讯采访:《从票房里走出来的评弹艺术家——薛君亚访谈录》。
[3] 张如君、刘韵若:《评弹的艺术性和社会性》,上海师范大学"评弹与江南社会"系列讲座第十五讲,2013年10月30日。
[4] 周锡山:《评弹与文学和戏曲的关系之探讨》,上海师范大学"评弹与江南社会"系列讲座第九讲,2013年3月19日。
[5] 陆建华:《说书说世——评弹艺术之我见》,上海师范大学"评弹与江南社会"系列讲座第三十三讲,2015年11月2日。
[6] 都文伟:《旧书新赏:以吴君玉的评话实例谈"噱头"之功用》,上海师范大学"评弹与江南社会"系列讲座第三十八讲,2016年5月31日。
[7] 陶春敏:《第一书码头常熟——苏州评弹与江南基层社会的研究》,上海师范大学"评弹与江南社会"系列讲座第十七讲,2013年12月2日。
[8] 张如君、刘韵若:《评弹的艺术性和社会性》,上海师范大学"评弹与江南社会"系列讲座第十五讲,2013年10月30日。
[9] 〔美〕马克·本德尔:《艺术转换与评弹表演》,上海师范大学"评弹与江南社会"系列讲座第十三讲,2013年6月3日。

质特征之一。

　　苏州评弹的艺术本体是什么，是众多评弹人关注的重点，厘清艺术本体特征，有利于帮助苏州评弹扬长避短，少走弯路；有助于做好评弹在当代存续、发展的科学规划和方向指导。众多苏州评弹人共同的认识是：坚持苏州方言的纯真性、坚守苏州评弹的艺术本体特征，坚定立足书场表演长篇。

二、苏州评弹从哪里来？

　　苏州评话、苏州弹词是两个独立的曲种，它们有着共同行业规范和组织，被统称为"苏州评弹"。讲唱曲艺的传统和苏州评弹的历史，塑造了苏州评弹的艺术本体特征，因此回溯、理清苏州评弹的发展历史，有助于我们认识苏州评弹是谁，以及苏州评弹往哪里去。

（一）苏州评弹历史发展阶段划分

　　苏州评话、苏州弹词这两个曲种形成于明末清初，在清中期其艺术特征和表演方式已成熟，并形成了行业规范、传承模式和组织方式，开启了评弹源远流长的发展历史。时至今日，苏州评弹已经是中国传统文化中不可忽视的重要部分，是江南文化、苏州文化的名片，是雅俗共赏的非物质文化遗产。

　　孙惕认为苏州评弹有近四百年的历史，共经历了五个发展时期：雏形期（明末清初），这一时期评话、弹词相继与吴语结合，形成苏州评话、苏州弹词，露天说书出现；上升期（清代），产生了行会组织——光裕社，出现表演艺术的理论总结，早期名家出现，女艺人现身；繁荣期（民国），评弹不仅在发源地长盛不衰，并且逐渐将市场拓展到了上海，名家众多，流派迭出；全盛期（1949—1966），评弹继续保持着旺盛发展势头，老艺人精进艺术的同时，也出现一批新的代表人物，书目上出现整旧创新的高潮，中篇新形式出现；新时期（改革开放以来），在恢复了优秀的传统书目外，先后流行过武侠书、时装书、"文革"书、新编历史书、现代书等。这五个时期的总结比较全面地揭示了评弹历史，尽管在一些时间、概念界定上还有可斟酌之处，但这一描述还是客观而准确的。[1]

　　沈鸿鑫用"三个高潮期"来划分评弹历史。第一次高潮在清代中叶（18世纪末至19世纪中叶），是公认的苏州评弹完全成形的时期，形成了一批代表性书目，出现艺术经验总结和行业规

---

[1] 孙惕：《我与评弹四十春》，上海师范大学"评弹与江南社会"系列讲座第十四讲，2013年10月15日。

范,且表演活跃、影响力强,出现较多诗文记载。第二次高潮在20世纪20年代末到40年代,或称为"上海时期",评弹成为观赏人数仅次于电影的地方曲艺。第三次高潮在20世纪50年代至60年代中期,党和政府把评弹纳入文艺事业,成立了各级国营表演团体,让艺人集体参与书目的"整旧创新"工作,推动艺人进厂下乡演出,使苏州评弹进而成为传统文化的代表性曲种之一。[1]

苏州评弹从属于"曲艺"这个大类。吴文科通过探讨曲艺学诞生发展和学科构建的历史,来观照苏州评弹发展的历史阶段。他归纳为三个阶段:一是发生阶段(清中后期),艺人制定了"艺诀艺谚",即评弹艺术表演经验的初期总结;二是发端阶段(民国年间),鲁迅的《中国小说史略》将宋元话本纳入文学史的研究视野,生发于民间的通俗文学作品和戏曲小说被学者所重视;三是学科建立阶段,《中国曲艺志》的编纂开始了曲艺基础史论研究的系统性开展阶段。评弹的历史正与清代民国时期传统曲艺历史同步,民国时期对评弹的学术研究,也是中国传统曲艺学研究的重要组成部分。评弹的强大影响力使其成为传统戏曲研究的重要"把手",被众多学者所重而有了丰硕成果。同时吴文科将曲艺置于"戏曲之母""文学之父"的崇高地位,对曲艺的研究甚至对传统戏曲及文学的研究也有着极为重要的作用。[2]

(二)苏州评弹中的"苏州"二字不可或缺

"苏州评弹"是一个完整的概念,"苏州"二字不可或缺,其原因除了前揭的苏州评弹用的是苏州方言之处,还在于苏州是苏州评弹的诞生之地、发展之地,苏州评弹是以苏州为中心的江南文化哺育出来的地方曲艺。

第一,苏州是评弹的诞生之地。民间曲艺的生发是地方民众为了满足精神文化需求而自发创造的,所以在经济发达的地区更容易出现。明清时苏州被称为天下"四聚"之一,经济的发展使苏州逐步沉淀了丰厚的文化底蕴,不仅成为全国的文化中心,还是戏曲表演中心和通俗文学出版中心。正如潘讯所言,苏州社会对评弹的作用体现在:其一,明末清初苏州市井繁华催生了新兴的市民阶层,为评弹的产生提供了理想的温床;其二,吴地小说的兴起为评弹输送了文学的营养,京昆剧为评弹提供了艺术的借鉴。反过来,评弹也深刻地影响着苏州社会:一是乾嘉以来,进茶馆品茗听书成为苏州人的生活方式,二是评弹深刻塑造了苏州市井百姓的性格。[3]

第二,传统时期的评弹市场是以苏州为中心向周边辐射扩散的。申浩的《雅韵留痕:评弹与

---

[1] 沈鸿鑫:《评弹的发展轨迹和艺术魅力》,上海师范大学"评弹与江南社会"系列讲座第十八讲,2013年12月23日。
[2] 吴文科:《苏州评弹(曲艺)研究与学术规范意识》,上海师范大学"评弹与江南社会"系列讲座第十九讲,2014年2月28日。
[3] 潘讯:《文化视野中的苏州评弹》,上海师范大学"评弹与江南社会"系列讲座第三十六讲,2016年3月12日。

都市》中有这样的定义："19世纪中叶以前，评弹的传播凸显为以苏州城市为中心并向周边辐射的形态，首先是次一级的中心城镇如无锡、常熟、昆山等，并层层深入，直至广大的江南市镇乡村。"[1] 传统时期，艺人们都以成为"苏州先生"为荣，这代表了评弹艺术的顶点和艺人层级中的塔尖位置。与此同时，大量的评弹艺人活跃在苏州周边的环太湖流域东部、南部的市镇码头上，并借由这些市镇形成一个个评弹表演的次级中心市场。

彭本乐先生根据评弹前辈的口述，将评弹活动的地区划为"杭嘉湖、苏常沪"这江南六府，[2] 此六府都是目前公认的"江南"这一文化意象的地缘共同体，相类似的文化认同、社会环境和语言优势，使得评弹在这些地区得以生根发芽、蓬勃生长。而艺人非常重视的"跑码头"传统，就是评弹渗透江南地区广大城乡的主要方式。评弹与江南社会就这样一直处于长期的互动和互相影响的状态。

"苏州评弹"为何必须要有"苏州"二字？因为此二字既是表明评弹本体特征，也是后人总结评弹历史时精炼出来的文化特征和文化背景，肯定了评弹诞生、发展是与苏州文化长期互动的历史过程。评弹进入上海后，形成了两个中心市场，甚至上海的地位后来居上，这就为之后的地域之争埋下了导火索。但地域之争若混淆了艺术本体，就是得不偿失。众多评弹人都强调必须保存"苏州"二字，这是评弹与其他类似讲唱曲艺相区分的典型特征。

（三）第二个中心：评弹在上海

太平天国运动是苏州评弹发展历史的分水岭。在此之前，苏州评弹文化圈是以苏州为中心，辐射苏州周边环太湖流域的城乡市镇。1860年太平军占领苏州，战乱导致大量苏常人口逃往上海，促进了上海租界的迅速繁荣。在这种情况下，评弹的传统中心市场明显受创，而上海的广阔市场却在逐渐打开。

1863年清军收复苏州之后，江苏巡抚丁日昌大力查禁民间戏曲娱乐活动，部分艺人不得不远避上海寻求生计。上海环境特殊且宽松，是东西文化交流互通、新旧理念激烈碰撞的前沿，这促使上海成为评弹的第二个中心地，苏州评弹迎来了又一个高潮。彭本乐曾说："在20世纪30年代，'去天蟾舞台看京戏，在大光明看电影，到东方书场去听书'，成为当时上海人的三大时髦娱乐。"[3] 在这种情况下，上海作为评弹中心的地位就已经跃居苏州之上。但是苏州作为中心市场的地位也并未丧失。事实上，上海市场虽然高端，但容量较小，正好可以与传统的苏州中心市场相

---

[1] 申浩：《雅韵留痕：评弹与都市》，商务印书馆，2014年，第27页。
[2] 彭本乐：《评弹音乐的基因、生成和流变》，上海师范大学"评弹与江南社会"系列讲座第四十一讲，2016年11月7日。
[3] 彭本乐：《评弹还能存在多久——21世纪初，上海的书场、听众和演员调查》，上海师范大学"评弹与江南社会"系列讲座第三十讲，2014年5月19日。

互影响、相互补充，促进评弹的全面繁荣。

苏州评弹在进入上海后，产生了诸多新变化，如在噱、弹、唱、演等方面加重比例，表演内容多穿插、多上海元素、节奏紧凑等，这便就是后来提出的"海派"风格。李明在访谈著名弹词艺人王柏荫时也曾提及，正是因为上海听众追求新奇时尚，才促使评弹寻找到了发展的新方向。[1]评弹与都市社会相融后在外在形式上也有了新变化，如男女共坐一书场听书、男女评弹艺人同台献艺、知识精英为评弹定位造舆论以及电台和媒体的加入。上海作为繁华的商业大都会为海派评弹的发展提供了诸多的便利条件和优渥的经济人文环境，因此有"上海响档优于苏州响档"之说。[2]

朱栋霖说"重唱"不仅是表演比例增加，20世纪40年代时，艺人开始吸收戏曲表演中"以情行腔、情感投入"的唱功影响，追求以情动人的表演效果。与此同时，琵琶、三弦等乐器伴奏的音乐旋律也同步变得丰富起来。[3]这种变化促进了"蒋调""严调""琴调"等唱腔流派的集中涌现，是评弹在上海极盛的重要表征之一。但"重唱"的趋势在此后却畸形发展，极大损害了苏州弹词的生命力。而"重演"，就是评弹进上海后，对戏剧表演元素加以吸收内化。根据苏州评话艺人陈卫伯的讲述，正是其师杨莲青在上海观赏戏曲表演时有所感悟，首创评话中的起脚色、开打等技巧。[4]可惜苏州评弹发展到后来，过于"戏剧化"的问题却越来越突出，这受到大部分苏州评弹人的批评。

（四）1949年后的"改制、改人、改书"

中共自开展革命伊始便积极地对中国原有的大众文化加以改造利用，在1949年全面掌握政权之后，新政府在文化领域也有着诸多新举措。苏州评弹也经历了"改制、改人、改书"的全方位变革。

1949年解放军南下，江南地区原有的社会秩序土崩瓦解，代之以一种新的秩序。评弹界经历了新旧交替的历史过程，陈卫伯曾回忆自己学说《包公》，刚刚学成就遭遇了"斩尾巴"，后来到1953年，他见李伯康在维也纳舞厅表演《杨乃武》，传统书表演才有所恢复。[5]"斩尾巴"对传统评弹艺术的传承以及艺人的生活都造成了极大影响。传统的评弹业态难以继续，促使评弹界艺人思考今后的出路，不得不有所变革。

---

[1] 王柏荫口述，李明采访：《艺术与人生——王柏荫访谈录》。
[2] 唐力行：《开拓历史学的新领域——从社会文化史的视野研究苏州评弹》，上海师范大学"评弹与江南社会"系列讲座第二十八讲，2015年3月18日。
[3] 朱栋霖：《苏州评弹与戏曲》，上海师范大学"评弹与江南社会"系列讲座第一讲，2012年5月24日。
[4] [5] 陈卫伯：《苏州评话七十年》，上海师范大学"评弹与江南社会"系列讲座第二十五讲，2014年10月21日。

新秩序的建立以上海市人民评弹工作团的成立最为典型。在此之前，评弹艺人是以个体演出为主，上海团的成立开启了评弹组织化的进程。这一过程可以说是文艺演出行业改制大趋势所决定的。该团成立时有评弹"工作团"之称，意指让一批评弹骨干成为核心，来实验如何改造评弹，并作为示范指导整个评弹界的未来发展。[1]上海团建立后，评弹流行区域在五六十年代纷纷成立团体，上海还成立了五个区级团，评弹艺人逐渐被纳入体制之中。

体制化的过程把艺人划分为不同等级，自由竞争市场遭到破坏。在"双百"方针提出前，单干艺人生存空间受到了挤压。如50年代中期蒋云仙上电台表演《啼笑因缘》受阻便是如此。在改制的过程中，最明显的变化在收入分配上，固定工资制取代了原有的拆帐制、包银制，评弹响档收入在进入团体后被极大压缩，吴宗锡曾说由于当时评价体系机械，属于曲艺的评弹只能被评为三级，所以进团前响档一个月收入少说在一千以上，进团后就变成两三百了。[2]

在改制、改人的同时，政府也积极推动改书。中篇评弹以"新评弹"的姿态出现，从此评弹演出形式发生了很大变化。第一个正式的中篇评弹是《一定要把淮河修好》，开创了评弹新的演出形式，当时这个形式得到了肯定，一连表演了三个多月，产生了轰动性的影响。[3]然而，中篇形式其实在艺术上并未成熟，老听客任康龄就曾表示若非名家表演，根本不能产生市场效益。[4]五六十年代中篇之所以能够有一定的市场号召力，有其特定的时代背景。周良指出"这是政治上急功近利、'左'的思想，把不同的认识当成政治方向"[5]。

评弹书场也变私为公，根据王正浩回忆，1955年后评弹界全部公私合营，书场就直接归文化管理部门主管，导致部分自营书场消亡。[6]上海书场的数量日渐减少，从50年代早期的六百多家，不到十年就减至四百多家，到60年代时又有所减少。[7]演员被纳入体制之后，上海市文化局组建了书场管理组（业务组），负责统筹全市评弹演出市场的业务安排，各个评弹团也有专人负责业务与书场对接，最终就出现所谓的"店大欺客，客大欺店"的现象，不过好处是演员只需要考虑上座率，也不会出现因场子不好拒绝演出的问题。[8]

（五）极"左"思潮对评弹艺术的破坏

20世纪五六十年代，在政治力量的介入下，评弹的艺术本体与市场都受到了破坏。虽然评弹

---

1 3　吴宗锡：《我的评弹观》，上海师范大学"评弹与江南社会"系列讲座第五讲，2012年11月17日。
2　吴宗锡口述，王亮、刘晓海采访：《"文革"前上海评弹团工资制度——吴宗锡访谈录》。
4　任康龄、金秉刚等口述，张盛满采访：《1949年前后的评弹生存状态——老听客的集体访谈》。
5　周良：《陈云文艺观的历史与现实意义》，上海师范大学"评弹与江南社会"系列讲座第四讲，2012年10月20日。
6 7 8　王正浩：《从评弹演出机制话书场与评弹兴衰》，上海师范大学"评弹与江南社会"系列讲座第四十六讲，2017年5月15日。

在这一时期仍维持着表面的繁荣，但已经如同无本之木。"文革"时期政治介入达到了极致，评弹遭到全面否定，受到根本性破坏，陷入危急存亡的边缘。

"文革"时期，评弹艺人遭受极大磨难，事例不胜枚举。唐耿良曾回忆这样一个令人不堪回首的除夕夜："除夕夜家人们等我九点下班回家一起吃团圆饭。不料那天晚上造反派开我的批斗会，往我头上挂黑板时铅丝撞到鼻子，顿时鼻血流淌，造反派照斗不误。九点半，大儿子见我还不回家，借了辆自行车到评弹团来接我。到了门口，只见二楼灯火通明，口号狂呼：'打倒唐耿良，唐耿良必须老实交代！'他知道在批斗我，只能快快回家。一直到十一点钟，我才拖着疲惫的身体回到宝成里，孩子们都已睡着了。台上摆着的年夜饭已经冷了，妻子拿到厨房热了热，叫醒孩子们一起吃。他们看我嘴唇上残存的血迹，又不忍心问我。大家心情沉重，强装笑颜吃了顿团圆饭。谁料这竟是我们全家最后一次团聚的年夜饭！次年，我妻子因不堪重压和重辱，病情恶化，撒手人寰，含冤而去了。我则被隔离审查不能回家，从此连郁郁不欢地在一起吃年夜饭也不可能了。直到四年后，我才与孩子们再次相聚于除夕。"[1]

"文革"时期，评弹的艺术本体受到极大破坏，"评歌""评戏"大行其道。金丽生回忆说当时长中篇全不演出，内容都是批判文艺黑线等，流派不能唱，表演要革命化，显得有战斗性。[2]这对评弹来说，戕害太严重了。

纵观苏州评弹兴衰的历史轨迹，我们可以看到，当艺术本体受到尊重和发扬时，苏州评弹就兴，反之则衰。评弹艺术的本质特征被"左"的思潮扭曲蚕食，其寓教于乐的功能被过度政治化。其艺术本体和美学格范被"日削月朘，寖以大穷"。这是一个漫长的"温水煮青蛙"过程，是偶然与必然、个体与集体、政治与文化、艺术与功利多重因素交缠的结果。我们无意追索个人的责任，但是历史的教训与"左"的危害是不应该忘记的。

三、苏州评弹往哪里去？

第三个终极问题，即苏州评弹往哪里去？这是关系苏州评弹前程的重大问题，要找到正确的答案殊为不易。可以说如果没有前两个终极问题的深入研究，第三个是难以回答的。对苏州评弹艺术本质的揭示，对苏州评弹从哪里来的历史过程的梳理，为解决苏州评弹往哪里去的问题创造了条件。而这个问题直接关系到评弹的前途和命运，因而也是业内关注的热点。针对苏州评弹往哪里去的一些具体问题，评弹人从不同角度阐述了他们的认识。

---

[1] 唐耿良口述，唐力行采访：《我在"十年浩劫"中的遭遇——唐耿良访谈录》。
[2] 金丽生：《苏州评弹的定位与走向》，上海师范大学"评弹与江南社会"系列讲座第十六讲，2013年11月18日。

（一）苏州评弹要处理好继承与创新的关系

在粉碎"四人帮"以后，陈云同志提出"评弹要像评弹"[1]，批评了"评歌""评戏"。周良就此阐发：继承与创新的关系是辩证的，必须要坚持在传承的基础上创新。没有传统基础的创新，是无本之木。在这样的创新中传承，是空中楼阁。他认为应该认真总结过去的经验教训，努力保持传统艺术形式及其发展规律的稳定性，才能做到"评弹要像评弹"。

创新的基础是继承，那么应该继承什么呢？长期从事评弹教育工作的邢晏芝曾说，学艺必须先老老实实地继承传统，才能从中分析改进，所以必须说长篇，因为长篇就是评弹艺术的载体。在继承传统长篇书目的过程中，又应以加强说表为重。张如君以蒋月泉"滚码头"的事例来说明，要掌握传统书的精髓，就必须练好说表。[2]

忽视长篇书目的传承和建设，忽视传统优秀书目的传承保护，盲目倡导"创新"，甚至鼓吹创新"不要怕四不像"，这些观点都是错误的。秦建国就曾批评当前评弹界出现的"摇滚评弹""精致评弹"等，就是盲目创新风气的产物，并非好事。[3]周良曾指出目前艺人思想虚浮、急功近利、投机取巧，这样搞出来的创新违背艺术规律，实为保护性破坏。周良说陈云同志曾多次强调，在创编新书的同时，必须重视传统长篇的保存和继承、重视评弹的历史研究，这是为了厘清评弹的艺术本体和规律，唯有如此，才能保持艺术形式的相对稳定性，使其能更好地受到保护。[4]艺术创新应该遵循艺术本体自身固有的规律。创新不是固步自封，一定程度上突破是必要的，创新成果最终应拿到市场经受听众的检验。

（二）苏州评弹艺术本质就是创新的

继承是创新的必要前提，创新是继承的必然要求。评弹艺术数百年的发展史，实质上是自身不断创新的历史。艺术本体的创新是为了更好地占领市场，而市场反馈又为创新提供了方向。

评弹创新并非指一定要创作新书，新书易说而难精。吴宗锡曾说，过去一个艺人，一部长篇能说一辈子，如此才有艺术的积累，如今的长篇能说一遍已经不容易，如何能在书台上细细打磨？[5]所以周良从长篇评弹在书场演出的实际情况出发，指出有上进心的、有艺术追求的演员，

---

[1] 在杭州会议前，陈云同志在《对当前评弹工作的几点意见》中提出："评弹仍然应该是评弹。"（第76页）杭州会议上，陈云同志说："评弹要象个评弹的样子。"（《在评弹座谈会上的讲话》，第79页；以上均收入陈云：《陈云同志关于评弹的谈话和通信》增订本，中国曲艺出版社，1997年。）

[2] 张如君、刘韵若：《评弹的艺术性和社会性》，上海师范大学"评弹与江南社会"系列讲座第十五讲，2013年10月30日。

[3] 秦建国：《我对评弹艺术的理解》，上海师范大学"评弹与江南社会"系列讲座第二十二讲，2014年5月19日。

[4] 周良口述，潘讯采访：《对苏州评弹历史及艺术特征的探索——周良访谈录》。

[5] 吴宗锡：《我的评弹观》，上海师范大学"评弹与江南社会"系列讲座第五讲，2012年11月17日。

都要有说好一部书的努力目标,并要为此做出常说常新、不断提高的努力。王玉立、庞婷婷夫妇回忆父亲王柏荫将太先生蒋月泉、大师兄苏似荫、二师兄张君谋、自己和儿子的本子放在一起,逐字逐句参照打磨,一边模拟表演,一边整理思考,在吸收了诸家长处之后,不仅在语言上极力精简,还在台风、手面、起脚色方面不断创新。

创新有着其内在的规律与方法。评弹艺术的创新,需要充分发挥艺人的主观能动性,比如唐耿良日常演出时,每天深夜还坚持学习,努力提高丰富自身文化素养,他曾回忆:"当时我也读了一些书,像《三国志》《水浒》《红楼梦》《康熙字典》《辞源》等,以丰富自己的文学、历史知识的修养。夜书场下来,秉烛夜读至深夜已是我多年养成的习惯和乐趣。同时还要去观摩京剧、昆曲以及其他地方戏曲,从兄弟剧种的表演艺术中汲取营养。此外,我还从电影、话剧这些现代表演艺术中学习借鉴,提高艺术素养。"[1]

创新要做具体分析。比如在故事的思想主旨上有所深化、突破,在艺术上有新的创造来提升艺术感染力,这样的创新就可谓之好。但若是艺人为迎合听众不合理、不健康的要求,而使自己的表演粗鄙化、庸俗化,这就是倒退。现在的评弹艺人创新能力弱化乃至对变异的追求,说到底就是对苏州评弹创新本质缺乏认识。范林元就曾说过中篇、交响乐、书戏、普通话评弹都是可以偶尔为之的娱乐,但若是长久为之,必然会使评弹本体逐渐消亡。[2]

美国学者马克·本德尔对评弹的创新本质也有过一段精彩的论述,他说:苏州评弹拥有着相对"开放"的表演框架,并允许互动改变原有的框架和已约定的表演内容,由此给艺人提供多种方法,从整体上使得他们的演出更"活"。这一观点与周良先生的"常说常新"是同一意义,而这种创新本质又是由评弹长篇加书场的生存方式所决定的。所以评弹艺术是必须面向市场的,唯有如此,才能做出符合市场需要的创新。徐檬丹在谈及自己的创作经验时,就说传统长篇是一个评弹作者最好的教材,可以从中学到语言、故事、人物、结构等要素,这些都是独属于评弹的话语系统,这些长篇正是长期面向听众的艺术结晶。[3]

中篇评弹形式,作为评弹创新的产物,已经存在了六十余年,不少中篇受到听众的欢迎。比如彭本乐就认为在《一定要把淮河修好》中蒋月泉创造了"快弹慢唱"的板式,这种创新丰富了"蒋调"的内容。[4]但若是以苏州评弹的创新本质来衡量中篇,就必须克服其自身所带有的脚色化、戏剧化的不足,让演员有更多自由创作的空间。

---

[1] 唐耿良口述,唐力行采访:《从少小学艺到初上书坛——唐耿良访谈录》。
[2] 范林元:《上海文艺演出市场及评弹现状》,上海师范大学"评弹与江南社会"系列讲座第三十四讲,2015年12月4日。
[3] 徐檬丹:《我的评弹创作之路》,上海师范大学"评弹与江南社会"系列讲座第二十七讲,2014年12月17日。
[4] 彭本乐:《中篇评弹六十年(1952—2012)——从〈一定要把淮河修好〉说起》,上海师范大学"评弹与江南社会"系列讲座第七讲,2012年12月22日。

（三）清醒地认识危机重重，对苏州评弹前途寄予厚望

数百年来苏州评弹植根于江南城乡广大听众、依托于市场，有着旺盛的生命力。即使是20世纪五六十年代，苏州评弹也是在计划经济调控下的市场。而现在评弹却基本上远离了市场。出现了艺人重视评级、评奖而忽略日常表演，长篇逐渐失传，盲目创新风气弥漫，听众断层，书目创新困难等问题，这让广大评弹人非常担忧。苏州评弹往哪里去？危机重重。

首要的问题就是对继承与创新的关系问题认识不清，急功近利。恰如周良所说，"非遗"保护的方针本是"保护为主，抢救第一"，但目前的评弹工作往往是强调创新，还尤为提倡奖励中短篇这种不能到书场去演出的节目。这种为了得奖、为了政绩的创新，对评弹的危害太严重了。[1]

第二，正常市场环境的破坏。周良指出之所以有这些盲目的创新、政绩工程的问题，都是因为脱离了市场和听众。[2]虽然有各级政府扶持开办的公益社区书场，但经营性书场数量稀少，不利于评弹市场的活跃和良性竞争。同时，营业性书场经营存在很大困难，上海市场现在已经出现衰弱趋势。曾经长期参与上海书场管理的王正浩分析，与江浙相比，上海生活成本高，但书场在收入方面却没有同比优势，而苏州还有晚场，并方便艺人住宿以减少开支。[3]最后是整个吴语环境的恶化，导致评弹的潜在听众群体日益萎缩，令人担忧。

第三，评弹长篇书目弱化。王正浩指出，现在的艺人学长篇是跟着录音机学，学来的书都是死的，内容自然越来越单薄。[4]且书场表演时限在缩短，传统时期长篇在一个书场演出，往往可以持续一月到数月甚至超过一年，但是现在书场演出往往只有半个月，还只讲"关子书"，长此以往自然越说越短。这对艺术传承是非常不利的。须知传统长篇评话与长篇弹词是苏州评弹的根，承载着苏州评弹的全部，关系到苏州评弹的存亡。如果苏州长篇评话、弹词没有了，苏州评弹也就消亡了。

第四，评弹教育仍需改进。金丽生指出评校的各方面都是按照教育体制来办的，而非按照评弹的艺术规律，这并不利于评弹传承。[5]别的不说，仅从生源上来看就颇令人担忧，孙惕说现在的生源质量与当年差距太大，艺术需要有天赋、灵性的苗子，但评校作为职业学校，想要招到这样的学生难如登天，这是整个教育评价体系的问题。[6]再加上评弹是一个地域性很强的曲种，吴语环

---

1 周良口述，潘讯采访：《对苏州评弹历史及艺术特征的探索——周良访谈录》。
2 周良：《陈云文艺观的历史与现实意义》，上海师范大学"评弹与江南社会"系列讲座第四讲，2012年10月20日。
3 4 王正浩：《从评弹演出机制话书场与评弹兴衰》，上海师范大学"评弹与江南社会"系列讲座第四十六讲，2017年5月15日。
5 金丽生：《苏州评弹的定位与走向》，上海师范大学"评弹与江南社会"系列讲座第十六讲，2013年11月18日。
6 孙惕：《我与评弹四十春》，上海师范大学"评弹与江南社会"系列讲座第十四讲，2013年10月15日。

境的恶化、生源来源复杂等问题，同样制约着评弹教育。[1]

第五，评弹的管理体制问题。当前的管理体制以地域划分，使得本来流行于江南文化区域的评弹被行政区划所分割。范林元就认为苏州评弹不是独属于苏州或是上海，或是江苏的曲种，而应该是整个评弹流行区域的共同文化遗产。[2]行政体制与艺术需要并不能完全适应，从金丽生谈到的评弹学校学制问题就可见一斑，他曾担忧地说评校学制从三年改成五年根本毫无必要，只是为了一张大专文凭，要让学生能方便找工作，但这是不利于评弹传承的。[3]在20世纪80年代曾经有过"评弹要不要团体"的争论，随后便是多地评弹团体的解散，评弹的市场影响力进一步衰弱，现在的改制仍然在不断探索。姜永春认为评弹作为传统曲艺，完全任其进入市场去"滚"、按照效益去评价，已经不符合时代环境了，也不符合国家保护非物质文化遗产的初衷，同样会对艺术造成戕害。[4]

最后，有些艺人自身对评弹的认识与态度也颇令人担忧。过去的许多老艺人，不管经历如何的世事变化，也始终保持着对评弹的赤子之心。而当前的情况是青年艺人缺乏这种精神。高博文就说现在的青年艺人业余生活丰富，无法静下心来揣摩艺术，连苏州话都说不好，更遑论对表演艺术精进的追求。[5]他们对待表演自然非常敷衍，存在混"大锅饭"的情况。尤志明指出，尽管如今政府对评弹的扶持力度大，但打铁还需自身硬，才不辜负国家投入的资金和大力的扶持，也能为将来做好准备，否则整个评弹市场只会不断恶化。[6]

一百个苏州评弹人的口述历史，是评弹人的心声，既有对苏州评弹前途深深的忧虑，也有对苏州评弹事业的拳拳爱心。这些心声中，我们读到了苏州评弹的希望。

首先是希望理论界加强对于评弹的历史、艺术本质、继承与创新等问题的研究，加强艺术评论与艺术批评，不要对违背艺术规律的现象随意捧场。评弹的学术价值已经受到了很多学者的关注。姜进指出："地方戏曲集中体现了过去一千年来的民众审美意识，仍然是我们今天重建民族叙述的重要资源。在后现代学术语境中，戏剧史应当以更广阔的视野、更多元的角度去检视极其丰富的戏剧史料。"[7]周良对从事评弹学术研究的学者与机构寄予厚望，高校研究评弹，有学术理论的支持，有学术团队的投入，是评弹理论研究的强大助力，而高校研究评弹有助于多学科交叉领域的进一步深化，实为互助互惠。吴文科充分肯定上海师范大学中国苏州评弹文化研究中心的工

---

[1] [3] 金丽生：《苏州评弹的定位与走向》，上海师范大学"评弹与江南社会"系列讲座第十六讲，2013年11月18日。
[2] 范林元：《上海文艺演出市场及评弹现状》，上海师范大学"评弹与江南社会"系列讲座第三十四讲，2015年12月4日。
[4] 姜永春：《坚守·克己——我的苏州评话缘》，上海师范大学"评弹与江南社会"系列讲座第四十讲，2016年9月20日。
[5] 高博文：《当前评弹的生存状态和发展契机》，上海师范大学"评弹与江南社会"系列讲座第二十三讲，2014年6月17日。
[6] 尤志明：《苏州评弹演出市场回眸与展望》，上海师范大学"评弹与江南社会"系列讲座第四十八讲，2017年9月26日。
[7] 姜进：《解构国剧：戏曲与民族文化史的重建》，上海师范大学"评弹与江南社会"系列讲座第三十二讲，2015年6月5日。

作，指出上海师大设立了一个学科点，这几年出了相当一批书，推出了相当一批年轻人，建立了一个学术阵地，形成了一个旗杆、一个标志。

我们寄希望于评弹艺人加强文化与历史的学习，懂一点艺术理论，掌握评弹艺术的规律，使自己在艺术上的创新，合乎规律，使艺术创新获得成功，不至于劳而无功，弄巧成拙。周良指出："要教育演员、提高演员，这是实现文艺为人民服务的关键。经济发展，物质财富增长，这是文明的基础。但没有精神文明的相应提高，人往往会被财富俘虏，物质淹没精神。"[1] 彭本乐认为目前评弹确实在衰弱，但在江浙沪地区依然还有数百位艺人在坚持表演，还有两所学校在培养新人，这在传统曲艺中是绝无仅有的，可见其生命力之旺盛。[2]

我们寄希望于管理部门不要急功近利，要做苏州评弹的内行，处理好继承与创新的关系。培育苏州评弹的市场，尊重市场规律、经受市场淘洗，复原评弹"精神商品"的属性。政府的政策措施只要符合艺术规律和市场规律，就可以取得良好的效果，"2009年起苏州市政府又每年安排专项奖励经费三十万元，扶持坚持长篇演出的评弹书场，鼓励评弹演员坚持长篇书目的演出，推动评弹的保护与传承，加快加强书场建设"[3]，虽然这还是远远不够的，但毕竟是一个好的开端。

《光前裕后——一百个苏州评弹人的口述历史》和《中国苏州评弹社会史料集成》两部书的出版，使我们得以从坚实的史料出发，把握苏州评弹是谁、苏州评弹从哪里来、苏州评弹往哪里去这三个终极问题，以及它们之间的相互作用、辩证关系，从总体上回答新时代苏州评弹的一系列根本问题，从而为继承、发展苏州评弹指明方向。推而广之，也为传统文化传承的研究提供了一种模式。

历时二十多年，由十七位博士生和六位硕士生先后参与的一百个苏州评弹人口述历史的采录工程即将告一段落，作为组织者回顾这段不凡的历史，不由感慨系之。早在1997年我就对苏州评话艺人唐耿良做了口述，请他谈谈从艺的经历和码头历练的过程。这篇访谈录放在了第五十一讲。随着访谈的深入，唐耿良用了近十年的时间写出了他的回忆录《别梦依稀——我的评弹生涯》[4]。我在整理者的话中写道："在我看来，这是弥足珍贵的。因为父亲经历了近九十年的时代变迁，他个人的命运其实折射了整个时代的变迁。迄今为止还没有一个评弹艺人写下自己的历史，而父亲的信史其实也是20世纪30年代至今评弹史的缩影，某种意义上也可以让我们从中解读文化艺术的时代命运。"现在，经过我们的努力，累积了一百个苏州评弹人的口述历史，形成了集体

---

[1] 周良口述，潘讯采访：《对苏州评弹历史及艺术特征的探索——周良访谈录》。

[2] 彭本乐：《评弹还能存在多久——21世纪初，上海的书场、听众和演员调查》，上海师范大学"评弹与江南社会"系列讲座第三十讲，2014年5月19日。

[3] 尤志明：《苏州评弹演出市场回眸与展望》，上海师范大学"评弹与江南社会"系列讲座第四十八讲，2017年9月26日。

[4] 唐耿良著，唐力行整理：《别梦依稀——我的评弹生涯》。

的记忆,其意义就更为宏大了。更何况我们对一百个评弹人的选择是从学术的视野出发的,使其具有代表性和系统性。在采访的过程中,我们运用了历史人类学和社会学等学科方法,保持客观的立场,使我们再现的历史具有真实性和多元性。

一百个苏州评弹人口述历史这项学术工程,得到了评弹人的理解和支持。文化部江浙沪评弹工作领导小组三位原领导——吴宗锡、周良、施振眉先后受邀担任"评弹与江南社会"系列讲座主讲,他们都已是耄耋之年,但是都十分认真地准备了讲稿,分别讲述了《我的评弹观》《陈云文艺观的历史与现实意义》《苏州评弹的艺术特征及其在浙江的发展状况》,从管理层的角度阐述了各地评弹风云变幻的历史,呈现了对苏州评弹艺术本质不同的理解,以及这种不同的理解对苏州评弹艺术道路及走向的深刻影响。苏州评弹人的口述除了留下丰富多彩的评弹历史,在讲座中也常有思想碰撞的火花。评弹人对于评弹的理解并不完全相同,而我们的系列讲座提供的是一个自由交流、畅所欲言的平台。很多老艺人对于评弹界当前的一些急功近利的情况十分痛心,利用讲座的平台,他们仅仅将自己的从业经历叙述出来,也足以自然而然地让我们认识到什么是真正的评弹,哪条道路是评弹发展的方向。而前来主讲的很多当前评弹团体管理者,通过他们的叙述,也让我们知道了当前评弹团体发展过程中遇到的困难。讲座没有互相吹捧、粉饰太平,而是针对评弹的深层次问题进行深入探讨,这也是系列讲座学术性的体现。

苏州评弹老艺人口述历史资料的抢救尤为紧迫。2011年12月12日,我在苏州评弹团成立六十周年团庆会上曾与饶一尘先生相约,为他做口述历史。2012年初与他联系,他正忙。过了没几天得到他女儿的来电,饶先生已遽然离世,采访之事只能作罢,留下了永远的遗憾。还有金声伯先生,我们曾多次与他联系,拟请他到上海做讲座,或是到苏州采访他。最后他终于同意接受我们的采访。团队成员秦箸茜等专程赶往苏州金先生家中采访。[1]这次采访全程做了录音录像。令人惋惜的是,在采访后不久,金老就溘然长逝,我们所记录整理的口述文稿以及当时的录音录像成为金老留给世人最后的记忆。中心成员采访过的上海评弹团建团"十八艺人"之一王柏荫[2]、上海静园书场原经理罗叔铭[3]等,也先后离开人世。苏州评弹老艺人是评弹艺术的珍宝,是评弹历史的见证,将他们的人生经历留下来,是迫在眉睫的。老艺人沈东山已高龄且定居澳门,趁他回沪探亲时,由彭本乐先生引荐,我与解军两次在上海艺术研究所采访他,并请他做了一次讲座。[4]我们还对上海评弹团建团"十八艺人"中硕果仅剩的陈希安先生,做了《上海"说书先生"的日常生

---

[1] 金声伯:《金声玉振,忠烈侠义——金声伯访谈录》。
[2] 王柏荫:《艺术与人生——王柏荫访谈录》。
[3] 罗叔铭:《"物非人是,愿景长留"——原静园书场经理罗叔铭访谈录》。
[4] 沈东山:《沈东山评话艺术生涯回忆录》,上海师范大学"评弹与江南社会"系列讲座第二十一讲,2014年4月18日。

活及演艺生涯》的访谈录。弹词艺人江文兰、赵开生、余韵霖,评话艺人陈景声等长者都热心地接受了访谈或是亲临校园做讲座。弹词老艺人张如君、刘韵若夫妇在讲座前,做了充分准备,反复商议讲座具体内容,写好讲稿后约请彭本乐和解军去公园试讲,听取意见,修改完善。我们与常熟团原团长陆建华先生联系时,他的身体状况不太好,但是他没有拒绝我们,而是答应过一个月后来校讲课,令我们非常感动。在口述史收集整理的过程中,评弹人都十分重视自己回忆的真实性。比如团队成员金坡等采访杨振雄遗孀朱迎迎女士的时候,朱女士为了怕自己回忆有误,特地又请来杨振雄晚年所收的学生许君伟一起接受采访。原上海评弹团文学组成员、上海艺术研究所研究员彭本乐老先生不仅为我们多次做讲座,而且系列讲座五十讲他自始至终到场,还经常发表自己的见解。对我的学生也十分关心、爱护。一百个苏州评弹人口述史留住了评弹老艺人渐行渐远的身影。

在一百位苏州评弹人中我们还有选择地做了深度采访,形成回忆录,做到口述史的面与点的结合。比如,我们对原长征评弹团副团长弹词老艺人蒋云仙的采访。蒋云仙侨居加拿大,因年事已高,难得回到上海,我们得到消息后,请她到上海师大住了下来,进行专题采访,请她详述家世、钱家班学艺、拜姚荫梅为师、演说《啼笑因缘》成名、加入长征评弹团担任副团长、经历"文革"、长征团重建和消亡、个人命运和婚姻,出国定居,等等,录音、录像二十多个小时,最终形成《凌云仙曲:蒋云仙口述传记》[1]。我们还利用这个机会,请她在"评弹与江南社会"系列讲座开讲对于布莱希特表演体系的感悟。我们深度关注中年弹词艺人胡国梁。胡国梁出生于1943年,是1949年后成长起来的评弹团中坚力量。在剧烈的时代变化中,胡国梁与这一代大多数苏州评弹人一样痛苦而无奈地离开了书坛,成为"缺失的一代"。但他不离不弃,努力奋斗,最后成为"严调"传人,为评弹事业做出了贡献。我们请他妻子、评话艺人黄鹤英将其生前撰有的个人小传整理成书[2],纳入"评弹与江南社会研究丛书"出版。我们对周良先生的采访也是深度的,[3]这位1949年后长期参与评弹管理并深入进行苏州评弹研究的老人,今年已是九十四岁高寿了。他对于长期存在的"左"的危害有着深刻的体会,"1965年,有领导提出了'评弹要以中短篇为主',当时潘伯英同志提出不同意见,后来在'文革'中间受到严厉的批判,致命的打击。正确的意见往往得不到重视,甚至受到严厉批判。这里有对艺术规律的认识问题,同时也有领导体制、民主

---

[1] 蒋云仙口述,唐力行等整理:《凌云仙曲:蒋云仙口述传记》,商务印书馆,2015年,收入唐力行主编"评弹与江南社会研究丛书"。

[2] 胡国梁著,黄鹤英整理:《为伊消得人憔悴:我的评弹梦》,商务印书馆,2016年,收入唐力行主编"评弹与江南社会研究丛书"。

[3] 潘讯曾两次对周良进行访谈:《对苏州评弹历史及艺术特征的探索——周良访谈录》《续谈苏州评弹的研究——周良访谈录》。

管理的问题"。最后,在我们的鼓动下,周良先生记述了自己的历史《伴评弹而行》[1],为苏州评弹历史留下了珍贵的一页。

传统文化的振兴,需要的是具体而细致的工作,要辨其源,正其流,培其根。这是一个亟待开辟的学术领域。连续六年,在高校的学术讲坛上举办五十场"评弹与江南社会"的系列专题讲座,这无论在高校历史上还是文化界都是从未有过的创举。坚持二十年,将一百个苏州评弹人的口述历史与苏州评弹的文献资料(社会史料集成)相结合,形成五百万字的苏州评弹史料,更是社会文化史、曲艺史上的一个创举。作为首席专家,我有幸组织并亲身经历了这个过程,虽然备尝艰辛,但也乐在其中。这里,特别要感谢我的团队,没有他们尽心尽力的参与,这个巨大的工程是不可能完成的。还要特别感谢参与这一过程的苏州评弹人,谢谢你们的热心参与和鼎力支持。

今天,当《光前裕后——一百个苏州评弹人的口述历史》厚厚的书稿摆在我面前时,我相信这个集体的记忆,将会把苏州评弹定格在历史的长河中。

本书的扉页设计了一条时间的长河,其中每一朵水花,就是一个苏州评弹人的照片,他们从历史的深处而来,蜿蜒曲折,汩汩不断,流向未来。

子在川上曰:"逝者如斯夫。"

唐力行
2019年4月21日

---

[1] 周良:《伴评弹而行》,商务印书馆,2015年,收入唐力行主编"评弹与江南社会研究丛书"。

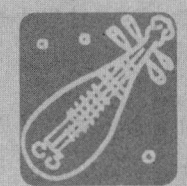

上 卷

苏州评弹人演讲录

（"评弹与江南社会"系列讲座）

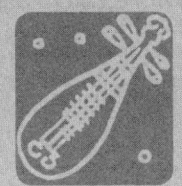

第一讲
苏州评弹与戏曲

　　苏州评弹是中国传统曲艺种类之一,在其成形与发展的过程中,都深受戏曲的影响。从早期的苏州昆曲,到民国上海纷呈的地方戏,评弹都在保持自己艺术本体叙述性特征的基础上,从中吸取了大量的养分。评弹本诞生于江南钟灵毓秀之地,表演又以灵活见长,善于顺应潮流、不断创新,所以既传承了昆曲"静雅"的传统美学韵味,又顺应了地方戏以情行腔、以情动人的流行趋势,故而展现出蓬勃的生命力。但时至今日,苏州评弹作为传统曲艺,再次面临发展方向的问题,求新求变是必经之路,评弹与戏曲关系紧密、受益良多,但需要掌握尺度,必须坚持其原有的艺术特质。

朱栋霖

苏州大学教授，博士生导师，曾任香港大学、台湾东吴大学客座教授。主要从事中国现当代文学和戏剧理论的研究和教学，为我国现当代文学研究界第三代代表人物之一。其学术论著先后十六次获国家级、省部级优秀科研成果奖，所主持的国家项目《1898—1949中外文学比较史》，先后获得国家社会科学基金项目优秀成果三等奖、教育部人文社会科学研究优秀成果二等奖等奖项。曾指导、参与了中篇评弹《雷雨》的剧本创作和演出。

没想到今天来了这么多的同学，我很高兴有这么多人来关心评弹，这是很好的事情。唐老师做了不少工作，显示了评弹是有魅力的。我从十年前开始，在苏州大学开设了针对本科生的评弹鉴赏课程，每周一次，其实只是给同学们提供一点欣赏评弹的机会。《评弹鉴赏课》中有很多苏大同学的文章，讲述了当代大学生是怎样看待评弹的，我和一些评弹演员看了后都非常感动，因为没想到同学们对评弹评价这么高。我觉得这样就够了，并没有想到要组织一批人去研究评弹。唐老师却能在上海师大组织团队对评弹进行研究，我很期待这一团队能把评弹研究坚持下去。

我主要研究现代文学，同时因为兴趣兼顾研究戏剧。之前我把评弹引进大学，还和苏州评弹团合作搞了评弹版《雷雨》，在大学里受到欢迎，但都是偶然的，我从来没有想到评弹会和我的学术发生关系。所以我就浅谈一下对评弹的想法，跟大家交流一下。

苏州有一位老同志周良，1949年前他是上海大夏大学的大学生，地下党员。1949年后被派到苏州担任文化局副局长，主管评弹。他开头听不懂评弹，但他热爱评弹，就从研究评弹入手，积累了很多第一手史料，五十多年来一直尽心从事评弹研究，从资料收集到理论评论。有这么一位终身从事评弹研究的学者，非常难得。

我国曲艺有五百多种，戏曲三百多种，都需要进行历史的、理论的、作品的全方位研究。但是目前大多数还做得不好。京剧和昆曲的研究学者还比较多，但是它们本身就博大精深，所以目前的研究进度还是远远不够的。其余的戏曲、曲艺研究基本都付诸阙如。比如越剧，今年"百年越剧"的纪念活动规模很大，中央电视台还举办了"越女争锋"的比赛，可见人才辈出，可是目前还没有一本系统研究越剧的历史学著作，关于越剧的史料整理目前也没有。中国五百个曲种，目前只有评弹的研究是全面展开的，而且就周良一人。所以我们做学问，不能嫌孤单，坚持下去就有成就。

2012年5月19—20日在苏州召开的"周良与苏州评弹研究学术研讨会"上，讨论的一个问题就是评弹和戏曲的关系。这个问题涉及评弹本体的特点，周老从80年代到现在，至少重点发表了三篇文章批判评弹的戏曲化倾向。关于这个问题我之前一直没有认真思考，所以也不够成熟。今天我把这还不成熟的想法拿出来，大家讨论一下评弹和戏曲的关系。

一、评弹本体的叙述性特征和"跳进跳出"

评弹是叙述体,周老的书中也是这么说的。苏州评弹是讲故事,戏剧是在舞台上再现故事和人物,这是它们之间最大的不同。用我们中文系通常的比喻来说,戏剧是第一人称,评弹是第三人称,应该是客观冷静的。

但评弹很大程度上受到昆曲的影响。起脚色是一种表现,在讲故事到了紧张交锋的时候,评弹也要起脚色,以具象化人物之间的冲突。起脚色的表演方式就是从戏剧中来的,而评弹是讲古的,它也可按生、旦、净、末、丑来分,也有小生、旦角的划分,所以有的演员就把戏剧的一套直接搬到评弹里来了。而评弹表演时,叙述是用苏州方言,人物对话则用中州韵,或者我们称为官白,其实也是学自昆曲,这是受戏曲影响的另一种表现。

其实我想要说明的一点,就是评弹从诞生到成形,本来就受到多种戏曲艺术的影响,这是不可否认的。但有的演员就一路都是戏曲化了,对白多的时候都是一句对一句的话,就像戏曲做功一样,这就没有坚持评弹本身的艺术特征。

去年我们编著了"苏州艺术家研究"这套丛书,其中介绍了三位评弹演员,在中国文联开新书发布会上就演了评弹《武松》的《叔嫂初逢》,这是上海评弹团杨振雄编演的新书。那次的演出就有很明显的戏曲化倾向,比如起武大郎时就蹲下来演,起潘金莲脚色时的手法也基本和花旦一样,他们其实是受了杨振雄的影响。而杨振雄在60年代演《西厢记》《长生殿》《武松》时,学的就是昆曲艺术家俞振飞、徐凌云。苏州的两位演员这样演,现场效果很好。还有一位演员"文革"当中被调到京剧团演样板戏,对京剧一套很熟,就用京剧的一套演武松,很有英雄气概,引得起潘金莲脚色的那位演员也学他的手法,拿了一块红手帕在那儿指手画脚。但是演出结束后,我的老朋友,中国剧协的党组书记、常务副主席季国平,他是研究戏曲的,是任半塘的博士。他就问我苏州评弹是这样演的?他说扬州评话说书是坐着不能起来的。季先生是扬州人,没听过苏州评弹,却对扬州评话很熟。扬州评话也有《武松》,王少堂开讲《武松》,《斗杀西门庆》《血溅鸳鸯楼》《大闹飞云浦》《醉打蒋门神》这几段都是打戏。但武松再打也只能坐着不能起来。这是扬州评话传下来的规矩,它是说话的艺术,这就逼得演员不能去演,必须发挥嘴皮子功夫,用语言艺术的魅力去吸引听众。季先生说苏州评弹怎么这样呢?我只能说大多数苏州评弹演出不是这样的。

这件事反映的问题就很多。我最近还跟盛小云说,你们演得要收敛些。季先生说自己没听过苏州评弹,这是第一次听,这一次使他惊讶了。其实他提出了曲艺的一个本体问题,曲艺和戏曲的区别。他关注的重点就是周老所强调的评弹不能戏曲化的问题。和戏曲要塑造人物一样,评弹确实也要起脚色,它也确实受到了戏曲的影响,但两者是有区别的。

这当中就涉及一个表演体系的问题。20世纪80年代戏剧表演美学问题曾轰动一时,引起了整个戏剧界的关注。曾有整整半个世纪,中国的话剧演出主要采用斯坦尼斯拉夫斯基创立的体验派表演导演艺术体系。编剧手法是现实主义的,演出方式也是现实主义的,要在舞台上再现人物和环境。写实的戏剧体验派,就是强调人物的内心体验,要求演员深刻体验剧中人,要演什么像什么,像真的一样,演员在踏上舞台的一刻,就已经不再是自己,而是脚色了。北京人艺的《雷雨》和《茶馆》就是写实戏剧的典范。这是一个影响了中国半个多世纪的戏剧演出方式。

当时公认斯坦尼体系是唯一的表演方式,形成这种观念和我们的体制有关。因为这一体系来自苏联,还是苏联官方唯一承认的戏剧表演体系,它不仅是艺术,还是一个政治问题。以至于梅耶荷德搞了个表现派,不赞同斯坦尼,就成了"反革命"。中国也跟随苏联,用行政命令推行斯坦尼体系。当然这一体系确实贡献很大,也很重要,即便是现在在一些重要表演奖项评选中,还是根据这一体系来评价演员。

但这样一种演剧方式到80年代受到了质疑。这个质疑是上海人艺的总导演黄佐临在60年代引发的。他提出,在世界上不是只有斯坦尼表演体系一种,他就举了一位德国戏剧家布莱希特。斯坦尼体系要求演员投入变为剧中人,目的就是要让观众受到剧情的感染,这样的戏是以情动人,观众在剧场里与局中人同悲同乐。布莱希特却指出这样的剧场是剥夺了观众的自我思考力和主观能动性,他的体系主张观众自主思考,要求演员不要完全投入脚色,在表演的同时还要从旁冷静地告诉观众,剧中人他在做什么,他这样做好不好。中国的戏剧理论家就把布莱希特提倡的表演观点概括成"跳进跳出"。你扮演这个剧中人,你有时候要"跳"进——体验脚色,但是很快地要"跳"出来。但事实上在话剧演出中很难做到。布莱希特理论虽好,但他的戏都不能够真正实践他的理论。我在80年代初看过用他的理论排的他的剧作《伽利略传》,最后还是结合了斯坦尼体系来演,否则让人到剧场里看得很冷漠。

80年代曾经在香港开过布莱希特国际研讨会,专门邀请了上海评弹界的蒋云仙到会议上去演出。评弹就很适合布莱希特体系,蒋云仙单档演出《啼笑姻缘》特别能"跳进跳出"。她一会儿扮演这个剧中人,一会儿又能跳出来。因为评弹不是再现,从来没有完全进入脚色。周老讲得对,表演点到为止,追求神似。这些是评弹叙述的一个特点,它叙述故事,不进入脚色,并不断地和听众交流,包括对说书过程的评价。评弹确实吸收了戏曲的一部分,但它不可能完全进入脚色,它是不应该戏剧化的。

二、苏州评弹的表演美学："清"与"静"

中国文化中对艺术产生最大影响的是老庄道家，中国文人历来也以老庄创造的境界为最高境界，这就是我说的中国美学的境界——虚静恬淡。它又和佛教的基本观念相结合。禅宗就是老庄、佛教的思想结合的产物，从唐到明，禅宗在文人中盛行。中国的文人虽不都是禅宗的信徒，但在文学艺术创作上，都以老庄禅宗的境界为最高。

比如唐代的王维，他是受禅宗影响最深的艺术家，他的诗都在追求这种虚静恬淡之境。"木末芙蓉花，山中发红萼。涧户寂无人，纷纷开且落。"它和禅宗的故事是一样的，花自开花，与人无关。到宋代的苏东坡也作如是观，他的仕宦生涯几起几落，他受的打击够大了，可是苏东坡始终以达观的心态来对待，因为他有更高的境界，这境界就是禅宗给他的。下面我引他的这首诗，就是他这种心态的总结："欲令诗语妙，无厌空且静。"最高的境界乃是"空"和"静"。他的《送参寥师》最后感受到人世的无常，"静故了群动，空故纳万境"。因为静，所以你可以在芸芸众生之上，以虚静容万物之境，那就高了。柳宗元的《永州八记》也展现了同样的境界。

诗要虚静，画则要空静。比如著名的《富春山居图》，画中的山都是平矮的，河边上有很多很大的空白，元人画推崇这种美感。现在的国画，画得重岩叠嶂峰峦起伏，那是我们现代的潮流。倪云林的画也是如此，画中的小丘都很平缓，后景是天空和湖水，也许水流很急，但在画中依然是平缓的，反映了作者心情的宁静。清代郑板桥画竹，也说："冗繁削尽留清瘦，画到生时是熟时。"倪云林的画"清幽""萧疏"，画竹稍微歪歪斜斜没有几片。好的画作，画树不会是笔直的，画房子不会是新的，必要有些破旧，稍微有点东倒西歪的，画人则一定是个老者蹒跚地走，风格一定是萧疏的、寂寥的，这样的画才有味道。

我兜了一圈子，是要说明评弹也是这样。评弹为什么让人觉得有很大的魅力，就是因为评弹的唱腔很优雅。它是一个古典的、非常中国化的曲艺。说书，尤其是弹唱方面，体现了中国美学的最高境界——"静"。苏州评弹的流派多种多样，但共同的美学特点就是"静"。最好的评弹演唱是"静"的。像周玉泉、魏含英唱的《珍珠塔》，虽然也有快调，其实唱得很静，不是激烈动荡的。再比如"俞调"，是最能反映评弹音乐特点的唱腔，以前的老演员很重视唱腔的"静"，像周玉泉会接受薛君亚跟他拼档，就是因为薛君亚"俞调"唱得好。虽然"俞调"很花哨，但整体来说，你轻佻轻浮那是唱不好的，朱慧珍唱"俞调"就有这样感人的魅力，三回九转的旋律是被包含在优雅的沉吟中的，没有特别的高低起伏。像"俞调"《宫怨》、"祁调"《秋思》、徐丽仙的《情探》，最佳境界是要求演唱者心灵宁静，所以一开唱听众的心灵也会安静下来。徐云志、周玉泉、魏含英、姚荫梅，等等，很多老艺术家的弹唱虽然各有风格，但总体特点就是静。到书场听书是一种心灵的放松，感受中国的古典美学。要是过多地投入情感，跳进而不能跳出，就破坏了苏州评弹本体的美学特点：静雅。如果评弹唱得很热闹，和东北"二人转"一样就走歪了。现代音乐的审美特点就是"动"，中国古典音乐审美就是"静"。像中国古典经典乐曲《春江花月夜》《二泉映月》等，总体特点是静。虚静，是中国古典美学达致的最高境界。中国美学正是以静征服了西方，所以我们一定要有意识地保护它这个特点，保护评弹这一艺术本体所承载的传统美学。

评弹从文化上来看是大众通俗文学。可是评弹正是在通俗中追求雅静的境界。这在曲艺中是不多的。苏州评弹为什么会有这个境界？它产生在苏州，苏州城市的文化，尤其是昆曲熏陶了它。昆曲是中国古典美学的极致。昆曲最好的唱就是要静，不要你"姹紫嫣红"唱得眉飞色舞。京剧在诞生之初也受到昆曲的影响，像梅兰芳、程砚秋、余叔岩、杨宝森这几位其实唱的也是静的。评弹也是如此，它的韵味就是来自昆曲，它体现了中国美学的魅力。

三、评弹和昆曲的区别

评弹是通俗的口头艺术，非物质文化遗产，口耳相传。周老讲了，第一，评弹是民间性质的，它不是专为文人创作的。第二，评弹是口头的，处在不断的变化当中。在口头传承的过程中，要不断迎合听众的口味而做出创新改变。第三，评弹是集体创作的，各个流派都有创新。第四，评弹演员在表演时还要在书台上进行二次创作。因了上述原因，所以评弹的形态有它的流动性，尤其要适应听众。中国古代的书法、绘画、诗文都是自娱自乐，它不受观众读者的影响。评弹则要追随听众，为听众服务，没有人听就要灭掉了。

因此我认为，评弹和昆曲不一样。昆曲是经典的，它的唱谱、剧本、曲牌、表演，都有文人全面的参与打造，规范极细极明确，经过了数百年文人和演员的琢磨，它已经固定下来了。它是经典，但也是静止的，不能随意更改的。但是评弹是口头的，是深入民间的。旧时，上海有几十家书场，苏州包括乡镇，整个江浙沪，杭州以北，一直到常州，乡镇码头都有书场。从没有一种戏曲、曲艺能像苏州评弹那样占领了整个江南市镇，所有的大小村镇都有书场，三百六十五天天天演。这是京剧、越剧所做不到的。评弹的受众面极大，即令杭州嘉兴，天天听到的都是苏州人说书。它的通俗性、大众性、口头性决定了要适应听众，要与时俱进。

四、评弹进入上海后的变化

上海评弹团建团六十周年时，团长秦建国请我写篇文章，后来刊在《文汇报》上，题目为

《苏州评弹的"海派"》。评弹最早进入上海在清朝同治年间。现在上海评弹界的演员，基本上是从20世纪三四十年代开始进入上海的，就是他们创作了我们今天所说的上海评弹团的成就。这批苏州评弹演员在上海常年演出，对上海文化来说他们是"苏派"，代表了苏州文化和审美。但是对于苏州评弹来说，它和苏州原生地的评弹也不一样，它们是"海派"。"七煞档"就是在上海诞生的，这批演员的表演已经与苏州的不一样了。我们应该承认，苏沪两个地方，虽然评弹演员不断流动、相互交流，但总体上他们在上海的时间更长。上海的说书先生创造的成就，跟苏州的有点不一样。评弹进入上海之后的发展和上海的变化有关，现在唐老师带大家通过评弹来研究社会史、文化史，我觉得很有意思。就是评弹的发展和江南、和苏州、和上海的变化密不可分，非常敏感。

上海的发展和评弹的发展有关系。首先表现在听众群体的变化。上海在太平天国之前是小的地方，只有五万人。太平天国之后，上海就变为五十五万人，一下子增加了五十万人，十倍。为什么呢？就是苏南地区，苏锡常，和绍兴、杭州、宁波的人，都因为太平军在那里打仗，逃到上海去，逃到租界去了。他们带去了苏嘉杭的大量资金。能逃到上海的都是有钱、有文化的人，不仅给上海带来了大量的资金，也带来了苏南和浙江的文化，结合进入上海的西方文化和商业文化，上海变成了一个大市场。

上海的第二次大发展在抗日战争时期，因为有租界，更多的人又逃到上海去了。这些都和评弹的发展有关系。我们都知道，评弹进入上海后很快适应了商业文化，清代在福州路那个地方就有灯箱广告，在苏州不需要做的。评弹就根据上海的特点，灯箱广告、各种文字广告、照片，都弄上去。以前女弹词在苏州是不能被容忍的，到了上海也光明正大地出现了，用美女来吸引人，这也是评弹在适应上海的听众，要与其他曲艺竞赛，就必须变化。

评弹刚到上海时，应该说主要还是把本地的艺术直接带过来。但是我们听到的一些音像资料显示，从40年代开始苏州评弹的演唱有变化了，这个变化就在上海发生。这一变化，当然总体受到海派文化的影响。对于评弹来说，海派文化的影响体现在两点上。第一，海派文化求新求变，它要变化，不能老是老一套的，听众也是喜新厌旧的。第二，开放性，什么都可以拿过来用，这是海派风格。

清末民国时期的上海是经济娱乐的中心，海派风格的成形有很复杂的原因。20世纪话剧从上海圣约翰大学发源，产生了文明戏，也就是早期话剧，三四十年代，上海是话剧演出的大本营。上海还是中国电影的中心，虽然第一部国产电影出现在北京，但是很快南移，中国早期电影诞生在上海，1949年前的大明星都在上海。上海还是海派京剧的核心，上海的京剧足以和北京的京剧抗衡，因为南方人看的京戏都是这个。而在上海，地方戏尤其兴盛，评弹、越剧、沪剧、淮剧，主要观众都是女性,有那么多做生意的人到了这块商业繁华之地,他们的家属就是这些地方戏的主要观众群。这些地方戏虽然起源于不同地区,但都在上海兴盛,就是因为上海文化养育了它们。在上海这个中国20世纪戏剧大本营,每个剧种都互相影响。

比如京剧的变化就很能体现海派风格。上海在民国初年就建立了中国最新式的舞台——"新舞台",在外滩十六铺,它是专门演新派京剧的。新派京剧的创始人汪笑侬、潘月樵,就把京剧演出和反对清政府结合起来,创造了京剧新的派别。之后的代表人物周信芳更是将新京剧推向顶峰,海派京剧的风格更加确定。周信芳从1915年开始就到丹桂第一舞台演戏,那是上海最有名的京剧剧场,那时他才二十岁。他在丹桂第一舞台,一个人连演八年,创造了奇迹。周信芳的戏有何魅力?和传统的戏相比有什么特点呢?第一,他演新编的戏,上海人要看新编的。第二,他强调了戏剧是个整体的艺术,唱、念、做、打各项功夫都要到家,京剧过去主要是唱,所以北京人管看京戏叫"听戏"。但周信芳注重突出整个舞台整体的表演艺术,实际是将斯坦尼体系融入表演。他的《徐策跑城》,整个就是载歌载舞,反映这个老头在长安城里激动地奔跑,全场舞蹈化动作。《坐楼杀惜》也是,很强调做功。上海观众最吃这一套。周信芳的表演艺术体现了20世纪中国戏曲走向的特点:以情感人。

这种观众欣赏口味的变化,也导致了"花雅之争"。这种争斗的本质是什么?是唱和情的平衡,是戏曲这种娱乐去迎合大多数观众的口味的竞争,最后花部兴、雅部衰。因为昆曲的最高境界是"雅静",昆曲的唱段都是一唱三叹、九转十八弯。繁复的旋律把演唱固定了,人物的情感包容在这个复杂旋律中,你要细细地体会。京剧的音乐旋律已经比昆剧解放了,京剧行腔的拐弯曲折变化已经比昆剧少了,情感从腔里面慢慢露出来。在情和腔的平衡处理中间来打动观众,从演唱上来说,昆曲的音乐旋律太复杂了,它不适合更多的观众。京剧在情感和音乐的旋律方面容易被人家接受。第三新剧波浪从民国初年开始,三四十年代,地方戏来了,也就是越剧、黄梅戏、沪剧,等等。地方戏曲的特点也在于它们的演唱,它们的变化是以情行腔。

比如越剧,从绍兴到了上海,开头唱的是土腔,不是我们现在听到的越剧旋律。1942年袁雪芬提出改革越剧,在大来剧场她提出"新越剧",向昆曲、话剧、电影学习。一方面,借鉴昆曲的声腔,以情行腔。另一方面,学话剧刻画人物。她唱腔的新变化就是从她有一次唱《香妃》开始。香妃的恋人被仇家杀了头,香妃看到恋人的头大哭一声,袁雪芬唱哭腔的时候感情投入,哭出了一个新的调门——"哭头"。袁雪芬创造新腔从此开始,她有著名的"三哭",《香妃·哭头》《祝英台·哭灵》和《一缕麻·哭夫》。这种唱腔吸引了越来越多的女性听众,女性听众要听的就是缠绵悱恻、催人泪下的唱腔。所以袁雪芬对越剧音乐的贡献很大,超过她之前的越剧名伶,就在于她形成了影响下一代的流派。这种变化表明感情在唱腔旋律中的地位越来越重要。四百年来中国戏曲唱腔的变化就是声腔慢慢地生活化，复杂的旋律被简化，剧中人的感情慢慢地从声腔中渗透、表达出来。我今天带了一点音频资料过来，我觉得我们研究社会史的、文化史的，要了解各种艺术。其实各种艺术它们是相通的。从艺术的变化，从戏曲声腔的变化，可以透视到社会文化的变化。

评弹唱腔的变化也是这样。清朝马如飞、魏钰卿的唱法是"书调""吟诵调"，唱本来就不是重点。我现在找到30年代的唱片，蒋如庭唱的正宗"老俞调"，唱得很平静，很明显承接自昆曲，苏州名家如蒋如庭、周玉泉，还是典型的叙述体，弹唱的基本风格还是平静的，所以苏州的书场里面总是很安静。从40年代开始，苏州评弹产生了新的曲调唱腔，基本上都是在上海产生的，因为上海演员的竞争更激烈了，要吸引更多的听客，唱腔就变得非常重要，蒋月泉的唱腔和他的老师周玉泉的不一样，他变得抒情化了。"蒋调"易学难精，难就难在投入。徐惠新有篇文章，讲蒋月泉怎么教他们唱《莺莺操琴》，开头第一句"香莲碧水动风凉，水动风凉夏日长"，照例起句仅仅是比兴的开头，不表示进入抒情段落，但是蒋月泉要求说："你唱的时候要感到有一股莲花清香，感到有一种微风吹过来。"不但唱旋律，还要心灵投入。和他同时并起的张鉴庭七进上海，他说书最大的变化就是唱，张鉴庭将"蒋调"的基本唱法融入了京剧老旦和麒派周信芳的唱腔，显得悲壮苍凉、激情洋溢。张鉴庭的唱腔和当初蒋如庭的唱腔已经完全是两种不同的审美风格，两个不同的时代。

今天流行的评弹唱腔都是在40年代后期到50年代创造的，其中有很大一部分是上海评弹界名家所创造的。这些唱腔流派有三个特点：第一点，受到戏曲的影响讲究以情行腔、情感投入；第二点，它的音乐旋律更丰富多彩，曲调变化增多；第三点，琵琶伴奏的重要性更加凸显了。这三个特点是同时呈现、相辅相成的。琵琶的伴奏与三弦不同，类似于西方音乐的复调，另成一套伴奏旋律，使得整个演唱丰富多彩、扣人心弦。这种变化还影响了苏州本土评弹，如王月香唱得声泪俱下如泣如诉，她更加突出了情感。后来的邢晏芝也是以情行腔，以情托腔。

所以我的总结是：评弹和戏曲有很深的关系，但二者是不同的曲艺种类，评弹不能随便地把戏曲都学过来，要有个度。以前的名家学习戏曲唱腔，但还是评弹，却有人说徐丽仙已经歌剧化了。至于现在评弹的创新走到了新的路口，可以借鉴各种流行元素，但要坚持评弹的艺术本体，一味求新求变、迎合市场，不考虑评弹艺术本身的规律，这就不对了。

演讲时间：2012年5月24日
整理者：张盛满

第二讲
评弹的历史研究

　　何其亮教授是从对民国时期上海的黄陆事件的研究过程中开始涉入评弹研究的，在对评弹的历史研究中提炼出来很多心得。首先是口述、报纸、档案等各种史料都需要大量收集，并加以甄别地使用；其次是要运用多学科理论与评弹进行交叉研究，比如文学、社会学、心理学、政治学，等等；最后要注意评弹研究是社会文化历史的一部分，但文化、传统都是随着时间不断流动、变化的，评弹也是如此。从评弹诞生到现在有了很多变化，这些变化都是在与社会不断互动中产生的，是跟随社会历史发展出现的。所以在对评弹进行历史研究时，必须用历史的、变化的、发展的观念去研究，并注意要保持一定的独立性和客观性。

何其亮

美国南卡罗来纳州立大学教授，2006 年毕业于美国明尼苏达大学历史系，获历史学博士学位。长期研究 20 世纪中国都市文化及传媒，特别是上海 20 世纪的社会文化与媒体，对评弹研究也颇有造诣。著有 Gilded Voices: Economics, Politics, and Storytelling in the Yangzi Delta since 1949、《个体与集体之间：五六十年代的评弹事业》等专著以及"Between Sensationalism and Didacticism: News Coverage of the Huang-Lu Affair and the Chinese Press in the Late 1920s"、《政治娱乐化：五六十年代的中篇评弹》等十几篇中英文论文。

感谢唐力行教授给我机会在这里交流评弹的历史研究。这样的机会非常好。不仅仅是我们可以坐在一起研究一下评弹的历史，更重要的是，他给了我一个机会，把我以前就在脑中思考但没有写出来的一些碎片连接成一个完整的东西。虽然我今天讲的有些散乱，但在这几天我已经将自己的思路重新整理一下，跟大家一起来探讨、研究一下，怎样更好地进行评弹的研究。唐老师也是我的老师，所以我不是来做报告的，是来跟大家一起讨论的。我今天讲的就是评弹的历史研究这样一个话题。

一、我涉入评弹研究的开始

首先介绍我写 Gilded Voices: Economics, Politics, and Storytelling in the Yangzi Delta since 1949 这本书的前前后后，即我为什么要进行评弹研究。其实一开始，我并不是做评弹的，2006 年我在明尼苏达大学做的博士论文是关于 20 年代的上海丑闻、轰动性新闻对于社会的影响，对于娱乐业和大众文化的影响。我选取了两个重要的例子，一个是谋杀案，一个是私奔案。这个私奔案是大家比较熟悉的黄慧如与陆根荣。这个案子是蛮有意思的，不光是报纸报道了，而且很多媒体都有涉及。所以我觉得这是一个很好的切入点，研究 20 年代末 30 年代初上海的新闻业、出版业、戏曲业、电影业，不同媒体，不同社会人物，特别是政治人物，在这个事件中扮演的脚色。2006 年博士毕业以后，我想把这个话题继续深入下去，我觉得黄陆案单独就可以成为一个研究课题，其实我现在还是在做这个课题。后来我得到一个消息，说在上海有评弹演员和沪剧演员正在演出黄陆案，一直延续到 21 世纪初，所以我觉得这个课题的时间界定可以延续到 1949 年以后。2007 年我采访了评弹演员苏毓荫和沪剧演员徐伯涛。我当时的设想是这样的，90 年代以后上海重新崛起，成为经济发展和改革开放的领头羊，中国重新加入国际大家庭，成为全球化的一部分。我觉得上海人对于二三十年代、三四十年代的那种怀旧，其实是契合了一种思潮：上海人认为全球化，不仅发生在 20 世纪 90 年代，其实早就发生在三四十年代，所以对于上海的怀旧，其实就是一种上海身份地位的确认。我认为演出像《黄慧如与陆根荣》这样的评弹或者沪剧，其实就是这个思潮的一部分。这个思潮最典型的表现当然就是所谓的"张爱玲热"了。

所以我觉得去访谈这些演员，会得到一些答案。因为这种"上海热"，所以他们的演出应该会得到领导的支持、市场的欢迎。但采访之后，我得到的却是相反的答案。徐伯涛先生演出过沪剧《黄慧如与陆根荣》，是他改编的老本。这个故事在三四十年代被京剧、评弹、沪剧、越剧等各种曲艺搬演，所以版本众多。他改编了老版本，强化了一个反封建、反包办婚姻的主题，所以是受到领导欢迎的，还在上海电视台播放过，在《新民晚报》和《每周广播电视报》都有所报道。我问他演出时有没有受到一些阻力，他说完全没有，后来做成 VCD，也没有任何问题，所以这就是一个很成功的例子。苏毓荫则相反，他告诉我他在 80 年代表演黄陆案时受到很大的压力。我们先不论他演绎黄慧如与陆根荣是不是很成功，这个长篇评弹是不是艺术性很强。80 年代这个长篇在市场上确实有一定的影响力，但是在政治上他受到了非常巨大的压力，80 年代早中期，他还可以在江浙一带演出，但是在上海是被封杀的，80 年代中后期就被禁演了。评弹《黄慧如与陆根荣》走进上海，其实是在 90 年代以后。我这个英文版的书，你们看这个封面，第六章是谈到这个问题的。这就是我开始研究评弹的一个出发点。

二、原有研究向评弹的转型

我当时在想，我手上的资料本来是用来研究黄慧如与陆根荣事件的，对整个中国社会的影响，我不能讲那么大，应该说对长江三角洲一带还是有影响的。这个资料并不能完全契合我的想法，事实上还是让我失望的。我在想我如何来面对这个问题，我是不是应该跳过苏毓荫，直接讲徐伯涛的成功呢？但是我不能那么做，这个材料放在我面前，我不能完全忽视它，我觉得我有必要把它重新思考一下，弄清楚到底是为什么沪剧和评弹表演同样的题材，却有不同的情况。而且在采访苏毓荫时，他还告诉我很多别的东西。比如他作为一个评弹演员，在中华人民共和国成立后，他只有五年或六年的时间是一个评弹团的演员，绝大多数时期（"文革"时期不允许评弹表演，可以除去）他都是单干艺人。这对我的一个固有的观念是一种冲击，我一直以为国家的力量是可以把所有的艺人都集合起来，也就是集体化。但苏毓荫的经历却告诉我艺人的单干现象在 1949 年后其实是比较普遍的。尤其是评弹，因为评弹有一种特性，就是个体化，就是个人演出个人得利。

2007 年，我开始思考评弹艺人单干的问题，当时我还没有决定正式写评弹。2007 年 12 月份到 2008 年 1 月份，我去采访了上海评弹团原团长吴宗锡，因为苏毓荫认为吴宗锡是政治上把他封杀掉的那个力量，所以我就直接去找吴宗锡。然而吴宗锡认为他没有干过这件事，也可能是他对于封杀野书这件事，已经不太记得了。但是我在想，既然大家有观点冲突和矛盾，评弹就是一个可以做的东西。尤其是1949年以后的评弹，事实上在美国是一个空白点。我这本书可以说是美国的评弹研究在历史学领域中的第一本书。前面有人写过评弹在30年代的发展，但那是一篇博士论文，还没有成书，其他还有些文章。我的这本书是第一本，将在两个月之后正式出版。

2008年的秋天，我写了一篇文章，是关于《黄慧如与陆根荣》在50年代和八九十年代的命运。一开始它是一个中篇评弹，到了80年代才成为一个长篇评弹。这篇文章后来在《近代中国》发表，这是美国的中国研究中比较权威的一本杂志，然后我才下定决心做评弹历史研究。到2009年的夏天，我开始大量采访评弹艺人、书场管理人员、评弹听众和票友，还有当然就是包括吴宗锡和周良在内的过去一些管理评弹的领导干部。所以我正式做评弹是从2009年的夏天开始的，一直做到2011年，大概花了两年的时间，然后去年年底投稿（英文版），中文版在今年3月份差不多出版。这个就是我写这本书前后的整个历程。

我有必要说一下这个中文版和英文版有什么区别。其实内容是比较接近的，但是有一些章节是有一点改变的。中文版有些同学已经看过了，大概是讲到1950—1966年为止，用美国的术语就是毛泽东时代的中国。在英文版中，最后两章，是讲到现在为止。这个就是一个章节安排上的区别。另外，英文版又比中文版少了两章，一个章节就是关于香港巡演，完全是为了中文版而新写的。另外一章是专门讲陈云与评弹的，其实我本来是有的，因为出版社对篇幅有限制，所以去掉了，后来我发表在另外一本杂志上，这本杂志是专门研究中国曲艺的，同学们如果有兴趣的话可以去翻阅一下。

三、研究评弹所用材料的讲解

我使用的材料不是特别专门化的。同学们做过评弹研究，你们肯定会用到的出版物就是报纸、档案，还有口述访谈了。我估计大多数同学做评弹，多多少少都会用到这一些。只不过是做的时间段有差异，可能侧重点有点不一样吧。其实每一种材料都是有它一定的局限性的，但是每一种材料也都有它的优点的。

第一种材料是口述材料，我用得比较广泛，而且对于1949年和1950年以后的评弹研究，口述是必不可少的。那么多评弹演员健在，还有管理评弹者、老听众都在，这些都是宝贵的财富，不去挖掘的话，非常可惜。因为我们知道，那些老一代的评弹艺人，真的在这些年离世了不少。我那本书中涉及的很多评弹艺人，都是最近几年过世。我采访过的一些演员其实已经去世了。真的是赶早不赶晚，这个事情一定要抓紧时间。

但是口述材料有一定的局限性。在这里谈几点：第一，你也许不喜欢那个人，不喜欢他的作品，不喜欢他以前做过的事情。怎么办？但还是要耐心地进行访谈，因为他会提供给你的，不光是他以前的所作所为，他以前演出过的东西，还有一些你意想不到的材料。比如说苏毓荫的访谈，得到的一些信息，是我真的没有想到的。比如他大部分时候是单干艺人。还有就是1960年他加入星火评弹团以后，当时所有的文化表演团体都有下矿、下厂、下乡给工农群体演出的任务，当时我认为这就是为了政治宣传的义务活动。但是他告诉我即使是这样的演出，他们的星火团还是赚钱的。他有个朋友在团里说《焦裕禄》，我的书里也写了这一段，一百分钟四十块钱一场，他们团真的是靠这个也赚了一点钱。这个故事告诉我，即使是政治化的东西，它也是可以赚钱的，既有娱乐性，也和市场有关系，这是一种新的、另一种形式的市场。我觉得这个课题应该更深入地探讨一下。第二，很多老先生受教育水平还是不高的，做访谈时他们讲话的逻辑性不强，重复和夸张的地方比较多，半天讲不到重点，这都是可能发生的事情。例如我采访苏毓荫，过去三年里我每年都去采访他，他大量的故事都是重复叙述的，他还以为我没有听过，用说书的术语，这叫作"叨"。对这些老先生的访谈就必须耐心，跟他们搞好关系，才能从中得到更多的信息。第三，他们说的东西的真实性是存疑的，不能完全相信，必须通过其他材料来多方求证。从档案、出版物、其他人的话，来多方求证。比如他们年纪大了记忆很可能是错误或扭曲的，还有就是他们是习惯性编故事的。第四，在进行采访之前你需要准备好你的问题，不要用观点先行的方式去诱导老艺人、老干部、老听众来提供你希望得到的答案，这是不可取的。最简单的办法：你就是让他说，说到哪里都行，也许没什么用，但总是会有用的地方。我其实觉得，有时候主题先行，然后让别人给你一个你想要的故事，这是最不好的事情。比如1949年之后的很多文史资料，大部分都是这种"新旧社会两重天"套路的写法。美国史学界已经讨论过这个问题，这种程式化的写法把很多问题都掩盖或扭曲了。在文学和史学界，我们把这种手法叫作叙述法，就是为了达到一些目的，把发生过的事情重新整理一下，变成一种叙述模式。在这一过程中，往往有一种政治的、意识形态的目的在里面。所以说这种叙述法，是非常不可取的。

　　第二种材料是档案。我估计，50年代以前，关于评弹的除了一些与市政、书场建设有关的档案以外，艺人本身的档案不算多。50年代以后，档案是不少的，主要是因为政府着力将包括评弹艺人在内的表演者变为"文化工作者"，所以他们有很多会议记录、报告、调查等，都是关于评弹艺人和他们的演出的记录，这是档案的第一个优点。档案的第二个优点，就是它们往往能涉及一些在报纸上不大能看到的东西，因为在报上会表扬一些艺人，而且这些艺人往往是政治权威们比较喜欢的艺人，但是在档案里会出现一些批评性和指责性的东西，主要是针对那些单干艺人或者说集体之外的人员，虽然这些报告一般来说都有很强的主观性，但档案中的信息在别的地方是不常见的。档案的第三个优点，就是它不仅可以告诉你已经发生的事情，还可以告诉你一些没有发生过的事情。比如吴宗锡,1951年他在军管会文艺处工作时曾给市政府打报告,希望市政府发文给文化部封杀四部评弹作品,理由是这些作品是封建的、美化帝王将相的,这份报告上交后被打回来,因为文化部认为不能这样粗暴地打压评弹书目、戏目及艺人,这对包括评弹在内的曲艺的发展是不利的,对艺人的生活也是有害的。通过这一事件可知包括吴宗锡在内的文艺处,他们确实是想禁掉一些书目,这件事让评弹改进协会非常紧张。这件事虽没有实现,也被记录下来了。当时正值1951—1953年的"斩尾巴",表面上是艺人自觉自愿封掉传统书目,但事实上中国共产党的领导干部起了相当大的作用,吴宗锡的报告其实隐含了很多内情。所以档案可以让我知道很多没有发生的事情。美国有位历史学家叫高铮,他的一本书讲的是中国共产党50年代在杭州改造艺人的情况,他就提到,档案可以让我们知道很多没有发生的事情。连记录档案用的纸都可以让我们知道当时的一些条件,比如他发现那些档案用纸其实就是国民党的纸,通过这个我们就知道当时条件很差、资源短缺,可以得出很多有意思的结论。当然,电子化之后,我真怀疑可能不能再得到这些信息了。所以做这种事情也要趁早做。

但是,档案有它的缺点,这是毋庸置疑的。第一,它是不全的,我可以肯定地说,1957年"反右"和"文革"十年档案是不公开的,没有办法去搜集的,这就是我跳过"文化大革命"这一段的原因,很难做。我觉得不大可能完全依靠访谈来做"文革"评弹这一段。但我希望其他同学可以填补这个空白。而且档案有个规定,就是三十年以前的东西是开放的,三十年以内的不开放。现在是2012年,那么1982年之前的是应该开放的。但是有很多1982年之前的档案,仍被封存着。有不少本来开放的档案也被重新加密。例如,以前我看过一个档案说,上海评弹团一些年轻团员,如余红仙还有其他人,曾经在六几年申请过脱团,自己组团。这本来是好事,但在意识形态的高压下这也变成一个问题了。这个档案本来是开放过一阵子,但后来你再去找,就不见了。因为这可能牵扯到敏感人、敏感事,也可能牵扯到现在还活跃在舞台上的一些人的事情。第二就是档案保存问题,苏州市档案馆我去得不多,仅就上海市档案馆来说了,上海市档案馆的电子化正在进行中,档案电子化是好事。但很多东西扫描以后,就看不清了。因为人眼睛的分辨率,比扫描仪要高。我最近做的另外一个项目,是关于盛宣怀出殡的葬礼仪式。以前的纸质的档案里,有一份葬礼路线地图,我本来想复印,但后来再去就已经电子化了,现在调出来以后已经无法辨析了。这成了破坏档案了。

第三种材料是报纸。报纸是非常重要的,尤其是研究1949年以前的评弹。那些小报连篇累牍地报道评弹艺人的演出、私生活以及他们的种种情况。对做民国史的人来说,特别是做文化史,报纸是不可或缺的。其实研究1949年以后的评弹同样要重视报纸,但我们要注意报纸材料的缺点,因为报纸是人写的,自然会有偏见和主观想象。这种现象最严重的时期就是在中国报业创办的初期，也就是辛亥革命时期，报人经常臆造新闻，所以使用报纸要非常小心谨慎。不过话又说回来了，事实是什么这还是很难定义的问题，每个人都有自己的角度，有时事实是一些非常模糊的东西，尤其是在做文化史的时候。

我在写光裕事件的时候，用了很多《新苏州报》的材料，因为《新苏州报》是对这一事件报道最全面的，也是保存最好的。因为写得全面，有很多细节可以用，但当中也有问题：第一它是党报；第二是撰写报道的记者本身就参与了"光裕事件"的调查，所以报道是偏向于文化局、潘伯英还有苏州市政府一方的，并非完全公平公正。既是裁判又是运动员，所以可以说报纸是一个被利用的平台。当然，《新苏州报》也给黄异庵，就是后来被称为是"光裕事件"的领导人物，可能是一两次机会，给他发一点声音。倒是从这里我们也能看出，不光是文化局这边，协会艺人一方也是有声音的。所以说各种材料都要谨慎使用。要能分辨它到底是怎么用的。

四、评弹与文学研究的关系

现在我讲一下，评弹和文学研究之间的关系。不仅应关注评弹与文学之间的关系，更应关注评弹与文学研究之间的关系。当然，这里的文学是泛指的概念，包括戏曲、影视、小说等各种文学题材、体例。我估计现在国内也是这种情况，影视研究和戏曲研究都属于文学研究类。为什么研究评弹，我们必须学一点文学？我认为：

第一点，中国老传统——文史不分家。中国传统史学就是文学。比如很多小说家都把司马迁作为鼻祖。司马迁《史记》里的《游侠列传》完全可以作为武侠小说的鼻祖，我觉得没有问题的。《史记》的描述主观性非常强，连非常隐私的对话都有，明显加了个人的主观想象，但是司马迁的文笔非常好，感染力特别强，所以他成功了，可以说他开创了中国史学与文学两个传统。还有就是中国叙述文学和现实主义的传统问题。从西方来说，西方有史诗（英雄）和传奇（罗曼史），这些其实都成为西方叙述文体和小说的源头。但是，中国是缺乏这个东西的。中国文学分为两大类的，一个是韵文类的，如诗歌；一个是叙述类的，就是后来的小说。中国没有史诗和传奇的传统，中国小说的源头，包括现实主义的源头，都是历史，既有正史，也有野史。所谓小说，在中国传统来说只是野史类的一部分。所以你如果要看19世纪晚期20世纪早期，很多小说都是叫什么野史、稗类钞之类的，其实就是中国文史不分家在近代的一个缩影。

第二点，评弹是文学研究的一个方面。我另外一篇文章已经总结过了。近几十年来，评弹一直是作为文学的一个领域来研究的。如果你们对西方研究评弹的学者比较了解的话，一个叫白素贞，还有一个叫马克，他们两个都是从文学角度来研究的。另外一些研究，很多人从文本，即拟弹词来开展的，陈寅恪、郭沫若研究《再生缘》就是这条路子。所以研究评弹一定要知道一些文学方面的内容。从国内来看，周良是从历史学的角度来研究，他收集了很多资料，抄写了很多东西，确实是居功至伟。吴宗锡是从文学戏曲的角度来研究的，当然这跟他的个人背景和爱好有关系，青年时期的吴宗锡并不喜欢传统戏曲，在圣约翰大学的时候，他喜欢诗歌、西方文学、交响乐这类。他在后来的几十年因为工作关系，才渐渐喜欢上评弹，陆续写了很多介绍评弹、研究评弹的东西，很多是以戏曲和文学的理论来研究的。他致力于一种叫"打通"的工程，就是把西方和东方的观点和概念联系在一起。

第三点，就是文本分析的问题。其实我们研究评弹，不光是研究演员、组织结构、评弹和国家的关系、评弹和社会的关系，我们不可避免地要研究他们的故事，把这些故事作为文本来分析，就像分析小说和戏曲一样，我们要分析作品里的人物、行文结构、情节变化，我们要分析它的高潮和结尾，这一系列的东西。事实上，我们就是在研究文学作品，在某种意义上来说，不学文学，就不好把握研究评弹文本的方法和尺度的。而且文学的风格，在各个时代是不一样的，比如说研究50年代的评弹文本，我们就必须研究流行在50年代中国的文学流派、风格。最简单的，毛泽东时代就是提倡——朱栋霖教授讲过——现实主义的东西，那你就必须研究一下社会主义、现实主义，才能结合评弹来探讨为什么50年代以后产生的很多作品会有这种的风格类型。所以我觉得文本分析这一个功课还是要做的。

第四点，就是文学与历史学之间的关系，文学理论对历史学的帮助。这个是蛮重要的。我们都了解，研究历史并不是真的坐着时间机器回到过去，这是不可能的。我们怎么做？我们无非就是翻书、翻档案、翻出版物、翻旧报纸。所以"故纸堆"这三个字非常形象。我们就是翻旧的纸张，在那里做研究，做分析，写一点东西。所以，我们与过去的事件，中间是有一个媒介，也可以说是一个障碍，就是一堆一堆的纸，当然现在纸都电子化了。所以我的意思就是说，我们其实不是在真的分析过去，我们是在分析过去留下的纸，而这些纸、文件、出版物、文章，是由人写的，它不是自己出现的。这就和我们读小说是没有区别的。我们在读一个人写的东西，也许是那种如《战争与和平》似的巨著，也许只是档案材料，但这两者都是人怀着一定的目的、带着自己的思想写的。从这个意义上来说，就是研究这些东西为什么被写出来、背后的目的是什么、他为什么要这样写这些问题，这与文学没有区别。

有人探讨过历史学和各种理论之间的关系，包括社会学理论、政治学理论、文学理论。后来杜赞奇说：文学理论可能是唯一可以直接应用到历史研究上的，其他的理论都是要商榷的。所以历史对我们来说是文本，我必须要强调这一点。我们真的不能回到过去，去看那个三维的世界了。我们看的都是二维的，是一张一张的纸。这是我们必须面对的一个现实问题。

五、评弹应跳出文学研究的"框框"

但是，文学不能代替历史研究，我们不能被文学的理论、文学的方法框死，这就是我下面要讲的。

第一点，评弹本身的反文本倾向。我书稿的第一章很明确，评弹它就是反文本的。在1949年之前，没有剧本的说法。艺人如果根据本子照本宣科去说书的，那肯定就没有生意了。艺人每天必须进行大量的阅读，然后反馈给听众。他必须穿插噱头和很多即兴添加的内容。这才是评弹的魅力。在1949年以前来说，顶多是脚本，没有剧本，剧本是1949年以后才有的，我的书稿里已经明确地说明了这一点。而且剧本的产生是政府管理评弹的一种办法，就是让它固定住，不让艺人在台上自由发挥。美国学者白素贞曾经和评弹艺人金声伯有长期的接触，她和金声伯交流后，认为评弹的文本化是一种失败的形式。金声伯《白玉堂》的出版，白素贞认为是个彻头彻尾的失败。评弹演出是三维的，它有语言、动作，还有言下之意，很多信息必须在现场和艺人互动之后才能体会。但出版之后，这些东西就全都没有了，变成了平面的、很死板的、很苍白的东西。所以说，评弹是不能被文本化的，这绝对是正确的。她一辈子研究"白玉堂"这个故事，从清朝一直流变到金声伯，后来却得出一个让她失望的结论，她认为评弹是不能被管理的、不能被研究的，因为你永远不会知道艺人当时是在说什么，你只能大概知道这个故事的结构，但是它里面"肉"的东西，内容丰富的东西，其实是不能被了解的。我后来发挥了这个观点，就是说审查评弹节目是非常难的一件事情，除非真的天天派干部坐在那里听，但哪怕真这样做，艺人也有别的办法来说，他们早就学会了看什么人说什么话，这是他们的基本训练。所以评弹是反文本的。

第二点，历史是反理论的。其实刚才我已经有一点点说到。什么是理论？社会学理论、政治学理论，理论就是给你一个模式。社会科学的研究方法就是这样，先把理论提出来，再把具体案例套进去，然后探讨一下这个理论成立不成立，再结合案例；如果不成立，哪些变量是需要重新来修订的，然后我们的理论如何再来完善一下。但在历史学研究中，我们不能脑子里先做一个假设，然后找材料来证明我们的假设是正确的，或者来修正一下。我们必须有大量的事实在前，然后才能得出一个结论。而且历史研究的一个任务是研究变化，我们相信随着时间的推移，很多事情、很多事物、很多机构、很多人物关系是会变化的，我们就是探讨这些变化背后的原因和过程。没有一种模式能够框死历史学，我们研究的是随着时间发生的变化。研究评弹也是如此。比如说我们研究为什么评弹会在上海兴盛。在这里，租界起了什么作用？电台起了什么作用？在上海的苏州人起了什么作用？这都与当时的社会环境、历史条件相关联的，并在与社会的互动中发生变化。

第三点，谨防中国文化的本质化、静态化。不要静态化就是说一切事物都是变化的，评弹也是如此。两百年来，评弹已经变化了很多很多。以前哪里有中篇评弹？以前哪有那么多女下手？都是变化的。就是说不要用静态的眼光来看待评弹。那什么是本质化？就是认为一样事物是由本质决定的，而这一本质是不会随着时间而变化的。我举个例子，以前欧洲有个汉学传统，主要研究中国古代的一些饰物、文化和组织机构等方面，一些极端的汉学家认为中国文化在唐朝到达顶点，以后的中国，都是坏掉的中国，都是变异的中国，即不能称为有中国文化的中国。他们不承认变化过的中国文化是中国文化了。这是明显的帝国主义观点。那什么是帝国主义的文化观点？就是说一个落后地区或者是被殖民地区的文化，是固定的、静态的、是不会变的，只有来自宗主国或者说先进地区的人，他才能研究、探讨、再现这一文化。他们认为被殖民地区的人是无法理解他们自己的过去的，就是说你们是不懂，只有我们才可以懂。

有些人在关于戏曲的问题上也有这种思想倾向，他们认为：艺人是不能再现、不能理解艺人自己的玩意儿（指艺术）的。其实学文化史，进行文化研究，是一定要学马克思主义的。事实上，马克思主义是很多文化理论的源头，包括结构主义，包括福柯，包括后现代主义。我学习马克思主义是在美国看的。

所以话说回来，我们必须强调的是一种变化的观点。评弹这样东西，在过去两百年中，发生了很大的变化，我们就是要探讨：发生了什么变化？为什么发生这一变化？至于好和坏，我不大喜欢在历史研究中说到什么变好了，什么变坏了，研究者不要做出判断。这个就是我的一个想法。

六、关于评弹历史研究的一些想法

这里比较散乱的，其实就是想到哪里，就说到哪里。

第一点，为什么我们要研究文化史，特别是大众文化、流行文化？研究民国时期，为什么不研究蒋介石、李宗仁？如果是研究文化史，为什么不去研究胡适、鲁迅、瞿秋白？可以说人家都研究过了，我再研究没饭吃。这不是个理由，这是逃避。当然我们也可以这样回答这个问题：大众文化受众面比较广，听众、观众比较多，比如京剧、越剧、评弹等各种曲艺，就是大众文化的一大分支。我们可以将它们作为切入点，来研究当时人民群众乃至整个社会的情况。这个是没有问题的。但是我们必须了解娱乐这个事物的本身的重要性。娱乐不是平时大家笑过就忘记的，娱乐业产生于近代资本主义社会，这也是有原因的。资本主义社会和农业社会最根本的区别，其实是时间概念的区别。就是说以前农民种地，就是春秋两季忙一下子，具体到一天里什么时间去下地是没有必要的。可是工人去上班就有一个纪律性在里面，什么时候上下班是有规定的，所以人生就变得非常单调，就需要娱乐作为润滑剂，这时娱乐业就变成了人们生活的必需品，它本身是有经济和社会意义的。到现在我还认为现代社会对娱乐功能没有一个正确的评价，所以说经常会有政府干涉一些娱乐节目的事情。我觉得娱乐本身哪怕它没有像忠孝节义、爱国爱民这样的主题，但是它还是有它的社会和经济意义在里面的。

之后研究娱乐业和大众传统文化成为一个学术问题。它有几个源头。从国内来说，第一个源头，就是中国的"左派"传统。如果你去看二三十年代瞿秋白写的东西，他就特别提倡要把"五更调"这种东西用来发动工人、发动农民。为什么？因为他们是文盲，你不能指望写出一些欧化的白话文小说去感动那些工人农民。用最传统的方式来发动人民群众，这是"左派"传统。第二个源头是民族自豪感。1949年以后的主流的观点虽是认同文化有阶级性的，认为传统文化一部分是帝王将相的文化（比如儒家文化），一部分是劳动人民的文化（比如山歌、戏曲和曲艺），此前不受重视的民间文化成为传统文化的一部分，受到一些学者的追捧和重视，所以说这也是一个源头。第三个就是政府宣传。评弹被称为政治宣传的文艺轻骑兵，即评弹可以很有效地深入到社会各个角落。其他曲艺也很深入群众的。这就是政治宣传的需要，所以包括评弹在内的各个曲艺的研究都受到重视。

国际上来说，为什么大众流行文化会有相当多学者去研究？也有几个源头。第一，对从属阶级的研究热潮。从属阶级就是指女性、奴隶、被殖民者，等等，一切被压迫的阶级群体都可以作为研究的对象，他们的文化自然也是如此。这个思潮和二战之后亚非拉各地去殖民化的浪潮是一致的。第二，战后马克思主义的分支法兰克福学派的研究导向。法兰克福学派讨论的问题是：为什么20世纪革命的传统没有了？为什么20世纪人们再也不参加或者领导革命了？法兰克福学派认为大众文化肯定起了一个反作用。它把一个一个的阶级打碎了，变成了各种电影、戏曲、小说的观众和读者，就是说阶级的自觉性没有了。从这个假定出发，他们研究了电影之类的大众文化，这也是一个源头。第三，是对文化研究的开端。这起源于60年代出现了一些反文化、亚文化的现象，特别是年轻人里面，出现比如摇滚精神、性解放，等等。这其实也是一种马克思主义文化传统，这个传统就是反主流、反精英的文化。研究文化对于每个人的关系，每个人对于自己的定位和看法。

我刚才讲的都是源头，我现在感觉国内的史学界，精英主义的倾向还是明显的。我这个想法可能是没有道理的，我对国内史学研究不是那么了解。我觉得国内史学主流仍然是政治史、经济史、思想史为主。大众传统文化的研究，还是有很多事情可以做的，就靠你们各位同学多进行研究了。

第二点是为什么研究的是评弹，而不是京剧、越剧等其他的戏曲？这就牵扯到评弹的固有特点。我在书稿里其实讲得比较清楚，评弹有几大特征。第一个是组织结构的灵活性。传统的评弹单档、双档比较多，三档都比较少，根本不可能出现一个剧团一起出来演的，哪怕1949年前后那个"七煞档"，也顶多就七个人，他们习惯于自由组合、自己演出、自己营利，不和群体发生关系，他们有很强的反集体化的倾向。但是我们知道1949年之后，在经济上、社会上有一个很重要的命题，就是集体化，农村和城市的集体化。所以评弹特性是与政治潮流有冲突的。第二个特点是评弹表演的灵活性，穿插、噱头，还有各种各样的技巧，尤其是说表，所谓"一表三千里"，就是说在表演时可以讲到跟这个书完全没有关系的地方。这是在其他戏曲里很难发生的。但是一个说书人，一个评弹演员，很容易说着说着就"外插花"太多，完全离题千里。所以在60年代要限制这种灵活性，如果让艺人去说英雄人物，结果他扯到旧上海的形形色色，那就不是在宣传党的地下工作者，而是在宣传黑帮、舞厅、西餐馆，完全就变质了。第三个特点是评弹具有较高的商业性和艺术性。同是口头艺术，相声在较长时间里还在天桥摆地摊，但是评弹很早就进了书场，后来进了电台，商业化程度完全不同。而且评弹又比其他说书曲艺多了音乐性，这让评弹特别适合电台演出，评弹的开篇和部分选曲完全可以作为流行歌曲来听。第四个特点是长篇评弹的特点营造出的公共空间和关系网络。传统时期一个长篇可以说几个月到一年，1949年以后节奏加快，但一般也要十五天或两周，这就意味着一个听众不仅天天要来听，还天天坐在他的老位置上，跟旁边的听众扯东扯西，变成朋友，评弹书场就这样变成一个公共空间，这是京剧等其他戏曲无法比拟的。到了现代社会，2000年以后，很多书场都建在社区边上，我们叫它社区书场，那些听众本就是邻居，相互认识，大家的活动范围差不多，天天聊一样的东西，又听一样的书，然后就讨论一些共同的话题，从家长里短到国家大事，这就是一个很好的信息传播渠道和交互网络空间，这已经不仅仅是一个剧场的功能了。所以说这个也是可以研究的。国内研究这个还是有一定限制的，不过题目蛮有意思。评弹的功能有一点点异化，成了一种连通各类人群的渠道。早在五六十年代就有老听客一直去同一个书场，坐在后面跟老朋友聊天，因为他们听多了也都认识。因此我们研究评弹，真正要理解一下评弹与众不同的地方。所以我觉得评弹研究才那么有意思，甚至让我换了研究方向，直到2007年之后才把老的题目又重新做回来。

评弹历史是和社会史、文化史、政治史、性别史相互交叉的，这个不难理解。文化史从来就不是光研究文化，就不研究别的了。这是马克思主义的传统，是上层建筑和经济基础的关系。现在还多了一个性别研究，周巍老师已经写了《技艺与性别》，他已经做了非常重要的研究了。当然这里面还是有很多东西可以做。关于性别史，并不仅是研究女性，而应该是研究两性关系，以及性别关系在社会文化中所起的作用。所以研究视野不要局限。

第三点，就是我认为历史学家其实是厨师。什么意思？就是有什么做什么。不要想出一个完美的题目，做不下去的。必须先有材料，再思考题目。这个其实我读研究生的时候，老师就一直在讲。在美国更是如此，因为在美国，研究中国似乎是一个被边缘化的课题，既没有材料，周围人也不懂中国文化，图书馆里也不会提供你一本有用的书。在你现有的条件下，要做出成果，就要求新求变，这边是创新性和独创性。不要去重复人家已经说过的话，要能说得出来你这个东西是有意义和创新性之处的。每做一个课题，都有些新东西可以说服人家。写作也是一样，必须首先是让门外汉看懂，还必须要写出新东西，能显示重要性。门外汉指的就是你的研究领域之外的人。我以前有个论文委员会的导师，他写美国电影的，他根本不了解评弹，但他每次都问我：So what？即又怎么样呢？你做你这些东西，又怎么样呢？其实包括历史在内的文科研究是孤独的，每个人都在进行自己的研究，不大存在合作的问题。在很多情况下都是自己做自己的。所以你们有一个小组，真是一个了不起的事情，可以在一起探讨一个话题。然后要多些问题意识，比如为什么中国的传统戏总是大锣大鼓？你们可以说是因为以前的社戏传统，如鲁迅写的社戏，大家在破庙里、在船码头、在茶馆里，在很嘈杂的环境下肯定要大锣大鼓，不然人家听都听不到。再比如为什么京剧的京派和海派有听戏和看戏的差别？上次朱教授讲这是技术上的差别，我要补充的就是两地舞台环境的变化的原因，上海舞台喜欢用灯光，更比北京舞台大气，所以更讲究舞台整体效果。那评弹为什么在1949年后重唱？因为唱首先容易在电台上受欢迎，唱开篇成为一种独立的赚钱方式；其次是女艺人加入后，受性别限制本就重唱轻说；还有就是1949年后上海团的中篇本就以唱段为卖点，所以重视唱；最后便是因为说书人站起来了，舞台大了，灯光亮了，几百个听众只看一个演员干说，没劲，他要站起来比画一下，越比画越严重，结果就变成戏剧化。我还有一个问题，就是当前的评弹男听众多，大爷们比阿姨们多多了，这是为什么？我想大概是因为评弹是从一点多开始，但是阿姨们三点多要回家带小孩、买菜之类的。当然你也可以从性别角度来研究，好像评弹从最早开始听众也是男的比女的多。所以任何事情都是有原因的，凡事都要多想一想为什么。上海的风格和苏州不同，其实这种不一样，是一种商业化程度多少、市场大小的区别。

下面，我的一个很重要的观点是，不要对一些概念进行无条件的、想当然的解释。第一是大众文化和流行文化的概念要界定清楚。就英文而言，大众文化和流行文化是有比较大的区别的。大众文化，强调的是大众，大众是有政治意义的，而且大众文化是一种大规模制造、消费的，和近代科技有联系的文化，比如说报纸。而山歌是流行文化，但不一定是大众文化，如果山歌不经过音响公司来发行的话，可能就是当地的一种流行文化，它不可能实现大规模消费的。所以每次写的时候，要稍微注意一点，不要想当然。当然，我自己也不一定都能做到。第二个是国家的概念。其实我也讲过了，不要认为国家就是一个概念，其实50年代以后，国家这个整体概念是由各个干部组成的，干部之间对于中国文化的改造的观念也有不同的。比如我刚才说过，吴宗锡1951年说要禁《济公》《落金扇》《乾隆下江南》，上海市政府和文化部都说不行，所以他们之间的想法也是有冲突的。但是对于我们老百姓来说，这个领导就是代表了国家。每个人的观念是不同的，所以国家对于每个人来说概念也是不一样的。第三个重要的概念就是传统。我刚才讲过了，我们不要本质化、静态化地谈论评弹艺术，其实也就是说我们不要奢谈传统，传统这个东西也是在变化的，而且它变化是有一定目的在里面的。比如1929—1930年梅兰芳访美，面临一个严重的问题就是带谁去？那些吸鸦片的不能去，你到美国还想吸鸦片，那就糟糕了。但不带全套班子，有的剧目就演不了。还有就是不能带那些敲锣的、打鼓的，说是怕吓到外国人，只能带的就是弦乐师傅。他本来是去介绍中国传统的，但是这样挑拣过后，他介绍的还是我们在戏馆里看到的京剧吗？不是，他带去的是一种经过处理的所谓的传统。在西方有一种观点：传统是近代化的产物。比这更激烈、极端化的观点认为传统是和近代的民族主义的产生有关系的，为了表现一种民族性，大家就回过头去制造一种传统。有个比较明显的例子就是日本的神道教。神道教几千年以来跟佛教根本分不清，都是活在民间的东西。比如在日本乡村边上的地藏王。地藏王本来是佛教的菩萨，民众只是在那里供着。但是在明治维新以后，为了表现神道教是日本的传统而佛教是外来的，为了表示日本近代民族主义的兴起，政府用行政力量将神道教塑造成一个国家宗教，硬是把它们分开了。其实神道教连宗教都不是，因为它没有文本、没有教义，它只有传统，包括天皇传统也是这样。我并不是要大家相信传统这个东西是不存在的，而是你要知道传统这个东西是变化的，而且这种变化往往是有一定原因在里面的。

评弹研究是一个跨学科的事业。我已经讲过了，评弹研究和文学、戏曲是一体的，评弹和音乐学、音乐社会学也相关。如果你们中间有人对音乐特别有研究，特别有感觉，我还是觉得这是个很好的话题。多研究一下评弹音乐的流变，以及它和社会变迁之间的关系，是很好的。美国匹兹堡大学有一篇论文是研究这个的，但还是有很多可以提高的地方。我就特别希望有人能在这一方面有所突破。音乐社会学，也就是研究音乐的变化、音乐体制的变化和社会变化之间有什么关系。在西方来说，摇滚音乐的产生就和60年代反政府、反潮流、反主流文化、反基督教传统的思潮有关。也可以把音乐结构的快慢和社会节奏的快慢联系起来考察。我在我的书稿里面涉及了一点，就是讲中篇评弹出现"快蒋调"的部分。你们可以深化一些。人类学的方面，原来讲人类学就是研究那些原始的、未开化地区的群体等，如非洲。在种族主义者看来，人家是落后的，我们是先进的。早期一些人类学家跑到这些社区、聚落中间，与他们摸爬滚打、一起生活，近距离观察他们的社会关系、社会活动，也就是田野调查，这就是人类学的方法。后来西方人类学拓展了很多，成为一个重要的学科，它不光研究落后地区，也研究现实生活。最近有一本书是研究华尔街的银行家、银行从业人员、证券从业人员的生存状态的。作者把华尔街看成一个村落，来研究他们的生活。这个研究甚至可以预言这个金融业是有问题的。就评弹而言，田野调查的方法是必需的，我们就是要到书场里去，不去书场听书，这种研究是不完整的。我刚才说过了，说书是一个综合的、三维的东西，说书人的动作表情、言下之意、即兴表演，包括他和听众的互动，你不去听书，你怎么知道？光听现场录音、电视台录像都不合适，和现场听是不一样的。我希望有些同学能克服一下语言障碍，慢慢喜欢评弹之后，就会觉得工作生活很轻松，因为你们做的东西就是你们喜欢的东西，这个是最美好的事情了。我就觉得自己蛮幸运的，我做的东西就是我喜欢的东西。

我最后讲一点可以继续延伸的课题。第一个是评弹的早期历史。因为资料缺乏，这个很难做。比如说光裕社是什么时候成立的，我觉得讲不清楚。年代越晚的资料，就越把成立时间往前推，好像成立得越早评弹演员的地位就越高。而且很多东西传说大于史实。比如王周士在乾隆御前说书，越传越神，这个无从稽考。不容易做，但也可以以这个为切入点。还有一个问题，当时柳敬亭说书，他用什么语言说？柳敬亭是苏北人，又在江南说书，所以这个问题也不晓得。第二个是"文革"时期的评弹，不好做，就是因为档案问题。但这确实是个很有意思的话题。我没有做，希望大家填补空白。而且我认为，就是最政治化的东西，也是有娱乐性的。"文革"的时候评弹遭受灭顶之灾，之后很多评弹研究显示当时的评弹工作者都受到冲击。但这不等于说没有评弹，还有一些青年演员活跃在舞台上。虽然他们被要求唱评歌，已经不是评弹了，但是有一个听客给我讲，他当时"插队落户"，回上海、苏州玩，到书场里听了一下，虽然唱的都是革命的歌曲，但唱调里有一两句像"蒋调"的东西，他就已经得到了极大的满足了。这就是评弹的娱乐性。这个也是可以研究的话题。第三个就是70年代中期，"文革"末期，有一个趋势，中央开始发文让各地电视台，包括中央电视台，录制一些艺人的作品，我们现在能看到的侯宝林的作品，等等，就是那时录制的。你们可以研究一下这是为什么，为什么在"文革"后期，政府忽然间想要保留一些文艺作品，要把它录下来？我看过一份档案，1974年还是1975年的，让上海团去录制《血防线上》。

下面就是看看技术进步对评弹的影响了。以前是电台，现在是互联网。现在很多听客是通过互联网来听评弹的。90年代中期，评弹进入低谷，然后慢慢往上爬，互联网有一定的贡献的。彭本乐先生写过一篇文章，就是讨论如何利用互联网来发展评弹。当然很多事情的发展不如人意，但互联网多少都是有贡献的。还有我说的技术，还包括传播技术、书场建筑技术、音响技术的提高。书场里有了话筒，场子就可以扩大，听众人数大大增加，听众一多，就变成了大众消费文化了。评弹就不再是茶馆里就那么几个人能听的东西,而是很多人能听的东西。这个都是和商业化有关系的。这种技术的研究,都是可以从事的。

还有就是1949年以后的女性评弹。周巍老师已经讲过很多东西了,但我还要补充几句。第一,女性大量加入上海团,这是以前不可想象的,虽然她们主要还是做下手,但这表明女性的地位绝对是提高了。这就可以进行延伸,把社会主义女权运动、社会主义女性主义与评弹联系起来。第二,评弹艺术发展和女性参与的关系。我刚才说了,女下手多了,所以唱的成分就多起来了。还有我以前问过吴宗锡,为什么这么多女下手?会不会像其他剧种取消男旦这样的情况出现?他说完全没有这回事儿。你们也可以研究一下。第三,女性演员区别对待的问题。周巍老师稍微提到一点。有些女性演员越来越红,如朱慧珍。有些演员在社会上也是响档,但政府干部对她评价却不是很高,比如说朱雪琴与蒋云仙。我写的一个章节就讲香港巡游,我发现朱雪琴的地位在香港听客里面是非常高的,他们都是1949年以前从江浙沪逃到香港的老听客,但她在政府这边却不高。以前有一篇文章说她的"琴调"一直没有被认可,直到后来才被承认。而档案中批评蒋云仙的特别多,说她的台风不正,但是蒋云仙是很受欢迎的一个演员,她在长征团里是工资最高的。还有一些演员本来是很红的,后来就慢慢暗淡下去了,比如徐雪月,如果我们去翻1949年以前的报纸,会发现当时她有很多粉丝,后来她在团里的重要性就慢慢降低了。这个也可以慢慢研究。

最后我想说喜欢评弹是很好的,但不要过分迷恋评弹。这个很简单,如果你是狂热的宗教分子,你是研究不好宗教史的。做历史研究是需要保持一定的疏离感的,你不能是一个演员的忠实崇拜者,必须保证相对的公正性和客观性。

这个就是我今天要讲的,很散、很乱,但确是我的一些感想,谢谢大家。

演讲时间:2012年6月5日
整理者:韩秀丽

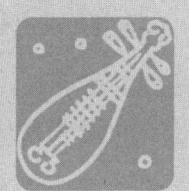

第三讲
评弹艺术的特征：讲故事

  评弹艺术最本质的特征在于叙述体表演方式，最大的优势在于艺人对故事情节、人物形象的细腻塑造。这两者既强调口头艺术中"说表"功夫的重要性，也重视评弹故事的创作。也就是说"说书"二字，"说"与"书"同样重要。在彭本乐老师看来，"书"的重要性更为明显，一个有丰富合理的剧情、有鲜活的脚色形象、主题突出还兼具戏剧感的故事，是评弹表演的基础。而不管是创作者、研究者，还是艺人，都必须了解一部好"书"好在哪里，才能更好地去创作、研究和演绎故事，才能保证评弹艺术的长盛不衰。

彭本乐

  时任上海艺术研究所研究员，著名的上海艺术研究专家，主要研究领域是评弹艺术的创作表演、评弹音乐流变等，并对评弹未来发展有独特见解。20世纪五六十年代在上海评弹团文学组工作，从事评弹作品的创作工作，有《蔡锷外传》《将心比心》《一分钱》等作品。之后调任上海艺术研究所，著有《弹词开篇创作浅谈》，参与《评弹文化词典》等相关书籍的撰写，并发表多篇相关论文。

上海浦东有一个地方叫杨思,在清朝乾隆年间,这里是一个粮食集散地,市面繁荣。当时杨思镇上有一位富豪,姓赵,大家都叫他赵半镇,因为镇上的一半商铺是他的家产。赵半镇有一个女儿,凡是看到过她的人都说她美如天仙。

在赵小姐十六岁的时候,赵半镇为女儿招亲了。他的择婿条件有三个:第一,才貌双全;第二,品行端正;第三,必须入赘赵家,以继承家产,延续香烟。

消息传出后,前来求亲的人蜂拥而至。这倒并不是因为赵家有钱,而是爱慕赵小姐天仙般的容貌。哪知婚后才三个月新郎便去世了。赵小姐守寡三年后,赵半镇又要招亲了。这次的择婿标准有了变化:第一,要身体健康,其他条件不变。有幸被选中的是一位武秀才,体魄强健。可惜!成亲还不到三个月,新郎又去世了。

一天晚上,女儿对父亲说,她想出家当尼姑。赵半镇回答,让我想一想,明天晚上给你答复。

第二天上午,赵半镇照常到镇上去视察,见到他的店铺生意都很兴隆,不禁感慨万千:我这一生,样样事情都很顺利,就是后继无人。要是女儿出家当了尼姑,那我该怎么办?看到前面有座破旧的庙宇,心想,要是女儿去做尼姑,那么我就出家当和尚,用全部家财来修缮这座寺庙。想到这里,忽然听到背后有人说话:先生留步。

赵半镇回头一看,是一位年过半百的道士。便问,道长您是叫我吗?道士说:是的。我看到你头顶上方有一股黑气,说明你家有妖,莫非家中有人亡故?

赵半镇不以为然。心想,我是当地名人,家中的大小事情镇上人都知道。所以平平淡淡地回答:是的。

道士又问:你的女儿要想出家当尼姑是吗?赵半镇先是一惊,再一想,也不神奇,因为女儿身边还有一个丫头,这消息可能是丫头传出去的。所以又平平淡淡地回答:是的。

道士再问:先生,你想出家当和尚,要把全部家产来修缮前面那座寺庙是吗?

这下可把赵半镇给怔住了。心想,我刚有这一念头,他怎么会知道?不用说,我遇到了一位高人。立即双膝跪下说:道长救我。

道士说:先生请起,要是你相信我的话,就让我到你家去看一看妖在哪里。

赵半镇吩咐二十来个佣人都到客厅等候，道士一一看过后对赵半镇说，他们中没有一个是妖，是不是有人没出来？回答说，还有两人没有出来。一个是我的女儿，还有一个是女儿的贴身丫头，我相信她们俩不会是妖。

道士说：只有见过她们之后，我才能确定妖在哪里。赵半镇吩咐把主婢二人请到了客厅。道士先看丫头，没说什么；再对赵小姐端详了好久好久，然后说了一个字："妖！"

赵半镇大惊失色，说这是不可能的：这孩子三岁丧母，由于对她的宠爱，我再也没有娶妻，看着她一天一天长大，她怎么可能是妖呢？道士说：她确实是妖，但是我可以让她立即变成人，你相信我吗？

赵半镇说：道家是位高人，在下深信不疑。

道士点燃了一支清香，将烧红的香尖往小姐的脸上刺了一下。在一声惨叫之后，道士说：好了。小姐现在已经是人了，再次成婚一定子孙满堂。

赵半镇问道：道长的玄妙之处在于哪里？

道士说：我刚才对小姐看了又看，发现在她的脸上没有一块疤痕，没有一点斑驳，没有一颗黑痣，没有一个疮疱，光滑洁净得找不出半点瑕疵。在这个世界上，只要是人，他们的脸上总是有一点瑕疵的，要是连一点瑕疵也没有，那么他（她）就不是人，而是妖。现在，小姐已经从妖变成了人。

赵半镇说：言之有理。倒是我如何来答谢道长？道士说：不用答谢，我们修行练术就是为了除妖驱魔，以保生灵平安。说完，道士走了，故事也就讲完了。

这个故事一共只有七八分钟。在讲述的过程中，我没有起过脚色，没有噱头和穿插，也没有突然爆发的夸张表演，更没有弹弹唱唱。只是以平平淡淡的语气，做清清楚楚的叙述，如能吸引各位的注意力，这就证实了评弹艺术的两个要素：

第一，说书说书，以说为主；第二，说书说书，书中有书。

前一句的关键是一个"说"；后一句的关键是一个"书"，合并起来就是说书。

一、说书说书，以说为主

我想，在座各位在撰写论文的过程中，一定从书本上，或者从专家、演员的口中听到过"说书说书，以说为主"这句话。但是恐怕你们都没有看到或听到过，有人对这个"说"字，做出过详尽而有说服力的解释的吧？

我从事评弹工作几十年，也曾为探究这个"说"字的解释，去查阅过不少书籍，又去请教过很多有造诣的评弹名家和评弹理论家，结果总是不得要领，而且各执一词。

为了说明问题，我先把评弹的语言形式做一个简单的解释。评弹的语言形式主要有两种。一种是代言体，这是演员以第一人称，即脚色的身份（如《西厢记》中的张生或莺莺）来说话，称之为"官白"。另一种是叙述体，又称宣叙体。是演员以第三人称，即演员本人的身份来说话，称为"表白"。

第一，如果"以说为主"中的"说"字是指官白，那么评弹唱本的主要语言形式应该是"对白为主，表白为辅"。那么在演出实践中有没有这种以"官白为主，表白为辅"的演出本呢？有的。苏州大学的朱栋霖教授发现，《杨八姐游春》《王佐断臂》等三个由戏曲剧本改编的中篇评弹，其实只是在原著基础上添加了一些表白而已。所以他在2012年5月召开的"周良与苏州评弹研究学术研讨会"上说，这三个中篇评弹其实不是评弹，而是戏。我从朱教授的语气中感受到，他并不赞赏这种做法。

其实，官白多于表白的中篇评弹为数不少，有些节目还受到欢迎。更令人费解的是一些评弹名家的经典作品，如：蒋月泉的《玉蜻蜓·厅堂夺子》、杨振雄的《武松·访九》和姚荫梅的《双按院·炼印》也是官白多于表白。于是，一种新的理论就应运而生了。评弹理论家吴宗锡先生在《评弹艺术》第12集（第9页）上载文说：评弹是说的戏，"所谓说的戏，还可以说是，以口语表述为主要手段表现的戏剧"。在这一理论的影响下，在当前书坛上，以官白为主的演出是越来越多，把"以说为主"中的"说"字理解为是"官白"的人也日益增加。

本人对《厅堂夺子》《访九》《炼印》这些以官白为多的经典作品十分钦佩，却对评弹的语言形式以官白为主的理论感到迷惑不解：要是评弹的唱本，都是以第一人称的官白为主，那又怎能发挥口头文艺自身的特长呢？

第二，"以说为主"中的"说"，是指第三人称的表白。我是赞同这一观点的。首先从唱本上看，表白是全能的，表白不仅可以完成第三人称中"衬白"和"托白"的任务，也具备第一人称中官白、私白、咕白的功能。何以见得？刚才我讲的故事总共一千三百六十五个字，只有一种语言形式——表白。我是故意这样做的，目的只是为了说明"以说为主"中的"说"字，是指表白，不是官白。

表白可以描述书中的环境和气氛，表白可以交代书情的来龙去脉，表白可以叙述人物的过去未来，表白可以替代官白，而官白在很多情况下却不能替代表白。即使在某些经典书目中，官白多于表白，这只是数量上的计算，从对书回的重要性上看，还是表白胜于官白。所以本人赞同"以说为主"中的"说"是指表白，不是指官白。

以上讲的是在唱本上，"以说为主"，应该是以表白为主。那么对表演来说呢？当然也应该以表白为主。"表白"两字，在演员口中大多称之为"说表"。要是一位演员的弹唱水平很高，脚色起得很好，而说表能力不强，那么他的演出必然不能吸引听众，不算好演员。比如张鉴庭先生，他刚开始演出时到处不受欢迎，几乎到了穷途潦倒的地步，于是他去请教有"描王"之称的弹词名家夏荷生。夏先生听了他的一段表演后说：你口齿清楚，脚色起得很好，弹唱也不错，就是说表显得温温吞吞，提不起劲，抓不住听众，所以生意不好。接着便告诉了他说表的几种要诀。在夏荷生的指点下，张鉴庭的说表能力大有长进。到了晚年，他在总结自己的艺术经验时说：说、噱、弹、唱、演五个字中，说是最重要的。说，包括官白和表白两个方面，其中表白更加重要。表，首先要有劲，有气无力的表白是抓不住听众的；其次要传神，把人物的思想感情传输给听众；最后要入情，就是要把听众引入书情之中。这就是说表的三个要点：有劲—传神—入情。

这就说明对于演员的表演来说，"以说为主"中的"说"，也是指第三人称的表白，不是指第一人称的官白。

二、说书说书，书中有书

我们再来探讨"书中有书"中的这个"书"字的含义。

"书"指的是什么？是指故事。过去，我是从事评弹文学创作的。每当演员听我读完唱本以后，他们就会说：这回书里没有书，意思是书中没有故事情节，演唱起来吃力不讨好；或者说，这回书中书太少，意思是故事情节单薄，很难演好；也有说这回书中，书是有的，就是没有"砌"好，就是说故事情节是有的，就是层次不够顺当，需要改进。

评弹界历来有"人说书"和"书说人"之说。"人说书"，是指书中缺乏故事情节，要靠演员的技能和努力来加以弥补；"书说人"，是指书中故事情节很好，即使技能不高的演员也能说好此书。可见，故事的优劣对于评弹唱本来说起着决定性的作用。

那么评弹唱本对于故事来说，有哪些基本要求呢？第一，一个完整的故事，是由多个情节有机组合而成的。所谓有机组合，是指故事发展中的起、承、转、合的顺序。第二，故事情节不可胡编乱造。情节是人物性格的历史，情节的设计必须符合人物的性格特征，不符合人物性格特征的故事情节，即使能吸引听众，也不是好情节，有损于演出的格调。第三，主要人物的思想性格，要体现作品的主题。

我在演讲开始时所讲的故事，只是一个没有经过艺术加工的民间故事，其中却包含了评弹唱本的三个基本要求。

第一，故事情节：A.赵半镇的女儿两次丧夫，原因不明——B.因此父女俩陷入绝境，一个要当尼姑，一个当和尚——C.突然出现一个道士，指出他家有妖——D.赵半镇起先不信，当道士点穿了他的心事后，便跪地求助——E.道士先是查看佣人，再查丫头，最后查到小姐，说她是妖——F.燃香除妖——G.最后道士解释除妖的原委。

第二，人物性格和主题思想：人物的性格，是在人物的行动中体现出来的；主要人物的思想性格，体现了作品的主题。这个故事中有三个人物：赵半镇、道士和没有开过口的小姐。

赵半镇的行动体现了他"疑人不用，用人不疑"的性格。如果他是故事中的主要人物，那么主题应该是肯定"疑人不用，用人不疑"的处世准则。要是道士是主要人物，那么故事的主题应该是提倡救人于危难之中的高尚品德。

赵半镇和道士谁是主要人物呢？其实谁也不是，故事的主角是赵小姐。但是她连一句话也没有说过，怎么会是主角呢？没错，主角应该是赵小姐，因为她的命运贯穿于整个故事。从表面上来看，是赵半镇和道士在改变她的命运，实际上，只有她的命运改变了，别人的命运才能改变，她的命运形成了故事情节的走向。不妨看看她的"命运路线图"。

A.赵小姐美如天仙，赵半镇要为女儿招婿，这是为主角出场造势——B.婚后三个月丧夫，让人同情，让人生奇——C.第二次婚姻不到三个月又守寡了，赵小姐的命运更令人同情，更让人生奇——D.因为她要出家当尼姑，令家庭面临解体，于是听众对这一家子的命运更加关注，产生了"要知后事如何"的强烈意愿——E.忽然出现一个神秘莫测的道士，说是府上有妖，事情出现了转机——F.赵半镇相信道士的法力，让他去府中除妖，故事渐入高潮——G.查看佣人和贴身丫头只是气氛的铺垫，是在等待主角出场——H.道士确定赵小姐是妖，把高潮推向顶点——I.燃香刺脸，赵小姐由妖变人，情节急转而下，故事戛然而止——J.道士讲出原委则是画龙点睛之笔。这不是赵小姐的命运走向在左右着别人的命运吗？无疑，赵小姐是故事的主角。

第三，故事中主要人物的思想性格，体现了作品的主题。那么应该是赵小姐的思想性格来体现该故事的主题。

请看赵小姐的思想性格：当她在完美无缺的时候，她是妖，要残害别人；当她脸上有了缺点以后，就变成了人，能繁育后代。所以作品的主题是：凡是人，总是有缺点的。当一个人变得完美无缺的时候，他已经不是人，变成了妖。妖的特点是：以美的外表来迷惑人、残害人。所以，造神实际上是造妖，其结果必然是生灵涂炭，世人要随时警惕。

这就是故事的主题。此话听起来似乎有些玄乎，有点朦胧。是的，我只会这样解释。小故事，大主题。

三、讲故事的重要性和怎样讲好故事

今天演讲的题目原来只有五个字——学会讲故事,"评弹艺术的特征"几个字是临时加上去的。为什么在"讲故事"的前面还要加上"学会"两个字呢?因为研究评弹者若要深入评弹艺术的堂奥,先了解一下讲故事的规律,那是大有裨益的。而且当前评弹界已经没有一位合格的专业作者来为演员们编写出合格的唱本。而不少演员不仅没有编写唱本的能力,甚至连唱本的优劣也难以辨别。没有好的唱本,就没有好的演出;没有好的演出,就没有更多的听众。于是评弹艺术不进则退,正在渐渐滑向没落的深渊。这不是危言耸听,而是严酷的现实。所以,本人在"周良和苏州评弹研究学术研讨会"的最后一天的最后几分钟要求发言,吁请在座和未来的博士和硕士们,前来帮助评弹演员提高唱本的质量,以求达到振兴评弹的目的。因此,你们学会讲故事,对于提高评弹艺术的水平来说,意义深远。

2008年有一部美国电影《功夫熊猫》在中国大受欢迎。上演仅几个月,票房收入就达几个亿。有人发问:熊猫是中国的国宝,武术是中国的文化精粹,《功夫熊猫》却是外国电影,怎么回事儿?上海电影学院院长江泊教授说:原因是"我们不会讲故事"。

编讲故事是一门复杂而高深的学问,必须下极大的功夫才能真正掌握它,更要一丝不苟才能打造出精品来。美国有一家萨凡纳艺术学院,设有连环画专业。这一专业的课程,首先不是学习素描和线条,而是先要学习编故事的技巧。这一点令人深思。

唐力行教授(左)与彭本乐老师(右)合影

中国传媒大学的路教授说，2008年他去美国迪士尼参观，看到一个令他惊叹的场面：有十六七位高级编剧正聚集一起，在讨论如何改写好动漫片中的一段台词。路教授感叹道，为了写好一段台词，竟有十六七位高级编剧在一起研究讨论，可见好莱坞对剧本创作是何等重视，这样才能打造出艺术精品来。

本人从事评弹工作多年，体会到要想真正掌握长篇评弹编写技巧，必须具备以下五个条件：了解剧本创作的普遍规律；懂得评弹写作的特殊规律；具有一定的文化基础（尤其是文学根基）；有较多的写作经验；具有写作天赋和写作兴趣。

在这五个条件中，第一条最重要。故事情节是书中人物行为的组合，情节是刻画人物性格的历史，主要人物的思想性格体现了作品的主题。只有处理好故事情节—人物形象—主题思想三者之间的关系，才有可能写成一部合格的评弹作品。

2003年，江苏省曲艺家协会和苏州评弹团在嘉兴举办了评弹中青年演员进修班。讨论的主题是：什么叫"书"？什么叫没有"关子"就没有"书"？怎样做到"书中有书"？本人应主办方邀请，做了题为《提高主流书目的质量，是振兴评弹的当务之急》的主题演讲。主要内容是讲述"故事情节—人物性格—主题思想"三者之间的关系，强调故事情节在评弹唱本中的重要性。

时隔不久，一位著名的评弹演员，他也是那次进修班的指导老师，对我说他不同意我的观点。他认为评弹唱本不一定要有故事情节和矛盾冲突。又说《方卿见娘》是《珍珠塔》中的一个大关子，方卿要去见娘，彩萍并没有给他设置障碍嘛！这回书既没有矛盾冲突，也没有故事情节，同样也画画了方卿母子的个性。他认为，书要好听，不一定需要什么矛盾冲突和故事情节，重要的是刻画人物的内心感情。他还说《杨乃武与小白菜·密室相会》中也只有两个人，有啥故事情节？有啥矛盾冲突？不也是一个大关子嘛！

真是奇妙的论述。其实他的这种说法在评弹界影响不小。前几年，我还听到一位有名的评弹编剧在电视中说评弹唱本要"淡化情节"。这说明探求评弹唱本是否需要故事情节，是有关评弹艺术兴衰的重大问题之一。

说书要有故事情节，并不是本人发明的。早在一百多年前，马如飞先生的父亲马春帆就说过，弹词要：

一情节、二言词、三歌唱、四弦子，
起、承、转、合都如此。
遨游应仗诙谐技，谈笑全凭俚鄙词。

马春帆是一位擅唱《珍珠塔》的大名家,他说"一情节"——把故事情节列为说书的第一要素,这是完全正确的。《方卿见娘》这回书之所以好听,就在于既有故事情节,也有矛盾冲突,而且充满着戏剧性。以下我就说什么样的情节怎样才叫好。

第一点,情节要有戏剧性。什么叫戏剧性?美国耶鲁大学戏剧学院的乔奇·皮尔斯·贝克(George Pierce Baker)说:"戏剧性的含意,应该把外部的动作和内心的活动都包括进去。不过,外部动作和内心活动,其本身并非都是'戏剧性的'。它们能否成为戏剧性的,须看他们能否自然地激动观众的感情……"(《戏剧技巧》第二章《戏剧的要素:动作与感情》,余上沅译,上海戏剧学院教学用节译本)这段话的要点在于:"能否自然地激动观众的感情。"本人的理解是:能够激起观众喜、怒、哀、乐等感情反应的戏剧动作(人物的言行),即是戏剧性。我举两个例子:

其一,《珍珠塔·方卿见娘》这一回,方家母子是在什么环境下见面的?

首先是方卿的故事:A.三年前,他去襄阳投亲遭到姑娘势利,又得表姐资助——B.珍珠塔被劫,方卿跌雪遇救,到了北京,冒名应试得中状元——C.被奸臣参劾,又化险为夷——D.放任七省巡按,衣锦荣归——E.他装扮道士,试探姑娘——F.当得知母亲就在襄阳时,便急于见娘,母子重逢。

然后是方太太的故事:A.方卿离家杳无音讯,夫人历尽艰辛来到襄阳——B.听到儿子被害痛不欲生,欲寻短见,被救——C.流落在白云庵当佛婆,遭受凌辱——D.幸得陈翠娥烧香,婆媳相会——E.幽居庵堂,日夜思儿。

方卿母子的坎坷经历,难道不是故事吗?《方卿见娘》这回书,是建立在整部《珍珠塔》故事情节基础之上的,否则谁会对方卿母子产生同情,谁又会对他们母子相会产生兴趣呢?那么方卿母子见面时,当然有矛盾冲突。这个矛盾是在母子见面之前形成的。按照方太太的道德标准和处世哲学来衡量,方卿装扮道士去戏弄姑娘的做法是不能容忍的。其一,方太太并不认为姑娘的作为是故意欺侮她的侄子,更多的是激励方卿。其二,即使姑娘欺侮了方卿,那么小辈应该容忍,不应该报复长辈。其三,即使报复,也不应该采取这种有辱状元身份的方式去戏弄姑娘。这就导致之后"打三不孝"的情节。如果母子之间没有矛盾,那么为何要"打三不孝"呢?所以说,《珍珠塔·方卿见娘》既有矛盾冲突,也有故事情节,矛盾冲突是构成故事情节的基本要素。

其二,《杨乃武与小白菜·密室相会》,这回书的大部分时间的确只有两人相对,但人物少,并不意味着没有故事情节。

杨乃武的故事:他经历了三堂会审和刑部堂会审等一系列磨难,依然不屈不挠,坚持抗争。密室相会,是改变他命运的最后一次机会,生与死取决于这一夜之间。

小白菜的故事:她始终被蒙在鼓里,以为只要不讲出真凶刘子和的姓名,非但自己可以不死，还能救下刘家三口。她和杨乃武见面时，抱定宗旨要守口如瓶。

这样杨乃武和小白菜之间就产生了矛盾冲突：杨乃武为了求生，拼死要知道真凶姓名；小白菜为了活命，决不肯讲出真凶姓名。

前辈艺术家顾锡东先生对《杨乃武与小白菜·密室相会》有过精辟的议论。他说，杨乃武的官司，从县里打到府里、省里、京里。冤案从"谋夫夺妇"，发展到"通奸谋命"。小白菜始终在被愚弄蒙蔽之中，哪怕搭上自己一条命也不能说、不敢说、没法说出真相，杨乃武死定了。但作者忽然以"密室相会"为破案手段，而这个"妇人口"中的真实答案，竟然是最高权贵在偷听案犯密语中得来的。简直荒唐得令人难以置信，恰恰又合情合理，编造得天衣无缝。难道这样的书中"没有故事情节，没有矛盾冲突"吗？

第二点，注意细节描写。人们常说评弹艺术的特点之一是刻画人物的细腻，这正是因为评弹艺术特别注意故事中的细节描写。什么叫细节？就是指组成书回中故事情节起、承、转、合的每一个环节。这里列举两个评弹经典书回来做一解析。

其一，《白蛇传·许仙投书》。

这一回大概是讲许仙受"钱塘库银"一案的牵连，被发配到苏州驿站去做乞丐。他一到苏州，便去投靠大生堂药材店老板王永昌。王永昌是一个十分啬刻的人，他既希望来一个好伙计可以重振店业，又怀疑许仙是否真有本事，决定面试一番。许仙前途未卜，正面临一场考验。有人说，这是一回软档书，但本人认为这是一回关子书。什么叫关子书？主人公的命运处于转折关头，从而形成故事高潮的部分，即谓关子书。许仙此去大生堂，如被录用，可当店员；不被录用，去当乞丐。因此，名为投书，实是投生。这是许仙命运的一个转折点，故称关子书。

这回书共分两个部分：上半回通过"吃馄饨"来描写王永昌的精明和吝啬；下半回通过许仙做成一笔生意，来展现他的品德和能力。

先看"吃馄饨"的五个细节描写：

A. 王永昌和僮儿阿喜商量，买什么点心来请许仙。阿喜说，来两碗鱼肉双浇，王永昌惊呼要吃穷人家了；吃蟹壳黄又嫌寒酸；最终决定吃价廉物美的馄饨。（王永昌精乖过人）

B. 买什么馄饨？是虾仁馄饨，还是鲜肉馄饨？王永昌决定买鲜肉馄饨，因为价钱便宜，外表又看不出是虾仁还是鲜肉。（铁算盘）

C. 唯恐馄饨短缺，他边吃边数。（疑神疑鬼）

D. 为了便于计数，许仙取几只，王永昌凑满五只；许仙一次取五只，他只呷了口汤。（小家败气）

E. 结果馄饨一只不少，还多了半张皮子，王永昌蛮高兴。（贪小利）

"吃馄饨"这五个细节，组成了完整的戏剧动作，把王永昌"九九归原八十一，只进不出为第一"的做人原则刻画得入木三分。

接着听众要想知道在这样的老板面前，许仙能否通过面试？结果是许仙以优异成绩获得通过，因为他做成了一笔别人做不成的生意。做成这笔生意，共有七个细节。

A. 许仙进店堂。一进店堂，他就认真查看药柜里不同药材的所在位置。（做事胸有成竹）

B. 笑对街上行人。许仙对凡能见到的过路人，总是热情招呼。（亲切待人）

C. 愤怒的顾客。这是位被大生堂老店员得罪过的顾客，他站在店门口大发牢骚。许仙笑脸相迎，顾客回礼，气氛开始缓和。（和气生财）

D. 许仙的绝招。他先向这位愤怒的顾客赔礼道歉。又说：以后要买补品来挑挑小店。顾客怨气已消。（善解人意）

E. 借看药方。许仙称赞这是名医所开的好方子，并说：别家店里的药材如不及小店么，就拿来挑挑小店。顾客被打动，愿意在此配药。（欲擒故纵）

F. 展现技能。许仙三个指头拿药，不用过秤，还说，这叫"手到药来，药到病除"。（能说会做）

G. 许仙不点钱数。相信顾客是"老实之人"，顾客大喜，高呼：以后不生病也要撮帖药来吃吃。（真情动人）

顾客有气而来，高兴而归。王永昌击节赞赏，决意重用许仙。

《投书》是以"吃馄饨"和"做生意"这两个戏剧动作中的十二个细节描写来组成故事的。许仙的具体行为，体现了《投书》的主题：真诚待人是立命之本，和气生财是经营之道。这回书既有欣赏性，更具教育性，所以百听不厌。据王柏荫先生回忆：陈云同志最爱听《投书》，他说这是最能体现评弹艺术特色的书回之一，许仙是一位优秀营业员，值得现在的商店员工学习。

本人看过川剧、京剧、昆剧、越剧等不同戏曲的《白蛇传》，却没有看到过《投书》这个情节，无疑这是评弹界前辈的原创之作。前辈艺术家在长篇弹词《白蛇传》中精心设计了《投书》这个情节，目的何在？是为了展现许仙这位药材界小辈英雄的业务能力和他那善良、厚道的品性，使听众喜欢他、同情他。那设计这个情节的方法是什么？许仙既是位药材店伙计，那就让他做成一笔别人做不成的生意，以这个例证来展现其出色的业务能力和超凡的人格魅力。这就是《投书》教给我们的编织故事的技能。

其二，《玉蜻蜓·庵堂认母》。

故事梗概：徐元宰去法华庵寻娘，尼姑智贞明知他就是自己的亲生之子，因顾虑元宰的前途，不敢相认。元宰恳求再三，智贞终为人性、人情所动，母子相认。

《庵堂认母》唱本的整理者之一陈灵犀先生说，这回书分为四个发展层次：疑、探、信、认，从唱本的结构上来说就是起、承、转、合。故事情节由十七个细节组合而成。

A. 徐元宰出场。元宰详解诗句后，知道母亲是一名尼姑，叫智贞，想起法华庵中也有一名尼姑叫智贞，如果她是生母，就可相认了。这是书回的开头，有挂口、咕白、表白，只用了一分五十秒，就把主要人物是谁，他要干什么，讲得一清二楚。接着是一档唱篇，"哪怕你在地角天涯也要把你娘来寻"，用以强化元宰认母的决心，烘托演出气氛。（唱完篇子共计七分三十秒）

B. 智贞出场。智贞把一幅金贵升画像挂到墙上，正在向他诉说思儿之情。这是为最后母子相认所做的重要伏笔。

C. 母子初见。智贞初见元宰大吃一惊，因为他太像金贵升了。所以她是"满腹疑团心绪乱"，元宰是"但愿眼前人就是我娘亲"。

D. 糖莲心。当元宰在客堂里坐定后，智贞拿出糖莲心。元宰借题发挥："莫道其味甜如蜜，须知莲子苦在心。"智贞知道他有心事。

E. 弥勒佛。元宰指着弥勒佛的大肚子说道：如果他生了个男孩，"只怕庵中容不得，只有将他抛弃在外了"。此话引起了智贞的注意，怀疑他是金大娘娘派来试探的。

F. 竹笋。元宰去殿上烧香，见路边有竹笋，说道，竹子为何不关心其子竹笋的生长？智贞回答："并非竹子不关心，只为笋儿离了根。"话既出，知失言。

G. 松子。元宰拾起一颗松子问道：这颗松子是哪棵松树所生，我好送还给他？智贞回答："松林密密知何处，送还枝头恐无能。"相互探测。

H. 无花果。元宰见到无花果树又问道："世间既有无花果，难怪孤儿没娘亲。"智贞听出了元宰的意思，但又不信他没有母亲。无意中露出了心声："果到熟时红发紫，甜酸滋味却难分。"元宰知道智贞有心事，加紧试探。

I. 浮萍。元宰见到池中的浮萍，说道："水上浮萍未有根"，"随风飘荡太伶仃"。智贞知道他又是试探，虚与周旋，这就引起了元宰的更大怀疑。

J. 于是，元宰单刀直入，问起智贞出家的原因。又顺着智贞自述幼年出家的话语，诉说了自己的离母之苦，深深打动了智贞。从这里开始，故事情节加快发展，渐入高潮。

K. 送子观音。元宰在送子观音殿，进一步诉述了自己的身世。智贞听说他的年龄是十六岁，猜想此人可能是自己的儿子。顿时神态慌乱，语言失控，加深了元宰的怀疑。

L. 琉璃灯。元宰深入试探。他指着琉璃灯借题发挥："我前生未点琉璃灯，今世未生好眼睛，见了娘亲也认不清。"又说，自己的母亲是位出家人。智贞也从元宰的出生年月、面貌举止和他母亲的身世等内容来判断，初步认定这就是儿子。

M. 血诗。元宰已经确定智贞是其生母，见她不肯相认，因此吟了四句血诗。智贞听到自己写的诗句，肯定眼前人就是她的儿子，但考虑到认子会毁灭元宰的前途，还是不敢相认。

N. 哭诉。元宰跪到地上，痛述心声。智贞强忍悲痛回转云房，跪在金贵升的遗像前痛哭，表达了她想认又怕认儿子的复杂心情。

O. 云房。元宰闯入云房，见到了金贵升的画像。智贞承认画中人乃金贵升，但仍未认子。

P. 玉蜻蜓。元宰拿出玉蜻蜓和血诗，苦苦相求智贞认子。

Q. 智贞认儿。当年写下血诗就是希望母子有团圆之日，今日岂有母亲不认儿子之理。母子团圆。

再看，这十七个细节的起、承、转、合结构。

起。从元宰出场到母子初见。围绕一个"疑"字，表述书中的主角是什么人，他要干什么事？前辈们都非常讲究书回中的"起"。他们说，演员一上台，必须在三分钟之内把听众引入书情，否则这回书就难说了。

承。从"糖莲心"到"琉璃灯"，母子间互相试探。承，是故事情节的铺展，要求理路通顺，内容翔实有趣。

转。从"血诗""哭诉"，彼此确信对方身份。转，是情节发生了突变，书情进入高潮。

合。从"云房"到"认儿"。合，故事结尾，简洁有力。

细节的精美和结构的严密，这是《庵堂认母》久演不衰的原因之一。

如果说，书回中的故事情节是一堵墙，那么细节便是砖；墙是用砖一块一块砌起来的；"砖"的质量和堆砌技巧，决定着书回的优劣。

评弹艺术之所以能够延续四百多年，就是因为评弹界有一个良好的传统：以认认真真的态度、朴朴实实的手法，来讲一个实实在在的故事。

今天我的讲座到此结束，谢谢大家！

演讲时间：2012年6月11日
整理者：王亮

第四讲
陈云文艺观的历史与现实意义

　　陈云同志的文艺思想：曲艺要在保持自己的艺术本体特征的基础上，主动接受市场的检验，要适应市场但不能迎合市场；要在保证娱乐性的基础上重视艺术性和思想性的结合；要在保证曲艺的传统性上，不断去芜存菁、推陈出新；文艺管理要防止行政干预过多，鼓励业内或相关人士发表意见。评弹目前面临濒危，既有客观原因，也有1949年后文艺指导思想错误、政治运动浪潮的冲击等多种主观原因，这些导致评弹戏剧化、传统长篇传承断裂、艺人艺术水准降低等各种问题，有损评弹艺术本体和传承链条。陈云同志的文艺思想，归纳为"出人、出书、走正路"，到现在还是具有指导意义的正确的思想。

周 良

时任文化部江浙沪评弹工作领导小组负责人，著名评弹艺术理论家。从1957年担任苏州市文化局副局长分管评弹工作开始，一直热爱评弹、关心评弹，为评弹研究做出了非常大的贡献。到目前为止已经著有《苏州评话弹词史》《苏州评弹旧闻钞》《苏州评弹史话》《苏州评弹史稿》等著作，主编《评弹书简》《评弹文化词典》《苏州评弹文选》等评弹相关书籍，总计二十余本。其著述丰富，可称评弹研究第一人。

谢谢各位来听我的讲座。之前唐老师给了我大家提的问题，我看了以后觉得今天来参加讲座的好多同志对于1949年以来的情况非常熟悉；对于评弹的现状也很了解，因此我考虑，如果我再讲具体提出的问题，可能在很短的时间里讲不清楚。我今天讲几个细的问题。首先介绍陈云同志的文艺思想的贡献和他对1949年以后评弹工作的看法，以此作为观察我们现状的钥匙。我看了大家提的问题，发觉大家对我的了解已经超过我对大家的了解，你们看过我写的好多东西，但是我对大家的了解不多，因此我对今天的讲话能够讲好没有信心。八十七岁是一个客观的原因，讲得好不好与年龄没有关系。下面我以陈云同志文艺思想来对照我们现在的工作状况。

一、陈云同志的文艺思想：以评弹为例

陈云同志长期的革命生涯，在白区的工作主要是从事工人运动、农民运动、武装斗争和党的秘密工作。到了革命根据地和中华人民共和国成立以后，曾经从事过组织工作、党的纪检工作，长期从事经济工作。作为我们党内一个非常有威望的经济工作领导人之一，陈云同志没有从事过文艺工作，作为党的领导人也没有分管过文艺工作。

但是，陈云同志作为党的领导人之一，很重视思想工作和文化教育事业。在抗日战争时期，陈云同志在延安曾倡导学习哲学。在他担任中共中央组织部部长期间，很重视知识分子工作，制定政策，吸收、培养知识分子干部。他本人也善于和知识分子交朋友，成为团结知识分子的模范。在延安期间，他曾经对文艺工作者做过一次报告——《关于党的文艺工作者的两个倾向问题》（1943年3月10日）。据刘白羽回忆，陈云同志曾经找他和丁玲同志漫谈，了解情况。刘白羽说，陈云同志对文艺界的情况，十分熟悉，可以说了如指掌。从20世纪50年代后期开始，几十年间，他经常听苏州评弹，关心评弹，主动为评弹做了不少工作。除了长期听评弹以外，他曾经建议中央发出《关于整理我国古籍的指示》，还建议文化部创办北方曲艺学校和曲艺研究所。20世纪80年代，他对《人民日报》的宣传工作，对教育工作，对青少年教育、落实政策、提高知识分子待遇，都发过指示。陈云同志在长期的革命实践中，重视调查研究，向群众学习。他用"交换、比较、反复"的唯物辩证法思想和工作方法，实现了做一行、钻一行、精一行。

陈云同志幼年读书不多，只有高小毕业。但是他读书非常刻苦，成绩优异。后来到商务印书馆当学徒，在知识的海洋里看了非常多的书，文化知识水平迅速提高，为后来的革命思想和理论素养奠定了基础。

陈云同志从小喜欢文艺。小时候就爱听书（苏州评话、苏州弹词），先是跟舅舅去听书，喜欢上了，自己一个人去听。没有钱，就站着听书。他听了书，回家能讲给舅舅、舅母和姐姐听，而且头头是道，讲得很生动。他不但喜欢评弹，还曾经向一个做道士的伙伴学会了拉二胡。后来又学会了吹笛子、吹箫。在20世纪60年代，曾向朱介生、周云瑞学弹琵琶。陈云同志从小和民族、民间艺术结缘，浸润于深厚的民族和群众的情谊之中。

陈云同志是从50年代的后期恢复听评弹的，这一段历史在《陈云传》里有介绍："自从一九六二年北戴河会议和中共八届十中全会上，陈云因支持包产到户、主张分田到户而受到不点名批判以后，加上身体时好时差，实际上就离开了最高决策层和实际工作岗位。从那时到一九六六年六月，他的绝大部分日子都在外地疗养。在这期间，他常听少年时代就很喜欢的评弹，并用心研究起这门独具特色的民间艺术来。"[1] 除了"文革"期间中断听书以外，陈云同志一直在听评弹、研究评弹，成为1949年以后研究评弹花费力量最大的一个人。在陈云办公室一批同志写的回忆文章里有这样一句话："在这之后的30多年中，他听的评弹书目之多，在全国恐怕是独一无二的，评弹界尊称他为'老听客'。陈云同志还广泛接触过各种流派的评弹艺人，同他们一道研究发展评弹的问题。"[2]

陈云同志和苏州评弹界的频繁、亲密交往，已经大体记载在《陈云和苏州评弹界的交往实录》[3]一书中。陈云同志有关苏州评弹的谈话和通信，也已收集在同名书中。

在《陈云同志关于评弹的谈话和通信》[4]一书出版的时候，中共中央宣传部曾于1983年12月24日发出通知，要求学习陈云同志的这本著作，通知指出："陈云同志的这本著作，不仅对我国评弹艺术在建国后的发展过程和经验教训作出了科学的总结，而且对党和国家的整个文艺工作，对整个社会主义文艺事业，发表了许多重要的意见。"通知认为，陈云同志的这本著作，为"马克思主义文艺思想的重要文献"。这本书出版以后，曾经有一位文艺工作者发表过这样的感想："什么样的领导是正确的、符合艺术规律的、实事求是的领导？《陈云同志关于评弹的谈话和通信》，正好有力地回答了这个问题，为党如何正确地领导文艺提供了一个极好的范本，做出

---

1 金冲及、陈群主编，中共中央文献研究室编：《陈云传》，中央文献出版社，2005年，第1326页。
2 牟信之、陈群等：《陈云同志最后的三百二十一天》，《人民日报》1995年5月29日。
3 周良编：《陈云和苏州评弹界的交往实录》，中央文献出版社，2000年。
4 中国曲艺出版社曾于1983年出版《陈云同志关于评弹的谈话和通信》，后于1997年出版增订本。本文所引用陈云同志的观点，除另外说明外，均见此书增订本，注释仅列出篇名和所在页数。

了一个极好的榜样。""一位党和国家领导人，在繁忙的工作中还经常殷切地关心文艺，这本来便不容易，更不容易的是亲自动手进行调查研究，摸透一门艺术的过去和现状，然后进行系统的指导。对陈云同志的这种作风，这种精神，恐怕多数第一次读到这本著作的人都不能不感到惊异和敬佩。"[1]

又是很多年过去了。评弹工作的实践，继续在检验陈云同志就评弹艺术发表的意见及其文艺思想。而我们对陈云文艺思想的研究，进展不快。几十年来，不少同志写过回忆陈云同志的文章、学习的心得体会，缺少系统的研究。我也写过不少有关陈云文艺思想的文章，有亲历教诲的回忆，有工作中经验教训的总结和体会，也力图做一些系统分析，成绩不大。现在，我想把过去写过的认识、体会，集中起来，做一点归纳分析，试图说明陈云文艺思想的特别贡献。下面我讲讲《陈云同志关于评弹的谈话和通信》中提出的文艺思想，归纳为几点：

第一，在市场经济的条件下，如何实现文艺为人民服务。陈云同志恢复听评弹不久，就提出这个问题。

我们的文艺是为人民服务的。在革命战争年代，文艺工作是革命的一部分，革命文艺队伍是革命工作的分工。当时的革命根据地很少有职业性的文艺队伍。革命文艺的任务，是"团结人民""打击敌人"，以宣传教育、思想灌输为主要任务。争取革命的胜利，符合人民大众的最高利益。所以，容易、经常存在文艺为政治服务的认识和要求。革命战争时期党的文艺思想和方针，以毛泽东文艺思想为代表。其中，应该包括了陈云同志对文艺思想的认识。陈云同志在延安时期曾经对文艺工作者做过一个报告，这个报告也强调了"革命第一"的思想。

中华人民共和国成立以后，我们党成为执政党，掌握了全国的政权，文艺工作者的队伍扩大，而且以职业文艺队伍为主，革命队伍中的文艺工作，很大一部分，如文工团，也逐渐职业化，进入演出市场。

人民群众需要文化娱乐。认识、愉悦、娱乐，群众对文艺的需要是多种多样的。文艺工作为满足群众对文艺多样性的需求，就一定要进入市场，接受群众的选择，把满足群众的需要、市场的需求，作为推动文艺创作的动力。文艺生产和消费的结合，以市场为媒介，经过市场调节，才能完成文艺生产的流程。过去那种只凭文艺领导部门的意向、文艺生产指挥者的意图，控制文艺工作，进行灌输的做法，受到了限制。这就是为实现文艺为人民服务，要经过市场。

文艺创作有意识形态的属性，负有思想教育的任务。灌输，是思想教育工作的一种方法，但是文艺工作者应该避免生硬的灌输。1949年以后的文艺工作，在"左"的指导思想下，出现了

---

[1] 陈涌：《陈云同志与评弹艺术》，收入《陈云和苏州评弹界交往实录》，第148页。

"文艺为政治服务"的要求,常常把文艺作品的题材、作品中的一些口号和概念,作为思想性,生硬地灌输给群众。这种做法,只能使文艺脱离群众。对文艺作用的认识,也过于狭隘。

陈云同志恢复听苏州评弹,接触文艺工作,正是在这个阶段。20世纪50年代的后期,"大跃进"时期,针对这种"左"的倾向,陈云同志提出:"要懂得听众的心理。他们来听曲艺,首先是为了文化娱乐的需要,不是来上政治课。"[1]他还说,"听众出了两角钱,不是来上政治课"[2],"思想教育的目的要通过艺术手段来达到"[3]。群众需要文化娱乐,他们不喜欢生硬的灌输,他们的兴趣爱好是多种多样的,有的选择听书,有的选择其他的文化娱乐形式。选择听书的,还要选择听评话还是弹词,听谁的书,听谁说的哪一部书。演员只有适应了听众的要求,才能拥有听众,实现为听众服务。

陈云同志指出的,正是在市场经济的条件下,文艺如何实现为人民服务的一个关键问题,就是要满足人民群众的需要,服从听众的挑选。生硬的灌输是脱离群众的,必定被排挤在市场之外。

演员要努力提高自己的艺术水平,适应群众的需求与爱好,争取听众,实现为听众服务的要求。但是演员的努力,总是要受到他本人的思想和艺术水平的限制,而听众的爱好与艺术欣赏水平又是不一样的。这就有一个适应与征服的关系问题。演员总是希望自己有众多的听众,但是不是能有众多的听众,听众多了是不是一定能说明这个演员的书就是好,水平高,实现了为人民服务呢?

陈云同志说:"群众喜欢听的书,不一定就是好的。这要看它是多数群众喜欢,还是少数群众喜欢;是合乎群众的长远利益,还是不合乎群众的长远利益。"[4]为人民服务的文艺,应该对人民有益。既要受到群众的欢迎,又要符合群众长远利益的文艺,才是真正实现了为人民服务的文艺。为了实现文艺为人民服务,陈云同志认为,一要有市场观念,接受市场的检验;二要不唯唯市场观念。唯市场观念的文艺,现在还不少。有很多人指出,目前有不少这种唯利是图的做法,票房价值第一、唯收视率、排行榜第一、泛娱乐主义,丢弃了文艺为人民服务的另一重要准则:对人民有益。另一方面,现今也有不少忽视市场的观念。一些文艺门类,养着一批人,不出产品,不接受市场的检查,也没有人来考核。一些文艺团体为"政绩"服务,创演的作品不为群众演出,不计成本,不接受市场检验,那也谈不上对群众有益、为人民服务。但是这些作品往往能够得奖,为奖不为民。这其实是离开了市场。

---

[1] [3] 陈云:《不能忽视曲艺的娱乐作用》,第49页。
[2] 陈云:《关于评弹创作和演唱的一些问题》,第13页。
[4] 陈云:《衡量一个节目的好坏,要看对人民是否有利》,第64页。

在讲到保护苏州评弹的时候，陈云同志还讲过："保存和发展评弹艺术，这是第一位的，钱的问题是第二位的。"[1] 陈云同志强调保存文化遗产、传统艺术的重要性，花一点钱也要把评弹保存下去。但是如何保护好苏州评弹，还要讲钱。评弹不能离开钱，不能离开市场，要到市场上去接受听众的检验、为听众服务、满足听众的需要，实现为人民服务。现在我们的苏州评弹钱是很多，但往往有不少人实际上离开了市场。"左"的急功近利的做法，脱离群众；为"政绩"服务的做法，也是脱离群众的。

陈云同志在1949年以后提出了市场观念，只有通过市场才能实现为人民服务的方针，这是进入了新的时代，提出了新的要求。这一观点和要求同样可以用来检验我们今天的工作。

第二，艺术的力量基于艺术性，寓教于艺，寓教于乐，都是重视文艺作品的艺术性，思想性要和艺术性相结合才能发挥文艺作品的力量。在文艺过于强调政治性而忽视艺术性的时候，陈云同志的文艺思想重视艺术性，重视研究艺术的特征和艺术发展规律。

苏州评话、苏州弹词是曲艺艺术门类中的两个曲种，各个艺术都有自己的艺术特征，有各自相异的艺术性和它自己特有的感染力。重视发挥艺术的作用，就要研究各种各不相同的艺术性，注重研究各种艺术的特征和规律。提高各艺术的水平，就是提高文艺为人民服务的作用和力量。

陈云同志在恢复听书之后不久，就说："评弹的语言是说书艺术中比较精炼、细腻的一种，特别是具备了说表的特点。"[2] "评话……是中国说书艺术中的一个（重要）方面。"[3]

到1960年5月（这是陈云同志恢复听评弹之后的第二、三年），陈云同志提出了对评弹艺术特征的认识问题。他说："因为评弹的表现方法与戏剧、小说的表现方法是不同的。戏剧、小说、评弹三种不同的艺术形式，有不同的艺术规律。"[4] "评弹要保持自己的特色，新书不能根据小说照本宣读。评弹不但和小说、电影、戏剧不同，评弹的长篇和短篇也不同，各种形式的文艺，都各有质的规定性。至于如何区别，这是你们搞文艺的人的事了，我是搞穿衣吃饭的。"[5] 虽然他这样说，但是最早提出要研究评弹艺术特征的还是陈云同志。

陈云同志重视研究评弹艺术的特征。对于从事艺术实践的文艺工作者，熟悉、了解、掌握自己从事的这门艺术的规律，有助于他艺术上的提高，明确努力方向，少走弯路，事半功倍。对研究评弹艺术的人，一定要掌握规律。不然研究了多年，还不知道评弹是什么，有什么特点，属于

---

[1] 陈云：《出人、出书、走正路》，第98页。
[2] 陈云：《评弹工作中的几个问题》，第4页。
[3] 陈云：《评弹工作中的几个问题》，第5页。
[4] 陈云：《把长篇新书提高到传统书的艺术水平》，第32页。
[5] 陈云：《〈珍珠塔〉的整理及其他》，第38—39页。

什么艺术门类。我们从事评弹艺术的人,应该研究这一点。了解了评弹艺术特征,对演员也有很大的好处,少走弯路,事半功倍。

陈云同志说自己不是搞文艺的。但是,他接触、研究评弹还没几年,却最早向我们提出了要研究评弹的特点,而且提出了他的一些看法。

如他讲苏州评话、苏州弹词不是戏。他引用了前人的说法:"戏剧是现身中的说法,评弹是说法中的现身。"[1] 现在我们可以做这样的解读:说书的演员上台说书,是叙述者,是为听众讲故事的人,自己不是故事中的任何一个人物;而演戏的演员在舞台上却是装扮成故事中的某一个人物。陈云同志有一次在杭州听了浙江曲艺团一个演员说《李双双》以后,曾对这位演员的表演提出如下建议:这位演员在故事的叙述中,曾起孙有婆的脚色,因为她偷了一块木板,做拿着木板的手势,手一直不放下来。陈云同志认为演员是用不着手不放下来的,说:"评弹不是戏剧,可以先做个拿木板的动作,然后用说表来描写,听众是会知道她一直拿着木板的。"[2] "起脚色"是苏州评弹表演的一种方法,即在短暂时间内,对故事中的人物做有限的、一定程度上的模仿,是短暂的。所以,"起脚色"不是戏曲中的脚色表演。陈云同志根据自己的欣赏经验,认为说书的"起脚色"不能太过,听众既要听又要看,感到吃力。说书不能"太戏剧化",脚色多,说表少,听起来太单调。

这就要讲到,陈云同志认为说书以表为主的说法。这一说法也是评弹界的老艺人一直以来的说法,陈云同志赞同这一观点。他说,"说表是评弹的主要特点","说表应该占主要地位"。[3] 由于过去我们应用的一些称谓不很规范,对于说、表、白等称谓的内涵和外延,解释有所不同。陈云同志对说表的引用,在下面这样几个层面上我们加以理解,认为他说的是对的。

其一,就弹词而言,相对于唱,弹词的"说"是主要的。陈云同志讲:"没有适当的说表,光唱,一定缺乏艺术感染力,而且唱也会逊色的。""以说表为主,这是个过程,是发展提高的过程。"[4] 这个过程就是指"说表"的扩展、描写、刻画,尤其是对人物内心描写的刻画,逐渐深入细致。

其二,陈云同志讲以说表为主,"说表"相对于"起脚色"(包括表情动作)而言,以说表即语言为主。陈云同志在说到说新书"起脚色"有困难时,他说:"新书起脚色是一个困难,听众往往觉得味道不够……提高新书艺术水平的决定因素,不在起脚色,而在说表……传统书中好的

---

[1] 陈云:《把长篇新书提高到传统书的艺术水平》,第32页。
[2] 陈云:《在评弹座谈会上的讲话》,第84页。
[3] 陈云:《再谈评弹工作中的几个问题》,第16页。
[4] 陈云:《做好整理旧书的工作》,第20页。

部分，最受欢迎的，很多在说表。二类书的主要缺点，是说表差"[1]，"而说表是评弹的重要手段"[2]。

其三，说表主要指说书人叙述和描写的语言，可以描写人物的思想和内心，这比其他艺术如戏剧、电影要方便得多。"说表是评弹的重要手段。说表主要用于人物的心理描写。说表好，塑造的人物才给人深刻的印象。"[3] "以说表为主，注重刻画人物的内心，对书中人物的思想和行动，都有细致的分析。"[4] 陈云同志还说："作生动的描写，还要有抒情，不仅是形容，而且要夸张。说评弹，眼泪落下来也有声音，这很好，是老先生的一大创造。"[5]

陈云同志从上面三个层面来分析评弹以说表为主，我们现在可以做这样的解读：苏州评话和弹词，是以说书人的客观叙述和主观叙述语言为主要手段的口头语言艺术，给听众当面演出的表演艺术。评话是说，弹词是有说有唱，评弹是说唱表演，不是动作表演。

同样作为表演艺术，却与戏曲不同，戏曲表演是演员装扮为故事中的人物，在观众面前做动作表演。同为语言艺术，和小说也不同，小说为书面语言，是让读者来阅读的。描写方法也有所不同。陈云同志在看了整理出版的扬州评话王少堂的《水浒》以后，说："王少堂的《武松》，听起来好，你看整理的本子，就看不下去，而现在整理的字数，比他说的还要少一半。反过来，如果照着小说原本说起书来，你就感到干巴巴没味道。小说和评弹是两种文艺形式。"[6] 评弹和小说不同。他还说，看文本就不及听本人演出精彩。"有些地方不是文学所能代替的。"（1961年11月）这就是表演艺术。

苏州评话和弹词不是戏曲，不是小说，也不是唱歌，评弹有自己的艺术特点和发展规律。在粉碎"四人帮"以后，拨乱反正，为苏州评弹的恢复发展，陈云同志提出过"评弹要像评弹"[7]，批评了"评歌""评戏"。

要保存和发展评弹艺术，应该注重保护评弹的艺术特色，所以陈云同志提出了"评弹要像评弹"的要求。艺术不能变样，要按照固有规律发展，而不是听任艺术变异，成为"评歌""评戏"。

对于艺术特征和艺术规律的忽视，对于艺术性的忽视，或者在"创新"的口号下变异，或者在空头政治影响下的盲动，或者是急功近利的随意性，都带来对艺术的伤害。"评弹要像评弹"，这是保护评弹的规律。

---

[1] 陈云：《艺人要努力创作新作品》，第30页。
[2] 陈云：《关于评弹创作和演唱的一些问题》，第13页。
[3] 陈云：《关于评弹创作和演唱的一些问题》，第12页。
[4] 陈云：《谈〈孟丽君〉》，第72页。
[5] 陈云：《艺人要努力创作新作品》，第29—30页。
[6] 陈云：《对弹词〈青春之歌〉的意见》，第55页。
[7] 在杭州会议前，陈云同志在《对当前评弹工作的几点意见》中提出："评弹仍然应该是评弹。"（第76页）杭州会议上，陈云同志说："评弹要象个评弹的样子。"（《在评弹座谈会上的讲话》，第79页）

对于评弹发展的历史,陈云同志还曾经为我们总结了一条发展规律:出人、出书、走正路。[1]产生了响档、名家,就会推出一部受到欢迎的、比较好的、能够保留下来的书目。一部可以长期传承的优秀书目,可以推出一批又一批的响档、名家。优秀的书目对听众有益,有认识价值。愉悦听众,受到听众欢迎,评弹才能得以发展提高。

"出人"是出人才,出受到听众欢迎的演员。"出书"是出受听众欢迎的优秀书目。评弹的演出书目,从形成开始,几百年间都是长篇书目。长篇要说几十天、几个月,有的还有更长时间,最短也要几天,没有规定。但是过去有个习惯,说书说不满一个月,书场是不好拆账的,要退还"盘洋"的。现在,一般演出是半个月,但不都是半个月说完一部书。中华人民共和国成立以后,出现了评弹的中篇和短篇形式,但说得很少,中短篇的演出场次在总的演出场次中只占百分之几,到现在仍然如此,并没有改变,因为靠说中短篇是没有饭吃的。20世纪五六十年代、80年代至今的演出仍然是以长篇为主,只有在"文革"期间不演长篇,偶尔演一些中短篇,唱开篇。在陈云同志恢复听书的五六十年代,评弹演出主要是长篇,虽然有过"以中短篇为主"的口号。陈云同志在讲到书目建设的时候,也认为要以长篇为主,他所讲到的一类书、二类书、三类书,都是长篇;讲到传统书目的整理和传统也都是长篇。"文革"结束以后,在尚未恢复长篇演出时,1977年6月,陈云同志在杭州开座谈会的时候就提出要"说长篇""放单档"。[2]

陈云同志在谈论创编新书目的时候提到了中短篇,他曾经说过:"创作新书目,也可以考虑由短而长。目前多写短篇、中篇,将来会逐步丰富、联合而成为长篇的。"[3]在实践中,长篇会由短而长。由短篇、中篇发展为长篇,却未经实践验证。在急功近利的创作指导思想下,很少有中短篇能保留,能在演出中延伸发展。而且,后来陈云同志也改变了看法。他说,"评弹的长篇和短篇也不同,各种形式的文艺,都有质的规定性"(1962年12月7日)。当时,上海评弹团曾提出,以演出中短篇为主,整理传统书目,打算将长篇分成若干中篇。陈云同志曾表示赞同。但这些设想,都未经实践验证。形式和内容相互制约,中篇演出中的戏剧化倾向,不是偶然形成的。

苏州评弹的存在形式是演出长篇。正如我刚才所讲,过去评弹要吃饭就非演长篇不可,不演长篇就没有收入、没有饭吃,中短篇是养不活自己的。现在国家拿了这么多钱,是不是可以不演长篇,而以中短篇为主呢?恐怕也不行,这是因为艺术上存在不了。有长篇的存在和发展,中

---

[1] 陈云:《出人、出书、走正路》,第98—99页。

[2] 陈云:《在评弹座谈会上的讲话》,第82页。在杭州会议之前,陈云同志还在一篇书面意见中提出要"说长篇""放单档",见《对当前评弹工作的几点意见》,第77页。

[3] 陈云:《评弹工作中的几个问题》,第4页。

篇、短篇作为"百花齐放"都可以存在。没有了长篇，中短篇单独发展是不可能的，评弹是要衰落的。即使有钱，没有长篇，就没有评弹自己的艺术特色和成就。评弹在书场的演出中，出人、出书，这是评弹发展的规律，艺术的正路。

第三，陈云同志对评弹传统书目的分析和态度，批评了"反历史主义"，批评了狭隘的阶级观点，批评了"左"的思想，落实了"推陈出新"的要求。

陈云同志在恢复听评弹的时候，评弹的书目已一再受到冲击，且多次"斩尾巴"，但是他听书的时候，我们的演出仍然是以传统书目为主。他的文艺思想里面重视传统书目和传统艺术的传承，刚开始恢复听评弹，就主张抓紧传统书目的整理。他认为传统书目"如果不整理，精华的部分也就不会被广大听众特别是新的一代所接受。精华部分如果失传了，很可惜"[1]。在参加整理弹词书目《珍珠塔》的过程中，他曾经说过："有人说《珍珠塔》是碰不得的。我们要敢于碰一碰。这是一部骨子书，把它改好，人家就相信我们能做好评弹的整旧工作。"[2] 他认为传统书目的整理要"逐步地搞，过急了不好。这是一个牵涉到许多人吃饭的问题，必须慎重"[3]。传统书"应该边改边说，总结经验，逐步改好"[4]。但传统书，都要录下来，即使不能说，艺术上也还有用。"传统书如果只剩下一截一截的，我们这一代艺人就没有尽到责任。"[5] 陈云同志强调，对传统书目要采取谨慎的态度，"对什么是'封建'，要好好分析，不能过激。如果过激了，狭隘地运用阶级观点，就要脱离群众。"[6] "要用历史唯物主义观点来看问题，不能以对现代人的要求来要求古人。"[7] 在方法上，提倡"内部可以讨论，不要公开批评"[8]，改得不好可以重来，各人改各人的《珍珠塔》。这一些都是针对当时盛行的"左"的思想讲的。

陈云同志还重新提出"无害"的问题，为"左"的思想冲击设置了一道堤防。他认为："传统书目中，有精华，有糟粕，还有中间的即无害的部分，应作些分析。无害的部分暂时保留……"[9] 早在中华人民共和国成立前夕，在制定城市政策的过程中，那时的思想，比较谨慎，对进城后的文艺工作，制定的演出剧目审查标准，以对人民有利有害决定取舍，从而分成有利、有害和无害三大类。陈云同志在当时思想比较"左"的情况下——百花齐放，只有两种花了，鲜花毒草；百家只有两家了，资产阶级和无产阶级——重新提出了无害，这就保住了一大片中间地

---

1 3 陈云：《评弹工作中的几个问题》，第2页。
2 陈云：《〈珍珠塔〉的整理及其他》，第36页。
4 陈云：《对整理传统评弹书目的意见》，第10—11页。
5 陈云：《关于评弹创作和演唱的一些问题》，第13页。
6 陈云：《关于〈玉蜻蜓〉》，第68页。
7 陈云：《关于〈玉蜻蜓〉》，第67—68页。
8 陈云：《不能忽视曲艺的娱乐作用》，第50页。
9 陈云：《做好整理旧书的工作》，第21页。

带。这是十分积极的。他还语重心长地说过，割断历史是有罪的。

陈云同志同样重视书目的创新，他有一句名言："对新书，有三分好就要鼓掌。"[1] 他认为，"新"不等于好。艺术上有三分好是基础，鼓掌是鼓励其提高，使艺术从粗到细，从不成熟到成熟，而不是停留在三分好。在当时文艺作品为政治服务的口号下，大量的书目是浪费的，是不能演出的，或者演出非常少的。我们不是鼓励急功近利，粗制滥造。现在我们创作的有些节目往往能得奖，但是得了奖并不演出，你说这是好还是不好？这种轰动一时的作品大概不能鼓掌。

针对评弹创作过程中的盲目性，陈云同志强调："评弹应该不断改革、发展，但评弹仍然应该是评弹。评弹艺术的特点不能丢掉。"[2]

评弹的传统书目，特别是优秀的传统书目，要传承，在传承中常说常新。评弹的传统艺术是以传统书目为主要的载体。为传承、保存传统艺术，也要保护好更多的传统书目。评弹的创新，也应该在传承的基础上进行。陈云同志讲评弹要像评弹，也是对创新提出的要求。要求保持传统艺术形式的相对稳定性。没有传统艺术形式的稳定性，艺术如何积累、提高，如何稳定、发展？如果不能保持稳定性，创新就要成为变异，"创新"的结果颠覆自己，评弹就不存在了，那还有什么创新呢？

评弹艺术的推陈出新，要解决好传承和发展的关系，解决好传承传统书目、发展保留书目、提高创新书目之间的关系。只讲"创新"，离开了传承讲创新的做法是不对的，这种认识叫形而上学。

第四，陈云同志就如何领导评弹，党和政府如何领导文艺，做出了榜样。

陈云同志恢复听评弹之后，一面听书，一面调查研究，发表意见，和大家商量讨论。用"交换、比较、反复"的方法，引导大家。陈云同志与人交往，平易近人，虚怀若谷。发表意见总是让人家自己考虑，作为建议，征求别人的看法。让演员、艺术工作者自己做出选择，而后由他们自己来决定艺术上的问题，他不代替作者、演员做决定，不干预自由创作。如他对弹词《珍珠塔》的整理曾发表过不少意见，但是他仍然强调："大家动手，各人唱各人的《珍珠塔》，百家争鸣。"[3] 陈云同志对弹词《玉蜻蜓》的认识前后有所改变，他建议演员不要害怕改变自己的意见，他说："人的认识是发展的，会变化的，我们不要怕改变自己的认识。"[4]

---

[1] 陈云：《评弹工作中的几个问题》，第 2 页。
[2] 陈云：《对当前评弹工作的几点意见》，第 76 页。
[3] 陈云：《〈珍珠塔〉的整理及其他》，第 37 页。
[4] 陈云：《关于〈玉蜻蜓〉》，第 67 页。

陈云同志从来不要求别人把他的意见当成指示，要别人执行。艺术上的问题，总是让艺人自己来决定，领导上不要干预。

固然，陈云同志当时不是分管艺术工作的领导，但是，他当时是中共中央副主席，而且曾经担任过国务院副总理。由于他的威望，在一个时期中，中共中央宣传部、文化部到地方党委，非常重视他对评弹提出的意见。

周良先生（最右者）在做报告

陈云同志的认识和意见，从不强加于人，他从不作为领导在艺术上发指示。这不只是因为他的谦虚，思想作风上的民主平等。更值得我们珍视的，是应该从而总结我们对文艺的领导原则和方法。

在当今社会主义政治体制改革的要求下，我们文艺工作的领导要改革、改进，要提倡自由创作，发扬艺术民主。对文艺工作的领导是方针、政策的引导，对文艺工作加强思想素养的教育，而后鼓励自由创作、自由竞争、为人民服务。艺术上不要搞包办代替，做到这一点，还需要我们付出很大的努力。现在我们的领导监制、策划、统筹一切，这是不恰当的，这就是干预得太多了。文艺领导的改进，我想是我们社会主义政治体制改革的重要一点。

在新民主主义革命结束以后，我们的文艺方针、政策调整不及时。陈云同志在接触文艺以后，逐渐形成自己的文艺思想，明确在市场经济条件下，文艺如何实现为人民服务的要求。强调发挥文艺的特殊作用，强调继承传统，在传统的基础上，创造新时代的文艺。在改进对文艺工作的领导方面，又做出了榜样。我们现阶段的文化体制改革，有待改进，应该很好学习陈云同志的思想和方法，以他为榜样，改进领导。

二、1949年以来的评弹工作状况

以上是我所讲的第一部分，关于陈云同志的文艺思想概况。下面讲第二部分，从总体上谈谈1949年以来评弹工作的状况。

1949年以后的评弹工作，可以说是几代人的努力，做了大量的工作，是有成绩的。老一代的艺人都有翻身的感觉，这是在新社会中感受到平等、受到重视。我们认识的老艺人，不管吃了多大的亏（政治上、经济上吃了亏），他们对社会主义还是真心向往的。艺术上有没有发展呢？应该说是也有所发展的。新一代的演员文化水平、音乐水平普遍提高了。1949年后有没有好作品？应该说有好作品。至于保存不下来，是其他种种原因。评弹发展到现在，成为非物质文化遗产，作为保护的对象，尽管现在报上有人说评弹繁荣、发展，但不要忘记评弹作为被保护对象的第一个标准是面临濒危。我认为现在的评弹是很危险的。造成濒危的原因有主客观两方面。

主观上，陈云同志所讲的几条，可以再举一些具体的例子。第一，表现在政治和艺术的关系上，艺术为政治服务，急功近利的要求，在书目建设上重视中短篇，几十年来一直忽视、轻视长篇书目建设。中短篇的书目的确适合一部分听众的要求，就艺术形式来说应该是百花齐放，群众有要求，我们应该满足。但是长、中、短不能作为政治标准，认为说长篇书目不适合工农兵，适合遗老、遗少，因此要以中短篇为主，这样才能为工农兵服务。这是政治上急功近利、"左"的思想，把不同的认识当成政治方向。以长篇为主，这是苏州评弹的历史，是苏州评弹的存在形式，也应该是苏州评弹要保护下去的形式——就是把苏州评弹保护在书场说长篇演出，评弹才有希望。今天有了国家的补助，但是如果没有长篇，评弹仍然要濒危。没有了长篇，评弹就脱离了群众。在创作中间，过去往往把题材当思想，把口号当主题，忽视艺术，所以大量的艺术作品随演随丢，很少保留下来。1949年以后我们创作的新长篇作品，在五六十年代，一直到80年代，也产生了不少比较有基础的、好的书目。但是由于政治上运动太多，折腾太多，这些书目都不能保留下来，不能传承下去，不能成为保留作品。我们今天要继承传统的艺术，还一定要传承传统书目。没有长期传承的保留书目，怎么能出响档和流派？有人说我们1949年以后没有出响档、流派，确实，1949年以后出得太少了。

第二，在"左"的思想下，我们对待传统的书目批判太严，要求太严，删除得太多，把传统书目搞得七零八落，一些应该可以保留的，结果丢掉了，可以保留的部分也丢掉了。书太短，传统书目大量剔除，传统艺术就大量地流失。关于文化遗产的保存问题，过去我们经常受激进思想的影响，否定过去的一切，新的都比老的好，讲"社会进化论"。陈云同志讲"不能以对现代人的要求来要求古人"[1]，《珍珠塔》里的方卿，本来是反势利的，后来其个人奋斗却被批判。其实个人奋斗不应该被批判，个人努力、上进有什么不好呢？弹词《玉蜻蜓》当年也受到了批评，说金张氏做了好事也不能被肯定，因为她是一个地主婆，这就是陈云同志讲的狭隘的阶级观点。

第三，在"左"的思想下，我们强调政治，忽视艺术性，不研究艺术特征、艺术规律，不按照艺术规律办事。艺术上的创新往往出现盲目性，离开了艺术特征的要求去搞中短篇，搞评歌、

---

[1] 陈云：《关于〈玉蜻蜓〉》，第67—68页。

评戏，发展戏曲化倾向，盲目创新。

第四，在"左"的思想下，我们发展了平均主义。评弹在1949年以后，队伍组织起来，对于提高队伍是有作用的，但是在经济上犯了平均主义的错误。搞平均主义的分配原则，束缚了一大批人的积极性，伤害了艺术的发展和提高。现在回过头来看，有很多人的艺术只发挥了五分六分，还有七分八分没有拿出来，想想真是可惜。评弹成立团，是发生在社会主义集体化的趋势下，当时也认识不了这个东西——农业社会主义、平均主义。现在我们要总结，对我们管理的方式、分配的原则要改革。改革就要到市场去，要采用民主的管理方式，要提倡创作自由，分配上要克服平均主义。文化体制改革以来，有一个阶段，演员都到了市场，进入市场竞争。但不久，评弹很快进入了困难。困难出现以后，国家为保护评弹拿出了钱，这个钱如何用？又有了平均主义。现在对于评弹来说，不差钱。问题是这些钱怎么用？怎么用来鼓励艺术按照规律前进？恐怕仍然要克服平均主义，要克服一些小集团利益。

我们领导评弹已经六十多年了，有成绩，有很多失误。到现在为止，评弹处于濒危状态也有客观原因。在改革开放、经济发展以后，市场经济浪潮下，尤其是全国的、世界性的市场统一形成过程中，民间艺术、传统艺术受到冲击。这不仅是中国的，也是世界性的现象。我认为，我国前几年提出要保护非物质文化遗产，这是非常积极的。如果做好了，我国的非物质文化遗产就能保存相当的一部分。这样的话，我们就比欧洲好得多。欧洲在资本主义市场统一形成过程中，民间文艺被冲击得差不多了。我们发现得尚早，如果挽救及时，再看我们非物质文化遗产做得怎么样？如果做得好，可以挽回一部分，但一部分已经过去了，挽救不回来了。我认为我们评弹的现状仍然是危险的，但是如果工作做得好，可以挽回、挽救一些。假如我们工作做不好，重复过去的一些做法，我们恐怕连现状都保护不好，那就是历史的遗憾。

谢谢大家。

演讲时间：2012年10月20日

整理者：解军

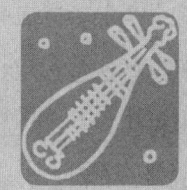

第五讲
我的评弹观

  吴宗锡认为评弹是以说唱为主要表演形式的综合性曲艺。不断发展成熟的过程中，评弹以说为主，以唱为辅，尤其在进入上海后，接受"海派文化"的影响，借鉴戏曲、地方戏、文明戏等表演形式的部分要素，使评弹成为集文学性、戏剧性、音乐性于一体的综合性曲艺。另外，应充分肯定评弹团对1949年后评弹艺术的保护和传承所做出的贡献，它有利于评弹这一传统曲艺的社会主义改造，帮助评弹艺术和艺人适应1949年后社会环境的变化，在"整旧"和"创新"上能够充分组织人物力，等等。在评弹团的领导下，评弹发展出中篇这一新形式，培养了许多新人。但当下评弹等传统曲艺面临社会、市场的巨大变化，遭受电视、互联网等多种娱乐形式的冲击，颓势很难挽救。

吴宗锡

中国评弹理论家、曲艺评论家、作家。1949年后历任上海市文化局戏曲改进处副科长、上海评弹团团长、上海市文化局副局长、上海市曲艺家协会主席、中国曲艺家协会副主席、江浙沪评弹工作领导小组组长、上海市文联副主席等职务，长期从事文化管理事业，参与并领导了1949年后评弹的"创新"和"整旧"工作。在这一过程中对评弹的理解和研究日益深入，先后出版《怎样欣赏评弹》《评弹艺术浅谈》《评弹散论》《走进评弹》等著作，创作或参与创作评弹开篇、短篇、中篇多部。

今天有幸来给各位谈谈我对评弹的认识。最近有两位同志将我对评弹的认识称为评弹观，一开始我觉得称"观"是不是对我有所抬高，后来我想"观"并不是什么抬高的问题，每个人都可以有人生观，每个人都可以有认识，所谓评弹观也无非是指我对评弹的认识，所以我也就接受了这种说法。今天来此我想讲讲我的评弹观，也就是介绍一下我对评弹的认识。我的评弹观，同志们听了也许能接受、能够同意，那么这就成了我们共同的认识。如果同志们感觉到有不同的意见，那也没关系，因为我谈了，大家可以知道这个吴某某是这样看的。所以我就来谈谈我的评弹观。

谈到这个"观"呢，我想包括两个方面：一个就是认知，对评弹这门艺术的认知，通俗地讲，就是评弹在我眼中是一门怎样的艺术。除了认知以外，另外一个方面是观念，观念就是我认为评弹应该是怎样的一门艺术，这里面更多加上了我的主观的看法。

我今天谈的是我现今的一些看法，我自己对评弹的认识实际上是发展的，在座各位都是学习历史的，都知道随着时间变化，任何事情都是发展着的。我的评弹观实际上也是不断发展的。从一开始我接触评弹，我只能算是一个一般的听客，这样来认识评弹的。到后来，党让我来搞评弹工作，我因工作原因需要了解评弹，这与一个听客的认识就有了不同。后来到了评弹团工作，我参与评弹书目建设，搞创作、"整旧"，跟演员一起切磋、研究评弹，想搞评弹理论，就成了评弹界一分子，参加了这个实践，那么我的认识又有所发展，与刚接触时又有所不同。也许可以讲，深入到里面去了。所以最早还是从外部来看的，而后来逐步深入到里面，我也成了评弹界的一分子。通过实践来认识评弹，这是一方面。另外呢，评弹是一门怎样的艺术，它本身也是发展的。最早的评弹，它的发展还有地域的变化，最早的评弹产生于苏州，我们通俗讲叫说书，运用苏州的方言来讲故事。可是当评弹成为一门表演艺术后，跟听众有了接触。为了吸引听众，这个艺术本身有了发展，评弹有了代言体、脚色、双档，各方面发展形成一门比较成熟的艺术。后来评弹进入了上海，到广播电台演出、灌唱片，等等，融入海派文化中以后，有了更大的发展。一直到1949年后，有了国家经营的评弹团，这是过去没有的。过去评弹都是以"档"为主，以个体为主。后来评弹团根据当时的要求，为工农兵服务，因此在艺术上、形式上都有了创新，包括听众面有了很大改变，评弹艺术也有了更大的发展。那么我们对评弹的认识，也是有所发展。所以现在对评弹的认识,不都是我这样的认识,也有不同的认识。这是因为时代不同、地域不同(在上海接触到的比在小码头要多),所以认识也有所不同、有所发展。我今天讲的是我在上海的实践的基础上,我本人的实践和研究所得到的对评弹的认识。为了简明或者在学术上进行表达,概括起来就是我的"评弹观"。

一、评弹的定义:以说唱为主的综合性传统曲艺

评弹是什么呢?最早在苏州,最简单、最通俗、最普遍的讲法,评弹就是说书,所以现在演出场所叫书场,喜欢评弹的人叫书迷,这是有道理的。在专业分类中,它是一种曲艺形式,具体讲就是说唱艺术。我今天对评弹的认识,在我被人询问后通过自己的思考,从学术研究来讲,我认为评弹是以说唱为基本手段的综合性的表演艺术。

下面我讲应该怎样理解这个定义。第一,以说唱为基本手段。评弹的基础是说书,最早以说为主。评弹最初是民间的、口头的艺术,没有正规的史料记载,所以今天我们的认识,只能从零碎材料中、老艺人的说法中来推论。

我最近在辞书出版社的要求下编了一本《评弹小辞典》,里面就有传承表,告诉我们评弹是怎样传承的。另一个是介绍评弹演员的条目,从清朝到现在,我对此很感兴趣,从中可看出哪些艺人对评弹做了哪些创造和发展,有的演员是如何吸收京剧表演,怎样发展弹唱的。评弹是苏州评话和苏州弹词的合称,但是我们基本不冠以"苏州"二字,因为现在评弹的影响大,见诸文字、传媒与群众口头都习惯称为"评弹"。但是单称评话或弹词时,因为其他地区也有评话,如扬州评话,所以单讲"评话"不是专指苏州的,弹词也是这样,有长沙弹词等,所以单称时要加"苏州"。但是合称时就用"评弹",因为这是约定俗成、受到公认的。比如评弹谱唱《蝶恋花》,用的是苏州弹词的曲调,但为了简单明了,讲"评弹《蝶恋花》",人家不但都明白,而也都这样说。我们在群众生活和学术上,对一门艺术,听了这个名称,就能明确是什么概念就可以了。所以我们现在一般叫"评弹"。《辞海》中有"评弹"词条,也称其为"苏州评话和苏州弹词的合称"。

评话、弹词二者,根据我们推论,先有评话。评话没

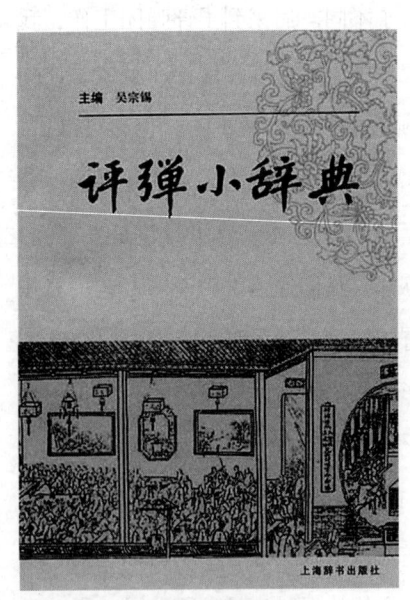

《评弹小辞典》

有唱，也就是所谓"说书"。弹词原来只有唱本，如《再生缘》《天雨花》等，最初很多是在妇女群体当中诵唱，作为自娱自乐的。后来借鉴评话发展了"说"的部分，用来表现儿女情长的故事题材，成为一种表演艺术。所以现在评话、弹词二者的基本技法，"说表""脚色"是基本一样的。只是表现的题材不同，风格上有所不同，一个是讲金戈铁马，另一个是讲儿女情长。这样，把"唱"的部分吸收到"说"的里面，就成了现在表演的苏州弹词。当然这只是推论：评话最早出现，弹词是后来并到评话中发展的另一种表演形式，所以"唱"基本可以讲是"说"的延长，当"说"不足以表达抒情性的内容时，就增加了"唱"。因此可以说，"说""唱"是评弹的基本表演手段。

评弹表述书情和情节、刻画人物基本上用说唱手段，以说为主，以唱为辅。评话没有"唱"，弹词有"说"有"唱"。其中二者都以"说"为基础，不能只是"唱"，最多"唱"的成分多一些。比如传统书目《珍珠塔》有很多"唱"，但它还是要"说"。所以"说"是最基本的手段。而在演出时，因为要面向听众，"说"就有所发展，而其比较大的发展是有了代言体。我们讲，时间、场景、情节等由说书人以第三人称来表达，而因为它要面向听众，"说"发展出了代言体，也就是说书人不止以第三人称来表述，还能代替书中人物来讲话，简单地说，叫"道白"。在有了第一人称脚色的说白后，再进一步发展出了第一人称的内心独白。这个"说"最后发展了评弹演员总结的"六白"，就是六种说白。说表有了发展，一般讲它有脚色的说话叫"官白"，脚色内心独白叫"私白"，出声的自言自语叫"咕白"，再细分有官咕白、私咕白，此外还有衬白、托白等。这样说表有了多种技法。借用水墨画比喻，叫墨分五色，一种水墨依靠技巧来分出浓淡，表现色彩。评弹说表也是这样，在"说表"中发展了不同技巧，多视角多层次多变化。一般的谈话、讲故事不具备这些特点。只有评弹在说书时，因为它需要刻画人物，所以发展了多种不同的技法，而且这里面还包括突破时空界限的一种。评弹有种手法叫"未来先说"，还有"过去重提"。人物视角也可以转换，有的是全知（说书人的角度），有的是半知（从人物角度，当时当地不能了解其他方面的情况），甚至有的是不知的（人物受局限，以人物的思想和口吻来讲）。由于有了多种说表，我们讲现在3D电视有三维，不妨说评弹有四维，视角是多样的，因为它有不同层次不同视角的说表，把书中的人物、场景立体化。这也就是评弹说表的灵活，眼睛看不到的地方也可用说表来表现，心中想的也可用说表来表现，视角不受限制。评弹经过一代代演员，发展了技巧，形成了多维的艺术表现形式。当然评弹也有局限性，缺少视觉形象，可是它用"说表"来弥补。正是由于发展了这一基本手段，评弹艺术受到今天广大听众的喜爱。所以我们说评弹是以说唱为基本手段的艺术，这是底线，所有老艺人对这个底线是不会放弃的。评弹尝试过演戏，可是这削弱了说表的功能。"书戏"在二三十年代上海游乐场演出过，也有说表表述人物内心活动,但毕竟演成了"戏",使说表受到了削弱。所以,后来书戏只是在某种特定场合,有某种特殊需要时出现,而不成为评弹的主要表现形式。所以如果讲评弹是一门什么样的艺术呢?我认为首先是以说唱为基本手段的。它基本是诉诸听觉的,因为说唱是要听的。

因为这个特点,评弹就有了它的优势,二三十年代进入上海后有了大发展。因为当时恰好是上海无线电台大发展的时期,这与今天电视台的发展相同。广播电台主要是诉诸听觉的,当时还有唱片业的发展,而这些恰好对诉诸听觉的艺术起了推广作用,所以评弹在二三十年代的上海地区有了大的发展。当时上海电台有五十余家,民营电台大量发展,而且电台可以深入到每家每户,像电视一样。本来评弹要到书场里听,由于当时的社会观念,女听客不太经常去书场听书,而且一个书场的容量有限。可是有了电台深入到每家每户,妇女听众大量增加,老年行动不便的听众也可在家听。有的时候我喜欢拿评弹与电影比较,电影以视觉为主,电影形象都是用画面表演来表现,评弹是以听觉为主。电影可以有默片,观众照样可以观看,因为它已经构成了艺术形象,当然加上声音就更好了,可基本的还是画面。如果只是放电影录音,听是可以听,但是不能满足,艺术形象不完整。评弹与电影正好不同,评弹是听觉的。评弹可以一点儿也不看,电台听书照样听,艺术形象很完整,而且情节也讲得生动,因为它主要是诉诸听觉的。可是要补充一点,评弹光有听觉也还不够,就像有声电影需要声音辅助一样,评弹也需要表演,有视觉效果。过去到书场里听评弹,座位当中的柱子使人感觉不便,因为柱子挡住了视线,听众看不到台上的表演。评弹也需要辅之以表演,包括演员也要有表情。但评弹的视觉部分是辅助的,而听觉部分是为主的。当然两者都有,艺术的感染力更强,更能满足听众的需求。所以我们可以讲,评弹是视听艺术。也有演员讲评弹是听视艺术,"听"应该放前面,这个实际意思是一样的。

第二,我想谈谈其综合性。我们现在看,视听艺术、听视艺术或表演艺术都是综合性的。电影、电视都是这样,有人讲评弹不是这样。评弹不化妆,只是一个人在台上,怎能是综合性的呢?实际上,评弹综合了很多不同艺术门类的不同艺术因素。评弹艺术面向听众以后,需要吸引听众,艺人着眼于加强自身表现能力,这里面历代艺人都集中了他们的智慧,发挥了创造性。

还有认为评弹为曲艺,所以不能称表演云云。而这表明的只是我们往往是拿概念来限制艺术。当时我们编《曲艺志》的时候,就碰到这些问题。比如划分时段。编《曲艺志》时,我们感到评弹在上海解放前是一个阶段,上海解放后有了党的领导是另一个阶段。可是《曲艺志》编委说我们划分时段一定要从中华人民共和国成立开始,那么上海是5月解放,5—10月实际上包括领导、演员活动都已按照中华人民共和国的制度来办了,可划分时段一定要把那一段划分到民国时期,编委说因为《曲艺志》已经划定了概念,一切都一定要如此。上海成立评弹团,活动都是一起的,评话、弹词演员都同台演了,可是他说一定要分开写,评话的归评话,弹词的归弹词。

我和彭本乐同志与他们争了半天，也没办法，结果评话写一个综述，弹词写一个综述。可是，评弹团十八个艺人有评话有弹词，是一个整体，是不能分开写的，于是写评话也要写十八个艺人，写弹词也要写十八个艺人。他们的规定，是与实际不符的。后来，我们编词典，评话和弹词就按实际，合起来了。我讲这些，是为了说明现在我们有很多东西，都从概念出发，一定要怎样怎样，有条条框框。可是评弹演员一直令我佩服的是，演员脑中没有框框，不拘一格，只要是能加强表现力、感染力，什么都想办法吸收进来，都可以为我所用。这样，评弹艺术有了更大发展。

这里我讲评弹的两个发展阶段，一个是在苏州，另一个是进入上海，眼界更开阔，融入了海派文化。我们一般讲在苏州是一个高潮，最早评弹形成单档、双档，有了行会组织（光裕社），有了评弹特色的表演手段——说噱弹唱，出现了大名家，这是一个高潮。第二个就是二三十年代进入上海，有了电台、唱片，书场扩大。第三个是1949年后有了党的领导，在五六十年代达到一个高潮。其中，第二个高潮出现后，评弹受到了更广泛的关注，有了全国性影响，出了很多唱片。为何有第二个高潮呢？我们过去讲，那是进入上海大都市，听众不一样，环境也不同，在竞争中发展。可是现在看来，不只是因为有了电台、唱片，而是因为大环境，进入大都市融入了海派文化的因素。我们可以讲，评弹受到了海派文化影响，实际上仔细研究，是融入了海派文化。在1949年前甚至是在五六十年代，上海市民的文娱生活中评弹占的比例甚至超过了话剧、电影。50年代好莱坞电影不放映后，有人统计每一天的评弹听众人次超过了电影。当时的演员，江浙沪不完全统计，有八百多人。实际上应该讲，评弹在上海的这个历史阶段中，是海派文化的组成部分。还有一个现象，上海在1949年前搞慈善募捐，在1949年后搞抗美援朝义演义卖，打头阵的都是评弹，甚至超过了滑稽戏。那时上海有一个慈善机构叫普善山庄，凡是有这些活动，电台都是评弹艺人在唱。评弹在这个阶段，是上海市民文化生活的重要组成部分，融入海派文化，吸收了很多，所以可以说是海纳百川。另外一个，评弹的竞争机制很厉害，过去一个码头两三家书场，乡镇上的人口不多，如果你能吸引听众，那我这里就少了。因为当时没有什么宣传和大的炒作，最多挂个牌子或演员到场后沿街"琅相"兜一下，这就算是宣传了，小镇上也没有报纸宣传。这完全是靠艺术的吸引力和听众口碑，听过的人出去讲今天的演员如何如何好，就靠这个来吸引。吸引不来，开书的时候台下只有三四个人，你也没办法，也不能出去拉。过去评弹界有个词叫"敌档"，当然这讲得严重了，实际上是竞争对象，有点像足球赛的双方。可是这里面的确有你死我活的竞争，你那里客满，我这里可能就没有人，这成了评弹的推动力。评弹艺人千方百计、不拘一格吸收各种艺术因素增强表现力、感染力、吸引力。演员在竞争中体现的创造性，特别是评弹演员群体集体的创造性（特殊之处在于评弹有茶会），使评弹形成了自身独特的美学体系和表演手段。评弹就是在这样的发展中完成了综合。简单说，评弹的四种手段"说、噱、弹、唱",现在加上"演",这就是综合的,可是此外还有它吸收的各种艺术手段。"演"现在是评弹综合性里面很重要的组成部分,只要有利于艺术表现,各种艺术因素它都能借鉴。

我们简单讲,评弹有文学性、戏剧性、音乐性,这都是综合性的体现。评弹还有美术因素,比如演员服装,要美观大方。像杨振雄的《西厢记》,在表演张生收到莺莺一首诗后,杨振雄为了表现兴奋,手里拿把折扇,他带点象征性地突然把这个扇子翻过了,这个折扇上画了一朵大红牡丹,他并不说张生拿到诗高兴,可杨振雄折扇上的牡丹却表现了人物当时的心花怒放,这就有了美术的因素。弹唱有音乐的因素,还有口技(八技)。口技是另一种艺术门类,可是评弹把它吸收进来。有人讲评弹没有哑剧,因为评弹是听觉的,讲这话的人只是从概念出发,可是聪明的演员就是运用了哑剧的手法。吴子安《隋唐》里面有一回书叫《秦安献本领》:秦琼把他的老家人秦安带到一个庄子上,别人瞧不起他们。秦琼就让秦安出来举重物,用这来表现他的本领,通过这种方式来把庄子里的小喽啰都震住。吴子安表演时就在书台上表演秦安怎样举重,他不仅表演秦安而且表演其他看秦安举重的人们的不同表情,一句话都没有,就是靠表情。他怎样举起来,别人开始怎样瞧不起,后来转为惊奇,到最后吃惊,都用面部表情来表述。近一分钟的表演,台上一句台词都没有,这不是哑剧吗?当然你说让评弹全部演哑剧,就不行了,他有说白、铺垫,可是他中间来一段,这种哑剧因素也是可以吸收的。评弹有亮相拉架子,这里面有雕塑的因素,表情如何、造型如何,这不能说没有雕塑的因素。所以说凡是能加强表演,成为亮点,使台下听众鼓掌,任何艺术手段都能为我所用,但还是要以我为主。这个"我",是什么呢?就是它的底线,也就是,评弹的说表艺术本体。"我"代表的艺人以说为主,只要是为艺术本体服务,什么艺术因素都能吸收,所以我们讲评弹是综合性的艺术,也可以说评弹历史的发展,是发挥和加强其综合性的过程。

刚才我讲了弹唱。最早弹词多用表唱,就是讲一个故事的过程或是描述一个事件,后来由单档发展到双档。单档是自弹自唱,唱的时候不弹。而发展到双档后,进入上海以后,又受到海派文化大环境影响,琵琶和三弦相互衬托、伴奏,这样曲调就丰富了。演员在台上不仅可以表唱,而且可以抒情,不但可以抒情,也能做手势动作。有了伴奏,起的脚色可以有动作,因此30年代上海发展了很多流派唱腔。比如沈俭安、薛筱卿的"沈薛调",一个弹三弦,一个弹琵琶,由于二人合作,在音乐性上有了很大的发展。我们现在用国外音乐的术语叫"枝生复调",当中有了复调伴奏。当然和声太高级了,评弹没有。有了复调,不是按照你唱的弹奏,而是他用另外一套来衬托,这个音乐就好听了。

综合性里面还有一个就是表演,起脚色。刚才我讲了代言体,现在我讲综合性,戏曲性也综合进来,这也是演员的聪明。评弹本来的代言体已经不能包含起脚色,代言体最多是演员代替人物讲几句话，以第一人称讲，可是演员的动作、声调不一定有大的变化，他只是以人物的第一人称来表达，这叫代言体。实际上我们今天的代言体已经发展到起脚色。这个"起"，我怀疑可能早期用的是"去"，为什么呢？在过去，这个扮演脚色在苏州话里叫"去脚色"，这是口语，"去""起"同音，现在一般写成"起"。这个"去脚色"，演员聪明在哪里呢？就是他不是以说书人的口吻，而是他表演人物，也即所谓"现身"了。这个"演"，有人讲是"学"，但"学"是第三者的模仿，起脚色的"演"是投入的，是自我深入到脚色中。现在有人不太赞同，说你们怎么用西洋名词，什么"跳进跳出""表现""体验"。过去的评弹，有艺术创造却没有理论，缺乏术语名词，我们今天只好运用西方艺术的名词。当然，这并不是说，我们评弹里面有布莱希特等。我说评弹就是评弹，评弹不是布莱希特。但为了说明问题，我们没有表演艺术的理论、术语，有时候需要借用西洋的术语如"第一自我""间离效果"。可是这并不是说我们评弹就是他们那样的。

评弹怎么表演呢？演员没有办法分脚色，一个人就一条嗓子，也不化妆，怎么分各种不同性格，如何演呢？那么就借鉴吸收中国戏曲（最早昆曲，后来京剧）的表演经验（写意型程式化），因此评弹脚色基本也学了戏曲生旦净丑分行当，也有很多戏曲程式化表演。评弹也有花脸哇哇叫，但生活里的人不是这样叫的，包括哭，"噢噢咦"，生活里没有这样哭的。可是为了表演，他不可能自创一套，戏曲的表演是最成熟的，他就是吸收了戏曲的成分。有人说评弹表演生活，但其实不是生活，评弹表演的诸葛亮不是生活里的诸葛亮，生活里的诸葛亮谁也没见过，评弹表演的就是戏曲舞台上的诸葛亮。这就是借鉴，而借鉴是聪明的。这样评弹有了不同的人物、脚色，而且生动。当然评弹在借鉴戏曲刻画人物的程式动作时，也发展了戏曲舞台上没有的、评弹特有的人物。比如《三笑》里的祝枝山，《英烈》里的胡大海，这两个人物在戏曲舞台上类型化、行当化了。可是评弹发展了一点，祝枝山有程式化，但加强了他的特殊性，这个人物很生动，给人深刻印象。胡大海也发展了，不是戏曲舞台上的只是一个大花脸。有所发展但基础是借鉴了戏曲表演因素。

而且评弹跟戏曲还有不同。戏曲是一人一角，一角到底，当然也有几个人演一个人不同时期的，但基本上是一个人物上台，因为他要化妆。可评弹不同，评弹是一人多角，他还可以从说书人跳出来，再到脚色，因为不化妆，它这点灵活。有人因此讲评弹表演与戏曲表演并不相通。但这个表演艺术是很复杂的心理活动，不好单纯看表面。实际上，戏曲舞台也不是全部投入的。最早的京剧还可以"饮场"，就是演员唱时感觉嗓子渴了，有个人送个茶壶给他喝水，喝水时他还在脚色里吗？他也跳出来了。当然还有插科打诨，他也可以跳出来，可是当他进入脚色时，他必须深入脚色内心，才有感染力。实际上评弹从进入脚色这一点讲，是需要体验人物内心的。当然，不同演员也有不同风格，有的体验多，有的人表叙多，比较冷静。可是自从有了中篇评弹后，评弹的几位名家都运用了体验。像刘天韵演《求雨》，又像哭又像笑，以笑代哭，很多表演他都是情动于中，都是内心体验的表现。如果不是生动的表演，不能感动台下。像杨振雄、张鉴庭"起脚色"都深入脚色。有人说，评弹脚色进去又出来，怎么能叫体验呢？实际上这个表演艺术的心理活动很复杂，要体验与深入，还要有激情。只有平叙感染力不强，所以20世纪50年代电影演员都听评弹，从评弹中学习快速进入脚色。拍电影分镜头，演个镜头，也是要学会进入脚色的，表演进入脚色不是按照时间长短简单划分。评弹演员的特点和基本功，本事大的，能一下子进入脚色，演《济公传》时演员把头上帽子一推，嘴歪一歪，话不多说，看起来就像济公。为什么？光是表演是不行的，演员必须当时认为自己是济公，演员进入脚色，给听众以感染力，这也是评弹的综合性之一。起脚色是评弹综合吸收表演艺术的重要组成部分，由于有了这个基础，后来说现代书时，前人开路，后人借鉴文明戏、话剧、电影，吸收其表演手段用于评弹表演，像《啼笑姻缘》中刘将军、樊家树，都是从文明戏借鉴来的。

　　为何称评弹为表演艺术？因为评弹从说故事到说书，最需要与听众互动，没有听众就没有评弹。艺术上的发展是因为听众的需要，是为了吸引听众。因此有人问评弹更近小说还是戏曲？我认为更近戏曲，最主要的依据是评弹是表演的，是需要听众的。小说也要读者，可是读者不需要看表演。评弹的脚本一般是没有人看的，评弹要看表演。评弹听书要听蒋月泉、杨振雄，而不是听《玉蜻蜓》《西厢记》。因为说这些书的人很多，可是说得最好的是蒋、杨。这与京戏相像，京戏要看梅兰芳。这就说明评弹是表演艺术。很多人认为评弹是讲故事，更像小说，可评弹讲故事与小说不同。细致研究起来，写小说的人可发大段议论，主观描述，包括托尔斯泰小说中有一章都是发表的议论，巴尔扎克的小说有一章全是讲环境，然后才出人物。可评弹更接近戏曲，评弹必须有戏剧性矛盾，术语叫"关子"。评弹演员的经验是没有关子就没有评弹，这就说明关子的重要性。什么叫关子呢？简单讲，就是戏剧性矛盾的情节，评弹演员叫"上路"，就是快点进入戏剧性矛盾，快点出现人物。有"噱"的成分，就是趣味性部分，也是为了听众，因为它有了趣味，听众才爱听。好的演员表演一般都有一点趣味的东西，使听众不会感到沉闷，这也就是因为它是表演艺术所决定的。如果是小说就无所谓，看这一章都是讲议论或者环境背景，我翻到第二章再看。可评弹要为听众服务，这与小说不同。而且评弹对听众的需求甚至比戏曲还要高，长篇评弹就是要让听众每天都来听，听完今天，明天还要来，让你刮风下雨也要来，它非要把你吸引住。靠什么呢？靠卖关子，下面我不告诉你，你要来听。从文艺理论上讲，就是要有戏剧性矛盾，因为它是表演艺术，它需要吸引听众。我就简单讲这些。总结起来，我的认识就是，评弹是以说唱为基本手段的综合性的表演艺术。评弹是表演艺术，这和小说不同，评弹的基本要求是为听众服务，没有听众就没有评弹，引申一下就是没有关子就没有评弹，没有戏剧性矛盾就没有评弹，这就不再展开了。

我再补充一点，就是文学性。简单点讲，就是评弹脚本，分两部分。包括唱词、挂口、韵白、开篇，很多是文人写的。另一部分，评弹脚本不一定先有文字本，有的先有口头的，可说是文字与口头的结合。有很多是先有口头文学，包括演员即兴发挥，然后把其记录下来成为脚本。脚本包括文学性也包括一定的艺术性。过去有很多文化人听书，或者演员请文化人写脚本，使得评弹艺术里面有一定的文学性。当然，不同的书，文学性不同。像改编《三国演义》《西厢记》等古典文学的，其文学性强；通俗的书，文学性就差一些。可是，我们讲传承时，单纯靠脚本不能传承，必须与口头艺术结合，很多属于表演成分。所以评弹传承一定要靠师父带徒弟，也就是口传身教。只有脚本没有表演，听众是不要听的。演员单靠脚本也并不就会说书，不然大家都去买脚本来学，就不用师父了。评弹的文字本是载体，脚本是文学和艺术的载体，可是并不代表评弹艺术。评弹的文学性使其雅俗共赏，像《西厢记》，知识分子很喜欢，有人曾给我说，复旦大学十位名教授中有八位是喜欢评弹的，这个未经证实，可是知识分子和像陈云同志这样的高级干部都接受和喜欢评弹，说明评弹雅俗共赏。这"雅"既有艺术性上的，也有文学性上的。这一点谈艺术时，是不能不讲的。

还有风格性问题。在我的阐述里没有特别提出，但这个风格很重要，演员、书目都有风格。听众听内容、艺术之外，也听风格，所以响档才有"迷"。比如蒋月泉迷、张鉴庭迷等，除了喜欢响档的艺术造诣外，也喜爱响档的风格。这也说明评弹是表演艺术。

二、中华人民共和国成立后评弹建团对艺术保护、发展的作用

现在我简单讲一下管理问题。我先讲一下自己认识的变化。最早成立评弹团并非现在网上传的是我成立的，我没有那么大的力量，那时我只是一个普通干部。成立评弹团是上海市文化局和上级领导决定的。为什么呢？当时研究认为京戏是北京的、越剧是浙江的、评弹是苏州的。但是三四十年代以后，评弹在上海地区占了市民文娱生活的很大部分，而且当时也认为评弹融入了海派文化，所以成立了上海评弹团。当时戏曲要以沪剧为主，上海搞了沪剧团，又因为招待外宾的需要，成立了杂技团。可是评弹从未有过演出团体，评弹的演出单位是个体，所以要成立评弹团，将其命名为"上海市人民评弹工作团"，大概十个字。为何叫"人民"呢？当时国有的文艺团体都冠以"人民"。为什么加"工作团"呢？因为评弹过去没有团体，只有评弹协会、演员、档，要成立团体，就要有个说法：不是所有的演员都囊括而成立评弹团，而是成立一个工作团，这是一批评弹骨干，成为核心来把整个评弹界带动起来，定下的宗旨就是实验、示范。实验指艺

术革新、"整旧",评弹团是实验性的。示范指评弹界不一定都要成立团,成组也可以,成档也可以,国家剧团来示范评弹该怎样改革发展。

成立评弹工作团后,现在说是有其优势的。《一定要把淮河修好》开创了评弹的中篇形式。现在有些地方说中篇是他们搞出来的,我们不去争,但是在上海市第一个打中篇牌子的,第一个演自己创作的中篇的,就是《一定要把淮河修好》,而且这个形式得到了肯定。为什么这样说呢?一演演了三个多月,而且吸引了很多新听众,包括教师、学生、职工、干部,因为可以在一个晚上把一个节目听完。当时讲为工农兵服务,工农兵也可以来听,因此有了中篇,有了反映现实的新书。这些书目得到成功,比如《一定要把淮河修好》《海上英雄》《王孝和》,等等。许多评弹界的人感到也要效法演中篇,所以当时评弹协会下面成立了很多组。到工商业改造后,当时的社会思潮认为单干不好,所以"反右""整风"之后评弹界基本都成立了团,有的是国家的,有的是集体的。到了改革开放初期,进行体制改革,我个人也在想评弹要不要团,我还写过一篇《评弹到底要不要团》。因为当时感觉个体不一定是落后的,而且个体可以发挥积极性,评弹本来没有团的形式,有了团增加了行政开支和其他包袱,所以我也想过评弹是不是分散单干,以协会的形式来发展。可是我现在的认识又不同了,回过头看,现在评弹的形势处于低谷,听众减少,还有很多其他问题。现在看来,五六十年代成立国家的评弹团,对于评弹艺术的提高、发展、保存都起了一定的作用。现在回头看历史的经验教训,如果50年代没有成立评弹团,恐怕今天评弹从业人员,包括评弹艺术,都很难讲会是什么状况了。这是现在的认识。当时成立团,的确与评弹以档为主的体制不完全符合,存在矛盾。可是从社会发展、时代变迁来看,现在与评弹早期的环境有了巨大差别。

我们研究当前评弹为何不景气,评弹还有办法吗?陈云同志讲得很深刻,评弹今天的情况,要到社会上找原因。我个人认为,社会的发展使评弹的生存环境有了很大的变化。过去一个小码头,戏曲看不到,电视也没有,评弹是唯一的文化娱乐方式,演员一个人不需要带什么,坐船就能到。演员的一生可以只说一部书,在说的过程中不断加工,逐步成为精品。现在有人主张要以长篇为主,不要演中篇,从艺术传承看是对的。过去很多传统艺术都是在演出长篇中建立起来的,演员天天说天天磨,个人即兴发挥创造,比如刚才讲的说表,演员自己来说表,艺术上能提高。现在的小青年,本子写好了让他说,他艺术上很难提高。可是反过来讲,现在谁来编一个现代的长篇?谁来演一个现代的长篇?评弹艺术需要不断加工才能提高。而现在评弹,一个中篇演三天那就是很多了,一个长篇你说一遍已经不容易了,你说第二遍,听众已经厌倦了,因为艺术加工不够而故事情节已经被厌倦。再同电视剧竞争,一个电视剧内涵丰富还有画面,而且不断出新,竞争不过电视剧。一个长篇你说两次没人听了,艺术上怎么能提高?这个生态环境受到影响。当然，演员说中篇，演出实践少，不如说长篇提高快，可是目前环境下也只好如此。现在评奖的也只能是中短篇，苏州前段时间搞的《雷雨》蛮有影响还能得奖，因为它还是一个短的形式，现在你搞一个长篇，评奖也难，扩大影响也难，艺术加工也难。在理论上，评弹过去是长篇，应该加工长篇，可是实际上，现在能搞一个好的中篇已经不容易了。这也就说明，在当前这个时期看来，评弹有个团，至少有一批人在为评弹艺术想办法，上海、苏州还有评弹团，还有人为艺术努力。

组建评弹团对中华人民共和国成立后评弹发展有什么好处呢？我简单讲，第一是可以集中贯彻文艺方针、灌输文艺思想。我现在看足球队有启发，就是一个足球队也好，一个评弹团的领导也好，要想把团体搞好，业务一定要好，经常打胜仗的部队容易团结。领导最主要的是搞好业务，业务搞起来。这里说评弹团业务不是单纯指的卖座，而更主要的是书目和艺术，这就需要贯彻文艺方针、文艺思想。说老实话，中华人民共和国刚成立时的评弹演员没有什么文艺思想，包括为人民服务的思想也不强。到六七十年代，演员文化提高了，思想也提高了，像徐丽仙坚决要求入党，而刚进团时，她也曾有动摇。很多演员一开始到团里，以为唱开篇就是技巧好、耍花腔最好，可花腔和内容有可能不符，那么领导就要用文艺思想武装、教育演员，让演员明白要从人物、内容出发来唱。有才华的演员，像徐丽仙，拿到开篇先找领导讲讲这个开篇故事，分析内容，这成为一种习惯。经过领导的点拨，成了她自己创作的方式，拿到开篇先琢磨内容该如何、艺术表现上该如何、人物的性格如何、主题如何，包括排演中篇也是这样。评弹没有导演，领导要起导演的作用，而经过排练、演出、修改，对演员文艺思想、创作方法是一种调教。过去评弹界还都是旧艺人，这种调教就显得很重要。

第二，在团里面塑造出了团队精神、群体风格。现在随着老艺人的退出，新力量的进入，群体风格保持得不太好。总的来讲，国家剧团有一种荣誉感：我们一定要把工作做好，把艺术搞上去，我们要实验、示范，我们要提高，这团结了很多人。艺术以外我讲讲。当时评弹演员进团，拿的收入是在外面收入的十分之一，比如一个演员在团里拿二百块，在外面可能拿两千块，而且团里还要受约束，所以当时团里演员有人离开团。我们只能给大家荣誉感：我们这是国家团体，参加团是光荣的，我们要为这个团的荣誉而努力，要有团队精神，来留住演员。另外一个是，把这些优秀演员身上好的、正宗的、大气的、从内容出发的文艺思想集中起来，成为评弹团群体风格，但这不妨碍个体的风格。后来评弹团演员到别的地方去，听众说一听就是你们上海团的，有人讲听书只听上海团的，这说明上海团是好的，而这也是群体风格建立的声誉。我们认为要打造团的艺术作风、艺术情趣，追求高水平、高品位，这是一个很重要的方面。

第三，是优化组合，各取所长。过去拼档根据的是夫妻、兄弟、朋友关系，可是有时候两人不一定艺术相当，有的好演员没有好的下手。演中篇的时候需要组织演员，哪个演员演哪个脚色合适，这就要把好演员结合起来，成为经典档。有了好的演员也就有了好书。比如蒋月泉与朱慧珍拼档，听客讲这个搭档好，可是最初二人不是一档。这两个演员在1949年后整理出来的《庵堂认母》，现在可以说成了经典书。可是还是要各取所长：演一个中篇，哪个演员起这个脚色最合适？比如演《林冲》，姚荫梅起的高衙内最合适，刘天韵起陆谦最合适，就把最合适的演员放在最恰当的位置。像刘天韵说《求雨》，也是团里认为他能说好，结果就成功了。但优化组合、各取所长并不是排斥竞争，因为竞争推动发展。评弹团里有竞争吗？有，但竞争的标准在外面是生意好坏，在团里是艺术声誉。刘天韵演了《老地保》，蒋月泉就有压力，要搞《厅堂夺子》出来。徐丽仙唱了一个《木兰辞》，朱雪琴也要有作品。作为演员，在团里为了个人与团体声誉，有艺术上的压力，这是一种竞争。比如苏似荫、江文兰两个人没有被布置任务，在整理《玉蜻蜓》中自己发展了一回书叫《智贞探儿》。华士亭自己看小说，编了《战地之花》，这个中篇后来出版了，是不错的。有的是领导布置的任务，有的不是，而是看别人出了成果，我也要出，搞出好的书目，艺术上有了创造，领导就加以肯定，加以表扬，推广他（她）的经验，大家为了声誉而竞争。就像花园里今天这里长出一朵花，明天那里长出一朵花，每个人的积极性都得到发挥。

　　第四，就是传承创新，坚守发展。评弹团要实验创新，当时叫改戏，好把评弹传承下来。除了培养青年，书目也要传承，书目"整旧"就是把好的、文学性高的、艺术性好的精华提取出来，或是将这部书原来不突出的部分经过整理，再配上好演员在表演中发挥创造性，表演精华部分。最近有人讲，评弹团的"整旧"工作突出，因此今天演出的传统书目，很多是我们当时经过整理的书目。像刘天韵演的《求雨》《老地保》，洪奎良这个脚色有了新创造。包括《三笑》中的《三约牡丹亭》，有的地方整理长篇时丢掉了《三约牡丹亭》，我们将其整理成了中篇，再配合合适的演员，有意识地创造风格，本来是闹剧但我们有意识地加上各种唱调把它搞成"歌唱闹剧"。我想讲《玉蜻蜓》，评弹团是花了心血的，《玉蜻蜓》很多回目成了选回，选回就是整理得比较好的书目，最早的是《庵堂认母》，再后来有《厅堂夺子》。当然这里有弯路，五六十年代由于大环境是"左"的，讲阶级斗争，整理《玉蜻蜓》时认为三师太受压迫，金大娘娘是为了地主家族利益，有人说她是因为丈夫跑出去痛苦、守活寡，我们说慈禧太后也痛苦，可她把痛苦转嫁到别人身上，所以认为她是反面人物。我们"整旧"的目的是尽可能保留原书好的部分，而如果扔掉的多了，不一定成功。而扔掉很多好的，演员也不能发挥，不能说是成功的。在整理《玉蜻蜓》时过于强调了阶级观点，扔掉的内容多了，有人向陈云同志反映，所以陈云同志找我们谈，说不要怕改变认识，我原来也认为金大娘娘是应该否定的，狭隘地运用阶级观点，这是脱离群众的。陈云同志提这个是很可贵的，因为当时整个空气都是"左"的，都要用阶级观点。可是后来有人因为陈云同志这句话，走上了另一个极端，说金大娘娘是女中英雄、反封建伟大人物，这实际还是运用阶级观点来划分人物了。我们研究认识到不能简单用阶级分析来分正反面人物。实际上《玉蜻蜓》反映的是封建宗法社会的很多问题，金大娘娘站在宗法社会一面，因此尼姑抢了她丈夫，她当然不满，丈夫跑掉差点把书童打死。她是一家之主，叫她"雌老虎"，很凶的。可是在维护家族利益时，敢和五缙绅斗。但打死了人，又由老家人苏婆代替她去死。她就是宗族社会的利益维护者，表现了金大娘娘在宗法社会中的复杂性格，这是真正的现实主义写法。不能像在"左"的思想影响下，把人物划分为正面（好人）反面（坏人），正面人物"高大全"没缺点，坏人则坏得一塌糊涂。实际上金大娘娘有好的也有坏的成分。书中很多回目反映封建宗法社会，很生动很真实，这里面三师太受压迫，还有徐上珍，受到金大娘娘为主的金家的压迫，孩子养了十六年被抢走。很多问题要批判传承，认识到了这些，后来蒋月泉晚年整理《玉蜻蜓》，又发掘一些书目出来，像《做寿》等，这是因为他的思路打开了，"整旧"取得了成果。

　　再讲一条剧团的管理经验：管理要以事业为重。当时文化局下属很多国家剧团，一个剧团领导一门艺术，评弹团负责上海评弹的改革发展，也就是培养评弹力量把艺术搞好。当时的社会与现在市场经济不同，对营利卖座考虑得不多。实际上市场经济下我们也可以搞得好，当时评弹团搞一个中篇，听众绕书场几圈排队，还有盈利的。管理要以事业为主，搞好艺术，产品质量是首要的，包装宣传是次要的。当时开玩笑说评弹团的名演员可以到典当换钱，这就说明其艺术声誉好。至于创作演出，像评弹这种民族艺术，要以演员为主。我的经验是，书目创作，评弹新书目没有有艺术经验的演员参与，搞不好。因为评弹有特殊性，叙事与表达方式有特殊的一套。新书的水平，要看演员和创作人员，他们的艺术水平与新书质量是正相关的，书目要有艺术含量和积累。当时排中篇书目，我们就已经想好给哪个演员演，要以演员为主。当时我和陈灵犀同志想编一个中篇《霜天晓角》（写宋代大词人辛弃疾的），提纲也有了，演员准备找杨振雄，可是因为"文革"没有搞成。举这个例子，是说明排中篇时，要想到演员，给演员发挥的空间。戏曲也是这样，要以演员为主体，创作一定要有舞台实践经验的演员参加，当然也要有作家参与，这对提高文学性有好处。可是单靠作家不行。评弹团写作品最多的是陈灵犀，一天到晚在团里，很多东西与演员结合，写出的东西要演员加工。甚至演员写的东西要到书台上演之前，也要其他演员参与，比如《求雨》是姚荫梅整理的，可是他还要和刘天韵结合，他排演这个脚本还要进一步加工。我想到的就这些，有的不一定正确，还请指教。

演讲时间：2012年11月17日
整理者：刘晓海

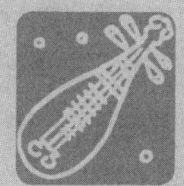

第六讲
对评弹当前问题的思考

　　中华人民共和国成立后评弹的体制改革有两个阶段。第一个是建立评弹团，这当中主要受历史社会环境的影响，虽然不贴合评弹的艺术特征，但也有所贡献；第二个是目前正在进行的企业化改革，但周震华团长认为企业化改革不等同于迎合市场、追求利润，而是要根据评弹的艺术特征，让评弹面向市场，这样才能让评弹焕发新的活力。周震华团长对1949年后评弹的艺术问题的思考主要集中在评弹的传承问题和艺术本质问题上。他认为评弹应是叙、评、演灵活结合的曲艺形式，而学馆制和学校制的传承方式限制了学生体会评弹艺术的三昧，反成一味模仿唱腔、背书的情况了。另外，组建评弹团，使评弹不完全面向市场，既限制了艺术的发展，也限制了演员的素质提升。评弹的本质还是要坚持长篇、坚持"跳进跳出"的表演方式，才能保有评弹艺术的生命力。

周震华

时任上海评弹团副团长,著名评弹表演艺术家周云瑞之子。长期从事评弹管理工作。

老师们、同学们上午好，受唐力行教授的邀请来到这里做讲座，我是很惶恐不安的，因为我有幸听了你们这里的前几次报告，嘉宾中有教授，也有评弹界的一些理论家，他们都是搞这方面研究的饱学之士，相形之下我就比较人微言轻了，所以在这里讲话，有可能会浪费大家时间。我曾经想我就不要讲了，后来回过头来想，这也是一个好机会，因为这里把评弹与社会学、历史学放在一起研究，这是一个很好的机会，我有很多想要思考的问题，正好跟大家有一个现场交流的机会。这样想了之后，我就坦然一些了。为什么说这个机会很可贵呢？因为在单位里，恐怕有些问题想讨论也可能做不到。第一，我们团队的艺术氛围还没到这个层面，而且演员本身差异很大，对一些艺术问题或其他一些问题的看法差异很大。这跟我们目前评弹演员队伍的受教育程度是有关系的。第二，我讲"思考"，可能有点惭愧。我所思考的问题，可能讲得不那么学术化，有问题大家可以随时提出来，然后我谈谈自己对这个问题是怎么看的。

首先我介绍一下自己。正如唐教授刚才讲的，我的父亲是评弹老艺人周云瑞，应该说我是出身评弹世家，对评弹艺术多少有些了解。我在部队的时候是搞作曲指挥、歌舞节目的，对音乐和舞台的整体操作比较熟悉。起先我是打算从部队进入歌剧院的，但是部队没有放我。后来部队同意放人，我就在1981年底到1982年初时进入评弹团了。进评弹团的时候，吴宗锡先生还在做团长。在评弹团里，我搞一些评弹理论方面的研究，后来兼青年队队长。1986年吴宗锡先生离开评弹团，我开始主持工作，后来当书记、常务副团长一直到1992年。在此之后，我去了日本十几年。从日本回来后再次进入评弹团一直到现在。这是我的基本情况。

评弹需要理论来引导。我看了很多吴宗锡先生写的文章，他是一位很了不起的人，他用很多文艺理论来诠释我们的评弹，这是他的贡献。苏州的周良先生同样如此。今天我想从两个方面展开我的报告，第一是从体制方面谈谈，第二是从评弹艺术本体方面谈谈。

一、评弹的体制改革情况：建团到转企

最近整个文艺团体界都提出了转企的问题，评弹也不例外，上海评弹团目前又回到由国家全额补贴的事业单位性质。在此之前，我们是差额补贴。我们这里暴露的最大问题就是吃"大锅饭",进而导致分配上的平均化。这里就回到了吴先生提出的"评弹究竟要不要团"的问题上。他本人认为评弹是需要的。这样的回答是比较笼统的。要回答这个问题必须先回顾一下评弹团建立的历史。

唐耿良先生的《别梦依稀》一书写了当年"十八艺人"建团的情况，可以说当时的艺人是主动地向文化局提出了申请建团的报告。当时的社会大背景是：第一，新政权建立后正在进行社会主义改造运动。最近我看了一张关于我党建立以来的历次政治运动列表，很有意思，这不仅对我们评弹有影响，对整个文艺界的体制和作品走向都有很大的影响。我们现在可以很轻松地坐在桌子旁谈论要不要团的问题，恐怕当时就没有这么轻松了，因为这在当时完全是一个进步与落后的问题，或者说是涉及意识形态的政治问题。当时建立了很多国家剧团，评弹团也是其中之一，其他还有沪剧团、京剧团，但是都冠以"人民"二字。总之，成立评弹团是一个大的国家行为，不是某个人想做就能做成的。

评弹团成立的时候就明确了"示范""实验"的宗旨，意思就是说我们的评弹团要在评弹界起示范实验的作用，后来的事实证明，我们的团确实做了很多工作。后来其他团的建立，不一定都是起着这个作用。实际上到60年代初，其他团建立的目的是走集体化道路，因为那个时候认为个体代表了落后。当时有位艺人叫黄异庵，他是我们团里资深编辑饶一尘和著名弹词演员杨振雄的老师，本人很有文化，写了很多东西，而且会教徒弟。当时评弹团建立的时候，他没有进入团体。后来在书场上与人发生了冲突，也说了一些不合时宜的话，结果被打成"右派"，下放青海。再回来的时候到苏州去落户，没有了房子，只好去苏北找他的女儿。等到"文革"结束后要平反了，他因为没有文字上的材料，不要你做"右派"的时候你成了"右派"，要你做"右派"的时候你又不是"右派"了，结果没有平反。终其一生，黄老是很苦的。有一次他跟杨振雄合作，在舞台上讲了几句话，听上去蛮悲凉的，因为学生已经在舞台上从艺六十年了，取得了成就，而他自己长期在外面，大好时光浪费了。这个故事具有典型意义。当时的个体和团体，不是很简单的事情。我们要写这段历史，就要了解当时的背景。改革开放以后，我们又回到了多种所有制并存的时代，很多事情我们可以很大胆地说了。回过头来看，我们当时一下子把个体弄掉，要求全部建立团，显然是不太合适的。

第二，中华人民共和国成立之初，我们的各行各业都在学习苏联，我们建立团也有学习苏联的成分。但是学习苏联也有一个很大的问题。学习苏联的方法全部组建团以后，把我们原来传统的民间形式，包括体制、组织形态等各方面，全部封杀掉。后来国家逐步搞公私合营，私营老板在家拿定息过日子，再后来就全部收归国营了。当时很快完成的公私合营，实际上矛盾、错误很多。

实际上评弹艺术的规律正在于艺人的自由单干。评弹在20世纪20—40年代进入了黄金时代，当时有"三单档""三双档"之说。上海有上百家私营电台，播放最多的是评弹，评弹一下子进入了千家万户，反过来评弹也推动了电台的发展。电台推动了评弹的普及，需要大量的唱片。有一份材料说，电台里一天一百多档节目，可以放六十八小时，我一开始没有搞懂一天二十四小时怎么放六十八小时，后来知道它是几个频道同时在放，评弹的影响一下子扩大了。到了40年代，上海成为评弹重镇，艺人们都希望能进入上海，张鉴庭有"七进上海"的故事，也就说明评弹艺人在上海的"红"才是真正的"红"。评弹进入上海深受都市化的影响。当时的艺人们都是自由组合在一起，四五个人做一个场子，个人经营的场子请到了好先生、好书目，生意就好，演员的收入一下子就上去了，做得差的就慢慢被挤掉了，这是一个繁荣的自由竞争局面。有名的艺人一天要赶几个场子，一个月的收入是非常可观的。他们成为人们追捧的对象，他们的服装成为社会的时装，有钱的小姐太太在他们后面跟来跟去。艺人们不需要组织在一起，虽然出现了"七煞档""四响档"，虽然他们所到之处所向披靡，但是后来还是解散了，因为评弹本身就是一个很个体的东西。评弹艺人单干的时候生存是没有问题的，如果总是团在一起，就涉及收入分配问题了。以"七煞档"为例，演出的时候要同时分配，问题就在于七档人不一定会产生七倍的收入，当时的书场只有那么大，书票就那么多价钱，稍微提高一点是有可能的，但是不可能将几百人的场子扩展到几千人，这样的话总收入不可能提高七倍。

总而言之，当时成立评弹团是根据政治需要，而不是行业发展的需要。艺人们接受军事化管理，大家吃住在一起，集中学习。当时成立的国家剧团很多，但这么多艺术门类不可能在同一时间有成立团的需要。但是评弹团一经产生，有两个方面的作用是非常明显的：第一是提高了艺人的社会地位，第二是解决了艺人的生老病死的保障问题。1949年以前，说书人叫说书先生，实际地位是下九流的。后来有些艺人去唱堂会，为一二个人服务，虽然收入比较高，但是社会地位仍旧低下。到了1949年后，随着加入国家剧团，艺人们被称为演员了，社会地位有了很大提高。过去苏联称之为人民演员，朝鲜称之为功勋演员。我国分级别，一、二、三级是最高的，我们团里是三到六级，他们都是很尖端的演员。我们的演员可以参加曲协、人大和政协，完全进入了一种比较上层的、与大家平等交流的平台。

评弹团成立还有两个艺术上的作用：第一，"整旧"、创新。评弹团将很多长篇在相当长的时间里进行了整理，参与其中的不仅有艺人，还有一些文人，比如陈灵犀等人。因为整个长篇量比较大，所以我们整理了一些折子书，如《厅堂夺子》《玄都求雨》等，我认为整理传统书目在评弹界起了一个很好的作用。折子与选回不一样。选回就按照选回的要求，将它的矛盾结构、关子组织理顺就行了；折子具有相对独立性，不经过长篇也可以演。第二，我们认为第一个中篇评弹是上海团的《一定要把淮河修好》，在此之后大量的中篇评弹如雨后春笋般出现，题材很多是现代书。当然，我们也整理了很多的传统题材中篇。我认为，中篇的产生是都市化的一个很大动作，意义非常大。但是，随着时间的推移，我们可以清楚地看到，长篇是一个很本质的东西，艺人们在书场里、码头上演出，以前是一个月、两个月甚至更长时间，现在是半个月，基本上都是长篇，大家都知道，如果离开长篇，评弹就不存在了。

我们团现在二十来档人，一年可以演出三千多场次，这对其他剧团来说是不可想象的。我认为评弹还是有生命力的，并没有衰败到不可预想的地步，就凭这样的演出场次，就是其他剧团所无法比拟的。事实上，其他剧团还需要灯光、舞美、乐队、制作之类的。二十几年前就有人讲，评弹濒危了，但是事实上它没有这么快完结，虽然它确实有很大的危机，但我认为评弹仍然有机会做大、做好，再次达到一个高潮。

当然，评弹团的成立也有局限性，比如限制了竞争性。现在我们的书场分成三类：国营的、半国营的、民营的，三者之中肯定是国营、半国营的数量占优势。所谓国营书场就是挂着某个部委系统、某个大企业、某个街道办牌子的书场，资金由国家出，票价多少并不在乎，甚至于不卖票都有可能，这其实是故意为之。演员的收入、书场的开支完全由国家出钱。正是因为这样，国营、半国营的书场往往没什么主动性，根本不管书目建设，不管什么书、什么演员，只要上去说，就给包银。前两年包银是两三百元。这样一来，演员的收入和经济指标就看不出差别了。本来对演员是有一套指标的：首先是场次指标，演两百场与演一百五十场是不同的；还有经济指标，收入十二万与六万也是不同的。但是包场之后，这种指标就失去了意义，过去自由竞争的生态环境被破坏了。过去艺人为了生存，不能不在艺术上下苦功夫，我记得徐丽仙到我家里和我父亲谈节目、谈书目，没完没了的，连饭都忘了吃。现在的演员每天只花两个小时在艺术上，两个小时之外就做其他事情了。

我们在1986年前后搞工资改革之前，工资是定死的，大家就懈怠了，不出去演出这个钱仍旧是这么多，工资照拿，开始的时候我们的演出一下子降到了两三百场。为了避免吃"大锅饭"，那次工资改革的时候，我们是"大锅饭加小锅菜"，就是说工资只发60%，演出收入90%归个人，10%上交。这是我们评弹团的一个特例，其他行业可能不能这样做，因为我们评弹的票房收入是不高的，涨幅很低，就是90%给个人也没有多大差距。这60%的工资就造成了一个压力，如果你不出去演出，这部分钱就没有了，只有演员做得比较勤快，自己的收入才能好转。这样就拉开差距了。再加上90%的演出收入，演员的积极性被调动起来了，我们的演出一下子拉回到了三千多场。这是我主持工作的时候做的事情，这项制度一直维持到现在，我觉得很有积极意义。要不要评弹团，不是我们所能决定的事情，但是我们可以做一些可能的事情，实现分配制度改革，将演出拉上去，这对艺术团体很重要。演出上去之后，也就推动了我们创作上的需要。演员闲着的时候矛盾百出，演出上去之后矛盾也就减少了。抓艺术团体，就是要让大家将精力放在艺术上，这是管理中很重要的事情。这样的改革得到了大家的认可，包括一些老演员。比如余红仙就很支持。过去我们曾考虑让她休息，虽然她的地位很高，但是她仍然坚持我们的制度。这样的制度至少恢复了一些消失掉、损害掉的竞争力，演员们的积极性调动了，又展开进一步竞争。

下面讲讲转企的问题。我觉得这是一个自上而下的改革问题。有关文件中提出国有企业改革并不是要全部改成企业，这是比较科学的提法。什么事情都搞得大家统一，这是"大跃进"时期的行为方式、思维模式，是不科学的。我们都知道，发达国家的一些文艺团体也不全是企业，国外文艺团体有着营利与非营利之分，对于非营利团体的要求非常高。国外不管营利还是非营利，也不管是否有国家补贴，所有文艺团体都要面对市场。我们团里的乡音书苑做了两年多的夜场，票价有一百二十、八十、五十、三十，人数在五十至二百之间，五六十人是常态，做演唱会的时候会坐满，买不到票的现象也是有的。我们这就是在做市场。我们做好宣传、排好节目，所以乡音书苑是评弹界唯一一个卖这么高票价的商业性书场。我觉得，如果什么东西都送给人家的话，我们的生命力就会很浅显，如何跟其他文艺样式比出差距呢？

我刚刚提到国外的文艺团体要面对市场，如果是非营利的团体呢？它会有一个很严格的相当于董事会这样的组织，聘请一些专门的管理人员根据目前的情况做出评估，再邀请企业赞助。政府再根据这个评估，决定企业赞助多少，政府补贴多少。这样一来，他们的一些团体跟真正的企业有区别，它所有演出收入也不可能完全靠票房收入来解决。这就是资源配置的问题。我觉得这对我们以后的团体体制改革多少有些借鉴价值。我们不要一讲到转企，就很笼统地说企业是追求利润的，这跟我们原来的一些实际情况是相悖的，我们的曲目是要被审查的，不是想做什么就做什么的。所以如果我们想要完全靠票房来投入再生产，今后的困难会更大，我们的船小好掉头，生存问题不大，但是其他剧团的问题就大了，他们需要舞美、服装等一大套东西的投入。

总而言之，对我们团的体制问题，不能片面地理解，要放在横向、纵向两个方面来看，要考虑到社会历史发展情况，要回顾评弹团的历史，也要对比国内外其他剧团的情况。下面我将从艺术层面谈谈我的一些思考。

二、1949年后评弹艺术面临的问题：传承、演员素质和戏剧化

第一个问题便是传承培养模式的变化。目前评弹界出现一个共同的问题，就是人才的青黄不接。经过"文革"，人才出现了断层，由此产生了一系列问题。当然，这也不完全是现在才出

现的，实际上建团之后就考虑过这个问题，因为当时我们在教学上出现了问题，忽视了对演员叙述、组织能力的培养，而这一点恰恰是很重要的。以前我们的评弹都是先生带学生，口传身授，学生听先生说书，先生将唱词教给学生，并没有太多的理论，先生有时候因为生存的需要，不会全部教给学生，在当时的情况下，学生只有认真刻苦练习才能学到先生的本领。开始的时候，学生能记到一半书路就不得了，后来就是不断"戴帽子"，也就是今天记住一些，复述一遍，根据先生的提示再补齐，反反复复，时间从二十分钟慢慢上去，这样很快就能将整部书记牢了。通过这样的方式，先生带出了学生，这种方法其实是给学生留下了很大的空间，学生可以根据自己对故事的理解，自己去大胆地说，这样就培养了叙述、组织能力。

后来我们的课堂教学开始了，我们教说、噱、弹、唱，书目也是一回一回教，将本子全部拿给学生背，再听录音，对白、语调、逻辑重点都安排好，甚至于某一位老师的亮相都要记住。这种教学的结果只能是看上去年纪轻形象好，一两回书学得很像，但越到后来就会越发现问题了：将新本子给他，他在台上会有很多问题。评弹需要很大程度的二度创作，也就是吴宗锡先生讲到的，评弹是表演艺术。给你看一个整理过的舞台演出本，如果是苏州方言夹在里面，你看起来会很困难；如果翻译成文学本，就不是原来意义上的评弹了。当演员在舞台上的时候，应该是将全部的评弹艺术立体地展现在听众面前。我们很多的高级演员在舞台上都会有很多即兴的东西，他们在外面演出的时候，在上台以前都要在书场里看看，主要是看今天来听书的是些什么样的人，这样在登台的时候一两句话就能将气氛调动起来，这样一来艺术效果就出来了，因为他摸准了听众喜欢听什么，什么东西是听众比较容易接受的，一个噱头马上就铺开了，铺开之后哪怕跟原有书情有距离，但是听众已经对他有好感了，就会接受他，愿意去听他，这种舞台上的交流是非常重要的。

总之，我认为传统的传授方式是一项很重要的东西，为什么现在的演员很难超过上一代演员，很重要的原因就是叙述能力退化得很厉害，即兴发挥的能力也在退化，而这些是评弹很重要的东西。现在评弹学校教出来的学生，五年毕业，因为要跟正轨教学层面挂钩，要有多少校舍、多少教师、多少课时，真正在评弹教育上就会离我们原来的东西很远，结果连供需关系都搞不清楚。虽然有很多班级，但是可能只有传承班请专业团体来教。课堂上教育出来的，可能是爷爷教孙子，唱得都很棒，因为唱这个东西没有可以发挥的，尤其是流派模仿，从发声、咬字、运腔、过门、弹法都在模仿，所以他的唱完全可以达到乱真的程度。但是评弹最终要回到长篇中去，它是一字一句、中规中矩的。说书如果背到跟老师一模一样是不大容易的，一是因为长篇量很大，二是如果这样学的话，只能丢掉更多的东西，不能增加进东西，我们的长篇就会越说越短。

现在恢复了授徒拜师的仪式。大家如果关心评弹，经常会在评弹网看到某某人收了某某人为徒弟。这种形式的恢复是好事，但是我觉得有时候这是一种走过场，因为原来我们的拜师授徒是什么意义？就是我如果跟你了，拜过帖后我就学你这部长篇，我还要跟你跑码头，在演出中学习你的书目。而现在的这种仪式似乎不是这样。我父亲原来学《三笑》，但是后来发现这部书自己不擅长，就去换。蒋月泉也换过老师。这些都是实实在在的跟师。我们现在的教学都是看录像，看不到实际演出，这样就缺少了舞台上的实际应变能力。说表，需要到码头上放单档，滚过之后才能提高。

第二个艺术上的问题就是长篇的时代性问题。现在的新书创作还是很不够，可能是理念上的问题。我们最经典的书《厅堂夺子》《花厅评理》《老地保》，拿到今天来说，肯定也在变。这个"变"不是变故事情节，故事还是原来的故事，但是对其中的细节描述以及相关分析、评论完全可以时代化。

我们现在的书场多少有些问题。有些演员演长篇，到了书场之后发现，这里的听众多是农民或者是刚刚转到城市里的农民，没有多少文化，一点半开书，他们十一点钟就来了，到了开书的时候就打瞌睡，有些麻木了。这些听众对演员的艺术发展是起副作用的，束缚了演员的艺术想象力和艺术追求。有些社区书场可能会好点，但是也有问题。有些听众不了解评弹艺术，反正是包场，拿一张证件就能进去了。跟以前我们书场的氛围完全不同，听客中经常有一批文人专门追着你讨论书情。书场与书场之间存在竞争的时候，也是会提高艺人书艺的，如果书艺不行，听众是不会光顾的。

所以我觉得现在很多书，出来了之后就没有很大的伸展。说书，作为桥梁的"时代性"很重要。即便是说传统书，如果有了时代性，矛盾集中，将书路理顺，这个书就会好听了。现在的条件不一样了，演员应该把原来的书完整全面地听一下，再看看这个时代的书，这样在自己说的时候肯定会有提高，也会更有味道，也才能伸展出去。我们有的演员只能在书里发挥，让他跳出来评论一下，他是跳不出来的。所以老书新书的问题得不到解决。此外我们应该容忍、重视新书创作。

关于评弹的本质定义问题。评弹是有情节的讲故事，这跟周立波不同，他说的是事件，我们讲的是长篇。吴宗锡先生认为评弹是以说唱为主的综合性表演艺术，这里强调的表演艺术是区别于文学的东西，但是这种表述还有商榷的余地。我认为评弹是叙、评、演三者自由灵活的结合。叙，里面包含了表、白，这是评弹的讲故事。评，是评弹的一个很大的功能，评就是分析，就是一位演员从灵感出发对事件的分析、议论，"跳进跳出"，很多时候通过"评"点燃一把火，让大家达到共鸣，这样评弹就发展到一个很高级的地位。演，除了狭义上的脚色投入，还有广义上的"演"，演员一上台就是在演，坐有坐相，站有站相。总之，评弹的高级之处就在于叙、评、演之间的灵活结合。评弹是曲艺，不是戏曲，最为关键的就是，我们是一人多角，我们有"跳进跳出"，如果是一人一角就变成戏曲了。我们曾经排过书戏，但那是欢庆的假日临时搞着玩玩的，而且即便是书戏，也要是名家才能搞，否则听众根本不认识你，你也搞不起来。《雷雨》绝不是我们的方向，我们也无必要搞成那样。定死了对白，演员没有自由发挥的时间，我认为这是有问题的。

上海团对演员的要求较高。有些演员在台上，一看就能看出是我们团的，因为他的台风很讲究，在第三人称讲故事的时候要正襟危坐，要有镇定自若般的大气，说、噱、弹、唱这些基本功要在台上完美表现出来。但是，一旦进入脚色，可以发挥。当你离开脚色的时候，又要迅速回到正襟危坐讲故事的人这个身份上来，否则会变得很流气。我们团的《旧上海风云》，这部书是讲上海大亨黄金荣、杜月笙的，故事情节比较完整。我认为这部书搞到现在这样的程度是非常不容易的，它运用了很多评弹的表现手法，脚色比较活，剧场效果也很好，听众愿意听。我们要鼓励这样的创作，所以我在排节目的时候把这部书留下来了。总之，我们的节目可以一表千里，但是也会按照一定程序进行，比如上台走路、拿乐器、坐椅子以及什么时候放噱头，噱头掌握到什么比例，这些都不是随便的。评弹是高级的讲故事，要有气质、有故事，进入脚色的时候能够做到流氓就是流氓，又能迅速收回来。评弹归根结底是一门说唱艺术，说、噱、弹、唱是很重要的，但是在其中要加上叙、评、演。至于评弹的本质的定义则寄希望于后来人概括。

关于称谓问题。苏州方面很强调这点，在各地演出时都要强调是"苏州评弹"，展览馆里也是"苏州评弹"。我们认为，讲"评弹"就够了，因为"评弹"已经约定俗成了，它是苏州评话和苏州弹词的合成，你讲"评弹"人家是不会误会的，因为评弹已经在人的脑海里留下印象了。评弹进入上海这个大都市以后，受海派文化的浸染逐渐有了自己的地位了，用不着再讲苏州评弹，不可能再说"全国苏州评弹表演"，有点多余。但是弹词、评话一定要冠以"苏州"，否则人家会误以为是杭州弹词、福州弹词、扬州评话，等等。

我虽然是评弹世家出身，但是我曾经在部队搞过音乐，也出国待过一段时间，主持过评弹团工作，现在继续在评弹团工作，我觉得这些因素促使我"跳进跳出"地思考评弹问题。我认为增加演员本身的知识储备是很关键的问题。现在我们的书不好听了，很多演员根本没有尽心去说，到码头上说长篇，日程排得满满，如果自己不注意学习，或者说没有意识到自己的知识储备跟不上时代的话，演员就会感觉到很窘迫。我与演员讨论的时候谈到，剧本赋予演员很多东西，但是如果演员伸展出去，一两句就回来了，剧本以外没有话讲，这就很成问题了。我们说书人应该是知十说一，不能知一说一，知一说一是很尴尬的事情。评弹需要多视角，所以知识储备很重要。评弹是讲故事，演员要把故事讲好，如果故事不好听，光有很多技巧性的堆砌是毫无意义的，就好像没有灵魂一样。蒋月泉老师就很重视学习，他平时观察生活很细，发现有意思的事情他都会记住，在台上需要的时候他就能信手拈来，怎么拿这件事情去搭桥梁，怎么拿这件事情与现实生活联系起来，尽管讲的不是现在的故事，但是却很鲜活、很时代化。杨振雄借鉴戏剧的东西很多，人们对他的表演褒贬不一，但是他的确看了很多断代史著作，因此他也成为一个里程碑式的人物。所以提高演员的文化素质很重要。评话名家杨子江过去在政治上饱受批评，但是他是评弹界文化水平很高的一位演员，听他的《潘汉年》就知道了。我觉得他的视野比较开阔，知识储备很丰富，我们需要这样的人。当然，他的一些谈法确实涉及一些意识形态问题。我们现在的社区书场都很阳光，这是政府来投资供大家娱乐消遣的，如果在这里有太多的骂政府的事情，大家情绪上都不会接受。听杨子江的书就会觉得，有时候他跳出去很远，掩盖了书情。但是他触觉很敏锐，有思想性，能够对事件做出比较准确的判断，大部分还能够被接受，这就成功了。

还有，说传统书也要有时代性。我们现在说的一些传统书目，离现代人的生活太远了。《珍珠塔》可能跟明朝资本主义萌芽有关，里面的情节是反映那个时代的事情，但是现在社会情况变化了，人们的经济观念、生活观念都发生了变化，所以有的时候说传统书不容易为听众所接受。这就需要我们去寻找一些新的兴奋点，调动听众的积极性。我们要告诉听众我们在讲什么，想告诉人家什么道理，这是要注意的问题，否则体制改革也不会有成效，因为内在问题没有解决。周立波为什么跳出滑稽圈子而走进电视，很重要的一点就是他所讲的东西都是别人关心的事情，诸如金融、房产、教育等问题，这些都是延伸到千家万户的。我们评弹不需要吗？完全需要。哪怕是一场传统书，也要注意时代性、信息量，要有新观念。周立波在万人广场演出，没有人离场，如果换一个演员、换一种语言艺术的东西，可能人家要不给你面子而离场的。我们要聚拢很多社会上比较关心的问题，用我们的语言技巧去发挥，这是现在评弹需要补的课。

再谈谈中篇《雷雨》。这也是有争议的，我认为评弹不要太戏剧化。中篇《雷雨》有一点值得肯定，就是把《雷雨》这部话剧评弹化。这种东西进入校园，效果当然好，可以普及评弹。这部书同一时间、同一地点、同一人物，矛盾很集中，各种交织起来的矛盾在一场里面集中迸发出来。上次周良先生提到，评弹今后的成绩很难讲，他是比较委婉的。我们现在创作的作品很难留下来，虽然很多唱段留下来了。为什么会这样呢？长期以来，我们的思维模式跟着上面走，最"左"的时候文艺直接为政治服务，后来文艺为工农兵服务，很强调文艺的教育功能。

我一开始以为《雷雨》里面是不是都是对白啊？听过之后我发现这部书里面也有评论。但是有个问题，这部书里面的很多评论都是借由脚色的口和情绪、角度，也就是通过"私白"和"半知"的表述方法表达的。我在听这部书的时候就感觉到这部书很压抑，很紧张，当然这可能因为剧本本身有压抑成分，但是我觉得这不符合评弹的审美情趣或者叫评弹的审美方式。我们每个人的审美价值不一样，看戏曲可以投入，可以不出来，但是评弹要能让听众跳出来开怀一笑。我认为，如果演员留在脚色里，情绪就会被你破坏了。但是评弹演员不能走得太远，这就是一个度的问题。这个难度可能远高于说、噱、弹、唱的基本功。演员要进去，也要出来，要给听众有透口气的时间，这样大家放松了，演员也有机会评了，否则戏剧化会很明显。杨振雄说《武松》，他平常有挂口的，还有苏州韵，上来调得很高，直接进入故事，这也是杨振雄的一个特点。杨振雄跟姚荫梅说书很大的区别在于，我觉得杨身上戏剧化很厉害。姚荫梅说书娓娓道来，他没有什么很张扬的那种戏剧动作、亮相动作，跟听众距离很近，面对面，有的时候开口很轻，就这么开始。姚荫梅的唱也是这样，讲唱性很强，他说着说着，站起来拿着就唱起来了，很随意地唱着唱着，放下又会接着说。这就是我们讲的评弹音乐的讲唱性，它不是讲求旋律很美、很花哨。它的唱就是说的延伸，所以说，这个也是评弹一个很本质的东西。我们要有这样的认识啊！

我就讲到这里，谢谢大家。

演讲时间：2012年12月8日
整理者：金坡

第七讲
中篇评弹六十年（1952—2012）
——从《一定要把淮河修好》说起

　　中篇评弹这一形式的诞生是顺应了当时的政治环境、市场变化和生活节奏加快等社会变化的。第一篇中篇评弹《一定要把淮河修好》的诞生，既有上述原因，也有其本身内容决定了这一形式的因素。《一定要把淮河修好》因其政治教育的功能和撰写光明面的故事架构、众多名家倾情献艺，在当时取得了巨大的成功，奠定了中篇这一形式。从那之后中篇评弹表现出旺盛的生命力，六十年间不断有作品相继问世，其中上海是中篇评弹表演的中心。中篇形式的诞生对评弹艺术的传承延续起了重要作用，但其影响长篇传承、导致戏剧化的弊端也十分明显。另外，尽管中篇表现出强大的生命力，但不可否认的是优秀的中篇作品久未问世，需要重视中篇创作和表演的质量。

彭本乐

时任上海艺术研究所研究员,著名的上海艺术研究专家,主要研究领域是评弹艺术的创作表演、评弹音乐流变等,并对评弹未来发展有独特见解。五六十年代在上海评弹团文学组工作,从事评弹作品的创作工作,有《蔡锷外传》《将心比心》《一分钱》等作品。之后调任上海艺术研究所,著有《弹词开篇创作浅谈》,参与《评弹文化词典》等相关书籍的撰写,并发表多篇相关论文。

谢谢唐教授，谢谢各位。今天是星期六，又是阴天，你们再来听我讲，我表示感谢。今天这个讲座题目叫《中篇评弹六十年》，因为从中篇评弹诞生到现在，正好是一个甲子，1952年到今年2012年，是六十年。

一、中篇评弹的诞生

第一个问题讲中篇评弹的缘起。它是怎么开始的？什么叫中篇评弹？

（一）中篇评弹的定义

《评弹文化词典·中篇书目》（该书第42页）的释文多达三百字，引证困难。本人根据自己的理解，做如下解释："中篇，是将一个完整的故事，分成三四回书，由多名演员，在三个小时内演完的评弹演出形式。"

（二）第一个中篇评弹

在《评弹文化词典·中篇书目》中是这样写的："第一次用中篇评弹名称演出的书目，为1952年上海市人民评弹工作团编演的《一定要把淮河修好》。"

对于这一说法，从1952年起的将近四十年里，很少有人提出过异议。可是到了20世纪90年代初，在评弹界内部出现了不同的声音。

一说。中篇评弹在1946年就出现过。当时，上海发生了一桩轰动一时的社会新闻：中西药房的老板去世后，他的子女们为了争夺家产，酿成了一桩惨烈的命案。评话演员潘伯英，将这桩离奇的案子改编成四回书，邀请多位同仁，在上海的一家空中书场演唱过一次。此说源出苏州。

另一说。在1951年春节，有十多位评弹演员正在常熟做会书。为了配合新婚姻法的宣传，他们将发生于当地的一场婚姻纠葛编成故事，分成四回书，一次演完。口述此事的是上海市新长征评弹团的评话演员陆耀良先生，他是那次演出的参与者。

再一说。1950年的10月1日，为了庆祝第一个国庆，由评话演员潘伯英，根据作家赵树理的小说《李家庄的变迁》，编写了评弹《刘巧团圆》，在苏州静园书场公演。第五回"团圆"由祝逸亭、朱慧珍、吴剑秋三个档演唱。此说可见《评弹艺术》第33集的《朱慧珍年谱》。而在《评弹文化词典》第96页上，可以看到如下文字："刘巧团圆　中篇评弹。潘伯英据韩起祥同名陕北说书改编。""1950年在苏州首演。"

有了以上诸说之后，就有人提出：《一定要把淮河修好》并非评弹历史上第一个中篇评弹。

那么究竟哪一个作品才是评弹历史上第一个中篇评弹呢？本人认为，应该是《一定要把淮河修好》。理由有三。第一，有了《一定要把淮河修好》，才有了中篇评弹的名称和其特定的演出形式。第二，《一定要把淮河修好》的演出资料完整，有唱本、录音、图片、报道及评论等，其他三个作品少有实物佐证。第三，《一定要把淮河修好》的演出时间长达数月，在听众中影响深广，而其他三个作品皆演一场而已，影响有限。因此说，由上海市人民评弹工作团（以下简称上海团）在1952年编演的《一定要把淮河修好》，是评弹历史上第一个中篇评弹。

（三）中篇评弹形成的原因

据《评弹文化词典·中篇书目》所述："中篇形式适应了建国后评弹及时反映现实生活的需要，并符合许多希望一次听完一部书目的听众的要求，因此得到迅速发展……"根据这一解释，中篇评弹之所以会在50年代初形成和发展，其主要原因有二：一能"及时反映现实生活"，顺应了历史的潮流；二能让听众"一次听完一部书目"，迎合了听众的欣赏要求。也就是说，中篇评弹适应了当时社会环境下的市场需求，才得以生存和发展。

这一说法基本不错，但是过于简单。因为中篇评弹的形成，不只是由于它能适应市场的需求，还有更多的原因。

评弹市场的组成，主要是四个部分：一听众、二演员、三书目、四书场。在20世纪30年代以前，中篇评弹之所以没有出现，倒不是因为当时的听众不喜欢"一次听完一部书目"，也不是因为评弹艺术不能"及时反映现实生活"。比如长篇弹词《杨乃武与小白菜》《啼笑姻缘》，以及长篇评话《张文祥刺马》《鄂州血》等，就是在30年代前后编演的，又是及时反映现实生活的新长篇。

那么，当时的评弹演员，为什么没有将这些故事，先编成中篇评弹，再发展成长篇评弹呢？关键的原因在于，那时的听众市场还不够庞大，演员队伍也很有限，而且书场少、规模小。演出中篇，必须集中较多的优秀演员，致使演出成本很高；除了经费问题，还面临着人力、物力、组织能力和唱本编写等诸多方面的困难。可以说，30年代前后的评弹市场，还承载不了中篇评弹这样的演出形式。

到了 1946 年和 1950 年，评弹市场有了根本性的改观。尤其是在上海，全市已有茶楼书场、专业书场、舞厅书场、花园书场等各类书场二百多家，还有二十多家空中书场，每天的听众在十万人次以上。当时的评弹市场已经大到足以承载中篇这一演出形式，并已三次显露端倪，那么为什么中篇评弹依然不能横空出世呢？

因为中篇评弹这一演出形式的诞生，仅有演出市场依然不够，还须在评弹界的内部，建立起一个专业的演出团体。这个演出团体，应该不同于过去的光裕社、润余社、普余社、同义社和宽裕社那样，是演员各自为政、结构松散的行会性组织；而要是一个在经济上独立核算的、集合了众多优秀演员的并得到政府部门支持的新型评弹演出团体。只有有了这样的演出团体，中篇评弹才能诞生、生存和发展。

上海团的成立，是为中篇评弹的诞生奠定了重要的基石。因为上海团就符合上述条件：该团是独立核算的国营事业单位，演员的基本工资旱涝保收；建团的班底是名噪一时的"四响档"，还有其他评弹名家，如刘天韵、张鸿声、徐雪月等；政府部门不仅支持建立这样的国营演出团体，还及时确立了建团宗旨，并颁发了正式文件。

那天吴宗锡先生在这里演讲时，曾经提到过两项建团宗旨："艺术实验"和"演出示范"。其实，建立国营演出团体的宗旨共有五项。本人在撰写《中国曲艺志·上海卷》的时候，曾经在上海市文化局档案室里看到过这五项宗旨的具体内容：配合政治宣传任务；艺术上的创新实验；演出中的示范作用；重要的内部演出；国际交流和出国访问演出。

第一项宗旨就是"配合政治宣传任务"，也是直接促使中篇评弹形式诞生的第一个原因。至此，一切条件均已具备，中篇评弹的诞生已成必然趋势。

然而新生事物的诞生，除了要有必然因素，还要有偶然因素，必然性只有通过偶然性才能表现出来。上海团建立之初，"十八艺人"参加了"上海市文艺界治淮工作队"，在淮河工地深入生活达四个月之久，这就是催生中篇评弹的偶然因素。根据当事人的回忆——那天吴宗锡老师也说了——上海市文化局给予治淮工作队的任务，主要是去学习、宣传、参观和劳动，并没有给演员们布置创作任务。但是，演员们被工农群众的劳动热情和英雄主义精神深深感动。尤其是耳闻目睹到工人们跳入冰河之中抢救机器、农民们用身体来堵住堤坝的决口等动人故事以后，那些同样怀有强烈翻身感的演员们，在震撼之余，就产生了要用评弹形式将在治淮工地上的所见所闻反映出来的强烈愿望。他们的目的，是想通过演出，让长期生活在城市里的听众，也能了解到治淮工地上的动人故事，以使人们更加关心和支持新中国的建设事业。这就是"十八艺人"创作演出《一定要把淮河修好》的动机。这种真诚的、朴实的感情，充分体现了中华人民共和国成立之初，中国知识分子的爱国热情。演员们高涨的政治热情，是中篇评弹得以诞生的原动力。

那么,《一定要把淮河修好》这一题材,为什么不用已经成熟了的长篇和开篇形式,或者是用已经形成了的短篇形式来表现,而要去创造一种全新的中篇形式来表现呢?因为内容决定了形式。演员们在治淮工地上逗留的时间虽有四个月之多,但流动性大,很难真正地深入到工农群众的劳动和生活之中。因此,他们对于工农群众的思想感情还缺乏深刻的了解。演员们所能采访到的素材,又大多是些短小故事和好人好事;若要编成一部长篇评弹,不仅素材不足,就是创作力量也嫌不够。所以那些聪明的、富有创造力的演员,以建筑水库为贯穿线,以青年农民赵盖山为主角,将《创造盖沙法》《杨广林转变》《姜阿土跳水》和《赵盖山堵决口》这四个小故事串联起来。于是,一个既有轰动一时的政治效应又对评弹艺术的发展产生深远影响的中篇形式,随着《一定要把淮河修好》的上演,终在1952年历史性地出现了。

(四)《一定要把淮河修好》成功的原因

据记载,该中篇上演后,仅在上海一地,就连演连满达数月之久,听众数量超过五万(一说十万以上),好评如潮。那么其成功的原因究竟何在?

"剧本剧本,一剧之本。"就其唱本的质量来看,并非上品,甚至还算不上是真正的艺术品。恰当地说,是一个报告文学式的文艺宣传品。理由:第一,整个作品缺乏一个完整的故事,而是由四个情节之间没有必然关联的小故事组合而成。因此,没有悬念,更没有关子,难以引人入胜。第二,就这四个小故事而言,也只是描写人与自然环境的斗争,极少描写人与人之间的性格冲突;而不同的英雄人物,如农民赵盖山和工人姜阿土,他们的言语和行为,又非常类同,缺乏人物的个性特征,给人以概念化的印象;只有第二回中,由姚荫梅演唱的"费家调"《杨广林转变》,既有思想又有行动,生动有趣,但杨广林是个略显身影的转变人物,并非故事中的主角。第三,评弹是一门语言艺术,有"语言无味,面目可憎"之说。而在这个中篇里,处处可见的是政治术语,很少听到生动形象的群众语汇,有明显的标语口号式倾向。

既然《一定要把淮河修好》的唱本有很多不足,那么为何能获得如此巨大的成功呢?

第一,得益于50年代初,特定的社会环境和政治氛围。当时的民众,对于建设富强的国家抱有热切的期望。治淮工程则是中华人民共和国成立后第一个宏大的建设工程,吸引着全国人民的关注。那些爱好评弹的听众,以及没有听过评弹的上海人,都想通过《一定要把淮河修好》来了解治淮的实情。这一中篇正是获得了天时、地利、人和,才得以一举成名。

第二,强大的演员阵容,也是中篇具有号召力的重要原因。如刘天韵、蒋月泉、张鉴庭、姚荫梅、杨振雄、唐耿良、张鸿声、吴子安、周云瑞、徐雪月、陈希安等响当当的名字,在当时只要有其中的五六位同场演出,那就一票难求。而这次竟有十多位名家响档同台献艺,实属罕见。正如一位老听客所说：看到这个演出广告时就欣喜万分，即使他们一句话也不说，我也要买张票子去钆钆闹猛。

第三，演员们饱满的政治热情、精湛的表演艺术和认真的演出态度，也是中篇获得成功的重要因素。参加治淮的演员，几乎全都是从旧社会熬过来的，他们对中国共产党带来的职业尊严和生活安定，怀有深深的感激之情。他们自发地要求编演这台节目，是为了表达他们对中国共产党和中华人民共和国的热爱。据不少当事人回忆，当演员徐雪月在第一回中，叫一声毛主席的时候，"她的眼睛里会发光的"，这可是真情实感的流露啊！

在演出中，还有一些难能可贵的事情值得一提。为了演好这台中篇，几位红得发紫的演员，不计名利，甘当配角。如流派唱腔"张调"的创始人张鉴庭，在第二回中，说表不多，唱得更少，而且不唱"张调"，只唱一档山歌调，他照样一丝不苟，唱得工整到位，算得上是评弹曲牌中的精品。还有，流派唱腔"杨调"的创始人杨振雄，他在第三回中只有几句表唱，唱的不是"杨调"，是"薛调"。他也是唱得字字铿锵，感情充沛。此外，报刊、电台和街头广告等大张旗鼓的舆论宣传，对演出的成功，也起到了推波助澜的作用。

二、中篇评弹的创作要求

（一）中篇评弹的创作原则——政治教育为导向

中篇评弹的唱本，大致可以分为三种类型：

第一类，是从生活中汲取素材编写而成的原创作品。如《一定要把淮河修好》《王孝和》《海上英雄》等，这是中篇评弹的主体部分。

第二类，是根据小说、戏曲、戏剧或电影的剧本改变而来的。如《晴雯》《王佐断臂》《人强马壮》《雷雨》等。

第三类，是从长篇中截取一段，进行加工整理的所谓"整旧"作品，如《三约牡丹亭》《老地保》《暖锅为媒》等。

这里要探讨的是第一类，即原创作品的编创原则。

《一定要把淮河修好》的演出，是为了迅速反映现实生活，对群众进行形象化的革命教育。那么这一创作原则的理论依据是从哪里来的呢？来自毛泽东《在延安文艺座谈会上的讲话》，其中提到："无产阶级文艺是无产阶级整个革命机器中的齿轮和螺丝钉"，"文艺为政治服务"。

《一定要把淮河修好》是实验性的，也是示范性的。此后，上海团接连上演的现代题材的原创中篇，都以此为榜样，来配合政治宣传。如《王孝和》，是纪念烈士牺牲五周年；《海上英雄》，是配合当时解放台湾的宣传；《刘胡兰》，是配合革命传统教育；《塔影映红》和《钢水沸腾》，是配合全民大炼钢铁；《五千吨》，是宣传"大跃进"，自力更生造大船；《十五斤油》，是宣传"千万不要忘记阶级斗争"……这种为配合政治宣传而编演的中篇评弹，在"文化大革命"期间也没有中断过。几十年来，评弹工作者一直把"文艺为政治服务"作为自己的座右铭。

直到1982年6月25日，时任中共中央书记处书记的胡乔木在全国文联四届二次会议闭幕当天的茶话会上，发表了题为《关于文艺与政治关系的几个问题》。他说：1942年，《解放日报》在刊登列宁的《党的组织和党的文学》一文时，把俄文中的"出版物"错误地翻译成"文学"，致使毛泽东的《在延安文艺座谈会上的讲话》，因引用了错误的译文，这才有了"文艺为政治服务"和"齿轮和螺丝钉"之说。所以胡乔木强调："不能把文学艺术这种广泛的社会文化现象纳入党所独占的范围，把它说成是党的附属物，是党的'齿轮和螺丝钉'……"又说可以改为"文艺为人民服务，为社会主义服务"。当年，本人曾经听到过演讲的全文，这次引用的文字是根据2012年8月8日《中华读书报》的文摘。

这篇演讲稿发表之后，据说在文艺界引起了巨大反响。后来，在电视中出现了武侠片、言情片或其他纯娱乐性文艺节目，但是对于中篇评弹的编创来说没有产生过多大影响。1982年后，凡是革命题材的原创性中篇评弹，仍然是为了配合政治宣教而编演的，如《真情假意》《颠倒主仆》《春梦》《秋思》，还有反映"皖南事变"的中篇，以及前几年上海团编演的"海港建设"和"造船工业"题材的作品。

事实说明，中篇评弹既已诞生，那么只要是在中国共产党领导下，有专业的评弹演出团体存在，即使把"文艺为政治服务"，改为"文艺为人民服务，为社会主义服务"，我们的原创性中篇为政治服务的功能就不会消除，没有必要消除，也消除不了。因为评弹演员是一个非常理智的群体。他们认为，只要政治路线是正确的，是造福于人民大众的，那就应该配合宣传。例如，2012年初，著名评弹演员范林元先生花费了三年时间，独自编创了中篇评弹《凌云出岫》，以表达他对无产阶级革命家陈云同志的崇敬之情。中篇上演后获得了本年度全国曲艺作品的最高奖项之———牡丹奖（文学奖）。

评弹听众也是明智的社会大众，他们并不一概排斥以宣传教育为宗旨的中篇评弹。他们说，不管是什么题材的中篇，只要好听我们都要听。只是现在的中篇节目质量太低，才是他们缺乏热情的主要原因。

（二）中篇评弹的创作定式——写光明面

原创的中篇评弹来自生活，原本并没有什么创作定式。但是中篇的出笼有其特殊的过程：从初稿、二稿，直到定稿，以及公演前的彩排，都要经过上级文化部门的审查。对长篇、短篇和开篇的审查就没有这样严格。

前来审查的大多是具有专业知识的文化干部，他们衡量作品优劣的关键标准，是看作品是否突出了光明面。只要是反映在中国共产党领导下的革命斗争的作品，不管是写社会主义革命时期的，还是写民主主义革命时期的，都要以写光明面为主。

比如中篇《王孝和》。虽然英雄是牺牲了，但贯穿于整个作品的是，王孝和冒险报信—受刑不屈—痛打特务—法庭辩护—英勇就义等一次次斗争的胜利。整个作品悲壮而不悲凄，感人而不忧郁，这就是写光明面。中篇《刘胡兰》也是如此。

再看《海上英雄》。在攻打牛门岛的战斗中，海军战士赵大明和王永刚以及渔民林老三等，死的死，伤的伤，似乎阴暗面多了些。但是在每一个回合中，又都是我们取得了胜利：骗过了敌人—登上了小岛—抓到了俘虏—掌握了敌情—打沉了敌舰—最终取得了解放牛门岛的胜利，突出了光明面。

本人曾经是一名专业的评弹作者，每每编写一个中篇作品，总要接受上级部门一次又一次的审查。起先，并不了解为什么要如此强调写光明面。后来意见听得多了，也就渐渐懂得了其中的道理：在党的领导下，不管革命的道路有多么艰难曲折，前景总是光明的。我党已经取得的胜利，就是无可争辩的事实依据。所以，凡是写革命斗争题材的文艺作品，就必须以写光明面为主，黑暗面只是陪衬。这样的作品，才能反映出事物的本质和历史的真实，才能给人以革命必胜的信心，体现其社会价值。

那么"写光明面"这一原则的起源在哪里呢？也是在毛泽东的《在延安文艺座谈会上的讲话》之中。其中就明确提到，在社会主义建设时期的苏联以"写光明面为主"。为了说明这一点，毛泽东还多次以漫画家华君武的作品《延安的绿化》来进行分析评论。《延安的绿化》画面的主体部分是一棵只有树干、没有枝叶的树木（注：1939年种的树）。这是讽刺延安地区的绿化只注意种树却不注意养护的问题。毛主席对这幅漫画的评论是：树死了是可以批评的。但是你必须注明，这情景发生在延安的哪一个地段？比如说，王家坪的植树不好。要注意个别和一般的关系、局部跟全局的关系。你不能说共产党的绿化都坏了。又说：你可不可以画一个漫画对比？这幅画可以分为上下两个部分：上面一半是绿树成荫的画面；下面一半只有树干，没有枝叶。华君武说："我后来就没这样画。"理由是，要是这样去画，那么"底下一张坏的就显得很呆板。"为了这件事，在"文化大革命"中华君武受到批判，人们说他"一贯不听毛主席的话"。华君武辩解说：他是听毛主席话的，就是这次没有听。

华君武的故事发生在1942年，当时的延安民主空气浓厚，即使华君武没有按照毛主席的话去做，也没有遭到批评。可是在三十年后的 1972 年，情况就不同了。有时，作者为了促使故事中矛盾冲突的尖锐化，也会把生活中看到的或听到的东西加入作品之中，这就惹麻烦了。本人有过这样的经历，在中篇《春满水乡》的第二回中，原来有这样一句台词："地主马耀祖说，要是支部书记今天能够赶回来，我情愿用手心炒鸡蛋给你们吃。"

当剧本读到这里时，在座的演员和审听者发出一些笑声，我对听众的感情反应还有点得意。可是在座谈会上，一位来审查剧本的领导就提出了这样的意见。他说：这个地主太嚣张了，在无产阶级专政条件下，农村里的四类分子是不敢这样嚣张的。但在这个剧本里，地主讲的话是那么生动有力，而正面人物的回击则是苍白无力的。这究竟长了谁的志气，灭了谁的威风？

我当即辩解：这个情节是一位农村干部告诉我的，他是亲身经历者。

这位领导说：是的！你所写的这些事情，在生活中确有发生。但是生活中发生的事情，你就能照式照样地搬到艺术中来吗？客气点说，这叫自然主义。自然主义的代表人物是法国作家左拉，他是资产阶级作家，自然主义是资产阶级的创作方法。领导又说：你刚才的回答，我在其他作者口中也时有听到，这是"写真实论"的反映。"写真实论"的创作方法，是把生活中个别的、局部的、次要的社会阴暗面，原封不动地搬到舞台上来。即使作者不是故意要以此来攻击我们的社会主义社会，那么在客观上，也为那些别有用心的人提供了攻击我们的炮弹。这和我们提倡写光明面的创作原则是背道而驰的。（摘自本人 1972 年的笔记。）听到这里，我真有点毛骨悚然，好像离"右派"只剩半公尺了，顿时噤若寒蝉。

到了 60 年代中，随着社会主义革命的步步深入，党对意识形态上的各种问题抓得越来越严。体现在文艺创作上，那就是对写光明面的规定也越来越具体了。本人在 60 年代末，参与编写中篇评弹《血防线上》的时候，耳闻一位首长讲了这样的话：当你写一个犯错误的干部的时候，一定还要写一个正确的干部，而且这个正确的干部的职务要更高。比如生产大队的大队长犯了错误，那么支部书记应该是正确的；支部书记犯了错误，他上面的领导干部应该是正确的。作品一定要突出那个正确的人物，他们应该是作品的主角，不能突出转变人物或者反面人物，否则就是正不克邪。

这位首长并不是专业文化干部，他来自部队，当时正主管着上海的政治宣传工作。就在他的这次讲话以后，我就渐渐发现，在戏剧舞台上的几乎所有现代题材作品中的人物关系，都和那位首长讲的完全一致：只要有一个犯错误的干部，必有一个地位比他高的干部是正确的；再由苦大仇深的老工人、老贫农来做回忆对比，促使犯错误的干部转变；最后揪出阶级敌人，革命胜利，一片光明。

这一创作原则，后来被称为"三突出"：在所有的人物中，要突出正面人物；在所有的正面人物中，要突出英雄人物；在所有的英雄人物中，要突出主要英雄人物。

"三突出"这个创作模式的影响之深广，令人难以置信。不要说在"文革"期间，就是"文革"以后，哪怕直到现在，不管是电视剧、电影、戏曲或戏剧，尤其是中篇评弹，只要是革命题材的作品，就能看到"三突出"的痕迹。有时，连历史题材的中篇评弹，作者竟也下意识地套用了"三突出"的创作定式。

比如中篇评弹《大脚皇后》，就有点像是革命样板戏《龙江颂》的翻版：朱元璋当了皇帝后开始施行暴政，要滥杀无辜，他像犯了错误的生产大队长；马皇后看出皇帝所犯错误的严重性，在劝说无效后，便请出一位年轻的书生，让他对朱元璋讲述朝代兴衰的历史教训，马皇后很像支部书记江水英，那位年轻的读书人就像老贫农阿坚伯，在他纵论历史得失之后，朱元璋终于明白了"坐天下者必须施仁政"的道理，于是取消了杀害无辜的决定，出现了一片光明的景象。

说这话是有点刻薄，这是本人的真实感受。其用意并非表明本人对写光明面有什么不同意见，只是在介绍中篇评弹的发展历史。

三、中篇评弹的兴衰历程

本文涉及的内容，仅限于上海地区，没有涉及外地省市。因为在中篇评弹的全盛时期，上海的专业评弹团多达六个，编演过的作品，占有中篇总数的绝大部分。而江浙沪两省一市的评弹团，凡是有一定质量的中篇，大多会到上海来展演，留下了比较完整的演出记录。

从1952年《一定要把淮河修好》诞生起，到今年2012年，正好是一个甲子。先通过几张表格来展示六十年来中篇评弹的兴衰历程。

第一张表格，是反映1952—1955年演出的中篇。在这四年中，上海团演出十部，其他团（包括外地演出团体）有九部，共计十九部。

日　　期	节　　目	团　体	数　量
1952—1955 （共四年十九部）	《一定要把淮河修好》《长空怒风》《罗汉钱》《王孝和》《海上英雄》《刘胡兰》《猎虎记》《梁祝》《杜十娘》《双按院》	上海团	十
	《宝莲灯》《甘露寺》《陈圆圆》《炼印》《孟姜女》《武松·杀庆》《借红灯》《孙芳芝》《春风吹到诺敏河》	其他团	九

第二张表格，是反映1956—1960年演出的中篇。在这五年里，上海团有二十八部，其他团

有二十三部，总共五十一部。

1956—1960 （共五年五十一部）	《十五贯》《唐知县审诰命》《神弹子》《方卿见姑娘》《杨八姐游春》《王佐断臂》《厅堂夺子》《白虎岭》《老地保》《大生堂》《三约牡丹亭》《万水千山》《白毛女》《钢水沸腾》《塔影映红》《迷路记》《水往高处流》《雪里红梅》《五千吨》《白求恩大夫》《江南春潮》《冲山之围》《千山万水赶牛来》《冰化雪消》《红色的种子》《春雷曲》《破天荒》《海上大学》	上海团	二十八
	《四进士》《斩经堂》《窦娥冤》《三斩杨虎》《墙头马上》《打乾隆》《红梅阁》《团圆之后》《孟丽君》《吼山》《苦菜花》《虞山脚下》《葵花》《东进序曲》《高速》《一件劫案》《108英雄》《飞盒记》《陶兰荪案件》《采访记》《谈秀珍》《青春之歌》（上下集）	其他团	二十三

第三张表格，是反映1961—1965年演出的中篇。在这五年里，上海团有八部，其他团有十一部，共计十九部。

1961—1965 （共五年十九部）	《智点秋香》《晴雯》《托三桩》《夺印》《战地之花》《人强马壮》《芦苇青青》《红梅赞》	上海团	八
	《梅塘姑娘》《满堂红》《柳敬亭》《乱点鸳鸯谱》《孟丽君》《石师傅》《南方来信》《海瑞罢官》《海瑞上疏》《蔗国海啸》《无形灯下的战斗》	其他团	十一

第四张表格，是反映1966—1976年（"文化大革命"期间）演出的中篇。在这十一年里，上海团有七部，其他团有三部，共计十部。

1966—1976 （共十一年十部）	《急浪丹心》《门合》《工宣队员徐松宝》《血防线上》《春满水乡》《樟树村》《天安门前》	上海团	七
	《电闪雷鸣》《海岛女民兵》《华子良》	其他团	三

第五张表格，是反映1977—1986年演出的中篇。在这十年里，上海团有九部，其他团有十八部，共计二十七部。

1977—1986 （共十年二十七部）	《假婿乘龙》《赵氏孤儿》《紫玉狮》《李双双》《春梦》《真情假意》《颠倒主仆》《两家母女》《丹心谱》	上海团	九
	《红楼夜审》《七品书王》《包公休妻》《皇亲国戚》《太守点鸳鸯》《闹严府》《冤家夫妻》《谁是最美的人》《浦江红侠传》《古城春晓》《普通党员》《新琵琶行》《白衣血冤》《香港来客》《幻影》《老子、折子、孝子》《爱和恨》《玉香笼》	其他团	十八

第六张表格，是反映1987—2012年演出的中篇。在这二十六年里，上海团有六部左右，其他团也是六部左右。这些作品大多只演几场，有的仅演一至二场。

1987—2012 （共二十六年 约十二部）	《东京人在上海》《原谅我的心》《缚虎计》（另有反映海港建设和造船工业的题材两个）	上海团	约六
	《大脚皇后》《四大美人》（四部）《雷雨》	其他团	约六

从这几份表格中可以看出：

1952—1965年，这十四年是中篇评弹的兴盛时期，共上演了八十九部。数量多，质量高，演出的场次也很多。一个作品至少演出半个月至一个月，有的连演连满达三个月之久，如《林冲》（上下集）。

1966—1976年"文革"期间，这是中篇评弹的低迷时期，只上演了十部。演出内容多为政治说教，但在编演质量上还是正规的、追求质量的，演出的场次很多。《血防线上》在上海农村地区巡回演出达两年，演出达五百场以上。反映《农业学大寨》的中篇《春满水乡》，也在上海城乡共演出三百多场。

1977—1986年，这十年是中篇评弹的中兴时期。"文革"后各地评弹团重建之初，大多先唱中篇，总要来上海演出。其实，在这十年内，中篇的演出总数远远不止二十七部。未见广告的书目没有计算在内。

1987—2012年，这二十六年是中篇评弹的衰落时期，仅上演了十二部，演出场次更是少得可怜。正如时任上海团团长的吴宗锡先生所说：一个中篇，写写一年，排排一个月，演演一星期。

四、中篇评弹的兴衰原因

（一）中篇评弹的兴盛原因

1. 专业团体大量涌现。上海团成立不久，就上演了一系列中篇评弹，产生了巨大的社会影响和经济效益；同时，社会舆论又大力宣扬走集体化道路的优越性。形势所趋，江浙沪各地的评弹演员纷纷组织起来，顿时出现了大量专业评弹演出团体。50年代初，上海评弹改进协会的登记会员有一百多人。从1953年到1954年的一年之内，自发组建了九个评弹演出组，后改建为五个集体所有制评弹团，编演过大量中篇评弹。

2. 听众爱听中篇。在50—60年代，上海的听众数量极为可观。据上海市文化局统计，当时评弹听众的数量，超过了任何舞台表演艺术，仅次于电影。而中篇听众之所以在上海特别踊跃，还有两个特殊原因。第一，1949年后，在"不劳动者不得食"的压力下，为数不少的有闲阶级也纷纷走上了工作岗位，其中有不少是过去每天必到的"职业听客"。他们对于能一次听完一个故事，又集中多位名家响档的中篇评弹尤为赞赏，凡有新作必定前往。第二，有很多新听众，他们只听中篇，不听长篇。听众多，这是中篇能够在50—60年代兴盛一时的关键原因。

3. 书场大量增加。50年代初，因政府禁令，大批舞厅改为书场。舞厅设备优良，经营成本很高。而高质量的中篇评弹，正适合在这种豪华书场里演出。像上海团、苏州团和长征团这样实力强大的专业团体，就经常在大型书场里演唱中篇，吸引了众多经济和文化层次较高的听众。除了大型书场，上海还有许多三四百座的中型场子，如沧洲、红星、新华等，很适合一般社团演出中篇。于是常有多台中篇同时上演的情况。如1955年1月，上海团上演了《王孝和》《罗汉钱》《猎虎记》；苏州团上演了《四进士》《孙芳芝》，共计五台。这时，像红月和惠中那样只有一百多座的小型书场，也有专业团体前去演出中篇。而且每天更换节目，一个月演出三十部中篇。

4. 评弹界精英荟萃。听众历来有"先看人，后听书"的审美传统。中篇评弹之所以具有吸引力的另一个原因，就是剧团总是将最好的演员投入其中。名家同台，各显神通，精彩纷呈。像《林冲》上下集，几乎囊括了当时上海团内所有的著名演员。其中流派创始人就有蒋月泉、张鉴庭、杨振雄、姚荫梅和周云瑞等五位。评话三大家：唐耿良、张鸿声、吴子安，也先后登场。确有一呼百应之景象。

5. 评弹的竞争对手不多。20世纪50—60年代，在特殊的政治环境中，国内很少上演资本主义国家的电影，美国电影更是一律禁演。上海市民除了国产的和少数东欧国家的电影之外，只有民族艺术可以欣赏。评弹得到了有效的保护，这也是中篇得以盛行的原因。

（二）中篇评弹的衰退原因

是听众少了，还是他们不要听中篇了？不是。现在评弹普及率确实不如从前，但是潜在的听众数量是惊人的。上海现有人口两千五百万，其中六十岁以上的占20%以上。如果在这些老龄市民中，有十分之一的人要听评弹，那就是五十万之众，远远超过50年代的听众数量。

几周前，唐力行教授的一位研究生解军同志，给我寄来一份历年来上海中篇评弹演出的详细记录，那是一位听客制作的。他在前言中说："作为解放后一种新的演出形式，中篇评弹在当时的历史时期，在一定程度上推动了评弹艺术的发展。当然，也有很多人认为，当年的中篇盛行是导致传统书目大量失传、评弹艺术停滞不前的主因之一。作为我个人，还是比较喜欢中篇这种形式的。众多名家响档云集，其实就是一种会书的性质。同时，更可以促进演员之间的交流学习。"这位听客的意见是有代表性的。最近，本人去嘉定区南翔镇的槎溪书场做调查，有听客说：不管新书老书，不管长篇中篇，只要好听，我们都要听。近二三十年来，上海又出现了数量庞大的所谓"老年新听众"，他们在职时很少听书，退休后却成了忠实的听客。这说明评弹艺术依然有着庞大而稳固的群众基础。可见，中篇衰落不是因为听众数量的减少。

是因为书场少而小吗？也不是。前面提到，在50—60年代，上海有书场二百多家，最大的西藏和静园设有八百多座。而现在的专业书场只有七十多家，最大的场子也不过三四百座。但是，上海还有许多设备良好，可以容纳数百、上千听众的影院和剧场，如兰心剧场、逸夫舞台、美琪大戏院等，也可以演出中篇评弹。因此，中篇的衰落和书场减少也没有关联。

是竞争对手多了吗？也不是。电视、网吧、歌舞、美国大片等娱乐形式，对评弹市场的挤压是严酷的，但仍然不是中篇衰落的主要原因。常言道："萝卜青菜，各有所爱。"真正的老听众对评弹是难舍难分的。本人曾多次听到他们这样说："我们对评弹从一而终。""我们要做评弹艺术的殉葬品。"更有不少远在海外的评弹听众，常常通过网络来了解评弹的发展；每逢回国探亲，他们都要搜求大量评弹音像，以备随时欣赏。再说，一百多年前，当评弹进入上海时，竞争对手也是非常强大的。当时，从苏州来的竞争对手就有昆剧和苏滩两种；最后，只有评弹能在上海立足和发展。这说明艺术形式之间的竞争，只会促进评弹的提高，不是造成其衰落的原因。

1. 中篇评弹之所以衰落的关键原因是演出质量不高。

首先是唱本质量不高。中篇诞生至今已有六十年了，六十年来，评弹界从来没有对中篇这一演出形式进行过认真的理论研究，以致对中篇的情节、结构和语言形式等诸多方面的成败经验未有总结。正因为没有正确的理论指导，中篇创作长期处于朦胧、迷惘的状态，写不出好的唱本。

再有，中篇演出的戏剧化表演，也使轻松风趣的评弹语言艺术的特色大打折扣；还有，在中篇评弹中常有的、和传统唱腔相去甚远的怪腔怪调，更让老听客如坐针毡。就凭这些，中篇评弹就注定要衰落了。

2. 与评弹演出团体的逐年减少、剧团经济体制的改变有关。在二三十年前，评弹界有四十多个专业演出团体，现在只剩一半不到，其中还有不少已名存实亡。尽管能演中篇的团体已屈指可数，却也没有丧失殆尽。如上海团和苏州团，还有江苏和浙江的某些评弹团，他们既有优秀的演员，也有一定的经济实力。那么为什么多年来没有拿出受到听众欢迎的中篇作品呢？

讲到这里，或许有人会说：苏州评弹团演出的中篇《雷雨》，不是在清华大学、北京大学和上师大都演出过，受到了高校师生们的热烈欢迎吗？难道说《雷雨》还不是好作品吗？对于中篇《雷雨》，本人从来没有在公开场合发表过任何评论，但是态度却是鲜明的。那次上海团周震华团长来电，要我去听盛小云他们的演出，并参加第二天举行的座谈会。我回周团长的话：听演出我一定去，如果节目精彩，我也会去参加座谈会。结果我没有参加座谈会。

对于这个作品是否成功，主演盛小云自己就有评价。她曾经在电视节目中这样说：要是中篇

《雷雨》在书场里演出，那是不行的，听众不大要听的。你想，一个评弹作品，听书的人不大要听，只有不听书的人要听，这能算是好作品吗？

五、中篇评弹的价值、作用、影响

（一）中篇评弹的价值

1. 中篇评弹对社会的进步起着推动作用。

衡量一种艺术形式的价值，首先是看其对社会的进步是否有推动作用。六十年来，中篇评弹的主流作品——这是指来源于生活的原创作品——对于社会的进步，一直起着积极的推动作用。这里，不再介绍《一定要把淮河修好》《王孝和》《刘胡兰》这些名著，倒是可以介绍一些名气不大，却能反映时代面貌的优秀作品。

《孙芳芝》由苏州团编演。是讲一位苏州的优秀营业员，她改进服务、团结同志、树立良好风气的故事。1955 年，在上海市工人文化宫演出时，市总工会专门组织各大商店职工前去聆听，为改善上海的商业服务树立了榜样。

《圩荒滩》是先锋评弹团编演的。以悲喜剧的形式，向上海市民介绍了 50 年代末，江南农村中的新气象。

《海上大学》由上海团蒋月泉、杨振雄等编演。讲述上海水产学院在海带养殖过程中发生的故事，反映了 60 年代初，高校教改的情景。

《高速》由苏州团编演。是反映 60 年代初，苏伦纱厂在技术革命中发生的故事。将生产劳动和爱情纠葛交织在一起，情节曲折生动，颇受上海青年职工的赞赏。

《无形灯下的战斗》由长征团编演。是反映 60 年代初，上海第六人民医院的外科医生陈中伟等，开创断指再植的故事。这是当时国际上的尖端技术，大长了中国人民的志气。

《血防线上》"文革"中由上海团编演。在上海郊区连演两年有余，被称为开展血防工作的配套工程。

还有，无锡团编演的反映越南人民抗美救国斗争的《南方来信》；星火团编演的声援古巴人民抗美斗争的《蔗国海啸》；以及 80 年代上海团的《春梦》《真情假意》和苏州团的《老子、折子、孝子》；等等。这些中篇评弹，都是从正面角度来反映六十年来群众的精神面貌，对社会进步起着正面的影响。

有些作品，即使受到错误政策的影响，如"大跃进"时期的《钢水沸腾》《五千吨》等；"文革"中的《工宣队员徐松宝》《门合》《春满水乡》等,也因作品真实地反映了当时的社会情状,仍然有着不可低估的史料价值,可让历史学家们从中看到一些当时的社会真容。

2. 中篇评弹保存了上海评弹团,也在一定程度上保存了评弹艺术。

此话听起来有点玄乎,但以本人的经历来认识,这是历史事实。

1966年以前,长江三角洲地区的评弹团共有五十多个。到了"文革"期间的1968年,各地评弹团有的解散,有的瘫痪。像拥有徐云志和周玉泉这样杰出名家的苏州评弹团,演员们也都成了灯泡厂的工人。上海原有六个评弹团,这时五个团已不复存在,只有上海团还在做零星演出,评弹艺术命悬一线。

1969年9月中旬,有工宣队领导向上海评弹团全体成员传达了重要信息:最近,中央"文革"领导小组开会,讨论有些艺术团体是否需要存在的问题,其中谈到了评弹。江青说:"评弹是靡靡之音,听了要死人的。"张春桥说(大意是):评弹或许还能利用,但是要进行改革。要在内容、语言、形式、表演和音乐这五个方面有大的改革。

不久,《解放日报》上刊登了广告:10月1日上海评弹团在西藏书场演出中篇评弹《血防线上》。工宣队通知文学组的程志达和彭本乐马上去文化局接受任务。布置任务的是一位军宣队领导。他说(大意是):《血防线上》的创作任务是"春桥同志"下达的。以前主持全国血防工作的魏文伯被打倒以后,毛主席把血防工作交给了张春桥。他以前是上海的文教书记,知道上海评弹团有过一个血防题材的作品。军宣队领导还说:"春桥同志"指示,要创作一个反映"文革"时期血防工作的评弹作品。这可是个政治任务,一定要完成好,否则你们这个评弹团的前途就说不准了。当时上海评弹团的团部已被征用,程志达和我从文化局出来直接去了城隍庙。我们两人坐在湖心亭的石栏上,用"水倒流"的方式制订了一个创作计划。

次日,在工宣队师傅的带领下,文学组的三名作者,加上余红仙、刘韵若、苏似荫等十余位演员就下乡了。在采访过一位名叫陆德成的公社党委书记和几位老贫农后,就开始编写和排练。9月29日晚上,市领导来审听,一举通过,演出组随即下乡巡演。

由于《血防线上》的公演,上海团没有解散。此后,及时反映现实生活的中篇评弹一个接一个地上演。到了70年代初,先是苏州团和浙江团,以后各地评弹团纷纷恢复建制,他们所演出的也都是中篇评弹。若说,中篇评弹在非常时期保存了评弹艺术,不为过分。程志达先生是《血防线上》的主要作者,在城隍庙订计划的故事,他在不同场合讲过多次;中篇的首演者余红仙、刘韵若等依然健在;上海市文化局档案室里,保存着有关文件;演出录音和唱本的出版物也有完整保留;本人所述,都是亲身经历,是为信史无疑。

如果有人问道：要是《血防线上》被否定了，上海评弹团会解散吗？我想，被解散的可能性是存在的。若再问要是上海团解散了，评弹在上海会从此消失吗？即使不会消失，也会损失更惨，恢复更难。

（二）中篇评弹对评弹发展的影响

1. 正面影响：中篇评弹促进了评弹音乐的发展。

比如新诞生的"侯调"，源出于中篇《玉堂春》。50年代初，侯莉君在西藏书场演出中篇《玉堂春》，书中有一档《苏三起解》的唱篇，第一句是："苏三是她披枷戴锁离别洪洞城。"起先，她用"蒋调"来唱，觉得唱腔过于平稳，不能表达出苏三的悲愤心情；于是改唱"俞调"，又觉得过于纤细；最终，她将"蒋调"和"俞调"结合起来，加以变通，形成了一档富有特色的唱段。当时，侯莉君女士并没有意识到她的唱腔有什么独特之处。过了几天，她在上海时懋书场演出时，听众提醒她：我们要听《苏三起解》，是你自己的调。此后，她便在这段唱腔的基础上不断发展，终于形成了"侯调"流派。

而《一定要把淮河修好》促进了"蒋调"的发展。蒋月泉在治淮工地上的所见所闻使他感觉到，过去的"蒋调"偏重于抒发男女之间的恋情，若要用同样的唱腔来表现治淮群众的思想感情和劳动热情，就显得格格不入，必须在唱腔上和唱法上有大的变化。因此，他在处理中篇第三回的《指导员来传言》这个唱段时，在唱腔上提升了高度，咬字上加强了力度，节奏上加快了速度，创造了"快弹慢唱"的板式。本人曾将开篇《杜十娘》和《指导员来传言》两个唱段的录音做过对比。《杜十娘》每分钟六十八拍，《指导员来传言》每分钟一百一十九拍，速率相差几近一倍。本人又将蒋月泉先生在《海上英雄》选曲《游水回基地》中的第一句"风急浪高不由人"和开篇《杜十娘》的第一句"窈窕风流杜十娘"做一对比：前者刚强，后者缠绵；前者高亢，后者婉约；前者粗犷，后者细腻。《游水回基地》进一步丰富了"蒋调"唱腔的表现能力。

徐丽仙最有其流派特色的、最清纯朴素的"丽调"名作，《可恨媒婆话太凶》和《为来为去为了罗汉钱》，均出自中篇评弹《罗汉钱》。

还有更多脍炙人口的中篇唱段，如《人民当家做主人》《误责贞娘》《酒店》《徐公不觉泪汪汪》等，经过了几十年的传播，已经成为江南民众耳熟能详的评弹艺术的象征。

2. 中篇评弹的负面影响。

第一，对长篇造成伤害。评弹界历来有"没有关子就没有书"的格言，说明评弹演员对于长篇中的关子书是多么重视。他们有一条约定俗成的行规：凡是做会书，不说"关子书"。比如

《珍珠塔》中的《方卿见姑娘》、《双珠凤》中的《三斩杨虎》、《三笑》中的《点秋香》、《玉蜻蜓》中的《厅堂夺子》、《描金凤》中的《劫法场》等书回，1949年以前是不见于会书的。要是有人违反行规，就会遭到道众的谴责，因为把"关子"轻易卖掉，岂非断了别人的生路。

本人在60年代初，从中国唱片厂的资深编辑曾远女士那里听到这样一个故事：评弹艺术家严雪亭先生在50年代中，应邀录制《杨乃武与小白菜·密室相会》唱片。厂方要求他灌制四张，从杨乃武和小白菜见面起，唱到小白菜讲出真凶姓名为止，但严雪亭先生没有同意。他说：如果小白菜讲了真凶的姓名，"以后叫别人哪亨说书？"他只唱到小白菜"欲诉衷肠还未出声"为止。结果只灌制三张，这就是艺德。可是，有一类中篇是取长篇中的一段关子书，再集中著名演员在大型书场里演出的，虽能取得一时的名利双收，却损害了长篇的正常演出。1962年，上海团在静园书场演出由严雪亭和张鉴庭领衔的中篇《点秋香》，连满三个月之久。著名演员徐雪月说：《点秋香》在静园演出时，我正好在东华书场唱《三笑》。从前说到《点秋香》要上听客的，这次反而跌听客了。

上面提到过，在50年代中，有些演员在红月书场和惠中书场每天更换一部中篇，这些所谓的中篇，其实就是长篇中的精彩选回。如《梁祝》，只演《十八相送》《楼台会》和《英台哭灵》；《武松》，只演《挑帘》《杀嫂》和《杀庆》；《双按院》，只演《冒名》《释犯》和《炼印》。这种杀鸡取卵、竭泽而渔的做法，引起了评弹界一些人士的不满。其中一位叫徐绿霞的演员，针对这种掠夺式的做法提出了尖刻的批评。他说："中篇中篇，集中力量骗钱！"后来，他被送到青海去劳动教养了二十年，对中篇的"攻击"也是他的罪状之一。

第二，加速评弹表演走向戏剧化。一台中篇，少则四至五人，多则七至八人；一回书中，通常是三个档、四个档，甚至五个档。大多是一人一角，这势必造成第一人称的官白多，第三人称的表白少。有时，第一人称的长段官白，配上大量形体动作，就像戏曲表演一样。因此，就有人提出了"评弹是说的戏"这样的理论。在这种理论的影响下，评弹越来越向戏曲靠拢。本人认为，这种促使评弹走向戏曲的理论和实践，是不利于评弹艺术正常发展的。

当然，这些负面影响，并不是中篇形式的原罪，而是人们对中篇的艺术规律还没有深入研究而造成的结果，是可以避免的。

中篇评弹会不会在书坛上消失？不会，因为听众欢迎。

优秀的中篇评弹是否会再出现？会出现的。因为，第一，现在评弹界有不少好演员，这是中篇演出的重要保证；第二，虽然还没有发现像陈灵犀那样杰出的评弹作家，但是潜在的评弹作家是存在的，只是有待发现；第三，演出中篇需要资金，评弹界不缺资金。

关键的问题在哪里？在于缺少真正懂得评弹艺术，又有能力和实权的组织者，来领导中篇评弹的编演。只要有一位这样的组织者和领导者，一年之内就有可能诞生优秀的中篇作品；要是没有这样一位组织者和领导者，那么一百年后也不会出现优秀的中篇评弹。

我就讲到这里，谢谢大家！

演讲时间：2012年12月22日
整理者：彭本乐

第八讲
布莱希特戏剧理论与评弹

  评弹艺术表演的特点非常贴合布莱希特表演体系，评弹讲究一人多角、一人成一台戏，既要"跳进"饰演脚色，也要"跳出"推进剧情和评论。而蒋云仙正是将评弹与布莱希特体系联系起来的代表演员，1986年她参加在香港举行的布莱希特表演体系第七届国际研讨会时，就在会上表演《逛天桥》和《灰阑记》作为示范，引起国际关注。而蒋云仙一生热爱评弹，强调评弹艺人要注意不断学习、积累，在书目和表演技艺上都要与时俱进，她本人也被黄佐临先生誉为说、噱、弹、唱、演俱全的"书中之后"。

蒋云仙

著名评弹表演艺术家,上海市新长征评弹团原副团长、上海市曲协副主席。擅长单档说唱,多调多用,善于模仿各地方言与说唱艺术,塑造的脚色生动逼真、活灵活现。代表作为《啼笑姻缘》《野火春风斗古城》等。

一、黄佐临先生带我接触布莱希特体系

各位导师、各位同学，我是一个苏州评弹工作者——说书人。我的一生风风雨雨、坎坎坷坷，确实可以见证每个走过来的历程阶段。今天来做这个讲座，很激动，因为这是一个大学的讲座。记得我十三岁时在我家乡的熟琴女中校门口徘徊，当时我刚读了初三，没有交学费的能力，结果没有毕业就辍学了。我很羡慕你们，你们生长在盛世，有这么好的条件、这么好的校舍。我也庆幸我能活到八十岁，还能看到这个盛世。我很感谢你们在座诸位为评弹艺术勤勤恳恳，认真钻研、总结将其发扬光大。你们在座的先生、女士，我要代表个人和评弹界向你们致以崇高敬意。

现在评弹有些消沉，但也曾几度辉煌，1949年前有"七煞档""四响档"。因为这是民间艺术，很自由，只要你勤奋肯钻研、肯学，那是金饭碗，如果你懒惰不上进就不能出人头地，到哪个社会都这样，天上不会掉馅饼。今天让我说布莱希特戏剧理论与评弹之间的联系。说书和布莱希特怎么能搭得上？这里面有因缘也有机遇。

50年代上海人民广播电台播出过我的长篇《啼笑姻缘》，这要感谢党的"双百"方针，那个时候我们民间艺人想上电台是轮不到的，都是国家级剧团去表演的。当时中央派了两个同志——我们叫他们"钦差大臣"——调查民间艺人为何如此消沉。不平则鸣，有几位出来喊，比如沈笑梅说为何不让我说《下江南》和《济公》，我也说现在批评我是鸳鸯蝴蝶派，《梁祝》怎么不被批判？他们为了婚姻自由而抗争，那我书中的沈凤喜也是一个底层受军阀压迫的人，为何不让我为她申诉？后来电台来打擂台让大家参与，我说了《啼笑姻缘》选段，脚色有王妈、刘将军、沈凤喜。他们认为我说得活灵活现，结果就和我签了长期合同，给的还是黄金时间，是晚饭时下午五点半到六点半。那时我二十出头，没想到引起轰动。这个时间只要打开收音机，就能听到我的声音，有个杂志写文章称这是世界的最强音。每天我收到的信都是一沓一沓的。有的听众来信问蒋云仙是男是女，怎么一会儿嗓子很粗，一会儿嗓子很细像女孩子？还有人问到底有多少人演播，怎么这么热闹、这么多方言？最奇怪的是问我多大年纪了，怎么这么老练流畅，像个老艺人。

结束上海广播后，我到苏州演出，人没到票子都卖光了。有一天晚上书场职工说，今天黄

佐临老师带了一个剧组来听书，当时他恰好在木渎拍戏。我只会自己钻研艺术，当时不了解黄佐临这位戏剧大师，但感觉好像是重要人物，我就让职工协调一下，让老听众让一次，把位置腾出来。我当时不懂得交际，没有去认识黄佐临老师。

1962年我从红旗队到长征团，大热天时领导开了一个演员进修班，这是我第二次接触黄老师。我们团里因为我还年轻不满三十岁，就派我去了。黄佐临老师当时讲的就是布莱希特，我们都没接触过，也不了解。黄老师讲了一个故事，来说明布莱希特与斯坦尼体系的区别：在表演《奥赛罗》时，亚古挑拨奥赛罗掐死妻子，亚古这个反面人物被演员演得丝丝入扣，观众看得怒火中烧，拔出手枪把演员打死了。演员下葬后，斯坦尼斯拉夫斯基就称他为最优秀的演员。布莱希特却称他为最拙劣的演员。因为布莱希特认为：演戏不应该演到把脚色当成真人，应该要观众留有悬念，这个人物以后发展如何，跳得进去还要跳得出来，否则就是演员的失败。他讲的故事就为了说明演员要跳出来，向观众说明些戏剧情况，给观众悬念。我听过后在想，"跳出跳进"说的效果就是评弹艺术的特点，我们评弹艺人往往演着演着，就要跳出来进行评论，让听众认识到原来是在说故事。他们的布莱希特戏剧表演，比如苏联也是一人多角，但需要换脸谱。我们不要什么辅助，我一个侧面就是沈凤喜，换一个侧面就是沈凤喜的妈妈，这样一个转换就是一个脚色。把听众注意力拉过来，评弹从坐着变成有时站起来进行表演，所以我们在语言、表演上都要生动。姚荫梅老师表扬说云仙是站起来说的。比如我起刘将军这个脚色就站起来。所以，"说、噱、弹、唱"之外要加"演"。

第三次接触黄佐临是在"文革"结束后。当时各个团之间隔阂少，合作多。上海团张如君写了个中篇叫《说书先生》，我们私人感情好，他请我去演一个脚色。话剧导演李家耀喜欢评弹，来看这个中篇，他听完后说蒋云仙演的老鸨杨妈妈活灵活现。我为何演得好？因为有生活中实际留下的印象。我有一个师姐，她的妈妈过去是苏州的一个老鸨，我去玩的时候亲眼见过，而且她本来是苏北的，非得要装苏州人。这个人物的特点我记住了，就存到我的脑子中。这种脚色到台上就是生活中提炼出来的。李家耀说："我以为蒋云仙已经老态龙钟，没想到舞台上还这么神气！"

正好1986年，布莱希特戏剧体系要开第七届国际研讨会，他们要有一个表演实例来说明布莱希特和评弹在理论上是相通的。在之前上海已经有一次布莱希特戏剧的表演，叫《潘弟拉老爷和他的男仆马狄》，这部剧找了评弹艺人石文磊去唱了一个片段，也是体现评弹与布莱希特有相通的地方。这次又要找一个，李家耀一下子想到我，当时恰好黄佐临老师是领队。他们商量选我去，因为我是单档演出，一个人一台戏，"神仙老虎狗"都是一个人演，是跳出跳进最好的例子，而且那时环境宽松，我也恢复了艺人身份。后来就派我去参加研讨会，也给我发了邀请信。但选节目真是困难，我不习惯大场面，怕给曲艺界丢脸，而且我和观众语言不通，就和家耀他们商量说《逛天桥》。这段场面很热闹，我先用口技，汽车喇叭哗哗，鸡飞狗叫的场面拉开，后面说天桥的北方曲艺，拉西洋片、唱京剧的这类场面，观众都能理解。到最后我唱了《旧货摊》，他们听不懂，在座各位估计也听不懂，里面都是讲不要的东西。可是他们听的是技巧，从慢到快赶板一气呵成，那些老外拍手跺脚，热情高涨。

我的这次表演就是开场演，九点开会，演出了半个钟头，后来发问延续到下午一点，因为他们好奇。他们过去没听说过评弹，一个人就能演一台戏，有各种脚色。有的代表就问：你们的评弹是怎样训练出来的？一个演员如何掌握这么多剧情、脚色？还有，培养他们有没有学校？是国家培养还是个人培养？回答问题到最后，黄佐临老师说，一点多了，大家该饿了吧，吃饭再来，我们晚上还有一场演出，演的是《灰阑记》中的《二母夺子》。中午我们吃午饭时，黄老胃口大开，吃了一大盘扬州炒饭。我问他今天表演如何，他说："出乎意外的好，你看到了吗？我们会议要结束了，有些代表要走了，现在部分学者就是为了看你的表演就留下了，今天有九个照相机对着你照相！"家耀说："今天是很热烈，因为每个国家都有代表，哪个发言了都有记录的，别的会场都走了，就我们这场会议好得不得了，今天我们的情绪很高。"黄佐临说："你是代表曲艺界出来的，今天你演出成功，名字要载入史册。"有的代表说我比布莱希特还要布莱希特。

十一点的演出有个比较，因为国外有个《高加索灰阑记》。我们的《灰阑记》是从元曲上找来的题材，剧情和国外的正相反。虽然我水平不高，但为了体现布氏体系，我就勉为其难写了剧本，写得不太高妙。可是在台上演出时代表都到了，因为早上演出给他们留下好的印象。晚上的演出因为是传统戏，演出形式又不一样了，铁面无私的包公要演，王朝马汉也要演，受迫害的海棠也要演，泼辣的大太太也要演。在我们老听众听起来不稀罕，但外国人没看过。一个脚色起来他们就拍手，再起一个脚色又拍手，他们就感叹怎么这么多变，所以说我比布莱希特还布莱希特。他们要换服装，我不用，我换个转身就可以了，我嗓子、形态、神态、心态、眼神都变了，这就是单档难度，转换要快。我在总结我的艺术特点时，我感觉嗓子变一要天赋，二要训练。我收学徒时姚老师嘱咐要找嗓音宽一点的，不能找太窄的，这就是天赋。唱京剧的男的可以唱花旦，比如现在的李玉刚。另一个是苦练。我表演结束后下不了台，在观众的强烈要求下，我又表演了《劝夫戒赌》。表演完毕，观众都不愿离场，家耀说今天蒋女士已经演了两场，下次有机会再来演出。黄佐临激情洋溢地和我拥抱，连说："云仙你演得太棒了！"这也是一个机缘，如果黄佐临不了解我，他不挑选我参加这个会议，就不能走出国门开阔眼界，看到各国代表，走上艺术的殿堂。

后来黄佐临老师去世时我写了一篇文章《假如我有这种草药》纪念他，这篇文章在《新民晚报》上刊登了。为什么呢？因为黄老师虽然有名，但很清贫，他出去讲课从来不收费，以至于家里连电话费都付不出。后来是他的学生听说了帮他付的。卢志鹃去看他时带了水果，黄老说："现在水果太贵了，我都戒掉了。"听了这话让人很心酸。我从外码头回来，如果有特产我都会带些给他。一次我在报纸上看到黄佐临发皮炎，我有别人给的草药秘方，就给他送去让他试试看，第二天我给他打电话问皮炎如何了，他说："云仙你送来的简直是灵丹妙药。"所以我怀念他时，就写了这篇文章，表达想治好他的心脏病、挽救他的生命的意愿。我从艺四十年专题演出，他曾发信来祝贺，他的信内容是这样的：你是说、噱、弹、唱、演全方位发展，所以同行赞扬你，外国朋友喜欢你，你是书中之王，书中之后。这封信在我的"从艺四十周年专刊"上刊登了。所以这次他百年诞辰纪念活动，他的朋友特地写信到加拿大请我参加，我就回来了。参加这次活动的都是很知名的评论家，我在会上也发言了，谈了个人对黄老的感情。我说道："我是穷苦小女孩，是个说书先生。在黄老的教诲下，我从一个普通小说书走上艺术殿堂，让我懂得了布莱希特与评弹相通之处，从不懂理论到略懂一二，黄老可以说是我的恩师。"这篇发言大家听了都很感动，李家耀说我今天发言真好，他都感动了。我说到后来哽咽了，很多人跟着鼻子都发酸，眼睛都红了。我与布莱希特戏剧理论在中国的代表人物黄佐临老师就有这么一段渊源。

二、我的演艺经历和经验：天赋、苦练和与时俱进

（一）我个人唱腔的形成

一个人的艺术风格，如果独特而且吸引人，就是一个流派。我们评弹有个毛病，就是重唱不重说表，演员要是有一两句新腔，稍微变动一下，就把它过分强调，似乎艺人成功与否就从唱上来判定。我们有个老前辈王柏荫就说笑话："我早知道这样，我就把功夫都用在唱上，我唱一两句新腔就有自己的调，就承认我了啊！"其实，"唱"要根据书里脚色的感情来唱。过去有人说我什么都好，但怎么老唱别人的调子？朱雪琴姐姐也说我只有这一个缺门，有自己的调子就完美了。我说姐姐你要知道，你们双档有琵琶伴奏，可以弹得很热闹，琵琶给你托着。我们单档只有一个三弦，只能从调门上创新，要我说京戏里还有变化，但主要是唱出脚色的感情。我也不是照搬，《啼笑姻缘》中有一段樊家树和沈凤喜旧地寻盟，凤喜有很多思想感情，唱慢的话听众要睡着的，唱快的话用"薛调"也不很合适，因为沈凤喜有哀怨，很缠绵。所以我虽然是用"薛调"，但唱得很柔软，也能表达沈凤喜感情。不管唱还是说，就是要抓住感情。有人忠告我一定要有自己的唱腔，我就想唱腔不是凭空而来的，树有根水有源。周玉泉的徒弟是蒋月泉，蒋月泉从"周

调"上发挥了，因为他年轻，嗓音宽，中气足，唱起来比周玉泉更有力度，所以成了他的"蒋调"，不是无根之源。比如朱雪琴的"琴调"是从"沈调"上发展来的。

我虽然唱什锦开篇，模仿别人，但掌握了别人的要领，周彦文建议我可以从"姚调"上发展变化。因为我老师是巧嘴，说表技术好，但嗓音不好，从小说大书，把嗓音喊破了。他说"姚调"表现的人物都是反面人物，有点白话式的，我可以从"姚调"上发展变化一下。我想这个是条出路，但不能勉强为变化而变化。我就是平常注意"姚调"可取的地方，在"姚调"基础上让过门花哨一点。有一次在北京举行"南腔北调大会演"，让我代表南方，我就选了有代表性的沈凤喜和樊家树分别时候唱的一段《别凤》。这个可以抒发感情，我就把"姚调"过门花哨一点，这场演出奠定了我自己唱腔的基础。那场演出有中央乐团八十几个人给我伴奏，我只好硬着头皮，因为我单档演出可以自由发挥，那时可是不行的，要给我配合，我儿子给我找了一个定音器，就不能出轨了，这也是一个新课题。在我的从艺经历中，这次表演对我的唱腔也是个定型。我记得在"四十年专辑"上彭本乐老师还为我可惜没有自己的唱腔，可是我还年富力壮，希望可以创造自己的唱腔。今天我自己的唱腔虽然还不成样子，但向你们汇报一下，有人认可也有人不认可，一个唱腔出来不可能一帆风顺。我就以这个唱腔进行日常演出的，只是不同的脚色用不同的调子。我过去曾把录音带送到姚老师那里给他听。我向大家汇报我奋斗的过程。

（二）说书也要跟紧时代、与时俱进

说书要常说常新，自己给自己打擂台。当时媒体的作用很大，电台、电视台一播放，影响是大了。以前人们叫我半导体，因为我的作品到处播。后来有了电视，听客就说我常上电视。但在电视台录了上集，大家都熟悉剧情了，书场业务就受影响了。那我就把中集打磨成熟后去录音，不成熟不录音。中集录完了，和我书场里一样，自己和自己打擂台，只好把下集——何丽娜和樊家树的感情纠葛还有关秀姑的超凡脱俗的境界——拿去录，下集播完后，又有压力了。就再写一个《欢喜姻缘》。

"唱戏的是疯子，听戏的是傻子。"有许多听众写信或者当面到后台说，凤喜那么可怜，不要让她死，一定把她救活。有人说何丽娜这个人很可爱，为了爱情改造自己，樊家树应该和她结合，还有人听关秀姑超凡脱俗的境界，这么一个侠女不能让她悄悄走掉，应该和樊家树结合。我想怎么办啊，只有一个樊家树，娶谁好？所以后来我写了《欢喜姻缘》，就是意犹未尽。这个是我退休之后，我和王瑾一边排一边说，创作出来的。所以演员要有紧迫感，要跟上时代，不能脱离现实，否则听客就听不下去了。我教我的徒弟要有一定的文学修养和政治素质，不看书不看报，就会脱离时代。这是我自己的亲身感受，一段时间不看书不看报，到台上要想用一个形容词

或者成语，会抓不住。所以我不是不让你们玩，但玩物丧志，玩多了入迷了就没有进取心。也有徒弟说你不玩我们是要玩的。好吧，你玩吧，我管不了，可是我要把道理告诉你。因为我们评弹演员在台上"跳进跳出"，你的思想和观念还有感情会融入书中，往往表演一个脚色时会把自己的感情和经历带进去，有的时候能跳进，有的时候能跳出。我想我过去小时候生活很惨，寄养在别人家里，受冷遇，看到别人母爱温慈，从心里发出来的心酸。后来我在续集中有这么段孤儿的故事，我可以把自己的亲身感受写进去。而且我们台上往往有即兴表演。为什么过去的说书先生在台上放噱头能放出毛病来了呢？他就是脱离了现实，脱离政治，和现实不相符合。过去有人批评我资产阶级思想、资产阶级生活方式，我说的书也是资产阶级的书。我的那段《逼疯》，有人说我资产阶级情调太浓了，我说没办法，说的是资产阶级，又不是说工农兵无产阶级。一个时代有一个时代的理念，特别是我们评弹演员，很能发挥自己的思想观念。我说没有理由把时间浪费在逛街玩乐上，我的几个徒弟还是争气的。我以前不收徒弟，为什么呢？我记得我们老先生说过，情愿独吞一条狗，不要合吞一头牛。因为徒弟经常会和师父拼档，但拼档尽如人意的不多，两人对书的理解可能不同，会有矛盾。我单档演得混然一体，可以自由发挥。

（三）对艺术的热爱帮助我度过艰难的"文革"时期

我单档业务特好，这是客观存在。我的高额收入，北京都知道，过去都说我资产阶级。那时1959年在上海演出，礼拜天演出连早场一场、下午两场、晚上两场，是很疲劳，可是钱能赚一百块一天，一个月能赚三千块，那是很突出的，他们就说蒋云仙一个月能买一栋房子。那时工人工资只有四五十块。当然三千块不是经常有的，因为单干的时候没有保障，生病自费，而且人怕出名猪怕壮，后来我为此苦得要死。"文革"的时候团里工资降到八十块一个月，还要上交五块，最后收入是七十五块五一个月，我照样咬着牙过来了。五个孩子三个"插队"，这日子我也过来了。可是不管转业到哪里，只要有机会我还是会演出。后来让我到糖果厂包糖，有人经常去问，听说蒋云仙下放到你们这儿，她怎么不到你们店堂里来，营业员就说她来了不就烦死了，看她的人还不是得挤满了。后来他们把我弄到糖糕公司的文艺小分队，我就写了一个《工农兵的贴心人》，内容是怎么为顾客服务。可是糖糕公司的书记就说我是"三名三高"，不能占领整个舞台，只能带着业余演员。那时有个做月饼的书迷叫陈德兴，他做上手，我做他的下手，书都是我排给他的，后来他到外面吹牛说蒋云仙是我的下手。不过这个人对评弹痴迷，后来到美国做推拿医生，还是业余唱评弹，回上海时还做过专场，上海团不少人帮他的忙，录了像给我看。我就说他怎么低头说书啊，又没有人批斗你。这个陈德兴也算是帮我的忙，虽然弹三弦不怎样，但还是会，喜欢唱"张调"。后来糖糕公司在北海大戏院演出，消息传出去不得了了，都说今天蒋云仙要演出,还没开始就挤破了铁门,我们糖糕公司的书记说我流毒太广,影响太深,就停演了。但小分队的人员都特别好,他们让我进小分队,虽然不让我演出,但他们演沪剧时让我给他们弹琵琶,过去我只会弹十四档琵琶,通过这个机会我学会了用新式的二十四档。不管如何,只要不脱离文艺,我都干,搬道具我也干,反正这也是我学习的机会。

那时业余和专业之间其实没有明显界限,有时业余的比我们专业演员还认真。比如我们业余演出队有个方导演,严格得很,认认真真的,他自己能导演也能伴奏,是个人才。我们专业演员有时也要向业余演员学习。因为这是两种不同的理念:专业的是要我演,没办法;业余的是我要演,我喜欢,所以业余的比专业的还要认真。我很敬佩他们,有的业余演出没有收入,还要贴饭钱、车钱和时间,就是喜欢。那几年在糖糕公司小分队我也学到不少东西,本来不会唱宁波滩簧,后来觉得这个也很好,我在《车站送别》里就加上了宁波滩簧。

(四)说书要说活书,教徒要教尽心

所以说书要说活书,要常说常新,我的《车站送别》一直在更新的。我的徒弟盛小云见到我就说:"先生,你的各地方言怎么又变了?"我说:"是啊,时代在进步,不能一成不变。"她说过去没有四川话,怎么现在有了。我说加四川话符合现在的形势。一对情侣分别:妹子我要走了我舍不得,阿哥我没有办法,我要去挣钱啊。妹子你要回来啊,你现在越来越漂亮了,好像天上的金丝鸟,我是地上的癞蛤蟆,你在天上飞啊飞,我在地上跳啊跳,我跟不上你喽,最后来一个阿哥啊我喜欢你的真情真意啊!再比如各地方言里有苏北人的,一对夫妇分别时,老公叫老婆不要打麻将,和她打小牌的几个人都不是好人,他们在出老千,那个人鼻子一抹是要红中,他摸一下脸,猜是什么,老婆说是白板,老公却说是九筒,因为出老千的人是麻子脸。这个噱头噱是很噱,但带有人身攻击。我有一次去常熟,听说一个人出差时因为能报销去嫖妓了,后来我就把这段用到《车站送别》中的江北夫妻对话中。妻子的一段唱词说:"送郎送到火车站,心里的话儿要对你讲,虽然已经是百花开,路边的野花你不要采。"丈夫就回唱道:"不采白不采,哪怕采一回,好开报销单。"妻子最后唱:"不开就不开,你得了艾滋病,就不要回家来。"我就加了这么一段,又轻松又有现实意义,比那个大麻子不是更好吗?

教徒弟不仅要教艺术,也要在态度上进行教育。像上面《车站送别》的变化,我说评弹演员也有教育大众的功能,责任重大,要多读书多积累,没有理由浪费时间打麻将、逛大街。我是这么告诫徒弟的,他们也很听我的话,像盛小云、王瑾都很有作为。王瑾一定要来向我汇报《雪地会凤》,我就给她提出改进意见,她听我话,后来特意给我打电话说:先生,我得了大奖了。她们的出息我也很光荣。而且我和有些老师喜欢留一手不同,因为过去有个说法叫"教会徒弟饿

死师父"。现在演员都有了保障,是党的政策对艺人的关怀。而且这与个人胸怀也有关系,有的师父要留一手,你说留一手干什么?有什么好处?艺人事业要兴旺,就必须尽心把艺术传给下一代,代代相传,艺术才能发展。我不能把我的想法强加给别人,但我是这样想的。而且我尝到了甜头,盛小云、王瑾、魏含玉、侯小莉有了成就,我都很开心、很安慰,我觉得这是新鲜血液。

我讲了很多,也许讲了多余的话。我们是没有知识的知识分子,只有自己的经验,就给大家汇报到这里。

演讲时间:2012年12月27日

整理者:张盛满

第九讲
评弹与文学和戏曲的关系之探讨

　　苏州评弹发展的第一个高峰在晚清太平天国运动之后，战乱导致江南地区普遍衰落，昆剧等江南传统曲艺也随之衰落，地方戏进而大兴。而评弹是融合了文学、戏曲、音乐等要素，在表演和创作上拥有灵活多变、与时俱进的优势，并承担了教化向善功能的高雅曲艺。其土壤便是江南地区浓厚的文学艺术积淀。评弹书目大量取材于流行于民间的话本、戏曲本，而经过评弹艺术再加工后的经典书目又被其他戏曲化用借鉴。虽然部分书目有多种曲艺搬演，但评弹的表现手法更为细腻灵活，有甚多独到之处。

周锡山

上海艺术研究所研究员,其研究领域涵盖了文学、史学、哲学、艺术四个学科,并取得丰富成果。在史学方面,对《左传》《资治通鉴》均有研究;在文学方面,对《水浒》《红楼梦》和金庸先生的著作有一定研究,并编校《金圣叹全集》;在戏曲方面,对《西厢记》《牡丹亭》《长生殿》有长期研究;哲学方面,则关注艺术美学研究,著有《王国维美学思想研究》。著述丰富,有著作三十余部、论文一百余篇。

苏州评弹是世界一流艺术，取得了领先于世界的伟大艺术成就。

苏州评弹之所以能成为世界一流艺术，取得了领先于世界的伟大艺术成就，是因为她与文学和戏曲有着密切的关系，这两个先于评弹产生的艺术，对评弹有着很大的影响。尤其是文学，文学是一切艺术门类的基础，也是知识分子必具的最基本修养。

一、评弹艺术崛起的历史和文化背景

谈评弹与文学和戏曲的关系，必须先了解评弹艺术崛起的历史、文化背景：

评弹崛起于晚清，至民国进入艺术的高峰期、繁荣期。演唱的高峰期、繁荣期延续到20世纪60年代初，柯庆施"大写十三年"（1949—1962）和1963—1964年"文革"前奏"文艺整风"，戛然而止。

苏州产生了三大戏曲种类：昆剧、苏剧和评弹，都是世界一流的艺术。

（一）太平军战乱导致昆剧衰落

评弹在晚清崛起的背景是，太平天国运动使昆剧走向衰落。评弹，和江南地方戏的三大剧种（沪剧、锡剧、越剧是在苏剧的哺育下产生、成长，然后繁荣，并替代了苏剧）崛起，填补了曾经风靡江南的昆剧、苏剧先后衰落的空白。

《俞粟庐书信集·信二十七·致五侄》："自咸丰庚申（1860）乱后，同治中止剩一马一瑄者，双目已瞽，尚能教曲，年六七十矣。"昆剧不仅剧团星散，连教师也没有了，当时只剩下双目已盲的两个老人；接着，在清末民初，只剩下俞粟庐一人。他的弟子都早死，只剩下一个儿子俞振飞；还有"传"字辈，最后一批艺术家。20世纪50年代，"传"字辈教出了一批学生，就是上海、江苏、浙江昆剧院团的至今年过七十的一批老艺术家。

太平军自1851年1月11日起事，因向往江南富庶，兵锋直指江东。1853年（咸丰三年）攻下南京，于江西、安徽战场与清军反复较量后，将战火引入浙江和苏南。1860年（咸丰十年）三月，太平军再破江南大营，东占苏（州）、常（州），建苏福省。又攻入浙江。这便是俞粟庐信中说的"自咸丰庚申乱后",即太平军将战火引到中国历来最繁华、富庶的江南中心地带,彻底摧毁了江南的经济。

以浙江的繁华地区嘉兴为例,自1860年到1864年(同治三年),原来自嘉兴东门到平湖县治五十多华里,屋宇不断,战乱中全部夷为荒地,乱后经八十多年的建设,还没有恢复。最明显的是该地区的人口统计:道光十八年(1838)为1 122 438人,同治十二年(1873)为292 687人,减少了八十三万人,占原人口的近四分之三;活下来的再经过九年生育,才达到原人口的四分之一左右。

至于被太平天国定都为天京的南京,更遭到了毁灭性的打击。《西潮》中说:"太平军溃败以后,南京破坏殆尽,而且始终不曾恢复旧观。城内的废墟、麦田、菜圃、果园比盖了房子的街道还多。街道狭窄,路面高低不平,而且肮脏不堪,路灯昏暗如菜油灯。差个专人送封信往往比打电话还快。"因为不准开肆经商,金陵城里居然不见店铺;昔日雕梁画栋、繁花似锦的六朝金粉胜景不再。尤其是到了后期,内讧加上清兵八面围堵,洪秀全搜刮财货的余地所剩无多,这从当时的安徽、江苏境况就可明白。安徽已经到了人食人的地步,人肉明码标价一斤一百二十文;江苏更是惨不忍睹,由于断粮,"南京城内剩下的军民加起来都不过区区几万人了"。[1]

南京、嘉兴等地皆为昆曲演出最为兴盛的地区之一,太平军对昆曲的打击是惨重的。

太平军于咸丰十年三月,再破江南大营,东占苏(州)、常(州),建苏福省之时,他们攻占的苏州及其周围地区,是昆曲的"大本营",昆曲的基地被摧毁了。

同治《苏州府志·田赋二》统计:道光十年(1830)苏州府共有"实在人丁"为3 412 694人,经过"庚申之难",同治四年(1865)苏州府的"实在人丁"锐减至1 288 145人,净减2 124 549人,老弱和妇女的死亡更多。苏州府人口至少损失了三分之二,死亡四百万以上。另据《上海之友》报道:"自苏州复归于清军之手后,这些房舍以及无数桥梁全部消失了,整个十八里之内没有一幢房子,四周乡间,举目荒凉。……看不见男人,看不见女人,看不见儿童,也看不见任何一头牲畜。"[2]

在1860年太平军进占苏常之同时,江南的缙绅商贾携带财产,大规模逃入上海租界,租界人口激增至三十万、五十万,一度达到七十万,呈直线上升。扣除原住人口,逃入租界的江浙人口大约是劫后余生的五十万。于是,据1885年与1915年统计,居住租界的华人中,江浙两省人口占总人口的74.3%,以吴语为母语的占75%。为了躲避惨绝人寰的战争,他们离乡背井,丢开

---

[1] 周锡山:《流民皇帝——从刘邦到朱元璋》增订版,第五章第六节《毁文致祸——失败的流民皇帝洪秀全》,上海锦绣文章出版社,2012年。

[2] 〔英〕呤唎著,王维周译:《太平天国革命亲历记》,下册,上海古籍出版社,1985年,第566页。

美丽的家园、舒适的生活环境,绝不情愿地涌入上海蜗居,成为新上海人。

由此可见,太平天国破坏了江南经济,使昆曲失去经济依靠;昆曲失去市场,艺人无法生存,战乱所害,艺人凋零,曲家稀少。太平天国也摧残了文化和文化人,欣赏昆曲的人少了,观众少了;因供养的人少了,反过来昆曲艺人更难以存活,逐渐稀少,形成恶性循环。更何况战乱中,田地荒芜,民众被大量杀害和饿死(太平天国战乱后,中国人口锐减40%,绝对损失数达一亿六千万,死亡的多是长江以南的人民),剩下的稍有钱财的人和大量的劳动力,大多逃到上海,留在苏南和浙江的人口较前大量减少。

因此,昆曲的消亡,并非如过去学者所认定的仅仅是因"花雅之争",地方戏抢夺了昆曲的市场;或者是京中帝王之喜好,使皮黄兴盛而昆曲衰落。事实是太平天国的战乱造成江南地区衰落,昆曲失去经济支持,爱好昆曲的高雅者受到摧残,这是昆曲衰落的根本原因。然后江南才产生了新兴的地方戏:苏滩(通俗昆曲)、常锡滩簧和上海的本滩(申曲),填补昆曲退出后的空白。绝不仅是地方戏与昆剧竞争,造成昆剧的衰落。

(二)1949年后多次政治运动和听众的品位变化导致传统艺术衰落

即使如此,一个重大的文化背景是:

20世纪的中国,戏曲(昆剧、京剧和地方戏)、评弹、书法和中国画依旧保持世界一流水平。我有《评弹理论研究三题》(1992)、《论文化的高雅与通俗》(1994)、《二十世纪中国戏曲发展的基本得失论纲》(1999)以及21世纪的书、文,皆论述了这个观点。

可是,1949年以后的思想改造运动(反对封建文化的运动,用新文化改造旧文化,戏改运动,对评弹的发展有推动的地方,也有损害的地方),"反右"运动(不少评弹名家也被戴上"右派"帽子,受到严厉摧残),"文艺整风"("大写十三年",不准演出传统剧目和书目,评弹受到严重摧残),尤其是"文革"(评弹遭到毁灭性的打击),使中国画、评弹最终失去世界一流的地位。戏曲也大致失去了这个地位。

文学的"主流"——新文学,水平不高,读者很少(只有全国两万欧化青年),曾因此受到瞿秋白的严厉批评。所以在20世纪上半叶的晚清、民国时期和后期80—90年代的改革开放"新时期",武侠小说(旧派的平江不肖生和还珠楼主等,新派的金庸、梁羽生和古龙等)、言情小说(多为江南和苏州的鸳鸯蝴蝶派文人和张爱玲等)得到最大量的读者。言情小说的成就出众,武侠小说更达到世界一流水平,取得极高的成就,其所改编的电视连续剧也风靡天下。这些书被禁绝三十年(1950—1980),但只要一开放,立即风靡天下。而新文学、"现代"和"当代"文学,则一直缺乏读者,至今如此。

戏曲、武侠和言情小说风靡天下，评弹能够一起风靡江南，流行程度超过今日的流行歌曲和电视连续剧，可见其艺术魅力之动人至深，极为不易。当年，流行文艺（流行歌曲、通俗电影等）都不敌戏曲和评弹。为什么？因为戏曲和评弹大师辈出，名作和杰作林立，达到一流水平；电影和流行文艺都没有出现世界一流水平的大师、杰作。西方电影、好莱坞电影传入中国尤其是上海，大光明电影院极少满座。而《火烧红莲寺》令上海观众醉倒，万人空巷，靠的是平江不肖生的《江湖奇侠传》的基础。我出席了2010年平江不肖生研讨会，提交《江湖奇侠传的内功描写研究》，研究过这个现象。

当时的观众比现在的年轻人素质高，即使只有小学文化，也背过《古文观止》《唐诗三百首》，有很好的文化素养，所以戏曲和评弹的观众、听众能够超过电影和流行文艺。现在的青少年，即使有博士学位，大多文化素养差，所以沉溺于电脑游戏、流行歌曲和球类比赛的欣赏和观看。

二、评弹与文学和戏曲的关系

于是我们可以看出评弹与文学和戏曲的第一个关系：清代后期的文学创作缺乏一流著作，昆剧遭到战争的毁灭性打击而衰落，评弹在这种情况下崛起，吸引了各个阶层的民众，上至高级知识分子、官僚和富商及其家属，下至目不识丁的农民、市民。

评弹与文学和戏曲的第二个关系：戏曲、评弹、电影、电视连续剧，都靠文学的滋养，文学是艺术之根本。文学也是一切文化的根本，包括科技。戏曲有双重性，戏曲既是艺术的一种，也是文学的一种。剧本属于文学，是戏曲的根本。

以上是总论，以下谈具体问题：

与大家共享评弹与文学、评弹与戏曲的美妙关系提供我们的审美愉悦。

（一）评弹与文学

在以上的背景下，我们谈评弹与文学的关系。文学，主要指的是传统文学。

1. 苏州评弹在文学上是产生于弹词文学的。

弹词，是通俗文学的一种，本不入流；新文学也看不起，认为是封建文化。弹词作品，在清代多为女性作者，才女写的，所以谭正璧《中国女性文学史》颇有记载和论述，给以很高评价。

弹词的地位提高，是因为20世纪50年代，陈寅恪的《论再生缘》，将《再生缘》抬举为经典文学作品，引起郭沫若的响应，他也撰文论《再生缘》。郭沫若又进而提出"弹词是长篇诗体小说"这一论断（诗体小说的经典作品有俄国普希金《叶甫盖尼·奥涅金》，古希腊的史诗经典荷马史诗在一定程度上也可看作是诗体长篇小说）。但陈寅恪和郭沫若赞誉的弹词文学，是清代的弹词文学名著，与苏州评弹没有关系。他们的家乡和方言，与江南无关，所以他们没有接触过苏州评弹。

谭正璧《弹词叙录》指出，弹词文学作品有四百部，他收集了二百部，写出此书，当中不乏苏州评弹的传世名篇。所以说弹词文学哺育了苏州评弹。

我认为，苏州评弹的经典长篇的脚本，是世界一流的文学作品（1992·上海·江浙沪评弹研讨会论文《评弹理论研究三题》，《上海曲艺艺术》1992年第1—2期）。苏州评弹达到了世界一流的艺术成就（《艺术的高雅和通俗二题》，《阜阳师范学院学报》1994年第2期；《论文化的高雅与通俗》，《上海文化》1994年第3期）。

2. 古典诗词哺育了弹词作家，是开篇的文采和诗意的来源。

汉字每一个字都有音调，即平仄。评弹的开篇，文字讲究平仄，故而语句的音调和音节和谐。

3. 弹词文学作品，大批改编为苏州评弹。

弹词文学名著有《珍珠塔》、《玉蜻蜓》、《描金凤》、《双珠凤》、《孟丽君》（原名《再生缘》，又名《华丽缘》）、《大红袍》、《三笑》、《文武香球》、《麒麟豹》、《落金扇》、《双金锭》、《双珠球》、《倭袍》、《绣香囊》等。评弹的弹词名作，除了以上十四部弹词名作的同名改编之作，另有《九丝绦》《西厢记》《二度梅》《十五贯》《玉连环》《十美图》《顾鼎臣》《啼笑姻缘》《秋海棠》，凡二十五部。其中多部改编自弹词文学作品。

4. 评弹与小说共题材，小说向评弹提供了题材。

例如"三言二拍"《警世通言》中的《白娘子永镇雷峰塔》演变成《白蛇传》；从《杜十娘怒沉百宝箱》中取材，还创作了开篇名作《杜十娘》。古典小说《三国演义》《隋唐演义》《封神榜》《英烈传》等提供了评话的题材；另也有西方的英雄传奇、战争史诗结合。清代的公案小说《包公》和武侠小说《三侠五义》对评弹有影响。评话名作《三国》《英烈》《岳传》《隋唐》《水浒》《金枪传》《东汉》《西汉》《征东》《绿牡丹》《五义图》《包公》《金台传》《飞龙传》《济公传》《封神榜》《西游记》《七侠五义》《彭公案》《乾隆下江南》《血滴子》和《山东马永贞》凡二十三部，大多根据古典小说改编。民国言情小说对评弹也有影响：《秋海棠》和《啼笑姻缘》正是由民国小说改编为评弹长篇的经典名作。其后，传记文学和报告文学提供的创作题材有《杨乃武与小白菜》《张文祥刺马》等。1949年以后，少数革命小说提供了改编的题材，如杨沫《青春之歌》（由赵开生、石文磊改编)、陆柱国《踏平东海万顷浪》(改编为评弹《战地之花》)等。另有赵树理《罗汉钱》等。当代的新武侠小说也有演员用来说评话。

同时,文学理论也为评弹艺术提供理论指导。

(二)评弹与戏曲

1. 戏曲影响评弹。

戏曲名作为评弹提供改编素材的作品有元代《西厢记》《荆钗记》,清代的传奇《长生殿》和《雷峰塔》(《白蛇传》)、花部戏《秦香莲》《王魁负桂英》等。晚清和民国时期,评弹改编戏曲经典和名作,成绩斐然。

1949 年以后,吴藕汀 1963 年录存的 20 世纪 50—60 年代初期评弹的戏曲小说改编本及其演出阵容中,戏曲占了绝大多数:

这几年来,弹词大批出现新书,情节都是从戏剧或者是小说改编而来的,没有新的创作。虽然有了不少新书,其实没有一部可取的书。篇子都是平仄不调,还有不少就用原来戏剧的词句,原封不动来凑数。这种"外行篇子"充斥了书坛,把弹词的规则不知抛到什么地方去了。据我所知有七十多种,比较有名的艺人弹唱的有:

《十五贯》	昆剧改编	严雪亭			
《王宝钏》	京剧改编	朱少祥	朱幼祥	程美珍与刘雪华	刘丽华
《四进士》	京剧改编	黄静芬			
《打金枝》	黄梅戏改编	王忆康	陶绮云		
《玉堂春》	京剧改编	朱耀祥	赵稼秋	施美琴与朱少祥	朱幼祥 程美珍
《何文秀》	越剧改编	邢瑞庭	邢雯芝与薛小飞	邵小华	
《法门寺》	京剧改编	钱雁秋	杜剑华与刘宗英	蔡小娟	
《长生殿》	昆剧改编	杨振雄	杨振言		
《拜月记》	湘剧改编	刘宗英	蔡小娟		
《秋江》	昆剧改编	陈绿波			
《秦香莲》	晋剧改编	曹啸君	杨乃珍与曹梅君	徐雪花	
《追鱼》	豫剧改编	倪玉麟	王楚人		
《梁祝》	越剧改编	尤惠秋	朱雪吟		
《贩马记》	昆剧改编	邢瑞庭	邢雯芝与倪玉麟	王楚人	

《钗头凤》	闽剧改编	徐雪月	程红叶		
《琵琶记》	昆剧改编	朱雪琴	郭彬卿		
《荆钗记》	昆剧改编	尤惠秋	朱雪吟与葛佩芳	程红叶与庞学卿	李娟珍
《碧玉簪》	京剧改编	徐云志	王鹰		
《蝴蝶杯》	京剧改编	张如君	刘韵若与张雪麟	张雪萍	
《龙女牧羊》	越剧改编	徐天翔	方梅君		
《双按院》	闽剧改编	姚荫梅			
《麒麟带》	湖剧改编	钱雁秋	陆雁华		
《宝莲灯》	京剧改编	徐天翔	方梅君		
《铁弓缘》	京剧改编	潘文秋	王文君		

以上是戏剧改编的二十四种。实为二十五种（《魔合罗》杂剧混入以下戏曲中）。

《十三妹》	《儿女英雄传》改编	王效荪	张纯英	
《杜十娘》	《今古奇观》改编	张鉴国	王月仙与苏似荫	江文兰
《武松》	《水浒传》改编	杨振雄	杨振言	
《林冲》	《水浒传》改编	刘雪华	刘丽华	
《胭脂》	《聊斋志异》改编	蔡小舫		
《梅花梦》	《梅花梦》小说改编	曹啸君	杨乃珍	
《换空箱》	《四杰传》改编	黄异庵		
《凤仪亭》	《三国演义》改编	陈雪舫	陈继舫	
《韩信》	《东（西）汉演义》改编	曹梅君	徐雪花	
《魔合罗》	元孟汉卿传奇改编	饶一尘	石文磊	

以上小说传奇改编十种（元杂剧一般不称"传奇"）。

《秋海棠》	秦瘦鸥同名小说改编	徐丽仙	张维桢	
《雷雨》	曹禺同名话剧改编	方梅君与庞学卿	李娟珍	

以上现代书二种。其他尚有四十种：

《一捧雪》	《九件衣》	《九更天》	《女状元》
《六月雪》	《白兔记》	《冰娘》	《宇宙锋》
《百花台》	《李师师》	《李闯王》	《卓文君》
《周瑜》	《花魁女》	《柳金蝉》	《金殿斩包公》
《皇甫吟》	《红娘子》	《红楼二尤》	《香茗奇案》
《香罗带》	《桃花扇》	《乌龙院》	《唐知县审诰命》
《茶瓶记》	《张文琴》	《望湖亭》	《秦香莲挂帅》
《情探》	《梅龙镇》	《朱砂痕》	《陈圆圆》
《团圆之后》	《疯状元》	《郑元和》	《狸猫换太子》
《临江驿》	《辕门斩女》	《龙凤呈祥》	《雪里小梅香》

吴藕汀又说：评话新书，只有顾又良的《将相和》，不知是否京剧改编，或者是《(东周)列国志》里的一段。

2. 评弹影响戏曲：提供题材（剧目）。

戏曲中的弹词戏很多。戏曲将弹词名作改编成戏曲，充实了戏曲题材的宝库。

沪剧、锡剧和越剧中的弹词戏数量很多，都是古装戏，如《孟丽君》《珍珠塔》《双珠凤》等。沪剧有《顾鼎臣》和《杨乃武与小白菜》，但沪剧的弹词戏在西装旗袍戏兴盛后失传。越剧和锡剧还保留着。越剧有《何文秀》、《唐伯虎》、《王老虎抢亲》、《十美图》(连台本戏)和《盘夫索夫》(据《十美图》改编)、《情探》(传奇《焚香记》，又名《王魁负桂英》)等。

3. 戏曲音乐与评弹音乐。

评弹音乐和戏曲音乐的同样成就是：江南地方戏（苏剧、锡剧、沪剧、越剧）与评弹的音乐都达到极高水平，属于世界一流的音乐艺术，来源都是山歌、民歌、民间曲调，还有明清流传的曲艺南词（即滩簧），加上艺术家的改编、提高和发展。有一种说法，滩簧的来源，是评弹艺术家王周士的演唱。[1] 清代乾隆年间的著名诗人、戏曲家蒋士铨《咏唱南词诗》："三弦掩抑平湖调，先唱滩头与提要。高谈慷慨气粗豪，细语缠绵发忠孝。""君不见杭州士女重重手，听词心动鸾凤偶，父母之命孔经传，婚姻私订'南词'有。"其演唱内容与形式，即与苏州评弹相同。滩簧成为共同的源头，所以除了最晚出现的越剧，江南各地方戏都有一个共同的称呼——

---

[1] 陈一冰：《锡剧的形成和发展》，收入金毅主编，陈一冰等撰：《锡剧传统剧目考略》前言，上海文艺出版社，1989年，第10页。

滩簧戏。

评弹的音乐，成为戏曲音乐的源头，例如锡剧的音乐唱腔，早期仅"簧调"、"大陆调"（武林班杭剧）、苏州文书的"铃铃调"。其中第一唱腔"簧调"是江南山歌融合苏州弹词曲调发展而成。评弹的音乐是锡剧音乐的重要源流和成分之一。[1]

评弹音乐和戏曲音乐有同样的特点：一套完整的曲调，反复组合使用，百唱不厌、百听不厌，越唱越喜欢、越听越喜欢，演唱者和欣赏者都与这些曲调终身为伴，终身依恋；最后，对此依依不舍地离开人世，还产生大量票友，西方所无。

而西方歌剧和芭蕾舞的每一个剧目，都要重新创作新的全套音乐，标新立异。中国和西方不同的欣赏心理，显示了不同的民族特点。

其他曲艺的音乐，不如评弹的丰富、优美，但其长处也可被评弹吸收。如周云瑞《岳云》开篇，吸收了京剧的娃娃腔（京剧《王佐断臂》中京剧小生岳云的唱腔）。

4. 评弹发展中吸收戏曲的表演要素，发展了"演"的技巧。

例如杨振雄在《描金凤》中说小强盗的脚色，小强盗用扇子（折扇）一掀，一个指头能哗啦啦让扇子转圈子。穿插在书中，听众看了哈哈大笑。但评弹中的表演动作不能喧宾夺主，不能说评弹是一门表演艺术。评弹是说唱艺术。至于"书戏"，可以偶一为之，作为尝试和点缀，但绝不可能产生大批作品，至今也无非常吸引听众的常演的保留剧目。说、噱、弹、唱是评弹表演的主要技巧。

三、评弹与文学、戏曲不同的艺术特点，评弹的独特艺术创造

（一）题材方面

1. 爱情题材。评弹的爱情描写极其细腻和曲折，细节丰满、丰富，超过小说。

西方爱情小说名著有：英国简·奥斯丁《傲慢与偏见》等六部、夏洛特·勃朗特《简·爱》；俄国普希金《叶甫盖尼·奥涅金》、冈察洛夫《平凡的故事》《悬崖》（三大名作，第二部是《奥勃洛莫夫》）、屠格涅夫《贵族之家》；法国梅里美《嘉尔曼》（歌剧译为《卡门》）、小仲马《茶花女》等；德国歌德《少年维特之烦恼》；20世纪苏联肖洛霍夫《静静的顿河》、帕斯杰尔纳克《日瓦戈医生》。婚外恋小说四大名著有：俄国列夫·托尔斯泰《安娜·卡列尼娜》；法国福楼拜《包法利夫人》、斯丹达尔（又译司汤达）《红与黑》；美国霍桑《红字》。文学经典名著所描写的婚外

---

[1] 万叶等编著：《中国戏曲剧种大辞典》，上海辞书出版社，1995年，第394页。

恋，很刺激、很快乐、很精彩，但都没有好下场。

而评弹所描写"爱情题材"中有一种突出的女扮男装题材，这一题材是长期流传下来的，早期是为了功业而非爱情，如：北朝乐府《木兰诗》，叙木兰女扮男装，代父从军；徐渭《四声猿》中的《雌木兰》据此改编为杂剧；《黄崇嘏》则描写五代时才女黄崇嘏改扮男装应科举、中状元的佳话。到评弹的这个题材，都是围绕爱情的轴心转，如：评弹《再生缘》(《孟丽君》)中的孟丽君、《双珠凤》中的霍定金。评弹还首创了为了爱情，公子扮僮仆、书童的情节：《双珠凤》中的文必正，《三笑》中的唐伯虎，放下身份、身段，非常不容易，非常艰苦的。在古代社会，也是没有现实可能的。所以只能是文艺上的浪漫主义虚构作品。

在具体描写上，譬如男女初次相逢，一见钟情，如何进入建立爱情的主题？

我举两个例子。一是沪剧《庵堂相会》中的《搀桥》一场，金秀英与陈宰庭的对唱"问叔叔"一段。二是评弹《白蛇传》中的《游湖》一折，白娘娘对许仙的盘问一段。

《搀桥》"问叔叔"

问叔叔，出生家住何方地？

也不远来也勿近，我是本乡本土本地人。

叔叔啊，尊姓大号要请教，啊？

耳朵边旁本姓陈，奶名二字叫阿兴，从小进过学堂门，故而先生提名叫陈宰庭。

真是，你是，喔。啥，没么啥。

问叔叔，府上昆仲有几位？

上无兄下无弟，象古庙旗杆独一根。

叔叔啊，今年贵庚有多少，啊？

话格年大勿算大，我话格年轻也勿轻，今年虚度光阴一十八春。

再请问，叔叔你可曾配？

唉……啥？

配亲事？

啊呀呀呀呀，问长问短多多有，那有初次相逢来问婚姻。

嗯？

勿提配亲倒还罢，提起配亲我气伤心。我九年之前早攀亲，攀仔亲来讨勿起，好象当年我是未配亲。

攀亲攀在，何方地，在哪乡村？

攀的是同州同衙门,竹叶墩相对在那金家村。

岳丈的大号?

叫金子学。因为倷岳父伊要赖我格婚,故而我叫倷岳丈,叫他金猛门。

问叔叔,小姐芳名叫格啥,她有几岁?

小姐格奶名叫定金姐,先生题名叫金秀英。大凡中格夫妻是大小配,叫我倷子夫妻少能:男也今年十八岁劳,女也今年十八春,同年同月同时辰,勒啦红灯落地子时生。

《白蛇传·游湖》,传统长篇弹词。临安人许仙,幼丧父母,在药店当伙计。清明出城扫墓,归途中遇白素贞、小青主婢。白素贞原为蛇精,见许仙忠厚老实,遂托终身。

评弹《游湖》中的对话和对唱,白素贞和许仙素昧平生,萍水相逢,雨中同搭一船,看到他眉清目秀,长身玉立,是一个老实的青年,就主动与他攀谈,向他请教姓名:

《白蛇传·游湖》

(许仙)(唱)我是姓许名仙,字汉文,本是钱塘江上人。

(白素贞)不知尊府居何处?

(许仙)我在姐丈家中暂安身,他家便在钱塘门。不幸双亲亡故早,门庭衰落苦伶仃,我是全凭姐姐得成人。

(白素贞)(白)喔,素贞一听,喔,哩(他)从小就没有爷娘的,窝里厢还有阿姐姐夫,从小全是阿姐将他领大的。

(唱)请问贵庚年多少。

(许仙)我是虚度于今二十春。

(白素贞)素贞一听,喔许仙今年二十岁。

旁边小青也在听,啊,相公今年青春二十了。

啊,今年也二十了。也是二十。啊呀呀,果然其啊,是在巧啊。我也不晓得[和调]没有什么。

素贞一听,许仙这个人,是老实。

既然是生意人,为啥还要问你呢?不问么,要并僵的呀。

(唱)(想)你是十年窗下勤攻读,满腹诗书通古今。

读到什么书呢?喔,许仙听到问读到什么书,心理有点难过。从小死爷娘,今朝有一点点字呢,还是……

（许仙）小姐呀，（唱）我是亲早故，家又贫，所以幼时失学少才能。

（白素贞）（唱）（你）作何生计操何业？

许仙听见在问伊，格么，你不读书在做啥生意，我说在药材店里做伙计。一转念头，倘使我，只好立仔到船头上去。外头在落雨，推为不起。就说开药材店吧，横竖开得小一点好哉。

（许仙）我是参药铺，小经营，说来真叫愧煞人。

开爿小小药铺。

喔，白素贞听见在暗好笑，老实人也会说鬼（jū）话的呦。因为白素贞算得出的呀。

（白素贞）阿要说穿，

（唱）行业由来无贵贱，

（白素贞）（白）行业啊，原来如此。

相公呀，（唱）想必你伉俪之间总有恩情。

府上娘娘是好的。

喔，问起家小，倒有点难过惜惜，从小死爷娘，刚满师，赚十二两银子要过一年，……老实头人，心理一急刚刚说过鬼话，开过一个小小药铺，全忘记掉了。

（许仙）小姐呀，（唱）我是家境清寒无积蓄，赤手空拳百无成。怎能够成家室，结朱陈，所以未有妻房……

（白素贞）（白）想已配对姻亲，

（许仙）——还未对亲，到如今犹如孤雁宿寒林。

未配亲呢，这一句不是鬼话。啊，原来如此。

表现了人世间最重要的人物关系——男女相恋的困境。青年男子家贫，得不到佳偶；青年女子，无法自己寻觅佳配，偶然看到一个满意的，无法确知这个男子的品行底细。

青年男子的难题是没有经济基础、没有社会地位；两段中的陈阿兴和许仙，都是"人能笃实，自有辉光"。

青年女子的难题是对婚姻前途无法把握，史上和世上负心男子太多，可以共忧患，而不能同享福。现在青春美貌，花好桃好，将来徐娘半老，人老珠黄，即被抛弃。

这两段在音乐上采用中国民族乐器，简单而方便，却能达到销魂摄魄、令人心醉的艺术效果，1964年批判《舞台姐妹》，说戏迷们，"胡琴一响，魂灵钩脱"。所以描写女方设法"调查"男方底细的巧妙的问题设计，均意味深厚，音乐优美，让学生领略评弹和沪剧作者表现生活、人物而又各呈千秋的极高艺术成就。

男方都是穷人，谈到婚姻，是辛酸事。不知何年何月，可以成家立业。但是两人身份不同。陈宰庭，是秀才，有学问，心里有底气，人穷志不短，所以用气愤的语气指责女方家长背信、不义；许仙虽然是高白帅，但不是高富帅，只不过是药铺小伙计，薪水低廉，又没有文化，就只能哀叹，"举声增恸，哀有馀音"。

2. 战争题材。中国的战争题材，不表现残酷，只表现智慧和幽默。比如《三国》中的蒋干，《英烈传》中的胡大海等都是喜剧人物；而且战争场面具体细腻、生动复杂、曲折多变、巧妙精彩。而西方小说，如荷马史诗、《战争与和平》和当代二战小说等，又如鲍里斯·瓦西里耶夫《这里的黎明静悄悄》，以真实而生动的画面，亦庄亦谐的文笔，活泼风趣的艺术语言，再现了那些才从和平岁月里走出来的天真欢快的年轻人，一旦迫使他们面对残酷的战争，为保卫国土，他们可牺牲爱情，可别家离子，可以生命为代价表现出浪漫主义情怀和高昂的英雄主义精神。因此中西的战争文学艺术作品各有成就。

（二）人物描写

1. 人物形象。如公主、小姐、丫鬟、僮仆。与《红楼梦》相比，拙著《红楼梦的人生智慧》和《红楼梦的奴婢世界》，有所分析和总结。曹寅的生母是小妾，是战乱中落难的小姐，做了小妾。评弹中的丫鬟、仆人，不少人物都不比《红楼梦》描写得差。

2. 人物智慧。评弹名作中遍地珠玑，不胜枚举；而且表现手段方面评弹更细腻和具体。例如锡剧和越剧《玉蜻蜓》《双珠凤》《珍珠塔》等都是根据评弹改编，所以情节大致相同，但戏曲的内容简单，只是选择了评弹几回书，构思几个重要场面，形成多幕剧。

评弹原作用长篇小说般的浩大篇幅，将众多人物、大量情节，给以淋漓尽致的描写和表现。每一个场面，也可将故事细致具体、酣畅淋漓地说唱。这都是评弹超过戏曲的优越之处。

3. 人物对话。评弹和中国古代戏曲小说一样，对话都很精彩。以《玉蜻蜓·庵堂认母》为例，徐元宰用生动美妙的比喻，打动母亲，达到母子相认的结果。将这回书与同名的锡剧、越剧对比欣赏，是很大的艺术享受。

不仅如此，评弹还善于交叉运用多种方言。例如《啼笑姻缘》中的方言，刘将军的山东话、老妈子的常熟话、凤仙的京片子、天桥的卖艺和吆喝，小说和戏曲都难以表现，戏曲也没有"篇幅"给予表演。

评弹还创造了混杂方言。例如：《描金凤》中的江北阿二要讲这种苏州话和江北话夹在一起的，既不像苏州话又不像江北话的口音。而且这个人听到别人提他是江北人心里最气恼，这时候说的苏州话就要露出江北腔了。另如劫法场时,强盗山上的小姐要混进法场,小姐身边的丫鬟不是苏州人,却一定要学苏州话,冒充苏州人,那么丫鬟身上有很多噱头,丫鬟是山东人和陕西人,夹着山东话、陕西话的苏州话,噱头就蛮多的。这个脚色就活了。

《杨乃武与小白菜》有警世作用。其中的《密室相会》,杨乃武对自己与有夫之妇解释私情的荒唐后悔;刘知县的公子仗势欺人、善耍阴谋,他欺骗小白菜。这些对话,都意味深厚,情感复杂,表现力极强。

(三)评弹和其他曲艺的不同

我们从同一作品的题材的角度,来举例比较评弹与小说、戏曲的不同表现。案例是《张文祥刺马》,这一作品有评弹、京剧、方言话剧等多种曲艺表现。题材来源是笔记小说:

《马端敏公被刺》(薛福成《庸庵笔记》卷四)

《张汶祥之狱》(薛福成《庸庵笔记》卷四)

《刺马详情》(《清朝野史大观》卷四)

《张汶祥刺杀马新贻实情》(李孟符《春冰室野乘》)

《汶祥刺马案》(《清稗类钞·狱讼》下)

《张文祥杀两江总督马新贻》(《清鉴纲目》卷十二)

《张汶祥刺马之因》(蔡东藩《清史演义》)

《张文祥》(邓之诚《古董琐记全编》)

《张汶祥刺杀马新贻目击记》(百岁老人江兆鑫口述,施元谟笔录,《江苏文史资料选辑》第三辑)

另有史著列传:

《马新贻》(《清史稿》卷四百二十六·列传二百十三)

《张文祥》(金天羽《天放楼续文言·皖志·列传》)

《张文祥传》(张相文《南园丛稿》卷七)

还有曾国藩的奏折三篇,《清实录》记载十三则,《曾文正公手书日记》《曾文正公年谱》《曾文正公大事记》、李慈铭《越缦堂日记》、王闿运《湘绮楼日记》等都有记载。

基本史实是：同治九年（1870）七月二十六日下午，两江总督马新贻在校场阅操完毕，在返回督署途中，为埋伏道旁的张文祥（清廷官方文件中的姓名为张汶祥）刺杀。此案一发，朝野轰动，清廷一周之内派出几批要员，前往查处。八月初三日，慈禧太后为此案，特地下旨，将直隶总督曾国藩调任两江总督，从天津赶往南京，专门治理、处置，调李鸿章接替曾国藩任直隶总督，兴师动众。

《曾国藩手书日记》记载：九月二十六日，曾国藩上朝，叩谒皇太后、皇上。十月初九日，慈禧太后又召见曾国藩询问何时启程赴江南？催他"即日速去"。曾国藩到南京后，于闰十月初七日阅案卷。

> 十二月二十八日夜将张汶祥之案细阅一过，将凶党余犯及承审之名，开一清单。二更四点睡。日内眼蒙弥甚，殊为焦虑。正月廿七日，中饭后，至贡院与郑小山尚书会审张汶祥之案，将首犯等十八人点名一过，并未问供。旋至小钦差伊、颜二君处一坐。正月廿九日，午正二科出门，至贡院与郑小山同拜发折件，即会审张汶祥之案也。在渠处吃中饭。申刻出城，至水西门外官厅送小山还京。二月十五日，因昨日奉到谕旨，本日须将张汶祥正法，止院不见客。二月廿四日，已刻至马端敏公处公祭行礼。灵柩定于明日登程回山东也。二月廿五日，午初出门，至马端敏公处送殡。渠家扶榇回山东也。午正发行，余步行至三山街口，在以小古董店小坐。待柩过后，余抄路先出水西门，至官厅等候。至未初三刻，柩到公同行礼。归署已未正二刻矣。三月初五日，中饭后阅本日文件。庞省三来一谈，言前年在马谷山厅上同坐，忽梁上落下一条大蛇，长约四尺许，似亦不祥，又言近日有编造戏文讥讽马帅者。

曾国藩的日记已经记载，事件发生半年以后，同治十年初，已经有戏文讥讽马新贻了。

《张文祥刺马》这部作品，由于评弹、京剧和方言话剧都各自根据小说改编、创作，互相没有借鉴关系，所以内容都有很大的不同。以下做部分列举：

1. 蔡东藩《清史演义》第七十八回"大婚礼成坤闱正位　撤帘议决乾德当阳"：

> 却说天津教案，甫行办竣，江督马新贻被戕，有旨授李鸿章总督直隶，调曾国藩回督两江。是年适当国藩六十寿辰，御赐"勋高柱石"匾额一面，福寿字各一方，梵佛铜像一尊，玉如意一柄，蟒袍一袭，还有吉绸线绉等件。国藩入朝谢恩，当由慈禧太后问他天津情形，并令他速赴江南。国藩一一应答，随即退出，于同治九年十月出都，沿途无事，直至江宁督

署接印视事。清廷以前督被刺，事关重大，并命钦差郑敦谨南下，会同审问，传集中军官、旗牌官、巡捕官、王命司、护印司、护敕司、刀斧手、捆绑手、刽子手、洋枪队、马刀队、钢叉队，排得密密层层，异常威赫。曾侯爷与郑钦使，同升公座，喝令带上张逆犯。当由两旁兵役，一声吆喝，推上张汶祥当面。曾、郑两公，先用威吓，后用刑讯。这张汶祥毫无实供，只说是刺死马新贻，可以泄忿，大事已了，愿即受死。曾侯又问他是何人主使，他却大声道："要刺马新贻是我，刺杀马新贻也是我，好汉做事一身当，凭你如何处治便了。"郑钦差还想设词诱骗，他索性说主使的人，便是你们。弄得曾、郑二公无法可施，只得奏称该犯实无主使，应处极刑。廷旨准奏，即着凌迟处死。

列位看到此处，应该问作书的人，究竟这张汶祥，为着何事，去刺马新贻？小子也无从实考，只听得故老相传，马新贻未显达时，曾与一个结义兄弟，非常莫逆。嗣因义兄弟娶了一位妻房，生得柳腰杏脸，妩媚过人，他就觑在眼中，艳羡的了不得。一时不便勾搭，日思夜想，几乎害成一种单思病。冶容诲淫。但他在宦途中，是个钻营的能手，由县丞起马，不数年连升总督。看官！你想中国有几个总督大员，一朝权在手，就把事来行。他外面装出一副义重情深的形状，把义兄弟立刻提拔，差他出外办公，又令他把家眷搬入衙门，说是便于照管，叫他放心前去。他义兄弟感谢不尽，即将家眷安顿督署内，奉委就道。这马新贻已摆好迷阵，不怕他妻房不上勾当，他妻房究系女流，那里晓得这种圈套？一入署中，即被他灌得烂醉，扯入寝室，宽衣解带，无所不至。等到醒来，悔已无及。马新贻又拿出温存手段，妇人家总带三分势利，暗想马新贻是现任总督，比自己的丈夫要尊贵数倍；又兼性情相貌，都比丈夫胜过几筹，事已如此，索性由他摆弄，自己也乐得快活。总是马新贻不好。后来马新贻越加宠爱，她也越加柔媚，鹣鹣比翼，合力同心，只愿地久天长，谐成眷属，单怕她丈夫回来。一年复一年，她丈夫惹动儿女情肠，屡次申文请假，马新贻不但不准，且下了一角密札，给他办事地方的长官，说他勾通大盗，证据确凿，不必审讯，饬即密捕正法。这义兄弟茫无头绪，冤冤枉枉的拿去斩首。谁叫你娶了艳妻？密报到省，喜得马新贻手舞足蹈，总道是大患已除，可以安心取乐，谁料他义兄弟竟有好友，闻知此事，动起义愤，竟到两江督署左右，专等马新贻出门，托词拦舆诉冤。三脚两步地走到舆前，手持利刃，刺入新贻胸膛。随役连忙拿住，新贻已不省人事，抬回署内，见他情妇模模糊糊地说了"我害你，你害我"两语，两眼一翻，双足一蹬，竟呜呼哀哉了。那时情妇一想，为了自己一人，害死两条性命，天良发现，也悬梁自尽。嗣经臬司审问刺客，只答称"好汉张汶祥，刺死马新贻"，余外全无实供。后经曾、郑二大员复审，供语已见上文，不必重叙。侠客做事，往往不欲宣布，这事可见一斑。近来说张汶祥也是革命人物，如徐锡麟刺恩铭相同，恐怕未必确实。将来清史告成，或有真传，也未可知，小子只好借此了案，再叙别事。好笔墨！

2. 京剧《张文祥刺马》共有三十五场，是长篇的连台本戏，要演三四个晚上。

剧情为：清代，猎户张文祥打死清兵，逃出关外。一日，镖客陈金威为地方官刁难，张见不平，助之。陈感其义，结为金兰，并以表妹桂兰嫁张为妻。嗣清兵四出捉拿，张、陈往投捻军，旋攻庐州。知府马新贻诈降，为张识破，陈不听，反遣张往攻舒城。马见陈妻黄氏美貌，暗约胜保，逐走陈金威。黄氏被逼不屈自杀。马继赚舒城，桂兰刺马被执，文祥衔恨逃走。后以围剿捻军有功，马被擢升为两江总督，终在阅兵之际，被张文祥刺杀。

3. 方言话剧《张文祥刺马》共十幕，剧情完全不同：

第一幕，南京城外招商客栈。张文祥、窦一虎、张发借居客栈。差官林来寻栈房老板，给他三十两银子，要他设法留住他们三天，否则就要他当心自己的脑袋。张文祥有事外出，栈房老板准备将窦一虎骗出去逛窑子，用女色来缠住他。窦一虎带了一百两银子，跟随老板走后，张文祥回来，听说窦一虎外出，说我们只在南京逗留一两天，不能让马新贻知道，要张发将窦一虎找回来。

第二幕，当天下午，南京夫子庙钓鱼巷四喜堂。因为小翠不肯接客，老鸨打骂她，生心善良的当红妓女荷花来劝解。蜡烛店小开来妓院，要荷花。接着窦一虎由栈房老板带来，看不中所有的妓女，最后荷花出场，他见她美貌，很喜欢。听她唱曲，听不懂，蜡烛店小开来争要荷花，他当场出钱为她赎身，两人竞价后，将她娶回。

第三幕，次日早晨，窦一虎带着荷花回客栈，声明已经娶她为妻。差官甲、乙奉命来找张文祥等人，说马新贻很想念他们，明天寿诞，请他们去相聚。

第四幕，第二天，南京制台衙门，差官甲、乙报告马新贻，江宁府、江宁县都有重礼，并前来晋见。皇上也来圣旨，钦赐玉如意、黄马褂贺寿。上元县负责招待客人，应付场面。张文祥、窦一虎和荷花来祝寿，马新贻请他们单独专桌喝酒，马夫人、公子一起相陪。席间，马新贻见荷花美貌，在喝酒划拳时不断对荷花眉来眼去，窦一虎大怒，大家不欢而散。

第五幕，在制台衙门花园，马新贻见张文祥、窦一虎等都已离开，劝说刚才陪伴夫人、尚未离开的荷花，改嫁自己。马夫人看出苗头不对，就备轿子送荷花回去。马新贻召见上元知县，要他设计将张文祥等拿获、杀掉。他想了一个借刀杀人之计，要上元县执行：就说郊外土匪猖獗，命他们两人剿匪，然后派兵包围他们，把他们杀掉。

第六幕，南京浦口，时间与上一幕相接，张文祥与窦一虎等在招商客栈，窦一虎怒火未消，要去杀马新贻。张文祥和张发劝阻。张文祥说，本想今日离开此地，因所带银子给窦一虎娶妻，他原先准备去临淮关照朋友，拿几个钱即刻动身，不回来了。现在不放心，还要回来。临走时一再嘱咐窦一虎不要出门。窦一虎气闷喝酒，要去衙门寻找荷花。荷花回来了，告诉他刚才在衙门的经过。接着上元县前来请他们"剿匪"。窦一虎不听众人的劝阻，到制台衙门寻仇。

第七幕，两天后，上元县令在上元县衙门一筹莫展，他请教师爷，师爷指点他，将抓获的强盗王三提来，要他咬窦一虎是逼他当强盗的强盗头子。

第八幕，上元县带着王三到马新贻的制台衙门，诬告窦一虎，窦一虎被枉判后，押出斩首。张文祥赶来，高呼：刀下留人。已经来不及了。

第九幕，张文祥带着张发、荷花，在郊外陈妈妈家里隐居。马新贻则悬挂张文祥的影像，通缉他。一年之后，在南京郊外农村草屋中，张文祥冒险外出探索敌情，一夜未归，差官甲、乙来此地查找张文祥。乡亲们赶走差官，张文祥回来，磨刀，告诉张发后天是马贼校场阅兵之日，他要寻机杀头报仇。他关照张发带着荷花等人远走高飞，此时听到有人呼喊：荷花上吊自尽。

第十幕，张文祥阅兵，正训斥老弱残兵不堪打仗，幕后人声大作，说营房失火。大家乱哄哄去救火，只剩下两个差官保护马新贻。此时张文祥潜上，杀掉两差官，马新贻大喊："抓刺客！"见是张文祥，恳求饶命，张文祥刺死他后不逃，前来围捕的众人吓得不敢上前，张文祥仰面举刀微笑："哈，哈，哈……"

全剧到此结束。舞台提词是"微笑"，台词却是大笑。这个疏忽，原文如此。

4. 苏州评弹是长篇弹词《金陵杀马》，有五十二回、六十回、六十六回的，内容最详细，故事最复杂。

剧情为：张文祥、马新贻、陈经纬是结拜兄弟，都是太平天国的成员。太平军攻打浙江处州，克复了处州。想不到曾国藩包围南京，所以张文祥、陈经纬带军队解围天京，拿家眷托给马新贻。想不到走到半路，得着消息，天京陷落。更想不到，太平天国失败，马新贻竟然投奔清朝。这样，张文祥他们无家可归，连夫妻也不能见面。哪知道张文祥的妻子又被马新贻奸污逼死。因此，同治六年马新贻做浙江巡抚时，张文祥进衙门，要刺杀马新贻。不料，失败了。前后共失败了六次。《校场杀马》一回，张文祥这时三十六岁，冒充一个骑马小官叫戈拾哈，混进校场来杀马贼，已经是第七次了。

从吴迪君、赵丽芳版《金陵杀马》六十六回本的回目，可以看出大致的情节：

一	恶奴设计	二	李氏失身	三	文祥装病	四	诱骗恩兄
五	抛赃陷害	六	纸上画刀	七	初刺马贼	八	黄氏设计
九	自钻圈套	十	黄氏遇难	十一	二刺马贼	十二	相约二更
十三	义结金兰	十四	文祥投江	十五	幡然悔悟	十六	漆面吞炭
十七	弟兄诀别	十八	三刺马贼	十九	四刺马贼	二十	义弟救兄
二十一	文祥卖书	二十二	结识国瑞	二十三	辕门投帖	二十四	洋盘嫖客
二十五	计激丁招	二十六	嫖院识丁	二十七	投贴欲见	二十八	两江裁军
二十九	一场虚惊	三十	妓院命案	三十一	草菅人命	三十二	写信求救
三十三	杀机四伏	三十四	丁招写信	三十五	五刺马贼	三十六	审万丁福
三十七	马贼上钩	三十八	送礼辱马	三十九	马贼做寿	四十	寿堂见美
四十一	点戏辱马	四十二	头门盘查	四十三	寿堂刺马	四十四	肝胆相照
四十五	彭公入校	四十六	亲兄访弟	四十七	重托三桩	四十八	夜访师妹
四十九	催醒三下	五十	进香土地	五十一	校场杀马	五十二	文祥被俘
五十三	半死回府	五十四	冤状一张	五十五	马贼毙命	五十六	摆本进京
五十七	代理钦差	五十八	敲诈丁公	五十九	药毙钦差	六十	曾帅私访
六十一	戏弄老帅	六十二	保金万云	六十三	彻查余党	六十四	一鸣巧辩
六十五	文祥招供	六十六	文祥就义				

所以《张文祥刺马》情节核心——母题，是"杀夫夺妻"。这个母题有深厚的生活基础，即生活真实。如蔡琰《悲愤诗》："马边悬男头，马后载妇女。"描写的是古代战乱中民众受苦的基本状况；唐太宗玄武门之变后，霸占建成之妃；上海现当代篆刻大家陈巨来《安持人物琐记》中有《李烈钧与华夫人》一节，也记载远亲中的杀夫夺妻故事：

> 李烈钧，字协和，江西人，为清末日本士官军校第三期毕业生。……（这一期中）李烈钧、程潜、李根源、孙传芳、孙道仁（福建第一任都督）均为赫赫有名人物，内尚有一福建人龚某，亦三期生也，与李烈钧有管鲍之交，最称莫逆。民国初李任江西都督，即招龚自闽至赣任副官长之职。未及三个月，龚请假回福州与华二小姐结婚了。华为无锡明代相国华洪山后裔（三笑小说华太师确有，此无锡大族也），美而艳（她胞姊为余第六姑母之长媳，表兄徐诗瘦之妻也）。
>
> 龚副官长结婚后，特携夫妇二人摄影一帧出示，李观之。李瞀登徒子也，一观伊人之小照，为之目眩神移，当时不动声色，对龚更宠任之，什么机要文件，悉付龚保存。又三月李

温语谓龚曰:"尔新婚不久,即返南昌,现在派你至福州与孙都督秘商要事,准假三个月何如?"龚大喜过望,欣然返闽去见孙督了。哪知孙督一见之后,立即将龚拘押入狱,不三日,即皇皇布告宣示云:据密报,龚某某自赣至上海后,即以机要文件出卖给袁政府,证据确实,应立即就地正法,枪毙了。消息传至李烈钧处后,李大哭不已,特电龚夫人云:"尊夫为人诬告决无此事,现在事已如此,当每月津贴你五百元,以慰幽灵,请令兄来南昌,委以优职可也。"于是其兄华苕臣自闽至赣,荣任副官处处长了。李每月五百元即由其兄代汇给龚夫人了。至李卸任赣督后,谓其兄云:"现在本人已卸任了,每月五百元无从支付矣。准备本人先行出私囊二万元,一次付给令妹,一俟东山再起,仍按月再送。但希望令妹亲自来申(时李已居申矣)当面付之如何?"其兄哪有不允之理,即去福州偕龚夫人一同来申了。时伊只廿一二岁,即住余姑母徐宅中(在西门林荫路)。其时先母常至六姑母家中,龚夫人亦跟了其姊呼先母为十一舅母者。时余只九岁,亦见过她。先母一见龚夫人,即云:"生平所见美女,华二小姐为第一。"后每有谈及她时,总是称美不已。余之大表兄,最封建,闽人风俗,凡是寡妇,例不得涂脂抹粉者,而其小姨雪花膏满面孔,衣服入时,一无孀居之状,余表兄对之,从不与之谈谈说说。视之蔑如焉。

在李烈钧第一次见二小姐时,有其兄华苕臣在旁,李一面孔孔老二道学姿态,除尽力安慰外,并设盛宴招待之,小心恭顺之至。华氏兄妹感动不已。距次日即召华兄与之云:"令妹如此青春,难道一世作孀妇吗?又无子嗣,现在已民国了,尽可择人再醮。望向令妹探询意见,如愿再嫁,本人当为物色一位高级长官嫁之如何?"苕臣即告二小姐,她意动了。及苕臣往告李氏后,李即单刀直入,告华云:"本人看她可怜,愿纳之,决不以妾礼相待,另买洋房居之。所有佣人一律称令妹为华太太可也。"于是龚夫人一变而成李家的华太太了,后生子女多人。

在福建孙道仁卸任后,告后任督军李厚基云:"龚某某一无罪证,纯为李协和来密电嘱如此宣布罪状所枪决的。今闻娶了其妻作妾,真人格丧尽了。"其时李厚基之军法处长兼道尹为余第十二姑丈名朱景星聚五,以函泄之于徐氏姑丈家中了。其姊夫徐诗瘦得知,至余家中一一告于先父先君了,他并勒令夫人从此不准姊妹相见了云云。其后,事过了十多年,李烈钧大夫人死了。凡徐宅有喜庆大事,必送厚仪具款"姻愚任",且来躬贺。余姑丈及诸子均以戚礼迎之。惟独诗瘦表兄一人,见李来即避去了。[1]

---

1 陈巨来:《安持人物琐忆》,上海书画出版社,2008年,第225—226页。

文艺作品表现这母题的著名作品也非常多。古有《水浒传》高衙内为夺林冲之妻，而对林冲大下毒手。近有沪剧《卖红菱》：

> 清末民初，上海浦东农村青年范凤英和薛金春相爱，并订有婚约。凤英父母双亡后，叔父逼其嫁给富户张家，凤英不从，他就贿通官府诬薛勾引良家妇女，将其发配充军。然后逼凤英嫁于张家。薛金春刑满后乔装成卖菱人，寻觅到松江张家探望凤英，互诉苦衷，并相约在庙会时一起远走高飞。

外国的作品，我们以苏联电影《法吉玛》为例，苏联格鲁吉亚电影制片厂出品，长春电影制片厂 1962 年译制。剧情为：

农场主的儿子江布拉特和不知谁送来给他们的领养孤女法吉玛都长大成人了。江布拉特威武俊俏，法吉玛出落得美丽大方。两人即将举行婚礼之时，他家的农工易卜拉欣，看到这幸福的一对，心中非常痛苦，不仅干活失去劲头，而且还痛苦得在树林中，用大砍刀砍下了左手的小手指！"俄土战争"爆发了！沙皇的强制征兵命令突然来了，所有贵族必须应征入伍。江布拉特愣住了，农场主一家陷入了极大的痛苦之中。此时，易卜拉欣从人群中站了出来，拿过了江布拉特手中的新兵登记表，江布拉特一愣，两人对视了些许，威武俊俏的江布拉特被满脸胡须威武粗壮的易卜拉欣的蔑视眼神激怒了。他一把抢回了新兵登记表，填上了自己的名字。临别时，他和法吉玛抱头痛哭，法吉玛发誓一定等他回来。

"俄土战争"打得异常激烈，江布拉特被俘后关在了监狱中，两年过去了，法吉玛终日痛苦不堪，愁眉不展。战争结束了，江布拉特没有回来。沙皇政府颁布的死亡人员名单中没有他的名字，他失踪了，是死是活没人知道。农场主一家失望了，但是法吉玛坚持要继续等下去。

又过了一年，法吉玛的年龄已经大了，还没有出嫁，有悖当地的风俗习惯。自从江布拉特走后，易卜拉欣在农场劳动中给了法吉玛许多的帮助和精神上的安慰，农场主也看在了眼里。在征得法吉玛的同意后，农场主为法吉玛和易卜拉欣举办了婚礼，第二年他们的小公主诞生了，看着法吉玛幸福的欢笑，看着易卜拉欣的勤劳能干身影，看着刚刚诞生的小公主，农场主一家高兴极了。

四年后的一天，江布拉特在野外的苦役劳动中，冒着生命危险与众囚犯脱逃了。经过了千难万险，历尽了千辛万苦，历时一年多，五年多生死不明、衣衫褴褛、蓬头垢面、骨瘦如柴的江布拉特站在了父母的眼前。农场主夫妻惊呆了，扑倒在儿子的身上恸哭不止。江布拉特着急地问："法吉玛呢？"农场主夫妇愣住了，对视了半天不语。江布拉特着急得不停追问。母亲说话了：

"你就忘了她吧!""她死——了?!""她嫁人了。""嫁人了,谁?""易卜拉欣。""易卜拉欣,那个孤儿?"江布拉特的眼光失望地望着远方。

最后两人决斗,易卜拉欣获胜,但他放过了江布拉特。可是当易卜拉欣转过身离开时,江布拉特在他背后,开枪将他击毙了。江布拉特去找法吉玛,等候着丈夫的法吉玛知道这个后果,立即疯了。电影到此结束。

四、评弹艺术对中国文学、戏曲、文化事业做出巨大贡献

评弹艺术作为中国和世界一流的高水平艺术,它的辉煌创作成果和高明艺术手段,为中国文学、戏曲、文化艺术事业做出了巨大贡献。以上的论述,已经说明了评弹作为世界一流艺术的伟大贡献,下面再补充几条。

(一)苏州评弹是一门高层次的一流艺术

其根据主要有以下三个方面:

第一,苏州评弹有几十部经典作品,即书目,如《白蛇传》《西厢记》《武松》《玉蜻蜓》《顾鼎臣》《三笑》《杨乃武与小白菜》(以上为弹词),《三国》《水浒》《英烈》《大红袍》(以上为评话),等等。经典的、优秀的传统作品中必须具备这些条件,即无论在主题、结构、人物性格、艺术语言还是艺术手段,有时还包括哲理性等方面,都有很高的成就,最后在整体上达到完美。此类作品经得起反复推敲、反复欣赏,并可以提供给其他高层次艺术以有力的借鉴。这类作品在给听众以审美享受之同时,往往也有教育作用,甚至可称为"人生的教科书"。评弹的传统本子,明清以来共约有四百种,今尚存二百种(据谭正璧《弹词叙录》),几十部优秀作品是在很广厚的基础上产生出来的。这些名作丰富了中国和世界文艺史的创作宝库。

第二,除有大量的一般听众外,还能吸引专家、学者、教授、艺术家等高层次的听众并形成一个群体。其衡量标志是:一、他们欣赏评弹后自感得到极大的艺术享受;二、对评弹已成为自觉、稳定的爱好,而非一时的兴致、猎奇和浅尝辄止的偶尔兴趣;三、其中在本专业中有创造成就的佼佼者能超越以上两个层次,在评弹的艺术鉴赏中得到启发、提高、借鉴、营养甚至灵感,对其他文学艺术门类提供借鉴和帮助,从而推动了其他艺术门类的发展。当代小说家、戏曲家、电影电视编剧、导演、演员和文艺教育家都有潜移默化地受惠于评弹或自觉借鉴评弹的佳例。例如电影导演大师谢晋即如此,老一辈的著名电影导演徐昌霖甚至撰写过长篇论文《向传统文艺探胜求宝》(连载于1962年《电影艺术》各期),举过许多生动有力的例证,说明评弹和京剧及其他

地方戏对电影创作的重要借鉴作用。

上海电影艺术家中评弹迷很多。例如：赵丹为拍电影《鲁迅传》向评弹学习，在筹备期间的讨论中，赵丹认为丰富鲁迅的性格，不要忽视"绍兴师爷"。赵丹说："上海评弹团的张鉴庭……将绍兴师爷说得出神入化，风靡江南一带。我曾亲赴石门一路评弹团虚心'拜师'，讨教经验。——这对丰富鲁迅性格可以借鉴。"[1]

第三，评弹的重大贡献还体现在它的创造力、丰富性和教化作用上。文学本中许多精彩的情节提供了艺术想象的巨大创造力的佳例，丰富了中国和世界叙事艺术的创作成果；评弹艺术与文学、戏曲一样，歌颂正义，揄扬真理，推崇高尚的品德，为民众提供教育。

我认为，中国精英教育"最合理"和"最高级"是体现在学生自幼年启蒙开始，就学习最合理、最高级的教材：《三字经》《弟子规》，然后很快即学习、背诵四书五经，兼学古典诗文、作诗方法，在青年阶段兼学道家经典《老子》《庄子》甚或佛经等。这些教材，将人应该具备的道德和性格的修养，爱国和爱民的志向，既中庸、谨慎又自由、大胆的性情形象与抽象结合的思维方式和历史、文化知识、语言训练、文采追求，全套提供给学生，所以学生自小得到文史哲等人文诸学科的陶养，兼之作文写诗，受到全面精深的训练。因此从总体上说，中国知识分子和民众历来有着爱国爱乡、热心公益、忠心报国为民的传统，心理和性格是健康向上的，忧郁症患者和非理性的自杀几近于零（拙作《论文化自觉与文艺人才的培养》，收入中国文联理论研究室编：中国文联"第六届当代文艺论坛文集"《文化自觉与当代文艺发展趋势》，中央文献出版社，2012年）。

评弹向没有机会享受教育的广大民众补课，传授孔孟之道的基本知识、基本观点，大力传递"正能量"，也即给读者、听众以一种健康乐观、积极向上的动力和情感。积极的、健康的、催人奋进的、给人力量的、充满希望的人和事，与读者、听众的情感深深相系，表达着人们的渴望和期待。评弹教人向善、向上；教导人们心存仁厚，同情弱者，悲天悯人。

（二）语言和文化上的成就

苏州，大一点说是吴语地区的文化和语言（方言）有着极其深厚的历史底蕴和传统文化的积淀。

评弹作品的内容极其丰富，作为口头文学，在对各历史时期的历史、社会、日常生活的描绘和表达方面比小说更细腻、具体、翔实，故而在"民俗"一类收录和释解的词条牵涉的学科极

---

[1] 沈鹏年：《行云流水记往二记——电影〈鲁迅传〉筹拍亲历记》，上册，上海三联书店，2011年，第304—305页。

广,诸如政治、军事、经济、道德、法律、风俗、习俗、礼仪和建筑园林文化、饮食文化、服饰文化,以及官场、商场、战场、赌场、情场和三教九流的社会状况等,全有相当具体和比较翔实的反映。"民俗"一类可谓总结了包括评弹中所反映的江南乃至汉民族的广泛的文化内容,并用词典条目形式给以归纳和阐释。吴语地区是中国晚近经济和文化最发达的地区之一,又是数千年来接纳全国移民和各地区文化并高度交融的主要地区之一,人杰地灵,故而使用的语言极为丰富、生动,表达力极强。在民俗和方言中还可观察到江南民风的淳朴和细腻、民智中的机警和幽默,等等。

评弹中表现的"民俗""方言·俗语",为中国文化的一代历史存照提供了相当系统的特定内容,评弹在这个方面为江南的听众和艺术爱好者勾起怀旧、怀乡心理,为新一代青年提供文化寻根的一片沃土。因此,具有增强民族凝聚力的效果。

近年西方著名学者温勒也发表了这样的观点:"民族文化是民族凝聚力的核心。"他认为,凝聚力是作用于集体成员的心理力量,而民族凝聚力独特的民族历史、传统文化和卓越成就,使民族成员产生依恋感和亲和力。[1]

五、1949年以后评弹艺术发展中的失误

有人批评说《珍珠塔》,宣扬封建思想,方卿高中,衣锦还乡,羞辱姑母。没有想到这既是情节发展的需要,又是游戏之作:官老爷乔装改扮唱道情,戏弄长辈和夫人。所以,对古代封建社会中的人物和思想随便否定,阶级斗争为纲的极"左"思潮危害很大。

尤须强调的是,对神秘文化、神秘主义文学的巨大成果缺乏继承,也存在理解失误。比如,动物变人,最多是狐狸变成美女,如小说、戏曲中的《柳毅传书》《张羽煮海》的龙女(竺水招主演的越剧,并拍成电影)、《白蛇传》的蛇、《追鱼》的鲤鱼(王文娟主演的越剧,拍成电影)、《田螺姑娘》中的田螺变成姑娘,等等,其实深受读者、听众喜爱,像评弹《白蛇传》就取得很大的成就。

再以《张文祥刺马》来说,其史实也有神秘事件。《曾国藩日记》中特地记载:"庞省三来一谈,言前年在马谷山厅上同坐,忽梁上落下一条大蛇,长约四尺许,似亦不祥。"儒家不谈"怪力乱神",不谈鬼神,"祭神如神在","敬鬼神而远之"。现代人认为儒家不信鬼神。这是错误的。儒家信鬼神,孔子只是认为"不知生,焉知死",连人生的问题还没研究透,我们还根本没有水

---

[1] 李广斯:《文化,让城市更美好》,《光明日报》2010年6月13日。

平研究鬼神,所以不谈、不研究。鬼神问题高深莫测。于是这个问题由道家、佛家研究和探索。曾国藩是忠诚的儒家官员,为了儒家文化的生存而起兵剿灭太平军。但他相信马新贻遇到的不祥预兆,所以在日记中特做记载。唐浩明的长篇小说《曾国藩》描绘他信佛、相信算命,尤其相信大和尚给他的预测。这个故事情节,如果为评弹所吸收,必能吸引听众。

但五四新文化运动崇尚科学,发展到科学主义,贬低和打破所谓的"封建迷信",对文学艺术的魅力产生杀伤力,评弹艺术也在所不免。1964年,批判"有鬼无害论",孟超《李慧娘》昆剧作为典型被打倒。

例如《玉蜻蜓·关亡》这一回经过改编后,反对封建迷信,将关亡婆贬低为骗子,于是应该让亡灵与活人对话的紧张、恐怖场面被消解,成为一个骗局,似乎幽默风趣,实则味同嚼蜡,而且对书情的发展也失去了关联。金大娘娘张秀英,是吏部天官之千金小姐,嫁给南濠首富的公子金贵生。她希望丈夫用功读书,谋求功名,荣宗耀祖,夫荣妻贵。可是金贵生从小没有受严格家教,虽然少有才名,却性格放荡不羁,"婚后半月未出门,乃约游妓院"。张氏劝谏,触怒贵升,夫妻从此不和。张秀英一句"衣冠败类",便绝裾而去。

1949年后,极"左"思潮泛滥,全盘否定传统文化、科举制度,贬低古代知识分子和千金小姐,不讲历史条件地全盘否定父母之命的婚姻,所以即使很有成就的名家也中毒很深,例如与蒋月泉合作整理、改编《玉蜻蜓》的名家陈灵犀,贬低金大娘娘的性格和人格,说她"任性、傲慢、自私、唯我、好胜、泼辣"[1]。她是有缺点,性格急躁,小姐脾气十足,但上述归纳的前四个缺点,是夸张过实的,后两个是可以正面评价的。她豪侠仗义,敢说敢当,并不自私、唯我。她同情志贞,与她义结金兰,予以照应。在沈君卿夫人含冤濒临绝境时,她泼辣地出手相救,将她抢到身边供养。如何说是自私?而金贵生游荡在外,与尼姑庵的三师太志贞结识私情,就符合"很快活、很刺激、很精彩,但没有好下场"的写作原则。他的这种不负责任的婚外情行为,害了原配夫人,害了志贞,苦了遗腹子。即使不死,这样游手好闲、坐吃山空的做派,无数纨绔子弟败万家产,富不过三代的故事就会重演。

志贞与金贵生的爱情真挚、忠诚,也值得歌颂。天下事非常复杂,就像安娜·卡列尼娜,《静静的顿河》中的格里高利和阿克西尼亚,作家是用同情和歌颂的态度描写的,但也有批判的成分。

金大娘娘,既当妻子又当娘,关心、教育督促丈夫,很有人生目标和责任心。她只有虚龄十六岁,年幼无知,对丈夫的教育,不懂方法。如果假以时日,必能改进。金贵生毕竟是一个善

---

[1] 陈灵犀:《〈玉蜻蜓〉五毒俱全吗?》,收入氏著《弦边双揖》,上海文艺出版社,1982年,第111页。

良聪慧的青年，在严厉的妻子的帮助下，是可以改造好的。可惜命运没有给他们机会，金贵生暴病而死。金大娘娘想念丈夫，苦寻三年。但是音讯全无，她痛苦、焦急到极点，请巫婆帮助。这样庄严、深沉的感情，《关亡》嘲笑、贬低她，违背"悲天悯人"的人生原则——我给王国维论述所归纳的经典著作的十大标准之一，还以科学主义的蛮横态度，无理否定巫婆的善行，给古人抹黑。

演讲时间：2013年3月19日

整理者：韩秀丽

第十讲
如何为评弹名家立传初探
——《皓月涌泉·蒋月泉传》写作浅谈

　　为戏曲名家写传，必须具备足够的历史素养、文学功底和戏曲知识。唐燕能先生在撰写蒋月泉传时，做了大量的访谈、口述，并翻阅了数百万字的文字资料和评弹历史研究著作。在撰写时，唐先生强调作者必须秉持历史主义的态度，要将传主的人生经历客观、完整地呈现出来，不应因袭势力、为尊者讳；同时要客观评价传主在不同历史时期的不同表现，既不评功摆好，也要保持自己的思考。

唐燕能

上海人民出版社编审，作家，剧作家。1967年毕业于南京大学中文系。策划、编辑"扬州八怪人物传记丛书"，并担任"菊坛名家丛书"主编与总策划，专事为杰出的戏曲艺术家立传，代表作品便是《皓月涌泉·蒋月泉传》。

非常惭愧，我不是研究评弹方面的专家，撰写蒋月泉传完全出于一个偶然的机会。因为对于戏曲的爱好，2010年我开始策划并担任"菊坛名家丛书"的主编，意在为已故或健在的且有卓越贡献的戏曲艺术家立传。其中"京昆名家系列"已编辑出版了孟小冬、李玉茹、童芷苓、言慧珠、赵燕侠、李少春、小王桂卿、王芝泉、张美娟、张洵澎等人的传记，这一套图文并茂的"京昆名家系列"的出版，引起京、津、沪等地戏曲界和广大戏迷朋友的关注与好评。这应该归功于这个时代，归功于改革开放的大好形势；因为时代进步了，作者才敢于解放思想，用全新的理念和多方位的视角去演绎那一代戏曲艺术家的舞台人生。

去年，我又着手策划"评弹名家系列"，得到上海评弹团的大力支持与积极配合。我与评弹团的领导一起商量，初步拟定为十五位大师级的评弹名家立传，先撰写六本，这六本书的传主为蒋月泉、杨振雄、周云瑞、唐耿良、徐丽仙、朱慧珍。另外九位评弹大家的传记，此后将陆续出版。

蒋月泉乃评弹界四百年才出一个的一代宗师，为他立传，更须慎重。为此，我曾先后联系过苏州、上海的几个著名作家，因为种种原因都没有落实。有的对评弹不熟悉；有的与作协签订的写作计划尚未完成；有的侨居国外，另行采访、搜集材料，有诸多不便。主要还是涉及稿酬问题。从经济上考虑，这样的小众图书，发行量有限，作者的付出与回报不成正比，岂能强加于人？无奈之下，只得自报家门，自挑重担了。

话要说回来，戏曲是中国特有的文艺形态，属于人类非物质文化遗产的组成部分，一代又一代的老艺术家为此付出了毕生的心血与精力，总结他们的艺术经验，展示他们台前幕后的戏剧人生，写好这些戏曲名家的人生故事，无疑对于传承与光大祖国的优秀文化遗产具有十分重要的意义。

我从事编辑工作数十年，接触不少传记作家，为政治、文化、科技、军事类大家立传的优秀作家不少，但为戏曲艺术家立传，写得好的出挑的作家不多。为什么？因为戏曲类传记作家要有三个条件：

一是要有深邃的历史眼光，需把传主的人生故事、艺术得失放在特定的历史背景下进行研究、考察，要历史地、公正地去剖析、反映戏曲艺术家的艺术个性、人生故事、性格特征、情感世界与其所处时代的关系,客观地评价他的艺术贡献与历史局限。

二是要有扎实的文学功底。文学是人学,文学传记说到底是人的传记。文学传记不同于人物评传,也不是传主的艺术档案或专述他个人阅历的文史资料。按文学传记的要求,既要写出他的艺术轨迹,也要写活他的个性与人格魅力,呈现在读者面前应该是一个有血有肉的、活生生的、可以感知的戏曲大家。他的喜怒哀乐、人生遭际都应在传记中得到反映。而传主的形象是需要通过具体的个人的历史事件、日常活动的场景、生活细节以及传主与相关人的关系中产生的心理状态的描述表现出来的。但这一切又不同于文学创作,不能杜撰,必须以传主个人的历史事实为根据,在充分尊重历史事实的基础上展开带有文学色彩的叙述与描摹。作者在写作时,为追述、还原真实事件的原貌,对必然发生的情形做一定的合乎逻辑的"合理"想象与细节描述,是在"小心求证"的基础上展开的。这就像闻一多先生要求新诗创作务求格律化时所说的话:"戴着镣铐跳舞。"有较大难度。如前两条对于传记作者来说是带有共性的必备条件。

三是对于戏曲知识、传主艺术个性与特点有深切了解与把握。换言之,就是要懂行。不是要一般的懂,而是要精通,还要有独到的分析和言人所不能言、见人所未能见的高人见解。这就相当难了!

一、我撰写蒋月泉传的过程

我虽然编辑过不少戏曲名家传记,自己却从未尝试写过此类作品,也根本不具备上述三方面的条件,可以说一点经验都没有,怎么办呢?笨鸟先飞啊!对于评弹,过去接触不多,只能唱几段开篇,要写传了,就只能从头学起,全力以赴了。

第一步查阅文字资料。凡有关评弹知识和蒋老师的文字材料尽量搜集到手,花了三个多月,看了三百多万字的书面材料,其中有唐力行教授主编的"评弹与江南社会研究丛书"与《江南社会历史评论》、唐耿良回忆录《别梦依稀》、周良先生主编的"苏州评弹研究资料丛书"、吴宗锡先生大作《走进评弹》《评弹小辞典》,上海评弹团主编的《蒋月泉流派唱腔集》及各种纪念册,以及休谟的人生哲学、弗洛伊德的心理哲学、李泽厚的《哲学纲要》等现当代接受美学理论等,并认认真真做了读书笔记。由此我初步明白了有关苏州评弹的沿革、流派演变与社会关系,评弹行话、代表性人物与书目,以及"蒋调"的形成与发展的一般情况,对苏州评弹算有了一个大概的了解,对从社会学与接受美学的角度切入写作做了必要的准备。

第二步采访关系人,调查口述历史。在西方,口述历史都受到学者的相当重视。但要了解口述历史,进行采访并不是一件容易的事。它包含着人际交往的艺术。同一个采访对象,不同的作

《皓月涌泉·蒋月泉传》

家去采访会产生完全不同的效果。首先要取得被采访者的信任,让他了解你的意图,在一些问题上达成共识,逐步让话题朝着有效的方向展开,从而获得有价值的第一手材料。所以在采访的过程中不仅仅是倾听,还要积极地、紧张地思索,顺着对方的话题自然而然地提出一些关键性的问题,去寻找答案;但又并非机械式的一问一答,这样易使被采访者精神疲倦,缺乏主动性。关键是尽量去激发采访对象的情绪与谈话的兴致。采访者与被采访者是互动的关系。这就涉及人际交往的能力与交际手段的问题。我的体会是,最好是根据不同的对象,从他熟悉并感兴趣的话题谈起,不断引导、深化,围绕一个主题,采取朋友之间随便闲聊的方式,能较好地取得采访效果,甚至会有意想不到的收获。下面我举两个例子:

关于蒋月泉父辈、兄弟姐妹的情况,他的家庭历史,没什么档案可查,几乎空白。甚至连蒋月泉的儿子也并非全知。这就给我叙述蒋先生的身世、人文背景造成了极大的困难。我在采访中,采取交朋友的方式,有时并非抱有功利目的,而是真心诚意地与之结交,随意喝酒聊天,当然谈的都是蒋月泉艺术方面的内容,从而取得了采访对象的信任,甚至打消了他们的顾忌、疑虑,主动地提供有价值的资料。我在采访江肇焜先生的过程中,彼此有了好感,成了朋友。事隔月余,一天,我接到肇焜兄的电话,说他偶然在一包塑料袋中发现一张光盘,那是在蒋老师定居香港后返沪小住期间给蒋老师拍的录像,时间不长,约四十分钟。他让我看看,也许对写传有所帮助。我打开光盘,喜出望外,里面竟然是蒋老师本人接受江肇焜、辜彬彬采访时的谈话内容。蒋老师除了对他两位恩师张云亭、周玉泉的深情回忆之外,也谈到他父亲在戏馆做案目以及家住南市老城厢狮子巷的情况,说他父亲那时在南市更新舞台做案目,而且是旧上海二十四个案目中最大的案目,请梅兰芳到上海演出的经费,均先由案目集资凑拢(其时名曰交"押具"),他父亲交的"押具"最多,所以占据戏院的桌面也多。这方面的内容虽然不多,却为我研究、叙述蒋月泉的身世提供了极为重要的线索。我进而顺藤摸瓜,又向蒋培森了解相关情况,再查阅有关更新舞台几度变迁与台主潘月樵、夏月珊兄弟的资料,终于摸清了蒋老师父亲的身世。如果我没有与肇焜兄结成朋友关系,采访结束,人一走茶就凉,人家不把你的事放在心上,即使偶然发现这一张光盘,也不会打电话给你。那么蒋先生的家世就无从知晓了。

蒋老师生前家庭以及婚姻情况比较复杂,我采访蒋先生两位大弟子,王柏荫和潘闻荫,两位老先生均为我讲了一些情况；但我知道最了解实情的莫过于蒋先生的儿子蒋培森先生了。于是，我与他见面时做了不少工作。我的观点是蒋月泉是评弹界四百年才出一个的一代宗师，给他立传就要对历史负责，要写他的方方面面，既要总结他的艺术成就，也要写出他的人生经历，写出一个有血有肉、活生生可以感知的蒋月泉，这也许是广大"蒋迷"朋友的期盼。培森兄考虑了三天三夜，经过激烈的思想斗争，终于接受了我的观点，达成共识，积极配合我的采访工作。我们前后谈了六七次，每次最少三四小时，最多从下午两点一直谈到午夜十二点。我家附近有一个"伊加伊"饭店，我们一边喝酒、饮茶，一边就无拘无束地聊，从蒋父的身世聊到蒋先生的婚变、再婚及至晚年第三次婚姻的情况，从"蒋调"的艺术特点谈到"蒋调"的形成、发展，以及"后蒋调"产生的主客观原因。我们互相探讨，各抒己见。但不管谈话时间多久，我的录音笔一直处于启动状态。第二天，我便根据录音，花三倍甚至四倍的时间，一字一句地用文字记录在笔记本上。及至采访结束，我将十几位关键人物的谈话录音全都形成文字，记录在案，其中还有我自己不少随感式的文字，总计有二三十万字，记了满满四大本。虽然这是一个笨办法，但磨刀不误砍柴工，对我写传帮助极大。

第三步进行总体构思。蒋月泉先生的艺术人生丰富多彩，作为一代宗师，他的闪光点很多，究竟凸显什么？从何处着手？重点应该放在什么地方？根据我掌握的资料和采访内容，我将他的一生归纳为三个阶段：

第一阶段，为学徒时期，时间较短，至多一两年。他拜张云亭为师，是为讨生活，养家糊口。后逐渐喜欢评弹，并开始热爱这门艺术。及至电台唱红，他开始为个人的名利而奋斗，"蒋调"形成并风靡江浙沪。

第二阶段，是中华人民共和国成立之后，在党的教育下，懂得评弹工作应为人民服务。他自觉地服从党的领导，得到组织上的重视与支持，全身心地投入整理传统书目《玉蜻蜓》与《白蛇传》以及编演新书目的工作中，努力攀登评弹艺术的高峰，并发展、形成了雍容、大气的"蒋派"艺术，取得了辉煌的成绩。1962年，蒋月泉去香港演出前，曾不无自豪地对儿子蒋培森说："培森，我这次赴香港，一定要以全新的面孔去。香港这些听众，就是上海过去的一批老听客，要让他们看看我蒋月泉的新面貌。"蒋月泉的这番话很能说明他当时的真实心情。

第三阶段为"文革"之后，他的境界提高了，开始为整个评弹事业着想。他忧心如焚，担心评弹事业后继乏人，所以，掏尽肺腑，倾其所知，为学生上课。只要是艺术上的事，学生上门请教，他总是热情接待，有问必答。他把晚年都贡献给了评弹的教育事业。及至暮年，定居香港，仍在孜孜不倦地总结自己的艺术经验，以供后人借鉴。

蒋月泉艺术上登峰造极的辉煌时期应是20世纪五六十年代，他这一时期的艺术与生活自然成了写作的重点。于是,根据蒋先生艺术人生的三个阶段,我拟就了七个篇章,即:第一篇反映他少年生活的《海上生明月》;第二篇介绍"蒋调"形成并广受欢迎的《泉声入万家》;第三篇叙述中华人民共和国成立后他与同事们如何自觉革命,响应党的召唤,组建上海市人民评弹工作团,成为"文艺轻骑兵"的《清风邀明月》;第四篇称颂他踏上新的文艺平台,大显身手,攀上艺术高峰,成为一代宗师的《皓月凌空照》;第五篇追述他在"文革"期间遭受迫害与磨难的《残月夜深沉》;第六篇赞美他投身评弹教育事业、忘我工作的《涌泉润禾苗》;第七篇写他并不如意的晚年婚姻与故乡亲人对他的热爱和关怀的《月是故乡明》。

第四步着手写作。

我对自己提出的要求是:力图揭开历史的尘封,摈却世俗的偏见,挣脱人为的樊篱,用当今社会学和接受美学的审美视觉,寻觅和诠释这位评弹大师演艺生涯与艺术经验的轨迹,还原一个真实、鲜活的一代宗师的神韵风貌。具体写作上尽可能地做到笔触要细,开掘要深,分析评点要透。当然,囿于本人的水平,事实上远远没有达到这个要求。

二、撰写传记应该用历史主义的态度

蒋月泉虽然是评弹大家、一代宗师,但从社会学的角度去考察,他也是社会的一个成员。他性格的复杂化与多面性是十分显著的:他平时谈笑风生,诙谐幽默,且平易近人;有时也深沉、持重、深谋远虑;因为机敏聪慧,他善于审时度势,顺应潮流;也因为过于通达,有时不免世俗,显得八面玲珑。这些性格特征都是社会环境和时代变迁造成的,我们不应苛求前人成为一个让人顶礼膜拜的圣人、神人,只有客观、真实地研究其人其事,才能发现一代宗师的真实面貌,并解读他的人生密码与艺术真谛。

那么究竟怎样去写活这样一个性格复杂的艺术大家,并从他身上折射出一些深层次的社会问题呢?这就需要对已掌握的历史资料做科学的实事求是的分析,以对历史负责的态度,勇敢地去揭示艺术家赖以生存的那个时代的艺术与政治、艺术与人生、艺术与社会的关系,尽可能反映并还原那个历史时期社会与生活的真实。回避历史的真实,甚至为尊者讳,都不是历史主义的态度。

比如蒋月泉的父亲蒋仲英,十三岁只身从故乡苏州来到上海做报童,进而贩报,十七岁转而做案目生意,二十四岁娶妻,翌年得子。此后,案目生意越做越大,开始发迹,用了跟班韩文忠。但蒋月泉的生母二十九岁去世后,蒋父续弦成凤英,不久抽鸦片成瘾,又去赌博,竟至输尽家财,家道衰败。蒋月泉小学毕业便荒废学业,休学三年,十七岁即去厦门一家制作银盾的小厂学徒，半年后回沪始学评弹。对于这样一个并不风光的家史要不要写？当然要写。写了就能准确地揭示严酷的生存环境乃是催生一代宗师的外部的社会原因。

然而，爱面子的中国人，尤其是名人的家属、族人、后代，总是习惯于光宗耀祖的思维模式，指望为名人立传，就要多讲好话，不能有半句逆言：只展示阳面，不触及阴面；只谈艺术，不写生活；只表现台前，不反映幕后；只褒扬伟大，不去描写平凡。似乎艺术家与他的艺术是凭空产生的。这种为名人评功摆好的因袭势力，即我前面提到的所谓"世俗的偏见""人为的藩篱"，无疑给传记作家造成了极大的精神压力，束缚了他们自由写作的心灵。

我在写蒋月泉传时同样感受到来自这方面的压力。问题是自己怎样去应对并承受这种精神上的挑战。举几个例子：

一是蒋月泉第一次婚姻与婚变。蒋先生二十岁在电台唱开篇已小有名气。但当时"蒋调"还未形成，他唱朱介生的"俞调"、薛筱卿的"薛调"很受听众欢迎。他被默片时代著名的电影明星宣景琳叫到府上唱堂会。蒋月泉叫宣景琳阿姨。因为蒋父十三岁到上海当报童，就是宣景琳的父亲介绍的。宣景琳有个丫头叫黄维勤，小名阿凤，小蒋月泉一岁，其时只有十九岁。蒋先生情窦初开，两人好上了，却遭到宣景琳夫妇的反对。宣景琳反观自己少女时代迫于生计在会乐里当过妓女的身世，以及与王六公子艰难成婚的经历，决定让这对有情人以私奔的方式联姻。关于宣景琳的故事，我是采取倒叙的方法，与蒋黄之恋连在一起的。然而蒋黄婚姻只维持了四年，便离婚了。其原因是多方面的：随着蒋月泉名声的提高，接触上层人物的机会多了，与阿凤文化方面的差异便凸显出来；蒋父续弦后，又生二子，他本人无所事事，四口之家全赖儿子蒋月泉的收入，阿凤也很有意见，公媳关系紧张；加之社会上名利的诱惑，蒋月泉结识了处于婚姻危机中的上海滩建筑业巨富邱三省的女儿——邱四小姐，两人一见钟情，遂有了双方婚姻的变故。

对于这段婚变是否要写？蒋的亲属中是有持反对意见的，关系人甚至不愿接受采访，我完稿不久，也还有传话，说最好将这一节删掉。我思考后决定不删，因为这是蒋先生初婚的一个客观事实，不然，抗战时把阿凤母女接到苏州生活，晚年的蒋月泉在儿子外出演出、无人照顾的情况下，又将住房从康乐村搬至岳阳路，与女儿隔室为邻，生活上由前妻照顾等一系列的历史情况就反映不出来了。撇开黄维勤，还能说这是为蒋先生立传吗？关键是：作者本人在叙述这段婚变时要持客观的公允的态度。我写了黄维勤和邱四小姐的善良，也写了蒋先生的至孝与对前妻的内疚。他把八仙桥的厢房留给了前妻与女儿，还承担了母女的全部生活费。邱宝琴还把哥哥给她的一笔不菲的陪嫁费，一半买下了拉都路83号的一幢小洋楼，一半则由蒋月泉交给黄维勤，作为终生的生活补贴。

邱四小姐二十九岁与丈夫离异，下嫁给二十四岁的蒋月泉后，妇随夫唱，生活上对蒋月泉照顾得无微不至，直至她五十岁因肝癌离世。夫妻恩爱，蒋月泉艺术上最有成就的时光，是在念吾新村度过的。蒋月泉成功的背后有邱宝琴一半的功劳。这二十一年的夫妻之情又怎么能不写呢？他们的结合，因为双方出身及门第相差悬殊，阻力之大是可以想象的。但双方仍然勇敢地冲破阻力生活在一起了。这在当时是十分出格的行为，尤其是出身豪门的邱宝琴下嫁给一个说书先生，过着一般的平民生活，与丈夫走南闯北，无怨无悔。所以，当她病逝后，蒋月泉沉浸在痛苦中不能自拔，经常抱着弦子弹唱《白蛇传》选曲，以寄托哀思。临了，儿女发现他精神忧郁，不得不劝他从念吾新村搬到康乐村，以改换居住环境。这样一个长达二十一年历史的婚姻故事，在传记中也是不能一笔带过的，而是需要做出交代，行文上也必然会有感情色彩。对他们门第悬殊而最终结合在一起，我从社会学与心理学的角度做了一定的分析，以折射出那个时代各阶层的生存状态。

我写蒋月泉，是把他作为评弹大家来写，没有刻意地去美化他、神化他，而是尽量写出一个现实中活生生的蒋月泉。旧社会对于唱红了的艺人来说，酒色诱惑很多。蒋先生是个感情丰富的人，他的"免疫力"并不强。青年时期的蒋月泉潇洒俊朗、英俊倜傥、风度翩翩，加之出入电台，因"蒋调"的流传名声日隆，异性追慕者不乏其人。其中让蒋先生掉入爱河的就是一个在旧上海红得发紫的美人——被报端誉作第一交际花的任文芝。这段婚外情要不要写？我向有关人采访时，他在兴头上谈了有关情况，事后又追悔莫及，在电话中说这与写传记无关。我再三考虑，还是要还其历史的真面貌。只要我的出发点不是为了猎奇。

我之所以在《挡不住的诱惑》一节中写了这一段浪漫故事，是基于这样的考虑：它既能反映邱宝琴的贤淑、大度与善良，也能表现第一交际花任文芝与众不同的见识和侠义，又能写出蒋先生终究爱妻之情胜于露水之欢的可佩之处。用蒋先生自己后来的话来说，"我是呒青头中的有青头"。其时的他尽管精力充沛、感情丰富，却终究没有久留于香艳韵事间、迷恋在缠绵悱恻的情网中丧失自我，而是在迷惘中止步，投身于他心爱的评弹艺术。可以说他对于评弹事业的执着与献身精神，远胜于维纳斯女神的眷顾与垂青。至关重要的是，我是将这一段为时四五年的婚外情放在"民国时期姨太太现象"这一社会背景下展开的，并引用了那时的法律条文以及分析了这些条文存在的漏洞与弊端。如果蒋先生没有定力，没有如王柏荫先生所言，"伲先生良心发现"，觉得这样做，对不起自己的妻子，任文芝也就很可能成为蒋先生的姨太太。由于社会背景交代清楚了，读者与家属读了这段浪漫故事，可能会产生某种理解与同情。

邱宝琴去世后，曾有人向蒋先生介绍过一位女朋友，因为对方是一个资本家的遗孀，终因领导持反对态度，派人做工作，好事未成。这里也揭示了一个发人深省的问题：在那一个讲出身、讲成分的年代，组织上的过分关心却影响了个人的幸福。

蒋先生的晚年婚姻就并不如意。受到"文革"的种种迫害，蒋先生心中蒙上了挥之不去的阴影。第三任妻子朱若英就是利用蒋先生担心内地要搞运动的心理，赢得这位名人的爱情，二人于1988年移居香港。由于两人情致、兴趣、爱好各异，缺乏共同语言，虽然撮合在一起，蒋先生晚年并不幸福。加之历史的原因造成的沉重压力，使他在寂寞的生活中，精神孤独，抑郁症不时爆发。对于朱若英太太，我在采访时，各人评价同中有异：有人把她说得一无是处，有人认为朱若英虽然有些庸俗的市民习气，与蒋先生并不般配，但生活上还是蛮照顾丈夫的。他们还是做了十七年夫妻，没有离异。我写最后章节时，还是采取了折中的态度，于含蓄、隐喻中也做了部分肯定。

　　上述几个例子都涉及名人的婚姻、婚外恋等私生活，在全书中只占很少篇幅，约占三十分之一。可能有人不主张写，认为写艺术家传记，就写他的艺术好了，何必去写人家的生活，不是自找麻烦吗？不是去揭名人的隐私吗？持这种观点的人不在少数，这种因袭势力不仅存在于一般的读者中，也存在于知识界与作者队伍中，对传记作者构成了巨大的舆论与精神压力，使我们在文学传记的写作中始终驻足不前，不敢越雷池一步，鲜有突破。

　　在这里，我想提出一个问题，即我们笔下的艺术家是否公众人物？如果是一般的平头百姓，这样写，就是所谓揭露隐私，人家就可以控告你；但是公众人物就另当别论了，一如当前处级以上干部必须公开自己的家庭财产与个人收入一样。目前我们没有公布新闻出版法，也没有规定作者不能写公众人物的私生活。我以为公众人物的恋情、婚姻状态不单反映他个人的情感世界、审美与道德观念，还能折射出许多令人瞩目的也是大众关心的社会问题。只要作者不是用猎奇的眼光，而是用客观的历史主义的态度，准确的现实主义、非自然主义的写作方法，在材料的运用上懂得孰取孰舍，禁区是应该打破的。

　　这里，我顺带提一下，传主住处与住房条件的变化也会从一个侧面反映传主的处境、遭遇及其情感生活的大致情况。例如，蒋月泉出生于南市老城厢狮子巷，其时父亲在潘月樵、夏月珊兄弟主持的更新舞台当案目。后来抽上鸦片、嗜赌，家道中落，就住到房租低廉、靠近西藏中路的瑞庆里去了，而且由祖母统一执掌家政，与三官阿叔一家共同开伙仓。蒋先生与阿凤成亲后就在八仙桥浙江路靠近金陵路的道德里租了一间厢房，生下女儿梅玲。与邱四小姐结婚，就住拉都路83号一幢小洋楼了。1943年，太平洋战争爆发，日寇接连受挫，沦陷区物资严重匮乏。此时的蒋月泉白天、晚上说书，大清早还要开着摩托车去徐家汇粮店排队轧户口米，以养活包括保姆在内的八口之家。实在支撑不住了，只得卖掉小洋楼，将全家迁到苏州，从张鉴庭手中买进醋库巷的房子"安营扎寨"。抗战胜利，他与妻子邱宝琴，带了儿子蒋培森回到上海，一年中四处借房居住，最终还是通过邱四小姐的关系，从她三姐的居处借了念吾新村的一间大厢房，以后又将三楼与四楼全租下。1962年邱宝琴去世，为改换环境搬至康乐新村。"文革"开始，蒋先生被扫地出门，房子被没收一间，上交一间。"文革"结束，落实政策，补还一间，蒋先生在无人照顾的情况下，又搬至岳阳路，与前妻、女儿家隔室为邻。晚年的蒋先生与朱若英结婚，文化局房管部门为照顾这位名家，收去了岳阳路的住房，给了长乐路一套设备比较全的住房。但这七八年中，蒋先生基本上住香港朱若英的居处太古城，条件较好。有时也回上海居住长乐路。此前，因为蒋先生对前妻、女儿一直抱有内疚之情，早就答应把岳阳路的住房留给女儿，所以长乐路的住房产权证上自然加上女儿的名字，这就引起了家庭矛盾，最后，蒋先生在住华东医院期间，只得把房子卖掉，房款由他、朱若英、蒋梅玲三人平分。住房的变迁情况清楚地反映了蒋月泉的人生遭际与社会风貌，传主的精神世界、喜怒哀乐，在这个单元空间里得以清晰地展示。所以，我在采访时，对传主住宅的变迁情况调查得十分仔细，从而得到不少材料与启示，对写传帮助很大。

三、撰写蒋月泉传后的体会

以上谈的都是关于我如何写蒋先生生活方面的一些想法，作为一代宗师的蒋月泉，写传的重点自然应该放在艺术总结方面，下面我就谈谈这方面的体会。

应当说，任何戏曲大家都不是凭空产生的，这里有一个传承问题。蒋先生自己说，他平生拜了两个好老师，等于临了两幅好字帖。蒋先生所说的两个好老师，大家都熟悉，一个是张云亭，一个是周玉泉，两个老师都是说《玉蜻蜓》的名家。张云亭擅长说表，唱的是"书调"，比较简单。但他的说表，十分精细，引人入胜，其中的"小闲话"几乎是"精金美玉"，成为全书不可或缺的部分，故有人称颂他说的《玉蜻蜓》为"翡翠玉蜻蜓"。但写文学传记光讲理论不行，而是需要捕捉一些生动的细节来说明问题的。而这些细节也是作者灵感闪现的源头。我举了两个例子：一个是他形容金贵升衣着讲究的小闲话：一次，张云亭在书场说他的看家书《玉蜻蜓》，说到书中的人物——苏州首富金贵升，说今朝大爷穿一件鹦哥绿海青的衣衫。有个听客问张云亭："听唔笃（你们）说金贵生穿衣裳讲究，哪哼（怎样）讲究呢？听来听去总归鹦哥绿海青，齆（没有）换末。"张云亭在书台上神色平静，从容答道："哪能勿换？换格！唔笃（你们）叫看勿出！比方直梗（这样）说，早上起来，颜色鹦哥绿海青，上头花朵全是一朵朵纽头（含苞未开的花蕾），因为早浪厢（上），花齆开，所以是一朵朵纽头；中浪厢（午时）热吼吼，要换哉，颜色仍旧鹦哥绿海青，上头格花呀，一朵朵，有点开哉；暂夜快（向晚时），阴飕飕，又要换哉，上头花头呀，全是一朵朵满花，一天下来，花全开足哉。——讲究，换格！"

蒋月泉赞叹恩师，说他表现人物时用词当心得来："热吼吼""阴飕飕"，用这种词汇来形容一日的气候变化；从同样一件鹦哥绿海青，因花式的差异，反衬富家公子衣衫一日三换，生活讲究，以此交代了金贵升富有的社会地位以及他雅致的审美情趣与年轻风流的个性特征。

另一个就是他形容文宣聪明的小闲话：

《玉蜻蜓》中大爷金贵升与僮儿文宣的关系很好，因为文宣聪明，大爷十分疼爱，文宣对主子也一片忠心。这种主仆间的感情，若无细节表示，说他们情同手足，好得可以割下头来，听客没有感性认识，都是空的；不会在金贵升隐匿庵堂，文宣"失落"主子，被金贵升的妻子金张氏一日拷打三次，跪在法华庵佛前哀哭祈祷，金贵升暗中躲在观音像后得知实情欲出不能，心痛如绞时，对主仆一掬同情之泪。

张云亭为了表现这对主仆的深情厚谊，设计了一个使人拍案叫绝的细节：

某日，金贵升去汇文渊聚会，携了僮儿文宣。那里是富家子弟，也是读书人吟诗作对的地方，去者都带了僮儿。公子哥儿酒足饭饱之后讲到，谁家的僮儿最聪明？金贵升得意地说，我的僮儿最聪明！有人问，怎样聪明呢？大爷说，我的僮儿呀，我肚皮里转啥念头，不对他讲，他都晓得。勿相信，马上试，我叫文宣来。"大爷，啥体（有何吩咐）？""你到灶间拿把刀来。""好，大爷，刀拿来哉。"饭后桌面上都放了一些水果盆子，金贵升拿一小段削了皮的甘蔗，用刀劈成两半，放在桌上，用手指指，也不说话。文宣聪明，明白了。换了拎不清的手下人，见大爷手指点点，以为叫他吃甘蔗，塞到嘴里，耳光勿要吃上来！文宣心中有数了，拿了半爿甘蔗，抠下身去，填一只台脚。因为一只台脚不平勒嗨，台子上的茶水晃了晃，晃了晃。填了台脚，平哉。这时汇文渊里这班读书人都齐声赞叹"好！"老先生就是这样来渲染文宣聪明的！这样一个僮儿，主人怎么会不欢喜呢？等到文宣受屈被打，在庵堂里跪在观音菩萨面前哭诉冤屈，祈求早日寻回大爷，金贵升蹲在暗角落听了怎不伤心流泪呢？

张云亭说书坐着少动，他创造的艺术形象是靠说，而不是靠做。不必像有些艺人在书椅上坐了立，立了坐，像酒店水缸里的黄鳝，昂起头，揿下去，不一会儿又昂起头来，说明竹竿虽长腹内空。张云亭所说的"小闲话"由于说前已想得细密、周到，所以几乎妙到极致，成了整回书不可或缺的组成部分，少了就缺一分精彩。

但蒋玉泉并不以此为满足，在他看来，周玉泉能把张云亭不说的书拉长接活，而且他用大嗓唱的"周调"雍容大气，能赢得更多的听众，于是蒋月泉宁可降低辈分，拜隔房师兄为师，再向他学本事。

那么蒋月泉本人的艺术特点表现在哪几个方面呢？毋庸置疑，长篇《玉蜻蜓》与《白蛇传》是其代表作，此外还有他顶峰时期的一些书目，如《林冲》《海上英雄》《王孝和》《王佐断臂》《大生堂》

等，艺术上的介绍与阐述必须从这些作品分析着手。在写作时，一定要主次分明，突出代表性书目，比如《庵堂认母》《厅堂夺子》等，要按时间顺序，说明"蒋调"形成的原因及其演变的情况，脉络要写清楚，要说明"前蒋调"与"后蒋调"的关系。当然，这里包含着作者研究的成果与独到的见解。我在分析蒋先生的代表书目时，总习惯于将它放在当时特定的社会背景下加以叙述，从而让读者明了内因与外因、主观与客观的关系。同时也能恰如其分地给予评点，指出"蒋调"和书目在创新、发展过程中的曲折、不足，以及艺术家内心的苦闷、挣扎，与书目创新的历史性局限。

（一）中华人民共和国成立后政治环境"左"的倾向对艺人的压迫不应隐瞒

熟悉"蒋调"的人都知道，"前蒋调"与"后蒋调"的差别：前者以优美为主，抒发人物感情次之；"后蒋调"则以塑造人物形象、抒发人物感情为主，优美次之。但造成"前蒋调"与"后蒋调"的原因何在？它们之间的"分水岭"又在哪里呢？我从蒋先生几次讲话的录音中得到这样一个结论：1955年在梅山水库上的七天七夜的严重失眠，是造成声带不能闭合，只能唱"二黄"，不再唱"西皮"，不去唱"上旋"，专注于唱"下旋"的原因，这成为"前蒋调"与"后蒋调"的"分界线"。那么蒋月泉为什么在梅山工地连续失眠七天七夜呢？原因何在？他究竟精神上受到什么样的巨大压力，以至于通宵失眠，难以入睡？——蒋月泉在上述公开的讲话中没说具体的原因，然而，我们在他直率的谈话中还是能大致归结为四条缘由：一是为个人的事情，吃了批评；二是挨了批评，自己头脑里想不通；三是思想斗争激烈，要七天七夜，实在苦恼之极；四是像蚕宝宝在茧中咬不穿茧丝，盘不转一样，不知道出路何在。

我在采访中带着这个问题，曾分别与吴宗锡、江文兰、江肇焜、蒋培森讨论过这个问题，但没有得出明确的结论。吴宗锡先生回忆，他从北京回沪时，途经佛子岭、梅山水库，曾在那里与评弹团的同事住在一起，也看望了蒋月泉。"那时，反胡风运动刚开始，蒋月泉一直认为有人监视他，我感觉是他心里觉得委屈而产生的幻觉。我在一旁安慰他也无作用。我在梅山住了一周，上海文化局来电将我叫回上海，因为我与所谓的胡风分子都是朋友，文化局要审查我，不让我住在外面。后面的运动，如肃反（肃清暗藏的反革命分子）、反'右'，对蒋精神上是一种压抑。他可能是敏感，担心自己去香港的问题。"吴宗锡先生的分析还是有道理的。

我曾查阅，反胡风运动是从1955年1月中宣部向中央打了"批判胡风反动文艺思想"的报告算起，至同年5月胡风等人作为"反革命集团分子"被逮捕，这半年期间，《人民日报》《光明日报》《文汇报》《解放日报》《文艺报》等全国各大报纸杂志连篇累牍地发表批判"胡风反动文艺思想"的文章。各文艺部门也"联系实际"对"反动的资产阶级文艺思想"进行了批判和清算。上海评弹团与其他文艺单位一样，在此期间也组织团内成员展开学习。评弹团的演员当然不可能与在大学、文化部门搞文学研究、文学创作与文艺评论的"胡风分子"有什么直接的瓜葛与联系，团内每周政治学习分组讨论，主要是联系实际，批判资产阶级文艺思想。曾参加过这类学习的一个先生事后回忆，当时团内的几个小青年发言时，曾指责蒋月泉受资产阶级文艺思想的影响，"蒋调"唱得软绵绵。蒋月泉感觉委屈，辩解说："我的'蒋调'也在变，我唱《海上英雄》那段'风急浪高'不是也变了么？"

后来，有人不经意间发现蒋月泉与朱慧珍在团里的一间休息室里相对而坐，神色凝重，气氛有点紧张。朱慧珍说："我这样说末，勿要真正批评倷（你），我也说说自己不好。"蒋月泉冷笑一声说："倷（你）格自我批评是要引出别人的自我批评啰？倷（你）讲自己不好不是真的，而是为了引出我的自我批评啰？倷（你）这种自我批评，我也吃不消！"

上述点滴说明蒋月泉当时对于来自团内的对他的批评，思想上是存在"疙瘩"，想不通的。为什么要把他唱的"蒋调"与"资产阶级反动的文艺思想"联系起来呢？他们究竟把他当成什么人？蒋月泉是个神经十分敏感的人，在他眼中朱慧珍是团内公认的优秀的共产党员，朱慧珍对他旁敲侧击的批评，兴许代表了党的声音，她对他的看法可能间接反映了党组织对他的看法，而蒋月泉恰恰是十分看重这一点的人。

根据蒋培森回忆，有一次父亲回到家中对儿子说："唉！我现在越来越觉得不会说话了！"蒋月泉这样说，反映了他当时极其复杂的心态。在旧社会，作为一个艺人，生存造就了他灵活圆通的处世应变能力。用陈希安的话说："他交际广，路路通，吃得开，兜得转。"然而，事过境迁，1949年后，随着政治气候、社会环境、交际对象与交往方式的变化，一切都变了！他一方面清醒而惊喜地看到新旧政权的变更与交替，给全社会带来全新的进步、光明与巨变；另一方面反观自身，旧时代业已形成的价值观念、思想感情、行为准则、处世方式，已与新社会的要求相差甚远，一种从未体验过的焦虑、失落与惶恐之感悄然而生，他不知所措，决心革心洗面，重新做人，去适应新的、变化了的时代潮流。"民改"时，他虽然向组织上讲清了一切问题，但精神上承受了很大的压力，及至两次"文代会"没有资格参加，他深深地感到自己过去关系复杂，身上包袱沉重！尤其是1950年，是他牵头，带着"四响档"去香港"淘金"，接触了一些像杜月笙等国民党的要人，这算不算与反动分子有牵连呢？他的性情由原来的机敏、精明与圆通变得悒郁、深沉、凝重起来。他抛头露面的事少了，姿态也显得十分低调，尽量"夹起尾巴做人"。但即便如此，在"反胡风"时期，同事之间"联系思想实际"开展的"批判资产阶级文艺思想"的"批评与自我批评"，让他精神上再一次感受到难以承受的压力。他与朱慧珍言语上发生的龃龉，是一种委屈心情的流露。

在梅山学工期间，一个人在没有工作压力稍觉清闲的情况下，夜阑人静，思想反而会像野马似的漫无边际地驰骋起来，蒋月泉此时不会不从报上看到纷至沓来的一篇篇批判胡风的"檄文"；吴宗锡突然奉命返沪，接受组织上的审查，也可能影响到他的情绪；于是，他的神经紧张起来，他的自卑、焦虑、惶恐不安的心绪便加重了，以至于彻夜不眠，产生幻觉，总以为有人监视他。梅山上的七天未眠可以说是蒋月泉抑郁症发病的前兆，及至"文革"开始，他遭到空前未有的磨难，他的抑郁症便彻底爆发了。

猜测蒋月泉梅山失眠之谜，上述看法乃一家之言，它可以作为一个学术问题提出，以求方家指正。

蒋先生艺术生涯中有两次严重倒嗓，一次是他年轻时拜师周玉泉，第一天上台与先生拼档，他做下手，唱"俞调"。他用小嗓，一开口，用力过猛，声带出血，从此小嗓没了，只能用本嗓唱"周调"。但上下手都唱"周调"又觉单调，就逼着他在"周调"中音区的基础上向高音区发展，终于形成了独树一帜的"蒋调"。第二次便是在梅山水库上失眠造成的声带气质性病变，这使蒋先生明白，自己在嗓音条件方面开始走下坡路，按原来的路子显然走不通了。于是在盖叫天先生《一箭仇》中"武戏文唱"的启发下，不唱"二黄"唱"西皮"，着眼于唱人物感情，使唱为塑造人物服务，从而发展了更具艺术魅力的"后蒋调"。

蒋月泉青年与中年的两次倒嗓，几乎让他陷入绝境，但他竟绝处逢生，扭转乾坤，不仅创造了"蒋调"，并使"蒋调"有了历史性的突破和发展，成就了他的一世英名。这一艺术上的蜕变与飞跃，其动因来自他所遇到的艺术界限与自身抵抗的经验。"蒋调"的独创，从某种视角看，是"从他最深的心源和'造化'接触时突然领悟和震动中诞生的"（宗白华语）。

不管怎么说，蒋月泉在梅山上的七个不眠之夜，确是"蒋调"由形成到发展、成熟及至后来炉火纯青的转折点，即"前蒋调"与"后蒋调"的分水岭。经历这七个不眠之夜的痛苦、徘徊、挣扎与思索，他豁然开朗，另辟蹊径，走上了一条通向艺术顶峰的光明大道，呈现在他面前的将是一片"蕙草仙葩、林木荟蔚、游目骋怀、玉露琼浆"的毓秀美景。

书中我对蒋月泉的代表书目逐一在艺术上进行分析就不在此赘言了。我想指出的是，传记作者不能墨守成规，对发生在传主身上的艺术现象与人生故事，一定要从社会学、心理学的角度去分析和评判。总之，作者要用现时先进的"科学的"历史的观点去审视传主所经历的那个时代发生的社会现象，以及这些现象对传主的影响与关联。没有思想的作品是苍白的，没有批判力的作品就没有生命力！

（二）对当时评弹团某些"左"的政策应予以批评

我在写传时，对过去评弹团的某些做法以及执行政策方面"左"的倾向也提出批评，并不隐瞒自己的观点。蒋先生生活的20世纪五六十年代十分强调知识分子与文艺工作者的思想改造。上海评弹团，还有其他一些文艺、文化单位，每年冬、夏两季都要花几十天时间去工厂、下农村体验生活。我在《梅山水库失眠之谜》一章写到，这些艺人，当时都四五十岁了，还要走几十里，爬越好几座山头，去将军寨看望老乡，名曰"体验生活"。到了那里，将军没见着一个，见了几个老乡，语言不通，又无法交谈。末了，老艺人姚声江病倒了，只得由蒋月泉、张鸿声四五个人用担架抬下山来。这样走马观花式的"体验生活"有什么意义呢？

我在书中写道：

上梅山水库工地体验生活历时一个多月，至6月下旬结束了。此前评弹团每年都要花一两个月的时间进工厂、下农村去"体验生活"。那时，不仅对文艺表演团体如此要求，对搞文艺创作的作家更是强调他们下基层去"体验""工农兵"的生活。如今，半个多世纪过去了，这种所谓"走马观花"式的"生活体验"，其意义究竟何在呢？让曹雪芹去"体验"焦大的生活，他能写出《红楼梦》么？让托尔斯泰去"体验"沙俄时代农奴的生活，他能写出《复活》《安娜·卡列尼娜》么？任何伟大作品的产生都是作者写自己身边熟悉与亲历亲受过的生活，古今中外概莫能外！每个作家因为出身、社会地位、生活环境不同，都有他固定的生活圈子，因而能写出不同于其他作家的人物和故事。赵树理是个农民作家，生活圈子在农村，熟悉他身边的农民生活，因而能写出《三里湾》《小二黑结婚》，但他绝对写不出茅盾的《子夜》、巴金的《家》。反之，后者也难写出反映农民生活的作品。像鲁迅先生的名作《孔乙己》《祝福》《阿Q正传》，也绝不是"下生活体验得来的"，而是他从小就熟悉那一时期发生在他身边的生活、事情与人物。每个作家都有他自己的生活圈子，写他这个圈子里最熟悉的人与事，往往能写出传世之作，从这个意义上说，胡风提倡的"到处是生活"，"作家应当写他身边最熟悉的人和事"，这个观点不无道理。"采访"与"体验"是两个概念，例如《水浒》《三国演义》则是集民间与历史故事之大成，是"采访"得来，进而加工而成，绝不是作者下生活去"体验"得来。当然，"采访"得到的（包括从其他作品移植与改编的）素材也可以写成"应景"之作，例如评弹团那时上演的《刘胡兰》《海上英雄》《王孝和》等创新书目，但并非是"体验生活"的结果。我认为，其时提倡的下生活，还是承袭"延安时期"的革命传统，让文艺工作者为实现政治目标服务；与此同时，在力图"消灭阶级差异"的激进的浪漫情怀的关切下，实现知识分子，包括文艺工作者与"工农兵"的一体化。"体验生活"对于文艺战士"思想改造"的"作用"，间或大于节目创新的意义。

（三）评弹团和文艺界领导对待蒋月泉的态度有失偏颇

再如，大名鼎鼎、几乎在上海滩家喻户晓的蒋月泉，在改革开放时期到来之前，竟然连参加文代会的资格都没有。前评弹团领导在回答这个疑问时说道："当时评弹团人多，从工作出发，要一碗水端平。"对于这个说法，我是很不以为然，也是不能接受的。我在《发自肺腑的由衷之言》一章中坦陈了自己的意见：

> 为了纯洁革命队伍，让干部们与旧思想、旧传统、旧关系决裂，人人做到放下包袱，轻装上阵，带领人民建设新社会、新国家，全国从1952年下半年至1953年上半年普遍开展了一次"民主改革运动"（简称"民改"）。评弹团的演员此时已成为"文艺轻骑兵"中的一员，拿工资，是国家干部，理所当然地属于被审查的对象。演员们按照上级部门的要求，一个个向本单位的领导交代自己的历史与政治问题，说清楚自己的社会关系，包括交代纯属私人的生活问题。当然，对于个人隐私，组织上是承诺绝对"保密"的。
>
> 蒋月泉与评弹团的同仁一样，怀着对党组织无限信任的态度，自愿与"旧我"告别，"脱胎换骨"，重新做人，无所顾虑、毫不保留地向单位领导交代并说清了自己的全部社会关系与自身的一切问题。这一年，他自觉"放下了包袱"，思想上是轻松的，精神上是愉悦的。然而，对于从旧社会过来的评弹艺人抱有成见且思想偏"左"的个别领导，头脑中却印入了蒋月泉似乎有"历史问题"的嫌疑。幸好，主要领导并不同意这个看法。这一切，当然在事隔半个世纪之后，才被披露出来。但当时蒋月泉却浑然不知，完全被蒙在鼓里。
>
> 评弹团因了文化人的加入，整旧与创作力量的加强，为蒋月泉演唱经过整理后的传统书与反映新社会新生活的新编书目提供了极其重要的条件；加之经过"民改"的"洗礼"，他自觉"放下包袱"，"轻装上阵"了。此后，他开始步入了攀登艺术高峰的活跃期。
>
> 然而，令人费解的是，1953年9月23日至10月6日在北京召开的第二届全国文艺工作者代表大会，蒋月泉这个评弹界的大牌演员竟然没有列入与会者的名单。而评弹团参加文代会的代表则是与蒋月泉一起组团的同事唐耿良，蒋的下手朱慧珍，还有团领导吴宗锡。唐耿良入选的理由是因为编演《黄继光》一类的新书积极，又是副团长；朱慧珍则是大家一致公认并推选出来的优秀共产党员。
>
> 第一届全国文代会是于1949年7月2日至19日召开的。其时，上海解放不久，大部分有名望的作家和演员都没参加，与会者多数来自延安或解放区；蒋月泉没参加，那是很自然的事。但第二届文代会，蒋月泉那样一个在评弹界有极大影响的权威人士竟未被列入与会者

的名单之中，不能不说是一件憾事。这对于极要面子的蒋月泉，无疑是一个不小的刺激与打击！蒋月泉外表的高傲与内心的自卑形成了强烈的反差，总觉得自己身上包袱沉重！历史问题严重！从而产生深度的惶恐心理与不被信任的失落感。不过，细细想来，在当时那样一个历史环境中，文化部门和单位领导做出这样的安排，也许出于无奈。

从延安时代起，党为了实现革命胜利的崇高目标，始终强调革命的文学艺术是整个革命机器中的齿轮与锣丝钉，直至革命取得全国范围内的胜利，革命文艺这个属性并没有发生任何改变。因此，在党的领导下，第一、第二届文代会的召开，与会者政治身份的象征意义显然十分重要。蒋月泉在是年"民改"的政治审查中，他抱着对党组织极其信任的态度所坦诚交代的一切，尤其是1950年初，带领"四响档"去香港淘金一事，接触了不少国民党的"反动分子"，难免给个别思想偏"左"的领导留下"疑点"，甚至于怀疑他有"历史问题"，故而在安排参加文代会的人选上采取了比较谨慎的态度，领导上可能还要看一看，等一等，在未来的时日里观察这个评弹大家的"表现"。

蒋月泉不负众望，1955年至1958年进入了艺术的顶峰时期，无论在整理旧书还是编演创新书目方面都有杰出的表现，成了家喻户晓的艺术大家。即便如此，他仍然没有资格参加1960年7月22日至8月13日在北京召开的第三届文代会。与会者中上海评弹团有已经参加过前次文代会的唐耿良，还有徐丽仙、陈灵犀，以及青年演员石文磊。这就使人存疑了。当时考量与审查代表身份及其资格的标准究竟是什么？艺术第一还是政治面貌第一？第一流的艺术大家被排斥在文代会的大门之外，难道能用所谓的"人多，从工作出发，要一碗水端平"这些理由解释吗？毋庸讳言，那个年代，主管部门和单位领导在考虑参加文代会的人选时，还是把政治因素放在首位的。而两次都被剥夺参加文代会资格的蒋月泉，当时有些情绪，对领导上有些看法，现在看来就完全可以理解了。

今天，回顾这段历史，似乎近于滑稽可笑！旧社会评弹艺人在书场说书，目的是为赚钱，求生存。而书场是公共场所，难免鱼龙混杂：有一般的平头百姓，也有国民党、汪伪政权的达官要人，还有流氓特务。蒋月泉作为大响档，与这些所谓的"头面人物"接触多，应酬也就自然多。只要他不参与其事，并向组织上交了"心"，就不该把他的问题考虑得过于严重。有的领导并非不晓得这一道理，但在一切工作把政治因素放在首位的历史条件下，若坚持为蒋月泉争取代表资格，也许会"冒风险"，难度很大。当时这个问题是不可能解决，也是解决不了的。只有到了改革开放的年代，也只有在这个时候，蒋月泉的代表资格才放在议事日程上加以讨论并最终予以确定；不过此时的蒋月泉已步入晚年，只是在公众和舆论面前显示象征意义罢了。

文代会毕竟是全国文艺工作者的代表大会,而绝非是党的代表大会!蒋月泉两次都没能去北京参加文代会,心中的确蒙上了一层挥之不去的阴影,他的黯然神伤是别人难以体会的。

(四)蒋月泉"整旧"成果有所不足主要是受政治风气影响所致

书中,我也如实地揭示了在整理传统书目《玉蜻蜓》的过程中,领导上用片面的阶级分析观点指导工作造成的失误,以及一个笃守文艺规律的大艺术家,在"左倾"思潮的压力下,内心的焦虑与痛苦。他的艺术家的良心最终战胜自己的胆怯与懦弱,不仅只身去苏州询问情况,还直接通过一定的渠道向陈云同志反映情况,显示了一代宗师忠于艺术规律,为求真理敢冒风险、不惜一搏的高尚艺德!1962年5月,陈云同志同上海市人民评弹工作团的同志谈到了关于《玉蜻蜓》的问题:

对于《玉蜻蜓》可以有几种态度。或者是原封不动;或者是全部否定,做"革命派";或者基本照原来的书路说,但是要整理,如宣扬封建主义的"孝义",要保留,宣扬封建迷信和描写色情的部分,要加以剔除。

问题是如何认识金张氏,是否定;还是肯定;或者基本肯定,照原来的书路说?人的认识是发展的,会变化的,我们不要怕改变自己的认识。前两年,我曾认为金张氏可以被全部否定。但如果金张氏被全部否定了,全书,至少"金家书"就不能说了,艺人和群众就很难接受。金贵升不是一个能够肯定的人物,很难说他和女尼智贞是自由恋爱。

传统书目的整理工作,不能离开时代条件。要用历史唯物主义观点来看问题,不能以对现代人的要求去对待古人。《玉蜻蜓》中宣扬迷信的部分较多,要剔除。这几年在整理工作中,在剔除封建迷信和色情的内容方面是有成绩的。但对什么是"封建",要好好分析,不能过激。如果过激了,狭隘地运用阶级观点,就要脱离群众。我们的工作要照顾群众,不脱离群众,才能发挥领导作用。各方面的意见都要听,但要分析。我们的一举一动都要符合党的政策。

陈云同志对评弹工作特别支持与关心,说他自己是评弹团的名誉团长,把演员都当成国家干部看待。他找上海市人民评弹工作团的同志谈话,不是去责怪别人,而是把自己放在其中一起分析,说人的认识是发展的,会变化的。看问题不能过激,不能狭隘地运用阶级观点,要运用历史唯物主义观点去分析。陈云同志的这次谈话是在毛泽东提出"千万不要忘记阶级斗争"的年代,显示了他作为中央主要领导人之一服从真理的高尚品格以及作为无产阶级革命家的大无畏精神!

可惜,陈云同志的这次谈话,时隔蒋月泉将整理《玉蜻蜓》的意见反映上去已晚了几年;不然，"整旧"工作可以少走一些弯路。

今天看来，《玉蜻蜓》是一部深刻反映封建时代宗法社会的优秀长篇书目，是一幅用评弹艺术描写的《清明上河图》。我们从20世纪80年代蒋月泉与吴宗锡的通信中可以了解蒋月泉对这部传统书的正确认识。他认为《玉蜻蜓》是从人性、人情的角度揭示了宗法社会的黑暗，以及在这种制度下生活着的不同身份、地位的市民阶层形形色色的思想情感、观念形态、生活习惯与社会风貌。书中主要人物女尼智贞是无辜受欺凌者，元宰是不知情者；而金张氏既是宗法制度下的受害者，又是这个制度的执行者，人物性格十分复杂。男人因夫妻龃龉离家不归，对她来说，丈夫生死不明，只得男女分院，终日淡妆素服，茕茕寡居，甚至问卜算命都须放下竹篱与胡瞎子隔离，难道她不是宗法制度的殉道者吗？然而，她为了寻回丈夫，拷打文宣，为维护家族利益与五绅缙抗争，打死五条人命，却显示了凶横霸道的一面，此时的她又是以维护宗法制度的执行者的凶残面目出现了。说书艺人的任务就是怎样说好、演活这些生动的人物形象，切忌简单化、单一化、脸谱化。从这个宗旨出发，晚年的蒋月泉又从老的《玉蜻蜓》中挖掘、整理甚至创作出不少脍炙人口的回目。

人生活在阶级社会里，当然会打上阶级的烙印。然而就人的个性而言，是多侧面、立体化的，绝不是"恶"就是"恶"、"善"就是"善"。某种意义上说，人是各种观念、道德造就的"综合体"。一个人绝不可能完美到极致，总有这样或那样的缺点与瑕疵，决定因素是他的头脑中什么样的思想意识占主导地位。《红楼梦》中林黛玉说话尖刻、小心眼、多愁多疑，难道不是她性格中的缺点？正因为如此，她便成了林黛玉这一个人，而不是其他人，读者反而对她的遭遇给予深切的同情。蒋月泉的杰出贡献就在于他以一个大艺术家的眼光洞察了《玉蜻蜓》中各式人物不同个性的全部复杂内涵，并且以他极其精湛的、精细的艺术手段准确地呈现在大众面前，使这部闪耀着人性与人情光辉的长篇书目常驻书台，一如丰碑。

蒋月泉先生"文革"前不管在整理演出传统书目方面还是在创编现代书目方面都做了有益的尝试，并取得可喜的成绩。但我也没有采取全部肯定的态度。用毛泽东的话说，事物总是一分为二，有成绩，就有不足。例如《玉蜻蜓》中有一回书《做寿》，过去因为金大娘娘命芳兰弄清智贞是否生过孩子，于是芳兰与智贞同床而卧，趁智贞睡着，观察其生理变化等色情内容，将这回书删去，这样前后有六七回书不能说了。这等于接生婆倒脏水，把婴儿都倒掉了。晚年的蒋月泉在香港重新创作了一回《做寿》，删去了色情内容，改为芳兰将智贞骗入金贵升的书房，观察其神态变化，最后由老佛婆"救驾"，化险为夷。这样重新接活了前后六七回"金家书"。正如下棋，一着走好，全盘皆活，显示了一代宗师的睿智与非凡的艺术功力。据王柏荫说，老的《玉蜻蜓》大约有一百二十回，整理后五十几回；现在演出的只有三十回左右了。丢弃的糟粕中是否还有精华呢?

再比如《白蛇传》,改编中也存在"左"的情况,去掉了白娘子下凡帮助许仙是为了"报前世救命之恩"的大前提,反而让法海的干扰显得合理;因为听众会十分自然地产生疑问:为什么人非要同妖怪成亲呢?当年参与整理《白蛇传》的余韵霖先生,晚年做了十分恳切的反思,并在《风风雨雨七十年》的口述文字中提出了进一步改进的设想,笔者认为余先生的说法有一定的道理,现将其主要的意思归结如下:

一、《白蛇传》是我国四大民间故事之一,它的神话色彩非常浓厚,且贯串始终。若将神话色彩部分看成迷信而抛弃,必然会降低故事的思想意义和趣味性。原书中白素贞下凡帮助许仙摆脱厄运、夫妻迭遭磨难,是为报前世许仙救她一命之恩,这是发生一系列故事的大前提,也就是《白蛇传》的主脑。由于当时受"左"的思想影响,主脑确立得不同,现仅留传《白蛇传》书情的一小部分,大部分书情被整理掉了,很可惜。

二、余韵霖的一个重要设想是,改动苏州城瘟疫发病为春季连降暴雨、污水横流、饮水不当所致。白素贞与许仙对症下药,救了全城百姓,使保和堂药店名声大振,这就成了关子书。到后来法海指控白娘娘十大罪状时,金光圣母就能据以有力地驳斥。更主要的是填补了后《白蛇传》中,梦蛟中状元一段书的空白,为他日后复姓归宗、拆塔救母、阖家团圆埋下了伏笔。

三、陈梦蛟得中状元,蒙相爷厚爱,痛述家史。相爷原是苏州人,知道家属遭瘟疫发病后为白素贞和许仙所救,为报此恩,他以说《白蛇传》故事的办法,感动圣上,梦蛟遂获恩准,复姓归宗,拆塔救母。

余韵霖先生还有不少好的设想,只能转述其意于万一。

上面是我在传记中指出的长篇传统书《玉蜻蜓》和《白蛇传》整理工作中存在的问题。对于中篇《夺印》,我则完全持否定态度,认为它是"大写十三年"的产物。经过了半个世纪,《夺印》终究悄然无声,偃旗息鼓了。究其原因,它是那个年代"阶级斗争"观念的产物。剧作家在政治任务的驱使下,也许把生活中了解的个例,进行了文艺化的放大,并无典型的现实意义。在大规模的急风暴雨式的阶级斗争过后,所谓被打倒的地主阶级企图夺权已无实际可能。《夺印》的创作、改编与演出,只是空耗了剧作家和一流评弹表演艺术家的才华与精力。这样的教训应当永远记住!任何作品能否流传下去,不是主观意识所能操纵的,决定权在人民手里,只有人民才是文艺作品能否百世流芳的真正的过滤器,并非官方意志。

"整旧"、编创书目中的不足与问题,显然与当时的政治气候、社会环境、理论指导、文艺政策的失误、不稳定有关,艺术家在那样的条件下只能那样"舞蹈",他们在"迎合、适应"的过程中是被动而无可奈何的。这个责任不应该由我们的一代宗师去承担。

总之，我在为蒋先生立传时，面临的心理与思想障碍很多，其中突出的两点，即名人的家庭及其私人生活该不该写，如何写？对于逝去的历史要不要反思，如何反思并做出恰如其分的批判？也许这是传记作者都会遇到的困惑与难题。但愿我们的作家能秉持对历史、对后人负责的精神，在一个时代开放、言论自由的宽松环境中，力求揭开历史的尘封，摈却世俗的偏见，挣脱人为的樊篱，渐渐地去尝试突破"禁区"，用文学传记的样式，写活众多评弹艺术家们的神韵风貌，也许这是今天读者的祈盼。

当然，如何为评弹名家立传还有许多问题可以探讨，我是抛砖引玉，希望诸位批评。

演讲时间：2013年4月2日
整理者：王亮

第十一讲
试析评弹艺术的魅力所在

  评弹是雅俗共赏、说唱兼备的传统曲艺,这也是它的艺术魅力所在。袁小良和王瑾夫妻分别接受了家传和学校教育两种传承模式教育。两人还探讨了夫妻拼档表演的利弊。最后袁小良表示,评弹表演不能只学评弹,还要学习其他的曲艺、音乐、表演,然后在表演中逐步磨炼成熟直至融会贯通,这样才能在继承传统精华的同时有所创新。评弹应是中国传统文化的一张名片,需要我们着力推向世界。

袁小良　　　　　　王　瑾

袁小良，著名评弹表演艺术家，国家一级演员，时任中国苏州评弹博物馆副馆长、苏州市曲艺家协会主席，出身于评弹世家，其父亲袁逸良、母亲马小君均为弹词名家，师承龚华声、薛小飞、尤惠秋，先后获得文华奖、牡丹奖表演奖等重要奖项，其运腔圆润，被听众誉为"小良调"。

王瑾，著名评弹表演艺术家，国家一级演员，苏州评弹学校教师，1986年毕业于苏州评弹学校，师承蒋云仙。

夫妻二人长期拼档，有代表作《孟丽君》《林州奇案》《钱塘奇缘》等。

一、评弹的魅力
（袁小良）

今天受到邀请，非常荣幸，非常高兴，也非常激动。因为今天在座两位——唐教授和彭老师，是我最敬重的理论家、评弹研究学者，没有之一。我也不是当面捧，里面自有道理。这两位老师恰恰与我很有渊源。我本身是一级演员，搞评弹有几十年，现在又在曲协、评弹博物馆工作，研究理论，推广宣传。从早上睁眼就是夫妻档排练，闭上眼睛做梦也是评弹。所以空闲的时候，尽量不看有关评弹的文章。但是，十五年前有篇文章我看了不下百遍，就是彭本乐老师写的《二十一世纪评弹前景展望》。那篇文章对评弹有着独到的见解，对评弹现状和未来的分析很有新意。我从那时起，真正了解了评弹的理论家是怎么回事儿。唐教授的父亲是众所周知的评话大家唐耿良先生。唐教授整理的《别梦依稀——我的评弹生涯》，我就像读金庸小说一样，一口气一个晚上读完。此外，唐教授送给我的《技艺与性别：晚清以来江南女弹词研究》等，我把这些书当作工具书来看待。唐老师学生的书我都看，相反评弹博物馆附设的百花书局的书我倒是看得不多。因此，我说彭老师和唐教授是我最敬重的理论家。

我这次来到上海师范大学做讲座，可以说是空前重视，创下了我的很多"之最"。第一个，是我参加的所有演讲、演出、宣传等活动中，人数最少的一次。第二个，是平均文化水平最高的一次。第三个，是我准备最充分的一次。前几天我还在韩国演出，在那里也是接触高层次的人，我们在首尔大学、韩国外国语大学、大使馆等地演出。但那些都是门外汉，和在座的不能比，我给他们唱一段《庵堂认母》，他们也会觉得很优美。这次我很上心，一直在想怎么来讲。我做了近十年的评弹秀，从来没有提前准备过，唯独这次我花了半天时间特意准备了稿子、提纲，结果今天因为一点状况没有带来，实在不好意思。不过反正都是自己的事情、自己的经历和看法，说出来很真实。还有一点，就是我们今天讲座的题目是三易其稿。最初我想的名字是"评弹的那些事儿"，很平民化，很草根，受老百姓喜欢的，所以我想从那个方面说。但是唐老师提出：太平凡了一点。我又想了个题目，叫"评弹之魅"。第三个就很清晰了，"试析评弹艺术的魅力所在"。从这三个名字中，我体会到评弹的魅力和特征。第一个名字非常通俗，通俗到很"二"。第二个有点文艺，但有点做作，故意地艺术化，看起来很典雅。第三个呢，就是平凡之中见韵味，我感觉很恰当。这三个名字说明了评弹的定位，能上能下，能雅能俗。这三个题目，我各能说出不同的内容。说"评弹那些事儿"，我能说得很好玩；说"评弹之魅"，可以从艺术美学角度分析；从"试析评弹艺术的魅力所在"这个角度，要谈我们的个人经历，从自己的经验来谈评弹与江南社会的关系。

评弹与昆曲、二人转等其他艺术比较，具有典型性。我个人认为，昆曲是把生活琐事以精致典雅手段来体现；评弹是把阳春白雪的作品，以通俗的手法来体现。当然，昆曲也有庸俗的，二人转也有典雅的，与我同去韩国演出的，就是"绿色"二人转。我们评弹，恰恰是雅俗共赏，是最能被不同阶层所喜欢的艺术。听客能够各取所需，老百姓看《描金凤》，可以看到各种下三烂的人物，但唱词很优美，可以附庸风雅；上档次的人，喜欢典雅的唱词，又有大众化的东西带给人娱乐，令人轻松。评弹听众面最广，上至达官贵人，下至贩夫走卒。

听评弹的人往往有学问，但又低调。带来的影响有三个：一是家庭和睦，二是仕途顺利，三是健康长寿。这不是简单喊口号。我把评弹定位为中老年人的艺术，它不是青年人的，"评弹就青年"只是句口号，是为了推广宣传，最终的听客还是中老年。因为要有时间、耐心和内涵，才能长时间听评弹。评弹的好处确实有的。陈云身体不好，但寿命很长，与喜欢评弹大概有一点儿关系。喜爱评弹与政治工作也有着联系。陈云是低调但是有原则的人，他有他的工作方式，他不能把话讲死，这同评弹演员是一样的。陈云去苏杭听评弹来调节心情，虽然人在苏杭听评弹，但心在北京。杨洁篪觉得评弹对外交工作很有帮助。一是喜欢唱腔，评弹唱腔可以让人放松。另一个是说话要留有余地，在谈判桌上运用评弹演员的口才很有用。历代皇帝中寿命最长的是乾隆，为什么，因为他听过评弹，深入研究过评弹。这不是胡说，而是苏州史志上有记载：乾隆下江南，听王周士说书，又让他去北京说了半年书。

评弹受欢迎是因为其表演方式结合众家之长。第一是采用吴侬软语。苏州话好听，有亲和力。苏州方言未受到外来影响。方言中未受到影响的是苏州话、闽南话和粤语，这是我的论点。同样在南方，四川话更容易听懂，因为四川话已经被同化。南宋与元抗争，只有南方半壁江山，忽必烈从云贵川打过来，那里的方言受到北方话冲击。北方话其实根本不是中国语言，只有一半是。北方话放进了胡语，成了普通话。杭州话也变了，因为那里曾是南宋京城，受到开封影响。当年在内蒙古农场里，北方人不肯讲南方话，南方人不肯讲北方话，最后达成协议，在内蒙古兵团农场里讲杭州话，因为杭州话里面一半是南方话，一半是北方话。1928年南京政府投票选择何种方言为国语，广东话二十八票、北方话二十九票，北方话勉强通过，否则广东话就成为国语了。苏州话没有受外来影响。虽然全国很多地方有弹词、评话，但真正能保留下来的，是苏州评弹，因为语言好听。

第二是有说有唱，风趣幽默。这一点相声、小品也不能比，它们是为笑而笑，我们的笑是为情节服务的。最好的是"肉里噱",此外还有"外插花"——书的内容太正板就放一个段子。评话大师金声伯、吴君玉、杨子江是三种风格的代表。我总结金声伯是"一笑而过"。吴君玉是"不得不笑",80%的男演员都"偷"过他的段子,因为他是"外插花",如果段子没效果就完了。杨子江,主流不承认他,但是我承认他。他说书是聊天,内容都是刘少奇与毛泽东、彭德怀与毛泽东、江青与王光美之类的。二十多年前他就说这种文艺作品,他的作品不被老干部接受,说他反动。但是,他有个特点,听众都是上层次的,普通听客不能接受。三十年前,他在上海大华书场演出,万人空巷,那时候只有他敢说这类书。后来两省一市勒令禁止他演出,前后三次,我请他出来三次。最后他不谈政治,开始骂同行,从蒋月泉骂到金丽生,从严雪亭骂到杨振雄,听客不知是笑还是哭,所以我叫"哭笑不得",又爱又恨。这些评弹演员,各有各的听众群,各有各的魅力。

二、家传与学校教育模式的差异
(袁小良、王瑾)

袁小良: 我和王瑾是两种从艺经历,在这里我讲一下我们的从艺经历,可能有一点帮助。王瑾来自评弹的第二故乡——常熟,我来自松江,我们的从艺经历不同。我是传统家传的,我父母虽然不是大名家,但也是"码头老虎"。评弹发源于苏州,兴旺在上海,只有在上海出名才是大名家。我父母在"文革"前小有名气,在码头上人人见了都害怕,"码头老虎"是贬也可说是褒。没有上升到一定高度,但是毕生热爱。"文革"时被关在"牛棚"里,"造反派"打得他们肋骨都断了的时候,我父亲还要我奶奶带信出来,说有一个唱机、六张唱片,有蒋月泉的《宝玉夜探》,等等,一定要保存好,还要我学评弹。我是从小学,父母亲带我走这条路。王瑾呢,完全不搭界,她就是学院派,走评校这条路。

王瑾: 我生活中不太会讲,不像袁小良能说会道。我在舞台上能驾驭脚色,但生活中不太会讲,所以我只说一点成长经历。我与评弹有一定的缘分。在我们那个时代,大家生活条件不好,夏天时家家户户都在院落中乘凉。我奶奶一闲下来就喜欢靠在椅子上。这时我会模仿院中人不同的表情与谈吐,她就喜欢看我模仿,总会哈哈一笑。我上小学的时候,男老师不喜欢女学生,喜欢成绩好的男生。但语文老师喜欢我,上课总喜欢叫我读课文。我妈妈说我数学不好,如果不好好读书,以后要"上山下乡",要进工厂、三班倒。我说我不可能去乡下或者进工厂。我当时就想以后站上舞台。我小时候喜欢唱歌和朗诵,不懂评弹。我们那时有个收音机就不得了了。我奶奶喜欢评弹,喜欢用收音机听《玉蜻蜓》和《白蛇传》。我也听不懂,感觉那是适合老年人听的。直到有一次,我下午上学前,听到电台里播的评弹节目中,一会儿是男声,一会儿是女声,一会儿是小姑娘，一会儿又是男子汉。我很好奇到底有几个人在表演，难道是一台戏？后来我才搞明白，原来是蒋云仙老师的《啼笑姻缘》。当时为了听这部书，恨不得不去上学。晚上七点那个时间段，苏州小巷几乎没有人，喜欢看电视剧的在看电视剧，喜欢听评弹的在听《啼笑姻缘》。1967、1968年出生的人，接触评弹都是从《啼笑姻缘》开始的，它影响很大。我那时搞不清楚蒋月泉、蒋云仙，以为是一个人，后来慢慢接触才了解是根本不同的两个人。后来才知道《啼笑姻缘》是一个人而且是女人在说。我觉得这个人本事大得很，可以讲各地方言，有很多脚色。

我初中毕业考高中那个阶段，正好评弹学校到我们初中招生。凡是我们班里长得端正的、嗓子好的都去报名，但只有我拿到了复试通知书。我姐姐也是评弹迷，她让我一定要去复试，不然高中读过，没考上大学就要进工厂。考了果真录取了。我们那时的评校与现在的不一样。我们进评校，苏州人毕业分到苏州团，无锡人去无锡团，定点招生。我进去的时候也有压力，我是一张白纸。而当时盛小云、蔡红红，都像袁小良一样，有家传。他们那时一入学，琵琶弹得好，而且会说段子了。我就想什么时候能够像他们一样。我要进苏州团，很有动力了。那时有三个月的试用期，不行要退校。那时评弹学校等同现在考取上海戏剧学院之类的。我们出去一定会戴校徽、背琵琶，也不觉得重，别人一看就知道我们是学艺术的。我妈说不进则已，进去就不能出来，出来就丢人。进去的时候有三十多个人，三个月后只有十几个人留下。那时候，有一个偏音就清退，紧张得不得了。那些人被清退的时候，我们抱头痛哭，就像生离死别一样。我的说表是第一个背出来而且表演好的，我们有个老教师彭雪亭很爱护我，老师们比较重视我，正好那时蒋云仙老师来讲课、录像，录《逼疯》作教材。我们那时学校没有门户之见，所有上海、苏州的老师，只要好的就都会请来录像。现在很多教材都是那时留下的。我根据蒋老师的《逼疯》自己学，在学校外面演出时表演很成功，评校的老师就要把我派给蒋老师做弟子。我想，蒋老师是大家，而我什么都不懂，就把我送到码头跟师，内心忐忑不安。但蒋老师如同长辈一样关心我。毕业时学校比较重视，分到苏州团。那时袁小良已经小有名气，我刚毕业就配给他做搭档。比较幸运的是，走上评弹这条路很顺利，一出学校就跟随中国曲艺家代表团去日本，同行的有京韵大鼓的著名大师骆玉笙，还有上海团的沈世华、秦建国等。那是在1987年，那时出国的人很少。我出国的消息，我们小巷从头到尾都传，王家的小女孩学了评弹，不得了了，现在去日本演出了，回来带了个彩电，很荣耀。我是边学边成长，跟着袁小良参加"三枪杯"比赛。后来参加评弹大奖赛、第一届评弹艺术节都得到了金奖。有一次，我和蒋老师受美国上海联谊会的邀请，赴美演出。但蒋老师被拒签，只有我一个人成行。2001年到达美国后，有要好的朋友让我四处走走，留在美国看看。那时我从事评弹演艺已经十五六年了，那时年少觉得自己本事大，到处出国。一次在澳门，行李刚放下，马上转机去法国。由于经常被邀请，好像袁小良、盛小云和我成了出国专业户。在美国时就在想能不能留下发展,后来五年断断续续在美国,最终感觉到评弹的根非但在中国,而且在苏州,只有这里有市场。在国外,虽然有社团活动、节庆聚会,江苏、浙江联谊会都可以演出,但一次两次可以,不可能长期生存。在美国要靠开小店、打工谋生。后来想,我已经丢掉一半评弹,如果一定要袁小良也出国,等于我们两个都放弃了评弹,很可惜。那时我有了美国绿卡,但一是感觉比较累,二是感觉与家人分开不舍。每次回国都开心得不得了,回美国的时候都是尽量延期。自己感觉所学的还是在中国比较能发挥个人特长,苏州评弹要立足苏州,所以毅然回来,在评校发挥专长,培养下一代。这是我的成长经历。

三、评弹夫妻档的利与弊

(袁小良)

夫妻档,值得研究,很有特点,利弊明显。我和王瑾搭档,很自豪。我们两人已经把利处做到极致,把弊端缩到最小。夫妻档的第一个好处,在谈恋爱时最好,一天到晚在一起,任何时间都可以排练。有事业心的话可以共同提高,琵琶三弦都能练得不错。在拼档的前十年不是夫妻档,艺术上会损失很多。1987年王瑾能去日本,是因为她在1986年上海大华书场"三枪杯"比赛中表现优异。当时的比赛中青年演员都参加,我(二十三岁)和她(十八岁)是年纪最小的"十佳",其他都已经是中年演员。我们之所以能成为"十佳",是因为我们在一起的时间比别人多三到五倍。夫妻档第二个好处是改革创新,我那时已经开始改革。改革创新和继承发展并不矛盾,前提是必须继承好。我1962年出生,1974年学评弹,唱片都听坏了几十张,传承的基础很扎实。我从二十四岁起开始改革,参加"三枪杯"时我根据感情唱"尤调""蒋调",她根据需要唱"俞调",最后决赛时还加入电子琴,边弹边唱,掌声雷动。但改革是要建立在唱腔好的基础上,别人才能认账。结婚前夫妻档好处多,从起步到中层乃至中上层,可以发挥好的作用。

但一旦到达了瓶颈就很难超越,去到达最高层次。在一起太久了,夫妻档就没了感觉。夫妻档还容易成"瘌子",老公好、妻子也好的很少,这都有活生生的例子。夫妻档达不到顶峰,原因之一就是缺少竞争。普通双档会相互嫉妒、会相互竞争;夫妻档容易懒惰,台上一方大包大揽,没责任感。搭档是冤家,很多搭档不是好友。还有一点,夫妻档没有人捧,这一点很微妙,但说出来大家都能理解。很多港台明星结婚了不公开,就因为怕缺少粉丝。无锡书场有这种现象,在客不满的时候听众选座会倾斜,不是前多后少,而是女演员那边多,男演员那边少,爱美之心人皆有之。看女艺人身着旗袍,叫"角度票"。夫妻档对听客而言在心理上是打击,他明知道不可能,所以不会追捧。如果是女双档或者兄妹档,听客就追捧。很多女演员单身,或者结婚了又离婚,就要考虑家庭与事业如何取舍。我和王瑾是原配很可贵。王瑾去美国的原因之一,与此有关。总之听客的捧角心态值得研究。

夫妻档要艺术上超过普通男女档150%,甚至要做得更好才可以。我们不唱的时候没事,一唱就要吵,演长篇就要闹离婚,背后的辛酸大家看不到。1995年我们去无锡演出,住在书场的舞台后面,有八个煤炉烤着,四十摄氏度的高温,水浇到地上立刻蒸发,我们汗流浃背,妆都化不上。她就怨我,跟着这样的男人受苦。我们去三里桥拜客,那里的那对夫妻档演员也在吵,很痛苦。我们两个贵在坚持,终于熬出头了。夫妻档里面都是一级演员,没退休的可能只有我们。我们两个是相得益彰,没有红花绿叶之分。名誉、财富、地位根本上是为了家庭和睦,还是要以家庭为主。

四、全面继承再创新,将评弹推向世界
(袁小良)

我们互相勉励,不过也走过弯路,因此有了一定的经济基础。之前她因为崇拜我,跟了我,结果吃苦。1989年前后,跑码头很苦,吵架。我就问她喜欢什么,她说喜欢唱歌,我就说给她办个歌舞团。我把我父母"文革"后补发的一万五千元用来办歌舞团。我把评弹放在首位,叫作评弹改革演出团,用爵士鼓来演出,生搬硬套。歌舞团办不下去,但本领学到了。我和团里演员谈价钱,谈不拢演员走了,我就来顶,从二十二个人到只剩下五个人。我是主持、独脚戏、相声、歌唱、跳舞、电子琴、音响,她也敲爵士鼓给我伴奏。很可笑,但什么都学,有帮助。我凭借那两年闯荡学了一身本领。艺人走不出这步,只能在书台旁传承。1989年的经历对我培养创新很重要。老先生站不起来,离开书台两三尺便手足无措。我现在能拿这么多出场费,那段经历大有帮助。我除去传承我老师尤惠秋、薛小飞之外,把二十五种流派唱腔都唱了,我还能唱出四十种流派。我就像90年代初评弹界的"小沈阳"。怎么样能让听众喜欢,只能全部唱出来,每天唱五种。我还会唱戏。有很多人骂我不正宗,但这给我打下底子,逼着我去学习。最后一天我就唱我自己的。1995年王瑾怀孕,当时东方电视台在逸夫

袁小良(左)、王瑾(右)演出照

舞台组织会书，我唱开篇。最难的是唱开场白，好的活口演员吴君玉、杨子江肯定先同听众套近乎，边聊天边抖"包袱"。我那时在逸夫舞台就说唱自己的，现场效果很好，但碟片一出来就骂声一片。演员要有创新，无论被骂与否，先继承再发展，唱好是基础。我们有十年的全面继承，获得各种奖项，然后再谈创新，每次比赛根据情节去唱，听众、专家都认可，这是艺术上的创新改革。

最近十年我觉得要升华。演员的理想都是能成为流派创始人。2005年沃尔沃汽车找我做华东形象代言人，这是评弹界空前绝后的。他们本来先内定了张玉宁、刘嘉玲。后来到苏州调查，传统文化圈人气谁最旺，锁定我，从我们三个中选一。沃尔沃和我谈的时候，我很会讲，说另外两人知名度高，我虽然名气小，但背后有四百年的苏州评弹，评弹背后有二千五百年的苏州古城。恰好当时另外两人都有些负面新闻，就最后选定了我。谈价钱的时候，我肯定要比他们便宜，但折成人民币也有五十万左右或者一辆车。我最后既没要车也没自己拿钱，我一半捐给了第二届评弹艺术节，另一半用于当年每个月组织一次大型会书，钱全用在评弹上。我觉得值了。后来有一次我去复印，没有带零钱，一位大姐就给我出了，她说我五十万都捐了，给评弹争光了，她出这点没什么。我当时很感动。得到苏州人认可，我觉得值了，正能量是五十万买不到的。

我们还体会到演员要有好的书目。没有好的本子，叫"人说书"；有了好的本子，就是"书说人"。最早我们编《林州奇案》，很卖力，拼命唱，导致嗓子哑得开不了口。有一次在雅庐书场，当时正好要为结婚攒钱，不能休息，嗓子哑了。到台上的时候，唱不出来，她急得哭了。上海听众是评弹界最好的，让她休息，结束时还送来了胖大海。最初的五六年浪费了，因为没有好书不能走上正轨，难以达到一定高度。后来龚华声说这样下去不行，就把《孟丽君》给我们，让我们学，我一看这书符合我们的特点。我曾经学过《珍珠塔》《描金凤》，但都不喜欢，我喜欢《孟丽君》。第一是剧情好，听客要娱乐，听故事的。第二是有内涵，唱词好，有典故。第三，我自己喜欢，把它作为一种享受，不用喊。好听的东西讲得轻，不用喊。我从《孟丽君》中学到很多。过去每天都要吃胖大海、吸喷雾，要应付听众。说《孟丽君》三年，脚色喜欢，不用扯着嗓子喊，嗓子便好了，形成良性循环。说《孟丽君》时我的嗓音最好，近几年演出少了，反而嗓音不好了。后来我们演出的《孟丽君》在苏州台、上海有线电视台和中央台录像。我们在第二个阶段靠《孟丽君》进入了主流。

第三个阶段就是质的升华。很多听客抱怨我们不去书场。我感觉书场是要说，但有点浪费。我现在做的事情影响更大。我现在做两端。低端的是向学生推广，从幼儿到大学生，推广宣传。在他们年轻的时候给他们留下深刻美好的印象，若干年后，当他们取得成功或者退休之后再来听。我是五十年大计、百年大计，不计较一城一地的得失。另一个，我做高端的商务市场。人们往往认为请评弹演员演出就五百块，一两千就不得了了。但我开发高端，苏州的大老板、大企业家、社会精英。我现在是两万打底，上到十万，当然我会让他们看到精彩的演出，不在上海任何独脚戏之下。但我一定是"评弹演员"袁小良，一定表演评弹，用二十分钟来做"评弹秀"。

王瑾刚刚谈到日本演出，我就来补充一下。她当时在早稻田大学，一个日本学生站在后面，从此喜欢上评弹。过了十多年，2004年时，我当时已在评弹博物馆工作，来了日本客人要听评弹，工作人员请我过去。有位先生叫福岛寿，我问他为何要听评弹，他说1987年听过一个女孩唱《啼笑姻缘》，从此就喜欢上评弹。我问他当时那个女孩的名字，他说叫王瑾。工作人员就笑了，指着我说这就是王瑾的老公，他激动得不得了，马上同我们联络，请我们到日本宣传评弹。2008年，我和王瑾等就去日本演出《武松》，这是评弹唯一一次商业演出。当时他让我选择，是全包没有演出费还是拆帐。我有把握，就说拆帐卖票。在日本东京国立剧场，与日本讲谈联合演出。日本讲谈类似评话。我们有准备，中日文字幕对照，但这样还没有大亮点。于是王瑾上台先用英文自我介绍，让听众改变对曲艺演员的印象，他们本有偏见，以为演员都是很土的，尤其是地方戏演员。英文自我介绍赢得了满堂彩。表演时我们还设计了个环节，武大郎把武松介绍给潘金莲认识，潘金莲问这就是打虎英雄吗？这时我们就用日语问"是的吗"，回答也用日语"是的啊"，这时掌声雷动。日本人很有礼貌，我讲一个小插曲。开场前十分钟观众席一点声音也没有，我就拉开幕布一看，剧场里一个人也没有。我想这怎么回事儿，我们要拆帐的，票价很高，几千日元，怎么没人啊？偶然间我到走廊，惊呆了。所有的观众都在走廊吃盒饭，为什么？因为东京交通很堵，如果他们下班先吃饭，就赶不上演出了。所以买好盒饭带来吃。在走廊吃好，放好盒子，开场前坐定。结束后我们谢幕整整十五分钟。到大阪时就换成我们压轴。在大阪就换成大阪口音说日语，很受欢迎。那时感觉作为评弹演员很自豪。

我回去要同台湾的一位老先生成立两岸评弹促进会。那位老先生的儿子在美国，整理基辛格回忆录。里面讲到1971年基辛格看样板戏，周恩来问他感觉如何，他不肯说好，对中国戏曲留下了二十多年坏印象。到了1996年中美关系恶化，基辛格以私人身份来访斡旋，有两个评弹演员在武汉"东方皇帝号"上为他演唱《姑苏好风光》，给基辛格留下了深刻而美好的印象。那位老先生后来打听出是我，就找到我一起合作成立评弹促进会。海外的推广工作，我们做得最多，瑞典、法国、日本、韩国都去过。去年去法国国际曲艺节比赛，临时加入当地语言的表演，得到了卢浮宫金奖第一名。今年到韩国如法炮制，表演《人面桃花》。与莎士比亚的戏剧不同，评弹不能让人哭了走，我们以欢乐为主，听长篇每天哭会伤身体，前面的"哭"是基本手段，到结束一定要开心、要笑。评弹就是平和、平顺、平凡，一切平安。

演讲时间：2013年4月15日
整理者：金坡

第十二讲
我对评弹艺术的领悟与思考

  盛小云出身于评弹世家，虽然幼年遭逢"文革"，离开家乡，但显现出卓越的艺术天分。"文革"结束后返回苏州，开始接触评弹，之后在母亲的指导下苦练技艺、登台表演。两次报考苏州评校终于考入，以优异的成绩毕业，进入苏州评弹团工作。在其整个艺术生涯中，一直坚持努力奋斗，不断追求自我挑战，先后师从弹词名家邢晏芝、蒋云仙，分别学习二人的唱腔艺术和单档表演的技艺，传承长篇《啼笑姻缘》。在改编中篇评弹《雷雨》时，不断深化对评弹的认识和改编创作的技巧，最终《雷雨》获得巨大成功。她认为当代评弹遇到的难题在于听众群体审美的变化、有舞台经验的创作人员短缺和新创作品的版权问题。

盛小云

著名评弹表演艺术家，全国政协委员，中国曲艺家协会副主席，苏州评弹团副团长。出身于评弹世家，先后师从邢晏芝、蒋云仙学艺，代表作品有长篇弹词《啼笑姻缘》《游龙传》《白罗山》、中篇评弹《大脚皇后》《雷雨》、弹词开篇《姑苏水巷》《倾杯·石城春望》等。多次出访美国、加拿大、法国等国演出，1998年3月4日在中国台湾地区第一次公演，被誉为"中国最美的声音"。

各位老师、各位同学，非常荣幸受到唐教授和彭老师的邀请，到这里来做讲座。我来讲座之前，感觉自己资历非常浅，也不擅长演讲。后来跟彭老师通电话，他为我鼓劲，说："要的就是讲讲你从艺的经历，然后如何走上评弹艺术道路，从评弹界到现在所想的、所感悟的、所体会的一些东西。"我说："那好。"所以我想今天就说说我和苏州评弹结缘的过程，谈谈自己一点粗浅的体会。不当之处，请我们教授、我们同学，给我提出宝贵的意见，以便我今后更正。我在全国政协的平台上说过，我是全国政协委员当中学历最低的。我是中专生，而你们都是研究生，我是仰望着你们的。今天对我来说是压力蛮大的。但是唐老师给我介绍，大家都是研究评弹的，那么我就倍感亲切，因为我说的一切都是关于评弹的，这样大家能有互动，我就轻松了好多。

一、家学渊源，接触评弹

我是出生于评弹世家的。我爸爸是上海青浦人，所以我现在的籍贯还是上海，我妈妈是浙江嘉兴人，而我出生在苏州，我与江浙沪三地都有渊源，也就和评弹有渊源，生来就应该说书的，因为我们评弹的流传范围就在江浙沪三地。我是非常幸运，能生长在一个评弹世家，我爸爸妈妈都是做这个行当。

但是不幸的是，我出生十个月时，"文化大革命"爆发了，我全家被下放到苏北盐城射阳县农村去接受贫下中农再教育。我妈妈把我抱在手里上了轮船，两天两夜，渡过长江，到苏北去。老一辈都知道，那时候下放对一个家庭来说，是一个灭顶之灾，也许这辈子就回不来了。在船上的时候，我妈妈的情绪低落到了极点，想不通，怎么说书要说到苏北去啊？苏北到底是怎么个地方啊？从来没去过的陌生地方。我妈妈因为心情差产不出奶水，就去找人要了两碗米汤给我，让我能支撑到苏北。到了苏北一看，我妈妈呆住了，跟苏南的环境是两码事，我们到的地方是一片盐碱地，都是荒芜的田地。我母亲就想，也许下半辈子，我们子子孙孙都要在这片盐碱地上生活下去。到了生产队里面，条件也非常差，全家下放要造房子。房子基础都是砖砌起来的，但是上面是用土坯制成，墙上都是洞。外面吹大风，里面就吹小风，屋里屋外一个样，冬天气温零下十六七摄氏度是很平常的。我从记事起，就是生长在这片盐碱地上的。从我懂事开始，就是赤着脚在野外奔跑、钓鱼、摸虾，但是我的童年很快乐，无忧无虑，我不知道大人的忧虑，也不知道苦，因为我懂事的时候就是这样的生活环境。

但我的父母是真的非常辛苦，因为本来是弹三弦、弹琵琶的说书先生，现在却要去拿锹种地，这个对他们来说是非常艰苦的。我母亲后来跟我说，天冷的时候，农忙已经开始，没有人管我，就把我包得严严实实的，放在那个田埂上，她劳动了半天回来一看，我又是眼泪又是鼻涕的，脸是红肿得都裂开来了，我妈妈就掉泪了。生活条件虽然艰苦，但是也有一个乐，是什么呢？自从我懂事开始，家里头就充满这文艺的气息，因为我父母都是评弹演员。这里插一句，他们到了苏北之后从来不唱评弹。后来我问他们为什么不唱评弹？他们说其实有一股怨气："我还要说书啊？我还要唱评弹？我唱评弹都唱到这种地方来了我还要唱什么评弹？我都没听众了，我说出来的话他们都听不懂。在苏北的那种方言听不懂，我还要唱什么？"但我父母非常喜欢京剧，是由心底而发的。当时样板戏风靡全国，我们生产队每个月在场上会放一部电影或样板戏，我们全家都去看。我大概四岁时，突然有一天自己在哼哼唱唱，那时候我母亲就奇怪了："你这个怎么会唱的？"我说我听广播里面放的。然后我妈妈问我："你在哪儿学啊？"我说："没人教我啊。"大概这就是我的天赋，因为广播里也不是一天到晚地放，一天只放几遍，但是我一听就会。我家里有一个半导体收音机，我天天早上八点钟就捧着收音机听样板戏《杜鹃山》，然后我就自己学会了。

我印象最深的，是第一次我妈妈教我唱"都有一颗红亮的心"，这是《红灯记》里面的。这一段可是我妈妈为我精心打造的，每一招、每一式的动作都给我设计好。当时大队有一个宣传队，我爸爸弹三弦，我就为农民演唱，掌声如雷。当时我在生产大队可以说也是一个童星。我小时候听见掌声就兴奋，人越多越高兴，然后越展示得好，这大概也是与生俱来的。但是我也有一次唱错的，我记得是周总理逝世后，有一首歌曲叫《三唱周总理》。我上台却忘词了，有腔无字地把它支撑下来，人家也听不懂，不知道我唱错了，还报以热烈的掌声。我非常镇静地走下台。别人虽然给我掌声，但是我下台后却自责得不得了，心里头会难过。但是这种在台上能够掩饰自己的本领，我现在想想也是一种天赋。那时候我妈妈看到了我的表演天赋和才能，在台上的不慌不忙，忘了词还是能掩饰过去，认为我具备成为演员的心理素质。其实从小我妈妈观察着我，也在培养着我，每一次上台演出，我妈妈都跟在旁边。每天吃过晚饭，我们要开一个家庭联欢会，每个人都得出节目，我爸爸、我妈妈、我姐姐和我，当然我是当时家里的主要演员，表演欲非常强，上台了就不懂害怕的。

我在苏北待了整整八年，虚岁十岁时我跟着父母回到了这座生我的但是我却感到非常陌生的城市——苏州。回到苏州前，我根本不知道有苏州评弹这一门艺术，我也不知道我爸爸妈妈从事什么职业。回到苏州,我爸爸妈妈重新到了苏州评弹团。但因为长期脱离了书台,我爸爸都不会说书了,一下子很难恢复舞台上的表演,所以就把他编排为行政人员,搞后勤工作。我第一次接触到评弹,是在我十周岁的时候,在苏州举行江浙沪大会演。苏州评弹团参演的是中篇评弹《拉郎配》,当时是在大华影剧院,我跟着父亲走进书场的时候,外面贴了一个"满"字——客满了,外面还有听众等拿着钱等退票。当时座无虚席,我不能在台下听书,我只能在舞台的旁边从头站到尾,那一场演出,掌声、笑声不断。我在旁边听,就想这个就是评弹啊?哎呀评弹怎么这么好听啊?怎么有这么大的魅力啊?吸引到这么多的听众,台上演员要你笑你就笑,要你哭你就哭。就是到了"自由王国"的感觉。当时我就觉得说书先生实在太了不起了!他一人多角,而且诙谐,自弹自唱,几个演员就可以唱得这么丰富,人这么少给你的东西却是这样丰富,表演自如。所以当时就在我的心中种下了这么一颗种子,觉得评弹太好了。其实这就是评弹的魅力。

后来每逢放暑假、寒假,我父母就带我到外面跑码头,我当时没有很多学习任务,我父母演出的时候我就去听。我记得当时我父亲、母亲跟评话演员吕也康做演出。我就可以听两种、两回书,吕也康老师说《三国》,我母亲说的是《落金扇》。我听得非常仔细,发现了书情中不合理的地方,我父母就把书给修正了,从那时候起,父母就觉得我在这方面非常肯动脑筋、很有艺术欣赏力,给我很高的评价。那时候我对评弹已经产生了很大的兴趣。但是说实话,对评弹的兴趣在我心目中是抵不过京剧的,我从小一直想学京剧。但是我为什么会学评弹?其实就是为了一个饭碗,将来要养家糊口的。我从小就是一个乖乖女,非常懂事,也非常听我父母的话。父母的见解、经历都是他们的财富,然后他们把这些经历都教给了我,让我少走很多冤枉路。

我从事评弹的原因,首先是我的成绩可能考不上大学,而我的父母认为我在艺术上有天分。苏北和苏州的教学水平差异让我跟不上苏州学生的文化成绩。比如这里的学生都打过珠算,我在苏北没学过,这个就是我的空缺。通过自己的努力之后到小学毕业时,我追到了中等。当时青年人出路,最好就是考大学,考上大学你有好的文凭可以找到一个好工作,考不上大学的话就只能进工厂。我两个姐姐都是高中生,成绩也不错,但是没考上大学,一个分配在丝厂里面,一个分配在服装厂里面,三班倒,非常辛苦。当时我父母感觉到我在艺术上有灵气,可以培养。我妈妈非常严肃地跟我谈了一次话,我记忆犹新,她说:"你现在已经到了初中了,将来想以什么为职业?"我第一个提出,京剧。我想考戏校,被我妈妈否定了,这个转折点都是我妈妈给我掌握。

为什么她会否定我?其实我妈妈在1949年前学过三年京剧,是跟着私人戏班子学的。她说那个苦啊,每天晚上只睡两三个小时。演出完了,你要准备菜给师父,他要喝酒,你就得在旁边等,等到他喝完酒睡觉了,你收拾完了才能睡下。睡下两三个小时就得起来,因为早上要准备吃的。还有挑水担柴这些一系列的杂活都要做。而且从来不教你,让你自己学,自学之后还不让你上台，让你跑一次龙套就很不错了。她还说，要是学会了，还得周旋人际关系，还得跟师父、团长搞好关系，否则压着让你跑一辈子龙套也说不定。她建议我还是学评弹。我说我虽然喜欢说书，但我还没有痴迷到那个程度。她说，你听我的，一个人上了台就是主角，没人压得住你，只要功夫到家，凭自己本事吃饭。那时候我父母就说，神仙、老虎、狗，评弹艺术要是好的话，就是神仙。那时候的说书先生是挺舒服的，日子好过，赚钱也容易，就像现在的歌星一样。"码头老虎"到码头上生意非常好，但是跟艺术家比，还相差一截，不是大红特红的。狗，相对较差，但也有自己的一份生意。我妈妈用最朴素的语言道出了里面的深奥之处。于是我走上了评弹的从艺道路。

二、苦练技艺，报考评校

从我开始学评弹那天起，我妈妈怕我学不出来、半途而废，还给我留了一条后路，所以给学校老师打一张申请，休学三个月，让我跟着她准备三个月，看看我是不是这块料，要是能行，就继续下去，不能行的话就回去读书。那三个月我确实是非常用功。那时是1981年，我十二周岁。这三个月中我学会了弹琵琶、唱开篇，学会了自弹自唱，我妈妈也挺厉害，八十七天就让我上台送开篇。我说能行吗？妈妈让我记住，上台不要害怕，能行的，我也看看你到台上像汇报演出一样，如果这个开篇能支撑下来了，那么就学评弹。这其实是对我的一个考试，我记得当时是在上海乡下的一个书场，那天我唱的是"蒋调"《莺莺操琴》。第一次上台自弹自唱我是非常紧张的，我的脚在抖，但我表面上非常镇静。唱到一半忘了两句"九曲桥梁红栏杆，湖心亭旁侧绿纱窗"，当我觉察到唱错时，并不慌忙，在以后的唱词中，把漏掉的两句在适当的地方补了回来，因为我觉得我不能少唱，少唱就会对不起听众。母亲见我有临场不慌的本能，非常赞许，感觉到我临场不乱的素质，她认为这是一名演员必备的心理素质。九十天的试学，让母亲感到满意。于是办理了退学手续，正式开始了我的学艺生涯。

1981年评弹学校招生，这对我是一个机遇。当时评弹团已经不能自主招生了。我去评校报名，认为我是评弹世家，有舞台经验，考评弹学校应该很容易，但是结果给我当头一棒，我落榜了，这对我的打击非常大，回家我痛哭了一场。我考不过的原因是：文化考试成绩太差；虽然我学过说表和弹唱，有点基础，老师却说我学僵了；还说我的模样长得难看，形象上不占优势；当时的评校招生人数有限，报名人数非常多，优秀的人很多。这次落选对我的打击很大，我哭了。母亲她鼓励我说：没有考上不要紧，今后你只要在台上表现得好，肯定有单位会要你的。从此，母亲对我的教育比以前更加严格了，我学习起来也更加刻苦了。比如练弹琵琶，琵琶是很练功夫的。冬天，我会将双手放在冰水里浸泡，等到十指冻僵以后再练习弹奏，一直要弹得手指活络才罢，这是学的老先生的方法。又如练唱，每天我要唱八到十个开篇，清晨还要练气练嗓四十分钟。后来妈妈感觉到我可以上台了，拼三个档，插边花，给我一个开篇或者小脚色。

当时我还不能正常演出，场方也不愿意让我上台，因为在80年代，评弹演员都要加入一个团体，不管大团小团，只有加入一个团体，才算是一名正式的演员。没有加入团体的演员，只是个单干艺人，被称为"非兄"。"非兄"这个名词最早出现在50年代初，当时的评弹演员都要加入上海或者苏州的评弹协会，有些没有加入协会的演员，被称为"非会员"，评弹界的业内人士称呼他们为"非兄"。"非"，是与非的"非"，后来被误称为飞来飞去的"飞兄"。意思也对，没有一个单位挂靠的演员只能飞来飞去。我可不想成为一名"非兄"。由于命运的作弄，一时间竟然成了一名"小飞兄"。我妈妈就跟场方交涉，你放心，我自己的女儿我自己了解。这段话我听到了，心里非常不服气，鼓足了气上台。第一天上台唱了《紫鹃夜叹》，上台的时候弦断了，当时父母都为我捏了一把汗，我毕竟是个小孩子，怎么办？我坚持把开篇唱完了，这是我自己学会的，不是母亲教的，当时掌声不断，老听客下来之后都说我：小妹妹你今天唱得不错啊，我们都在拍手。我从小到现在都有一种不服输的脾气。

尽管这时我已经能够上台演出长篇了，也能得到听众的欢迎，但是我不想当一辈子"非兄"。我得进团体，我心里非常着急，每天我都在思考。这时有个机会，我妈妈的一个师兄叫华伯明，他是浙江省德清评弹团的，他听了我一回书之后跟我妈妈说，我可以进他们的团。开出的条件很好，对我来说诱惑非常大。这等于有工作了，每个月还有一百多工资，还发箱子和琵琶。晚上妈妈就对我说，这个主意我不给你做了，你一直着急没团体要你，现在有机会了，你要不要去？这个团体机会虽然少点，但总归有演出的。第二天我说我不去那里。我当时的梦是非常远大的，我的目标是进入上海团、苏州团、江苏团和浙江团这四大评弹演出团体。我认为一个人，特别是一个年轻人，一定要有自己的梦，只有有了自己的梦，才能认准一个目标去努力奋斗。要是我当初没有这样一个梦，就会得过且过，就不可能有我今天所取得的小小成果，很可能至今一事无成，以后也会白白度过一生。这与习近平总书记提到的"中国梦"有相通之处，每个人都要有自己的梦想。

我决心再次报考评校，我坚持补文化，1983年评校招生，我去考了，那一年终于考取了。通过自己努力而得到的，是最有价值的。人家问我学评弹苦吗？我其实并没有觉得苦，钻进去了就会非常享受。我经过三年正规的、系统的、严格的训练，其间，得到了很多名师的指点，改去了我表演上原有的弊病，夯实了艺术基础。比如过去我弹琵琶是用四个手指，后来改成六指，还比如曲谱、形体等都学到了很多。在评弹学校所学到的东西，让我受益终身。如果没有三年评校的学习，就没有我的今天。我有在外面实践的基础，进去再加理论，我学得更好、更快。

三、自我挑战，学习单档表演《啼笑姻缘》

1986年我十八岁，在评校毕业后就进了苏州评弹团。这时，我不再是"非兄"，而是一名真正的评弹演员。我感到庆幸，我永远要感谢辛勤教导我的老师，感谢热情帮助我的同学，更要感谢为我日夜操劳、无微不至地关心着我成长的可敬可爱的父母。入团之初，我和父亲合作长篇弹词十年，书目主要有《落金扇》《游龙传》《白罗山》。这三部长篇都可以算作"五毒书"（里面的脚色俱全，生旦净末丑，很能考验演员）。整整十年的码头生活锻炼了我。前两部书是一类书，后面一部是我妈妈自己编的。通过这十年磨一剑，我在长篇演出中收获很多。

因为从小有在苏北艰苦条件下生活的经历，所以我在演出过程中很能吃苦。有一次是在上海的一个书场，我和父亲合作，我们演员的宿舍被公安封掉了，不能男女混住。书场帮我们订了两个旅社，爸爸住十人间，我是八人间，晚上宿舍很闹腾，第二天早晨起来，十点钟我在书场练的时候心跳一百八十，头感觉晕晕的，下午要演出，怎么办？这是大码头、大书场，我一定要坚持上，但是在唱完一个开篇后，我从对面的镜子中看到自己的影子越来越模糊，我就晕过去了，大家把我扶到后台。听众非常好，让我注意休息。我在发高烧，心里很明白，我爸爸这部书不能放单档，我坚持要上，等我再上台时，听到雷鸣般掌声，听众为我带病上台而鼓掌。演员到了书场，无论如何都要坚持下去，救场如救火。还有一次在常州演出回来，爸爸要喝老酒，喝酒的时候有点垂头丧气，他说有点不吉利，在书场中，有一天晚上睡觉时仿佛头上有人打他，他赶忙起来打开灯，看到一条蛇，父亲不慌不忙，家蛇不能惹，僵持了十几分钟，他默默通神，祷告："你回去吧，我们是过客，过些天就走。"他在常州只字未提，离开书场才告诉我，他怕吓到我，会影响到演出。演出比天大。

父亲年纪大了，退休了，我离开父亲，投师弹词名家蒋云仙。此前我在1988年拜邢晏芝为师，学习她的唱腔艺术，后来我在1992年跟蒋老师学习《啼笑姻缘》。当时，我萌生学这部长篇的这个念头，是在自己面前筑起了一个几乎高不可攀的堡垒，挖掘了一条不可逾越的鸿沟。这是自己给自己出难题。直到现在，我都觉得自己的书路并不适合说《啼笑姻缘》，许多关注我的听众也都这么认为。然而，我的艺术成长道路也正是一次又一次自我挑战的过程：挑战我的信心，挑战我的勇气，挑战我的毅力，也挑战我的能力。可以说，我这一生是迎着挑战，艰难地、一步一步地走了过来。一次，有人给我看了我的艺术档案，我看愣了，没想到自己竟然已经参加过这么多的艺术比赛、得到这么多的奖项。但是，我的心里却非常清楚，这些奖项凝结了我从小到大所淌下泪水和汗水，没有淌过泪水和汗水的人，是不可能取得任何成果的。

吴伟东（左）、盛小云（右）在演出

《啼笑姻缘》是一部近代题材的书目，人物穿的是现代服装，讲的是各地方言，这和我以前说过的三部古代题材的长篇，表演风格完全不同：从语言到手面，从眼神到形体，从表演到白口。最难学的是各地方言。方言说不好，会吃螺丝，所以要融会贯通，不能背。我小时候的母语起到作用了。这部书里最难的方言就是常熟话，蒋老师是常熟人，很方便，我每天跟她交流的时候就用常熟话；学山东话的时候，就用山东话交流，在生活中学习。跟蒋老师拼双档，学习了两年，老师的形体、脚色变化，让我受益终身，拓宽了我的书路。这部书里有何丽娜、沈凤喜、关秀姑，三个女人，都是普通话，怎么办？我首先得分清三人的人物出身、性格，这样才能准确地分清楚每个人的语言。这对于我来说是一个提高，因为过去我只是学习了戏台上程式化的东西，那时候我就懂得了评弹人物要个性化。在出访演出的时候，我们的传统演出节目都是受到广泛好评的。我和金丽生老师到荷兰去，参加他们的艺术节，全程打字幕，我们的"包袱"还没放，效果已经出来。他们认为我们的"跳进跳出"，技艺太高超，一两个人能顶一台戏。

第一次单档演出《啼笑姻缘》的情景我都历历在目，太紧张了：无锡乡下的农村书场里，场子不大，但是很紧张。前一天我睡觉梦到自己在台上说不下去了，我哭醒了。我想我说双档，有人提醒我，但是我一个人上台，没有人提醒啊！非常紧张。后来演出第一回，我下来后在床上躺了一个多小时。万事开头来，经过一遍遍的演出后，我越发熟练。后来遇到任何困难我都能应付自如。

四、领导改编《雷雨》，我对评弹的认知进一步深化

下面谈谈我们最近一直在做的中篇《雷雨》。曹禺先生的戏剧经典《雷雨》是我非常欣赏的一部名著，尤其是剧中人物的对话。评弹学校也有这个剧本教材。说实话，我第一次看《雷雨》确实没怎么看懂，因为当时年龄太小，理解力不够。话剧《雷雨》的深度和高度非一般评弹艺术所能达到，非常深刻、含蓄，因此，长期以来，我一直有把它搬演上书台的强烈愿望。当然，编演评弹《雷雨》我也不是第一人，很早之前就已经有了长篇，但没有中篇。长篇《雷雨》共十五回书，容量大，就比话剧充实了更多的内容，即使稍稍背离原著，问题也不大，没有那么多框框

限制。而改编、表演中篇弹词则较之难得多。在《雷雨》话剧原著中，并不存在绝对意义上的好人与坏人，每个人物都是主角，每个人物的性格都是多面的、丰满的、错综复杂的，都是有血有肉的人物，改编处理时切忌将人物单一化、程式化、脸谱化。所以，演绎这样一个情节丰富、内涵深刻的故事，对评弹而言是极具挑战性的。

与此同时，评弹也拥有自身的有利条件和艺术优势。在排演新编中篇《雷雨》的过程中，我仔细阅读了我们文学顾问之一、苏州大学朱栋霖教授给我的释义解析读本，其间对每个人物的出场都有合理、深入的解释说明。于是我就思考，这些脚色分析可以成为我们中篇评弹中的表白啊！话剧往往只能通过脚色的言行举止等表演要素来表现剧情；而和话剧相比，言语表述的精雕细刻、无微不至，情节、人物的丰富化、复杂化，以及演员能够在"全知视角"与"限知视角"中"跳进跳出"，充分运用"六白"，这些正是我们评弹所突显的艺术优势。所以，评弹在刻画、表露人物内心世界时完全有可能比话剧更胜一筹。我觉得我们编演中篇《雷雨》不是迎合听众，而是引导他们进入一个更高级的艺术鉴赏层面，这是一种更高层次的精神追求。

然而，想得很简单，真正做起来可就难了。最主要的一点就是，《雷雨》是一部名著、一部经典，我们的创新必须建立在严格遵循原著文化精髓与主导思想的基础之上，对每个人物的潜台词也必须理解、挖掘得十分准确，但这个"准"字是很难把握的。开始排演之后我这才察觉到，怎么这么难啊！我这才体会到，一些评弹专家不主张改编《雷雨》确是有道理的，因为这很可能就是一件"顶着石臼做戏"——吃力不讨好的苦差事。的确，在这个过程中，我们遇到了许许多多难以想象的困难。比如说，一开始请江文兰、赵开生两位老师作为艺术指导，但是江老师疾恶如仇，认为繁漪、四凤不是好女人，她不同意改编。再比如说，究竟周朴园知不知道繁漪的事情？我们曾经设想周朴园知道繁漪与周萍之间的事情，所以才让繁漪吃药以示警诫。但是后来我们觉得，如果这样编排，效果没有原来的好，最后决定让听客们自己去想，你认为周朴园知道就知道，不知道就不知道。曾经有一个阶段，整个创作班子所做的努力硬是不能令人满意，我内心特别焦虑，压力很大，相信剧组其他成员也有这种感觉，简直就到了"山穷水尽"的地步，我甚至都为自己当初产生改编《雷雨》这个想法而后悔。我想力争上游，可一旦上不去就只能彻底认输了，这是我所不愿意看到也无法接受的结果。总之，在负责统筹创作、改编、排演中篇《雷雨》的历程中，我学到了很多。只有亲自动手尝试了，才会明白攻克、冲破这一重重的艰难险阻需要付出多少心血。和以往不同的是，这次我担任的不仅仅是一个演员的脚色，我需要担负起的不仅仅是自己表演艺术上的职责，而是整个中篇《雷雨》班子的创作、排演工程，精神压力非常大，这是我演艺生涯中的又一次全新尝试与自我挑战，更是一个不断学习、成长的过程。

我们没有照搬话剧的方法。话剧的台上人物很多，很乱，评弹不合适。徐檬丹老师说，我们传统的评弹创作方法就是，到最后高潮时，一定要让主人公将自己心里的话唱一唱。在曹禺的笔下，蘩漪是被同情的对象，写出了为什么她出轨了，人们还要同情她。所以我们设计了一个唱篇，面对她生命中最重要的三个男人，对着周朴园唱出自己如何熬过十八年；对着周萍唱出了真正的爱；对着周冲唱出了自己作为母亲所犯下的过错。

我们的最终期望就是能够借助曹禺先生和《雷雨》这部著作广泛而巨大的影响力来扩大苏州评弹的受众面；通过把话剧改编成中篇弹词，将苏州评弹从草根文化提升至一个全新的层次、一个更高的艺术境界。时至今日，中篇弹词《雷雨》已经在北京、天津、上海、台北等地剧院成功上演，尤其是相继走进了清华、北大、南开、南大、浙大、香港中大、澳门大学等五十几所著名高校巡回演出八十余场，全面启动了"评弹《雷雨》——高雅艺术进校园"的系列工程；为帮助听众克服听觉上的语言障碍，我们的演出配备了全程字幕，因此取得了绝好的现场效果；所到各处，文化名流、专家教授、青年学子掌声如雷、赞叹不已，很多场的演出都是在台下听众的热情欢呼声中结束的。美国哈佛大学著名汉学家、艺术评论家李欧梵先生在看完演出后由衷地感叹道："苏州评弹是中华民族优秀的传统艺术，居然能够以这样一种全新的方式来演绎经典，足以与话剧媲美，（从某种意义上讲）超越了原著，完全可以走向世界，到欧美各国展示巡演。"

我常常在思索，我们评弹该如何发展，才能使自己不断适应时代气候的变迁？通过中篇弹词《雷雨》进校园巡演，我明白了一个道理：并不是青年人不接受传统艺术，而是传统艺术离他们太远。现在的时代，酒香也怕巷子深啊！苏州评弹不能关起门孤芳自赏，必须要主动走出去，贴近百姓，走近青年，跨出国门，走向世界。先要让人们接触和了解，继而才能使他们热爱和喜欢。我们的传统艺术需要精美的宣传和包装，包括在创作题材上应相对有意识地融入新时代青年人的兴趣点和关注点，为他们量身定做，将新作品、好作品送进校园，培养青年人对传统艺术的兴趣爱好，主动地去满足和引领他们的审美追求和全新期待。"高雅艺术进校园"是一项功在当代、利在千秋的长期工程，只要我们坚持下去，跬步千里，锲而不舍，我相信十年、数十年之后必将取得显著的成效。

五、当代评弹艺术所遇到的问题

评弹演员的形体动作、在台上的一举一动都很重要，过去有些老先生不太重视，在台上一会儿摆动椅子，一会儿整理桌子。有一次我在台湾演出，后来有位听客打电话给我："盛小姐你今天的旗袍太漂亮了，飘飘欲仙般就出来了，但是你为什么要用脚踢一下踏脚呢？"我说："那个踏脚位置摆放不当，我说书二十分钟要不舒服的。"她说："那你为什么不欠下身弄一下呢？"这位听客的话让我一惊,其实听众看到我们演员就是开始演出了,这使我今后的演出有了规范,走出来的一举一动都是演出。

评弹现在遇到一些问题,比如说人才问题。现在评弹创作人员短缺,我们的创作人员最好是有舞台经验的,比如徐檬丹、邱肖鹏老师等。演员方面,和我同辈的很多人已经不说书了。其实我们这一辈是评校培养得最好的,但现在从业的只有三个人。我就是在想,我们现在要做的事情很多。中篇《雷雨》吸引了很多青年人,但是老年人不喜欢,因为老人们认为这违背了传统的审美观。我们要适应青年人的审美观、价值观,这样才能让评弹走得更远,这也就是在传统经典的东西继承好的前提下,积极发展新的作品。这也就是陈云老首长提出的"评弹要像评弹"。

制度方面也有问题。我们好不容易创作出来的作品,电视、电台录音播放,网络上全都有了,这就有知识产权的问题,这对于创作人员来说太残酷了。我们的版权制度没有做好,所谓的改革还仅仅是表皮的东西。现在评弹的市场被搞坏了。过去我去台湾都是商演,这两年台湾不敢去了。台湾发生金融危机的时候,大陆各省份纷纷派出代表团去帮台湾,各省份都带着演员去台湾,演出的门票都是送的,后来听客们都不买票了,在等送票。现在整个文化市场都坏了,高票价都不是卖的,是送的。这样的习惯形成后,很难改。竞争方面,我是从业者,小时候有敌档,不仅仅是为了钱,还为了面子。现在没有了,一个人一定要在竞争中才能出来。我们生存的生态环境被破坏了。我一直在呼吁,苏州书场好多都是免费进场的,老太太剥毛豆的都进来了。

我现在感觉责任重大。担任职务多了,人更忙了,自己的专业有点荒废了。我一直想搞一部长篇,《啼笑姻缘》我也还没有说熟,我看到姚荫梅老师的东西(被蒋老师删除了的),想要糅合进去,还要发挥我自己的长处,但是现在很难。现在刚刚参与评校工作,一头扎进去,问题也很多。我相信评弹不会灭亡,有讲故事就会有评弹,但我觉得评弹现在退化了,各种手法都没了,单纯讲故事了。要出人,要让演员敢于修改、提高。我们要培养演员,好的演员,才能吸引听客。

我现在还在策划以评弹演员为主角的电视剧。我搜集了很多资料,请了评弹界的很多人在编故事。我觉得这样的推广非常好。但是这超过我能力范围,不是我想做就能做的。我的力量能整出三十集。三流四流的剧组要搞,我不能给他们,我不是做生意的人,我要宣传评弹,一定要出精品。这个梦想很难实现。这部电视剧要把苏州、上海的各种情况展现出来,有苏派、海派,会很难。如果成功,评弹在中国就会有市场了。

演讲时间:2013年5月16日
整理者:解军

第十三讲
艺术转换与评弹表演

　　马克·本德尔接触评弹是通过孙景尧先生，之后对评弹产生浓厚的兴趣，他研究评弹是从全方位观察评弹的表演，不仅在书场听书、听录音，还跟随演员跑码头。在经历长期的观察研究过程后，他提炼出了"转换"理论，评弹的艺术魅力正在于灵活的表演方式、表演内容，各种表演技巧的灵活组合，这些都是转换，而评弹是将这种"转换"的灵活度发挥到极高程度的曲艺形式，具有很高的研究价值。

［美］马克·本德尔
（Mark Bender）

美国俄亥俄州立大学东亚语言文学系副教授，文学博士，1979年毕业于俄亥俄州立大学。之后受华中工学院、广西大学聘请，到中国讲学六年，1987年返回俄亥俄州立大学继续攻读，获中国文学博士学位。研究方向是中国文学、民俗学、表演研究，兼及中国少数民族文化研究。知名的苏州弹词研究专家。著述、译著颇丰，著有《梅与竹：中国苏州评弹传统》《彝族当代诗歌中的大自然》《略论中国少数民族口头文学的翻译》等作品。

一、结缘评弹

谢谢大家，能跟你们交流，非常感谢。我开头主要讲我与评弹人士是怎么认识的，然后讲一下1991、1992年我在苏州的情况和一些理论方面的东西。我对评弹很有兴趣的，但是这几年没有来，所以现在很多方面你们比我了解得多，我们可以讨论一下。

首先，我讲一下我与孙景尧老师是如何认识的。这也有一个小故事在里面，我是1980年来到中国的，中国刚刚开放，我头一年到武汉华中工学院，在这里工作了一年，然后这里有一些社会科学院的教授，我经常和他们交流，他们在那里进修英语等。这时我已经对中国的一些说唱艺术有兴趣了，特别是一些少数民族的艺术。所以他们把我介绍到广西大学。第二年，就在宾馆里，有一个人过来敲我的门，他过来说了两句英语：comparative literature。就是比较文学，这时我还不知道比较文学是什么意思，所以我们就在那里交谈。这个人就是孙景尧。因为这个时候他是调到广西大学，所以说我们是在广西大学认识的，我们成了朋友。他的方向是比较文学，和我在美国时的研究方向还是比较接近的。这样我们相互交流。我们编了一本比较文学的刊物《文贝》，对外用英语翻译在中国发表的中国比较文学研究的文章。可是有一天晚上，他请我去"听"一个电影，电影院是在天空下的那种电影院（露天），大家都拿着小凳子，坐在运动场，那里就放电影。电影就是两个姑娘在那里唱弹词。那是我第一次听到弹词音乐，听到这个音乐我就迷上了。然后我问孙景尧，这个音乐是哪里的。他说这是他故乡的音乐，叫作弹词。我非常有兴趣，就问他有没有地方可以去听。他说广西是没有的，必须到上海、苏州去听。可是没有机会，所以他拿来一些小段子，比如说20世纪60年代出版的一些段子，我就开始翻译。翻译后我也发表了一些。大概1985年来到苏州一次，就是听了金声伯的表演，他是说评话的，还有一些其他的弹词演员。这就是我怎么认识孙景尧和怎么喜欢上评弹的经历。

接下来我想从几方面来讲述，为什么我觉得评弹非常有价值。我觉得评弹是中国最成熟的一个曲艺方式，我不知道在中国有什么东西可以和它相比较。我觉得评弹是最优秀的，里面有一些performance mode（表演方式），能把说、唱、演非常巧妙地结合起来。我看到这些就觉得这是非常有意思、非常难得的东西。我觉得研究评弹有很大的难度，所以，我回到美国后继续民间文学的研究和流行表演派的研究,这让我可以有效地去了解一个表演方式。另外,演出的时候,男女演员之间有交流,这也是一个非常有意思的方面。这吸引我喜欢上评弹。我已经讲过我与孙老师之间的一些事,我还在80年代与梅维恒教授合作撰写了《哥伦比亚中国民歌和通俗文学选集》,2011年由哥伦比亚大学出版的,内里包括《再生缘》等四篇弹词和部分开篇。弹词在我看来就代表江南苏州文化。这本书的内容包括中国曲艺、民间故事、民歌、地方戏还有诗词。这本书是比较全面地向国外介绍中国表演、曲艺的作品。

二、跟着艺人跑码头

现在我讲一点1991、1992年我在苏州的一些经历。1987年我从广西回到美国,开始读研究生。我的老师根本不知道评弹是什么东西,他从没听说过,所以他照顾我,让我继续研究下去。1991、1992年我得到一些经费,然后来到苏州待了差不多十一个月,为了写我的博士论文。我的博士论文主题就是比较《再生缘》和《孟丽君传奇》,主要用的是表演派的理论。到了苏州以后,我不知道怎么做,这时期也没有和许多评弹演员打过交道,我和孙景尧开始寻找这些演员。

下面讲一些表演派的理论。表演派基本上是美国70—80年代发明的一个理论方法,研究对象就是民间故事、唱歌或者其他的表演方式及其表演内容。比如弹词研究,不仅仅是听音乐、看剧本,还必须要去他们活动的地方,去看他们是怎样活动的,看听众、演员的行为,各个人群之间是怎样交流的,这和社会环境有一个怎样的联系,所以必须了解一些社会的背景知识和演员的生活状态。因为一个东西在不同环境里,定位和功能就是不同的,比如一个杯子,放在会堂里就是讲课,在茶馆则是交流的。同样是水,社会意义是不同的。所以这些演员在那里讲故事,必须了解一些当代的社会情况,可是当代社会的情况也是在一个社会大背景下的,因此必须有所了解。在这里我推荐理查德·鲍曼(Richard Bauman)的《作为表演的口头艺术》这本书,这本书已经有中文版了,我建议研究生看看。

我跟孙老师开始去寻找这些演员。有一天我们到光裕书场去找苏州团团长龚华声,这时孙景尧已经和他联系了,但还不认识他。所以我们到了光裕书场后正往里进,有一个人出来,我们就跟他说我们找团长,能说《再生缘》的故事。结果那个人说我就是团长龚华声,我是讲孟丽君的故事的,我的学生也是讲孟丽君的故事。所以我们就是从这个时候开始的。

然后龚华声就给我们介绍了他们的演员,还有很多他的学生,像袁小良,等等。在那段时间里我听了一百多场演唱,在苏州、无锡、常熟等好多地方。大部分是苏州评弹团的演员,也有很多其他地方的演员。有一次我跟着九个评弹演员跑了大概五周的码头,他们是演唱中篇弹词《杨乃武与小白菜》的。这个在我的博士论文和著作中都有涉及。我主要是跟演员跑码头，然后请了一些苏州大学的研究生，把苏州话中的一些方言俗语解释一下，再把材料拿给评弹演员，让演员看看对不对，进行校对。

在校对过程中，发现了一个非常有意思的情况，那就是评弹表演是非常灵活的，比如原来有唱一段唱篇在这里，可是演员发现时间不够，就删掉了。比如演员看你坐在这边，就想起一个噱头放进去了。我们有做录音，他们之间看了我们的材料也有吸收新的段子，所以这样与演员交流，就能多了解他们创作的过程。演员在表演的时候，不管他们在那里多么有劲头，他们也要考虑听众的反应，还要考虑自身的能力。有时我发现他们比较死板，只是跟着老师说，也许还会忘记一点。但有时候他们也会有创作，起因可能只是他们发现书已经快讲完了，但时间还有十五分钟，该怎么办呢？这时就要加一点东西，比如造两个小脚色出来吵架，或者用其他各种各样的方式磨时间。这是评弹的一个特点。如果一回书时间不够，听众会不满意，时间超过了他们也不满意，所以他们一天到晚都在想怎么磨这个时间。这是没有本子来教他们怎么说的，全凭自己脑子里的东西，还有临时发挥，有时反而更精彩。我觉得如果用这样的方式与评弹演员交流，效果更好。这是我自己的经验，想起这些东西，仅仅想起这些经验我也很高兴。

还有一件事，是我们刚到苏州时，在去光裕书场前先去了纱帽书厅。我觉得纱帽书厅也挺有意思，他们有各种各样的演员，老的、小的、外面的都可以进里面来演。因为我刚到苏州，一点苏州话都听不懂，就只是听。孙景尧带我到纱帽书厅时，有一个湖州来的评弹演员在表演，大家都没有听说过她。她说了大约两周，我们天天去听她说。因为她口音不完全是苏州话，我稍微能听得懂一点，孙景尧就要求我每天坐在那儿听两个小时，他坐在我旁边就给我翻译大概意思。所以两三个礼拜后，我开始能听懂一点了，然后再去光裕书场，我们就这么对付语言的问题。研究苏州弹词，语言问题很重要，苏州的方言俗语也特别复杂，所以我觉得，研究苏州弹词是很难的，尤其我是外国人，一点基础也没有。

听不懂苏州话，对我的研究也有一个好处。因为我听不懂，所以我坐在那里看他们怎么"演"，还有音乐和很多其他方面，都可以从中领会到一些东西。虽然我听不懂他们在说什么，我还是想要看、想要听，我被吸引住了。这就是为什么我带了不少外国人去听评弹。虽然他们一点都听不懂，可是他们还坐在那里听下去。所以我觉得，评弹还有一些语言以外的力量，从这我就开始思考"转换"，即 shifting，这个理论。

三、提炼"转换"理论

所以我写了一篇文章，就是关于"shifting and performance"，翻译过来就是"转换和演出"。

这篇文章在理论方面是比较深奥的，我在这儿就简单地说几个方面。论文名称为"Shifting and Performance in Suzhou Pingtan Storytelling"，这篇论文刊登在 Vibeke Bordahl（中文名：易德波）主编的 *The Eternal Storyteller* 中。她主要研究扬州评话，这本书介绍了很多曲艺方面的东西，出版于 90 年代。在这篇论文中我提出了转换的理论。但在演出中什么东西能够转换呢？我用手势表达一下。当我的手在动的时候，你们为什么在看？因为这东西是变动的。这在很多广告中都有使用，因为可以吸引人的注意。在评弹里面，演员利用各方面的转换交换。我不讲故事内容，就讲故事以外的东西：

第一是 Frame story（构建故事）。在中国俗文学里，故事情节基本就是方法，一个是开始，一个是结尾，中间可以填充各种各样的故事情节，这些都是可以灵活添加、变化的；还有就是脚色的对话，这个说，那个说，也是一个转换。除了故事以外，他们经常加噱头，加自己的故事在里面，还可以唱民歌，甚至可以唱戏，这些都可以加进去。所以评弹的表演是变动的。

第二是表演的形式，主要是说、表、唱这些技艺。我们说到苏州话、苏州人、方言，有时候演员会将各种方言加进去，意思不一定非常深刻，可是非常吸引人。他们在开场之前还会说些题外话，比如"我们今天来到这儿，天气有点冷"之类的，然后唱开篇，再开始说书，这也是变动。还有一些动作，如拍桌子，这也是一种转换。演员可以将这些元素加进去来吸引人。还有评弹的音乐，灵活性很强，可以快可以慢，还可以用各种各样的调来唱，能更吸引人。表演时演员也有各种动作，还有眼神，都在这样地游来游去。演员的说、唱、演，都跟故事连在一起。在说故事之外，演员可以发挥的空间非常大。而且双档、三档的搭配，演员之间可以互动、交流，一个用三弦，一个用琵琶，一个男一个女。这些使我下意识觉得他们的故事是很吸引人的。这个就是我的文章中所表述的一部分内容。

评弹灵活的表演方式，包括有各种各样的转换在里面。就像我刚才讲的，我觉得这种多转换的叙述结构、多形式的表达方式，是评弹的魅力。只看文本是看不到这些东西的，评弹还有很多层次都需要我们去了解。虽然我提出这样的要求，但我自己也没有做到。有些心理学家会用仪器检测人的脑电波，我就很想看评弹演员他们在表演的时候，脑内是如何运转的，这也是一种方法。人脑的左边和右边功能是不一样的，大脑左边是控制语言的，右边是控制想象和思考等方面，而评弹演员经常在说、唱、演等各种表演方式上进行转换，我们或许可以研究一下演员是如何控制这些方面的。研究这个是为了让我们更了解人类艺术是怎样被创造、发展出来的。评弹是一个很好的案例，演员可以做这么多动作，做这么多转换。这个是我所说的"转换"理论的一些方面。

现在有一个课题，我不知道你们有没有人已经在做，就是评弹和网络、网站。我知道有评弹的网站,这非常好。可是有没有人研究人们是如何在网络上接触评弹的?这个也是一个课题。书场表演已经有人研究了,可是人们坐在电脑前看评弹就是另外一件事了,这也可以进行研究。因为我知道有些民间文学在国外已经借由网络去被读者接受,他们认为这是一种现代的交流方式。我觉得我们可以去研究看看,在当代社会,评弹是怎么跟听众发生互动的。我知道有些人说,过几年评弹就没有了,为什么当代会有这样的声音出现,这是值得研究的,所以网络、电视台、书场这些新媒体的力量还是要注意的。另一个是传承的问题,我知道很多纪录片都讲,艺术要能吸引人来传承,才能有传承人,这是最关键的。而且现在语言在转变,我听说现在有上海话班,因为小孩子都不会讲上海话了,可能苏州方言也面临同样的问题,难道最后会出现一个普通话评弹吗?这不仅是苏州评弹的问题,我曾去过中国西南一些地区,很多少数民族很想保留他们自己的地方故事、唱歌和其他的活动,也遇到同样的情况,即便是从全球范围来看,这个问题也是共同存在的。

所以我们做这些研究,用什么样的方式把它们留下来,是要考虑很多方面的因素的。我觉得要有一个目标,并了解所搜集的材料有什么作用。我不知道评弹在吴文化里有什么样的位置,现在在什么位置,将来会不会变化。在吴文化的自我认同中,有没有留给评弹一个位置?评弹能不能代表江南吴文化?这些问题都很难解答。

我也在翻译评弹文本,这很困难。首先,在英语中用什么单词、语句来定义"评弹"就很不容易,我和何其亮经常就这个问题发生争论。比如说"弹词",就有很多不同的英语翻译,比如strum-lyric,Suzhou ballads,Suzhou story-singing,Suzhou chantefable,没有人统一。很多时候我们光看这些单词根本不知道是怎么回事儿,只有看了文章,才知道这大概是说苏州弹词。而且其他的术语,比如"说表",怎么把它翻译成英文,这都很难说的。我们能不能把评弹翻译成另外一种语言呢?我觉得很难,毕竟普通话已经不好听了,那英语就更不好听了。

演讲时间:2013年6月3日
整理者:李东鹏

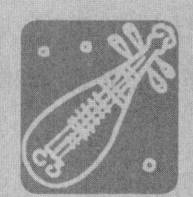

第十四讲
我与评弹四十春

  孙惕团长在与评弹结缘的四十年中，先后从事过评弹表演、研究、管理等各方面相关工作，他的经历和认识对于较全面地了解当代评弹现状有很重要的作用。孙团长认为文艺团体的首要目标应该是"出人、出书、走正路"，评弹团应注重其内部机制的改革，即通过完善内部分配和奖励机制来努力营造一种积极向上的艺术氛围，巩固奖勤，扩大奖优，激励人、鼓舞人。以人为本，来推动评弹书目的创作；遵循艺术的规律，去构建积极平衡的评弹生态系统；这才是陈云同志"出人、出书、走正路"指示的精髓所在，也只有这样才能够真正地去践行出人出书、科学发展的理念，更好地从根本上抢救、保护、传承、发展好具有四百年历史的中华说唱艺术的瑰宝——苏州评弹。

孙 惕

时任苏州评弹团团长、苏州评弹学校校长、江苏省曲协副主席，国家二级艺术监督。1973年考入苏州评弹团，1980年进入苏州市评弹研究室工作，1999年进入苏州评弹学校工作，2005年返回苏州评弹团担任团长，2013年5月起兼任苏州评弹学校校长。

各位老师，今天很高兴来到这儿。谈不上是讲座，更多的是一种交流。我觉得在唐老师这儿有非常好的氛围，大家可以面对面地交流，非常好。在座的唐老师和彭老师都是我的老师，在座的老师和唐老师的博士生都在研究方面取得很大的成就，所以我觉得今天是一种对话交流，谈不上讲课。其实我只是有这么一段工作的经历，也谈不上取得什么成绩。但是做了一些工作，也接触了评弹界一线的情况，包括表演、研究和管理。唐老师给我出了一个题目，让我谈一下工作的经历、工作中的所思所想、工作中碰到的一些问题以及采取的一些做法。

我的经历跟评弹演员确实有点不一样，1980年我从苏州评弹团到评弹研究室，后来评弹研究室和戏曲研究室合并，我就到了戏曲博物馆工作，还有一个牌子是苏州市戏曲研究所，一个单位两个牌子。我在戏曲博物馆待的时间比较长，前后一共是十九年。1998年底我到苏州评弹学校工作，工作了六年，后来又到苏州评弹团工作，一直到今天，今年5月份开始兼任苏州评弹学校的工作职位。刚才唐老师也讲到评弹研究中的热点问题，评弹作为曲艺与戏曲应该是一种什么样的关系。今天想利用这个机会首先谈一谈戏曲和曲艺的关系，然后简单回顾评弹历史的发展。在座的老师对这一部分已经有了很深的研究，唐老师今天又送我一本书，前几本我已经看了。我觉得唐老师有一个由精英组成的团队，做出很多成果，所以评弹的发展历史我就简单地罗列一下。在第三部分我想讲一下我所看到的一些关于评弹的现状和境遇、遇到的一些问题以及我们所采取的措施。

一、曲艺与戏曲的关系

（一）苏州评弹的曲艺属性

讲评弹一定会谈到曲艺，讲曲艺一定会谈到戏曲，因为中国的曲艺和戏曲本身就有割不断的千丝万缕的联系。首先我非常赞同唐老师讲的关于评弹曲艺的属性。苏州评弹是用苏州方言来说唱和表演的曲艺艺术，区别于戏曲的最大特点是"一人多角"。这个"一人多角"在长篇当中是最能够体现的，在中篇也会碰到"一人多角"，但相对于长篇来说还是不一样的。长篇整个演出过程当中，这部书中所有的脚色都靠一两个人来诠释表演，一个演员身兼很多脚色，演员还必须在叙述人与脚色之间"跳进跳出"和"间离评判"。这是评弹区别于曲艺最大的特点，也是评弹的亮点。所谓的"说书说书，以说为主"，其实戏曲里面同样强调"七分念白，三分唱"。谈到曲艺，我觉得很多与戏曲有渊源。演员在舞台上表述各种故事情节，表演各种人物的内心，包括演绎各种人物的内心，其表情、眼神、动作、身段的表演等，都需要依赖于说表的基本功能。所以评弹所有的表演都应该是在"说法中现身"，而戏曲是"现身中说法"，我们应该了解评弹的曲艺属性。

曲艺是中华民族各种说唱艺术的统称，它是由民间口头文学和歌唱艺术经过长期发展演变形成的一种独特的艺术形式。它同戏曲、电影、电视、音乐、舞蹈、绘画、书法等一样，也属于一个艺术门类。这个门类也不小，它包括北方的评书，比方说刘兰芳、田连元、袁阔成，他们都是北方的评书名家，有自己的代表作，而且都是长篇；相声，这是大家最耳熟能详的；鼓曲，种类很多，严格地讲我们现在所听到的京韵大鼓、梅花大鼓在以前都被称为"鼓书"，因为现在市场萎缩，听众减少，所以存世的鼓书越来越少，几乎成为"鼓曲"；还有天津的时调、快板和山东快书；琴书也是一个大类，有北京琴书、山东琴书、徐州琴书，等等；除此之外还有小曲、走唱、杂曲、东北二人转以及少数民族曲艺等；还有就是评话和弹词，在南方很多地区都有，苏州有，扬州、福建、长沙也有；都是中华民族曲艺艺术璀璨的代表。

在曲艺艺术整个门类中，我觉得苏州评话弹词的发育、完善程度是非常突出的。拿我们南方的评话与北方的评书相比，实事求是地讲，评话更为丰富、细腻、生动。京韵大鼓在北方的说唱曲艺当中是很有代表性的，它有很多的流派，有"刘派""白派"，还有骆玉笙的"骆派"。我们今天能够听到的大多是骆玉笙先生的，最著名的唱段就是大家耳熟能详的《四世同堂》主题曲《重整河山待后生》。这个主题曲在全国的影响非常大，1985年电视剧《四世同堂》播映时，骆玉笙先生已是七十四岁高龄，唱的韵味仍非常感人。除了《重整河山待后生》，我还查了她的其他作品，比如说徐丽仙有《望金门》，骆玉笙先生也有一段叫《金门潮》，这两个作品是在两岸关系开始松动时，为"三通"积极准备的情况下推出的。《金门潮》比《四世同堂》传统的韵味要多一点。我举这个例子，想说的是，不管是北方的曲艺还是苏州的评弹，都讲究"说就像唱，唱就像说"，这是曲艺说唱艺术的特点。比如说《金门潮》中"金门紧闭"的"闭"，"一家骨肉"的"肉"，它就像说白一样。

在北方曲艺中这样的例子很多，最传统、最具代表性的是唱段《丑末寅初》。"丑末寅初，日转扶桑，我猛抬头，见天上星，星共斗，斗和辰，它是渺渺茫茫、恍恍惚惚、密密匝匝、直冲霄汉减去了辉煌。"它上下音乐的跨度非常大，骆玉笙先生将曲艺说唱和四声的关系处理得绝妙。京韵大鼓对评弹的声腔艺术有很大的影响和推动作用。我听蒋月泉老师讲到"我的唱腔里面很多来自京韵大鼓，来自京剧的声腔"。不仅仅是京韵大鼓四声和声腔的发音，北方曲艺对我们的发声技巧有很大的启示作用。骆玉笙先生七十四岁时所唱的那些唱片有很多是后来录像配上去的，所有录音资料都是在骆玉笙先生七十多岁时录制保存的，骆玉笙先生的嗓音和发声的方法非常值得我们评弹演员好好地去研究。"假嗓""阴面""阳面"，其实没有规定的标准。我在开会时也会跟青年演员谈到这个问题。谈到这些声腔、唱法、发声方法的问题时，我就跟他们说，发声就好比汽车的挡位，发什么样的音就应该在什么样的位置，汽车要达到什么样的速度就应该放到什么样的挡位上，它们其中的道理是一样的。一挡到五挡不要人为地割裂开来，它是连贯的、一体的，人的嗓音的发音和技巧也应该是一体的。所以我觉得研究北方的曲艺对我们苏州评弹是有帮助和启发意义的。

（二）中国戏曲的戏剧属性

戏曲是中国传统的戏剧。然而，中国戏曲又不同于西方的歌剧、舞剧、话剧，它的主要表演手段包括唱、念、做、打，综合了对白、歌唱、音乐、舞蹈、武术和杂技等多种表演方式。诸如昆剧、京剧、越剧、黄梅戏、沪剧、苏剧、锡剧、淮剧、豫剧、评剧、粤剧、川剧、晋剧等，中国历史上共有六十多个剧种。在江浙沪一带比较流行的有昆剧、越剧、黄梅戏、沪剧、苏剧。虽然现在在保护、振兴苏剧，但苏剧仍很少被关注。苏昆剧团有两个剧种，一个是苏剧，一个是昆剧，苏剧在粉碎"四人帮"以后，80年代前半期偶尔会演出，但到90年代开始基本就没有了，这与苏剧自身和市场及听众的关系处理有一定的关系。

（三）曲艺与戏曲的关系

两者的关系应该说相互影响和相互渗透。一方面，但凡戏曲，多由曲艺坐唱演化而来，故应该是"先有曲，后有戏"，如：昆剧、京剧、汉剧、黄梅戏、苏剧、锡剧、沪剧、粤剧等；昆剧，现在有一个片子叫《昆曲六百年》，为什么不叫"昆剧六百年"，是因为昆剧没有六百年。以前文人拍曲子，从昆山腔开始，到后来汤显祖的《牡丹亭》，结合起来才上升为戏曲。我们有时候会看到写"昆曲"，有时候看到写"昆剧"，这其实是发展过程中阶段性的概念。从艺术层面讲，昆曲纯粹是声腔、戏乐、旋律等，侧重于音乐方面；而昆剧是综合性的。京剧，京剧与汉剧、黄梅戏有着密切关系。二百多年前，徽班进京，"徽汉合流"诞生了京剧，京剧的声腔就是在汉调和徽调的基础上形成的，西皮、二黄、皮黄腔、皮黄戏等也是"先有曲，后有戏"。再看我们苏州的苏剧、无锡的锡剧、上海的沪剧，这三个剧的声腔都来自苏南一带的滩簧音乐，苏州叫苏州滩簧，无锡、常州叫常锡滩簧，上海叫本滩，后来又称为申曲。广东的粤剧，"文革"之前一部电影叫《搜神记》。在某种程度上讲曲艺是"戏曲之母",当然我们可以这样来理解它们之间的关系,但不一定要这样命名。另一方面,戏曲在声腔艺术、脚色行当、表演程式等各个方面对丰富和完善曲艺艺术又产生了深远的影响。我们评弹现在所表演的"生、旦、净、末、丑"原来是没有的,都是后来从戏曲里面吸取过来的。在清末民初,评弹演员在台上说书是坐着的而不是站着的。早期是"说、噱、弹、唱",没有"演",后来在戏曲中学习才有了"演",从而丰富了评弹的表演内容,也有利于脚色的塑造,从而我们可以看出传统的戏曲对曲艺的滋养和影响是不可估量的。

明代《庄岳委谈》云:"传奇以戏为称,谓其颠倒而无实耳,故曲欲熟而命以生也,妇宜夜而命以旦也,开场始事而命以末也,涂污不洁而命以净也。"[1]另有"丑"行:"丑"应对的属性为牛,牛给人的印象是"性慢"和"性笨",但舞台上的"丑角"往往是充满智慧和活灵活现的。故戏曲行当都是反其道而命之。应该说,戏曲行当的分类和人物形象的塑造对丰富曲艺艺术的舞台表演起到了至关重要的提携和引领作用。

当今人们生活中通常会这样说,一起去"看"戏(戏曲);或者说一起去"听"书(苏州评弹、北方鼓书等);其实在从前,尤其北方人,不管是"戏",还是"书",都称之为"听"——听戏、听书。所谓"听",不外乎两个方面,即:语言(文学性)和声腔(音乐性);所以,戏曲和曲艺都讲究方言的纯真性,还要强调方言的艺术性,要求"以字行腔、字正腔圆",而且都有着不同于一般意义上的独特的音乐声腔和器乐伴奏体系。如果把曲艺音乐当作纯音乐来欣赏就偏离了,它一定要与它的语言结合在一起。曲艺,包括评弹,一定要"字正腔圆",这是传统艺术的最大的亮点。不管是越剧、沪剧、还是苏剧,这些地方的剧种必须用地方的方言演唱。通过声腔与地方方言的结合,除了艺术享受,我们也会感受到地方文化的气息。

越剧《沙漠王子》:"手扶琴儿心悲惨,自己的命儿我自己算。对面坐着是我心爱人,可叹我有目不能看。"它一定带有浙江绍兴方言的韵味,既有纯真性,又有地方性。

沪剧《昨夜情》:"为你打开一扇窗,请你看一看,请你望一望,那被人遗忘的角落里,忏悔的泪水盈满眶。昨夜情,今朝思,千古恨,痛断肠;走出迷津回首望,明媚春光映小窗。"

苏剧用的是滩簧音乐里的"太平调",它是滩簧音乐里的基本曲调,听这个调是感觉它既像苏剧又像沪剧。《花魁记·醉归》:"月朗星稀万籁幽,一腔新恨转家楼。豪门不肯把笙歌歇,他们是饱暖不知愁,说什么西湖胜汴州⋯⋯"

通过听越剧、沪剧、苏剧及评弹我们会发现苏剧和评弹的发音不一样,它有很多的"入声字",碰到"入声字"不能拖腔,比如"一""歇"。在苏剧和评弹中非常强调这一点,沪剧和越剧

---

[1] 梁章钜:《浪迹丛谈 续谈 三谈》卷六,《生旦净末》,上海古籍出版社,2012年,第240页。

在这方面就没有要求。

锡剧是由滩簧演化而来的剧种，它面对的观众主要是农民，场地大多是打谷场。由于题材不同，它的声腔发音也不同于苏剧、沪剧，发音比较豪放。比如锡剧《沙家浜》："朝霞映在阳澄湖上，芦花放稻谷香岸柳成行。全凭着劳动人民一双手，画出了锦绣江南鱼米乡。"

当然最大气、积淀最深厚的就是我们的"国粹"——京剧。京剧是全国性的，它的影响很大。评弹在很多方面借鉴京剧，蒋月泉等老师都曾借鉴过京剧声腔的技法。"文革"之前曾拍过一个戏曲大片：由李少春、袁世海、侯玉兰主演的《野猪林》。我给大家唱一段："大雪飘，扑人面，朔风阵阵透骨寒。彤云低锁山河暗，疏林冷落尽凋残。往事萦怀难派遣，荒村沽酒慰愁烦。望家乡，去路远，别妻千里音书断；关山阻隔两心悬。讲什么雄心欲把星河挽，空怀雪刃未锄奸；叹英雄生死离别遭危难。（白）俺林冲自被奸佞陷害，流困沧州；在这老营城中充当一名军卒，看守大军草料……唉！思想往事，怎不叫人痛恨！"评弹通过学习京剧的声腔发音、吐字等方面，进一步拓宽了其表演手法。

二、苏州评弹的历史回眸

这一方面在座的老师和博士生都有了很深的研究，所以我就不详细展开，只是跟大家一起回顾一下评弹的历史发展过程。苏州评弹将近四百年历史，我觉得可以分成五个阶段。

（一）雏形期

"评话"一词源于宋代，是"讲史"的别称。明《永乐大典》中保存有评话本的名目；李玉《清忠谱》中描写有苏州露天说书，而说书人口白中已有苏州话出现；清嘉庆十四年（1809）陈遇乾《义妖传》中说到过"大书"，大书即评话。至后四名家之一姚士章起，开始用吴语而不再用中州音说评话了。在这之前，叙述人的口白和人物脚色的口白恐怕都用的是中州音，到了姚士章开始用苏州话，这初现苏州评弹的特点。与当地的吴语结合以后，它从说书艺术归到苏州评话里。柳敬亭是说书艺术的鼻祖，但他说的是扬州评话，他曾去过苏州，说书的艺术传给苏州艺人，逐步形成苏州评话。

"弹词"的称谓最早见于明代田汝成《西湖游览志余·熙朝乐事》："优人百戏，击毯关扑，渔鼓弹词，声音鼎沸。"[1] 清初，李声振的《百戏竹枝词》中有《弹词》一首："四宜轩子半吴音，

---

[1] 田汝成：《西湖游览志余》卷二十，《熙朝乐事》，浙江人民出版社，1980年，第320页。

茗战何妨听夜深。近日'平湖'弦索冷，丝铜争唱打洋琴。"[1] 吴人弹《平湖调》，以弦索按之；"吴人""吴音"应为吴语区域的苏州弹词。

（二）上升期

乾隆时期苏州评弹书家知名者仅王周士一人。这是一个传说，但传说也有一定的依据。相传乾隆皇帝下江南时，曾听过他的《游龙传》，甚是喜欢，遂带他回京继续听他说书达数月之久。王周士离京前被赐七品顶戴；回苏后，创建了苏州评弹历史上第一个行会组织——光裕社。公所历史遗址，即为今天的苏州评弹团团部。从此评弹有了自己的行会组织，在社会上有了一席之地，当地的官府下达了许多公文。相关的一些碑刻现在陈列在评弹团团部二楼。王周士撰写的《书品·书忌》是现存最早的评弹表演艺术的理论总结。幻灯片显示的图（略）是根据光裕社一百五十周年的纪念册复原的旧址，现在的评弹团团部是2001年翻建的，1982年曾翻建过一次。1982年翻建前光裕社历史遗址的基本格局没有改变。在光裕社一百五十周年的纪念册上光裕社的白描图画与1982年翻建前的光裕社的遗址是一致的。今天团部的小院是根据光裕社的遗址复原的。图（略）为光裕社一百五十周年石柱，1926年往前推一百五十年到1774年，即相传王周士从北京回到苏州建光裕社的时间。

王周士之后是"前四家"——陈遇乾、姚豫章、俞秀山、陆瑞廷。陈遇乾是弹词"陈调"的创始人，俞秀山是弹词"俞调"的创始人，陆瑞廷曾写下"说书五诀"理、味、趣、细、奇"，为评弹界受益至今。"后四家"——马如飞、姚士章、赵湘洲、王石泉。马如飞是弹词"马调"创始人，擅唱《珍珠塔》，重建了太平天国时期被毁的"光裕社"，创编了评弹艺人《出道录》。《出道录》记录了从清末民初一直到中华人民共和国成立前，包括严雪亭老师、蒋月泉老师等大名家所有的拜师和出道。原本有两本，一本是清传下来的，一本是民国时传下来的，现保存在苏州戏曲博物馆。

与"后四家"同时期，评弹出现了女弹词。唐老师的团队专门出了关于女弹词的著作，女弹词的介入对整个评弹艺术的丰富和完善起了很好的推动作用。以前在光裕社内只有男子，没有女子，女人说书被称为"妖档"，就像妖怪一样，受到排斥。1949年之前光裕社只有男演员，没有女演员。当然我们要一分为二地看待这个问题。

（三）繁荣期

20世纪初，评弹艺术不仅在其发源地长盛不衰，而且将演出的地域重心拓展到了上海这一大

---

[1] 潘超、丘良任等主编：《中华竹枝词全编 一》，北京出版社，2007年，第58页。

都市。20年代，上海商业经济迅速发展，文化消费急剧上升，加上唱片技术的引进和商业电台的普及，最先推出了魏钰卿（薛筱卿先生的老师）等一批大名家。到抗战爆发，上海沦为孤岛，然而经济却相对稳定，这都为评弹的发展提供了有利的外部条件。这一时期的评弹艺术家为了适应时代的变迁和听众审美情趣的变化，或通过书目内容的改编创作，或通过书台表演的形式更新，或通过推陈出新树立自己的流派唱腔，以各种努力来满足听众的文化消费需求，促进评弹表演艺术的不断丰满和崭新发展，同时也赢得了自身的社会经济地位，是现在的演员不可比的，总之是人才济济，名家辈出。这中间就有唐老师的父亲，唐耿良先生，他也应该属于这一阶段的大名家。

我在这儿简单列举一些名家：

评话方面——黄兆麟、杨莲青（顾宏伯的学生）、许继祥、蒋一飞、张玉书、吴均安、朱少卿、吴子安、张鸿声、潘伯英、曹汉昌、杨震新等，还包括唐耿良先生。

弹词方面——"三单档"之夏荷生、周玉泉、徐云志，他们分别有他们的"夏调""周调""徐调"。"三双档"之沈俭安（沈调）、薛筱卿（薛调），蒋如庭、朱介生和朱耀祥、赵稼秋。"蒋朱档"说唱《双珠凤》，将从朱耀笙手上传承下来的"老俞调"真正过渡革新到"新俞调"。"老俞调"创立者俞秀山深受昆曲影响，所以"老俞调"一波三折，很有韵味，但不符合上海听众的口味；"新俞调"在朱介生时已经成熟，后传给朱慧珍和沈世华。"朱赵档"是说唱《啼笑姻缘》的，朱耀祥先生有他自己的"祥调"。李伯康、严雪亭都是说唱《杨乃武与小白菜》的，李伯康是"李派"的，严雪亭在"李派"的基础上加上自己的艺术表演和人物塑造，创立了自己的"严调"。蒋月泉先生大家比较熟悉，他创立了"蒋调"。另有张鉴庭的"张调"，张鉴国的琵琶伴奏，杨振雄、杨振言的"杨调"，"弹词皇后"范雪君，等等。

从这些名家就可以看出来在他们那个年代产生了多少流派，从专业层面讲，我们也应该承认评话名家有他们的流派。现在我们说到流派就只知道流派唱腔，我曾写过一篇文章谈自己的观点，专门做评弹研究的同志如果把评弹的流派局限于唱腔的流派，我觉得是不全面的。每一个弹词大家，除了唱腔以外，还有表演艺术、对书目的理解、对人物的理解塑造，整个的说书艺术是一个整体，而不是一个以唱腔为代表的流派。从这一点来讲，我认为评话名家也有自己的流派，但不易被普通听众认可。不然也不会有"何家一把刀，周家一把枪"的说法。在清末的时候有一个弹词名家是说《水浒》的，说的是"短打书"，他在书台上的表演一定是有固定的风格，不然怎么有"何家一把刀"的说法呢？周子良父子传承的《岳传》，有"周家一把枪"的说法。我觉得我们列举的这些名家都有各自独特的风格。因为评话没有音乐，没有声腔艺术，没有电台媒介的烘托宣传，这在客观上对其流派的发展形成制约。评话不像弹词那样容易被普通的听众追捧和理解称道,所以评话有些不景气,我觉得可以从评话的流派进行研究。我听唐耿良老师的书、顾宏伯老师的书、吴君玉老师的书,他们完全不一样,他们有各自的说法,各有各的风格特点,我觉得这也是一种流派。评话当中有"火功""劲功""慢拍"等,这都是流派的元素。

(四)全盛期

过了繁荣期,中华人民共和国成立后至"文革"前的这十七年则是苏州评弹发展史上又一个新的全盛期。随着共和国的诞生和党的新文艺政策的推动,40年代的大名家在艺术上依然保持着旺盛的上升势头;50年代之后的新响档精彩纷呈,涌现了评话名家金声伯、张国良、胡天如、吴君玉和弹词名家朱雪琴、徐丽仙、朱慧珍、侯莉君、尤惠秋等一批新的代表人物。这些弹词名家也都有自己的唱腔流派,徐丽仙老师的"丽调",侯莉君老师的"侯调",尤惠秋老师的"尤调",等等,整个评弹的创作、演员、书场、听众都在一个非常大的局面,也就是一个全盛的局面。

江浙沪评弹界除继续致力于长篇新书目的创作外,中篇评弹的出现更激起了"整旧创新"的又一轮高潮。上海市人民评弹工作团首开先河,推出了《一定要把淮河修好》《罗汉钱》《三打白骨精》《林冲》《晴雯》《芦苇青青》等优秀中篇,另外还从优秀传统长篇书目中节选改编了《老地保》《三约牡丹亭》《厅堂夺子》《大生堂》等经典中篇。中篇培养了一批新的听众。因为长篇演出时间长不符合时代环境,中篇一般一到两个小时,它就有了吸引听众的一个优势。所以这个时期出了很多中篇,也出了一些新长篇,即所谓的二类书,比如《秦香莲》《赵五娘》《梁山伯与祝英台》,等等,这些与现在新编的历史题材书有本质上的区别,区别在创作改编上以及对传统说书精华的吸取上。传统书后来"斩尾巴"斩掉了,这些演员都说新编的历史书,但是他们都是说过传统书目的。所以说当时从书目改编到表演,都留有传统评弹艺术中的精华。

(五)新时期

"文革"结束后进入了改革开放新时期,首先是恢复了优秀的传统书,后来又流行武侠书、时装书、"文革"书,新编历史书和现代书也有所发展。如长篇《九龙口》《明珠案》《皇太极》等;中篇《真情假意》《颠倒主仆》《普通党员》《新琵琶行》《谁是最美的人》《蔡锷与小凤仙》《孙庞斗智》《大脚皇后》《风雨黄昏》《雷雨》等。伴随着书目的繁荣,新时期的评弹名家也崭露头角。他们在"文革"之前已经崭露头角了,新时期变成熟。非常可惜的是,这批艺术家在"文革"期间遭受了不可弥补的、不可挽回的伤害。

三、苏州评弹的现状境遇

接下来我讲一下苏州评弹的现状和境遇。一方面，进入新世纪，尤其 2006 年评弹被列为国家级非物质文化遗产以来，各级党委、政府加大了对评弹的关心重视和财政扶持；学术界出于人文关怀而更多地去关注和审视评弹文化。以唐老师的精英团队、苏州大学的朱栋霖为代表的学术界的教授博导等名家重视评弹，带领着博士生一起来研究评弹，这都是非常好的。研究评弹的社会环境比历史上任何时期都要好。以前我们团体，一直在哭穷，要排练一个书目，要做一件事情，没有经费，老是要向政府申请经费，这个阶段已经过去了。现在不管是上海评弹团还是苏州评弹团，经费已不是问题。党委、政府给予支持，社会各界给予关爱，现在是评弹的最好时期。另一方面，当今的评弹是由学校、团体、书场、演员、听众以及社会和市场等各种要素所构成的一条环环相扣的"链"，问题是当前这条"链"并非自然形成，而是包含了太多的人为因素。无论是着眼于工作思考，还是出于学术探讨，可能都应该围绕"科学发展观"这一核心先导，实事求是，正视现实。作为基层的团体和单位，作为评弹的创作者、表演者或研究者，我们所能做的仅仅是一个方面，党委、政府要从宏观的角度关注、审视评弹，去努力地培育和构建一条尽可能积极、平衡、自然、和谐、健康的"生态链"。评弹之所以出现之前我跟大家说的那些繁荣全盛的局面就是因为它有一个和谐的、平衡的、健康的"生态链"。这是目前我们最缺乏的。我们分两方面来看这个问题，一方面是喜的，另一方面是忧的。下面我分几个方面跟大家一块儿探讨。

（一）紧跟职教形势，夯实基础教育

根据文化部关于艺术院校培养学生"实用性、适用性、综合性、复合型"的要求，我们评弹学校结合评弹艺术自身规律，坚持校本研究，要准确学校自身的定位，就必须研究理顺学校所传承的曲艺所处的年代，学校周边关于评弹的人文环境等各方面。然而现在扩大规模，增长学制，我早年在评弹学校时，当时学校在苏州市政府对面，在三香路，只有十三点七亩地。现在工业园区新的评弹学校占地六十亩，学校是园林式的校园，非常漂亮。电子化等教学硬件设备应有尽有。

但我们评弹艺术教学更应该注重内涵建设，陈云老首长强调"出人、出书、走正路"，他没有关照"出人、出书、出设备"。评弹教学不需要太多设备，而是更需要师徒相授，有大课教学，也有小课辅导，要做优"非遗"传承班，实现校团联动，将大课教学与小课辅导、学校教学与师徒传授有机结合，相互促进。我跟老师回学校后推动了校团联动，因为政府给评弹学校的教师编制是三十五个，师资严重匮乏，推动校团联动，不定期地请团里的演员来学校任教，可以加强专

业师资的力量，老师和同学们的反映很好。毕竟团里的演员在舞台上有十几年或二十几年的表演经验，同专职教比，他们表演经验丰富，但他们要加强教学理论和方法的学习。

除了专业教学，还要强调文化教学的地位和作用。在职业教育圈，公共文化课与专业课比例是4:6，从长远来看，公共文化课对学生的成长发展是非常重要的。重要归重要，我觉得艺术类学校没必要一味地攀升本科或研究生。毕竟它的属性是职业教育，它要加强专业技能的学习。在现阶段三五年内专业技能的实习，基本功的打造，过了这个年龄段后就基本没有这个可能了。所以我主张专业基本能力的掌握，再辅助于一些公共文化的教学。因为有些东西后天可以补，有些东西是后天补不了的。我自己的水平非常有限，工作和实践给予我滋养，在学校里像模像样地读书只有四年半，中间受到"文革"的影响而停课，后来又自学考试加强文化的补习。学生要在学校夯实技能类的知识基础。

对于学校而言，从计划经济到市场经济、从公费教育到自费求学、从中专教育到高职教育、从定向分配到双向选择，由此带来的一系列巨大变化，无不影响、制约、改变和催生着学校的教育教学改革。当今市场的结构、份额、需求等与历史上繁荣时期相比也早已不可同日而语了，评弹界对学校、团体、中篇的议论始终没有间断过。刚才唐老师给我很大的启示，任何事情都要一分为二、实事求是地看待。评弹学校所遇到的问题及进行的改革是在特定的时期无法摆脱的。我们办一所学校，从事一个行业，与社会的关系无处不在。现在碰到的一个很大的问题就是生源问题，现在的生源与盛小云那时的生源完全是天壤之别。盛小云那时真是百里挑一，甚至是千里挑一，但现在不可能了。高校扩招，普通高中也扩招，职业教育就生存在夹缝中，即便苏州的职业教育水平是最好的，基本与普通高中达到1:1，但我们评弹学校招到真正学习好的、天赋好的、有灵气的学生实在太少。完成招生指标不难，但招到学校老师满意的学生太少，这就加大了培养教育学生的难度及管理学生的难度。当今社会，尤其是网络上的诱惑是应有尽有，不应有的也尽有，在这种情况下教好学生是不容易的。但不管怎样，评弹学校还是坚持陈云老首长的"出人、出书、走正路"的基本校训。1980年学校恢复，到现在已有三十多年。从"文革"前建校到现在已有半个世纪，在这几十年中学校确实出了很多人才。面对新的环境形势，评弹学校任重道远。

（二）繁荣书目创作，促进协调发展

苏州评弹历史上留下了两百多部传统长篇书目，这是一笔极其宝贵的遗产，而如此繁荣的书目创作和精品遗存是以评弹消费市场的繁荣为前提的，维系着一个"人说书、书载人"的良性循环，这与当时当地的艺术生态环境是密不可分的。我们有一句话叫"时势造英雄"，我觉得

"时势"这两个字就是当时当地的环境，它造就了这么多名家。书目多、演员多、书场多、电台多，这些巨大的消费市场就扎根于江浙沪这片土壤当中，所以才出了那么多优秀的作品、演员和艺术。长篇书目是苏州评弹的传承根基所在，也理应是当代书目建设和演员表演最主要、最广泛的艺术载体，这是不可动摇的。一开始唐老师也讲到长篇和中篇的关系，长篇是我们的根本，我们现在每年要出一到两部的长篇书目。除此之外，根据领导的要求和形势的需要我们还要打造一部分中篇书目。要打造所谓的评弹精品。这个"所谓"是相对于传统而言，所谓的精品书目是长篇，我个人认为没有这个可能。因为现在的长篇三年到五年就要换一部书，一个圈子转下来包括江浙沪，也就是三年多一点，最多五年。那么试问三到五年就换的长篇它怎么可能跟老一辈艺术家倾注一生说唱的一到两部书相提并论？我觉得以目前的条件来看要打造长篇精品是不可能的。所以所谓的精品打造只能放在中篇上，同长篇、短篇相比，其时间、容量比较能恰到好处地适应和协调不同听众审美需求与丰富作品艺术内涵两者之间的矛盾关系。我非常同意唐老师的观点，看待长篇、中篇、短篇，分门别类，这样看问题可能比较客观，不要单独地把长篇和中篇割裂开来，它们也是不能割裂的。但是我们要根据所处的环境尽可能做好这些事情。

（三）推进艺术传承，加强人才培养

讲到"传承"，其实评弹历史上从古到今都没有间断过，评弹四百年就是一部艺术传承史。苏州评弹艺术的传承无疑是一项十分艰巨的使命。同戏曲艺术相比，评弹作为一门传统说唱艺术，相对缺少固定程式的承载，其艺术内涵的理解、感觉的捕捉和技巧的运用与发挥，往往是只可意会、不可言传的。作为一个说书先生，他需要很多潜在积累，与其他曲艺演员相比，对说书先生的要求更高，所以老一辈的艺术家都是一部活字典。这样一来就给艺术传承的双方带来更高的难度和更多的困惑。现在传承制度建立了，传承人与被传承人也结了很多对子，但怎样传承到位，不是靠一种制度、一种形式而实现的。蒋月泉先生的老师是周玉泉先生，蒋月泉先生一方面对老师进行艺术的传承，另一方面要自己研究学习，这其中的工作恐怕要比老师给予的多得多。评弹界有一句话：归根到底小孩子要不要、想不想学？现在老师想给青年演员更多的东西，但学生能够接受和消化多少又是另一个问题。

比如戏曲，戏曲有一种特定的程式化的表演，它的一招一式就像解放军仪仗队一样，每一个出去的步子多大多高都是可以用尺子量的。我们评弹也要形体锻炼，做"运手""耗膀子"来捕捉感觉。戏曲一些基本的东西是看得见摸得着的，声腔有它的乐谱，还有化装、灯光等辅助性的手段，而评弹什么都没有，就靠口传心授，被传承人要有很好的悟性和灵气才能很好地接受。唐耿

良、金声伯的东西怎么传、怎么承,他每一遍都不一样,他是从他几十年的舞台经验积累历练、提炼出来,通过自己的消化理解重新呈现出来的。我们的青年演员没有几十年的经验积累,想把优秀的传统艺术传承到位是不容易的,这都是工作中实实在在存在的问题。我们团所能做的就是每年不定期地做一些培训班,请彭老师等老师去讲课,我们团体能够做的也就是这些。做了之后还是出了一些成果的。每年办培训班,取得一些成绩,但跟我们的期望、跟过去相比还是有一定差距。

(四)坚持雅俗共赏,引领听众审美

将苏州评弹的审美视角定位在"俗中见雅,雅俗共赏"可能是更为恰当的。有些领导比较客气,说评弹是高雅艺术,我觉得不是,评弹好就好在"雅俗共赏",能上能下。由于时代的变迁,当代听众除了欣赏演员说噱弹唱的技艺外,更多的是要求书目的内容不断更新、故事情节更为新鲜离奇。我举个例子,《秦淮五妓》,它讲的是秦淮的五个歌妓,半个月中每三天讲一个人,其实就是讲故事,但市场非常好,收入非常高。我们应该允许它存在,但这不是评弹艺术发展的方向,这仅仅是发展过程中不得已的做法。作为团体,作为学校,我们不主张走这条路。短期的艺术的更新是违背艺术规律的。这其实是困扰评弹艺术发展的很大的瓶颈。传统戏曲曲艺鉴赏从本质上讲更多地应该在于"品味",如梅兰芳《贵妃醉酒》、程砚秋《锁麟囊》、徐云志《三笑》、周玉泉《玉蜻蜓》,等等,以此类推。一提到艺术家又想起他的最优秀代表作,这是艺术发展得以可持续的方向。

就评弹而言,"听得懂"与"懂得听"那是两回事儿。我们既让他们听得懂,也要引导他们懂得听。现在一部分听众从听艺术、听名家,回到"听故事"了,其实这是一种倒退。评弹一开始就是讲故事的,然后吸收了很多艺术特色,现在发展到在曲艺艺术中很高的地位了。重新回到听故事是很可悲的。这是违背艺术原则、违背艺术规律的。这样一种创新难以善终,它所维系的只能是一种恶性循环。这种文化意识和审美能力的缺失,才造成了传统表演艺术鉴赏中的尴尬局面。复旦大学的钱文忠教授在评弹艺术六十周年大会上说评弹要"守先待后","守先"是守住优秀的遗产,"待后"是等待时机。作为学者,我完全同意他的观点;但作为评弹从业人员,对评弹团体和评弹学校而言不能等。我们要"做",做的时候要看清形势才能做好。评弹《雷雨》"中华百校行"走了五十几所高校,近八十场。我们的目的,就在于让以当代大学生为代表的年轻人有机会去接触、接近和接受优秀的传统说唱艺术。通过三年的校园行活动,我们发现当代的大学生不是不喜欢我们优秀的传统艺术,而是不了解。他们没有接触过,不知道有这个东西,听完后非常过瘾,感觉非常新颖,其实我们的手法是非常传统

的。两个人在台上可以突破时空的限制，演绎三年乃至三十年的故事，这是一般的表演不具备的。

（五）规范书场经营，构建市场生态

当前，各级政府扶持开办了许多公益性的社区书场，为开拓评弹演出阵地起到了积极的推动作用；然而，经营性的书场却仍然很少。近距离长篇演员"敌档"打擂书场的稀少和上下档演员同台"越做"（在码头上，两个先生半个月到一年说一部书，而在上海、苏州比较大的书场，一般要"三档"轮番演出，我们称之为"越做"）的花色书场的消失，才使得我们的演员之间缺乏应有的正面竞争和必要的艺术观摩，而越来越远离艺术的历练和市场的摔打。

现在讲从中央到地方以科学发展的理念来规划一些经营性书场作为试点，坚持走市场经营的道路，按照演员的不同水准相对差价，如经费不足难以为继，则由政府根据听众的上座率给予相应的补贴。这样，票房书场多了，演出场次多了，演员与书场彼此间才能形成一种积极繁荣的演出运营机制，青年演员的培养、演出质量的提高和艺术作品的创新才能真正地提到议事日程上来。

（六）辅以节庆刺激，营造良好氛围

20世纪90年代，江苏省文化厅率先创办了苏、徐、扬"三州书荟"，即后来的"江苏省曲艺节"，2000年起文化部又创办了"中国苏州评弹艺术节"，另外还有中国文联主办的"中国曲艺牡丹奖"、江苏省文联主办的"江苏曲艺芦花奖"等各类评奖、赛事。应该说，政府提供了相当广阔的施展平台，对于评弹团体的建设、书目创作的繁荣、优秀人才的发现起到了非常现实的推动作用。

节庆和赛事的目的和宗旨是为了发现和推出更多的优秀作品和人才，但现在的节庆和赛事往往搞"平衡"，比如某某团给几个作品，某某团给几个演员的份额。考虑到地域的分布和各地平衡的发展，我觉得可以接受。但在舞台上的表演技能比赛中不能搞平衡，否则就是对艺术的不尊重。但往往这一点很难做到，而吃亏的是大团。就像世界杯足球赛，欧洲队是吃亏的。对评弹而言，这种"平衡"对演员是不公平的，就挫伤了他们的积极性。"好中选优"是一种积极的趋势，而"矮里挑高"则是一种消极的取向。因此，无论是演员还是团体，都应该自觉地从严要求自己，去努力追求最佳的上升值和优秀的绝对值，永远向"真正的艺术家"看齐，这样每次节庆和赛事才能够真正地赛出风格、赛出水平。

（七）保护苏州方言，传承吴地文脉

由于经济社会的发展开放、普通话的推广普及和南北人口的迁徙流动，苏州话已发生了惊人的变异。而苏州评弹正是以苏州话为首要特征的说唱艺术。对于一个不懂吴方言的人来说，"听戏"不成还可以"看戏"，但若"听书"不成，这就难办了。因此，苏州话的抢救、保护、使用和传播在很大程度上将影响并决定苏州评弹未来的发展。

近年来，相关方面已经意识到了问题的严重性和紧迫性，开播了一些电视方言栏目，有识之士也编写了苏州方言词典，出版了一批苏州评弹的经典集子，如此等等，对抢救、保护和传承、普及苏州方言都是十分有益的。评弹业界自身在保留优秀经典的传统语汇的同时，也应该与时俱进地通过新颖健康的艺术语言，将特定的故事叙述和人物描摹巧妙地传递给我们的听众朋友，更好地吸引他们。只有通过评弹的演出，才能给予听众对苏州话美的享受。

我工作中所遇到的问题大概归结为七个方面。由于水平的有限，还有许多不当的地方，请各位老师和专家指正，不吝赐教，谢谢！

演讲时间：2013年10月15日

整理者：刘晓海

第十五讲
评弹的艺术性和社会性

　　20世纪二三十年代以来,评弹的兴衰与上海在历史时期的重要地位以及中国近代社会大环境关系密切。张如君、刘韵若夫妇见证了评弹在上海地区的兴衰。他们从多年从艺实践和人生经历谈论评弹的艺术性和社会性的问题。一、评弹的兴衰深受上海社会变迁的影响,1949年前后的评弹艺人在时代沉浮中形成了自身艺术特征鲜明的"中生代"群体。二、"说""表"既是评弹艺人应常抓不懈的基本功,又是形成个人独特风格、实现艺术创新的基础。要说好书,张如君认为要把握"飘、浮、浑、紧、温"这几个要点。三、张如君、刘韵若的中篇评弹《李双双》历经多年研究和打磨成为代表作,他们用行动实践了"评弹的艺术传承既要关注书目的创新,又要注重人才的培养"的理念。

张如君　　　　　　　刘韵若

张如君，苏州评话名家张玉书之子，弹词演员。1948年师从赵湘泉、凌文君，代表作有长篇《描金凤》《双金锭》《王宝钏》等。

刘韵若，江苏吴江人，师从叔父——弹词名家刘天韵，她嗓音清脆，擅长"俞调""祁调"。

1954年起张如君与妻子刘韵若拼档。1959年二人同时加入上海市人民评弹工作团（今上海评弹团）。二人经过多年磨合，不仅"说、噱、弹、唱"珠联璧合，而且推陈出新，着眼于书目再创作。其代表作中篇评弹《李双双》享誉书坛。二人的爱情与艺术长青，被誉为评弹界的"弦索伉俪"。

一、张如君谈评弹艺术与社会

(张如君)

评弹是口头文学、语言艺术。"说话",除了哑巴,人人会说话,生活里的说话,不等于会说书。说话是人类创造的,语言是思想、情感表达的载体,是心底的声音,用语言发展到说书,已到达了登峰造极的地步。无布景,无道具,即便女演员,出于对听众礼貌,略带脂粉,还是属于本色。评弹演员主要靠三寸不烂之舌,两行伶牙俐齿,这张嘴利善,舌剑唇枪,舌灿莲花,既能描绘燕语莺声,窃窃私语,又能形容暴风骤雨,排山倒海。春秋战国年间的说客,一言兴邦,一言丧邦,能安邦定国。

评弹,不论说、唱都离不开这张嘴。1949年以前,没有"评弹"这种称谓,只有评话、弹词之称,统称说书。以前只有社团——光裕社、普余社、润余社。其中光裕社最大,算最正宗。光裕社基本上全是男演员,男单档或男双档。普余社,会址在吴苑茶馆,会长钱景章,发起人是王燕语。本来演员都来自光裕社,到三四十年代时,因为一些男演员与女演员拼男女档演出,官方认为这种行为有伤风化,普余社被禁止在吴县演出。当时普余社知名艺人有徐雪月、顾竹君、也是娥、贾彩云等。润余社有李伯康、黄异庵、张鉴庭、张鉴国、潘伯英、夏荷生。评弹艺人若没有加入三个中的任何一个社团,即为外道,是不能进苏州演出的。1949年后,三社合一,成立评弹改进协会。

评弹虽发源于苏州,但是发展、发迹在上海。20世纪二三十年代到60年代,是评弹的全盛时期,人才、书目到了顶峰。夏荷生、"蒋朱档"、"朱赵档"、魏钰卿等优秀演员辈出。评弹这一动听的弹唱艺术,有深厚的历史根源。苏州是有二千多年历史的名城,明清时期工商业就已经很发达。手工作坊、机房已滋生了资本主义萌芽,经济繁荣带来了文化的兴盛。

苏州园林(留园、狮子林、拙政园),每个园林各有特色。如网师园移步换景,几株竹头,使人仿佛看到"窗含西岭千秋雪"。苏州园林,一草一木,既可欣赏又可学习。还有苏州的寺庙,西园寺五百尊罗汉、紫金庵十八尊罗汉、沉思罗汉等,这种雕塑艺术,真是国宝级。唐伯虎字画,也是中华民族的瑰宝。俗文学家冯梦龙,创作的"三言"对中国文化史产生了巨大影响。还有苏绣名震中外。最近建成的苏州博物馆,是国际建筑大师贝聿铭设计建造的(贝家曾居住在苏州,算半个苏州人)。苏州气候宜人、土地肥沃、物产丰富,真是人杰地灵。在这样丰盈的吴文化熏陶下,昆山诞生了百戏之祖昆曲,传习所就设在孔庙,昆曲"传"字辈大部分出自这传习所。评弹把吴侬软语的魅力发挥到极致。当然,扬州说书,在曲艺界占有重要位置,特别是曾有著名演员王少堂。当时有民谣说:"看戏要看梅兰芳,听书要听王少堂,越剧皇后姚水娟,石辉、张伐要做秋海棠。"扬州说书造诣很深,外国人来中国可以学说相声,但是大家难得听到洋人学说书。丹麦人文学高级研究学院高级研究员伯恩达赫女士到中国来参加"民族民间文化保护立法国际研讨会"。她是一位碧眼金发、体态雍容的中年女学者,她上台不是讨论叙述论文,也不演讲。她坐定后,双眼环视一下四周,然后用说大书的醒木,像醒堂木一样,令坐在下面的世界各地几十位专家、学者一惊,就开口说书了。"武松手拿齐眉扫帚,醉醺醺直望景阳冈而去……"这时大家才明白,她来表演说书。伯恩达赫曾很认真地说:"中国说书,是世界口头艺术的瑰宝,从宋朝起,职业化说书已在中国存在,广受欢迎,现在的问题是面对现代媒体和现代生活方式,这门艺术是否能流传到第二个千年?我认为现在该是国际社会负起责任,保护这种独特的口头艺术的时候了,新的媒体技术既是对说唱艺术的一种威胁,又应该成为保护这些现存艺术的绝佳手段。"[1]

作为正在关注我国民间文化命运传承发展的中国人,我从一位外国人口中听到如此振聋发聩的声音,真是别有一番滋味在心头。这位洋学者,举了很多例子,都谈到扬州评话,因为扬州评话接近普通话,外国人容易听懂。苏州评弹是吴侬软语,她了解甚少。她只知汤三国、康三国,其实苏州评弹还有唐三国、张三国。苏州评弹影响深远,遍及世界。

评弹发展在上海。上海是繁华大都市,十里洋场,外国人做生意淘金,都要到上海来。上海近代名人辈出,并且很多名人都是评弹迷。1949年以后评弹也依托文化氛围浓厚的上海迎来了又一次发展,第一个国家剧团诞生在上海。上海评弹团最初叫上海市人民评弹工作团,现在的名称是后来简化的。团内聚集了评弹界大部分的精英。当然,苏州评弹团内也有徐云志、周玉泉、魏含英三位大师级人物,影响深远。

上海评弹团做出了卓越的贡献,创造了新的演出形式——中篇评弹。其时涌现了一批深受听众欢迎的书目:《一定要把淮河修好》《芦苇青青》《海上英雄》《老地保》《厅堂夺子》《晴雯》《春梦》《真情假意》,折子《絮阁争宠》《玄都求雨》《庵堂认娘》,等等。上海评弹团还创造了不朽的名段名曲,在文艺界引起了很大反响,同时在社会上引起了轰动。名导演、名演员、名画家、名

---

[1] 原文发表在《新民晚报》2002年1月22日。

作家、教师、诗人等社会各界人士都爱上了评弹这门艺术，高水准的听众也有助于提高评弹的艺术地位。

20世纪60年代，中央首长陈云同志曾经提倡，要干部听评弹，提高语言艺术，对做报告有帮助。前些年《文汇报》曾登过一篇文章，题目是《外交部里书迷多》，江南籍的外交官大多喜欢听评弹，他们借鉴评弹能言善辩的语言艺术，以期提高自己的业务水平。原浙江省委宣传部部长孙家贤同志（苏州人）说，有些官员做报告很枯燥，听者不免打瞌睡。我借鉴了评弹的说表艺术，吸引大家全神贯注地听我的报告。上海评弹团的吴宗锡老团长为了宣传评弹艺术，曾在《人民画报》上展示了很多评弹艺人演出的现场照片，并亲自撰写报道。同时，上海评弹团的三十多位艺术家，对评弹事业做出了贡献，他们功不可没。

20世纪20年代至五六十年代，评弹艺术的中心在上海，评弹艺人都希望到上海演出。上海影响大，受到上海听众的肯定的"响档"是最高级别的"响档"，所以艺人都要来上海闯一闯。这与当时上海在全国的社会地位有很大关系。上海人的生活很精细，男人穿的西装，要在席子底下压压，明天穿仍旧很挺括，出门西装革履叫"身浪绸披披，屋里呒不夜饭米"。女人哪怕穿件"印丹士林"的旗袍（青布旗袍），看上去也蛮大气。在上海人看来，外地人总归有点作气、土气。当然这种看法是不对的，而且现在不是流行接地气的草根艺术嘛。但是打扮、装束和艺术，还是有区别的。

评弹艺术，说、噱、弹、唱，后来加了个"演"字。演即做，评弹的"做"，虽比不上弹唱那么重要，但它能补弹唱之不足，有时候它甚至比说唱更有效果。一个短促的现形，往往能抵得上大段说唱，起到画龙点睛的作用。戏剧中叫"现形说法"，而评弹叫"说法现形"，表演是评弹艺术不可缺少的艺术手段，使内心世界和形体表演，达到和谐统一。所谓神、形兼备，表、里一致，所以演还是从属于说，评弹的表演少则鲜，多则丑。

京剧武生泰斗盖叫天在和我们谈评弹时，他强调说表的重要性。比如武松替兄报仇这一段，评弹要说到狮子楼前人物才正式亮相。盖老说，他学戏时，只学武功，京剧并不注重人物、表现人物的心理活动。他揣摩武松人物性格是从评弹中学习到的，当时他听评弹听人物的内在，这样自己在表演时心里才有了底，塑造的人物就更加有血有肉。

评弹的说表非常重要，古来就有"千斤说白四两唱"。唱有音乐性，但是说讲究抑扬顿挫，也富有音乐性。蒋月泉老师是"蒋调"一代宗师，他对说表非常重视，例如《厅堂夺子》徐上珍听元宰嘴里讲出"不姓徐来我本姓金"，说书人一段表白，诉说了徐上珍的内心活动，催人泪下。然后再来一档经典唱段《徐公不觉泪汪汪》感人肺腑，令演出出彩。现任上海评弹团团长的秦建国，继承了蒋月泉艺术的精髓，唱这段也显示了其艺术功力。如果说表"失抛失轧"，唱这段篇子就逊色了。陈云首长也非常重视演员加强说表能力，他曾说"评弹应以说表为主"。评弹特点主要是说表，不论评话、弹词，都要说得入情，表得合理，传统书中好的部分，最受欢迎的，大多是因为说表艺术性强。

蒋月泉老师练说表下过苦功。当年他在上海已经是响档，有听客对他讲，月泉唱蛮好的，但是说表却嫩着点。蒋老师听到这种评论，放弃了上海的可观收入，拿了三弦跑码头，练说表，他说，唱和说，宛如两个拳头，哪一个都要强。

现在一些青年演员会唱几支开篇便自认为评弹都会了。听众反映青年演员唱还可以，但没有内涵。论唱，出音要自然，收音要有余。但是唱得优美动听使艺术仅仅流于表面，在优美动听基础上做到情真意切才能说唱功到家。

刚入门的艺人不懂为什么初学三年，天下去得，再学三年，寸步难行。评弹入门门槛不高，但是想在艺术上有造诣，越钻研下去越难，所谓艺无止境。不论说、唱，都要练好发声，要悦耳动听，句句入耳，这在吴语中叫"拉耳朵"。总之，要发声好听，常言道，"说书呆板，总惯吃弹唱"。评弹有几句行话，说的是演员等级有神仙、老虎、狗之分。神仙是指大响档，人脉甚广，能在业界呼风唤雨；老虎是指一般艺人，独来独往靠自己跑码头谋生；狗是指水平最低的艺人，很难有生意，只能去别的艺人不愿去的码头演出。

说白分七种：官白、私白、表白、托白、咕白、念白、衬白。说白讲究理、味、趣、细、技，这些都是评弹塑造人物的主要手法。然而，要使理论能够在艺术实践中发挥作用，还需要根据自身条件不断总结演出经验。在几十年的艺术实践中我体会到要说好书，要关注几个要点：飘、浮、浑、紧、温。

第一个要点是飘，不是指飘逸，而是轻飘的意思。说书咬字要准，吐字要清，音色要纯，说表要干净利落，不要拖泥带水，切忌满嘴白沫，唾水四溅。说话要像落"濛松雨"，音要送得远，既要让坐在第一排的听客听得不震耳，又要让后排听客听得清。朱介生老师的叔父朱耀笙，"俞调"唱得很好。在一次茶会上，道众请他唱一曲，他上台唱一支《宫怨》，真是声情并茂。当时叶声扬的母亲说："《宫怨》我听得多了，别的演员的《宫怨》有些字句我听不清，但是你刚才的唱词字字清晰。"旧时演出没有话筒，就靠嘴皮子上的功夫。好的演员，他们对发声掌握有分寸有尺度，并不是一味讲求声音响。他们的声音并不响，但是最后一排也能听清楚。这是因为咬字着实，所谓声情并茂。在评弹中，音是指发声，腔是指感情。腔可以根据人物性格、环境抒发不同感情，感情传达的效果依托咬字的基本功。另外，每种唱腔在音和腔配合上略有不同，比如俞调，腔相对来说比较重要，这其实对发声基本功要求更高。

第二个要点是浮，是指演员根据自身条件确定气出丹田的比重。一般认为，演员演出，气要从丹田送出，不然音送不远。按照这一理念，体质好的演员自然身大力不亏，但是如果演员身量瘦小，依照这个方法身体上就会吃不消。那么，我们就要根据自身条件，扬长避短。天赋不好者，成大器的也不乏其人，比如许继祥天生音哑，蒋声翔、陈晋伯自幼口吃，但是他们后来都成了名家。"气出丹田"的效果因人而异，结合自身情况，我认为气出丹田的比重不宜过大，牙清齿白，字眼咬正，同时说书音要浮。这样既保证了发音清晰，又不会损耗过多气力。

第三个要点是浑，其一是指平声、上声、去声和入声要能分得清，宁可慢而清，不可快而浑。其二是指声母、韵母要分得清，尖团声要分清，春、村、声、生要读正。其三要摸得清听众的心理，关注不同听众的需要。

做好第三点，演员就要分清四性。首先是人性，即关注听众的心理要求，要"对人头发货色"关注听众群体的特点。比如南市城隍庙（今豫园）和西区仙乐书场、沧洲书场听众来源不尽相同。又如我们去学校讲课和青年演员谈道，同一内容对象不同说法也会有变化。其次是地性，不同地区听众要求不同。如常熟乡绅多，对人都称呼先生。无锡工商业者多，听客喜欢接嘴，台上演员讲明日听书请早到，台下听客就会接嘴，我明朝早晨就来。再次是书性，是说学书、说书要走正路。叶声扬说《金台传》，他本身学问好，在台上"之乎者也"、引经据典。其他艺人照搬这些，用好了可以为自己的演出增色，用不好便是东施效颦了。最后是时性，即说书要有时代感。有些常言俗语，旧时颇为流行，但已经被现今淘汰。这样的词语如若在表演时使用会使演出的效果大打折扣。

第四个要点是紧，即说书演员要绷紧。说书要像猫咬老鼠，既不咬煞，又不放脱。这感觉与国画的技巧有相似之处。国画大师齐白石曾对国画艺术总结过两句话："太似则媚俗，不似则欺世。把所画之魂魄摄取出来，留有空间、余地，这样才能有想象，有回味。"说书千万不能"咬牙壁剥"，台上说书要讲究节奏。一回书下来，演员若气喘吁吁，像被人打伤一样便不是好的节奏。说表能力与演员的文化底蕴、社会经验、语言修养都有密切的关系。

第五个要点是温，俗语说："书拎不起，阴勿等于温，静也勿等于温，也勿等于阴阳怪气，初——一句，月半一句。"周玉泉老师这点把握得最好，他说书静中有闹，静中有劲，不论火功、阴功，必以熟为基础，以静制动。这一要点同样适用于戏曲，京剧演员高盛麟、铁笼山、盖叫天、史文恭都是武戏文唱，外松内紧，他们的表演已达到炉火纯青，进入高境界。

评弹书目是死的，演员要把书说活就要取众家所长多去听书。听书不是仅听单一的故事，而是要听情节、人物。而且，演员要意识到关子不是唯一，要把书味说出来。同样的一部书，优秀演员来说反响就很好，就是因为好的演员关注的是书目中全方位的内容。在如何说这方面大有学问，青年演员要在这方面加强钻研。

现在有些演员，书摊买本书，上台就演了，每年换部书说，这种做法不可取。说好书要"想"。说与唱，衔接要自然，不能脱节，要语言音乐化，音乐语言化，使两者成为一体。沉浸在书情中，陶醉在人物感情中，加上吸取老先生唱腔中的精华，自然而然会唱出丰富的感情来。

向前辈学习，钟士亮的使枪，何云飞的舞刀；向书本学习，俞筱云书台上说个几味药，相当在行，是《黄帝内经》《汤头歌诀》等书里学来的；向生活学习，吴子安的隋唐李元霸动作，就是来自生活。有人说，我都不学，也能说好唱好。听众一听，就晓得俫没有内涵，肚里呒不货色，平平而已。业精于勤，业务上有成就，与勤学苦练分不开。还有好学，吴子安问沈俭安，你经常看周信芳的戏，为什么？沈回答，我嗓子哑，周也哑，学习如何因人之宜。

叶盛兰的父亲叶春善创办了富连盛科班，他起初要儿子学旦，练跷功，串珠花，练一百个，练到第九十九个了有一个不行就要重新来过。后来叶盛兰改学"生"，经常练私功，二亩地跪圆场，每天跪一百圈，冬天跪得脚上出血，血印出在鞋帮上。叶盛兰艺术上取得成就，电影群众会，桃花扇精湛艺术，令人信服。

田汉先生，20世纪60年代，在北京听评弹《西厢记》，玉不琢不成器，人面前显贵，人后受罪。练艺术没有捷径，练要持之以恒。刘天韵的哭，严雪亭的说，杨振雄的痴，苏江档的排，最近报上连载歌后邓丽君练，抱病吊嗓。生活上要知足，艺术上不能满足。

评弹是老百姓喜闻乐见的民间艺术，越是民族的艺术越走向世界。在座学者研究评弹从学术上谈传承，我们作为演员从艺术上传承评弹。我们共同抢救保存这门口头艺术，愿评弹代代相传，永放光彩。

二、刘韵若谈自己的艺术人生

（刘韵若）

我当初学习评弹，仅仅是为了求生，为了改变家庭生活窘境。养家糊口，扛起家庭重担，是我义不容辞的责任。因为我文化水平低，理解能力差，所以要比人家付出更多时间来练功。从学校读书，到后来跟随叔父刘天韵先生学艺，我都非常尊重老师。我知道老师教我知识，教我艺术，教我做人，将来我能立足社会，做个有用的人。

刘天韵先生说："女孩子登台，要讲究台风、仪表。"台风包括方方面面。譬如他要求学生学习艺术时思想要集中，精神要饱满，胸要挺，背要直，注意形体。他总是说："习惯成自然。"因为是演员，特别是女演员，到台上第一个亮相，就应该给听众一个好印象。从出场走到座位前，只有几步路，我们都要练习的。坐在台上要端正，眼睛要正视前方，脸带微笑，善意对待听众，这是我从小学艺的基本功之一。直到现在,我今年七十七岁了,还是腰板挺直,可见从小练功终身受益。

演员要讲究气质,台下做人要正派,台上要有整体观念。我们评弹演员以档演出形式为主,有一个人的单档,有两个人的双档,也有三个人的三档。因此在台上一定要有整体观念,上下手配合要默契。下手在没有说书的时候,要认认真真地听上手说书,要进入书中的内容中去,不能思想开小差,眼睛东张西望,听众不知道你在做什么,跟着你看东看西,岂不是分散听众的注意力?结果破坏了整个剧中的情绪,这是千万使不得的!只有把听众拉到自己所说的内容中去,台上台下引起互动,才能使演出成功。这就考验演员的书德。例如我团的张鉴国老师,听众称他为"琶王",他与哥哥张鉴庭拼兄弟双档。"张调"是个大流派,深受听众欢迎。张鉴国老师曾对我们说:"我要做好我下手的工作,我不越位,要(守)本分。我的琵琶就是要托好上手的唱腔,琵琶跟着唱腔走。"张鉴庭流派的形成,与"琶王"张鉴国的书德是分不开的。书德是演员的气质。也有反面的例子,下手为了卖弄自己,弹了花过门,弹得上手开不了口,结果产生双档间的矛盾。

做一个好演员,必须要加强文化修养。我自身文化水平不高,便在闲暇时间自己学习,弥补这一不足。我们的评弹长篇是个宝库,里面有很多知识。除了向自己所说的长篇学,还要再听其他长篇取长补短,同时我认为读书是必需的功课。1959年我加入了上海评弹团,从此踏进了艺术的海洋。我像块海绵,尽情地吸收各位前辈老艺术家之长,补自己之短。那时团领导组织读书班,请语文老师来教我们唐诗宋词,请京剧团演员来教手势、身段。文化局每周有一天上午总会安排我们观摩兄弟剧团及外省来沪团体的演出,让我们开阔视野。特别是刘天韵、蒋月泉、朱介生等老师,不断地提醒我们要向京剧、昆曲、新文艺等学习,把他们的长处吸收过来,为评弹艺术所用。所以说要提高文化修养,一定要勤奋学习,不断实践,提高自己的能力。文化修养提高了,自然会提升自己的气质和内涵。作为一名演员,特别是女演员,单靠台风是不够的。评弹界曾有个女演员,她的身材、外貌都是最好的,但后来就看不到她的演出了。归根结底,评弹女演员要靠艺术来吸引听众,否则只能被听众称为"花瓶"。

作为评弹艺人,我很关注评弹艺术的传承问题。我入行时跟叔父学习评弹,是为求生存、求温饱。同时期的其他同道大部分是因为生计原因踏入评弹界。在我们拜师学艺时,刚好评弹界在搞"斩尾巴"。当时传统长篇一律被斩掉,书目要与"封、资、修"的东西决裂,与传统有关的内容都不能再演。所以我学的弹词长篇属于二类书,如《借红灯》《小二黑结婚》等。这样一来,与老一辈艺术家相比,我们在传统长篇是"先天不足"的。而且老师们的"绝活儿"是演小人物,靠演活众多小人物蜚声书台的。比如《描金凤》中的钱笃笤、老地保,中篇《林冲》中的店小二、陆谦，《三笑》中的大笃、二刁，等等。还有一些唱腔也因为"斩尾巴"而无法学到了，比如《林冲踏雪》《玄都求雨》中的乱鸡啼，《三笑》中船工唱山歌、笃头唱文书调……这时，叔父在我迷茫时给我指明了方向。他对我说："继承评弹艺术，必须因人制宜，要根据自己的条件，把老师的艺术特色、理念等为己所用，创造出有自己艺术特色的东西。艺术要走自己的路，不要跟着人家走。"老师语重心长的一番话，使我茅塞顿开。

1963年，为了纪念曹雪芹逝世二百周年，我团作者夏史写了中篇《红楼梦·晴雯》。我在刻画晴雯这个脚色时，认真听了复旦大学教授来我团讲解《红楼梦》的课。然后我再仔细通读原著，尽量去体会晴雯心比天高的性格，做到细腻传神。晴雯是宝玉第二知己，当她知道宝玉把老太太送他的雀金裘烧坏了，明天不能穿，要被太太责骂，宝玉急得走投无路，此时晴雯正在生病，为报知己之情，她抱病补裘。我以刘天韵老师的现实主义理念，他的艺术观——说、唱、演的特征来塑造晴雯这个人物。我参加演出《晴雯》后，得到了作者、领导、老师、听众的好评。在扬州预演时，座谈会上是这么评价的："剧本写得好，演员演得好，剧本不要改动，一动也不能动，曹雪芹能含笑九泉了。"当时参加演出的演员有杨振雄、苏似荫、江文兰、张如君、刘韵若、余红仙、吴静芝等，演员们各有发挥，全组配合默契，我在其中只不过尽些微薄之力。

当我正怀着很高热情向艺术高峰攀登之时，"文革"开始了。我人生中最美好的十年被浪费了。"文革"结束后，1979年我随团赴港演出回来，热心的听众对我说："你已经人到中年，应该形成自己的风格。"记得当年，我团还是在康定路的时候，那时青年演员经常自选学习弹词开篇并在静园书场演出。我很用心地准备了一支《武松》的开篇，采用了某个流派的唱腔。演出后我遭到领导的批评，说我"模仿是没有出息的"。这句话像刀一样刻在我的心上。我又想起叔父的教导，他说："师父领进门，修行靠自身"，"师父只能教给你基本功，路要你自己走出来的"，"你要研究自己长篇中的人物，把人物研究透，才能很好地表现他们的个性和内心世界，只有这样，才能有你的特色、你的风格"。他还耐心地跟我讲："《西厢》中的张生，《白蛇》中的许仙，《三笑》中的唐伯虎，都是小生，然而他们各有各的处境、文化内涵和个性。如果把塑造这些人物的方式直接用于塑造《描金凤》中的拖鞋皮小生、落难公子徐惠兰身上就不合适了。同样，这一方式用于塑造长篇《双金锭》中的文武生，轰天炮龙梦中身上合适吗？这显然是不行的。因此你一定要把你学到的东西融化成你自己的东西。只有这样，才能把书中的脚色演好演活！"老师的这番话对我真是苦口婆心、金玉良言呀！

重回书台，我从多年实践中真正认识到叔父把他从艺数十年得来的宝贵经验传授给我，我立志要做个承上启下的评弹传人。

首先，我从塑造人物着手。例如长篇《描金凤》中的《玉翠赠凤》。玉翠是个走江湖笃笃之女。青春年少，活泼可爱，富有同情心，追求婚姻自由，私订终身，恰如其分地来表现这位小家碧玉姑娘。我从说表、弹唱、表演各方面来塑造她，得到听众认可。我的《描金凤》在香港演出时，受到欢迎，报上登载《描金凤好》的文章，称之为当晚演出最好的一回书。再例如《双金锭》中的轰天炮龙梦中，他是个文武生，爱打人间不平，是听众喜爱的人物。这个脚色，在弹词中的女下手中很少演这个人物，但我希望演好他，因为我很喜欢这个人物。他有豪爽侠义之骨，快人快语，也有鲁莽的一面，年少气盛带有孩子气。我从形体动作（他是雉尾生，我们叫鸡毛生）及唱腔多处着手塑造他。

我的唱腔以刘天韵的上旋音及"俞调"的真假嗓为基础，并吸收韵味醇厚的"蒋调"，再结合京剧娃娃腔里的元素。而且，根据书情的需要，创造出文武生的唱腔。我形成自己独特的唱腔，前后了花了近二十年的时间，其间听取蒋月泉、朱介生老师的建议，并在多年的艺术实践中不断揣摩。后来，在为首长陈云同志演出时，我特选《梦中过关》一回中一段文武生唱腔，请首长提意见，他听后说"很好，很好"，这是首长对我创新的鼓励。我要把"文革"中失去的时间补回来，不顾疲劳和艰苦，一心扑在工作上。那时生活重担都靠我的母亲一人扛起，她是一位中国式的贤妻良母，我能有所成就，多亏母亲的照顾，愿她老人家在天堂感到欣慰。

有了长篇，才有了评弹；有了各种题材的长篇，才有风格各异的流派。可以说，凡是能在艺术上别具一格、独树一帜的评弹艺人，都有一部（或者两部）合乎他个性的长篇，否则英雄无用武之地，否则他们在艺术上的创新能力是不可能有用武之地的。虽不是每一部长篇都能出名家，然而名家的产生却离不开长篇。

演讲时间：2013年10月30日
整理者：王亮

第十六讲
苏州评弹的定位与走向

  金丽生先生这次讲座主要分四个部分，第一部分回顾了与评弹结缘的过程和早年学艺的经历；第二部分讲述自己在"文革"中的一些经历和认识；第三部分讲述了自己作为评弹管理者的工作经历和曾经面临的困难；第四部分着重谈论了他在评弹界浸淫多年的经验总结，以及对评弹现状的认知。金丽生认为评弹艺术在"文革"期间遭受了巨大的破坏，导致了改革开放后听众和演员的断层，以及整个评弹艺术生态环境的恶化。必须立足于评弹作为一门以吴语方言来表演的说唱曲艺这一艺术特质，保存艺术精华，坚持培养人才和书目创新这一根本，而不是好高骛远地搞政绩、搞创新、搞大规模，必须贴合评弹艺术的特质和规律，才能保存评弹艺术的基础，保证传承不致断裂，以待整个评弹艺术生态环境好转，再图发展繁荣。

金丽生

苏州评弹表演艺术家,曾任苏州市曲艺家协会主席、苏州评弹团副团长,国家一级演员,苏州评弹学校首届毕业生。师从弹词名家李仲康,代表书目为《杨乃武与小白菜》《秦宫月》等,2000年参加第六届中国艺术节苏州评弹比赛获优秀表演奖,同年凭借《四郎尽忠》获首届中国曲艺牡丹奖。多次赴意大利、法国、加拿大等国演出,获得广泛赞誉。

各位上午好！我首先要表明的是，没人敢说评弹将来是灭亡还是繁荣昌盛，因为很多事物的发展都不以人的意志为转移。评弹的兴盛存亡首先与所处的历史背景有关。我对评弹还是有一点信心，但是按照现在的趋势发展下去，评弹是很不乐观的。我先谈谈我的见闻。

一、我的学艺经历

我是20世纪40年代出生，今年正好七十岁，2009年的12月份退休，根据工作的需要晚退休了将近六年。我并不是汉族人，我的父亲是回族，信奉伊斯兰教。我的母亲是满族，她是清朝皇族，也就是爱新觉罗氏。我母亲的祖父曾任湖广总督，我母亲的曾祖父曾任直隶总督。

我的家庭成员都是北方人。我父亲是十四岁到上海做生意，母亲是两三岁的时候，辛亥革命以后避难到上海，住在现在南京路波特曼大酒店的隔壁。我所有亲戚朋友都在上海，而且都是北方人。我的外祖母、母亲从小就喜欢看京剧，所以我家里常有人来唱京剧。我父母的媒人就是京剧名家、言派创始人言菊朋，也就是言慧珠的父亲。20世纪60年代，言慧珠的母亲每年到我家里来，她曾是一名电影演员。我从小在家庭里受到艺术熏陶，六岁时开始学唱京剧，而且我当时是唱青衣的，请上海电台郭胜雨老师每礼拜四下午来教我半天，到七八岁就能在两千人的大会场演唱《玉堂春》了。

那么我作为一个北方人为什么会学评弹呢？这是因为我到九岁的时候，家庭发生变故，全家从上海搬到了苏州。中华人民共和国刚刚成立时，我的父亲被划分成资本家，经过"三反""五反"，家里东西都卖光了。家里人口多，没办法维持生活。因为苏州生活成本低，就搬到苏州，只有我父亲一个人仍然留在上海，在工厂里做厂长。到苏州以后，因为失去了亲朋，所以京剧接触不到了。到了初中，因为我普通话不错，我就参加朗诵比赛。我曾参加苏州市普通话比赛，获得了全市第一名，这个奖状我还保存到现在。我积极参与学校里的文艺活动，十四岁时就说相声。高中阶段，我在学生会担任文艺委员，经常组织全校的文艺晚会。还参与演话剧，我记得十五岁的时候，我就演《万水千山》的话剧，演过第一主角，还参加了苏州一个区的业余话剧团。我很早就把自己的志向定于文艺事业了，想做电影演员或话剧演员。

接触评弹是受邻居的影响。过去只是偶尔听听评话,弹词根本听不懂。到十四五岁的时候,同邻居一起去苏州的久安书场听金声伯的《七侠五义》。每天晚上都去听,一个月听得上了瘾了。后来再听徐云志先生的《三笑》,他把我吸引住了。所以我从那时就开始喜欢评弹了。

到了高中以后,我们班就有同学会弹琵琶三弦,还有会唱评弹的。我就跟同学学三弦,还到同学家里听评弹唱片。到高中毕业的时候,我已经会《宝玉夜探》、《莺莺操琴》(杨振言)、《杜十娘》、《海上英雄·游水回基地》、《王孝和·写遗书》、《紫鹃夜叹》等六支开篇,而且自认为唱得不错。我记得读高二的时候,当时薛筱卿老师就在苏州书场说书,我带着我们高二(四)班的同学,到苏州书场的后台,请薛筱卿老师到我们班级来讲评弹课。我用自己两毛钱的零用钱叫了三轮车,把薛筱卿老师请到我们学校,让我们全班同学在门口夹道欢迎,黑板上写着"欢迎评弹艺术家薛筱卿到我们班级来指导"。薛筱卿给我们讲了一个半小时,还演唱了一段。1962年薛老师到评校教课时,我还提起此事,他还仍然记得这么件事情。高中时为了听蒋月泉老师的书,下午两节课结束后,就拼命地从学校里奔到苏州书场,只为听蒋月泉最后一回书。听他的《玉蜻蜓》,还是很入迷的。因为我一听评弹的唱,马上会感觉评弹的唱和京剧的唱(有联系)、曲调、发音、吐字和京剧都有千丝万缕的关系。但那个时候只是喜爱评弹,没有把评弹作为自己的终身职业,更喜欢话剧、电影。

后来怎么会去评弹学校呢?1961年我高中毕业时,最初报考的是上海戏剧学院表演系。当时上戏在华东六省招三十个表演系的学生,江苏省只有五个名额。我通过初试,又经过两次复试,进入全省的前十名,我感到希望很大。当时我并不想考大学,因为1961年考大学看家庭出身,资本家以上的"黑七类"基本上是考不取的。我由于出身,对读大学信心并不大。但上海戏剧学院一直不发榜,我就感觉可能落榜了。后来赶快去考大学,我喜欢外语,就填了北京大学西方语言系、上海外国语学院、北京外国语学院,最差是南京大学外语系。我由于温习功课仓促,出身又不好,结果分数差一点。但是我后来才知道,班主任可以定你可以考什么学校的。这也是好多年以后才知道的。

大学没考取怎么办?就只能下乡了。就在此时,苏州曲协的办公室(现在的苏州评弹团团部)门口贴了一张告示,说在陈云首长的指示下,苏州、南京、上海三地合办一个评弹学校。虽然过去没把评弹作为自己的理想,我还是去考了。蒋月泉、杨振雄、曹汉昌、徐云志、周玉泉、周云瑞都是考官。结果我一参加考试,老师对我产生了非常浓厚的兴趣,马上就通知我复试,而其他考生都要等通知的。两次复试以后,很快就接到通知,也就是一张明信片,说我考取了评弹学校。当时很高兴,我可以不下乡了。结果在考取评校后的一个星期左右,上海戏剧学院负责招考的刘建平老师专程来苏找我。他说,金丽生很抱歉,最初你考我们学校的时候有两个老师是反对你的,因为你在复试的时候即兴表演去学老师,感到你不太礼貌,所以第一批没考虑,后来我们没招满,再重新考虑,就第一个考虑上你了,我们决定录取你到上海戏剧学院表演系。我当时高兴得不得了,我想我的理想可以实现了,可以做话剧演员和电影演员了。他问我有没有考别的学校啊?我说:"我没有。"我瞒着他考评校的事情。他接着就去我的母校调档,我从上午一直等到傍晚,他才回到我家。他很严肃,他说你到底有没有考别的学校?我说,没有。他说,你不是没有考,而是已经被录取了。当时我就傻了眼了,我欺骗他了。他说文化局已经把档案调走了。我们又赶到文化局,协商了整整半天,但局里坚决不放。文化局表示评校是陈云首长举办的,也是百里挑一的,几千个人报名,才招这么点人。你如果一定要换学校,只能通过省文化厅来调。这就麻烦了,只能听天由命了。后来我请母校的书记开了证明到上海戏剧学院,要求进戏剧学院,他们说不行,到省文化厅肯定碰壁。就这样,我就进了评弹学校。

1961年9月25日我去苏州戏曲学校评弹部报到(因苏州评弹学校要到1962年初才正式挂牌成立)。最初三个月,个人思想很不巩固,因为自己一直梦寐以求的理想没有实现。后来通过周云瑞老师及其他老师反复做工作才安心下来。我被编入弹词甲班。这个弹词甲班的学生,一般是有基础的,十八个学生,八个是省里已经培养了一年了,到苏州评校来进一步学习。其他基本都是艺人子弟,庞学卿的儿子、杨振雄的儿子、张维桢的妹妹、周云燕的女儿、徐雪月的女儿等,他们都会弹会唱,就我一个人不行。当时我就问周老师,我说,我的水平只能到乙班,怎么能到甲班?他说,我们感觉你身上潜力很大。我当时就有点不大自信。结果呢,这句话被周云瑞老师说准了。到今天为止,我们这个班的十八个人,就只有我和南京的徐斌,还坚守在评弹岗位上。

当时评弹学校富有特点:第一,讲课的老师都是当时最优秀的评弹艺人。第二,当时专业课设置并不繁杂,就是弹唱、说表、形体三项,文化课是语文、历史、地理。因为我是高中毕业,学校允许我文化课免修。其他学生学的是高一的课程,这些我都学过了,他们有时候就到我宿舍来问我问题。我有更多的时间在专业学习上。后来老师对我说弹词甲班有一男一女是要重点培养的,男的就是金丽生。我说还有这么多艺人子弟啊!他说,我们不是看出身与现有水平,我们看这个人的潜力怎么样。

上半年学习了半年的"俞调",朱介生老师从"老俞调"教到《辩字开篇》《黛玉离魂》、"快俞调"、《落金扇》等。当时学得非常仔细。老师教每一个字怎么吐,怎么发音,哪里换气,哪里换半口气,哪里要通气,都讲得非常细,所以我们一个开篇学一个月。一懂了这些道理,学别的东西就可以以此类推,触类旁通。下半年又学了四个开篇,最初是蒋月泉给我们讲,后来他有任务到香港去了,就派了江文兰老师来教,她也是唱"蒋调"的。一个《莺莺操琴》,一个《杜十娘》,江文兰老师教我们两个月,一个月一个开篇。"蒋调"学完就学"薛调",是薛筱卿老师亲自来教的。一个《痛责方卿》,一个《紫鹃夜叹》。半年就学这四个开篇。当时这个《莺莺操琴》的曲调,蒋月泉教我们,比他本人平时唱得要复杂,他一定要用难的方式教我们,让我们学会这些小腔,懂得这些东西,以后学长篇就不怕了。当时一年学校学习完毕,我就跟师学长篇了。我在学校只待了一年,现在的评校培养学生要五年。

我记得在跟师的时候,在我的前途上又有了些转折。当时是三地,即南京、上海、苏州分配。南京只有八个人回去了,上海不要弹词学员,他们只等还有半年跟师评话班的学生。这就引起了苏州方面的不满。当时苏州就说你们门槛太高,怎么好不要呢?他们说,我们已经有三十几个弹词学员,也就是沈世华、江肇焜他们这一批。后来吴宗锡团长说,如果要的话,我只要金丽生。苏州问:你让他跟谁呢?他说跟严雪亭学《杨乃武与小白菜》。苏州说《杨乃武与小白菜》我们也有,李仲康就是。就这样,苏州把我硬留在苏州,失去了到上海团的机会。这件事是一年以后,碰到周云瑞老师,他亲口告诉我的。后来我就被派到苏州评弹二团。当时二团是苏州三个团中间最差的一个团。不过我的老师李仲康还是不错。1962 年 9 月起开始跟师学长篇。

第一次跟李仲康学习的时候,我就发傻,他的唱,我都听不懂。他的腔怪得不得了,我不太适应。但是听着听着以后,我就感觉我的太先生李文彬编《杨乃武与小白菜》这部书,真是煞费苦心。他经过十年的反复调查,掌握了资料后,才编这么一部长篇,1910 年动笔时,清朝还没有灭亡。

另外,李伯康是我先生的哥哥,他红在上海。但我的老师是不进上海的。因为李伯康在上海,不许兄弟进来。我先生把他所有的唱篇给严雪亭老师抄了以后,兄弟就反目了。他说我先生败家,为什么给外人。严雪亭跟我老师的关系非常好。

当时我学艺的时候有线装本《杨乃武与小白菜》的,全部是唱词,最初老师是不给我看的。他就让我通过听书来把它记下来,不要抄本子。这个学习跟现在又不同,现在全部靠剧本,靠录音,方便是方便,但说出来的书是死的。脑子里都是第几页第几行,我们当时没有剧本,就全部靠听。《杨乃武与小白菜》这个书是很难学的,它脚色多、官白多、文学底蕴深厚。

老师的业务很好,他是"码头老虎"。有时候生意好,我就只能站在那里听两个小时,连位置都没有。就这样听一遍回来就想,想了自己记一遍,记不全还不敢问老师。老师身体不好,年纪大,演日夜两场,他没有这个精力教我。于是再听第二遍,再补充一点,听第三遍,有的时候实在没办法了,趁老师身体好的时候,稍微问一问,记下来,就这样一遍一遍听了以后,把本子这样逐步记完全。唱词也是这样学。这样虽然很难,要高度集中地听书,容不得开半点小差,但是印象特别深,说的书非常形象,比较灵活,而且不容易忘记。像有的书我就靠本子背的,到现在一回也说不出了。而《杨乃武与小白菜》再怎么着,我想一想,马上就说出来。因此当时靠听记的传统书，不大会忘记。所以我感觉科技发达了以后，人懒了反而学不好。评弹本来就是通俗艺术，所以一定要现场听老师的，这个印象是最深的。此外在码头还要处理个人生活上的事情，还要照顾老师，每天起来还要吊嗓练唱。

跟师八个月后，加上之前在学校，两年不到，我就登台表演了。1963年下半年，我就单档说《杨乃武与小白菜》了。当时条件很差，团里不做服装，只能穿短打，后来团长借了一件长衫给我，穿了足有大半年。三弦没有套，就向团里借了一只混纺布袋，提了一个旧的老式皮箱，算是出码头跑江湖了。当时我一个月补贴十八元，演出收入全上缴给团里。交通条件、书场的食宿环境，一切的一切都很艰苦。但是我也不觉苦，脑子里只有一个念头：好好学艺、出人头地，将来一定要成名成家。一个人只要有了信念，什么苦都会挺一挺过去的。当时我是单档演出，因为跟老师我只学了单档。现在的评弹学校五年下来还不会说书，要到团里拜师父、学长篇，六年都不能说书。有的学了九年，我听听还没有我当时两年的水平。当然这里面原因很多，等一下我还要讲的。

到1964年，京剧革命浪潮席卷评弹，传统书全部不好说了，只能说新书。当时我们苏州团60年代初就开始编现代长篇了。所以1964年京剧革命来了以后，还能够适应，有的还能够马上编演。一开始我是跟着薛小飞老师学现代长篇《追踪》，后来他们要给我安排一个下手，他会说《苦菜花》，我就说了《苦菜花》。一直到1965年我参加省调演时，因一首毛主席诗词《浪淘沙·北戴河》，省里给我很高的评价，当时我才二十一二岁。到1965年底，我的单位又发生变动，苏州成立一个新三团，把一、二、三团的精华全部吸收到新三团，把原来三团演员安排到二团，我和我的老师李仲康就从二团调进了三团。一团的徐云志、周玉泉、王鹰，凡是好的也全部调到了三团。1965年12月31日，局长到我们团里宣布三团的任务：第一是招待中央领导、国外友人以及国外团体；第二是参加重大节庆活动；第三是可以编一点中篇和专场。这样三团主要就是应付市面上的演出。在这个团的艺人长篇就不大说了。京剧革命以后，1965、1966年，评弹就已经转向对长篇不太重视了。到了1966年6月份"文化大革命"，评弹受到了毁灭性打击。

二、出道前后评弹界情况

在我出道前后，正好是评弹最鼎盛的时期。50年代末60年代初，虽然经济很困难，我们的评弹事业却是非常红火。我记得当时评弹的书场有八百多家，评弹演员是一千五百人左右，团体有四十多个，江苏省有二十二个团体，上海是八个团体，浙江是十二三个团体。常熟一个县，包括乡镇，有八十家书场。后来到我说书的时候，是六十家左右。苏州这么一个十四平方千米的很小的古城，有三十家左右的书场。从我的家里临顿路曹胡徐巷走到观前，十分钟的路程，要经过八个书场。到夏季的晚上，苏州人有个习惯，家家都要搬小台子到街上乘凉。一家人围在小圆桌、小方桌旁，边吃饭边乘凉。有条件的，一个小的收音机放在台上，听广播书场，偶尔可以听到有人拿把三弦在唱《杜十娘》。整个城市到夏天的晚上就被评弹气氛笼罩着。当时苏州就这么一个情况，我一点都不夸张。

上海那个时候有一百多家书场，还不包括县城和郊区。上海统计票房，连续十年，除了电影，评弹就是第一，所有的戏剧都不能和评弹比。我感到评弹这门艺术是最贴近人民群众的艺术，深受我们这一代的喜欢。当时长篇不要讲，但中短篇已经很兴盛了，上海团、苏州团的中篇一出来，票房实在是好。我举个例子。上海团在1960年到苏州开明大戏院演《芦苇青青》。那时是7月份，没有空调、没有电扇，一千七百人的场子，演三场，连满三场。门口等退票简直要出事故，整个的北区小公园站满人了。这个排队怎么排呢？半夜里从开明大戏院门口绕这个北区小公园三圈，小凳子、竹靠背、席子都放在地上，从半夜开始，排一夜，就为了听《芦苇青青》。现场气氛更是火爆，张鉴庭唱完后，下面掌声、呼叫声就像地震一样。反正上海团的中篇到苏州来，票很难买到。当时评弹的盛况，今后也不知道几时能够再看到了。可能望不到头了。

当时整个民族文化是比较兴盛的。我记得在我出道的时候，正巧碰到困难年景，老百姓也没什么钱，即使有钱也买不到东西啊！没有吃没有穿，你要吃高级东西吃不起，吃一般东西都要凭票。评弹是一毛二分钱一张书票，两杯茶。好点的也只要一毛五分，苏州书场三档书，头档书周云瑞、陈希安，第二档张鸿声，第三档蒋月泉、朱慧珍，就是一毛五分。这种消费最适合劳动人民了，可以每天连续听下来，满足文化生活的需求。

三、"文革"中的遭遇

到了1966年"文革"以后，评弹遭到了毁灭性打击。我知道苏州的情况，上海我只知道一点。苏州是分两个阶段的。第一是初期阶段，文化系统，包括评弹界，首先是"批判文艺黑线"，就是要批斗以周良、潘伯英为首的"文艺黑线"。凡是和这两个人有关系的，像我们团里邱肖鹏、王月香、龚华声等都受到了批判、"靠边"。然后是批判"反动学术权威"，就是以徐云志、周玉泉、李仲康为首的，有的还挨了打，有的经不起打击自寻短见。当时我还是"文化大革命"的"革命小将"，并不了解实际情况，选我担任"文革组"的副组长，听工作队的安排了。当时也不能演出了，紧接着就是全国大串联，苏州市委书记每人发一百块钱，坐火车也不要钱的，文艺界全部瘫痪了，评弹也没有人说了。即使难得地演出，也是搞一些"批判刘少奇文艺黑线"的对口词、小演唱。这个演出你们没有看见,简直是洋相百出。叫一些老艺人穿着黄军装,胖的瘦的高的矮的,唱"下定决心不怕牺牲"的歌,跳忠字舞,算是评弹革命。到以后,苏州从"批判文艺黑线"转向了政治。苏州成立一个革命委员会,搞了两派,一个是支持革命派,叫支派,一个叫踢开革命派,叫踢派。我卷进了踢派。江青发表了文攻武卫的指示以后,两派由文斗变成了武斗。苏州整个城市全部在武斗,它不像上海只是局部的。支派全部在城外,踢派全部在城里,评弹也跟在里面起哄。我糊里糊涂地被他们选做了苏州市文化局中心组的组长。但我有一点是好的,我不搞武斗的,我从来不打人的,而且各单位我都关照不许搞,当时就感到糊里糊涂,怎么会卷到这个旋涡里了?到了1968年要两派联合了,在王洪文和张春桥的主持下,苏州两派搞大联合,我是谈判代表之一。联合以后,我回到苏州做了文化系统的领导,当时我才二十四五岁。苏州的文艺界就发生了变化,在1969年的时候,他们通过市里面的领导就把我调去京剧团去唱京剧了。为什么呢?因为我到京剧团去参观的时候,他们有一个从上海来的钢琴师,为京剧伴唱的。我就唱了一下样板戏,他们听了就说这个嗓子我们团里还没有的,于是就进了京剧团去唱《海港》,就红了。上海的评弹界还赶到苏州去看我演的《海港》。当然出了一些洋相,也取得了一些成绩。当时苏州有三个团,京剧、评弹跟文工团,文工团是苏昆剧团改的,其他都取消了。这三个团改成连队,叫京剧连、评弹连、文工连,学解放军。我当时的关系也调到了京剧团。评弹团大部分人员全家去苏北农村落户(盛小云当时出生十个月),剩下的全部赶到工厂。

到了1970年,转到第二阶段,也就是清查"五一六"。当时苏州评弹团是苏州清查"五一六"的重点试点单位。为什么呢?因为我们"文革"初期到北京去串联,认识了北京电影学院的一个学生,叫司徒兆敦,他是文化部副部长司徒慧敏的儿子。因为他们成了"五一六",就挂到我们的身上。其实什么都不是的,我们也没有反对国家的,没有反对毛主席,就糊里糊涂地隔离审查、批斗。到1970年清查"五一六"以后,我就被隔离到苏州附二院,整个团全部被审查、批斗,整整被关了五年。这五年我确实过了非人的生活,什么苦都尝到了。他们统计过,我尝试自杀就有四十次以上,我命硬啊,都没有死成。到1975年,"五一六"平反了,他们还不给我平反。一直等到1977年,周良担任了文化局局长以后,是市革命委员会文化局给我彻底平反的。从这个时候起,政治上才比较彻底地翻了身。这完全是冤假错案。

评弹界在"文革"初期,受过很大的震动,特别是工宣队进驻以后,全体评弹演员集中到寒山寺。寒山寺菩萨都请走了,庙里的和尚也没有了。我们就在寒山寺睡地铺,搞清查,人人交代问题,人人揭发,搞得人人自危。后来因为逐渐落实政策,好一点了。"文革"时期,我们的评弹受到了毁灭性的打击,特别是江青讲了一句话:"评弹讲了要死人的。"她最气不过《蝶恋花》,因为毛主席在思念杨开慧嘛,她说她不喜欢,她说评弹叫"靡靡之音",所以评弹的遭遇是很不好的。"文革"期间，评弹艺术受到了极大的破坏，长中篇全不演出，演员演出的内容都是"批判文艺黑线""打倒刘少奇"之类的作品。弹词流派唱腔已不允许演唱，谁唱就是"复辟封、资、修文艺"，所有的唱腔都要谱曲，要革命化，特别是战斗性，所以从那时起，"评歌"就开始泛滥了。演员演出不能坐，要站立，以显示"英雄本色"，不能弹奏，要用乐队伴奏，演员就像演戏一样在台上表演，甚至还跳忠字舞。毛主席语录除了唱也可跳，把评弹改成了戏剧表演形式（以《林海雪原》于常州跳芭蕾为例）。这对评弹事业是一个重大的打击。直到70年代中期，评弹才重新下生活编中篇，如《海岛女民兵》等。一直到1977年，传统才逐渐恢复，起先还只能唱开篇，1979年之后传统长篇开始面向听众。我跟师兄李子红，把《杨乃武与小白菜》重新整理了一遍以后，重新说这个长篇了。大体情况就是这样了。

四、走上领导岗位后如何管理苏州评弹团

我接苏州评弹团管理岗位的时候，是在1996年底。当时我们这个团里的情况是很糟的，团里的群众四分五散，领导班子不团结。到1996年的下半年，一把手不来团上班，每天到梅竹书苑去上班。团里的艺术工作停顿，演员之间矛盾重重，演员跟团长之间矛盾也不小。后来局长找我谈话的时候说：我考虑团里以后还是要工作的，再这么停顿下去不行啊，因为团长还在，你作为主要领导和书记组织团里的工作，叫周明华、尤志明两个副团长配合你们工作，把工作先搞起来。在这么一个情况下，我成为常务副团长。

我了解情况后，认为首先要把团结工作做好，要把以前受压制的演员培养起来，才能搞好苏州团。我从盛小云身上打开缺口。当时团长在的时候，团里的任何活动她都不能参加；她能参加活动是因为局长关照，那团长没办法。我觉得盛小云有这么大的潜力，不加以培养，太可惜了。我重点搞好她、袁小良、王瑾之间的关系。把他们的关系搞好了，把团里的这些艺术力量先组合起来。

正好我上任不久，江苏省第二届曲艺节举行，排中篇的时候，我就把盛小云、袁小良、王瑾排在一起。小青年还是比较好的，他们之间没有什么矛盾，尽管见团长有一些怕。我跟他们说，你们好好搞，我们不反对团长，但要好好工作。结果第二届曲艺节盛小云得了全省第一名，还包括扬州和徐州的演员都在里面比拼。省里宣传部部长都知道盛小云这么一个人了。到年底，省委书记要调评弹演员去南京演出，我把盛小云推上去，就这么一下子，盛小云在我们团里情况就完全发生变化了。不久以后，上海团要挖盛小云。我们当然不肯放，我们就做工作，盛小云还好坚守在苏州。后来我跟她讲，你幸好没去，你去的话，还能当选中国曲协副主席啊？江苏省曲协能

挨着你吗？不可能的事情。我们考虑人才就这样流失了，太可惜。我们曾经流失了徐檬丹、侯小莉。1996年，在我负责团里工作以前，又放掉了周红。我是不肯的，我们团长也不肯，但这里面也讲不清楚，关系复杂，后来把周红放掉了，很可惜。所以盛小云就不能再流失，失去她团里就后继无人了。

在这以后，我考虑应该把书目和青年演员培养起来。陈云老首长讲，出人、出书，这四个字，就是要培养人才的，抓住这两点不会错的。我规定，每一年都要有一到两部新长篇，就是硬任务，都要落实好的。当时靠长篇要走红是很难的，长篇需要一个很长的磨炼期和磨合期，就只能靠一些好的中篇和一些短篇，先打出牌子，所以我一系列搞了好多中篇。1997年搞的《禁烟记》就是讲林则徐禁鸦片，后来请邱肖鹏写下岗工人题材的叫《金钱与爱情》，还有请赵开生和张如君老师写的《雨过天晴》，一直到后来的《大脚皇后》，一部一部中篇把这些青年推出来。我首先抓几个重点的，盛小云、袁小良、王瑾、吴静，再把吴县评弹团我的学生施斌拉过来，再加上张丽华，评话则是王池良，就这么几个重点抓在手里的，让他们通过各种形式展示出来。1998年，上海市委宣传部搞了一个青年的比赛，尹部长他花了二十万搞了这么一台节目，结果一等奖六档，江浙沪的团体里面，我们一个团占到四档，而且第一名、第二名都是我们团里的。第一名是袁小良、王瑾，第二名是盛小云，还有就是施斌第四名，第六名是王池良。这么一下子，苏州评弹团整个的影响跟地位就提升了。

另外，把青年人组成三个梯队，第一梯队就是以盛小云、袁小良他们为首的，这是团里的牌子；第二梯队是评校毕业进团，说过几年长篇的，参加过流派演唱会；第三梯队是评校刚进来学长篇的。只有形成这样三个梯队，不断地培养之后，才可以良性循环。在我以前，我们团里嫌评校的学生质量不好，不肯招。我认为不招不行啊，团里没有青年了。我也不怕别人骂，我每一次就招八九个人。每一年都这么招，现在我们团里有四五十个青年演员，很多是当时我招来的，当然这里面也有孙团跟盛小云在2009年以后招的。不招的话，团里面就没人了，连盛小云都变老艺人了。她是第二年龄大的，第一张丽华，第三就是吴静了。她自己说，我是盛老二。

第一梯队是团里的牌子，第二梯队除了演长篇以外，也请专家老师给他们弄好的传统的短篇，包括《西厢记》《玉蜻蜓》中的短篇，还有一些中篇给他们排练。请专家一对一地给他们辅导，让他们在基本功上提升。第二梯队的进步比原来快很多，他们主要是要接盛小云他们第一梯队的班的。第三梯队只演长篇，不搞这些东西，针对他们我举办过长篇培训班，而针对第二梯队则办了创作培训班、弹唱培训班、说表培训班，团里基本每一年都搞培训班，请专家来，以上海团的老师为主，所以上海团对我们的帮助是很大的。就这么花精力。当时团里经费不多，财力有限，就培养这三个梯队，我曾经在文化局介绍过当年培养的经验。他们还是很赞成的，这样它就不会断层了。

另外，我一上任就聘请赵开生、江文兰担任我们团的艺术顾问。我直接找团长说："我想加两个人作为艺术顾问。"之后我正式发聘书聘请这两位老师，结果这两人聘来后对我们团的青年培养发挥了巨大作用，包括盛小云、袁小良等都有体会。《大脚皇后》排练，一字一句地抠，抠到后来有些很好的演员说："金团长你不会说书的，弄得我们没办法的。"后来经过磨炼以后，他们的体会加深了，这两个老师的贡献太大了。当然这中间我们请过沈伟辰、孙淑英，也请过张如君、刘韵若老师来辅导的，但这两个是正式发聘书的，直到现在我们还常请这两位老师来帮忙。

还有一点，我上任以后，就和中国曲协、省曲协挂上了钩。这是很重要的。你这个团要提升，你不跟中央、省里挂钩的话，怎么行呢？建党七十六周年的时候，我们到北京演出，我就认识了刘兰芳、罗扬。到1998年5月份，我请以上两位及吴文科到苏州来，让王池良拜刘兰芳为老师，我们和中国曲协建立了关系。他们感到我们这个团不容易，在这么经济困难的条件下，取得这么多的荣誉，搞了这么多的书目，给他们留下很深的印象。后来每届中国曲艺节都直接发邀请函到苏州评弹团。建党八十周年，刘兰芳和罗扬直接请我们去北京演出。我们每逢团庆等重大活动也会请他们来参加、指导。包括吴文科，全国曲艺团长高峰论坛就是吴文科和我商量以后搞的。趁几次团庆扩大我们团的影响，所以把整个团的地位影响提升了。这一点现任团长可能实力比我还要强，因为时代环境不能比了。

我们利用到北京演出，和中央领导直接挂钩，主要是因为我们财政困难。本地不大肯给钱，每年我们都做高级叫花子，讨一些钱来解决团里的问题。幸亏中央领导关怀我们，这些人对我们苏州团的帮助太大了。由于他们了解到我们的困难，以后省里每年都会拨给我们经费。搞书目是要有钱的。苏州市财政局年底给我们钱，解决团里的一些困难。这些中央和省里的领导每一次到苏州来，都为我们讲了不少好话。他们到苏州来，我们便被邀请去演出，总要市委书记、市长陪。大概我招待李岚清就有过十二次，后来他见了我就说："我们老朋友了，很熟了。"他们都帮我们说好话，讲评弹怎么好，你们领导要支持它，特别是经费什么的。唐家璇一到苏州就对我们王荣书记讲："你有没有给钱啊？"所以上级领导的关心对我们团的帮助很大。这倒不是拍马屁。中国的国情就是这样，我们没办法就请中央领导对地方领导加点压力，对我们团里有好处，是为了事业。其实我们也不希望被别人讲的，没办法的。我们经常到北京去演出，去见领导来为我们讲话，地方领导一看，苏州团不得了，大力支持。这对评弹是有好处的。

还有开拓评弹市场。当时苏州书场少得可怜，演员没地方演，没饭吃，通过市政府反复地下文到各个乡镇，作为各乡镇干部年终考核的一个标准，"你这个镇不办书场，你就扣分"，所以苏州的书场一下子就建了有六十几家，现在可能又不止了。现在市场是很多的，当然里面有很多弊病,等一下我还要讲。

大体上我上任以后就主要做了这些工作。

五、评弹的定位与走向

关于评弹的定位与走向,我想这样讲五点。第一讲我们的大气候,第二讲一讲现在评弹界的情况,第三讲一讲市场,第四讲一讲评弹学校的培养,第五讲一讲评话的衰落问题。从这些问题归纳到最后,我们就可以看出评弹的走向到底怎么样了。

评弹的定位走向应该说是最难讲的。我出来以前,我们团长,包括盛小云,都说这个谁也吃不透。我说,我只能摆我个人的观点,供大家参考,肯定是有错误的,大家批评指正。

(一)评弹的定位

首先讲一讲评弹的定位。关于评弹的定位,我认为一个是市场定位,一个是艺术定位。苏州评弹是用苏州吴语方言来说唱和表演的一种地方曲艺艺术。"苏州方言"这四个字基本上就把评弹的定位讲清楚了。它是用苏州话来表演的,一看到不是苏州话就不是苏州评弹,所以我感到苏州评弹它的定位一定要清楚,过去是长江以南,从南京开始以东,整个上海,宁波以北的小长江三角洲。现在范围小了,要从常州开始。南京在过去有四家书场,都是长期说评弹的,当时在南京有很多苏州人、上海人,现在越来越少了,所以书场也就没有了。南京人都听不懂评弹了。镇江过去也有评弹团,现在什么都没有了,也听不懂了。就这么一个有三千多万人口的地域,就是我们评弹的市场。我认为这一门曲艺能够在我们这一地域繁衍发展,受到这里的人民群众的喜爱,就已经是很幸运的了。

改革开放以来,我们一些圈内人士和领导胃口越来越大,总是提出要把评弹走向全国,走向世界。这种想法,这种所谓的雄心壮志,不能说不好,但多少年的实践下来,我感到很幼稚。我们曾经尝试过很多,我也曾经想过让评弹扩大影响,推到全国,推到世界。但实际上我们到北京演出,在北京都是些南方人来听,北方人也有但很少,他们抱兴趣,作为一种探索来听听评弹艺术,在他们心里要生根、要入迷,是很难的,只能是点缀。我们评弹也到过河南,到过湖北,业务都是他们那里组织的。我们每年都到北京,大约只能演一场,就是长安大戏院或者民族文化宫大戏院,都是靠中国曲协组织的,送票为主,买票的人很少。所以你一定要说把市场推到全国,我感到不大现实。它只能定位在我们这一块区域,不能有太大的野心。包括出国也是。我很早出国,1982年就到意大利演出,1986年到法国参加欧洲艺术节,美国、加拿大、荷兰等我都去过,而且都去过好几次。当时国外似乎对评弹很感兴趣，其实还是以那里的华人为主，只有到荷兰全部是外国人，到法国也基本上都是外国人。那是1986、1989年去的时候。他们也是对评弹感到有兴趣、好玩。他们对评弹的一人多角啊，"跳进跳出"啊，评弹的流派啊，很感兴趣。但是你说一定要在国外生根发芽，还是很难的。所以我一直跟他们讲，评弹你们就着眼这个小长江三角洲，把这个市场做好就可以了，当然难得有机会到北方、出国也很好，没有坏处。就是说这个定位一定要清楚，不要好高骛远。我们有些领导一天到晚："这个评弹你们不仅要在这个江浙沪啊，要走向全国，要推向全世界。"我想：你这个又不懂，在那里瞎指挥干什么啊？

随着时间推移，在北方的南方人越来越少，他们的子女现在变北方人了，也听不懂了。这几年我们到北京、天津去演出，这个问题也越来越明显。有的人也尝试过把评弹改成普通话去说，到中南海，到青岛，都去过。结果所谓苏州评弹的韵味全丢光了。语言变了，还有什么苏州评弹的特色？评弹就是靠苏州话特有的特点吸引人。苏州话的评话，改成普通话就变成北方评书了。北方评书你说得过刘兰芳啊？人家普通话多标准。我感觉这都不是我们的方向。所以我感觉市场的这一点一定要明确。你能在我们这块土地上尽心尽力地为人民群众服务，来满足他们的愿望和要求，我认为就可以了。

第二个定位就是它的艺术定位。评弹是说唱艺术，弹词还有唱，评话只有说。我们在"文革"中间搞的评歌、伴舞，到现在还有人在演出。其实已经有了很深的教训了，不能再搞这种东西了。但是没有办法。我跟盛小云讲，牡丹奖的颁奖晚会，那个场面很大，你每年搞一次评歌、伴舞，当然也不是说不可以，你搞得多辛苦，请人写唱词、谱曲，还排练，劳民伤财，结果听了一遍就没有人附和了。这个不是我们的东西，为什么一定要搞评歌跟伴舞？大场子不见得我们一个人两个人不行。当时我记得一万两千人的上海文化广场，上海评弹团的流派演唱会，一个人唱，当然当时的气氛和大环境不同，也很好嘛。你在开明戏院演唱《木兰辞》，一个人唱四个人伴奏，一千多人，气氛也很好的。为什么一定要搞评歌，一定要有人伴舞呢？这个我坚决不能同意。评弹学校每年搞评歌、伴舞，叫学生去唱，他那个基本功的流派都没有学会，一天到晚搞评歌，一点味道都没有，这害人啊！他们的脑子对这种评弹就种根了，所以一到团里："啊，评弹是这样唱的啊？"他们都不知道。你想奇不奇怪，那还搞得好啊？

所以艺术定位就是说唱艺术，不要去搞评歌、伴舞。我们就是一人多角，"跳进跳出"，这是我们的特点，我们基本上是属于布莱希特体系。我们表演跟戏曲要分开的，我们可以借鉴、运用戏曲的表演方式，比如可以用戏曲的普通话来表演脚色，一些手面可以考虑，但和戏曲的表演是完全不同的。这个一定要分清楚。到现在为止，在中国曲协，连小品这个东西也把它划到曲艺里面，是完全不对的。小品是属于戏曲，它是一人一角，不是一人多角，它也不是"跳进跳出"，我一直讲这个问题，我到北京评牡丹奖，做过三次评委，和姜昆面对面吵过几次，我说小品不要放到我们这里。小品演员获得曲艺牡丹奖，我说不对的，小品不是曲艺，它不是说唱艺术，它是属于戏曲中的一种。戏曲的表演方式是要为我们评弹服务，这完全是可以的。我们的演唱要以二十五种弹词流派为基础和部分的曲牌的曲调为基础，来进行自弹自唱，这是评弹的一个基本的演唱方法。"文革"中间到现在，还有的假弹，靠伴奏带的，一百个人的台子就这样，假弹假唱，是很难看的。评弹学校的学生别的都没有本事，假唱的本事是行的，平时不练功，没有中气，所以他们到舞台上怎么唱得好？"文革"中间我们都尝试过，当时苏州团演《林海雪原》，八个人穿着厚军装，红领徽，戴着东北的皮帽子，拿着个红旗出来，一不小心把舞台上的灯打掉了，吓得听众逃都来不及。这是评弹吗？当时常州评弹团的演员去跳芭蕾舞，出了大洋相，还在台上大叫"琼花"，舞蹈演员在台上怎么能说话？这种洋相的例子太多了，包括上海团的交响乐评弹，我都是持反对意见的。样板戏成功是多少人的心血，但搞个交响乐，就靠你这么一个礼拜，谱子交给交响乐团分头练，合一两遍就上台了，会好听吗？劳民伤财。为什么胡国梁在唱"严调"的时候，前面交响乐奏了一大堆，忽然停下来，他的三弦才开始弹奏，马上全场报以掌声，这不是对你的惩罚吗？王瑾唱"琴调"，袁小良弹奏琵琶，前面也是交响乐奏了半天，结果琵琶一出来又是满堂掌声。听众不要听这种东西。你即使尝试，也要动脑筋。我感觉很多花样都是劳民伤财，花了一百多万搞这么一台，现在还在热衷这种东西，千万要不得，这不是我们曲艺的出路。因此我们评弹的定位一定要定在我们是说唱艺术，是一人多角，"跳进跳出"。以评弹的流派为主，你可以进行一些改革，但是不能搞评歌、交响乐，这是我的观点。

评弹一定要演长篇为主，这是我们的生存之本，我们的艺术传承发展之本，因为只有长篇你一直不停地说才能够出新，才能够出流派，没有一个人是靠开篇成为响档的。当然有人提出来，徐丽仙不是靠开篇成为响档的吗？这个例子比较复杂，徐丽仙也说长篇，她已经很会说了。应该说绝大多数流派都是在长篇中通过长期的实践，靠书中的情节、结构、人物、表演，在此基础上逐步形成自己的一种演唱的风格。你要靠中篇、短篇是不大可行的。

（二）评弹的大气候

根据我这么多年对评弹事业总体情况的了解，来谈一谈评弹今后到底向何处去。可能谈的有错误，请我们在座的老师多提宝贵意见。

20世纪80年代初，陈云同志提出了"出人、出书、走正路"，在这以前评弹学校已经恢复了。从这一点可以看出老首长非常明白，要使评弹事业尽快得到恢复和发展，出人、出书是头等大事。应该说在"文革"结束后的几年中，在各级领导和新老同仁的共同努力下，取得了很大的成绩。传统书的恢复、新书的创作、新人的培养,当时我们确实看到了希望,但是随着时间的推移,好景不长。因为"文化大革命"十多年的破坏,它的后遗症,即演员和听众的断层问题,随着时间推移越来越明显地暴露出来了。

改革开放以后,各种外来文艺对评弹的冲击也越来越严重。有许多正在培养的青年演员是有前途的,但在这个大浪的冲击之下,对评弹产生了动摇,评弹没有经济效益,人要考虑市场,要考虑钱的问题。随着经商浪潮的冲击,很多演员放弃评弹,下海经商。在80年代,特别是1983年以后,我们评弹的队伍受到了很大的伤害。我们团就是这样,很多有前途的青年都一个个走掉了。

传统书及二类书在"文革"结束一开始,因为十多年没听书了所以风靡一时,但时间不长,传统书和二类书也逐渐走向低谷。我当时就发现,经过"文化大革命",广大听众对评弹艺术的欣赏品位发生了变化,又受到改革开放浪潮的冲击,人们的思想和心态发生了变化,变得越来越浮躁了,接受外来的东西也越来越多,人们开始寻求刺激来减轻工作压力和在改革开放中间碰到的困难。从那时候起,我们就感觉到民族文化的生态环境发生了质的变化,也就是我们讲的大气候变化了。"文革"前的政治运动和"文革"十年,把我们的评弹等民族文化可以说破坏殆尽了。经过"文革"的人对民族文艺的感情也淡薄了,特别青年人更是毫无感情。"文革"前他们当时还小,也不听书,经过"文革"现在二十几了。这些青年被大量的流行文化所侵占了,这种情况在短时期内很难改变过来,会长期存在。当时评弹在相当长的一段时期里没有引起我们政府的高度重视,等到发现问题了,为时已晚。

当然应该说,近十年来,我们的党和政府采取了一系列措施,虽有所改进,但是在短期之内是不能根本解决的。因为这个生态环境的变化是与整个民族的文化素养及文明程度的提高,和社会的公平公正的建立密不可分的。所以我认为,这么一个大气候的转向变化,就决定了评弹艺术在今后二十年内,不太可能得到很大的发展和繁荣。我记得上海评弹团团庆六十周年的时候,上海复旦大学的教授钱文忠在我们的大会上就讲:"你们评弹能够把老一辈艺术家的东西真正传承下来,能做到这一点就很不容易了,你们现在根本谈不上发展和繁荣,是做不到的!不要谈!就只谈传承!"我当时听了很震动啊!觉得你唱反调还了得?后来我们冷静下来,再议论,再商量,这个话太实事求是了。蒋月泉、张鉴庭这一批名家,他们的艺术使评弹发展到顶峰了,我敢讲这一批人是前无古人后无来者。前面的人比不上他们。后无来者,当然再过几十年不知道。你们能把他们的艺术很好地传承,评弹就有救了,在他们的基础上发展、繁荣,谈何容易?有的人要去发展"蒋调",原先唱得很好,后来他去发展发展,越唱越差的。不大好发展的,不是靠嗓音去发展的。所以我感到钱文忠这个话是非常实事求是的,而且讲的是大实话,出自肺腑。但可能领导听了会感到太保守了。

（三）现在评弹界的情况

现在我们看看评弹界当今的情况怎么样。目前还活着的老艺术家已寥寥无几了，最后一位流派唱腔创始人到2012年也去世了，就是我们团里的薛小飞，"小飞调"的创始人。接下来我们这一批人也都是年逾古稀之人了，已经逐渐淡出舞台。所以评弹的希望都落到了中青年的身上。

第一种情况，应该说这二十年来，苏州评弹也涌现了一批基本功比较扎实、说唱艺术较为全面的中青年演员。但是正当他们处于如日中天的时候，却发生了变化。由于工作的需要和其他种种原因，这些人长篇演出少了，或者不演了，甚至离团去电视台工作。现在不培养青年是不好的，培养好了又担心。我就举我们团的两个例子，第一个是盛小云，应该说是中青年中的佼佼者，培养出来以后要给她荣誉：中国文联委员、中国曲艺家协会副主席、江苏省文联副主席、江苏省曲协主席、苏州市人大常委会委员、全国政协委员、民主党派的主委、团长、校长。一个个桂冠头衔给她，搞了几十个头衔，还有其他妇联的。我说你全了，评弹界、曲艺界、文化界的头衔都有了，连工青妇都全了。总算最近把青联常委辞掉了，妇联执委辞掉了。头衔这么多，结果一天到晚就到处跑应付开会，我看她好可怜啊！你叫她怎么有心思再去钻研评弹艺术呢？她现在能够在中篇上演出，能够钻一些脚色、搞一些好的唱腔，已经是很不容易了，长篇根本不可能了。而且这个会一定要开，你不来要把你清除出去。苏州市人大常委三次不来，就免掉常委职务，你不能不去啊！我们国家就这样，你不红，他看不起你，你红了以后，一个个给你桂冠，红了以后捧得你摇摇直上，你没有工夫搞艺术的。第二个是吴静，盛小云的头衔太多了，已经没有什么给她了，就给吴静了，吴静也搞了近十个头衔。她也不舒服，长篇也不说了。我的学生施斌到电视台了，我说你做叛徒了。由于受各种名目繁多的社会活动、行政工作以及节庆演出、比赛的困扰，她们静不下心来去思考评弹艺术的传承和发展，也没有更多的时间在评弹的舞台上来展示和创造，按理她们完全有可能形成自己的艺术风格，甚至有可能创造流派，但是很可惜。这些同志所剩的黄金期也不是很多。有的已被各种头衔桂冠压得透不过气来。这是一种情况。

第二种情况，一部分三十几岁的青年，虽然做了些努力，但是这中间成大器的微乎其微。有的在各种节庆及比赛中也获得了不少奖项，很轻松地跨进了高级演员的行列。现在职称评定很简单，你得过全国奖、省奖就可以了。得奖并不难，只要搞一个中短篇，演员都不用自己创作，只要去演出就好了。因为演员得奖就是领导的政绩，领导层面会出力的。而演员得了奖项，二级演员马上就到手了。但实际上这些人艺术水平提高并不快，基本功也不扎实。

第三种情况，就是相当一部分青年存在混日子思想，这些人没有奋斗目标，看不清评弹的前途,所以也没有勤学苦练的动力,长期以来养成了早晨不练功睡懒觉,下午说说书胡胡调,晚上喝喝酒聊聊天,搓麻将搞通宵的习惯。十年一本老大学,混到哪里是哪里。他们害怕吃苦,喜欢走捷径;喜欢拿自己长处比别人短处,牢骚满腹;不重视基本功锻炼,不讲究字正腔圆,不懂得科学发声,不认真学习流派唱腔。所以一些业内人士,特别是老一辈艺术家,听了他们的演出,确实为苏州评弹今后的走向担忧。总之,在评弹界的青年人中间存在着五个字:"懒"、"散"、"贪"、"难"、"怨"。这些人还易生发"骄""娇"二气,有了些小的成绩,骄得不得了;要么就是太娇气,怕吃苦。这就是我们当前评弹演员的总体情况。当然,好的不能说没有,但真是凤毛麟角。我绝对不是打击一大片,因为我整天跟他们在一起,我太了解他们了,我现在退休了,还经常上班。这次弹词流派的演出,我跟盛小云两个人从头到尾一个个过堂辅导,因为之前我们团里的弹唱一直是上海评弹团看不起的,所以这一次我们一定要争一点气,也不用多好,但至少不要让人家说你们不行,总要有点进步,但这是不够的。

还有评弹界的领导情况。这几年各级政府是重视一些了,也增加了财政投入,改善了演出市场,增加了节庆比赛,提高了演员的收入。但是领导认为最要紧是搞政绩而不是抓根本,他陶醉于表面繁荣,讲"多有面子嘛,是我领导得好",却忽视了培养人才、抓书目创新这样的根本问题。一碰到这些,他们就不来商量了。他们来调查是你们搞了多少东西、得了多少奖、有什么荣誉,他回去可以总结,向上面汇报。这可能是中国官场文化的一种通病,文艺界同样如此。当然我还是很感激他们,我们团现在经费并不困难,一年给我们八百多万,还有其他演出费,等等,应该说给得很多,足以保证我们的书目创作,但真正抓根本的领导还没有。领导花了这么多精力,开了这么多书场,但书场带来的弊病,他们不去研究。我们跟他们汇报,他们就嫌烦:"给你们开了这么多书场,还要什么东西啊?"他们就到此为止了。现在的领导跟以前的老领导周良完全是两码事,周老抓到了根上,而现在的领导只抓表面繁荣,评弹衰亡的情况,他们就不管了。每一次宣传部开会,领导听你们汇报,就要听你们好的,我们个别领导、团长总是说,我们那个团通过什么事情怎么好了。像常熟团汇报:"我们现在已经到了常熟团最鼎盛时期。"我说:"你们什么鼎盛,你们团最次,就是团长还可以,你们的青年最差。"但是当他汇报了之后,领导听了很高兴,就以为评弹现在是一片光明、一片繁荣。所以部分领导之所以官僚习气重,就是因为抬轿子的人太多了。特别是评弹学校,每一次谈起成绩来,我们那个周校长说了很多成绩,后来我说你培养了多少人才?你报给我听听。他傻了眼了。你学校成绩再大,获得什么奖,你没有培养出人来,有什么用呢?所以我感到,目前我们的领导喜欢锦上添花,却不喜欢雪中送炭。这是个毛病。

（四）演出市场

这几年在市政府重视下，演出的市场已经开阔了，包括苏州，现在就有五六十家，连不定期的，有八十几家。上海也是的。特别是大量的社区书场都开出来了，解决了吃饭问题，演员现在不愁没有书场。

但是书场开了以后也有很多弊病。这些书场都是公益性的，有的不卖票，有的卖一块两块。每年镇政府贴给书场十万块，包给演员。演员最少一场包三百二十块，多的包到五百块，一般都三百五十到四百块。那么你下面坐十个人也是四百，坐两百人也是四百。像这种情况必然会带来很多弊病。演员不愁没有演出，不愁业务多少，收入有保障，它同时带来这么几个负面影响：

第一，水平好的与差的基本收入差不多。下面坐两百人客满，一级演员，是四百块；刚刚才从评弹学校毕业的人进来，也是四百块，只坐十几个人。这个水平高的人他会高兴吗？他就不平衡，为什么这个收入没有差距？挫伤了好的演员的积极性，同时也造成了一些差的演员的惰性："反正包场，做事情总是四百块嘛。"于是就马马虎虎了，他就不会提高艺术了，好混啊！混就省事，造成了一些人的惰性，不会去钻研艺术。演员之间就没有竞争机制了，没有竞争就没有进步，带来了消极因素，这对评弹艺术的传承发展是不利的。

第二，没有竞争就没有压力，演员就不会去勤学苦练，更不会去创作和学说其他书，就造成了最少的三年，多的十年，一本老大学，就说一部书，他也不读书了。加上有的书场，它的开办并不是因为喜欢评弹，不是真正为了百姓的利益和评弹事业，而是为了完成政府交给的任务。开是开了，但服务不到位，马马虎虎，造成与听众和演员的矛盾。

所以书场开多了也有很多的弊病。没有竞争是我们最担心的，因为现在靠卖票拆帐的书场为数不多，这对评弹事业和演员的成长进步十分不利。若是拆帐的话，他艺术好，收入高，他就动脑筋去钻研艺术了。你老是包场，包得好坏一样，他就不动脑筋了。"有多少人跟我有什么关系，我只要钱到袋子里就算了。"所以这个东西是当今市场一个很大的问题。

书场的听众对象也发生了变化。原先的一些老听众已不在人世，现在的听众 90% 都是老年新听众，他们过去是不听书的，退休没事干，到书场喝喝茶来消磨时光。他们来是听听故事情节，他们并不懂得评弹艺术，也不大懂得欣赏评弹艺术。所以传统书虽好，他们听过了，故事情节熟了，他们就不想听了。再加上现在的青年演员传统底子不好，传统书也说不好，他们就更不要听。大多数听众要听新书。当然说新书并不是坏事，但有些听众只要没听过的，不管好坏他们都要听，最好你们演员能每年换一部书说。所以我发现现在很多演员台上的艺术质量差得很，但业务好得不得了。他们说一些如《"文革"风云》《汪精卫》《蒋氏父子》《宋家三女》的书，我以前都没听过，其实书的质量很差，还谈什么艺术。但这些书业务很好，你去说传统书却业务不灵光。我们强调评校学生要重视基础，要补传统书，结果碰到市场就不行。听众一看到《珍珠塔》《描金凤》《杨乃武与小白菜》这些东西就皱眉头。这个矛盾始终无法解决。这就是市场和传统、传承之间的矛盾。现在听众，即使是粗制滥造、毫无艺术价值的书，即使演员水平差，但只要是新书，也会买账，业务也会好，卖票率高，而传统书，你水平再高，他们也不想听。如果老是这些书出来，今年说了一部，明年不说了，再换一部，一直恶性循环下去，我们的精品，我们的出人、出书，怎么出呢？

（五）学校的培养和跟师

其实我觉得学校制和跟师制是不矛盾的，学校制是基础，跟师是学长篇。基础打好了，学长篇是一个过程。过去学生跟老师，先听书，学乐器，弹唱基本的唱腔，都是靠自觉，老师又不大教的，比较快的学半年就行了，甚至有些更快的学生，三个月就被老师拖上台，抱琵琶，帮先生唱几档片子，或者说很少量的书，他是从实践当中锻炼而逐步成才的。但过去的这种培养方式，它的知识面是比较狭窄的，也没有机会学文化，就是为了早出道，养家糊口。现在时代发生变化了，人们的要求高了，学习评弹不单是为了养家糊口，而是为了事业，为了前途。所以我们要办戏曲学校、评弹学校，通过学校的培养，提高他们的文化水平，能够比较全面地吸取艺术的营养，为日后学长篇打下良好的基础，这应该是好事情。

评弹是一门通俗文艺。这一点我一直坚持。因为外面很多人讲评弹是高雅艺术，我不承认。它是雅俗共赏。昆曲是高雅艺术。评弹是一种说唱文艺，它是扎根在群众之中的，可以说是一门最贴近生活、贴近群众、贴近实践的文艺，也是在舞台上随时可以与群众产生互动效应的一门艺术。所以如何科学地进行培养是摆在我们面前最大的问题。从目前评弹学校的面积、规模、学制等各方面情况来分析，它是完全按照教育体制来办的，它不是按照评弹的艺术规律来办的，所以会造成极大的浪费。

第一，学制从三年改成五年，为什么改五年？就为了要一张大专文凭。现在这种文凭至上的观念，是整个社会造成的。不然评校学生毕业后，如果不说书找其他工作，连大专文凭都没有，工作很难找的，所以一定要搞个大专文凭。包括已经进了团里的演员，没有大专文凭就不能是正式事业单位编制，就是编外人员，这是人事部门规定的。为了弄一张文凭，硬把评弹搞成五年制。这个五年里，大专文凭混到手了，但是到团里连书都不会说。

第二，学校学习的内容太多，除了文化课，语文、写作、英语、历史、地理等之外，还有专业课、说表、弹唱、乐理、形体舞蹈、钢琴、戏曲，等等。我想，培养个评弹演员，多学点没有坏处，但需不需要学这么多？你可以学，但要抓住最根本的东西，即弹唱和说表，其他都是为它服务的。提高文化水平也是为专业服务的。真正的评弹专业课跟其他课的比例失调，所以有点贪多嚼不烂的感觉。

第三，评校的老师问题是最严重的。老师奇缺。前两年，有水平的老师不教，有的还退休，现在有的老师也是刚从评弹学校毕业的，自己都没有演出经验，居然就要教学生，你说是不是笑话啊？我们过去什么老师啊？评话有顾宏伯、杨震新、吴子安、吴君玉四个老师，弹词的周云瑞、朱介生、薛筱卿、江文兰，等等，都是好老师，这些老师教当然教得好。当然，现在好老师也太少、太缺乏了。所以我感到师资问题是相当严重的。现在这些老师不会教，他们就是拿个录音机放在台子上，今天教《枫桥夜泊》。《枫桥夜泊》四句，唱完了以后，他教两句，"剩下的两句你们去听录音吧"，老师走了。所以学生往往开篇只会唱半个，半个是老师教的，剩下半个要是学生自己不上心，根本没人管，最后就只会唱半个开篇。到我们团里考试，就说"我后面半个不会唱的"。这样的情况太多了。而且现在生源来自全国各地，很多人根本不会说苏州话，即便是苏州人，苏州话也不大会说了。所以现在评弹学校里面是讲普通话的。过去学校里面是不许讲普通话的，这样书怎么说得好呢？所以五年毕业的学生，犯字眼、犯韵脚、舌音不清、吃字眼、说表怪腔别调的问题很多。我记得有一个五年级的学生跑到我家里来，给我说一回书，结果就出现了舌音不清的问题。我说你五年就这个水平啊？他说："金老师，我是东北人啊！"我说："东北人学评弹，五年下来，也不该有这个问题了。"我金丽生原来讲上海话，进学校后全部改掉了。所以不是人笨，就是不用功，没人管。

第四，按照大中专学校的规定，每年一定要招收一定数量的学生。你如果不招满学生，就要取消你中专的编制。学校搞得大，我们也不好多讲。领导是好心，花这么多钱，搞一个这么大的评弹学校，花园就有十五亩地。问题是，评弹目前的形势，适不适合大规模培养？现在不是评弹60年代初大繁荣的时候，只能是小而精地培养，源源不断地向团体输送一点，保持评弹现状。但为了要保证中专这个编制，每年要招七八十个人，招不满也要凑数，生源质量大成问题。老实说，评校的学生一般都是读书不太好的人来考的，读书好他都要念高中、升大学的。有文艺天才的，将来读电影学院、戏剧学院，也不会来考评弹学校的。所以进来的学生艺术细胞很少，而有些好苗子，结果文化考试不及格，也不能入校。好些学生连什么是评弹都不知道，更谈不上喜欢，他们就是稀里糊涂进来混文凭的，这跟过去完全是两码事。

后来上级部门来听意见，我跟他们说能不能少招一点，他说不行。我说能不能把学制再缩短一点？也不行，规定了中专是三年，大专是五年的。最后我建议教学形式灵活点，把跟师拜师学长篇放在学校，在学校打两年基础，然后跟师跑码头去学长篇，学一年也可以，下来第四年去实践一年，第五年再回到学校去培训进修，这么五年下来，基本功、演出经验都有了，一到团里马上可以演出了，不是很好嘛？现在学生可怜，五年毕业了到团里还要培训，接着学生到了年龄了又要处理婚恋问题，你又不能干涉。所以这些问题交织在一起，我们感到很困难。结果他也说不行，你这样去跟师，文化课怎么办？我说，想办法嘛，学生跟师两个月回来抄剧本，你们去跟省教育厅、市教育局去商量下，把这个文化课设计得机动一点，上两个月课，再出去跟师，回来再上文化课。毕竟演出也不是一年演满十二个月，你演两个月，之后再上两个月的文化课，巩固一下，再出去演出，也是可以的。前面的领导没有采纳这个意见。后来我跟孙团和盛小云都提过这个建议。所以我感觉不出人才，团里有责任，但根子在评弹学校。从生源到教育体制，它不是按照评弹的艺术规律来办学，完全是按照中专的一套模式来办的，那就完了。

（六）评话衰落的问题

从历史角度看，评话的起源比弹词更早，过去前辈的评话名家响档也不比弹词少，如《三国》有黄兆麟、唐再良、汪水云，到顾宏伯、张玉书、唐耿良、张国良、陆耀良、汪雄飞。《英烈》有许继祥、叶声扬、蒋一飞、张鸿声。《岳传》有钟士亮、周亦良、钟子亮、曹汉昌。《包公》有杨莲青、顾宏伯、金声伯、吴君玉。《隋唐》有张震伯、吴均安、吴子安，等等。

评话的艺术特色和表现手法，除了没有弹唱，并不比弹词逊色，特别是噱头，人物的身段、架子、开打、亮相，还有手面、扇子功以及各种口技的运用，应该说是非常完美的。如果不是受语言的限制，它的艺术特色，我认为远胜北方评书。我听过刘兰芳、单田芳、田连元的评书，他们这种表现手法和技巧是不能与我们苏州评话比，但我们语言吃亏，别人听不懂苏州话。为什么如今的评话会逐渐衰退，会不如弹词呢？这个情况不是现在才有的，应该说是从20世纪50年代开始逐步形成的。原因主要有如下几点：

第一，1949年以后，苏州弹词的流派唱腔得到很大发展，新的流派在形成，已有的流派不断地发展和完善，广大听众听弹词不仅能欣赏到细腻的说表和动情的表演，更能欣赏韵味淳厚、音色甜美的流派唱腔。通过对弹词的欣赏能享受到比评话更为丰富的艺术表现手法和内涵。再加上时代的发展和进步，人们对音乐的追求越来越迫切，越来越喜欢。所以随着时代的发展，人们的喜好就逐渐偏向弹词，这是出于对音乐、对流派的喜欢。

第二，评话表演一般是单档，弹词一般是双档，甚至有三人档。从表演形式来讲，弹词比较讨巧，特别是男女双档，能够相互补充，相对完整、真实地来塑造书中各种人物和各类脚色，特别是反映男女爱情这种书，男女双档是最贴切了。评话单档比较单调一点，在表演上也受一些局限，双档比较花哨热闹，所以弹词占了上风。

第三，评话表演上只有说表，受语言局限比较大。你若要开阔市场的话，评话往往人家听不大懂，弹词尽管听不懂，但它有人物的互相交流互动，而且刻画人物比较细腻，容易让一些听不懂的人来理解。再加上音乐无地界、国界，还能通过字幕，来帮助听众理解。这样一来，弹词的受众面应该是超过了评话，特别是我出国或到北方演出，感觉就更明显了。

第四，随着社会的发展，人的爱好也会随之改变，评话题材一般是金戈铁马、行侠仗义、刑案公案之类的。随着时代的发展，人们对这些题材的爱好逐渐淡薄，而逐渐偏爱弹词题材所表现的人物感情故事，如夫妻情、儿女情、父女母子情之类的。从这一点来看，弹词又占了点上风。另外，有些单位演出都要弹词，不要评话，造成学评话的人更少了。

第五，中华人民共和国成立以后，从 50 年代中期起，各级领导都出现了重弹词轻评话的问题。特别是中篇形式产生以后，我们很多领导对弹词产生了更大的兴趣，侧重点发生了倾斜，所以从那时起，各个评弹团从招收学员开始，都是以弹词为主，评话简直是凑凑数，招得少。特别是评弹学校，一个时期甚至一个评话学员都不招。他们强调学生不要学评话，要学弹词。其实这是没有根据的，你就是要招评弹学员，怎么还听由学生选择弹词还是评话？后来即使招了也都是敷衍了事。当然评话老师也比较少。所以评话就显得弱势。还有些评话演员表演的方式比较老化，弹词则相对好一点。所以这几个原因加起来就造成了评话演员的断层和后继无人的情况比弹词更严重。

评话的衰退会造成整个评弹事业的损失，为什么呢？因为往往我们评弹的振兴，要从评话开始。像我听书，如果一开始不是听评话，我可能就不会走这条路。听书人基本上一开始都先听评话的，听懂了，产生兴趣，水平高了，才逐渐转到弹词上。所以评话对宣传评弹、普及评弹，它起的作用是很大的，是功不可没的。

我们苏州团对评话，就采取了一些措施来保护它。第一，加强对评话演员的培养，招收评话学生。评校硬指标，一定要招收评话学生。第二，我们现在到各个中小学去说评话，来培养这些小学生、初中生喜欢听故事，喜欢听评话，让他们从小就产生兴趣，为日后的评话听众及评话班学生打下基础，让他们对评话产生兴趣。同时培养一些小学生、初中生学评话，来参加少儿曲艺比赛。我们也搞了好几届，以这样的方式进行。第三，我们每年搞一次两省一市的评话会书，是我启动的，从 2007 年开始到现在已办了六届，请江浙沪的评话演员到我们光裕书场演。第四，我们向领导建议，对评话学员和演员要有倾斜政策地来培养的。无论是演出收入还是待遇上都要有倾斜的。

根据我以上所谈的这些情况，我们苏州评弹到底今后何去何从？问题很多，有我们没有办法解决的,也有我们自己本身存在的问题。这个前景,归纳下来看,我认为是非常危险的,危机感很重的。关键是没有好的作品和没有好的演员。演员真是一代不如一代。再这样下去,如果不动脑筋的话,我是很悲观的。当然我不可能说评弹要亡,也不愿意说,但是我更不会说评弹今后肯定会繁荣昌盛。现在讲这个话,我感到是假话,不是真话。

前天我们到宁波演出,这么多青年随团,我问他们:"你们觉得评弹今后会怎么样?" 90%的人说:"评弹灭亡!"我说,你们争气点啊!你们努努力,评弹就不会灭亡啊!有些问题要等到整个评弹大气候的改善来解决。如果将来到某一个时候,我们国家的经济非常繁荣,人的性情也不浮躁了,要追求更高的文化品位,到这个时候,听众就能够坐定下来欣赏评弹。如果有这样的环境,我觉得评弹还有希望。尽管大环境我不能改变,但我们还是要尽力做好我们应做的工作。首要就是要做好培养人才的工作,有人才才有一切。所以我只能说在我有生之年,身为国家级的传承人,应该尽自己的一切所能,在培养人才上多做奉献。我们团在这方面虽然做了很多工作,但离时代的要求、人民群众的期望还相距甚远,必须继续努力。我对青年说,你们能够做到四十五个字,九句话,评弹事业就大有希望:

> 忍得住孤独,耐得住寂寞,挺得住痛苦,
> 经得起折腾,顶得住压力,挡得住诱惑,
> 丢得起面子,提得起精神,担得起责任。

能做到这四十五个字,我想评弹是大有希望的。当然做到是很不容易的,希望大家共同努力,为评弹事业奋斗终身!

今天因为时间关系,就只能说到这里,草草不恭,讲得非常粗糙,欢迎在座老师和博士生、硕士生多提宝贵意见,谢谢大家!

演讲时间:2013年11月18日

整理者:金坡

第十七讲
第一书码头常熟
——苏州评弹与江南基层社会的研究

  陶春敏老师分析了常熟之所以成为"第一书码头"的原因。第一是常熟的书场多;第二是听客多;第三,常熟的场子多是"清场子",没有赌博现象,听客认真听书甚至主动为艺人提意见,帮助艺人提高书艺,艺人愿意踏进常熟"滚一滚";第四,常熟场方熟谙艺术,善于经营,"待情好",书场职工服务周到,艺人乐于前往。所以常熟有着良好的评弹生态,书场之间的良性竞争和高水平听众群体的存在,促进了艺人说唱水平的提高和市场更加繁荣,推动评弹艺术健康发展。

陶春敏

时任苏州市曲协副秘书长,常熟市曲协副主席、秘书长,常熟市评弹团和常熟市曲协联合主办刊物《评弹票友》主编。陶春敏热爱评弹,长年进行常熟评弹资料搜集、整理工作,并与许多艺人成为朋友,记录了许多珍贵的口述史料,为评弹研究做出了巨大的贡献。

感谢大家给我这次机会到这里与大家交流。我在这个领域的研究是业余的，算是票友。我认为在唐教授的带领下，有这么一个团队从学术的角度研究苏州评弹，是评弹的荣幸。因为过去评弹界的研究者大都从艺术、历史、人物的角度研究评弹，很少涉及学术的层面。唐教授团队的介入，将评弹的研究带上一个新的台阶，我相信这对评弹理论的总结和今后的发展肯定大有益处。我非常愿意与大家交流，也很希望大家在今后继续联系。我是常熟人，在喜欢苏州评弹以后，除了听书，还经常拜访老艺人。我认识的第一个老艺人是张少伯，他非常热心，给了我不少老艺人家的地址，如徐琴芳、薛君亚、谢汉庭等，我就去拜访他们，我感觉到这些老艺人对常熟的感情非常深厚。常熟对苏州评弹来讲，是一个非常重要的阵地。我在回到常熟工作以后，渐渐与陆建华团长有了接触，我们比较一致地认为办小报的宗旨就要立足常熟，介绍整个评弹界的信息，刊登一些艺人的回忆文章等。资料方面主要立足常熟，尽可能把常熟评弹的历史挖掘出来。我也经常参加常熟评弹艺人的茶会，常熟市评弹团退休的艺人在每个月11日和26日会在一起聚会。薛小飞老师在世的时候是最积极的，每天七点半就到了，坐到十点半。听他们谈谈，收获很大，有时候也带着录音笔记录他们谈论的往事。采访老艺人最好的方式就是茶会，老朋友们你一言我一语，容易激发记忆深处的往事，印象模糊的事旁人还能补充，如果一本正经去采访，他们的思路会受到限制，没有茶会上丰富。

一、常熟地域社会介绍

常熟位于苏州东北部，北面是长江，西面与江阴、无锡交界，东南面是昆山、太仓和原来的吴县（现在的相城区）。常熟有山有水，是一个天然的好地方。这个名称的来源，源于"岁岁丰收常熟田"这句古诗。这样一个鱼米之乡，生活自然是非常安定的。历史上，常熟只在夏商时期属于过扬州，其余几千年的时间里基本上是属于吴地，是苏州下属的一个江南小城。商末周太王古公亶父之子泰伯、仲雍让国南来，建勾吴古国，仲雍死后葬于虞山东麓，武王灭纣后封仲雍曾孙周章为吴王，立吴国，常熟地域时为吴国北境。此后的两千多年时间里，绝大部分时期都是苏州属地。常熟经常与常州混淆，有一次办一个非常大型的活动，倪萍主持，她上来就讲常州，讲错了她也没有意识到。这里我要向大家介绍一下,其实常熟与常州是有关系的。最早这个名称出现在隋开皇九年(589),废晋陵郡,在常熟县置常州,那个时候开始,常州理就设在常熟。但这个时间比较短,过一段时间以后,常熟还是降为县,属于苏州。把常州理移到了晋陵县,就是现在的常州。从那个时候开始,他们就不叫晋陵,叫常州。后来在元朝的时候,又一次短期地把常熟县升为常熟州,属于平江路。所以常熟、常州还是有一点渊源关系,难怪人家经常会搞错。

讲到苏州评弹与江南基础社会的研究,我只能从一个业余的角度讲,不一定很准确。我认为常熟具有几个江南基层社会的典型特征。

第一个是有深厚的文化底蕴。常熟的人文历史可以追溯到泰伯、仲雍奔吴,仲雍死后葬于常熟的乌目山,因为他又叫虞仲,乌目山就改名为虞山。后来他的后世子孙周章被正式封为吴国的国君,也葬在我们常熟虞山的东南麓。所以说,常熟与吴文化的诞生、发展有着深厚的渊源。

自古以来,常熟崇文尚学,名人辈出,孔夫子唯一的南方弟子言偃就在常熟,后世赞誉他"道启东南,文开吴会",他对常熟和整个江南地区的贡献是比较重要的。从唐朝至清朝末年,常熟一共出过进士四百八十三名,其中状元八名,官至宰相的有九名。常熟的人文气氛浓厚,文学艺术积淀深厚。历史上在书法、绘画方面比较著名的有元代的黄公望、清代的王石谷等,形成了虞山画派、虞山琴派、虞山诗派(明末清初的钱谦益)、虞山印派等艺术流派。除此以外,在小说、藏书等方面也产生了一批著名的艺术家,山歌、渔歌、道教音乐、堂名鼓手、雕刻、宣卷等民间艺术也十分繁荣。我觉得这些艺术可能在评弹的诞生、发展过程中也是发挥过一些作用的。另外,常熟的方言是吴方言中比较特别的一种。前几年一些方言学家来常熟调查,在录音研究的过程中发现,常熟话现在还保留着古汉语中的八个声调,大概苏州话也只保留七个声调。

第二,具有独特的市镇格局。常熟的市镇产生比较早,在唐代以后,它的数量和规模,基本上一直领先于周边县市。宋初的时候,苏州地区有四个镇,常熟就占了三个:福山、梅李和庆安。福山、梅李到现在还是我们常熟的大镇,庆安后来划给张家港了。宋真宗的时候,常熟已经有七镇六市。明清时期发展更为迅速,乾隆至道光年间保持八镇三十四市,到光绪年间猛增至二十镇六十市,这在当时的江南地区绝对是首屈一指。为什么发展这么迅速?因为当时常熟有比较多的地主、豪门,士绅比较多。刚刚讲到的福山、梅李,都是驻军以后形成的。福山因为在长江口,清朝的时候就设有总兵,著名的弹词艺术家朱雪琴的祖上就是福山总兵熊登武,湖南人。据朱一鹤说,朱雪琴在湖南的族谱上就是姓熊,好像还是取了一个男性化的名字,把她当男孩子列入族谱。还有不少市镇,都是当地地主、望族为了标榜自己的功绩而捐资建的一个市,慢慢繁荣发展起来,如徐市、吴市。

第三,常熟有发达的经济基础。常熟所处的地理位置重要,全境水网发达,交通十分便利,而且少有旱灾、水灾，居民的生活比较安定。常熟地区的作物主要以粮、棉为主，大多种植水稻，高乡地区种植棉花，与粮棉有关的行业如米行、棉纺织业比较发达，乡镇经济富足。常熟过去有翁、庞、杨、季、归、严、屈、蒋八大姓，每个大镇也都有几个大姓望族，这么富甲一方的地主士绅引领着当地市民的生活风尚，促进了当地的经济贸易。

第四，常熟人有着闲逸的生活态度。由于生活条件好，有钱有闲阶级多，他们追求文化娱乐，追求精神享受。常熟市民大多喜欢安逸闲适的生活。直到现在，如果你到常熟，到处都能看到喝茶休闲的市民。虞山脚下、方塔公园、兴福寺、三峰寺、尚湖边，只要有山水、有园林的地方，必有大批的茶客，一到双休日停车都不好停。常熟就是这样一个慢生活、宜居的、休闲的城市。评弹能够在常熟扎根，常熟能拥有那么多的茶馆书场，跟常熟人的生活习性有很大关系。

二、常熟评弹的历史

（一）古代的常熟评弹

先说说古代的常熟"评弹"。那个时候，实际上还不能说是评弹，所以我加了个引号。常熟最早的评话演出，是柳敬亭，清顺治十年（1653）在常熟演出。根据清周容《春酒堂文存》载："癸巳值敬亭于虞山，听其说数日……"我推测应该是一个堂会。周容是浙江人，明亡后他无意仕途，到处游玩、喝酒、交朋友，他和常熟的钱谦益（就是钱牧斋）来往比较多，所以我猜测这可能就是在钱谦益或者其他士绅家的一个"堂会"演出。最早的弹词，是在清初的《三风十愆记》中记载的常熟"草头娘"，书中提及她"喜吹箫鼓琴，工博戏，能诵诗，更熟二十一史，精弹词……"这应该是史料记载的第一个女弹词。从这两处记载中，我们可以了解到明末清初的时候，常熟已经有评话和弹词的演出，而且弹词演唱可能大有人在了。既然说草头娘"精弹词"，那我们有理由相信当时不止她一个人会弹词，她是其中比较精通、比较著名的一个。当然，这个"弹词"跟现在所说的弹词肯定是有差别的，当初或许只是弹唱，因为她专门赴豪门宴会去给他们助兴，可能只是唱一些小曲、片段，说长篇的可能性很小，但与后来产生的苏州弹词必定有千丝万缕的渊源。这个草头娘属于"丐户"，"丐户"并非乞丐，而是旧时的"贱民"，不入民籍。常熟民间还有这样一个说法，最早说书的不是苏州人，而是我们常熟人，用常熟话说书，后来逐渐有了苏州说书。常熟毕竟小，你得到苏州去演出才能打开局面，那就必须学用苏州话说，适合苏州的听众。苏州话软糯婉转，悦耳动听，能被吴方言地区广泛接受，所以慢慢地全部用苏州话说书。当然这些只是地方传说，不一定正确。我个人觉得苏州评话和苏州弹词正式形成之前，各地应该都有一些本地的说唱艺人。柳敬亭就曾向松江人莫后光学艺，莫后光是塾师，擅说书，他当时肯定也不是用苏州话说书的。所以我认为早期有都用各地方言说书的艺人，后来才慢慢演变成专门用苏州方言演出。

我认为，这些早期的艺人对苏州评弹的形成有着重要的贡献。这里还要特别说说刚才提到的"丐户"。据史料记载，明清时期浙江的宁波、绍兴，苏州府的常熟、昭文两县，都有贱民，在宁波、绍兴叫"堕民"，在常熟叫"丐户"。他们并非乞丐，有的是元代贵族的后人，也有一些是降金的宋朝人后代，明朝统一全国后把这些人分别迁至常熟等地。他们是不入民籍的，用现在的概念来说，他们没有公民权，是受人歧视和奴役的"贱民"。他们主要从事吹鼓奏乐、唱曲演戏的活动，逢到重大节日、祭祀活动以及官府要宴，甚至士绅豪门家宴，他们就得去表演。直到雍正八年（1730），江苏巡抚尹继善请求削常熟、昭文两县的丐户籍（当时常熟分为两个县，以琴川河为界，西面是常熟县，东边是昭文县），得到雍正批准后，他们才转为良民，不再受土豪劣绅的勒索和奴役。为了养家糊口，原来从事吹唱演说的"丐户"中，有一部分人就以此为生，成为职业艺人。我记得《苏州评弹书目传承脉系表》中有一个人，金洪亮，是长篇评话《金枪传》的创始人。金洪亮是常熟人，传说他是乞丐，从常熟乞讨到苏州，然后在苏州开始说书，根据小说改编演出《金枪传》，最后花了一笔钱，把自己乞丐的身份赎掉。我觉得其中有些讹传，乞丐的话他只是贫，不是贱，法律上也属于良民，只是比较贫穷而已，不存在花钱去赎自己身份的道理。乞丐也是民籍，根本不用赎。而且既然穷得出去要饭，他有能力把小说改编成评话吗？我认为金洪亮应该是常熟的"丐户"，只是当时的人没搞清"丐户"与乞丐的区别，以讹传讹把他当成了乞丐。"丐户"是贱民，但往往是有文化，甚至有可能文化还比较好。"丐户"不入民籍，受到歧视和限制，所以他说书赚钱之后，要把这个贱民的身份花钱赎掉。基于此，我觉得常熟曾经存在的"丐户"这个特殊群体，对于评弹的形成、发展是有推动的，很可能其中一部分人就是早期的专业艺人。

（二）近现代的常熟评弹

接下来跟大家交流一下近现代常熟评弹的情况，分为场所与演出、艺人与书目、组织与管理三大部分。

1. 场所与演出

常熟的演出场所，以茶馆书场为主。根据《常熟书场旧闻》的记载：常熟茶馆兼书场开始于清咸丰十年（1860），那个时候庙弄已经设有书场。庙弄是城隍庙对面的一条弄堂，当时属于市中心。农村的茶馆书场缺乏记载，但应该不会比城区晚，因为从评弹的特性来看，最初应该是农村包围城市，乡村小茶馆是比较多的。当时小集镇上的村民到集镇上进行贸易活动，走累了就会到茶馆里去歇歇脚，喝喝茶，所以当时茶馆主要是为贩夫走卒服务，乡下比较多。城区的茶馆一开始也是如此，有身份的人是不去茶馆的，后来才慢慢形成了不同群体的茶馆，有的专门供商贩谈生意，有的专门供文人雅集聚会，常熟城区就有不少这样的茶馆。我觉得农村的茶馆书场要比城区更早、更普遍，还有一个原因。现有的评弹资料显示，1860—1863年苏州被太平天国占领期间，马如飞携家眷离开苏州到常熟一带避难，同时在常熟农村说书糊口，常熟在苏州北面，没有受到战乱影响，农村茶馆应该还是比较兴旺。常熟人有句俗话"荒年熟茶馆"，越是兵荒马乱茶馆生意越好。这段时间马如飞在常熟演出应该比较多，对常熟农村非常熟悉，还编唱了不少与常熟有关的开篇。目前看到有记载的就有三个。一个是《彭家桥》，彭家桥是常熟浒浦的旧称，地处长江口，渔业比较发达，开篇主要描述春季鱼汛期间彭家桥的繁荣景象，当年镇上的"潘公茂""孙裕通"等大商号在开篇中都有提及。第二个是《支塘风景歌》，描写支塘的人文胜迹，《支塘镇志》有全文记载。还有一个开篇叫作《常熟乡名》，最早是常熟团张慧麟老师告诉我的，他是从苏州团老艺人张慧声那里抄到的，张慧声也是常熟人。可惜张老师搬家时把开篇原文弄丢了，只记得其中几句，第一句"皓月当空照碧溪"，第二句"佳人低头思藕渠"，中间还有一句"苏家尖上马如飞"，碧溪、藕渠、苏家尖都是常熟地名。开篇里还写到很多乡镇名，可见马如飞去过很多地方。《评弹文化词典》上介绍苏州百灵电台出版的《百灵开篇集》，目录中有《常熟乡名》这个开篇，我询问过评弹博物馆，但是至今没有查到全文。既然有目录，肯定是有这本书存在，希望以后能够查到，这对于研究常熟评弹的历史、研究马如飞都是一份珍贵资料。

到晚清的时候，常熟城乡书场已经比较多了。民国七年（1918）常熟发行了一本《常熟指南》，书中记载常熟城乡茶馆有六十家，其中兼营书场的是六家。尽管没有统计，但是当时农村茶馆书场肯定比城区要多得多。20世纪三四十年代以后，评弹听众越来越多，好多商家看到有利可图，纷纷在城中开设专业的书场。"文革"当中，城乡书场基本上都先后停业，70年代末开始逐渐恢复，私人书场没有了，都是商业或者文化部门开设的。除了专业书场和茶馆书场以外，民国三十六年（1947）4月私营久福电台在常熟开播。除了唱戏曲唱片外，也会请正在常熟演出的评弹艺人和本地的京剧、弹词票友去直播。不过电台只维持两年左右，影响不是很大。除此以外，常熟还有露天书场，在南门坛上的小庙场，有几个民间艺人常年在这个露天书场演出。有一个叫杨连连，本地人。40年代时还有一个黄耀章，无锡人，张鉴庭就是跟他学的"说因果"。黄耀章在小庙场演出过很长时间，当时"说因果"已经慢慢衰落，他在"说因果"的同时也会说书。他的儿子叫黄世璜。这个名字很好玩，和俗语"横竖横"同音。黄世璜大小老婆黄丽芳、黄丽娟，都是常熟人，他们拼夫妻档说书，后来登记在崇明评弹团。小庙场露天书场名气最响的是尤何林，他是常熟团高莉蓉的叔叔。据张慧麟老师回忆，尤何林在小庙场几乎说了一辈子，只要天好，搬几条长凳就开讲。这个人很能说，《三国》《水浒》《隋唐》……几乎所有的大书他都说过，1949年后他还当上了政协委员。

常熟的书场，城区规模比较大，分布在当时的市中心寺前街附近，寺前街就是现在的方塔街。城外集中在南门前坛街附近，常熟人叫"坛上"，是南门外最热闹的一个地方。城区书场的数量始终维持在六到十家，到50年代公私合营后稍微少一点，剩四家。其中开得比较早的是湖园、仪凤、长兴三家书场，分别开设于1900、1903、1907年，这些书场大概能坐三百人，属于比较大的茶馆书场。到了三四十年代，书场规模逐渐扩大，1939年开业的好友书场可以坐三百五十人，1938年开业的花园书场和1942年开业的丽都书场都能坐四百人。山景园菜馆的二楼当时也开了书场，开的时间还比较长，能够坐五百个人。同时期的梅园、新东方书场也能坐五百人。最大的要算1947年开张的孔雀厅书场，它是京门电影院附设的书场，能够坐七百个人，当年可称得上周边县市之冠了。七百座的书场即使在大上海也是少数。孔雀厅书场后来在1980年重建，设有四百八十六个座位。还有两家特别的书场，一家是南门坛上的长兴书场，1949年以前很长时期都是专门说大书的，在评弹界也算稀有。还有家中南书场，专做女档，"开青龙"是陈亚仙和她的女徒，不过中南开的时间不长。

常熟地区水网密布，水上交通便利，居民临水而居，沿河傍桥，形成许多大大小小的集镇，有集镇就有茶馆，有茶馆就有书场，农村茶馆书场几乎覆盖了桥、庙、村、浜每一个角落，其数量难以完全统计。著名评话艺术家金声伯2006年曾谈起常熟的书场，他说评弹全盛时期有一百七十几家。那些都是他去过的，能够画出线路图。前几年我请常熟市评弹团的老艺人张慧麟和吴振扬回忆五六十年代的农村书场，统计到常年营业的有一百多家。他们能报上名字的集镇村落有九十多个，大镇少则两三家，多至四五家，塘坊桥、先生桥等不足百户的小镇也都有两三家书场。这个统计还不包括1949年以后划出去的石牌（划给昆山）、西塘（划给江阴）以及60年代划给沙洲县的十四个公社。如果加上这些乡镇的书场，数量更加可观。常熟书场的数量在周边县市当中，绝对是遥遥领先。《苏州评弹史稿》的数据显示：20—40年代，江浙沪书场总数约一千二百家，常熟有一百多家。60年代前后，苏州市有二十三家，无锡市县总共是五十多家，而常熟就有一百家，吴县是六十多家，周边的吴江、昆山、太仓，太仓是二十多家，常熟书场的数量比吴江、昆山多了好几倍。当然，乡镇书场规模比城区要小得多，一般来讲容纳六七十个人到一百个，超过一百个的就算大书场了，最著名的梅李龙园，它在1937年翻建以后面积达到四百平方米，是乡镇书场中最大的，能够坐好几百人。

常熟的书场，由场方、职工、演员形成了一个比较好的生态链，所以演出久盛不衰，这也是常熟能吸引众多演员前来演出的一个重要原因。记得有一次苏州电视台的殷德泉先生问我：江南第一书码头是无锡哇，你怎么说常熟，你们怎么抢无锡的称号？我回答说江南第一书码头是常熟，这是老早的事，而无锡提出这个说法是在80年代，当时无锡的书场确实比常熟多，我们落后了。后来有一位无锡的评弹爱好者糜隽逸先生，他听说此事后专门去问邢晏春老师，第一书码头到底是常熟还是无锡？邢晏春老师说肯定是常熟，不是无锡。殷德泉先生的疑问，也促使我有了进一步研究的想法：江南第一书码头，是否只是书场数量第一呢？我认为，这不只是数量的问题，数量肯定是要比周边县市多，还有更重要的原因。例如，评弹艺人和常熟的场方、职工关系十分密切，他们对常熟特别有好感。另外，常熟的书场特别适合初出茅庐的演员练习书艺，我在后面会谈到。

  先说说场方。所谓的场方，是评弹界对书场经营者的一个专门的称呼。常熟城区的几个大书场的最初开设者都是有背景的。湖园书场、仪凤书场的第一任老板都是常熟县的衙役。他们都在县衙工作，没有人敢去捣乱。后来传到子女手里，当然可能已经没有衙役的背景了，但是他们都比较善于经营，"待情"特别好。"待情"也是说书的行话，专门指场方对待艺人的接待态度、接待规格。常熟好多场方在接待艺人的时候非常热情，所以评弹界都知道常熟"待情"好。职工方面呢，书场职工都很少，哪怕像湖园、仪凤坐三百多个人，职工基本上也只有一个，而且这个职工没有工资，只吃饭没有工钱。那么他的收入靠什么呢？靠艺人和听客给的小费，他给听客服务，当时有抽水烟的，给他们装水烟，给他们准备热毛巾擦脸，听客还毛巾时会在里面卷一点点小费。艺人给的小费，也是职工的一个主要收入。每一档长篇都有一笔最大的收入，那是艺人最后一天演出的分成，说书先生一分不拿，全部要给职工，叫作"谢堂"，有的地方叫"挑签"。我特意问了一下常熟的几位老艺人，只有常熟这样还是其他地方都这样，他们说当时很多书场都是这个规矩，因为书场职工基本都是只吃饭没有工钱的。你想，这样一来的话，职工服务的积极性就很高了，他肯定要服务好这个先生。一早先生还没起床的时候，把洗脸水打好，等在门口，等他洗脸洗好了，要问他今天早点准备吃什么？想吃什么，他都给你买来。所以过去职工的积极性是非常高的，艺人就是他的衣食父母。艺人在这里演出好，收入好，最后一天分得的钱都是他的。所以当时的演出市场的生态比较好，场方对于评弹有感情，跟艺人关系都非常好。

  我接触好多老艺人，一提到常熟他们首先想到的是梅李龙园的瞿老四，他叫瞿尧良，家中排行第四。瞿老四是常熟甚至整个评弹界场方当中最有名的，他不单负责自己的书场，还帮助常熟东乡五十几家书场联系业务，就像现在电影院联合院线一样。他手里的五十几个书场，当然好多是小码头，来不同的艺人，他可以介绍你到不同的码头去。龙园是比较有名的，请的名家响档比较多。而如果有的演员到常熟弄僵了，踏场子（评弹界的行话，就是没有事先联系，临时找地方演出），只要有茶馆他就可以说书，因为评弹是最方便的，有一张桌子就可以说书了。如果找到瞿老四的话，他会给你介绍业务，哪里有一个小书场，你可以去那里说。他最大的特点是什么？就是对评弹感情非常深厚，他跟艺人交朋友，关系非常好。2005年常熟评弹艺术馆虞山书场开张，蒋云仙老师从加拿大写信回来，专门回忆梅李的瞿老四。她说我第一次进龙园和老板娘就非常要好，交了朋友，然后看他们自己住的是草房。我刚刚讲了，龙园翻建的时候面积有四百平方米，书场两边都是地板厢房，设施很好，他自己呢，住几间草屋。蒋云仙就问老板娘为什么不翻瓦房？老板娘说老四的钱都用在说书先生身上了，哪来钱翻房子？他结交艺人，眼光很长远，不是说这次我请你来演出，我就要赚一笔，他主要是跟他们交朋友，所以有的时候艺人来，他可能还要赔掉一点钱，因为"待情"比较好。如果请来一个响档，那得每天鸡鸭鱼肉招待他。从蒋云仙所说的例子就可以看出来，以瞿老四为代表的常熟场方跟评弹艺人的关系，实际上不只是经营者跟艺人的关系，而是已经上升为朋友。瞿老四常说"情愿得罪爷娘，不愿得罪先生"，这话固然有点夸张，但正是瞿老四敬业精神的最佳写照。好多艺人经常到瞿老四的龙园书场复档，潘伯英最多，复档十三次，严雪亭、邢瑞庭都是复档六次，好多艺人都和他交了朋友，像亲戚一样经常走动。

另外几个著名的场方，我也做个简单的介绍。浒浦熙春书场的场方季采莲，小名叫三姐，评弹界七十岁以上的老艺人，都知道浒浦三姐。城区的仪凤书场，四五十年代的时候场方是林月琴，都叫她二姐，也有叫她二开，仪凤书场是她父亲林耀如创办的，后来由她哥哥接手，她哥哥在抗日战争时被日本人的炸弹炸死了，就由她接手。林月琴经营有方，"待情"特别好，接风宴都是从山景园叫的原桌头酒水，山景园比较近，就在斜对门。来的时候接风，走的时候送行。所以许多艺人和她有着深厚的情谊，曾听她的儿子顾家橡谈起，他们兄弟几个分别寄名给夏冠如、魏含英、朱雪琴等名家。

我总结了一下，这些场方，第一个是关心评弹，第二个是都比较善于经营，往往能烧一手好菜。平时的伙食不吃饭店，都是场方自己做给先生吃，那时评弹艺人出码头跟现在不一样，不用自己烧饭。除了早饭，午饭、晚饭都是场方提供的，场方能烧一桌好菜，对于留住评弹演员也是非常重要的。厨艺好，天天给他翻花样，就像自己家里一样，演员和场方的感情就会越来越近。

书场演出一般都是日夜两场，日场"夹里"，夜场"面子"，就是说夜场的生意比较好。因为过去听书的好多是小手工业者、职工，白天要上班，晚上听书。常熟听众的数量在周边的县市中属于比较多的，而且听书经验丰富，欣赏水平高，对书艺要求高，行话叫"老耳朵"。

1940年，"描王"夏荷生在常熟做年档，从2月8日起日夜两场，连说了三个月，天天是客满加座，盛况空前。本来打算5月10日剪书，但是常熟听众异常热情，不让他剪书，大家一起商量了决定请他再加唱五天，加唱五天以后实在无法再挽留了，夏荷生临走时特意登报答谢。说书先生登报感谢听众在评弹史上可能也是绝无仅有的，常熟听众的热情可见一斑。上海的《秋海棠书坛专刊》曾报道1949年春节常熟书坛的盛况，城内外七家书场，日夜两场上座接近四千人。当时常熟城区大概是三平方千米，比较小，总人口六万四千多一点点，日夜场有四千左右的人在听书，占总人口的比例非常高，听书算得上是常熟市民生活中的一个非常重要的组成部分。尤其在四五十年代，许多条件好的家庭都买了收音机，收听上海电台的空中书场，好多书迷家里都买了三弦、琵琶，加入票房学习弹唱，票友人数非常多。据《虞山镇志》记载，1957年全年四个书场的听众达到519 859人次，1959年1—6月的半年中，听众达到362 142人次。

常熟自古崇文尚教，听众文化层次比较高，尤其城区和比较大的乡镇上，有学问的人很多。他们不但听书，还时常在报纸上发表品书评艺的文章，指出书中不足，有的和艺人交朋友，帮他们写书改书。例如，民国初年有个听客在报上发表一篇《书场铭》，是仿《陋室铭》写的："书不在好，有趣则名。曲不在古，有稽则灵。斯是书场，均可降临。城外一洞天，坛上老长兴。评者多鸿儒，听者无白丁。最怕章节错，说'俊'误'晶'。杂丝竹之乱耳，惟昼夜之劳形。仪凤蒋胜翔，湖园史竹亭。蚁氏云：何听之有？"文中提到四个书场，老长兴就是刚刚提到专门做大书的那个书场。作者是个文化层次较高的老书迷，对艺人要求比较高，他最怕章节错，说"俊"误"晶"，说明他对尖团音的发音都有讲究。举这个例子能反映常熟听众的欣赏水平，无形当中对艺人的表演提出了比较高的要求。常熟还有一位比较有名的老听众，是常熟赵市人，叫梅寄鹤，他写了五十多首《书场杂咏》，记述了从辛亥革命到抗战胜利时期的听书经历，在《评弹艺术》上发表过，以诗的形式点评艺人或记述听书的感受、听书的经历。《书场杂咏》对于研究那个阶段常熟书场的演出情况和评弹艺人的情况，提供了第一手资料。梅寄鹤还写过一部长篇弹词《王昭君》，赠给刘肖云弹唱，刘肖云是吴迪君前妻刘慧琴的养父，说《落金扇》的。除了听客的帮助，书场职工对演员的帮助也很大。他们一年到头在书场里服务，演员在台上演出，他就在书场里服务、听书，所以他们听得多、见得多，非但熟悉书情，也十分了解艺人的书艺和特长。曾听金声伯先生说过，仪凤书场的职工姚炳男和鹤苑的陈萼生都给过他帮助。

常熟的评弹演出除了长篇，还有"会书""堂会"和"拔回"。"会书"是大家比较熟悉的，过去光裕社的会书是竞争书艺、展露才华的"擂台"，也是各地场方挑选艺人的主要途径。常熟比较早的会书还是在1917年，西徐市的凤鸣楼举行赈灾会书，把五天会书的钱都捐给了直隶灾民。规模最大的是1935年城区湖园书场的会书，这次会书主要为湖北水灾募款，由常熟籍的弹词名家朱兰庵和朱菊庵兄弟俩召集，邀请到光裕社和润余社名家三十五人，阵容强大的会书不单让常熟听众一饱耳福，还吸引了大批苏州、无锡、江阴、昆山、太仓的听众包了船到常熟听书，三天义演售座五千多人次，募得善款两千多元。这也可能是迄今为止规模最大的一次会书，足见当时朱兰庵、朱菊庵在评弹界的影响力。

"堂会"是私人宴会邀请的演出，所以记载很少。"拔回"是一个比较特殊的演出形式，就是某个艺人在这里演出，然后隔壁乡镇的人知道了以后，就请他临时去说一天，一般都是在上午，因为他日夜两场，下午、晚上都要正常演出。"拔回"一般都是包场的，一个老板或者几个老板一起出钱包场，请客听书。"拔回"跟"堂会"有不同，"堂会"大多在家里或酒店，而"拔回"还是在书场里演出，有人包场，听客免费听书。

常熟除了书场多、演出多以外，对于演员来讲还有个重要的因素：书场环境好。都是"清场子"，听书气氛好，这也是奠定"第一书码头"的基础。乡下的茶馆书场有"清场子"和"浑场子"之分，"清场子"单纯喝茶听书，没有打牌赌博；"浑场子"兼设赌博，演员台上说书，赌客照样打牌，这种场子的演出效果可想而知，肯定是比较差的。常熟的茶馆书场，哪怕是桥、庙、村、浜，再小的场子也不设赌博，赌博有专门的茶馆，书场里是没有赌博的。"清场子"对于刚刚出道的艺人很重要，他在这样的书场演出才能够获得锻炼，提高书艺。评话名家张鸿声在他的回忆录里就提到过，初出道的青年最好做常熟角里的码头（常熟角里就是常熟一带的意思），其次是浙江乡下，再次是苏州乡下，最不好的是无锡乡下。无锡乡下都是"浑场子"，赌博的比较多，他们不会来认真听你的书。刚刚出道的小青年，抵抗诱惑的能力比较差，几天书说下来，书艺没有提高，反而把赌博学会了，这对于艺人的发展是非常不利的。我想，这也是评弹艺人特别喜欢到常熟演出的一个重要原因。因为"清书场"多，对于提高书艺是有利的。而且常熟书场数量多，一旦进了常熟就不用担心业务了，二里路、三里路就有一个书场，哪怕这里说几天不行了，还可以到附近的其他书场，在常熟兜一圈可以做一年都不止。我有一个忘年交，苏州的老艺人濮正明老师。他告诉我，刚学会说书，刚能够上台，他就和师弟苏少秋到常熟演出。因为书艺不行，生意很差，说了几天师弟放他鸽子，一个人溜掉了，双档变成了单档，"傢生"[1]也没有。幸亏书场老板帮忙，问隔壁道士借了把旧的曲弦，将就着用。就这样他一个人也在常熟做了有大半年将近一年的时间。虽然他刚出道书艺平平，但是只要坚持演，总能接到书场，因为书场实在多，根本不用担心，自己只要一门心思练习书艺，年终回家也有不少的收入。对于初出道的小青年来讲，常熟农村就是他锻炼书艺的最佳去处。另外，常熟的民间艺术非常繁荣，许多艺人在常熟演出期间也会从中汲取营养，丰富自己的技艺。评话名家胡天如40年代到梅李演出，听说了当地有个叫陈子清的大道士，他在做法事召天神天将的时候，能够用不同的动作和表情来表现各

---

[1] 吴语，"家伙"之意，此处指艺人的弹唱器具。

种天神天将。于是胡天如就在听客的介绍下，专门利用演出空档去看这个道士打醮做法事，学习他的表演。后来，他还在常熟北门外的长田岸跟一个拳师袁宜南学拳，大家都知道胡天如说书有时候在台上要打拳，比如醉打蒋门神，那个醉八仙就是在常熟学的，还学了武松单刀，这些都丰富了他的书艺。

所以，"第一书码头"这个美誉，首先是因为书场多、听众多，更重要的是通过场方、职工、听客、艺人的集体努力经营，形成了比较好的艺术生态，使常熟的演出市场十分繁荣，并且对艺人说唱水平产生推动作用。

2. 艺人与书目

下面谈谈第二部分，常熟的评弹艺人。常熟的说书艺人产生比较早，这是第一个特点。刚刚提到的说《金枪传》的金洪亮，是嘉庆年间的评话艺人，在道光年间，常熟福山有个叫张松亭的人，他自学评话并编演了《封神榜》和《济公》，他是苏州评话界开讲《封神榜》和《济公》的第一人、首演者。除了这两个男艺人以外，女弹词最早产生于常熟。刚刚提到的草头娘，她还不算职业女弹词，到了马如飞时代，出现了方秋蟾等一批常熟女弹词。马如飞在开篇《阴盛阳衰》中提到："方秋蟾会打苏州白，还有一二分常熟音。"因为当时女弹词在苏州比较风行，影响了男艺人的演出，所以马如飞写过好几个开篇讥讽女弹词。由于光裕社不断施压，女弹词在苏州无法立足，只能到江浙码头演出，最后在上海有了发展。当然，也有部分后来开了书寓，不再是纯粹的说书艺人，这个我就不多讲了，周巍博士的女弹词研究论文有详细的分析。咸丰同治年间，知名的常熟评弹艺人还有顾文标、顾雅庭、李莲夫、杨鹤亭等。

第二个特点是从业艺人多。因为书场遍布，演出兴旺，学说书的常熟人非常多。1918年出版的《常熟指南》，记录有四十二个艺人，但是根据我所掌握的资料，这份名单里漏掉了好多人，现在知道姓名的不少于二百人，我在慢慢搜集整理这方面的资料，暂时还没有确切的统计结果。常熟有很多评弹艺人家族，有的是几代世家，有兄弟姐妹多人从艺。例如，金洪亮把《金枪传》传给金义仁，金义仁再传金殿臣。再如马如飞时代的顾文标、顾雅庭父子，是当时的《三笑》名家，还有杨鹤亭、杨月槎、杨星槎、杨德麟是传承三代的《珍珠塔》世家。时间关系我不再一一列举，总之常熟一家几代从事评弹的人非常多，有的是受父母影响，也有的是家里开设茶馆书场，从小耳濡目染，慢慢就喜欢上了评弹，走上说书之路。刚才提到的长兴书场，场方潘老三的女儿潘淑琴就拜了李仲康为师，后来和师兄李子红合作，成为夫妻双档。浙江团的著名弹词演员方晏磊，她父亲是支塘的场方，评弹演员都叫他小方。

常熟评弹艺人的第三个特点是名家响档多，艺术贡献大。常熟人学说书，语言关很容易通过，常熟人学苏州话比较容易，绝大部分常熟艺人都能够完全改掉乡音，带常熟口音的不多。另外，学艺的基础比较好，都是从小就听书的"老耳朵"，甚至有不少人在学艺前都已经学会弹唱。例如孙淑英老师，她在考取上海团之前已经到外面去说过书了，有很好的基础。再如薛小飞，他家里是开永寿堂药店的，但是店堂里常常坐满了票友，听电台、弹琵琶、唱开篇，有人形容他们全家痴迷评弹，连生意都不放在心上，有时候竟把买药的顾客介绍到其他药店去。所以，像孙淑英、薛小飞这些艺人，他们在正式拜师学艺之前，实际上已经有了良好的基础，只要老师稍加指导，加上自己的努力，很容易脱颖而出。

历史上常熟出了很多名家响档，他们为丰富评弹书目、发展弹词音乐做出了重大贡献。前面提到的金洪亮、张松亭，是开讲《金枪传》和《封神榜》《济公》的第一人，为评话艺术留下了财富。顾文标、顾雅庭父子和马如飞同时代，艺术成就仅次于马如飞。《清稗类钞》的《弹词》中记载：马、姚、赵、王以后，他若顾雅庭之唱白，田锦山之诙谐，亦俱负一时盛名。马、姚、赵、王是评弹史上声名卓著的"后四家"，顾雅庭《三笑》的唱白，仅次于"后四家"，也是盛名一时的。马如飞的学生杨鹤亭，一家三代从事评弹艺术，为《珍珠塔》的传承做出重要贡献，杨鹤亭的儿子杨星槎、杨月槎首创了双档弹唱《珍珠塔》，被誉为二三十年代"三大双档"之一，引领了双档弹唱《珍珠塔》的潮流。还有朱寄庵，他是弹词《西厢记》的首演者，经过十余次的修改，在他儿子朱兰庵、朱菊庵手里发扬光大。现在说唱《西厢记》的，基本上都是从他那里来的。哪怕黄异庵名为异庵，实际上也得益于朱家的《西厢记》。他虽然没有直接拜朱兰庵、朱菊庵为师，但他的蓝本也来自朱家。

以上都是光裕社的名家，润余社中常熟的评弹艺人也很多，第一个要说的是沈莲舫，他是润余社的发起者之一，他的《倭袍》和王绶卿齐名，书艺非常好，他的传人以常熟人居多，都在润余社。另外，常熟还有很多没有加入光裕社、润余社而被称为"外道"的艺人。由于光裕社势力很大，苏州的书场都是光裕社控制的，"外道"进不去，他们只能在常熟或者江浙的城乡演出。"外道"之中也不乏书艺出众者，例如赵树棠、钱裕卿。据老艺人徐玉泉回忆，赵树棠是和沈友庭（沈俭安之父）同时代的艺人，他的《玉蜻蜓》很有名，并且还会说《七美缘》《三剑侠》等冷门书，后来传给了女婿诸寄儒。钱裕卿拜的是光裕社的朱静轩，学《落金扇》，但是他对赵树棠的《玉蜻蜓》非常感兴趣，赵树棠不肯收学生，他就自己钻研，专门说《玉蜻蜓》，不说《落金扇》。他的《玉蜻蜓》在当时号称"翡翠玉蜻蜓"，比张云亭、王子和还要早，在江浙两省到处受欢迎。因朱静轩的两个儿子在苏州，书艺不如他，老师跟他情商不要到苏州演出，以免影响两子的业务，所以钱裕卿不到苏州演出。钱裕卿嗓音很好，绰号"钱娘姨"，徐玉泉到常熟演出去拜望他，虽然年过七旬，嗓音仍未走样，他把《落金扇》中约三十回《游龙传》的书传给了徐玉泉。还有说评话的朱幼良，是"齄鼻子"，但是他书艺很好，起周瑜脚色时捋雉尾的动作是一绝，即使如黄兆麟这样的《三国》大名家，在码头上遇到他也非败不可。

再说说常熟籍的女艺人，最著名的要数第一个女评话艺人也是娥，是弹词名家姚荫梅的母亲。她的本名叫王小虹，父亲王海庠是常熟的伤科郎中，后来拜师学说《金台传》，加入苏州光裕社。可惜此人早逝，据姚荫梅回忆，他出生时外祖母已改嫁苏州的柳逢春，柳会说《描金凤》兼变戏法。普余社中常熟人也很多，朱蓉芳、朱美英夫妇和女儿朱雪琴、朱雪芳，朱蓉芳的弟弟朱云天，朱云天女儿朱雪明等人，朱家在普余社中人数多，而且贡献不小。普余社和光裕社闹纠纷的时候，是朱云天请了律师到南京国民政府去请愿、打官司的。艺术方面，朱雪琴是第一个开创弹词流派的女艺人。除了朱家，还有一个顾家，顾秋舫、顾湘、顾宛君、顾佩君等，他们是说《玉蜻蜓》和《白蛇传》的，也是三代人从艺，顾秋舫的孙女顾湘后来考了江苏省戏校评弹班，后来改习昆曲，嫁给了昆剧名丑林继凡。普余社"钱家班"诸仙中，有三个常熟人，最早成名的是钱琴仙，可惜昙花一现，先是被钱锦章霸占，后来生病回乡，过早离开了人世。另外两个是刘美仙和蒋云仙，蒋云仙大家比较熟悉，她对《啼笑姻缘》的传承发展有很大贡献。

常熟评弹艺术馆保存了一张蒋云仙学艺的关书，可以让我们了解那一代人学艺的艰辛。蒋云仙祖上做过清朝官员，是常熟八大姓之一，但到她父亲手里家道已经中落，没办法才把她送到"钱家班"学艺。关书上写："立合同字据钱锦章、蒋铭中，今由介绍人马忠伦、王一鸣将蒋铭中之生女蒋珊年十五岁，投拜钱先生锦章门下学习《啼笑姻缘》及《秋海棠》全部，双方言明学习期限三年半，帮师半年，每月津贴食米三斗，二年为满，贽金情让。"合同还订立许多条约，规定学习期内"听凭师长教训，不得有虐待情事，倘有事归家，必须征得师长同意。膳宿车旅费由师长负担，零用自理。如果有疾病发生，所有医药费由家长负担，如遇走失由师长陪同家长找寻。营业所得归师长所有。双方均不得半途毁约，否则由毁约者偿还一切损失"。这份合同表明"钱家班"对艺徒管得极其严厉，学徒不但要为师长演出赚钱，还得自贴饭钱，而且几乎没有人身自由。"钱家班"能产生那么多名艺人，或许跟他们学艺的艰苦和压力有关，逼着她早日学成，出人头地，早点脱离"钱家班"的束缚。

除了演员，我还要介绍一下常熟籍的作家。既有专业作家，也有业余作者，他们为评弹书目的丰富发展也做了积极的贡献。最著名的是朱兰庵，他是清代散文大家姚鼐的后代，祖上移居到常熟生活。朱兰庵不仅对《西厢记》的丰富发展做出了贡献，还帮助曹仁安修改《列国志》，为王抱良润色《乾隆下江南》，经他修改的书目质量都有明显的提高。他还编说过长篇弹词《荆钗记》，并先后由朱耀庭、朱耀笙和俞筱云、俞筱霞等名家弹唱，朱耀祥、赵稼秋的《啼笑姻缘》最初也是请他改编的。另一位是潘伯英，他既是评话名家，也是著名的评弹作家。特别是参加了苏州市评弹实验工作团后，组织和亲自参与编演了大批二类书，其中的《孟丽君》《梅花梦》等长篇至今仍在传唱。邱肖鹏、徐檬丹、郁小庭等评弹作家，也都是在潘伯英的关心指导下成长起来的。除了这两个专业队伍中的作家，业余队伍中的平襟亚也是非常著名的评弹作家，他是中华人民共和国成立之初成立的"新评弹作者联谊会"骨干，成功编写了《杜十娘》《三上轿》《情探》《陈圆圆》《借红灯》《十五贯》《翟万里》等长篇和中篇书目。此外，还有一位著名的评弹作家，他是常熟市评弹团建立后培养的专业编剧朱寅全先生。朱寅全先生是太仓人，先在《常熟报》做记者，后来被选派到常熟市评弹团搞创作，先跟平雄飞等名家听书，然后在常熟团几位名家的指导下搞评弹创作。朱寅全先生在60年代成功创作了《梅塘姑娘》《绿水湾》《探女》等新书，使常熟团成为创新说新的排头兵。

除了上述影响较大的作者以外，还有不少常熟人或常熟团演员在评弹书目创作方面取得一定的成绩。如业余作者赵江，他为薛小飞写过《画皮》《胭脂》《红楼梦》等长篇，还为上海第五组写过中篇。还有一位徐洛英，为薛小飞编写过长篇弹词《何文秀》，后来经薛小飞介绍担任上海第五组编剧，编写了《孟姜女》等中篇。徐洛英原来是票友，后来参加无锡评弹团做编剧。专业演员中的宋劲秋，是黄异庵的学生，他为常熟市评弹团写了不少中篇。还有严雪亭的学生陆士鸣，也为常熟团写过很多中篇，如根据《三笑》改编的《空空庵》，在上海曾引起轰动。80年代常熟团向正明从弹词演员转为编剧，也创作了不少长篇和中短篇。上海评弹团的编剧程志达是常熟东唐市人，1956年考入上海戏曲学校首届评弹班，后来转为编剧。

3. 组织与管理

第三部分介绍一下常熟的评弹组织和管理。1949年以前不管是书场的经营还是艺人拜师、演出，都是没有政治干预的自然状态，所以当时的评弹生态也是自然形成的。1949年以后，政治体制发生了很大变化，政府要加强对民间艺人的管理，所以要把艺人组织起来，转变他们的功能，他们不再是江湖艺人，而是文艺工作者，要为新政府新政策做宣传，不能像过去那样说书了。另外，建立评弹团的目的也是体现新政府的优势。建立上海评弹团就是为了展示国家团体的优势，起实验示范和带头引领的作用。

在常熟呢，1949年以前存在过一些小的艺人行会组织。1916年，十来个常熟的评弹艺人组织过"萃和社"。三四十年代存在过光裕社常熟分社，实际上它跟光裕社没有从属关系，艺人都是拜的光裕社的老师，主要在常熟活动，名气都不是特别大，因为成名的大多活跃在苏州或上海。金声伯先生回忆他还去常熟分社的茶会上喝过茶，是在赵弄口。中华人民共和国成立之初，常熟并没有马上成立评弹组织，但是文化部门对于书场和艺人的管理实际上已经开始，在艺人演出的空闲时间，经常组织他们参加学习，举办星期天早场会书，说唱新书。

真正组织起来是1956年，当年的6月江苏省文化局发布《江苏省曲艺艺人登记管理暂行办法》，规定艺人不能私自收徒，如果没有演出证，不能去书场演出，书场也必须请持有演出证的演员。这意味着文化部门对演出市场和艺人传承开始严格管理，拜师学艺和跑码头演出都不再那么容易了。1956 年在常熟登记的主要有三个群体，一个是上海市评弹实验第五组，他们受常熟市文化科的邀请整体来虞，建立了常熟市评弹团，是常熟实力最强的评弹团体。另有蒋君豪、张钟山、秦纪武、张雪麟、周剑霖等十多位艺人在常熟市进行登记，名为常熟市评弹行政组。当时要求通知发出以后一个月又二十天内的时间进行登记，原则上都是就地登记，你在哪里演出，就在那里登记。常熟市区登记的这些艺人，有的是户口在市区的本地人，有的是正在市区演出的外地艺人。人数最多的是在常熟县登记的艺人，都属于常熟县评弹协会。当时的常熟市县并存，常熟县属的农村书场特别多，这些艺人就全部登记在常熟，还有一些常熟籍的本地艺人，户口属县里管辖的话，也都登记在常熟县。50 年代末常熟的评弹演员特别多，可能有近二百人。为什么呢？因为苏州不容易登记，苏州规定演满一百二十天（后改为三个月）才能登记，常熟的要求比苏州低，一年内做满两期即一个月或两年内做满三期即一个半月便可，所以苏州登记不上的都到常熟市和常熟县登记。

常熟市评弹团、常熟市评弹行政组和常熟县评弹协会三个组织，也经历过一些调动和分化。从艺术角度来说，三个组织分成三个梯队，常熟市评弹团整体水平最高，行政组属于中等，县评弹协会人很多但质量参差不齐。1959 年常熟市评弹团集体上调，建立苏州专区评弹团，只留下八位演员，然后从行政组（当时已改称红星评弹队）调入三档演员充实力量。到 60 年代初，所有演员都合并入常熟市评弹团。

常熟市评弹团建立以后，在文化部门的组织下，为评弹事业的发展做出了重要贡献。第一个是中长篇书目的演出，建团后赴上海演了很多中篇，跟上海评弹团打对台，因为常熟团的演员实力比较强，赢得了良好的声誉。第二个就是培养了专业编剧朱寅全，"文革"以后还有向正明，从演员转为编剧，常熟始终重视创作人员的配备。60 年代常熟团成功编演了一批新书，成为评弹界创新说新的标兵，1963 年底受中国文联和中国曲协邀请进京，在全国曲艺创作座谈会上汇报演出中篇弹词《梅塘姑娘》和短篇弹词《探女》等新书。在京期间还和骆玉笙、高元钧等北方曲艺名家进行了交流演出，著名作家赵树理和阿英等主持召集了座谈会。县级文艺团体进京在当年是破天荒的第一遭，扩大了常熟团的影响。1964 年血防题材中篇《绿水湾》在华东地区演出后，也引起了极大反响。这些荣誉的取得，和建团以后重视创作有关，因为有朱寅全这样的编剧，还有薛惠萍、钟月樵、顾竹君等名家，所以常熟比其他县级团更有优势。

以前评弹艺人的演出是比较灵活的，流动性较大。一般刚刚出道的青年艺人到常熟，有几种情况，一种是被人介绍到某家书场，这样他的行走路线比较固定，不会去其他书场。另一种是艺术水平较差的艺人，接不到码头，也没人介绍，他就是"踏场子"。走到哪儿，若正有空档，则接活。时间也不长，可能仅两三天，若表演较好，可能持续的时间稍长。对艺人来说，只要能接到码头，则意味着解决了食宿问题。建立评弹团以后，接业务是有计划的。常熟市评弹团规定一年三分之一时间在常熟，三分之一在上海，三分之一在江浙的城乡。合同早已定好，艺人凭演出介绍信出去演出，向各地文化部门呈报备案，管理较严格。

"文革"期间常熟市评弹团没有撤销，但是最后仅剩四个演员，两位著名演员非正常死亡，一个是顾竹君，因为她早年嫁给张宗宪并育有一子，虽然早已离婚，但还是被诬蔑成香港特务，最后她拿劳动用的镰刀刎颈自杀。还有一个评话名家平雄飞，他在"文革"前就离开常熟团回了无锡老家，"文革"中投河自尽。70年代中后期，演员陆续归队。常熟建团后培养了几批学员，60年代初培养了一批，70年代初苏州地区文艺连设立评弹班，培养了一批，包括太仓的潘祖强、陆月娥等。1974年招收了陆建华、徐美华、秦波痕等五个青年，1978年开始到1998年，约每隔十年培养一批演员，其中大部分人在八九十年代陆续转业，常熟团的实力也逐渐变弱。

三、常熟评弹的现状

我简单介绍一下现在的情况。书场方面，70年代中期逐渐恢复了一些书场，到1980年左右农村集镇的书场大概恢复到四十四家，到1985年城区剩两家，乡镇剩二十家。评弹演出阵地开始萎缩，好多书场变成了录像厅。90年代城区只剩一家书场——春来书场，前身就是仪凤书场，由于地理位置非常好，城市建设时首当其冲，拆迁关闭了，就在现在方塔街第一百货的西侧。1995年，评弹团在颜港桥边开设得意楼茶艺馆，搞三产，二楼饭店，三楼书场，由评弹团经营管理。后来饭店转给了私人，评弹团又在西泾岸居委重开新得意楼书场。春来书场关闭后，虽然有评弹团担负起了书场经营的责任，以满足广大听众听书的愿望，但是由于团部没有固定剧场，只能临时租借房屋开设书场，那段时间的书场经营和演出每况愈下，先后搬了三四个地方，十分艰难地维持着。直到2005年，市委、市政府在方塔商园投资建设了常熟评弹艺术馆，底楼是评弹团团部和虞山书场，二楼是常熟评弹历史陈列馆。虞山书场环境优美，座位舒适，可以容纳二百多位听众，书场硬件设施在江浙沪属于一流的。当然，现在的书场属于文化惠民范畴，公益性的。常熟这个江南第一书码头，现在说起来有点口软，实际上书场很少。除了市区的虞山书场，乡镇只有一些临时性书场，有十几家。临时性书场只是在春节、五一节、国庆节、重阳节的时候演出十来天，一年只做几档。正常营业的除了虞山书场，只有莫城管理区的燕巷书场，它是由社区出资的。虞山书场长篇演出票价是四块钱，含茶水，燕巷书场是两块钱，其他临时性书场有的收取一两元，大多是免费的。春节时临时书场最多，因为大多免费，对于正常营业的虞山书场也有一些影响。

团体方面，现在常熟团在编十二位演员，只有一档完整的双档两人都是常熟团的，此外都是和其他团演员合作，总的人数应该说比较少。最近几年周边县市的评弹团都在培养青年，例如张家港、吴江、吴中区，他们都在招收青年演员，而常熟团呢，上边没有这个打算。陆建华团长提了好多次，有一年看中了两个好苗子，但是上面不批，不同意招，后来他们被上海团招去了。所以说最近几年常熟的演员，别说优秀的少，就是数量也落后了。最近有些关心评弹的政协委员联名提了一个提案，要求招一些青年演员，因为常熟团有编制，空十个名额。

书目创作方面，大家都很清楚，现在的创作就是比赛为主，命题式的，参加评弹艺术节了，文化局让你拿个节目出来，去比赛获奖，长篇的创作虽然也有，但是比较少。

演讲时间：2013年12月2日
整理者：李东鹏、周燕

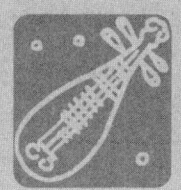

第十八讲
评弹的发展轨迹和艺术魅力

  沈鸿鑫先生首先回顾了评弹发展的历史，并认为在其发展过程中共经历了三次高峰。然后着重探讨了评弹的艺术特征和艺术魅力，主要概括为四点：第一，全息性的生活图景与引人入胜的情节结构；第二，评弹以一整套富有表现力的说唱艺术手段，构成一种独特的精细灵巧的审美形态；第三，评弹的喜剧色彩及幽默的美学境界；第四，弹词音乐以优美的唱腔和多彩的流派给人听觉上以丰富的美感享受。最后沈先生认为评弹的生命力在于其较强的时代适应力、对题材和其他曲艺的容涵力、与传媒嫁接的灵活性和与听众的亲和力。

沈鸿鑫

作家,戏曲艺术理论家。1961年毕业于华东师范大学中文系,1963年上海戏剧学院研究生毕业。笔名沈默、洪欣。曾任上海市剧目工作室干部、上海市文化局创作评论组副组长、《上海文化艺术报》总编辑等职。时任上海艺术研究所研究员、中国作家协会会员、上海市作家协会会员、上海市戏剧家协会会员、中国曲艺家协会会员。

一、评弹的发展历史

各位老师、各位同学,上午好!我今天简要介绍评弹的发展历史与艺术魅力。

苏州评弹是我国江南的重要曲艺曲种,现已被列为国家级非物质文化遗产。评弹历史悠久、源远流长,大约形成于明末清初(17世纪40年代),至今已有三百多年的历史。

苏州评弹实际上是苏州评话与苏州弹词的合称,二者起源不同。苏州评话是从唐代的说话、宋代的讲史、元明的说书(平话)演变发展而来,它们流传到南方,与吴语结合,形成了苏州评话。弹词的发展比较复杂。它与唐代的变文、宋金元的诸宫调有一定渊源关系,与元明的弹唱词话关系更为密切。有人认为,"弹词"的称谓便是"弹唱词话"的简称。明代嘉靖年间的田汝成《西湖游览志余》和万历年间的臧懋循《负苞堂集》中都已提到了"弹词"的称谓。弹词在南方流行约在明代中叶。它与苏州方言结合,便演变发展成为苏州弹词。评弹以长篇为主,一天说唱一回,一部作品可说三个月甚至一年,都是长篇巨著。到清乾隆年间,苏州评弹已经相当成熟并广泛流行。

当时有个故事,乾隆皇帝下江南时,在苏州听了王周士的《游龙传》,龙心大悦,觉得评弹很好听,于是封了王周士七品冠带,把他带到北京。王周士在北京过不惯官场生活,告假回到苏州就成立了光裕社——第一个行会组织。可见,到乾隆年间,评弹在苏州相当流行。

评弹三百年历史上有三次高潮,可以勾勒出发展的轮廓。我简要地谈一下评弹史上出现过的三次高潮。

(一)第一次高潮在清代中叶(嘉庆到同治年间,从18世纪末至19世纪中叶)

这一时期,江南农业、手工业很发达,形成了资本主义萌芽,经济的发展促进了文化消费的需求增长。当时戏曲方面出现了花雅之争的局面,作为曲艺形式的评弹也形成了一次高潮。

这次高潮中有几个标志,其一是涌现出了评弹"前四家"与"后四家"。"前四家"是嘉庆、道光年间的陈遇乾、毛菖佩(一说姚豫章)、俞秀山、陆瑞廷。同治以后,出现了马如飞、姚士章、赵湘洲、王石泉四大响档,被称为评弹"后四家"。他们的书艺都达到了相当高的水平。

我们之所以称这一时期为高潮,主要表现在如下几个方面。

1. 书目繁荣。这一时期,"前四家""后四家"及其他艺人编说或加工了许多书目。如陈遇乾擅唱《白蛇传》与《玉蜻蜓》,对这两部书做了许多加工,并使之刊行,他还编说了《双金锭》。俞秀山创编了《倭袍》等二十几种弹词。嘉庆年间,吴毓昌弹唱《三笑》,马如飞对乃翁传下的《珍珠塔》进行了创造性的加工。赵湘洲编演了《描金凤》。咸同年间上海女弹词家陈翼仙编说了《双珠凤》。值得注意的是,流传到后世,迄今还在传唱的评弹书目中,最主要的几部如《白蛇传》《玉蜻蜓》《珍珠塔》《三笑》《描金凤》等都是这一时期的名家、艺人所加工或创编的。

2. 说书技艺已发展到相当的高度。"前四家""后四家"都是具有精深造诣的艺术家。比如人们称陈遇乾"唱《白蛇传》《玉蜻蜓》二书,鸣于时";称毛菖佩"其诙谐之技,虽曼倩重生,淳于再世,亦无过如此而已"。马如飞能编善说,他改编加工的《珍珠塔》细腻巧致,入情入理,辞藻优美,雅俗共赏,更是达到了评弹艺术的高峰。当时已经涌现出的流派唱腔,如陈遇乾的"陈调"、俞秀山的"俞调"、马如飞的"马调"。陆瑞廷还在理论上总结了"说书理、味、趣、细、技五字"。评弹说、噱、弹、唱的艺术格局已基本建构起来。

3. 演出频繁,从业人员众多,并有了行会组织。据统计,道光年间在苏州开设的茶楼书场就有三十四家。传说马如飞与桂秋荣在苏州观前万云台和阊门外湖田上财源轩书场互打擂台。这些都说明当时演出场地多,演出活动兴盛,听众踊跃。金孟远《吴门新竹枝词》云:"晚妆初罢上书场,灯下翩跹兰麝芳。百八青蚨消遣够,色声香味细评量。"有些茶馆还专门开设女书场,吸引了不少女听众。

4. 这一时期还出现了不少弹词女作家。陶贞怀的《天雨花》成书于顺治八年(1651),这是比较早的。嘉庆年间云间朱素仙编写了《玉连环》,嘉道年间吴门侯芝以十年之功改订了《玉钏缘》《再生缘》《再造天》《锦上花》四部弹词。这一时期还有丘心如的《笔生花》(刊于咸丰七年,即1857年),道光年间还有郑澹若的《梦影缘》等。

这一次高潮对评弹艺术的发展起了奠基的作用,意义十分重大。

(二)第二次高潮是在20世纪20年代末到40年代

这一时期,评弹进入兴盛时期,而且重心逐渐移至上海。评弹进入大都会上海始于20世纪初。到30年代,上海商业经济迅速发展,人口密集,文化消费的需求急剧上升。抗战爆发后,上海很快成为孤岛,经济相对比较稳定,这些均为评弹的发展提供了物质的条件。另外,上海游乐场的涌现和广播电台的兴起,对评弹的发展也起了推波助澜的作用。

这次高潮主要表现在这样几个方面。

1. 涌现了一批有创造意识的优秀艺术家。如被誉为"描王"的夏荷生,他弹唱的《描金凤》

书情扣人心弦，人物栩栩如生，他所创的高亢挺拔、响弹响唱的"夏调"，名噪一时。1933年10月上海出版的《说书名家弹词开篇选粹》中曾有这样的评述：夏荷生"前年离沪到苏，在九如茂苑做档，一时轰动苏城，为近年所未有。去年又来沪渎，时适无线电盛行，各电台争相聘任，夏君志高尚雅，不欲滥竽充斥，故属在二三电台播音外，只在东方书场做档。按夏君能书为《描金凤》《三笑》两书，现复有《侠凤奇缘》一书，三书中以描说得最为出神入化，起脚色活灵活现，且好在处处卖力，现同道中描一书除赵筱卿已经去世外，推夏君为独步，可称光裕社一等人才也"。沈俭安、薛筱卿是继马如飞、魏钰卿之后，弹唱《珍珠塔》的又一高峰。还有编唱《啼笑姻缘》的朱耀祥、赵稼秋，"徐调"创始人徐云志，"周调"创始人周玉泉、"蒋调"创始人蒋月泉，弹唱《十美图》闻名的张鉴庭、张鉴国，弹唱《杨乃武与小白菜》的响档严雪亭、女弹词名家范雪君，以后评话艺人黄兆麟、杨莲青等。30年代曾有"四十个档"之称，后来又有"七煞档""四响档"等称誉，可见当时人才辈出的状况。

2. 涌现了一批新书目。不少艺人为适应时代的发展和听众审美趣味的变化，编演了许多新书目。如朱少卿编说的《张文祥刺马》，李文彬、李伯康父子弹唱的《杨乃武与小白菜》，朱耀祥、赵稼秋的《啼笑姻缘》，范雪君的《秋海棠》，张鉴庭编唱的《十美图》《顾鼎臣》，杨振雄编演的《长生殿》以及《枪毙阎瑞生》《黄慧如与陆根荣》等。这些书目中有不少比较注意选取反映近现代社会现实生活的题材，缩短了评弹与听众的距离。

3. 评弹艺术手段的变革和流派唱腔的繁荣。过去评弹一般是一人独做的单档，三四十年代双档演出形式崛起，当时蒋如庭和朱介生、朱耀祥和赵稼秋、沈俭安和薛筱卿被称为三大双档。后来又出现了男女双档。双档的形式更加生动、活泼，弹唱方面也使音色、伴奏更为丰富多彩。在演出安排方面，突破了一档独做的方式，更多采取评话、弹词相间的三四档同场演出的花式场子，以适应听众的多种口味。三四十年代，评弹还大胆吸收了昆曲、京剧、电影、话剧、歌曲等姐妹艺术的营养，丰富自己的表现手段和音乐语汇，除说、噱、弹、唱之外，还适当增强"演"的成分。如朱耀祥、赵稼秋弹唱《啼笑姻缘》时，借鉴文明戏的表演方法，以说、表、演为主，得到了成功。范雪君在弹唱《秋海棠》时借鉴电影，引进了"国语"和流行歌曲，别开了生面。张鸿声针对当时生活节奏加快的情况，加快书路，起足脚色，注重放噱，人称"飞机英烈"而颇受欢迎。在唱腔方面，在原有的"书调""俞调""陈调""马调"的基础上，创造了风格各异的众多流派唱腔，如"夏调""小阳调""徐调""周调""蒋调""沈调""薛调""严调""张调""杨调""祁调"等，把评弹园地装点得更加精彩纷呈。

4. 演出活动十分繁盛，演出场地有很大发展。19世纪末20世纪初，苏州、上海大多为茶楼书场，早晨是茶馆，下午、晚上演出评弹。三四十年代，苏州市区书场迅速发展，一度增至六七十家，单是一条临顿路上就有金谷、聚宝台、九如、同羽春、群贤居等九家书场。有些地方新开的书场代替了旧式书场，如石路上龙园、雅乐替代了汇泉楼、集贤楼。茶馆兼营的书场转向专业化，察院场的中央书场是仿剧场座位的新式专业书场，静园、皇宫也都是设备新颖的书场。上海书场的发展更快，进入30年代，上海专业书场已有数十家，仅老城隍庙内就有得意楼、怡情处、四美轩、逍遥楼、蠢园、明园、柴行厅等七八家之多。上海的书场大致有几种情况：第一，专业书场和茶楼书场，如汇泉楼、品芳楼、怡园、同乐、西园等，有数十家；第二，大中型游乐场专辟的评弹场子，如大世界、新世界、小世界、先施公司等；第三，新式书场饭店书场、舞厅书场的兴起，饭店书场如东方、沧洲、南京、中央、大中华等，舞厅书场如米高梅、仙乐斯、新仙林、维纳斯等，这些书场吸收现代剧场的长处，采用现代化设备，场地较大，座位舒适，环境幽雅，可适应较高层次听众的需要和较大规模演出的需要；第四，最值得注意的是空中书场的迅速发展，30年代上海民间电台如雨后春笋，达五十家之多，街头巷尾收音机里评弹弦索叮咚，昼夜不辍。从当时节目单看，徐云志、邢瑞庭、蒋如庭、朱介生、朱耀祥、赵稼秋、蒋月泉等都在电台演播。1935年11月全市就有上海、友联、安定别墅、李树德、利利公司等二十一家电台播放评弹节目，有的电台一天播放十多个小时。又据1938年11月29日《申报》一篇文章统计，每天评弹节目各电台加起来有一百零三档，每档四十分钟，总计四千一百二十分钟。40年代，电台为了给大百万金香烟做广告，以"空中书场"名义集中播放评弹，评弹在广播中优势更大。有的演员一天要赶三四个电台。名家响档不断涌现。广播是收听工具，十分适合播放以听觉艺术为主的评弹，广播影响大，覆盖面广，对扩大评弹影响、吸引新听众和提高演员知名度都起了很大的作用，不少演员都是通过电台唱红的。还有就是会书的盛行，每年一度的会书起了荟萃精华、交流书艺、繁荣书坛的作用。

5. 评弹社团和票房的发展。除了光裕社之外，上海还成立了润余社，产生了一批名家与书目，如朱少卿的《张文祥刺马》、李文彬的《杨乃武与小白菜》、郭少梅的《三国》等。1935年苏州还成立了普余社，当时光裕社反对女说书，反对男女拼档，普余社则专以女艺人单档或男女拼档演出为号召，对造就女弹词名家有一定的推动作用。三四十年代还出现了不少业余评弹票房，单上海就有集明社、联志社、书迷社、知音集、绸布社、清平社、业余社、银联社、华联同乐会、和平社、正行社等。他们或在电台播音，或举行义演，或编辑、出版开篇集等，活跃了评弹活动。

第二次高潮中也出现了一些消极的东西，特别是严重的商业化倾向，出现过某些庸俗的书目和作风，不少人才受到当时恶浊社会的腐蚀和摧残，比如有的评弹艺人染上了鸦片瘾，最后贫病潦倒，惨死街头。但总的来看，20年代末到40年代是评弹发展史上一个重要的繁荣时期。通过这个时期，评弹艺术已经成为一种成熟的曲种，并成为江南的最主要的曲种。

(三) 第三次高潮是中华人民共和国成立以后的 50 年代至 60 年代中期

这是一次很大的变革。原来评弹只是艺人谋生的手段，处于自生自灭的状态。中华人民共和国成立后，党和政府把评弹纳入整个文艺事业，逐渐沿着为人民服务、为社会主义服务的道路前进。在党的文艺路线的指引下，在周恩来、陈云同志的关怀、指导下，评弹得到了健康而稳步的发展，在各方面取得了显著的成绩。这一时期是评弹的新的发展时期。

1. 中华人民共和国成立后，上海、苏州建立了上海市人民评弹工作团、苏州市评弹实验工作团等国家剧团，区县还成立了民间职业评弹团体。这些团体的建立，把艺人们组织起来，进行政治学习和艺术活动，并通过深入群众生活等途径，使大家认识到自己的社会职责，提高了事业心和进取心。人与人关系的变化、生活的安定，为切磋钻研艺术、创作新书目、创造新形式提供了良性的环境。这一时期，中华人民共和国成立前已经成名的演员如周玉泉、徐云志、蒋月泉、刘天韵、张鉴庭、严雪亭、杨振雄、周云瑞、曹汉昌、吴子安、张鸿声、顾宏伯、唐耿良等艺术上更趋成熟，成为自成一派的艺术家。一些新的名家又逐渐崛起，如徐丽仙、朱雪琴、朱慧珍、侯莉君、蒋云仙、金声伯等，还培养了一代新人，如余红仙、刘韵若、石文磊、张如君、张振华、赵开生、杨乃珍等。1961年还建立了苏州评弹学校，专门培养评弹人才。值得注意的是，还出现了一批专业的评弹作家和理论家，如陈灵犀、平襟亚、吴宗锡、周良、邱肖鹏等。其中有的是新文艺工作者转入评弹界的。

2. 书目建设取得显著成就。一是对传统书目进行认真的整理加工。传统书目毕竟是旧时代的产物，往往是精华与糟粕并存的。因此如何以马克思主义的观点对它进行去芜存菁、推陈出新，是很艰巨的工作。几个评弹团分别成立了有艺人、作家参加的整理小组，分别对《玉蜻蜓》《白蛇传》《岳传》《珍珠塔》《三笑》等进行整理，保存其精华，剔除其糟粕，并在结构、细节、语言、唱词等方面进行文学加工。经过整理加工的书目，不仅净化了书台，而且一般主题比较明确，人物性格比较鲜明，情节比较集中、合理，比原来更臻完善。在整理、加工长篇评弹时，还整理演出了一些中篇和分回，如《玉蜻蜓》中的《厅堂夺子》，《描金凤》中的《老地保》，《三笑》中的《点秋香》等，这些片断往往主题突出，情节集中，人物鲜明，很受欢迎。二是创作、改编了大批新书目，特别是反映现实生活的新书目，如中篇评弹《一定要把淮河修好》《海上英雄》《芦苇青青》《战地之花》，长篇《小二黑结婚》《罗汉钱》《青春之歌》《红岩》《苦菜花》《林海雪原》《红色的种子》等。陈云同志1960年给周扬同志的信中谈道："解放以后创作的表现新人新事的短篇有一千个左右，称得起保留节目的也有几十个。"有一度曾有过"斩尾巴"的过激举动，后来得到纠正，这一时期"逼出"了七十多部"二类书"，有的也保留了下来，如《双按院》、《林冲》、

《梅花梦》、《武松》(弹词)、《秦香莲》、《梁祝》等。

3. 评弹的艺术形式通过改革、创新，更加丰富完善，成为一种发展成熟、表现力和感染力强烈、为广大听众喜闻乐见的曲艺品种。在评弹体裁方面，以前只有每天一回，连续说唱的长篇评话、弹词一种。中华人民共和国成立后，根据新听众的欣赏需要，除长篇外，创造了中篇评弹、短篇评弹等新的形式。特别是中篇评弹的出现乃评弹发展中的一大创造，这是历史的产物。中华人民共和国成立以后，评弹听众有所变化，大部分新听众工作之余欣赏评弹，不大可能像一些老听客那样每天上书场去，另外，评弹艺人有一种反映新生活、新人物的热情，但一下子要编写成长篇，无论生活积累还是时间、精力都有一定困难。于是用一个晚会时间，以三四回书说唱一个相对完整的故事的中篇评弹就应运而生了。1951年11月，刚成立的上海市人民评弹工作团深入生活，参加治淮工程，受火热生活感染，翌年创作演出了第一部反映新生活、新人物的作品《一定要把淮河修好》，这部由三回书组成的作品正式命名为中篇评弹。很快这种形式得到了听众的认可和首肯，连续演出了三百场左右，听众达三十万人次。接着出现了一大批反映现实生活的中篇评弹。后来这种形式又被运用到整理长篇中的某些章节成独立片断的中篇评弹，如《林冲》《花厅评理》等。这种体裁的创造，不仅丰富了评弹的演出样式，而且增强了评弹反映现实生活的能力，推动了评弹听众面的扩大。评弹演出形式方面还出现了围绕某一主题的专场演出，以唱为主的流派演唱会，以及三个档、四个档、合唱、小组唱等形式。在艺术表演方面，除了继续发挥说、表、噱的优势之外，还吸收京剧、昆剧、话剧、电影、歌曲等方面的艺术营养，在唱和演的方面做了较大的丰富和发展。开篇的独立性加强，男女双档成为基本样式，唱腔流派有进一步发展，涌现了"丽调""琴调""侯调""翔调""尤调""王月香调"等多种新的流派。伴奏艺术有较大发展，除三弦、琵琶为主外，还增加了二胡、阮，甚至出现了交响乐伴奏的弹词独唱。所有这些都使评弹成为以听觉艺术为主，兼有听觉、视觉多种艺术享受的表现力丰富的曲艺品种。

4. 演出兴盛活跃，听众面扩大，听众数量剧增。这段时间，评弹演出的场所很多，以上海为例，有西藏、仙乐、大华、沧洲等规模较大、设备较好的书场，还有大量茶楼书场。除了原有书场日夜演出评弹外，上海各区、县的文化馆、工人俱乐部大多设有评弹场子，有些剧场如皇宫、红宝、上艺剧场等也演出评弹，有些公园也开设书场。听众数量极其可观。陈云同志在1961年写的《不能忽视曲艺的娱乐作用》一文中，曾谈道："苏州听书的人约占人口的百分之十。上海听书的人约占千分之五，每天约三万人次，据说仅次于电影观众。"广播书场继续发挥其作用，上海、苏州等地的电台每天都有评弹节目播出。参加演播的名家荟萃。上海电台的评弹节目无论时间安排、收听人数都领先于其他节目。以前评弹仅在江浙沪一带流传，中华人民共和国成立后，评弹开始走出江南，到北京、天津及其他地区巡回演出，还到朝鲜慰问演出，到香港商业演出。1961年上海评弹团到北京演出时，不仅吸引了在京的大批上海人、江苏人，而且轰动了京华，一些从事北方曲艺的演员也来学习评弹，出现了"南曲北唱"的盛况。这些都有力地扩大了评弹的影响，培养了一大批评弹新听众，促进了评弹艺术的发展。

5. 评弹的理论研究及书刊出版均有所发展。中华人民共和国成立前虽然也有一些登载评弹情况的报刊，但多为消息报道性质，关于评弹理论的研究几乎是空白。中华人民共和国成立后，在理论研究方面有所加强，如1957年上海出版了左弦的《怎样欣赏评弹》，比较系统地介绍了评弹艺术。60年代初《曲艺》杂志及上海的《文汇报》《解放日报》发表了王朝闻的《听书漫笔》及左弦的《丽调小论》《琴调小论》等理论文章。专门关于评弹的出版物有江苏的《弹词曲调介绍》、上海的《弹词新开篇》《弹词开篇集》《传统开篇》，上海文艺出版社于1959—1962年间编辑出版了八集《评弹丛刊》，内收作品六十篇，其中现代书目有六部中篇评弹，六篇短篇评弹，两篇选回。丛刊比较系统地记录、介绍了创作、改编、整理的优秀评弹作品，既保存了传统的优秀书目，又反映了中华人民共和国成立以后评弹创作发展的概貌。

第三次高潮是在新的历史条件下，社会主义评弹艺术的新的发展阶段。

（四）评弹的发展与上海特殊的文化环境的关系

我们说苏州是评弹的发源地，上海却是评弹的发祥地。评弹之所以能在进入上海后推向繁盛，这与上海特定的文化环境也有着密切的关系。任何艺术的发展都不是孤立的，除了整个社会的政治、经济、时代氛围之外，还有一个左邻右舍的文化艺术环境的问题。上海是海派文化的中心。所谓海派，其基本核心是较大的容涵力和大胆的革新精神。评弹也受到海派文化的影响。上海四海通商，五方杂处，南腔北调荟萃，中西文化交汇，这就为评弹演员创造艺术提供了极其丰富的艺术营养。比如评弹中"演"的成分，那是吸收了京剧、戏曲、话剧中的表演手法加以融合而成的，顾宏伯、杨振雄的身段、做派分别得益于京剧、昆曲的表演。蒋月泉"蒋调"的形成与京剧的营养分不开，无论在旋律拖腔、咬字用嗓、唱法润腔方面都吸收、借鉴了京剧余（叔岩）派老生运腔悠扬、韵味醇厚、刚柔相济的特点，突出了颤音、装饰音的运用，不仅创造了旋律优美、悦耳动听的"蒋调"，而且大大丰富了评弹音乐。徐丽仙的"丽调"吸收了歌曲及北方曲艺的因素，引进四、七音调，别开生面。张鉴庭、顾宏伯受周信芳影响较大，他们注重表演，苍劲激越，可称是评弹中的麒派。

上海是艺术名家云集的所在，评弹得到了众多艺术名家的关心。从30年代起，评弹就吸引了一大批文化人和艺术家，如俞振飞、盖叫天、周信芳、刘海粟、曹禺、赵丹、郑君里、黄佐临、谢晋、于是之等,都是评弹的热情听众,这有助于评弹艺术与其他艺术的交流,也促进了评弹艺术文化层次的提升。

评弹之所以能在上海得到迅速的发展,与这个大都会的文化消费需求量大、文化设施较多且较先进亦有关系。像游乐场、饭店书场是大都会的特殊产物,而这一些大大扩展了评弹演出的阵地和评弹在听众中的影响。还有就是传媒的问题,前面已经提到过广播对评弹繁荣的作用,除此之外,还有报章杂志,三四十年代上海有《书坛报》等,不少戏剧刊物也登评弹方面的东西,五六十年代上海的各大报纸都有较多的篇幅来评介评弹。这些舆论工具,为评弹的宣传张扬提供了良好的条件。

二、评弹的艺术特征和艺术魅力

评弹作为一种曲艺形式,它具有深厚的文化底蕴,既继承了我国说唱艺术的优秀传统,又受到吴文化的长期浸润,富有吴越文化的鲜明风格,拥有十分丰富的艺术手段,形成了独具一格的艺术风采和别的艺术所没有的特殊的艺术魅力,所以我们称它为"江南明珠"。评弹吸引了众多听众的喜爱甚至迷恋。这里举两个例子。一个是古代的,我们前面曾谈到评弹的"后四家"中有一个是马如飞,马如飞在他父亲说唱《珍珠塔》的基础上,精心揣摩加工,成为独步一时的名家,深受广大听众的欢迎。有一次马如飞在宝山说书,书场就在县衙门隔壁的一家茶馆里,说了不几天,县衙中的差役书吏都成了每场必到的老听客。有一天县官审理案子,审到一半,已到开书时间,弦索一响,差役们已心不在焉了。从边角开始一个个相继溜之大吉,说到方卿见姑娘唱道情时,全堂的差役书吏全部逃之夭夭,只剩下县官和犯人两人。县官没在意,还一味审问,正巧犯人也是一个书迷,早为隔壁弹唱所吸引,所苦不能脱身,因此对县官的问话顾不上理会,还自言自语:"唱得好,唱得好!"县官大怒,喊人拖下去打,但无人应声,这时县官才发觉自己在唱独脚戏,只得另外命人将差役人等找回,每人责打三十大板。遂后将马如飞传到衙中,给了他一点钱打发他离开宝山,县官说:"你再在这儿唱,我的纱帽也要给你唱掉了!"还有一个例子是20世纪60年代,上海作家协会每星期要请评弹名家去说书,作为观摩学习活动,作家们认为评弹叙述故事、刻画人物都有独到之处,值得借鉴和学习。有一位著名的电影导演徐昌霖还专门写了"向评弹探宝"的长篇文章(《向传统文艺探胜求宝》)。

评弹的艺术特征与它的艺术性质有关。评弹是一种口头文学,它是用口语来叙述故事、塑造人物、表达思想感情、反映社会生活的。它也是语言艺术,主要是通过口耳相传的形式来传播的。评弹是一种说唱艺术,它运用没有音乐的"说"和有音乐的"唱",或夹说夹唱的形式来表现故事和人物的。评弹是语言艺术，又主要是听觉艺术，比如美术主要从视觉方面作用于欣赏者，而评弹则是主要从听觉方面作用于欣赏者的，所以我们说去"听"评弹，而不是说去"看"评弹。当然评弹也可以连带看的，但主要是听的。沈沧洲说过："戏与书不同何也？盖现身中之说法，戏所以宜观也。说法中之现身，书所以宜听也。"还有一点，评弹的美学特征是深层的叙述结构，它总是讲一个有头有尾的故事，整部作品的语言呈现叙述色彩。评弹的艺术特征和艺术魅力，我简要概括为下面几个方面。

（一）全息性的生活图景与引人入胜的情节结构

任何艺术都是反映生活和抒写人的旨趣、思想感情的，各种艺术反映生活都有一定的局限，戏剧要受舞台时空的局限，电影要受片长和拍摄条件的局限，长篇小说时空是很自由的，但它仅是书面的形式，在具象性方面又受到局限。评弹艺术有点像长篇小说，但由于它通过艺人的说唱表演，在具象性方面又优于长篇小说。评弹在反映生活方面比较灵活自由，有助于提供给听众一个全息性的历史画卷和生活图景。评弹的语言表达，是限知视角和全知视角相结合的。评弹中有起脚色的代言体部分，这一部分是脚色的语言，属于限知视觉的；但评弹中大部分是说书人的主观叙述和描摹，说书人对故事的来龙去脉，对人物的行动、外形及内心世界都知道，这是全知视觉。所以评弹什么都能描写，什么都能表现，而且可以未来先说，可以过去重提，有人说，就是被窝里掐死一只臭虫，评弹也能表现。评弹的表现力是非常丰富的。

评弹书目的题材非常广泛，有描述历代帝王争战兴亡的历史的，也有叙述才子佳人或平民百姓的悲欢离合故事的。

评话中的《三国》《水浒》分别展现了魏蜀吴以及宋代宏伟丰富的历史生活画卷。《描金凤》是地地道道的评弹传统书目，这部书反映社会的生活面十分宽广。从地域说，苏州、河南、京城、边关，天马行空；从人物看，三教九流，上到皇帝、宰相、藩王、大官，下至黎民百姓、书生、商人、江湖术士，甚至乞丐讨饭都有；从故事看，既有徐惠兰与钱玉翠的恋爱故事，又有凶杀冤断的公案故事，还有江湖术士被逼上台求雨的滑稽故事，既有暖锅为媒、玄都求雨、汪宣扮死人等喜剧情节，又有换监托三桩那样催人泪下的悲剧情景，还有劫法场那样的开打场面。说书人不仅有叙述，而且有描摹，有表演，不仅有说，还有唱，不仅描述了故事，而且时有说书人的评点，这样就给听众一种全息性的生活画面，使人既看到官场黑暗、世态炎凉，也看到了卑贱者的聪明、人间的真情，真是一部历史生活的百科全书。正如茅盾先生所说的："千千万万目不识丁的劳动人民向来就是从戏曲和说唱取得了零零碎碎但却丰富多彩的历史知识。"

评弹的主要体裁是每天一回的长篇，它就有这样的魅力，使你听了第一回欲罢不能，要听第二回、第三回,哪怕是刮风下雨,也要往书场里去。那就是因为评弹不仅展现极其广阔丰富的生活图景,用现今的话来说就是信息量、知识含量极其密集,而且说书人把故事情节编排得跌宕多姿,引人入胜。这里"关子"是评弹一大特色。我们知道相声要有"包袱",没有"包袱","包袱"抖得不响,你这相声就不成功。评弹讲究"关子",内行有"关子毒如砒"之说。关子就是悬念,美国戏剧家贝克说过:"所谓悬念就是兴趣之不断地向前紧张和欲知后事如何的迫切要求。"关子往往关系到故事的结局、情节的走向、人物的命运。评弹不仅全书的高潮处有大关子,而且凡在情节的转折之处都设有小关子。评弹运用关子的设置、铺叙、曲折、搁置、解开,把听众的兴趣激发起来,并维持下去。比如《珍珠塔》方卿能否做官,方卿能否与陈翠娥团圆是全书的大关子,但其中有许多小关子,如《方卿见姑娘》《陈翠娥赠塔》《方卿遇盗》《方卿唱道情》《方卿见娘》,等等。就是这样一个关子接着一个关子,许多小关子环环相扣,积累成为大关子。

评弹关子的设置往往造成情节的紧张,吴君玉说的《水浒·李逵闹江州》一节,在原著基础上有所调整和加工,情节更加紧张,戴宗的假回文被发现,蔡德章与黄文炳密谋次日午时三刻将宋、戴先斩后奏,李逵找张顺报信,又没有找到,决定自己一人去劫法场,谁知在酒楼上又睡着了。张顺去李家庄报信,一会儿李家庄被官兵包围,后来才知是梁山好汉到了,可以说是多处险象环生,又是多处绝处逢生,充分运用了关子的艺术作用,产生了扣人心弦的艺术力量。

评弹的情节发展往往不是直线上升,而是迂回曲折的。连只有三四回书的中篇评弹亦是如此。中篇评弹《真情假意》由三回书组成,它描写一对孪生姐妹迥然而异的思想风貌以及她们与俞刚之间的感情纠葛,也是关子一个扣着一个。第一回佩佩代替琴琴留下来服侍俞刚,李代桃僵,俞刚伤势就要治愈,提出眼睛好了就回上海结婚,到底跟啥人结婚,造成了很大的悬念。第二回写琴琴抢功劳,蒙骗俞刚,佩佩悄然隐去,俞刚与琴琴的婚期已定,这是作者欲擒故纵,究竟会不会阴错阳差,伏下了更大的悬念。第三回结婚前夕,张医生来看望俞刚是神来之笔,这里又写得很曲折,张医生几次想当面戳穿,犹豫再三还是咽下了肚里,悬念又一次搁置起来。但琴琴在讲那块花手绢时露了馅,掼背包时又落出了佩佩的日记,三回九转,这样才真相大白。

评弹的魅力之一就在于它的描述决非平铺直叙,使人一览无余,而是设置重重关子,曲折跌宕,山回路转,曲径通幽,因此有一种引人入胜、扣人心弦的艺术力量。

(二)以一整套富有表现力的说唱艺术手段,构成一种独特的精细灵巧的审美形态

评弹是一种说唱艺术,它不同于戏剧、电影、电视剧用直接造型的方法,以逼真的艺术形象作用于欣赏者的感官,它主要是说书人通过语言(包括说与唱)辅之以象征性的动作描绘环境气氛、故事情节、人物情状,因此它的艺术形象有一定的假定性。评弹的巧妙之处却在于说书人善

于运用灵巧的说、噱、弹、唱、演，从众多侧面来揭示形象的丰富内容，加上听者的联想与想象的补充，使艺术形象又具有相当的确定性。"说"指说表，这是评弹最重要的艺术手段。评弹的说表兼有叙事与代言两种功能。它的说表艺术手段十分完备，内分官白、私白、咕白、表白、衬白、托白、韵白，俗称七白。评弹细腻的说表可说是使假定性转化为确定性的关键。噱指笑料、噱头。弹是伴奏，一般用三弦、琵琶。唱是唱腔，也包括叙述体的表唱和代言体的脚色独唱、对唱和旁唱。演，指手势、面风，"说法中之现身"。

评弹有句艺诀，叫作"理、味、趣、细、技"。理，指故事要入情入理，通情达理，评弹"评"的部分则离不开理性的思考和判断；味，指故事有人情味，说唱有韵味，听众听过之后有回味；趣，指谐趣，噱头，笑料，使书很风趣；细，指细腻，精致，包括叙说的细密、描述的细致、刻画的细腻；技，指功夫、技巧，如说功、唱功、口技等。

我重点说说评弹说表的细腻、精致和灵巧。

评弹叙事状物、塑造人物都讲究精雕细刻、丝丝入扣。它的风格近似于工笔画、刺绣，有的甚至像象牙微雕。《珍珠塔》中陈翠娥下扶梯，每下一层都迟滞停歇，"才下楼梯第一层，站定娇躯不肯行……"把陈翠娥下楼去见方卿之前复杂矛盾的心理刻画得淋漓尽致。《西厢记·传柬》一回，在王实甫的原剧中只有数百字，可是评弹说来却铺张扬厉，阐幽抉微，淋漓尽致地刻画了相国千金莺莺在此时此地的羞涩和矜持，足足可说一个小时。这种细腻还表现在说书人对自己人物的体贴入微的描述上面。《描金凤·换监》中金继春与徐惠兰换监，演员说两人互换衣帽和鞋子，金穿徐的鞋子稍为紧一点，徐穿金的鞋子稍为宽一点，这时艺人点了一句，因为接下来徐惠兰还要赶奔边关，鞋子宽弛一点，赶起路来可以舒服一点。这种体贴入微的描述增强了人物的立体感和感染力。评弹的细腻主要表现在人物心理刻画的细致入微，以及对事理的精细描绘与剖析。在评弹中不仅人物有心理活动，像马、狗这样的动物也有心理活动，评话《岳传》中的《高宠挑滑车》，以及新书《林海雪原》中的《真假胡彪》，对马的心理刻画都是绝妙的。可以这样说，评弹的细腻是别的艺术难以企及的。

评弹的审美形态不仅细密，而且灵巧。评弹主要是听觉艺术，它即巧妙地充分发挥这方面的功能，使听众得到的听觉感受特别丰富生动。一个演员可以用不同的音色分出生、旦、净、末、丑各色行当以及同一行当中的不同人物。评话《包公·五老逼死庞妃》一回中有五个老旦：杨老太君、李娘娘、狄娘娘、呼延令君、陶令君。演员用不同音色、语调、速度，从听觉上把五个人物分得泾渭分明。《啼笑姻缘》中沈凤喜、关秀姑、何丽娜三个年纪差不多的姑娘，也通过不同的声音、语言加以区分。有些本来主要是视觉形象的东西，评弹也巧妙地用听觉形象来描摹，如"她的心啪啪啪跳个不停"，用"唰"的一声表示秋波一转，甚至形容两个人的眼光相遇，发出

"嚓呛呛呛呛"的声音。这些都是独特的创造。

不仅如此,它还吸收了戏剧、戏曲表演的某些因素,用虚拟写意的表演(称手面)的视觉形象来辅助听觉艺术,使听众的审美感受更加丰富。像《老地保》中刘天韵踏勘的"表演",以及中篇《林冲》中人物开打的"荡空架子"都是非常精彩的。

评弹的灵巧还表现在演员可以"跳进跳出",自由灵活,而且可以以灵巧的说表、弹唱手段突破时空的局限,把不同时空的"镜头"组接起来,这一点很像电影的"蒙太奇"。《白蛇传》中《公堂》一折,县官在堂上用板子毒打许仙,可是白娘娘使出法术,把板子转移到后堂县官太太身上,这里演员一会儿说堂上,一会儿说后堂,把两个不同的场面交替组接了起来。现代题材作品中,如《人强马壮·接归》中芒种和水娥为了芒种要养队里的病马,产生矛盾,水娥一气之下,抱了孩子回了娘家。芒种与水娥有一段背供唱:

芒种:那芒种是闲来常把妻儿念,
　　　但不知娘儿可安宁,
　　　为什么至今还不转家门?
水娥:(白)要转个哟,弄僵脱了哟
　　　她末欲要归家归不得,
　　　芒种不来接我们,
　　　叫我自落场总归有点难为情。
　　　(白)芒种你为啥不来接我们呢?
芒种:(白)要来接格哟,忙呀!
　　　只为病马刚痊愈,
　　　我里里外外一个人,
　　　所以一时片刻难分身。
　　　那芒种是今日牵马送货去,
　　　正好路过蔡家村,顺便探望娘儿身。
表:芒种到蔡家村来接水娥,水娥抱仔孩子跟了就走。

在接归之前,两个人分别在两个地方,可是评弹却可以剪接到一处,写出了夫妻间心灵的交通。

《一往情深》中罗明华与林娟在区政府大楼巧遇一段的两人旁唱,都是很巧妙的"蒙太奇"

句子。这些都给人一种评弹独有的审美感受。

前面说过,评弹也是一种语言艺术,它的语言,口语化,而且生动,有表现力。它经常用民间的俗语、谚语、歇后语以及比喻等。举个例子,弹词《描金凤·玄都求雨》一回,写苏州半年未雨,酿成严重的旱灾。江湖术士钱笃笤误揭皇榜,被逼求雨。府台方伯年想做给百姓看看,求得着雨,皆大欢喜;求不着,也可以推卸责任。他命人在求雨台下面预备了木柴、桐油,如果钱笃笤求不到雨,就准备烧死他。可是钱笃笤还被蒙在鼓里。这里有一段小道士与钱笃笤的对话:

小道士想,你倒自在逍遥!求不落雨要烧死,说给他听听,看他可开心得出。实在小道士年纪小,不懂轻重。

他问:"仙人,你可晓得,求下雨来做官,求不下雨来什么罪名?"

钱:"晓得的,打三十记手心。"

小:"四金刚摇船——大推大板。"

钱:"要么打三十记耳光?"

小:"消息子敲堂锣——音也勿曾起。"

钱:"看来要打三十下屁股?"

小:"弥陀佛戴刘海帽——勿对头寸。"

钱:"枷号三十日?"

小:"一团和气登坑——远(圆)绷。"

钱:"要么收三年监啊?"

小:"一粒米烧粥——米(咪)气也吭不勒嗨。"

钱:"充三千里路军总对哉?"

小:"太湖里洗马桶——野豁豁。"

钱:"那末三家门里猜完哉,要末杀头哉?"

小:"望远镜看风景——近点哉。"

钱:"啥末事呀,杀头还勿是,不过近点呀?那一定是要剥皮揎草,磨骨扬灰了?"

小:"老太婆射箭——推扳一线。"

钱:"那是死罪也勿对哉。"

小:"你猜不出了,我来说个谜谜子,你来猜猜。"

钱:"你说来听听看。"

小:"纸扎店里莲船,南货店里佛码,冲天炉里钱粮,纸锭钵里锡箔,武大郎的棺材,舞表里的仙鹤,出夜会里篾箪,灯笼里的蜡烛,脚炉里的炭基,灶堂门里草把。"

钱:"啊!莲船、佛码、钱粮、锡箔、棺材、仙鹤、篾箪、蜡烛、炭基、草把,啊呀,都是烧坯,难道说拿我也要烧呀?"

小:"真正仙人,被你猜着了。"

这里全部用歇后语、借喻等手法,非常生动鲜活,情趣盎然。

(三)喜剧色彩及幽默的美学境界

听评弹与欣赏其他艺术有个明显的不同之处,就是轻松谐趣。过去越剧、沪剧的广告上曾经这样写:"请多带手绢。"这说明越剧、沪剧悲剧较多。可是听评弹却不必带手绢擦眼泪。它虽然也演悲剧,但从总体看,喜剧色彩比较浓烈,听众得到的美感享受,主要属于轻松愉悦一面,有益于身心健康。

评弹的喜剧色彩,其表现有几种情况。

一是整部书的喜剧构筑,比如《三笑》,写苏州解元唐伯虎卖身为奴,进相府求娶丫头秋香,本身情节有点荒唐,书中有许多喜剧人物和喜剧情节,像唐伯虎、祝枝山、大踱、二刁都是喜剧人物,像《三约牡丹亭》《画观音》《姜拜》《王老虎抢亲》等都是喜剧色彩非常浓烈的段落,所以《三笑》这部书内行称它为"长脚笑话"。《描金凤》也是一部喜剧色彩很浓的书,像钱笃笤、许媒婆等都是喜剧人物,书中像《暖锅为媒》《玄都求雨》等都是喜剧色彩非常浓烈的部分。再如新编的中篇评弹《春梦》,写一位高价姑娘,为了出国留洋竟自愿出租为新娘,整部书笑料迭出,滑稽无比。

二是虽然整部书未必是喜剧,但在书中注意穿插一些喜剧情节,安排一些喜剧人物,因此即使是正剧风格的书,甚至是悲剧风格的书,听起来也不觉得沉闷,而且很轻松谐趣。不少书里都安排一些喜剧人物,如《双金锭》里的戚子卿家的小二,《白蛇传》中的阿喜,还有不少书目中的一些小人物。《玉蜻蜓》应该说其情节是比较悲的,但是其中有许多喜剧性的穿插,像《瞎子算命》《关亡》《沈方哭更》《骗上辕门》《双喜临门》《庵堂风波》等都是喜剧段落。有些悲剧性较强的情节,评弹演来却不是一味的悲,也间或穿插一些喜剧因素,把它挑松。比如三娘娘受屈,净房绝食,够悲的了,但后面金大娘娘派了众丫头把她抢救出去,喜剧色彩也很浓。《沈方哭更》有个哭字,当然是悲的,但整回书,谐趣横生。以喜剧手法演悲剧,这是评弹的一大奇观。还有就是某些书目中的唱段也非常有喜剧色彩,比如《白蛇传》中的《捉白》、《秦香莲》中的《迷功名》、《钱秀才》中的《颜大照镜》、《杨乃武与小白菜》中的《孔方兄》,等等。

三是噱头的运用。这在评弹中运用就更普遍、更灵活了。评弹的主要艺术手段说、噱、弹、唱，其中就专门列了一个"噱"字，而且评弹艺人把它放在很重要的地位，有"噱乃书中之宝"的说法。噱头实际上就是一种笑料的穿插，在戏曲中则叫作插科打诨。清代戏曲理论家李渔曾说过："插科打诨，填词之末技也。然欲雅俗同欢，智愚共赏，则当全在此处留神。"他认为，科诨可以调剂整个戏的冷热，也可调剂观剧人的精神，使之不疲劳，因此他说："则科诨非科诨，乃看戏之人参汤也。"（《闲情偶寄》）评弹中的噱头有异曲同工之妙。评弹噱头有"肉里噱"与"外插花"两种。"肉里噱"，指由书中人物、情节中生发出来的笑料；"外插花"，指结合书情，穿插进去的笑料，常常以此说明书情，或借题发挥。听过《白蛇传》，不会忘记王永昌吃馄饨，一边吃一边暗暗在数只数，以至于许仙问他婶母高寿，他脱口而出"十五"，活画出一个吝啬鬼的面目。这是典型的"肉里噱"。《神弹子·抛头自首》中，由于"头"字谐音误会，瞎子讲的是人头，门外的公差说的是赌台上的头钱，公差说要拆拆，瞎子弄不懂，闹出一场笑话。"外插花"，如张鸿声在粉碎"四人帮"后上台说"四人帮"中的张春桥也姓张，但与他的张不搭界，张春桥是宋朝奸臣张邦昌的子孙，我是汉朝张飞的子孙，我是弓长张，他是长弓张。吴君玉说《水浒》，联系到现今市面上公司很多，看到一个烘山芋摊，也挂块牌子，写着环球烘山芋开发公司。这些都是"外插花"，含有一定的意蕴。还有一种是"小卖"，那是即兴式的，用一两句俏皮话引起笑声。如中篇评弹《白虎岭》中说到猪八戒心中感动得落下两行热泪，这时演员托了一句"他算是猪（珠）泪双抛"，很生情趣。

评弹中的噱头大多带有荒谬悖理的特征，因此引起一种滑稽的审美感受，其审美效果是笑，所以听众常常是轻松愉快的。在评弹的噱头中有一些特别的机智、巧俏，上升到了幽默的美学境界。幽默是喜剧中的最高审美层次，它引起的审美感受比较复杂和深刻，往往带有机智、哲理的成分，在笑之后还会引起审美主体思索和回味，其中不乏人生的感悟、人生的况味、人生的哲理。刘天韵的《追舟》，船家为唐伯虎唱私情山歌，说郎此去要到中秋再回来，唐伯虎说这郎太薄情，应当早些回来，船家说便当，搭我商量，六七月转来，唐说还要早些，四五月转来，还要早些，二三月转来，还要早些，正月里转来，再要早些，这时船家唱道："索脚勿去哉！"蒋月泉与王柏荫说唱《玉蜻蜓·沈方哭更》，马公谎说到过苏州，说城里有个虎丘山，城外有个玄妙观，沈方说："你什么时候给他们搬个场？"后来沈方敲错更，马公前来责问，沈方说："南京不敲五更天，中国人全晓得，常州敲六更天，连外国人也晓得。"马公咕白："外国人也晓得，我中国人哪哼倒糊里糊涂。"徐绿霞说的《杨乃武与小白菜·密室相会》说到吃酒，他穿插了一句："酒这样东西是好东西，放在肉里，解脱肉夹气，摆在鱼里，解脱鱼腥气，但是酒不能吃得太多，吃得太多了，弄得不好，连人气味也没有了。"这些都是很幽默的。

(四）弹词音乐以优美的唱腔和多彩的流派给人听觉上以丰富的美感享受

弹唱也是评弹中的主要艺术手段，它与说表是相辅相成、浑然一体的。唱是说的继续和补充，"言之不足，则歌咏之"。评弹的弹唱一方面是表现书情、人物的需要，另一方面，在说表中插入弹唱，可以增添艺术的色彩，激活听书人的兴趣，而且可以大大丰富欣赏者在听觉方面的审美享受。

弹词音乐受到江南民间音乐长期滋养，优美动听，具有浓郁的水乡风味。它总的风格是悠扬婉转，听弹词音乐犹如饮东山的碧螺春，甘甜醇美，回味无穷。近代随着评弹艺术的发展，弹词音乐的旋律日益丰富，弹词音乐的戏剧性与抒情性逐步加强，二三十年代以来除"俞调""马调""陈调"之外，又涌现出了众多流派的唱腔，如"小阳调""夏调""徐调""周调""蒋调""沈调""薛调""严调""张调""杨调""琴调""丽调""侯调"，等等，这些流派，在总的音乐风格下面，又显现各自的鲜明特色，如"蒋调"悠扬醇厚，"张调"苍劲雄健，"徐调"婉转甜糯，"沈调"清劲潇洒，"薛调"爽利流畅，"俞调"委婉迂回，"琴调"激越奔放，"丽调"缠绵深沉，这样就形成了丰富多姿、精彩纷呈的局面。

弹唱是评弹艺术手段的有机组成部分，它通过优美的音乐形象来展现书情、刻画人物、抒发丰富的思想感情，起到说表所难以达到的作用和效果。一些著名的唱段，"夏调"《描金凤·托三桩》，"蒋调""俞调"《玉蜻蜓·庵堂认母》，"张调"《林冲·误责贞娘》《芦苇青青·望芦苇》，"杨调"《武松打虎》，"沈调""薛调"《珍珠塔·方卿见娘》，刘天韵唱《三笑》中的山歌调，以及"陈调"《林冲踏雪》，"严调"《杨乃武与小白菜·密室相会》，"姚调"《旧货摊》，"丽调"《情探》中的《梨花落》、《罗汉钱》中的《可恨媒婆话太凶》，"琴调"《游水出冲山》，"王月香调"《英台哭灵》，等等，无不既十分贴切又有表现力地展现了书情、人物与感情，具有独到的艺术感染力，同时展现出自己独有的音乐风采。这些唱段放在书情之中，是精彩的段落，如果把它拿掉了，整回书就会相形失色。如果把这些唱段单独拿出来欣赏，也都是一件件优美的声乐作品。

弹词开篇是一种独特的艺术品种，最初开篇只是正书开讲之前加唱的篇子，起着定场的作用。由于唱词的文采与音乐的优美，很受欢迎，开篇逐渐成为评弹中很有欣赏价值的独立声乐作品，比如"俞调"的《宫怨》、"蒋调"的《杜十娘》《宝玉夜探》、"杨调"的《剑阁闻铃》、"严调"的《一粒米》、"丽调"的《新木兰辞》、"祁调"的《秋思》、"侯调"的《莺莺拜月》、"翔调"的《乘风破浪》、"尤调"的《诸葛亮》，等等。如朱雪琴演唱的开篇《潇湘夜雨》，用了许多叠字："云烟烟烟云笼帘房，月朦朦朦月色昏黄。阴霾霾一座潇湘馆，寒凄凄几扇碧纱窗"；"病恹恹一位多愁女，冷清清两个小梅香。只见她薄嚣嚣嚣薄罗衫薄，黄瘦瘦瘦黄花容黄。眼松松松眼愁添怀，眉蹙蹙眉恨满腔……"不仅文辞优美，而且在声音方面进行渲染，很有意境，很有艺术感染力。

还有用弹词曲调为毛泽东等领导人的诗词谱曲的作品，也是具有很高欣赏价值的评弹声乐作品。毛泽东的词《蝶恋花·答李淑一》经弹词曲调谱曲，不仅成为评弹书坛上常演的节目，甚至被搬上交响合唱的舞台，成为全国传唱的声乐节目。

由此可见，弹词音乐也是评弹独有的艺术魅力中的一个重要组成部分，一些著名唱段和开篇，可以说百听不厌。有些人虽然不熟悉评弹，或者听不懂苏州话，然而却被优美委婉的弹词音乐所深深陶醉，《蝶恋花》蜚声全国就说明了弹词音乐的艺术魅力之强大。

三、评弹艺术的生命力

前面简略地谈了一下评弹的魅力，可能挂一漏万，也可能不得要领，只是我个人欣赏和研究评弹的管见。

评弹拥有独特的艺术魅力，并且具有很强的活力。这主要表现在几个方面。

（一）评弹具有较强的适应性

这与评弹的反映生活的独有方式和它所拥有的艺术手段密切相关。评弹产生于中国古代，它的传统书目都是反映古代生活的。擅长表现古代生活、古代人物这一点，它与戏曲是差不多的。然而它与戏曲有所不同，戏曲是舞台表演艺术，它离不开表演程式，而这些程式比较凝固，因此戏曲表现现代的生活和人物困难就比较大。评弹是口头的语言艺术，前面说过，它有较大的不确定性，这就使它在反映各个时代、各种类型的生活和人物方面有较大的适应性。另外，评弹的艺术手段十分成熟完备，且富于表现力，前面说过单单说表的"白"就有七种，除了说以外还有噱、弹、唱、演，这些艺术手段更增强了评弹反映生活方面的适应能力。在 20 世纪三四十年代，评弹为适应时代就开始尝试反映近现代的生活，当时上海书坛上出现了《杨乃武与小白菜》《啼笑姻缘》《秋海棠》《黄慧如与陆根荣》等新书目。中华人民共和国成立以后，上海市人民评弹工作团一成立，全团就奔赴治淮工地，回来创作演出了现代题材的中篇评弹《一定要把淮河修好》。此后评弹把反映现代题材的面辐射到各个领域，有反映工业题材的《江南春潮》，反映农业题材的《夺印》，反映军事题材的《海上英雄》《林海雪原》，等等。新时期又出现了长篇《九龙口》《筱丹桂之死》，中篇《白衣血冤》《新琵琶行》《春梦》《真情假意》。这些都说明评弹在反映现代生活方面具有很强的适应力。

艺术要适应时代,反映现代生活是一个方面。即使表现古代生活也有一个时代色彩的问题。我觉得,一是在节奏方面要有时代气息,二是说古代题材,说传统书目有一个与现代沟通的问题。节奏方面一般地说,现代的都市生活节奏较快,太拖沓、太啰唆不太适合。早在30年代张鸿声第一次进上海,在城隍庙得意楼、怡情处说评话《英烈》,他有感于都市生活节奏较快,对自己的书做了加工,加快书路,起足脚色,注重噱头,人们称他为"飞机英烈"。当时同时在城隍庙说《英烈》的三位前辈叶声扬、许继祥、蒋一飞的卖座竟然都不如他。

现在一般说,大家都注意了节奏问题,以前一排书要说三四个月,现在说半个月,比较注意删去枝蔓,突出主干,使其适合时代的节奏。这里我是说总体上要适当加快节奏,但也并不是只要快节奏,该慢的地方还是要慢,该细的地方还是要细,这并不矛盾。关于沟通问题,一是指在新编历史题材书目时,要注意站在今天的视角上来审视、选材。像越剧《五女拜寿》就是很好的例子,它演的是古代题材,但又有现实意义。这就沟通了。二是评弹中的噱头、表白、评点也是沟通古今的很好的手段,这方面注意运用,恰到好处,也是增强时代感的重要途径。

(二)评弹的艺术形式具有很强的容涵力、变异性以及与传媒嫁接的灵活性

任何艺术都处于一个发展的过程之中,它随着时代的发展以及观众、听众审美需要的变化而变异和发展,这也是艺术发展活力的一种体现。评弹在继承固有艺术特征的基础上具有较强的变异性,在吸收其他姐妹艺术的因素时又表现出它较强的容涵力和同化力。

略举数例,评弹原先只有说、噱、弹、唱,并没有"演"这一项,后来随着代言体成分的发展以及都市演出的需要,逐步加强"做"的成分。评弹艺人吸收戏曲、话剧、电影等表演艺术的因素,在说表的同时加强举动、神态方面的模拟和表演,使书台上的形象更有实感,听众得到的审美感受更加丰富,不仅有听觉的,还有视觉的。像刘天韵在《老地保》《求雨》中的表演,杨振雄在《武松》中的表演,都使人物形象更丰满感人。然而评弹对戏曲、话剧等表演因素的吸收又不是生搬硬套的,而是根据本身的艺术特征加以融化,它坚持虚拟简洁、点到为止的原则,特别强调手势、眼神、面部表情。顾宏伯说《包公·遇太后》一节,包公进破窑,舞台上要跑小圆场,可顾宏伯只是转半个身,头一低,就算进了寒窑。这说明评弹不仅有吸收姐妹艺术因素的容涵力,而且能够把它消化,使之成为评弹自己的血肉。

近现代弹词音乐的变异和发展也是十分显著的。原来只有"陈调""马调""俞调"几种唱腔,比较单调,后来为了加强唱的戏剧性和抒情性,不少艺术家各自根据自己的爱好、条件,吸收姐妹艺术的音乐营养,创造出多种唱腔流派。如徐云志在"小阳调"基础上吸收江南民歌、小调和小贩叫卖声的旋律创造成"徐调",蒋月泉则在"周调"基础上吸收、借鉴了京剧老生的旋律和

唱法，创造了"蒋调"，杨振雄的"杨调"较多吸收了昆曲的成分，徐丽仙的"丽调"吸收了评剧、锡剧、粤剧、京韵大鼓、梅花大鼓以及歌曲等营养。然而他们在吸收新的音乐因素时，既不是生硬搬用又不是简单凑合，而是融会贯通，使之化入评弹音乐。这些曲调保持了评弹音乐的腔系和风格，格式、调式、节奏、落音、音乐色彩都还是评弹的。

在评弹的表演形式方面，其变异性也是明显的。1949年后中篇评弹、短篇评弹、专场演出、流派演唱会等新形式的出现，都说明评弹在艺术形式发展方面具有很大的潜力。

不仅如此，评弹在与传播媒介的嫁接方面，也具有很强的灵活性和适应能力。30年代上海民间电台兴起，评弹利用自己是听觉艺术，而广播主要诉诸听觉这一契合点，很快就打进了电台，成为电台播送的主要节目之一。广播由于覆盖面大，大大扩大了评弹的影响，促进了评弹的繁荣。1949年后广播书场得到进一步的发展，到60年代初，上海听书的人数仅次于电影观众。

近年来评弹开始与电视嫁接，一方面是开辟电视书场，通过荧屏扩大评弹的影响，另一方面还尝试搞了以评弹艺人生活为题材的电视剧（如《江南明珠》）和融入评弹唱腔的电视剧（如《秋思》）等。这些都显示出评弹与现代先进传媒的嫁接有着广阔的前景。

（三）评弹具有广大的亲和力

评弹是特别重视与听众交流的艺术。好的评弹艺术家上台说书非常亲切，就像与听众一起谈家常一样，有时还向听众发问，利用评点、噱头等尽量拉近演员与听众的距离，拉近书中叙述的生活图景与听众所处生活环境的距离。因此书场里台上台下经常处在互相交流之中。好的艺术家不仅在台上与听众交流，而且下得台来，不耻下问，与听众交朋友，切磋书艺。评弹这种与听众的亲和力在各种艺术当中还是比较少见的。因此评弹拥有大量的听众，不仅有普通市民，在知识阶层中还有许多书迷；也不仅在江浙沪一带书迷多，在北京、天津、香港、台湾等地及东南亚也有大量听众。现在由于种种原因，书场比较萎缩，听众也有老化的现象。但是应该看到，除了书场之外，广播、电视的评弹听众人数还是极其可观的。评弹是一种比较雅致文静的艺术，可能更适合中老年听众欣赏，现在上海已进入老龄化，如果把老年听众都吸引过来，那也就十分可观了。当然，我们还要更多地吸引青年听众，据说现在暑假里收听、收看广播、电视评弹的青少年听众为数不少，我们如果结合评弹内容与形式的改革，也搞些评弹走向青年的活动，从适应青年到提高青年，使青年也成为评弹的知音，这样的话，评弹的听众将越来越多。

目下，由于现代娱乐和媒体的多样化、西方文艺的大量涌入等多种原因，舞台艺术相对萎缩，评弹与其他戏曲剧种一样，也面临着种种困难。评弹如何传承、创新，评弹如何振兴、发展，又是摆在我们面前的严峻课题。这个问题我们留待以后有机会再来探讨。

"他山之石，可以攻玉。"评弹作为国家级的非物质文化遗产项目，它确是一个极其丰富的艺术宝库。我想，了解它的发展历史，领略它的艺术魅力，对我们扩大艺术视野，提高文化素养，借鉴创作经验，吸收艺术滋养都是很有好处的。今天，我们的讲座就草草讲到这里，供大家参考，有什么不当的地方，也请批评指正。谢谢！

演讲时间：2013年12月23日

整理者：赵倩

第十九讲
苏州评弹（曲艺）研究与学术规范意识

包括苏州评弹（苏州评话和苏州弹词）在内的曲艺是一门综合性很强的表演艺术。曲艺综合了语言、文学、音乐、舞蹈、美术、杂技、戏曲乃至武术等艺术文化元素，但曲艺构成的形式却相对简便。一繁一简之间，恰可看出其审美张力。吴文科先生在历时二十五年参与编纂《中国曲艺志》的过程中，发现研究曲艺——无论基础研究还是应用研究——需要注重关联，不能就事论事、坐井观天，而是既对曲艺自身要有一个整体的认识和把握，同时要对曲艺与相关文化事象及其学科领域有一些起码的了解和涉猎。其中，一些最为基本的学术规范问题，包括称谓、术语等的选择厘定及规范使用问题，对曲艺研究的深化和艺术交流的效能非常重要。为此，他特别强调了学术规范意识对曲艺包括苏州评弹研究的重要性。他提醒并指出："（苏州）评弹与江南社会"作为一项跨学科的交叉性研究，要具有全局观。研究范围需要走出上海、走出吴语地区、走出曲艺学乃至整个文艺学，进入视野更为宏阔的人文科学研究的范围，必须重视相应的学术规范，建立具有自身特色的学术话语体系，进而建立同时能将文献学、语言学、民俗学、人类学、社会学、文化学等各相关学科纳入曲艺研究领域的学术探索格局，从而后来居上，开辟出一条属于自己的新路来。

吴文科

甘肃天水人。时任中国艺术研究院曲艺研究所所长、研究员、博士生导师，兼任中国曲艺家协会副主席、中国说唱文艺学会常务副会长兼秘书长，为《中国大百科全书》第二、三版"曲艺"学科主编。1984年从北京师范大学中文系毕业，1987年进入中国艺术研究院，专门从事曲艺史论的研究工作。1987—2011年的二十五年间，参与主持"国家社科基金资助重大项目"暨"国家艺术科学规划重点项目"《中国曲艺志》（二十九卷本）的编纂指导和学术审订工作，并因贡献卓著两度受到中华人民共和国文化部表彰，先后分获"编审成果奖"和"特殊贡献个人奖"。在长期学习和研究曲艺的过程中，除出版《"说唱"义证》、《中国曲艺史》（合著）、《中国曲艺通论》、《曲艺综论》和《相声考论》等专著，同时撰写发表许多有关苏州评话和苏州弹词的研究文章，并集成《苏州评弹散论》一书出版，从历史与理论的角度，为将苏州评弹的研究引向深入，做出了积极贡献。

各位上午好！回到大学校园办讲座，内心感觉格外激动。我是北师大中文系毕业的，所以来到上海师大、进入大学校园，感觉特别亲切。

我和在座诸位也很有缘分。这种缘分，来自两个方面。一方面，我是学文学出身，最早喜欢古典文学，喜欢先秦的诸子散文。后来长大了，兴趣拓展至明清小说。比如读《红楼梦》，就喜欢王熙凤，不喜欢林黛玉。因我比较喜欢王熙凤这样性格的人，聪明、能干、爽快、漂亮，后来还为王熙凤写过翻案文章《也论凤姐》，发表在《红楼梦学刊》1985年第1期上。那时我刚二十岁出头，也不知道天高地厚，居然在客观上敢与一些红学界的前辈论战。但也因为这件事情的缘故，我跟中国艺术研究院有了联系，起初本来要调往该院红楼梦研究所的《红楼梦学刊》编辑部工作，后来在常务副院长李希凡先生的办公室里，看到了文化部、国家民委和中国曲艺家协会关于发起编纂《中国曲艺志》的文件。他说曲艺研究所成立刚一年，这个项目也缺人手，问我感不感兴趣。我看了文件就毫不犹豫地说："很感兴趣。"当时纯粹是凭直觉，感觉这个机会千载难逢，可以跑遍全中国，并接触和了解所有中国曲艺。于是，就这么撞到曲艺研究的大门里来了。来了以后，其实也是白丁一个，根本不懂曲艺。但是，《中国曲艺志》就是我的学校，是我的师范大学，包括在座的彭本乐老师等专家学者都是我参与编纂《中国曲艺志》期间结识的老师。苏州市研究苏州评弹的著名专家周良老师是我编纂《中国曲艺志》的老领导，是《中国曲艺志》的副主编。当然，还有《中国曲艺志》的主编罗扬老师和副主编王波云老师。全国几乎所有参加《中国曲艺志》编纂的人，个个都是我的老师。从1987年正式开始编纂到2011年《中国曲艺志》二十九卷全部出齐，总共三千多万字，我整整干了二十五年。在座的彭本乐老师参加上海卷的编纂，也做了十余年。我讲这些，是想告诉年轻的同学一个道理，做学问跟人生是一样的，有的人从小立志当科学家，有的人立志当作家，但志向和实际是有距离的。有的时候由于某种原因拐个弯，可能会发现一片更好的天地。我觉得我原来研究《红楼梦》挺好的，二十岁出头就能在《红楼梦学刊》发表论文，比你们现在的许多人可能还要幸运一些。但后来却是曲艺成就了我。你们楼下面为本次讲座打的海报，给我贴了好多标签，若是放在十年前，我会觉得出去能打上这些个"伞"蛮好，人家会认可你。可现在我越来越觉得有些害臊和不安。随着年龄的增大和成长，从前一些看似很有意义的东西，现在看却没有什么意义。比如今天的许多民营曲艺班社,很有名,也获利,有的经营者甚至拥有私人飞机,组织演出能赚上亿元,但对文化而言意义不一定很大,是两码事。曹雪芹充其量只留下半部《红楼梦》,但是谁也不会说他不伟大;雨果的小说让我们都知道了法国的巴黎圣母院,但巴黎圣母院至今也没有完全建成,是残缺不全的未竣之作。这就告诉我们,评价某些事物,不能只看热闹,而要细究门道,要经过大浪淘沙,看河道底下能够留下些什么东西。今天来首先说这些话,介绍我自己的情况和感悟,主要是想给年轻的同学一些启示:别处的那些个地方很热闹,甚至可能要排队,但我们不一定非要在那里耗着排队,可能别人不种的菜园子你去耕耘,会有意想不到的收获。人活在潮流当中,不时尚不行,但太时尚了要出问题。有些事情,比如曲艺研究,虽属冷门,却要有人去做,而且会做出一些具有价值和意义的成绩来。回想当初,我要是干别的,可能还不一定能干出成绩来。但今天我们能够聚在一起切磋曲艺问题,正是由于我当初的人生拐了个弯,遁入了冷门,由研究文学转向了研究曲艺,和大家现在由历史研究同时转向了对苏州评弹即曲艺的研究一样。

而我今天能到这里来的另一种缘分,则是源于唐力行老师。唐老师虽是历史学家,但却与江南的曲艺即苏州评弹渊源深厚。他的父亲唐耿良先生是非常著名的苏州评话名家,他的内心里因此便有了对于苏州评弹的特殊感情。这种情感,使他对父亲从事的苏州评弹事业,投注了特别的关切,并升华为一种学术的关照与开拓。他将社会文化的历史性研究与苏州评弹研究相结合,聚焦"评弹与江南社会"的内在关联,在上海师大创立了一个从社会史角度研究苏州评话和苏州弹词的学科点,并在这几年又领衔承担了纳入国家社科基金资助的重大科研项目"评弹历史文献资料整理与研究",陆续推出了相当一批的研究成果,带出了相当一批的年轻学人,这都是因为唐力行老师的功劳。上次唐老师约我,但我没有时间过来。今天终于和大家坐在了一起,心里觉得格外踏实。

今天的交流,考虑到诸位的专业领域与曲艺学有些距离,但研究的触角已然伸展到曲艺内外,就选择了《苏州评弹(曲艺)研究与学术规范意识》这个题目,主要从两个方面展开:一是介绍一下曲艺的基本面貌及苏州评弹在其中的类型属性,便于你们在进一步开展相关的历史文化研究时作为参考;二是介绍一些曲艺研究的学科现状特别是学理性缺失,供你们在进行相应的学理建构时作为参照。

一、曲艺的基本面貌及苏州评弹的类型属性

曲艺是一门综合性很强的表演艺术,综合了语言、文学、音乐、舞蹈、美术、杂技、戏曲乃至武术等艺术文化元素。研究曲艺,首先要研究它的本体是什么,同时要进行连体性研究。与

之有关联的文学研究不把曲本纳入，文学就是残缺不全的；与之有关联的语言学、音乐学、舞蹈学、美术学等学科不注重它，这些学科自身也是不完善的。中国的曲艺研究，从曲艺诞生并延传自身的艺术生命之日起，即从艺人们自身总结提高技艺并带徒传艺起，就已经有了。但真正独立地把对曲艺的相关内容纳入现代意义上的学理化研究，应该是从鲁迅的《中国小说史略》开始的。在这本著作中，鲁迅把宋元话本纳入文学史研究的范畴，作为中国白话小说尤其是长篇章回体小说的重要来源加以揭示和肯定，开启了现代意义上对于曲艺进行相关的学术研究的先河。鲁迅先生也因此而成为现代曲艺学研究的鼻祖。

鲁迅先生的当代同行莫言在获得诺贝尔文学奖时发表的演讲词《讲故事的人》中披露，自己小时候由于家贫，没有条件接受其他的文学教育。能够获得文学启蒙的机会，就是在庙会上、炕头上和场院里听家乡的说书人讲故事。白天他从说书人那里听他们讲，晚上自己在油灯底下再给母亲复述。一旦忘记了说书人讲述的某些细节而需把故事讲得圆通，就需要自己去续编，于是开始了最初的创作。他以此昭告世人：自己的文学乳母，就是曲艺，就是曲艺中的说书。诺奖评选委员会给莫言的颁奖词里也有一层相关的意思，大意是莫言把中国特有的民间叙事传统和西方现代的魔幻现实主义技巧巧妙融合，成就了自身的文学成就与风格。这恰巧也应了鲁迅先生 20 世纪 30 年代与所谓"第三种人"论战时发出的豪迈预言：而且我相信，从唱本说书里是可以出现托尔斯泰、弗罗培尔的。莫言在鲁迅出此之言九十年后，以其得益于说书艺人的文学启蒙及其获得诺贝尔文学奖的不争事实，堪称对鲁迅先生当年预言的一个鲜明回答与深刻注释。

曲艺学研究和一切学问一样，有四个方面需要特别予以明确。一要明确研究的对象，不能"张冠李戴"、似是而非；二要明确研究的范畴，避免"盲人摸象"、偏狭片面；三要明确研究的理路，防止"坐井观天"、自说自话；四要明确方式方法，以免"南辕北辙"、事与愿违。也就是说，只有充分了解研究对象（概念、定义），具备了全面完整的体系化"知识基础"，才会找准"靶面"；只有充分了解研究范畴（领域、范围），准确把握了对象概念的内涵与外延，才会廓清"边际"；只有充分了解研究理路（肌理纹路，原理规则），准确把握了研究的路径与目的，才会形成"通识"；只有科学运用方式方法（如：史、论、评），准确把握材料与视角并正确运用概念与术语，才能做到"有效"。

其中，对研究对象的确定，就是对曲艺的定义和特征的认识，这个问题尤其首先要弄清楚，知识基础必须要坚实。这是从事曲艺研究的"第一粒扣子"，如果系错了，非但不能正确深入研究，还会谬以千里！

那么，让我们看看，曲艺到底是什么？关于曲艺概念的定义，迄今共有三种基本说法。第一种说法："曲艺是各种说唱艺术的总称。"出处就是 1979 年版的《辞海》和 1983 年版即《中国大百科全书》第一版"戏曲曲艺"卷的导言;第二种说法:"曲艺是说说唱唱讲故事的艺术"或者"曲艺是以口语说唱叙事的表演艺术",出处分别为1988年出版的《说唱艺术简史》和2005年出版的《中国曲艺概论》;第三种说法:"曲艺是以口头语言'说唱'叙述的表演艺术",出自我在2002年出版的《中国曲艺通论》。鉴于有人认为当今电视里常见的"小品"即"话剧小品"形式属于曲艺,为了避免误解,近来我又对自己的曲艺定义做了补充和完善:"曲艺是演员以本色身份采用口头语言'说唱'叙述的表演艺术。"

比照前述三种对于曲艺的理论定义,就会发现:第一种因对"说唱艺术"又是什么未做说明,没有直接揭示曲艺的特征,姑且不论。第二种虽有两样表述,但意思一致,且将曲艺的审美功能局限于"叙事"一途而忽略了诸如抒情、说理、写人、状物、绘景、明知、逗趣等其他更为丰富的方面,未能揭示和涵括曲艺全部的艺术表现力。第三种的"叙述说"和第二种的"叙事说"虽仅一字之差,但内涵大不相同。前者仅是"叙述"的一种(叙事)具体功能,后者则涵盖了曲艺所有的内容表现能力,揭示并强调的是一种审美表现的方法状态。

在这里,有必要稍微阐述一下"曲艺是演员以本色身份采用口头语言'说唱'叙述的表演艺术"这一理论定义。这句话里的"本色身份"是指曲艺表演的演员姿态,即与戏剧表演的"装扮"成"脚色"不同;"口头语言"是曲艺的艺术表现材质,包括了口头性、民族性和地域性即方言性等特点;"说唱"是曲艺的艺术表现方式,包括讲说、演唱、连说带唱、韵诵四种具体的类型;"叙述"是曲艺的艺术表现方法,既可叙事、抒情、说理,也可写人、状物、绘景,还可明知、逗趣、说明;"表演"是曲艺的审美属性,"说唱"叙述为主,间有"做""学"辅助;"艺术"是其文化身份,属虚构性的创造和非实用的审美。

需要特别指出的是,"口头语言"的三层内涵,即口头性、民族性和地域性,在认知和实践上,尤其是在曲本的创作上,很少得到理解和重视。口头性不是书面性,不能之乎者也;民族性是说蒙古族的曲艺必须用蒙古语创演,朝鲜族的必须用朝鲜语创演;而地域性是说,苏州弹词就得用苏州话及吴语方言创演,即所有的曲种都是方言基础上的创造,离开了方言土语,曲种特色就不会存在。有人将曲艺的这种天然特点,说成是局限,主张"为了走出本地、冲向世界,必须摆脱方言的束缚",就属不懂曲艺也消灭曲艺的外行话。

曲艺这种"以本色身份进行口语'说唱'的叙述表演特点"亦即本质特征,使自身具有了一些有别于其他艺术的一般性特点。

第一是形式构成的简便性。所谓"寸有所长",简便不等于简单,恰恰从其简单处,可以体现出特有的丰富性来。就像一首《西江月》词所说:"世上生意甚多,唯有说书难习。紧鼓慢板非容易,千言万语须记。一要声音洪亮,二要顿挫迟疾,装文装武我自己,好似一台大戏。"现在好多人误会了曲艺的简便优点,遇有唱曲表演,认为过于安静寡淡,便在后边弄几个女孩子伴舞,有的甚至比前面唱曲的演员更年轻,也更漂亮,不仅扰乱听赏,而且喧宾夺主,得不偿失。

第二是内容表达的通俗性。通俗是非常高妙的审美境界,更是一切表演艺术的追求目标。存心让人听不懂或者看不懂的艺术家大抵是不存在的。对于以口语叙述表演且以听觉接受欣赏的曲艺而言,通俗性的张扬就显得更加重要。艺谚"一句不到,听众发燥"和"一字不清,钝刀杀人"之类的总结强调,正是对曲艺通俗性特点的形象描绘。而雅和俗,本来是一对美学概念,就像酸和甜一样,无优劣高下,只是风格问题,不是是非对错的价值判断。即便是高雅的格调,也需要通达的表现。如果曲艺表演艰深雅奥到要抱着词典和字典来看演出,恐怕自己也会被观众所抛弃,这是再明白不过的硬道理。

第三是创作表演的多度性。这里所谓的"多度性",包含有两个层面:一是行当配合的多度性,即曲艺的创演是由曲本作者、唱腔设计、"说唱"演员、伴奏琴师、舞台美工、排练指导等不同行当分工配合、协力完成的工作,不是哪一个环节就可以完全搞定的营生。只重视演员而忽视其他的方面,都会形成"木桶效应",给其健康持续发展带来损害。二是节目成形的多度性,即艺谚所谓的"一遍拆洗一遍新"。曲艺作为表演艺术,节目的成形和艺术的成功,只能是在舞台演出的千锤百炼即与观众互动的相互印证中逐步完善和完成的。尤其是杰出的精品,不可能一蹴而就。但现在的事实是,"今天写、明天演、后天丢"几乎成为常态,就是对曲艺的艺术规律不够尊重的表现。

第四是欣赏接受的想象性。这使曲艺与具象表现的艺术样式有所不同,看似虚而不实的表现和接受关系,实则蕴含着非常丰富的联想完成可能,"有多少观众就有多少个哈姆雷特"。这使曲艺更像文学,是立体的文学。比如对于美女"闭月羞花"的理解,在曲艺的欣赏接受里完全不必定于一尊,而且可以各取所需,喜欢瓜子脸的可以想象成瓜子脸,喜欢苹果脸的可以想象成苹果脸,试想这是多么美好的事情?!

这些特点,使得曲艺的舞台表演,看似不多的几个人,或者一两张嘴,但要求确实异常之高:既要将思想内容表达完美,又要令听众观众如沐春风。但演员的本领大小和成熟程度不同,其在舞台上的表演也会有所不同。大体说来,会有三种境界:初级的表演似学生背书,能将节目顺利演完不出错就算可以;二流的表演如壮汉炫技,往往忘了自己是在给观众表演,不知道服务观众,只顾着表现自己;真正高明的一流大师级演员,在台上就像慈母训子、老师授课,铺平垫稳、意切情真,春风化雨、润物无声。演得很轻松,听着很过瘾。

许多曲种有音乐。但曲艺里的"唱",是属于音乐辅助语言即突出语言表达语意性的"说唱"或者"叙唱",所谓"说着唱"与"唱着说";与"唱歌"的"歌唱"和"唱戏"的"扮唱"不同。亦即三者的演唱方式不同、表达方法有异、审美功能有别："唱曲"属"说唱"，唱腔主要辅助和美化唱词，演唱要"依字行腔"，即以语言性的表意为其审美旨归，重在"表意"；"唱歌"属于"歌唱"，演唱表达的音乐性较强，更擅长抒情，重在"表情"；"唱戏"为脚色化的"扮唱"，主要是故事中人物的自我抒唱，侧重"表心"。换句话说，曲艺"说唱"的腔词关系好比是火车与轨道，唱得再花哨也不能离开语言的声韵，因为是"唱意"，所以不能用音乐性遮蔽语言性，只能用音乐去托举和美化语言；歌曲"歌唱"的腔词关系好比飞机和跑道，一旦开腔起唱，任由旋律飞扬，"唱情"是为根本的功能；唱戏"扮唱"的腔词关系，大抵像是轮船与江水，不同的河道与航速，亦即不同的内容与表现，会有各自相应的腔词关联，又因是进入脚色的第一人称扮唱，所以所唱多属"唱心"。

有的曲种有舞蹈。但曲艺中的"唱曲舞蹈"即"曲舞"跟"纯舞""歌舞"和"剧舞"是有区别的。"纯舞"主要是借助音乐的节奏来展示肢体语言，抒发某种感情，表达某些情节或者意念；"歌舞"是边歌边舞、载歌载舞；"剧舞"是以舞演剧。这使"曲舞"在功能表现上，与"纯舞""歌舞"和"剧舞"有所区别："曲舞"的舞蹈是以舞衬唱、装点唱曲；"纯舞"的舞蹈是有音乐伴奏的纯然舞姿；"歌舞"的舞蹈边唱边舞、相互激扬；而"剧舞"的舞蹈是装扮跳舞、以舞演人。理解了这些区别，就会把握各自的要领。

许多有音乐性的曲种还有器乐伴奏，而且大都是演员的自行伴奏。伴奏运用的特点和风格也是异常鲜明。比如汉族曲种，多用三弦、琵琶等弹拨乐器和鼓、板等击节乐器，弦乐器少，锣钹更少，锣管乐器如唢呐等即便采用，也在伴奏的方式上非常受注意和讲究，很少随腔伴奏，多为跟腔间奏。这与汉语单音节吐字发声的语言表达特点有关，采用弹拨乐器颗粒状音型的音乐伴奏，与汉语的单音节吐字发声表达非常协调；而那些间奏式的唢呐伴奏处理，因避让开了语言的唱叙，做到了器乐对于声乐的有机"托扶"，也显得极其讲究。

曲艺不是中国独有的，世界各国都有各自的曲艺形式。古希腊的荷马史诗即《伊利亚特》和《奥德赛》就是古希腊的曲艺曲本，荷马就是一个曲艺盲艺人。联合国教科文组织公布的第一批"人类口头和非物质遗产"里面，像埃及的"黑拉里亚史诗吟唱"，印度的"罗摩里拉-罗摩衍那传统表演"，巴勒斯坦的"伊卡耶"，菲律宾的"达兰根"史诗唱叙，韩国的"盘索里史诗说唱"和土耳其的"麦达赫说书艺术"等，都是这些国家的古老曲艺形式。再如日本有"落语""漫谈""讲谈""漫才""浪曲""新内"等曲艺形式。其中的"浪曲"我特别喜欢。有人说曲艺是中国的"国粹"，这种观点不对。

尽管世界各国都有曲艺，但毫不夸张地说，我们中国的曲艺历史悠久、品类繁多、传统深厚。虽然曲艺在中国的发展不很如意，学科没户籍，大学没课程，但中国的曲艺文化遗产和曲研究水平，在世界上堪称一流。这是值得引以为傲和毋庸置疑的。

据不完全统计，中国古今曲艺已知的品种数量，约为一千个；现在还存活即有演出的，在五百个以上。如据《中国曲艺志》的编纂统计，上海截至1985年还存活的曲种就有十六个，其中本土特有曲种五个，外来传入曲种十一个；浙江地区有九十个曲种，其中浙江本地曲种有七十九个；云南、新疆、山西等省和自治区，各自也有七十至九十个曲种。

这么多的曲种，按照主要的审美功能，可以分为三大类及九小类。其中，说书类包括大书、小书和快书；唱曲类包括板式曲、牌子曲和杂曲；谐趣类包括相声、快板和谐戏。具体参见下表：

中国曲艺分类表

类型	涵括	包含品种	特点	备注
说书	大书	北京评书、扬州评话、苏州评话	长于叙事	徒口讲说表演
	小书	苏州弹词、山东琴书、四川竹琴		又说又唱表演
	快书	山东快书、快板书、四川金钱板		似说似唱表演
唱曲	板式曲	京韵大鼓、梅花大鼓	长于抒情	唱腔为板腔
	牌子曲	单弦牌子曲、兰州鼓子、大调曲子		唱腔为曲牌
	杂曲	粤曲、二人转、四川清音		唱腔板牌混用
谐趣	相声	相声、笑嗑亚热、上海独脚戏	长于说理	叙说表演
	快板	数来宝、天津快板、陕西快板		韵诵表演
	谐戏	四川谐剧、陕西独脚戏		叙述模拟表演

如表所示，苏州评弹作为包含了苏州评话和苏州弹词两个曲种的合称概念，是不能作为一个品种去对待的。换句话说，论及具体的节目、演员、唱腔、曲调等，是无法也不能用"苏州评弹"这个主语去指称的！开展有关苏州评弹的学术研究，除了言及行会组织（如光裕社）与表演团体（如××评弹团）等概念，其他有关的内容所指，必须要和具体的曲种相对应。具体说来，苏州评话属于"说书"类曲种中的"大书"类型，而苏州弹词属于"说书"类曲种中的"小书"类型。前者徒口讲说表演，仅以醒木、折扇、手帕作为道具予以辅助，曲本为散文体式，题材内容擅长表现历史大事、朝代更替和英雄征战；而后者说唱相间表演，并有音乐唱腔和器乐伴奏，曲本为散韵相间体式，题材内容擅长表现家长里短、儿女情长、阡陌里巷。在审美风格上，大书讲究求"一股劲"，小书注重"一段情"。那种将苏州评话和苏州弹词含混指称的表达和不加区分的论述，都是缺乏学理性即一知半解的"野狐禅"和大而化之的"猢狲脸"，不仅无法将对苏州评话和苏州弹词的相关研究引向深入，而且会给原本清楚的曲种类属及其特征认知带来混乱，亟待加以特别注意，务使摆脱低水平重复。

二、苏州评弹及整个曲艺研究需要注意的一些学理规范问题

今天我们探讨的话题，其实是个虚实相间的问题。既有对苏州评弹研究的具体关切，也有对包括苏州评弹在内整个曲艺研究方法的一般性学理化（规范化）反思。

曲艺学的发生，大抵有两个源头。一是历史上的艺人们为着提升创演水平和进行艺术传承，自行总结并主要是以艺诀和艺谚的方式保存承续下来的一些艺术感悟和经验总结；二是关切爱好曲艺并且自觉开展学理化整理和研究的文人学者，对于曲艺历史、艺术、文化及其文献、创演、鉴赏所做的整理、批评与收藏，等等。曲艺作为一个行业及学科概念的确立，准确说是从中华人民共和国成立以后的1953年才逐步开始的，但有关曲艺的研究性工作，却要早很多。至少是从曲艺形成之后不久即已萌芽和存在。只不过，现代意义上的曲艺学研究及其学科建立，的确是从对于曲艺的学理性研究和曲艺作为一门艺术的概念真正确立之后，才正式开启的。其间，经历了由20世纪五六十年代以《鼓曲研究》《快书快板研究》和《曲艺音乐研究》三本小册子为标志的学科初创，到20世纪80年代以《中国大百科全书》第一版"戏曲曲艺"卷的编纂和《曲艺概论》《说唱艺术简史》等的编写出版，再到21世纪初叶《中国曲艺志》和《中国曲艺音乐集成》两部大型系列丛书的编竣及《中国曲艺通论》《中国曲艺通史》等的出版，约半个世纪的三次跨越，基本上完成了自身学科建构的史论和文献奠基。虽然较之其他艺术学科的发展还显得比较薄弱，甚至有些粗糙，但基本框架已然确立，学科基础趋于稳固。除了"学科目录"缺失、"本科教育"缺位及学术刊物缺少等问题尚未完全解决，其他相关的学科发展，基本走上了正轨。基础研究之外的应用研究包括各个地方曲种的研究，也有不同程度的推进。

而在全国所有的曲艺品种中，有关苏州评话和苏州弹词的研究，应当说是走在前列的。从文献整理到史论研究，都出现了一些水平较高的成果。这其间，以苏州为基地、以周良为代表的老一辈苏州评弹工作者的长期不懈努力居功至伟！近年来以上海师大唐力行教授为首的你们这个学术团队，对于苏州评弹的历史文化学研究，更是别开生面！

过去一段时间，我也陆续收到了你们推出的一些研究书籍，阅读之后，感觉体现在这些研究成果之中的学术视野或者说研究角度非常独到，过去没有人这样研究过苏州评弹。并且，长期以来，研究曲艺的学者基本注重本体研究，关联性研究不是很够，曲艺美学、曲艺文化学、曲艺社会学、曲艺人类学等的研究都很不够。所以，你们将社会文化史研究和苏州评弹研究这么一嫁接、一交叉，就像结婚一样，生出了新的"孩子"，可以说非常令人惊喜。唐力行老师这样做固然有家传渊源的影响，但同样有着本人的事业意识和生命意识在里面，他带领大家开拓了一个非常了不起的新的学术天地。

从前我也是曲艺外行。从参与编纂《中国曲艺志》开始，才逐步跨入这个行列。而在这个过程中，我逐渐发现，曲艺学的研究，大都缺少学理化的规范。有一些最基本的学术规范问题，比如概念、术语和称谓的恰当使用问题，对学术研究和专业交流异常重要，或者说极端重要。自然科技界有名词术语审定委员会，翻译一个外来术语使之确立起来并被学术共同体承认进而使用它，需要经过这个委员会认定公布之后，才能通用。过去的翻译工作做得比较好，如英语"telephone"，音译为"特律风"，后来意译为"电话"，翻译得非常好。最近三十多年的翻译，许多喜欢图省事或者干脆不翻译，尤其是英语缩略语，譬如 GDP、WTO 等。如果《人民日报》刊文或国务院总理做的政府工作报告满篇都是此类英文缩略语，试问有多少普通人能够看得懂？科技界的名词翻译是有审定和规范的，人文社会科学界大多是靠约定俗成的，但有些术语的规范，应当借鉴科技界的做法。而曲艺研究的现状表明，包括名词和术语在内的专业性表达，更加需要规范。

目前的这个"评弹与江南社会"研究项目是跨学科的研究，或者叫去学科研究，即离开一个学科本体，站在一个融通的关联性的立场和角度，对某一个领域进行大规模的关联性研究，实际上就是艺术的历史文化学研究。这使对于苏州评弹的研究由于横跨多个学科领域，必须注重交流和交融的效能。破除专业壁垒，打破语境限制，自然是题中应有之义。我的担心也由此而来，那就是：必须解决好曲艺研究的学理性规范问题，否则无法与其他学科展开有效对话。而自涉猎曲艺研究以来，此类很深刻很痛苦甚至很纠结的问题，一直伴随着我，包括从参与《中国曲艺志》编纂到今天为止，曲艺界名词术语使用的不规范，带来很大的麻烦。许多的艺术现象，就像有孩子没名字，或者有名字但没有正规的学名，甚或虽有正名却可能与别人家的孩子重名，一旦离开自家的小圈子，走出大门外，就很容易分不清、认不准。下面我将由此切入并延展开来，通过列举一些现实中相关的缺乏学理性的例证，和大家谈谈，祈能引起思考和重视，并对你们的研究有所裨益。

第一，是对"曲艺"与"说唱"及"说唱艺术"关系的认识问题。迄今好多人将曲艺称为"说唱"或者"说唱艺术"，但对"说唱艺术"又是什么则缺乏阐释。"说唱"一词早在宋代就已存在，是对诸宫调这种曲艺形式的体裁描述，所谓"说唱诸宫调"。近代以来，"说唱"一词主要存在于音乐学和戏曲学中。前者是指与"歌唱"区别的一种（"说唱"）唱法，后者则指孕育形成戏曲剧种的那一类"说唱相间"表演的曲艺曲种。换言之，音乐学和戏曲学界所谓的"说唱"一语，均非对于"曲艺"整体的门类性指称，而是对于一种声乐演唱方法和构成戏曲源头的"说唱相间"类曲种的具体指称。"曲艺"作为一个独立艺术门类概念的确立，是 1953 年之后才有的事。之前仅有具体的曲种概念或者某类曲种的概念，如"说书"和"唱曲"等，但没有整体的门类化"曲艺"概念,因而也没有将"说唱"或者"说唱艺术"作为"曲艺"的等同概念的前提。而在文学界,还有将散韵相间体的文学体裁,称作"讲唱文学"的事实。这就表明:那些将"曲艺"和"说唱"及"说唱艺术"画上等号并作同义语进行理解的认识和做法,都是一种误读、误解、误会和误用。亟待厘清,不宜再用。

相类的问题,也体现在有关"苏州评弹"的表达上。在江浙沪地区,"评弹"指的是苏州评话和苏州弹词,即采用以苏州为核心的吴语方言进行的两种"说书"表演形式。其中的苏州评话俗称"大书",属于徒口讲说式的表演;苏州弹词俗称"小书",属于说唱相间式的表演,并且还有三弦和琵琶伴奏。也就是说,苏州弹词有音乐,苏州评话没有音乐。但从中华人民共和国成立以来,由于行业组织和表演团体的冠名习惯问题,业界开始大量使用"苏州评弹"这一合称,在专业交流和学术研究上带来的问题,也就随之多了起来。

苏州评弹堪称一对"龙凤胎"的孪生兄妹。历史上,从光裕公所到评弹公会再到评弹协会,它是一个小行业,是采用吴语进行说书表演即由苏州评话和苏州弹词两个曲种构成的小行业。一般来说,用"苏州评弹"的合称指代这个小行业是可以的,指称由这两个曲种组成的机构与团体,也是可以的。但具体到各自品种的艺术本体及其专业表达,严格来讲就会出现问题。比如,"评弹音乐"的说法就很不通,因为评话没有音乐,弹词才有音乐。各种有关苏州评弹的学术研讨会,也是大多都讲弹词,很少讨论评话。而且,讨论相关话题时,由于将苏州评话或苏州弹词的"苏州"二字略去,或者语境不够确定,指称和指代有时也会引起歧义。这是由于,仅在江苏一省,不光有形成于苏州而采用苏州话表演的苏州评话或苏州弹词,在扬州还有着扬州评话和扬州弹词,苏北还有启海弹词。上海也有过曾用上海话说演的评话形式,称之为"上海评话"或者"沪书"。但沪书的名字又曾被作为类型概念使用过,像浦东说书就被人称作"沪书",锣鼓书也曾被叫过"沪书"。因此,在最基本的名词概念和术语的使用问题上,一定要有全局意识和交流意识。否则,离开一定的语境讲"评弹""评话"或"弹词",人家不一定会知道指的就是苏州评话和苏州弹词。

第二,是对有些看似约定俗成实则存在缺陷的概念术语的遴选和运用问题。所谓"名不正则言不顺,言不顺则事不成"。比如有关曲艺节目概念的称谓,像"说书节目"和"唱曲节目",行内也略称为"书目"和"曲目"。但到图书馆借书,也有个查阅"书目"并填写所借之书的书目单的问题,设若离开具体的情境,或在不同的行业人群中,就很容易误读误解甚至搞混。而如果要到音像店去买音乐碟片,也得知道具体准确的曲目名称,但"唱曲节目"的"曲目"即梅花大鼓《二泉映月》与器乐演奏的二胡曲即作为"音乐节目"的《二泉映月》的"曲目",就不是同一个概念,需要加以区分。这与最初使用这些概念及术语的同行缺乏比较和区分意识有关。有些行话，在圈子里使用是可以的，但若离开自身的圈子，就很难被正确理解，导致相关的学术研究和专业交流，达不到应有的效果。这一方面与这些约定俗成的圈内行话使用的范围不够广泛而影响受限有关，另一方面也与发明使用这些观念和术语的行业中人缺乏相应的规范意识和交流意识有关。如北京相声的节目，行话叫作"段子"，而民间文学里的笑话，也叫"段子"。如果离开具体语境，光说"段子"，许多人会不知道指的是笑话，还是相声节目。北京相声里还有一个术语叫"活"，并且意涵丰富，所指宽泛：节目是"活"，演节目叫"使活"；对口表演的逗哏叫"使活的"，捧哏叫"量活的"。这就与工人做工叫干活和农民下地也叫干活一样，如果写到纸上，别人不熟悉，又没有注明，且这个词的相声义项又没有进入到现代汉语的词典之中，难免让人产生困惑。苏州评弹界编了本《评弹文化词典》，对苏州评弹的相关术语有所阐释，但曲艺界有这么多的俗称，有的源于过去旧时代社会上的黑话，或者叫江湖行话，如果自身的学理建设跟不上，会直接影响学术研究的开展和艺术文化的交流。如前所述，许多曲艺概念和术语的表达，连与相关的音乐学、图书文献学、民间文学、文化学和民俗学等的表达都无法区分，怎么会形成自身自足而又丰富的学术话语呢？！

第三，是对曲艺和戏曲、文学等相关概念的关联认知及具体区分问题。曲艺应该说是戏曲之母、文学之父。好多人包括文艺界、理论界、评论界、新闻界及一些报刊编辑，时常把我当成戏曲研究所所长，这是由于他们分不清戏曲和曲艺。我是中文系毕业的，后来从事曲艺研究，发现一个问题：中国文学有所谓四大体裁样式，即诗歌、小说、散文、戏剧，却独独没有曲艺！而曲艺作为舞台表演艺术样式之一，也有属于自己的文学脚本，包括说书的各式话本，唱曲的各类唱本，谐趣的各种笑本（"笑本"这个词是我个人的发明。指的是以逗趣为审美旨归的"谐趣"类曲艺包括各种相声、快板和谐戏的文学脚本）。然而奇怪的是，这么丰富多样的文学体裁，却未被中国文学的历史和理论研究纳入自身的学科标的。后来我想，这一方面与曲艺作为一个行业和门类的概念产生较晚（具体说是1953年"中国曲艺研究会"成立之后才逐步发展形成）有关；另一方面，也由于原本属于曲艺曲本范畴的文学概念，包括诗、词、散曲、小说，等等，被分别归入了相关的文学体裁。比如"诗歌"，最初大多就是"吟诵"创作和"传诵"流传的，曲艺中的许多唱词，尤其是"板式曲"和"快书"类的齐言唱词，就是"诗体"的文学；而"牌子曲"的杂言唱词，包括宋代的"令曲小词"和元代的各式"散曲"唱词，由原本的存在形态到基本的文学样式，都属曲艺"唱曲"及其"唱本"的类型；独具中国风格和特点的章回体长篇白话小说如《三国演义》《水浒传》《西游记》和《金瓶梅》等，无一不是对古代曲艺"说书"表演由形式到内容的"记录"和"承袭"。"欲知后事如何，且听下回分解"的结构套语，正是这种渊源关系的"历史胎记"。而且，不只"说书"类曲艺中徒口讲说表演的"大书"的曲本是如此，说唱相间表演、曲本为散韵相间体的"小书"类曲艺说书的曲本，也是古代文学的重要源头。除了前述的《金瓶梅》是源于"词话"的形式，从隋唐以来的"说话"表演，到宋代有了所谓的"说话四家"，其中一家便是"小说"，以说演阡陌里巷中小人物的家长里短、儿女情长、恋爱婚姻、悲欢离合见长。并且，这种"小说"还有一个名字，叫"银字儿"，有记载称其表演时还有"银字笙"伴奏。可见文学与曲艺的关系之密切、渊源之深厚！就连闻名世界的"中国少数民族三大英雄史诗"，即藏族的《格萨尔王传》、蒙古族的《江格尔》和柯尔克孜族的《玛纳斯》，也非纯粹的"民间文学"，而是分属藏族曲种岭仲（格萨尔仲）、蒙古族曲种陶力和柯尔克孜族曲种柯尔克孜族达斯坦的传统经典曲本。由此我甚至认为：古代的中国文学体裁，几乎没有属于自己本身的"文学"性概念，大多都是不同的音乐（民歌、谣谚）、曲艺和戏剧（戏曲）传唱表演脚本留存和沉淀的产物。设若在古代文学的体裁划分上，果真单立"曲艺"一目，则会在某种程度上"釜底抽薪"，令原有文学概念的结构大厦，因此轰然倒塌。这也就是为什么至今曲艺唱本的唱词创作，依然是在依照各自不同的曲牌和词牌，填词创作并配乐表演的道理。换句话说，是古代文人模仿艺人写唱词的格式和格律，填词创作并收集保留诸多曲本唱词的做法，既保存了曲艺的曲本文化，又衍生形成了相应的文学体裁和文学概念。这也告诉我们，文学里面的"诗"和"词"原本并非文学自身的概念，而是综合了文学唱词和配乐表演的复合概念。但由于文学包括民间文学研究的相对发达，长期以来自然地掌握了学术研究和文化传播的主动话语，乃至出现了客观上的"话语霸权"，才造成了现在的"以偏概全"——"诗""词""曲"和"小说"等成了文学的"专利"，而孕育生成这些概念和体裁的"音乐"与"曲艺"等，则统统都被忽略。换言之，由于许多的曲艺概念在历史的传承中因种种原因发生了变异和转换，致使自己的本体地位和学术话语出现了沉降和迷失。

  第四，是对类型相近但却品种不同的具体曲艺形式的认定和标识问题。比如国家有关方面在评审公布"非物质文化遗产"保护项目的时候，一些官员由于不太熟悉和懂曲艺，就好心办了尴尬事。比如：评审组专家根据专业知识，建议把苏州市申报的"苏州评弹"拆成两个曲种即"苏州评话"和"苏州弹词"作为两个保护对象予以公布，但苏州市的文化领导以"苏州评弹就是苏州评弹"为由，坚持不让分开。最后的结果，是妥协为以"苏州评弹"后面加括注即"苏州评弹（苏州评话、苏州弹词）"的方式予以公布。其后果是：不仅国家在拨付保护经费时，只给了本属两个曲种的两个保护项目一份经费，就连后续的国家级代表性传承人的申报评审，也因名额的限制，只能推荐和批准苏州弹词的艺人，无法兼顾苏州评话的艺人，从而给自身的保护工作，带来了由资金到荣誉的大幅降低。后来苏州方面明白过来了，但造成的负面影响却已无法改变，只能自食其果！再如，"贤孝"和"三弦书"两个项目，也是有的好心官员自以为是地"合并同类项"的产物。其中的"贤孝",被括注包含了"凉州贤孝"和"河州贤孝"两个曲种。而这两个曲种与"苏州评弹"又有不同,既非同一品种,又不属同一地域,八竿子打不着,仅仅是名称有些相类性,即在历史上以擅长表现"孝子贤人"题材的节目见长。而这种望文生义的曲种归类及项目划分办法,同样给保护工作的管理和服务带来无法理顺的一系列问题。同样的问题,还有将山西的"沁州三弦书"和河南的"南阳三弦书"合并为"三弦书"而一并括注公布的现象。如果说,"凉州贤孝"和"河州贤孝"两个项目同属甘肃省管辖,诸如经费的划拨问题还算较好协调的话,则"沁州三弦书"和"南阳三弦书"由于分属两个省份,具体工作就很难进行协调。这还仅仅是工作层面的问题,如果延伸到学术领域,所指和能指的被分离打乱,亦即略去了曲种所冠的地名,就像人的称谓被抹掉姓氏而只剩下名字一样,实在会带来更大的混乱,以致无法进行准确的表达。这种不太尊重客观实际和文化规律的事情,对于学术研究而言,更是不可轻忽。

第五,是对曲艺品种的地域归属及名称表达的学理规范问题。比如,湖南丝弦本属湖南许多地方都有流行的一个曲艺品种,只不过,由于流布地域的方言小有差异,以及各地艺人在艺术上的趣味追求略有不同,而在节目内容和具体风格上各有特色,但基本的艺术形态和审美特点大都一致。然而,由于中华人民共和国成立以来,湖南丝弦创演较为发达的常德地区,经常有节目被选拔上去,代表湖南丝弦界参加全国性的曲艺展演和交流活动,因而,一些节目单即将湖南丝弦的曲种名称写作"常德丝弦"。久而久之,也有不熟悉情况的行外人,便将"常德丝弦"视作一个独立的曲种。其他地方流布的湖南丝弦,也以"武冈丝弦"之类的名称被使用着,导致国家级非物质文化遗产保护项目的公布中,也出现了将此两者即前后批准的同一个曲种及其保护项目,同样被标注为不同名称的怪异现象(即一个序号,两个名称)。除给服务和管理工作带来不便之外,此类问题的增多,也增加了学术研究的难度包括称谓厘定的成本。许多学者经年研究的相关成果,极有被一个行政错讹搞乱甚至颠覆的可能与危险。足见称谓的规范性,对于学术认知和研究以及文化传承和传播的重要性。

第六,是对"曲艺文学"和"曲本文学"、"曲艺音乐"和"曲唱音乐"等相近概念的辨析和采用问题。"曲艺文学"和"曲本文学"是两个内涵和外延均有所别的概念,后者即"曲本文学",顾名思义,是基于具体曲艺品种的舞台表演而创作的演出脚本及脚本文学;而前者即"曲艺文学",是借鉴曲艺的体裁样式案头创作的文学作品。"曲艺文学"可以包括"曲本文学",但"曲本文学"无法涵括"曲艺文学"。因为,许多的"曲艺体"案头文学,由于没有采用相应的方言土语及具体曲种的脚本格式,是无法直接搬演到舞台上的,充其量只是一个"内容基础"。比如采用章回体裁的样式,运用书面语言写成一部章回体小说,可以叫曲艺体裁的"曲艺文学",但是不能称作"曲本文学"。因为演员拿去是没法直接表演的。它的细部结构及叙述方式,可能都不适合演出。能读不能演,能看不能听。专门用来并可供直接表演的舞台脚本,才能叫"曲本文学"。而"曲艺音乐"的概念,严格来讲则是不能成立的。曲艺中的许多品种如各种评书、评话和相声类曲种,都没有音乐性的本体构成,叫"曲艺音乐"也就不通。相关的"说唱音乐"概念及所涵括的音乐类型,又超出了曲艺品种所包含的音乐形态。如摇滚歌曲就属"说唱"式表演但却不是曲艺。换句话说,"说唱音乐"包含了相关曲种所具有的音乐形态,但相关曲种所具有的音乐形态又不是"说唱音乐"的全部。为此,我给曲艺中的这些"说唱音乐"起了一个新的名称,叫作"曲唱音乐",意即"曲艺中具有音乐性的曲种所具有的'说唱音乐'",同时也建议并推荐同行能够采用这个新的学术概念。否则,继续使用"曲艺音乐"的概念,就像"人长胡子"而非"男人长胡子"一样地不够讲究。

第七,是对"化装相声""(曲艺)小品""说学逗唱演"式"伪命题"泛滥的注意问题。由于曲艺表演是演员以第三人称统领的本色性语言叙述,不是戏剧化演员为脚色式的第一人称代言扮演,因而,曲艺界时常出现的所谓"化装相声"名称,就是一个伪命题和真问题。有的写作"化妆相声",更是于理不通!尽管曲艺"说法现身"的表演特点,使得有时会模仿故事中的人物即"跳入跳出",但这里的重点是"跳"而非"入",是点到为止的"虚示",而非实实在在的"进入"。正因如此,当今电视里十分常见的"话剧小品"表演尽管被人贴上了"曲艺小品"的标签,但那因属戏剧体裁和形态的脚色化代言扮演,与曲艺本身无干。而像央视相声大赛里常见有业者提出相声艺术有"说学逗唱演"五门功课的"新提法",看似丰富了祖先的东西,实则误会了自身的传统。"说"相声就是"表演"相声,相声的"演"就是"说",或者主要是"说"。不能把辅助"说演"的表情动作、身姿意态等"做功"性内容,作为相声的"演"来看待。否则,既会模糊了自身的传统,也会误导了相声的发展——给那些早已被前辈先贤改进革除的"打哏"式粗俗动作性"做功"表演的沉渣泛起制造理论依据。不加以厘清,会贻害无穷。

第八,是对方言语音的书面化记录不够准确带来的遗患有必要引起相应重视的问题。具体的例子仅举两个:一是浙江有个曲种,被称作"雀咚咚"。实际应作"恰咚咚",但却被误写和误认,是由于相关人员在调查研究时,没有弄清方言读音所致:宁波及余姚一带的这种采用小擦和渔鼓伴奏、说唱相间表演的小书形式,由于伴奏乐器击打出的音效,就是"恰恰恰"和"咚咚咚"(嘭嘭嘭)的声响,所以,当地的人们俗称其表演形式为"恰咚咚"。孰料外地不熟悉当地方音的调研者,因当地人把"恰"声发作"雀"声而误将"恰"字写作了"雀"(而"雀"在当地方音中却念作"翘")。相类的问题,还有将宁波话里的伴奏技巧术语即"耍弹"写作"沙袋"的讹误,同样是对方音问题未做考辨而闹出的笑话。曲艺都是建立在方言及其方音基础上的艺术存在,对于曲艺的研究,因而需要格外注重方言土语的问题。

上述这八个问题，即八种类型的八个例子，看似浅表和简单，实则深刻而又麻烦，是直接影响曲艺学研究向纵深推进并横向展开的一些最困扰学科建设的基础性和基本性问题。究其根源：就是既往的曲艺学研究缺乏学术规范及文化关联意识。具体而言，就是缺乏学科意识、交流意识、规范意识和积累意识，从而在开展学术性研究的过程中，便很少注意到一些基本的规范。比如选题设定的前沿性和纵深感不够，无法体现连续性和推进性，导致问题的解答很难勾连到前世与今生，从而影响对于概念及其定义的厘清与使用；再如资料占有的全面性和宽阔感不够，无法体现兼容性和拓展性，导致对于来龙去脉的探求，很难打通旧料与新资，从而影响对于概念术语的科学阐释与准确运用；又如表达的规范性和知识感，无法体现本体性和逻辑性，导致概念和术语的创造与使用不够独特和周延；另如操作的学术性和专业感，无法体现切实性和贯通性，导致学科立场和视野不够明确，出发点和落脚点含混不清。

这就提醒我们，对于苏州评弹乃至整个曲艺的相关研究，既要曲艺学的"本体"研究者予以注重；也要相关学科的"连体"研究者——包括在座从事历史文化学研究、文献学研究与艺术社会学研究的朋友们——共同引起注意。

这就是我今天要谈的一些感想与体会，也是对于在座诸位的求教和请益。

不当之处，敬请指正！

演讲时间：2014年2月28日
整理者：金坡

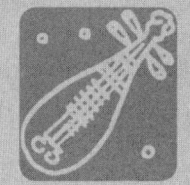

第二十讲
评弹教育和评弹教学

　　邢晏芝老师在走上评弹领导岗位后，却面临经费、生源、师资等各方面的压力。为了维持评校的正常运转，她专门请教艺术类院校教育专家；为扩大教学规模，她发动教师前往苏州各中学招生；她改革课程设置，不仅是培养评弹传承人才，也要增加学生技能，拓展学员就业渠道；她设立"实验演出团"和"评弹传承班"，培养具有实践经验、能表演传统一类书的评弹人才；她严格要求教师认真、规范地完成教学任务。

邢晏芝

著名评弹表演艺术家，国家一级演员。时任苏州市政协委员、苏州评弹学校常务副校长。1998年获国务院政府特殊津贴。2001年获"江苏省劳动模范"称号。出身于评弹世家，先后师从其父邢瑞庭、祁莲芳，拜师杨振雄学习杨派艺术，1964年进入常州评弹团，与其兄长邢晏春长期拼档。习有传统书《杨乃武与小白菜》和《贩马记》，并编演长篇弹词《雪山飞狐》，出版多种评弹音像作品。80年代以来多次应邀前往美国、加拿大、新加坡等国与香港、台湾地区访问、表演，获得广泛赞誉。其唱腔清丽圆润，精擅"俞调""祁调"。

首先非常感谢唐教授给我这次机会，另外我们的彭老师也是极力推动这件事情。我2013年的9月份正式退休，现在已经不在评弹学校工作，只能说曾经在那里工作。今天我有些紧张，因为在座的各位学历都比我高，很惭愧自己的才疏学浅。但是我觉得有责任和义务把我的一些经历留给你们，作为你们学习过程中的教材，无论是批评也好，还是正面也好，只要能为我们下一代留下一点经验和教训，对我们评弹事业的发展就会带来一些益处。

今天在座的同学都是热爱评弹、研究评弹的，我非常高兴。苏州评弹作为一个地方剧种，说大不大，说小不小。你说它在全国有多少影响呢？也不见得怎么样。你说影响很小吧，但人人都知道"中国最美的声音"是评弹。这也说明我们的评弹老艺人和评弹界的工作者为评弹做了很多的贡献以及创新、发展。我准备了很多，但由于时间所限，我只能粗线条地为同学们介绍一下我的经历。

报告的主题是"评弹教育和评弹教学"，从我个人来讲，我在学艺过程中前辈们对我的教育和教学起到了很大的决定作用。苏州评弹发展到现在已有四百多年的历史——评弹究竟有多少年的历史有待再研究。评弹在江南是老百姓喜闻乐见的曲艺剧种，它是我们中国民族文化的讲唱文学，也是一种说唱艺术。评弹演员内在素养的高低好坏，直接决定着他所表演的书目的灵活和他所塑造的人物形象的展现的程度。过去的老先生曾说"评弹是百日黄"，即学一百天就可以上台说书了。但是，评弹演员里也分神仙、老虎、狗三种。神仙就是成名成家的，很大的名家，像神仙一样到处受欢迎和追捧，现代一点的就如高博文老师啊，等等；老虎就是"码头老虎"，评弹界不怎么承认他，但他在码头说书就是有生意，老百姓就是喜欢他；那所谓的狗呢，就是那种本事蹩脚但也能说书的，他的发音和唱腔都不是太好，就像狗一样，今天到这个码头，明天到另一个码头。在我的理解看来，我们的志愿是做不了神仙也要做老虎，你有这种志向的话，应该说是一位有志气的评弹演员。

过去的旧艺人他们的文化底蕴差一点，学艺是跟师制的，通过到码头上去听书、记书、背书这一系列过程，然后台下自己整理写唱词，组织好以后自己学，听了几遍以后去唱给老师听。一般来说，热心的老师是愿意教学生的，不热心的老师是不教的，让你自己听自己学。三五个码头听下来，然后学生向老师去回课，老师再给学生做一些指导。这就是一个学艺的基础经过。像我父亲这种在旧社会学艺的,就是跟在老师的黄包车后面跑的。老师一天要奔走于好几个场子,学生就在后面跑。跑到书场后坐下来,拿着笔边记边听,是这样的一个学习过程。这也有利有弊,弊端就体现在学徒一般年龄都比较小,受教育程度都比较低,有的甚至小学都未毕业,为了养家糊口去学艺。我爸爸是初中毕业去学的评弹,那他的文化底蕴从哪里来呢?应该说是从师父那里来的。对于评弹来说,一部好的传统书目就等于一部非常经典的中国古典文学。无论说、噱、弹、唱、演,它里面的文字布局以及唱词的平仄都有一定的基础,这是千百年留下来的文化的架子。有句话说,学一部长篇传统一类书,就相当于学一部古典文学。弊端就在于先生的水平有多高,徒弟的水平最多也就是这么高。先生解释这个成语是什么意思,那么徒弟也只知道这个成语是这个意思。不要说是古代了,就是现代也存在这种现象。有的演员把一些黄色的内容都搬到台上,但是他自己不知道,因为这是师父传给他的。有些演员在文化底蕴方面是远远达不到时代需要的,尤其是1949年以后,有一些新的东西需要我们去创造、改革、发展,那拿什么去做底蕴呢?文化很重要。

一、苏州评弹学校简介

老首长陈云同志是我们上海练塘人。他从小酷爱评弹,他成为革命家后没有忘记评弹,他在革命工作的业余时间反复地听评弹。可能在评弹的"理、味、趣、细、技"上他提供了一些工作上的帮助和思考。他特别钟爱评弹,他从一个听众爱好者,到后来成为一个研究者,最后成为我们整个评弹工作上的指导者。用现在的行话讲,他是一位内行的领导。有了这样一位领导,我们中国人的特色就是这样,"啥人大听啥人的"。再说,他提出的建议是非常有用的。陈云同志就提出评弹要有自己的学校,现在各行各业都在办学校。他还说要打破团队之间的差别,评弹界要联合起来,办一所评弹界自己的学校。在首长的指示下,1962年评弹界就成立了苏州评弹学校。这个名字从何得来?"苏州评弹"。苏州评弹作为一种曲种的名字,而非苏州市评弹学校。这个概念要搞清楚,比如扬州有扬州评弹,北方有北方评书。苏州评弹是大剧种,上海评弹团全称也应该是上海市苏州评弹团,这是我的理解。苏州评弹是一个曲种的名字而不是所谓的什么其他曲种。苏州是评弹的发源地,在上海得到很大的发展。一个评弹演员不到上海,就不能称为一个好的评弹演员。上海对于评弹演员们来说是一个很大的战场和考场。

60年代办了苏州评弹学校以后,当时出了一批学员,出来以后就碰到了悲惨的事情——"文化大革命"。江青说了一句:"评弹是靡靡之音,听了要死人的。"她是妒忌杨开慧,在"文革"中评弹也就被打压下去了。像我这样说评弹的就专业去唱歌跳舞了。于是,评弹没有了,学校也没有了，也就是被迫停办十年，到80年代左右重新开办。我们学校有五十年校龄，中间断了十年。评弹到了80年代的时候才被平反，平反之后又是我们的老首长陈云同志提出要恢复评弹学校。

80年代恢复评弹学校后是一个什么样的状况呢？成立之初，它经过了江苏省委、省政府，也就是革命委员会的批准，学校直属江苏省文化厅科教处管理。学校一开始的校址是选在苏州的，经历"文革"后由于种种原因变成了苏州市直属的。江苏省文化厅委托苏州市文管局和文化局管理，财政经费由苏州市财政局支出。所以学校的招生指标要到江苏省文化厅去拿，江苏省文化厅又要向江苏省教育厅去申请中专的指标。第一，管理方面，一系列政治性的文件是从江苏省文化厅发出，具体的干部任命由苏州市文化局托管，所以学校的行政机构上搞得比较复杂。因为要加强文化素养，所以文化课方面除了英语，像政治、语文、历史、地理是全部开设齐全的，都是根据教育上的一系列规定来设置这些课程。

第二，生源方面，学校是向各地的评弹团定向招生，就如同"来料加工"，由学校和评弹团联合招生。好比上海评弹团在上海招了学生然后送到苏州来，我们双方看看学生的具体情况怎么样、有没有发展前途等，考完专业课以后还要考文化课，文化课的考卷是由江苏省文化厅出的，相对比较简单，是为了保证能招到专业素质较好的评弹演员。所谓"评弹人才难得"嘛，各个团体是定向招生，我们是定向培养，就业方面是哪里来的人回到哪里去工作，学校的招生和毕业分配这些压力应该说是没有的。

第三，师资方面，说到这儿，应该说我们学校还是很有运气的，除了本校的一些教师以外，有一大部分很有艺术造诣的老教师由于身体的原因不能登台表演所以来学校任教。评弹团是自负盈亏的单位，而我们学校是全民所有制的事业单位。评弹团是大集体单位，他们负担不起老艺术家们的医药费，所以这些老艺术家最后选择到评弹学校来教书。这些老师都是非常优秀的老师，比如丁雪君老师，她有尿毒症，不能登台演出；王月香老师身上有七种毛病，不得不告别舞台到我们学校来。这些因为伤病退居二线的老艺术家们成了我们评弹学校80年代复校以来的第一批基础性的老师。在各地方团体方面，比如我父亲，他来自浙江团，他们在浙江招了一批学生，浙江方面就要派一位负责老师跟来，班主任就由他来做。上海方面来过吴君玉、薛筱卿、蒋月泉等，师资力量是非常好的。对于学生来讲，这是一种很大的帮助。生源大多是初中毕业生，特别是艺人子弟争先恐后地到这所学校来。当时还有两大好处，第一呢，就是可以获得中专文凭；第二，农村的孩子当时比较踊跃，可以获得城市户口，户口迁到我们学校，就业，户口由学校户口迁过去。粉碎"四人帮"后，各大团体再度兴起后也需要这批学生。

我们学校的招生一直处在夹缝中，因为我们学校要通过正常的教学评估是有一定的难度的，但是当时有陈云同志的帮助，所以勉强通过。我们学校的招生称得上是在"夹缝中照顾招生"。

起初我们想通过自己的努力使学校的招生慢慢走向正规化的道路，这也是我们一直努力的方向和目标。我是1985年进入到学校的，当时学校因为生源的关系和老师的关系，传统的教育方式占主导地位。比如学生一进来就先学习《宫怨》，从某种程度上来说，用假嗓先开嗓是对的。《宫怨》的难度比较高，在我们评弹界，老先生第一支开篇都是《宫怨》。但是从科学的方面来讲，《宫怨》的起点有点高了。学生还没有开嗓子，没有学会如何唱，已经要学咏叹调了，学生怎么接受得了呢？有些学生是艺人子弟，基础较好，所以这些问题还不是太突出。当时我们也是想改进这种师父教徒弟的教学方式，除了所谓的大课教学，即老师唱、学生学之外，还有个别辅导。

二、我的从艺经历

说到我自己呢，我是一个出生在评弹世家的学生。从"根正苗红"来讲，我们祖孙三代都是"红五类"。我父亲出生在一个很贫穷的家庭，他为了负担六个兄弟姐妹的生活所以学习评弹养家糊口。他天生拥有一副好嗓子，为了生存竞争必须要出人头地。我父亲不光天赋好，而且模仿能力也特别强。在三四十年代的时候，各种流派已经形成了。一年四季，他为了在码头上立足，面对同行业的竞争，一个晚上要唱十八个电台。他的模仿能力好到什么程度呢？据说有一次薛筱卿老师有事情，他跟我父亲商量，让我父亲代他去唱一首开篇，并让我父亲不要告诉他的夫人。我父亲唱完结束后，薛筱卿回到家里，他的夫人居然没有发现。这当然是一个笑话了。

我认为我从小是没有其他的选择的。我的童年一直跟着父亲在码头上，有的时候我也会自己跑到台上去唱。我觉得我天生的工作是没得选择的，就是评弹。我在八岁的时候，就在上海棉纺业工会，一千多人的场子，就可以上去唱开篇。好像对于我来说，这些都是我非常乐意去做的事情。有的时候寒暑假，我想赖在码头上不回去，跟我爸爸再过几天。我爸爸说你想留下来有条件的，你先唱给我听，唱得好才能留下来，唱不好明天就回去。我当时什么都会唱，爸爸听了蛮开心的，同意我多留下一天。所以我的个人爱好，以及我的工作，还有父亲对我潜移默化的影响，这些都让我认定我就是一个评弹演员。当时本着对于评弹执着的追求，无论环境怎样恶劣都坚持下来。

我人生中有很重要的一段时间是在常州度过的，在那里我成名了。在常州评弹团里，我和哥哥邢晏春唱的是严雪亭老师的《杨乃武与小白菜》。但在当时的单位中，遭到了同行的嫉妒，利用"文革"给当时十八岁的我还有哥哥安上了"反动学术小权威"的罪名。"文革"期间，我哥哥差一点就被打死，当时是真的苦啊！记得当时我和我哥哥不能讲话，只能找机会在哥哥晾衣服的时候塞一张小纸条在衣服里，把想说的事情写下来，等到我有机会晾衣服的时候他再把他要说的写下来，连我们在上海的外公过世都不能回去，连哭都不能哭，因为外公当时在上海的身份属于资本家，资本家死了要笑要拍手的。当时在那个单位中，我们的政治生命是否还有前途还是未知的，不晓得这个运动搞下去我们会到什么程度。有一次我和我哥哥趁着"造反派"们去北京的时候逃回来，我和我哥哥去华东局告状，我们俩背着枕头，拿了个琵琶背在背上，说我们俩是沿路宣传毛泽东思想。打着革命的旗号，我们上访到上海华东局。用了一天的时间走到无锡，晚上睡在浴室里面，脚底都是泡。第二天再走到苏州，一天要走几十里路。走到苏州以后，身体像散了架一样，因为毕竟还是孩子。当时坐在路边，等了好几个小时的公交车，因为人太多挤不上去，最后只得背着行李从车窗爬进去。就这样终于回到家，我和我哥哥睡在床上三天三夜没起床，现在想想真的是"泪哗哗"。在常州的这些年，真的是酸甜苦辣都尝遍了。

在粉碎"四人帮"以后，我们仿佛获得了新生。我和哥哥的注意力都集中在评弹事业上，我们取百家之所长来整理《杨乃武与小白菜》，坚持把这部书弄出来。一直到上海文艺出版社将之出版，彭老师给予了我们很多的帮助，一百二十万字的邢晏春、邢晏芝演出本。这部书是集严雪亭老师为主体的百家之成的演出本子，现在已经买不到了。这本书是我们半辈子的心血，对我们而言是弥足珍贵的。

这个时期我们的书艺得到了很大的提高和进步。严老师的表演艺术对我们影响很大。严老师那种独特的唱腔是非常与时俱进、现代化的东西。他不同于一般旧艺人。我父亲是说《三笑》的，《三笑》我们也会说，但我父亲主张让我们先学《杨乃武与小白菜》。经过老师的栽培，我们把这部书说得非常成熟。在这里面，我们也有一些贡献。贡献之一就是我们把单档的书变成了双档，我哥哥文学水平还是可以的，他对一些文字有所加工处理，对于一些唱词也有所充实，我们结合别家的唱词，将《杨乃武与小白菜》改编成一部男女双档的演出本。在"文革"期间，评弹团解散了，我们到了文工团。在文工团里学的东西很多，我哥哥学跳舞，去演《白毛女》。而我唱功好，自然就去声乐队了。《白毛女》伴唱、《红色娘子军》《洪湖赤卫队》这些我都会。我们团里包括评剧、越剧、沪剧、京剧、昆剧等这些都要学。当时除了评弹，什么都可以唱。最后在我们的书中就博采众长地吸收了这些剧种，这些姐妹艺术的唱腔为我们以后的演唱奠定了一定的基础。因为我们被打为"牛鬼蛇神"，所以还有机会看一些关于艺术理论方面的东西，没人来管我们，只要我们表面上是在专心地写检查。我哥哥的写作水平也在写检查的过程中得到了提升。总之，在"文革"以后，我们在《杨乃武与小白菜》这部书上得到了很大的进步和提高，以至于后来我们八次进上海表演，每次都是场场爆满。在上海静园书场，听众是通宵排队，可以说是盛况空前。有人说我们是"龙卷风",到哪里演出哪里就被"席卷一片",言下之意是其他的演员都不要做了。我们从文工团里学来的这些东西,在听众和内行的人看来都算得上是一种创新。我记得我们当时在上海演出,吴宗锡团长还规定上海评弹团的每一位演员都要到静园书场去观摩。

这么多年下来,我也总结了我学习的一些心得体会。第一是要刻苦勤奋,要像鹦鹉学舌一样,老老实实地继承传统,不能有半点虚假。要先学好老先生们是怎么唱的,这样才能够分析。第二是要消化无我,答卷式地回答。什么叫答卷式的回答呢?就如老师给我出了题目,我要做题目,我就把新的东西整合起来塑造新的唱词。现在有的演员很可悲,他在台上不会整理自己的唱腔。但如果说我们学到无我的境地了,我们就能把要塑造的新的人物形象创造出新的唱词,像做答卷一样。我认为长篇很重要,现在有的演员不想演长篇,这是不对的。我们评弹艺术的发展就是要依靠长篇来作为一个载体,来塑造完整丰富的长篇人物形象,再将其流传下去。至于开篇,只是临时性的小的东西,不应作为毕生追求的东西。在博采众长之下要重视自我的感觉,老师那里学到的东西要踏踏实实地学,然后要认真地分析研究,重新去创造,这才是新的成就,是对评弹新的贡献。第三是要碾碎重建,开拓创新。我记得有位老师曾说:"真正的好演员是博采众长的。"一个演员如果没有"碾碎"的本事,那么你的音乐素养是不行的。能够碾碎别人的精华并丰富自己才是重要的,而不是恪守所谓一辈子的原汁原味。这也就是我开头所说的"神仙、老虎、狗"的区别。一个演员能被称为"神仙",他一定是具有创造力的,不是说固有的"神仙",他不经过后天的再造努力不会成为"神仙"。那些创造流派的老师,他们并不是生出来就带有这些流派的,他们也是经过后天的不断努力创造的。比如说我的师公徐云志老师,他说他在创造"徐调"的时候,是从苏州的地方小调的叫卖声中提炼出来加以整合的。这个过程中有很大的发展和提高。就比如我们现在的范林元老师,我一直在研究他的唱调,他唱到最后总是有一些出新的东西,这些创新的东西也是在和时代接轨。也就是兼收并蓄,继承创新。所以在此基础上我总结了"腔随字转,音随情回"的教学理论。我在这之后的论文中也写过几篇关于唱腔设计的内容,发表过。结合这些理论再联系我自己的开篇,我认为这条路子就很顺,比较通达了。

三、教育者的师德最重要

从教学角度,我的父辈们给我很多的教学理念。在教育方面,我认为师德和品质很重要。"文革"以后我有了很好的机遇,因为"文革"后评弹重又出现,评弹界都有一种翻身的感觉。老师们很害怕自己的东西失传,他们千方百计地想教学生,就怕学生不肯学。学生们普遍存在不肯动脑筋的现象。老师们毫无保留地把他们的流派和技巧急于传授给学生。还记得当时我们在上海演出，每一场都有一些老前辈一定要来看，演出结束后一定要来后台给予学生们指导。还记得侯莉君老师听完我们演出后，在外面买了一大袋雪糕，到后台来给我们指点。事后人家都说侯老师平日里是很节约的人，今天买了雪糕到后台来，主要是想让你们听听她的意见，她是想要你们把她的"侯调"流传下来。我也没有辜负侯老师的期望，我在《梁山伯与祝英台·楼台会》中全部使用侯莉君老师的"侯调"唱腔，有八个来回，全部汇总在里面。现在我们评弹学校"流派教学"里面的一段唱腔就是这段，由侯莉君老师亲自指导。老师们的这些品德让我终生难忘。没有一个老师说你给我多少钱我教你唱几句。当时的这些老师是多么纯洁高尚啊！还有徐丽仙老师，在病床上，我去探望她时，她还对我寄予了希望。还有朱介生、蒋月泉、祁莲芳等老师。

最令我终生难忘、对我触动最大的有六位老师。第一位当然是我的父亲。我父亲是一位不善言辞的人，大家都有他的一本纪念册，我就不多介绍了。我父亲一辈子的为人让我很感动：老实本分，不善圆滑。他对我们家教很好，他的教学方式是鼓励教学，从来不骂不打我们。无论我们唱得如何，他总是说好，就连有一次我妈妈都听出我们唱得不对他也还在鼓励我们。这也从侧面反映出他的为人。父亲没有江湖腔，不是一个老江湖。他很懂得知足，不会阿谀奉承。父亲很善良，总是乐于助人，谁在码头上死掉了，他还帮着买棺材。可以说，父亲的为人处世对我们的影响还是很大的。在教育方面对我们的触动也很深刻，他要求我们要"非学不可，非好不可，学习别人来丰富自己"。我父亲一辈子没有创造一个自己的流派，但是他的模仿力得到了其他同行的承认。父亲很反感同行之间的妒忌，他教导我们不要在背地里议论同行，要我们专心研究自己的业务。

第二位对我影响很深的是祁莲芳老师。我拜祁老为师，没有给他钱，只给了他一件羊毛衫。在上海国际饭店，我哥哥邢晏春拿出了十块钱，请他吃顿饭。但是祁老毫不介意，拿了一把十三品的琵琶到我演出的一个文化馆小剧场，我从台上下来后他就教我。他听说我要唱"祁调"，开心得不得了。二十四品的琵琶他弹不来，只能拿了把十三品的琵琶来教我。祁老七八十岁的年纪还跟我一起出码头。记得当时我拿了录音机把先生的唱腔录下来，所以这卷录音带对我来说弥足珍贵，因为祁莲芳老师把他所有的唱腔挖心挖肺地教给我。他当时已是高龄，他把每天所想到的都录下来给我。他把他的《双珠凤》《小金钱》的剧本都给了我。他害怕自己的流派失传，他希望有人将他的流派传承下去。

第三位就是杨振雄老师。我就不把他对我的教导展开来讲了。为了教我，他一大把年龄，从上海赶到苏州，自己开旅馆，一句一句、一招一式地教我。当时我也心急，我把我的学生也带去了旅馆，要他们听听杨老师是如何给我上课的。杨老师后来生了癌症后，在波特曼大剧场跟听众见面，他因半身不遂已不能再弹三弦了。但是他一上台，一见到听众，他的精气神一下子就亢奋起来，这个细节就说明这些老艺术家对艺术是多么热爱啊！我记得他上台第一句就赢得了一个大彩头，听众报以热烈的掌声。为了整理《长生殿》，杨老师中风了，他是趴在桌子上写的。这些老师的师德和他们的人格魅力对我的影响是巨大的。在杨老师的追悼会上，只是上海某区区级的一个宣传部副部长来主持的，那说明我们伟大的艺术家在上海的社会地位只能算得上一个区级的干部，可见有多低啊！但我从来没有听杨振雄老师抱怨过他的政治地位与社会身份。他不懂这些人情世故，人家称他"杨痴子"，一辈子痴心于评弹艺术，淡泊名利。这是非常伟大的。这些老师对我的教导让我记忆犹新。在杨老师的教导下，我的艺术水平提升了一个很大的高度。他在临终的时候收我做徒弟，给了我一本《长生殿》的书，上面写了很多寄语，然后送了一块料子给我，对我说："我希望你能够塑造杨贵妃这个形象。"在问答式的答卷中，在上海"四大美人"之杨妃篇的演出中，我没有唱"祁调"，也没有唱"俞调"，也没有唱我的"俞祁调"，而是唱了杨老师的"杨调"。老师送的料子我特地做了件旗袍穿上，就是为了让杨老师的在天之灵能听到、看到。他对我寄予的希望，我交出了一份满意的答卷。

还有三位我的声乐老师，他们对我的艺术也给予了很大的帮助。第一位是上海音乐学院的王品素老师，第二位是中国艺术声乐研究所的所长林俊卿老师，第三位是南京声乐研究所的肖涵芝老师。这三位老师对我的启蒙、发声的方法都有很大的帮助。王品素老师是很慈祥的一位老师。林俊卿老师是坚定执着的老师，他教会我咽音发声方法，我认为这种方法若是能在我们评弹界推广是极好的。肖涵芝老师是爽气尖锐、不给学生留情面的。我印象最深的是，我第一次上课稍微晚了一点，他就说："我这里没有主要演员的，没有名家的。你既然是我的学生就不能马马虎虎的今天来得早明天来得晚的。"我当然不会生老师的气，我认为这些老师有着共同的特点，他们热爱事业，热爱学生，教学认真，到了忘我的程度。在他们那里我学到了科学发声方法的真本事，终身受益，使我在创造评弹新腔上有了本钱和底蕴。我的六位恩师，个个都是德艺双馨。他们淡泊名利，为了事业和学生尽心尽力，他们的魅力和人格也激励了我一辈子。老师们的言传身教也影响着我的性格，我现在教学中讲话比较冲，比较直接，不知这是阴影还是美德。我永远怀念我的老师们，他们的言传身教也为我以后从事教学奠定了价值观、教学思路理念和艺术观。

四、我在评弹学校的经历

以上所讲的都是我本人的一些体会和一些自我画像。现在我们回到我们的主题评弹学校上来。80年代的时候，我和我哥哥一起从常州回到了苏州，到苏州后有个规定，就是我们只能进评弹学校不能进演出团体。初来评弹学校的几年间，对我们脚色的转换有着很大的好处。这给了我们一个很好的缓冲机会，因为一个演员从轰轰烈烈的舞台到学校，从一个人人为我的局面转变成我为人人，我要学会承上启下，将老师那里学会的东西教会我的学生。这种脚色转变也是我人生的一个转变。在当教师的四五年中，我自己也是比较刻苦的。我也乐在其中，觉得不用像以前一样风吹日晒地跑码头了，而且在学校中也能够静下心来研究一下自己的艺术理论与方法。我是不会放弃舞台上的表演经验的，我写了早些时候舞台表演的一些总结、研究性理论。我把学生当老师，对于学生提出的每个问题，都认真地解答，这对我今后研究性的发展也有很大的帮助和提升。在教学的过程中，我自己也受益很多。因为有的时候在舞台上，很多东西往往会一闪而过，但如果到教学上，我要通过课件和教案将它展开，我必须将这些东西变得更有层次、更有深度，这样才能符合教育教学的标准。当时社会上关于我从事教学工作也有很多的舆论，有人说："哎呀，正好是风华正茂的年龄，不在舞台表演多可惜啊！"我们那个时候不允许两头兼顾，在学校就不上舞台。但我把它当成是在学习一门本领，如果不认真钻研，今后如何在教学领域出成绩呢？我秉承着父亲的教诲，别人说别人的，我只管做好自己分内的事情就好了，逐步从外行到内行，走向教育教学的新领域。因为教师和演员是截然不同的两个岗位，当教师面对嗷嗷待哺、天真无邪的学生们，就会全心全意毫无保留地给他们辅导。我在教学学生的同时也会反思自己，愈发觉得我的恩师们对我的教诲影响至深。

在评弹学校的这些年中，每一个学生都有一个故事，让我历历在目。所以现在活跃在舞台上的一些学生，我都能回忆起他们小时候是什么样，发生过什么事情。看到学生的每一个进步，老师们就会"不知辛苦只知甜"。当你静下心来，愿意去学习、去研究评校的教学思路，你就会有所收获。当时我是向评校的老前辈老师学习，将学生提的问题当作我的日常积累。因为时代在变化，学校的教学模式曾一度走向困境。为什么80年代复校时，评弹学校办得轰轰烈烈，但随着地方评弹团的萎缩，评校的定向招生几乎就招不到学生了？后来定向招生取消了，实行了双向选择，再有就是不能解决户口问题。这两个吸引力曾经是我们学校的生命线，在这一政策出台后，学校的吸引力和生命力就消失了。在这种情况下，1994级的毕业生只有七位。一个学校，一个专业，这是我们学校的办学特色，但只有七位学生，这怎么能成为一个学校呢？这是当时我们学校面临的一个很大的困境。更加不幸的是，1995年陈云同志逝世了，我们的靠山没有了。如果努力一把，还可以把陈云同志的遗愿完成，将评弹学校办下去。若是不努力，评弹学校就要自生自灭了。上级部门已经不再关心苏州评弹学校了，勉为其难地给我们一些经费。在这种情况下，上级部门还有有关领导都不敢贸然关闭学校。我们1994年停办了一年，改为招收昆剧班。

但就在这个时候，上级让我担任学校的副校长。起先让我分管行政工作，做得蛮好，教职员工的年终奖金提高了。但当时还在忙着第三产业的校长觉得这样不行，就不让我继续做行政而改抓教育教学了。在这个时候，学校的生存条件很艰苦，条件也很差。当时我们搬到了三香路，只有十三点七亩地，这么一个小规模的学校要怎么办呢？当时，我就到了南京拜教育专家为师，我就向他们学习应该如何办学。特别是那些艺术教育门类里面的老师，在他们的启发下，我的视野变得开阔了许多。我跟他们交朋友，向他们学教学的理论和一些典范类的教学模式。

在专家的提示下，我懂得了怎样走一种职业教育正规化的道路。当时我就想到要拓宽教育思路。而且我到省里打听，整个中专类的职业教学，别的学校生源都很多，而我们学校却出现了三个老师教一个学生的情况，我们成了全省最安静的学校。针对这种情况，我想了一些解决办法，第一是要规模办学，第二要保住重点，第三要一专多能，第四要以数量出质量，适应双向选择和社会需求。我的主旨是我们评校培养出来的学生只要有评弹的细胞与内涵就是培养成功了。如果按照市场的需求量，一届学生只有那么几个可以就业，评弹团自己开口讲"我们今年只招三个……"不仅评弹团要挑选，学生也要自愿地去，这个比我们以前的定向招生难得多。当然，我们以数量出质量这个方法还是好的，扩大招生以后的第一届我们招了九十名学生，学校一下子就热闹起来。当时我的办学思路就是，以评弹专业为主打专业，培养一专多能、适应社会需求的艺术人才。这个口号一提出来，就业的方向就不一样了。我们还设计开双向选择交流会，第一次交流会上，我们就先让有评弹专业需求量的单位在九十名学生中挑选，哪个学生在用人单位看来有可塑性，就先招去。针对余下的学生，我们拓宽了就业思路，当时还有很多企事业单位，对于企业文化这个方面也是有一定的需求的。苏州评弹作为苏州地方特色的文化，如果学生带有这种文化内涵的话，一些工会、歌舞团还是很看重的。这样一来，我就像是工厂的经理，进口有渠道，出口有出路，这样招生运转就正常了。

当时我们招生采用的是直接到中学去找学生的办法，因为好的学校对于学生的要求还是很高的，要求学生还是要继续去读高中。我们跑遍了苏州的六县一市，分成两人一个小组，一个一个学校去跑，一个一个班级去招，到后面我们还搞过什么校长联谊会啊，等等。在这种情况下，我们的生源有了变化，生源的素质也有了变化。为了提高学生的素养，我将学校的体育课改为了实用舞蹈课，加强了演唱基础课的训练，重在告诉学生什么是科学发声。为了能够使一专多能的学生加强就业，我们还开设了一些选修课，比如钢琴课、琵琶课、普通话课等。从我个人的经历来讲，多掌握一门技能，就为今后的出路更多地拓宽了一条渠道。我就是吸取了很多姐妹艺术来丰富自己的。

另一方面，根据生源情况，评弹的教材也需要改革。不能让学生一开口就唱咏叹调，这样学生会把嗓子都唱坏的。我们按照"俞调""蒋调""薛调"的顺序来安排课程，以前是"蒋调""薛调""俞调"。在我这样的教学设计下，学生的声带都受到了很好的保护，没有出现过声带小结的问题，这也算是一个很大的探索。这为学生艺术素养的填补打下了很好的基础。我们用了一个暑假的时间将原来比较深奥的教材进行简化，由浅入深，由简入难，然后进入到流派的发展教学。我们的目的是让学生在学唱评弹的同时学习评弹的基础知识。在说表上，我们剪短了一些内容的长度，但是脚色尽全，生旦净末丑，无论男女都要学好，让学生广泛地掌握各种行当的脚色。评弹毕竟是一种古老的曲艺，这让受着现代文化熏陶长大的孩子产生了距离，但从积淀学生的艺术素养来说，还要给他们一个一年一度释放的机会。在我们创办的一年一度的校园艺术节上，让学生们在舞台上展示自己，无论何种才艺都可以尽情释放。学生不仅可以通过这个舞台发挥自己平日所学，还可以创造一些节目。一年一度的艺术节完全交给学生自主去做。一方面使得学生的兴趣与爱好有所发展，另一方面，反过来讲如果学生以后不从事评弹，那么对他个人的发展也有好处。再有，就是我们首创的实验演出团。这个实验演出团实际上就是实训基地，我们创造了仿真式的演出模式，就是一切舞台设计、节目编排都交给学生来准备布置。通过实验演出团的实习，我们表演一些中篇、专场等，这获得了很好的社会效应，甚至还获得一定程度上的经济效应。在这些活动中踊跃参与的同学，每年都会开一次双向选择会。双向选择的第一去向就是评弹团，评弹团挑选完了剩下的就是一些企事业单位的挑选。我记得当时最大的是邮电局，一下子要了我们一届好多个学生。

这样一来，我们对教师的要求也更高了。以前我们对老师的要求是老师唱一句，学生学唱一句。但现在的要求不一样了，就是教师要掌握全面的唱腔，还要求教学设计并写教案。我们要求老师要一个作品一个教案，后来要一个阶段一个教案，教师要及时进行教学反思，使我们的教学逐渐走向正规化的道路。我们会定期检查教案和教学笔记，通过教学大纲的指定以及教学论文的写作、公开课评比等提升教学质量。这几届培养出来的学生有很多的佼佼者，并且我们也积累了很多的教学经验。

但是时代又在发展，对文凭的要求很高。很多用人单位要求大专以上，中专文凭被拒之门外。为了适应时代对文凭的需求，我在学校试点了一个五年制的大专教学点。经过专家评估，我们学校的教法是原创型的教学思路。因为在全世界，评弹教育我们是唯一的，我们没有可对比性和可借鉴性。我们只能凭借自己的设想和思路去设计教学蓝图，自己预估我们的教学成果，教学理念上还是要走正规化的道路。但由于社会的需求，我们还是要提升专业化的学历。自 2001 年，我们学校收了五年一贯制的高职学生。专家对我们也提出了要求，五年制应该培养出的是高级职工，三年制培养的是演员。

在这样的教学要求下，我就在思考：要怎么办？我们所指定的教材是三年的，倡导的是"拼装式"的教学，演唱、弹奏、说表这三个组合分开来。就像制作一只手表一样，我分别组装不同地方的零件，到第三年的时候我将这些部分整合在一起，排一个中篇或者折子戏，这就是所谓"拼装式"的教学。手表也有优劣之分，这就在于教学质量如何，即要在培养伊始就要定位你所要培养的是什么样的演员。这也是一个很大的难题。虽然在第一届的学生毕业以后，也出了一些优秀的学生，但我总觉得心里不踏实。高职究竟高在哪里？到2006年，国家出台了一个新名词——"传承人"。我成为评弹界第一个国家级传承人。成为"传承人"以后，我身上的压力更重了，究竟应该如何当好一个"传承人"呢？第一，我要把我的《杨乃武与小白菜》不折不扣地传承给我的下一代。当时我就设计了一对"小兄妹档"，因为我和我哥哥是兄妹档嘛，他们的演出在上海等地很受欢迎。

1995年的时候我受聘为学校的常务副校长，所要负责的事务就更多了，学校里所有的招生、就业、演出等都要我来抓。我联想到利用在学校得天独厚的机会来发展传承，搞一个大评弹的传承。我搞了一个社会调查，调查下来出现了一个问题。这个问题对今后学生传承带来了一定的危机。我发现学生在学长篇书目的过程中，传统的一类书学不到。为了适应市场的商业需求，我们对于评弹一类书的教学很少甚至没有了。针对这种情况，我在学校设计了一个评弹传承班。从四年级下学期到五年级整个一学年，将素养好的学生单独成立一个班，进行小班化的评弹传承教学。我的目的是让学生学会一部传统长篇的真谛，让他们学会一部传统一类书长篇的起承转合，学会传统长篇中的经典选回。在学习长篇的过程中，让学生们共同研究传统长篇书目中的人物脚色，这样就达成了国家对于高职院校研究性学习的要求。在这七年中间，我们学了七部长篇。这样保证了基础学生的基础根基，无论走到哪里，学生都有了在学校学到的长篇的根基，取得了比较好的学习效果。更可喜的是，在一些团体中，传统的一类书也在逐渐复苏，慢慢开始演出，我们感到很欣慰。

评弹教育是一门很深的学问，在教学之路上，我们有过深刻的教训，我们所走过的二十年的路，是反复曲折的，在不断的总结和反思中，我们才得到现在这样的教育思路和理念，并得到了社会专家的一致认可。我们学校近几年来获得了"国家级传统民族文化教学示范型学校""江苏省五年制高职示范学校"等许多具有含金量的奖项。我也成为中央文化部和教育部艺术职业教育类专家委员会的委员。所有的荣誉都与我们勤奋办学的思路分不开的，这些努力不能毁于一旦，我们历经千辛万苦也要走下去！

演讲时间：2014年3月22日

整理者：刘晓海

第二十一讲
沈东山评话艺术生涯回忆录

　　著名评话表演艺术家。出生于1930年,祖籍浙江嘉善。1949年后师从评话名家韩士良,习说《水浒》和《七侠五义》,曾多次前往汉口、郑州、西安、兰州等内陆城市,为那里的上海听众演出,影响轰动。1958年,在上海电台演出新书《林海雪原》,获得听众好评。1960年加入上海星火评弹团。五六十年代,编演了大量新书,如中篇《林海雪原》《一件劫案》、短篇《黄浦江的黎明》《飞夺泸定桥》等。

沈东山

少年失学，自幼酷爱评弹大书（评话）。1949年拜师韩士良学说《水浒》。参加苏州评弹集训班后，受到潘伯英影响开始尝试创编评话。1953年开始演出短篇评话并参与中篇演出。1958年开始创编短篇评话，并在上海电台播音长篇评话《林海雪原》。1960年加入上海星火评弹团。沈先生自青少年时代起，便"背包囊，走官塘"，辗转于长江三角洲地区达数十年之久。回顾自己的艺术生涯，沈先生认为说书艺人最要紧的是坚持长篇书目的演出和书目的创作。书目的编创要求说书人广泛搜集资料，并在演出中保持与听客的良性互动，追求做到评弹艺术的"理、味、趣、细、技"。

我叫沈东山，出生在1930年1月26日，祖籍是浙江嘉善，和"描王"夏荷生是同乡。我的外公是开米行的老板，当时是米业公会的会长。我的娘舅在20世纪20年代初，在上海读大学的时候，得了肺病，年纪轻轻就死了。外公的这份产业就由我娘来继承，所以我的爹不姓沈，姓杨。上门女婿要姓女家的姓，所以我姓沈。我外公临死的时候跟我娘说："我传给你一爿米行、两爿店，一爿店开在枫泾，一爿店开在朱泾，你这一生，穷是不会穷了。"怎么知道日本鬼子杀得来，一场火全烧光！就逃出去几个人。爹跟我们讲："只要有人，烧掉的房子可以重新造，烧掉的店可以重新开。"

但是由于产业全部烧光了，家境越来越差。到七岁的时候，差到怎么个程度呢？吃的粮食不够。由于住的地方是鱼米之乡，这里的鱼，特别是小鱼，特别便宜。好比现在的一块钱人民币，竹篮里可以买两篮小鱼，因此以鱼当饭。从七岁吃到二十二岁，实足吃了十五年小鱼。现在我的记性比较好，可能跟吃小鱼有关系。到我二十二岁自己赚钱了，所以小鱼不吃，吃大鱼，而且吃比较好的鱼。

由于家里比较穷，我读书读得不多。到六年级的上半学期，娘跟我说："下半学期，没有条件给你读书了。"因此辍学。

我十二岁开始不读书了，一直在书场里听戤书。而且我小书是不听的，只听大书。第一个听的是汪雄飞，他才刚刚出道。他的书，从《屯土山》开始，到《斩颜良》《诛文丑》《五关斩六将》。汪雄飞之后，来了一个莫天鸿，莫天鸿的《金台传》，我听全了的。莫天鸿之后，来了个虞文伯，夜里面子书是《封神榜》，日里夹里开《济公》。听完虞文伯下来，来的是汪如云（陆耀良的老师），说《三国》。汪如云听完之后，听的是李汉臣。李汉臣之后，听的是殷剑虹。再下来就听张鸿声、潘伯英、唐耿良、曹汉昌、吴子安、陈浩然、范玉山、沈笑梅、杨震新、杨莲青、唐骏麒、张国良、胡天如……好好坏坏，我在四年里面一共听了四十几档大书。

到十七岁，我到上海来学生意，南通通布，销南洋、台湾的。1949年之后，南洋不通了，台湾地区也不能去了，因此布庄关门，只好歇业。爹就问我了："要改行转业，你打算做什么行当呢？"我说："就改行说书吧！"

我爹有两个说书的朋友，一个叫汪佳雨，还有一个叫刘天韵。就和这两个朋友一讲，刘天韵讲："叫你的小孩别学小书，学大书，大书少，小书多。另外，非但要学部大书，而且要学部《水浒》。为啥呢？因为共产党别部书可能会禁掉，只有这部《水浒》不会禁的。在延安时期演出的戏，就是水泊梁山的戏。""要学《水浒》拜什么人呢？""拜韩士良。"我一听拜韩士良，说："蛮好。"为什么？我曾经听过他的书。在1947年，有一次我到老城隍庙去办点公事，路过春风得意楼，正巧看见韩士良和别人越做，前面一档戴帽子的是钱丽仙、钱美仙、钱云仙。后来钱丽仙改姓双人徐——徐丽仙；钱美仙姓刘，叫刘美仙；钱云仙自己姓蒋，叫蒋云仙。这三人是头档，说的是《啼笑姻缘·逼唱大鼓》。韩士良是后面送客，说的是《七侠五义·水战鸳鸯桥》。听了他的书，在水战中有六条鱼，我永远不会忘记的。因此我觉得拜韩老师蛮好。

约好日子之后，我跟着两个介绍人，一起到韩老师家里。在红毡毯上跪下去磕四个头。磕了四个头之后，就开始跟他学说书了。

老师就和我说："《七侠五义》这部书可能靠不住，你不要花力气。你力气下在《水浒》上。"我说："噢。"所以我就非常专心地听《水浒》。

我从1951年的年初一，听到八月十四。当时的东方书场已经搬家了，搬在四马路大西洋饮食店的楼上。听了八个半月，听到半部《水浒》，一共四十二回书。

老师参加了上海市人民评弹工作团，要到淮河去下生活，临走的时候他问我了，说："你听了这点书，可会说了？"我说："说是当然会说两声。""那你说两句给我听听。"他就坐在沙发上，当中一个吃饭的台子，隔开这个吃饭台子我就开始说了。说了十几分钟，韩老师呼哒呼哒，打呼噜了！我以为他睡着了，就停下来。没想到没有睡着，他眼睛张开，说："说下去，说下去。"其实他有高血压毛病，这是病态，当时大家都不了解。一个钟头说下来，老师说："可以了，可以让协会里阿七、阿五给你留心留心，接小码头，你好到外码头去做了。"

但是我没接小码头，为啥？在沧洲书场学习的时候，交了一个小朋友，叫张国良，说《三国》的。年纪和我同年，但是他前四年已经上台了，而且外面做做，蛮有点生意。交了朋友之后，张国良说："是不是你住到我这里来？"所以三轮车上搬一个小床，我住到张国良家里，和张国良一起睡，吃也吃在他这里。

后来他和我说："我这部《三国》靠不住，可能也要被禁，如果我的书被禁掉，你的《水浒》将来可肯排给我？"我说："我和你是朋友，我现在四十二《水浒》，只要你要，无条件地我派给你。"所以我跟了张国良从上海到苏州，就住在张国良家里，而且他待我非常好。他有收入的，日夜做五副小场子。我没收入，每个礼拜他总归找点理由，叫我去代一天书。这五副小场子代书下来，五包签子都归我。有多少钱呢？二十块钱。一个礼拜代一次，一个月有八十块钱，在50年代初期，一个月有八十块钱的收入，过日子已经非常好了。

后来《三国》不禁，他就和我说："我不能耽误你，要放你外面去做的。""怎么做法呢？"他说："有个道中叫龚丽声，年龄和你相仿，他台上有经验，已经上了四年台，但是他没书。""怎么没书呢？""他爹叫龚炳南，传几个故事给他。你是有书刚出道没技巧，他是有技巧，你们两个人正好拼一档，叫合拢饭吃，书么说你的。"我说："签子怎么算？""签子大家一半。""好的。"所以和龚丽声拼双档。

一拼双档没经验，第一个码头做常州大东书场。没想到不应该做常州，应当做点小码头，把书练练熟再做大码头。到常州碰到个黄异庵，黄异庵日夜三百多人，我和龚丽声两日日夜大概五十个人。等到黄异庵剪书走了，总好多两个？没想到大热天，他走了以后，我们仍旧日夜五十多人，一个也不多！书场老板说："你们有好地方，我不留的，如果暂时还没下脚，你们譬如不做，在我这里做做。"这个老板待人非常好，这常州大东书场的老板叫周炳根，做黄杨木梳、篦子生意。我们就住在里面做满二十天。

回苏州没有下脚，碰到一个小朋友叫张君谋，说："有档挽生意，你们去做吗？"什么叫挽生意？介绍的人回掉不去了，他要另外请档书。什么地方？枫泾。写一封信，我和龚丽声两人拿了行李，上南京到杭州联行车，枫泾停的。等停了出站，书场老板一看苗头，就问："你们可是先生？"龚丽声讲："是的。你是什么地方？""我是吴苑书场。""对，就是你，这里有封信。"老板打开一看，说："蛮好，我们这里说大书，拼双档有人要听的，刚刚走的一档叫高孟伯、高侬伯，日夜生意都蛮好。"就他书场里，当夜休息，到明天开日场。开出来有多少人呢？九十八个人。我出浜第一次到枫泾做九十几个人，感觉人到得蛮多。夜里就厉害了，二百九十几个人，这个小楼要挤塌了！两个人一共做十七天，为啥尴尬得只做十七天呢？龚丽声觉得枫泾码头太小，又给我们接了个杭州的，这样一起到了杭州。

到了杭州，敌档是唐骏麒、薛惠萍、钟月樵。但是他们做不过我们，为什么做不过我们呢？因为他们说的是新书，我说的是老祖宗传下来的，传到我手里已经好几代，将近一百年历史的老书。他们怎么能敌得过我们呢？因此在杭州做了四十天。

杭州下来到硖石，硖石下来到嘉兴，嘉兴下来到湖州。在进湖州的时候，龚丽声和我说："进湖州我有点汗毛凛凛。""为什么？""这个码头我漂过的。"我说："龚丽声啊，你没书才做漂生意，现在我们有这么几十回书了，放心，你胆子大点进去好了。"

一到湖州，做东方书场。东苑书场何芸芳、何剑芳，兄妹闯荡响弹响唱，以前我听过。西苑书场是范玉山带个方梅君。我们开了三天，东苑那对兄妹档漂了。我们送他们到轮船码头，他们中的哥哥和龚丽声说："借一步有两句话要说。"龚丽声就叫我下来一起听，因为书是我的。到底什么事呢？他说："有个无锡码头，合同老早就签了，由于没有书，不敢去，能不能帮帮忙，我们一起进无锡去做越档?"我是刚刚出道的道童儿,一懂都不懂。我问龚丽声:"无锡可能做?"他说:"好码头。""那蛮好!什么时候进去呢?""10月1日开书。""噢!"范玉山第五天也漂了,三副书场的听客集中到我们一副书场来,整个湖州一档生意做好。

到上海家里住了几天,9月底到无锡。一到无锡,接的是朱耀祥、李娟珍的下脚,还有一档三个档是朱少祥、朱幼祥、程美珍。他们父子档和城里蓬莱书场换着做的,爹白天城外做,夜里到城里,儿子白天做城里,夜里转到城外。我们是在城外五福楼。

没想到到了国庆节,这朱耀祥不走,在无锡还要多做三天。我们要在外面等着!无锡这个场方是个老场方,叫一个职工陪我们在无锡旅游,鼋头渚、惠山、锡山等,去玩。吃饭不到书场里,吃在状元楼,住在栈房里。三天之后朱耀祥走,我们开书。在无锡也要做四十天,因为两档越做,大家做一个钟头。白天二百几,夜里客满三百多人。五百个人四个人分,每人拆了一百多个听客的签子。

等无锡结束之后,苏州潘伯英通过文化局搞了一个评弹艺人集训班。我们争取去参加这个集训班。这个集训班就在苏州蔡汇河头党校里。我们参加的演员一钱不出,一切开销都由苏州市文化局出的。进去之后分组。我的组里,有邢瑞庭、尤惠秋、何学秋、金声伯、金韵庭一起在里面学习。学习期间潘伯英一直来做报告,从政治到艺术,夜里常常有造诣比较高的演员在台上做示范演出。所以我在这个集训班里听过几次杨震新说书,有回不是说自己的书,说的是曹汉昌的《岳传·挑滑车》,也听过他说自己的书《斩经堂》,这几回书都印象比较深刻。

在这个集训班里,潘伯英一再强调,作为一个评弹艺人,非但要说,外加要编。因为所有的书都是老先生自己编的,因此好比造一部机器,演员的机器不是一般的机器,要造一部工作母机。潘伯英的原话说:"胆子大点伲开始编,以前有老话:'熟读唐诗三百首,不会作诗也会吟。'小书编篇子,熟读篇子三百档,不会作篇也会哼。所以你应该好好发展,学会编。"

到1958年,我开始编了。到现在几乎每一次有啥活动,我全有短篇出来。第一个短篇是"整风运动"时,反映勘察队生活的《火焰山的四十天》。第二个短篇是反映解放上海的《黄浦江的黎明》。第一个作品参加评弹界的第一届作品会演,第二个作品参加第一届上海市曲艺会演,受到当时抓文艺的处长刘厚生的重视。刘处长还写文章在《解放日报》登出来,还有过我《黄浦江的黎明》这个作品的名字。到《毛泽东选集》四卷出来,编了辽沈战役打锦州的《致命一击》,其中有不少短篇。

1958年上海电台请我去搞播音,播长篇评话《林海雪原》。在播《林海雪原》的时候,讲好播一个月,但是播了半个月,电台和我说:"你安排安排,不是一个月,要播两个月。"我问:"为什么讲好播一个月,要播两个月呢?"原来最近电台受到不少听众打电话进来,问小炉匠到什么地方去了。因此电台的人发现原来这档书听的人蛮多，有这么多听众打电话来，所以要我多说一个月。我就在录音的时候顺便插两句，我说："感谢听众的关心，问小炉匠到什么地方去了。听众你们别急，下面马上要提到的，整个《林海雪原》威虎山上有大关子，叫舌战小炉匠，就要提着的。"

这一些都是因为在集训班里受到潘伯英的影响。我们说书的老前辈——马、姚、赵、王，对评弹有过极大的贡献。我觉得潘伯英，对我们事业的贡献，要比马、姚、赵、王来得大。这个是在苏州集训班里体会到的。将近集训班要结束的时候，突然来一个常熟鹤苑书场的老板，老板姓陈叫萼萼，来请我们做1953年的年档。我说："你是老场东，怎么西北风都起了，马上就要过年，你刚想到请年档？"他说："先生，年档我早在半年前就请了，请的是钱雁秋、刘美仙，现在得信对面仪凤书场请的是朱雪琴、郭彬卿来说《梁祝》，因此钱雁秋、刘美仙这档不来了。"听说朱、郭档做仪凤书场么，这个老场东，一辆车载到无锡，去问无锡的书场老板："最近你们无锡可出过什么意想不到的生意？"书场老板告诉他："两档，一档两个小伙子，二十岁左右，上手叫龚丽声，下手叫沈东山，现在到苏州进集训班去学习去了。还有一档现在在明园书场做，两个小姑娘，也是二十岁上下，来的时候日夜四百个人，现在越做越好，日夜九百多人，要听她们的书，没有对号的，随到随坐，要选好位置。两个老老头带了粢饭团，九点钟就去坐在位子上。吃饭的时候，吃的冷饭团，等到二点钟，听好这回书就回去。这对小姑娘叫徐碧英、王月香。"这个鹤苑书场就请徐碧英、王月香扫脚，因为她们也说《梁祝》，先拿《梁祝》说掉，然后到集训班里来请我们。我就说："年档我们早就已经定了，龚丽声的亲戚陆家浜。"老板一听之后就走了。这个有本事的老场东，不满两个钟头，陆家浜的老板被他拉得来。当着我们的面说："我情愿把年档让给他。"这么一来，年档就去做常熟了。

做常熟之前，龚丽声说："接么接下来，我总有点担心。去年年档我也是去做这鹤苑书场，仪凤年档是严雪亭，我年初二已经开不出了，今年又要去做年档！"我说："你胆子大点嘛，去年你没书的，凭两个故事怎么能不漂呢？'万相册为首'，这个是我们的行话，说书说书，最要紧是一部书啊！现在我们有这么部书，在老的当中讲起来，《水浒》不是一部好书，但是我老书得《水浒》去和《九件衣》《三上轿》去比比，是不知要比他们好听多少了。"

我们到了常熟。吃过年夜饭，到了房间里面，点好蜡烛，四只高脚盆子，一盆瓜子、一盆花生、一盆什锦糖，还有一盆甘蔗，切成一段一段，每三节用红纸头扎牢，堆在盆子里，讨口彩叫节节高。我是第一次做年档，不懂，就问龚丽声："这点东西放在房间里做啥？""给我们吃的咯！""咦？饭吃过了，书场老板还要开点糖果、瓜子、花生？""就叫过年呀！所以做年档要做大码头，大码头待情比较好。""噢。"

到明天天亮，九点一过，还在被子里没起来呢，听见房东在喊："快点，快点，客满哉，快点。"客满了？什么地方客满了？起来一问，仪凤书场客满了。常熟年档有个规矩，什么时候客满，什么时候开书，九点半朱雪琴客满了。

等我们到自己的场子里，早茶还没散呢！洗好脸，漱过口之后，老板娘送出来一只小碗，小碗里有糖年糕，切成团子一样一粒一粒，还有小的一点点圆子，汤是甜的。团团圆圆高高兴兴。门口叫进来的小笼馒头，一笼十只小笼馒头，有五种式样，两只肉的，两只玫瑰猪油的，两只薄荷猪油的，两只豆沙猪油的，两只白果，一笼是五种颜色，叫五色小笼。吃的东西常熟非常赞！

吃过以后回去等，两点钟开书。到一点一刻，听见弄堂里脚步声音，怎么？开书了。毛巾拿进来擦一把，出来。走出门，走过一个老虎灶，就是鹤苑书场。听见书场里面声音很热闹，走到门口看见老板自己在排位子，小小的一副书场里能坐多少人呢？四百四十个人。我和龚丽声两个人从人堆里挤进去，到台上。刚出道，身上又没服装的，穿什么呢？全是蓝卡其的中山装。在台上倒茶的时候，坐在台门前第一排两个老老头，在敲旱烟杆里的灰，嘴里也在咕："教改笃，两个小鬼！"他们不知道到底龚丽声、沈东山啥等样人，结果一看两个小鬼。我就对两个老老头点点头笑笑，我心里说："你别看不起我小鬼，我在浙江已经蛮厉害了，唐骏麒、范玉山都被我'漂'掉了。"

白天开的是《林冲》，但是听众对《林冲》的内容熟得不得了。因为有些说小书的也在说《林冲》，蒋月泉说《林冲》，和我拜一个师父，也拜韩士良。由这条线上带出来很多说小书的也说《林冲》。这么多人说《林冲》怎么办呢？书快点，所以一开书，上半回就是林冲误闯白虎堂，下半回书大闹野猪林。一回书下来散场，老板蛮开心，说："效果也蛮好。"

吃过晚饭，回到房间里。到五点半，外面哇啦哇啦："客满了，快点，客满了。"朱雪琴又客满了，五点半就开书，我们是要七点开。到了七点，毛巾拿进来擦好脸出来，刚刚过老虎灶一听，书场里声音空落落，上面在下雨。到书场门口，老板面也僵哈哈。他说："这两点雨不帮忙，叫关门雨。"到书场里一看么，大概（坐了）一半。上台，夜场开《武十回》，《水浒》的面子书。第一回《打虎》，到了小落回，书场老板拎了吊子来给我们冲茶。毛巾给我们，擦面的时候告诉我们："今天夜里卖一百九十三张票子，我自己挖腰包买八张，凑满二百零一张，好口彩，双出百。"等夜场散了之后，请我们到备弄里面吃夜点心。

到明天起来，被子里还没起来，九点半朱雪琴又客满了。我们仍旧一点一刻开书。上台说第二回的《柴庄比武》，这个半回书，都是噱头，笑了一个小时。下半回书是偷来的，偷什么人？曹汉昌、杨震新到上海来做会书的《风雪山神庙，火烧草料场》。他们是根据李少春、袁世海的京剧改编的，因此两个人拼双档，节奏非常紧凑。这一回书落回，下面的听众站起来不散，鼓掌拍手。要拍几分钟的手，才肯散出去。书场老板说："上海书场有拍手，我们常熟没有的，所以你们是特别！"我想不要特别了，夜场看上去蛮危险啊！

到第二天的夜里七点钟，毛巾拿进来。我们出去一听，这个声音两样了。不是空落落，里面热闹得不得了。到门口一看，基本已经坐满了。半回书下来，老板又在冲水的时候和我们说："夜场卖掉三百九十三张票子，我再挖腰包买八张，凑满四百零一张。"

朱雪琴、郭彬卿他们吃亏在什么地方呢？白天说这回书，夜里也说这回书。听了日场不来听夜场，听了夜场不来听日场。我们就占便宜，就在日夜两回书。因此到第五天《醉打蒋门神》上大关子了，日夜九百张票子。朱雪琴跌进八百、七百多人。因此朱雪琴一个男朋友姓曲，这个曲先生和我说："想不到我们雪琴黄浦不死，死在阴沟里，这档生意漂了，雪琴回家去要哭的。"我就说："曲先生，凭一回书不能论长短，'朱郭档'毕竟'朱郭档'，不会漂的。"

跟"朱郭档"敌档，大家做二十八天。怎么做二十八天呢？因为当中发生了件大事情，斯大林逝世，停演三天，所以只做了二十八天。同一天一起剪书的。

剪书之后，就搬到城外丽都书场。再去做一档，碰到黄静芬。她在说新书《香香公主》。开书黄静芬日夜六百人，我们日夜二百人。五天下来，我们二百变六百，她六百变二百，这档生意做到底，我们始终是六百，黄静芬二百。

下来去一个地方，是朱雪琴介绍的。到无锡蓬莱书场，黄静芬也到无锡做迎苑书场。但是黄静芬在无锡名气响得不得了，去说随便什么书，白天也客满，夜里也客满。在常熟她敌不过我们，一到无锡我们敌不过她。

到生意结束之后，沈守梅叫我们到苏州去做静园书场、光裕书场、四海楼、仝羽春，做的时候，天越来越热，生意也越来越难做。

这个时候，碰到一个前辈叫朱介人。我在跟先生的时候，朱介人和他的哥哥叫朱介生，拼双档说《双珠凤》。经常和我的老师韩士良一起越做的。所以很早就认得。在说书的时候，他就说："你就住到我这里来吧。"他住在什么地方呢？就住在静园书场旁边，中心里十号，苏州最热闹的地方，去后他给我间房间住。

住下以后他和我说："现在所有的戏曲界生意都难做，是不是我们换一个行当，来做中篇好吗？"我问："什么时候做呢？""每逢礼拜天的早场，放在静园书场演中篇。"中篇不是一个人、两个人，而是十几个人了，结果拉了一帮子来演中篇。

第一个中篇是《孟姜女过关》。缺少个人演孟姜女。我说："不要紧。"我去请王月香出来，这个时候王月香已经和我认得两年了，一说，她肯出来的，一唱就客满。从此以后开始说中篇了。第二部是朱介人说的长篇改中篇的《秦香莲》，第三部是《投军别窑》。

这个时候演中篇,没脚本,靠幕表制。第一回什么事情,第二回什么事情,有的排得比较细点,有的排得比较粗点。具体你负责了这回书以后,要自己去加工的,强调集体创作。

《投军别窑》我排在第二回,小回目叫《三击掌》。京剧里是一个王宝钏花旦,还有一个王允老生,最后父女决裂,三击掌,永不往来。当时我们说书的《三击掌》中加了一个魏虎,父女反目中,主要是魏虎在当中起作用。魏虎为什么要挑拨离间?三个女儿,老二嫁给魏虎,为什么要在丈人面前火上添油,弄得父女三击掌永不往来呢?他的目的是什么呢?因为老丈人没有儿子,只有丈人死了,这么大一份家当,才能三个女儿三人三十一分的。老三和老头闹僵以后赶出来,变二一添作五,这样一进一出,魏虎好多拿到一百万两银子。这个贼做尽坏事,在当中搞破坏活动。魏虎的脚色不是主角,里面话不多,所以要加工。怎么加的呢?就是在最要紧的时候,他来戳一句。王宝钏彩楼配,彩球被薛平贵拿到,薛平贵穷得一塌糊涂,像个叫花郎,王宝钏一定要跟薛平贵。魏虎就问她了:"这个薛平贵住在寒窑里面,三妹你可知道什么是寒窑?""不晓得。""那我来告诉你,寒窑是什么样子,叫天热如火烘,天冷连地冻,天晴灰尘蓬,天雨水晶宫。"这个话说出来,下面有效果。后来到上海说,做《王宝钏》长篇的朱耀祥,带着儿子朱少祥、朱幼祥,还有程美珍一起来听的。听完之后他就和儿子、儿媳妇说:"别看魏虎这回书里没几句话,但是句句话都敲在鼓当中,魏虎的坏,通过没几句话,全部都描摹清楚。"

我听潘伯英艺术报告的时候,曾经听他讲起过:"所有的说书,都要靠自己编的,我们说书各别,没有办法靠外头的编剧,全是老先生自己编。"被他这么一说,我回忆起杨莲青。当我开始听他的时候,这个老头年纪已经蛮大了,眉毛已经花白。我也不知道这个是不得了的大响档。杨莲青从《刀劈黄天禄》开场,说完一部《五虎平西》,要连下去说《七侠五义·大破铜网阵》,要听几个月。后来说了书,才知道他是说大书当中不得了的大演员。所有说书的动作,是杨莲青从戏中引进过来的。"书不离戏",也就是杨莲青的话。"手眼身法步",以前说书没的,到养老父子手里六白俱全,十三门半脚色个个都出足的,都是杨莲青的创造。最可贵的是当中有一段《破窑告状》。这段《破窑告状》,本来说书里没有的,他是从小达子的连台本戏《狸猫换太子》里移植过来的。但是移过来以后,他要花极大的力气。因为一般小说移植到说书,听得出有痕迹,是小说的翻译。戏移过来也看得出痕迹,是戏的翻译。但是到杨莲青手里,我去听他《狸猫换太子·破窑告状》的时候,听不出这些痕迹的,他这个是书,不是戏。

这个分档在什么地方呢?因为书比戏还要深。书由五个字组成,叫"理、味、技、趣、细"。第一个"理",叫"以理服人",由于你这个书有道理。伴着而来的第二个字"味",味道,入味的称味道。入味到什么程度呢?隔夜的红烧肉。红烧肉第一天烧好,味道不是最好的,要到第二天重新蒸一蒸,这样入味了。第三是技术,苏州人第一次听杨莲青之后说:"好像丢掉油盏,换电灯。"只觉得眼前一亮。说大书的技巧就是杨老夫子创造的。趣味化就是噱头，往往有很多软档书里噱头特别多。因为没噱头的软档书没人听，听软档书是假的，听噱头是真的。往往有些软档书笑痛肚皮。最后一个字"细"，细腻的"细"，所谓"说书容易，种根难"。说书味道就是这个根。未来先说，过去重提。

举个例子，《空城计》司马懿兵临城下，说书很早就在前面种好根：

司马懿和诸葛亮交手，空城计不是第一次，是第二次交手。第一次在什么地方呢？诸葛亮出生是公元180年，死是公元234年，诸葛亮一共活了五十四岁。他出场前面的二十七年不说，正式出场时二十七岁，三顾茅庐刘备去请他出来，书上是二十八岁。二十八岁第一把火是火烧博望，第二把火是火烧新野。逃到夏口之后，曹操屯兵赤壁，准备要下江南。在下江南的时候，孙权这里都急怎么办，打是肯定打不过。我们江东能有几个兵？曹操号称百万，实质八十三万大军。因此讨论的时候，文官都说投降，武将一定要打。怎么办呢？孙权下不了决心，派鲁肃过江，把诸葛亮请到江东。周瑜也来了，他知道诸葛亮不是个好东西，他心想刘备，这个人将来或者是我们的劲敌。几次三番要拉，拉不过来，只好弄掉他。用条计，整个诸葛亮到东吴用十条计，叫《东吴十计》。周瑜要弄掉诸葛亮这条计叫"掘坑待虎计"，掘一个坑，让你这个老虎自己掉进深坑里。

具体是什么内容呢？就是草船借箭。两天里面，要诸葛亮帮周瑜造好十万狼牙，而且立军令状，不完成的话要杀头的。诸葛亮立好军令状，回到自己的小船上，第一天不动，第二天不响，到第三天鲁肃来了，说："你怎么一动也不动？""什么一动不动？""咦，你不是和都督立好军令状，三天之内造十万支狼牙，今天第三天，狼牙箭呢？"诸葛亮说："还有这个事情啊？""哎。""哎呀，我忘记得干干净净。这怎么办呢？鲁大夫你总要救我一救。"鲁肃说："我有什么办法救？要救就一个办法，你自己这一条小船，逃回夏口去。""你到夏口来请我，我奉主公之命到江东来，孙刘联合共破曹操。现在曹贼未破，我怎么好回去。""你不回去，现在等在这里，明天要杀头的。反正长江没盖子，你囖隆咚，跳到长江里去自杀吧！""唉，鲁大夫，我和你是好朋友，你怎么能咒我死？""我没办法了。""办法有的，你帮我办点东西，空船二十艘，茅草一千担，每个船上二十个士兵，锣鼓家伙，另外一桌丰盛佳肴。这点你能够办吗？""这个行，我马上去办。"

等鲁肃办好东西回来，看见诸葛亮不在船上，在岸上指挥一个木匠师傅，叽勾叽勾……用锯子把诸葛亮坐的这条小船的船尾巴给锯下来。锯下来之后，诸葛亮让木匠师傅在船尾巴两面各打两个洞，两只竹钉嵌进去，再把船尾巴钉到船上去。鲁肃想，诸葛亮吃饱了实在没事情做，船尾巴锯下来，再去钉上去干什么？不懂。一起上船，船就开了。鲁肃说："咦，我营里还有事情。""你没大事情的，和我一起去吧。"船一开，军士报上来："满江大雾，船往什么地方去？"诸葛亮说："船往曹营而进。"鲁肃一听，船往曹营去，赛过去自杀咯！要上岸。诸葛亮说："船已经到了长江当中，你上不了岸了。"

一到曹营将近，就吩咐敲锣鼓。锣鼓一敲，上面啪啪啪，箭都射下来。诸葛亮在酒杯上面放一支筷子，乱箭射得多了以后，船头吃了箭，加重了分量，酒杯倾斜，杯上的筷子掉下来。诸葛亮吩咐调转船头，换另一面再给你射，一直射到这个酒杯平。天也将近亮，起风了，江上迷雾逐渐散开了。诸葛亮就吩咐士兵喊："卧龙先生和鲁子敬鲁大夫来借箭，谢曹丞相赠箭。"

曹操一听，哎呀，中了计了！我射掉了那么多箭，原来是诸葛亮和鲁肃来借箭咧！要追来不及了。为什么？自己这方面是大船，开起来慢。对方是小船，风起，已经扯篷了，所以曹操知道追不上。

司马懿也在曹营里。他当时做的官比较小，因此他没资格上大船。他在小船上，身边带两个儿子，一个儿子叫司马昭，一个儿子叫司马师。全在军前。诸葛亮来的时候，锣鼓家伙一敲，曹操上当，吩咐乱箭齐发。司马懿已经吃准这个是江东来用计，现在一听，原来是诸葛亮来借箭。好，你借箭，曹操的船大追不上，我也是小船，追得上的。追！追上来，两只船距离越近，将近要追上的时候，船头上大儿子司马昭说了："爹爹，待孩儿跳上船去，活捉孔明，从此我父子名扬天下。"司马懿对大儿子说："儿啊，小心些！诸葛亮不好弄的，当心点。""不要紧的。"脚里一点，跳到船艄上，一上去么，诸葛亮就要被他抓住了。没想到这个船尾巴锯掉过的，两个竹钉钉上去，你这个人一百多斤分量，刚跳到船尾巴上，呱嘀嗒，咕隆咚，连人带船尾巴，跌到长江里。这个时候已经数九寒天了，把司马昭从江里救起来，吐点冷水，生一场重病。这就是司马懿和诸葛亮第一个照面，诸葛亮二十八岁。

现在是第二次交手了。二十一年之后，诸葛亮四十九岁，司马懿六十六岁。得街亭，马上司马懿兵临城下到西城。探子探明白西城是一座空城。现在大军一到，一看门开着，诸葛亮在城楼上弹琴。司马懿穿了件士兵的衣裳，混到第一排去听。听弹点什么曲子。停下来，听得出诸葛亮心里非常稳定，看上去西城不是空城，里面有埋伏。大儿子司马昭又开口了："爹爹，诸葛亮在城楼上鬼画符，你我父子冲进去活捉孔明。从此名扬天下。"司马懿对大儿子"呸"吐口口水："你倒又来了！又要名扬天下，二十一年前，咕隆咚掉在长江里，险些儿淹死，你忘记了？"

有人要问，为什么诸葛亮不逃呢？他没办法逃。因为西城城里放了五百万石粮食，八千万两银子。出祁山伐魏的本钱全在这里，如果诸葛亮一走，这点东西全到司马懿的手里，麻烦就大了。但是自己手里没有兵，调兵遣将这点兵全在外头，怎么办？所以用空城计吓退司马懿。之后赵云来了，将司马懿挡一挡，司马懿退兵之后，这点东西全部搬到汉中去了。

所以"理、味、技、趣、细"，说书的细到就在这里，由于细到，它就特别讲道理。

杨老爷子他花多少功夫，才能把整个一部《万花楼》改编成这么百听不厌的书呢？因为有情。以前唱小调的："我有一段情，唱给诸位听。"但是这段情不是今天唱，唱了几百年听不厌，所以说书全要靠自己编的。

在潘伯英的报告里，他看重当年一个说大书的，叫虞文伯。这虞文伯气出丹田，音送得特别远，这条声音特别俏。还有就是他说书内容的铺排很好。我听他的时候年纪还太小，还不满十岁。但是听了以后，总感觉他的知识到底是从什么地方来的，看了这么些年的书，不曾看见过他的这点内容。举个例子：《封神榜》。他说：

为啥地球要围着太阳转？《封神榜》里会告诉你。哪段书呢？《火龙阵》。歪头申公豹请来个火工道人，摆一个阵图叫火龙阵。姜子牙派其他大将去破，进这个阵图没有回来的，全死在里面。再问还有谁去？有一个叫惧留孙，长得长长大大一个大块头，说："我去。""好，当心点啊，阵里面到底什么东西，我们大家都搞不清楚。"惧留孙由于是大块头，身胚大，他不骑马的，马吃不消。他骑一只独角犀牛，他骑牛冲进去。

一到里面，像一个篮球场一样大小。两扇门自动关闭。当中一个小台子。小台子上一个道士手里拿着一把桃木剑，桃木剑上一道符。看见来人了，他的符在蜡台上点一点，烧起来。惧留孙又不知道，骑牛冲过来的时候，看见在小台子的面前有像足球这么大小，一共有一百只眼睛，叫百眼煞，滚来滚去。惧留孙觉得这个东西倒蛮好玩，手里拿个云帚一运法，云帚的毛全竖起来，竖直，对准百眼煞戳上去。没想到戳他这个百眼煞，上他的当，地突然裂开，惧留孙连人带牛跌下去，跌到下面。

地皮的深处有条火龙，最近多天不曾吃东西了。正在肚子饿，现在一看，下来一个大块头，喔唷有吃头。外加还带一只大的牛。因此嚯隆看准方向，嘴巴一张，火喷过来，烧得惧留孙浑身衣裳全烧着，惧留孙跌下牛背，借土遁逃，一面逃一面觉得痛，惧留孙想，要痛死完结！一路逃到西天佛国，去求如来给吃点止痛药。当他到西天看见如来佛，如来佛一看，啊呀这个大块头尴尬了，热毒马上要攻心。还有多少时光生命呢？嘀嗒嘀嗒，还有二秒钟，惧留孙就要痛死。不让他说话，一把抓住他的肩膀，拿这个长长大大的惧留孙，塞到旁边池子里去浸一浸，浑身的热毒全部都洗光。但是有个缺点，他皮肤上的头发、汗毛、眉毛……全部都去光，所以后来封神榜结束，他是弥勒佛。弥勒佛的两条眉毛不是生出来的，是用杨柳树的树枝，烧焦之后画出来的，画眉毛就是弥勒佛行出来的。

热毒清好以后问他："怎么回事？""我去破火龙阵，险些烧死，请佛爷借一件法宝，我去降服这条火龙。""用不到降服火龙的法宝了，这里有只金刚圈，天亮之时，你一定要赶到东海，丢下去，如果迟到的话，整个地球要毁灭了，快！"

拿起这个金刚圈，惧留孙驾起云端，哈哈哈……赶到东海。天将要亮、太阳要出来的时候，这只金刚圈丢下去，正巧丢在这只犀牛头上。怎么一回事呢？因为惧留孙的人借土遁逃走了，这只犀牛逃不走。火龙一看逃走个大块头，不要紧，牛也好吃的，这只牛有吃头啦！呵，这火对准牛身上喷上去，独角犀牛木熏熏，觉得这个火倒厉害，怎么办？这条独角犀牛鼻子下面有两条须，一条须通到太平洋，一条须通到大西洋，将太平洋、大西洋两洋的水浇灭这点火。浇灭之后，火龙想，我的火所向无敌，有这么多水，这只牛厉害的！和这只牛斗起来，独角犀牛一只角呀，突然一撞，撞在龙头上，火龙被他撞死。龙死之后，这头牛觉得蛮累，喘口气之后，从地球里钻出来，正好是在东海。看见太阳就想出来。想不到它一出来，太平洋、大西洋的水就要一起带到东海，这样水一涨，整个世界就要发洪水。所以当它刚刚穿出来的时候，金刚圈正好下来，阔落，套到它的牛头上，弄在它头颈旁的肩膀上。黄牛没有肩膀，犀牛有肩膀，压住肩膀之后，头在地球外面，身体在地球里面。看见太阳它就要爬，一爬这个地球就要转，转一圈，一日一夜正好一天，24个钟头。转两圈就是两天，365圈转下来，正巧一年。转啊转啊转，转到现在地球还在转，不会停转的。关键就是《封神榜》里弥勒佛的坐骑，这只独角犀牛在起作用。它在里面爬来爬去，地球就转来转去转到现在。

回想起虞文伯老先生他创造这段故事，哪本书里看来的？不知道！只觉得他这个故事情节合乎现实主义，更合乎浪漫主义。

在听潘伯英艺术报告的时候，介绍这老艺人的目的，就是要你学会如何去编书。受了这些启发，现在到了朱介人这个小组里，常常幕表制，要你自己加工的。一部一部中篇演下来，逐渐逐渐有加工编书的机会，编出来的一定要有书味道，有书味道有人听，没书味道的，听了一遍没人要听了，犟都犟不转。

在苏州演出整一个夏天，有十几个早场。几乎是场场客满，人家觉得奇怪，文艺界的生意难做,怎么评弹日日客满,场场客满?关键是上海团在上海演出,苏州没有人来演出,我们正好填补这个空当。演出之后,我们这点人不散,到码头上去演,有点什么地方呢?杭州、硖石、嘉兴、湖州,散了之后,明年打算到上海演出的,分手的时候讲好,明年3月份集中到杭州先演一演。演好之后再到上海去演。

散了之后,大家到码头上去演自己的长篇。过了年档之后,到了3月份再集中,集中到杭州,先把上海要演出的中篇,在杭州练一练。练好之后,1954年再做上海。一做上海之后,还不错,我们这点人仍旧不散。苏州市文化局承认我们是归苏州市文化局领导,因此到上海来演出,打出的旗号是,"苏州评弹实验组"(苏州市评弹实验工作团),组长朱介人,副组长邢瑞庭,一共是十几个人。十几个人到第二年再进上海,做的场子不是第一年的了。第一年我们做的是沧洲、东方、红星、新华,这些中型书场。在1955年到上海做的不是中型书场,都是七百五十个位子的大书场,住是住在大沪书场,演出是以大沪书场为主的,夜里有两家中篇。大沪换新成,都是七百五十个位子。做到后来再调到仙乐做夜场,基本上这点中篇都是客满的。这么一部一部中篇地演,给我一个极大的机会,就是编书的实践机会。

就这样我们一共演出了两年半的中篇,在这两年半当中,我学会了三弦、琵琶和弦琴,这一些乐器学会之后,对演中篇方便了不少。

1955年演好回到苏州,苏州的领导讲:"是不是不要两家,苏州变一家?"就是要我们并进苏州团。在组里面,大家是拿工分拆帐的,团里拿固定工资。这么一来他们都并进苏州团,我没去。因为我当时有困难,爹生了绝症——结肠癌,在上海中山医院,肚子上开了两刀,没开好,做一个人工肛门,要用钱,欠了一身债。当时进苏州团的时候,给我多少工资呢?二块四角一天,七十二块钱一个月。我就说:"我欠了二万块钱的债,到什么时候才能还清,参加团是要少拿点。这样,你们先去,让我在外面还掉债再来。"所以我没进苏州团,就和龚丽声一起做上海了。

在1955年底,严雪亭来找我,要我到汉口去演出。因为汉口有场子叫民众乐园,像上海的大世界。民众乐园的头头是上海人,因此他觉得在武汉有很多都是南方人,评弹去肯定有人听的,就到协会和严雪亭碰头,严雪亭来找我,我说:"我和龚丽声去,是不是再请一档小书?"他说:"有。""谁呢?""我的学生叫张丽君,正巧刚刚和丽芳分手,一个人,你们一起去。"去是包账,民众乐园给我们每一个人一百二十块钱,是比较低的,但是这个地方应当去,为说书开辟阵地,严雪亭非常重视这件事。

我和评弹团的副团长李庆福碰头,他也和我说:"伲一定要把这块阵地占领下来,伲需要点什么?"我说:"我需要点新的短篇。"他说:"你到评弹团来,我给你。"我去了评弹团,用不到我去抄，他们全都写好了。给了我几个短篇：《王崇伦》《空军英雄张积慧》《黄继光》《一锅稀饭》《孟老头》。这一些短篇都是评弹团无私援助给我的。

之后，我们就一起坐轮船去汉口。这个码头从没去过。一问才知道，在船上十足要待两夜三天。在十六铺码头上船，和张丽君从来没有合作过，她问我："你会不会弹三弦？"我说："会弹，在苏州组里学会的，非但会弹，还能唱几种调，'沈薛调''蒋调''张调'都会唱。"她说："这样，你们大书是两个人拼双档，我说书一个人单档，是不是太单调，我这个书容易的，拿点本事出来，我和你拼一档吧！"我问："你说什么书呢？""《金玉奴棒打薄情郎》。"金玉奴她起，薄情郎我来演，就在船上排书。我说惯了大书再去说小书，只觉得这个小书很省力。

1956年春节前一天，大年夜的上午到了汉口。码头上的喇叭里再叫："上海评弹协会的演员们，现在民众乐园有人在码头上来接你们，请你们马上到码头上来联系。"我就让张丽君、龚丽声在船头等一会儿，我先下去。下去后我问："哪一位是民众乐园来的？我是上海评弹协会来的。"来人说："我就是。"因为来的人身上穿一套旧的中山装，而且这些布已经褪颜色了，我又不认识他，以为是民众乐园的职工。一到船上，我就说："这两位是跟我一起来的，是不是两件行李你帮我搬到岸上去？"当时我不知道，这个人不是民众乐园的职工，他是武汉市文化局艺术科的科长！我也糊里糊涂叫他搬行李，他"噢！"了一声，就搬上去了。要坐三轮车到民众乐园，先到亭子里，讲好价钱签个字。我们上三轮车，这个同志自己有自行车，一起到民众乐园，安排我们住下来。吃饭有食堂。

在民众乐园里，看见一个飞车走壁的叫蔡少武，和我们同时一起进的场。发来招待票叫我去观摩，我和张丽君一起去看了看，哎，真不错。安顿了之后，我就和民众乐园的负责人说："我们一起来三个人，不是剧团，因此舞台上摆乐器、搬台子，要请一个帮手。这个在我们上海的规矩，都是前台解决的，不是我们后台解决。"他们同意。派来个老同志姓荣，叫荣少发，是在食堂工作的。日子一长，比较熟悉了，我就问："你在食堂工作，一个月拿多少报酬呢？""二十七块七角。"我想，怎么汉口的工资比我们上海少得多了，我们上海的书场职工，不会一个月只拿二十几块钱。他就问："你们一个月拿多少钱？"我说："一百二十块。""是三个人一共一百二十块？""不是，一个人一百二十块。"

年初一开场，这个场子挤满八百人，已经是满了。上头一说，下面哈哈哈在笑，笑点什么？都是汉口本地人，一句也听不懂。一面笑一面站起来走，这些人走出去以后，正式来听书的人，原本挤在外边，等他们一走，真的听客进来了。说下来效果蛮好。怎么说的呢？第一个是张丽君唱开篇，龚丽声给她弹弦子，第二回是我和张丽君拼的《金玉奴棒打薄情郎》，第三回是我和龚丽声再到外面说一回大书《水浒》。

说下来之后，有听客和我说："你们来，不应该做这里的场子，因为这里在三层楼。民众乐园像上海大世界，它三层楼的房子，比一般五层楼的房子还要高。听书大部分都是年纪大的人，因此要走三层楼，感觉非常累。而且在这副书场的旁边，有一家吹大喇叭，砰嚓嚓，跳交谊舞，环境也是不好。最好你们是不是搬出来？搬到法租界，在江岸车站旁边。"

我就先去看了看，一看在模范市场里面有两副场子，一副大的一千六百多个位子，对面一副小的，叫江汉剧场，八百多个位子。看过之后，我就去和文化局说了："是不是我们一月满了以后，准备搬到外面去演出一个礼拜。""要到哪里？""模范市场一副小的场子。"他们打了电话联系好之后，说："可以的。"我就到江汉剧场和经理碰面，很巧，这经理不是湖北人，是浙江湖州人，懂听书的。他问："要不要登报？"我说："登什么报呢？""湖北省的省报《长江日报》，但是广告费非常贵。"我说："我们用不着登省报的，因为整个湖北这么大的地方，又没有几个人来听书的，我们只要汉口知道就可以了，汉口有没有报纸？""汉口没有报纸的，但是你要登广告，我们每个路口都有广告牌，将你们的名字和书目印上去，要花一定的费用。那么你们呢，上海是怎么做广告的？""写海报。""我们场子里有人能写海报。""这样，也不去花广告费，就买上一百张油光纸。"买来以后就写上去。

这个时候已经不是三个人，张丽君有个妹子叫张丽萍，原来和周玉泉拼双档，现在分开了，知道姐姐在汉口，就也要到汉口来。张丽君和我一说，我说："蛮好，四个人热闹点。"这样就是写四个人的名字。约好日子，我们到长江边上轮船码头去接，接到张丽萍，一起回江汉剧场。

这个场子里的账怎么拆呢？场方和我说："你们后台拿六成，前台拿四成。"我觉得已经拆得蛮大了。因为在江浙两省是我们拿四成、前台拿六成，但是有个规矩，场方拿了六成以后，要负担我们吃、来去的车钱，老先生行出来的规矩，叫四管：管吃、管住、管接、管送。现在倒过来，我们拿六成。他去向文化局报告，没想到吃到批评，文化局埋怨这个经理："你们不能欺负人的！他们从上海来，不懂这里的规矩。"原来他们这里剧团演出拆帐的规矩是，后台拿七成二，前台拿二成八，他们拿我们当剧团的待遇。

这样就要准备开书了。开书之前有个听客来找我们，说："你们在这里异乡客地，吃饭怎么吃呢？民众乐园里面有食堂的，到外面没有食堂的。"我问："怎么办呢？""就在你们剧场隔壁，有幢石库门的房子，和你们上海的房子一样，有家人家宁波人，婆媳两人都喜欢听书，你们就到这家人家家里去吃饭吧。""钱怎么算呢？""五角钱吃二顿，中饭连晚饭。"好，这样就去吃了。这家人家一排筒厢房，一共四间，婆婆烧小菜，儿媳妇把菜饭送上来。吃下来我就和张丽君说："两顿五角钱出得太少，照这点饭菜，我们每人再加一倍，出一块钱，也应当说便宜的。"张丽君比较好说话，她说："你做主好了。"所以等到快结束了，我到百货商店买了点床上用品，被夹里、床单、枕头套等,送给她们作为弥补她们的损失。

　　说书因为多了一个人,比较调换得出。头档张丽君、张丽萍《琵琶记》,二档龚丽声、沈东山《水浒》,第三档是说我曾经在苏州说的中篇,这点中篇我都记得,因此一个中篇,就是四个折子。有时候是三个档,有时候是四个档。卖多少票价呢?四角,在礼拜六晚上开场。意想不到,一百七十多天汉口没下雨,突然之间这天晚上下大阵雨。书场的经理和我说:"这场雨一下,要下掉很多人。"我说:"这个叫天缘,没办法的,让它下吧。"结果拉开来一看,还好,八百个位子,卖掉四百几十个位子。到明天礼拜天,加一个日场,夜里仍旧夜场,这样三场下来,我们四个人分到多少呢?比民众乐园一个月还要多,每个人分到一百五十块。当时没有经验,就应该好好这样演下去,他们演出科的科长也来看我们演出,看了以后说:"是否你们在这里演出再延长二个礼拜?"我说:"不成,因为下脚我们已经接好了,到无锡的明园书场,以后有机会再来吧。"其实我外行不懂,现在这里是现成的,在无锡赚不到这么多,应当连下去,情愿回掉无锡。之后才觉得汉口的听客非常热情,下这么大的雨,有的听客告诉我,他是坐了船,从武昌摆渡过来,到这里来听书的,所以叫"饿煞书场"。到这类书场演出,既听客热情,又赚得着钱,错过这个机会,后来想想蛮后悔。

　　之后回来,到无锡明园书场演出,搬到无锡市工人文化宫,再演出十天。在无锡演出的当口,我生癌症的父亲去世了。正好在交换的时候,中间有一天休息,我回上海处理丧事。

　　回到上海演出,碰到了李庆福。他知道我们在汉口演出的情况蛮好,和我说:"你们再考虑考虑,是不是再去一次西北?""西北什么地方呢?""从郑州开始,洛阳、西安、兰州。因为这些内陆城市,上海有不少店都搬过去,有些厂也搬过去,特别是兰州,南京路上的店都搬过去嘞。比如太昌公司、信大祥,等等,搬到兰州有四十几个单位呢!是不是你们也去这些地方演出一下?因为搬过去的这些店的上海职工,写信到上海文化局,说:'我们远离故土,到西北兰州,支援祖国的建设,但是最伤脑筋,听不到家乡的乡音,是不是请你们上海文化局派点评弹过来?'"

　　李庆福这么一说,我就去和张丽君、张丽萍说了:"是不是老搭档,仍旧我们四个人,因为我们这点书都熟了,用不到排书。"没想到张丽萍提出:"四个人当中要评一个主要演员?""主要演员谁呢?""我姐姐。"当时我们没有办法接受,说书有什么主要演员、次要演员呢?大家开口见喉咙,心里都清楚。所以一谈到主要演员的事情,龚丽声跳起来,坚决不同意!所以只能作罢。

　　之后我去找了余韵霖、张文艳、马振华、马小虹。本来四个人,现在变六个人,六个人而且是生手,所以先在杭嘉湖地区找点码头,先去练习一下,练习些中篇,练好再去。这件事情我终身后悔,其实当时张家姐妹已经软下来了,我应该回掉余韵霖他们,不应该去回绝张丽君、张丽萍。到外面去六个人坐起来,还没四个人来得讨巧。四个人行李比较少,而且拆帐是四分开,六个人是行李多了,人也多了,拆帐拆大了。特别是龚丽声脾气不大好,碰到个张文艳,又喜欢和别人吵架的。这两个人一到码头,吵一个码头。我们劝架都来不及!所以是终身后悔!呵呵,一个人在世界上,有的事情做对,有的事情做错,这个事情应该说是做错的。

从上海出发到郑州,住在国棉四厂。演出在厂里,因为里面有不少喜欢评弹的票友,帮了我们不少忙。郑州结束后到洛阳,洛阳是在剧场里,在我们来之前演出的是四大名旦的尚小云,他演好我们接上去。演好之后要到西安,我就让他们在洛阳先演下去。我要先去一次兰州。因为我们和她们说好,在西安碰头,我先跑一次兰州。

我先去了西安,落实好场子,坐火车到兰州。西安上火车是半夜十二点零三分,到兰州十足二十四个小时,第二天晚上十一点五十七分。据说兰州比西安要冷很多,我带个小包,包里棉袄、棉裤,还有件短的大衣,一到天水就感觉冷了。衣服一件件加上去,等到兰州,一包裹衣服都加在身上。

出火车站,东南西北我都不认识,就叫了一辆三轮车。我想,先进城再说。上三轮车,我问:"进城什么价钱?""到了再说。"我赶紧跳下去:"怎么好到了再说?要说了再到!"没坐三轮车,就想附近先住下来。看见三个解放军在寻旅店,我就跟着这三个解放军走。跟到一个招待所,解放军住进去,我拿出证件,也住进去。一晚上一块二角钱,能洗脸、洗脚、洗澡,都可以。

第二天天亮到食堂里吃好早饭,我去打听如何进城。他们说:"一个兰州城非常大,进城要到什么地方呢?"我说:"要到上海搬过来的一家绸缎店——信大祥。"告诉我坐什么车子,一角钱。根据他的指点我找到进城的车子,花一角钱,进城到信大祥。

到楼上找到工会。告诉他们:"我是上海评弹协会,严雪亭派我来的。"蛮好,他们的支部书记、工会主席都来了。我说:"我对兰州的东西南北都弄不清楚,只能来找你信大祥,因为信大祥是上海搬过来的。""好的,好的,你住在什么地方?""刚刚到,住的地方还没定呢?"柜台里的人就说:"你要住的地方,就跟他去好了。"指指旁边的一个戴眼镜的矮矮胖胖的同志。我一问,他说他是上海药材公司派到兰州、常驻在兰州的一个采购员。我问:"你尊姓?""姓董。""住在你这里方便吗?""方便的,我开了间长期房,你房间也不用开,在我房间里加张床,只要五角钱就可以了。"我想蛮好,就跟他到他住的地方住下来。

之后信大祥特意派了一个职工,带我先去商业局。谈到演出场地问题的时候,商业局说:"场子问题你用不到找文化局,我们商业局有场子给你演出,而且这个场子非常好。最最热闹的地段，在市中心的城隍庙，现在是工人俱乐部。"这个庙好比上海当年南京路上的红庙，热闹得不得了。他们带我去这个地方看了一看，两个殿，外面个殿大点，可以坐八百个人，里面个殿小点，坐满六百个人。我说："我只要小点，六百个人的够了。"

然后他们带我去文化局。一谈下来，文化局不希望我们去。咦！怎么有这种事情的？说来说去不可以。我说："我不要你们场子，我自己来找。""你自己找到场子也不好来演。"一面上海的听众要我们来演，一面此地的主管部门不给我们演，这怎么办？有理讲不清了。

回来的时候，路过兰州市人民政府。我身边有封盖着上海市文化局民间艺人管理科一方印的介绍信，毛笔写的。凭这封信到门上，我说："找你们人民政府主管文艺的人。"出来一个同志，把我带到里面办公室坐下，问我怎么回事儿。我就告诉他："我搞不懂你们兰州文化局。"他说："他们不希望外地文艺团体来演出。"我说："我觉得奇怪了，你看报纸上的广告，兰州市话剧团在我们上海长江剧团演出，你们兰州的剧团可以上海演出，我们上海的剧团为什么不能到兰州来演？所以我想不通，来找你市领导。"他说："你把你这封介绍信留在这里，明天这个时候，你再来听回音。因为现在在反'右派'，紧张得不得了，我要向秘书长汇报。"

回来以后，就住在药材公司采购员开的旅馆里。这个采购员也喜欢听评弹的，吃好饭以后，我就说点书给他听听。他听得喜欢得不得了，还带我出去四面兜兜，熟悉下环境。

第二天我再去听回音，市政府的人告诉我："已经向领导汇报过了，秘书长已经和兰州文化局通过电话了，现在你去找他们艺术科，一个空军转业过来姓王的女同志，王科长，好演不好演，碰面之后她自会告诉你。"

这样我到文化局，里面正在斗"右派"。我坐在外面等，等到里面休息的时候，科长出来："什么事？""我是上海来的，市政府的同志让我来找你。"她说："这个事我们要向局长汇报，局长在外面开会，你是不是明天来听回音？局长说好，你们就演，局长说不演，你们就不能来。"

等到再明天，我去听回音的时候，办公室里正好在打电话。打给信大祥，说："要找上海来的，上海评弹协会的同志。""哎！"我说，"你们用不着叫了，我已经来了。"她告诉我："已经汇报过了，局长同意你们来演，但是你们来演出所有的事情我们都不管，要你们自己负责。"我说："王科长，我当然自己负责，正因为负责了才来的。这么我上海职工支援内地建设到这里来了，我们是因为上海职工的来信，评弹协会的主委严雪亭才派我们来的。"她这才告诉我，在我们之前来过一个上海金山沪剧团，结果没有人看。回去的盘缠钱都没有，还是文化局给他们买火车票，所以兰州市文化局不要外地剧团来，恐怕又要麻烦他们。我说："这点王科长你们放心，他们是唱沪剧的，我们是唱评弹的，派我们来的严雪亭是评弹协会的主任委员，我们的协会是最有钱的协会。我们演员在外面万一弄僵，一个电报三千五千，马上汇过来，有后盾才敢来的。这次来，不是走你们一家啊，是四家：郑州、洛阳、西安、兰州。"她说："既然如此，你们找到场地了，就去商业局吧。""好的。"这样回到商业局。

来一个《兰州日报》的记者找我，说："你们是不是能写一篇文章，宣传下这次的演出，我要在《兰州日报》上登一登。""噢。"我回到西安和其他演员碰面之后，余韵霖说："我来写。"写好之后寄给他，《兰州日报》上就登出来了。

等西安结束之后，我就到了兰州。在过去的城隍庙，现在的工人俱乐部，这个时候外面的殿有一个北方的杂技团体，还有变戏法什么的。里面的殿是我们评弹。他们先开场，有不少来听书的听客，会到外面先去看看。他们就来提意见："买了评弹的票，全来看我们杂技，怎么可以？"我说："我可以在台上和听众打个招呼，尽可能不要让他们来干扰你们。"他们的意思，是想要这点听书的听众也给杂技出点钱。我说："不成的，他们是来听评弹的，南方曲艺和北方曲艺是两桩事情，爱听南方曲艺的，不要看北方曲艺，爱看北方曲艺的，不要听南方曲艺。"他问我们："你们南方的评弹有多少从业人员？""二千。在上海每天的书场听客，超过越剧。""噢，原来如此。"

我问俱乐部，这里的拆帐怎么算？他们说："演完再说。"信大祥的同志和我们说："你放心，不会乱来的。"演出的时候票价卖四角，三回书，再加一回中篇的分回，四回书，一共三个小时多一点。也有听客议论，说："这点人在上海卖一角半，怎么到我们兰州要卖四角？"也有个别的听客说："喂喂，帮帮忙，上海到这里不要坐火车，买火车票啊？卖你四角也已经是大便宜了！"

演出下来，效果非常好。有那么多上海的单位搬过去，第一、二、三个晚上，几乎场场客满，都是上海听客来捧场的。到最后快结束，兰州有个越剧团，是上海支援过去的，唱小生的尹树春，还有高剑琳、田春芳等，他们也来听。最后我还送点票到兰州市文化局和兰州市政府文教办公室，文教办公室的人来听的，听完之后说："想不到你们上海的曲艺有那么多听客！"

演完之后，我一直心不定，因为收入这么多，还不知道我和前台的拆帐到底怎么算呢？最后一天，他们买点干果、糖果、点心，开一个欢送会送我们。俱乐部的主任说："想不到你们这些上海同志来了以后，有那么多上海职工到我们俱乐部来，我们觉得非常开心。收入应当说也不小，不过我们文化俱乐部，不是一个营利性的单位，因此所有的收入，我们前台一分不收，全部给你们后台。"拿到这么一笔钱，真是不少了！在江浙两省赚不到这么些钱的。就买点西北的土产，张文艳买一条银川来的毛毯，二十九块钱。我买一套全羊毛的藏青色的中山装，外面再做一件大衣。张振华的母亲有个毛病叫肝阳，要吃一味药，叫羚羊角。我说："便当，药材公司的采购员在旁边。来来来，买只羚羊角。"领到药材店里，一只羚羊角哪段好他知道的，一刀下去，后面一段里面有根骨头的，前面一段没骨头的，全部都是羚羊角，这叫羚羊尖。如果现在买这样一只羚羊尖,没八千到一万不会卖给你的,在当时卖给张振华六十四块钱,张振华拿到这只羚羊尖,开心得不得了。

整个西北的演出,来去是三个月,这三个月的演出,应该说影响不小。在汉口演出的时候,汉口的电台让我们去录点音,印象最深的是我和张丽君录的一回《王宝钏母女会》。我演的老太太,她演的王宝钏。薛平贵去打仗,王宝钏一个人留在寒窑里,苦得不得了。干柴十担,老米八斗,吃光了,老太太知道,就经常派佣人送柴米油盐来。又来探女儿,母女见面,里头有些唱词,我和张丽君唱下来,都觉得说了这么些年的书,这一回说得最好,动感情的。张丽君也说:"你的弦子弹得比严雪亭好,点子清,滚得圆,外加托起来,唱得人感觉不吃力,非常舒服。"这次在兰州的甘肃人民广播电台,也录了很多音。我问:"你们以后这里的电台里有没有评弹的录音?"他说:"有,但是极少。都是每年各地人民广播电台要开一个交流会,你这里的电台没有,而我这里特别多,就和你交流。这样交流来没几段评弹,而且没有你们这样精彩。"

为我们的评弹事业做了这些工作,一次是汉口,一次是西北,这两次出去,人是非常开心,又开了眼界。

回上海之后,我和龚丽声继续拼双档演出。他一直不肯离开上海,场子越做越小。你不肯离开上海,我不够开销了!我为了父亲的病欠了很多的债还没还清。没办法了,我只好提出:"和你分手吧!因为我不够开销。"分手之后,他做他的上海小场子,我到外面一个人去做小码头,接了江阴地方的一个小码头叫北国。因为以前去做过,老板和我非常要好,和我说:"随便什么时候给我来封信,随时可以到我这里来。"所以想先去做一段时间再说。

联系好码头,碰到周剑萍。他问我到什么地方去?我说:"出码头到北国。"他说:"不要去。我最近成立个第九组,是不是你帮我一起到第九组里来搞搞?北国你回了吧。"我拍个电报给老板,说我现在参加第九组,不能到你这里来,以后再补吧。所以没去。

在1956年,我跟着周剑萍参加第九组,霹雳火箭参加演中篇《啼笑姻缘》。所以书坛阵容表上,我的名字是临时加进去的。在第四回书里,《西山刺刘》给我个脚色,关秀姑的爹,关寿峰。参加了之后,第九组的生意蛮好,下来到嘉兴、杭州。

之后分开演长篇,我和黄静芬一起到硖石,演出下来都不错。接下来我到了苏州,碰到一些老同志,一个老同志叫陈剑青,以前一直住在同一间房间里,私下关系比较要好。当时并进苏州团的时候,他的工资是拿到一天一块一角,下手是他老婆,叫严蝶芳,下手拿九角,夫妻两个人拿两块钱一天,一个月两个人工资六十块钱。碰到我,陈剑青就问了:"你现在帮周剑萍这么搞搞,一天能不能拿个五块钱?"我说:"红林啊(他小名叫红林),我拿多少你别问,我也不能告诉你,一告诉你,怕你思想上要波动。一波动你要闹情绪,苏州团要来找到我的啊!"他问我一天拿多少钱，我为什么不能告诉他呢？当时在第九组里，一天能拿四五十块钱，一个月拿一千三四百块钱。因此我这身债，没几个月全还清了。

到第九组的，还有张如君、刘韵若、王再香、余红仙、朱少祥、朱幼祥、程美珍、张玉麟、张丽英、黄静芬、顾又良，后来又来了李伯康、徐绿霞。这么些人演中篇演不过我，为什么呢？因为他们刚刚演。我前几年在苏州组里已经演过几年中篇了，所以我在第九组里起了极大的作用。同时在第九组里，胆子大，不是改编一回书，原来的中篇，我和周剑萍两个人一起改，照样客满。

我1955年秋天参加第九组，1956年的年档做上海大沪书场，一口气要做半年，白天做长篇，夜里做两个中篇。第九组里第一个中篇《啼笑姻缘》，第二个叫《华丽缘》，第三个中篇《盘夫索夫》，接下来《白罗山》上下集。演出的时候大沪书场三层楼有宿舍的，因此张如君、刘韵若、张鹤龄、张丽英等人就住在大沪书场。整个大沪书场的休息室，就好比我们办公的地方。

有一次上下档轮流上台演出，还没上台的时候，朱少祥跟我说："沈东山，你演的中篇在台上效果蛮好，看来你能成为说中篇的大响档。"当时我心里咯噔一下，演中篇，一些老演员，李伯康、徐绿霞、顾又良、黄静芬等人演不过我，因为，之前我参加苏州组的时候，演过两年半中篇，他们演惯长篇，从来没演过中篇，所以演不过我。今天被他这么一说，我是中篇大响档，我就回想起在集训班里，潘伯英曾经讲过："说书长篇是主业，中篇和短篇只能是副业。"而且他还单独和我说过："说书说书，最要紧就是这部长篇的书！因为从当初1776年王周士创办光裕公所，到这时已经一百七十几年了。这些年里出现的这些响档、名家都是靠长篇，唱中篇和短篇根本成不了名家。"我自己总结了一下，自己说书的这四年里，大部分时间在演中篇，小部分时间在说长篇。啊呀！我的方向不对，路是不是走错了？我离开老师的时候，半部《水浒》，四十二回书，到现在我仍旧半部《水浒》。因此我去和我老师说，要补书，书太短。我的老师是好人，听见我这个学生要补书，说："你来吧，是不是就住在我家里？排书比较方便。""好的。"我就住在老师家里。

老师的生活习惯和别人两样，天不亮就要起来。吃两碗泡饭和酱瓜，外面的点心从来不吃，哪怕是大饼油条。我就跟着他的习惯走，他天不亮起来，我也天不亮起来，他吃泡饭，我就喝点白开水。然后两个人就出崇德路佩福里，到延安路转弯，一直朝西走。公交车他不坐的，天天上班他靠两条腿，走六站路。一直要走到延安路陕西路口。老上海评弹团，当时和上海杂技团共用一幢老洋房。一路走一路排，到团门口，他说："够了，这点有一百分钟了。"他进团去开会，我就回来，自己脑子里整理整理。

下午接的场子是在城隍庙里的春风得意楼，客满能坐三百二十人。说来奇怪，一开始我说的是从前的熟书，倒没客满。到后面老师排一回我说一回的生书，倒客满了。从《段景住盗马》，到《活捉史文恭》，十足排了二十八回书，连前面的四十二回，一共是七十回书，这部《水浒》的家当应该说是不小了。我到外面去演，可以分开来做，白天说《智取生辰纲》《杨雄开肉店》《大闹翠屏山》《三打祝家庄》《时迁盗甲》《大破连环马》，这里三十几回书，夜里《武十回》《宋十回》《三打曾家寨》也有三十几回书，这样说说书不算少了。

到1959年，政治越来越宽松，以前禁掉的八部书，一部一部都可以说了。这一年我的老师退休，他来找我，说："现在《七侠五义》可以说了，你安排个时间来我这里排。因为《七侠五义》比《水浒》讨巧，容易说。"好，我就去排了。当时我接了玉茗楼书场的头一档，五十分钟一回书。上午老师排给我，下午我去说，现吃现吐。第一天去说，五十分钟说完，下面一档朱雪玲、赵开生还没来呀！这下尴尬了，老师排给我的五十分钟书都说完了，只能东拉西扯，说了十来分钟，总算两个人来了。我说："你们怎么晚点了？""三轮车断链条。"从此以后我总归多排五十分钟，肚子里有一百分钟就不怕了。排到后来，一口气去演四个月，到《团城擂台》结束。《大破铜网阵》先生没排给我，只告诉我是三十八个人上冲霄楼。第一个上冲霄楼的是隐侠谷云，到底具体什么内容，我不知道了。后来先生将他一部书全部写下来，交给评弹团。他给我的这点内容，我的先生笔比较快，全部都写下来，"文革"的时候交上去，一直到"文革"结束，没有还给我，想想蛮可惜。

一说《七侠五义》，我《水浒》就逐渐不说了，因为这两部书不能比，说《水浒》日夜三百个人，要出两身大汗。说《七侠五义》日夜一千个听客，汗也不出一滴，因为它书性实在好。开书就断几桩案子，老太太、小姑娘都要听。一般说大书，女听客不太多，这部《七侠五义》女听客特别多。

举个例子，刚刚开场，白玉堂三试颜仁敏，两人拜兄弟。颜仁敏到了东京，身上背了一条人命大案子。事情被白玉堂晓得，调查下来是冤枉的，因此他到开封府包公床上，留张帖子插把刀，叫寄柬留刀！这样包公接触这桩案子，把犯人从祥符县调到开封府。颜仁敏是冤枉的？是。谁冤枉的？自己冤枉自己。为什么呢？如果他要老实说的话，害表妹金蟾抛头露面逼上公堂，我不能害她了，要害就害我自己吧！因此到开封府堂面上，包公问："那个丫头怎么死的？""被我掐死的。""是被你掐死的？""对。""那你行凶的时候哪只手行凶的？"颜仁敏举起右手："这只手。"包公："来，给我验手。"为啥验手？凶手凶在手上，因此要验手。因为当时丫头是被凶手一把捏住喉咙掐死的，留下来的手印，当时的仵作记录都有，掐死她的这只手七寸三分大，现在验下来，颜仁敏的这只手比较小，只有六寸六分，不是这只手，是冒充凶手。在黑面孔的堂面上，你是凶手要赖，赖不掉，不是凶手要冒充，冒充不了。包公就问："颜生，你没搞错是你掐死丫头的？""是我。""那你掐死丫头的时候，是在丫头的左面还是右面？当时你的面孔是朝东，还是朝西，还是朝南，还是朝北？给我讲！"这下尴尬，不是他掐死的，他怎么搞得清楚？问的这些口供，叫出乎意料之外，在于情理之中。为啥《七侠五义》卖座，就卖在这里。

在排这些传统书的同时，我电台里播音的《林海雪原》没丢掉。因为当时我脑子里就想到，说新书是大势所趋，所以我一面在补老书，另一面在文化宫里开《林海雪原》。当初在电台里播音，效果看不见，一到书场里，就需要听客口袋里挖钞票来听你的书，好听他就来，不好听他就不来了。没想到说《林海雪原》，做一副场子漂一副场子，做一个码头漂一个码头，在这条暗弄堂里，十足要摸索一年。我一直在思考，我说《七侠五义》为什么有人听，说《林海雪原》就没人听了呢？《七侠五义》里，上半部抓个花蝴蝶抓了五次，下半部抓个白菊花抓了十次，横也抓竖也抓，抓来抓去抓不住，听客喜欢听。到了《林海雪原》也是抓人，杨子荣抓一个小炉匠，第一抓就抓住，没关子了，下来就没人听。是不是我应用传统的技巧？一抓抓不住，二抓，二抓抓不住，三抓……也连抓五抓，这样一改，逐渐书就有人要听了。像陆耀良、张国良、汪雄飞、张少伯他们说《林海雪原》，只说一段《威虎山》，我和他们两样，我前面还有一段一百分钟一回，共九回的《奇袭奶头山》。

说《林海雪原》的材料单单靠一部小说不够，因此我到图书馆找资料。在找资料的时候，无意中看到1959年9月《人民文学》上面有一篇文章，文章的作者是奶头山人民公社的代表，叫孙大德，文章是他在出席全国群英会上的讲话。他讲的不是人民公社，他讲的题目是《忆战友杨子荣》。我一看就知道，孙大德就是小说里的孙达得。他讲的什么内容呢？他说："我是东北农村里的一个青年，十七岁参军，上面派我到一个侦察排，找侦察排排长杨子荣，听说这个排长是山东来的，在他身上有很多传奇色彩的故事，游击打得非常漂亮。"所以找到侦察排，在门口说："新兵孙大德前来报告。"里面答应："进来。"进去一看，炕上一个人在缝袜子，最后一针缝好，线脚咬断，这个人下炕了，和孙大德面对面，伸手跟他握把手，说："我就是这里的侦察排排长杨子荣，孙大德同志，欢迎你来。"仔细看这位杨排长，身材并不高大，五短身材，三十几岁年纪，有点胡子。认识以后，杨子荣拿出两样东西来，一样是上海三友日用社出品的白色三角毛巾，还有一双布底鞋子，说："这两样东西是胶东人民让我们带给东北来，给人民子弟兵的慰问品。"从此以后就跟杨子荣一起到外面剿匪。因为杨排长是山东人，对东北的地形不太熟悉，所以他需要一个土生土长的本地人，配合他一起工作。

在林海雪原一共搞了两年多剿匪工作，当将近全部结束的时候，大部队开出去预备打大仗。突然这个时候有个老乡来报，土匪四大部长之一，惯匪郑三炮受了伤，在一个地方养伤。杨子荣得到这个消息，派一个战士马上通知参谋长，赶快带小分队来接应。自己让这个老乡领路，带两个战士，孙大德，还有一个孙小胖，用滑雪工具，从雪原上滑过去。当时雪大得不得了，到了目的地，原来的痕迹全部被雪遮没掉，老乡找来找去找不到。当时零下四十几度，怎么办呢？看见旁边有个破庙，四个人到破庙里生活，烤烤火，吃点干粮。老乡说："我到外面再去找找看。"好的。不多一会儿老乡回来说："找到了。"大家一起出来，上山的时候发现一个窝棚，三个人分开把窝棚包围住，杨子荣叫一声："缴枪不杀！"里面只听见，咔嚓，轻机枪子弹上膛的声音，表示不缴枪，不投降。杨子荣就吩咐右面的孙大德、左面的孙小胖打！手里的两支快慢机要打的时候，子弹打不出。原来在外面的风雪大，雪飘到手枪上，到庙里去烤火，这雪化开流到枪里面的弹簧里，再出来，零下四十几摄氏度，一会儿结冰了。里面的机枪扫射出来，杨子荣兜胸被打中三枪，当场杨排长跌下去，孙大德扑到他身上："老杨、老杨，怎么样？"杨子荣咬紧牙齿睁开眼睛对孙大德说："不要管我，快用手榴弹消灭敌人。"提醒之后，两个战士手榴弹丢过去，将窝棚炸开，里面所有的土匪全部炸死，看到郑三炮也死了，再回来看杨排长，杨子荣已经流尽最后一滴血，牺牲了。

当时我看到《人民文学》上的这一段大会的发言，心里非常激动。这段内容，曲波的小说上没有，毕竟曲波是团参谋长，和杨子荣当中隔开营级、连级。不像孙大德和杨子荣吃、睡、工作都在一起，所以孙大德说的杨子荣，要比曲波写的杨子荣还要鲜活。这样一来，我就经常去图书馆翻看关于杨子荣或者相同的一些材料，充实到书里去。另外书里还加了不少传统的技巧，书就逐渐好转了。

另外还有一件事，到电台去播音。当时戏曲组组长叫何占春，和我联系的一个新文艺工作者，大学里刚刚毕业出来的无锡人叫李卓明，他和我说："我们电台里有一个老记者，他是专门写评弹的业余作者，写了很多开篇，外面影响非常大，叫周行，你在播音的时候，我专门去问周行：'你听听怎么样？'周行说：'这个书里缺少传统技巧。作为评话总要有挂口、有韵白、有赋、有赞，他这里面都没。'"通过李卓明告诉我之后，我想毕竟是老的作者，说的是内行话，所以我逐渐加工，把这些加到书里去，挂口、赋、赞也都逐渐有了。

举个例子，在《奇袭奶头山》里，小分队夜里排好队伍，听邵剑波简单地动员之后，离开夹皮沟，往奶头山进发。这里加了几句赞："月明云淡天高，几颗流星闪耀。山道林海静悄悄，小分队正在奔跑。个个精神抖擞，身挂武器背包，跨过冰封的深涧，爬上崎岖的山腰。月色西沉光暗淡，奶头山已经赶到。"一到奶头山，整个奶头山的大门，是前面一个小山包，叫蜡烛台。这个蜡烛台是什么样子的呢？这个布景原著上没有，我就用殷剑虹《七剑会了因》里的布景加进去。因为了因的庙是在洞庭山旁边，太湖里的小岛，叫伏虎湾，像伏在太湖里的一只老虎。当时甘凤池寻到这个庙的时候，摆渡船摆渡到老虎脚爪上的，从老虎脚爪上翻到老虎头上，从上面望下去是老虎背心。下面这个庙非常大，有一千零四十八间房间。在老虎的后面有一条尾巴，这条尾巴是一块大石头，六十六丈高。我就将这个布景搬到奶头山蜡烛台。我说这个蜡烛台共分三层，下面一层三里路环圆，当中一层二里路环圆，顶上一层一里路环圆。当中有一只石笋，有九十九丈高，顶上有个泉眼，喷出来的泉水要一丈八尺高，因此月光底下远远一看，这支蜡烛的火敞敞亮了！守蜡烛台的就是土匪胡彪，带三十个小土匪，第五次抓小炉匠就是在蜡烛台附近抓住的。胡彪三十岁做寿，小分队拿胡彪的寿堂包围之后，杨子荣冲进去说："缴枪不杀！"胡彪不答应，拔出枪要反抗，被杨子荣一枪打在脑门上毙命，小炉匠束手就擒。这样也为后来《舌战小炉匠》种好根了，这就有书味道。

我有个邻居，上海团的张振华，经常到我场子里来听我的《林海雪原》，我在九江路永安公司后面新乐书场演夜场的时候，他夜夜来。听完之后他告诉我："听客在说，听你的《林海雪原》比《七侠五义》好听，关键就是在新书用了传统的技巧，就好听了。"

曾经我在苏州做书场，南仓桥的凤苑。说好书之后有一个白胡子的老听客和我说："沈同志，不要以为我们年纪大的听客都要听老书，不要听新书，我们不管的，只要好听的书我们都要听，像现在你说的书，我们觉得蛮好听，所以希望你多编点像这样的好书出来，让我们听客来听。"这个话对我影响非常深。我还听过苏州有位谢汉庭先生，他说的《苦菜花》也非常好听，在上海静园书场演出的时候，下面都非常要听，都说听他的《苦菜花》比听他出棄书《落金扇》还要好听。还有苏州改编的《江南红》，也好听。我们星火团有几档小书《五十一号兵站》《永不消逝的电波》，也是新书当中比较好听的书。

到 1960 年，所有的老书一律禁止，都不能说，都要说新书。有些人立刻弄起来，当然比较吃力。像我这样 1958 年就在电台播音，这部《林海雪原》我咬住不放，一直在说。包括以前演的短篇，我也不是演完就丢了，一直在演出。平时演出长篇《七侠五义》到周日停一停，说一回短篇。所以我的这点新书始终轮流在说。到 1963 年底 1964 年初，上海市曲艺家协会搞过一个活动——新书会书，其实就是会演，要检阅一下评弹界的新书。我参加这次会书时，就在长篇里挖一回《三试杨子荣》，到会书结束，节目组小结的时候，我这回书被重点表扬，因此曲艺家协会还给我这回书出单行本。

在 1958 年春夏之交，"整风运动"已经到了后一阶段。在破除迷信、解放思想的指引之下，我开始自己写作品，第一个是《火焰山的四十天》，写好以后交到组里，辅导员是市文化局人事处派来的，他说："你是不是先在组里演一演，让二十几个人先听一听？"我就演了。在短篇的结束，我编了几句韵白："火焰山上都是宝，遍地钢铁和玛瑙。地处边疆人烟少，几千年来无人到。共产党解放了全中国，勘察队员到处跑。他们一边跑一边叫：'火焰山，祖国的宝，快献宝，为社会主义建设立功劳。'"这个作品演好以后，两个老艺人凌文君和秦纪文听了，说蛮好听。被李庆福知道以后，他是"整风运动"的队长，他说："今天晚上，你是不是到西藏路南京路的时懋书场来演一演？"演给谁听呢？"给所有参加整风的演员听，大概有三百人。"听完以后，李庆福正式通知我："你这个作品去参加上海市第一届评弹会演。"当时我想，第一个作品写出来就参加会演啊？对我说起来，促进作用是非常大的。

到 1959 年 4 月，我在《解放军文艺》上看见一个电影文学剧本《战上海》。在 5 月，《解放日报》为了上海解放十周年，登了一篇大文章，叫《上海激战三昼夜》，作者是个中将，叫聂凤智，二十七军军长。我看了以后把两个东西糅在一起，写了一个短篇《黄浦江的黎明》。当时我已经参加上海星火评弹队，队里也蛮重视，上面也组织来听，听完以后我也经常去给别人演出。有一次全上海文艺界都集中起来，就是听我这个短篇。从 4 月到 7 月，最后通知我去参加上海市第一届曲艺会演，在同一时间得信上海评弹团的蒋月泉和杨振言等人也拿《战上海》在写中篇，写完以后他们在团里演出。我不是他们团里的人，没有听。但是之后蒋月泉打电话给我，约我去延安中路延安新村他的家里。碰头以后他告诉我，今天彩排，团里听了他的中篇以后意见大得不得了，意见最大的是两个人，朱慧珍和徐丽仙，她们直言说："不好听，听你们的中篇，还不如听沈东山的短篇，他比你们好听。"所以蒋月泉约我来他家，要和我交流交流。我说："用不着的，我带来这个脚本，一万多字，你拿去参考。"他拿去了。

上海团是大团，还有一批专业作家，以陈灵犀为首。为什么人才济济的大团，还比不过我这样一个小演员呢？这里有道理。我在写《黄浦江的黎明》的时候，接触了一些第一手资料。要练习这个作品的时候，经常去给人家代书，上海大大小小的书场我都去的，主要是把书练熟。有一次在西藏书场早上演出的时候，赵开生带一个解放军来听书。听好以后到后台休息室，我问这位解放军什么地方人？说："山东。""我在台上说的苏州话，你听得懂么？""听得懂。""您尊姓大名呢？""我叫车吉林。"原来他是二十七军炮师的副师长，上海电影城拍摄《铁道游击队》的时候，请他做军事顾问。这次八一厂拍摄《战上海》，又将他请来当军事顾问。赵开生怎么和他认识的，我就不清楚了。他听完我的书，非常高兴，请我去他那里坐坐，喝喝茶。我说好的。他住在虹口区 61 路起点站，海军招待所，八一厂拍摄《战上海》的剧组都住在里面。通过车副师长介绍，我认识了《战上海》的作者柳特。还认识了拍《战上海》中一个小战士的演员，也就是拍《董存瑞》的张良。我认识柳特柳科长之后，了解到《解放日报》上这一篇《上海激战三昼夜》署名是中将聂凤智，其实是他写的，他和聂凤智在一个办公室共事多年。解放上海时聂凤智是二十七军军长，现在他是南京空军司令，柳科长是空军部队的。通过和他的接触，他逐渐告诉我《战上海》剧本里没有的故事。

举一个例子,进上海,军部做了一个决定:"不能开炮。"如果开炮,这点高楼大厦都要打光的,为了保留整个上海,所以不开炮。但是由于不开炮,部队到苏州河边上的时候,牺牲了很多人。据他说,淮海战役死的人比较多,打上海的时候牺牲的人也特别多。因此下面都建议开放禁令,要求开火解放全上海。怎么办?军党委开个扩大会议,一共七十几个干部参加,在这个会上绝大多数人,包括军的政委都同意开炮。七十几个人中,只有三个人不同意开炮,一个是师作战科科长,他是扩大会议扩大进来的,只有参加权没有表决权;还有一个是副政委,叫李元;再有一个军长聂凤智。这三个人咬住不能开炮,一定要拿整个上海完整地解放过来。

我还有些不懂的问题就问他了,我说:"战场上如果吃着一粒子弹是什么感觉?"他说:"一个人好像被一样重的东西撞一下,身上的力气没了,就说明你受了重伤。"这一些知识,我只有通过这些人才能了解到。蒋月泉、杨振言他们没有走这条路,因此写出来的作品就没我这么生动。

到第三个作品,我写杨成武将军的回忆录《飞夺泸定桥》,是登在《星火燎原》上的。当时我要去采访一些老红军,正巧一个机会,我的一个亲戚在上海市印刷五厂当总务科科长。据他说,他们厂里的厂长找得到老红军的。托了他之后不久找到了,这个红军住在上海华东医院,在养病。根据他的说法,我就找到华东医院的门房,说:"我来找一个江西军区的副司令,是个红军,叫匡斌。"他们说:"你先等一会儿,我们要打个电话上去问一声,他是不是愿意接待你。"结果对方同意的,让我上去好了。上去之后匡司令就问我:"你怎么知道我在此地?"我说:"我通过一个老解放区来的印刷厂厂长,现在在印刷五厂,他介绍我来找你。""噢。"这样我们谈开场。之后通过匡司令的介绍,我认识了一个也在华东医院住院的红军干部,是海军政治部的副主任,叫张雄。通过他们两个来介绍长征的实际情况,所以这个节目电台有录音,电视台有录像,当时外面演出的效果也不错。

第四个作品是第四卷《毛泽东选集》,我写的是打锦州的辽沈战役《致命一击》;接着到崇明岛参观围垦,带上来一个短篇《百万沙浪红旗飘》;还搞过一个《少爷兵在越南》;以及反映旧社会老板刻薄的《店关》。前前后后写了十几个短篇,有什么活动来,我都会写一个短篇。演完我也不就丢掉,仍旧要在书场里演,平时演出长篇,到周日长篇停一停,我演一个短篇,所以这么多年下来,这些短篇我始终不放弃。

到 1962 年,上海有人提出来要"大写十三年"。只能写 1949 年后的十三年,不然就没饭吃。靠我一个人编中篇,没这点精力,我也没这点水平,所以我用一个取巧的方法,发动大家,同样一个内容,你写个开篇,他写个短篇,六七个节目合在一起,叫《专场》,搞一个宣传王杰的节目叫《革命的赞歌》,照样有人来请,生意也蛮好。

到 1966 年的 2 月 7 日，上海《解放日报》上登一篇大文章《全国县委书记的榜样——焦裕禄的事迹》。我 2 月 7 日在报上看见，2 月 8 日就在台上演出了，因为这个故事的情节实在生动。所以演完之后，我到轻工业局。在演《专场》的时候，包场最多的是轻工业局，所以这个故事搞成之后，我就找到他们的局党委，说："我是星火评弹团的，最近我们编了一个焦裕禄事迹的故事，我想送来请你们听一听，提提意见。"他们说："真巧，我在办一个学习班，三天之后就要结束了，你是不是在三天后的晚上到乍浦桥路桥桥下，以前演好莱坞电影的光乐大戏院，现在改成外贸局礼堂，来演出？"

三天之后我去了，下面九百一十六个位子全部坐满。大幕拉开后，下面躁动了，因为他们接到通知是"学习毛泽东著作的辅导讲座"。大幕拉开看见台子上的座位上写着："上海星火评弹团"。啊，不是来听讲座，是来听评弹的啊？我出来开始讲，这个故事一口气讲了一百分钟，坐在下面听的人，有些在擦眼泪，我在台上虽然没有擦眼泪，也说得有些眼泪盈盈。我说完以后，机关党委书记陈荣城就接下去说："这个节目很好，我听了也觉得蛮感动。他们剧团要送戏下厂，是不是你们回去，厂里安排安排，直接向他们联系联系，轻工业局一共十六万八千职工，每个职工都要听。"

他这样一讲，明天我到团里，电话铃响个不停，都是来预定演出的。总务周震和我说："沈老师，一块黑板写满了，你看怎么办？"我说："容易，黑板又不值钱，再去买两块来，三块六角一块么。"这样一口气定了一百三十五场。问我收费怎么收？我说要讲一百分钟，就定四十块一场。我一个人，早上早场，中午日场，晚上夜场来不及讲，就请团里说大书的同志陈鹤声和说小书的赵佩珠一起来讲。就这样三个人讲，有些场子还是来不及做。

谁想到我定了四十块钱一场，有人反映到区里，告状告到文化科，说："沈东山讲一个故事要收人家四十块，是不是太贵？"文化科科长来找我，说："沈东山，你一个故事要收人家四十块钱，你收得太多了！"我说："科长，不多的。我刚刚在上海工具厂说完到这里，坐在下面听的有二千九百多人，我收四十块，平均每人一分钱多一点，半个大饼的价钱，怎么算贵呢？还有一本账没算，这些职工不用到书场来听，要到书场听还要坐电车，四分、五分车票费用，现在我自己送书到他们厂里。科长啊，我们是自负盈亏的民间职业剧团，几十号人要靠着吃的，我又不拿政府一分钱的。""噢！"他就不响了。

这些都是短篇，另外我还搞过几个中篇。第一个中篇是在"整风运动"的时候。"整风"工作队队长李庆福同志跟我讲："现在大家在演《林海雪原》，你是不是能拉几个评话的同志，演一台评话的中篇《林海雪原》？"我说："便当的。"就搞了四回书，第一回是陆耀良、沈守梅；第二回是汪雄飞、王溪良；第三回是沈笑梅、周天涯；第四回是龚丽声、沈东山、严祥伯。这台中篇放到大华书场夜场演出，听的人很多。

第二个中篇是在之前星火队的时候，我就拿出来的。后来建星火团再拿出来演，叫《一件劫案》。

第三个中篇是在60年代出去，报纸上宣传解放军郭兴福的教育法，叶剑英元帅接见他，根据他的事迹，我们排了一个《专场》，在仙乐斯演出。演好以后《解放日报》的总编辑王维，特意到仙乐斯开个座谈会，吩咐负责评弹宣传的记者写点文章，宣传宣传。

演了一段时间以后，有人提出来是不是这个作品到南京去演给解放军看看，好听听他们的意见？怎么去法呢？说我是小组的组长，先去打个前站，联系一下。上海市文化局给了我一封介绍信，是写给南京市文化局的。我经常接触部队的作品，所以部队里也有几个朋友，一个是在上海警备区政治部做干事的，叫陈平，是个少校。当时警备区要培训故事员，群众艺术馆介绍我和他认识。我就找他，说："要去南京军区，有个节目要送去，请他们提提意见。"他问我："你南京熟悉么？""我路过一次，只是去看看中山陵，别的地方不熟。"他说："你车子到察哈尔路下来，打听军区都知道的。你要去的话，我给你出一封介绍信。"他出的介绍信上还盖着"上海警备区政治部"的印。

我带着这封信到了南京，到新街口，正好张君谋和马燕芳在演出。他叫我也不用住招待所了，百花书场有空房间，就住在这里吧。住了一晚上，第二天文化局的同志带我去军区，南京市文化局开介绍信，介绍军区的人给我认识，一看他是一杠三星。之后文化局的同志就先走了。我就把口袋里第二封上海警备区开的介绍信拿出来给军区的同志。他一看，说："你要等一会儿。""为什么？""这封介绍信我看了，你这个对象不是我接待的。"他把信拿到上面去，不多一会儿，下来一个二杠三星，是个中校，说自己是政治部宣传部的，他们的部长就是写《霓虹灯下的哨兵》的沈西蒙，他的名字叫蒋宁，让我跟他去办公室。我跟着进去，看见整个房子都是石头砌起来的，大得不得了，是以前国民党的国防部，里面电梯也不少，我跟到办公室坐下，他给我泡杯茶，说："我本来也想找你。"我想我和你人也不认识找我干嘛？他说："下面搞故事训练班，搞得轰轰烈烈，我们军区也要搞，一问上海警备区，知道是你去帮他们搞的，所以想找你。"我说："这个容易，这次我们一共来九个人，两个小姑娘：庄凤珠、庄凤鸣；七个男同志：龚丽声、沈东山、杨子江、苏毓荫、潘闻荫、陈再文、张剑琳。有几个都是说大书的，讲好故事的技巧都非常高明。""蛮好。"这样约好日期我们去，说好，有人开了车子到南京车站来接我们。

回上海向上面汇报之后，上海评弹团要派李庆福跟我们一起来。他们作为带队，将我们领到南京。到了南京，住到招待所。第一场演出，小剧场里坐满，其实这一场的听众都是南京军区的文艺工作者，里面有前线话剧团、前线歌舞团、前线歌剧团，里面有些小姑娘，认识李庆福，叫他李团长,是上海评弹团支援部队去的,现在也做解放军了。上去一说,效果不错。陪我们一起坐着听的,有一个是政治部主任叫王良恩,是个将军,他竟然听不懂。他是四川人,李庆福作为陪客坐在他旁边,他告诉我们:"你们台上讲,下面有效果,而他闭着眼睛在打瞌睡,所以听不懂。""噢,呵呵。"

之后是陆军步校、炮兵学校等单位,在南京演出了十几场。演完结束给我们开一个座谈会,汇总点意见。我们回来以后在上海静园书场正式公演,组织一些民兵来听。还来一个舟山要塞区文化处处长,说:"你们是不是到我们舟山也来演一演?""蛮好啊!"这样去了舟山。去舟山的时候上普陀山,在普陀山上认识个人,南京军区政治部宣传部的副部长,叫李永淮。我说:"前段时候外面去过南京。"他说:"我不在。""以后我们有什么事情,到南京来找你李部长可以么?""你来好了。"

这样一个圈子兜下来,我们再加加工,演出正式的中篇。之前有个楔子,第一回叫《练功》,第二回叫《比功》,第三回叫《硬功》。这个三回书加一个楔子的本子写好之后,通过誊印油印印出来以后,一本本装订好。我和龚丽声两个人再到南京,去找李副部长,本子交给他们,请部队再审查一下。结果李副部长实在忙,没有时间和我们碰面,让我们到一个地方,有人在等。出来接待我们的是他们宣传部的科长,叫胡石言,写过一个电影剧本《柳堡的故事》,他本身是平湖人,和秦纪文、黄静芬同乡,又是喜欢听书的老听客。这个本子到他手里,他开一个夜工,到明天早上,十足和我们谈三个钟头。我们都记录记下来,带回去再加工。加工之后到静园书场,通过人民武装部组织些人,来听。换别的书场,也都有武装部组织人来听。这个作品质量很好,演出的时间也比较长。

我所接触的就是这几个中篇。

到"文化大革命",张春桥、姚文元指令五十八个区县剧团全部解散,说国家养不活你们。我也奇怪了,我们什么时候要过你们一分钱,什么时候要你来养?我们自己赚的钱养活自己绰绰有余。但是当时有理没地方讲,只能解散。解散之后,我转业到煤球店里卖煤球,到煤球店里倒过好日子了。来的总支书记认识我,以前听过我的书。他说:"你应该发挥你的一技之长,不要老是在亭子间里写写字、收收费、结结账,出来宣传宣传,宣传节约用煤。"这样我写了一点内容,审查下来可以了,就出去到小学、中学,一个个学校,杨浦区几百个学校都去过,打出的演出旗号是"上海市杨浦区石油煤炭工人讲师团"。这个工人讲师团里,团长是我,团员也是我,就我一个人。我想也蛮好,臭老九不做,做工人讲师团的头头了,一直到"四人帮"垮台,重新恢复剧团。

我回到评弹团再次到外面来演出,这个时候不说书的也来演了。听众对《七侠五义》越来越熟，演的人越来越多，烂掉了。怎么办呢？我就要动脑筋了，听说苏州团龚华声从香港带回来一本书，叫《倚天屠龙记》，根据这部书改编下来取名《屠龙刀》，在杭州大华书场演出，挤到墙壁上都靠着人，都是买票听的。正巧我的老伴因为要和台湾的姐姐团聚，到澳门定居了，我就通电话问她了："有个金庸作品澳门有么？"她说要去问一问。问下来有的，我就让她买点回来。她通过人，把所有的金庸作品都买全，一共三十六本，拿到广州邮政局里，四本一次，连续九次寄到上海给我。我一看，果然金庸作品是赞的。

之后我第一步将《书剑恩仇录》《雪山飞狐》《飞狐外传》三部书糅在一起，编一部《乾隆秘史》，到外面去演，比《七侠五义》好演。第二部是根据《鹿鼎记》改编的，也有二十回书，叫《大闹慈宁宫》。

后来不知什么人去向老首长汇报，说这些书是野书。我觉得奇怪了，我看过这三十六本书，觉得不野么，比以前还珠楼主写的武侠书，格调要高了。何况这个人本名查良镛，是浙江海宁人，80年代到北京，邓小平接见过他，怎么他的作品是野书呢？口口声声野书不许出演，只能停演。

我还想谈一谈说书人和听客的关系。我在1955年做硖石，碰到蒋云仙没给她漂了，但是生意不怎么灵。1956年参加了第九组又到硖石去，和我一起去的是黄静芬，元旦开出来早夜都客满。这点号召力是黄静芬的。但两天听下来，觉得听小书没有大书过瘾，都要听我的书。日场下面坐着一位老先生，每听一回书，明天总写一张蝇头小楷的纸，让书场职工交给我。纸上写一篇文章，听了我一回书，提出优点在什么地方，缺点在什么地方，有什么要改进的地方。每日一篇，这对我受益匪浅。

他说我书里宋江在浔阳楼上题反诗，你一路长表书用的是修辞学。我由于家穷，书读得不多，小学六年级读了上半学期就转学了，因此什么是修辞学，我一懂也不懂。想想我要提高怎么提高呢？我师弟朱瘦竹告诉我，他成名靠一部字典，人家叫他万宝全书，都是字典上学的。

我一想，要深造得到图书馆里去。二十八岁到三十六岁，八年里我日日去图书馆，不脱班，早上九点到十一点。这八年里我二千多万字装到脑子里。到改革开放，我老伴到澳门去，当时有人说香港出版的金庸小说很不错，我就在电话里和老伴说了说，让她去买一套，一共三十六本，通过广州邮政局四本、四本寄的，连寄九趟全部到手。我把这三十六本小说全部看完，有几本我排成书去说的，《书剑恩仇录》《雪山飞狐》《飞狐外传》三本书合并在一部书里。还有《鹿鼎记》，我也搬上台，也说好几十回书。脑子里两个二千多万字装进去之后，我这个知识分子对得起自己，我不是没知识的知识分子，是有知识的，这些都是硖石的这位听客启发我的。

听来一个传说，江湖才子马如飞的《珍珠塔》一共一百二十四档篇子，档档全精彩的，有些

演讲当天与会人员合影

片子不是马如飞自己做的,是听客给他做的。"曾记离家三月初,我把一杯水酒奠翁姑,清明哭别良人墓,总要你冥冥之中保佑我,一路寻儿灾晦无。"这个一小段的片子,大学教授听听蛮好听,不识字的农民听听也蛮好听,雅俗共赏,据说这一段是光绪皇帝的老师翁同龢给他打的。翁同龢为了支持百日变法,被西太后罢官,回到常熟之后无所事事,为解闷来听书,听到马如飞觉得蛮好听,因此有些篇子是翁同龢给他改的,使得马如飞成为一代江湖才子,其实《珍珠塔》不是一个人写的,是一大帮文人雅士的集体创作。

演讲时间:2014年4月18日

整理者:付楠

第二十二讲
我对评弹艺术的理解

　　秦建国先生认为评弹艺术是有文学性的。要重视它的文化底蕴和文学修养，就必须好好研究苏州方言。噱头和弹唱是评弹艺术重要的两个方面。培养青年演员是评弹传承和创新的重要方式。除了教授一些专业知识，更应该加强学生对流派和唱腔的训练。评弹要在继承经典的基础上实现创新。

秦建国

时任上海评弹团团长、上海市政协委员、中国曲艺团长高峰论坛常务理事、上海市文联委员、上海市曲协副主席,曾任民盟上海市文广集团委员会主委,上海市非物质文化遗产项目代表性传承人,"上海市五一劳动奖章"获得者。1974年进入上海评弹团学馆学艺,师从评弹名家蒋月泉,为其关门弟子。擅说长篇弹词《玉蜻蜓》《白蛇传》、中篇评弹《林徽因》《真情假意》《厅堂夺子》,其说表稳健,嗓音宽厚,中气充沛,唱"蒋调"颇得乃师真传,深受听众喜爱。

非常感谢唐教授给我这个机会。希望在座的同学能够为我们评弹艺术做一些理论研究指导，有利于评弹更好地发展。评弹理论研究很薄弱，虽然苏州评弹学校开办多年，但是它没有音乐学院等艺术院校的科研能力。因此，我很期盼有专门从事评弹理论研究的科研机构，对评弹艺术进行科学指导，把评弹提高到与其他艺术比肩的地位。

戏曲都是师父带徒弟，但太慢了，一位师父一生带十个徒弟就不得了了。评弹要走向全国乃至世界需要大批后继者。因为还要考虑优胜劣汰，像我们1974届，淘汰了三分之二，已经算留得多了。

1951年，自十八位艺人开创了上海评弹团，传承到我这儿已经是第四代了。"十八艺人"算第一代，下一代是余红仙、张振华、赵开生等，是1949年前后从事评弹艺术的。再往后就是第一届的评弹团学馆毕业的，沈志华、江肇焜等人，是60年代，首届评弹团学馆毕业的，他们是第三代。我们就是第四代（1974—1977），"文革"以后第二年就毕业了。上海评弹团只有两拨算是评弹团学馆，后面就恢复戏校了。下一代就是高博文，他是第五代。第六代就是我们俗称的"十三太保"，像陆嘉玮、朱琳、胡文瑾、张艳、周彬等人。后面的，所有的年轻人，就是第七代。在评弹团六十周年的时候，是七代人同堂，还是蛮可观的。

从1974年到今天，马上就四十周年了。我们在1949年以后的七代人中是关键的一代，有承上启下的作用。在特定环境、特定时期当中，我们这一代人还是起到了不小的作用。我们既有唐耿良先生等第一代的烙印在我们身上。基本上是第一代的老艺术家、流派的创始人，在我们这一代身上多多少少都可以找到一点影子。这在整个七代人当中，我们是比较特殊的，所以也比较受外界的重视。从这一点来看，我感觉到继承的重要性。若没有把前辈的艺术好好地保存，作为一代人传承的话，那么我们这一代人也就成了过路客，充其量只不过是一个好演员而已。我认为你要在艺术长河中留一点让人可以记忆的，可以回味的，能提到嘴边可以说说的话，还是需要很多传统的东西，很多好的东西的。

我们是1974年的6月28日开始从艺的。今年6月份有一个规模比较大的活动，就是上海评弹团1974届从艺四十周年的庆典活动。我们在上海有三场演出，在苏州有一场演出，还有一个比较大型的纪念座谈会。这个活动从6月6日开始，我们在上图开一个大型的纪念座谈会。8日，首场演出，在逸夫舞台，过一个星期，就是15、16日，在兰心大戏院。这样在上海有三场演出，都是下午场。其中，11日我们去苏州，因为苏州调剧场也比较困难，所以我们借了评弹学校，进行夜场演出，在评弹学校作为一个传承的表演样式，给评弹学校三百多个学生来观看。其实，我们1974届的同届，苏州还有一批，叫作"十八棵青松"，其中孙惕现在在苏州评校任校长，苏州是校团一体，他既是校长，又是团长、书记。孙惕这一批，一共十八个人。其实以后在评弹的历史上也会提到这批人，他们是很不错的，开学还比我们早一点，1974年的上半年，3月份开学，我们是要到7月份才开学。所以我们两地交流也很多，我们到苏州去，那时候叫开门办学，他们就是来上海也住在我们的学馆里面。我们去学苏州话，通过一些学工学农来锻炼自己的语言。我们这一批在上海的，没有一个苏州人，语言上是有问题的。不像他们。不过现在苏州也不行了，和我们说书要求差很远。以前，他们一进来，马上就会说书。这样一批人，所以我们四十周年也请他们过来。他们当中还有不少人从事评弹艺术，还是有成绩的，比如说陈勇，在评弹音乐方面是很有天赋的，学习流派也很有天赋的。还有一个是杜小伟，唱"蒋调"也唱得不错。还有一个黄一斌，他也是从事评弹的，他原来是歌舞团的，现在也年龄到了，也退了。所以两地互动，我们把这十八个人也请过来，是一个大评弹的概念。他们也是为评弹的发展做出了贡献的。

这就是我的一个背景。下面我按照这个主题，也是跟唐教授商量以后，定的一个题目，"我对评弹艺术的理解"，就是我从业四十年来对评弹的理解。内容包括两块，一个是学艺，还有一个是当了团长以后，管理上的一个过程。说书人，说书没问题，但是讲这个有点困难，所以有的地方会显得比较乱，请大家多多批评。

一、我的评弹历程

（一）阴差阳错，从艺评弹

我们这一批人是在特定环境下从艺的，造就了很多人是阴差阳错的。评弹的从业者一般都是喜欢了才来，像江肇焜、胡国梁这一批，像我和沈世华等人都有这样的同感。评弹可能并不是我的最初的选择，那个时候也没办法，所以阴差阳错，从艺评弹。这是我们开学的一个背景。我先讲我的从艺情况。

我的从艺是有很多偶然因素的，才进了评弹团。在学校的时候，我是搞体育的，身体好，因此有的讲我唱得好，有的讲我中气重，其实得益于我从小学开始就从事体育活动，主要是游泳。我是长宁区体校的，当时是国家三级运动员，所以到考评弹团以后，我还是一套运动服的。1974

年的时候,能有一套运动线衫、运动线裤,一双跑鞋,不得了的,老吃香了。当时蒋老师是我们的考试的辅导老师,他就觉得你这是搞什么啊?我也不认识他,只觉得是一个老者,也不懂。到了高中,我的班主任,他是60年代的大学生,华东师大毕业的,华东师大有评弹小组,所以他喜欢评弹。他的课上得特别好,是数学老师,我们全班的数学是最好的,而且他的教学方法比较好。班主任组织一个兴趣组,把上课的内容让兴趣组去完成,我们去书场听书,有时就是在书场上数学课的。初、高中的培养对于人以后的发展还是有很大帮助的。

到了1973年,上海整个文艺界要招一批学生,上海评弹团也开始招人,一共招了两年。从1973年开始,第一批、第二批、第三批、第四批等,我是1974年最后一批,第五批。在1973年我就去了一次,我看到这个考试场合,我就跑了。我是在长宁区的天山二中,长宁区十三中是比较好的,我是比较次的一个学校的,天山二中,现在天山路上,我家住在附近,这一块的学生素质并不是很高,所以那次考试不在我们学校,是在古北中学。我在学校的时候兴趣比较广泛,当时唱样板戏,有几个同学唱得比较好的,我也有兴趣。到了考场一看,考试还是很严格的,一个一个去考,所以第一次就跑掉了。其实冥冥之中自有定数。如果说,评弹团招一次、两次,就招满了,那就结束了,但当时是要求四十名学生才开班,上海评弹团学馆开班是四十名,那么一次、两次、三次、四次,还是没有招满,而且四次跨度是一年。他们发现一个很重要的问题,考试的时候,一些同学的声音很好听,过了这一年,变声了。因为有些学生考的时候,还是小学毕业的。结果发现这样一个问题,因此最后一批,第五批,他们就是决定要招大学生。所以第五批他是一个一个到学校去招大学生的。而我上半年是学期全部毕业,下半年是学工学农,然后就是"上山下乡"。同时他们也到了高中,到了天山二中。我们的老师又第二次把我们赶进了这个考场。那么这次考试就考上了。我这个学校录取了两个。我是第五批,最后一年。上半年我参加了高中毕业考试之后,下半年马上进入评弹团学馆。

当时,尽管未必是自己的第一志愿,但是那时文艺界的荣誉感还是有的。当时我们看五七京训班、五七舞训班,一样光荣的。那个时候的学生如果是能进入一个文艺团体,也是一个很荣光的事情。这样,通过两次考试,第一次跑掉,最后一次赶上,这样入了评弹团。这就是我入学的一个概况。

当时有的刚刚进初中,我是高中毕业,我们这一批人当中,学历最高的一个。进入了评弹团学馆学艺,对我来说,也是比较幸运的,得遇大师。

(二)三生有幸,得遇大师

当时一些老师先生稍微解放,只是出来工作,因为他们都是"臭老九",所以那个时候可能很滑稽的。我们的说表老师，就是苏州话的老师，是严雪亭。那个时候唐老师在团部，协助团部的一些管理工作，所以和我们学馆比较少接触。蒋月泉、杨振雄、张鉴庭，包括姚声江等，这一批老艺术家全在我们学馆。那个时候，蒋月泉上不了课的，杨振雄也不上课的。我们也不知道他们这么大的名气。因为我们也不懂。

招生的时候，它对成分有要求的，工农兵，像范林元真的是这样的，他可以算是陈云老首长的小老乡。我们农村里的很多，青浦啊，嘉定啊，还有很多工人家庭出身的，还有军人家庭的。这一批老先生，慢慢地，时间长了，也会听到一些他们不得了的事情。但是这种"不得了"，没有感觉的话，是产生不了共鸣的。当时，他们的穿着和我们差不多，有的时候还是很朴素的。他们整天也就是做一点点辅导工作。所谓辅导工作也是讲讲说表弹唱上的不足。当时随着时间的推移，到一两年以后，我们也就知道了这些老艺术家是不得了的流派创始人。因为当时还在"文革"当中，所以教给我们的，还都是新的。当时有一个音乐学院分配到我们学馆的，所以很多作品都是新的，都是评歌。大量都是样板戏的内容，还有一些是评歌的，跟上当时的形势的。

就我而言，年龄比较大，我高中毕业后就已经十八岁，从学艺年龄来说有点晚了，腰板不行的，童子功都没有的。像京剧团的有些人很喜欢我们，带我们偷偷地到汾阳路音乐学院对面，原来是上海样板戏海港剧组。海港剧组就是上海京剧院。晚上偷偷溜出去，关起房门，听唱片。那个时候听传统长篇，《杜十娘》等，听听觉得不得了，那个时候对大师的印象慢慢形成，对大师的敬仰也在心里慢慢地成为一种渴望，而这些大师全在学馆里面，因此，跟诸位老师建立了很好的关系。又由于自己的性格和自己喜欢的东西，这样跟蒋老师的接触就更多一点。所以我讲的"三生有幸，得遇大师"，是在这样一种氛围当中，这样一个大环境当中，才遇到诸位大师的。

到1977年毕业，我们这一批人是不行的，传统一点都没有，全是新的东西。1978年，花一年的时间，补课。全部都是这些老师为我们上课。像朱介生，朱慧珍就是学朱介生的。当时朱介生、杨振雄都来教我们。但是蒋老师教得最多，徐丽仙本来也要教我们的，但是当时生病了。尽管生病了，恰好又是住在我们学馆里的，和徐丽仙接触也多，"丽调"是由赵开生来教的。所以这样一来，通过一年的强补，我们这一批人应该说在1978年基本形成了流派的雏形，像"蒋调""张调""琴调""丽调""俞调"等，基本上可以演唱了。

这就是我在学馆的过程。这一过程，头脑还是很重要的。

（三）刻苦勤奋，追求完美

头脑很重要。所谓头脑，我做一个比较：你是有的放矢地学，还是很被动地学，效果是不一样的。当时，我学历比较高，当时高中生没有多少的，我又是在学校也是优等生，所以这个头脑在高中、初中阶段已经形成了。我学习的方法也挺好的。所以我们那个时候的苦练，我们那个时候的勤奋，和自己的头脑有关。我现在也在带学生，他们就相对差了。那个时候，我们老师都是说：要吃饭了，要休息了。现在就相反了。这是"要我"还是"我要"的问题。尽管我们是被动地被评弹团招过来的，但是我们在学习上还体现了一种"我要"的精神。我十八岁，最小的要小我五岁，只有十三岁，当然年龄小有年龄小的优势，但学评弹还是需要达到一定年龄的。还有一点，就是还是靠脑子，追求的是好上加好，精益求精，必须勤学苦练，吃得苦中苦，方为人上人。你如果没有这样苦练的精神的话，是不可能成功的。那个时候，我们脑子里，这个道理是很明确的。这是我的一个学习的过程。

最近几年，我也在教学生、带学生，也把过去重温了一下，我感觉这个很重要。因为现在很多人都讲天才，刚才我一路讲下来，我不是天才，我只是比较有头脑地学习，我是吃了一点苦，用了一点功，才走到了今天。天才是有的，但是很少。若真是天才，那就是得天独厚的，没得好比的。但一般的人都是在同一条起跑线的，同一条起跑线的话，那还是三分天分七分努力的。没有这个七分努力的话，前面那个三分也是不行的。举一个我们这一批人的例子。我们这批人，有几个大家都很熟悉的，倪迎春，直到现在，她的表演还是上乘的，但是她守不住，并没有能够在这一条道路上，成为一个大的艺术家，就是源于信念不坚。有的人不努力，所以他也不会成功，也是半途而废。成功是要有代价的，若没有一种原动力的话，是很难走完的。这是我的一种感受。

这些年走过来，一个是基础教育给我一个能够比较好的思维，比较好把握的一个基础。这是我能够走到今天的一个原因。在这样的教育之下，我才明白，我应该做什么。好上加好也好，精益求精也好，吃苦耐劳也好，我是追求一种成功率。直到现在，我在学校里是很顽皮的一个人。小学老师给我的评语是一塌糊涂。所谓一塌糊涂就是经常使坏的，调皮的，经常是孩子当中的孩子王。当时我的学习从来没有马虎过，我到学校，都是人家来抄我的作业的。当时的顽皮是指上课做小动作，有点分心。但是到了中学以后，主观上就改变了，不能打架了，要好好学习了。如果小学不是很调皮的话，可能我就从事体育了，所以到了初中、高中以后，我自己把握好了。当时，国家来招体育苗子的，我是被选中的。选中了以后，学校不放，因为思想品德一塌糊涂，所以没有成功。到了初中以后，我就变了，这个学习，文艺活动，做人，和同学相处。我们是初中、高中加起来四年，1970年开始进初中，到1974年高中毕业，那就是好好学习，是这样进入了评弹团了。因此我认为评弹要招，还是要招大一点的比较好，形体可能差一点，但是在理解力方面、把握方面还是比较强的。最后还是看脑子的。这里面是有窍门的，这些东西还是都可以学会的，但是怎么用好才能成功，还是需要脑子的。

所以，我对年轻人说，你们都要去学习的。这不是单单学习的问题。有些人在捣糨糊，对自己的发展并不是有利的。若有的人能够成功，肯定是在学习过程中得到了一些什么的，付出了很大的努力的。我是基本上按照这样一个理念来要求自己的。因此，我的想法跟一般人不太一样，我不会随大流的。我的个性有些地方也不好，有些人讲了，太强硬，别人看了也不舒服。但是每个事情也不是随便的，我也是通过自己的判断和考虑，才做出的选择。你说我好，我不会骄傲，你说我不好，我也不会很灰心，我有我的自信，我有我的判断能力。我想这是和我年岁比较大一点，读书读得比较多一点有很大关系。从1985年开始，我考过两次大学，都考取了。第一次是半途而废的。当时全市文科没有的，文科就是法律，法律顶吃香，但我那个时候真的想学一点语文，但是没有的。我第一次考的是中国人民大学的函授学院，学了快一年，没有毕业。错过了一个考试，回来再让我补考的话，就困难了。我在常熟说书好了之后，再过去，这样进行的。我的很多同学现在都成律师了。1998年，我又考了一次，交大的，这一次是学完了。我一直感觉到，学习对人是有很大帮助的，你的眼界、理念都有一种豁然开朗的感觉。以前没有，以前做演员，是没有这种感觉的。

二、我的评弹理念

有的时候，我会认同很多的东西，有的时候，我会很固执地坚持一些自己的东西，有的时候，在这样一个基础上会去开拓一些东西，去尝试。这就是我从艺四十年，评弹理念的一个大概。

（一）历史悠久，源远流长

我认为评弹能有今天，是因为承受了或者得到了文化的滋润，绵延不断的，生生不息的，代代相传的，有四百多年的历史。在上海，除了昆曲，其他艺术是比较少的。京剧尽管有很多好的东西，但也不过两百多年。因此江南曲种，一个昆曲，一个评弹，文化还是起了很大的作用。从事昆曲表演，从事评弹艺术表演，从业者不太有文化的话，我认为这是很难的。假使我们自己能提高一点的话，对评弹艺术发展是有帮助的。

评弹艺术是有文学性的，评弹的文学性现在是大家公认的。有的时候，我们到国外去演出，如果翻译得好的话，外国人会拍案叫绝，这是中国人的，其实它得益于唐诗宋词，而我们可能身在山中看不到。昆曲是雅的，评弹也有雅的东西，它得益于唐诗宋词。若从业者对此缺乏认识的话，是非常可惜的。所以评弹艺人要弄好评弹，要搞好评弹，要唱好评弹，就一定要很好地学习文化，就是唐诗宋词一定要去学。

唱词是一个方面，说表也是一样的。很多人说我们的说表是口头文学，这是不容易的。你如果没有经验，单单背书是不好听的，而且口才也要练的。说表多用文学性的内容，长此以往，也就把文学修养植根于体内了。所以我说，评弹要弄好的话，一定要重视它的文化底蕴，要重视它的文学修养。同时它的说、噱、弹、唱也是需要的。若苏州话不好，这个说就差一些，要传递好所有的信息，这就难了。我跟苏州的同行也经常会有些探讨，我说，两个人，一个是苏州人，一个是非苏州人，同样学评弹，到一定的时候，大概都用很多的功夫，最后说好的，我认为未必是你们苏州人，很可能是非苏州人。他们感觉不同意我这个观点。这个观点很简单，就是你用心在哪儿？苏州人绝对不会在苏州话上用心，因为他们天天听，天天说，很少研究，有的甚至根本不研究。但是如果不是苏州人的话，我是上海人，我是常熟人，那我要学苏州人，首先必须学语言。这个语言奥妙无穷，语气语调，起承转合，抑扬顿挫，研究了以后，说出来的东西就不同了。现在可以说，为什么常熟籍的会有很多名家出现？真正的苏州人，除了前辈，真正唱好、真正说好的，比较少。他缺少了一个研究。这是我们作为一个从业者很重要的一方面。我们外地人说的苏州话比苏州人说的苏州话道地啊，反而苏州人说的苏州话不道地啊，都是生活当中的话。

像噱头，更需要花力气，又是非常重要的。噱乃书中之宝。但这个噱并不是泛娱乐化的。并不是扦讲，都是非议，都是揭短的。评弹不是这样的，这个噱也是评弹的一个宝贝，但是我们若没有把这个内容很好地理解，去很好地发掘，这个噱也是到不了的。

弹唱。弹是一门功课。如果这个人弹不好，基本上成不了大师的。一个人弹得一般般的话，这个唱也是马马虎虎的。如果这个演员，弹得很好，那么唱也挺好的。我没看到一个弹得一塌糊涂而唱得很好的。这个是成正比的。就从我们这七代人来说，蒋老师算一个，薛筱卿的琵琶，周云瑞的弦子等，杨德林的也不错，大部分还过得去的。现在弹得好的，也不多。

唱也是一门功课。咬字方法、运气方式、发声吐字，这都是有很多要求的。但是我们现在感觉到说、噱、弹、唱四门功课，这些基本的东西不太乐观，结果好的演员出不了，好的东西出不了。

应该讲，我们现在很依赖作品，这个没错。但是50年代很多作品，未必都是很好的，从本子来讲，未必都是很精辟的东西，全是靠演员在二度创作的时候，给它一点加工，精打细磨，才成为一个经典。其实它是相辅相成的。第一，一个演员能出一个好的作品，当然一个好的作品可以带出一批好的演员。这也是一个很现实的问题。两者都需要的。创作者也是需要的，像彭老师一样。评弹团有一批很有分量的创作人员。他为很多演员量身定做来创作作品，所以他打造出来的作品，成功率就很高。

现在基本上没有了,很多都是凑数的。因为还有一些上面布置的指标任务,演演就结束了。因此评弹的说、噱、弹、唱就不够理想了。所以我说,你们可能会在说噱方面做很多发掘的工作,在弹唱方面可能会比较少一点。但是这个弹唱确实在现代的评弹欣赏当中,占据了很大的位置。因此我也希望诸位老师、同学今后能多做一些比较理论性的东西。

(二)底蕴丰厚,博大精深

评弹艺术很多是艺人们在实践中不断揣摩而成的。像王周士的《书品》《书忌》,他就是告诉你说书应该怎么说。他已经到了一个很高的位置。但现在我们都没有,这是前辈留下来的很好的东西。还有一个流派唱腔,所有的创始人留下的唱腔哪一个不是博采众长,哪一个不是从其他艺术中吸取营养,现在又没有了。我昨天是从天津回来,我们现在是和天津市曲艺团达成了一个比较一致的理念:要加强南北的交流。其实在我们老一辈,像唐老师,南北交流是很正常的,像唐老师还到东北演出过的,我老师的"蒋调",北方曲艺家都在学啊,现在又没有了。所以评弹要发展是比较难的。

前天下午,我们做了一场南北曲艺交流。天津也比较特殊,只要观众认为是好的东西,他的喝彩就厉害。我感觉到我们这个交流可以取长补短,像我老师的"蒋调"里面,很多东西是北方的鼓曲的,古韵、北韵在里面,这就是博采众长。现在我们流派与流派之间的交流也是不多的。这确实是我们应该看重的。就是在培养青年演员方面,除了一些专业知识之外,把这些知识也应该传授给他们。所以上海评弹团票房也在改革,京剧票房,让所有的青年演员都来感受。评弹所有的生旦净末丑,很多都是从京剧学来的。如果你不从这里吸收养分,你的根就找不到。因此我很佩服老先生,他们就注意学习。我一直引以为自豪的是老先生把京昆的生旦净末丑作评弹表演的行当,相对而言,我们的地方曲艺做不到。这个生旦净末丑一引入的话,就完全没有演员的年龄概念了。你看评弹演员的年龄概念是没有的,八十岁照样可以演小旦,这是评弹。五十岁也可以的。地方戏曲一直是跟演员的年龄走的,刚出来,十几岁的小姑娘,到年龄大了,就做娘了,再过去,就做老太太了。它是根据年龄走的,但评弹不是,从而为演员提供了一个很大的空间。因为评弹是以脚色来定一个人,不是以演员的年龄来定一个人。这个东西应该多跟青年演员讲述。老一辈艺人的伟大在于把评弹的表演空间无限扩大。因此,评弹创新传承,这是很重要的一点。

有的人说我比较保守,其实我也不保守,所有的新鲜玩意儿,我都玩过。而且我也希望在玩的过程中一些新的东西能够在里面产生。但是回过头来,要玩出一些东西来的话,你这个本钱一定要重。我们这一批人很幸运,就是很多都是老先生手把手教的。现在的青年演员就差一些了,现在有些青年演员连个开篇都唱不出。在这个问题上，我现在号召学生，若要攻克一个流派的话，你要全覆盖，而且要有更新。一个更新就把前面的一部分覆盖掉，你只有这样，才能够有所作为，或者在一个比较长的时间里，在这个领域可以不败。

我基本上能够把我老师所有的东西覆盖掉。所以我在码头上说书，可以让听众点，"你们想听啥，我就唱啥"。如果暂时不熟，我再去温习一下，然后再唱给你听。直到现在，我一直跑码头，没有能难倒我。我唱蒋老师的，有点成绩也好，我要讲这个覆盖有一点好处，而且比较专一，我从来不唱其他调的。

只要在这样的基础上，如果有一些好的本子、好的段子给你的话，或许有可能你会出一点点新。当然出新是有局限的，这个彭老师知道。在五六十年代，评弹最荣光的时候，他们一个作品可以演三个月，所以从第一遍到三个月以后的收尾的一遍，他是完全两回事情的，不断丰富、不断改正的，现在不大可能存在这样的情况的。所以说传承，首先是创新，即创新传承。因此不能一味只谈创新，我们团六十年了，它很辉煌的，比较能让人们记住的，还是"传承"两个字。

一个脍炙人口的中篇，像《厅堂夺子》等，都是在五六十年代"整旧"的过程中出来的。"整旧"就把书中不适应时代的内容去掉，好的内容再丰富，成为一个新的作品。前面好的东西，继承了，我才求创新。所以现在讲，摇滚也好，文化评弹也好，还有一个精致评弹，我说都是比较扯的东西。我说评弹就是评弹，评弹前面不能加任何定语。我认为评弹本来就是苏州的，前面再加苏州，一个是狭隘，还不如叫中国评弹。所以评弹就是评弹，不要搞花样，评弹里面可以千变万化，它有传承的，它有经典的，它有创新的，它有一些和现在的艺术元素结合的，都可以的。如果你把结合的东西放在评弹的前面，我觉得就狭隘了。创新不是不可以，摇滚，我们的交响乐，我们的评弹情景剧，类似这样。当然电视台这样做是有原因的，它是视觉的。但评弹还停留在听觉当中的，若硬要把它作为一种视觉的话，这不是我们今天的评弹。

所以，我认为若传承得好，那么你对创新更有体会。若是其他形式的，只注重创新而不注重传承，我是不认可的。像现在很泛滥的海派艺术，其实这是糟蹋海派艺术了。我们也有这样的现象。评弹要延续不断地往前走的话，我们还是要尊重老祖宗给我们留下的东西。上海评弹团的一些理念，我也是去听了一些老艺术家、老管理者的意见才提出的。我感觉上海评弹团还是有一些风格的。所以陈云老首长说，书还是要分一类书、二类书、三类书，他也是有道理的，都可以的。但是一类书还是瑰宝啊，整个评弹的瑰宝啊！如果把一类书统统抹掉，评弹没几年就会完。因此，从这个意义上来讲，我坐在这个位置上，我不能改变这一点。像《描金凤》《珍珠塔》《白蛇传》等，这些书还是要一代一代地往下传，学会了这些书再说别的书，没问题的。如果这些书都丢掉了，那今后要捡回来都很难。这也是我对评弹的理解。

(三)艺术隽美,魅力无限

没有接触评弹的话,不会有这种感觉。接触了评弹的话,任何一个人都会慢慢产生这样一种感觉。作为从艺四十年的从业者来说,是从不懂、不认识,到慢慢地认识,慢慢地懂一点,再通过自己的实践,其实我是越来越喜欢评弹,这是心里话,不是假的。它的吴侬软语,相较于其他方言,你会感觉苏州话是最好听的,而且流派纷呈。我看了一下,除了京剧,保存流派最好的地方曲种,评弹是保存得最好的,我们最起码现在还有一半以上在流传。评弹被称为第二大剧种,这是不得了的。流派纷呈对传承是很有帮助的,这是一门非常典雅美妙的艺术。再加上我们的表现形式,长衫旗袍,极富中国民族色彩,这就可以看出老先生真不得了,而且乐器悦耳动听,所以台湾的大学教授会说这是中国最美的声音。这也是有道理的。就算外国人来说,第一感觉它是美的,是好听的,再有博大精深的东西,你就会感觉是好的。

从欣赏角度来讲,诗性,语言,听书的语言,会让人很开心、很放松、很休闲。所以我说书的时候,也是发一个噱头,我说,你们上了年纪的,尽量多听评弹,少看越剧,越剧悲剧太多,这不是丑它,而评弹就算是悲剧,也是通过喜剧的方式来表达。这种以喜写悲的方法就像卓别林的艺术,在笑的时候,心是酸的。我觉得上海评弹团有两个人很有代表性,一个是刘天韵,一个是苏毓荫。在谈笑风生中给人以启示,这是评弹艺术中很高境界的表演形式。当然评弹当中有一些表演,我是不赞成的,就是脚色化。评弹是讲究"跳进跳出"的,在第一人称和第三人称互换中来叙述这一番故事,如果一直以第一人称,若是中篇评弹还勉勉强强,但是长篇的话是绝对不可以的。

听到一部好书,你会有很好的回忆,这是寓教于乐的。它有很多为人的东西,有很多道德规范的东西,有很多待人接物和处世的方式。在休息的过程中,获得经验。

三、我的感恩回报

(一)源于评弹,回报评弹

这是我很朴素的一个感情。我现在所有的一切,荣誉也好,地位也好,都是评弹给的。那么评弹现在需要我回报的时候,我应该出来的。所以人生的一切已经耳濡目染,就是这样一种感觉。所有的东西,评弹给了我,所有的东西,老师给了我,我现在能做的,应该是回报。回报评弹,回报老师,回报这个团队。这是我的心里话。其实当时做团长,我也是很被动的,所以后来产生了许多并不是我所希望的结果。我讲一个故事。我们这个团长，是从 2003 年开始酝酿的。当时有几个老先生希望改变一下，像杨振言、余红仙、吴君玉是评弹团的一批老艺术家，希望团能有所改变，也希望我能够担当。他们叫了几个人都是数得出的，一个是周介安，周介安不当，他在电台活得很好，还有一个叫秦来来，但他也不来，所以在不来人的情况下，我也曾回绝的，因为做演员还是很潇洒的，但在最后一刻，我还是上了。当时评弹团的新房子刚刚整修完毕，像乡音书苑还要装修，再加上那个时候没有钞票，从新楼的启用，到新的乡音书苑的开场，当中有许多问题的。但是有很多人会帮助我，那个时候的老同志确实帮了大忙。

有位中央领导来过，他要做一个讲话，我要去协调而且要我发言，因此要求我的讲话，既简短又得体，又要说到点子上，这样慢慢好起来的。另外，我也希望在这个岗位上为老先生、为我老师做一些事情，尽管后来也引起过一些非议，但是很快也就散了。比如我做的蒋老师的唱腔集，是在 2006 年的时候做的。那个时候，我想我是蒋月泉的弟子，我来做这样一个工作，最好能带动其他人，但是没有带动起来。我希望能做好一件事，能做完一件事情。我一当上团长，我就跟电视台说，我不来了，并推荐了高博文。所以高博文在媒体上是上海评弹团的代表，而我自己的录像都是十几年、二十几年前的录像。赚钱的地方，我不去了，但我会介绍其他人去的。这是我对自己的一个要求，如果没有这样一个要求，可能人家也不服。因此在一个岗位上，岗位的要求可能要把个人的东西牺牲一点。如果不肯牺牲的话，你这个岗位要做好还是很难的。我还是做了一点自我牺牲，换来了这个工作比较好地、顺利地开展。虽然乡音书苑比较漂亮，但是 2004 年的时候就是一个架子，所以每年做一个整修，基本上现在大家还是比较认可的。

（二）甘心情愿，无怨无悔

在这个岗位上，我的一些牺牲，我感觉还是带了一个好头。因为我做了团长以后，每年的账目全是公开的，都是在走廊当中，都是公开的、透明的，你可以看到我拿多少钱、他拿多少钱。这么多年来，我拿的不是最多的。这样，你做起工作来，就会好很多。还有一个，在岗位上就是夫人问题，很多人不能处理好家庭问题。但在这一块，我的夫人是不错的。我做团长后，就告诉她，你以后在团里就不能说话。我说，你不说话，我就能说话，你一说话，我就不能说话。所以你要说话，家里尽管说好了，单位里不要说。所以她也是支持我、配合我。我感觉工作能够很好地开展，家属这一块还是很重要的。所以直到她退休，她的口碑还是蛮好的，没有因为我是团长，而影响工作。

我所有的一切都是归功于我们老师，我们前辈给我们做出了榜样的。因为榜样的力量是无穷的，我现在这样做，是希望把我的言传身教带给后面的人。我们也在管住自己，如果松散，很快就散了，而且做演员的，这些经常有的，今天你开会晚一点，明天我晚一点。假使开会，我一定会按时参加，只要我人在上海，我定会参加。你不要看，大家不说话，最起码，他们还是认可的。我只要一有空，一定会坐班的，从上午九点到下午五点，除了演出，因为我们还要有50%的演出量。这样带来的效果是好的，是正面的，因为所有的团长基本上是不演出的，只有我们这里的团长是演出的，这也是前辈教育的，从张振华开始，在90年代他做团长，就要演出。这样有几个好处，一个是给人家一个无形PK的榜样，第二个是你做领导，你还是需要拿本事说话的，否则谁服你呢？就是小辈也不服你的。在这一点上，人家是认可的。你在演出的时候，有第一手的资料、演出的行情、所有的信息，你还有说话的资格。若不演出，就不知道的。所以我认为只有好处，没有坏处，这也是老师们的言传身教给了我们无形的帮助。现在我也有一种想法，希望我们1974届的一些做法能慢慢地往下复制，也是一种传承，说明我是很心甘情愿地在做。

（三）集聚智慧，打造一流

在专业团体当中，专业是很重要的，没有专业就没有话语权。但是有了专业，还要靠人品来支撑，为人要好，要厚道。人不能没有错误，但错了能改，也是好的。但尽量少做错误，少犯错误。整个心态和志向能够向上的，即德艺双馨。像这次到天津，跟他们团长，我们有很多相同的感悟在交流。他们都是有一种责任感，他们面临改企的工作。我说，这一点我们也折腾过，现在折腾好了，是全额拨款的。任何一个单位必须要有人去做，去坚守，这样的单位才能好。我说我们评弹团能够到今天，还能做一点事情的话，确实是1974届还留了一批人在那边。临危逃脱不是一个大家风范，只能是一个著名演员而已。如果把一个事业、一个行当看成是一个毕生的事业的话，毕竟是要坚守的，再困难也要坚持，再委屈，大丈夫能屈能伸。

我们这一批人，我是其中之一。有抱负，有感恩，有回报，有这样的理念在里面，会做好工作的。事业发展，向前走，也希望有这样一个信念，集聚智慧，打造一流。

集聚智慧就是，一个人的力量是有限的，做不了多少事情，如果一个人的作用能发挥到大家都能这样，你的团队当中把所有人的智慧都发挥出来的话，那才能够打造一流。上海评弹团基本上是往这个方向走，所有的民主的东西，大家都可以协商，都可以集思广益，所以现在我们又重组了艺委会。这个艺委会的作用就是每个人的智慧都可以得到充分的发挥，这样单位活力就大了。像评弹团的各种活动，你们绝对不要只看到我在做，当然我在做一些事情，比如说"上海评弹团860"的打造，其实是高博文、吴兴国等人做的，我是很少去的，只要他点到我去演出，或者做什么具体工作的时候，我是一个执行者。现在我们搞一些演出，还是蛮火的，包括一些大的活动，是整个团队在演出才能行，包括行政、后续的配套，没有团队是不行的，所以一定要集体智慧。我也慢慢悟到，一个人的能力是有限的，一个人的能力如果能够让大家集中起来发挥作用的，这个能力才是好的。希望一个团队有创造性的。

今年是一个小年，明年是一个大年，有一个大型比赛，所以我们正在为每一个人能够去参赛做准备，争取让人们听到海上作品。评弹起源于苏州，但是发扬光大是在上海。这是没有一个人可以改变的现状，上海的确为评弹的辉煌创造了条件的。我们能在上海演出，我们是感到荣幸的，也希望上海这样一个大的市场、这样一个有竞争力的大都市以后还会给后辈进行施展的机会。所创造的辉煌还是希望能够延续，这个延续多半还是要靠自己的。它对任何人都是机会均等的，自己做好了，才有很大的空间让你去展示。有的人讲，我们上海评弹团出去，像美国，以及中国的香港、台湾、澳门等地方，我们现在都在打造能持续的演出活动，让更多的人知道评弹、熟悉评弹，让喜欢的人更加喜欢，让不喜欢的人、不了解的人慢慢地认识到评弹的价值。

四、结　语

讲到这里，我要讲的基本上都讲完了。到现在，我还有两年多一点点时间也要退休了，希望在我退休之前，能把以高博文为首的这一批人更快地引导到公众的视野当中。现在我们评弹团当中年龄大的很多，其实要推，会有一大批的。单靠高博文一个人还不行，所以我们希望年轻的尽快跟上，等我们退休的时候，他们能很好地接上，把评弹团的工作能够很好地延续。因此这两年我的工作在于培养梯队，在演员的培养上尽量在我退下来以后可以心安理得。我该做的已经做了，该让给别人的已经给别人了，我也可以像老听客一样在台下听书。希望我们的后生能够有很好的演出、动听的唱腔、很好的"说"，也算完成了作为外行的我到评弹团工作了四十年，现在也算是内行的，不枉在评弹团的工作了。

演讲时间：2014年5月19日

整理者：赵倩

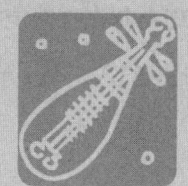

第二十三讲
当前评弹的生存状态和发展契机

　　评弹一直有着深厚的群众基础，评弹在国内普遍受到欢迎。随着老龄化社会的到来，江南人对悠闲的生活方式的崇尚，使评弹有了新的复兴可能。近年来传统文化愈来愈受到社会的重视。政府不断加大对评弹的扶持，开办书场，保障从业人员收入，评弹一下子呈现出场地多、演员少的局面。依托于政府开办的书场，演员的演出收入变成了"旱涝保收"。当前，虽书场数量众多，但行政主管部门最终决定了书场的命运，公益性书场的运营广泛存在敷衍现象。评弹演出的经济效益极弱。评弹演出队伍芜杂，演出内容出现低俗化倾向。从业人员对传统长篇的掌握非常不够，中篇、短篇的创作有极大的功利性和应付性。许多从业人员不仅缺乏基本的艺术锤炼，自身的文化素养也十分薄弱，跟不上时代发展的需要。在传统评弹兴盛的浙江地区，评弹的影响力更是不断衰落，目前已经差不多退出了浙江地区。评弹的保护与发展任重而道远。

高博文

师承著名弹词演员、评弹作家饶一尘,为传统经典书目《珍珠塔》的第六代传人。兼顾魏(钰卿)、沈(俭安)、薛(筱卿)三大流派的唱腔,打破门户之见,虚心向陈希安、赵开生以及薛派传人薛惠君和郑缨等前辈名家学习。被听众称为"吴韵一哥"。先后获得上海东方戏剧之星(2003)、上海十大文化新人(2004)、中国曲艺节节目金奖(2005)等奖项。现为国家一级演员、上海评弹团团长。

一、结缘评弹

很高兴能够来这里和大家交流。我一直关注着上海师范大学唐教授研究评弹的团队。作为一个评弹从业人员,有人来关注、研究评弹,我感到十分高兴。我从进评弹团学艺到成为一个演员,一直在演出的第一线,始终没有离开过,目前还身兼着管理的工作,对评弹现状的了解,还是比较明了一点。今天借着这样一个机会,希望和大家来探讨交流。各位的大作我都拜读了,尤其是唐老师所有的有关评弹研究的书,有唐老师赠送给我的,也有其他途径我自己买的或者收到的。评弹的整个历史那么悠久,但评弹的研究是比较零散的、单一的。现在从社会学、历史学、人文学以及社会与艺术、个人的结合等方面已经有这么多成果,我们是很高兴的。我一直告诫我的同事们,尤其是青年同事们,要不断加深对评弹的理解。这些书籍出版以后,我会推荐他们看,或者摘一些章节给他们看。书里的观点,我认为是正确的,对他们有益的,我都要告诉他们。今天很有幸能和大家来做这么一个交流。我也关注了前面二十几讲,因为网上都有报道,各位老师、前辈、艺术家来做的各种各样的有关评弹的历史、表演风格、从艺经历,等等。今天我做报告的主题是——当前评弹的生存状态和发展契机。

我于1987年进入上海戏曲学校评弹班,过去他们1974届是学馆制,因为学馆不能颁发文凭,所以后来学馆没有了。后来上海评弹团和上海戏曲学校合办,上海戏曲学校可以办各种戏曲门类的班。苏州有苏州评弹学校,为什么上海没有从苏州评弹学校招生呢?第一是因为地域问题,户籍限制,从苏州招不能调动。第二是因为上海有自己办班的传统,流派创始人集中在上海的比较多,上海这边有自己一套教学方法和表演风格,上海有需要就自己办班,到现在也是这样。现在不光是上海戏校毕业的学生进入上海评弹团,我们也采取多种方式吸纳人才,第一种是"采花",过去吴宗锡老师就是这样做的,把社会上的优秀人才吸收到评弹团,第二种是接收苏州评弹学校的优秀毕业生,这已经成为一种惯例,第三种是上海戏曲学校自己培养。我觉得这样比较好,不单一。

1991年我从上海戏校毕业,进入上海评弹团。我觉得我是很幸运的,因为我实际上是从1985年开始学的,1985年上海评弹团有个业余的评弹培训班,是针对青少年的,那个时候三十几个同学都是十几岁到三十几岁的青年，在评弹团接受一些业余的培训，由薛惠君和陆雁华两位老师为我们上课。我们大多都是"70后"，那个时候生活还是比较简单的，没有手机，没有网络，是以收音机为主、电视机为辅的。当时上海评弹节目的播放在戏曲频道。从1949年前到当时，戏曲、曲艺在电台的播出一直占据主要的地位。我们小时候听的一些东西，还是和戏曲相关的。我记得很清楚，那时候每天六点半吃晚饭的时候有广播书场，星期天有《星期书会》，那是80年代开始的。我最先听的就是评话，是唐耿良老师的《三国》和张鸿声老师的《英烈》。从评话开始，我喜欢上评弹。那个时候，评话开始前，还会播送一些开篇，我都不喜欢听，我只想听大书，后来慢慢受到熏陶，发现弹唱也很不错。我们这代人喜欢评弹的人还是不少的。1987年，上海戏曲学校正式招生，我1985年想学评弹，但上海评弹团没有招生，1986年我去过苏州评弹学校，考取苏州评弹学校，那个时候一个上海的区级评弹团要我，区级的评弹团是附属在区里的，如新长征评弹团、新艺评弹团，等等。这些评弹团，现在已经全部解散了。最后我进入了一个区级评弹团，他们希望我去，因为需要接班人。当时评弹学校的条件还是比较艰苦的。

考取了苏州评弹学校之后，我父亲是反对的，说区级评弹团条件比较艰苦，跟我谈了许多"生老病死"的问题。我父亲说你还是回来吧，虽然上海评弹团在1974年招生以后没有招过，但你还是等一等吧。于是我就等，然后到了1987年，上海评弹团招生了，我顺利考入上海评弹团，准确地说是被上海戏曲学校评弹班录取了。

各位都去过上海评弹团吧，我想都去过，但你们去的是那幢新楼，不是老楼。我一直说，没有去过老楼的上海评弹团的演员们，对上海评弹团的感情是有缺失的。我很幸运，1987年进评弹团，学习不在戏校，因为戏校太小，只有京剧班在那边，所有班级都是分散的，沪剧班就在沪剧院，我们在评弹团，每天上课的时候，经常能看到那些老艺术家。老先生们虽然已经退休了，但领工资的时候是要到团里的，我就有机会见到他们。我曾经写过一篇文章，说进入评弹团就像进入到了中南海一样，有一种"朝圣"的心情，有时看到蒋月泉老师走进来，看到杨振雄老师走进来，真的感到很幸运，看到了当时所有的健在的大家、流派创始人。随着岁月的推移，这些大家、流派创始人，一个个都走了，包括这幢老楼也被拆掉了，想起来很感慨。我们现在想想，这幢楼为什么要被拆掉，也算是文物，应该原楼翻新，但最终还是被推掉了。1991年毕业以后至今二十三年了，从1987年算起至今二十七年，我对评弹团的感情深厚，有很多话想说。所以今天我来说说当前评弹的生存状态和发展契机。先说说好的，从"正能量"说起，等会儿再说现在存在的问题。

二、评弹的生存状态

关于生存状态，我觉得现在比我 1991 年毕业的时候，要好很多。所有 1974 届的学员，三十八个人剩十二个，我们十个走剩我一个，为什么人差不多都走光了，原因大家都清楚，改革开放以后，经济大潮的冲击，西方文化、外来文化的大量涌入，我们的本土文化、民族文化节节败退。当时我记得很清楚，80 年代末期 90 年代初期的时候，我们思想是很混乱的，什么都讲市场化，教育要市场化，医疗卫生要市场化，文艺当然也要市场化。那个时候戏曲，就是论资排辈的，青年演员排不上，只能出码头、演长篇。

当时，我们 1991 年刚出来的时候，评弹演员的生存，是以出码头演长篇为主业的。但那个时候，人们都在经商，从经济角度出发，书场是难以为继的。过去，唐耿良老师这一辈，都是书场重金请这些大家去，为他们创造一切条件，到了我们出道的时候，书场就是一个城镇、一处地方，最不灵的地方，出不了经济效益。那个时候经济挂帅，时间就是金钱。

我们跟老师出去学艺，老师是名家，待遇还可以，但如果我们自己出去，真是惨淡得不得了。那个时候没有高速公路，火车也没有高铁，自己背着行李、拿着箱子，到一个地方，基本没人理你。曾经我到了一个书场，那个书场的老板对我发了一大通牢骚："你看这帮老头子，每天早上五点钟就来喝茶。"那个时候喝一杯茶四毛钱。五点钟来喝，喝到上午九十点，门口有熟人路过了，喝茶的人说，我要走了，你接着喝下去，四毛钱要服待顾客几个小时。那个时候真的很苦，收入很低，我们的一些同学真的受不了，所以，做生意的做生意去了，嫁人的嫁人了，现在情况有质的改变了。

（一）江南人的生活方式给了评弹生存空间

这方面同学们肯定研究得很透彻了，我一直说，不要把评弹单单看作一种曲种，评弹是一种文化，评弹是植入到江南人生活中的一个主要的娱乐方式。因为江南人的生活是比较惬意的，比较悠闲的，而且江南水乡，每个镇上都有茶楼，从清末开始，到民国兴盛。这个传统，到现在还没有完全改掉，改是有改变的，因为城镇化，加速发展，每个城镇都差不多：一条主要的商业街，高楼造起来。但是，这种基本的状态还没有彻底改变。这种生活方式——一个镇上有茶楼、有书场，成了中老年人主要的聚集、休闲的地方，这种传统还是存在的。这一空间给了评弹生存的机会，还能附着在这上面。

还有一点很重要，江南地区人口老龄化，使得评弹拥有了众多受众。都说评弹是老年人特有的欣赏艺术，一个地方的书场关掉，老年人就没地方去了。我是一直反对这种说法的，我认为不能说得这么偏激,评弹不是老年人的专利,书场不是养老院,评弹是一种艺术,需要中青年的听众,需要大家来喜欢,过去就是这样。但现在说长篇,年轻人没有时间去听,所以老年人是我们主要的受众。江南是中国老龄化程度很高的地方,也许是最高的地方。所以这些老年人的存在,他们的生活节奏、生活习惯,跟评弹相呼应。在三十多年前,我看过一篇报道,大家都在担忧,评弹要灭亡了。因为老年人都去世了,谁来听评弹。老年人怎么会都去世呢?前面的去了,后面的会跟上来。

我们刚刚毕业时去书场演出的时候,说的都是一类书,比如《珍珠塔》《描金凤》,说得很惨淡。我记得我的一个同学,是说《玉蜻蜓》的。他出来的时候,潘闻荫、张君谋几位老师都在,好多人都在说《玉蜻蜓》,都在码头上。我同学一个小年轻,名不见经传,也说《玉蜻蜓》,所以打电话出去接业务,一说是《玉蜻蜓》,对方都说不要来,没人听,说得太多了。之后他去了,经营很惨淡。没人来,当然有自身艺术有限的原因,也有说《玉蜻蜓》的名家太多的原因。那个时候,我们四个小青年,一档是《神弹子》,一档是《描金凤》,那个时候两个小时还撑不下来,我们要"越做",场方把这两部书的名字改为了《韩林传》《徐惠兰》,因为怕"一类书"名字挂出去,听众不要听。那个时候流行武侠书,还不能像现在能说"文化大革命",那时也不能说蒋介石、宋美龄。

现在我们在书场演出,有个很奇怪的现象:我在书场说《珍珠塔》到一半,有个听众,出去旅游了几天,没有听到,会过来问我,最后的结果怎么样了?我就觉得很奇怪,因为这个书说得太多了,我自己都说得"口软",这类书听众也听了好多遍,为什么会问出这种"老洋盘"的问题?这就是因为,现在的书场里,有一半是老年新听众。老年新听众,原来不听评弹的,年纪轻的时候或许听过,因为在五六十年代,是全民听评弹的,但后来不听了,为什么到现在又开始听了呢?因为退休以后,生活节奏慢下来了,他的朋友、亲戚、邻居,也许有听评弹的,他就过来听了。所以,我说老龄化,为评弹创造了众多听众。

我问过很多老人,他们其实听不懂书,或者听不大懂,不是说他不懂苏州话,故事情节他是能明白的,但弹词的流派他听不懂。里面很多技术性的东西他不懂。老年人觉得每天下午来这里喝喝茶,聊聊天,打打瞌睡,很不错,是可以来的。因为这种休闲的形式,是没有其他形式可以替代的,五块钱,有的甚至于四块钱,甚至有的不要钱,到这个地方,有空调,有茶喝。老年人到这边,和三五知己,聊聊家常,当然也谈谈国家大事,到差不多时候,开始听书。然后到三点半会去买菜烧饭。对于老年人来说,下午的时间是最难熬的。我问过一些老人,有些书不太好听,为什么还过来?老人们说,才四五块钱,还能去哪里?打麻将不能天天打,跳舞不喜欢,公园里坐着条件不好,逛马路走不动,算来算去,只有评弹,是最适合他的生活习性、消费水平、接触人群，只有评弹，是适合他天天来的。基于此，尽管现在书场不营利，还是希望多请好先生，留住听众。

但现在的好先生和坏先生业务差距并不大，过去蒋月泉这一辈，书场请了好先生帮他做一档生意，可以还债，可以消除亏空，所以书场待好先生像亲爹一样，你要吃什么就吃什么。现在不可能了，因为现在好先生去，首先不能涨价，别人五块，你也是五块，一涨价别人就不来了。好先生去了，人会多一点，比如好先生去二百人，别人去，不会几十人，也会有一百三四十人。相差只有四五十人。因为听众是来消遣的，是来消磨时间的，有一大部分人，不单单来听评弹，可能是和周边的老张、老王比较要好，每天都要见面谈谈，有时候他们会跟我请假，说要一起出去旅游，但长票买好了，拆帐依然给你。有时候我们到杭州、到苏州去演出，他们会包了大客车过来玩，玩一圈，听个书，吃个饭，大家聊聊。评弹成了老年人老有所乐、老有所养的一种生活方式中的一部分。所以我说，人口老龄化，书场适合老年人的生活节奏、生活品位和消费水平。

还有一些老年人更有意思，我们一直说做书场像做功德一样。有些老年人呢，很啰唆，很不"识相"，在我们说书前一刻钟，还来说个不完。我觉得呢，老年人有特殊的生活习惯，我们应该像做功德一样对待老年人，有时候，只能很婉转地说，不能板下脸。因为，书场里面，很多老年人是很弱势的，他们退休工资不高，在家里可能说话儿子、儿媳妇都不听，但他们在书场里，也许感到很自由，很舒畅。所以在书场里，应该让他们满意而归。老龄化这个状况的存在，使评弹还是有很大的生存空间，不会灭亡。

（二）江南地区城镇经济高度发达是评弹生存的经济基础

我看彭本乐也做过这样的统计，现在书场的结构和过去完全不同，过去的书场是以营利为目的的，有的书场真的很辛苦，少请一个员工，就能节约一部分成本，所以所有的事情，老板和老板娘能自己做就自己做，烧水、拿茶杯、收拾、检票，都是自己做的，书场多请不起员工。现在很多书场都亏空了，因为在干活的只有两三个人，退休的倒有好几个。以前的书场都是私人承包的，尽量要节约成本，书场本身就是微利。但现在和过去完全不同了，现在私人开书场基本没有了。有是有个别的，但也是有其他目的的，开了书场以后，有了执照，因为书场是为老年人服务的，是免税的，可以附带开麻将室、棋牌室，所以有了书场，可以掩盖掉很多东西。真正只开书场的，私人来开，是搞不了的。很多人不了解，有了钱来问我，开个书场怎么样。我说，最好不要搞，喜欢的话，花点钱办个演出可以，书场弄不了。为什么弄不了呢？因为开个书场，一年要请二十四个人，有二十四档演出，要请二十四个演员很麻烦，又要安排住宿又是微利。

现在的书场大致是什么样的呢？有文化馆书场，文化机构主办，乡音书苑是上海评弹团办的。现在中心城区也没有什么书场了。黄浦区以前是书场的重镇，现在又并掉了卢湾区，经济很好，却没有一个像样的书场。以前雅庐书场在的时候，还可以撑撑门面，说黄浦区有个书场，现在雅庐书场都拆掉了，迟迟也没有搬到白玉兰剧场，就是以前的卢湾区文化馆。到现在，黄浦区还没有书场，真是不应该。以前一条南京路，从外滩到静安寺，有多少书场？南市、卢湾这些区，全部并进黄浦区了，至少应该有一个像像样样的书场，但就是没有。现在中心城区的书场，有乡音书苑、长宁区文化中心。长宁区的这个，地方也是比较偏的，现在看来位置还不错，办得也不错，长宁区的书场在听客当中也是有口碑的，请的演员、演员的待遇、对听众的热情，都是很不错的。还有一个就是武定书场，在静安区，石二街道文化中心。中心城区就这些书场了。还有个宋园茶艺馆，闸北区的，前段时间闸北区文化部门主动跟我们联络，说要共建一个书场。现在茶艺馆收回国有了，也想做一些传统文化，所以来和我们谈。现在书场的开办，多数都是政府行为。苏州更加多，苏州有政府的指令，各个社区、各个城镇都要有书场，所以苏州的各市镇的文化中心、书场，遍地开花。

为什么要开那么多书场？当然它是有一定的意图在里面的。开书场是好事情，对我们来说有了阵地，政府来投资。因为评弹的开支，需要的是最少的。很多地方要搞文化建设，请剧团，不能每天请，人员太多。评弹去才一两个人，不需要什么接待，所以请评弹最合算，而且老年人对评弹，也是喜闻乐见的。所以，开书场是比较合适的。而且，开书场的条件限制很少。我们今天讲座的地方，就可以开个书场，坐三五十人。再大一点也行，对布光、音响的要求很低，所以，搞书场的成本是非常低的。在江南地区，弄个书场，是很合适的。现在很多书场都不要门票。卖几块钱，每天只有几百收入，没多大意思。而且，卖了票以后就是营业性的，要对听众负责任，会多很多麻烦。所以，宁可做公益性的。不卖票的话，人数会多一些，之后写报告，老有所养、老有所乐、民族文化传承，等等，有很多便利。评弹在这个方面，和政府的想法不谋而合。现在江南地区城镇经济发达，对于区内的老年人，必须安顿好。应该让老年人共享经济发展的成果。这也让评弹有了生存空间。

现在谈到评弹演员收入，要说高，也不是十分高，但比我们小时候好。好在什么地方呢？我们小时候想做没地方做，那个时候粥少僧多，书场少演员多。那个时候，我们出去，做不到包账的场子。过去，如果说是包账，都是有名头的先生，别人要对你的艺术、上座率，有一定的了解，才敢这样。过去我们都是拆帐的。我记得到无锡去演出，卖四毛钱一张票，演员可以拆一毛七分半。四毛钱里面有五分钱是茶钱，拿掉之后剩下三毛五，书场和演员对拆。每天我们两个人一点钟开始说书，在阳台上看到书场的门，看每天来了多少人。当时厉害的老先生都有这个本事，在台上数人头，看清楚每天多少人。

现在艺人跑码头，基本都是包场。现在的社区书场，人少了。从前说书，超过一百个人叫"出百"，如果是"双出百"，是了不得了。后来评弹影响大了，有四五百人，两百人不稀奇了。过去两百人是不得了的。现在又回到了过去的状态，每次出百就很好，双出百就不得了了。过去我出来以后，到无锡去，一场经常有两三百、三四百人。那个时候场方考虑经济效益，还是图一些微利，会有"吃签子"。过去的书票叫"签子"。明明今天是两百人，场方说今天只有一百七十八人，这就是吃签子。以前我不懂，跟着老师出去，老师比较明白。比方说今天我唱开篇，他数人头，他数起来是有经验的，如果他数的和书场说的差不多，那就算了。如果差多了，场方是要解释的。

现在书场的格局，和过去完全不同了。所以，评弹的生存状态，从这个意义上讲，还是不错的。过去我要做个场子，比如7月初，我6月份再联系，码头就接不到了，其他码头也难找。现在是场子多，演员少，只要想演出，肯定有地方。现在场子遍地开花，各个社区都有。

现在的苏州演员也不到上海来了，因为苏州的场子多，一市六县。现在交通也方便了，大家都有小车，去区县演出，很方便，就像上班一样，早上开车出去，下午两三点演出完，就回家买菜做饭，夜里再去唱唱开篇。苏州演员不用到上海来，因为即使来上海，包场五百元，甚至六百元，算下来还是不方便，家里也照顾不了。现在家里太舒服了，以前老人出码头比较适应，因为码头上条件和家里差不多。现在家里条件好了，小青年出去很不习惯，他们要天天回家的。我们苦过的人，到什么地方去，都能住下去。码头上的住宿，是很差的。就以上几个方面，我觉得，评弹在若干年内，生存空间还是比较大的。

三、评弹发展的契机

（一）评弹艺术有着深厚的群众基础

大家都是研究评弹的，都知道评弹在清朝前期定型开始，到民国；发源于苏州，发祥于上海。经过历代名家的打造，中华人民共和国成立后，评弹的地位有了很大提升。老一辈创造的辉煌，我们到今天还很受用。所以，今天，无论和谁说，我都很自豪，我是评弹演员，到外地去也好，在上海碰到的不听评弹的朋友也好，提起我是说评弹的，大家的眼神里都是仰慕钦佩和崇拜，没有一个人说评弹不好。在整个上海乃至整个江南地区，对于评弹，有的是喜欢，有的是听过。但无论如何，在他们的感觉中，听评弹的人不会学坏，听评弹的人会文气，能长见识，听评弹的人有耐心、文雅。我的祖父祖母、外公外婆都喜欢听评弹。别人跟我提到评弹，都是这样一种感情，评弹代表了上海，代表了江南，代表了它的某种怀旧的情绪。评弹的深厚群众基础，从老一辈到现在，还是余波未息。我一直认为，好在评弹不光是苏州人听，比起其他的戏曲种类，传播更广泛，听的人更多。比如以前的中央领导人叶剑英叶帅，是广东人，就喜欢评弹。评弹不仅仅是一个曲种，更是一种文化。评弹深厚的群众基础也不光是在江南，其他地方的也有。这是我们的发展契机。

（二）改革开放后人们开始重新审视传统文化

过去我们没办法，传统艺术没办法提，因为大家都忙，忙着赚钱，忙着找商机，人人都忙得不得了，要是和他说，这个唱腔如何婉转如何好听，没人愿意听这个。但是，经过了三十多年，外来文化已经看得淋漓尽致了，大家都有了一定的了解：外来文化也就这样。过去是看不到，大家心里痒痒，门缝开了一点点看。现在门户大开，大家都能看到了，回过头来，看传统文化，看东方文化，大家突然发现，原来，我们的传统文化还是这么有味道。传统文化，原来没有仔细看的时候，大家都觉得是不合时宜了，现在看来，才发现魅力无穷。现在开始一种怀旧复古的风尚，哪怕是附庸风雅。昆曲、评弹、焚香、玩扇子这一类的都热起来了。不管是怀旧也好，复古也好，附庸风雅也好，只要你来听评弹，觉得听评弹是好的，是高档的，对精神放松是有好处的，就可以了。不需要每个人都搞清楚这是什么调，喜欢的人自然会去钻研。

改革开放初期，没有办法，我们的传统文化面临窘境，造成了大量的人才流失，我的很多同学都离开了评弹行业。到今天，按照现在这个形势，我们可以说，传统文化在复苏，不管是什么程度的复苏。评弹的传播，评弹的渗透，要"不择手段"。什么叫"不择手段"？就是什么地方我都要讲评弹，要是别人问我，评弹有什么好？我会说，你来呀，你来了我就告诉你。先把听众吸引过来，才能把好东西给他们听，他们如果不来，什么办法也没有。现在人们对传统文化有了新的认识，这对于评弹的发展，是有好处的。

（三）有政府的大力度扶持

以前呢，政府要卸包袱，赚钱的文化，政府觉得好，不赚钱的文化，政府就觉得不行。那个时候，大家都以经济挂帅，头脑很发热。现在，差不多也就是2000年以后，我自己感觉到，政府对传统文化的投入、倾斜，力度很大。就说评弹，我们也经历了一次很大的惊吓，就是上海评弹团的改制，要改成企业。十七届六中全会提出关于文化体制改革的一个重要决定，要把全国的文化单位，大致意思是说，多少年来，文化事业单位的院、团，成了党和政府的文工团，不要赚钱，只需要完成任务，得了一些奖，就可以过下去，不能这样了，应该到市场去。

这个方向是对了，但这个事情要一分为二。评弹行吗？评弹不能完全到市场去的，评弹是走低票价公益性质的，多少年都是这样的。如果把评弹一下子推到市场上，票价定一百元、两百元，谁来听？所以，我们那时候也很困惑。但没办法，这是大潮流，必须跟着走。但当我们把这个报表全部做好，明天就要翻牌成立"上海评弹团有限公司"的时候，我们得到了一个很好的消息，评弹团不用改制了。从陈云同志开始，评弹一向受到领导人的重视和关心，这也是评弹这门艺术的深厚文化内涵和艺术魅力造就的，这是我们作为评弹从业人员的心理，也是对于老一辈的艺术家为评弹提供了那么多的贡献的尊重。体质内有领导的关怀，还是很重要的。我们也不知道，是哪个领导关心了这件事，抑或是文化主管部门觉得这样一个团体、一个艺术，完全推向市场是行不通的，结果评弹变成了公益性的"非遗"的传承单位。我们现在的名字叫"上海评弹艺术传习所"（上海评弹团）。

传习嘛，就是以传承技艺为主要任务的，是不营利的。没有改制，好处在于：第一，我们不用担心要自己找饭吃。我过去在团里看到，团里想搞一些大的艺术活动，非常苦恼，因为先要找钱。评弹团四十周年团庆的时候，要搞个庆典活动就很难。活动完要吃个饭，要办几桌，很难。那个时候长宁区教育局有个叫《小主人报》的报纸，赞助了我们，资助了一点钱让我们办庆典活动。当时有听众很奇怪，怎么需要《小主人报》的大力支持。那个时候真的很难，1997年香港回归的时候，要搞个庆祝演出活动，程志达老师为编剧，他去找老同学徐林达老师，拿到了点赞助。那个时候还便宜点，只要两三万。

评弹的发展，还是需要领导人在其中关心的，之前是陈云，后来是丁关根同志。丁关根同志对于评弹艺术的支持是不遗余力的，包括苏州评弹学校的建造，没有他是建不起来的。北京要出一本书纪念他，叫《丁关根同志与京剧》，然后盛小云就说，单说京剧不妥，丁部长对评弹帮助也很大。大家才知道，丁部长原来也听评弹。所以就在书中收入了他关心评弹的事例。《新民晚报》还资助过我们，搞了个评弹基金，当时大概资助了三十万。那个时候真是难，要搞活动，先要找钱。大家都记忆犹新，包括淮剧团、越剧团，都把房子租出去了。现在不需要这样了，现在要搞什么活动，我们都有正当途径，我们是完全的事业单位，都是财政上拨款的，要立项有经费支持，还有艺术基金，可以通过这些途径，来补充经费。所以现在搞一些活动、一些艺术创作，大家都觉得宽裕得多得多。

（四）人们对生活工作状态观念有所改变

这个我有切身体会，因为现在经过数十年的改革开放，大家的生活节奏很快、压力很大，人人都在喊压力大。人们有种失落感。于是就觉得做人不能老是这样，几十年都绷得这么紧，不行的，需要放松，心态要放松。所以，现在人要休闲、要慢生活、要减压，追求淡雅的生活。这就和评弹搭界了，这些因素促使评弹文化更有所作为。

人们追求生活的休闲和淡雅，评弹就是雅俗共赏的艺术。评弹的雅是很雅的，初听也许听不出来。评弹的雅是淡淡的雅，沁人心脾、潜移默化，是让人们在一种淡雅的氛围中，感受艺术的魅力。现在如果有知道评弹但没有听过的朋友问我哪里有得听，我很难选择，我怕他到书场听评弹以后，对评弹的印象就改变了，我不敢带他们到书场去。很多人现在搞一些茶叙，听得懂书的，说一小段，不在书场，在比较自由的场合，能让他们放慢生活节奏，静下心来；而且一唱才子佳人、帝王将相，和现在人生活很远，产生了间离效果，也是大家喜欢的。评弹有一个特点：很细腻，不直白，很含蓄。就像蒋月泉先生的噱头，这个噱头出来，总要留三四分让人们想。不像现在的滑稽戏，很淋漓尽致。一直淋漓尽致也没意思。我小时候听三国就是这样，评话里面有很多细节的东西，和小说里面一两句话就过去是不一样的。一个说书人在台上，讲运筹帷幄，里面的言语的交锋，人物的心理状态，告诉了人们这种淡定的智慧，让他们受益无穷。这是评弹除了长篇表演以外的又一个特点。在这方面也可以有新的作为，值得研究。

（五）评弹文化越来越受到传统流行区域以外的受众的欢迎

这是我的个人体会，就像外地人、外国人到江南来，必定要去江南古镇，周庄、同里、乌镇，这些都是评弹最最扎根的地方，最老的基地。为什么要到古镇去？不光光是为了风景，主要是为了感受这种江南文化的氛围，这种气韵，过小桥，在青石板上走走，吃吃江南小菜，感觉很好。人们对江南文化有种向往，而评弹是包含在江南文化中的。

现在有些演员，只去唱开篇，有人就问了，长期不说长篇，功力会不会退化？长篇是基本功，但是晚上唱开篇，也要认真唱。因为，听开篇的大都是有文化素质和经济实力的人物，到了苏州，是要听评弹的，要特别富有江南韵味。一开始我也觉得这样听评弹的都是不懂的人，但后来碰到好几个人让我改变了观点。比如我一个亲戚在湖北，打电话给我，说要我寄点评弹的碟片去，因为他们的经理，到苏州山塘街听了评弹以后，欲罢不能，觉得评弹太好听了，太能让人放松心情了，让人很有愉悦的感觉。这方面的听众也不能忽视他们。我们到北京、到天津、到台湾、到香港去演出之前，很多人觉得在台湾的江浙人都已经年纪大了，或者故去了，不会出来听书了，但我们去的时候，还是很多人来。这里面还包括了一大批新听众。

有几年到香港去演出，开始不行了。为什么不行了？60年代末70年代初香港的一些听众是非常推崇评弹的，我们两三年去一次，每次都很不错。后来这些老先生有的故去了，有的回内地了，有的到国外了，他们都不出来了，评弹开始衰落了，大场子做不了了。但前几年去，奇怪了，情况又好了。当然香港的票比上海便宜,卖一百块钱,六十岁以上的老人和学生打对折,就是五十元港币,只相当于人民币四十块。就是他们有种对文化的认同。我们到港澳台演出,就是累一点,因为要全程字幕。尤其是说表需要字幕,特别麻烦。因为说表打上字幕以后,就不能自由发挥了。噱头也要打字幕,必须要懂的人打,噱头不能打晚了,也不能打早了。我们全程字幕以后,虽然大家看得比较累,但效果很好,说明语言不是障碍。这几年,我们到港澳台演出,效果很好。

评弹有个好处,就是成本低,两个人都可以去,三四个人也可以。要是请其他戏剧演出,成本太高。而且评弹还有一个功效:几年前,我在某个场合演出,只唱开篇,不说书的。有个外国人,每天都来,坐在角落里。一星期以后,他来跟我讲话,他递了个名片给我,他是德国驻上海总领馆的文化参赞类官员,他说他很喜欢中国文化、江南文化,偶尔听了一次评弹,对评弹很感兴趣,希望我提供一些碟片给他,他带回去给伙伴们听。然后他就带回去了。之后他跟我说,他请了朋友到家里聚会,说来了解中国文化,把京剧、越剧、评弹三个剧种展示给朋友,让他们听听哪种最容易接受。听完以后,大家一致觉得评弹最能接受。他们的直觉就是听评弹,蛮舒服,不吵闹,不会影响谈话的气氛,而且听了之后,有种放松的心情。我觉得这大概是评弹音乐的特殊功效。

我还认识一个台湾的朋友,从来没和他说到评弹。有次大家一起吃饭,聊到评弹,他说,他买了一张评弹的碟片,全是老先生唱的,他每天都在听。这种文化交流,当然首先是音乐的交流。我们在澳洲,在悉尼的一个中国花园,仿照中国花园造的,在一个湖心亭中表演,长衫旗袍穿起来,"蒋调""俞调"对唱,感觉就对了。外国人觉得,在这种场合唱这个,完全匹配。我有一次在乡音演长篇,正好演长篇《文徵明》,德国人来和我交流,说书里面有八个人物。我一数,果然是八个。德国人说,你这个一人多角,在他们那边是没有的。于是他请我到德国去演出,但有个要求,就是选一些脚色转换很明显的书目,有这个要求。

因此我觉得,评弹的空间很大,里面总有可以挖掘的东西。评弹受到传统流行区域以外的听众的欢迎,便于文化的交流。以前我们一直说,评弹的文化交流很难,因为受到语言的限制,现在发现,这不是什么大问题。

上面说了一些对于评弹有利的,包括我们现在的经济支撑,包括我们内部外部环境的对传统文化的青睐和推崇,评弹文化在中国传统文化、江南文化中的地位,决定了我们还是有优势的。

四、评弹当前面临的问题

当然,有些问题还是很大,下面我们来说说评弹面临的问题。

（一）书场的公益化运作的弊端

书场的公益化运作当然有好处，书场遍地开花，演员有了阵地，大家都有演出的地方和机会，也有了演出收入的保证。但是它也有弊端，低价位、不买票，很难保证书场运行的持久性。我们现在还是领导说了算，哪怕有一天免费了，听众也来不了。就像我们的美琪书场，本来开得红红火火，成了市区评弹活动的中心。被大剧院接收之后，当时的总经理去视察，觉得美琪书场盈利太少了，关掉比较好。一旦有领导觉得不需要了、要关掉了，书场是没有生路的。

1. 公益化造成了工作人员的懈怠，没有积极性。我了解了苏州的一些社区书场，当然其中有好的，不过类似情况比较有代表性。有一种自助式书场，这种书场没有工作人员，演员要自己泡水、自己开灯、自己开话筒、自己来自己走，没有工作人员出现。演员很困惑。很多青年演员跟我叹苦经，说这种书场一年哪怕我做得再多，三百场四百场，看到的也只是收入，完成指标而已。跑这些书场，真的很无奈。今天我要唱一个曲调，比如我这"俞调"，是我花过功夫、动过脑筋、学得很好的，却没人听。有的听众打瞌睡、有的大声喧哗。我自己也做过一个社区书场，是比较偏僻的，在乡下，我说到一半，下雨了。然后一个老伯伯，把门一开，喊了一声，下雨喽，收衣服喽！然后人走了一半。在这些书场，你噱头设计得再好，人家不领会，因为他们就是来坐坐的。对演员艺术上的促进没有了。公益化有好处，关键怎么好好经营、普及，很多老年听众并没有被评弹吸引。而上海的社区搞得好的地方采取的是免费但一个礼拜只有一两次的模式，和正式的书场没冲突。

2. 老龄化听众的消费水平低。现在的评弹消费由欣赏型消费变成了消遣型微消费和零消费。我们知道，听众老龄化和书场公益化以后，我们书场的票价，整个中心城区，六块是最高的。长艺书场，前面第一排是十块，有个沙发坐，后面的是六块。像苏州的书场，光裕是六块；梅竹是六块，原来是五块，现在涨了一块，长票打九折。其他的地方，有四块，有三块，有两块，有一块，还有大量不要钱的。这些书场里，原来是欣赏型消费，现在变成了消磨时间的去处，所以高博文来，王博文来，李博文来，是一样的，我都会坐着。当然，人数会不一样，但上下也就五六十人。这样就会使人觉得，听书本来就是不要钱的。特别是苏州、无锡，很多听众就觉得评弹是政府给老年人的福利，应该就是一块两块，如果组织一档会书，票价八十，他们就要骂人了。所以，社区书场对市场经营的书场有冲击，苏州张家港有这样一种情况，周边的书场不要钱，城里的书场要钱的，明天高博文在社区书场做不要钱，城里面的一档先生"软"一点。现在在苏州坐公交，对六十五岁以上的老人不收钱，然后他们就到那边去听了。老年人其实对价格很敏感的。

不是说要老年人必须有多高的消费，但必须有合理的消费。如果每天听评弹，那么评弹在一个人整个退休生活中，占多大的比例？退休工资就算是两千块——应该是不止的，那每天花四块钱听评弹，一个月才一百二十，提到一个月二百，也是合理的。当然，就算两百元，评弹还是不赚钱，因为现在人的成本、水电煤的成本很大。现在这种情况，零消费和微消费造成了这种心态，社区书场和经营性书场，就是不公平竞争。我们乡音书苑，每个礼拜都有"乡音860"，价格是三十、六十、一百。很多人不懂，觉得我卖得太便宜了，你看小剧场相声卖多少钱。我说，朋友啊，我们是有两块三块的，两块三块的书场，我们也是要去的，团里最好的演员也是要去的。卖三十、六十、一百元已经不得了了。在节目配备、人员配备方面，都要做到让人家来听你的。所以，只有在上海，听众的文化素养、消费习惯，才适应。在苏州，我们试过几次了。开明大戏院搞过一次很大的会书，不送票，每张票卖二十，卖来卖去，半个月卖了一百多张票。还有一次，搞中篇，全是不错的演员，到苏州开明大戏院，也卖票，结果一百张都卖不掉。因为大家都在等，知道你要送票。当然，有政府的依托，不靠这个赚钱，送就送吧。

3. 部分艺人和书场存在管理真空，政治把握和艺术水准有低俗化的倾向。这个就是因为书场多了，演员太少。现在有很多退休以后的艺人，原来不是说书的，临时下海，是票友，也参与到评弹演出当中。评弹演员的门槛真的是太低了。我翻开现在的书坛报，里面的很多艺人和好多团我都没看过。过去对艺人的管理，是很讲究的，五六十年代，涉及意识形态的问题，没有演出证是没办法演出的。现在搞张演出证，很方便。我去听过一些个体艺人的书，到过一些个体的书场，这些书场、这些艺人，因为是微利，是公益化，所以政府不来管。这些艺人成了社会的边缘人，也没有部门来管你。所以他台上说的书目，一类书不会说，基本功不够，当然也要找盈利大的、受欢迎的。现在很多题材开放了，"文化大革命"的、江青的、蒋介石的、民国的，这些题材很多很多。其中不乏有些艺术性、思想性还不错的，但还有很多其中噱头穿插等不敢恭维，人家会觉得，评弹怎么就这样。因为现在的听众都是比较弱势的老年人，艺人会迎合他们的心理。但他们也就是听了一些野史、外来的书籍的描述，加上自己的观点和解释，就可以开始"喷"了，开无轨列车了。我觉得呢，这些还是不能歪得太厉害，只为迎合一些听众的猎奇、泄愤、认为社会不公的心态。

4. 部分艺人和个别书场，有低俗化的倾向。我听过一个讲《封神榜》的书，说太上老君身上的毛发都是法宝，传统就是这么说的。但那个演员从头发开始说，接着是眉毛、胡子、腋毛，还接着往下说，他在台上就说出来了。这就很不好，过去评弹涉黄的东西是蛮多的，像《白蛇》《玉蜻蜓》，这些是需要去掉的。张云亭老先生在书场，看到有女听客坐在下面，就一定要说黄色的东西，说到她坐不下去，他不希望女听客来。1949年后黄色的东西被去掉了，但现在部分书场又有，这很不好，我们作为从业者希望主管部门对个体艺人、民间艺人，包括一些书场，有个宏观上的管理。我们一个演员，大概在台上说了政府的某些缺点，听众和他争起来了。到社区要说政府好，因为政府给他们创造了很好的条件，让他们唱歌、画画。所以我认为评弹在维稳方面有很大作用，有一次我和宣传部领导说过这个观点。评弹深入到四乡八镇，深入到基层当中，老年人喜闻乐见。让老年人稳定了，他们觉得政府对他们很照顾，那么家里各方面都会比较安定。评弹这方面的功效，政府应该重视。

（二）长篇书目新与旧的问题

这个接着刚才的话题。的确，现在听众反映书目陈旧，包括我自己也有这种感觉。《珍珠塔》《玉蜻蜓》《描金凤》《双珠凤》《三笑》，这类书我们听得太多了，对情节很熟；而且最主要的一点是，艺术不及前辈。我自己也是，听《玉蜻蜓》，情愿听蒋月泉、听周玉泉；听《珍珠塔》，情愿听薛筱卿、"周陈档"。有些表演不到位，说得不好听，听众有厌恶感了。

新书现在有很多，但很不成熟。有些艺术性不行，有些思想上有问题。而且新书是以讲故事为主。我们彭老师是评弹作家，他知道的。现在的评弹变成人人都会写了，每个演员都说自己会写长篇。但我觉得我自己不会写。每个演员都能写书，都能写长篇，这怎么可能呢？现在很多评弹演员本事很大，看一本书就把长篇弄出来了。这反映了评弹很大的一个问题，就是专业作家基本没有。评弹团以前有文学组，现在没有了，都是靠演员自己作坊式生产出来的长篇，在码头上说。码头上的听众文化程度并不高，喜欢听故事，喜欢情节丰富的，放点噱头，讲一些他们喜欢听的话，他们就觉得不错，弄得生意很好。这样的书，传于后人，不行。这种书说了两年，要去复档，没人听。那只能再马上造新书，变成了恶性循环。好多书的唱腔、唱词，一听就知道不好，词就是水词，可唱可不唱。过去为什么很多唱段能流传下来，是因为很多文人给评弹写脚本，他们是专业作家，艺术水准高。

到有些地方演出，他们最喜欢听"张调"，什么"俞调""祁调"，都不行。"张调"过门一出来，他们就起劲了。我很反感听众说卖力：哦哟，你今天很卖力。我又不是卖拳头干嘛要卖力。新书出来没有文人第二轮的再加工再提高，是不行的，成不了传世之作。我对现在很多从学校里出来的学生说，你要说一类书，学习一类书的艺术性、一类书包含的内容，学了以后说其他书，才能驾轻就熟。现在很多学生没办法，因为拜了一个先生，是说二类书的，先生自己说这个书已经捉襟见肘了，但因为先生有舞台经验，有表演经验，很多东西可以掩盖掉。但到了学生说，学生没经验，有些噱头放不了，有些流派唱不了，水分都挤掉了，没有什么干货。再传下去，就更不行了。这个时候，还是需要有识之士，来给我们润色加工书目，才能出一些好的长篇。

高博文先生（左）、唐力行教授（中）与彭本乐先生（右）合影

中篇、短篇的创作基本是为了奖项。现在每个团一年必须要出一到两个中篇，这是上面的指标，这个是上面考核的内容。考核指标规定一年两千场长篇不能少，必须要有一到两台大型剧目，就是中篇。中篇以前深受欢迎，1949年后是为了广大工农兵服务的，一个晚上可以讲完，长篇他们没时间听。但是现在的中篇不能跟过去比了。过去的中篇，一直演，换了人还能演。现在的中篇，在大剧场，比如逸夫、兰心，演一次；小剧场，乡音，演两次。如果想跑到苏州、无锡演出，可以，但肯定亏本。因为排中篇要把演员全部集中过来，还需要创作，演员们要推掉生意来做这个中篇。创作力量不够，还要请外面的人来帮忙，肯定亏本，所以主要应付了事。

为了任务，为了奖项，就像明年第六届评弹艺术节快来了，现在各个评弹团都在摩拳擦掌，都请了老师来排练，就是为了搏那个奖。从第五届开始，这个应该感谢盛小云同志，她的努力让文化部认可了评弹艺术节，奖状可以盖中华人民共和国文化部的章，原来第二届到第四届，盖的都是评弹艺术节组委会（的章）。我觉得文化部以前不给盖章是有道理的，因为京剧、昆曲是全国性的曲种，评弹还是地域性的。如果地域性的都要盖，那今天湘剧、明天采茶戏、后天越剧的艺术节，都要盖。当然，现在可以盖"中华人民共和国文化部"的大印，这个盖下去，回到地方，能吃两年了，所以大家都拼命一搏。大家都停下来排中篇，这需要团队的合作，这就是团队的好处。但要说到中篇的演出市场、经济效益，是不行的。我也和盛小云讲，评弹要出拳头作品，要有震撼力，必须把江浙沪的评弹精英组织起来，一年必须搞一到两个中篇，有名头的演出，打到北京去，打到外国去，这个才代表了评弹的声音。全部靠长篇是不行的，长篇是基础，但长篇的影响力毕竟有限，整个听众群有限。我说，不要在各个团单打独斗了，现在每个团都有缺陷。

（三）从业人员文化内涵和形势判断跟不上时代发展的需要

我很佩服以前的老先生。小时候喜欢评弹，我到评弹团以后，老先生到团里来领工资，唐耿良、杨振雄、姚荫梅、朱雪琴、吴子安在谈话，当时的大厅还没这个大，老先生站在那边，抽烟的抽烟，坐着的坐着，讲讲家长里短，我就坐在旁边听他们讲，我觉得很有意思，很投入。老先生其实都没读过什么书，但他们后天兼收并蓄。还有就是老先生特有的谦虚，到社会上后虚心学习。从前评弹在整个社会的地位，演员的交友的广泛，社会上的关系，都是现在所不能比拟的。

现在青年演员有些什么问题呢？传统的东西接触得少，基本功差，没听过其他书，只听自己老师的录音。其实其他好的书是一定要听的。现在在团里听不到琵琶、弦子的声音了，我们小时候都是我给你伴奏你给我伴奏。现在团里的小青年，八个电脑，有wifi，耳机插好，我觉得好像到了上海评弹团谍报室。当然有几个是真的在打剧本，但多数是在看电影、玩游戏、聊天。

现在的青年都不喝茶，都喝饮料，冰的，灌下去很爽。你要把茶泡好，等水凉一点，才能喝，品味，续水，再喝。得有这样的性情，才能说得好书。现在他们的服装，哈韩、哈日的很多，玩电脑聊天，看西方大片，看动漫，苏州话不讲，全部普通话。平时的生活、喜欢的东西和评弹完全不搭界。我们和他们说话，三句话之后，就被带到普通话了。苏州话不讲，台上语言能力就下降了，有的时候忘了词，想不到可以替换的词。这个样子到书场，把牛仔裤脱掉，梳个分头，来一段才子佳人，根本就不是那种味道。

有个笑话，我们一个学生看剧本，上面写"今朝是明朝万历年间"，他说成了今朝是明朝（明天）万历年间。他们对历史知识、世俗文化、语言文化的了解，都太少。现在的人，不像过去的人那样愚昧，说书先生说什么就信什么。现在我们朋友聚一起吃饭什么的，口才好的讲个段子大家笑得前仰后合，评弹演员压不住场，讲话讲不过人家，因为你的信息量、知识面都不够。哪会有人愿意买票听。

唱也唱不好，人家来听你的艺术的，你唱不好，听你口才，你说不好，没有噱头。现在时间很宝贵，家里很舒服，人家为什么要花钱买票听你说书？其实现在一百元、五十元，上海人是舍得的，问题是演员水平太低。有次排练，一个短篇弹词，有句"刘表是荆州牧……"有个同学唱成了"荆州，牧"，一问，不知道"荆州牧"是什么，你不知道应该弄清楚这三个字啊，这三个字是个官名，不能分开的。我们到大学里去演出，是比较难的，因为要学会随机应变，大学生不会给你情面，不像听众。大学生不想听了，就会讲话、打电话、直接走了。有时候说得他们不耐烦听了，就要马上变。所以说，到大学去说书，可以训练口才。以前觉得到大学，派青年演员去，和他们年龄接近，其实是错了。因为小青年是按照剧本背的，一个字都不能错，台下都乱象迭出了，他还是那么说，不会变。我们到大学去说，都要想好几种应对方法，哪里不行了，马上要拉住听众。所以，到大学去演出，能够锻炼评弹演员的应变能力：台上的机智、口头的应变。

现在的从业人员，要好好思考怎么样才能够将评弹好好传承下去。最后不会没有听众，只会是没有好的演员，没有好的书目。我相信前景会好，但是的确，目前对青年演员的培养有点困惑，现在也在努力探索。

很无奈的是，现在的评弹阵地，浙江阵地很快就要沦陷了，我的感觉是这样。我的朋友和我说，杭州的书场以前能出四百多人，但现在只能出两百人了。为什么呢？我说你们浙江对于评弹不宣传、不普及、不推广，浙江原来电视广播都有评弹，现在都没了。评弹成了无源之水、无根之木，等到这批懂评弹的老听众走了，真的没人听了，我们这边电视里、广播里还有。原来浙江还有领导的支持，现在书场也不行了，广播书场也取消了，电视里也不放评弹了。所以还是希望浙江的领导能多重视，我们多派好的演员到浙江去，把火扬一把，重振浙江的评弹阵地。

评弹前景很广阔，存在的问题也很多。现在很多有识之士在关注评弹，包括唐教授出的这些研究书目，填补了很大的空白。作为从业人员，我也是很感谢大家的，我想今后需要多向大家讨教，有时候我们身在其中，还是有局限性。希望大家批评指正。

演讲时间：2014年6月17日

整理者：金坡

第二十四讲
老书新说《珍珠塔》

  赵开生十四岁师从周云瑞,学说《珍珠塔》。他在长期表演、创作的过程中受到启发,反思《珍珠塔》的故事结构过于平铺直叙和人物性格前后不一,从自己演出经验出发对《珍珠塔》进行改编。赵先生的改编着重于说和唱的改动,保留回目和情节,在说法上加快叙事节奏,快速进入故事,并删除唱词重复的内容。同时,他强调"唱"要用心去唱,换得听众情。

赵开生

1936年出生于常熟，十四岁师从弹词名家周云瑞先生习艺，次年与饶一尘拼档表演《珍珠塔》《秦香莲》《陈圆圆》等书目。1959年，加入上海市长征评弹团，当时将小说《青春之歌》改编为同名弹词，与石文磊拼档演出。1960年，加入上海评弹团。曾先后参加《红梅赞》《青春之歌》《战地之花》《春草闯堂》《三斩杨虎》等中篇的演出，也曾与黄异庵等人拼档说过其他多部长篇，积累了丰富的书台经验。20世纪50年代末，与评弹界青年演员一起尝试用弹词曲调谱唱毛泽东诗词，所谱的《蝶恋花·答李淑一》尤为成功，影响很大，传遍大江南北，还曾被配以大型交响乐队伴奏及合唱队伴唱，有力推动了传统弹词音乐的创新和评弹艺术的推广。现为国家级非物质文化遗产代表性传承人。

今天谈一谈我对《珍珠塔》的理解和整理。有句话是"天不怕地不怕，就怕我们苏州人打官话"。为什么我要说《珍珠塔》？因为我跟《珍珠塔》有缘，我小时候的邻居是一个评弹的票友，家里有琵琶三弦。我耳濡目染地听了一些，并学了四句《珍珠塔》选段《方卿见娘》："未见娘亲已断肠，才见娘亲泪两行，和身扑到娘膝下，万种心酸哭一声娘。"后来常熟开办了一家电台，邀请这些票友去演唱，他们也把我带去了，也叫我唱一段，唱的就是这四句。

1948年底，我干娘，陈希安的母亲，把我介绍到周云瑞老师处学艺。她对周老师说："这个孩子很可怜，从小就没有爸爸，她母亲带了两个孩子很难度日，你不妨带他出去学说书，将来有门技艺可以吃口饭。"先生就问我会唱什么，那时候我已经会唱好几段，但周云瑞老师让我唱的时候，我就唱了《方卿见娘》这四句。唱了以后，老师就点头说："这个徒弟我要了。"就收我为徒。

老师对我非常好，没有收我拜师金，还会给我零用钱。我身上衣衫不周，他把自己不穿的衣服拿给我母亲改，改好之后给我穿。要贴饭钱的话，也是他出钱。老师的恩情我不会忘。他不但教我艺术，还教我做人。

我第一次上台和老师送开篇，就把保留的曲目《方卿见娘》拿出来，那时候我不但会唱这四句，后面的词我也会唱了。老师跟我一起合唱《方卿见娘》，他唱方老太太，我唱方卿。那时候我还是童声，嗓子很好，像朱慧珍老师那个嗓子一样，我唱高八度，我老师唱低八度。我以前在教会学校读书的时候，每个星期要做礼拜，要唱赞美诗。因为我嗓子好，所以还进了学校的唱诗班。

十四岁那年，我和饶一尘一起拜老师。饶一尘是我同乡，也是我同班同学。他拜魏含英为师，我拜周云瑞为师，都是说《珍珠塔》。我们两个人同年十六岁就上台说唱《珍珠塔》，那时候牌子上挂的是："饶一尘、赵开生小双档演唱《小珠塔》。"因为我们年龄太小了，所以牌子上不说是《珍珠塔》，而说为《小珠塔》。在1949年前后，说《珍珠塔》有多少艺人？"光裕社"曾做了一个统计，大大小小、老老少少说《珍珠塔》共有九十档，说明《珍珠塔》的演员之多、听众之广、影响之深。

打倒"四人帮"之后，传统书目重新上演，这个时候真正能说《珍珠塔》的艺人不到十档。

我估算了一下，我们团里有三档，其实只能算两档半，一档是我，一档是陈希安，还有半档是饶一尘。他为什么是半档？因为当时饶一尘不是演员的编制，而是创作人员的编制，难得出来演出，所以说是半档。外面的团里也有些人说《珍珠塔》，如尤惠秋、薛小飞、王楚卿等，有六至八档，最多不会满十档。而现在说《珍珠塔》只有一档，就是我的徒弟高博文。如果他不说了，《珍珠塔》在舞台上就绝迹了。为什么变化这么大？其中原因很多，需要我们来专门研究。

我从十六岁上台到今年为止，已经有六十五年了。十六岁到二十五岁那十年，我在舞台上摸爬滚打。我那时候没有工资，属于单干艺人，所以我要争取多演出、多实践，要赚钱解决温饱。这十年当中，我换了八个上手，九个下手，说了十八部长篇书目。说十八部长篇，对我个人成长有一定的好处。我以后说《珍珠塔》，就没有以前说书那么多清规戒律。以前说书，艺人在台上不能动，动了就让人觉得你分量不够。说《珍珠塔》，艺人也不能站起来说，站起来说就会感觉不是《珍珠塔》，而是"野珠塔"。我演了十几部长篇书目以后，这些经历对我的表演产生了一些冲击，我对塑造人物有了新的认识。

我以前跟黄异庵老师说过《换空箱》，讲的是文徵明的故事。这个故事其实没什么内容，它是调侃式的，就以文徵明和吴月芳的婚姻问题为背景，展开两个人物之间的调侃。一个是唐伯虎，一个是祝枝山，唐伯虎不让祝枝山做媒，祝枝山也不让唐伯虎做媒，就是你调侃我，我调侃你，拉不住听众。

黄异庵是会说书的，肚子里学问很深。"南无阿弥陀佛"这句话，他可以解释四十五分钟。现在的人要是听这个内容，恐怕早已没有了耐心。我和他说了以后，我感觉到了问题。我跟黄老师讲："没有悬念，好像没一个核心。"他跟我说："我说书，主要是白相（玩），那么听众有辰光（时间）和我玩。如果他们忙得没有时间的话，让他们去建设社会主义，我一个人在台上玩。"他说到这个份儿上，我就没话可说了。但是我说这个书，自己感觉到没有悬念，没有关子。如果说书没有一个核心，是抓不住听众的。我跟他出去演出，总是一个规律，就是一开始我两人风头很大，影响很大。听客会说："黄异庵跟赵开生拼双档了，哎呀不得了！"一客满就加座加位，慢慢地慢慢地，我们叫"剥皮跌"，今天跌掉十二个，明天跌掉十二个，卖座就下去了。所以我得到了这一点经验，感到在书里一定要挑矛盾出来，没有矛盾你不能说书。

我跟黄异庵说过两个码头，一个是上海，一个是常州，还有半个码头是青浦。在青浦，他没说几回书，他的太太生病了。发现是癌症后，他们回苏州了，从今以后我们就分开了，只说了两个多码头。

在"文化大革命"之前，我改编过《青春之歌》。说这书的要求跟说《珍珠塔》是两码事，要求人物形象鲜明，尤其是中篇要一人一角，希望你跟人物靠近，体现这个人物。里面的书情书理你要讲通，不通的话我们大家就一起研究。回过头来再看我以前唱的《珍珠塔》，故事简单，情节平淡，而且我起脚色不过是分行当。陈翠娥是旦角，方卿是小生，方老太太是老旦，陈培德是老生。怎样使人物鲜活起来？我从不去研究，因为以前的说书一般比较客观，尤其是说《珍珠塔》，是一种标准的说唱形式，叙述故事，很少能跳来跳去体现人物。我感到不满足，我想加强母慈子孝的色彩，使听众落下同情之泪。

就如彩萍这样一个人物来说。她是聪明伶俐活泼可爱、爱打抱不平、非常热心善良的一个小姑娘。但到后期就不对了，感觉她是涉世很深，很有世故的一个妇女了：你问起小姐啊？好啊，我问你三年的踪迹你不说你跟我说鬼话。你试试我，我今天也要说一番鬼话给你听。我今天用的手段是三收三放，七擒七纵。刚上来我要让你气一下，连下来我要让你松一下，松一下之后还要让你急，急一下还要让你笑，笑以后我还要你哭，你试试看。

我感觉到这不像二十来岁的小姑娘的想法，破坏了这个人物形象。我在苏州跟饶一尘去电台录音的时候，说这一段时，我实在说不下去了，我提议要进行修改。他说："你怎么改？"我要改彩萍听到方卿问起小姐现在怎么样，说你现在想起我们小姐了？去了三年，人不来信没有，你是不是有良心啊？我们小姐为了你一往情深，一场大病差一点送了命。你问起小姐我倒试你一试，你对我们小姐到底是爱还是不爱。我从这个角度来揭示这个人物可爱的一面。但是我这样一改的话，下面的书就都不能说了，要重起炉灶重新安排了，所以在苏州电台录音的时候，我经常叫他停下来。我确实在演出过程中发现了一些问题，但都是零零碎碎的。

1984年10月1日国庆三十五周年，我们团里的青年演员，就是现在的秦建国、倪迎春、范林元，他们到北京去演，我作为艺术指导和他们一起去。最后两天，陈云老首长的秘书朱佳木同志打电话来。他通知道："你不要出去，老首长要跟你见面，有些话要跟你说。"在他中南海的书房里，陈云老首长就跟我谈了《珍珠塔》的问题，谈了《三国》的问题，他说《三国》现在没有人说，张翼良的《三国》也不说了，这部书丢掉很可惜，是不是我用一笔钱（他有一笔稿费）来奖励说《三国》的演员，你说通不通。我说："不通，奖励演员以后，书场怎么办？不能长期奖励，这不通。"

他还谈到了《珍珠塔》。他说："你十五回《珍珠塔》我都听了。"我就想起，在1984年的年初，叫我一个人到电台去录《珍珠塔》。我当时想谁要听我的单档《珍珠塔》？现在我知道了，是老首长要听。他听了以后，说你十五回我都听过了，对我做了一些肯定。他说我要送你一幅字："删繁就简三秋树，领异标新二月花。"他肯定了我在书目上的革新。他："这两句话是谁的你知道吗？"我说："我知道，是郑板桥的。"他说："我送给你的意思你懂吗？"我说："你是要我标新立异，推陈出新。"他说："对，《珍珠塔》有问题你感觉到了吧？"我说："我也感觉到，我现在在小修小补。"他说："不对，不是小修小补，而是要大刀阔斧地改。"我说，这是秀才写的，而且这个在乾隆四十六年已经出弹词脚本了，在乾隆那个年代就已经有人说了，而且也有一定的影响了，历史很悠久。到了马春帆的手里做了一些改动。他是一个秀才，传到他儿子手里，就是马如飞，又做了很大的修改。马如飞也是一个才子。由于经过他们的修改，所以当时的听客都是一些有学问的人。比如江苏巡抚丁日昌就是《珍珠塔》的粉丝，很推崇《珍珠塔》。此外苏州两位状元，红状元（洪钧）与绿状元（陆润庠）也都改过《珍珠塔》的唱词。《珍珠塔》是经过大文学家写过、改过的作品，而现在老首长叫我改，因此我压力很大，毕竟我小学都没有毕业。当时有种习惯势力，听众当中有，我们演员当中也有。要是我对《珍珠塔》改动太大，他们会不会认可我的改动？我改的质量如何，我自己也说不准。老首长对我说："你改错了不怪你，原来的东西还在，你可以改回来。你不改不对。中华人民共和国成立这么多年了，《珍珠塔》还是那样的《珍珠塔》，我们共产党也没面子。所以一定要想办法改好。"他当场就写了"横眉冷对千夫指，俯首甘为孺子牛"。他说："这是谁写的？"我说："是鲁迅写的。"他问我愿不愿意当评弹的老黄牛？我表示愿意。但是他没有和我说要改的具体内容。

我接受了这个任务之后，主要做了两件事。第一件是查《珍珠塔》里面的问题；第二件是在查出问题以后，进行修改。我该查什么？我首先查主题，主题是：反对势利、要求平等。我想有贫富就有势利，有势利就要反对。这主题有一定的积极作用。

我也碰到过一些势利的事情。在"文化大革命"当中，我下乡劳动，穿得很破烂。我哥哥在服装厂工作，他用布角给我补裤子，因此裤子上是补丁上面加补丁。我在农村就穿这个裤子，很保暖还符合当时的要求。但我回到上海，我穿这个裤子在南京路上走，就有人说我是控诉社会主义。我反驳道："我不做两面派，我在农村可以穿，到上海为什么不能穿？"因此我仍穿着这个裤子，但到第一食品商店买茶叶就出问题了。我喜欢吃西湖龙井，每年总要买一点，尝个新。我一看，又贵了。本来是两块零八分一两，现在是两块八毛一两。一盒是二两装，买一盒就要花费五块多。"文革"中我工资只有八十多块钱一个月。我跟服务员说："把这个茶叶拿给我看看。"两个女服务员对我说："你要看茶叶，就隔着橱窗看。你可以看到的，你尽管看。"我再次要求他们拿出来给我看。她们说："你要不要买？"她们轻看我买不起。我说："我要看是不是双层盖的。"她们没有办法，只好拿出来给我看，一直盯着我问要不要买。我生气说道："我不买，难道跟你闹着玩？我就是来买茶叶的。这个茶叶不称我心，我吃惯了特级龙井。这是一级龙井，我不吃的。你去仓库看看有没有特级的。"这下服务员被我吓到了。她说："这个茶叶已经很好了，要两块八毛一两了，仓库里面特级的没有了。"我说："没有的话我就将就一下，买一听。"我拿了这听茶叶回到家里，越想越气。因为我就穿个破裤去买茶叶，她们就看不起我，所以华士亭到我房里来，我泡杯茶，就跟他讲一遍；苏似荫到我房里来，我泡杯茶，也跟他讲一遍。我像《描金凤》里面的洪奎良讲冤枉一样。这就是一种势利，所以我认为"反对势利、要求平等"的主题有一定的作用。

我查的第二个是故事结构。我一查，发现书里关子太少，缺乏悬念。《珍珠塔》讲述一个读书人叫方卿，到襄阳投亲，他姑父过生日，他先见了姑母，姑母把他赶出来了。后来表姐赠塔。他姑父就跟他联了姻，攀了亲。后来他做了官，扮了个道士，找姑母的茬儿。最后他母亲出场把这个事情摆平了。这就是全书的故事结构。那时候我们认为，《珍珠塔》后半段是一个高潮，最能吸引听众。有句俗话叫"方卿二次进花园是说书先生赎皮袍"，翻译过来就是方卿二次进花园，上关子，业务好，收入多，当的衣服可以赎出来。总之可以赚钱了。我感觉《珍珠塔》的故事结构过于简单，太平铺直叙了。

第三个查的是书里的人物。第一人物是方卿。方卿在《珍珠塔》前半段里面是很可爱、老实，是应该歌颂的一个青年。在《园会》跟表姐见面的时候，他唱："男儿不如女儿态，一言一行一俳徊。万分羞涩见裙钗。"他是一个十分老实的小伙子，羞涩到开不了口。还是他的表姐先开口："贤弟，久违了。"他很局促地回答："是是是，久违了，久违了。"他在九松亭上和老丈人说话时很有志气，不愿回去过优越的生活，一定要出去，我不成名不成家，不断襄阳一脉亲。要争一顶紫金官诰聘千金。他很有志气，而且说到做到。他读书很用功，很有毅力。读书可以达到"不知春夏秋冬"的程度。他读书时，感觉冷了加些衣服，热了脱掉衣服。刻苦读书让他忘记了四季变化，说明他读书很有毅力。书是读好了，但是他的秀才功名被革掉了，无法进入考场。万般无奈之下，他冒人家名字进考场。这是犯法行为，是欺君行为，是要杀头的。但是为了报仇，为了要争口气，他铤而走险，结果中了状元。之后，自奏陈情，把自己的事情写在了本章上，上奏皇帝，告诉皇上我不是毕鼎，我叫方卿。我是没有办法，所以才这样铤而走险。

现在我讲是比较容易的，如从当时方卿角度想就没这么容易了。他把本章呈上去的时候，手是抖的。这一刻多钟就可以决定他的生死。这说明他有胆有识。而且他出京的时候，在官船上还想到，我今天能有这么一点成绩，要感谢襄阳的几个人，要谢谢姑父、我表姐，还有丫头彩萍。怎么他到樊城，换了装束以后，到了襄阳就变了一个人？鬼话连篇，谎话不断。他就是要去找姑母，要出气。那我感到这是不通的。他知道母亲在襄阳，而襄阳只有姑父家这一门亲戚。他不知道母亲不在陈家，到了庵堂里面了。他穿了道士打扮，他怎么戏弄姑母？要是姑母和亲娘一起出来，他怎么戏弄？这是很不通的。而且方卿的起点也太低了，不像一个大人物的形象。所以我感觉到人物前后不统一。

还有方老太太在庵堂里住下来，其目的是要等姑母来和她评理。但是她送茶给自己外甥女吃的时候，她有几句唱："我半吞半吐伤心话，言语中打动她的心，要是甥女垂青眼，我不爱尼姑势利形。"她要跟陈家拼命的，是不会依赖陈家。我可以在这里吃饭，可以吃好一点，这不是方太太的思想，是演员硬加给她的。

我认为《珍珠塔》的特点是唱篇之多，唱词之美，这是别的书所不能与之比拟的。我以赠塔为例，把珍珠塔送给方卿了，方卿只当是一包点心，不知道里面是珍珠塔。我怎么样才能让他知道呢？要是我直讲的话，他一定不肯收；要是我不讲的话，他也不当回事儿，要是途中露眼的话，是要出人命的。无奈之下，她一路送方卿，一路说要他当心"干点心"。上面两句唱词和下面一句唱词里的两个词不能衔接。上面是具体的，下面用的两个字是点题的："风急浪高休过渡，月明如昼莫长行，干点心千万要当心。凉亭不可多耽搁，临行检点要分明，干点心到处要留神，逢人且说三分话，未可全抛一片心。干点心切记要当心。"它的唱篇这样讲究，说唱者能够朗朗上口，听客也是回味无穷。但是其中一个奇怪之处，就是书中的大部分唱篇讲述的是一个内容：方卿来投亲，姑父做寿，姑母势利，表姐赠塔，姑父联姻。这一段事情，我没有精确地算，我要唱上百遍，有粗有细，不同的人物，不同的角度，不同的场合。这个奇怪之处在书的后半段尤为明显，如方卿二次进花园以后见彩萍也是要谈的；方卿跟老丈人见面也谈起这些内容；小夫妻见面还是谈这些内容；方卿见姑母是大谈特谈这些内容，而且人家听起来不讨厌，所以《珍珠塔》的唱篇是雅俗共赏的。它的故事决定了它唱篇多，唱篇多也决定了它的"三多三少"：说理多，动情少；唱篇多，情节少；场景多，活动少。方卿跟彩萍说话是两个人在琵琶房，翁婿见面也是两个人，跟陈翠娥讲话基本上也是两个人，见姑娘也是两个人。故事单一，手法也是雷同，一方面要探究到底是真是假，另一方面就是要瞒，不跟你讲我的实情，因此就出现了"三多三少"的现象。

发现问题以后进行修改，是我做的第二件事。我当时听到两句话，对我很有启发。一句话是："唱会《珍珠塔》，肚皮饿不死。"这句话就是告诉我《珍珠塔》是靠唱的。因为《珍珠塔》篇子好，唱很美，有很多有学问的人就是来听唱词，你唱词唱得好，他就满足了。还有一句话是听众和我说的。他说："我们听《珍珠塔》，台上琵琶三弦一响，我们把眼睛一闭，好像吃了口龙井茶一样。很过瘾！"这两句话给了我启发。

以前的听众就是来欣赏你的唱腔和辞章，但现在到娱乐场所的人，不光是要听辞章，而且还要解压。我看电视里，演员在台上都是闭着眼睛唱，好像呼天咤地唱，下面听众顿足捶胸、摇头摆手地听，一起舞动。这些听众我估计不会来书场，我争取不到他们。我要改的话，还是离不开评弹规律的十个字："说噱弹唱演，理味趣细技。"我还是要通过说、噱、弹、唱，来体现我的理、味、趣、细、技。比如在《珍珠塔》后半段书里，方卿扮了道童到襄阳，到老夫妻合谋要和好如初。整个书是一个下午的时间，但是以前老先生说《珍珠塔》，可以说两个月。你不靠"细"靠什么？但是"细"有不同的路数，有的地方要爽气，有的地方要细腻。这是评弹演员的看家本领，别的剧种演员没有这个本领的，也做不到这样"细"。

我着重于"说"和"唱"两个方面的改动。第一，我对故事的整理，保留原有的回目和情节，只改动里面的内容，达到偷天换日的效果。如翁婿相会，和彩姑娘碰头，琵琶房都是原来的故事情节，但是我将内容进行了修改了，不是原来的内容了。第二，我在说法上进行了改进。进入故事的速度要快，三言两语就要把听众抓住。比如说《园会》这一回书，陈翠娥和方卿在绿秋亭相会，照老的说法，要介绍很多，方卿到襄阳投亲，想不到姑爹做寿，到内堂先见姑娘。哪里晓得姑娘面孔一板，拍台子，骂穷鬼，把他赶出去。幸亏彩萍彩姑娘热心，和小姐商量，小姐关照她把表弟引到绿秋亭见面，现在姐弟二人坐在绿秋亭里面。我感觉原有的说法陈旧了。假如听众没听过《珍珠塔》，演员说这几句话也打动不了他，也不可能把听客吸引过来。而听过《珍珠塔》熟悉《珍珠塔》的人，又感觉啰唆，觉得你不讲这几句话我们也能听下去。改进之后，我的开场就比较直接："表姐弟分开十五年，今天绿秋亭见面，两个人面孔不活络，大家不开口，这方卿为何不开口？你派丫头留我到绿秋亭，那么肯定表姐你有话要对我说，用不着我先开口，所以不响。小姐为何不开口？啊呀，她下来是请罪。但是一碰头就马上和别人说'对不起'之类的话。这话该怎么讲？小辈替长辈赔罪是很难的，一时语塞，也没有话讲。两个人叫一句话都没有。"通过两个人，上下手的"表"介绍了人物，一个是方卿，一个是陈翠娥，通过两个人物体现出他们的内心活动，地点也有了，两个人的心情也有了，这样表达冲击力会比较大一点，不会平铺直叙的。

我感觉到在台上的演员要有立场，要有感情。不管你对这种事情是反对、厌恶，还是赞成、同情，要有个态度，要选择一个合适的角度来说这个书。比如说《方卿见娘》一开始叫老佛婆。佛婆是社会最底层的老太，但她是一个自得其乐的人物，后来跟当家师太见面也很风趣。在这个比较轻松的环境中出一个方老太太，应该怎么出？我就是一句话叫"一锤定音"："彩姑娘领方卿向着花园里白云轩而来，那么我要关照的，方老太太。"这句话非常重要，我下面的情绪跟上面完全是两码事，就是我站在方老太太的立场上来讲这番话。

其实我对方卿的同情，以及对祠堂里的那些生活是有体会的。在"文化大革命"当中，我不敢讲，怕有人揭发我是反动军官的狗崽子。因为我父亲赵光勋是国民党部队的一个小官，在抗日战争时为国捐躯了，我那时候只有几个月大，我母亲接到阵亡的通知，通知上要我母亲去拿抚恤金。我母亲始终没去拿，后来我问她原因。她说："我拿了以后肯定你爸爸没有了，我不去拿好像还有个希望，感觉可能是他们弄错了。所以没去拿。"我爸爸牺牲之后，我母亲准备一个人带着两个孩子在外面租房子。由于承担不起房租，无奈之下，母亲拖着我们兄弟二人住到她娘家的祠堂里。祠堂是没人肯住的,但是我母亲没办法,只能带着我们去住。方老太太每月还能领一份口粮,而我们连基本口粮都没有。生活来源只能依靠我母亲十个指头,去给人家洗衣服、绣花,晚上还要纺线。当时家里没有电灯,也点不起有玻璃罩的那美孚灯,只能点点油灯。光线不足,照射范围也不大。晚上她纺纱,就把灯放在地上,只要一根竹签上看得见就行,伴随着"吱……"纺线声,我在旁边就打瞌睡了。方卿的祠堂生活,我是有亲身经历的。

记得有一次我想吃粢饭糕,母亲就给我钱,我买了一块。买回之后,我叫母亲先吃,母亲说你吃吧。"不,你一定要吃!"在我的请求下,母亲没办法就咬了一口,我一看她这一口咬得大了一点,咬得太多了,我舍不得了,就不吃在旁边哭。我母亲发火地说:"叫你吃你不吃,我吃了一口你又哭。"说完之后打了我几下,我挨打之后就放声大哭了。我哭了我妈妈也哭了,她把我抱在怀里,对我说:"唉!小孩从小就没爹,我打他干什么?他不懂事,我打他没用的。"从今以后妈妈没有打过我。我现在回想,妈妈也真可怜,其实我要吃粢饭糕她也肚子饿,她也没东西吃。她要是有钱的话,肯定会买两块,她也吃一块。因为拿不出钱,所以只能买一块让我吃。我叫她吃,因为母亲很饿,所以就一口咬得多了一些。但是我小孩子不懂事,我感觉母亲太狠心了,咬掉那么多,我就哭了。我在说《方卿见娘》当中,就把这些情绪释放出来。本来一般的书说:"哎呀母亲,孩儿来——来了——呀——"老太太听见声音,儿子唤,就是像得了宝贝一样,"儿啊,你在哪里啊?"比较客观,不揪心。我说到这一段的时候,小油灯、纺线、粢饭糕、妈打我、妈对我哭,这些情节我都会在脑子中出现。所以娘等方卿已经等到绝望了,忽然发现儿子来了,听到一声"母亲,娘啊,孩儿来了,"这个时候她的爆发,好像给了她第二次生命,绝处逢生一样。"儿子啊,哪哼弗会再弄错,这个声音从小听惯,儿啊你在哪里啊?""孩儿在这儿。"儿子跪在她面前,"老太太开心得就像得到宝贝一样"。"儿啊,你要想死为娘了",在这种情况下我再开始唱,这样就容易抓住听客。我心里有了底气,说书时声音、节奏才能够处理好。《方卿见娘》上半段是轻松的,后半段是沉重的。我要将当中的说法转变过来,就靠"那么我要交代这位方太太"这一句话为后半段书定了调子,我这种说法叫作"一锤定音"。

我刚到上海时只有十五岁,老师领我去拜访一户人家。地址就在现在的瑞金路,是以前电影演员的宿舍,是有钱人家住的地方。我们当时要拜访的人家姓周,我称呼她为"周太太"。照我老师跟我的介绍,周太太是他的姑母。她家条件很好,而我是乡下祠堂里长大的孩子,因此她家里的摆设我没见过。周老太当时对我很客气、很喜欢,给我吃巧克力,这是我第一次吃。临走的时候,她送我一瓶"夏士莲"的护肤品,还跟我说:"你来白相(玩),我这边的房子大,只有两个佣人,没其他人。你要来的,你过两天来吃粽子。"我不懂事,我当真了,于是第二天就去了。我去吃粽子了,去敲门,佣人打开门。门上有一根链条带住了也不是很好开。"你是哪里的?"我说:"周先生带我来过的,周太太要我来吃粽子的。""哦,侬等一下。"她到里面去,我听得很清楚,周太太在里面打牌,我听她说:"那小孩来了?勿识相,对他客气也不懂得。拿两只粽子叫他回去。"这句话我听得很清楚,我想是你叫我来的,又对我这个态度,所以我粽子也不要就回去了,并且从今以后再也不去她家。方卿身上也有这种心情,说到方卿受辱,我会流露出同情与气愤。因为我心里有底,所以在说的方面我做了情绪上的处理。但这些改动,都是很不全面的。

在唱的方面,切忌内容重复。比如《方卿见姑娘》里,秋珠丫头到里面去报信,报信以后陈夫人就唱,唱了以后带丫头出来在路上她也唱,到屏门还在唱。后面两个唱篇的基本内容,有不少重复之处。我就不唱三档,只唱两档,但是这两档我一定要把它唱好。不过第二个唱篇里面有一个连环扣,就是咬尾巴,上一句的后三个字是下一句的开头,这两个连环套我称其为"韵"。"他走江湖何必到襄阳?到襄阳何必进园芳?进园芳何必要到紫微堂?到紫微堂何必要见姑娘?"我借用这个"韵",但是我不唱中间的唱词,我只唱两段。这样,听众就不会觉得烦。

我唱《方卿见娘》中的方老太太,里面有九十六句唱段,分四个小段。第一小段是"思儿";第二小段是"见娘";第三小段是说明我方卿不是来借债的,我是有钱存在姑娘那里;第四小段讲述就是我怎么从河南到襄阳,得到人家帮助,必须谢恩。这许多唱段我要安排,最突出的就是《方卿见娘》,这一段唱我一定要唱出个名堂来。一般来说"三月离家乡,千里醉风霜"的唱段,我太老师是这样唱的,我先生也是这样唱的,开始我也是这样唱,到后来我感到不满足了。觉得它全都是讲儿子怎么样,没有回到母亲知道了这件事情是怎么样的反应。所以我后面就加了一句:"为娘我望断南阿,我的眼泪满眶。"这句话,我是吸收了京剧"哭腔"的唱法,(唱)前一段"思儿",我把力量放在里面,不释放到外面,压着唱。我是要塑造母亲的苍老和衰弱。后段"见娘",放开唱,表达她兴奋与激动。第三段唱就是要表明我不是来借钱的,我有钱给姑娘,平平淡淡地唱,唱清楚就可以。最后一段唱比较长,陈希安、薛小飞老师都是一口气从头至尾唱完,制造一个高潮,让听众过瘾。而我想方太太是怎么到襄阳,这段故事听众不知道,所以我要讲得仔细一点,每一段又唱又说,把这个过程讲清楚。讲到当家把我救到庵堂以后,我把当家恩情不能忘、表姐恩情不能忘、姑爹恩情不能忘、王本恩情不能忘、彩萍恩情不能忘这五个恩情一口气唱完,也能制造一个高潮,让听客满足。

该唱的要唱,不该唱就改掉或干脆不唱。比如说《婆媳相会》,在汉川楼表姐就问方老太太,你住在开封哪一县?东关可认识太平庄,方太太就是要找机会单独和你谈,借这个机会我要提醒你方卿不在了,我儿子已经死了,你不要再等了。所以回答她四个字:"离庄不远。""离庄不远"这句话起了作用。你要跟我换一个地方两个人谈再好不过。"小姐有幸难得妇人当得奉陪","既然如此,老娘娘请"。说已经说到这个份儿上了,下面的唱篇内容,她究竟要盘问我什么?是不是还认识我河南穷舅娘？是不是音容还没有忘？我感觉到这是游戏文章。很清楚的是方家的事情，你还要盘问我什么呢？所以这篇子我要说得好，但是放在这里唱不合适。现在这篇子不唱了，我换了个内容，我要"半吞半吐伤心话，……他天资聪明能领会，亡门守寡受凄凉"。我这样说她是不是能领会？我知道她是我外甥，但她不知道我是她舅娘。她不领会我，我就心思白费了。这样，我把事情讲清楚，但是我的身份不暴露。"领表弟，中途亡。领舅娘，到襄阳。你另许家门再成双。不过对外甥小姐一看，大病初愈。你看她，走了一段路，娇喘嘘嘘，我倘若突然把这个凶信讲给她听，她受不受得了？到最后，同到慈航高阁上，半路中何必费猜详？"这样结束。

我感觉自己在唱词文采上肯定无法和原来的相比拟，但是书在发展，没有在原地踏步。那么二进花园以后，小夫妻见面，陈翠娥痛责方卿，讲到什么程度？陈小姐说为人者应孝为根本。就是飞禽走兽也尽孝，小羊跪在地上吃老羊的奶，老乌鸦老了飞不动了，小乌鸦还拿食物喂老乌鸦。你读书人不懂得一个孝啊？你飞禽走兽也不如！讲到这样，下面的方卿哭诉还是似是而非，还是说鬼话，感觉到方卿的皮太厚了，这个人太不值钱。在这个情况下，哭诉我就不唱了。"表姐说得对，我到现在还没有问起我母亲，我不对。现在我要问我妈妈了。"她们不肯说，他自己对着屏门叫，叫也叫不出来，他就想，是不是我估计错了？妈妈没有到襄阳。他要天下寻娘。这个发展，还感觉到是方卿的范围。我在书场里和听众讲明白，接下来本来是有段唱叫"哭诉"，但是我感觉这不是方卿此情此景的心情，我不唱。不是我不会唱，听客要听的话，我第二天可以当唱篇唱给他们听。我在书里我不唱了。紧接着就天下寻娘了。我对听客说："你们听完以后，感觉到我这样改是对的，你们鼓励我；觉得改得不对之处，也请你们提出意见。"我演出结束之后，听众对我满堂鼓掌。我心里很高兴，感觉自己改对了。

我认为在唱时不光是讲究唱腔、旋律，而且要用心去唱，换人家的情。我在母女冲突里面，有那么一段情节，陈夫人最恨的是这个女儿，你把方太太，你的舅母，放在庵堂里，快一年了，你不告诉我？如果你告诉我，我早就出去给她赔个不是。今天方卿来，不要说是道士，就是和尚我也不会赶他走，不会再和他吵了。你瞒我到今天，嫂子上门，让我不能做人，我就吃亏在你这个女儿身上。她就问："方老太太几时来的？"小姐不敢老实说，只是说："是今日来的。"还是今天来的？"恐怕不是吧？""不是今天来的是几时来的？"好做功？你做的事情问我？倷好做工我好胃口，侍勿说真话，我来讲给你听：去年六月，告禀父亲瞒住母，不告诉我。我在唱这句的时候处理了一下，"瞒住母"。这个"母"停顿一下再唱。我吃了一个满堂彩。因为听众感受到她的怨闷、伤心，所以听众会鼓掌。正如刚才我说，我们在演出当中不能没有一个"情"，要以情对情，以心换情。我们的表演应该要有冲击力，我们的内涵应该不是很空虚的。我体会"唱"不是刻意学像哪一个老师，而是用他们的腔，为我塑造人物所用。唱不能向流派靠近，而要向人物倾斜。

我在对小人物的脚色的处理上，也要演出他们的形象特点。比如有个叫邱六桥的人，此人只在一回书里出现过。他是抢珍珠塔的强盗。他一出现，我就要让听众记住他的形象。我说他嘴角往上翘："本来的嘴角不翘，怎么会翘的？喜欢赌钱，输掉了赖账不算数，还要嘴巴凶。一记耳光打坏了面部神经，所以嘴角会翘。""阿姐，我来了，你让我坐会儿。"那么姐姐也有一个动作，撩头发。看不起这个兄弟。"这里粥饭是留不起的，凳子现成的，尽管坐。"这个就是姐姐和她的弟弟。

只有一回书里出现的脚色，我也要给他塑造一个人物形象。刚才那个秋珠丫头，她其实也是个掌房丫头，我要通过一段对话给她塑造一个人物特点：她一得意就要摇头。"老爷请你去一趟。""请我去做什么？""有点东西要送给夫人，本来是想惊动夫人出来挑选的，后来说算了，夫人也年纪大了，秋姐姐代表夫人也完全可以，所以请你去一趟。""真的呀？"听到这里，头又要摇了。"所以我要和你们说，一个人不要太能干，能干就要劳碌，这叫能者多劳。"这是秋珠丫头的特点。再如，我的《珍珠塔》里的三个老太，一个是方老太太，一个是陈老太太，是个势利姑娘，还有一个是毕老太太。这三个老太我要把她们严格区分，不能只是行当。每个人都有性格。方老太太的性格是能干、大度、有口才、有文采。不能干怎么能做相府的当家人？最后儿子到陈家去闹了，闹得不亦乐乎，还是她出场打儿子，骂儿子，让大家这口气平下去。老夫妻和好如初，也是她想的办法。通过这些情节来揭示出她在相府里的人脉与能干。通过《婆媳相会》中两个人作诗对对的情节，表现出老太太的才情。姑嫂相会，姑娘在嫂子面前抱怨她的儿子欺负我，不懂规矩，那么是不是方老太太马上把儿子叫进来打骂儿子？不，我这样一做，要对姑娘多一句话，我嫂子老了，她老糊涂了，被我这样一说，她就是打儿子给我看，儿子我要打的，但是你身上的分量我要给你的。她就说：你这样对我的儿子这么好，我儿子不领情，他在庵堂里还反说你不好。"庵堂之中他说了什么？"方太太只有两句唱，说："姑娘不用穷内侄，不肯相留故而别。我不会相信他的。"她是这么说的。她说不相信么，现在不可能讲给我听，讲给我听，就是相信了。辩解也没有用。被这么一来就阵脚乱了。"所以我不怪侄儿长幼不分，当怪我这个姑娘不近人情，怪来怪去"，方太太对她看看，不能怪你，不是怪侄子，那么怪谁？怪我了？和我没关系，怪哪一个？没有什么人可以怪了。"怪来怪去，都是那鬼头鬼脑的老头子。"怪到老头子身上去了。这是她的性格。每一次她出场，我都要通过一段书侧面表现她的性格特点。我把这些情节贯串起来，这个人的形象就比较鲜活了。我要突显陈夫人的性格特点，也是通过这种方法。按照现在的标准讲，她属于高干子女，有一种优越感，但是不可以去看不起人家。她交朋友，要考虑人的家庭背景。她的性格比较任性，说话很随意。大年初一，她女儿请二老一起吃饭，女儿劝她。她在大年初一还说这种话："现在爆竹声，你又大一岁，年纪大上去，要懂事，要知恩图报，有种人受了我们方家的恩，不知道报恩。所以你喜欢那个穷鬼，我看那个穷鬼中途冻饿死，你去收他的尸，招他的魂。"大年初一，她就说得如此绝情，小姐哭进去。陈老太就是这样一个性格特点，不讨人喜欢。毕老太太是个喜剧人物的性格特点。她不识字，她也任性。因为家里面比较宠她，嫁到毕家之后，丈夫也很爱她。丈夫去世以后，小辈都很顺着她，所以她在家里地位最高。她看中了方卿，要把女儿塞给方卿，她什么话都讲得出："儿子，你去做媒人，把妹子终身嫁给他。""人家不会答应的。""你没开口怎么知道别人不答应？""这是我的估计。""你一样是估计，为什么不去试，偏要估计他会答应不答应？"这就是不讲道理，但是不讲道理也可爱。"方卿兄不会应的。""他不会答应？方卿兄那你去问他一句话：'你跌在南阳雪地里，谁救的？没有我们毕家你早就死了，有什么中标不中标？'你去讲。""他不会应的。""他还不答应，还不答应你要知道我们江西人不好惹的。"那么怎么样？江西人怎么样？人吓人？"门窗紧闭完花烛。"抢亲？兵部府里抢亲你怎么讲得出来？这是毕老太太的性格特点。我就是这样，将三个老太太区分开来的。

以上是我六十年《珍珠塔》说书实践中的一些体会和对该书的改编方法。我认为台上说书，要迅速切入主题，起脚色要做到心中有底；同时唱要传情，不要光顾唱腔。这是我的一些拙见，如有不妥还望各位批评指正。

演讲时间：2014年9月22日

整理者：秦箬茜

第二十五讲
苏州评话七十年

　　陈卫伯认为起脚色、开打、声腔，这些都是"佐料"，评弹艺术本体归根到底是说书，其他要素都是建立在说书的基础上。现在评弹学校教育本末倒置，说评话的老师不教说书教起脚色，唱弹词的老师不好好教说书唱腔反而侧重教弹琵琶，这是不对的。说书的关键就是要研究语速、语调、语气、语境。

陈卫伯

早年师从评话名家杨莲青学习《包公》，1956年拜师顾又良学习《三国》。动手创作、改编现代题材短篇多部，代表作《社会主义第一列飞快车》曾获1958年文化部优秀节目奖。1959年加入了上海先锋评弹团，1978年调入上海广播电视艺术团，改演"单口独脚戏"，作品《汤司令的烦恼》《康福寿》等红极一时。1987年，陈先生调入上海电视台文艺部担任编导，1990年加入上海蜂花电子轻音乐团。2001年中国曲艺家协会授予陈先生"从艺50年特别贡献奖"。

一

这次来我谢谢彭老师的推荐，他是评弹团的编导，也写了很多作品，是我心目当中的一位好朋友。还要谢谢各位花宝贵的时间来听我的报告。我今天讲的题目是《苏州评话七十年》，也可以说是评话的前天、昨天、今天和明天。

1947年我十六岁，拜评话大师杨莲青为师。为什么跟他学呢？因为他徒弟名气太大，陈晋伯、顾宏伯，所以我拜杨莲青为师，好像我跟顾宏伯是师弟兄，攀高峰。我的老师杨莲青开创了评话的新天地，我并不是捧我的老师。我老师的老师叫全如青，我老师跟我说他老师是怎么说书的呢，他就是两只手在台角上一撑，就这么说书了：

话说包拯正在陈州放粮，有一个小孩高叫一声冤枉。包拯听说冤枉还了得！把马扣住，问他有何冤枉。他说我没有冤，我妈有冤。那你妈呢？我妈眼睛不方便，请您往我家里走一趟。呵，当医生的有门诊，有出诊，我当官的还要出诊啊？因为是包大人。你家远不远呢？不远，就在那边。嗯，就跟他走了。

就这么说书的。我们说这叫评书。以前说书人，说评话叫说大书，说帝王将相；弹词说才子佳人，叫小书。评话的前身就是说书，后来叫开讲，如牌子上写：特请某某某开讲《三国》。这"开讲"是什么来历呢？秀才的第一堂课叫开讲，评话呢，就是得中秀才之后，好像大学毕业考研究生了，第一课就叫评话。就说我们的说书呢，攀高峰，叫"开讲"，似乎很雅的。"开讲"后来不过瘾，第一课叫评话；弹词呢，在《唐明皇》里面呢，有一个栏目叫"弹词"，后来攀高枝就说评话弹词，就叫评弹了。

评话原来就是评书，而我的老师开创了起脚色、开打还有口技等方式。以前有个说《三国》的大师叫黄兆麟，只起一个脚色就是官老爷，我的老师吸收了昆剧、京剧当中的特色，创造了"开打"。唐耿良以前听说杨莲青的"开打"，特意到苏州找我的老师学习。我的老师的老师说的是《五虎平西》，就应该是上台开打打到下台，所以在座各位，可能真正的评话你们还没有见过，我特意带一套说大书的服装来表演十分钟,说一段《断太后》。

我的老师开创了起脚色、开打。他有一个名段叫《刀劈黄天禄》。他人也不是很高大的,但就是刀劈黄天禄的一个动作,听众都"哟!"评弹的发展史就是一个改革史,不断地改革,不断地发展。比如说唱,那么我觉得蒋月泉的"蒋调"是评弹界的最大流派,最多人学的,这也是发展而来的。他的老师叫周玉泉,年纪大了,唱时中气不足,蒋月泉将老师的唱调拉长,在电台上唱出名气之后,就成了"蒋调"。后来蒋月泉再不断发展,年轻时有年轻的唱法,到年纪稍微大点了,就往较低的调上行腔。

我的老师创出"开打"后,觉得还是不足,一次到逸夫舞台(前天蟾舞台)去看麒麟童周信芳大师的连台本戏《狸猫换太子》,当时这出京剧红遍上海,他就将京剧的《狸猫换太子》改编成评话的《狸猫换太子》,1949年以后改名叫《包公》,我的老师就凭这部书红极一时。我在1947年拜老师为师,每天听两遍,用五个月的时间把它记下来,五个月后我因为家里实在穷,无法跟着老师去苏州,我就到东方书场(现西藏路的工人文化宫),透过书场厕所的小窗子偷听我师兄顾宏伯说书,因为按照规矩,老师没打招呼,是不能堂而皇之去听的。在听过顾宏伯的说书后,我发现顾宏伯进行了改编,比老师说的更好听,我就发现学老师不一定要一样,是可以改的。现在为什么出不了流派?就是因为老师怎么唱学生就怎么唱。我跟青年演员们说,你们已经学、会、好,要往精的方面发展,要发展你老师蒋月泉的唱腔。他们说我们在团里唱新腔,老师过来说:"格句,我酃教俫吧?"那我还敢唱吗?如果那个时候有评弹团,周玉泉是团长,蒋月泉的唱腔能称是"蒋调"吗?这就是圈养的坏处,那时候我们都是"野生"的。我个人的观点,供大家参考。

我那时感觉到,什么都能改,这方面我跟评话大家吴君玉的观点是一样的。所以后来我说《三国》《包公》,有好多地方不合理的我通通把它改掉了。特别是《三国》。《三国》里边最难改的是什么?是曹操在想什么。这种"想"是不符合人物的身份和性格的,这种"想"都是苏州小市民的"想",就搁在人物身上了。比如说夏侯惇出兵十万人马去新野,文武跟他钱行,来了个徐庶,就是身在曹营心在汉的那个老兄,他故意迟到,不愿意捧场,但又不好不去,到了就坐在空位置上,夏侯惇一看,哦,迟到了,但是来了就好,迟到要罚酒三杯,徐庶喝了三杯酒,吃那个鱼丸子、肉丸子,夏侯惇看了心疼啊!你说这个想法是十万大军的统帅会有的吗?这就是苏州小市民啊!我跟苏州电视台的电视书场导演殷德泉说这是苏州的小市民呀!他说下面听的也是苏州小市民呀,他们就是这么想的呀!类似这种例子比比皆是。

二

2008年我在上海乡音书苑说书，我穿着长衫去说《三国》，说《赤壁之战》，最令人高兴的就是一个八岁的小弟弟每个周六跟他妈妈来听书，有一个周六爸爸看他了，他说他要过来听曹操是怎么烧死的，他能听懂我的书啊！因为《赤壁之战》这段书是比较需要有些文学水平的，我就把复杂的东西简单化，让大家能听懂，这是最低的要求，我们讲课也是如此。说书要研究听众，要有个听众学，要研究我们的服务对象。唐朝有个诗人叫王建，写了首《嫁新娘》诗：

三日入厨下，洗手作羹汤。
未谙姑食性，先遣小姑尝。

新娘嫁进来三天后要煮饭给公婆吃，不知道公婆的口味，先让小姑尝尝就知道了，新娘煮饭事先也要做调查呢。我们研究听众，同学们师大毕业当老师要先了解你的学生，也同样是这个意思。这是我的一点体会。

我在广播电视艺术团演出的时候，那时候有筱声咪和孙明、叶惠贤和于振环、黄永生、我，我们四档呢，每到一个地方都是一票难求。但是我演出之前有个习惯，七点半开演我五点就到，平平气养养神，想一想等下说些什么，然后等听众基本到场以后，我就拉开大幕一角看一看今天的听众是什么层次。有一次过春节在大舞台做慰问在岗公交司机的演出，市委班子全到，我上去后就说：今天呢，我很荣幸为大家演出，今年春节你们还为人民服务，你们辛苦了，但是你们辛苦了，市委叫我们来为你们演出，慰问你们，市委的同志也没有休息呀，这里去慰问那里去慰问，谁来慰问他们呢？下面的听众"哗……"地鼓掌，市委的同志也站起来"哗……"地鼓掌。有人说我拍马屁，我说我这真不是拍马屁，他们大年夜也不能在家吃晚饭，也到各个钢铁厂等厂子去慰问，这是事实。所以说要研究听众。

有一次我到嘉定去慰问老人家，为老人服务，在广场上开演，老人家比较有空，两点开演他们一点就到了，我们这说的表演必须要人听呀，不像越剧什么唱完就下去了，上一档是上海著名演员，这两位是上海滑稽戏的名角，结果一个"包袱"摔下去，下面的老人家一脸茫然，这滑稽下边没有掌声、笑声，这就不行了，他们下来说，今天捅不开呀，我说我去捅，保证捅开。我先去小卖部，我说借两桶油给我，提上去，上面节目主持人就报幕了，听众都没反应，我就跟主持人商量好了，说："哎！你们看这是什么？"下面就"哦"，有油啊，就注意到我了，主持人就问："陈老师就考考你们，你们猜他今年几岁了？猜得准这两桶油就给你们了。"这下老头老太太都有劲了，都来猜，我都说不对，第一排有个老头说："别猜了，他是噱头，猜对了他也说不对，是忽悠人的。"我就把身份证拿出来，给他看，这样他就赖不掉了，然后大家又接着猜，但就是猜不出，最后我说我今年八十一岁了，大家都不信，那个拿身份证的老头就给我证明。走完这个开场，我再说我的单口，就说老头老太太打麻将的弊病，说了一刻钟下面就"哗……"鼓掌。这说明什么问题呢？就是要了解下面的听众。

从前我学《包公》，刚刚学得差不多的时候，就1950、1951年了，不让说传统书了，那时候叫"斩尾巴"，那我的生活就很困难了。但我相信总有一天能再说的，我就自己在家里说。到1953年，李伯康在中百公司（就是上海第一百货公司）对面的维也纳舞厅（1949年后改为书场）表演《杨乃武与小白菜》，那儿有一千个座位，一开讲就爆满，也没人干涉，结果大家一看《杨乃武与小白菜》都能说，传统书又开始说了。从1953年到1957年，我在各个码头说《包公》，结了婚，在吴江买了房子，还生了两个孩子。到1958年开始"整风运动"了，凡是在上海登记的艺人都要参加"整风运动"，在这个运动中提出一个口号——"群众创作"，因为那时上海想参加在北京召开的第一届曲艺会演。那个时候最大的动力就是上北京见毛主席。那时报纸上有个消息，上海铁路局说要给火车提速，最后证实上海到南京只用三小时五十二分。看到这个消息我就想起了毛主席《在延安文艺座谈会上的讲话》，当时的文艺工作者都要学习这个《讲话》，他说：作为一个文艺工作者，有出息的文艺工作者，必须深入生活，去体验、观察、研究一切人、一切阶级，搜集好你的资料，然后才有写作的可能。最近习近平总书记召开的文艺座谈会，他的讲话也是这个意思，要扎根于人民才行。所以我就到上海铁路局去体验生活，我就跟着火车在上海、南京之间跑了三个来回，就写出了《社会主义第一列飞快车》。蒋月泉很欣赏我的一个细节，就是火车司机探出半个身子看信号灯眯细眼睛，那个风就"簌簌簌簌"地吹，他说这就是陈卫伯"下生活"的收获。

写完《社会主义第一列飞快车》我就想到，传统书和新书是不一样的，就像做菜，佐料是不一样的：第一，拟声词不一样，现在我们说新书了，有火车、汽笛什么的，传统书里边是没有的；第二，服装不一样，传统服装很讲究的，像上边两位老师，衣服都是绸的、缎的裤子，黑的布鞋，外边是毛料的长衫，但是说新书呢，穿的是人民装，就是电视里那种新四军穿的衣服，我做了两套中山装，一套藏青，一套银灰，演出前我就打电话问下书场背景幕布是什么颜色的，防止衣服颜色跟大幕冲撞；第三，腔调不一样，以前说老书，口齿清晰，慢悠悠，但气氛有时起不来，不能让听众发笑，如果说新书还这个腔就不行了。我之前听过一个老艺人替人代书说新书，说《两万五千里长征》，老书的腔跟新书的内容完全不搭架。说新书，从上台开始，声调、书情、服装、声腔全要换，要换适合新书的说法，语速、语调、语气、语境都是有讲究的。我举个例子,《七侠五义》,说锦毛鼠白玉堂三更天到开封府去盗宝以显示自己的本领,用一般的声腔说也没错,但是语境不对呀,晚上的剧情,语境就要表现出这一点来。这一点,我是到广播电视艺术团之后慢慢学习而来的,特别是跟主持人学的。

我刚才说的起脚色、开打、声腔,这些都是佐料,归根到底是说书,这些都是建立在说书的基础上的。现在教育本末倒置了,说评话的老师不教说书教起脚色,唱弹词的老师不好好教说书唱腔教弹琵琶,这是不对的,这样做就会"楼歪歪整体倒下来",而说书的基础就是要研究语速、语调、语气、语境。

三

之后就到"文革"了,真是"十年浩劫",评弹就在这"浩劫"中断层十年。1972年我从"牛棚"里出来了,被分配到静安区粮食局,在柜台上拷酱油,顾客认识我,问我:"侬是陈卫伯么?"我就告诉他我是陈卫伯,以前说《包公》的,就有人问我曹操到底是好人还是坏人,我就说这个是有争议的,然后就说说前因后果。结果被领导知道了,柜台不让我坐了,把我调到做面的工厂里做切面,一个月要值三天夜班,睡在仓库的面粉堆上。唯一的陪伴就是一台收音机,就在里面听唐耿良的《丰庆号》、小彩舞的大鼓、王毓宝的天津时调、高元钧的山东快书。这都是1958年我们一起生活四个月在全国巡回演出的,我就想我什么时候能够像他们一样上台呢?当时一个月才八十块钱,上有老下有小,生活困难啊!

1977年,黄永生把我借调到广播电视艺术团,之后评弹团就一个个恢复起来了,但我也没回去,就在广播电视艺术团待下来了。到了广播电视台,也是一次革命,上海人叫"收骨头",要把我绑起来收心。

1978年,十一届三中全会开幕,我在苏州开明大戏院演出《包公·断太后》,穿一件长衫出来,下面的听众"哦……!"十年没有看到了,这段四十二分钟就说完了,之后到无锡、常州的说书码头说书,到了镇江就改到体育场说了,坐三千个听众,我就想,说上海话他们听得懂吗?我就想先试试看。那时候住镇江市委招待所,我就问服务台:"今朝中浪厢吃啥末仔?"前台听不懂,那我想市委招待所的人都听不懂,镇江地方人民肯定也听不懂。第一档是蔡伟中、姚斌儿表演的男女说唱,还蛮受欢迎,但我不敢说上海话,因为我已经受过教训了。当初我跟蒋月泉、朱慧珍到福建前线去慰问解放军的时候,正是炮轰金门之后,我们当时说的苏州话,解放军就说听不懂,那我想人家听不懂哪还叫慰问呢?人家坐在地上、晒着太阳还听不懂,这不是糟蹋解放军吗?那我就改说普通话。那会儿说京韵大鼓的小彩舞就跟我说我应该改普通话,内容再简短一点，时间最多二十分钟，最好不要超过一刻钟。然后我就把脚本全部写下来，他再用普通话给我念，我再记下来用普通话说书。到了镇江呢，我就学王少堂，他是扬州说《水浒》的大师，我说就用扬州话说，下面的听众就有兴趣了。所以说，到什么山，割什么柴。

有了这种认识，我到了广播电视艺术团之后，日子很好过，到上海表演，也是在体育馆说书，黄浦区、静安区、卢湾区的体育馆我都去过。最大的是万体馆（上海体育馆），可以坐一万八千个人。我还是穿的长衫上去说书，说的还是《包公》。结果我刚上去，下面的年轻人大多是来听滑稽戏的，看到我上去也不讲什么礼貌，直接在下边起哄、发嘘声，赶我下去，我只好讲笑话、放噱头。但也不能总这样，表演不受欢迎在团里也是抬不起头来的。所以我就平心静气地慢慢向滑稽戏学习，因为我们评话演员在上台的时候就输别人一头。你像筱声咪他们上去之后，跟听众就像好久没见的朋友似的，我又做不到这样，后来我想他们是来听笑话的，我就写了个段子叫《笑三笑》，内容是很滑稽的，我创了个纪录，二十八分钟我让听众笑了一百五十四次，而且没有"外插花"的，都是因为内容引人发笑的。

但是这报幕还是说是评话，这日子还是不好过，有一次在天山公园办了个露天乘凉晚会，这个条件是很简陋的，我刚刚上去，下面的年轻人就要赶我下台，当时非常尴尬，我说我还没张口你们就要我下去，你们怎么知道我说的就不好听呢？你要让我说个三五分钟，要感觉不好听再让我下去，我也认了。我就跟所有听众说，让我说五分钟，你们要觉得不好听我就下去。大家就同意了，然后我说了五分钟，反响很好的，但我就假装说五分钟到了，我要下去了，那些赶我下台的年轻人觉得内疚，就赶忙来给我道歉，我就接着说下去了。后来这报幕的人就跟我说你报评话很吃亏的，你干脆报独脚戏算了。之后我就改成独脚戏了，以前我上台，听众的表现是很冷淡的，后来报了独脚戏，听众都很感兴趣了，但是黄永生又找到我说独脚戏都是两个人的呀，就不让我报，我就对他说，我这叫单口独脚戏，跟你的上海说唱一样是自创的。这个真是从来没有的表演形式，以后报幕报单口独脚戏，听众的反应就热烈多了。我的单口独脚戏有情节、有内容、有起承转合，跟周立波的这也说那也说的海派清口是不一样的。

我改了单口独脚戏以后，评弹界有意见，说我是叛徒，滑稽界也有意见，说我占了他们的地盘，得拜个老师摆两桌酒，我都没在意。1982年我参加全国曲艺会演南方片会，选送的作品去审查的时候，人家说你这应该叫评话啊，我说算了，就叫单口独脚戏好了，最后这部作品拿了文化部的创作一等奖和表演一等奖，拿了八百块奖金。后来我经过研究、观察这些"上山下乡""插队落户"回来的男女青年的心声，特别是男青年，写了《汤司令的烦恼》，这部作品很符合他们的心态想法，听众笑过之后又哭了，《新民晚报》的记者翁思再跟我说，一部作品让人哭比让人笑难多了。这部作品影响很大，现在延安西路那儿还有个汤司令菜馆。为什么会这样？因为我摸到了听众的脉搏。我现在还在构思新作品《汤司令又烦恼了》，他的儿子结婚也要烦恼啊！作为一个作者也好，演员也好，就是要与时俱进，研究我们的服务对象。

对评话的前途我是不看好的。以前说评话的人很多，比如说弹词名家张鉴庭、张鉴国到书场说书，场房给包银一百块，评话名家唐耿良去演出也是一百块，单档就自己得，双档还要分，所以以前评话从经济角度来说更赚钱。单档也要断层了，以前我跟筱声咪、孙明去走穴，三个人各拿一千块，筱声咪和孙明一个逗哏一个捧哏，他们俩就四六分，筱声咪拿一千二百，孙明拿八百，我一个人拿一千，筱声咪带个人还拿一千二百，我一个人上蹿下跳、声嘶力竭还只拿一千，经济效益上来讲就不合算了，最后的结果就是没有人来学评话、弹词。

补充几句，以前叫说书先生，现在叫作评弹演员，说书先生首先要学说书。现在学员先要学乐器、唱腔，说是练基本功。评弹演员的基本功我认为是说书，学员们学了几年只会唱开篇，不会说长篇书目，这是应该引起有关单位重视了。

演讲时间：2014年10月21日

整理者：付楠

第二十六讲
苏州评弹的艺术特征及其在浙江的发展状况

  清代乾隆年间,浙江湖州和嘉兴出现了弹词演出活动。历史上,嘉湖地区先后涌现大量的杰出艺人,如金秋洁、夏荷生等人。1959年,浙江曲艺队成立,一直到"文革"前,其演出场次和听众数量超过浙江歌舞团、话剧团、京剧团、两个越剧团还有昆剧团的总和。1949年后,浙江的评弹有了进一步发展,评弹跨过钱塘江流行到宁波、台州,最远可至温州。然而,现在只有浙江省曲艺团还在坚守,评弹的复苏需要各界的帮助和支持。

施振眉

　　浙江长兴人，自 20 世纪 50 年代起从事曲艺工作，1959 年组织成立浙江曲艺队（今浙江曲艺杂技总团），专事苏州评弹演出。同年开始评弹创作，所编写的作品主要有长篇弹词《李双双》，中篇弹词《东海女英雄》，短篇弹词《英雄父子》，短篇评话《壮志雄心》《闯海》，开篇《幸福井》《红柳》等。帮助汪雄飞、金声伯、胡天如等整理出版了《古城会》《赠马》《草岗收将》《猫困鼠穴》《海神庙》等传统长篇书目选回。除还编写过十余个睦剧和木偶戏、皮影戏剧本。曾任中国曲艺家协会理事，浙江省文化厅艺术委员会副主任，浙江省曲艺家协会主席，文化部江浙沪评弹工作领导小组副组长。

感谢在座的上海朋友，我因为需要负责写一本苏州评弹在浙江发展情况的书籍，所以感觉今天的讲座准备并不充分。不过今天的氛围很好，以座谈的形式开展漫谈。我和在座的彭本乐老师早已是老朋友，与唐力行老师的父亲——唐耿良先生也是老朋友。

我并不是正规院校出身，而是1949年后文工团出身。我的老家是在浙江省的长兴县，是大唐贡茶院的所在地，也是陆羽写《茶经》的地方。抗日战争时期，这里曾经是新四军的根据地。1949年解放军大军过江，那时我恰好初中毕业，却已经希望能参加解放军。有的人问我，为什么不读书而要参军？我说："新四军在家乡的时候我还太小，没有能够参军，现在大军过江了，我便要参加共产党。"后来进入了军队的文工团。因为我个子太矮小，普通话又说得不好，便只能去演配角，演一些青少年脚色。在文工团的时候我曾经写过一些快板，这个因素使得我在文工团整编后，能够进入文联创作组。1953年我进入浙江省文化厅工作，专门负责管理曲艺、杂技、木偶戏、马戏、皮影戏这五类艺术形式，因此其他人常称我为"五军总司令"。从那时起我参与管理曲艺，与之结下不解之缘。我在1992年从领导岗位上离休。离休后也没有放松，一直关注着曲艺事业，曾经与彭本乐老师一起编写《评弹文化词典》中有关浙江的部分内容。

我与评弹真正结缘是从1959年开始的。那时我负责管理曲艺，我发觉评弹比我们浙江地方特有的曲种好，因此我重点抓评弹的管理工作。为此，1959年我来到上海，请吴宗锡、李庆福、张开华等人帮忙，从上海的几个评弹团请来一些名家。这些名家主要包括：评话艺人汪雄飞，弹词艺人邢瑞庭和邢雯芝、王柏荫和高美玲、曹梅君、葛佩芳、徐天翔、方梅君，评话弹词一共是九个人五档演员，以这些著名演员为基础成立了浙江曲艺队。浙江曲艺队最初没有合适人选担任领导工作，因此由我来兼任曲艺队的领导。在管理评弹的同时，仍然需要处理木偶戏的相关工作，否则木偶戏就缺乏管理了，我只能自己同时负责几项工作。我曾经为木偶戏编过几个剧本，参与创作了几出木偶戏，便因此被称为剧作家了。其实我只有初中文化，我很清楚，之所以大家这样称呼我为剧作家，主要是因为那时缺乏专门创作人才。我先后编写创作了五出戏，其中两个获得了大奖。后来，我编写的戏在全国文艺比赛中也得了奖。获得这些奖项不是因为我水平高，而是因为我运气好。我一直在曲艺管理岗位上工作，在长期接触江浙地方曲艺的过程中，我发现评弹艺术最具特色。浙江各地语言复杂，浙江本土的曲种就有几十个，离开了当地的土壤，语言不通的话，这些浙江的曲种就没有了市场。实际上，在浙江曲艺队里全部是评弹，那为什么叫曲艺队而不叫浙江评弹队呢？因为在组建浙江曲艺队的时候，曾经把绍兴莲花落这门艺术也纳入其中，可是离开了绍兴当地的土壤，这门艺术就失去了市场。四明弹词只能在宁波演出，温州鼓词则只能在温州人听得懂的地方唱。但这并不意味着这些地方曲艺完全没有生命力。浙江温州鼓词的影响力现在仍然很大，可以连唱七场，演员收入上万，而这一收入还是前两年的情况。温州鼓词在当地被称为"娘娘词"，与宗教活动紧密结合，在温州的观音庙演出。我们家乡的语言则完全是官话（古汉语），与之前提到的几个地方语言又不一样。我是因为负责曲艺管理工作，所以必须学习浙江各地方言。

1958年我到北京参加全国文艺会演，见到了吴宗锡和周良两位同志。借着那次机会，我们三人一同发出了倡议书，从此可以说评弹界的"三驾马车"成形了。他们两人都比我年长，而且都是大学生，现在我八十三岁还是小的，我也只有初中文化。但是就评弹创作来讲，我是作品比较多的。1959年的时候，我就帮汪雄飞编写评话。离休以后，我又参与编写了《中国曲艺志·浙江卷》等。因为长期在管理岗位，接触艺人多，所以我同老艺人的关系都很好，不同曲种的调都会哼唱。大家都反映评弹的艺术功能不错。

评弹在浙江的情况我比较清楚，但不是学术研究方面，我只是在此把我的体会、感受和心得同各位研究者分享探讨。陈云同志去杭州疗养听书时，每次我都有幸参与。在陈云同志来杭州疗养以前，我与当时上海的评弹第九组已经讲好了，将他们带到浙江建团。但当时报给领导时，领导说我胃口太大，浙江那么多曲种为什么要单独成立个评弹队呢，评弹也不过是在杭嘉湖地区流行；还说我管理木偶戏、皮影戏就想组建木偶戏、皮影戏剧团，管理杂技就想组建省杂技团，现在管理曲艺就想组建省曲艺团，这些团体搞出来，省里需要提供多少房子啊？这个事情只得暂时搁浅。

刚巧陈云同志生病去杭州疗养，重新拾取幼时爱好——听书。本来杭州已经有三个著名的评弹爱好者，其中一个是名中医，一个是中国美院的教授，还有一个便是盖叫天。又有了陈云同志来到杭州，评弹在杭州又多了一位著名爱好者。老首长最初是到书场听书，虽然戴着口罩仍然被听众认出了，大家都来围观，这就造成很多不便，也不利于老首长的安全。省里领导又找到我了，但是上海那边已经成立了（上海市）长征评弹团，原先商定的几位演员均已加入了团体，到哪里找演员呢？我只得亲自赶到上海，找了吴宗锡团长、蒋开华，还有李庆福。蒋开华推荐给我的几个人不错，也就是前面提到的几位演员。虽然当时浙江曲艺队只有九个人五档书，但从组建时的1959年一直到"文革"前，演出场次和观众数量都超过浙江歌舞团、话剧团、京剧团、两个越剧团还有昆剧团的总和，场次要多出一两倍，观众则要多出几倍。有一次，我同汪雄飞去江苏无锡演出，日夜两场，每场听众人数超过一千，戏曲就算客满也没有这样多。组建浙江曲艺队主要有两个好处。一是陈云同志听书方便了，二是更主要地把评弹这门曲艺带到浙江，通过评弹来促进浙江曲艺的发展。因为在浙江地区，弹词没有得到充分发展，而苏州弹词则已有了很大发展。弹词其实由宋代的南词演化而来，包括了平湖调、杭滩（又叫文书调）等，也是由南词派生而来。南词伴奏以三弦为主，比较高雅。因为没有深入群众，所以慢慢衰落了，只有宁波的四明弹词保留了下来，但远不如苏州弹词所达到的艺术高度。

我先讲评弹的艺术特征。评弹是评话和弹词的合称，古人总结其艺术手段为"说、噱、弹、唱"，后来上海方面又加上了个"演"，但其实"演"也应该包括在"说"里面，当然加上"演"也是可以的。主要艺术手段就是这几个方面。陈云同志过去经常跟我们强调，要研究评弹在表演艺术上与文学、戏剧的区别，要找出评弹自身的艺术规律。实际上，通过我的理解，确实发现评弹与文学、戏剧有区别。评弹与文学小说、戏曲相比较的话，主要不同之处在于以下方面：小说是通过文字给人看的，通过好的文字和生动的故事来受到读者的欢迎。评弹也就是"说书"，是以说为主，以口头语言来讲述故事。而戏曲是通过演员扮演剧中人物来表演故事。戏曲通过听觉和视觉来表现，又以视觉为主，而评弹是以听觉为主。从大范围概括来讲是这样的。

苏州评话和弹词经过长期的发展，"说、噱、弹、唱"四门功夫所达到的艺术水平很高。苏州评话方面，我举几个例子。《三国》最初我是听唐耿良老师在大华书场的演出。后来，汪雄飞老师来到浙江曲艺队，所以和他接触更多。我和汪老师曾经联合在浙江出版过二十七万字的《过五关斩六将》，而这个故事在《三国演义》文学本里只有两万多字，昨晚我就把原著的这一章回翻完了，其不过是一回书的故事。而汪雄飞在书场演出这个故事的时候，要说十八回书。我帮他整理这个故事的时候，便发现汪雄飞版本的《过五关斩六将》关子环环相扣，引人入胜。《东海》是一本文学杂志，我曾经把汪雄飞的这部书稿寄送给他们，杂志社的编辑都认为很好。我帮金声伯整理的时候，也曾经把书稿寄送给他们看，他们也是这样讲的。金声伯在表演《收周仓》这回故事的时候，就非常生动，每一回都有关子。

我讲另一个《三国》中的故事——赠马。在原著小说《三国演义》中，这一段只有大概两百字，情节非常简单，而汪雄飞在表演过程中最少要说三刻钟，而且独有韵味。故事是，一天曹操大宴群臣，关羽迟到了，便推托说马不能行。曹操便想借此机会拉拢关羽，希望向关羽赠送宝马，便找来了司马官去选马。评话先生在这里讲的司马官是司马懿。这可能是老艺人长期口耳相传，误将司马官和司马懿混淆。但把司马懿的出现时间提前，最主要的还是看放在这里是否合理。这是评话中暗伏的手法，可以为日后司马懿的出现奠定基础。评话先生讲到司马官司马懿找来了五匹好马，司马懿为了凸显自己的才能，故意找来两匹驽马以做对比，使得好马的风采更加突出。而吕布兵败后被曹操俘获的赤兔马却被视为疯马，关在后院。这时候赤兔马一声嘶鸣，引起了关羽的注意。马为什么叫？这里是有赤兔马的内心独白的：曹营的将领都把我当疯马，使我邋里邋遢，郁郁不得志，所以我用一声嘶鸣来抒发内心惆怅之感。正是这声嘶鸣引起了关羽的注意，才有了后来赤兔马与关羽的故事。学习马的嘶鸣声是评话演员所特有的，我本人就曾听过唐耿良和汪雄飞学的马叫。唐耿良当时是在杭州大华书场演出，听客掌声雷动。而汪雄飞的马嘶鸣则有一段传奇故事。当时他是在南京部队里面演出，他一学马叫，部队里面养的军马也跟着叫，解放军战士都以此为奇，因为这些训练良好的军马是从来不叫的。这个故事是真实的，老听客最先讲给我听，"文革"后我又特意向汪雄飞求证此事，他也表示确有其事。口技和内心独白都是评话特色。评话艺人的口技可以好到什么程度呢？马蹄声由近而远，又由远而近，都可以模仿得栩栩如生。说书和看戏不同，说表可以很生动，说书过程中眼泪掉下来有声音，两人对视也有声音，这些都是评弹艺人的创作。上面讲的赠马的例子，如果评弹、文学和戏曲三者比较的话，文学本只有不到两百字，戏曲演出也不过是以鞭代马，跑龙套的拿马鞭出来溜一圈而已，只有评话才能有这种表现手法，既能表现口技，又能把赤兔马的心理活动通过语言表现出来。

同样是写马，《林海雪原》里面又与《三国》有区别。《林海雪原》里面有一回是《打虎进山》，讲的是杨子荣勘察地形的时候，一只老虎来袭击马匹，杨子荣用枪将老虎打死。杨子荣心想正好可以把老虎作为上山见座山雕时候的礼物。于是让他的马驮着这只死老虎。这时候便有了马的内心活动，这匹马想这只老虎本来要吃掉我，现在我还要驮着它，并不乐意，但这匹马又感激新东家的救命之恩，所以还是驮了。这时候马想到从来马和虎不在一起，但这次也只好马马虎虎。这时候说书艺人就会说"马马虎虎"这个成语便是这样来的。这便是说书的巧妙。陈云同志听到这个噱头也很开心，便问我，这是"外插花"还是"肉里噱"？我回答这是"肉里噱"，书情里面合乎情理的噱头。这样的内心活动戏里怎么表演？只能在说书中才有这种艺术情趣。后面还有一回书是《真假胡彪》，这是原著里面没有的故事，陈云同志讲这是好书。真胡彪上山以后，座山雕不能分辨真假，胡彪是司马副官，所以只能靠马来识别，因为马认识真正的东家。老东家和新东家分别站在两边，马站在中间选择。真胡彪要它过去，它本来打算过去，但杨子荣让看看清楚。这时马就想到这个老东家老打我，而新东家对我很好，从老虎口中救了我。真胡彪一看马要回头，一着急又扬起鞭子，马一看又要打我，便一下子跑到杨子荣那里。马的这种心理活动，只有评话可以表现。这种艺术特征，在别的艺术门类上无法体现。《林海雪原》较之原著增加了好多回书。绍兴莲花落积极吸收了评弹的表演手法和内容，也变得风趣了。这个例子说明了苏州评话演员为艺术的完善做了很多努力和创作，充分掌握了评话基本手段——说。

弹词也是如此生动。今年中央举办了一个纪念活动——"陈云与当代中国"，我写了一篇文章《陈云的文艺观》,参加了这次讨论会议。我们在编《陈云同志关于评弹的谈话和通信》这本书的时候,就清楚地感觉到陈云同志重视评弹规律的研究。我曾经改编过中篇弹词《李双双》,我就把李双双这一北方的故事背景改成江南,所以很多人赶来听。这就是按照老首长讲的,小说文本不能拿来直接用,要组织关子。陈云同志主张评弹跟上时代,必须创新。但有一个前提是保持固有特色。他从小听书,对评弹特征和规律谙熟,对四项特征都有研究。他强调,说表是评弹重要手段,用于人物心理描写。说表好,人物塑造深刻;说表不好,书不好听。他担心青年演员说表功夫差,鼓励青年要在说表方面努力、下苦功。

噱指的是说书中妙趣横生,令人捧腹的笑料,这是评弹必不可少的表现手段。行话中有"噱乃书中宝""无噱不成书""一噱遮百丑"等口诀。这些口诀都表明噱头在评弹中的重要性。陈云同志讲没有噱头怎么好听呢?就像刚才讲的打虎上山的故事便是如此,要善于调动听众情绪。有一次我跟着陈云同志去听书,第二天他便同我讲这部书哪里好、哪些不行、哪些没有必要。其中特别提醒我说,漂亮小生的形象,让听客看艺人自己,放噱头这样就不好了,没有必要。他最喜欢张鸿声放噱头,有次讲让他自由发挥放噱头,看看怎么样。他给我举了好几个例。他特别讲周玉泉的阴噱。有一回弄堂书是"吃馄饨"。陈云同志特别欣赏这一回书的风趣。讲的是许仙到苏州阿叔王永昌药材店谋职的一段故事,这个小故事主要刻画了王永昌老板的吝啬心态。王老板请许仙吃馄饨,唯恐馄饨店老板"打花手心",要一只只数过明白。怎么数呢?许仙吃三只,王永昌吃两只,并在一起五只,许仙吃四只,王永昌吃一只,并在一起十只,许仙饿极,一口气吃五只,王永昌只好喝一勺汤,馄饨吃完,一共五十只,一只不少,王永昌方始松了一口气。请许仙吃馄饨时,王永昌只管专心数馄饨,许仙问:"婶母大人今年几岁?"王永昌脱口而出:"十五岁。"许仙惊异:"婶母大人今年只有十五岁!"这一回弄堂书,还讲了开了一服药的故事。这两个故事都是很平常的,吃了一顿馄饨,开了一服药,就可以这么生动。靠的是什么?靠文字其实也很普通,但是到了演出时候的效果就不一样。弹词魅力就在这里。

评弹的唱功和曲调,给人艺术享受。我一听到"蒋调"就会舒服。有一次我在北京学习,准备去食堂吃饭的时候广播里面恰好放的是"蒋调"唱词,我立即被吸引住了,宁可不吃饭也要完整听完。《乘风破浪》是《东海女英雄》中的一段唱腔。而这段唱词的产生离不开评弹艺人到海边体验渔民生活的实践活动。有次我去书场里面现场听,演员唱出来的就是乘风破浪的韵味。陈云老首长谈到"侯调"时,明确表态:唱腔应该有各种风格,要保持特点,侯莉君唱腔我不反对,和尚也有吃肉的。侯莉君听到这话,眼泪都要流出来。因为当时上海有些人不认可她,我对陈云首长讲其实有很多听众喜欢她的唱腔。评弹之所以有二十多个流派,就是这个道理。流派不是自封的,要得到听客公认。既然已经存在的,就是客观的,为什么不可以呢?

我认为评弹的主要特点是传统的"说、噱、弹、唱"四个方面，表演是后面增加的，也就是起脚色。汪雄飞被称为"活关公"，后来他说了《三闯辕门》后，陈云老首长经常称他为"三将军"。"文革"刚刚结束的时候，陈云同志问起汪雄飞怎样了啊？《林海雪原》还在说吗？我说人家把他当"反革命"抓起来。陈云同志提出让他来演，陈云同志一听就是好几回书。汪雄飞成了"文革"以后第一个开放演出的，到一个两千多人的大书场演出，听众客满。我把这一情况告诉陈云同志，他也很高兴。陈云同志特意讲好书群众就是喜欢。

胡天如的《七侠五义》中的一段，他靠韵白来讲故事背景，我们在编写现代书目时也常用这种手法。我再补充一点，对《三国》这部书，很多评弹艺人都做了发展，我看过《三国演义》的电视剧，感觉里面的东吴书就不如唐耿良老师的。还是听书味道好，因为刻画了内心活动。有一回书叫《计遣陆逊》，我特别欣赏，后来是蒋惜君帮忙整理。汪雄飞、张国良、陆耀良都说过这回书。这回书讲的是比周瑜还厉害的陆逊。当时孔明正在借东风。陆逊已经知道周瑜打算借了东风就杀掉诸葛亮。诸葛亮把七星坛搭在江边其实就是为了方便逃跑。那陆逊为什么不戳穿诸葛亮？是因为他意识到长远而言这对东吴不利。诸葛亮也知道这个人比周瑜厉害，所以只好请他帮忙。这里面很幽默，不再赘述了。这回书塑造了陆逊的智谋，两个人心照不宣地使得诸葛亮顺利离开东吴。这回书是评话艺人发展出来的，后来也发表在文学刊物上了。

我特别要提到张玉书，这个人很有点子，是他组织了很多关子。陈云同志讲，无论大书小书，关子要组织好。他说《李双双》可以改成评弹。演员们讨论怎么改电影《李双双》，第一次讨论的时候感觉这个故事没有关子，所以打算放弃。陈云同志关心评弹，后来又问起我们改造得如何了。这时我们就紧张了，国务院副总理关心评弹书目建设，我们却连个回应都没有。后来省文化厅就让熟悉农村生活的我来改。即使没有关子，只要组织得合情合理，语言风趣，也是可以存在的。

下面我再来讲讲评话弹词在浙江的情况。这一点我还是清楚的，因为一直分管这个工作，从书目到演员都比较了解，后来又编过有关浙江曲艺的书籍。历史上有关江南说唱艺术的记载，应该以《梦粱录》为主，其他还有《武林旧事》等，这些书都记载了杭州的曲艺情况。评话资料很多，应该可以从讲史算起，而最早的弹词可能来自南词和弹唱词话。记载弹词的书籍保留得也很多，弹词的脚本保留得也很多，尤其是浙江的弹词作家特别多，但主要是文学本，演出本不多，不过杭州陈端生的《再生缘》是演出本。杭嘉湖地区保存下来的有几百本弹词脚本的相关记载。周良同志研究说有些是演出本，比如秦纪文演出的《再生缘》。至迟到清代乾隆年间，浙江就有了苏州弹词演出活动，主要在湖州和嘉兴这两个地处苏州东南的地区。1949 年以前最南是到杭州的余杭，到杭州演出比较少。这是因为杭州本地曲艺比较多，杭州书场演出杭州评话、武林调、杭滩，评弹在书场没有演出机会。大概到中华人民共和国成立前的 20 世纪 40 年代才在杭州演出。现在是江浙沪三地并称，浙江并不是一个小流行范围。苏州评弹在浙江发展后，在嘉湖地区的地方曲种只保留下湖州琴书、湖滩、湖州评话，但湖州评话是由苏州评话发展而来的，中华人民共和国成立初期基本没人去学了。湖州和嘉兴有没有弹词，已经不可考。

苏州弹词占据了湖州和嘉兴地区。嘉湖地区评弹的兴旺首先表现在艺人的大量涌现。评弹名家中，清末到民国初，评话有乌镇人金秋洁的《五虎平西》。海宁人郭少梅，也是《三国》名家，是上海润余社"五虎将"之一。还有杨莲青，德清人，他说一天书进账黄金一两，老听客都以听到他的书为荣，金声伯等都是他学生。说《济公》有四大家，其中两家是浙江人，一个是宁波人陈浩然，另外一个是杭州人沈笑梅，人称"醉态济公"。弹词名家也很多，首屈一指的是"描王"夏荷生，嘉善人，其父在当地开了有名的夏厅书场。还有李文彬、李伯康、李仲康这一家所说的《杨乃武与小白菜》。此外还有秦纪文、尤惠秋、朱雪亭等。1949 年后出道的也不少，比如王柏荫等。这些都可以称为"浙江老虎"。评弹的浙江名家众多，说明浙江的苏州评弹占三分之一是符合实际的。书之前提到的这些名家的代表作都不必多讲。1949 年以后卖座比较好、影响比较大的有《李双双》《阿庆嫂到上海》等。团体组织的话，自 1959 年浙江曲艺队成立后，相继成立了多个地方团体。正式的有湖州团、嘉兴南湖团、海宁团、海盐团、桐乡团、安吉团、德清团，浙江最多的时候有十个正式评弹团，这还不包括短期存在的。我们先后组织过两次浙江弹词大会书，1964 年时有一百零八人参加，1984 年时有一百四十多人参加，队伍还比较庞大。就影响面而言，之前已经讲过省曲艺队演出的盛况。嘉兴的南湖评弹团也要超越剧团演出场次和听众近十倍。此外，我们还协调组织过评弹历史上几次大的活动，在全国第四次文代会后，就成立评弹研究会，会长是蒋月泉，干事长是周良，我是副干事长。第二年，我们就在莫干山组织了评弹会议。陶钝等领导均参与其中。我还在宁波组织过一次浙江省内的评弹会书，是希望用苏州评弹表演手法来影响浙江本地的弹词类曲艺，让浙江曲艺向苏州评弹学习。有些浙江本地曲艺艺人问，是不是要让我们变种啊？我说与其绝种不如变种。改革最好的是绍兴的平湖调。评弹《秦香莲》和《李双双》的脚本都给他们，但唱还是平湖调。这种改革后，下乡演出取得了轰动效果。因为过去浙江平湖调都是正襟危坐地唱，不能深入农民群众中，怎么能广泛流传？后来评弹一直扩张到临海，在中华人民共和国成立之初评弹已经到了舟山、定海，像宁波的红宝书场至今还有。有一次我们在绍兴，派汪雄飞去开场演出，在那里进行录音录像，听众不少。可以说 1949 年后浙江的评弹有了很大发展，进而推动了浙江本地曲种改革和发展，绍兴莲花落也学了苏州评弹的表演艺术手段，现在的曲协主席便是绍兴莲花落艺人出身，他便是吸收了苏州评弹的表演艺术特色，善于讲噱头。评弹在浙江，特别是 40 年代到中华人民共和国成立后的很长一段时间，一直跨过钱塘江到宁波、台州,温州也唱过几场。

现在评弹在浙江发展出现了问题。过去老百姓文化程度不高,靠听书看戏来吸收文化。现在不同了,电视艺术发展后,在家庭里面文化娱乐就方便了。现在浙江十个评弹团都没有了,只有浙江曲艺杂技总团还在坚守,八九档演员坚持说长篇,在码头上演出。现在浙江电视台里也只是偶尔放放评弹了。评弹这门艺术现在有难处,与社会大环境也有关系。过去是因为学习评弹,便可以让生活有盼头,很多人才会去学。严雪亭等都是靠说书买房、坐黄包车。温州鼓词现在还有人唱,是因为与宗教活动有关,有人去捐款支持。温州鼓词在中华人民共和国成立之初曾经被禁演,但其实里面的内容也符合人民群众的需求,后来在我主持下开放演出,因此得以传承。艺术需要扶持和发展。现在传统曲艺遇到很多困难,不仅是说唱艺术,很多其他的传统艺术也都没有人继承,收入问题是其中的重要因素。现在杭州的大华书场难以为继,杭州的老年中心还有一家书场,但是好的演员不会去了。我感觉当前研究这门艺术有价值。我不是搞学术研究的,我只能把我接触和感受到的情况做汇报。我已经离开岗位很久了。谢谢大家。

演讲时间:2014年11月21日

整理者:刘晓海

第二十七讲
我的评弹创作之路

城市对评弹作家创作的影响较大，这就需要作家深入到城市中去。评弹作家不能拘泥于传统，但在改编过程中要合情入理。目前书坛上创新的书受到听客普遍欢迎，但绝不是说要放弃传统书。传统是宝库，传统书应该成为学习评弹的打底书。目前书坛上的新书虽然受到听客欢迎，但质量普遍不高，很多作品只有技巧，没有内容，因此听来乏味，从长远来看这将会制约评弹的发展。现在缺少优秀评弹创作人员，这就要求演员不仅要学会二度创作，更要学会自己写书；从体制方面来讲，既要有意识地培养演员创作，又要培养演员台上说活书的本领。评弹的创作要始终遵循"理、味、趣、细、技"的艺术手法，演员在写故事、讲故事的过程中，要动之以情，晓之以理。评弹演员的书坛经验对评弹的创作具有重要作用。

徐檬丹

1955年参加苏州评弹团，先后与薛君亚、谢汉庭拼双档。1961年起任专业编剧。1980年调入上海评弹团，1984—1986年任上海评弹团团长。多年来独立或与他人合作编写了大量长篇弹词脚本，如《追踪》《苦菜花》《飞刀华》等；编写过多部中篇作品，代表作有《白衣血冤》《老子、折子、孝子》《真情假意》《一往情深》《婚变》等。其中《真情假意》广受好评，受到陈云同志的高度评价，并被改编为话剧、歌剧、广播剧等在各地演出。近年来，徐老师协助苏州评弹团改编了中篇《雷雨》，引起社会广泛关注。2000年，徐老师与其夫吴君玉先生联手创作的中篇评弹《孙庞斗智》，荣获"第一届中国曲艺牡丹奖文学奖"和文化部颁发的"文华新节目奖"。

一、敲开评弹的大门

我的祖籍是苏州。父亲是上海一家鞋帮厂的账房先生，也就是会计。我 1936 年出生在上海，妈妈是家庭主妇，上面还有两个姐姐。我们一家五口挤在西藏路老西门斜对面的一条石库门里弄的民房里，家里的收入全靠父亲一人承担，后来我的两个姐姐为了生存都去学了说书。到了我十四岁读初二的时候，我的父亲去世了，家里无力承担我的学费，我只得跟着我的两个姐姐学说书。因为我没钱交拜师金，所以只能跟着姐姐们学。大姐徐虹丹拜了沈俭安为师，所以我最初就在沈俭安那里靠抄《珍珠塔》的脚本"偷书"起家。后来钱雁秋在电台里播唱《梁祝》，我就每天在固定的时间打开收音机，边听边抄，每回书有四十五分钟，有时来不及记下的，我就根据意思自己填补。我跟阿姐学的时候，正好是 1952 年评弹界的第一次"斩尾巴"运动，老书不能说了，要说新书，但是我刚刚出来说，没有新书，只好到书场去听别人说书，然后记录下来。有时候说得快了没记下来，就看看上下文然后自己编词连上去，就这样做了一个月，对于怎么编词、改编也有点心得了。

我大姐徐虹丹嫁给了同为评弹演员的沈韵秋，他们在苏州东山的一家书场说《秦香莲》，他们觉得我有了一定的改编经验，就让我来写本子。就这样我每天在苏州写，写好了给他们寄到东山去让姐姐、姐夫演。再后来我和我二姐徐雪丹拼档，因为我们传统书都不太会说，所以我们说的《辕门斩女》《沉香扇》差不多都是我自己创作改编的。当时苏州评弹界严禁非会员登台说书，我和二姐只能在一些小码头躲躲藏藏。演了一段时间后，我终究因为没有拜师入行被勒令停业在家，很是苦闷。半年后，苏州评弹协会招考，对于非会员打开了从业的大门，这对我来说是个机会，我就在二姐夫许亦文的陪同下去报考，后来顺利被录取。那时被录取的还有薛君亚、程振秋、汤乃君、汤乃秋、石文磊等。又过了小半年，我们这批刚入协会的青年演员就一起被组织谈话，问我们愿不愿意加入苏州评弹团。我当然是非常乐意的，终于如愿以偿成了一名正宗的弹词演员。

二、拿到创作的钥匙

我进入评弹团后最初和薛君亚拼档,半年后和谢汉庭拼双档演中篇《拉郎配》和《碧玉簪》,这时候也是苏州团最兴旺的时候,当时还有曹啸君、汪梅韵双档,徐云志、王鹰双档,周玉泉、薛君亚双档,庞学庭、高雪芳双档,王月香、徐碧英双档,评话有杨震新等,都是出类拔萃的当红评弹演员。

1957年,我在加入团后第二次去上海演出时与评话演员吴君玉相识,并结为夫妻。婚后我回苏州和谢汉庭拼双档一直在码头上演出传统书目《落金扇》、二类书《王十朋》、新书《苦菜花》,我们两人边写边演,日夜两场演出,晚上回来赶写一回《苦菜花》,第二天起来后一直要对书对到午饭前,其辛苦可想而知。拼档约两年,组织上和我谈,要我转为专职创作人员。那时我很不愿意,后来考虑我的条件可能在创作上更有优势,就同意了。在潘伯英、邱肖鹏等精通评弹创作的前辈的指导下,我知道创作要根据生活的脉络、走向,故事发展是有逻辑的、有必然性的,人物的性格和家庭、出身也是有关系的。有段时间我跟随邱肖鹏同志一起下到苏州苏纶纱厂去体验生活,和工人师傅一起三班倒。后来又去黄天荡和农民同志一同生活。当时黄天荡在围湖造田,我负责在两条湖中间的堤坝上看管用来造田的大草包。大风刮来草包乱飞,我连抢都来不及,差一点把人也吹跑了。下生活的这段时间我参与编写了短篇《一顿饭》《一炉钢》、中篇《高速》等剧目,我逐渐懂得了创作的规律。

为了能成为一个合格的评弹作者,我特地要求领导让我学一部长篇从而能够掌握长篇创作的全局、特质、结构、人物、语言、创作关系并制造噱头,这是评弹特有的创作方法。因此我向余瑞君学了长篇《描金凤》,这在当时是一部"五毒书",书情包括生旦书、市井人物,有传奇有案情,十分丰富。这对我后来的创作影响颇深,我创作的长篇新书《追踪》《飞刀华》都得益于此。这个阶段我拿到了创作的钥匙,逐步在评弹的世界中"登堂入室"。

三、锲而不舍的收获

1970年我和一些同事被分配进了"五七干校",春夏秋冬四季的农活我全都会做。在"干校"中的生活倒也没有人与人之间的斗争,相对还是比较清静自在的。一年以后由"干校"回苏州,我被分配进了灯泡厂当工人,学了些小手工活,一天做到晚,感到生活很枯燥,很想创作但环境不允许。后来实在不甘寂寞了,参加了局里的工人宣传小分队,又干起了老本行创作,下矿井体验生活,写了《小矿灯》,由当时从滑稽剧团下放来的演员李春珍演唱。当时这首歌在基层的反响很热烈，唱遍了苏州工矿各基层单位，十分受工人欢迎。又写了学习雷锋的弹词短篇《双探亲》，由薛君亚和我一起演出，十分生动，还由文化局发表在《苏州杂志》上。等到1977年苏州团将我召回去，重新提笔写作时，我并不陌生，驾轻就熟，加上这十年的生活经历，我的创作也有了深度。在回团三年不到的时间里，我和邱肖鹏合作了很多作品，创作了揭露"四人帮"的《白衣血冤》《海瑞罢官》《老子、折子、孝子》《射虎口》。《新婚前夕》还得了江苏省的优秀剧目奖。

四、独当一面的考验

在我的创作生涯中，苏州和上海这两个城市对我的影响也是不同的。我是苏州人，小时候经常要去苏州城里看望祖母，对苏州比较熟悉，后来进上海演出，十九岁时考入苏州评弹团，又回到苏州，对苏州感到非常亲切。那时候的苏州给人的感觉是非常安静、和谐、轻松、美丽的一个城市，苏州人给人的感觉也是如此。十九岁回到苏州后，我就观察了苏州人和上海人的不同的特色，在创作时不自觉地将两地人的不同特色代入进去。当时我在苏州租了一间老房子，门洞深、有天井的那种，虽然不是很舒适，但是蛮安静的。正是在这栋房子里，我认识了两个给我印象很深的人。一个是个老太太，别人叫她李阿妈，做的是类似媒婆、婚嫁司仪的营生。人长得挺好又很活络。后来不做这个营生了，但是不管街坊有什么事，都是第一个出来帮忙。老太太手还很巧，做衣服、雕皮革等活计都精通。她的老公是同行，身体却不好，很早就卧病在床，只能由李阿妈负担家庭和三个孩子的生计。有一天日本人攻占苏州，要逃难，但是老公卧病无法起身。李阿妈不肯放弃丈夫。那时兵荒马乱，她就借了一辆黄包车，磕头求以前相熟的车夫帮她把丈夫拉到城外白马涧，因为那里地势险峻，不会被日本人抓到。结果还没到白马涧，中途休息时她丈夫意外跌落车子去世了。这个老太太就一个人带着三个孩子这么过下来了。她其实就是个普通的苏州老太太，吵架时会让别人哑口无言，但同时也非常善良热心。我跟这个老太太生活了五年。这是一个。还有一个客居苏州的上海女人，将近五十岁，长得漂亮有气质，生活也比较讲究，我有一次和她交谈，问她晚上吃点什么，她给我看：一道香油拌芹菜，一道冷豆腐，一道萝卜干。我尝了块萝卜干发现非常好吃，原来是萝卜干配虾米腌的。打倒"四人帮"之后，我回苏州时又碰着她了，她和老公在一个园林式的房子里开了一家饭店，一天只做一桌，只招待朋友。她之前的老公是个"国民党"，后来被老公抛弃，只得又找了一个男人。这个女人说话细声细气，但是手艺好、人脉广、会做人，已经变成一个标准的苏州女人了。这两个人给我的印象很深。还给我留下印象的是一些苏州的文人。这些对苏州的印象和人物形象，我就融入到了《老子、折子、孝子》里面去了。

这部书完全是我根据我的所见所闻创作的，以前苏州文人多，都爱好收藏，政治运动的时候东西被人抄走了，在打倒"四人帮"以后，东西就还给他们了，这下就不得了了，小辈吵着要分呀，抢得都不成样子了。我看见这种情况，觉得心里不是滋味，就写了这部书。我现在就简单地讲一讲内容。一共三回书，第一回叫《骗》，第二回叫《偷》，第三回叫《抢》。第一回中，说父亲有个老朋友沈医生，父亲因为儿子为了收藏争吵的事心烦，沈医生就带父亲出去玩；第二回就是大家发现父亲走了，大儿子就把父亲家里的钥匙做了个印子，进父亲的家想找出折子，小儿子就翻窗进了父亲的屋子，碰头之后出了不少笑料，又来了一个二儿子，看见大家都在里面，觉得非常尴尬，想保住自家的面子，就拿另外两人一顿骂，结果也被说破是来找折子的，最后折子也没找到；第三回，就是父亲回来了，发现屋里被人动过了，他朋友就说肯定是你儿子来翻过了，老人家毕竟是做父亲的，想到三个儿子在"文革"中被耽误了，也很愧疚，就觉得不是儿子们做的，医生就说我教你个办法，假死，这一下儿子们都来了，因为在屋子里没找到折子，儿子们就认为折子肯定在父亲身边，所以在哭的时候其实是在捏父亲的衣服，想找折子，结果老头子被捏得痒了跳了起来，儿子们都被吓走了。这部书说的就是这么个故事，而这个故事中的老先生、医生、儿子、阿姐都是我平常接触过的苏州人，所以我编书的时候很顺畅，两天就编出来了。这部书直到现在也是有一些警示作用的。苏州城市给了我一些苏州人的形象和他们的思考方法。

我四十五岁时，正是打倒"四人帮"之后，因为我爱人是上海评弹团的演员，我就申请到上海评弹团。那时我一无名气、二无人脉，但是看我写的作品还不错，就让我去了上海。到了上海评弹团之后，我就发现创作变难了，我就决定先四处看看、了解生活，沉淀一下再创作会有更好的效果。我到上海工作后，这边的工作模式与我之前在苏州的不同，在苏州我们创作一篇作品是靠大家群策群力去完成，而初来这边工作的我却要承担起独立创作的考验。上海的演员都是一流的演员，我依旧坚守不要关门创作的原则，在小范围内进行作品的试听，我记得当时姚荫梅老师经常在晚饭后来我家里，和我还有我爱人吴君玉一起讨论作品内容，给予我很大的帮助。

就这样，半年后我就创作了《真情假意》。在认识上海的过程中，我发现上海比苏州大气、开阔，正是在这种环境下，我认识了许多著名的艺人、演员，聆听他们对文艺的认识和理论，我对文艺创作的认识也更深了。这时我发现无论是苏州还是上海，青年的婚姻观念跟风现象很严重，我就写了这么一个题材的作品，以前"文革"时期我发现大家喜欢找解放军，觉得解放军安全有保障，打倒"四人帮"以后发现大家又喜欢找知识分子结婚了，因为国家要搞建设需要知识分子。鉴于这种情况，我就觉得这种选择伴侣的观念是有问题的，我就根据这一情况写了《真情假意》。

这部书写出来以后，上海各个机关、部门都来听，后来还改编成了话剧和广播剧。这部作品是我第一次独立创作，它的成功给了我很多的信心，当然这也归功于上海开放、自由的文化环境与众多技艺高超的名家们的影响和帮助。所以在上海最好的作品是《真情假意》，在苏州最满意的作品是《老子、折子、孝子》。这就是城市对创作的巨大影响，因为你要观察、描写的人就融入在城市当中。还有一个重要的事情就是，我们平常就要仔细观察，积累素材，要能够在听到人在闲谈时可以推想出他们在想什么、为什么这样想，这样才能写出好的作品。你看那些成功的作家，他最好的作品都是描写他接触最多的人物、世界，所以生活经历是写作最为重要的一环，这是我写作这么多年的一个感悟。

五、交出满意的答卷

八年前，那时我老公刚刚去世，苏州评弹团邀请我参加《雷雨》弹词的改编工作，当时参与改编的有江苏省原文化局的同德先生和苏州大学教授朱栋霖，这两个人对《雷雨》原著就有比较深的了解，负责把控改编的大方向。因为评弹艺术只靠演员一张嘴的特点，决定了改编上需要更大的幅度和动作。开过几次会之后，确定了基本依据原著改编的主要路线，然后就由四个人各自分工。初稿出来之后，第一回书最好，其他三回书还需要修改，然后再经过一次修改后碰头，发现改过的三回书好了，第一回书又不好听了，最后发现原因了，是因为第一回书在原著中情节就很完整了，改编的空间不大，后三回书则有情节可以加以补充，可以相对自由地扩展修改，所以后三回反而变得蛮新奇的，第一回就失去了这种新奇的韵味了。

我们都知道《雷雨》有两条线，一条是周朴园和鲁妈的，是从前的矛盾线索，一条是蘩漪、周萍和周朴园的，是现在的矛盾线索。我们就说评弹的容量比较小，不像戏剧一样可以用布景、道具、演员的服装等来辅助表现，一定要用口说，这会占用很多时间，如果按照两条线来铺陈剧情，就不是中篇弹词的篇幅可以容纳的了。所以几经讨论之后，决定以一条主线、一条副线来展开剧情，副线是过去的矛盾，主线是现在的矛盾，但是副线也不能随便就进行删改，只能在鲁妈这个人物身上增加心理描写，以点到为止的方式点出以前的矛盾这条副线，剩下的时间我们可以补充话剧中没有写的东西。我改第一回书时，发现周朴园和蘩漪是怎样认识并最终结合的、周萍读书回来后为何没有出去做事、周萍是如何和蘩漪发生感情的这些细节是原著中没有提到的，为了剧情的铺陈更显自然，要增加几个细节：第一，交代蘩漪和周朴园结合的原因和过程，将蘩漪描写成一个吴山书香门第的闺秀，因父母双亡，哥嫂和周朴园有生意往来，就由哥嫂做主嫁给周朴园为继室，她出身于旧式家庭，又向往新式文化。第二，就是交代蘩漪因何会和周萍发生感情,蘩漪和周朴园婚后不久,周朴园就忙于生意,早出晚归,蘩漪被留置家中,不耐持家琐碎,又难以融入丈夫的交际圈,反觉得寂寞,对周朴园有怨。这两个情节的补充,为后面的情节发展奠定了伏笔。然后周萍读书期间回家暂住,对这个年纪和自己差不多的后母就产生了好感,毕业后经常和蘩漪聊天,为她排遣寂寞,久而久之,就有了感情了,所以才会推动出是蘩漪和周萍发生实质性关系的剧情。第三,便是这个剧情的细节,有一次有人邀请周朴园和蘩漪去听戏,因周朴园有急事,由周萍陪同蘩漪前去,二人同坐一辆马车,周萍盼咐鲁贵不用挂门帘,一路过来时路人对蘩漪美貌的议论,让蘩漪心情畅快,到戏院后,周萍为蘩漪庆生,蘩漪倍感惊喜,二人回家之后,蘩漪让周萍为她写一首李清照的《声声慢》,蘩漪因诗感怀而流泪,周萍抱住她安慰她,就发生这一桩不该发生的事情。补充了这两个细节,蘩漪和周萍的感情发展才有根有据、顺其自然,这三个细节在原著中都是没有的。

这只是其中的一个例子,还有一些没有时间一一列举,就这样改编完之后演出,效果出奇的好,尤其是这些原著中没有的情节,非常吸引听众。

还有一个大的改动是在结尾。雷雨这天所有矛盾集中爆发的场景要怎么表现出来成了难题。这当中,各人的性格是不同的,所以这一回书,第一个片子就是蘩漪指责周朴园,下一个就是骂周萍敢做不敢当。这两个片子就引出了周冲的出场,蘩漪在疯狂中将秘密吐露,看见周冲后马上就意识到自己不单是妻子、情人还是一个妈妈,立刻就陷入崩溃和愧疚的情绪中。这一段说完,蘩漪这个人物的形象就丰满了、有立体感了。所以评弹好听,就是听书情,要整个情节、整个剧情人物的情感都顺理成章地发展,才能有好的效果。《雷雨》的成功也说明了一点:不要拘泥于原著,要有适当的改编,但如何改编也是体现水平的。所以听众也说,看过《雷雨》的也很满意,没看过《雷雨》的也很满意。刚开始改编的时候,我的心里提心吊胆的,不知道名著可不可以动,《雷雨》的成功也给了我一个信心:名著是可以动的。

现在我来谈第三个问题,就是创作对评弹的影响。这个影响真的是很大的,一直到现在,评弹还是有可以创新的地方。我认为作为一个演员,首先一个能力是要会写,这是一个演员素质是否全面的表现,如果只能演、不能写,这表明演员的能力并不全面。创作可以帮助演员精进表演技艺,而且评弹的创作随时随地都有新的感悟,很多是靠演员在台上即兴发挥而产生的,好的脚本是能让演员提高一个台阶。比如1974届学馆学员就是如此,刚开始演出也不算出挑,但是《真情假意》给他们演了之后,名气就出来了,他们毕竟比老一辈演员更适合这个脚本的人物形象。但是如果演员可以在好的脚本的基础上有好的现场发挥,就可以更进一步。

现在有一个问题是,没有人才。创作人才都是从演员里成长起来的,现在评弹演员缺乏,会创作的演员当然更少。其实能够创作的演员在表演上也很占优势,能形成自己的风格,也比较吸引听众，但是不会写的演员，跟人学怎么学也是这两句，这就不行了。陈灵犀本来是广东人，他应该是不会写评弹的，就是因为长期和演员待在一处，帮演员修改唱词，慢慢地就学会创作评弹了。所以说，有个戏剧家说过，要想创作好的戏剧，必须在这个行当里打滚个二十年，学校里学出来的就是不行，必须得非常了解行当里的路数才能够在创作时得心应手。评弹和戏剧是有相通性的，这两者之间的创作要求也都是如此。

创作就是要求两点：第一，要是热爱评弹的人；第二，要会动脑子，善于发现不足并会思考如何改动的人。能兼顾这两点的演员是"上上"，自己不会写但能在脚本基础上发挥的是"中中"，自己不会写也不能发挥的就是"下下"了。所以要着重培养演员在台上即兴创作的本事。现在的演员都很缺乏这方面的技艺，上台都靠本子或者录像录音，这么做的弊端就是演员和听众是没有互动的，演员看不见听众的反应，也就不知道书到底好听不好听，这就培养不出既会写又会唱的人来。要想培养出这种人才来，就必须让演员到码头上去历练上书台脱掉台本跟听众现场表演的能力，现场给你个故事大纲，你就要做到上台马上说一个故事出来，这才是评弹演员最重要的能力。

现在苏州还有一批人在坚持创作长篇，大多都是根据报纸新闻什么编出来的，虽然不大好听，但如果连这些都没了，新书也就没了，光听老书也是没有生命力的。可惜再下一批的人里面，都不会写书了，以后演员又该怎么办呢？我就说到这里。

演讲时间：2014年12月17日

整理者：秦箬茜

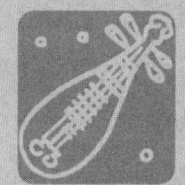

第二十八讲
开拓历史学的新领域
——从社会文化史的视野研究苏州评弹

  评弹是研究江南的极好的一个视角：从江南看评弹，从评弹看江南，对评弹进行全方位、多层次的研究，探讨地方戏曲与地方社会复杂的互动关系，以及传统文化在社会转型过程中如何与现代社会相融共生。研究苏州评弹的作用、苏州评弹和苏州地方社会的互动关系为我们历史学的研究开辟了一个新的领域。研究评弹艺人、评弹艺术，可以从侧面观察中国近当代社会变迁过程。根据城市中心说理论，可以看到近代中国经济中心转移后对文化中心位置的影响。评弹的辐射中心从苏州转向上海，从而推动了海派文化的形成，并对上海社会产生了一系列重大的影响。而评弹艺人"走码头"的职业特点决定了评弹对民间的影响力和穿透性更强，评弹与乡村社会的关系非常密切。在苏州都市文化圈内，评弹已经成为一种地域性的文化记忆。

唐力行

江苏苏州人。毕业于南京大学历史系。现为上海师范大学教授、博导，中国史一级学科博士点带头人，上海市重点学科带头人，上海市哲学社会科学研究基地——上海师范大学中国近代社会研究中心主任，中国社会史学会副会长，江苏省有突出贡献的中青年专家，江苏省优秀哲学社会科学工作者，享受国务院政府特殊津贴的专家。曾赴美国、日本、英国、加拿大、韩国等国家与中国台湾地区讲学或进行学术研究。先后从事区域社会史、区域社会比较研究，为我国徽学研究的奠基人之一。著有《商人与中国近世社会》《徽州宗族社会》《苏州与徽州：16—20世纪两地互动与社会变迁差异的比较研究》《唐力行徽学研究论稿》等。近年开拓区域社会文化史研究新领域，担任国家社科基金重大项目"评弹历史文献资料整理与研究"首席专家。主编"评弹与江南社会研究丛书""江南社会历史研究丛书"及《江南社会历史评论》杂志。重视史料的基础性工作，主编《明清以来苏州社会史碑刻集》《江南区域史论著目录（1900—2000）》，参编《明清徽商资料选编》等。先后获省市级哲学社会科学优秀成果一等奖四次，二等奖三次，三等奖二次，首届中国出版政府提名奖等。

一

各位老师，各位同学，今天同时也是我们评弹系列讲座的第二十八讲，我要给大家讲的题目是《开拓历史学的新领域——从社会文化史的视野研究苏州评弹》。首先，我想给大家谈谈，社会文化史与历史研究的大趋势，也就是说，在当前我们研究苏州评弹的重要意义。

大家都知道，1949年之前我国的历史研究是以史料派为主，倡导的是"史料即史料学"，这跟欧洲的兰克学派是一致的。1949年以后情况发生了根本的变化，开始以史论派为主，提出了所谓的"以论带史"。无论是史料派还是史论派，都是有局限性的。史料固然重要，但是史料不等于史学，也就是说，历史学研究需要史学主体的参与。但是史论派又走向了另一个极端，轻视乃至忽视了史料，过分强调史学主体的作用，导致1949年后出现了1958年的所谓的"史学革命"，以致一部丰富的历史变成了斗争史。这种局限性到了改革开放以后得到了纠正，大家应该记得1968年时，《历史研究》曾经发表过一篇评论员文章《把历史的内容还给历史》，倡导进行社会史的研究。

大概在十年前，也就是我国权威历史研究刊物《历史研究》创刊五十周年时，进行了对史学领域的一系列总结，其中很重要的一项就是对中华人民共和国成立五十年以来的历史学研究进行了一个回顾、梳理和总结。在这个总结中，我们认为1949年以后的史论派和1949年之前的史料派都存在着很大的局限性，史学研究既要重视史料，也要重视理论，只有把这两者放在一个比较合适的"度"上，重构出来的历史才能比较符合历史的本来面貌。这就是所谓的"会通派"，也正是社会史研究，讲得详细一些，就是社会经济史研究。社会经济史研究始于1949年之前，最早的倡导者和实践者就是著名史学家傅衣凌先生，40年代时傅先生根据在福建发现的地契史料做了福建地区租佃关系的研究，发表了《福建佃农经济史丛考》。但由于战乱，在国内传播不广，却在日本产生了很大的影响。日本的汉学研究正是受到傅先生的影响并逐步发展出来的，美国的汉学研究则始于从日本引进的傅衣凌先生的研究方法，所以许多国际知名的汉学家都曾受傅衣凌史学方法的启发。到了改革开放之后，会通派就成了我国史学研究的主流，我也被列为会通派的代表人物之一。

社会史的研究经过改革开放几十年的发展，现在又到了一个新的阶段，在国际上出现了向社会文化史转向的新趋势。我国史学界也开始了向社会文化史的转向。与欧美相比，我们起步是较迟的。2002年我去英国参加一个社会文化史的讨论会，在那次会上，我深深地感受到社会文化史的重要性以及其在国际史学界的领先地位。正好在此次会议之前，我在进行我父亲，也就是评弹名家唐耿良先生的回忆录——《别梦依稀——我的评弹生涯》的整理工作。这本书现已由商务印书馆出版。在这个过程中，我接触并收集了大量的评弹资料，所以这次会议让我开始思考，如果把评弹研究放入社会文化史的研究视野中去，应该是一个极好的选题。回国后，我就开始着手做准备工作，到2004年开始组织队伍，到现在为止，前后有十个博士生和相当数量的硕士生参与到这个队伍中来。

在这里，我不得不花点时间来给大家简单介绍一下评弹社会文化史研究的意义。除了它是符合现在学术的潮流，处于学术的前沿之外，它直接的研究意义有哪些呢？我们知道江南社会有其特有的结构，也就是区域社会的经济、社会、政治和文化因素：

1. 地理环境：江南社会整体的地域性结构是处在一个特定的环境中的，尤其是苏州。苏州的西南边是太湖，北边是长江，东边是大海（当然现在是隔了一个上海）。大家要知道，太仓的浏河镇自古以来就是发达的海贸重镇，尤其是在明代，郑和下西洋就是从浏河镇出发的。另外运河又从苏州穿城而过，与长江形成交叉。苏州正是处在这样一个特殊的地理环境中的，加上很优良的气候条件，才成为宋代以后中国的经济文化中心。

2. 经济情况：苏州历史悠久，建城有二千五百多年，原本的文化传统是尚武的，但这种"吴人好剑尚武"的文化到了唐朝以后就发生变化了，这里就有经济发展的原因。安史之乱后国家经济文化的中心逐步南移，至宋代就南移到了江南地区，有俗语称："苏常熟，天下足。"到了明清时期，以苏州为代表的江南地区成了全国农业最发达的地区，我有一组数据可以说明：苏州府的农田只占全国农田的1%，但是苏州所交的赋税占了全国赋税总额的9.6%，也就是说苏州赋税的负担是全国平均数的十倍，对国家的贡献是非常大的。苏州从宋代开始大力兴办学校，就逐渐养成了苏州人"重理性、善变通"的个性，在这种重压之下，并没有像其他地区，如安徽、西北地区，一旦到灾荒年月容易爆发农民起义，这在苏州是几乎不会发生的，因为苏州人会积极经营工商业等副业以此赚取生活费用，苏州因此成为丝绸、棉布的生产中心，百姓的生活水平是很高的。

3. 文化风俗：由于苏州人的这种个性和发达的经济，苏州社会十分稳定，而大家也知道，经济、社会和文化是相互影响的，因为经济发达了，学校就办得多了，一旦重视教育，文化就也会跟着发达起来。清代以后，苏州人就说："我们有两样土产，一样是状元，一样是伶人。"有清一代，全国的状元有近四分之一出自苏州（二十八人，占全国人数 22.8%）。而伶人一是指发源于苏州的百戏之祖昆曲的表演者，二就指同样发源于苏州的评弹表演者。这就是在苏州特定的环境中产生的文化。这种文化代表了苏州丰富多彩的文化生活，苏州人特有的性格，在评弹中都有所反映。反过来讲，这样的文化也对苏州地区的社会稳定、发达产生相当大的作用。

所以我们说苏州评弹和地方社会的相互作用是一个很复杂的课题，是值得我们进行深入研究的。尤其是苏州地方社会的价值观，这种价值观对苏州地方社会的发展是起了很大的作用的。苏州评弹正是传递出了这种价值观，造成了苏州这种特定的社会氛围。第一，从长时段来看，在这样一个社会结构里面，我认为苏州评弹的作用、苏州评弹和苏州地方社会的互动关系这样一个课题是大有文章可做的，这无疑是为我们历史学的研究开辟了一个新的领域。比如从社会史角度研究评弹和血缘之间的关系。中国著名社会学家潘光旦先生曾经写过一本《中国伶人血缘之研究》。同样，评弹在传承的过程中血缘（亲缘）关系起了很大的作用，譬如夫妻档、父女档、母子档、兄弟档、姐妹档，等等，还有一个家族几代人都说同一部书的，这对我们评弹的发展是有很大的意义的。第二，从短时段来看，评弹研究也很有价值。社会文化史与人类文化学是相通的，人类文化学研究的是社会特定人群以及特定人群的职业、命运，我们就可以研究评弹艺人在如 1949 年前后这样的特定历史时期命运有什么变化，对评弹艺术造成了什么样的影响，这些课题都是研究历史学的很好的角度。我有一位博士生做的就是"评弹 1949"的课题。第三，从中时段来看，我们知道近代史、当代史研究领域内有很多禁区，但如果研究评弹艺人、评弹艺术，从这样的角度来深入，就可以从侧面观察中国近当代社会变迁过程，比如艺术与政治、艺术与市场、个体与集体等的关系，这些都是我们研究评弹与地方社会这个大课题下很重要的课题。还有一个方向就是历史地理学，根据城市中心说理论，我们可以看到近代中国经济中心转移后对文化中心位置的影响，评弹的辐射中心从苏州转向上海，从而推动了海派文化的形成，并对上海社会产生了一系列重大的影响，这些都值得我们去研究的。有人跟我说评弹这个课题不大，我说不是的，这里面有着无穷无尽的课题可以做。

二

文献中有一段话："所谓说书者，实起于苏州，苏州人闲居者多，饭后一回书，挤在茶馆中度生活者，比比皆是。"评弹又分为大书和小书，即评话与弹词，统称评弹。评话是指单档上台说书，只有说表；弹词则有乐器配合，有说表和弹唱的。只要引导得法，在现代这样一个快节奏的变革社会，听了评弹就会让人归于宁静。

评弹滥觞于唐宋，形成于明末清初，大多数人认为评弹在乾隆年间成熟，表现为出现众多成熟的评弹脚本（如《白蛇传》《三笑》等）、有一批知名的评弹艺人、有艺术经验总结（王周士的《书品》《书忌》对评弹演员的说表、吐字、运气、台风、手面等技巧都有总结）等，清代有一幅描绘苏州风貌的长卷画作《盛世滋生图》，在画中可以很清晰地看到说书人在书场表演的画面。

在评弹发展历史上，有三个人很重要：一位是柳敬亭，明末清初，被认为是评弹祖师，很多书场还挂有"敬亭遗风"的匾额，光裕社中供着的三皇祖师，有一位被认为就是柳敬亭，不过他是否是评弹艺人还是存疑的，如籍贯、口音问题都不符合苏州评弹艺人的特点；第二位是王周士，乾隆年间著名弹词艺人，曾为乾隆皇帝献艺，被封为南府供奉（七品官职），在优伶地位低下的清代是很了不起的，他最重要的贡献是《书品》《书忌》两部评弹艺术总结著作，并于乾隆四十一年创立了评弹行会组织光裕社，该组织到中华人民共和国成立初期还在运作；第三位是马如飞，咸同时期著名评弹艺人，"后四家"之一，著有自撰开篇集《南词小引初集》《南词必览》和光裕社行会规范《道训》等著作，他与其父是弹唱长篇弹词《珍珠塔》的名家。

评弹与其他戏曲相比，对民间的影响力和穿透性更强，这是由评弹艺人"走码头"的职业特点决定的。有一句话可以形容艺人的"走码头"生活："吃开口饭，注定江湖的命运，不能常驻一处，一俟说毕，即需另开码头，有因兴趣与生意清淡关系未经说完而中途告歇者，谓之'剪书'。"传统的中国社会是一个"熟人社会"，一个地方说了半年，再说也没有人听了，就必须到别的地方表演，一般在一地表演半个月到一个月，再到下一个地方去说，艺人就在这个过程中深入城市、乡村的每一个角落，江南百姓所接受的文化熏陶就主要来自评弹。"走码头"的范围一般南抵嘉兴，北至武进，因为更远的地方听不懂苏白，这个范围正好就是环太湖地区，也是主要的吴语区。

由于"走码头"，评弹与乡村社会的关系非常密切，我举两个例子。一个是浙江吴兴县的双林镇，是吴丝的主要产地，"是一个极小的乡镇码头，因无其他娱乐，只有书场数处，乃唯一之游艺场所，故镇民大多爱嗜评弹，以前光裕社响档老辈，莅临者不少"。"再如常熟吴墅镇属于琴川东乡，地接海濡，鳞次栉比，商贾辐辏，市廛殊为热闹。眺览郊野，阡陌纵横，茅屋两三，风景绝幽，镇人居斯，熙熙攘攘，不知有秦汉。该地人士村居多闲，亦唯品茗听书为至上之娱乐，予旅斯土有年，竟与同化，驯乃寝淫成癖，予听书之兴趣，盖亦肇始于昔日乡居时也。有雅园书场者，与蜗庐望衢对宇，居停乃一徐娘，办事颇干练，岁常扑扑于苏沪道间，延揽光润名家，莅镇弹唱。女主人热于此道，历述社员之彼也优、彼也劣，言来不爽毫末。"这个女主人就是一个场东（书场老板），这段话里就讲到一个书场老板到处去请名家来说书，虽然地处偏僻，但民众对艺人技艺水平却十分清楚，这就是传统时期的江南社会面貌。

我再来给你们看看几张照片（以下图皆略）。这是苏州山塘街上的书场。这是淞南书场。这是常熟梅李镇上的龙园书场，场东瞿老四对说书人非常尊重，所以听书是江南人的日常生活。在评弹最兴盛的时候（1926—1966），江浙沪的书场有一千多家，仅苏州城区的评弹书场就有一百二十多家，常熟地区有一百零三家，评弹从业人员有两千余人，上演的各类评弹书目有一百五十多部，评弹的听众数量仅次于电影观众，位居第二。《书坛周讯》云："江南盛行弹词，确为高尚娱乐，谈古论今，倡论道义，寓讽劝于无形，雅俗共赏，弦索悦耳，怡情悦性，毋怪人多杯茗在手，静聆雅奏而辄无倦意焉。"在苏州都市文化圈内，评弹已经成为一种地域性的文化记忆，听书已经成为这一块区域民众最重要的日常活动了。这张《点石斋画报》上描写的是听众在听女弹词弹唱。这张桃花坞年画上画的是一场评弹堂会。评弹之盛行可见一斑。

评弹为什么会如此盛行？就是因为评弹具有雅俗共赏的文化内涵。为什么会具有这样的文化内涵呢？第一，因为苏州市民文化发达，很多书目当中的故事就是从市民文化发展而来的，从清代到近代，很多著名文人都参与到了评弹的写作和改进工作中去。第二，很多苏州老百姓也参与到了评弹创作当中去，评弹在书场表演，演员与听众是面对面的，听众对演员表演的反应是可以直接观察到的。听众对演员表演技艺的评论和建议，便于演员据此进行改进，评弹就是这样逐渐积累、发展并完善起来的。曾有言曰："吾乡吴江，滨太湖而邻洞庭，民情淳朴，鱼米丰饶。乡人士于业务之暇，舍听书外无其他消遣，因之书场中多积有数十年经验之老听客。以故书艺稍次之说书人，咸不易久留，甚而仅说数日即离去者，盖若平庸不足饱老听客之书餍也。"说书人书艺就在文化氛围浓厚、高素质听客云集的江南书场接受日复一日的磨炼才能得以提高。第三，上流社会的堂会促进评弹越发高雅。评弹就是这样逐步与江南地区的价值观同步的。

地方戏曲是地方传统文化的重要组成部分，由于其通俗性、娱乐性、知识性为广大人民群众所热爱，并对社会习俗、风尚产生潜移默化而又持续深刻的影响；加上评弹传统书目大多数是历史故事，这些故事与江南地区的现实生活有着紧密的联系。譬如江南人观念中既势利又反势利，有钱就势利，没钱就反势利，所以大家希望有钱人不要势利，《珍珠塔》中方卿与陈方氏的关系和《双金锭》中黄恩的嫌贫爱富就反映了这种观念。还有《玉蜻蜓》中的一节《庵堂认母》，元宰考上解元后，了解了自己作为私生子的身世，那么认母就攸关他的功名前途，所以其母不肯与之相认，但在元宰的坚持下最终还是母子相认。这跟现在的一些大学生由于父母贫寒就嫌弃父母的行为形成了鲜明的对比。传递这样的价值观对地方社会和文化有莫大的好处。再如《义妖传》（又名《白蛇传》）就是宣传爱情的。

三

刚刚我们说到评弹的中心是在苏州，太平天国运动后就逐步向上海转移，这是由于太平天国运动对苏南地区造成了巨大的破坏，上海则因为租界的存在免遭战火并迅速繁荣起来了。根据书上的记载，在清兵与太平军交战之前，苏州的商业中心阊门到寒山寺一带，沿途二十里街道原先都是商铺，但是战火过后全被焚毁。同时，由于战乱，大批江南绅商逃到上海避难，上海人口迅速增加，总人口中约70%是江浙人。这些人到了上海，出于对家乡的怀念和文化生活的需求，喜听评弹，评弹市场由此得以在上海迅速扩张，"沪上词场，至今日而极盛矣，四马路中，几于鳞次栉比"，评弹艺人唐风春曾说："上海的书场业有一个疯狂时期，三四马路、大新街附近一带以及南市城隍庙等处，简直是五步一家，十步一处，到处悬挂着书场灯笼与招牌。"

评弹进入上海，以女弹词为先，发展过程分三个阶段：一开始是书寓弹唱（卖艺不卖身），这还是上上个世纪相交之时（1900年前后）。这张是《申江盛景图》中的《书寓堂唱》图；之后有部分书寓变为妓女弹词（这张图就是抬着妓女弹词赶书场的情景）；最后，到20—30年代就出现了职业女说书人。这张图是女弹词在书场表演，这张是上海年底会书的场景，这张是"上海风情画"系列中的一张："小方卿，见姑娘，弹词先生弦子响，刮辣松脆唱两声，味道赛过棉花糖……"

进入上海之后，评弹本身也发生了变化，当然，假如评弹还在苏州，也没有太平天国运动，可能也会有这样的变化，但进程也许要大大推迟：

第一，出现了男女共处一个书场听书。这个是1912年12月11—14日《申报》上面刊登的"楼外楼"（该书场位于租界）广告："……蒙中外伟人、富商巨贾及闺阁名媛联袂偕来，莫不同声赞赏……"但与此同时，我们也可以看到在城隍庙（老城区），有女说书被官府抓起来并驱逐出境的报道。虽然男女可以共处听书，但也必须男女分开坐，跟现在还特意安排情侣座让你们好谈恋爱是完全不一样的。

第二，男女评弹艺人可以同台献艺。《申报》1916年10月7日"天外天"广告："本公司增广游艺，特聘吴西庚、沈莲舫、朱兰庵菊庵等弹词，并也是娥说书。"也是娥就是当时著名的女评话演员，表明男女演员可在同一书场表演。从这张《申报》上刊登的艺人演出插图，你就可以看见是男女弹词艺人拼双档演出。这张漫画则可以看见，中间是一个男先生在弹三弦，两边两个女的在弹琵琶。

第三，《申报》上开始用苏州话做广告。现在的《新民晚报》也不可能用上海话来做广告吧？可见当时苏州人在上海的势力有多大，只有有看得懂的人这个广告才能起作用吧？1920年7

月22—25日《申报》"新世界"广告:"新世界请到弹词界第一小辈英雄吴玉荪,一位大发松格朋友来哉。(日档)《描金凤》,(夜档)《玉蜻蜓》。吴玉荪格书,眼下红得生生活辣化,无论先生们、娘娘笃,实头欢喜听。俚格书,因为俚喉咙又好,说法又好,爆头又多,噱头又多,上子台,拼命格说,巴结听客,实头一等哉。"如果上海大多数人听不懂,这个广告不就白做了吗?

第四,各游戏场纷纷推出加入海派文化要素的苏州弹词戏。传统评弹长篇一说要一两个月,现在就请人改编,改成一两天就可以演完的戏,再让评弹演员上去演。原本评弹演员是说法现身,一人可以借助说表去多个脚色,戏曲演员是现身说法,在戏中饰演谁就是谁,所以评弹演员对于"演"之技艺,要把握"度",要点到为止。因此,这种弹词戏是当时追求新奇,吸引听客偶尔为之。但现在有些评弹团表演水平不够,就用这种方式来搞,反而湮灭了评弹的艺术特色了。这些是《申报》上登载的评弹演员表演的剧照。这张是薛筱卿饰演京剧《骂殿》的剧照。这张是谢瑶天饰演的周文宾。这张是严雪亭演的小白菜。

第五,知识精英开始为评弹定位造舆论。《申报》1926年3月29日刊登应鹏《弹词与大鼓》札记之一,从"现在的所谓游艺,其价值应该重新估定"谈起,介绍了吴宓的《希腊文学史》一书中关于荷马史诗与弹词最为相近的论断,指出:"据上所言,荷马的史诗,当然就是中国的所谓弹词,是民众文学的结晶,不过我们中国的所谓缙绅士大夫素来看不起平民的作品,以为不能登大雅之堂,所以从不肯承认他们在文学上的价值。……拿《伊利亚特》《奥德赛》与中国弹词大鼓一类的东西并论,就是希望中国现在的文艺界,发生进一步的了解。"还有一些知识精英撰文充分肯定了评弹的社会功能,《申报》登载的吴守拙《提倡改良说书之我见》:"闻托业于说书者,苏人居其多数。光裕社、润裕社两团体中,有七八百人,在各埠茶坊及游戏场等处,开演弹词评话,由来已久矣。……倘光裕社、润裕社两团体诸君,竭力提倡整顿改良,将来风俗之善良,社会之进步,必咸颂说书之功不置,予不禁拭目以待之。"类似文章还有许多,所以上海人"以听书为最幽雅时髦之事也"。更有许多文人、知识分子会为评弹演员写文集、赋诗、画画来歌颂他们。

第六,上海的响档优于苏州响档。本来说书人在太平天国之前,在苏州说书是档次最高的,现在"上海先生"才是最好的说书人,在20年代时,大世界、新世界都是采用包银制(在一定时期以内,不管业务如何,付给说书人的钱都是一定的,一般以半年或一年为期),比原先的拆帐制(根据书场票房按照一定的比例付给说书人薪资)更利于吸引好的说书先生。说书人的收入丰厚了,也促进更多评弹艺人进入上海。而说书人必须在上海受到听众的欢迎才能成为"上海响档(先生)"。"上海先生"在码头上也更受欢迎,号召力更强。在这里我给大家看一些"上海先生"的图片。这张是弹词名家朱介人。这是弹词皇后范雪君。这是弹词开篇集中的海上名书家留影。这是"四响档"1950年去香港演出回来的合影。

第七,电台和媒体的加入。评弹转移到上海有巨大发展,还有一个重要原因是电台和媒体的促进。30年代时,每天的电台评弹节目有一百零三档,每档四十分钟,加起来就是四千一百二十分钟,相当于一个电台连续二十四小时播放三天的时间。一分钟内至少有三档评弹节目在播放。当时没有录音,响档们必须到电台去现唱,这是非常辛苦的。我最近听说上海电视台评弹频道的负责人由于不懂评弹,已经下令不再进行评弹节目录像。一个城市有一个城市的声音,一个地域有一个地域的声音,评弹就是环太湖地区和上海的声音。"自从无线电流行,家家户户整天价叮叮当当,只听见那弦索之声,说书先生总算拜着物质文明之赐,做了好一响的买卖,附属品的开篇,也就跟着时髦起来。"有一则电台开篇描述了评弹与上海社会生活的关系:"无线电台最是奇,发音一室各方知。春江一地千千网,只算的户户家家有电机。广告随时能播送,胜如报纸逐家递。所以是公司商号吹嘘法,假座电台唱弹词。弄得来说书先生忙碌碌,早歇东来晚歇西。有的是播送新书资号召,有的是仍然唱老书。有的是嗓子响,有的是喉咙低。唱唱弹弹带滑稽。齐东野语原无考,才子佳人使人迷。有的人却要新书唱,请人编辑古传奇。于是文人也要心思用,洋烟连吸把神提。这都是新奇事业也投机。"我昨天接到一个电话,是上海社科院请我7月份去参加一个会议,会议主题就是"声音"。所以说电台媒体的加入是很重要的。这张图片是艺人在电台播音。这张是弹词唱片的唱词介绍。这是当时的《弹词画报》。

第八,弹词与商业社会的紧密结合,最突出的表现就是广告。我们这里举了两个例子,但其实这种例子在《申报》等媒体中是很多的。比如这个《汪裕泰茶号播音》,汪裕泰是徽商的茶号,他为什么要特请评弹艺人到电台每晚六时到七时播放《玉连环》呢?就是为了宣传自己的茶号。他就通过一则新闻告知听众可以选择节目、时间和艺人,只需要将报纸上的茶号广告剪下来寄到指定地址(茶号所在地),实际上就是在给汪裕泰做广告。还有一例,《播音台中之明星节目》为"明星花露牌香水"做广告,同样也是商家为吸引顾客邀请评弹响档在电台播送节目。可见评弹是与商业社会结合得多么紧密。你们看看这里面(图片)都是广告。这张是"青青养蜂场",他们怎么做广告呢?就是你去听书,送给你牛奶和养蜂场出产的蜂蜜茶喝。还有香炉牌的套鞋、球鞋、甘露牌药水,等等,这种成了书场的一种推销方式。

四

说到这里,我们就可以看到评弹是研究江南的极好的一个视角。中国传统文化是学术界研究的热点之一,明清以来江南传统文化已经以其精致、成熟而独领风骚,受到海内外学者的极大关注。评弹是有着深厚历史积累的优秀民族文化瑰宝,被誉为"曲艺的兰花""江南的明珠",它与江南民众的日常生活密切相关,成为江南民众日常生活的一部分,因而对大众文化的研究,它的重要性是不言而喻的。你要研究江南,就要知道在这样一个社会环境、地理环境、社会结构中,评弹是起着举足轻重的作用的,它对江南安定的社会生活、江南社会的价值观形成等都有重要作用。正因为江南稳定的社会环境,优秀的地理环境、气候和位置,尚理性、不好斗、善变通的社会风尚,吸引了大量商贾云集,从而促进了经济发展、文化繁荣。市民阶级兴起,他们丰富的生活和精神文化需求推动了市民文化的繁荣,这些在冯梦龙的"三言二拍"中都有表现,这些就是评弹生存发展的土壤和来源。

在现代化进程中,传统曲艺纷纷式微,甚至消失,评弹也是如此。评弹的艺术本质被扭曲、淡化了,这部分是时势造成的,比如不懂行的人在瞎搞;但这也是地方戏曲总的、必然的趋势,像沪剧的境遇就更差了,因为它是上海的地方剧种,传播辐射范围比评弹小,观众也比评弹少得多。

从江南看评弹,从评弹看江南,对评弹进行全方位、多层次的研究,探讨地方戏曲与地方社会复杂的互动关系,以及传统文化在社会转型过程中如何与现代社会相融共生,这是近现代史与区域社会文化史的崭新课题,属于当今国际学术的前沿。所以这里要告诉大家的是,我上面的标题——"评弹历史文献资料整理与研究"去年年底的时候已经被列为国家社科基金的重大项目,之所以能列为重大项目,同学们听了我前面的讲座内容也可以了解了。

那么我们现在要做一些什么样的工作呢?我还需要再介绍一下:

第一,我们要做评弹历史文献资料整理。首先是评弹书目整理,现在已经完成了五部书的整理(《三国》《三笑》《双珠球》《再生缘》《英烈》),大约四百万字了;其次是中国评弹社会史资料总汇,共三卷,三百六十万字,这一项是我们奋战十几年,收集了一千多万字的资料再从中精选出来的,预计在最近几年出版,三卷一起出版;最后是做一百个评弹人的口述历史。前几年我去台湾"中央大学"昆曲博物馆考察,看到他们90年代到大陆来给一百个昆曲人做的口述资料,有电视录像、文字整理,现在有不少人已经去世了,这些资料的留存是多么及时和宝贵,因为这些都是传统文化不可再生的珍贵遗产。而我们要做的分三个层次,分别是"评弹与江南社会"系列讲座(计划五十讲,每一讲都录像录音,并全文整理出版为《光前裕后——评弹名家演讲录》)、重要人物回忆录(如《别梦依稀——我的评弹生涯》《伴评弹而行》《凌云仙曲——蒋云仙口述传记》,还有彭本乐先生的回忆录,这是一位以书写者的身份来回忆他所认识的评弹,已经过世了的胡国梁先生的回忆录)和我的研究队伍做的口述采访记录(包括赵开生、王柏荫、陈希安等人),这一百个人包括江浙沪大多评弹名家、评弹管理者、书场组织者、书写者、研究者等,我们是共同围绕评弹这个主题对这项艺术的昨天、今天和明天进行思考，这对中国近现代史和区域文化研究是有非常重大的意义的。

第二，我们还要出版"评弹与江南社会研究丛书"。我们计划要出的有：《苏州评弹与江南社会导论》《别梦依稀——说书人唐耿良纪念文集》《梅与竹：中国传统苏州评弹》《评弹与江南乡民生活》《评弹与地方社会——以"书码头"常熟为个案的研究》《书台上下：晚清以来评弹书场与苏州社会》《弦边婴宛——晚清以来江南女弹词研究》《雅韵留痕：评弹与都市》《都市之声：近代上海大众媒介下的评弹艺术》《评弹1949：大变局下的上海说书艺人研究》《盛衰之间：上海评弹界的组织化（1951—1960）》《个体与集体：二十世纪五六十年代的评弹事业》《评弹艺术的轻骑兵之路：十七年书目传承研究（1949—1966）》，还有一个是关于评弹书目的研究，因为题目还没有构思好，我就没列上去，是我的学生金坡的论文。这当中汇集了我的十个博士生、两位美国学者的研究成果，而且数量还会不断增加的。目前我们已经出版的著作大家可以看一下，有《书台上下》《雅韵留痕》《弦边婴宛》《评弹1949》《别梦依稀》《个体与集体之间》。这些著作都由商务印书馆出版，将来全部出版，丛书内应该有将近三十本，而其中的三卷资料集将为我们评弹学的构建奠定坚实的基础。

关于《开拓历史学的新领域——从社会文化史的视野研究苏州评弹》我就讲到这里，谢谢大家！

演讲时间：2015年3月18日

整理者：唐力行

第二十九讲
评弹在江南文化中的地位和意义

  从历史时期来看，江南文化的影响力先后以杭州、苏州、上海为中心向外辐射，在文学、绘画、戏曲和曲艺方面都得以极度发展和繁荣，为评弹的孕育和发展提供了沃土。从曲艺在中国文化史上的地位来看，评弹是中国最广大民众的优秀的道德、文化、智慧和艺术的教材。它不仅对戏曲、小说的产生有着深刻的影响，而且对于中国大部分地区的中下层民众也起着深深的教化作用。同时，评弹集江南传统文化之精华，是呈现江南文化的最佳载体。这与评弹自身的文学艺术特点以及上海艺术界海纳百川的态度是密不可分的。不仅如此，弹词中一些充满神秘现实主义和浪漫主义的精彩描写更是寄托着古人美好而丰富的心灵与精神追求。

周锡山

浙江镇海人。1982年毕业于华东师范大学中文系中国文学批评史专业，时任上海艺术研究所研究员。1997年加入中国作家协会。他参与上海市文联"海上谈艺录"项目，专著《余音绕梁红仙歌·余红仙》已于2001年底出版。另著有文学研究专著《王国维美学思想研究》《红楼梦的奴婢世界》《流民皇帝——从刘邦到朱元璋》，编校《金圣叹全集》等。他的作品曾获江苏省出版二等奖、文化部首届文化艺术成果奖三等奖、中国图书奖。他将评弹的研究置入整个江南的文化体系中，从文学史、艺术史的角度探讨评弹在传统文化中的崇高地位，为评弹研究提供了多样的视角。

评弹是江南文化的一个重要部分，为江南文化的发展和繁荣做出了杰出的贡献。因此，评弹在江南文化中占着重要的地位，具有重大的意义。今就此题，略谈拙见。

一、江南的地域：何处是"江南"？

"江南"作为地名，在先秦就有。唐太宗将天下分为十个道，其中就有江南道，已相当于当今江南。但江南的地域，有广义和狭义之分。

（一）古代一般用广义的江南

古代江南的范围，从金陵即南京及以东、以南开始（古代又称江东。南京之西，长江的南面称江西）。更有将扬州也看作江南的一部分。例如：杜牧《寄扬州韩绰判官》描写扬州销魂处："青山隐隐水迢迢，秋尽江南草未凋。二十四桥明月夜，玉人何处教吹箫。"另外，《金瓶梅》第四十七回《王六儿说事图财，西门庆受赃枉法》开头讲道："话说江南扬州广陵城内，有一苗员外，名唤苗天秀，家有万贯资财，颇好诗礼，年四十岁，身边无子，止有一女，尚未出嫁。"

还有，孙香我在《扬州认作江南》一文中写道："明明地处江北，扬州自古以来却总被认作江南。此因扬州自古富贵地、温柔乡，美景、美食、美女消磨多少英雄，隋炀帝来看过琼花，乾隆来逛过园林，欧阳修苏东坡做过父母官，扬州八怪更不用说，风流倜傥风华绝代至今余韵袅袅，你想想，扬州不江南谁江南呢？扬州自己从来没有冒充过什么江南，但人家的眼里扬州就一定是江南。也不全是以貌取城，吾乡扬州有自己的气质，散淡雅致，淡定不争，活在当下，知足常乐。在如今这样喧嚣浮躁的时代，这般气质的扬州，才更像江南，抑或比江南更是江南吧。"[1] 也有将更为广义的江南，说成是"狭义"的江南，这个江南还包括江苏的扬州、绍兴、台州等地区（上海先后属于吴、苏州和松江府）共同组成的江浙一带。

不少人认为，明清江南不同于以往的江南含义，是一个士商"相杂"与"互动"的社会，其

---

[1] 孙香我：《扬州认作江南》，《新民晚报》2012年11月10日。

区域范围，在八府一州之外，至少还应该包括皖南徽州、江苏通扬和浙东地区。通，即南通地区。浙东，还包括宁波、舟山。这么大的地区称之为"狭义"的江南，因为更广义的江南，包括湖南、江西等地。

（二）狭义的江南，学界流行"八府一州"之说

明清时期的江南范围应是今天的苏南浙北，即明清的苏州、松江、常州、镇江、江宁、杭州、嘉兴、湖州八府，以及太仓州，这个范围大致上与长江三角洲相若，面积约四万平方千米。江南在晚明和晚清的人口数是：1620年，城镇人口三百万，农村人口一千七百万；1850年，城镇人口七百二十万，农村人口二千八百八十万。

评弹与江南文化，江南指的是镇江、江宁之外的六府一州，即苏锡常、杭嘉湖，太仓现已归入苏州。上海原归苏州，后归松江府，民国后单列为特别市，中华人民共和国成立后列为直辖市。上海当然属于江南。我们的讲座，也兼及一些其他地区。

二、文化的定义：何谓文化？

对于文化的定义有两百多个。

文化的一般含义指书本知识中的正确、有用的部分。根据这个定义，一个没有读过书的底层百姓或当今"土豪"，即使人生知识和社会经验丰富、财产丰厚、事业成功，也被划入没有文化的一类。广义的文化，包括旅游文化（山水景色）、饮食文化、服饰和人体，等等，内容包罗万象。

文化有层次之分，有高雅文化、通俗文化和精英文化、大众文化，等等。

戏曲原本是通俗文化，被文坛主流所鄙视，现今却成为需要精心保护的"非遗"文化。小说也是如此，本不登大雅之堂，现在《红楼梦》《水浒传》等成了文学经典、文化经典。

更有一种神秘文化。神秘文化是封建迷信的低俗文化吗？还是超科学、超现实的高深文化？我认为既是"迷信"（科学无法解释，更无法证实），又是超科学、超现实的高深文化。因此我创立了"神秘现实主义和神秘浪漫主义"文学艺术流派和创作方法，曾应上海师范大学比较文学专业国家重点学科的学科带头人黄铁池教授和郑克鲁教授之邀，于2010年11月12日就在这个会议室里做过"神秘现实主义和神秘浪漫主义"讲座；并已在多个海内外国际研讨会上发表多篇论文，例如向香港中文大学举办的国际研讨会提交《戏曲中的神秘现实主义和神秘浪漫主义描写略论》一文，收入大会论文集，于香港的牛津大学出版社出版；又如向同济大学、中国人民对外友好协会、上海市作家协会、上海市比较文学研究会联合主办的"从泰戈尔到莫言：百年东方文化

的世界意义国际学术研讨会"提交《莫言获诺贝尔奖获奖词商榷——神秘现实主义和神秘浪漫主义，还是魔幻现实主义？》一文，在华东师范大学古籍研究所和上海大学影视学院给研究生做同题讲座，并以"莫言获诺贝尔奖授奖词的三大理论错误"为题为超星图书馆蔚秀书香大讲坛做讲座。在文艺作品中，神秘文化是与性文化同样极受受众欢迎的描写内容！

今天的讲座主要谈文化中的文学艺术，兼及其他。

三、江南文化，何时开始？——初期的发展线索

江南文化最早崛起的标志，是东汉王充（会稽上虞人，今属浙江绍兴）的《论衡》，中国哲学的划时代著作。此后西晋陆逊、陆机祖孙。他们是诗人和书法家。陆机的《平复帖》是中国现存最早的书法作品实物。陆机的《文赋》，名列中国古代美学十大名著首部。到了三国时期，东吴创立了江南的政权。西晋八王之乱后，王室衣冠南下，建立东晋政权。后有南朝的宋齐梁陈，江南文化继续发展。

中国绘画首先在江南崛起，建康为绘画中心。六朝有四大画家，其中曹不兴，三国时著名画家，称为"佛画之祖"，是文献记载最早一位传奇画家。后又有六朝三杰：东晋顾恺之、南朝宋陆探微、南朝梁张僧繇三位大家。更有谢赫（479—502），南朝齐梁间画家、绘画理论家，善作风俗画、人物画。所著《古画品录》，为我国最古的绘画论著。书中评价了3—4世纪的重要画家，并提出中国绘画上的画有"六法"，最有名的是"气韵生动"，这成为后世画家、批评家、鉴赏家们所遵循的原则。另外，其时的美学和文学名著还有南朝齐刘勰《文心雕龙》、南朝梁钟嵘《诗品》（中国古代美学十大名著的第二、三部）；南朝梁昭明太子编选的《文选》，"《文选》学"成为显学之一。

唐朝时期，江南文化缺乏建树，但江南成为北方士人向往的佳胜之地，诗词大家创作了歌颂江南的名作。例如白居易《忆江南·江南好》三首：

> 江南好，风景旧曾谙。日出江花红胜火，春来江水绿如蓝。能不忆江南？（其一）
> 江南忆，最忆是杭州。山寺月中寻桂子，郡亭枕上看潮头。何日更重游？（其二）
> 江南忆，其次忆吴宫。吴酒一杯春竹叶，吴娃双舞醉芙蓉。早晚复相逢？（其三）

唐人张籍的《江南曲》：

> 江南人家多橘树,
> 吴姬舟上织白纻（zhù，细白的夏布）。
> 土地卑湿饶虫蛇,
> 连木为牌（编木或竹而成大筏）入江住。
> 江村亥日长为市,

江南一带乡村习俗，以干支中的亥日为集市。到了这一天，人们纷纷把船帆降下来，架起跳板上岸来赶集。白居易《江州赴忠州舟中示舍弟五十韵》："亥市鱼盐聚，神林鼓笛鸣。"

> 落帆渡桥（此指上岸用的跳板）来浦（水滨）里。
> 青莎覆城竹为屋,

这里到处覆盖着青青的莎草、高大的茂竹，城里的屋舍就是用竹子搭成，

> 无井家家饮潮水。
> 长江午日沽春酒,
> 高高酒旗悬江口。
> 倡楼两岸悬水栅,

夹河两岸都是娼家的楼房，水上立着栏栅，

> 夜夜《竹枝》留北客。
> 江南风土欢乐多,
> 悠悠处处尽经过。

江南风习爱寻欢作乐，我走着逛着，全都经历遍了。

"夜夜《竹枝》留北客。"白居易、杜牧、韦庄这些"北客"来此，往往对江南做出理想化的描绘。

晚唐韦庄《古离别》：

> 晴烟漠漠柳毵（sān，形容枝条细长柔软）毵,

不那（无奈）离愁酒半酣。

更把玉鞭云外指，

断肠春色在江南。

断肠，指断魂；销魂，使人荡气回肠。多用以形容悲伤到极点。

韦庄《菩萨蛮》词第二首：

人人尽说江南好，游人只合江南老。

春水碧于天，画船听雨眠。

垆边人似月，皓腕凝霜雪。

未老莫还乡，还乡须断肠。

接着的第三首《菩萨蛮》开首说：

如今却忆江南乐，当时年少春衫薄。

唐宋文人流连的是江南美景和美人。青山绿水，湖光山色。还有气候，江南气候下生长的花、树、雨水，春雨。

元代著名诗文家虞集《风入松·寄柯敬仲》词：

画堂红袖倚清酣，华发不胜簪。

几回晚直金銮殿，东风软、花里停骖。

书诏许传宫烛，轻罗初试朝衫。

御沟冰泮水挼蓝，飞燕语呢喃。

重重帘幕寒犹在，凭谁寄、银字泥缄。

报道先生归也，杏花春雨江南。

末句成为歌颂江南的千古名句。此词是寄赠柯敬仲的。柯九思（1290—1343），字敬仲，号丹丘、丹丘生、五云阁吏，台州仙居（今浙江仙居县）人。元代著名画家，善画墨竹。

江南如此美好，于是明代诗人有"人生只合住江南"的名句。元戴表元《湖州》云："行遍江南清丽地,人生只合住湖州。"名句传诵人口,明郑真《题便面赠叶子中先生归慈溪》袭其语作:"归取山中图画看,人生祇合住江南。"乃至效之者不绝。黄云《次吴工部夜集韵兼述鄙意》遂曰:"屈产昔曾空冀北,人生只合住江南。"程晋芳《送袁明府存斋之任江宁》其二亦云:"消得诗篇供得恨,人生只合住江南。"高白云游平山堂诗又曰:"一抹青山如画里,诗人只合住江南。"[1]

四、江南文化的发展概况

五代时期,北方战乱,五代晚期,江南南唐的文化取得最高成就。此外是西蜀。南唐中主李璟和后主李煜,丞相冯延巳是成就最大的词人,在中国文学史上处于一流地位。而李后主,地位最高。南唐重要画家有画院曹仲玄、周文矩、顾闳中等人。画院外有著名花鸟画家徐熙等。北宋时期,江南还是缺乏文化建树。唐宋八大家中宋代六家,三苏四川人,欧阳修、王安石和曾巩都是江西人。当时江南尚无大家。到了南宋时期,江南成为中国文化的中心。南宋政权在江南立住脚跟,中原文化精英和大批民众渡江南下。

从总体上说,江南自南宋至今,成为中国的文化中心,是文学中心、书画中心和戏曲中心,也是曲艺中心。自南宋起,江南是中国的经济中心。作为经济中心的江南,给文学、绘画、戏曲和曲艺的产生、发展和繁荣提供了不可或缺的经济基础和巨量的有购买实力的知音与观众。江南文学开始崛起,曲艺南下,随着南渡,将汴京的曲艺带到南方。戏曲开始产生并繁荣。

在中国最近的一千年中,江南文化和整个中国文化,宋元时期以杰出的文化古城杭州为中心,明清时期以伟大的文化古城苏州为中心,晚清民国时期以成为中国文化中心和东西方文化交流中心的国际大都市上海为中心,绘画、戏曲和曲艺也是如此。

绘画、戏曲和曲艺在江南得以发展和极度繁荣,具有多个重大意义。南宋文学的代表人物有南渡的李清照、辛弃疾和姜夔、周密、吴文英等一大批词人,陆游、范成大、文天祥和汪元量等一大批诗人。文学小说方面,有长期在京城临安为官的洪迈的《夷坚志》等名著、洪迈的《容斋随笔》等笔记名著。

书画有南宋四大家,指中国画史上的南宋画院四大家李唐、刘松年、马远、夏圭,亦称"南宋四家"。女画家有南宋宁宗皇后杨妹子(1162—1232),严州青溪(今浙江杭州淳安)人,名杨娃,流徙临安,后入宫为乐女,因"颇涉书史,知古今,性复机警",被立为皇后。宋理宗立,她被尊为太后,把持朝政。她善诗,有《宫词》五十首;亦善画,《宋元以来画人姓氏录》载:

---

[1] 蒋寅:《人生只合住江南》,《东方早报》2014年1月19日。

"杨妹子，不知其名，写《赵清献公琴鹤图》，不特琴声入耳，而鹤舞之态得传，清献公之孤高，真在九皋之上也。"还善于为人题画，有《题画诗》一卷。如马远《王宏送酒图》，意境清阔，乃其佳品，画中有杨妹子的题跋："人世难逢开口笑，黄花满目助清欢。"亦意境深远。戏曲方面，宋室南渡前后，戏曲在温州产生中国最早的剧种南戏，不久即发展至浙江全境和福建。

江南文化在元明清民时代，文学、戏曲、绘画诸领域都高度发展，最终创立和发展了中国独特的神韵派和写意派美学，并长期取得领先于世界的伟大成就。其中以江南为中心的绘画，直至20世纪中后期的"文革"为止，与戏曲一起，继续取得领先于世界的高度艺术成就。

元代的江南是书画中心。元初赵孟頫，元代高克恭，元末有"元四家"黄公望、倪瓒、吴镇和王蒙，又合称"元六家"，全在江南。高克恭是北方人，在杭州做官，留在了江南。元代名画家，多是江南人，北方的画家也大多到江南生活。

元代南戏盛行，与北杂剧交相辉映。元末江南成为戏曲中心。杂剧作家南下，南方产生"四大南戏"《荆》《刘》《拜》《杀》(《荆钗记》《刘知远白兔记》《拜月亭》《杀狗记》)，与《琵琶记》合称"五大名剧"。王国维认为南戏的成就超过杂剧，《琵琶记》的艺术成就高于关汉卿。[1]

元末江南有杨维桢等著名诗人，长篇小说名著《三国演义》《水浒传》已产生。明代初期有高启等名诗人。朱元璋的文字狱，使明代前期的文艺创作陷入沉寂。明代中后期，吴门画派以沈周和文徵明为首，松江画派以董其昌和陈继儒为代表。至明末清初虞山派、金陵画派和"四王""清六家"等全在江南。晚清还有海上画派。江南一直是全国书画中心。[2]

明代中后期，昆曲成为全国性的戏曲，传奇（昆曲剧本）与小说一起代表明清文学的最高成就。[3] 在江南兴起和流行的白话长短篇小说、昆剧、徽剧（京剧的前身）与京剧和地方戏（弋阳腔、青阳腔等体系的戏曲）、书画都处于领先的地位。明清诗歌大家如徐渭、钱谦益、吴伟业、龚自珍等，皆在江南，产生了大量无愧于时代的杰出成果。

中国传统艺术，音乐曲目留存很少，舞蹈基本灭迹。此外，工艺美术尚有瓷器和嘉定竹刻等。园林方面，北方林园，除了故宫和其他清代皇宫如承德避暑山庄等，皆已毁灭，只有江南尚有明清园林少量留存。

中国文艺流传至今比较完整的四大门类：文学、书画、戏曲、曲艺，发展到20世纪只有文

---

1 周锡山：《王国维曲论三义之探讨》，收入《王国维学术研究》第三辑（首届国际王国维学术研讨会论文专辑），华东师范大学出版社，1990年；周锡山：《王国维的南戏研究述评》，《嘉兴学院学报》2015年第1期，另收入《南戏国际研讨会论文集》（待出版）。
2 周锡山：《江南：南宋至今的绘画中心与其重大意义》，收入《首届江南文化研讨会论文集》，上海辞书出版社，2014年。
3 周锡山：《江南：南宋至今的戏曲中心与其重大意义》，收入《首届江南文化研讨会论文集》；《试论明清传奇（昆剧）的重要意义》，《阜阳师范学院学报》（社会科学版）1989年第C1期。

学最差，瞿秋白、赛珍珠、冯友兰和金庸对此正面批评。但江南人士在武侠小说方面，民国时期以平江不肖生和还珠楼主为代表，20世纪50年代以后以原籍浙江的香港作家金庸等为代表，皆是一流的文学。

"五四"要打倒的书画、戏曲，直到"文革"开始为止，一直处于世界艺术的高峰。但是曲艺不入"五四"领袖法眼，比戏曲地位还低贱，所以轮不到要打倒、取缔的地位。江南多种地方戏在清末民初、民国至20世纪60年代前后，产生、生存、发展、繁荣，构成中国戏曲史一片异样的风景。

自20世纪初至"文革"之前，以上海为中心的江南诸种地方戏，在上海汇聚的有沪剧、昆剧、京剧、苏剧、越剧、锡剧、徽剧、甬剧、绍剧、淮剧、扬剧、杭剧、滑稽戏、上海山歌剧，共十四种；另还有来自岭南的粤剧的经常性演出，甚至还有北方梆子艺人为上海戏曲做出贡献的历史足迹。上海又是全国的话剧出版、演出和评论中心。在西方音乐、戏剧，尤其是西方文学和电影的冲击下，诸多地方戏在上海共同发展和高度繁荣，真是蔚为大观，世所罕见。[1]

苏州评弹在江南文化如此发达、戏曲如此鼎盛的形势下异军突起，风靡江南，尤其是上海，极为不易。评弹在乾隆时产生，到20世纪20年代开始崛起，30年代进入繁荣，繁荣高潮期共约四十年。到1963年初，柯庆施规定"大写十三年"，迫令评弹在上海进入衰落。

五、曲艺在中国文化史上的地位和意义

评弹在江南文化中的地位和意义，要谈这个问题，首先我们要明了曲艺在中国文化史上处于重要地位，具有重大意义，然后我们从这个角度看评弹在江南文化的地位和意义。

（一）曲艺历史悠久，流行广泛

环顾中外曲艺的历史，曲艺曾有辉煌的历程。西方很早就有曲艺名著列入经典，最著名的是古希腊盲诗人弹唱的荷马史诗。但现当代西方诸国没有口头文学艺术的杰作，也极少流行于社会的曲艺作品，演出活动稀少。而中国自唐代至今的一千多年中，曲艺则遍及城乡，风靡四方，在中国文化史上占有重要地位。

中国自唐代起，曲艺开始流行。宋代有话本、说唱等多种曲艺形式，北宋时流行于以汴京为中心的中原和江南。南宋时流行于杭州及周边的江南城乡，极受观众的欢迎。身在绍兴故乡的陆

---

[1] 周锡山：《江南多剧种地方戏在上海的繁荣发展》，《上海文化》2016年第2期。

游《小舟游近村，舍舟步归》诗云："斜阳古柳赵家庄，负鼓盲翁正作场。身后是非谁管得，满村听说蔡中郎。"是曲艺受到全体民众欢迎的真实写照。当时金元有诸宫调、元代有讲史等。

宋代开始有陶真，明代开始有弹词作品，尤其是弹词，至清代产生多个名著，并流行于中国经济和文化最发达的江南地区。明田汝成《西湖游览志余》卷二十记载："杭州男女瞽者，多学琵琶，唱古今小说、平话，以觅衣食，谓之陶真。大抵说宋时事，盖汴京遗俗也。"陶真的伴奏乐器主要是琵琶。故而清李调元《弄谱百咏》（《童山诗集》卷三十八）之十三说："曾向钱塘听琵琶，陶真一曲日初斜。白头瞽女临安住，犹解逢人唱赵家。"清末俞樾《茶香室续钞》卷十三《闾阎淘真》引《七修类稿》："淘真不知何书，以七子为句，殆即今之弹词。明代尚有其书。"陈汝衡先生认为"陶真和弹词简直是一物异名"[1]。

宋代开始有陶真，当时演出中心在杭州，可见不是苏州话演出的曲艺。直到清代乾隆之后，苏州评弹产生。苏州评弹是江南弹词的一种，是弹词和话本说书的后起之秀。

（二）曲艺优秀作品达到最高的艺术成就

宋代的话本和元代的讲史、金元的诸宫调等今尚有少量作品留存。有些作品如宋代话本《碾玉观音》和金代诸宫调《西厢记诸宫调》都取得了颇高的艺术成就。明代的曲艺剧本皆已失传，有关明末清初具有高超说书艺术的柳敬亭，尚有零星记载。根据这些记载可知其演出的剧本具有很高的艺术成就，但其演出的剧本也已失传。

清代的曲艺，今仅有宝卷、木鱼书等用于宗教宣传的说唱和弹词留下颇多作品，其中弹词作品的艺术性很高。赵景深《弹词选·导言》和谭正璧《弹词叙录·前言》指出，弹词文学作品至民国时期尚存四百部。《弹词叙录》收集了二百部，以成其书。清代弹词名作多为江南女性作者、才女所著，最早有谭正璧《中国女性文学史》颇予记载和论述，给予很高评价。

国学大师陈寅恪于20世纪60年代初发表《论再生缘》，将清代女作家陈端生的《再生缘》弹词抬举为经典文学作品，认为《再生缘》"乃一叙事言情七言排律之长篇巨制也"，是与"希腊梵文诸史诗"的文体"不异"的"长篇史诗"。[2] 又说《再生缘》"如弹词之体者，苟无灵活自由之思想，以运用贯通于其间"是不能成为杰作的，"故无自由之思想，则无优美之文学，举此一例（按，指《再生缘》），可概其余"。[3]

陈寅恪的这篇名文，引起郭沫若的响应，他也于1961年撰文《〈再生缘〉前十七卷和它的作

---

[1] 陈汝衡：《说书史话》，人民文学出版社，1987年，第117页。
[2] 陈寅恪：《论再生缘》，收入氏著《寒柳堂集》，生活·读书·新知三联书店，2001年，第70—71页。
[3] 陈寅恪：《论再生缘》，第73页。

者陈端生》,指出"陈端生的确是一位天才作家",《再生缘》可以和《红楼梦》并称为"南缘北梦"[1],是艺术成就极高的"长篇叙事诗"[2]。陈寅恪和郭沫若赞誉弹词文学的态度和观点都是非常正确的,他们甚至认为《再生缘》可与荷马史诗、《红楼梦》相媲美。

他们赞誉的是清代的弹词文学名著,笔者曾撰文指出:"根据弹词文学作品《再生缘》(《孟丽君》)、《珍珠塔》、《玉蜻蜓》、《描金凤》、《双珠凤》改编的评弹经典长篇的脚本,也都是世界一流的文学作品。评弹大师的这些经典作品的表演艺术,达到了世界一流的艺术成就。"[3]因此,在20世纪的中国,戏曲、曲艺和书画这三个艺术品种依旧保持世界一流的领先地位。这是我于20世纪90年代发表的独家观点,已有多文持论,兹不赘述。

(三)曲艺对戏曲和小说产生重大影响

尚未引起充分重视的是,曲艺的艺术魅力和表现手段,对中国戏曲和小说的影响极大。一部中国戏曲史告诉我们,戏曲是由曲艺发展而来的。戏曲的表演和音乐,由唐宋参军戏(相当于相声)、院本(相当于说唱)和民间说唱、小调等发展而来。

至于文学剧本,曲艺名著改编为戏曲名著,是一个普遍性的文化现象。董解元《西厢记诸宫调》改编为王实甫《西厢记》。戏曲第一经典《西厢记》的情节主体、人物形象、众多优美的唱词,都取自《西厢记诸宫调》。当代众多的戏曲名著,例如越剧和锡剧《珍珠塔》、《双珠凤》、《孟丽君》(《再生缘》)等都改编自曲艺同名作品。

白话小说至元末和明清趋向成熟。最早的长篇小说《三国演义》和《水浒传》都由曲艺发展而来。此后以经典作品《红楼梦》为代表的长篇小说,都采用章回体,都用"欲知后事如何,请听下回分解"作为每章的结尾,采用的也是长篇说书的形式。直到晚清小说,依然如此,既有模仿说书的,也有说书的记录,如《三侠五义》(后改为《七侠五义》)这样的长篇小说名著。明代的经典白话小说集"三言二拍"和失传多年、近年被发现的《型世言》等,采用"拟话本"的体裁,也即用宋代话本的说书形式创作短篇小说。

因此在古代和近代,以自身的曲目建设和演出的曲艺,与模仿说书的长短篇小说,以及有着一批改编而来的著名作品的戏曲,这三种形式风行天下。因此元明清三代,直至民国,到"文革"前,辉煌的中国文化史中,曲艺是贡献很大的一个部分。

---

1 郭沫若:《郭沫若古典文学论文集》,上海古籍出版社,1985年,第876页。
2 郭沫若:《郭沫若古典文学论文集》,第869、876页。
3 周锡山:《评弹理论研究三题》,1992·上海·江浙沪评弹研讨会论文,《上海曲艺艺术》1992年第1—2期;周锡山:《艺术的高雅与通俗二题》,《上海文化》1994年第2期;周锡山:《余音绕梁红仙歌·余红仙》后记,上海锦绣文章出版社,2011年。

（四）曲艺是中国最广大民众的优秀的道德、文化、智慧和艺术的教材

在元明清三代、民国，直至"文革"前，曲艺和戏曲一起，成为城乡民众学习中国文化和中国历史、道德思想和爱国主义、艺术欣赏和人物评论，以及各类知识和智慧的有效载体，为中华民族的繁荣兴旺起了不可磨灭的作用。例如《红楼梦》曾出色描写农村老妇刘姥姥，在面对贾府众多聪明女性束手无策的困境时，自豪地笑道："你这样一个伶俐的姑娘，没听见过鼓儿词么？这上头的方法多着呢。这有什么难的？"她娴熟运用鼓书中学来的智慧，仗义救助落难的孤女（《红楼梦》第一百十九回）。《红楼梦》的这个精彩情节，令人难忘。

刘姥姥人情练达，因此能说会道——她会讲故事，故事中富蕴智慧。如果说口才好的人，有力量；那么进一步讲，会讲故事的人，有气场，有凝聚力。

刘姥姥的智慧，从哪里来？刘姥姥毫不保守，她坦率地介绍：从鼓儿词中来，"这上头的方法多着呢？这有什么难的？"什么事都难不倒她。

古代和近代的底层百姓没有什么可供娱乐，有时可以看戏和听曲艺，只有此类享受。戏曲和曲艺中的故事、人物，使中国民众受到了审美教育，其中包含着道德、历史、文化、知识、智慧的教育。所以中国古代和近代的底层民众的道德、历史、文化、知识、智慧水平在世界上是最高的。刘姥姥就是其中的一个典型。

（五）曲艺对中国文化发展的巨大贡献和影响

20世纪的中国曲艺，除了苏州评弹在以上海为中心的江南地区获得超过今日影视和流行歌曲的最大观众量，吸引学者、教授、作家、画家、电影艺术家和工农一致着迷之外，大江北岸的扬州评话《水浒》，北方刘兰芳说演的传统评书《岳飞传》，以及曾受聘为北京大学教授的相声大师侯宝林的众多名作，为风靡全国的电视连续剧《四世同堂》配唱主题歌《重振河山待后生》的京韵大鼓表演艺术家骆玉笙的演唱，都显示了曲艺艺术取得的辉煌成果。

唐宋以来直至民国时期和"文革"前的曲艺，其取得辉煌成就的一个极其重要的原因是优秀知识分子的深度介入：他们或修改或改编甚或亲自创作曲艺剧本，曲艺家和他们亲密交友，受到文化的熏陶。例如大学者俞樾亲自将《三侠五义》整理成《七侠五义》，而郭沫若则整理出版《再生缘》。著名学者、电影和戏曲编剧陆澹安改编创作的弹词《啼笑姻缘》风靡大江南北。

在这些知识分子的影响下，不少曲艺家刻苦学习传统文化和文学，努力提高自己的文化和文学修养。而他们演唱的长篇书目，本身即有很大的文化含量，他们通过学习说书和演出，也有效提高了文化水平。

民众创作的曲艺，为杰出知识分子提供了驰骋才情的广阔园地，知识分子借以发挥自己的才华，创作或改编优秀和杰出的艺术作品。杰出知识分子的介入，提高了曲艺的艺术水平，使得曲艺得到高度和辉煌的发展。

曲艺和戏曲成为广大目不识丁的民众的文化、艺术和道德、人生的教科书。中国的知识分子由于受到包括四书五经在内的古代优秀文史哲文献的教育，成为世界上数量最庞大、文化水平最高的知识分子队伍；中国民众在曲艺和戏曲的教育下，成为道德和文化水平最高的民众。中国的文化科技长期领先于世界，经济发展长期领先于世界（即使在晚清，经济总量还处于世界前列），就是由这样的知识分子队伍和广大民众创造的。

中华民族的历史长达五千年，这是世界上唯一的；尤其是世界唯一的长达五千年的中国文化未曾中断，至今依旧生气勃勃，并将进入新的辉煌时期。

可是这样的光辉事实，人们了解得不多。尤其是当代文学家、艺术家在20世纪反传统思潮的影响下，缺乏中国传统文化的根基，未能认真学习和继承中国传统文学、艺术，包括曲艺艺术的伟大成果。

笔者一贯认为当今中国的文学、艺术没有达到世界一流水平，首先是文学家和艺术家没有继承中国传统文化尤其是文学、艺术的优秀传统造成的。德国权威汉学家顾彬认为"中国文学未达世界一流的根本原因是作家不懂外文、不能阅读西方名著"，这个论点有重大偏颇，为此笔者于2008年9月在上海外国语大学主持与顾彬的座谈时，提出了上述观点。[1] 顾彬教授接受了笔者的这个观点，此后他与中国学者对话交流时，介绍了这个观点的部分内容："他们（指中国作家）的问题在哪儿呢？他们对中国古典文学、哲学了解不够。这几天我有机会跟上海外国语大学的老师探讨这个问题，他们认为中国当代作者看不懂中国古典文学，所以他们没有什么中国古典文学的基础。"[2] 又撰文复述我的部分观点说："不少人在中国的现代性中感觉无家可归。这种无家可归的感觉始于1919年的五四运动。那时人们认为，可以抛弃所有的传统。当代中国精神缺少的是一种有活力的传统。也就是说，一种既不要盲目地接受，也不要盲目地否定，从批评角度来继承的传统。1919年在中国批判传统的人，他们本身还掌握传统，因此他们能留下伟大的作品。但是他们的后代不再掌握传统，只能在现代、在现存的事物中生活、思考、存在……"[3] 以上虽是谈今日话题的宏大和深远的背景，但已涉及评弹在江南文化中的地位和意义。接着我们就可以进入正题的核心了。

---

[1] 周锡山主持，王幼敏记录：《与德国汉学家顾彬座谈纪要》，《对流》2009年第6期。
[2] 顾彬、刘江涛：《我的评论不是想让作家成为敌人》，《上海文化》2009年第6期。
[3] 顾彬：《中国学者平庸是志短》，《读书》2011年第2期。"伟大"这个词，顾彬用得不恰当，我的原文是"较好"。

六、评弹在江南文化中的地位和意义

南宋至今,江南文化长期是中国文化的中心,具有中国文化的所有优点,代表着中国文化宋元阶段的最高水平之一和明清阶段的最高水平。因此评弹在江南文化中的地位和意义,基本上也同时显示了它在中国文化中的地位和意义。

(一)评弹继承了传统曲艺所有的优长之处,成为江南文化的一大品种

评弹继承了传统曲艺所有的优点,在江南开花结果。过去时代的江南曲艺,不是文化艺术的大宗,当今其他江南曲艺也都是小品种,没有大的影响。只有苏州评弹,成为江南文化的一大品种,表现为演出的作品众多、艺人众多、听众量大、名家名作林立。

评弹观众和听众数量最多,听众遍及江南城乡所有的社会阶层:国家领导人,高级知识分子如教授、学者和作家,艺术家,贩夫走卒。在民国时期,以上海为中心的江南的评弹听众数量要多于电影观众,评弹影响最大,甚至影响到戏曲、电影。评弹的杰作改编为戏曲名作,也达到世界一流水平,电影艺术家以受到评弹的影响为荣。

(二)评弹是江南文化的最佳载体

评弹全面承载和体现江南文化,包括饮食、服饰、居室。戏曲、小说乃至电影、电视连续剧,都远不及评弹。评弹在江南这个文化中心、众多高级艺术林立的地区,与苏剧、越剧、锡剧、沪剧这些江南最美的戏曲,还有北上以后又南下的京剧,大致同时崛起,大致同时进入极盛的繁荣期,音乐和演技互相媲美,艺术大师和名家数量大致相同。在最关键的剧本文学方面,评弹超过这些地方戏和京剧,达到一流艺术水平,极为不易。评弹杰作善于调动各种艺术手段,极其生动、曲折、精彩地描写极其丰富、复杂、精彩的人生和人物。古今小说、戏剧、电影和电视剧都不及评弹。

(三)评弹在以上海为中心的江南地区,为繁荣这一地区和中国文化艺术做出杰出贡献

20世纪初起,评弹在以上海为中心的江南地区达到高度繁荣,由于其丰富的演出书目和很高或说极高的艺术成就,为这一地区和中国文化艺术的发展和繁荣做出了杰出贡献。以最流行的沪剧、锡剧和越剧这三大地方戏来说,许多剧目是大家共有的。这三大剧种常演、长演的古装戏的经典和名作,如《玉蜻蜓》《珍珠塔》《何文秀》《双珠凤》《孟丽君》《大红袍》《刁刘氏》《白蛇传》

《红梅阁》《文武香球》和《三笑》等，吸收的都是评弹的剧目。因此沪剧明确将这些剧目取名为"弹词戏"。沪剧还有《顾鼎臣》和《杨乃武与小白菜》，原都是评弹名作。周信芳编演的京剧也有弹词戏。

除了上海本土产生的地方戏之外，多种江南其他地区产生的地方戏先后进入上海，参与中国最大的戏曲和文化市场的公平竞争。

纵观当时上海文艺界的大好形势，可以总结上海文艺的几个显著特点：

1. 上海本土戏曲和从江浙进入上海的各种戏曲，都无视西方文化的传入，无视五四新文化运动的浸润，与文学界崇洋迷外的状况相反，敬畏传统文化，坚持传统文化的传承，大力而有效地弘扬了传统文化。正因这个状况，全盘否定传统文化的新文学的主将鲁迅等，将戏曲列入旧文化、封建文化的残余，而要予以打倒。鲁迅、茅盾等对上海的戏曲非常反感，鲁迅还公开贬低、批判梅兰芳。

2. 评弹和江南各剧种与全国性的京剧的繁荣发展皆以成功进入上海，在上海兴盛为标志。

3. 本土产生的沪剧和滑稽戏，在上海达到高度繁荣。从江浙两省来到上海的锡剧、甬剧、越剧和与戏曲相近的苏州评弹，都以上海为中心，在上海形成最重要的演出市场。

4. 上海观众对评弹和江南地方戏的拥戴，完全以艺术质量为标准，没有任何先入之见、门户之见和家乡观念，因此逼使中国第一大剧种京剧，在上海处于与江南地方戏一样的地位。上海观众对评弹和各种戏曲一视同仁，谁演得好、唱得好听，就买谁的票。评弹和沪剧、越剧、滑稽戏的观众都超过了京剧的观众。

当时，上海市民虽已形成了庞大的"上海人"群体，并将原居民称为"上海人"之外的"本地人"，但是当时没有"上海人"这个称呼，上海市民都以家乡人自称，即自称为宁波人、绍兴人、苏州人、无锡人，等等。不管任何阶层，上海人自我介绍时都说明自己是何地人，以自己的家乡为骄傲。而原来上海本土的人，大家称他们为"本地人"，不叫他们"上海人"，他们自己也承认了这个称呼，自称"本地人"。而且他们的地位不高，他们是上海人中的"少数民族"。上海观众在看戏时，并不特别对家乡有感情，只看艺术质量。在上海人中人数不多的"本地人""绍兴人""苏州人"的评弹和沪剧、越剧、滑稽戏观众最多。尤其是评弹的听众最多，而上海当时最多的是宁波人。

5. 民国时期评弹和戏曲的观众数量有着压倒性的优势，电影、话剧、歌舞，皆不能抵敌，其总和也及不上评弹。这个现象，充分体现了民族文化的伟大力量。电影只有《火烧红莲寺》才有万人空巷的盛况，靠的还是民族文化的力量，靠的是它所取材的原作——湖南作家平江不肖生在上海创作和发表的武侠小说《江湖奇侠传》巨大成功的力量。

当年，流行文艺（流行歌曲、通俗电影等），都不敌戏曲和评弹，为什么？戏曲和评弹的名家和大师辈出，名作和杰作林立，达到一流艺术水平。戏曲、评弹、武侠和言情小说风靡天下，能够一起风靡江南，流行程度超过今日的流行歌曲和电视连续剧，可见其艺术魅力之动人至深，极为不易。中国的流行文艺方面都没有出现世界一流水平的大师、杰作。西方电影（以好莱坞电影为代表）传入中国尤其是上海，大光明电影院很少满座。而电影《火烧红莲寺》令上海观众醉倒，万人空巷，与此同时，京剧的同名连台本戏也吸引了大量的观众，靠的是平江不肖生的《江湖奇侠传》的基础，靠的是改编本本身的艺术质量。

当时的上海观众比现在的年轻人素质高，不少人即使只有小学文化，也背过《古文观止》和《唐诗三百首》，认真练过毛笔字，有很好的文化素养。他们的爱国主义精神高扬，对传统文化有着高度的文化自信、自觉和热爱，所以戏曲、评弹的观众、听众数量能够大大超过电影和流行歌曲的。现在的青少年，即使有硕士、博士学位，大多文化艺术素养差，所以不少人仅喜欢或沉溺于电脑游戏或上网浏览浅层次文化产品、流行歌曲和球类比赛。

6. 上海媒体发达，主流媒体热情刊出评弹和戏曲演出的广告和报道、评论。大量评弹和戏曲小报应运而生，热情报道评弹和戏曲作品的故事、艺人的人生故事，发表大量的评论，文字优美而通俗，对上海评弹和戏曲的发展和繁荣起了极大的作用。而评弹和戏曲的繁荣又催生了众多小报，为媒体的发展和繁荣起了极大的作用。

例如20世纪40年代擅演《双珠凤》的响档王再香姐妹，小报记载她们的艺术风采——1949年3月3日《铁报》报道：

> 王再香、王月香姐妹在南园书场说《双珠凤》，……再香唱哭调，声泪俱下，殊显悲苦，谑者乃谓："书坛成灵台，听客权充吊客，唱者尽哀。"听者大悦，且报以热烈掌声。王再香之哭调，竟使听者着迷，周前在南园夜场说至霍定金私吊，连哭数晚，均卖满座。

南园书场在宁波路493号，场内台椅用红木制成，华贵典雅至极，是旧上海市中心钻石地段的最高级书场之一。旧时小报有些敬业的内行记者的文艺报道往往写得栩栩如生、特色分明。这则报道将王再香唱的"哭调"的艺术魅力，幽默传神地形容为"书坛（权）成灵台，听客权充吊客"，描绘"唱者尽哀"，"听者大悦"，"连哭数晚，均卖满座"的出色艺术效果，让"竟使听者着迷"的动人演唱境界，流芳至今。吴藕汀《书场陶写》有《菩萨蛮·王再香弹唱〈双珠凤〉》据此回忆、赞誉说：

一双珠凤传三代，太原旧郡香名再。上首口须清，书情表得明。送花楼上跪，私订红鸾喜。吊祭哭声悲，悲声震孝帏。

上海集中了多种曲艺（评弹、独脚戏、浦东说书等）和十多种剧种，这是中国绝无仅有的，在国际上也是罕见的。这么多剧种在上海，大家互相敬重，从不攻讦，艺术竞争，各自发展，没有一家独大，只有共赢，是共同繁荣的最佳局面。上海的新闻媒体也抱海纳百川的态度，谁演得好就宣传谁，没有门户之见。

尤其是公平竞争，互相交流学习，通过定期或不定期聚会来联络同行感情，蔚然成风。例如沪剧每年春节期间在老城厢城隍庙九曲桥聚会，越剧的名角结成"十姐妹"，评弹有公会。评弹和江南多剧种地方戏在上海同存共荣，产生了多种极好的社会效益和经济效益。

另外，对于上海经济的繁荣，评弹和戏曲的票房业绩做了很大的贡献。评弹和戏曲艺术家在上海演出所获得的报酬丰厚，生活优裕，市场的鼓励和经济收入的激励，使艺术家不断上进，演艺技能不断提高，新秀不断涌现。评弹和各剧种在上海进入发展、繁荣和极盛期，艺术事业蒸蒸日上，为中国戏曲史、曲艺史和文化史做出了巨大的贡献。

各种戏曲、曲艺小报应运而生，大型报刊也因戏曲演出广告和评论丰富了内容与增加了经济来源，戏曲评论繁荣兴盛而丰富多彩。媒体的兴盛也颇受益于戏曲的兴盛。演出活动的密集和兴荣，兼之各种票房兴起，极大地丰富了市民的文化生活。

上海市民和江南城乡居民、农民由于受到当时社会条件的制约，文化程度不高，有学历者不多，但是他们的爱国主义精神高扬，对传统文化有着高度的文化自信、自觉和热爱，通过戏曲的欣赏，又进一步提高了道德、文化修养，进一步巩固了对民族文化的自信、自觉和热爱，形成良性循环。

上海市民和江南城乡居民、农民是文化素质最高的，上海和江南经济在全国处于最繁荣和最发达的地位的光辉历史，就是以这几代喜欢欣赏戏曲和评弹的、文化素质高的、道德修养高的千万市民所辛勤创造的。

我国近年提出"培养高度的文化自觉和文化自信""努力建设社会主义文化强国"的崭新理念，这就从国家战略层面上提出了民族伟大复兴的基础和目标。中国梦的实现，离不开中国文化的复兴和繁荣。因此回顾评弹和江南多剧种地方戏在上海的共同繁荣的历史及其经验与教训，有着很大的现实意义。

（四）艺术性最高，与戏曲、书画并列地处于世界一流的崇高地位

1. 文学地位

苏州评弹的长篇杰作与武侠小说一起填补了中国长篇小说领域缺乏世界一流作品的空白。

中国长篇小说，到曹雪芹（约1715—约1763）《红楼梦》（初版于乾隆五十六年［1791］，即程甲本）和《儒林外史》（成书于乾隆十四年［1749］或稍前，初刻于嘉庆八年［1803］）为止，未能产生一流长篇小说。此后《儿女英雄传》《七侠五义》《老残游记》《孽海花》和《海上花列传》较好，但无经典名著。

进入20世纪，中国文化的发展背景之一是文学创作水平不高。晚清报上开始连载小说，但总体水平不高，没有产生具有一流艺术质量的作品。五四新文化运动之后产生的文学作品，除了鲁迅等极少数名家的作品外，质量都比较差。20世纪20年代至"文革"前的小说，受到瞿秋白、赛珍珠、冯友兰和金庸的严厉批评。

早在1931年，瞿秋白在《吉诃德的时代》和《论大众文艺》等文章里，就指出，"五四式"的各种体裁的文艺作品充其量也不过销行两万册，满足一二万欧化青年的需要，那些绝大多数的中国人则与中国的新文学无缘。瞿秋白感慨，在"武侠小说连环画满天飞的中国里面"，新文学的作者没有重视大众文艺的体裁的重要性，"反而和群众隔离起来"。他对新文学的批评是严厉的。

赛珍珠在获得诺奖的授奖仪式上的发言，首先强调"恰恰是中国小说而不是美国小说决定了我在写作上的成就"，从中国小说中学会了写作小说，"今天不承认这一点，在我来说就是忘恩负义"。但她又特做说明："我说中国小说时指的是地道的中国小说（中国古典小说），不是指那种杂牌产品，即现代中国作家所写的那些小说，这些作家过多地受了外国的影响，而对他们自己国家的文化财富却相当无知。"[1] "他们已丢掉了旧的，却又被新的束缚着。读现在的新小说就觉得缺少一种旧小说中所常用而一般中国人日常生活所固有的幽默的感想，倒是被从西洋某种学派或则特别是从俄罗斯作家学来的不健全的自我解剖压迫着，中国旧小说中所固有的那种对于人性或者生命本身所发生的趣味，反而感觉不到！另外有一种忧郁的内省，至少对于我，他是比不上旧小说的。"[2] 1938年，冯友兰在其哲学名著"六书"之一的《新事论》第八篇《评艺文》中说："在民初，所谓新文学，即要立一种新文体，文学的一种新花样。就以上所说看，新花样是必要底。不

---

[1] 赛珍珠：《大地》附录《中国小说——1938年12月12日在瑞典学院诺贝尔奖授奖仪式上的演说》，王逢振、韩邦凯、沈培锴等译，漓江出版社，1988年，第1083页。
[2] 赛珍珠：《东方、西方与小说》，《现代》1933年3月第2卷第5期。

过民初以来,新文学家的毛病,是专在西洋文学中找新花样。他们不但专在西洋文学中找花样,而且专在西洋文学中找词句。于是有些人以为所谓新文学应即是所谓欧化底文学。""不幸自民初以来,有些人以为所谓新文学应即是欧化底文学,而且应即是这一种真正底,单纯底,欧化文学。他们于是用欧洲文学的花样,用欧洲文学的词藻,写了些作品;这些作品,教人看着,似乎不是他们'作'底,而是他们从别底言语里翻译过来底。不但似乎是翻译,而且是很坏底翻译,非对原文不能看懂者。"[1]

金庸也批评:"中国近代新文学的小说,其实是和中国的文学传统相当脱节的,很难说是中国小说,无论是巴金、茅盾或鲁迅所写的,其实都是用中文写的外国小说。……在中国小说方面,自"五四"以来的小说不是传统的中国小说。有人常问我,为什么武侠小说会这么受欢迎?当然其中原因很多,不过,我想最主要的原因,是因为武侠小说是中国形式的小说,而中国人当然喜欢看中国形式的东西。"[2]

公正的当代学者认为:"百年来的中国小说,弄潮儿不可谓不多,领风骚者不可谓不多,然而经得住时间的考验的作品,即可被视为经典作品的,却寥若晨星。再者,大纛之下,欺世盗名者、投机取巧者、浑水摸鱼者有如洪流之泥,夹杂俱来。这一切,也均已成为近、现、当代小说的有目共睹的长期未祛的弊端。"[3] 当时在读者中风行的是言情小说,如张恨水《啼笑姻缘》等众多名作,以及周瘦鹃、秦瘦鸥等名家的作品;还有以程小青《霍桑探案集》为代表的侦探小说;武侠小说则最为兴盛,读者最多。新文学在一般市民中,没有人看!西方经典和名作,也很少译成中文。因此当时成功的文学作品对市民的熏陶,是和地方戏曲的内容一致的,少量的是英雄好汉,大量的是才子佳人。

长篇小说中描写才子佳人的言情小说,如张恨水《啼笑姻缘》等,是否属于世界一流,尚无此类评价。中短篇小说,鲁迅和张爱玲等,是否达到世界一流水平,尚需反复商量和探讨。20世纪初至80年代,除了平江不肖生和还珠楼主等的旧武侠小说、金庸的新武侠小说,也无世界一流名著。在这个阶段中,苏州评弹的长篇杰作与武侠小说一起填补了中国长篇小说缺乏世界一流作品的空白。

80年代至今,已经有一些优秀长篇小说,例如莫言、余华(以《活着》最佳)的长篇佳作和路遥的《平凡的世界》及《人生》等,是当代的一流作品。但是评弹的长篇名作《珍珠塔》《玉蜻蜓》《描金凤》《双珠凤》《白蛇传》《杨乃武与小白菜》等,是文化史上的一流作品,真正处于世界

---

[1] 冯友兰:《新事论》,收入《民国丛书》第五编第14册,上海书店出版社,1996年,第147—148、150页。
[2] 杜南发:《长风万里撼江湖——与金庸一席谈》,收入《金庸茶馆》第五册,中国友谊出版公司,1998年,第6—7页。
[3] 李洁非:《中国的叙事智慧》,《文学评论》1993年第5期。

一流的艺术高峰。环顾世界，西方的不可逾越的文学高峰是古希腊悲喜剧和荷马史诗、莎士比亚戏剧。此后长篇小说的最高峰的代表为法国的巴尔扎克、俄国的陀思妥耶夫斯基和列夫·托尔斯泰。爱情小说的最杰出作家为英国居莎士比亚之后名列第二的简·奥斯丁，代表作是《傲慢与偏见》。西方作家和文学界公认的爱情小说中排第一、第二的是托尔斯泰《安娜·卡列尼娜》和法国福楼拜《包法利夫人》，都是婚外恋的悲剧小说。另有法国司汤达《红与黑》和美国霍桑《红字》等。

19世纪的以上杰作属于经典小说。20世纪得到诺贝尔奖的《静静的顿河》与福克纳、海明威等人的一流名著，与19世纪的经典小说不在一个层次。学术界有些外行，会将20世纪的优秀小说称为世界文化史上的"经典"。它们只能说是本时代的"经典"。

长篇评弹经典作品可与荷马史诗、古希腊悲喜剧、莎士比亚作品和西方最杰出的长篇小说媲美。例如评弹经典《玉蜻蜓》，描写婚外恋爱情的缠绵与风流、深邃与沉重，和《红楼梦》一样，艺术上超越了西方名著。如果对比《孟丽君》的苏州弹词脚本和陈端生的《再生缘》原作，可知苏州弹词《孟丽君》在故事情节设计和构思、全书的艺术结构、人物性格的刻画和表现、叙述语言和对白、从无到有的音乐配备，都全面超越了陈端生的《再生缘》。

即使是《战争与和平》，大家也认为战争写得不好，爱情写得好，其爱情描写也不及中国的经典小说，包括《水浒传》，不及评弹经典作品。《包法利夫人》也远不及评弹经典和名作的精彩。婚外恋要写得快乐、精彩、刺激，充分显示婚外恋最快乐、最精彩、最刺激的生活真实。但文学名作与通俗小说的区别是，后者写他们有好下场，前者写他们没有好下场，写出另一个生活真实：悲惨或死亡是他们的结局。

优秀的开篇，是诗歌佳作，与清代中期至民国初年的诗词佳作可以媲美。在形式上，评弹开篇继承古典诗词曲，是古诗与古代白话民歌结合的佳作，艺术性远强于"五四"以后产生的白话诗。优秀的评弹脚本，都是文学佳作。与戏曲相比，昆曲在乾隆之后，也无一流剧本了。而京剧和地方戏的剧本，在文学成就上，未臻一流。话剧剧本也未达到世界一流，所以曹禺晚年深感痛苦。

以唐明皇和杨贵妃的李杨爱情题材为例，有元代白朴杂剧经典《梧桐雨》和清代洪昇传奇经典《长生殿》。鲁迅想写小说和剧本，后来知难而退，主动放弃。近年的电视剧、中日舞蹈等，皆缺艺术魅力。现当代只有京剧（梅派名剧《太真外传》和《贵妃醉酒》等）和评弹（杨振雄的弹词创作），颇有佳作。

2. 语言艺术地位：方言文学的顶峰

评弹作品的内容极其丰富，反映了江南乃至汉民族居住地广泛的文化内容，作为口头文学，评弹在对各历史时期的历史、社会、日常生活的描绘和表达方面比小说更细腻、具体、翔实。评弹说表语言牵涉的学科极广，诸如政治、军事、经济、道德、法律、习俗、礼仪和建筑园林文化，饮食文化、服饰文化，以及官场、商场、战场、情场、赌场、舞场和三教九流的社会状况等，全有相当具体和比较翔实的反映。

包括苏州地区在内的吴方言区是中国晚近经济和文化最发达的地区之一，又是数千年来接纳全国移民和各地区文化并高度交融的主要地区之一，人杰地灵，故而使用的语言极为丰富、生动，表达力极强。在民俗和方言中还可观察到江南民风的淳朴和细腻，民智的机警和幽默，等等。评弹在运用吴方言的词汇、熟语、俗语、格言诸方面，皆丰富而多彩。

苏州方言的语音——吴侬软语，通过评弹的演出，风靡了上海，风靡了整个江南。

方言艺术可分为地方戏曲、方言话剧（数量极少）、曲艺。方言艺术中，评弹和地方戏曲达到一流水平。昆曲，语言不用昆山话和苏州话。第二大剧种越剧，语言并非绍兴方言，而是中州音韵或带官话腔的变种。但是，评弹的叙事语言是标准的、原汁原味的苏州话。江南民众越过方言的阻隔，热诚倾听评弹的"说"。（"表"，学昆曲，带有官腔，如说"你"，不说"奈"。）

评弹的文字游戏之作，如《珍珠塔》中的"七十二个他"，因为结合情节和人物性格的描写，所以生动活泼，富于生机。

3. 音乐艺术地位

评弹音乐和戏曲的音乐一样，是由固定的成套曲调组成的。这些曲调具有极大的艺术魅力，因此能令观众和听众百听不厌，终生不厌，越听越喜欢，越听越依恋，至死不渝。众所周知，西方歌剧、芭蕾舞（剧）的配曲，每个作品都须重新作曲。旧曲配新剧，而且不断地配新剧，西方艺术家和欣赏者会感到无法想象的。只有中国创造了这个奇迹，这个奇迹证明了曲艺和戏曲的音乐，是世界一流的艺术，取得人类所能达到的最高的艺术成就，具有异样的无穷魅力。

评弹使用过去不引人注意的三弦和古代美人用得最多的琵琶，两者的搭配，极为奇妙，而更妙在琵琶作为第二伴奏，可以喧宾夺主（盖过三弦）而不受非议。

评弹的琵琶弹得出神入化。评弹将西域引进的乐器，琵琶，作为主要伴奏乐器，打破戏曲用笛子和胡琴为主的格局，另创新局。唐诗名句说："琵琶起舞换新声。"古代的琵琶器乐作品，基本已经失传，留下的极少数曲子，如《十面埋伏》等，对听众的吸引力不很强。评弹对琵琶的运用，异军突起，大放异彩，光华遍及江南城乡，可谓奇迹。

4. 人体艺术和服饰艺术

戏曲演员中的美女因浓妆和头饰遮盖，只能半露真面目。评弹女演员是过去养眼、赏美的最佳选择。女听众则欣赏男演员。

衣饰对女子容貌和姿态起着很大的衬托作用。评弹女演员的旗袍，对弘扬民族服饰文化，起了很大的作用。富贵人家和豪门的女子，衣着华贵，她们也穿做工精细、式样丰富、色彩华丽的高级旗袍，但普通民众无缘见识。评弹女演员穿着旗袍上台，任人观赏。余红仙对朱雪琴上台的台步和姿态，佩服得五体投地。余红仙认为朱雪琴上台时斜着身子，皮鞋咯咯，身姿极佳。但余红仙对她穿什么旗袍，没有注意。而余红仙师父的妹妹，即醉霓裳的妹妹醉疑仙，她穿的旗袍，则有记载。我在《余音绕梁红仙歌·余红仙》一书中写到醉疑仙的书坛风采：

> （据老书迷介绍，）20世纪三四十年代，女响档，首推徐雪月、醉疑仙和谢小天，其后能上台盘的是汪梅韵、钱琴仙、范雪君、何剑芳、王莺声、沈毓英等，此后又有徐丽仙、朱雪琴、朱慧珍等。
>
> 醉疑仙（1916—？），原名金钰珍、金纫秋，江苏苏州人。1930年，十四岁时从兄醉霓裳（金筱舫）学艺，拼双档说唱《双珠凤》。先在浙江嘉兴、南浔等地演出，一年后至上海走红，在20世纪30年代颇具影响。曾先后同陈莲卿、祁莲芳、黄兆熊等拼档弹唱《小金钱》《落金扇》等。在20世纪40年代初，醉疑仙才貌出众，美得令人倾倒，是评弹界有名的美女之一，人称"半壁观音"（上半壁即脸美，上身线条好；下半壁，即下身的身材一般），小报上有大量正面的报道。其说表口齿清晰，弹唱学朱介生，颇具功力，呖呖莺声，唱俞调唱得千啭百弯，荡气回肠，听得观众如痴如醉。所以余红仙初学评弹，先生就要她学醉疑仙，而余红仙听醉疑仙俞调《宫怨》的唱片，感到"醉疑仙这个俞调唱得很复杂，花腔难得不得了"。不仅如此，吴藕汀《书场陶写》有《菩萨蛮·醉疑仙弹唱〈双珠凤〉》描写她当时的风采：

> 只因小姐珍珠凤，送花圆了姻缘梦。五女一夫君，鳌头合姓文。——姿容人赞美，不愧疑仙子。琐事注端详，起居谈日常。

词后有注解说：

> 醉疑仙本姓金，名维筠，与其兄醉霓裳拼档。姿容独绝，兄貌寝而愈增其美。南浔听众某，曾为之作起居注，凡一阅月，日夜两场，旗袍都六十袭，各不雷同，惟一袭重复，盖偶忘之矣。尝闻其有二百袭之多。旧时女艺人注重台风，疑仙尤为翘楚也。

当时的评弹粉丝，追捧美女名角的痴状可掬。起居注，是古代帝王言行的记录。热情观众为他喜欢的名角做日常生活的详细记录，吴藕汀先生戏称之为"起居注"，语带调侃。而醉疑仙弹唱评弹名作，用其丰厚的演出收入大做高级旗袍，演出时又做亮丽多彩的旗袍"展览"，台风优雅之极，于弘扬民族服饰文化，则又有一功，也颇值得称道。余红仙也听太师母说过："疑仙外出说书，船上要带好多箱子，里面装满了行头，皮鞋也多得不得了。"

张仲孚《南浔书场和说书艺术》回忆：当年"听说南浔四象之一的庞莱臣也喜听评弹。有一次著名弹词女艺人醉疑仙来南浔献艺，她长得花容月貌，书艺高超，使庞莱臣为之倾倒。天天请她到家中唱堂会，并想娶她为如夫人。热爱评弹的女艺人，她不愿做金丝笼中的金丝鸟，她要到各地去唱书，生活也较自由，回绝了庞的要求，使庞尝到单相思的味道"。[1]

庞莱臣是湖州和上海巨商，又是收藏书画的大家，资产极为丰厚，又是江南乃至中国最大的收藏家和水平最高的鉴赏家之一。

5. 神秘文化的精彩描写

以《玉蜻蜓》为例，这部杰作的情节和人物，都极其复杂。这部杰作的第一主角是金大娘娘金张氏。《玉蜻蜓》精细而深刻地描绘了金大娘娘对金（一作申）贵升的生死情谊。金大娘娘督促和劝导丈夫用功读书，参加科举考试，是引导他走正路。我已有多种书籍和文章论述。四书五经是中国和世界文化史上最伟大的经典。八股文是思想性和艺术性较高的文体，是训练智慧的一种方式。四书五经和八股文，使知识分子的品德、胸怀、心灵和心理素质（情商）、聪明才智（智商）得到极大的提高，所以当官从政、破案打仗、作诗撰文，无所不能。无所事事时，稍有才能的知识分子沉醉于自得其乐的赋诗作文，咬文嚼字，度过愉快的一生。

至于科技，是另一回事儿。李约瑟之问，是不懂中国国情的伪命题。中国古代不要高科技，是最为明智的人类发展道路的正确选择：低碳、环保，生活简朴，天人合一。后来，既然西方用科技武装的军队来欺凌我们，我们被迫学习和从事高科技，是应对性的。

在古代中国，四书五经与道德经典非常重视道德教育，因此文人和民众心理健康较好，抑郁症闻所未闻，非理性自杀几近于零。而当代的西学教育在道德教化上较为缺乏。

宝钗、湘云和袭人劝说宝玉，也是如此。公子哥儿贪玩，金贵升父母早死，无人严教，还反感、痛恨夫人逼他读书上进的美意。事实的结果是，与尼姑智贞结识，产生私情，自己丧命，尼姑也是终身不幸，守寡、失子。后来儿子归认，有偶然性。

公子哥儿吃喝赌嫖，败尽家财，是富不过三代最重要的原因之一。因赌而败财败家，沪剧

---

[1] 周锡山：《余音绕梁红仙歌·余红仙》，上海锦绣文章出版社，2011年，第21—22页。

《陆雅臣》和浙江作家余华《活着》，各呈千秋。"三言二拍"中有多篇小说描写嫖妓女或婚外恋，败德败财，死于非命。评弹也多有表现。例如《玉蜻蜓》和孔尚任《桃花扇》，则从背叛发妻，另寻真情角度，各呈异彩。

因此，优秀的杰作，能够写出性格、生活和命运的复杂。金张氏严管丈夫，金贵升与智贞生死之恋，双方从自身的角度看，都是对的，而对方看，都是错的。《水浒传》和《红楼梦》的许多对话和情节，都达到这个水平，形成了非理智型"推车撞壁式"激烈争执的对话，[1] 水火不相容的对立人生。《玉蜻蜓》中将正反两者调和，写出两种生活轨迹的复杂关系和连接点，极为不易。

金大娘娘这位优秀女性，品德高尚、智慧高超、性格坚强。她应对丈夫失踪，一是坚守门户，支撑家庭，保护家产；二是满怀希望地等待，千方百计地寻找；三是对丈夫与"小三"留下的骨肉元宰，赋予真情（因此儿貌似贵升而收为寄子）和深情，对周围人也抱有爱心。

智贞对贵升的爱情，以漫长而枯寂的一生作为代价，一往情深，动人至深。这样丰富复杂的内容，只有长篇小说而且要多部头的长篇小说才能容纳，现在的电视连续剧，等于是立体有声的长篇小说。在电视连续剧产生之前，评弹做到了立体有声的长篇小说的艺术效果，是中国文化对世界文化的重大贡献。评弹的经典作品，的确像陈寅恪和郭沫若说的，可以与荷马史诗和《红楼梦》等中西经典，前后辉映。

刚才讲到，金张氏千方百计寻找人间蒸发的丈夫，问卜是一法，已经获得了正确的信息，于是另用一种方法是通过巫婆关亡，寻觅丈夫的鬼魂，试图与之对话。这是否封建迷信？当代小说家都喜欢写，例如得茅盾文学奖的《张居正》写问卜、预测及算命；《白鹿原》写鬼魂附身。

"文革"前上海评弹团演出的《玉蜻蜓·关亡》，以反对和破除迷信的角度，亵渎了古人美好和丰富的心灵、深沉而虔诚的感情、超越自然并惊世骇俗的智慧，用简单的科学思维和意识领域的局限与误区，将精彩化为无趣，将真实贬至虚伪，将一个庄严、沉痛、深情、既令人毛骨悚然又令人充满期待的精彩场面，点金成铁，破坏为一个味同嚼蜡的闹剧。

西方莎士比亚的戏剧等经典著作和现当代许多杰作如《人鬼情未了》等，都喜欢用神秘现实主义和神秘浪漫主义创作手法，描写鬼魂故事或人鬼相恋，还有奇异的梦中故事等。而中国的魏晋和唐朝小说、昆剧《牡丹亭》都早就写了。评弹的神秘主义描写和《白蛇传》等人妖相恋的作品，是中国传统艺术哺育的产物。

总之，我们必须从事历史、文化、文学、艺术、哲学（包括美学）、宗教学和中外古今比较等多角度、多层次、多学科和跨学科的深入研究，才能正确认识评弹在江南文化中的崇高地位和

---

[1] 周锡山：《古代小说非理智型"推车撞壁"式精彩描写》，《九江学院学报》（哲学社会科学版）2012年第3期。

重大意义,用长篇专著才能做充分的论述。因时间有限和水平有限,以上只能谈些初步的粗略浅见。不当之处,敬请大家多批评、补正。

演讲时间:2015年3月25日

整理者:周锡山

第三十讲
评弹还能存在多久
——21世纪初，上海的书场、听众和演员调查

　　上海书场业的起落直接影响到整个评弹市场的兴衰。书场的"疏"和"稀"是造成评弹市场衰落的重要原因。上海市中心的书场日渐减少，使评弹失去了立足之地。听众减少的原因主要是书场被边缘化，还有节目内容的问题。"要让评弹去就青年，不要让青年来就评弹"的观点值得商榷。当前的评弹演员，因书目陈旧而票价太低、收入太少。扬子江所编说的新书，缺乏连贯的故事情节，更少艺术形象，虽然卖座，却难传承。评弹在可以预见的将来不会消失，但需要更为独立自主的创作环境。

彭本乐

上海人，1953年考入上海评弹团，因文笔出色不久转入评弹团的文学组专门从事评弹书目创作。1984年调入上海艺术研究所后，先后参与编撰《中国戏曲志·上海卷》《中国戏曲音乐集成·上海卷》。他致力于评弹艺术的文学研究并且成果颇多，在《评弹艺术》等各学术期刊上先后发表过二十多篇学术论文。其研究涉及对评弹艺术的探讨、对评弹未来的展望和对老演员艺术特征的分析等。

前　言

在我七十岁以前，每隔三四年就会做一次评弹市场的田野调查，七十岁以后就再也没有做过。最近几年，"评弹就要没落了"的声音越来越大，故而我一直想对上海的评弹市场再做一次深入的了解，看看评弹是否真的就要没落了。但因考虑到自己的年岁大了而没有行动起来。去年秋天，买到一本书，叫《田野里的大师》，讲的是人类学、社会学大师费孝通的故事。费先生在他八十五岁以后，还在全国各地奔波，为国家的发展做着深入细致的调研工作，这对我来说是一个极大的鼓励，因为我还没到八十岁。所以，我从去年的11月起就行动起来了。这次有一个很好的条件，那就是唐老师的几位研究生：解军、刘晓海、赵情，有时会随我同去，他们给了我许多照顾和帮助。在此，我要向唐老师和他的学生们致谢！

在我谈及正题以前，先做一点说明：这篇发言稿到目前为止，还没有给贵校的任何人看过。主要是讲稿中的观点和语言也许会引起别人的不满。因此责任应由我本人自负，与他人无涉。

一、评弹没落论的由来

我第一次听到"评弹没落论"的声音是在1964年，那时我正在上海评弹团文学组学习剧本创作。一天，一位叫江文兰的演员告诉我这样一件事：由蒋月泉、苏似荫、江文兰和余红仙等演出的中篇评弹《人强马壮》，在常熟受到了听众的热烈欢迎。当时上海评弹团的一位"主要领导"指着落山的太阳说道：我们的评弹就像眼前的晚霞，"夕阳无限好，惜乎近黄昏"。江文兰觉得这话不可思议，因为这位领导在大会上做报告时，总是强调评弹事业在党的领导下，成绩很大，形势很好，怎么变成"夕阳""黄昏"了？

我听了也觉纳闷，因为在1964年，江浙沪地区的专业评弹团共有六十多个，专业演员五百多人，大小书场数百家。就以上海市区来说，专业评弹团共有六个，演员一百五十多人。上海评弹团的流派唱腔创始人全都年未满六十，"姚调"的创始人姚荫梅五十八岁，"张调"的创始人张鉴庭五十五岁，"严调"的创始人严雪亭五十一岁，"蒋调"的创始人蒋月泉四十七岁，"杨调"

的创始人杨振雄四十四岁,"琴调"的创始人朱雪琴四十一岁,"丽调"的创始人徐丽仙三十六岁。把这种状况称作"夕阳""黄昏",真让人匪夷所思。但这个疑问直到"文化大革命"中才得明白。

在1968年的一次批判会上,这位领导同志承认,他不看好评弹前景的原因是受胡风文艺思想的影响。在胡风的文艺思想中,有一个重要观点:中国传统艺术所宣扬的是封建陈旧的观念,不能适应新时代的需要,是没有前途的。所以不必去刻意抢救,只能让其自生自灭。这位领导对胡风的观点深信不疑。他认为,评弹是陈旧的艺术,是没有前途的,只能让它"自生自灭"。

"文化大革命"结束后,评弹也曾热闹一时。在70年代末,全市书场一度达到二百多家。到了80年代初,由于市场经济大潮的影响,大批书场改为商场或旅馆,于是,二百多家书场一下子跌到了一百家左右。1980年的某天,上海评弹团艺术委员会开会,本人作为文学组成员列席参加。会上,那位已经恢复工作的领导说:"根据目前的趋势,评弹真的要没落了,我看到不了21世纪。"话音刚落,坐在我左侧的姚荫梅先生"哇"地一声哭了起来,他说:"我的爷娘都是说书的,我也是说书的,哪亨我活到仔七十四岁,评弹要没落哉!"说完便不断抽泣。在座的老演员有蒋月泉、杨振雄、张鸿声、唐耿良、吴子安、朱雪琴等,他们有的低头沉默,有的摇头叹息,只有那位领导一副若无其事的样子。这一情景让我终生难忘。

2014年11月26日上午,上海市文广局召开了上海书场工作者协会会议,该协会的主席王先生在工作报告中说:上海的书场业一落千丈,前几年还有八十多家书场,现在只有六十多家……我马上和他电话联系,要求采访。他说的第一句话是:"评弹已经日薄西山,完结了!"

采访地点是青浦区的枇杷园度假村,解军和刘晓海同去。访谈进行了两个小时。王先生对评弹市场的了解,只有广度没有深度,对于造成评弹衰落的政治原因从不提及。在采访结束的时候,我问他:目前上海的书场还有六十多家,你说评弹完了,那么每天演唱京剧、昆剧的剧场目前一家也没有,这些剧种是否早就完了?他的回答含糊其辞。王先生毕竟是一个接触实际的人,其真正的想法和这位领导并不完全一致。

其实,有些演员、听众和书场工作者说评弹要没落了,这只是他们对现状的忧虑和无奈,真正认为评弹就要没落,让其"自生自灭"者只是个别。

二、从书场说起

在20世纪30年代,"去天蟾舞台看京戏,在大光明看电影,到东方书场去听书",成为当时上海人的三大时髦娱乐。近百年来,上海的书场以其数量多、设备好、层次广、布局合理,支撑了江浙沪评弹市场的持续繁荣。就以"文革"后的 1986 年为例，当时全市的书场有二百二十一家，其中市区有四十家，各区县有一百八十一家。而上海的专业评弹演出团体只有四个，共六十档演员，加上单干艺人十七档，总共才七十七档，即使他们全部留在上海演出，还有一百四十四家书场会请不到演员。幸亏那时江苏和浙江是书场少、演员多。江苏有十七个评弹团，二百零五档；浙江有十二个评弹团，八十五档。于是江浙各地的评弹演员纷纷进入上海，这就保证了江南地区书场和演员之间的平衡，评弹艺术得以保存和发展。这一情况说明：1. 直到 20 世纪 80 年代中期，评弹艺术的中心依然在上海，因为上海的书场多、听众广；2. 上海书场业的起落，会直接影响到整个评弹市场的兴衰；3."文革"以后，上海的书场在全市的各类演出场所中一枝独秀，这对稳定社会秩序起着积极的作用。

但是，从 20 世纪 90 年代中期开始，上海的书场业开始走向衰落。到了 2006 年，书场的数量比二十年前减少了 50%，只剩一百一十家；演员数量也减少了 40%，只剩四十档。2008 年，全市书场约一百家；2010 年，九十多家；2012 年，八十多家；2014 年，六十多家；而且每天开演的只有三十多家，其余书场每周只演一至三场。

究竟是什么原因，致使上海的书场在短短的二十多年内，消失了 75% 以上呢？这是一个复杂而敏感的话题。说到复杂，会涉及人才培养、书目建设、组织体制、领导能力以及党的文艺政策和社会大环境等一系列问题。说到敏感，是因为要深入探讨这些问题，就会涉及市政府所采取的政策措施是否正确。不过，既是学术探索，那么本人必须根据在田野调查中所看到的、听到的和想到的实话直说，以供各位参考。如有不当之处，敬请批评指正。

现在，上海的书场具有两大特点：一是设备好，票价低；二是郊区疏，市区稀。

先看书场的设备和票价。像十多年前崇明的竖能、堡镇，川沙的下沙和宝山的大场等破旧不堪的场子已经不见了，取而代之的是环境良好、设备齐全的新型书场。就以七宝书场为例，这家书场开张于 20 世纪 40 年代，在 21 世纪初还是十分陈旧的，如今已焕然一新。

在全上海的书场中，名气最大的要数乡音书苑，场址离上海市中心的人民广场只有一公里左右，开张至今已二十多年。书场约有二百座，富丽堂皇。听众大多是退休的知识分子、企业员工、公务员，也有慕名前来的各地游客，票价为十五元（连茶）。有一次，本人听到上海评弹团的一位演员在演唱时说："我们乡音书苑是全世界最好的书场。"话音未落，坐在我一旁的听客便嘀咕道："他在吹牛！槎溪书场比这里好。"

槎溪书场，位于嘉定区南翔镇的老街，离市中心约二十公里。这里原是一座私家园林，称为檀园。场子设在一栋古建筑的二楼，画栋雕梁，依稀可辨。书场面积约三百平方米，场子两边是木格长窗，中间有十四排宽体仿红木靠椅，共一百一十五个固定席位。听众中有老师、工人、手艺者、厨师以及本地的农民。票价五元（连茶）。根据本人的观察，槎溪书场无论在设备上还是服务上，都要胜过乡音书苑。

龙珠书苑，位于沪太路1865弄，离市中心约十公里。这里原是上海的蔬菜基地，20世纪90年代辟为大华住宅小区。书场设在文化中心的礼堂之内。场子呈圆形，有二百多平方米。四周有宽大的窗户，场内设靠椅一百多把、方台十多张。坐庄听客以当地老居民和附近大华小区的居民为主，其中有许多大学里的老师。票价分为两种。红票每张两元，只限老居民；蓝票每张四元（全都连茶）。八十五岁以上老人和残疾人一律免费。

这次，在龙珠书苑碰到一件有趣的事。开场前，唐力行老师的学生赵倩，刚结束对一位听众的采访，突然有人问我："你是不是唐耿良先生的大儿子？"我说不是的。他说："那边有两位华东师范大学的教授说，你是唐耿良先生的大儿子。"我对小赵说："快，我们去采访两位教授"。

两位中，一位是历史系的教授，姓章；另一位是数学系的教授。章教授一看到我就说："1947年，我在上海听过你老人家说的《三国》。"我立即表明："我是唐耿良先生的学生。"又介绍说："她叫赵倩，是唐耿良先生的大儿子唐力行教授的研究生。"于是，小赵就和两位教授交谈起来。另有几位听客知道了我的名字，就说：你以前是搞剧本创作的，还编过《评弹文化词典》。他们连二三十年前的事情也知道，真是老听客。

平民书场，位于浦东东书房路，离市中心十多公里，是三林世博文化中心的附设书场，设备很好。场子分前后两个部分：前部有靠椅一百五十把，小方桌三十多张；后部为散座，设靠椅三十把，票价三块五（连茶）。坐庄听客大多是本地的农民。由于交通相对便利，如果演出精彩，浦西的听客也会蜂拥而来。

长艺书苑，位于仙霞路650号，离市中心约十公里，是长宁文化艺术中心的附设书场。场子呈圆形，约三百平方米，铺有地毯，灯光柔和，曾被誉为"宾馆式书场"，有靠椅约二百把，最多可增至三百多把。前座票价十元，普通票五元（均连茶）。坐庄听客多为附近古北小区的居民，他们的文化层次差别很大，有教授、工程师和医生，也有文化水平较低者。平均年龄在七十岁以上。开演前，听到一位听客和书场经理的几句对话，很能说明书场的社会价值：

经理：老先生，今年九十高龄了吧？

听客：九十二啰！

经理：怎么好久不来听书啦？

听客：我在医院里住了一个多月，心脏病发作，差一点走掉，前天刚刚出院。

经理：那么应该在家多休息几天啊！

听客：听听书，搭老朋友聊聊天是最好的休息。

九星书场，位于地铁9号线的星中路地铁站附近，离市中心二十公里以上。书场由当地的一位农民企业家出资兴办，这是上海地区小有名气的社区书场。票价一元，连一杯好茶。

本人多次听到演员们反映，这种几乎是免费的社区书场，秩序混乱，环境不洁，可是我看到的景象并非如此。听客们来到书场不是聊天，就是看书，也确实有人在吃盒饭。因为这里交通不便，如果在家里吃过午饭赶来就会迟到。饭后，听客会将空饭盒包好放到规定的地方。那天的演出并不精彩，听客情愿睡觉或打毛衣，也不发出噪音。像这样收费极低的社区书场，上海还有三十多家，苏州有六十二家。社区书场已是当前苏沪地区书场业的主体，对此褒贬不一。

奉贤区老年活动中心书场，位于奉贤区南桥周家弄32号，离市中心约七十公里。在1999年，整个奉贤区还有八家书场，目前只此一家。场子整洁明亮，约二百平方米，设固定靠椅一百二十座，票价三元（连茶）。听众以本地退休公务员和事业单位成员为多，其次是商店和企业的退休员工。当天演出的是个体艺人陈荣光的评话《廉政风暴》。这种政治题材的评弹节目，在市区不被接纳，只能在郊区书场中演出。

以上例证，彰显了当前上海书场的第一个特点：设备好，票价低。

第二个特点是：郊区疏，市区稀。"疏"和"稀"是造成评弹市场衰落的重要原因。其中，市区的"稀"对于评弹事业造成的损害，要比郊区的"疏"严重得多，因为评弹毕竟是一门城市艺术。

纵观评弹发展的历史，从其艺术形式的定型，到书目的走向成熟，再到表演水平不断升华的全部进程，都是在评弹进入大城市，特别是进入上海这个大都市以后才逐步完成的。因为大城市里书场多，听客多，尤其听客的文化层次和欣赏水平，要高于农村和中小城镇。听众以他们的审美标准来规范演员的演出，促使演员不仅要丰富节目内容，提高表演水平，更要净化书中粗俗低级的成分，最终使评弹成为一门雅俗共赏的精美艺术。

过去，在大城市里，凡是人口密集、商业繁荣的中心城区，书场尤为集中，这是一个规律。如三四十年代的上海老城隍庙周围，就有得意楼、柴行厅、怡情处、四美轩、玉液春、群玉楼、红月楼、逍遥楼、芳园、里园等十多家。在50年代，从南京东路浙江路口到南京西路江宁路口，这段大约两公里长的大街上，就有天韵楼、先施、新新、五层楼、西藏、新成、时懋、大沪、仙乐、沧洲和静园等十一家全上海的最好书场。在50年代的苏州，其市区面积很小，却集中有二十一家书场。无锡市内也有十家。书场的密集，对于出人、出书意义非凡。在评弹界，没有一位道僮儿，不把目光盯着苏州和上海这样的大城市。他们从小乡小镇走向小城市，从小城市走向大城市，然后进入上海的边缘地区；又从边缘地区一步一步迈向人口众多、书场密集的中心城区，最终要和那些已经成名成家的响档先生一争上下。青年演员一旦在市中心的某家书场里崭露了头角，附近的多家书场就会争相邀请，他们的命运便立即好转。评话家张鸿声就是一例。他初出茅庐时，与在城隍庙四美轩书场和周围多家书场中的评话名家们敌档，大获全胜，赢得个"飞机英烈"之美称，从此走红书坛。张鉴庭花了十多年时间七闯上海滩，最终在上海市中心的沧洲书场一炮打响。那些在民国前后成名的评弹名家，从魏钰卿、夏荷生、徐云志，到蒋月泉、严雪亭、唐耿良等，都是在大城市中书场密集的中心城区突破重围，冲杀出来的。

历史证明：书场一定要开在人口密集、商业繁荣的中心地区，才能出人才、出书目、出流派，评弹才能兴旺发达起来。最近的二十年来，政府部门把上海市中心的书场一家一家地关掉，使评弹演员失去了立足之地。就像把湿地一块一块地毁掉，导致候鸟失去了栖息繁衍之所而濒于灭绝。这无疑是上海文化工作中的一大败笔。听众对此是不满意的。这里有一段十年前在龙珠书苑的采访记录。

郁先生，六十七岁，退休老师。他说，每天下午到龙珠书苑去听书，是他一天中最开心的事情。听书可以学习历史，学习文化，也是很高雅的艺术享受。对于老年人来说，住地附近有一家书场，晚年生活有了乐趣，精神上有了寄托。他对市政府只重经济效益，不顾群众的文化需求，强行关闭市中心的玉兰和美琪两家书场非常不满；呼吁政府部门支持评弹，在市中心多开几家书场。

三、上海的听众

听众去书场主要是听书。根据上海市文广局的统计，近年来，本市书场里的听众每天有五六千人次，平均年龄在七十岁左右。究竟是什么原因，能够把那些古稀老人吸引到书场里去的呢？郁先生说出了其中的原委："听书可以学习历史，学习文化，也是很高雅的艺术享受。"这就是说，评弹是一门"寓教于乐"的高雅艺术，听众到书场里去，主要是去听书的。那么听众对评弹演出的审美过程，是如何在书场内进行并且完成的呢？

本人在阅读贵校的博士学位论文时，几次看到有引自美国民俗学家理查德·鲍曼的一段语录："表演者对观众承担展示自己交流能力的责任，这种交流能力，依赖于能够用社会认可的方式来说话的知识和才能。从观众的角度来说，表演者的表述行为由此成为品评的对象。此外，表演还可被显著地用于经验的升华。"[1]

---

[1] 〔美〕理查德·鲍曼：《作为表演的口头艺术》，杨利慧、安德明译，广西师范大学出版社，2008年，第12页。

当我第一次读到这段文字时，几乎是一头雾水，不知所云。在经过仔细琢磨后，发觉此话共有四层意思，对于了解评弹的表现形态和社会功能，以及分析听众对评弹演出的审美过程，很有启示作用。第一句"表演者对观众承担展示自己交流能力的责任"，意思是：评弹演员必须掌握说、噱、弹、唱的专业技能。第二句"这种交流能力，依赖于能够用社会认可的方式来说话的知识和才能"，意思是：演员应该具备运用语言来演绎故事的本事。第三句"从观众的角度来说，表演者的表述行为由此成为品评的对象"，意思是：审美的主体——听众，必然会对演出进行点评。第四句"表演还可以被显著地用于经验的升华"，意思是：听众在欣赏和品评演出的同时，也能提升自己的认识能力。把这四句话合并起来就是：评弹演员必须掌握说、噱、弹、唱的专业技能，具备运用语言来演绎故事的才干；审美的主体——听众，必然会对演出进行点评；听众在欣赏和品评演出的同时，也能提升自己的认识能力。这就是听书的全部涵义。鲍曼的这段话，对我以下的陈述很有帮助。

长篇评话《三国》在苏州评弹形成以前的宋代，就以说书形式在民间广为流传，至少有一千多年的历史。有一位著名的文学家，他在一本讨论古代小说的著作里说，《三国演义》之所以能够在民间传播，是因为故事的结构比较简洁，不像五代十国那样，线索过于复杂而不易叙述。此话有失偏颇。《三国》能够流传至今，难道是因为故事的结构比较简洁吗？那么刘邦和项羽争霸的故事，其结构更加简单，为何不能像《三国》那样影响得深与广呢？因为某个故事能够流传的主要因素，不在于其结构如何，而在于其内容如何。

在北宋年间，流传这样一个故事："涂巷小儿薄劣，为其家所厌苦，辄与数泉，令聚坐听说古话，至说《三国》事，闻玄德败，则颦蹙有出涕者，闻曹操败，则喜跃畅快，以是知君子小人之泽，百世不斩（绝）云云。"（《东坡志林》卷一《涂巷小儿听话〈三国〉》）说是，有一个顽皮的孩子，令家人头痛，于是给他几个钱让他去听书。说到《三国》时，刘备败了，小孩哭了；曹操败了，孩子喜了。听书能够让人辨别君子和小人，世代延绵。这个故事说明：（1）三国这段历史，以说书形式在民间传播至少有千年之久；（2）说书是传播"热爱刘备，痛恨曹操"这一经典观念的重要途径；（3）听书能启迪民智，改善人的品性。

中国的百姓之所以热爱刘备，绝不是因为刘备是东汉开国皇帝刘秀的后人，是封建正统思想在作怪，而是因为刘备是一位注重仁义道德的好人。他为了保护百姓，以致兵败当阳，损兵折将，连自己的独生儿子也差点送命。他注重信义，在身无立足之地时，也不肯将自己亲戚刘表的地盘占为己有。人们喜欢听《三国》故事，是期望中国的统治者，都能像刘备那样仁慈地善待百姓。这就体现了评弹艺术主要的社会功能：以讲故事来宣扬正气，传播民意。

那么人们为什么要痛恨曹操呢？评话《三国》通过具体的故事情节来告诉大家，曹操是一个权欲熏心、嗜血成性的奸雄。他为了控制皇帝，就把自己的女儿一个个送进宫去当妃子。他误杀了友人吕伯奢一家，还大言不惭地说，我不能去官府自首，我有大事要做。在夺取寿春城时，军心不振，他借了粮草官的头颅来鼓舞士气。《三国志·魏志·荀彧传》记载：曹操打到徐州一带，杀人数万，泗水断流。评话《三国》的传播，不仅是让民众能辨别善恶，也是规劝统治者：你不要以为能建功立业就是伟大，如果你学了曹操那一套，专横独裁，草菅人命，百姓迟早会唾弃你，让你遗臭万年。你应该像刘备那样善待百姓，才能流芳百世。

正因为有如此强大的精神力量，所以评话《三国》久演不衰，被称为"大书之王"。听前辈艺人说，在40年代的江南地区，演唱《三国》的演员有一百多人。就是在50年代初，还有几十人。1954年6月，在上海市区的四十二家书场里，共有一百一十三位演员在演出，其中评话有十七档，说《三国》的除了上海评弹团的唐耿良以外，还有陆耀良、顾又良和袁显良，占评话书目的四分之一。可是到2014年，在上海说《三国》的演员一个也没有了，在江浙沪评弹界，也只有一两档演员在演出。

那么《三国》一书因何会沉沦呢？主要原因在于听众的抵制。因为故事中"拥刘反曹"的主题基因，从50年代起，为了迎合政治潮流而渐渐地被转换了。听众接受不了这种不"拥刘"还要"批刘"，不"反曹"还要"捧曹"的转基因《三国》。

去年年底，当解军和我在平民书场做田野调查时，正好有一位评话演员在说《三国》。我们从头到尾听完演出，终于看到听众对走了样的《三国》是如何反应的。

那天说的是《三国·长坂坡·赵子龙三进当阳》，这是《三国》中最精彩的段子之一。平民书场有一百八十座，历年的平均上座率是一百九十六客。可是那天的听客不到一百人，演出才到一半，场内只剩六十人，有的还在打瞌睡。如此场景的出现是演员的技艺不好吗？不是！他是苏州评弹学校毕业生，三十岁左右，嗓音宽亮，说表老练而富有节奏，对于语气的掌握也能控制自如，有评话家金声伯的风范，是评弹"十佳青年"中唯一的评话演员。他的演出遭到冷遇的关键因素是话本走样了。

这回书在唐耿良先生的《三国》一百回中是第四十七回，名为《三进当阳》；在陆耀良先生的《三国·长坂坡》二十四回中是第十一回，名为《赵云问卜挑高览》。唐本和陆本在结构上有些不同，但是基本内容相似，就选唐本为例。

故事：赵云冒死深入曹营去寻找甘夫人、糜夫人和刘阿斗，而张飞误以为赵云去投奔曹操了，非要杀死他不可。当张飞得知自己冤枉了赵云时，不但向他认错，还告诉赵云，刘备相信他是忠义之士，绝不会去投降曹操。赵云大为感动，决心报答主公的信任，再冲曹营救主。接着就引出了赵子龙七冲当阳道，枪挑曹营有名上将五十四员的精彩故事。这回书写的是赵云的忠勇和刘备的仁智，以显示君臣之间相互信任对于克敌制胜的重要意义，是一回涵义深刻而情节动人的正功书。唐先生的录音是"文革"以后80年代录制的，已经恢复了传统版本的面貌。

而那位青年所说的内容和唐本完全不同。在他的话本中，贯穿于全书的线索是曹操要想知道在曹营中冲杀的白袍小将叫什么名字，而他手下的谋士和大将都回答不出。中间又花了约三十五分钟，来穿插四个与主题无关的小故事，把一百分钟的书回分割成九段。不仅故事情节支离破碎，对刘备和赵云之间的关系也只字不提。故事没有了灵魂，必然受到冷落。这肯定是经过改动的演出本。

《三国》一书在中华人民共和国成立之初的"改人、改戏、改制"的"三改"运动中并没有像《济公》那样被列为禁书，该书的厄运是从50年代中期开始的。

当时上边确立了以"功"为上来评判历史人物的原则，这和以"德"为上来评判历史人物的传统原则是完全对立的。还在1959年郭沫若编写话剧《蔡文姬》，撰文《替曹操翻案》以前，评弹界已经得到了有关方面的指示——明确提出"拥刘反曹"是封建正统观念，必须改动。

这可为难了说《三国》的演员。唐耿良先生说："把曹操写成正面人物，人物关系全部颠倒，我这'三把火'如何再能演出？"[1] 对于"拥刘"是出于封建正统观念之说，唐耿良也想不通。因为"《三国》中对刘表、刘璋，甚至（对）刘阿斗也是持批判态度的。"[2] 既然上面有了指示，那么改不改是立场问题，不改也得改。

对于演员来说，说坏刘备，要比说好曹操容易些。于是刘备"爱民如子"的形象，在书坛上渐渐走了样，引起听众的抵制。

本人曾经听到《三国》名家陆耀良先生讲过这样一个故事。60年代初，他在上海西藏书场演出《三国·长坂坡》。剪书的那天，一位年纪六十多岁的听客——他是陆耀良的忠实听众、老朋友——来到后台，说道："陆同志，今天你在台上说，刘备的三分天下，一半是打出来的，一半是哭出来的。你又说，刘备看到赵子龙杀得浑身是血，就把刘阿斗扔在地上，这是做给手下看的'做功'。还说刘备的仁义道德是表面文章，其实他很虚伪。那么刘备和曹操是一样的啰？"

陆耀良说："他们都是封建统治者，是一样的。"

听客又说："现在史学界在为曹操翻案，你以后会不会把曹操说成好人，把刘备说成坏人？"

陆耀良说："格倒作兴（可能）的，现在还吃不准。"

听客说："假使拿曹操说成是好人，那么你的《三国》我不要听了。"说完就走。

我是在80年代中听到这个故事的，那时"文革"结束已有十多年了，对于一些历史疑问也

---

[1] 唐力行主编：《别梦依稀——说书人唐耿良纪念文集》，商务印书馆，2015年，第48页。
[2] 唐力行主编：《别梦依稀——说书人唐耿良纪念文集》，第49页。

敢于做些反思。我想，这位有识之士可算是听众的典型，民意的代表。他能够意识到，把一个劣迹斑斑的历史罪人，当作标兵来宣传，那是有目的的，是危险的。如其所料，公开为曹操翻案仅仅几年，"文化大革命"开始了。"四人帮"要打倒谁，没有证据就可以捏造。只要目标是伟大的，手段不必计较，这正是曹操的处事原则。

陆耀良的忠实听众，深知评弹的社会影响，他是通过文艺批评的方式来表达自己的政治观点。这就是上引鲍曼那段话中的第三句："从观众的角度来说，表演者的表述行为由此成为品评的对象。"那位品评陆耀良演出的听众，是要让《三国》保持原有的形态，来宣扬正确的传统观念。这一愿望，和习近平在去年文艺座谈会上所说的是一致的，他说："追求真善美是文艺的永恒价值。""我们要通过文艺作品传递真善美，传递向上向善的价值观。"

以一滴水看大海。从上述例证中，我们可以看到评弹听众有别于其他表演艺术受众的一大特点：他们年龄大、阅历深、老成持重、富有经验，其中不乏忧国忧民的有识之士。那位听众，在政治逆流汹涌来袭之际，还想把评弹保存为"拥刘反曹"的一片净土，体现了他对评弹社会功能的深刻理解和"天下兴旺，匹夫有责"的精神。"寓教于乐"，这是听众到书场去的主要原因。

除了听书，听众又把书场看作公共活动场所。评弹演出的连续性，形成了听众群体的稳定性，他们彼此相识，平和相处。

在一次采访中，我看到杨东书场有十多位听众正围坐在一位六十多岁的退休医生的周围，听他讲述最近去江西旅游的经历。他张开五指说：一斤茶叶开价是八百元，还价到五百元就能买下。他告诫大家，旅游景点的价格"虚头"很多，要吸取他的经验。

在南汇老年活动中心，一位听众说：前几年，他买了建筑材料要改建住房，在书场里偶然听到消息，知道当地要开辟公路，家宅就要动迁。于是他另做打算，为此获利数万元之多。

杨东书场的一位听客张先生，偶然购得古董手表一块，就请在书场里认识的钟表收藏家尤先生鉴定。结果显示这很可能是一块货真价实的古董表，张先生显得很开心。

乡音书场的听客，在小落回时聚集在门口，讨论退休金多轨制的问题。

听众来到书场后，为数不少的人在看书、看报；也有的在嗑瓜子、打毛衣、打扑克牌；有的什么也不做，独自默默静思。我在龙珠书苑遇到一位老人，正在引吭高歌："在那遥远的地方，有位好姑娘……"他是当地老人合唱团的成员，在练嗓子。

有些听众来到书场后就静坐一处闭目养神，直到开演；也有人一到书场便呼呼大睡。据场方说，有的是家中人多屋小，不如书场宽畅；有的是琐事繁杂，来此求得片刻安宁。也有少数听众以场为"家"，他们就是喜欢书场中闹中取静的特殊气氛，赶来睡上一觉。这种景象在其他娱乐场所中很少见到。总之，听众在书场里很开心。

下面来说一说听众对评弹的看法。第一，听众并未出现断层。有人说，当前评弹市场不景气是听众"断层"所造成的，这一说法被很多听客所否定。他们认为，并不是每天去书场听书的才叫听客，凡是爱好评弹的都是听客。在电视书场开播时，每天的收看者数量仅市区就在两万以上。当播放上海范林元和冯小瑛演出的《三笑》，苏州袁小良和王瑾演出的《孟丽君》时，每天的听众数量在十万以上。书场里听众少的原因，不是听众的"断层"，而主要是书场被边缘化，还有演出节目内容上的问题。

第二，听众希望听新书。一位资深听客拿出一份50年代上海评弹团演出过的传统长篇目录，其中弹词有十五部，评话有七部。而现在该团演出的弹词还剩五六部，评话只有一两部。而演唱《玉蜻蜓》的有六档，全都是蒋月泉的传人。有位听客对该团的一位领导说："你们不要叫上海评弹团，就叫《玉蜻蜓》评弹团吧。"

听众要听时政题材的新书。一位名不见经传的演员叫陈荣光，表演水平一般，在平民书场演出《廉政风暴》时，一百八十座的场子，增加到三百二十四座，连书台上也坐满了听客。这种盛况是评弹演出史上罕见的，只有"描王"夏荷生1935年在得意楼演出时有过如此光彩。

听众欢迎时政书目的原因，正如江苏团团长、评话演员姜永春说的：一切政治活动都会影响到百姓的日常生活，百姓要想知道国家的真情是合理要求，千百年来都是如此。比如，北宋的岳飞被害，说是皇帝下了十二道金牌，百姓疑虑，认为这是秦桧所为。结果民间就有了《疯僧扫秦》的故事。假如政府以权力为手段，来压制事实真相的传播，那么群众就会从各种渠道去了解情况，听书也是了解真相的渠道之一。虽然上海并没有明令禁演时政书目，不过乡音书苑是不演这类长篇的。

第三，评弹应该"就"老年。"要让评弹去就青年，不要让青年来就评弹。"对于此说，几乎没有一个老听客表示赞成。乡音书苑的一位听客说：现在，上海团的周红和徐惠新，一讲到评弹，就讲要"就青年"。就青年是就不好的，不如拿评弹来就老年，老年听众也要有接班人。你要就青年，就到最后要绝种的，没有人要听的。高博文弦子背在身上弹唱，"文革"中就是这副腔调，啥人要听？弄得评弹不像评弹。你不要去就青年，要把已经退休的人拉到书场里来听书。京剧、昆剧、沪剧、越剧，也有青年观众少的问题，可是没有人提出要去就青年，为何就是评弹要就青年？

四、当前的评弹演员

目前，上海有专业评弹演出团体六个、演员近百人。其中上海评弹传习所（简称"上传所"）

属于全民所有制团体,有在职演员约四十人。其余各团都为民营团体,人数最多的是吴韵团,有五十多人;最少的是花厅团,只有一人。

评弹演员目前的状况如何?平民书场的宋先生引用听客的话说:"台上看台下,一片白茫茫;台下看台上,两眼泪汪汪。""白茫茫"是指书场里白发老人多;"泪汪汪",是指演员的形态,尤其是青年演员,他们有很多的苦衷。

苦衷一是收入太少。上传所演员收入稳定。青年演员如能完成每年两百场的演出指标,年薪七万到九万元是有的。吴韵评弹团团长张兆君介绍,他们民营团体没有国家补贴,演员的年收入只有五万到八万。青年演员用这些钱来养家糊口还算可以,如要买房子、抚养父母儿女那就困难了。收入不高,难免要"两眼泪汪汪"了。

苦衷二是家事繁多。中青年演员,上有老,下有小,他们长期在外演出,不但生活单调艰苦,更给家庭带来麻烦。苏州团的蔡玉良和常州团的刘芳是夫妻档,有一个六岁的儿子,由祖母带着。每逢他们演毕归家,儿子故意不理不睬,表示对他们经常离家的不满。谈起此事,他们俩也有点"两眼泪汪汪"。

苦衷三是书目陈旧。上传所的青年演员陆嘉伟和朱琳,去请教平民书场的宋先生:"为什么听众对《神弹子》一书反应冷淡?"宋先生回答说:"这部书张振华说了四十年,郭玉麟说了三十年,书性太熟。"书目陈旧制约了演员才能的发挥,有的就不演长篇而去旅游景点唱开篇。即使留在评弹界的中青年演员,演出也很少。

演员只有多演才能成材。美国《纽约客》杂志的一位特约撰稿人,叫格拉德威尔(Malcolm Gladwell),他写了一篇题为《解构成功》的文章,说是,一个人要想在某项工作上取得成功,必须有一万小时的实践,称为"一万小时定律"。他在调查英国披头士乐队成功的经验时,发现乐队成员的年纪大多只有二十几岁,是否会有一万小时的实践?后来拿到一份宣传资料,才知道披头士在一年半的时间里,去德国演出五次,共二百七十场,每场演五个小时。1964年,当他们一鸣惊人时,已经累计演出了一万二千小时。

再看评弹名家严雪亭。1927年,他十四岁学艺,十五岁登台演出。每天唱两场,每场两小时,一年演出三百五十天,年累计一千四百小时。1936年,当他二十三岁进入上海时,已有一万一千二百小时的实践经验,一炮打响,不足为怪。而现在上传所的演出指标是一年两百场,每场两小时,一年演出四百小时,演满一万小时要花二十五年。虽说现在人的寿命长,五十岁成名不算太晚,可是听众等不及了。

听众认为,多数演员是兢兢业业的,也有少数演员对演出敷衍塞责。有的在开演前五分钟到场,连乐器也没有校正,就匆匆开口;个别女演员穿着牛仔裤演唱才子佳人,还要起脚色,令人啼笑皆非。

青年演员缺乏敬业精神的原因不少，说书人收入不高是重要因素。在过去，一个道僮儿，即使不是说书天才，只要努力学艺，卖力演出，从出道起，要不了五年十年，就能衣食无忧。据曹莉茵说，她的外公、评话家曹汉昌，不到三十岁，就能养活一家六口，还在苏州买了两栋房子。蒋云仙在50年代末，每天演出四场，平均月入二千多元，是当时上海职工平均工资的三十多倍。正因如此，才吸引了大批有才能的青年。现在的青年演员并不懒惰，他们也想多多演出以积累经验，增加收入。可是书场少，书目老，于是到"新天地"这样的休闲场所去演唱。为了"就"那里的青年听众，便有了电子评弹、摇滚评弹、迪斯科评弹。"会白相"的就搞评弹交响乐，票价三百至七百元，这种演出会有评弹味吗？

票价太低，这是演员收入不多的主要原因。上海已经连续十三年没有提高评弹票价了。为什么不提价呢？据说是怕群众不满。大约在十年前，杭州的书票价格由两元提高到三元，群众闹得蛮厉害，最后由物价局出面调解。经过专业人士的认真核算后，结论是：一张书票的准确价格应该是四十二元。目前，上海的票价除了乡音是十五元，其他书场是三至五元。

票价应该多少钱一张才算合理？1958年2月上海的书场票价是：仙乐书场四角和三角，西藏三角五和二角五，沧洲二角，乐安一角，平均票价是二角五分。50年代上海职工的平均工资是五十元，市民听一次书的费用占月收入的0.5%。2015年2月27日，人力资源和社会保障部报告称：现在，上海员工的平均月薪是六千元。按0.5%计算，书票的基准价格应该是三十元。要是乡音书苑的票价提高一倍，其他书场也做相应调整，演员的包场费就能提高一倍，就能大大提高演员的演出积极性，在竞争中出人出书。

最后来谈一下"杨子江现象"。在讨论21世纪评弹演员的时候，有一个人是不能不提的，他叫杨子江，1926年生，江苏江阴人。对于他早年的经历有几种说法：一说，他早年毕业于上海大夏大学。[1] 另一说，他早年在上海摆地摊，做过测字先生，也在南方的一个城市里当过小报记者。据他自述，年轻时在北京生活过，接触过当时的有钱人。到底哪一种说法是正确的，本人难以断定，但是有几点是可以肯定的：（1）他的生活经历要比一般的评弹演员来得丰富，见识也更广博。（2）他是演说《清宫十三朝》的评话艺人陔南轩的徒弟。（3）60年代初，他加入上海星火评弹团；2006年，注册成立苏州夕阳红评弹团并任团长。

杨子江演出过的长篇有《康熙皇帝》《雍正王朝》《林则徐》《彭德怀》《潘汉年》《刘少奇和邓小平》等。[2] 他的表演，以叙述为主，擅长用不同的方言来区分各个人物。

1　王公企编著：《书坛春秋续集》，自印本。
2　王公企编著：《书坛春秋续集》，自印本，第268页。

20世纪90年代,杨子江开始走红,所到之处听众蜂拥。《新民晚报》《解放日报》《姑苏晚报》等报刊,都称赞他的演出内容能贴近现实,即使说历史题材的长篇,也会把历史故事和现实生活联系起来。他是一位有争议的人物,先后被上海和苏州的政府部门下令禁演。

他去世后,听众把杨子江的演出归纳为三点:一是他的新书题材,都是中华人民共和国成立以来发生的历史事件;二是他说出了听众想说而没有说出来的心里话;三是他的穿插看似随口说出,却是对当今一些社会现象的善意批评。此现象被称为"杨子江现象"。[1]

彭本乐

本人在最近的田野调查中,也确实感到"杨子江现象"的存在。其一,自从90年代初开始,杨子江率先演出新书《彭德怀》,至今这类政治题材的长篇已有二三十部之多,不仅书目多,演出者也多,成为当前书坛的主流书目之一。其二,这类话本的编写模式和表演模式,大多模仿杨子江的风格。话本是"带表带做"的,起脚色主要靠方言来显露。其三,在演出中,或多或少有穿插对社会现象的点评。

当代人说当代书,历来有之,无可厚非。不过杨子江所编说的新书,只是一个个场景的转换,缺乏连贯的故事情节,更少艺术形象,这在评弹界称之为"拉洋片",虽然卖座,却难传承。正如英国小说大师安东尼·伯吉斯所说的:"一般说来,最赚钱的书,是那些既无风格又很粗糙,平庸而简单化地描写现实生活的书。"

对于杨子江演出中的大量穿插,本人也不以为然。评话的意思是,运用语言来演绎故事,并不要求演员对故事中的人物和事件加以点评。说《岳传》的曹汉昌和说《隋唐》的吴子安两位评话名家,在他们的演出中没有一句点评的话,难道他们的演出就不是评话?演员对于书中人物和事件的倾向,不应该直白地说出来,而是通过故事情节来表达。正如恩格斯在1885年11月26日给巴黎的明娜·考斯基信中所说的:"我认为,倾向应当不是特别地说出来,而要让它自己从场面的情节中流露出来。"评弹的经典唱本中,从来没有那种杨子江式的点评。

评弹的社会功能,不是以简单粗糙的作品去歌颂伟人伟事,也不是在台上讲些听众想要听的

---

[1] 王公企编著:《书坛春秋续集》,自印本,第266页。

激烈话语，而要像明代作家凌濛初在《拍案惊奇》第十二卷中说的："最有益的是论些世情，说些因果，等听了的触着心灵，把平日邪路念头化将黑恶，这个就是说书的一片道学心肠。"

五、结　语

（一）评弹还能存在多久？

回答是，评弹还能存在很久。所谓很久，是指在可以预见的将来评弹不会消失。

原因一：评弹艺术形式简单，内涵丰富。通过说、噱、弹、唱来宣扬忠、孝、节、义，具有良好的社会功能。评弹的语言和音乐，是江南民众心灵的结晶和展示，是中华文化的精髓之一。人们热爱评弹，不只爱其形式的优美，更加爱其内容的精深。

原因二：从表面上看，因书场的减少，听众范围在不断缩小。但是评弹有数千小时的录音和录像节目，正在全国乃至世界各地传播着。这些节目中包含了评弹艺术的精品，赢得了越来越多的新听众。可以肯定，现在爱听评弹的人数，要比过去任何时代更多，只要条件具备，听过音像的听众，将成为书场中的常客。

原因三：在传统表演艺术全面萎缩的今天，评弹在江浙沪地区，尚有数百位专业和业余演员，每天在数百家城镇书场或娱乐场所里演出。还有两所专门的艺术学校在不断培养专业人才，这在全国曲艺界是绝无仅有的，是评弹生命力强盛的又一展现。

原因四：约在十年前，江苏和上海先后将评弹列入非物质文化遗产，政府加强了扶持评弹的措施。不管这种措施起到了多大作用，至少不会再因外力而导致评弹的彻底灭绝。

原因五：最近二十年来，有大量评弹的唱本、话本和文献资料陆续出版，这对保存和发展评弹艺术意义重大。更为可喜的是，随着人们对传统艺术的重视，研究评弹的人也越来越多。其中有中国人也有外国人，有学者教授，也有青年学子。上海师范大学人文学院，无疑是影响最大、成果最多的评弹学术基地，不但已经发表了质量很高、为数可观的学术著作和论文，还培养了一批高级的评弹研究人才，为"出人、出书、走正路，保存和发展评弹艺术"做出了贡献。

有一位评弹爱好者发来电子邮件说：上师大的著作和论文，大多是研究评弹历史的，不能解决当前的演出问题。我就把俄国思想家赫尔岑的一段语录发给他作为回应："充分地理解过去，我们可以弄清现状；深刻认识过去的意义，我们可以揭示未来的意义；向后看，就是向前进。知道了从哪里来，就会更清楚地知道到哪里去。"

（二）评弹前景展望

评弹能否在不久的将来重现昔日的辉煌？

回答是：不可能！

因为评弹的发展不是培养几个演员就能成功的，还要有评论、创作和理论人才，还要有书场、电台、电视、报纸、刊物等宣传工具的配合。而这些工具到目前为止，还全部掌控在政府手中。即使把"文艺为无产阶级政治服务"的口号，换成"文艺为广大人民群众服务"的口号，也只是"新瓶陈酒"，评弹仍然被关在为政治服务的"笼子"里，尽管这只"笼子"比过去要大些。历史潮流滚滚向前，不管在哪个国家，社会的民主和自由总会实现，虽有曲折，无一例外。

评弹正在走下坡，这是事实，但是走下坡并非走绝路。正如《西厢记·游殿》中，小和尚法聪对张生说的一句话："相公，伲现在是在往下走，这个名堂叫'后面高于前面'。"评弹的后面（将来），也可能会高于前面（过去）。

谢谢大家！

演讲时间：2014年5月19日

整理者：彭本乐

第三十一讲
"蒋调"与蒋派

　　本文提出"评弹需要确立流派"的观点。首先,本文讨论了评弹的"调"与"派"的关系,并指出弹词形成流派的标准,明确弹词的八大流派。其次,翁思再分析了蒋派的艺术特色。蒋派的表演风格"入情很深,但是出情很淡,令人感到妥帖适宜,深沉隽永"。蒋派艺术善于勾勒小人物复杂的内心世界,并对市井生活的细节加以生动的描述,在说表上更是不温不火,超脱飘逸。需要指出的是,蒋派艺术不仅是蒋月泉个人的创造,也与朱慧珍的搭档、弹词作家陈灵犀老夫子的辅弼是分不开的。最后,本文讨论了蒋派在弹词艺术中的地位。蒋派这一基础流派是由它的时代性、派生性、中和性和广谱性的特征决定的。这并不是唯蒋派独尊,而是从艺术发展的内在规律出发,希望蒋派能够和其他流派一道,为弹词艺术夯实基础。对"流派"和"调"的讨论不仅仅是概念之争,实际上对评弹走出困境,克服当今的种种弊端极有意义。

翁思再

1948 年出生于上海的海关世家,祖籍江苏吴县。华东师范大学研究员,历任《新民晚报》记者、编辑、文艺部负责人、驻北京记者站站长、特稿部副主任,《文汇电影时报》副主编等职。京剧学者,剧作家。曾获中国新闻奖、全国现场短新闻奖、上海新闻奖、全国晚报好新闻奖等。时任文汇新民报业集团文化发展顾问,兼任中国戏曲学会理事、上海戏剧家协会常务理事。著有专著《京剧丛谈百年录》《余叔岩研究》《余叔岩传》,论文《王元化〈京剧与传统文化〉注跋》《在梅派和梅兰芳体系之间》《程砚秋的学者人格》《京剧音韵新解》等。近年来,他关注苏州评弹艺术规律的研究,并对评弹流派进行了深入的文化思考。

2015 年 5 月 21 日，应上海师范大学唐力行教授邀请，在该校"苏州评弹与江南社会"漫谈评弹流派以及"蒋调"同京剧之渊源的话题，其中相关内容出自本人同沈善增、张梧合写的《概说评弹流派和蒋派基础》一文。此次演讲的后半部分多为现场即兴拟声，涉及记谱不便整理，从略。兹根据录音将该演讲前半部分整理发表如下。

一、评弹需要确立流派观点

长期以来，对于评弹艺术群体风格的描述只有"调"的概念，这原本是音乐范畴用词，因此这种描述会造成把"说噱弹唱"加上起脚色扮演的评弹综合艺术，囿于唱腔之一隅。如果忽视评弹本体的家法，任凭唱腔单一发展，那么评弹艺术就会萎缩成"音乐会评弹""饭店评弹"之类，失却其整体性。因此我认为有必要在评弹文化的话语范畴里，增加一个"派"的概念。也就是说，有几个"调"可以改称为"派"，设置在"调"的上游。

评弹设置流派的想法非自本人始。二十年前，评弹作家窦福龙先生面对电台主持人万仰祖的采访时说道："在杨振雄的艺术结构里，既采用昆曲，又采用陈遇乾的'陈调'，还在《西厢记》里以'俞调'来表现张生，把这样一种艺术风格称为'杨调'，是不妥当的。"也就是说，"杨调"的叫法不足以涵盖杨振雄先生的艺术整体。为此窦福龙先生提出了一个"杨派"的概念。90 年代末，故友吴越人先生把正在香港就医的蒋月泉请回上海，请有关方面接纳他在上海安居和就医，这一时期他为蒋月泉举办过一系列活动，一再提到要把"蒋调"改称为"蒋派"。

原来弹词中以创造者姓氏命名的"调"之间，并没有统一的标准，有的重其旋律，有的重其节奏，有的重其风韵，有的重其劲头，有的则兼而有之。拿早期陈遇乾的"陈调"来说，今人看来它仅仅是单一的调式和板式而已，如同京剧中称"二黄"和"原板"之类。"陈调"凝重古朴、流畅明快，成为一种专用于书中类如老生、老旦脚色的特定唱腔。如蒋月泉在《玉蜻蜓》中以"陈调"唱《徐公不觉泪汪汪》，恰当表达了徐元宰养父的悲愤口吻。杨振雄要塑造武松形象，当然不能以他最常用的比较有书卷气的昆曲俞派小生唱法，其《武松打虎》里面以"陈调"来表现，性格就准确了。在《珍珠塔》中，"陈调"被沈俭安用来塑造"老旦"方太太。这种作为塑造人物的手段的功能,不仅"陈调"如此,"俞调""夏调"亦然。但凡表现青衣脚色的弹唱多用"俞调",而表现小生脚色的弹唱多用"夏调"。可见"调"的概念有工具化作为调式、板式别称的一面。如果在"调"上游设置"派"的概念,就有利于对各种形态的"调"进行准确描述,显示它们在艺术综合方面的宽和窄、源和流方面的差别。

评弹流派的标准如何确立呢?我们认为,根据弹词艺术的自身特点,称流派者须具备如下要素(此处专指弹词,评话未予论列):第一,说、噱、弹、唱、演,均独有特色;第二,在上述五项技术的全面发展中,须呈现一定的审美原则,使其艺术风格具有内在的一致性和系统性;第三,有经典书目作为传承的载体;第四,有人学演、传播,其传人如众星拱月。

根据上述四项标准,弹词艺术中的流派是客观存在而非主观臆造的。我认为,符合上述标准的有以下八个流派:周派、徐派、严派、姚派、蒋派、张派、杨派以及"马调"流派群。

翁思再做报告

上述这些流派,虽然特点不一,各擅胜场,比如马派"酣畅"、周派"稳重"、徐派"软糯"、姚派"灵巧"、严派"生动"、蒋派"飘逸"、张派"劲爆"、杨派"典雅",但都在说、噱、弹、唱、演上自成一体,蔚为大观。更为重要的是,它们不仅有其浓郁的个人风格,而且里面还往往蕴含具有普遍性和典范性的艺术法则,因此它们被书坛后人奉为圭臬。

二、从"蒋调"到蒋派

在所有流派创始人中,蒋月泉虽非资格最老,却是流传最广、群众基础最雄厚的。长期以来内外行推崇"蒋调",自然就凸显了蒋月泉的弹唱艺术,以至于后世传承中出现了"以偏概全、以唱代说"的误解。这种片面性遮蔽了蒋月泉艺术中的其他许多精华和亮点,更偏离了说书的本体。我们之所以要从蒋派而不是"蒋调"的角度重新审视和评判蒋月泉艺术,是为了阐述其全面性和综合性。

蒋月泉先生在说表方面的特点和风格,与他的弹唱艺术之间有着内在的、原理上的一致性。他的长篇《玉蜻蜓》在业内公认是"小闲话"之王,于纤毫之间勾勒人物复杂的内心世界和市井生活的精细计算。蒋月泉的师父周玉泉先生在《玉蜻蜓》中，张扬其冷面隽永的风格，以冷眼旁观世态呈现款曲幽深的人情世界。蒋月泉先生首先继承其师的冷隽幽默，又在具体说表过程中，进一步演化为深情蕴藉而又不失清脱飘逸的风格。而在用情方面，蒋派与张派不同，所谓"大书一股劲，小书一段情"，张鉴庭是火炽激情，蒋月泉是款款深情。比如在《玉蜻蜓》的传世折子《庵堂认母》和《厅堂夺子》中，蒋月泉表现的都是人伦之情，用情时看似毫不费力，实际上是在不疾不徐、不温不火之中，寸有所长，尺有所短，弹性地呈现跌宕起伏，同时又不乏流畅而又紧凑的总节奏，从而使他的表演具有外松内紧的特点。蒋月泉入情很深，但是出情很淡，令人感到稳妥贴切、深沉隽永。反观那些功力不足的演员，一旦入情，就会在表演上过分"深沉"，以至于笨拙拖沓，令人不堪重负，倍感矫揉造作。

《玉蜻蜓》中的《看龙船》《骗上辕门》等以说表为主的回目更能说明问题。《骗上辕门》的高潮是两个僮儿"说鬼话"，其中一个僮儿既要求分到一半赏银，却又不肯出力，此刻蒋先生放噱头说："倷格小赤佬，哪亨连得说鬼话也要吃大锅饭？"令人捧腹。蒋先生的噱头大多是"肉里噱"，而不是滥放那种脱离书情的"外插花"。

弹词艺术不是戏剧，起脚色须"跳进跳出"，而行话说，跳进去很难，跳出来更难。然而蒋月泉则往往是轻松地进去，淡泊中出来，毫不费力，没有斧凿之痕，这同他用情时着力方式有关。所谓"冷面滑稽"，看似平淡而实际上有很强的张力，令人回味无穷。蒋月泉起脚色的特点也非常鲜明。兹比较各派起脚色时的区别：张鉴庭是漫画，抓住要点，适度夸张；严雪亭往往是群像，繁而不乱，错落有致；姚荫梅是素描，铺排深入，生动细致；杨振雄是借鉴戏曲的起霸、亮相、打引子等，讲究身段，注重形体的雕塑性；而蒋先生则像是水墨小品，重在勾勒精神，点到为止，要言不烦。

在以说表为本体的说书艺术中，放噱头和起脚色这两种手段如同烹调中的调味品，不可没有，也不可太多。在这方面蒋月泉也把握得极好。比如，在《大生堂》中蒋先生起王永昌脚色时，侧重从内心世界的"小九九"加以勾勒，突出王永昌精于算计的特点。他利用王永昌人物的"内心算计"和"外表慷慨"之间的反差，活脱脱勾勒出王永昌的虚伪世故。且说一个细节：药店老板王永昌既想笼络许仙，却又生性吝啬，请吃饭不舍得买双交面，只派仆人阿喜去买回来一碗馄饨。可是他又生怕阿喜揩油，便在许仙吃馄饨时仔细观察，"一五""一十"地数馄饨。许仙吃到第十五只时随口问师母的年龄，此刻王老板正全神贯注在馄饨的数目上，随口说"十五"。许仙惊诧："啊？师母大人今年只有十五岁么？"王老板这才醒过来，更正说："噢，五十，五十……"这回书每演至此，必然赢得满堂笑声。

蒋先生在做这些"肉里噱"时仿佛信手拈来，易如反掌。他讲究的是以少胜多、以简驭繁，显得松弛和雅致。

"清脱飘逸、深情蕴藉、外松内紧、以少胜多",这是我们对蒋派艺术特色的初步概括和总结。其中"清脱飘逸、深情蕴藉"是风格,"外松内紧、以少胜多"是手法,二者之间相互协调,达到了"醇美平和"之境。这同他的弹唱艺术在原理上是一致的,是蒋派艺术的总体风貌和内在精髓。正是在此意义上,蒋先生的"蒋调"连同他的说表艺术构成了一个整体,即蒋派表演系统。

蒋派艺术不仅是蒋月泉先生的个人创造,也是同搭档朱慧珍和弹词作家陈灵犀的辅弼是分不开的。"金嗓子"朱慧珍以唱"俞调"和"女蒋调"著称,尤其是她以"俞调"和蒋月泉的"蒋调"所形成的对立统一,可以说是天作之合。"蒋调"深沉,"俞调"高逸,有二重唱之和声趣味。蒋、俞在深情蕴藉上相通,本是二者风格上所具的一致性,而二者在阴阳对比中找到和谐,珠联璧合,为书坛之绝配。说书内容的推陈出新也是蒋派的题中之义。《蜻蜓》《白蛇》,固然沿袭旧本,但是其中整理改编之功,当归陈老夫子。陈灵犀和蒋月泉之间的配合确实可谓"心有灵犀",如何开书、如何盘盖、如何铺陈、如何切书、如何铺陈细节,均为编剧和表演艺术相结合的呈现。由此可见,蒋月泉的艺术,只用描述唱腔的"蒋调"这个词是不能够涵盖的。要想完整掌握蒋月泉艺术,不仅要精研"蒋调",还要雕琢说表,更要留心作者和二度创作的剪裁以及情节、细节的设置之奥妙,这些容易被忽视之处,恰恰也是蒋派艺术的精彩组成部分。

三、蒋派的基础性

在分析"调"和"派"的区别,论述蒋月泉艺术的整体性,确立蒋派艺术的概念之后,申而论之,我们认为蒋派在弹词艺术的诸派诸调里具有基础性,或者说蒋派弹词是一个基础性的流派。这是由蒋派艺术的时代性、派生性、中和性和广谱性的特征所决定的。

首先,就时代性特征而言,蒋派艺术在弹词艺术的发展过程中符合新市民的审美需求。原来蒋派发祥之地,不是在蒋月泉的原籍苏州而是20世纪中期他的第二故乡上海,深得租界文明之三昧。租界里的听众文化层次相对比较高,那里的新市民包括中产阶级与知识分子,他们的审美趣味培育了蒋月泉的舞台风度。蒋派的所谓"派头",包括着装、发型、手面、语态、神情、动作等,显得特别优雅。记得有一次他款款上台时,身着玄色长衫,底下是笔挺的毛料裤和锃亮的黑皮鞋;浓眉下藏着深邃的眼睛,笑容可掬,满面春风。坐定之后,捋一捋洁白的袖口,掏出一块正方形的白手帕,轻巧地叠一下,两个手指一捏,摆放到桌面上……仅仅这一套有条不紊的过程,就赢来一片掌声。曲艺是草根文化,可是过分"土气"在租界里吃不开,吴侬软语好听,可是甜过头了就会被嫌酸。蒋月泉避此二弊，是他思想跟上时代，也是人格魅力所致。这也是当时的新市民向往真善美之"人的本质力量"所决定的。

其次，从"蒋调"派生出来的"张调""尤调""丽调"，也都传唱广泛、脍炙人口。"蒋调"出来后，其上游之"周调"地盘缩小了，而下游这些流派生成后，"蒋调"的影响不仅没有缩小，反而更加扩展了。这种派生是在基础之上的顺向发展，反之则不可能。就像京剧艺术中梅派可以派生程派，余派可以派生杨派，而程派、杨派却只能朝它们的下游顺向分叉而不可能再向上游逆向派生。这就是基础性流派和特色性流派的区别。京剧中的生旦配角，即二路三路老生及二旦，往往是工余派或梅派，就显得工稳，这是基础性流派通大路所达到的效果。在评弹领域里，我们发现蒋派具备这种基础性。一般性的叙事用"蒋调"来唱，往往显得平稳妥帖，不会显得突兀。

再次，蒋派艺术的内在魅力在于它的中和性。就声音造型和艺术形象而言，中和性表现在"雍容敦厚"上。内在气质大气、高贵，而外表形象则可谓醇厚平实、和蔼可亲。与它的母体相比，"周调"就显得清癯、单薄了。

一位网友说："站在杨、张中间，蒋平衡了雅俗。站在薛、徐中间，蒋平衡了刚柔。（站在）严、姚间平衡了新旧。蒋好在平衡，美在中正。""蒋的特色在于没有特色，好比梅兰芳。"蒋月泉的表演没有见棱见角的地方，换句话说就是不见突出之处，平稳大方。就像一张端端正正的脸庞，由于抓不着任何特点，漫画家无从下手去夸张。这就是蒋派的规范性所在。再以歌唱来说，蒋派没有强劲剧烈的高低跌宕，没有大拉大扯的力速对比，而总是那么流畅自然地娓娓道来，以简驭繁。唯其通俗平实，就容易被学唱。中规中矩的蒋派艺术之所以能够成为"大众情人"，即与他的这种中和性有关。

最后一点是关于蒋派艺术的广谱性。蒋派艺术是弹词艺术发展到一定阶段后的集大成者，有很强的综合性。在书台上，蒋月泉虽然像其他流派创始人一样唱上手，可是他的"蒋调"不然，非但上手用之而且许多下手也用之，几位流派名家的下手都选择唱"蒋调"。比如杨振言就是以"蒋调"与上手杨振雄配合，相得益彰。张鉴国糅"张调"于"蒋调"，一曲《战长沙》与张鉴庭的"张调"搭配，可谓珠联璧合。陈希安则将"蒋调"与"薛调"相结合，一曲《党的叮咛》令人耳目一新。通过这些例子，可见"蒋调"的延伸性和的包容性，表明蒋派艺术的广谱性。

基础性流派与特色性流派的明显区别，就在于它比较普通，没有显著的特色，因此以往京剧科班的生、旦教学，都从余、梅基础性流派起步，这是由其广谱性所决定的。著名哲学家叶秀山说："每个时期都有综合上个阶段的综合性的流派，这也就是形成以后流派发展的'源'。由这个'源'，可以发展成许多支流，这些支流在不同的方面为某部门的艺术创造了新的因素，为更高的综合准备条件，在一定的时期后，这些支流，又会汇合成'源'，这时就把某部门的艺术推向新的阶段，便又会产生新的具有代表性的流派。艺术的发展，就是这样循环不已，日见完善的。"

蒋派作为基础性的流派，这个立论是从经验事实中来的，是晚近以来听众与演员的自然选择，而不是什么人主观努力的结果，更不是以行政力量之推行或其他人为操作使然。需要说明的是，我们论述"蒋调"、蒋派并申论其基础性，并不是出于独尊蒋月泉的拥趸心态，而是希望揭示艺术发展的内在运动规律。

蒋派艺术的形成是弹词发展史上的新篇章，是时下弹词从业者得以起步的一个新源头、新平台，我们期待，当下的书坛不仅能够有"蒋调"传人，更能有蒋派传人；不仅有蒋派传人，也能有其他流派传人；不仅有流派传人，更能在基础的平台上发育出弹词的新传人。

祝愿评弹——我的家乡艺术健康发展，生生不息。

演讲时间：2015年5月21日
整理者：翁思再

第三十二讲
解构国剧：戏曲与民族文化史的重建

民国时期开展的传统戏曲研究在夸大京剧和话剧之影响的同时，没能认真探究覆盖了全国的地方小戏及曲艺之兴盛的历史意义，忽略了大量地方戏在塑造现代戏剧文化中所起的重要作用。而戏剧文化在近现代中国社会大转型和政治大动荡中经历了又一次裂变，其中最显著的变革是戏剧文化的女性化。大批女性作为观众和艺人进入娱乐演艺市场中，终结了男人演戏给男人看的局面，女子逐渐成为演戏和看戏的主力，遂促成现代戏剧文化女性化之趋势。以女小生为特色的评剧、越剧、歌仔戏、黄梅戏的繁荣昭示了一个意味深长的现象：即越是女性化的剧种就越受观众欢迎；而最突出的例子毋过于女子越剧的兴盛。所以要正视大众戏曲资料的重要性，重新整合戏剧史料，将戏剧史重新纳入史学主流的开端。极其丰富的戏剧表演及口头文化资料使史学研究者得以进入民众的经验和想象世界中去，极大地拓展了史学研究的领地。

姜 进

1954年生于上海。现为华东师范大学历史系教授、博士生导师，兼任华东师范大学中国现代思想文化研究所研究员、海外中国研究中心副主任、性别与文化研究中心主任，并荣获上海市"浦江学者"等称号。主要研究领域为中国近现代史、中国妇女与性别史、社会史、上海都市文化，代表作为《诗与政治：20世纪上海公共文化中的女子越剧》，翻译林·亨特（Lynn Hunt）撰写的《新文化史》，主编《海外中国学评论》《都市文化中的现代中国》《近代中国城市与大众文化》等，并发表相关论文多篇。

1913 年，辛亥革命后的两年，王国维（1877—1927）完成了现代戏剧史的开山之作《宋元戏曲史》。从那时起，中国戏剧史就成为系统性的学术研究之对象。王国维的兴趣主要是在宋元两代的戏曲，他的书却采用了主导着西方近代学术传统的进化史学和精英史观，以宋元戏曲为最高成就描画了一条中国戏剧发展的轨迹，追溯其起源，整理其发展之脉络，从中探寻独特的中华美学传统。

从王国维开始，现代意义上的中国戏剧史研究在民国初年曾是以文化史为核心的国学之重要组成部分。与国学一样，中国戏剧史是应中国近现代文化建国之召唤而兴起的新兴学科，是时代的产物。然而，戏剧史在民国中期以后因各种原因逐渐脱离作为主流学术的国学，一方面为民国政府的意识形态所用，另一方面开始向专门史方向发展。戏剧史在 1949 年以后也并未进入现代历史学科，而是在文学史和戏曲史研究的框架下发展成历史系科之外的专门史。作为专门史的戏剧史在资料的搜集整理和中国戏剧历史变迁的梳理方面做了大量有用的工作；但是，这些宝贵的研究没能与对史学问题的研究有机地结合起来。这种阻隔对戏剧史和历史学来说都是一种重要的缺失，也暴露出历史学方法论和视角上存在的一些问题，影响到对近现代中国文化、社会、政治的历史认识和书写。本文拟对现代戏剧史发生和发展的过程以及所涉及的一些重要问题做一批判性追溯，对于后现代学术语境中如何整合戏剧史提出一些建议，并以京剧为案例尝试一种摆脱了线性史学和精英观点的新的文化史书写。

一、作为国学的戏剧史及其流变

在中国久远的史学传统中，戏剧史从来就名不见经传，除了有关宫廷歌舞的记载之外，二十四史没有任何有关宋代南戏、元代杂剧或明清传奇的记载，更不用提有关民间戏曲演出的记载了。王国维在《宋元戏曲史》序言中感叹道："凡一代有一代之文学：楚之骚，汉之赋，六代之骈语，唐之诗，宋之词，元之曲，皆所谓一代之文学，而后世莫能继焉者也。独元人之曲，为时既近，托体稍卑，故两朝史志与《四库》集部，均不著于录；后世儒硕，皆鄙弃不复道。而为此学者，大率不学之徒；即有一二学子，以馀力及之，亦未有能观其会通，窥其奥窔者。遂使一代文献，郁堙沈晦者且数百年，愚甚惑焉。"这种现象并不奇怪。一方面，二十四史之为前朝修史，旨在为当朝之鉴；另一方面，传统文人史家偏重以文字传承的文人文化，以汉赋唐诗宋词等为历代文学之代表而表记之，而将下里巴的勾栏戏楼中演剧之大众娱乐文化排斥在文统之外。虽然历代都不乏文人雅士参与至市井娱乐场之中，也不乏皇家对戏曲的钟爱和对伶人的恩宠，但戏曲始终被视为玩物丧志之类的歪门邪道。元曲多赖杂剧流行于世，因"托体稍卑"而不入明清史家之法眼，故史籍、集部不收。有感于此，王国维在1908—1913年之间，也即辛亥革命前后，做了一系列元曲研究，计有《曲录》六卷、《宋大曲考》一卷、《优语录》二卷等。他的研究重点在于元曲之文学价值，不在其与演剧有关的大众文化面相，其初衷仍为传统文学性质的发明研究。王国维的研究此后向现代戏剧史发展乃至以《宋元戏曲史》奠定现代戏剧史学科基础，在很大程度上是时势使然。

《宋元戏曲史》的诞生与《东方杂志》有很大关系。此书系王国维应上海商务印书馆之约而作，并首先于1913年4月—1914年3月在商务印书馆出版的《东方杂志》上连载，再于1915年出版单行本。根据叶长海先生的考证，王国维的本意是要为此书取名《宋元戏曲考》，强调的是自己在考证源流上所下的深厚功夫，但商务印书馆坚持将书名改为《宋元戏曲史》，"可能是认为这样的形式较'现代'，易于为较多的读者所接受"。

《宋元戏曲史》结合了清代考证学和西方近代进化史学的两重传统，但《东方杂志》却明确地要把这一研究纳入现代历史学而非考证学的框架之中，反映了杂志编者构建一个平等、平行的"东方"对"西方"概念框架的意图。《东方杂志》创办于1904年，是一份以时事评论和国际事务为主要内容的刊物。创刊号的第一篇社评就提出，中国应重建往日雄风，团结领导如日本、韩国、泰国、阿富汗、伊朗等其他亚洲国家，共同与西方列强做对等的外交谈判。正是在这样一个东方对西方的框架下，《东方杂志》向中国读者介绍了大量西方政治思想、科学技术、经济制度、教育文化，为传播和弘扬现代性观念做出了很大贡献。《东方杂志》对国学的报道虽然相形见绌，但后者仍不失为一个重要组成部分，而发表和出版王国维的中国戏剧史研究便是其支持和发展新兴国学的一个重要方面。

20世纪初国学的兴起是中国知识分子对西方威胁的一个回应，也是现代人文学科在中国发展的开始。《辛丑条约》签订后，帝国主义瓜分中国的威胁和民族自强救亡的迫切需要迫使中国踏上了政治、经济、军事全面西化的发展道路。在此背景下，如何重新认识并界定民族的文化传统并在此基础上建立一个新的民族认同就成为知识精英面临的最迫切的问题，所谓"国学"便应运而生。作为中国近代最早受西方学术思想影响的中国学者，王国维和章炳麟、梁启超、胡适、顾颉刚等都参与建构了一个东方对西方、中国对外国或亚洲对欧洲的概念框架，其核心则是对中华政统和文统的现代重建：在时间概念上打破以王朝为单位的断裂而又循环往复的历史时间，代之以基督教式线性、进化、终极论的时间，并以这条时间轴为核心消解以朝代为中心的政治认识而构建某种超越王朝之上的文化认同。在空间上，以一个属于东方的、面对工业化西方之挑战的、地区性的中国取代作为文明中心的天朝中国。这一东方对西方比较研究的范畴很快成为近代学术的界定性框架，也成为新兴"国学"研究的出发点，使国学从一开始就聚焦于探索相对于西方的中国（或东方）的历史文化之独特性。无论激进派或保守派对中国或东方的特性如何定义，也不论激进派如何批评之、保守派如何捍卫之，各派文化建国的努力都是在东方对西方的比较框架下进行的。

王国维和梁启超、胡适、顾颉刚、钱穆、陈寅恪等兼容中西学术之国学大师将东方与西方的张力变成一个创造性的范畴，用以重新建构和阐释中国的文化传统。他们的研究承担了重大的民族文化使命，构成了一代学术的前言。钱穆的一段话很能代表国学的诉求："历史与文化就是一个民族精神的表现。所以没有历史，没有文化，也不可能有民族成立与存在。如是我们可以说，研究历史，就是研究此历史背后的民族精神和文化精神。我们要把握这个民族的生命，要把握这文化的生命，就得要在它的历史上去下功夫。"国学的核心就是以文学史、哲学史、经学史、戏剧史、考古等为主的文化史，其使命是建构20世纪中国的文化认同，希求在物质文化和政治体制的西化潮流中保留民族文化之精神。

作为这个努力的一部分，王国维一生的学术研究始于教育学、心理学、哲学、文学，中期致力于戏剧、词曲美学，后期转向中国古史、古文物、古文字、古文献，尤其在甲骨文、金文释读上造诣深厚。王国维的戏剧史所寻求的是一种中国本土的、不输于任何其他民族的审美意识，最能体现王国维美学思想的也许就是他的自然说和意境说："元曲之佳处何在？一言以蔽之，曰：自然而已矣。……其文章之妙，亦一言以蔽之，曰：有意境而已矣。"他对悲剧的推崇也使他格外看中元曲。叶长海观察到，王国维受叔本华的影响，对悲剧极为推崇，二十八岁写《红楼梦评论》，尝叹中国文学中除《红楼梦》《桃花扇》之外别无悲剧。全面开展戏剧史研究后，王国维发现元杂剧中《窦娥冤》《赵氏孤儿》等几种悲剧，喜不自胜，因中国也有自己的悲剧而自豪。王国维戏剧史的重要性不仅在于他的学术造诣之深厚，更在于他通过戏曲研究阐发中华民族独特的审美传统，并以此为基础构建一个独立自主的现代文化的努力。王国维的戏剧史无疑是当世主流学术国学的重要组成部分，对学术界产生了深远的影响。梁启超和陈寅恪两位国学大师对王国维的戏剧史均有极高的评价。梁启超认为王国维的戏剧史研究开创了一个重要的学术新领域，前无古人后无来者。陈寅恪则认为王国维在《宋元戏曲史》中以外国概念分析中国史料，是其最大的贡献。梁启超的"后无来者"之预言不幸而言中。作为国学有机组成部分的戏剧史可以说是始于王国维,终于王国维。王国维的以美学构建民族认同的追求后继乏人,但他以进化史观作戏剧史的方法论却奠定了现代戏剧史研究的基础,也使《宋元戏曲史》成为现代戏剧史的开山之作。

《宋元戏曲史》刊布数年后,方始有新的戏剧史著述出现。日人辻武雄(即辻听花)先于1920年发表《中国剧》。1925—1926年两年中,有日人宫原民平所著《中国小说戏曲史概论》(日文)和波多野乾一所著《京剧两百年历史》(鹿原学人译),有国人佟赋敏《新旧戏曲之研究》及吴梅《中国戏曲概论》等著作面世;1928年有日人青木正儿的《南北戏曲源流考》;1931年又有王易的《词曲史》问世。文学史著述中也常包括戏曲史的论述。20世纪30年代中期以后,戏剧史著述进一步增加,并开始出现书写完整的中国戏剧通史的努力,如周贻白在1936年出版的《中国戏剧史略》叙述中国戏剧发生、发展的整段历史(然独不涉及元杂剧,以免重复王国维);而徐慕云1938年出版的《中国戏剧史》从先秦时代的优伶写到当代京剧、话剧,以及越剧、川剧等各种地方戏,并对京剧艺术有全面的介绍,号称"中国第一部完备的戏剧史"。根据付晓航、张秀莲所搜集的篇目,到20世纪40年代时,共有十几部戏剧史学术或准学术著作问世。

戏剧史在民国中期的发展与所谓的"国剧运动"有着密切的联系。五四新文化运动的激进派将包括戏曲在内的传统文化视作无可救药的"封建"和"落后"而欲彻底打倒之,以拥抱西方"进步"的现代文化。新文化运动后期,激进派知识分子发起了所谓"爱美剧"的话剧运动,试图将代表西方现代文化的话剧作为向普通百姓传播现代思想的工具。然而,明显的说教意图和模仿西方的表演难以吸引中国的普通百姓,话剧遂成了知识分子演给自己看的艺术。在中国,话剧的发展不尽如人意的同时,余上沅、闻一多、熊佛西、赵太侔等一批留美青年知识分子以亲身经历了解到西方艺术家对中国京剧抽象表现手法的赞赏和借鉴,领悟到中国民族文化有着堪与西方文化媲美的独特的品质和美学价值,因此欲打造一种融京剧等传统戏剧与现代话剧于一炉,既是传统的又是现代的,既是艺术的又具有社会政治意义的民族戏剧。1926年,余上沅等归国学人发起了国剧运动,引起热烈的反响和激烈的讨论,但在实践上却成效不大。国剧的旗帜却被京剧扛了过去。围绕在梅兰芳周围的一批京剧改革家,如徐慕云和齐如山,便高举了这面大旗。从20年代到30年代中期,一个组织颇为缜密的、将京剧打造成国剧的运动粉墨登场。著名男旦梅兰芳和程砚秋分别出访日本和欧美诸国;他们的访问演出,特别是经过齐如山等人精心策划的梅兰芳对日本和美国的访问演出,获得了极大的宣传上的成功,在国人心目中树立起京剧作为中国民族文化代表的印象。与此同时,多种宣传戏剧改良和国剧运动的刊物、论文集、专著也在这一时期纷纷出版。1931年,梅兰芳和齐如山等在北平建立了国剧学会以及附属京剧学校和京剧博物馆。在当时的首都南京,在主管文化的官员张道藩和储民宜等的主持下,国民政府于1936年创建了国立戏剧音乐院和国立戏剧学校。

徐慕云在国民政府的支持下，于 1937 年与吴梅、溥侗、齐如山、谷剑尘组成了一个五人编委会，由政府拨款，编写一部完整的中国戏剧史。不久因抗战全面爆发，政府无暇顾及，五人编委会无形间解散，经费也没有了着落。但徐慕云仍于次年完成并出版了他自认是第一部关于中国"数千年戏剧历史"的"有系统有条理之记载"。为何要写这么一部完备的中国戏剧史呢？作者在自序中如是说："各国文人学者与夫剧艺家等，无不赞美中国写意派戏剧之趣味隽永，堪称东方文化之结晶。"然而，虽然"中国剧乃益为举世所瞩目"，中国人自己却对自己民族文化的宝藏漠不关心，至今竟无一部完整的戏剧史，反而让外国人写了错误百出的几部著作占了先。戏剧史研究因此与"国剧运动"一样，都是一种可被称为"翻版东方主义"的文化建国策略，借西方中心主义对"东方"的肤浅而又概念化的认识为透镜来批评中国文化的价值。对于徐慕云等"国剧运动"活动家来说，京剧的价值不仅在于它是中华民族艺术之最高成就的一个代表，也在于其作为大众教育工具的潜力。如前所述，"国剧运动"之兴起部分地源于精英话剧在吸引民众方面的失败和传统戏曲作为中国城乡大众最喜爱的娱乐形式之长盛不衰。对于政治和文化精英来说，戏曲应该被改造成动员和教育民众的有效工具。徐慕云认为国民政府应以苏联和美国为榜样，拨款支持戏剧和电影的建设，利用戏剧和电影来提高国民的识字率，对国民进行爱国主义和现代化伦理道德的教育。因此，戏剧被调动起来不仅是为了制造一个有关中华民族的叙述，也是为了向民众传播这一叙述。

王国维以后的戏剧史的另一个倾向是将戏剧史研究专门化，逐渐扩展、充实、完善戏剧史的涵盖面，进一步发掘和整理历代戏曲史料；尤其是在为王国维所忽视的戏剧演出、演员及剧场等方面开展研究，填补王国维戏剧史偏重剧本和词曲之不足，使中国戏剧史初具规模，开启了学院派戏剧史的先声。

但民国中期以来的戏剧史却再也没能重续王国维戏剧史在学术界的中心位置。这可能是因为王国维以后的戏剧史家皆非一流学者，未能如王国维那样在发现、整理戏剧史料的同时把戏剧史置于更宏大的文化关怀中，独具慧眼地去阐发其意义。之后的研究者有的直截了当地将戏剧史作为教育大众的意识形态工具，如徐慕云；有些则走的是专门化的路子，如周贻白；在这里，国学的关怀或被明显工具化，或为大量的史料所带来的细节而淡化，逐渐失去王国维戏剧史以美学重建民族文化认同的意境和视野。

中共领导下的戏剧史在专门化方面亦有很大的发展。1949 年以后的史学采取了西方标准的学科化，史学以政治史、经济史、思想史等为主。更重要的是，史学界以唯物主义为指导原则，以五四新文化运动中的激进主义为核心精神，摒弃了民国国学研究以文化史为核心的途径，改弦更张，建立起唯物主义史学体系及其对经济和政治的强调，而文化史则分割为哲学史、戏剧史、文学史等，被哲学、文学学科所收编。戏剧史也脱离文化史而落户于中文系和戏剧学院，成了文学或戏剧研究中的一个分支，虽不起眼，但总算进入了学术的殿堂。

为了提高戏剧研究和戏剧史的专业化程度，政府创建了包括中央戏剧学院和上海戏剧学院在内的重要机构，以培养戏剧专业人员，并开展系统性的研究工作。在过去半个多世纪中，尤其是"文革"以后，戏剧史家系统地整理了近现代众多地方戏曲和话剧的资料，出版了大量的研究成果。在这个过程中，戏剧史越来越成为一种专门史，在史料的发掘、通史的规模及完整性、地方戏研究、戏剧理论等方面均取得很大成就。1992 年出版的由两名延安时代中共戏剧史家张庚和郭汉城主编的权威性著作《中国戏剧通史》就是这样一部中华人民共和国学院派戏剧史的经典。这部书由一批专家参与完成，将丰富的戏剧史料置于马克思主义史学的框架中进行阐释，集中体现了自王国维以后戏剧史研究中专门化和意识形态化这两种倾向，却未能延续王国维以中国戏曲独特的美学特性为基础构建现代化民族文化认同的努力，也未能成为主流史学的有机组成部分。

二、戏剧史的批判与重建

诚如王国维所言，"一代有一代之文学"，学术亦如此。王国维进入戏曲研究时不过三十出头，刊布他的成名作《宋元戏曲史》而开创了现代戏剧史研究时，也不过三十六岁。王国维自己很清楚这部小书的价值，也对自己何以能做出这样的贡献颇有自知之明。他在自序里坦承："世之为此学者自余始，其所贡于此学者，亦以此书为多。非吾辈才力过于古人，实以古人未尝为此学故也。"正所谓一代有一代之学术视野。然而，也正因此，王国维的戏剧史框架受到时代的局限，有着他所无法克服的问题，而王国维之后的戏剧史家也在很大程度上继承了这些问题。首先是进化史观的问题。王国维及其后的戏剧史都采用了进化史观，而在这种目的框架下构筑的中国戏剧史由于其本身理论假设的缺陷而不可避免地制造了一个关于中国戏剧三千年一脉相承的现代神话。虽然王国维确有"一代有一代之文学"的卓见，但在 20 世纪早期西方线性史学的巨大影响之下，在构建中华历史叙述以抗衡西方殖民主义的强烈需求之下，作为国学一部分的戏剧史无可厚非地强调了延续性和统一性而忽略了断裂性和时代性。戏剧史从进化论观点出发，把中国历史上的戏剧看作是从低级向高级阶段发展的过程，着力描述中国戏剧发生、发展、成熟、衰落的轨迹，在追踪其来龙去脉的过程中制造出中国古典戏剧的传统。这种线性的戏剧史往往忽略了一个重要的事实：中国历史上从来都是一代有一代之戏剧，正如一代有一代之政治文化。远的不说，单说过去五百年，就经历了从明清传奇到清代京剧崛起，再到 20 世纪越剧、评剧、歌仔戏等小戏兴盛的几大转折，构成明清以来政治文化几次巨变之有机组成部分，戏剧形式的内容因时代而造成的断裂和更新远比对某些戏剧元素的传承更具有社会史、文化史上的意义。线性戏剧史强调延续而忽视裂变，遂难以将戏剧放置在其所处的时代、社会情境下做细致的考察，为历史研究所能提供的洞见十分有限，因而难以引起专业史学家的注意。

　　与进化史观相表里的是精英史观。无论是在近代西方还是中国，精英观点都长期统治着学术研究，直到 70 年代以后才开始有大的改变。在史学研究中，以拿破仑、俾斯麦、汉武帝等帝王将相为中心的历史事件构成了政治史的主要内容，柏拉图、孔夫子等知识精英则是思想文化史的主角，这些精英分子的思想和活动便构成了史学的主干。民国时期的杰出学者虽能以天下为己任，以学术为拯救民族文化之利器，但却对自己的精英立场及其偏颇浑然不觉，对人民大众的历史主体性视而不见。1949 年以后史学家虽然在理论上批评英雄史观、提倡人民是历史的主人公之观点，在史学实践上仍然过分强调共产党和毛泽东的绝对领导地位而再次将民众置于附属的地位。这种精英观点在王国维及其后的戏剧史中一脉相承。王国维的戏剧史和国学立足于文本研究，他对元曲的推崇也主要因为其诗学成就，而他对明清戏曲的批评和不屑却反映了他对作为大众娱乐形式的戏曲演出之重要性缺乏认识。王国维虽然敏锐地认识到中国传统戏曲中所传递的中国人特有的审美意义，试图以戏曲美学为途径构建中华民族文化的认同，但却没有意识到民众的口味对于戏曲美学的塑造起着至关重要的作用。然而，中华民族文化认同的源泉不仅存在于文人文化以文字传承的大传统中，也存在于民间、地方文化以及口述方式代代相传的小传统中。要重建作为民族叙述的文化史，就必须也在大众文化的层面做深入挖掘，探讨民众的审美习惯及其与精英文化之间的关系。而地方戏和曲艺则是过去一千年来民众审美的集中体现，是我们今天重建民族叙述的重要资源。

　　精英观点也导致了近代戏剧史偏重京剧、话剧等精英剧场而忽视了大众戏曲的偏颇，制造了有关 20 世纪京剧和话剧为中国戏剧主流的神话。事实上，京剧和话剧虽然享有精英阶层的眷顾，具有政治上和宣传上的优势，但在受众人数上却远远不及通俗的地方戏和曲艺。京剧曾在 19 世纪和 20 世纪初风靡全国，但自民国中期以后便在众多地方戏曲的挑战下经历了持续的滑坡。除了少数名角，京剧在京津一带演不过评剧，在江浙沪一带演不过越剧，在闽台一带演不过歌仔戏，都是不争的事实。这种情况持续至今。其时，"国剧运动"轰轰烈烈地在政治上和舆论上进行着，京剧却已经在蜕变为民族文化"遗产"的过程中了。从西方进口的话剧在中国百姓中观众更少，在 20 世纪始终是少数受过大学教育的知识分子自娱自乐的艺术。实际情况是，20 世纪中国戏剧的蓬勃发展不在话剧和京剧，而在新兴的越剧、评剧、歌仔戏、黄梅戏等绚丽多彩的地方小戏的城市化和现代化。采取精英观点的戏剧史在夸大京剧和话剧之影响的同时，没能认真探究覆盖了全国的地方小戏及曲艺之兴盛的历史意义，忽略了这些低层次小戏和曲艺剧种在塑造现代戏剧文化中所起的重要作用。

更成问题的是史学本身与戏剧史的疏离。诚然，进化史观和精英观点使戏剧史无从应对20世纪地方小戏和曲艺之兴盛这个事实，大多只能提供对这些剧种之起源、发展、衰落过程的事实性描述，未能深入考察和阐发这些剧种兴衰之时代意义。但制约着戏剧史的进化论和精英观点同样也困扰着历史学本身，甚至更严重，使构成大众文化主体、广受民众喜爱的越剧、评剧、歌仔戏、黄梅戏等小戏未能在中国近现代历史中获得它们应有的地位。即使是京剧、话剧的历史也因前文所述之种种原因而入不了史学主流。但是，宋元以降的数百年中，戏曲一直是中国社会中最普遍的娱乐形式，为黎民百姓和宫廷、文人、官僚所共同喜爱。如此重要的历史文化现象在传统史学中的缺席显示了传统史学极大的缺陷，也妨碍了我们对社会史全貌的把握和理解。为了更好地研究历史，我们必须将戏剧史重新整合进历史学科的研究范围之内，以戏剧史料帮助我们更好地理解各个历史时期的社会、政治和文化，以一种不同的方式重新进入史学主流，恢复王国维戏剧史所曾享有的在主流学术中的重要地位。在现代史学范畴日益受到后现代学术思潮影响的今天，史学主流也经历着学术范式的巨变。一方面，走出精英观点的迷局，开拓自下而上的历史，遂有社会史、女性主义史学和大众文化史的兴起。另一方面，放弃线性史学，打破政治史、经济史、思想史这样的条状分割，走向整体史；打破实证史学的局限而走向以问题为中心的阐释性研究，遂有新文化史的产生。在后现代史学发展的脉络中重新研读大众戏剧史料，可望对中国历史做出新的、可能是全然不同的描述和解读。

历史研究中对地方戏曲和大众文化的忽略除了受线性史学和精英视角的影响之外，还有一个方法论的问题，即对文本和印刷史料的高度依赖。因为这类史料绝大多数出自男性政治和文化精英之手，主要是精英思想和活动的记载，对这些资料的依赖就不可避免地使历史研究偏向于这些资料的生产者。传统史学一路走来，硕果累累。虽然我们不能仅仅因其对文字史料的依赖便否定这些成果的学术价值，但由这些成果的积累而形成的历史认识，会过分强调精英分子的影响而将大众的活动视为只是对精英意志被动的反应，或抵抗或追随，从而形成具有严重偏颇的历史书写。也就是说，来自文本以外的广大非写作人群的声音之匮乏可能导致的一个后果就是将民众置于精英意图的受众位置，抹杀了民众的主体性，而"人民是历史的创造者"则成了一句空话。因此，发掘文本之外的史料，通过口述和演艺等资料来发掘"边缘"人群的声音就变得至关重要，而戏曲恰好为我们提供了这样的机会。

从明清两代的情况来看，绝大部分中国地方戏曲发源于民间，其中有些成熟于都市，更多的则在农村中自生自灭。除了昆曲、京剧、评剧、越剧等少数几个剧种经历了艺术性和思想性升级转型而获得了全国性影响之外，大多数声腔剧种的影响局限在本地区而已。从清代中期以后到民国时期的情况来看，大多数地方戏，包括各种梆子、乱弹、高腔系统诸剧种，均以口头和舞台表演为中心在基层社会中发展起来，鲜有将明清时期文人创作的大量传奇剧目搬上舞台的，遂有案头剧之名目存焉。由于农村中剧本的缺乏和农村演员普遍文化水平的低下，一般盛行于农村的地方戏演出多依赖于演员的即兴表演，谓之路头戏。一本演出大纲就已经是相当珍贵的了，完整的剧本实属罕见。演出大纲列出各个场次的名称和剧情梗概、人物表和上下场次序，演员根据各自的脚色上台表演。至于如何演绎戏中人物，则因人而异，全凭演员的本事了。如果连演出大纲都没有，则一定要有所谓的说戏师傅。可以是有经验的老演员或乐师，来给演员说戏分配脚色。他们往往会将场次和上下场顺序用毛笔写在纸上，贴在后台，以提醒演员，谓之幕表戏。这幕表也就是一个戏的骨架。至于唱词，大多也依赖于演员的即兴发挥。有些演了几十年上百年的传统老戏，则会有经名演员唱出名的段子，被记下传播出去，成了这一人物的标准唱段，谓之"肉子"。根据这些骨架和肉子，演员上台后就凭自己的智慧、功底和想象力，在与舞台搭档和台下观众的互动中演绎剧情和人物。从路头戏、幕表戏、骨架、肉子等流行于晚清和民国时期的戏曲名词就不难理解，这一时期戏曲是以口头和舞台表演为中心的大众文化。这种情况一直延续到1949年以后，以建立编导制为中心的戏曲改革才逐渐地由国家强制性地在传统戏曲中确立起来。即使如此，许多经典剧目的标准剧本在很大程度上是根据演员口述的舞台演出记录下来的，是口头文艺的文本化，其性质是与文人笔下原创性的戏剧剧本不同的。事实上，许多现存的剧本就是在这段时期根据老演员的记忆或剧场表演记录成册的。众多的地方戏资料因此承载了丰富的社会文化信息，记录的是民众的喜怒哀乐好恶，是写作和出版文化所难以提供的直接或间接来自百姓的声音。地方戏曲所提供的口头和表演性史料使现代学者得以接近真正"大众"的生活经验和想象，循此进入一个精英笔下的话语世界之外的世界。

然而，正是因为地方戏曲这种口头和演艺文化的性质，戏曲长期以来为国内外历史学界所忽视。更成问题的是，近代以来在以知识和政治精英为主体的民族文化重建的过程中，领导阶层因强调中华民族文化的一体性而对地方文化的差异性持批评和否定态度，企图以压制这种差异性来提高一体性。五四新文化运动期间，知识精英们就把方言看作是建设民族文化的障碍而开始大力制造和提倡一种全国统一语言以克服方言所带来的文化割裂，是为"国语"。统一语言的呼吁为北洋政府所挪用，以政权的力量开始在全国学校强制推行北方化的国语，以配合其"强南以就北"的政治统一目标。在此后的数十年中，国共两党及其政府亦不遗余力地推广国语或普通话，使之逐渐在正规学校教育、官僚系统及电台报纸等传媒中通用，成为民族国家的统一语言。尽管如此，方言虽然在具有官方或半官方色彩的场合下被边缘化，但却始终是基层百姓的生活语言，通行于日常生活和娱乐的各个场所。无论是在乡村，还是在城市，人们继续以各自的方言及其特殊的风格来表达自己的观点和情感。方言承载着不同地方人群对自己母体文化的认同，而地方戏曲则是这种地方文化、家园情感的生动的艺术再现，直到20世纪晚期才急剧衰落。

在戏曲演艺的层面上切入历史就如同开启了一扇通往一个存在于由知识男女所创造的印刷媒体之外的大众的世界的门。许多学者提起中国戏剧来往往只谈京、昆，不及其他。事实上，从明清到近现代植根于方言文化中的众多声腔剧种（以及曲艺）才是最贴近中国百姓生存状态的艺术形式。传统地方戏曲的形式大同小异，都是一种结合了音乐、歌唱、对白、武打、身段来叙事的综合性表演艺术。各剧种之间的区分是演唱和对白所使用的不同方言和曲调。理论上讲，有多少种方言就能有多少个剧种；而根据官方的统计，从19世纪到20世纪80年代就存在着三百多个剧种。清代中期以来的戏曲资料显示，各地方戏剧种特色之最重要标志不是戏目，而是不同的声腔；谓之声腔剧种。中国方言之丰富直接导致了中国传统戏曲剧种之多样化。各剧种演出的剧目多有重叠，同一戏目可以被许多剧种搬演。表面上看是重复和浪费，但却正显示了戏曲体现地方文化的特性这个关键性问题。同样的故事，如《梁山伯与祝英台》，不同剧种会有不同的演绎，而每一剧种都会以其特殊的演绎使之适合一方百姓的口味。对任何一个剧种的艺术家和观众来说，重要的是这一剧种的地方特色和对它的认同，也即以本地方言的声腔和语汇所展示的本地人民所特有的情感和口味。以方言演绎故事的地方戏曲因此最直接、最真实地体现出不同地域、不同环境中不同人群对生活的体验和想象。同时，中国戏剧在过去数百年中产生和积累了无数戏目；虽然不同剧种各有所长，经常搬演的戏目可以有明显差异，对同一戏目的舞台演绎也可以不同，但它们都共享着这个巨大的戏目库。中国戏曲的同和异为现代学者提供了研究中国人生活和文化的最接近原生态之资料：各种声腔剧种之间的不同反映的是特定时间和空间中文化的特殊性，而它们共建共享的戏目库却将地方文化时空的特殊性与民族文化的历史性和当下性贯通而形成一个生动的互动结构。

三、解构"国剧"：近代戏剧史中的性别与政治

倘若能够摒弃目的论的线性史学和精英观点的束缚，以一种开放的心态检验过去五百年来的戏剧史料，我们就会从戏曲中看到一个多维的民众生活世界，一个充满着政治、权力和各种冲突的世界，这也是我们民族特有的审美经验之源头。戏曲的历史就在美学与权力学之间多方位的动力学中展开。我们可能会更多地看到政治、社会、文化的裂变，而不是带有浪漫色彩的传承。我们会看到，一个时代有一个时代的戏剧，正如一个时代有一个时代的政治，阶级、性别、族群等相互间的政治和权力的博弈与戏剧美学的再现有着密切的关系。以过去五百年的戏剧史为例，戏

剧文化因明清之际改朝换代之惨剧和共和革命推翻帝制之巨变而几度变脸，戏曲舞台上情浓意深的明清传奇一变而为红脸白脸的清代京剧，再变而为罗曼蒂克的现代小戏，戏剧的风格、内容和观众构成随着政治文化的裂变而几度翻新，为我们了解这些政治剧变给日常生活和艺术所带来的影响提供了极为丰富的史料。

若将五百年来的戏剧置于这样的视野中来审视，就会看到京剧的形成是一个历史过程，其兴衰与时代巨变息息相关，所谓的"国剧"只是一个话语，集中体现了现代男性精英分子在殖民和后殖民环境下身份认同之焦虑以及不自觉的性别和阶级偏见。有关京剧的一个重要历史事实一直没有得到充分的解读：京剧是迟至清代后半期方始形成，并且在当时的政治条件下成为一个男人唱戏给男人看的男性中心的剧种。纵观戏剧从晚明到现代的变迁，从传奇到京剧再到现代小戏，实与性别意识形态及性别实践有着密切的关联。这是一个极其重要且饶有意思但长期被男性中心的主流史学所忽视的问题。晚明王阳明心学盛行一时，泰州学派代表人物李贽及其《童心说》等著述反对程朱理学的等级秩序及其"顺天理、灭人欲"的礼教，倡导人性的解放，崇尚真情实感的表达以及知性男女之间两情相悦的伴侣关系。与明清时期的流行文学一样，明清传奇也深受当时情文化的影响而大量演绎才子佳人故事，其中最为著名的自然要数《牡丹亭》《长生殿》等用昆腔演唱的传奇剧了。但是，以武力推翻了明朝的清朝统治者却认为，晚明的情文化是沉迷于个人情感的颓废文化，是导致明代倾覆的重要原因，必须严禁以免重蹈明王朝的覆辙。清政府采取严厉措施查禁所谓的"淫戏"，加强公共文化领域中的道德宣教，鼓励以天下兴亡的宏大叙述为中心、以贞节和勤俭持家之妇德为辅线的严肃的戏剧演出。清政府整肃性与情爱文化、提倡儒家禁欲主义的努力赢得了对晚明情文化持严厉批评态度的儒学精英和地方士绅的支持。在这样的背景下形成的清代戏剧便呈现出鲜明的男性礼教文化特征，既不同于此前明清文人戏剧的阴阳交糅，也不同于此后更为女性化的民国戏剧文化。

清政府所采纳的儒家礼教将女性的空间限制在家庭内部，社会习俗也反对女性在公共场所抛头露面。女性为法律和习俗所困，被排除在剧院、茶馆和赌堂等商业演出场所之外。要看戏，上层女性只能在自己或者亲戚朋友家里唱堂会时看；而劳动阶层女性只有在节日、宗族活动、民间宗教仪式或有钱人家操办红白喜事等在公共场合唱大戏时，才有机会"看白戏"。即便是有戏看时，一般女性也不可能终日闲坐观戏，因为这不符合妇德，更何况贫家女子为了生计不得不终日劳作。如此，女性既不出钱，又少观剧，其作为消费者对清代戏剧形成的影响微乎其微。

更有甚者，清朝明令禁止女子在公共场合演戏。清朝统治者将女艺人看作既卖艺又卖身的妓女，是"淫戏"的主要表演者，因此在查禁"淫戏"的同时，反复下令禁止女艺人从事商业演出。从康熙十年（1671）到乾隆三十九年（1774）的一百年中，康雍乾三朝数次颁布了禁止女戏子的敕令。地方士绅回应政府的法令，禁止女艺人参加乡村宗教和宗族的庆典仪式，进一步剥夺了女子参与民间唱大戏的机会。在朝廷和地方政府的三令五申下，女艺人逐渐退出舞台，到1774年后便从公众视野中消失，直到19世纪晚期，才慢慢在上海和天津的租界中重新现身。

女艺人退出后，男旦应运而生，成为戏曲舞台上的台柱。当时最红的男旦是秦腔梆子的魏长生，第一次进北京献演就以扮相、演技和大胆的情色表演引起轰动，使秦腔一举成为京城最火的剧种。清政府于1785年以禁演"淫戏"为名将魏长生和秦腔班子逐出了京城。接着又有所谓四大徽班以祝贺乾隆八十大寿为名进京，并在18世纪90年代同样以男旦及其情色表演风靡了京城，使得新登基的嘉庆皇帝不得不于1798年再次下敕令取缔"淫戏"。此后，徽班为了避免重蹈秦腔梆子被逐出京之覆辙，改弦更张，将表演重点从女角转向男角，在京城扎下了根。在随后的几十年间，徽班努力吸收官方意识形态，迎合京城的政治气候，揣摩京城士大夫的口味，逐渐创造出一种新的戏剧形式，号称"京戏"。

京戏由清一色男人登台演绎，讲述的是天下兴亡、改朝换代的故事，帝王将相是剧中的主角。为了突出体现朝廷大员的尊严、弘扬忠奸善恶的道德训诫，京戏发展出一套严格的行当体系和表演程序。根据剧中人物的性别、年龄、身份及性格，男性脚色有老生、武生、小生、净和丑之分，女性脚色有青衣、花旦和老旦之别。大致而言，老生表现的是正直忠诚的文官；武生代表骁勇善战的将军，是京剧舞台上的中心脚色；净或称花脸代表头脑简单或用心险恶的大官；青衣是不苟言笑、举止庄重的大家闺秀或谨守妇道的悲剧女性；而花旦通常是活泼伶俐的丫鬟。

随着天下兴亡主题和帝王将相主角地位的确立，徽班完成了向京城大戏的转型。到19世纪后半叶，随着京戏的不断成长和演技的不断成熟，一群下层艺人受到清廷和京城权贵的追捧而暴得大名，出现了所谓的"同光十三伶"，其中最为著名的有程长庚、谭鑫培、余叔岩、杨月楼、李春来等。他们生动地塑造了众多史书上名臣骁将的舞台形象，有滋有味地在舞台上演绎着官修史书、野史以及历史小说中的故事。孙崇涛、徐宏图在《戏曲优伶史》一书中指出，随着《战成都》《草船借箭》《定军山》《捉放曹》等唱做并重的老生重头戏的出现，"以生为主的局面即自然而然地形成"。根据齐如山《同治后五十年间北平恒演剧目》的统计，这一时期上演的剧目主要是重大历史事件和群雄争天下的战争故事，多取材于《说唐》《三国演义》等话本小说。其间最常演的一出戏是《杨家将》，讲述的是北宋时期杨家一门忠良，为抗击蛮族入侵，前赴后继为国捐躯的故事。也是在同一时期，日渐成熟的京戏邀朝廷之宠、博权贵之爱，通过官僚体制和文人士大夫网络开始向全国传播，从省会的固定剧场到市镇和乡村的唱大戏，各个层次的商业剧团将京戏传播开去，其内容和形式都为地方戏树立了仿效的样板。

这一时期主要的地方戏包括北方各地的梆子戏及其被称为乱弹的在南方的变种，以及流行于中南部省份的皮黄戏，它们都在京戏的影响下经历了相似的转变。地方戏用方言演唱，唱腔保留着浓重的地方色彩，但其上演剧目与京戏多互相移植，而舞台表演风格大都效法京戏。这些地方大戏剧种、京戏及其以官僚、士绅为核心的男性观众群共同创造了清代男性中心的戏剧文化。

戏剧文化在近现代中国社会大转型和政治大动荡中经历了又一次裂变，其中最显著的变革却是戏剧文化的女性化。这一过程最关键也是最先走出的一步就是戏剧主体的女性化，发生在民国时期大批女演员登上戏剧舞台、大批女观众买票进剧场看戏之时。1911年辛亥革命推翻了清王朝，建立了民国，中国社会和政治制度开始了广泛而深刻的变革，其中一个突出的方面就是在建设一个现代化的富强国家这一语境中的妇女解放诉求。五四新文化运动将妇女解放定义为中国社会和文化现代化的重要标志，并通过《新青年》等新文化运动出版物将这一话语传播到全国城乡的各个角落。妇女解放话语所关注的一系列问题成为当时各种出版物中的热门话题，广泛地涉及自由恋爱和自主婚姻，反对封建的包办婚姻；女性在家庭和社会中的地位与脚色，强调男女平等；还有女性在受教育、工作、财产继承和政治上的平等权利，以及女性的经济独立等话题。在男性知识分子热烈地讨论着中国妇女的前途之时，中国女性果断地抓住因政治和文化大环境的变化所带来的机遇，积极参与到女性自我解放的实践中去。上层阶级的女性开始走出家庭，在社会中担负起新的脚色和责任。有的参加了革命组织，有的投身于教育事业，而女孩子们则进新学堂上学。也有的在戏院子里找到了享受她们新权力的方式。对于劳动阶层的女性来说，新近才向她们开放的演艺场意味着谋取生计的新行业。大批女性作为艺人和观众进入娱乐演艺市场中，终结了男人演戏给男人看的局面，女子逐渐成为演戏和看戏的主力，遂促成现代戏剧文化女性化之趋势。

第一个显著的标志就是民国时期梅兰芳、尚小云、荀慧生、程砚秋等所谓四大名旦的崛起。旦角和旦角演员的地位随之迅速上升并取代生角成为京剧舞台的中心人物。对中西戏剧素有研究并在梅兰芳京剧改良中起到关键作用的齐如山曾对此中原委有一个解释。他认为只有能吸引女看客的京剧演员才可能唱红；反之，任你再好的演员，如只能吸引男性，那也很难唱红。梅兰芳本人也把自己的出名和旦角的崛起归功于女观众，进一步印证了齐如山的判断：

> 从前的北京，不但禁演夜戏，还不让女人出来听戏。……民国以后，大批女看客涌进了戏馆，就引起了整个戏剧界急遽的变化。过去是老生或武生占着优势，因为男看客听戏的经验，已经有它的悠久的历史，对于老生、武生的艺术，很普遍地，能够加以批判和欣赏。女看客是刚刚开始看戏，自然比较外行，无非来看个热闹，那就一定先要拣漂亮的看。所以旦的一行，就成了她们爱看的对象。不到几年工夫，青衣拥有了大量的观众，一跃而居于戏剧界相差不离是领导的地位，后来参加的这一大批新观众，也有一点促成的力量的。

诚如梅兰芳所说，女观众比较缺乏经验所以对生角缺乏鉴赏能力；但女性之对女性脚色有兴趣也因为戏中女角的情感和命运比帝王将相更能引起她们的理解和同情。无论是何种原因，女观众的入场与旦角的崛起之间相关是一个不争的事实。

伴随着四大名旦崛起的是一批以女性为主角的新戏目的出现，在保留剧目和表演风格两方面为传统京剧增加了20世纪的维度。作为京剧改良的早期实践者，梅兰芳在民初的二十年里创作了十几部新戏目来表现历史上和文学中的各种女性，如杨贵妃、花木兰、林黛玉、嫦娥等。为了表现人物复杂的内心世界和性格特征，梅兰芳在表演中不满足于以青衣和花旦的行当分工来界定人物的传统做法，努力从人物出发着重表现人物在不同场合下喜怒哀乐的复杂感情，从而打破了青衣和花旦的严格分界。以刀马旦闻名的尚小云编演了如《摩登迦女》和《卓文君》等新戏，以花旦见长的荀慧生则创作了如红娘等智慧、主动的下层女性形象。擅长演绎女性在传统社会中悲惨命运的程砚秋塑造了如《汾河湾》中的王宝钏、《锁麟囊》中的薛湘灵、《荒山泪》中的张慧珠和《玉堂春》中的苏三这些极具传统妇德却身遭不幸的女性形象。

随着女性观众的增加和旦角地位的上升，京剧女演员也成长起来。第一代京剧女演员约略出生于辛亥革命时期，并在五四时期开始习艺。一般记载第一位成功的京剧女演员是工老生的孟小冬，她于1923年第一次正式登台。20年代中期有名的女演员还有工花旦的薛艳琴、新艳秋、王玉蓉等。下一代京剧女演员大多出生于"五四"以后女演员开始为大众娱乐领域所接受之时，受到四大名旦等名师的直接教导而成长起来，在40年代中期开始崭露头角。其中最著名者有言慧珠、童芷苓、李玉茹、顾正秋等。自此以后坤旦就逐步取代了乾旦，而乾旦的式微也使京剧演变为男女合演的剧种。

其他从清代延续下来的各个地方大戏也在民国后逐渐向女性开放，一方面改良内容和形式以吸引女性看客，另一方面开始吸收和培养女演员。但这些女性化的改良措施没能阻止如山西梆子、河北梆子、绍兴乱弹等地方大戏的衰落。

这些大戏剧种和京剧一起，面临的是这样一个两难的局面：一方面，随着帝制的解体，改朝换代的传统题材对民国观众的吸引力大减，更不用说吸引日益增多的女性观众了；但在另一方面，大戏在清代为表现帝王题材而发展出来的男性化风格已经渗透到表演程序、身段、唱腔中而成为剧种的艺术特色，不可能简单地加以改变去适应女性化的趋势。要之，男性中心的、包括京戏在内的清代大戏不大可能在改良以适应新时代新题材的同时保持其独特的雄性艺术风格，大戏的衰落因此便是无可奈何之事。1949年中华人民共和国成立之时，大多清代延续下来的大戏剧种均已濒临灭亡，只因政府扶持民间文化传统的政策和拨款才存活下来。

京剧因其较高的政治地位和社会身份，与高官、军阀、知识精英的密切关系，以及艺术的炉火纯青而继续被尊为戏剧界领袖。民国时期，对名角的追捧可以是权势和身份的象征，而对京剧的爱好和懂行可以是有品位和有文化的代言词。有钱的遗老遗少通过京剧宣泄怀旧之情，而改良主义新知识分子和国民政府的文化官僚则企图以京剧为国粹构建民族认同以抗衡西化潮流。政治权贵、富商、军阀、帮会头子甚至新文化运动人物等各色男性精英因此都与京剧有着千丝万缕的关系。四大名旦的崛起和京剧之被作为"国剧"来打造都体现了京剧的影响力。然而，与京剧的政治和文化身份的提升形成对比的却是观众的流失及其在大众文化领域里的日渐衰落，京剧在各地区各大城市的观众人数都不如当地新兴的地方小戏。1949年以后，中共继续将京剧视为传统戏第一大剧种而给予较高的政治和文化地位，投入国家资源以挽回京剧之衰运，但却无法改变其生存依靠政府拨款的困境。

大戏衰落的同时，是众多小戏在各地的兴起，如京津一带的评剧、江浙沪一带的越剧、闽南的歌仔戏、山东的吕剧、湖北的楚剧等。这些小戏构成了民国大众戏剧文化的主流。虽然在清代晚期盛行于底层社会的各种小戏也必须是全男班的，但因其接近民众生活而较为女性化的内容及其较为随意而更具可塑性的表演风格，小戏能积极回应女性入场所带来的机遇和挑战，进而开拓出20世纪女性化戏剧的新局面。以女小生为特色的评剧、越剧、歌仔戏、黄梅戏的繁荣形成了一个意味深长的现象：越是女性化的剧种就越受观众欢迎；而最突出的例子无过于女子越剧的兴盛。女子越剧脱胎于清末浙江乡村里全男班的嵊县小歌班，20世纪三四十年代在上海大都市唱红，迅速取代男班成为越剧之主流，并在此后数十年中以《梁山伯与祝英台》《孟丽君》《西厢记》《红楼梦》《碧玉簪》《追鱼》等一批经典作品风靡全国，其影响所及遍布中国港台乃至东亚、苏联乃至东欧，成为中华民族文化的优秀代表。与越剧经典相映成辉的，有评剧的《马寡妇开店》《花为媒》《杨三姐告状》，黄梅戏的《天仙配》《女状元》等，均以女性为故事主角，大多正面而积极地讲述了女性对正义、对爱情的追求。一个不争的事实是，20世纪中期的数十年间，由女演员演绎的关于女主角的故事占据了戏曲舞台的中心，成为最受普通民众欢迎的故事。更重要的是，在这些故事里，女主角不再是男权主义压迫下逆来顺受的可怜虫，而是试图掌握自己命运的思想和行动的主体，杨三姐和孟丽君等家喻户晓的戏剧人物体现了女性积极、精干、亮丽的崭新形象。

与因女性和民众的广泛参与而显得生机勃勃的大众戏剧相比，京剧被誉为"国剧"也好，"全国第一大剧种"也罢，其实只是代表父权的官方及精英们的话语建构。这种建构虽然充斥了官方和精英媒体，却未能改变京剧缺乏观众的尴尬局面。解构关于国剧的神话，正视大众戏曲资料的重要性，是我们重新整合戏剧史料、将戏剧史重新纳入史学主流的开端。更重要的是，极其丰富的戏剧表演及口头文化资料使史学研究者得以进入民众的经验和想象世界中去，极大地拓展史学研究的领地。如此，王国维首创的戏剧史所回归的就不再是目的论的、线性的、统一于精英观点的史学，而是多元的、批判的、更贴近民众的民族文化史。

一百年前，王国维以一部《宋元戏曲史》奠定了戏剧史在当时新兴的国学也即民族文化史研究中的地位，开创了现代意义上的戏剧史研究。其时，中国正面临着西方资本主义的冲击，被迫走向政治、经济、军事全面西化的自救之路。形势召唤着中国学者承担起一个重大使命，即以中国文化史研究构建一个统一的、一以贯之的中华民族文化传统，以增进国家和民族的凝聚力，抗衡西潮。王国维戏曲研究之所以震撼学界，就在于其在戏剧史中发掘出中华民族独特的审美价值，为建设民族精神做出了重要的贡献。一百年后的今天，面对物欲横流的国际化商业大潮的冲击，我们仍然需要以精神力量去从容应对。而地方戏曲集中体现了过去一千年来的民众审美意识，仍然是我们今天重建民族叙述的重要资源。在后现代学术语境中，戏剧史应当以更广阔的视野、更多元的角度去检视极其丰富的戏剧史料。我们会看到更为复杂、多样而充满冲突的日常生活图景，我们也会更深入地了解日常生活和政治中之不公与美学再现之公平、正义原则之间的关系，审视对各种权力冲突之多种样式的艺术再现。也许唯有如此，我们才能更好地阐发我们民族审美意识的复杂性和独特性，使我们民族的精神家园变得更鲜活、繁茂、生生不息。

演讲时间：2015年6月5日

整理者：姜进

第三十三讲
说书说世
——评弹艺术之我见

　　本文围绕"评弹是一门说的艺术，评弹演出中所有的说唱都是为'书'服务"这一核心展开。当前评弹界对于弹词唱调的过分重视导致评弹艺术发展丢失了艺术本体。评弹演员在"知世"的基础上"说书"，在"说书"中做到"说世"，这应是评弹艺术的最高境界。"说世"极大地考验了评弹演员的个人修养，首先要深入了解书情内容，在此基础上结合自己平日的生活体验加以丰富创新。对于相同的书情，每个人的"说世"角度不同，所塑造出的故事情节和人物形象也会更加鲜活。最后，陆建华认为当下评弹"重唱不重说，重中篇轻长篇，重舞台华美轻基层书场"导致当代产生不了有影响力的评弹流派。

陆建华

1959年生，常熟市人，出生于评弹世家。从1974年起先后师从薛惠萍、钟月樵、王文稼。代表作有长篇《沉香扇》《柳金蝉》《白罗山》《蛙女传》等。现为中国曲艺家协会委员、苏州市曲艺家协会副主席、常熟评弹团团长、国家一级演员。他曾多次获得中国苏州评弹艺术节的大奖，并三次摘得中国曲艺牡丹奖。其中短篇《山歌王传奇》《千里寻宝》《田阿桐》均荣获文化部举办的中国苏州评弹艺术节优秀节目奖、优秀创作奖、优秀演出奖。

常熟，是苏州评弹的第一故乡，有着"江南第一书码头"的美誉。陆建华先生生于评弹世家，伯祖是评话响档张玉书，伯父张国良、张如君和舅父华士亭、华佩亭都是享誉书坛的名家，父亲张翼良是常熟评弹团的著名评话演员，母亲华佩英是著名弹词演员。这种评弹的血缘传承圈在评弹界不少见，但是要集中如此众多的优秀评弹演员则不多见。通过前辈的艺术感染和自身的勤奋努力，陆先生先后多次获得中国苏州评弹艺术节的大奖，并三次摘得中国曲艺牡丹奖。

一

非常高兴能来到这里，这可不是一般的地点，是大学，所以我真的挺紧张。下面要讲的其实既不是讲座也不是报告，只是说一点体会而已。

尊敬的唐教授、各位老师，大家下午好。我这个题目自认为取得挺好的，"说书说世"，其实前面还要加一个"识书"。评弹其实就是说书，离开说书一切都没有了。说、噱、弹、唱、演，这个"演"字其实不加上去也无妨，"说"的本身包含了"起脚色"，里面就有"演"的成分。"说"为什么摆在第一位？可见评弹是一个"说"的艺术，包括你的"唱"也属于广义的"说"（"唱"是"说"的延伸或叫加重的"说"而已）。一切和评弹这门艺术有关系的都是为"说"服务的。我们说书，第一要认识这个书。怎么来认识？那就要学。我就是从不懂评弹、不懂说书，到认识评弹的。原来这个艺术是讲故事的艺术，如何来学好这门艺术，里面有很多的手段，包括最基本的说、噱、弹、唱。认识以后来背书，把要学的书背熟，从台下背熟到能在书台上背出来是最初级的阶段，但只是背熟是没有人听的。

我在刚刚从先生那里出来做第一个码头时，学的书情节是十分好的，我以为已经熟了，是背熟的。到常熟一个小码头，叫问村，浒浦那里。这是个很小的书场，客满二十七个座位。第一天小先生来，大家觉得从来没有听过陆建华，都来听，生意还好，二十七个座位有二十个听众。但是第二天就跌剩十个听众，再后来只有两三个人了。所谓"五台三"，五个台子三个听众。为什么背书没人听？因为你没有技巧，没有评弹所谓的艺术，所以没人来听。但是这个过程一定要经过，连书都背不出怎么去说书呢。背书是学艺的初级阶段。

然后再说书。说书是你的说书有一定技巧了，你的弹唱有一定技巧了，你的说表有一定手段了。里面的技巧很多，弹唱看你三弦弹得如何？活络的，弹得不错。那你的唱如何？喉咙很好，小腔蛮多。起脚色挺像的，程式化的，老生就是老生，小姐就是小姐。那么为什么能说书了还要能"说世"呢？这就是我们评弹最高的境界。"说世"其实是广义的。现在有一个倾向我有点看法，就是我们评弹重视的东西有点偏差。偏差在哪里？就是对"唱"的重视程度超过了"说"，对于书艺的关注或评论往往很不全面：这个人"蒋调"唱得好、这个人"徐调"唱得好、这个人"薛调"唱得好……但是细想一下，这些调是谁唱出来的？"蒋调"是蒋月泉唱出来的，"薛调"是薛筱卿唱出来的，哪怕你学唱得再好，它归根结底不是你的。你说黄异庵先生唱的什么调？刘天韵唱的什么腔、什么调？很多很有名气的老先生、大家，尽管没有形成自己的曲调，但他们的说和唱都有自己的风格，这是别人没有的。"蒋调"哪里来的？以我们现在的衡量标准，它是蒋月泉根据自身的嗓音条件从周玉泉的"周调"和"俞调""陈调"以及京剧的唱腔中吸收营养并加以变化而来的，更重要的是根据书情及人物情绪的需要而创造的。我们常熟有位老先生，薛小飞，在学唱"魏调"中根据自身条件加以变化，后来也有了他自己的风格——"小飞调"。现在我们出现了一个偏差，学张鉴庭一定要把嗓子逼到他那个样子，唱"蒋调"一定要如何如何。"唱"要不要重视？要重视，但是你更得重视"说"，重视了"说"，你的"唱"也会好起来。哪怕你唱得不像蒋月泉，哪怕你唱得不像张鉴庭，人家也会觉得有味道，一样认可你。我们评弹界有一位老先生，大家都说他唱"蹩脚"，直到老来唱了一部适合他的长篇，最后红出来了。大家不觉得他唱不好了，那是因为这个"唱"是从书情出发、人物出发了。这是我个人的一点见解。

二

我认识评弹、学说书也是一个偶然的事情。虽然刚才唐教授介绍我家里都是说书的，但我并不是一开始就想学说书的，是为家庭生活所迫。母亲过世早，父亲一个人要养活六个人。而且那时候父亲工资不多，五十五块钱六个人用，因此生活很拮据。正好常熟评弹团在"文革"后期要招一批学员，父亲就做我工作：去说书吧，至少生活有保障了。那时学员工资十五元，吃饱肚子没问题了。而且相比较唱京剧而言，说书条件不那么苛刻。我小时候特别喜欢唱京戏，当时常熟组织了一个朝阳花宣传队，排了一部样板戏《沙家浜》。我年纪小，是童声，嗓子特别好，轮到年纪大的同学唱不出时（演郭建光、刁德一的同学正好在变声期，经常唱不上去），我就在幕布里面唱，有时候整台戏都是我一个人演唱。我原先认为唱戏挺好。因为我们是世家，父亲比较有经验，对我说：你人长得矮，就是唱戏也不会让你唱主角的，卖相在那儿，还是学说书好，说书简单，只要自己能把书说好，你有听众，你就会有前途。这样我就听从父亲的建议，去考常熟评弹团的随团学员，和上海团的1974届学员（其实应该是1974级）差不多同时学艺。那时我还小，只有十六岁，所以刚开始学我并不是很喜欢说书，觉得太单调，没有唱戏热闹。但是评弹是越学越觉得有劲。这里父亲起了很大的作用，作为评话演员他不会唱，但耳朵好听得多，后来为了教我他自己也学唱，跟我一起学，这样慢慢也开始感兴趣了。

那时"文革"将近结束，但传统书目还没开禁，学什么呢？学的是"蒋调"选曲《海上英雄》和"薛调"开篇《书记的草帽》。我们的启蒙老师钟月樵先生和蒋月泉先生是师兄弟，基本功非常扎实。他是传统的教学方法，学弹唱先学"俞调""薛调""蒋调"。"俞调"练运气、发声，"薛调"练口齿、字眼、字尾，"蒋调"高雅，考究韵味。同学五人中我的条件最好，而且是世家，有人教。特别是在仓库翻到老的资料时，觉得非常好听，学习的兴趣越来越浓。五个人中三个女生两个男生，另一位男同学是常熟乡下招上来的，他的嗓子不如我，而且一点也不知道评弹是怎么回事儿。我毕竟听过书，比他熟悉，所以我在基础专业方面是领先的。这样一来我就认为评弹也挺好学的，以为自己唱得蛮好，当时也没接触到外界，也没和其他团体交流，就自以为不得了，所以就碰到了第一次演出时的那种窘态。但是说到第三天我就突然感觉到说书的博大精深，不是你背出了书，台上可以说出来、唱出来你就成功了，这只是万里长征第一步。我自认为有一点还是很好的，我坚持下去了，最少的时候只有一个听众，我还是说下去。过去有的场方很势利，我们这一辈出去演出的时候还碰到过。但这个场方还算好的，他不赶你走，只是吃的菜变了，从开始的两荤两素一汤，慢慢到一荤一素，荤菜就是螺蛳，意思就是你走吧。但我脸皮很厚，你给我吃我就说下去，当成排书，一直到把书说完。从那次以后，我就进行研究，其间很多人帮助、提醒、教育我。后来慢慢懂得一点道理：我们说书人和唱戏的不同。唱戏是脚色化的，我唱包公就是包公，出场你就是包公，一场到底始终是包公。说书不是这样，书里所有人物都要你一个人演，所有的事都要你去说清楚。这就涉及个人的修养问题，你只知其一不知其二不行，有时候甚至要知道其三。就比如《玉蜻蜓》《白蛇传》等传统书，你不知道里面的人文，不知道当时的社会形态、法律、规矩、服饰等内容，那你说出来的书只是"复述"老先生传下来的内容，老先生说的你能说到90%已经很好了。所以传统书在流传过程中往往出现两种现象，一种是把书继续丰富，老先生没有的我加进去；另一种不是丰富而是削减，削减的往往不会成为响档、名家。一般来说，成为响档、名家的，至少是传承了90%以上，更好的、成为大师的就是有自己的创新，丰富了，发展了。

那这个丰富的东西是从哪里来的呢？是通过学习，以及所谓的个人修养，所以说书的最高境界是"说世"。凡是不知道的最好都要知道，凡是不懂的最好都要弄懂。所以人家说我们说书人是猪头肉——三不精,什么意思呢?懂都有点懂,但不精通。我觉得凡是书里要派用场的,不仅要懂一点,最好要钻进去,把它弄清楚,这样到台上才能说清楚。如果你自己也没弄清楚,那上台肯定说不清楚,听众也听不明白。那么如何学呢?我说有两个大学,一个是咱们这种高校,还有一个就是"社会大学"。其实说书人的文化水平一般都不高,高中学历已经很高很少的了,有的甚至小学都没毕业。像我这个初中生在"文革"时期没有好好读书,每天都在舞台上唱样板戏,读书时间很少。我们也就向社会这个大学来学习,而听众恰恰就是要听你社会大学中学来的内容。过去老先生们没有网络和手机,他靠的是平日的积累,到一个码头就去了解当地的典故、人文、趣闻,只有这样他才能在台上海阔天空,谈笑风生啊!向社会学,更是向社会上的人、向周边的人学,这点我在创作过程中很有体会。比方说我以前写过一个短篇,里面我举了一个例子:粗心人、热心人,这人平时做事很粗心但又很热心,我就向身边的人学习。说出来这个人可能你们都认识,也是位弹词名家,苏州团的金丽生先生。他为人很好,很热心。我跟他到北京一起去开会,是中国说唱文艺学会的会议。去的时候他说上北京我太熟了,怎么走我都熟悉。那我就全部按照他的行程安排,到一个宾馆坐地铁去。那时候地铁不像现在方便,又挤我又要提着很多行李,转了很多线,我跟他走得满头大汗很狼狈!那且不说。回程时,到火车站他叫我跟他走,进了站就跟着他上车,要坐下时发现有人坐在位置上了,我说这是我们的座位,但是坐着的那位说你们有没有文化、识字否?我一看票,时间不对,连忙下车才发现火车在对面,到了对面车子门口刚刚好关门,眼看着车徐徐出站。回来我就把这桩事放进书里来讲,那是相当精彩。这说明什么?就是要在生活里学,向周边的人学,要留心。

三

还有一个方面,刚才唐教授也提到了。我们这个评弹艺术为什么有几百年的历史?因为它有教化世人的作用。评弹是说书,更是说世,所以有教化的作用,最高境界就是寓教于乐,在娱乐中达到教化的作用。这倒不是单单1949年以后的书里才有,1949年以前也是这样。你随便拿哪部传统书出来,哪怕《玉蜻蜓》《珍珠塔》,等等,无非就是忠孝节义、仁义礼智信,这门艺术离开这个主题是没有生命力的。流行的东西流行一段时间就过了,我以前一个同学是唱歌的,有人请他来唱歌,报酬比我们说书人高不少。他以前在剧团里面不演主角,跑龙套的,后来不知怎么成了唱歌的,虽然不是歌星,也小有名气了。不过现在又不行了,哗众取宠,不长久。

我们说书人,一个是识书,接下来背书。现在有的学生背书也背不出,半年背一本书。可能也不是真的背不出来,和我们相比,所处的环境也有了很大的变化。唐教授刚刚说的,以前学了几个月没钱学了，逼着自己演出赚钱。现在不一样，有的学员出去说书，他是问家里拿了钱出去的，说书说不下去了就回到团里，家里人以为他还在说书，我觉得他背不出书也和这个社会、家庭条件等因素有关。当年我学的时候，父亲五十多元钱要负担一个家庭，我只要说得好赚得多就可以为家里分担，这既是压力也是动力。还有一个原因就是生源，过去学说书是比较聪明的人去学的，至少是有那根筋的。为什么要学说书呢？很多人是这种情况：家里弟兄几个，读书很好，但是家里境况不好，负担不起，不能供孩子上学，而说书学好就能赚钱，而且大多是喜欢评弹才去学说书。现在不是没有钱，而是读书读不好，考高中考不上才来学说书。苏州评弹学校，这几年得到政府的重视和支持，情况有了很好的改善，现在要考苏州评弹学校的人很多。因为评弹是苏州的一张名片，政府很重视。当年常熟艺校招考评弹班的时候，十三个人报名，就录取了十三个人，一点都没得挑选，现在还剩两个在演出，还不错。

现在我们经常提到加强培养，搭建平台。我觉得所谓培养应当是营造一个好的环境，说书靠培养是培养不出来的，说书人只有自己喜欢说书，对这门艺术喜欢才能学好。我也常常在思考，为什么现在不出流派？出不来！这个根源在哪里？现在的说书，和"识书""说世"有距离，有的甚至有走偏的倾向。重唱轻说，重中篇轻长篇，重大舞台重舞美，轻视基层书场……这样的问题，对评弹有所了解的、有感情的人都知道，有的知道只是不说而已。

四

那么今天既然请我来讲座，我还是要谈谈我的观点。为什么当今评弹不出流派？张鉴庭、蒋月泉、徐丽仙、严雪亭等流派怎么出来的？当然，现在有很多名家、有识之士，都有一个共同的想法：流派一定要靠长篇出来，而不是靠一个开篇甚至短篇。一部《玉蜻蜓》出了多少名家，《珍珠塔》也是如此。为什么过去一部书就能出那么多名家？高档次的说书人是说世角度不同，而不是书情不同。说法不一，也就是说世不同，角度不同。千篇一律没有意思，外滩全世界闻名为什么这么漂亮？就是因为高楼大厦风格各异，都一样就没意思了。我们现在把老先生的书全部原封不动继承下来也不容易，实事求是，他们的流派已经到了一个顶点，但是这个顶点哪怕是珠穆朗玛峰也照样有人上去。你达不到也要有信心，没有信心永远没机会。

上海有一个教授，他说我们要的不是发展，是要等待。艺术家不是靠发展出来的，是要等待出来的。当然我可能有点断章取义，但我不是片面理解他的这句话。这句话对么？我认为有点对，也不全对。说书人不是靠培养出来的，是靠自己的。因为本身这个艺术是个体艺术，但是政府为你创造有利的艺术发展的环境也是必需的。为什么"文革"期间没有《芦苇青青》这样的作品？因为没有这样的环境。作为听众是等待、期望，最好有新的流派出来。那我们干这行的人，亲力亲为的人至少要有这个想法。这个想法是根据每个人不同条件、因素而来的，严雪亭根据自己的嗓音条件，根据书情，根据他对社会的了解，慢慢形成自己的风格，最后通过一部《杨乃武与小白菜》，就成功了。听我伯父讲，他光琢磨《白毛女》中的白口"爹爹"两个字就不是一日之功。在那个环境里，这声"爹爹"该怎么叫？当时心情应该是什么样？必须这样严谨！

为什么我说一定要长篇，长篇是说书的大工程，不是一回书一小时两小时就解决的，而是要半个月、一个月甚至一年半载才能完成。整个一部书里的故事，包括布景、人物心理潜台词，包括篇子如何安排，都要妥帖妥当。只有真正一丝不苟，才是上档次、受人尊敬的说书艺术家。那么刚刚的问题要继续下去：为什么不出流派？其实仔细想想，不要说流派，就连响档都很难出。我仔细想想，今天来讲课，把我的名头弄得很大了：著名弹词表演艺术家。自己想想，像我这一辈的人，三流也达不到。一流的艺术家当然是流派，二流上海以前有很多，就是没有成为流派但是名气顶呱呱的，三流是"码头老虎"——在码头上要么不到，一到就是客满。我们最多就是三流不到。为什么没有流派、没有响档？就是因为没有仔细研究长篇，没有说出你的特色。一部长篇为什么能出流派呢？过去老先生没有剧本，只有书路、唱篇、韵白、赋赞，那只有这些，如何一回一回说下去呢？就是听先生，听书背书。怎么做到不忘记书呢？就是靠唱篇。这段唱篇放在哪里的，就可以发挥自己的想象力：前边是什么书？其实不是书，是故事情节。这里面最好的东西就是发挥你说书人的创造力、语言组织能力。为什么说书的情节是一样的，说出来的话不一样？因为没有剧本，有种说法是老先生的保守，就是有也不给学生。其实这是相辅相成、有好有坏的。所以现在一个中篇出来以后，如果我要让别人去说，就要照着定稿的剧本去说。上海团对剧本是十分严谨的，一个字都不能去掉也不能加进来。当然，对于经典作品而言是应该如此。特别是艺术上已经成熟的名家，经过这样规范的做法，出来的作品更为严谨，更为优秀。但是对于初学者或艺术不够成熟的演员而言，就照着脚本说，是永远唱不过首唱者的。用时髦的话说就是永远不能发展。说书中有句行话叫"小闲话"，脚本上没有的，但却是听众最欢迎的，"小闲话"的丰富就是你说书人的丰富、说书语言的丰富。

今天我来上课，从常熟到上海这一路，内容丰富一下，上台说书就不得了了。和唐教授约好九点半到上海师范大学讲课，常熟到上海有一百多公里，要提早去，七点半准时出发，九点半就能到了。高速公路上蛮好，没有堵车。高速一堵车交通就瘫痪了。哪晓得下了高速就不行了，车子堵住不动了。好不容易能动了，前面又遇到了车祸。好不容易到了上海师范大学，还迟到了半个小时。这就是说书语言。文字的话很简单，上午七点起来出发去上海，路上遇到点事，迟到半个小时。让说书人讲就有得讲了，讲得好听还好，讲得不好听就啰唆了。那怎么样讲得好听？就是"说世"。

为什么有的艺术家不在台上，在台下说话也挺"拉"耳朵。就是他的语言组织能力很强，这种能力哪来的呢？靠平时观察、学习，所谓见世面，见了世才能说世。从一开始啰唆再到精练，原来没有唱篇的地方觉得情绪到了可以加一段，演员发自内心想唱的一定好听，预先设计的不一定好听。随便唱的也不好听，因为你不在这个情景、情绪里。其实这个流派不是单单唱的调，主要是说的情绪、风格，以情带唱。你想想，周玉泉和蒋月泉记谱记出来其实差不多，音符差不多，为什么有明显不同的特色呢？为什么说这个是"周调"，这个是"蒋调"？其实蒋先生的唱更加符合书情。到后来徐丽仙也是如此。当然蒋先生是泰斗，但是我觉得徐丽仙的"丽调"更进一步了。如果在徐丽仙的基础上再进步，我认为也可以，但是不能走歪路。可是有很多人认为你们有流派，我也可以有流派。结果出来的东西不是锡剧就是沪剧，不是沪剧就是京剧，都是空中楼阁，这是不会成功的。曲调他是根据书情来的，而不是为调而调，改一下编一个就成为流派的。要耐得住寂寞，肯研究肯实践。现在很多人包括我在内，不在研究这些，研究其他的。其实那些不叫研究，叫开篇主义、中篇主义。长篇中可以研究的多了。只有唱篇没有说白的剧本其实是锻炼说书人的说书创作、技艺、艺术的，我觉得艺术就是在竞争中来的。说书人的竞争到了一定阶段我认为不在书台上而在书台下。尤其是现在的演员，台下怎么排的是不会变的，台下怎么排台上怎么说，那种排书是一句一句、一个标点一个标点来说的，有点刻板。

真正的大家不是这样的，我又要举以前老先生的例子。胡天如先生有很多人不认可，特别到上海来以后，所谓的评论家对他有点贬。我在心里对他非常崇敬，他对我说了这样一段话："说书就是要讲故事讲得人要听，故事的情节可以千变万化，情节可以自己瞎讲。"我说瞎讲可不行，他说"瞎讲"就是所谓的"簧书"，说长篇还缺几回书怎么办？生意很好但是书没有了，这时候再说下去就叫"簧书"。"其实就是自己创作，只是不写出来，而是说出来了，讲到哪说到哪，但是头脑中有条书路。"这段话给我印象非常深刻。说人家不知道的，至少听众不知道，听众就越爱听你的。为什么一定要说书说世？情节人们知道的，但你的穿插、旁征、引经据典，别人不知道的。这才是最吸引人的，也是评弹最好的东西，就是所谓的评。

这里我再举一个最近的例子。一个不知名的评话演员在某地演出爆满，有三百多听客。我去说也没有三百多人，任何人去说都没有。第一天爆满不奇怪，听众是去试一试，如果不好听听众也不要听的，结果他每天都要加位子。他就是说世。他说的是《巡视组在动》，对于书的内容我不去评价。这个说书人没有团，过去我们把这种艺人叫作"飞兄"。当地有些老干部、老党员，写信到市委宣传部，说这样的书你们怎么请来的，怎么可以一味地追求票房？这书不能说的。场方为了息事宁人，就和那位说书先生打招呼："因为我们是革命老区，这样说下去人民有意见，今天人民都来信了。"这个书就不要说了,从今天开始换成传统书。谁知道有人先去放风声要换书,听客闹起来:"这书很好,反腐的题材。"场方就退一步,今天再说一回,明天换。第二天听众全部到书记办公室,质问:你这个书记怎么当的,为什么不能说,看来你也是腐败的。最后没有办法,只能说下去,要求演员有的噱头不要加了,这书平讲已经有人听了,不要再去添油加醋了。其中有个听众在闹的时候说了一句,这书里有时候有些加得确实不好。于是有人就马上说:"你写的告密信,把他捉起来!"差点被围起来挨打,最后躲到票房里面去了,总算幸免于难。

我说这个事不是说他这书有多好,而是他说的是当今的事,所以有听众来听。换句话说,我们现在的书目一方面是传承,另一方面更重要的就是创新,至少是新的东西。不一定是政治化的,也可以是生活化的东西,寓教于乐。以前说邓小平、陈毅等,生意也很好。你说抗战也可以,观点可以明朗点,说一点实话。中央台现在都在说抗战的一些实话。一直说明朝、宋朝,确实远了点,至少从培养新的听众方面来说,我们有责任写一点听众喜欢的、想了解的书。我家里一放评弹,儿子、儿媳妇都让关掉,说听不懂叽里呱啦的。为什么说现在有点偏差?现在都是唱的。我们的评弹,唱不是主打,说才是。说得好听是有人听的,也是悦耳的。我从一开始不喜欢到喜欢就是听了书,自己说书向书里学,向人物学。

那么回过头来再讲一点,我总觉得说书这个行当不会灭亡,但是我觉得还是要回归原状的,如果需要发展的话,不能浮躁。它来自民间,一定要回到民间发扬。宝塔没有底座是要塌的。我们成立评弹团是有利有弊的,好处就是解决了老艺人的后顾之忧,坏处就是衣食无忧了,有点懒惰心态。仔细想想我们的流派大多数是在团成立以前就形成的,那些大家报出来都是没有团以前就出名了。我就说来自民间的说书艺术最后一定要回归民间中去。当然,有团、有政府的扶持后我们评弹艺人怎么来做,这是个重要的问题,值得深思。

演讲当天与会人员合影

五

最后，我介绍一下常熟团的情况。常熟评弹团，唐教授刚刚说是和上海、苏州三足鼎立。但这个情况不是现在，是在五六十年代。那时我们有个办团的总体思路和目标，因为传统搞不过上海、苏州，他们都是名家响档。我们的目的就是演新、创新、说新。这是我们办团以后的传统，也是常熟团的特色，以前我们的朱寅全老师写的中篇、短篇，都获奖很多。地方评弹事业的兴亡与当地政府主要领导重视不重视，关系很大。不重视就自生自灭了，十年前常熟评弹团寄养在别人那里：团部地块要开发房地产了，就把我们寄养到一个戏院里，只给一间房子，就在那里办公，奄奄一息。来了新领导他认识我，让我做团领导。但是我觉得在那个地方办公，太不重视评弹了。评弹团是姓评的，以前的团长把团部开成饭店，演员都成了服务员，还做什么评弹。后来领导许诺会一起努力，创造条件的。我提出首先要搬团部以示支持，立马就办了，可见领导重视的重要性。后来我觉得没有书场就没有阵地，就请上海、苏州的一批名家到虞山大戏院里做一场中国评弹名家演唱会，我要请市委书记来看看评弹在我们常熟很有人气。一千一百个位置，为了保证客满，我发两千不到的票，结果当晚爆满，市委书记来一看就震惊了。上海来了一帮老听众，把领导席也占了。那场的效果相当好，市委书记连夜打电话给我们的局长，说评弹很好也有人气，在市中心划地安排建造新的书场，所有房子拆迁。两千多平方米，就是现在常熟团的团部和虞山书场。

我们的演员也有了面子，硬件有了，软件也要跟上，继承办团宗旨，创作了一些作品，发挥我们常熟的资源，邀请金曾豪等一批作家合作，一炮打响。其中有五个作品（《山歌王奇情》《千里寻宝》《田阿桐》《相约星期二》《招牌菜》）支撑着我们常熟团现在的荣誉。创作很重要，所以说长篇也要创新，再不创新基本功又不好。比如《珍珠塔》《玉蜻蜓》等这样的传统书，功力不到是没法听的。创新是啥？就是基本功，加说书人的自身阅历、体会、经验和对人情世故的评论、演绎。既说书更要说世，这样才能把书说好，把故事讲好！我作为一个说书人，讲了一点我个人的体会，不知道讲得对不对，请大家批评指正。

演讲时间：2015年11月2日

整理者：解军

第三十四讲
上海文艺演出市场及评弹现状

  本文考察了近十多年来上海文艺界不断变化的大格局，从演出市场的变化中思考评弹今年呈现颓势的原因。自 2000 年以来，上海评弹团等一些国家院团分别托管于相关部门及几大文化集团。管理体制的不完备以及管理人员的不专业间接导致了评弹事业的日渐式微。进一步说，新时期评弹的社会影响力持续下降，导致市场占有率的萎缩，加之业余从业者数量上的压倒性优势和艺术质量的低下，大大地稀释了评弹艺术的纯度。最后，本文指出评弹人应具备的"含蓄、细腻、趣味，文雅、内敛、仔细"特质，当代演员中鲜少具备。评弹要坚持艺术本体，反对"以性感替代美感、技术替代艺术、宣传替代文艺"。唯有如此，修复评弹生态，重塑评弹价值才有更多的可能！

范林元

  1960年出生于上海青浦，国家一级演员、上海市演艺工作者联合会秘书长。1977年毕业于上海评弹团学馆，师承孙珏亭，是徐云志的再传弟子。而后他长期与冯小英拼夫妻档，演出《三笑》。范先生天赋佳嗓，所唱"徐调"，高亢嘹亮，抑扬有致，张弛得当，曾获上海首届艺术节奖、江浙沪"三枪杯"中青年评弹演员大赛优秀演员奖、全国曲艺大奖赛表演一等奖、"观众最喜爱的十佳中青年评弹演员"等奖项。他长期关注上海文艺演出动态，对评弹现状有着准确的把握。

评弹,文艺百花园中的一朵奇葩。百姓听众知道好是因为它讲的是老百姓的故事,亲切听得懂;高端人士知道它好是因为它的内涵、音乐使人宁静养心;业内众生知道它好是因为它像一只"乾坤袋",任何知识只要你有都可装进去并能呈现出来。可惜这样一门艺术由于众多因素,近年来在上海滩逐渐成了一门小众艺术。是何原因?那就要从上海文艺的大格局说起。

一、不断变化的大格局

在2000年以前,统领沪上文艺舞台的主要是由上海市文化局管辖的十六家国有院团:上海交响乐团、上海歌剧院、上海芭蕾舞团、上海民族乐团、上海京剧院、上海昆剧团、上海越剧院、上海沪剧院、上海淮剧团、上海话剧中心、上海歌舞团、上海轻音乐团、上海杂技团、上海评弹团、上海滑稽剧团、上海木偶剧团。其他有影响力的两家有:上海乐团(合唱团)、中福会儿童艺术剧院。主要区级团体有:长宁沪剧团、宝山沪剧团、虹口越剧团、静安越剧团、人民滑稽剧团、青艺滑稽剧团、上海魔术团、新长征评弹团、东方评弹团、新艺评弹团……共二十八个院团,当时的上海评弹团是沪上演艺十六强之一或者说二十八强之一,也是沪上四个评弹团的领头羊。2000年文化局和广电局合并。出于经济因素等考量,十六家市级主要院团分别托管于相关部门及几大文化集团:

市委宣传部直属:上海京剧院　　　　上海昆剧团

大剧院管理中心:上海交响乐团　　　上海民族乐团

　　　　　　　上海歌剧院　　　　　上海芭蕾舞团

报业集团:(文新报业)上海越剧院　(解放报业)上海沪剧院

传媒集团:上海话剧中心　　　　　　上海杂技团

　　　　　上海淮剧团　　　　　　　上海滑稽剧团

　　　　　上海歌舞团　　　　　　　上海木偶剧团

　　　　　上海轻音乐团

广播电台:上海评弹团(后划为传媒集团)

几年后这五块缩减为四块，传媒集团的八个院团加上后成立的"上海爱乐乐团"共九个院团组建了"上海文广演艺中心"，归市文广集团管辖。2011年12月30日宣传部直属的"京昆艺术中心"撤销，由上海京剧院、上海昆剧团、上海越剧院、上海沪剧院、上海淮剧团、上海评弹团六家院团组建"上海戏曲艺术中心"，同时各院团更名为：上海京剧艺术传习所、上海昆剧艺术传习所、上海越剧艺术传习所、上海沪剧艺术传习所、上海淮剧艺术传习所、上海评弹艺术传习所。

至目前上海国营演艺院团分为三大版块（2015年）：

大剧院艺术中心：上海交响乐团　　上海民族乐团
　　　　　　　　上海歌剧院　　　上海芭蕾舞团
上海戏曲艺术中心：上海京剧院　　上海昆剧团
　　　　　　　　上海越剧院　　　上海沪剧院
　　　　　　　　上海淮剧团　　　上海评弹团
文广演艺中心：上海话剧中心　　　上海杂技团
　　　　　　　上海歌舞团　　　　上海木偶剧团
　　　　　　　上海轻音乐团　　　上海滑稽剧团
　　　　　　　上海爱乐乐团

其他：

宋庆龄基金会：中福会儿童艺术剧院
区级保留院团：人民滑稽剧团　　　青艺滑稽剧团
名存实亡院团：上海魔术团
解散撤销院团：上海合唱团　　　　虹口越剧团
　　　　　　　静安越剧团　　　　新长征评弹团
　　　　　　　东方评弹团　　　　新艺评弹团

上海地区的主要演艺院团由原来二十八家到现在的二十家，这是目前上海市级及其他主要演艺院团的概况。被更名为"传习所"的单位，其经济体制由改革前的全额拨款，变为改革后的差额拨款，又恢复到了现在的全额拨款。虽说演艺院团的归属、体制反复变化，评弹也只是一门曲艺，但以上海评弹团被列入全额拨款单位事例说明，评弹虽排不进前位但比起其他那些改制为企业的"杂技团有限公司""滑稽剧团有限公司""轻音乐团有限公司"等走市场自负盈亏的单位待遇优厚不少，国家拨款待遇情况反映的是曲种在行业内的地位，应该说政府对上海的评弹事业还是很支持的。

二、浪潮翻腾中的评弹界

首先从队伍角度说，在前些年大多数时候，无论是国家级层面还是市级层面，凡是举行大型文艺活动都会有评弹的声音和身影出现，在老一辈尚能登台时演出的是独唱节目，后来晚辈中少有挑大梁者，就改为女声小组唱之类的集体节目，即便有业内人士戏称为"十件旗袍蛮标致，十只琵琶呒声音"，但它毕竟是代表着一个艺术门类在重要场合的亮相，也标志着评弹在上海文艺界中占有一席之地以及在文艺市场中占有一定的分量。

不知何时起，这样的景象渐渐少了，这样的场面鲜见了，每当举办大场面高层次的文艺活动总是不见了评弹的踪影，也没有领导和策划人说"评弹怎么没有啊"的话了，难得有机会出现，整个评弹界就像"天上掉下个林妹妹"一样稀奇，可叹很少有业内人士去仔细地研究和认真地思考其中原因，以及如何去改变这种状况。

据不完全统计，改革开放以来，目前上海的大小文艺团体有二百多个，演艺从业人员有数千人，尽管大部分是民营团体，但涉及门类广泛，歌舞、音乐、杂技、魔术、戏剧、戏曲、影视、综艺等几乎无所不包，例如：孙徐春领衔的"锦辉艺术传播公司"，张军领衔的"上海张军昆曲艺术中心"，萧雅领衔的"上海萧雅艺术公司"，陈传薪领衔的"上海大众乐团"，金星领衔的"上海金星舞蹈团"，傅腾龙、傅琰东父子领衔的"腾龙魔术杂技团"，马晓晖领衔的"晓晖艺术中心"，纪晓兰领衔的"左邻右舍艺术传播公司""老上海爵士乐团"，等等，这些民营团体的社会影响甚至超过了某些国营团体，他们在扩大剧种影响、传承剧种艺术、占领市场份额等方面起到的作用是独特的，相反，评弹界的上海评弹团、新长征评弹团、新艺评弹团、东方评弹团，几年里四个剧团关闭了三个，单位淘汰率是75%，撤销后散到社会上的以及因各种原因离开原团体的评弹艺人，一个也没有成为如张军、孙徐春、马晓晖、萧雅那样的民营团体的及行业中的领军人物，也没有成为像关栋天、周立波、金星那样的文艺佼佼者，这一正一反的差距使得评弹与其他剧种间的距离拉得更大。从专业上讲，目前上海地区真正的评弹团就一个——上海评弹团。

其次，从市场角度说，社会影响力的减弱导致市场占有率的萎缩，在1980—1990年前后，除静园、大华、西藏三家千人左右座位的大型书场外，市区其他专演长篇的中小型书场据不完全统计的有：

雅庐	七宝	西园	玉兰	美琪	碧宫
百乐	联运	漕北	武定	安康	虹桥
梅文	轻工	共康	宋园	上钢	浦兴
衡山	东方	竹林	鲁艺	长艺	田林

西南	玉壶春	玉茗楼	龙珠苑	彭浦老年
兰心微型厅	天蟾评弹厅	邮电俱乐部	徐汇图书馆
浦东文化宫	乡音书苑

三十五家等（郊区在此不计）。

2015年上海市区演出长篇的书场有（郊区更少）：

| 梅文 | 武定 | 龙珠苑 | 长文 | 宋园 |
| 鲁艺 | 三林 | 七宝 | 安康 | 乡音 |

到目前为止，评弹在上海的总态势是：有建制的评弹团一个（原四个），演长篇的书场十家左右（原三十八家）。

再次，从人员上讲，另一种现象值得我们深思，那就是一方面专业队伍严重萎缩，另一方面业余队伍蓬勃发展。据不完全统计，目前上海市区有名有姓的业余组织有：市工人文化宫茉莉花评弹团、北站街道评弹沙龙、五里桥街道评弹沙龙、黄浦区评弹之友社、陆家嘴街道梅园评弹沙龙、外滩街道评弹沙龙、七宝文化中心评弹沙龙、杨思街道评弹沙龙、武定书场评弹沙龙、愚谷村静安区退休教师评弹沙龙、鲁艺书场评弹沙龙、广中路街道评弹沙龙、彭浦镇文化中心评弹沙龙、临汾街道文化中心评弹沙龙、武宁小城评弹沙龙、静安新城评弹沙龙、高桥镇评弹沙龙、上海石化评弹沙龙、市政协国际评弹票房、吴韵评弹团等共二十三个。

这些业余组织每星期都举行活动，算来上海天天都有数家业余评弹队伍在活动，以每个票房平均二十人计算总数可达四百多人，去掉交叉重复的人员起码也有二百人以上。按常理说，爱好者队伍壮大对扩大曲种影响是有推动作用的，但当天时、地利、人和不在同一轨道上运行的时候，其产生的效应不一定是正面的了。为什么这样说呢？以前业余与专业的分工很明确，性质很明晰，爱好者是陶冶情操，专业人是传承发展，一边是玩票，一边是事业，那是因为专业的水平很高，业余无法企及。而现在的情况是在很多时候很多场合，人员不分专业与业余，质量难分业余与专业，尤其是自从有关部门实行放开演出市场，取消个人演出许可证后，许多业余团队组织演唱会、会书等大型演出打的旗号就称"什么什么团"，故意混淆专业与业余的界线，误导社会及不明内因的人们对评弹艺术的认识，其中还有不少人从爱好走向了从业，但艺术质量并没有随着身份的转换而提高。也有些专业人员只要有报酬什么场合都会去、什么舞台都肯上，完全忘记了自己肩负的责任，久而久之作为专业人员的各项标准和技能都下降了。再说，一个专业团体的演员总数才几十号人，结果是业余人员数量上的压倒性优势和艺术质量上的业余水平，对比专业团队虽质量上居专业优势但人员数量上居严重劣势，拉低了整个评弹界的艺术水准，大大地稀释了评弹艺术的纯度。有人说"现在的书场里已听不到真正的评弹了，即使一些优秀的曲目还有人在说唱,也是精华尽失,像一杯掺水太多的咖啡,滋味寡淡"。再加上专业队伍中能算得上人才的人不断地流失,艺术与人才的整体滑坡导致评弹失去了在文艺界的主流地位,整体事业呈逆生长态势。

三、"秋光疏影"中的评弹人

含蓄、细腻、趣味,这是评弹艺术的特征,而文雅、内敛是评弹人的特质。我们常讲"人如其书、书如其人"是讲这二者的统一,前辈中如:徐云志与《三笑》,周玉泉、蒋月泉与《玉蜻蜓》,夏荷生与《描金凤》,杨振雄与《长生殿》,张鸿声与《英烈》,唐耿良与《三国》,张鉴庭与《顾鼎臣》,严雪亭与《杨乃武与小白菜》,等等,我们很难分清他们是书造就了人还是人造就了书,是"人如其书"还是"书如其人",归根结底是这些前辈们把评弹的艺术特性和自己的人格品位修炼到了极高的程度和高度的统一,从而造就了这一座座丰碑。而今天的评弹界没有新的丰碑,主要原因之一就是没有这两者既有高度又能统一的人物,即便有人稍有成绩,但与前辈也是无法相比的,不足以担当起事业领路人之重任,造成这种局面,从对现实的观察来看起码有以下几点:

(一)面子文化

个人认为"面子文化"是中国文化中很不可取的却又极具渗透力的一种文化现象。当文雅变成功利,内敛变成浮躁的时候,其行业风气一定是"面子文化"盛行,因为你要利益索取最大化,就一定要把自己弄得如打气的蛤蟆一样又大又壮,使别人不敢小觑。

在这里我以"评弹——中国最美的声音"为例,这句话在当今评弹界是妇孺皆知的语录,在文艺界也是路人皆知的口号,我在前一阵子的中国评弹网上又看到一则由此语录延伸出来的事。2015年6月初,姑苏评弹社署名发表的《纪念陈云诞辰110周年暨姑苏公益书会暨姑苏评弹社成立十周年庆祝活动系列安排》的一篇通信中写道:"……陈云同志生前最爱听书,听苏州评弹,曾赞美苏州评弹是中国最美的声音……"把这句话的出处安在了陈云的头上,我们且不论撰文者与评弹是什么关系,但是有一点是肯定的,他对陈云是不了解的,对这句口号的出处和理解更是一无所知的。有人要问"评弹——中国最美的声音"出处何在?与评弹业态、面子文化有什么关系?

在1998年以前是没有这句话的。当年3月,受台湾雅韵文化公司邀请,上海文化局组织了一个评弹小组去台湾,为评弹进岛做先遣探路,成员有彭本乐、陈希安、范林元、盛小云和当时上海市文化局台办一位干部，共五个人。这是大陆于1949年后首次送评弹上岛，对评弹界而言不是惊天动地也是开天辟地的事情，而对邀请方来说是一次做生意前的试验。进岛前后共二十天左右的时间，走访的学校、电台、电视台有几十家，平均一天要走几个单位。其中最吃功夫累人的是3月4日，在位于台北市八德路三段25号的台北市立社会教育馆进行的那场试验演出。三层楼的剧场千余的座位，一位演讲人三个演员，四个人要在陌生地承担一场千余观众从未看到过的曲艺演出，是演员都能想象得出那种压力。在这里我要特别强调彭本乐老师是这次台湾行的主要功臣，尽管三位演员专业到位、各具特色、竭尽全力，但在评弹沙漠地开疆拓土，没有彭老师丰富的评弹知识和有声有色的演讲，整个活动是不可能成功的。

那天傍晚突然下起了大雨，晚上七点三十分演出，但到了七点观众一个也没有，此时邀请方和大陆五人团的心情是可想而知的。但刚过七点剧场就传来潮水般的声音，我们以为发生了什么意外，到台侧一看才晓得是观众进场。就几分钟时间千人剧场座无虚席，其中半数以上是几天来我们下学校上电台吸引来的大学生，演出效果用"非常成功"也不足以概括当时的情况，在此不再赘述。第二天台北各大报纸大幅报道并刊出标题为"评弹——中国最美的声音""盛况空前""大获成功"等文章，这是"最美的声音"词句用在评弹上的开端，更是邀请方作为推广用的宣传词。由于这场大型试演的成功，邀请方与她的记者朋友将计就计把它作为评弹的定性词来吆喝以吸引今后的正式商演，说白了就是生意营销手段，但当时的效果说在台北掀起了一阵评弹旋风也不为过，这不能不佩服组织方炒作的本领，大标题下还有"评弹学者""书坛宿将""评弹张国荣""苏州美女"等小标题，其中肯定的一点是大题目"中国最美的声音"就指这场演出的本体——评弹，绝不是现在评弹圈所传的，是指哪几位演员或哪位演员，"中国最美的声音"就是一句用来吸引百姓眼球的广告词。

这句原话出自何人之口的呢？台湾的报道在前面都有一句"国学大师俞大纲说……中国最美的声音"，没有"评弹"二字的。俞大纲曾就读于上海光华大学、北京燕京大学，受业于徐志摩门下，精于中国古代文学艺术与戏曲文学研究、京剧创作，1949年去台湾，任教于台湾大学中文系，也是台湾中国文化大学中国戏剧学系的首任系主任，生于1908年，卒于1978年。

这里有一个问题，俞大纲逝世于1978年，正值大陆"文革"刚结束。他1949年就去了台湾，在这二十一年中他不可能与评弹有直接的接触，也就不可能指名道姓地说"评弹是中国最美的声音"之类的话，上网搜索俞大纲的文章或演讲也没有任何他与评弹的信息，倒是有大量的近几年来评弹界自己写的"评弹被台湾国学大师俞大纲誉为中国最美的声音"之类的文章。我倒是在台湾的报纸杂志上看见过这样的词句，但说的是"昆曲——中国最美的声音"，"京剧——中国最美的声音"，因为邀请方老板是位京昆爱好者，我曾亲耳听她唱过京昆老生行的段子，是位很有道行的票友，她在之前曾与台北的一位音乐人做过多次大陆京昆剧团进台湾商演的事例，用的广告语就是"中国最美的声音"，那么可能的结论就是俞大纲曾在谈他擅长的京剧时用过"中国最美的声音"，或者在谈论中国的方言时说过"苏州话是中国最美的声音"，等等，邀请方将用在京剧广告上的词语又套在了"评弹"的宣传上，难道尊为百戏之祖的昆曲不美？称为国粹的京剧不美？而一个地方曲艺倒是"国之最美的声音"，这说得通么？我在这里要指出的是：别人都是听过、谢过、笑过，唯独评弹人听后打包、带走，并活学活用武装自己。回到大陆没隔多久就出现了铺天盖地的"评弹——中国最美的声音"的文章，再后来是"谁使评弹成了中国最美的声音"，再后来是"谁就是中国最美的声音"，到现在是"我们都是中国最美的声音"。

我举这个例子不是反对做宣传，是反对以宣传替代艺术，有人说这也是一种炒作，但是丢了精髓、没有支撑、缺少底气的炒作，经不起考验的，习近平同志在全国文艺工作座谈会上讲话时说："文艺要赢得人民认可，花拳绣腿不行，投机取巧不行，沽名钓誉不行，自我炒作不行，'大花轿、人抬人'不行。"两相对照其中深意不言而喻，现在文艺界同行中有人在说："既然是中国最美的声音，那就是有干不完的活赚不尽的钱，还要到处要拨款要政策照顾干什么，说话做事自相矛盾？"在这种面子文化的驱使下，评弹人低调、内敛、仔细的品质不见了，评弹艺术含蓄、细腻、趣味的特点减少了，行业的心态、业态、生态都发生了根本性的变化。

（二）自以为是

我不止一次听人讲"现在的评弹人缺少文化"，以前听到是不以为然的，认为评弹人缺少知识是肯定的，因为从小学艺学历都不高，但说搞文艺的人缺少文化我是不认同的，但现在我非但认同还深有体会，因为心态、业态、生态的变化，使得一些人没了自知之明甚至是不知天高地厚，从而对事业造成了伤害。一个例子发生在两位演唱《三笑》的青年演员身上。曾有一次他们参加一个业务训练班，最后阶段要汇报一个节目《三笑》选段《梅亭相会》，唱词是：

> 花街同步手相携，此刻秋姑红两颊。
> 姐姐啊，你好此一西施，我好此一范蠡；
> 与你相逢同伴到浣纱溪。
> ……
> 哥哥啊，你是才学广，貌整齐；
> 理应夸口比陶朱。

小妹是人蠢俗，腹又愚；

效颦怎敢学姣姬。

……

姐姐啊，你是玉骨冰肌人间少，

兰质蕙蕊世所稀。

……

秋姑正在凝神看，

（表）秋香正在看格辰光，见归面氽勒氽氽过来一蓬水草齐巧氽勒华

安水中影子的下巴底下，赛过荡勒下巴上的一把胡须。

（白）哥哥你看呀，

看哥哥苍然出了须。

这是剧本原稿，自1805年吴疏昌先生创作了弹词本《三笑》至今二百一十年中没人提出过这段文字上的问题，而此次培训班有人提出有三个错误：唱词出了韵、不雅词语、冬天没有水草的，怎会浮上水面？

那么事实是怎么样的呢？请诸位共同评判。

1. 携、颐、蠡、溪、齐（几凄韵），朱、须（支书韵）是两个不同的韵，但苏州弹词中几凄韵与支书韵、居鱼韵是相通合用的，在评弹的唱词中这样运用的例子比比皆是，难道都是用错了？

2. 玉骨冰肌。A：该词形容女子苗条的身段、洁白无瑕的肌肤、高洁脱俗的形体。

B：举苏东坡在怀念随自己贬谪岭南惠州同患难的侍妾朝云的一首词：

西江月·梅花
苏东坡

玉骨那愁瘴雾，冰姿自有仙风。海仙时遣探芳丛，倒挂绿毛幺凤。

素面翻嫌粉涴，洗妆不褪唇红。高情已逐晓云空，不与梨花同梦。

将梅花拟人，将人比梅花，高贵品质的人不是凡夫俗子能比的。

C：举李清照在写宋康王之后金兵南渡的一首词：

瑞鹧鸪·双银杏
李清照

风韵雍容未甚都，尊前甘橘可为奴。谁怜流落江湖上，玉骨冰肌未肯枯。

谁教并蒂连枝摘，醉后明皇倚太真。居士擘开真有意，要吟风味两家新。

意为银杏（白果）被人摘下后流落到人间，即使被人炒熟了，她的本色不变，还是玉骨冰肌，银白色的，比喻江山即使被金兵占领了，百姓的心仍是向着大宋王朝不会变的。

D：举清代才女陈瑞生的：

再生缘（第二回）
陈瑞生

生成玉骨冰肌态，长就兰襟蕙质心

E：冰肌玉骨，一种牡丹花的名称，皇冠型，开白色的花朵。难道这些诗赋中有关"玉骨冰肌"的都是淫秽不雅的描写？当然不是。

3. 冬天没有水草。恰恰相反，水草与岸上的草一样到冬天枯黄，正因为水草枯黄了，草根腐烂了才会浮到水面，且枯黄了的水草更像人的胡须。

由此可见是提出问题的人不懂常识、缺少文化，自己无知却又去误导青年人，给事业造成损害。

第二个例子是关于开篇《狸猫换太子》的：

伶俐聪敏寇宫人，奉主命且向御园行；

手捧妆盒心忐忑，一步一思一沉吟；

想刘娘娘做事多乖谬，谋夺正宫叵测心；

狸猫剥去皮和尾，调换真主不该应；

忙将狸猫把太子换，命奴婢掷向绿波心；

奴虽奴婢也解义，岂肯青史留骂名；

心如捣、意如焚，少见主、欠调停；

背主昧良皆不应，进退全非难万分；

入眼秋光多肃杀，暗香疏影亦愁生；

感损了春山垂粉颈，慢移莲瓣走花径；

一声蓦听儿啼哭，好比万把尖刀刺芳心；

掷向绿波总不忍。

这首开篇不但是"徐调"代表作，也是弹词音乐中的精品名作，它之所以成功，一是徐云志演唱功力深厚，二是唱词工整妥帖、文笔流畅，三是词文表达的意境与"徐调"音韵的意境达到了高度的一致，使开篇成为经典保留曲目。但今后的后辈与听众可能听不到完整的开篇了，因为在由中创公司出版的《弹词流派唱腔大典》中的徐云志唱腔集中，其中"入眼秋光多肃杀，暗香疏影亦愁生；感损了春山垂粉颈；慢移莲瓣走花径"四句最关键、最动听的唱句被剪去了。为什么呢？有人说这四句在景色的描写上违反了自然常识，入眼秋光是秋天，暗香疏影是梅花，秋天里的梅花岂不是笑话？我怀着十分谨慎的态度向有关专家进行了求证，查到：

郡中即事诗（其二）

（唐）羊士谔

红衣落尽暗香残，叶上秋光白露寒。

越女含情已无限，莫教长袖倚阑干。

这"暗香"和"秋光"的用法与《狸猫换太子》如出一辙，那么是唐代诗人也犯了错误，把季节与景色搞乱了？当然不是，秋天不但有凋零的花也有刚开放的花，桂花、兰花、菊花都是秋天才开放的花，有醇厚的也有淡雅的，人在花间走过如同走进了一个暗香浮动的世界，暗香是幽香、犹香之意，并不是我们一般理解的专指冬天的梅花，《狸猫换太子》的词作者在当时当景用"入眼秋光多肃杀，暗香疏影亦愁生"衬托寇珠左右为难，不杀太子又不能违拗主命的复杂心情是非常妥帖、十分得当的，如果作者不懂得其中的知识又没读过羊士谔的作品，怎会把"秋光"与"暗香"作为对仗句子的部分来运用，只可惜我们一些人自己一知半解、自以为是，把前人的经典精品弄得残缺不全，给事业造成了永久性的损害。

这几个例子不单说明业内有些人文化水平低下，更是由于这种自以为是对事业造成了伤害，这是很令人担忧的。如任其下去，那么若干年后一些优秀作品将与《狸猫换太子》一样，会缺手断脚，甚至面目全非。

（三）缺少思路

用一位老前辈的话说，"当今评弹界是个没有艺术权威、缺少领路人的时代"。一个不与外部世界接轨的事业是做不大的，一个没有标杆的事业是危险的，一个没有思路的行业是走不远的。

今年6月，苏州举办某青年评弹演员大奖赛，有说、噱、弹、唱的表演也有即兴表演的板块，这本是件好事，起码在推动青年演员基本功锻炼方面有积极意义，可即兴表演的方式和题目叫人不能苟同，在书目说完后各位演员再抽签表演小品，命题是《广场舞大妈抢地盘》《苏州老太卖菜》《伪娘与女汉子相亲》《父母得了癌症》，等等，先不论这些题目雅俗如何，单说用小品方式考评弹演员的即兴表演能力就不符合评弹规律。语言艺术与表演艺术是两种不同门类的文艺式样，语言艺术是思路走在嘴巴前，表演艺术则是形体走在嘴巴前。在此不禁要问一声项目策划人和出题者：评弹演员把小品演成了又能怎样？是改行去当滑稽演员还是话剧演员？更何况还是些无聊庸俗的选题。评弹演员讲究的是用自己擅长的流派编曲演唱的本领和过目即成的讲故事能力，策划者不在评弹演员应该具备的基本功上去做文章，却去搬抄人家用烂了的俗不可耐的老套子，弄得有些演员无所适从，有的演员确因父母得癌症病故触景伤情而拒绝表演，更有个别老师带领演员罢演出走，搞得现场一片混乱，文艺圈一片哗然，在社会上造成很坏的影响，说评弹演员没文化，更没有思路。

有道是老人靠技艺，新人靠创艺，如今老人技艺不强，新人创艺缺乏，这是当今评弹界一个紧迫又至关重要的问题。

（四）期望雾霾散去后的觉醒

有人说，按此论断，评弹事业日落西山无可救药了？并非，如果评弹是到了那一天，那么我们的讨论交流全是多余的了，也没有必要探讨路在何方了。正如我开头所说的，因为热爱评弹，才会留意它的处境，关心它的未来。要改变困境确实难度很大，但不等于评弹事业已走到了尽头，没有了生存空间。放大了看，比评弹更艰难更糟的门类还有。据国家有关部门报告：

戏曲，全国1959年的戏曲品种是三百六十八个，2015年是二百五十六个，灭亡了一百一十二个，其中四十多个经常还有演出，七十四个只有一个剧团（或团体）在留守。

曲艺，目前全国范围内是四百种左右，排得上号还能演出的也就七八十种：

相声、评书、山东快书、快板、二人转、天津时词、梅花大鼓、铁片大鼓、西河大鼓、京韵大鼓、单弦、北京琴书、四川清音、福州评话、南昌清音、苏州弹词、苏州评话、扬州评话、扬州弹词、蒙古好来宝、白族大本曲、姚安莲花落、侗族琵琶歌、陕西独脚戏、花灯说唱、陕北说书、壮族末伦、独脚戏、双簧、上海说唱、金钱板、贵州琴书、徐州琴书、潞安大鼓、乐亭大鼓、兰州鼓子、长沙弹词、常德丝弦、四川谐剧、四川扬琴、湖北评书、西藏折嘎、青海平弦、九江文曲、粤曲三弦书、大调曲子、河南坠子、尺唱、锦歌、温州鼓词、绍兴莲花落、桂林零零落、安徽琴书、凤阳花鼓、福建南音、壮族蜂鼓说唱、京族弹唱、天琴弹唱、尼呐哩、瑶族铃鼓、打溜子、宁夏坐唱、湖南瓦乡歌话、鸡毛竹、神农架龙凤鼓、土家围鼓、竹拆曲、来帕尔……

在五十多年的时间中,被湮没灭种的曲艺门类根本就没做过统计,肯定不会比戏曲灭种的少,那些已减去数字和正在减少数字中的艺术就是比评弹更糟更惨的门类。

每一个评弹人、每一个热爱者、每一个研究者的共同愿望是:"这么好的艺术不能灭亡"。要恢复到20世纪三四十年代、五六十年代的鼎盛期是不现实的,但如汽车那样通过修复,评弹这部老车快不到一百二十公里,跑七十公里、八十公里还是有可能的,这就看我们如何善待它、保养它,以及评弹人的决心与智慧。这需要执政者头脑冷静,客观正确地分析现状,理出切实可行的思路,制定符合实际的策略。

首先,现实状况是,前面所述的沪上文艺大格局摆在那里,虽说这大格局还会变,但无论怎么变,评弹是上海的小众门类在十年二十年里恐怕不会改变,也不太可能在近几年内挤进主流艺术的位置,那么做大不行就做精,另辟蹊径找出路。做精就要保存特色,曲种的特色是艺术的实力。沪上四个评弹团只剩一个,按店多成市的规则是坏事,但以独养儿子更宝贝的逻辑就是好事。上海是世界第三个特大型城市,老龄化趋势在国内最快,二千四百二十五万人口,本地户籍一千五百多万,其中四百一十四万是六十岁以上人群,占总人口30%。评弹是以老年人为主要听众对象的艺术,抓住四百一十四万老龄人中的十分之一,四十多万人,供养一个"独养儿子"应该是没有问题的,关键是你有没有艺术特色,听众是否喜欢。

相关部门预测,在今后相当一段时期中社会保障的重点是"老""少"两头,国家有关政策倾斜的也是这两头,那么能否与木偶、儿童剧联手,与政府有关部门建立起服务"老""少"两头的专职机构或专门项目,如果能形成承接这种政府委派的机制,那么政府的责任有人分担了,评弹的后顾之忧也减少了。

余下的问题就是看我们自己还有多少实力。从行业内部说,从业人员的数量还是不少的,即便艺不如前人,但从进化论讲,"人一代更比一代聪敏",除了一部分天赋不是当评弹演员的料外,大部分人都是可以调教进步的,只是金钥匙没找到,智慧之门未打开,何况还有二十三支业余队伍几百号人,只要运用、引导得当,也能成为康复评弹事业的有生力量。

其次要集体做决策。没有艺术权威的时代应实行集体决策制,一派独大、门户之见、排挤异己是事业的致命伤。中央都实行了集体领导制,难道一个行业反倒不能?文艺体制改革应从行业特点、需要出发,而不是实行现在的所谓"一团一策"。保护曲种不从行业整体着手,而去建立一个个局部的独立小王国,最终保护曲种是句空话。应该根据曲种的地域性建立起类似"江浙沪评弹工作联席会"或"联盟"那样的机制。有事共同谋划,同时要认识到在讨论艺术的事情上是没有等级高低之分的。平等协商,凡是好的建议都应采纳。这样从小处说,可避免像演小品出走那样的事件发生,从大处讲,行业一盘棋,众人拾柴火焰高,古人云:"上下同欲者胜。"

再次,两条腿走路。继承与发展是永恒的真理,只是当今的继承与发展被赋予了新的内容,既要承袭又要市场。承袭的部分不要轻易改动,因没有原汁原味的样本,就没有后人参照的标杆。邀请并留住那些有古董保护能力的高人,开发那些有新思维、新点子的活跃分子去闯荡市场,只要留有正宗样本在,新思路走得多远都能收得回来。

最后,变化不变种。中篇评弹是变化,短篇评弹是变化,把各种流派集在一起开演唱会也是变化,大乐队、交响乐伴奏评弹,有人出钱,有场地可演,不定期或偶尔搞搞未尝不可,老听众不喜欢,让几个陌生白领了解一下皮毛也好,毕竟唱的还是评弹,也算是变化。但用普通话说书,北京话唱评弹,丢掉三弦、琵琶,穿起戏装走台步,不行,那是颠覆艺术本体,误导听众百姓,日长时久不是被人同化就是自己变种。变化可以,变种不能。

我们必须预防和阻止那些已渗透到评弹界的不正之风,即"以性感替代美感、技术替代艺术、宣传替代文艺"。我们的愿望是不能让评弹这门说话的艺术,没有衰落在不能自由说话的年代,却衰落于可以自由说话的时代。我们的目的是:修复评弹生态,重塑评弹价值!

演讲时间:2015年12月4日
整理者:刘晓海

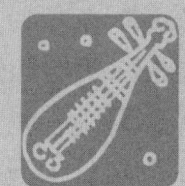

第三十五讲
中华人民共和国成立后评弹界的改制、改书与改人

本次报告围绕1958年针对单干艺人的"整风运动"展开。1958年,李庆福担任上海评弹界"整风"工作队队长。半个多世纪后回忆往事,他更为冷静、客观地指出了"整风运动"对于评弹发展的得与失。"整风运动"对于整顿评弹界一些不正之风产生了积极的作用,但是存在一些工作方式不当的问题,对一些演员造成的心灵创伤是无法愈合的。"整风"工作队劳教了一批人,转业了一批人,最终成立长征、先锋、星火、凌霄、江南五个评弹团,加速了评弹组织化进程。对于评弹艺术的本质问题,他认为中篇评弹的创作和演出是值得肯定的,尤其是中篇评弹对于扩大听众面产生了积极作用。但中篇评弹有时又走向另一个极端——过度戏剧化,忽视了讲故事是评弹艺术的本质特征,这是评弹人应该深思的。

李庆福

上海市曲艺家协会原副主席、上海市人民评弹工作团原副团长。他出身产业工人,后由纺织系统调入上海市委组织部担任行政工作。1954年担任上海市人民评弹工作团秘书股副股长,后升任为副团长,参与了评弹团早期的领导工作。60年代初,参与了评弹学馆的创建,"文革"结束后,担任上海市曲艺家协会副主席,一直关注评弹的发展。

一

大家好，我原先是一个产业工人的学徒工，我是怎么到评弹界来的呢？当时市委组织部调了八个干部，都是从纺织系统里调出来的，组织部的领导讲，你们是去知识分子成堆的地方"掺沙子"的。我就到了现在苏联友谊馆边上的黄浦路，去找当时的局长夏衍报道，先是坐办公室，后来参与搞民主改革工作，有三期工作，分别在提篮桥的东海电影院、上海沪剧院和人民评弹团。人民评弹团民改工作结束后，我接到指示留在评弹团担任秘书股副股长，后来提拔为副团长，我就这么来到了评弹界。

1958年的时候，评弹界要搞"整风"。为什么要搞"整风"？当时有三百多封人民来信，反映了评弹界个别演员在台上讲反动话、生活腐化堕落、男女关系混乱等问题。比如有来信反映在苏联领导人伏罗希洛夫访华期间，有演员在台上讲关于这件事的反动话，这是一例。还有一例就是生活腐化堕落、男女关系不清的问题。以前的上海是半殖民半封建社会，有很多舞厅，1949年后这些舞厅被查封取消，改为书场，很多舞女就改学评弹，卖身投靠评弹演员，导致很多演员生活腐化。当时文化局就让我担任"整风"工作队队长，调了文化局所有院团一共十五个干部和公安局的十五个干部，组成上海评弹界"整风"工作队。当时评弹界"整风"，苏州和上海是合在一起的，后来根据户籍将苏州演员和上海演员区分开来分别进行"整风"。这样一来，上海计有七百余人，苏州计有六百余人，"整风"工作队的工作地点在大光明隔壁的大沪书场，负责核实、调查群众来信和"大字报"中所反映的演员问题，情况属实，就宣布劳动教养。

评弹界"整风"后期，我在当时的文化局局长李太成的领导下，参与了五个区级团的成立工作，并将这五个团下放到区里去，长征团到黄浦区，星火团到杨浦区，等等，区文化局也都接受的。区级团成立好以后，成立两个队，一个红旗队，一个解放队，这实际上是两个试验田，挂在我的名下，红旗队里都是些青年尖子，比如刘韵若、余红仙、赵开生，等等，吴宗锡提出让这些青年参加评弹团，这个我没同意，后来被李太成批评了，说我毕竟还是上海评弹团的副团长，不能仅站在"整风"工作队的角度看，所以后来红旗队有九个人都被吸收进上海评弹团了。这些举措都是为了巩固"整风"的成果。

现在来看，"整风"有一定的成绩，书台上和评弹界干净了很多，但"整风"和"文革"对评弹的伤害也是非常大的，这些说书先生文质彬彬的，一天挨两次斗，这是他们受不了的。比如说严雪亭，说《杨乃武与小白菜》的名家，特点就是口齿清晰，在乡下演出的时候四乡八村都来听，说他是评弹界的梅兰芳，结果"文革"期间工宣队说他不会评弹，让他去守大门，严雪亭一气之下有了口舌僵硬的毛病，最后气郁而死。还有一个例子是蒋月泉，有一次在抄写室，一个"造反派"的徒弟打了他一个耳光，"文革"结束后，曲艺家协会给蒋月泉办六十周年纪念，导演他的剧目的人就是这个当年打他耳光的人，这让蒋月泉心里非常不舒服。"文革"对评弹界伤害到底有多大？你看上海越剧院，邢月兰、王文娟、傅全香都在，而评弹界那么多流派创始人，一个都不在了，从这之中可以看出来了，我对这种情形是很痛心的。

关于评弹传承的工作，我也参加了的。当时评弹团有个随团学馆，最早只有孙淑英、沈伟辰两个学员，学习《珍珠塔》，因为《珍珠塔》剧情冗长，生意不好，就跟随杨振雄、杨振言改学《西厢记》，受到好评，每次从东华书场演出完赶场到沧洲书场时，她们的三轮车后面都有十几部车子跟随，现在的叫法是"粉丝"。评弹兴旺了，就正式招生办学馆，生源和师资的情况都很好，我们报纸上一登启事，有二百多人来报名，杨斌奎、朱介生、周云瑞等老师也都在，学馆就成功地办起来了，我兼学馆主任。学馆办了三期，老师有杨泳麟等，周云瑞任教研组组长。后来陈云同志提出要办两个学校，一个是在天津的北方曲艺学校，一个是苏州评弹学校。关于苏州评弹学校，因为上海负责师资，我就被派去参加学校的筹建工作并担任副校长职务，后来评校搬到苏州郊区，条件非常好，一人一个房间、一个书台。但是条件太好了，我觉得这并不利于学生技艺的进步，演员应该到书场去，接受听众的考验。后来尽管学校根据我的意见做了改进，但也没有改彻底。到邢晏芝担任校长的时候，路子坏了，接受宾馆经理的回扣，培养的都是宾馆服务员，看脸漂亮就行。我对这个情况有意见，所以在反映了以后，苏州市委决定将苏州评弹团和苏州评弹学校合并，由苏州评弹团团长兼任评校校长。我觉得这个机制就对了。最近我在电视台看了两期评弹学校毕业生的演出，有两三个尖子就不错。

我认为当时的上海评弹团有三项很重要的成绩，一个是中篇评弹的形式，后来上海评弹团出的作品，都是以中篇形式演出的，非常受欢迎，迎合了工农兵对快节奏剧情发展的需要，比如中篇《一定要把淮河修好》创作完成后，在沧洲书场演出时连演三个月均客满，当时我在评弹团就是管演出、管售票的，生意非常好，每天晚上都要排队，每人限购两张票。这也正是评弹团的鼎盛时期。当时还有很多听众是老师，来听完评弹后就把学到的噱头放到课堂上去，效果很好。第二个是《蝶恋花》，赵开生说《蝶恋花》是一个集体创造的范本，我同意的，在"整风运动"的后期，我们借了文化局下属的美琪大戏院，号召评弹界在"整风"之余，也要兼顾创作，于是每人一条席子搬到美琪去，石文磊创作了《毛泽东思想放光芒》，余红仙、刘韵若等合作创作了《蝶恋花》，后来上海文联搞了三届"上海之春"，《蝶恋花》都参加了，将评弹艺术推广到了全国。最后一个是讲故事，这就要提到唐耿良先生了。我认为评弹最重要的本质特点就是讲故事，这是评弹繁荣的基础，而唐耿良就是个讲故事和创造故事的高手，尤其是他创作的《三国用人之道》，把传统的故事和内涵提炼出来为现代企业家服务，这个是很不容易的。当时在跟企业家上课的时候，时任上海市市长的江泽民也来听了，表示是很好的作品并表扬了唐先生。而现在的评弹演员却不会讲故事了，这是很可悲的。这么多故事题材，创作也不活跃。以前我在的时候，评弹团有专业创作人员十一人，现在一个都没有了。

后来我到了上海京剧院，当时的市长是彭冲，交给我的任务就是冲淡样板戏的味道，样板服、样板饭、样板车、样板戏，都要冲掉，我一做就是八年，还有演员在人代会上提我的意见，说我是搞评弹的怎么能来搞京剧。这八年里，我到过三个样板戏剧组：《智取威虎山》《海港》《龙江颂》三个剧组就有五千多个人。

这是我的经历，你们有问题可以向我提出来，我再把我知道的情况告诉你们。

二

唐力行：刚刚李庆福先生跟我们讲述了他如何进入评弹界、经历评弹界"整风"和"文革"的冲击、最后到上海京剧院工作的过程。李团长毕竟也高龄了，可能有疏忽或者错漏的地方，所以大家有需要他具体地来给我们大家讲讲的，那么大家可以提一些问题，做一些交流。

何其亮：我先来问一个问题，"整风"后期成立五个区级团，这五个团的正副团长是怎么选出来的？选择的标准是什么呢？

李庆福：由我们，也就是文化局提名，再由区文化局批准就可以了。选择的标准就是作风好，要求进步，比如星火团团长龚丽声、长征团团长顾又良，都是这么挑选出来的。当然，评弹团下到区里，有些区里有意见也是正常的。

何其亮：都是什么样的意见呢？

李庆福：是这样的，评弹团进到区里之后，吸收了一些人，这些人鱼龙混杂，对于不好的人当然是有意见的。

何其亮：也就是说区里接收评弹团是没有意见的，是对评弹团吸收的一些人员有意见。那么为什么是这些区接收评弹团呢？

李庆福：评弹界当时比较乱，所以下放区级团其实有点甩包袱的意思，不下到区里，这些人就都归市文化局管,但当时市文化局已经要管辖很多团体了。下放到哪个区呢,我决定的,市文化局只是指示我要把评弹团下放到区里,别的都交给我处理了。

何其亮:那演员的工资评定呢?

李庆福:由区里评定,我们不管。

楼佩奇:1949 年以后,评弹界和滑稽界的交流是如何的呢?比如电台、堂会等。

李庆福:评弹和滑稽的交流呢,基本是在我到了曲艺家协会之后的事,因为曲艺家协会下辖两个剧种,一个是评弹,一个是滑稽,所以这两个剧种才开始经常交流,主要是通过书目和演员来交流,后来还有交流会等形式。比如《筱丹桂之死》的创作者刘敏,是滑稽戏著名演员刘春山的女儿,所以评弹《筱丹桂之死》就吸收了很多滑稽戏的表演方式,在剧中刘敏还塑造了一个滑稽演员的脚色,这些都体现了评弹和滑稽之间的交流汇通,这个是以前没有的,这也是曲协的功劳。

楼佩奇:很多滑稽演员会将评弹书目修改作为自己的演出剧目,或者将评弹噱头也加入滑稽戏的表演中,请详细讲解一下这种情况。

李庆福:1949 年以前,评弹界和滑稽界是没有直接交流的,当时主要是电台播放节目,大家去听,听完后就各自吸收一些有用的内容放到自己的表演中去。1949 年以后,评弹和滑稽也是互相观摩学习,但是专门组织的交流是没有的,只有在曲协成立后才开始有正式的交流。

楼佩奇:评弹书戏这种表演形式是否受到滑稽戏和文明戏的影响?

唐力行:评弹书戏的形式主要是受京剧的影响,很多评弹演员都是票友,基本上跟滑稽戏是没有关系的。

申 浩:书戏的形式从晚清开始就有,比滑稽戏诞生的年代要早很多,像沪剧(申曲)就受到弹词戏的很大影响,在当时这只是评弹艺人偶尔集合起来玩票性质的慈善表演,主要是为了同行保障事业募集资金,这种形式主要是受京剧影响的。

李庆福:从我所知的情况来看,评弹演员比较清高,接触的都是比较上层的艺术人士,他们认为滑稽戏是下层的,比如周伯春,说他是娘娘腔,所以评弹演员一般是看不起滑稽演员的。现在王汝刚当了曲协主席,滑稽戏的地位就提高了。我认为评弹演员和滑稽演员合作的一个途径,就是评弹界搞文明戏,有些演员反串滑稽演员,这个是有的,但是并不成功。

唐力行:李团长,我希望你再跟我们介绍介绍,在"整风"工作中,群众贴"大字报"揭发演员,主要是哪些方面的问题?比较突出的典型案例有哪些?

李庆福:"整风"时期的事,我为什么讲得比较简单,因为里面很复杂的,我作为"整风"工作队的队长,不能把我看到的材料都说出来,这是对评弹"整风"不负责任的表现。这里面有些是书目问题，有些是生活作风问题，有些在台上讲反动言论，还有演员引起了很大的民愤。我说一个例子，这个演员，老婆还没有断气，就把人家放到棺材里钉好钉子了，这样的事情引起了很大的民愤，群众多次反映，当时就让他劳动教养去了。但这样的事情我不能多讲，名字也不好透露，这涉及演员的问题。这个演员现在还在台上演出，还在评校带徒弟，这种品德是不应该带徒弟的，会教坏学生的。还有搞男女关系的，这是舞女卖身投靠评弹演员的结果，导致评弹演员人数发展很快，一下就到了几百人。但这些妇女没有书，只能唱开篇，靠评弹演员养活，这样人数增加了，但是水平就降低了，听众意见很大，这些来信里都有提到，后来我鼓励贴"大字报"，再调查核实之后进行处理。

何其亮：当时有多少人被劳动教养？

李庆福：这个我记不清楚了。

彭本乐：刚刚你说有六七百人参加"整风"？

李庆福：不止的，最多的时候苏沪两地有一千五百人左右，去掉非上海户籍的，有七百人。

彭本乐：我看过一份名单，当时上海评弹演员的人数是三百多人，参加上海市人民评弹工作团的只有三十多人，90%的演员都是单干艺人，经过"整风"后单干艺人被吸收进五个区级团。关于这件事，我也去请教过一些人，如张如君、陈卫伯，他们说当时在码头上接了一个市文化局的通知，让登记在上海评弹协会的演员于1958年1月到上海参加"整风"，文化局安排书场，演员上午参加会议，下午去书场表演。"整风运动"从1月份持续到4月份。我看了一下1958年的书坛阵容表，哪个演员在哪个书场演出都有详细记录，1月是二百八十余人，2月也是二百八十余人，3月是二百九十一人，4月是二百九十二人，那参加"整风"的人应该只有二百多人，而且人数也没有减少反而增加了，那到底有多少人被劳教了呢？

李庆福：当时的情况是比较混乱的，一方面要维持演出，另一方面要进行"整风"。当时就以文化局的名义发出通知给规定一定要来参加的人，这些是"大字报"揭发有问题的人，让他们学习并给他们安排书场。当时到底有多少人参加"整风"，我已经记不清了，因为人员的流动是很快的，也有不用参加"整风"的。但是如果要求一定要来的演员不来，就不安排书场。至于劳教的人数，我记得有五十人，劳教对象主要是因为生活上的问题，因为政治反动问题是很难说得清楚的。

彭本乐：也就是说参加"整风"的有二百多人，还有很多人是不用参加的。

刘晓海：在劳教后，有一些演员被认定不能再上台演出，那么当时对这批人是否有后续的安置措施？是怎么安置的呢？大概有多少人呢？

李庆福："整风"后是有一批这样的演员，主要是因为技艺太差、没有书目，才安排他们转业，大部分是转到工厂，有一些是办在里弄里的社会工厂，但人数是不多的，有五六十个人。

彭本乐：二百九十余人参加"整风"，成立五个评弹团后吸收了一百多人，五十多人转业了，那就是说还有一百三十多人是单干艺人？

李庆福：在五个评弹团之外，还成立了几个组，这几个组的成员是自由结合的，主要是为了维持他们的生活。当时李太成有一句话，说民间艺人不能管得太死，我就让他们自由组合了。

彭本乐：也就是说改书、改人、改制就是在"整风"过程中完成的，改书就是禁止演员在台上随便乱说，改人就是"整风"、学习文件，改制就是成立评弹团和评弹组，是吗？

李庆福：是的，当时为什么叫"整风"工作队，我去问了公安局的同志，他们说"整风"就是为了纯洁队伍、纯洁书目、纯洁作风，我们不是肃反工作队，但我们的工作也包含了这一点，评弹演员队伍里是有潜伏反革命分子的，就是陈继良，后来他就被抓进去了。

何其亮：李老师，刚刚你说民间艺人不能抓得太死，那是不是还有一些民间的、没有演出执照的、个体的演员存在呢？

李庆福：有啊，现在也还有呢。

何其亮：他们就在农村演一演，政府部门完全管不到，是吧？

李庆福：是的，现在挺多演员退休了以后，就去外面演出，自己接场子。有人就跟我说，你"整风"搞了半天，现在还不是老样子，那我说我也没办法，至少当时"整风"完了以后，社会上还是好的，至于后来社会环境又变了，这也不是我能够管的了。

唐力行：现在还有不少票友自己去演出呢。

李庆福：是啊，票友下海，本来是票友，现在就是职业演员了。

何其亮：我就遇到过两个票友，趁过年说书先生回家把场子空出来了，就上去说两天赚点钱，平常还是做自己的工作。

李庆福：现在苏州还有唱船会，其中不乏苏州评弹团的职业演员，到船上去唱开篇，一支开篇五十块钱，这就是苏州评弹团告诉我的。

何其亮：在"整风"期间，评弹艺人收徒弟是不是有限制呀？是不是规定不能收徒弟了呢？

李庆福：对的，这是有规定的，因为收了徒弟之后，乱七八糟的事情就很多了，比如前面说的舞女徒弟就是这种情况。

何其亮：那就是说，学馆制度就在某种意义上来说是取代了师徒制？

李庆福：是的，但是现在还是一样收徒弟的。

彭本乐：李老师，我还有一个问题不了解，上海评弹团当时是五个"右派"吗？

李庆福：不止五个，有七个。杨振雄是不戴帽子的"右派"，张鸿声是不戴帽子的"坏分子",加上戴帽子的五个"右派",就有七个了。当时评弹团才二十几个人,四分之一的人被打为"右派"。有一次一个联络员到评弹团来看,看到杨德麟在黑板上画了个秤,当时评弹团正在评工资,被联络员看到了,说这就是"右派",杨德麟的帽子就是这么戴上的。好多事情是讲不清楚的,评弹团其实不应该有那么多的"右派"的。

彭本乐:我之前看了一份材料,外交部的"右派"是5%,上海评弹团一共二十八人,"右派"比例达到25%,评弹界真是重灾区。

付　楠:李老师,这七个"右派"是如何被扣上帽子的呢?像杨德麟因为一幅画,其他人是怎么样的呢?

李庆福:比如张鉴庭,当时评弹团演员分级,有的可以享受华东医院,有的不可以享受,张鉴庭就拿这个事在台上说,因为他享受不到这个待遇,结果就变成"右派"了。吴君玉也是因为发牢骚,在台上说蒋介石不重视评弹,所以评弹流派多,这种话一说,就成了"右派"。

唐力行:张鉴庭住在医院的时候,有个记者去采访他,他也发点牢骚,说眼睛要瞎了,书还要天天说,钱都赚到评弹团里面去了,但是没有人关心他,这个话后来登到新闻报上去了。

李庆福:是的,因为张鉴国、张鉴庭兄弟都是做大场子,送客的,能赚钱,但是待遇就没有,所以意见很大。当时评弹团演员分级很细,也叫"挂灯笼",也就是演员挂在几级,就拿几级待遇和工资,"灯笼"挂了说了不好呢,就是"右派"。

解　军:李老师,你刚刚提到的"整风"时期你们安排了书场给这些来学习的演员,那么"整风"工作队会不会安排人在下面听他们说呢?

李庆福:这个是没有的,"整风"工作队一共才三十人,十五名公安局同志是来抓坏分子的,院团干部十五人主要是抓业务的,不会说去书场这样监督。如果"大字报"反映书目有问题,我们才会去听。

彭本乐:群众来信反映演员在台上讲反动话,都是些什么话呢?能不能举例说明?

李庆福:这个我就不记得了。

彭本乐:我记得一个,说演员表演一个段子,说钱笃笤要吃鹅,吃鹅要拔毛,叫杀"俄"拔"毛",就这样被揭发了,这个例子有吗?

李庆福:我不记得这个了,但是我记得伏罗希洛夫访华时,徐绿霞在台上说苏联人又来抢面包吃了,这就被抓出来,分配到青海去了,回来就生病了。

彭本乐:我记得他还说我们以前穿的长衫是没有口袋的,现在的衣服哪里都是口袋,就是因为现在用各种票证,这个后来也成了罪行。

李庆福:这个是有的。当时"整风"的时候事情太多、太乱了,"大字报"有些写坏的,有些写好的,有些是夸大事实的,有的我印象深刻就记得,其他的也模糊了。

秦若茜:李老师,关于"大字报"揭发演员的情况,您说除了揭发演员的问题之外,也有表扬演员的例子,请问表扬的原因是什么呢?都有哪些人被表扬了呢?

李庆福:有的,比如说因为坚持说新书、生活不腐化,像刘韵若、石文磊、顾友良、王晓燕、金丽声等,都是评弹界的榜样,好些后来成了区级团的团长,在"整风"时期也是积极分子,是我们("整风"工作队)的主要依靠对象。

赵 倩:李老师,您刚刚说的三百多封群众来信,请问都是听众写来的吗?是匿名的吗?

李庆福:不是匿名的,都是有名有姓的,都是听众写来的,是他们听了书以后觉得有问题,就写信来说的。

赵 倩:当时是大力鼓励这种群众来信的是吗?

李庆福:并没有,这个是听众自发来信的。

唐力行:当时很多报纸上会刊登群众来信,对书目、噱头、演员言论提意见,这是一种社会氛围,现在看以前的报纸上都有的。

李庆福:这也是因为以前上海的风气不好,这个风气不好主要表现在评弹界,所以才要"整风"。

彭本乐:当时说法是上海风气不好,主要是听了书以后,说评弹在放毒,是不是这样的?那时有个青年偷东西被抓起来了,问他为什么偷东西,他说是听评弹《十二金钱镖》学的,这个例子影响很大的,所以说评弹界不"整风"不行?

李庆福:这个是有的。像你之前说的"打手"的事,也是事实。因为不听话不行。像我是"整风"工作队队长,我说的话最管用,都要听我的。

刘晓海:李老师,我代金坡师兄问您两个问题,第一个是您和陈云同志的交往是怎样的?第二个是您对于他对评弹的论述有什么看法?

李庆福:陈云对评弹是很关心的。有一次吴宗锡生病,陈云就叫我和当时的戏曲组组长何占春到杭州留园去汇报,他一般早上听评弹,中午午睡到三点,我们就三点之后过去,看到他的房间里都是评弹音带,老首长的夫人说评弹几乎充当了半个医生,他有时到杭州休养,还会去书场。我们去汇报时,他会询问演员,他是很关心的,还问起了《筱丹桂之死》。陈云同志说,传统书目要继承,现代书目有三分好就要欢迎,像《青春之歌》就是他运用手中的权力,把当时"一二·九"运动的学生代表,比如周扬、夏衍等召集过来,让赵开生访问他们,收集了大量真实的素材,创作而成的。再比如两个曲艺学校,也是在陈云同志的关心下才成立起来的。

观众提问:关于演员劳教之后的境况,滑稽界有演员回来后就自杀了,评弹界有没有这种情况呢?

李庆福：有的，其实劳教的人员中女性更多，像徐丽仙的学生包丽芳，劳教回来后就自杀了，怎么死的我们也不知道，我们也管不了那么多。

观众提问：那这些人员劳教回来后的安置情况具体是怎样的？

李庆福："整风"结束后我就回到人民评弹团担任副团长，这"整风"之后的事我就不太了解了。

唐力行：好像是安排工作了，像徐绿霞回来就安排了。

彭本乐：徐绿霞是有背景的，他有大亨推荐，其他人可能没这么好了。

李庆福：那时评弹界的事我都知道，中国曲协曾经让我写个回忆录，但我没同意，这不好讲，也没啥意思。

解　军：李老师，当时有个叫朱介人的，被发配到青海去了，您对他还有印象吗？

李庆福：这个我不知道，他不归上海管辖。

观众提问：以前的老艺术家、演员都有自己创作的能力，但现在的评弹艺人似乎已经失去了这个能力，表演也越发具象化、程式化，您看现在学校教育也很正规，但为何艺人却不能再像以前一般？您对这一演员素质是怎么看的呢？

李庆福：以前的老艺人演戏都是为了生活，不得不挖空心思去提高技艺、适应市场、迎合听众，他们还有丰富的生活积累，像姚荫梅为了说《啼笑姻缘》，还要专门到一些地方去取材，就是为了表演效果。现在的演员哪有这种动力，也没有足够的积累和经验，当然没有那么好了。

观众提问：您看，以前是师徒制，现在是学校制，是否是这种传承模式的转变导致了评弹演员水准的普遍降低？

李庆福：是的，这是有非常大的关系的。就说蒋月泉，他要学支开篇，听几遍就会唱，但是现在的学生做得到吗？做不到的。

三

李庆福：我到评弹界，说是"掺沙子"，到了"文革"也被批斗，他们说我本来是块白布，到刘少奇的染缸里染一染变成黑布了。那时有个人路上碰见我，问你是李团长吧？我说你怎么认识我呢？他说你总被批斗。我那个时候白天批、晚上批，"大字报"贴到淮海路。因为我是工人出身，我成了靠边组组长，带着杨振雄、蒋月泉、姚荫梅几个"靠边"。我在评弹界待了二十年，"文革"后我去了京剧院，在京剧院待了八年，又去了文联和曲艺家协会。我提出不要搞政治运动了，要搞点业务。快要退休的时候，万里书记找我谈话，把我调到文联，我就从文联退休了。

但我想说，我把青春献给了评弹事业，可惜现在的评弹境况大不如我在评弹团的时候了。

唐力行：今天李团长给我们做了一场非常好的报告，他1954年进入评弹团，"文革"后才离开评弹界，但他进入曲协也一直和评弹在一起，在这个过程中，他是评弹由盛至衰的见证者和亲历者。在"文革"中，很多曲种、戏种都受到了致命的冲击而至完全衰弱，如评弹、相声，等等。评弹本是种高雅的、抽象的艺术，但现在这种语言艺术已经完全消逝了，评弹的本质受到了完全的破坏，从"说噱弹唱讲故事"变成了着戏服的程式化表演。就如今天讲座的主题，中华人民共和国成立后评弹界的改书、改制、改人，也是评弹历史上的一个关键时期，也是很受我们研究评弹历史的人关注的。看现在，文艺变成了领导的政绩，但艺术的传承和复兴却没有受到应有的重视。我们希望评弹能恢复到过去的盛景，但我们已经无力改变现状。我们作为研究者，只能尽力将过去的历史完整、全面地记述下来，留给后人。李老今年已经八十三岁了，还花了这么长的时间来给我们做报告，我们再次对他表示感谢！

演讲时间：2015年12月23日

整理者：付楠

第三十六讲
文化视野中的苏州评弹

  评弹的底蕴是活泼而丰润的吴地文化。市民阶层的崛起,打破了原有的社会结构,产生了种种伦理冲突与道德紧张,评弹所倡导的道义与讽劝因而具有了更为现实的需求和更其广阔的市场。艺人借助背包囊、走官塘的方式使评弹永远扎根于江南乡土,但他们又意欲超越"江湖"。听众也参与说书艺术的创作过程,听众欣赏情趣的变化引领着评弹艺术的演进,艺人与听众的互动使苏州评弹在流动中不断获得新的生命力,并具有雅俗交融的艺术品格,雅与俗之间构成的张力推动着评弹艺术的流行与新生。四百年来,评弹始终处在流动之中,始终活泼泼地给吴地、给中国乃至给世界奉献一种独特的声音。

潘　讯

中共苏州市委研究室调研一处处长，江苏省曲艺家协会会员。毕业于苏州大学文学院，师从朱栋霖教授。几年来，发表的关于评弹的文章有十数篇，编著有《苏州艺术家研究·金丽生卷》《苏州艺术家研究·邢晏春邢晏芝卷》《一曲琵琶凄婉绝：徐丽仙传》等书籍。

一、吴地因缘（评弹与苏州）

汉唐以来，中国的大地上先后诞生过数以百计的说唱曲艺，其中大多数早已烟消尘散，时至今日，唯有苏州评弹仍然展现出源源不竭的生命力，在江南地区仍然拥有自己的演出市场。苏州评弹的生命密码何在？答案是它与苏州的结缘。评弹的底蕴是活泼而丰润的吴地文化。

吴地文化源远流长，尤其到明清时期，苏州文学艺术的各个领域都创造出杰出的成就，苏州不仅成为江南的文化中心，而且引领中国艺坛风骚五百年，在文学、戏剧、美术、书法、曲艺、园艺、工艺美术等各方面，都以一流水平臻于全国领先。

流行于吴地的通俗小说，为评弹输送了文学的滋养，昆曲、民歌、时调、江南丝竹又为评弹提供了音乐的源泉，苏州的市廛之盛为评弹孕育了广阔的市场，吴地书法、绘画艺术的深厚传统给评弹增添了独特的雅趣，苏州园林甲天下，启发着评弹艺人叙事抒情的奇思妙想。

在昆曲消歇之后，评弹登上了大众的舞台，无论城市，还是乡村，凡有饮水处，到处可闻评弹之声，评弹给吴地人民的生活增添了一抹柔丽的色调，评弹融入了他们的生命，他们的骨髓。

（一）评弹与晚明世风

明末清初之际的苏州是孕育评弹艺术的温床。明末是中国近代社会开始的时候，以王阳明的心学为代表，其左翼逐渐发展出的泰州学派，在整个思想变化当中导致一系列的社会变化。王阳明心学的"理欲之辨"，发展到泰州学派的李贽对正常人欲望的肯定，"凡世间一切治生产业等事"都是合乎"天理"的。汤显祖受泰州学派影响很深的，他的一首诗当中，"天地孰为贵？乾坤只此生。海波终日鼓，谁悉贵生情"，把"生"和"情"放在很重要的位置。以苏州为代表的吴中地区正是这场社会思潮的中心。

在另一方面，明末时苏州的市井繁华达到顶峰。形容当时苏州市井繁华的最有名的一首诗莫过于唐寅的《阊门即事》："世间乐土是吴中，中有阊门更擅雄。翠袖三千楼上下，黄金百万水西东。五更市卖何曾绝，四远方言总不同。若使画师描作画，画师应道画难工。"被反复引用来证明。凡是写到明代以来苏州商业繁华的或者城市繁华的一般都会引用这首诗。这些背景和苏州评弹的诞生是紧密相关的。下面我再介绍一下当时人的记载。康熙时，沈寓《治苏》云："东南财赋，姑苏最重；东南水利，姑苏最要；东南人士，姑苏最盛。"这是对苏州繁华的总的概括。刘献廷的《广阳杂记》卷四云："天下有四聚，北则京师，南则佛山，东则苏州，西则汉口。"康熙时孙嘉淦云："姑苏控三江、跨五湖而通海，阊门内外，居货山积，行人水流，列肆招牌，灿若云锦，语其繁华，都门不逮。"乾隆时，苏州《陕西会馆碑记》云："苏州为东南一大都会，商贾辐辏，百货骈阗。上自帝京，远连交广，以及海外诸洋，梯航毕至。"乾隆《吴县志》载："吴为东南一大都会，当四达之冲，闽商洋贾，燕齐楚晋百货之所聚，则杂处阛阓者，半行旅也。"李斗《扬州画舫录》在比较了江南的几座城市之后明确说："杭州以湖山胜，苏州以市肆胜，扬州以园亭胜。"相对于园林来说，苏州的市井繁华更让作者印象深刻。这是商品经济的一种反映。

放眼晚明到清初的江南社会，随着商品经济的发展，世风与民俗也在悄然发生变化。张岱的《自为墓志铭》中说："少为纨绔子弟，极爱繁华，好精舍，好美婢娈童，好鲜衣，好美食，好骏马，好华灯，好烟火，好梨园，好鼓吹，好古董，好花鸟，兼以茶淫橘虐，书蠹诗魔。劳碌半生，皆成梦幻。"张岱的描述实际上代表了明代晚期苏州士人生活的普遍风貌。

普通的民俗，老百姓的生活，也在悄然发生变化。万历《上元县志》载："甚哉风俗之移人也。闻之长者，弘、正间居官者，大率以廉俭自守，虽至极品，家无余资……嘉靖间始有一二稍营囊橐为子孙计者，人犹其非笑之。至迩年来则大异矣。初试为县令，即已置田宅盛舆，贩金玉玩好，种种毕具。甚且以此被谴责，犹恬而不知怪。此其人与白昼攫金何异？"说明在时代的发展当中，人们的心态在不断发生变化，对物质的追求很直接。

在文人的记载当中，李乐《见闻杂记》载："厌常喜新，去朴从艳，天下第一件不好事。此在富贵中人之家，且犹不可，况下此而贱役多年，分止衣布食蔬者乎？余乡二三百里内，自丁酉至丁未年，若辈皆好穿丝绸、绉纱、湘罗，且色染大类妇人。余每见惊心骇目，必叹曰：此乱象也。"在他的眼中，世风民俗的变化、人们开始追求物质生活是乱象。这是代表晚明以后人们逐渐变化的心态。此外如嘉靖《江阴县志》："国初时，民尚俭朴，三间五架，制甚狭小。服布素，老者穿紫花布长衫，戴平头巾。少者出游于市，见一华衣，市人怪而哗之。燕会八簋，四人合坐为一席。折简不盈幅。成化以后，富者之居，僭侔公室，丽裙丰膳，日以过求。"何良俊的《四友斋丛说》也有言："余小时见人家请客，只是果五色、肴五品而已。惟大宾或新亲过门，则添虾蟹蚬蛤三四物，亦岁中不一二次也。今寻常燕会，动辄必用十肴，且水陆必陈，或觅远方珍品，求以相胜。前有一士夫请赵循斋，杀鹅三十余头，遂至形于奏牍。近一士夫请袁泽门，闻殽品计百余样，鸽子、斑鸠之类皆有。"万历《杭州府志》同样也说道："有识者知非吉祥。"

在这一系列物质生活的追逐当中，苏州也是引领一时之风的。王士性《广志绎》说："苏人以为雅者，则四方随而雅之；俗者，则随而俗之。"苏州在这场民风民俗大变化中成为站在前列、引领时尚的城市。

在物质征逐之外，还有另一种精神娱乐追求。苏州人的冶游之风，像虎丘曲会、石湖串月，万人空巷的冶游之风在苏州盛行，《清嘉录》《吴郡岁华纪丽》中对这样的现象是写得比较多的。如《玉蜻蜓·沈方哭更》体现苏州人的娱乐之风："正月里，闹元宵，二月二吃撑腰糕。三月三祖师报，四月十四白相神仙庙。五月端阳龙舟闹，七里山塘闹吵吵。六月里葑门外白相赤脚荷花塘。七月七要笃巧。八月半大家小户斗香烧。九月重阳到，要吃重阳糕，看会要到十月朝。十一月里雪花飘，用些美酒和羊羔。暖阁红炉兽炭烧，十二月廿四来送灶，买只糖锭糖元宝，唔笃吃仔就睏倒。"

这些都是苏州评弹诞生的社会背景。思想界的变化，民风民俗的变化，商品经济的繁荣，人们日常生活的变化，人们对娱乐的享受，这整个的一系列的变化，最后使苏州评弹从这样的大的环境中勃然兴起，逐渐取代昆曲成为市民的宠儿。即使在虎丘曲会那样万人空巷的时候，那个年代，普通的老百姓对昆曲的欣赏还是有限的。真正能走进老百姓生活，能让普通人欣赏的还是苏州评弹这样雅俗兼容的艺术。当时的文学作品就留下了很多的记载，如清代章法的竹枝词《艳苏州》："不拘寺观与茶坊，四跶三从逐队忙。弹动丝弦拍动木，霎时跻满说书场。"袁学澜的《姑苏竹枝词》："说书赌曲集名家，荷诞乘凉向水涯。十字洋中停鹢舫，笙歌人隔数重花。""蠡窗天幔好茶坊，赢得游人逐队忙。弹唱稗官明月夜，娇娥杂坐说书场。"

（二）评弹与通俗小说

苏州评弹与以"三言二拍"为代表的通俗小说有着密切的关系。从晚明开始，到今天，中国的通俗文学尤其是市民大众文学构成了一条没有中断的市民大众文学链：冯梦龙们——（近代）鸳鸯蝴蝶派——（当代）网络小说。现在的网络文学是真正拥有读者的市民大众文学，只要看网络文学的点击率、网络小说作家的收入，还有网络小说改编的电影电视的高收视率，就可以看出，网络文学，既是继承了冯梦龙、鸳鸯蝴蝶派的传统，同时又是真正为大众所接受所欢迎的小说。

这条市民大众文学链跟苏州评弹的繁荣是紧密相关的。苏州大学的范伯群教授的《中国市民大众文学百年回眸》《填平雅俗鸿沟》对这条文学链有叙述。

它与苏州评弹的关系是什么呢？当评弹艺术在吴地萌芽的时候，正是中国市民大众文学云蒸霞蔚的时代，是中国市民大众文学崛起的第一个高峰时代。明清以来，苏州成为通俗文学的渊薮，而后者都成为评弹文学的源头活水，其中最丰富、最浩瀚的水源就是苏州文人冯梦龙编撰的

《喻世明言》《警世通言》《醒世恒言》(合称"三言")。冯梦龙对通俗文学的理解:"话须通俗方传远,事必关风始动人。"评弹艺术无论从形式还是内容上来说,跟他的这句话是非常契合的。评弹中许多内容来源于"三言",像《白蛇传》来源于《警世通言》的《白娘子永镇雷峰塔》,《三笑》来源于《警世通言》的《唐解元一笑姻缘》。评话《三国》《水浒》《岳传》《七侠五义》《隋唐》《英烈》,弹词《玉蜻蜓》《双珠球》《双珠凤》《落金扇》《倭袍》,等等,都与明清以来坊间盛行的通俗小说有着难解难分的前世姻缘。

到了近代,苏州这片土地又一次释放出璀璨之光,市民大众文学崛起了第二座高峰,那就是以苏州文人为主体的鸳鸯蝴蝶派。天虚我生、陆澹庵、严独鹤、周瘦鹃、许瘦蝶、徐枕亚、程瞻庐、李定夷、俞天愤、王钝根等人都是苏州人,他们自幼听书,弦索叮咚萦绕耳畔,对于评弹有着天然的亲近和认同,往往一手写小说,一手编弹词。有些小说就是弹词体的小说。像陆澹庵编的《啼笑姻缘》《秋海棠》。这样的作品的出现催生了评弹艺术在近代的转型,评弹艺术具有了近代美学特征,人物不再是传统的单一性格,关子的组织既合人物的内心矛盾,又紧接着情节的推移。

与流行小说的结缘,不仅推动了评弹近代美学的提升,而且也培育出一批具有时代风格的艺术家。像范雪君,身上就有了近代美学的风格。当时报纸上有评价范雪君的一段话:"范雪君隶新仙林、同孚二书场奏艺,登台先奏琵琶一曲,唱《琴挑》片段,以代开篇。一曲甫终,掌声如雷。描说书情,一口流利京白,有话剧作风。唱昆曲《思凡》,情调之美,足使听者回肠荡气。状主角罗湘绮之孤芳自赏、闺阁风范、幽伤恨爱,描摹真切入微。其他如季兆雄之阴险、袁宝藩之粗鲁,均刻画细致。是晚电影、文艺界中人到者甚多,于雪君之艺,赞誉备至。"(《铁报》1946年10月)说明了范雪君的表演与传统的不一样。

这些文学给评弹以巨大的滋养,评弹之所以取得如此的艺术成就,首先来源于这样的文学基础,而且跟时代的脉络紧紧地联系在一起。

网络文学是这条市民大众文学链在当代的显现。现在评弹艺术的发展能不能从中获得一些启发呢?现在被改编的网络小说都曾是有极高的点击率的作品,在上师大拍过的《何以笙箫默》当时就创造了很高的点击率,反映了现代人的欣赏趣味,它的故事的组织都是反映现代人对叙事文学的审美倾向的。那么我们的评弹是不是可以变变?这是我的一种设想。

(三)评弹与戏曲艺术

在弹词音乐的草创期,昆曲曲牌常为弹词艺人移植、借用,苏州弹词的早期流派,如"陈调""俞调"等都发端于昆曲声腔。如徐珂的《清稗类钞》中言:"俞调音节宛转,善歌之者,如春莺百啭,竭抑扬顿挫之妙,其调便于少女。""俞调"所使用的正是昆曲演唱当中一些最基本的技巧，其源头就在昆曲当中。最早的评弹四大家都有昆曲表演的经历。有的都收了昆曲演员做自己的徒弟，有的是拜了昆曲演员做老师的，有的和昆曲演员是朋友。

在表演上，昆曲、京剧等戏曲艺术也给评弹带来了滋养与补益。像赵湘洲、姚士章、吴均安、周云瑞都吸收了很多昆曲表演元素。20世纪二三十年代，海派京剧盛行于沪上，评弹艺人也从中借鉴吸收。像杨莲青《包公》就是从连台本戏《狸猫换太子》表演上吸收了李桂春"做派老生"的表演方法。晚近，更有大量昆曲剧目为弹词所移植改编。像弹词《王十朋》改编自昆曲《荆钗记》（尤惠秋），弹词《贩马记》改编自昆曲《奇双会》。

由对京昆声腔的移用再到对演唱技巧的研磨，应该是评弹艺人"进乎技矣"的探求。艺人开始逐渐琢磨声腔演唱背后的东西。像蒋月泉《一箭仇》中，武戏文唱，"高音轻过，低音重煞"。特别是"文革"后，从《粟庐曲谱》叶堂的"叶派唱口"得到启发："出字重，转腔婉，结响沉而不浮，运气敛而不促。"

苏昆所体现的细腻清雅、气无烟火的美学风格也渗透到评弹艺术中，往往成为评弹表演的最高标准。1961年，上海评弹团到北京演出，之后叶圣陶说："周云瑞在《情探》中表现王魁冷酷无情，利欲熏心，而绝无火气，可谓当行出色。"这就是苏昆的美学风格。又评价杨氏兄弟："杨氏兄弟（杨振雄、杨振言）弹唱《絮阁》一段，细腻工稳，唱和白得力于昆曲。""绝无火气""当行出色""细腻工稳"，皆是昆曲艺术的特色，但是叶圣陶移植过来，成为对评弹艺术的最高评价。

（四）评弹与市民社会

清代乾嘉以来，进茶馆品茗听书成为苏州人的生活方式。"苏人好听说书，书场之多，甲于全国。大概书场附设于茶馆内，场中分男女宾席，每人入席资五六或七八铜圆，茶水在内。……至慷慨激昂处，为之色舞眉飞哀艳悱恻处，几乎心碎肠断。此时有人谈话扰及听觉者，必群起呵斥，故场中殊肃静。不若剧场中连声喝彩，不顾公德也。又有会书者，合十数名家于一堂，依资格之浅深，先后登台说书一段，入席资较贵一倍，会场中无不拥挤逾常，而街谈巷议，一时称盛。苏人之听书热，于此可见。"[1] 评弹自其诞生之日起就是江南市井百姓的日常消遣和精神消费项目，在评弹的文学世界里，往往以戏谑消解庄矜，以玩笑摆弄崇高，以世俗解构神圣，以市井对抗庙堂。

在苏州评弹的人物画廊中，刻画得最逼真、最生动的还是那些三教九流、五行八作的市井人物。这里有一个例子很有典型性，《描金凤》的《暖锅为媒》中，徽商汪宣就流露出炫富拜金的

---

[1] 陶风子：《书场概况》，世界书局，1925年。

优越感，他不但开当铺，还开钱庄、米行、油车、槽坊、木行，有百万家财，他在徽州老家本有家眷，但嫌原配貌丑，欲在苏州再娶二房。他看上了苏州钱笃笤的女儿玉翠，为了在未来丈人面前炫富，不仅送他衣帽，还请他喝酒。他送的衣服是天马皮海青、乌绒绵折巾、水牛皮皮靴、丝绵块棉袜，宴席吃的是南腿、海参，喝的是参汤、十年陈绍兴，这一切排场都让江湖术士钱笃笤惊叹不已。在杯来盏往、酒醺耳热之际，钱笃笤将女儿许配给汪宣。艺人以艳羡之情描写汪宣的豪奢，而对钱笃笤的贪吝浅陋则施以嘲笑，这种态度不同于文人所认为的"世风日下"，其意义是非同寻常的。

市井生活还给评弹艺人提供了取之不竭的艺术滋养。他们是充分地融入了市井生活，本身就是市井生活的一员，所以他们说出来的书才能活灵活现。这样的例子是很多的。像徐云志的"徐调"就是来源于山歌，从苏州的民歌当中得到滋养。徐丽仙没有受到多少教育，她表演的小人物却活灵活现，就是源于她很小的时候跑码头的观察。

评弹塑造了苏州市井百姓的性格。在艺人张梦高说唱《白蛇传》时，当说唱到白娘娘分娩等不雅不洁场面时，忽有听众立起，神情激动地批评道："住朵，先生。唔个《白蛇传》是陈遇乾先生传授个，要说得文俊点好……"这是苏州老百姓的性格，是追求雅，拒绝低俗的。

市民阶层的崛起，打破了原有的社会结构，在兴衰沉浮、发迹变泰之间又产生了种种伦理冲突与道德紧张，评弹所倡导的道义与讽劝因而具有了更为现实的需求和更其广阔的市场。弹词《珍珠塔》虽然也敷衍了一个"私订终身后花园"的故事，但是这点儿女风情早已淹没在浓重的忠孝节义的输导中，《珍珠塔》选择了一个容易被市民接纳的"反势利"的视角，在"势利"与"反势利"之间向吴地百姓絮絮传递着人情与世理。这种传递不是纲常大义的训诫，而是生活化与伦理化的渗透，它既出于市井大众对道德纲常的理解，在经过艺术化的处理后，又更易于为市民所接纳，并在潜移默化中陶铸着人们的心理与性格。

二、江湖际遇（艺人与社会）

江湖，是艺人的舞台，更是艺人的天地。江湖，是艺术的历练场，背包囊，走官塘，是评弹艺人迈向生活的第一步。他也许会暴得大名，一炮而红，或者经过拼搏，成为响档，甚至创立流派，俨然宗师。当然，更多的艺人会在激烈的竞争中被淘汰，或者一生周旋辗转于乡间书场，或者籍籍无名，沉沦潦倒，至于终老。

江湖，是码头，又是人海。这里有三教九流，林林总总，这里也有恩怨情仇，世事沧桑，江湖成为评弹艺术的源泉。艺人们在江湖上观察人物，品味人生，他们的语言永远那么风趣幽默，他们塑造的人物永远那样活灵活现，他们的表演永远充满生活气息，江湖机遇使评弹这门艺术永远扎根江南乡土。

江湖之上，有天长水阔，也有灯红酒绿，江湖之上，有风波浩荡，也有凶险潜伏，艺人在江湖上遭受欺凌屈辱，他们也制造出风流韵事。

评弹艺人对江湖有自己的认识，他们离不开江湖，又意欲超越江湖，他们最不愿沾染"江湖气"。

（一）码头与书场

"南朝四百八十寺，多少楼台烟雨中"这句诗完全可以用来形容全盛时期的码头。在码头当中就有高人，这些人往往是很合格的评弹文艺评论家。如："有雅园书场者，与蜗庐望衢对宇，居停乃一徐娘，办事颇干练，岁常仆仆于苏沪道间，延揽光、润名家，莅镇弹唱。女主人热于此道，历述社员之彼也优，彼也劣，言来不爽毫末。书场中亦多老年听客，经验綦丰，……纵谈书坛掌故或名家书艺，如数家珍。"[1]这只有在评弹艺术全盛的时期才会显现。吴江古镇震泽也是这样的："以故书艺稍次之说书人，咸不易久留，甚而仅说数日而离去者，盖若辈平庸不足饱老听客之书餍也。"码头生活是评弹艺术的源泉之一。

数百成千的评弹艺人要从激烈的竞争中胜出，要实现从小码头向中上码头的攀升绝非易事。像周玉泉、石秀峰、严雪亭，他们在码头艺人当中是明星，但是张震伯、张翼良这类在码头也发生了许多趣闻。

书场是评弹的演出空间，评弹诞生的四百余年来，书场经历了重重变迁。从露天书场、茶馆书场到专业书场、剧院书场，再到舞厅书场、花园书场……几乎可以写一部"书场史"。徐珂的《清稗类钞》有言："书场口碑，多出之'听专书'者，中以轿役为多。倒面汤（逐客令也）、捉漏洞，冲口即出，不稍假借。而且场地愈合宜，则'听专书'者亦愈多。弹词家于此等处必兢兢，惟恐失若辈欢。"在松风阁书场："说书者对于唱句音韵及堂审手段，用刑工架，稍一不合，明日早茶时，互相批评，下午即相率不来。"[2]吴琛瑜的《书台上下：晚清以来评弹书场与苏州社会》对苏州书场的研究是很充分的。

（二）敌档与会书

评弹"敌档"，是市场的竞争，也是艺术的砥砺。有的艺人因此一举成名，也有的艺人因此一蹶不振。"敌档"是伴随着评弹的兴盛而出现的一种常态，也只有当一门艺术在不断走向兴盛

---

[1] 程沙雁：《平沙落雁庵杂掇》（四十三），《生报》1939年3月18日。
[2] 芋栗园主：《听书随笔》，《生报》1939年2月21日。

的情况下才会出现,完全不同于现在的所谓的"会演"。这是由市场形成的一种优胜劣汰的选择。像李伯康与严雪亭,徐云志与夏荷生。还有另一种关于"敌档"的印记,其间不是艺人的剑拔弩张,而是充满了浓浓的人情味,如马春帆与俞秀山。

"会书"具有多元意义,是艺术的较量,市场的选择,也是艺人之间交际的手段。是艺人与书场、与社会的一种网络构成的体现。会书还承担着慈善的职能。会书具有仪式性、狂欢性,可以从不同角度对会书进行阐释。

(三)盛衰光裕社

光裕社的诞生,是苏州明清以来,与商会制度、行业公会这种组织的发展在同一步调的体现,所以光裕社的盛衰成败,它的诞生和发展是我们考察苏州的商会制度、行业协会制度的很好的窗口。光裕社的资料相对而言是比较多的,且留下了一些文字资料。这样一个社会自治组织,它既有组织艺人的功能,也在艺人与官府之间构成了一个很好的桥梁,起到缓冲作用。

《光裕公所改良章程》的内容主要包括四个方面:向政府要求保护,维护行业整体利益;对学艺和从艺,规定了出道制度;制定行规和职业道德;举办福利事业。出道制度与禁"女说书"最能体现光裕社的权威与统治。

在光裕社之外,润余、普余等评弹行会组织相继成立。1910年前后,润余社成立于上海。1916年,同义社成立于上海。1922年,宽裕社成立于上海。1924年,光裕社上海分社成立。光裕社上海分社成立的背后是评弹演出中心由苏州向上海的悄然转移,评弹正在快速融入缤纷华丽的海派文化。

"女说书"的正面冲突发生在1934年。张盛满写的《评弹1949:大变局下的上海说书艺人研究》中《过渡时期与艺人:以钱景章为个案的考察》比较客观地阐述了相关问题。1945年,抗战胜利后,光裕、普余、润余三社合并,原普余社社长钱景章担任新光裕社理事长。1949年,光裕社的活动宣告结束,苏沪两地艺人成立评弹改进协会,之后,艺人们又相继进入国有或集体性质的评弹团,成为文艺工作者。

(四)邂逅上海滩

上海是评弹研究绕不开的话题,评弹在上海创造了最光彩夺目的华章。上海是一座吴地文化孕育出来的城市,海派文化根在吴地,魂属吴人。茶馆听书首先在上海租界内复制。

评弹在上海很重要的事件就是女弹词在上海的兴起。当时的竹枝词记录了女弹词在上海的面貌:"芳名久学丽贞娘,争道琵琶最擅长。珠凤弹词刚唱罢,接来京调更飞扬。""俏眼斜睃不自禁，先生也许订知音。为郎爱听京腔调，不弄琵琶换月琴。"同时也出现了"妓女弹词"："卖嘴原来不卖身，此中声价独超伦。谁知几曲琵琶后，一样桃源许问津。"[1]

对女弹词的研究，有阿英的《女弹词小史》和周巍的《弦边婴宛：晚清以来江南女弹词研究》。

对说书艺人来说，就有了"码头老虎"与"上海先生"的区别。"上海先生"才能代表评弹艺人的最高标准。如果不能在上海立足，生意再好也只能是"码头老虎"。这就是中心市场和非中心市场的区别。

面对上海滩的物质刺激和现代文明，评弹艺人"初则惊，继则异，再继则羡，后继则效"，他们逐渐离不开这块风水宝地。上海这座繁华之都给艺术带来了滋养，也给艺术带来了戕伤。一些艺人争先恐后抢滩上海，也有一些艺人选择了"逃离城市"，他们要去"滚码头""接地气"，他们要去吹拂乡村的清风，他们要以田野的清流洗涤上海滩的胭脂和浮华。这就是艺术与环境的辩证法。

三、书里乾坤（人与书）

评弹艺谚云："人说书，书说人。"艺人与书目之间构成了一种依存、滋养、互济与相融的奇妙关系，说不清是艺人创造了书目，还是书目造就了艺人。人与书浑然一体，难舍难分：徐云志优雅从容、轻松幽默的说表，恰好传达出《三笑》的喜剧风格；周玉泉的醇厚自然，使《玉蜻蜓》中的人与事更加生活化，富有人情味；杨振雄儒雅潇洒的说唱，成为《西厢记》风雅幽默风格的最佳叙述方式。评弹艺术的至高境界是人书相融，人书俱老。

评弹艺谚又云："台上说书，台下寻书。"听众也参与说书艺术的创作过程，听众欣赏情趣的变化引领着评弹艺术的演进，艺人与听众的互动使苏州评弹在流动中不断获得新的生命力。

（一）学书：拜师的艰难

学书是评弹艺人生涯的第一步，数百年中，拜师学艺都是一段充满辛酸的艰难历程。艺人对拜师学艺的经历是非常看中的。拜师是仪式感很强的活动，艺人的拜师活动也经历了种种变化。现在的拜师仪式虽然在复兴，但是，仪式的复兴和评弹的复兴方向是一样的吗？问题的关键是现在拜师的内涵已经被抽空了。

学艺的关键是要抄到师父的脚本，可是老艺人却从不轻易示人，而是秘而不宣地压在箱底。

---

[1] 茗溪醉墨生：《青楼竹枝词》，1877年。

在拜师的过程中，最关键的是要拿到脚本。每一个艺人都会尝到拿脚本的辛苦。拜师是正道，偷师则为旁门。如徐丽仙偷听范玉山评话《济公》。徐云志向电台"偷书"，杨莲青窗下偷听。不乏开明之士，打破门户之见，敞开大门让同道前来听书，更将此作为谈艺论道的有益途径。如朱寄庵："何许人偷我《西厢》？"

（二）说书：流动的艺术

一部书在代际传承中的流动性往往体现在书情由简到繁，书回由少到多。比如说，弹词《珍珠塔》：乾隆四十六年（1781）刻本，二十四回；到了嘉庆十四年（1809）吟馀阁刊本，二十回；嘉庆甲戌（1814）序本，五十六回；到魏含英的演出本（1988），八十回。还有如弹词《三笑》：乾隆本《新编重辑曲调三笑姻缘》，十四回；嘉庆癸酉（1813）刊本《绣像三笑新编》，四十八回；徐云志、王鹰演出本（20世纪60年代），六十九回。当然，书回的流变不仅只有一个向度，随着艺术的提炼，回目也会经历由繁冗到精练的归路。

同一部书在流传中常常出现不同的说法与书路，乃至形成不同的流派与风格。如《济公》四大响档：一是"活济公"范玉山，二是"滑稽济公"虞文伯，三是"吃醉济公"沈笑梅，四是"小济公"陈浩然。

一部书在流传中不仅会派生出不同的派系，而且在同一派系的代际传递中也会不断发生流变。如《杨乃武与小白菜》就有李家书、严家书。李文彬以九十分钟一回书计，共有一百二十回书。李仲康以一百二十分钟一回书计，共有六十回书。到了《密室相会》，李仲康说十三回书，严雪亭说一排书（十回），金丽生则最多说过七回书，一般演出的常态是四回半。

评弹艺术的流动性还体现在它始终与时代、听众互动，同一部书，置身不同的场所演出，面对不同的听众群体，机变而练达的艺人也会灵活调整自己的演出方式与内容，以迎合受众群体口味的差异。《清稗类钞》有言："善弹词者之唱篇科白，悉视听客之高下为转移。有名书场，听客多上流，吐属一失检点，便不雅驯。虽鼎鼎名家，亦有因之堕落者。苏州东城多机匠，若辈听书，但取发噱，语稍温文，便掉首不顾而去。故弹词家坐场近城东，多作粗鄙狎亵语。不如是，不足以动若辈之听也，然有时形容过刻，语涉若辈（彼业谓之干），则揶揄随之，甚且饱以老拳。"

说书，是流动的艺术，又是艺术的流动，评弹艺术的传播方式也处在不断流动之中。评弹先后进入电台、电视台，现在又进入网络。

（三）编书：风格的形成

评弹书目当中有一个模式化、雷同化倾向。情节互相移植，这也是评弹的一个硬伤。评弹那么多书目，真正以艺术的标准来衡量的话，这些书目当中，真正水平较高的书目是寥寥可数的。更多的是雷同。《红楼梦》有言："至若佳人才子等书，则又千部共出一套，且其中终不能不涉于淫滥，以致满纸潘安、子建、西子、文君，不过作者要写出自己那两首艳情诗赋来，故假拟出男女二人名字，又必旁出一小人其间拨乱，亦如剧中人之小丑然。"

评弹艺术家也在进行风格化努力。如姚荫梅，以最简洁的方式（单档）展现评弹艺术的深厚魅力，他的说表细腻，举重若轻，轻松幽默，尤其善于心理描写。他的嗓音低沉，所创立的"姚调"却有一种质朴、老练、深湛、枯瘠之美。晚年愈显"枯树寒枝"之美。还有杨振雄，风流儒雅，刚柔相济，峻拔洒脱，追求诗意。他在《长生殿》中，抓住心理戏，形成关子书，着意营造一种古韵和诗意，他自己说："如果没有昆味，等于篆刻没有汉味。""杨调"紧弹散唱，真假嗓并用，典雅清越，苍劲沉郁。还有说表语言的创新，如《争宠》叙述梅妃出场："只见夕阳影里，蹄声得得，竹林丛中，两匹马忽隐忽现，若有若无，迂回曲折，迎面而来。后边马背上是高力士，净宫插在颈项中，手执鞭杆，挥鞭紧催。前面马背上是梅妃，侧坐马背，宫妆半披，一缕青丝，掠面蓬松。"这种说表的语言在传统的弹词中是不多见的。《西厢记》就更是了，保留了"花间美人"的诗意风格，着重心理戏份。如《琴心》《传柬》《闹柬》《回柬》《赖柬》等回目完全是心理戏。借助眼神、手面，在《长亭》中是"历乱他乡无别伴，相随童仆亦亲人。辞别了梵王宫殿西厢月，鞍马秋风愁不禁。薄薄轻装收拾起，一囊书剑一瑶琴。蹄声答答行将去，心事重重郁不伸。瑟瑟西风飘落叶，潺潺流水逐浮萍，听来都作了断肠声"。《武松》当中，"大书小说""武戏文唱"，唱腔"以一当十、以简驭繁"。如在《夜行·海曲》中："星儿俏，月儿皎，良夜迢迢。岭重重，上山坳，乱树萧萧。透瓶香，出门倒，心底火烧。俺提棍棒，挺胸膛，怕什么虎豹。耳边厢，一声声，鸟雀喧噪。莫非是，劝武二，上不得山道。"

（四）禁书：历史的投影

"禁书"是伴随着评弹发展始终的一个现象。虽然评弹艺人自诩为"高台教化"，但是在官府眼中，则认为评弹是"诲淫劝杀"。钱大昕《十驾斋养新录》言："而市井无赖，别有说书一家，演义盲词，日增月益，诲淫劝杀，为风俗人心之害，较之唐人小说，殆有甚焉。"作为在书台上的表演艺术，评弹的宣传性、鼓动人心的效果是高于演义盲词的。对于官府来说，对表演的警惕性是非常高的。这样的故事很多，如《玉蜻蜓》与申时行，"荡口不说龙亭书"，蒯厅禁说《杨乃武与小白菜》。

在官府的禁令之下，艺人也以自己的智慧与机变求生。如马如飞的《珍珠塔》，拥有三套脚本，格调层次各不相同。如场中文人听客多，他说最高的一部；如工商界人士多，他说普通的一部；而到农村说书，必须追求通俗，他又有一套说法。总之他能够随机应变，满足不同阶层的需求。

1949年之后，则是另一种"禁"与"放"的博弈。第一次"斩尾巴"，1952年，评弹改进协会停演八部传统书：《珍珠塔》《倭袍》《乾隆下江南》《三笑》《杨乃武与小白菜》《玉蜻蜓》《啼笑姻缘》《济公传》。第二次"斩尾巴"，"大写十三年"（1949—1962）。"文革"结束以后，评弹界对此有一个非常清醒的认识。1979年举行的"建国卅年评弹工作回顾"，有艺人尖锐地指出："解放二十年来基本未贯彻'双百'方针，没有鸣，没有放。实质是：文艺为政治服务。"

四、雅俗之间（雅与俗）

作为江南地方曲艺的苏州评弹具有雅俗交融的艺术品格，俗中有雅，雅中显俗，它的雅，不是阳春白雪，它的俗，也不是下里巴人，雅与俗各有自己的格调，也各有自己的品质。

"居庙堂之高，则忧其民；处江湖之远，则忧其君。""忧其民"是苏州评弹的市井风格与民本情怀，"忧其君"则是评弹的精神内蕴与雅致情调。

雅与俗之间构成的张力推动着评弹艺术的流行与新生。

（一）教忠作孝：伦理化的历史演义

评话又被称作"大书"，"大"是形容其风格粗犷、气势宏大。大书以演绎历史故事为主，内容多为金戈铁马、邦国纷争、公案武侠。苏州评话在这类题材的处理上，继承了中国通俗文学的传统，采取了避重就轻、避大就小、避正面就侧面等种种手段，将重大严肃的历史题材，归结到伦理纠葛、道德冲突与人格矛盾，因此，评话中的历史不再沉重严肃，英雄人物也不再冠冕堂皇。如《三国》关公形象的变化，《岳传》塑造牛皋这样的小人物，《隋唐》当中的回目《卖柴耙》《大闹演武堂》也进行了新的编写和安排。

苏州评话在进入上海之后，表演风格上又受到海派京剧的影响，艺人们先后编演了《张文祥刺马》《山东马永贞》《霍元甲》等大量取材时事的作品，开创一代新风。但是，宣扬忠、孝、节、义等市井伦理道德仍是这些书目不变的主题。

（二）男欢女爱：俗世中的人性之光

在许多的弹词序言中说："逾墙递简，男女相慕悦之词。""尝观古来著作，垂绪不朽者，曰情，曰性，曰理，曰义。""虽皆常言俗语，实切至情至理。""世人未免有情，情之所钟，足以传为异事。"弹词艺人强调"情",如《玉蜻蜓》对情的歌颂:从《游庵》到《贵生临终》《志贞描容》,从普通的情欲到至情至性。可以引用金圣叹的话来说明:"以绝代之才子,惊见绝代之佳人,其不辞千死万死而必求一当,此必至之情也。即以绝代之佳人,惊闻有绝代之才子,其不辞千死万死而必求一当,此亦必至之情也。"[1] "此亦人之恒情恒理,无足为多怪也。"[2]

《倭袍》当中更是明确提出"情痴说"。

《杜十娘》中《沉箱》回目展现被侮辱与被损害者的心灵映射:"天昏昏,夜沉沉,虎狼辈,毒蛇心,无恩义,灭人伦,在中途抛弃卖奴身。行同禽兽昧良心,书香子弟多奸诈,无义无情贪白银。他山盟海誓都是假,竟作王魁负桂英。(白)我好恨哪!可恨那盐商贼子心狠毒,登徒好色起恶心。世道昏昏无黑白,我青楼女子受欺凌。天下乌鸦同样黑,可怜我孤零零何处可存身?苍天啊!天呀!长江千里水无情,葬我冰清玉洁人。浪花送我往姑苏去,泉下双亲要哭断魂。我要把那泪珠儿化作长江浪,流向人间鸣不平,滔滔滚滚诉冤情。"

在新的时代氛围里,同样是男欢女爱的爱情故事,却赋予了新的历史内涵,杜十娘的"怒"、敫桂英的"愤",使她们走向了反抗之路。由沉迷到抗争的心路历程,是女性灵魂苏醒、人格独立的过程,她们对两性关系有了新的体认,她们较之于志贞、刘氏等人对情爱的追求,更加理性、沉着,更有清醒的自我意识。

(三)追慕与放纵

评弹艺人身上始终存在着身份焦虑,他到底是说书先生还是江湖艺人,自我的定位和外界的定位是不同的。许多艺人是砥砺向上的。马如飞的《艺箴》中说:"早起莫迟,恐使声音哑涩,夜眠休晏,须防精气衰疲。幼而不学功夫,老则无成事业,青春难以再来,岂可荒疏于片刻。白日容易过去,须知勤俭于当时。少年之游戏,无益身心;晚岁之飘流,有关面目。况稗官一册,本来游戏生涯;羁客四方,终是飘流人物。三条弦线四海声名,一部南词半生衣食,留心于有利,何乐而不为?勿持口角争雄,毋逞心思斗巧。登台而施放毒语,已结祸胎;对面而诙谐秽言,有伤雅道。不亢不卑,勿使有阿谀逢迎之谓;能伸能屈,休教有乖僻自及之讥。"这是他个体经验的反映,是一种消极的自我保护行为。积极的方面,艺人是以"高台教化"的目标来要求自己的。如黄兆麟的书前戏,让听众认可自己。刘天韵对自己有"三白"的要求。朱寄庵以自己的高水平得到了士大夫的认可:"独创西厢朱寄庵,名声响遍大江南。玉壶春里缙绅集,门口停留轿十三。"

---

[1]《琴心》总批,《金圣叹批评本西厢记》,凤凰出版社,2011年。
[2]《赖简》总评,《金圣叹批评本西厢记》。

女弹词也是这样。慈湖小隐《续沪北竹枝词》(1872)："愈时髦矣愈矜怜，巾帼衣冠任倒颠。不信但看弹唱女，拜年也用小红笺。"模仿士大夫阶层的做派，追求身份认同。

在交游当中，"多与文士游，非丐其揄扬也。以操是业者多失学，略沾溉文学绪论，则吐属稍雅驯"。他们需要得到文人雅士的认可，提升自己的涵养，如吴子安与徐凌云、周信芳、盖叫天。

有"书卷气"是对评弹艺人最高的评价。像吴陛泉"恂恂儒雅，无浮薄习气，能作画"。这也是地域文化的特色。朱兰庵、黄异庵、周玉泉、蒋月泉、朱介生、徐云志、周云瑞、魏含英等，他们虽然有的文化不高，但是对艺术的追求体现出儒雅的"书卷气"。

但是也有飘转沉沦的人。如夏荷生、"滑稽济公"虞文伯、"公子流氓，少爷说书"的赵鹤荪、杨莲青等放纵自己。

（四）淬炼与迎合

在书目的传承过程中，是有一场场的艺术的"接力赛"。评弹艺人虽不是文学家，但是他们有着丰富的生活经验和艺术实践，他们观察人、认识人、描摹人、表现人，他们口中的艺术成为真正通人情、达人性的艺术。

如黄静芬处理《倭袍》，虚笔点染："老听客请原谅，听过我先生说的，下面也都知道了，没有听过的，想也想得出来，这种下流事，我是随便怎样也说不出口的。好在听我书的都是有身份的上等人，说了也不要听的。"

徐云志处理《三笑》的过程中，提炼出《追舟》《梅亭相会》《小厨房》《面试文章》《姜拜》《画观音》《五读伴相》《文祝参相》《大闹明伦堂》《载美回苏》《楼堂露真情》等经典选回。

周玉泉《玉蜻蜓》的一回书《徐上珍得子》中朱三姐："看俚笃解缆开船，'啊，得儿……啊，得儿……'三姐尽管对格只船看，看俚过桥门洞，转弯，直到看不见，三姐立勒浪呆顿顿，独剩对河里看，眼泪勒浪下来。"虽然是很细节的描写，却反映出评弹通人情、懂人性的艺术高度。正如《儒林外史》第四十八回《徽州府烈妇殉夫　泰伯祠遗贤感旧》徽州府老塾师（王玉辉）女婿病亡，女儿殉夫，他却对老妻说："三女儿他而今已是成了仙了，你哭他怎的？他这死的好，只怕我将来不能像他这一个好题目死哩！"说罢仰天大笑："死得好！死得好！"跨出房门扬长而去。可当地方官僚为表彰烈女在明伦堂摆下酒席，大家纷纷请王先生上座时，他"转觉心伤，辞了不肯来"。王玉辉外出散心，某日游历至苏州虎丘，看见船上一个少年穿白的妇人，他又想起自己殉夫的三女儿，禁不住"心里哽咽，那热泪直滚出来"。

又如张鉴庭、张鉴国《秦香莲》选回《迷功名》中陈平脚色的塑造、陈平为"油氽糯米糕"

锱铢计较等细节。恰如《儒林外史》第二十八回《季苇萧扬州入赘　萧金铉白下选书》："诸葛天申是乡里人，认不的香肠；说道：'这是甚么东西？好像猪鸟。'萧金铉道：'你只吃罢了，不要问他。'诸葛天申吃着，说道：'这就是腊肉！'萧金铉道：'你又来了！腊肉有个皮长在一转的？这是猪肚内的小肠！'诸葛天申又不认的海蜇，说道：'这进脆的是甚么东西？倒好吃！再买些进脆的来吃吃。'"我们难道不觉得可笑，又为之惨然？

但是评弹艺术的沉沦也引起了一些有识之士的不满。叶圣陶《说书》有言："听书的人在书场里欣赏说书人的艺术，同时得到种种的人生经验：公子小姐的恋爱方式，何用式的阴谋诡计，君师主义的社会观，因果报应的伦理观，江湖好汉的大块分金、大碗吃肉，超自然力的宰制人间，无法抵抗……总之，那些人生经验是非现代的。现在，书场又设到无线电播音室里去了。听众不用上茶馆只要旋转那'开关'，就可以听到叮叮咚咚的弦索声或者海瑞、华太师等人的一声长嗽。非现代的人生经验利用了现代的利器来传播，这真是时代的讽刺。"

五、光前裕后（传承与创新）

光前裕后，是苏州评弹的祖训，也是苏州评弹的徽号。

评弹从旧与新、古典与当下、传承与创造的关系中一路行来。评弹是古调，拥有四百余年的斑斓历史；评弹又是新声，它是一条生生不息的河流，至今仍闪耀着生命的波光。

它的新，是艺人的代际传承，他们身上既有上一辈的基因，又流淌着新的血脉，数以百计的杰出艺人彪炳史册。

它的新，是书目的繁衍积淀，它们由简到繁，由粗到精，一百多部传统经典书目写就了另一种地域文化史。

它的新，是流派的立异标新，唱腔由平直到细腻，由叙事到抒情，并最终以二十四种流派在中国曲艺界独树一帜。

四百多年来，评弹始终处在流动之中，始终活泼泼地给吴地、给中国乃至给世界奉献一种独特的声音。

（一）传　承

早在20世纪80年代初，陈云同志就对苏州评弹界提出了"保存和发展评弹艺术的方针"——"出人、出书、走正路"。我认为，苏州评弹的保护与传承应该包含以下三个层面：长篇书目、表演技艺、文化特色。

文化传承,关键靠人。目前,江苏省内入选苏州评弹国家级"非遗"传承人共有七人:金声伯、杨乃珍、金丽生、邢晏春、邢晏芝,另有张国良、王月香两人已逝。

半个多世纪以来,苏州还涌现出一批评弹理论家,代表人物是周良,提出了苏州评弹保护与传承的路径:保护、传承优秀的评弹传统书目,并使之经常演出,活在书台上;保护、传承苏州评弹的表演艺术;保护、发展、提高书场艺术,评弹主要应在书场演出,为广大听众服务。

(二)鉴 赏

传统的有《书品》《书忌》。沈沧洲言:"书与戏不同何也?盖现身中说法,戏所以宜观也。说法中现身,书所以宜听也。"毛菖佩《鹧鸪天》言:"言宜清丽唱宜工,却与梨园迥不同。南北曲文重未碍,古今书意改无穷。劝孝悌,醒愚蒙,古今余韵敬亭风。登场面目依然我,试卜闲人一笑中。"袁榴《出道录·序》言:"试问普天下人,毕竟现身说法易乎?抑说法现身易乎?盖优孟衣冠,俨然面目,夫复何难?所难者,酷肖其平时之行动耳。至于南词中,则信手弦歌,随心变化,风生席上,语语入情,可谓神乎技矣。犹之丹青,一味白描,触手成趣,真拔戟自成一队者也。"

最完整的是陆瑞廷的《说书五诀》:"画石五诀,瘦、皱、漏、透、丑也。不知大小书中亦有五诀,理、味、细、趣、技耳。理者,贯通也。味者,耐思也。趣者,解颐也。细者,典雅也。技者,工夫也。及其所长,人不可及矣。"

这是评弹美学最经典的阐释,也为评弹鉴赏提供了可遵循的路径。我们从审美层次区分,将"说书五诀"重新排定为"技、趣、细、理、味",再结合一些实例,分别进行阐述。

"技",陆瑞廷解释为"工夫也"。评弹艺术的基本功。现状是"技"的衰退。说、噱、弹、唱,各方面技艺的流失与衰落,老艺人身上的"绝活"大多流失殆尽。

"趣",陆瑞廷解释为"解颐也"。有情节之趣与"噱"两种之分。趣本来自民间,评弹草根性消失,脱离了民间土壤,不会噱,没有趣。"趣"的现状是无味的。

"细",陆瑞廷解释为"典雅也"。典雅由细腻而生,体现的是吴地艺术乃至吴地人民的群体性格。"细"的现状是粗陋的。感情粗糙,说表形式主义。

"理",陆瑞廷解释为"贯通也"。书情、书理有其内在的逻辑性,必须讲究顺理成章。评弹艺人的可贵之处和特异之点还在于,他们通过自己的创造,在看似无"理"的故事设计中,却又让人觉得有"理",不合乎生活的"逻辑",却合乎艺术的"逻辑"、情感的"逻辑"。《玉蜻蜓·游地府》:"去回复老爷,我要在此,不要回阳的了。""理"的现状是虚空。理要以情作为后盾,不能感动自己,焉能感动听众?!

"味",陆瑞廷解释为"耐思也"。"言有尽而意无穷""余音绕梁,三日不绝",是一种渐渐消逝的传统美学意境与情境。深邃而灵动的说表艺术,富于浓郁江南特色和文学意味的弹唱之声,如《白蛇传·成亲》:"娘娘是——十指纤纤手扶阑干,娇滴滴声音,叫一声,官人啦,你看仔细走,恕为妻不送,还未梳头。"开篇《秋思》:"银烛秋光冷画屏,碧天如水夜云轻。雁声远过潇湘去,十二楼中月自明。佳人是,独对寒窗思往事,但见泪痕湿衣襟。曾记得长亭相对情无限,今作寒灯独夜人。谁知你一去岭外音书绝,可怜我相思三更频梦君。翘首望君烟水阔,只见浮云终日行。但不知何日欢笑情如旧,重温良人昨夜情。卷帷望月空长叹,长河渐落晓星沉,可怜我泪尽罗巾梦难成。""味"的现状是变异了,传统美学的感觉中断,难以领略中国传统文化、艺术的精神。

演讲时间:2016年3月12日

整理者:潘讯

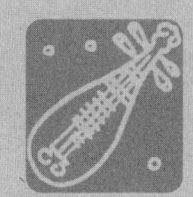

第三十七讲
评弹与电视·评弹现状与将来

　　电视与评弹联姻具有必然性与可能性，电视书场是评弹艺术存在的一个新的方式，是推动评弹艺术传承与创新的新空间。在80年代末至90年代初，传统曲艺评弹跌进深渊，《苏州电视书场》的出现给当时面临凋谢的评弹艺术打了一支强心针。电视书场具有灵活多样性，为评弹起到了推广普及和拾遗补阙的作用，仍保持了江南评弹的苏式情调的韵味，但缺少与听众的互动是电视书场最大的局限性。眼前评弹的现状是喜忧参半。虽然有党和政府、社会各界的关注与支持，评弹院团馆会硬件建设也基本配套完善，培养下一代正在实施，但行业竞争意识不强，比如社区书场弊病不少，演员文化水准普遍不高，使进一步的艺术创作缺乏底蕴。政府与社会培育新听众的意识淡薄，同时方言也在逐渐萎缩。优秀的演员走上行政岗位后阻碍了其艺术的发展与演出。所以，在各界的支持下，培养高水平的演员，坚持"出人、出书、走正路"，是保证评弹未来发展的关键。

殷德泉

苏州人，国家二级导演，苏州评弹鉴赏协会会长，苏州市曲艺家协会副秘书长，《苏州电视书场》的创办人、原制片人。以其为代表的志愿者成立了"苏州评弹知音小组"，到1993年正式成立"苏州评弹收藏鉴赏学会"，在江浙沪地区影响很大。殷德泉先后为苏州、常熟等地的广播书场撰稿。1994年，苏州电视台开办《苏州电视书场》，殷德泉历任《苏州电视书场》的责任编辑、制片人。现如今已积累录制长篇评弹、专题、专辑、专场、演唱会、晚会、访谈等各种类型的评弹节目四千余小时。

一、改革开放后媒体（电视）与评弹之间的关系

（一）1994年7月18日《苏州电视书场》开播前后的时代背景

电视与评弹联姻具有必然性、必要性与可能性，是一种水到渠成的历史必然。中共十一届三中全会后，在改革开放的背景下，传统曲艺评弹空前复苏，人气高涨，满足了"文革"封闭十年中的文艺"饿死鬼"的需求。描述一下当年听书的疯狂劲：家家书场客满加座，不分书目不论演员，一类书和二类书是逐步开放，二流演员和一流响档也是渐渐解放。1980年苏州评弹研究会举办了江浙沪盛大的评弹会书，在此之前好像从未有过如此大规模的演出。这是评弹界的盛宴，大大地挣脱了困住评弹的十年并推动了评弹的发展。后来在1984年春节，上海电视台举办了上海评弹团老中青名家新秀新春团拜会，让评弹听众第一次在电视上看到大规模的电视书会。到了1987年，由苏州市文化局等主办的评弹艺术节也是超空前的，上海、苏州两家电视台都做了实况录像。以上这些可以看出当初的评弹还有很大影响，电视媒体紧缺节目源，两者自然走到一起联系起来了。这也许是初级阶段的接触。

随着经济大发展，引进外来先进技术和外来文化思想的同时，传统文化艺术受到极大的冲击，在80年代末至90年代初，传统曲艺评弹跌进深渊。

80年代，受外来文艺和电视兴起的冲击，苏州地方一些戏剧团体（京剧团、越剧团、沪剧团等）被迫解散转业，苏州评弹界原有市一、二、三团，火箭团，百花团等，后来减缩合成一家苏州评弹团，尚存的苏昆剧团、评弹团等一些演员专业思想极不稳定，改行转业下海经商，如袁小良也离团去搞团队的综艺演出，如昆曲名家王芳当年也短载离团搞其他经营。评弹团体奄奄一息，门庭冷落，演出萧条。当时市区的书场仅剩一二家，而且相当简陋，若要去找评弹团或书场什么的，恐怕很少会有人为你解难。这种现象出现在80年代末至90年代初。

80年代中期，电视在我国以一种新媒体的面貌广泛进入社会，因其带给观众的崭新的直观感受及信息快而新的广泛传播方式，成为当时人们最为关注的媒体，被称之为强势媒体，电视成了百姓家家户户的窗口。苏州地区由于文化习俗与杭嘉沪地区相近，当地人们在收视习惯上喜欢收

看上海台、浙江台的节目。1985 年 5 月 7 日上海（无线）电视台开播《电视书苑》栏目，编导范明德。一开始很热闹，录了很多名人名家节目，影响了周边地区的电视观众。但时间长度设置很短，只有二十分钟，没几年就由于播出时段调整，收视率下降，被迫停办。苏州的评弹听众见上海地区有了电视评弹窗口十分羡慕，强烈要求在评弹发源地——家乡苏州也能开办电视书场，不出家门也能进书场。这个愿望有好几年未解决，直到 1993 年苏州评弹界有机会向时任中宣部部长的丁关根做了汇报，得到了首长的支持，江苏省委副书记孙家正知道后，以很快的速度，落实指示。苏州市有关方面（广电局、文化局）联合会议决定开办《苏州电视书场》，很快将我调入苏州电视台，通过半年的筹办，苏州的荧屏评弹节目《苏州电视书场》于 1994 年 7 月 18 日跟广大电视观众见面了，解决了几年来政协多次提案的问题，满足了广大市民的愿望。

电视台怎么会找到我的呢？补充一点自我介绍：我自小受家庭父兄影响，喜欢听书，不管在哪个阶段从未放弃过评弹这个兴趣爱好，哪怕是在最为担惊受怕的"文革"年代也会抓住每次机会，哪怕听一段评歌也能过瘾，哪怕在下乡"插队"艰苦难熬的日子里，也从未离开过评弹，也曾希望从事评弹相关工作，只是未有机遇。

70 年代末收录机悄然进入市场，这让我喜爱收藏、欣赏、研究评弹的爱好如虎添翼，我与江浙沪同好结成"评弹艺术知音小组"，进行交流交换，宣传推广研究。当年我的收藏品以评弹音像为主，兼有书刊、节目专刊、报纸剪贴、演员照片等实物资料。在当年科技传播还并不发达的中国，我所收藏的评弹音像资料已超四千小时，远超评博、评弹团、评校的藏量，我的家被各大媒体如上海《解放日报》《新民晚报》、江苏《新华日报》《姑苏晚报》、香港《文汇报》和中央国际对外广播电台、央视四套及苏州电视台等称为"家庭评弹博物馆"，影响甚大。我先后成为常熟、苏州人民广播电台《广播书场》的特约撰稿人。所以我引起了评弹界的注意，后来有机缘跨进了电视媒体，干我所喜爱的电视评弹事业。正如苏叔阳所说的："一个人最幸福的事，便是他的心里积存了文化，而又能用自己喜爱的方式表达这些文化，并且表达好这些文化。"

（二）电视与评弹关系与作用

1.《苏州电视书场》出现并走进千家万户

——"荧屏书场进万家"，给当时面临凋谢的评弹艺术打了一支强心针

任何艺术都是给人鉴赏的，然而人们对艺术的欣赏能力不是与生俱来的，需要熏陶和培养。评弹作为一种雅俗共赏、具有浓厚地方特色的艺术，也需要有自己的听众群体。由于种种原因，在 1993 年间，苏州弹唱评弹的专业书场比以前减少了，仅剩下两至三家专业评弹书场，且相当简陋陈旧。但电视书场的开辟，等于书场开到每个家庭，书场一下子扩大了千百倍，它为培养评

弹艺术的听众群体起到了良好的促进作用，为丰富市民的文化生活开启了一扇感受优秀民族文化的窗户，更对推广、弘扬、振兴评弹艺术好比注入一支强心针。《苏州电视书场》的初级阶段的收视率就名列前茅，顺应了民心，为百姓做了件好事与实事，也证实了评弹与电视的有缘结合，且待"婚后"的良性有序发展。

《苏州电视书场》萌发了新生命前后，又见央视电视书场的出现（播放北方评书兼有扬州评话和苏州评弹），1984年上海电视台创办《戏曲大舞台》，1988年陕西电视台创办《秦之声》，央视最早开办了一些电视戏曲栏目之后，河南电视台开办了《梨园春》、安徽电视台开办了《相约花戏楼》、上海东方台开办了《东方戏剧》，随即上海有线电视台首创戏剧频道《电视书苑》于1995年开办至今，1996年江阴电视台开办了《电视书场》，1997年3月无锡有线电视台开办了《电视书场》，但于2004年5月关闭（没专项资金投入），浙江电视台也在这个年代推出了《百花戏苑》，又于2001年1月1日开办了《电视书场》，但于2003年7月10日关闭，一批戏曲曲艺栏目相继与电视观众相遇了，2016年伊始，常熟电视台创办电视书场《琴川书苑》。中国的电视文艺，特别是电视戏曲曲艺要到80年代中期之后才初具规模，90年代中期才形成了电视曲艺评弹的良好气候。

2. 电视办（评弹）书场，首先起到推广普及的作用

电视媒体在八九十年代是强势媒体，受众面广量大，一度使平面媒体和电台媒体出现了受众面的滑坡，这是时代的变化，好比当前已是网络媒体——多媒体的世界，新媒体总是走在老媒体的前面，即出现了新的强势媒体。我在当年正赶上电视强势媒体那个年代，也看到了其作用，利用这个优势，展开了《苏州电视书场》这项崭新的工作。

刚才已谈到1994年当时社会经济的发展与外来文化的影响，造成了评弹艺术渐渐淡出的一种状况，开办电视书场会有人收看，有其收视率吗？这是台里的疑虑，也受到台内众目睽睽，这实际上一点也不奇怪，因为电视台以年轻人居多，他们的生活、思想、理念当然是全新的、现代的，他们对于古老而传统的艺术，不屑一顾或全然不知，电视台办诸如此类的节目会压力很大。而我自信心很强，也坚信自己在大家的帮助下能走出困难。

在开办之初，除了录制传统书目供周一至周六正常播放之外，还为周日策划一档特别板块节目《星期版》，它是以"评弹欣赏""作品赏析""流派唱腔""评弹教唱""新作介绍""书坛信息""演员之窗""票友之家"等相对固定的子栏目轮流播放的电视杂志，是为上班族、为年轻朋友、为评弹新听众特设的节目，深入浅出地为他们认识、熟悉、喜欢评弹艺术并做普及、推广起到一定有效的积极作用。例如"评弹欣赏"子栏目中：我们请周良先生撰稿介绍怎样欣赏评弹，又请金声伯来演讲，十分生动易懂；又请吴君玉先生结合本身来谈评话艺术的特点特色；又如"新作介绍"子栏目中，曾与时俱进来吻合青年人的欣赏审美，花了大量的功夫拍摄《枫桥夜泊》

《伍子胥》《莺莺操琴》《小巷情思》等一些评弹TV，获得了广大听众的青睐和专家的好评，获得北广现代传媒学院朱羽君教授与杨燕教授的高度评价，还列为教材授课。《莺莺操琴》《小巷情思》荣获1998年中国电视戏曲大奖赛"金奖"和"银奖"，还在央视"曲苑杂坛"、上海电视台、浙江电视台进行转播介绍。

经过一百多期《星期版》的播出，节目达到预期效果，培养了一大批电视书场的评弹新听众。所谓电视书场的评弹新听众是指两个层面，一是年轻朋友们，他们是上班族，无暇顾及平时的长篇书目，二是退了休的老年新听众，他们对评弹懂得不太多，以前由于工作忙等原因，听评弹机会少，现在电视书场办到了他们的家里，吸引了他们，他们成了电视书场的知音客座上宾，这些老年新听客大部分是白领族：干部、教师、医生等层次。

电视书场开办之初获得电视观众的喜欢与认可，获得一定的收视效果，起到推广、普及评弹的作用。

3. 电视书场为评弹起到了拾遗补阙的作用

评弹专业常规演出一般在专业书场或剧场，偶尔在广场或他地，形式基本为长篇书目演出，或难得的专场和书会，具有一定局限性，且不讲究场景、舞美、灯光、音响的辅助作用，显得比较简朴。而它的不足恰恰是电视能发挥的优势，电视书场可增强发挥这几方面的作用，并可灵活多变，优化组合，发挥时空作用，也就是说可制一些电视化的评弹。我把简单录制评弹节目称之为"评弹电视"，好比搬个家，把书场搬到了电视上；通过电视化（电视手法）的评弹节目称之为"电视评弹"。

我在《苏州电视书场》二十年中曾创意、策划、设计了许多种"电视评弹"节目，并不是让评弹走样，其初衷是希望通过电视化让评弹变得更美更丰富更惹人喜爱，来抓住听众的眼球，而这些电视评弹节目平时在书场是看不见的，只有在电视中你才欣赏得到它，也算是为评弹起到了拾遗补阙的作用。

为适应不同层次听众收视审美的需求，我把电视化评弹分成例如"套餐""丰盛餐""精品餐"等。这类节目均为自创节目。

（1）"套餐"。即把一个熟悉的长篇评弹书目，以人物、演员等为中心主题地策划成系列的评弹专题。如人物专题《书坛名人》，拍摄了如蒋月泉、杨振雄与杨振言、张鉴国、陈希安、吴子安、唐耿良、曹汉昌、金声伯、张国良、张效声、姚荫梅、黄异庵、徐雪月、曹啸君、邢瑞庭、尤惠秋、张如君与刘韵若、王月香等二十五个非常有价值的专题，现在回头再看，这二十五个专题中目前健在的已没几人了，显得更为珍贵。以主题为中心的专题有《中国历代爱情系列评弹佳篇》《桃花扇系列开篇》等。另如大型现场访谈（演员）专题，包括余红仙、赵开生、吴君玉、陈希安、邢晏春与邢晏芝、金丽生、郑缨、盛小云、施斌、高博文等五十余位。

（2）"丰盛餐"。也就是每逢过年过节或者是配合宣传搞一些大型晚会或演唱会。其节目可多种多样：反串演唱、评弹与魔术（或舞蹈、书法、昆曲、器乐等）、情景评弹、现场音配像、评弹旗袍秀、书戏等。如《1997评弹群星闹元宵》《荧屏书场进万家》《花开十五满庭芳》、2007—2014历年评弹春晚等。

（3）"精品餐"。也就是把整个评弹界的优秀演员拍成一个个演唱专辑，集中来表现评弹流派演员的精湛艺术，好比个人演唱会，或按流派唱腔来分的演唱会如"蒋调""丽调"，再如以演员来分有沈世华、秦建国、袁小良、徐惠新、范林元等数十位弹唱佼佼者的专辑。

还有一些特别活动相当受听众欢迎。如现场直播类：《评弹金曲大点播》，邀请演员现场献艺，听众分现场点播和电话点播，这样能极大地调动广大听众的欣赏点播热情和演员亮相演唱的情绪，现场情绪极为高涨。又如弹词经典深度赏析类（从作品的文学性、弹唱、音乐性赏析），例如：

《珍珠塔·托三桩》唱：袁小良　文评：饶一尘　音评：陈　勇

《潇湘夜雨》　　　唱：周　红　文评：朱栋霖　音评：连　波

《莺莺操琴》　　　唱：秦建国　文评：吴宗锡　音评：杨德麟

《情探·梨花落》　唱：张碧华　文评：窦福龙　音评：赵开生

《杜十娘》　　　　唱：邢晏芝　文评：邢晏春　音评：潘益麟

以上两种特别活动是整个电视系统没有第二家电视台举办过的。

戏曲曲艺是一种文化，它凝聚着历史的、文化艺术的符号。它的各种程式与表演是当时社会生活、文化历史的象征。它与当时的观众有一种解读的共识，所以在那时这种形式有利于民族戏曲曲艺艺术的高度发展。但今天的观众却有着欣赏的障碍，它所反映的制度、习俗、思维方式，对今天的青年是陌生的、不可理解的、不好接受的。

因此，电视人对促进戏曲曲艺再生、创新、发展其新的观众群体，应尽自己的职责。

所以说，关键的一点是，我们设置栏目的指导思想要清醒，要注意在解析、普及的基础上发挥戏曲曲艺的娱乐功能，先让不懂戏曲曲艺的观众能看懂，然后方能让他们品味到它含蓄凝练的优美，对它产生兴趣和爱好。

我在办《苏州电视书场》的二十多年中，要说困难是一言难尽。顶着困难上。怎样排忧解难？找社会力量、找各级领导，办好节目赢得观众，发挥了我一切的主观能动性：做节目主动联系演出方，用真情真爱感动对方，多看演出多看电视为我所用。

4.电视书场的成功积累了大量的评弹艺术财富，为抢救传承人类非物质文化遗产

——评弹做出了贡献

电视与评弹合作，上面阐述了电视化评弹的一方面，这在强调艺术的基础上又突出了其可看

性的一面，这类节目仅占整个《苏州电视书场》节目量的5%—9%，这叫逢场作戏，点缀一下。《苏州电视书场》的重点工作是抢救传承人类非物质文化遗产——评弹。一开始就很明确，先录制传统经典书目和优秀评弹老艺术家的艺术作品，这类节目要强调基本保证评弹艺术的原汁原味，保持评弹艺术的特色，尊重评弹艺术本体，折射出评弹艺术的光彩，融故事性、艺术性、历史性、趣味性于一体，保持评弹艺术雅俗共赏的特性，符合中华民族的传统道德伦理，树立大众的审美标杆，正如现在所说的正能量。这令许多评弹的老听客无比喜欢，电视书场也就留住了这些评弹艺术的铁杆听众。

《苏州电视书场》不是一般故事的演绎、单一的长篇评弹连续剧，而是苏州评弹艺术的综艺栏目。它的结构安排是这样的：周一至周五基本是长篇书目连播，如描写苏州题材的传统故事《玉蜻蜓》，结合这一听众熟悉的故事与人物，先录制既相关又连续的好几部长篇弹词《苏州第一家》《法华庵》《玉蜻蜓》《元宰入阁》，总共一百四十回（集），既可分开播放，也可单独成章，又可连续播放，因为故事及人物始终贯穿如一，所以听众对此很有兴趣，收视率颇高。又如不同风格的流派演员，擅说唱同一书目，达到各不相同艺术效果，反映了听众在欣赏故事的同时更欣赏精湛的评弹流派艺术。我们曾经录制著名演员邢晏春、邢晏芝"邢双档"的《杨乃武与小白菜》和著名演员胡国梁分别同十九位演员合说的《杨乃武与小白菜》，同一《杨乃武与小白菜》都获得电视观众前所未有的欢迎，让酷爱欣赏传统艺术、故事型的观众得到充分满足。

在长篇书目的录制中，若遇演员阵容的不统一、不协调，为了使艺术得到最佳发挥、最美体现，《苏州电视书场》在这方面花了很大心血去策划、调整，实现优化组合，以最佳的艺术力量去完成一部书目录制，具有保存价值。如以胡国梁为上手，联手十九位搭档录制的二十回花色折子联播《杨乃武与小白菜》，是胡当年的原下手由于客观原因不能再合作，所以我们特意邀请了邢晏芝、徐淑娟、朱一鸣、陈丽鸣等名演员与胡国梁合作，胡国梁本人既做上手又做下手再放单档，录制二十回可分可合的长篇联播《杨乃武与小白菜》，本来不想去搞花色拼档，不料无心插柳柳成荫，获得了良好的效果。在这里也要感谢上海的书迷一直以来对我策划这部花色档的夸奖。之后我借鉴了这一手法，解决在拼档问题上的难题。例如后来以龚华声为上手的与多位下手合作的《梅花梦》，周希明分别与张建珍、陈琰、季静娟合作的《文武香球》，孙扶庶与张碧华优化组合的《毛龙出京》，还有赵开生分别与盛小云、吴静合作的《文徵明》等，以及后来邀请众多优秀中青年演员录制的微型长篇弹词《龙凤呈祥》、青春版《白蛇传》等（重点推青年），这些节目在广大电视观众中都留有良好口碑。后来王院长在上海也重新策划了一台青春版《白蛇传》，反映甚佳。

初办电视书场困难极大，是一般人难以想象的，缺节目，少经费，独脚蟹。克服困难，依靠方方面面——社会力量、评弹爱好者，做出成绩，取得领导信任，才能走出困境。坚持常办常新，我把工作当作爱好，爱好亦是工作。二十年中获省级乃至全国大奖三十余个，这就是幸福感，苦与甜相交织。

在这二十多年中，《苏州电视书场》先后录制了长篇书目一百六十多部，及各类评弹节目：中篇、短篇、开篇选曲、晚会专场、专题专辑、特别节目计五千多小时，再加当年获得上海电视台相当援助的节目，其藏量远远超过任何一家媒体单位。

《苏州电视书场》的内涵不是一味的长篇评弹书目的连续剧，它是传统的、现代的、五光十色的电视评弹艺术的百花园。《苏州电视书场》充分运用电视手段打破呆板的评弹表演时空，采用多变的景别、光线、舞美、色彩来提高电视欣赏的内涵，调动听众的欣赏情绪。丰富多彩的电视评弹节目，贴近听众，赢得了广大听众的盛情赞誉，其节目的艺术效果可与其他任何同行媒体制作的评弹节目媲美。各类形式的电视评弹节目，烘托了《苏州电视书场》的节目品位，扩大了其影响，让种种形式、各种手段走进了《苏州电视书场》，让其百般变化，变得更新更美更好看。

电视与评弹的碰撞，冷落与挑战同在，困窘与机遇共生。电视的出现，在抢夺了评弹听众的同时，也给评弹带来了发展的机会。90年代是电视评弹走向欣欣向荣的开端，电视与传统艺术的嫁接，产生了全新的艺术形式，有利于听众对评弹艺术的全面解读，古老的传统艺术渗透在现代化发展的荧屏中。电视评弹既丰富了荧屏，推广、宣传了评弹艺术，为振兴传承评弹艺术发挥了其应有的作用，更为评弹艺术筑起具有艺术价值的资料宝库，为抢救、传承人类非物质文化遗产——评弹做出了贡献。

（三）电视评弹与传统评弹的区别

1. 传统评弹的简约与电视评弹的包装

从评弹发展的历史来看，从露天说书到约定时段、固定地址的茶楼书场说书，直至现在专业演出场子说书，书台的布置仍相当简约，一桌两椅，桌围羽披也不经常更换，使用普通的音响设备，打亮书台的灯光无专业人员从艺术角度去打理。从传统的角度去要求，也就谈不上舞美与灯光、音响有机的结合了（个别都市书场例外）。

评弹与电视结合的电视书场会因应结合的形式、内容去合理地布置舞美与灯光、音响的运用。这就是电视书场的包装，它让制作出来的节目更好听也更好看。随着人们对审美的需求更高，人们对包装的要求也更高。电视书场的包装并不意味着去戏剧化，去淡化传统评弹演出的韵味，它还是保持了江南评弹的苏式情调的韵味。这是专业评弹书场与电视书场两者的区别之一。

2. 评弹专业书场的局限与电视书场的多样化、灵活性

评弹专业书场的演出一般是以长篇书目演出为主，偶有会书、专场和演唱会等。电视书场除了以上几种演出形式外，还会举办室内兼室外的大型评弹晚会、评弹讲座、访谈、教唱，凡是专业书场有局限性的，在电视书场都能成行，其兼容性很大，体现了电视评弹的多样化、灵活性，这是两者的区别之二。

3. 专业书场评弹的情绪化与电视评弹的呆板性

从以前的茶楼说书现场观看，长桌方台，喝茶、抽烟、吃零食，也有散座，看来十分放松，见书台效果下来，笑笑，说唱艺术能感染你的即会鼓掌表示喜爱。到了专业书场时听书要比在茶楼书场的随意性缩小了，注意力更集中了，对演员的尊重程度提高了，如台上达到艺术高潮时台下会发自肺腑地热烈鼓掌，一般来说城市书场的掌声程度会高于县镇乡村书场，城市越大掌声的含金量越高，显示了城市评弹听众的文化与礼仪。台上的艺术与台下的情绪是同时交流的，演员的艺术能感染人，即调动台下的情绪，台下的高涨情绪也会激发台上演员的发挥，二者是相互的，有时会产生出乎意料的艺术效果，因为评弹艺术随意即兴的自由度很高，这是曲艺说唱艺术的特征。

电视书场则相反，电视录制节目时一般不安排听众，演员不习惯也会影响发挥，演员缺乏共鸣，那种书场效果在电视书场中遇不到的，显得相当呆板沉闷，没有氛围了。如果在大演播厅录像时安排了听众，因电视台规定较严，听众自由度往往受影响，观赏节目时没有在专业书场放松，就连鼓掌也受导演引掌，真情流露的成分有所压缩，显得不自在，这是电视书场最大的局限性。

我认为，从《苏州电视书场》二十二年的成就与经验应该认识到电视书场已经成为评弹事业与艺术发展的一个重要方面。它是展示评弹艺术的一个重要窗口，是评弹艺术存在的一个新的方式，是评弹艺术得以面对与联系最广大听众的一个具有现代性特点的新平台，是推动评弹艺术传承与创新的新空间。我在《苏州电视书场》创办二十年之际，发掘与认识电视书场的这些新功能，这应该引起苏州电视人、领导和评弹界的重视，促进新的合作，予以开发与发挥。

二、媒体人是怎样看待评弹这门艺术及其特征以及今后的发展

（一）眼前评弹的现状是喜忧参半

1. 喜

（1）党和政府、社会各界的关注与支持

从面上来看我们党和政府对评弹这份事业相当重视与支持。对每个国家级评弹团体政府都

拨款，这是最关键的。各个评弹团体院校馆会的硬件都是上好的，有标志性的是苏州评弹学校和上海、苏州、常熟、张家港评弹团及其书场硬件设施，体现了政府的重视。国家文化部、中国曲协举办的中国苏州评弹艺术节与牡丹奖，都要投入大量费用，让广大演员有机会去展露风采。有一批党和政府部门的领导干部喜欢、爱护、关心、支持评弹，如陈云、丁关根、唐家璇、杨洁篪等。其他剧种曲种少有这种待遇。还有社会各界对评弹界的大力支持。这些应该说是第一喜，评弹是幸运的。

（2）评弹团体院校馆会硬件建设基本配套完善

上面所说四家评弹团体所属的几家书场相当不错。再有在苏州原先的乡镇现称街道社区都办起了书场，环境和设备都是崭新的，而且党政部门给予办书场经济上的保证。再看苏州评弹博物馆文化主管局几番投入，这一切所能看的十分可喜，这是第二喜。

（3）对培养下一代、传承下一代已相当重视且正在实施

目前各评弹团呈现一派可喜之象，认识到演员队伍的青黄不接，搭配不全，不利于艺术团体的发展，都在吸收新生力量，巩固艺术支撑。曲协组织和一些大的团体每年举办青年演员艺术进修班，并带小团体加盟帮着一起上，还为刚进团的青年演员找老师拜师学艺，一些艺术有些水准的老师都很乐意，他们不厌其烦担起培养下一代的重任，起到了承上启下的重大作用。

（4）重视理论建设，传承演出基本不走样，保持评弹风貌

在曲艺圈内从事理论建设的不多，在评弹界老一辈如吴宗锡、周良带领下从事的评弹理论建设还延续到目前，为评弹界留下了一些珍贵的理论财富，且有相当价值，为今后的评弹工作起到了指导、借鉴作用，也为历史留下依据，让后人看到评弹的艺术特征，传承评弹不能走样。照目前评弹界的艺术传承与演出来分析，走样不大，因现在搞创新的演员不多，多照搬原样。另外还要说说变化，语言的纯正度下降，这是社会环境导致的；书性和细腻性在减弱，戏剧性和故事性在加强。当然，总体来说评弹的特征变化不大。

2. 忧

（1）竞争意识不强，难以推动发展

评弹发展繁荣在于一批艺术上乘、吸引欣赏者的明星艺术家及他们的书目，40年代乃至五六十年代评弹的兴盛就是如此。现在只有艺术明星而没有一批又一批优秀书目了，也是可悲。"出人、出书、走正路"这句话哲理性很强。

随着优秀的艺术家一个个相继离去，评弹界的精英队伍在缩小，像秦建国、袁小良这批目前的顶梁柱也到五十多岁的年龄。培养人才太慢太少，跟不进发展的速度。如果说书场少了如盛小云、徐惠新、周红这批优秀演员，评弹将会怎样？书场又会出现怎样一种状况？现在的状况是

优秀演员出得慢出得少,其书目更可怜。为什么会如此呢?一句话:缺乏竞争意识。现在书场票价低,说好说坏一样,旱涝保收,演长篇一级演员跟三级演员收入估计差不了多少。社区书场包场有许多的弊病。真正在钻研艺术的人不多,凡成名成家的都下过苦功,不可能一夜成名能走捷径。希望多出人才形成气候。

(2)演员文化水准普遍不高,再创造提升艺术缺乏底气

目前评弹界的演员大部分是各地评校、艺校、学馆毕业的,在当今社会来看文化程度不是太高,有碍于深入钻研,艺术拼到底讲的是文化。现在的社会诱惑太大,人心浮躁,静不下心来,有些演员明知所说书目有问题,但自己解决不了;也有明知自己在艺术上须修正,但问题看到了,却没有能力去解决,或者不愿花精力财力去解决,这样怎能超越自己。要多看书本多学习,多听书(作品)反复练,自学也能成才。

(3)主管部门、评弹团体培育市场、培育新听众的意识淡薄

现在业余弹唱队伍表面看来很热闹,每个市都有好几个点,从周一到周五都有各个票房的弹唱活动,其实就那么点人,串来串去。大部分票友希望别人去欣赏他们的弹唱,自己却很少去书场听书。还有便是现在书场听众的欣赏力水平普遍下降,真正懂得艺术、欣赏艺术的听众不多,只追求故事性,听噱头来判别书的好坏。这也许跟社会环境有关,缺乏耐心去慢条斯理地品赏评弹艺术的微妙之处。

现在估计苏州城区有六家专业书场,常规听众一两千人,老龄化及消费观念陈旧。书场只演日场,夜场难得,演不起来;票价五至七元,与演出成本倒挂,与演出场所也不吻合。现在外面喝茶起码也要十元。亏本事谁做?只有政府买单。现在的评弹市场如没有政府支撑是走不下去的。那么怎么办?提高票价。可是书场不愿,连演员也不愿,生怕失去听众。因为城区以外的乡镇书场最多卖一两元或免费入场,这影响了城区的购票听书。

培养评弹新听众,培育多层次不同对象的欣赏者,培育新的市场,调节不同层次的对象,去消费、打开夜书场,这已刻不容缓,要引起市文化主管部门和评弹团体的重视,促使各方行动。

(4)随着现代社会的发展,地方语言将逐渐萎缩

现在大气候一样,各地的方言逐渐萎缩,面临淡出语言交流的危险。如果听众在苏州连方言也不讲了,怎会有兴趣进书场?一个连土壤都快失去的地方,哪还说得上生根开花?这样一来评弹的生存就会面临严重的威胁。

(5)优秀的演员担任领导职务后阻碍其艺术的发展与演出

现在有一种呼声,演长篇的书场很难见到一级演员,要听这些演员的书机会较少。为什么呢?一些优秀演员提升到领导岗位后,参政议政工作繁忙,难以顾及日常演出,个别的还坚持演

一些。这很可惜，培养一个人才不易，国家花了那么多财力，自己花了那么多精力，现在不从艺却从政，岂不浪费？

（二）评弹的出路与发展

1. 充分利用好党和政府及社会各界的支持，倾力提升、发展艺术水准

目前的评弹形势较好，党和政府及社会各界都很支持，评弹界应抓好这一良机，把每一元钱用于发展艺术生产和培养优秀演员，决勿做花花文章，而要踏踏实实做好评弹的传承与发展。

2. 充分利用好各大媒体窗口，开辟坚守评弹的阵地

广播书场已有数十年的历史，拥有数千小时的资料，反复播放，但很少录制新节目了。总体上电台广播书场要比以前少了许多，江苏、浙江省台的广播书场都没有了。电视书场仅剩苏州两家，无锡与江阴两家只会偶尔播放。电视书场要录制新的节目，也很少有新的优秀演员的优秀书目，个别演员思想保守，不愿轻易去电视台录像，生怕录了会影响其业务。如果电视台没有了片源，怎么能办下去呢？这很难想象，今后评弹连出镜的机会也会减少。所以说办好电视书场是评弹界与电视媒体共同的大事。

3. 土壤决定评弹的生存，其生存有赖于多种形式：培养听众，保存评弹精英

我们从客观的眼光来看待评弹现状，从面上来看评弹团体和书场也都比较整齐，但比前十年都有减缩，如无锡评弹团名存实亡，仅剩个别演员；苏州地区的太仓、昆山已没有评弹团；上海区级评弹团一扫光，很是可惜。书场这块，原无锡较多，现数量大减，上海也在减，主管部门都有数，只有苏州市书场数量还可以。

现在演出状况是大部分在演长篇；也有部分在茶楼、园林、宾馆、游船、景点唱开篇或说书；还有个别演员专演大型演出、重要演出、为首长演出。因为长篇演出和大型演出、重要演出、为首长演出都有政府、团体和社会各界的支撑，但如果说抽掉支撑，靠市场运作行得通吗？其实关于这一点，从演员到听众都能认识到这种支撑的重要性。而在茶楼、园林、宾馆、游船、景点唱开篇或说书，以及其他婚庆、企事业等单位、电视广播中演出，这都是一种市场行为，属于生存营销演出。

我们经常会说这一类演出不利于提高艺术，言之有理，但演员会说为了生存。我们也会说长篇能提升艺术水准，言之有理，但就目前无竞争的演出来看，要想有一批演员以身作则地去研究艺术，这种倾向很少，所以好的演员和书目出得太少太慢。

评弹的生存，要有它生存的土壤，不妨让各种形式的演出存在，去面对去接触各类群体，各类演员自己会去寻找各自的生路，让更多的人通过各种机缘去认识、熟悉、喜欢评弹。要培养新

演讲当天与会人员合影

的评弹群体,培育更大的评弹市场。评弹市场延续、扩大,就不怕吴方言会流失,评弹的土壤保住了。此外,要保住评弹的土壤,还必须要有一批掌握评弹艺术的优秀群体,特别是优秀的明星艺术家,他们会带动整个艺术的发展,创造出一批艺术精品来保住评弹的听众群体,这或许就是评弹生存的土壤。

4. 自强决定评弹的出路,发展繁荣评弹,只有靠评弹演员自己

当年评弹市场出现了夏荷生、周玉泉、徐云志、严雪亭、蒋月泉、张鉴庭与张鉴国、杨振雄与杨振言等一代代名家响档,他们繁荣了评弹,因为那时没有"等、靠、要",没有国家包养评弹团体。只有靠自己去奋斗去拼搏,才出现良性循环,出现艺术繁荣的春天。

当今的形势当然不能同日而语,但作为艺术工作者仍须去拼搏,现在就是缺少这种精神。国家要自强自立,作为团体、个人同样如此。"等、靠、要"不会长久的,靠自己才是真的,要有一点"个人奋斗"的精神。例如当年苏州的施斌、吴静这一档很钻研,说书风靡江浙沪,嘴巧口活,能说会写,仅仅是天赋吗?当然还有苦功奋斗。他们在听众中很有影响,口碑很好。后来上海的滑稽明星周立波,奋斗出个"上海清口"一下红透,成了名人。这三位不是贪吃"大锅饭",而是靠自己,加之团体的培养,拼搏成名。只是一成名就被电视台挖去了,也是有些可惜。问题就在于像这类演员太少了,成不了气候。所以说自强决定评弹的出路,发展繁荣评弹,只有靠评弹演员自己,才是唯一的出路。

演讲时间:2016年4月8日

整理者:殷德泉

第三十八讲
旧书新赏：以吴君玉的评话实例谈"噱头"之功用

  本文以评弹艺术中的"噱头"为核心，有所侧重地探讨了这些幽默元素的社会功用。"噱乃书中宝"，评弹中的噱头可以分成三类："肉里噱""外插花"和"小卖"。报告人以"外插花"为主，旨在分析这些喜剧元素是如何植入到情节中，同时又如何作为对当代社会的评论而存在的。本文指出，说书人灵活地在书中运用"外插花"，是在认真选取听众的常识和经验的基础上，对政治进行讽刺，对民生有所关怀，对社会不良现象进行评论。说书人借助"外插花"使旧的故事传达出新意，也从侧面反映出社会对于讽刺与批判的容忍度。说书人说书的过程承载了历史的多个层面，通过穿插噱头，反映出社会的不同风貌与社会问题。公共话语与私人话语之间的比较，有助于当代学者从史学、文化方面重新建构评弹以及江南社会历史的图景。与此同时，评弹作为一份非物质文化遗产，它在方言上的运用、语音上的特色、修辞手法上的研究可以为当代学者的语言研究提供新的路径。

都文伟

美国凡萨大学教授、北美中国口传暨表演文学国际研究学会会长。他毕业于美国华盛顿大学比较文学与中国文学专业,现教授中国语言、比较文学、戏曲、电影、大众文化等课程。他的研究方向为中英文在东西方比较戏剧与中国戏曲、电影与曲艺等,在各个领域内发表多种专著与论文,近期著作有《百老汇的中国题材与中国戏曲》等。

行话讲，"噱乃书中之宝"。噱或噱头的意思是说书人用来产生喜剧效果的言语或动作。传统意义上，苏州评话中的噱头可以分成三类："肉里噱""外插花"和"小卖"。"肉里噱"是在情节中作用于人物之间的喜剧因素。我们可以把它叫作"内嵌幽默元素"。"外插花"指的是由插入的注释、比喻、类比引发的喜剧因素，而这些注释、比喻、类比跟情节没有直接的关联。"小卖"的意思是简短的俏皮话或幽默的举动，可以直接描述成"即兴的卖弄"。这些喜剧元素和它们的幽默效果曾被做过研究，本文的重点是探讨这些元素的社会功能，以"外插花"为主，旨在分析这些喜剧元素是如何植入到情节中而同时又作为对当代社会的评论而存在的。

我将讨论的表演是我于1992年7月5日在上海仙乐斯书场观看的一场评话演出。这场评话是上海雅风评弹之友社的第385场星期茶座书会。雅风评弹之友社是当时上海为数不多的保留定期表演的非职业评弹社。表演者包括有经验丰富的票友、年轻的业余爱好者和受邀的专业表演家。非职业评弹表演和比赛也时常在江苏省和浙江省这样有很多评弹忠实听众的地方举行。

那场书会的节目由两部分组成：弹词和评话。演出于周日上午九点至十一点在仙乐斯书场举行。当时的场地由闪烁的电子灯和为晚上商业舞蹈派对准备的霓虹标志组成。雅风社把这个地方借来用于每周早上的书会，尽量使表演区和听众区呈现出茶馆的气氛。前台中间放了一张长桌来当作舞台。桌子被标有协会名字的装饰布料盖着。演员则坐在桌后或桌旁。业余弹词表演者穿着普通的夏季服装，而专业表演者则穿着传统长衫与旗袍。在这张桌子前方大概有十张圆桌，每张桌子坐着三四个面对着舞台的听众。有些听众坐在后面的沙发上或靠在呈茶馆戏院样式的墙上。演出期间，服务生时不时地来倒茶。门票三元一位，含茶水。

这次评话说的是评话剧目《水浒》中的一段，叫《卢俊义进山》。当时受邀演出的是著名的职业评话表演家吴君玉先生，他也是当时最出名的评话表演家之一。

这段情节对于水浒迷来说很熟悉。卢俊义是北宋宋徽宗年间最富有的财主之一。梁山好汉想招他上山，为他们的领袖天王晁盖报仇。晁盖先前被史文恭的官军所杀。除了卢俊义外没人可以和史文恭匹敌。梁山好汉的军师吴用谋划了一个计策，派人在晚间去卢俊义宅中装神弄鬼。卢俊义觉得自己家中闹鬼了，于是决定去一个寺庙驱鬼。然而在去寺庙的路上，他不得不经过梁山好汉的据点水泊梁山。本以为不会被梁山骚扰，但卢俊义在路上却被秦明拦下。秦明装作梁山的小喽啰挑衅卢俊义,卢俊义便和他打起来。秦明边挑衅边撤退。而卢俊义不知是计,追了好久才发现自己原来中了圈套。"卢俊义究竟怎么样了?欲知后事如何,请听下回分解——"说书人就以这样一个格式化的结语结束了他那天长达四十五分钟的一回书。

这个简单的故事是以有声有色的细节和人物刻画而讲述出来的。在这个叙述过程中,噱头为活跃表演起到了重要的作用。其中"外插花"使这段陈旧的故事增添了新意。"外插花"的定义是在叙述中找到一个点,由这个点展开讲轶事或者笑话。这些轶事和玩笑在结构上与故事无关,却可以针对时弊展开讽刺与评论。当讲解事件、描述情节或介绍历史情况的时候,说书人会刻意去用当今人们所熟悉的事物做比喻或类比。接着他会详细地说明这个比喻或类比,以此达到对当下的讽刺和批判。在表达完要点,听众的笑声平息之后,说书人就继续之前的故事。当有其他的机会时,类比会被接着插入。在这四十五分钟里,出现了至少十次这样的类比,它们起着对社会评论的作用。

在政治讽刺的范畴内,说书人必要地选取了听众的常识和经验。比如说,当说书人介绍财主卢俊义的优点的时候,他把卢俊义和已故航海大亨包玉刚做比较,而包玉刚自从80年代就因为他对中国的财政资助而受到中国政府的赞赏。

与政治批判和讽刺同样联系紧密的是对物价飞速上涨的不满。这种不满体现在秦明与油条的类比上,油条是中国常见的早餐,通常与大饼一起吃的油炸的面麻花。当秦明第一次在故事中出现时,说书人这么介绍他的面部特征:

> 秦明身材高大,朱铜色的面孔,胡子抓在两旁,胡子粗,打两个结,放出来,像老底子的油条,那样两根。

此时听众可能会想如今的油条和当时的油条有什么区别。说书人详细地阐述了区别:

> 老底子的油条搭现在是不能比的,老底子的油条长、粗,油锅里炸得脆。现在的油条越缩越短,越做越细,细得比老虫尾巴粗一点。油锅里哗啦豁个浴。老底子的油条可以托,可以这样拿,炸得透、脆。现在的油条要拎的。你要托的话,要落下来的。

为了完全达到娱乐效果,说书人把他的合拢的扇子当作一根油条。在示范中,说书人演出了很多细节来进一步让类比更生动。听众因为玩笑和表演而捧腹大笑。当笑声平息时,说书人说出了他的妙语:

> 我倒希望它不要粗不要细,一粗又要涨价的,今朝我买了根油条,已经两角半了。

每个人都知道,一根油条过去只花四分钱。油条的价格飞涨,其他生活必需品也是如此。玩笑一结束,批判就开始了。说书人的话反映出对飞涨的生活费用的不满。除了对政治与政策的不满以外,他还批判了当今社会中他认为不健康的观念。他批判的行列里包括了打麻将、对气功的痴迷、对洋货的盲目推崇,以及那些造成社会动荡并且误导人们投机取巧的证券交易。所有的批判都随着剧情的发展被带入到叙述中。有的是用心加工的,有的是自然流露出来的。而它们都以不同的娱乐方式表达出来。

夸张是一种既能带来幽默又能表达观点的有效方式。在描述徽宗皇帝对琐事的嗜好是如何销蚀了他的雄心壮志时,说书人类比了过去与当今对于麻将的嗜好:

> 年纪大退休搓搓麻将我觉得无啥议论。年纪轻放假稍微小白相也可以的。年纪轻的人我尽量关照他们少搓。搓搓要出毛病的。阿拉团里的青年全喜欢搓麻将。有两个小青年两点钟要上台,一点五十五分还在台面上搓。踏到台上,全是一筒、两筒、九筒、八筒。你哪能吃得消呢?有一个杀千刀,搓麻将哪能?屋里家子婆养小囡时还在搓。阿要喊格啦:"老兄,不要搓了,屋里养小囡了。""伊养伊的小囡,我搓我的麻将,关你啥事?""要等你回去取名字的呀!""不要多烦,"摸出一张牌,是一筒,"那么就叫一筒吧!"那个杀千刀养倒会养的。这个朋友还在苏州,年纪大,一共养了八个儿子。一筒、二筒、四筒,一直到八筒。这个老头有决心,伊说:"要养满他九个,我要清一色。"不晓得养到八个,养不出了。啥?七十六岁了,没有办法养了!

在麻将这段"外插花"中,第一个轶事夸张地描述了年轻人对麻将的痴迷,第二段的老人给自己儿子命名则将夸张表达到了极致。显然,这两个趣事都是为了引发笑声。然而,除了用娱乐的口吻来诉说事情的奇怪变化和来模仿人物说话以外,说书人也揭露了一个令人沮丧的社会现实:曾经一度被禁止的麻将如今又成了国民娱乐方式。幽默的叙述同时也起到了说教的作用。

创造一个难以置信的情形来嘲讽一种风气也是另一种达到娱乐效果的方式。很多人相信气功可以治病,而这种观念已经到了盲目相信气功治百病的程度。说书人将秦明的武功和当今的气功的风行联系起来以此评论这个热潮:

下山像飞一样,此人真有点功夫,功夫说得过头了,我就不相信了。上海发功,北京的人有毛病会好!那么,在黄浦江发功,发到白宫。布什在开会,觉得大腿痒兮兮,碰到赤佬啦!这就是过头了。往邪道上去了。正的东西不能邪,一邪别人就不相信了。

因为气功的疗效被极度地夸张而且毫无科学或临床依据,白宫的情形就被说书人编出来嘲讽这个风气。

除了夸张和虚构,简要的讽刺也是一种可以把故事联系到当今社会的方式。当描述卢俊义用来运输祭祀品到寺庙的工具时,说书人这样嘲讽道:

桑塔纳,本斯现在多刹了!老底子只是独轮车。

当卢俊义在想为什么这么多好汉都加入了梁山时,说书人举出一个开玩笑的比较:

叫啥做强盗味嘎浓?比雀巢咖啡还要灵?"味道好极了!"

桑塔纳和奔驰是在中国流行的德国车。雀巢是最有名的进口咖啡品牌。中国在"文革"后、改革开放后,对洋货的盲目推崇始终很普遍。在没有确立明显评判立场时,说书人提到奔驰和雀巢所用的口吻既不是讽刺也不是诙谐模仿,以此来暗示自己对于洋货的普遍追求的不赞同。

除了娱乐效果以外,"外插花"的重要性还在于它使像《水浒》一样的故事变得生动起来。过去与当今联系起来;小说与现实关联到一起。对当今的不满这个主题也同样在《水浒》的反叛中体现出来。在不同的《水浒》表演中,剧情的台词或多或少地保持不变,而插入进去的娱乐元素时有变化。同一个说书人会用不同的话题作为插入的娱乐元素,这样可以随时迎合不同听众的口味与关注点。因此,在每次表演中,这些插入的娱乐元素就是使

唐力行教授(左)向都文伟教授(右)
赠送评弹研究书籍

历史故事焕然一新的新鲜血液。经过"外插花"的润色，故事叙述通过生动的场景和人物描述吸引了听众，与此同时也通过幽默地引用当下的生活来娱乐听众。它同样以一种替代的方式满足了听众发泄自己的不满的需求。

茶馆随意的氛围使得说书人对当今世事的反映与影射不受拘束，这种氛围从而鼓励了说书人敢于进行政治讽刺与批判。听众的温和的反馈也提高了说书人的想象力从而即兴发挥这些娱乐叙述，同时也为这些政治敏感的笑话提供庇护。由于在喜剧外表下隐藏的政治讽刺看起来是无害的，并且意图不明确，这些讽刺对政府和说书人没有直接的威胁。要注意的是，不同于在茶馆中的现场表演，录制到广播和电视中的评话通常没有政治敏感的评论。

总体来说，"外插花"在现场的评话表演中是作为一个重要的艺术手法来将小说的叙述与现实联系起来的。这种手法以幽默和讽刺的口吻，对政治和社会环境进行反思，使得表演更加生动，也为说书表演的持久声名做出了贡献。

演讲时间：2016年5月31日

整理者：都文伟

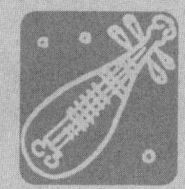

第三十九讲
空间转向与苏州评弹研究

　　吴琛瑜以书场这一空间为切入点，谈她对于苏州评弹与江南社会研究的思考。本文主要谈及以下几方面内容：第一，在引入西方史学理论的基础上，她提出"空间不仅是物质的存在，也是形式的存在"的观点，认为空间是社会的产物。第二，结合《书台上下：晚清以来评弹书场与苏州社会》，她探讨了如何运用空间理论来进行具体的书场研究。不同的人群在书场中，有听觉、视觉、味觉、触觉、嗅觉等不同的感官体验。这些感官体验，不仅可以成为一种文化想象，更在现实中影响着苏州人的现实生活。第三，书场内的各种要素构成了书场"小社会"，它与书场外的苏州"大社会"也保持着互动联系，是苏州"大社会"变迁的浓缩和提炼。最后，她结合当下所从事的工作探讨了新文化史的相关理论在苏州园林中的跨界运用。从美学的角度来说，苏州园林与苏州评弹在韵律与文化底蕴上有着共通之处。

吴琛瑜

苏州人，上海师范大学中国近现代史博士。时任苏州市世界文化遗产古典园林保护监管中心主任、联合国教科文组织亚太地区世界遗产研究与培训中心（苏州）主任。著有论文《空间的体验：晚清以来苏州评弹听客的日常生活与感官文化》，专著《书台上下：晚清以来评弹书场与苏州社会》。

一、空间转向理论的介绍

很感谢唐老师给我这个机会能够和大家分享，在做报告前我也对自己三年来学习的成果做了一个回顾。另外，为了将这个题目"空间转向"做得更好，我重新回顾了列斐伏尔的理论，其实感慨是很深的。今天我想我不是以老师而是以在座学弟学妹们比你们年长一些、比大家社会阅历稍微多些的姐姐的身份，和大家分享在曾经这段很值得回忆、很重要的三年里所学到的东西，以及在回到苏州后工作中的收获。刚才我还和我一位师弟讲到，我一直不觉得自己是一个纯粹的评弹研究者，应该说我不是一个曲艺研究者，但我是苏州人，对苏州的传统文化是非常喜欢的，包括我现在所在的单位，包括我现在的工作，也可以说是事业，都是跟苏州传统文化有关的。我在工作中发现，园林和评弹有着千丝万缕的联系。它们都离不开苏州传统的文化氛围与城市的变化。园林和评弹看似在艺术表现手法上很不一样，属于两种艺术门类，但它们又有着密切的内在联系。如果用李泽厚老师的话来讲就是"中国传统文化是一种线性艺术"，包括书法等很多艺术，讲究的是节奏、韵律、变化。实际上评弹也一样，评弹也具有韵律和节奏感，它是一种听觉艺术。园林其实也一样，它是一个更加全面、更加综合的艺术门类，大家在看苏州园林时，移步换景，每走一步看到的美景都不一样，这就是一种韵律，实际上就是造园者通过空间布局制造了一种体验上的韵律感。所以以我个人在学习和工作中所得出的经验，我建议各位，如果大家要深入对评弹的研究，那么钻研艺术史、美学、哲学这几门学科是很重要的。比如李泽厚等学者关于艺术、美学方面的书，一定会对大家研究评弹产生许多启发。

我于2005—2008年在上海师范大学就学。我刚入学，唐老师便建议我做苏州评弹的课题。我小时候确实是听评弹的，当时是广播书场，进入茶馆书场和专业书场的机会不多。当时因为特殊的条件，每天中午半导体就开始播放，我记得很清楚是《杨乃武与小白菜》，每天中午放学回来就听。当时听评弹，常常感到很纠结，因为年轻人，尤其是孩子，往往很心急："怎么还没有到那个自己想听的地方呢？"但是我觉得，这其实就是评弹的社会教育功能，听评弹能提高人的耐心，可以培养一个人的素养和安静的气质。

回到今天报告的主题，这是从我书里选的三张图片（略），中间就是专业书场，两边是茶馆书场，它们便是我这本书的研究对象——书场。它是一种空间。不知道在座的各位是否看过列斐伏尔的著作，你们觉得"空间"是什么？这两个字意味着什么？它是如何构成的？是由什么构成的？是谁赋予"空间"意义呢？

其实，我们这个地方就是一个空间，它是由实体的空间和虚拟的空间构成的，是人赋予的。

我今天分享的内容主要分成三个部分。第一个部分是对这本书《书台上下：晚清以来评弹书场与苏州社会》进行回顾，讲讲空间和新社会文化史。十多年前，我第一次接触新社会文化史，看到这些作品，看到这些不同的视角，对于做社会史研究的我而言是一种震撼，突然觉得眼前一亮，因为它开拓了我的视角和思维方式。在我就读的时候，中国学者对新社会文化史还是一知半解的较多，虽然它在西方已经到了一个很成熟的阶段，但是在中国仍是一个很新的概念。特别是到2000年后新文化史的作品才推出。现在常提的跨界和创新，就是新文化史带来的。第二个部分重点给大家介绍我这本书。刚刚唐老师已经讲到了书中很精髓的东西，那么我就把自己当时的思考框架，给大家做个参考。第三个部分就涉及我现在的研究方向，即对园林而言，如何用一种文化的视角去做一些理解。

刚才讲到空间，什么是空间？空间是和时间相对的概念，现在我们讲的四维，就是空间加时间的维度。除了许多西方的空间理论，中国同样有自己的关于空间的理论。老子《道德经》中载："三十辐共一毂，当其无，有车之用。埏埴以为器，当其无，有器之用。凿户牖以为室，当其无，有室之用。故有之以为利，无之以为用。"在我读研究生时，觉得这段话特别有趣，既是在讲空间又是在讲有和无的关系。举个最简单的例子，这个纸杯，我们说的物质资料就是纸头，通过一定的方式围成一个空间。其中有用的是里面的空间，可以用来盛水。所以到底是这看不见的空间有用还是这个看得见的材料有用？"有之以为利，无之以为用。"一样的道理。这里讲到"凿户牖以为室"就是刚才解军讲到的，用水泥等各种建筑材料把房子造起来，通过人们的设计建造成了一个建筑物。那么是墙壁有用还是墙壁围成的空间有用呢？当然是空间有用。根据你个人的需求可以给空间进行定义，它可以是厨房、卧室、书房，等等。所有构成空间的物质基础和围合的看似看不到的内部的无形的东西，才是真正为你所用的东西。

这是中国古人对于空间的理解。为什么我要在今天重新回顾这句话呢？因为在我目前的研究中，跨学科研究占了很大比重，从历史学到艺术学，再到涉及一点美学，现在已经与建筑学也有了联系。因为园林本身是建筑，归类到建筑学。中国传统文化中对空间的理解一直有它独到的地方。所以在座的各位在阅读西方理论著作时，要用批判的思维来思考。在我的学生时代，读书中发现一个问题就是拿来主义——好像这个理论可以用在我的研究对象中去。但是实际上没有一种理论是可以脱离它当时当地的环境的，列斐伏尔在做他的空间理论时是有很多前置条件的。所以大家在看这些理论的时候，要清楚这些理论的诞生是源于很多案例的。因此，在你们的研究中，应该去找你们可以研究的案例，然后在案例中去归纳出属于你们自己的理论，而不是直接把这些理论拿来套用。

福柯认为，空间是可以感知的具体存在，但是有它的内涵和外延，包括对空间本身的理解，他认为空间是权力实施的手段和媒介，权力借助空间的物理性发挥作用，等等。我要着重讲的是列斐伏尔，他认为空间不仅是一个物质的存在，也是一个形式的存在。在特定的历史条件下，他从政治经济的角度出发，提出了三元结构的研究方法——历史性、空间性、社会性。近期我阅读的不是列斐伏尔本人的作品，而是研究列斐伏尔的著作，是研究他空间批判理论的。这虽然不是第一手的作品，但是对列斐伏尔研究得很深刻，对空间批判理论产生的思路进行了深入的解剖，这更有助于大家对列斐伏尔理论的理解。

西方在19世纪对于时间的研究关注度相对更高。当然不是说当时没有对于空间的研究，只是相对来讲学者更加注重时间，对空间存在疏忽。但是到了20世纪则出现了变化，福柯在1967年就指出了19世纪和20世纪研究的不同点——20世纪是空间意识的觉醒。原本大家没有意识到空间的重要性，但在20世纪全球工业资本主义大发展的政治经济大背景下，空间意识觉醒了，所以当时福柯说："我知道19世纪迷恋的是历史，到20世纪是空间意识的觉醒。"当时空间意识的觉醒不是个案，建筑界、艺术界都开始关注到空间的重要性。列斐伏尔同样注意到了这点：为何有如此多的学科在关注空间？于是他将这些学科对空间的理论进行了提炼，从而得出了自己的理论，而并不是说他创造了这么一套理论。在20世纪，列斐伏尔对西方建筑学界非常著名的"包豪斯"学派关于建筑空间的分析，建筑空间的运用，甚至是意识形态的东西、哲学层面的建筑哲学，进行反思，在这之中，列斐伏尔将自己的发现加以整合，成书。所以说真正的空间转向是早于理论的产生的。

列斐伏尔指出20世纪20年代，"包豪斯"建筑学派提出的"空间"标志着20世纪空间意识的觉醒。那么"空间"到底是什么呢？列斐伏尔把空间分为了三个部分：空间的实践、空间的表象、具象的空间。空间的实践其实就是我上面说的空间的生产，即空间是怎么来的。不是光用一些物质材料搭出来的，空间能够产生意义、产生一些影响是需要运作、需要实践的。空间的表象指的是概念中的空间。当你赋予这个空间很多的意义时就会逐步把空间提炼出来。就像福柯在做医院、监狱、学校、街道和住宅的研究之前这些词就已经存在，只是通过他的研究，把这些关系都提炼出来后，空间的表象，这个具有学术价值的概念才和原来空间的概念不一样了。这就叫空间的表象。第三个是具象的空间，在列斐伏尔的观念中，空间分为三个部分，第一部分是自己的身体，各位的身体就是一个小空间，而每个人所在的社会这是一个中空间，第三部分是社会组成的国家。所以,在列斐伏尔的空间理论中,空间分为三个部分,同时又是三个层次:身体、社会、国家。

列斐伏尔谈的空间的生产,所有的一切都在空间里,同时它们也在创造空间。这说明我们的空间不是一成不变的,它与处在空间内部的人的关系非常密切。而且随着人的发展和互动,这种空间往往可能会发展到和一开始预想的完全不一样的层次。另外,对于哈贝马斯,各位学公共空间的同学应该是比我更了解,哈贝马斯的空间理论同样是在一个特定的历史时期产生的概念,究竟中国是否存在这样的概念,我认为还是很值得学术界去讨论的。因为过去我们往往拿西方的理论来贴我们的社会现象,往往觉得我们的社会现象证明了我们也确实存在西方的理论谈到的情况,直到今天我们才发现中国需要自己的理论。我在这里想表达的,是大家在搜集了很多个案后,能不能总结梳理出属于自己的理论。大家无须担心能否与西方的理论契合,只要你能说清楚你的理论就可以。因为在我的研究中,也发现西方学界有的理论无法与现在的中国社会贴合的情况。我觉得我们研究中国历史,对西方历史尤其是当代20世纪的历史一定要熟读。为什么?因为只有熟读了你才能理解这套理论是在怎样的历史环境里诞生的,才能在自己的研究中创造出适合中国社会的理论。

回过来讲新社会文化史,我最早看到这个理论是在历史师范毕业的时候。研究生时期我接触的仍是传统史学,即经史考据类的,之后接触到社会史时,已经感觉到它是很新颖的,而新社会文化史与社会史相比还有很大不同。当时我和周巍拿出很多饭钱来买书,在阅读完之后觉得眼界大开,原来西方的理论已经到这样一个层面了。在看了西方许许多多优秀案例分析后,我继而思考案例会透露出它受哪些思路、学派的影响,它既有很多框架的东西,又很注重微观研究和案例分析。这些新的研究方法或者称之为范式也好,和西方在20世纪80年代开始的文化转向、空间转向是密不可分的。实际上所有的研究思路的转向,首先都是哲学上的转变,生于法国,盛于欧美,影响全世界。唐老师曾邀请李孝悌老师等台湾新文化史的学者来做讲座,台湾新文化史的研究要比大陆做得好一些,因为他们有非常好的中国传统经史考据研究方法。这些老师去西方最顶尖的学校,利用英文好的优势,把这套理论吃透,最后再回归到中国传统的研究中。在大陆学界,复旦大学的《表象的叙述》等书也都非常值得一读。21世纪我们史学界也开始翻译出版很多西方的新史学作品,主要是七大类——物质文化史、身体史、表象史学、记忆社会史、政治文化史、语言社会史、行为社会史。

归结到最后就是多学科的研究法。那么多学科研究法分为哪些部分呢?主要有第三代年鉴学史家文化史研究、吉尔兹(Clifford Geertz)文化人类学、福柯历史哲学、布尔迪厄(Pierre Bourdieu)文化社会学、文学评论领域"新历史主义"。投影(略)上的是阿兰·梅吉尔(Allan

Megill)的文章在《学术月刊》上的翻译,概括了从年鉴学派到新社会文化史的变化,是一个多学科的变化,即研究中的跨界。因此大家要把这样一个研究方法吃透,本身的要求也很高。它需要你大量地阅读,包括人文社会学科、社会学、艺术学、美学,等等。真的做新社会文化史,不懂美学是不行的,虽然美学上升到了哲学层面,但里面还是有很多感性的认识,通过感性才能理性。如果大家对这个学科的脉络感兴趣,可以去看一下阿兰·梅吉尔的这篇文章。

我在这里还要简单介绍一下阿兰·科尔班(Alain Corbin)的感官文化,很多人说我的这本书里写得最活泼的就是这段感官文化,很感性,因为我是女性,女性做研究本身还是比较感性的。阿兰·科尔班的《嗅觉与法国想象》讲述法国一个城市在发展过程中通过嗅觉的变化来体现卫生设施、市政设施的改变和城市的发展,一般来说很少会有人从这个角度去做研究。这本书成书于1982年。到了1991年又出版了《时间、欲望和恐怖》,研究方向是棉衣裤对人的身体文化带来的变化,也就是服饰文化史。服饰不一样了,你的身体感官体验也不一样了,最后你作为人的内涵文化也随之发生了变化。这些东西对社会的影响,甚至对更高层面的影响,就是他所研究的。《大地的钟声》所谈的是听觉感官,记述了钟这个在西方社会中非常重要的媒介在历史变化中的作用与影响。在中国我们也同样能看到,比如现在很多人还会去寒山寺听钟声。在这里展开谈谈中国的佛教文化。佛教在传入中国后产生了很多异化现象,它已经不再是印度本土的宗教形式了,传播到中国后实际上最后形成了两个符号,一个是钟,一个是塔。苏州最有名的虎丘塔,在申报文化遗产的时候,就是把它作为大运河文化沿线的一个标志点。塔本身是佛教存放舍利的神圣之地,但是随着社会的变迁、城市的变化,人们不断地赋予着虎丘塔新的文化内涵:它是大运河的地标,每当有船只进入苏州地界,第一个看到的就是虎丘塔。所以我们当时是以大运河苏州界的地标建筑这个文化符号来进行申报的。

总而言之,阿兰·科尔班在他的三部著作中,从嗅觉、触觉和听觉的角度展示了感官文化的历史,从城市的味道到棉布的触感,到如今乡镇的钟声,可以说嗅觉、触觉和听觉已经成了这位感官史家的注册商标。另外还有一位学者的研究也很有趣,叫卡洛琳·考斯梅尔(Corolyn Korsmeyer),代表作是《味觉》。通过对饮食、食品消费的研究,她从哲学角度对味觉进行了深入的思考,从而指出以往西方的学术研究过分忽视了味觉等一些吃喝相关活动的影响和意义。所以我在自己的书中写了这样一段话:通过实践活动,文化表象的意义才得以显示并被人解读。从感官体验到感官史的研究,是一个很好的案例,我们正是通过嗅觉、视觉、听觉、味觉、触觉来获得外部世界的各种信息,基本的五感是对大千世界所有事物的体验。形象、声音、气味是一种符号,不仅可成为一种文化想象,更可以在现实中影响生活。我这本书的第四章正是在这些感官文化史学家的启发下提出了书场中的感官文化这一概念。从听客、艺人在书场中的体验,来展示昔日茶馆书场中的日常生活和风俗习惯。在我现在的生活中，同样发现了感官文化的存在。我的孩子还很小，去评弹团的传习班毕业典礼听评弹的时候，就坐不住了，大人想办法给他一点吃的让他安静地听。其实在以前的书场里面也是一样的，当爷爷带着孙子去听评弹，小的坐不住、听不懂就通过美食来进行诱惑。这些都很有趣，我在书里都有提到，评弹在书场里对听客五感上的影响给昔日进过茶馆书场的人留下了很多文化记忆，以至于很多文学作品中都会有这类描述，他们提到小时候进书场好像听不到多少书，因为听不懂，但是他记得好吃的茴香豆、袜底酥，这就是文化记忆。一个人终生不能改的，一个是乡音，一个就是家乡的味道。所以我在前面谈到，书中这一部分的内容是比较感性的。

同学们在做评弹研究的时候，一定要将这些方法论很好地吃透，这样在学习过程中就会发现很多很好的研究对象。比方说器物史的物质文化史研究，评弹的琵琶和三弦两个物件，还没有人系统地研究过。琵琶据说是从西域传过来的，那三弦是怎么来的？这两样物件是怎么进入评弹界的？是怎么成为艺人表演中非常重要的两种乐器的？这里面有很多可以研究的东西，这是物质文化史。今天我的讲座是抛砖引玉，周巍的讲座能更好地解释性别、琵琶和三弦的关系。性别不一定是男女两性，男男、女女也都是性别关系。器物本身也反映出很多性别关系，从一件器物，到折扇、醒木，是否有材质的变化、文化的寓意？最早是怎么来的？可能手帕的运用等这些现在已经形成了习惯的东西，在最初是有一些文化背景的。

空间的研究怎么做，涉及的范围很广，空间的历史当然肯定就不能少。一个场所、一个空间，哪怕是一个建筑物，它是怎么来的，它的历史沿革是怎么样的，首先就要讲清楚。然后就是它如何运作，任何一个空间都包括经济运作，我的书里对于这方面做得不是很完美，因为经济方面的研究是我的短板。书场是营利性的，要通过赚钱来养活自己，离不开经济的东西。空间是如何构成的？怎样从有形的到无形的？空间功能和关系，是人赋予了它意义。那么书场是谁赋予了它意义？书场里的人关系是怎么样的？包括第四章空间生活和体验。因为空间里必定有人性化、常态化、感性的东西，它是怎么去做的？还有在书场事件上，我翻阅的资料中只有光裕书场事件，但是大家再多查找一些资料，可能还会有更多的书场事件。我与周巍的研究方向分别是空间与性别，所以性别空间的研究也是我们认为未来值得研究的方向之一。

我在做园林研究时发现了之前做书场研究时所没有关注到的东西，比如说书场建筑本身的问题。以拙政园为例，拙政园本身，西花园有卅六鸳鸯馆的房子，最早是为演出昆曲建造的，利用顶部的结构，利于声音的传播。限于我知识面的狭隘，没法去研究例如民国时期新式书场在声音效果、音响效果等这些方面的问题。包括原来那么多的茶馆书场、专业书场，书场本身最起码应该是一个建筑空间。只是限于当时学术功底的欠缺，没能去做。我曾看到过一篇文章，研究的是评弹剧场，是声学方面的，说明早已有人关注到了这一问题。因为评弹最早是不需要借助麦克风的，所以评弹在书场中声音的穿透力是经验性的，但是在科学性的分析下呢？现在评弹在这么大的书场里演出，已经没法离开麦克风了，因为现在的书场都是舞台式的，是不是舞台式是最适合评弹演出的呢？如果评弹更适合的是一个小的空间，那我们就要随之改变。比如北京有一个专门演出昆曲的剧场，就是一个谷仓改造的，只有二十来个座位，VIP 式的演出，有点会所性质。但是这个建筑物本身是一个谷仓，如果现在评弹要有整体性的改变，就要考虑很多现场的效果，如果都是靠麦克风，大家的体验也会差很多。而且距离拉那么远，听众连演员的脸都看不清楚。当然这就是题外话了。如果大家还要做空间相关的研究，不妨考虑一下我所谈到的这些内容。

二、撰写《书台上下》的思考理路

接下来是第二部分，就是这本书的框架。各位在写论文的时候，都要写绪论。选题缘由，你为什么要写这个、做这个研究？学术史的研究非常重要，因为这就是你做任何工作之前的调研，否则你的工作就无法开展。学术史回顾方面，我主要从评弹和空间两个角度着手。第三就是概念界定、资料情况。为什么提到资料情况，因为这是第一次用到苏州市档案馆的资料，这部分资料直接支撑了我文章的第二个部分。在档案中有一个八百人的名单，我们当时就将这八百人的年龄层次、性别、受教育程度做成了一个大数据表来进行分析，考察这八百个艺人的情况。这些资料都是来自苏州市档案馆的。方法与思路部分就是新社会文化史的运用，书场"小社会"、苏州"大社会"，这是在唐老师一直以来所做的区域理论方面的，从空间来看也确实是小空间和大空间。加上创新与不足，这就是绪论部分。整本书的正文分为五章：空间历史、空间构成和运作、空间功能和关系、空间生活和体验、空间事件的分析。接下来我们简单地回顾一下。

第一章，《晚清以来苏州社会变迁下的书场发展》。我跟大家分享的就是这样一种思路，以后大家的论文里也肯定会有这样的框架，以供参考。书场历史分三个阶段，最早的史料是 18 世纪中叶到 20 世纪初，之后是 20 世纪 20—40 年代，再到 50—60 年代。所以整个的研究思路是一直到"文革"以前，有些问题也不方便去讨论。在时间点的选择上，我和周巍进行了讨论，不同时期的时间点的选择不需要严格按照断代的方法，主要能体现这个时间点的特点就能进行分析，这里就不赘述。

第二章，《晚清以来书场的空间构成与经营运作》。这一章我个人认为是比较薄弱的，对于建筑物本身的解读还不到位，人员构成就是基于八百人的大名单进行分析的。在经营运作方面如果大家有一些经济史研究的能力，实际可以把书场当时的收益好好做下研究，特别是当时的茶馆书场里的工会。我们在阅读资料时，发现当时民国政府对书场的收捐和收税是很多的，工会在协调书场和政府之间做了很多工作，它帮助私人老板尽可能地争取政策的红利，都是个体户，降低交税。这些在档案资料里都有记载，我书中的这部分就相对薄弱，没有做很深入的分析。

第三章，《晚清以来书场空间的形塑与人际交往》，就是一张社会关系图。书场里有三类人，场方是收钱运作的人，此外是艺人和听客。场方除了老板还有服务人员、员工。这三类人群即体现书场内部的人际关系。外面还有票友，我们在资料里能找到大量的票友团体。同时在场方和艺人的上面还有政府、地方势力，上海的帮会及其头头，比如黄金荣、杜月笙，对于曲艺的影响是很重要的。此外，行会组织，如光裕社、普余社、茶馆书场同业公会等，起到的作用也很大。具体内容要看关系分哪些，共生与共惠、传播与反馈、"相知"与"相惜"、矛盾与冲突，等等。所以我们把关系的名字做了提炼，绝大部分可能就是这些。重点还是跟大家分析感官文化的内容。这种感官文化，第一部分强调的是听客的感官体验，五感：聆听的享受，听觉；赏阅的刺激，视觉；品尝的乐趣，味觉；沙发的诱惑，触觉；还有就是嗅觉。感官体验的单一化，就是从茶馆书场到广播电台。茶馆书场中的体验感和广播书场的有明显的不同，广播书场强调的是聆听，纯粹的听觉。第二部分是艺人的感觉。难道只有台下的听客有感觉吗？艺术上的"千日之功"，生活中的"身心俱疲"，书台上的"正襟危坐"，这种"正襟危坐"在书台上和书台下是不一样的，如果你真正了解一个艺人你会发现他在书台上下是两张脸。为什么会造成这样一种情况？包括背后大家对艺人的要求和艺人自身是有很多差异的。第三部分是书场生活经验的文学再现，小报中有太多对评弹艺人的文学再现，可能有很多想象，但是确实是艺人、曲艺形式在社会上的影响。所以文学作品里会有很多说书人的形象，其中有一个就把说书人描绘成时代的化身，受苦受难。在当时的国家动荡的情况下，个别说书人成了穷苦大众的代表。虽然在这种社会变故中很痛苦，他还是想要去做一点事情，所以会去说书。女性弹词家的特点就是我刚才谈到的"赏阅的刺激"，女弹词和听众，性别关系会在空间里产生火花。因为很多文学家在写回忆的时候，儿时的乐园就是茶馆书场，他们觉得听书就是儿时的娱乐。书场内外的两个阿二，一个阿二是烧水的，一个阿二是三轮车夫。这两个人和书场都有关系，这就说明了书场在文学作品里的经典再现，能够让人从中看出来当时曲艺形式在时人心中所获得的理解和地位。所以我们在看资料的时候面还是要广一些，当时我在上海图书馆把所有的报刊翻一遍，比档案资料更加丰富，形形色色，十分精彩。

第四章中也有很多有趣的地方，给大家举几个例子：品尝的乐趣。茶馆书场里面有非常特殊的体验，即茶、小吃和水烟。茶，茶馆里肯定有各种各样的茶。当时茶馆书场里有人吸水烟，带来味觉和嗅觉的体验。水烟我没见过，据说是一种铜的烟嘴，茶馆服务生清楚老听客谁是抽这个的，谁一来钱一付就往嘴里一塞。这种都是我们没有体验过的，只是看文字叙述。饿的时候，小的茶馆不仅有自备的食物，还有现在我们说的外卖：蟹壳黄、馒头、焖肉面、爆鱼面还有大饼。当时听评弹就是最时髦的事情之一，在最时髦的地段，小摊小贩就会聚集很多。书场里的小贩拿脖子挂花生米、香烟售卖。所以我在书的最后说味觉的愉快是积极的愉快，食色性也，吃是很有道理的，具有鉴赏力的味觉就像有乐感的耳朵一样是难能可贵的。不是每个人都能吃出道道来的，不是每个人都能听出评弹的好坏的。所以《味觉》这本书的作者就认为饮食行为就是意向性的活动，指向某个特定的对象，与味觉相随的是特定的感觉，如果是带有颜色的东西则引发出愉快的感觉。苏州人如此讲究吃的艺术，比如陆文夫的《美食家》，那一碗面的制作放在今天就是匠人精神。当时苏州人的一碗面做成那样，现在是没有的。苏州人如此懂得吃的艺术，茶馆为了迎合苏州人的这种需求，才形成了茶馆书场中如此的雅俗共赏的文化。反过来印证了什么？苏州人独特的审美情趣，既审美吃喝，又审美艺术。现在到了园林中工作更能切身体会。园林是我国传统文化各种艺术门类的一个集大成者。它的定义是私家花园，是明清时期文人士大夫生活的空间，它把明清时期很懂得生活、艺术和享受的人的生活习惯全部保留下来。所以园林空间也是十分值得我们去研究的。感官体验对听众而言是很重要的，比如嗅觉，茶馆书场卫生设施是很差的，到了后来专业书场出现了卫生间，城市管理不一样了，人的感觉也不一样了。否则那时夏天没有空调，大汗淋漓带来的味道也是很重的，加之以前没有卫生间就到外面撒泡尿，味道是非常刺鼻的。到了后来有着很好的卫生、通风设备的专业书场的出现，从人的体验感觉上就好了很多。触觉，我在书中提到了沙发、硬板凳、藤靠背的不同。书场内设施的升级在某种意义上虽然改善了人的部分感官享受，但同时也意味着削弱了听觉本身。让你很舒服地往里面一躺，你的注意力很明显被牵扯了一部分。这就很矛盾，是要让听众更舒服还是要让听众更关注评弹呢？评弹艺术的发展本身有很多要考虑的环节和细节，这需要政府部门好好思考。

第五章我不赘述，因为另外一位师兄写得比我更好。最后是小结，空间分为第一空间、第二空间、第三空间，这个也是列斐伏尔的概念，但是我更喜欢他的空间的表象、空间的实践这套概念。下面讲的空间具有历史性、空间性、社会性也是列斐伏尔的空间理论三元的研究框架。我们的书场空间其实是置于苏州城市空间、苏州社会空间、苏州文化空间大背景下的，点到唐老师刚刚讲的以小见大，实际上小空间和大空间的互动从没停止过，包括我们今天坐在这里研讨评弹本身也是小空间里的互动，未来通过大家的研究影响了上层的决策不就是对我们大空间的影响吗？

三、对园林和博物馆管理、研究的思考

最后一部分我想谈谈园林，因为我现在的工作是以园林的保护为主的，园林的研究只能是利

用业余的时间进行的。园林的研究到目前为止主要在于园林学和建筑学，研究园林艺术、造园艺术和景观设计等方面。历史学科去研究园林的还很少，因为园林是一个综合艺术门类，对多学科的要求很高。没有哪一个学科可以说能够只拿自己学科的方法来研究，只能是使用新文化史的跨学科研究方法。现在历史学研究园林，无非是研究每个历史时期的园林、园林的历史价值。

我在进入园林工作后很注意西方汉学家对于中国园林的研究，这里给大家举几个例子：杨晓山的《唐宋诗歌里的园林与玩好》，从诗词文学的角度看，当时主要是宋代文人的玩好、赏玩。比如白居易写太湖石的诗词就是有一种心态在里面。此外，柯律格是一个非常重要的人物，他曾经是英国艾伯特博物馆的馆长，现在在牛津大学。柯律格的代表作是《长物：早期社会文化和物质状况》。他在2014年底策划了大英博物馆的"明朝"展览，现在出了很多本书。翻译过来的如《园之粹》，还有《雅债》，研究文徵明及其家族的发展，这是几本跟园林有关的。他还写了几本中国艺术方面的书，整个框架都很出色。在园林研究中，还有一本很重要的书，是明代文震亨的《长物志》，里面记载了他认为的明代文人生活的标准。此外还有高居翰，是研究园林绘画的，跟清华两个博士合著了《不朽的林泉》。目前中国很多关于园林的研究还普遍存在封闭性。就像唐老师一直说的，做研究一定要有关怀，你的终极关怀在哪儿？他们的研究只是在告诉你园林在今天城市的哪里。我认为历史学研究还是要更深一点，我们不能说只是复原城市，比如告诉你现在上师大以前是什么园，这有什么意义呢？我们根本不可能去复原，那么历史学科去做这个研究，我们的终极关怀又在哪里？高居翰这本书很有意思，他把园林绘画作为一个研究对象放在西方，特别是艺术史界，包括巫鸿老师有一篇研究屏风的《重屏》，也是对物质文化史的研究。高居翰研究的内容是绘画上的各种园林场景和人物活动，研究方法是通过绘画的形式和功能解释园林产生的意图和社会背景。大家可能对中国传统绘画不太了解，中唐形式的立轴，一种是册页。投影（略）中放的文徵明的《拙政园三十一景图》就是册页。还有一种是长卷，从右往左拉开的。所以说，不同的绘画形式，所要表达的意思都是不同的。现在博物馆里展出的形式很多都是错的，一下全展开了呈现给观众。实际上在古代是好友来了，主人把手卷一点一点打开，一点一点看的，游览园林也是一样的。这种展开是有时间性的，很多空间没有时间的过渡是不美的。所以我们一直说博物馆展出的方式是有问题的。我曾经在园林博物馆做了两年的馆长，深入地参与到博物馆的工作中，很有趣地发现博物馆其实是在方便博物馆的工作人员，而没有方便博物馆的参观人员，没有这种体验怎么能理解手卷想表达的内涵呢？我刚才谈到现在的一些研究就是这样，它的目标是通过绘画还原该园在历史上的地位，最终就是在地图上给你标注下今天园林在的地方。这样的成果感令人觉得是缺少关怀的。

回到之前谈到的柯律格，在其著作《丰饶之地》中，柯律格的研究思路很好地体现了西方新社会文化史的研究方法，包括了物质文化史、社会艺术史、社会经济史、社会文化史，但还是在空间转向的总体下的模式。我们参观园林时，往往会觉得园林是艺术，其实在当时人的眼中，园林更多的是家产的一部分。比如我在上海买了一套房，买块地造住宅，为了天人合一就建造了一个园林，所以园林首先是个家产，必然有经济成分。柯律格是我看到的第一个用经济分析法来研究园林的，而不是直接从艺术层面进行分析的。投影（略）上这张园林图里还有很多果树，这些都是经济作物，可以卖钱的，所以我们在做研究时是不能丢了经济的，园主要生活的，艺圃也要生活的，而中国学者往往会忽视这些。《长物志》这本书体现的是明代后期人们看待物的方式方法，从中可以推导出江南地区的消费状况，最新的《藩屏》通过研究藩王的收藏来研究这些人的生活状况。《雅债》用到了人类学的礼物的概念，着重探讨的是历史演进，我们是评弹研究者，这是我们的抓手，明代苏州社会都是关节点。我觉得柯律格抓到了研究江南社会的重点。大家可以多阅读西方汉学家的作品，学习他们的方法，从个案研究入手，提炼规律性的东西。今天主要是从理论入手、最近的工作入手，从我的博士论文到现在的工作，跟大家分享，希望大家批评指正。

演讲时间：2016年5月31日

整理者：季珩

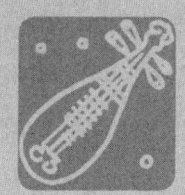

第四十讲
坚守·克己
——我的苏州评话缘

在评弹式微和文化艺术事业普遍不景气的情况下，以姜永春为代表的评话演员迎难而上，一方面通过不断创新书目吸引听众，另一方面在长期的艺术实践中不断学习，形成鲜明的个人风格。其一，20世纪80年代后，评弹市场的缩小使得评话演员的竞争更为激烈。为了从竞争中求得一席之地，姜永春着手对传统长篇《包公》进行改编，并意识到如果要脱颖而出必须进行新书目的创作。其二，姜永春第一次比较成功的创作是现代书《廉政风暴》。他秉承"轻情节，重人文"的理念，在说书过程中重视挖掘人物的内心。他认为评弹艺术的优势在于人文重于情节。其三，姜永春结合自身善于说破案细节的特色，加之对评话艺术的深刻理解，逐渐摸索到了一条颇具姜式风格的创作之路。《昆明血案》便是这样一部代表作。另外，本文还介绍了江苏省演艺集团评弹团的历史与现状。江苏省评弹团作为改革开放后评弹团改制的范例，丰富了相关学术研究的史料资源。

姜永春

1960年生于苏州，国家一级演员，著名评话演员。1977年考入江苏省曲艺团，先随著名评话艺术家金声伯学艺，后拜马逢伯为师。继承的传统书目有《包公》《武松》。时任江苏省演艺集团评弹团团长、江苏省曲艺家协会理事。他从艺三十多年来，始终坚持在第一线舞台演出，从不间断，曾多次获得国家级及省级奖项。90年代后，他还参与书目的创编，是为数不多能创作新书的演员。他先后创作并演出的现代长篇评话《昆明血案》《廉政风暴》，受到了广泛赞誉和一致好评。

一

我所在的江苏省演艺集团评弹团，成立于1956年，因为当时的江苏省委领导干部非常热爱评弹，但是南京没有这个曲种，只能周末请演员去南京演出，随着时间的推移，评弹被保留了下来。1993年成立江苏省歌舞团，院子是当时美国驻中国大使馆的住宅区。2001年根据李长春的精神把评弹团和歌舞团合并，成立江苏省演艺集团，2004年体制改革。

我是苏州人，父母是苏州市第一制药厂的普通工人，1960年我出生在苏州市第二人民医院。小时候对曲艺就很感兴趣，那时候考团考得很多，1974年考上了中央芭蕾舞团，但因为成分问题没被录取。1977年在天平山学军，考取了江苏省话剧院，被王峰（拍《红楼梦》）和田汉的女儿田野招到了省话剧院，那时候江苏省曲艺团对招到的两个评弹学员不满意，就把我调到曲艺团，我说了一个寓言故事《狼和小羊》，在这个人生的十字路口上，我被别人选中，原本是干话剧的，后来变成了评弹演员。

进入江苏省曲艺团以后，开始是跟着金声伯学《武松》，还有一些传统和现代书目。1978年恢复拜师传统，我就拜马逢伯为师，金声伯是启蒙老师。俗语说"一日为师，终身为父"，我觉得现在也还是要提倡这种传统，父母给了生命，但老师给了你在社会上立足生存的本领。

我刚到评弹团的时候是十七八岁，男孩子在这个年纪的新奇感和躁动感很强，根本没有把心思放在评话上，半个小时的书很长时间都背不出，那时候的老师也比较客气，跟现在可不一样。后来发生了一件事对我触动很大，曲艺团里有话剧团、歌舞剧团等团体，跟我一起进团的有五十多人（其中有一个是后来成为蒋介石特型演员的马小伟），进团一年后有一次汇报演出，我轮不上，看到同时进来的同学都可以在舞台上表演，而我只能在下面当观众，既羡慕又惭愧。男子汉大概都需要一点刺激，从那时候开始，我就知道要努力去学了。

虽然心里知道要努力，但实施起来还真不是这么简单的，努力需要内心的动力，更需要持之以恒的决心和努力的方式方法，否则只能是事倍功半。我记得我第一次上台破口是在常熟往东的梅李镇，那年我二十一岁，当时我跟着金声伯老师在梅李镇书场演出，演到一半，金声伯老师说有个书场让我去演，就在梅李镇附近一个叫小塘桥的地方，后来我才知道书场不是请我去而是请金声伯老师去,但由于金老师有事不能去,叫我代他。小塘桥的生产队长开着拖拉机来接先生,1981年坐拖拉机非常风光,生产队长一看到不是金声伯老师就不高兴了,但金老师极力推荐,也就让我去了。我到了书场一看,80年代的书场很简陋,里面挤满了人,上面有个小牌子写着:江苏省曲艺团金声伯。书场里面摆好了一桌饭菜,当时可算是丰盛的佳肴了,我不敢吃,匆忙填了一下肚子就上台了,上台时二百多人,半小时后就不到一百人了,最后只剩二十几个人,这二十多人还是雷打不动会来的老客。晚上没有酒宴和饭菜,连煤炉都没有,晚饭只能自己想办法,买点萝卜干来下饭。第二天、第三天,连着五天都是这二十几号人,第五天生产队长说你可以走了,我们已经请好下一位先生了,这就是行内话"拆交椅"。这是我人生第一次感到的那种耻辱,这种耻辱还不是一次,后面还有。有一次在上海青浦镇文化书场表演,将近四百号人说了十天不到,只剩二百人都不到,书场经理十分不客气地说,你可以走了,下一位先生已经请来了。

"知耻而后勇"这句话我深有体会,也许男人就是要多一点打击,多吃点苦无所谓。要说我们吃的苦真是太多了,那时十七八岁出去演出,生活上不会照顾自己,冬天说完书一身大汗就直接揩干,夏天直接用井水洗澡,结果落下了气管炎,这是评话演员的职业病,经常这边挂着盐水,拔了针就上台演出了,但是这种经历对我而言,是有刺激和触动的作用的。

我的题目叫"坚守·克己",我这是在装斯文,"坚守"并非一开始就坚守下来,我也曾经犹豫过。我在二十四五岁时想转业,真的觉得干不下去,我本身是在城市里长大的,但乡下说书很苦,我刚出道,只能去些"桥庙村浜"等偏僻小地方,交通十分不方便,想回家都没办法。还有一点,二十三四岁了还谈不到恋爱,我长期在外出码头,在家根本待不了多长时间,在码头上生活十分孤单枯燥。我选择了转业,第一次是转到南京钢铁厂,在工会工作,当时工会主席问我,你靠着关系进来,会唱歌跳舞弹乐器吗?我说都不会,但我会说书。但是南京不要听说书,待了三天,我挂不下这个面子,就走了。第二次换到南京市图书馆,但我既没有渊博的知识更没有像样的文凭(1977年我高中时因为考取了江苏省话剧院,所以只是高中肄业,这令我非常遗憾),两三天后还是走了。第三次领导照顾我,又帮我找到了一个单位,江苏省政协接待办,本来到了那里只要勤快些、细心些就可以了,但我还是没待到一个星期就干不下去了,当时正好碰到政协委员来开会,每一位政协委员的生活起居都要事无巨细地照顾到,每个人负责四五人,一旦他们身体有什么问题或者照顾不周,这个责任你根本负不起,年轻的小伙子都是丢三落四的,哪里受得了这个,所以从那以后再也没有想过要转业的念头。

大家都知道"文革"期间包括评弹在内的戏曲曲艺都遭受到了重大打击,"文革"结束后,很多中年的老师舞台经验也不够,只能一边自己学一边教学生,幸好当时有很多老一辈的艺术家还健在，他们给我们上了很多艺术培训课，幸好我还比较聪明好学，更重要的是恋爱稳定了，我就开始沉下心来努力了。

慢慢地，我的水平提高了，不会再被场方赶走了。但我也碰到一个问题，1987、1988年评弹走下坡路，很多书场关门了，因为全民下海经商，说书赚不到什么钱，是比较清苦的职业，比一般的工薪阶层略微好一点。先生传给我的《包公》只有二十回，说二十天，如果有场子规定要说一个月就不够了，我只好自己去学，先去问《包公》后来是怎么回事儿，再按照这个思路，用我的方法把书记下来，路子是一样的，但是情节、内容是有差别的，内行叫"行书"。我第一次尝到了创作的甜头，那种成就感、满足感和兴奋……这是我自己写、自己说的书。慢慢地，书有了，但是那时竞争很激烈，说《包公》的人太多，我的市场不是很大，这促使我写新书。

80年代末最流行的是武侠小说，我就改编了一部《书剑恩仇录》，在码头反响不错，但就像"小鬼见太阳"，过一两年不行了，又动脑子再写新书。应该说第一次写得比较成功的是《廉政风暴》，根据1995—1996年陈希同和王宝森的真实案子改编，当时报纸杂志上都是材料，我就编成了一部长篇，票房真是盛况空前。我这人有个优点，比较冷静，我知道这票房成绩是源于人们对内幕的好奇，而不是来欣赏我的艺术水平的。还有老师说这样的书是传不下去的，顶多两三年就会湮灭，这让我很不服气。那时候我三十七八岁，正当盛年，就开始琢磨改进这部书。方向就是轻情节、重人文，逐渐淡化情节，挖掘人物的内心。传统书目都有这种人文艺术魅力。南京有个优势是杂糅了南北方的多种曲艺，我也去吸收别的艺术的优点，这样一改，到现在这部书还是很受欢迎，因为反腐败的话题无论何时老百姓都是喜欢的。

把《廉政风暴》传给了学生后我就不再说这部书了，就又编了一个长篇《李鸿章》。我对李鸿章很感兴趣，我认为他是一个很了不起的外交家，他提出的以夷制夷的外交方法，这种政策一直沿用至今。编好后在上海雅庐书场和兰心书场演出，反响很好，但一段时间后还是不行，因为我在选材时犯了一个最大的错误，李鸿章代表中国近代史上最疼痛的伤疤，尽管我用了很多的手法渲染，但这是与中国传统圆满结局审美相悖的。

《李鸿章》失败了，但不要紧，我已经找到路子了。正好那时候人们对"文革"感兴趣，我就编了一部《昆明血案》，写的是周恩来派公安部一个人到昆明去破了一个案子。这部书以"文革"为背景，以破案为主线，这是我的强项。2003年我花了整整一年的时间才基本成稿，写了十四回书。第一个码头是上海美琪书场，因为上海人对新书接受度很高。那半个月我每天四五点钟就起来准备，两个小时的书要怎么说，情节怎么安排，"包袱"、噱头怎么放，都要曲艺演员自创自导自演，没有人帮的。下了台之后，又要接着准备明天的内容，因为剧本是死的，但人说的话是有改动的，这样一两点才能睡觉。剧本写了十四回，但是只说了十二回，最后三天没得说了，

姜永春即兴表演短篇评话

只能现编现演,至少题材找对了,十几年说下来,人物也熟悉了,里面有几回还是比较满意的。

演员在舞台上不能信口开河。要"克己",控制自己。现在物欲横流,要控制好自己。跟着欲望一路走,只会自取灭亡。我父母是普通工人,他们自我做这一行开始,就跟我说过一句《舞台姐妹》中的话:生活上老老实实做人,舞台上认认真真唱戏。我可以说在我四十年的职业生涯中,我绝对没有不良记录。

我现在已经在准备退休后说的书目,因为我前面的作品已经全部传给学生了,我不能跟学生抢饭碗,我热爱编书说书,已经初步确定了两部的题材。评话演员的青春期在四十五至六十五岁,身体条件允许还可以说到七八十岁。

二

最后我想谈谈演艺集团的改制。2004年全国的文化事业单位进行体制改革。江苏省演艺集团成立于2001年,这是在做准备,真正改制是在2004年,我就在这时担任了团长。以前我们是事业单位身份,2004年1月1日以后是企业身份,企业是有可能破产的,工资就不再是旱涝保收了,不过对演员来说冲击不大,因为有演员专项收入。

当时我在上海演出,接到通知叫我回去竞聘团长,原团长则调到省文联(事业单位)去保护起来,当年我四十四岁,五十岁以上的演员都提前退休保护起来。我从来没有做过行政工作,体制改革工作也难做,所以一开始是不想去的。6月份我在张家港最后一个码头演出完准备回家,被集团老总叫到总部去谈话,当时老总还是顾欣,董事长是朱昌耀。顾欣问我为什么不回来竞聘,我说要我做团长,就要照我的路子走,但现在的体制我只能沉默,如果领导看得起我,我就试试,但我不会去竞争。我就是在这样一个很尴尬的情况下上任,此前我对文艺发展、管理的观念已经成形,却突然告诉我这是不对的,初上任我就有点后悔了。但我十七岁就到这个团,对这个团有深厚的感情,很多老艺术家对我都抱有很大的期待,我能感觉到身上的担子很重,我绝不能让这个团散掉。

那时顾欣想搞股份制,就是集团持有51%的股份,演员拿剩下的股份,团长可以多分一点,收入分配就是把演员一年的收入全部收上来进行统一分配，但是这样做团马上就散了。艺术团体是搞艺术的，但是企业灌输的是利益最大化，现在我知道我们这个企业叫国有文化企业，但定位和一般的企业是不同的，企业投资可以因为效益不佳而转向，但是曲艺团体不能因为市场不景气就不搞了。一直到现在政府还是坚持要搞体制改革，说实在的我觉得这是错的道路。有些团体已经在改正这个错误，比如上海评弹团改为评弹传习所，苏州评弹团挂靠在评弹学校。学校是事业编制，但我们还是企业。江苏省的老师编制有八十万，但演员编制还不到四千，大部分演员要在市场上自己去找活干。我不认为企业改制是一条正确的道路，时间长了对艺术的传承是弊大于利的，以前说要重经济效益，现在习近平明确说要重社会效益，在社会效益的基础上再谈经济效益，不过一下要转过来还是很困难的。

我就是零零碎碎地说了这些，在各位面前班门弄斧了，谢谢大家！

演讲时间：2016年9月20日

整理者：付楠

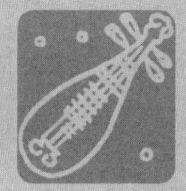

第四十一讲
评弹音乐的基因、生成和流变

　　评弹音乐与江南社会融和，丰富了它表达情感、利于社会教化的功用。彭先生从历史学和社会学的角度，以评弹音乐的视角来探讨江南社会：第一，评弹音乐的江南属性使以语言为主要表现手段的评弹艺术，在"江南六府"通畅无阻，落地生根。第二，评弹音乐有四个部分组成：书调、牌子曲、谱唱开篇和谱唱篇子、谱唱诗词。彭老师对评弹书调的来源提出了自己的见解，他认为评弹书调来源于苏州读书人在吟诵诗词歌赋时的声调、音节、旋律和韵味。第三，影响评弹发展的因素除了演出市场的需求，还有演员的适应能力。他认为提升评弹艺术的关键问题不仅在于体制，还在于评弹演员的文化修养。

彭本乐

上海人，1953年考入上海评弹团，因文笔出色不久转入评弹团的文学组专门从事评弹书目创作。1984年调入上海艺术研究所后，先后参与编撰《中国戏曲志·上海卷》《中国戏曲音乐集成·上海卷》。他致力于评弹艺术的文学研究并且成果颇多，在《评弹艺术》等各学术期刊上先后发表过二十多篇学术论文。其研究涉及对评弹艺术的探讨、对评弹未来的展望和对老演员艺术特征的分析等。

这是 2016 年 11 月 7 日在上海师范大学人文学院——"评弹和江南社会研究"专题讲座上的讲稿。其中有关评弹流派唱腔分析及经典作品解读的内容，因需录音相配而已做删节，其余部分照旧。

《礼记·乐记》中说："乐之道深矣，故工之善者，必得子心应于手，而不可述之言也；听之善者，亦必得子心而会子意，不可得而言乐也。"意思是：音乐的道理是很深的，擅长音乐的人，只能用乐曲来表达自己的心意，无法用言语来表达；真正懂得音乐的人，也要听了乐曲才能心领神会，不会只听了语言的叙述而了解音乐。所以，今天的发言分为两个部分：先用语言来叙述评弹音乐生成、发展的历史背景和社会环境，接着通过录音来介绍评弹音乐的艺术特色和具体作品。本文的侧重点是讨论评弹音乐和江南社会的关系，因此对于作品分析只做重点介绍，不做系统论述。

有人会说："评弹，是评话和弹词的总称，评话中并没有弹唱，怎么题目中出现了'评弹音乐'的提法？应该写成'苏州弹词音乐的基因、生成和流变'更为恰当。"这点是考虑过的，但没有采用。因为"评弹"这个名词，从 1951 年上海市评弹改进协会成立的那天起，一直沿用到现在已有六十五年了。在评弹流行的江南地区至少有数千万听众，谁都知道评弹就是苏州评弹。1961 年，上海评弹团在上海音乐厅举行第一次流派演唱会的时候，定名为"评弹流派演唱会"。直到现在，中篇演出时即使没有一位评话演员，也称中篇评弹，不称"中篇弹词"；出国演出，即使没有一档评话节目，也叫"苏州评弹"，不叫"苏州弹词"。"评弹音乐"，是约定俗成的叫法。

本人不是音乐理论家，只是一名评弹史论工作者。因此，今天的发言，一定是资料性强于音乐理论性。资料来源，除了自己的艺术实践和各种书籍之外，更多的是来自评弹界前辈们的口述。发言共分三个部分：评弹音乐的江南属性；评弹音乐的艺术特征、特色和组成部分；评弹音乐的流变和走向。

一、评弹音乐的江南属性

《礼记·乐记》中说："凡音之起，由人心生也，人心之动，物使之然也。"意思是：音乐是随着人们的感情而兴起的，什么样的感情，就有什么样的音乐。评弹艺术中的音乐和书中的故事一样，既是江南民众的性格、情绪、经验和志趣的显露，又在不断地陶冶着大众的心灵。

有一位从大陆去往台湾的年长学者说：评弹音乐是"天籁之音"。"天籁之音"，不仅是赞美音乐的好听，更是赞美评弹音乐的韵味既有江南的景观意念，又有江南的人文气息。所以半个多世纪以前，就有人把评弹赞誉为"江南曲艺之花"，那么这个"江南"之地在哪里呢？

据史书记载，"江南"两个字在两千四百年前已经出现。《史记·秦本纪》中有记载："秦昭襄王三十年，蜀守若伐楚，取巫郡及江南为黔中郡。"不过那时的江南指的是湖南和湖北，后来所指的江南便有几种说法。一说长江干流以南的地区统称江南，叫"大江南"。按照此说，那么贵州、云南、广东、广西、湖南、湖北、江西、安徽、江苏、浙江，还有上海，一共九个省、一个自治区和一个直辖市全属江南范围了。这一说法所指地域过于庞大，不是我们要讨论的江南。

另有一说。江南，是指长江流域的东南部地区。包括江苏、浙江、安徽和江西四省。其根据是，清朝建立之初所设立的江南省，就是由这四个省份组成的。然而，这也不是"评弹与江南社会"中的江南，因为江西和安徽不流行评弹。我们要讨论的江南，是指流行评弹的江南。只有这样，才能通过对评弹艺术的研究，来探索江南文化的社会价值、历史经验和发展趋势。这一课题至少有两方面的意义。一是，推动江南文化继往开来，为21世纪中华文明的发展提供依据和建议。二是，总结评弹的实践经验，为保存和发展评弹艺术建立起不可或缺的基础理论和应用理论体系。为了说明问题，暂且称其为"评弹的江南"，这不仅是地理区域、行政区域和经济区域的概念，也是语言区域和社会文化区域的概念。这个"评弹的江南"，应该是明朝建立之初，被称为"江南六府"的地方，即江苏的苏州府、常州府、松江府，以及浙江的杭州府、嘉兴府和湖州府，也即评弹演员称之为"杭嘉湖""苏常沪"的范围之内。沪，是指当年的松江府，即现在的上海市。

把评弹活动的江南地区，认定为"江南六府"所持的依据，并非来自地理学的经典论著，或地理专家们的权威论证，而是来自评弹界前辈演员们的口述，尤其从姚荫梅先生那里获益最多。姚荫梅生于1906年，擅说长篇弹词《描金凤》和《啼笑姻缘》，是评弹流派唱腔"姚调"的创始人。他从十六岁（1922年）起便独闯江湖，几十年间，几乎走遍了江浙沪一带所有的书场，对那里的情况了如指掌。他说，即使在评弹最为兴旺发达的时期，其演出的范围也只限于"杭嘉湖，苏常沪"一带。若以苏州为中心，往北到了无锡，那里有很多盛行听书的书码头；再往北，到了常州，听众就少得多；过了常州到丹阳，几乎就没有听众了。再以苏州为中心，往南到了嘉兴和湖州，这一带也有很多书码头，不过最多到杭州为止，要是过了钱塘江到绍兴，那里的听众也很少。其他前辈演员如陆耀良、顾宏伯等，所说内容也大致如此。这就让我们有理由相信，明朝建立之初所设立的"江南六府"，就是几百年来评弹活动的那个"江南地区"。

不过这里有两个问题需要探索：一是，在古时候，地方语言之间的差别很大，而评弹是主要依靠语言来演绎故事的表演艺术，为何苏州话能在江南六府畅行无阻？二是，艺术的扎根必须有合适的文化土壤，而江南六府横跨江浙两省，在古代分属吴越两国，面积也不能算小，为何文化又如此相似？

其实，江南六府密切交往由来已久。据《吕氏春秋·贵直论·知化》，早在两千五百年前（前485）吴国大将伍子胥就说过："夫吴之与越也，接土邻境，壤交道属，习俗同，言语通。"意思是：吴越两地，领土靠近，交通连接，习俗相同，语言相通。伍子胥是中国历史上一位声名显赫的伟大军事家，他深谙天文地理，尤其熟悉吴越地区的风土人情，他的话是可以相信的。就在伍子胥说此话以后的十二年，越王勾践灭了吴国，吴越合并为一国，江南六府便成了统一体。又过了两个世纪，到了秦始皇二十五年（前222），秦政府将吴越地区设立为会稽郡，官衙就设在苏州。这说明江南六府融为一体源远流长。

再以自然和文化环境论。江南六府同处长江三角洲地区，有两大特点：一是，鱼米之乡，物阜民丰；二是，河道纵横，水运畅通。物产既丰富，运输又通畅，这就为商品经济的繁荣创造了良好条件。商品交换的频繁，导致人际交往的密切；人际交往的密切，促使江南六府的民众，在生活习惯、民风民俗、意识形态、道德观念、生产知识以及历史的认同感等各个方面相互通融中和。尤其重要的是，各府各县原有的地方语言之差别，在人们广泛的交往中相互渗透，差别慢慢缩小，使得江南六府中的杭州话、嘉兴话、无锡话、常州话、常熟话和上海话等地方语言接近起来，更向苏州话靠近。这就使以语言为主要表现手段的评弹艺术，在江南六府通畅无阻，落地生根了。

二、评弹音乐的艺术特征、特色和组成部分

在介绍评弹音乐之前，有必要对评弹艺术的发源地——苏州地区的自然环境和人文环境做一番简单的透视。

苏州的地理坐标是北纬30°47′—32°02′，东经119°55′—121°20′。这里的气候属于亚热带季风气候，温暖湿润，四季分明。年均气温为15.7摄氏度，年均降水量为1 094毫米。极端气候很少出现，大多是风调雨顺。为了说明苏州地区自然环境的优越，就以西北的宁夏回族自治区银川地区来做对比：银川的年均气温为8.5摄氏度；年均降水量为180毫米左右，只是苏州的六分之一。

除了气候良好，苏州地区的地理环境也极其优越。那里也有山地，但以平原为主，水网密

布,土地肥沃。主要种植稻麦、油菜和棉花,是全国闻名的粮食产区。当地民众大多以稻米为主食,以水产和蔬果为副食。人们祭祀祖先和神灵,只用猪、羊和鱼,称为"大三牲",不用牛和马,苏州人认为牛、马勤劳温顺,不忍轻易杀戮。苏州人不嗜辛辣,口味清淡,偏爱甘甜。这种善良的心意和清淡的饮食习惯,是形成苏州人平和性格的因素之一,那软糯甜美的评弹音乐也由此而来。

从一千五百年前的隋唐时代起,由于大运河的全面开通,"南粮北运""北煤南调",促进了苏州地区经济的快速发展,并带动了其周边各府的繁荣。有学者认为:苏州及其周围地区的广大民众,自古以来大多是在安居乐业的环境下度过的。这里文风兴盛,尊重读书和读书人。据苏州状元博物馆介绍,从唐朝大历九年(774)起,到清代同治十三年(1874)止,在这一千一百年间,苏州府(包括常熟、昆山、吴县和吴江四个县)共出过六十位状元,为全国各府之首。评弹音乐就是在苏州这样一个山明水秀、气候温润、物产丰富、民生安定、民风厚朴而又文风兴盛的自然环境和人文环境里生成的。

第一,评弹是一门说唱艺术,其音乐是自弹自唱,以唱为主,字多腔少、简洁朴实的音乐。说和唱之间的关系是,唱,是说的延伸;说,是唱的继续;说唱交替,带动形体表演,从而来演绎故事。

关于评弹音乐的体裁,北京的音乐理论家章辉认为:"因其功能的限制未向板式变化体发展。"为了避免被勉强戴上"板腔体"的帽子,还是称其为"基调变奏的主曲体"。这样,就可以反映"以对称的上下句作为唱腔的基本单位,按照一定的规律性原则,加以不同变化运用"的音乐模式。[1] 按照这一权威论断,那么,评弹音乐的主体部分——书调,是属于基调变奏的主曲体,而不是板腔体。

第二,评弹音乐的特色是,既有高亢雄浑的旋律,也有委婉缠绵的声腔,就其整体风格而言,则以优雅舒展、朴实流畅为主色调。学者阿英说:"弹唱起来,或柔语如珠,绵绵不绝,或雄浑浩荡,有若奔流。绘影绘声,竭尽委婉曲折之妙。"

第三,评弹音乐由四个部分组成:书调、牌子曲、谱唱开篇和谱唱篇子、谱唱诗词。

1. 书调是弹词音乐的主体部分,也是最常用、最重要的部分。关于书调的来历有多种说法。一说书调是在宋代的诸宫调和陶真等曲艺音乐的基础上发展起来的。这一说法过于笼统,也没有具体资料佐证,因而附和者极少。另一说书调是在南词调的基础上形成的。南词调,就如道情调、银绞丝、费家调一样,是一种腔调简单、流行颇广的古老曲体。苏州弹词又称南词,所以,

---

[1] 章辉:《曲艺音乐研究》,作家出版社,1960年。

评弹音乐源自南词调之说的赞同者有之。那么南词调究竟是什么样的呢？也没有确实的资料佐证。而流行于浙江宁波地区的曲艺四明南词的基本唱腔，又和评弹的书调相去甚远。因此，评弹音乐源于南词调之说，也未被评弹界普遍认可。

再有一说，书调是从苏南地区读书人的吟诵调发展而来的。据史书记载，明朝建立之初，社会动荡不安。被蒙古人统治了将近一个世纪以后，中国社会原有的法律体制和道德观念遭受重创，人们好勇斗狠，不讲礼义廉耻，这对国计民生的恢复极为不利。于是明太祖朱元璋在洪武三十年（1397）以朝廷的名义发布了"圣言六喻"："每乡里各置木铎（铃铛）一，内选年老或瞽者，每月六次持铎徇（宣示）于道路，曰孝顺父母，尊敬长上，和睦乡里，教训子孙，各安生理，毋作非为"（《钞本明实录》卷二五五"洪武三十年辛亥"第二册，第399页）。这一劝善运动，促使以"劝善"为主题的小说大量出现。又因当时的识字者并不普遍，故而每逢朔望之日（即每月的初一和十五），当地官府邀请有学问的人，其中有不少是私塾老师，让他们站在高高的桥面上，向农民、工匠、小商小贩以及学龄儿童讲述历朝历代有关忠孝节义的故事。直到现在，评弹演员称书台为"桥梁"就是这个缘由。后来，有些善于讲故事的老师"下海"当了专业的说书艺人，他们读书时的吟诗调（又称"吟诵调"），配上三弦和琵琶，就形成了书调的雏形。此说在评弹界流传已久，其可信性在于：

（1）成立于清朝乾隆年间的评弹界行会组织光裕公所供奉的先辈图中，名列最先的两位便是读书人，其中的一位称之为"穆书生"。相传，明朝的说书大家柳敬亭的老师叫王周士，也是一位私塾老师。

（2）在清代的弹词艺人中，教师出身者为数不少，最为著名的是吴毓昌，他所编演的长篇弹词《三笑》，一直流传到现在。

（3）苏州地区读书人在吟诵诗词歌赋时，其声调、音节、旋律和韵味，都和评弹的老书调非常相似，所以，此说得到了很多评弹界人士的认可。弹词名家朱介生先生说过，他那擅唱《双珠凤》的父亲朱耀庭（1866—1948）所唱的曲调非常简单，就和苏州读书人的吟诗调非常相似。

那么苏州读书人的吟诗调是什么样的呢？本人曾经听到过。那是在1958年的冬天，那时，我和同学们正在苏州郊区参加开凿浦光运河的劳动，开河工地就在千年古刹寒山寺的附近。一天中午，老师带我们去参观寒山寺，在庙门口看见一位瘦小的老人，他戴一顶瓜皮帽，穿一件很旧的棉袍加马褂，还留着一根长长的辫子，那模样就和鲁迅小说《孔乙己》中的主角非常相似。他拿着一卷已经泛黄的书，正在吟诵七绝《枫桥夜泊》。我觉得好奇，就一直听到他念完。突然，老人用地道的苏州话问我："倷阿晓得这首诗是啥人写的？"我说，这是唐朝诗人张继写的。他又问："倷倒说说看，'乌啼''愁眠'是啥意思？"我说："'乌啼'，就是乌鸦在啼叫；'愁眠'，是

老书调

```
6 i i i 0 | 5 3 2 i 0 | 3 3 i 5 i | 1 2 2 i 6 5 5 |
月落乌啼， 霜满 天， 江枫 渔火 对愁  眠.
i 5 3 6 i 5 | 5 i 5 0 | i 2 2 i 5 | 5 i 6 i - |
姑苏城外   寒山寺， 夜半钟声  到客船.
```
《中国曲艺音乐集成·上海卷》第 16 页

忧愁的意思。"他连连摇头说："勿对，勿对。'乌啼'，勿是乌鸦叫。"他指着前面的一座小山说："'乌啼'，是指这座乌啼山；'愁眠'，也不是忧愁，是指那边的愁眠山。"说完就点点头，有告别的意思。后来庙里的人告诉我，这位老人已经八十多岁了，还是前清的秀才。只要天气好他总会出来，看见有陌生人在，就开始吟诵《枫桥夜泊》。要是你有耐心听他念完，他就会很高兴地给你做一番解释。我是在上海长大的，从来没见过真正的秀才，这次见到了真秀才印象很深。而且这位老人的吟诗调，和评弹的老书调十分相似，一听就能记住。1998 年，我和今天在座的这位著名评弹演员范林元先生等一行四人，去台湾介绍评弹的时候，就多次将老秀才的吟诗调和评弹的老书调进行对比，用以说明，评弹音乐起源于苏州读书人的吟诗调。每次念完反应热烈。今天是专题讨论评弹音乐，更有必要做一番演示，敬请唐力行教授和各位品评一下，苏州读书人的吟诗调和评弹的书调之间的关联。

根据以上例证，本人有这样的认识：书调，是评弹音乐的原始模板。五彩纷呈的评弹流派唱腔，绝大多数是从书调中生发出来的。而书调的"基因"，源自苏州地区读书人的"吟诗调"。因此，评弹音乐具有书卷气的特性是必然的。

当然，只以吟诗调为唯一来源，那么评弹音乐就不可能像现在那样丰富多彩、雅俗共赏。影响评弹音乐生成的另一个重要因素，那就是师承了"百戏之祖"昆曲的音乐。评弹音乐在声腔、吐字、运气、用嗓、气韵和曲牌等各个方面，深度得益于昆曲音乐，连弹奏用的乐器——琵琶和三弦也来自昆曲。这样，评弹音乐富有浓郁的江南韵味和优雅的书卷气，就不足为奇了。

在书调的基础上，最早形成的评弹流派唱腔有三个。

"陈调"，是由清乾隆、嘉庆年间（1780 年前后）的弹词艺人陈遇乾创造的流派唱腔。陈遇乾原是昆曲老生演员，"陈调"是在书调的基础上，吸收了昆曲老生唱腔中的乐汇、旋律和唱法融合而成，其腔苍劲沉稳，古朴典雅。大多用于年岁较大的脚色，或英雄失意时的情态。

"俞调"，是由清嘉庆、道光年间（1800 年前后）的弹词艺人俞秀山创造的流派唱腔。"俞调"是在书调的基础上，吸收了流行于常熟地区的民间小曲"虞调"发展形成的，采用真假嗓结合的唱法，故音域宽广，曲调变化丰富，表现力很强，大多用于生旦脚色，对评弹音乐的发展具有极大的影响。

"马调"，是由清咸丰、同治年间（1855 年前后）的弹词艺人马如飞，在其前辈毛菖佩所创造的"毛调"基础上发展形成的。而"毛调"又是在书调的基础上，吸收了江南地区的"东乡调"的旋律和唱法而形成的流派唱腔。"马调"朴实流畅，字多腔少，一气呵成，是最富吟诵味的评弹唱腔。

在"陈调"、"俞调"和"马调"这三大流派基础上发展起来的流派唱腔有二十多种。

2. 牌子曲。这是弹词音乐的辅助部分，大多来自江南地区的民间小曲，也有少数取自地方戏曲或其他曲艺。牌子曲的唱词格式和音乐旋律各个不同，个性鲜明。评弹演员为了烘托书情或刻画人物性格，往往会根据演唱内容的不同，来选定曲牌，重填唱词，唱腔则基本不变。常用的曲牌有十多种。如："海曲""离魂调""道情调""湘江浪""剪剪花""银绞丝""滚绣球"和"点绛唇"……

3. 谱唱开篇和谱唱篇子。谱唱，指唱腔设计，即评弹演员根据唱词的内容，按照自己的演唱风格来设计唱腔和过门。

在评弹音乐的初创时期，曲调单一，演员拿到唱词后并不注重唱腔设计，只是"以对称的上下句作为唱腔的基本单位"，反复吟唱，一曲百唱。后来，评弹音乐由简到繁、由粗到细、由细到精，逐渐积累起一些精美的唱腔和伴奏过门，当这些唱腔和过门汇集在某个唱段中时，这一唱段便成了脍炙人口的艺术精品。比如开篇《宫怨》和《满洲开篇》，其唱腔就是由前辈艺人朱耀笙（1883—1950）经过反复琢磨和实践之后，在 20 年代末基本定型，又经其侄儿朱介生的不断加工更趋完美，传唱至今有八十多年了，基本曲调依然不变。

到了 30 年代，那些擅长弹唱的名家，对于书中的重点唱段或他们所中意的开篇，便按照唱词的内容进行谱曲，然后反复演唱修改，直到定型。这是谱唱方式从自发渐成自觉的体现，流传至今的精品唱段有：魏钰卿的《珍珠塔·哭塔》《珍珠塔·二进花园》、徐云志的《狸猫换太子》、蒋如庭和朱介生的《落金扇·庆云自叹》、沈俭安和薛筱卿的《珍珠塔》多段、夏荷生的《描金凤·换监托三桩》、周玉泉的《玉蜻蜓·云房产子》《玉蜻蜓·志贞描容》、朱耀祥的《啼笑姻缘·别凤》等。从 40 年代初到 50 年代中，更有蒋月泉的《杜十娘》《宝玉夜探》《刀会》《战长沙》和《玉蜻蜓》选曲多种。还有徐丽仙的《情探·梨花落》《新木兰辞》；杨振雄的《宫怨》《剑阁闻铃》；严雪亭的《杨乃武与小白菜·密室相会》；张鉴庭的《林冲·误责贞娘》《秦香莲·寿堂劝美》；以及朱慧珍的《秦香莲·寿堂唱曲》等。这些高质量的谱唱作品，代表着评弹音乐的一个高峰。

《礼记·乐记》中说："治世之音安以乐，其政和；乱世之音怨以怒，其政乖（反常）；亡国之音哀以思，其民困。声音之道，与政通矣。"确实如此，评弹音乐的发展就和时局密切相关。

自 20 世纪 50 年代中期开始，"整风"、"反右"、"大跃进"、四清，直到"文革"，出现了一系列政治运动。那时，有关方面认为：评弹音乐过于缠绵，无法反映轰轰烈烈的革命运动，不能为无产阶级政治服务。于是在"推陈出新"的名义下，评弹界第一首有影响的、突出政治的谱唱开篇于50年代末诞生了,那是一首歌颂毛主席的作品。1958年,有名左弦者根据北方一位民间诗人的同名诗歌,改编成开篇《我见到了毛主席》,由徐丽仙谱唱。徐丽仙为了体现改编者在见到毛主席后的那种狂喜心态,便将评弹音乐中原有的四分之四基本节拍,改换成华尔兹舞曲的三拍子。

这一新作在内部试唱时,受到了多位老演员的抵制。他们认为,这种新腔和评弹原有的风格差别太大,一旦公演将会影响到传统唱腔的正常发展。因此,作品一时未能公演。一年之后,随着政治形势的变化,开篇《我见到了毛主席》经电台和报刊宣扬一鸣惊人,传遍江南。

演出的成功使徐丽仙得到了鼓舞,于是她再接再厉,又谱唱了《社员都是向阳花》《六十年代第一春》《全靠党的好领导》《饮马乌江河》等多首新作。在领导的安排下,徐丽仙还将其谱唱经验给评弹界的青年们做过多次介绍,以便推广。本人曾在60年代初,于沧洲书场听过徐丽仙的讲座。印象最深的几句话是:"你们在谱曲时,先不要考虑新腔像不像评弹。凡是上句的七个字,曲调可以尽量甩出去,不像评弹也不要紧。只要把下句的最后三个字重新拉回到评弹上来,那么听起来就是评弹了,我就是这样作曲的。"她又对青年编剧们说:"我不喜欢那种上下两句对称的、工工整整的七字句唱词,我倒是欢喜长长短短'七翘八趐'的唱词,这样更容易唱出新腔。"徐丽仙那简单实用的经验,对于那些向往成功的青年演员们来说是难能可贵的。以后,凡是歌颂党和领袖的作品不再以书调为基础,一定要以全新而富有政治激情的旋律为基调来谱曲。这类作品虽不精美,却因大方向是正确的而获得赞扬。较有影响的是《毛泽东思想放光芒》《太阳光芒万万丈》《党的恩情长又长》等。

那么听众对这类谱唱作品的反应如何呢?不少新听众,特别是工农兵听众,对于这类新作新腔甚为欢迎,当然,更多老听众对这种远离评弹音乐固有特色的新腔,赞赏的少,批评的多。

1968年,"中央文革领导小组"在一次会议上,讨论到评弹是否要继续存在的问题。江青认为:"评弹是靡靡之音,听了要死人的。"张春桥认为,评弹还可以利用,但必须在"内容、语言、形式、音乐和乐器等五个方面作一番大的改革"。以上之说虽无红头文件佐证,但内容绝对正确。本人当时正在上海评弹团文学组任职,此话是由工宣队正式传达的"上级指示",以后多年的艺术实践也始终贯彻这一指示。

评弹音乐是"五大改革"的重点之一。为了和传统唱腔划清界限,演员在谱唱时都会自觉遵守一个不成文的原则:宁高勿低、宁响勿轻、宁快勿慢、宁强勿弱。只要发觉某一唱句中有老书调的痕迹便立即删改,以免被批判为"黑线回潮"。在乐器上,保存了琵琶和三弦,为了加强音量和气势,便以钢丝来替代丝弦。在演出中篇或专场时,常有乐队伴奏。乐队中除了有阮、二胡、大三弦之外,还有革胡和手风琴,甚至还加入钢琴。评话家吴君玉先生因无所事事专拉革胡,自称"唯我独革"。这些做法现在看来不可思议,但在当时是合情合理的。爱听评弹的陈云说,他

"1975年到过上海,在收音机里听到评弹,那不像评弹,叫'评歌''评戏',连忙关了收音机"。[1]

本人是从评弹全盛时代过来之人。对于那种少有评弹风味的"评歌""评戏"不以为然,认为评弹音乐既然要生存和发展则必须变革,但要"渐变",不能"突变",更要万变不离其宗,保持其固有的"书卷气"特色。"评歌"和"评戏",就其社会性而言,是极"左"思潮的反映;就其艺术性而言,是评弹音乐的蜕化。不宜继承,不应发扬。

4. 谱唱诗词。这是在20世纪60年代之初形成的评弹音乐新品种。起先只是谱唱毛主席诗词,后来也谱唱其他重要领导的作品,如魏文伯的《送瘟神》和叶剑英的《八十抒怀》。还谱唱过古人的诗词,如李白的《行路难》和贺知章的《回乡偶书》。

用评弹音乐来谱唱名人诗词始于50年代末,在《毛主席诗词》三十七首公开发表后不久,解放军总政歌舞团在上海文化广场演出了舞剧《蝶恋花·游仙》(后改名《蝶恋花·答李淑一》),轰动一时。上海市委当即号召全市各剧种、曲种,作为政治任务,要向解放军学习,都来谱唱毛主席诗词。1960年,上海评弹界的三十多名青年演员,利用夏季集训的机会谱唱了《毛主席诗词》三十七首。经过选拔,有十首在上海文化广场公演。其中,由赵开生等谱曲、余红仙演唱的《蝶恋花·答李淑一》最受好评。60年代初,上海交响乐团团长、指挥家黄贻钧,将评弹《蝶恋花》改编成大型评弹合唱交响乐,在上海文化广场公演后产生了全国性的影响。从此,评弹音乐随着一曲《蝶恋花》响彻全国。

在《蝶恋花》的带动下,用评弹曲调来谱唱毛主席诗词的作品接连不断,如《沁园春·长沙》、《十六字令·山》(三首)、《卜算子·咏梅》、《七绝·为女民兵题照》、《七律·长征》、《水调歌头·游泳》、《七律·送瘟神》(两首)等,都曾获得过听众和音乐界人士的好评。本人认为,诗词谱唱对评弹音乐发展的影响是正面的。理由是:第一,通过《蝶恋花·答李淑一》等作品,使全国亿万民众知道,在中国的江南地区有一个音乐优美的曲种叫作评弹;第二,因把谱唱毛主席诗词视为重要政治任务,任何一曲总要精雕细刻,严格把关,不但产生了好作品,也获得了好经验,这对提高评弹音乐的创作水平大有裨益;第三,积累了一批能为非吴语地区群众所能接受的评弹节目,尤其是下部队演出,毛主席诗词最受欢迎。

三、评弹音乐的流变和走向

评弹,在其形成至今约四百年的历史长河中,总是随着时代潮流的变化而变化的。变化最

---

[1] 周良编:《陈云和苏州评弹界交往实录》,第61页。

大、最快又最为宝贵的历史时期,莫过于民国时期。

陈云首长在1961年5月6日和上海评弹团的一名职业干部谈话时,他"提出要研究评弹的历史,尤其对抗日战争前后这一段评弹的历史要好好研究。不研究这段历史,就不能了解评弹发展的全部过程"。首长认为:"在这一段时期内,评弹艺术趋向商业化,庸俗、黄色的噱头泛滥,可能因此就有解放后的'斩尾巴'。事物的存在总是有原因的。'斩尾巴',就是对前一时期不良倾向的否定,有积极意义。"[1]

陈云首长的讲话虽然只有一百四十余字,却对评弹历史上的两个重要时段做了总结:一是,抗战前后(20—40年代)的"评弹艺术趋向商业化,庸俗、黄色的噱头泛滥",是属不良倾向,应予否定。二是,"斩尾巴"是对"不良倾向的否定,有积极意义",应予肯定。陈云首长的这一论断曾对评弹的发展产生过重大影响,还将影响到今后评弹的走向。本人对陈云首长素来敬重,他那高屋建瓴而又清晰质朴的马列主义、毛泽东思想文艺观,连著名的文艺理论家周扬也称赞道:"谈的是评弹问题,涉及到的都是文艺的许多基本问题。不仅曲艺界,整个文艺界都应该很好地学习。"[2]但依后学浅见,陈云首长对抗战前后评弹状况的评估,以及对"斩尾巴"运动所下的论断不合史实。因此,有必要对民国时期,特别是对抗战前后的评弹状况做一番辨析,这不仅是本文论述所需,也是将本人所了解的历史情况提供给道众和研究评弹的人士参考。

历史的事实是,评弹演出中原有的庸俗、黄色噱头,是在其进入上海以后,特别是在民国时期才得以逐步净化的,从而赢得了更多文化人士的青睐。随着艺术品位和听众层次的同时提升,评弹市场也就不断扩大。而"斩尾巴"则是"割断历史,有罪"。此话也是陈云首长于1960年3月20日晚,在杭州和杨斌奎等评弹演员谈到"斩尾巴"时说的。引相关实录如下:"现在要重视传统书,而且要重视整理工作。他笑着说,将来历史上要写,中华人民共和国某年,吴宗锡当评弹团团长,割断历史,有罪。"[3]

研究历史必须"以史带论",即以历史事实为依据来做分析和论断,这样才能正确地认识历史,有利于当今艺术的发展;若"以论带史",为了证明自己观点的正确而去任意裁剪历史,则必出谬误,有害于当今艺术的发展。英国社会学家拉德克利夫-布朗(A. R. Radcliff-Brown)说:"历史研究是通过揭示具体现象(或事件)之间具体关系的办法来'解释'","作为历史解释的原因,就是曾经发生过的事情及随之而来的某些后果"。[4]因此,本人列举"曾经发生过的事情及

---

[1] 周良编:《陈云和苏州评弹界交往实录》,第38页。
[2] 周扬:《文艺也是服务性行业》,《曲艺》1984年3月号。
[3] 周良编:《陈云和苏州评弹界交往实录》,第15页。
[4] 〔英〕拉德克利夫-布朗:《社会人类学方法》,夏建中译,华夏出版社,2002年,第48页。

随之而来的某些后果"作为例证，以说明自己的以上观点。

例证：蒋月泉口述。

"文革"结束后不久，笔者曾去弹词名家蒋月泉先生（1917—2001）家，请教有关"细节描写"的问题。蒋先生举了很多例子加以分析，其中谈到《玉蜻蜓·做寿》选回。先得说明，作为艺术探讨，蒋先生与后辈谈话时往往有啥说啥，是不避嫌疑的，也是有分寸的。他说，金张氏怀疑其丈夫金贵升与法华庵尼姑志贞有染，借做寿为名请志贞赴宴。方兰丫头奉命对志贞的面相、眉毛，以及对她的体态、步态进行仔细观察，以探究志贞是否有过生育经历。当志贞如厕时，方兰隔窗静听，一边听声音，一边做出种种解释。蒋先生说，《做寿》这回书是他的老师张云亭的拿手节目。在蒋先生出道之初，曾随乃师去上海某富家做长堂会半月有余。一天，当说到方兰听壁脚时，男主人立即叫停，并当天结束学会演出。此事给年轻的蒋月泉留下了深刻印象，他说：为啥有些书回在码头上演出效果蛮好，一到上海就不行？因为上海听众的文化层次比较高，在一些高档的饭店书场里演出，只要看到听众的穿着和那种派头，那么有些"邋里邋遢"的话就说不出口了。

例证：《申报》报道。

1934年，上海市教育局为了整顿全市的电台广播节目，特意审查了多个艺术门类的脚本。审查结果于当年10月5日向社会公布：准予播音的有话剧三种、弹词九十八种、歌曲八十三种、故事五种……不准播音的有：话剧四种、宣卷一种、弹词四种、歌曲五种。并郑重声明："又因四明文戏一项取材粗陋，强半涉于猥亵，殊与社会善良风化有关，业由该局函请国际电信局通饬各电台，自即日起一律禁止播音云。"

以上事实说明，民国时期上海的表演艺术（就评弹而言），虽非一汪清水，但其主流是向着健康的方向在发展，这才使得评弹市场在40年代前后出现了"六多"现象。即：听众多、演员多、书场多、书目多、流派多和脚色多。所谓"脚色多"，是指因书场规模的不断扩大，促成了一种更为注重手面动作和起脚色的新颖表演风格。突出者有夏荷生、黄兆麟、杨振雄、张鸿声、吴子安和唐耿良等。"流派多"，是指评弹音乐的繁荣。以下就以评弹音乐的流变状况为主线，来探索民国时期评弹能够快速发展的各种原因，为当前"出人、出书、走正路"，"保存和发展评弹艺术"[1]提供借鉴。

（一）江南民众空前高涨的爱国热情是民国时期评弹发展的温床

评弹能够在民国时期得以高速发展，首先得益于当时的社会环境。辛亥革命的成功，大大鼓

---

[1] 周良编：《陈云和苏州评弹界交往实录》，第82页。

舞了中国人民的爱国热情。在"打倒列强，振兴中华"的呐喊声中，反帝浪潮持续不断。从 1915 年反对签订"二十一条"，到 1919 年五四运动；从 1931 年抗议日军侵占东北，到 1937 年抗日战争全面爆发。这种政治氛围，正是促使民族艺术蓬勃发展的重要因素。在民国年间，不仅是评弹，还有京剧、越剧、沪剧、淮剧和滑稽戏等多种表演艺术，也在上海得到了长足的进步。这就是习近平同志在中国文联第十次全国代表大会上说的："文运同国运相牵，文脉同国脉相连。"

有人问道："民国时期的上海曲艺共有二十多种，为什么评弹，尤其是弹弹唱唱的弹词能得到社会的特别青睐？"本人认为，主要原因在于，弹词不仅具备比较成熟的表演形式，而且其演唱的内容是"以粗浅之笔，写真实之理"[1]。所谓"写真实之理"，即是学者吴趼人说的：弹词的要其大旨，"无一非陈述忠孝节义者。甚至演一妓女故事，亦必言其殉情人以死，其他如义仆代主受戮，孝女卖身代父赎罪等事，开卷皆是，无处蔑有，而必得一极良之结局。妇人女子，习看此等书，遂暗受其教育"[2]。鲁迅在《中国小说史略》中也说："俗文之兴，当由二端，一为娱心，一为劝善，而尤以劝善为大宗。"

当然，并非人人都能肯定弹词有积极的社会功能，也有人持相反看法。比如张静庐先生，他在 1920 年出版的《中国小说史大纲》中，对弹词就做出了负面评价，不过他对弹词在群众中的影响力却怀有敬意。所以张静庐建议：与其用小说来改造一般人的脑筋，"还不如改造弹词，容易使一般人欢迎"。

这就说明，评弹这门"寓教于乐"的艺术，之所以能在民国时期得以发展，是因为新政权为了巩固其统治，需要尽快修复遭到满清二百多年摧残的传统文化。而评弹艺术的终极价值，就在于既有深广的群众基础，又因其演出内容适应了当时正在弘扬中华传统文化和爱国精神的社会潮流。正如一位名叫苏珊·朗格（S. K. Langer）的外国文艺理论家在其《情感与形式》一书中所说："某种艺术所以会在全盛时期促进文化的发展，其基本原因就是它为情感赋予了一种新的形式，这事实也就是一个新的文化时代的开始。"

（二）上海经济的欣欣向荣是民国时期评弹发展的物质基础

辛亥革命成功后，国家的经济政策和国货运动更有力地推动着上海民族经济的持续发展。因此，20—30 年代上海出现了"人们通常所称的中国民族资本主义发展的'黄金时期'"[3]。

民族工业的发展和商品竞争的激烈，促使了广告业的成长。在 20 年代以前，商业广告主要

---

[1] 夏曾佑：《小说原理》，1903 年。
[2] 1905 年刊行《新小说》第二卷第七号《小说丛话》。
[3] 张仲礼：《关于中国民族资本在二十年代的发展问题》，《社会科学》1983 年第 10 期。

依靠文字和图像做宣传。1923年1月23日，中国无线电公司和《大陆报》合作开办的中国第一家无线广播电台在上海正式开播。[1] 电台这种通过声音来传播信息的高科技传播手段不但成本低廉，传输快捷，而且范围深广又效果明显，因此受到了厂商们的重视。尤其弹词这种以语言和音乐为主要表现手段的听觉艺术，自然就成了电台广告的宠儿。下面选摘一段由弹词名家蒋宾初先生记述的有关空中书场起因的史料。[2]

1927年，开洛电台创立之初，其负责节目安排的曹经理是一位评弹老听客，他找到弹词艺人蒋宾初，邀请后者去电台演唱长篇弹词《三笑》，每月包银七十元。开播后效果很好，连美国和日本也能收听到，有一份美国报纸还刊登了蒋宾初的照片。连播半年后曹经理被调走了，来继承的经理姓邓，并非评弹听众，他下令停播才唱到一半的《三笑》。听众纷纷去信责问，迫于压力，邓经理重聘蒋宾初，一直唱到长篇结束。

开洛电台首播《三笑》，预示着一种对评弹发展有着划时代意义的"广播说书"，即后来称之为"空中书场"的演出形式应运而生了。空中书场大多由厂商资助，为其商品做宣传，这就是"评弹艺术趋向商业化"的明显表现。效果如何，请看例证：

第一个例子。1933年，上海川沙人吴疴尘创办《新春秋报》，聘请多位弹词名家上电台演唱，为其报纸做宣传。效果明显，报纸销量剧增，即由三日刊改为日刊。为进一步拓展业务，吴疴尘举办了选举弹词"三鼎甲"的活动。在《新春秋报》上印有选票，请读者评选。凡是点中状元的投票者，可获赠报三个月，榜眼两个月，探花一个月，三百名进士各半个月。数天后，《新春秋报》假中华俭德会场隆重公布选举结果，请全市光裕社评弹名家出席讲话并弹唱，入场券一元，听众踊跃。最后宣布：状元是弹唱《珍珠塔》的魏钰卿，榜眼是弹唱《白蛇传》的陈瑞麟，探花是弹唱《描金凤》的夏荷生。从此"三鼎甲"更上层楼，《新春秋报》销量大增。

第二个例子。上海南洋兄弟烟草公司，曾在30年代末推出一款名为"大百万金"的中档香烟。当时上海香烟品牌多如牛毛，一款新烟要想站住脚跟谈何容易，况且在同类产品中首屈一指的美丽牌香烟历史悠久，诸烟难与匹敌。于是上海南洋兄弟烟草公司想出奇招，在上海中西电台开辟"大百万金"空中书场，聘请江南地区所有的名家响档轮番播唱，其声势之大前所未有。最终"大百万金"不但站住了脚跟，还一度压倒了美丽牌，评弹也因"大百万金"空中书场的热播而人气更盛。

从以上例证中，并未看出民国时期评弹趋向商业化后有什么庸俗和黄色的可疑成分，正因

---

[1] 上海市档案馆编：《旧中国的上海广播事业》，档案出版社、中国广播电视出版社，1985年，第807页，附录一《上海广播大事记》，第一节。

[2] 蒋宾初：《评弹发展史》，1960年6月手写稿，上海评弹团资料室藏。

为空中书场有良好的宣传效果，才使评弹越来越受厂商们的青睐。大凡一种表演艺术在进入大都市后，都会因其受到欢迎而沾染商业化气息。就像当今的歌坛新秀和体育明星那样，一旦夺得桂冠即为商家代言，这未必是堕落现象。评弹正是得益于民国时期江南地区经济的快速发展而繁荣起来的，这是经济基础对上层建筑的促进作用；评弹又通过演唱来推广商品，拉动了江南地区工商业的发展，这是上层建筑对经济基础的反作用。如此互推互进实现双赢的历史事实，应予肯定才是。

（三）评弹市场的兴旺促使书目繁荣、流派纷呈、人才辈出

1933年出版的《说书名家弹词选粹》开篇集前言中，提到当时空中书场的盛况："若以全沪四十家电台，每家统计三档而言，则需一百二十档，可谓盛极一时。"

除了空中书场，30年代初的上海还有各类实体书场约一百二十家（《中国曲艺志·上海卷》，第415—444页），若以每家书场演出日夜两场、每场两档来计算，共计四百八十档，加上空中书场之数，每天有六百档演出。那时江南地区的评弹行会组织只有光裕社、润余社、普余社、宽裕社、同义社和萃和社等六七家，演员约三百档，其中能在上海立足的还不到一半。因此，响档先生一天少则要唱六七档，多则十余档。1939年的严雪亭先生，一天要唱十四档，每档四十分钟，演唱时长达九小时二十分。

如此兴旺的评弹市场，必须依靠大量的书目来支撑，尤其是长篇书目。民国以前的评弹长篇号称有百部以上，但常演书目不过十多部而已，这是本人在查阅了《旧中国的上海广播事业》一书中的所有广播节目表后得到的数据。从1934年到1939年的六年中，在上海三十余家电台上播出过的长篇评弹总共五十部，其中的三分之一是清代就有的传统书目，另外的三分之二是1911年以后，特别是有了空中书场才新编的。题材大多来自京剧、昆剧和小说。如弹词的《玉堂春》《一捧雪》《绣香囊》《满江红》《新茶花》《红楼梦》和《啼笑姻缘》等。评话有《狸猫换太子》和《张文祥刺马》等。当时拥有长篇最多的是朱耀祥、赵稼秋双档，他们从1934年到1939年的六年间，在电台上演唱过的长篇共有十四部；蒋如庭、朱介生双档有八部；严雪亭从1937年到1939年的三年间共演唱过长篇弹词九部。

除了长篇书目，支撑评弹演出市场的另一支柱是弹词开篇。江南民众喜爱"天籁之音"，因此从30年代初开始，多家电台设有专唱开篇的栏目，由擅长弹唱的青年演员独"档"一面，每档四十分钟。蒋月泉、严雪亭、邢瑞庭、金钰庭、许月亭、庞学卿、张鉴国、沈慧人等受到欢迎。虽说评弹原有的开篇数量也算不少，但在写作方法上大多是将人物的经历堆砌罗列，缺乏故事情节。如一首《诸葛亮》共三十三句，以一事一句的写法来概括孔明先生波澜壮阔的一生经

历。一首《红楼梦》仅二十三句，囊括了长篇小说的全部内容。这种拉洋片式的作品，加唱在长篇演出之前尚能起到定场和琅嗓的作用，却难唱出感情和意境。民国时期的开篇，不仅在题材、内容和表现手法上有重大突破，就其数量和质量而言，也超越了前代，这是评弹音乐得以升华的重要因素之一。那时在电台上演唱过的新开篇不下两千种，这些作品有三大特点。

第一是题材广泛。传统开篇的题材以古代人物或戏曲小说中的艺术形象为多，而民国时期的新编开篇，其内容涉及天文地理、自然历史、风俗民情、四时节令以及中外名人等各个方面，一本《开篇大王》收有一千多首作品，犹如一本小小"百科全书"。这些作品在电台和书场中演唱，起到了普及文化的作用。在各种开篇集里，还有不少反映社会情状、触及时事的作品。如1936年出版的《映青弹词开篇》中，有《江浙战祸》《灾民的苦况》《识字教育》《劝戒鸦片》《航空救国》等篇目。1935年出版的《倪高风开篇集》，除了有弘扬传统道德，配合"新生活运动"的"礼、义、廉、耻、孝、悌、忠、信"等题材，还有呼吁社会各界关心底层民众苦难的作品，如《吃饭难》《穷教员》《卖花姑娘》《黄河水灾》《富人穷人》等。在这类开篇中常被点播的有三首。一首是《江北夫妻相骂》，讲一对从江北初到上海来谋生的夫妻，女的向往纸醉金迷的豪华生活，嫌她拉黄包车的丈夫太穷提出离婚，引发争吵。另一首是《暴落难》，讲那些来上海寻求发财梦的外地人，因一时生活无着权作小贩，沿街叫卖家乡特产。还有一首是《上海少奶奶》，揭示富家妇女在衣食住行等各个方面穷奢极欲的生活方式。这几首白话开篇以生动的语言、夸张的手法、幽默的笔调和具体的事例，来反映民国时期不同阶层市民的生活状况，既暴露了社会的不公，也讽刺了虚伪和贪婪，合在一起却是一组20世纪上半叶上海社会的"浮世绘"。所谓浮世绘，即"全以人生日常琐屑生活为画材，故最能受一般民众的欣赏"[1]的作品。1964年，这三首已被禁唱了十多年的开篇被从"箱底"中翻了出来，分别由严雪亭唱《江北夫妻相骂》、张鉴庭唱《暴落难》、徐丽仙唱《上海少奶奶》，在静园书场做内部演出，实况录音则在上海电台播放过，颇受听众欢迎。不久被禁，理由是这些作品的内容丑化劳动人民，宣扬资产阶级生活方式，是评弹趋向庸俗、黄色的典型，禁唱令延续至今。

第二是形式创新。创新形式名目繁多，有对白开篇、对唱开篇、白话开篇和成套开篇等，其中成套开篇数量最多，对评弹音乐的发展影响重大。所谓成套开篇，即是"将长篇故事分成若干段落，编写成数首乃至数十首开篇。若接续演唱，有长篇故事的完整性；如单首演唱，也有片断的独立性。大多取材于戏曲故事、历史小说或长篇评弹"[2]。

颇受听众欢迎的成套开篇有：《三国》（三十七首）、《三笑》（三十四首）、《水浒》（十五首）、

---

1 丰子恺：《丰子恺漫画精品集》，中国青年出版社，2013年，第8页。
2 吴宗锡主编：《评弹文化词典·成套开篇》，汉语大词典出版社，1996年，第41页。

《西厢记》(二十四首)等。还有专题成套开篇,如《百家姓》(二十四首)、《七颠八倒游上海》(五首)等。成套开篇的总数有六百多首,大多演唱于空中书场。听众可以用电话点播他们所喜爱的唱段,经常被点到的演员和开篇便声名远扬。有一则书坛轶事说:在30年代中期,当徐云志的开篇《寇承御》(又名《狸猫换太子》)通过电台传遍江南的时候,连马路上拉洋车的也边走边唱"一步一思一沉吟"。

第三是故事性强。民国时期的开篇重视故事情节,即选择一个典型的事件,让人物通过具体行动来显露其性格特征。比如描写赵子龙这位千古名将,在传统的《赵子龙》开篇中,以三十八句唱词来概括赵子龙的一生,其中介绍历史背景的开场白就有十四句,而讲到其威震天下的"当阳道长坂坡"一仗时,只有"当阳谁敢与争锋"一句带过。而在成套开篇《三国》中,有一首取名《当阳道》的赵子龙开篇,同样是三十八句,在写法上完全不同。作品以当阳道一仗为贯穿线,通过赵子龙冲入曹营、拯救主母、珍藏小主、杀出重围,跌入陷阱、枪挑敌将等一系列曲折起伏的故事情节来塑造赵子龙大智大勇的英武形象。

对比更为明显的是描写关公的开篇。传统开篇《关帝》的写法,也是罗列关公的一生经历,对于"战长沙"和"单刀赴会"这两件最能体现关公军神形象的壮举却只字未提。而成套开篇《三国》中的《战长沙》和《刀会》,却是通过故事情节来展现关公庄严无畏的形象,这样,演员就能充分发挥叙事音乐的特长,通过朴实的曲调,丰富多变的演唱方法,来讲述一个动人的故事。蒋月泉先生曾在一次讲座中说道:30年代中,他在多家电台上弹唱成套开篇《三国》,听众点播最多的是《战长沙》和《刀会》,有时一天要唱三五遍。唱得越多,磨得越细,演唱水平不断提高,"蒋调"的风格渐渐形成,名声也随之而起。

民国时期创作的繁荣催生出来的流派唱腔如:《绣香囊》出了"祁调"、《啼笑姻缘》出了"祥调"和"姚调"、《杨乃武与小白菜》出了"严调"、《十美图》出了"张调"、《长生殿》出了"杨调"。还有因经常演唱于电台而形成或发展其流派唱腔的如:"徐调""夏调""沈薛调",以及"周调"和"蒋调"等,这些唱腔流传至今。

因书目繁荣而促使唱腔发展,这是评弹音乐的前进规律。1949年以后,"斩尾巴"运动致使传统书目一度停演。在大量编演长篇、中篇和开篇的同时,又催生出"朱雪琴调""徐丽仙调""侯莉君调""尤惠秋调""徐天翔调""薛小飞调"和"香香调"等新的流派唱腔。而那些已经自成一派的演员,也在演唱新作的过程中不断发展,与时俱进。比如蒋月泉先生的"蒋调",以舒展优雅见长。但在演出《海上英雄·游水回基地》时,为了表达一位海军战士与狂风巨浪搏击时的情状,就不能用《宝玉夜探》同样的曲调和唱法来表达。因此,蒋先生在设计唱腔的同时,更注意唱法上的变化。如:提升音调的高度,加强声腔的力度,改变音质的强度等,从而丰富了

"蒋调"的内涵和表现力。又如徐丽仙,她在演唱成名之作《情探·梨花落》时的柔和声腔,不能套用到《新木兰辞》上,不仅要对曲调和唱法做改动,更需在节奏上加以变革。在周云瑞、苏似荫和华士亭等演员的帮助下,徐丽仙创造了"变奏"的演唱方法。从木兰在机房中织布起,到代父从军、长途跋涉、征战疆场、立功受封、荣归乡里,直到恢复女装,根据不同的情景来变换节奏,使全曲跌宕起伏。从此,以轻盈柔和、缠绵悱恻为特色的"丽调",不仅增加了英武刚强之气,其节奏也丰富起来。蒋月泉先生说,过去演唱一首开篇,从头到尾只有一种节奏,而运用改变节奏的方法来表现不同的感情,应该说《新木兰辞》是首创。他又坦陈,在《玉蜻蜓·厅堂夺子》中的唱段《徐公不觉泪汪汪》那改变节奏的唱法,是借鉴了徐丽仙的《新木兰辞》。

关于唱词和唱腔之间的关系,蒋月泉在《弦边双揖》(陈灵犀著)一书的序言中说道:"唱是弹词的主要艺术手段,特别是弹词曲调流派的形成和发展,更离不开唱词的制作;如果唱词不能准确表达书中人物的思想感情,缺乏文采,声韵不谐,就难以产生优美动听的唱腔。"此话极是,但有一个令人费解的现象。

上海评弹团建立之初,曾汇集了众多评弹流派创始人,但是所有的流派唱腔全都形成于1951年建团以前。即使最为年轻的徐丽仙,也是在她入团以前的1950年演出书戏《众星拱月》时,获得了"风格鲜明的流派唱腔丽调"的名声。[1] 六十多年来,该团新编唱本不少,却没有出现过一个新的流派唱腔。原因何在?

百岁学者周有光先生在他的《朝闻道集》中说:"先进文化是自由土壤中散发出来的鲜花。"确实如此。"祁调"创始人祁莲芳说,他年轻时特别崇拜京剧大师程砚秋的唱腔,不但听,还要学,不知不觉地在自己的唱腔中有了程派的影子。开始阶段的新腔很显生硬,听众打电话到电台去"骂山门",称祁莲芳唱的是"怪调"。他本人认为,"只要不犯法,人家骂归骂,我唱归唱",后来被听众称为"祁调"。

又如徐云志的"徐调",是在书调的基础上,吸收了京剧女老生露兰春的唱腔,又从苏州姑娘卖白兰花、卖水红菱的叫卖声中吸收乐汇,这种新型曲调和传统的书调相去甚远。从徐云志当年录制的《狸猫换太子》唱片来听,真是不大精彩,也被斥之为"怪调"。徐云志我行我素,不断改进,终于形成精美绝伦的评弹大流派"徐调"。

上海评弹团在流派唱腔上的不作为,原因之一正是缺少如周有光先生所说的"自由土壤",这是专指"文革"以前十五年的情况。如严雪亭先生,他在50年代中一度退出上海评弹团成为单干艺人,在"文革"初期被批判为"走资本主义道路",严先生辩解:退团的主要原因不是要

---

[1] 吴宗锡主编:《评弹文化词典》,第195页。

走资本主义道路,而是因艺术上受到了压制。当时上海团的领导找他谈话,说道:一个剧团应该有自己的演唱风格,比如梅兰芳剧团唱梅派,马连良剧团唱马派,我们这个团的风格是唱"蒋调"。这位领导要求严先生放弃自己的"严调",改唱"蒋调"。严先生无能为力只得退团。又如周云瑞和陈希安。他们于1946年开始拼档弹唱《珍珠塔》,是红遍书坛的"四响档"之一。他们技艺全面,尤擅弹唱。在50年代中,他们俩的唱腔已各具特色。被称为"周云瑞调"的代表作有:《珍珠塔》选曲多段,以及《荆钗记·祭江》等。被称为"陈希安调"的代表作有:《珍珠塔·痛责方卿》和《人民当家做主人》等。1960年,周云瑞三十九岁,陈希安三十一岁,正是他们艺术创造的黄金时期,团领导下令周、陈拆档。理由是上海团已经有了一档《珍珠塔》,不必重复。周云瑞愤愤不平,说道:"不能敲掉一块牌子,去竖另一块牌子。"因申诉无效,"周陈档"和严雪亭等才于60年代初背着上海团领导,去北京文化部某领导处"告状"。非但无效,还在"整风"时挨了严厉批判。

四、结　语

　　评弹音乐是自弹自唱、以唱为主、字多腔少、简洁朴实的叙事音乐;评弹音乐的主体部分是书调,来源于古代江南地区读书人的吟诗调。

　　民国时期上海的评弹市场,对于发展、提高和净化评弹艺术有着巨大的正面作用。空中书场的兴起,促进了评弹音乐的繁荣,为日后的提升奠定了基础。

　　评弹艺术具有深厚的群众基础,大师们的主要经典杰作,已由录音和录像保存了下来,至今还在江南地区的水乡泽国广泛流传,在可以预见的将来评弹艺术不会绝迹。

　　当前书坛上出现的交响乐评弹、摇滚乐评弹、迪斯科评弹和电子评弹等,被听众称为"伪评弹"的节目,是现今社会的浮躁之风在评弹艺术上的必然反映,成不了气候。热衷此道者只能得到蝇头小利和变身为历史笑柄。

　　本文的内容和观点或许与众不同。因为"相当长的时间以来,人们一直以迷信来说明历史,而我们现在是用历史来说明迷信"(马克思:《论犹太人问题》)。

演讲时间:2016年11月7日

整理者:彭本乐

第四十二讲
苏州评弹的传承与创新

  苏州评弹的传承与创新关系直接影响着评弹艺术的发展。陆军从五个方面对苏州评弹的传承与创新进行了阐释：第一，评弹的传承，关键要传承好经典的长篇书目。这些长篇书目是评弹深厚艺术积淀的载体，是评弹艺术的宝贵财富，也是评弹艺术进一步发展的根本保障。第二，要倡导流派，传承经典的流派唱腔，使评弹艺术百花齐放、流派纷呈。第三，要注重评弹青年演员的培养，将师徒制和学校制完美结合，又要有意识培养男性评话演员，使评话、弹词均衡发展。第四，评弹的创新，应坚持以长篇为主，并且创新必须建立在评弹艺术本质特征和发展规律的基础上，应摒弃盲目创新。第五，评弹界要团结。

陆 军

1943年生,江苏吴江人,毕业于苏州大学。江苏省政协原副主席、江苏省政协昆评室主任、中国曲协苏州评弹艺术委员会主任。他长期从事评弹艺术的管理与研究工作,关注现实社会与评弹艺术的对接及评弹艺术传承问题。

感谢在座的各位朋友。今天我讲座的题目是"苏州评弹的传承与创新"。文化是民族的血脉，是人民的精神家园，极具地方特色和民族特点的苏州评弹，是苏州地区乃至江浙沪地区的一面文化旗帜。而要更好地保护、发展评弹艺术和评弹事业，就必须认真做好评弹的传承和创新工作。提到苏州评弹，我们不能忘记老一辈无产阶级革命家陈云同志对苏州评弹事业的厚爱。陈云同志对评弹艺术题词"出人、出书、走正路"，为评弹事业的继承发展指明了方向。在这方面，江浙沪评弹界的不少老前辈、评弹团的同志们以及评弹理论研究者都有体会。陈云同志一生酷爱评弹，收集了大量的评弹资料，在他去世以后，他的夫人于若木同志说，陈云同志生前对这批资料有过交代，"要为社会所用"。因此，虽然这批资料进入了中央档案馆，于若木同志亲自写信给中央档案馆馆长毛福民同志，后者同意复制一套给苏州评弹博物馆。此外，丁关根同志也十分关心苏州评弹。多年来，他关于苏州评弹，谈得最多的还是苏州评弹的继承和发展。因此，我就关于苏州评弹的传承和创新这一主题，阐述我个人的理解。我主要谈以下五点：

第一，苏州评弹要传承好评弹艺术的经典书目，要把老祖宗流传下来的、人民群众喜闻乐见的传统书目一代一代传承下去。当年，苏州评弹团周玉泉、徐云志、魏含英、曹汉昌等名家演出的《玉蜻蜓》《三笑》《珍珠塔》《岳传》等传统书目，脍炙人口。传统长篇书目都是经过几百年的历史传承，得到了市场听客的检验，是评弹艺术深厚艺术积淀的载体，是评弹艺术的宝贵财富，也是评弹艺术进一步发展的根本保障。因此，传承评弹艺术，第一要义是要保护、传承这些经典长篇书目。保护评弹艺术，要做好传统长篇书目的整理和建设工作。在评弹的发展史中，不断有新书目的产生，而很多书目都由于未得到很好的整理和保存，就这样消失在了历史的长河之中了，这是评弹艺术的一大损失。因此，传承长篇书目，就要做好书目的整理、保护和建设工作。第二，应该引导评弹演员说长篇。长篇书目传承最好的方式，就是在演出实践中进行传承。传统时期，书目的传承就是通过艺人一代代的演出实践来完成的。在书场里说长篇，发挥出评弹艺术的魅力，获得听客喜爱，才能一步步传承下去。我们现在流传下来的书目，都在市场中传承，未来这些书目的传承，也不能脱离市场的因素，要坚持通过演出实践来传承长篇书目。

评弹界有句行话叫"人说书，书说人"，指的是艺人与书目的相互促进、互动发展。一方面，艺人艺术水平的提高也有赖于长篇书目的传承与发展。评弹俗称"说书"，通过一张嘴巴演绎出千变万化，所以"说"是第一位。长篇书目有结构、有丰富的故事情节、有关子，且演出时间长，说长篇是艺人提高说表能力的有利方式。每一个"响档"的成名，无不经过多年"走码头"、说长篇的锻炼。如果没有了长篇书目，演员说什么？因此，说表加长篇书目是评弹艺术的自然结合。目前，苏州评弹团的一批中青年演员在各地书场中演出的，也还是以传统书目为主。丁关根同志曾说过，中青年演员要学到评弹艺术的真本领，还是要靠经典传统书目，还是要靠长篇书目，也只有这样，才能练好扎实的基本功。事实也确实如此，一部优秀的长篇书目，可以培育出很多名家响档。比如《三国》，从第一代的陈汉章开始，到后面的许文安、黄兆麟、唐再良、唐耿良、顾宏伯、张翼良等。因此，艺人的成名和艺术水平的提高，都需要依赖一部优秀的长篇书目。

反过来，书目也只有通过艺人的演出实践才能得到传承与发展。每个艺人说书，就是对原有书目的传承和创新。每个艺人为了更好地提高艺术水平，更好地吸引听客，自然而然会在原有的基础上进行一定的创新。为了更好地揭示书目与艺人的互动关系，我就以唐耿良先生为例。唐耿良准备学说书时，曾纠结学什么书。当时唐耿良的父亲的好朋友潘莲艇就建议："学评话，学《三国》。这部书有骨子。"[1] "有骨子"就是《三国》这部书的艺术魅力所在，后来唐耿良选择了拜唐再良为师，就是对《三国》这部书的传承，而唐耿良的成名除了个人努力之外，也得益于说了《三国》这部优秀的书目。这是经典书目对艺人的促进。唐耿良先生在演出实践中，在浒墅关学习到周镛江的《三国》，经过多年的说书，又发展和创新了《三国》。这是艺人对书目的促进。因此，对于每部经典长篇书目，应该鼓励、组织演员去学、去说。这对书目的传承和演员艺术水平的提高都是有益的。

第二，苏州评弹要提倡流派。评弹艺术要百花齐放、流派纷呈，才能称得上兴旺。苏州评弹在历史上就是流派纷呈的，随着苏州评弹的兴衰变迁，大的流派如张（鉴庭）、蒋（月泉）、丽（徐丽仙）、朱（雪琴）等还是深受听众喜爱，当然还有严雪亭、徐云志等评弹大家。一些具有代表性的流派一定要有人继承，不至流失。苏州评弹四大流派"张、蒋、丽、琴"，我们江苏也有四大流派"尤、薛、侯、王"，都应该发扬光大，后继有人。当然，不是要求所有的演员都会唱各种流派，但是，各种流派都要有人唱，特别是那些极具代表性的流派，要有人唱，才能流传下去。传承流派，不仅要学得"腔似"，更要学得"神似"，那不是一日之功！

第三，注重青年评弹演员的培养。陈云提出，评弹要"出人、出书、走正路"。所谓"出人"，就是要培养出优秀的青年演员。评弹是嘴巴艺术，讲究的是"口传心授"。师父带徒弟，名家培养嫡传弟子，一直是评弹艺术的传统。这种传统师徒制的培养方式，有其缺点，也有优点。缺点方面，如忽视了文化知识的培养，还有就是有些师父在艺术传授上会有所保留，因为"教会

---

[1] 唐耿良著，唐力行整理：《别梦依稀——我的评弹生涯》，第9页。

徒弟，饿煞师父"。优势方面，一是"口传心授"，师父直接且随时地指导徒弟。艺徒拜师之后，就要跟随师父去"走码头"，师父在哪个书场说书，艺徒就在哪个书场听书，到了晚上再复述一遍。二是师徒制对演员说书的实践性要求比较高。有的艺徒学了不久，就要跟师父一起演出，如"插边花"；还有不少艺徒因交不起拜师费，要"学三年帮三年"。师徒制下培养艺人就是在演出实践中培养出来的。直到1962年，在陈云同志的倡导下，创办了苏州评弹学校，才从根本上改变了评弹艺人的培养方法。学校制教学模式的特点，一是改变了以往一对一的培养模式，转变成了"多对多"的艺术培养。学员可以学到不同老师的艺术特长。二是，学校制不仅给学员安排了艺术课程，还有政治教育、文化教育，并且有统一、科学的教学安排，因此学员的知识更全面，艺术指导更科学。学校制也有不足。我在参加的一次拜师仪式上也曾经讲过，苏州评弹当前的培养模式耗时太长了，现在学校要学习三至五年，毕业跟师又要三年，这个周期实在是太长了。应该说，师徒制的培养模式和学校制的培养模式各有特点。刚从苏州评弹学校走出来的学生，在工作岗位上还需拜师学艺，师父带徒弟仍是苏州评弹培养人才的好办法，希望政府能给予支持，增加这一部分的经费投入。当今青年演员的培养，如果把评弹学校的系统培养与评弹名家带徒弟两者结合起来，就更加完美了。

此外，在青年演员的培养上，还需要保持评话、弹词的均衡发展。当前有的演员缺少搭档，下手多上手少，女的多男的少，弹词演员多评话演员少。评弹是苏州评话与苏州弹词的总称，缺一不可，二者要均衡、协调发展。因此，在青年演员的培养上，要花大力气培养男演员，苏州评弹学校在招生时要注意男女生的比例，要有意识地培养一些男性评弹演员。还有评弹青年演员要坚持苏州评弹"文艺轻骑兵"的传统，一两个演员，一把弦子，一把琵琶，走遍乡镇，走遍社区，与人民群众保持密切的联系和深厚的情感联络。评弹演员千万不要因为小有名气就只在城里唱"堂会"，较少去书场说书，远离最基层的群众。

第四，评弹事业要继承，要发展，一定要创新。例如苏州评弹团建团以来，继承传统，又不拘泥于传统，曾经创作了一批新书目，《梅花梦》《明珠案》《飞龙传》《九龙口》等，经过艺术家的千锤百炼，成了评弹的经典书目。近年来，苏州评弹团的《啼笑因缘》《钱塘奇冤》《赛金花》《康熙皇帝》，都曾在书坛上风行。进入21世纪的十多年，苏州评弹团创作演出了《大脚皇后》《风雨黄昏》《雷雨》等中篇评弹，在中国艺术节、中国曲艺牡丹奖和中国评弹艺术节等国家级的文艺评奖活动中屡获大奖，得到专家、学者的高度评价，也深受广大听众的喜爱。特别是《雷雨》，已在京、津、沪和江浙的众多城市以及几十所高校演出，引起了轰动。这些中篇评弹，内容新，形式新，一些青年演员在演出中崭露头角。以苏州评弹为主的江苏评弹界为纪念中国共产党成立九十周年进京演出，汇集了一批革命历史题材的书目，出现在首都的舞台上，大家都感到十分亲切。江苏省评弹团排演的《决战淮海》虽然还不十分成熟，但是淮海战役这样的大场面，在一个中篇当中反映出来，确实不容易。中篇评弹作为一种新颖的评弹样式，应该受到充分肯定，它是评弹艺术百花园中开出的一朵奇葩，它是评弹艺术创新的成果。

但是，中篇评弹有它的局限性，只适合于专场。就传统的评弹样式而言，还是应该以传统书目、长篇评弹为主，它们是比较适合评弹艺术表演的传统形式，为群众提供相对连续的评弹节目，可能更为听众喜欢。评弹团常年坚持演员下乡、下社区、进高校，深入基层，为广大群众演出，以长篇为主，因此，一批中青年演员得到充分的锻炼，较快地成长。至于当今评弹艺术的评比，大部分以中篇评弹作为参演参赛节目，那还是值得商榷的。因为评弹艺术是语言艺术，一人多角，"跳进跳出"，"说"是评弹艺术的本质，行话说"千斤说表三两唱"就是这个意思。只有长篇书目才可能充分发挥"说表"的艺术特点，而中篇由于篇幅短，说表的艺术特点受到限制，脚色化增多，"演"和"唱"比例增加，加剧了评弹艺术的戏剧化倾向。当这种倾向越来越常态化，评弹艺术的"说表"的艺术本质特征也就逐渐消解了。此外，当今评弹团创编的中篇书目，其目的不是获得听众的喜爱，而是评奖，这种完全脱离市场的创新也是一种盲目创新，最终中篇书目是因获奖而生，得奖而死。因此，评弹的创新，应该坚持以长篇为主，并且创新不能脱离评弹的艺术本质特征、自然发展规律。

第五，要加强评弹界的团结。团结是铁，团结是钢，团结才有力量。这是一首歌的歌词，用在苏州评弹事业上来谈也完全适用。苏州评弹是苏州的，也是江浙沪的，也是中国的。如果说"评弹是中国最美的声音"，那么评弹是世界的。因此，苏州评弹团要做好苏州市评弹界团结的纽带，同时，要为江苏省评弹界、为江浙沪评弹界的团结做出贡献。中青年演员要尊重老演员，老演员要为中青年演员做好"传、帮、带"；要克服门户之见；苏州市团和江苏省团这些大团要关心、爱护、提携地方的小团，要更紧密地加强评弹团与评弹学校的联系，评弹团要尽可能多地吸纳评弹学校的毕业生，评弹学校也要积极听取评弹团的意见，更多地培养高品质"适销对路"的毕业生输送给各地评弹团，在文化大发展和建设文化强省、强市的大环境下，各地创办书场的积极性大大提高，可能会出现新的供需矛盾，校团要齐心协力，积极应对。

苏州评弹的传承与创新直接影响到评弹艺术的发展。进入21世纪，苏州评弹迎来了发展的良好机遇。面对这一机遇，评弹的理论工作者、管理者、演员一定会抓住文化大发展面临的重大历史机遇，肩负起崇高的历史使命，为苏州评弹事业的继承和发展，做出新的辉煌贡献！

演讲时间：2016年11月9日
整理者：彭庆鸿

第四十三讲
不入园林，不知春色如许
——关于吸引青年进入评弹的思考

　　本文围绕"评弹如何吸引青年听众"这一主题展开。窦福龙以介绍创作《林徽因》始末和他亲身经历的评弹事业兴衰为切入点，指出吸引青年听众对挽救现今评弹颓势的重要性。其一，20世纪50年代，评弹听众数量之多仅次于电影观众，而且中青年是听评弹的主流群体。听众和演员之间形成了良性循环，评弹得以繁荣。其二，20世纪80年代后评弹事业走下坡路，不仅表现为演员断层，更严重的是听众出现断层。更为严峻的是，听众固化的状态造成了中青年对评弹艺术的误解，认为评弹属于老年人文化活动的范畴。其三，中共"十八大"以来，国家大力扶持文化事业的发展。窦福龙认为新时期要吸引青年走进评弹，作品必须是青年感兴趣的题材。但是，把传统打破再创一个评弹就会造成评弹艺术的断裂，在艺术创新和坚守评弹艺术特色两者之间要找好平衡点，在评弹姓"评"和"评弹要就青年"的道路上我们还有很长的路要走。

窦福龙

　　上海市曲艺家协会理事,著名评弹作家,中篇评弹《林徽因》作者。他从20世纪五六十年代开始从事评弹创作,曾是上海市中学生艺术团评弹队的骨干。他博古通今,长于诗词,对评弹创作颇有建树,被冠以评弹界的"才子"雅号。他长期致力于评弹书目的创新,选材新颖,关注青年听众的兴趣和需求,因此颇受青年听众欢迎。代表作有评弹系列开篇《金陵十二钗》,评弹系列新篇《四大美人》等。

我今天很高兴能够到这里来,跟大家进行交流。主要内容是评弹怎么吸引青年听众。关于这个问题,我近两年有一点思考,想把这个想法和大家进行交流。纵观当前评弹艺术的发展,情况不容乐观。最近几年评弹界很热闹,演出搞得风生水起。但是评弹依然不容乐观,不仅演员断层,听众也断层。我认为这个问题的严重性,后者更甚于前者。听众的断层更可怕、更严重。没有听众的支持,演员没有用武之地。演员好像一朵盛开的花,这花要靠土壤滋养才能开得好。

听众断层,演员没有用武之地,哪里还谈得上人才辈出?当前出现在各种场合的评弹演出,听众大多数是老年人,中青年的听众很少涉足其间。长期的、客观的因素造成中青年对评弹艺术的误解,他们认为这只是老年人的文化活动艺术。那么是不是评弹艺术,现在确实是不适合青年人的审美的情趣?我认为不是,特别是我通过这几年在这方面的实践觉得绝对不是。

我是过来人有亲身体会,我从小听评弹。我今年虚岁七十七岁。我小时候六七岁就开始听评话,也叫大书。比如《乾隆下江南》,那时是一知半解地听,但觉得蛮好听,听着听着就入迷了。20世纪五六十年代,评弹听众数量之多,排名仅次于电影观众。评弹之后再是京剧、越剧等。评弹听众数量多,一方面表现在它覆盖了老中青三代人。另一方面表现在中青年是听评弹的主流群体。那个时候评弹在青年当中风靡一时,听评弹是青年人的时尚。

那个时候各个大学,每个礼拜六上午读书,下午才放假。上海的大学本地的学生居多,周末都要回家。但是只要听到周六下午有评弹演出,很多同学都不回家,都来听评弹,把礼堂挤得满满的。大家都等到听好了评弹再回家。另外,上海各个大学都有评弹队。很多同学不单单喜欢评弹,还要自己学唱、学弹。评弹队有的规模大一点,有的规模小一点,有的评弹队很有名气,就像上海师范大学的评弹队。现在上海评弹国际票房的会长蒋澄澜是上师大毕业的,毕业以后到长宁区教中学当中学老师。后来他当了教育局局长,教育局

徐茂明教授(左)、窦福龙先生(中)、唐力行教授(右)合影

局长之后当副书记，后来调到市政协当副秘书长兼办公厅主任。他就是当年上海师范大学评弹队的队长。周良珍、徐佳申都当过队长，这些人我都很熟。当时各个大学甚至中专都有评弹队，那个时候评弹确实是在青年当中风靡一时。上海市青年宫有个上海学生课余艺术团的评弹队，这个评弹队的人，都是从各个大学、各个中专里面的骨干抽出来的，组成了我们上海学生课余艺术团的评弹队。我是队长，所以我很清楚那个时候评弹风靡一时啊！当时我们年纪很轻，用上海人的话说就是听评弹的人"是很有腔调的"。到大热天，一般人出去穿个短袖，而我们穿翻领香港衫，西装裤子，笔挺两条缝，小方头皮鞋，手里面拿把扇子，不是因为天热，而是为了显示一种"腔调"。穿成这样去听书很神气。在青年当中评弹是影响很大的。

每个星期天上午，上海学生课余艺术团由上海师范大学评弹队开早场。其中有开篇，有短篇，有时还排中篇，每个星期如此。我们团得到各方面的关心，因为我们上海只有两个市一级的业余艺术团，一个就是我们学生艺术团，一个就是工人艺术团，而且都是跟上海评弹团挂钩的，每个星期都有评弹团的老师来辅导。后来我们不但在上海演出，还到苏州进行交流演出。那时的评弹，在学生当中，影响确实是很大。当然，那个时候的大环境跟现在不一样，年轻人的文化娱乐方式远不如现在的丰富多彩，选择比较少。但不可否认的是，评弹的艺术吸引力使你入迷、陶醉，你一旦进入，就"劫数难逃"啊！青年人一旦进入就不满足于欣赏，还有学唱、学说投入其中，一辈子不能自拔。

那个时候良好的听众群体，促使评弹界涌现出更多的优秀演员，创作出了很多经典书目，又由于演员与书目的精彩，吸引了更多听众的加入，听众到演员之间形成了一个良性循环。所以50年代是评弹的鼎盛时期。

可惜的是"文化大革命"来了，评弹的鼎盛时期也就戛然而止。"文化大革命"的破坏性也是史无前例的，评弹从此崩溃断裂。都说"十年动乱"，评弹的动乱何止十年！实际上在"文化大革命"开始之前，评弹已经受到摧残，"文化大革命"结束以后还有一段时间是空白的，所以不止十年，有十几年的空白期，造成了演员的断层，更严重的是听众的断层。

关于演员断层的问题，今天不是我要讲的重点，所以不做深入讨论，我就说听众的断层。当时来说听众的断层没有引起非常大的重视，但当时的情况非常可怕。因为当时听众的群体就剩下我们这些"遗老遗少"了，而且逐年在减少，因为愿意听评弹的人越来越少。现今剩下的还愿意听评弹的都是"文化大革命"以前培养出来的一辈青年听众。改革开放以后，文化娱乐丰富多样，吸引了广大青年群体，使得这些青年群体对评弹越来越疏远，而听众的大量减少，使得评弹市场萎缩，好多的书场都关门大吉。有不少很有前途的青年演员耐不住寂寞，看不到希望，就脱离了书坛，改行远去。

到 20 世纪 90 年代,我个人觉得评弹跌到了低谷。这也是一个循环,但是这是一个恶性循环。听众少了市场没有了,好的演员很难脱颖而出,好的书目也难再有,这导致听众更少,形成了恶性循环。21 世纪初,国家开始重视文化建设,但是扶持的力度不大。那个时候的院团、专业团体很困难,没有经费想搞评弹非常困难。评弹那个时候得以维持还有一些生机,是因为有社会力量的支持。我认为社会力量的支持在当时起了很重要的作用。

那时电视台还没有电视书场,只有广播里面有两档评弹节目,一档是《星期书会》,到现在还在坚持,有一千几百期。还有一档是《三枪书场》,是万仰祖主持的。当时这档节目由三枪棉毛衫厂厂长苏寿南出资支持,所以这档栏目也是以他们厂的名字命名。《星期书会》是我出资支持的,我当时也算是一个企业家,是开开集团的空调器公司董事长。我把本公司的广告费全部投在评弹上面,一直出资直到周佳伟离开广播电台到电视台。

周佳伟到电视台工作后,就筹划开办电视书场栏目。当时办一个电视书场,需要不少于一百万的经费。我又转而出资支持电视书场的运营长达三年。我每年支持一百万,共支持了三百万。到后来,因为形势发生变化,我没有支持下去的能力。后来所有的书场挺身而出,承担了电视书场的费用。但是它大概接了半年,半年以后就结束了。因为电视台把电视书场的经费来源和广告收入分开了,即收支分开。办节目,台里给经费,栏目负责人向台里面申请即可,所以电视书场,一直坚持到现在。

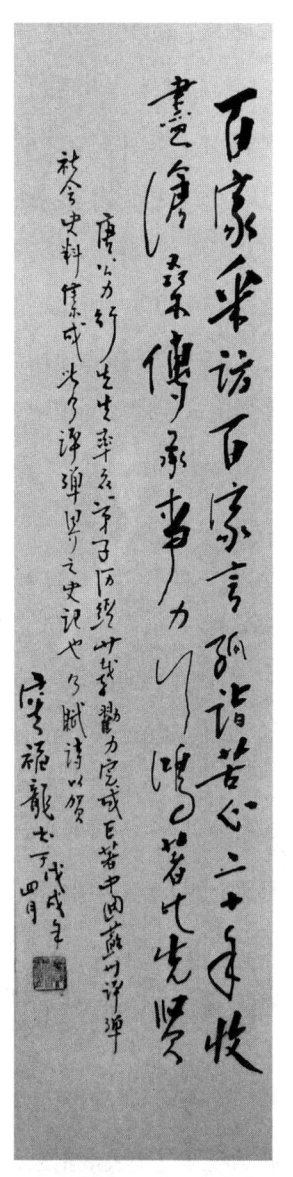

窦福龙祝贺《中国苏州评弹社会史料集成》出版所撰书法作品

另外还有宝钢一位老总叫孙迪鹏,他喜欢评弹。他在宝钢里面组织了一个评弹爱好者的协会,并经常组织评弹演出活动。他把评弹演员请到宝钢去演出,甚至派大巴车到人民广场去接。有一次上海评弹团的《赵氏孤儿》,是杨振雄老师写的,这个本子我当时看了以后,觉得非常好,演员也觉得非常好,但是演出费用很高。后来我跟孙迪鹏商量,由宝钢和我这里共同出资组织中篇评弹《赵氏孤儿》的演出。《赵氏孤儿》能够在上海商城公演,包括"杨振雄的舞台生活六十周年"纪念活动、"杨振言的舞台生活七十周年"纪念活动,都有我们各方面的支持。

还有一位社会人士是上海电信的董事长陈锡源先生,他也是上海评弹国际票房的副会长。他帮忙出了很多唱片,并创了一个品牌,因为他特别喜欢蒋月泉,所以品牌叫"月下品泉"。这个品牌旗下出了很多唱片,他出的唱片不是拿点现成的资料来翻刻一下。首先他会挑选唱段和曲目,然后组织人来演出、来录像。他当时录制的设备比唱片厂还要好,属于高清版本。录像完成之后还会出一本特刊,印制十分精美的特刊。制作出的唱片不是为了出版和售卖,而是用于赠送。社会各界支持评弹的人很多,有一些人出力多一点,有一些人出力少一点。苏寿南、蒋澄澜、陈锡源等愿意献身评弹事业的很大一方面原因就是,我们都是"文化大革命"之前培养的青年听众。

从20世纪90年代末到2001年,还要着重提一下上海评弹国际票房在评弹界发挥的作用。上海评弹国际票房听起来好像是一个自娱自乐的单位,但实质上是一个评弹促进会性质的单位。上海评弹国际票房做了大量的工作,团结了内外有志之士搞了很多活动,可以说在整个评弹界影响很大。

评弹第一次进大剧院就是上海评弹国际票房发起的。《金陵十二钗》交响乐进大剧院,社会各方面的反响很大。首先,评弹进大剧院,是大家认为不可能的事情。大剧院收费很高,而且这是交响乐演出,社会上对此褒贬不一。有人认为这不是评弹的主要发展方向,评弹和交响乐一起不伦不类。我个人认为,成功的地方极少,失败的多。其次,这次演出目的在于引起社会各界的关注,使大家关注到评弹就是成功的。这种中西混搭的方式偶尔为之,作为扩大评弹影响力的方法有什么不好呢?事实是到现在人家都忘记不了这次演出。我们组织《金陵十二钗》交响乐,不是为了以后评弹就要搞交响乐,而是起一个推波助澜的作用。这当中绝大部分的作品是失败的,不成功的。所以你现在让我把这些录像翻出来听,我自己也不要听的。但是在当时起了一定的作用,引起了各方面的关注,评弹终于进了大剧院,这对当代评弹有重要意义。最后,这次演出承办方没有亏本,收支可以平衡。

然后我们又组织了"评弹新篇《四大美人》"的演出。《四大美人》不是中篇,所以我取一个名字叫"评弹新篇《四大美人》"。因为时间关系不可能拿四大美人淋漓尽致地完全表演出来,只能每个人取一段、一个主要的事件来表达这个美人的一生。所以四个美人四个片段。换句话来说,就是四个美人四个短篇,不是一个中篇。本次演出集中了江浙沪最优秀的演员,演出以后当时的反响也是褒贬不一,我认为这不奇怪。演出有各方面的关注这本身就是一件好事情。但是经过时间的考验,这个演出,四个节目中至少有三个后来又多次演出。这个演出到现在已经十五年了,到目前为止,在会演、比赛、重要演出当中三个节目经常出现,一个是《马嵬坡》,一个是《雁门关》,还有一个是《姑苏台》。这也是我们上海评弹国际票房和新文化一起组织的。

随后我们上海评弹国际票房也自己出资组织去台湾演出。在台湾演出的《四大美人》,每个美人一个中篇,扩展成四个中篇评弹了。那时先到香港演出,香港演出回来到兰心大剧院,连演四天。当时也是集中了当时江浙沪最优秀的演员。一直到2010年我们到台湾演出，又是组织了当时崭露头角的青年演员，如张建珍、黄海华等。这些活动组织者不是官方，组织者是民间。到台湾的几次演出我们的演员有四十几位，规模相当之大，这次来去的经费有五十几万。没有国家政府的补贴，都是民间自己筹款的，在评弹最困难的时候得到了社会力量的支持。

"十八大"以后，总书记在文艺座谈会上的讲话精神，吹响了弘扬民族文化的号角。这以后我们的政府空前加强了对各大文艺剧团的支持力度。这个力度加强使评弹出现了繁荣的新气象。我跟秦建国说你这个团长现在日子很好。现在评弹团不用再担心经费的问题，担心的是要出好的作品。特别是最近四五年来，上海团深深体会到国家各个方面的支持，跟从前不可同日而语，恰恰社会的力量现在是薄弱的。但是这些老同志现在都退休了，很难随便动用资源。不只是上海评弹团，整个评弹界日子都很好过。比如张家港市委宣传部、文广局对他们的评弹团支持力度很大。政府对团也是只有一条要求：要拿出作品来。钱不用担心，现在钱不是问题，关键是要出作品要出人。跑码头一定要跑，长篇是一定要搞。对上海评弹团来说，长篇的指标是非常高的。从整个评弹界来说，上海评弹团做得非常好，并且各个院团对于长篇评弹在码头演出都很重视。比如，最近《林徽因》的演出影响了演员的长篇演出，但是等到演出一结束，大家都抓紧时间，把时间抢回来。因为到年底每个演员一定要完成长篇的指标，而且作为一个演员，长篇是最基础的，一定要说好长篇。

但是现在我们还有新的使命，要弘扬中华民族文化，中央就提出来要走出去，要使全世界都知道我们中华民族有这么好的民族文化。这次到中国台湾、日本去，都是有这层意思的。比如说到台湾去演出，台湾当局要"去中国化"。"台独"在文化上就表现为"去中国化"。你要"去中国化"，我就宣扬中国民族文化，有一点针锋相对的意思。其次是到日本演出是为了文化交流，但没有想到的是日本听众会对评弹这么喜欢，而且没想到日本听众对中华民族文化这么感兴趣，我当时非常感动。我认为走出去有走出去的道理，既可以弘扬民族文化，又能发展评弹艺术，这也是政府支持的。即使这样我认为评弹前景还是不容乐观，因为评弹演员和听众的断层问题很严重。怎么培养演员怎么培养人才，不是我们今天讨论的话题，我今天就不展开了。我着重讲一讲怎么样培养听众，尤其是培养青年听众这个问题。

陈云老首长曾经说过，评弹要就青年。我认为老首长这个指示是有战略意义的。因为我们这一代人有切身体会，充分证明了这个指示的重要性。我们是在"文化大革命"之前培养起来的青年听众。关于这个问题，评弹界的有识之士都比较重视，也做了一些努力，但是收效甚微。冰冻三尺非一日之寒，你想要打破这个坚冰恐怕不能靠一朝一夕之功。唐教授这么些年来呕心沥血，培养了很多学生，也出版了很多有关评弹的书籍，举办的讲座也有几十期了，就是为了引导更多的青年学生进入评弹、研究评弹，最后发展评弹，可谓用心良苦。通过在座各位来发展青年学生进入评弹，唐教授对评弹的献身精神，我是很感动的，是我的榜样。

如何吸引青年进入评弹要讲究方式方法，"不入园林不知春色如许"，首先要让青年进入园林，要把他们"骗"到园林里面来，上海人讲"你把他噱也要噱进来"。到园林里来了以后才能够领略到评弹的春色。评弹的宝库里经典的东西很多，但是这些经典的东西像《珍珠塔》也好，《玉蜻蜓》也好，《三笑》也好，对于没有接触过评弹的知识青年来说缺少诱惑力。所以要吸引青年人，首先题材上面要有时代感，要吻合青年人的爱好。我深深体会到一个作品能不能走得远，题材非常重要。《四大美人》这个题材的优势很明显。当时《四大美人》到香港去演出，演出的牌子贴出后，全部客满。我内心比较紧张，因为貂蝉篇有一回书我非常不满意，还没有修改好。我当时心肌梗塞装了两个支架，耽误了修改的进度。当时演员都很得意，说："牌子一挂，全部客满。"我对他们说，你们不要得意，评弹在香港牌子已经做差了，当时很有名的演员到香港去演出，看的人很少很少，香港老听众反映说听来听去就这些东西。客满最主要的原因，是《四大美人》题材新颖，而且客满的次序是，第一个客满的是杨贵妃，因为听众最熟悉。第二个是西施、王昭君并列，最后一个是貂蝉。这个次序也是四大美人在听众心目当中的印象和知名度的排行。在香港我请金庸先生去听，他带了他的夫人一起来听，来了一次之后连听四天，把《四大美人》全部听完，评价相当之高，非常满意。这次在香港演出非常成功，因为大家对四大美人都耳熟能详，不过只限于了解，具体内容并不清楚，所以这类题材最吸引人。

接下来到台湾演出，老年演员只用了两个，一个张振华，一个邢晏芝，其他全部是青年演员。因为台湾的情况和香港不一样，香港老年听众比较多，对演员熟悉程度比较高，知道哪些演员是比较有名的，盛小云、倪迎春他们都知道，台湾是不知道的，在台湾牌子挂出来，他们根本不知道你是有名还是没名，所以我们到台湾去演出的青年演员都是非常靓丽的，形象很好。现在我深深感觉到演员形象是非常重要的。到台湾去演出我比较担心，因为台湾是没有这么多江南听众的，他们听得懂吗？听不懂怎么办？这个时候我们做了一个大胆的尝试，就是打全程字幕。一般情况下，字幕只打唱词，但是我们是打全程字幕，哪怕是你说表、起脚色，全部都在字幕上打出来。这个目的是保证不是江南人、不懂吴语，也能够看懂这台戏。效果出乎我们意料，来的听众很多人不是南方人，听不懂吴语，都是台湾当地人或者是当时的老兵，山东人也有，他们听下来觉得听得懂，觉得很好听。第二天来的听众只有七成，后来逐天增加，连着四天，增加到最后一天的《杨贵妃》一票难求。打字幕起到了一个很大的作用，在记者采访的时候他们也说道："如果没有字幕，根本不懂。"这个给我一个启发：台湾可以做为什么大陆不可以做呢？去年年初我们到日本去演出，不是对日本华侨演出，是对日本听众演出。我们专程请了一个日本翻译，全部翻成日文字幕，结果效果特别好，特别是最后一回《杨贵妃》，日本人都听了落泪。他们招待我们吃饭的时候说："我们没有人不知道杨贵妃。"今年日本又再三邀请我们去演出，而且点名要《四大美人》，今年的演出效果到什么样的地步，讲给别人听人家可能认为我们是瞎说的：六七百个座位的剧场，晚上六点钟演出，五点钟时剧场里大概有一半人了，到六点钟全场座无虚席，连过道都全部站满人，一层层台阶上都坐满了人，一直到最后散场结束没有一个人离场。听众其实不知道评弹是什么，他们就是冲着杨贵妃来的，所以说题材是重要的，道理就在这儿。

而且海外的听众情绪反应很好，《四大美人》里面有两句唱词，这两句唱词是"杀父之仇尤可说，盗妻之人不能防"。在上海唱这两句唱词，听众一点反应都没有，但是在台湾，这两句一唱，下面掌声雷动。另外一回书《清平调》在台湾的效果非常好，每一句出来，下面都有反应，但是在上海演出，剧场里一点效果都没有。如果《珍珠塔》《玉蜻蜓》去海外演出，海外听众未必能够接受，所以要根据听众情况选择演出题材。

海外演出的经验让我在面对评弹如何"就青年"时有一些自己的见解。我们要找到青年感兴趣的题材。选择《林徽因》这个题材的原因就是要争取青年听众。从《林徽因》的演出效果看，我感到目的基本上达到。我们到北京大学去演出是卖票的，演出地点的讲堂有四五百个座位，票价三十元。《林徽因》牌子贴出后，三天之内票全部卖光，那时离我们演出还有半个多月。但是我认为学生不是冲着评弹来的，是冲着林徽因来的。我在选择题材时做过调查，林徽因在中青年知识分子当中影响非常大。我们在演出的时候，因为人多还加了几十个座位。来听的人很少是江南人，都是外地的同学。他们是冲着林徽因来的，要听评弹是怎么写林徽因的。在最后的互动环节，很多同学积极发言谈自己的一些感受、体会、想法等，还有提支持与批评建议和意见的。我听了以后心里很欣慰，就是要用《林徽因》这种题材，把青年吸引进评弹，进而对评弹产生兴趣，这样我们的目的就达到了。互动环节我们原来只留了二十分钟，但同学们提的问题很多，很多人都是有备而来的，四十分钟都结束不了。等到全部互动结束以后，这些同学全部围过来，围着我提了很多问题。其中有一个同学，说你们说到梁启超有八个儿子成才这是错的。这个说明我们找对题材了。这题材就是我们青年人喜欢的，想了解的、想听的题材，所以他才有兴趣来。要是换传统的东西，青年一下子不能接受。首先要把他带进"园林"，到了"园林"以后他对评弹喜欢了，就会逐步再接触那些经典的、传统的东西。这几次在大学的巡演，使我们增强了信心，青年听众是完全可以争取的，关键在于你用什么题材争取，怎么样去争取。所以接下来我们计划《林徽因》去全国五十个大学巡演。上次到上师大来，我们也是为在大剧院的演出热身。我们演出两场，一场是在上师大，一场是在泰昌书场，一个蛮古色古香的农村书场。泰昌书场是传统书场，没有放字幕的条件，但还是客满，人声鼎沸，生意好得不得了。每唱好一段，满场掌声，但是听众没有反应，很多听众没有听懂。高博文说到林徽因和梁思成为了民族事业、民族气节等如何伟大，高博文说"这里应该有掌声"，但是听众没有跟着互动，因为听不懂，所以没有人拍手。后来毛新琳带头拍手，其他人才跟着一起拍手。

　　有满堂掌声是因为演员都是响档，平时小地方的书场里面很难听得到这些响档演唱。第二就是因为听众觉得唱得好听，所以拍手。至于唱的什么内容，听众是不知道的。这种情况我们去乡村演出也遇到过。乡村中演下来问听众觉得演得怎么样，他们说好！问他们听得懂吗？说听不懂。听不懂就喊好。这再次说明了题材要根据听众情况而选择的重要性。

　　我写《林徽因》，目的就是针对青年听众，而且特别是中青年的知识分子。接下来我们要进大学。现在我们已经在五个大学演出过《林徽因》了，效果都非常好，反应最好的是北大。我们的目标是要去五十个大学演出，使评弹能够深入青年听众的心里。

　　以上是我的一家之言，个人的一点体会和看法不一定正确，请大家批评指正。

演讲时间：2017年5月15日

整理者：沈家悦

第四十四讲
城市文化空间与集体所有制评弹团

  城市文化空间作为感知和体验城市文化的场所，具有丰富的内涵，既是城市居民消遣娱乐的场所，也塑造了人们对于城市的文化记忆。长期以来区级评弹团并没有受到研究者的重视，而上海作为一个大都市，城市文化空间的容量是非常大的，有着足够的空间容留多个评弹团体共存。过去上海有一个市级、五个区级评弹团，但是到现在五个区级评弹团都不复存在，书场数量也大大减少。上海作为一个城市文化空间，传统文化走向萎缩有时代的原因，也有很多人为因素，其中可研究的内容颇多，值得进一步探讨。

朱维德　周亚君

　　周亚君，1960年9月考入黄浦区戏曲学校，次年长征评弹团正式归属黄浦区。周亚君在长征评弹团拜李伯康为师学《杨乃武与小白菜》，朱维德拜凌文君学《描金凤》，二人同窗。朱维德父亲朱瘦竹是资深评弹票友，民国时曾主编戏曲综合性报纸《罗宾汉》。几年后朱、周两人结为伉俪，长期拼双档闻名评弹圈。两人是长征评弹团招收和培养的第一批学员，"文革"后又成为组建新长征评弹团的骨干。

一、初入长征团

（周亚君）

我和朱维德是黄浦区戏曲学校的同学，长征评弹团的同事，也是夫妻档，一起演出到现在。我们的艺术生涯和长征评弹团是同龄的。长征评弹团是1960年建立的，我们是1960年进黄浦区戏曲学校的。当时要走集体化的道路，由红旗队、长征队两个队合并成立了长征评弹团的。当时区级评弹团有五个。长征评弹团隶属黄浦区，先锋评弹团隶属静安区，凌霄评弹团隶属徐汇区，江南评弹团隶属闸北区，星火评弹团隶属杨浦区。

演出的每个礼拜之间是可以休息的，长征评弹团是星期五休息，上海评弹团是星期四休息的。长征评弹团成立的时候，我们还没有到黄浦去。长征评弹团是1960年2月份成立的，我们是1960年9月进入黄浦区戏曲学校的。进入黄浦区戏曲学校的时候，长征评弹团还没有划归黄浦区。我们进入黄浦区戏曲学校以后，没有人来收管我们，也没有老师。那时候京剧班、豫剧班、沪剧班，都有老师来教。评弹班有八个同学，六女两男，没有人教我们，我们就自己弹弹唱唱，很自觉地在那里练功。最小的十四，最大的十八。后来宣传南京路上好八连，我们也很积极写开篇，小组自己来排练。

后来老师来教我们了。第一位是来自上海评弹团的杨斌奎老师。我们开心得不得了，知道是知名演员来教我们了。我们也很勇敢地表演自己排的开篇《南京路上好八连》。唱完之后呢，杨老师也不说话，就指导我们怎么表演动作。杨老师评价我们热情很高，但是开篇需要进一步学习，我们排的开篇没韵脚，不押韵。其中有几句我记得非常清楚："战士勇小儿，站在风雪中，两耳冻得红又肿，不完成任务绝不下战场。"那个时候才知道写开篇是需要有韵的。后来刘天韵老师也来教我们了。学"俞调"要学"老俞调"。上海团有几个老师都来教过的。

学校召开会议，要求评弹班到崇明参加劳动。评弹班和黄浦区文化馆、义务沪剧团、前进沪剧团、魔术团一起去，我们是年纪最小的。参加劳动的地方是一片芦苇荡，没有其他东西，走的路都是烂泥路，脚陷下去都拔不起来，鞋子都拔掉了。一个帐篷里面要睡十几个人，分两排住，中间是走道，铺盖是我们自己带去的。评弹班八个人根据年龄大小分班，有的是中班，有的是夜班。最小的两个十四岁，一个是到食堂里面去，一个是帮别人借图书。白天去参加劳动，我们去的照片还保留着。两个人一前一后挑一块烂泥，大人割芦苇，年纪小的我抱着割下来的芦苇，风吹过来，芦苇抱不住了，人跟着一块跌倒。后来我们把长筒袜穿在鞋子外面，脚陷下去就不怕了，路面上再铺芦苇，走起来一弹一弹，我们叫它"弹簧路"。吃饭只有一个菜：咸菜炒酱瓜。又是咸菜又是酱瓜，很咸的。参加劳动可以吃七两饭，就吃这一样菜。最后大坝准备合拢的时候，我们文艺宣传队在边上等着准备敲锣打鼓庆祝，等到合拢的时候，潮水提前来了，区委书记在下面喊："是共产党员都下来"。这些共产党员一个一个下来，手牵手拉住，把潮水挡住，再把包裹着烂泥的草包放在水里，连接起来，一直等到大坝合拢，然后我们再敲锣打鼓。当时我们激动得不得了。最后一天要开荤，但是到一点钟还没有开饭，两点钟也没有开饭。原来送荤菜的人被大水挡住了进不来，他们把木桶顶在头上送进来的。送来的是带鱼，我们就吃了一顿带鱼。

回到学校以后，我们有娘家了。长征评弹团到黄浦区了。我们到团里面去开了会，认识了团里面很多老师，团里面也很开心，当时八个青年演员调走了，像张振华、石文磊、赵开生等到上海评弹团去了。走了八个来了八个。新生力量来了。从此以后，我们就有娘家了。也来了一位老先生叫黄兆雄。老先生是一位老学究。那个时候我们心里是很不高兴的。我们心里当时想杨斌奎、刘天韵来教，却来个干瘪老头，长相也不好，对我们严格得不得了，让我们一定要从头学起，咬字、唱腔、平仄声，给我们上课枯燥得不得了。当时蒋云仙老师也来教过我们，因为她也是长征评弹团的，那个时候刚刚《蝶恋花》唱出来，就来教我们《蝶恋花》。团里面钱雁秋老师都来过，这样我们就逐步走向正轨了。

虽然长征评弹团是一个区级评弹团，但是从实力上来讲，在评弹界里面，是属于老二的。在上海评弹团下面，就是我们长征评弹团了。长征评弹团都有哪些人呢？蒋云仙老师是第一出名的艺人。蒋云仙老师是我从小很崇拜的偶像。电台里面听，就想怎么会说得这么好，女是女，男是男，说出来都像是真的一样。现在看见了，来给我们上课的时候只有二十八岁，我们还以为她很老很老了。还有陆耀良老师，陆耀良老师是说《三国》的。他说的《三国》，有很大名气，有他自己个人的风格，很清晰。他说书的时候，女听客特别多。一般来说，喜欢听评话的女听客不多，但是他的女听客很多。讲道理，很风趣的。还有秦纪文老师，秦纪文老师很有文采，唱长篇《孟丽君》。陈云首长很肯定他，为他写过题词。还有我的先生李伯康，我先生的《杨乃武与小白菜》是独家的，是他父亲李文彬写的书。写的书是不传给外人的，就给他两个儿子，就是我的先生李伯康和他弟弟李仲康。还有顾宏伯老师，评弹界都称呼他为"老包公"。还有凌文君老师。钱雁秋老师，当时评弹界都说他长脚音韵，他擅说《西厢记》，可惜得了小儿麻痹症，两条腿不能走路了。上台的时候，有个人专门背他上去，背到台上坐下。让我们先把幕布放下，等他坐好以后再拉起来。他说书也是非常好的。周剑萍老师,当时年纪很轻,四十岁也不到,但是在书台上已经很成熟了,听众也很广。沈笑梅老师说《济公》,被称为"活济公",他说得书好笑的不得了,他还有《乾隆下江南》。他说书是真的很好听。还有黄静芬,是一个女单档,喉咙很好,她起的脚色分得清清楚楚,本事很大,当时唱《四金氏》,四个金氏一起出来,一个脚色是一个脚色,非常清楚。她有一把三弦,跟别人的不一样,她的三弦是可以折叠的,叠好放到箱子里面,出去的时候很方便。她的三弦很值钱,有金子镶嵌,象牙的口,很值钱的。这把三弦很有名气,当时她也是一个响档。长征评弹团的成员阵容强大,当时的演出情况、收支情况都是很好的。

进团以后就要定工资了。工资定得最高二百八十块,蒋云仙老师。接下来是二百四十、二百二十、二百块。年纪最轻的一个青年演员卞迎芳最低,是八十五块。拿固定工资对老艺人来讲是很不容易的,他们以前都是单干的,单干的收入都是归自己的。现在定了工资以后,他们的收入是不高的。可是对于我们来说,是高得不得了。我们那个时候拿十块五角一个月。

我们慢慢就对自己的团体有感情了,他们演出我们也去听的。慢慢知道了长征评弹团也很出色。到长征评弹团去以后也感到蛮荣幸的。我们在黄浦区戏曲学校待了一年,一年以后就需要跟师了。

要拜先生了。其中也有一点小插曲很好玩。我不知道哪个老师好,哪个老师不好,就去问黄兆雄老师。黄老师呀,我跟谁好呢?黄老师跟每个人说的答案都一样:"跟秦纪文,秦纪文老师好,书说得好,肚子里有货,你最合适跟秦纪文。"我们是各人去问的,互相不知道,就写给团里面。团里面没答应,后来还是团里分配的。我跟李伯康说《杨乃武与小白菜》,当时我是不情愿的,因为这部书脚色都是男人,我们两个女的说这部书行不行?团里面说,李伯康先生肯收学生就已经很不容易了。我的先生当时思想很好,觉悟很高,想要把书传下来。他当时去学校听课的时候,正好听到我们说一回书,《落金扇》里面有一个翁鼻子的脚色,《杨乃武与小白菜》里面也有一个是翁鼻子的,他说就收我们两个吧。秦纪文收了钱凤娟、张渭霖也是女双档。朱维德和陆梅莺跟凌文君先生。黄兆雄心里是老大的不开心,因为他是我们的启蒙老师,他是最清楚我们水平的,但是他想要的都被别人挑走了,他也没办法。

到要拜师的时候,团里面很热闹,铺好红毯子,家长很严肃地跟我说今天拜先生是很重要的一件事,要穿长裤的,我又到家里换了长裤,这件事我记得很牢。我记得当时领导一直进进出出,就是不开始,不知道出了什么事,后来知道秦纪文老师临时变卦,不收学生了。因为这部书是他独家创作的,他要传给女儿。这样一弄僵,拜师仪式没办法进行了,最后钱雁秋老师站了出来收徒,这样拜师仪式才顺利进行。拜师的时候有个袋子,袋子里面有一百块钱,是团里面出的拜师金,里面还有我们学生的名字。一开始是不磕头的,让我们鞠两个躬,然后边上家长说跪下去，然后我们就跪下去磕头给老师行礼。

拜了先生以后呢，开始跟先生出去跑码头，那个时候说长篇是三十天轮换。我们先生非常严格，我们见了先生话都说不出，笑也笑不出。其实他心里对我们很好的，有什么好东西总是让我们吃的。跟他出去就是很乖，吃好饭马上去洗碗，打扫卫生，早上天不亮就爬起来唱。我们六点钟起来，他也六点钟起来，他在里面房间我们在外面房间唱，他不出来就在那里听。书场里生意非常好，我们先生声音蛮轻的，很细的声音。我们就想这个声音怎么听得见呢？但是坐在书场最后一排，听得清清楚楚，这个就是基本功。听客对《杨乃武与小白菜》是很熟的，但是我们没听过呀，听得哈哈大笑，听客就想这两个小姑娘有毛病的，傻乎乎的。

我们第一天听好书，我们先生问我们今天听到点什么，讲一讲。我们不知道要又说出来的，疙疙瘩瘩大约说出一些内容。老师说，第一遍听，要理清大概的思路，第二遍听，就需要仔细，我算记性好的，徐淑娟经常记不住的，背背书要哭出来。后来黄月仙跟我们先生拼双档，她让我们听书的时候拿支笔把篇子记下来，被老师看见了，说以后不要记，篇子我会给你们的，要用脑子记。我们只能听好书回到房间里，把能记住的写下来。跟先生的过程真是很受用的，就是一点小差都不能开。

第一个码头跟老师去杭州。去杭州很开心，上有天堂，下有苏杭，可以去看西湖了。谁知道一步也没出门，只是在书场里面练功、背书。黄月仙看看我们蛮可怜，那天来了一个她的亲戚，在吃中饭的时候带我们去西湖兜一圈，回来以后先生面孔很板，他说你们到哪里去啊？！黄月仙说两个小姑娘西湖还没去过，让她们去看看。先生讲我会带她们去的！从此以后我们一步也不敢出门。一直到剪书前一天，先生一早就带我们出去，先去吃面，那个时候是自然灾害，要吃面的时候，总是有一个人站在长凳上，跟大家说我们面馆的面依旧保证质量，但是现在是困难时期，荤的没有都是素的，用笋、胡萝卜什么的，但是保证味道好。先生跟他们里面的人认识的，烧出两碗虾爆鳝，吃好面然后就到灵隐寺去。这趟真的开眼界，灵隐寺这么雄伟壮观。我们出来的时候钱雁秋老师布置了作业，要写作文，我就写了一篇去灵隐寺的感想。跟师是老师各归各教的，对我们很严格。

我们慢慢开始掌握长篇，开始出去演出长篇。团里面当时有个重大活动，要去北京演出了，到天津、济南、郑州、武汉做很大的一圈巡回演出。这趟长征评弹团的进京演出准备了很长时间，他们去北京想轰动一下，当时准备的主要节目是中篇《孟丽君》。到北京以后，《孟丽君》并没有打响，因为牵涉到一个朝鲜问题，高丽就是朝鲜，牵涉到国际问题，这个书不好说。结果倒是我的先生李伯康和王再香的《双珠凤》一回书蛮火。还有凌文君先生的《金陵杀马》，沈笑梅老师的《济公》好几回书，中央首长非常喜欢。尤其是沈笑梅老师的《济公》，当时周扬听了非常欣赏。他们进京演出回来,刚刚到上海火车站,沈笑梅接到通知,要求马上回北京,结果他再回北京,周扬让他把《济公》再说一遍。后来上海评弹团到香港去演出,中央就点名,沈笑梅和程丽秋一起参加,到香港去演出了。

我们学员又不能一起带着去,就到苏州评弹学校学习。一年里,我们学到了很多知识。当时在苏州评弹学校有很多的名家,有蒋老师、朱介生、江文兰、顾宏伯等。苏州评弹团很多学生都在一个班里面,所以我们现在这一代的同学有很多。有几件事情让我们受到很深刻的教育。这些老师每个礼拜要到学校礼堂里面去说一回书,这个是最开心的时候,各式各样的书都听得到。有严雪亭老师来说《白毛女》,薛筱卿老师来说《珍珠塔》,他一个人唱的话,需要找个伴奏,当时朱维德琵琶弹得挺好的,就让朱维德上去帮他伴奏,那个时候我们非常羡慕。当时同班同学有一个任务,要轮流去坐夜班,因为当时发生自然灾害,粮食不够吃,我们在城墙上都种了很多蚕豆,有人来偷的,在上面又装探照灯。其实现在想想,蚕豆才多少钱。有一趟确实是有人来偷蚕豆,正好是碰到我们在值班。有两个同学看见有一个女的藏在蚕豆丛里面,我说是谁呀,她就说是我。我问她你是谁呀?她是一个看门的女的,我说你在干嘛,她偷蚕豆。她是蛮老实的。然后我就说为什么偷蚕豆啊?她就说没得吃。那个时候自然灾害没有吃的。待在苏州评弹学校的时间里面我们就吃卷心菜,一天到晚吃这个菜,他们叫"解放菜",一直吃这个菜。总算有一天开荤了,吃黄鱼,正好碰到朱维德是不吃黄鱼的,他一吃黄鱼就要拉肚子的,给他换了个菜,结果不知道哪个同学把黄鱼倒在地上,结果被其他同学看见了,说是朱维德倒掉的,因为他不吃黄鱼的。结果最后终于查清楚了,不是他倒掉的,吃了一个冤枉官司。

等到我们从苏州评弹学校回来,团里面的老师也都回来了,那个时候评弹团组织了很多中篇演出,写了《双金锭》《大闹辕门》几回书作为中篇的重要演出,还有《杨乃武与小白菜》中《密室相会》这回书在静安书场演出,当时可以说动静也是很大的,演出也是轰动一时。就是在这些很正常的演出中,我们小孩子也出去说长篇。我们出去说长篇,可以拿十五块钱,不去说长篇,可以拿十块五角。演出的时候总有人问我们的工资是多少。等到我们满书的时候,要评工资了,上海评弹团青年演员的工资标准是四十块五角,我们想我们也应该有四十块五角,结果区级团和上海团的有区别,我们拿三十四块,县剧团二十八块。三十四块钱的工资拿了九年,一直到我们结婚的时候还是拿三十四块钱的工资,一直到有了儿子的时候,变成四十三块。我们的区级团与市级团总是有区别的,总是不一样的。

1964年市里下了一个决定,要"大写十三年",大写1949年以后的十三年,所有的传统书目一律停演。这个决定像一个炸弹一样,书场要继续演出,我们都需要换现代书。团里面的老师也是非常不容易,以最快的速度都上马了,都是现代书,都是长篇小说如《苦菜花》《红岩》《林海雪原》《青春之歌》等小说改编而来。在这些小说里面加几支唱篇，就成了长篇了，就很快全变成现代书了。现在想起来，那个时候，老先生是真的不容易的，他们是不会说新书的。我和徐淑娟说的新书是《红色的种子》。苏州有一个集体创作小组，集体创作了《红色的种子》，蒲剑锋和蒲美玲学了以后，叫我们去听。听的时候，觉得这个书非常难听。后来听说上海评弹团的张鉴庭也在说《红色的种子》，我们便开了一封介绍信，提出能不能让我们也听一听。我们本身也是有演出的，我们在演出完以后，去听蒲剑锋的《红色的种子》，到了晚上，去听张鉴庭说《红色的种子》。早上就把两回书加起来一起，就变成我们说的书。吸收了他们两部书的成分，我们觉得好的，就说他们的部分，觉得不好的，就不说。有一次，我们跟沈笑梅老师一起越做，到朱家角去说书。老先生很可怜，本来他是说《济公》的，说《乾隆下江南》的，一下子要他说新书，说书的观念根本没有改过来。他在台上说书，我们两个在台下听，可是怎么也听不懂，有很多观念是乱说的，民兵说得都像土匪一样，东西是抢来的，羊毛毯说是美国货。他说的我们怎么也听不懂，连内容都听不懂。这一个阶段就是很乱的，但是很快就习惯了。团里面钱雁秋老师写了很多中篇评弹，我们青年一代就学，出去巡回演出，把团里面的中篇拿出去演出。

有一次到杭州去演出，台下总是有一位老先生，坐在场地的当中，坐姿非常端正，一动也不动，结果我们带队老师陆耀良说是盖叫天，天天来听书的，还把我们带到他家里去玩。到他家去后，发现一个厅里面全部都是红木家具，各式各样的红木家具都有，红木家具在厅上摆得很满很满的。他有一位孙女，十三岁，想跟我学琵琶，中午就请我们去吃饭。吃饭的时候正好下雨了，我们下午还有演出，我们就冒着雨奔回书场。朱维德的头发被雨淋湿了，他的头发很多的，被雨淋湿之后，头发都竖起来了，也没有吹风机，去理发店收拾也来不及了，手忙脚乱，最后把所有女生的发卡拿出来给他夹住，这样简单收拾了一下，就上台演出。

下农村劳动，参加文化工作队，我们又到崇明去。在文化工作队的时候参加"小四清运动"。那个时候已经开始搞四清运动了。我们还到驻扎在洋山深水港的部队里去体验生活。在海里面摇晃摇晃，好多人晕船，我们一上船的时候，他们就把木盆交给我们。每人一个木盆，给我们呕吐用的。海岛上面条件非常艰苦，周围都是海水，每人每天只能领到一杯淡水。大家吊井水洗衣服，井水打到后来，不是清水了，都变成了泥水。我们分到各个班里面，和战士一起参加训练。谁知道每天都只是训练趴在地上进行瞄准，很热的天气下在地上练习瞄准就是几个钟头。营房都是石头垒起来的，晚上刚分好，准备睡觉。刚躺下，紧急集合的哨音就响了。我们就飞快地出来，鞋子袜子都弄不清楚，总算排好了，连长说你们文艺界今天不用参加演习，回去睡觉吧，我们就各自回去睡觉。一起去的张文倩不知道他睡在别人床上了，因为营房都是一样的，他就睡到了别人的床上，别人来了，他吓得跳起来。张文倩第二天说，我昨天晚上睡在床上想啊，我们第一天来到部队，如果马上开始打仗，我们会不会死在这里？

我们和战士一起训练，训练了一段时间以后，开始准备进行节目的创作。当时海燕滑稽剧团的田丽丽跟我们一起去的，她是团长。部队里的人以为团长是了不起的。我们和她走在路上总会有战士给她敬礼的。他们创作了一个滑稽短剧，叫作《一百个放心》，非常好看，在部队里的效果非常好。说的是一个奶奶到部队去探望她的孙子，有好多笑料的。田丽丽老师是真的演得好。我们和她在一起，也是学到了不少东西。我们也带回了好几个节目，都在部队里写的，如《代代相传》《三碗鸡蛋》。《代代相传》里说"小妹妹，再见了"，被张文倩老师说成"小妹妹，赞还拉"。在台上许多书都能说得很好，但就是普通话讲不好，外地的战士听起来有困难。

从部队里面回来以后，我们又下农村下工厂，后来就派我们去参加四清工作队，不演出了。我们到川沙东沟工作队去做四清工作员。那个时候二十多岁刚刚出头，怎么弄得清楚。我们的任务是到厂子里面，一定要查出那些会计是怎么贪污的，队长是怎么贪污的。查账我们查不来，一大袋发票放在那里，只知道看有没有白发票，看不懂的。每次我们跟他们谈完话回来，我们心里面就想他们不是坏人，不会贪污，根本就不会贪污。有的是老党员，有的还是贫农出身，思想都是很好的，平时劳动都是很好的，他们怎么会贪污。但是老是听见，某某生产队的会计自杀了。对于我们来说，我们也是弄不懂的。有一次，我去开会，开会之前，我的心思是非常犹豫的，担心得不得了，结果去了以后，那些青年对我都很热情，我讲不下去的话，他们都会帮我接着讲下去。我与他们的关系都处理得非常好。后来我们回来以后，他们也老是来看我们，都成了好朋友。我们对这一场四清运动，从去工作队到回来，我们一直都没有搞清楚，都没有弄清楚是怎么一回事儿。最后，可以不要搞运动，回归到创作和演出了，我们就很高兴了。

四清运动结束以后回到团里，"文化大革命"也要马上开始了。有一部分工作组已经进驻了。我们工作队每人买了一本新出的《欧阳海之歌》，大家看完以后，都激动得不得了，都说这本书写得太好了。青年队商量说根据这个要搞一个作品出来。我们八个人，后来多了个凌子君，九个人，每个人认领一段，写得好也行，写得不好也行。大家积极性都很高，一个星期都写出来了。有的像样一点，有的不像样一点。经过反复讨论，我、朱维德还有凌子君三个人把书写出来后自己进行分工。青年队当时有一个很好的风气：从来没有争脚色的人，很自然地把脚色分好。我们想把它说出新意来，想了很多办法，有群口词，有快板，还评话，最后还有大合唱，弄得很新颖。那个时候天气是很热，有三十八摄氏度，我们自觉地进行排练。早上七点钟他们还没有来上班的时候我们就到阳台上面进行排练。正好来了一个越剧团的同志当我们的导演。排了一个多月之后，请团里的老师看一遍。演出结束以后，一点点声音也没有，隔了一会儿，老师都开始拍手。他们开心死了，说你们小青年不容易。团里给我们安排国庆节在西藏书场演出，我们心里很高兴，因为国庆节肯定市场反应很好。但是后来因为上海评弹团要演出，10月1—4日要让给他们，我们只好从5日开始。我们只好先到天山一个书场，先在那边演几天，回来以后再进西藏书场。我们的演出效果非常好，非常轰动，外面一直排队。碰到一个买票的青年，那时候听众都是青年，他一看到我就说，你们的演出我都听了九遍了，里面的唱词都背得出了。当时我们很感动。

后来形势一天天暗淡下去，我们就不演出了，到"五七干校"去了。长征评弹团到"五七干校"去了两年。两年以后，我们就各自转业了，到各个学校里面去做老师，文艺课教革命样板戏，我们也不会弹钢琴，第一次进教室就拿了一把胡琴。后来我们就调到上海评弹团去了。有的同事就分配到卖收音机、做糖的商店或者工厂里去了。长征评弹团相当于解散了。

二、"文革"时的经历和"文革"后重建"新长征"
（朱维德）

说起新长征（评弹团），心里头说不出什么滋味。那时我已经在"五七干校"两年了，头一年，我护送知识青年"上山下乡"，算是代表国家干部送他们到那边去。我一年在江西，一年在"干校"。我转业到学校的时候，没有跟我说任何话，只是说现在不需要你们了，长征团解散。假如不参加这次的分配，以后没有别的出路。可以去清管站，也不是说脸上过不去，倒是实实在在的没有体力。那我就硬着头皮到学校去。

我会弹琵琶，会弹三弦，但是我不会弹奏钢琴。我抱定一个宗旨：我不要做员工，我要做教师。我一定要进课堂，哪怕课上都没有人听，我坚持一定要进教室。第一次进教室的时候，拿了一把胡琴。当初也不叫音乐课，叫革命文艺课，授课内容包括样板戏，包括革命的歌曲，就教他们唱《红灯记》，我是这样过来的。后来没有办法，钢琴从最基础的指法练起，居然，双手十个指头，能够被我配合起来。其实我知道，我钢琴的水平实在是太糟糕了。

我所在的培光中学，来了两个正式的老师，都是音乐学院毕业的，他们在教音乐，我就不再怎么教了。讲故事是我的本行，我尝试在学校讲故事。当初的学校里纪律乱得一塌糊涂，要抓纪律，就讲《邱少云》教育学生遵守纪律，在学校里反响颇好。以后就叫我不要上课了，去讲故事。我自己找了《高玉宝要读书》这一章，进行加工。适逢知识青年"上山下乡"，还要"插队"，我再写这方面的内容，这样一来，我在学校就完美立足了。

"四人帮"粉碎了以后，我和徐淑娟被调往到文化馆报到。1977年的春节，是"四人帮"粉碎以后的第一个春节，一定要让上海人民过得高高兴兴的，文化馆叫我们演出，发挥我们两个人的特长。自己的专行已经放下了多年了,我从《评弹丛刊》上看到一个短篇《礼拜天》,原创是石位和饶云成,我照着他们的演出本演出。当初黄浦区,有两条线,我们是属于宣传部管的,是属于教卫系统,蒋云仙、周剑萍他们都是在财贸系统。所谓叫他们推粪车,完全没有这一回事儿,都是去是财贸系统或者影剧院的,比起我们在学校里头要好多了,他们是财贸系统的。

文化局局长流泽官复原职后,有一次把在文艺宣传队的同志找去,说要把评弹抓起来。去财贸系统把周剑萍、张文倩、蒋云仙调到这边来,请他们到文化馆。七个人成立了文艺宣传队,后来又增加了两个人,自己写作品同时演出。那个时候西藏书场九百五十个座位,黄浦区文化馆顶楼大剧场八百零五个座位。我们九个人在两家书场同时演出。好多人从南京路走到西藏路,两家书场同时演出,两家书场同时客满。这个时候上级部门明确肯定九个人的规模还要扩大,评弹团要恢复。听到这个消息以后大家都很高兴,虽然我们不知道以后会怎么样,但是长征评弹团是我们的家,我们回家了,这种心里头的高兴不能用言语来表达。我就感谢我自己当初的决定,在学校一定要上讲台。上讲台后,我的嘴没有停过。我的嘴不能停,我的嘴一停,我的基本功就完全废了,这六年我就做了这个事情,一旦有机会,上台是完全有把握的。

成立的新长征评弹团,是上海市"文化大革命"以后第一家恢复的区级剧团。九个人起家,从 1978 年正式成立文艺宣传队开始,对外公演卖票,票价很低,演出的中篇只能卖两毛五分。虽然人都是专业的,但是文艺宣传队是属于业余的,最高票价不能超过两毛五分。就是在这样的票价下,我们九个人一年以后积累了四万元公积金。剧团重建的时候,不要上面的开办费,就靠公积金已经足够。在这样困难的情况下,两个到七个,七个到九个,最后发展到二十几位演员,包括我们彭老师,他也一度参加我们的工作,到新长征评弹团来。凌子君也回来了,我们的队伍有二十三还是二十四个人。我们也招收学员,重建之后招收新鲜血液,新长征评弹团招了八个,这八个都是"新"字辈。

为什么不叫"长征评弹团"呢?当初我是请示了流泽,流泽说我们不是恢复长征评弹团,假如是恢复长征评弹团,所有的老演员都应当回来,容纳不了,所以我们现在加上一个"新"字,我们是重建,而不是恢复,以示区别。我们"长征评弹团"加上一个"新"字,就是"新长征评弹团"。"老长征"延续到"新长征",从当初各个评弹团的水平和演员的声望来说,除了上海评弹团以外,我们是排名第二的。除了在上海评弹团的名家之外,其他的都在我们团里面。这些名家都是真正的名家,不是徒有虚名的,都能独当一面的。当时我们新长征评弹团的成立是非常兴旺的,有很多人想通过各种途径,到我们评弹团来。

领导说评弹团,尤其是新长征评弹团,不能伸手向国家要经费,假如说评弹团还需要国家来贴补的话,那就成了天大的笑话。这个话是有根据的,"文化大革命"开始以前,老长征评弹团积累的公积金是十一万元人民币。但是这十一万元并没有用在我们评弹团演员的身上。当时黄浦区有七个曲艺团。比如说黄浦京剧团钱发不出了,长征评弹团这边支援五千,红旗戏剧团工资发不出了,我们要支援一些,这十一万元都被统筹掉了。文艺宣传队短短一年积累了四万元,这四万元,自己也没有使用。因为不需要什么开办费,男艺人,很简单的一袭长衫,女艺人,当时穿旗袍还不多的,买一个短袄。这四万元后来被上海魔术团办团拿去用了。我们是全民帽子,集体的身体。区级团属于国家单位,艺人填的表都是国家干部的表格,是属于全民的,但下面以后一律是集体的,所有制是这样分下来的。

三、改革开放后新长征评弹团的没落
（朱维德）

80年代初,电视进入千家万户以后,不单单是评弹,整个传统文化都趴下了。区里的领导感觉当初的做法有问题,但是继任的领导不管,维持原状,以前是怎么样的现在还是怎么样。从1984年开始,就没有工资了,全部靠我们自己演出,工资只是记录在档案上面。假如说国家规定加了多少工资,只是在档案里面反映出来。新长征评弹团没有一分国家的补贴。说到这里很心酸,很心酸的。我不大愿意提这一段的历史。

有一次参加江浙沪两省一市的会议,我把我们团的情况进行反映,我们自己也向区里头呼吁了几次,区里回复说没有经费。我们听了这话以后就很纳闷,黄浦区没有钱,全国人民相信吗?当初全国看上海,上海看黄浦。黄浦区没有钱,大家谁相信?

后来提出一个"零方案"。本来演出所得的收入要上交20%给国家,作为公积金,现在不要交给团里,团里也没有一分发给你们,大家不来不去。我们的养老保险和住房公积金所交的份额,是全上海最低的。到后来新长征评弹团招收的八个评弹学员,被上海评弹团摘桃子摘走了。他们现在都是国家一级演员。三个青年演员去了上海评弹团以后,我们这个团也就没有什么人了,以后也就不可能再培养新人了。

从"老长征"到"新长征",我是最后一个退休的人。我是2005年退休的。我看到了这两个评弹团由兴到衰,最后死亡的全过程。2005年退休的时候,新长征评弹团早已经名存实亡了。只剩下两个年轻的,现在说来也不年轻了,一个四十一岁一个五十六岁的最后两位女同志,被黄浦区文化馆纳入了编制。新长征评弹团这块牌子还在,据说已经进入了档案馆。退休以后我被聘任到戏校,在戏校教了七年。上海评弹团招收了三届同学,2008届、2009届还有2012届。等到这三届同学毕业,分到评弹团以后,我在戏校的教学任务也就完成了。

以前没有体制内或体制外的区别，体制外的剧团不可能存在，也活不长。昨天看到有人评论《繁花》要改成评弹，居然说长篇小说改成评弹，《繁花》是首次。其实1964年以后的许多长篇，其中有很大一部分都是由劳动人民喜欢的长篇小说改编的，《青春之歌》《林海雪原》《苦菜花》《迎春花》，等等，太多太多。在1964年就已经干过这个工作了。

现在评弹演员要自己养活自己是不可能了。肯定有老师或者同学会提问现在还有没有可能振兴评弹。我的回答是不可能了。问题的关键在于没有人再喜欢听评弹了。听众的断层已经严重到找不到听客。社区剧团的演出是一把双刃剑。我们有同学从学校里面毕业，没有地方去，本事也不好，也没有吃饭的书。评弹演员是需要长篇书目安身立命的。比如说《描金凤》评我为传承人，只有我能够说全《描金凤》。我的师兄张文君已经八十七岁了。我们的同学刚刚从学校毕业去实习，就有四百的收入，老师上去演出也是四百。已经死掉的大名家，假如他们活过来，上台演出也是四百。有好多小演员觉得反正我上去有四五百元的收入，所以对自己的技艺向上的追求得过且过。听客也不是来听书的，是政府买单叫他们来听书。今天人少，这些年轻的演员就不说了，拿了四百元就走。

社区书场这种形式的演出不是很好，到时间去报账，财政把钱划到你的单位里头，像这种政策，我们以前是从来没有享受过的。民营的剧团早晚要被这种方式给害死。听说去年国家给予上海评弹团一大笔补贴，他们现在只要拿基本工资就很够了，根本不需要演出什么长篇，赶到外地，把家庭抛弃去跑码头。我们当年是每年十二个月，休息一个月，这一个月的时间还是团里面安排的休息时间。夏季大家整修半个月，一起学习，春节以前大家休息半个月，也是集训，除此之外都在外面演出。一年至少要演出二十档，不会少于二十档。现在每人要完成一年一百五十天的演出任务都感到完成不了，对我们来说简直是笑话。一百五十天的人物你在外面演出五个月就解决了，他们都完成不了。现在区县的剧团也基本没有了，在宝山有一个沪剧团，其他的在我看来是不行的。一分钱补贴都没有的团体怎么可以跟国家给予大量补贴的团体相比。

尽管遭遇了许多的不平等，但我实在是喜欢评弹，喜爱这门艺术，认定的事情我就把它走到底。我现在已经七十三岁了，还能唱还能演，但是我也不愿意再唱再演了，因为心已经碎了，彻底地凉了。许多话可能讲得过激，讲得不妥之处，请唐老师及各位同学多多指正。谢谢大家。

演讲时间：2017年3月21日

整理者：尹业通

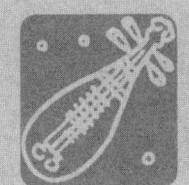

第四十五讲
寻找评弹的现实意义：
我对评弹的实践与感悟

当前评弹面临着很大的危机，书场数量大量减少、艺人不愿出去跑码头，不同市镇听客欣赏口味的差异对于提升演员的技艺的促进作用也便渐渐消失，现在演员不愿意承担这种压力。另外，近年评弹界在求新求变，出现了交响乐评弹、话剧评弹等艺术形式的结合，但几乎都失败了。所以形式的创新不能忽视对艺术本体说、噱、弹、唱的保持和提升。评弹危机的出现一方面是因为社会环境对评弹和其他曲艺不利，评弹说书的艺术特色不能得到充分展现，而且评弹所赖以生存的吴语区的语言环境也已经发生了巨大的改变；另一方面则是因为评弹的根本——长篇书目长期得不到重视，受制于艺术体制机制，长篇的发展远远滞后于中篇，这大大削弱了评弹的艺术本体。艺术贵在创新，但前提是坚守艺术的本体。

徐惠新

著名评弹表演艺术家,国家一级演员,时任上海评弹团副团长、上海市曲艺家协会理事。1979年入上海评弹团,师从弹词演员刘丽华,不但在说表演唱方面有自己的特色,而且是为数不多能创作编写脚本的演员。代表书目有《玉蜻蜓》《顾鼎臣》《三笑》《双按院》《王宝钏》《秋海棠》等。曾连获三届中国苏州评弹艺术节优秀表演奖,并多次获得中国曲艺牡丹奖等重要奖项。

一、我的从艺经历

首先我要说一下，我不是艺术家，差得很远，我只是一名演员。到这里来，说很忙都是托词。因为唐老师研究评弹，已经出了很多书，书籍我也拿到了，研究的深度和广度都看到了。我知道上海评弹团是吴宗锡，苏州是周良，浙江方面暂时还未有文本方面的成果。周良的研究主要侧重于传统，对评弹历史、艺术方面探讨得比较多，吴宗锡先生也写了不少关于评弹的文章。我知道上海师范大学有一个研究中心，由唐老师牵头。唐老师是唐耿良先生的儿子，对评弹深有了解，由他做负责人来对评弹进行研究，不仅是对上海地区的评弹，而且对整个评弹的理论探索都有推动作用。到这里来，我好像有一种回家的感觉，是以一个演员的脚色来与大家交流。现在我还在书场演出，前几天我在雅庐书场演出。我是 1980 年入团并开始演出，到今天已经有三十余年了。我就是以一个演员、一个亲身经历者的身份，来给你们讲讲我的评弹经历。刚刚唐老师讲到评弹讲座已经进行到第四十五讲，这是非常了不起的事情。

虽然我家与周云瑞有一点关系，但我并不是从小就接触评弹。据说周云瑞小时候喝过我外婆的奶，算是奶妈吧，也就是这样一段关系。有时候他到我家来，看到我外婆要叫妈妈的。不过周云瑞去世得比较早，四十九岁就离开了人世，而我当时才小学五年级。我当时没有学过评弹，因此也没有接受过周云瑞的指点，我仅仅与他一起下过象棋。

我是 1975 届学生，分配工作时，因为我有一个姐姐是上海社会青年，所以我请老师帮忙分在卢湾区的烟糖公司，在工厂主要负责修理磅秤。当时可以说，我基本上是公司中唯一的磅秤维修工人，也算是有一门技术。但就在这时候，我听别人唱评弹，业余接触到了评弹，觉得好玩，感觉也蛮好听。后来一个教师，把我带到他家里。他播放蒋月泉先生的评弹曲目给我听。那时候"文革"刚刚结束，还是偷偷地播放。但我一听就着迷了，所以我特别理解业余票友、发烧友的状态。一个是因为词很美，另一个是因为听的是蒋月泉的调，的确很糯很嗲的感觉，那种音乐的感觉是很棒的，后来就一发不可收了，就这样唱起来了。

我特别喜欢唱评弹曲目这种热情，我到现在也无法忘记。我就这样唱了两年多。那时候正好有一个参加学习的机会。具体情况是这样：就是上海评弹团 1974 届如邢晏春、秦建国等，经过五年学习到 1979 年毕业了。他们毕业之后，就显示出一种现象，就是有一半的学生毫不犹豫选择转业了。他们常说的一句话就是"不喜欢"。我对于他们当时的一个看法是，他们收进来的时候都是要凭成分的，是要三代红的。可是要在上海保持三代都红是挺困难的，如果有人选择开个小店，就意味着他不红了。他们大多数来自青浦、嘉定，都是上海近郊的农民，上海的贫下中农是这样一个根基。但是这些孩子到评弹团学习了五年，要让他们在这期间就迷恋上评弹也比较困难。这种感情没有深种下去，因此他们五年毕业后就选择转业。当然，他们当时转业也都是蛮好的选择，转业到上海博物馆，这份工作也是蛮好的，因为一般人是考不到这个单位的。当时应该总共有三十七八个人，一下子就转业了一半。现在仍在评弹界的十多个演员，基本上都是夫妻档，成为夫妻或者朋友后也就走不了了。就是这样一个格局。还有一个就是男生嗓音要变的。我就是在这个时候作为插班生考进去的，当时可以不论成分。我父亲以前是开五金店的，不论成分的前提下就提供给我进去学习的机会。我考进去之后算是插班生，他们比起我多学了五年。我就是自己唱进去的，上了半年的课。杨德麟给我们上音韵、三弦、琵琶课，蒋月泉教了我们两个月的唱，姚荫梅教了我们两回书，其实就是念念剧本的一个过程。当时一起的有四个人，一个是杨振雄的儿子杨骢，一个叫王建新，一个叫卢娜，还有一个我。现在他们三个人都走了，只有我一个人算是以这样一个经历进去。

　　说到学艺，我觉得是又苦又甜的一件事情。都说上海评弹团是评弹界最高级的殿堂，但是我进去后，一个老师也没有拜到，很吃亏。即便到了退休我还是觉得很吃亏，因为没有师父，在团里面遇到困难的时候，没人为我说话。我进去的时候，以"蒋调"见长，一门心思要学习《玉蜻蜓》。领导就说我可以学，唯一能拜的老师就是苏老师，结果苏老师说他不收学生，只能跟着听。我听了三个月，最终也没能学成《玉蜻蜓》，就自己和卢娜排排书，还没上台演出。然后因为秦建国和邢晏春吵架拆档，团里面当时比较倾向于保秦建国，因此把卢娜调过去与秦拼档。我就成了单档，书目也换到了《三笑》。后来我还和王佳敏拼档说《顾鼎臣》。《顾鼎臣》是没有剧本的，而且张鉴庭先生说书很奇怪，书都在自己的肚子里面。也可能是因为经历过"文革"，文本已经不存在了，就几张纸。我和王佳敏就凑合着拼双档。然后我也与秦建国一起拼说过《双按院》。

　　在团里的这一段时间很辛苦。我后来在想，当时是怎么坚持下去的？因为当时我什么也不懂，也不会。以前是跟师制，先生在哪里，学生就跟到哪里，这个机会我是没有的。如果能够跟着先生的话，你就能看到先生在台上的风采与神态，以及先生在每个书场表演的变化。先生在表演时流露出的这些神态，是学生最好的学习内容。但是当时我没有这种机会，那时候我就寄希望于有一个先生。这是我觉得很苦恼的地方。经历了多年的说书实践智慧，我感觉书能够说，但是感觉自己不能进去，有很多不懂。

我是依靠着唱来支撑自己，因为我唱得还行。我小时候唱过好几年样板戏，那时候弄堂里面有个阿公，他是拉琴的，所以就有人给我伴奏，我唱了很多年。后来我还拉过两年小提琴，所以对音乐的简谱、五线谱比较熟悉。我到评弹团里时，已经在外面唱了两年，这时我再坐到蒋月泉面前的时候，感觉蒋月泉之前教的知识我都懂了。因为我唱得好，我就凭着这种热情，在团里还有一席之地。为了不让这种热情冷下来，我一直都在慢慢地学习，评弹艺术里还是有很多的地方需要学。说、噱、弹、唱是评弹演出的四大技艺，其中"说"是最要紧的。如果演员的"说"过不了关，那你从事评弹演出一定是很辛苦的。那时我心里边就一直有这个想法。

我艺术人生的转折是怎么出现的呢？我喜欢看书，所以到评弹团以后，有一段时间我在后勤处专门抄剧本。团里收藏的剧本有的很老旧，看不清楚，就要拿出来抄写。吴宗锡看我的字还行，所以就叫我抄剧本。在抄的过程中，我就觉得老剧本怎么好像不大灵光，其实剧本与先生所说的是有一定距离的，甚至有的剧本都没法说。所以在我还不怎么会说书的时候，就已经会改剧本了。那么我是在什么时候开始有一些机会？是1975、1976年搞中篇评弹《秋思》的时候，本来轮不到我，我只能给他们搞搞音乐。可是邢晏春、沈世华在说第一回的时候，怎么也说不好。因为这里有一段写爱情、"上山下乡"，他们觉得这个编剧写的总归说不进去，表现不出来。后来这个编剧跟我说邢晏春他们提出一个要求，叫我给他们改一下。我当时年纪很轻的，很斗胆地说"好好好"，就拿回去改了。用了一个晚上，我就改了九章。九章改完后，我就给他们念。那时候，石文磊老师是艺术顾问，当全部演员坐下来之后，我就给他们念，等我把这九章念完了，他们全体热烈鼓掌。他们很高兴。其实《秋思》花了我很大的心思和精力，里边有的剧本、唱词都是我写的，基本上邢晏春所有演唱的谱曲都是我谱的。我进团几年之后，就是这么接触了创作。

后来评弹界举行了第一次的评弹艺术大奖赛，是评弹界"文革"结束以后的第一次大奖赛。条件很苛刻，每一档演出只有一刻钟，自己组合。那时候邢晏春就说："《秋思》你帮了我大忙，为了报答你，我和你拼档，但是有个条件，就是你给我写一段一刻钟的新故事。"那时我觉得他的名气很响，就说"好好"，就写了。那时候我年纪轻，三天就写出了一个剧本，根据国外小说《初恋》改编而成，讲述的是两个教师代替两个学生写情书，他们都不知道对方是谁，写信的过程中老师都爱上了对面的学生，然后到了学生结婚的时候，这两个教师遇到了，然后才知道原来信都是他们写的，他们相爱了。就是这样一个故事，一刻钟时间。这就是"剪书"的才能，就是说你最精彩的书目。那时候我们一段书最起码是五十分钟或三刻钟，要把它剪成一刻钟的，基本上没有人能剪。所以每一档一刻钟的书目，基本上就是老师在背后给他们剪。比赛的时候，有的演员一刻钟只能唱一段，说故事来不及；有的演员只能讲一段对白，唱段放不进去，因为超过一刻钟。我这个故事是外国故事，没人听过，说和唱都包含在一刻钟里边，他们称之为创新，给了第一名。那时候只有一个第一名，我们没想到在这样的大赛得奖了，给了我很大的信心，心想我写的书，居然还能够得奖。这样一来，我对自己的写与说增强了信心，这是很重要的。

后来上海要拍一个叫《江南明珠》的电视剧，讲的是评弹界的这条历史线。他们选演员的标准就是既要会说书又能会表演，又是年纪要跨十六年的。原本他们定了张振华和邢晏芝，但是那时候他们已经四十几岁了，要他们演十几岁是不行的，演四十几岁正好。结果他们在评弹界找不到合适人选，后来找到了一份江浙沪评弹大奖赛的资料，一看得第一名的演员卖相不错。那时候我们团里的周树生主任被党组织选中去读大学，又是周振华任副团长的时候，他就让我去任办公室的代主任。所以我参与和他们签合同、谈事情等一系列过程，他们以为我是个行政人员，后来一看资料，知道我是演员，而且年龄、形象都挺合适，最后他们决定让我去做剧中的男主角。十集连续剧拍了有半年，这半年对我以后的表演很有启发。因为我以前一直弄不懂"跳进跳出"、怎么表演，而拍剧的过程就给我打下了一个很好的基础。我等于是参加了一个影视表演班，在这半年里边最起码要拍一千多个镜头，那一个镜头要拍好几遍，要有无数次的表演，但最讲究的是演员的内心表演，要求观察自己的内心，要内心动了你才能动，身体动起来才合理。这段经历等于给我上了一课。以前我学得最完整的书是《王宝钏》，是我去苏州学的，也没有拜师。我拍完戏回来以后，刘丽华先生说："我的剧本钱不要了，你就算我的学生。"

接下来，我就把我的想法好好思考了一下。因为我不想一直坐办公室，也有人来找过我拍电视电影，我都不喜欢，只想说书。我想继续说书，又该准备怎么说呢？后来我了解到有一本小说叫《秋海棠》，是秦瘦鸥先生写的。我通过关系找到苏州说这部书的王汝生老先生，当时他已经退休了，苏州评弹团居然没有人继承他这部书。这正好给了我机会，他也知道我唱得蛮好。他说："徐惠新拿去吧，多唱唱。"老师们有的时候很直接，就是叫我多唱唱，这部书会唱红的。我就花了两百块钱，书就拿过来了，还是团里边替我付的钱，那个时候真的很便宜。但是拿过来的是几本练习本，后来我还全部寄还给他了。拿了练习本后，我再看秦瘦鸥的原著。无锡电台里有位老先生也为我提供了帮助，我送了他两条香烟，他就把王汝生当年的录音给我。后来我一听，只有一半是王汝生说的，还有一半是薛君亚说的。我也不用去管它，总归有一个范本，然后我再根据这个范本进行改编。我举个例子，就像现在我们电视里放二十年前的电视剧时，我总归会逃走，觉得听不下去，因为情感太外露了，但是演戏的经历给我很多经验。说书挺难的，我是上海人，所以要过语言关。还有就是我说书书面语太多。我的前辈都说："徐惠新你的书里边书面语言很多。"这可能跟我喜欢看戏有直接关系。他们就只能说到这个点上，我也没听懂，但是后来我就把这个问题作为一个非常严重的问题看待了。因为说书就是要口语化，一环扣一环，但也不能太口语化，不然会显得很俗气，所以这就是一个雅俗共赏的问题。这在说表里面，是一个很值得研究的问题。

还有我们所说的要拎起来说还是放下来说的问题。这要求演员能掌控住自己和听众的心理状态，掌控整个说书的节奏，掌握人物心理变化。这些都是我们说书人一直在研究的问题。我觉得每出一个新的剧本，就是对这个人的历史、环境、心境等各方面都进行研究，然后你才能把书中的对白、渲染和表述说到位的，这个研究是无止境的。所以越往后说书，就越觉得难。一些人认为说书不难，他们实质是把说书认为是背书。

我有一个这样的经历。没有老师教，我主要靠创作。我认为创作就是要不断地推敲，我从蒋月泉先生身上也学到了这么一点，也是我觉得最重要的一点。以前我以为我唱会了他的曲调，结果他给我上课的时候，他居然对每一个字、每一个音都有想法。他那时已经退休了。他就喜欢想，比如他说唱《莺莺操琴》的时候，就能感觉到风是小小的，但很凉爽，池塘是小小的，但是水很清。只要放一放他的唱篇，你一下子就能进入这个意境。他对人物、环境、意境，已经把控得很仔细了，所以我在创作的时候也在一直思考。即你的文本已经很精，你背得已经很熟了，但是以后还是要不断地自我否定。我敢说大部分演员都不敢这么做，所以很多演员就是背下来，以后再也不改动了。如果按照这个思路，剧本就是死的，但评弹是一种活的艺术，哪怕同样是表现这个人物或者这个场景，都可能在你不断表演的过程中发生变化。而且还有一种叫语境变化，如果这句话本来是这样讲的，你突然投入了另外两个词，它的语境就马上变化了。这些都是可以灵活变化的东西。如果你还想要更加精致、更加好的话，你就要不断地自我否定，评弹表演就是这样一个来回的过程。所以从我的经历来说，我觉得写作给了我一次又一次的否定。我写一个剧本，如果觉得这段不好了，即使是好不容易写出来的，我也会擦掉。可能会觉得可惜，但是该删就删，如果不删掉，下面就写不出来了。我就是这样来走自己的艺术道路的。

我大概是从1987年开始创作的。原创的短篇有十四篇，其中弹词十篇，评话四篇。我刚刚讲的是获奖的作品，还有一些作品没有获奖，比如《"文革"后的老人相会》《老马迷途》等。其中《梁祝·梳妆》是我费了很多心思来写的，获得过中国曲艺牡丹奖的文学奖。《梁祝》是大家很熟的故事，我就从另一个角度来写。我一直觉得当时就算梁山伯来了，也过不了祝英台父亲这一关，因为与马家的婚事已经敲定了，来了又能怎么办？这个故事是我应台湾方面的演出要求而创作的，对方要求专门做一场关于《梁祝》的演出，各种戏曲种类都汇集在一起演《梁祝》。我知道越剧总归会把《哭灵》《十八相送》当作他们的拿手戏，而我们就什么都没有。后来我想还是要创作新作品，我就找到这个视角来展开。之前我看越剧剧本《楼台会》的内容是很空的。于是我写了一段：祝英台坐在楼上，梁山伯说我来了，下去怎么说？她在楼上要不要见？这一段祝英台的心情应该是很复杂的，弹词要怎么来体现它呢？我就用"梳妆"这个角度来表现。祝英台想如果化女装下去，梁山伯看到还了得？那就得换男装，再下去和他断绝，可能他好过一些，但后来又觉得换男装不对，边上的丫鬟就问她，接下来该怎么办？她又不能说接下来我就寻死，她说我可以走啊。但是她自己也知道，今天和梁兄最后一次见面了。既然是一个悲伤的结局，那我今天何不打扮得最美呢？因此又重新换上女装，整个故事就是表现这么一个情节，但写得很细腻，把我们评弹擅写内心戏的这个长处凸显出来。

我原创评弹作品中，弹词有：中篇《陈其美1911》《董竹君》；短篇《公车》，就是讽刺现在公车私用现象泛滥的问题；《啼血杜鹃》，写的是李煜知道自己的妻子小周后被留在宫里时那种悲苦的心情；《红豆谣》写的是常熟县里有一棵红豆树，讲的是昭明太子的爱情故事；《往事如烟》，是我看了相关的回忆录后，从中取材，写了一些评弹名家在"文革"中被诬打成特务的经历；《访大山》，之前习近平有一篇散文叫《忆大山》，所以这个作品已经算是上海市委宣传部的精品工程了。评话作品中，短篇有《遗忘了不起的人》《蓝衣天使》这两篇，还有一篇中篇《真假美猴王》，今年9月份我带所有的江浙沪评话演员在逸夫大舞台演出。改编也是有的，大概有九段折子，如《杜十娘》的《沉箱》、《珍珠塔》的《婆媳相会》、《啼笑姻缘》的《征兆》《什刹海》、《王魁负桂英》的《情探》等，包括现在电视上所能看到的晚会上演出的《啼笑姻缘》的选回都是我改编的。一直改到《三国》选回《震马》等，这是我为他们专场改的。改编的中篇只有一部，就是《雷雨》，那就是我为苏州评弹团创作的，还为他们表演，得了很多奖。算到现在，大概中篇有六部，短篇十四部二十多回，还有长篇《秋海棠》。这就是我的主要经历，从艺到现在怎么进去、怎么获益的过程。

二、谈评弹的现状

我所认识的评弹的现状问题，我觉得主要是三个问题，一个是书场，一个是听众，一个是学馆。主要就是那三块，回避不了的。

（一）书　场

可能搞书场研究的人都知道，以前我们江浙沪出听客的地方，现在有的只剩下一家书场。比如说常熟，说起来以前有几百家书场，现在城里也就只剩下一家书场，还管理得一塌糊涂。无锡以前那么多书场，现在也只剩下一家老林书场。以前还有一家书场是归锡剧团管的，现在也关掉了，我前几年还去演过一次。上海的书场多一些，乡音书苑是我们团里面的，它也是蛮另类的，一个星期说一回书，当然不能说长篇；雅庐书场搞了一个古色古香的氛围，五十五个位子，我这次去演从头到尾客满，但是到第五十六个人就不放你进来了，一个位置都不加。老板也不是没有经验，他的意思就是人少一点好，人多了像消防、卫生这些方面都要检查的，就这样我们已经觉得很好了。再比如说苏州，最有名的是光裕书场，有的时候里面有几十个人，就是比较少见；山塘街、平江路茶馆点唱开篇，专业业余两路都有，很赚钱，晚上点一个《宝玉夜探》好像要一百二十块钱。

然后就是现在的社区书场。社区书场的存在对评弹而言无利，听客过来一块钱都不用出，不用出钱对老听客来说是一种享受，但大多数老人是来打瞌睡的。如果收费的话，他也就不来了。如果这个社区书场是每周演一次，说明这个社区是蛮喜欢评弹的，有的社区就是两周一次了。我们有时过去演出是没有人接待的，就自己背着乐器过去直接演出。一个化妆间房间，台上一个长凳，两个靠背，供我们演出。所以我们有些青年演员慢慢地就随便了，穿着牛仔裤、跑鞋，直接上去说书了。社区的听众也不懂、不管。现在的评弹都在往那个方向发展。苏州有很多社区，说要发展一百家社区书场。然后苏州先生不出来了，他们白天在当地说书，晚上就去唱开篇，赚两份钱。这样一个饱和的农村书场，与他们交流往往是交流不起来的。在这样一个环境下，要发展评弹比较艰难。说书艺人也不是很努力，他们的想法就是不能太卖力，太卖力了晚上唱不动了。但是不管怎么说，苏州的评弹比我们的评弹还是更有市场的。这就是现在书场的情况。虽然我出去生意很好，能够打破人家十年没有的上座率，不过你这里只有一个书场，说不定明天就关了，而且他们看效益也只看经济效益。所以我很担忧现在的书场状态。

（二）听 众

听客的状况现在很不好，现在听评弹的听众不多，而且大部分是老年听客。我从上海说书一路走到今天，我觉得评弹是在走下坡路的。其实现在人寿命很长，平均八十岁还是能够走进书场的，有的都九十几岁了还坐在下面，所以我们演员很苦恼，像我这样的已经是说过多年书的人，要"挑逗"八九十岁的人笑一笑，让他兴奋起来也不容易，更不用提现在的青年演员了，他们无法面对这样一个年龄层的听客。另外还有说的故事已经很老了，这点我与评弹小组的眼光不太相同，我认为现在已经到了一个需要新故事的时代，当然新故事不可能马上就能与传统书目的艺术内涵相提并论，它有一个很动听的故事已经很难得了。从杨子江到魏忠秋、李刚这些说政治书、"文革"书的演员，名气自然不如我，但他们在书场的号召力比我强得多，一个书场我去说书，满客已经不得了了，他还能多几十个人。所以现在的听客想听新鲜故事，但现在同样是一个创新与时代脱节脱得很厉害的阶段。还有一个就是语言环境，由于1949年以后各地区推广普通话，方言在逐渐消失。比如旧上海时期的滑稽戏在调侃人档次低时，就喜欢说他们对苏州不怎么样,嘲笑嘲笑。因为在上海整个的发展过程中,苏州人带来了财富和文化。所以以前在上海听到有人讲苏州话,你会觉得这个人文绉绉的,是有点档次的人,这对于苏州评弹进入上海是一个特定的条件。今天这个条件基本上已经丧失了,人家也没有觉得苏州话在整个语言环境中处于很好的地位。所以,语言环境对于评弹的重要性,并不是今天我们推行上海话就能扳回来的。

(三)培养与传承

我就从建立评弹团后的培养来谈。可以从三个方面来讲,一是能力培养,二是关系,三是政策。

1. 剧团培养

对于这个能力培养问题,之前吴宗锡先生来做讲座时讲了他怎么到评弹团来,到评弹团来以后的工作、成绩,他的思想,写了一个挺详细的东西。我看了以后,就想了很多。有些想法是很早以前就产生的,只不过不知道他的详细经历。我觉得能力培养这方面剧团应该发挥主要作用。但这一方面我们是失败的。当然我这个说法可能过激了一些。为什么呢?我认为吴宗锡到评弹界担任领导的时候,评弹艺术已经过了一个大浪淘沙的时期,进入高峰期了。之前评弹花了很长时间从苏州进到上海,站稳脚跟,有了三大单档、三大双档,大世界唱红,之后马上就跟上了下一代名家群起,比如"七煞档",等等,他们的创意前卫,使他们迅速取代了三大单档、三大双档。从音乐上来说,抒情性音乐已经出现了,说书开始变得更加精练,更加当心,更加注意细节。一代在取代上面一代。

1949年以后就成立评弹团了。当时吴宗锡手上拿了一副好牌,一个中篇可能有两拨人,你生病了、闹情绪了没关系,马上可以换一个与之同一层级的名家顶替,能力绝对不差。他那个时候主营方向是对的,社会转型了,人们上班了,生活节奏加快了,所以我们就来弄中篇。中篇进入市场后反响很好,那个时候一个中篇出来要三个月,听众要半夜排队去买票。我看他的主营思想也在这里,在那个时代他把这件事情做好了,很多中篇出来了,他就是把包括蒋月泉在内的这批名家集中起来,专门做中篇,演出长篇的任务基本上交给了那个时代的青年演员。后来还从区级团里"采花",挑选优秀演员来填补长篇演出的空缺。名家们的主要精力还是放在中篇上。我看到一句话:他说那个时代是要出人、出书、出听众。这与陈云说的又有不同。作为一个团长应该是特别关注听众的,但那个时候的听众其实不需要担心,听众很多很多的。那么我觉得吴宗锡的做法一方面是排兵布阵,把一批很有能力的演员放在中篇上面,另一方面把长篇放在青年这一辈身上,他就这样走过来了,很辉煌。但是从他后来培养学生的这个思路来看,就开始出现一个糟糕的倾向——模仿。一代又一代的学生,排好路子,保持模仿,好几代的学生都是这样。因为他认为只有模仿，才能继承下来，这也是当时整个演艺界的情况。

所以在今天看来，评弹没有把蒋月泉、唐耿良等用十年工夫取代了三大单档的创新精神传承下来，我们只是看到他们的中篇成就，却没有看到创作中篇背后的创新精神，这份精神才是吃饭的本钱，也是国有剧团的艺术使命。所以我觉得人才培养，不是让学生去听一节课，讲我们要创新，但在实际中还是以"像不像"来评价演员，这种"心口不一"的标准很有害。我认为最好的模仿就是模仿精神，不是外表。可惜最容易模仿的就是外表。比如说张振华先生说书很严谨，眼睛手面他都是连着的，这种模式给一个刚入行的学生太好了，你说这句的时候手这样放，说那句话的时候手放到那边，老师、听客一看就觉得你很老练，才学了半年不到各方面基本到位，一挂口手这么一来，他就觉得你这个孩子有出息，但是说了十年二十年，你上台说书就一直是这样。拿一个新剧本给你，你就没办法理解人物脚色，水平一下子从上面跌到下面，人家说这个人说得挺好，怎么现在说不好了？所以不能只是模仿外表。

2. 关　系

我主要指师承关系，这点很重要。现在关系不是很好，学生来考的时候也是要托人。现在的小青年比我们那个时候更注重人际关系。

3. 政　策

我觉得现在的政策是不死不活的政策。我是π会开得很多，其实在操作的时候就一种感觉：自生自灭。就是可能领导有领导的想法，但我们一直是这样一种想法，觉得好不容易有一门江南的艺术在上海发祥，出了那么多的流派，出了那么多的作品。但是或许上面觉得现在的时代不是一定需要你们了，你们一定还要拿出点东西来，跟得上这个时代，所以他们就觉得你们缺钱，以前作品报上去五万十万，现在多一点，就是在保护评弹。体制改革以后，京、昆、越、淮、沪、评弹这些曲艺单位是发全工资的，其他都改成公司了，如滑稽有限公司、交响乐有限公司等。但我们就是通过改革又回到八几年的老路上去了，现在拿工资好像就是有一个保障似的，也就这么不死不活地过着。浙江省、江苏省政策虽有些不同，但总体差不多。就是在这样一个书场环境、人才环境、听客环境当中，评弹就这么不死不活的状态。这就是评弹的现状。

三、艺术创新需要开放的心态、宽松的环境

还有一个问题就是思想开放。因为我很多年在写作，好像能够更深入一些，但其实很多东西就是写了、说了、丢了，就是这样一个现状。吴宗锡先生也说他做了一个"整旧"工作。他说的是《白蛇传》，蒋月泉与朱慧珍搭档，给评弹界创造了一个男女生合唱的范本。然后还整理了

《描金凤》中的选段,搞成一个中篇《老地保》,还有《三笑》选回《点秋香》等。这份工作是重要的,但并没有惠及长篇。也就是说"整旧"工作只是把这部长篇中最精彩的那段截取下来,再整理加工,却没有继续做下去,一直到秦建国这代人,我们拿的还是"文革"之前的版本,"整旧"工作基本停滞了。

其实"整旧"工作对于评弹未来的发展是具有重要意义的,是我们面临的一项重要的工作。为什么呢?我们知道清朝的时候出现了流派,"马派""陈派",当时有些书目在外面是很受人喜欢的,书台上能表演的书目也非常多,这得益于相对宽松的环境。但是他们说的书背景大多数是明朝,不是清朝。反而是到了民国来了一部《杨乃武与小白菜》。到了今天我们再说明朝的故事,其实这里面就牵涉到"整旧"的问题。1949年以后的"整旧"发生了什么事情?演员觉悟很高,马上就自己判断下来什么是黄色的,什么是政治的。这说明说书先生与时代有着很密切的关系,那个时候的说书先生大多有"评"的能力。但是我们现在的演员做不到。同样是人,为什么你就没有这个能力?

第一个,1949年以后政治氛围太浓了。比如现在我们复排《海上英雄》《王孝和》,演员自己觉得还蛮有劲的,唱得蛮像蒋月泉的,但是对白一出来,我一听就不像解放军,因为这种表现手法在那个时候都是程式化的,当时确实很好,但与今天的思想是两样的。

第二个,阶级斗争。这样的思想其实一直在影响文艺创作,作品中碰到矛盾时,最后来解决的都是毛主席。这个就是我们的创作思路,一直到今天。我们一个是政治的简单化,一个是我们不敢去挑战这个观点,剧本在写作之前就已经要审核了。我创作《董竹君》这样民国到中华人民共和国成立初期背景的作品时,书里面有这样一句话:"最为难的时候,天总是要亮的。"很多人听的时候就说:"惠新啊,你怎么这样写啊?"这样写他不会给我最好的表演奖。这些东西我经受到了,我也觉得如果我也不敢跨出去,你叫我们评弹有多少的思想信仰?在今天大家其实思想很活跃的,我们评弹居然老守在那个明朝的时候,一点"俗"的东西都不敢沾,还认为《玉蜻蜓》里面三师太在庵堂里面生儿子就是反封建。雅俗共赏的东西如果你把它全部扫干净,那么你书里面的人情味是很淡的。我们讲现在的演员不会放噱头,因为这两路东西都被卡死了,演员从来没有在书中增加自己的思想。其实就是偶尔看看网上的段子也会觉得很搞笑。但是我们现在的评弹演员都没有这个能力。一方面自己在绑着自己,另一方面在说我要冲破,你是没有这个能力的。所以我说好的作品、表演就是要重视对人性的剖析。《血战钢锯岭》就是讲美国大兵他到战场上不要枪,不能杀人,因为小时候差点把自己的兄弟敲死。就是这样一个人,前面的这样一个矛盾,军队中怎么可能不杀人。结果到了战场上,一场战斗下来,他救了七十几位受伤的士兵,人家都逃走了,他临逃还是想到要回去能救一人是一人,在我看来这就是好思想、正能量。电影中是上帝焕发了他的这种人性，但有人说是文化侵略。这种思想、观念限制了文艺创作，就好像自设了禁区。所以这就是我作为一个演员自己创作时要思考的许多东西。

创作《访大山》，创作习近平。还没有写之前我们最大的一个矛盾在于中国的文艺作品写领袖人物是在他去世之后写的，这大概是一条规定。但是写作《访大山》，一定会离不开习近平。他做过三年的县委副书记，他就和这个作家有沟通的，他们成为朋友不知道要讲多少话，这些话习近平自己的文章中一个字都没有，叫我创作那怎么办？所以我先看他们创作，他们都不行了再到我这里来。我第一个办法就是要打开、放下，让习近平像一个平常人说话。结果我写了对白，后来表演给艺术部的司长，他们表示是习近平，而且表演者是一位女性，如果硬要找一个特型那书也不要说了。这就是解放思想。因为我自己是写作品的，凡是写到政治题材方面，基本上没写之前我已经自己一杠一杠画好了，中心与边缘，写好后赶紧演。所以我给苏州评弹团他们写了《雷雨》等，这个就是一个经验。我很高兴，因为《雷雨》它是一个话剧经典，剧情无懈可击，转换成评弹后也比较成功，成为他们的保留书目。所以整个文艺界都是比较热衷于搞那些已经过了很长时间的东西，但是真正的一个说书先生，必须和时代紧密结合。回过头来，现在再说《玉蜻蜓》《三国》，这里面还有多大的空间给你们去发挥？《玉蜻蜓》《珍珠塔》《三笑》《白蛇传》当年都是经典书目，都经过了几代人的修改。就说《三笑》，徐云志的《三笑》还不怎么样，黄派《三笑》，刘天韵的《三笑》肯定嗲得不得了。但1949年以后改了改，《三笑》也没有人听了。听众听起来很无聊，里面抽掉了那些关于人性的东西。《白蛇传》削掉了它神话的东西，凡是后来说《白蛇传》的，都说不过蒋月泉，还说不过江苏省团的内容传下来的《白蛇传》。抽调了里面的鬼怪、因果报应等内容，因为怕得罪宗教，然后你的故事不好听了，是人是仙无法评说。我们1949年以后一路走过来，自以为我们是在整理，最后我们可以说一句蛮智慧的话：我们可能也舍弃了一些传统中的好东西。不是我们可能删掉了一些东西，而是我们把内里创作的思想舍弃了。

所以我一直在想，他们成名的时候总是在抗日的时候，怎么名家都是在那个时候出来的？那个时候是日本人统治时期。后来我看到一个研究，就是在抗击日本人的时候，苏州地区咖啡馆、酒吧、书场等很多如雨后春笋，那个时候国民政府有告示贴出来，算是批评，娱乐行业尤其是说书先生，几乎做的是汉奸的工作，为他们而唱。但现在想想，一定要是在提倡开放自由的统治者手下，才能有兴盛的文艺创作。所以上海的英租界、法租界虽然有他们的法律，但是某些精神很好，比如说电台随你开，讲的内容也从来不限制，所以那时候的创作思想是一种开放的心态。我们现在说这是音乐创新的功劳，但我们没有注意到那个时候新作品的创新之处，比如说《啼笑姻缘》《秋海棠》《杨乃武与小白菜》等，都在那个社会产生了影响。这些我们回过来看，评弹的创作思想在之后受到了一个比较大的伤害。然后进入到工农兵的写作，再接下来是"文革"，政治

唐力行教授（左）与徐惠新先生（右）合影

思想一直贯穿始终，提醒文艺工作者先进与落后、阶级斗争这样的界限。

　　以上就是我对于评弹创作的主要感想。如果我经历过这些实践，说的东西写的东西还是一味颂扬，那我也觉得没有多大的意思。这就是我对于评弹现状的一个了解。解放思想，创新为主。艺术贵于创新！当然在创新的同时，也不能丢掉艺术，要坚持本体。还有一个就是我希望用我自己的实践，再走十年。我觉得在整个评弹界应该有这样一个共识：要提高思想，勇于实践，提高自己的能力。

演讲时间：2017年4月18日

整理者：高勤

第四十六讲
从评弹演出机制话书场与评弹兴衰

  结合多年对上海书场管理的感悟，王正浩从书场的时代变迁探讨评弹的兴衰沉浮，思考书场和评弹在当代社会的意义。首先，本文介绍了上海地区书场的变迁，并且探讨了评弹兴衰在演出机制的反映，书场经营模式僵化缺乏竞争力、演员素养衰退和社会价值观转向是评弹走衰的主要原因。书场作为评弹的演出场所，是评弹艺术的晴雨表，最能直观体现该艺术的兴衰。现在书场数量大量减少，艺人又不愿出去跑码头，演员与听众缺乏交流，书场作为艺人与听众交流、提高技艺的场所的功能逐渐消失。书场不是缺乏听众，培养好演员、写出好书目才是问题的关键，进而培养听众的消费意识，重振评弹艺术的文化消费市场才能使评弹逐步实现良性循环，为艺术注入新的活力。

王正浩

  1947年出生于上海。1960年考入上海市人民评弹工作团。1962年师从著名评弹艺术家张鉴庭。代表作有传统长篇弹词《顾鼎臣》《十美图》《秦香莲》和现代长篇弹词《红色的种子》。1982年调入上海市文化局，先后在演出处、市场处、社会文化管理处工作，负责演出市场管理、调研、法规制定等工作，兼管民间艺人管理和文化稽查。1984年担任文化部江浙沪评弹工作领导小组上海方面联络员。2007年担任上海市书场工作者协会会长。2009年成为国家级非物质文化遗产项目"苏州评弹"上海市级代表性传承人。2015—2016年带领江浙沪评弹演员先后三次出访日本，受到日本前首相鸠山由纪夫的亲切会见。王正浩既是一位评弹演员，又有多年评弹书场管理的工作经验，对书场管理与评弹艺术兴衰有独到的理解。

一、学艺经历

我今年七十一岁,三岁开始听书,在太仓路的大陆书场,最初是父亲带我去的。那时年纪小,其实不是去听书,是去吃小吃的。书场里的点心很好吃,到现在我想念的还是里面的面筋百叶汤。那时我家住在金陵路马当路,对面就是大华书场,时间长了听着听着就喜欢上了评弹。我读小学的时候,一下课就去书场听书,听到服务员都认识我,所以我常常不买票听白书。那时几乎天天听书,后来自己试着弹唱,是1955年。1960年上海评弹团招考学员,当时不是我自己要去考,是一位相熟的说书前辈问我要不要去试试,他可以介绍我去。那个时候我念中学,还不懂这是怎么回事儿,就抱着玩的心态去了,没想到我被录取了。那时乐器我都已经会弹了,也会唱,可能因为这一点我比别人有优势吧。虽然书不大会说,但是跟着张鉴庭老师的唱片学过几句,没想到两年后真能拜张鉴庭老师为师。1962年10月,我正式拜张鉴庭为师。当时拜师没有仪式,我们学员住在评弹团三楼,二楼中间的会议室供演员们开会使用。那一天学校领导把我和另外一个同学从三楼叫下来,我们当时不知道什么事情。到了会议室,领导跟我们说:"今后你们拜张鉴庭做先生,他就是你们的老师。"然后我们向老师三鞠躬,拜师仪式就结束了。那个时候是8月份,9月份开始听老师的书,当时老师还在大华书场说折子书。结果到9月下半月,老师突然跟我说:"10月份我要到苏州演出,你和我拼双档。"我当时吓坏了,我什么书都不知道,就要和老师拼双档!没办法我只能硬着头皮上,结果我总算跟老师拼了五天双档。其实老师有下手,现在想来其实老师就是让我上台历练。这五天真的太紧张了,老师早上给我讲书,把书的梗概告诉我,同时给我看唱词。晚上八点钟上台说一小时到九点。我只有一下午的准备时间,晚上演出就要全部背出来,那个时候真的是被逼出来的,哪有像现在学生学书这么开心。现在学生背不出唱词就把文本放在台上,我们叫"摊铺盖",在台上唱,记不住就看一下。这种情况在我们那时根本不可能出现。我随老师在码头上学《十美图》《顾鼎臣》,主要就是跟老师学了这两部书。当时老师跟别人拼档说《秦香莲》,我也就学会了。后来老师说现代书《红色的种子》,我也就记下来学会了。

20世纪60年代老师说《芦苇青青》的时候,我们青年队也排《芦苇青青》。有一次老师嗓子哑了,临时让我顶替一次。第一次跟师叔拼档,我非常紧张。师叔的琵琶一弹,我紧张得差点把词都忘了。"文革"结束后,老师在码头上听我说长篇,指出我需要改进的地方。那时,书场还提供食宿,但是书场不再把收入与演员拆帐,我们是从评弹团拿工资的。一直到1982年,老师跟了我好几个码头指导我说书。同年团里找我谈话,说上海市文化局缺管理评弹的人,想让我去。我去征求老师的意见,一开始老师不同意,但是他后来说:"领导叫你走,你留在这里也没意思。"他就叮嘱我一件事:"在我所有学生中,《十美图》是你一个人拿全的,而且拿的是经过陈灵犀、马仲英改编润色过的。《顾鼎臣》你只要整理到《劫法场》,后面的书太野了,也不适合男女档演,希望你帮我做好这两件事。"我答应了老师。现在我就在做《十美图》的文本整理。从《杭州烧香求子》到《金殿十美团圆》,如果一天说两个小时,大概能说六十天。业务上先生的长篇我学到了,技艺上师叔的琵琶伴奏我也学会了,周云瑞老师的三弦技艺我也学会了,当时赵开生说:"我要唱还是要你来伴奏。"

1982年进入上海市文化局以后,我先在演出处工作,负责整个演出管理事务。我去文化局后,因为《大百科全书》要收录评弹唱段,我跟师叔录了八个开篇。所以不论从工作内容还是个人情感上,我始终都没有离开评弹。2007年退休后的五年内我没有登台说书,因为局里有规定,退休前负责的业务,在退休五年内是不能从事的。2012年开始我通过登台演出的方式回忆两部长篇的内容,帮助自己整理全文。当时我们学艺很苦,没有录音机等速记设备,只能靠脑子记,自己最怕记的就是唱词。老师要求当天晚上就要把内容全部都写下来,所以看似一个月的书内容不长,但是学下来特别辛苦。现在我在整理老师的书,一边看剧本,一边上台演出回忆长篇的内容。这时就能感觉到口传心授这种教学方法的好处了,当回忆某一部分时,脑中就能浮现出当时老师是如何表演的,我的印象非常深刻。像现在一些老师教学生的方式,是给学生一盘录音带,让学生自己听自己学。我认为这种方式不可取,长此以往会让评弹艺人的整体水平降低,因为评弹是要口传心授的。

二、书场情况

传统书场最先出现于茶楼,采用个体经营模式。旧时茶楼号称"百口衙门",星罗棋布的茶楼编织了江南市镇的社会交往网络,嵌套于茶楼中的书场也天然具有信息交流和传递的功能。评弹演员号称"活口",通过"跑码头"与各个地区的听客交流信息。演员这一群体逐渐成为社会交往的关键环节。通过对历史时期苏州至上海间书场分布情况的分析,不难看出书场进入上海的两条途径:一条是北面从苏州到常熟到太仓到嘉定;另一条是南面从吴县到吴江到青浦到松江。

但是无论哪条线，到了黄浦江基本上就停止不再延伸了。最初，专演评弹的书场在浦东很少很少。因为浦东（今川沙、南汇、奉贤、金山）原来有我们上海的地方曲种，比如浦东说书、松江的锣鼓书、上海文书。上海文书起先我也不知道，后来到了上海市文化局工作以后，民间艺人也属于我管理的范围，我在梳理上海地方曲艺的品种时，发现还有上海文书这种曲艺，但是这个演出的人很少。在浦东，评弹书场只分布在比较大的村镇，比如说高桥、南汇。在比较大的县城里面可能有一个到两个书场，其他的小村镇基本上就是以浦东说书为主。

"文革"造成曲艺演员的断层，"文革"以后浦东说书、锣鼓书就更没有人听了，但是这些演员还存在，他们需要谋生。其中很多人就学评话，因为学弹词的还要学乐器，评话只要一块醒目一碰就可以上台说，相对于弹词入门门槛比较低。所以好多的沪书演员在那个时候开始变成了苏州评话演员。在这种情况下，评弹也就慢慢进入了浦东各种书场演出了。书场在上海的空间范围突破黄浦江的限制发展到浦东地区。

20世纪20—40年代书场分几类，一种是传统的茶楼书场，茶楼书场非常多，但服务对象不一样。一些书场服务的对象是"短打帮"，他们是劳动人民，比如十六铺码头附近的茶楼书场的服务对象是码头工人、鲜活行的伙计等这一类人。他们不穿长衫，所以称他们"短打帮"；还有一类茶楼书场开到了城里，虽然也是茶楼书场，但是他们的服务对象是"长衫帮"，比如钱庄、大商场的伙计；还有一类属于高档的书场，以饭店、舞厅内设书场为主，如巨鹿饭店、东方饭店、沧洲饭店附设书场，新仙林、仙乐斯、维也纳、米高梅等这一类舞厅都开书场，它们的服务对象往往是大学教授、生意人，还有二奶，他们在家没事就出来听书。这类书场跟茶楼书场有个区别，称之为"新式书场"，因为当时书场里能有个电风扇已经不错了，但是最好的仙乐斯书场在室内装有空调，这种情况极少。据我了解，当时上海地区（包括周边农村）的书场（包括说沪书之类曲艺的书场）有六百多家。那时评弹演员也多，社团也多，上海有普余社、润余社，不加入社团的艺人也很多。正因为演员多，在市场自由竞争的情况下才会不断优胜劣汰，也正因为如此才会大浪淘沙、响档辈出。蒋月泉、王柏荫、张鉴庭还有唐耿良都是当时的大响档，他们就是在竞争中脱颖而出的。我老师张鉴庭"七进上海"才站住脚，他原来跟的老师是朱咏春，说的是《珍珠塔》《倭袍》。说这两部书的人很多，响档也不少，老师他如果一直说这两部书的话，很难有竞争的资本，所以他后来改说《十美图》《顾鼎臣》。刚改书时因为艺术质量、剧本等各方面不行，所以一次进上海来站不住脚出去了，二次进来不行又出去了，到第七次才在上海站住脚。当时上海书场多、演员多，演员能够在上海站住脚本身就是一件不容易的事情。

促进评弹大发展的另一个原因是评弹与新媒体的结合，私人电台"空中书场"如雨后春笋般出现，推动了评弹的艺术流派唱腔的发展。比如说沧洲书场的老板陈子祯，他也是亚美麟记广播电台的老板,所以他既是电台老板,又是书场老板。还有一些书场本身就是电台的所在地,演员一面到书场演出,演完后马上到电台去唱。所以当时依靠新媒体,评弹进入一个迅速发展的阶段。当时书场进入大发展时期,评弹也进入大发展时期。我认为这一时期的评弹的大发展主要是借助了新媒体,因为当时广播电台是最新的媒体,那个发展得极为迅速,当时电台都是私人办的,一下子就如雨后春笋般涌现了好多电台,做广告评弹演员就上去说。评弹发展同时也推动了评弹艺术流派唱腔进入大发展时期。所以那时候晚上没事儿在弄堂里,不是唱评弹就是演京剧。那个时候京剧也不错,但是评弹不比它差,到处都能听到评弹。

中华人民共和国成立后到50年代上半期,评弹书场数量又有大增加。这一时期是因为很多跳舞厅关门了,那个时候舞厅不能经营。有些舞厅本身以前就附设书场,所以不少舞厅转为营业性书场。那么当时有不少舞女因为不能跳舞,生活来源没有了,评弹比较简单,只要能够唱唱,会弹两下就可以上台,所以当时评弹队伍又有一个大扩容,就是有一批舞女转行进来了。这种情况一直持续到1955年,1955年以后评弹界全部公私合营。书场的经营体制也转化了,不再是个体经营,再加上当时一些舞厅书场已经转化为专业书场,书场就直接归文化管理部门主管了。所以书场在管理方面又有所变化,管理变化导致经营上面也有变化。

以前书场经营,书场老板要考虑的问题比较多,首先要关照"衣食父母":一是听众,是衣食父母;二是演员,也是衣食父母。因为当时演员住在书场里,他的吃饭、住宿都是由书场提供的,不是要演员自己付钱的。演员中有句行话叫"待情","待情"好的演员会愿意再来跑码头,场方招待不好的演员以后就不来了。如果书场请不到好演员,就会影响上座率,听众不多收入就少,收入少就无法维持自己的生存,因为个体户是以此为生的。

其次,书场老板还要能在同一地区各个书场的竞争中立足。当时一个小镇上都有两三家书场甚至于三四家书场,镇上本身人口不多。如果其中一家书场请到了好先生,其他两到三家的经营状况就会很惨淡。1963年我跟老师去海宁跑码头,当时响档先生有多风光呢,等于现在的演艺明星,追星族追明星一样。我们到硖石镇说书,硖石有两个书场,一个叫高楼,一个叫名乐(1949年以前硖石有三四家书场)。我老师10月1日在名乐书场演出,我们9月30日到海宁。我们是坐火车去的,从火车站到书场乘三轮车要二十分钟这么一段路。结果我们下了火车,火车站的人群规模相当于在迎接一位贵宾,群众夹道欢迎,从火车站开始一直到书场门口两面都是人,大家都来看响档张鉴庭,可见当时的响档先生确实有一批忠实的粉丝。到了名乐书场以后,高楼书场是苏州评弹团的钟子亮在唱,他的父亲钟士亮是有名的"钟家一条枪",但是这个人在艺术水平上不及我老师。听众的取舍就很能说明问题,才过了三天,他来跟我老师告辞,他的场子里面已经没人了,听众都到我老师的场子里面了。这种情况下,书场经营者能不考虑么?所以场方事先要做好情报工作，一定要摸清楚对方书场的档期安排。然后根据他们的安排来请先生。请先生还要考虑场方的财力、物力。场方情愿多付一些钱请到好演员以求书场效益最大化。而且请演员有几个原则："大小书结合，单双档结合，男女档结合。"比如，连续四期都是评话那也不行。

最后，场方还要对传统长篇书目要熟悉。我老师曾跟我说："我说得最长的长篇，一年只要换三家书场就可以了。从春节开始到端午节，端午节开始到中秋节，中秋节开始到春节。"但是"文革"以后，长篇的长度只有十四五天了。我们知道长篇的内容很丰富，但是现在的长篇大多只保留了其中一段。比如《玉蜻蜓》，实际上从金贵顺游庵开始，一直到开缸滴血认亲为止，但是现在从君卿荣归开始到厅堂夺子结束，一直说这么一段。听客不是来学说书的，一直是这么一段给听众听是不行的。所以有人就想办法，把长篇中的一段中的名称挂出来，比如《十美图》里的《玉鸳鸯》《珍荣挂帅》《三徐龙潭》《珍贵认亲》《孽缘奇恩》等，实际上内容都是《十美图》，若场方对书目不熟悉就会上当。比如5月是《十美图》，6月请一档《孽缘奇恩》，7月份来一档《玉鸳鸯》吧，那书场就无法经营了。

场方既熟悉书目，又掌握对方书场的情报，再根据自己书场听众的要求，合理安排自己的业务，应该说这个书场的经营情况会不错的。

现在有一种情况，场方不安排业务，把安排业务的权力交给演员，这是闲杂书场最大的问题。虽然我自己也是演员出身，但是演员往往考虑自己的利益比较多，所以交给演员去安排的话，他首先考虑自己的利益。另外，现在有一些演员拼命抢书场，抢书场的业务经营权，明明书场给演员一场书四百元，那么这个演员就会跟出码头的演员说三百元，自己捞一百块，这种情况很多。他们也会用这种方法欺负新人，这种情况是不正常的。以前开会，我对书场老板说，经营权一定要掌握在自己手里，不然老板完全被架空，书场是经营不下去的。但是现在能够经营下去，因为现在书场没有竞争了，完全是国家拨款支持。我刚才提到的书场老板的经营方式现在经营者都用不到了。

从50年代的初期到公私合营以后，书场分类也在不断地变化，因为当时有很多新单位出现，比如出现了园林书场、工会书场（杨浦区工人俱乐部、上海工人文化宫）等，这一类书场是从50年代开始慢慢出现的。我到文化局接管书场管理工作的时候，把当时书场分为以下几类：第一类，专业书场，文化局管辖、文化部门所属的书场，属于演出系统。有上海四大书场（仙乐、西藏、大华、静园）。中型的比如西园书场、雅庐书场、东方书场都是属于文化局管的，所以我们称它为专业书场。第二类，文化馆站书场，文化馆、文化站虽然也是属于文化局管的，但是属于群文系统。第三类，商业书场，是属于上海市商业二局管的，包括上海市区的茶楼书场。第四类，上海供销合作社管的书场，我们叫供销书场，实际上是农村郊县的茶楼书场。第五类，工会书场，属于工会系统管辖，因为当时俱乐部开书场的很多，虹口第一工人俱乐部、虹口第二工人俱乐部、静安第二工人俱乐部、杨浦工人俱乐部、上海市文化宫等。第六类，园林书场，当时公园开书场的不少，比如说最有名的复兴公园，它的书场开的时间比较长。还有蓬莱公园、杨浦公园、和平公园这一类，公园、园林开的书场属于园林局管辖。所以我在接管文化局书场管理工作的时候，上海有六类系统二百六十八家书场。那个时候书场已经是萎缩得很严重了。因为50年代早期是六百多家，到50年代后期萎缩了四百多家，因为公私合营以后，有些个体户的书场就慢慢自行消亡了。那么到60年代时候又萎缩了一批。"文革"结束以后，当时有过一次爆发性的发展，但是这种现象是不正常的，当时到处都开书场。"文革"十年听不到书，"文革"一结束，连学校的礼堂都开书场。那个时候的书场业务状况很好，只要书场一开，场场客满。票价不高，一毛五分钱一张。演员和书场五五分拆帐，演员拿七分半，看着不多，但是一百个客人七块五，四百个人三十元，在那个一个月工资三十四块的时代，一天收入三十块是相当不错的了。所以当时一下子开了不少书场。这个时候文化局提出书场要整顿，不整顿不行，这样会使文化市场乱套的。因为书场开得太多，市场却没有那么多演员，有很多不是演员的人也进书场演出，艺术水准良莠不齐。

当时书场跟演员的关系是，场方提供演员食宿，收入分成是拆帐制，拆帐分为以下几种：一般书场拿得多，演员拿得少，书场与演员一般是六四开，如果是响档，书场让利五五开。但是到了1949年以后，上海评弹团统一规定，演员拿六成，书场只能拿四成。从这个时候起拆帐的比例被固定下来。后来"文革"以后书场的经营情况不太好，所以拆帐情况有一些变化。当然，有一些还是老的，叫"死包活拆"，就是演员演出，书场给定额的费用以"保底"，八十名听众，四十块一场。必须保证有八十个听众，这个底价演员才能赚到。超过一个人，书场给演员加两块钱，这个叫"死包活拆"。这就看演员的水准，有的时候演员"活拆"的部分所赚比"死包"的数额还多一些。现在这种情况很少，现在还能看到"死包活拆"情况的是武定书场。底价三百元，多一位听众加三四元钱。一共一百二十个位子，起码要八九十位保底。"活拆"的余地四十个位子，哪怕四元一张，也才一百二十元。反过来，你像长艺书场，演员情况好的话半个月还能收入一万多元。应该说现在演员的收入还不低。从拆帐到"死包活拆"到现在最流行的包账（包银制）——全包什么都不管，不论单双档都是定额。这几年物价上升，现在江苏、浙江的包银价格涨得很多，上海因为财务管得严，涨价不容易。江苏现在有包八百元一天的，如果是春节等节假日，包银能涨到一千元一天。而现在上海最高的价格才六百五十元。包账表面上看起来保障了演员的收益，但是带来的弊端很多，等下后面再讲。我是不大赞成全包的。全包演员用不着考虑自己艺术水平的提高，用不着考虑竞争，自己根本用不着动脑子考虑如何把书目完善，自己的表演如何，这些他都用不着考虑。我上来一坐，只要说够九十分钟，我四五百元到手了。有一次我到苏州乡下一个社区，是包账的，我在台下坐了一个小时都没听懂演员在说什么。

"文革"以前上海有四个大书场，四个中型书场。在当时都是蛮有名的，但是"文革"期间，书场一下子垮掉了，"文革"中保留了三家书场，一家静园书场，一家大华书场，一家西藏书场。"文革"中评弹处境艰难，因为江青说评弹是"靡靡之音"，听了是要死人的。所以唐老师放了一个噱头，今后打仗只要我们评弹演员上去说书，敌人就能大片倒下去死掉。但是很奇怪，评弹没死掉。据说是张春桥、徐景贤意识到评弹能够非常及时地反映现实事件，昨天有新闻今天就可以拿到台上去表演去宣传，其他戏曲曲艺做不到如此之快地转化"现实为艺术"的速度，但是评弹有这个能力。"文革"以前评弹就被评价为有"文艺轻骑兵"的作用，张春桥和徐景贤看到这一点。所以评弹创作的开篇完全是喊口号式地满足"四人帮"的需要，作为"文革"宣传的工具。邓小平二次复出时，"四人帮"又搞了一次评弹开篇，当时把一些老同志骂得很厉害。

"四人帮"被粉碎后，评弹处境就好转了，因为有一个得天独厚的环境，就是陈云同志的支持，陈云对评弹的关心，相比其他曲艺，党领导人关心程度如此之高是很少见的。他无论对评弹艺术还是对演员都很关心。1983年底他也谈到过对书场加强管理的问题。到我接手书场管理工作的时候，那些场方的经营方式还是像我刚才说的那样，他要考虑到听众、演员、其他书场竞争的问题。随着时代的变化，这一情况就发生了转变。一来是80年代后期经济挂帅，文化是绝对斗不过经济的。倒闭最快的就是农村供销系统的书场，当时文化局已经看到这个颓势，而且制定了挽救措施即"要把营业性的演出场地停掉，必须要征得文化主管部门的同意"。但是收效甚微，因为文化局的规章管不了上海供销合作社。

三、书场管理

专业书场和文化馆站书场属于文化系统管辖，问题不太大。但是大量的茶楼书场是属于供销、商业系统的，如果这批书场倒闭，评弹市场将面临巨大危机。因此，1983年文化局建立了茶楼书场联合管理小组，目的之一就是把供销系统包括商业二局管理的书场的人员囊括进来，希望与他们一起把茶楼书场管理好。一方面，在组织上我们成立了茶楼书场联合管理小组。另一方面，在法规上我们制定了《上海市营业管理条例》，并明确了"要把营业性的演出场地关闭，必须要征得文化主管部门的同意"这一理念。但是收效甚微，我专门去各书场走访，场方跟我说："现在各单位都要考核经济指标，经济指标是第一位的。按照这个指标，我们当然要找能赚钱的行业进驻了。一个三百平方米的书场白天晚上都演出，扣掉成本以后赚不了多少钱。但是三百个平方米我去做仓库，什么事情都不操心，一年稳赚三五十万。"书场一年盈利三千和盈利三十万哪个重要不言而喻。对场方负责人这一说我无言以对。利益面前文化无法和经济指标较量。所以到20世纪80年代末90年代初，书场一下子倒闭了很多，从二百多家到只剩一百多家。这还是我们多次做工作，供销系统稍微卖我们点面子的情况下，就是把最底层的小乡村的书场关掉，大的镇、主要县城的书场还保留了一部分，比如奉贤的南桥书场、南汇的百乐书场。

上海市文化局的书场管理组（业务组），负责统筹全市书场的评弹演出市场的业务安排，当时各个评弹团也有专人负责业务与书场对接，比如上海评弹团的业务员是王传介，长征评弹团的业务员叫张新根，东方评弹团的业务员叫柳正栋，新艺评弹团的业务员叫陈和声。业务员负责团里演员每个月演出的场次安排和调度。像大的团体上海评弹团可以挑场方，而一些小的评弹团业务员则要去主动找场方，所谓"店大欺客，客大欺店"，通过跟场方联络感情安排自己的业务。当时相对好安排，因为演员收入都是归团里，所以演员只考虑上座率，只要听众还算满意就可以了，因为还要考虑自己的面子。所以演员都会服从业务员的安排，最多发发牢骚"怎么又是一个庙桥村浜的小书场"，但是演员肯定去。那时书场还分面子书场（客流量大的好书场）、旮里书场（听客少的书场），但是也不会出现演员因为被分到不好的书场而拒绝去演出的情况。现在业务员基本没有作用，因为市场经济下演员优先考虑收入问题。所以现在有业务员的团体很少了。

当时演出收入以分成来算，书场把收入的60%送到团里，自己留40%。现在体制变了，演员的收入构成已经经过几次变化，但是这个变化并不太理想，实际上就是经济收入再分配，有的是把演员的工资取消，有的是保留一部分工资。现在的情况是，演员有一部分工资，自己在外的演出收入，团里按比例收取一部分提出，剩下的部分归自己。实际上现在的收入构成跟以前的方式很相近，只不过工资数额不多，只是作为今后演员提职称级别的标准。还有团体不发工资给演员，演员自己在外演出，费用收入的5%上交团里，其余部分自己保留。越是这样做，演员考虑自己收入的成分就越高，他首先就会权衡场子包银的数额。现在演员把演出收入作为选择书场的唯一标准，这种现象非常普遍。这样一来，演员就不会按照业务员的安排去演出了。很多书场就遇到过演员不来演出的尴尬局面，书场的经营受到很大影响，书场很为难。一般一个演员安排好，至少半个多月不用担心演出的问题了。现在苏州评弹团制度又在改，变成工资全部发给演员，所有演出收入归团部。这就跟"文革"以前一样，但是已经习惯收入归自己的演员就很难接受这种模式，这就导致演员更不想演出了，因为不演出工资照拿，但是晚上的评弹茶座非去不可。我调查了一下，现在江苏省的青年演员基本上都在评弹茶座，只有评弹艺术节举办时才能看到这些青年演员，因为艺术节上得奖可以评职称，等到拿到一级演员的职称，他们就不再上台了。有很多演员拿到一级演员职称以后就再也没有演出过。江阴一家书场，管书场的竟然是评弹演员。

现在书场的管理体制也有些问题，政府支持"东方宣教中心""文化配送工程"对于评弹是好的，但是问题是听众不付钱就可以听书，今后听众还有没有消费的习惯？这种免费书场越多，对经营性的书场威胁越大，评弹凋零得越快。现在政府不让提高书场的包价，而且文化部发文建议群众文化活动一律免费。来付钱的听众都是要来听书的，书场改成免费以后，很多人不是来听书的。听众在书场蹭空调、蹭开水，上面演员说书，下面这些人在聊天。而且演员对书场免费也有意见，高博文跟我说："这样一来，我们演员的价值怎么体现？"

以前的老先生非常谦和，他们在书场跑码头，书场伙计早上起来烧开水他们就起床了，和当地听众一起吃早茶，交流信息，很多有水平的听众会提出很好的改进意见。我老师跟我说《十美图》的很多唱词就是书场里的听客，一位秀才，帮忙把唱词润色了一下，润色过后的唱词比以前好很多。评弹演员的语言水平不错，但是文学功底大多不好，"唱得好说得活"的演员不一定文学功底好，像徐丽仙老师基本是半个文盲，我老师的字写得也不好。以前的演员因为家庭条件不好，文化水平都不高，所以他们在书场就能从听众那里学到很多东西。书场也是演员提升艺术水平和修养的地方，但现在书场这种氛围都不存在了。以前有一家农村书场本来开得很好，一位老先生做书场的志愿者，每天早上六点来书场烧开水，一切按照之前的茶楼书场经营模式经营。后来老先生年纪大了，干不动了，政府又招不到人，书场只能关门作罢。现在语言环境也没有了，推广普通话对方言的冲击很大。

到20世纪末书场又出现了一次大低谷，这次是因为评弹演员越来越少，演员数量填不满书场；再加上当时苏州旅游业开始勃兴，很多景点搞晚上的评弹茶座点唱，最初点唱一支曲子五十元，现在起码八十元；再加上当时强调市场运作，不要以前的计划安排，这样一来评弹演员情愿在苏州，不愿再来上海。原来江浙沪演员是相互交流的，江浙演员都愿来上海，单位命令和规定可以保证演员在江浙沪区域的流动，现在市场运作了，演员把经济收入放在第一位，不愿意可以不去，团里的命令无法约束演员。现在青年演员收入都不错，基本都人手一辆车。从前评弹演员买得起车的很少，大响档才会有。到上海跑码头，油费、住宿、吃饭都要自己解决，加之无法照顾子女和家庭，上海的收入又不高，几种因素导致演员不愿再来上海跑码头。

第一，与江浙相比，上海书场的收入没有优势。一般上海一场五六百，能提供这个价格的苏州书场比比皆是。第二，在苏州，晚上还有评弹茶座的点唱可以去，夜场包底二百，点唱演员和书场五五分成。晚上一个演员起码能唱两三支，这有两三百收入，加上保底五百左右。算下来一天的收入至少也能有一千一百元，但是支出没有，还能照顾家庭。现实状况导致演员都不愿意来上海跑码头。这种情况就是在20世纪末21世纪初开始凸显的。所以当时领导小组开会时，我再三呼吁。我开始呼吁说书场大量关闭不行，浙江情况更严重，原有一百零八家，20世纪末时，只剩八家了。原来行话中的书码头，如湖州，当时湖州有四五家书场，现在一家也没有了。20世纪90年代我在领导小组上拼命呼吁要支持书场，当时采取的措施有：一给书场补贴，二评先进书场，评上后有奖金——虽然不多，因为书场本身盈利不多。雅庐书场当时是上海市的先进书场，而且雅庐书场的负责人评上了上海市的"劳动模范"，书场的管理人员能够评上"劳动模范"的就这一位。全国江浙沪所有书场出了两个"劳动模范"，一个是全国"劳动模范"，是嘉兴书场的负责人；一个就是雅庐书场的上海"劳动模范"。因为当时雅庐书场的演出很多。雅庐与其他书场不同，一天开三场：早场、日场、夜场。一年能上演一千零五六十场，所以当时文化部副部长还给它题词："演出超千场"。每年演出千场的情况是极少的。一次我问这位负责人，不算外面的录像补贴等，扣掉成本，只把管书场的职工工资算在里面，一年收支平衡后盈余有多少？一年辛辛苦苦一万多场下来，前年还总算盈余两千多元。说老实话，书场不是一个盈利单位，靠书场盈利是不可能的。也正因为如此，所以那些靠盈利的经营系统就先拿书场开刀，首先把书场关掉了。商业系统、供销系统先后都关掉了，园林系统也关掉了，现在工人俱乐部的书场也关得差不多了，因为工人俱乐部前一个阶段也强调要搞收益。一说要搞收益，第一个关门的必然是书场。

现在上海从郊县到市区还剩下四五十家书场，好的情况是上海市提出要"文化送下乡"，东方宣教中心搞的文化配送，这样一搞农村中的文化馆、文化站还留了一部分书场。但是这些书场已经不像书场了，最小的一家大概只有这间房子的三分之二，就给你一个台子一个凳子。对象就是村里面的老人，这种书场最少的听众位子只有一个或几个。实行包场制，演员一场三百块，在政府的支持下只能说书场在农村还有保留，但是情况很不乐观。那么现在上海营业书场还有两家，一家是雅庐书场，还有一家是上海评弹团所属的乡音书苑。但是乡音是一个异类。我们说书场，以前两月一档，现在十五天一档。但是乡音是七天一档，其中一天休息，一回书说六天，但是要十二个星期才换演员。乡音的听众很多不是来听书的，是来聚会的，校友会之类。这里来的听众已经不是我们一般意义上的听众。还有文化馆站的营业性书场倒不少，有二三十家。真正的经营性的茶楼书场很少很少，在南翔还保留了一家，这一家书场开出来以后经营状况还可以。七宝书场已经算是旅游书场了，因为是开在旅游景点内的，更加奇怪的是，这家的经营者对我说："王老师您安排演员尽量挑不太好的来，好的来了，客满烧开水都来不及，我们累得要死。"所以也是一个另类。七宝书场现在的状况是，因为是旅游景点，作为有特色的文化景观，一定要开门经营。但凡有办法，他早就把书场停掉了。所以七宝书场和南翔又不一样，南翔书场倒是一本正经开了书场，还是照以前茶楼书场的样子认真经营，还为演员提供住宿。但是对演员也已经是包场制了，不像以前拆帐制了，这基本上是当下书场的现状。

十年前我最后一次搞评弹演出市场调查的时候，发现了一个问题，当时江浙沪所有书场共一百三十七家，但是江浙沪评弹演员，包括退休了还能上台演出的，一共一百三十六名。这意味着这些演员单档全部到书场演出也还有一家书场是请不到演员的。因为当时在联络小组开会时，书场不景气，我一直呼吁要多开书场，当时文化局的高局长说："我现在准备苏州每一个社区开一家书场。"到这时，我开始担心"灯笼做了这么多，里面有没有蜡烛"。结果我的担忧变成了现实。现在演员越来越少，20世纪80年代我到文化局时，有上海评弹团、黄浦区的新长征评弹团、闸北的新艺评弹团、杨浦区东方评弹团、凌霄评弹团、星火评弹团、松江曲艺团、南汇曲艺团、金山评弹团、川沙曲艺队、春江沪书团。现在就剩上海评弹团一个，只有一个就是麻烦，因为没有竞争了。浙江省曲艺团、杭州曲艺团、嘉兴评弹团、平湖曲艺团、海宁评弹团、海盐评弹团、德清评弹团、湖州评弹团，原来有八九个，现在只剩浙江省曲艺团一个，而且演员不超过十名。江苏消失的评弹团有海门、丹阳、镇江、宜兴、昆山、太仓、常州武进、无锡等地的评弹团，无锡评弹团虽然还在，但是只剩了三个演员，等于没有。

为了给江浙沪评弹团提供一个演出交流的平台，1981年开始召开上海市评弹演出业务洽谈会。这个业务洽谈会当时欢迎所有评弹团和民间艺人参加，市场开放。我们又把上海所有书场的负责人全部请来。让场团双方来洽谈明年一年的演出合同安排。这在当时的全国曲艺界是首创，因为当时还是计划经济体制，我们这个业务洽谈会已经是市场经济模式了。那个时候评弹团不到三十个，但是来的人很多。1982年我到市文化局接手这项工作，1983年的第二届业务洽谈会取得了巨大成功，当时把闵行饭店全部包下来了，结果参加会议的人有五百七十一名，采用市场经济模式为演员、团体、书场创造双向选择的机会。这个会是空前绝后的。因为人来得太多，饭店住不下，只能把对面的招待所又全部包下来，那时候评弹还是很兴旺的。但是这个会开了三十三年停了，没办法再开下去了。因为：第一，书场少了；第二，评弹团少了；第三，演员少了；第四，这些演员要自己找业务，不需要这个平台了。这个业务洽谈会在当时的影响非常大，很多评弹团打电话来问下次业务洽谈会什么时候开，当时业务情况好，需要这个平台。

现在书场已经是一个什么情况呢？只能是勉强维持。我比较悲观，我估计书场还会再有一批关门停业的，因为没有好的书目、演员来吸引听众。艺术水平上不去，又缺乏竞争，演员又少，水平又差，听众觉得还不如买光碟听老演员的。当书场里的听众越来越少，书场维持不下去时——当然现在包场国家付钱问题还不大，如果像以前个体经营书场就得关门，书场关门，演员没有演出的场所，评弹市场必然萎缩。所以我现在对整个评弹市场不看好。要是评弹演员自己能够努力，能够把听众吸引到书场里来，那么评弹还有希望。

我与评弹结缘近六十年，对这门艺术有很深的感情。这么多年经历的评弹兴衰使我现在对评弹有深深的担忧。在我看来，只要评弹有高艺术水准的演员和书目就不怕没书场为评弹提供演出场所。评弹说得好,自会有书场开出来。书场开不开与评弹业是一个被动关系,不是主动关系。评弹真正的动力是艺术主体的质量,即演员、书目的艺术质量。如果艺术主体实力不行,即使再扶持书场,书场也照样会关门。我现在担心的就是这个问题,上海评弹团现在招不到青年演员,并且现在在评弹团,演员会说的长篇很少、内容相同。现在上海评弹团说《玉蜻蜓》的人很多,但是说的都是相同的一段故事。以前周玉泉、周玉安、华伯明、蒋月泉、王柏荫、苏似荫都说《玉蜻蜓》,但是各有千秋。但是现在的《玉蜻蜓》都是相同的一段,而且演员都是跟着录音机学的。这样学出来的艺术是死的,一代一代流传下去只有死路一条。当时评弹评上国家非物质文化遗产的时候,我一点也高兴不起来。我认为遗产就是已经放进坟墓的,已经没有生命力了。

上海评弹团不但演员招不到,而且留下的书目也很少,现在还剩评话唐耿良的《三国》、张鸿声的《英烈》、姚声江的《金枪传》、韩士良的《七侠五义》、吴君玉的《水浒》、吴志安的《隋唐》六部。弹词《玉蜻蜓》一段,余红仙的《双珠凤》是王月香的,也不是当时有名的朱介生的《双珠凤》,蒋月泉的《白蛇》一段、张振华的《神弹子》、杨振雄的《西厢》《长生殿》《武松》也没有了,失传的不下几十部。我认为原因之一在于团领导对评弹传承的不重视,上海评弹团既无人又无书。听客的评价是很犀利的,听客认为现在上海评弹团的艺术根本没有含金量。我给局里建议过,既然评弹是非物质文化遗产,就要关注传承的问题,我建议向天津京剧团的团长黄平学习,他把所有评上非物质文化遗产的传承人全部都请到团里来,让他们把身上所有的本事教给青年演员,不讲门派,不讲历史恩怨,一心为了艺术的传承。我们上海评弹团可以效仿这种方式,评弹学艺没有老师的点拨是不行的,老师的传承是很要紧的一个环节。苏州评弹团就有很强的梯队意识,每年苏州评弹学校优秀的毕业生都有机会被苏州评弹团选拔进来。这些青年演员中总有那么一两个是可塑之才,这样一来才能传承下去。他们思路可以再放得宽一些,他们现在关注的主要是苏州的一些书目,其实完全可以面向江浙沪,把各地老演员请来辅导本团的青年演员。

1974年我在上海评弹团学馆当了一年老师,当时那一届我们只看好两个人,男的是秦建国,女的是倪迎春。但是现在上海评弹团招不到学生,苏州评弹团也遇到这个问题。很多学生,从评校毕业后不久就转业了。而且很多学生来考评校的目的不纯,都是为了要一张大专文凭。评弹是"艺随身走"的,老师走了艺术也就没了,现在没有经过这么一套学习体系的演员是没法经受听众的考验的。

现在评弹问题的关键是缺两个字:"竞争"。没有竞争就没有提高。以前一个演员要从两三千个评弹演员中脱颖而出成为响档要付出很大努力,而且当时响档收入高,金声伯在上海演出,一天演三场,在上海连演了七个月,他的收入所得回到苏州就买了一套房子。现在评弹演员在上海连演七个月根本达不到这个收入水平了。那时评弹为什么有吸引力?一方面响档的高收入让同行有钻研艺术的动力，并且整个评弹从业者的收入水平在当时的社会处于中等偏上的。另一方面，学了一部书就可以说一辈子。跑码头说书，大部分场方在安排吃住上都比较用心，使演员觉得跑码头是不错的生活选择，吃饭住宿条件不错，不用掏钱还能说书赚钱，所以跑码头对演员的吸引力很强。但是现在跑码头，这些吸引力都没有了，现在上海评弹团招生，生源困难。即使招到，演员也留不住。现在上海评弹团对演员的吸引力仅剩能上电视、见外宾、见领导了。现在他们流行一句话："一类演员专见首长，二类演员电视书场，三类演员只跑响档，四类演员苦力一行。"有一些艺术水平不错的演员，一级演员职称评到，该拿的职称、荣誉都拿到后，就不愿意上台演出了。还有一些演员，请他们去演出，一开口就是先问有多少劳务费。我到了局里以后，大型的演出搞了很多，其中搞了一次评弹老演员会书专场，把江浙沪的老演员能演得动的全部请来了，这些老演员从来没跟我提过演出费用的事情。后来社会风气开始讲报酬的时候，我再搞活动，这些老演员也从来没有跟我提过演出费用的事情，我想这就是老演员的素养吧。2006、2007、2008连续三年我搞了青年演员培训班，培训结束汇报演出要到书场里去演，就有青年演员问我演出报酬。很多演员一方面一切向钱看，另一方面又不考虑提高自己的演出水平，这种情况我看下来很担心。书场里更麻烦，因为我们书场协会成立后主要是为场方提供信息相互沟通交流的平台。书场现在反映请不到演员，演员不肯来，书场经营不下去。要来的演员有，但是他们的水平都很差。

  书场为什么走衰？书场的走衰对评弹有什么影响？这是我们要共同思考的问题。评弹当前仍然有着大量听众，听众之所以不再进入书场，主要是有两个原因：一是好的演员很少进入书场演出，而是忙于应付各类艺术节、海外巡演等；二是长篇书目不再完整，1949年以前长篇书目一次演出往往要一个月甚至近一年的时间，而现在书场演出的所谓长篇书目只有半个月。现在评弹演员在书场中多是演出长篇书目中最为经典的一部分，而且基本上演员们所选取的内容都是雷同的，导致听众难以产生兴趣，宁可去购买名家留存的长篇录音或者录像。没有"出人、出书"，艺术本体没有保持应有的水准，自然作为评弹兴衰风向标的书场便出现了大规模衰退。

演讲时间：2017年5月15日
整理者：王宵

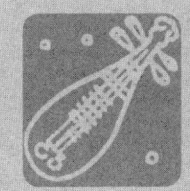

第四十七讲
黄慧如与陆根荣：弹词戏曲文本与社会文化变迁

  "黄陆事件"是20世纪二三十年代轰动上海滩的舆论事件。根据这一事件，衍生出了许多戏曲和曲艺文本。这些文本的背后，折射出评弹与社会文化变迁的关系。民国时期，评弹文本将"爱情"与"伤风败俗"观念联系在一起；海派京剧通过"送寒衣"唱段，来诠释他们的现代爱情观，表现的是妇女的痛苦与无助；滩簧、滑稽戏演员通过对现代话语的讽刺性模仿，举着红旗反红旗，将自由、恋爱等现代话语跟放荡、通奸等同。这些均反映出革命话语式微情况下，"五四"反传统风气渐渐消散，文化界及政界重提家庭观念的思想趋势。50年代的"黄陆"评弹文本，是中篇评弹在上海文化市场大行其道的一个缩影，并突出了"盲目恋爱"的时代主题。80年代的文本，映射出"嫁老头""勤俭节约""旧上海热"等诸多上海社会面相，也是"上海书""文革书"下的普遍怀旧心理的写照。

何其亮

美国南卡罗来纳州立大学教授，2006年毕业于美国明尼苏达大学历史系，获历史学博士学位。何教授长期研究20世纪中国都市文化及传媒，特别是上海20世纪的社会文化与媒体，对评弹研究也颇有造诣。著有 Gilded Voices: Economics, Politics, and Storytelling in the Yangzi Delta since 1949、《个体与集体之间：五六十年代的评弹事业》等专著以及"Between Sensationalism and Didacticism: News Coverage of the Huang-Lu Affair and the Chinese Press in the Late 1920s"、《政治娱乐化：五六十年代的中篇评弹》等十几篇中英文论文。

谢谢唐老师，谢谢上海师范大学给予我"二进宫"的机会，在同一个平台上，不是每个人都有机会做两次讲座。今天讲的是《黄慧如与陆根荣：弹词戏曲文本与社会文化变迁》，当然讲的是20世纪，也有点涉及21世纪。"黄慧如与陆根荣事件"在当时是轰轰烈烈的事件。我相信许多同学、老师通过各种途径已经知道了故事的原原本本，所以我不是很需要把它重述，但是我还是想再说一遍我和这个课题的关系。我一开始接触到这个材料，还是我没有出国的时候，看《京剧谈往录》、京剧历史，接触到海派京剧演《黄慧如与陆根荣》，那个时候大概是1999年，这个课题如今已经做了十八年。我当时还不是研究生，而是中国银行的职员，业余时间跑到图书馆去翻资料，形成一个课题，最后变成了博士毕业论文的一部分。到现在已经做了十几年，差不多要做完了，没想到前几天唐老师跟我说："苏州一个电台，以前报道'黄陆事件'的一个记者的孙子。他说还有材料。"这些材料真是纷繁复杂，零零散散，需要花费很大的力气来分析、整合这些材料，今天就挑选一小部分材料，里面还有部分唱段给大家来听一下。我第一个讲座是宏观的，讲的是评弹的历史方法研究，今天我讲一个非常微观的，从一个小事件，以及它衍生出来的文本，来看评弹及其与社会文化变迁的关系。虽然我们已经很了解"黄陆事件"了，但其实大家并没有将"黄陆事件"的日程、时间表整理过，所以我在这里给大家说一下。

他们是在1928年7月底私奔到苏州的，黄慧如是一个公馆小姐，家里比较有钱，而陆根荣是个仆人，是从常熟吴塔到上海来打工的。他们到苏州没有多久，陆根荣就被苏州警察逮捕。8月10日，《苏州明报》发表了关于"黄陆案"的第一篇报道。《苏州明报》是苏州最大的报纸，很多著名的报人曾经在《苏州明报》工作过。比如上海挺著名的有冯英子，他有回忆录讲到《苏州明报》。1928年8月24日，陆根荣在吴县地方法院受审，判决为和诱及帮助窃盗，有期徒刑两年。如果熟悉中国法制史就知道，他是法制现代化的标兵产物。因为当年在帝国时期，大家很清楚，县长和法官的职能是重叠的。在晚清改革以后，司法机构和行政机构分开，在江苏这么发达的地区，也只有四个地区做到，在其他的县，都是县长担任法官的职位。1928年8月25日，《民国日报》（国民党党报）发表文章，盛赞黄慧如为"旧家庭中实行革命者"。1928年8月31日，黄慧如致信《民国日报》，表示家庭革命的决心，为了个人自由可以做任何牺牲。这是第一次，黄慧如和媒体面对面的互动。1928年9月4日，黄慧如第二次探监送寒衣（9月份黄慧如有五次探监，但我只举出这个例子）。1928年10月27日，陆根荣上诉江苏高等法院（当时位于苏州）失败，改判略诱及帮助窃盗，加重刑罚为有期徒刑四年。

1928年10月底，黄慧如赴吴塔陆根荣父母处居住待产。1928年12月7日，上海舞台（就是现在的"天蟾舞台"，是一个非常成功的舞台，改名于此）演《黄慧如与陆根荣》，由南派京剧男旦赵君玉饰演黄慧如，创造《寒衣曲》。1928年12月16日，邹韬奋发表《以后谁娶黄女士的便是Hero》，12月份，邹韬奋发表好几篇关于"黄陆事件"的文章，这是邹对黄慧如同情文章数篇中的一篇。此文援引好莱坞电影情节，呼吁有识之男士与黄慧如结婚，解决这一社会问题。1929年1月6日，黄慧如入住苏州志华医院待产。志华医院院长叫顾志华，是一位女医生，从这个也可以看出，女性开始介入男性为主的传统领域。不管是医生护理，还是开医院，都是很不容易，这是苏州第一家女性开设的医院。1929年1月，上海明星电影公司拍摄的《黄陆之爱》上映，几个月之后它的续集《泪血黄花》也会上映。由胡蝶饰演黄慧如。胡蝶那个时候还不是"电影皇后"，但是一颗冉冉升起的明星。1929年3月9日，黄慧如产子，取名黄永年。孩子不姓陆，而姓黄，是一个矛盾的焦点。后来《泪血黄花》里面，为了加强陆根荣对黄慧如的迫害，儿子的姓氏成为一个冲突的来源。1929年3月19日，黄慧如突然随母回沪。大家都没有想到这种结果，因为黄慧如之前还表示要跟一家电影公司签约，做电影明星，独力抚养这名小孩。1929年3月21日，上海黄家宣布黄慧如死亡，引起广泛怀疑，大家普遍不相信，至少有一半的新闻记者不相信这个结论的。为此，《时报》与《时事新报》两家上海大报打了很长时间的笔墨官司，争论黄（慧如）到底有没有死，绝大多数人其实都是不相信黄慧如死亡的。我当时去采访了苏毓荫（说长篇评弹《黄慧如与陆根荣》），他也说没有死，去北京了。很多很多人都说她去了北京。其实这并不是一个捏造的新闻，因为黄慧如当年在医院的时候，接受采访，也有一次表示她以后会去北京。黄慧如的父亲在北洋军阀时期，是北京电话局局长，所以在北京有很多的关系。1929年5月，上海某烟草公司推出"黄慧如牌香烟"。1929年6月27日，陆根荣于江苏高等法院第二次上诉失败，略诱罪虽然不成立，帮助盗窃罪成立，仍判入狱两年。1930年6月30日，江苏高院正式宣布陆根荣无罪释放。陆事实上在监狱中度过近两年时间。所以结论很简单，1928年8月他被判处两年，到最后结论是无罪释放，但事实还是关了两年，无论如何也得待两年。这就是故意在惩罚陆根荣，不管用的是合法还是不合法的手段。

这案子在当年非常轰动，以至于很多知识分子也产生了很大的焦虑，用茅盾的说法是，"就是产生了小资产阶级、小市民的狂热"。鲁迅说："上海的市民是在看《开天辟地》（现在已到"尧皇出世"了）和《封神榜》这些旧戏，新戏有《黄慧如产后血崩》(你看怪不怪？)。"其实我并未看到一个广告叫《黄慧如产后血崩》。这是鲁迅概括的，在《致韦素园》，这封信是1929年写的。

瞿秋白的态度比较暧昧一点。他说："第一城池里面，只有勉强认得千把汉字的'愚民'，所以他们文坛上称王道霸的是《西游记》，《封神榜》，几侠几义，阎瑞生惊梦，蒋老五殉情，陆根荣黄慧如轧姘头，十八摸，五更调……"（载《学阀万岁》）虽然瞿秋白认为中下层的群众只喜欢这些东西，但从另一方面来说，他也看到了这些大众问题和通俗文化的潜力，就是可以发动人民。比如在淞沪会战的时候，瞿秋白就说："完全可以用五更调、十八摸这些曲调，来发动人民群众的抗日的决心。"

然后说一下历史背景，其实大家也应该很了解。当时是1928—1931年的历史，是北伐结束，国家渐趋统一，南京十年开启的时期。国共分裂，革命话语式微。李海燕在一本研究爱情话语的书 Revolution of the Heart: A Genealogy of Love in China, 1900–1950（书名中文翻译为《心灵的革命：1900—1950年中国的情爱谱系》）里面明确提到："当时革命已经变成为一个纯粹的政治术语，在20世纪初期革命和日常生活还是联系在一起。所以有家庭革命，有各种各样的革命。但是到了1927年以后，到了国民党统一以后，革命逐渐成为一个政治话语，和个人生活无关。"那个时候还是思想比较混乱的时候。黄慧如写信给《民国日报》，继续用"家庭革命"这样的话语来表示自己的决心。"五四"反传统风气渐渐消散，文化界及政界重提家庭观念。当然家庭观念也有好几种，比如邹韬奋提出的就是一种小家庭观念，是一种城市特有的家庭观念。但无论如何，他们都隐藏着一个意思，妇女必须重启她们的脚色——母亲和妻子。所以到了30年代，就有"妇女回家主义"，这是林语堂提得比较多的一个事情，尤其在《申报》里。然后还有"新贤妻良母主义"，"新贤妻良母主义"是到了40年代左右。这些保守主义思潮，回过头来在20年代末就可以看出端倪。然后，1928年刑法实施的时候，3月开始公布，9月开始施行。"黄陆案件"是在一个非常微妙、凑巧的时候发生的。陆根荣被捕的时候，是8月份的事，1928年刑法公布了，没有实行。但是他后面不断重审的时候，是"1928新刑法"已经实行了，所以"黄陆案件"对于中国法律的现代化也有很重要的意义。因为1928年国民党的刑法，在中国历史上第一次承认女性作为自然人，是具独立性的，有财产权，有各种人权。这在之前是没有的，因为在大清律令以及其他法律里，没有刑法与民法之分，这是法律现代化才有的事情。之前，相对于家庭的个体来说，女性的自主性在当时的法律上是无法体现的。其实1918年的刑法也有，但没有实行。1928年刑法第一次明确规定女性有各种权利，所以我们才看到遗产问题方面，好多女性，尤其是上层女性突然发现女性也有继承权，所以才有了一个著名的案件。盛宣怀的女儿盛爱颐，打官司决定要讨回自己一份遗产的问题，这在以前是不可想象的，嫁出去的女儿怎么会有遗产的问题？在民法是这样，在刑法也是这样。1928年刑法明确规定：二十岁以上女性的性行为是无罪的。在"大清律令"则还有"和奸"的概念。哪怕是在女性同意的情况下，男生还是有罪，但是在1928年以后男的是无罪的。那好多民主人士就会说："国家开始不再保护女性了，女性可以为自己行为负责任，国家就可以不管了。"这也是一个争论的焦点，黄慧如那时已经二十二岁了，绝对是一个独立的自然人，她有权利为自己的行为负责。但是吴县地方法院的法官、江苏高等法院的法官还是觉得不行，把陆根荣关了两年，隐含的意思是黄慧如还是不能对自己的行为负责，陆根荣还是一个加害者。上海的文化业昌盛，报纸、出版、戏剧、电影、唱片等产业很繁荣。许多唱片都是那个时代的产物。以下是赵稼秋在20世纪30年代唱的两段开篇《黄陆之爱》以及《黄慧如产子服毒》(以下均略)。赵稼秋是20世纪30年代一位著名的评弹表演家，主要是以演海派弹词为主，最重要的作品应该是《啼笑姻缘》。赵稼秋的时代是电台开始慢慢播放弹词作品的时代，某种意义上说，弹词取得了像流行歌曲一样的地位。卡尔顿·本森（Carlton Benson）的论文就是研究电台与评弹的关系的。电台对评弹的发展、传播起了极大的作用，赵稼秋就是其中一个很重要的案例。当时电台评选最受欢迎的演员，赵稼秋绝对是名列前茅。

20世纪30年代，弹词也获得了一些政治功能。因为在1934年以后的新文化运动中，弹词被广泛运用到演唱上推广新文化运动的主题。在赵稼秋的两篇弹词中，他运用了"爱情"这个新名词，但是他所理解的"爱情"就是"伤风败俗"，他把这两个词并列在一起。这是《评弹艺术》某一期重印的1935年《新闻夜报》中《黄慧如开篇十六篇》(略)，后者也是1935年的作品。这十六篇放在一起，基本上是一个完整的故事，从一开始陆根荣到上海找工作，一直到他们上诉失败。这个故事比较完整。他也用了一些五四时期以来的新名词来解释这个事件，比如"恋爱"、"阶级"。后来他又把陆根荣的行为定义为"诱奸"。在这里，我们又可以谈一下"诱奸""和诱""略诱"这些词的法制史意义。"和"大家是知道的，就是代表被害人同意的情况；"诱"则表示拐带、拐卖；"略"就是用武力、欺诈的手段。在大清律令里面，"和诱""略诱"都是拐卖妇女、儿童的用词。到了民国时期，尤其是1928年刑法公布以后，"和诱""略诱"有了新的意义，就是侵害了监护人的监护权，将一个人强行带走、诱拐，使其离开家庭的意思。这不是一个性侵犯的罪名，所以当时很多人对这种变化觉得很不适应，包括一些资深的法学家。他们认为，如果有"略诱"的行为，也就意味着有性侵害的行为，所以国家必须将这些关系搞清楚。另外一个问题是"和"的问题，以前在大清律令，不管妇女她们愿意不愿意、和与不和，犯罪的人必须受到惩罚。但是在民国，二十岁是一个分界线，二十岁以上的妇女有自己的意志，不存在"和诱"的问题。陆根荣也不存在"和诱"的问题，所以吴县地方法院判"和诱"罪成立，是完全不对的。

这个刑法改变以后，法律的最高机构，包括司法院、最高法院被各种查询、询问所包围，每天要答复各种各样的问题，关于如何量刑"和诱""略诱"。后来因为高等法院不胜其扰，到了20年代末和30年代，没有几年，最高法院会重申：哪怕这只是一个"和诱"的案件，我们也要考虑女性智识不足，所以他们还是有可能被欺诈手段带离家庭。因此，哪怕这个案件是"和诱"，也可以判为"略诱"，这就是法律最高层人士屈服于民间习俗的表现。"黄陆案件"中，"和诱""略诱"对于普通老百姓、普通老读者来说，本来就是一个很不清楚的概念。他们认为这就是一个性侵犯的案件，所以很多读者、表演者都采用了一个新的名词——"诱奸"来解释这个问题。他们呼吁法律制定者做出应有的判决并且引进一个新的概念"诱奸"。"诱奸"这个词在刑法里是不存在的。《苏州明报》的读者是这样说的，弹词作者是这样说的，鸳鸯蝴蝶派的一本小说也是这样说的，都希望用"诱奸"这个词定义陆根荣的行为。这是南派京剧，就是这个样子，还是做成唱片的。

我先说一下海派京剧的问题，赵君玉与赵如泉好多年来都是京剧的著名演员、表演大家。他们善于表示都市的现代生活。1920—1921年，著名的《阎瑞生》也是他们两人演的。在当时的上海以及其他地方，这种海派京剧或者时装京剧很大行其道，某种意义上是由于季节的关系，他们是"歇夏戏"。夏天太热，不太适合穿着戏服，穿着普通衣服上台去演当代生活的戏也是比较合适、容易点的。所以"歇夏戏"就采用了当代生活的形式来表演。上海舞台的版本是1928年12月开始上演，是抓住那个时间点，那时"黄陆事件"已经沸沸扬扬，等不了明年夏天再演了。他当时为了这个戏剧，和上海的一个小报《福尔摩斯》联合起来。《福尔摩斯》提供了各种广告的平台和戏剧评论的平台。《福尔摩斯》曾亲自到吴塔访问过黄慧如，写了书，拍了照片，把照片也给上海舞台赠送给观众。这是报纸和戏剧联合的一个成果，赵君玉的《寒衣曲》轰动一时，做成了唱片。赵君玉两段唱片在胜利唱片录制，一段是《分别》，一段是《唱春》。我觉得《唱春》是两个唱片合在一起，前面是《唱春》，后面是黄慧如临死的一个唱段。对于海派京剧来说，这极其有代表性。

然后放《孟姜女》给大家听："冬季里来雪花飘，孟姜女千里来送寒衣，途中受尽千般苦，但愿夫妻要两相依。"《寒衣曲》的曲调其实就是江苏民歌《孟姜女》调。《孟姜女》这个形象与故事当时是非常流行的。它不仅流行在中下层劳动人民中间，也流行在"五四"知识分子，尤其是研究民俗学的学者中间，特别像顾颉刚这样的著名学者。

1928年9月4日黄慧如去送棉衣给陆根荣。我一直认为这是一个有意思的行为，原因是9月4日去送棉衣确实有点太早了，或者是当时比现在凉快，或者是监狱稍微冷点。然后《苏州明报》的记者就把这事报道为"送寒衣"。"送寒衣"三个字就明确地把黄慧如与孟姜女联系在一起，所以"送寒衣"这个情节在以后关于黄慧如的戏曲、小说、电影中，都会突出表现，黄慧如与孟姜女的形象就密不可分。在五四时期，《孟姜女》有一个再发现的过程，尤其是顾颉刚这样的学者。顾颉刚研究表明《孟姜女》当时叫《孟姜女十二月花名》，是太湖流域最流行的民间歌曲。他说每一个妇女都会唱《孟姜女十二月花名》。我们听到的是《四季歌》，其实是它的一个简化本。顾颉刚以及很多学者发现"孟姜女"有多种意思在里面，其实每个人都可以选择其中一个意思，来表达自己对事件的理解。孟姜女首先是一个忠贞不贰的妻子，黄慧如可能选择的是这个意义。孟姜女可以是反抗暴政的代表人物，因为在某些版本里她和秦始皇是有一个冲突的。她是追求爱情的象征，这是五四时期的文人所理解的孟姜女。李海燕在研究顾颉刚和《孟姜女》的文章中说，五四时期，尤其是男性文人，用《孟姜女》的故事，来表现中国人民也懂得爱，中国人民有一种感情的主体性，中国人民也可以走向近现代的生活。然后《孟姜女》的其他意思还有妇女的无助和痛楚。其实赵君玉的版本更接近这个《孟姜女》的意义。在缝寒衣之时，赵君玉最后唱过这么一句话："我做个女子真无趣。"《孟姜女》的意思还表明突破了内与外的界限。女性不仅光在闺房里，女性可以在一个微弱的场合中有她的微弱性。在赵君玉的两段唱段里面，除了表现女子的痛苦与孤独以外，他还用自己的方式解释了什么叫爱情的忠贞不贰，就是"好马不配双鞍蹬，烈女怎配两个夫君"。他是用一种封建的方式来诠释一种现代的爱情。这是京剧演员自己独创的理解、诠释。

讲黄慧荣与陆根荣的关系不得不提电影《黄陆之爱》。这个电影已经找不到了，我找了十几年，终于放弃。左边那张照片（以下均略）是30年代为了庆祝胡蝶的成就，列举了很多电影，很多照片也列在一起，《黄陆之爱》也是其中之一，但是我们在左边那张照片是完全看不清它的。排在最右上角的那张照片，我放大之后就是这个。右边那张是整个故事的精华，就是黄慧如拿着棉衣在监狱里送寒衣。所以，送寒衣作为黄慧如的行为被固定下来，被定格在电影的回忆中。

这是苏滩（苏州滩簧）版本，不是很长，估计就是一个小的唱段，名字叫《黄慧如》。这里说一下滩簧，滩就是脚色分配，簧就是虚拟、不真实的演出脚色。在江南不同的地区滩簧又分为各种滩簧，有苏州滩簧（也叫苏滩）、上海滩簧（也叫本滩），还有别的滩簧。我们这个版本是苏州滩簧。苏州滩簧至少于20世纪20年代在上海广为演出了。1929年《申报》的一个调查表明，苏州滩簧、本地滩簧都有进行商业表演、堂会表演，有十几二十家同一天表演。滩簧的特色是什么呢？第一，它也用了"爱情"两个字来描述"黄陆事件"。为什么总是说这些演员、艺人一直使用这些"五四"以来的新词汇来描述这一事件？瞿秋白说："这些中下层的民众没有受到西化文化影响，他们对这些词汇是一无所知的。"瞿秋白的判断是不准确的。他们确实是用"爱情""阶级""婚姻"这些词来描述这一轰动性的"黄陆事件"。但是他们夹杂了自己的理解。在这个苏州滩簧的版本里,他们的理解是:"但愿奴奴生一子,好与陆家接香烟。"意思是"爱情"是作为延续宗法夫权家族的一个方式。他们是用旧瓶装新酒,结果他们的理解还是跟他们熟知的婚姻、家庭观念相一致。他们对观众说:"劝劝花界姊妹们",也就是说他们演出的对象应该是妓女。这也是一个比较有意思的地方。本地滩簧最后发展为申曲。这个照片是 1940 年石筱英的班子在上海演出的一个剧照,是黄慧如与陆根荣准备私奔的一个场景。石筱英是一个著名的申曲艺术家。她在很小的时候就跟她父亲在茶馆里演申曲,那个时候申曲的主要观众是泥水匠、木匠和纺织工人。当时他们的茶馆是比较低级、简陋的,他们没有道具,用了一块黑板,花了一个车头,就说这是他们(黄陆)坐的私奔的车。从这可以反映当时申曲表演的一个形式。这是 20 世纪 30 年代的场景。1940 年,石筱英已经成为一个著名的演员,她自己挑大梁了。在 1940 年这个版本里陆根荣被表现为一个地痞无赖,在吴塔欠了钱,就跑到上海来打工、混日子,然后勾引了黄慧如,就是这样一个故事。

一些滩簧演员会逐渐发展为滑稽戏演员。这是 1935 年左右滑稽戏《黄陆戏》的唱片音频。前面一大段是黄慧如对陆根荣唱,家里非常不好,她想跟着陆根荣走,但她又是女的,不好意思说出口。后面一个段是陆根荣劝她,诱惑她离开家里。陆根荣用了许多形容词,如"男女平权""自由平等""一夫一妻"。这些形容词都是陆根荣诱惑黄慧如,说服她脱离家庭,偷点钱过点小日子的一套说辞。这就是他要达到的目的。这一套爱情至上、婚姻自主的说辞到了滑稽戏演员口里都会变味,都是打着红旗反红旗,变成一个犯罪行为。这是中下层观众、演员对于这些概念的理解。这不是程笑亭一个人想出来的,当时的一个社会小说、黑幕小说家雷瑊生,他写的《海上活地狱》用了几乎相同的策略,来把这些高尚的、五四时期出现的"自由""恋爱"等名词扭曲化、反转化。在雷瑊生的小说里面,自由等于放荡,自由恋爱等于通奸,男女平权就是女性可以主动勾引男性。这就是他们对于新时代男女关系的理解。《海上活地狱》这里我就不多讲了,我主要是讲说唱与戏曲艺术。它是 1929 年出版的社会小说,有八十个章节,其中五章是讲黄慧如与陆根荣。这个名字很明显,叫《海上活地狱》,海上就是指上海,上海是个地狱,就是指好好的人跑到上海来都会变成鬼。整个上海社会就没有好东西。在《黄慧如与陆根荣》的很多版本里面,黄慧如总是一个楚楚可怜的,被迫害、侵害、欺骗的一个形象,但在《海上活地狱》里面她也不是什么好人,陆根荣更是流氓一个。程笑亭的版本里面,黄慧如也不是完全被欺骗,也是主动想私奔。在滑稽戏里面,黄慧如也被描述成一个放荡的女性。

其实这也不能完全归结为下层民众不能理解这些新的名词,因为有些翻译就没有照顾到中国文化的语境。比如"自由"这个名词,我们说婚姻自由、恋爱自由,丛小平(Xiaoping Cong)的书里面讲得很清楚,"自由"在文言文中有两重性。第一重意思,就跟我们现在的理解差不多；第二重理解，自由有一种无法无天、放荡不羁、不受管束、不受教育的意思。它有一种否定的意思在里面。所以到了40年代，有些中国共产党控制的地区，法律的制定者不再提"婚姻自由"这四个字，而是讲"婚姻自主"，把否定的意思给去掉。这也有产生误解的原因在里面。

其实这些演员是在对新文化话语做讽刺性模仿。就是我刚讲的打着红旗反红旗，他们用这些词来反对这些概念。这不光是这些演员的创造性问题，在整个的社会都有类似的情况发生。葛淑娴（Susan Glosser）在一本关于中国家庭变革的书里面提到：30年代，有一些男性被控"妨碍家庭罪"，他们就是以"小家庭"为名，勾引妇女，诱拐妇女。如果我们看过《夜闻新闻》我们就知道，"小家庭"是邹韬奋以及许多进步文人极力推荐、推广的一个概念，是作为中国现代化的一个概念来推荐的，但是许多犯罪分子以这个话语来达到自己不可告人的目的。

然后我可以再说一点点"胜利""高亭"以及上海唱片业。"胜利"是一所美国公司，"高亭"是一家德国公司。美国与德国公司在上海占有很大份额，尤其是德国，像"高亭"这样的公司。唱片对于推动中国戏曲、曲艺、流行歌曲的推广居功至伟。虽然唱片与唱机是比较昂贵的，但是唱片有一个特点，你放在一个公共空间播放，很多人可以免费收到这些信息。而且在1935年以前，电台里放唱片是不收费的。1935年打了官司之后，才少量收一些版权费。所以，"胜利""高亭"以及其他唱片公司对于中国曲艺推广起着极大的作用。而且1929年以后，美国陷入经济危机，像"胜利"等一些美国公司，想扩大唱片市场，发现美国的唱片在中国的产量只有德国的四分之一，因此他们努力寻找演员来表演、来增加他们的实力。"胜利"就把这些滑稽戏收在麾下，以赚取更多的利润。我们认为这是一些比较低层的艺术得到一个传播的机会。这是一个滑稽戏版本。又有第二个滑稽戏版本是江笑笑版本，也叫《黄慧如》。我刚刚说，好多版本都说黄慧如是个受害者，但这个版本明确说黄慧如是一个害人精，陆根荣是一只小猢狲，他们俩的事情叫"轧姘头"。这当然是普通老百姓的理解。中间黄色字体是在阎王殿。因为黄慧如去告状，所以阎王殿也不得安生了，牛头马面也要革命了，也要反对专制了，最后唱道："黄慧如是一个女千金，陆根荣是一个低下人，为撒两家头要讲爱情。"调是"毛毛雨调"。这里明确提出了阶级的问题，你们跨越了阶级还谈什么爱情。谈爱情的结果就是天下大乱。如果我们了解国共之间的冲突，以及在社会与家庭层面上的话语，我们就可以了解这个话语跟国民党的话语是差不多的，就是性的混乱会导致政治与社会的混乱，就是共产共妻的那套说辞。其实在某种意义上来说，"黄慧如是一个女千金，陆根荣是一个低下人，为撒两家头要讲爱情"这句话也是在讲这个意思，性混乱会引起社会的混乱，导致牛头马面也混乱了。这就是他对于这件事情的否定。

滑稽戏我们知道，对象、观众就是中下层劳动人民，就是拉黄包车的这种人。陆根荣在某种意义上讲，本身也是滑稽戏的潜在观众。这是滑稽戏对于本阶级自身的歧视，认为低下人不懂、不配爱情，不懂、不配这几个字我是引用邹韬奋的。1928年12月份邹韬奋在一篇文章中明确提出，陆根荣不懂、不配。从这个意义上讲，这是进步知识分子对于底层民众的一种歧视，一种看不起。所以邹韬奋、姚苏凤这样的知识分子都提出了类似的观点，而滑稽戏则明确唱出来，表达的是下层社会对于道德观念、政治形势急剧变化的忧虑，对于恢复他们熟知的行为规范的渴望。其实他们并不是真的想恢复封建时代的传统道德理念，但是他们真的对新的社会、新的人际关系、新的性别关系感到极其困惑和迷茫，所以他们才会用这种新的名词来批判新的概念，这是他们的一种策略。他们有一种两重性，一方面他们也想做现代化的主人，他们也想享受城市的现代化，不光是高楼大厦，不光是电器等各种设施，他们也想把握现代化的话语；但是另一方面，他们觉得还是必须保留一些他们熟悉和了解的观念和行为。

最后那个调调是"毛毛雨调"。你们知道《毛毛雨》吗？中国有史以来第一首流行歌曲。《毛毛雨》是一九二几年著名的流行歌曲。当我们听《毛毛雨》时，很容易听出当时的流行歌曲还有戏曲的影子在里面。作者是黎锦晖，演唱者是他的女儿黎明晖。黎锦晖在20年代是著名的流行歌曲写作者。他组成的歌舞团也非常著名。他在所有歌曲里面都表现着爱情的独立性，对年轻人都非常有激励性。后来研究者表明，他的作品就是"糖衣炮弹"，从歌词看，表述着爱情的高尚、伟大，但里面隐含的意思是要回到家庭的观念中。爱情的最终成果还是要成家，要在婚姻的范畴里面。但是年轻的一代不管，只听到表面，他们只把糖衣吃下去了，把炮弹还给你们，所以这些歌都特别红。我为什么要提出这个"毛毛雨调"？是因为《毛毛雨》歌是那么著名，以至于有读者用《毛毛雨》来激励陆根荣。1929年7月1日，陆根荣第二次上诉失败，正在考虑要不要第三次上诉，就有一个读者写了一封信，提到"年轻的郎，太阳刚出山，年轻的姐，荷花刚展瓣"，来激励陆根荣继续战斗，继续上诉。因为爱情是绝对的，爱情是高尚的，不能被这吃人的旧社会给淹没下去。这就是我对《毛毛雨》的一些解释。所有黎锦晖、黎明晖的歌都展示了最新的爱情观念。这些爱情观念都是"五四"以来大家熟知、耳熟能详的观念，也表现了一种追求个人自由、个人解放的想法。虽然是爱情至上，他也提倡家庭观念。黎锦晖的歌起到了两个作用，第一个是提倡了爱情观念，第二个是推广了国语，是国语运动的一部分。我提这个《毛毛雨》，你们就可以看同一个调，滑稽戏唱用来骂陆根荣，读者用这个歌来激励陆根荣，所以在一个公共空间里面，大家用同样一个工具来进行交锋冲突。这些就是20—30年代的一些作品。

接下来，我们来看一下50年代。《黄慧如与陆根荣》其实在各个剧种中一直被上演，沪剧、越剧、广东粤剧。《黄慧如与陆根荣》其实是广东粤剧的一个戏目。广东粤剧有一派受上海都市文化影响特别深，形成了一个自己独立的流派。如果有同学喜欢研究这个也很不错，其实我也想过这个问题。到了50年代，《黄慧如与陆根荣》又一次被搬上了舞台时是中篇评弹。当时很多是年轻的演员一起演出的，包括后来专门唱《黄慧如与陆根荣》的苏毓荫先生。这个中篇版本当时是金慧鸣编写的。这个金慧鸣是什么背景呢？他好像特别能写。他把这个《宇宙锋》也改成了中篇评弹，把那个《红拂与李靖》也改成了中篇评弹，当然《黄慧如与陆根荣》也是他的一个作品。我一直以为1949年以后，主题肯定是提倡自由恋爱、婚姻自主，但其实不是，这个版本的主题是盲目恋爱。这个的时代背景是当时中篇评弹大行其道。所以许多不是很著名的演员，也想组成一个集团，来演中篇评弹。第二个背景是"翻箱底"，把许多老的戏翻出来。老的戏不光是传统的，也把一些存封很多年不能表演的戏拿出来，包括《黄慧如与陆根荣》，但这是改编过的。中篇《黄慧如与陆根荣》延续了30年代中篇的主题，突出的就是盲目恋爱，黄慧如"悔之莫及"。跟赵君玉的版本差不多，都是表现出黄慧如悔恨、孤独、悲伤、无助。作为一个反面人物的陆根荣最后是入狱，受到惩罚。整个故事的结构大致是如此。这是50年代的版本。这以后《黄慧如与陆根荣》也就没有版本了。

到了80年代，它又重新开始被发掘出来。现在我们知道的至少有两个版本，一个是沪剧版本，徐伯涛、王珊妹演出。2007年我到徐伯涛家里去采访，问他一些演出《黄慧如与陆根荣》的故事，但他觉得顺利，既没有遇到阻碍，也觉得票房、观众反应还不错，所以我认为80年代版是第一个宣传自由恋爱的故事，打破阶级恋爱。以前的版本都是宣扬爱情的滥用，不合适的感情，还有悔之莫及的感情。80年代是第一次表现自由恋爱的主题，徐伯涛、王珊妹当时还比较受欢迎，上海电视台还放过，我见过《每周广播报》有，现在还有VCD可以买到。至于苏毓荫的版本，苏毓荫当时是青年演员，参加过中篇《黄慧如与陆根荣》的演出，他演过两回。他当时已经转业了，转业到杨浦区的回收站。他在80年代再出去演出评弹，把这个本再加工、改造，把中篇变成十篇、十五篇、三十篇的版本。现在网上有视频，有音频，我们常见的版本就是这个版本。这也是一个表现自由恋爱的版本，两个阶级的自由恋爱。这是2010年我发表在美国《近代中国》上的一篇文章，就是讲苏毓荫表演的《黄慧如与陆根荣》。从照片也可以看出来，苏毓荫绝对是吸取了许多独脚戏的表演模式，此外他自己本身也演过许多独脚戏。

我稍微讲一下长篇评弹《黄慧如与陆根荣》。在80年代，当时有一个普遍的现象，就是许多普遍年纪比较大的知识分子和干部，因为"十年动乱"，受到冤屈，在80年代恢复名誉，恢复地位，获补发工资与各种收入。在"十年动乱"里有许多老干部、老知识分子失去了配偶。他们经济条件好，年纪又偏大，所以有一种"嫁老头子"的说法。许多年轻女性为了钱，为了地位，嫁给老头子。苏毓荫跟我说（他自己也是想拔高自己的社会意义），要反对"嫁老头子"这种倾向，我们要打破阶级界限的恋爱观。当然，当时也讲勤俭结婚，经历过 80 年代的都记得，当时讲结婚三十六只脚，就是要买多少家具，要买几大件，就是一次结婚要花费多少钱。苏毓荫说勤俭结婚也是他所提倡的东西。但其实《黄慧如与陆根荣》受到一定欢迎和它表现旧上海的社会风貌与生活方式有极大的关系。因为很多听众来听就是来听旧上海是什么样子的。在八九十年代，上海进入了一个比较关键的时候，很多年来上海都是老工业基地，上海从 50 年代到 80 年代几乎没有发展，上海的房子非常旧。我 1980 年参加黄浦区初中作文竞赛，写了一篇文章说，上海的楼房，都是旧的、老的。但是中国又开始了改革开放，成了全球化的一员，上海不要往将来看，只要往回看就会发现，上海当时也是全球化的一分子，并且还是担当领军人物的脚色，所以就掀起了一股旧上海的热。不光是演艺圈，学术圈也是，上海学开始兴起，也是那个时代的。海外上海学也差不多在那个时候兴起。大家都在寻找上海的全球化之根，所以上海就处在开始转型还没有转型的阶段，大家对旧上海的东西非常爱慕，后来又有了张爱玲热，这个热那个热，都是那个时代背景下的产物。并且在这个三十年里，对上海的怀旧是一种被压抑的感情。上海有一个明显的两重性，一方面是上海是中国共产党的诞生地，上海是中国工人阶级的发源地，具有革命性；另一方面，上海是冒险家的乐园，是一个畸形的资本主义社会，是一个具"病态性"的社会。病态性的部分就被压抑住了。这个病态性现在就可以解释为全球化、现代化的意思，所以我们很熟知的电影《霓虹灯下的哨兵》就是讲这两方面的冲突。三十年里面这样的感觉都被压抑掉了，忽然之间改革开放了，这种旧上海热重新开拓是有一定的社会根源的。

然后就是八九十年代评弹市场开始低迷了。"文革"刚结束的时候，有一段黄金的蜜月期，因为大家一看老书以及其他书都出来了便趋之若鹜，但渐渐又归于平淡了，慢慢地晚上的书场都关掉了。评弹逐渐变为中老年人特有的表演艺术。有一些评弹演员，不管是体制内的还是体制外的，就开始寻求别的更吸引人的书目来抓住听众，他们想到了一些武侠小说，想到了一些旧上海的东西，这些书最后会被定义为"野书"。当时会开一些会议来反对"野书"，来清扫这个评弹市场。在这些背景下，其实《黄慧如与陆根荣》在一些小码头还比较受欢迎，最后被禁了几年，直到 90 年代以后又重新回到市场，还做成了录像，在电视台播放过好几遍。

讲座最后，我提下"上海书"与"文革书"及里面隐含的普遍的怀旧心理。我觉得彭本乐老师以前已经讲过很多了。为什么八九十年代"上海书"大行其道，到了 1990、2000、2010 年以后，"文革书"又开始大行其道？因为 80 年代的听众，对旧上海是有记忆的，这是他们的怀旧。而现在的听众，他们的黄金岁月、青春岁月是在"文革"时期，所以"文革书"大行其道。这跟听众的心理与需求有极大关系。因此，《黄慧如与陆根荣》在八九十年代特别流行，但是到现在，

"文革书"在市场上还是占有很大份额。不过我们怎么定义又是另外一回事儿,因为现在的市场,正如唐老师所说,市场被政府包起来了,怎么定义社区书场、市场还存在问题。

谢谢大家!

演讲时间:2017年6月15日

整理者:彭庆鸿

第四十八讲
苏州评弹演出市场回眸与展望

  尤志明长期负责评弹演出业务工作,并亲历"文革"前后苏州评弹市场的大起大落,对评弹演出市场发展的历史和现状有深刻、独到的见解。他介绍苏州评弹演出市场的具体内容,即应该包括三个部分:传统型评弹演出市场、传媒型评弹演出市场和旅游型评弹演出市场;并详细讲述其发展历程,还着重探讨了传统型(长篇)评弹演出市场与旅游型评弹演出市场的发展状况。尤志明指出当前评弹演出市场所面临的问题与困境,如传统书场减少导致长篇演出减少,书场缺乏专人管理导致乱象丛生等现象。他在面对这些问题时也有自己的思考和建议,认为要解决这些问题,首先要合理布局书场,实现平衡发展,并要掌控好社区书场这柄"双刃剑",还要加强内部管理,各书场应配备专职或兼职的工作人员。

尤志明

1949年生,江苏苏州人。1965年苏州评弹学校评话专业毕业,分配进苏州评弹团。20世纪70年代后期起担任苏州评弹团演出业务调度,1983—1986年在苏州市文化局艺术科工作,分管评弹,1986年担任苏州评弹团副团长直至退休。现为苏州市演艺行业联合会秘书长(专职驻会)、苏州评弹光裕社副会长、苏州评弹表演艺术传承研究会副秘书长、苏州市文联艺术指导委员会副秘书长,中国曲艺家协会会员,二级艺术监督。

苏州评弹演出市场是个大概念，含三大块：一块是"传统型评弹演出市场"，以全年不间断演出长篇书目为主的书场，偶尔举办一些会书或专场。第二块是"传媒型评弹演出市场"，那就是广播书场、电视书场、网络书场。第三块是"旅游型评弹演出市场"，园林、景点、茶楼、饭馆、会所、游船点等，只唱开篇或作背景音乐。不管那种形式，都为评弹艺术的传播起着一定作用，演员的表演通过各种手段、渠道、场所展示给了听众。

"演员，书场，听众"是评弹事业发展的三大要素，缺一不可，书场更是连接演员和听众的一座桥梁。今天主要是和大家一起探讨"传统型评弹演出市场"，也就是长篇书场的演变过程，同时再讲一讲近年来兴起的"旅游型评弹演出市场"的状况。

一、传统型评弹演出市场

数百年来评弹在书场的长篇表演形式从未改变，经久不衰。苏州评弹艺术的生存发展依赖于长篇，正因为长篇演出的需要书场自然就应运而生，没有长篇就没有书场，反之书场关门，长篇就无法生存。也可以说书场的历史就是长篇的历史，书场和长篇是相依为命，也可见书场在评弹历史发展进程中的地位和作用。

历史上书场的兴衰，王正浩老师基本上都谈到了，所以我不多讲了。对上海的情况，王正浩老师比较了解也讲得很全面，我主要介绍一下苏州的情况，而以近期为主。

长篇书场（以下简称书场）自"文革"结束四十年来（1977—2017）经历了恢复、井喷、滑坡、低迷（徘徊）、复苏、高涨六个阶段。我曾对苏州的长篇书场做过三次调研。第一次是在1985年底，第二次是在2010年底，第三次是在2015年底，最近一次修订是2017年5月，调查区域以苏州为主。

1976年粉碎"四人帮"后，各地书场相继恢复，尤以1979、1980、1981这三年为最多，各地书场像井喷一样开出来。1984年1月我写的《我市评弹工作的概况》汇报中提到：苏州市县各类书场一百五十三家，都是全年演出长篇的，1983年苏州地市合并，乡镇建制一百八十个，书场普及率达到85%。为什么会出现这种情况？一是十年"文革"中老百姓听不到评弹，虽然有些城镇在"文革"中后期也恢复了评弹演出，但很不正常，书目内容有限制，移植样板戏为主，即使是新编书目也是标语口号，更没有长篇书目演出，这产生了一种听书饥饿感。先是以开篇、中短篇专场形式出现，后来恢复了"文革"前的现代长篇书目，紧接着港台武侠书流入大陆，评弹演员很快将其改编并搬上书台，很受听众欢迎，一些胆子大的演员偷偷摸摸演二类书、一类书，不久传统书目全都恢复，听众蜂拥而至，日夜客满、听众上千随处可见。1978年秋，"文革"中被迫下放农村和工厂的评弹演员相继归队，演出队伍庞大。相对其他艺术门类，评弹演出的门槛较低，演出恢复周期短，同样恢复一个剧团，排一出大戏时间就长，困难就多，而且是几十个人一个晚上只能演一场。办书场的门槛较低，改革开放初期能攒钱的活不多，看到评弹市场这么兴旺，好多工厂、乡镇的会场，学校的礼堂，包括当时苏州好多电影院都兼开书场。如桃坞电影院、大华电影院、观前影剧院、工人文化宫第二电影院等，因为制作一部新片要很长时间，电影院没有片源。但好景不长，从1985年开始各地书场纷纷转向关门，江浙沪城乡书场同时出现大滑坡，主要原因是改革开放经济大潮的冲击，书场生意再好总不如经商吧，尤以商业和供销社系统办的书场为多，一般都开在市口上，面积都有几百平方米，不说开店，就是做个仓库，一年的效益也十分可观，他们认为我们没有这个责任和义务一定要把书场办下去，所以这一类书场一夜之间几乎都趴下，有些甚至是百年老店。如封门横间春沁园书场、常熟梅李龙园书场等。同时听客也在流失，文化娱乐活动的多样化，歌厅、舞厅、卡拉OK、投影录像的兴起，将听众分流了，小小麻将桌更是拉走了多少听客。有经营头脑的老听客也去做生意了，哪有时间天天来听书。所以我在1985年底做了一次苏州大市书场的调研，就在短短的一年多时间内，苏州大市书场关停并转一百余家，只剩了一个零头，约五十家。到20世纪末又减少了一半，能坚持下来的都是文化部门直属管理的书场，是不能关的。这在当时的评弹界引起了骚动，真是人心惶惶，拆了那么多庙，和尚到哪里去念经，业内大呼"僧多粥少"。一次我到省里开会，汇报了苏州评弹目前的生存困景，当时的文化厅长就说了三句话，一是巩固阵地，二是收复失地，三是开辟新地。我回苏传达了此精神，所以在1986年，政府出资落地翻建了和平书场，1989年恢复了光裕书厅。1996年石路地区旧城改造，和平书场移建，改名"梅竹书苑"。2000年观前地区大规模旧城改造，又重建了"光裕书厅"，并请周良同志写信给陈云同志，请他书写"光裕书厅"四个字，做了金匾挂在门口。这四次重大的改建重建，政府投入了大量的人力、物力和财力，全过程都由我负责操办。

长篇书场从滑坡到低迷徘徊，这一过程比较长，约二十年，即1986—2005年，可以说是评弹史上最惨最痛苦的时期。1986年下半年，我从苏州市文化局调回苏州评弹团担任副团长，直至2009年3月退休。我是全程经历这一时期的，评弹演出队伍人心大乱，书场关闭，听众流失，大批演员转业。20世纪80年代中期流行歌舞泛滥,加之书场流失的好多评弹演员改行去唱歌跳舞。当时浙江省曲艺团、苏州评弹团等都组建了歌舞团,但昙花一现的很快就消失了。也有几位成功者,如孙小云、蔡红虹、计一彪、王捷等。也有下海做生意的,成功者寥寥无几,但在生意场上"被淹死"的大有人在,如浙江孙继庭、苏州赵善彬等(当时在书坛都是小有名气的演员)。评弹演出兴盛时夜场面子日场夹里(一般书场都是晚上听众多,白天听众较少,所以业内比喻夜场好演,如衣服的面子,日场难演,如衣服的夹里),到变成日场面子夜场夹里,再到夜场开不出,其中有一主要原因——旧城改造,居民搬迁,全民经商。书场办茶座、舞厅、录像厅、桌球厅,放数码电影,团部办招待所、商店、服装厂,以文养文、以副养文。这些我都亲身经历,今天回想起来真是不务正业。我曾是江浙沪两省一市评弹工作领导小组第一批联络员,为此我还一同参加调研,实地考察,再三呼吁,也无能为力。江浙沪两省一市当年顶峰时共有书场六百多家,其中苏、锡、常近三百家,上海二百余家;浙江一百余家。到了21世纪初,两省一市全部加起来一百三十来家,演员也只有一百三十来档。20世纪60年代苏州大市就有八个评弹团,演员有三百多位,另有登记的个体艺人约一百四十人。

长篇演出市场的复苏期,主要讲苏州,出现在十年前。这主要是得益于大环境。国家经济实力增强,老百姓生活水平提高,2006年苏州评弹又被列入首批国家级文化遗产名录。当时新任苏州市委常委宣传部部长徐国强来基层调研,我们强烈反映苏州是评弹发祥地,但书场都关了,评弹演员没有演出场地,谈何振兴评弹。第二年苏州市政府及有关部门就责成各街道乡镇至少要办一家书场。2009年起苏州市政府又每年安排专项奖励经费三十万元,扶持坚持长篇演出的评弹书场,鼓励评弹演员坚持长篇书目的演出,推动评弹的保护与传承,加快加强书场建设。此项奖励由我们苏州市演艺行业联合会实施。

2011年我受两省一市评弹工作领导小组委托对苏州大市书场再一次做了摸底调查。截至

讲座现场

2010年底,全年坚持长篇演出的书场四十六家,其性质归属:文化十八家、社区十七家、个体七家、老龄委两家、其他两家。

与20世纪90年代中后期评弹演出市场最低迷时相比,苏州市书场已增加了一倍,接近20世纪80年代中后期水平。但书场的归属性质发生了很大的变化。曾在评弹演出市场中唱主角的商业、供销社书场全部退出历史舞台(少量留存的商业、供销社书场,主要在张家港,也开始承包或转为个体经营)。由于政府的重视、各级领导的支持,随着经济的发展,评弹演出市场开始复苏,地方各级政府对文化基础设施建设的重视和投入力度加大,一批文化骨干书场带头重建。除了我刚才提到的光裕书厅、梅竹书苑外,还有评弹博物馆书场、吴中书场、常熟虞山书场、张家港长春园、昆山玉峰书场、太仓城厢书场等相继重建。近年来社区书场发展势头尤为良好,书场开到了家门口,深受群众欢迎。一些设施条件较差、以营利为目的的书场逐步淘汰。

以上是回顾,下面主要谈的是当前苏州的长篇书场演出的情况。

二、当前苏州的长篇书场演出情况

(一)书场概况

目前苏州市城乡有各类坚持演出长篇半年以上的书场(截至2016年底)一百一十四家,归属文化三十一家,占27%;街道社区五十四家,占47%;村委会二十三家,占20%;其他六家,占5%(不含旅游景点的唱开篇的演出场所)。演出长篇满半年以上的书场六十家左右。卖票五十三家,不卖票(公益)六十一家。全年演出长篇满三百场以上的书场在五十家左右。它们为弘扬地方民族文化,振兴评弹事业,丰富社区基层百姓的娱乐生活做出了贡献。

随着社会的发展,文化娱乐多样化,网络电视进万家,苏州的书场几起几落,书场的规模、性质、归属起了很大的变化。原来以文化、商业书场为主体,现已转换为社区福利型书场唱主角;书场从以城区乡镇为中心转移到了广大农村和社区基层;由以数百人的大中型书场为主缩小到以数十人的小型书场为主;由日夜演出二场缩到只演日场;从听众买票听书到书场敞门入场;从全年不间断演出长篇书目到逢年过节难得演出的季节性书场;票房收入从场团拆帐分成制变为包场制。无论书场的变化有多大,20世纪末出现的"僧多粥少"——演员多书场少的状况得到了改善,评弹演员再也不愁出现没有书场演出的窘况,演员有了用武之地,老百姓听书难的问题也得到了解决,而且书场开到了家门口,方便老人、服务群众。这要感谢我们各级地方政府在经济建设发展的同时狠抓精神文明建设,对文化基础设施建设的重视和投入力度的加大,使苏州市的书场得以恢复和发展。

书场的硬件也随着社会经济形势的发展而不断提升，绝大多数书场都是在 21 世纪新建的，除了中心城区的书场档次提高了，一大批新建的乡镇社区书场硬件设施条件同样都很好，有些已超过了市区书场，即使是一些设施陈旧的老书场也不同程度地得到了改善。各地文化馆站街道社区都十分重视书场的建设，好多社区书场都配有专兼职的工作人员或是热心的志愿者在服务，书场的秩序管理有条不紊，得到了老百姓的赞扬。不少业内外人士都说当前是苏州评弹发展的最好时期，政府的关心、扶持、投入越来越多，书场开了不少。今天苏州市评弹书场的大好局面得来确是不易，有多少人为之呼吁、奔波、操劳。为了巩固建设好书场这个阵地，不再让其流失，而是健康有序地发展，有些问题还是值得我们去思考。

（二）思考问题

1. 合理布局，平衡发展。苏州市书场的总量已达到了一定的规模，但在各区、市（县）之间差距很大，发展不平衡，而不是光看数字。有些地区政府对此项工作十分重视，狠抓不放，书场从无到有，队伍不断壮大，有序管理，健康发展。有些地区书场原本发展的势头很好，近年来大量关闭。有些地区听众基础一直很好，迫切要求恢复书场，但有关部门不够重视，建设发展速度缓慢。但也有些地区书场密度太大，甚至一个街道开了五家。苏州相城区一马当先组织有序，吴中区、太仓市后来居上，张家港稳中发展，某些区徘徊不上，个别市表面"闹猛"。希望各地主管部门加大扶持力度，合理布局，长效管理做好书场建设工作。

2. 如何掌控好社区书场这柄"双刃剑"。有识之士都说社区书场是一柄"双刃剑"。大批社区书场创办后，实行优惠低廉的门票或是敞门入场政府买单，文化惠民深受群众欢迎。以拆帐改为包场的形式来接纳演员，尤其使刚出道的青年演员，收入有了保障，对稳定演员队伍起到了一定的作用。社区办书场不卖票是政府给老百姓的福利，没有少给演员一分钱。但也有人说：长此以往使演员在毫无压力的状态下演出，缺少了竞争机制，就产生了惰性，反正听众也不买票，演好演坏都一样。所以好多事业心强、要求上进的演员都说社区福利型书场是一把"双刃剑"，演员收入是有了保证，但缺少了压力和竞争，就看你自己如何来把握。如能珍惜今天那么多来之不易的社区书场，不管卖票不卖票都要同样认真对待演出，那么你的艺术水准是不会下降的。所以有部分老听客反映：我们在城里的书场听同样的书目，同一个演员，但到了我们这里演出艺术质量大打折扣，这是何原因？敞门入场，政府买单，利弊多少，值得探讨。所以苏州市在 2015 年度评选优秀书场时，凡是敞门入场的书场只能评上合格。

3. 社区书场任重而道远。有些部门领导办书场的目的不明确，多是为了政绩或应付上级或迫于群众的呼声和压力，书场开办时就疏于管理，放任自流，多数书场开业时都卖票，但慢慢地就变成了敞门入场。如卖票还要专人管理，增加支出，所以有些书场既没宣传广告，也没人员接待，连开灯光音响、倒茶端水都是演员自己动手，甚至演出到最后一天也没有见到相关的负责人出场。书场秩序混乱，听众稀少，迟到早退，拣菜剥毛豆等，真正听书的不多，"轧'闹猛'勿少"。最终是演员不卖力，听众不满意，领导不高兴，只能是关门大吉。

我们要珍惜今天的大好局面，不管当初办书场的动机和出发点如何，既然书场办起来了，就像生了自己的孩子，要把他"领大养好"，多加呵护，少加指责。

（三）几点建议

1. 大市书场总数已饱和，全年坚持演出长篇和卖票的占40%左右。个别区（市）书场数量很大，但正常运作的不多，季节性书场偏多，根据不同地区情况可逐步增加演出长篇书场。乡镇一级具有一定规模、上座率又较好的书场最好能配备演员宿舍，便于演员流通。个别街道书场太密，相隔又很近，能否资源整合，合理布局，重点办好一到两家书场，全年演出长篇，让书场有稳定性，让听众走熟、习惯，也是重要工作。

2. 加强内部管理，希望配有专兼职书场工作人员。由于多种原因，书场票价不高，绝大多数书场的运作要靠政府补贴或社会资助，有些地区，书场有社区工作人员兼职，既节省了开支，又加强了社区工作者和社区居民的沟通联系。另外，也可以群众自治办书场。聘请老听众、热心的志愿者，卖票、冲水、扫地，适当发些补贴。还可物色热心于文化公益事业的，尝试政府用差额补贴承包来经营管理书场。希望各区（市）文化主管部门下属团、馆、站办的书场要起示范作用，多想办法，多动脑筋，带头办好一二家示范书场，来带动一大批社区书场。

3. 要向听众解释买票进场听书是尊重演员的劳动，演员在舞台上的表演也是劳动，有商品属性，对劳动尊重则理应视之为有偿服务，买票听书是光荣的。就是卖两块钱一张的书票，也不能算是经营性的，还是不够应付书场开支，仍是带有公益性的，还是要有政府补贴才能维持书场的运作。买票入场主要是为了让书场有秩序，有些可听可不听的、来蹭空调的、迟到早退的人就少了，同时书场在经济上也有一定的得益和补充，演员的自我价值也体现了，演出热情也将会提高，听众也会满意，场团双方又都能得益，这是符合演出市场规律的。万事开头难，听众也会慢慢地习惯和理解，这才是双赢。好多书场起先都是买票进场，后来才逐步蔓延开来，已影响到了市中心的经营性书场。纵观苏州评弹的发展史，我听前辈曹汉昌说：中华人民共和国成立初期经济萧条，百废待兴，百姓生活艰难，书票只能降价，只卖五分钱一张票，但也没有敞门入场，书场都坚持下来了。

由于社区书场都实行包场，演员的报酬和听众的上座率与演员自身的艺术水准不成比例，演员未进场，他的报酬已定了，和听众多少、艺术好坏不挂钩。一些缺乏责任心的演员每天只是简单地重复劳动，忽视了艺术质量的提高，这种现象在青年演员身上很普遍。所以演出费应采用"死包活拆"，这有利于提高演员的事业心和责任心。我们要遵循评弹演出市场的规律，社区书场如要健康有序发展，还是要行政主管部门来制定相应的制度和措施。

4. 打铁还需自身硬，要规范书场，首先要规范好演员自己，这是南京会议上的共识。

有人说：对于目前市场的乱象，我们专业团队是有责任的，我们应管好自己的团队，练好自己的内功，优胜劣汰，市场还是要靠本事吃饭，只有不断提高评弹演员的艺术素质，才能永久赢得市场，否则再好的市场也会失去。

有人说：不能因为书场都包场了就没有了竞争，演员对自己也没有了要求，最重要的还是演员艺术水平的不断提高，哪怕一切条件都准备好了，没有优秀的演员，市场也是空的。

有人说：演员必须先付出努力来体现优良精湛的艺术水平，绝不能敷衍了事，我们要珍惜国家投入的每一分钱，今天珍惜了，将来机会就会更多更好，今天不珍惜，将来后悔莫及。

有人说：书场不卖票是政府投入对老年人的关怀，给老年人的福利，政府对团体演员的投入也不少。现在社区书场出现这样或那样的问题，我认为主要原因还是在演员本身，如果你的艺术水平不能持续提高，如果你在书台上不负责任，听众离你而去、书场关门歇业那是必然的。

有人说：大家谈到的是书场包场的问题，我认为包场是肯定不行的，但是不包场是万万不行的。社会在变化发展，我们不能用评弹在五六十年代的盛况来看今天的评弹。我们不要纠结这样一个问题。其实包场与不包场，关键不是包场本身的问题，而是演员自身的问题。希望他们不断提高自身的艺术水平，有很好的职业道德和责任心。

有人说：包场不可行，没有包场万万不可行，说得真是有道理。我们需要社区书场，但是违背了评弹事业发展自然规律的市场要改进，社区书场或许是评弹历史进程中的一个过程。

有关苏州评弹演出市场的问题，已引起了苏州市文广新局的重视，最近几个月有分管局长带队，到各区（市）基层书场调研，即将出台新的管理办法。

希望大家协力同心，看好自己的团，管好自己的场，愿我们的评弹演出市场步入良性循环，健康发展，长久不衰。

演讲时间：2017年9月26日

整理者：陈琪伟

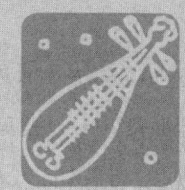

第四十九讲
风雨一甲子
——我演出《岳飞传》的一生经历与所思所感

  结合多年对评话《岳飞传》的演出经历，陈景声讲述了自己的学艺经历及六十年书台生涯的实践感悟。他表演评话片段《枪挑小梁王》，说表稳重，口齿清楚。因着良好的师承，加之个人的刻苦学艺，陈景声既具有他先生曹汉昌"一口干"的气质，又有"钟家一条枪"的特色。陈景声认为，一个好的评话艺人既要有敏锐的社会意识，也应该具备一副好嗓子。在说书中，不能骄傲自满，即便书艺达到炉火纯青的地步也应该尊重他人，特别是应尊重老前辈。一种流派、一种曲调的产生与发展，是个人努力、市场与政府多方面努力下的产物。同时他指出当前评话出现的一些问题，如无人继承传统长篇书目、缺少专门的培养机构进行评话教学等。

陈景声

苏州评话名家。无锡市曲协著名评话老艺人、评话《岳飞传》传承人。十四岁考入苏州市人民评弹团拜评话名家曹汉昌、钟子亮为师学习《岳飞传》，1963年作为苏州评弹团青年评话佼佼者赴京演出，受到周总理的接见。在当今江浙沪书坛上，是不可多得的优秀评话名家。

唐力行：今天我们很荣幸请到著名评话表演艺术家陈景声先生，他是现在国内苏州评话《岳飞传》从头讲到底的唯一的一位评话艺术家，已经是七十八岁高龄，还经常在书台演出，像这样的演员现在也是很少见的。他今天的报告是《风雨一甲子——我演出〈岳飞传〉的一生经历与所思所感》，在做报告之前，为了给我们大家增加感性认识，他想先给我们演一段《枪挑小梁王》的片段，让我们热烈欢迎。

陈景声：首先讲一句话，我不是一个教师，也不是一个教授。我只是一个普通的评话演员，一个民间老艺人，一生酷爱评话事业，到今天受到党和政府的关怀和重视，我一生难忘。在这里谢谢唐教授，谢谢彭本乐老师，关键要谢谢上海师范大学中国苏州评弹文化研究中心的各级领导，还有在座的博士生硕士生。现在我献丑一段，可以说是全国都知道的片段——《枪挑小梁王》。

（表演略）

首先要讲的是，我现在是名副其实的民间职业评话艺人。我十四岁就业余登台了，现在虚岁七十八岁，说《岳飞传》的书都是自己现场录像。那时候我在无锡读书，背着书包去书场听书。当时听的是马晋飞的《岳飞传》，他与曹汉昌是师兄弟。当时还听唐耿良老师的书，书名叫《临江会》。我要叫唐耿良老师为叔叔，因为他跟我师父是结拜兄弟。曹汉昌和他是结拜兄弟，钟子亮也是他的结拜兄弟。我家庭在无锡开了一家茶馆，茶馆名字叫长兴茶楼。我家茶馆隔壁有一家书场，位于无锡的观前街，名叫蓬莱书场，他们日场客满有六百余人。有时候书场凳子不够，就向我们茶楼借长凳。现在这个书场已经没了。当时蓬莱书场的老板姓郑。他还有一家书场，叫雅叙书场。黄静芬单档来演客满六百人，顾宏伯来客满，张鉴庭张鉴国双档、"朱郭档"到客满，严雪亭到此演出均客满，蒋月泉到不一定客满。我从小就住在蓬莱书场隔壁，喜欢听书，在十四岁读书的时候就开始演出了。这时候，在江苏省无锡市原人民大会堂对面的政协礼堂演出，为无锡市政协领导演出，结束以后受到市长江坚接见。1956年，我师承陈鹤声老师。他和张鉴庭、张鉴国是同乡，是无锡长安桥人。当时我拜师用了十担米、一百二十元人民币。到了"反右"前夕，艺人一律不许私人收学生，收了的要退还拜师金，所以我就回到了无锡，参加了居委会的扫盲工作，我后来就考取了苏州市戏曲学校，学习了两个月的戏曲理论，那时候流行斯坦尼斯拉夫斯基文艺理论。两个月以后，我被分配到苏州市人民评弹团，而且我被分配跟曹汉昌学艺。那时候认为《岳飞传》代表苏州评弹团，上海评弹团没有这档书。上海评弹团是有《英烈》《杨家将》《隋唐》等。当时曹汉昌是苏州评弹团正团长，我是被指导员颜仁翰指派安排跟曹汉昌学艺，继承曹汉昌的《岳飞传》。我当时提出来想学《英烈》，但是团里不允许，这是政治安排。所以我就放弃了学《英烈》，现在《英烈》我已经忘记了。但是跟了曹汉昌之后，曹汉昌先生是"劳动模范"、中国共产党党员，又是正团长。他又安排我从师，从的是正式的《岳飞传》传派人钟子亮。钟子亮的父亲叫钟士亮。我说的《岳飞传》哪里来的？这本书是我太先生钟士亮从何一飞那里传承下来的。何一飞是最早说这部书的艺人。钟士亮老先生三大弟子中，王再亮、钟子亮继承父业，称作"钟家一条枪"。说《岳飞传》的艺人还有周逸良。他是曹汉昌的先生，人非常矮小。他说不过王再亮、钟子亮，只能说《后岳飞传》。我被政府分配到苏州评弹团，跟了曹汉昌，但曹汉昌又把我介绍给了钟子亮，那我的辈分就很高了。而且还有一个区别，曹汉昌跟过钟子亮，因此他既是我的先生，又是我师兄。因此我的第一师父是陈鹤声，第二个是曹汉昌，第三个是钟子亮。说《岳飞传》是曹汉昌在前，钟子亮在后。刚刚给你们看的照片（略），有我和钟子亮一起同台演出的情景。演出地点在上海闵行的跃声书场。虽然这是过去的事情，但是这个师承要讲清楚。我从50年代末开始学《岳飞传》，团里的指导员也关照我，要我认真继承优秀传统，接好曹汉昌的班，代表苏州。说句玩笑话，那时候苏州评弹团和上海评弹团关系不是很要好的，潘伯英组织的时候是把上海评弹团排挤出去的。

我从1959年开始说《岳飞传》到现在，已经五十九年了。我说书生涯六十多年，《岳飞传》这部书在我手里，今天的《岳飞传》作为这段的结束语。老的本子《说岳全传》，作者钱彩，从大鹏鸟下凡开始，讲岳飞和金兀术是前世的冤家，因果报应。岳飞实际是死在宋高宗赵构手上，政治上不要岳飞，所以到最后《疯僧扫秦》。这是写书人编出来的，惨死风波亭，失风波亭不是岳飞一个，是三个，岳飞、岳飞长子岳云、女婿以献，此叫"风波亭冤案"。当时岳飞只有三十九岁，叫岁底不足，故天地恸哭。这部书我相当喜欢，两位先生确实给了我不少东西，尤其是钟子亮老先生。

我再介绍下本人的经历。六十年来我说书，实际主要是靠《岳飞传》这部书。这部书好在哪里？忠孝节义、仁义礼智信。要爱国爱党，做人为善，我看《岳飞传》这部书相当有历史价值与艺术意义。忠，有人说他是愚忠，但是人们应该要像岳飞。高宗赵构让位，宋孝宗叫赵昚，高宗没有小辈。他活到六十七岁，书法很好，名气不是很响。在死的问题上，说岳飞是精忠报国，其实是尽忠报国。大家都说精忠报国，在文字上解释不通。死了以后学他的抗金精神，叫精忠报国。这是宋高宗赵构要让位,学习岳飞的抗金精神,所以叫精忠报国。其实他是尽忠报国。这是我的第一个体会。第二个体会,因为岳飞家喻户晓,忠孝节义,所以后来引起了社会不满,有人说做人不要忠,忠良不得好死,忠良活不长的。但是反过来说,岳飞的民族气节和精神永远常在。我1963年在北京演出受到周总理接见的时候,周总理跟我说了一句话。他说:"岳飞是历史的爱国主义,民族英雄。"中央民族大学蒙曼教授说:对岳飞历史评价有八个字——"忠勇报国,自强不息"。岳飞的弟兄都是好的,都是同胞手足。"抗金不分弟兄,团结风雨同舟",还我河山是岳飞的精神,但是最后收复河山的愿望没有实现。因为政治斗争,岳飞成了政治的牺牲品;因为他军权太大,皇权就受到威胁。秦桧就在皇帝边上进谗言。岳飞从带八百人开始到统领六十三万大军,这是岳飞的成绩,文武双全。而且岳飞敬老爱小,虚心好学,一首《满江红》代表了岳飞的内心世界。当然历史上也有人分析,这个是不是他写的也是一个问题。但是通过我的研究,是岳飞在建炎元年(1127),因得不到皇帝的重视,他主动提出杀过黄河,所以高宗就动迁到临安,主要是为了自己。为什么要迁到临安,一是过了黄河,二有长江,三有珠江。实际临安不是杭州,就是天目山。以前杭州归临安管,现在是临安归杭州领导。还有一个事情,三十年前我到过临安,临安有个图书馆,请我去说二十天书。我就是讲南迁临安的事情。所以不能把杭州叫作临安。这都是一般的解释,我不做评论,只能你讲你的,我讲我的,但是大家可以去查历史。

说到对这部书的实际体会,因为这部书本身得民心,加上我矢志不渝酷爱事业,所以我对它的体会顾虑具体到对书中人物心理的揣摩。说《英烈》我没有这个顾虑,没有那种感情,说《岳飞传》有这个感情的。比如说到风波亭,不落泪做不到。用皇帝的名义去逼死岳飞,皇帝要你死,用不着讲的,三样主要东西放在那里,你选一样自杀。一条白绫,一壶毒药酒,一把匕首。岳飞是自缢身亡,代表清白,岳云在战场上没有死,死在奸臣手上,自己自杀。女婿服毒药酒自杀,而且女婿很忠,没有和岳飞的女儿结婚,没有拜亲,只是承认了这门亲事。所以后来孝宗皇帝造了一座庙,为孝娥娘娘庙,位于杭州小柳正巷这个地方。我到杭州演出几次,当地一个姓李的教

陈景声现场表演

育局领导领我去看，跟我讲了这个故事。说这部书怎么会没有感情，枪挑梁王不是岳飞要挑死他，他利用了他的地位和权力，岳飞蛮好打得过他，最好让他自己退出去，逼得岳飞没办法，立下生死文书，叫作逼下文书。这都是我演出了十几年的书下来，自己改出来的。所以是逼得岳飞没有办法，叫逼挑梁王，都是被迫的，这也是我个人见解。我对岳飞很尊敬，这也逼出了我的说书一生。

这部书六十多年了，一如既往地能够得到听客认可，一是因为这本书得民心，二是我本人演出努力。我说这部书的动力来自哪里？一是因为在1963年我受到周总理的接见，受到党的阳光，受到政府培养。第一次到北京演出的是1961年上海市人民评弹工作团，第二次是上海市长征评弹团，第三次是1963年苏州评弹团。其中特别是长征评弹团到北京去不简单。各位同学应该知道沈笑梅，据说是靖江人，人称江北《济公》，就是这部书稀奇了。后来去香港演出，听客要听这回书，专门点他演出。严雪亭《三笑》跟徐云志后来的事情，我都可以谈谈，我都经历过，很熟悉。李伯康说《杨乃武与小白菜》，严雪亭去从了李伯康，李伯康是严雪亭的先生，苏州的李仲康是李伯康的兄弟，不是嫡亲的。现在弄了个"仲康调"，这个名称很难听。现在金丽生七十五岁，也退休了。金丽生的进步，希望他对得起天地，不要忘了书目，不要忘了他的下手徐淑娟。如果没有他的下手徐淑娟，他也不会有今天。不是我卖资格，他还是比较尊重我的，因为我喜欢讲真话。我们应该尊重老前辈，如果不尊重前辈，怎么会有你？承上才能启下，继往才能开来。我吃亏在哪里，吃亏在骄傲了，所以说骄兵必败。1963年去北京演出的评弹演员中有三个青年代表，分别是我、龚克敏、王映玉。他们分别是周玉泉、薛君亚的弟子。我是曹汉昌的B角，曹汉昌五回传统书，万一曹汉昌高血压犯了，就我上台。我是带了五回新书，B角是代替曹汉昌。那个时候我是说新书，是短篇书目。总理接见我们的时候，挽着青年的手说："一个演员，一句话，一是政治，二是嗓子。"演员没有好嗓子怎么演出？我是只记得嗓子，忘掉了政治，这也是对我自己的人生总结。自从1963年受到总理接见了以后，我自以为了不起，和周围演员关系处理得不好，特别是对长辈有这样那样的看不起，也带来了工作上的不利，也是对自己切身的事业不利，也是命运的不利。但是我还是认真说书的，我的书里面没有虚假。我是用评话的正能量走到今天的，从不偷懒。一个在台上偷懒的演员是不称职的演员。被称作艺术家的人，他们到台上都是毫无保留地展现自己的艺术。在台上藏起来点，都是假的演员，特别是艺术作品，没有藏起来的。炉火纯青，先要炉火，你火都不旺怎么纯青？上海市成都北路沧洲书场演出期间，顾又良和长征评弹团的凌文君先生一起来看钟子亮，走路扶着，左右跟着。到了顾又良家中自己床不睡，让钟子亮睡，我们睡地板。这些响档都是有真本事的人，都是相当讲义气的人。尊重别人才能尊重自己，你不尊重别人别人怎么尊重你？凭我自我客观的分析，为什么我一直是个体户？

先讲真话，是为了工资。我出来单干的时候，正好借到了邓小平的改革东风。华国锋上台，全国普加工资一级，还要求各个单位进行拔尖。在拔尖的名额问题上，我跟领导产生了矛盾。领导当时说："把芦绮红拔上去叫拉拉平。"然后我拍台子说："中央要拔尖，你们怎么能拉拉平呢？"他说："你这是什么态度。"我说："你是什么态度，什么叫拉拉平？你是局长，我们到饭店去，到马路上讲给群众听一听。"就是因为这样才跟领导发生矛盾的，然后我打报告申请调离。1978年十一届三中全会强劲东风吹遍祖国大地，邓小平复出。我第一次的报告是调回报告，申请调回无锡，无锡文化局邓副局长急着要我回去，而江阴县文化局耿局长不放。这个结果也被我猜到了。第二次是催调报告，他们不理睬。第三次我选择自动辞退。这样的情况之下，1979年8月31日我离开江阴，1979年国庆节我就在上海闵行新风书场演出。我是日场，夜场是吴君玉和沈惠仁、沈淑荣双档，他们当时是没有奖金的。我日场半个月收入四百元，这在当时评弹圈子里面是少有的。所以为什么走这条道路，说好听点，跟上邓小平改革开放之路，实际上有一定的矛盾，真是动机是为了工资，也有因为拔尖的矛盾。这是铁的事实，为什么不能拔尖？因为我符合条件的。如果当时都走个体的道路，现在的评弹事业可能是另一番景象了。到今天都不重视个体，前不久文化部门才承认了、组织了民营团体，但是操办人都不是民营团体的。再说得确切点，正式的评弹比赛场合，杨子江、惠中秋、程振秋都不能参加，包括我陈景声也没资格参加。不是我骄傲，是基于事实的分析。我走上个体道路，我自称是无锡说书老艺人、民间艺人。说自己是个体演员，也没有什么丢脸的。特别是我到上海来，文化部门还不让我演出，具体执行者是王正浩。没意见，那我要跟你提提，他也是工作范畴，也没办法。为什么？因为我个体演出影响太大，我个体演出的收入超过所有团体的演员，原因就在这儿了。本事上认可我，也认可你这部书，认可我是曹汉昌的学生，但也认为我还是离不开曹汉昌的光环。这部书很要紧，不是我会说书，是这部书培养了我陈景声。也是我认真说这部书，今天才能够得到唐老师等各方面的认可。从听众角度上讲，无论是新书旧书，我出去演出都按兵不动。一从来不漂过，二有一定收入。蒋月泉一生说多少书？《玉蜻蜓》一段，没说全；《白蛇传》一段，他主要是靠唱成家成名的。其实"蒋调"是从"周调"基础上发展而来的，他找到了感觉，发挥了自己的中气、韵腔，得到了政府领导的支持。现在"蒋调"变成基本调了，但我觉得"沈薛调"才是基本调。当然这仅是我个人的看法。今天先打声招呼，我的话有不当之处，请大家原谅。

通过事业的客观分析，不是我紧跟政治，而是认真说书，使我长期立足于书场书台，所以今天我也得到了一定的回报。现在我再讲一点个人的看法，只讲原则问题。现在很可惜，就是刚刚说的书。书目不是没有，中华文化想要复兴，《三国》要传承，《三笑》的传承人是万灵元，但万灵元脱离评弹多少年了。《玉蜻蜓》，上海团培养的艺人蛮多，那么其他书目的培养人呢？"琴调"接班人是谁？"丽调"接班人到底是谁？"蒋调"算有接班人，那么其他调的接班人？凌文君一代响档的《金陵刺马》到底是谁传承？吴蝶君、张丽君、如君，都不是。凌文君的《刺马》叫《杀马》，他和潘伯英、和朱伯雄的都不一样的，他自己创造来的。他出去挂牌，叫《杀马》不叫《刺马》。有三个说《刺马》的，一个是朱伯雄，一个叫潘伯英，朱、潘是师弟兄。凌文君我就不知道了，当时他很不错，吃得苦中苦，方为人上人。这种唱法他的精气神马上不一样，他的嗓子是假嗓子，我当时还没说书。在无锡明园书场，日夜客满。现在有一些老师，比我年纪大一点，我们应该多把先生的好东西拿出来，在先生的基础上继续进步。而且1962年到北京演出，凌文君单档《杀马》。这部书就叫《杀马》。张文祥说《刺马》，苏州书场七百二十六客的书场客满，没有一个听众不拍手称赞的。我现在这个年纪和阅历，对老先生见得很多了。

最后，我想谈谈评话的接班人和市场。现在的市场主要靠党和政府的帮助。真正评弹团的演员，怎么去抢救市场？市场没有失掉，但真正在评弹团编制里扛起负责这个振兴市场责任的，可以说不够，不能说没有。操作很多，有好有坏。评话的事业，有点优势的传统书目到底谁来接班，这个牵扯到苏州评弹学校的培养问题。现在苏州评弹学校，没有评话班。评话班都没有，怎么能够叫评弹学校？自古以来都是评在前，弹在后。我们祖先是谁？一共有两个，一个是泰伯，一个是孙公和尚，是说书的祖先。正式的传道是明朝柳敬亭。所以扬州评话在前，苏州评话在后。这些是我的一些看法，不当之处或者错误，请大家包容、原谅、指教。谢谢大家！

演讲时间：2017年11月10日

整理者：沈家悦

第五十讲
苏州评话真的要灭亡了吗?

  李刚结合自身的说书经历及工作经历,漫谈苏州评话的兴衰。他认为苏州评弹的复兴需要天才型的演员。当前书场听众经历了从听众到观众再到受众的转变,所谓的受众就是与演员在演出过程中产生互动的听众,而演员要有意识地加强与听众之间的互动并借助互动来完成演出。而且对演员来说,要有好的作品才能吸引听众。他结合《"文革"风云》的创作,来说明编写与时代密切相关的作品的重要性,以及在编写过程中不断努力学习、追求精益求精的重要性。同时他指出,评弹的发展与国家形势密不可分。在当下,苏州评话面临着困窘的现状,在到底会走向何方的问题上,李刚认为只要有好的演员、好的时机、好的作品,并能够结合互联网+等新媒体平台,评话艺术就肯定不会灭亡。

李　刚

　　1968年生，江苏江阴人。评话演员。1988年从小就喜欢苏州评话的李刚入了行，开始了他的说书生涯。整个过程并非一帆风顺。在入行四年后，李刚迎来了苏州评话最为萧条的时期。1988—1993年，他说了五年的书；1993—2001年，他下海做了八年生意；2001年，他重返书坛。代表作品有《"文革"风云》。现在苏州广播电视总台主持《李刚评话》栏目。

今天我主要以苏州话来讲，因为苏州评话是一个特殊的曲艺种类，苏州评话只有用苏州话才能体现它的魅力。要了解苏州评话，需要我们努力听懂苏州话。

我离开上海实足已经有十一年之久，我的《李刚评话》节目到今天也是有十一年整。十一年前，我都是在上海活动，几乎没有出上海，而且都是在上海中心的市区。因为十一年前，我的作品，可能不太成熟的作品，在整个上海，就中心城区的剧场、书场中演出，买票就已经要预约到一年以后。有一个好笑的事情，就是我已经到苏州广播电视总台去上班了，已经要每天播出我的《李刚评话》了，但是在开播前我提了一个要求——我要回上海一趟，节目推迟半个月开播。为什么我要去上海一趟？因为当时苏州广播电视总台已经给工资我了，去打申请报告提出我要去上海一趟还掉一笔债。是什么债？就是你们现在在网络上能听到的《"文革"风云》的录音版本，但是缺掉了两回，正式的只有十三回，时间按照苏州评弹老规矩是二十六个小时。这个是有人偷偷录的，后来我就离开了上海。偷偷录制并非是为了去卖钱，他只是放在网上去给大家共享，但是他也不知道网络的力量会这么大。所以现在大家能够听到的《"文革"风云》总共就是十三回。为什么是十三回？因为当时适逢东亚运动会，那两天要封路，基于交通不便不能到达鲁迅公园，所以缺了两天，也就没能录制。所以你们现在所能听到的网上的录音版本就是二十六小时，十三回。后来我查到了，是上海铁路局一位离休的老干部录的，他就是因为很多人反映说听不到李刚评话了，这么多年他不来了，于是拿出来放到网络上共享。就是这样一个情况。那么为什么我要请半个月假呢？也就是到鲁迅公园去还一笔债，因为之前请了我两年，一直没有时间。直到后来我要到电视台工作了，要离开书坛了，我觉得我实在是感到对不起。当时场方是非常诚恳的，一直碰不到他，他也不生气，总是说再约一次时间，所以那时候本来答应他是一个月的时间，讲上集与中集。因为按我本来的想法，《"文革"风云》后面还有《改革风云》。如果是一个月做完的话，还想这个剧场排到明年的计划，就是下集和《改革风云》合并，又是一个月的时间。为什么书场欢迎我呢？因为这个书比较长，有的演员只有半个月时间，还有部分演员连半个月都没有。不知道是当时师父偷懒，还是自己偷懒，他们有时候只有三四回，那么剧场最好是一天都满。一个是为剧场的观众，还有一个就是为了剧场的效益。《"文革"风云》《改革风云》，后面还有《反腐风云》，是"风云"三部曲。对于剧场的欢迎程度来说，就是可以长时间把一批观众锁定在剧场里,这样竞争力比较有优势。所以我当时去卢乙的剧场还债就是在我刚去电视台开播《李刚评话》的时候的前半个月。

今天我到这儿来也是来还债的,还唐教授的债。这个报告是开春前约的,当时蒋云仙老师在苏州广播电视总台有专访。我的夫人是蒋老师的学生。她生了小孩后,因身体不太好就一直在家休息、带小孩,就是现在所说的全职太太。所以当时蒋老师回来的时候,一直是住在我们家里的,和我也比较能够交流。蒋老师是很喜欢评弹艺术的,她与我们交流沟通颇多,所以她一回来就住在我家里。蒋老师的那一场访谈,白天在电视台做,晚上她就住在我家里。那天碰到唐老师,他就跟我商量能不能去上海师范大学做一场报告。上海师范大学这样一个高等的学府,还有这么一群年纪轻轻的同学来研究我们评弹这个古老的艺术,我觉得责无旁贷,来与大家一起交流一下。

一、评话现状及个人经历

题目呢,是用新闻性质的标题,这不是评话的标题方法。评话一般是《七侠五义》《三国》《包公传》等,它不可能用这样的标题。这个是新闻评论类的标题。为什么要用这样一个标题?因为我真的觉得,正如国歌里所唱的"中华民族到了最危险的时候",也可以用国歌里的这句话来印证苏州评话所面临的现状——到了危险的时候。

就整个苏州评弹来说,评话(大书)、弹词(小书)都面临窘境。相比较之下,评话比弹词更显得艰难。因为现在的整个评弹演出市场与传统的评弹演出市场完全是两样,如果各位评弹名家,也就是已经过世的各位评弹大师与名家,能够重新活回来、穿越过来,他们看到今天这个评弹市场,他们会马上就回去,而不愿意回来。什么道理?因为当年我们的评话是票房制,有了票房就有了竞争,就有了动力。现在的评话不叫票房制了,叫包场制。包场制就是各个街道、中心把评弹演员包下来,然后说一场多少钱,就是这样一个现状。其实我认为称其为"包场制"不对,这个正确地来说应该称"包工制"。就是包了一个艺人,支付他说一场的工资。其他没有的,不管你是什么样的人,有怎样的师承,老师有多少名气,现在都已经没有了,这就是包工制。为什么我要把包场制与包工制区分得这么严格?因为包场制其实体现的是演员的价格的上限,要包场就来谈一下价格,物有所值。现在很多青年演员,包工制下他们已经不是评话演员了。以前说书人叫先生,现在他们已经不是说书先生了。我重新给他们定义了一个名称,叫"说书匠人"。什么叫匠人?就是今天打了一天工,拿了一天钱。这样一来就成了说书匠人,只要你跟安排业务的搞好关系即可,不需要琢磨要表演的脚色、结构、评论、声音、形象,在现场如何将整个气氛控制在手中等，这些都不需要考虑，不需要研究。你所要研究的，就是一个人，就是那个安排你演出的业务员。这种情况下，我们整个评弹的形势就不对了。所以我是强烈反对社区、街道的这种包工制做法，就是把演员包下来。因为在这种情况下，评弹演员就变成了圈养的了，而拿到的圈养的收入也不是太高。做个比较，一个评话艺人被他包工制包下来，每天给四百元，好像已经不得了了，那么一个月如果每天都演，那就是一万二千元，但是现在许多社会上的匠人师傅他们一个月的收入可能已经超过了这个工资。比如说一个泥水匠、一个装潢的师傅、一个快递小哥，他们工作相对辛苦，但是工资应该是超过这个额度，或者也是达到了这个额度。他们是不需要动脑筋的，但是评话演员与弹词演员是要动脑筋的。我也与一批评弹青年演员交流过，他们就表示他们只需要做两个小时，而那群匠人需要做八个小时，要付出体力，夏天还要出汗。他们就是这样来做比较的，已然把自己当作一个匠人师傅，他没有把自己当成一个有可能把自己的个人价值经过几何裂变而膨胀的个体。或者我们说名利，你要达到一个你自己都没有想到的收入，靠什么，要靠的还是台下吃苦。你不吃苦，但在舞台上突然哪天红了，那几乎是不可能的事情。

记得当时我在上海演出的时候，中午有演出，也有夜场演出。空余时间我大多数是在上海图书馆。其实有点违反他们图书馆的规定。因为上海图书馆一张位置就放一种书在那里，我有时候怕时间来不及，就拿四五种书放在那里。也有人来管的，但是后来看我经常来也就不说什么了。因为读书是求知识，对这种行为还是尊敬的。有一次，因为看书看得太入迷忘记周围环境了，被关在了图书馆里。但他们单方面的保安还不能开门，得有两个部门管理的保安来才能开门。在把我放出来之后，他们以为我是偷书的，还要审问我。后来惊动了他们一个领导，叫潘幼康，后来我跟他交了一个朋友。正好那天他值班，来管这个事情。我告诉他我是在上海演出苏州评话的一个演员，当时我在美琪大戏院表演的是《"文革"风云》，因为许多地方的细节可能怕出差错，出现谬误，所以我尽可能地在演出结束后到这里来翻阅资料核查。结果后来我还吃了一顿上海图书馆的夜宵，他用他的卡刷给我吃的。为什么？他妈妈是我的书迷，每天在家里都要催家里人烧饭然后要去听我的书，所以他们家那段时间的生活节奏就被打乱了，他妈妈每天都要早点吃完晚饭后去听书。因此他相信我，而我们也交了一个朋友。所以我觉得作为一名评弹演员，就是要不断地去学习，不断地把作品做精益求精的打磨，我每次演出都要把前面的一遍推翻掉，不断地像红木家具一样去精雕细琢，去使它尽可能地接近真实，接近完美。

现代书本身就是比较难说的，为什么现在许多演员怕表演现代书，就是因为下面的人都经历过，在台上说书的时候你逃不了。不像说传统书的，比如说弹词小说《玉蜻蜓》，到今天也没有搞清楚，只知道是明朝，到底是明朝哪一个皇帝时的，它是没有清晰记载的。所以到今天在说《玉蜻蜓》的时候，具体的时间都是靠猜的。以前听众是不会在乎这个方面的，但现在我们面对的观众是完全不一样的。所以我后面还要说一个问题，就是对象已经改变，对象从听众演变成观众，然后更进一步地现在叫受众。我提出过一个观点，就是苏州评话与互联网＋一定是我们将来发展的一条路，目前还几乎没有人去做这个事情。

我被许多评话界的喜欢我的老前辈骂过，骂我是苏州评话的叛徒。很惭愧，我觉得他们骂得非常有道理。我的师父是江阴评弹团的老团长姚震伯，前年过世，九十三岁高寿。他是金声伯的大弟子。这可能也是评弹里面同学们你们不太知道的一个现象。我的太师父金声伯是今年过世的，虚岁八十八。这样就奇怪了，我的师父比他的师父倒过来年长了七岁。为什么是这个情况？1949年以后，当时还没有成立评弹团的时候，我的师父姚震伯原来是江阴的一户大户人家之子，家里可以说是比较宽裕的。因为1949年以后要收归国营、要"土改"，这样一来就是要改造，各种各样身份的人都要改造。后来就没办法了，不像1949年以前。他喜欢捧评话演员的场，特别是金声伯老师来演出的时候，因为当时家里有钱出手大方，因此与金声伯也有交情。在1949年以后家道中落渐渐式微，要考虑到整个一大家子吃饭。当时没有评弹团，没有评弹学校，当时金声伯老师绝对是"网红"，正好又跟他以前有交情，所以就有了一个我的师父比他的师父还大七岁的故事。因为金声伯当时已经名扬江浙沪，必须有他的带领教导，我的师父才能跨入评弹这个行业。而且这个行业是要问"你的师父是谁"的，然后才能如意地开始说书。而这也成了评弹界的一段佳话。

我到电视台去工作我的师父姚震伯是对我有看法的。他认为我应该把评话好好地说下去，因为评话现在越来越不好。他曾对我说："既然出现了像你这样还可以稳住的演员，就应该要把评话说下去。"所以我的老师对我有些看法，甚至不怎么愿意跟我讲话。还有一位师叔，他们都是"伯"字辈的，是浙江海盐评弹团的老团长，叫虞雄伯。我的这位师叔听闻我要去电视台工作居然从海盐赶到苏州，一早赶到观前街，在玄妙观的那个露台上约我。我说："你来也不说一声，怎么到了才打电话？"陪他吃了一碗面，他教育我："为什么不说书了？为什么不说评话要去电视台？"我说："是这样，我是一个江阴农村的人，我想能不能成为一个城里人，能够在城里买一套不大的房子，让我的小孩也能成为城里人。"他说："你不是就要买房子吗？你电视台不要去了，我海盐的房子马上卖掉，这个钱给你然后你买房子。买完房子以后，你还给我说评话。"现在想来师叔的这种纯粹真的很令我感动。今天他仍旧健在，高寿。因为在海盐为了打击棋牌室、麻将馆，我这位老师叔做了一件事情，就在这个棋牌室，麻将馆的一条街上他去义务说评话，不要钱。结果弄得那个麻将馆的老板恨死他。他是骑一辆自行车去的，几次推车出来轮胎都没气了。他跟我说"我这个自行车是不是太有毛病了"，我说"太没有毛病了。你去调监控，多半是麻将馆的老板把你的气放掉的"。他说"怪不得我的海报贴上去就被撕掉"。我的师叔虞雄伯对苏州评话这么热爱，热爱到什么程度，就是赶到苏州来骂我，愿意卖掉自己的房子让我在苏州买一套房子然后继续说评话。只有这样的一种人，才是真正的我们评话事业的老前辈。他自己本人是因为说书而入监狱判刑吃官司的，吃了五年官司。没有做其他事情，就是因为说苏州评话，当然后来有给他平反。个中缘由，现在听起来感觉不真实，但真真切切发生在他身上。那时候就是1966年那场运动来了，所有的传统书都不能说了，但是艺人还是要吃饭要生活，需要干活。当时评话演员都是很聪明的，他们就开始说新书。我简单说说这个说新书。1966年以后的说新书，就是样板戏，那个时候有八台样板戏，如《智取威虎山》《沙家浜》《红灯记》等，每天每年就轮流看这八台样板戏。说实话，样板戏里面的那些功力的东西我们还是要承认的，有的艺术还是非常非常到位的，我们不要去把它一棍子打死，它是特殊年代的产物。那么评话演员没办法，就只能照着样板戏去说书了。我的师叔虞雄伯去学的样板戏《林海雪原》，那他怎么会吃官司的呢？而且他说的是紧跟时代的样板戏。在《智取威虎山》中杨子龙打虎上山是一个经典，一枪就把一只老虎打死。当然这在今天肯定是要吃官司的，我们要保护动物。因为评话演员要再加工，二度再创作，不然的话与样板戏完全相同，别人不要听的。为了符合评话艺术的叙述方式，他就改编为打虎打了三枪。晚年我曾让他表演给我听，那段评话很好听。这三枪都是有讲究的，第一枪打在哪里，第二枪打在哪里，第三枪打在老虎眉中的脑门上。他还讲噱头，"开天窗"，结果当天晚上他就被抓走了。两个民兵拿着枪和一条绳子来，没有绑他，如果有反抗估计就要绑他了。后来就是吃了五年官司，在海盐的砖厂天天烧砖。罪名是"破坏样板戏，反对革命路线"，英雄杨子龙怎么可能三枪打死一只老虎呢？必须要一枪就打死一只老虎，只能一枪。这位老师叔就是这样一个纯粹的人，正如毛主席所说"是一个高尚的人，一个纯粹的人，一个有道德的人，一个脱离了低级趣味的人"。

当然我也不能按照他的想法就是他卖掉房子我在苏州买房子后继续说书，但我答应几位老前辈，因为我是为生计所迫，我得生存，我也得想办法改善一下自身的生活条件，所以实在不好意思愧对各位前辈。包括刚刚过世的我们的毕康年老校长，当时也是他把我引进到苏州评弹团的。后来在苏州评弹团待了一年多两年不到时间，电视台一定要把我引进来。当时有不少人质问毕校长，为什么我去电视台他一句话都不说，毕校长知道我的想法，理解我的做法，给予我支持。他就跟我说了一点，"你能不能用评话的形式"。就这一点我也告诉了毕校长，告诉了我的师父、师母、师叔，"你们有空来苏州听，我的《李刚评话》虽然是时事新闻评论类，用的套路你们老前辈知道，肯定还是评话"。其实我觉得，我是希望在更大的空间里面能够让更多人接受苏州评话，让更多人记住，不要忘记。

苏州评话真的是越来越被人忘记了。我离开评话到今天十一年，在这十一年里，我自己也在关注有没有出现一个评话人物能为观众所喜欢，或者他有一部全新的作品。但这十一年时间里，我没有看到。所以今天要用这个标题"苏州评话真的要灭亡了吗"。我们要认识到作品的重要性。有作品才能为大众所知，没有作品是不会有名字的，单叫名字是没有用的。就说无锡的阿炳，视障人士，但全世界都知道他，因为他有《二泉映月》这个作品。如果没有作品，没有人会记住他。所以这十一年时间里，我一直在关注评话市场，同时也关注弹词市场，能不能有一部长篇作品出现？现在有很多嘉年华演出，我们苏州的老话里叫"花式场子"，就是拼的，但是这个花式场子永远不是我们评话和评弹发展的方向。因为苏州评弹经受不住这样的形式，偶尔搞一次，它的收入跟票房与演员来分享，这也是没有可持续性的。所以就是要有作品拿得出来。在这里不得不说两个人，北面的要说郭德纲。我们必须要承认，因为有了郭德纲，才有了相声在马上就要面临灭亡的时候，总算让他挽救回来。相声本来是要灭亡了，它老是要去教育人，本来观众上了一天班已经很累了，来听相声是要放松一下，结果你还来教育大众，那明天观众就不来了。就是这样的状态，相声逐渐走向衰微。但是郭德纲救了它。上海滑稽戏，也是这样一个状况，面临垂死，但它没有亡，因为周立波把它的关注度提高了。不管周立波这个人自身怎么样，他确确实实将上海滑稽戏从衰落中挽回。反正就是要有一个五百年一遇的人的产生。艺术有一个特殊性，就是它要有天资、天分。比如说蒋月泉，肯定是五百年来出一个。后五百年不知道能不能出，前五百年就出了蒋月泉一个。比如说评话的艺人，如唐教授的父亲唐耿良，这一辈的老评弹艺人都是天才型的，有天赋有独立性，没有人可以复制的。所以说，要能有一个人物的出现，要有天分与天资，再加上自身的努力，这样才能重新把所有的人拉到我们评话这个圈子里来。我相信会的，从相声已经要灭亡到郭德纲现在已经要卖到两千多元一张票，在我们上海的体育馆都有演；从滑稽戏已经沉寂了多年、已经沦为去宾馆或剧场做一些花边演出的时候到周立波的出现，周立波就是互联网+的产物。所以我说，如果五百年能出这样一个有天分的人加上自己的努力加上一个好的时机加上一部好的作品加上互联网，那么评话是不会灭亡的。但是如果在近期不能出现这样一个人，或者是出现了一个没有达到标准但接近标准的人才，那我们对于苏州评话的事业是非常担忧的。

二、对象演变

我还要说一下的就是对象的演变。对象已经与以前的评话市场完全不同，以前是听众。什么是听众？就是电台，半导体的电台，以前就是听众。这是初期阶段。还有包括在剧场里面、茶馆中，也还是听众。以前真正的资深老听客，他基本上是不看的。当然在听弹词的时候，如果下手是个容貌惊艳的女艺人，他也是看的。因为爱美之心人皆有之，美就是展现给大家看的。听电台的话，是看不到艺人的，假设是在火车站迎面碰到了也不认识，这就是听众。那么后来有了观众，是因为上了电视，电视书场开始，听众向观众演变。在转变中，如果你这个演员观众还是只有这么多，你的艺术一点都没有自我革新的话，那么你已经要走向衰落了，你必须要努力走上去，跟上观众。现在除了观众外，最高称为受众。受众是非常非常时髦的一个词，但是现在我们的评话演员必须要把听众变为受众。什么叫受众？就是要有互动。一场好的演出，一场经典的评话欣赏，现在要倒着来。以前是90%是演员的功力，是这位大师那天状态特别好的一个巅峰，就是9∶1，九成是演员，一成是观众。但现在不对了，甚至要倒过来。我说得不恰当一些，现在一场经典的评话演出或弹词演出，要到达一个所有人都陶醉的境界，可能是下面人帮你完成60%，你可能只需要完成40%。这就要求要跟受众不断地互动，一定要跟他有直接的贴入，把他拉进来，然后变成他来帮助你完成这个演出。所以要借他的成分超过了自身的成分。这就是受众，一定要让他忘记掉。

说一点我自己的心得体会。《"文革"风云》有很多的版本，有农村版，有上海大都市版，在上海大都市版里面还要分的，有人民广场中心的版本、杨浦地区的杨浦版、郊县的嘉定版，到了地方上还有版本，就是根据受众分的，一定不能忘记。我们以前有一个演员，现在已经过世了，我对他也是非常尊敬的，叫惠中秋。他是一个能够快速将书更改的人，我们不谈论质量，因为快速可能要粗糙一点。我就亲身经历过一件事情，就是在嘉定，主要测试一下郊县的观众是何种口味。我到嘉定的时候，不巧，我也不知道我的上面是惠中秋。我是去接他的班的，我去的时候那个书场已经五天没有说书了。也就是十五天的演出就演出了十天，说是演员家里有事就走了。其实是为什么呢？因为观众不断地在"死掉"，他又是一个好面子的人。在四马路或者徐汇区演出就能稳住票房，到了嘉定这个县城你就不能稳住票房，什么原因？就是因为面对受众的局限性，没有把观众细分。把在美琪大戏院的表演直接拿到了嘉定这个城乡结合部演出，一模一样。那么问题就来了，受众对象不一样。这就是我说的一场精彩的演出60%要靠受众来完成。因为到了嘉定城乡结合部这个地方，大多是农民，我们需要演出的是他们能够接受的。你来听我说书，我第一句先问一下，与观众建立一个交流的基础。好了，通过评话的方式，你尊重我，你就不能出去小便，害得人家把尿病都憋出来了。这一场结束后，明天人家就不来了，去看医生了的都有。不能这么累的，一定要让观众轻松、忘我。我们的老艺人、老师来看的话，会觉得你的这个套路不对的，我们评话就是你坐好不能有声音的，咳嗽就代表你对我不尊敬，老的艺术家是这样。但现在要跟着时代改一点，现在已经是新时代了。你想，一场演出，他作为受众就是这样，他买票的，第二天他无论如何要来的，甚至他打麻将的也会来，还"一拖三"。就是你的作品到了这个时候就能战胜麻将,就"今天我不打麻将,一起去听书吧,我请客"。按道理麻将应该是"三缺一"的,拉走了我们一个听众,现在"一拖三",反而给我们带来了听众,这就是观众变成了受众,非听不可。因此,受众一定要细分。所以我去农村说书的时候,开场都是不同的。《"文革"风云》农村版是什么样?就是先请他们举手:"各位老伯、各位老叔叔,我问一下,整个剧场里面有多少人是属老鼠的?有的请举手。"有时候一个人都没有,有时候只有一个人举手。为什么要这么切入呢?"大跃进"三年我们称为三年困难时期。"我猜测一下,你父亲当年是不是大队书记?""是的。你怎么知道?""你们家还能把你生出来,不容易。"因为当时真的是饿,我们说吃饱了才能干活,这个举手的人大抵就是因为父亲是大队书记,掌管着钥匙还能带点东西回家吃,从而生出来宝贵的儿子。属老鼠的真的是非常少的,断掉了一个生肖。有时候遇到两个人同时举手,一问下来一个是公社党委书记的儿子,一个父亲就是普通的小老百姓,但一问他爸爸是看食堂的。就这样一个过程,就与他们熟络起来,这样一来受众就牢牢掌握在手中。所以,目前的评话要把它振兴起来,首先要把听众当受众,一定要与他互动。如果不互动,绝对是每天受众群体都在减少。所以我太太的老师蒋云仙发来的那段话,我是非常赞同的。我之所以用这样一个标题,是极而言之,能够呼唤一下,是否能有这样一个五百年一遇的人才出来,或者能够出几个。

三、对评弹鼎盛期的看法

对于评弹鼎盛期的看法,可能不一定标准,我主要谈谈自己的想法。我们评弹的鼎盛期,在我看来其实没有多少。在1949年以后只有短短的十年,还要分前后五年。前五年,1949—1954年;后五年,1954—1959年。这个十年,被称为评弹的鼎盛时期,尤为兴旺。所以苏州评弹真正能说鼎盛时期的就是这十年。我说这十年,主要以老爷子金声伯来讲。他是1930年生人,二十四岁成名,也就是1953年开始名扬江浙沪。他也算是一个天才,因为二十四岁的有的人还没有独立思考的能力。关于他说书收入的故事,我在《"文革"风云》里也有提到。他一个半月说书赚的钱在观前街南面颜家巷买了一幢房,近一亩地。现在人家想要买这个房子,开价是两千万。后来有人跟他说了,他打电话把我叫回去,让我纠正,这其实是他说书二十二天的收入,并不是四十五天。所以我说评话在那个时候真的到了我们四百年未有的兴盛时期。这个鼎盛期前五年靠的是上海市市长陈毅,要感谢他。当时他保留了"无照票"这样一个就是几种身份共存的方式,执行得非常好。因为新民主主义时期共存着许多身份的人,资方、资本家没有逃离上海到香港、台湾的。资本家留在上海的有各色人等,前面是各种身份并存的,之后才公私合营。有钱要消遣,要打发时间,跟过去不同,换了新天地了,要有一种新的方式、新的文化娱乐方式。在这种情况下，第一任上海市市长陈毅，他允许唱歌、跳舞，允许书场说书，全部都存在。还有帮了我们一个大忙的是什么呢？1949年前，上海滩制作的电影，每年要有好几十部。但1949年后，我们的电影业还没有成长起来，电影制片厂还没有成熟。我查了一个资料，可以给同学们补充一下。这个是多方面的。因为当时没有电视台，只有电台。电台是被我们的评话与弹词占领的。还有一块就是电影，1949年之后我们的电影的情况，这个数据同学们听一下。1949年全国拍了十部电影，我们今天的电视连续剧你们知道传统的产量是多少？没有审过的加起来应该有七八百部，多的时候要接近一千部，有的是没审过。1949年的电影就十部，供全国人民观看，供上海滩的人看。它就来选择评话，评话讲故事就是今天的电视连续剧。卖关子"请听下回分解"，每天都有新的内容。天才的演员每天都加入了时事的评论，宝贝就是评话的"评"。苏州为什么产评话？上海为什么不能？只有三个地方是产评话的，苏州、扬州与湖州。其余的，北方都叫评书。你以为只是说法不一样，其实不然。苏州评话是评论的，评书是不评论的。唯一的区别就在这里，所以评书它也不叫北方评话。艺人知道他们评论性的东西很少，体现演员功力的东西不多。只要嗓门大喉咙响，就能够说下去。这就是评话与评书的区别。1949年拍了十部电影，1950年二十七部，1951年十七部，1952年八部，1953年八部，1954年十五部，1955年十六部，1956年二十八部，到1957年又下来了。没有一个经常性的文化娱乐消费产品，整个市场就留给我们，迎来苏州评弹一个巅峰期的到来。我们要说一个时势造英雄的问题：再加上有天才的演员来了，蒋月泉、张鉴庭、唐耿良、张鸿声等老一辈艺术家。所以巅峰，一个是靠环境，一个是靠演员。当年的"七煞档"，放在今天，在我看来就是七个组合，七个天才型的评弹艺人的组合。正是这样，评弹不兴旺都不可能了。但是真正把评话推向最高峰的，我们还要感谢一个人——柯庆施。他为什么在后五年把评话推得更高？并非是他欣赏苏州评话，他本人是不听的，听不懂且没有时间来听，从来没有与评弹界有多少交往。他的动作完全是一个无心之举。陈毅调往北京任外交部部长接周总理的班，柯庆施成为上海市委书记。他来了之后特与陈毅市长略有不同的观点，他认为还是1949年以前的上海的一套生活方式不行，应该是新生活新方向。舞厅一夜之间被他禁掉，音乐茶座、咖啡厅也被禁止营业。他采取的强硬的手段就是在每个舞厅门口站一个解放军战士，拿着枪，由此也没有人敢来了。他的这种极"左"的手段无意中把评弹推到了巅峰，因为可以听书。这样就造就了西藏书场。它的前身米高梅实则是个舞厅。为什么舞厅改为书场？因为50年代柯庆施想改变上海的这种他认为没落的生活方式，所以他采用了强硬的手段和方法把舞厅全部关闭。那么舞厅的人也要吃饭也要生活，于是改成书场改成茶馆。就这一点，我后来跟我的太爷爷也就是金声伯说起这件事情，我说："你知道你为什么二十四岁能那么走红？"他说："为什么？"我说："你可能不知道一件事情，我们艺术界外面的一个人物——柯庆施，因为他把舞厅、音乐茶座等这些能风靡于群众间的场所关闭了,舞厅又改为了书场,这样一来,就帮助我们把所有的外部条件都搭建好了。"过了几天我还在码头上,接到他的电话"李刚你什么时候回苏州来",我说"什么事情啊?",他说"柯庆施的坟墓现在在哪里啊?我要去他坟上给他上三炷香",这是金老的原话。这就说明评话的鼎盛期就是这样来的。也就是这样十年,四百年来的评话迎来鼎盛期。

还有第二个鼎盛期,就是"文革"结束后的 1977 年。这个第二个高峰是假的。那个时候书场遍地开花,听众已经"饿死"了。前十年就是八台样板戏,1977 年是开闸了,这是封闭以后的开放,观众是一种"饿"的状态,演员也是。当时有人说过一个笑话,让一只狗穿上长袍让它说书也会有一排人来看。当然这是个笑话,也就说明这个时候不是真正的巅峰期,仅仅是运动与变化之后产生的一个现象。其实从 1977 年开始,这种虚幻的现象也只有短短八年。也就说 1985 年我考入苏州评弹学校评话班的时候,评话已经开始出现问题,以至于在当年评话班只招到两个人。我们一个班就两个人,老师倒是有四五个。我们很不好意思,很惭愧,其中那个跟我同班的后来是做了一个快递小哥。这短短的八年,并不是一个很正式的巅峰,还是带有很虚的很水的成分在其中。而这八年中,也没有出现很多天才型的演员及作品。回到原点上来了,所以 1985 年其实就出问题了。那么从 1985 年到今天,已经三十二年,这些年来评弹的日子可谓一年比一年难过。有许多演员都转行了。1985 年两省一市的评弹演员可能不下一千五百人,现在大概也就三百人,可能还不足。从演员的人数上就能看出来评话的衰落。现在剩下的正式票房制书场,江浙沪加起来也就三五十家。这个我都是估算得多的。我们可以算一笔账,五十家书场三百位演员,还怎么分配?一个演员一年要二十四个书场,也就说两年就能跑完这些书场。那第三年还是再来说书吗?演员要远离观众的,不能经常与观众见面,这是技巧。之前为了生存没有办法,就不能讲究技巧,像我当时也是被各大剧场邀请去频繁地演出,叫"复书"。其实这个是不对的,但没办法。剧场需要演员来说书吃饭,演员要靠说书挣钱吃饭。就像非洲马赛马拉草原上的鳄鱼与角马,在大干旱的时候很可怜的。可能用这个比喻不太恰当,在剩下了最后一点点水的水塘边,所有的角马与鳄鱼都围在边上,最后大家都慢慢地渴死了。目前评话与这个草原上的现象类似,感同身受。希望雨季来临,但是雨季迟迟不来,总得继续想办法。所以还是票房制的书场要多。现在就是街道、社区搞的这些,他们称"包场制"我称"包工制",它的危害很大,一这样就回到了从前吃"大锅饭"的时候,说多说少一个样,卖力与不卖力一个样,这就说明了"大锅饭"最后会吃到饿死。虽然看起来好像留了一些演员去吃饭的地方,但那恰恰是对我们的作品最有损害的地方。所以,包工制注定走不长远。为什么?上海的这种街道、里弄实行包工制也就六七年,再走下去可能要走不动了。包下来人家也是要看你的艺术的,但是你已经没有天分和发挥了，最后连花钱包下来后观众也不会来了，这样一来两条路都走不通。所以很多的街道、里弄、中心、社区就是糊弄上面的，就是为了年终上报他们的成绩：丰富了老年人的生活，听苏州评弹寓教于乐。他为了他的乌纱帽，本来一年要六个月，他变成三个月，现在变成两个月，更过分的是领导要下来检查时他就弄一个月。你想这条路能走下去吗？走不下去。我们蒋云仙老师很着急，怕我说错话，昨天从加拿大发来消息，是一样的道理。她说"苏州评话不会灭亡"，这是对的，不会灭亡，因为苏秦、张仪、蒋干他们其实都是评话演员，说客可以归为我们评话演员的一部分。评话传承了这么多年，从苏秦、张仪游说六国，到后来《岳飞传》中还有一位真正的评话演员，你看他就凭自己的三寸不烂之舌，就是评书，竟然把敌对国家的三军总司令弄过来了，就是双枪陆文龙，我认为这一回书是世界上最精彩的一段评话。

所以，评话是最简单最没有成本的这样一个艺术品类，是不会灭亡的。但是我们的时代需要天才型的、能将评话推向顶峰的人才出现。期待着评话的春天。

演讲时间：2017年11月26日

整理者：高勤

光前裕后三一百个苏州

评弹人的口述历史

唐家璇

光前裕后

一百个苏州评弹人的口述历史

下 卷

唐力行　主编

商务印书馆

2019年·北京

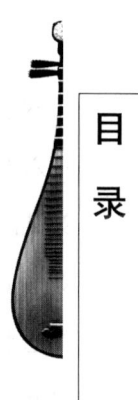

目录

下 卷　苏州评弹人访谈录

第五十一讲　从少小学艺到初上书坛——唐耿良访谈录　753

第五十二讲　上海"说书先生"的日常生活及演艺生涯——陈希安访谈录　771

第五十三讲　书坛芝韵——邢晏芝访谈录　791

第五十四讲　弦索长春——邢晏春访谈录　805

第五十五讲　金声玉振——金丽生访谈录　821

第五十六讲　艺术与人生——王柏荫访谈录　843

第五十七讲　忆上海评弹团的点点滴滴——周震华访谈录　865

第五十八讲　"响"在弦上，一代"琶王"——张鉴国亲属访谈录　893

第五十九讲　忆故旧：潘伯英、蒋月泉、杨仁麟、朱慧珍、杨振雄、吴子安、徐丽仙、王伯伯——唐耿良访谈录　909

第 六十 讲　我的评弹见闻——任康龄访谈录　933

第六十一讲　评弹理论的思考者——彭本乐访谈录　943

第六十二讲　评弹见闻杂谈——王公企访谈录　961

第六十三讲　1949年前后的评弹行业状态——评弹老艺人的集体访谈　969

第六十四讲　我的弹词艺术道路——王鹰访谈录　983

第六十五讲　1949年前后的评弹生存状态——老听客的集体访谈　1003

第六十六讲　忆20世纪四五十年代的评弹界——陈希安访谈录　1015

第六十七讲	未曾远去的记忆——糜隽逸访谈录	1031
第六十八讲	我与弹词《白蛇传》——余韵霖访谈录	1041
第六十九讲	弹词名家薛筱卿小传——口述与文献	1051
第七十讲	"文革"前上海评弹团工资制度——吴宗锡访谈录	1069
第七十一讲	我在"十年浩劫"中的遭遇——唐耿良访谈录	1079
第七十二讲	轻舞飞扬、温文飘逸的薛小飞——钱正祥、邵小华访谈录	1113
第七十三讲	"文革"前的上海评弹团学馆——江肇煜访谈录	1129
第七十四讲	情定西厢，艺术长生的杨振雄——朱迎迎、许君伟访谈录	1135
第七十五讲	忆评校生活——陶谋炯访谈录	1149
第七十六讲	曹家四代与评弹艺术——曹莉茵访谈录	1155
第七十七讲	金声玉振，忠烈侠义——金声伯访谈录	1161
第七十八讲	我所了解的传统书目——王正浩访谈录	1173
第七十九讲	20世纪四五十年代的上海评弹票房——张国椿口述	1183
第八十讲	唱不倒的《珍珠塔》——赵开生口述访谈	1191
第八十一讲	忆评话艺术人生——周天来访谈录	1203
第八十二讲	我与《文武香球》——王映玉访谈录	1215
第八十三讲	父亲教伲说好《玉蜻蜓》——王玉立、庞婷婷访谈录	1229
第八十四讲	"物非人是，愿景长留"——原静园书场经理罗叔铭访谈录	1243
第八十五讲	我与蒋月泉先生共同经历的那些事——唐耿良访谈录	1255
第八十六讲	忆嘉兴评弹团——庞志英访谈录	1271
第八十七讲	光裕书厅的历史与现状——林建方访谈录	1281
第八十八讲	旧曲重弹人已去，弦音萧索忆（凌）文君——凌子君访谈录	1293
第八十九讲	嘉兴老听客的评弹记忆——沈金良口述	1309
第九十讲	我的从艺经历——江文兰访谈录	1317
第九十一讲	"新长征评弹团的尾声"——石磊、张蝶飞、程艳秋访谈录	1329
第九十二讲	我和改革开放后的浙江评弹——魏真柏访谈录	1339
第九十三讲	风雨六十年——陈景声访谈录	1359

第九十四讲	从"飞兄"到"响档"——庞志豪访谈录	1377
第九十五讲	从票房里走出来的评弹艺术家——薛君亚访谈录	1395
第九十六讲	我是说书人的儿子——唐力行访谈录	1407
第九十七讲	"文华绚丽,磊落胸襟"的弹词名家石文磊小传——口述与文献	1417
第九十八讲	对苏州评弹历史及艺术特征的探索——周良访谈录	1435
第九十九讲	续谈苏州评弹的研究——周良访谈录	1457
第 一 百 讲	漫漫评弹路,弹指一挥间——周亚君自述	1475

下 卷

苏州评弹人访谈录

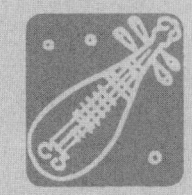

第五十一讲
从少小学艺到初上书坛
——唐耿良访谈录

口述者：唐耿良

采访者：唐力行

采访时间：1997年10月5日

采访地点：上海市南昌路唐耿良寓所

唐耿良

唐耿良（1921—2009），江苏苏州人，苏州评话表演艺术家，国家一级演员。1933年师从评话名家唐再良习《三国》，一年后在江浙一带演出。1944年进入上海，不久渐有影响，成为蜚声书坛"七煞档"之一和"四响档"之一。1950年编演长篇评话《太平天国》。1951年加入上海市人民评弹工作团（今上海评弹团），任副团长、艺术委员会主任。为协助组织及首批入团的十八位演员之一。同年，随团赴安徽治淮工地进行文艺宣传。1952年参加创作中篇《一定要把淮河修好》，并参加第二届中国人民赴朝慰问团赴朝鲜慰问。之后编演短篇评话《黄继光》《张积慧》。1955年，编演短篇评话《王崇伦》《朱润余》等，先后与人合作编写了中篇《王孝和》《冲山之围》《白求恩大夫》《焦裕禄》及《如此亲家》等。说表以流畅晓达、剖析周到、事理分明为特点，并善于顺应潮流，结合时事，对比映衬，使书情富有新意。演出本《三国·群英会》经整理，由中国曲艺出版社出版。后于20世纪90年代移居加拿大多伦多。晚年出版回忆录《别梦依稀——我的评弹生涯》。历任中国曲艺家协会理事、常务理事及中国曲艺家协会上海分会（今上海市曲艺家协会）第一、二、三届副主席，上海市人民代表等职。本文系唐耿良的回忆。

一

我为什么会走上说书人的道路？这与我的家庭环境是分不开的。

我的父亲唐阿泉是苏州河沿街小石灰桥旁一家茶馆"同安居"的少东家。祖父母晚年得子，对我父亲十分溺爱，养得娇惯任性。早晨祖母叫茶馆堂倌去买一碗焖肉面给他吃，他见堂倌端面碗时一只大拇指浸在汤里，便嫌脏不肯吃，要另外再买点心。父亲长大了，到了应该找工作去当学徒的年龄，祖父母担心他吃不了当学徒的苦，看到学说书比较自由，不用起早摸黑受老板和师父的欺侮，学成后收入高、生活富裕，就决定让他去学说书。家里凑了一笔钱托人介绍拜弹词名家赵筱卿为师，赵给父亲起了个艺名唐月奎。"奎"字辈的同门师弟兄有杨斌奎、朱耀奎（后改名朱耀祥）、杜文奎、程鸿奎等。学说书伙食自理，一切零用开支都由自家承担，你就是跟着老师在书场听书。学会了，上台说书收入全归自己，学不会改行，拜师金不退回。我父亲由于经济上没有压力，学艺并不刻苦用功。学了三年满师上台，在苏州一家小书场破口说书。他是"酒壶里的肉圆"，肚里明白，口子太小出不来。说了半个钟头突然有一句唱词忘记了，如果是有经验的说书人，可以临时编一句糊过去，我父亲因为第一次上台，没有经验，尴尬着面孔僵在台上。下面有个听客就骂开了：牙钳也没有撬开，活现世，就想上台骗铜钿，下来吧！我父亲受不了这种当众羞辱，就把手中的三弦掷向那个听众，跳下书台把那听众一把揪住，动手要打人。书场老板急忙过来劝架拉开。我父亲拎着这把掷坏的三弦，悻悻然离开书场回家。初次登台便受挫，从此再也没有勇气上台说书。这件事传到茶会上，被同道引为笑柄，从此没有人叫他唐月奎，都称他"说书阿泉"，成了一位名义上会说书却不敢上台的艺人。虽然他不能上台却仍眷恋着说书的行当，一有空就到茶会上吃茶，与很多说书艺人交了朋友。他没事时就到书场去听书，并且还把我带去，让我从小就受到说书艺术的熏陶。

不久，祖父母先后逝世，我父亲结束了饭来张口衣来伸手的生活。"同安居"茶馆因经营不善，盘卖给别人。他面对着家里三个嗷嗷待哺的孩子，不得不挑起家庭生活的重担，打零工，做手艺，什么能赚钱就干什么。他把希望寄托在三个孩子身上，把我们拉扯大，希望我们将来谋一个好的职业来重振家业。

我的母亲杨菊英，是一家染布作坊的三小姐，凭着媒妁之言，嫁给茶馆店少东家，也算是门当户对了。我母亲没有读过书，一字不识。她既勤劳又贤惠，嫁到唐家后，祖父母不久去世，父亲没有固定的职业和收入，家里常有断炊之忧，我母亲操持家务之外，还要揽一点手工活挣一点钱补贴家用。她的手工活叫作"调丝"，把三根竹竿插在三块方砖中的洞眼里固定，把一绞丝套在竹竿上，另外一头是一个木框架中间穿一根细木棍，一只轴头套在木棍上，一头用绳子一拉，轴头转动，一绞丝上的一根丝通过钩子，三个指头捏住，拉动绳子转动轴头，把粘在丝线上的丝毛剥除，丝就绕在轴头上。母亲清晨起来和晚饭过后，一有空就坐下调丝，"角落落……"调个不停。一个月下来可以挣两三块银元。母亲虽然过着穷困的日子，但还是省吃俭用把我们三弟兄送进学校读书，她知道没有文化，孩子们不会有前途。一天，父亲没有一文钱留下来，清早出门找活去了。母亲怎么料理这一日三餐呢？三个孩子中午放学回家吃什么呢？她拎着一只菜篮子，篮里放一只大碗，到桃花坞大街菜市里，见到卖青菜的摊子边上有切下的不少菜根丢在地上，作为垃圾处理掉。我母亲把这些菜根捡到篮里说是回家"喂鸡"，又到卖咸菜的摊子问菜贩讨了一碗雪里蕻咸菜油。回家把菜根洗净后放些盐，滴几滴菜油，放在饭锅里蒸一蒸，咸菜油里放一些面粉，调成糊糊蒸熟。我们中午回家吃饭，这菜根的芯子甜津津、酥漫漫很好吃，咸菜油调的面粉糊又鲜。我们哪里知道这是母亲费尽心思不花一个铜板为我们准备的可口饭菜。

有时我放夜学回家，母亲给我一只篮子一把旧剪刀，让我到平门城脚下草地里去挑野菜，草地里有金花菜、马兰头、荠菜、野苋菜等，挑回家煮着吃。有时在野地里我还拔到一些毛茅棒，剥掉了外壳吃里面的茅棒。有时卷起裤管到荷花池里去，在石驳岸上摸螺蛳，这些都是有趣味的童年往事。螺蛳摸回家养一天，母亲就用酱油炒螺蛳，全家算是开了荤。有时母亲买一块猪油回家熬了油，油渣蘸盐当菜吃，还舀一调羹猪油给我们拌饭吃，算是加了油水，我们吃得嘴唇油光光心里还挺高兴。我们虽然过着贫穷的日子，但是在母亲的呵护下，日子过得却还算安定，洋溢着"草根香"的温馨。

我在小学里读书很用功，初级小学四年级毕业时还考了第三名。初小升高小，我报考县衙前的善耕高级小学。五年级只招六个学生，我却考得了第二名，好多同学都落了榜。我父亲得讯后十分高兴，哼起了《珍珠塔》里一句唱词："你小小的功名我大大的喜。"母亲也特为我做了一双新的布鞋子，让我穿着到学堂去。

母亲希望我用功读书将来谋一个好职业，可以有稳定的生活，她不赞成我去学说书，因为父亲学说书学得一场空，浪费一笔拜师金，浪费了三年时间，没有学得一技之长也没有固定的职业。而我呢，却喜欢听书，善耕小学放学回家路过都亭桥德仙楼书场，总要溜进去听半个钟头白书，然后再回家。母亲因为操劳过度，营养不良，缺乏休息，突然脑溢血倒下，父亲心急如焚奔去请著名中医李畴人出诊,开了名贵中药羚羊角粉等,可还是无效。父亲又去请来一个巫婆,点了香烛,说是母亲在西北方撞上野鬼,于是我去买了猪头肉、大饼放在藤匾里,跑到西北方荒坟堆里送羹饭,我拔高了喉咙喊着:"姆—妈—转来吧",我大哥遥遥答应:"嗳—转来。"岂知神鬼无灵,一切方法都无效,母亲已处于弥留状态,眼睛赤红,面孔升火,嘴唇焦裂。父亲带着我们三弟兄立在床前,问她可有什么话交代?母亲那时已不能说话了,她神智仍清醒,看到我们四个人眼角流出了眼泪,我们也泪流满面。泪水就是她无言的遗嘱,似乎在嘱咐父亲,要带好这三个没娘的孩子。泪水流干,母亲咽气撒手西归。当时我哭得喉咙都哑了,经受了人生最大的不幸——幼年丧母。再也得不到母爱的呵护了,那时我才十岁呀!

当时家里穷,哪里有钱买棺成殓?还是靠外婆死后,分给母亲双荷花池一号一所七十平方米的房子。前些年祖母死时押了五十元料理丧事,这一次再去要求押主增加五十元押款料理后事。

接着善耕小学通知学生家长,要交六元给学生做一套校服,父亲哪里拿得出六元钱呢?在课堂里,同学们都是一色新校服,只有我穿着破旧的衣服,像"鸡立鹤群"那样寒酸,这使我在精神上深感压抑和难堪。不久我病倒了,就此辍学在家,我的学历就是高小五年级肄业。

在一个偶然的机会,我发现家里抽屉下面有一个小布包,解开来一看是雪白铮亮的三块银洋钿,原来这是妈妈调丝挣下来的私房钱,是她预留为我学生意时添置东西的备用款。我看到银元就想起半夜醒来还听见母亲"角落落……"的调丝声。这三元钱蕴含着深沉的母爱,我不禁潸然泪下。

十几年后我说书成名,可以过上小康生活了,时时想起母亲逝世时才四十二岁,如果母亲还在,我可以让她过上宽裕的生活,然而"子欲养而亲不在"了,这是最大的遗憾呀!

十岁那年我先是丧母,后是失学,前途茫茫,怎么办呢?听书去。听白书要被堂倌驱赶,正巧北新苑开书场,北新苑的王老板是父亲的朋友,他开书场要请说书先生,但不熟悉人头,托父亲代为邀请艺人,有了这层交情我就可以进书场听书了。我听了不少长篇评话,等于先熟悉了一下评话的形式。有时我看说书先生说完书先吃一客生煎馒头,然后揩一把面,拎了签子(说书和场方拆帐所得的铜板为签子)踱着方步走出书场。我看得非常眼红,说书人是多么惬意呀!我对父亲说:"让我去学说书吧。"父亲说:"我学说书连台都上不了,你去学能行吗?当初你母亲反对你去学说书,就怕你和我一样学不出山。"我说:"你从前学说书因为家庭条件好,没有负担,所以学不好。我现在知道家里的困境会用心去学的,学会了就可以赚钱养你呀。"父亲觉得很有道理,就下决心让我去学说书了。

但是要学说书不是一件容易的事。拜先生要付一笔拜师金,当时的行情是一百块银元,打八折也要八十元。请一席酒六元,师母的盘礼三元,介绍人荐送费两元。跟先生出码头的川资、饭金、早晨点心零用都得花钱。我家穷得连六元钱一套校服费也出不起，哪里来那么大一笔钱呢？后来还是在房子上动脑筋，要求押主再增加十元。每月利息就要付四元，押主不相信父亲能按时付息，还是请了酒店老板担保后才同意。

拜师金有了眉目，去拜谁呢？学什么书呢？这又是个大问题。因为有的说书人吸鸦片，有的爱赌博，有的说话放荡，如果拜了一个有坏习惯的老师，近朱者赤，近墨者黑，沾染了恶习可不是一件小事情。父亲去和老朋友潘莲艇商量，潘说："学评话，学《三国》。这部书有骨子。说《三国》的名角有两个：一是黄兆麟，脚色好气魄大；一是唐再良，说功好娓娓动听。黄兆麟在上海说书，你儿子到上海去学说书，开销大，你也负担不起。唐再良正好最近在码头上说书，出码头开销省，正合适。唐再良的儿子唐竹坪和我有交情，我去推荐，他会给我面子的。我问你手里有多少钱？"父亲说："押房子有一百元，赎了十几元当头，给他弟兄俩（指大哥与我）学生意做些替换衣服及被头铺盖用掉四十多元，现在还剩五十多元。"潘莲艇一听眉头紧皱，拜先生就要一百元，至少八十元，还要给师母送礼吃拜师酒，荐送费用，出码头的盘缠，吃饭，零用这都不能少，这些钱怎么够？我父亲对潘连连唱喏："老弟托你帮帮忙吧，我实在没有钱了。"潘勉强答应："去试试看吧，下午给你回音。"当时我非常担忧，不知道老师肯不肯收我这个穷学生。下午潘莲艇到我家来了，说唐再良答应收我这个徒弟，拜师金只收四十元而且先付二十元，还有二十元等我学会说书赚了钱再补交，这叫"树上开花"。师母的一笔盘礼免了，拜师酒也取消，荐送费两元也免了。这样余下的钱可以用作跟师出门的盘缠及饭钱零用。听到这个消息我非常感动，先生、师母体谅我家庭的贫寒，减免了许多费用，让我得到了学艺的机会。真是难得的好老师啊！

次日上午潘莲艇引领我们父子俩到梵门桥弄老师的寓所，点了香烛，我在红毡毯上叩了四个头，呈上帖子，腼腆地叫了"先生，师母"。老师把我扶起后，叫我去买一部《三国演义》小说，农历九月十三日上午九点半在火车站碰头，一道到昆山去跟师听书。师母又叮嘱我，她要回上海家里去，要我好好服侍老师。我连连点头答应。接着我和父亲到旧书店里花七角钱买了一部《三国演义》，又到旧货摊上花八个铜板买了一块红木的醒木。等到九月十三日上午父亲拎着铺盖卷，我提着藤皮手提箱，步行到火车站和老师碰头，跟着老师登车去昆山，开始了我的学徒生活。

二

1933年农历九月初九是我拜师的日子，九月十三日是我跟老师到昆山去学艺的日子，这是我至今不忘的两个日子。我登上火车，脸贴在窗口，望着站在月台上对我挥手的父亲。火车渐行渐远，父亲的身影越来越模糊以至遥不可见。我从未离开过父母，也从未离开过苏州，母亲去世两年后，更是与父亲相依为命。为了让我拜师学艺，父亲可以说是倾家荡产背负重债和重利息的包袱。如今我离乡背井去听书，学艺，是父亲给了我搏一搏的机会，我不能辜负父亲的厚望。我在老师对面坐下。老师短平头，面容很丰满，胖墩墩的身材，戴一副玳瑁边眼镜，脸相很端庄，不像一般说书艺人有一副跑码头的江湖气。老师当年五十四岁了，比我大四十二岁，几乎可以做我的祖父，我不知他的脾气如何？师母叫我要服侍好师父，不知能否讨得老师的欢喜？我在揣摩的时候，火车已抵昆山。我跟着老师下火车，拎着行李出站。昆山老同春书场老板张阿荣带着堂倌在车站门口迎接，他们叫我"小先生"，我第一次听到这个称谓，有点不好意思。老板叫了黄包车直奔西街的书场。我们住在书场里书台右侧的一间房间里。屋里一张大床一张小床，靠窗一张方台和两只凳子。老师睡大床，他打开铺盖，取出帐子挂好，又把被褥整理好，十分麻利。我没有帐子只一床被褥，动作却没有老师迅速。老板娘在外面叫我们吃饭，我们洗好手在书场里一张方台边坐下。因为是第一天，接风的菜肴特别丰盛：油爆虾、红烧鲫鱼、一只白炖蹄髈，这是讨口彩"掘藏"，祝愿这档生意能红红火火。还有一些时鲜蔬菜。我看着这些菜肴，马上联想到苏州家里寒碜的伙食，三月不知肉味是常事。如今我跟着老师吃接风酒，沾着老师的光，不知苏州父亲和三弟在吃些什么？我想我只有用功学艺，早一点学会好上台说书供养父亲。除此是没有出路的。

午饭后老师午休片刻即起来洗脸，用自备的剃刀修面刮胡子，换好袍子坐在床沿闭目养神，酝酿书情做上台的准备。外面听客陆续进场，日场客满，有两百人左右。这不容易呀，畅乐园是谢乐天、陈筱天的《玉蜻蜓》；息园是醉霓裳、醉疑仙的《双珠凤》。谢乐天是女档中颇有声望的演员，醉疑仙又是女档中最漂亮的女性。我老师和她们同时间演出能日场客满，可见老师的号召力不小。那时光裕社很封建，和女档不相往来，排斥她们，也不去拜客，不和她们接触。那天日场客满，书场里没有空的座位，我只能坐在房门口听书。那时没有扩音设备，全靠艺人的丹田劲，坐在最后一排的听众都能听得见。老师在书台上台风端庄，说表清晰，他从《相堂发令》开书，把曹操老奸巨猾的心态刻画得栩栩如生，演徐庶机智聪敏巧妙周旋应对曹操的奸计，演夏侯惇恃宠骄横被徐庶玩弄于股掌之间，语言简洁而又妙趣横生。一个半小时一回书很快就结束了，这与我在北新苑听过的一般评话演员不可同日而语。我很高兴能拜到这样一位好老师。

日场结束，老师差我到大街上南货店买两包花生、两包麻糕。夜场是《智激周瑜》开书，昆山日场是面子，夜场才是夹里，只有几十个听客，我可坐到场子里去听书。我发现一个现象，书场里有人拿一只长柄的水烟筒供听众吸烟,一个铜板可以吸三口。那时香烟还没有普及,后来这个装水烟的行当就消失了。此人还有一个差使,散场前把挂在场门口天井里铁丝上的灯笼点燃,让听众可以提着灯笼回家。

夜场散后,堂倌拎一壶开水到房里,供老师洗脚。洗好,我把水倒掉,自己也洗了脚。老师丢给我一包花生一包麻糕,让我当夜点心吃。我不好意思吃老师的东西,老师笑着对我说:"吃吧,将来你赚了钱可以还我的。"我接受了老师的馈赠。花生三个铜板,麻糕六个铜板,老师并非请我吃这一次,此后老师每夜吃点心,我也总是同样有一份。在吃长生果的时候,老师对我说:"第一遍你先听一条书路,听第二遍我就叫你排书(回课)了。你上床睡觉先想一遍听过的书路,明日早晨醒来,晚一点起床先默想一遍书路,这样就容易记牢。"这的确是一个好方法,以后我就照此办理。老师又对我说:"明天早上我起床后要出去吃早茶,你不必跟去,你起床后到野地里去喊喉咙。"怎样喊?老师又做了交代。十点钟熄灯睡觉。次日早晨我醒来一看,老师已经出去了,他早晨起来动作很轻没有惊醒我。我起床后清扫房间,倒痰盂,擦洗老师用的皮丝烟筒。然后从后门出去,那是一片荒地,蓝天白云,秋风拂面。我按照老师的交代,用尽丹田之气喊"嗨—伊—喔—"。喊了嗓子后,肚子饿了,买了大饼油条充饥。九时半老师回来,叫我去买一本一百页的账簿回来,老师用毛笔在簿面上写了"赋赞"两个字,又从箱子里取出一个本子叫我抄写脚本,嘱咐我:"这是前辈传下来的脚本,不要轻易给别人看。以后把它背熟,要背到滚瓜烂熟脱口而出,这样在台上就不会打疙楞了。"我坐端正,用毛笔字工工整整抄录。跟师第二天就让我抄脚本,当时我并没有体会这件事的珍贵。后来与一位同行聊天,他告诉我他当年花了一百块银元拜师,半年之后他怯生生地问:"老师,阿好让我抄抄脚本?"老师反问他一句:"你阿会说书了?""不会。"老师面孔一板:"书也勿会说,抄啥个脚本?"把他顶了回去。两年之后他鼓足勇气再问:"老师,我想抄脚本。"老师反问他:"你阿会说书了?"他吸取上次教训:"会说哉。"老师又面孔一板:"书呀会得说了,何必再抄脚本。"又把他顶了回去。老师为什么刁难他?"教会徒弟,饿煞师父","江湖一点诀,莫对妻儿说,若对妻儿说,饭饭没得吃"。旧社会老师怕徒弟抢生意,故意留一手。老师在我跟师的第二天就让我抄脚本,这在同行中是少见的。后来"文革"中我被抄家,脚本也被抄去烧毁了,老师留给我"赋赞"两字的手迹也荡然无存,这是很大的遗憾。

老师在昆山演出了五十天,下脚到常熟湖园书场。次日凌晨要乘早班轮船赶往常熟开日场,因此当夜散场后只睡了两三个小时,夜半就起床打铺盖赶往码头,老师非常辛苦。中午到达常熟,湖园书场老板在码头迎接,到书场安顿好房间吃过午饭便开日书,仍是《相堂发令》,这是我听第二遍了。次日上午老师叫我在房中排书,老师说这回书要一个半小时,而我却只说了半个钟头就没有了，遗漏了三分之二。老师非但没有责怪我，而是在房间里又说了一遍《相堂发令》，给我示范，我当时感动得热泪盈眶。老师已经是五十四岁的老人了，前天在昆山说书，只睡了半夜，昨天又日夜两场，今晨又为我再说一遍，老师这样辛苦地教我，我怎么对得起呢？此后我听书更加留心，记牢背熟，一天到晚，连走路都在背书，尽可能记得牢一点，背得熟一点。

常熟演出结束回苏州过年，春节跟师到无锡迎园，无锡共做三面场子。夜场在北门悦新书场。迎园和悦新都是《相堂发令》开书，我连听两遍。先生在台上说书，我跟着在台下默书。到常熟南门外长兴书场听第五遍，隔日上午我在书台上模仿说一遍。到四月下旬的一天，老师把我叫到房间里对我说，"常熟四月底剪书，五月初一我回上海去，端午在上海开书。上海开销大，你家里负担不起，你回苏州叫你父亲接只小码头，可以上台去说书。将来你如果再要听书，等我出码头时你再来听。我为你起个名字叫唐耿良。你要规规矩矩做人，认认真真说书，希望你将来能成为响档"。我点头牢牢记住了老师的谆谆教导。

五月初一我乘轮船返回苏州。我寻思，别人学说书学三年，至少也要学一年，我才学了七个半月，因为家里穷只能中途辍学，提前上台。一个十三岁的少年，从此要开码头闯江湖去做说书艺人，前景茫茫，难以预料。

老师的正派、厚道对我影响极为深刻，这对我一生的为人处世也是影响深远的。特别是老师体谅我家庭贫穷，抓紧对我的培养，使我在七个半月的时间里学会了六十回书，此恩此德我是没齿难忘的。

二十三年后，1957年的夏天，我得到了老师逝世的消息。我放下电话马上赶到老师家里，见老师躺在床上面容安详的像睡熟了一样，我长跪床前哭喊老师。回忆当年跟老师学艺的情景，如果没有老师的授艺，哪有我今天的地位。我知道老师的子女经济状况欠佳，便对师母说："老师的丧葬费用，除收下的奠仪外，不足部分全由我承担。"师母对我说："你老师生前为我预制了一口寿材，质量甚好，如果现在给他用了，将来我千年了，儿子不可能给我做这么好的寿材。"我对师母说："寿材你留下，日后千年时用它，现在再做一口和这口规格质量一样的寿材供老师用，费用也由我承担。"师母握着我的手流泪说："你这个学生有良心，不枉你老师当年疼你一场。"我想恩师待我恩比天高，我这样做，只是略报师恩于万一而已。

三

1934年农历五月初一，我从常熟乘轮船回苏州，一到家便把老师的话告诉了父亲，要他设法帮我去接一只小码头，一方面练练书，同时也可以赚钱养家。父亲连连摇头对我说："现在正是五荒六月，会说书的人还接不到码头，何况你是刚出道的道童，行话说'菜花黄，说书像蚂蟥；菊花黄，说书变大王'。现在是农忙季节，乡村书场都歇业了，要到秋天才会重新开张，等到秋凉再说吧。"我一听，心也凉了，要熬到九月里才能接到书场，这四个月停下来，背熟的书岂不要荒疏忘记？说书全靠不停地说，才能说熟，熟了才能生巧。接不到书场，哪里去说呢？我想只有一个人躲在房间里对着墙头说，而且要像在书台上说书一样地说。早上父亲出去打工，三弟到学校读书，我一个人自说自话地背书。可是说书是要同听众双向交流的，没有人听，没有眼神交流，没有听众的笑声效果，说书人会觉得这个书很难说——没有劲。

这时隔壁一个邻居过来对我说："阿二（我的小名），现在天热了，邻居们都要到园里乘凉，你吃过夜饭到园里来为大家说说书好吗？"我家邻舍有的是织机工人，有的是染坊师傅，他们都是看着我长大的。他们喜欢听书，因为收入低，到书场买票听书有困难。我正愁一个人对着墙头说书没有劲，现在有人愿意来当听客，我仿佛接到一个小场子去练练书，这事来得正好，我答应了。当晚露天书场就开出了。一只方凳当书台上的半桌，我坐在小矮凳上说书，醒木、扇子齐备。我从《相堂发令》开书，我说得卖力，他们听得有劲。他们称赞我"到底是名师传授，说得蛮好，将来会冒（红）格"。就这样我把学会的六十回书，从头到尾说了一遍，这次演练对我以后上台说书起了很大的作用。

1934年的夏天，苏州大旱，农村灾情严重，县政府下令求雨，各庙宇都要祈神。父亲住的地方属于朱老爷堂的图份，他要去庙里报到，手臂上穿十只钩子，下面挂一面大的铜锣，边走边敲锣，据说有神保佑手臂是不会痛的。父亲出门后，我和三弟吃过午饭一道去观前街看会，然后再到西中市街看小摆设和翡翠的青蛙大将军，这是难得一见的珍品。看会的百姓人山人海，迎神赛会并没有让天老爷感应落下一滴雨，火辣辣的太阳把我的面孔和头颈都晒红了。回家路上，看到父亲也回来了，他左臂上有十个红点点。走近家门不料看到大门被削下来了，原来"贼骨头"利用万人空巷到市中心去看会时，破门而入把我们家盗窃一空，床上的被头夹面都被拆走，我跟师出门的一只藤皮手提箱，包括秋冬穿的长袍子也被偷掉。当时我急得目瞪口呆，我想我家里算很穷了，贼还要来枯树上剥皮。我连长袍子也没有了，秋凉时即使接到码头书场，穿着短档怎么上得了台？这正是屋漏偏逢连雨天，船破却遇顶头风。为什么倒霉的事都要轮到我的头上呢？真是欲哭无泪，无语问苍天！

父亲去报了警，警察来看了一下说："不单你们一家被偷，还有好多家碰到同样的窃案。"结果不了了之，我们只有自认晦气。

正在走投无路时，上海有个表叔凌阿甫来到苏州，他得知我家的不幸遭遇后，慷慨解囊周济了我十元钱，帮我家渡过了难关。父亲重给我买了被头铺盖，新做了一件长袍，为上台说书提供了起码的条件。

　　秋天到了,父亲到茶会托人帮忙,总算接到了一副书场,是苏州郊区外跨塘的一家茶馆。老板原来请的艺人叫屠再高,屠又接到了一家更好的码头,他便放弃外跨塘。父亲和他商量请他写一封信,推荐我去说书。行话称为"委"你去替代。九月十三日父亲送我到外跨塘去,我们到娄门外轮船码头乘船。去年的这一天是我跟师父到昆山去当学徒的日子,今年此日却是我自己去上台"破口"了。但是我心里有点不踏实,因为这不是老板请我去的,而是屠再高失约之后"委"我去的。老板完全有理由拒绝接受我,让我打回票。轮船到码头,我们上岸进了茶馆,父亲把屠的信递给老板。老板看完信眉头紧皱面色很不愉快,我在旁边担心。这时老板看我的行李也带来了,就勉强松口答应。开出报单,他去写海报挂书牌准备开书。吃过午饭父亲要乘船回去,因为家里三弟要他烧饭照顾。他向老板辞行,老板呆住了,老板本以为说书的人是父亲,而我是跟去听书的,想不到留下说书的却是一个十三岁的大男孩。他怀疑地问:"你阿曾说过书?"我想我不能说老实话,只能说谎:"我说过两只码头。""在啥地方说过?"他接着问。我想我跟老师去过常熟,就脱口而出:"在常熟乡下。"幸而老板没有再追问常熟乡下哪两只码头?如果那样我就弄僵了,所谓"若要盘驳,性命交托"了。这一难关总算混过。父亲走了。我到书场对门一爿小酒店的楼上房间里,把铺盖摊好,穿好袍子坐在床沿上闭目默书,准备第一次上台说第一回书。一点半时突然听到下面一声吆喝:"开——书——哉——"我马上下楼跑到对过书场里,只见老板一个人坐在炉子边上,书场里空无一人。我这一吓,面容也失了色,想不到第一次"破口"说第一回书却一个听客也没有,这叫我今后怎么办呢?这时老板安慰我:"这里地方小,开书前半个钟头,从东往西喊一遍开书哉,听客才会陆续到来,要再过半个小时开书。你回房间休息一下再过来。"我这才放心回到房间里去。二时整开书,日场有十四个听客,我从《相堂发令》开书,这回书我说得非常卖力,散场时有听客在称赞我:人虽小,口子倒蛮老格。夜场有三十二个听客,我从《智激周瑜》开书。散场后老板到我房间里来交"签子"。他满面笑容,听了我日夜两回书似乎对我有了信心。我看着账单日夜四十六客,书筹每位十二个铜板,五五分成,分给我九角二分。其中有银角子,一角的角票,还有铜板,我横数竖数数了两遍,用手帕包好放在枕头底下,心情非常激动,我赚钱了!从此我可以负担家庭的生活,父亲不用过着吃了今朝愁明朝的愁困生活了。我兴奋得半夜没有入睡。第二天有五十多个听客,分得一元多些。第三天有六十多个听客得了一元二角。我再也按捺不住,要向在苏州的父亲去报喜了。

　　第五天我托鱼行里的听客买了一元钱的大闸蟹,那是阳澄湖青背白肚金爪红毛的,每只半斤多,一共有七只,我用蒲包捆好。散了夜书场,老板拎着灯笼送我到火车站,叮嘱我别耽误了明天开日场的时间。外跨塘到苏州只有几十里路,我下火车坐黄包车回家,敲门时父亲已经睡了,听到我的叫门声他吓了一跳，以为我生意不好被"漂"回来了。他开门问我："你怎么回来了？"我把蒲包放在台上："我送大闸蟹来了"。随后我把身边四元几角钱掏出来交给父亲。他转忧为喜笑得嘴都合不拢了。第二天他为我买了一件卫生绒短衫，送我乘轮船回去开日书。我在外跨塘说了一个月书，这个第一炮总算成功了。我以为从此以后可以像在外跨塘一样顺利，其实不然。从1935年春节起，我竟连漂了三只码头，都是脚头没有立稳就剪书回转。这对我的打击很大。为什么我的书听众不欢迎呢？漂回苏州后我就去书场听别人说书，研究他们的书艺，思考怎样才能使听众喜欢听我的书？

接着又是五荒六月菜花黄的淡季到了，我在茶会上待业的时候，有人问我，有只泗泾的码头你愿意去吗？泗泾是只比外跨塘还要小的码头，那里交通闭塞，只通客货两用的航船，听客很少，是一般演员都不肯去的农村小书场。我已经荡空（失业）多时，有生意我都愿意去做，一是有机会练练书，二是多少有点收入。谈妥之后，父亲就送我到娄门外船码头，乘手摇的航船去了泗泾。船到泗泾，我就到茶馆与姚老板碰头，这是一个五十多岁高个长条子、削骨脸、整嘴留八字胡须的人。他正在糊纸弓纸箭这些供农民庙里烧香用的物品，见我来了就先安顿我住的地方，再叫他当小学教员的儿子写书牌和海报，然后领我到茶馆吃午饭。泗泾是阳澄湖畔的一个农村集市，只有肉店、豆腐店、南货店、铁匠铺、茶馆等几家小店，比外跨塘小多了，日场开书只有九个听客，我还是从《相堂发令》开书，照样说得很卖力，中间老板拿着一只藤匾向听客收铜钱，这个摆摆手，那个摇摇头，一个铜板都没有收到，全是欠账。一个听客揶揄姚老板：收了一匾格铜板。姚老板对他一个苦笑，我在台上听见了，差一点笑出来，想不到竟有这样的书场。晚上有二十多个听客，散场后姚老板送我回宿舍，交给我一张账单：日夜三十四客共六角八分。可是只有这张账单，一个铜板也没有。我向他要钱，他说这里听书都是欠账，到剪书时再算给你。我说明天早晨吃点心的钱怎么付？他说你也叫伙计上账，剪书时一道算。就这样我欠馄饨店，馄饨店欠书场，书场欠我。想不到"白条子""三角债"这个模式在1935年的泗泾已经有了前例。吃过馄饨后我到阳澄湖畔散步，只见阳澄湖碧水粼粼，水清见底，连水中的游鱼也清晰可见。散步时见一老渔民手提一只甲鱼走来，他是昨天听书的听客，热情地招呼我："今朝有甲鱼吃哉。"原来他听书不付钱，以水产品抵账的。我知道"菜花甲鱼"是时鲜货，今日可以品尝美味了。中午我到茶馆吃饭，只见姚老板已吃得醺醺然，显然已经吃好了，端过来的甲鱼已是狼藉零乱，甲鱼的四条腿和裙边都被他吃光，只剩下甲鱼的甲壳和一个头颈了。我想老板为人好辣手，只留点甲鱼汤给我喝。老板待我不好，我为什么还要演下去呢？一是因可以熟练一遍书情，二是多少可以赚两钿回去开销。熬到剪书结账，我把欠馄饨店的点心钱付清。可是姚老板还欠我两元五角没有付给我，他说：欠账收勿齐，你先回去，等收齐了再寄给你。我愣住了，这分明是他耍赖皮，我一离开油泾他是肯定不会寄给我的，吃吃我这个刚出道十四岁的道童儿。我和他论理时对过南货店鲍老板进来，批评姚老板怎么可以这样对待出门人。鲍安慰我："两块五角钱我垫付给你，将来我可以在听书时扣除的。"我收齐了欠账便乘便船到唯亭，再乘轮船返回了苏州。这风景秀丽的渔村书场和欺负说书人的姚老板都给我留下了深刻的印象。

在乡镇书场说了两年多书的我，很向往能去城市大书场演出。但那时的书场老板信息很灵通，对说书人水平的鉴别很厉害，他们绝不会轻易聘请你前去说书的。1937年春节刚过，我在茶会上吃茶，昆山畅乐园书场老板钱老三邀请我去唱年二档。我知道畅乐园是昆山的大书场，钱老三又是个出了名的精明人，他请的都是响档，怎么会来请我这个出道不久才十六岁的小年轻呢？钱老板从我的眼神中看出我的疑虑，他打开天窗说亮话，"老同春年二档是李伯康，是润余社第一号响档，一般响档不肯和他敌档，怕丢面子，你敢去吗"？我想这是刀头子上舔血吃的勾当，但我怕什么？反正我又没有名气，敌漂了是本分有啥塌台，守住了我就有了面子，"去"。我答应了钱老三的邀请，开了报单，二月十一日开书。老同春年档是朱伯雄，也是响档，我开书日夜一百多客，畅乐园有一百来客是不稀奇的，但对我来说出百的生意是难得做着的，所以很卖力。朱伯雄做到二月二十剪书，李伯康到杭州旅游十天要到三月初一才能来开书，老同春空场十天，昆山只有畅乐园一家书场，我日夜有两百多客。我从来没有做过双出百生意，这十天我的收获非常大，钱老三笑着对我说："额角头碰着天花板"。三月初一李伯康开书，他日夜客满，远道而来听书者因为买不到票，只好到畅乐园来听，我仍然维持日夜一百多客。这一个月我赚了一百元左右回家，添了演出的袍子，还存了银行，初次尝到了做大码头大书场的甜头。

四

1937年正当我在昆山、湖州说书比较顺当的时候，祸从天降，时局越来越紧张。8月初我到南翔南苑书场说书，"八一三"上海抗战爆发，南翔地处沪郊，居民纷纷逃难，书场开不下去了，我和父亲只得仓皇逃离南翔，回苏州去。火车上挤满了人，我们的行李过了三天才领到。苏州也是人心浮动，书场多歇业休息，我接不到场子，没有收入。说书这个行当，俗称"空心饭"，"一日勿做，一日勿活"。幸亏我昆山这档生意有些存款在银行，还可以维持一段时间。但苏州并不太平，日本飞机要来轰炸。有一次冯玉祥将军到苏州开会，汉奸送出情报，日机炸了开会的地方。苏州火车站也是日机轰炸的目标，车站在平门城外，我家在平门城里，空袭警报一响，我钻到方台底下算是防空。炸弹响时，门窗轧轧震动。在家里不安全，就到外面桑园地里伏在地上看天空。日机开的是意大利轰炸机，机翼一侧，炸弹黑魆魆地丢下来。我担心投弹失准，炸弹飘过来会落到我家，心惊胆战的。父亲带着我和三弟跟着父亲外婆家的亲戚，一起逃到"三乡庙"去。"三乡庙"在苏州东北郊，出齐门过陆墓朝东，庙里有个老和尚是父亲的娘舅，我们管他叫"和尚阿爹"。就在庙旁边一家农户租房子住下，那里听不见空袭警报，也听不到炸弹声音，似乎安全些。因为没有报纸，更没有收音机，不知外面的时局怎么样？那时有一种幻想，万一上海守不住，青阳港可以凭河而守，也许能挡住日军进犯。其实一条河港根本起不了作用，我们在农村住了两个月，坐吃山空，银行的存款用光了，再不说书要"饿死首阳山"了。父亲决定把三弟留在这里托亲戚照顾，带着我一道到城里去探探风声。我们步行走到城里，一打听大吃一惊，日军从金山卫登陆，上海失守，昆山沦陷，正在向苏州进逼，苏州县政府的人员逃避一空，城里处于无政府状态，老百姓都向西南的木渎、东山逃难去了。我们在城里住了一夜，天亮背着一个小包裹逃出胥门向木渎走去。木渎梅苑书场的老板是父亲的好朋友，逃到那里就在木渎说书，一说书就有收入可以填饱肚皮了。在出胥门时，街上没有行人，家家户户都闭门上锁，平时的喧闹，变成寂无一人的死市。白天大街上空无一人是很令人恐惧的，这是沦陷前的恐怖景象。我思念着三弟，但又不能去接他，因为东北角是日军的来路，我们只有向西南方逃去。沿途难民成群，背负行李，扶老携幼，一派凄惨的"流民图"，苏州到木渎有二十七里，我和父亲走到木渎，来到梅苑茶馆，堂倌说："老板一家昨日逃难到乡下去了，茶馆叫我们维持着。老板不在，我们不好做主开书场。"这样我们的满腔希望化为乌有。父亲身边已经没有钱了，这日子怎么过下去？我们陷入了无法解脱的困境。

我们泱泱然走出茶馆，在人头攒动的大街上，忽然父亲看到了开酒店的好朋友丁老板，父亲向他诉说困境，那老朋友掏出了三元钱塞给父亲，可以一解燃眉之急。当时我们都饿了，就到摊头上买了两碗阳春面充饥，本来十二个铜板一碗，现在涨价为十四个铜板，本来一碗面可以吃饱，现在克扣斤两，吃了一碗只有半饱。再添吧，又舍不得花钱，我心里骂这个摊主黑良心，趁火打劫，刻薄逃难人是罪过的。

木渎留不下去，到哪里去呢？木渎有个同行叫许伯英，是周玉泉的徒弟。我们寻到许家，向许的父母说明来意要求借宿一夜。许父一口答应，他说木渎到苏州有公路，日军汽车可以开到木渎来，他们明天也要逃难了。又说木渎到香山没有公路，汽车开不进去，让我们到香山去躲一躲。我们感谢了他的指点，然后再出门去走一走，顺便吃点东西。我们漫行在大街上，突然看见了大哥唐惠民，他是跟着老板逃难到东山去，路过木渎住一夜次日早晨再走。漂泊异乡遇见亲人，是何等高兴，他得知我们要逃难到香山时，叫我们在小桥旁等一下，说去去就来。过一会儿他穿着一件崭新的马裤呢夹大衣来了。大哥去年学徒满师有工资赚了，今年他已二十一岁正在交女朋友，做了一件夹大衣。他说没有钱给我们，只有一件大衣值钱，让我们拿去，困难时就卖掉它换几个钱用。他把大衣脱下交给父亲，叮咛我们多保重身体就回去了。他哽咽的语音、悲戚的面容在月光下消失了，月光照在小桥下粼粼的河水上，我听着父亲轻微的叹息声，遥念着"三乡庙"的弟弟，我们一家四口，分散在三地，不知什么时候才能团圆。

在许家住了一夜，清晨起床，把夹大衣打入包裹，辞别许家向渭口进发。过了渭口直奔香山，天上阴云密布，朔风凛冽，路上成群的难民都朝香山走去。走了十几里进入一个很大的村子，叫姚社。我们先到一家茶馆泡了一壶茶歇歇脚，茶馆里有不少逃难的人，大家都在商量去租房子的事。父亲向茶馆老板敬了一根香烟，对他说："我的儿子叫唐耿良，说《三国》的，能不能在茶馆里说书？"我那时是个十六岁的少年，说书又没有名气。那老板瞄了我一眼，婉转地回绝道："现在逃难人刚来，还没有心思听书，过一日再说吧。"我听后心情沮丧，送上门来说书也不受欢迎，怎么办呢？别的难民纷纷走出茶馆去租房子，我们身边只有两块几角钱，租不起房子也没有熟人可以借住，今夜到哪里去呢？父亲又去跟老板商量："能不能让我们在茶馆的店堂里打地铺借住过夜，明天一早我们把地铺收掉，不影响你卖茶。好不？"老板看我们困难就点头答应了。父亲马上出去花十个铜板买了一大捆稻柴，茶馆打烊后，我们把台子移开，打开稻柴摊地铺，四周稻柴堆高些，像一口没有盖的稻柴棺材，把打包裹的被单铺在下面，胡乱吃过夜饭后就睡下了，把棉袍脱下来盖在身上，再把大哥的一件夹大衣盖上。但是天气很冷，外面寒风呼啸，茶馆的排门板缝隙很大，寒风从门缝里袭来，脸上感到阵阵凉意，两只脚冰凉，盖在身上的衣服不足御寒，只好像虾米一般蜷缩起来，父子俩相互依偎以自身的热量温暖对方。长夜漫漫，寒风袭人，虽然困倦但不能入眠，想着日军占领苏州，国亡家破河山变色，往后怎么过？胡思乱想，不到天亮就起床了，收拾好地铺，把稻柴捆好堆在墙角里，台子在原位置上摆好，然后出门。在街上看见一个同行，他叫屠再高，三年前介绍我到外跨塘去"破口"的人就是他，我对他一直很有好感，他也逃难到姚社，已经有几个月没说书了，经济状况很窘迫。他建议说："三里路外有一个大村子叫蒋墩，我们一道去那里，那里有大茶馆，我们就在茶馆里说唱，你说我用帽子收钱，我唱你收钱，然后我们再分账。"这是变相的卖艺乞讨，是很丢人的事。但穷途末路，为了求生存只能去试试了。我们走到蒋墩茶馆里，只见人头攒动，行李铺盖堆满一地，都在准备去租房子谋一个落脚的地方，人们脸上的表情都很焦虑，充满着烦愁的神色。在这样的氛围里怎么能说书乞讨呢？我们三人不得不知难而退，垂头丧气地走回姚社。那时天上正下着蒙蒙细雨，我们没有雨具，衣服淋湿了，我茫茫然地走着，心里愁绪万千：只剩两元几角钱，就是每顿吃阳春面又能维持几天呢？

在上海市人民评弹工作团时的演出照

回到茶馆里听见老板说,城里又逃难来了一位说书响档叫尤少卿,不久前在苏州最大的一家茶馆吴苑书场说书。老板慕尤少卿之名准备请他说书。父亲和屠再高听到这个消息,马上去拜望尤少卿,央求他拉我们一把,三档书一道唱,卖十八个铜板,尤和老板各拿六个铜板,屠和我各得三个。尤少卿看在道众份上,同意了这个安排。屠唱头档,我做二档,尤少卿送客。海报一贴,当日开书,逃难人也需要文娱生活排遣寂寞,书场客满有一百多客,我可以分得一元多钱。演出时我特别卖力,很受听众欢迎,老板看到听众的反应,对我态度热络,晚上拿出一条被头借给我们。有了被头,上面再压上脱下的袍子,裹得住热气,两只脚伸得直了,只觉得温暖适意,我这辈子盖过不少被子,棉花的、化纤的、丝绵的、野鸭绒的,都不如香山姚社老板借给我的旧被头来得印象深刻。只有经历过三九寒天没有被头盖的寒冷之夜,才能体会到盖被头的温暖。

有了书说,可以解决温饱,又去租了房子,生活比较安逸了。我们父子就是靠着说书在香山度过了免于饥寒的流浪生活。

五

在香山演出了两个多月,苏州的秩序已稳定下来,逃难的人逐渐返城。我们也回到了城里,我们一家团聚了。那件大衣也交还了大哥。我在九如书场演出了三个月,端午节出码头到浒墅关荷园书场演出。老板告诉我离镇三里有一个村子,住着一位说《三国》的老艺人叫周镛江,他娶了位农村姑娘为妻,以说书收入在农村买了几亩地盖了一栋房子,年纪老了说不动书了,就在乡村过着隐居的生活。三年前他的老伴去世,没有子女,有个螟蛉子(养子),娶了儿媳妇养了小孙子。老人患睫毛倒刺的毛病,双目失明。小辈既要种田,又要带小孩,对老人照顾不周,老人难得在邻人的搀扶下到镇上来听一回书,生活不尽如人意云云。我听了介绍后,便和父亲商量到村上去拜访老人。

次日早晨我们一路问讯摸到周家。他的子媳都下田去了,老人躺在床上,睡在一条棉花胎中，状甚凄惨。我自报家门，尊称他为老师伯。老人连忙起来坐好，他告诉我，他有两个徒弟，一个已经病逝，一个已经转业，他的《三国》没有人继承。我便请他到镇上来住在书场里，生活由我们招待，白天晚上听听书提提意见，早上在房间里把他的前《三国》教给我。老人非常高兴地接受了我的邀请。等到他儿子从田里回家，我征求了他的意见，他一口答应，因为一来可以减轻他们的负担，二来免去了照料老人的麻烦。我搀扶老人到书场里，就在我的房间里搁了张单人床，租了被头，再请一位理发师为他剃了个头，把倒刺的睫毛拔干净。老人感到舒服极了，觉得我比他的儿子还想得周到。他非常认真地听我说书，散场后给我指出缺点。每天上午在房间里说书给我听，从曹操赠赤兔马给关羽起，一直说到三顾茅庐，与《相堂发令》相衔接，共有十六回书。我本来只有六十回书，码头上日夜两场只能说一个月，有了前段书，我可以说四十多天了。他还教我说初出祁山、失街亭、空城计、斩马谡等十来回书，这后段书因为距离我说的六十回结束的刘备进川还很远，说的机会较少。而千里走单骑一段书，我去第二只码头就说开了，因为我那时已经说了四五年书，听一遍我就能上台了。这一段书集中描写关云长义重如山的性格，故事生动感人，很受听众欢迎，我很感谢老师伯毫无保留地传授给我这一段书，对我在书目上是一个重要的拓展。我和老师伯相处一个月后，送他回到村上家中。依依惜别后，我继续在各地说书，三年后我再到浒关演出之时，老师伯已经故世。我只能到坟前凭吊默祷。这样，我便把老师伯失传的前段书传承下去了，我永远都忘不了老师伯对我的恩情。

　　由于前段书情的净角脚色较多，而我老师在起脚色方面又是个弱项，因此我觉得有提高的必要。当时脚色起得好的演员是黄兆麟，黄先生长期居住在上海，要是专门到上海去学习开销太大，而且也不知他愿不愿意教我？他有一张评话的唱片叫《古城相会》，张飞的一声怒吼，用鼻腔共鸣发音，声音非常好听，但我不懂发音的诀窍，就不能掌握运用。有一回我正好在苏州荡空，去书场听书。在临顿路群贤居书场听杨莲青的《狸猫换太子》，说到"狄青刀劈黄天禄"时，黄天禄起了一个"爆头"。他的拖音和黄兆麟的"张飞"拖音一样，极富爆发力，非常吸引人。我想向他学习，等他一回书结束，坐在书台边上喝茶休息时，我毕恭毕敬地走到杨的面前叫应他："阿叔，你辛苦啦！"他对我瞄了一眼，不跟我讲话只顾自喝茶，我便站着不走，他休息一下要去吸鸦片了。我跟在他后边，帮他拎着签子，有五六百个铜板，手巾包蛮重的。到了隔壁的戒烟所（名为戒烟所其实是售吸所），向烟铺上一横，叫我去买包香烟，我买了给他，然后在旁边看着。等他吞云吐雾过足了瘾后，他问我跟在他后面想做啥？我说："想请阿叔指点学本事。""你要学什么？"我说："黄天禄的那一声爆头是怎么发音的？"杨莲青看我态度诚恳就对我说："你要先吸一口气，用丹田劲再结合鼻腔共鸣就可以了，只要多练练便能掌握。"他毫无保留地把诀窍教给了我。说得起劲，他又把烟枪当作扇子，表演回马刀的圈腿动作，从单圈腿到双圈腿都向我做了演示。他的教导使我获益匪浅。后来我在说书的过程中，运用了学来的一些技巧，增强了起脚色的力度和爆发力，使书艺渐臻成熟，在听众中也有了一定的影响，这一切都与老前辈对我的教导和无私地传授技艺是密不可分的。当时我也读了一些书，像《三国志》《水浒》《红楼梦》《康熙字典》《辞源》等，以丰富自己的文学、历史知识的修养。夜书场下来，秉烛夜读至深夜已是我多年养成的习惯和乐趣。同时还要去观摩京剧、昆曲以及其他地方戏曲，从兄弟剧种的表演艺术中汲取营养。此外，我还从电影、话剧这些现代表演艺术中学习借鉴，提高艺术素养。听书更是必修的功课，对别人的长处要学习，即使发现对方有不足之处，也可作为借鉴。总之要多方吸收，这些都是我长期坚持的方法。

整理者：唐力行

第五十二讲
上海"说书先生"的日常生活及演艺生涯
——陈希安访谈录*

口述者：陈希安

采访者：李明

采访时间：2008年10月31日

采访地点：上海市乡音书苑

---

* 本篇所用为苏州话。

陈希安

陈希安（1929— ），原名喜元，江苏常熟人。著名弹词演员，人称"书坛常青松"。他师承评弹名家沈俭安，与师兄周云瑞曾为20世纪40年代后期赫赫有名"七煞档"之一。1951年为上海市人民评弹工作团（今上海评弹团）首批十八位演员之一。其出道早，盛名书坛五十多年，亲见亲历评弹艺术在十里洋场之兴衰。编演的书目有《荆钗记》《陈圆圆》等。说表清晰，口齿伶俐，擅弹唱，工"薛调"。

一、艺人个人爱好和日常生活

李明（以下简称李）：陈老师，晚清以来，评弹演员的日常生活发生了很大变化。您是20世纪40年代加入评弹艺人行列的，能否谈谈前辈艺人的个人爱好和生活常态，特别是上海"说书先生"这一社会群体的生活节律。譬如说一天的活动安排。早上几点起床？做点啥事体？哪亨[1]生活？怎样演出？一年的生活节律？有的艺人是要歇夏的，逢年过节又是如何度过？

陈希安（以下简称陈）：我晓得的很粗浅，有的全是听老先生讲格[2]。（据）我观察，像说《三国》的黄兆麟、唐耿良格长辈，这一批老先生（二三十年代）其他呒啥爱好，到外码头说书，一日两场，日场夜场。从前老先生真好，其实，这些老先生真正文化程度并不高，好多老先生两场书下来，呒啥大格消遣，看书，丰富自家格历史知识。特别是说大书的，（拿看来的）摆到演出当中去。譬如他们说书说东，西面学格么事可以插进来。码头上合做辰光，譬如一边在光裕书场，一边在阊门梅竹书场，早上顶多讲好九点钟到光裕书场碰碰头，或是梅竹书场碰碰头，吃吃茶。吃茶也是谈道。我拜格先生沈俭安也是如此，早上吃吃茶，上茶会。由于当时辰光30年代左右，上海畸形发展，听书人多，层次比较高档。层次一高，有很多有身价格人不出来听书，（而是）请堂会，请到屋里[3]厢。有辰光是一个人听，有辰光是全家听，一般也是夫妻两个，或者再有个把老人。我和先生做几次堂会，全是一二个人。比方说，我与先生去的一家人家，是上海人民广场（以前叫逸园跑狗场）老板格家里，叫叶四太太，欢喜听书，苏州人。

李：叶家是大人家，东山叶氏家族是望族，世代为官，叶梦得做到翰林学士，后来经商格人也蛮多。

陈：叶四太太有辰光一个人听阿拉说书，有辰光和囡囡惠囡一道听，后来"文革"辰光，俚[4]（指惠囡）从淮海大楼跳下来死脱格。再有，苏州留园盛家，盛老五，我搭先生去唱，俚着仔

---

1 哪亨：苏州话"怎么会""怎样"之意。
2 格：苏州话结构助词"的"。
3 屋里：苏州话"家里"之意。
4 俚：苏州话第三人称代词单数，"他"或"她"。

日本和服，吃鸦片呀，人是瘦得来，怕格，像个妖怪哉[1]，也是一个人听书。格种情况有好多。还有一个纸头大王徐大统，当时日本人打进来辰光，俚救了一个加拿大人到家里，这个加拿大人有点身价，所以回去后加拿大纸头进来叫俚代理的。1949 年后俚到香港去了，香港回归后的立法会主席叫范徐丽泰，就是俚领的囡囡。当时先生接触格全是上层人物。像协大祥老板，阿拉[2]到俚家里去，夫妻俩家头听书。还有一个搞纸头格詹沛霖，实业轰轰烈烈，住在虹桥附近，也是一个人听书，家里房子大得热昏。当时辰光，住在虹桥全是有身价的人，呒不[3]身价格人住勿进。像我先生，包括许继祥、周玉泉等，这些人实在忙不过，日夜全在电台、书场、人家屋里唱，伲先生要吃点鸦片。格歇辰光[4]，在畸形格社会环境里，有些姨太太或交际花，譬如说，有铜钿老板包俚，事实上俚并勿欢喜，那么，自家要寻找自家格欢乐，就和阿拉格种演员轧朋友、交往，蛮多格。一般来说，在三四十年代，格种事体很普遍，酒、色全来格。

李： 当时社会淫靡不堪，我曾在不少资料上看到一些大红大紫的评弹演员，往往在私生活方面难以把握，缺乏检点，似乎全结交异性朋友，这样，是否会对他们家庭的稳定造成影响？另外，演员在十里洋场真的蛮吃力，长期生活无规律，加上疲劳，以至于不少演员染上不良嗜好，他们吃上鸦片以后怎么办？

陈： 这倒还好。因为在旧社会，两房、三房全无所谓，全有格。伲先生有两房，外加外头还有"朋友"。其实周玉泉外头也有"朋友"，徐云志也有"朋友"，包括严雪亭，算得正人君子，也要伸只脚，也有"朋友"，所以被蒋月泉讲，"俚也要缚手缚脚哉"。蒋月泉自家呢，朋友多来；张鸿声虽然大书，朋友也多；顾宏伯也多。因为外面引诱多。那么，再看看听书格点人，全是中上层，起码是中层，当然职员也很多，再上层格人也多。有种听书就勿到书场，请转去唱堂会。所以包括周月泉、徐云志、阿拉先生等，堂会唱得蛮多，一日天有辰光有两三家堂会，长堂会，电台再唱两三家，再做头两家书场，一日天吃力得不得了。譬如说，到盛家、叶家去唱堂会，四太太欢喜吃鸦片，就说"来啊，休息一歇，香香，香香"（鸦片），有辰光是蹯便宜货"香"上格呀！但有辰光就是自家体力不够了，精神不够了，那么就吃一点。慢慢地自家也要吃了，那么就自家弄来吃。关键还是引诱多，你不去（引诱），他们要来引诱。外码头就呒不引诱。上海不管是大人家格二房或三房，不管是交际花，对你（指演员）欢喜得不得了，是格能样子。格点引诱，码头上呒不，只有清当清说书。还有，在电台一唱，电台一红后，经常有电话打进来点唱。

---

[1] 哉：苏州话语气助词"了"。
[2] 阿拉：上海话第一人称代词复数，"我们"之意。
[3] 呒不：苏州话"没有"之意。
[4] 格歇辰光：苏州话"那时""当时"之意，也作"辣歇辰光"。

譬如说点南京路评弹团陈希安唱么事，每次捧场，假使一日天三只电台全来捧场，就会注意（格是啥人）。

李：你们在上层社会成员（家里）唱堂会辰光，特别是为一个人二个人演出辰光是啥个心态？对方是怎么看待你们的？关系怎样？

陈：像朋友。有辰光阿拉到协大祥老板家里，去时对方来电话，你们过来吧，阿拉就到俚写字间，坐了汽车一道到他家里去，俚换脱衣裳，大家坐在一道讲讲，说伲开始吧，唱脱一歇，俚就讲好了，歇一歇，蛮随和。像伲先生到盛家去，叶四太太喜欢我得不得了，不当说书先生，像朋友一样，像好朋友，看见了开心得来，没有要求说要唱得好点。另外，当时伲头颈骨蛮硬的，所以对阿拉交关客气。

李：您能描绘评弹名家们常态的一天生活吗？譬如几点起来，几点演出？做点啥？

陈：一般讲起来，早晨身体、精神好点格（演员），茶会里吃茶，吃脱茶下来大家回去吃饭；吃好饭上书场，那么基本上直要到夜里回转去，名家基本都是如此。有辰光回去吃顿夜饭，马上亦要出去，到点把钟再回来，唱电台，唱书场，夜里还有堂会，所以有辰光，由于夜里睏得晚，早上勿起来吃饭也有，起来得晚，像阿拉先生早上起来要十一点敲过，擦擦面、弄弄好，吃脱顿饭，包车下面停好，出去，那么一路直到夜书场散后回到家里吃老酒，再吃脱两筒烟，一般就是这样的生活。

李：评弹演员，喉咙是本钱。以前老先生一天场子这样多，他们是怎样保护嗓子的？

陈：保护喉咙，其实顶重要是在嗜好方面要注意。不过像张鸿声，不吃老酒呒不劲格，板要[1]吃了酒上台，俚只喉咙蛮好格，所以很难讲。包括顾宏伯每顿也要吃酒。像张鸿声、顾宏伯等说大书的艺人，还有好多人追求，假使你自己不注意，或者日夜胡闹，或者烟酒一来，喉咙就去脱。所以，保护喉咙，一方面有些嗜好能控制要控制点，另一方面要多休息。你如果一天八九场唱下来，再出去胡闹，吃酒吃烟，喉咙肯定要去脱格，到底人不是铁打的。夏荷生，有"评弹梅兰芳"之称，一代"描王"，喉咙多么好，但是吃鸦片。记得1945年日本人投降后，我搭俚一道在青年电台（国民党办的），在陕西路延安路处，演出上下档，俚对我也蛮好的，当年可能四十五或四十六岁。结果吃鸦片，第二年就走脱了，最后连棺材钞票全是道众出格，这样一个大响档！所以吃鸦片，格是既伤身体亦伤喉咙亦伤铜钿。包括朱介生，喉咙去脱了。

李：夏荷生家里呢？后来生活情况怎样？

陈：夏荷生也有二房太太。第二房叫小妹小妹的，本来在一个店里做会计，1949年以前还看

---

1 板要：苏州话"一定要""必须"之意。

到，后来勿晓得了，听说俚的儿子还可以。

李： 去脱喉咙格演员真是勿少。

陈： 所以要真正保护好喉咙是不容易格事体。一方面在七八家、八九家场子做下来，已经疲劳得勿得了，再去吃烟、胡调，人亦勿是铁打格！所以有辰光一些绯闻，在文艺界很难免。我勿去寻俚，俚要来寻你（我）。有辰光严雪亭也有"朋友"；唐耿良算老实的，也有"朋友"。

李： 中华人民共和国成立之前上海这批评弹名家收入应当很丰厚吧？

陈： 像严雪亭，苏州买房子，自家屋里造只亭子叫雪亭。张鸿声（在）颜家巷（有）五进房子；姚荫梅格房子，就是现在金声伯住的地方，当时金声伯买下来格辰光大约只有七千洋钿，现在连地皮价值一千多万。

李： 格歇辰光说书先生对衣着全特别讲究，他们一年四季有哪些行头？

陈： 一年四季行头，阿拉先生特别考究，皮袍子有好几件。今朝天稍微热一点点，灰鼠，顶冷辰光狐坎，外面是狐坎大衣、皮领头、丝绒帽子，一般中上听众看见，全觉着说书先生"吃介"，都是这样子的。而且蛮噱头格，俚在台上个打扮，长衫、大袖口、纺绸短衫裤子，蛮多中层的高级职员看见了，也着长衫，学俚格种派头呀！

李： 好像模特儿哉。

陈： 对对。

李： 那么上台也是这样？

陈： 上台大衣、呢罩袍脱掉就是皮袍子，灰鼠灰背，狐坎，勿得了。灰鼠有几种。狐坎大衣，不得了格皮袍。格歇辰光包括徐云志、周玉泉、夏荷生、蒋月泉、张鉴庭、薛筱卿，全是格能样子。出去，丝绒铜盆帽一戴，皮鞋锃亮，外头狐坎大衣，里厢狐坎袍子，扎脚管裤子，全是像织锦缎那样的，包车赤刮辣新，两盏灯，夜里厢叮咚叮咚，哗——到书场去。

李： 格歇辰光，俚姆妈住勒[1]陕西北路威海卫路，经常看见说书先生赶场子，包车上插仔野鸡毛，吧咘叮咚，风光得不得了。俚姑夫开剧院，所以常常可以看电影、听书，最欢喜到玻璃电台，看蒋月泉着仔白格纺绸短衫唱开篇。

另外还要请教陈老师，当时风头健的演员，在上海或到码头上演出，食膳情况一般来讲是哪亨格情况？三四流演员场方又是怎样招待？等级区别大吗？

陈： 阿拉出去格食膳全是场方提供。即使三四流的（演员），自家也勿烧。像俚老先生，中午六七只菜，晚上六七只菜，留下二三只菜夜里吃点心。一般格演员弄个三四只菜，不用自家开

---

[1] 勒：苏州话"在"之意，如"勒浪""勒笃""勒嗨"等。

伙仓。不像1949年以后，反而要自家开伙仓，从前吪不格，全是老板请客的。只有1949年后要自己弄，像困难辰光还要自家拎了米到杭州去演出，真家伙[1]！

李：出去要带行李，还要带米，而且交通也不方便啊！

陈：是格，交通也不方便。还要背两只琵琶、两只弦子，蛮苦格，做评弹演员真格蛮苦，勿像从前。从前评弹演员像薛筱卿、蒋月泉、张鉴庭开奥斯汀汽车。伲出去包车（自己包的三轮车），人家看仔蛮风光：噢哟！说书先生"吃介"。

李：不过闲话也要讲转来，评弹演员里厢，等级差别太大，蹩脚说书先生真格是蛮苦的。

陈：对对，阿拉到茶会里吃茶也是如此。一看就晓得，等级差不多的演员聚在一起，最差的坐在旮旯里等代书。从前叫"茶会"。大家平时吃吃茶，有辰光有人说今天啥人身体不灵，叫人去代书，有种人连得代书都吪不资格。

李：以前到码头上演出，除轮船和汽车外，还有什么经常利用的交通工具？

陈：还有小的独轮车，我搭先生在常熟乡下梅李，梅李到浒浦全是独轮车。半边放行李，半边坐人，常熟乡下最多了。夏荷生去浒浦说书，阿拉在梅李做，俚就坐独轮车轧浪浪过来格。其他像航船、轮船，伲全坐过，还有长途公共汽车。现在不一样了，自家开车子，阿拉团里六七部，苏州（评弹）团还要比伲多。

李：陈老师，您认为三四十年代，上海评弹最好的演出场所是啥地方？

陈：最好是老沧洲（饭店），在现在锦沧文华（大酒店）隔壁，大得不得了。老沧洲饭店里住的全是高档人。伲吃茶都在里边，门口有片草地。还有新沧洲（饭店），这两爿书场最好。到后来就是新仙林、仙乐斯。这种书场真格有气派，踏进去人一凛，进去全是地毯、弹簧地板，因为本来是舞厅，座位全是一只只软靠板。

李：听众阿可以吃茶？

陈：不好吃茶。踏进去的四周环境一个人感到舒服得不得了。最最高级是新仙林，大门进去，一个圆形环岛花坛，两面汽车开进去，到门口停下来，四周一排全部是窗，八九百只位子。

李：在台上唱有什么感觉？

陈：心情舒畅，望下去层次高得不得了，都是开汽车来听书的。

李：与听众的交流是哪亨格？

陈：跑进去，上台了，路过听众门前，一排一排打招呼。

李：苏州的茶馆书场呢，听众层次参差不齐，也蛮随便，吃茶、吃零食全有，更多呈现为一种苏州人的生活方式，而上海可能要海派得多。

---

[1] 真家伙：苏州话，指不好受、受不了。

陈：非常高档，而且就像出席盛会一样。进来的人打扮全是讲究得不得了，即使一般的职员，也是着得挺挺括括，呒不啥七乔八劣，全是中上等人。

二、学艺心态和生活

李：陈老师，您当初投拜于沈俭安老师门下真是有幸，请谈谈拜师的初衷。

陈：我跟先生当时辰光只有十二周岁。哪亨会学格呢？也是受了影响。噢！顾宏伯、张鸿声到常熟来演出，生意好得热昏。蒋如庭、朱介生，还有张鉴庭搭俚大兄弟张鉴邦全到常熟来演出。当时张鉴庭说书还呒不上正规，俚等到一场书说下来，（对听客）讲"还有啦"。啥个事？就是唱"小热昏"。戴了个头套，搭张鉴邦滴笃嗒、滴笃嗒唱"小热昏"，所以生意好得热昏。生意一好，家里大人就觉着说书先生不得了，将来红出来真格吃勿光用勿光，格是只金饭碗，收入高，受人尊重，所以学说书人多呀！现在啥人去学？

也是搭先生有缘。格一年先生齐巧到常熟来演出，要收学生子。格歇辰光俚搭薛筱卿已经拆搭哉，那么我乡邻李筱珊，俚是王子和格学生，王子和是周玉泉格先生，李筱珊认得我先生，就介绍我去学。俚先生一看我蛮好，蛮讨人欢喜，当时就拜师。但是，从前辰光拜老师要十担米二十担米，俚家里蛮清贫，呒不啥事，后来先生说不要了，就请一桌酒吧，写张纸头。

李：这张纸头是否就是以前的规书呢？写点啥内容？拜师下来业师是怎样授徒的？说说您自身的学艺轶事。

陈：正是规书，上面写好，说仔书下来，学四年，帮师四年，要八年以后好拿铜钿。听听一张纸，蛮结棍[1]格，但事实上呒不做到。先生心地善良，师母为人也很好，我吃饭全吃俚格。跟先生到上海后就住在先生家里，大世界对过格久安里。因为先生屋里房子勿大，三层楼，有两房太太，还有囡囝，所以先生到三层楼，我帆布床就搭在二层楼，先生到二层楼，我帆布床搭到三层楼。到后来，俚小人大哉，我就睏阁楼。再下来，实在呒不睏处，我就睏在灶庇间进来扶梯底下一小间里格木板上，旁边全是煤球，还有三只煤蜂炉。蹲仔一年还不知一年半，到后来日本人来，户口米买勿着，我亦是吃得下，家里米不够吃，先生叫我先回转去住一阵，上海太乱，等形势好了再来。我住在苏州亲眷屋里（仓米巷），住仔一阵再回到常熟。

李：那末，在这一年多时间里，您是怎样跟师的？先生怎样向您传授技艺？请谈谈您个人的艺术习得途径。

---

1 结棍：吴语方言，或表示厉害、多；或表示身强力壮。

陈： 我跟师后，（艺术上）阿拉先生不太讲格，就是喊我听书。先生到啥地方说书，我就跟到啥地方。俚接的场子多，忙得不得了，先生坐包车，我总归在后头跟得去听书。譬如讲，俚今朝到东方书场，再到工人文化宫，再到其他地方，像湖苑书场、富春楼啊，我就跟俚车。假使实在太远，先生就给我铜钿让我乘电车。有辰光先生吃宵夜，就在大世界对过转弯处的一家面店里吃面，俚吃肉面，我吃阳春面。但是，在基本功方面，先生倒是认真教我学本事格。俚叫我用竹头做好一只弓，每天练，洒、滚、弹琵琶，练轮指。弹辰光，用的是老法格工尺谱记，"工工四尺上，化四上，四上上工尺，六六工工六六尺"。

李： 听书后哪亨向先生回课呢？

陈： 听仔书下来，我自己想，今朝格回书哪能一条路顺下来。有辰光，先生会问问我：今朝格回书听得哪能？啊背得出来？有时夜场结束了，（先生）老酒吃好，横在铺上，叫我唱支开篇拨俚听，就这样来教。吓不一本正经一个字一个字点拨格。粗框档[1]，唱给他听，俚觉着啥地方不对，自家记。不像现在的学生，一个字不对，不但要重新来一遍，先生还要唱给他听，做示范，伲格歇辰光重来吓不过，全要我自己去悟出来。

李： 那您回到常熟后又做些什么呢？离开了先生，怎样学艺？

陈： 我回转去辰光，先生拿几本账簿交给我，格就是《珍珠塔》的脚本，俚叫我带到常熟抄。

李： 这真的很少见。我在调查中体会到，艺人的脚本，一般全是守秘而不肯公开的，即使老师要传授书艺给门生，也不会把脚本全部拿出来。真是难得！

陈： 对，一般性勿大有，吓不格。阿拉老师气量大。因此我在常熟有事体做。每天早晨起来唱开篇，基本上唱两个钟头到三个钟头，吊喉咙，所以我只嗓子被我吊出来的，一直不倒。下午就拿毛笔拿脚本抄下来，也是牛吃蟹。后来局势稍微好点，先生写信喊我上去[2]了。

李： 回上海后，您又开始了一种怎样的学艺生活？

陈： 回到上海，先生屋里人多住不下，我就住在师兄汤乃安屋里，俚经常教我。格歇辰光，先生亦已经和朱霞飞拆档，搭师兄李念安拼档。李念安弹唱说表全好得勿得了，而且唱格是正宗"薛调"，我吓不看见过师叔薛筱卿台上的说法和唱法，所以倒是念安师兄教我格。我总归早晨到师兄搭，俚教我弹教我唱，使我得益匪浅，我特别感激。

李： 您真幸运，作为小师弟，受到同门师兄的悉心指点，这种情况好像不多。除此之外，专业上您还得到过哪些老师的点拨？

陈： 提到这个问题，我要感谢一代大师夏荷生。我未来先讲。早先，先生带我第二次到梅李，

---

1 粗框档：苏州话"粗略""大概"之意。
2 苏州人习惯于将到上海称之为"上去"，回苏州称之为"下去"。

夏荷生老师搭伲先生是好朋友,俚来看伲先生,看见我早晨对仔河面练唱,就走过来拍拍我肩胛讲,"喜官啊",我格小名叫喜官,"你这样唱蛮好,不过下头要打高一个字,要多练,然后到台上再打低一个字"。我听仔先生格闲话,这些年来,基本上照这种方法练,结果得益匪浅,在台上唱觉着蛮轻松,游刃有余,而且,唱了六十多年,音调始终在 A 音区里,称得上诀窍,一字千金啊!

李: 您什么时候和先生拼档?

陈: 我 1941 年拜先生,第一只码头跟到无锡,先生搭朱霞飞拼双档,生意好得不得了,日夜两场。大概到 1943 年初我就开始搭先生拼双档了,俚带仔我到处跑。开头辰光,"插边花",唱支开篇,排一成书。先生在台上要求严格得不得了。有次,我在常熟梅李做畅园(书场),对面大概相隔五十米,有个龙园(书场),大概是虞文伯在说《济公》,俚起个爆头[1],我拨俚拉过去呀,分心哉,(当时)伲在台上说书,正好说到《婆媳相会》,先生一只钩子甩下来,我没有接,呆瞪瞪,顿时冷场,几化[2]尴尬!先生拿弦子往台上一掷,说:"你在转啥念头?"当仔听客面,我面孔红了,现开销,无地自容。那末从今往后自家晓得注意哉,不敢有半点懈怠。总之,学艺方面,先生终归早上问问我:"你啊唱了?"具体教我书,脚色哪亨起不大有。

李: 您和先生拼档有多长时间?关系如何?

陈: 我搭先生是 1945 年拆档的,俚待我真好。刚拼档辰光在演出收入上就已经给我一成,到后来二成、三成。所以讲,学四年、帮四年根本是句空话。另外师母也不错,大师母儿子在云南,不在身边,所以拿我当儿子格。

三、演艺生涯与艺术追求

李: 陈老师,您当时和师兄周云瑞拼档,在书坛崭露头角,有"小沈薛"之称,如此年轻就已出道,肯定付出了艰辛努力。谈谈你们的演艺生涯,特别是对艺术的追求和创造。

陈: 抗日战争胜利辰光,上海有三家大书场的老板联合提出要求,要伲先生重新搭薛筱卿拼档,恢复名牌,先生欣然应允。我哪亨办呢?先生就关照我搭师兄周云瑞为搭档。那末从 1945 年 8 月份开始,伲师弟兄拼档,一直到 1946 年。这一年多在码头上是关键,真正是打基础打得牢得不得了。所以我讲周云瑞既是我师兄,亦像我老师,我这点本事,包括弹琵琶、把位、唱腔全是俚教格,真是天地良心,良师益友。我是个音盲,师兄多才多艺,我琵琶不来,俚一小节一小节手把手教,有辰光反而我不耐烦,俚仍旧循循善诱。在码头上,伲睁开眼睛,吃脱点心弄艺

---

[1] 爆头,指脚色的突然高声吼叫。

[2] 几化:苏州话"多少"之意。

术；日场下来再弄艺术；夜场下来再弄艺术，一年多一直是这样，学了很多么事，格个[1]一年多艺术上有了一个飞跃，从此以后成为"小双档"。

伲俩家头码头浪[2]生意交关好，但阿拉仍旧如此，仍旧排书、弹家生[3]。所以，后来到1946年，张鸿声在上海得信了。格歇辰光，张鸿声是上海格些书场的托拉斯，晓得以后，就写封信拨伲。张鸿声有啥个特点呢？俚就是发现哪一档书在外码头有点苗头，就请到上海。虽然对伲讲起来呒不回扣，但伲可以蹲在上海，不是半年、一年，有辰光是二年甚至三年，因为全是生意，这样一来，大家全活了。俚写封信来，问伲阿有兴趣一道到上海来演出？阿拉想求之不得，阿拉这样磨刀，就是为了要到上海来。（到上海后，张鸿声替伲）安排格场次交关好，沧洲书场，唱中场。当时辰光有头场、中场、夜场。阿拉唱中场，第一档严雪亭，第二档阿拉，第三档张鸿声。上头刚刚引进来，下头有人挡，阿拉在中场顶稳了。但是也有坏处，如果当中一档书烂脱了，挑扁担[4]挑勿起，整个一场书就完结。伲就在沧洲书场一炮走红，那末叫"响弹响唱小沈薛"。从1947年底还是1948年开始，就是搭唐耿良、蒋月泉和钟月樵、张鉴庭和张鉴国、张鸿声、潘伯英、韩士良七档书蹲勒一道，叫"七煞档"。大概到1948年，张鸿声、韩士良还有潘伯英分出来，蒋月泉和王柏荫搭，就变"四响档"，一路到1949年。

李：您和周老师在上海立牢脚头，正好遂了你们的心愿，不负先生，发扬他们的风格，因为沈、薛是一流大响档。据说，两位先生当年也是无比用功，一心扑在艺术上，才获"塔王"之称的。

陈：的确是这样。30年代下来，评弹演员未成名格辰光，全是一门心思想成名。说实话，当时一个演员只要蹲出来，只要一炮走红，成为响档，就可以得到自家所需要的，包括享受等，所以拼命研究，包括伲先生沈俭安，到后来搭薛筱卿合作，名震书坛。为啥说沈、薛是划时代的，就是要想成名成家，所以在艺术上钻研。伲先生根据自家嗓子条件，根据时代精神和听众要求，在"马调"基础上进行发挥。俚动脑筋改造曲调，使之符合人物感情，听起来圆润、雅糯，韵味十足，创造出"沈调"。薛筱卿老师琵琶勿得了，俚想办法创新，由本来上手唱、下手一道停，变为上手唱、下手琵琶勿停，伴奏枝生复调，你唱哆咪咪，我弹咪啦嗦，这样烘托，使得音乐丰富、不单调，音节加强，具有烘云托月的艺术效果，这对评弹事业的发展有很大很大格贡献。评弹音乐本来我也听格呀，阿拉太先生魏钰卿一只弦子，"啥咕啥咕啥咕啥咕，啥咕啥咕啥，啥咕啥咕啥咕，咚咚咚，咚咚咚啥"，单调伐[5]？在当时辰光讲起来，俚可能比"马如飞调"要好，

1　格个：苏州话"这个"之意。
2　浪：苏州话中的方位词"上"。
3　家生：指琵琶、弦子乐器。
4　扁担：指三档书中间的一档。
5　伐：上海话疑问词"吗"。

陈希安演出照

马如飞是念咏式格,书雾腾腾,但已经有音乐性,一泻千里,十几句一道,叠句唱,但真格达到享受艺术还不够。三四十年代听众要求也很高,当时外国电影进来,歌曲进来,还有美国歌王等,对比之下评弹还不够。所以沈、薛在这方面可以讲是一代宗师,后来格伴奏,不管是"蒋调"还是其他调也要伴奏,格个伴奏从啥地方来,就是从薛筱卿老师伴奏创造基础上来。

李: 您和周云瑞师兄拼档时,走了不少地方吧?

陈: 跑格码头蛮多。像湖州、常熟、嘉兴、无锡等,到上海电台唱得多,因为有一批朋友全唱电台,杨振言、我还有师兄叫吕亦安,还有顾玉笙、冯筱庆、徐天翔、华伯明,等等,唱电台,唱开篇,混在一道。格歇辰光年纪轻,听众点开篇,开心得勿得了哉。阿拉一道唱电台辰光,听众熟到哪亨程度呢?只要伲两家头乐器家生咜咜咜一来,听众就晓得是"周陈档"。所以双档一定要拼得长,熟能生巧,听众有印象。有辰光伲在上海要做七八家,四家书场,四家电台,有辰光一家电台就专门唱开篇,譬如这家电台做八点到九点,那家电台做九点到十点,来不及赶场子哪亨办?那末只好采用偷懒办法,我先走一刻钟,师兄结束后再过来。不过,真正要钻研艺术还是在码头上,码头上是钻研艺术、提高艺术的顶顶好格地方。你要是到上海,有朋友请客,还要应酬。在码头上,虽然自己带家眷,一日到夜上下手终归在一道研究艺术。

李: 和"沈薛档"相比,"周陈档"在艺术上有点啥吸引人的地方和特点呢?

陈: 关于这个问题,伲师弟兄当时商量,因为伲两位先生全是大牌,伲要生存,要有立足之地,板要有改进。首先说书节奏要跟上时代,行书要稍微快点;另外,要想点噱头;最重要格是,音乐上要想点名堂出来,有所突破。所以就尝试弹弹时代歌曲,有时休息辰光弹弹《春江花月夜》《步步高》《夜深沉》《梅花三弄》,定定场,很受听众欢迎,因为比较新颖。另外,伲对书也有改动。譬如伲先生说《方卿见姑娘》唱道情,实际上道情是勿唱格,只背一支《鹧鸪天》就结束哉,格个大关子上听众是不满足格。所以伲想出来正式唱道情,听众全蛮欢迎。

李: 陈老师,在您的艺术生涯中,有一段很特殊的经历,就是"四响档"应邀到香港淘金,结果这桩事体留下仔不少隐患,唐耿良回忆录里也谈到,是这样吗?

陈: 事体是这样的:有一日天,米高梅舞厅格老板孙洪元搭伲联系,希望伲到香港去演出。当时我搭蒋月泉、张鉴庭一道在新仙林做,那末蒋月泉就来搭伲商量,因为对方管吃、管住、管接、管送,包银讲金子,问我阿肯去。我觉着机会难得,来得正好,所以答应到香港。不过,当时辰光中华人民共和国已经成立哉,伲要到军管会文艺处去申请。刘(副)处长劝伲不要去,做伲工作,外加还讲假使去香港,将来要后悔格。后来看看伲实在想去,就讲希望到了香港之后要注意,而且欢迎伲回转来。到最后,伲四档书还是一道香港去了,就是"张双档""蒋王档""周陈档",还有唐耿良。到了香港之后,白天做百乐门舞厅,三块洋钿一张票,夜里唱长堂会,就在杜月笙家里,当时俞振飞、马连良、张君秋全在杜月笙家里唱。伲四档书轮流做了一阶段堂会。但是,伲后来生意不好,香港立不牢脚,就准备转来。格歇辰光,亦有人来寻伲,就是金都电台格陈老板,喊伲到台湾去演出慰问。伲听了一吓,因为家眷全在上海,到仔台湾就真格回不转去哉,所以伲就婉言回绝台湾,总算回到上海。

李:回转上海后有没有受到批评?说说有关"十八艺人"的事。

陈:这倒呒不。但是这次到香港,因为当初军管会是劝伲不要去,所以回来后总归感自家错了一点点。那末就想办法要求进步啊!转来之后就开始说新书,我记得当时唱格是《陈圆圆》,还得着三等奖。

到后来看看形势,觉着共产党来了之后,将来听书人勿大会有,每人全会有工作,不工作的人将来吃不格,有闲阶级吃不了,说书看上去也勿来事。封建社会的书勿来事,新社会的书要重新说起来,要再学习。那末伲就自家组织到无锡学习,自觉自愿,脱产学习,吃不收入。借了大娄巷里格房子,请(无锡市)文化局干部来上课,讲社会发展史。后来还到苏州学习,住在吴剑秋家里,俚屋里有一只大厅,伲就在厅上学习,还弄新书。伲弄《陈圆圆》,蒋月泉弄《林冲》,刘天韵弄《三上桥》,夜里还排新书。另外,伲还写信到戏改处,要争取组织起来,成立评弹团。因为只有争取参加国家剧团,让国家来组织,脱产学习,才可以由国家拨伲薪水。后来刘处长叫伲努力争取,创造条件。伲就拼命说新书,到1951年11月20日,终于成立国家剧团。当时辰光有五个团,不过只有评弹团和杂技团是国家格,其他三个团是地方国营性质。首批进去格演员有刘天韵、蒋月泉、王柏荫、张鉴庭、张鉴国、张鸿声、唐耿良、姚荫梅、周云瑞、朱慧珍、徐雪月等十八个人,所以"十八艺人"格说法是这样来的。

李:为了争取参加国家剧团,好像你们在个人收入方面受到很大影响?

陈:当时为了要求进步,大家讲工资尽量要低点,高了共产党不要格。张鉴庭拿三百三十元,我拿一百二十元。这和外码头做起来相比,相差好多倍,但为了要进评弹团(只好让步)。我本来房子住在卢湾区妇幼保健院那边,蒋月泉家对面,蒋月泉住念吾新村,我住在对面,隔一条马路,叶子咖啡馆上面,因为顶下来辰光还欠点债,一两千块洋钿,但是要进评弹团,工资要降下来了,所以只好卖脱。所以伲参加评弹团也有一定牺牲。

格些老先生进来之后真格艰苦,苦到哪能程度,由于格些人格开销,旧社会里手脚全放大,现在勿会一下子就收转来。所以贴贴贴，贴到后来，姚荫梅呒不铜钿，房子卖掉，七千元，张鸿声五间房子出租，结果社会主义改造全改造脱，后来全呒不拿着房子，只有个别人倒拿着洋房格。

李：上海市人民评弹工作团成立之后，在五六十年代，创作了一大批中篇，感觉投入力量蛮大，你们是怎样体验生活的？

陈：评弹团一建立，伲马上就到淮河工地上去体验生活，十八人全去格，住工棚，盖棉花毯，外头大雪，里厢小雪，外头大雨，里厢小雨，吃高粱饼，胡萝卜丝，搭农民兄弟同吃同住同劳动一个半月。后来又到霍山佛子岭水库，同样一个半月。回到上海后就集体创作了中篇《一定要把淮河修好》，在沧洲书场整整演三个月，天天客满。

到1952年，伲又下工厂，到上海电机厂参加劳动。呒不多少辰光，接上级通知，和唐耿良、朱慧珍三人参加第二届慰问团，赴朝鲜战场演出，慰问志愿军。这个文艺团体里还有赵丹、金焰等人。到了朝鲜，一般全在坑道里演出。因为当时还在打仗，过鸭绿江时，只看见飞机上扔炸弹，志愿军高射炮打飞机，连得夜里开车全不打灯。有一次，伲刚刚演出完毕，坐在卡车上，后面一个炸弹下来，大家全紧张得不得了。不过我倒觉着就是牺牲也是光荣，当时只有二十二岁，正好血气方刚辰光。有一次伲就在平地上演出，四面全是山头，山上架好机关枪、大炮，碘钨灯锃亮，场面激动人心，印象极深。回国后，伲亦参加华东六省一市汇报演出，回到团里，正好蒋月泉等创作仔《海上英雄》，解放军题材，接下来亦跟杨振言、周云瑞到江南造船厂，一道创作中篇《江南春潮》，到1955年，又创作了中篇《王孝和》，在静园书场演出三个月，全是客满。

李：《王孝和》书中《党的叮咛》格段唱我顶欢喜，60年代辰光电台里放得蛮多，我也学唱过，觉着特别抒情，好听，"有了你共产党，方有我今日的王孝和"这句有名的唱词我从小就会哼。

陈：想不到你也是位老听客。我当时搭蒋月泉老师分别演王孝和，俚唱"蒋调"，我唱"薛调"，风格不一样。为仔能够统一，蒋老师、周云瑞、张鉴国三位老师一道辅导我，用"蒋调"旋律和"薛调"结合起来，再加上张鉴国老师琵琶一托，唱起来蛮有新意，蛮有韵味，老听众也全蛮欢喜，到现在也算是名段了。

1960年到西北慰问上海工人，到过西安、延安、宁夏、青海，碰着不少上海人。伲还在青海盐河表演，我还客串过滑稽戏《满面春风》。回到上海以后，团里亦组织到井冈山深入生活，大家着仔破裤子、破衣裳，准备参加劳动。不晓得等到回到省会南昌辰光，省里领导晓得伲从上海来，特别招待，夜里搞舞会，呒不衣裳，后来有人想出来，说陆雁华有条好格哔叽裤子，那么就着仔俚格裤子跳舞去，着女同志裤子，真格有点出洋相。到1963年，开始"大写十三年"，当时周云瑞已经搭别人拼档，我就搭陆雁华合作，改编《年轻一代》，长篇弹词。

李：1962、1963年辰光，我已经八九岁哉，当时伲父亲拿家里全部积蓄，买了一只四等机无线电收音机，好像已经蛮显焕哉。上海（电）台每天中午吃饭辰光有一档评弹节目，我总归用青边碗盛一碗饭，夹点菜，像盖浇饭一样，捧只碗到楼上，边听书，边吃饭。《年轻一代》就是格歇辰光听格，对萧继业崇敬得不得了，《党的考验》格段唱篇我也顶欢喜听。这几年，评弹歌颂的对象基本上以党和工农兵为主。电台里还定时教唱开篇，像徐丽仙老师格《六十年代第一春》《光荣妈妈》《社员都是向阳花》，周云瑞老师格《雷锋，伟大的普通一兵》等我也跟着学唱过。陈老师，您在电台里也教唱了不少开篇，可惜我只记得唱词，叫不出篇名。有一只开篇格唱词是"我是参军入伍一年零，革命欢歌唱不尽。解放前，我是饥寒交迫哭声惨，如今是我的歌声甜津津。旧社会，杀人不见血，恶地主逼死我父母亲。幸亏来了共产党，红旗带来雨露恩，共产党把我抚养大，我是永远难忘党恩情，革命男儿凌云志，十八岁我参加了解放军，要做一个保卫祖国的五好兵。沿着长征的道路迈步走，把革命事业来继承。不怕风浪大，不怕路不平，永远要革命，永远敢斗争，勤学习，勤练兵，保祖国，保和平，紧握枪杆表决心。哪一个敢把祖国来侵犯，我就把他坚决彻底消灭干净……"另外一支开篇，唱的是"江水汹涌卷巨波，黑夜风暴雨滂沱。电光闪闪照千里，霹雳声声震山河。蓦地一声军号响，战士集合要把江渡。一个个似蛟龙，胜猛虎，枪炮弹药肩上荷，跃入江中练硬功夫。哪怕滚滚巨浪迎面扑，战士心头热如火……"您还记得它们分别叫什么名吗？

陈： 噢哟，我根本全忘记了，有辰光电台上去，给你一张稿子，给你一支开篇，叫你自家谱曲，唱过一遍算数，你现在篇子讲起来好像有印象，你记性真好。

李： 陈老师，"文化大革命"之前，上海（评弹）团中篇说得特别多，那么中篇搭长篇毕竟不一样。说中篇对当时来讲有啥积极意义？

陈： 中篇、折子书对评弹演员来讲、对评弹事业来讲，中篇扩大了影响。因为有辰光，中华人民共和国刚成立辰光，有一批人对评弹不晓得，中篇一唱以后，吸引了不少人，特别是唱现代中篇，吸引了一批以前不听书的人。新的容易接受，因为中篇好在啥地方呢？一个夜里解决问题，所以听你一场就解决问题了。还有折子书，都浓缩、集中了，用不着连续来听了。那么对演员来讲，根据现在书台的节奏，你不好再拖沓，你一定也要有删有改。你还是按以前老先生的，像我跟先生说《珍珠塔》，最长的一次从正月初唱到五月半，要唱格点辰光，人家吃不消。以前唱，所有么事全要唱在里边，所有么事全要做在里边，人家吃不消。所以后来的录像我是这样做格，根据电台上三刻钟，拿书切成三刻，我在下面搭薛惠君排好，基本上到台上去说，相差顶多分把钟，不要大格，为啥呢？我一个观点：每回书里厢全要给听众么事，你是给他唱，还是给他做，还是给他噱头比较好，总归让人家有一个满足。得不到满足，人家来听啥？所以中篇、折子书对唱长篇全有好处，能够晓得紧凑，晓得哪能才可以抓牢听众。以前讲起来评弹连蟹脚都要剔清爽，现在听客不要你剔，烦也烦死了，勒来勒去。

李：陈老师，您在 70 年代以后就翻做上手，想必这对您来说是一个挑战，对于这个上手，您是怎样下功夫来胜任的呢？

陈：从前我搭周云瑞拼双档，对于艺术追求，自家晓得还可以，要想蹿出来，要想成名。等到周云瑞搭我拆档了，我做上手了。我自己有个目标：我做上手，我勿能输于"周陈档"格陈希安，我还要超过陈希安。所以包括放噱头、唱我全动脑筋。我本来唱"薛调"，下手薛惠君也唱"薛调"，两人全唱"薛调"，人家听仔要觉着枯燥。亦勿能唱"什锦调"。格么，我就以"薛调"为基础，拿倪先生格"沈调"和"薛调"混在一道，既勿像"沈调"，也勿像"薛调"，但也勿脱离俚笃[1]原来格旋律和框架。这样，对薛惠君来讲呒不冲碰，对我来说也是一种机会。怎样才能把它糅合在一起，就是根据自家的嗓音特点。因为我的高音区来得好，根据格一特点来发挥，这样一来听众相当欢迎，自己也感到安慰。在艺术上，有辰光我一面踏自行车一面还在想：噢哟，格句闲话格个字假使放到门前来，可能效果稍微好点。到明朝一试，果然效果好格，所以踏自行车我还在动脑筋。特别是我跟薛惠君拼双档，自家做上手，勿好自说自话，本来有个周云瑞做依靠，现在你独立操作了，对勿拉？

我觉着《珍珠塔》要动，要推陈出新，正像陈云老首长所说，《珍珠塔》是一部骨子书，家喻户晓，但是要碰一碰。《珍珠塔》从长篇来讲是一部优秀作品，不仅文学性强，还有艺术性。当然，里厢有不少封建么事，要去其糟粕，保存精华。所以我拿书里带宿命论色彩的么事全删脱了，尽量做到通俗易懂，让现在格青年人也能听懂，所以我不断动脑筋，不断改，要演好方卿、势利姑娘、翠萍姑娘，处理好人物关系，精益求精，使俚有所提高。

四、政治运动中的特殊经历

李：陈老师，倪国家以前的政治运动是一个连一个，您虽是首批上海评弹团成员，但作为 1949 年以前格响档，而且还到过香港，可能在历次运动中要受牵连吧？还有其他一些老先生，他们因政治因素，又有过怎样的惨痛经历？

陈：谈起这些问题蛮痛心。先讲"反右"。当初，格些人（十八艺人）降低仔工资进入评弹团，结果，姚荫梅"右派"，张鉴庭"右派"，两个"右派"。两个老先生想想阿伤心。这样有名的专家，丢脱仔这么高的收入，进你评弹团，真格过的是苦日子，结果因为几句牢骚被打成"右派"。还有吴君玉。俚为啥是"右派"呢？嘴太畅。去参观中苏友好展览馆，庭柱裂开了，俚讲全

---

[1] 俚笃：苏州话中的第三人称代词复数，"他们"之意。

是苏联人来造格。这不是反苏么？加上平时跟几个老板吃吃酒，讲讲真话，当时抓住不放，那么"右派"。还有杨德麟，是搞文艺宣传的，黑板上画仔一杆秤，叫"称啥人"，结果说俚反共产党，当了"右派"，就是画这样一幅画。所以一共有张鉴庭、姚荫梅、吴君玉、杨德麟四个"右派"。

李：四个"右派"当时如何生活？是否看管起来？

陈：不看管，吴君玉到农场里养猪，杨德麟也是到农场养猪。但张鉴庭、姚荫梅因年纪大，呒不去，说书照旧。不过挂牌挂"张鉴国双档"，姚荫梅挂牌"姚单档"。姚荫梅评过"先进工作者"，俚在台上掀起衣裳来，身上贴一张伤膏药，等于表示自家是用受伤换来先进称号，结果说俚污蔑攻击，就这样被打成"右派"的。所以我想这些老先生，这样的大名家，丢掉了高工资进评弹团，下乡等全艰苦得不得了，得到的回报是"右派"。

还有我爱人张维桢。俚1954年进（上海）评弹团，第一个先生王兆熊，第二个先生是张鉴庭老师，先后搭王柏荫、周云瑞拼过双档，受到好评。后来搭张鉴庭拼档说《十美图》，也相当成功。俚还拿《红色的种子》改编为长篇，名曲名段《留凤》就是俚写格。1957年，俚搭徐丽仙拼档演出《双珠凤》，陈云老首长看后还和她们商量整理《火烧堂楼》。张维桢1956年搭我结婚，呒不过着好日子。1959年辰光就批判俚，因为俚一个人单档，西藏书场生意好，就说她是资产阶级思想，拿俚格服装全部拿出来，摆几只房间让大家看。

李：啥个服装？

陈：高领头旗袍，短格裤子。后来不知哪亨被陈云晓得，老首长讲：张维桢的演出服装是评弹界最好的服装，才算呒不事体。

李：我曾在王玉立、庞婷婷两位先生家里看见过张维桢老师格手迹，《白蛇》脚本，圆珠笔复写，竖写，字迹工整、清秀，时间是1956年8月21日，看后我心里充满敬意。

陈："文革"当中，俚（张维桢）就是因为杨振言成立红色造反队，喊朱雪琴也参加进来，夜里去贴"大字报"，朱雪琴也要去，（张维桢讲）朱雪琴年纪大哉，我来代表吧。俚坐在汽车里，那么一道被扯进去，"造反派"对俚恨之入骨。1970年辰光，当时叫"战高温"，把俚弄出评弹团，转业到工厂去。开始到灯泡厂，后来到瓦楞钉厂，格种钉造房子用，每只钉像一把伞，每天几十斤重的箱子要搬不少，早晨一只白口罩戴出去，夜里回转来，口罩鼻头上两个洞洞全是黑的，身上衣裳汰出来全是黑水，但是俚是硬骨头，从来勿出一滴眼泪。结果忧忧郁郁，1974年得病，生直肠癌，1976年结肠癌、到1986年肾癌，1989年就不幸去世。可以安慰格是两个儿子，大儿子在伦敦，英国最大一家DVD出口公司任亚太区经理；小儿子在日本，一家四百多年历史的公司里任上海首席代表。

李："文化大革命"中，上海评弹团有好多名家遭难，简单说说情况。

陈:"文革"是劫难,团里主要演员全遭难。杨振雄是"反动学术权威",喇叭里广播,整个上海全晓得。杨振言来寻我,请求帮帮忙,一道和"造反派"辩论。我喊张鉴国去,张鉴国有点犹豫。我就讲你不要参加了,我参加吧。结果出事体,辩论辰光打起来。有人喊虹口体育界委员会,当时叫虹体司,来人,喊像小流氓那样的人打杨振雄、杨振言,最后工厂里也来人打。杨振言被打了三十几次,是在夜里用像台脚那样的硬木打的。有一次,一夜天打得隔壁相邻全吓得来喊救命,当鬼出现。拿俚血打出来,大便打出来,再送到复旦大学医务室。

李:那您自身情况哪亨呢?

陈:我搭当初参加香港演出格其他人,全部被卷入潜伏特务组织案件里,除王柏荫调浙江去了,上海格些人关了两三年。

李:关在什么地方?

陈:关在新华路民族乐团,团里有一间间琴房,关在琴房里,叫隔离审查。子女来看,东西只好送到看管人员那里,房门反锁。吃、住、排泄全在一间里。

李:关在琴房每天怎么过?

陈:门上有个洞,外头遮块布,掀起来可以看见你在做啥事体。里边一间大房间,隔三间,每间里有只钵头,钵头上一只盖头,让你大小便。睡地板。规定:每人自己报吃多少,早晨二两,中午三两,夜里三两,不管你吃得落还是吃勿落,饭要吃光。今朝吃勿落少吃点,不可以,有人开门进来给你。上午和下午大概有一刻钟出去放风。那么关照写交代材料,我写勿出,哪能写得出?是写勿出。我讲我相信共产党,终归查得清爽格。说我一条金杠两颗星,中尉啥个,哈哈……张鉴庭一吓,吓出来,编剧哉,在香港参加特务组织,万金油老板吴文虎花园里,夜里,紫红色窗帘,一辆黑色汽车开进来,阿拉坐在里厢,几个人参加特务组织。(你想)特务组织可以几个人一道参加吗?隔离辰光,伲倒反而希望出去劳动,有辰光看见无花果掉下来,就拾起来吃只无花果,因为身体缺乏营养。一直到1970年才正式"解放"。

李:正式"解放"下来做的啥?

陈:正式"解放"下来学习,看俚笃去演出,伲上班学习,下班,就是格点。

五、带徒方式及殷切期望

李:陈老师,您有两个高徒,一个郑缨,一个高博文,是您的骄傲。

陈:郑缨跟娘舅学过,后来搭我拼《珍珠塔》,提出来要拜我做先生。我要求俚规范化,听众反映进步很快。后来中央电视台在2000年邀请我搭郑缨录了三十回长篇弹词《珍珠塔》,3频道、11频道向海内外广播,历史上吭不过,赢得了很好格反响。高博文这个学生子是外快货,俚是饶一尘格得意门生,因为欢喜唱我的唱腔,所以俚也叫我先生。

李:现在的师徒关系与过去的师徒关系有啥区别?

陈:像朋友哉,现在大两样哉。本来以前伲看见先生吭的,先生坐在那里,要自己识相点。现在勿关了,与你"打打棚"[1]。实事求是讲,现在,即使高博文艺术上有点啥,包括秦建国,我也只能说:这样讲不太好,顶好这样,供参考。不是像从前伲先生,格个地方不对,哪能好这样说,应该哪能格。现在即使对高博文也不可以这样。"博文啊,下趟你自己注意点啊!"我顶多这样,客气格呀。现在教上去有辰光还勿服帖。"我现在蛮好,勿要来搞。"那么我自己也要晓得自家,退休哉,勿要去缠,俚听得进稍微多讲两句,听勿进勿要去多讲,反而使人家感到烦得来,关你啥体。自家识相,要拎得清。

李:现在先生带学生子,学生是主要靠碟片学还是靠先生的脚本?先生的脚本是否会全部给他?

陈:应该说,从我来讲是毫无保留。最近苏州评弹学校戴晶到上海来,几回书听下来,倒对《珍珠塔》兴趣蛮好,团里喊俚到我搭来,我全部录像交给俚看,书场里的现场录音二十几回书全部交给她。伲以前,啥个脚本,根本拿勿着,先生不肯给你的,主要是靠背。不过我格先生好,拿脚本让我带到常熟去抄。只有《珍珠塔》有这样的脚本,其他书没有这样脚本的。所以我现在的脚本呢,情况不同,是演出本,是我自家的演出本。1985年到苏州去,我在苏州书场演出半个月,日场唱脱下来就写演出本子,别人假使要唱,拿着本子就好用。

李:真是难为您了,因为日场下来还有夜场,夜里要写到几点钟?

陈:夜场吭不。有辰光写到靠十点。现在对这种小朋友客气格呀,吭不办法,你不客气,俚笃不会听你的。

李:您认为顶好的带学生子的方式应该是怎样的?现在能做到吗?

陈:照道理,听了下来背熟,背熟下来再回课,那末然后再点拨,格是顶顶好了。但是现在不可能做到。现在小年轻有辰光睏到十点多起来。我和学生子讲,高博文本来高音吭不,我喊俚一定要练出来,中气丹田一定要练出来,现在练出来了。假使睡到靠十点钟,夜里嘛还要白相[2]电脑、游戏,头两点钟睡觉,啥辰光练功呢?我还跟几个学生讲,要自己争气,你只要想,有哪家厂长欢喜一级工而不要八级工的?总归喜欢八级工多,对八级工好的。你自家不努力,将来去做一级工,你不要去怪人家。

李:您是怎样要求高博文的?

---

1 打打棚:苏州话"开玩笑"之意。
2 白相:吴语方言"玩""游玩""玩耍"之意。

陈：我也搭高博文讲，勿要和人家争，顶要紧自家有本事，有本事压不掉你，总要蹿出来。你没有本事，不要去怪张三、怪李四。

李：您对评弹艺术的将来怎么看？

陈：蛮讨厌，前途不太乐观。现在（苏州）评弹学校多元化，有学礼仪，还有学其他，为的是以后评弹不行还可以有出路，但是否会使学生子分心，思想不集中？评弹是口传心授的艺术，最好是一回书给我背熟，背熟后先生处回课，回课辰光就要指出来，学生啥个地方不对，你再听听看，这个地方应该哪能，这样才对。现在还有个问题，俚（学生）学的么事老师不唱的。从前是我先生唱，俚一日天唱七场，还要电台。我跟七场，一遍一遍听七遍，聪明点朋友大约50%已经记牢了，一天七遍下来总要记牢哉。现在老师全勿认得，没有模特儿，苦恼，先生的表情到底哪能，看勿见，无线电台里听录音带呀！现在有录像带，学生看过一遍，"阿晓得了？""晓得了呀。"俚笃已经晓得了。

李：有句话叫："学而时习之。"这个"习"就是强调要经常练习。

陈：现在我听听中年演员说书，觉着他们在艺术上还应该花更多努力。我们有这样好格条件，有这么多好的老艺术家，中青年演员在评弹团蹲了二十多年，平常熏陶，耳濡目染，应当在说表弹唱方面再要更上一层楼。现在苏州（评弹）团好多人在园林里、饭店里唱开篇。唱唱开篇收入蛮好，几百元一日，一万多元一个月，比一本正经码头上说书赚得多。我觉着，多赚钞票无可非议，但我希望还是要多花些时间在长篇演出上，拿评弹艺术更好地传承下去。

李：评弹已经申请为国家级非物质文化遗产，应该讲这是一个很好的契机。

陈：从国家来说，对评弹相当重视，听众对评弹也十分欢迎和喜爱，但是，现在好书往往在书场里听得不多，倒是无线电台和电视里还可以听到和欣赏到好多名家的艺术。希望评弹界领导能够重视、培养演员的说表弹唱艺术，真正将评弹传承下去。因为伲现在拥有格财富不是一生一世吃勿光用勿光格。希望名家辈出，后继有人！

李：您是评弹界的老前辈了，是"大熊猫"，衷心希望您保重身体，健康长寿，对后辈多加指教。现在的年轻人，太缺乏这方面的点拨，衷心地谢谢您！

整理者：李明、郑家骏

第五十三讲

书坛芝韵

—— 邢晏芝访谈录

口述者：邢晏芝

采访者：潘讯

采访时间：2009 年 7 月 6 日

采访地点：苏州市唐家巷邢晏芝宅

邢晏芝

邢晏芝（1948— ），江苏苏州人，曾用名邢启玮，国家一级演员。曾任苏州政协委员及苏州评弹团副团长，曾先后获得过国家文华奖、牡丹奖。少年时师承其父邢瑞庭，后又师从祁莲芳，再拜师杨振雄研习杨派艺术，在传统技艺上打下了良好的基础。1964年加入常州评弹团，参加了《三个母亲》《红楼夜审》等数十部长、中、短篇的演出。在漫长的演艺生涯中，与其兄长邢晏春长期合作，弹唱《杨乃武与小白菜》《贩马记》等传统长篇书目，蜚声艺坛。1998年获国务院政府特殊津贴。2008年，被认定为国家级非物质文化遗产苏州评弹项目代表性传承人。其一生见证了中华人民共和国成立以来，评弹事业的曲折发展。

潘讯（以下简称潘）：邢老师，您好！令尊邢瑞庭先生是老一辈著名评弹表演艺术家，您从小随父学艺，请谈谈您的家庭情况。

邢晏芝（以下简称邢）：我们家庭是一个评弹世家，我的父亲是从事评弹行当的，外祖父是评弹业余作者。因为家庭负担比较重，我父亲只念到初中，就没办法再念下去了。我父亲又是家中的长子，基本靠他养家糊口，生活的重担过早地压在他的肩上。我父亲虽然性情温和内向，但很有个性，他有一个原则，就是不干受气的差事，当时听说做小伙计容易受气挨打，于是就选择了学习评弹艺术。可见，旧社会从事评弹艺术的演员大多是为生活所迫。

最初，我父亲和我叔叔邢瑞君二人拼档。听我父亲说，因为抗战爆发，从外埠逃难回来，我叔叔就一病不治了。他当时还很年轻，对于这件事情我父亲很伤感，原本好好的一对兄弟档，被迫中止了，父亲只好待在家里。

就在这时，父亲拜徐云志老先生为师，跟他学习《三笑》。那时候学书是很苦的，他每天跟在徐云志的包车后面，跑到书场去听书，很刻苦。他学了没多久就能登台说书了，我父亲的这段经历也还不算太坎坷。他从光裕社出道后先和徐云志一起师徒拼档在码头上演出，后来慢慢就脱离开，自己跑码头了。我父亲20世纪三四十年代红在上海，比蒋月泉红得更早。蒋月泉成名前，作为一起说书的小弟兄，我父亲还从经济上资助过他。我父亲最早主要是在电台上说书，旧社会的电台很简陋，一个人、一间播音间、一台机器就是一个电台了，听众打电话过来点播。父亲曾经回忆，他一天中最多要跑十八个电台，差不多是整天"泡"在评弹里的。

那时的行业竞争十分激烈，谁都想拿出自己的一套绝招。我父亲天赋条件非常好，有一副天然的好嗓音，他最大特点就是模仿能力特别强。三四十年代评弹界开始有流派逐渐崛起了，但是对于这些流派的定调、弘扬和发展，并没有一个人出来说话，我唱我的，你唱你的，他唱他的，大家在码头上各施其能。我父亲听后感觉各人有各人的好处，所以他都学习。学了之后他就去电台上唱，但他并非是刻意模仿别人的声音，有些演员甚至还模仿别人的缺陷。他是一种带美化的模仿。他在电台上唱好多种流派，还介绍各种流派的唱法和特点。他模仿各种流派，同时也介绍了各种流派，弘扬了各种流派，有些流派还是我父亲最早命名的。这就是后来我父亲成为"什锦开篇大王"的原因所在，也是他在电台上颇受听众欢迎的原因之一。因此我认为，他当时在电台的演出有一种特殊的历史价值。

但是反过来说,他学得太多、太好、太像了,再加上后来"文革"迫使他中断了艺术生涯,他没有来得及博采众长,创造自己的流派。我记得,在他五十多岁正当艺术鼎盛之年的时候,"文革"开始了,十年中,冤假错案伴随着他,一直等他将近七十岁的时候方才得到"解放",他再没有机会去完成这一项工作。所以我觉得,"文革"对评弹艺术的打击太大了,使现在评弹界的后辈们接不上来。

潘:邢老虽然没有形成自己的唱腔流派,但是他有着丰富的表演艺术经验,在老一辈评弹人中享有很好的口碑,他的艺品、人品一定给您不少教益?

邢:我们在父亲的熏陶下学了很多。我父亲有一个最大的特点就是器量大,乐于助人。别的艺人死了,他就帮着买棺材入殓;别的艺人穷困了,他就借钱;剧团出去开发场地、办置伙食资金缺乏,他也贴钱资助,出手阔绰、大方。

在艺术上,我父亲的器量同样很大。他把《三笑》《贩马记》传承给我们,换成《杨乃武与小白菜》后,又将这部书传给我们。他特别鼓励我们博采众长,后来当我学习严雪亭老师的东西,以及拜祁莲芳和杨振雄先生为师的时候,我父亲对此都是非常鼓励的。他不但让我们去学习,还给我们介绍其他名家流派的特点。比如杨振雄老师的东西好在哪儿,他都会介绍给我们。评弹行业中的一些恶习、陋习,我父亲身上都不曾存在。他从不说别人的坏话,也不善于出去交际,甚至不太参加社会上诸如喝茶之类的活动。他可能因此朋友相对少一些,但别人对他却都很尊重。

他总是教育我们:自己肚子里有东西才是真的,不要将自己的成绩建立在打倒、压倒别人的基础上,应该去努力提炼自己的东西。在艺术上,他对我们的要求很高,比如,"文革"平反以后,他对我们说,你去看看程砚秋的京剧,你应该学习程砚秋的唱腔和表演中很有内涵、很深刻的东西。

他告诫我们,评弹界中有些陋习你们不要去学,有些人你们不要去和他们接近,面子上客客气气过得去就行了,和他们保持一定的距离。为什么?因为这些人有一种恶(坏)习惯,比如背后说人坏话,最后戳穿了却抵赖,甚至将责任转嫁给他人。我父亲说,旧社会有些艺人之间有矛盾,后来甲给乙介绍一档生意,两人就算和解了。业务是码头上做出来的,你有你一块,我有我一块,彼此之间并没有什么刻骨仇恨。为什么现在新社会了,艺人之间遇到矛盾反而耿耿于怀,甚至想置人于死地?——这是他在经历了"文革"之后得出(的)一点想法。

潘:这真是痛定思痛之言!

邢:"文革"中,像我们兄妹二人年纪这么小,人家也想置我们于死地啊!打倒在地,再踏上一脚,让我们永世不得翻身。为什么?是业务上的妒忌心在作怪。中华人民共和国成立以后,评弹演员的社会地位提高了，大家都在争地位、争名誉，却并没有去好好研究业务。

父亲总是对我们说，你们不要去争，什么也别争。你们只要自己有"大"字下面一个"十"字——有"本"事，任他千年也磨灭不了。你今天政治地位再高，你终究不是政治家，自己搞不来的东西就别去掺和在里面浪费时间、精力。充其量你也只是个政治摆设品，对你来说又有什么意义呢？就像刺猬一样，有些东西在身上越背越重，最后会把自己压垮的。大凡这种人在艺术上成就都不会太高。

我很信奉父亲的话。像杨振雄老师应该说是评弹界公认的大家，他创作了那么多作品，还创造了独到的流派，但他却没有多高的政治地位。他直到去世也只是上海市一个区级政协委员，他的追悼会也没有很高的级别。但他留下的东西却是如今评弹界百分之百公认的，可谓青史留名。历史上没有留下一个政协委员，却留下了一个弹词大家。这些父辈艺术家对我们的教育都是非常深刻的。

潘： 的确发人深省！我能感到，谈起父亲，谈起父辈评弹艺术家，您是充满感情的，我不想打断您的思绪，您不妨继续谈谈（您的）父亲。

邢： 是的。现在我父亲走了以后，回过头来总结，我们父辈这种执着追求的精神是我们用不完的财富，包括做人之道。老一辈艺术家都特别讲究有德行、待人好、忠厚、诚实，一门心思研究艺术，那些老先生们都称得上"德艺双馨"。你想，一个人的精力有多少？如果你想了不该要的东西，那你就很难再集中精力去研究你应该要的东西了，这不就是你最大的损失吗？

现在评选"德艺双馨"是要有领导说你好，自己有人际关系或者什么，至于艺术上有多少成就倒并不太在乎，因为这些东西是可以通过"捐班"的方式得来的。过去的"捐班出身"是买官做，而现在好多东西也是靠"捐班式"捐来的。对于名利之类的东西我们头脑很清楚，这和我们的家教有关系。但是，我们谨记一条：待人要好，不要太尖钻，不要想从别人身上去攫取你所需要的东西。

潘： 邢老可谓言传身教，看来他很有一套教育方法。

邢： 我们从小跟父亲学艺，他采取的是"温馨教育""鼓励教育"，现在看来他的这一套教育方法是很对的。他从不说我们有什么不好，如果我们问父亲这样唱行不行，他总是说："很好啊，很对，这样唱非常对。但是，唔，那个地方还有一点不太到位，唔，

邢晏春（左）、邢晏芝（右）演出照

我来告诉你……"他总是肯定你到位的东西,所以我们很容易接受他的教育。跟他学习让我们很有自信,在他的鼓励下,我们努力创造富有自己特色的新腔。

潘:在您的艺术生涯中,曾经受到了多种艺术品类的滋养,如歌剧、话剧、京剧、芭蕾,等等,对您有怎样的帮助?

邢:在"文化大革命"时期,我唱过歌剧《洪湖赤卫队》《白毛女》,学习过话剧、越剧、锡剧、沪剧、京剧等。这些艺术经历,让我积累了许多东西。至少有一点,就是表现人物的内在情感、心理、思想等方面,如果不学戏剧上的东西,就不可能表现得那么到位。我们那时还去学习布莱希特、斯坦尼斯拉夫斯基体系之类,就是为了学会体验脚色,表演得更好,而这些东西正是以往老一辈评弹演员所缺少的。过去有的评弹演员说书比较木讷,光顾着说书,演员与演员之间缺乏对视、交流,表演方法比较老式、古板。但如果演员填补了内在体验之不足后,他的表演就活了。

难能可贵的是,"文革"中我转业从事其他艺术,我父亲却说:"嗯,这叫艺高胆大!你如果没有这些能耐就不敢去尝试,但是一旦有了这个胆量你就敢唱了。唱了以后不就成了你自己的东西吗?你的艺术素养就是这样填补起来的。"

潘:请谈谈跟随祁莲芳、杨振雄二先生学艺的经过。

邢:我的几位先生、师父都是很好的人。比如,我曾经拜杨振雄为师,杨老师人称"杨痴子",他脑中只有评弹。他一辈子家庭、生活都很坎坷。但他的志趣就在撰写《长生殿》上。他一直到老都置身于评弹事业,我非常尊重他。

祁莲芳老先生是一个非常老实的人,他创造"祁调"也是一板一眼的。他从不贪图什么,就希望自己的流派能有人唱,能有学生传承自己的东西。所以,一个很典型的例子就是,他在与我通信时,称我为"敬爱的门生"。有一次,他到码头上来看我们,我们对他唯一的请求就是希望先生能把他的唱段给我们录下来,我把录音机放在他的嘴边,他想到一句唱一句。那时他已经七八十岁高龄了。这可能就是他的一种心情吧,他希望能够把自己的东西传承下去。那时,我在上海国际饭店拜师时仅送了一件羊毛衫给他,还是我哥哥掏了一百元替我办了一桌酒席,请了老师,拜了师父。

我从小就在父亲以及其他老一辈艺术家们的激励下,发誓认认真真地把书说好。我曾和很多人说过这样的话:我们并不要求得到多高的政治地位,我们所需要的是一种艺术的氛围。如果一个领导能真正理解我们搞艺术的人,能为我们提供很好的学习、研究业务的氛围,我们就非常感激了,甚至会感激一辈子。因此,我们不断从各种各样无谓的、束缚性的名缰利锁中解脱出来。我觉得无论做什么工作,都要清楚自己到底要什么,然后才能研究好自己应该研究的东西。不带任何杂念的研究是最可贵的。

我们从来没有奢望从老师身上得到超乎自己本分的东西，而是觉得应该认认真真、勤勤恳恳地向他们学习，把他们的艺术放到我们体内，然后自己去消化、吸收、提炼。像我父亲那样美化、提升别人的流派，至于能否形成自己的流派，那要留待后人评论。我不能自夸说：现在我要创造我的"晏芝调"了，我现在已经成功了，我的唱腔是"晏芝调"了。我不能自己说，不能像母鸡生蛋呱呱叫，这些东西应该让别人去说，如果有人想要学习你的东西，那你才是当之无愧。

潘：您和令兄邢晏春老师带着一部《杨乃武与小白菜》，走遍了江浙沪，风靡一时，请谈谈这段跑码头的经历。

邢：我们兄妹两人刚出来时还是比较顺利的，借助于父亲的名声，人家都知道我们是邢瑞庭的儿女，沾了不少光。

父亲将《杨乃武与小白菜》传给我们后，在这部书上我们确实下了很大的功夫，一直到"文革"后我们整理出版了一百二十万字的演出本。我们整理这部书，做了较大的改动。应该说，评弹的每一部书和每一种唱腔都要经过改革、创造与发展，才会有前途，才能够流传下去。过分强调原汁原味，恐怕今天的听众也接受不了。就《杨乃武与小白菜》而言，若不使之产生新的流派，也就没有《杨乃武与小白菜》的今天。到我们这儿已经是第三代了，我们今天的演出更要结合时代要求，与时俱进，不断更新。严雪亭是单档说书，后来朱一鸣等倒是双档说书，但是他们是照严雪亭的本子原封不动地演出。比如《密室相会》中，下手小白菜只是偶尔搭腔而已，基本是上手杨乃武一人主唱，并没有双档的格局。因为我们是双档书，我们拿来之后，就很自然地将它扩展成双档书应有的分量和格局。特别是突出了小白菜的唱腔设计，比如"恩是恩来情是情"（《廊会》），这些段子现在就比较流传。

潘：《杨乃武与小白菜》这部书你们付出了很大的心血，我曾经仔细分析过《密室相会》和《滚钉板告状》两个大关子，比较李家书、严家书和你们的邢家书，就发现你们有很多创新之处。

邢：我们在修改整理中得到了很多人的帮助，比如李家和严家的后人，只要有留传下来的书，他们都借给了我们。我们把它们组合起来，再根据我们自己的要求去安排，如果不够的话，再由邢晏春自己写唱词，去充实它，比如《杨淑英告状》等。有时候我们觉得某个地方应该唱，但前辈却没有，那我们就自己充实进去，倒并没有什么顾忌。当时我们并没有想一定要把《杨乃武与小白菜》变成一个与时俱进的新本子，也没有想到要去刻意地搞创作、搞创新之类。我们只是在实践中觉得这里或那里缺少点什么。唱腔和表演是不能敷衍了事的。现在上海音乐学院正在为我出一本唱腔选集，其中，我挑选了《杨乃武与小白菜》中的十段唱腔，都是我自己觉得很满意、值得后辈演员学习的东西。

潘： 是您原创性的东西，也可以说是"晏芝调"的代表曲目。

邢： 可以这么说。作为一名评弹演员，你如果想要在业务上有成就的话，就必须立足于一部长篇，以此作为自己的发展载体与研究资料，否则你就是空中楼阁。有的人说，一辈子唱了几支开篇就成名了，这样的人不可能青史留名。

比如徐丽仙老师，她创造了"丽调"，有人误解她是唱开篇唱出来的。其实，她最初出来也是演长篇，从小就在码头上跑。到了上海评弹团之后，她还在《罗汉钱》等中篇评弹中塑造了许多著名的人物形象。她根据时代发展的要求所创造的一些新、老开篇皆立足于塑造人物形象。可见她的艺术不是空洞的，而是有人物的，饱满的。她以后的发展都是得益于演长篇的经历给予她的艺术积累。

大体来说，一般的评弹名家都是以一部长篇作为自己的艺术载体。比如杨振雄老师就有好多长篇，文的有《西厢记》以及宫廷书《长生殿》，武的如《武松》。他经过研究、创作，又出流派又出书，这才是真正的"出人、出书"，书也说好了，流派也出来了，这才是一个完整的艺术家。

无论辗转于哪个码头，我们都在不断对《杨乃武与小白菜》这部书进行研究、丰富和创造。我对《密室相会》中的三千多句唱腔也在慢慢摸索，从人物形象塑造出发去考虑如何演唱、表演，最后获得了成功，得到了专家和听众的认可。

我们在码头演出的过程中，还搞一些实地考证，比如到案发当地去。邢晏春就亲自去浙江余杭考察遗迹，还去北京故宫博物院查看杨乃武案的原始材料。这部书本来就是取材于社会新闻，但其中有很多虚构、篡改的东西，是后来加工而成的，甚至有时好人成了坏人、坏人成了好人，搞不清楚。我们就根据自己已有的书路找到了一些可参考的资料。当时，评弹界研究风气很好，好多演员在说了书之后，会自己去考评书情史实，感觉很光荣。我们当时也是如此，比如我们说书中也会说："喏，我们看到了小白菜的坟、杨家祠堂、杨乃武当年养蚕的地方。"在北京故宫博物院档案里，一些书中人物都能考察得到，比如夏同善、桑春荣、醇亲王等人物，我们查到了心里高兴得很，就感觉我们这部书说得有凭有据，也就是所谓的研究功底很扎实。

我们在码头上获得的成绩主要是几个方面：第一，对这部书进行了加工整理。第二，得到了广大听众的认可。我们八次进上海，场场爆满，听众通宵排队，这样的现象可谓空前绝后。第三，我们兄妹二人红了。书好了，听众认可了，人也红了，这不是连锁反应吗？这中间丝毫没有一点政治色彩掺杂在里面，也没有大篇大篇过分的文章吹捧得我们上得去下不来。

我觉得，一个演员的成名，关键还是专业水准加勤奋，另外还要得到听众的认可。最后等你回过头看时，确实要有属于自己的东西可总结，那才是真的。我上次生病了以后，自己一想：呀，不行，还不能走了，我还有好多东西要弄呢，我还没有这个思想准备，还没来得及去写自传、搞唱腔选、写回忆录什么的。但是，反过来一想，确实也到时候了，也应该弄一弄了，如果有条件能够静下心来弄一弄也未尝不可，能活几年就写几年。我还有好多论文要把它们整理出来，这是我自己喜爱的东西，管它是否能流传下去，我喜爱的东西我就把它总结出来。这是题外话了。

潘：这不是题外话，而是一位艺术家对所从事的艺术事业发自内心的热爱与痴迷，这种生命以之的精神令人动容。我记得，您曾经在一次电视访谈节目中说过，为评弹"虽九死而不悔"，同样令人感动。

邢：谢谢。记得80年代我们跟侯宝林老先生去美国访问演出，他告诫我们，从事艺术除了顾及观众对自己的承认和肯定外，你自己还应该估量一下，是真的艺术在起作用，还是假的东西在作怪。他说，艺术家和艺人是有本质区别的：艺术家应该是研究型、有内涵的；艺人则是单纯靠卖艺为生的。你看美国百老汇，一部戏演了一百年了，久演不衰，到现在仍然场场满座，但是观众席上却只有这么一二百个位子。脱衣舞就不同了，下面的人太多了。他问我们：这就是观众喜欢的东西吗？这就是高尚的东西吗？二者的分量是完全不同的。百老汇上演的节目都是历史上的经典之作，脱衣舞能脱几年呢？再看看服饰打扮，去百老汇的人都是西装革履，很有风度地走进去的；但去看脱衣舞的人，即使穿拖鞋进去都没关系。

所以我觉得，这些老艺术家对我们的教育很深刻，他们让我们明白要想干出一番成就就必须认认真真地研究好自己的业务。回首我们这几十年的经历可以总结为：第一，充实了自我；第二，研究了一门艺术；第三，得到了听众的承认；第四，丰富了一部书。

潘：您曾经说过，在评弹界您是没有门户之见的，古人有云"转益多师是汝师"，您如何在流派纷呈中开拓自己的艺术道路？

邢：因为我父亲本人就没有门户之见，他非常鼓励我们去博采众长。更何况在经历了"文革"以后，我们从姐妹艺术中也颇有收获。因此，我们是没有所谓门户之见的，现在我要求我的学生也不能有门户之见，要求他们广泛地学习。不能说，现在有我的"晏芝调"了，你们就只能唱我的唱腔，不能唱别的流派，这是不明智的，对学生的艺术发展也是非常不利的。我自己的经历就是博采众长的，为什么要求学生钻在一种唱腔的死胡同里呢？没有这个必要。可能我的学生将来的发展比我还好，还要高出一个层次，创造出他们自己的流派。所以，我们这一代人的思想应该松绑，别去要求学生只能唱某一种或几种唱腔。

潘：请您谈谈"晏芝调"，就它的形成过程，"晏芝调"是自然形成还是您有意另辟蹊径？

邢：所谓的"晏芝调"，就它的形成过程而言，并不是刻意求成的。现在对于创造流派也存在着两种误区。有一种人，他会觉得我的唱腔为什么不能成流派呢？我就要变一个流派。你的过

邢晏芝演出照

门这样弹,我就那样弹,三个怪过门,四句怪腔调,无休止地重复唱,好像造谣一千次就变成真理,这样就可以创造出自己的流派了。还有一种,就是我们的庞学庭老师(他也是一位很好的评弹表演艺术家)曾经批判过的所谓"创造性"人物。他说,这不是在作曲,而是在做裁缝,剪下这儿一块拼在那儿,剪下那儿一块拼在这儿,七拼八凑,成了自己的东西。有其然而没有其所以然,同样是不会长久的。我觉得,任何东西自然形成的应该是最好的,就比如天然的绿色产品也是最好的,种菜可以多浇化肥,但吃了会出大问题。

从小时候开始上舞台表演到现在,我只想把这部书表演好,我并没有远大的目标,奢望我一定要创造自己的流派。这种东西不能像工作计划一般记在板子上,比如到哪一年我要成为一个传承人,到哪一年我马上又要变出一种新的流派,这是不可能的。只有自己去认真地研究这些人物和唱腔,才有成功的可能。在此过程中,你必须找准三个载体:第一,一部书;第二,最适应自己的天赋条件、能使自己发挥到最佳状态、使自己最有潜力可挖掘的流派;在二者基础之上,还必须掌握科学的演唱方法,就是基音要找准。前两点只有通过正确的演唱方法才能发挥作用。

潘: 您说过"晏芝调"是由"俞夹祁"创化而来,您是如何在这两种唱腔中汲取艺术营养的?"俞调"和"祁调"之间有何内在关联?

邢: 当时我为什么选择"俞调"与"祁调"?祁老是我的老师,而"俞调"是评弹基本功。"祁调"比较一板一眼,以四一拍为主;"俞调"稍好一些。将这两种唱腔结合在一起非常适合我的嗓音条件,我能发挥。而且,这两种曲调的音域比较宽,两种唱腔结合起来既上得去也下得来,可以来回转,可以从真假声结合的路子上走,从而把这个曲调唱活。纸大好作画,有潜力可挖,那么多音符,有三个八度可以上下跳,这就容易唱了。

我的"晏芝调",过去有人称之为"俞祁调"或"祁俞调",我不太认同这样的称谓。因为不是纯粹的"俞祁"或"祁俞",并不是这么机械组合的东西。我是将这两种流派唱腔作为自己艺术发展的基础、立足点,此外我还吸收了其他许多老师的东西。其中就包括王月香的"香香调",她嗓子很好,有很强的爆发力。

潘: 她是快调,我听过《英台哭灵》,尤其擅于表现那种悲愤激越的感情。

邢: 我将她的唱腔放入自己的旋律中也收到了很多的效果,我曾在《密室相会》中运用过这种旋律,效果就很好。"俞调"和"祁调"都是很温、很慢的。"祁调"是一板一眼的,过去称

"迷魂调",唱得听众都会睡着的,它完全是一种按摩大脑的曲调,而并非刺激听众的情绪,把听众领进书中人物形象中的曲调。但如果将这些流派唱腔的"神髓"吸收到自己的演唱中,同样能够取得很好的效果。有人说我现在的唱腔是咏叹调,调子有时是打转的,很少有演员能唱好,即使依据谱子死啃也很难琢磨出来。我觉得这是一种惯性,并非刻意搞出来,否则就太累了。所以我现在写一篇论文,谈的就是我演唱方法中的惯性作用。我并非刻意要使唱腔打转,而似乎是一种情感需要的自然而然的旋律。

潘： 水到渠成,正如孔子所说的"七十而从心所欲不逾矩"。这就臻至艺术的化境了,无论怎么唱都不会逾越这个规程。如何理解您提出的"音随情回,字随腔转"的艺术理论?

邢： 最近我写了一篇论文,文中的观点就是:学习老艺人的东西应该是从"鹦鹉学舌式"的学习开始,一直到"答卷式"的汇报。为什么这么说?就和研究生一样,先是学习老师的东西,然后自己写论文、做功课,即"答卷式"的汇报。最后,通过导师的鉴定,把这些东西作为自己的养分积淀起来。

我把"俞调"与"祁调"作为一个载体,然后以塑造人物的音乐形象为中心开展创作,只有这样才能够创造出一种新的唱腔来。并不是一句"俞调",一句"祁调","俞调"开头、"祁调"结尾,或者"祁调"开头、"俞调"结尾,裁缝似的拼凑在一块儿;而是需要一种融化性的东西来贯通、熔冶。用什么来融化呢?就是"情"!就是我所说的"音随情回"理论,这样才能够得到你所需要的旋律。

潘： 早在20世纪80年代,理论界、文化界对您就有很高的评价了。我记得1982年,著名美学家王朝闻先生在《台下寻书》一文中专门提到您,称您为"评弹行家邢晏芝"。[1]

邢： 王朝闻在80年代初看了我的演出之后,曾经在其文中提到,认为隐约看到了评弹界一个新兴流派的影子。那时,他和我们接触得比较多,看我们的会演,后来我们去香港演出,他也来听。当时我还年轻,才二十多岁,觉得他给予我这么高的评价仅是一说而已,并未当真。其他如俞振飞、李蔷华、白杨、侯宝林、新凤霞、吴祖光、丁聪、张乐平、陈巨来、姜昆等艺术家都给予了我很大的鼓励和帮助。

潘： 您长期在(苏州)评弹学校担任主要教学工作,探索出一套别具一格、行之有效的教学方法和管理理念,最近又开始筹办传承重点班,致力于培养研究型评弹人才。何谓"研究型评弹人才"?请谈谈这方面的情况。

邢： 现在,我们评弹界最可悲的现象是:评弹演员不研究评弹,业外人士反倒研究得很投

---

[1] 王朝闻:《台下寻书》,载苏州评弹研究会编:《评弹艺术》第1集,中国曲艺出版社,1982年。

入,所谓评弹理论家都不是演员。所以,我现在就提倡,一项事业要想兴旺发达,就必须有业内人士自己去研究,自己不研究深入就没有发言的权利和资本,以后更如何让后辈去研究自己的艺术呢?历史上有很多前辈都是经过研究才取得成功的,如果他们不研究就创造不出流派。但遗憾的是,他们研究后所流传下来的只是自己的流派唱腔,却没有记录下形成唱腔的前因后果,他们留下了"然",却没留下"所以然"。这可能是因为我们很多前辈艺人都出身贫穷,文化程度不高,有的只有小学文化水平,都不曾有这样的自觉意识。

上海作家窦福龙曾告诉我一段有趣的谈话。他曾问杨振雄老师:"您创造了一种流派,您知道吗?"杨老师感觉很纳闷:"我创造了流派?那我是什么样的流派呢?""您的流派就是'杨调'。您有'杨俞调''杨夏调''杨陈调',您知道吗?""哟!原来你对我的唱腔有这么深的研究啊!你不妨说一说。""比如,您现在唱的'杨俞调'就是另一种风格,将您大'杨调'的旋律放入了'俞调'中,那您现在不就成了'杨俞调'吗?还有'杨陈调',您不是唱老年人的'杨调'吗?您就把'陈调'的旋(律)化入您的'杨调'中,为己所用,那您不就成了'杨陈调'吗?"杨老师这才恍然大悟。正如我刚才所说,流派是自然形成,而并非刻意求成的。所以,杨老师非常喜欢他去,因为窦福龙会给他的艺术做总结。

我们不妨回想一下,我们评弹历史上有那么多流派,却很少有过论文。我觉得这是我们评弹界一个很大的遗憾。所以,纵然我文章写得不好,但我仍在尽力地撰写论文。自己有了艺术心得就应该写出来,我已经写了五六篇论文,不管写得是优是劣,我还是要坚持写。

潘: 对于"研究型评弹人才"和传承(重点)班有什么具体的培养措施和方案吗?

邢: 我是怎么想到办传承重点班的呢?首先,是国家级传承人这一身份给予我的重任。传承人的职责就是把自己的艺术传给后辈。在北京参加了国家级传承人授牌仪式之后,我首先想,应该去"克隆"一档年轻的兄妹档《杨乃武与小白菜》,任务就完成了。但是,我在苏州评弹学校还有一块教育资源和阵地,所以我觉得应该创办一个传承班。评弹演员总不可能会唱同一个《杨乃武与小白菜》吧,这就不能体现"百花齐放"了。应该有一种"大评弹"的博大胸怀,办传承班,无论是哪一种流派,只要是传统一类书,就都要传承下去。一类书都是经过千锤百炼流传下来的书,分量极其厚重,颇具保留价值。

另外我还有一个想法:(苏州)评弹学校的教育只是基础教育,到了演艺团体还要拜业师。如果能够找到一位擅说传统一类书的业师,那他就幸运了;但如果找的老师是说"吃饭书"的,再加上现在市场嘈杂的负面影响,那他的传统书基础就肯定差了。一般来说,"吃饭书"往往比较粗糙,含金量不高。教授长篇是很费功夫的。现在我们有两个机会:一个是五年制办学,比原先多两年;另一个就是非物质文化遗产传承的机遇。首先,我们选择真正有志于长期从事评弹行当、能以此为职业的学生，这是一个先决条件；其次，选拔品学兼优的学生，人数不多，属于"精英教育"。把他们集合到一个班里，把艺术家作为客座教授请进学校，给他们传授传统一类书。第一届《珍珠塔》，第二届《描金凤》，第三届《玉蜻蜓》。五年时间中，三年是分块的基础教育，开设弹、唱、说等课程，教授评弹基本功，打下"零件式"的基础。四年级上半学期是"拼排式"的综合教育；到四年级下半学期就开设传承班，开始进行传统长篇的传授了。我觉得，这是我们力所能及的事。这样，既丰富了我们学校的教育内容，也将经典的传统一类书教给了一些愿意从事评弹事业的学生，相对牢固地打下了传统一类书的基础。

此外，我们现在还有一种新的想法：研究型人才不仅是对书目、对说唱的研究，还应该包括理论、创作研究。所以，我们就在留心物色、挑选一些舞台艺术发展虽不全面，但却很有思想的苗子，这也是十分难得的研究型人才。把他们吸纳进传承班，他们的重点主修科目就是创作、理论两类，如评弹理论、戏剧理论、创作等课程，有专门的老师讲授。这些人才我们也会予以尽力发掘培养的。

潘：您曾尝试过"南曲北移"，这会不会丢失苏州评弹的特色？

邢：所谓"南曲北移"，是因为当时评弹市场不太景气，为了开辟北方市场，想让北方人接受苏州评弹。但他们听不懂，怎么办呢？那就迁就一点，掺入一些普通话。"南曲北移"只是一个尝试而已，并不是评弹发展的主流方向。因为我们学校曾有北方客人来访，在演唱的时候打了字幕，他听懂了以后很开心，觉得评弹就是好听，这就好比外国人听懂了中国话。多数北方人仅仅以为《蝶恋花》就是评弹，评弹就是《蝶恋花》，却并不能领会评弹的精髓。当时青岛人觉得评弹好听得很，很想欣赏。于是他们就提出和我们合作，我们也同意了。开播式是在一个大型体育馆中进行的，那天外面还飘着雪，来听的人很多，很受欢迎。但是，我们回苏以后就觉得，如果真要搞"南曲北移"，就必须把北方的语言习惯、"包袱"等一些深层次的、内在的东西移植到评弹中来，而我们很难做到，我们只能就事论事地把苏州话转变为普通话。我们评弹中的"噱头号"，北方人可能并不觉得幽默；但北方相声中的一个"包袱"一撩，我们就觉得很有意思。所以，"南曲北移"只能是一次有意思的尝试，不算失败，但也不求成功。

潘：作为国家级非物质文化遗产苏州弹词项目代表性传承人，在评弹艺术传承方面您还有其他设想吗？

邢：在评弹艺术的传承方面我们已经做了很多工作。正如我前面所说，"克隆"一档小兄弟档。今年，又有好多学生拜我为师。对此，苏州市文广局的领导也很重视，认为这项传承工作确实做得不错。我们从各个方面去做。第一，我们的传承班。第二，"克隆式"的传承。应该说，目前这两方面的工作都已经卓有成效了。第三，就我们兄妹而言，邢晏春还在校对《苏州方言字典》[1]，预计今年年底可以付印出版了；上海音乐学院现在建立了一个科研项目，打算为我出一本《邢晏芝唱腔选》[2]，其中会包含一部分论文。在我个人而言，我可以根据学生的天赋条件被"克隆式"地传承，但不可否认有些学生的条件和我并不相近。我如何考虑收他们为徒呢？因为我们从父辈艺术家那儿学到了各种流派艺术，我们也研究过其他流派的东西，我们也可以传授给后人。学生需要的，只要我有，我一定传给他们。这些老艺术家们都走了，年轻一代并未近距离接触过他们，那我们就可以将自己学到的东西间接地传授给下一代。与此同时，我们自己也在努力地思考一些问题，撰写一些论文。倘若在我们有生之年，可以把这些工作搞好的话，在传承工作方面也做得比较到位了。

潘： 现在《贩马记》还有演员在说吗？

邢： 没有。《贩马记》是我们家传的两部书之一，是我的外祖父原创、改编的，也是一部非常好的书。以一桩命案为题材，改编自京剧《奇双会》。但它有一个大问题，它本身就是梅兰芳和俞振飞的戏，很细腻，很重唱，是一部"唱功书"，和《珍珠塔》相仿（所谓"唱煞《珍珠塔》"）。演员如果没有很深厚的唱功，就很难胜任。所以，我们现在也很想要传承这部书的学生，我们还是要把它传下去。这是一部好书，我们当年说这部书也很受欢迎。我们到（苏州）评弹学校之后，重点在研究《杨乃武与小白菜》，《贩马记》就稍稍放松了。但邢晏春在《贩马记》的整理上还是花费了不少心血，因为是外祖父改编的，所以弄起来比较方便。

整理者：潘讯

---

[1] 此书为邢晏春：《邢晏春苏州话语音词典》，苏州大学出版社，2014年。
[2] 此书为邢晏芝、连波编：《邢晏芝唱腔集》，上海音乐学院出版社，2010年。

第五十四讲

弦索长春

——邢晏春访谈录

口述者：邢晏春

采访者：潘讯

采访时间：2009 年 7 月 12 日

采访地点：苏州市三香路苏州评弹学校

邢晏春

邢晏春（1944— ），弹词演员，原名启勋。江苏苏州人。弹词名宿邢瑞庭第三子，邢雯芝之弟。出身评弹世家，深受其父的艺术熏陶，加之勤奋好学而成才。1963年与其妹邢晏芝拼双档，登台演出长篇弹词《杨乃武与小白菜》《贩马记》，赢得声誉。1985年进入苏州评弹学校执教，曾任教务科长，主政教学。后又升任苏州市文艺创作室主任、苏州市文艺创作中心副主任。邢晏春私淑师伯严雪亭，其说表清晰，表演自如，兼擅"严调"。与其妹合作整理的长篇弹词《杨乃武与小白菜》演出本，由上海文艺出版社出版。此外，为方便评弹学习，编写了《邢晏春苏州话语音词典》，填补了以往没有国际音标标注苏州方言的空白。

潘讯（以下简称潘）：邢老师，您好！您出身于评弹世家，父亲邢瑞庭是20世纪30年代涌现的响档之一，首先请谈谈您的家庭情况。

邢晏春（以下简称邢）：好的。我的祖父是抬轿子做苦力的，子女又多，家里挺穷。我父亲在家里行一，上面有一个姐姐早就嫁人了。那时候，学说书都是穷人的孩子，有钱人学说书那叫"玩票"，穷人学说书叫作"学生意"。我父亲念到小学毕业，虽然考取了一个中学，但因家贫无力继续读书。于是，我的祖父就借钱给父亲出了拜师金，拜著名弹词艺术家徐云志学《三笑》，那一年父亲是十三四岁。

学说书也要一笔不小的费用，跟先生出去，要路费、饭钱。以前学说书也没有现在这样条件好，没有什么录音机、VCD、MP3。老先生只有简单的唱本，记录了唱词、赋赞以及重要的对白。学说书主要就是跟在先生后面，到书场听书。那时候也有一种少爷学说书，往往学几年也学不出来。真正出来学艺的都是家里比较贫穷，借钱出来学生意，学不好对不住家里。所以父亲学得很刻苦，没有多久就上台说书了。

父亲天生有一副好嗓子，出道不久就蹿红了，这在评弹界是很少见的。那时候上海的私家电台很多，比如你开一爿布店，只要从亭子间里拉一根电线出去就是一家电台。布店利用电台做广告，就要借助评弹艺人来捧场。比如你打电话进来点一个名家唱开篇，就必须在我店里买多少布。电台里有麦克风，你演唱时声音不能太大。当时父亲同时唱多家电台，在不经意间就学会了控制音量的技巧。而其他许多艺人因为经常在书场演出，没有扩音设备，并不知道如何控制，只会敞开嗓子唱。在这方面，父亲就略胜一筹了。

父亲下面有一个兄弟，比他小一岁，也是学说书的。那时候正是抗战时期，有一次日本人的子弹打到门上，他一吓，没多久就吐血死了。我父辈中就是这两个人说书。我母亲不说书，是家庭妇女。那时候不兴女子说书，我父亲是光裕社的，光裕社比较封建，他们认为女子说书，大概是男人没本事，不能养家糊口，要靠女人出来做生意。

父亲年轻的时候家庭负担很重，兄弟姐妹又很多。那是旧社会，我爷爷奶奶还有不良嗜好——抽鸦片，每当爷爷抬轿子感到力气不济的时候，就抽几口大烟，长长力气。父亲娶了我母亲不久，爷爷生霍乱死了。接着姑妈们也一个个嫁出去了，我母亲生了十个孩子，死了五个。

我是 1944 年生人,那时候抗日战争还没有结束。1949 年以后,我六岁念小学,后来又进苏州市一中读中学。起初我并不想说书,我喜欢诗词,将来想搞文学。那时正是"大跃进"过后,国家很困难,中央调整政策,提出"调整、巩固、充实、提高"八字方针。我们上一届高考情况很不好,考中的没有几个,我一看情况不好,就想去说书。那时候"上山下乡"开始了,我高三一毕业就跟着父亲出码头。

我姐姐邢雯芝从小就随父亲学说书,她小学毕业后考上了乐益女中,但父亲正缺下手。他起先找人拼下手,不太理想,毕竟是跟人家合作,往往有许多摩擦。比如拼双档,如果女下手娇气一点,还得受气。母亲就叫我姐姐去学说书。她跟我父亲长期合作,在浙江省曲艺团退休,现在快七十岁了。

我哥哥是个书呆子。小时候我家有一块小黑板,上课回来他就在黑板上操练题目,还模仿老师的声音念出来,哇啦哇啦叫。隔壁人听见了还以为他在学大书。他后来考入无锡轻工业学院,学化学,毕业以后政府照顾安排在杭州工作,先在味精厂做工程师,后来在粮食局下属一个单位退休。

我大妹妹高中毕业正巧赶上"文化大革命",下乡到太仓务农。她很能吃苦,到年底分配了,除去平常透支一些,只拿了五块钱。看这样子不能继续,正巧我有个小学同学会画画,在鸡蛋壳上画画、画书签、画扇子。这些小工艺品可以外发加工,我妹妹就跟在他后面做,拿点书签、扇子、白云石回家加工。后来她进入苏州民间工艺厂工作,现在也退休了。

我小妹妹比我小四岁,在市一中高中毕业后也跟我父亲出码头。我们学得很用功,那时候的孩子和现在的孩子不一样,那时候"三种人"社会上是看不起的,流氓阿飞、华侨和社会青年。什么叫社会青年呢?就是书念完了,但是没有去工作,待在家里,人家就看不起。不像现在"啃老族"好像很自然。

潘: 父亲是您走上艺术道路的引路人,父亲留给您最深刻的印象是什么?

邢: 评弹界都知道,我父亲是个老好人。可是不知为什么,直到他去世,我都很怕他。其实我父亲个性很内向,平时不大说话,如果他今天开心,偶尔也会拉着你去玩,不过这样的机会很少。如果你做错了什么事,他对你不太满意,也顶多对你看看。我父亲有一个嗜好——咬指甲,其他指甲都咬光了,只留一个弹三弦。他有一个说大书的好朋友唐耀伯,有一次到我家来玩,他和父亲在楼上厢房里面谈话,谈着谈着就听不见声音了。怎么回事儿?我跑到楼上趴在门缝里朝里面张望,原来两个人面对面坐着,跷着二郎腿咬指甲,一句话都没有。他那时在外面跑码头,回家往往已是半夜,我一听见他回来了,就马上钻进被窝假装睡着。他有个怀表,平常放在大衣橱里。有一次,我不留神把这块表弄丢了,那时候一块怀表算是很珍贵的。我吓得一连几天不响，后来还是被父亲发现了。我在写暑假作业，他走进来，在我身后坐下，问："你怎么回事儿？表呢？"我也不敢回头看，也不知他坐了多少时间，天慢慢晚了，我回头一看，父亲什么时候走也不知道。遇到这种事，他就说了这么一句话，这是他一生一世对我最严厉的一次。

平时我们学说书的时候，父亲也不太督促你。我们学得很苦，天不亮就起来，去外头喊嗓子。上午排单档书，下午排双档书，吃了晚饭后听夜场书，夜场完了回家整理脚本，往往写到一两点钟。他知道了，也许是疼惜我们吧，说："别天不亮就去喊嗓子，以后你们睡睡醒，嗓子自然好的。"有时候我们在排书，他也停下来听听，有时候插话："你唱得不对，我来唱给你听。"他只会示范，讲不出什么道道。或者说，"不要太用力气唱"，就那么几句话。当我们的面，他从来不说我们好。其实他心里很得意，有时候他会对老朋友说，我的儿子女儿是一对金童玉女啊！

但是，他对艺术执着追求的精神很感人。他晚年患了老年痴呆症，可是嘴里还经常嘟嘟囔囔地说书、起脚色。到后来他谁也不认识了，我去看他，母亲问他："你看谁来了？"他朝我直乐，"说书的"。他还知道我是说书的。有时候他在家里瞎忙乎，找东西，天下雨了，他问我母亲："我的雨伞套鞋呢？"我母亲说："你干什么去啊？"他说："外面下雨，我要出去。"母亲说："不要出去了。"他说："不行啊，我和人家说好的，我要去说回书。"我母亲只好骗他："你儿子女儿帮你代掉了。"他这才停下来。

他虽然很有名，但活得很苦。从小就出来受苦，一生负担了两个家庭，对我们子女也很负责任。"文化大革命"中又因为是名艺人而受冲击。等到年纪大了，该享福了，却患了老年痴呆症。

父亲去世，我很惋惜。我跟父亲学艺的时间很短。因为我父亲并不说《杨乃武与小白菜》，所以我失去机会，没有跟他学到更多的东西。我高中毕业那年，开始随父亲出码头。当时，浙江省领导提出浙江的曲艺团应该说浙江的书，动员大家去补书。我的师伯严雪亭有个大弟子朱一鸣，他想，我是徐云志的徒孙，怎么没有徐云志的书？因此，他有个愿望想补《三笑》。正巧，我父亲想补《杨乃武与小白菜》，他们就达成协议，一起跑四个码头，第一个码头你夜场，我日场，下一个码头你日场，我夜场，轮流补书。父亲记性不大好，他对我说："你们要学《三笑》，什么时候都可以。我跟朱一鸣的合同只有四个月，你先帮我把《杨乃武与小白菜》学会，以后你可以再学《三笑》。"因此，那段时间我天天学《杨乃武与小白菜》，对于《三笑》就没有花很多精力。四个月满了以后，我就一直说《杨乃武与小白菜》和一些短篇，平常自己也搞一些作品。一直到"文革"以后，我和妹妹首先恢复《杨乃武与小白菜》，因为这是我们的出科书。有一年父亲和大姐在常熟梅里说书，我们赶去听，但听的是《贩马记》。

这里我要特别提一句，我非常感谢我的姐姐，父亲的许多艺术都是通过姐姐传授给我们的，她对我们的艺术成长帮助很大。

潘：您的父亲被称为"开篇大王"，曾经创造出"什锦开篇"，享誉一时，但是评弹界对此也有一些不同看法。作为儿子，您如何理解？

邢：我父亲是有艺术创造的。他年轻的时候经常上电台，要应付各方面的要求，因为他对音乐很敏感，能很快抓住唱腔的特点，在电台里演唱各种流派的曲调，当时大家就称他为"开篇大王"。

那时候听众不仅点开篇，而且还要点流派。我父亲每唱一个流派开篇，就向大家介绍，这是谁创造的，有什么特点，等等，很受听众欢迎，实际上各种流派的名称很可能也是我父亲发明的。后来听众点播很多，他就想了一个办法，我来制作一个开篇，专门介绍各种曲调，这就是所谓"什锦开篇"。这种形式十分新颖，大家很欢迎。

潘：您能举个例子吗？

邢：我看过一本当年流行的《大百万金开篇集》，其中就有我父亲的"什锦开篇"。比如"徐云志：伶俐聪明寇宫人，她奉主命且向御园行……朱介生：怜我怜卿诸事伤，颦卿染病入膏肓……祁莲芳：可怜哭急叫一声夫，咽喉噎住口含糊……薛筱卿：他是未见娘亲先断肠，随儿娘亲泪两行……沈俭安：说到太太见儿如获宝，千分欢变作了万分伤……周玉泉：可笑当家俚奈吪主张……"

潘：都是各位名家的代表唱段。

邢：是的。我认为，父亲的什锦开篇是有历史功绩的，他通过这种形式，推介名流，演绎唱腔，推广评弹。他并没有丑化人家，而是美化了人家的流派。他的嗓子很棒，唱"薛调"特别好。1949年前，薛筱卿也喜欢打打麻将什么的，正巧电台上有他一档节目，就叫我父亲代他去唱。家里的师母不放心，时间到了打开收音机，一听果然是老头在唱，就把收音机关掉了。有一次，我在凤苑书场听过父亲唱一支大什锦开篇，很正派，并不是那种翻调头，哗众取宠。

潘：随父学艺不久，您就和妹妹出来跑码头了，能谈谈这段经历吗？

邢：我们学了一年，接下来我就跟妹妹找团体。那时候不像现在可以去应聘，就业面很广。当时所有的文艺团体编制都满了，很难插进去。好在我父亲是干这一行的，人家一有消息就来告诉你。我跟妹妹起先在镇江团，是特约演员，没有编制。因为我们业务很好，镇江团就叫我和妹妹拆档，安排我做一个团里老师的下手，叫她和团里另一个老师拼档。我一出来就是做上手，下手的书我也不大熟练；而我妹妹年龄还小，我母亲也不大放心，所以我们就拒绝了。我们只好回家，在家里待了半年。

这半年也没有白费，那时候不是"斩尾巴"，传统书不许说嘛，我就自己写书。我外公也能编一些书，以前他编过一部现代书《三个母亲》，但是他编得不长，能做十天。我反正闲着也闲着，就把它搞成可以独做十三天。杭州有一家书场，日场停掉了，老板跟我很要好。我每天早晨到西湖边上，泡一杯茶，埋头写书，中午我就去书场藤椅子里午睡。也是很巧的机遇，常州团有一个老师看见我。书场老板向他介绍，我曾在这里演出过，生意很好，能不能让我去常州团试试？这位老师在团里负责行政工作，让我唱给他听，他一听认为还可以，就向常州的文化局局长汇报。年底，常州团在无锡集中学习，文化局局长特意跑到无锡听我和妹妹说了一回短篇，他听得很满意，当场拍板。就这样我和妹妹进了常州。

再讲点趣事吧。我们在家里排书，天天排，一上台还是忘记了。尤其是《密室相会》，唱篇很长，几乎是一上台唱到完了，怎么办呢？我们有个传统的办法——"摊铺盖"。把唱词写在一方手帕上，摊在桌子上，记不住词了，就轻轻一翻。我是近视眼，头场还没有经验，一上台我就把手帕放在桌上。正是热天啊，我身后放一个电风扇，正巧摇头扇转过来，手帕"呼"地吹起来，在空中打几转，飘到了台下。听众也很好，拾起来给我："弟弟啊，这个是你的吧？没有这个你不好唱啊！"我尴尬极了，从此以后我说书再也不吹电风扇，一直到现在。

印象最深的是杭州的西园书场。我们一个月说两个码头，那次正是我上台说书的第三个月，第五个码头。原来我是做荐门书场，结果在嘉兴车站有人通知我，换地方到杭州西园书场。这家场子本来是安排镇江团另一档《杨乃武与小白菜》，后来演员因故不能赶来，其实是让我们去代书。西园老板是严雪亭的弟弟严雪芳，他一看来两个小孩子，心里就有点不放心了。那年我二十出头点，邢晏芝只有十七岁。严雪芳表面上很客气，因为毕竟他哥哥和我父亲是师兄弟，我父亲在浙江也常与他往来。他说："弟弟啊，路上辛苦啊，太吃力，先休息休息。"我一听很开心，这时我妈妈和妹妹到我父亲那里去了，我到楼上一看，有三个房间，开心死了，进省城大码头了。开心完了又有点担心，毕竟是省城大码头啊，所以第二天一大早我就起来练单档书。严雪芳在下面听，心里更加犯嘀咕："还在练呢？"那时演出先要团里开介绍信，然后交给场方，由场方送到文化馆签意见盖章，才能正式挂牌。到了下午我拿出介绍信，请严雪芳去盖章，他说："弟弟啊，你忒巴结，不要这样心急，阿叔是自家人，先休息休息。"到明天，正是星期天，我想总应该开书了吧，星期天听众比较多。他一听："啊呀！弟弟啊，今朝礼拜日文化馆不办公！弗碍格，休息休息。"实际上，他一直在拖延，在跟镇江团交涉，他认为我们两个小孩生意肯定不行。镇江团业务组则跟他打招呼：你先让他们做做，真正不行我们自己来。

到礼拜一只好开书了。结果我们做下来，生意一天好过一天，当时杭州城里三家场子都是镇江团，对面一家场子原来是客满，后来我们的生意一天天上去了，我们这边的听客越来越多。当时我们还是小孩，老靠着楼上窗户边朝外面看，天井出去就是门，我们还在数又进来几个，又进来几个。后来看见人都回出去了，客满了。再后来，两边天井里都放凳子，我们楼上的、严雪芳家里的凳子都搬出来，最后只好卖站票了。一般我们在码头演出是十三天，一个月三十天，除去四个星期天，上半月十三天，下半月十三天。前面严雪芳叫我们休息休息，我就把书赶到后面去了，因为我们的大关子在后面。这天正巧我父亲到书场来，严雪芳也很高兴，对我父亲说：像这种生意，我长远不做了，好不好让你弟弟放长几日？我父亲说，好啊，我去说。父亲上楼就对我们说，你们生意很好，阿叔说多做几天吧。我说，不行啊，前面他叫我休息，我算得日子，一定要说到《密室相会》小白菜吐露真情为止。为了赶后头关子，我把前面的书删掉了。我父亲是内行，他就下去如此这般对严雪芳说。这下吃住了，生意放掉了也实在可惜。我父亲就趁热打铁，对严雪芳说：我知道我孩子书里头东西不多，很空，你以前是说《杨乃武与小白菜》的，严雪亭的东西很多的。你现在不说书了，你拿点出来。老头喝了点酒，很高兴，就去翻箱底，拿出一沓唱本给我。我真是开心得要命，心想赚外快了。左手翻，右手抄，很快就抄完了。当然，自己还要琢磨，中间应该垫些什么话，应该用什么话引到唱词上去，设计完了马上就排书，结果我们拖了很长时间。

你想，我们去的时候，他起先很排斥，到最后把最宝贵的东西给了我。

潘：听说"文革"中您受到很大冲击，请谈谈这段艰难历程。

邢："文化大革命"中间最伤心的一件事就是把《杨乃武与小白菜》脚本都烧掉了，这部书我花了很大的心血。那时候逢到《杨乃武与小白菜》的书我都听，听了以后马上做记录，到下一个码头再补充，最后还要誊写清楚，下一次说书把有用的东西加进去。"文革"开始我们回到常州，团里领导说，凡是帝王将相、才子佳人的书都是毒害人民的，脚本都要拿出来。我那时年纪轻胆小，正巧脚本带在身边，就交上去。我记得在常州书场，把位子拉开，中间留出很大一块空地，把收集来的脚本放在中间，一把火通通烧掉。火在烧，我脸上在笑，还要装得很开心，其实心里是很难受的，毕竟是花了心血。

紧接下来，我们开始倒霉了。我虽然年纪轻、工资少，但是业务最好。他们的理论是：你的业务最好，说明你对人民的毒害最大。各种各样的帽子都来了，什么修正主义黑庙、"三名三高"、资产阶级学术小权威。我心里纳闷，我就是个艺人，又没有著书立说，又没有反动理论，不过是生意好一点，算什么"权威"？但是，那个时代是没有道理可讲的。接下来就是隔离，把我和妹妹分开，再后来我们又卷入常州的"李、戚反革命集团"、清查"五一六"分子，等等。

那时候最开心的日子就是出去劳动，哪怕是拉车、采石子，毕竟可以出去透透气了。还有一桩开心的事情，就是后来他们都造反、串联去了，我们也去"长征"，从常州走回苏州的家，当中走到无锡停顿一下，晚上住浴室。我们身边带一个针筒，脚上打泡，把水抽出来，再把高锰酸钾打进去，洗一洗，接下去再走。走到苏州人都累瘫了，蒙头蒙脑睡了两天。

到"五七干校"也有一段开心的日子。当时整个常州文艺系统都去了，一边搞文艺创作，一边开杉木厂、竹厂。我还是一个"五一六"分子，帽子还在头上，内心是很苦闷的。不过林彪已经死了，工宣队对我们已经宽松一点了，因为他们也吃不准政策。我们之前有一批干部在这里劳动，他们把毛竹打通了，一根接一根铺设管道，从山上把泉水引下来，就成了自来水。文工团跳芭蕾舞的一群女孩子，看见自来水高兴极了，打开龙头哗啦哗啦冲，洗手绢。工宣队的头看见了，这不是浪费么？有人在旁边出"主意"说，要对她们进行路线教育，怎么路线教育呢？叫她们看看水的路线是从哪里来的。那些工宣队也没什么文化，其实是在捉弄他。他说，好！明天我们这里的人一分两，一半去路线教育，一半留下来劳动。我正巧是第一批，其实是大家去爬山玩了。爬了半天，还没有看见自来水管道，他发觉不对了："你们哪里是出来接受路线教育，分明是玩啊！"这时又有人出来说话了："工宣队啊，到山上路线教育很好，但是还有一个缺点，还不够深入，还没有找到源头。"他问："源头在哪里啊？""很远啊，在善卷洞。"他知道上当了："好了好了，明天统统劳动！"

潘：这叫"智斗工宣队"。

邢：这也是苦中作乐罢。还有一次，我因为一件事和工宣队发生冲突，他们又把我关进木工间写检查。我有我的底线，我需要检讨的只是态度不对，我不能在大庭广众之下不维护工宣队的威信。我就这样写了一篇检查交上去，工宣队一看："不行，重写！"要我每天交一份检查，我知道，这是他们在有意磨我。我想了一个办法，把一叠双线纸分成几摊子，拿语录本一翻，首先每张纸上写一条毛主席语录，然后再从《列宁文选》这些书上摘几条翻译长句子，长句子、短句子，各种各样的形式穿插起来，中间部分也不断变换写的手法，有的是倒叙，有的是顺叙，准备一式五六份，压在铺盖下面。工宣队来了要检查，我就抽一份交差。他们一看："还不深刻，要挖思想根子！"我只得敷衍："好好，我再重新认识！"明天他们来人，我又抽一份应差。最后他们发现了，原来内容都一样，不过是文字上玩花样。其实这也是可怜的方法。他们就在文字上抓住我，我检查上有一句："我不该在公开的场合上跟工宣队顶牛。"他们抓住了："什么叫顶牛？"那个党支部书记是公检法出身的，亲自出马找我："我问你，你说跟工宣队顶牛，什么叫'牛'？你把工宣队当牛，你说工宣队是'牛鬼蛇神'，你这是什么性质的问题？"我也不买这个账，我回敬他："那是一个形容词，一个比喻，是说争吵起来，顶撞起来，没有什么其他含义。鲁迅先生说'横眉冷对千夫指，俯首甘为孺子牛'，王杰同志说'甘当人民老黄牛'，你说有什么意思？"他说不过我，只好作罢。

我被监视起来，跟妹妹不能联系，我很想念家人。这时外祖父死了，他以前开过店的，也算是资本家。我们对外祖父的感情是很深的，我偷偷地告诉妹妹，嘱咐她不要哭，被工宣队看见了就是阶级立场问题。你想,其实亲人之间是人之常情的。有时候我想念家人就写纸条,写首诗。那年我妹妹生了一个小孩,特讨喜,人家抱她,她不要,往妈妈肩上靠。有一次,我正巧对面碰到了,人家说舅舅来了。我喜欢小孩,我越逗她,她越往我身上扑,扑到我身上,我眼泪掉下来了,大概就是亲情吧。回去我就写了一首诗,到现在还能记得头上几句:"佳音(外甥女小名)凝双眸,稚气弥小楼。跃入我怀抱,似将悲喜投。"后来我看见妹妹走过的时候,趁人不注意,往她手里一塞。她吓死了,赶紧往家里跑,跑上楼,推开窗户藏在屋瓦下面,回过头来看看后面没人,拿出来一看是一首诗,啼笑皆非。

我有一个习惯不吃鸡蛋。因为小时候我得了败血症,在博习医院住了半个月,医院的营养师规定一天要吃四个白煮蛋,半个月吃下来,从此以后我再也不要吃鸡蛋了。"文革"中间把我关起来,中午小分队过来给我打饭。我首先声明,随便什么菜都可以,不要买蛋。结果饭打回来,一盆饭,上面一个荷包蛋。他们还说,没办法啊,食堂里面只有一个蛋。这叫不人道啊!怎么办?扔掉,那不得了,我只好拿筷子把鸡蛋弄碎,一块一块伸到喉咙里面吞下去。这些都是很伤心的事,不谈了。

尽管吃足苦头,但是我对评弹的热爱一天都没有放弃。尤其是关单身牢房的时候,我打个地铺睡在地上,等看管我的人外出了,我还是一个人哼起熟悉的评弹曲调。

潘:您是评弹界为数不多的集创、写、编、演、教于一体的艺术家,请谈谈这方面的体会。

邢:这其实都是很自然的事情。我出来说书就只有一个念头:把书说好,再加上我的父亲是名家,不能坍父亲的台。我转到评弹学校当然要转换脚色,因为你是个好演员,但不一定是好老师。开始到评校任教,我认认真真地和学生一起坐在下面,听王月香、景文梅、朱丽安等老师上课。后来我又帮着他们一起辅导学生。记得我第一次走上讲台很不习惯,尽管备课很充分,可是一上讲台,结结巴巴把所有内容一会儿就讲完了。我才逐渐明白,教学是另外一门艺术。尽管你做过演员,尽管你教的是本专业,毕竟不是表演,而是教学生。后来我在学校还担任过教务科长,分管教学。

编写也是很自然的事情。我们不是戏曲,我们是曲艺,曲艺作者往往是演员本身,难得有几个专业写作者,也大部分是演员出身。比如快板书的李成杰,他自己就是演员。我们评弹界,《珍珠塔》《描金凤》都是老艺人自己创作的,当然一代代艺人在不断修改完善。当代如徐檬丹、邱肖鹏等也都是演员出身。只有演员出身才最了解舞台表演,熟悉舞台上的规律。写

邢晏春演出照

评弹和写小说不一样，小说看不明白可以回过去再看，说书不能回过去再说，有时候就要那么啰唆几句。再加上我以前在念书的时候就喜欢诗词。老先生教诲我们，评弹的唱词跟其他戏曲、曲艺不一样，用中州韵。京剧、昆剧用中州韵，但是我们唱词比京剧好，讲究二四六，讲究平仄。戏曲是从民间小调、滩簧发展来的，而我们评弹是根据唐诗演变过来，是由古代念书人吟诗念书的声调发展起来的（书调），这是评弹精华中间的一部分。我自己因为原来就喜欢唐诗宋词，懂得一点规律，对照《珍珠塔》等传统书中一些比较规范的唱篇，觉得确实很有道理。评弹唱词有个绰号叫"唐诗开篇"，许多唱段都是参照诗律来写的。

说到底，关键是自己喜欢。一天到晚爬格子，还得熬夜，冥思苦索，苦当然苦，但是有个盼头。只要自己写出来的东西能拿到舞台上演出，所有的痛苦都会忘记。现在我形成习惯了，只要一天不做文字工作，就会觉得心慌意乱。评弹演员更苦，长年在外面跑码头，家里有事跟谁商量？又没有AB角，如果生病了，上午打针下午还要上台。生意不好，还要担心。"文革"以后，许多书场都被破坏得不成样子，你去演出，场方就给你三样东西：一串钥匙、一沓饭菜票、一只马桶，其他什么都不管你。但是一旦走上书台，当听众很专注地听你表演，甚至给你几声掌声，什么痛苦也没有了。

印象中写得最苦的一趟是在上海。当时我们常州团在上海演出，那一年天气特别热，国务院规定放十天假。我们打算搞一个中篇《宝莲灯》，就分好任务，每人回家写一回书，十天后回到上海做西藏书场。一回上海，大家先碰头，三回书拿出来一对，把本子整理好。那时候"文革"刚结束，"左"的影响还没有完全肃清。所有的演出都要到上海市文化局报告，我们把本子送上去，他们一看，说："不行！你们这个剧不能演，所有的剧一定要上海先演过，你们方始好演。因为上海演出的剧目是经过文化局审过的，你们外地来的，我们上海市文化局没有审，所以不能演。"那白忙了，马上要开书了，大家都在讨论说什么，怎么办？我说："你们到文化局去说，我们演《梁祝》。这个剧目他们演过，我在电线杆上看到一个小广告——俞丽拿小提琴独奏《梁祝》。"他们走后，我马上动笔，当天就写好一个中篇，一宿没睡，写得很苦，因为还要留时间给演员排书。结果《梁祝》演下来，生意好得不得了，客满了两个月。现在我还保存着一段录音，是我跟妹妹合作的《楼台会》。

潘：您与妹妹长期合作，说唱《杨乃武与小白菜》和《贩马记》，请谈谈这两部书。你们是如何在演出实践中不断地对这两部书进行修改、完善的？

邢：从学艺开始，我就爱上《杨乃武与小白菜》这部书，并在演出中不断地加工修改。在世的所有艺人说唱的《杨乃武与小白菜》，朱传鸣、石一凤、周智鸣、王重君、金慧鸣、李仲康、徐绿霞，等等，我基本上都听过，我没有门户之见。我从中吸收了不少长处，融汇到自己的表演创作中，不断丰富、完善自己的本子。

潘： 您听过李伯康的《杨乃武与小白菜》吗？

邢： 没有现场听过，但是我听过他的录音。他形成了"李伯康调"，自成一家，他的《杨乃武与小白菜》是根据李文彬传本发展起来的。但是很可惜，他没有一个能够比较完整地继承他唱腔的学生加以拓展，他的学生中徐绿霞比较有名望，后来被划成"右派"，"文革"后到上海重新演出，但是他没有唱"李伯康调"。1989年版电视连续剧《杨乃武与小白菜》就是根据徐绿霞脚本改编的。李伯康的《密室相会》比较好，有书卷气，台风做派、出言吐语都很大气、很正派。李仲康也是自成一家，他好在堂面书，描写得很细腻，他熟悉旧时代的堂面情形，小知识很多很丰富，尤其是书中小人物，李仲康刻画得特别传神。

总体上看，李伯康、李仲康的表演是偏于传统的，他们的唱词很细腻，很传统，文辞典雅，讲究对仗、平仄，比如"欲献温郎镜，共挑伯牙琴"这些句子，现在的听众就很难懂了。

潘： 我听过他的《密室相会》录音，真所谓"清通勾勒"，风格爽健。您见过严雪亭吗？

邢： 我听过严雪亭说书，但是他没有来过我家。"文革"前，严雪亭在上海城隍庙做东方书场，那是两档书越做，一档是周云瑞、陈希安的《珍珠塔》，我记得周先生弹弦子不用尼龙丝，要蚕丝线。另一档就是严雪亭的《杨乃武与小白菜》，印象深极了，真是大师。他又有天赋，又肯用功，这样的人才在评弹界是很少的。"文革"后我每次到上海，总是去看他。曾经打算通过我父亲去拜他为师，但他已经不能教了，很遗憾。

你慢慢去听他的书，他起各种脚色，不仅是小生、花旦的分别。比如《三大宪会审》，差不多年纪、差不多官职的三个人，他也分得很清楚，好像运用"蒙太奇"手法。他会变声，你一听声音就知道谁在开口。还有起小白菜，你们行外人也许不知道，男人扮女人最好扮，男人扮男人倒有点难。比方我扮一个小丫鬟，用阴面，小嗓子，只要稍微有点像，听众就认可，很容易讨俏，这大概也是一种艺术的魅力。

严雪亭是一个划时代的人物，他当年要拜李伯康为师，老先生说，我只能传儿子，外姓不传。后来上海有一个医生叫陈范我，帮助严雪亭记书路，理本子，另外打唱篇，别创一格。过去说书，一般讲究程式较多，水袖怎么甩，胡须怎么捋，而他说书讲究真实，通过面风把人物的内心表现出来，他的语汇也是富有时代感的。他的说表语言，一听就很舒服，口齿清晰，没有啰唆的东西，干干净净。他在评弹界开创了"话剧派"的先河，他所有的成就就是两个字："创新"。

严雪亭是单档书，他的学生朱一鸣、李雪华倒是双档书，但基本上也是上手说得多，下手说得少。我们加以整理后，增加了下手的分量，我们《密室相会》的书特别长，而且都能唱。应该说在《杨乃武与小白菜》双档书这一命题中，我们做得还是可以的。

《贩马记》改动更大了。这是我的外公从梅兰芳、俞振飞的京戏《奇双会》改编而来，叫二类书。但他毕竟是业余作者，我父亲好唱功，所以唱篇打得很多。但是重复得也很多。我进行了再创作，哪怕是讲述同一个内容，也有不同的说法，并增加了不少情节，扩充到独做两个小时一回书，可以做十三天。这部书电台有录音，我们还有一个计划，暑假中如果我的妹妹身体状况好，我们就整理一回书，到电视台录一回书，把《贩马记》的影像资料留下来。

潘：陈云同志与邢家堪称世交，陈云同志还专门为您和妹妹写过条幅。

邢：是的，陈云同志和我父亲很熟悉。当时我父亲在浙江团，陈云同志长期在杭州疗养，经常看我父亲演出，还向我父亲借一些开篇书看。我只讲一个细节，陈云同志不仅是看开篇，还注意旁边的广告。因为这些书还我父亲的时候，常能看见陈云同志用红笔把一些商业广告划下来，他可能是在研究那时候的经济状态。他是我们评校的名誉校长，我们也两次带着学生到杭州向他汇报演出，还请他打分。

潘：您和妹妹带着评弹节目出访过许多国家和地区，请谈谈这方面的情况。

邢：我们趁着改革开放的春风到过许多国家和地区。1980年我们是改革开放以后最早到香港演出的，那时候旅居香港的老一辈上海人、宁波人很多，评弹很受欢迎，随着老一代人的故去，现在香港的评弹听众不多了。

潘：到哪里演出印象比较深？

邢：到新加坡演出印象较深。那里有一个江南会馆，但是这个"江南"的概念主要是指武汉一带，他们几乎听不懂苏州话。因此，我们主要搞开篇专场。一些传统剧目他们是知道的，比如《刀会》《宫怨》等，我们先用普通话讲解开篇梗概，介绍评弹曲调、流派，这是谁创造的，有什么特点。然后将风格差异比较大的开篇放在一起演唱，比如将"张调"与"祁调"、"蒋调"与"俞调"等放在一起，"张调"是慷慨激越，而"祁调"是低沉哀怨；"蒋调"是流畅软糯，"俞调"是九转三回，一比较他们就听出味道了，演出很成功。

还有一次到台湾演出，正巧碰到地震，但是我们还是坚持演出。为了能让台湾同胞听懂，我们将每一句对白都打出了字幕。

印象最深的是1983年底第一次到美国，我们随中国说唱艺术团到纽约演出，有梅花大鼓、京韵大鼓、快板书、相声，等等，这是我们苏州评弹第一次正式到美国演出。我记得在美国一个很大的剧场，望下去黑压压一大片，听众挺热情。当时，美国人对中国大陆的认识很贫乏，觉得很神秘，也很感兴趣，甚至有人是坐着轮椅进来的；也有一部分听众可能是国民党方面的，他们离开大陆多年，对乡音很怀念，听说家乡曲艺团来了，有人还把买好的飞机票退了，来看我们的演出。还有许多美国人，从小是在中国的大使馆里长大的，他们也很有兴趣。那次我跟妹妹唱了

《杨乃武与小白菜》中的一段对唱,一报幕下面就是一个满堂彩,等到唱完了,谢幕往返好几次。后来,我们这个节目还参加了第一届中国艺术节。

潘: 您如何看待评弹艺术的现状和未来。

邢: 未来是要经过努力的。怎么努力?还是要创新。弹词音乐、唱腔是不断丰富的,比如"塔王"魏珏卿调属于"马调"系统,但是你去听魏珏卿的唱段,带有很浓的吟诵体,现代人已经很难接受。发展到现在,"马调"系统队伍很壮大,出现了"薛小飞调""沈俭安调""王月香调",等等,如果我们不发展,还是唱老先生的唱调,那么评弹的将来是黯淡的。因为听众对弹词音乐的要求越来越高,邢晏芝的唱腔之所以获得听众的欣赏,关键在于创新。"老俞调"在它那个时代创造了辉煌;祁莲芳是老夫子,了不起,他创造了一种流派,是创造性的劳动,他在当时是很棒的。据说,过去上海电台每晚都放他的唱腔,不是叫"迷魂调"吗?老听众晚上听听睡着了,到明天一条南京路很多人家无线电的灯泡都坏掉了。可是如果我们现在还唱"老俞调"、唱"祁调",听众会作何反应?如果同仁都有追求,趁年轻富有创造力的时候,多创新,那么评弹的未来就会越来越好。如果哪一天不创新,哪一天就败了。

评弹的现状是墨守成规的多,模仿的多,追求乱真的多。其实当你足以乱真的时候,你就可以开拓自己的道路了。你不能仅仅停留在复写式,因为取法乎上,仅得其中。像蒋月泉学周玉泉,他吸收了"周调"的特长,根据自己的嗓音条件,创造了"蒋调"。比如夏荷生的小嗓子很棒,他的学生徐天翔就没有这个天赋条件,他就往大嗓子方向发展,创造了"翔调"。所以"说",要学像它,为了将来背叛它。现在守旧的思想影响了创新的路子,有一点自己的创新,就被认为是离经叛道,就被妖魔化。现在许多说书人的理念也有问题,好像"唱"就是一切。不知道"说"的重要,不知道"说"也有节奏。再一个就是演员文学修养比较差,这也造成了对"说"缺乏足够认识。

我快到古稀之年了,对于评弹的未来我还是有些淡淡的忧虑。

潘: 最近,国家语委建立了语言资源有声数据库,首先抢录苏州话。您一贯重视苏州话的传承与保护,编写了苏州话词典[1],与此举措不谋而合,对此您有何考虑?

邢: 在评弹学校我管教务,我发现其他专业都有自己的词典、工具书,但是评弹没有。也曾有过一本《苏州话方言词典》,但是所收词条较少,注音也不见得准确。为了配合教学的需要,我就想编一本苏州话词典,记录我这一代人原汁原味的苏州话,给评校孩子们学习苏州话提供参考。语言是流变的,苏州话也是这样,我祖父一辈的苏州话和我这一代的苏州话就有一些差别,

---

[1] 该书为《邢晏春苏州话语音词典》。

我这一代的苏州话跟现在的所谓新派苏州话差别更大，许多字的念法都不同了。这几十年时间苏州话受普通话的冲击，发生了很多变异。

潘：您与金庸先生结交已成为评弹界的一段佳话。金庸先生授权您将《雪山飞狐》《天龙八部》等改编为苏州评弹，请您谈谈其中的故事。将脍炙人口的小说改编成苏州评弹有何挑战？

邢：这是香港周文轩先生最先倡议的，他的目的是为了让那些眼睛不好、不能看书的老年人也能够欣赏到金庸的小说。但是从评弹的要求出发，就必须改编。比如原著小说是倒叙手法，但是这样大面积的倒叙在评弹中是不许可的。我们说书是一条直线的，也有倒叙，但是很短。

潘：可以多次倒叙，但是时间不能长。

邢：对，我就要按照评弹脚本的结构改过来。我先排人物年表，然后采取顺叙手法，几个月足不出户，写出了四十万字。金庸先生对苏州很有感情，他的祖母是苏州人，他的祖父曾任江苏省丹阳县令。他愿意把这两部小说（《雪山飞狐》《天龙八部》）授权给我改编。他对我说，你可以增添一点情节，但不要把我原来的东西改光了。你也可以传给你的学生，可以在苏州人民广播电台播放录音。

我花了很多时间，需要把文字的东西变成立体的东西，还要根据原来的线索，生发出来，丰富一些情节。金庸先生参加了我们《雪山飞狐》的开录会，我和妹妹专门为他说了一段书。大侠胡一刀在客栈生了个儿子很高兴，赏给里里外外每人十两银子。有个阿四在哭，胡一刀问他你为什么要哭。阿四说："我爸爸妈妈住在乡下，向财主借了二十两银子，到年底了还不出，财主要我妈妈给他做小老婆。我父亲不肯，财主就给父亲三天期限。三天期限一到，要还八十两，如果银子拿不出，就烧我家房子。我在这里帮佣，老板不许我回去，今天是最后一天，我因为担心父母，早上一不留神打碎了一只碗，老板把我牙齿打掉了。"胡一刀一听气愤极了，拿了一百两银子给阿四，叫你父亲把钱还掉，剩下的钱开个小店，做个小生意。小说到这里就结束了。

下面我就补充说道，镜头转到阿四家里。今天是三天期限的最后一天，两位老人站在一条长凳上，准备上吊自尽了，儿子是孝顺的，现在单等儿子回来见最后一面。这时阿四飞跑回来告诉爸爸妈妈：

"你们不用死了，我有钱了。"

阿四解开包裹，取出五个银灿灿的元宝。

爸爸妈妈不相信："你一定是骗我们，舍不得我们死，拿了五个木头元宝。可是你骗不过财主啊！"

"这是真的啊！"

"那你把它扔在水缸里，如果沉下去，那就是真的，如果浮起来，那就是假的，木头的。"

阿四把元宝扔到水缸里，沉下去了。

这时，老两口发脾气了："我以为你老老实实，规规矩矩，你在客栈里做事，哪来这么多钱？你一定偷了客人的钱。"

"真是有客人送的。"

"好，我们跟你去客栈，要是银子真得有人送，那他就是我们的恩人，如果不是那么回事儿，我先打死你，我们再死。"

一家人来到客栈，见到胡一刀，说明了原委，事情终于真相大白。

我们说完了，金庸先生听了很感动，流下了眼泪。《天龙八部》这部书，我也想尽快改编整理好，以完成周先生的遗愿。

整理者：潘讯

第五十五讲

金声玉振

——金丽生访谈录

口述者：金丽生

采访者：潘讯

采访时间：2009 年 12 月 25 日

采访地点：苏州市第一天门苏州评弹团团部

金丽生

金丽生（1944— ），苏州弹词演员。江苏苏州人。苏州评弹学校首届毕业生，从李仲康为师学《杨乃武与小白菜》，还说过《秦宫月》等书目。刚开始放单档，后与徐淑娟拼档。嗓音高亢，擅起清代京官脚色。传承"李仲康调"。曾赴法国、意大利等国演出。先后任苏州评弹团副团长、苏州市曲协主席、江苏省曲协副主席、中国说唱文艺学会副会长。

一、金丽生学艺经历

潘讯（以下简称潘）：金老师，您好！去年在古镇千灯采访您，有关学艺经历方面的内容您谈得比较多，艺术方面则谈得相对少一些。这次趁您略有空闲，请着重谈谈评弹创作、表演方面的问题，以成全璧。

金丽生（以下简称金）：感谢你上一次对我的采访，访谈稿发表后，受到业内、业外许多人士的肯定。上一次谈话只是侧重于我的成长经历，艺术方面谈得比较少。现在根据朱栋霖教授的意见，就我的学艺及长期的演出实践谈一些体会。

潘：好的。您第一次和李仲康老师见面是在什么时候？

金：1962年8月份，我在（苏州）评弹学校学习一年后，进入第二阶段——跟师学习。据后来周云瑞老师告诉我，在我的工作去向问题上，选择上海还是苏州有过争议。当时上海评弹团的领导认为我有培养前途，嗓音条件好，而且普通话也比较好，又演过话剧，做过朗诵，打算要我去上海（评弹）团，拜严雪亭先生为师学说《杨乃武与小白菜》。后来因为种种原因，我留在了苏州（评弹）团，并且很有幸到苏州市人民评弹二团，拜李仲康老师学《杨乃武与小白菜》。我想，这一点也许是因为上海（评弹）团要我学《杨乃武与小白菜》之后，苏州（评弹）团得到的启发。

最初我对李仲康老师并不熟悉，李老师更不认识我，彼此都很生疏。我只是曾经听说过有这么一位说唱《杨乃武与小白菜》的李老师，但是他的书（我）没有听过，演唱（我）也没有听过。我记得是评弹二团的俞红叶团长把我带到由巷4号（李仲康老师的家），第一次拜会李仲康老师。那时，在20世纪60年代初，传统的拜师习惯已经废除，也没有举行拜师仪式——跪红毡毯、鞠躬、宴请，等等，就是叫一声先生，也不用付一分钱。据说团里到年底会付给老师一点辛苦费，数量也很少。当时是计划经济时代，是党在办文艺，评弹团是党的文艺团体，老师收徒也是为了党的文艺事业，所以根本不考虑钱的问题，如果在这方面提出什么要求，就会说你是资产阶级思想，是要受批评的。

潘：在此以前您有没有听过《杨乃武与小白菜》这部书？

金：以前听过严雪亭的《杨乃武与小白菜》，有五六回书，此外，我还听过严雪亭的《一粒米》《白毛女》《四进士》《芦苇青青》等，对严雪亭的艺术还是有一些了解的。不过总的来说，当时还是听蒋月泉、张鉴庭、杨振雄的书比较多一点。

潘：听说李仲康老师很少收学生？

金：是这样的。李仲康的父亲李文彬是浙江碛石人，有两个儿子，也就是大家知道的伯仲二康，在旧社会《杨乃武与小白菜》这部书是传子不传婿的，也就是只给儿子——李家的根，连女婿都不传。所以我的老师多少年来很少收学生，在我之前曾收过几个学生（也是在李文彬去世以后），有两个是在1949年以前收的，一个叫俞韵霖，另一个叫康秋生，1949年以后收了两个，但都不说《杨乃武与小白菜》，就是叫一声先生，挂一个名。真正拜师学艺说《杨乃武与小白菜》就属我。

潘：您还记得第一次跟随李仲康出码头的情景吗？

金：那是1962年9月1日，我第一次跟随李仲康老师跑码头到无锡荡口镇，正式开始了走江湖、跑码头的生活。我记得在荡口是一个月，我们住在沿街一个房间里，老师和师母睡一张大床，我睡一张小床。当时他的儿子李子红身体不太好，在家休息。我的老师与儿媳妇潘淑琴拼档。师母也跟出去的，生活上主要是我师母照顾，儿媳妇也经常照顾他，还带着一个孙女（叫李月华，现在张家港锡剧团）在身边。当时我是一个刚从学校大门走出来的学生，对码头生活还不习惯，对传统跟师学艺应该如何照顾老师也不大清楚，所以显得有些不知所措，只是人比较听话。

潘：那时跟师出码头，生活需要自己负担吗？

金：团里一月给我们十八块生活费，吃饭问题不大。先生、师母对我很照顾，基本吃在一起，我付一些伙食费，个别地方也"自力更生"。当时演日夜场，夜场人多，叫"面子"，日场人少一些，称"夹里"。不像现在夜场开不出了，即使开，也只是"夹里"。

潘：那是您第一次听李仲康老师的《杨乃武与小白菜》了？

金：是的。当时《杨乃武与小白菜》这部书的前半段叫浙江书，又叫杭州书；后半段从杨淑英进京开始到五堂复审结束（说一个多月），叫北京书。20世纪50年代初对于前半段杭州书曾经有过禁令（评弹界叫"斩尾巴"），不许说。因为这段书中有一些小白菜和刘子和之间奸情的描写，所谓带点黄色内容（其实演员早已舍弃了），被认为不健康。所以整个五六十年代，说《杨乃武与小白菜》书的演员基本上都是从杨淑英进京开始，到刑部大堂结案为止。浙江书即使说也就是最后几回书，如《三大宪会审》《胡学台审案》，等等，《三大宪会审》以前的书不大听见有人说。

我第一次听李仲康老师说书,感觉比较陌生,他的弹唱也使我感到新奇,跟我过去所学的流派唱腔有很大不同。我有一点不太适应,后来慢慢熟悉了书情,理解了演唱内容,懂得了他的演唱特色,就觉得很好听。不过,当时评弹界有些人对他产生误解,认为他外形不怎么好,说起书来比较小派,称他的唱腔为"怪调",但是码头上听众对他的反响一直是非常热烈甚至是火爆的。

潘: 好像李仲康走上说书道路还有过一番曲折?

金: 先生一直谦虚地说自己是一般演员,不是大响档,他说书有一个过程。起先他的父亲嫌他长得不好看,把他送到一家料瓶店当学徒。可是他眼睛不好,高度近视。由于看不清,在店里一直闯祸,今天摔破一只瓶子,明天踢碎一块玻璃。后来没办法,我的太师母——李文彬的夫人对丈夫说,让他说书吧,试试看,他嗓子还不错。李文彬想,他眼睛不行,做生意也吃亏。就这样把他带在身边,让李仲康学说书。

不久李仲康先生出来放单档,当时他的流派唱腔还没有形成,最初只是唱一些"沈薛调""夏调""小杨调",也唱过"徐调",但是都经过自己的融汇、变革。因为当时李伯康先生在上海放单档已经很红,由于众所周知的原因,先生只能长期在码头演出,特别是在农村码头或县城码头上他很受听众欢迎,所以有"码头老虎""浙江老虎"之称。李文彬担心小儿子的相貌吃亏,又经常在小码头演出,就把所有的手稿、本子都给了李仲康先生(他用毛笔手抄了八本线装本的唱词,没有说表,只有一些夹在唱词中的说白)。很可惜,这八本唱词连同李文彬手稿在"文革"中被先生亲手烧掉了。我当时再三劝他不要烧,但他认为今后不可能再说此书,留在身边是祸害,而且他与师母受到了冲击,看穿一切,执意不留,还是付之一炬。

潘: 他们兄弟二人说书风格一样吗?

金: 李仲康和李伯康完全是两种不同的风格。李伯康说书慢条斯理,是"文功"。他五官端正,台风儒雅,有一种绅士气派,大家风度。所以他在上海很受上层人士如资本家和太太们以及知识分子的欢迎。而我先生说书火爆卖力,是"火功"。他句句用丹田,中气足,很会表演,嗓音高亢甜润,有金属声,而且大小嗓都好(但五十岁不到小嗓就倒了),特别受到平民百姓的欢迎。

潘: 在码头上您跟李仲康老师朝夕相处,他给您留下了哪些深刻印象?

金: 李仲康先生的为人对我教育很深。第一是他对事业的热爱,对听众的极度负责。当时他五十五岁,年纪虽然不大,但因为在旧社会长期吸鸦片,身体不太好,经常气喘。他常对我说,演员对听众要绝对负责,哪怕累死在台上也没办法。我记得1962年10月1日我随他去第二个码头到绍兴,演出前换好长衫他还在气喘,连呼吸都感困难,可是即便这么差的身体,一登上舞台他还是精气神十足。我跟他跑了许多码头,第一年到荡口、绍兴、上海金山、张堰、无锡五福楼书场、吟春书场。春节过后，第二年到常熟梅李、震泽、湖州、石门、平望等码头，基本都是日夜场。无论身体多么差，发气喘、肺气肿，甚至发烧，等等，他从来没有推掉过演出。团里落实给他的写作任务，他总是按时完成，毫无怨言。这种精神对我的影响很大。

第二，他很要求进步。他晚上很晚睡，特别是大冷天，早上起不来。起来再晚，每天学习从不放松，我记得早上师母帮他在床上洗脸，老浓茶泡好，他坐在床上的第一件事就是学习《毛泽东选集》。团里发的学习文件他也从来不落，学习得很认真。他一千九百度近视，眼镜片好像洋瓶底一样厚，看书的时候，书离开眼睛不到半寸，我常常跟他开玩笑："先生啊，你不是在看书，是在闻书啊！"

第三，他很谦虚，从来不炫耀自己。他所到的码头基本都是客满，有时甚至爆满。我记得，1963年3月份我随他到湖州东苑书场，四百多个位子，每天日夜都是满的，门口还要等退票。在无锡五福楼书场，听众拿香烟换书票，当时一包前门牌香烟三毛五，一张书票只有一毛二。4月去常熟梅李码头，他做一家夹里书场，叫畅园书场，对过是面子书场，叫龙园书场，结果对面连"漂"两档。到了4月下半月，对过来了个说《英烈》的大响档，风头很大。畅园老板一时请不到艺人，就恳请我的先生继续说下去。我想他只准备了半个月的书，夜场从王昕出京开始，日场从杨淑英进京开始，夜场书不够怎么办呢？他告诉我在《密室相会》以后，还可以说十回书，而这其中有些书已多年不说了，场方再三挽留，他出于无奈只能与下手王楚人每天排书想书，我第一次听这些书，真是越听越好听，越听越过瘾。结果三天以后，对过书场的生意慢慢下去了，先生的业务又从低谷上升到满座，而且越来越"疯"。即便如此，他从来不炫耀自己生意好、本事大。他总是说："我的额骨头高，我爷书写得好，《杨乃武与小白菜》书性好，我只不过台上比较卖力点，其实没啥本事的。"当时在评弹团，我们尊称周玉泉、徐云志、李仲康为"三老"。先生总是说："我不能和他们平起平坐，他们是大响档，我是乡下先生，你们说我是'李仲康调'，我是瞎缠缠出来的。"

我记得在梅李，他对我说过一段话，今天回忆起来还特别感动。他说："你的说唱都很好，将来肯定在艺术上有出息。你完全学我是不行的。我说书比较啰唆，喜欢论根倒古；我的哥哥虽然很斯文、很大气，但是说书的节奏、唱速太慢，表演比较老派，有些脱离现在的形势。你要学严雪亭的本事，多听听他的书，他清脱、精练，起脚色能运用话剧的表演手段，唱和说浑然一体，富有立体感。但是有一点，严雪亭的小白菜你要认真去研究，有时候我感到不太舒服。"一般的先生是不会说这样的话的，特别是老艺人，要求比较保守，要么怕得罪人，但他却为此实事求是地要我向其他艺人学习，这一点给我的印象很深。

第四，他从来不麻烦团里，不打搅组织。当时团里已经请李仲康先生整理《杨乃武与小白菜》的书了，有一段时间团里专门请人在苏州帮他记录整理，但是为了不影响演出，减轻团的经济负担，他坚持在码头上自己写。我经常看见他在煤油灯或小支光的电灯下埋头写书。他一心为团里省钱，从不问团里拿稿纸，都是把人家写给他的信反过来用，把香烟壳子拆开来用。现在他整理的《杨乃武与小白菜》手稿还保存在苏州评弹博物馆，都是废纸、信纸、香烟壳子。可见这位老先生的朴素和高尚品质。

但是他也有一个缺点，早上起来经常发"被头疯"，一不当心就会发火，当然这也是旧社会某些生活习惯造成的。我记得1966年6月苏州（评弹）团到上海西藏书场演出，团里为了照顾老师，让他和师母单间住在楼下，我们都住在楼上集体宿舍。一天早上他莫名其妙地对师母发火，我跑过去帮师母说了两句话，他气得把脸盆往地上一摔，还骂我："小鬼！关你屁事！"吓得我逃走了。等到吃过中饭，他顿觉醒悟，并主动对我说："丽生啊，我早上真不像腔，发那么大脾气。现在不是旧社会，我不应该对你这样。"我当时听了很难过，觉得很不好意思。平时在码头上，一到晚上，下了书台，他精神来了，会很高兴地要我陪他喝两杯，这时候你跟他说说笑笑，调侃几句也没有关系，显得非常随和。

二、金丽生谈书目《杨乃武与小白菜》

潘：去年底《杨乃武与小白菜》文字本（"苏州评弹书目库"第二辑）由大众文艺出版社出版了，使得热爱这部书的听众得以一睹作品原貌，请您谈谈这部书。

金：这部书是李文彬先生在民国初年创作的。最近出版的这部书上记载李文彬1874年出生，我记得好像还要早几年。因为我听仲康先生说过，李文彬六七岁时在杭州私塾念书，正巧是杨乃武案会审，他曾经到抚台衙门看过三大宪升堂，并且特别记得一个细节，当时的浙江巡抚杨昌濬是左宗棠的学生，武将出身（号称中兴名将），平时不喜欢乘轿而喜欢骑马。后来李文彬说到《三大宪会审》替杨昌濬开相时真是活灵活现，下面老听众很轰动。历史上杨乃武案三大宪会审是在光绪元年（1875），如果照这本书的说法，李文彬才二三岁，似乎不大可能。另外，这部书上记载李文彬只活了五十五岁，可是我听老师说李文彬活了六十三岁。这些细节还需要进一步查考。李文彬是评弹行会组织——润余社的主要发起人之一，最早说《双珠凤》。他是秀才出身，有相当厚实的文学基础，据说朱少卿（潘伯英的先生）的《张文祥刺马》在文字上也得到李文彬很大的帮助。还听说李文彬有一个特殊的爱好——做裁缝，他每次出码头，坐船出去，都要把缝纫机头带在身边。

在20世纪初《杨乃武与小白菜》算是一部新书，过去一般传统弹词作品都是写一些家庭、伦理、爱情等内容，而《杨乃武与小白菜》既写家庭、爱情，又写政治、社会，笔触渗透到各个方面，勾勒出清末整个社会风貌，具有划时代的意义。在创作手法上也与过去的传统书不同。比如书中堂面书很多，而且每一堂犯人口供、审理方法均不相同，审讯的对白一环扣一环，真是云缠雾绕，前后呼应，韵味无穷。从这一点来说，它与其他传统书有很大不同，也是其他书听不到的。据说李文彬在上海与李伯康拼档说此书时，下面听客一半以上都是法官、律师，他们通过听《杨乃武与小白菜》书来汲取办案和审问的经验。

特别是这部书里的人物很多。听书不仅是听内容，更主要的是听人物。那些经典传统书为什么能够百听不厌？关键是书中各式大小人物塑造得太好了，人物的语言太贴切、太生动了。邱肖鹏老师说过，评弹历史上这么多响档，最后给听众留下深刻印象的是他们所塑造的人物。一提到张鉴庭、严雪亭就会想到绍兴师爷；一提到赵开生，就会想到那位势利的姑娘；一提到刘天韵，就会想到老地保……《杨乃武与小白菜》书中人物比较复杂，各色人物都有。生有杨乃武，旦有小白菜、杨淑英。正面小人物有葛小大、张老三、葛三姑，反面小人物有钱宝生、刘子和。正面老旦有夏太夫人，反面老旦有扬州太太。还有官场里各式官员，比如刑部大人桑春荣、御史王昕、夏同善三个老生，性格完全不同。光绍兴师爷就有四个：钱如命、钱仁安、庄兰香、赖依仁，他们的性格、语言都有很大区分。

《杨乃武与小白菜》这部书不仅书情好、结构好、人物好、语言好，而且唱词也好，确实是评弹传统书中间不多见的。现在好多书，唱词编得都很差；即便过去的传统书如《玉蜻蜓》，其中有些唱词也并不好，只是后来经过陈灵犀的加工，重点书回如《庵堂认母》《厅堂夺子》的唱词才有很大提高；《描金凤》也并没有多少好的唱段；只有《珍珠塔》是个例外，唱词很好，也很有意义。《杨乃武与小白菜》的唱词雅俗共赏，既有文学性又有通俗性。唱词音韵平仄和谐，朗朗上口，很多篇子拿到手，一看调门马上就出来了。唱篇的曲调和平仄音韵有很大关系，音韵好、平仄调，唱腔就会好。所以有很多人评价在传统书中，《杨乃武与小白菜》的唱词水平仅次于《珍珠塔》。

《杨乃武与小白菜》这部书已经传承了四代，李文彬，李伯康、李仲康，严雪亭，到我这一辈是第三代。这部书还深刻影响了其他文艺作品，像沪剧、曲剧、越剧等都受到弹词本的影响，包括20世纪80年代的电视连续剧《杨乃武与小白菜》(孙启新、陶慧敏主演) 也是根据我隔房师兄徐绿霞的本子改编的。

说到这里，我想起你刚才说起去年底《杨乃武与小白菜》演出本（"苏州评弹书目库"第二辑）由大众文艺出版社出版一事。老领导周良同志很看好这部书，也是李仲康生前留下来的宝贵遗产，凝聚了他一生的心血，最早《杨乃武与小白菜》这部长篇叫《奇冤录》，后改称现在的书名，先生把原先的一百二十回书（九十分钟一回）整理、改编成现在的六十回书（一百二十分钟一回），八十多万字。编委会决定要我将此书审理一遍，我当时颇感为难，因为我说的书在很多地方与这个本子有所不同，编委会领导要求尽量不改，保持原汁原味，但是我发现有很多地方的口头语言以及文字（读者）可能看不懂，这会影响读者阅读，同时有些地方的表白与对白尚需修改，有的甚至要重写。但既然尽量不动，我只能尽自己能力做些小修小补，力争让语言顺畅一些。同时把六十回改成五十五回，并将每回书加注了回目，但还有不尽如人意的地方。此书出版后，有很多读者及业内人士都给予了较高的评价，他们对书中整体的结构、关子书的铺排、人物的描写刻画、唱词的文学性，特别是脚色的语言及"小闲话"等各方面均很赞赏。这才使我悬在胸中的石头落地。总算二十天的埋头辛苦没有白费。

潘：《杨乃武与小白菜》李家书和严家书有什么不同？

金：从整体上看，李家书和严家书应该是一脉相承的。书的内容、结构、回目、人物等都基本相同。不同之处是严雪亭老师根据李家书进行了二度创作，我这么说是有根据的。严雪亭最初是想拜李伯康为师说《杨乃武与小白菜》，因李家的家规此事未成，所以严老师通过各种办法特别是向当时青浦一个医生陈范吾买了这部书。而陈的书从何而来？就是通过李伯康在空中书场说《杨乃武与小白菜》时他边听边抄来的（评弹界行话叫"偷书"）。我还听仲康先生说过他在青浦朱家角书场单档演出时，陈范吾坐在下面每天边听边写，反正李仲康近视眼看不见，后来是书场老板告诉他的。所以陈范吾曾到后台向李仲康先生道过歉，还送礼给他。此事的详细经过我在二十年前曾写过一篇文章登载在浙江省政协的一本杂志上（可能叫《文史资料》）。当然，这样的"抄书"是不可能"抄"全的，所以陈范吾在遗漏处自己加了些内容。后来此书卖给严雪亭，严老师在此基础上花了很大的精力做了修改补充。说到此我又想起在20世纪80年代初，我去杭州大华书场演出，书场负责人严雪舫先生即严雪亭老师的胞弟告诉我一件鲜为人知的事。那是在1944年，严雪亭老师在湖州西苑书场说书，严雪舫跟着哥哥也在码头上。当时，李仲康带着十一岁的儿子李子红准备去南浔说书，经过湖州正巧看到严雪亭说书的广告，乘车还早，于是就去书场听书，被严雪亭发现了。下了书台严氏兄弟热情款待李氏父子，并一再挽留，请仲康先生待在湖州听书指教，承担吃住，连仲康先生吸的鸦片也一起包了下来，李氏父子结果南浔未去成，在湖州住了一段时间。严老师的热情、谦虚、虔诚，深深感动了仲康先生，所以他把《杨乃武与小白菜》八本线装本的唱词无偿给严老师抄写。严雪舫说："我帮着我哥拼命抄，不管怎样，对丰富我哥书的内容蛮有帮助，李家东西是多，你先生临走之前，我哥表示要拜李仲康为先生，但李仲康说拜先生不必了，说我哥已经是大响档，他是码头先生，不好意思，只要你哥承认他的书出自李家就可以了。"严老师是非常守信的，在一段时期他每到一处都向听众说明，他的书是出自李家。仲康先生告诉我他与严雪亭老师关系很好，严对他很尊重，称呼他"仲康叔"。还有一次是 1949 年以后，严雪亭在上海西园书场演出，李仲康正巧经过，自己买票进去坐在第五排，第四排坐的是王再香（余红仙的老师）。严雪亭上台一看，李仲康先生坐在第五排，他很谦虚地对听众介绍，这部书是向仲康先生学习的，他是我的老师。当时，王再香还回过头来开玩笑说："阿叔啊，大响档在捧你，那你口眼闭哉？"听先生说，严雪亭每一次到苏州来演出，只要我老师在苏州，都会去看他，一直持续到 20 世纪 60 年代。这些事外面有些传闻，但是与严雪舫老师所讲出入很大，所以我特地在这里简单说一下。

至于你问我李家书与严家书的不同之处，因为我没有听全过严老师的书，所以很难说得仔细。总的来说，李家是原始创作，书更细腻厚实，严家属二度创作，与时俱进；在语言上，李家更传统些，严家精练、清脱，说表活泛、幽默，更具时代性；在人物的刻画和表演上，严雪亭普通话好，吸收了话剧和戏曲的表演技巧融入评弹表演之中，可看性、可听性更胜一筹。在《密室相会》中，严老师创作了很多唱篇，如《叙一叙别离情》《五常鸟》，等等，都非常感人动情。他表演的醇亲王、绍兴师爷，让听众笑声不绝，回味无穷，不愧是一代名家。我这么说并不是贬低李家，因为我是李家传人，应该更多看到别家的长处。

潘：您 80 年代重说《杨乃武与小白菜》，与 60 年代有何不同？做了哪些调整与变动？

金：我认为 80 年代说《杨乃武与小白菜》与 60 年代有很大的不同。我记得 60 年代初的听众希望书要细腻，说得越长证明你越会卖关子，越是有本事。到了 80 年代初，随着改革开放的大环境发生变化，听众的要求和欣赏品位也随之起了变化。首要的问题是人们的生活节奏加快了，就要求文艺作品必须与时俱进。有的听众因工作繁忙，不可能每天到书场听书，所以他就要求演员每一回书都要有实质性的内容，或在表演、弹唱上能听到自己喜欢的东西，以得到满足。即使是每天到书场来听书的老听众也会要求书不能拖沓，要精练，每天都能过瘾。这对演员的压力很大，这就要求演员在书的内容上、表演上花很大的功夫。

举一个简单的例子，如《杨乃武与小白菜》书中《密室相会》是一个大关子，过去严雪亭老师要说一排书（十回），我先生曾说过十三回，我是两小时一回，说七天，这在过去是没有问题的。记得我 60 年代在农村演出，听客为了要知道明天小白菜到底要不要吐真情，竟用香烟打赌，气氛十分热烈。但到了 80 年代，如果还是这种节奏，听众就不满意了，就认为你有意拖沓，甚至还有人在骂你骗钱。当然，长短是个表象，关键是你有没有东西给听众。如果你书情紧凑，有好的说表、动人的表演、扣人心弦的弹唱，他还是非常乐意接受你。所以我把《密室相会》改成四回半，分成四个段落。每一回要集中最能抓住人的内容，最动情的对白和最感人的唱段，凡是可说可不说的一律不说，就像裁缝那样认真地进行裁剪，书就好听了。邱肖鹏老师对我多次讲过，书一定要裁剪，"裁剪"不是简单的浓缩或是"斩头去尾"，而是要通过变化多端的办法裁剪出最好看的衣服，也就是最好听的书。长篇书目既要不断进行修改，也要不断进行实践，也就是大家说的传统书要常说常新，只有这样才能久演不衰。

说书不能不变，否则你碰到特殊情况就要吃亏，在这方面我是有教训的。记得在1983年7月我与徐淑娟去江阴华士演出，我的前一档演员是余红仙、沈世华，我隔天到书场，她们还在。余老师告诉我："这趟巧了，明天你开书说《杨乃武（与小白菜）》，对面还有家书场也是说《杨乃武（与小白菜）》，真是羊（杨）碰羊（杨）。"我当时年轻气盛，自以为一定能胜过对方。第一天日场开书，我有五百多听客，下了书台才知道对过书场没有开书，所以听众都过来了。第二天对过开书有三百多人，我一下子跌到二百多人，我也没有当回事儿，因为对过第一天开书总有风头。第三天，我跌到一百八十人，这才引起警觉。一打听才知道对过第一天开书就把书说到我第三回，第二天把书说到我第四回。这个名堂老艺人都懂，叫"斩马脚"，此时我才明白他第一天为什么不演出，原来他是要摸清我第一天是从哪里开始，说到哪里结束，这样他就可以把书说在我的后面，以争取听众。这虽然是老艺人久经沙场碰见对手所用的"战略战术"（这种做法我并不欣赏），但是他提醒了我说书是不能一成不变的，根据不同情况要采取不同办法，而且更重要的是警告我必须要在书上动脑筋，如果我的书每回都能抓住听众，说得非常紧凑精彩，也不至于吃亏了。自此以后，我将长篇《杨乃武与小白菜》的内容结构，甚至每一回书的唱词、人物对白以及表演艺术与徐淑娟进行了探讨，使长篇的总体质量上升了一层。所以后来我的业务在一段时期达到了顶峰，特别是在上海演出的几个大场子每天客满，有时甚至预售全满。从这里不难看出传统书的艺术魅力，有时候虽然听众感觉内容太熟，但只要不断修改，在艺术上经常出新，仍会受到听众的赞赏。但传统书的改革任务还是比较艰巨的，有些书至今仍有说不通的地方。就拿《杨乃武与小白菜》来说，虽是经典，但还有欠缺之处，在人物处理上，特别是小白菜这个人物，在某些地方的表现实在不讨人喜欢，我甚至对她产生厌恶的情绪。这一些还有待我们去不断改进完善。

潘：我看过您起葛三姑，十分生动传神。

金：你这么说，我很不好意思。不过对这个脚色我是经过一番研究的。葛三姑虽然是戆姑娘，但不能演得和傻子一样，应该要演得讨人喜欢，要傻得天真，戆得可爱。虽然是戆姑娘，但有时并不戆，甚至有时会"戆进勿戆出"，所以不能单纯地说她是什么都不懂的人，否则她嫂子小白菜的行为怎么可能被她隐瞒了三年多？这说明她不完全傻，所以把她演成一个非常愚笨也带有点理性的农村姑娘就显得更妥帖。葛三姑的语言非常生动，经常会引得听众哄堂大笑，听众明明知道这些话不像傻子嘴里说出来的，但就是相信，就会认为通情达理，这就是作者和演员的本事。我老师演得非常好,他跟我讲过,葛三姑的雌鸡喉咙一开始说的时候蛮嗲的,听众感到很新奇,但是如果从头至尾每个字都用这种声音,就显得不自然,听众会感到讨厌。他起葛三姑,一开始现一点雌鸡声,随着书情和人物的深入,这种雌鸡声要淡化一些,只需把喉咙夹细些,到关键的时候再现出来。后来我就一直这样处理葛三姑的声音,显得非常自然,听众对我的葛三姑评价也是不错的。

三、金丽生谈评弹艺人的表演

潘: 李仲康那一辈老艺人好像是不大注重表演的?

金: 在表演方面从整体上说后辈比前辈艺人更讲究一点。但是我先生在书中的表演还是比较讲究的,如绍兴师爷、醇亲王、扬州太太、钱宝生、葛三姑、张老三、余杭知县等表演得都很生动,他与某些老艺人只重视说不重视表演有很大区别。比如,钱宝生这个脚色,他是齉鼻子,先生的表演是气从丹田而出转到鼻腔再到口腔,这声音就很自然地发出来,人物也就生动了。杨乃武这个脚色,我的理解是,他不是小生,也不是官生。通俗地说,他比小生老一点,比老生年轻一点。我在起杨乃武的时候,嗓音以大嗓为主,适当加一点阴面。我还注意到同一类型不同脚色的分档。同为官员,王昕是四十多岁的须生,性格刚烈,人称"小钢炮",声音激昂一点,动作开阔比较大一点;刑部大人是七十多岁,性格比较沉稳老练;夏同善是老实人,五十多岁年纪,嗓音介于刑部大人和王昕之间,表演起来比刑部大人随意一点。这些虽然都是起码常识,但是真正要做得好也不是很容易。

记得1983年在常熟参加江浙沪青年培训班时,我在孔雀厅书场单档说了一回《姑嫂翻案》,我一人起了刑部大人、杨乃武、小白菜、葛三姑、余杭知县、王昕、差人、捆绑手、军机大人等八九个脚色,蒋月泉老师听后对我的表演表示肯定,特别对我的小白菜脚色比较欣赏,认为分寸拿捏得比较好。

潘: 在塑造脚色方面,评弹比戏曲要困难许多。

金: 评弹是一人多角,还要"跳进跳出"。评弹塑造脚色追求一种神似,当然也要靠一点简单的动作来表演,没有各式服装、化妆来帮衬你,却要让听众觉得你很像,这真不简单。评弹表演为什么要穿长衫?主要是充分利用长衫来表演各种不同的脚色。我起武大郎,蹲在地上,把长衫一拎,两手一举,头一仰,就是一个矮子的形象。把长衫袖子一甩就是一个书生模样。这种表演方式与唱戏不同,戏曲中你演贵妃就是贵妃,一人一角,在观众脑子里很清晰。评弹就不一样了,我起一个小白菜,呈现在听众的脑子里不会是金丽生这个形象,而是通过我对小白菜的描述、刻画与表演，在听众脑子里形成一个小白菜形象。这就是形象思维，一千个听众脑子里会产生一千个不同的小白菜形象。这跟读小说一样，看《红楼梦》描写林黛玉，一千个读者脑子里就有一千个林黛玉形象。评弹讲究"跳进跳出"，刚刚是书中脚色，突然又演变成说书先生的身份说书，这种转换要运用自如。

潘： 所以前辈艺人总结，戏曲是现身说法，评弹是说法现身。

金： 是的。评弹的表演也可以把戏曲、话剧的表演手法借鉴过来。比如我演醇亲王，他是个王爷，跷脚，他的语言、形象基本上是运用了一些话剧的表演手段。我说《四郎尽忠》，杨四郎的表演又借用了戏曲的手法，到最后杨四郎碰门自杀，用了一声"笑"来结束全书。这声笑包含了所有的语言和情感。故事发展到最高潮，说什么语言都不及这声笑来得包罗万象，所以这声笑完，下面听众给以满堂彩，因为打动了听众。这里我借鉴了《红灯记》中李玉和面对鸠山的笑以及《智取威虎山》里杨子荣唱完"甘洒热血写春秋"之后的一声笑的表现手法，只不过笑的含义和方法不同罢了。

评弹界中像吴君玉、杨振雄等都是善于借鉴戏曲表演手法的，他们确实花了很多心思。吴君玉的亮相，将长衫当作戏袍一样；杨振雄《长生殿》里的唐明皇、《西厢记》里的张生的一举一动、一招一式是借鉴了昆曲的表演技巧。也有人不以为然，认为这是评弹戏曲化。我认为这么理解是不是太狭隘了？

潘： 您是单档出身，以后又与徐淑娟长期拼档，能谈一谈单档与双档在表演上的差别吗？

金： 双档有琵琶、三弦弹唱较热闹，上下手可以相得益彰、珠联璧合地配合，因此更受听众的欢迎。双档有很多优点，比如脚色的对白可以更加紧凑，还可以弥补一些起脚色方面的不足。但是，评弹的单档确实锻炼艺术，特别是能提升说表的功力和脚色表演的全面性。放惯单档的人，对书情容易全盘掌握、对书中各种人物脚色也能把握到位。我在练习单档的时候，对每一个人物、每一段书，都用了很大心思，特别注重练习说书的口劲，那时候一天说两回书，四个小时，上午说一遍日场的书，日场下来一个人在台上再去说一遍夜场的书，一天下来，真是累极了。

单档和双档的说法有些不同，双档是两个人对白，中间不需要加过多的表白；单档因为是一个人表演，对白中有时需要用表白来衬一衬。《杨乃武与小白菜》本来是单档书性，下手的书比较少，双档说书就要注意书的分配，上手演员一定要充分发挥下手的能动性，这一点我感到自己也走过一些弯路。因为我是单档出身，过去给下手的书也比较少，我老是担心下手说不说得好，演不演得好，是否符合自己的要求，心里总是有点不放心。我与徐淑娟拼档以后，她本身是名演员，具有很深的艺术造诣，所以给下手的书要多一点，但有时候还是上手书的分量过重了一些。

潘：我在听了您的《淑英夜思》等唱篇后，在笔记中写了如下一段话："中国的戏曲、曲艺演唱是采取一种遗形取神的方式，不求刻意模拟所扮演脚色的年龄、声色，而着意于表现脚色的情感。我听金丽生唱《淑英夜思》，很显然，他没有去模仿杨淑英这类花旦脚色的口吻、声色，而是发挥自身嗓音的条件，根据自己的嗓音条件去塑造人物的音乐形象，抓住杨淑英汹涌翻腾的内心世界，用激烈火爆的唱腔将这种感情表达出来。这样演唱并不妨碍听众为杨淑英所感动。邢晏芝的演唱又是另一种风格，她能够很好地表现出杨淑英的声音特征，故而她用了一种细腻婉转的腔调塑造杨淑英，描写她愁肠百结的矛盾心理，人物形象呈现出另一种面貌。对人物的领会可以是多元的，但是一定不能妨碍塑造人物的完整性。在金的塑造中，在邢的塑造中，杨淑英的性格都应该是完整的。杨振雄的演唱也是这样，他唱红娘、张生、莺莺，有时候完全不去唱人物的外形，而是在唱人物的心灵，他那种细腻低沉甚至压抑的旋律完全是人物精神的流露。"您认为这段表述是否符合您的创作心态和创作方法？

金：我对你的见解基本赞同。我很强调弹词演员的演唱是唱人物的内心，唱人物的精髓，你只要抓住人物的思想感情，准确地运用流派唱腔，男演员唱女脚色，女演员唱男脚色，都会很动听、很感人。反之，即使男演员唱男脚色，女演员唱女脚色，也不会抓住听众。在这里我想说一说弹唱问题。弹词总的规律是以说表为主、弹唱为辅，经过几百年的发展直到21世纪的今天，这个观点没有改变，但是我认为对于弹唱这个问题应该要有新的认识。尽管一回书里还是说表多、弹唱少，不管是七分说表、三分弹唱，还是六分说表、四分弹唱，我想，在说好、演好的同时，千万不能忽视弹唱，因为唱是说的升华，当说表说到一定高度，已经没有办法再用说表来表达内容、表达人物思想感情的时候，就需要用唱的形式来提升它，使之推向高潮。今天，人们喜欢听各种流派唱腔，如果一回书里没有几档好的唱篇、好的流派唱腔，听众就感到不满足。

弹唱最重要的是唱内容、唱感情、唱人物。为什么有些演员一唱就能吸引人？而有的演员唱得声嘶力竭、大汗淋漓、花腔用尽、高音迭出，听众还是不满意？因为他没有掌握好弹唱的根本要素。我记得1980年，苏州举办了首届评弹大会书，云集了江浙沪八十多位名家和中青年演员。我和王小蝶说了一回《杨乃武与小白菜》书中的《夏太夫人堂前训子》，其中刑部侍郎夏同善有一档唱篇，我自认为唱得很好，嗓音好，唱腔也好。散书场以后，蒋月泉老师对我说："小金，你的喉咙真好，这条嗓子评弹界很少，不容易。但是我觉得你太卖力了，喉咙好像响了点，以后要'做人家'点（意思是'节约点'）。"我当时还不理解蒋老师这番话的深刻含义。我想，我年纪轻，是要卖力点，喉咙响只有好，别人要响还响不出来，为什么蒋老师要我"做人家"点？后来蒋老师看见我又几次重复前面所说的话。经过实践我才悟出其中的道理，更体味到蒋老师说话的奥妙之处。其实，他不是在表扬我，是在批评我不会唱。一个演员不注重抑扬顿挫，不懂声音的收放强弱，怎么能唱好书中人物的思想感情？怎么能去拼嗓子？那还有什么美感？蒋老师这些话只不过是批评的技巧好，尽量不伤害我。自此以后我才懂得什么是真正的弹唱。

　　弹词的唱词一般是两类内容，一类是唱人物思想，一类是叙事。第一，要把内容吃透。一档篇子拿来，要熟读，读它几遍，要看是唱叙事，还是唱人物。第二，层次要分清，重点要突出。这档篇子重点在哪里，最需要唱出感情的地方在哪里，要卖就卖在这里，其他都是为这个服务的。第三，曲调想一想。看一看这档篇子是抒发什么情感，或是叙述什么事情，用什么曲调最适合。曲调不要想得太花、太高。只要深入其境，用你的感情去唱，一定会好听的。做到这三点，我感到演唱一档篇子基本是成功的。

　　过去有些老艺人是流派创始人，他们只唱自己流派。但是同一流派也有变化，有自己的快慢节奏，也有以各种脚色的分档来变换自己的唱腔，他们都是靠内涵和情感去体现、去区别，将人物的思想感情通过演唱充分地表达出来。现在有些年轻人，拿到开篇不去深入分析人物和情感，也不研究高潮在哪里、低潮在何处，也不去分析唱词的内容和层次，只是单纯从腔上去考虑，第一句要低一点，第二句要高一点，第三句要再高一点……一味地甩长腔、抛高调。还有就是在琢磨唱腔的时候不注意咬正字眼。须知腔要为字服务，唱得再好，独听见音，字眼听不清，会使人产生听觉疲劳。

　　潘：众所周知，您是评弹界"李仲康调"的嫡系传人，请您谈谈演唱"李仲康调"的体会。

　　金：我这几十年的弹唱也经历了一个曲折的过程。"李仲康调"很有特色，它是在长期实践中逐渐形成的，它的咬字、发音、曲调、伴奏、韵味都自成一格，有一种强烈的节奏感、刺激感，在伴奏上有一点现代迪斯科的味道。"文革"前，因为我以放单档为主，没有琵琶伴奏，（所以）"李仲康调"唱得很少，只是偶尔唱唱几个开篇。"文革"以后，70年代末80年代初恢复传统书，我考虑到"李仲康调"虽然当年听众十分喜欢，火爆一时，却没有被普遍公认，所以在1978年底，我在上海演出《射虎口》（《李自成》中篇）中的第一回，有意安排了一段"李仲康调"。虽然场面很热烈，但是当时听众都不知道是什么调，因为过去听众对"李仲康调"不太熟，再加上"文革"（以后）十几年中断下来，大家都忘记了。当时上海人民公园有个几百人的听众评弹角，每天听完书都在那里交流，只有一两个老听客知道："大概唱的是'李仲康调'？"在上海整整演出一个半月，硬是把"李仲康调"唱出来了。现在无论是专家学者还是评弹词典、书籍，特别是江浙沪广大听众都认可它是评弹二十四个流派唱腔之一，这一点，可以告慰先生在天之灵。不过，也有人认为"李仲康调"不登大雅之堂，不成大气。我认为这是一种偏见，这不利于艺术的百花齐放、百家争鸣。

　　潘：为什么"李仲康调"学的人不多？

金：因为调门比较难唱，对嗓音的要求也比较高，它要求嗓音高亢嘹亮，有共鸣，要有一定的演唱功力，要求演员吐字有力、清晰、乐感强、中气足。由于这个唱腔确实有些"怪"，如果唱得不好，会感觉不好听。我听过有些人唱，说心里话不太满意，因为没有掌握正确的唱法。"李仲康调"的唱腔完全是从人物感情出发，有很深的内涵，每句唱都是由丹田而发，它不是全靠口腔来变换声调，有的唱腔是通过丹田的控制来变化的。不能去单纯模仿先生的外形，也不能从"怪"字着手，否则会削弱人物的感情，给人不舒服的感觉。

我在唱"李仲康调"的时候，首先克服了李仲康演唱时在外形上的一些缺点，始终以正面的形象呈现给听众。"李仲康调"韵味固然很好，但有时候调门比较平，总是在中音区部位，唱腔起伏不大，有时要靠伴奏来烘托。所以我在唱腔上做了比较大的修改，根据人物思想感情的不断变化加强了曲调高低快慢的变化，注意音量的收放。为了避免伴奏的喧宾夺主，我采取唱叠句的方法。我将"朱调""翔调""马调"的一些唱腔比较合理地运用或融合其中，听上去还是"李仲康调"，没给人以唱什锦调的感觉。

我演唱"李仲康调"也曾走过一段弯路。一开始唱的时候一味追求喉咙响，要有激情，乐器的弹奏要"花妙"，而且越"花"越好。每到一地演唱，被现场轰动的掌声和喝彩声陶醉了，有些飘飘然，根本看不到自己的缺点。后来有几次偶尔听到电台里播放我的录音，真是给我当头一棒，这才使我逐渐清醒。由于唱得卖力，节奏控制不住，越唱越急，有时甚至唱得"跌筋斗"，致使乐器弹奏也乱了套。局部地方，三弦和琵琶之间产生脱节现象。后来我听了保留在上海电台的李仲康原唱的录音，一段是《三大宪毕娘上堂》，另一段是《学台大堂翻案》，我感到自己与先生的差距是如此之大，仲康先生虽然没有我这些花腔，但是唱得深沉、平稳，极具内涵，有很美的韵味，与李子红琵琶的弹奏配合得珠联璧合，相得益彰，这才使我回过头来重新审度自己，暗下决心一定要改正过来。这个过程很长，也很痛苦。几十年来通过自己的努力，逐步丰富了先生的唱腔，形成了自己的演唱特色。上海有听客说我唱的"李仲康调"有较大的发展和变化，甚至还说是什么"金调"，我想这种说法是不妥当的。一个流派唱腔的形成是一个长期复杂而艰巨的过程，是要经专家、业内人士，特别是广大听众一致公认的，流派是要广泛流传的，我的唱充其量只能说是经过改革的"李仲康调"较为妥当。

潘：请您谈谈这几段经典唱段的创作经过。

金：说经典还谈不上，要讲的唱段很多，现在只能简单地讲几段。《淑英夜思》是长篇《杨乃武与小白菜》书中具有代表性的唱段，是杨淑英在滚钉板之前的一档思想篇子，这里包含了对往事回忆的全过程，通过回忆充分表达了杨淑英喜怒哀乐的复杂心情。这段唱词层次感很强，层层推进，把杨淑英的心情推向极致。这就要求演员在唱腔设计上必须随着人物心情的变化而变化,唱词中分别有乐则乐、喜则喜、恨则恨、苦则苦、险则险、愁则愁、哀则哀等内容,如何来演唱、怎样来表现才能把听众的胃口吊足,这是摆在我面前首先要考虑的问题。我回忆60年代初先生在唱的时候好像叠句没有这么多,整个曲调比较平缓,弹奏的过门比较多。到了80年代,听众的对象和要求不同了,所以在曲调上要求变求新,高低上下错落有致,强弱收放变化有序,还要充分发挥自己嗓音的特长。由于唱词很长,为不使听众走神,在中间三分之二的篇幅中,我运用了唱叠句的方式,不弹或少弹过门,这样更能抓住听众的情绪,在感情达到高潮的时候,再用带刺激性的伴奏过门把听众情绪推向极点。我记得1987年,苏州市委市政府在开明大戏院举办的中国苏州评弹艺术节闭幕式上,安排了一场弹词流派演唱会,共有十七段,集江浙沪侯莉君、朱雪琴、张鉴国、杨振雄、杨振言、余红仙、薛小飞等三十多位名家于一台,组委会却要我压台,最后一个唱,这对我的压力很大。就是这段《淑英夜思》获得了轰动的效应,听众掌声达十多次。要感谢李子红出色的伴奏,没有他不会有这样的成功。我想这段唱已成为我的代表作,大家很熟悉,我就不多讲了。

还有一个开篇《双官诰》(《三娘教子》中的一段),这支开篇是朱雪琴老师推荐给我的。唱的难度比较大,整个开篇的前三分之二是叙事,后三分之一是抒情,是写薛广为求功名离家数载杳无音讯,大太太守不住走了,二太太红杏出墙另嫁他人,只有三娘洁身自好,苦守寒门,悉心育子。我为了突出薛广对大娘、二娘的愤恨,在"骂一声,贱人无福作夫人"这句唱词上借用了京剧小生的娃娃腔,一下子把听众的情绪吊起来,然后又很自然地回到"李仲康调"。最后一句为了充分体现薛广对三娘的感激之情,我又用小嗓和同样的手法唱了"报答你三娘教子显扬名",在听众热烈的掌声中结束。一支开篇也不需要句句是新腔,只要几个地方给人以耳目一新的感觉就够了,当然,这些新腔要与开篇的整体风格保持一致。

《林冲踏雪》的唱腔用的是"陈调"加"海曲",是由刘天韵和蒋月泉两位老师演唱的。刘天韵的"陈调"有他的一种独特唱法,蒋月泉唱的"海曲"比较稳重、潇洒。我看过李少春先生的《野猪林》,脑海中有林冲在大风雪中枪挑葫芦在草料场巡视的意境,联系当时的客观环境,我想林冲的感情应该更加悲愤激昂一些。我没有完全按照刘天韵老师的唱法,而是根据自己的嗓音和对林冲当时心情的理解来唱,虽然在曲调上没有多大变化,但唱出来的韵味却有不同之感。我自己认为好像与林冲这个人物更贴近了。我并不是说刘老师唱得不如我,他绝对是高水平,只不过各人条件不同,对人物的理解也不会完全一致,我只是根据自己的认识认为这样唱比模仿更适合自己的路子。"海曲"前的四句挂口可能与我唱过京剧有关,好像更靠近一些京剧的韵味。四句念完,我的心情已经完全投入林冲被高俅害得家破人亡、妻离子散的那种悲愤交加、充满仇恨的心情之中,所以下来"恨高俅心狠毒定计卖刀。遭流离发配到沧州道……"我唱的力度特别大,局部地方把原来的腔拔高了，不这么唱好像不足以抒发自己的情感，最后一句"不由得英雄泪双抛"，在"抛"字上，我做了一些文章，运用了一点"杨振雄调"的唱法，我感到林冲的伤感更加强了。朱雪琴老师听了我的演唱后曾在上海《解放日报》上撰文肯定我的演唱。中央人民广播电台"鼓曲新声"栏目曾把我的《林冲踏雪》作为重点曲目介绍，并请中央民乐团为我伴奏，多次播放。我到法国参加第22届欧洲艺术节演出，也是借助了这一段《林冲踏雪》，能使法国听众在没有字幕的情况下基本理解我演唱的内容。听说在我们业内也有一些人士认为我唱得不正宗、走样，其实我对"正宗"的理解可能有些不同，正宗不等于照搬，只要唱的是弹词曲调，字正腔圆，符合人物，吃准感情，这也是正宗。要允许别人改，不对可以再回过来。话说回来，我这么说不等于我的唱没有缺点，还是欢迎大家提出批评意见，加以改进。

潘：流派是评弹艺术的宝贵遗产，您如何看待流派的传承与创新？

金：我认为，一方面，要传承、运用流派；另一方面，又不能受流派的限制，要敢于破一破。现在有一种观点是，流派一动都不能动，一动就是离经叛道，就是不正宗。我想，蒋月泉、张鉴庭也不会是这种思想，如果蒋月泉把"周调"一动不动的话，他就没有"蒋调"。但是也要反对一味乱动，随心所欲翻调头，一档篇子唱四五种调头。这是对弹唱的不严肃。你也唱不好，不会吸引听众。

评弹流派唱腔多学一点当然好，但是应该主攻一种最适合自己的唱腔，然后再兼顾其他与之相接近的流派唱腔，从中找出共同规律，为我所用。学习流派唱腔不能仅仅满足于皮毛（外在的东西），而要紧紧抓住它的精华、特点和神韵。作为一个完整的流派唱腔，其曲调、旋律、过门、伴奏等都有独到的特点和要求，把别的曲调、过门镶进去往往是不协调的。在老一辈艺人那里，这一点是比较严格的。比如"慢张调"的过门跟"蒋调"伴奏不同，"快张调"的伴奏跟"薛调""沈调"的过门也不同。近几年来，我们青年对弹奏比较疏忽，也不大花功夫。弹得好的还是中年人，像秦建国、盛小云、袁小良、施斌、高博文他们对乐器弹奏是花过苦功的。

潘：总结您刚才的说法，我觉得可以提炼出这样几个关键词：字正、腔圆、感情、节奏，再加上化用、创新。

金：可以这样说。

潘：您还说过另一部书《秦宫月》，这类战国宫廷斗争题材在弹词作品中较为少见，算是一个不小的突破，请谈谈这部书。

金：我说《杨乃武与小白菜》的时间很长，通过实践确实感觉这部书比较熟，听众听得太多，一个演员就靠一部书是不行了，需要补书，以适应听众的需求。但是自从说了《杨乃武与小白菜》之后，自我要求比较高，挑选了很多书，好像这部书也不太满意，那部书也不太适合。这时正巧团里有个作者叫周锦标，他提供了一个素材，是反映先秦时代的故事，是写秦王嬴政统一六国以前的一段历史，历史场面很大，这类题材的书在评弹界不多。我一时也没有好的传统书可说，所以就同意试试看。

潘：试下来效果如何？

金：他先写了三四回给我，我看了以后，感到困难较大。第一，时间离现在太远，听众对这部书反映的内容和历史感觉很生疏，评弹俗语叫"勿贴肉"。第二，是历史题材，要尊重史实，内容比较严肃，娱乐性、故事性不够。第三，书情太紧、人物生疏，给演员的表演带来很大的难度，感觉很累，有些内容很残酷，听众听得"汗毛凛凛"。我想他已经写成了，还是应该通过实践来试一试。试下来业务并不好，什么吕不韦、嬴政、嫪毐、赵高、赵姬……有的听众连名字也没有听过，特别到农村演出，与听众缺少共鸣。

在上海高桥演出的时候，我曾经特地邀请了上海川沙中学的语文、历史老师来听书，请他们提意见。他们从历史的角度来扳我的错头，真使我手足无措。比如，赵高拍秦王嬴政的马屁时有这么一句台词："大王啊，您对奴婢恩比天高，情比海深，奴婢结草衔环也报答不尽。"他们说这里有两个典故，其中"结草"的典故发生在秦始皇之前，而"衔环"的典故（发生）在秦始皇之后，赵高怎么可能说出"衔环"这个词呢？我想书中的语言都要这样查考细究，那我怎么说呢？这不是太强人所难了？我的说表是否句句符合当时人物的语言呢？如果要这样，我就只能放弃了，但是放弃，我怎么对得起作者？也辜负了团领导对我的期望。最后，我痛下决心只能进，不能退。

从1984年说到1996年，跨越了十年多。其间，我花了很大的精力，在演出过程中与合作者徐淑娟不断对这部书进行整理、修改、完善。首先，要把故事梳理得比较顺畅，让听众听得不太吃力。这部书的书情还是能够抓住听众的，但是紧张有余，松弛不够。我就加入了许多现代的语言和故事去说明，或者用现代的人物去比拟书中的人物，让听众更好理解，与他们产生共鸣，这样一来有时候还能听到许多会意的笑声。其次，创造脚色。这部书中的脚色在传统书中找不到现成的模式，要靠自己一个一个去创造。我就借鉴了传统书中的人物和戏曲、话剧的表现形式。比如，赵高是太监，我看过京剧中的太监，便吸收了某些表演方法；还有，书中的赵高、嫪毐两个都是太监，都是主角，如何区分、如何塑造对我来说难度不小，这就需要从挖掘人物的内心世界着手，再从人物的年龄、身份、性格及嗓音、动作来进行区分。还有吕不韦这个脚色，起先我为了想表演得新潮一点，用的语言是普通话，实践下来，听众不习惯，说是像演话剧，与评弹的语言格格不入，后来逐渐改成中州韵白，得到了听众的认可。我在演唱上用的流派唱腔比较多，特别在"陈调"上我花了很大功夫。比如吕不韦吃毒药前这段书，我用"陈调"唱二十五分钟，表现吕不韦反反复复的心理过程及跌宕起伏的感情,情绪的高低与音乐旋律紧密结合,听众的反应还是很好的。有一次在书场里演出,吴君玉和林继凡老师听后,对我的这段演唱和表演还是很肯定的。我还学用了其他一些曲调,从人物入手,在唱腔上动了一些脑筋,同时对书中每一段唱词都进行了不同程度的修改。因原作者不是评弹演员出身,对唱词的平仄、音韵以及我们通常所讲的"二五、四三"规律还不是太熟悉,作为一个演员必须要下决心改,否则很难唱好。现在电台录音是我的初期资料,还是二十五年前录的,有些地方还没来得及改,仍有很多问题。再有,书中人物的对白,原来都是白话,所以每一句、每一段都要改成四六句,《秦宫月》中的人物都是上层人物,所以对白还必须具有一定的文学性。

潘:这确实是一个非常艰巨的过程。

金:从总体上说,这部书还是很有价值的,有不少人评价说它开创了弹词说历史书的先河。过去有一部《赵氏孤儿》,是写春秋战国发生的故事,它的传统的特色还是比较浓。这部书骨子很好,文学性、艺术性较高,缺点也是娱乐性不够。《秦宫月》更有它的特殊性,历史性强,场面太大,难度就更大,而且它还为评弹界提示出一条新的美学标准,即不以简单的忠奸好坏的标准去评价人物。

潘:爱而知其丑,憎而知其善。

金:比如说,吕不韦老奸巨猾,但是他也有忠心耿耿、七情六欲的一面;比如秦始皇凶狠、残忍,但是他也有睿智、精明的一面;赵姬有淫荡的一面,也有令人同情的一面。好人坏人让听众根据自己的要求去评判吧!

听这部书的听众层次是比较高的。在大城市书场,如果听众的文化素养比较高,业务就很好;如果书场位置稍微偏僻一点,听客是以农民和小市民为主的,业务就一般。在上海大华书场,那里听众层次较高,我从头到尾业务都很好;西藏书场虽然地段好,但是听众的流动性太大,外来客也多,业务就逊色了;再到静园书场,那里是上海高水平老听客最集聚的地方,每天都客满。在无锡演出,在市中心三凤楼书场每天日夜爆满;到了偏一点的北大街书场业务就落下来;到了南门的和平书场,日夜两场,日场《秦宫月》,夜场《杨乃武与小白菜》,日场说了三天,听众对我说:"你还是说《杨乃武与小白菜》吧。"后来转到了"老龄委"书场,又客满加座了。在苏州、常州演出情况都很好,因为那里的听众很喜欢听正宗书,又爱听唱,《秦宫月》这部书唱篇多。

我曾经想请周锦标老师一起把这部书做一个大的修改,特别是要加强故事性,需增加内容,有些地方要根据听众的喜好做一些删改,弹词长篇一定要做到雅俗共赏,只有"阳春白雪"或"下里巴人"都是不行的。可惜周老师不在评弹界而转行干其他事了,我从1996年后工作发生了变化，此事就耽搁下来，未能如愿。

潘： 现在难得听到这部书了。

金： 这部书现在没有人说，原作者花了很大气力，我的二度创作也花了很多精力，丢掉很可惜。如果《杨乃武与小白菜》传承得差不多了，我还打算抽出时间来整理这部书，不过这只是个设想。

潘： 苏州电视台好像有这部书的录像资料？

金： 那是苏州电视台1994年录的，只有十五回，每回三十八分钟，因为受时间限制，书删掉很多，好多唱词也拿掉了，有些地方删减得连我自己也听不懂了，再加上当时电视书场刚开播，演播厅的设备条件还不太理想，包括画面、音响均不如人意，加上本人说表、弹唱节奏太快，所以不太满意。后来上海电视台录了十六回六十分钟书，质量还可以。

潘： 第四届评弹艺术节刚刚闭幕，您能结合本届评弹艺术节参演节目谈谈对评弹艺术发展以及对年轻一辈演员的期待吗？

金： 第四届中国苏州评弹艺术节已降下帷幕，这次参演人员以中青年为主，像我这个年龄段的演员很少（我因为要参加中篇《雷雨》的演出才不得不加盟），这是好事，评弹艺术节应该是中青年演员展示和交流的平台。这次参演的书目很多，总共有十四台，也是历届之最，其中单中篇就有七个，这也说明各地政府和演出团体对艺术节重视的程度。书目的内容很丰富，有传统的，有新编历史的，也有现代的，还出了不少好的短篇，如《重逢》《相约星期二》等。虽然各单位都做了精心准备，但由于时间仓促，磨炼的程度不够，所以创作质量和演出水平还有待进一步提高。这里我不想对某一个演员或某一部作品做什么评价，我只是想透过艺术节谈一些不成熟的看法。

这几年各级政府对评弹事业的投入和扶持力度比过去大大加强了，江浙沪是发达地区，所以资金的来源并不是很困难，评弹演出的阵地也逐渐增多了，而且书场的条件也大为改善了，各团体演员的演出收入也在逐年提高。你只要看评弹演员（就知道），特别是青年演员，买轿车的很多，出门演出十分便利。有的码头条件不理想，（他们）每天往返，也不需要在外面留宿吃苦头了，这种条件，我们过去是无法与之比拟的。我们很高兴地看到目前青年演员的专业思想比较巩固，说转业的人越来越少了。尽管这样，我们看到某些演员在台上的艺术水准，特别是说、噱、弹、唱、演的功力还较欠缺，当然不是所有，但也绝不是极少数。其中有书曲目的问题，但更多的是演员自身的艺术水准问题。相比之下，中年演员的水平要高很多。陈云同志一再教导我们要"出人、出书"，我认为出书固然重要，但出人更关键，人才的因素是决定一切。现在外部环境在提升，要发展、要繁荣，这决定命运的事还得靠我们自己。勤奋、刻苦、努力、追求，这八个字一定要成为青年演员的座右铭，否则评弹艺术会倒退。我作为一个老演员，对评弹的未来还是比较担心的。

这次艺术节参演的节目内容很广泛，我听了很多节目，但这些节目真正能与市场挂上钩的却不多，外界评论说"得奖不卖座，卖座不得奖"，很多节目参加了艺术节后就被打入"冷宫"。这个问题多年来一直未能解决。我想我们的行政主管部门如何理解继承和创新的关系是非常重要的，如果真正做到了在继承传统经典的基础上不断发展创新，我看这个矛盾也就迎刃而解了。在艺术创作上最好不要有框框，只要是健康的、有益的，都要提倡。我在这个问题上也是有教训的，因为对"主旋律"作品的认识和理解存在片面性，忽视了广大听众的需求，所以有的节目显得干巴巴，缺少可听性。

最后还想提一个问题，艺术节既然明确了由文化部、（江苏）省政府联合主办，那么演员的获奖证书上也应该有文化部、（江苏）省政府落款。为什么用"艺术节组委会"的名义落款？若干年后这个"艺术节组委会"到底是什么级别、到底存不存在还是个未知数。除了首届艺术节是文化部落款，以后就没有了。广大参赛演员对此很有意见，他们经常会提出：为什么同时举办的昆剧节就比评弹节规格高出许多？我们作为专业人士可能不理解政府部门的意图，但这或多或少影响了参赛演员的积极性。不管如何，我从内心还是很感激政府举办这样的艺术节。

整理者：潘讯

第五十六讲
艺术与人生
——王柏荫访谈录*

口述者：王柏荫

采访者：李明

采访时间：2011年2月18—20日

采访地点：苏州市宫巷第一天门光裕书厅

---

* 本篇所用为苏州话。

王柏荫

王柏荫（1923—2016）乃著名评弹表演艺术家，一位九十高龄的耄耋老人。他先后师承汪佳雨、评弹泰斗蒋月泉。作为蒋氏门中大弟子，王柏荫于20世纪四五十年代期间，曾两度与师拼档，弹唱《玉蜻蜓》。"蒋王档"雍容华美，风靡书坛，作为"四响档"之一，为听众热烈追捧。1951年，他参加上海市人民评弹工作团（今上海评弹团），为首批入团的十八位演员之一。1959年调入浙江曲艺队（今浙江曲艺团），始终是浙江省苏州评弹界的领军人物，老一辈曲艺家代表人物之一。王柏荫还善于课徒授艺，其弟子苏似荫、张君谋、蒋君豪均为著名评弹演员。2008年，经他辅导的青年演员黄海华，在"评弹金榜"江浙沪优秀青年演员电视大赛中获"金榜十佳"第一名。同年，浙江曲艺杂技总团聘请王柏荫向该团青年演员传授《玉蜻蜓》和《白蛇传》两部优秀传统长篇书。

一

李明（以下简称李）：王老师，倷¹是啥辰光开始接触评弹格？怎样会对评弹产生兴趣？家人对倷学评弹抱啥态度？据我所知，倷是苏州人，而苏州是评弹发源地，请说说倷从小格家庭环境和熏陶，周遭氛围对倷选择职业有啥重要影响？

王柏荫（以下简称王）：我从小搭文艺接触得非常多，各种文艺接触蛮多。为啥呢？因为伲爷²是开剧院格。游乐场、书场，全开格。开格是观东大戏院，因为勒玄妙观东面，近醋坊桥，所以叫观东大戏院。京剧、昆剧、南方歌剧、方言话剧、苏滩、滑稽（戏）、评弹等，全有格。还开游乐场。怡园晓得伐？勒人民路，辫歇辰光³就是伲爷去开格游乐场，像小格大世界一样。各式各样么事全有格，就叫游乐。还有么，开书场，勒北局里，就老早格大光明，叫"中央书场"。后来勒富仁坊巷还开了乐乡书场。所以呢，我搭一些演员，特别是昆剧演员，老前辈，"传"字辈格，朱传茗啊、王传淞啊、邵传镛啊，我全熟悉格，因为我小辰光就看俚笃戏格。尤其是评弹界，也熟悉得勿得了。包括方言话剧、苏滩，我全熟悉格。而且从小就勒剧场里长大。

李：就是说倷从小就勒浓郁格艺术氛围中长大，耳濡目染？

王：是格。所以一个插曲呢，我勒十岁左右，就会唱京戏，就会唱评弹。京戏唱麒麟童《萧何月下追韩信》，手里也拿了鸡毛掸帚。

李：麒麟童格亲家是我格邻居，住勒叶家弄4号3楼，姓严。

王：噢！那么为啥会唱评弹呢？因为格歇辰光伲屋里有只留声机，唱片交交关关⁴，京剧唱片《打严嵩》等全有格。评弹么，沈、薛、夏荷生，也有格。沈、薛格《珍珠塔》《方卿见娘》《打三不孝》《哭诉》，我才会唱格。还有《啼笑姻缘》，十岁左右我才会得唱。所以文艺对我讲起来还是蛮熟悉、蛮接近格。

1　倷：苏州话第二人称代词单数，"你"之意。
2　伲爷：伲，苏州话第一人称代词复数，"我们"之意；爷，苏州话"父亲"之意。
3　辫：时间指示代词。辫歇辰光：苏州话"那时"之意。
4　交交关关：苏州话"许许多多"之意。

李：倷从小就是勒文艺环境里滚大格。

王：学评弹其实也勿是我志愿。格歇辰光到底想学啥，我自家糊里糊涂，呒不主意。

李：倷勒啥地方读书？

王：大儒中心小学。我小辰光读书拆烂污[1]煞格。读过交关学堂、由巷小学、青州观前附初。有一个小插曲：大儒中心小学有一位杨老师，教体育格，蛮欢喜听书。我放仔学夜里总归勒书场里收票，格歇辰光十一二岁，我晓得俚是大儒中心小学老师，想转学，托托俚，开后门，那么我去考。考么，我功课蹩脚煞格，读书勿用功格，结果开后门开进格，着末[2]一名。我放噱头，我说我做过孙山，轧进。我下来就"名落孙山"哉。

伲娘格歇辰光要搭我寻个职业，叫我学评弹，征求我本人意见。我自家也呒不啥想法，学评弹么就学评弹。

李：学评弹原来是倷姆妈格关照。

王：辬歇辰光伲娘也是勒嗨格个氛围里格，评弹演员全熟悉格呀！而且哪亨会得喊我学评弹呢？因为汪佳雨搭我是邻居，那么伲娘想着学评弹，叫我拜汪佳雨。我自家呒不啥目标，格么好格呀，就学评弹。所以十八岁拜汪佳雨学评弹。

李：十八岁辰光倷已经中学毕业？

王：初中勿曾毕业。我读书读到初中二。但是，拜么拜汪佳雨，唱么我学蒋月泉格。"蒋调"，心里厢要学。汪佳雨老先生艺术蛮好，但俚格风格我勿欢喜。

李：汪老师说书有啥特点？倷亦是哪亨蒋老师结师生缘格？

王：汪老师说书自由风格，蛮粗，勿雅格。书呢我也勿欢喜，《描金凤》《双金锭》，我拜汪老师勿是自家欢喜拜，是拾只饭碗头呀！学评弹后，心目当中有两个偶像。一个是蒋月泉，一个是沈俭安。一个说《玉蜻蜓》，一个说《珍珠塔》。书欢喜，俚笃格风格我也欢喜。那么拜蒋月泉也是一个机会，巧。伲爷有个朋友认得蒋月泉，晓得我有格个心愿，就说"一句闲话"。当初当俚说说罢格，过脱几日，哎，讲好了，已经舒齐[3]了。拜蒋月泉，阿拉家境勿是哪亨顶好。

李：当初辰光倷几岁？

王：十八岁。所以两个先生，一个是上半年（拜），一个是下半年（拜）。

李：几辰光开始学家生？

---

1 拆烂污：苏州话，指做事苟且马虎，不负责任。
2 着末：苏州话"最后"之意。
3 舒齐：苏州话"齐备"之意。

王：十八岁上半年。就是拜汪佳雨辰光先学琵琶。《三弄》，贴了字，弹。我勿欢喜琵琶，欢喜蒋月泉三弦单档呀！琵琶勿欢喜，弹勿好，就偷偷弹三弦。伲师母汪佳雨格太太，看见我弹三弦讨厌，最后拿只三弦藏勒床底下。后来，我自家买了一只三弦，是伲娘帮我买了一只三弦，我欢喜弹三弦，欢喜唱"蒋调"。

李：侬父亲有多家剧场，只有侬一个儿子，哪亨会家境勿是顶好？

王：后来伲爷苏州格些剧场才勿开哉，到上海了。我十三岁。

李：侬 1923 年出生，十三岁到上海，格是抗日战争要开始哉。

王：伲到上海，正好勒嗨打日本"出云号"，大世界攒炸弹我就勒上海。当时我勒外滩，看见飞机上两只炸弹下来，像勒我头顶心浪下来一样，我勒汽车旁边，还勿弄明白，只听见"轰！""轰！"大世界。看看是外滩落下来，风向关系，炸弹勒大世界落下来。伊拉[1]是去炸日本"出云"舰格，勒吴淞口，飞机中了子弹，上头有炸弹，重了，要想拿炸弹放到跑马厅，呒不格场巧呀，结果大世界死脱几化人！两只炸弹，格是我格经历。[2]

二

李：王老师，蒋老师是侬心中偶像，能够拜俚为师，是侬格运气和福气。请说说侬跟师学艺格方式和经过。

王：说得一点勿错。不过我拜师辰光，家境一般。因为是熟人，讲好拜师金是八十块。先付四十，欠四十，"树上开花"，就是等我会赚仔铜钿再付。有一个小插曲。结果拜师金伲先生赌铜钿输回拨我。伲先生蛮新派格，勿是老先生。新年里去拜年，格歇辰光才行拜年白相。掷骰子，摊牌九，圈丁浑，才白相格。伲先生格拜师金输回拨我，还有四十块欠格，脱皮，结果八十元才输回拨我，等于我拜师金勿曾出。

我拜蒋月泉已经会得唱"蒋调"，后来先生唱电台，俚放生，我一径[3]代俚唱。所以格歇辰光就晓得蒋月泉有个学生子叫王柏荫，代唱，而且已经唱得蛮好，有点水平。电台负责人搭伲先生讲，老兄啊，侬[4]放生么叫学生子来唱唱呢。

---

[1] 伊拉：上海话第三人称代词复数，"他们"或"她们"之意。
[2] 1937年"八一三"抗战开始，十九路军奋勇抵抗，上海处于一片战火之中。由于日军战舰集结于黄浦江，中国空军派飞机去轰炸，其中一架遭袭击受伤，返回机场的半路上经过大世界上空，机翼上的炸弹挂不住了，原想把炸弹卸在跑马厅的，不想呼啸着扑向大世界，在门口爆炸。那里人山人海，两颗炸弹下来，造成惨案。
[3] 一径：苏州话"一直""经常"之意。
[4] 侬：上海话第二人称代词单数，"你"之意。

李：唔笃[1]师生年纪相差实在小，只小六岁。咦，六岁倒勿冲[2]？

王：勿冲。薛惠君搭俚男格相差六岁，闲话也呒不高低过。

李：六合，呵呵。

王：蒋老师的确是年纪轻，新派，勿是老先生，一点勿保守格。俚拜先生要正儿八经，点好香烛，（铺好）红毡毯，（备好）拜盒、帖子、拜师金。先生搭我提名字。我本来名字叫王根寿，俚师生三人，名字才有[3]一个"根"字，蒋月泉叫根生，苏似荫叫根鑫，我叫根寿，才有根基格。

李：冥冥之中格缘分。

王：汪佳雨搭我提名字，俚是"韵"字辈，所以我叫柏韵。俚囡圄叫汪梅韵。

李：我晓得格，排名是梅兰竹菊、松柏同春。

王：对，我是松柏同春。我叫柏韵，所以蒋月泉搭我改脱一个字，因为是"荫"字辈，就当中字不动，叫王柏荫。

李：格场[4]，两位先生格取名才有了。

王：那么先生蛮新派，今朝拜先生，明朝就拿脚本喊我抄。老早一般讲起来，抄脚本也是一个关口，先生勿是随随便便拨倷抄脚本格，要保守格。要帮师母做事体，领小人，甚至年夜快送礼啊，到一定辰光方才拨倷抄脚本，成功一个规律。蒋月泉呒不，今朝拜，明朝脚本就拿出来，喊我抄，格个先生阿是勿错？

李：真格开放，蛮难得。

王：从前学说书，就靠脚本。先生拨倷一个脚本，自家抄，其他就是靠听。脚本浪只有唱词、韵白，呒不说白格。脚本里有说白格只有《珍珠塔》，所以《珍珠塔》说勿好真是天地良心。《珍珠塔》说白、唱词、噱头才有，脚本浪全格。倷只要拿着仔背背就可以。但是其他脚本只有唱词、韵白，呒不说白。说白才靠听、靠记，从前学说书是格场学格。

俚老师还有一个好格地方，勿保守格。我记得蛮清爽，我勒先生处学了一年多一点点，就出来放单档。所以现在格种学堂要学三年再跟三年，我也弄勿懂。老底子一个演员，成名才只有廿几岁，廿多岁已经是呱喇喇大响档哉，呒不啥三十几岁还勒打基本功。现在格种我弄勿清爽。我二十岁出来放单档。

李：开始放单档，第一只码头开到啥地方？

---

1 唔笃：苏州话第二人称代词复数，"你们"之意。
2 冲：苏州人有"六冲"之说，认为年纪相差六岁，容易相克不和。
3 才有：苏州话"都有"之意。才："全"之意。
4 格场：苏州话"这样"之意。

王：同里。吴江同里，搭唐耿良敌档。格歇辰光唐耿良已经蛮成熟了，说《三国》。我《玉蜻蜓》第一遍出来，现吃现吐，背。当时日夜两场，一个半钟头一场，真家伙。一日天要背十几档片子，还要说白，全要弄出来，背格。

李：第一趟上台阿出洋相呢？

王：有洋相格。一趟洋相我记得格，其他洋相也蛮多。就是金贵升落庵，众师太陪俚一道吃酒，行酒令。当时三师太勿勒嗨，因为俚看勿起金贵升，躲勒云房里勿出来。当家、众师太行酒令，要"请问大师太……""请问二师太……"三师太不勒嗨，应当"请问小师太……"我说仔"请问三师太……"闲话已经出口，哪亨办？那么只好自家想办法。"咦，三师太不勒嗨，倷哪亨现在请教三师太呢？三师太回到云房里，想想勿定心，出来搭师父咬句耳朵：'格个人蛮圆滑格，倷要当心！'咬脱耳朵，金贵升看见，要想问俚么，俚理阿勿理，倒说进去哉。"

李：呵呵，补漏洞脑子要快。

王：脑子急转弯。格次我还记得，有种才忘记脱哉。放单档后，我自家说下来觉着有两回书蛮好，有两回书语言还空。像《云房产子》《朱小溪拾子》啊，格种才蛮好。格一段书顶熟，但前头、后头比较生，说格辰光勿踏实，心里呒不底，说出来勿着实。那么一遍遍滚下来，实践了，熟了，就是还有两回书自家觉着空，我就搭先生提出来，要想再去补一补。蒋老师格种地方气派大得勿得了："倷来！"格个意思是不要说听一遍，两遍三遍倷也尽管来好了，俚无所谓。那么我再去补听先生一只码头。

李：啥个码头？

王：常熟，好友书场。我去听俚整个一档书，日夜两回，四十日天。伲先生行书快，四十日。格个一遍对我来讲得益匪浅。因为我自家带仔目的听，有的放矢。啥地方我自家晓得空了，特别注意，小闲话要记得牢。格搭一样、格搭差勿多、格搭少脱一句……所以格个一遍下来，我勒自家基础浪提高一步，很明显格。

李：倷当初听下来之后是否马上动笔头做功课？

王：呒不格。就是硬碰硬靠记，勿做格，懒勿过，才靠脑子。脑子好么就笔头懒点。讲到脑子，我到现在九十岁快哉，脑子仍旧灵。

李：王老师脑子好，清爽。

王：理路清，逻辑性强，呒不乱七八糟格么事，对伐？想上去我二十来岁辰光脑子还要灵。讲着笔头（做摇头样），先生今朝拿出来，喊我抄脚本，我自家勿抄，我有个师弟，俚抄。蒋月泉现在喊我大学生子，其实我上头还有一个师兄，叫石建荫。石建荫勿大说书，露面很少，格歇辰光替蒋老师电台浪唱唱开篇，所以别人印象勿深，后来就转业了，先生对格个学生子印象也淡薄了，当俚呒没了，然后拿我讲大学生子。倷先生讲大学生子，我也只好做大学生子，缠到哪里是哪里了。那么就是我师兄送拨我格脚本。毛笔字抄格，布面子格大账簿，送拨我，只有半部书。后来我师弟送拨我一套脚本，崭货[1]！用毛笔写，两个字也好，说白啥个俚才记下来格。格本脚本我搬场辰光会得勿见脱，可惜得勿得了。

李：真格可惜！倷师弟叫啥名字？

王：我师弟叫沈祥荫，一次也呒不上过台。师兄还电台里唱过，俚唱也呒不唱过。呒不上过电台，呒不上过书台，也转业格，自家淘汰脱格。

李：还是优胜劣汰啊！王老师，据我所知，倷从艺格经历特点，一是放单档，二是两度与蒋老师拼档合作，能谈谈经过吗？特别是令人难忘格故事。

王：我格评弹过程，一个是出来就放单档，是我顶大格一个好处，就是实践。说书最最开心格一趟讲拨倷听：

格歇辰光我还刚刚出来，还呒不成名，放单档，码头浪唱会书。以前会书搭现在完全两样。现在几档凑勒一道演出演出，老早唱会书才有花头[2]格，蛮有特色。格一次有哪些人呢？王来生、杜建明、杜建华、吴天如……还有几档我忘记哉，大家勒码头浪做。年夜快说会书，我单档。单档是一会头书，靠自家发挥。哦哟，真有劲啊！勿要来龙去脉格呀！一回头呀！就是要噱头多，滥放。效果好得吓煞人！我唱脱会书到上海来白相。当时上海东方书场是考场，侬能够上得上东方书场，说明侬有点名气、有点"窝儿"[3]了，一般水平上勿上东方书场，而且考场里厢听客耳朵才老得老茧起了。大年夜，唱特别会书，不知哪亨（场方）会得请我。格歇辰光我年纪轻，一个是卖相还好，一个是唱还可以，喉咙差点。九档书，大概是廿分钟一档，已经唱得蛮晚哉。我第五档。那么台下真格全是老耳朵，上来格四档下头笑声也勿大有，我上去，瞎天盲地[4]，一只邋头一放，下头"哗"一个满堂彩。

李：倷放只啥个噱头？

王：格个噱头现在讲出来真格呒啥噱。我说：自我介绍一下，老听客对我勿大熟悉。我姓王，叫王柏荫，今年么廿一岁，正月初八卯时养格。格场一个噱头呀。一个是口俏，说得匀勒，格一点很重要。一戳开之后，书好说得勿得了。那么我《云房产子》里厢格噱头全摆进去，笑仔一回书。等到落会来一个冷落会，（听客）一本正经还勒听，哪亨呒不哉？哈哈哈！喔哟！格个

---

1 崭货：苏州话"好货"之意。崭，"好"之意。
2 花头：苏州话"本事""花样"之意。
3 窝儿：苏州话"花头"之意。
4 瞎天盲地：苏州话，指不辨方向，行动盲目。

一次是我说书到现在顶顶开心格一趟，钞票勿拿无所谓。格场一来，就加强了我放单档格信心。我单档说得蛮好，吴宗锡也赞成我，蛮欣赏我，但呒不几化辰光我就到浙江去哉。

李：倷是几时到浙江（评弹）团格？

王：1959年。1951年到（上海）评弹团，1959年到浙江，勒上海（评弹）团蹲了九年。

李：王老师，倷单档放得蛮好，为啥会拼男双档呢？谈谈倷搭蒋老师拼档格过程。

王：我搭先生拼过两次双档。第一次双档先生提出来，当时我勒上海放单档。进上海勿容易格呀，张鉴庭要"七进上海"才打开局面。我呢，幸亏姚荫梅。我搭姚荫梅关系蛮好，我格场子才是姚荫梅搭我介绍，惠泉楼啊、老沧洲啊，新书场老书场才有。格歇辰光我单档，蛮好。惠泉楼有四个小单档，一个是我，一个是杨振雄，一个是祝逸亭，还有一个徐雁秋，俚是黄异庵格学生子，四个年轻人。当时风头健得来，因为说得蛮好，反应、口碑才蛮好。伲先生勒苏州，《玉蜻蜓》我勒上海撑场面。等到我一结束，我做苏州，先生做上海。格歇辰光听书是听艺术呀，所以我做苏州中央书场。我记得是热天，还有露天书场，生意交关好。格日子[1]，我无意中看见，咦，哪亨先生勒嗨下头听书？我还有一个好处，不怯道。看见先生勒下头勿慌格。因为我心里想：我只有格点花头，要好么也好勿出呀。苏似荫要慌格。我去听俚格书，呒不一趟勿说错格。一回书下来，先生提出，要想搭我拼双档。我哪能？我很突然，呒不思想准备，搭老师拼双档，我想啊勿敢想呀！俚提出来，所以我蛮突然，但是当然答应，哪能会得勿答应呢？格是一个啥个机会？那么就到上海。

后来我搭先生也有一点点意见。俚艺术浪要求老高格，但有辰光自家也有点过分，俚自家也勿晓得。那么有点意见么，我就回头先生，我说我想放单档，出去锻炼锻炼。先生蛮气格，我回头俚。

李：第一次双档拼几化辰光？

王：拼了一两年吧。我回头，学生回头先生，俚勿抵桩[2]格。本来单档容易伤喉咙，拼仔双档省力点，歇歇喉咙呀！先生搭我拼档拼惯了，勿拼倒勿来事哉，那么搭钟月樵，勿来；搭华伯明拼拼，也勿来。第二次俚再提出来要想恢复双档。

李：第二次拼档是蒋老师写信拨倷吗？

王：勿是。格歇辰光评弹界钩心斗角，组织"七煞档"、啥个档。潘伯英本来是"七煞档"，后来搭唐耿良、蒋月泉才有意见，分裂出来。我搭蒋月泉分开来，潘伯英对我也有恩德格，拖过我格，俚提出要我搭周玉泉拼双档，针对蒋月泉。我搭周玉泉一拼呢，蒋月泉要大吃亏，因为蒋月泉拼勿着好下手。

---

1 格日子：苏州话"那一天"之意。
2 抵桩：苏州话"心理准备"之意。

李：一个好下手非常要紧。

王：当然。因为潘伯英对我有过恩惠，我总归答应俚，一口答应。蒋月泉得信了。我回到上海搭蒋老师第一次见面，俚就提出来恢复双档。那么我为难哉，因为我已经答应潘伯英了，而且潘伯英对我有恩典格，我哪能？权衡下来，毕竟老师，我答应老师，必定得罪潘伯英，不过俚能理解，因为老师提出来格。那么师生再第二次拼双档。

李：拆档是否还有其他原因？

王：我搭伲先生拼双档我是吃亏格。吃亏勒啥地方呢？因为我吼不小嗓子，蒋月泉本来小嗓子老好[1]格，后来放单档，唱"蒋调"，小嗓子也吼不了。两个大嗓子，风格才一样，我完全学伲先生风格，我吼不我格特色。所以我搭蒋老师一道拼双档，我吃亏。真格靠卖相，靠书熟练，那么小聪明，搭口搭得牢，就靠格方面取胜。唱我唱勿过先生，说我说勿过先生，吃亏。一旦今朝先生放生，我放单档，吼不一趟不拍仔手勒下来，里厢是有道理格。因为我平常辰光拨勒先生压牢，等到一放单档，判若两人。

李：侬搭蒋老师拼档辰光上下手之间哪亨分工？先生要说到八成？

王：吼不吼不。大概先生说到七成，我还是比较多格。格么做伲先生下手我相当难做啊！伲讲得难听点，疙瘩；讲得好听点，要求高。俚拼格双档，钟月樵，不欢而散；华伯明，不欢而散。全是俚格师弟，俚勿称心呀，达勿到俚格要求。我勉强还好符合伲先生格要求。所以我两次搭先生拼双档，全是伲先生先提出来格。

李：蒋老师是一代宗师，虽然过去学艺，老师对学生以放养为多，但唔笃毕竟师生几十年，一定有勿少机会聆听教诲，受益多多吧？

王：我得到蒋老师格好处呢是后来。我已经到浙江了，有机会回上海来看看俚，（两人碰头）基本浪谈艺术，别格事体谈得很少。蒋老师讲得出。有只小故事，作兴[2]侬也听见过，我也讲过好多遍，我搭伲先生谈艺术像谈爱情一样。

李：送来送去。

王：阿是侬也听到过格。俚住勒念吾新村，我住勒电视台对过，叫鸣玉坊。格个鸣玉坊是一个人的名字。是盛老五，资本家。

李：是盛宣怀盛家吗？

王：是格。俚格囡囡叫鸣玉，格幢房子是出嫁辰光格陪嫁。一弄堂格房子陪嫁，所以叫鸣玉坊。那么就是先生拿我送到鸣玉坊，我拿俚送到念吾新村。我开头辰光是搭先生住勒一道格，住

---

[1] 老好：上海话"很好"之意。老，"很"之意。
[2] 作兴：苏州话"可能"之意。

在念吾新村，俚住三层楼。

李：唔笃住双亭子间。

王：倷哪亨晓得格？呵呵。

李：我听（王）玉立[1]讲格。

王：我搭先生拆档以后，我就从念吾新村搬出来了，我搬到苏州格。后来再拼双档是另外回事体哉。格歇辰光我就住勒电视台对过，鸣玉坊。俚送我到鸣玉坊，我送俚到念吾新村，结果还吭不完，两家头立勒邮政信筒旁边再谈，像谈爱情一样谈艺术。俚讲得好，我听得进，像碰着知音一样，俚越讲越起劲，我越听越起劲。

李：格歇辰光蒋老师所谈倒才是艺术真谛，实际浪才是悟出来格艺术心得。

王：专门谈艺术，谈悟出来格么事。

李：得到几化真传、衣钵呢？

王：具体讲蛮难讲格。俚就讲点艺术格技巧啊，比如说唱哪能唱啊，部位啊，换气啊，格些技术上格么事是一方面。还有一方面就是研究脚色。俚是讲究刻画人物要刻得深。所以我勒格个方面是得到先生艺术心得格。我非常注重人物刻画，所以陈云同志听了我格书，俚对我评价就是细腻，刻画人物深刻。

李：活灵活现，擅于刻画，是蒋派艺术格主要特点。

王：陈云同志对我格评价，说明我就是得着先生格衣钵。苏似荫就稍微要差一点，俚欢喜追求剧场效果。侬要讲究刻画人物深度，俚格剧场效果有辰光匣[2]起好，但是勿能勿去考虑是否符合人物格身份啊！不过也有听客喜欢格啦，真正懂艺术、研究人物的人是少数呀！讲究艺术格是少数，欢喜哇哇哇格是多数。

李：特别是到乡下码头。

王：对。那么甚至有人讲，苏似荫比蒋月泉好，俚笃欢喜苏似荫格哇哇哇，格个完全是一种偏见。苏似荫搭蒋月泉哪亨比，哪亨可以相提并论，勿是一个档次，要相差交关得来。格个不好比。蒋月泉格种真格是大师，派头。这种才是个人格爱好，不懂真正格艺术。

三

李：王老师，倷除脱搭蒋老师拼档，还有幸搭两位太先生拼档，两人才是造诣甚高、名震书

---

1 玉立：即王玉立，上海评弹团演员，王柏荫之子，蒋派传人，擅长弹唱《玉蜻蜓》。
2 匣：苏州话"也"之意。

坛格大家，侬一定深受教益，有勿少宝贵心得吧？

王：我搭蒋老师拼双档四五年，两次双档拼下来么大概五年功夫。当中对我很有转折格，就是我搭蒋老师拆档后放单档，齐巧周玉泉也是单档勒苏州演出。我对周玉泉老师格风格欢喜得勿得了，欣赏，欢喜。我去听周老两遍书，周老也蛮欢喜我。先勒中央书场，接下来到深苑书场，两遍，连听两遍。那么侬刚刚问我阿（动笔）记点？破天荒，我格两遍书下来，稍微记一点点，我从呒不格。稍微重要地方记了一记，夜里我就说格回书，就拿日里格两遍书夜里现吃现吐回一遍。举个例子："今朝二月十九观音佛会……"落会、开头，完全原脱原相一遍。格个一遍对我讲起来真是一个飞跃，对我帮助非常大非常大。所以我现在说书格风格有蒋月泉格风格，亦有周玉泉格风格，拿两者结合起来，格是我格选择，我格总结。我总结了两点。一点是蒋月泉，俚格特点勒啥地方？我总结俚，啥个口俏、飘逸、勾勒啊，格种大响档一般才存格。蒋月泉顶突出格，简洁。俚呒不丢脱闲话，字眼精确得勿得了。用"他"勿用"俚"，字眼讲究，用词精确，勿是准确，语汇呒不重复，呒不丢脱闲话，格是蒋老师格风格。蒋老师不足格地方勒啥场化？我也要寻。亲切感少。蒋老师格说书尽管勾勒得勿得了，蛮随便，蛮哪能，听得出俚勒说书，俚还勒说书。周玉泉格特点就是亲切。俚格说书呒不一本正经说书，听勿出，所以听周玉泉书勿吃力格。别人说，六月里不开电风扇不出汗格。亲切、自然，听上去适宜。周玉泉说书等于像老朋友谈心一样：老王，今朝侬哪亨会得来听书格呀？长远勿看见，该阵身体哪亨？搭听客打成一片，讲起来搭听客忞肉[1]得不得了，听客听起来不吃力，感觉是一种艺术享受。蒋老师勒格方面还欠缺。我就拿俚笃两者格说表结合起来，根据我自家格实践，寻出格个特点。有一个叫华伯明，俚学周玉泉，学得全部照搬，动作、语气啥个，完全学像周玉泉，勿值铜钿格。学像勿值铜钿，死格。学格么事总归看得出，勿是自家格么事。我学周玉泉就学俚个神，两样。所以顾锡东对我的艺术欣赏得不得了。

李：所以侬格稳健风格有勿少是来自周玉泉。

王：顾锡东对我有评价。俚篇文章我记得蛮清，大意啊：俚讲梅葆玖呒不啥勿好，搭俚父亲梅兰芳一似一样，唱得非常好。严雪亭搭徐云志就勿同，蒋月泉搭周玉泉勿同，有自家格么事。我很欣赏王柏荫，他既学习了蒋月泉格长处，亦吸收了周玉泉格优点，王柏荫就是他自己王柏荫。说明我拿俚笃两者么事结合起来拨我运用了。现在在说表上缺少研究，只晓得弹唱，啥个调、啥个调。说、噱、弹、唱，说是最重要格一份，但是缺少人研究。

---

[1] 忞肉：苏州话，"亲切""贴心"之意。

李：就像老师上课，有格老师讲课为啥能引人入胜，而有格老师讲课为啥听之乏味，语言功夫顶顶要紧。

王：语言就是说白。说是很重要格，但是缺少人总结，缺少人推广，只晓得啥个调、流派，阿有啥人说法？按照现在所提格啥个流派啥个流派，格么大书就呒不流派吗？其实才有流派。张鸿声一派，唐耿良一派，顾宏伯一派，杨震新一派，包括曹汉昌、吴子安，才有各人特色，各有千秋。但是呒不人总结，呒不人重视，呒不人推广，格个一点是非常遗憾格。我勒传承问题浪还要谈格一点。我自家勒说格浪，的确，我勿完全学蒋月泉，我格说法搭蒋月泉勿一样。我自家再听蒋老师格么事，再听我自家格么事，勿一样。我格说书比蒋老师要有亲切感。

李：倷说得稳健，蒋老师说得简洁，书行得快。蒋老师是急性子还是慢性子？周玉泉老师勒生活中阿是慢性子？

王：周老师性子慢。一个例子：俚吃香烟，一般划自来火么是格场（做划火柴动作），俚勿格，看看（看已点燃的火），用身体凑上去（做用身体凑火动作）。还有一则笑话，说明俚涵养功夫好得哪亨[1]。俚着衣裳才由太太帮忙格，着啥衣裳才是太太拿。今朝天热，天好，太阳好，俚心里要想着一件水灰颜色衣裳，太太搭俚拿件上青（颜色）格，拎牢仔，周老师心里想勿着[2]，面孔浪呒不反应，照样着好，太太相帮俚钮籽钮好。俚走到天井里，看看天，那么说："阿囡笃娘，今朝……"对上头看看，再低头看看身浪衣裳，那么太太晓得俚勿称心。"格么倷讲哪，勿要着格件，换。"那么再去换水灰衣裳，俚就是格个性格。

李：所以听俚说《文武香球》，"张……桂……英，龙……生"，讲起来笃悠悠。

王：阿是？蒋老师搭俚拼双档，说过《文武香球》里《一马双驭》，就是张桂英叫龙官宝倒坐马背浪，喊龙生敲一记马鞭子，敲得随便哪亨勿称心。"龙生，驾……鞭！"要恰到好处，高低全要正好，俚总归摊板[3]一滴滴[4]。格里厢大有出进，大有讲究，艺术！

李：周老师说书好听，听起来勿觉着，大艺术家！倷真是有福之人，不仅得到蒋老师、周老师格真传，还从张云亭太先生学着勿少好么事，请谈谈张老师。

王：我还听过张云亭。张云亭老先生大本事，出名叫"翡翠玉蜻蜓"。好勒啥地方？实在是勿值铜钿。特别是年纪老了，俚格唱老派得勿得了，有种像干念一样念脱格，呒不腔。周玉泉"周调"划时代格，到"蒋调"亦是一个飞跃。张老师唱勿讲究，也是以说见长，小闲话丰

---

[1] 好得哪亨：苏州话，指好到怎样一个程度。
[2] 勿着：苏州话"不穿"之意。
[3] 摊板：上海话"差"之意。
[4] 一滴滴：苏州话"一点点"之意。

富,语言丰富,生活气息浓,格是俚格特点。《玉蜻蜓》格部书格好就好勒小闲话浪,语言丰富,搭别部书勿一样,格是顶顶突出格地方。顶勿好一个地方,欢喜说粗话,台浪勿干净,邋里邋遢,女听客坐勿牢格。俚勿关格,女听客听俚书难为情,要到格个程度。好就好勒生活气息浓。

李:王老师,倷哪亨会搭太先生拼档?

王:别人介绍格呀!格歇辰光我刚刚从侬先生搭出来,勿曾放过单档了呀!一个道众叫范济舟,俚介绍,因为老先生别人已经勿大请俚哉,卖座率勿高。老先生年纪大了,说勿动了,而且老派,要介绍一个年纪轻点格、噱头好点格、弹弹唱唱可以格,那么拿我去介绍拨了张云亭。一师门下,太先生,我去搭俚拼双档。搭俚拼双档作孽格呀,我勿连牵[1]格呀,刚刚先生搭出来,基本浪就是唱唱开篇,说书呢俚要说得干干净净,让倷下来唱档片子,我勿派用场格。喊俚排书么要命。老先生才勿肯排书格,嫌比烦。我要盯牢俚排书,"慢慢叫","慢慢叫",盯得俚讨厌哉,说倷到台浪慢慢叫说好了。譬如倷起个当家,就做个当家,当家心里哪亨想,倷就哪亨讲好了。讲到讲勿下去哉,倷甩拨我好了。格个算排书格。我想我想得出么勿要倷排哉,我想勿出呀!

李:格么倷搭蒋老师亦是哪亨排书格呢?

王:噢!勿排书格。熟啊!我听格书全部是蒋老师格么事。后来我有变化了。开头我全部听蒋老师,所以勿要排书,而且心版才一样格。我搭俚格语气啦、搭口啦,等于像一个人说书一样,俚称心哉,勿排书格。我搭蒋老师也有一只故事。就是勒交关年数以后,俚五十周年纪念演出,我搭俚重新再说一回《沈方哭更》,已经几化年数,我放单档,做上手了嘛!那么要做下手了,要恢复了,两家头说书却说勿好。算得认真,录音机,搭足仔架子,像说书一样,勿好听呀!哪能搞格呢?镶勿拢。我格说法是上手说法,勿是下手格说法,两个上手勒说书,哪能镶得拢?板要一个上手、一个下手,齐巧镶好。我一经勒嗨做上手,说格语气、书才是上手。俚说我来做下手吧。那么哪亨讲得出呢?还是倷上手,我来想办法,我来重新回忆。那么我自家再回到下手格位置,结果格个就是男双档书,要格场说。格歇辰光我六十二岁,俚六十八岁,俚已经倒嗓了。我重新回忆下手,出场就关照下手,下手要带点嫩齐齐,勿是老茄茄[2]。结果格回书我听听还是满意,先生还是满意,勿错。当时先生已经说勿动,精、气、神已经勿好,俚倒嗓倒得早。

李:蒋老师在"文化大革命"中苦头吃得太多。

王:在"文化大革命"中受刺激太大。我现在讲点小故事。为啥张云亭书生活气息浓呢?

---

[1] 勿连牵:苏州话,指不像样,不成样子,不能成功。
[2] 老茄:上海话"倚老卖老"之意。

我放噱头，我说：俚上书场从来勿坐车子格，走格。说走有好处。第一省车钿，做人家。第二锻炼。吃好仔饭，早点屋里出来，荡了荡，荡了荡，上书场，运动。最最大格好处，俚勿走大街，四街小巷体验生活。格歇辰光四街小巷花花头头几化得来，才勒小巷里；包括婆媳道里相骂也勒小巷里。俚听得来才派用场。

李：有心人。

王：有种精彩格句子记下来。要忘记脱，吃香烟，写勒香烟壳子浪，记下来，丢了只市纸篓里。格只市纸篓里才是格种么事。

李：做有心人成就了《玉蜻蜓》，也成就了张云亭独特格说书风格。

王：《玉蜻蜓》格语言，里厢张云亭起了很大格作用。

李：《玉蜻蜓》百听不厌！

王：小闲话好白相呀！别格书里有种闲话才硬崩崩格，包括《描金凤》啊，啥么事啊，包括《珍珠塔》，书卷气兮兮，格是《玉蜻蜓》生活气息浓得勿得了。

李：最好格长篇弹词就是《玉蜻蜓》。

王：我也顶欢喜《玉蜻蜓》，阿是啦？

李：除三位先生外，其他是否还有使傸受益匪浅格先生？

王：我基本就是靠两位太先生。周玉泉也是太先生。其实周玉泉是伲先生格隔房师兄，蒋老师是拜张云亭格，周玉泉拜张云亭阿哥格，叫王子和，张云亭叫王子怡，嫡亲弟兄。招女婿，招勒张家里，所以蒋老师搭周老师俚笃是隔房师弟兄。为了求艺术，蒋老师降低辈分，师弟变学生子，所以叫周老叫先生格。我叫周玉泉也叫太先生，叫张云亭也叫太先生。其实两人辈分勿一样。我搭张云亭拼过双档，搭先生拼过双档，搭周玉泉只是听过俚格书，唱过会书，长篇呒不拼过，但是我吸收周玉泉格么事呢，是有意识吸收格。

李：晓得自家短处所在，觉着缺啥格么事，主动去补，最最好。

四

李：王老师，傸是民国（时期）过来之人。格歇辰光，西洋文化传入，上海社会极为开放，大家崇尚西方生活方式，崇尚时尚，表现勒衣食住行各方面。谈起格点，伲就会马上联想起以蒋月泉为代表格评弹名家，据说格一特殊群体当初相当时髦。请谈谈当时唔笃格日常生活和个人爱好，最好共性、个性才能有所体现。

王：多勿多。蒋老师倒谈得出。俚喜欢摩托车，换过几部摩托车。第一部叫曾德普（外文读音），德国格，第二部是哈来（雷），美国格，第三部是英国格英定。俚还开过小汽车——倍倍奥斯汀。

李：听说薛筱卿也有一部？

王：也是倍倍奥斯汀。俚（指蒋月泉）喜欢白相手枪，蛮突出格。

李：俚就是欢喜时尚格么事，阿对？

王：也有点受美国电影格毒。有个人叫狄范里，勿知倷阿晓得？格个人就是中了美国电影格毒。俚屋里出身也蛮好，父母有铜钿，也是开摩托车、带白相手枪、赌铜钿，才学美国格。

李：主要是西方电影进来之后格影响。

王：（狄范里）中美国电影格毒，后来去改造吃官司。我搭蒋月泉说过《狄范里》，说过一个中长篇，就是比较短格长篇，十来回书。伲蒋老师还到提篮桥监狱采访过狄范里，俚勒糊自来火壳子。

李：几几年？

王：大概40年代末。

李：快要中华人民共和国成立辰光？

王：对。俚（指蒋月泉）就是喜欢这种么事。比如像车麻将，俚不大来事格，就是喜欢洋格么事，像沙哈。

李：就是扑克吗？

王：勿是。扑克是扑克，沙哈是沙哈，桥牌是桥牌，圈丁浑是圈丁浑。沙哈阿拉讲起来，老早勒总会里，扑克比较高尚一点，沙哈比较低级一点，勿是老低级，就是比较武一点，穷凶穷恶[1]点，品位上好像要低一点。（俚）喜欢赌格个沙哈。格歇辰光，伲基本浪全赌沙哈格，评弹界欢喜赌沙哈格人蛮多格。

李：比唔笃年纪小一点格、像陈希安等辈是否也欢喜赌呢？

王：俚勿来事格。赌也赌格，门槛勿精格，呒不阿拉门槛精。沙哈要靠真格、假格，有种要偷鸡。我（牌）比倷小，要吓脱倷，出价要出得大，拿倷吓脱，倷可以走过来，捉牢就蚀本。俚（指蒋月泉）就欢喜格个么事。车麻将不喜欢格。着衣裳比较讲究，生活用品全比较讲究。

李：蒋老师着点啥衣裳？

王：格歇辰光蒋老师比较时尚。就像袍子来讲吧，一般格袍子看上去有点老式，有点传统。蒋老师格批人后来对服装进行革新。譬如，本来领头二寸，改一寸，低领；本来袖口比较小，放

---

[1] 穷凶穷恶：苏州话，指一个人发急，吃相比较难看的样子。

大；袖子长，改短点，看上去时尚。后来上海格些资本家全学阿拉格，做袍子款式格样子，就是学阿拉格。

李：陈希安老师就讲过，俚笃（指社会上高档人）着格长衫，袖口样子才学俚。

王：是。本来袖口小、长，像竹管筒一样。后来拿俚改短放大，低领头，格场一来，味道就完全两样了。

李：格个是否就是"海派"勒服装上格一种体现呢？因为苏州格评弹艺人上场服装比较传统。

王：也可以说是"海派"了。格种服装苏州吭不格，只有上海有，而且只有像伲先生这批人（有）。像我，后来是学先生，跟上。到现在，我是青出于蓝，服装是超过伲先生。

李：就请王老师讲讲俫格服装。

王：评弹界现在我着衣裳出名了。整个评弹界格人着衣裳才比较讲究，舍得买。名牌勿名牌，才要着格。几千元一件格名牌衣裳，我也会舍得买。平时着出去格衣裳，才比较别致格。有种比较讲究的"全蒙露"格衬衫，我也舍得买。

李：就是说家常衣裳也舍得买，不单单是为了演出？

王：老早演出搭家常是一样格，台下头着格长衫就是上台着格。现在演出服装要换，老早不换格，平常我着格就是演出衣裳，讲究。

李：1949年以后是否着短打衣裳呢？

王：勿格，传统书才是着长衫格。不过侬要看书格内容。譬如，现代书格内容有辰光要着中山装；传统书基本上才是长衫。

李：王老师，俫一个人大约有几化长衫呢？

王：长衫件数啊，我有勿得了。我记得有一次到常熟去演出，竹竿上起码要搭十几件长衫，经常要换格。可以再讲一个故事。讲究得哪亨呢？中式衣裳格领圈很重要，要齐巧正好，惬意。假使一件长衫做得稍微卡一点，后来去改，改了不称心，改不好，格件衣裳我就勿着了。新格，因为领头做得不称心。

李：领头缝起来吃势[1]、手势才相当要紧，否则起皱、扯牵。

王：领头装上去蛮有技巧格。所以伲着衣服蛮讲究。衬衫尺寸要搭长衫尺寸一样，要齐，袖口大小、长短全要惬意。

---

[1] 吃势：缝纫术语，指两片衣片拼缝时，有一片根据人体需求，会比另一片长一点，这长出的地方就叫吃势，通常在0.1—1.5厘米左右。

李：倷阿有私人裁缝？阿是奉帮裁缝[1]？

王：勿是专门裁缝，比较熟悉而已。奉帮裁缝是宁波做西装格，讲究。我做衣裳总归拣好格裁缝做。

李：料作呢？

王：才是毛货，难得着几件像绸一样格，叫大威呢，衬绒[2]。基本浪全是毛格。格歇辰光，伲拼命讲究要着全毛格，其实现在讲起来毛涤好，挺，全毛容易皱。

李：全毛容易缩，只好干洗。

王：缩、干洗老早伲全勿考虑，只要好看。基本上长衫阿拉不大汰格，旧格就勿要了。格歇辰光伲台上是绝对漂亮。从衬裤到短衫，阿拉讲究格是生活。汗衫、短裤才讲究名牌。短裤有种叫阿罗（英文名），比较讲究。袜子我勒香港买了交关，叫英拓文（英国货）。一个典型故事讲拨倷听：裤带，热天用白格皮裤带，一般好格、高级格要六七块洋钿（一条），吃价[3]。我去永安公司买一条，廿二块半，外加吭不头（皮带）格。真正好格货色，头要另外买、另外配格，有专门卖头配皮带格（地方）。裤带廿二块半，头十一块半，三十四块，蛮典型。我舍得买，年纪轻辰光就格场。

李：吃也讲究吗？

王：吃格方面，还是从来勿曾亏待过格只嘴巴，包括自然灾害辰光，高价物品。格是勿曾吃过苦头，多花点钞票，有得吃。

李：格歇辰光主要唔笃有钞票，人家呒没钞票格苦是苦得来。伲吃点啥么事呢？糠饼，还有雪花菜（豆渣）。

王：一只饼八角，已经贵得勿得了；一碗豆腐汤三块，勒嗨自然灾害辰光不得了哉。

李：当初，农民才拿锄头铁铬卖脱，去买苏州采芝斋格高级糖果吃，地也勿种了。同门师兄弟当中还有啥人蛮讲究生活质量格？

王：讲究质量呢，潘闻荫倒也蛮讲究。着衣裳长衫也蛮多格，不错格。像有种人我看不惯。着啥个颜色格衣裳要配啥个裤子比较适当才好。我看见（有人）里厢牛仔裤，外头一件长衫，多来西[4]。

李：格个是勿讲究。其实艺术是综合格，要处处地方给人以美格享受。

---

1 奉帮裁缝：原指宁波奉化的裁缝群体，后为遍布海内外宁波籍裁缝之统称。
2 衬绒：指专供衬在衣服里的绒布。
3 吃价：原指商品经得起价格的考验，能卖个好价钱，后亦可指人吃价。
4 多来西：上海话"好多"之意。

王：美格感觉，要讲究。所以说倷上台从来不着皮鞋，才是布底鞋子。倷亦是讲究，着替底[1]，软格，人家是屋里着着，倷路上全着格，平常辰光当生活一样格。坏脱么换底，好换底格呀。替底板要永安公司格，天乐格就不适意，比较讲究。

五

李：20世纪三四十年代格上海，消费方式出现多元化。其中，听书是有闲阶级普遍流行格日常消费方式，市场巨大，盈利颇丰。不过，苏州评弹进入上海，必须面向上海听众，因为上海听客与苏州听客有很大勿同，俚笃欢喜新潮、新奇、时尚，包括到1949年以后，格种社会风气始终呒不改变。所以，海上评弹艺人要勒新兴大都市中打造出适应上海听众格苏州评弹，是件勿容易格事体，勿少地方才要与时俱进，才要新派，有所改变。请倷讲讲相关格事体，特别是"海派"搭"苏派"格区别。

王：（上海）搭苏州比较，女格讲起来苏州就是小家碧玉，上海就是大家闺秀，一看就看得出，是"苏派"勿是"海派"。一上台，服装、说书格书艺就看得出，格个蛮明显。

李：咬字浪阿有区别？譬如说"好"，苏派搭海派，一个发音部位靠前，一个发音部位靠后。

王：呒不。倷上海，包括我说书呢，基本浪才是苏州话，但是呒不像纯纯苏州闲话格场软，已经成习惯了，格就是"海派"。单单语气就蛮难讲了，等于像一个体系，格个是"苏派"，格个是"海派"，一听就听得出。着衣裳是格场，台浪说书也是格场。苏州是小家碧玉，上海是大家闺秀，格两句形容得非常恰当。

李：还有一个差别，上次已谈过，是否上海重弹唱，苏州说表比较好一点，格也是"海派"与"苏派"格区别？

王：好像勿是特别明显。因为唱搭说，从唱来说，夏荷生啊、周玉泉啊，才是一些划时代格。后来一些流派出来了，格歇辰光比较重视唱。以前（艺人）才注重说书。

李：格点注重说书格艺人全是从苏州到上海格。

王：所以说上海是发祥地，苏州是发源地。上海红出来才吃得开，码头浪红出来到上海勿一定吃得开。因为上海各方面格媒体也多，电台啊，等等。听客对象也不同。上海听客对象搭苏州听客对象勿一样，所以迫使倷要去迎合。

李：上海听众层次比较高，讲究，（艺人）自身也要讲究。

---

[1] 替底：可以替换的软底。

王：来听书格人才是阁伶伶[1]。苏州格听客，我讲个笑话给倷听听：有一趟我搭张维桢到葑门外说书，叫椿心园。热天，我是夏丝纱长衫，簿格，张维桢是纱格旗袍，才阁阁伶伶，长衫旗袍。结果踏到台浪一吓呀，下头清一色赤膊落。啊？走错场化，弄到混堂[2]里去哉。格个咾不办法。

李：听众层次低，所以"码头老虎"有辰光就不讲究哉。

王：勿讲究。听客也咾不格种要求。上海就勿一样，踏到台浪就要讲究气派。长衫款式就非常讲究，一样一件长衫，着勒倷身浪、着勒俚身浪，味道两样。大落落，蛮宽舒。长短正好，勿能太长。

李：一般长到哪里？是否可以露出一段？

王：一般要长到脚背上，长衫才到脚背，否则小家败气[3]。

李：家生呢？琵琶、弦子用法两地阿有区别？

王：咾不啥区别。乐器根据演员格要求。比如说，特别是像黄静芬，俚只三弦特别讲究，是日本格。倪一般用格三弦可以拆二节，俚只（三弦）可以拆三节到四节。拆开来，榫头里全镶金格，不走音，讲究呀！

李：王老师，请再讲讲对书场格记忆，比如说倷做过格最好书场，还有最蹩脚格书场，当中可以看看苏州搭上海格区别。

王：最好格书场是仙乐。一趟是印度甘地夫人到上海，统战部到评弹团来，说甘地要看看曲艺，要叫最好场子、最登样[4]格演员，我搭张维桢算顶登样格。格歇辰光我三十来岁吧。场子就是仙乐，演员就是我搭张维桢。统战部要求：最漂亮的场子、最漂亮的演员。

李：仙乐书场有多少座位？

王：八百只不到。像米高[5]要一千零点。格个书场讲究得不得了，咾不窗格，当时就才是空气调节。

李：阿有话筒？

王：当时有话筒了。上海舞厅改书场才有话筒格。倪讲格码头书场、老式书场咾不话筒，二三百人照样要（拿声音）送到格。

李：王老师，倷阿说过蹩脚书场？

---

1 阁伶伶：苏州话，指穿戴修饰得整整齐齐。
2 混堂：苏州话"澡堂"之意。
3 小家败气：苏州话"小家子气"之意。
4 登样：苏州话"端庄漂亮"之意。
5 米高：米高梅的简称，老上海著名的舞厅书场。

王：有啊，蹩脚书场蛮多格。一个蹩脚书场嘛是吴江同里。我出来破口，第一次出来放单档，夜里出来点油盏头格。

李：下头有几化人？

王：日里坐几十个人，夜里坐十几个人，生意勿灵。后来我偷私乖[1]，搭场方商量，油火钿阿是不够，夜场停脱吧。因为我日夜要背两回书，格场夜里停脱，我只要背一回书好了。

李：书场格层次差异大得勿得了。

王：所以我刚刚讲，有种书场进去，（听客）全赤膊，弄得像混堂一样，一吓得来，基本全是农民、小商小贩，伊拉勿关格呀！

李：王老师，据我了解，为迎合上海听众，有勿少名家才非常注重通过改编、演出书目，加深人物心理刻画，使评弹的叙述开始向以情动人、细腻深入、富有文学性方面发展，经过加工提升格书目，搭苏州传统弹词书目形成较大差异，是否可以认为格也是"海派"评弹风格的一个特点？

王：侬说得一点勿错，可以格场认为。举个例子：《白蛇》是陈灵犀搭伲先生一道改编格。原来格本子是杨仁麟格。有个俞韵霖侬阿晓得？（上海评弹团）叫俞韵霖来吐，就是每天叫俚来说一回，录音录下来，根据格个作为基础，那么再改。侬看见过《白蛇》格本子，格已经是陈灵犀、蒋月泉修改过格，叫新《白蛇》。新《白蛇》搭老《白蛇》有啥个区别呢？老《白蛇》里厢小闲话丰富，噱头多，等于格顶帽子不过如此，绒球交交关关，漂亮就漂亮勒绒球浪。老《白蛇》就好勒格顶绒球浪，本身格本子勿灵格。那么就是杨仁麟，是"蛇王"拿俚丰富起来格。就老本子讲起来，一个就是噜苏，还有么唱词摊板。最最主要一点，新格，改过格，好勒啥地方呢？就是许仙脚色立直了，格是顶顶要紧了。老格《白蛇》里，许仙叫"棉花耳朵风车心"[2]，歇歇要上白娘娘格腔[3]，白娘娘险些丧勒俚格手里厢。白娘娘爱格场一个猪头三[4]，讲起来眼睛瞎脱哉。老格《白蛇》主题是报恩，就是许仙养条白蛇，带有迷信，许仙带有格场一个性格。后来改过之后，新《白蛇》就拿许仙脚色立直了，包括许仙喷符，上当，勿是有心要害白娘娘，而是要解一个疑。我家主婆[5]哪亨会是妖怪呢？给茅山道士提醒子倒有点疑惑，格我去喷一喷符勿会有啥事体。俚是抱格场一种心情，勿是有心要来捉妖怪。包括吃雄黄酒，勿是要去上娘娘腔，而是以为娘娘发痧，身体勿好。许仙脚色立直了，娘娘脚色也立直了。爱格场一个人总算呒不爱错。所以

---

1 偷私乖：苏州话"讨巧"之意。
2 棉花耳朵风车心：苏州话，指一个人耳软心活。
3 上……腔：苏州话"找茬儿"之意。
4 猪头三：吴语方言，指代笨头笨脑的人。
5 家主婆：苏州话"妻子"之意。

新格主题搭老格主题勒格方面是有很大区别。第二个，新《白蛇》片子相当好。现在蒋老师格经典唱段全是新格片子。片子勿好倷唱勿好格呀！哪能唱法呢？对伐啦？所以《白蛇》是上海评弹团整理格，是陈灵犀搭蒋月泉整理格。我勿说《白蛇》，蒋月泉亦勿说《白蛇》，伲只有《玉蜻蜓》，后来到了团里蒋老师学格《白蛇》，拨俚格任务。俚说《白蛇》，我也跟仔一道说《白蛇》。

李：谢谢王老师，多多保重，希望还有机会来听倷讲故事。

整理者：李明

第五十七讲
忆上海评弹团的点点滴滴
——周震华访谈录

口述者：周震华
采访者：王亮
采访时间：2012年3月19日下午
采访地点：上海评弹团办公室

周震华

周震华（1956—　），艺术世家出身，系著名评弹艺人周云瑞先生的公子，长期从事评弹管理工作。1982年进入上海评弹团工作，曾担任上海评弹团副团长等职。

王亮（以下简称王）：我想问一下老师，您认为五六十年代时，建立上海评弹团这样一个工作团，跟以前有什么大的区别？"十八艺人"加入评弹团又是一种什么样的心态？是自愿，还是被迫？

周震华（以下简称周）：你的问题是从我们建团前后，演员心态的变化提出的。以我知道的，就是说，1951年建团的背景是一个大背景，1951年的时候不只是评弹团，整个戏曲剧种在这个年代基本都成立了团，这可能是受苏联的影响，这是一个成立的背景，一个国家的背景。

但是从我们评弹演员来讲，你也看过你们唐老师写的回忆录，我也听过我父亲讲的他的感受，我认为他们总的来说是自愿的。1949年中华人民共和国成立之后，大家有一种解放后感觉，因为旧社会的艺人没有依靠，没有组织的关心，比较分散，个体的，生存全部靠自己，这样一种状况。因为他们是好的一批，所谓好的，就是说在专业方面，生活方面，他们是比较顶尖的一批了。他们都看得到，那些没有保障的艺人去世，家庭都很惨的，就是说有些艺人老了之后完全没有依靠，丧失了舞台表演的能力之后，往往很凄惨。这些情况他们都知道，于是在1949年之后，在当时的环境下都很兴奋。再加上国家号召组织起来，也有这样一个大背景，觉得如果继续单干的话，那就是还要走老路，所以要表现自己，要有进步啊，要组织起来，所以要建团。这是一个大的环境。

我觉得，从客观上来讲，因为我们前十几年就讨论过，这个团到底要不要？当时，我们的老团长吴宗锡就发表过一篇文章，意思就是评弹到底要不要建团。其实当时很明显，这个背景就是"大锅饭"，在打破"大锅饭"的背景下，然后我们就一直在考虑这个问题，那么现在我们跟吴老师交谈的时候，我们还是比较有共识地认为，评弹建团肯定是有它不可磨灭的功绩，就是说它的作用。它的作用就是把这些分散的艺人组织起来，在艺术创作上做出了不可忽略的贡献。比如讲我们在建团之后，产生了中篇这样一种形式，产生了评弹演唱会这样的形式，就是把独立的开篇、选唱单独组合起来，组织流派演唱会，对评弹这种曲艺进入城市化或都市化之后的剧场演出，它肯定是一种推动，从形式到内容起了很大作用。还有长篇、中篇的创作，包括短篇，当然评弹主要还是长篇，它一档一档分布在各个码头书场，包括江浙沪这一带，当时演员还很多。我知道的，上海区里面就有六个团，苏州也有不少的评弹团。因此，这是一个不可磨灭的作用，在艺术创造方面，就是把分散的集中起来。

以后创作的作品，比如讲，第一部中篇就是《一定要把淮河修好》，大家都知道的，就是组织这批人，刚刚建立起来，就下到淮河工地去，出现了很多令人感动的事情。那时候，我的父亲看到那些农民很艰苦，冬天穿着单裤单衣，他把自己的羊毛裤送给他们。当时还因此受到批评，说，不是你送一个就解决问题的。那么在跟工农兵直接接触之中，这批艺人有了根本不同于码头生活的那种感受，原来社会建设是在这样进行的。然后，在这样的冲动下创作了一个中篇，叫《一定要把淮河修好》，那也是第一部中篇形式的评弹。当然其他团也有中篇的说法。我觉得上海评弹团创作第一个中篇，是比较有意义的。它在形式、在内容、在组织、在艺人的组织方法、在艺人的思想改造上，起到一个促进的作用。然后这些艺人就换了一种样式来表演现代的评弹。

我再拓展一点讲，那么为什么讲艺术要创造？描写现代的作品，对评弹来讲，是有难度的。因为评弹它是表现传统题材的，它有传统书目留下来的，陈云同志把它分为一类书、二类书，一类书就是传统留下来的，二类书是戏曲改编过来的，就是后人再改编的。一类书留下来的，有很多精华的东西，当然也有些糟粕，有些封建内容。所谓精华的部分，不仅是内容，还有表现形式，一个就是说表方面，还有表演方面，它积累了一些京昆的表演艺术，生旦净末丑都有一定程式化的表演，都会移植到评弹里面来表演，但这些东西，你如果写现代题材的话，它全没用。许多传统的套路行档都用不上了，因为原来老生、小生等表现方式，都是表现传统题材的，你表现现代的，那就完全不一样了。可能在京剧当中，唱的方法还有，比如像样板戏，比如说这些现代的作品，它可能也分，用那些生、旦，唱腔，来表现人物，一些程式化的动作也可能保存下来。而评弹则不同，这就是在表演方面，那些演员要脱胎换骨的，找出一些办法来表现现代的东西。

在这个时候，有一系列作品出来了，像《王孝和》《海上英雄》《江南春潮》等，就是反映整个大时代建设的作品。这就是我讲的团的优势。如果我们还是单干的话，不可能集中起来搞这种中篇样式。那就是长篇一回一回的，就没有集中来体现这种中篇形式了，就不可能流传下这么多的作品。

那么我反过来要讲，就这一点而论，现代作品留存下来的比较少，那么是因为大的时代，文艺的政策是有些问题的，"左"的东西很多，因为当时有"大写十三年"，就是上海柯庆施搞的那个传统书一律不准说了。而看唐耿良老师的书，他们这些艺人是很敏感的，上面说什么东西不能说了，成为封资修了，他们就一下子全都不说了。有一个时期，就是全部说二类书，或者说新编，传统书一律不准说。大概是1963年，叫作"割尾巴"（"斩尾巴"），有这样一个过程。所以说不能留下很多现代作品，一个是时代的问题，不是建团的问题，也不是我们艺人艺术水平的问题，因为整个时代是这样的。搞的很多东西，我们讲都是跟政治距离比较近的，所以从宣传角度来讲，比如"学大寨""学大庆"。如果这个东西不成立，你的那些作品当然不成立。就是说，像"学大寨"、刘胡兰，如果所有的作品都围绕着这些转的话，如果说这些东西出问题的话，整个作品当然就出问题了，不能留下来，我们写一些抗战题材的，写一些解放战争题材的作品，表演的《芦苇青青》这些东西都是这样，这批艺人是很厉害的，都是评弹界的精英了，这些精英聚集在一起，结果就是一些很好的唱腔流传下来了。经久不衰，成为经典。

很多作品不能演出，因为跟时代相距甚远，或者是你写的东西有距离的，但是他的唱段还是留下来了。而且我觉得当时有一种艺术氛围很好，就是大家在一起，形成艺术上的竞争。因为这些人聚在一起演出了，直接在台上，我看到你，你看到我，像以前是很难碰头的，最多两档人在一个码头上碰到了，那就是"敌档"了。就算是十五档的长篇，我也不一定能看到你，你在演，我也在演。但是直接在一个舞台上，就是艺术上的竞争，一种较量。因为有团成立，提倡这些东西，他们就在台上把最好的东西拿出来。今天徐丽仙搞了一段唱，她出新了，搞得很好，那么蒋月泉想，我在下面，我怎么弄，我怎么更进一步地拿出我的东西来。这种艺术竞争，我觉得是很正面的东西。大家把精力集中在艺术方面，它就解决了很多负面的东西。你知道一个艺术团体，很多艺术家集中在一起，不管是现代，还是以前的艺术家，他就是从旧社会过来的，人和人之间肯定有矛盾，这种矛盾肯定比现在还要多，如果都搞这些的话，比现在还严重。但是什么使他们搞到一起去了，留下那么多好的作品呢？我觉得是这个氛围，大家把精力更多地集中在艺术上面，艺术竞争方面，你一直在搞作品，搞创作，搞新作，或者大家在舞台上相互竞争，相对来讲，负面作用就会少很多。

我觉得这个是很应该肯定的，我们六十年走过来，以前在吴宗锡老团长领导下的，应该说，在艺术创造、艺术评论方面，是很有成就的。因为他是一个有文化的领导，而且在文学方面很有功底的。我觉得他在文艺评论上，发表了好多作品，写了好多书，而且很重要的是，如果领导从事文艺创作的话，一定要有文艺鉴赏、文艺评论的能力，否则你怎么做作品导向。就像我们现在搞艺术管理，搞团队管理，这个能力是很重要的，如果你对一个作品毫无感觉的话，那么你不可能引导一个团队去很好地搞创作。

讲到吴宗锡，他可能也是一个比较成功的例子。我觉得他整体上对艺术的把握起到一个很好的领导作用，这使这些人团结在一起。

我进团是在1982年，当时还在吴宗锡老团长领导下进行的整训，后来我也主持过团的工作，就是说，保持着这种形式的整训。所谓整训，就是一年一度的，一些艺术家，全体演员集中在一起，除了学习内容之外，就是艺术探讨，艺术探讨就是大家拿一回书出来，事先布置好，然后一档人在上面说，很多艺术家都在下面听，听完之后，领导做领导的评论，演员做演员的评论，这个很厉害啊！我也很感动，以后我也努力坚持这个工作，演员们都说，工作很有难度。在书场说书，你面对的是听众，你在团里说书，面对的全是同行、专家，你就不可能随便敷衍，就算是即兴的东西，有时候都要考虑很久，怎么发挥，怎么表现。所以说这样就会碰触出很多火花来，会在高层次上，大家探讨，对艺术走向会起一个好的作用。我们过去好多好的作品也是这样的。所以好多人讲，这是上海团的一种风格，吴宗锡老团长也写了这方面的文章。我觉得上海团的风格跟它的艺术宗旨是紧密相连的。上海团建团的宗旨是什么？是示范实验，尽管上海的一些评弹团很多都有这样的宗旨，但是我觉得到现在为止，还是应该确立这一宗旨的。如果没有这个宗旨的话，这个团也就没有存在的价值了。

因此，我觉得，它应该担负起在整个行业一个艺术方面的示范作用。然后正因为这些人他们相互竞争，比较阳光积极，出了那么多作品，他们的竞争碰出了火花，所以说，很多作品对评弹界的艺术倾向都直接起到一种引领的作用。当时，这批艺术家他们走在前面，大家都是目光向他们看的，你怎么做都会对大家有很大影响，包括搞中篇的样式，怎么搞，大家都会看的。

正因为是这批人，你讲"七煞档""四响档"也好，这批优秀演员，他们是顶尖的，他们优秀的业绩是大家公认的，你要行，或者不行，要从最底下开始说啊！尽管蒋月泉老师，他唱电台，先唱红了，但是他说书还是从底层开始，回到码头上去说。因为早先蒋的说表不好，姚荫梅对蒋月泉的评价说：你的说，好像是小人在穿大衣服。对于蒋月泉的名声来说，他在电台上唱得很红，但说却不如唱那么有名。那么蒋老师就说，那我就把右手缩回来，专打我那个不行的左手。之后他专门去练说，后来他的说当然是很完善了。这在评弹界也是影响比较大的。

那么我就讲这个方面它的作用，起到了它所存在的必要性，宗旨，即示范试验。那个是很优秀的一点。如果不是团的话，大家都分散在演。当时也有比较有影响的，像"七煞档"，它的意义就是团在一起做，其他一般性的，势单力薄的，名气没有你大的，他就让开，就不做了，那么就把这个地方拿下来，听众就拿下了，他们几乎可以做到所向披靡。

在艺术创作上，他们在长篇方面有很多作品，但是1949年以后，政府在管理这一块。文艺要配合当时的形势，配合当时的宣传，那肯定是以团的形式便于管理。

王：谢谢老师，我觉得讲得挺清楚的。听老师的讲解，也让我开阔了眼界。我也看过一些资料，就是当时有些艺人可能并不太愿意加入，可能从收入来说的话，不如以前多。

周：是的，明显减少。也有个例，但是至少我们建团的时候，大多数人还是留下来了。而且当时也没有人逼着他们干，说"你们一定要组织起来"，这个是没有的。

当时有些个例，当然我们个别谈，像有些演员很著名的，他进团，觉得收入少了，就又出去了。我觉得现在讲起来，也是可以理解的，因为后来我们又看到了这个团弊端的一面，就是"大锅饭"。本来评弹艺人都是个体演出,很自由的,好坏自然由市场来决定,这个演员不用国家来评一级二级。敌档,我把你比下去了,这个月的收入,我肯定是比你高的。我的口碑名气肯定比你响。它是自然的一个市场竞争,本来是一个很好的生态。然后国家全部组织起来,全变团了,应该说这是一个问题。是不是评弹演员都要组成团,是不是可以保存个体的演员,或者是协会松散形式的,这个是我们要探讨的。我觉得这个比较科学。

所以绝对地讲,评弹不能有团,评弹一定要团,都不科学,因为事实证明你走过来的这段路,很多事情是不可否认的,那么就是说团有存在的必要。但是不是说所有艺人都要组织起来呢?就是后面产生的问题,所有的艺人都被你组织光了,没有个体的演员,消灭个体的了。

王:是啊,好像是有一种判断,加入团的,就是革命的。

周:对对对,加入的,就是革命的,集体化,单干,就是"走资本主义道路",当时就是这样的。那么现在进行市场经济了,这个问题,已经说有一个大的结论了。市场经济已经改变了原来的计划经济,那么很多事情它可以有多层次组织形式的存在,这个是肯定的,是整个经济形势所决定的。

但是当时不是这个环境,当时的环境就是国家组织,后来就都变成国家组织,要么是大集体的,要么是国营的,国营的当时就是我们唯一一家,后来大集体的比较多。苏州团都是大集体的,可能江苏团是国营的。然后,都组织起来,我觉得这个问题不在于艺人,那个是国家的政策,你要回过头来看,要调整的话,那倒是应该国家负责来做的。结果,一个个团都成立了,上海评弹团也就谈不上示范的作用了,大家都在示范了嘛,大家都来做引领作用。因为艺人有各种层次,另外,"大锅饭"以来,你的演员要评级,都是由政府来管理的,决定你的工资是多少,都是由人为来决定的,成立团了嘛,都是这样的,然后出现了一些矛盾,很多也不是很科学的,管理上就出现了一些偏差。

一直到后来八几年的时候,我们为什么要改变这个分配制度啊?因为演出已经锐减了,从几千场到几百场,艺人总是觉得反正是拿工资,我演出也是拿工资,不演出也是拿工资,反正是拿工资的。跟其他院团都一样。其他院团还有厉害的,你演得多,亏得多,演得少,亏得少。从团里来讲,我们这边也是你演得多也好,演得少也好,都一样,那个奖金是几块钱,而工资是几百块钱,几块钱的事情,很多人觉得无所谓,那当然在家里安逸了,所以这个情况就产生了,接着就急剧蔓延开来了。

我觉得这个也是有很复杂的原因在里面。都成立了团是一个问题,还有一个是你成立了团以后,团的建制被人为搞死了。为什么团的人员不能灵活地有进有出?能甄别呢?现在事业单位改企业,为什么企业就能活?事业就不能活?正常的话也应该活,人员也应该活的。是因为你的干部体制不能正常解决一些问题,你怕人员进出有偏差,个人来决定,个人说了算,还是你体制的问题。不是事业有问题,而是事业的整个机制有问题。或者你的人员方面,或者你的经济方面,流动都有问题,越来越死,越来越死。

王: 是啊,一开始的时候还能做到按劳分配,后来基本上就吃"大锅饭"了。

周: 所以说到后来不演了,大家觉得是个问题。面对这些问题,我觉得从现在来讲,是不是应该尝试多层面,可以有国家剧团,再有一些少量的有组织的,还有很多的比较松散,协会组织的,以前叫光裕社、润余社等,像协会一样的组织,比协会更松散,艺人们就是喝茶谈道,然后你入道了,就是说"侬要说书了",那你就要到茶会上给大家亮亮相,你是谁?你是跟谁的?大家认识了,就算是入道了,然后就是出道。如果没有入道,就算是非正式的。它也有它的一套东西,这样就比较适合长篇演出这种形式,因为长篇本来就是一档一档的,你组成团,如果不搞中篇的话,也做不了什么事情。他还是一档一档演出。

所以说,我们团很多精力的花费之处,我归纳是四个字,做得最辉煌、最漂亮、最有价值的就是四个字——"整旧创新"。这个在以前也是常提的。如果我们现在大的目标不明确,大的定位不明确,有些都会走偏的。所谓"整旧创新",就是传统的要整理,整理成具有时代性的作品,因为现在的鉴赏标准逐步跟现代人的思维挂钩起来。我们的很多长篇,它因为是原来的老作品,你认为它不能改动了,很经典,甚至于三十年前怎么说,你如今还怎么说,这就把它说死掉了。现在都有录像的,你把录音、剧本保留下来,那么是不动的。

长篇原来的演出是一个动态的过程。每一代人说,为什么"七煞档""四响档",他们出来了,他说的那部长篇跟他一起出来了,或者他的唱跟他一起出来了。蒋月泉跟他一起出来的唱,是"蒋调"。比如讲,我父亲周云瑞,他也搞了一系列的作品,然后他们说的长篇跟以前老师的不一样,他们当时叫作"小沈薛",那么他肯定有新的东西的,有他的说法加入进去了。普遍的节奏加快,内容浓缩了,然后整个说法更时代化,更新颖一些。我们有些东西已经老化了,你去听,有些唱腔,过一代之后,就比较古朴,比较老化了。新的一代的艺人转腔比较新颖,听得出这种时代的感觉。否则你会觉得拖沓,或者是冗长,或者整个节奏缓慢,或者腔调,就是讲话的样子都老化了。

我们现在的问题很大,因为"文革"断裂了文化艺术的发展,从演员到听众全部断层,还用原来的说法,也难以回到几十年以前了。

王: 确实是这样的,我当时想写这篇文章的时候,老师也跟我说要多注意个人,然后我看了一些,比如"十八艺人"他们当时一些相关资料。我觉得周老师您的父亲就很有典型性,一是他在入团之前,1949年之前,已经是一个响档了,而且在1949年之后,他自身又多才多艺,跟很多名家又是学电影,又是学国画,成为很有成就的一个人。然后在建团之后,在五六十年代的时候,做出了很大的贡献,创作了像《王孝和》《刘胡兰就义》这样一些中短篇。

周老先生在五六十年代也算是他的非常辉煌的一个时段。一开始,就像老师所说的,他认为这种集体创作和演出有它的合理性,那么到后来的时候,您觉得周老先生他个人的想法有没有一些变化?这些变化表现在哪里?他个人的观点有哪些?

周: 根据我的了解,虽然我对我父亲的了解也是不够的,因为我1956年出生的,然后他们1951年建团,因此整个这个阶段我的记忆是很淡的,我印象当中我的父亲老是在演出,很少回家。

以后我进了这个团,并且主持工作很多年,然后再回过来看这一段。我父亲呢,其他一直处于一种比较积极的写作、教学、演出的状态。我后来注意到一件事情,他从建团以后,就是长篇被拆开了,如《珍珠塔》,然后就调他去搞教学工作。现在我回过来想,我父亲有一段时间是比较苦闷的,因为一个演员从第一线把他换下来,他需要有一个转换,一个适应过程,他内心也有一个很痛苦的过程,因为演员主要还是演出的,后来就要他重点担任教学工作。然后他很快就一头扎进教学工作里去了。编写了很多教材,担任了苏州评校和上海评校的教学工作。

在九几年,我从日本回来以后,我把陈云跟吴宗锡的通信回忆资料拿回来了,从1959年到1989年。里面就探讨了我父亲的教学。当时陈云问:"谁在教学?"吴老就回答:"是周云瑞,他比较适合。"因为当时,团里派我的父亲跟朱介生老师教过陈云,教他琵琶,教他学习评弹的一些东西。后来陈云就指定要我父亲教授他。他觉得周云瑞比较会教。

我父亲他比较善于动脑筋,因为他去过音乐学院上课,大家反映很好,效果很好。他对评弹音乐理论的整理,他的一些理论观点,大家都很能接受。他在这方面是很动脑筋的。

你刚才说的,他在创作方面一直是很积极的。到后来对团产生看法,是在"文革"以后,"文革"以后才对团提出疑问了。以前都没有人敢提这个事情,想都不敢想,没有人怀疑过这个事情。不仅是我父亲,从来都没有人怀疑过这个事情。

到"文革"之后,有一段时间,七几年的时候,大家就有了很多讲法,"大锅饭""干好干坏一个样",等等,也有一些很有趣的,很典型的讲法,比如吴君玉的讲法就是说,"我们很年轻的时候,你把我们弄进来,我们老了你把我们推出去了"。就是一种情绪,一种想法。这不是艺人所能决定的。如果讲是一个错误的话,也不是演员能够承担的,这是大环境下国家做的事情。他有看法的就是"文革"受到冲击了,想不通,生了胃癌,被要求写检查,去香港的事情。唐耿良的书中有一个看法,他们当时是有淘金的这想法,结果最后也因此事受到了冲击。"文革"中把他弄成了特务集团,那是"文革"的一种政治压力下,整个形势下,我们团里也有一些人,就是说，用了一些手段，把一些老艺人抓过来，让他们交代，不交代会怎么样的。用这种威胁，用这种手段，那么有些老艺人受不了的，就像创作一样乱说一气。他们就这样一记，然后文汇报一发，马上来逮捕人了。这个事情弄得很大。里面涉及一些个人的东西。这些东西现在我们都不大去讲了，有的是整个形势所逼，我们讲干部也好，你有一些左的行为，都是可以理解的。有些是超乎个人的，超乎一般人的，一些品质上的问题，把这个事情给扩大了，或者严重化了。这些是都有的。在这些事情上，我父亲他是一个很耿直的人，想不通，很痛苦，他就坚持说，我没有的事情，怎么大家都说有？要么我不知道，要么我记错了。

还有一个，这个唐老师大概是知道的，当时评弹界这批艺人参加过戡乱，就是国民党的一个组织，叫他们来填表，弄一下，这个就是个大问题了，不得了的事情，甚至影响到我们。我们入党的时候，都会受到一些连累的。那么他就想不通的，怎么整个就变成这样了。那么我现在知道这些信息了，这么一个演员想不通，国家主席都弄下来了，这么大的国家都乱了，根本就没有法制的。是不是这样？是因为整个国家出了问题。

他们这一代艺人对团很热爱，越是到老年，对团越是爱至如家一般，这就是我的单位，谁要说，评弹团不好，他会跟你较劲。他们都会把单位这块牌子看作是荣誉。他们这六十年就是风风雨雨走过来的。当然大家都很维护这个荣誉。我觉得这批老艺人在这一点上比较一致，大家都不会给这块牌子抹黑。而且他们也不愧在评弹界享有这种声誉，因为在评弹界很多演员对他们很佩服，很尊敬。因为无论是说、噱、弹、唱哪个方面，这批人都堪称表率。这个不是国家给你评出来的，都是靠同行评价的。

尽管蒋月泉宣传是最多的，这么多人，他的知名度是高于这一批人的，但是他有他的绝活，有真功夫，真本事的。因为他也是从书场，从码头，做起来的。人家说他"说"不行，那我就练"说"，从头再练过。所以他的"说"也跟他的风格浑然一派，他不仅唱得好，他的说表也有很多人模仿他，细腻、准确、少废话，他一句话能说掉的，绝对不说两句话的，就是这样。这些都是这代人精益求精的结果。

王： 听了老师的讲解之后，我已经了解到一些情况，一开始的时候，并不是很了解，看了一些资料之后，感觉有一些疑问，听了老师的讲解，觉得很有道理。就我个人而言，感觉荣誉是属于他们个人的，如果还有什么不足的话，可能真的就是那个时代所造成的。这个也是一种无奈。

周： 那些演员有一段时期，实际的是军事化，都住在团里的，住在团里演出创作，过集体生活，但是他们觉得可以的，当时的艺人也确实觉得应该接受改造，因为毕竟是新社会新思想了嘛！我觉得是比较阳光的一个状态，尽管以后出现了越来越左的很多事情，那是另外的事情了。你去看唐耿良先生的书，整个心态是比较阳光的。

王：前段时间，师姐当时来您这儿的时候，她说，您已经给她一部分资料了，就是关于饶一尘、石文磊的。

周：是的，她去资料室看的。因为当时他们两个人刚刚去世，这些资料还在，但是上一级别的，到我父亲这一级别的，档案都不在我这里了，因为人民出版社在写蒋月泉的传记，还有我父亲啊，他们都在写，资料都调到文广局去了，现在反而看不到。原来资料是在北京路，北京路搬家了以后，说是还没有整理好，还不能接待人，据说要半年，那么这个事情就这样搁着了。

王：哦，我一开始以为是在档案馆那边呢。

周：不是的，是在文广演艺集团的一个资料室里。现在京剧院的费三金在写我父亲，唐燕能在写蒋月泉，在写名人传，唐老师在写他父亲。因为这部分工作也很重要，可以深入下去，比较详细的。像唐老师如果不写的话，很多事情，尽管是从他个人的角度，这段时期，这段历史，我们后来人就不知道了。对以后的评弹艺术分析研究，留下了很重要的史料。

王：这是一些很重要的史料。

周：是的，他基本上是按照年代写的。他的经历也很典型，一个评弹艺人从旧社会从艺开始，为了生存，从艺演出，一直到他走向比较著名的艺术家这样一个过程，中间"文革"这一段，都写出来了。所以史料价值蛮高的。

王：是啊，当时唐老师也说，为了整理这部分资料，花了将近十年的时间。

周：因为唐耿良老师，他的记忆力确实惊人。像我父亲如果他在的话，他的一些事情发生的年代，不会记得那么清楚，他可能只记得大的事情。唐老师他的一些很细小的年代时间，都记得很清楚。我看唐力行的文章，可能跟唐老先生说评话有关系，他是说历史书的人，《三国》是历史书，在这方面，他有比较特异的记忆力。

王：是啊，像周老师，您在工作之余也可以对自己的父亲以前的一些故事啊，一些资料啊，进行整理，也应该是一个宝库啊！

周：很可惜。实际上，我们两代人，一个年龄相差，像唐力行比我，跟他父亲距离小一些。他年龄比我长几岁。他受到冲击的时候更加厉害。他进大学没读完就调到安徽去了，整个受冲击了。

我们那个时候，就是"文革"开始的时候，正上小学，还扒在阳台上看人家串联，批斗，红卫兵上街，后来就是不要花钱就可以坐火车串联了，但是我们只是看。最后我到了部队，入了党，还是受到一些影响，你被搁浅，有些问题需要审查的，比如香港问题啊！我十八岁就入党了，所以我党龄很长的，后来成了这个单位的书记，后来我去日本留学，我出去十几年才回来。所以说，我跟我父亲隔得比较开，年龄上隔得比较开，以后我又回到这个团里，我是 80 年代初进团,一直工作到1992年,我到日本去的。回来后,十几年的时间,我从事这个单位主要的改革工作,包括分配体制的改革,就是我们现在的工资拿六成,演员收入九成归自己,上交一成,然后把每年几百场演出再恢复到三千多场,这是改革之后的结果。

当时,我了解了整个评弹界的分配情况,再了解我们团的,上海文艺界的情况,交替了解。因为文艺界都是国营的,而评弹界有集体的,有国营的,情况不一样。把这两个交替一下,在前面有人讨论的前提下,我来做掉了,做掉以后,一下子就把他们拉上来了。当时我觉得我解决了一个大的问题,这个制度一直到现在还在应用。我们力所能及地做了这个事情,这在当时来讲不是很简单的,因为也要报批,尽管我们是事业单位,你这样改革分配也是大动干戈。有评弹界的艺人评价说:你们是大锅饭加小锅菜。因为有六成的固定工资,演出的90%再归你。相对比而言,当时有些曲艺团,他们连工资都没有,你不演出就没有收入的,一年只发两三个月工资,就是集中时候发的。对他们来讲,你们的收入情况已经好得不得了了。

对文艺界来讲,工资是有的,评弹听起来个人拿90%,但是评弹票价很低,最早的时候,只有几毛钱,后来才到两元三元,所以说就算是90%也不多。但这样一来,就把演出和不演出人员收入拉开了,演多演少不一样,演好演坏也不一样。当时我们也不包场,进书场去演出,比如说有三十个人,那么照三十人,你跟书场分账,你拿四成,他拿六成,四六分,如果是个人,就按个人分账,跟1949年以前是一样的。因为那个时候,听书的人很多,书场也很多,累积起来肯定大大超过六成的工资,于是马上就形成这种竞争。这个制度是很适合评弹的,拿到民族乐团,拿到话剧团的,那人家是集体工作的,你搞这个分配肯定不行。所以我当时就动了一番脑筋,领导也是很支持的,所以这个制度就延续了很长一段时间。

这个很关键,我觉得在管理上要做一些事情,否则这个延续都会有问题的,会有很大的问题。

王:是的,跟老师探讨一下,真是开眼界。

周:我呢,是比较多的从事管理,就是艺术团队的管理,想了很多事情,也做了一些事情。比如讲,当时的青年队,现在我们的秦建国团长,他们在年轻的时候,我当他们的队长,带他们去苏州等地演出,当时是由我来主持这一工作的。他们这一批人,进来的时候,有四十几个人,到后来变为十几个人。当时"文革"刚刚结束,处于一个不太稳定的状态,他们一开始老书也不能说,当"文革"彻底结束之后,传统书目才开始恢复演出。那么这批老的书,只教过他们唱,在舞台上说长篇,基本都没有实践,他们也没有跟着蒋月泉说长篇。蒋月泉活得最长,活到九十岁,他们比较多的是看到老师的舞台演出,学生演一回书,演两回书,其他比较差的,则不能跟老师,跟他从码头上演出。这个是评弹最关键的教训,这个也是从管理上讲的。

我那个时候做了一件什么事情呢，在码头上演出就有一批郊区来的，另有一批城市来的，一个码头待大概半个月，然后再换。农村七几年的时候，一直到我来的时候，80年代初，我跟他们下去看，有的地方还是很落后的，郊区啊，出码头的地方，或者比较小一点的地方，一个书场，一条街，几分钟就走完了。那么两个小时演出结束之后，就要住在那里，半个月之后才回来。两个人嘛还好一点，可以讲一讲话，关起来一个场子，门一关的话，不就两个人了嘛！但还有评话，就是男演员说评话，就是一个人的，一个人在那里半个月就没人说话了。那么，我们的老先生呢，他们是有办法度过这段时光的，很多老先生有写作能力，空闲下来，他就又回到自己书里去了，把这里改改弄弄，下午或者次日把这里再改一改。而我们当时文化程度是小学啊，他们真正有本事能把你教的模仿下来，模仿能力特别强啊，那么你要改动这个本子，没有这个可能性。

所以说，他空下来的时间，像张晓明这样的，他是年龄稍微小几岁的，就快哭出来了。过年，人家都回家了，就他一个人，连个电灯都没有，晃晃悠悠的一个人，真的哭得出来的。

王：是啊，男孩子还好，女孩子就更难受了。

周：是的。但是女孩子说单档的可能性比较小，所以很多人转业了。留下来比较多的呢，是双档，两个人的，就结为夫妻了。生活上有个照应，相对稳定一点。很多因为书目、拜老师的问题，因为"文革"以后，那个时候吴宗锡团长还在，他安排蒋月泉、徐丽仙这些人教1974届学生，大概不指定谁教谁啦，但是基本也会分配谁学谁为主。像秦建国学"蒋调"，王惠凤学"丽调"，老师上班的时候就来教他。蒋老师那时候是战战兢兢啊，叫他做什么就做什么。这批孩子对他们来讲，就是孙子辈了。所以他们来上班，他们集中来教，他们也不大能演出了。各种流派一教以后，几年下来，那个唱，不得了的。我那个时候当队长，出去演出，很快风靡，听众喜欢得不得了。但说书不一样。我们出去开演唱会，有"丽调"，有"蒋调"。几个比较大的流派，杨振雄的"杨调"，他儿子杨宗昌，杨振雄的，"丽调"是王惠凤，"张调"是王嘉明、王石谦，都是指定的。然后很丰满的一个演唱会举行了，反响好得不得了。早几天我们就知道，那个电台一放，一听，大家都觉得像，如蒋月泉，听众觉得"像像像"！

那个时候，也就是八几年，后来就渐渐觉得这些艺人的说书能力不强。论说书，学馆外的人肯定都比你强，因为他们早就进入实践了。我们从学馆出来，虽然第一场打了胜仗，但是没有几年的实践，到码头上自己去滚，跟着老师去实践，那你肯定是不行的。他们在学馆学习，跟的是隔代人，所以他们的说就比较弱，他们（指年轻一辈）看不到他们（指隔代的老一辈）在书坛上的真实情况，"一个开篇，我每天教你好了。你反复听唱片，你听完唱片，不行的话，我再点拨"。但这一点拨厉害了，激发他怎么唱。毫无疑问，唱就比其他所有人厉害了，非常明显。"说"，是后来几年慢慢才赶上去的。"说"，我们讲，外面有很多"说"得精彩的人。回过头来看看，我们在教学上有点问题，就是偏重课堂教学，评弹最本体的教学是口传心授。一代跟一代，一档人跟一档人。要学评弹，一定要看老师的演出，当年我跟老师到码头上去，看他在书场的演出，连着半个月，我每天都看，然后他一点点记下来以后，他让我上一点点，上十五分钟，上三十分钟，我跟着，让我上一点，上一点，就是这么上去的。这么上去是很自然的。以前跟老师都是这样的。你某某人跟我蒋月泉，"侬今天听我说哦，等一下我说完后，要问侬的哦"。那么学生紧张啊，"老师今天要问我啊，不得了的"。演出结束后，老师泡杯茶，"来来来，我说的书，你来复述一下"。那么脑子好的，他就把刚才一回书的故事梗概讲出来，那么刚才四十五分钟的书，老师就听你讲，你能讲二十分钟到三十分钟，已经很好了。你肯定要忘记很多内容的。这个不要紧，经过几回书之后，他就能把故事梗概讲出来了。"明早侬上去一刻钟。"学生说了一段时间没东西说了，脑子里空了，那你下来，我老师上。就是以这样一种形式，慢慢地滚出来的。所以学生始终有一个很大的空间，因为你要记十五天的书。比如说十五个两小时，你不能记得那么全，你又不是录音机，你每天听，每回书你会丢掉很多内容，丢掉四分之一,四分之二,一半啊！那么怎么办呢？你总有一天要离开老师啊，你离开老师那一天就可能记全了，那么就要靠你自己，按照这个故事梗概，你的理解，你填充进去，这就是你在说了。

这样的说书，他是活的，很好听，有本事的人他就说活了，是我在讲故事给你听，不是蒋月泉在讲，我把老师的东西活学活用了，以后四分之一的东西就是我的了。现在慢慢就是老师把剧本给你，让你抄剧本，老师把录音给你，猛听录音。如果只是把整个书全背下来，然后他上去说，那么就会死掉了，全都成了背书了。所以这样越说越不好听，那个书也就整个违背了说书最本质的东西。

说书好听，不好听，一定是有评论的。这就是说书人要有功底，就是教学上你要给他这个空间，现在这个空间没有了。因为现在很现代化了，一教课，就"剧本拿来，剧本拿来"，最好是打印给他。以前都是抄啊，抄到一点是一点，还要记啊！而且以前不能给你剧本的，老师在说，你听啊，他不允许你在下面记的。以前有个笑话，旧社会过来的，老师说到关键的时候，就把你支开。

这个也是管理角度啊，就是怎么出流派，怎么出大家，就是这样教学的。现在我们评校，五年本科，你拿到一个本科的学历，他只会唱几个开篇，唱了这个，忘了那个的。说书，说了这回，忘了那回。他根本不会说长篇。以前，五年不得了了，你早就出来了，可能都成名了。因为你在不断地学。现在有学历要求，我们不讲评校，因为他这个跟教学挂钩的，跟教学界挂钩的。但是这个也有问题，你如果是艺术专业教学的话，一定要打破一些原来的东西，如果五年都在课堂里的话，是很难打出去的，我们的人才受到了限制。把课堂教育强化了，把传统的跟师艺术，给淡化了。我们要求课堂学习一两年后就要出来跟师了。文化课要服从专业实践了。肯定要以专业为主啊，所以跟一般的教育一样的话，那就有问题了。

如果是艺术学院培养的，如果我们在上海戏剧学院，在丽沪路是有的。当时我们在办这个学馆，也考虑到这个问题，你要早早地让他跟师啊，后来这几年，我们慢慢恢复了跟师这种形式，拜老师，然后你就跟他出去。但现在恢复的东西，是从形式上恢复了，还没有从内容上根本恢复，我讲的从内容上恢复就是说你王亮拜蒋月泉，那一定是要你跟我说我的这部书，我蒋月泉说《玉蜻蜓》的，那你也要学《玉蜻蜓》。你跟我出去演出，我蒋月泉还在舞台上，我还没有退休，我在说，你跟我，跟一段时间以后，你就慢慢可以说这部书了。这个是真正意义上的拜师，很牢靠的。因此有人就建议你要拿掉一些现代手段，不要把整个本子都给他，叫他背，背完了之后再出去，这个都是有毛病的。我们现在还有一些人在这样做，"你背啊，背完之后，再出去"。这肯定是不行的。学会几回书，你就要出去了，在码头上实践，只有这样，演员才会说活。结果反而是一些其他团体的演员，因为他们没有工资，你不出去，没有人养你的。我们学员进来，还让他们在团里待一年，让他慢慢学，供他住，你在外面没有这个条件，你要么就演出，要么就没有工资，你在家里，你爹妈养你啊？养你，你也不可能把十五天的书全背出来啊，后面背出来了，前面就忘了。所以这个都不科学，是有问题的。我这是说教学上。

为什么以前会出流派？艺人自己拼命，加上生存的压力，他就出东西了。他有的时候就超越你老师。同样说这个题材，我可能说得不同。像前代人，像我父亲这代人，他一开始学《三笑》，拜了个老师叫王宜训，后来觉得这个路子不适合他，那怎么办呢？那就再换老师啊！再拜沈俭安为师，那么这次对路了，他就拼命学，拼命练，他慢慢觉得比较接近老师，他就出来了。这是一种艺术规律，我觉得，很多人，蒋月泉都换过老师的，都换过长篇的。像杨振雄后来成为大家。一开始跟他父亲杨斌奎学，杨斌奎是说《大红袍》的，杨振雄被"漂"得一塌糊涂，根本不行，进不了上海，只能在码头上演。反而是他兄弟杨振言说得比较稳，杨振言也是蛮红的。后来组成兄弟档。然后杨振雄重辟蹊径，搞了《长生殿》。杨振雄从艺术角度讲，他自成一种风格，这种风格，表演动作较多。就是说，我们讲手面，他的动作很京昆化。他跟盖叫天这些人都有来往的，他的动作，他的腔调，我们叫"雄调"，他的唱法，那个时候是很异样的，跟别人是不一样的。总的讲，他是比较戏剧化，戏剧的东西很多。

从客观的角度来讲，我不喜欢这样的东西，但我不喜欢，不等于他不是大家。他肯定是大家。因为他为评弹艺术树立了一个流派。我认为他了不起的地方在哪里？比如，杨振雄跟姚荫梅，姚荫梅没有什么很戏剧化的动作，是相反的一种，娓娓道来。跟听众面对面，很亲切，唠家常一样的。没有那种叫"火功"，而他就属于阴功的。他说书很轻声轻气，但是马上场子就安静下来了。他是很静的，很舒缓的那种风格。

我觉得说书的本体，它是靠语言的。这才是更接近于说书。主要不是靠表演。但是杨振雄为什么很多人都喜欢他？因为评弹它讲的故事也是分两大类，第一，民俗的东西比较多一点，底层人的东西比较多一点，平民的东西比较多一点。但第二，也有帝王将相。《长生殿》整个讲的是帝王将相的故事。那他就需要那些漂亮的手面，表现那些帝王的风度。他有他的这种需要，他了不起的地方是为了写好说好这部书，他看了很多唐代史，因此书的内容文学性肯定是相当高的，在当时。因为杨振雄另辟路径，所以这跟他的艺术相辅相成，很多人觉得"杨振雄搞的这种花头，不要听了"。因为觉得不接近一般的说书。但是最后他仍然成为大家。评价杨振雄，是有两类的，一类很喜欢他，一类不喜欢他。很喜欢他，是因为认为他比蒋月泉有更高的文学性。

概括讲，杨振雄的表演很戏剧化，这个戏剧化正好与他说的内容吻合。后来，在整个评弹艺术当中，这一类也是一个比较重要的艺术手法，在我们的评话运用当中也有，很多人手面很漂亮，是几个大家教的几个学生。听客就讲，一看就知道是老先生教的，手面动作这么漂亮。评弹都有分类的，一个门类，一个套路。基本上，这个人在那一站，就能表现很多的古代人物。传统书都很有程式化，有可以借鉴的东西，在台上很有样子，一看，就是单口的评话。跟滑稽戏不一样，有几个滑稽戏跟我们现在单口的评话相似，但它在台上没有传统戏剧的动作。传统戏剧真的很漂亮，我也可以把杨振雄归于这一类戏剧化手面表演中去，动作很漂亮，他会用扇面，用扇子。这些都可以归为评弹艺术当中的一种重要的文化因素。

但是，我刚才讲的姚荫梅一类演员，我认为，始终是说书的本体。说书主要不是靠演，主要靠你的嘴，口吐莲花，你要讲出那种场面，让听众来想象，你能讲出一个帝王跟一个老百姓的不同，靠你讲述，主要不是靠你演。如果主要靠你演的话，你不停地演，演到一定程度的话，就走入歧途了。那肯定是戏剧了，但是戏剧有景有服装，肯定演得比你漂亮。

所以说，还是要抓住最本质的东西，靠语言的艺术。比如讲，我要写一个人，我肯定要描述他的长相，通过语言来讲，他长得什么样。人家一想，哦，原来是这个样子，每个人想出来是不一样的，每个人都是按他的想象去想。那我今天给你描写这个女性怎么漂亮，是个怎么样的美女，那么每个人肯定按照他知道的最漂亮的美女去想象。想象是不一样的，也不需要一样。这就是评弹的魅力。

还有一个就是说，靠你的评说，那么杨振雄肯定在这方面不一样了。他看了很多书，他把整个唐代史可能都记住的，这个在现代说书艺术中很重要。

我们现在的演员看的书太少，就拿原来的脚本来说，传统书几乎可以说到三十年不变的样子。这个就很糟糕。这个书就说死掉了，不好听了。为什么易中天说三国，那么多人要看，我们不敢说他高与低，因为学术界有学术界的评论，老百姓有老百姓的评论。但有一点，他肯定是纵横评论，能讲出自己的道道来，有创新观点他才能让那么多人去听他，这是肯定的。我们可悲的就是，看到老师给我的这个本子，然后我就说。说了以后，基本上是几代人听下来都一样，都缩在这个范围里面，你跨不出这个范围。听众听了之后，评论你像不像你的老师。"侬说得不如你的父亲，不如你的上一代。"

以手头的这个杯子为例，如果我可以从电脑，从网上，知道这个杯子的特点，上面是怎么样的，拿起来底下是怎么样的，没人说过的。我知道九，我来说一，那么我说的就很漂亮，我很轻松自如，我可以出去，我可以进来，然后我把这个杯子说活了。现在很多演员只知道一的说一，那就很窘迫啊！你话到二，你不晓得二，就不敢出去，处于一个窘迫的境地。

这个跟我们的教学都有关系。为什么以前老先生，他能说得很活，像严雪亭这样的大家。你们一定听说过，他说书到一个场子里，山上人家打着灯笼来看，在走廊上等着，然后进书场来听一次，那个场面很壮观啊！那么他就是评弹皇帝。这个皇帝是大家评出来的，不是国家评出来的。当时好多人都列过，蒋月泉还列在后面，他第一位，还有评弹皇后范雪君。范雪君可能比较漂亮，她的唱比较全面。那严雪亭他确实了得啊，他说的《杨乃武与小白菜》，一个人说几个脚色，他能分得很清楚。

他们这代人为什么这么有名？没有大学生，没有研究生，他就是生活的积累，当时这批人走南闯北，从城市到农村，从这里到那里。他肯定比听书的人见得多，我的生活积累肯定比你丰富。所以我讲一个杯子，肯定我知道一二三四五六七八，而你可能只知道一二，我怎么都能把它说活了，让你知道，同样的东西，我一出口，你就觉得我讲得丰富，讲得好听。这就是道理。

但是现在不一样了，现在对我们这代演员来说，你如果说时事的话，听众知道的比你多了，网上的信息量不得了啊，铺天盖地的信息量，如果一个人知识面稍微广一点，他就觉得你这里讲的，根本没有什么新鲜的，你稍微有偏差讲得不准确，就引不起共鸣。但是你如果持续在这个共鸣点上触碰的话，他就觉得"你讲得好啊"。说唱艺术就是这样的。

我讲的这个就是很重要的，就是说我们在培养学员方面，走的路上面，从这个艺术本身发展上面，为什么出现这种状况，除了整个舞台艺术不像五六十年代那样了，有社会因素在里面，因为现在娱乐因素很多。除了这些客观的东西，我们主观上还有一些问题，就是说培养方式，我们主导的是这些，比如讲，演员要培养一种能力，就是叙述的能力。你不要什么东西都给他去背书了，录音给他不算，录像也给他，他动作都学得跟老师一模一样，现在的演员一看就知道是谁的学生。像，好不好，开始阶段必然是好的，就像学书法毕竟要有描红的过程，临摹这是基础，但是你不能一直这样，一直这样你的路就走死掉了。你什么都把老师的本子拿来全部背熟，然后你去说,那肯定是死掉了。

所以说你一定要培养学生的,我一直在跟他们探讨,你给学员一段视频,交代一下怎么来处理,你们五个人背对背,看了录像,每人再说。然后我请最好的老师来点评,这跟写作文一模一样的,你做的文章逻辑清不清楚,哪里应该展开的,你没有展开,哪里不需要展开的,你在那里乱说,说得语无伦次,这高低就马上区分出来了。这个就是语言艺术厉害的地方。然后有本事的人,就拿哪一处提出观点来,评点一二,然后再伸展开去,引经据典再来展开,那就看出每个人的积累不一样了,你的文化就出来了。而不是大家把本子拿来,大家来看看,老师就说"这个要不得,这个到这里就行了"。若停留在这个阶段,就不够了。当然这个要吗?肯定是要的,苏州话都不会讲,那还说什么啊!是吧?这个是基础的东西。

评弹要在整个社会娱乐界里面占一席之地的话,那就要发扬优秀传统。像周立波,我讲他为什么能够走到这一步,他驾驭语言的能力,他对社会热点的把握,这本来都是应该是评弹的内容。但是评弹在这方面薄弱了,对事物的评论,不要讲周立波,因为他的东西一出,我们就知道了。有些俗的东西,这些东西明显不应该在台上表现。但是反过来,他可以说五六点都是社会关注的热点。房子问题、股票问题、教育问题、婆婆和妻子的问题,各个层面的人都关心的问题,他把它们都组合到一起了。这就是他的驾驭能力,然后他周立波来评论一二,讲一讲自己的观点,且不论他观点正确与否,因为有他的头脑风暴在里面。很多专家请他去,对他说:"侬讲得好像不太对。"专家角度一看,你这个就不一样了。他在这个演出场合,跟很多老百姓谈股票,他就能得到很多共鸣,就是他已经足够了。我以为,他已经够了。就是从表演这个角度,他已经超越了一般的滑稽演员。超越了,你一般的滑稽演员,你可能抓不到五六点,就是五六个大家集中关心的问题,然后你抓到之后,你可能不能做到五六个点都拿出来评一评,讲出你的观点来。讲得比较准确,或者说符合大多数人的心理,符合一种社会心理,或者某种社会心理。所以这个都是他了不起的地方,他能走到这一步,我以为他是挑战了整个语言艺术界,他跨越了滑稽界,他没有始终在滑稽的圈子里面,他早就出来了。他同样挑战了我们评弹艺术,我们都是靠嘴来演出的,不靠舞台表演。

王:是啊,有人说,北方是郭德纲,南方是周立波。

周:这就是周立波厉害的地方了。当然郭德纲靠的也是他的积累。我们回到评弹,现在把我们很需要的一些亟待发挥的长处,折腾得越来越弱了,因为教育走的这种道路,你培养学生都是用这种方式。我们讲,就不可能走得很正确。

当然,我主要是谈一些自己的看法。从艺术发展当中,从管理角度,从评弹教育方面,从团队的管理、创作的引导,从这样几个方面,讲一些自己的看法。比如讲还有一个是团队的艺术创作。我觉得在吴宗锡那个时代,他的艺术氛围工作还是抓得不错的,"整旧创新"这四个字做得不错。在那个时代,出了一批折子书目,从那些长篇当中整理出来的,比如像《花厅评理》《庵堂认母》都很典型的,《描金凤》当中的《求雨》,如果能称上折子的,它的情节就相对独立了,前后铺垫完整了,最后围绕一个中心。如果是选回的话,它就是一个选回,前后需要其他书来铺垫的,这个选回可以拿出来经常说一说,它的独立性不是很强。这是选回跟折子的差别。然后一大批这样的剧目演出了,肯定不同于在长篇当中的说法,而是提高了,浓缩了,就是我们提出高一点的要求,人物有逻辑性,前后应该统一,或者突出人物的性格。整个故事围绕一个中心去服务,那么人物的展开就要围绕一个故事中心。

把握差一点的艺人,以前也是很多的。很多故事中的人物应该是这个性格,结果把人物的性格彻底改掉了。无缘无故地偏掉了。因为艺人的演出走向是按照剧场效果,他没有受过那种文艺理论系统的教育,像我们后代人都学过或者读过一些。然后一些文人进来,他们自然有一些写作的基本功,文章的逻辑性,故事的结构,然后怎么结构故事,人物逻辑的一贯性,人物和人物之间应该怎么样紧扣起来。这是一些创作的基本原理。

这些基本原理在评弹中依然是很重要的。我们现在一直觉得走得不是很顺畅,有的人讲,要多去做指令性的,多去做一些宣传性的,多去做一些随意性的,所谓随意性,它不是我原来想搞的东西。原来想搞的东西是什么呢?就是说这个创作评弹比其他形式最适合,我要搞的东西是这种形式。尽管这个东西跟现在的某些国家要求不是同一回事情,但你拿国家钱,你当然要做,但是要学会拿捏比重,今年做这个,明年做那个,后年再换一个,五年下来你自己没有东西保留下来。那些作品,因为你是临时做的,也不能丢掉。比如说我们到船厂去了解生活,我以为都不是很适合我们的艺术。那么这些作品肯定留不下来,尽管我们去参加调研,拿了奖。通过其他手段,我们把这个故事尽量写作完整。比如说写人物,安排了几代人的关系,几代人一起组成了一个故事,但你还是没有说出真正的造船。你设想一下,造船这么现代化的一个场面,很多先进的工艺不是我们能够想象的,人跟人之间的关系都跟以前不一样了,产生的矛盾也不一样。很多很专业的内容,等你背熟了,人家也不要听。因为你不能把它讲得口吐莲花那样的,很随意,很自然的可以引申开去。

举一个例子,马加爵的罪行问题,讲起来都有困难。所以这个不适合你去搞,然后一个纪录片一看很清楚,而你说半天都说不清楚。这个就不适合我们弄。所以说这就是我们创作,在管理上,绝对要注意的。到底什么是你适合搞的。

我们以前都讲写一些家庭伦理的作品。小书,你是能写的,比如写五六十年代的上海,或者写旧上海的风花雪月,或者就写现代的,现代的一些人物,一些了不起的人物,人跟人之间一些很具体的关系到伦理的一些故事。不是很宏大的那些内容。有的虽然人物很少，但能贯穿故事的意义。那么，包括理论上都要研究，什么东西留下来最好，故事情节越来越发展，越来越久说不衰，也许这个就是评弹艺术最擅长表演的东西。可能有传统的，也可能是现代的，我们就要寻找这个点。这个点如果找到了，我们才可能写出好东西来。

王：是啊，否则大家听得也很累的。

周：对啊，真的很累的。你要交代这么大的背景，陈其美和谁发生关系了，人家当然要听啊！老百姓觉得这个就好听了。所以你一定要掌握自己最擅长表演什么东西，一定能写出评弹独有的好作品，能留下来的作品。无论是长篇、中篇、短篇都是这样。现在，我们很缺这样的人才，从管理角度说也一样。这就关系到我们这代人要对作品有相当的鉴赏能力，或者鉴别评论能力，所以吴宗锡当年还是走得不错的。我在八几年进团的时候，也一直在关注他怎么样评论一个作品的。我觉得这一点是艺术领导很重要的一点，然后他跟艺人之间有一些观点的交流，也是很重要的。很多艺人会从自身表演的经验来进行相互交流，很直观的。他会说："我换个处理方法，比侬这样漂亮多了。"

那是演员能做的事情，但是像吴宗锡这样的领导所做的工作，那就是我们以后要做的艺术管理，所谓管理，你要做什么呢？就是你对作品的走向怎么看？这个作品是不是这个演员擅长的表演，你要明白如果一开始你就不明白，做一年不行，还要做两年三年，我觉得这就有误导的可能。劳民伤财的。

然后他对这个作品的把握，他会提出比较独到的见解。

王：是啊，他那本《走进评弹》的书，我是看过的。

周：你看过吧。是的。他是对艺术做一些整理，就是说，解释，什么叫说、噱、弹、唱？什么叫理、味、趣、戏、技，讲到了这门艺术的特点，从演员道具、表演形式、表演内容，他都有整套娴熟的理论，因为他也是从实践当中慢慢积累的。原来可能是空白，他做了那么多的工作，比如《评弹文化词典》，关于评弹的书，还有一些专有名词，等等，他都钻研。平时点滴积累之后，才能形成系统，那么在这个基础上，就能进行艺术管理，引导创作。如果我们的创作能集中到一个很良好的点上面，那么也许这个团队会发展得很好。也许可能留下来一两部有价值的作品。我对创作是这么一个看法。

然后是教育，我前面讲了，现在有一些偏差的。还有就是演员的能力，表演的能力。以前是走南闯北的机会多，听众相对固定。现在首先我们说书人的学历都不是很高，系统教育本身没有，普遍是中学程度吧，正儿八经读完中学，好的到高中，差的到高小，现在这批人已经成为中坚力量，这是评弹艺人中最厉害的一批，马上就接近退休了。在他们的教学中，学历会为教学工作带来一定的限制，如果是一个本科生，至少掌握了大学教给你的寻找知识的方法。

王：是的，老师，我觉得您说得真准确。

周：什么东西，什么门类的，这个钥匙大学都交给你了，你可以从哪里去寻找。然后我们很多人是混沌的，没有受过系统教育，他压根不知道这个属于什么问题。属于哲学范畴的，还是属于艺术范畴的，还是属于社会民俗范畴的。碰到问题他眉毛胡子一把抓，甚至于提出问题的方法，解决问题的方法，在逻辑上都是很混乱的。都是没有逻辑关系的，这就处于一种管理很低下的水平。

对于演员来讲，评说的能力，自己的空间，因为教育上带来的空间的狭小，演员评说能力不断萎缩。因为知识面很狭窄，接受教育的层次很低，那么看问题始终不能达到一定的高度。评论一个人，也许下面坐着的人，他起来都能讲到一二三四五六，而你讲到一二都结结巴巴的，那他怎么来听，怎么会觉得好听呢？你就不敢评，甚至不敢跨出一步。我们好多演员，我举个例子，张晓兵说的那个《隋唐》的《捉鹦鹉》。

这回书结构很了得，很好听，我们到大学里去演，久说，久受欢迎，因为它本身整理得很好，其实它跟整个隋唐没有太大的关系。而是讲一只鹦鹉怎么神，老太太怎么喜欢它，结果它出去时被恶霸撕掉了。撕掉以后，就开始展开故事，就是去寻找撕掉的过程，其间发生了这样一些故事，一些很精彩的小故事。张晓兵的传统功底很好，老师那些基本的表演功夫，他都掌握了，在台上表演很有张力。我们叫得心应手。

但是像这样的演员，他就很典型，1974级的小学毕业。他离开原来的说法，半步不行。老师需要他摆开一笔的时候，或者需要一段"外插花"，或者故事到这里，你可以延伸，可以展开一些，或者加些评论，或者加些其他事情进来，因为说书当中有这个需要的。这种延伸、创新对他来说非常困难。一到这里，就没东西讲了，脑子里空空如也。

他已经习惯这样了，他能把这部书说得很好，或者把一个打造得很好的本子说好，但是没有能力去展开。但是吴君玉，在这方面是一个比较，就是他开创了一刻钟的评话。一刻钟的微型评话，进入电视，进入大的晚会，原先一直没有评弹节目，也不可能让评弹进去，为什么呢？因为演出时间太久，其他节目就那么几分钟就过去了。（一段上海话），那么吴君玉就来一个一刻钟，一刻钟里面把故事讲完，而且一刻钟里面频频出效果。要在一万人的场子，一个接一个噱头，轰动啊！上来几个来回，听众就"好啊好啊，吴君玉讲得就是不一样"。这样的效果，听众有可能听下去，你如果一分钟里面，两分钟里面，还没有这个效果，听众觉得跟自己不搭界，就不可能听下去。所以他创作了一个微型评话。那么他这样有一个过程的，这种东西很需要，就是说，他能出去能进来，他的评论很厉害，就是说对时事的抨击啊、批评啊，有时候拿来一句，大家都在反映的，类似这样啊！但是评弹当中本来应该都有这个的。那些老艺人个个都身怀绝技啊，那些老艺人上台演出，有的很厉害的，他下一个节目就要演出了，上一个节目他就在场子里面，一声不响的在下面看，这批听众是哪一批人？社会上分三教九流，这批属于哪个层面的？这批都是工人农民，还是都是干部知识分子，艺人的说法都不一样的。你放完噱头，效果绝对不一样的。然后他静静的，在一个节目看完了以后，他上台了。上台以后，一个噱头底下"哗——"就鼓掌了。然后你下面说什么都行了。

我们讲的说唱艺术，它跟戏曲有一点是共同的，就是演员的个人魅力。比如我们看电视剧，因为你不知道这个长篇剧目在说什么，前面也没看到，后面也没看到。有点像这个。戏曲尤其厉害，以前这个戏曲不看演什么戏的，只看挂人名的水牌，评弹就是这样。"七煞档"，"哦，张鉴庭"！"蒋月泉"！是名人来了，所以听众都来了。那个时候说现代书，也照样来。一部现代书能说几个月。听众不管你说什么东西的，现在来说就是粉丝。以前就是书迷，迷一批名艺人，那个时候一天有五六场的演出，很多听众跟着艺人跑的，这个地方有这些听众，那个地方这些听众又去了。

我们现在缺少这种个人的魅力，我讲的就是那种评说，创作，即兴的创作能力，都存在一些弱化。当然现在也有很多艺人很有名气。

我可能讲得比较多的是管理层面的问题，或者说是对艺术发展比较宏观的一些东西。

王：其实这些对一个评弹团来说，是很更重要的。

周：我的认识是这样的。像你前面提到我父亲，有一点遗憾。吴宗锡写的评弹流派，他大概列举了二十五个吧。什么叫流派？怎么样能成为流派？谁是什么流派？他写了这几个部分。他的很多著作多数我都看了，我总体上对吴宗锡这个领导是很钦佩的。但是后来我慢慢产生一些不一样的看法。

流派，通常来说是有很多人唱的东西，才能流传，才能算"派"，要有一定数量的人来唱，当然也还有其他关于流派的一些标准。吴宗锡认为周云瑞没有成为一个流派，他下定论，他（指周云瑞）不是流派。所以很多人都这么认为，因为他（指吴宗锡）是比较权威的。

以徐惠新为例，他现在在演出方面很有影响，他唱我父亲的调。他一开口，没有人介绍他唱什么，但听众反响都很热烈。

我就想，这个是不是流派？流派是理论家来定，还是领导来定，还是听众来定？客观上就存在听众之间。当然我们的个人关系很好很好的。我们之间没有什么问题。

就是说有一些演员，他是会有意识地做我自己，"我来做"。而我父亲，他是绝对没有的。有一个演员叫胡国梁，有一次在做我父亲电视专辑的时候，他讲到他以前很喜欢唱我父亲的调，结果，他回忆说：周云瑞叫我不要学他的东西。他说你的嗓子应该学蒋月泉的，毕竟你嗓子好，学蒋月泉更合适，他听了很感动。从这一小事说明我父亲不注重一定要自成流派，我一定要创造我的东西，一定要留下我的东西，他没有这个意识的。相反他在跟别人的合作当中，给了别人在音乐方面很大的帮助，如与徐丽仙合作。后来有很多人唱徐丽仙的调，唱到后来，他们觉得徐丽仙跟我父亲合作那段时间的作品，与我父亲去世之后她的作品，其结构就不太一样了，完全不是一码事情了。

所以有人会说徐丽仙走到这一步，周云瑞在当中给她的帮助，不是一般的帮助。因为徐丽仙不识谱，那么在这个方面也肯定给了她很大的帮助。因为我父亲是搞教学的，五线谱他都懂得。更重要的是，在结构一段谱子的时候，她碰到问题会去问我父亲，很多人都是这样，包括赵开生写《蝶恋花》，都是这样。我父亲通常就说，"那你拿来吧，我想一想"。也许想一天，也许想两天，"啊呀，真好"。他拿去用了，用了之后，也就用了，他从来没有想过，提一提我父亲的名字。从没有过的。大量类似的事情是被业界公认的，所以大家都说周云瑞是个好人。我听到过关于其他人的一些关于艺术以外的议论，对人品的议论，但对我父亲确实没有异议。这是他的为人。

父亲的为人是跟他的艺术紧密结合在一起的，不是艺术以外的东西。只要是为了艺术，他都乐意去做，而不是想到你的，我的事情，这些事情他不想。这是他做人、从艺的宗旨。所以我觉得父亲这方面是很出色的。

现在又有人在写他，挖掘到很多材料。在采访当中，告诉我很多事情，也很感动，对他的评价是很一致的，他帮助很多人写了很多东西，包括现在已经流传的作品，深深地有他的印迹。

还有就是刚才讲了流派的，学唱他的人比较少，所以吴宗锡的观点是成立的，但是你只要一唱，一般的作品，人家就觉得是"周云瑞的，周云瑞的""哗——"很厉害的，这个场子，那就不亚于任何流派。因为我曾经带团去演出，我经历过这一段的。

我很认真看了吴宗锡的这些文章，我现在觉得里面有些可以商榷的问题，比如说已经客观存在的流派，这个存在不应该由理论家或者领导来决定它是不是流派，应该存在于听众，倒也无须要我去做什么。我做什么更没用，更没有什么意义。就是说流派是不是存在于大家当中，反过来推论就是说，以后这些流派成立不成立，实际上，它就是一个动态的东西，这个都不要把它弄得太死，也不要由某个人说了算。这些其实都不是很科学，标准本来就不是固定的，它是动态的，其实它在听众当中成立了，大家都认可了，这就可以了。

相反很多吴宗锡不承认，不认可的外地的流派，像"侯调"，他说"这个老土了"。侯莉君后来进了我们团，后期吴宗锡也退休了，"侯调"在我们团也就开始大量运用了。因为一开始他不用"侯调"的道理，这个"侯调"腔拖得很长很长，甚至有一个字长到把前面内容都忘了。不是很正气。道理嘛，也有点道理，也是一家一说。但是你不能说这不是流派，没有人说侯莉君的调不是"侯调"，"侯调"不是流派。

他在写书的时候，因为地区平衡，不得不把外地很多东西写进去。反而我父亲的艺术没有人去总结评价，你讲不是就不是？但是听众当中很多人讲：周云瑞不是流派，那么什么是流派啊？很多人，比较专业的一些人在讲。于是我就提出这么一个问题，是这么一个情况。就是说，流派应该取决于听众的认可，这是很重要的标准，不是某个人说了算的。

王：当然听众认可，才是客观的。

周：当然，父亲有很多东西还是独立的。他改良了"祁调"，写那个《秋思》，用"俞调"写了《岳云》。这些作品几乎成为评弹界流传下来的，当作教材教学用的。所以"'俞调'一定要用《岳云》唱出来的"。因为当时我们都不懂，年纪还小，现在因为我自己搞作曲，音乐方面我是比较熟悉的，一些基本理论我是知道的。"俞调"是学评弹的女生要学的基本功，很委婉，很婉转的，它的旋律，一弯三曲，三弯九转，一个腔很多的旋律。适合唱《宫怨》的，宫中的哀怨。

他拿"俞调"写了什么，他写了个少年英雄《岳云》。一个小生。

王：哦，好像老师您写的那篇文章，在《评弹艺术》第2集里面写到过。

周：哦，你看到过是吧，那是我很早发表了的。当时还没有太多认识，我就是把我父亲那篇文章，稍微音乐化一点，音乐理论化一点。

王：但是我看了那篇文章，觉得像您的父亲周老先生在这方面真的是一个突破。将才子佳人的唱腔，运用到这种武生作品里面。

周：我现在认识到他这方面了不起。因为我也搞音乐，也能写。我们评弹界有一批人在写他。《十二金钗》很多演到后面都失败，我们讲的失败，是指它不能流传了，不能留下来，更不能成为经典。我觉得我父亲了不起，我经常跟我儿子说，他在读中学，我说，你现在网上打开他的名字（周云瑞的名字），去世那么多年了，几十年了，网上仍然有那么多文章。我讲，我的名字打进去，有时候找得到，有时候找不到。

王：哈哈，老师您太谦虚了。

周：这是做人的不一样，他在这个行当里做出了贡献，大家是公认的。像《岳云》他能写到这样，用"俞调"表现一个少年英雄，完全改变了它（指"俞调"）应该表现的题材，但是大家都能接受。他的琵琶他自己弹的，他自己伴奏，后来他作了一个自己来弹，他的爱人来唱，他的爱人嗓门条件好，人也长得漂亮，唱也唱得很好，他的琵琶在这批人当中也是很好的。两个人来做一个人的事情，他说，你来听，怎么样。我觉得我父亲自弹自唱更胜一筹。他的技术层面完全不一样。所以说，他们合起来弄，我的感觉就是说还没有达到那种要求，虽然她声音很美，她女生嘛，这个高音区，不行我就假嗓。但是我父亲有一种棱过的东西，就是刚性的，男性的东西。在表演女性脚色时，他的声音没有了这种刚劲的东西，或者表演一个少年早晨起来，这种意境很出得来。

我当时曾经写过文章，觉得很有感觉。某天的一个早晨，少年英雄起来练武，一种胸怀大志的气概，后来岳云大胜凯旋。

为什么父亲写的东西，一个一个都能牢牢固固的，像钉子一样敲在那里？那么后来有人写了很多东西，就像流水一样，都找不到了。

《蝶恋花》是我父亲的学生赵开生所写，后来就成了他一个人写的了。我不讲我父亲给了他多少帮助，那个没有意义，他也是我父亲的学生，但他不大提我父亲。我觉得，如果你很行的话，你后面应该还能够出很多作品。因为《蝶恋花》是一个特殊作品，写得好也是无可否认的。因为他，很多北方人会误认为评弹就是《蝶恋花》，《蝶恋花》就是评弹。一种评弹衍生出来的唱的形成，不完全是评弹，属于评弹的很小的一部分表现形式。我觉得《蝶恋花》是一个很成功的例子。很多我们后来人搞的作品，为什么都不能留下来？一个很重要的原因是，他们对传统表演形式的掌握都有问题，就是说没有我父亲这代人他掌握得那么好，他已经把"沈调"的东西掌握得非常好，成为自己的东西了。然后他觉得这个唱腔跟我哪里不适合了，然后来改变它，很多流派都是这样形成的。然后他有对人物的新理解，于是不满足，就来改造内容。这些都是一个很自然的过程。但是有另外一种现象就是，"我要成为艺术家，我要创造流派，我就唱得不一样"，但他并没有什么科学的方法。所以走偏差，最后不能成立。

所以这里面都有这样的因素，一个就是我说的，父亲对传统的掌握比别人好，他从小是泡在戏班子里，我祖父是学京剧的，他什么乐器都会，也是因为他从小泡在京剧里面，他乐感特别好，他能自己拉京胡唱京剧。基本功掌握好了之后，他来做一些改变的话，对原来的传统精髓他能抓得住，所以能留下来。

评弹三个调，一个是"张调"，一个是"琴调"，一个是"薛调"。"薛调"是从薛筱卿开始的，薛筱卿是我父亲上面这一代，后来跟我父亲拼档说《珍珠塔》的。就是在他的影响下，后面有张鉴国，有郭彬卿这两档。所以说这些人的发展是很自然的，他们对唱掌握得很好，他们都会唱的。所以这个对以后的音乐创作也有作用。为什么音乐学院的人来写评弹，不可能写出好的作品？因为对评弹的唱不熟悉，不会唱，你最多是写一个相似的东西，用一点评弹的因素，写一个评弹的歌，这个可以，毫无疑问。你可以用所有的知识，我现在也不过处于这个状态。用评弹的某些东西写出来，可能别人听上去还是像评弹。但是演员来写呢，演员可以做一件事情，把这个词写成"蒋调"流派，写成"琴调"流派，好的演员可以做到这一点。他不是作曲，这叫编曲，我把它编成原来的曲子。好的演员应该都有这水平的。实际上前辈已经把你的基础打好了。但沪剧把这个东西淡化了，他都是靠作曲，所以他的流派几乎毁灭了。没人唱流派，慢慢地就是流派被淡忘了。它都是靠作曲，就是冲一些曲子来唱。所以我讲的音乐创作方面，这个是一个很重要的，就是首先你要对传统的东西掌握的比别人都好，你要很敏感地知道什么是最精华的东西。就像我刚才说，你搞评弹，你应该抓住评弹最本质的东西，你才能不走偏。

有人说我们搞书戏，我们搞情景剧，这只能是出于电视观众的需要，某一种特殊形式，可以偶尔为之，那肯定不是你发展的道路，因为你一搞情景剧，一人一角，把它固定住，穿好服装，你去演戏，但那就不是评弹了。明确地讲，这不是评弹，也不是我们要走的路。什么是"祁调"最本质的东西？你把它掌握得很牢固，那么你在展开的时候，你会把最本质的东西留下来。像父亲写的《秋思》最后就成为一个很有代表性的、紧跟时代的一个作品。

王：是的，听老师一讲真的是不一样。

周：你听得是不是觉得有点乱？

王：这个不会的。从创作然后是流派的传承，然后是自己的一些观点，老师是有深入研究的。

周：这也是长期以来积累的一些想法，包括演员方面，我们要加强管理和教育，音乐创作方面的一些看法，教学方面的一些看法，管理层面的一些，大的一些看法。

王：是啊，老师，我也是觉得这些观点应该是多写一些，多流传，然后给那些学生看，让他们知道自己应该去做哪一些努力，我觉得这样的话会更有价值。

周：你觉得值得写吗？

王：当然值得写，是您这么多年来一些经验的总结，我觉得是很有价值的东西。

周：这样的话倒是可以考虑。

王：是啊，而且对学生的提高很有指导作用的。

周：以前，也没有太多时间，我自己处在第一阶段搞管理的时候，那肯定是忙于工作，但是我们老团长他不容易，我回来以后看他80年代写的文章，当然还有几个副团长在协助工作，他才能静下心来写文章。

像我们这些搞演出管理的，我一年可能要组织几百场的演出，情况都在不断变化，各种各样的情况。但是我觉得，你这么一讲，也许有必要写一些东西，留一些东西下来。

王：对于一些学生的成长，老师告诉他一些经验，可能并不一定让他知道，我能怎么做，但是他知道了，我应该不这么做，我少走弯路，这就节省时间了。

周：但是有些问题，你觉得对演员而言，有价值吗？因为很多演员他就想知道我要怎么表演。其他的对我也没多大关系。

整理者：王亮

第五十八讲
"响"在弦上，一代"琶王"
——张鉴国亲属访谈录

口述者：张建华，张鉴国次女，1949 年生，上海阳光卓众律师事务所合伙人、律师，现居上海。

蒋淑余，张鉴庭外孙女，1953 年生，原上海小绍兴集团公司出纳，现居上海。

史明生，蒋淑余丈夫，1950 年生，原上海小绍兴集团公司宣传部职员，现居上海。

采访者：张盛满、解军

采访时间：2012 年 5 月 9 日下午

采访地点：上海市长宁区愚园路 1203 弄张建华宅

张鉴国

张鉴国（1923—2004），20世纪40—60年代享誉江浙沪的评弹艺术家，自出道以来，一直与长兄张鉴庭合作，拼档演出，在长期的演艺生涯中，与乃兄共同创造出了"张调"唱腔，影响至今。因其琵琶弹奏出神入化，如珠滚玉盘，艺术上广采了中西音乐的特长，在评弹界堪称一绝，故有"琶王"之谓。代表作品有长篇弹词《十美图》《顾鼎臣》等。张鉴国出生于1923年，十二岁从兄习艺，40年代进入上海，成为驰骋沪上的"七煞档"和"四响档"之一，2004年病逝于上海。其一生目睹了民国的兴衰、中华人民共和国的成立以及"文革"的突变和改革开放的风云转折，并身历其间，既见证了半个多世纪以来上海社会演变的历史过程，同时也为我们很好地诠释出了一名评弹从业者所经历的一幕幕普通社会人的生活状态。本文被访者为张鉴国先生部分在沪亲属，包括张鉴国先生的次女张建华女士，张鉴庭先生外孙女蒋淑余女士以及蒋女士的丈夫史明生先生。

张盛满（以下简称满）：非常感谢三位老师能接受我们的采访，下面能否先请张老师谈谈您自己以及张鉴国先生其他子女的情况？

张建华（以下简称张）：我是1949年出生的，职业是律师。兄弟姊妹共四个，我是老二。我姐是1947年出生的，在香港做股票业务方面的经理，是老大。妹妹老三1952年的，比我小三岁，在澳大利亚，做食品的进出口贸易。我弟弟1956年的，原来也做这个，后来因为眼睛开过刀，我们就劝他不要做了。我父亲和我弟弟关系最好，两人谈得拢，兴趣相近。我弟弟也是很低调，不太响的，我们家很和睦，没有任何问题。

满：几位小时候听评弹吗，能否请你们谈谈原来听评弹的事情？

张：我们小时候都听评弹的，他们在什么地方演出，下课了我们先把功课做好，有时就到书场去。

满：那时候一般在什么书场呢？

张：好像是在西藏书场。

蒋淑余（以下简称蒋）：西藏书场。西藏书场蛮大，因为近嘛，我放学了也到书场里去，那里的工作人员老客气了。我们在屏幕后面，听完书就跟爷爷（张鉴庭）的三轮车一道回去。

满：你们小时候喜欢听评弹吗？

张：喜欢的。

蒋：我们都喜欢的。

满：评弹艺术是一种特殊的职业（艺术），原来的艺人们为了讨生活"背包囊，走官塘"是常有的事，你们小时候对他们的这份工作是怎么看的？

张：其实从我们懂事开始，他们在社会上已经红了，有一定的地位了，所以没什么。而且他们到外地去，我们也跟着去，人家对他们都很尊敬，所以我们小时候没感觉到什么，但是我父母总觉得好像这个比较苦，不希望我们再去从事这一行业。

满：张老师，您父母是什么时候结婚的？您母亲是什么背景？两人是怎么认识的？能谈谈这方面的事情吗？

张：好像是1948年吧，1947、1948年的时候。其实我母亲没什么背景，我母亲家里是个地主（家庭），她是家里的一位小姐，大概是在苏州听书时认识我父亲的。我母亲是不工作的，但是她非常能干，我父亲在外边演出，家里所有的事都是我母亲管的，她跟一位保姆一块儿带着我们。我母亲有很多话是很有道理的，她对我们说："你们在交朋友咯辰光，眼睛勒睁睁大，看看清爽，到结了婚之后呢，眼睛一只张一只闭，这样感情就会好了。"原来我们张家是个大家庭，最能干的就是她（蒋淑余）爸，就是我大伯的女婿，是一个中学的教师，和我母亲，所有的事情都是他和我母亲说了算，决定了我们就跟着干。我父母的事情我们原来不知道，也不过问，后来知道了一些，是在"文革"时给我父亲写检查的时候。那时他们对我们的要求就是读好书，其他的事不用管。所以恢复高考后，我跟我父母说我考法律，他们认为只要能上学，随便读什么都可以。

满：您是恢复高考后的第一届学生吧？

张：我是第一届的。

满：令尊的性格如何？能否谈一谈您与父亲在一起时的事情？您对他印象最深的是什么？

张：我父亲年纪很轻的时候就喜欢无线电、电视机，当时我们家装了一台电视机，人家家里都没有，邻居都到我们家来看，他喜欢搞这个。大概到"文化大革命"当中呢，他就一直在家里收集古钱、古玩，他喜欢这些，还有就是照相机。照相机是那些最老的牌子，我们小时候跟小朋友一起出去玩，带了照相机去，我父亲的朋友说你这个照相机是清宫里边的，现在没有了。它叫127，原来的照相机片子135、120，他的照相机片子127，这个片子现在也没处去买了。我们小的时候呢，当时刚刚有进口的彩色胶卷，有的人还很少，他就开始帮我们拍照，他就喜欢这个，喜欢拍照。黄山也去了好几次，拍了很多的照片，他还是上海摄影家协会、古钱收藏协会的成员。他还喜欢音乐，我们回到家里，每天听到的都是外国音乐的唱片，他一边听着音乐一边在房里来回走动。

史明生（以下简称史）：这个其实对"张调"的形成很有影响。

张：所以在我大伯演出的当中，我父亲不是伴奏，他和人家两样，他弹的是和声，就像钢琴伴奏一样，不是你唱什么，他弹什么，他是以和声穿插进去的，所以特别好听。这些呢，都是他吸收了很多西洋乐后创造出来的。

满：张鉴国先生一方面吸收了西方音乐的元素，（另一方面）对于中国古典音乐，他也是相当有研究。

张：是的，还有美国的乡村音乐。反正我们回家，家里永远都是这些东西在放，他就喜欢这样。我们小时候他让我们学的是小提琴，当时我们也偶尔会唱一唱，但他说不要去弄这些东西，好好地读书吧，他不支持我们在艺术上发展。所以我姐姐是搞财务的，后来在一家香港大公司里做股票方面的经理。我读的是法律，后来一直做律师，搞写作，但我们的写作与你们的两样，我们是做法律方面的理论写作。我妹妹在国外做进出口贸易，我弟弟在上海，也是做进出口贸易的。他和我父亲很像，喜欢音乐，而且喜欢写东西。我父亲是个比较喜欢静的人，他在文艺界当中基本没什么朋友，他的朋友就是那些古董店的，我们时常取笑他："你古董店的朋友又来了。"他有很多照相机，也经常和我弟弟两人一起去买旧照相机。拿回来以后拆开，自己装，自己弄，他有几十个旧的照相机。他不多说话，就玩弄相机，听音乐。

张鉴庭（左）、张鉴国（右）演出照

满：他和鉴庭先生的性格好像不一样。

张：我大伯这个人也很好，他喜欢说喜欢动，每天早晨要到我家来，不是来排书，就在我们家里说说谈谈，他比较听我父亲的话。我那位鉴邦二伯，人也很好，其实他人非常聪明的，就是身体一直不好。

满：可能是原来抽鸦片造成的影响。

张：对，之后喉咙就倒掉了，后来在经济上我二伯家里比较苦一些，因为他结婚之后孩子还小嘛，他到我们家或者到我大伯家，我们对他都很好的，她（指蒋淑余）妈妈就是我大伯的女儿，还定期每个月要到他家里去，送钱，送东西，他们弟兄三个关系很好。我二伯的一个儿子张君舫后来也是生癌死的，之后我们家基本就没有人再继承评弹这门（艺术）了。我父亲退休回家这段时间是隐居的，每天就是在玩弄这些他自己喜欢的东西。他说："人就是要做自己喜欢做的事，看自己喜欢的东西，买自己喜欢的东西。"这就是他的生活乐趣。

满：鉴国先生好像不太爱出风头。

张：他这人很低调，非常低调。后来就生病了，中风。中风之后在医院里，那些医护人员都对他很好，医院的人说他很客气。其实他除了右手不灵活外，走路什么的都没什么大问题，但是我们倒是都已经跟他说了，我跟我父亲说："你呢，最辉煌的时候已经过去了，现在人老了，不要再出去了。"他说"我也不想出去"。那么他在家里就是听听书，读读报，每天看看电视，他很能静下来，沉下心来，有时过年时也到我香港的姐姐家去住一段时间。在华山医院住了两个多月，他们院里对他都很好，一个当然是我先生是医院的外科主任，还有一个，高干病房的人都说，他这个人很客气，对人都很好。经常有朋友来看他，他就跟我说不要通知任何人，不要让任

1996年，参加摄影爱好者活动的张鉴国

何人知道他生病了，不要麻烦人家。在医院查房的时候，看见医生来查房他一定要坐起来，不肯睡在床上。

满：评弹界有一种交际方式叫"茶会"，原来评弹演员们经常会到茶会上去聚头，了解业内状况，接洽业务什么的。二位小时候有没有随长辈去过这种茶会？

张：他们去茶会的原因是什么呢？那时人家认为他们弟兄两个或是弟兄三个去了茶会，能让整个茶会很有光彩。原来书场的老板，经常到我们家来，所以我们都知道，什么地方的老板来了，叫他们到什么地方去演出。场东一般是到家里来请我父亲和我大伯的，所以他们不需要再到这个场合去，他们在1949年以前就很红了。我父亲不像其他一些人，原来有什么戏霸什么了，我父亲不是，非常低调的人。我母亲也不允许我父亲太张扬，我大伯要去茶会，我父亲叫他不要去，他就不去了。当时的一些事我不太清楚，后来知道的一些，也是在"文革"时给我父亲写检查材料时才知道的，这些材料有时是我写，有时是我母亲写。那时我父亲和大伯关在里面，我母亲告诉我怎么写，我就怎么写。1966年我初中刚毕业，不能升学了，我们都在家里，所以他们叫我们写东西，我们就写东西。关于茶会他们去是去的，不过一般是别人来请，他们去了，第二天报上就登了。这是我听我母亲说的，因为"张双档"的知名度很高，那些书场的老板很早就来请他们了。这些也是在"文革"时写检查才了解的。别人说他们跟那些老板好像有什么关系啊，我母亲说不是这个情况，我母亲说他们两个人都是属于那种人家请都请不到的人物，所以人家来请他们的时候，还要提着篮子，里面放着很多菜啊什么的。

满：张鉴国先生是评弹界有名的"琶王"，一手琵琶博采众长，堪称一绝。鉴国先生和兄长鉴庭曾以"四响档""七煞档"之名风云于书坛，享誉江浙沪地区。但是从前的评弹艺人在出道之初大都有过一段艰辛的演艺生涯，对于令尊的成长经历，您知道些什么？

张：他跟我们说他很开心的，基本上没有碰到什么艰辛的事情，而且我父亲很活络的，他喜欢什么呢？跳舞、游泳、溜冰。

满：您的父亲还是很西化的。

张：对，他很西化的，他不像其他人，他比较西化。他最大的特点就是对家庭非常负责，而且喜欢小孩。

满：鉴庭与鉴国先生会不会跟你们谈起学艺、从艺的故事，能否请您谈谈？

张：他一直说他很开心的，他没说过痛苦的事情。

满：因为您父亲十二岁跟鉴庭先生学艺的时候，鉴庭与鉴邦先生已经是比较火了，不会像那些刚刚起步的艺人在码头上会碰到无书可说的窘况。

张：我父亲从来没有说过苦，我父亲说他们小时候很开心的。他这个人还是比较实在、乐观的。

满：能否谈一些鉴庭与鉴国先生鲜为人知的故事，两位先生给你们印象最深的事是什么？

张：好像也没特别的大事，他们两人之间，包括弟兄三个都是一样的，就是对家庭非常负责，对自己的孩子很喜欢，对自己的太太非常忠诚。我们家比较平平稳稳的，没什么大起大落。

满：众所周知，您父亲与鉴庭先生感情非常好，但在彼此关照之外，是否也会有矛盾的地方？

张：基本上没什么的，我大伯都听我父亲的。样样都问他的意见，我父亲怎么说他就怎么办。我母亲和我大伯母对我二伯父娶的第二个妻子不太满意，认为两人年龄相差太大，都叫他不要娶这个小姑娘，他不听，还是娶了，因为我二伯父和这个姑娘是拼双档的，后来把她娶了。为了这件事，之后大家来往得就少了，但是到我们这一代还是往来的。

满：我们在材料中会看到，鉴庭与鉴国先生两人有时在排书时会因为不同意见发生争执。

张：为什么我父亲和我大伯拼档呢？因为我的祖母最喜欢我父亲，曾经对我大伯说："鉴国就交给你了。"人家双档拆帐时是三七开，他们两人好像是四六开的。因为我的祖母这样交代过，所以我大伯还是很信任我父亲的。其实这些事情我们不太清楚，有人知道的，一个就是陈剑青，从小就蹲在我大伯家里。

蒋：这是爷爷最大的一个学生，从苏州评弹团退休了。他知道的情况最多了，因为从小跟在爷爷身边。

张：他现在身体也不好了，最多就是讲一两句，不可能讲很多的。我大伯父和我父亲之间关系很好的，像"文化大革命"当中开会了，我父亲一定要坐在我大伯旁边。

蒋：爷爷欢喜讲咯，小叔公（张鉴国）不响咯。

张：开会的时候，我父亲出去上厕所，等他上好厕所出来，一看我伯父脸色不对，知道不好了，他又说过话了。我妈知道了就跟我大伯母说："哥哥今天又乱说话了。"

满：您伯父比您父亲年长十四岁，但鉴庭先生还听您父亲的，说明您父亲是一个很有主见的人。

张：对，他是很有主见的，虽然他在弟兄当中是有主见，但和我母亲比较起来，还是我母亲更有主见，我父亲脾气很好的。

满：1949年5月上海解放，之后评弹演员在收入和生活上都发生了变化，很多评弹演员不太适应，鉴庭与鉴国先生有没有与你们谈过这方面的个人感想？

张：我是1949年养的，1950年带到香港去了，当时陈希安的大女儿也带过去的。我是我母亲带着的，还有周云瑞的太太大着个肚子，所以他女儿比我小一岁，大家带了小孩就到那边去了。当时请他们去的好像叫徐大统，徐大统是个纸头大王，徐大统的女儿现在叫范徐丽泰，世界卫生组织的，[1]这是后来我在写材料时知道的，最近有两个香港人的案子在上海，我在办案的时候呢，知道有一个人是喜欢听书的，他对我说："徐大统原来请你父母去香港，现在徐大统的女儿比徐大统还出名。"我问他徐大统的女儿是谁，他就说是范徐丽泰。

满：徐大统原来也是上海造纸方面的大企业家。

张：他原来是一个穷人，这是我听我父母说的，后来有一次一位外国人被追捕，逃到他家，他把这位外国人藏了起来。之后这个人逃到国外，在国外做纸生意发了财之后，就让徐大统做中国代理，徐大统就这样发达了，原来徐大统也是一般的职员。那么对于中华人民共和国成立的想法，他们两个人都比较老实，都比较正派的，觉得应该的，中华人民共和国成立了，我们大家拿工资，他们参加评弹团也是自愿的。他们弟兄三个思想比较简单，想法也比较简单的，是心地很善良的人，不会说原来我拿这么多钱，或者做一个戏霸什么，他们都不会的，他们也不会做戏霸，所以他们也没什么想法，他们觉得很正常。

满：1950年，作为"四响档"之一，鉴庭与鉴国先生到香港淘金，在六国饭店书场演出，给杜月笙做堂会，因为业务不是很好，大家在生活上遇到了一些困难，同时也担心回来后会被批评，当时两位先生的太太都去探望了他们。关于这段经历两位老师有没有听前辈们谈起过，当时的情况怎么样？

张：七几年我和我父母到香港，我姐在香港，我母亲就说我们一定要到六国饭店原来的包房里去吃个饭。其实他们当时都很简单的，没什么思想，他们去香港没有什么政治目的，这个也是在"文化大革命"中我写东西的时候知道的。

满：后来因为这次香港之行"张双档"在"文革"期间受到了打击。

张：这个还不是主要的，"文化大革命"受打击，这是其中的原因之一，还有一个原因是1949年以前参加了一个国民党的"戡乱建国宣传大队"，为什么会参加呢？因为所有文艺界的人都是参加的。其实"戡乱建国大队"是反共的，而"戡乱建国宣传大队"就是一个演出团体。

---

1 此说有误，世界卫生组织总干事为陈冯富珍，范徐丽泰曾任香港特区立法会主席。

满：当时去香港之前谈好的是包银制，后来过去以后业务不是很好。

张：我母亲说，她当时预备带我姐和我两个孩子一起去的，我姐当时有个保姆领着她，不愿去，我妈就把我带去了，当时我父亲很喜欢我姐姐的。在香港的时候，我父亲说："这边生意也不好，我们不如回去吧，我还有个女儿在家里。"就这样，我原来写的材料上是这样的。

满：据说当时"四响档"在那边生活遇到了一些困难。

张：我觉得还可以吧，因为等我大些的时候，玩的很多东西都是香港带回来的，包括洋娃娃，什么猫、狗、熊啊，我喝水的杯子，塑料的，都是那边的，样样东西，很多。好像没听他说那边很辛苦。我妈就说："生意不太好，但是还有你姐在这里，你爸很挂念的。"这样就回来了。

满：当时除唐耿良先生的夫人因为待产没有去以外，其他几位都有家人到那边去探班。

张：是的，是去探班，她们当时还说："看看男的在那边过什么日子？"一看那边这么苦，回来了。其实当时的香港也不好，香港的发展在1960年之后。

满：这次香港之行后对"四响档"产生了一些影响。

张：还不是这个问题，"戡乱建国大队"的问题比这个还大。因为当时去香港的时候，还要上面批准的。这些事情都是我后来从那些当时在宣传部工作的人那里知道的，这些人都是我爱人（原华山医院外科主任）的病人。

满：当时军管会文艺处的副处长是刘厚生，具体负责的干部是吴宗锡。

张：吴宗锡是评弹团的团长。

满：他当时还不是评弹团的团长，第一任团长是刘天韵，他是第二任团长。

张：吴宗锡是上边派下来的。

满：1951年鉴庭、鉴国两兄弟加入了上海市人民评弹工作团，关于这件事两位知道些什么，对于加入国营评弹团，两位先生自己有什么想法？

张：没什么想法的，我跟你说过，其实这批人我们倒过来看，思想非常简单，没什么想法。他们原来赚了很多钱，原来抽签的，签子很多的，现在拿这点钱，他们觉得自己够用就可以了。

20世纪50年代上海市人民评弹工作团艺人合影（后排右二为张鉴国）

满：我们看到一份评弹团的工资表，当时张鉴庭先生工资最高，张鉴国先生是三百三十元，与当时的团长刘天韵是同级的。

史：这是他自己要求降下来的。

张：他如果真的为经济考虑，第一，他们不进团，晚点进去，可以赚到更多的钱。第二，他们觉得，我们这些钱都够用了，所以他们也无所谓。他们这些想法，我跟你说，就是一句话：现在我们反过来看他们所有的人，都是思想很简单的人。我父亲到2004年去世的时候工资就是一千三百块，家里用的保姆，两千块一个，四千块两个。

满：那这个收入怎么支付呢？

张：都是我们的，我们很早就跟他们说了，不要做了，因为我姐在香港也好的，我也做得很好，我妹妹也很好，所以她们就说，不要做了，不要做了，你们两个人就去玩吧。所以陈希安后来跑过来知道了很过意不去的，说："你怎么这么少的工资哦？"我说无所谓的。我跟我父亲说："谁来陪你打麻将，打桥牌，你就把你的工资输给人家。"

满：当时有人说张鉴国先生麻将打得很厉害的。

张：好像一般，他倒是不打的，原来他和蒋月泉一起玩的不是打麻将，是打梭哈。年纪大的时候，有很多人都到我家来，陪我父亲打牌，因为他生病了之后很少出去，那么我就让他把钱输掉，我对他说："你的钱我们不要，你就输掉吧。"他不大输的，一直赢。他其实就是那种永远没有声音的人，看古钱、古玩，他就是在弄这些，他最好的朋友就是旧货店的老板，我们都要笑话他的，他和旧货店的人一起研究照相机、古币、古玩。

满：当时参加评弹团的时候有的人也会考虑经济上的因素，包括陈希安先生，他因为买房欠下了债务，需要钱，要求先在外面说两个月的书，但蒋月泉不答应，蒋是评弹团的副团长，当时团里有严格的制度。

张：其实他们都是这样的，我看了他们几个人写的书，首先他们思想都是很简单的，在经济上自己抠着，其实他们都是很会用钱的，但是最后都过得很紧张。他们就是觉得中华人民共和国成立了，大家应该这样，人人都是平等的。不过当时他们两百多块钱也够用了，我在学校里要填表，我父亲多少工资我不敢给人家看的，我怕人家看了要说话，因为我看我周边的同学，他们的父母收入就是几十块，我父亲两百多块。

蒋：那时六十多块工资老好了。

张：所以我们好像还可以，我觉得我父亲也没什么受苦受难的，就是"文化大革命"期间工资比较少，稍微有点经济上的困难。后来我姐姐出去了，到国外去了，我一工作，我们就非常好了。因为我刚出来就马上做律师，有一两年是拿国家工资的，后来我做领事馆的法律工作，工资非常高。你想我父亲当时退休，刚刚退休时七百块到八百块，我已经每个月给他两三千块了，当时他的退休工资很低。

满：福利还可以吧？

张：福利也没什么。所以陈希安到我们家就跟我父母说："不好意思，你们退得早，好像和我们工资相差很多的。"他跟我父亲非常要好的，我说无所谓的，我父亲现在生了三个女儿，无所谓了，如果生三个儿子一个女儿我父亲就要辛苦了。

满：1951年11月23日，评弹团成立才三天，鉴庭与鉴国先生便随团往安徽治淮工地体验生活，一去三个多月，直到（次年）3月份才回到上海。治淮工地上的生活很艰苦，与治淮的农民工同吃同住，两位先生对这段经历有什么样的体会？

张：我不了解，我还小了，但后来我听我父亲说了，在那边我父亲得了关节炎，因为住在很潮湿的地方。

满：当时是很苦，因为跟农民工一起吃住，地方又潮湿，伙食又不好，这些演员又没有干过体力活，到那边不仅要演出，也要劳动的。

张：当时很苦的，那时我问他："你到朝鲜苦还是淮河苦？"他说淮河比朝鲜还要苦，朝鲜还可以，到淮河是最苦了。那我问他当时怎么想的？他说当时年纪轻，什么都不想的，就觉得这些都是应该的，他们是来改造，来下生活的。这些事我上次和陈希安谈过，因为我不打电话给他，他也会打电话过来，问我们好不好，怎么样，这样保持联系。他跟我父亲是最要好的，他比我父亲小五岁，跟我母亲同年。上次我听王柏荫跟我们说，现在他拿了原来几倍的工资都不够用，原来他的工资可以养十几个人。

满：1957年左右，鉴庭先生被划为"右派"，能否请两位老师谈谈这一时期鉴庭先生的情况？

张：他划"右派"好像是说了意大利的什么。我父亲上个厕所回来没看好他，他讲了话，闯祸了。他当时讲了意大利的一个什么问题，还讲了苏联问题。

蒋：小叔公好呀，不讲呀。爷爷喜欢讲，人家一叫他讲，他一讲，就讲出事情来了，那时候"大鸣大放"。

史：吴君玉当时怎么打成"右派"的呢？那个时候上海造中苏友好大厦，造好了以后呢，大家去参观，因为它是赶工程赶出来的，工程比较粗糙，柱子和墙上有裂缝，结果吴君玉他就说："哎哟，苏联援助我们的建筑有裂缝了。"后来被传为中苏之间产生裂缝了。

满：当时鉴庭先生划成"右派"，对他本人有什么影响？

蒋：当然有了，眼睛一下子就看不见了，受了刺激嘛。

张： 经济上就受了影响，他当时就拿一百多块钱。因为我大伯母是个大家庭出身，她很会用钱，所以钱马上就不够了。

满： 鉴庭先生划了"右派"，因为"张双档"是长期合作演出的，那么对鉴国先生产生了什么影响？

张： 当时接待外宾还是两个人拼档演出，但是只能写张鉴国，不写张鉴庭的名字。但是越是这样，下面越是哄得不得了，当时我记得我父亲叫我们跟着他到文化广场。我大伯的名字没有被写出来，下面的听众就叫他的名字，他反而更激动了。他眼睛视神经萎缩，看东西看不出了。我父亲把他搀到台上来，下边就全场哄，哄得不得了，当时我还小，我到那边就是去吃吃东西看看热闹。大了之后人家就跟我说了，你父亲和大伯这个事是怎么怎么样的。我大伯有一个孙子，叫张辉，本来呢，跟他是住在一起的，住到我大伯和大伯母过世，他在无锡工作，做老总的。他也是这么说的，他说他们兄弟之间的关系好得简直就像一个人一样。他呢，当时在上海，有一次晚上下班，骑了一辆摩托车，十一点多的时候被人家的车子撞了一下，大概骨头断了，他给我打电话，我说你能说话就不要紧的，你现在马上到华山医院去，我说我打个电话跟他们说，跟骨科主任说好后就进去了。我父亲当时中风了，住在医院，第二天我跟他说张辉昨天给车撞了，他一听就说："我要过去看他。"他们兄弟感情很好的，连我大伯的孙子给车撞了，也急着要去看他。他吃了午饭就坐在病床边上看着他（张辉），等他开好刀出来，他才走，就跟自己的孩子一样的。他们兄弟关系很好的，包括和张鉴邦也是非常好的。包括我们堂哥什么的，跟我们的关系都很好。

满： 您的二伯父在评弹界的影响逊于令尊与大伯父鉴庭，他后来的情况怎么样，能否请您再谈谈张鉴邦先生的情况？

张： 他吸了鸦片之后，喉咙不好，其实他原来的琵琶非常好，说唱都是相当好的，拆档以后他就找了一个年轻的女演员拼档，之后又娶了她。这个女演员和我堂哥同年，所以我大伯和我父亲全不同意，说他害人家，你怎么能娶一个和你儿子一样大的女人呢？他第一任太太是张君舫的妈。

满： 1949年以后鉴邦先生的材料很少。

张： 没有，他连档案都没有了嘛，他当时是在江南（评弹）团，这个团在上海评弹界排名是最后的。那些年纪大的，原来知道他的人说，他的琵琶不比我父亲差。但是他是个很低调的人，我说比我父亲更低调吗？他们说更低调。有一个说大书的叫杨子江，当时是星火（评弹）团的，人家好像对他有些看法，"文化大革命"当中他是"造反派"。现在反过来我们再看看，他们那时可能年纪太轻了，也不懂高低，不然去打人干嘛呢？饶一尘、石文磊原来也是"造反派"，杨振言就是让他们到滑稽剧团、京剧院叫来的人打的。杨振言能说会写，也不是一个低调的人，现在说起来就是，他也不是一个省油的灯。我父亲和我大伯都是省油的灯，我说是天照应着你们，因为你们是两个好人。他们两个人是做人好，做人非常好。包括杨振言，人家都知道的，当年有人要打杨振言时，我父亲就写信给他，让他连夜逃，不然明天他们就要打死你。在我父亲过世的时候，他就说了："我永远不会忘记这件事，不然我就没命了呀。"

满：杨振雄相比他弟弟杨振言来说可能更低调一些吧。

张：杨振雄不喜欢搞这方面的，他喜欢的就是书画，所以他走的是另外一条路，和我父亲是一样的，我父亲喜欢古董，他就喜欢书画。所以他们两个人还是蛮好的，杨振雄和我父亲带着我弟弟到浙江的西天目山还是东天目山，原来山里都是有狼有虎的，他们去拍照，这是"文化大革命"当中的事情。他们三个人去了，回来说晚上听见狼的声音。他喜欢这样子，他不像杨振言一样的，喜欢在文艺界里。他的女儿叫杨奕，原来是跟言慧珠唱京戏的。

满："文革"是个大动荡时代，很多曲艺名家受到了冲击，严雪亭、姚荫梅、蒋月泉等都"靠边站"，被批斗。杨振雄、杨振言兄弟被打得很厉害，杨振言还被打得吐血。能谈谈鉴庭、鉴国两位先生在这段时间的经历以及对家庭的影响吗？

张：我父亲和大伯要比他们好，因为他们这个情况有几个问题，一个就是当时杨振雄有大小老婆之间的家庭关系和矛盾。还有就是杨振言呢，他笔头也能干，样样很能干，可能说得多了，讲得多了，而且讲话能讲在点子上，这样肯定得罪的人很多了，他们好像是"二月翻案黑风"的时候被打的。当时我大伯和我父亲，你说我大伯话多，但是在这种政治问题上，我大伯母和我母亲一直盯着他，不让他多话，他不是没吃过苦头的，所以他们两个人都不会去参与的。当时我大伯在"文化大革命"当中被关起来了，我父亲要晚些，他好像是1971还是1972年被关起来的。

蒋：爷爷被关了三年。

张：我大伯当时说是什么"脱帽右派"，反正有这些问题。在"文化大革命"一开始，他就和蒋月泉什么的都关起来了，我父亲是后来关的，是由于"搅乱建国宣传大队"和香港演出的问题。原来是关在交通大学，最早关在评弹团的后门。

满：这段时间您去看过他吗？

张：去过，他的状况好像不太好，他是很低调很内向的人，他不会表露的，他不表露任何事。我们去看他，送点衣服，送点东西，告诉他家里都很好，因为他是很顾家的人。我和我母亲两个人就在外面写东西，我姐在我大伯家帮他们写东西。当时我们还知道一点什么呢，张维桢，她没关起来，她知道的事情，有时会到我们家来跟我们说，注意什么，最近什么情况。张维桢就是陈希安原来的妻子。当时他们的伙食是由人送进去的，他们还跟我们说，在交大时袁雪芬关在我父亲上边，每天早晨七点钟用绍兴话读什么中央新闻啊。在里面也没什么活动，就写检查，今天写，明天写，总是这样。我父亲对这段经历看得很淡，我们一直说他很淡定的，他平时不多啰唆，不太说的，他说过去的让它永远过去，他还是喜欢弄他的照相机。我们知道得最多的是在"文化大革命"时，我们写东西。我记得我父亲老跟我们说他原来是蛮开心的，从来不跟我们说他不开心。家里很苦的时候，他每天弄什么给我们吃呢，我父亲和我大伯买了很多的蚕豆，大概也不是买的，是家里的老保姆带来的，一麻袋。他就学着炒，这次炒焦了下次注意。我们去了，每个人袋子里一袋子的蚕豆。

蒋：爷爷把煤气灶打开，把山芋放在上面烘，烘山芋，他欢喜吃这个。我看他没什么的，一张面孔老是笑嘻嘻的，他回来，人还没进门槛，就哇哇已经叫起来了，好像没啥不开心的，不发脾气咯。

张：他们兄弟两个是比较开朗的，不像蒋月泉一样，后来我们去看他，好像有忧郁症。我伯父家是三楼四楼五楼，住满了人。我们家里没什么人来住的，因为我父亲老是玩这些古董。我大伯父很好客，随便谁来，就要让他们住在家里，他喜欢这样。

满：鉴国先生喜欢玩摄影，年轻的时候就开始有了这种兴趣，而且在这方面造诣不浅，能谈谈您父亲在这方面的情况吗？

张：他经常背着包出去，里面放着两个照相机，看见人家造房子什么的，他就拍下来，他说拍了之后万一有什么事这个可以拿来做见证的。还有就是外边马路上看见小孩，看见老人，看见样样东西他都拍。到黄山去了几次，拍的照片报上都登过。他对摄影是非常感兴趣的，年轻的时候他玩的就是半导体、无线电，所有的无线电都拆开来，我们家的无线电都排好队的。

满：您父亲的追悼会是什么时候，在哪里举行的？

张：追悼会是在龙华殡仪馆大厅。过世前我父亲住在家里，隔夜还是很好的，早晨起来，照顾他的阿姨打电话来，说我父亲好像不行了，那么我们就赶过去，我马上打电话给我先生，让他在医院等着，马上就叫救护车，我父亲是华山医院的高干嘛，因为华山（医院）我们都很熟，我是华山（医院）的法律顾问，我先生在里面做主任。过了一会儿我打电话让我先生回家，因为我父亲已经不行了，不是抢救的问题。最后我估计他去世的原因还是心力衰竭。他中风了六年，还是可以的，每天他在家里的生活都很有规律的，早晨吃好饭到公园走一圈，下午看一会儿电视，睡觉，因为我们家用护士的，所以都弄得很好的。他本来就是手上的问题，走路还可以的，锻炼得很好，后来医生给他用了阿司匹林，但他有阿司匹林反应，有药物反应，胃出血，睡了两个星期之后，身体就没有原来好了。

满：蒋老师，您跟鉴庭先生相处的时间比较长，对他有什么印象？

蒋：我爷爷这个人蛮好，我感觉他这个人就像人说的和蔼可亲啊，很随和的，小女孩（外孙女）看到也不吓，爷爷真咯老好咯，随便人哪样讲啊，开玩笑什么的，他从来没有生气的。

满："张双档"是评弹界的名家，作为后辈，我们对他们一直是非常景仰的。非常感谢三位老师接受我们的采访，最后祝你们身体健康，一切如意！

整理者：张盛满、解军

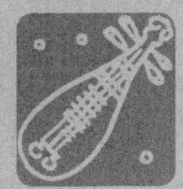

第五十九讲

忆故旧：
潘伯英、蒋月泉、杨仁麟、朱慧珍、杨振雄、吴子安、徐丽仙、王伯伯

——唐耿良访谈录

口述者：唐耿良

采访者：唐力行

采访时间：2007年8月

采访地点：加拿大多伦多唐耿良寓所

唐耿良

唐耿良（1921—2009），江苏苏州人，国家一级演员。1933年师从评话名家唐再良习《三国》，一年后在江浙一带演出。1944年进入上海，不久渐有影响，成为蜚声书坛的"七煞档""四响档"之一。1950年编演长篇评话《太平天国》。1951年加入上海市人民评弹工作团（今上海评弹团），任副团长、艺术委员会主任。为协助组织及首批入团的十八位演员之一。同年，随团赴安徽治淮工地进行文艺宣传。1952年参加创作中篇《一定要把淮河修好》，并参加第二届中国人民赴朝慰问团赴朝鲜慰问，之后编演短篇评话《黄继光》《张积慧》。1955年，编演短篇评话《王崇伦》《朱润余》等，先后与人合作编写了中篇《王孝和》《冲山之围》《白求恩大夫》《焦裕禄》及《如此亲家》等。说表以流畅晓达、剖析周到、事理分明为特点，并善于顺应潮流，结合时事，对比映衬，使书情富有新意。演出本《三国·群英会》经整理，由中国曲艺出版社出版。后于20世纪90年代移居加拿大多伦多。晚年出版回忆录《别梦依稀——我的评弹生涯》。历任中国曲艺家协会理事、常务理事及中国曲艺家协会上海分会（今上海市曲艺家协会）第一、二、三届副主席，上海市人民代表等职。本文系唐耿良对蒋月泉、杨振雄等多位挚友故交的回忆。

一忆潘伯英：忘年之交，亦师亦友

潘伯英是常熟人，长我十八岁，1933年冬我跟师到常熟湖园听书，他在常熟仪凤书场说书，我老是到仪凤书场去拜客，在那时就认识了潘。1934年我破口说书，在农村集镇说书，是个刚出道的道童儿，潘已是码头响档，层次不同也没有什么往来。十年之后我初露头角，和潘档次接近，业务上有了联系，彼此成了朋友。

潘伯英

我很欢喜听潘的书，他很有创造性。有一年年底光裕社在苏州吴苑书场会书，送客书是潘和曹汉昌的双档评话《连环套·天霸拜山》，他们搭配紧凑，对白精彩，得到全场听众的热烈掌声。这一回评话是潘编写的。1943年夏天潘到朱家角借我的地方歇息，我特地多留一天，在潘日场说书之后，加送一回《天霸拜山》，我和他双档演出，让我着实过了一次瘾！

潘在学说书之前曾经教过书，古文底子很厚实，说书时的穿插很有文化底蕴。例如关于"赤松"的由来，他在书中穿插说："越王勾践，只能同患难，不能同富贵，范蠡在灭吴之后，写信劝文种归隐，文种不听，后被越王所杀，范蠡则弃官从商泛五湖做陶朱公去了。再有刘邦开汉朝之后灭功臣，韩信被杀于未央宫，张亮辞官隐居，史书上记载：'张亮辟谷，从赤松子游。'说张良跟赤松子去做仙人了，其实赤松子并没有这个人，张良借了赤松子的名义逃走了。所以现在人们的口头谚语，把逃走叫'赤松'，啥人溜脱哉，就叫啥人'赤松'哉。"穿插里有个"包袱底"，是说书里的"小卖"。我就学过来，放在徐庶离开曹营时用这个"赤松"的典故，书场里很有效果。

说书里人物出场要有"挂口"或"咕白"。但是大路货的挂口，如"一粒明珠土中藏，未知何日放毫光""将相本无种，男儿当自强"，等等，并没有多少艺术性。潘曾经多次帮助我书写"挂口"，我记忆最深的有三次：

我在说《古城相会》时，张飞的出场没有个性化的挂口，只能用散文表叙，我和潘商量，请他帮我写一个挂口，他答应了，后来就写给我："龙无云，虎无风，英雄困顿草莽中，昨夜梦里兄弟会，醒来依旧影无踪。唉！大哥二哥，你们在睡梦之中来哄弄小弟则甚哪！"这样一来张飞这个人物的性格就显现出来了。

再有，我说到《单骑救主》中赵子龙碰到北地枪王张绣发一路枪法，名为"百鸟朝凰枪"，缺少一首枪赋，我请潘帮我写一枪赋，他答应了，很快寄给我："此枪出手凤来仪，片片翎毛百鸟飞。上一枪寒雁排阵，下一枪独立山鸡。左一枪黄莺穿柳，右一枪紫燕衔泥。前一枪孤鹜升空，后一枪大鹏展翅。鹞鹰逐兔空中转，白鹤追蛇着地飞。鹧鸪叫，杜鹃啼，枪枪发出有玄机。若问此枪何出典，朝凤白鸟世间稀。"这首赋每一句都有鸟名，听起来极为传神，为这回书增色不少。

《火烧连环船》缺少一首火赋，我把情节告诉了潘，他又为我写了一首韵白："大江随浪阔，小月傍山斜。风自东边起，船连西面涯。舳舻漫水际，旗帜遍天遮。顺风船，六十只，只只装满引火柴，随风急泻不须驾。船撞船，火就着，风吹火，火更大，铁索连环锁火龙，左船呆看右船着，一只挨一只，只只全挨着。波浪震荡火力加，片片旌旗化红霞。曹将慌手脚，曹兵乱如麻，可恨敌军如狼虎，杀人斩首如砍瓜。往前敌，心胆怕，往下跳，逐浪花。叫天地呼爹妈，敌势平添火势加，杀声四起震滩沙。最可怜百万雄兵一夜风，千乘战船化红霞，直烧得赤壁不红江水赤，一轮惨月山间挂。"

这一首韵白，既通俗易懂，念来又有效果，比原来的叙述交代更具可听性。潘又为我写了关羽、周瑜的挂口，以及赵子龙七探蛇盘枪的枪赋，就不一一列举了。在同行相妒的圈子内，我得到一个同行如此热情的具体帮助，实在是让人感动，因此我把潘视为半个老师的忘年之交。

我们在演出上更是相互协作，密切交往。1946年初冬，我们和徐云志合作一道到无锡越做，在迎兴、和平春两副书场，我和潘都说日夜两场，徐云志唱四场。徐云志名气响，这四场日夜都客满，我和潘"抖手巾包"——收入平均分配。那时评话的号召力不如弹词，和弹词演员越做能够日夜客满。五十天后徐云志到常州去了，我们评话独做连下去上座依旧很好，这是因为评话的关子已经吃牢，独做仍然客满。1948年冬，潘和我约了蒋月泉、钟月樵一道到常熟，我在城内仪凤书场说日夜场，潘在南门外花园饭店书场唱日夜两场，蒋月泉双档城里城外唱四场，都是场场爆满。如果评话独档演出就不会有如此盛况。

评弹本是单档演出，是名副其实的单干户，后来上海、苏州的书场以多档合演为主，产生团队组合的要求。"七煞档"就是一例，潘和我都属于"七煞档"成员之一。后来散伙了，仍以个体自接书场为主。1949年在上海，我们开始都受谣言影响，对共产党心存疑虑，后来解放军进入市区，睡在人行道上，不进民房，文艺处的干部接触评弹艺人，尊重艺人，使我们心悦诚服。为了迎接新生活，潘伯英编写新书，在大华书场推出新书专场。潘编了个《飞夺泸定桥》，由张鸿声、顾宏伯、潘伯英和我演出。张鉴庭、张鉴国说《阿Q正传·调戏吴妈》一节，也是由潘所编写。7月1日慰劳解放军义演书戏《小二黑结婚》也是潘改编，蒋月泉饰小二黑，范雪君饰小芹，刘天韵反串三仙姑，张鉴庭饰二孔明，张鸿声饰金旺，在南京大戏院上演，全场爆满。

潘还和我拼双档说一回《李闯王》，由文艺处干部陪同到杨树浦申新纱厂演出。我们原来演出的夜场请别人代书，收入归代书演员所得，我们则免费为工人说书。次日《新闻日报》刊登了简讯：潘伯英、唐耿良下厂演出。我们放弃了收入，义务下厂演出，就是冲着为工农兵服务的光荣。后来，潘伯英被选为上海市人民代表大会的代表，成为评弹界的光荣代表。

1951年潘伯英放弃单干的高额收入，参加苏州市文联，任戏改工作干部，拿固定工资。这一消息使我受到很大震撼。潘为我树立了一个榜样。我在上海和蒋月泉等朋友商量争取参加国营评弹团，就在1951年11月，评弹界"十八艺人"组建了上海评弹团，拿低于单干收入两三倍的固定工资。我担任副团长，由此也参加了革命工作。

1952年苏州评弹团建立，潘伯英担任领导工作。上海和苏州两团交流合作，互相呼应。

"文革"中，潘伯英首当其冲，受到了冲击，1968年心脏病病发，含冤逝世。1978年他得到了平反，恢复了名誉。2003年他的百年诞辰，有关方面举行了隆重的纪念活动。

潘伯英为苏州评弹编写了大量作品，他的《孟丽君》曾受到陈云同志赞赏！但他留给我更深印象的还是他热心助人、忘我写作的精神。如今遥念故友，回首往事，真令我无比感慨。

二忆蒋月泉：月泉吾兄，弹词之冠

1984年7月下旬，大华书场举行蒋月泉书台生活五十年纪念演出，蒋月泉的开门大弟子王柏荫，他的师弟潘闻荫、沈世华、秦建国，还有北京的弟子马增惠，江苏的弟子尤惠秋，浙江的朱良欣，徒孙苏似荫、江文兰、孙女蒋新月等都来参与演出。三场全部爆满，一票难求。我有幸聆听三场，是一次极好的艺术享受。

第一场演出中印象较深的是尤惠秋的《拷文》。尤是无锡评弹团主要演员，他创造了"尤调"的流派。他在40年代就在电台上跟蒋月泉学习，他的嗓子中低音很好，根据嗓音条件，创作了《送兄》等著名唱段，在评弹界颇负盛名。《拷文》由陈灵犀作词，尤唱出了王亭对金家的忠心，忧心如焚地谏劝金张氏宽恕文宣。尤惠秋唱得很投入，全场鼓掌，他又加唱了"尤调"代表作《诸葛亮》。

第二个突出的节目，是南曲北移用北京话唱苏州评弹《战长沙》的马增惠。马本是中央广播说唱团的著名单弦演员，她是专程到上海师从蒋月泉学唱的开篇。她的中气充沛，嗓音宽亮，功底深厚,把"蒋调"的醇厚韵味全学到手,在北京演唱就轰动一时。这次来沪参加演出果然技惊四座,一曲唱罢,掌声如雷,听众高呼再来一个。马用上海话说"呒没哉哟"。下面掌声又起,欲罢不能,她又临时编词用"蒋调"唱道:"今天我不唱单弦,南北交流我唱评弹。南调北唱收获大,(白)我感谢中国曲艺家协会,苏州评弹研究会,上海市文化局,曲艺家协会上海分会,(唱)给我机会来唱评弹,我感谢上海评弹团,更感谢我南方的师父他叫蒋月泉。"临场发挥又赢得了很热烈的掌声。

蒋月泉上台了,他已经六十八岁高龄,思维敏捷,谈笑风生,他首先感谢领导的关怀和学生们的支持。他说王柏荫是"青出于蓝",又指指下手王柏荫的学生苏似荫,这里还有个"胜于蓝"呢。一句成语分开来形容两个人,言简意赅又风趣得体。他又说,"我呢是'蒋调',马增惠在北京是'马调',尤惠秋是'尤调',伲三个人一道演出,是蒋(酱)马(麻)尤(油)。拌海蜇皮丝倒是一等"。这种即兴发挥,显出了蒋月泉的幽默风格。他和苏似荫说的是《骗上辕门》,苏似荫起阿寿脚色,他鬼话想勿出,分赏赐却要一人一半。蒋月泉起阿福,对阿寿说"我倒勿懂,哪哼说鬼话也要吃大锅饭"。当时正在批判"大锅饭"的不劳而获制度,蒋月泉这句话切中时弊,又引起了哄堂大笑。这一回书以搭配紧凑,语言幽默,情节生动为特色,显示了蒋月泉不但唱功好,他的说功造诣也是超级的。

接着在文联召开了一次蒋月泉艺术研讨会。我担任了会议主持人,我首先介绍了蒋对艺术的执着研究精神,有一次我到他家去探望他,见他斜倚在床上,手中拨弄着三弦,弹拨京韵大鼓过门的指法,借鉴北方曲艺的艺术来丰富自己的弹拨艺术。上海音乐院的连波教授,从作曲的角度来分析"蒋调"并非是一曲百唱,而是各具个性。

马增惠介绍她学"蒋调"的心路历程,本以为学一支开篇不过二三十句唱词,可以轻易拿下,等到一学唱法便感到原来的想法错了,"蒋调"的深奥,易学难精,花了半个月时间才啃下这块硬骨头。她感谢蒋老师不厌其烦一字一句从咬字润腔、呼吸换气等方法耐心教导,才使她完成了南曲北移的艰巨任务。

杨振言和蒋月泉在电台播唱开篇时就一道合作,1949年初在人民电台每日播唱《白毛女》长篇连续开篇。陈灵犀写词每日在《新闻日报》发表一首,他们就唱了几十天,影响很大。后来在书戏《三雄惩美记》中两人同演美国水兵,在《林冲》《野猪林》中分演前后林冲。在《厅堂夺子》中篇里,杨起徐元宰,一档"若问孩儿本姓金"的唱词唱得非常成功。蒋唱的《徐公不觉泪汪汪》两人对噱,可称各有千秋,珠联璧合,被唱片公司喻为珍品唱段。杨振言却谦称蒋是他的半师半友。

很多人发言称颂"蒋调"在评弹界的影响,张鉴庭的"张调"、徐丽仙的"丽调"都是吸收了"蒋调"的成分发展而成为各自的流派唱腔。蒋月泉自己的唱腔发展也是博采众长，广泛吸收。他的"蒋调"是在老师周玉泉的"周调"基础上发展的。他在《战长沙》中"一个儿好似蛟龙刚出水"的润腔就是从京剧《打渔杀家》中"父把网撒"的声腔中吸收过来。蒋月泉《厅堂夺子》"既然是……为什么……"是从京剧高拨子唱腔借鉴过来。弹拨的过门从越剧过门中学来。《庵堂认母》的"世间哪个没娘亲"吸收了"徐调"的成分，《夜访陈友才》的落调第六个字借鉴了"夏调"的声腔，《陈喜读信》借鉴了"丽调"的女声唱法。"徐公不觉泪汪汪"的"陈调"，从夏荷生及杨振雄的"陈调"参照融化而成。他学地方戏，学北方曲艺，更学评弹中各个流派的特色，但又是融化在"蒋调"之中，这是多么深厚的功力呀！

蒋月泉听了大家的发言，他诚挚地说"蒋调"在1949年前是以音色优美为第一考量，其次才是考虑人物的感情。1949年后在党的领导集体帮助下，特别是下手的支持下共同创造，朱慧珍在《庵堂认母》以及《白蛇》中的合作是做出贡献的。蒋又谈到自己在倒嗓之后，从盖叫天武戏文唱中得到启发，谱曲时首先要做案头工作，研究思考自己将在作品中担任的人物的年龄、性格、情绪和自己的现状有什么矛盾，比如演徐元宰庵堂认母，徐只有十六岁，自己已是壮年的嗓音，怎么和他靠拢？演徐上珍时徐已是七十三的老翁，怎么表演他的衰老，这些都要考虑。总之，首先要考虑人物的感情，其次再是音乐的优美。所以"蒋调"能谱出各种不同人物感情色彩新的唱段。蒋月泉又说他的创造也离不开合作的伙伴，例如朱慧珍在"认母"中与他的对唱，《白蛇》中白娘子和许仙的对唱。其他的下手也是如此。他还谦虚地说"我虽然做了一些贡献，但我只能算是一个'呒青头当中格有青头'"。这是他对自己的一个自我评价，并不讳言他自己的某些缺陷。

蒋月泉在大华书场说了三回书，一是与苏似荫说的《骗上辕门》，二是与刘韵若合作的《白蛇·喷雾》，三是与王柏荫合演的《沈方哭更》。这三回书以说噱为主，书场里的效果是好的，也显出了蒋月泉说功的长处，但是对欢喜听"蒋调"唱功的书迷却多少有点不满足的遗憾。

为了弥补这个缺憾，我和蒋月泉商量，在人民电台空中书场《星期书会》栏目里组织五场专辑，以满足广大爱听"蒋调"听众的要求。电台里的录音资料都是蒋月泉嗓音好的时候留下的。第一辑是《杜十娘》《战长沙》《林冲·酒店》，还有《王孝和·写遗书》四段都是"慢蒋调"的代表作。我请他自己分析唱段特色时，他不好意思自吹自擂，叫我代他介绍。我说"我说起来有隔靴搔痒的感觉，还是你自己讲吧，你只要实事求是地介绍，听众会欢迎的"。蒋月泉回答，"你逼我往戤盘里跳，让我'自称自赞哉'"。蒋月泉说，"我对杜十娘这个人物有个认识过程，开头只是同情她遇人不淑，遭到悲惨的结果，后来听了北京荣剑尘的单弦《杜十娘》，对杜十娘有了比较深的认识。后来观摩陈书舫演的川剧《杜十娘》，杜十娘听到李甲说将自己卖给孙富之后，讲了一句'我瞎了眼啦'！撕心裂肺"。这悲惨愤恨的声音给蒋月泉心灵上带来很大的震撼。后来蒋又读了原著《今古奇观》中《杜十娘怒沉百宝箱》的小说，对杜十娘又有了进一步的认识。对一支开篇蒋月泉如此认真地从曲艺到戏剧，再到小说反复钻研可见他对艺术的执着研究。他说我每唱《杜十娘》开篇时先在肚皮里叹一口气惋惜杜十娘的不幸遭遇，然后在这个情绪中再演唱。经过他介绍后再听《杜十娘》时印象就更深刻了。

"蒋调"第二辑是以现代题材的选曲为主：《海上英雄·游水回基地》《人强马壮·芒种回忆》《夺印·夜访》《南京路上·陈喜读信》《农讲所里教诲深》。

第三辑是《白蛇》之《赏中秋》《上金山》《断桥》《合钵》《许仙哭塔》。显示了他在《白蛇》中的音乐创造。

第四辑是周玉泉的《志贞描容》。蒋月泉1962年在香港演唱会上唱的《志贞描容》可以看出蒋继承"周调"的流派唱段，再就是马增惠的《战长沙》和秦建国的《操琴》表现了北方和南方学生的功力，可谓后继有人。

第五辑是蒋月泉的"陈调"特辑，第一段是《拷文》，第二段"邋遢调""陈调"《王永昌责许仙》，第三段是王佐断臂说书的"陈调"，第四段是"冠生"沈君卿唱的入声韵"陈调"，第五段是徐上珍在《厅堂夺子》中的《徐公不觉泪汪汪》，这是蒋月泉创造的高峰唱段。这五个专辑基本上表现和涵盖了蒋月泉在声腔艺术上的突出成就，堪称一代宗师长存了经典作品。

三忆杨仁麟：绝艺传杨调，成名著蛇王

1983年3月中旬我正在团里上班，杨仁麟的女儿到团里来说，父亲在3月12日逝世，享年七十八岁。团领导和她谈妥，3月18日在龙华殡仪馆举行追悼会，并嘱我拟写悼词。

杨仁麟是30年代弹词单档的响档，当年夏荷生、徐云志、周玉泉是单档中的三鼎甲，杨仁麟是第四名。他继承嗣父杨筱亭的《白蛇传》。当年评弹界流传一句话："蜻蜓尾巴白蛇头"，说《玉蜻蜓》这部书要说到《庵堂认母》才上关子，而《白蛇》只有前半段好听，后段就不好听了，而杨仁麟却把后段书到镇江之后的故事说活了，后面的《水漫》《断桥》《合钵》《哭塔》都说得好听了，接活了整条"白蛇"，被誉为"蛇王"。他的唱腔也超过了父亲，被称为"小杨调"。

1954年蒋月泉"斩尾巴"之后要补说一部长篇，选中了《白蛇》，便向杨仁麟讨教，请陈灵犀执笔编写唱词，把传统长篇做较大的改动，杨仁麟慨然允诺。后来在新华书场日场演出，杨仁麟说第三档，我说第四档。蒋月泉和陈灵犀每天到书场听书，后来就到常熟去实践演出，就参考了《蛇王》的传统脚本。

1958年以上海评弹团为主体的上海曲协代表团赴北京参加公演，杨仁麟随团同去，他演出《白蛇》时，曾写过京剧《白蛇传》的田汉同志，听了杨仁麟的演出十分赞赏。1960年杨仁麟放弃了单干高额收入，参加了上海评弹团。他和蒋月泉双档合作演出了《许仙投书》，许仙从杭州发配到苏州，去投奔"大生堂"药材店老板王永昌，王知道许仙是杭州药材店善于接待顾客的好店员，有意聘他担任店员，接见许仙时王招待他吃馄饨，他叫小二买了五十只馄饨回来，又怕馄饨店老板揩油没有给足数，他和许仙吃时还在点数目。许仙一汤匙舀了三只，他就舀了两只凑五只；许仙第二匙舀四只，

杨仁麟

他只能舀一只；许仙第三匙舀了五只，他只好吃一匙汤，凑满十五。许仙边吃边问"婶母大人今年几岁了"？王永昌冲口说"十五"。许仙惊奇问"怎么婶母只有十五岁"？王永昌只好实言"勿勿勿，是五十岁，我说错哉"。杨仁麟把精于盘剥而又极度吝啬的药店老板，刻画得活灵活现。后来陈灵犀编了中篇《大生堂》，王永昌是中心人物，杨仁麟把王永昌演活了。我在静园书场听杨说一回《盗仙草》，说到白娘娘和白鹤童子交战时，他的手面好看极了，他吸收了京剧的手面，又加以评弹化，边式美观，非常漂亮。他的语言幽默，老寿星念白娘娘救夫心切，但道行不够，驾的云头太低，速度又慢，来不及把仙草带到苏州，要耽误许仙生机，老寿星助她一扇，云头又高又快，飞过了苏州飞到了莫斯科。台下哄堂大笑，他的语言简洁，有很高水平。

1962年他在西园书场演出，散场后乘夜车回苏州，不幸中风，团领导开着文化局的轿车到苏州把他接回上海治疗。从此杨偏瘫卧床不能走路，他在病中还不忘艺术，邻居来探病时，他还说书给他们听。"文革"时书场停业，邻居书迷们拥到杨家探病，听他说书。被里弄"造反派"知道后还要批斗病人，杨老为此吃了不少苦头。幸得女儿孝顺，照顾周到，卧床二十多年，未生褥疮，这是很不容易的。

杨仁麟有回见女儿在吃棒冰，他也要吃，女儿买了给他吃。他躺在床上嘴巴朝天，一不小心棒冰的木片落进了喉咙，喉咙被卡住，拔又不敢用力拔怕擦伤了喉咙，只能送医院急诊才拔出了木片。

80年代每逢春节，团里分工由我去闸北的杨家拜年。我提一筐橘子到他房里，他安详地躺在被窝里，我向他祝福时，他的眼光盯住了橘子，他女儿知道他的心思，剥开橘子撕去橘络，把一瓣橘子塞到他嘴里时，他嘴里在嚼橘子，嘴唇上一小撮胡子一动一动，我见了联想起他说的《白蛇》中有一回，钱塘知县审问白娘娘，不料下跪的却是捉白娘娘的地保王日千，白娘娘用一张白纸覆盖在地保面孔上，地保变成了白娘娘的形象，县官问话，他嘴唇在动，嘴唇上的小胡子擦在

白纸上,发出"沙沙沙"的响声。我看杨的胡子在动,不免就想到书里的情节而忍俊不禁。我又想到"描王"夏荷生在旧社会卧病几个月,家里典质殆尽,死后丧葬费用由同行们掏钱出来料理,而"蛇王"卧病二十余年有新社会保障,还能安度晚年。正是新旧社会两重天哪!

我的朋友金石家陈巨来先生,他爱好评弹是个老听客,陈家就住在评弹团的对面,我去陈家,告诉他杨仁麟逝世的消息,他当即挥毫写了一副挽联"绝艺传杨调,成名著蛇王"。把挽联交付我带往追悼会悬挂。

3月20日《星期书会》,我和蒋月泉一道主持节目,报告了杨仁麟逝世的消息。并播放了杨仁麟生前的录音唱段,一段是《白蛇·捉白》,白娘娘被捉往衙门,经过闹市大街,两对面店家被白娘娘的美貌惊呆了,做生意时错误百出,这段唱叫"令令调","在南货店门来经过,令啊伊令啊,南货店老板要看佳人,看得俚倷浑沌沌,(白:买三文钱白糖,送脱仔两斤糖莲心。)在肉店门前来经过,肉店老板看佳人,(白:买四文钱板油,斩仔两斤前夹心。)剃头店门前来经过,老板看得浑沌沌,(勒浪替客人修面)两条眉毛剃干净,(白:那是接也接勿上个哉。)在裁缝门前来经过,老板也要看佳人。(白:勒浪裁裤子哟)袴裆里开仔个琵琶领……"这个手法比用说表叙述白娘娘鹅蛋脸、秋波眼、琼瑶鼻、樱桃口的漂亮要生动有趣得多。

节目中还播放了杨仁麟唱的《合钵》,(白:快把梦蛟抱来)"让他再饮几口分离乳",把白娘娘的母爱表达得扣人心弦。蒋月泉对半师半友的杨仁麟也深表哀悼,我们二人共同祝福"蛇王"走好。

"蛇王"虽然走了,"蛇王"的录音艺术依然受到听众的欢迎。

四忆朱慧珍:德艺双馨,可敬可亲

朱慧珍

朱慧珍是上海评弹团1951年建团时的"十八艺人"之一。建团后第三天即去淮北参加治淮工作,在冰天雪地的艰苦生活中经受锻炼。返回上海后集体编演了中篇评弹《一定要把淮河修好》。朱演第四回《工地探亲》中的女民工王秀英,上台演出时她不烫头发,不施脂粉,穿一身灰布人民装,足登白帆布跑鞋,朴素清新。越剧表演艺术家袁雪芬听书后盛赞朱慧珍气质好、形象好。朱的一段唱词《新年锣鼓响连天》唱得悦耳动听,被灌成了唱片,并被苏州评校定为教材,在对学生的教学中成为基本功必修课。

朱慧珍生于1921年，父亲朱福庆是苏州人，唱苏滩维持生计，家境清寒，朱慧珍自幼聪颖，听觉好，乐感强，在父亲和姐姐熏陶下，学会了苏滩的几个曲牌，跟着父亲到堂会人家加唱曲牌，她的嗓音清丽，唱得悠扬悦耳，深得堂会人家主人和宾客的赞扬。一曲"大九连环"是经常演唱的曲目。

　　说起"大九连环"，还有一个故事：1953年夏天，朱慧珍随评弹团赴广州下海军部队慰问演出，主要节目是中篇评弹《海上英雄》。可是听书的战士都是广东人，听不懂苏州话。天气又热，礼堂里坐满了人，又没有空调，战士们坐不住了，站起来溜号，脚上穿的木拖鞋"噼哩啪啦"响，礼堂秩序乱了。首长吹哨子下命令大门上锁，不准溜！战士们实在坐不住，很多人从窗台里跳出去。评弹团领导立即开会研究，改换节目适应当地实际情况，采用国乐合奏《彩云追月》《春江花月夜》、小歌；短篇评弹，杂技转伞，独唱大九连环等。大九连环命名为《姑苏好风光》，朱慧珍独唱"上有呀天堂，下有呀苏杭，杭州有西湖，苏州有山塘，哎呀两处好风光……"战士们听不懂苏白的词意，但江南民间的音乐旋律，优美的嗓音，一曲唱罢，总是全场热烈鼓掌效果极好。此后成为每场必演的曲目。

　　1958年朱慧珍到北京参加中国曲艺会演，在中南海怀仁堂演出评弹专场招待中央首长。朱慧珍一个节目演过，周总理鼓掌，朱慧珍又加唱一个《姑苏好风光》，赢得了总理的赞赏。

　　上海音乐学院青年教师鞠秀芳，专程赶到北京，向朱慧珍学习《姑苏好风光》。鞠精通乐理，学会后回去又做了技巧上的加工，把曲子唱得更好听了，并灌制了唱片推广普及。

　　江苏曲艺团的杨乃珍去国外巡演，《姑苏好风光》成为杨的节目之一，推广到了国际。苏州评弹团的新秀盛小云，也将《姑苏好风光》带到了宝岛台湾，受到台湾同胞的欢迎。如今评弹界的女演员，大多把《姑苏好风光》作为独唱节目。但很少人知道朱慧珍是把苏滩大九连环移植到评弹界来的第一人！

　　1952年秋，朱慧珍、陈希安和我三个人，一道被选拔为参加中国人民第二届赴朝慰问团华东分团文工团的演员，团长金焰，副团长赵丹，其他是歌舞、杂技、曲艺等节目。我们的节目是中篇《一定要把淮河修好》第四回《工地探亲》，时间压缩为二十分钟，为让战士们能听得懂，苏州话的说表一律改成普通话。赴朝前夕我们集中在丹东，那时空袭警报频频，气氛很紧张，领导通知我们要留一个小分队在丹东，专门为志愿军伤病员慰问演出，不用过鸭绿江入朝，这样比较安全，要留下来参加小分队的可以报名。我问及慧珍的意见，她非常勇敢和坚强，要求过江去慰问，不顾有牺牲的危险。我很感动，明知有危险，偏向险地行。我们评弹小组报名过江。在敌机横行的时刻，我们是昼伏夜行，黑夜行军时不能用电筒照明，陈希安背着琵琶在前，牵着向导的后襟，我牵着陈希安的衣服，朱慧珍牵着我的衣服，像托儿所小朋友过马路彼此牵着衣服走。非但登山山路崎岖，而且要过清川江，在一条狭长的跳板上走过去，那种艰苦的行军在上海是不能想象的。在坑道里为战士演出，朱慧珍总是热情奔放地放开她的金嗓子演唱，受到志愿军战士的热烈欢迎。有一次在咸兴的山沟沟里演出，时间在上午，战士们一排排坐在山坡上，我们在山脚下昂起头为山上战士演唱，旁边山头上架着高射机关枪，防备敌机低飞空袭，战士们都是安徽籍的，他们对淮河景况是熟悉的，朱慧珍唱着："新年锣鼓响连天，淮河两岸庆丰年。家家房上盖新草，从都把新衣添。一年更比一年好，喜上加喜喜连连。"战士们热烈鼓掌，我们演出结束，战士举着冲锋枪高呼："感谢祖国人民的关怀！誓以鲜血保卫祖国的安全！"我们的评弹艺术和祖国联系在一起，说书和保卫祖国联结起来。朱慧珍和我们俩都感到热血沸腾激动不已。在冰天雪地、战火纷飞的朝鲜，我们共同战斗了四十天，结束了慰问演出，我们回到团里，又参加了《海上英雄》和《罗汉钱》的演出。团内评级调薪，朱慧珍评上了高级职称，拿到补发工资三百几十元。按1953年的物价水平，这是一笔相当可观的款子。朱慧珍全部捐给了朝鲜孤儿院。这事震撼了全团人的心灵。老作家陈灵犀感慨地说："团内蒋月泉是可亲而不可敬，唐耿良是可敬而不可亲，朱慧珍是可亲又可敬的人！"

不久，朱慧珍光荣地参加了中国共产党，她是评弹团乃至评弹界第一个入党的演员，受到了人们的尊敬！

之后，朱慧珍排演了陈灵犀写作的短篇《刘胡兰就义》，朱慧珍被刘胡兰的事迹感动了，排书时泪流满面。排练结束，蒋月泉指出："刘胡兰和徐大胡子斗争是坚强而勇敢的，她不会流泪，流泪是你的感情，不是人物的感情。"朱慧珍接受了这个意见，控制了感情，比较正确地表演了刘胡兰，我在参加这个短篇初演时，有一段韵白，我摒弃了说书的腔调参考了话剧的朗诵，被称为"苏州朗诵"，为合唱"天日无光北风寒，人人哀悼刘胡兰……"做了铺垫。之后张鉴庭、徐丽仙、朱慧珍和我四个人合演这个短篇，下工厂巡回演出，受到工人们的欢迎。

1954年，评弹团艺术委员会讨论组织重点双档，朱慧珍和吴剑秋拆档，与蒋月泉拼双档。整理长篇书目《白蛇传》由陈灵犀执笔，先是听了一遍蛇王的演出，后又聘请了余韵霖合作讨论。他们在常熟花园饭店书场做了实验演出，由陈灵犀深夜执笔，有两个抄写员誊写，写好后一张一张交给蒋、朱对词，排练，谱曲，这不是一两天的突击，而是整整一个月，其艰苦辛劳是很难想象的。当时我在无锡演出，听说了他们这样辛苦，很感动，我写了一封信去慰问慧珍，鼓励她再接再厉坚持完成"整旧"任务。朱慧珍不辞劳苦，连续奋战了一个月完成了演出任务。陈灵犀的文学根底深厚，使《白蛇》的唱词文学性大大提高，《游湖》《端阳》《中秋》《上金山》《断桥》《合钵》《雷峰母子会》《许仙哭塔》等，都成了精品保留唱段，朱慧珍成功地塑造了白娘娘善良、温柔、体贴、勇敢、坚强的性格，受到了听众的欢迎。

朱慧珍艺术上的高峰体现在《庵堂认母》的演唱上。她演的三师太志贞这个脚色，开头在云房中面对金贵升遗容，思念着十六年前失散的孩儿不知身在何处，今生能否见到他？接着徐元宰站在她的面前，模样与十六年前的金贵升像一个印板中刻出来的，继而在交谈中逐步了解徐元宰就是失散十六年的亲骨血，她要想认他，发现自己胸前挂着一串念佛珠，想到自己的身份是个比丘尼，我若认了他，他成了尼姑的私生子，他的锦绣前程就此毁于一旦，宁可苦了我一个，也不能连累儿子，这种伟大的母爱，被朱慧珍刻画得淋漓尽致，入木三分，使听众闻之心酸落泪。

蒋月泉的《庵堂认母》获得金唱片奖，在上海曲协座谈会上感言，感谢朱慧珍对他的帮助，若非朱慧珍感情投入的激情唱腔，也不能激发他进入徐元宰的脚色，唱出这样动人的唱腔来。蒋称赞朱唱的"俞调"没有脂粉气，不是声音响得戳耳朵，而是唱得情真意切。这个真字很重要，是很不容易的造诣，也是难度很高的境界。《庵堂认母》是蒋月泉的经典精品，也是朱慧珍的传世之作。

朱慧珍和张鉴庭、张鉴国三个档合作的《秦香莲·寿堂唱曲》，朱慧珍在这回书中的唱段是听众很欣赏的佳作。她把秦香莲的善良、温柔、孝顺公婆、期盼丈夫回心转意的感情表达得很出色，"燕子双双集画梁，池中交颈两鸳鸯。深闺只见新人笑，不见旧人啼哭在道旁"。……她在"蒋调"框架内，落调尾声融入了"张调"，唱出了新腔很受听众欢迎。结尾唱出了秦的哀怨，"……得了功名就变心肠，状元郎变作了蔡中郎"。陈灵犀的词作得好，朱慧珍唱得声情并茂。《寿堂唱曲》成了流传很广的保留唱段。

同行们称朱慧珍唱得宫正，是正宗的"俞调"，经过朱介生的辅导，品位是很高的。朱慧珍演出的作品《宫怨》《思凡》《莺莺烧夜香》《新年锣鼓响连天》《端阳》《断桥》《合钵》《雷峰母子相会》《庵堂认母》《寿堂唱曲》，等等，留给了后辈很多艺术财富。

朱慧珍的人品更是令人钦佩，她不但为朝鲜、越南捐款，对团里有经济困难的个别行政人员，她也予以帮助。有个学员患病，她不但自己资助，还动员蒋月泉和我帮助学员渡过难关。诸如此类的善事是说不尽的，助人为乐是她一贯的作风。

我想起朱慧珍在治淮时雨雪关中的一段艰苦生活；在战火纷飞的朝鲜战地危险与共地一起演出；在团内排练、下厂、下部队的一起说书。朱慧珍德艺双馨的形象，永远记忆在我脑海中。

五忆杨振雄：一身书卷气的弹词艺术家

我和杨振雄是同龄人，他长我十一个月。我父亲唐月奎，他父亲杨斌奎，都是赵筱卿的徒弟。我们称得上是世谊兄弟。我因家贫只读到小学五年级就失学了，十二岁学说书，十三岁就

杨振雄

"破口"上台,挣钱养家。杨振雄小学只读了三年,因家庭经济困难,为了让两个兄弟能读上书,他九岁就抱琵琶上台"插边花"唱开篇,他读书比我还少两年,出道却比我早四年。我们可以说都是童工出身,从小就在江湖上漂泊。

杨振雄先是和父亲拼双档,后来他的弟弟杨振言十几岁跟父亲学说书,为了照顾弟弟,让弟弟跟父亲拼双档,杨振雄就放单档闯荡江湖说书,他说的是父亲传给他的两部书,《大红袍》和《描金凤》。这两部书内行称为"五毒"书,脚色很多,接近评话,因大喉咙脚色众多,喊足了容易嗓子失音。杨振雄虽然说这两部书已有一定水平,但要走红还有一定障碍,他决定要另辟蹊径,改换书目,攀登艺术顶峰。换书选材很重要,当时正是日军占领江南时期,评话演出地区都是沦陷区,中国人受尽屈辱,他想到唐朝开国以后,国势兴盛,日本曾多次派出"遣唐使"来中国学习文化知识,这是中国人扬眉吐气的朝代,他决定选择《长生殿》作为改编的长篇书目,其中蕴含着杨振雄爱国主义的情操。

编演长篇是一个大工程,杨振雄清晨去健身房锻炼身体,然后泡在图书馆里,如饥似渴地阅读唐朝正史、野史和唐诗,等等,后来杨振雄在书台上洋溢着书卷气,就是他多读诗书,并学习绘画的成果。在编书期间,他放弃了演出,夜以继日地读书和写作,生活是艰辛的,他咬咬牙熬过了这个关口,这是很不容易的事。他开始出码头演出《长生殿》,边说边改,不断完善剧本,书场里的听众中知识分子增多了,他勤于求教听众,丰富本子。他觉得在表演艺术上原来《龙》《凤》两部书中的周彬和徐蕙兰的小生脚色,不能在唐明皇这个帝王人物上运用,他便从俞振飞的昆曲中借鉴吸收养料,这是一个在艺术上脱胎换骨的改造。他的艺术逐渐形成了独有的表演风格。他原来的唱腔师法夏荷生的"夏调"和魏钰卿的"魏调",他觉得这些老腔不适合表演帝王和贵妃的感情,他逐渐创出了自己的唱腔——"雄调",它比较接近《长生殿》的人物感情抒发,并获得了听众的认可。杨振雄创造了《长生殿》,《长生殿》也造就了杨振雄。

1945年8月15日,我在太仓直塘说书,杨振雄在常熟老徐市说书,两地相距十里,杨振雄带一只收音机在码头上,他听到日本无条件投降的消息,兴奋得彻夜难眠,16日一清早步行十里到直塘来,向我传达这个喜讯。大有"剑外忽传收蓟北,初闻涕泪满衣裳。却看妻子愁何在,漫卷诗书喜欲狂"的心怀。杨两年前在浙江演出,差一点被日本军队清乡时杀死。我在八年中沦陷区说书受过数不尽的凌辱。我们苦熬了八年黑暗的漫长岁月,今天总算盼到了天亮。我感谢杨振雄送来了特大喜讯,他还要匆匆地赶回老徐市去日场说书,来回步行了二十里。

那几年杨振雄在上海新仙林书场演出《长生殿》,受到昆曲名票徐凌云的赏识,还介绍俞振飞、梅兰芳、盖叫天等来听书，并与大师们进行艺术交流，杨又拜申石伽为师，学习绘画，艺术同源，杨的书艺又提高了一步，1948年中秋在沧洲书场演出亚美麟记电台实况转播，《长生殿》红遍上海及江南。杨振雄成为书台上新冒出来的响档。

1949年初夏，上海部分评弹艺人不能出门说书，生活发生困难，评弹协会组织一场会书义演，筹款购买粮食，发放给生活有困难的艺人，会书假座沧洲书场演出，票价银元一元。我和杨振雄、顾宏伯三人说一回《长生殿·絮阁》。杨振雄演唐明皇，顾宏伯演高力士，我反串演杨贵妃，我抱了琵琶弹唱，唱篇中有一句"昨日曲江曾赴宴"，末一个字拉了长腔，我用了"雄调"的旋律，引来听众笑声。

1949年后杨振雄先是编演了《武松》，武松醉酒上景阳冈，唱了一段海曲"月儿皎，星儿俏，良夜迢迢……"，唱得慷慨激昂，酣畅淋漓，成为"雄调"的保留曲目之一，至今广为流传。之后他向黄异庵学习《西厢记》并与黄拼双档演出，红极一时。这之后杨振雄又和胞弟杨振言合作，唱《西厢》时，杨振雄抱琵琶做下手，他演的张生和莺莺，刻画人物性格细致入微，把传统西厢的表演艺术提高一个档次，深受听众欢迎，"杨双档"成为评弹界品位高雅、最有影响力的双档之一。

1954年他放弃了单干的高额收入，参加了上海评弹团，我和杨振雄成为同事，和他合作演出的机会也多了。1957年初夏我和"杨双档"、朱慧珍、吴君玉五个人组成一个巡回演出组，到汉口、郑州、洛阳、西安、兰州等城市演出。在郑州市区演出时，因为剧场听众较少，我们便去上海支援郑州的国棉三厂演出，受到厂方欢迎，我们临时编写了慰问乡亲的开篇，受到了上海工人的热烈欢迎。演出完毕，工人们邀我们到他们的宿舍去做客，他们把上海带来的糖果零食从饼干箱里一样一样地拿出来招待我们，杨振雄被他们的热情感动了，这个"书凯子"不会讲客气话，对他们说，"你们这样招待我们，赛过像斋祖宗"！我们都笑他讲的这句不得体的客气话。

1957年他和费一苇合作编写了中篇评弹《王佐断臂》，杨振雄演前王佐，后陆文龙，蒋月泉演说书的王佐，杨振言演岳飞，张鉴国演诈降的王佐，我演金兀术，刘天韵演哈米蚩，徐丽仙演乳母，这个宣扬爱国主义的中篇后被灌成音带出版。

1959年，白求恩逝世二十周年，我根据小说改编了中篇评弹《白求恩大夫》，杨振雄参加了演出，他演一个加拿大医生，演得很投入，把白求恩的热情、直率、认真、执着的性格表演得淋漓尽致。他先是对八路军的方医生让他用木匠的锯子锯伤员的腿，大发雷霆斥责了方医生，后来他了解了八路军在敌人封锁下没有医疗器械的实际情况时，深刻检讨自己错怪了方医生，恳切地向方医生自我批评，认真地检讨自己。杨振雄演得非常成功。

1961年5月，上海评弹团组队去北京演出，"杨双档"是队内主要演出档次，也是杨振雄艺术生涯中最辉煌的一次演出，他的《西厢记》中的《闹柬》《回柬》《佳期》等回目受到听众热烈的欢迎。《人民日报》发表了整版文章对评弹艺术赞扬有加。《曲艺》杂志刊载了《回柬》的全文，以及介绍杨振雄的表演艺术的文章，高度肯定他唱的"俞调"基本功过硬，婉转悠扬，感情十分投入。《回柬》可称为评弹折子中的精品。中央文化部一位副部长特意关照杨振雄要把《西厢记》的本子记录整理出版发行，为此杨振雄登黄山住了数月在山上把本子记下，写得手腕都患了腱鞘炎。"文革"中本子被封冻，直到80年代才由上海文艺出版社出版发行。杨振雄后来在上海电台录制了全本《西厢记》，成为听众最爱听的长篇书目之一。

1961年夏天，北京人艺到上海演出《蔡文姬》等话剧。上海市文联组织了一场南北文艺交流演出，北京人艺演出话剧《名优之死》，上海方面推出两个评弹节目，一是杨振雄演唱"俞调"开篇《宫怨》，杨振雄唱出了杨贵妃闻听唐明皇驾幸昭阳，西宫受到了冷落，杨贵妃心中的愁闷，自怨自艾的情感，杨振雄发挥得恰到好处，赢得了全场千余文艺界的听众雷鸣般的掌声。后来杨振雄灌制了《宫怨》的唱片，获得中国唱片公司颁给的"金唱片奖"殊荣（评弹界只有杨振雄的《宫怨》和蒋月泉的《庵堂认母》获得金唱片奖）。另一个评话折子是我说的《草船借箭》，这回书刻画了孔明的智慧、鲁肃的憨厚、徐庶的机智，结构完整，情节生动，也受到了南北文艺界观众的欢迎。上海少儿出版社的领导听了这回书，就到团里来和我联系出版事宜，那一晚的南北交流演出我和振雄都有不辱使命的感觉。

1961年冬天我又和"杨双档"、朱雪琴、郭彬卿、徐丽仙等同去长沙、南宁、桂林、阳朔、广州演出，受到上海内迁厂职工的欢迎。

1962年"杨双档"和我又被选参加了赴香港的演出，这次赴港演出的演员都是评弹界的精英，演出二十场，场场爆满。所有书目都是传统精华，香港《大公报》社社长费彝民是苏州洞庭东山人，是评弹的书迷，所有评弹节目他每场必听，极为赞赏，对蒋月泉、杨振雄二人最为欣赏。这是杨振雄说书生涯中的又一次辉煌成就。我有机会参与香港演出，并聆听那么多的精彩书目获益匪浅，是我的一大幸事。

之后"文革"开始，杨振雄和我都在劫难逃，历尽艰辛，我们被关在"牛棚"里，门上贴着"鬼穴"二字，窗外邻居生煤球炉子，煤烟灌入"鬼穴"，杨对我说"我们都成了烟鬼"。我对他的幽默只能报以苦笑。"文革"结束，1979年我又和"杨双档"再去香港演出，杨振雄风采不减当年，依然受到香港老听众的欢迎。

1983年上海曲协组织赴陕、川、鄂三省交流学习，滑稽界有姚慕双、周柏春、袁一灵、杨华生、笑嘻嘻参加，评弹界就是我和杨振雄同行。在西安华清池游览时，我们在一般温泉洗浴，杨振雄一定要去贵妃池洗浴，尽管价格昂贵，他大发思古之幽情，要体验当年杨玉环"温泉水滑洗凝脂"的情景。之后我们又去马嵬坡凭吊杨贵妃被缢死的旧址。杨振雄兼导游，大讲当年"君王掩面救不得"的情状，杨贵妃的坟上有碑，刻着于濆写的诗："常经马嵬驿，见说坡前客。一从屠贵妃，生女愁倾国。是日芙蓉花，不如秋草色。当年嫁匹夫，不妨得头日。"诗人的感慨，颇引起我们的共鸣。杨振雄凭吊了杨贵妃墓之后，他对《埋玉》这一段书有了更深刻的体会，他对我说"行万里路，读万卷书"是我们评弹艺人说好书的必修课，对此我深有同感。

在成都参观武侯祠，我加深了对诸葛亮崇敬的心情。游三峡时杨振雄朗诵了李白的绝句："朝辞白帝彩云间，千里江陵一日还。两岸猿声啼不住，轻舟已过万重山。"我也念了杜甫的名作："功盖三分国，名成八阵图。江流石不转，遗恨失吞吴。"我们在江轮甲板上迎着清风，饱览三峡胜景，遐想汉、唐往事。

后来我在电台主持《星期书会》时，组织了一个专辑特邀杨振雄到播音室谈谈他的艺术经历，当时我们都已是古稀之人了。我请杨振雄谈谈他在《长生殿》《武松》《西厢记》中塑造人物的心得时，他谦虚地说："我岂不变成王婆卖瓜，自卖自夸了。"我说你实事求是地介绍，别人不会说你"癞团跳在戥盘里自秤自卖的"。杨振雄在介绍他塑造人物时，因唐明皇、张生、贾宝玉、杨贵妃、崔莺莺、潘金莲这些生旦脚色他们身份不同，年纪各异，性格不同，所用语言绝不能互相借用。即使演丑角也是人各有貌不能相混的。譬如高力士这个丑角，在唐明皇、杨贵妃面前他是个奴才，可是在其他公侯人物面前他就是九千岁，一人之下万人之上的嘴脸，把王公大臣都视作他的奴才了。《西厢》中的小和尚法聪这个丑角读过一些书，口才了得，说话伶俐，耍嘴皮子功夫一等，又是另一种类型的丑角，在《游殿》《借厢》中显示他的口才功力。再一个丑角是武大郎，他是一个老实巴交的卖炊饼的小贩，处于社会的最底层，又是身材矮小，常遭到别人欺侮，但是他忠厚老实，兄弟情深，在《别兄》这一回书里，他成了主角，杨振雄把武大郎憨厚可爱的形象刻画得入木三分，感人至深。他对三个丑角的分析，使我折服，佩服他塑造人物的功力是一流的。杨振雄不但对古典作品有独到的理解，取得不俗的成就，在现代题材上也是成绩斐然，《新安江英雄》《铁道游击队》打票车的唱段用"狮子滚绣球"的曲牌唱得十分火爆雄壮。

杨振雄年过七旬还编写了中篇《赵氏孤儿》，还编写《长生殿》达百万字左右，他对艺术的挚爱和执着达到了废寝忘食的程度，在写作中因高血压而中风，偏瘫后还沉浸在艺术构思中。1994年我去田林新村他家里探望时，他还说在构思写伍子胥的故事，他热爱评弹，一心为评弹做贡献的精神，是我学习的榜样。

我感到遗憾的是在《星期书会》一个专辑中由于时间限制，没有把杨振雄流派的特色和他的艺术贡献都涵盖进去，只是讲了他一小部分的创造。现在再要补录已经不可能了。怀念故友，追忆他的辉煌艺术经历，我非常钦佩他。

六忆吴子安：《隋唐》泰斗，活程咬金

《隋唐》是吴家家传的书目，吴家两代人——吴均安与吴子安都是擅说《隋唐》的评话表演艺术家。吴子安更是青出于蓝而胜于蓝。

吴均安是20世纪30年代的大响档，他创造的程咬金脚色无论在语言、语音、语调、语气上都有鲜明色彩，深受听众欢迎。张鸿声就是听了吴均安的书，学习书中表现程咬金的手法来起《英烈》中胡大海的脚色的，以至于有"活胡大海"的口碑。30年代评弹界"描王"夏荷生红极一时，日夜客满，风靡听众，夏所到之处，别的响档都避而不去，以免相形见绌而影响声誉，唯独吴均安没有这个顾虑。夏荷生到无锡、常熟说书，吴均安也跟着而去。夏荷生日夜爆满，吴均安也天天满座。同行们钦佩吴均安，说他有真本事。

子安继承了父亲的衣钵，同时又博采众长，刻苦钻研，吸收了当时评话响档黄兆麟、蒋一飞、石秀峰、蒋声翔、许继祥、杨莲青等的书艺。40年代初，子安就蹿红于上海书场，并与沈俭安、刘天韵、张鉴庭、顾宏伯、蒋月泉等结拜为"九兄弟"，成为新兴的响档群体成员之一。

1951年冬上海评弹团成立，1952年子安放弃单干的高额收入，参加了评弹团。1953年他参加中篇评弹《海上英雄》的演出，起一个海军战士的脚色，十分传神，为听众所喜爱。

1954年初夏的一个晚上，文化局副局长陈虞孙陪同上海市副市长潘汉年和夫人董慧一起来我们团视察，会议室里搭好一只书台，由我先说了一回现代评话《走在时间前面的人——王崇伦》。子安接着说了一回传统评话《隋唐·贾楼店》，书情是秦琼为母亲祝寿，各路英雄聚会，程咬金也来了，程咬金性格鲜明，演出很有效果。陈虞孙请潘汉年对两回评话提提意见。潘汉年说："王崇伦结合技术革新运动的宣传，立意很好，但从艺术上讲就不如《隋唐》好听。现代题材要学习传统评话的技巧，就更能让听众接受……"子安在《隋唐》中确实把程咬金演活了，他的演技可谓炉火纯青。

后来我根据话剧《万水千山》改编了一个中篇评话，第一回《桃花寨》由张鸿声演出，讲红军经过少数民族地区的故事；第二回《大渡河》、第三回《过草地》分别由子安和我演出。《大渡河》写一位老船工因为不了解红军，推说船破了不能渡河。赵营长智审俘虏，耐心细致地做老船工的思想转化工作，老船工深受感动，于是主动修好船，帮助红军过河，赵营长率十八勇士乘风破浪冲过了大渡河。子安接到脚本后，认真阅读了有关材料，一遍又一遍观摩话剧，做了细致的准备工作，说得非常动人。我们三个评话演员在大沪书场演了一个月，受到了广大听众的欢迎。当时还有一个小插曲：一位评话票友，决心要下海说书，还为自己取了一个艺名，在我们三个评话演员的名字中各取一字，叫张（鸿声）子（吴子安）良（唐耿良）。他独闯西北送书上门，到

西安、兰州、新疆等地，为上海内迁的工厂、单位职工演出，一时传为佳话。

1961年评弹团曾经组织演员"挖折子"，即在传统长篇中挖出一回能独立成篇的书目。当时挖出的弹词《求雨》《庵堂认母》《花厅评理》等后来都成为经典的保留书目。评话中也挖出了一些优秀的传统折子，如《战樊城》《捉鹦鹉》等。《捉鹦鹉》由子安整理，这回书用拟人化的手法，以一只鹦鹉为书中之胆，它浑身羽毛雪白，称为雪衣儿，能开口说话，通悟人意，深得王老太宠爱。老太念佛，它会跟着念"阿弥陀佛"；老太口渴，它会飞去叫丫头送茶；老太午睡，它飞出去找活虫啄食。一天雪衣儿出去，忽然遇到一只鸱鹰，它躲避到一户人家去，被抓住关在鸡笼里。它口吐人言叫人家放走它，人家害怕了把它放走。它飞上一棵树，颈上链条被树枝绕住，不能飞了。王老太不见雪衣儿归来，急得生病。侄儿王世充安慰伯母说自己去找它，在路上听见雪衣儿叫唤。王世充上树把它救下，回家时被一恶霸看见要强买雪衣儿。王世充不允，恶霸竟将雪衣儿撕死。王世充为报此仇，血溅水家庄。这一回书子安用络腮音的嗓音作为鸟的发音，把一只鹦鹉演得活像一个顽皮儿童。这回书充满童话色彩，受到听众的热烈欢迎，上海少年儿童出版社还出版了《捉鹦鹉》的单行本。

子安在创作现代题材评话上也成绩卓越。60年代初中国乒乓球队崛起，庄则栋、李富荣、张燮林、徐寅生等横扫欧洲球员，让中国人扬眉吐气。子安深入生活，和李富荣等人相处了一段时间，编说了一个短篇评话《威震海外》，在上海文化广场演出，受到万人欢迎。他上台不用折扇，用乒乓板代替扇子，更加形象地吸引了听众。

"文革"中子安受尽折磨。"文革"结束，他已年过花甲并且患有重度肺气肿疾病，哮喘发作时非常痛苦，上台说书已经很困难了。我向上海人民广播电台戏曲编辑余雪莉提议，抢救吴子安的《隋唐》，把他的录音作为一份珍贵的资料保存下来。小余接受我的建议，亲自到浦东吴家相邀。根据吴的健康状况，在春秋两季一星期录一回书，汽车接送。三伏酷暑、三九寒冬停录。经过几年努力，把一部《隋唐》基本录全了。

后来我赴加拿大定居，90年代多次回沪探亲，每次我总要到浦东去拜望他，畅叙友情。子安跟我谈了不少童年趣事，十多岁时吴家与杨斌奎是邻居，他比杨振雄长一岁，他们吊嗓子就从三层楼阳台爬到屋顶，振雄弹琵琶唱开篇《宫怨》，子安吊嗓子练脚色。他们的功夫是在屋顶上练出来的。子安小名阿青，振雄小名阿龙，后来阿青、阿龙都成为评弹界第一流的响档，成就都超过了他们的父辈，对评弹艺术都做出了卓越的贡献。六十几年后，他们同住第六人民医院高干病房，子安哮喘不能平卧，多翻身要惊动同房的病友，就穿着拖鞋在走廊里散步。一天，他看到振雄坐在走廊里的藤椅上，问他为啥不睡在床上，回答因牙痛不能成眠，呻吟则要惊吵同室病友，所以坐到走廊里来。子安知道振雄患的是牙根癌，痛起来牙齿不能咬，不能吃东西，就说要去叫值班护士来给振雄打止痛针。振雄摇手说不必去惊吵了,子安说明天叫振雄太太买些豆沙包子来,这样振雄单吃豆沙不用咬嚼。谈了一会儿,子安回房去睡。天亮后杨夫人带着豆沙包子来探望振雄时,振雄已经停止了呼吸。子安说我倒送了振雄上路,可怜他来不及吃豆沙包子就走了。我听得好生难过,振雄长我一岁却先我而去了。

2000年冬我患结肠癌,在华东医院开刀治疗,子安派他的儿子吴大明送营养食品来医院探望我。2001年春节我打电话向子安拜年,子安嗓音洪亮,托我代他到十五楼去向蒋月泉拜年。我答应了。他又说你听听我喉咙可好?我说你中气蛮足。他说:等你出院,我和你再加上蒋云仙,到书场去开一个专场,好吗?我说好呀,你八十二岁,我八十岁,我们开一个姜太公专场(姜太公八十遇文王)。

3月初子安患感冒住进瑞金医院高烧不退,并发肺炎后仙逝了。他儿子怕我受到刺激没有告诉我,后来我从报上看到消息,心里难过不已。我们的姜太公专场还未演出,他却驾返西天了。后来我写了一篇悼念文章,委托《空中书场》编辑,在追思吴子安的节目中为我播出,以寄托我对这位《隋唐》泰斗的哀思!

七忆徐丽仙:用生命歌唱的弹词音乐家

徐丽仙是评弹女声流派唱腔"丽调"的创始人。她谱曲演唱的唱段绚丽多彩,广泛流传,深受听众欢迎,并被选为中国音乐家协会的理事,这在评弹界是空前的。

徐丽仙读书很少,文化较低,根本没有进过音乐院校念过作曲系,她不识简谱,五线谱更是一窍不通,可以说是个音盲。为什么她能够创作出那么多悦耳动听的乐曲呢?

她出生在苏州郊区农村一个贫农家里,父母把她卖给一个唱评弹的艺人家里做养女,这个艺人叫钱景章,书艺平常,专靠收授女艺徒为他挣钱。丽仙很小就学琵琶"插边花"唱开篇,她的听觉和乐感很好,听过的曲调就能记住并哼唱。小时候在苏州她走过蚂蚁科曲园门口,听见一个琴师在墙门间里教一个学徒唱京戏《苏三起解》,这个学徒接受能力不好,老师一遍又一遍地教她就是学不好。丽仙走到琴师旁边,怯生生地对琴师讲:"师父,阿好让我来唱一遍?"琴师惊奇地看着这个旁听的小女孩毛遂自荐要求唱一遍,就

徐丽仙

拉起京胡，"苏三离了洪洞县"……丽仙居然上板上眼地唱完一段，琴师觉得自己教的学徒就是学不会，一个旁听生一听就会唱了。说明徐丽仙音乐细胞发达，有悟性连听几遍就学会了。钱景章知道了这事就出钱请老师来教她，什么京韵大鼓、蹦蹦戏、流行歌曲，等等，学会了在书场里演唱，钱景章在一个"锦折"上面写着曲目名字，把折子交给听众或堂会人家用来点唱从中收取费用。徐丽仙就是在各种南腔北调中吸收营养，为以后创造"丽调"做准备。徐丽仙为什么那么喜爱学习各种曲调？因为听众听后报以热烈的掌声，使她心灵上感到满足，同时徐丽仙知道自己的面孔不漂亮，高颧骨，翘嘴唇，不能用美貌来获得青睐，只有靠真本事来吸引听众。所以她很早就做上手，钱景章漂亮的姨太太反而做下手。由于钱景章对她苛刻虐待，所以她匆匆地找了一个对象，跳出钱家班自立门户带着徒弟去演出。1949年后钱景章在"镇反"时被政府制裁。钱丽仙就恢复本姓叫徐丽仙了。抗美援朝捐献飞机大炮时，评弹协会妇女组编排了一出书戏《众星拱月》，徐丽仙正好因病住院，从报上看到演书戏的消息马上打电话到协会去争取参加演出，但脚色已经排好，就硬插了一个居委会办公室主任的脚色，只有一句唱词"光荣妈妈真可敬"，徐丽仙就是在这一句唱词的润腔上使全场为之鼓掌，这就是"丽调"的萌芽。此后徐丽仙就在这一句唱腔的基础上逐步发展，两年后她在《罗汉钱》中篇里担任小飞娥的脚色，一段"为来为去为了罗汉钱"，一段"可恨卖婆话太凶"的唱篇，听众因此而承认这是"丽调"的唱腔。这两段唱词都灌制成了唱片广为流传。徐丽仙自己认为还是比较简单了一点。再过一年她和刘天韵拼双档唱长篇《杜十娘》，其中《梳妆》和《沉箱》两段唱词比罗汉钱的唱词有了发展。一年后她又在长篇《王魁负桂英》中，在《情探》一折里的《梨花落》一段唱词把"丽调"推向了高峰，她把敫桂英哀怨悲凄的心情表达得声情并茂，扣人心弦。有一位听众来信说，他第一次听评弹，徐丽仙出场时，觉得她形象并不好看，但听了她的唱后，觉得这就是敫桂英在唱，他把徐丽仙看成是敫桂英的化身，非常美丽。艺术的魅力，能化丑为美使听众陶醉。1956年北京召开音乐座谈会，徐丽仙就以《情探·梨花落》参加演出，获得好评，后来又当选为中国音乐家协会理事。

徐丽仙所唱的小飞娥、杜十娘、敫桂英都是受丈夫欺侮的人物，唱腔都是以柔软哀婉为主。1959年她又为《新木兰辞》开篇谱曲，她学习了豫剧常香玉的唱段，塑造了充满阳刚气息的英雄形象，这支开篇在静园书场第一次演唱，获得了全场听众雷鸣般的掌声，这是"丽调"的重大突破，她并不抱着以前受人欢迎的柔软唱腔限制，突出了花木兰的英勇气概。敢于否定自己原有的成就，开创崭新的唱腔。

徐丽仙在唱现代题材的开篇也是很有创造性的，《六十年代第一春》等作品很受听众欢迎。

"文革"中她也在劫难逃，被工宣队折腾得苦不堪言。在感情生活上，她第二任丈夫背叛了她另结新欢因而离婚，就像王魁一样。第一任丈夫如李甲一样欺侮了她，她的命运正与杜十娘和敫桂英的相似。"四人帮"倒台，她欢欣鼓舞要勤奋谱曲和歌唱，把浪费的光阴追回来。可不料却又患上了舌根癌。医生建议手术切除，以保生命。徐丽仙问切除了舌根还能唱评弹吗？医生说不能再唱了。徐丽仙认为不能再唱，我活着还有什么意义呢？她决定用中医中药的保守疗法，但求再唱五年就足够了。她爱艺术胜于生命。

　　从此，她积极地排练节目，上电台录音，上电视台录像，整理旧节目，创作新节目。一只《望金门》开篇，她教授学生黄惠凤去苏州参加全国曲艺会演南方片的演出，荣获了作曲一等奖！人们对她抱病作曲更加尊敬了。

　　我到她家里去探望时，她躺在床上，床头放着一只团里借给她的录音机，她准备把自己的艺术经验录下来。她对我说"我的唱，就像临帖写字一样，首先要认认真真一笔一笔地照描，勤练，吃透帖上的每一个字，这叫'入帖'。学会了就要想法跳出去，这叫'出帖'"。就像她学会了"蒋调"，跳出去，根据自己的嗓音，化成了"丽调"。"丽调"形成后，再根据唱词内容、人物性格、情绪，不断突破自己，就会不断发展。学传统，继承传统，再发展传统。她慨叹自己的失败婚姻，家庭的不尽如人意。她说"我死后在我的灵台前只要搁一只琵琶，让琵琶来伴随着我"。我劝慰她，放开这些不如意事的干扰，多做些自己有兴趣的事。她提出了要为听众演出的愿望。我理解她的心意，回去向领导汇报，领导同意了，不过提出要得到医生同意。这时徐丽仙住院治疗了。我到医院去探望她，说要演出必须得到医生同意，她叫我去和医生商量，我找到了胸科医院的奚医生说明徐丽仙的要求。奚医生是个老听客爱听评弹，她理解演员的心情，一场演出虽然很累，但对病人精神上的安慰比服药还要有效果。奚医生书面批准了徐丽仙可以演唱十五分钟的要求。我告诉了徐丽仙，她很高兴。她要求我回团报告，说一个听客有一针胎盘球蛋白，愿意让给她，但这药针很贵，要求团里同意报销。它是可以增强免疫力的，我回去汇报后同意她报销。团里一面联系工人文化宫的剧场，一面组织演员，演出"丽调"代表作《罗汉钱》《杜十娘》《小妈自叹》《新木兰辞》《颠倒古人》《红叶题诗》《黛玉葬花》等，《情探·梨花落》由徐丽仙自己唱。节目已经安排好了，突然传来丽仙病情加重的消息，我立即赶到医院去探望。原来那支胎盘球蛋白已经过期，注射后带来了不良反应。丽仙对我说："请领导放心，这是我自己不好，要想增强体力却适得其反，演出日期只能推迟了……"我还没有慰藉她，她却倒过来安慰我放心。经过医院的精心治疗，到1983年的3月一个下雨天，文化宫剧场爆满，门外等退票的队伍排得长长的，真是一票难求。等到徐丽仙最后一个出场时，场内掌声热烈，徐丽仙那时讲话已舌音含糊，可是在唱的时候却是字正腔圆，感情深厚地把敫桂英如泣如诉哀怨凄婉的情绪，表现得扣人心弦。一曲唱罢，听众掌声如雷，她又再唱一支新编的曲调《朋友朋友休烦恼》。唱完后听众虽不忍离去，但又不忍心让她再唱了。演毕，她略事休息就到无锡去为《二泉映月》谱曲，并和锡剧演员梅兰珍、越剧演员戚雅仙、沪剧演员杨飞飞一道演出四个流派的精粹节目，为戏曲和评弹界的空前盛举，轰动了无锡！上海音乐学院院长贺绿汀非常赞赏徐丽仙创作和演唱的成就，特地邀请徐丽仙到音乐学院去录像，保存她的演唱资料。徐丽仙唱得喉咙发热了，范瑞娟（越剧表演艺术家）特意夹了冰块送到徐丽仙口中让喉咙降温，录像片记录了这些珍贵的画面。徐丽仙还在她生命的最后时刻加入了中国共产党。我是她入党的介绍人之一。我钦佩她身罹绝症，还争分夺秒地作曲、演唱、录音、录像，忍受着难以想象的痛苦，为评弹艺术留下了宝贵的资料，用生命歌唱，一直唱到她生命的最后一刻。

后来在《星期书会》上还播出过"丽调"的部分唱段。在二十一年后的今日，我还在追思这位为艺术献身的好演员。

八忆王伯伯：评弹团的一位编外老艺人

上海评弹团全团演职人员对一位老艺人很尊敬，都叫他"王伯伯"。

王伯伯的老师叫陈士林，弹唱《果报录》。老师的儿子陈瑞麟、陈云麟、陈惠麟、陈德麟，都是以"麟"字辈排名，王伯伯的艺名就叫王延麟。

王延麟为人忠厚老实，待人和气，人缘极好。但是他说书的技艺不高，经常接不到书场去说书，长期处于失业状态，每天孵在茶会上吃茶待业，如有响档因病、因事不能上书场去说书，就委托王延麟去代书，响档拿的"签子"就归王所得。上海的书场多，说书人多，请代书的人也多，王延麟成了代书的专业户。代书的收入也足够他的生活开销了。

中华人民共和国成立初期评弹界刮起了"斩尾巴"风，书台上下不说传统老书，都说改编的新书，王延麟碰到的困难就多了，大家都说新书，代书的也要说新书，请人编新书吧，他付不起稿费，去学别人的新书吧，他年纪大了又学不进去，不说新书怎么去代书？不代书，生活来源断绝，真是为难了王伯伯。后来有人来请他代书，他硬着头皮到书场去，上了书台调好弦音，一脸尴尬地向听众拱拱手，语带哀音地说"各位老听客，我新书不会说，请大家原谅，阿好让我仍旧说仔回老书吧"。听客们原为消遣而来，都同情这位老艺人，点头表示同意。王才定心地说"玉兰领仔王文一路上堂楼过来……"他说完了这回书，拿了代书的签子，不安地像做了一件违禁的事，灰溜溜地转回了家。

不久"斩尾巴"一阵风过去，评弹界全面恢复说唱老书，王伯伯不用再为说新书而发愁了，他可以名正言顺地说老书去代书了。

可是好景不长，"文革"前张春桥下令二次"斩尾巴"，彻底地禁演了老书。从此王伯伯砸了锅，摔破了饭碗，再也做不成代书专业户了。怎么办？

评弹协会照顾他，让他在协会里当个公务员，拿一点生活津贴度日。之后协会搬到南京路和评弹团合并办公，王伯伯也就搬到了评弹团，睡在进大门口左边的一个小间里，房间小得仅仅放得下一张单人床，床边只容得下放一只方凳子。好在王伯伯生活简单、要求不高，能够将就过去，他也不做计较。他所担任的工作就是门口值班。

早班和深夜班都由他担任，很辛苦，他从无怨言。他还要负责供应全团人员吃的开水，一只煤气灶专供他烧水，有时，住在团里的演员要烧菜，把王伯伯还没有烧开的水壶拎开，被王伯伯看见了，他大发脾气说"我人未穷，水倒要吃开格"。他把锅子拿开，再把水壶炖上去。别人自知理亏，也只能让让他。

他在评弹团没有编制，不好开工资，人事部门只能用早班费、夜班费、误餐费、冬令补助费等名目支付，再加上协会支付给他的生活津贴费，加起来一个月也有五六十元，足够他的生活开销了。

王伯伯工作认真负责，不但清扫卫生，还每日深夜到楼上楼下巡行一遍，把开着的电灯一一关掉，如果没有关紧的自来水笼头在漏水，他会上去旋旋紧，处处为国家节约水电费用。日复一日，年复一年，他的认真负责精神，是有目共睹、令人肃然起敬的。

"文革"开始，我被"靠边"打入"牛棚"，人人都和我划清界限，不理不睬，打倒在地还要踏上一只脚，不把我当人看待。只有王伯伯清早还送来一只热水瓶到我"牛棚"里来，就像从前一样地对待我，当时把我感动得不得了，我叫他以后不要这样，以免遭别人批判。

一天，我下班回家，看到王伯伯坐在门口，他刚从浴室里洗好浴、扦好脚归来，心情舒畅，喝着二两白干，剥着一包花生米，怡然自得、无忧无虑的模样，令人羡慕。我曾经是一个说书响档，那时却成了"牛鬼蛇神"，每月的生活费仅二十元，王伯伯一个月倒有六十元收入，比我高出两倍，而且没有人贴他的"大字报"，更没有被批判斗争的压力，过着平淡的生活，与世无争，自得其乐；而我被关"牛棚"，背着沉重的包袱，写不完的认罪书，挨不尽的批斗，与王伯伯的逍遥自在相比，真是感慨无穷。

80年代，王伯伯年近八旬，寿终正寝，评弹团在龙华殡仪馆大厅为这位评弹团的编外人员举行了追悼会。我特地为他写了悼词，并在追悼会上为他致了悼词，追思他的后半生为评弹团勤勤恳恳、认认真真、勤俭节约、工作负责的精神，他为人正直、善良，值得我们学习和怀念。

王伯伯虽然走了将近二十年，他的形象依然活在我的记忆中。

整理者：唐力行

第六十讲
我的评弹见闻
——任康龄访谈录

口述者：任康龄

采访者：张盛满

采访时间：2012年6月22日上午

采访地点：苏州市平江区大新桥巷21-1号

小雅国际青年旅舍

任康龄

任康龄（1930— ），江苏苏州人，评弹爱好者、评弹收藏家。毕业于无锡师专，早年担任过小学老师、校长，后进入江苏省教育厅、苏州市委办公室、苏州市人民政府政策研究室等单位工作，最后任苏州市金阊区政协副主席。任康龄一直是评弹的忠实听众与研究者，与杨振言、金声伯、王鹰等一批评弹名家都有接触。曾在《苏州日报》《苏州杂志》《评弹艺术》上发表相关文章多篇。退休之后，与殷德泉、周良等一批收藏名家、评弹研究者交往甚密，积极开展评弹收藏与研究工作，保存了丰富的评弹资料。1993年成立苏州评弹收藏鉴赏协会，担任会长长达十多年。

任康龄（以下简称任）：你现在要搞的是什么题目？

张盛满（以下简称张）：我做的叫"评弹1949"，就是在1949年这个阶段，评弹艺人群体，他们遇到了什么样的状况？这个状况对他们产生了什么影响？从这个切入进去看整个历史发展的脉络。

任：那个时候还没有"斩尾巴"。

张：是的，还没有"斩尾巴"，"斩尾巴"是在1951年的时候，当年6月份唐耿良、刘天韵等九个艺人发表了《为坚决搞好新评弹而斗争》的决心书以后才正式开始"斩尾巴"的。

任：中华人民共和国成立初期，那个时候上海市人民评弹工作团刚成立，成立以后就马上去治淮了。[1]

张：上海市人民评弹工作团是1951年11月20日成立的，那时候跟京剧团、杂技团一同成立的。下面我有些问题，想请教您一下。

任：好的。

张：任康龄是您的笔名，还是您的真实姓名？

任：真实姓名，网名是林平。

张：您原来是做什么工作的？

任：我做过小学教师，后来又做过小学校长，然后在江苏省教育厅，再后来就待在机关里面。

张：您是哪一年出生的呢？

任：1930年，后来比较长的时间在市委机关里面，在（苏州）市委办公室、（苏州市人民政府）政策研究室。我有很长一段时间在苏北，从（在）南京（的江苏）省教育厅下放到苏北去，在盐城地区一个叫东台县的地方待了二十年，那是省级机关干部支援贫困地区。在那边的教育局待过，在县委宣传部待过，后来回来就到苏州市委办公室。

张：您在"文革"期间受过冲击吗？

---

[1] 关于上海评弹团成立与治淮相关情况，可参见唐耿良著，唐力行整理：《别梦依稀——我的评弹生涯》第十八、十九（章）。

任：没有，"文革"（中）没有受到冲击，那个时候我是一般干部。后来到（苏州）市委当秘书，后来再当科长，最后是在金阊区政协当副主席，在那个位置上退下来的，退了二十年了。

张：那这二十年把兴趣就放在评弹上了。

任：本来对评弹就有兴趣。

张：您听评弹是在（从）什么时候（开始）？怎么会对评弹感兴趣的呢？

任：那很小了，我写过一篇文章，在《苏州日报》《苏州杂志》上都有，周良编的那个《评弹艺术》上有一期登了我写的一篇《我与评弹》[1]。周良跟我很熟悉，他是（苏州）市政协的常委，那时他从（苏州）市文联进了（苏州市）政协常委，我当时在（苏州市金阊）区政协当副主席，经常到市里面开会，彼此就熟悉了。本来我跟他关系也一般，原来他是下面局里部委办的，我是市委办公室的，跟他们有些接触，但没有什么深交。后来周良给我介绍了一个人：电视台的导演殷德泉。我跟殷德泉的关系是非常密切的。我喜欢评弹是这样的情况：小时候我祖母很喜欢听书，我就跟着祖母一起去听书。因为从小受到这方面的影响所以就很喜欢了。这个时候六岁，家里条件也不是太好，后来家里有了收音机就听得更多了。这是在1949年以前。到了南京工作以后，这方面就接触少了，到苏北就更少，1979年回来的时候到苏州又重新开始接触上了。中华人民共和国成立初期我在无锡也工作过，所以去听的机会还蛮多的。我对评弹本来只是听听，跟殷德泉熟悉以后就开始搞收藏，我们是苏州评弹收藏鉴赏协会的，不会弹也不会唱。协会的这些人都喜欢评弹，有很多是能写文章的。我手上现在有八百多个GB的音像资料，基本上喜欢的都有了，电台上唱的也基本上都有了。我很喜欢严雪亭，很崇拜这个人，他只要到苏州来我都想办法去听的。再就是电台里放长篇，每天都听，那是如痴如醉。当时没有录音机，听了就记住了。关于这些，我文章里都写到过的。

张：《一粒米》是他的经典。

任：《一粒米》《孔方兄》都是经典，那个时候还没有《一粒米》《绍兴高调》《密室相会》。我听他的书有几种办法，一是他来了可以去听到；二是电台里放的时候能听到；三是我写信到电台去点播，点播以后播放出来了也可以听到。

张：写信过去给电台就能播吗？还是要从来信中挑几封出来（按点播播）放？

任：会播的，比如我要一个《杨淑英告状》。

张：滚钉板嘛！

任：是啊！这个东西听过以后就没有了，电台老不放啊！我就写信过去，写信去以后他们放

---

[1] 任康龄：《我与评弹》，《评弹艺术》第33集，远方出版社，2004年，第94—96页。

了。那个时候收听条件没有这么好，后来有了录音机，我就通知几个朋友、学生，城南的、城北的，不同方向，让他们在家里录下来。因为当时收听条件差，可能我这个录得不好他（那个）录得好些，录好了大家比比看，这样慢慢就弄全了。弄好了以后，可能中间还缺几句，但也没法把它弄全。现在方便多了。

张：您点播是在什么时候？

任：大概是在80年代的时候。有很多喜欢收藏的朋友，大家就组织起来成立了一个苏州评弹收藏鉴赏协会，还到民政局去登记了，实际上是江浙沪的评弹爱好者（的组织）。主要是殷德泉操办的。因为这些人当中没有一个处级干部，所以推选我当会长。我比较喜欢评弹，也不太愿意张扬，这样大家都推我来做会长。从1993年开始，一共搞了十六七年，都是我在做会长。现在的会长是殷德泉。

张：您是什么学历？

任：我是大专，在无锡师专读的。我们每年会有一个会刊，大家写一点文章内部交流，不公开发行的。十五周年的时候我们把所有的会刊（集合起来）搞了一个光盘，到时候我拷（贝）给你。（我们）还搞了一些评弹名家的漫画、评弹演员的头像。那时我在编《苏州消费者周刊》，请一个苏州画家给我画了六七十幅，有蒋月泉、江文兰这些老的名家，还有现在评弹界的新演员。中华人民共和国成立初期我还在上学的时候也接触过一些评弹，当时是中华人民共和国刚成立，情况还是蛮好的，1949年前后那一段时期评弹还是很兴旺的。无锡书场也很多，我在无锡读书的时候也经常听的。像范雪君，范雪君的父亲范玉山，这些人的书我都听过。当时范雪君影响很大，风靡一时，她来了以后书场里挤得满满的。范雪君跟其他评弹演员不一样，评弹演员（说的）都是传统书，她说的是《啼笑姻缘》。

张：蒋云仙当时也说这部书吧？

任：她跟蒋云仙不一样，从现在的观点来看蒋云仙比范雪君说得好。范雪君有点像话剧的模式，普通话讲得好。她的音像资料很少，流传下来的只有三个。那时印象很深（的）还有一件事，无锡有一条巷子叫大成巷，大成巷里有一户大户人家姓过，"过去"的"过"，不是那个照顾的顾。过家跟我很熟悉的，他们家有个大厅，我们在乡下时礼拜天就到他家里去玩，看到大厅里面搁了十来张床。这时是1952还是1951年的时候，上海评弹团刚成立，成立以后他们从治淮工地回来到无锡去演出。那天上午我跑到厅里一看，怎么会有这么多床？当时看到唐耿良戴了一顶便帽，我们南方人叫阿发帽，用来压头发的，比如说睡觉以后我们的头发翘起来了，就戴这个很紧的帽子压住头发。我看见唐耿良在那里学习，那个时候正是知识分子思想改造时期，抓得很紧的。当时唐耿良、蒋月泉、王柏荫、周云瑞、陈希安，还有张鉴庭、张鉴国这些人都在那里学习。这说明什么呢？这些演员本来都是很上层的，生活很好，我跟他们聊了聊，他们说现在中华人民共和国成立了，地位不一样了，要创新要编书就必须学习了。

张：当时艺人们对中华人民共和国成立的想法如何？

任：像唐耿良是很投入的，其他人没有，那天我就遇到他在那里学习，还看到了蒋月泉等一些人，都在那里。那时是中华人民共和国成立初期，后来就不一样了，演员出去演出都有安逸的住处。当时他们就睡在一个大厅里面，可惜没有照相机，有的话照下来那是很有意思的。这批人穿的衣服都是粗布的，在无锡演出，住宿条件也不是很好，就住在大成巷这样的一个大厅里面，一张床一张床铺过去，就像电视里看到解放军的那种样子，和行军差不多。中华人民共和国成立初期还没有"割（斩）尾巴"，这些人看起来就是要同原来的旧生活决裂的样子。那时我也看到严雪亭、周玉泉这些人。主要还是喜欢严雪亭，他不但唱得好，说表也很清楚。

张：有的人说他说书很糯，娘娘腔。

任：糯米腔是徐云志。我们这里有个会员叫吴永胜，也叫万鸣。

张：是写《严雪亭评传》的万鸣吧？

任：是的，你跟他接触过没有？

张：还没有联系。

任：他对严雪亭很有研究的。他原来是厂里的工人，80年代的时候周良办评弹讲习所，当时参加的有十几个青年。讲习所结束之后每个人都要选个题目写篇文章，当时杨作铭大概是负责这个讲习所的，那时我还没有回到苏州，杨作铭就出了很多题目，万鸣选了一个，杨作铭大概认为不太好，他说这个题目有人研究过，后来说严雪亭没有人研究过，可以研究严雪亭。万鸣很感兴趣，花了两三年的时间，到图书馆一些地方把1949年以前的报纸都翻过了，还访问了严雪亭的妹妹，最后写成了这本书，但写成以后没人给他出版。后来苏州电台招记者，他应聘进去了，在苏州经广台做记者，现在他搞得不错，弄了一个《万鸣书场》。我退休以后在苏州（市人民政府）地方志（办公室）做过一段时间，我帮他做了两件事，一件事是我这里有一份刊物，他的《严雪亭年表》我帮他登（载）过一次。年表登（载）出来以后电台招考，他就去应考，考官问他有什么作品，他说苏州地方志丛刊上面登了他写的《严雪亭年表》，这算一个作品。还有一件事情就是他这本书，我跟苏州市文史办商量，文史办说要么在《苏州日报》上介绍介绍，后来就在《苏州日报》上登了四五篇严雪亭的故事。当时还没有全部出版，后来才全部（结集）出版的。你还要了解一些情况的话，我给你介绍一些人。

张：那真是太感谢了。

任：中华人民共和国成立初期这段时间我都在无锡、南京，有时候回来嘛，听听书。我们协会里有很多能写的，熟悉那时候的情况，到时我介绍给你。我那篇文章里面写到一件事情：那时严雪亭说《杨乃武与小白菜》，我每天听，不舍得少掉一次。我们家住在城西，有一次家里来了客人，我母亲让我到观前街去买卤菜。观前街上一家连着一家的店铺，每一家店里都有收音机，我走到观前街上，听到家家户户都在放严雪亭，当时是这样一种盛况，以至于走在路上可以不间断地听到。主要是商店里的店员自己要听，而且大家都是同一个爱好，都放严雪亭，可以说盛况空前。

张：这大概是什么时候？

任：1949年前后，严雪亭在1949年以后还是说《杨乃武与小白菜》，"割了尾巴"（指"斩尾巴"）以后才不说的。"割尾巴"以后，我正在无锡农村当小学的校长。那时严雪亭在书场里说《白毛女》，这个故事很通俗。评弹演员有了一定的知名度，我们不再听故事了而是听他的艺术。那天下大雪，我们去无锡百大街书场听书，书场里都满了。这是家老式书场，外面下着大雪，走进去一股热气，人太多了。大家都是听他的艺术，《白毛女》这个故事家喻户晓，但他说的跟你晓得的不一样，他有细节，舞台剧里是没有这么详细的。所以严雪亭说新书以后，《白毛女》生意也很好。我后来想其中的原因：第一，他本身的素养就不一样，所以他一拿到书就知道怎么切入，人物怎么刻画，怎么创新。你比如说《十五贯》，《十五贯》也是新书，他的《十五贯》就跟人家的不一样。第二，他本身是有身价的，自然也不肯马虎，他如果马虎的话不就跌身价了吗？我也写过这方面的东西，评论评弹演员的艺术魅力。这么冷的天，又下着大雪，说《白毛女》也能够客满，这个不简单。

张：中华人民共和国成立初期有一段时间严雪亭说新书《九纹龙》，下面的听客说听不懂，写信给他要求他还是说《杨乃武与小白菜》。

任：也有这种情况，严雪亭的《杨乃武与小白菜》不得了。就像张鉴庭的《颜大照镜》，现在说的人太容易了，因为有了他这个模板。第一次创新的时候不容易，因为没有模板。当前说新书的人生意都很好，说《陈良宇》《"文革"风云》《红墙记事》，还有最近马宏樑说《戏说江青》，生意也很好。农村书场生意也好啊，像这种说新书的生意都很好，一些说传统书的生意不行。这些听客最大的特点是，他们都经历过"文革"，对有些事情知道但不太了解，比如说粉碎"四人帮"，听都听说过的，但没有他讲得这么详细。他把这些东西活灵活现地讲出来，把野史等都加进去了，你说他不正确，你能说出正确的吗？新书的生意，杨子江很好，他说书是另外一种风格，他自己说是鲁迅的风格，他在评弹博物馆说书火到什么程度？连书台上都坐了人。就跟惠中秋一样，网上有很多议论，他的生意也好得不得了。他自己编了二十回书，我们采访过他，从艺术说水平不是最好的，弹也弹得不太好，唱也唱得不太好，但是生意特别好。他的书实际上就是讲故事，信息量很大。那天我跟周良谈，周良也问我这个事情。我觉得他的信息量很大。比如他讲妓院，谈到四大名妓，会说到梁红玉、李师师等，每一个妓女三回书，加起来就半个月了。他在书里面就讲，妓院是什么时候开始出现的，怎么会有这种东西。这种书老先生不会说，讲得也不会这么详细。比如他说李香君，秦淮河的名妓，他说我去考察过的，怎么样怎么样。他的信息量很大，适当有些唱，唱的片子都是他自己写的。

张：他是单档吧？

任：单档。最近跟一个人拼了双档。对这个现象议论很多的，有人说他好也有人说他不行。这其中有两种现象，一种现象就是反映当代的"文革书"，像《江青传》《"文革"风云》《陈良宇》，生意都比较好；另一种现象是说改革开放以后的内容，像《改革风云》。这两种书生意很好。惠中秋生意好得很，但前段时间到江阴去不行，人家不喜欢听他的书，只说了五天就不干了。

张：为什么江阴的听客不买他的账呢？

任：一方面可能是口碑不好，说他艺德不行，不尊重听客或者不尊重当地的老板。他说江阴的听客没有水平，不懂得欣赏他的东西。网上都议论过这件事情。他的书为什么很多人喜欢听？不完全是年纪大的人，还有一些年轻人。主要就是信息量大，他能在很短的时间里给你一些你所不了解的东西。情节很短，但细节很丰满。有个演员叫李刚，现在到苏州电视台去主持节目了，有档节目叫《李刚评话》，很有名的，他讲的有些事情我们都没有听说过。

张：四五十年代的时候一些响档都很有钱，像蒋月泉、"张双档"啊，他们的生活也很奢侈，都自己买了小汽车，开了奥斯汀去书场说书。对于这方面的情况，您知道些什么？

任：严雪亭在道前街买了一幢房子，属于那种洋房样式的，现在拆掉了。房子里面还造了一座亭子，道前街放宽的时候，吴永胜建议保留，但没有保留下来。1949年以前严雪亭每天收入一两黄金，但他的生活不太奢侈，也不抽大烟。

张：当时抽大烟还是蛮普遍的，据说夏荷生就是抽大烟抽死的，张鉴庭、张鉴国两兄弟也抽大烟。

任：还有姚荫梅、金声伯在苏州都有房子的。像金声伯，他出去一个月，回来就能买一幢房子了。

张：金声伯那个时候还年轻呢，大概二十岁吧。

任：金声伯成名得蛮早的。

张：在1949—1950年的阶段，传统书不能说，官方对传统书进行限制，进行消毒，后来出现了一、二、三类书，那么当时像您这种听客，对二类书，以及类似的经过改编的书，是怎么看的？是愿意听原来的老书，还是喜欢听新编的现代书？

任：像我们这样的知识分子还是比较容易理解，当时的情况特殊，如果你不听新的那就基本上没什么可听的了。

张：普余社原来的社长钱景章在1951年的时候被镇压了，关于他的情况您了解吗？

任：钱景章被镇压了，我见到过他的，他住在抚桥西街。他主要是两个问题，首先他是个特务，还有就是戏霸，戏霸就是流氓，霸占女艺人。那是很早的时候了，是第一批"镇压反革命"的时候。到时候我给你找几个人来聊一聊，他们对有些情况是比较了解的。

张：好的，非常感谢您，那么由您定时间、地点，到时我再请教。

整理者：张盛满

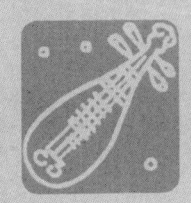

第六十一讲

评弹理论的思考者

——彭本乐访谈录

口述者：彭本乐

采访者：解军

采访时间：2012年6月21、27日，9月19日

采访地点：上海艺术研究所

彭本乐

彭本乐（1938— ），上海人。1959年从上海戏曲学校评弹班毕业，进入上海评弹团。1962年开始从事创作。1985年调入上海艺术研究所，曾任戏曲研究室副主任。创编评弹作品开篇、短篇、中篇、长篇均有。如《玛丽莎》《聚宝盆》《末班车上》《将心比心》《玉香笼》《侠女英豪》等，著有《弹词开篇创作浅谈》。曾参加《中国曲艺志·上海卷》《中国曲艺音乐集成·上海卷》《评弹文化词典》及《评弹艺术》等编辑撰写工作，还发表过许多论文。对评弹教育工作，也有贡献。

解军（以下简称解）：彭老师您好，非常感谢您接受我的采访。来此之前，我把您在《评弹艺术》上发表的文章细细读过，统计下来，有20多篇，涉及的方面很多：评弹艺术的探讨；评弹未来的展望；对老演员艺术特征的分析，如蒋月泉、严雪亭等人。想听听您这些年来进行评弹研究的大致历程。

彭本乐（以下简称彭）：最近，我收到苏州评弹团演员殷麒麟先生发来的电子邮件，他说："当前评弹演员迫切需要的是理论指导。"殷先生是一位优秀的中年演员，他为了在艺术上有所发展，正在编写一部长篇弹词，写了几年还感到不够成熟，不敢上演。他的话正反映了当前书坛上主流演员的心声：要求评弹理论工作者在著书立说时，应着意解决当前评弹艺术面临的实际问题。

有一位评弹理论家，他在1991年出版的《评弹艺术》第12集上载文说：评弹是说的戏。他的解释是："所谓说的戏，还可以说是：以口语表述为主要手段表现的戏剧。"我看了之后觉得迷惑不解，因为"以口语表述为主要手段"的表演艺术，应该属于曲艺，怎么会是戏剧呢？这种理论只会扭曲评弹发展的正确方向，纯属误导。

当那位专家的论点在受到别人的质疑后，他又在《评弹艺术》上续发了多篇，以维护其观点。这些文章，大多从概念到概念，不能说明什么问题，就像一个蛮横无知的警察，挥舞着棍棒硬把路人引向歧途。

我搞评弹理论的目的，是要撰写有利于解决评弹发展中实际问题的文章。当前，评弹演员首先要解决的问题，是如何继承和发扬评弹界几百年来的优良传统：以认认真真的态度、朴朴实实的手法，来讲一个实实在在的故事。我在你们学校演讲的题目是《学会讲故事》(《评弹艺术的特征——讲故事》，见上卷第三讲)，内容是阐述如何运用语言来演绎故事的基本要领，注重实例分析。我列举了长篇评弹《珍珠塔》《杨乃武与小白菜》《白蛇传》和《玉蜻蜓》中的故事情节，来论证我的观点。

今年8月7日，我要去昆山，为江苏省曲艺演员高级进修班做演讲，题目也是《学会讲故事》，但在内容上和去你们学校讲的有所不同。因为他们是演员，你们是研究生，要求不同，版本有别。我去江苏讲这个题目，是为了解决当前评弹发展中的关键问题：要让演员"学会讲故事",这是有的放矢。

经过多年的探索,我认为,从艺术上来讲,目前评弹不景气的关键问题,不是演员的表演水平不高。比如,大家认为前辈演员朱慧珍唱得很好,然而在目前评弹界中,弹唱能达到朱慧珍水平的人还是有的,如庞婷婷、盛小云等,但要超过朱雪琴、徐丽仙的好像还没有看到。再说,演员的说表技能大多是不错的,当前评弹低迷的关键问题在于,非传统长篇的唱本质量不高。不少传统长篇,也在非内行的折腾下渐渐走味。

"文革"后新编的长篇书目为数不少,这是支撑当前评弹演出市场的庭柱之一。问题是唱本质量普遍不高,其关键在于缺少优质的故事情节。因此,演出气氛往往会沉闷得让听客昏昏欲睡。有些老听客,他们从外地来,从香港来,从外国来,一到阔别多年的上海就去书场听书。一听,大失所望。啊!这也叫评弹吗?演员在说些什么连听都听不懂。于是回身就走,从此不再进书场了。这和过去的情形正好相反。从前,有些人没有听过评弹,偶尔一听,哎哟,这个故事真好玩,不知道下面怎样呢?他要听下去。原本不是听客,从此成了听客,甚至成了"书迷"。评弹演员必须学会讲故事,从艺术上来说,这是振兴评弹迫切需要解决的头等大事。

自我退休以后,凡是去江浙沪评弹界举办的演员进修班演讲,总是围绕着如何编织故事这个中心议题,来阐述我对评弹艺术的认识。又从不同的角度,运用不同的方式,来介绍传统书目中讲故事的技巧。

讲到如何来研究评弹,我的体会是:要多听书,听了还要反复品味,认真思考,与人探讨,久而久之才有可能深入评弹艺术的堂奥。要是自己不去深入了解评弹艺术的本体,到了要写文章时才向别人索要书证,那么不管你的地位有多高,资历有多深,你所写的文章必定是空洞的、乏味的、浅薄的,或者是文不对题的,前后矛盾,甚至是错误百出的。

我已收集到不少评弹录音,有空时就听,如有点滴体会就随手记下,以供演讲时引证。我给你们一百多个经典唱段的录音,还配上了唱词,目的是让你们欣赏起来更加轻松、加深领悟和理解演唱内容。如果没有唱词对照,即使能听懂,也不能好好品味其中的精美。直到现在,我听唱段时也常常拿着唱词。这是我这些年来研究评弹的大致历程。

我曾经拜读过你的学长们撰写的、论述评弹艺术的博士论文和硕士论文。他们常常谈到诸如社会人类学方法,以及外国文艺理论家(如鲍曼等)的一些论点。老实说,有些论证和分析,不要说是内容,就是你们所用的语言我也不甚了了。我去你们那里演讲,又和你们座谈,只能扬长避短,谈些有关评弹艺术本体的事,仅此而已。

今年5月,我在苏州参加"周良先生与苏州评弹研究学术研讨会"时,多次听到你的导师唐力行教授对研究生们讲:你们一定要多听书,这样,写出的论文才有血有肉,做到理论和实际结合，这个论文才有说服力。我认为唐教授讲的是正确的，他年过花甲还要培养那么多研究评弹的博士和硕士，这对传承评弹艺术，对保存和弘扬江南文化有着深远的意义。他的心血不会白费，日后必将收获丰硕的成果。

解：请谈谈您的工作经历。

彭：我原来在上海评弹团文学组学习剧本创作。1984年初，这里（指上海艺术研究所）接到多项国家重点科研项目，如《中国戏曲志·上海卷》《中国戏曲音乐集成·上海卷》的编纂工作，于是我就"改行"来这里（上海艺术研究所）工作。

当时，本所人才济济，如前辈蒋星煜、邵曾祺、章力挥，同辈黄菊盛、高义龙，等等，他们都是知识丰富的学者。还有不少才华横溢的年轻人，我在他们那里也学到了不少。接触戏曲使我眼界开阔，获益良多。在专心搞了几年戏曲志后，我开始回归评弹专业。参加了《中国曲艺志·上海卷》《中国曲艺音乐集成·上海卷》和《评弹文化词典》的编纂工作。当然，每年还要写几篇论文，以应付年终考核。

我从事评弹理论工作有长处，也有短处。长处就是书听得多，还有约二十年的剧本创作实践。因此，我写的文章，以及撰写《评弹文化词典》和曲艺志中的词目与条目，大致能做到言之有物，有根有据。建议你在撰写毕业论文之前要听评弹，听得越多、越细，就越好。

我的弱点是理论基础不扎实，对于哲学和历史懂得不多。因此，所写的文章缺乏厚重感。在这些方面远远不如你们，与你们做学术交流，能得到很多启发，而我仅仅是提供些资料而已。

解：经历是非常重要的。彭老师您关于"六白"的文章在《评弹艺术》上发表，是从蒋月泉先生处学来的吧？

彭：对，是从蒋月泉老师那里学到不少。我原来也不知道评弹的语言形式到底有哪几种，更不懂得掌握了不同语言形式的特点后，对于作者的写作和演员的表演有什么意义。

《评弹文化词典》那个"六白"条目是我写的，但这些知识并不是我的，是前辈艺术家们提供的。我曾经请教过蒋月泉先生，还有杨振雄、姚荫梅和张鸿声，等等，我做的工作只是把他们讲的内容整理出来。当然也要做些筛选，有些含义不明的术语和名词（如"官表""私表"等）已被去除。最后归纳为"六白"，即：属于第一人称的是"官白、私白、咕白"；属于第三人称的是"表白、衬白、托白"。这"六白"两字，也是姚荫梅先生最后拍板定下的。在写入《评弹文化词典》前，"六白"条目，曾由正副主编以及（上海）辞书出版社的资深编审张成濂先生来审订。因此，"六白"条目是权威的，不能轻易改动。

可是在几年前，当上海辞书出版社准备将《评弹文化词典》压缩成《评弹小词典》时，却有两人提出要重写"六白"条目，并说要用"说白"一词来替换"六白"中的某一个"白"。他们一会儿说要这样改；一会儿又说要那样改；一会儿再说，如把"说白"加入其中好像也不妥当……翻来覆去，莫衷一是。

某天，我突然发觉这两位评弹专家，其实他们并没有弄清"六白"的真正含义，却在指斥原有条目不合理。他们似乎并不知道这个"六白"不是我发明的，我是从姚荫梅、蒋月泉等老师那里听来的。

我想，要和这样两位专家打交道是很吃力的，于是退出了编辑组。现在，《评弹小词典》的编委名单上仍有我的名字，那是因为我参加了前期工作的缘故。

解：最近我在听严雪亭先生的作品，比如《情探》，感觉他的唱功实在太好了，音乐性强，富有感情。彭老师可否谈谈严雪亭？

彭：我怎么会喜欢上评弹的呢，就是受了严雪亭先生的影响，我觉得他在台上怎么这样美！

解：您觉得严雪亭先生唱得好吗？

彭：唱得很好。有人说，严雪亭唱得不好，胡说。我曾写过有关严雪亭先生表演艺术的文章，他的特点是：清脱、勾勒。无论说和唱，每一个字都让人听得清清楚楚。可惜他去世太早，没有留下影像。

你刚才说，严雪亭先生唱的"离魂调"《情探·桂英自尽》非常好听，你听了又听，百听不厌是吗？要是此话给严先生的女儿严梅玉女士知道了，她会非常高兴的。

严雪亭先生在20世纪40年代末，曾被听众评为"评弹皇帝"绝非偶然。他不仅继承了他的老师、弹词名家徐云志的高超本事，更在继承的基础上，对说、噱、弹、唱、演各个方面都有重大创新。他唱的"离魂调"与众不同。有人说，这完全是他自己创造的，此话只说对了一半。严雪亭的"离魂调"是在传统牌子曲"关亡调"的基础上发展形成的。

我这样说，要是被上面提到的那两位评弹音乐理论家听到，或许他们会暴跳如雷，指责我此话没有根据。如果他们真是这样指责我，这就说明他们不了解情况，我是有根据的。你只要听听蒋月泉和徐丽仙在《关亡》一回中，那位关亡婆唱的"离魂调"就明白了。今天，我带来了电脑和录音，你听——（略）。

严雪亭唱的"离魂调"和徐丽仙唱的"关亡调"，在过门上是非常相似的，这是曲子的基本旋律。但在唱腔上两者有不少差别。正如你说的，严雪亭先生唱的"离魂调"音乐性很强，优美动听，极富感情。评弹音乐的改革，就要像严雪亭先生唱"离魂调"那样，"移步不换形"（梅兰芳语），他采取的是"渐变"的方式，而不是"突变"方式，这是推陈出新的典范之作。评弹界都说严先生的"离魂调"唱得好，却没有注意到他推陈出新的成功经验。严雪亭擅长创新，他在说法、表演、音乐和唱本上都有创新，要是没有创新，那就不会有他那样高深的艺术和其在评弹历史上的崇高地位。

解： 对，有一本万鸣写的《严雪亭评传》。

彭： 我翻阅过这本书。前半部是介绍评弹艺术的方方面面，很多内容取自《评弹文化词典》的释文；后半部在谈到严雪亭先生的艺术成就时，分析不够。写艺术家传记，最难的部分就在于分析他们的艺术特色。这种分析，必然会有理论色彩，只要作者能讲出道理来，读者不会觉得枯燥乏味，反觉有滋有味，这也是掂掂作者斤两的地方。作者如不深入研究那位艺术家的作品，尤其是其经典杰作，那么纵然有生花妙笔，也讲不到点子上。万鸣先生是位记者，他能写成这部评传也非容易，我是不敢写的，也是写不出来的。

有关撰写艺术家传记的事，我倒可以给你讲一个最近发生的故事。有一位作家姓费，年过花甲，熟悉京剧和昆剧。他撰写的昆剧大师《俞振飞传》和京剧名家《言慧珠传》（实为《绝代风华言慧珠》）均受好评。今年，他又受到弹词名家周云瑞子女们的请求，为周云瑞写传记。费先生和我进行过多次探讨，让我获益匪浅。

有一次，我们谈到周云瑞先生（于1959年夏天）在上海文化广场举行的纳凉晚会上，演唱的"祁（莲芳）调"代表作《霍定金私吊》，引发了雷鸣般的掌声。从此"祁调"的影响急遽扩展，成为至今仍流传于书坛的主要评弹流派唱腔之一。

这是一个值得思考的问题。因为当时的祁莲芳先生（1908—1986）才五十出头，还在正常演出，而他创造于30年代的"祁调"唱腔却已渐渐淡出书坛。若无周云瑞这么一唱，"祁调"在以后的岁月中销声匿迹的可能也是存在的。那么周云瑞使"祁调"重振旗鼓的原因何在呢？

要对艺术家和其作品做出公正的评析，仅凭印象来推测总是不得要领。我们当即播放了祁莲芳的演出录音，边听边议，认为祁先生唱的《小金钱·园会》，在艺术上已经达到了炉火纯青的境地。他唱得声情并茂，竟能运用咬字的轻重和发音的强弱，来表达兰英小姐在见到未婚夫时那羞怯、爱怜、忧伤的感情。仅闻其声，如见其人。这是评弹艺术的珍品，是不可多得的经典教材。但是，祁先生唱的"祁调"过于纤细优雅，温文缠绵，是名副其实的"催眠调"。要是在空中书场演唱，听众在安宁的居室里，坐在收音机旁静静聆听，那是颇有意境的。可是在一般的书场中演唱，已嫌纤细温吞；若在几百座的大场子里弹唱，则会显得低沉郁闷。而周云瑞唱的"祁调"，不仅清脆亮丽，连伴奏也是酣畅荡漾，使"祁调"变得清雅华美、富丽堂皇。

对此，费先生做了如下比喻：周云瑞唱的"祁调"，好像是京剧大师张君秋先生创造的张派唱腔。张派唱腔的旋律，是以程（砚秋）派唱腔为基础的；而其用嗓和唱法却是其师梅兰芳一派的。所以，张派唱腔既有程派的婉约多姿，又有梅派的华丽辉煌。这是张君秋在继承的基础上进行创新的结果，现在京剧界几乎到了"无旦不张"的地步。

费先生的话，使我回忆起京剧大师周信芳先生所说："我们首先要在思想上确立这样一种观念，就是继承的目的是为着发展，不是为继承而继承。"这话刊登在1962年的《戏剧报》第5期《继承和发展戏曲流派我见》一文上，你如需要，我可以将全文发送给你。

我在这里对你讲继承和发展的问题，是否文不对题呢？不，我是有针对性的。当前，要继承发展评弹事业，首先要解决好唱本问题，要让演员都能掌握讲故事的技能。但是，评弹界有一位重量级的领导，在对待唱本问题上历来只讲继承，反对创新。一听到有人说到评弹要创新，他要么嗤之以鼻，要么予以驳斥。可是他在评弹音乐上，却又竭力推崇那些脱离评弹音乐原有特色的、盲目革新的、听众极为反感的怪腔怪调。流毒甚深，清除艰难。

解：评弹有自己的音乐特色。

彭：那么评弹音乐的特征又是什么？评弹音乐的特征是叙事音乐。什么叫叙事音乐？简单地说，是以歌唱的形式来叙述事情。唱腔表达感情的原则，就像平时说话一样，你对所要讲述的事情总有着自己的感受：或是憎，或是爱，或是喜，或是怒，或是哀，或是乐，因此在叙述不同的事情时，你的语气、语调、声音、节奏和表情必然是各不相同的。

如果你说："昨天，我妈妈给我煮了一锅鸡汤，真是鲜美啊！"你的语气一定充满着喜悦和温情。

如果你说："昨天我的钱包被偷了，小偷真可恶！"你的语气中一定充满着气愤和恼怒。

以简洁朴实的唱腔、用不同的感情和语气，来表述各种各样的事情，这就是评弹音乐的本质特征。

由于演员们的性格、天赋和经历各不相同，在叙述同一事情时，其表达风格必然各异，这就产生了不同的流派唱腔。我对评弹音乐是这样认识的。

传承中华民族的传统艺术，必须传承原汁原味的艺术，不是传承那些经过改头换尾的、已经变味的东西。评弹艺术要生存和发展，务必扫除不正确的"评弹观"。

和费先生的几次切磋，让我领悟到，要真正了解评弹艺术，除了要多听书、多读书、多琢磨、多思考，还要寻师访友，多向能人请教。

解：还有……

彭：等一等，有关严雪亭先生的事，我还没有说完。严雪亭说书清脱勾勒，在生活中也是这样。我们下乡劳动，每到一处他就拿出抹布，把台子、凳子擦得干干净净；吃水果时，把削下来的果皮放在旧报纸上，吃完就裹起来扔掉。他的头发从来不会过长，穿的衣服不管新旧，总是干干净净。他把对生活的态度带入演出；又把对演出的态度带入生活。

严老师真是好。1979年，我在写《评弹的文学形式》一文时，曾去他家请教有关《密室相会》中关子结构的问题。当时他已经得了帕金森氏综合征,思想集中不了,舌头也不灵活。那是冬天,他穿着厚厚的中式棉袄,镶着"笼管"趴在八仙桌上跟我谈了好久,依然思路清晰。

先生是从杨乃武"进密室"谈起的,一直说到小白菜讲出真凶的姓名为止,一共十回书。每回书中的细节他都能一个一个地回忆出来。比如,有回书中讲到杨乃武用大雁的仁、义、礼、智、信五个字来打动小白菜。虽然他病得已很厉害,却能对书中的细节讲得头头是道。还说,以后要上台演出;又说,每天早晨起来,就站在床边锻炼:蹲下去——站起来——再蹲下去……并当场做给我看。我看着非常感动,也非常心酸。后来听严师母说,先生直到连话都说不清楚的时候还在念叨:我要上台,我要上台。我想,要是严雪亭先生不受到这几十年的折腾,他会对评弹事业做出更多的贡献!

我最后一次去严家时,他已经不能说话了。我除了问候老师几句,也没有说什么话,静静地陪着他,细细地看着这位我所崇敬的艺术大师。最后一次看到他是在追悼会上,严先生面容安详,还是那么清清爽爽。

解:"文革"时,您跟严雪亭先生有接触吗?

彭:有过不少接触。"文革"刚开始,当时的上海评弹团领导还没有被打成"走资派",正在领导这场史无前例的、触及人们灵魂的"大革命"。他们用的还是老办法,首先把资产阶级知识分子整一下。这也不能责怪评弹团的领导,他们只是执行上级的指示,就是换一个领导来,也会这样做的。按照惯例,运动一来先要揪出几个"反动权威"来批一批,以造声势。我记得第一批被点名批判的五个人中,有蒋月泉、姚荫梅和严雪亭。严雪亭不是"右派",他的罪名是"走资本主义道路"。因为他在上海评弹团成立之初入过团,因工资不高,家里开销很大,家属给他压力,一度退出上海(评弹)团。

这是一般的说法。后来又听到一个鲜为人知的严雪亭退团原因:在严雪亭先生刚入团的 50 年代初,那时剧团的第一把手要他唱"蒋调"。理由是,每个剧团都有自己的风格,上海评弹团的风格是"蒋调",为了保持上海(评弹)团的风格,他要求严先生放弃"严调"唱"蒋调"。这话现在听起来太荒唐、太可笑了,有点不可思议。评话家吴君玉先生在给青年演员讲课时曾几次提起此事,有几位青年演员来问我,是否吴君玉老师又在放噱头。我说,听起来像是放噱头,倒是事实,因为我曾经亲耳听到严雪亭先生讲过此事。正是由于严先生在 50 年代初脱离过上海评弹团,这就成了他"斩不断的资本主义尾巴"。

"文革"一开始,党支部把年轻人分配为几个小组,每一组针对一个"反动学术权威",写"大字报"批判他们。针对严雪亭的一组有六七人,我是其中的一员。第一张批判严雪亭的"大字报",叫《走资本主义道路的领头羊》是我执笔的,题目则是团领导出的。初稿写成后,这位领导还亲自审阅和修改，原稿上留有他的笔迹（后来称为"资反路线"）。尽管我写过严先生的"大字报"，可是先生对我却是十分宽容，以后我去请教他什么问题，他总是尽力作答，使我至今还对这位善良的前辈怀有歉疚之情。

大家知道严雪亭是老好人，因此在"文革"中不大有人去麻烦他，只有个别人，不知出于何种原因，打了他两个耳光。打他的人和他年龄相近，也是演员出身。一次去农村劳动，在闲谈时严雪亭先生不解地说："×××为啥要打我？我从来没有得罪过他。再说，他又不是革命派，顶多是个落后群众，和我脚碰脚。"

那天，严先生又讲了另一件事。大概在1967年底，当他下班回家时，看到自家门口被贴了"大字报"，许多人挤在那里看热闹。他吓得不敢进去，只好跑到马路对面去哭。他说，我为啥要哭？因为到了自己的家，又不敢进去。

严先生的演出总是令人难忘的。有一次，大概是1962年的夏天，他在大连海军军事学院的广场上，为海军学员们演唱开篇，我站在离台很远的最后一排。突然，麦克风出了故障，可是严先生唱的每一个字我都能听得清清楚楚。行家们说，只有前排听众叫好不算本事大，要后排听众叫好才是大本事。严雪亭唱完后，掌声是从最后一排响起来的。

解： 所以说他是"评弹皇帝"。

彭： 对。有时他一个人起四五个脚色，能运用不同的身形、表情、语音和语气，把多个人物都表现得栩栩如生。我们单位有一位资深的研究员，他听了严先生的《载美回苏》录音后问我，到底有几位演员在演出？他无论如何也不相信，这回书是一个人表演的。

在严先生所演唱的多部新长篇中，我听过的除了《杨乃武与小白菜》《三笑》以外，还有《四进士》《情探》《白毛女》《借红灯》《十五贯》，等等。有一次我碰到严先生的长子——严梅生先生。他说：父亲说过，他新长篇中说得最好的是《白毛女》和《情探》。

解： 您也写过怀念蒋月泉的文章，蒋先生在香港曾称您为"彭本乐同志"，您很意外？

彭：（笑）那是在1997年初。当时唐耿良先生正在加拿大，他准备给蒋老师写传记；而上海评弹团已经组成了一个班子，也要为蒋先生写传记。余红仙是上海评弹团的艺术指导，她叫我去香港探亲时，抽空打个电话给蒋先生，让他回上海来写。蒋先生接听电话时说的第一句话是"彭本乐同志"。在香港，听到有人称我为同志，我确实有点吃惊。

我认为蒋先生是一位爱国的知识分子，可是他在1949年以后也被整得很厉害。最近，听到一位正在为蒋先生写传记的作家说，蒋先生在"文革"前就遭到过一次很厉害的批判，他竟然一连七天没有睡觉。此事是蒋先生的女儿说的，我以前没有听到过。

蒋先生和朱慧珍女士拼档时，常有折腾。有时候，党的政策要团结知识分子了，领导上就要批评朱慧珍：你是共产党员，你没有和上手搞好团结，首先是你的责任。某领导还做了个生动的比喻，他说：双档，就像空军中的长机和僚机，僚机应该服从长机。只要做过这样的政治工作，蒋、朱的关系就会缓和起来。

可是党的政策经常要变。一旦政治上需要打击资产阶级知识分子的时候，领导又要对朱慧珍说了：你是共产党员，要站稳立场，要坚持原则。这时，蒋、朱之间又要斗争了，斗争的内容之一，是如何处理《玉蜻蜓》中的金大娘娘这个脚色。也就是说，要将金大娘娘定性为封建社会的代表人物，作为批判对象；还是对她一分为二，说她有坏的一面，也有好的一面。比如金张氏"抢救三娘"这件事，就是伸张正义的行为，是件好事。朱慧珍的观点是和领导一致的：认为金大娘娘是封建社会的代表人物；而蒋月泉认为对金大娘娘要一分为二，他和他的老师周玉泉先生的观点相同。

解：蒋、朱二人的交锋看来不少……

彭：我曾经亲闻蒋、朱"交锋"，但起因不明：

朱慧珍："咦，这明明是侬勿对嘛。"

蒋月泉："侬昨日勿是说，自家也有错的。"

朱慧珍："我想，要批评别人，总归要做点自我批评。"

蒋月泉："喔，侬做自我批评就是为了批评别人啰？"

我只听到这么几句，作为逸闻告诉你。

还有一件有关蒋先生的事情可以说说。评弹行话中有"方口"和"活口"之说。有人认为，演员在台上能任意穿插与书情无关的"外插花"噱头，这就叫"活口"。其实这不叫"活口"，这叫东拉西扯、油腔滑调。这种雕虫小技任何演员都能学会，老听众最讨厌这种说书。

蒋月泉先生才是真正的"活口"。他唱的开篇《莺莺操琴》至少有两个版本。一个是50年代末他在（上海）文化广场演唱的版本。在这个版本里，他减少了两句台词："纱扇轻举遮太阳"和"见红日渐渐下山岗"。为什么要删除这两句，而在以后的所有演出中，却保留着这两句呢？

最近，我从正在为蒋先生写传记的作家那里听到一种奇妙的解释，他也是从一位著名演员那里听来的。说是：删除这两句唱词是作家陈灵犀的主意。因为考虑到太阳就是毛主席，在这首开篇中，既要"遮太阳"，还要"红日""下山岗"，要被怀疑反对毛主席，因此删除了。我听了不禁哑然失笑。把毛主席等同"红太阳"是1966年后的"文革"中才有的，蒋先生在（上海）文化广场唱《莺莺操琴》是50年代末，"文革"还没开始。这样的解释虽有想象力，却也太牵强了。

我认为，蒋先生删除这两句唱词，是他自己的主意，只是为了适应当天的演出环境。陈灵犀先生文学水平很高，但他没有演出经验，想不出这种办法。

《莺莺操琴》是一首抒情作品，无论唱词还是唱腔，均以优雅舒展见长。而那天的（上海）文化广场内，坐有近万名听众，如果仍按在书场里的唱法，很可能气氛松垮。因此，蒋先生不仅精简了那两句唱词，还适当地加快了弹唱节奏。所以那天的演唱更显精练紧凑，仅用六分三十一秒便一气呵成。而在书场中演唱《莺莺操琴》，要七分三十三秒，这是电脑录音器上显示的。这两段录音，在我给你的资料中存放着，你不妨对比着听，看看蒋先生是如何随着演出环境的变化而改动唱本，以取得更好的演出效果的。这才是真正的"活口"。

我一再劝说那位作家，不要把那段对"红太阳"的解释放入蒋月泉传记中，以免贻笑大方。从答话中可以看出，他对这种别出心裁的解释很感兴趣，不会接受我的意见。他是一家著名出版社的编审，很看重"卖点"。

还有一个有关蒋先生的"活口"故事，那是发生在1962年赴港演出时。那天演出的是《厅堂夺子》，原定由蒋月泉、刘天韵和杨振言拼三个档。哪知上台前几分钟，刘天韵突然感到头晕，医生说血压太高，不能上台。救场如救火，蒋先生临危受命，当即由三个档改为双档。演员减少了，那么在表演、唱腔和唱本上都要做出相应的变动。

我听你的导师唐力行教授说，那天蒋月泉先生是超水平发挥，演出效果奇好。唐力行教授是听他的父亲、评话家唐耿良先生说的。那天，唐耿良先生正在场子中放幻灯字幕，他是演出的见证人。我不在现场没有亲身感受，不过听了那天的实况录音，我还是从听众强烈的感情反应中，领略到演出有多精彩。不过我还是讲不出蒋老师对唱本做了哪些改动，尽管我已经听过十遍以上。

在"文革"中，蒋月泉先生是吃足了苦头的，他一度被打成"国民党上校特务"。这个故事太复杂了，也太悲惨了，讲起来还要牵涉到别人，会有麻烦的。再说，这是政治迫害，和艺术没有直接关联，还是不讲为好。你是历史系的研究生，就让历史去处理这种杂事吧。

解：是啊，这些老艺人受了很大的苦，但是评弹艺术保留了下来。同样是艺术的一种，现在苏滩没有了，苏滩的教训值得评弹思考。

彭：是的。我在编纂《中国戏曲志·上海卷》时，是撰写苏剧条目的。苏剧的前身是苏滩。昆剧表演艺术家郑传鉴先生说过，苏州有三宝——昆剧、苏滩、评弹。从19世纪末，到20世纪30年代初，苏滩在上海的影响要超过评弹。到了40年代中，苏滩已经在上海消失了。究其式微的主要原因，是没有创新，演来演去就是那么几个保留节目，直到演烂为止。等到听众遽减的时候，有些"聪明人"就开始走捷径。一味追求形式上的时尚，场面的华丽；有的演员把流行歌曲当作常演曲目，却不去编创有苏滩传统特色的新节目，最终走向末路。

现在，评弹好像是在步苏滩的后尘。就以开篇为例，我阅读过的开篇书有十多本，作品约二千首。可是在当前书坛上常唱的弹词开篇只有二十首左右。多年来，听众不仅听不到新编的优秀长篇，连一首像样的新开篇也没见到；那些新编的中篇，大多是为配合政治宣传（而作），艺术质量低劣，仅靠送票来维持几场公演；而以场面豪华为特色的个人专场，只是经过包装的保留节目的反复展销。几年前，我曾经在唐耿良先生和周良先生面前，对这种专场演出进行过激烈的抨击。他们要我写出文章公开自己的意见，我说，不能一下子得罪那么多名家响档和后起之秀，我还要活下去。

现在，评弹之所以还没有像苏滩那样在上海消失，除了有政府的扶持，也靠一些兢兢业业的评弹演员在支撑着。他们长期奔波于大小城镇码头演唱长篇书目，为爱好听书的江南民众服务。这种演员在江浙沪各地评弹团中都有，尤以苏州地区最多。没有他们，评弹也可能进入博物馆了。曾听一位老听众说："20世纪，评弹的中心由苏州移向上海；21世纪，评弹的中心正由上海移向苏州。"问我，听到这话有何感受？我是一声长叹回身走……你们高校正在谈论改革，有教授呼吁，高校的管理体制要"去行政化"。那么评弹的改革呢？除了有艺术上的问题，是否也要在体制上"去行政化"呢？我只是个技术人员，有关体制上的事情一窍不通。

解：您曾经撰文，认为电脑对于评弹会有很大帮助。对于媒介的作用，您是怎么看？

彭：我在1997年7月出版的《评弹艺术》第21集上，发表过一篇题为《借助电脑　振兴评弹》的文章。事情是这样的：1995年，国际计算机音乐学会要在上海召开一次研讨会，我们上海艺术研究所是主办单位之一。该学会是个国际性的学术组织，世界各地有许多分会。中国分会的秘书长何鉴秋先生正是我的同事。他竭力主张要让评弹在这次研讨会上亮相，以宣扬我国的传统艺术，并促使这门古老的艺术和最新进的科技成果——计算机结合起来，求得更好、更快的发展。

鉴秋先生不仅要我写出论文，还要我用英语在研讨会上做七分钟的论文提要介绍。为了报答他的好意，我接受了这个对我来说十分艰难的任务。我的英语发言不知道在座的中外听众是否听得懂，至少论文的英文稿在学会的出版物上发表了，这对评弹事业来说多少有点好处。在《评弹艺术》上发表的是经过压缩的原文，最能正确表达我的意思。

我一直认为，很多艺术都是随着科学技术的发展而发展的。不要说是电影，音乐也是如此。在那次计算机音乐研讨会上，一位日本的音乐理论家说，在三百年前，德国人发明了钢琴，从而大大推动了西方音乐的进步。钢琴，在当时就是高科技产品。

一百年前，评弹还只是在非常狭小的区域内演出，那时书场少、听众少、演员少、书目少。

到了20世纪初，留声机传入中国，评弹唱片的大量发行，扩展了说书的市场。到了30年代中，空中书场勃然兴起，吴侬软语飘进了上海的千家万户和江南的四乡八镇，还远播长沙、武汉等地。此后，评弹便成了江南千万民众文化生活中不可或缺的艺术形式。还有，扩音设备、照明设备、通风设备和演出场所等物质条件的改善，都是促进评弹发展的积极因素。

上海艺术研究所在电脑的运用上起步较早。在80年代末，何鉴秋先生就是一位热心的电脑推广者，他使我认识到电脑对于评弹发展有着巨大的潜在作用。退休以后，我就努力借助电脑来为振兴评弹做一点工作。可是，我那篇有关电脑的文章，在《评弹艺术》上发表了十多年，几乎没有听到过一点反应。我很沮丧，认为读者也就三五人次。

你在上海师范大学的演讲结束后，有一位来自美国南卡罗来纳州立大学的老师何其亮对我说，（大意是）看了《借助电脑 振兴评弹》这篇文章后，感到作者能在90年代中就提出这样的问题，"有前瞻性"。此话真让我大喜过望，连连道谢。

我们同路回家。何博士说，他的博士论文也是论述评弹艺术的。他在美国很难找到评弹资料，只能通过互联网来搜寻。互联网把评弹扩展到了全世界。他还说，"高科技促进了评弹艺术的发展"这个题目，可以给研究生做一篇论文。我想："今天总算碰到识货朋友了。"

说到这里，我还要给你讲一个有关计算机和评弹的小故事。你可知道，第一个由计算机音乐作伴奏来演唱评弹的人是谁吗？是苏州评弹团的演员盛小云。

那是在1998年的年初，那天陈希安、范林元、盛小云和我四个人，正在我单位的二楼会议室开会，讨论去台湾演讲的事。这时，何鉴秋先生来了。他说，已经把《新木兰辞》的曲谱输入电脑，现在可以用数码音乐来伴唱评弹了，我请小云去试试。就在会计室里，用一台做账的电脑，由数码音乐作伴奏，盛小云用她清脆亮丽的嗓音，演唱了《新木兰辞》的开头四句。不管这种数码音响的声调和盛小云唱腔的韵味有多么格格不入，这总是开创了评弹演唱用数码音乐来伴奏的历史吧！

现在，我把这件事情告诉你，小解，供你在以后撰写评弹史时当作资料。这可是信史，不是野史啊！我是当事人，其他的目击者和参与者如陈希安、范林元、盛小云和何鉴秋等全都健在，可以佐证。

我的一些同事，在退休之后写出过不少著作，对此我深表祝贺，但并不羡慕。我也可以写书，就怕写出来没有人要看，劳民伤财。倒不如做些资料收集和整理工作，给那些需要这些资料的人做参考。

我首先收集的是评弹音像资料，有开篇、选曲、分回、中篇和长篇，共计一千多个小时，重点整理评弹经典唱段，将一些渐被湮没的艺术精品，经过电脑处理，恢复其应有的光彩，给演员学习借鉴，让学者分析研究。

比如，弹词名家魏钰卿先生，他是"沈调"和"薛调"的创始人——沈俭安和薛筱卿的老师，在30年代前后曾经红极一时。他所创造的"魏调"，具有极高的艺术价值，可说是评弹音乐从古代向近代过渡的一座桥梁。他的唱腔包含着叙事音乐的全部特征，是研究苏州弹词音乐的活化石。魏先生在其壮年时灌制过六张唱片，可惜，存世的片子过于陈旧，杂音刺耳。他在录制过程中，又为了凑合片长要求，掺入了不必要的过门和官白，致使整个唱段显得冗长松散，听起来非常吃力。我先把杂音尽量去除，再删除其不必要的白口和过门，终使"魏调"能基本显露出其原有的风貌。

小解，你来听听魏钰卿先生的代表作《珍珠塔》之《哭塔》《方卿二次进花园》这两个唱段（略）。

解：彭老师，我觉得前面一段通过哭反映了方卿的"恨"，后面一段表现了方卿的"喜"……

彭：你说得对。《哭塔》不只是表达了陈翠娥的伤感，更透露出她对珍珠塔带来的灾难所产生的怨恨之情。所以在唱段的结尾，陈翠娥还咬牙切齿地说道："我好恨啊！"你的理解和你的一位学姐段静博士相似。她在撰写论文的时候，听了这段录音，也是这么说的。你们都很聪明，理解力很强。

要是不经过电脑处理，你不会有耐心听完这十六分四秒的录音；即使听完，也不一定能听出他所表达的感情。有不少青年演员，听了这两段经过整理的选曲，都说是开了眼界。我建议他们一字一句地把这唱段学下来，那将会终身受益。

有一次，我把魏先生的唱段，播放给上海音乐学院的博士生导师连波教授听。我是有目的的，因为连教授在《评弹艺术》上连载过介绍评弹音乐的系列文章，在论及"马调"的传承谱系时，他把"马调"的传承，直接划到了"薛调"和"沈调"，中间的桥梁——"魏调"，却没有提及。连教授听完那两段选曲赞叹不已。我想，他在以后撰写评弹音乐的文章时，可能会提及"魏调"。果然，由连波先生编著的《中国曲艺——经典唱段100首》一书，已于最近出版了。我在翻阅他给我的赠书时，看到第42页上介绍"马调"的一章中，第一首谱例就是魏钰卿的《方卿二次进花园》。释文是："马如飞本人所演唱的，没有留下音响资料，一般认为魏钰卿的唱腔是马调的正宗。"看到此书，我非常欣慰，虽然自己写不出书，却能为别人写书提供一些有用信息，值！

我选编的评弹精品唱段一百三十余首，是专供青年演员学习借鉴的，次序排列按前辈演员的出生年月而定。第一位是生于1879年的魏钰卿，最后一位是生于1928年的徐丽仙，仅选入三十一位艺术家的作品。在我看来，在徐丽仙之后的演员们，还没一个能创作出称得上是艺术精品的段子，所以没有选入。

我挑选作品的原则是：必须把原汁原味的评弹音乐传给后人。蒋月泉先生的作品最多，其中开篇九首，选曲十一首，共计二十首；周云瑞先生虽然不是流派创始人，但是他的弹唱水平高超，精品不少，共选入八首；而以弹唱著名的徐丽仙，只收有五首，其中开篇两首，选曲三首。有人问我，为什么徐丽仙的《见到了毛主席》《社员都是向阳花》《六十年代第一春》没有选入？我说，这些作品根本不是什么评弹音乐，更不是"丽调"的代表作。如果我把这些作品看作是评弹音乐的精品，那么后人会说我是一个还未跨入评弹门槛的外行，（这种做法）也是对评弹艺术的亵渎。

战国末期的思想家荀子说："约定俗成谓之宜，异于约则谓之不宜。"评弹音乐的基本旋律、运腔及弹奏方法，都是听众和演员经过几百年磨合而逐渐取得的共识。如果演员在评弹音乐的原有基础上进行突破创造，这叫"约定俗成谓之宜"；如若重起炉灶，来个全新唱腔，那是"异于约则谓之不宜"。我花费了十多年时间来收集整理那些资料，就是为了保持原汁原味的评弹艺术。

最先拿到这种录音的是两位评弹新秀——高博文和周红，后来还有张毅谋、归兰、陆锦花、黄海华、朱勇刚等二十多位。我也把这些资料赠送给唐耿良、周良等前辈。唐老师收到光盘后，特地从加拿大打来长途电话，叮嘱我把这些资料交给苏州评弹学校的负责人邢晏芝，希望她在（苏州）评弹学校开办一家内部书场，将这些能体现评弹艺术特点的长篇和开篇（选曲）播放给学生们听，让他们增加点"奶水"。我已遵唐老师之命，把录音资料输入了邢校长的手提电脑之中。

这些资料给了演员会有好作用吗？在一次进修班上，我询问过一位新秀（记不清是黄海华，还是朱勇刚），他说，这些资料非常有用，听了以后能开阔眼界，提高表演水平。又说，现在的说书已经比过去有了提高，听客也增加了，收入也多了。我听了此话深感欣慰，此后就不断扩大收集范围。除了评弹音像资料，还有评弹文字资料。除了评弹，还有京剧、昆剧、话剧、电影和西方古典音乐，和一个存有几千本名著的电子图书馆，共计四百多 GB。

那天去你们学校演讲时，发生了一桩"严重事故"：就在开讲前半个小时，我突然发现移动硬盘忘了带去，急出一身冷汗，立即回家去拿。你们的唐教授说，不用特地去拿了，我们主要是听你的演讲。我说不行，演讲是次要的，我此来的主要目的是赠送评弹资料。

我说的绝不是客气话。你想，这一次能把四百多 GB 的资料交给十多位博士研究生，这种机会多吗？

有一本书叫《荒漠甘泉》，这是美国作家写的，书中讲了三百六十五个故事。12 月 8 日的故事是：从前有一位老人，他无论走到哪里总是带着一壶油。听到人家的门窗上发出轧轧响声，他就倒一滴油在铰链上。他的一生就做这加油的工作。故事的结尾有这样一句话：在人生的道路上，有许多人，我们也许一生只会碰到一次，所以千万不要错过机会啊！

解：今天跟您聊天，信息量非常大，学到了很多东西。时候不早了，谢谢您接受我的采访，下次拜访您的时候再聊。

整理者：解军

第六十二讲

评弹见闻杂谈

—— 王公企访谈录

口述者：王公企

采访者：张盛满

采访时间：2012 年 6 月 23 日上午

采访地点：苏州市三香路彩虹苑

王公企

王公企（1928— ），当代作家，《苏州日报》原主任编辑，现《评弹之友》主编。退休之后，发起组织了苏州市曲艺家协会"评弹之友"分会，自发奔波于书场、学校、评弹团体之间，采写了大量有关评弹的文章。自办了《评弹之友》杂志，免费送给评弹团队、评弹演员、票友、爱好者。2003、2011年分别编著、出版了《书坛春秋》《书坛春秋续集》评弹文集。王公企从小就是评弹爱好者，见证了民国时期、中华人民共和国成立初期评弹事业的发展与繁荣，以及"文革"时期评弹事业遇到的挫折。改革开放之后，为了振兴评弹事业，保存评弹记忆，王先生更是做了不懈努力。

张盛满（以下简称张）：您对评弹的研究很独到，所以有些问题要请教您。

王公企（以下简称王）：客气了，不要请教。搞评弹写稿子实际上我已经做了三十多年了。没有退下来之前苏州报纸关于评弹的内容都是我写的，少说也有一百多万字了，我有一本书不是给你了嘛。

张：是的，叫《书坛春秋续集》[1]，读了以后很受益。

王：我一共印了两千本，现在还剩下四百来本。这本书出版时苏州市文联袁小良那里拿出了五千块，我自己出了两万多块钱，成本要十四五块一本。说老实话，过去年纪轻在报社的时候不听评弹的，有的记者也不是苏州人。我九岁就开始听评弹了，住在苏州市中心的养育巷。

王公企所著《书坛春秋》

养育巷过去很热闹的，不讲别的，光书场就有两爿。这两爿书场中间有一座桥，叫太平桥。你现在看路是宽了，过去都是石板路。像这些东西我都写过，回忆嘛。这条巷子在苏州是蛮有特色的。还有一个特色，就是在太平桥靠西面住的说书先生很多，这条巷子里出了好多先生的。比如说小书的王月香，最近过世了。还有现在活着今年八十六岁的叫高雪芳，她是土生土长在养育巷里的。她有名气，原来是苏州的，后来调到省里去了，在江苏省曲艺团，跟名家曹啸君拼双档。她现在还活着，每天到光裕书厅去吃早茶。她退休了后回到苏州，因为家在苏州。苏州人没有大笔钞票花，蛮节约的。苏州人很少到外面去，不像广东人、宁波人。这里原来都没有马路，原来门口都是田地，苏州本身不大，八个城门，蛮舒服，属于福地，也没有灾难。说书的还有张国良、景文梅，景文梅原来做过老师，身体也不大好了，八十多岁了，原来我住的地方对面就是景文梅的家。他的父亲原来是做鞋子的，在他住的巷子里面有一个老先生叫钱玉荪。我从小听戤壁书[2]，不要花钱，听的都是名家。你不要看这两爿书场，日夜营业的。我在淮玉听的名家是很有名气的，比如上海评弹团的徐雪月，她说《三笑》，

---

1 王公企编著：《书坛春秋续集》，自印本，2011年。
2 戤壁书：苏州话指听客不用买票，站在那里听书的方式。

是上次来开会的毕康年的母亲，人称"小太老婆"啊！还听顾韵笙、顾竹君。顾韵笙专门放噱头，他的妹妹叫顾竹君，后来在"文革"时自杀了。

张：朱慧珍也是在那个时候自杀的。

王：朱慧珍那时也听的，朱慧珍纪念馆就是我办的。徐丽仙纪念馆落成后向上海、苏州做报道的就是我，做记者就是靠两条腿跑新闻啊！他们要建纪念馆，但没有建过，我做新闻的材料多呀！材料上一个是照片，没有照片摆了不好看。要收集资料就要靠两条腿跑。这个纪念馆现在看起来很简单，我第一次办没有经验，要再弄，我可以超过三倍，材料可以化整为零。后来朱慧珍我也弄了，这个叫纪念馆也不太适当，因为太小了，为什么小呢？一是没钱，这两个人都是上海评弹团的，我到上海去问他们要材料，他们没有，也不参与。他们团里也有自己的压力，上海的名家多了，如果她们两个办，那大家都要办，他们没法应付，那家乡来办是可以的。

张：徐丽仙原来是钱家班的。

王：是呀，钱景章（被）枪毙了的。照现在（的）说法也没有什么问题，他就是戏霸，唱戏的也有戏霸。评弹有组织的，比如光裕社、润余社，他是搞普余社的，普余社提倡女人说书，所以他的学生都是"仙"字辈。像旧社会跑码头还是要靠山的，比如说蒋月泉，他也拜过老头子。徐云志也是有名的，出码头时去坐黄包车，过去叫包车，有人就把大便往车上丢，所以要找靠山。他（钱景章）在那个时候跟日本人也是挂过钩的，这样性质就不同了。

张：您见过钱景章吗？他人怎么样？

王：见过的，人你是看不出的。他就是一个说书先生，也会说书的。他主要是搞男女关系，有这方面的问题，1949年以后"镇压反革命"一下子枪毙了几百个。我自己是蛮满足了，不是共产党我不可能进报社。当时进报社我不是做记者，只是扫扫地、倒倒茶，我没有文化呀，信也不会写。我六十五岁病退之后做了两件事情，（第）一个（是）评好新闻，江苏省好新闻，我是评委；第二就是讲讲新闻课，培养通讯员。我原来是店员，在布店学生意，扫扫地、抹抹桌，三年学徒，再做一年先生。人家介绍我到上海去，所以1949年以前我在上海待了好几年。在南京路上的上海帐子公司，专门卖床上用品。有名气的，现在还开在那里，叫上海床上用品公司（实为上海卧室用品有限公司），就在南京路第一百货商店旁边。那时候我在上海，老板有三爿公司，要关掉一爿，那么要裁掉二十五个人。当时我十九岁，已经做了上海帐子公司的工会副主席。我1928年生，1940年去当学徒。我也是旧社会过来的，当时裁员，虽然我不愿意回来，但还是拿了一些遣散费回到苏州。这里边还有一个小插曲：我是1950年3月回来的，当时拿了一笔遣散费，这个老板的遣散费从哪里来的呢？他有一所房子在淮海路，过去叫霞飞路，妇女用品商店对面，他把房子卖了，拿了一笔钞票。当时遣散费特别多，给五百块一个，当时工资也就一个月二十几块,手表也就二十多块钱一只。回到苏州住在养育巷家里,一是不用上班,一是不拿钱了,我曾经参加过苏州市民主青年联会(以下又简称"民青"),就是共青团的外围组织。当时的共青团不叫共青团,叫中国新民主主义青年团,国民党的叫三青团。当时一起去的有五六十个人,都是社会上失业的年轻人。当时一看,没有一个团员,后来我就参加团了,这是1950年。只有一个团员,不能成立支部。民青的一个主任认为我是进步青年,我人生的转折点就在这里。后来他给我介绍工作。那时两个地方要人,一个是苏州市政协,一个是苏州报社。因为我们是共青团的外围组织,可以搞统战工作,那么苏州市政协要人,苏州报社也要人,我说我没有文化,一封信也不会写,只能做做苦力、扫扫地。一天之后,我被介绍到了报社,报社的工作呢,要么出报纸,要么印报纸。我被安排到编辑部,在主编办公室。我说我没有文化的,他说不要紧的。当时的报社有两种人,一种是渡江干部,一种是地下党员,是有文化的。没文化怎么办报纸呢?进了报社分配我做什么工作呢?登记来信、来稿,做了一年半。我和人家不同,你像现在新闻系毕业出来到报社还要我带啊!他们不懂,没有实践经验,要教他们方法。我原来准备学评弹,但人家一般都是传子不传婿,当时张国良的父亲叫张玉书,我们要好的,大家是邻居,关系很好,他肯收我。开头问我两个问题,问我为什么要学说书?我说要吃饭,没有工作。又问我有没有听过他的书?我说听过两次。后来张玉书看看,认为我貌相还可以,愿意收的。拜师金要两百八十块,还有两个介绍人。介绍人是他的老朋友,十块钱一个人,我就从遣散费里拿出了三百块。他那时到无锡,无锡也有一条观前街,在雅前书场[1]说书。雅前书场是个苦场子,我去的时候已经是第三天了。过去拜师吃场方的,三菜一汤,不收费的。白天太累,晚上就睡了。跟了不到二十天,当时晚上是点蜡烛,用红烛台的,人家进来说"这个老先生1949年以前拿人家格铜钿",那么害怕了,就回来了,有这样一个小插曲。当时没有脚本,学书靠听的。现在我不大听书了,熟悉的会听。

张:您最喜欢听哪位评弹演员的书?

王:我都要听的,没有派别的。我退休之前创办了一个"评弹之友"社,都是名家做顾问。任何一个东西都要经费,没有钱搞不起来。另一方面就是舆论开导,我宣传评弹有两种方法,一个是专业的,一个是业余的。我曾经讲过,评弹要振兴,还要靠半边江山:票友。现在我否定了,票友都不听书的,大家都以为自己唱得好。真正的半边江山是听众,这是我在实践当中体会出来的。我曾经跟一个老艺人写过两部长篇。当时有个作者叫邱肖鹏,写了一部《九龙口》,书出得长嘛没得生意了,那么再弄部长篇。当时他跟金丽生第一次出国,到法国演出。我说:"老

---

[1] 应为雅叙书场。无锡北门到观前街。一路上有好几家书场,有梁溪书场、迎园书场、蓬莱书场,最后一家是雅叙书场。

师啊,我现在不采访你,但这个稿子我是一定要写的,你给我一个笔记本,每天记十句,从离开苏州到上海,再到法国,每天写,等你回来我看看笔记本就能写了。"关于海外演出的稿子我都登出来了。因为要写新书,后来我在一个书台上找到一本很薄的书,叫《断线风筝》。我一看,这个框架蛮好,于是想把它改编成现代长篇。评弹脚本的特点,第一是要让听众对里面的人熟悉,第二(是听众对里面的)地点要熟悉。所以我们把这个框框借鉴过来改成苏州长篇弹词,十五回书。地点发生在东山,这个书是在杭州开书的,第二回是说苏州书,第三回再回到东山。我写书是跟一位老先生学的,他能写我能找材料,相互照应。当时我写没有报酬的,完全是为人民服务。那天周良会议上的发言我不大愿意听,都是千篇一律,没有可读性,没有可听性,那个戴眼镜的秘书总是读读读,很烦的。就是讲周良针对评弹现在这种情况,怎么在艺术上进一步开发,他没有。要继承传统,我问个问题,这个传统书还要不要,要的,那是熟之又熟了呀,还要突破,这个问题要解决。现在民间艺人没有团的,但他们都有生意。第三,为什么说"文革书"有生意?对听众来讲要获得信息:我不知道的他知道。有个人物叫杨子江,(对)这个人有争论,我认为是可以的。他会搞创作,说《刘少奇》《彭德怀》《邓小平》,其实好多反对他的人也去听他的书,为什么呢?他可以开夜场,他说书可以帮你把票价提高,他提倡评弹要进大剧院,这个人不错的,他原来一直在上海。

张:杨子江家里背景还是很不错的。

王:他老家江阴,家里条件蛮好的,不然读不起书。他也肯动脑筋。他的学生蛮多,金丽生也拜过他,周明华也跟他学过。他符合时代,书的内容有现代寓意。说书说得好我们称他"活口",叫"巧嘴",现在说书的年纪轻(的)人都是"方口",说不好。

张:现在的演员唱得都还可以,差就差在说表上。

王:嗯,说表,就是要放噱头,上海的滑稽戏都是向评弹学来的。过去在台上说书,叫作"扦讲"的,就是我讲你,你讲我,这个都很好听的,现在都没有了。要把书台搞活。

张:下面我想请教您几个问题。您认为评弹最兴盛是在什么时候?

王:真正评弹要红起来,到1949年以后。因为1949年以后,全国唱京戏的也好,其他曲种也好,只要进上海一炮打响就红遍全国,上海是十里洋场呀,京戏好多都是在上海唱红的。那时上海是叫大上海的,人多啊,肯消费。我说的不一定正确,1949年以后上海所有的舞厅都改成书场了。一个是西藏,隔壁是米高梅,都有千把个人,再过去是大沪书场。这个叫新场子,老的是沧洲书场、东方书场,这些是老的,老的位子不到两百个。跳舞厅书场是大场子,而且日夜开书,这是最旺的时候。真正说到评弹流派是到这时候开始肯定。1950年,蒋月泉到苏州来说书,景德路上有个花园饭店,花园饭店里有个大的花园,蒋月泉唱,不过四五十个听客。过去有一句话，叫评弹演员出百不得了，这是一百个人，双出百是两百多了。我现在也保留了许多当时上海书场的节目单，书场比电影院还要多啊！

张：1947、1948年，评弹应该也是很兴旺的吧？

王：不怎么样的。（中华人民共和国成立之初，）这个时候是黄金时期，新书场一般要四档、三档，还有单档、双档。这里也有竞争的。现在都是包场子，是不对的。

张：40年代的时候，很多艺人的生活也蛮奢侈的，开小车、抽鸦片，对这些您怎么看？

王：你上台，有的是正派的，有的也不能叫不正派，都是当时的社会造成的。（第）一个要赌博，第二个（要）抽鸦片烟。有的上台只有一件长衫，有的有好几件长衫。当时到码头上去说书有接风的，第一次可以吃得蛮好的，场东自己烧，摆一桌子，七八个菜。过去都是拆帐的，不包账，一般来说生意方面做得普通的多，穷的也蛮多，富的毕竟少。讲起来评弹家第一个有摩托车的是蒋月泉，还有这个薛筱卿，有汽车的。沈俭安、薛筱卿他们三次合作三次拆档。

张：就像您说的，响档还是少数。

王：响档有的呀！评话三十六将，过去评话兴盛，听书是先听评话再听弹词的，各有特色。比如说说《三国》的，各有各的流派，唐耿良有唐耿良的一套，陆耀良有陆耀良的一套，汪雄飞有汪雄飞的一套。我喜欢听陈浩然，这是大名家了。另外喜欢杨震新，接下来是金声伯，他的师弟现在还在光裕，叫俞振飞。

张：除了响档，那么还有一些普通艺人，当时他们的生活状况怎么样呢？

王：现在生活好的一般靠子女，过去名家、响档、红档、稳档，我再给他加两个档：（一个叫）漂档；还有一个叫年档，一年两年的"年"，这个"年"要打引号。一般评弹都用旧历不讲阳历的，这些人春节到农村里去做几天，他们只有在年档的时候说说，平时没有生意。年档一般做春节，大年初一开书，大年夜赶到，这个最辛苦了。生活上就靠子女啊！生活主要靠自家，换句话说还是要走正路。陈云说不管是台上台下都要走正路，过去抽烟、吸白粉、赌博。但是还有一种，你可能没听过，就是搞男女关系，都是响档。评弹界跟社会上是一样的，社会上有这种人，评弹界也有。

张：中华人民共和国成立前评弹艺人都穿什么衣服呢？

王：长衫。我现在在写一篇稿子，特别是女的现在是奇装异服，有一种像结婚时的礼服。就穿旗袍最好了，过去都是穿长衫、旗袍，因为说传统书起脚色需要。中华人民共和国成立以后说现代书穿人民装的，你到上海滩看看，大家都穿灰色的，适应时代啊！现代书有的就是平民服装，评弹家也称之为宣传员嘛。

张：1949年以后，艺人们说的书就受到了限制，很多传统书不能说，因为传统书都带有"毒素",要求他们"消毒"、改新书。在这个阶段,您听新书听得多不多?

王:是这样的,原来出来了好多新书。当时在苏州有个静园书场,是家新书场,有一个说现代书的叫丁冠渔,是说《英烈》的,他说新书,说《李家庄的变迁》。过去说新书是根据小说改编过来的,好多中篇也都是(由)小说改编的。还有一个庞学卿,薛筱卿的学生,也说新书,他原来说《珍珠塔》。

张:当时新书的上座率怎么样呢?

王:还可以,有一点新鲜感,听书的人在中华人民共和国成立后生活也好点了,有各种因素的影响,所以听听现代书。

张:那时候很多老艺人不太愿意说新书。

王:有些也是没有办法,要弄一部新书,严雪亭也有新书。很多中篇是从书里来的,比如说《春风吹到农民户》《刘巧团圆》,这个短,三回书就解决了。

张:当时很多艺人请作家编新书都花了不少代价,比如张鉴庭请周行编《红娘子》。

王:说书就是讲故事,讲故事要利用评弹的说、噱、弹、唱、演,这样才好听呀!但是评弹不化妆,就是通过一张嘴巴。

张:过去评弹界有一种活动叫作"茶会",您知道吗?

王:现在没有了,过去茶会就在光裕书场里面,都是上半日,不像现在。过去是方台子,进去还要谦虚一些,喊喊阿爹、老伯伯了。有一种情况是要收学生了,要向同道介绍。另一种情况是出道,有初出道,还有再出道,有时候还要摆酒,蛮有规矩的。

张:感谢您接受我的采访。

整理者:张盛满

第六十三讲

1949 年前后的评弹行业状态

——评弹老艺人的集体访谈

口述者：高雪芳、余韵霖、庄振华、赵兵、金石声、周克敏

采访人：张盛满

采访时间：2012 年 6 月 24 日上午

采访地点：苏州市宫巷第一天门光裕书场茶会

高雪芳

（其余人员略）

高雪芳（1927— ），弹词女演员。江苏苏州人。少时拜徐雪仙为师习艺，不久与师拼档说唱《描金凤》《三笑》，1952年参加苏州市评弹实验工作团，1960年转入江苏省曲艺团。又先后与徐雪兰、庞学庭、曹啸君、汪梅韵等合作弹唱《描金凤》《四进士》《梅花梦》等长篇书目。

余韵霖（1923— ），弹词演员。江苏苏州人。1933年师从杨筱亭习《白蛇传》《双珠球》。次年登台演出。初与兄余韵兰拼档，后放单档。1957年加入常州评弹团。

庄振华（1934— ），弹词女演员，加入苏州评弹团，主要弹唱书目《描金凤》。

赵兵（1935— ），原苏州阀门厂化验员，现苏州评弹收藏鉴赏协会理事。

金石声（1932— ），原苏州评弹团评话演员，擅说《金枪传》。

周克敏（1945— ），原苏州阀门厂化验员，现苏州评弹收藏鉴赏协会理事，业余评弹作家。

张盛满（以下简称张）：庄老师，您是什么时候开始学评弹的？

庄振华（以下简称庄）：我是1950年（开始）学评弹的，1951年参加（苏州）评弹团，直到现在，现在团里待得时间最长的就是我。

张：上海（评弹）团比苏州（评弹）团建立得要早些？

庄：是的，要早些。上海（评弹）团是在编演《一定要把淮河修好》的那段时间成立的，苏州（评弹团）大概要晚一些。最早是叫（苏州市）评弹实验（工作）团，有一团、二团，现在叫作苏州评弹团，也没有什么国营不国营之分，就是一个团。现在的团是依附在（苏州）评弹学校，原本（苏州）评弹团和（苏州）评弹学校是两个单位。

张：当时参加评弹团的时候开始说的是什么书？

庄：说的是新书，老书不好说了，我们叫"斩尾巴"。

张："斩尾巴"应该是在1951年的时候。

庄：是1951年，后来就是抗美援朝。说新书时我们都说短篇，一段一段的叫短篇。长一些的叫中篇，最长的就是长篇了。后来政策开放了就又说长篇了。

张：原来唱开篇吗？

庄：开篇不唱的，开篇是在说书之前唱的。现在都在唱开篇了，早些时候听客来了艺人就会唱一段开篇，为什么呢？让大家安静下来，唱过之后就开始说正书。

张：那您现在还说吗？

庄：我现在不说了，一方面是我爱人过世了。我爱人唱《描金凤》，唱得蛮好的。他过世之后我也不唱了，年纪大了。

张：40年代"描王"是夏荷生。

庄：夏荷生下来就是凌文君。

赵兵（以下简称赵）："描王"的徒弟的徒弟就是他爱人。

庄：我爱人过世了，他的《描金凤》说得蛮好的，我们俩拼档，合作得还是蛮不错的。

赵：珠联璧合。

张：您是下手？

庄：是的，我是下手，弹琵琶，周红跟了我五年。

张：她应该是从（苏州）评弹学校毕业的。

庄：（苏州）评弹学校毕业出来就跟我了。

赵：她原来在苏州（评弹）团，后来才调到上海（评弹）团的。

庄：她跟了我五年，现在很好，唱得也不错，说得也很好。她也很有良心，对我不错。

张：我有几个问题想请教您一下。

庄：好的，你说，知道的我都讲给你听。

张：我们评弹界原来有个茶会，最早的茶会是起着一种什么样的作用？

庄：茶会的主要作用是什么呢？当学徒要出道了，就到茶会上来，现在是没有了。另一方面就是接生意，艺人要到哪里去出码头？有些人是找不到码头的，那么可以到茶会来，有人介绍业务的。现在不同了，我们团里有业务组。

张：四五十年代上海方面是张鸿声安排场子的，有的场东为了找好的艺人，就给张鸿声送礼。

庄：当然要好的，不然就要被漂脱的，唱两天就没生意了。

张：您原来参加过茶会吗？

赵：她是下手不上茶会没关系的，接洽业务主要是上手负责。

庄：那时我也是一道要来的，我们现在也不大接了。因为场方会到我们家里来。节目表演比较好的，一般场方都会找上门来。

赵：有了一定的知名度不用去找场方了，场方会来找你的。

张：那个时候有"响档""稳档"还有"漂档"这些说法。

庄：是的，"漂档"就是业务不好，一天两天就被"漂"走了。我们那个时候都是场方到家里来接洽，我们自己不用操心的。

张：赵老师了解这个茶会除了接场子外还有什么功能吗？

赵：还有交流艺术。因为老先生肚子里的东西比较多，年纪轻的艺人就会到茶会上来讨教，讨论这个书什么年代的，有什么人物，应该怎么说？老先生都愿意讲给他们听，所以茶会也起了一个这样的作用。

庄：那个时候也没有什么交流的，没有生意的年轻艺人会到茶会来讨教。一方面是接生意；另一方面就是研究艺术，因为怕自己不行，到码头上唱了一天就走掉了。假如有个先生知名度高，就找他讨教讨教。

张：40年代的时候，很多响档不太愿意上茶会的。

赵：响档也有。不来是因为响档比较忙，他的业务繁忙且做不完，所以也不需要到社会上来接业务。很多场方都请好他了，这一期还没结束，下一期就被约好了。

庄：他们有时候会事先接好了一年的业务，像我们就是接好了一年的。今天做无锡，明天做常熟，后天就是做苏州，都是一档一档地排好了。

赵：原来叫作一节，一节三个月，就是春节到端午，端午到中秋，中秋再到春节。时间跨度很长，现在只有半个月了，以前老先生没有半个月的。

张：那个时候还有歇夏吧？因为夏天太热，暂时停业。

庄：不是，还是唱的。

赵：歇夏也就是一些响档能歇，响档因为有钱啊，他可以不演，一般的稳档、漂档，他不做没钱，所以夏天不做的也就是那些响档。

张：原来夏荷生一到茶会就会将全场的茶钱付掉，以显示自己的派头。

庄：我们原来也有的，现在不收钱了，是团里提供的一种福利。

张：现在来的除了评弹老艺人外，还有一些评弹爱好者。

赵：原来有一些刚出道的年轻艺人老是在茶会上喝茶，他现在出道了，在外面已经演得很好，从码头回来的时候就会到茶会上来出钱请大家喝一次茶，这在以前有很多的。

庄：原来的出道，一定要老师带着去，现在没有了。

赵：现在的年轻演员，比老演员的派头还大。

庄：我爱人余瑞君的《描金凤》可以称作"描王"，可惜他已经过世七年了，我们这一档说起来是比较好的，录音录像都有。团里录了十八回书。我的爱人被称作"活汪宣"，我们两人还是比较默契的。余老师的唱与众不同，我的琵琶也与众不同，人家不一定会弹。

张：上海的张鉴国琵琶弹得好，之前是薛筱卿，琵琶弹得很好，被称作"琶王"。

庄：他们是两种风格，都很好。

张：原来评弹艺人都有拉帮结派，除了光裕社、普余社、润余社这种组织以外，个人之间也会结成一种联盟，比如结拜兄弟。

赵：结拜兄弟有的，为什么结拜呢？那时很流行，几个年龄比较轻的小弟兄讲得来就"桃园三结义"，像金声伯、张国良、胡天如他们几个也是结拜兄弟。

庄：业务上有帮助，现在有的小书也是有的。

张：庄老师很小就听评弹了，是苏州人吗？

庄：我不是苏州人，但小时候就到苏州来了。

张：评弹艺人在着装上，1949年以前主要穿什么衣服？

庄：长衫，男的是长衫，女的穿旗袍。

张：原来有没有不穿旗袍、长衫的？

庄：以前是蛮少的，后来1949年之后要唱新书了，旗袍不穿了，长衫也不穿了，就穿短的。男的是中山装，女的穿对襟短装，现在又是长衫、旗袍了。

张：原来"活济公"贾彩云很能说，什么都敢说。

庄：贾彩云也穿旗袍的，后来胖了，就不穿了。

张：有一次贾彩云上台穿西装，底下就哄得不得了。1950年的时候曹汉昌的女儿曹织云就开始穿人民装了。

庄：我也穿过的，那时候的演员都穿人民装的。当时说新书都穿列宁装，一样的。

赵：30—40年代马路上的人也是穿长衫啊！

庄：当时穿人民装是一阵风潮。

赵：当时上海市人民评弹工作团都说新书，不穿长衫都穿人民装。说新书应该穿新的衣服，应该有时代的感觉。上海（市人民评弹工作）团一流行，其他团就跟风了。那个时候团里面分给你团服，那你上台必须要穿的，不允许穿长衫、旗袍了。

庄：那个时候老书不好说了，说二类书比如《秦香莲》《梁祝》《新白蛇传》。

张：《描金凤》当时怎么样？

庄：《描金凤》不好说，"斩"掉了。

赵：大家都不说老书了，如果一档老书和一档新书在一起演出，新的肯定吃亏。

张：1951年"反右"的时候，评弹界出了一个戏霸叫钱景章，您知道他的事情吗？

庄：钱景章当时是会长，他的爱人叫陈亚仙。钱家班还有蒋云仙、王月仙、钱丽仙、刘美仙，等等，钱丽仙是他的养女。钱景章的书我没有听过，但是我晓得他的，他是会长，我当时是评弹协会的干事。

张：那您见过钱景章吗？

庄：见过，不过次数不多，后来（他被）枪毙了。之前我跟他也说过话，但不太多。

张：他在评弹界的名声怎么样？

庄：名声不好。但他有一套，让人开始时看不出他的问题，如果早知道他的问题，他也不可能坐到这个位子。

赵：当时可说是地方一霸。

庄：那时也不叫"一霸"，他对学生也是蛮好的。后来不行了，他喜欢女的，刘美仙蛮漂亮的，后来做他的第二房太太。你要说他坏我也讲不出来，他就是欢喜女人，这时候的风气是这样的，评弹界本身就有这种风气。他比较有名但是艺术上不行，人家看不惯他。他收的都是女学生，乱搞男女关系。不过他有自己的一套，当时女说书不太多，但是他那里是最多的。当时评弹界有三个社，光裕社、润余社和普余社。男的很多是单档，不准跟女档合作，1949年以后这种情况好多了。那时徐雪月的徐家班也都是女的，还有汪家班的汪雨佳、汪逸韵、汪菊韵，不过人不太多。徐家班的人蛮多，徐雪梅、徐雪人、徐雪芳、徐雪芬、徐雪月、徐雪花。

张：那时候最有名的应该是范雪君吧。

庄：范雪君很不错的，她是范玉山的养女，范玉山的书也是蛮好的。

张：在原来有一个三皇忌辰，祭祀三皇祖师。

庄：1949年以前三皇老爷生日时要供出来，一年两次。

张：忌辰的时候大家放假一天。

庄：也没有放假不放假的，就是纪念他。

张：当时拜三皇的时候有什么仪式吗？

庄：就是大家吃一顿，供供香烛、鞠鞠躬纪念纪念他。现在没有了，主要是没有人发起。

张：高老师，您是哪一年出生的啊？

高雪芳（以下简称高）：我是1927年，今年八十六岁了。

张：您看上去精神很好啊，现在有什么爱好吗？

高：打麻将，要出去玩玩的。

庄：我们现在也不经常出来了，都是他（指周克敏）叫我们出来的，他现在在整理《描金凤》，现在不叫《描金凤》而叫《钱笃笤与汪宣》。因为说《描金凤》的多了，我们就把《描金凤》的精华拿出来说，所以听众很欢迎的。

张：高老师是什么时候开始唱评弹的呀？

高：我十三岁学艺，一直没有脱离评弹，不像有些人中途转业了。1952年苏州成立评弹团，我是建团时最早的老同志，当时第一批有十一个同志。

张：您原来刚出道的时候说的是什么书？

高：我说的是《描金凤》，还有《三笑》，是跟徐雪行学的，上海（评弹）团的徐雪月是我大师姐。

张：您原来也经常走码头的吧？

高：走码头的，那时的人都是走码头的，成立评弹团后就由团里安排演出了。1959年时我们调到了江苏省专门做一些招待演出，主要是招待一些首长。当时有一个江苏省曲艺团，1959年之前我一直在苏州，之后到了省里，一直到现在。

张：听说原来很多到南京去的演员都不说书了，经常陪领导跳舞。

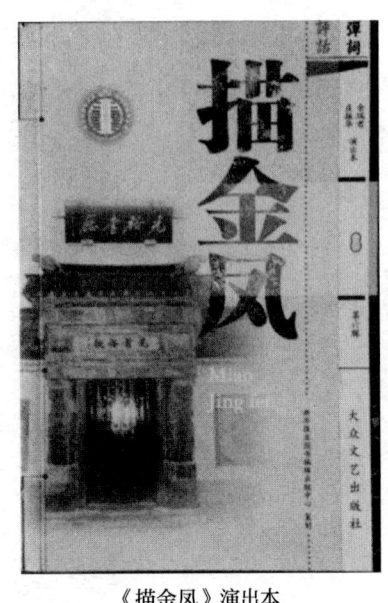

《描金凤》演出本

高：说的呀，我们是招待演出，过去在江苏省歌舞团，星期六星期天都是中央、省里的首长来。中央的首长基本上都听过我们的演出，我们还到过武汉。

张：武汉的听众能听得懂苏州评弹？

高：他们首长要听的，我们是陪他们去的。周总理、贺龙不跳舞，刘少奇听过我的《宫怨》。

张：您在1949年以前就开始跑码头了，当时辛苦吗？

高：我十三岁就跟老师一起跑码头了，当时还小，年轻人不太懂什么，就是演出。我十三岁学艺，十五岁到上海，老师他们都在上海演出。过去评弹有三个社，光裕社、普余社、润余社，普余社都是我们女同志。我是徐家班的，现在的姊妹还有五个，原来很多，一共十几个，都过世了，上海评弹团还有徐雪花。我们都是"雪"字辈，比如雪芳、雪梅，很多。老师的女儿叫雪人。

张：到了1949年的时候，您觉得跟原来有什么不一样了？

高：传统书不能唱而要唱二类书，比如《秦香莲》。1949年的时候也没什么感觉，我们就是演出，没有什么区别。我们还好，就是团里出去稍微苦一点，接的业务不好。当时我是一块九毛钱一天，人家单干的人不得了。

张：您原来在1949年以前出去演出都是穿什么衣服呢？

高：旗袍，旗袍、短装都是有的，丝绒什么的。冷天的时候也穿旗袍，出门时一件，外面罩一件大衣，坐上三轮车出去演出。男的一件长褂子，女同志要么旗袍要么短袄。现在还是这样的。

张：到了1949年以后呢，很多人就不穿长衫、旗袍了？

高：还是有的，列宁装是在唱新书的时候穿。1949年以后我们列宁装、解放装都穿过，那时候穿旗袍的不多，穿短袄的多。

张：自己想穿旗袍能穿吗？

高：1949年以后比较少了，因为这些东西属于封建（文化），现在又开始流行了。我过去到省团的时候跟汪梅韵拼档，后来跟曹啸君拼档。

张：您是普余社的，当时普余社的社长是谁呢？

高：当时普余社的社长，是不是钱景章啊？那时候是钱景章，最早之前也没有社长，后来是钱景章。

张：那您见过钱景章吗？

高：见过，那时他在跟钱美仙拼档，钱美仙本来是他的徒弟，被他霸占了，他的问题就是霸占女徒弟。当时普余社的男的都是结拜兄弟，他跟我们老师也是结拜兄弟，我叫他老伯伯的。

张：您觉得钱景章是一个什么样的人呢？

高：我们接触得也不多，就是看到了叫一声，各演各的谁也不管谁。钱景章不是有一个云社嘛，当时叫他"钱匪景章"。我们团里有一个笑话，有一位叫徐琴芳的你认识吗？跟侯莉君拼档的。"整风"的时候工宣队问起钱景章，因为他是普余社的社长嘛。当时问徐琴芳："你知道不知道钱匪景章？"她说："我不了解，我们就是知道他是普余社的社长，现在方晓得，方晓得钱匪景章。"工宣队队长听后"嘭"一拍桌子问道："方晓得是哪一个？"徐琴芳就是一种表达，过去不晓得"钱匪景章"，现在我方晓得。工宣队闹了一个笑话，当作"方晓得"是一个人名。钱景章其实没有什么大的问题，就是参加了云社。

张：云社是做什么的？

高：我们也不知道，就知道他参加了这个组织。跟他的接触也就是看见了叫一声，其他没什么关系。其实钱景章也没有什么，他暗地（里）做了些什么事情我们也不知道，就是参加组织，还是蛮锋芒毕露的。

张：余老师知道钱景章吗？

余韵霖（以下简称余）：我们跟他接触不多，就是知道他的女徒比较多，他霸占女徒。

张：您知道钱景章的云社吗？

余：云社听说过，就是一个民间组织。我跟他没有什么往来，听说他参加了反动组织，具体有什么活动没有听说过。

张：云社都是一些什么人参加的？

余：我们不知道，云社也就像我们现在的组织，大家有时间在一起聚聚。后来怎么又成了反动组织呢，因为从地底下挖出了他的委任状。

金石声（以下简称金）：当时有这么一种讲法，这也是我们听来的。云社是一个特务的外围组织，至于他做了什么坏事我们不了解。他有一个上司叫大鼻子，是开书场的。

高：开书场都是有点霸道的。

金：这个组织的活动相当活跃，里面有知识分子，也有做生意的和流氓，相当杂。至于是不是特务组织我们不太清楚，就是社会上有这么一种说法。

余：证据就是一个委任状。

金：钱景章与学生搞不正当关系，这个问题相当严重。他对我们男的还是比较客气的。他是理发师出身，后来才改行说书。

高：他说书的艺术一般，不算好的。

张：他原来是光裕社的吧。

金：是普余社。因为光裕社有一个传统，也算基本原则，男女档是不能做的，女同志上台只能单档，像范雪君一样。钱景章成立了普余社，专门收女弟子，有男女档还有女双档。他们还有一些不正规的东西，就是点唱开篇、点唱京戏、点唱歌曲等，这叫卖唱，不像我们原来传统的评弹。抗日胜利之后光裕社和普余社打官司，他要把普余社并进光裕社，我们不同意。但结果是光裕社输了，当时讲男女平等嘛，于是光裕社和普余社并起来成立了一个协会。评弹的团体还是很多的，上海还有个同义社。在评弹的这些团体里，光裕社最老，名气最响，一些成员也最硬，有好多成员到了润余社，能够胜任的都是好的。普余社最差，主要是女的多，被看成了社会上的新生力量。

张：光裕社原来是王周士创办的吧。

金：还要早，我听老祖宗讲，在宋朝年间就出现了。比如说我收的几个学生都是说《描金凤》的，到外边去演出时需要跟书场联系。苏州说《描金凤》的老先生就成了一个头，书场就跟他联系，他负责安排演出。有的学生说他的书，有的学生不说他的书只是挂一个名。这就是门户，我们说书的叫作门户。那时的演出形式很封建的，场方来请先生，先要去看望那位老先生，因为他领导着这些学生，所以要先请他，再由他转请其他先生。场东不能直接请人，要由老先生带进去的，这叫门户。就是说这个场子是属于我的，你们不能进去，进去了双方要产生纠纷的。

高：学生后来成了名家就可以单独请了。

金：这是弹词家，评话呢还要早。这不像现在的职业，比如中医，有的中医是挂牌的，有的中医不挂牌，他是读书人，也有做官的。说书的也一样，他是空了就来说说书，不一定靠此为生。说评话的人历史比较长，柳敬亭是比较早的。我们中国的文化、老百姓的知识是从哪里得来的呢？不是从学校里学来的，一种是唱歌的人一代代地传下来；还有一种是从戏剧和说书那里听来的。传播文化、历史就靠我们说书的、唱戏的口传。所以劳动人民不识字，但他懂得历史，懂得忠孝节义，这是文化。评话产生得很早，最早可能到春秋时期了。孔子讲课就是一种评话，传到后来，故事就成了一种戏曲性的东西。开始的时候不是讲故事，是讲知识、讲历史的。

张：两位老师我想再请教一下，1949年以前有一种茶会，对于茶会，你们了解什么？

金：原来光裕社有一个组织叫公所，真正谈生意不在公所而是在茶会里谈，喝茶的时候谈生意也谈艺术，谈行业当中的一些东西。公所里如果有特殊情况，那么公所就会开会、研究啦，解决纠纷。

张：两位老师参加过茶会吗？

金：参加过。茶会是到什么时候结束的呢？50年代，1953、1954年还有，到六几年，五个团全部成立之后这个茶会就没有了。1949年以后有三个方面发生了变化：一个是业务关系变了。怎么个变法呢？本来是由场方请先生，先生跟场方打交道，后来是由团里去跟场方打交道，这是第一变。第二是工资制度的变化，我们说书人之前靠拆帐，没有工资的，一天下来有多少听客就收多少钱。1949年以后成立了团就改成工资（制）了，这是第二个改变。第三个呢，是演出形式改变了，有中篇、短篇、长篇，这时有规定了，你的书最长只能说半个月，说完了就等下一档。业务关系、工资制度和演出形式，三个关系都变了，这是中华人民共和国成立以来六十年的经过。

张：您觉得中华人民共和国成立对评弹有什么影响？

金：当然好了，但是还有不足的地方，我们响档出得少，名艺人出得少，这是最大缺点。

高：现在都有组织，都有劳保。原来是需要你自力更生，只有出了名才能好，这样他才会去努力钻研业务。

金：过去响档的牌子一挂出来就客满，威信很高，到东到西都是客满。所以严雪亭被誉为"评弹皇帝"。还有"弹词皇后"。要达到这个程度是不容易的，跟梅兰芳一样。照说现在的人有这样的条件，条件优越了应该多出点人才，但恰恰没有，这就是美中不足。

余：制度不同，1949年以前是民间艺人，属于私人咯。

张：原来有些普通艺人业务不好，就是所谓的漂档，有时到码头上连回来的盘缠都没有。

金：我们说书的生意漂脱了，没有路费，场方有一种制度，就是要提供帮助的。再一个，当地的同行、道中他们也会帮助。这是一种规矩，路过此地，能帮的还要接济路费，这是行里的规定。场方也有责任的，艺人来了没有做到生意，走的时候船票是要帮他买的，这是光裕社倡导的。过去场方都是不管的，场子里只买票，剩下来的钱分成，至于艺人的生活他们是不管的。但是光裕社的力量强大了，开始与场方协商，他们开始管了。过去和场方打交道，要求他们改善生活，由书场安排食宿，场方也鼓励艺人多动脑筋多创造，现在这些办不到了。

余：原来管吃管接管送，这是规矩。接来了就得负责送走，管吃、管住、管接、管送。

高：艺人第一天到书场时场方要接风，招待得非常好。等到演出结束，场方又要送，吃得也很好。

余：第一天和最后一天都招待得很好。还有一个规矩，书场里面的堂倌，现在叫职工了，他负责冲水、送茶壶，开书之前要来请先生出去，等等，于是最后一天的收入要给他的。

金：比如我在这里说了一个月，最后一天的钱不拿，是给场方职工的，叫"挑签"。这都是光裕社倡导的。光裕社比较倡导道德。比如说打仗了，原来地方上叫"不太平了"。城门关了，规定什么时候出去，什么时候进来。这时候光裕社就要想办法安排艺人的生活，开大锅饭叫大家一起来吃饭。如果人死了没有钱或者没有人给死者买棺材，光裕社要想办法给他买棺材，帮他料理后事。比如说有的同道死在外面演出的码头上，光裕社要派人把他的棺材运回来，这些都是光裕社倡导的。

余：有个叫普善山庄，就是收棺材的。

张：上海有个普善山庄，杜月笙等一些社会名流也会资助的。

金：上海有杜月笙、黄金荣这班人插手，苏州没有的。

余：普善山庄苏州也是有的，苏州方面靠艺人，艺人义演一场，收入全部给这个组织。还有我们苏州光裕社办学堂，子弟可以进去读书，这是光裕社办的，过去光裕社为艺人做了很多事情。

张：我记得原来祝逸亭生了肺病，没有钱，道中都演出捐款，可见光裕社对道德的倡导。

高：还有"描王"，他是我的师伯。

张：我们行内有个三皇祖师，三皇忌辰一年有两次，正月二十四日和十月初八，这两天一般都有什么活动呢？

金：有这样几个活动：第一个活动就是摆一张桌子，把写有前辈艺人名字的牌子拿出来，我们大家给他叩头、鞠躬，要祭他。最早的时候还会把上面那些比较有名的艺人的生活习惯、道德品质念给同道们听，这是一个活动。第二个活动就是收徒弟。

余：第一个规矩就是入会，入光裕社。老师会领着学生向同道们介绍："他是我的学生，姓什么叫什么，以后请你们照顾一下，介绍他到码头上去演出。"以前是这样的。再比如某个艺人要收学徒了，就要"出大道"，摆酒请大家吃一顿，说明他现在可以收学生了，那么他的名字就可以上单独的册子。

金：第三个活动就是光裕社有什么事情要商议，就放在这个时候，因为（平时）光裕社的人都出去演出了，留下来的都是不熟悉情况的，于是借祖师的生日办点公事。

张：两位都参加过祭拜活动吗？

余：我参加过。

金：我是最后一届，1948、1949年就结束了，1949年下来就没有了。光裕社的名称也改了，叫评弹改进协会，加了"改进"两个字，原来是评弹协会，现在是评弹改进协会。

张：原来除了光裕社、润余社、普余社这些组织外，也有一些艺人私底下结拜兄弟，形成联盟的。对于这些，两位老师了解吗？

金：有的，这个有两种情况。一种情况是他们很要好，互相往来。还有一种就是接业务、接场子。比如我们十个人，场方来请我们，我们再拿场子去跟其他人调换，做这些事情。

余：其实还是为了业务，有好的场子我们一起做，一起去演出。

金：比如顾宏伯叫"十弟兄"，夏荷生叫"四十个档"。那时候有"十个档""十弟兄""七煞档"，等等，都是为了业务。做到最高他不肯下来，就要组织起来，那些小弟兄也想跟着沾沾光，于是就组织起来。

余：那个时候有顾家班、张家班，就是顾宏伯和张鸿声。

金：最早的时候不称"顾家班"的，就叫"十弟兄"，后来势力大了，就称顾家班了。

张：原来艺人单干的时候，像1949年以前蒋月泉、"张双档"、严雪亭、徐云志这些人都是收入很高，很有钱的吧？

金：哎呀，我们讲点老实话，原来听起来说他们生意很好，经济情况很好，实际上他们的钞票并不多，这是由他们的生活方式决定的。说书人买汽车的很少。说书人生意再大，他不是（做）工厂，不是做社会生意的，所以他的地位还是低的。但他的生活要求高了，所以经常入不敷出，还是穷。而且家庭里靠他吃饭的人也多，亲戚都要靠他。所以说，也没有多少铜钿咯。响档再响，他们能买一套房子已经是很好的了。

余：1949年以前所谓"赚铜钿"不是靠书场，书场是有限格，（而是）要唱堂会。那时有钱人请他去唱，每天唱一个或一个半钟头。如果是长堂会，收入是比书场多的。社会上有名气的艺人，他的收入是要靠长堂会和做书场一起来的。1949年以后有些情况，就是舞场改成了书场，这个时候（评弹）火了，收入高了。

金：还有一点，说书的做生意亏本的多。像几个响档，比如张庭鉴、李伯康他们，做生意都亏本。因为他们不懂生意，叫别人经手，都被人家利用，说书的不会做生意。

张：谢谢几位老师，我学到了不少东西，下次有机会再向老师们请教。

整理者：张盛满

第六十四讲
我的弹词艺术道路
―― 王鹰访谈录

口述者：王鹰，弹词女演员。

徐培元，王鹰丈夫，徐云志之子。

采访者：张盛满

采访时间：2012年6月24日下午

采访地点：苏州市观前街王鹰宅

王 鹰

王鹰（1937— ），弹词女演员。江苏苏州人。1950年从父王筱春学《落金扇》《白蛇传》《双珠球》，又曾弹唱《秦香莲》。1956年3月加入苏州市人民评弹一团，与徐云志拼档弹唱《三笑》《碧玉簪》《贩马记》《宝莲灯》《合同记》。1958年参加第一届全国曲艺会演，1963年曾赴京演出，1982年赴意大利演出。说表轻松活泼，起《三笑》中二刁脚色颇有特色。擅唱"徐调"，并在实践中吸收"王月香调""翔调"快节奏特点，发展出"快徐调"。1981年调苏州评弹学校任教，后任副校长。

张盛满（以下简称张）：您原来的名字是叫作王瑞芬。

王鹰（以下简称王）：是的，你怎么知道的呀？

张：俞明老师写了一本书是关于您的，叫作《评弹人家》，我拜读了，写得很详细。

王：他写得蛮好的，当时他是苏州市人大（常委会）主任，我是（苏州市）人大常委会委员，我们俩经常在一起开会。他很看重我，对我蛮好的，说我很正派。后来他说要给我写书，我说没什么好写的，他说："这样吧，你有空把你的故事给我讲讲吧。"于是我就跟他瞎聊，他一听觉得很好。大概讲了半个月，我每天到他家里去，当时他住在（苏州市）第一人民医院对面。他很有文采，这本书写得很不错，对苏州的名胜古迹也有描述。这本书在台湾的《大雅》杂志上也连载过，法国的一家报纸也全文刊登了。他写得很详细，但是"文革"期间的事情基本没写，这方面如果要讲的话有很多内容，但是没有写。

张：您父亲叫王筱春。

王：对的，这个你也知道？

张：那本书上都写到了。您跟您父亲出码头的时候还很小吧？

王：那时候还小呢，十四岁的时候，跟我父亲出去的。

张：苏州（市）档案馆有一份1951年的材料，叫作《评弹改进协会会员名册》，我在里面看到了您的名字，登记了您当时的年龄是十六岁。

王：那是虚岁，我1950年跟我父亲出去的时候是十四岁，很苦的。那时候家里很穷，没有饭吃，我们家小孩蛮多的，我父亲养了六个，两个死掉了，当时大家都很穷，看不起病，两个哥哥就这样死了。我是最小的，还有一个姐姐，1949年以前我父亲看到评弹女演员都很苦，经常被人家欺负，没有好结果。当时女演员非常辛苦，出去跑码头时常被一些地主、恶霸欺负，有的被他们看中了，晚上就要来抢人的，于是有的女演员只能坐小船逃回来。这种事情很多，是真的，不是虚构。所以我父亲不让我姐姐学。1949年以后不一样了，没人敢欺负我们评弹演员，特别是女演员了。

张：这些女演员都很漂亮，气质也好。

王：当然，这些演员再怎么样也比农村的女孩要好些，在台上一化妆，比她们要好得多了。

因为知道其中的险恶，1949年以前我父亲不让我学评弹。后来支持我学是因为中华人民共和国成立了，不用担心那些恶霸的骚扰，再加上家里穷，大家都没工作，当时的女同志都没工作的。

张：您母亲叫作潘盘颈，潘姓在苏州其实是个大家族。

王：嗯，她生出来的时候脐带盘在脖子上，所以叫作潘盘颈。1949年以后我父亲就带着我出去演出了，所以我的评弹是跟父亲学的。跟徐老师（徐云志）是1956年的时候了。

张：那时候已经入了苏州评弹团？

王：是的，当时我跟王月香在一起，我们两个在青年演员当中是很红的，就是这个时候红出来的。我跟我父亲学艺时是蛮苦的，那时候学艺不像现在有五年四年的学制，当时学半年就要出师说书了。在艺术上当然不好的，没有本事，苏州人叫"蹩脚"。

张：您原来还做过调丝。

王：嗯，为什么会做这个活呢？当时我们家很穷，从学校念完书回来看见妈妈在调丝就帮她一起做，挣一些钱养家嘛。当时靠我父亲一个人不行，他不是大响档，应该说他一开始是中下水平，后来达到中上，（但）收入有限，要养活一家人不容易啊！我跟着父亲一起学，时间太短真的不行，没有本事人家不要听的呀！跟现在的青年演员比起来，当时连琵琶都弹不流畅。你说半年能学到什么呢？我们学员有的现在五年出来都不会说书呢，当时是没办法要吃饭呀！因为出去演出生意不好，于是我就说我不说书了，太苦了我要回去。但是连回家的钱都没有，只能去问对面书场里的演员借。就这样，我回到家里做其他事体了，（像）刻象棋，我刻象棋很快的。

张：这家刻棋作坊好像是您哥哥开的吧？

王：是的，我哥哥1949年以前在上海证券公司工作，1949年以后这家公司没有了，回到家没有工作了。我们家住在桃花坞，也不大，我哥哥就弄了一个作坊，现在叫小厂，一点点大。象棋是木制的，用机器做。请了一位老师傅刻象棋，我没有工作就在边上看，看着看着就拿了几个他丢掉不要的去弄弄，没想到后来我刻得好嘞，而且很快。我哥哥一看我刻得比老师傅还好，就把那人辞掉了，抢了他的饭碗，于是我就在家里刻象棋了。

我们这一批老的，都有过艰苦的经历。我那时候刻象棋也蛮苦的，刻的时候就这样弓在那里，时间久了胸口就很闷，受不了，想来想去还是唱评弹好。那么本事不够怎么办呢？那就听收音机，当时有一台破收音机，就从收音机里听徐丽仙老师的节目，当时徐丽仙正红得不得了。她唱得很好听，于是我就一面刻棋子一面听，听了就学，很用功。那时拼命要学，因为要生存呀！刻象棋太苦了。这是我偷着学的，父亲不知道。当时刻象棋是我们父女一起弄的，我来刻他负责擦掉象棋上面那种白色的粉末。

张：那您父亲这时候也不说书了？

王：我不出去，他就说不了了。

张：他原来是跟您堂兄拼双档的吧？

王：是啊，他与我拼档以后就跟我堂兄拆开了，堂兄也生气啊，以后也就不跟他搭了，于是我们父女俩就只能刻棋子。那时候我哥哥嫂子也没有工作，就开了这么一个小作坊，养不活我们这点人，家里还有大姐、小哥哥、父母，都要靠刻棋子来生活。真是苦的，就这样我一个人关起门来练，觉得进步了一些之后让我父亲来听，我父亲一听就愣住了，说唱得很不错。他没想到我会这么用功。

张：因为他一开始认为您不愿意学。

王：是啊，之前不想学，原来跟我父亲出去，什么也不懂。我父亲跟我堂兄在外面演出，他喜欢下象棋，散了夜场后就跟老听客下象棋。我堂兄喜欢逛街，于是我只能一个人先回住处。住的地方都是破破烂烂的，怕得嘞，后来吓出病来，得了伤寒。那情形现在还记得，那是农民不用的房子，用来堆柴的，房子又大。从一条弄堂进去有一个衣架，衣架上面挂着一顶破草帽，晚上没有电灯，只有点蜡烛。我一个人害怕，吓得钻进被窝里等他们回来。每天就这么紧张，因为经常听人家讲那些鬼故事，一走进去就觉得有鬼。那时没有灯只有蜡烛，风一吹，就像电影里的那种镜头。进去以后一看，里面就有一张床、一顶草帽，你说怕不怕？因为有这些经历，所以就不想说书了。回来以后就只有刻棋子，但是刻棋子更苦，因为有时候不注意，一刀下去割到手指，那是血淋淋的。那种刀非常锋利，切木头的刀呀！但是为了吃饭也没有办法，当时又没钱，看不起病，就这样滴着血接着做。我们真是吃过苦的，现在讲给他们听他们都不相信。后来我就自己关起门来练评弹，艺术还是要自己下苦功夫的，不能投机取巧。你下一份功夫就有一份本事，我对这个体会是很深的。因为太辛苦，后来生病了，开始咳嗽，胸部感觉到闷、痛。因为人还小，没有发育好，处在发育的阶段又没有吃好，在这样的环境下成长是受到影响的，所以我的个子不高。按照苏州人的说法是南瓜哑掉了，没有长好。

张：据说有的评弹演员练的时候，冬天把手放进冷水里，冻麻了以后再练。

王：这个做法我并不赞成，不一定科学。手冻坏了怎么办？主要还是靠练，你要练得手酸为止，酸了之后又不酸了，这样功夫就出来了。练技法手会酸的，因为五个指头要不停地动，弹到酸的时候不能停下来，咬着牙练，坚持下来以后就不酸了。这是我的体会，不酸以后功夫就出来了。把手放在冷水里面当然也可以，但我认为不是很科学。你放在冷水里面要练得发热，那么手也不会生冻疮了。因为你把手放进去冻僵了，然后拿出来练，一直练到发热，功夫也出来哉，这当然也是一种练法，但是我不叫学生这样练。我认为就是要下苦功，下苦功后肯定有本事出来。这和练嗓子也是一样的，我嗓子的素质也不怎么好，后来就自己练，每天早上天不亮就起来叫

（吊）嗓子，你现在再叫我讲两三个钟头我都不会哑的，习惯了不会感觉到累。

我自己闭门苦练，练好了就跟我父亲出去演出了。当时评弹界有会书的，在每年春节的时候举行会书。于是我跟我父亲两个人参加了这次会书，没想到这一唱就唱出了名，有人就说那个小孩不得了，将来有希望。[1] 他也不说你怎么好，就说你将来肯定有希望。像我们现在看人也是一样的，我一看这个孩子就知道他将来有希望，有的孩子一看，心里就会说："哎哟，你不要学了，学不出来的。"像我们这样一看，基本上就能看出来。就这样我不再刻棋子了，跟着父亲就出去演出。这说明一点，你不下功夫就没有饭吃，这个是万古不变的，所以我跟我的学生也这么讲。我们徐老师（徐云志）也是这样，他不得了，也是苦出来的，比我们还苦。他是从旧社会走过来的，碰到的事情更多，而我们是活在新社会。我在徐老师那里学到的也是勤奋、刻苦、认真，做人要正派。所以你看我，不应该做的事情我从来不做，严格要求自己。我做校长的时候对每个同学都好，不吃他们一粒糖，他们到我家里来送钱送东西我都还给他们。不应该这么做，我们是老师，要为人师表嘛。我对他们说："你们毕业以后赚了钱，到王老师家里来买两个糖买些水果给我吃吃，在我家里吃顿饭，这个我就高兴。"所以学生对我都很好，每年都要来看我。我收学生不收钱的，有些演员收一万两万的拜师金，还要办多少桌酒，这样不合适，学生们向我拜师，我一分钱都不收他们的。他们毕业出来家里的钱都用光了，真的，小孩也蛮辛苦的，我一想到我小时候的苦，看看人家现在也不是家财万贯的人，心里有体会。所以作为一个演员来讲，我跟我的学生说："做人首先是德，然后再是义，你们要跟我，跟着我就要正派，不正派的人不要来找我。"我告诉他们我家里很穷的，什么都没有，就这么一个破房子，还是机械局我爱人单位的。我爱人为我牺牲了许多，要不然他在部队里已经是将军了。他现在从企业里退休，工资也不高，但每年都是先进书记。我自己什么都没有，我做校长的时候一点都没有拿，为老师们去跑房子，我自己却没有。作为一个人，我感觉钱是小事情，俞明看得起我就是因为这些。当时（苏州市）人大常委会开会时，市长、书记都在，我从来不去跟他们多讲什么。俞明就说："我一定要给你写一本书，你这样的演员我从来没有碰到过。"他原来是宣传部部长，演员看得多了，对我很看重的。我也非常尊重他，这位老先生很正派，不正派的人我也不愿意同他交往。

张：您的经历也是很特殊的，走过来不容易。

王：不容易，我在"文革"时差一点死了。

张：朱慧珍也是在那个时候跳楼自杀的，应该是在1969年的时候。

王：我们苏州（评弹）团有好几个，有一个也是在我们团里面上吊自杀的。当时的压力你

---

[1] 此细节可参见另一访谈录《鹰击长空——弹词老艺术家王鹰访谈录》，采访时间：2012年6月23日下午，采访地点：苏州市观前街王鹰宅。本书未收录。

们无法想象。他们斗倒是没怎么斗我,我的压力主要是(来源于)那些"大字报",铺天盖地的"大字报"简直把我说成不是人了。"大字报"说你这个人不是人,跟中央哪个首长发生了什么事情。都是瞎说的,从来没有这种事情,我这种人哪会做这种事情呢?他们还说,是你的婆婆讲的,又说是徐老讲的。当时弄得我们家庭关系很不和睦,那时我是真的想自杀。他们说我跟叶剑英啊,跟北京的郑律成啊……郑律成是一位朝鲜作家,《中国人民解放军进行曲》就是他写的,我们都知道"向前,向前,向前……"这首《中国人民解放军进行曲》,就是他写的。郑律成是朝鲜人,早期在延安参加了革命。郑律成是个声乐家,喜欢听徐老的书,感觉徐老的嗓子很好,甚至称徐老是中国最好的男高音。当时他跟张松如合作,张松如是写诗的,他是作曲的。他们两个跟着我和徐老到码头上去听书,听徐老的唱,感觉徐老的发音很好,是民俗唱法,民间像这种发音(的)不多。郑律成也很欣赏我,还教我唱法,他认为我的发音跟徐老学得很正确。当时郑律成是从中央来的,像这类活动都是我接待的。当时叶剑英来也是我接待的,我后来回到团里也是叶帅叫我回去的。我跟周恩来总理握过手,演出时合影的照片都有。当时很多中央首长到苏州来都由我接待的,基辛格第一次到苏州来也让我第一个去为他演出,他也(是)第一次听评弹。为什么那么多重要活动都让我接待呢?因为当时我是青年演员中比较突出的,在团里面肯吃苦,很用功,思想也进步。另一方面,我又是共青团的干部。由于这些原因,我们团长对我很重视,很多北京、南京来的首长都让我去接待。这些事情到了"文革"不得了了,胡乱歪曲,把我描述成一个坏女人,说我这种人为什么还好好地活着,应该去死。

张:这个时候的舆论压力太大了。

王:太大了!但我爱人好,他就跟我说:"我相信你的。"我跟他交朋友的时候他还在部队,我们交了四年,他一年回来一次。我们都很正派的,因为他是解放军,我们那时候的女青年都喜欢嫁给解放军,他父母也看中了我。

张:听说还是您婆婆做的媒是吧?

王:是的。"文革"发生的这些事也不好怪他们,他们也承受着压力。当时是要打倒"反动学术权威",我公公就这样被囚进去了。我婆婆把我也推了出来,当时真是蛮苦的,把我们家弄得也不和睦。我非常气愤,但是别人会相信的,因为是你家里人说的,家里人会瞎说吗?在这种情形下我怎么还活得下去呢?

张:那您当时还是很坚强的。

王:我当时是很坚强的,但有时也想不开。有一次我在太湖一所疗养院一边上学习班一边疗养,思想上很苦闷。那天我在太湖边上转了几圈,想跳下去。好在有几个同事一直在盯着我,我爱人叮嘱过他们,请他们注意我的行为,说我可能思想会想不开。如果不是这样,我可能就死了。

张：看来您爱人对您是非常支持的。

王：是啊，但是周良不放我走，要不然他不会调回来，我也随军到部队去了。生了孩子后我也没时间带，都是我爱人带的，因为要出码头演出，所以他就带孩子。现在说起来，要不是他我真的死了，不会活在世界上。所以现在人家叫我出去我不出去了，他年纪大了，我欠他的太多，从年轻的时候就欠他的，现在我要照顾他了。他很朴素，你看他穿的衣服，我说你这破裤子不要穿了，但他还是要穿，他在部队的时候每年都是学雷锋标兵。可以说我的事业一半是他的。俞明对他好，每次来了就叫他小弟，他的小名叫小弟。我们评弹团都知道他很好，每天都买花给我，想吃什么他就买什么。我们俩过得蛮好的，互相照顾。他身体不太好，在部队的时候是海军，之前当空军，后来转到了海军。出海的时候在兵舰上吐得嘞，一塌糊涂，血都吐出来了。他的胃不怎么好，所以现在他们叫我出去，我真的不出去，什么地方都不去，我要还他的，我欠他的太多了。原来开会什么的我会出去，现在基本上就不出去了，有时候电视台也请我去，我也不去，年纪也大了嘛。有一次上海东方台要让我去录像，我说现在唱不动了，唱出来也不好听了。

张：蒋云仙老师现在也唱的。

王：蒋云仙老师是单档，不容易，是个女强人，我很佩服她。她的经历坎坷，比我还要坎坷，人非常好的，很善良。我们有时候会说蒋老师没有主意，自己不果断。你别看我小，我有自己的想法，该做的我就做，不该做的我什么都不做，打死也不做。

张：下面有几个问题我想请教您一下？

王：好的，你说。

张：因为我们是做历史的，所以更关注四五十年代这个时段的一些故事，一些片段。

王：我是1949年学的评弹，1950年出来跑码头，到50年代中期有了知名度，我和王月香她们都是50年代起来的。之前的女演员是诸如范雪君这些人，这时候她们都到了一定的年纪。我们出来的这个阶段正好是没有人，女演员不多，所以我们能出头也是碰着一个好的机遇。

张：过去评弹界有一种活动，叫作"茶会"，有时候要吃讲茶。

王：对的！茶会不是吃讲茶，在你刚才去的光裕社就有茶会，叫光裕茶会。茶会是什么呢，就是不在外面演出的评弹演员，每天早上会到茶会上喝茶。喝茶是有目的的。什么目的呢？评弹团没有组建起来以前，到茶会上来接生意。艺人们聚在茶会上闲聊，说我在哪个码头剪书回来了，你来接我的脚，或是我去接你的，就这样的呀！有的是大书，有的是小书，像我父亲跟几个评话演员都有来往的，在茶会上见面了，谈好我下来了他来接我，那么他下来我们去接他，主要是为了业务。吃茶实际上就是沟通信息，也是一个评弹演员活动的场合，一般女的不大吃，都是男的。现在光裕社早上也有人喝茶的，好多老演员都在那里喝茶，不过人也不多了，老的演员很多都过世了。年纪轻的人不大去喝茶的，他们要演出、要赚钱的呀！

张：跑小码头的也少了，现在都是在旅游点唱开篇的多。

王：对的，现在都是这样，以前没有，以前唱堂会。那时候人家做寿了会来请你去唱，唱的全是长篇，演员们是靠长篇吃饭的。现在他们一天只演出一场，我们当时是两场，有的时候甚至是早中晚三场。在乡下码头上，早上农民来喝茶了，有一场早场，中午一场，晚上又是一场。在上海就更多了，当时我跟我公公（徐云志）两个人一天要做五场：四家书场，中午十二点做一个电台，唱一个钟头，到一点钟，书场两点钟开书。

张：在空中书场唱开篇吗？

王：不，说书，我们也是说长篇，唱开篇那还早呢，那是在三四十年代。当时主要是严雪亭啊，他是师兄，还有我公公啊、蒋月泉啊，很多人都在唱电台，唱开篇，当时有个空中书场叫大百万金是吧。等到我出来演出时这些没有了，不唱开篇了，我们都说长篇，1949年之后没有唱开篇的。

张：1950年您走码头的时候跟书场是怎么分成的，是拆帐的吗？

王：卖签子的，就是一根像点蜡烛那样的尖竹头。听客买了签子进来插在这里，到时候嘛就数签子，根据签子的数量来拆帐，有的四六拆，或者五五拆，也有三七拆的。这个主要看书场，如果是好的演员那就不客气了，你书场老板四成我六成。

张：您当时是怎么拆的？

王：我当时不太懂，是我父亲负责的。我出来的时候中华人民共和国已经成立了，基本上不大有这种签子了，那时候卖票的，也有叫筹的，叫书筹，实际上还是竹头。

张：您没有参加过茶会，您父亲应该是参加过的？

王：茶会我也参加过的，不参加茶会不好说书的呀。

张：您出道的时候参加了茶会吗？

王：这些都是我父亲去弄的，我一出道就参加光裕社，参加了光裕社，你就是评弹界的人了。

张：您当时请了客没有？

王：不请的，因为我跟我父亲学的呀，不要出钱的，拜其他人做业师的话要请客的。我住在桃花坞，能走到光裕社，也要来参加活动的，当时会长好像是顾宏伯。我记得这个时候茶会就少了，评弹演员要学习的，就到茶会上去学习。

张：上海评弹界那时候有个学习委员会，简称"学委会"。

王：我们苏州也要学习的，我记得当时跟我父亲两个人走路去光裕社，我们家里穷，没有钱，只能靠走。从我家桃花坞四十中那一带走到光裕社要三刻钟，蛮远的，就在老阊门那个地方。我记得很清楚，等到学习完回家的时候，路上总归要碰到下阵雨。我们的学习大概都是在热天，因为热天没生意咯。每天我就跟着父亲这样走，回家的时候总是要来一场阵雨，我记得深得嘞，躲雨的时候总是在一爿棺材店里面，棺材店的老板认得我的。真是作孽，躲在棺材店里面。这段时期都是大热天去学习，后来参加评弹团就没有了。

张：当时都学了一些什么东西呢？

王：学政治，共产党要学政治的呀，反正是啥运动来哉学的啥东西。大家坐在一起讲讲，学习学习，很自由的。

张：那就是说也可以不去的。

王：基本上要去的，你是会员嘛就要去的。

张：要点名的吗？

王：点名不点，就是一桌一桌，大家坐在一起讲讲，学习学习，也有人会上台讲讲。当时杨作铭他们要上台去讲的，杨作铭和夏玉才他们都是领导，杨作铭当时是评弹团的领导。他不是苏州人，大概是苏北还是什么地方的，不会唱的。夏玉才是安徽人。他们都不会唱，因为不是苏州人，不容易的，但他们写东西写得蛮好。老杨跟我关系好，后来我当（苏州）评弹学校校长还是夏玉才培养的呢，他是书记，我当时去做老师。周良同志很欣赏我，跟他讲了，以后让我做校长。

张：其实主要还是看人，看你这个人踏不踏实，会不会做事。

王：嗯，周良就是喜欢老实人，肯干肯吃苦不爱钱的人。

张：淡泊名利。

王：对！我们跟周良同志出差，连出差费都没有。我们开玩笑说："跟你出来真是苦啊，一个钱都没有。"但是只要他一开口，我们都愿意，不拿钱也愿意。因为他人好。他为什么呢，都是为我们呀。他是离休干部，生活很舒适的，他干嘛还要给你们写这么多东西呢？你们都是评弹演员，干他什么事情呢？但是他还是那么努力，我们真的要向他学习，我真的佩服他，只要他开口，我什么事情都肯做。还有钱璎，这位老太太真好，她是做苏昆的，她爱苏昆就像周良爱评弹一样。这样的局长太好了，很难遇到的。我有一次身体不太好，钱璎同志知道了还到家里来看我。当时我儿子、孙子都住在这里，她看到之后说："王鹰啊，你怎么住这么一点地方呢？你早一点说啊！"我说我没有想到要说。

张：她知道您也不追求这些东西。

王：我从来不讲要什么，她说："我现在跟你讲，对不起你。"我说："不要紧，你退下来了，没人听你的了。"钱婴人真好，她不明白我的处境怎么会这样，就问我："你们这么一家人住在这么一点点的地方，评弹演员家里都好得嘞，你怎么就弄得这样子？"我对她说："我已经感觉很满意了，我们两个人住，自己弄得干干净净。"我有一个儿子在上海，还有一个在苏州。上海的儿子是做生意的，我们不去打扰他们，有空他们会打打电话来。小儿子嘛，我要贴一点钱，他在外面租房住，因为我没有房子给他，他自己有小孩，现在的年轻人不好赚钱。我们两个的退休工资也用不完，就拿一部分给他。我们过得蛮好，现在的生活比以前好了很多，我的心态也很好，很满足的。共产党给我这么多钱，让我活得很好，就是现在不怎么做了，要看好老头了。

张：我再请教您一些问题。这个茶会在1949年以后还有没有呢？

王：有的啊，现在还有。

张：在50年代的时候有没有？

王：有的啊，都有的，一直到评弹团成立，这个茶会都有的，现在光裕社那边还是有茶会的。不过我们入了团之后就不到茶会上去了，去的都是单干艺人。现在单干艺人还在那里喝茶，还有一些外地来的演员，他们习惯了，早上要到光裕社去喝茶。现在光裕社那里你想喝茶就去喝茶，是由评弹团请客的，不要钱。你就泡杯茶喝喝，坐着交流交流评弹的事情啊！王公企每天都在那儿，他对评弹很熟悉的。

张：四五十年代，评弹界除了有光裕社这个组织以外呢，也有人会结成一些私人的团体，比如说"四响档""七煞档"什么的。

王：那个时候早了，当时还没有成立团呢。上海的"七煞档"嘛，蒋月泉、唐耿良、张鉴庭、张鉴国他们一批人。

张："七煞档"是怎么出来的呢？

王：其实就是互相介绍生意，也形成了一种力量。我们师父没有加入"七煞档"。"七煞档"早嘞！具体情况我也不太清楚，我出来的时候"七煞档"已经没有了。后来上海成立了评弹团，苏州也成立评弹团，苏州有几个团的嘞！一团、两（二）团、三团、百花团、火箭团，苏州有五个团。

张：上海也有很多团的。

王：上海嘛，长征团、星火团、东方团、上海团。

王鹰演出照

张：实验团、江南团，当时杨子江好像是星火团的。

王：杨子江参加了评弹团嘛，他吃官司的呀！

张：他很喜欢说，而且敢说。

王：有本事！我是很佩服他的。但是他有一个最大的缺点，就是太高傲。实际上我跟他关系非常好的，为什么呢？我当时有一个目的，想做他的思想工作，叫他把评话艺术总结出来。比如我们老一辈的说评话，嗓子都叫哑了，他也说评话，但他的嗓子怎么会这么好？他不是用老先生的方法来说现代书。我感觉到这位老先生是有本事的，他写的书也非常好，像《潘汉年》《邓小平》《康熙》。我做校长的时候把他请到学校去上课，但是当时争议很多，于是我就去找俞明，我说："俞主任，你跟我去听杨子江的书。"实际上我是叫他去给我撑腰，我胆子小，怕出什么问题。杨子江的那一回书说得非常好。

张：当时是说的什么书？

王：说的《康熙》，这个书说得真好。

张：他是怎么个好法，噱头好还是什么好？

王：（他）不是叫破了嗓子说。（他的）嗓子很厚，评话就是要用这种方法。我们学校有一位叫王池良的，是现在青年演员中评话说得最好的。他在学校用的名字是王金福，当时我就跟他说："王金福，你去听听杨子江的书，一定要去听，好好地学。"他去听了，听了之后他的说表有了改变。所以这个孩子现在很不错，嗓子又好。说大书呢，就是不要把嗓子叫破了，哑得嘞，难听得要死。为什么要这样呢？评话演员里哪个嗓子好呢？唐耿良好的，唐耿良说评话的方法跟杨子江的差不多，这是我的感觉噢。

张：张鸿声也说得不错。

王：张鸿声不同，他是用说传统书的方法。我当时做杨子江的思想工作，想叫他带学生，请他搞评话班。他不听我的，我说："杨老师，我很佩服你，你有真本事，人家都喜欢你的书，但是你不要骂人。"他要骂的，他骂领导人，乱骂的呀！在台上他跟谁有什么矛盾的话他就要骂，骂起来的确是很厉害。他跟周良同志不太对路，因为他骂得太厉害，苏州后来也不让他来演出了。

徐培元（以下简称徐）：我也来说一说杨子江这个人，我不大听评弹的，退休以后第一次听他讲《潘汉年》，连续听了一个月，后来又在电台里听了他的一些节目，我觉得这个人很有水平。

张：他的文化水平也很高。

徐：大学生，文化水平高，创作能力强。作为一般听众，我听了以后有一些想法，当然我的讲法不一定对啊！我觉得评弹界对他不是很公正，对他的评价也不客观。首先你没有推广他，也要对他做些总结。总结什么呢？一方面，他能创作那么多现代书，这个就要总结一下，对吧？他创作现代书，而且在表演模式上跟那些说评话的老艺人不一样，像电视剧一样，话剧不像话剧，很容易让人接受。他不像其他人讲现代书，还用老的方法。这方面我们对他没有好好地总结。当然他自己也有问题。这个人呢，已经过世了啊，应该总结一下，对评弹事业是有好处的。

张：是的，这个要撇开看，你不能只关注他的性格，他的艺术（也）要分出来看。

王：这就对了。

徐：还有一个，我不太了解，是听说的。杨子江自己被打成"右派"，就从书里面来发泄。从我们的角度来看是可以理解的，过去极"左"的时候这些人受了伤害，但是他也不应该用这些书来发泄。杨子江是有毛病，但是我们应该总结他的好东西。你看现在的评弹，花了那么大的力气，创作也没搞好。有些人是专门搞创作的，他也没拿出什么好东西出来啊！（苏州市）文化局有专门的创作班子，但是到现在（还）没有看到什么东西。当然，这些是我听别人讲的，对评弹界的事我不了解。那么反过来看看杨子江就不简单了，我们要学他的这种创作精神，一个人应该一分为二。不过很可惜，这个人物已经过世了。

王：可惜！这位老先生我做了他好长时间的工作，有的时候他在这里演出我还做东西给他吃，主要是想感动他，实际上也是为了评弹事业啊！因为当时我是学校的校长，（我想看）看是不是能让他带一批青年演员。杨子江的爱人也是一个大学生，非常好，我去送菜时她抱着我感动得流眼泪，她说："王老师啊，没有人像你这样真心诚意地跟他讲。他就是不听，他不肯听人家的话。"现在想想，杨子江要是肯听的话多好。

张：他也是太有个性了。

王：对的，个性太强了，就是不听话呀！

徐：我插一句啊！他骄傲，看不起人家，这是他的毛病，也是因为他有本事，比人家高明，所以才看不起人家。

王：这是他的性格，看不起其他人。他每次来演出我都会去看他，当时我也叫王池良放弃一档生意去听他的书，王池良去听了。听了以后真的进步很大，我们就觉得王池良的书变了，嗓子也好了，他向杨子江学了很多东西。王池良很聪明，现在江浙沪属他说得最好。我们没有把杨子江的东西抢救下来，这让我感到很遗憾也非常可惜，他的方式用来说新书非常好。我们以后都要说新书的，要两条腿走路，不能老说传统书，传统的东西现在没有人听了。杨子江的书到处客满，到什么地方都是客满。他说得是好，但是也有人听了以后出来骂山门的，说他真书没有，老是骂人。

张：您对范雪君熟不熟悉？

王：不太熟悉，见过她的照片，我在收音机里好像听过她的唱。

张：40年代她很火的。

王：火！当时女演员少啊！所以我们这一班人出来算是碰到了好机遇，我跟王月香、余红仙还有上海团的陆燕华、薛惠君——薛惠君是薛筱卿的女儿，那时我们出来是蛮红的。还在50年代中期，我们到上海唱过，红得不得了，我们这批人也就这么窜出来了。苏州主要是我跟王月香两个人，杨乃珍比我们晚，是后面出来的，她出来不久就到南京去了，去了之后基本就不说书了。我跟徐老当时也被调到了南京，到南京之后为什么会回来呢？到南京去以后基本就没什么演出了，有的话也就是招待演出，招待那些中央和省里来的首长。有些人不像原来那些老的首长那样正派，有时候要陪他们跳舞。那么我呢，是不会跳舞的。

张：那时候应该是在50年代的时候吧？

王：我想大概是在50年代末吧。我就说我是古董，不喜欢跟男同志抱在一起跳舞。我跟老先生说不想待在这里，这里演出也没有演出，他们跳舞我只能逃到房间里去，这样的日子也不好过。后来徐老就向上面提出来要回苏州，就这样我们逃回来了。你说，在那里不演出，光跳舞有什么意思呢？逃回来之后我们就说长篇，这多好啊！不逃回来我也留在南京了。但是我知道，我不是来和首长们跳舞的，不管你们是什么样的首长。我是来说书的呀！（对）这个我脑子是很清楚的。像陈云、叶帅他们多正派，从来不叫我们跳舞，我去了就演出给他们听。你不能这样对演员，要尊重演员。当然跳舞也是可以的，但不能把我们调过去专门跳舞，这怎么行呢？所以南京那边没什么演出的，杨乃珍去了以后基本上不演出了，这不是害了自己吗？像我这样，还可以把《三笑》传下去。评弹就是要在书场里面演出，不应该不说书老是去唱开篇，我是这么对学生说的，所以我的两个学生还是一年到头在外面演出。

张：下面能不能请您谈谈那些响档在四五十年代的生活状况？

王：我只能谈我老师，其他人我不太清楚。我老师出名比蒋月泉还早，跟周玉泉、张鸿声他们是一班的，大概比唐耿良还要早一点。我师父、吴子安、张鸿声、姚荫梅、周玉泉，他们是同一批人。严雪亭是我老师的学生，和蒋月泉算是同一代的，比我老师要晚一代。严雪亭是我师兄，是徐老最大的学生，我是最小的。我是在1956年的时候跟徐老拼双档的，当时也没有拜他为师，因为我是跟我父亲学的嘛！后来徐老提出来要收我做徒弟，他挺喜欢我，我跟他搭档时他很得心应手，他跟另外几位女演员搭过档，都不舒服。徐老跟我搭档以后他的孙子徐林达也说："爷爷跟王鹰娘娘拼了双档以后又是一个飞跃。"我师父这个人一心说书，其他什么也不问，什么都不懂，也不懂政治，就是说书。我跟他接触之后，感觉这位老先生不容易，非常用功。实际上他二十一岁就创造出了"徐调",40年代就很红了。严雪亭是在徐老的基础上(创造自己的流派的),蒋月泉是在周玉泉的调子上弄出来的。但是"徐调"是自创的,他的调子之前(是)没有(的)。你听他的调子,很长很长的一句,他是自己听了苏州小调(之后)领会出来的。这些内容在周良同志的书里都写到过,真的不容易。他没有什么想法,就是一心、一生为艺术。但徐老在思想上还是很进步的,中华人民共和国刚成立他就让他的两个儿子参军了。

张:我记得当时徐老应该是在上海,是吧?

王:在上海。大响档都在上海,留在苏州的不是真正的大响档。像张鸿声、姚荫梅、张鉴庭、张鉴国这些人物都在上海。上海是出人的地方,我们也是在上海演出才红起来的。

张:唐耿良先生曾经说过,在常熟、无锡这些码头上响了,只能叫码头响档,不能算大响档,只有在上海打响了,才能叫真正的响档。

王:对的,常熟是第一码头,我也是从常熟唱起的,然后到无锡。常熟和无锡彼此关联,互通声气。经常是常熟有一档好书,他们就会告诉无锡,让无锡接过去。我们就是在常熟演出结束后到的无锡,无锡听众非常欢迎。以后到上海,这几个地方都是有联系的,上海书场跟无锡方面也都有联系。其他地方红出来以后再回到苏州,苏州的听众不好弄,评弹演员要想在苏州红起来是不容易的。老听众很厉害,都是老耳朵。上海人好弄,上海人对演员捧起来很热情的,现在也是这样。

张:上海有一种海派因素,他们重唱,不太重视说表。

王:他们这些响档都是有流派的,严雪亭的"严调"、蒋月泉的"蒋调"、张鉴庭的"张调"、徐云志的"徐调"、周玉泉的"周调",等等,还有徐丽仙的"丽调"、"沈薛档"薛筱卿的"薛调",都是流派。

张:您觉得评弹最辉煌的时候是在1949年以前还是在1949年以后呢?

王:1949年以前我不太清楚,1949年以后我们这一批人出来的时候是最辉煌的。我1955年去上海,那是轰动得不得了。我告诉你,当时那个书场就是舞厅,上海的舞厅都变成了书场。这个舞厅比原来"双出百"的书场要好得多。这些书场也就是两百个听众,舞厅是一千多个人,最少是七百多。当时上海的仙乐书场、大沪书场、西藏书场,还有米高梅书场,米高梅就在仙乐隔壁,全是九百个、一千个位子咯。还有人民公园对面的大沪书场,我们就在那里演出。这里就是舞厅,大得嘞,不得了。台子的对面就是大镜子,你坐在那里都能看见自己。当时演员演出不像现在是从背后走出来的,大部分都是从台下走上去的。我们从台下走上去时要穿过听众,听众就跟着你拍手,从台上下来的时候他们又跟着你拍手,一直跟到休息室,他们要是喜欢你的话就是这么热情。甚至我这里的书结束后要转下一个书场,他们就跟出来,有的坐三轮车,有的骑摩托车，都是年轻的小伙子。当时中华人民共和国成立的时间也不长，上海还是有很多有钱人的。这些听客就是跟来跟去听你的书，给你送花篮。我演出出来的时候感觉不得了，送给我的花篮都堆满了，这个场面我之前是从来没有看到过的。

张：苏州没有？

王：苏州没有的，苏州书场最多坐三四百人，没有这么轰动的场面。上海这种轰动的场面是真的不得了，我是有亲身体会的。当时演出以后有人打电话来，说："王小姐啊，请你喝咖啡啊！"这时我跟王月香在一起，我父亲也在。他不允许我听电话，管得很紧，所以我们没有堕落，要是没人管的话是很危险的。徐丽仙有两个学生，一个叫程丽秋，一个叫包丽芳。这两个人很好的，当时出来的时候也蛮红，后来走了下坡路，就是给这些人拖下了水，甚至还自杀。当时我父亲管得很紧，有电话来的时候我父亲就说："王鹰的电话不许接，就我接。"由他来接电话。所以我不出去，就住在大沪书场里。有意思的是，你不接电话他们就给你写信，这种信是多得不得了。都是一些痴迷你的人，年轻人、大学生也很多。约你到人民公园，约你到这里，到那里，还说："我手里拿个报纸，你来看我，我在哪个地方。"非常有趣。当时我不出去的，王月香快要生孩子了，所以也不大出去。这是50年代中期的时候，当时我感觉评弹兴旺得不得了。那时说的以中篇居多，我们小组到上海去都是演中篇。我们说《春香传》《红楼梦》《白蛇传》《天仙配》，都是传统书。

张：中篇还是传统的多？

王：现代的不多，都是传统的，二类的比较多。当时我们这批小青年在上海轰动得不得了，上海（评弹）团当时也感觉到了，知道苏州来了一批很好的青年演员。所以我感觉50年代的评弹还是很兴旺的。

张：评弹到什么时候开始走下坡路的？

王："文革"的时候就没有了，那时候不许唱评弹了。还有就是中华人民共和国成立以后"打老虎"，"三反""五反"时期，这些时候生意都不好。"文革"以后又兴盛起来了，有一个阶段好得不得了，因为听众很久没有听评弹了。1966年的时候我们就基本停下来不演出了，1970年到灯泡厂劳动。我到过灵岩山，上面有个收租园展览厅，我在那里做讲解，和山上的和尚们一起待了两年，后来就到了灯泡厂。苏州文艺界的人都在灯泡厂，一些有名气的演员基本都在这里。像我们徐老，年纪大了，很多事情又不会做，就让他在评弹团里冲冲水、看看门。年轻一点的演员，比如沪剧、京剧、越剧、锡剧、评弹（的演员），都在灯泡厂。这一段时期演员们都在做工人，一直到了1977年才回去的。我记得我是1977年11月1日回去的。

张：记得这么清楚啊？

王：这个我忘记不了。10月31日周良同志通知我到无锡小箕山去为首长演出，首长是叶剑英，叶帅，我当时以为是陈云呢。当时周良来找我，我已经不会唱了呀！那个时候我已经不想说书了，就当工人。周良跟我说了之后我非常着急，因为荒废得太久了，但后来还是跟着他去了。唱得真的不好，叶帅听完以后却拍手说好。他还叫我过去问道："王鹰啊，你还好啊？"我能说什么呢？当时真的有种想哭的感觉，周良在边上我又不敢多讲什么，我就说："好的。"

张：叶剑英不是苏州人，他是广东人，能听懂评弹也不简单啊！

王：他第一次听评弹就是我的《宫怨》，我公公是唱《狸猫换太子》的。这是我们两人第一次跟叶帅接触，后来就经常为他演出了。"文革"之后也是叶帅叫我回评弹团的。

张：当时中央有几位是喜欢听书的，陈云、叶剑英、周恩来。

王：周恩来不大听的，我们当时到北京人民大会堂演出时他听的。那时候说的都是新书，我说《红色种子》，他听的新书比较多。

张：他经常会去上海，到了上海就要听评弹。

王：这个我就不知道了。我们是1963年到人民大会堂演出，他来听了三次。他很尊重演员，爱笑，认认真真地听。像陈云这些首长真好，我们去为他演出，吃饭都是他掏钱，不用国家的钱。

张：刚才提到了徐老的生活问题，当时很多响档开汽车，也有买摩托车的，生活都很奢侈。

王：徐老不会，他坐三轮车。（他）就是喜欢吃，他爱人经常烧各式各样的东西给他吃。徐老喜欢美食，爱吃水果，半夜也要吃什么东西的。他就是喜欢吃，别的没什么爱好。徐老很正派，老老实实，一门心思钻研艺术。他跟三轮车夫的关系都很好，像朋友一样。有时候他要到苏州来，就提前给三轮车夫写一封信，叫车夫什么时候到车站去接他。我们演出的时候也是这位三轮车夫接送的。另外，他对剃头师傅很好；到松鹤楼吃早面，跟人家的关系也很好；去洗澡，跟澡堂的师傅也很好。这些人都是他的好朋友，徐老脾气好，总是笑眯眯的，所以他在"文革"中没有吃到大苦头。

张：徐老后来到上海，心情也不是怎么好。

王：他在上海的时候身体不好，工资也低，只有六十块钱。他喜欢吃，收入不够，怎么办呢？我和我爱人就开始计划，我的六十块钱寄给他们，我爱人的七十块钱留着自己生活。那时他们在帮我带孩子，工资低身体又不好，这样心情肯定不会好的。徐老没有钱就去借，他去世的时候借了好多钱，在苏州也借了不少，是我给他还的。就只有我们照顾他，他还有很多的女儿、儿子都不管他，徐老的子女很多。因为徐老跟我拼双档，所以就在我们这里生活。我跟他们在"文革"期间有一些矛盾，但后来没有了，反正徐老的生活我们都负担的。他关在"牛棚"的时候我送菜给他，还给他送香烟，他当时是跟周良他们关在一起的。当然，我也有对他不好的地方，有一次他想回来住，但是我不让他回来。为什么？因为当初我也给他弄得很苦，对他们有意见，这是"文革"时期的事情了，除此之外我在生活上还是很照顾他的。

他生活也蛮苦，六十块钱怎么够花呢？他吃习惯了。他要吃鸡、吃虾仁，后来不能吃了，没有办法，他的习惯也改掉了。他也没等到出头，落实政策时他已经过世了。他七十八岁过世的时候"文革"基本结束了。当时他住在医院里，落实政策他不知道。落实政策是要补钱的，他也不知道，补了几千块钱。那时我爱人在照顾他，他排便都排在身上，我爱人有时候用手帮他弄出来，人到一定年龄了就是这样。他没有看到光明就去世了，太可惜了。要是补了钱，让他看到光明，那他还可以享享福，但他的晚年蛮苦。当时我们住的地方很挤，在灯泡厂工作时又生了小儿子，母亲也要住在我们那里，家里这么多人，四个人挤在十五平方米的房间里，所以没办法再让他住在我们家里。他后来在学生家里住了一段时间。不是我们不管他，是没有办法，不能照顾他，我能顾这个家已经不容易了。当然，人家可能对我有一点看法，说我没有让他在家里住，这也不能怪人家，当时真的是没有办法住，只有躺在地板上啊！他的学生蛮好，把他接过去住了一段时间。但是我经常过去看他，为他烧菜。没有办法，"文革"时就是这样苦的。

张：1951年的时候"镇压反革命"，当时钱景章是普余社的社长，关于钱景章，您知道些什么？

王：这个时候我还不太懂事，他被枪毙了的。我没有看到过钱景章，只是听说过，因为蒋云仙是他的学生，刘美仙、徐丽仙、曹醉仙，等等，总归蛮多仙的嘞！他收了很多学生，都是女的。听说他有问题，不然怎么会（被）枪毙呢？总归是对女学生不太好了。他是评弹一霸，评霸，1949年以前就是霸头。因为评弹界的情况比较复杂，所以我父亲不让我学评弹。他是戏霸，对学生不会好的，听说女学生们都吃过他的苦。徐老从来不骂学生，很和气，教学生的时候也不是一本正经地教，他用一种启发式的方法让你自愿去提高，让你感觉到他好，一定要与他配合得好。所以我现在教学生也是这样，学生对我也都很好。

张：原来评弹界有个活动每年两次，叫作"三皇忌辰"，这个您知道吗？

王：哦，三皇菩萨，三皇祖师，就在光裕社里。光裕社要拜三皇祖师咯，到了一定时间就要拜三皇祖师。不过我没有参加过，因为我不大相信迷信（的东西），听说要拜三皇祖师的时候一般都是他们去拜，我不去的。

张：现在还有吗？

王：现在没有了，光裕社上面有石碑，记载了一些事情，但是这个我不大懂。我不到光裕社去喝茶，因为不习惯跟他们在一起喝。我原来做（苏州市）曲协主席的时候会去看看老艺人，送点东西给他们，九月九重阳节的时候买一些东西送给他们。

张：中华人民共和国成立初期，杨振言出过一个事情，您知道吗？

王：不知道。

张：他被关起来了。

王：关起来过的呀？黄异庵嘛，吃官司咯，黄异庵吃官司我倒知道，他是"反右"的时候（吃官司的）。

张：他被送到青海去了，当时有个光裕书场事件。

王：就是龚华声他们闹出来的，这个我听说了，但没有参加。光裕事件牵扯到了黄异庵，除他之外还有几个嘞！

张：中华人民共和国成立以后，您自己有什么感觉？

王：中华人民共和国成立以后我感觉蛮好的，我跟着父亲一门心思学说书，学得不好的时候就不想学了，在家里刻棋子。后来体会到了刻棋子的辛苦，就一门心思学说书了。另一方面，我的思想很进步，我有个哥哥是大学生，给我看了很多书。当时我一面学艺，一面在政治上要求进步。所以我很早就参加共青团了，我是共青团的干部。我也没有出去跟人家交朋友，规规矩矩、老老实实，是个乖小孩。

张：原来评弹演员穿的是什么衣服？

王：主要是以长衫、旗袍为主。我有的时候会穿衬衫，但是我的衣服跟人家不一样，比如我说《白蛇传》的《哭塔》时，就穿白色的衣服，很漂亮的。有时候穿羊毛衫，很漂亮的羊毛衫，是自己做的，当时我年纪小，穿旗袍不好看。后来，跟徐老拼档以后就开始穿旗袍了，因为徐老在上海见的大场面多，我当时还是个小孩子，穿旗袍不好看，跟徐老拼档后基本就穿旗袍了。评弹演员应该穿旗袍的，旗袍在台上比较庄重，好看！像我穿的都是丝绒的旗袍。

张：据我所知，有一段时间艺人改穿服装，到了1949年末，50年代的时候，开始穿人民装，跟着时代走，要求进步。

王：对对，那是有的，男的穿人民装，女的穿短袄、裤子。像我们刚道时就穿短袄、裤子，不穿旗袍，也买不起。当时大家都想进步，我也穿过列宁装。

张：那时候是上面有要求呢，还是自己自觉穿的？

王：都是自己自愿的，我们的衣服都是自己的。上面没要求，你想穿什么就穿什么，现在也是这样的。不过我想还是应该穿旗袍，比如我到意大利去演出，旗袍一出来，他们就拍手。"文革"时我们不敢穿旗袍，就把旗袍都拆了，高跟鞋都敲掉了。

张：很抱歉，打扰了您这么久，很感谢您接受我的采访。

王：不用谢的，你们也是为了弘扬评弹事业呀，以后有空常来坐坐。

整理者：张盛满

第六十五讲

1949年前后的评弹生存状态
——老听客的集体访谈

口述者：任康龄、金秉刚、赵兵、陈永男、吴德安、

周克敏、秦国屏

采访者：张盛满

采访时间：2012年6月25日下午

采访地点：苏州市玉兰新村54幢306室

任康龄

（其余人员略）

任康龄（1930— ），苏州评弹收藏鉴赏协会会长。1987年，任康龄开始收藏评弹资料，涉及评弹的录音带、录像带、书刊以及评弹名家的照片、签名等。收集到的各种评弹磁带、光盘累计可以播放八千多个小时。2002年，任康龄参与了中国评弹网的建设，是中国评弹网的版主，担负起采编等工作。

金秉刚（1931— ），原供职于苏州某研究所，从事机床工作，现苏州评弹收藏鉴赏协会理事。

赵　兵（1935— ），原苏州阀门厂化验员。

陈永男（1943— ），原苏州阀门厂机械工。

吴德安（1934— ），原苏州某中学校长。

周克敏（1945— ），原苏州纺织机械厂钳工。

秦国屏（1932— ），原上海江南造船厂党委办公室秘书。

以上均为苏州评弹收藏鉴赏协会理事。

任康龄（以下简称任）：这次请大家来谈一谈1949年前后评弹的情况，他（张盛满）会提出一些问题。现在就开始，争取在四点半以前结束。

张盛满（以下简称张）：首先感谢任老师为我提供了这样一个向诸位老师学习的机会。下面我就直奔主题，向诸位提几个问题。从1949年前后评弹的情况来看，包括艺人的数量、书场的数量、评弹兴隆的程度，等等，各位老师觉得评弹的生存状况是1949年以前好呢，还是1949年以后评弹更兴盛了？

吴德安（以下简称吴）：我感觉中华人民共和国成立初期比1949年以前好，因为之前经济萧条，市场不繁荣，1949年以后经济复苏，市场也繁荣了。我家住在东中市，东市街从东到西有好几家书场。

陈永男（以下简称陈）：就是从人民路到阊门，这一条街上连头到尾有七八家书场。

吴：这条路很短的。

任：这条马路大概八百公尺（八百米）吧。

吴：这时候早场跟夜场都弄的，后来有一段时期评弹开始不行了呢，就是"斩尾巴"以后了，第一次"斩尾巴"的时候业务就下来了。

金秉刚（以下简称金）：那时候不叫"斩尾巴"，叫说新书，张国良的《三国》就是那个时候不准说的。

吴：第一次"斩"得厉害，所以后来书场就慢慢少了。把老的东西都"斩"掉了，老听客不喜欢听了，他们接受不了新的东西，所以听书的人好像少了。但是在这个年代名家辈出，1950年的时候（评弹的繁荣）成形了。

张：40年代的时候也有张鉴庭他们"七进上海滩"，最后站稳了脚跟。

吴：那个时候没中华人民共和国成立初期兴隆，中华人民共和国成立初期兴（隆）得不得了。

赵兵（以下简称赵）：中华人民共和国成立初期为什么书场特别兴盛呢？因为不准跳舞了，舞厅停业。舞厅都是非常大的，本来书场都是（容纳）一百来号人，（能容纳）一百几十个人就算大书场了，一般书场就是（容纳）几十个人。舞厅不许跳舞，那些舞女也转业了，那么舞厅就拿来开书场，这种书场能容八百到一千人，都是大的书场。这时正是评弹最兴旺的时候，听客也多了。那时演员一多，书场里的花色档也多了。本来就是一档演到头，现在出现了四档、三档，独档很少了。大家都去演，因为书场大嘛，人多，拆帐时人家还能多拿些钱。同样是三分钱一张票，一百个人也是一场，一千个人也是一场，他分的金额就大了，所以几档可以一起做，独档的话那钱更不得了了。一般排档次的时候大书和小书都插在一起，一档小书之后是一档大书，一般都是这样安排的，不会三档都是小书或者三档都是大书。

张：当时苏州也有很多舞厅吗？

赵：苏州也有舞厅。

吴：苏州舞厅少。

赵：我们都是听客，真正了解情况的是那些老艺人，他们都是经历过来的，我们就是听一些传闻。到底是不是真的繁荣我们也不是最清楚的。

张：赵老师原来是做什么工作的？

赵：我原来是（在）阀门厂的，在化验室里搞化学分析。吴老师是中学校长，教物理。

张：陈老师是做什么工作的？

陈：我也是（在）阀门厂的，原来做机械加工。

张：金老师原来是做什么工作的？

金：我退休之前在一家研究所做机床研究。

赵：周（周克敏）老师在纺织机械厂做技工，钳工。

陈：科学技术发展以后，有音、有词，我们就开始收集评弹的东西了。

张：各位从小开始听评弹也到书场去的，应该1949年以前还小吧。

吴：我读初中了。

张：1949年以前这些艺人在演出的时候穿什么样的衣服？

赵：长衫，这是肯定的。男的长衫，女的旗袍，也有个别不穿旗袍的。为什么呢？她也赶时髦，穿当时流行的衣服，但主要还是旗袍。

张：那么到了1949年以后，他们在服饰上面有什么变化吗？

吴：没有什么变化，1949年哪有什么变化呢。

赵：我讲的变化是上海市人民评弹工作团成立以后，这时艺人参加了国营团，已经不是个体了，当时（是）发工作服的。就是灰布的中山装，跟新四军的服装一样。上海（评弹）团开始以后，苏州（评弹）团也有了。那时有一个阶段不穿长衫了，就穿这个上台。

任：穿这个衣服表明他的思想很进步。

吴：最早说书要把戴的眼镜放下来，也不戴手表的，服装上的变化是"四响档"到香港去了以后开始的。

赵：不穿长衫是在什么时候呢，夏天。夏天穿短衫。比如有人穿对襟的香烟纱，那时候也算是一种流行，说大书的艺人穿上了出汗也没关系。

任：周玉泉穿的是夏布长衫，很凉爽的。

赵：穿竹衣，可以防止演员出汗以后衣服粘在里面。

任：因为衣服一出汗下次就不好穿了，如果里面穿竹衣的话，汗就往旁边流了。

赵：他们腰里面系一条干的毛巾，汗淌下去都落在毛巾上面。

任：艺人下台以后就把衣服晾起来，要不然这衣服水都能绞得出来。

赵：那时候没有空调，有电风扇已经了不起了。

任：说书人就是这样，只有一件好些的衣服，湿了下次就不能穿了。

张：我记得1949年的时候，蒋月泉说过一句话，他说现在中华人民共和国成立了，共产党都讲求朴素，他们那时都穿派力司，他说这种布料太奢侈，是不是大家都换成土布的？

赵：这样就换成了灰布中山装了。

任：有一些演员，这些衣料是反映他身价的。

吴：这个薄得很，但却是毛料。

陈：这个体现了说书先生的身价。

吴：派力司、凡立丁。

赵：这两种毛料比较薄，夏天穿的。

陈：一看衣服就知道了他是赚大钱的，是个"角儿"。

张：我们看材料，最早穿人民装的还是一些女说书，为什么呢？我后来想想是不是这些女说书对服装比较敏感？

赵：不是，实际上是同时的，（上海市）人民评弹工作团成立以后排了一个中篇《一定要把淮河修好》，上台都是这种衣服。这是工作服，每人发一套，第一档是这种衣服，第二档、第三档也是这样的衣服。上海（评弹）团一开始，其他（评弹）团就跟风了，那时这种服装很便宜的。当时毛货都是价钱贵的，这种东西很便宜。这时物质也不缺乏，但艺人感到共产党是艰苦朴素的，且自己现在的艺术不再是供资产阶级享受的了，是演给工农兵看的。他们觉得穿上人民装让自己跟工农兵接近了。

吴：其实最早就是上海（评弹）团几个名家先穿的，后来才有跟风的。

赵：苏州（评弹）团也有几个大响档，比如周玉泉、徐云志，都是很响的响档。徐云志是

"徐派"的创造者，周玉泉是蒋月泉的老师，都是赫赫有名的。

张：1949年以前苏州有一个很有名的普余社，不知诸位听过没有？

吴：普余社就是钱景章啊，他的班子里都有女的。评弹本来没有女档的，从他这里开始有了。

张：对钱景章诸位了解多少？

吴：我读中学的时候他被枪毙了，当时是"镇压反革命"。

赵：他参加过反动组织，据说家里也有枪。1949年以后他是一个书霸，名声很大。当时是讲政治成分的，他的成分不好。中华人民共和国刚成立时政府总归要抓几个典型，他的学生也有不少去控诉他的。

陈：钱景章有点问题，但话说回来，他收了几个学生，还是培养了一批人的，比如"仙"字辈的那一批。不管他是用什么教育方法，就像北京京剧的富连成班一样。像蒋云仙、徐丽仙、刘美仙、侯莉君，等等，都培养出来了。

赵：就是高压政策，你不学不行。

周克敏（以下简称周）：要是以现在的眼光来看，钱景章被镇压是有原因的。（被镇压，）一方面是因为文艺界的力量，必须要杀一儆百。钱景章的书艺一般，但是他有一个特点，为人大方。人家找他办事，他都会帮的，比较豪爽。他有一点人缘，没有人缘的话女学生也不敢送到他手里。还有一点，他喜欢女色，在过去的社会里不算稀奇，但在1949年以后这就是大事情了。说他是书霸就是说他喜欢女色了，真的在书坛上他是不霸的。还有呢，抓住了一个实质性的问题，他有枪，但是1949年以前很多艺人有这种情况，那些有一定地位的名艺人都有枪。

赵：也是一种时尚。

周：人不能过分地张扬，于是1949年以后要把他打下去，就从这方面入手。当时没有人出来揭发，于是就动员人来揭发他。当时动员了徐丽仙，徐丽仙是他的养女，小时候住在枫桥下面的西京桥，家里生活苦得不得了，是钱景章收养了她。

赵：徐丽仙的姐姐是地下党。

周：当时徐丽仙家隔壁的邻居看到钱景章就说："你帮帮忙，给她一口饭吃，当丫头用。"徐丽仙生得比较难看，因为她是钱景章的养女，所以就找她来揭发。揭发什么呢？就说他在家里对学生又打又骂。当然，我说的这些只能作为参考。

陈：主要是因为中华人民共和国成立初期有两件事，一件是"镇反"，一件是颁布了新婚姻法。

任：如果能查到当时"镇压反革命"的公告，公告上是怎么写的，就知道他的具体罪名了。

吴：有"反革命"也有"坏分子"的问题。

任：老金你当时听到钱景章有什么问题？

金：我1948年在苏州就听过书。我听得不多，以前不大听书的，主要是在学生意的时候听了不少。当时最欢喜听的是沈俭安、薛筱卿，到现在还是最欢喜薛筱卿。对于薛筱卿，一方面我欢喜他的艺术，另一方面（我）欣赏他的为人。他为人比较正派，一直到1957年"整风""反右"，薛筱卿的立场都非常坚定。当时有一个评弹调查小组，严雪亭、薛筱卿这几个人一直都站在苏州市政府的立场上。

任：我听说钱景章一个是坏分子的问题，另外听说跟特务组织有关系。

吴：我听到的也是两个问题，一个是戏霸头，一个是女人。

张：从当时的书面来看的话，说他是反革命、特务、戏霸。

任：当时有一个历史背景，就是政府要"镇压反革命"。流氓也是要镇压的，流氓、恶霸都是要被枪毙的。

赵：苏州流氓毕竟还少，上海流氓多。

任：钱景章的问题我们暂时谈到这里。

张：评弹界每年有两次祭祀活动，叫作"三皇忌辰"，不知道各位老师有没有听说过？作为局外人，三皇祭祀活动我们是不可能参加的，各位有没有听到艺人们谈起关于三皇有什么活动，它起一个什么作用呢？

赵：听他们讲三皇就是泰伯。

任：他是吴文化的创始人，在评弹界讲起来每年有两次三皇生日。

周：三皇祖师搞什么活动，一个是茶会，祭拜祖师；另一个就是出道，"出大道"。

任：这一天到什么地方去祭的？

周：不在光裕书场，应该在周围的一家茶楼，具体我忘了，有谁讲起过的，金声伯知道的。

任：一是这一天（有）学徒满师的"出道"仪式，要到这个场合去。

周：按现在（的）讲法就是有点职务的都会去祭拜，到后来就是大家吃一顿饭，搞个聚会。

任：那么这个"出道"，是不是每年在同一天举行的？

周：不是，这是"出大道"。"出小道"不固定，"出小道"就是领着徒弟来让大家看看。

赵：实际上是一种行规，就像旧社会里的族长，他有权威的。

张：当时光裕社的社长是谁？

赵：这个倒记不得了，可以查到的。

张：1949年以后，评弹艺人说新书的情况怎么样？

任：当时唐耿良在上海东方饭店说《太平天国》的时候就把脚本放在台子上，他怕自己忘了。

赵：扬州说书老早有，王三档说《武松》时就把一本书摆在边上。他上台的时候就书往台上一放，其实他看是不看的，50年代我听王三档的书时看台上摆一本书，实际上他全背得出。

张：40年代的时候，也就是我们说的抗战时期，在苏南地区，粟裕、项英搞了一个新四军根据地，这个时候我们有没有评弹演员到过那边演出呢？有没有听演员谈过这方面的问题？

任：有个中篇叫作《琵琶行》，这个作品是浙江曲艺团蒋希均创作的，反映抗战时期评弹演员参加新四军的情形。这是创作，有没有根据不知道。要问一下蒋希均，看有没有原型，另外还有一个评话。

赵：蒋希均的父亲叫蒋开华，他是上海评弹协会的秘书长。

吴：蒋希均在浙江，蒋开华在上海。

周：《评弹艺术》上经常有他的文章。

任：有一个评话演员，现在是离休干部，1949年以前参加过革命。还有一个评话叫《江南红》，就是讲地下斗争的，这事跟你今天的调查没有关系，因为他讲的是故事，讲的不是评弹演员。

赵：这是一部现代书。

张：评弹有两个高地，一个，苏州，是它的发源地，一个，上海，当时40年代在上海的时候评弹也很繁荣，甚至超过了苏州。苏州评弹和上海评弹还有些不一样的地方，各位老师认为苏州评弹与上海评弹的区别在哪里？有没有区别？

赵：没有区别，应该说上海的就是苏州的，上海（评弹）就是苏州评弹。现在上海评弹团的人讲他们是上海评弹，其实没有上海评弹，就是苏州评弹。

张：当时有一种说法叫作"海派评弹"。

赵：海派就是去上海以后有些人在说书当中加进了当地方言，如果有苏州乡间的话就有乡气了。苏州城以外的乡下说出来的话就土，带了上海话就叫海派，就是这个意思。实际上就是一些艺人有时候讲苏州话讲得不连贯插进了上海话，这个就叫海派。响档说出来的话哪怕错了也有人认为他是对的，唱得多了，放的噱头都是上海那些时尚的东西，人家喜欢你就叫这是海派，不喜欢就说这个人怎么连苏州话也讲不好。比如凌文君说《描金凤》，他有时候说着说着就用上海话了，这时候他还是迎合了上海听众，上海人听了觉得很亲切。其实没有什么海派，海派评弹就是苏州评弹。

陈：有些噱头都是上海小市民或者市井生活的内容，因为艺人要引起书场的效果。其实没有

"海派"这个词,也没有什么定义,什么叫"海派"呢?

任: "海派评弹"也是"海上评弹",现在讲得越来越多,上海的人越来越强调,他不愿意讲"苏州评弹",他甚至讲"江南评弹""海上评弹"。

张: 秦老师对这个"海派评弹"有什么看法?

秦国屏(以下简称秦): 实际上大家讲的我是同意的,没有单独的一种派系,比如上海派、苏州派。当时江苏、浙江的评弹演员要出名就要到上海去。能在上海码头立住脚,那就出名了,因为上海是国际型大都市,各种各样爱好评弹的人都在这里。

任: 现在讲起来,说评弹是发源于苏州,发祥于上海。

吴: 不能这么讲,中华人民共和国成立初期是上海最兴盛的时期。

张: 上海是一个大融合的地方,评弹到了上海会不会受到上海文化的影响?上海人喜欢听唱,有一种说法是上海重唱,苏州重说表。上海人更喜欢花色,更重视视觉上的效果。对于这些,不知道各位老师是怎么看的?

秦: 实际上也不完全是这么回事儿,如果要把上海的艺人分一分的话,有一部分人是喜欢唱的,还有一部分人喜欢说表。喜欢说表在苏州人看来是老听书,说明这书听起来有名堂,他只听唱是没名堂的。我年轻的时候,一般年轻人听书时欢喜听唱,觉得蛮适意,听上去很舒服。当时"蒋调""张调""丽调"各种流派都有,听起来蛮舒服。这有一个过程,到后来上海人就越来越欢喜听唱了。

赵: "海派"这种说法是最近出来的,前几年为什么没人肯定呢?这些响档都是苏州人,包括徐丽仙都是从苏州去的,她可能会认为"你怎么说我是海派呢,我本身就是苏州人"。评弹一般是苏州人到上海去演出,后来参加了上海(评弹)的团。不是因为评弹是上海人的,所以叫"上海评弹"。其实就是苏州的评弹艺人到上海演出,后来成立了一个(评弹)团,原来这些人的老家都是苏州的,可以说没有一个是上海人。那么为什么现在有这个观点呢?因为现在当团长的这一辈人都是上海出来的,以前的老先生肯定不会讲这种话。他会说你三皇祖师都忘掉了,就(是)这个意思。新的演员认为自己是上海评弹团的,是上海评弹团培养出来的,那么就是"海派"。还有一个看口碑。苏州人说的书比上海人说的好。上海人要名誉,他就有一套理论出来了,说上海人重视唱苏州人重视说,实际上没有这个分别。评弹本身就是说、噱、弹、唱,都是连在一起的,上海人自己认为他有优势的就是唱。

任: 所以这个曲种要加上"苏州"两个字。

赵: 因为评弹各地都有,从理论上讲有一个观点,周良强调要加上"苏州"两个字,苏州评弹就是用苏州话讲的。

任：上海评弹的说表就要用上海话说。

赵：上海也有，叫"吴书"，吴书也是说书啊。

秦：它叫"浦东说书"。当时上海创作力量蛮强的，50年代初的时候有陈灵犀。

陈：创作力量当然是上海强了。

任：上海还有一个医生叫陈范我，为严雪亭改过本子。

陈：还有一个陆澹庵，改《啼笑姻缘》的，朱耀祥的书是他改的。

任：1949年以前评弹协会跟作家有不少联系。一般年轻人的本子不经过陆澹庵的整理，是拿不出手的。现在留下来的《密室相会》就是这样。

秦：原来在文艺座谈会上讲评弹是为工农兵服务，那么这就要开绿灯了，各个单位都开绿灯的呀。比如上海评弹团来江南造船厂蹲点，搞些调研，都要给他们开绿灯的。不久上海评弹团编出了一部中篇《江南春潮》，反映的就是江南造船厂地下党在中华人民共和国成立前夕，为了保证江南造船厂不被国民党破坏进行的斗争。

赵：评弹团深入下去的时候正好是他（秦国屏）接待的，当时还有艾青。

张：是那位写《大堰河，我的保姆》的诗人艾青吗？

赵：是的。

任：评弹团什么人去了？

秦：去的人多了，像杨振雄、严雪亭，具体记不住哪些人了。厂里的广场很大，很快搭了个临时的台子为工厂的职工演出。那时评弹很火的，郭彬卿有一部包车，动的时候"叮当"一响，羊毛毯子一盖，这时候不管是什么人都跟过去看看。

任：刮目相看了。

赵：像现在的宝马一样。

秦：就是现在的追星族一样。

金：成裕书场我也是去听过（的），印象最深的是头一档杨德麟，第二档是严雪芳还是谁，第三档是汪云峰，第四档是严雪亭。这时候评弹是蛮兴盛的，书票买不到，我是陪师母去听书的。后来我下乡当农民，1950年在浒墅关听过几个人的书。当时张国良在浒墅关红得不得了，我以为张国良的身材很好，没想到一看，原来是个小矮子。第二个就是《钗头凤》《梁祝》，浒墅关我去听过的有三爿书场，中间一个最大，曹啸君也来说过《白蛇传》。

任：在浒墅关镇上就有三家书场，这说明农村很兴旺。那时候是中华人民共和国成立初期，1952、1953年。

金：说书的有一个叫王蠡君，两个双档在演出。同时有一家戏院在演戏，观众只有七个人，书场里的听客却有三百多人，最后唱戏的漂脱了，那时评弹还是蛮兴旺的。1955年我到苏州，那时工会里组织买票是轮着来的，今天你去买明天我去买，我们就带着小凳去排队等。

任：中央书场是什么时候开业、什么时候关掉的？

金：在中央书场我听书是1948年，那个时候我在学生意。1949年以后在中央书场里开了一家土产公司，但书场还是在的。

任：中央有一个大厅改成了书场。有一天我去听书，有陈希安、周云瑞、唐耿良，还有蒋月泉和王柏荫。这天是夜场，有雷阵雨，开始人还蛮多，最后一档是蒋月泉，我看要下雨就抽签子走了。当时唐耿良放了一个噱头，说女的柳腰、细腰，还做出动作来。这是中华人民共和国成立初期，中央书场还是蛮大的。

张：中央书场在什么地方？

任：景德路，观前街的闹区。

吴：就是现在第一百货商店后面一块。

张：关于范雪君，各位老师知不知道一些她的情况？

吴：范雪君有一个学生叫陆莲君，我们一起喝过茶的，范雪君嫁人以后就不说书了。

赵：范玉山很培养这个女儿的，把唱京剧的师傅请到家里来教她。范玉山也吃过官司，那时候他放过一个噱头，中华人民共和国成立初期有一种印花税蛮厉害的，就是一张发票后面贴上印花税。当时大概要枪毙一个坏人，范玉山说哪怕颈脖上贴满印花税照样要杀，他的意思是贴满了印花税这个脑袋应该就能保住了。这个噱头带有政治性，控诉政府收税多。

任：我听过几次范玉山和范雪君的书，范雪君台风好，而且照现在的说法就是比较时尚。她的普通话讲得好，弹唱倒不见得好，也没什么特点。她每次好像还加一点流行曲，容易让听众喜欢。她说书跟传统说法不大同，她是用话剧的方法。

任：在湖滨书场范雪君说《啼笑姻缘》，那时候说《济公传》的生意也好得不得了。

秦：上海人很喜欢她的。

任：范玉山的形象像一个和尚，理个光头，人很高大，听客称他"活济公"。听众也传闻，讲他说第二遍书时肯定跟第一遍不一样，他随口讲，第二次讲就不同了。他跟传统的完全两回事儿。

张：因为时间关系，我再问最后一个问题。归根结底，1949年的时候，各位觉得评弹到底发生了什么？跟1949年之前有什么区别，它对评弹产生了什么样的影响？

赵：那时所谓的变化就是，1949年以后"斩了尾巴"，新书出得多。

陈：实际上1949年评弹界没有什么大变化，他们还是照样说书。

秦：要讲区别我插一句，就是评弹演员有了一个翻天覆地的思想大变化，苏州方面就是镇压了戏霸钱景章。

陈：演员在内心中感觉换了一个政府，通俗地说就是换了一个统治者，他就要适应环境，生活上要纯洁一点，整个演出不能像原来那样没有遮拦了。

赵：私生活方面要收敛了。

张：他们在生活上应该也不像原来那么奢侈了。

任：最典型的是50年代，那个时候会自觉地进行思想改造，这种状况跟他们单干的时候没法比。

陈：实际上1949年以后到1950年，也就是"镇反"前后，这期间的变化特别大，政府也会施行相应的政策措施，有的就适应得快一点，有的适应得慢一点。

任：像唐耿良、刘天韵这种人是比较进步的。

赵：自己对自己的改造。

陈：那时候上海十八个艺人成立上海评弹团后，第二天就去淮河上肥西了，这一点就是最不简单的。那帮人原来出去都是包车的，出去一天就是赚多少金子的。（上海）评弹团成立了三天就到五河县，他们的变化还是很大的。

赵：原来是出去一天能赚多少钱，现在是一个月能赚多少钱。

任：像《一定要把淮河修好》这些书除了他们没人说得好，没有哪个人要去听的。

周：蒋月泉、唐耿良、周云瑞、陈希安、王柏荫、张鉴庭这些人从香港回来后感到害怕，他们是装作积极，但刘天韵本来就是积极的。上海评弹团就是这样组织起来的，周围有些人也跟着他们。

任：还有什么问题？现在时间也差不多了。

张：差不多了，耽误了各位老师不少时间，感谢各位为我提供了很多有价值的信息，下次有机会再向各位老师请教。

整理者：张盛满

第六十六讲
忆 20 世纪四五十年代的评弹界
——陈希安访谈录

口述者：陈希安

采访者：张盛满、王亮

采访时间：2012 年 6 月 28 日上午

采访地点：上海评弹团休息厅内

陈希安

陈希安（1928— ），弹词演员。江苏常熟人。1941年拜沈俭安为师习《珍珠塔》，一年后即与师拼档演出。1945年与师兄周云瑞拼档，任下手，声誉鹊起。为40年代后期"七煞档"之一。1951年加入上海市人民评弹工作团（今上海评弹团），为首批入团的十八位演员之一。50年代以来演出的长篇有《荆钗记》《陈圆圆》《打渔杀家》《党的女儿》《年轻一代》，中篇有《一定要把淮河修好》《王孝和》《林冲》《见姑娘》《大生堂》《恩怨记》等。

张盛满（以下简称张）：能否请您简单谈谈您的学艺与拜师经过？

陈希安（以下简称陈）：我拜先生是在1941年，当时我先生沈俭安跟薛筱卿老师已经分开了。他们在二三十年代拼档的，合作以后红得不得了，是上海评弹界三大双档之一。在三大双档中间，他们是最厉害的。我先生的《珍珠塔》的影响是划时代的，因为之前的评弹音乐性不强，很单调。20年代的时候，评弹界大都单档，一个人演出，当时很有名的都是单档，比如夏荷生、魏钰卿啊，都是单档。沈俭安、薛筱卿当时也是单档，后来两人拼成了双档。之前评弹的音乐比较单纯，唱的时候乐器就停下来。但是沈俭安与薛筱卿两位老师拼了双档以后在音乐上有很大的发展，可以说是一个飞跃。以前的形式是两个人，唱的时候乐器就停了，不唱了再一起弹。后来薛筱卿老师想出一种新的办法，就是当上手在唱的时候他继续伴奏。当然唱的时候不是每一个字都能吃得很准，不一定是一位唱得多另一位也弹得多。比如说你唱咪发嗦，他可以弹哆啦唏，这样合起来，到最后节奏还是走在一起的。这种方法丰富了唱腔，在伴奏丰富了以后对上手的唱起了一种烘托的作用，这叫烘云托月。所以薛老师的琵琶是划时代的，这种形式出现之后影响了其他的流派，"蒋调""周调""俞调"，都有了伴奏。

张："张调"也是这样的。

陈："张双档"的"张调"也是从"沈薛调"里发展过来的，张鉴国的琵琶对张鉴庭的"张调"起了很大的作用。

张：张鉴庭先生最早还是唱的"蒋调"。

陈：对的，张鉴庭老师吸收了很多"蒋调"的东西，他原来唱绍兴大班，所以"张调"苍劲有力。

张：在40年代的时候，评弹有两个中心，一个是苏州，一个是上海。当时就有很多刊物形成了一种海派评弹的说法，您对海派评弹是怎么看的？

陈：海派评弹是迎合当时上海一些有闲阶级比如资本家、生意人的需求。他们受上海文化的影响，要让他们喜欢听你的东西必须加一些不同的内容，于是就有了海派的说法。

张：据我们了解，海派评弹与苏州评弹最大的一个区别就是海派的更重唱，是不是有这种说法？

陈：那时苏州真正唱得好的艺人还没有，上海能唱的更多，所以夏荷生、徐云志都到上海来发展。所以后来评弹最大、最好的流派都在上海。

张：有的人说评弹是发源于苏州，发祥于上海。真正辉煌是在上海。

陈：对，最终的发展就在上海。以前有这样一种说法，你哪怕再红，哪怕再响的响档，在码头上很好，但是没有被上海的听众认可，那你还不是最好的。所以有的时候我们说，这档书是"码头老虎"，在码头上你是老虎，但在上海你不一定吃得开。你一定要在上海吃开以后，将来才可以到处走。这就好比考状元，在上海考出来以后你的影响就大了。

张：我们也听一些老艺人说，"码头响档"不叫真正的响档，"上海先生"才是最响的。

陈：对的，当时的人一听说这个先生是上海来的，那肯定是好的。所以当时评弹界三对最有名的双档都在上海，沈俭安、薛筱卿也是从苏州到上海来的。"三双档"是沈俭安和薛筱卿、蒋如庭和朱介生、朱耀祥和赵稼秋三对双档。另外还有三个大单档夏荷生、周玉泉和徐云志，都是在上海红出来的。

张：当年张鉴庭"七进上海滩"，也是想在上海出人头地。

陈：当时张鉴庭年纪蛮大，但还没有红起来。他原来说过"小热昏"，我没有拜师的时候在家乡常熟听过他的书。那时他在跟张鉴邦拼档，生意很好，唱完以后还要唱文明戏，戴着头套"就格就格"唱文明戏。后来红了，走上正轨就不再唱这种东西了。

张：在1949年以前，评弹艺人有一个活动，叫作茶会，对这个您了解吗？

陈：茶会是在正月二十四日和十月初八，一年两天，我们叫"三皇祖师生日"，祭祖师。这一天整个评弹界，不管上海、苏州还是在外码头上，都要停一天，大家一起聚聚会吃个饭休息一下。同行们见个面，想玩的就聚在一起玩玩，一般就是这样。

张：有没有什么仪式？比如说拜三皇啊，祭三皇啊，这种仪式有没有？

陈：可能苏州以前有，后来没有了，就是一个聚会，三皇祖师生日了，大家聚聚会喝喝茶什么的。因为平常不见面的，大家都各自演出，见面最多就是接脚，比如你在无锡演出，剪书后我到你这个书场接脚。有时候会面可以在茶会上，像苏州、上海这样的大码头有很多书场，比如你下午有演出，那么上午我们都去喝茶，碰个头。在哪里喝茶呢？在承德路淮海路有个地方叫凌云阁，大家一起聚在那里喝茶。喝茶时还有这样的情况，一些响档聚在一起坐，他们和普通艺人分开来了。一批业务中等的也聚在一起坐。最后一批没有什么名气的就坐在那儿，很分明的。这是一种自动的行为，也没有人关照你，或是阻止你坐在哪里，这几群人聚在一起都是自动的，那些知名度相当的人会坐在一起。其实现在也是这样的，比如说我跟你是好朋友，但我现在我发达了，那么我就跟发达的人坐在一起，不会再跟你在一块了，这里面还是有层次之分的。

张：茶会除了这两天以外，平时会不会去喝喝茶啊？

陈：有的，每天都有，演员下午和晚上演出，白天只要高兴就可以到茶会上去喝茶，大家一起说说笑笑。有的时候还接洽业务，比如说请人代书。

张：据我们了解，茶会时一般评弹艺人比较集中，它有一个很大的功能是接业务。

陈：对的，场东也会来的。比如说他们场子里下半个月没有安排演出，就到茶会来看看有没有合适的人。这时候有的艺人就会向他推介合适的人。

张：艺人们也会在一起切磋技艺吗？

陈：切磋技艺的很少，一是那时候大家都很忙，二是大家都自以为技艺很好不用切磋。主要就是天南海北地聊聊天、吹吹牛、打打牌，同时了解一下评弹界的情况。

张：现在还有没有茶会呢？

陈：现在很少，就是苏州光裕社有几个人，但是他们有时候也不出来了。有时候他们睡得很晚，早晨也不起来。我们上海也搞了一个，最早来了有十多个人，最后只剩五六个了。

张：早先的时候，评弹界除了光裕社、润余社、普余社，上海还有一个同义社，除了这些组织以外，一些个人私底下也会结成联盟，比如结拜兄弟，自己搞成一个团体，对这样的情况您是怎么看的？

陈：有这种情况的，像我的老师在苏州时就跟一批人结拜成弟兄，像钟士良这些人，钟士良被称作"钟家一条枪"，很有名气的。我先生在苏州时跟苏州的一帮人结拜兄弟，到了上海以后又跟上海一帮人结拜兄弟。结拜兄弟也是蛮奇怪的，比如说我跟你是同一辈人，你的学生本来不是我的兄弟，属于下一辈人，但后来他红出来了，红出来以后我们也一起结拜兄弟。不分层次，主要还是看你的艺术，听众欢迎你，你红了，大家一起结拜，不看辈分的，哪怕你比我小两辈，也可以跟我在一起结拜兄弟。主要还是讲实力、讲影响。

张：那结拜兄弟主要是起一个什么作用呢？

陈：比如蒋月泉一开始拜张云亭作先生，后来他为了学其他书，于是又拜周玉泉为师。周玉泉跟他是平辈的兄弟，他这一拜，就让自己小了一辈。还有说大书的吴子安，他的先生吴君安跟我老师是同辈，后来他也跟我老师一起结拜兄弟，当时结拜的一共有十个人，叫"十弟兄"，他是老十。"十弟兄"有顾宏伯，还有陆啸祥、吴子安、黄异庵等人，还有我先生沈俭安，黄异庵大概是老二，钟士良是老大。

张：他们结拜起来的话，对于自己掌握业务是很有帮助的？

陈：也不是掌握业务，就是谈得来很投机。他们结拜兄弟之后就彼此支持，我有生意介绍给你，你介绍给他，相互帮扶。

张：据说你们当时的"七煞档""四响档"对书场，特别是对那些大的书场，基本上都垄断了。

陈：我们七档书就是托拉斯，当时主要是说《英烈》的张鸿声，他跟书场的一些老板、场方关系都很好，所以有的老板托他帮忙请先生。比方说：张先生，春节一月到三月我的场子就交给你了，你帮我请几档先生。于是他就会把我们七档书安排过去，所以我们在上海的时候生意都比较好。离开上海的话我们也会各自分散，比如说我们有四档到苏州去，城里的静园书场、光裕书场等大书场，我们四档书轮换做，就是这样。我

陈希安演出照

做静园，他做光裕，他做其他书场，基本上把城里的书场都包下来了。

张：其实有这样一个团体，对个人业务发展还是有帮助的。那么您原来在跑码头的时候，有没有碰到哪些艰辛的事情呢？因为艺人们都是从破口、出道，然后有的慢慢上升为响档，其间都有一些经历。

陈：对，我是比较幸运的，我跟的老师是大响档，没有吃过苦。一直到后来我跟周云瑞拼档也没有吃过苦，一路顺风。1946年我们在沧洲书场演出时一炮开红，生意很好，所以饶一尘说我是"常胜将军"，从来没吃过苦。我跟周云瑞是1945年拼双档的，大概花了一年半时间在码头上拼命练。业务提高以后张鸿声听说我们在码头上反应很好就写信给我们，说想请我们到上海来跟他一起演出。我想我们这么勤奋努力的目的是什么？就是要到上海来，在上海打响来。到了上海后张鸿声对我们很好，让我们在沧洲书场做中场，一共三档书，第一档严雪亭，送客张鸿声，把我们放在中间。他诚心要把我们捧出来，为什么这么说呢？因为中间位置最好，第一档是听客刚来，最后一档送客最难，我们中间这个位置最好，压力小一些。但是同时也有一个缺点，什么缺点呢？如果你这中间挑扁担的挑不起来，那这整个一场就完蛋了。所以也是拼了命的，这样我们就在那个时候红出来了。当时大家推崇我们，说是出了一档很大很大的小响档。那么从1947年我们七档书开始合作，就是跟张鉴庭、蒋月泉他们结合在了一起。

张：会书的时候也参加吗？

陈：会书经常参加的，年底前总归要会书的。我跟周玉泉、我老师（沈俭安）、薛筱卿四个人也唱过一些会书。

张：也有很多艺人是从会书上窜出来的。

陈：会书上如果你说得好、噱头好、听客们欢迎你，那么老板一看，知道这人有些名堂，他就会预约请你，跟你说明年春节、端午节、明年八月半……希望你来一档。于是大家定好，场东就会给你付十块钱或者二十块钱的定洋。

张：范玉山也是通过会书走红的。

陈：范玉山应该说也是有本事的，但后来就不靠说书吃饭了，他靠女儿范雪君和范雪萍。

张：关于范雪君，您对她有什么了解吗？

陈：我跟她接触不多，我们在电台上是上下档，她演出以后，我们接上去。后来她嫁了一个大户人家，家里条件很好，1979年我们到香港去演出的时候，她还来听书呢。

张：她去了香港以后基本上就不演出了。

陈：不演出了。

张：在40年代，特别是抗战那段时间，她那个时候的关系还是很复杂的。

陈：对对，据说那个时候跟丁廉宝关系不错的。

张：当时她跟张北生关系也很好，张是汪伪政府的内务部部长。还有陈群，是汪伪政府的警察署署长。她和他们关系都很好。

陈：因为她很有风度，看上去不像一般的演员，有气质，有风度，比较秀气、文静。

张：在1949年以后，范雪君有哪些活动？

陈：没有什么活动，我记得当时有人请她到淮海路的淮海公园表演，那时还叫福兴公园，她好像去那里参加过游园会。

张：我们在材料中看到，1949—1950年以后，评弹研究会组织了一个学委会，学习政治的，她跟徐雪月组织了一个妇女协会，学习一些新的政策。当时范雪君是妇女协会的主任委员，徐雪月是副主任委员。

陈：这种学习大家心里有数，我当时就是评弹团的第一届工会主席。

张：我们在上海市档案馆看到一份材料是专门写您的，说您的工会工作做得很突出。下面请您谈谈四五十年代时期的事情，当时很多艺人，特别是像您这样的响档，收入都很高，生活上很富裕，您能不能谈一谈这些响档在生活上的状况？

陈：到了40年代，我和这些收入比较高的艺人，生活是很不错的。像严雪亭的收入相当高，在苏州买了几套房子，他还造了一个亭子叫雪亭。唐耿良也买了房子，张鸿声在苏州颜家巷买了一个五进的宅子。姚荫梅那时买的房子就是现在金声伯住的地方，是个独栋的小宅子。当时响档们的收入都很好，置房产的也很多。上海那个时候没有房子卖的，置房产就是顶，叫顶房子。现在说起来，我们一些老演员收入都很高，特别是单档，一天要赶几个场子，收入都归自己的，没有其他人分。严雪亭、姚荫梅、张鸿声都是单档。我先生那时顶的是大世界对面的一栋房子，自己做二房东。薛筱卿在那个地方也有一栋三层楼的小洋房。不过也有人抽鸦片把钱都抽掉了。

张： 张鉴庭也买了房子的。

陈： 张鉴庭也买了，他老婆家里条件也比较好，就买在瑞金路，就是现在淮海路瑞金路那个弄堂里，新锦江的后面。他买了二楼、三楼，还有上面的顶楼，一楼不是他的。所以说当时的响档们条件都比较好，收入也比较高，生活上是很富裕的。有的人做三四家电台，两家书场，再做堂会，这样收入就高起来了。当时大家都这么认为，学好评弹成了响档以后就好比拿到了一只金饭碗，一般人是非常羡慕的，除非你是大资本家。可以说我们比中产阶级的条件还要好，属于中上等。

张： 您那个时候也买了房子？

陈： 我也顶了房子，我顶的房子在延安路，和蒋月泉正对面。我的房子在二楼，前后两间还有亭子间，上面是一家咖啡馆。因为家里就靠我一个人的收入，所以我进评弹团的时候还欠一点钱，于是我就跟蒋月泉说："你们先进团，让我跟周云瑞再做一段时期。"他说："不要啦，大家一起进去。"他这么一说，我也只能把房子卖掉，把家属都送回常熟老家去。所以我有时候也发发牢骚，我卖掉了房子参加革命，后来什么东西也没得到。当时管理我们的是刘厚生，他后来去了中国曲协。刘厚生告诉我们："你们放心吧，你们参加革命，将来要做评弹的新生力量。"可是到现在我一寸土地也没拿到，一个平方都没有。我们第一批参加评弹团的"十八艺人"只有三四个人拿到了房子，其他都没有。张鉴国还是住在瑞金路，在瑞金大戏院旁的晒台上搭了个房子。后来那些进来的都拿到了，有的人拿到了两套三套，所以有的时候我也发牢骚。

张： 这也是人之常情。您当时作为第一批入团的"十八艺人"，是一种什么样的心态？为什么要进入评弹团？

陈： 当时我们对共产党有这样一种看法，共产党一来，人人都要参加工作，没有这么多空闲人再来听书了。而且不让你说老书，一定要唱新书。唱新书是需要学习的，请文艺干部来给我们上课，一学习就不能演出了，业务要停下来，这样的话家里的开销怎么办？如果我们组织一个团，由政府派干部来领导我们，虽然停下来学习，但公家会给我们开工资，生活上有保障了，当时入团是这么想的。所以唐耿良放弃高收入，把自己的工资一再压低，因为工资开得太高了共产党不要你的，所以放弃高额收入而且自己拼命把工资压低。那时候认为参加革命很光荣的，哪里晓得革命革成这样子了。刚进团的时候刘厚生也跟我们说："你们都是参加革命呀，参加革命的话就要有一些牺牲。"

张： 当时我看一张工资单，最高的是张鉴庭，三百三十块，再下来是张鸿声、蒋月泉。

陈：我当时是一百二十块。

张：当时在外面单干的艺人收入比你们高出了许多。

陈：是啊，所以我们进了评弹团以后，那些收入本来比我们低的人赚了很多钱，都在买房子买其他什么的。所以严雪亭参加了评弹团以后又出去了，因为团里工资太少，看到人家收入多，不平衡。当然他自己生活上也有些问题，所以后来才会再回来的。

王亮（以下简称王）：那么当时参加评弹团，对市场的把握有影响吗？

陈：我们不演出，停下来学习，空下来这么多场子就让别人做了，那他们是非常高兴的。

张：那时候评弹团演员都说新书。

陈：对的，说新书，下生活，到农村去。都是这样的，他们（单干艺人）有的时候还在说传统书，因为听客喜欢。像陆耀良这样没有进团的都赚了很多钱，这对团里的人有影响。我们有时候只能安慰自己，这就是革命，要牺牲的，只能这样想了。

张：后来为了收入问题，团里面闹了纠纷，甚至有段时间准备改革工资制度。

陈：对的，他们晓得这样不对，后来文化局也晓得了，所以在1957年叫我们自由结合。这个领导方针其实也是有问题的，他们大概意识到了原来的体制不对，决定把我们放出去。但是几年下来，我们都已经习惯了这种体制，放出去倒不习惯了。于是我们坚持要这个团，后来党支部开会，希望我们在小组里头衷心发言，让我们支持散掉。

王：这是什么时候的事啊？

陈：大概是1956年的时候。当时要我们表态，他们认为团应该散掉，散了好。有的人不肯散，很伤心，大家进来也不容易，为什么要散呢？现在让我们散出去倒是不能习惯了。

王：那散了以后工资照发吗？

陈：工资不发了，要我们自己赚钱了。但很多人都不愿意，我们习惯了这种体制，怎么又突然叫我们退出去了。但最终还是决定要散，散出去后上边又觉得不对，散了半年多，又要收回来。那怎么办呢？加工资！怎么加工资它里头有说法的，比如这个服装本来是团里统一做的，现在改成自己做。比如说我原来工资是一百二十块，现在还是一百二十块，团里给我加了一百块，变成了二百二十块，但服装由我自己做，这就是变相加工资。后来又变成在保留工资中扣，扣掉十块、二十块，名义上很好听，说是加工资，事实上不加的，就是说起来好听。以后进来没有定级的人，按照工资加。所以我们对第一任领导没有好感，他们是尽量能抠的抠，比如我们对吴宗锡就有很大的意见，到现在对他都没有感情。其实他当了二十多年的团长，应该说同事关系很好，但大家都对他没有感情，太过分了，尽量抠。像夜场费本来规定一毛到三毛，这是政策规定的，他只给一毛，为什么呢？他说说书先生都喜欢吃泡饭。他自己到苏州去听演出，晚上报三

《老地保》演出本

毛。他对评弹艺人也有偏好,他不喜欢严雪亭,喜欢蒋月泉,就要严雪亭学"蒋调",可是严雪亭有他自己的"严调"啊!他大力捧蒋月泉、刘天韵,甚至把刘天韵捧为大师,事实上刘天韵还不够做大师,就因为当时文化局局长徐平羽听了他一回书,说这个人像大师,刘天韵马上就成大师了,难道唱一回书好就叫大师吗?那大师也太容易当了。

张:刘天韵当时演《老地保》。

陈:是呀,你说演一个《老地保》就是大师,我们也都演的呀,像我演的《王孝和》,那个时候影响也是很好的呀。

王:上海建立了评弹团后,演出是评弹团说了算呢,还是场东说了算呢?

陈:不是,我们团里有演出股,演出股里有演出干事,由他安排的。比如说今天我希望做西藏书场,他希望做东方书场,那么演出干事就去跟对方联系,说:"3月份陈希安到你的场子里演出你看好不好?"场东如果答应,那我就去了。

王:如果场东不想说新书要做旧书,他可以拒绝你们吗?

陈:这个倒不会的,那时候评弹团基本主导了上海书场的演出,场东都是尽量先满足我们上海评弹团的需要,因为我们是国营剧团。

张:因为当时的响档也基本集中在团里。

陈:是啊,基本上都在团里,就是周玉泉、徐云志、潘伯英他们去苏州了。后来我们这些老演员把房子都卖掉了,姚荫梅的房子三千块卖给了金声伯,就是现在金声伯住的地方,这房子现在值一两千万。那时候他也没办法,开销比较大。所以我有的时候说,当时在某些方面对不起这些老艺人,老艺人们放弃高额收入参加革命,牺牲那么大,讲了几句他们认为不对的话就被打成了"右派",对得起人家吗?

张：当时打成"右派"的有张鉴庭、吴君玉。

陈：吴君玉被打成"右派"，是因为当时参观中苏友好大厦时他看到墙上有裂缝，就讲苏联的东西也有不好的，后来就说他反苏，都是这样乱搞的。那杨德麟（被打成）"右派"还更冤呢，当时一看"右派"的名额还缺一个，就把杨德麟凑进来了。杨德麟为什么会成为"右派"呢？他喜欢漫画，在黑板上画了一杆秤，再画个人坐在秤里头，边上几个字"称啥人"，就说他讽刺共产党，这样就成了"右派"。

王：当时打"右派"谁说了算呢？

陈：头头说了算。

张：当时副团长是李庆福是吧？

陈：是李庆福，李庆福也是"左"得不得了。我们是评弹团，还有些评弹艺人没有入团，属于流散的艺人。李庆福被调出去管这些艺人，他把艺人们组织起来学习。他认为顾宏伯有生活问题，就把顾宏伯弄进去关了七年。还有徐绿霞，《白蛇》说得很好，也被弄到了新疆，一去就是二十年。

张：1949年以前这些响档生活比较奢侈，那么还有一些"稳档"，甚至有的人说还有"漂档"的，他们是怎么生活的？

陈：也不叫"漂档""稳档"，就是"响档"。那些生意一直漂的艺人比较辛苦，基本靠代书生活，或者偶尔到小码头去唱几大来维持。也有叫"垫脚"的，比方说我1月15—30日要到无锡去演出，但是中间三四天我有事情，怎么办呢？那要请某个艺人去，帮我垫垫脚，那么他去唱个三四回书拿一些钱，就是这样。所以我说，任何一个工作一定要做好，不好的话非常辛苦。工厂也是这样，你要没有本事，讲话是没有人愿意听的。

张：王鹰跟他父亲王筱春出去跑码头的时候，被"漂"掉了，后来场东就让他们走，又不好说，就把他们的马桶拿走了。

陈：这种事情也有，码头上你跑了几里路，好不容易找到一家书场，想在这里唱唱，但场方也有很势利的，觉得你本事不大，就把你赶走了。有些好的场东会留你吃一顿饭，没地方睡的话会让你留宿一晚，明天再走。严雪亭就好，好在什么地方呢？有一些我们称作"苦道中"的，如果正好碰到他在那个地方演出，遇到困难问他借钱他总是一口答应，而且还留你吃饭，吃完饭给你钱，把你送走。这个人很好，乐于帮助人。

张：当时有的艺人"漂"掉了，什么都没有，没有盘缠，还有当衣服的。

陈：对对，蛮多的，一般小码头我们听到有的，在苏州茶会上也听到很多，蛮苦的。

张：1949年中华人民共和国成立了，这个年份对评弹界的影响很大，您怎么看待1949年这个时候评弹的变化？

陈：1949年我们刚好在大中华、大沪电台演出，就是北京路跟西藏路口那个地方，有的时候会碰到戒严和交通管制。电台里面有一个工作人员，可能跟地下党有关系。他表面上不响，有的时候写信给我们，信上说希望你们好好说书，等等。他也跟我说："不要紧的，你们归你们说书嘛，没有什么事情的。"我们不知道他有这样一个身份，后来才知道的。他叫李介夫，中华人民共和国成立以后也跟着解放军到人民电台去接管。

张：中华人民共和国成立了有什么感觉？是不是感觉换天了？

陈：倒没有换天的感觉，就是不知道共产党来了以后会怎么样，将来这个说书怎么说下去？心里没有底。当时认为共产党来了不可能让人每天都来听书了，有点担心的。

王：到什么时候您觉得比较明朗了，知道自己做什么和怎么做了？

陈：那只有从香港回来了，从香港回来以后知道了，在共产党的时代不学习是不行的。那时到香港去演出，生意也不太好，所以我说，要是生意好的话那可能就不会回来了。起码不会一下子就回来的，可能会一直做下去，但当时我们去了三个月就回来了。

张：当时你们到了香港，去了杜公馆。

陈：对，到了香港我们就去拜客，杜月笙当时住在山上，我们也住在山上，住的地方距离不远。第一次到他家里去时，看见马连良、张君秋、俞振飞都坐在沙发上。

王：那时候去香港也是自愿的，想去就去，不会像后来管制得那么严。

陈：去香港也是经过了一番斗争的，刘厚生让我们不要去。当时我们还是想去的，一是香港没去过，可以过去玩一玩，另一方面收入也蛮高。所以我们也想出了一些办法跟共产党对抗，我们请道中签字支持我们去。这么一来，同道都希望我们去，政府不放就是政府的不对了。请道中签字时我们用的什么办法呢？我们告诉道中，我们是去开路的，去了以后如果那边好的话你们也一起去，这样他们就很乐意了。所以刘厚生也没有办法，大家都支持我们嘛。如果不许我们去，说明我们在共产党、解放军这边不自由啊，所以他不得不放我们走。但是放行的时候也告诫我们："你们去了以后讲话要注意，去了还是要回来的。"那么我们也回应说："我们不会说共产党坏话的。"

张：当时接头的是谈和尚是吧？

陈：谈和尚。

张：1949年以后政府要求艺人说新书，对于说新书，当时艺人是一个什么样的心态？

陈：说新书倒还好，因为我们都说过了。从50年代到60年代的大部分时间里我们都在农村、工厂。1951年我们刚成立评弹团就到淮河去了三个月，1952年就到工厂，之后又到了朝鲜，从朝鲜回来再到海军。编了《海上英雄》，1955年又编了《王孝和》，唱的都是新书，没有固定听众，主要还是要我们出东西。

张：1951年的时候"镇压反革命"，当时我们评弹界出了一个戏霸。

陈：钱景章！说他是特务、反革命、霸占女徒弟，还说他领着国民党抓人，还架着机关枪。这些都是听说，到底怎么样不清楚。镇压他是苏州搞的，我们上海去的人不多。

张：您接触过钱景章这个人吗？

陈：以前接触过啊！

张：您跟他接触的时候，您觉得他是一个什么样的人？

陈：可能是什么样的呢？他要找一个靠山，因为他带的都是女说书，女说书会被人家欺负的，这样他可能会找一些靠山，从这方面来说也是可能的。当时的普余社都是女的，有了靠山就好了。他到底是不是反革命不太清楚。钱景章在为人方面也没什么，就是对女学生不好，其他还可以。我们接触得少，他是苏州人，我们是上海的嘛。

张：钱家班会到上海来演出的吧。

陈：很少，钱家班的人基本上很少到上海来。到底钱景章该不该枪毙，当时他是不是带了国民党打共产党？不太清楚。说什么他坐在上面把机关枪架在前面，这些事情到底是什么样，我们都不晓得。

张：我听余韵霖老师说，曾经在钱景章家里挖出了委任状。

陈：就是国民党的委任状嘛，国民党委任的人也蛮多。那么就是因为他对女徒很不好引起了民愤，这个也可能的。

张：听说1950年左右，杨振言也进过监狱。

陈：当时他的情况是这样的：有一户人家的少奶奶很迷他，对他很真心，这位少奶奶有儿子的，家里条件很好，还有小车，事业不光在上海，香港也有。那么她喜欢杨振言，放弃了儿子，放弃了那个家庭，跟杨振言还有公公婆婆住在亭子间里，那时还是用煤炉的，可以说为了跟杨振言在一起她放弃了一切。两人生活了好几年，但是杨振言在外边还有一个女的，已经生了孩子，外面这个女的有一帮姊妹，跟妇联关系蛮好，开始的时候这个女的去法院告杨振言，要杨振言决定到底要谁。当时如果杨振言说要这个生了孩子的女人，估计就没事了，可是杨振言说要那位跟他住在一起的富家少奶奶，这么一来就出问题了，外面那位女的，姊妹们就一起出场了，告他重婚罪，判了一年半还是两年。还有一个人叫华伯明，是周玉泉的学生，他帮杨振言在法庭上做证人，没想到就是帮杨振言讲了话，被判了一年。杨振言没有办法，只好跟那位少奶奶分开了，因为是法院判下来的嘛。后来这位少奶奶嫁给了一位中学老师，"文革"时被搞得一塌糊涂，那位老师上吊自杀了，这位少奶奶后来也得肺癌过世了。

张：在1949年以前有一个三皇忌辰，对于这个活动，您了解一些什么？

陈：不一定有祭祀，我们上海没有，可能苏州有的。上海最多就是由评弹协会的主席讲几句话，评弹界的人聚在一起吃个饭。

张：三皇对评弹界起一个什么作用呢？

陈：没有什么作用，就是纪念吧，就像国庆节来了大家放个假，就是这样。从我知道起，从来没拜过三皇。苏州光裕书场里有三皇祖师的像，我们上海没有的，上海就是一块牌子。

张：在1949年以前，我们评弹艺人都穿什么样的衣服？

陈：就是长衫，演出都是长衫的，女的旗袍。

张：那么有没有女的在1949年以前不穿旗袍的？

陈：我们跟女的也不太往来，看不起她们的，把她们叫作"说女书"。光裕社都是一些比较好的男档，跟女艺人不怎么往来。她们出场也不跟我们在一起，有自己的地方，在宁波路还是南京饭店什么的地方。

张：到了1949年以后，蒋月泉说共产党是讲求简朴的，艺人们长衫的料子都太好，建议大家统一换成土布的。

陈：没有吧，这个倒没有听说，那时穿的都是毛料子，都是开司米什么的。大概是我们从香港回来以后开始穿灰布的中山装还有人民装上台了。

张：那时候人民装是自觉穿的，还是团里面要求穿的？

陈：团里要求的，唱的是《一定要把淮河修好》嘛，这是新书，新书怎么再穿长衫呢，都穿灰布服装了。

王：当时我们有上海评弹团，还有一些评弹协会，艺人出码头演出需要评弹协会的什么证明？上海评弹团建立之后，跟协会之间是什么关系？

陈：需要协会的介绍信，他们之间没有关系，但是我们也是作为评弹协会的一员。

王：需要评弹协会给你们介绍信，你们才能出去演出？

陈：不是，主要是针对那些流散的个体艺人。实际上就是个体艺人需要得到评弹协会的认可，有了评弹协会会员资格就可以出去演出了。

王：像你们这样的评弹团，也必须是评弹协会的会员吗？

陈：基本上我们都是评弹协会的会员，不是会员的没有。

王：有没有这样的情况，有的艺人进入了评弹团，但他不是评弹协会的会员，但是也可以出去演出？

陈：朱慧珍就是，她是我们评弹团吸收的演员，不是评弹协会的会员，但她是不受限制的。

王：这样是不是有一种矛盾在里面？比如说你只有是评弹协会的会员才能出去演出，现在有些艺人进了上海评弹团,他不是评弹协会的会员也可以演出,这是不是有冲突呢?

陈:后来我们自己办学馆,就直接把演员吸收到评弹团里面,跟评弹协会不搭界了。

王:我看过一些材料,就是你们出去演出的话,必须要有评弹协会的认可。

陈:评弹协会认可就好比说,我要参加这个协会,需要考试。考完以后认可你,你就可以成为评弹协会的会员,可以证明你是评弹协会的会员。

王:评弹协会是指上海评弹协会?

陈:上海的评弹协会。

王:苏州有评弹协会吗?

陈:苏州不晓得有没有。有了上海评弹协会的认可,有了会员证以后你四处可以走,江苏、浙江都可以,没有问题的。后来还有一种叫作"飞兄",大概不是会员,但是他也会唱评弹,只要这个场子里的老板要你,你就可以去唱。

张:是不是到了1949年以后呢,服装就发生了变化?

陈:你唱现代书,就穿人民装了。开始是布的,有细布、洋布,后来就是的确良中山装了。我们有两套的,长袍和中山装,后来也有穿西装的了。

张:1949年以前也有艺人为了制造现场气氛穿一些不一样的衣服?

陈:没有。有一定分量的演员不会这样的,他穿着很考究,都是毛料的。里面是仿绸的,仿绸的裤子,天冷的时候,里面穿一条棉毛裤,还是仿绸的裤子。像我的老师都是皮袍子、灰背啊,有六七套这种皮的。都是这样很上档次的衣服。因为你要到大户人家去,大户人家档次都很高。所以说为什么上海评弹团的演员,或者说上海评弹界的艺人,在30—40年代,甚至到50年代,他一出来就感觉有档次、有风度,因为艺人跟这些人家常有往来。他看到人家大家闺秀、公子哥儿、老板穿得这个样子,也会受他们影响。后来有一些听众也受我们影响,一看这些说书先生穿得很好,也跟着学。所以我们说,为什么有的时候苏州来的人我们一看就知道,就是看衣服、看风度、看气质。

张:1949年以后,政府会组织艺人们学习,有学委会。

陈:这个归评弹协会管。

张:当时都学习一些什么内容呢?

陈:我们都在团里,外面学什么我们不大关心的。

张:那团里学些什么呢?

陈:团里就是读读报,每天早上起来一起练练功。像蒋月泉这些人跟我们都是一起的,七点钟起来以后练功,练完功吃早饭,吃完早饭报纸来了就读读报,下午就排练了。主要是搞艺术。

张：在40年代抗战的时候，苏南一片有新四军的根据地，那么这个根据地有没有艺人去演出的呢？

陈：没有，我们就是晚上看到一排人，就是新四军。因为晚上看不清，我问别人那是什么人？人家说是新四军。

张：当时你们对新四军是什么感觉啊？

陈：也没什么感觉，我说书嘛，他们也不来烦我，他们都是晚上出来的。

张：能不能请您谈谈"沈薛档"，谈谈薛筱卿？

陈：生活上我先生跟薛筱卿是两码事，薛筱卿抽烟的。他们两人基本上在台下没有什么活动，各归各不大接触的。就是在演出的时候一起去，到大户人家去演出、唱堂会。从艺术上来说他们两人拼档以后相互切磋，我先生的"沈调"跟薛筱卿的琵琶是分不开的。薛筱卿的琵琶烘托使得我们先生的"沈调"发挥得淋漓尽致，两者相辅相成的。

张：据说"沈薛档"之间拆了好几次档。

陈：拆了两次，拆了又拼。这就是我说的，要成为一对好的双档一定要相互默契；另一方面，要长时间地拼档，彼此都了解。你唱一句，前调一出来我就晓得你唱啥调，薛筱卿就是这样。双档拼得好，一定要拼长。为什么有的双档哪怕好，但是他们不出名？拆档主要是因为三个方面的原因：第一是感情不好；第二是分成没有协调好；第三是争风吃醋，听众为什么喜欢你，不喜欢我，你为什么抢我唱的篇子，抢我的风头；等等。一般都是因为这些原因。所以说好的双档是相互推让，分成也是这个样子的，其他没有什么。

张：您跟周老师合作了多少年？

陈：合作了五六年吧，讲是五六年，照理来说应该有十多年，但是中间我们就分开了，因为进了评弹团以后吴宗锡要我们分开嘛，分开以后叫他跟薛筱卿老师拼档。所以我再三讲，要拼好一对双档，一定要时间长，彼此了解，你的身世我了解，我的身世你了解，我要唱什么你也晓得了，你唱什么我也晓得了。你今年跟我拼双档，明年跟他拼双档，你说这个双档能拼得好吗？要花功夫磨出光来的呀！

张："张双档"就拼了四十年。

陈：是呀，张鉴庭要唱下一个字，张鉴国就晓得了，跟上来。有的人琵琶很好，但是你唱你的，我发挥我自己的，这样就很难配合。所以张鉴国的琵琶好，他就是希望搭档唱得好，想自己也要弹得好，这才好摆正自己的位置。

整理者：张盛满

第六十七讲

未曾远去的记忆

——糜隽逸访谈录*

口述者：糜隽逸、陈承红

采访者：唐力行、张盛满、王亮

采访时间：2013年3月16日下午

采访地点：上海师范大学徐汇校区文苑楼1303室

---

* 本篇所用，部分为苏州话。

糜隽逸

糜隽逸（1947—　），中国曲艺家协会无锡分会会员、无锡评弹收藏爱好者。

一、在上海轨道交通1号线上的谈话

王亮（以下简称王）：您好，我向您请教一个问题：关于单干艺人的收入，有一种说法叫作"死分活拆"，这是什么意思？

糜隽逸（以下简称糜）：书场演出，你给我，比如说，五十块钱，有一百个听客就是五十块钱，超过一百个，则按照每一个多少钱，拆帐。就是给我订了，一天要五十块，要一百个听客，就是要五十块钱包收，超过一百个，如一百零一个，每一个，再给我拆多少钱。超过一百个，每一个听客，比如说三毛钱一个，就是这样活拆。

王：那如果没到一百个呢？

糜：没到，就是五十块。不满的，就是五十块。这算是包银。超过，你要给我奖金。

王：哦，原来如此。那么以前有个包银制，但还有一个拆帐制，这与包银有什么区别吗？

糜：我根据你卖票的价格，我负责拿60%，你是书场老板，拿40%，这就是拆帐。那么这个拆帐，分成的规矩是根据你演员的水平（来定的）。（如果是）名家，我可以拆帐七成，书场拿三成；一般的，对拆，就是五五分。就是名家拆帐要高一点。

王：那么这个数额的确定，就是艺人和场方来确定？

糜：是的。

王：还有一个就是，在上海评弹团的时候，"挂灯笼"，是什么意思？

糜：关于"挂灯笼"，就是客满，才会挂灯笼。加入评弹团以后，实际上唐耿良很少演出，他是评弹界下工厂、下部队、下农村下得最多的一个人。评弹团给他的工资最高，（他的）地位最高。他很少演出啦，他靠了公家做领导嘛，他主要是协助吴宗锡，管理（上海）评弹团的这些演员。

唐耿良跟蒋月泉关系非常好，蒋月泉没有唐耿良，他要吃很多苦头。（唐耿良）就是保护艺人。所以唐耿良做了很多好事，包括吴君玉，本来要去劳动教养的，也是唐耿良保下来的。

王：这是什么时候的事情？"反右"的时候吗？

糜：对对。

王：当时，姚荫梅也受到批判的。

糜：姚荫梅是"右派"。但是他们在唐耿良的保护下，没有吃到大苦头。

王：关于黄异庵呢？他好像是被苏州那边弄到青海劳教的。

糜：黄异庵呢，光裕书场事件以后，潘伯英就是说，你们这些艺人利用反动的行会组织，向共产党进攻。

王：那当时的行会组织，主要是指评弹改进协会吗？因为光裕社早就被合并了啊！

糜：对对。潘伯英说，黄异庵利用光裕社的行规，向共产党进攻，（所以）就是要（把他）镇压下去的。

像这种情况，在唐耿良手里，没有过，所以唐耿良在评弹界得到尊重，就是这个道理。

王：就上海评弹团而言，一开始的时候是刘天韵任团长，后来，是吴宗锡老师任团长。

糜：吴宗锡在1949年以前，是上海圣约翰大学的地下共青团员。1949年以后，共产党派他去管理评弹团。

王：当时上海评弹团，创立了中篇评弹，比如说《一定要把淮河修好》《海上英雄》。老师，您觉得，当时中篇评弹为什么这么火呢？当时说是，有三十万人去听，或者说是十几万去听。

糜：没有十几万。蒋月泉、唐耿良等这些老的名家啊，在外面影响很大很大，他们去治淮了，不演出，后来一个中篇出来，肯定要火了。不要说以前，就是现在，如果蒋月泉、唐耿良再出来一下，那肯定也是不得了的。

王：这么说，人家就是冲这个人去的。

糜：对啊！评弹界，听众是先看人，不是看你说什么书。书是无所谓的。说《三国》的有几十档，当时好的没几个，唐耿良、唐再良、陆耀良、汪雄飞，等等，是当时有名的，没几个。像唐耿良，到书场去演出，是要求包车的。就是金声伯，现在还没有到这一步呢。金声伯的回忆录中，他就讲，我学说书，（是在）看了唐耿良包了车以后。他说，我学说书，将来也要像唐耿良一样。

王：那么（上海）评弹团建立之后，当时有十八个艺人，那应该说是网罗了评弹界顶尖的人物啦？

糜：当时是中华人民共和国刚成立的时候，这是十八个艺人。他们能参加评弹团，是一大进步。他们个人在外面演出的话，收入是很高很高的，相当于（后来工资的）十余倍啊！

王：对于中篇评弹，您个人评价怎么样呢？比如说《一定要把淮河修好》《海上英雄》，您对这种形式，个人评价如何呢？

糜：这些作品（的创作）都是（出于）政治需要，不是（出于）艺术需要。进入评弹团以后，创作作品，要先宣传共产党，文艺为工农兵服务啊！如果没有这些大艺术家的话，一分钱都赚不到。就是这些大艺术家去搞这些东西，人家才要听。

王：就是说，至于他们说什么书目，倒是第二位的了。

二、在上海师范大学徐汇校区文苑楼 1303 室中的谈话

糜：评弹听众当中，没有人去讲唐耿良坏的，都是说他艺术好，艺德高。潘伯英被人家看不起就是（因为）黄异庵事件。结果黄异庵事件，非但涉及黄异庵、杨震新、金声伯、尤惠秋，还涉及了一大批人啊！格种事体落上海没发生过。为啥呢？因为有唐耿良。

张盛满（以下简称张）：当时钱景章跟他还是有点问题的，是吧？

糜：钱景章是两回事儿，他是流氓跟恶霸。黄异庵

糜隽逸（左）与邢晏芝（右）合影

就是利用光裕社格种规矩，格辰光龚华声搭潘莉韵没有协会登记证，是不允许演出格，未出道不好演出格，格是光裕社格规矩。因为龚华声认潘伯英是寄爷，所以潘伯英帮着龚华声，去打击黄异庵。格种人是恶劣格。唐耿良先生不一样，共产党给了他相当的威望，格种事体唐耿良是末格格。所以我呢，一直敬仰他。包括蒋月泉也一直得到唐耿良格帮助。

蒋月泉骨折，不肯治疗，唐耿良先生从加拿大飞到香港去劝他。结果蒋月泉听了劝说，得到治疗。

唐力行（以下简称唐）：他不光是跟蒋月泉关系好，他跟其他人关系都很好。

糜：格个人，在评弹界格威望，不光在艺人之间，在听众之间，不容易格。你想，没有人讲坏话，难格。

唐：金声伯对阿拉爹爹也蛮好。

糜：金声伯哪样讲？讲我学说书格辰光，看到唐耿良坐包车过去，想我将来也要像他那样。我今天带给唐老师的，就是评弹演员的访谈，谈一些从艺经过啊，谈一些看法，有五六十位，都是录像。

唐：糜先生不容易的。这个有心人要把他们（评弹演员）一个一个录下来，不容易的。现在你们那里有没有一个像苏州评弹收藏鉴赏协会这样的组织，收集资料？

陈承红（以下简称陈）：我们叫无锡市业余评弹社，我们有这么一个组织。当初我们也是做了社团登记的、这么一个业余的票友组织。我现在是社长，我们老社长退了，要把我们中青年推上去。

张：像您这么年轻的，对评弹感兴趣的不多的。

陈：不太多，可能到我们这一代是末代了。再小的，80后的就凤毛麟角了。像我们这个年代的，还有一批，到80后的，就个别了。

唐：我记得蛮清爽格，我小辰光，五六岁格辰光，跟了阿拉爹爹，一道到无锡。阿拉妈一道去格。落浪格个，一只公园格地方，边浪厢呢，有一只书场，格只叫啥个书场？

糜：实际1949年以后唐耿良先生不大演出了，但是他说书演出格风格，《三国》道中是与众不同格。搭陆耀良、搭汪云飞全部是不同风格的。还有一个问题，唐耿良先生在推广评弹、介绍评弹，他不是去拉生意，是宣传评弹、介绍评弹。这方面做了不少贡献。

唐：现在我们在研究的过程中呢，还发现一个问题。就是在1958年的时候，当年呢，就是一个评弹协会啊，也是在党的领导下面，就是把个体艺人集中起来学习，就是在这场学习当中呢，有不少人被送到新疆去了、青海去了。那么有的人呢，也自杀了。

糜：徐绿霞、杨乐郎格一批。

唐：讲到徐绿霞呢，跟我爸爸关系蛮好，他回来以后呢，法庭要给他平反，他说你们先让我躺下来了再给我翻一翻吧。他也会开玩笑，他说我躺下来再给我翻一翻吧。怎么叫躺下来呢，因为现在劳改农场还给我报销一点医药费，还给我一点生活费，你们如果把我平反了，那我什么都没有了。那么后来，徐绿霞呢，说，你们慢慢判，这个问题不解决，你们不要给我翻身。然后呢，我父亲也在当中帮忙的，好多人，当然不是我父亲一个人的力量，好几个人帮忙的。结果就把他的情况呢，转达到陈云那里去。后来陈云呢，关心了，把他安排到上海文史馆当馆员。每个月有八十块还是六十块钱的收入，那个时候八十块六十块的收入蛮好了。所以徐绿霞在世的时候呢，他因为离我们家很近的了，复兴公园边上嘛，我父亲那个时候也经常到复兴公园，两个人就喜欢在复兴公园聊天。

糜：类似格种格好事，唐耿良先生做了很多很多。

唐：因为我那个时候呢，已经到南京大学读书了，我又不在上海，这些事情都是我弟弟告诉我的，我弟弟都知道，有的时候他陪着我父亲一起去啊！因为我父亲跟有些人的感情是不一样的，你比如说姚荫梅什么的，他也被打成"右派"的，那么我父亲看上去呢，他就是自己的长辈啊，所以私下关系都非常好的。

糜：姚荫梅的录像带里，讲在无锡出码头。姚荫梅、张鸿声，所有格老先生呢，都是1980

年讲的。

唐： 1980年是在常熟讲的。

糜： 唐耿良六十六分钟讲课，也在当中了。

唐： 我呢，格辰光，1980年我已经工作了。

糜： 这个录像，包括蒋月泉格录像，只有一个人有。唐耿良先生搭俚出格本书（指《别梦依稀》），我蛮敬佩，没有伲，格本书不能出来格。电视台、上海评弹团没有人弄格。那么这个是作为资料录下来格。

唐： 我们访问蒋云仙的时候呢，我们把她请到这边来，录了一个星期的像，讲了大概五天，把她的身世啊什么，都介绍了一下。[1] 格辰光上海评弹团排中篇，到无锡来排，苏似荫格辰光，苏似荫搭我联系格，来十个人到无锡，吃住叫我安排，不要钞票。我搭俚安排，吃半个月，住半个月，那么创作中篇评弹。后来唐耿良搭我讲，下趟有机会来玩。唐耿良、吴宗锡、吴君玉，吴君玉一家人到上海，都要靠唐耿良先生帮忙。格辰光呢，吴宗锡心里好像对不起吴君玉，帮着解决夫妻关系，具体工作由唐耿良来做。

陈： 现在唐教授主要研究四五十年代的评弹。

唐： 我想把这里格情况介绍一下。90年代后期啦，那么我父亲在加拿大，我叫他呢，把过去的事记下来。记得越详细越好，那么我帮侬整理成一本书。[2] 爸爸呢，也是下了相当大格功夫，因为他记忆力好，交交关关格事体记得清楚。写好了拍照拍下来，我阿妹呢，再用电脑传过来。照片传过来以后呢，有时我就自己打出来，有时候呢，我就请学生帮忙。打出来了以后呢，我再帮俚整理，再修改。可以讲，这是阿拉两代人共同格心血啦！

糜： 现在，年纪大格人出本书不容易。唐耿良因为有唐力行，所以能出格两本书。蒋月泉一些老格名家，张鸿声啊，吴子安啊，汪云飞啊，没有这样的机会。

唐： 就这样，我就开始接触评弹了。本来我是欢喜听书格，从小就欢喜听书，对评弹了解还并不多。那么，格辰光开始呢，因为我帮阿拉父亲整理嘛，很多事情要去查，要去看，开始接触评弹格资料。我本来研究呢，不是格方面，最开始格辰光呢，我是研究徽州格，汪宣格家乡，徽州。后来呢，我调到苏州大学工作，我就开始研究苏州。我出过一本苏州碑刻集，大概五百块碑刻。[3] 最后呢，我开始研究苏州跟徽州格关系。因为，实际上，苏州格商业啦，还有名门望族，不少是从徽州过来格。后来帮我父亲整理回忆录以后呢，我就开始关注评弹了，但还没有下决心研

---

[1] 后来整理为《凌云仙曲：蒋云仙口述传记》，商务印书馆，2015年。
[2] 后来整理为《别梦依稀——我的评弹生涯》，商务印书馆，2008年。
[3] 王国平、唐力行主编：《明清以来苏州社会史碑刻集》，苏州大学出版社，1998年。

究评弹。

后来呢，2002年格辰光呢，到英国去开一只会，是讲社会文化史。这个会呢，我开了以后很有感触。就是讲，境外，包括中国的港台，现在最前沿格研究就是文化史，就是社会跟文化相互格关系。我想从评弹格角度去研究江南，研究社会跟评弹之间格关系，这不是一个很诱人格课题嘛？而且我有优势，我在评弹界有许多格熟人，比如评弹团格档案我去看，我跟周震华一讲，不会不给我看格对吧？所以就比较方便。从2004年开始，我招的研究生就开始叫俚做评弹了。这本书侬有了，就是苏州女弹词，就是格个，是我格硕士生。[1] 那么格个硕士生呢，很勤奋，收集了交关多资料，最后到两年级格辰光呢，我就辅导俚发表文章了。[2] 让俚硕博连读了，那么他五年时间就写出了这本书。[3]

那么，格个人是山东人，但是他也很了不起啊！到毕业的时候啊，我讲，你要想答辩你要给我唱一段开篇。俚唱徐丽仙。

糜：格辰光是贺绿汀，徐丽仙死之前，贺绿汀到徐丽仙家里拍了一段录像。格套录像资料，上海音乐学院有了，我也有了。本来格套末事[4]借出来，俚笃子女不像唐耿良格子女，俚笃要钞票。我是做好事宣传俚笃娘，俚格段资料搁在一般演员那里是浪费啊！结果有人抢救出来送拨我一套，外头末格。

唐：所以老可惜了。

糜：格种末事，徐丽仙格《社员都是向阳花》《六十年代第一春》，格种录像末格呀！像唐先生格种讲口，拿外头说书格一级演员都是没资格听格呀！

唐：那么格个，2005年呢，招了一个博士生，就是苏州人了。格个小姑娘是苏州人，叫吴琛瑜，俚是写苏州社会与苏州书场，书场小社会、苏州大社会之间格关系，格是写得相当好格。[5] 那么，格本书呢，俚做了三年。那么，从格个以后呢，我的博士生、硕士生，全部做评弹。

糜：格是对评弹格一大贡献！

唐：此前招格博士生呢，基本上做苏州和江南。后来呢，我就想还是集中力量做评弹吧，因为阿拉爸爸活着格辰光呢，曾经跟我建议，是不是可以组织力量，出一本评弹资料集？

---

1 该生为周巍，山东人士，2004年就读上海师范大学，先为近现代史硕士，后硕博连读五年。2009年上海师范大学博士毕业，博士学位论文题目为《技艺与性别——晚清以来江南女弹词研究》。
2 此文为《明末清初至20世纪30年代江南"女弹词"研究——以苏州、上海为中心》，《史林》2006年第1期。该文后被中国人大报刊复印资料全文转载。
3 周巍：《弦边婴宛：晚清以来江南女弹词研究》，商务印书馆，2014年。
4 末事：苏州话"东西"之意，也作"么事"。
5 吴琛瑜：《书台上下：晚清以来评弹书场与苏州社会》，商务印书馆，2015年。

糜： 唐耿良先生格目光，已经看到了这一块。

唐： 那么我就跟阿拉父亲讲啦，如果出来了，侬就是格本书格顾问，阿是。结果现在过世了。那么，这个书呢，评弹资料集呢，我估计，大概明年，我可以把它出来。

糜： 侬格学生子两本书，资料翻得不得了。那么上面讲到女弹词格身世，格种格，不要去计较人家。研究历史，不是去贬低艺人格。当时格女艺人就是格种地位啊！不稀奇啊！

唐： 那么格弄格一来呢，阿拉一方面来做评弹格资料集，格是阿拉父亲格一个遗愿。那么另外一个呢，就是讲，我们现在有一个系列的研究。前面有两个，有一个博士呢，博士论文去年已经答辩了，还有一个呢，是我原来的博士生，现在是我们学校的一个副教授[1]，我也叫他做一个。他们两本，大概今年年底可以出来。一本是写近代上海的评弹，评弹怎么样从苏州到上海来的，在上海怎么样形成这么一个高潮的，他研究的是这段历史。[2] 那么，还有一个呢，因为他原来是跟我读博士的，他原来是研究上海格小报纸，各种各样小报啦，现在呢，我要求他做的是媒体与评弹之间的关系。[3] 那么就是 30 年代的电台，还有小报，格个跟评弹之间格关系。

糜： 上海活着的还有一个老艺术家，你们可以去采访一下，汪梅韵。俚出道早，十六岁就是大名家了。上次碰见俚，我说搭俚拍张照，俚讲，我大响档不好说书了，你要搭我拍照啊！汪梅韵还活在那里，九十二岁了。她是才女啊，写字、画画都行。

唐： 那么还有呢，还有海外的博士论文也有写评弹的，我们也有一部分要翻译过来出版。那么呢，再接下来就是他（指张盛满）了。他和他的一个同届的，两个人呢，做两个题目。他做《评弹1949》，这个题目很清楚啊，就是这么一群普通的评弹艺人，在面临社会一个大转型的时候，他们的命运怎么样？评弹的命运怎么样？这是他做的内容。[4]

糜： 搞这个蛮难的。

唐： 这个是他的一篇，另一篇呢，我就叫他专门写常熟，"第一书码头"常熟。

糜： 这两天我叫陶春敏整理常熟在 1949 年以前有多少家书场，叫他去把那个资料搞出来。另外，中华人民共和国成立之初，常熟评弹团的那些演员名单，还有常熟籍的那些评弹演员，我叫陶春敏（整理出来。他）现在在做这个事。

唐： 这个两篇呢，今年 5 月份要答辩的。那么后面的呢，那就是他（指王亮）了。我是叫他写上海评弹团，50 年代的上海评弹团。

---

1 两个博士分别是申浩、洪煜，现分别任职于上海师范大学学报编辑部、上海师范大学历史系。
2 申浩：《雅韵留痕：评弹与都市》，商务印书馆，2014 年。
3 洪煜：《都市之声：近代上海大众媒介下的评弹艺术》（未刊稿）。
4 张盛满：《评弹1949：大变局下的上海说书艺人研究》，商务印书馆，2015 年。

陈： 我说吴宗锡会写一本回忆录的,他是亲历者。

糜： 1949年以后的上海评弹团,你把唐耿良写好就可以了。你要写唐耿良在上海评弹团的工作,从到淮河去开始。其实格辰光呢,格批艺人深入社会,深入农村,稍微吃点小苦头,思想就改变了。

唐： 有的事情你们不一定知道的。比如说,我们在上海市档案馆查到的当时的一些历史资料。现在(大家)都知道"斩尾巴",是评弹艺人自己要"斩尾巴",但实际的情况呢,不是这样的。实际情况是,有的领导当时给文化部打了一个报告。他建议,把什么《珍珠塔》《落金扇》《济公》《乾隆下江南》,等等,要全部禁掉。结果呢,是当时的上海市文化局副局长和北京中央的文化部都不同意,都觉得这个好像是太过分了。但是评弹演员就不敢啊,知道是迟早的问题啊!所以这些历史你们都不知道的呀!

糜： 1949年以前,像唐耿良这种大艺术家,他的收入跟参加上海评弹团以后的工资比,是不可比的啊!这些人能够进上海评弹团就是革命,就是进步。

唐： 我们苏州有一栋房子,1947年买的,1947年就是(用了)他几个月的收入(买的)。很大的,前面有一个天井。那个时候是民国时期的一个洋房,但又是中西结合的。

糜： 所以姚荫梅卖给金声伯格套房子,当时卖价就是三千块。名家进上海以后,就把苏州叫作乡下了。所以姚荫梅把房子卖给金声伯当时不稀奇的。我听姚荫梅讲,俚学说书,因为俚娘是女大书,姚荫梅没有资料进光裕社格,俚不是光裕社格。姚荫梅格辈分是搭杨斌奎并排格,比杨振雄还要高一辈。他一开始学变戏法,什么都搞。下次有机会我给你听听。这是他从出生谈到学艺(的资料)。他说我的学艺就是妈在台上说书,我就在台下的一个竹篓里面,我那时候开始学说书的。

整理者：王亮

第六十八讲

我与弹词《白蛇传》

——余韵霖访谈录

口述者：余韵霖

采访者：张盛满、王亮

采访时间：2012年7月1日上午

采访地点：苏州市宫巷第一天门光裕书场内

余韵霖

余韵霖（1923— ），常州评弹团原主要演员，1933年拜著名艺人杨筱亭为师，习说弹词《白蛇传》与《双珠球》。30年代末期开始跑码头演出，最初与其兄余韵兰拼档，后独放单档。50年代初期协助师兄"蛇王"杨仁麟在苏沪两地整理长篇弹词《白蛇传》，数年后开始抛弃旧书改说《钱秀才》，1958年左右加入常州评弹团，成为该团主要演员。我们之所以节选出余韵霖的访谈放在此处，目的在于让读者以一种敬重历史的心态来看待一位走过近一个世纪的老艺人在那段特殊的年代里曾经有过的一些特殊经历。

一、余韵霖与评弹"整风"

张盛满（以下简称张）：您是什么时候到常州（评弹）团的？

余韵霖（以下简称余）：1958年。

张：之前是在什么地方呢？

余：来过苏州，主要是和我师兄杨仁麟一起整理《白蛇传》，杨仁麟被同道称为"蛇王"，是我先生杨筱亭的儿子。[1] 这时候正好碰到了"斩尾巴"[2]，老书一般都不让说了，要求说新书。因为没有积累，长篇新书不好说，短篇、折子还是蛮简单的。一回书，一段书，中篇也就是三回书。但长篇要每天连下去，这就比较困难了。这就是"斩尾巴"时的情形，老书一律不准说了。

张：《白蛇传》是不是也不准唱了？

余：当时《白蛇传》说得最好的是杨仁麟，他被称作"蛇王"，就像说《描金凤》的夏荷生被称为"描王"一样。最开始，由我、杨仁麟、徐绿霞，还有一位刚拜杨仁麟为师的人，叫陈毓麟，我们四个人组成了一个改编《白蛇传》的小组，这是我们自发组织起来的。因为改编新书影响了业务，不久生活上就遇到了困难。当时我们住在上海福州路上一间很有名气的苏菜馆二楼。杨仁麟同老板比较熟悉，于是请他帮忙，说我们每天上午在这里改两个小时的新书，这期间菜馆不要接待客人。

我们改书的目的就是把里面糟粕和迷信的成分去掉，改完之后送到（上海市）文化局去审批，通过了就可以拿出来演出了。没过多久苏州方面得到消息，知道我们在改这部《白蛇传》。当时苏州方面负责的是潘伯英，他们正在改编两部书，一部《岳传》，另一部就是《白蛇传》。那

---

1 杨仁麟原本姓沈，为杨筱亭养子，八岁即从养父习弹词，后将杨筱亭的《后白蛇》做了进一步的加工与修改，使其更臻完善，而杨仁麟也借此书一举成名，时人谓之"蛇王"。详细可参见吴宗锡主编：《评弹文化词典》，第174页，"杨仁麟"条目。

2 1951年6月，在苏州参加学习的蒋月泉、王柏荫、唐耿良、刘天韵、谢毓菁、张鉴庭、张鉴国、周云瑞、陈希安九位艺人为了适应时代的要求自动放弃老书目，并向苏州文联递交了一份《坚决为搞好新评弹而斗争》的决心书。不久，上海市文化局传出将对《玉蜻蜓》《落金扇》《济公》《乾隆下江南》四部传统书目禁演的消息。九位艺人的行动与官方的传闻在苏沪评弹界掀起了一股抛弃旧书、编说新书的狂潮。这股潮流即被称为"斩尾巴"，有"斩断旧书尾巴"之谓。

时叫作"审定《岳传》""审定《白蛇传》",也就是说,改好后,通过了文化部门的审定就能拿出来演出了。潘伯英这个人很能干,苏州(评弹)团就是由他一手创建的。他得知我们正在上海改编《白蛇传》的消息后立即赶了过来,因为他们的《白蛇传》只有前部没有后部。潘伯英到上海来同我们商量说:"你们也在改,我们苏州也在改,我们两家能不能一起合作,这样快些。改完之后批准了,不但苏州能演,上海也能演。"他邀请我们到苏州去,这样合作起来也方便些。我们当时有些顾虑,因为在上海可以一边改一边演出,还能有些收入,到了苏州那就是全脱产了,没有经济来源。潘伯英知道我们的担忧,答应给我们提供食宿,另一方面也保证改编本可以通过审批,因为他名义上落在苏州(评弹)团,另一个身份是苏州(市)文化局的干部。

杨仁麟倒是很愿意到苏州去的,但是他的学生徐绿霞有些反对。大家一时拿不定主意,于是让潘伯英先回去,答应三日内给他答复。潘伯英走后徐绿霞跟杨仁麟讲:"他们来的目的不是要和我们一起改书,而是想学我们的后部,我们不能去。"关于这个细节,评弹界不清楚的。那么杨仁麟也没有了主意,我同他是师兄弟,于是他来征求我的意见:"韵霖啊,你看怎么办?"我那时也没有什么想法,就说:"对是对的,不过他们并不是单纯来学《白蛇传》的后部,主要是一起来修改好,改好了之后大家都可以演出。这个后部给了他们,不光他们可以唱你也可以唱啊!现在上海的申请能不能批准还没把握,苏州是稳的呀,潘伯英本身就是(苏州市)文化局的人,他是肯定会批准的。如果我们不去,他们审定通过之后可以演出,我们反倒不能演出了。这其中不只是他们有利益,我们也是有利益的嘛。"

最后我说:"师兄啊,我也不能做主,你做主吧,你是组长,是'蛇王'啊!"听我这么一说,杨仁麟打定了主意:"好的,那我们去试试看,情况好的,我们一起改下去,情况不好嘛,我们可以再回到上海来。"商量妥当,我们给苏州(市)文化局去了一个电话,请他们转告潘伯英,告诉他我们四个人几月几号一起到苏州去,让他安排三个人的住宿,因为我的家在苏州,所以不需要安排。这个时候《岳传》的整理以曹汉昌为主,他是苏州评弹团的团长。《白蛇传》呢,则由曹汉昌的兄弟曹啸君负责。就这样,《白蛇传》就由上海和苏州两地合作改编了。

在上海第一次"文艺整风"的时候,评弹界有两三百人被波及了,"整风"结束之后,集体评弹团才一个一个慢慢建立起来。这次"文艺整风"的目的是要把单干的艺人组织起来,整顿一批人,把每个人的身世经历弄弄清楚,整顿结束了给你做个登记,发一张证明。"文艺整风"的时候我的印象很深,当时规模很大,两百多人分成了十个组,每个组里头选一个组长。还有一个组叫工作组,工作组里的组长是(上海市)文化局派下来的干部,是最高领导。学习所涉及的问题包括政治、艺术、人事,每日每组的组长把各组的问题汇报给工作组。评弹艺人如果有问题的,就需要老实交代,交代过后自己在本组里面检讨,检讨得好,通过了,既往不咎。如果某个人生活上有问题不主动交代被人揭发出来了，那就要受到处理。一批问题比较严重的就是在这个时候开除出去的，那时开除出去的有很多。当然，一些被迫离开上海到外地评弹团登记然后再回到上海成为响档名家的也有。这些生活方面的问题在我们现在看来都不是主要问题了，它并不涉及政治啊，但那时处理得很严格。所以说当时的气氛是很紧张的。至于那些有政治问题的呢，那就不是开除了，要进去的，轻的教养，重的判刑。判一年的也有，三年的也有，顶多的十五年了。

王亮（以下简称王）：您讲的这个主要在什么时期？

余：蛮早啊，这个时候上海只有一个团，叫作上海市人民评弹工作团。不过他们没有参加这一次"文艺整风"，因为进入上海市人民评弹工作团的人面目都是清楚的，生活和政治上都没有问题，所以他们没有参加，而是去了淮河治淮。留在上海的就是我们十个组，一边学习，一边整治，同时还要进行劳动改造。劳动的地点在上海人民公园，两百多人都参加了劳动，其间还拍过一张照片。照片拍完后要拿去存档的，写上：几月几号，"上海文艺整风，改造人员在人民公园劳动"等内容。拍照片的人听过我的书，和我相识的，于是我请他多洗一张照片留给我做纪念。这张照片后来被苏州（评弹）团的一位演员要走放进了评弹博物馆里，照片送给他之后我想了一想，自己反倒没有留下纪念了。于是我又去找他要，想再印一份。但那时候他已经退休了，接手的是袁小良，评弹博物馆的副馆长。我找到袁小良说："这张照片能不能让我拿到外头去印一份？"他说已经编了号，不能随便拿出去的，但是答应帮我想办法复印一张。等我拿到复印的照片一看，效果不太好。那时候大概是没有条件，复印出来就像报纸上的一样，人头看不清楚。我不甘心，又找到袁小良商量，希望他能把照片借出来给我，并且向他保证会将原来的照片完璧归赵。就这样我拿着照片出去印了一张放在家里，现在看起来清晰多了。

"整风"的主要内容就是劳动，也要参加政治学习的。运动结束之后队伍清理干净了，开除的开除，定罪的定罪，然后开始搞创作。不久上海市举办第一次曲艺会演，演出的节目以新书为主。旧书如果要参加演出的话需要通过批准，审批过后才能参加。但是新书不用经过批准，由自己编排，只要在彩排时大家提些意见内部通过就可以了。这次会演有四天，总共有四场一百多个节目。结束之后呢，十个小组都被组织起来了，后来的长征（评弹）团、实验（评弹）团、东方（评弹）团等就是这个时候成立的。[1]

---

[1] 1957年的"大鸣大放"之后，次年4月，文化部颁布了《文化部关于今年在全国民间职业剧团开展整风运动的通知》，全国文艺界开始了轰轰烈烈的"整风运动"。在这场席卷全国的运动中，上海文艺界也不能幸免。1958年初，上海评弹工作会议召开，会议一致认为应即时在评弹界开展"整风运动"。经过政治甄别，上海有约三分之一的艺人被清除出了评弹队伍。同时，评弹艺人们以往的单干形式被取消，剩下的艺人分别被组织进了数个由政府控制的集体评弹团内，上海市长征评弹团、先锋评弹团、星火评弹团等即是在这种背景下成立的。关于上海市人民评弹工作团赴安徽治淮工地，最早一次为1951年11月底至次年初，历时三个月。1955年6月，该团又至安徽梅山及佛子岭水库演出一个半月。

二、余韵霖跑码头的经历

张：您最早一次出码头是在什么时候？

余：我第一次出码头是在十三岁的时候，那时还没有到1949年。我跟先生学了一年，学的是《白蛇传》的后部。因为先生对我说："杨仁麟不太说后部的，这样下去要失传了，现在说给你听，再不听就听不到了，我年纪大了以后也不说书了。"所以现在《白蛇传》的后部只有我会，杨仁麟不大唱的。《白蛇传》噱头多，杨仁麟也是靠着这部书成名的。

张：抗战时期，苏南有一块新四军的根据地，当时有没有演员去过那里，有没有遇见过新四军？

余：有是有的，但是我不知道，走了以后才明白过来，原来这就是八路军、新四军啊！举一个例子来说，抗日时期有一回我正在外面跑码头，那个码头在嘉兴附近，其实这就是新四军的一块根据地。我当时也不知道，接了场子就进去唱，唱了没几天，日本人来了。当地人一听日本兵来了都四散而逃，整个镇子就剩下我一个人，因为没有去处只好住在书场里。镇上的人有的逃到乡下，有的躲到那些日本人没办法发现的地方。我呢，没地方去，只能坐在书场里。之前我是躲在房间里的，后来转念一想，如果就这么待在房间里，日本人进来肯定会把我当成新四军的，怎么办呢？他们的语言我也不懂。那时我还算蛮聪明的，想到了一个办法。我离开房间到书场里去，不是语言不通嘛，那我就坐到书台上拿着弦子弹给他们听，这样他们就能明白我是来演出的，是跑码头的艺人。

那天日本人来得很快，七八个日本兵"砰"地一声冲进来，进来后一眼就看见我坐在靠近书台的茶炉旁。他们把我拖了出来，我不知道讲些什么，只能"叮咚……叮咚……"嘴里不停地叫。他们把我绑了起来吊在书场大厅的正梁上，那时我想今天总归死定了，既没有认识的人，语言上又没办法沟通。这时我脑子里的第一个念头就是想起了自己的母亲，心说："哎呀娘啊娘，我今天就要死在这里没法回去了。"其实我不晓得日本人把我吊起来的目的，他们就是要逼我说出新四军的去向，让我给他们领路。我没有领会他们的意思，心想把我吊起来不是拷打就是一枪打死了，于是拼命地喊："叮咚叮咚……叮咚叮咚……"当中有一个日本兵听出来了，都什么时候了还"叮咚叮咚"嘛，再往旁边一看，发现台子上有一把弦子。那么他想了，"叮咚……叮咚"大概就是指这把弦子了。于是他走过来指着那把弦子示意我，我拼命点头，嘴里仍然"叮咚叮咚"地叫。那么他让那些日本兵把我放下来，把那把弦子拿过来让我弹。我一想生路来了，拿起

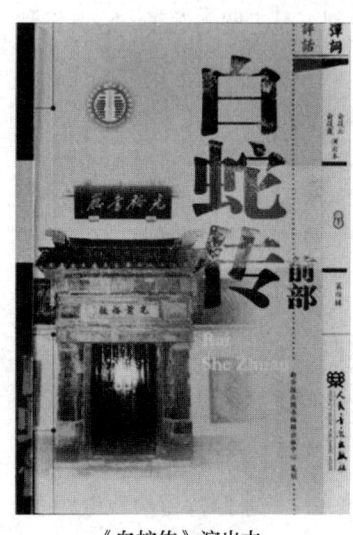

《白蛇传》演出本

弦子就开始弹，当时也不晓得弹了啥名堂，但要弹得像，弹得不像他们不会相信的。他们听我弹完之后知道我是一个跑码头的艺人，我也最终捡回了一条性命。后来他们又连比带画问我"支那兵"在哪里？那时候日本人把新四军称作"支那兵"。我说不知道，日本人就交代我烧茶给他们吃，吃完拍拍屁股走了。

就是这么一段经历，日本兵枪头上都上着刺刀，要是真的拿起来一刺刀，那就算是白死了。镇上没有人，书也不能说了，我想想还是走吧。等出来一看，那情形蛮恐怖的，偌大一个镇子就我一个人，店铺里的布匹丢得满地都是。我来到船码头，可码头上一只船也没有。于是我又转回来，经过一座庵堂时听见里面似乎有声音。我踏进去一看，镇子上有一部分人躲在里面，大多数是妇女和孩子。里面也有一些是听书的听客，她们问我："说书先生，你怎么样？"我把日本兵把我吊起来的事说给他们听，告诉他们日本人已经走了大家可以出来了，大家听我这么一说才放下心来。当时大家就在这座尼姑庵里吃饭，由于这么一场遭遇，我脑子里乱哄哄的，不知道该到哪里去，也就跟着她在尼姑庵里一起吃。吃什么呢？喝粥。大家把钱给尼姑，在她们那里吃东西。这次经历，是我跑码头时遇到过最危险的一次。

还有一次，在青浦也碰到一次类似的经历。当时我正在台上说书，下面突然有几个日本兵冲进来，奔到书台上把我拉了下来。这次还好，旁边跟着一个翻译，翻译告诉他们这是演出场所，下头坐着的不是"支那兵"，全是听书的农民。日本兵也能看出来的，乡下人有乡下人的打扮，大家穿着的那种衣服就像是农民。这一次也有些意思，他们把我当作在台上做报告的新四军了。新四军（里）一般本地人比较少，那么什么是新四军呢？有的地方并非是正式的新四军，他们只是一帮打着新四军旗号的土皇帝、土匪，这些就是汉奸了。他们知道新四军驻扎在哪里，领着日本人去，这种人最后会被枪毙的。这些人也会到书场里来听书，我们不认识，当地的场方会告诉我们，让我们不要得罪他们。

三、余韵霖谈建立评弹团体

王：余老师，当时建立了这么多团体，比如上海（评弹）团、苏州（评弹）团，您觉得国家为什么要建立这些团体呢？

余：就是把大家组织起来，一方面说书（另）一方面宣传党的政策。上海（评弹）团建立起来的时候，有一位干部叫吴宗锡，是地下党员。中华人民共和国刚成立时他常到我们茶会上来，那时大家都是流散艺人，闲下来时聚到一个地方吃茶，这种活动叫作"茶会"。上海（评弹）团主要是由吴宗锡组织起来的，苏州方面则是由潘伯英组织。上海（评弹）团内部分工很明确，政治问题由吴宗锡抓,艺术问题则由刘天韵、唐耿良、蒋月泉等负责。

王:当时"十八艺人"加入了(上海)评弹团,您看为什么其他艺人不愿加入或者没有加入呢?

余:有的是没有资格、条件不够所以没有参加。我举一个例子,本来我也是要进上海评弹团[1]的。我在里面等过两个多月,当时蒋月泉聘请我当艺术顾问。具体做什么工作呢?就是整理《白蛇传》。之前他准备邀请杨仁麟加入(上海)评弹团,但杨仁麟嫌进团之后工资少,那时单干艺人的收入高,他的名气响,聘他的场子有很多。其次,他怕进团后生活上会受到约束。因为这两个原因,所以他不愿进去。上海评弹团成立之后,好的场子都被(上海)评弹团包掉了,单干艺人没有机会做,只有在淡季场子空的时候才被场东请去。杨仁麟一看这种情况,没有办法,只好加入上海评弹团。[2]但是加入(上海)评弹团之后他还是不太愿意把本子拿出来(指《白蛇传》的脚本),于是团里想了一个融通的办法,既然长篇不行,短的总归可以的,所以后来弄出了一部中篇。整理时蒋月泉也参加了,杨仁麟也只能参加进来。杨仁麟参加(上海)评弹团主要是因为"斩尾巴"了,后来自己又生了一场病,无奈之下才加入的。

那么我为什么进不了上海评弹团呢?主要是因为我没有搭档的下手,当时要求一男一女拼档,他们准备给我找一位女的拼成双档后再把我吸收进去。但我有些心急,等不了就自己出去演出了。当时他们一个月就给我发一百块钱的工资,我到外面去唱远远不止这个数啊!我那时待在团里的主要目的就是整理《白蛇传》。还有一件事评弹界不太清楚,就是我曾经在蒋月泉的家里做过长堂会。什么叫"堂会"呢?就是每天到人家家里去唱一个小时。

张:这个大概是在什么时候?

余:1949年以前。为什么他会请我做堂会呢?他那时很喜欢《白蛇传》,他学艺之前对评弹产生兴趣就是因为听了《白蛇传》。当时我对他说:"你现在名气这么响,已经成名了,如果再要去唱《白蛇传》,说得难听点,唱得好不要紧,唱得不好评弹界谈起来会说,蒋月泉出名只靠一部书,唱《白蛇传》不行啊!"但他不介意,就是喜欢。他喊我唱堂会,但他自己却很忙,基本上不回家,因为他下半夜要去出场子,晚上还要上电台演出,所以只有早上有时间。那时候我在上海演出,正好也只有早上有空,这样就答应去了。到他家的时候,他在门旁边为我摆好了一张半桌、一张凳子。双方讲好了,从八点半到九点半一个小时。那时我有些紧张,面对这样一位有名气的响档怎么说得出来呢?蒋月泉看出了我的心情,安慰我道:"不要紧张,你归你说好了,我嘛听我的。听听我睡着了,不要紧,你接着说下去好了,没听见的地方我会问你的,到时你再

---

[1] 时称"上海市人民评弹工作团"。
[2] 1954年杨仁麟曾与上海市人民评弹工作团合作整理《白蛇传》,1960年正式加入该团。

补给我好了。"

我和蒋月泉有过这么一段机缘,所以后来他邀请我到团里去整理《白蛇传》。这是第二次整理了。第一次是在苏州,我们上面谈到过的。当时我们四个人到了苏州,于是苏沪两方面的人开始改编《白蛇传》,但结果是双方没有谈拢散掉了。为什么会谈不拢呢?苏州(市)文化局方面原来是由潘伯英负责主持的,后来潘伯英不来了,让另外一位叫钱江的干部来主持。钱江懂戏曲,但是他不懂评弹。他创作能力很强,唱片之类的事务都是他弄的。当时什么都要听他的,讨论书情也要听他的。这样矛盾就产生了,他不懂啊!这时候由于受到极"左"思潮影响,有的神话被他当作迷信要删掉,但有些真正好的东西都是神话啊!我举一个例子,书里说到一回叫《三戏沈半城》,这里面有一个鬼。白素贞到镇江去开保安堂药铺,要租一爿铺面。她看中了一座空房子,这座房子没人敢住,为什么呢?因为里面有个吊死鬼。白娘娘不怕,她住了进去。这时剧情中就出现了一个鬼魂。房子里怎么会有鬼呢?情由是这样的,当地有一个姓沈的恶棍,很有势力,镇江几乎有一半的房子都是他的,所以被人称为"沈半城"。这个沈半城好贪女色,见到貌美的女人就要想法弄到手。于是谋财害命、谋夫夺妇之类的坏事做了不少。百姓想要告他是告不成的,因为镇江府(知府)、丹徒县(知县)跟他都是结拜弟兄。那么有一对夫妻租了他的房子,没想到妻子被他看中了,于是沈半城就先把那位丈夫谋害死了,然后去调戏这位妻子,妻子不肯就范,上吊自杀了。白娘娘住进去后知道了其中的蹊跷,决定为这位妻子报仇,所以就有了后来的三戏沈半城,把这个恶霸给除掉了。

这个例子说明什么呢?叫除暴安良。但是这位钱江不答应,说是迷信。我们上海来的一派不赞成他的想法,如果不除掉沈半城,白娘娘来镇江后到哪里去开店呢?开店就是要开在最热闹的地方啊!这座房子空在那里人家不敢进去,因为里面有吊死鬼。但白娘娘看准了这座房子的地段,所以进去开了保安堂。如果删掉这个情节,书就不好说了呀!你把保安堂开在角落里、小街上,怎么做生意呢?白娘娘来报恩,就是要使许仙发家致富,与他成家立业啊!这样保安堂就必须开在大街上,生意兴隆,致富成家。其实白娘娘的目的就是八个字:"成家立业、传宗接代。"让许仙开了店发了财,养育了儿子传宗接代,那么她才能转回仙山啊!但是当时是思想极"左"的时候,不能够报恩,要报只可以报共产党的恩。

张:对于这一点,第二次整理时上海(评弹)团那边怎么样?他们是如何处理的?

余:上海(评弹)团那边蒋月泉只好弄了个一见钟情。这个事情后来在电视台上我曾经跟吴宗锡谈过,吴宗锡说当时只好一见钟情,不能够报恩的,这些现在都改正过来了。那时候蒋月泉改得蛮好,唱腔好,陈灵犀的片子搭得也非常好,雅俗共赏。之前《白蛇传》的篇子一塌糊涂,主要就是噱头,不能像才子佳人那样规规矩矩地说,因为它是神话,讲的就是噱头。

张：您原来在外面跑码头，有没有感到很艰辛的时候？三四十年代时，评弹艺人为了生存往往结成互相帮助的小团体，对于这些您有了解吗？

余：要谈艰苦呢，主要有两种。一种是穷的时候辛苦，一种是进了上海，生意好了，整天赶场子也很辛苦。第一种情况是跑码头时没有地方演出，生活不稳定，不像现在是由团里面分配的，以前都要靠自己去找、靠同行介绍的呀！谈到团体的话，那时有些人了解演员，场东都托他代请演员，所以这些人掌握了一部分书场之后就介绍要好的人去演出，关系不紧密的人不做介绍的。还有一部分人呢，就是你说的小团体了，比如说"六个档""十弟兄""四响档"，等等。有几家场子全是掌握在这班人手里，你做过了我做，我做过了你做，这是小团体。像这样的情况后来就形成了两派，一派以顾宏伯为主叫顾家班，如果要进上海就要通过他，他会安排地方给你演出，否则的话就只有到小地方去演出。还有一派叫张家班，由张鸿声主导的一个班子，以前像刘天韵这些人都是张鸿声班子里的。

张：好的，余老师，今天我们先谈到这儿。非常感谢您接受我们的采访。最后祝您身体健康，一切如意。

整理者：张盛满

第六十九讲
弹词名家薛筱卿小传
——口述与文献
（解　军）

薛筱卿跟随弹词名家魏钰卿学艺，随后在江浙沪各个大小码头"跌打滚爬"，刻苦磨砺自己的艺术，在光裕会书中崭露头角。1924年，薛筱卿开始和同门师兄弟沈俭安拼档演出，在上海声名鹊起。薛筱卿开创了"薛调"流派唱腔，他的表演具有独特的琵琶伴奏风格，在对《珍珠塔》进行加工整理的同时，还培养了很多优秀的评弹艺人。这些都对评弹艺术事业的传承和发展做出了很大的贡献。

薛筱卿

薛筱卿（1901—1980），弹词演员。江苏苏州人。十二岁师从马如飞再传弟子魏钰卿，习《珍珠塔》，十五岁拼师徒档演出于苏州地区。十六岁到沪，单档演出于大世界、小世界等游艺场，一度与陈雪舫拼档。1924年，经评话演员钟子亮撮合，与沈俭安合作。始在上海四美轩书场演出，大获赞赏，后红遍江南，1945年加入上海市人民评弹工作团。他嗓音明亮清脆，咬字清劲峭拔。其唱腔是在"马调"基础上加以发展和变化，具有明快流畅、稳健铿锵的特点，称为"薛调"，为流传最广的弹词流派唱腔之一。其琵琶弹奏灵活娴熟，衬托沈俭安之唱腔，采用枝生复调，乘虚填隙，丝丝入扣，一改以往仅有过门而无衬托的传统伴奏法，对"沈调"的形成具有重要作用。"沈薛档"对《珍珠塔》唱本有较大丰富和发展，他们在删改原唱本中过多的封建伦理说教的同时，又增添了大量富有情趣的情节和语音，又因他们的表演风格清新活泼，兼节奏快捷、配合默契，适合当时听众的审美需求，故"沈薛档"有"塔王"之称。他们演过的唱片还有《太真传》《花木兰》等，并弹唱过《啼笑姻缘》。40年代初，沈薛拆档后，薛一度与师弟魏含英合作，后和徒弟庞学卿、郭彬卿拼档。从1950年起，与薛惠君拼父女档；1955年后，又和陈红霞合作，演出长篇《西厢记》；1961年兼任上海评弹团学馆教师。沈薛合作灌制的唱片有《珍珠塔》之《哭诉陈翠娥》《唱道情》《方卿写家信》《初到襄阳》《托三桩》等二十余张，《啼笑姻缘》之《家树别凤》《寻凤》《旧地寻盟》等四张，薛单独灌有《柳梦梅拾画》《紫鹃夜叹》等。

一、童年时寝馈书艺

光绪辛丑（1901）是20世纪的最初一年，清政府签订《辛丑各国和约》后，中国发生着"自有国家以来未有之奇变"[1]。也就在这一年十一月初七日（12月17日），无锡后宅镇东塘街一位叫薛福卿的生意人喜得贵子，这一男婴也就是日后的薛筱卿。

辛亥革命后，薛家迁往苏州定居，福卿在古城宫巷畔开设义昌福茶馆，并有一爿规模不小的皮箱店。作为在这样的家庭中成长起来的"小开"，筱卿幼年生活自然轻松舒适。因为家中开有茶馆，筱卿从小就能听到评弹。不仅如此，嗜好评弹的筱卿还时常跑到住处周围的各家书场中去听书，甚至是玄妙观的露天说书也不放过。薛筱卿真正确定从业说书志愿的，还是在进入光裕社创办的裕才小学读书期间。[2]

裕才学堂创办于光绪三十三年（1907）二月，于民国四年（1915）改名为裕才小学，校址设在苏城宫巷第一天门光裕公所内。学校经费由光裕公所主持筹集，主要来自道众会书所得，除公所抽出茶资以外，全都作为学校经费。裕才小学规模不大，只有一两位老师。学校规定：兼收业内子弟，而不募业外分文。[3] 这样，光裕社员子弟可以在此学习，减轻了贫寒同道的压力；同时，周边邻家孩童同样也有机会进入裕才小学读书。通过这样的同道互助方法，光裕社维持着一定的行业稳定。苏州光裕小学虽不是评弹培训专门学校，但是学生们或是艺人子弟，或是耳濡目染的邻居子女，也有很多对评弹一道发生兴趣的孩童，如评话名家钟子亮、弹词名家朱介生都曾在这里念书。[4]

得地利之便，筱卿得以在裕才小学读书。学校里大半为光裕社员子弟，在与他们朝游

---

1 《庚子纪事长札》，中国社会科学院近代史研究所《近代史资料》编辑组编：《义和团史料》（下），中国社会科学出版社，1982年，第661页。
2 俞执中：《闲话薛筱卿》，《弹词画报》1941年第30期。
3 周良编著：《苏州评弹旧闻钞》，苏州市评弹研究室编印，1980年，第70—71页。
4 重视文化是评弹界有识之士的优良传统，光裕公所创办裕才小学是为了使艺人的后代有文化。上海的梨园界，也创办过艺人子弟学校——榛岭小学，这是上海多个剧种合办的，以京剧界为主。而像评弹这样以一个曲种单独办校的，在当时可谓绝无仅有。结果是在这一届里就出了两个评弹界历史上的大名家：薛筱卿和朱介生。

夕嬉的过程中,薛筱卿从小同伴的口中知道了很多评弹界的趣闻轶事,使他对学习评弹的兴趣与日俱增。转眼间到了1912年,十二岁的薛筱卿修毕了裕才小学的所有课程。做生意的父亲不打算让薛筱卿继续升学,而是准备给他寻找一个适当的职业。筱卿利用这段闲暇时间,夜以继日地去书场听书,几乎达到了废寝忘食的程度。筱卿从小喜好评话,极力反对装小喉咙、扮女人的说小书(弹词)。但是当他遇到弹词名家魏钰卿后,这种态度使他发生了改变。[1]

魏钰卿(1879—1946),江苏苏州人,师从马如飞的弟子姚文卿习《珍珠塔》。魏氏功底深厚,描绘人物逼真,咬字清晰,在"马调"的基础上形成了苍劲有力、节奏明朗的"魏调",有"书坛文状元"之称。在20年代前后的很长一段时期里,红遍江浙沪地区。[2] 薛筱卿听到了魏钰卿的《珍珠塔》后,被这位名家的艺术所深深折服,马上由喜好评话转为乐于弹词。薛福卿眼见自己的儿子醉心于说书一道,开明的他也投其所好,并托人引荐,让筱卿拜在钰卿的门下。筱卿听见了这消息,真是不胜欣悦,心中的愿望终于有机会实现了。这年秋季,他就跟随钰卿开始了四年学艺生涯。

在初学评弹时,薛筱卿接受了先生全方位的训练。首先是练习弹琵琶的指法。魏先生教筱卿用小竹弓练习轮指,食指滚轮到小指再转大指挑完。如此练习了三个月,再用琵琶弹"工尺"。第一次学的是"老六板"。所谓工尺,是音阶上各个音的总称,也是乐谱符号的总称。就这样,筱卿反复练习,弹熟工尺后,再学开篇。

先要学的是"俞调"开篇。"俞调"是清嘉庆、道光年间弹词艺人俞秀山创造的流派唱腔,真假嗓并用,以长过门为主,节奏徐缓,一波三折,和"马调"(马如飞所创)、"陈调"(陈遇乾所创)并立,为早期弹词三大流派唱腔之一,是学唱弹词者必学的基本曲调。[3] 薛筱卿当然也是以"俞调"名篇《宫怨》入门的。但是,魏钰卿本人并不擅长"俞调",筱卿只好去书场学习朱耀笙先生运腔的方法。由于自身小嗓较差,音高总是上不去,魏钰卿便让筱卿吊嗓子。筱卿于是每日早晨六点多起床,到北局高墩上大喊:"嗨!嗳!喔!鸭哩……喔落……"怎奈筱卿方法不到位,用喉头逼出的气流在口腔两腮之间发声,只唱出合腮音,这是一种不科学的发声方法,其结果便是声音送不远,唱不响。魏钰卿责备筱卿练习得还不够,要求他多唱。此后,筱卿每天吊嗓子外,还要加唱一支开篇,反复唱十五至二十遍。经过如此的强化训练,筱卿的声音可以唱到胸脯了,但是很痛,因为声音并不是由丹田发出,先生教他的方法仍旧是继续加强练习。苦心人,天

1　俞执中:《闲话薛筱卿》。
2　吴宗锡主编:《评弹文化词典》,第158页。
3　吴宗锡主编:《评弹文化词典》,第131页。

不负。前后大概经过了一年的时间，筱卿终于唱得气顺了，胸脯也不痛了，声音能从丹田发出了。[1]

练熟了琵琶指法、学会了"俞调"运腔，先生开始带筱卿上台"插边花"。所谓"插边花"，就是艺徒加座于先生一侧，在演出正书之前弹唱开篇一支，唱完下台。这种"插边花"虽只是奉送给听众的，但是这样可以让徒弟提前登台感受书场氛围。经过这一段时期的实践之后，魏钰卿让筱卿开始正式学习长篇书目《珍珠塔》。筱卿每天在台下静心聆听，记熟先生的书路，晚上将所听得的书从头至尾说给魏钰卿听，先生边听边给予补充指导，然后再让筱卿抄脚本。筱卿每日除了要将抄来的脚本读熟，还要对着镜子练唱"篇子"。[2]

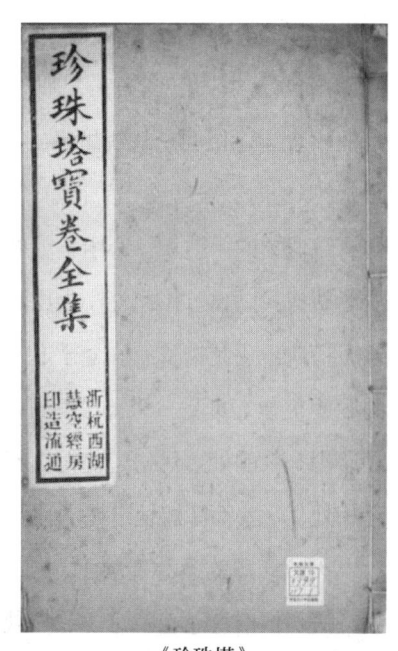

《珍珠塔》

这里需要补充的是，像薛筱卿这样很早就能得到先生脚本的评弹艺人是不多的。脚本的好坏关系到演员演出的成功，它是说书的灵魂所在。"说书业之对于脚本，除马如飞之《珍珠塔》外，余均视若禁脔，从未一肯示人。即亲如师徒，亦维以逐段之抄本视之，仍未肯以全豹命之誊录副本也。"[3] 魏钰卿从姚文卿学艺的时候，先生生怕徒弟学成后抢了先生的饭碗，更害怕将来钰卿超过其子姚如卿，影响如卿生计，于是对钰卿保留了部分《珍珠塔》脚本。后来评话演员钟伯亮将其亡弟所藏《二进花园》至《打三不孝》等脚本赠予钰卿，魏氏的演出才得以完善。[4] 当筱卿学艺时，先生就将脚本给筱卿抄了。但是，先生并没有将全部脚本示予筱卿。直至筱卿放单档的时候，脚本一共只有十三回，要紧的书回，先生并没有给他，以至于在码头上虽然知道后面有很多紧凑精彩的书，但是记不起具体内容了，说不出对白和唱词，真是无可奈何。魏钰卿的脚本得来也是不容易的，有所保留，这也是不可求全责备的。

学徒生活的辛酸，大概只有亲历者才有深切体会，但薛筱卿的学徒生活同样也有精彩处。那年还未出道的筱卿随先生跑码头，偶尔也"插边花"唱开篇。童性未泯的筱卿，平时素喜与书场周边的孩子玩耍。有一天已经到了中午，玩伴们仍不见筱卿，便登门来寻找。师母这时也在寻找筱卿吃午饭，便问大家是否见到筱卿，大家都说正是因为没有看到他才来找他的。师母这时焦急万分，但是到处找寻都没有筱卿的下落，无奈之下只能静静等待。夕阳西下，才见筱卿晃悠悠地

---

1 2 薛筱卿：《弹与唱》，上海评弹团藏。
3 抱真：《说书界上之脚本问题》，《说书杂志》1930年第2期，第6页。
4 吴宗锡主编：《评弹文化词典》，第158页。

回来。师母既喜且怒,问道:"筱卿,你去哪里了?怎么这么晚才回来?"只见筱卿从容不迫,微微露出自己的牙齿,答道:"师母,您看我口中是什么东西?"师母往筱卿口中一看,金灿灿的是一枚金牙,便问是从哪里来的。筱卿告知是苏州玄妙观。师母惊讶地问:"你口袋空空,哪有路费?"这时,筱卿露出了得意的笑容,说道:"我觉得口中镶金牙,特别的美观,听说苏州玄妙观有镶假牙的手艺人,心中早就想去了。今天特意起早搭上了一班前往苏州的轮船,船家向我索要船费,我以自己年纪幼小为由免了票。等到了苏州,我匆匆赶往玄妙观,找到了手艺人,花了钱,请他帮我装镶了一枚金牙。便宜着呢!"师母听他如此说,怒气消去,为之捧腹不止。[1] 筱卿的聪明机智,可见一斑。筱卿日后在码头说书,很少受人欺负,也正是因为"活络"。同时,这种游刃有余的处事风格,使得筱卿能够在学艺途中不断得到道众的帮助,成名之后又能和同行和睦相处,平安而辉煌地走完了其漫长的人生之路。

在魏钰卿的悉心调教下,筱卿技艺水平不断提高,师生间的感情非常融洽,哪怕在出道以后,筱卿依旧每逢春节定要前往魏钰卿处磕头拜年。后来魏钰卿在苏州一个小乡镇上去世,筱卿特地赶到痛哭一场,协助师弟魏含英料理恩师丧事。[2]

二、背包囊,走官塘

时间转到 1916 年,四年学徒期满,薛筱卿到浙江省狄港镇的茶馆书场破口说书。初次登台不无紧张,加之舞台经验和艺术水平的不足,所到之处均不受听众欢迎。更重要的则是自己只有十三回书,根本无法做完档期。幸亏遇到王绶卿的儿子,从他那里抄得了脚本。王绶卿是"马调"创始人马如飞的外孙,他的唱本为马氏嫡传,这才使筱卿的书能说到《方卿见姑娘》这个《珍珠塔》中最大的关子。否则,不仅唱不满一个月,连演出也没有吸引力。

跑码头是辛苦的,但是唯其艰辛方能磨炼一位艺人的技艺。在各码头的实践锻炼中,筱卿不仅锻炼了弹唱,口劲也渐渐加强,音也送得远了,哪怕是二三百听众在座,没有话筒,前后同样能够听得清爽。[3] 后来筱卿跟随先生到上海大世界、小世界做双档,生意当属不恶。但是不久,魏钰卿便要到外面跑码头了,筱卿继续单档演出。据记载,当筱卿十六岁时,大世界、小世界等地附设的书场里已经有了他的节目,卖座始终不衰。[4]

---

1 《幼年之薛筱卿》,《弹词画报》1941 年第 23 期。
2 薛筱卿:《随流偶笔》,《上海书坛》1949 年 5 月 13 日。
3 薛筱卿:《弹与唱》。
4 俞执中:《闲话薛筱卿》。

经过书台的锻炼，筱卿有了一定的本事，先生决定让其参加光裕会书。会书是评弹界的大事，尤以光裕会书为最盛，每年农历十二月中，评弹艺人们都要集中于苏州光裕公所进行会书。光裕社通过这样的会书，既可筹集基金，又可通过会书方便艺人之间的交流从而提高艺人的艺术水平。因为艺人云集，每场一般都是根据光裕社排定的书场和档次来，少则三四档，多则七八档，乃至十几档艺人依次奏艺，这样艺人间便形成了对比。苏州是评弹的故乡，听众中"老耳朵"不少，他们能从艺人们的说唱中品评出各自的优劣。此外，每届会书之日，江南各书场老板也会前往聆听会书，他们从听众的反应中优中选优，为自己书场聘请先生。由于关系到生意的好坏和来年的生计问题，艺人们在"考场"中都不敢掉以轻心。有人说：考生怕进考场，说书先生怕做会书，做会书如同进了考场。[1] 经过精心准备，薛筱卿参加了1919年底的光裕会书。在这次会书中，筱卿沉着应对，超常发挥着自己的演技，初露锋芒便得到了听众和书场老板的普遍褒扬，可谓一炮打响了，这给筱卿今后的发展奠定了基础。

　　有了在光裕会书中的崭露头角，接下来请筱卿去唱堂会、书场演出的多了起来，生意应接不暇。1921年因无锡某书场的坚聘，薛筱卿情不可却，在梁溪开唱了一年。由无锡回上海后，薛筱卿继续单档演出。一个偶然的机会，筱卿结识了陈雪舫，开始与陈拼档演出。陈雪舫（1898—1963），青浦人，十七岁拜朱兼庄为师学《珍珠塔》，响弹响唱，调宗"马调"，数十叠句一气呵成，起脚色借鉴京剧，有周信芳"麒派"风格。[2] 开始的时候，陈、薛二人配合得很好，生意也不错。但是与陈雪舫拼档并没有能使自己的艺术有所精进，离"响档"还有很大的差距。"因为上海是中国南方的经济文化中心，戏曲的名角、说书的响档都云集上海。一个说书人只有在上海的书场受到听众欢迎，走红了，才能称为上海响档。"[3] 此时的薛筱卿觉得与陈雪舫拼档，虽能糊口度日，但是并不能够达到艺术的高峰，并不能成为"上海响档"，这是筱卿所苦恼的。有一次，陈雪舫打算前往外埠演出，筱卿则不愿意，两人终于因为意见不合而拆档了，[4] 筱卿依旧放单档，在江浙沪各个大小码头"跌打滚爬"，刻苦磨砺自己的艺术。

　　在码头上筱卿丝毫不敢懈怠练习，据筱卿的学生郭彬卿后来回忆，筱卿过去练习琵琶时，冬天把双手放在冷水中浸泡到手指发僵，然后弹奏琵琶到手指发热。如此循环，每天三遍。一个冬天下来，琵琶弹奏大有起色。后来筱卿也是这样教彬卿的。有了码头上的实践，加上自己苦练不辍，筱卿的艺术水平日渐成熟，他即将迎来自己的辉煌时期。

---

[1] 程瞻庐：《三倒面汤》，《红玫瑰》1926年第17期。
[2] 吴宗锡主编：《评弹文化词典》，第167页。
[3] 唐耿良著，唐力行整理：《别梦依稀——我的评弹生涯》，第38页。
[4] 《说书信箱》，《弹词画报》1941年第22期。

三、"沈薛档"声名鹊起

沈俭安

近代以来，随着上海的开埠，市民社会得到进一步发展，在这样的背景下，评弹艺术的中心也开始了由苏州向上海的位移。当时的评弹艺人，大多以成为"上海响档"为其奋斗目标，"背包囊，走官塘"则是通向上海这个最大书码头的必经之路。因为上海的听众和书场老板对艺人的要求非常高，要想成为"上海响档"是非常困难的。当时的评弹界普遍认为，要想在上海站稳脚跟，首先就得在得意楼、四美轩、汇泉楼等书场里"摆得牢"。四美轩书场，是当时设备较新的书场，有"老书场中的新书场"之称。

1924年，是薛筱卿人生道路上的一个重大转折，他的命运发生了根本性的改变。在以擅说《岳飞传》的著名评话艺人钟子亮的撮合下，薛筱卿开始和同门师兄弟沈俭安拼档演出。沈俭安（1900—1964），苏州人，父亲是擅说《双珠球》《白蛇传》的弹词家沈友庭。友庭育有勤安、俭安二子，起先并不愿意让二人子承父业，而是希冀他们能够读书考学。因为自己是裕才小学的校董，友庭便安排俭安进入学校读书。长子勤安自幼喜好弹词，多次要求父亲允许他习艺。起先友庭总是不肯应允，怎奈勤安学艺心坚，友庭只好亲授勤安技艺。没过几年，友庭病故。幼年丧父，晴天霹雳，俭安求学的路被中途打断了。那个时候，兄长勤安已经学成出道。为了生活，俭安便随乃兄跑码头习艺于江南市镇乡间。勤安嗜酒如命，生性暴躁，经常凌虐俭安，也不愿教俭安书艺。俭安在老听客的帮助下，连夜逃回苏州。后来改投名家朱兼庄门下，习说《珍珠塔》，这才真正开始了评弹生涯。学成以后，俭安放单档演出。后来遇到魏钰卿，老夫子见俭安是可造之材，有意纳入门下。俭安便投了一张帖子给他，算是魏门弟子了。从魏钰卿学满后，俭安继续单档演出于江浙各地村镇。[1]沈俭安、薛筱卿二人早在光裕小学时就已相识，但是他们各自忙于生计，离开学校后并没有多少联系。不久沈、薛二人为了提高自己的艺术，为了更好地在上海立足，走到了一起。

沈、薛二人首演在上海城隍庙四美轩书场，这次演出，虽是初次合作，二人却一个从容，一个洒脱，将书情衔接得十分紧凑，最后赢得满堂喝彩。初试告捷，从此便奠定了他们长期合作的基础。当时的上海滩上响档众多，单档名家有夏荷生、周玉泉、徐云志，双档有蒋如庭和朱介生、朱耀祥和赵稼秋等，要想在高手如云的上海占有一席之地，是非常不容易的。

---

[1] 厂庵：《沈俭安访问记》，《舞风》革新号第8期。

筱卿先生善于从其他艺术中吸收养料,他爱好京剧,尤喜"程派"。有文章记述:"……某平剧票友某极友善,天天在浴室相晤,筱卿于二黄一门,亦素喜研究,很有点道理,那票友便将《骂殿》剧词口授,调宗程派,一一教全,学成后,并经南方名琴师陈道安君,代他操琴,由筱卿正式试唱,如果运腔有错误处,随加指正,这样地练习不辍,一折《骂殿》,便是他最得意的杰作,现在筱卿每逢特别节目中,兴之所至,如有人点唱平剧,即歌此生平拿手之《骂殿》以飨听众。"[1]1937年在一次义演中,他演出京剧大家程砚秋先生的《贺后骂殿》,当时《申报》上对此还刊登文章。[2]

薛筱卿先生从学唱京剧中确实获得了很多艺术营养,不仅是演唱技巧,也包括形体动作。按照惯例,说唱《珍珠塔》者必稳坐不站,筱卿曾以"坐在书台上,纹风不动,有大将风范"[3]著称。有些演员,说书时极少形体动作,更不知道小生、老生的手面该如何表现。后来,筱卿他"形容各色人等所用之动作表情,引人发笑程度及姿势美妙,并不在刘天韵、张鉴庭二君之下",他自己说:"本则我们唱《珍珠塔》的同志大都是墨守成规,只坐不立,真是'唱死书'。我在说《花木兰》时,觉得单靠这些老艺术不够用了,所以需要再进一步学立起来的架势动作等等。"[4]过去的评弹演员,说书时之所以不站起来,主要是因为站起来太呆板,而筱卿吸收京剧表演经验,运用到自己的说书之中,使说书站起来,显得"美妙"了,可谓一大创新。

过去的评弹演员,总给人以斯斯文文、弱不禁风的印象,而薛筱卿先生却有健康结实、精神饱满的风范,因为他喜欢踢足球。30年代,上海评弹界成立了光裕体育会,会长为蒋如庭先生,筱卿先生也是发起人之一。[5]在光裕体育会中设有光裕足球队,筱卿为领队。每逢星期日上午,他便带领队员在巨鹿路东华球场练球。有一次与沪剧界足球队进行友谊比赛,杨振言、蒋月泉、邢瑞庭为前锋,后卫是薛筱卿与其徒陈文卿,杨振雄是守门员。杨振言回顾当时的比赛场景:"筱卿先生身上穿着秋衣,结实的身材,圆兜兜紫膛色的面孔,站立在阳光下球门前,真似一头勇猛

---

[1] 绿萼:《薛筱卿擅唱骂殿》,《弹词画报》1941年第26期。
[2] 薛惠君:《忆父亲薛筱卿》,《评弹艺术》第25集,苏州大学印刷厂,1999年,第33页。
[3] 《且谈集》,《上海书坛》1949年10月19日。
[4] 薛筱卿:《弹与唱》。
[5] 过去评弹艺人竞争激烈,为弦索生涯计,往往联合起来,如"三十个档""四十个档""七煞档",等等。后来有"加入球队和不加入球队的派别;仿佛政治上的右派,又仿佛如文人的桐城派,鸳鸯蝴蝶派。他们入球队的是很有噱头的一派,不入球队的是硬干的一派"(《说书分党派》,《上海生活》1939年第6期)。"男女说书艺人,向有派别,除分光裕、润余及普余三社外,光裕社以社员众多,且有练习足球之光裕体育会组织,乃有加入球队之球队派,及不加入体育会之非球队对峙。"(横云:《说书人秋档大斗法》,《铁报》1946年8月24日。)需要注意的是,足球比赛有的时候也是为了公益事业。如"为了无家可归的难民御寒,需要各界的救济。有了这二个重要的意义,故而弹词和申曲二项游艺界的从业员们,特举办了一个慈善小球赛……券资所入,完全作为难民寒衣经费……"(《救济难民:弹词与申曲比赛小球》,《舞风》1938年革新号第12期,第16页。)

无比的雄狮。当对方进攻时，他往来奔跑，抢救截球，奋不顾身，后卫固若金汤，为球队的得胜立下了汗马功劳。有谁想得到在书坛上文质彬彬演唱《珍珠塔》的说书先生，竟是绿茵场上健步如飞的一员足球运动健将。"[1] 通过这样的体育运动，一来锻炼了强壮的体魄；二来同道可以在这一组织内相互切磋技艺，共同提高；三来可以形成团体，成员互为奥援，在激烈的竞争中保持优势。

薛筱卿作为演员，还参与小报写稿，一来回顾自己的艺术经历，二来参与到关于评弹的讨论中去。他曾经在《上海书坛》报上开辟"随流偶笔"专栏，撰写了众多文章。《上海书坛》为薛筱卿的专栏设计了一幅插图，"随流偶笔"四字在上以表明栏目名称，下面一儿童团坐，面型饱满，胖墩墩的，富有"一团和气"，图像中镶有"薛小卿"表明作者姓名。筱卿先生认为："天天读书看报，重视书坛刊物，试做投稿，自己觉得在智识力方面多少有点进步。"[2]

"沈薛档"之所以成名成家，有众多原因，善于借鉴、学习当是重要原因，也正因为如此，沈、薛二人才能始终保持艺术长青。"月有阴晴圆缺"，"沈薛档"在合作的几十年间也是如此，他们曾先后三次拼档，三次拆档。

第一次拼档到拆档，历时十七年之久。这是他们艺术上取得成就最多的时期，奠定了"沈薛档"在评弹界的地位。谈起拆档的原因，大致有这样几种说法：第一，1941年，日本侵华，处于沦陷区的上海，货币贬值，物价飞涨，"沈薛档"虽收入颇丰，但是拆帐后就显捉襟见肘了。在此情况下，不得不考虑拆档，各自带徒演出。改为师徒档后，按照惯例只需将收入的一二成分给徒弟就行了，上手的收入能够增加。第二，沈俭安过去嗜好鸦片，到苏州演出时被人举报，地方法院传票要求沈俭安到案调验，沈闻讯连夜返沪。当薛筱卿知道此事时，沈俭安已在上海了。这让薛筱卿倍感局促，一度产生拆档的念头，但是转而一想，"非与沈配档，竟不能弹唱"[3]。吸鸦片导致沈俭安身体越来越差，艺术上也不能提高，薛筱卿感到痛苦。第三，还有其他各种矛盾。如1932年，有一次沈俭安在演出时出言不逊，薛筱卿认为这是沈俭安对先生的不尊重，于是产生了感情上的裂痕。[4] 不管如何，沈、薛终究是拆档分手了。这次分道扬镳，在听众看来，损失是十分巨大的。《弹词画报》记载："良以沈薛拼档且十载，说噱弹唱，各有擅长，合之两难并，分道则不免两伤，此在一般人之目光中，固俱此心理，盖筱卿为阴面全材，有金嗓之誉，上手或非有门弟子替乏下手，决无筱卿为辅之十全十美。"[5] 当时他们都处于艺术上的高峰，拆档只能导致两败

---

[1] 杨振言：《怀念薛筱卿先生》，《评弹艺术》第25集，第36—37页。
[2] 薛筱卿：《随流偶笔》，《上海书坛》1949年5月13日。
[3] 云云：《沈俭安烟遁与薛筱卿》，《大光明》1932年9月19日。
[4] 《拆档拼档之得失》，《大光明》1932年5月22日。
[5] 沙雁：《薛筱卿膺聘东方中场》，《弹词画报》1941年第47期。

俱伤。时人认为："此一对人物，各各相依为命，一拆不如一拼，阋墙终有百害无一利也。"[1] 这里需要补充的是，沈、薛二人私谊非常深厚，就在他们拆档的那一年，薛筱卿还把自己的女儿薛惠君寄名给沈俭安做了义女，取名薛嘉慧。

第二次拼档和拆档是在抗战结束之后。当时，听众热切盼望着能够重新聆听到"沈薛档"的说唱，经业内人士从中斡旋，1946年两人再次合作。据陈希安先生回忆，当时他和老师沈俭安在外码头演出，沧洲书场老板赶到当地书场，说是听众和场方都要求沈、薛重新拼档，希望他们能考虑这个要求，说话时态度软中带硬。当时有感于这位老板的身价，在衡量得失后，沈俭安同意恢复双档。因缘际会，正是因为沈、薛重新拼档，陈希安只得与同门周云瑞合作，二人一经拼档，也是得心应手，于是有"小沈薛"之称。

周云瑞（左）、薛筱卿（右）演出照

应该说，沈、薛第二次合作是非常勉强的，仅仅维持了两年，1948年两人又无可奈何地拆档了。这次拆档后，沈俭安便与年轻貌美的女演员朱雪琴拼档，因此引来了颇多争议。有人认为是朱雪琴的出现才导致沈、薛分档，其实不然。经过了拆档后的沈、薛二人，在感情上已经貌合神离了；而且薛筱卿也已习惯于做上手，沈俭安因年岁关系不能再现当年的风采；加上久未合作，两人的配合已不是珠联璧合，相得益彰；于是再度分手，薛筱卿开始与徒弟郭彬卿拼档。

第三次拼档和拆档是在50年代初。1950年，当时为配合反侵略宣传，电台举办特别节目，邀请沈、薛二人临时合作演出。听众除了听到了牛马走先生的《坚决解放台湾》开篇，还连听了二人合作的《珍珠塔》，一个是塔王，一个是塔尖，听众反响强烈，不断打电话到电台要求点唱"珠塔"唱片，并要求他们永远合作下去。沈、薛二人受此鼓舞，连唱了《方卿见娘》《痛责》《打三不孝》《婆媳相会》等精彩片子。[2] 后来二人又在米高梅等书场演出，受到热烈欢迎。但是，在当时的社会环境下，传统书目《珍珠塔》已经不能跟上时代，评弹界开始了编说新书和"斩尾

---

1 《拆档拼档之得失》。关于"沈薛档"这一次分档，很多人希望能重新拼档，但也有人认为，"以分而后合，如破碗重钉，裂缝已成，与其强合，宁使分离。盖彼二人，各有特长，均堪自立，既谁不依赖谁，无互相利用之必要，矧双方之门生多人，正可藉此机会，与师拼档，实地试验，俾得陆续带领出道。长此联合，则诸徒永无随师登台之日，听客之欲沈欲薛，任人自择，岐而为二，更觉便利，其双方艺术上有无轩轾，益可从此较而明了矣"。实际上，因为他们这次的分档，确实带出了很多徒弟。参见董幽盦：《听书杂谭》，《弹词画报》1941年第57期。

2 明公：《听众要求沈薛永远合作》，《上海书坛》1950年7月26日。

巴"运动。"沈薛档"说了几十年的《珍珠塔》不能上演,加上二人年事已高,编说新书显然困难重重。于是只得无奈分档了,从此再也没有合作。分档后,沈俭安携徒姚云霞演出,沈的身体每况愈下,嗓音越来越差,1964年因病去世。薛筱卿则先后与郭彬卿、女儿薛惠君拼档,开始了一段新的艺术生涯。

四、艺术精湛,一鸣惊人

薛筱卿在20世纪20年代初与沈俭安拼档演出《珍珠塔》后,书艺日臻完善,红遍江南,提起"沈薛"二字,也不必明白地指出他们俩的大名,大家都一目了然地知道是沈俭安、薛筱卿这两位大名鼎鼎的弹词家。经他们弹唱的《珍珠塔》更是经久不衰,由此二人被称为"塔王"。薛筱卿先生在评弹艺术发展史上的划时代影响,主要体现在三个方面。

其一,开创了流派唱腔——"薛调"。魏钰卿曾经讲过,真正的"马(如飞)调"缺少音乐性。马如飞的徒弟,也就是魏钰卿的老师姚文卿,在唱腔上也没有多大发展。直到魏钰卿成名后,弹词才开始重视弹唱。魏钰卿先生对弹词音乐的最大贡献是加强了弹唱的抑扬顿挫,从而大大丰富了其音乐性。这样既能更好地表达故事的内容和人物的感情,又使腔调悦耳动听。

在和沈俭安拼档之初,薛筱卿唱的调子,也是单档的唱法,节奏变化带有很大的随意性。后因受双档必须协调的限制,他再也不能像单档那样自由发挥了,上下手之间的弹和唱,既要保持风格上的近似,更要在乐器的伴奏上互相衬托,合板合拍。经过了长期的磨合,薛筱卿的弹唱便形成了自己的独特风格,被听众称为"薛调"。薛筱卿的嗓音条件确实很好,天资也极聪慧,但这只是形成"薛调"的重要因素,不是主要原因。"薛调"是从实践中不断地摸索出来的,是勤修苦练的结果。

有人评论"薛调"是划时代的评弹音乐,它的特点是:节奏稳健明快、铿锵有力;行腔婉转、咬字遒劲;运用音调的高低和声音的变化来表现不同的感情和气氛。从大处来看,"薛调"的板眼变换和曲调变化并非很多,但薛筱卿总是能根据演唱内容的不同,灵活运用不同的节奏和唱法,来恰当表达不同人物的感情。如开篇《紫鹃夜叹》,为了表现紫鹃在深夜思念其主林黛玉的忧伤感情,筱卿先生放慢了速度,每分钟只有九十五拍;而在开篇《简神童》中,那位书生为了表达他不接受马融之女向他求爱的意愿,这段唱腔是每分钟一百零九拍,突显了穷书生诚惶诚恐之情;在唱开篇《击鼓战金山》时,为了表现金戈铁马的战争场面,节奏加快到每分钟一百一十五至一百二十拍。从这个意义上说,"薛调"并不是一成不变的,而是随着演唱内容的变化而变化的。

要创造出一种流派唱腔实是不易，而这种流派唱腔长期没有被超越和改变就更不容易。"马调"被"魏调"所超越；"周调"被"蒋调""张调""丽调"所超越；但是"薛调"一经形成，便风靡书坛，八十多年来，其调没被超越，没被改变，始终是书坛上的主要流派唱腔之一，也是最受听众欢迎的、流传最广的弹词流派唱腔之一。

其二，划时代的琵琶伴奏风格。在"沈薛档"以前，不管单档还是双档，只有过门，没有伴奏。也就是说，凡是上手在演唱，下手的琵琶是不伴奏的。只是从薛筱卿开始，才有了琵琶伴奏。筱卿早年从师时即苦练琵琶，弦索功力深厚。在与沈俭安拼档时，他大胆突破琵琶伴奏只弹过门、没有衬托的传统，采用各种指法推波助澜，开创了枝生复调伴奏方法，极大地丰富了弹词的音乐性。这种伴奏方法是如何形成的呢？据薛筱卿回忆：过去《珍珠塔》的唱片很多，每当沈俭安在唱长段片子时，琵琶没有声音，只他一个人在清唱，非常单调。所以，先是在节拍眼上加几个简单的衬托过门，可以让上手透口气；以后就逐步增加，这叫补虚填隙；再以后就形成了完整的枝生复调伴奏模式。

筱卿的琵琶伴奏在评弹界是杰出的，他认为，琵琶伴奏的目的，是衬托唱腔，不是突出自己的琵琶，应该是跟着唱腔的变化而变化。他的伴奏风格不是刻意造成的，是在长期实践的过程中熟能生巧、自然而然的结果。[1] 薛筱卿认为，要拼好一对双档，必须上下手相互协作配合。上手在唱，下手一定要全神贯注地听上手的唱腔。上手在某一句上音调突然翻高，则琵琶也一定得跟他翻高；上手的唱腔突然翻低，则琵琶也要跟着翻低。一定要领会上手唱的感情，符合他的音调，所以在上手唱时，琵琶要轻声衬托，千万不能响过唱的声音。当然，下手在唱，上手也须用弦子轻轻衬托，以配合下手的唱腔与感情，互相配合，才能成为好双档。[2] 可以说，"沈薛档"是真正的珠联璧合的好双档。时人认为："弹词一艺，全恃神传弦索，其悲欢离合之意，与由琵琶、弦子以烘云托月之法出之，当其凤尾高翘，岳山徐转，指隙轻嘓，弦间细语，一声变征，无有不神移一座者，然此非所语于俗流下品也。"沈、薛二人，可谓黄金搭档，"沈弦薛索，放则汪洋恣肆，卷则流利轻清，应向之间，工力悉敌，且能互衬宫商，连绵不断，弦索词韵，打成一片，直有合则两妙，离则两孤之概"[3]。

筱卿先生在琵琶伴奏上的贡献，不仅仅表现在衬托沈俭安的唱腔上，更是对后来者有重要影响。"张调"的产生，除了张鉴庭嗓音响、力度强、唱得好以外，也有张鉴国伴奏出色的功劳。张鉴国的伴奏方法，也是在薛筱卿创造的枝生复调基础上发展变化而来的。"琴调"同样如

---

1 朱庭筠：《薛筱卿访问记》，《舞风》1938年革新号第13期。
2 薛筱卿：《弹与唱》。
3 《谈薛筱卿》，《上海书坛》1949年10月9日。

此，如果没有郭彬卿的出色伴奏，朱雪琴同样不能得心应手。而郭彬卿的伴奏方法，也源自薛筱卿创造的枝生复调。因此，薛筱卿先生的琵琶伴奏，在评弹音乐的发展史上，有着无与伦比的贡献。

其三，是对《珍珠塔》的加工整理。《珍珠塔》(亦名《九松亭》)是弹词中一部历史悠久的传统骨子书，素称"小（书之）王"。奏唱该书者众多，据统计，全盛时一百多档艺人同时弹唱，可见影响巨大。《珍珠塔》是讲述传统社会中"义"与"不义"的故事。最早弹唱的是山阴周殊士作序的《孝义真迹珍珠塔全传》唱本，后来的马春帆、马如飞都是在此基础上发挥的。马如飞为读书人出身，文化功底深厚，加上友人的帮助，对《珍珠塔》做了较大的修改，使得该书结构更加合理严谨，而改后的马本对后世也产生了深远的影响。马氏之后，姚文卿、魏钰卿师徒也是弹唱《珍珠塔》的响档名家，都对该书做了加工整理。魏钰卿之徒薛筱卿在与沈俭安拼档的过程中，更是将《珍珠塔》书目向前推进了一大步。

《珍珠塔》唱词多，如果没有清晰、生动的说表加以引导，唱的效果不易显出。再者，书中含有大量典故，如不讲出典故的来龙去脉，怎让听众理解书情？于是沈、薛二人每到一地演出，总是寻觅文人雅士，向他们请教各种问题，在自己弄明白后再深入浅出、滔滔不绝地说给听众听。因为长期积累，二人文化水平得到了提高。过去，不管是听众还是道众，都将《珍珠塔》视为弹词的经典，改动不易。可是在五四运动以后，经过了新文化运动洗礼的广大听众，审美标准已经发生了深刻的转变。当时，年轻的"沈薛档"顺应了历史的潮流，大胆地对《珍珠塔》进行改动。他们淡化《珍珠塔》中说教的部分，强化了故事情趣，以适应听众欣赏习惯的变化。比如，方卿奉旨出京到襄阳，二次进花园，听众希望听到方卿羞姑，以报当年受辱之怨这段书。但是在原来的唱本中，有一段毕太太送女去襄阳和方卿完婚的情节，这就大大冲淡了方卿与姑娘较劲的氛围，使听众失望。因此，沈、薛果断地把这段情节移到后面，使情节安排通顺紧凑得多。这一改动，也为后来演员们所沿用。[1] 书中的说表，他们也做了相当的改动。过去的《珍珠塔》中，有不少咬文嚼字的内容，唱了几句片子，就要来一番长长的解释。书场中的听客，大多为消遣而来，只消说得有趣，已感满足。饱学宿儒，究属少数，谁愿意来查考古典呢？沈、薛二人就能迎合听客心理，删去不必要的说表，尽把书中与故事有关且情感丰富、雅俗共赏的片子，一气呵成地唱下去。描摹书中人物，神情逼真，务使书情紧凑，听客过瘾。[2] 由于二人能不断发展前辈艺术，他们被公认为"塔王"。1948年，在浙江湖州东苑书场演出《师生相会》时，听众以"雍

---

[1] 许继琮先生口述，2012年8月21日。
[2] 耳食生：《书坛点将录——沈俭安》，《万象》1942年第3期。

容华贵,落落大方"题匾相赠。[1]

前文已经提到,薛筱卿出生在"奇变"的时代,社会各个层面都发生了变动,这为薛筱卿后来在艺术上的改革伏下了一笔。在这个时代里,艺术上如果不进行变革,就没有薛筱卿的生存余地,"变革"是他主要艺术活动时期的时代特征。顺应潮流创新,保存传统固本,这是他成功的原因。薛筱卿先生作为评弹界的大响档,各种轶闻传说历来很多,有的是猜测,有的是夸张,有的只是疑问。笔者根据查阅到的资料,以及知情人的回忆,对提及较多的问题做一说明。

他每月的收入到底有多少?据40年代初的《弹词画报》资料显示,当时上海滩上最红的弹词名家夏荷生先生的月入是一千多元,沈、薛紧随其后,每月五百多元,而当时一般店员的收入是二十至三十元。

他有自备汽车吗?有的,先生曾有过一辆奥斯汀小汽车。用自备汽车赶场子的说书先生,在那时是很少的。这在听众和评弹界内部一时传为佳话。

他的夫人是名门闺秀吗?是的。薛夫人姓王,是苏州城内的大家闺秀,因为喜欢听薛筱卿的说书而对他产生好感。在还没有成婚之前,王小姐就对先生关爱备至。当时,她经常在深夜守候在石门一路筱卿先生住所的弄堂口,要先查看地上是否有香蕉皮,以免黄包车夫滑倒而摔伤了薛先生。筱卿先生也对夫人忠贞不贰。如某年在常熟演出时,一名汉奸的遗妾着意追求先生,但他严加拒绝,可见夫妻感情之深。[2] 有了美满的家庭,筱卿才能将全部精力放在专研艺术上。

先生曾经佩带手枪,是吗?是的。成名之后,薛筱卿为了防身,曾随身佩带过手枪。他说,这支手枪一共开过两枪。有一次,他深夜回家,当黄包车拉进一条小马路时,有人向他扔大粪,他立即下车,朝天开了一枪。另一次是在踢足球时,道众问他,这把手枪能用吗?他又朝烂泥地上开了一枪。

五、桃李芬芳传"薛派"

薛筱卿一生有很多徒弟,多是"卿"字辈,如庞学卿、陈文卿、郭彬卿、陆俊卿、陆君卿等。筱卿继承其师魏钰卿先生的传统,既在艺术上严格要求徒弟们,也给予徒弟们亲切的关怀。"教会徒弟,饿死师父",这是任何行当的俗语,评弹并不例外,所以历来师父都不愿意将脚本给徒弟抄。薛筱卿对拿不到先生脚本的痛苦深有体会,所以对自己的徒弟从不保留。陆俊卿在拜

---

[1] 夏镇华:《书坛点将录》,"沈、薛档与《珍珠塔》"一节,收入吴汉民主编,蒋澄澜、周骏羽、陶人观等副主编:《20世纪上海文史资料文库 第7辑 影剧娱乐》,上海书店出版社,1999年,第114页。
[2] 春风:《汉奸遗妾追求薛筱卿!》,《新上海》1946年第36期。

师的第二天,便从筱卿先生处抄得脚本了。[1] 1949年以后,随着形势的发展,《珍珠塔》成为不能说的八部禁书之一。当时薛筱卿正和魏含英在米高梅书场搭档演出,但是合同未满,魏含英已回苏州。于是筱卿先生便携徒陆君卿继续演出。老听客们知道有禁书的事情后,都争先恐后地来听书,再加上场方聘请的阵容强大,同场还有杨乐郎、祝逸亭、顾宏伯等,所以场场爆满。拆帐时,筱卿先生给君卿较多的拆帐。筱卿先生就是这样一位不仅是艺术上带着徒弟,还在生活上给予徒弟众多照应的好先生。[2]

郭彬卿是薛筱卿众多徒弟中得乃师真传最优,克绍箕裘的后起者。他曾自称:"余无亲无眷,依靠乏人,体又弱,且多病,本有一护持的姑母,今已去世,此后伶仃孤苦,谁人怜惜?"[3] 在与沈俭安拆档的日子里,薛筱卿与郭彬卿的合作是最多的,因此郭彬卿也就得先生教益最多,加之自己说唱认真,成就也最大。筱卿曾经带着彬卿一天跑四家书场、三家电台,有时还有堂会,忙的时候连饭都顾不上吃。《珍珠塔》中唱片多,筱卿每天要唱好几家,喉咙唱得发毛,医生嘱咐应该注意休息,但是考虑到郭彬卿放单档更累,他也只好拖着病体对付着唱下去。[4] 筱卿先生并不是一味地"照顾"徒弟,有时也会有严厉的批评。在批评郭彬卿的时候,常常能将彬卿说哭。"对外要护短,把学生说得千好万好,私底下态度必须严厉、挑毛病、寻短处。"筱卿认为,只有这样,学生才能进步。[5]

六、尾 声

1949年以后,社会形势急剧变化,评弹界也开始掀起革新高潮,起初筱卿先生并不能跟上时代。张衡若曾经作了一篇《捧薛筱卿》,对筱卿大加褒扬,但也对筱卿不能说新书给予了批评。薛筱卿自身也知道专说《珍珠塔》在新的时代是不够的,只是缺乏较好的新书。再者自己年老脑衰,新书不易熟记。后来,薛筱卿又撰文对自己不参加革新大会书做出解释:一则因为自己学识不够,加上年岁已高,脑力衰退,只怕努力也是枉费。二则薛筱卿性情素来慢吞吞,说新书需要些许时日。[6] 然而,筱卿先生为了适应新的时代,还是响应了"斩尾巴"号召,自觉放弃了说《珍珠塔》的高额收入,改说《新桃花扇》《花木兰》等新书。《花木兰》还曾通过了上海市文化局文

---

1 陆俊卿:《薛筱卿先生二三事》,《评弹艺术》第25集,第40页。
2 陆君卿:《追念恩师》,《评弹艺术》第25集,第42页。
3 《书坛漫话(四):薛筱卿舍沈拼郭》,《书坛周讯》1949年2月26日。
4 薛筱卿:《随流偶笔》,《上海书坛》1949年4月23日。
5 薛筱卿:《随流偶笔》,《上海书坛》1949年5月13日。
6 薛筱卿:《随流偶笔》,《上海书坛》1949年7月16、23日。

艺处的审查，准备参加春节新书竞赛。[1]

1954年11月20日，筱卿先生与女儿薛惠君以及杨斌奎、杨振雄、杨振言、江文兰、华士亭等十二人一同加入了上海评弹团，由单干艺人变成国家剧团的一分子。在评弹团，筱卿先生积极发挥余热，坚持上台演出。入团不久，即与张鉴庭、朱慧珍、陈希安、徐雪月等二十六位演员组队，为郊区农民巡回演出，带去了上海评弹团的新中篇。1955年4—5月，筱卿先生随团赴京演出，受到热烈欢迎。10月，筱卿先生与杨振言、徐丽仙等在上海仙乐书场参加中篇评弹《梁祝》演出，同年还与陈红霞合作，演出长篇《西厢记》。1956年10月，与郭彬卿、周云瑞在上海仙乐书场参加中篇评弹《方卿见姑娘》演出。

筱卿先生始终坚持"年老少登台"的观点，认为应该把书台让出来，给青年一代，这样也可保持自己在听众记忆中的艺术魅力。60年代初，筱卿先生在领导关怀下，由演出一线转入学馆从事评弹教育工作，1964年从上海评弹团退休。[2] "文革"中，筱卿先生与其他老艺人一样，苦熬着担惊受怕的日子，虽然退休，但属于"半靠边"，经常要接受审查、盘问，当时他和夫人搬到女儿家一起生活。1980年8月28日，筱卿先生因病久治不愈，魂归道山，享年八十岁。

整理者：解军

---

[1] 早在40年代初，"沈薛档"就尝试过《花木兰》。
[2] 薛惠君：《忆父亲薛筱卿》，《评弹艺术》第25集，第32页。

第七十讲
"文革"前上海评弹团工资制度

——吴宗锡访谈录

口述者：吴宗锡

采访者：王亮、刘晓海

采访时间：2013年3月22日下午

采访地点：上海市华山路吴宗锡寓所

吴宗锡

吴宗锡（1925— ），祖籍苏州，1925年3月出生于上海。诗人，作家，戏曲曲艺理论家。1945年毕业于上海圣约翰大学经济系。1951年组织十八位单干评弹艺人成立上海市人民评弹工作团，随后长期担任上海评弹团团长与党支部书记。在此期间，领导了评弹的"整旧"和"创新"工作，出版了《评弹丛刊》。1979年之后，又先后担任中国曲协副主席，上海市曲协主席，上海市文联党组书记、常务副主席，（江浙沪评弹工作领导小组）组长等职务，一直从事评弹的领导工作。中国曲艺牡丹奖终身成就奖和上海文艺家终身荣誉奖获得者。吴先生不仅领导评弹工作，也长期积极开展评弹研究，推广、弘扬评弹事业，先后著有《怎样欣赏评弹》(1957)、《评弹艺术浅谈》(1981)、《评弹散论》(1981)等专著，另有一批理论文章散见于各报刊。"文革"以前，吴先生是上海评弹团的领导，直接领导、参与了上海评弹团工作制度的制定，是历史的经历者、见证者。

王亮（以下简称王）：吴老，您好！我叫王亮，现在跟唐老师研究上海评弹团。我以前看了一些资料，老师您可以说是见证了上海评弹团的成长。

吴宗锡（以下简称吴）：我一直工作到"文革"，等于说是一个段落。"文革"以后，还留了几年，后来就调离了。

王：是的。就是说，青年求学时，您是圣约翰大学经济系的，后来，在治淮宣传队的时候，您当时是副队长，然后带领包括评弹团"十八艺人"在内的八十六人去治淮。

吴：是的，当时那十八个艺人，就是整个评弹团的演员，都参加治淮了。

王：对。"十八艺人"建评弹团嘛。然后，1952年的时候，您调到了（上海）评弹团。

吴：是的，1952年调到（上海）评弹团，成为（上海）评弹团的驻会干部。

王：所以，我想问您一个问题，就是关于当时（上海）评弹团的工资的问题。一开始是单干艺人，后来建立评弹团之后，有了固定的工资，每人要定一个等级，各个等级拿多少工资，后来，我看一些资料，说是有工资分，我也不太清楚是什么意思，您能就这个工资制度，给学生介绍一下吗？

吴：可以的。这个工资制度也是当时建团以后，稳定这个评弹团的一个很要紧的问题，是分配问题。

当时的评弹艺人都是单干的，也没有组织。成立团的时候，我在（上海市）文化局编审科，编审科的主要工作对象是编剧、导演，所以建立评弹团的那一段，我没有直接参加。可是，后来我也知道这个情况。就是这些演员在外面的收入本来是拆帐的。就是说，他演一场，就跟书场分成。有的是四六拆，有的是五五拆。拆帐是根据演员的水平跟书场的老板协商，签合同。有的多一点，有的少一点。可是，不管多与少，在刚建团的时候，作为响档——评弹团参加的大部分都是响档，他一天的收入呢，具体数字很难说，应该讲，当时的情况，响档一个月都在一千以上。

当时要参加国家剧团，（演员收入）要国家负担。当时的干部都是计工资，所以，就跟他们协商。他们当时参加团，认为是参加革命的一种形式，自愿把工资压下来，那么怎么压呢？要他们自己报。开始的时候，是报多少钱一天，因为他们在外面拆帐，也是按天拿的，我知道，那个时候有报七块的，有报八块的。另外一个情况呢，在外面拆帐，有一个问题，单档，他就是一个人拿，双档，他自己内部还要分开，因为两个人演出，他拿的一笔钱，要两个人分。可是，如果他是单档，一个人演出的话，这样一笔钱都归他一个人。所以他们里面有这样一个问题的。所以，这个单档感觉自己就更吃亏了。因为他单档拿得多，双档，他本来要分的。当然，还有报得少的，因为当时也带了一些年轻人，十八个人[1]里面，有年轻的。

王：还有师徒关系的。

吴：是的，有师徒关系的，那徒弟就是年轻的。还有就是在外面已经收入不大了，但年纪大了。当时，他们在演出的时候是一伙人，他们把他带进来的。那个徒弟工资就少了，甚至有三四块一天的。多的是七八块一天，我们算他八块，那就是两百四十块，按三十天算。入团了比外面是少得多了，我刚才讲，当然，具体的要查资料了，总的来讲，像这种响档，都在一千块以上，还有个呢，节假日高一点，不是节假日呢，就低一点。就是平均下来，总在一千块以上。而到了评弹团，拿的就是两三百块。那就是等于原来的三分之一，四分之一，这样子。

当时，他们为什么愿意呢？因为参加国家剧团，光荣，有荣誉，那个时候是刚1949年，有一些人参加文工团，唱歌啊，跳舞啊，或者演话剧，那个时候，工资都是压下来的，因为，我们国家那个时候，实行的是低工资制。那么跟他们讲，你们进来的时候，现在工资低了，将来我们还要评级，工资还会有调整，可是又没讲调整多少，所以，这些演员进来的时候呢，他这个工资，等于说是自己报的，自报工资。比如说，我要八块一天，你七块一天，那么大家议下来，你是要八块了，那个人就四块，这样子。当然这主要的几个人，是自报的，徒弟则是由师父带进来，不一定，他徒弟要多少，师父给他报了多少，就是多少了。

那么，进来之后，他们有个误会：就是说现在是暂时的，将来还要调整。

王：可能会调得更高一点。

吴：是的，调总要调得更高一点的。调得跟他在外面的差不多，或者说接近了。后来就是，到了1952年（还是1953年的时候），有一部分干部是拿津贴的，没有评级的。总的上海文艺界，当时叫评级评薪。评级，就是级别；评薪，就是工资。那么这个评级评薪，上面的制度拿出来以后呢，演员思想有波动。为什么，他们原来期望着要高的。现在工资也有了，几级多少，几级多少。当时，拿出来的一个表，一个标准，跟他们的期望差得太远了。而且上面那个时候也是比较机械的，就是说评弹这个曲艺，戏剧、电影，电影最高，据说赵丹是不是评了一级啊，他这个叫文艺界，都是评给文艺界，干部归干部。说电影是最高的，戏剧、电影、戏曲，什么沪剧、越剧，比较低一点，那么评弹是曲艺，最高只能评三级，就是说评弹团的演员，最高就只能给你评

---

[1] 上海评弹团创始初为十八艺人，分别是刘天韵、蒋月泉、唐耿良、张鸿声、张鉴庭、姚荫梅、周云瑞、朱慧珍、徐雪月、陈希安、张鉴国、王柏荫、姚声江、吴剑秋、韩士良、谢毓菁、程红叶、陈红霞。

三级。

三级的工资是多少呢？大概比他们自己报的，拿的还要少一点。他们那个时候，最高拿到三百块，三级的最高工资是两百七八十块，这个具体数字记不得了，这个你可以查资料的。

王：您的意思就是说，就是比他们刚入团，自报的工资，还要再低一些？

吴：是的，特别是那个最高的，最高的还要再低一点。那么，很自然的，底下的也低了，就是相对的啊！这是一个问题。

还有一个问题，这些演员，他自报的时候，他自己有个尺寸的。可是现在是整个评工资了。说是说自报工资，可是那个时候，领导叫"挂灯笼"，就是拿几个标兵出来，比如说，你是三级，他是五级，那么挂两个人，其他的人，再评级。那么他从来没有评过级，他认为自己在艺术上是不低的，结果现在，我比你低了，级别也低了，工资数字也少了。

而且，还有一个，当时的评级，共产党要德才，不是光是评你的艺术啊！他过去的标准，实际上也不一定是很准的，为什么呢？他除了艺术水平高，他还要生意好，有的时候在市场经济下，有的人的艺术不一定比那个人差，可是他的卖座没有他高，那么他只好自认，我拿少一点。但是，你在评弹团里面，卖座这一个因素，不考虑进去了。而相反的，要考虑一个所谓德才，德的这个因素。

王：要有德才兼备的因素。

吴：是的。而且当时的评弹团，处在一个什么情况呢？传统书不好演，"斩尾巴"了嘛。那么有的人，他在演传统书目时，他的艺术是很高的，可是演现代书，新书啊，有的人演新书好，他年轻，他接受新事物快，有的老艺人，传统书目的水平很高，可是让他演新书，有很多地方，他演得不如人家。那么他自己心里的标准，跟评级的标准，配不上的，搭不上的。因此，当时评弹团人员的思想是很不稳定的。有些人要走了，那么反复做工作，后来还是走了两个人，这个你们查得到。

王：是的，一个是严雪亭，一个是谢毓菁。

吴：是的。是他们。本来严重的时候，是一大帮人要走的。后来反反复复做工作，走了两个人。走了两个人以后，工资是评下来了。接下来呢，评弹团搞了一次"民改"，就是"民主改革"。这个时候，上海所有的国营企业、事业单位都搞的。也就是我们跟部队的一套，忆苦思甜。先忆苦，然后呢，当然还有一个环节，向领导提意见，后来是出气，然后是忆苦（应该是"思甜"），这起了一个思想稳定工作。为什么呢？这些演员在旧社会，他们都是吃苦的，有的是各种各样吃到的苦，地位也不高。经过了这个"民主改革"，当时，我们就讲，是思想觉悟提高了。他对那工资问题，就冲淡了。他自己的工资高低。

可是，即使这样，他这个日常生活，每天出去。没有进评弹团的人，在外面收入很高。那中间还有一个情况，当时进团的时候，上海刚解放，后来又"三反""五反"，所以市场不景气，卖座情况不是很好，单干收入不高。后来，"三反""五反"以后，我们整个这个市场好起来，经济好起来了，外面不到团里，比如像严雪亭，在团里，只拿三百块还不到，大概三百块，他离开评弹团了，一个月的收入，可以拿到两千多。

王：这个差距太大了。

吴：是啊，将近十倍了。而且，当时还有一个，共产党讲政策，离开评弹团，开始说这是脱离革命，说不行。我们讲是来去自由的，不好去批判他。而且，他在外面，他也不去演传统书目，那个时候演传统书目算是落后的，他演《白毛女》，结果演了《白毛女》之后，总工会评先进，把他还评上了先进，因为他演《白毛女》，他后来属于工会了。那么在评弹团的演员，他思想就波动了：噢，你们说他出去是落后的，可出去了，照样评先进，没有落后啊！他现在拿的工资，比我们多了八九倍。当时这个思想，又开始不太稳定了。

那么在这个情况之下，到1954年，还是1955年吧，那个时候，评弹团的确经济上是条件好的，其他戏曲单位都是国家贴钱的，评弹团是上交的。

王：那为什么评弹团情况比其他戏曲单位好呢？

吴：因为他单干啊，团是团，但他演出，还都是个体的。还有一个，我们演中篇，中篇因为是新的形式，新的内容，上海当时很多中学生、大学生都成为评弹的听众，评弹的新的听众大量增加，卖座非常好，评弹团收入是增加的，所以评弹团每年还上交给国家，具体数字，我记不清了，有几万啊，那个时候算是蛮多了。

那么演员就更有思想了。这个钱，是我们赚的，你现在都给国家了，他们嘴里不讲，等于剥削了他们啦。还有一个，我们本来没有团的，我们不需要行政人员。那个时候有了团，有办公室，有行政开支。那么他们也有这种说法啦，一个是国家上缴了我们的钱，另外一个是行政人员是我们养活的。我们养活了行政人员。思想不通。

那么在这样的情况之下，我当时要稳定评弹团，我们要开展业务的话，这些人的思想，你一定要把他稳下来。这个思想不稳定，你什么工作都谈不起来。而且，再说如果他对这个工资不满意，他对什么工作，都可以不接受。

王：是啊，可以自己走的，不是来去自由嘛。

吴：是啊，如果你闹翻了，他可以走，不闹翻的话，他这个心里，这个心情永远不舒畅，样样事情他都跟你闹别扭。那么在这种状况下，要解决这个问题，我是一次一次跟文化局反映，去汇报，那个时候，总算领导也体谅，就是你讲的分红。所谓分红，就是有一年，大概在1955年，我记不清楚了，1955年，1956年吧，或者1955年还早一点，上面特批的。那个时候，倒是也不容易。就是把这一年的钱，不要上交了，给团里分了吧。那时讲分红嘛，现在就是叫奖金吧，一样的。在年底分了一批，一个人可以分到几千块，那个时候几千块，还是蛮多的。

那个时候，还有一个情况，这些演员家庭负担很重的，子女也多，还有的演员是进团以前，就是有两个太太，那个时候，也不叫二奶，就是说他还养了一个女人，也不算小老婆。这样他就两面开支，即使1949年以后，他也不好把那个女的扔掉，为什么？那个女的没有工作，什么也没有，没有文化，她主要是靠这个男的，每个月他要贴钱，即使后来，他不跟她生活在一起了，那个时候有《婚姻法》了，可是她生活的赡养费，还是要他付的。有的一个女的还带个孩子。

当时的生活条件，现在我们看看，也感觉到是不公平的。外面的人赚得那么多，他们在团里，艺术水平要比外面的人高，可是生活很艰苦，有的人把原有的媳妇卖掉，有的人穿的汗背心上面都是洞，那个时候，还有人说笑话，叫作"穿背"，不是中药里有个"川贝"嘛。可是，这些演员应该讲，这一个阶段过来，真是不容易。1954、1955年，评弹团还创作了很多精品，这些精品现在都还拿得出来。那么，我们还是跟他们一直在做工作，另外也让他们感觉到，在评弹团是一种光荣，在国家剧团的荣誉，那么，我就跑了文化局，总算上面批准，那一年的钱不要上交，给他们分红，那时候用的名词就叫作"分红"。

可是分红不解决问题啊，那是每一年，每一个月的事情啊！那么到1956年下半年，大概是"反右"前夕，我们又一再跟上面要求，最后上面同意。那个时候，"反右"还没开始，总的社会的思想是比较松的，所以评弹团搞了个制度叫作"自由结合"，这个名词是我创造出来的。什么叫作"自由结合"？实际上现在就是走向市场，当时这个是超前了，现在讲就是说改革了，就是制度改革，体制改革，就是每个人自己去组合，接这个生意，收入基本上都是归自己了，也没有级别了。

王：您这个意识是超前了，就相当于市场化啦！

吴：对啊，这一步跨得很大啊，等于跟现在这个体制差不多啦！而且，我们帮他们，你还是国家剧团的人，我们帮你接书场，我们演出股还是帮你接书场；另外一方面，那个时候中篇业务是比较好的，比较赚钱的，我们评弹团写好的中篇脚本给你们，帮你们组织排练，当然创作人，我们出一点稿费，这个稿费也不是很多的，那么你们去演出，拆帐，都归你们，这就是叫作"自由结合"。可是，这个不好我一个人说了算的，评弹团跟上海文化局提，那个时候上海文化局的局长，现在看起来是比较开放的，他叫徐平羽，这个局长又是宣传部的副部长，他这个同志魄力很大，结果最后批准我们搞"自由结合"。那么，就等于现在的改革了。

王：是啊，当时也叫作"艺人收入自理"。

吴：当然，我们自己提了个名词叫作"自由结合"，为什么叫"自由结合"？评弹演员出去演中篇，或者几个人档拼起来，你们自己去搭，我们这个名称，光讲了演出是自己结合，实际上内容是"收入自理"，当时不好这么提，所以就称为"自由结合"了。

那么，到 1956 年下半年，还是 1957 年上半年，"自由结合"刚出去，"反右"斗争来了。那个时候，批判两条道路，走资本主义道路是不对的，演员也自己感觉到了，这个体制（指"自由结合"）跟当时的空气是完全不符的。现在的环境就是改革嘛，那个时候是完全不对的。甚至可以上纲的话，你这是走资本主义道路。后来他们自己也感觉不对了。那么，我们就提了一个名词叫作"归队"。就是你放出去了，现在归队了，归到原有体制，可是在这个归队阶段，我们也没有归到原来国家的工资分配制度。我们另外搞了一个工资分配制度。这个分配制度，后来也没有全部执行，可实际上也是改革的。一个，当时演员的演出服装，因为评弹演员的演出服装不是跟戏曲演员一样的。演出服装包给演员，你自己做，演出服装有一笔费用，叫作"演出费"。基本工资不是照国家的评级，自己另评。再加一个，好像叫演出津贴，大概是这个意思，就是你演得多，就多拿，你不演出，这一笔钱就没有。

王：前两个是固定的吗？

吴：嗯，前两个是固定的。但是实际上后来呢，这个三年自然灾害的时候，物价也涨了，算这个你演多少场啦，分多少演出津贴，也难算了，实际上也就变成了固定的，也就发给他们了，也不再扣了，就是你演得少，也不再扣了。生病也不另扣了。那么这个数字，在当时来讲，比这个刚入团的，比他这个评级的级别工资，要高出一大段，我记得最高的是四百多块，比当初的那个级别工资高，级别工资当时的时候，是没动的。从初评，我们的工资，到"文革"以后，到"文革"前，稍微有点动，大概，工资是不大涨的。那么，就是最高的拿四百多块，总的平均水平都提高了。一直到"文革"。

总之呢，工资分配是走了这么一条路，我当时认为，就是我没错。而且那个时候，陈云同志关心评弹，我把这个制度也向他汇报了，他还问了三个女演员，朱慧珍、朱雪琴、徐丽仙怎么评的，我就跟他汇报了。他说："你们评得蛮好。"那么我一直认为我做的是对的。另外一个，我认为自己做对了的理由，是这些改革是经文化局批准的，徐平羽局长批准的，那个时候还要跟财政局打招呼的，否则，你不上交，财政局要管的，人事局、财政局，主要是文化局牵头的，这个评弹。那么，我讲我没错嘛，上面都批准的。到了"文革"，人家贴"大字报"，你这个走资本主义道路，你这个时候就是搞修正主义，走资本主义道路，现在看来嘛，当时还是不错的，是超前的问题，哈哈哈。

当时就是这样子，那么后来到"文革"以后，工资都降下来了，就是拿级别工资，因为级别没变过，我们那个时候是另外评的，所以"文革"就是级别工资，级别工资嘛，就拿少了。所以这些演员后来到了"文革"以后，打报告要求补工资，要求把原来给他们的津贴，要补给他们。后来，我那个时候快离开评弹团了，好像上面补了一块给他们。那个时候拨乱反正嘛！可是，"文革"当中"自由结合"是吴宗锡的一大罪状啊！人家贴我"大字报"，我说这有什么啊，我说领导批准的，不是我自己搞的。后来我想想也害怕了，这个跟"文革"当时的要求是不符的，真是走资本主义道路，是吧。

王：是啊，当时也是蛮危险的。

吴：哈哈，也无所谓危险，反正已经批判了。我的事情一大堆，这是当中的一条罪状。

王：是啊，挺不容易的，这几十年。

吴：哈哈。你要问分配啊，什么分红啊，就是这样子走过来的。

王：那好，那老师，我主要是问这么一个问题。

吴：有一些什么具体数字、具体日期，我记不清楚，你有机会可以去查查，我知道评弹团有一些档案，不晓得上海市档案馆有没有。就是那个，你们也知道，就是给你们讲过的何其亮，何其亮前几年，到我这里来，他告诉我，他去查档案，他也是搞历史的。他还帮我复印了一点，我在文化局我办的公文呢。他说里面都有。所以档案馆可能有。我相信，评弹团，我们打报告，要求自由结合，要求工资改革，这个档案馆里面应该有的。

刘晓海（以下简称刘）：我看到过，"文革"时候，给那个江肇焜，给他评级，定工资的档案呢。

吴：江肇焜那是后来的，他是评弹学馆培养出来的。[1] 以后你们有机会去，我想档案馆应该查得到，这个大事，是上面批准的，因为有批文嘛。

王：是啊，很多资料，我看到过。当时，您为艺人积极争取这一方面。

吴：你们可以想象到，当时，"文革"以前，这个工资制度要动一动，那实在是不方便，不容易的。

王：对啊，以前的时候，好像说不光是牵扯一个部门，好几个部门都得协商。

吴：对的，对的，我刚才讲，你不上交，你牵扯到财政局，你这个工资高低，又牵扯到人事局，是吧？

王：是的，确定一个，也挺不容易的。

吴：是啊！

1　江肇焜 1961 年入上海市人民评弹工作团（今上海评弹团）学馆，师从刘天韵习《三笑》，1966 年毕业。

王：那老师，我们就今天先到这儿。您也休息一下。

吴：好的。

整理者：王亮

第七十一讲
我在"十年浩劫"中的遭遇
——唐耿良访谈录

口述者：唐耿良

采访者：唐力行

采访时间：2007 年 8 月 26 日

采访地点：加拿大多伦多唐耿良寓所

唐耿良

唐耿良（1921—2009），江苏苏州人，国家一级演员。1933 年师从评话名家唐再良习《三国》，一年后在江浙一带演出。1944 年进入上海，不久渐有影响，成为蜚声书坛的"七煞档""四响档"之一。1950 年编演长篇评话《太平天国》。1951 年加入上海市人民评弹工作团（今上海评弹团），任副团长、艺术委员会主任，为协助组织及首批入团的十八位演员之一。同年，随团赴安徽治淮工地进行文艺宣传。1952 年参加创作中篇《一定要把淮河修好》，并参加第二届中国人民赴朝慰问团赴朝鲜慰问，之后编演短篇评话《黄继光》《张积慧》。1955 年，编演短篇评话《王崇伦》《朱润余》等，先后与人合作编写了中篇《王孝和》《冲山之围》《白求恩大夫》《焦裕禄》及《如此亲家》等。说表以流畅晓达、剖析周到、事理分明为特点，并善于顺应潮流，结合时事，对比映衬，使书情富有新意。演出本《三国·群英会》经整理，由中国曲艺出版社出版。20 世纪 90 年代移居加拿大多伦多。晚年出版回忆录《别梦依稀——我的评弹生涯》。历任中国曲艺家协会理事、常务理事及中国曲艺家协会上海分会（今上海市曲艺家协会）第一、二、三届副主席，上海市人民代表等职。本文系唐耿良对"文革"时期个人亲历及见闻的回忆。

一、黑云压城：走下书坛押上批斗台

"文革"是从评《海瑞罢官》开始的，开头我还体会不到自己将有严重的灾难。不久《林彪同志委托江青同志召开的部队文艺工作座谈会纪要》的文件传达，说中华人民共和国成立十七年来文艺界有一条又粗又长又深的黑线，专了无产阶级的政，周扬、夏衍、田汉、阳翰笙四条汉子是代表人物。这时我开始有些不祥的预感，我听过周扬几次报告，把他的指示作为党的指示；夏衍在上海直接领导文艺，我们去治淮就是他动员的；我们曾到田汉北京的家里去说过书，他请我们吃过饭；阳翰笙到上海来，团里派我陪他到沧洲书场去听过书。我跟四条汉子多少沾一点边儿，不知会不会有所牵连？我读毛主席批示中有这么几句："有些人（不是一切人）做官当老爷不去接近工农兵……"我想这十七年来我参加治淮，赴朝慰问志愿军，去海岛为海军演出，下厂、下乡，去过大庆、大寨，到过兰考灾区，辅导过工农故事员，不知道我能否归入"不是一切人"当中？能否幸免于难？随着运动的深入，又揪出了彭真、罗瑞卿、陆定一、杨尚昆。我想他们都是党内的元老功臣，不知立过多少功，尚且要揪出来批斗，我这个小小说书人做了一点微不足道的工作，要想漏网脱逃是难乎其难了。

不久蒋月泉"靠边"了，因为他曾经有过一支自备手枪，1950年被黄浦区公安局收缴，家中还存有二十余颗子弹未交，这次运动开始他主动上缴，自己"靠边"参加运动。接着工作组进驻评弹团，"大字报"铺天盖地，团长、副团长先后"靠边"。团里没有领导了，工作组让我这个艺委会主任主持工作，我成了团里的领导人。当时有个越南代表团来访问，我出面接待，拍照时我坐在中间，团长、副团长站在后排角落里。我心情不安，大有"高处不胜寒""倾巢之下，焉有完卵"的预感。果然，不久有人贴我的"大字报"了。团里组

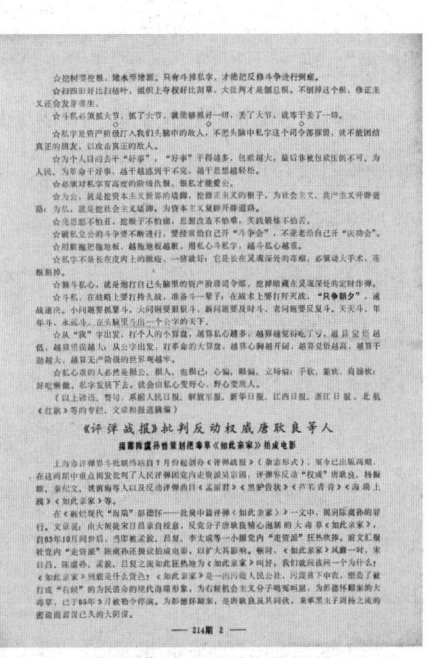

"文革"中对唐耿良的批判

织一场现代书目会演,在西藏书场演出,要我参加。我根据报上一篇关于"三二———钻井队救火"事迹的通讯,马上编写故事,当晚演出,演得声嘶力竭,满头大汗,想积极表现,以取得群众谅解,让我免于"靠边"。演完回家,妻子也很欣慰,因为能够登台说书,等于昭告听众,我没有问题。在那个时候能在书台亮相,已成为一种待遇的象征了。

次日上午,我到团里上班,工作组通知我,因为群众"大字报"的揭发,决定我自今日起停止一切工作,到靠边组报到,接受群众审查。我听得目瞪口呆,心想要来的事终于来了。昨日座上宾,今做阶下囚。我只得到楼下食堂里向靠边组头头、原副团长李庆福报到。靠边组里有原团长吴宗锡,以及蒋月泉、严雪亭、姚荫梅、杨振雄,彼此相见如同陌路人不能讲话,讲了话就是"黑串联",这是犯忌的。大家拉长了面孔,在食堂里拣菜、洗菜,劳动完毕到另一间屋子学习《毛泽东选集》,或者写思想检查和罪行交代。这一间原是卫生间,浴盆早已拆除,用原来搭书台的两块木板搁在高脚长凳上便是一张写字台了。卫生间位于评弹团进口处左边,因此一进团就能看到门额贴着"鬼穴"的横批,表示里面的是"牛鬼蛇神"。门两侧还贴有一副对联,字句我不记得了,大意是"横扫一切牛鬼蛇神"。朝东另有一扇门通向北面的食堂,隔壁是一个厕所。朝西窗外是一条弄堂,居民生煤球炉子都在弄堂里,浓烟滚滚从窗外灌进来,杨振雄自嘲:"我们牛鬼都变成'烟鬼'了。"靠边组另外的工作就是打扫全团的卫生,揩抹桌子。革命群众写的"大字报",也要我们拿去张贴,团里贴满了,一直贴到大门外弄堂里。弄堂正对南京路口有一大块墙壁,要用长脚竹梯才能爬上去张贴。竹梯上面缚一条长凳,凳脚搁在墙上,糨糊桶挂在凳脚上,这是危险动作,下面得有人扶住竹梯做保护。"大字报"上我们的名字都被打上红色的"××"。晚上下班前,还要写一张每天的思想汇报,短短几百字,都是些臭骂自己的内容。

这时评弹团已全部停演,书场关门,听众听不到书就到各个评弹团去串联看"大字报"。上海评弹团就在南京西路王家沙对面,地处闹市,串联的人似潮水般涌来。大门口有演员值班,串联人只要在簿子(上)签一个名字,就可以进去看"大字报"了。串联者讯问值班的女演员:"你们有哪些人靠边?"那位女演员本是好嗓子,提高嗓门介绍:"有蒋月泉、严雪亭、唐耿良、姚荫梅、杨振雄等,你们阿要喊俚笃(他们)出来斗斗?"我们在"鬼穴"里只有一门之隔,听得清清楚楚,不由得心惊肉跳,想哪有这样向串联者兜揽"阿要喊俚笃出来斗斗的"?那些串联者齐声说好。隔了一会儿,一个青年演员从东面的一扇门进来,吆喝我们拿好"红宝书"出去示众。我们只好服从,每个人手里拿了本语录,依次跟着青年"造反派"进入大厅。厅里挤满了串联的人,很多人都是老听众。厅中间有张乒乓台,台边放着一只长凳,我们站到长凳上,再跨上乒乓台。那青年吆喝:"自报家门!""我叫唐耿良。"他又喝令:"自报罪行!"那真是当众出丑,当众羞辱。我无可奈何地照着"大字报"上揭发我的罪行背上那么两条:"1950年到香港去演出,是叛国投敌的罪行;说《三国》,是放毒……"说完从另一头跨下乒乓台,踏上长凳回到平地,这时脸红心跳,就缺一个地洞往里钻。示众结束后,喉咙干渴欲裂,回到"鬼穴"马上喝水解渴。这是第一次示众的反应,后来示众次数多了,也就麻木了,站到乒乓台上像老和尚念经就完事了。

接着,"造反派"假座大华书场批判1962年赴港演出的"卖国求荣罪行"。吃过晚饭,靠边组排着队,每人脖子上挂着硬板纸做的牌子,我的牌子上写着"三反分子"(即反党、反人民、反社会主义分子)。我们排着队从南京路一直走到马当路大华书场。赴港团的团长、《文汇报》总编陈虞孙也被抓来接受批判。批判会批斗我的"罪行",是说我带去的书目中有一回《赠马》,其中说关云长"身在曹营心在汉",就是向台湾表示我身在大陆心在蒋介石那边。真是欲加其罪,何患无辞。批判蒋月泉唱《庵堂认母》中有一句唱词是"十六年作了梦中人",用意是向台湾表示他在大陆十六年做了梦中人,盼望着认祖归宗回到蒋介石那里。这完全是牵强附会,硬装斧头柄。《庵堂认母》是1955年夏天陈灵犀写的徐元宰的唱词,蒋月泉1962年赴港演出时距中华人民共和国成立才十三年,怎么扯得上"十六年作了梦中人"是向台湾方面示意呢?1962年在香港大会堂音乐厅演出时,有一个上海人到后台来探望蒋月泉,按当时的规定,演出时后台不能会客。那人对蒋说了一句:"我们很想念你,希望你下次再来。"蒋回应了一句:"我也很牵挂你们,下次会再来的。"第二天一张右翼报纸上登出了蒋月泉很牵挂台湾人,下次会到台湾来的小文章。原来这位听众是在台湾的上海人,他写了一篇小文章引申并歪曲了蒋月泉的意思。"造反派"就在批斗会上责问蒋月泉,说他向敌人示好!蒋月泉发急了,说这是特务造谣。最倒霉的是陈虞孙团长,他是局级干部,当时出访必须有高干挂名任团长,这次大会批斗,"造反派"还打了陈虞孙一记耳光。

香港演出批判会后,团内革委会深夜接到一个电话,电话中传来蒋月泉密纹唱片《庵堂认母》唱段的声音。你们批判"十六年作了梦中人",我偏要欣赏这段"蒋调"名句,表达了人民群众对"文革"的强烈抗议和不满。革委会"造反派"查不出是谁打来的电话,只能说这是阶级敌人的反扑。

1962年赴香港演出是一次宣传传统评弹的盛会,激发了旅居香港的同胞热爱家乡、热爱祖国的感情。"造反派"颠倒黑白,说成是卖国求荣的行为。悲夫!

二、家破人亡:爱妻饮恨而去

红卫兵运动掀起后,上海纷起响应,"扫四旧"、抄家、揪斗人,无法无天,造成一片恐怖气

家庭合影：右立者为唐耿良，中坐者为父亲唐月奎，左立者为夫人李志芳，孩童为作者的四个孩子

氛。接着全国大串联，乘火车不要钱，火车上挤得连行李架上也坐满了人。上海各单位要成立接待站，免费接待红卫兵住宿。评弹团也要成立接待站，被子铺盖向演员商借。对于靠边组就不是商借了，一张纸头贴在墙上："勒令唐耿良送两条被头、一架缝纫机来团应用。"我只能回家告诉妻子，马上包好两条被子，抬了一架缝纫机，叫了辆三轮车送往团里去。里弄居委会马上打电话通知团里，唐耿良拿了被褥和缝纫机不知何往？请你们查询。原来团里和居委会联系过，对我的一切行动要监督管制。团里解释，这是团里成立接待站叫他回家取的。我深刻体会到无产阶级专政的严密，一举一动无时无刻都有人监管。

里弄里也要成立接待站，居委会又叫我妻子送两条被子去，妻子也只能照办。

一天深夜，敲门声很急。我披衣开门，团里的"造反派"闯进门来抄家，喝令我把橱柜、抽屉、箱子统统打开，把我的日记簿、信件、老师亲笔题字的赋赞簿、《火烧赤壁》六十万字的记录本等统统抄去。银行存单有二千元，另有一只钻戒、两只嵌宝戒，再问我是否有黄金、美钞？我说中华人民共和国成立初期卖给人民银行了，我把银行的收据单交给他们看。他们把这些统统抄走（等到七年后我被"解放"时，存单发还，首饰折价三百五十元，所有脚本都被送往废品收购站回炉造纸）。这样一来，我家无存款，动弹不得了。最令我不堪忍受的是房门口、楼下的大门口都贴上对联横批，醒目地标出我的名字，打上红色"××"，要横扫我这"牛鬼蛇神"、"文艺黑线"的"黑帮"，大门口上还贴上诬陷我的"大字报"。我家住在南昌路思南路口，那里靠近复兴公园，是交通要道，过往人流特别多，都要驻足注目大门口的"大字报"。其中有一条批判我写的《太湖游击队：两个短枪手》中篇，一个短枪手忠贞不贰，另一个却叛变投敌，说我写地下斗争是"刘少奇路线"的产物。结果有人以讹传讹，说唐耿良家里藏有两把短枪。那时思南路上有一个红卫兵接待站，北京红卫兵住在那里。他们上午出去串联，经过我家门口，一见"大字报"，马上临时纠合了几个红卫兵冲上楼去抄家。那时我大女儿在家，妻子买菜去了，他们把我当选市人民代表的证书从墙上的镜框中取出扯碎，把我参加第二届全国文代会的大幅照片（前排坐有刘少奇）扯碎，还砸坏了一些家具，剪坏了一些衣裤，扬长而去。我妻子买菜回家，刚到楼梯口就看见红卫兵在乱砸东西。她吓得面容失色,心跳加速,两腿发抖,只得提着篮子向淮海路走去。在蓝村店堂里坐下,停留了一个多小时后才回家,只见家里一片狼藉,大女儿在收拾打扫。我妻子寻思我家隔壁就是一个红卫兵接待站,进进出出的人不少,今天这一批红卫兵闯入抄家,明天另一批红卫兵也会来抄家,这样不断地抄下去怎么受得了?她马上到房管所申请搬家,要求搬到一个比较安静的地方去。房管所的管理员告诉她,就在南昌路我家斜对面的宝成里弄堂内有一户资本家,五口人独住三间正房两个亭子间。工厂"造反派"抄家,房管所配合,把他家一个楼中间、一个亭子间予以没收。楼中间二十四平方米,亭子间八平方米,总共三十二平方米,只要我们交出原来的住房,就可以搬进去。妻子把我家一百二十多平方米的房子交给了房管所,叫在上海的四个子女动员他们的同学来帮忙,像蚂蚁搬家那样,花了一个下午的时间,搬进了宝成里28号。等到我下班回到南昌路,只见屋里空荡荡只剩一个空壳了。我问妻子怎么回事儿?她告诉我上午抄家砸东西的经过,说南昌路思南路的接待站住了那么多川流不息的红卫兵,看到我家门口贴的"大字报"不断地会来抄家,这怎得安生呢?我听后默然无言,心想就算我有罪,团里的"造反派"可以在单位贴我的"大字报",对我进行批判,为什么要贴到我家大门口和房门口呢?"罪不及妻孥",我有种时空错乱的感觉,仿佛回到了株连九族的封建时代,陷全家于惶惶不可终日的恐怖境地。当然,这想法也只能隐藏在内心深处,倘然表露出来又是大罪一桩。我跟着妻子来到宝成里28号的住地,居住面积不及原来的三分之一,房间里堆满着杂乱无章的家具。床铺来不及搭,只能打地铺躺在地板上,像逃难一样度过了这一夜。新住所前弄口是淮海中路,后弄口是南昌路,弄堂里行人较少,比较隐蔽安静,晚上睡眠不用提心吊胆睡不安枕。

"文革"才几个月,政治上我"靠边"审查,居住上可以说是破了家。今后怎样发展还是个未知数,只能听天由命了。

抄家运动不断蔓延,大房子变小房子的家庭不胜枚举,家具在新居所里放不下,或者生活难以为继,只能放在马路边"三钿勿值两钿"地脱手求现了。评弹团里有个中年演员,他家居苏州,住在上海(评弹)团里的单人宿舍。他喜欢淘旧货,看见马路上家具贱卖,不买白不买,自然不会放过这个占便宜货的机会。于是买了大床、大衣橱、五斗橱等家具,堆放在团里大厅的靠墙壁处,等候机会来运回苏州。这些家具影响了靠边组打扫卫生的工作,严雪亭心怀不满,就嘀咕了一句"该个辰光买家具勒档口哪!"正好被那淘旧货的演员听见。"牛鬼蛇神"敢来讽刺革命群众,这还了得?出于打击报复的心理,他写了一张"大字报":"向造反派提个建议,你们造反派为文化大革命起早摸黑,经常开会到深更半夜,何等辛苦!这里靠边组上午八点报到,下午五点就下班,太舒服了,不利于他们的改造。建议造反派勒令靠边组早晨六点钟报到,晚上九点钟下班,让他们触及灵魂闹革命!""造反派"接纳了他的建议,勒令靠边组照办。这一招真够狠毒,时值冬天,六点钟天还没亮,黑咕隆咚又看不见钟点,我只好去买了一只闹钟。五点钟铃响,起床洗面之后吃了泡饭,五点半出门,那时又坐不起公交车,步行到南京路。团里没有那么多地方可打扫,于是蒋月泉和姚荫梅便打扫马路、人行道,从团门口一直扫到泰兴路。我和严雪亭扫一条很长的弄堂以消磨时间,等炊事员来了再去拣菜、洗菜。想不到严雪亭嘀咕了一句,招来了每天十五个钟头的超长时间劳动,搞得靠边组人人疲劳不堪,连洗澡时间也没有。后来李庆福向"造反派"要求,让靠边组每人每个礼拜有一天可以六点下班,能去澡堂洗个澡,得到了"造反派"的恩准。这一天名曰"调剂",每周有一天可以早下班三个小时,也算是照顾了。

紧接着,一个更严重的灾难降临了。青年演员们纷纷议论,他们这些干革命的每月只有三十六元,"牛鬼蛇神"却要拿两百几十元的工资,这太不合理了。于是采取革命行动,只允许我们每人每月领二十元生活费,家属每人每月领十五元生活费,立即执行。我上有年近八十的老父,中有没有工作的妻子,下有五个子女都在读书,一家八口只有一百二十五元一个月。这对于我的家庭生活来说是灾难性的打击,只能拖欠房租,节衣缩食苦度光阴。我本有二千元存款,早已被冻结,存单上缴单位。我妻子患有糖尿病和高血压,本应定期检查,现在已无余钱看病买药,只能听之任之放弃治疗了。

春节期间,我大儿子从南京大学放假回来过年,除夕夜家人们等我九点下班回家一起吃团圆饭。不料那天晚上"造反派"开我的批斗会,往我头上挂黑板时铅丝撞到鼻子,顿时鼻血流淌,"造反派"照斗不误。九点半,大儿子见我还不回家,借了辆自行车到评弹团来接我。到了门口,只见二楼灯火通明,口号狂呼:"打倒唐耿良,唐耿良必须老实交代!"他知道在批斗我,只能快快回家。一直到十一点钟,我才拖着疲惫的身体回到宝成里,孩子们都已睡着了。台上摆着的年夜饭已经冷了,妻子拿到厨房热了热,叫醒孩子们一起吃。他们看我嘴唇上残存的血迹,又不忍心问我。大家心情沉重,强装笑颜吃了顿团圆饭。谁料这竟是我们全家最后一次团聚的年夜饭!次年,我妻子因不堪重压和重辱,病情恶化,撒手人寰,含冤而去了。我则被隔离审查不能回家,从此连郁郁不欢地在一起吃年夜饭也不可能了。直到四年后,我才与孩子们再次相聚于除夕。

我的妻子是一名善良贤淑的妇女,在家相夫教子,操持家务。我入了党,当选上海市人民代表,她被上海市政协邀请去参加高知家属学习班,又因热心公益而被居委会聘任,一些社区活动她也乐于参加。我"靠边"之后,她在市政协学习班的学习资格被取消了,居委会的职务被撤了,社区活动也不能参加了。她说:"你靠边,我也靠边了。"红卫兵的抄家更吓得她心惊胆战,夜不能寐。为求太平我们蜗居于宝成里的小屋,可哪里有太平可求?不久,取消工资改领生活费，存款又遭冻结，家用拮据。她患有高血压和糖尿病，无钱就医，只能硬挺过去。我被勒令超长时间劳动后，每天早晨五点半离家，晚上九点半回家。她怕我担心，身体不舒服也不告诉我，我自顾不暇更无法照顾她。5月18日星期天，我发现她头发蓬乱，面容憔悴，决定陪她到瑞金医院看急诊。那时医院里年老资深的医生都已"靠边"，值班的是青年实习医生。一量血压，上压二百四十度，下压一百六十度，经检测确诊为蛛网膜溢血，立即住院急救。当夜我陪住在医院里，叫大女儿去打电报给南京大学的大儿子："母病危速归。"那时妻子已处于昏迷状态，一面打点滴输液，一面由我捏着橡皮球为她供氧。我知道她最喜欢大儿子，大儿子考中学和考大学时都是她带着人丹、清凉油全程陪同。我唤她："志芳，你要坚持住，大儿就要从南京回来了。"妻子已经不能说话了，眼角旁流出了两行泪珠。我想到三十六年前我十岁时，母亲中风脑溢血，父亲带着我们三兄弟站在病床前。父亲问母亲可有什么话语时，母亲眼角旁流着眼泪，一句话也没有留下来。这眼泪就是无声的语言，是要父亲带好三个无娘的孩子，母亲舍不得我们三兄弟。现在妻子没有话语，不停地流着眼泪，眼泪就是无言的遗嘱，分明是要我带好五个没有妈妈的孩子。我是一个不称职的爸爸，平时只顾自己的工作，从不过问孩子的事情。大儿子在高考前紧张备考，加上三年自然灾害营养不良，1963年虽然考取了南京大学历史系，但进校体检时发现肝肿大两指，只得休学一年。在家里多亏妻子帮他治疗和调理，康复后得以返校读书。现在要我带好五个孩子，我实在觉得惶恐。眼看着奄奄一息的妻子，我深悔在她健康时没有陪她去旅游过，度一度浪漫的欢乐时光，现在说什么也迟了。5月19日晚上八时，只觉得妻子的手逐渐冰凉，一检测心电图已没有曲线，心跳停止了，一条白被单盖没了她的面孔，一辆车子将她推往太平间。她才四十六岁就离开了人世。如果不是我遭受迫害，她也不会心情郁结，担惊受怕，惶惶不可终日。如果不是存款冻结，她早一些去诊治，控制住血压，病情又何至于发展到无法挽救的地步？这一切都是我的罪过。"幼年丧母，中年丧妻，老年丧子"是古人所谓的人生三大不幸。我十岁丧母，中年丧妻，竟然轮到两大不幸！只能哀叹自己命乖运蹇！

半夜十二点，大儿从南京赶回来，我把噩耗告诉了他，他放声大哭要去医院太平间瞻仰妈妈的遗体。家属半夜里是不能进入医院太平间的，我劝他还是到殡仪馆去向妈妈的遗体告别。当夜，我们相拥而泣，相互抚慰着彼此的心灵。次日早晨，我到团里向革委会头头请假，他们按例给了我三天丧假，还批准我从冻结的存款中取出二百元，以便向医院结清账目，并料理后事。我大儿代我向殡仪馆借了一间小厅，21日下午举行遗体告别仪式。妻子的遗体旁只有我、父亲及五个孩子，还有一位在上海的苏州老邻居和孩子们的几个同学。团里的同事及亲朋好友都因我"靠边"而（与我）划清界限，一个也没有来。丧仪就这样冷冷清清，简简单单。大儿向同学借来了一部照相机，拍下了母亲最后的遗容。我注视着妻子的遗体，思量着我们结伴二十二年的历程。

当年我还没有在书坛上冒尖,她跟着我在码头上奔波;我被听众认可略有知名度后,她为我生育了五个子女,哺养教育的任务都落在了她的肩上;我放弃单干,放弃较高的收入,毅然参加国家剧团,她全力支持;我参加赴朝慰问,那时还没有停战,冒着一定的风险,她独力承担家务,抚育孩子,使我没有后顾之忧。在我顺利的时候,没有带她出门去旅游,去享受生活的欢乐;当我受审查的时候,却连累她受尽屈辱和痛苦。我亏欠她的太多了!如今她走了,可以解脱现实生活的痛苦,而我还得面对一眼望不到头的灾难。往后怎样照顾孩子?前途茫茫,我怅然若失,确实有点不知所措,如坠入深渊般一片漆黑的感觉。

一个小时飞快地过去,殡仪工人用灵车推走遗体去火化时,五个孩子齐声号哭。四儿力先抓住车辆,抢天呼地哭叫着妈妈,幸得几个同学上去劝解,掰开了他的指头。

三、忍辱负重:郭彬卿给我的教训

运动在发展,靠边组又增加了新的成员,郭彬卿被关进了"牛棚"。我很诧异,郭是一个独善其身不问政治的艺人,又没有什么历史问题,为什么会"靠边"呢?郭彬卿是薛筱卿的徒弟。薛老是老一辈中琵琶弹得最好的人,创造了枝生复调伴奏方法,把弹词音乐提高到一个新的水平,有划时代的贡献。郭彬卿青出于蓝而胜于蓝,在"薛调"琵琶弹奏基础上又有了新的发展。50年代初,郭彬卿和朱雪琴拼档合作,朱雪琴创造的"琴调"流派唱腔,全靠郭彬卿琵琶伴奏烘托,珠联璧合相得益彰,使"琴调"成为流行唱腔。"朱郭档"是当时的大响档,到处受欢迎。1956年,"朱郭档"参加评弹团,成为团里的主要演出档子。郭彬卿艺术修养很有造诣,曾经总结他的琵琶伴奏经验,在《评弹艺术》杂志上发表。他对一切政治运动都很冷漠,"文革"开始后,既不写"大字报",也不参加什么"造反派"系的小组织,经常请病假回苏州去休息,属于逍遥派人物。他回苏州时常去老艺人周玉泉家里白相。周玉泉有个女儿是医生,教了郭彬卿一个混病假的方法,郭如法炮制,果然屡试不爽。周玉泉的妻子和女儿,对"文革"的过火行为很反感,常讲一些"负面"的话。郭彬卿与她们有同感,也跟着讲一些不满"文革"的言论。这些事情不知怎么被苏州评弹团的"造反派"打探到了。周玉泉的妻子、女儿被逮捕,处以劳动教养,还被迫交代了郭彬卿的一些言论。苏州"造反派"把材料转到上海评弹团,就这样郭彬卿被关进了"牛棚"参加劳动。郭彬卿和我年龄相仿,平时感情还不错。有一次,我和他在厕所小便,见左右无人,他悄悄对我说:"你一贯前进,为什么也要靠边?我想不通。"此时此刻他对我的评价还很正面,让我十分感动。但是按照规定"靠边"对象不能谈话,否则叫"黑串联",是犯忌讳的。我连忙示意他不要这样讲。郭彬卿关入"牛棚"后,又查出他会算命,"造反派"给他上纲上线,又查出他曾经买卖过小黄鱼(一两一条的黄金),越追越紧。郭害怕了,乘放假的机会逃到了杭州。在西湖边散步,又被派出所怀疑他要自杀,带回所里一问,查出是逃到杭州的"靠边"对象。派出所通知上海评弹团,团里派两个人到杭州把郭彬卿押回上海。当夜在团里审问,一顿拳打脚踢,说他逃往杭州是想逃往福建,逃往福建就是想逃往台湾,这样无限上纲,不放他回家,关在三楼的一个小间里。郭彬卿早晨下楼来劳动,跟我一起到园子里吊井水洗菜,我见他左眼赤红,眼眶下一块乌青,显然是挨了打。他拉长了面孔,神色凝重,一言不发。我又不便去问他怎么挨的打,只能在眼神里表露出对他的同情。劳动完毕,他独自回三楼,我们靠边组在楼下卫生间里学习。上午十点钟,只听见"嘭!"地猛然一响,房门被踢开了。一个"造反派"的女将,满面怒容,厉声吆喝:"你们听好了,郭彬卿对抗文化大革命,在三层楼上吊畏罪自杀,自绝于人民,是现行反革命的罪行,如果你们胆敢学样,一律照现行反革命处理!"我一听惊呆了,两小时前郭彬卿还和我一起在园子里吊水洗菜,不料他想不开竟一下子自寻短见了。过了半个小时,"造反派"叫我从食堂里拖了一辆黄鱼车,跟他们一起到茂名路郭彬卿家去抄家,没收他的财物。郭彬卿在1956年参加评弹团之前,与朱雪琴拼档,收入颇丰,在苏州买了一所很大的住宅,他的服装考究,家具档次也高。"造反派"将他的遗物,什么野鸭绒被子、羊毛毯子等一股脑儿充公;屋中有一张麻将台是阴沉木的,有四只抽屉,据说可以出口,"造反派"令我搬上黄鱼车,送到南京路外滩一个抄家物资收购站,作价七十元收购;一条羊毛毯手感很好,送给团里一名炊事员,炊事员是"红五类",可以享受抄家物资。茂名路郭彬卿的住房被一个"造反派"占用,苏州私宅被一家工厂鸠夺鹊巢。郭郴卿的妻子和儿子被叫到上海(评弹)团里,通知他们:郭彬卿对抗运动,上吊自杀,是"现行反革命",所有浮财一律没收。还给了母子俩一张郭彬卿是"现行反革命"的书面结论。母子二人戴上了"反革命家属"的帽子,忍气吞声地回了常熟老家。

我看着他们母子俩含冤莫辩热泪满眶地离开了评弹团。我想,郭彬卿之死是饱受拳脚之苦,被迫害致死的。死后还落了个"现行反革命"的结论,天理何在?后来,我被打成潜伏了十九年的特务分子,有口难辩,无处申诉。我想从此冤沉海底,永远也说不明白了,还不如步郭彬卿的后尘,一死了之。但想到郭彬卿的下场则又不寒而栗。我家里上有老父,下有五个子女,我"靠边"受审查,他们还可领到每人每月十五元的生活费。如果自杀,我是解脱了,他们的生活费也就没有了,家里的浮财被充公,再扫地出门,叫他们如何活得下去?千万不能轻生!为家人着想也要忍辱负重咬牙活下去,也许还能等到云开日出的那一天。

"四人帮"垮台后,郭彬卿冤案平反,他的妻儿摘掉了"反革命家属"的帽子,没收的财物和钱款予以发还,苏州的房子通过文化部门的帮助从工厂收回。郭彬卿与薛筱卿合作的《珍珠塔》前段书的录音重新播出，其软糯的音色、婉转的唱腔深得听众赞赏。郭彬卿为朱雪琴伴奏的《潇湘夜雨》，琵琶极见功力，真是"大珠小珠落玉盘"。这样一位深受听众喜爱的艺术家，自杀时才四十八岁，本来还能为评弹事业再做贡献，却横遭摧残！呜呼哀哉！

四、逐步升级：从关"牛棚"到隔离审查

郭彬卿自杀之后，运动又发展了，老作家陈灵犀被关进了"牛棚"。他年近古稀，瘦骨嶙峋，罪名是1949年以前担任《社会日报》编辑，写过一些反共的文章。评话演员张鸿声、弹词演员苏似荫也进了"牛棚"。

不久，全团下乡到太仓沙头的农村去参加劳动。我们这些"牛棚"中人，胸前佩挂着一张布条，上书"历史反革命""三反分子""反动学术权威"，等等。我在1941年和1945年来沙头演出过两次，生意很好，行话叫"响地"。这一次身佩布条，羞见熟识听众，连镇上也不敢去，就住在农民家中。

杨振雄下乡前，他最喜欢的小女儿送给他一角钱一包的盐金枣，让他空闲时吃两粒，以慰思念之情。这本是人之常情。他用手帕包好放在枕头边，不料被"造反派"发现，暴跳如雷，召集靠边组批斗。"造反派"责令："杨振雄这个反动学术权威，到农村不思改造，还要吃消闲零食，要做触及灵魂的检查。"那是个只许有阶级论不许有人性论的年代，靠边组下乡所带的东西都必须要搜查一遍。

晚上在打谷场召开斗争地主的大会，我们靠边组所有人员都得站到台上去陪斗。农民并不认识我们，也不晓得我们犯了什么罪，我们只是像一群木偶似的被他们牵来牵去，直到斗争会结束才能回宿舍睡觉。农村劳动后我们回到上海（评弹）团里，"造反派"宣布"靠边"人员一律留团住宿，不准回家。同时宣布，"文革"已发展到清理阶级队伍运动阶段，"靠边"人员都要写一份关于政历问题的交代。我当即写下在1948年春天曾参加过国民党领导的上海市"戡乱建国宣传总队"。当时评弹协会是奉命集体参加的，我被委任为分队副，分队长是张鉴庭，另一名分队副是张鉴国。参加后不久，我就在端午节离开了上海，连分队副的证件也没有领。1949年春节，我趁年档回到上海说书，那时淮海战役刚结束，解放军即将渡江。评弹协会通知我下午散了日场到电台去说一刻钟书，募款慰劳保卫上海的国军。迫于形势，我不能不去，这是我唯一的罪行。这些问题我在1953年"民改"、1955年"肃反"中都做过书面交代，结论为一般政历问题。

过了一段时间，评弹界在团里召开清队大会。上海评弹团革委会主任郑某宣布："当年国民党组织了那么多人和共产党斗争，现在我们要团结起更多的人同他们斗争！将张鸿声、蒋月泉拘

留审查!"几个"造反派"当场用手铐把张、蒋二人双手反铐,押出评弹团,押上吉普车,驶向某秘密地点关押。会上空气紧张万分,退休老艺人韩士良知道张鸿声是评弹协会戡乱大队的大队长,他是副大队长,吓得他血压升高头晕眼花。长征(评弹)团的沈笑梅吓得瘫在椅子上,路也不会走了。郑某接着宣布:"杨斌奎、唐耿良、张鉴国三人隔离审查!"我被押往楼下靠边组宿舍,取了席子、被褥、衣服以及《毛泽东选集》等应用之物,再押到二楼朝北原评弹团单人宿舍的小房间里。为了防止人犯上吊、割腕自杀,"造反派"勒令我把裤子上的皮带解下来上交,剃须刀片及剪刀统统上交,要用时再向"看牛人"领用。因为人已被折磨瘦了,解下皮带后我所穿的灰布裤子直往下掉,裤脚管都拖到了地上。"看牛人"命令我:"你立即读《矛盾论》,等会儿我要来听你背的。"杨斌奎就住在我隔壁,年已过花甲,他过去是评弹协会会长,是评弹界戡宣队的当然大队长。张鸿声是实力派,所以也给了他一个大队长的头衔。但张鉴国为啥要隔离?过了些日子我才知道,这里面隐伏着更大的阴谋和灾难。

背《矛盾论》的任务实在难煞人,这是哲学论文,不像毛主席诗词,既短小又形象,且朗朗上口,容易记忆。背诵《矛盾论》是"造反派"用来折磨人的新招式,让你死记硬背,脑子里也就没有了思考的空间。没有办法,我只能反复诵读,过一会儿"造反派"来考核时我勉强过了关。隔壁的杨斌奎年纪大记忆力差,背不出来,被"看牛人"大声呵斥。吃晚饭时,"看牛人"端来三两饭和一盘蔬菜,"牛鬼蛇神"自然没有吃荤菜的资格。我胡乱吃了一顿,碗盘由他们收去。房间里灯光暗淡,不能看书,只能躺在地铺上睡觉,心里还在挂念那两个戴上手铐被拘留审查者的命运。朦朦胧胧中,房门被打开,一束手电光直逼双眼。两个"造反派"恶狠狠吆喝道:"起来,拿着红宝书,走!"我穿好衣服,拿着语录本,跟他们踉踉跄跄下了楼。出了评弹团大门,走到隔壁五七药厂的会议室,里面已坐满了人。他们不在团里审讯,大概是怕声音太大,被另外两个隔离对象听到。地上贴着白纸,写着"坦白从宽、抗拒从严"黑色大字,中间放一张写字台,坐着一名审问官。将审讯放在半夜,是为了增加一些恐怖的气氛。审问官先读了一段语录,结语是"扫帚不到灰尘不会自动跑掉",然后让我交代参加戡宣队的经过。我说:"1948年春天的一个上午,协会通知我到和平电影院去开会。与会者是上海游艺协会下属的京剧、越剧、淮剧、扬剧、锡剧、滑稽话剧以及评弹协会的成员。张鸿声、蒋月泉、张鉴庭等人都去参加了,还叫我和潘伯英担任纠察,发给红袖章,我们就坐在后排。戡宣队由国民党上海市党部主任方治担任总队长,各协会的会长是当然大队长。张鸿声不是协会会长,因为照顾到他掌握书场的权势,评弹协会增加了一个大队长的名额。各协会都要派代表上台发言。当夜,在汇泉楼书场夜场散后,杨斌奎上台宣布各个分队长及分队副名单。我记得张鉴庭为分队长,分队副是张鉴国和我。蒋月泉也是分队长,分队副是钟月樵和潘伯英。那一年的端午节,我离开上海跑码头八个月,所以连戡宣队的证件都没有领过。1949年春节我回上海做年档,这时蒋介石已经下野,国民党大势已去,戡宣队并没有什么具体活动。我参加过的唯一一次活动是在上海解放前夕,评弹协会通知我到电台参加义务播音,募款慰劳国军。日场散后,我赶去说了十分钟书,这就是我效忠敌军的罪行。"

交代完毕,审问官又让我交代实质性罪行。我说不出什么名堂,旁边一个曲协的干部将早就准备好的一盆冷水朝我当头浇下,弄得我衣服湿透,浑身冰冷。由于皮带上交,我穿的裤子仅靠纽扣束腰,人瘦腰细,裤腰下落,裤管拖到地面。我站在写着"坦白从宽"黑字的纸上,潮湿的裤管吸收墨迹,染黑了一片,后来再也清洗不掉,夜审的印记永远留在了裤脚管上。接着我被带出五七药厂,回到评弹团大厅,一个青年"造反派"厉声斥责我不老实交代罪行,狠狠地抽了我一巴掌,打得我眼冒金星,左耳膜被震坏,留下了轻度的残障。挨打后又被拉回五七药厂继续审讯,因为我实在讲不出什么名堂,便被押回隔离室,上楼时腰背部又挨了几下揍。回到隔离室后,我把湿透的衣服换掉,躺在地铺上辗转难眠,隔离审查的处境实在牛马不如。经过第一天的夜审,每晚我都提心吊胆卧不安枕,似乎随时会有"造反派"闯入,因神经高度紧张,造成肠胃系统紊乱失常,七天没有大便。看到门外贴着"阶级斗争一抓就灵"的标语,我寻思哪一天才能走出隔离室,恢复我的自由身?我哪里知道,夜审不过是个小插曲而已,更严酷的折腾还在后头呢!

五、请君入瓮:莫须有的香港特务案

戡宣队事件专案组自从深夜审讯之后就不再追查。接着他们通知我,把1950年赴港演出经历写成一份详细的交代材料。其实香港事件我在1953年的民主改革和1955年的肃反运动中都做过详细交代,1957年上海市文化局肃反专案组还给我写了书面结论:赴港说书目的是淘金,回来后并无发现政治问题。因此1959年解决了我的入党问题。按说这一事件已无再做交代的必要,但现在文化局已被砸烂,旧结论属于刘少奇"招降纳叛反动路线",是包庇"牛鬼蛇神"阴谋复辟的工具,必须予以推倒,一切都要重新审查!

事隔已久,记忆淡薄,我只能搜索枯肠,从头写起,写了不少张纸,把事情的过程一一做了交代。几天后,"造反派"把我押到评弹团隔壁少儿图书馆的一个空房间内,审问我在香港参加特务组织的罪行。我说我在香港杜月笙家中唱堂会,有几次吴开先、陆京士、赵班斧等特务头子来听书,我和他们没有交谈,堂会结束后我必须立即赶到六国饭店书场说书,哪来参加特务组织之事?他们说,国民党派遣特务潜伏大陆,尚且要发展大陆特务,你自己送上门去,他们哪有不发展你的道理？我一听愣住了，真是欲加之罪，何患无辞！他们用逻辑推理想当然来办案，我还有什么好说的呢？"造反派"见我无言以对，便将我押回隔离室。过了一会儿，又把我押解到交通大学。当时文化局戏曲口各个单位都集中于交大，新派来的工宣队、军宣队已进驻文化局和评弹团。工、军宣队下马威的第一招，就是命令我们背诵两篇《毛泽东选集》里的文章，一篇是《南京政府向何处去》，一篇是《敦促杜聿明等投降书》。每天早请示夜汇报，站在地铺上面对毛主席像背诵这两篇文章，让我们在心理上自认是将要崩溃的南京政府，只有坦白承认一切他们要我们承认的"莫须有"罪名才有生路，否则只有死路一条，还勒令我们吃粗糠做的忆苦饭。杨斌奎年老体弱，消化不良，糠滞留在肠子里造成肠梗阻，送医院开刀割掉了一段肠子，因而撤销隔离让他回家调养，这也算是因祸得福。交大的宿舍挤不下这么多隔离对象，于是又把我们转移到附近的管乐团。我们住在原来的琴房，一间关两个人，我的同室难友是木偶剧团的编剧孙毅。他是个性格开朗的人，对我说："我们是牛津（棚）大学的同学。"我没有回他话，报之以苦笑，这里规定不能互相交流案情，否则叫"黑串联"，是犯忌的。我从不问他你是什么问题，更不把自己的案情告诉他。上面发给我们两只稻草袋作为垫褥，每人一只竹壳五磅热水瓶，另有两只陶瓷钵头作为大小便之用，上面盖一张硬板纸。窗户上钉了木栅条，以防止我们越窗逃跑。房门上有一个小洞，盖着布条，看管人要监视隔离对象在做什么，只需撩起布条一看就知道了。上午十时和下午三时，将被隔离者放到院子里活动三十分钟，算是"放风"。放风还分两批，第二批放风的只有文化局局长李太成以及蒋月泉等几个人。为什么蒋月泉等人不能和我一起放风？那是怕我们串供，这是隔离中的隔离。

1969年1月6日晚上，评弹团在交大的一个大礼堂召开全体大会，我被两个青年押解到会场。中间是一张长台，坐的是工、军宣队革委会和专案组人员。主持会议的是文学组一名青年作者、"造反派"的小头目，他先把我叫到主席台中间面对群众站好，然后叫我交代1950年赴港的罪行。我把当年怎样赴港，到港后去杜月笙家中唱堂会，吴开先、陆京士、赵班斧等特务头子有时也来听书但我没和他们交谈过，由于书场上座率不理想三个月合同期满我就返回上海等情况又说了一遍，最后我上纲上线说这是叛国投敌的罪行！他再问我可有什么实质性问题交代？我说没有！他叫我站到旁边，说："以后你只能说是，或者说不是，不许你说话。"接着他又问是否有其他人发言？旁边张鉴庭站起来一举手说："我揭发！""造反派"小头目让他站到中间来讲。张先向主席台一鞠躬，再向群众鞠躬，说："我有罪，我是特务！"我一听，惊得目瞪口呆，张鉴庭怎么会是特务呢？接着张鉴庭说，有一天晚上，我们从杜月笙家唱完堂会，回到麦当奴道宿舍，不久来了一辆黑颜色的皮尔卡轿车开到门口，我和唐耿良、蒋月泉上了汽车。"造反派"小头目挥手示意张鉴庭暂停，让旁边资料室的一位女同志播放录音。录音机里传出了蒋月泉的声音："一辆黑汽车……"这就证明张鉴庭所说的是真的了。然后他让张鉴庭继续说下去。张又说："汽车开到铜锣湾虎豹别墅旁边的洋房门口停下，我们三个人进到客厅，陆京士坐在沙发上，背后是墨绿色丝绒窗帘。陆京士站起身来和我们三个人握手，笑眯眯地说：'欢迎你们参加组织，将来为党国效忠。'我们坐下后，陆又布置任务：'你们回上海后，可以说一些让听众思念在台湾的蒋总统的故事，比如像王佐断臂说书，越鸟归南……'"下面一句张鉴庭顿住了，底下有群众接嘴："骅骝向北。"张鉴庭说："对对！骅骝向北！意思是让听众怀念故主。唐耿良说：'这是《岳传》里王佐断臂说书，劝陆文龙归宋的故事。'后来1957年唐耿良动员杨振雄写了《王佐断臂》中篇上演。"这时杨振雄站起来撇清："唐耿良叫我写《王佐断臂》，我不知道这是特务的指使，与我勿搭界格。"《王佐断臂》的确是我动员杨振雄写的，这是一个宣扬爱国主义题材的故事，现在被张鉴庭装榫头装到是特务头子授意的政治阴谋，杨振雄自然要发急了。张鉴庭在逼供信的巨大压力下被迫自认为特务，这是"造反派"让他吃了砒霜药老虎的手法，他是坦白从宽的立功之人，我则成了拒不坦白的顽固分子。创作《王佐断臂》是真事，却被张鉴庭用来证明我的特务罪行，他编造的故事很能迷惑人。当时青年评话演员朱庆涛高呼口号："受蒙蔽无罪，反戈一击有功！"我想张鉴庭心知肚明，何尝受蒙蔽？你朱庆涛却是受张的蒙蔽了！张鉴庭继续交代："陆京士为了表示对我们三人的欢迎，请我们吃夜宵，吃的是三明治牛奶。"其实这种编造太拙劣了，三明治牛奶在香港相当于上海的大饼油条豆腐浆，哪有特务头子请客如此小气的？张鉴庭还说："陆京士当场封唐耿良为总队长。""造反派"小头目又叫人放录音，录音机里再次传出蒋月泉的声音："是分队长……"蒋月泉的旁证其实和张鉴庭所说的内容不一样。张鉴庭又说："陆京士后来又请我们到丽池舞厅吃饭……""造反派"小头目制止张鉴庭："你不用再说了，可以写交代材料继续揭发。"接着，这个"造反派"小头目恶狠狠地对我吆喝："唐耿良，你的罪行铁证如山，不容抵赖，坦白从宽，抗拒从严，你回牛棚去彻底交代吧！"不由分说把我押回"牛棚"。张鉴庭虚构的情节真真假假，使全团群众都以为我是陆京士派遣的特务分子。我横遭诬陷，且又不容我争辩，面对"造反派"一手导演的冤案，我怎么办？我必须用书面材料向工、军宣队专案组反诉。"牛棚"里灯光太暗，看不清楚，我要求在走廊里灯光较亮的地方写材料。在材料中，我先说明张鉴庭1957年被戴上"右派"帽子，我曾经批判过他，他怀恨在心，利用这次清队审查的机会，挟私报复，捏造情节陷害于我。他编故事的本事特别大，去陆京士家这件事有地点、有环境，墨绿色丝绒窗帘说得煞有其事。他让陆京士说"欢迎你们参加组织，将来为党国效忠"，"为党国效忠"是《参考消息》刊登台湾消息时的用语。张鉴庭说我是总队长，蒋月泉说我是分队长，这里有明显差别。我愿意与张、蒋二人在群众面前对质。我一直写到深夜两点钟，然后将申辩书交给隔离室的看管人员，请他们转交工、军宣队专案组。

申辩书上交后一直没有回音。几天后我吃过午饭，突然来了两个青年"造反派"，身穿绿军装，臂佩红袖章，神态凶狠，叫我带上语录，把我押上卡车，直驶文化广场。我被押在角落里，听大会宣布："某单位靠边人员抗拒从严，立即押往提篮桥监狱服刑。"大会结束后我又被押回"牛棚"。刚坐下，专案组把我押去谈话。工宣队的周师傅对我说："今天的宽严大会你已经看到了，只要坦白罪行，就可以撤销隔离，回到人民的队伍里。你如果抗拒交代，我们评弹团军宣队是空四军的，空四军接管了上海的公、检、法，只要一个电话就可以把你送进提篮桥。有张鉴庭的人证、蒋月泉的旁证，完全可以把你判刑！沪东造船厂有个工人在1950年'二六轰炸'时给美机放信号弹，炸掉了上海发电厂。这个罪名够大了吧！可他坦白了，非但没有判刑，还保留职位，工资照领，待遇不变，这就是坦白从宽的典型。如今一些干部子女还被分派到农村去"插队落户"，你的两个子女却都分派在工厂里。如果你抗拒，不但你本人进提篮桥，你的子女还能在工厂留下去吗？作为反革命家属马上开除出厂。另外两个子女一起扫地出门，这个结局你受得了吗？坦白从宽，交代问题态度是最重要的。你总比'二六轰炸'放信号的罪名轻吧？你回去好好想想吧！"那时我面临的压力就像一座大山压在头上，精神已经接近崩溃了。专案组对我的申辩报告置之不理，反而肯定了张鉴庭的诬告和蒋月泉的录音旁证。我若拒不承认，他们就要送我去提篮桥服刑。吃冤枉官司事小，他们还要把我的子女开除出厂，扫地出门。我现在被隔离审查，他们每人每月还有十五元生活费可领，我吃官司之后，他们的生活费也随之取消，叫他们如何生存？我想到妻子临终前不能言语，对我泪流满面，分明是要我带好五个没娘的孩子。我如不承认自己是特务，我的家庭将遭受灭顶之灾，我怎么对得起亡故的妻子和五个无辜的子女？只要我按照张鉴庭诬陷的路子，承认自己的特务罪行，这样工宣队专案组挖出了潜伏十九年的特务集团，就立了大功！对我的处理也不过是开除公职，领几十元生活费，跟着"插队落户"的子女到农村去，为他们看看门、烧烧饭，做些杂活了此残生！"文革"时流行的造反语言中有这么一句："踩上一只脚，叫你永世不得翻身！"非亲身经历者无法理解其残酷性。在逼供信的压力下，我承认了"莫须有"的罪行。从那一刻起，我真切地感受到了永世不得翻身的滋味！

六、还我清白：从被逼认罪到决心翻案

在强大的压力下，我只能承认自己是潜伏特务的罪行。不久《文汇报》头版头条新闻反映上海文化系统清理阶级队伍取得巨大胜利，其中一条消息是上海评弹团挖出一个潜伏十几年的特务集团。我读后心情更加沉重，这一冤案是很难昭雪了。当时文化系统出版的《文艺战报》有一篇特写，描写深挖特务案件的经历，说专案组启发了张××思想觉悟，揭发了唐××的特务罪

行，使唐××只能低头认罪，蒋××也承认了罪行。据说这份报纸销售一空，听书的群众都知道了这个信息，都认为我是潜伏特务，这个冤案似乎是棺材板上钉钉子——铁定，将来翻案是没有可能了。

但是要无中生有地把自己说成一个特务也不容易呀！这个认罪的交代该怎么写呢？无奈之下，只得依着张鉴庭口述的路子编下去："1950年，我们到香港丽池舞厅去吃饭并游玩，是舞场老板李裁法邀请我们七个人一起去的。在丽池舞厅的一个房间里，悬挂着蒋介石的像，以及国民党党旗和国旗，陆京士领着我们宣誓参加'和平反共宣传总队'。蒋月泉和我任总队长，张鉴庭任联络员，香港来人先和张接头，再由张通知我和蒋。从香港回上海之后，为站稳脚跟，策划建立了评弹团，参加治淮、赴朝，表现出积极要求进步的样子，并争取入党，学习孙悟空钻进铁扇公子肚子里去捣乱的伎俩。"后来想到张鉴庭用《王佐断臂》作伪证，我何不以彼之道还治其身："1955年，我参加集体创作《王孝和》中篇，让张鉴庭饰演陆京士，劝王孝和投降。张鉴庭不敢演自己顶头上司，约我在杂技团（当时评弹团与杂技团在延安路陕西路口同一个院子里）的假山旁密谈。他说自己是陆京士的部下怎么可以丑化他？将来见了面怎么交代？我劝他说陆京士是明白人，晓得我们的处境，为了让共产党相信我们，就是要做得像，就是要骂国民党的特务。这是苦肉计，陆京士会原谅我们的。张鉴庭接受劝说，就在《王孝和》中出演陆京士的脚色了。"

在强压之下被迫编造假口供，非常吃力，我实在编不下去了。最后给我想到了一个说书落回的办法："1955年肃反运动时，香港派人通知张鉴庭，肃反运动查得紧了，以后我们不派人来了。你们混得不错，就照原样混下去，将来反攻大陆，你们再接应我们吧！"就这样，我把这个联络线掐断了，可以不用再编下去了。

说新书、放弃单干、放弃高收入、参加评弹团、治淮、赴朝、编说现代书目，明明是努力适应新的时代，明明是要求进步的表现，现在偏给自己抹黑，统统说成是为了潜伏下来的需要，我内心之煎熬和痛苦别人是难以理解的。我望着窗外，天井里一只老猫正逗着两只小猫，教它们爬树。猫儿自由自在，我却在隔离室呼吸不到自由的空气，不由得叹息人不如猫。也不知家中的五个子女他们生活得怎么样了？

1970年春节刚过，管理员把我叫到一间较大的屋子，说是子女们来探望我。我自是喜出望外，1968年春节留团住宿后即不能回家，接着隔离审查，两年多魂牵梦萦，今朝能够相见弥觉珍贵。孩子们的衣袖上套着黑纱，我觉得纳闷，问他们为谁戴的孝？在南京大学读书的大儿力行回答说，祖父在苏州去世了，他们兄弟姐妹五人为他送的终。祖父临终前非常想念我，想和我见一次面，他们打电报到团里让我回苏州与老父诀别，却被专案组压了下来，根本不让我知道。祖父死了，孩子们向团里借了五十元钱，立下借据，承诺将来在冻结的存款里扣除。祖父火化后被送往老坟埋葬，孩子们即向团里要求与我见上一面。

听他们介绍父亲去世的经过，我心里十分难受。我十岁丧母，父亲既做爷又做娘，含辛茹苦把我拉扯长大，又抵押掉房子借债供我拜师学艺。我十三岁开始跑码头说书，他陪着我闯荡江湖卖艺，呵护我成长。抗战逃难，我们俩相依为命，直到我成为响档，父亲才过上安稳的生活。"文革"中他一个人在苏州艰难度日，我"靠边"被隔离审查，又被打成潜伏特务，他内心的忧虑焦急是可以想象的。临终前想见儿子一面而不可得，抱憾而去，死不瞑目。我内心痛苦歉疚不已，深悔1950年的香港之行，如今陷入深潭而不能自拔。父病不能侍，临终不能见，抱恨终天，追悔莫及。

大儿见我发呆不语，便劝慰我说，南京他堂兄的岳父是南京市委宣传部副部长，运动中被打成叛徒，受尽委屈和折磨，经过复查核实，得到平反，现在官复原职。要相信群众相信党，道路是曲折的，前途是光明的。他用毛主席语录向我暗示，冤案终会弄得明白，使我得到了鼓励。

会见结束，孩子们走了，我被押回"牛棚"。工宣队本意是要我大儿子劝我低头认罪，彻底交代问题，不料他却向我传递平反冤案的信息，暗示我辨清事实真相。他们怒气冲天，一封公函寄到南京大学。大学"造反派"本来就视学习优异的我儿为异类，曾将载有我是潜伏特务的那一期《文艺战报》贴在他的宿舍门口。得此机会，立即召开批斗大会，将他隔离审查，还给了个团纪处分。毕业后，发配到军垦农场劳动十八个月，吃足了苦头。分配工作时又发落到安徽、江西交界处的东至县东流镇一所公社小学里教书，直到"文革"结束才得以平反，落实政策调到安徽师范大学教书。他在"文革"中受我牵连，被批斗、隔离、处分、下放，历尽坎坷，尝遍了株连家属的种种不幸！我儿经过努力奋斗，学术上颇有建树，先后调至苏州大学及上海师范大学历史系任教授、博导。不仅我自己的儿女受苦，即使是我的侄儿也难以幸免。他本是南京大学数学系的尖子生，毕业时原可以到国防科研单位任职，就因为叔父是"特嫌黑帮"，也被分配到云南边疆。"株连九族"的遗风实在令人愤慨！

我和大儿子见面，略微知道了一些外面的情况，决心要在复查核实时翻案。我也考虑到翻案后，专案组可能会把我送进牢房，也许再也不能照顾孩子们了，于是我向专案组写了报告，一是要求再和儿女们见一次面，把我现在的处境跟他们讲一讲；二是要求召开全团大会，让我与张鉴庭、蒋月泉当面对质，澄清事实。我相信他们两个人也都是假口供，不可能一致，当面对质一定会漏洞百出。

报告送上去后如石沉大海，没有回音。我听说专案组的周师傅火冒三丈，对群众讲："那个唐耿良翻案了，咬×伐！"连粗话也骂出口了。工宣队队长刘师傅要求团里一位管专案的党员干部签发一份材料，把我送进公安局。那位干部认为，张、蒋、唐三人交代的材料不一致，不能定

唐耿良演出照

案定性，拒绝签字。因此没有上报将我关进公安局，这是我事后才知道的。

某个冬天，"看牛人"将我们带到徐汇区一家浴室洗澡，时间是上午浴室开始营业之前，以避开其他的客人。大家很久没有洗澡了，一起在一个大池子里同浴。我发现蒋月泉瘦得肋骨凸显，头发全都秃光了，这是精神极度紧张的后果。我感觉他受的煎熬不亚于我，因为我的头发并没有秃掉。直到"解放"后蒋月泉的头发才恢复生长。我也看到了张鉴庭，我恨他无中生有，使我含冤难言。后来我才知道是专案组用诱供的手法引他上钩的，许诺他只要交代了"罪行"，就让他妻子带着他最喜爱的小孙子每周来隔离室探望他一次。于是就有了"一六大会"上表演的那一出活剧。这些都是专案组的杰作。同是天涯沦落人，张鉴庭本身也是个受迫害者。"文革"后我们庆幸劫后余生，恢复了友好往来，这已是后话了。洗完澡，大家排着长队，步行回到隔离室，继续过着那漫长的准囚犯生活。

七、艰难度日：到奉贤"五七干校"去劳动

1970年起文化系统的"靠边"人员从城市迁往农村，到奉贤县塘外乡海滨一所文化系统的"五七干校"里劳动。我被押解下乡时，工宣队的刘队长，怒容满面，恶狠狠地对我说："现在才看清你的狰狞面目。"这是针对我翻案而言的。由于挖出了"潜伏十九年的特务集团"，他们在系统内被评为先进工宣队，现在我翻案坏了他们的声誉，因此对我恨之入骨。一到农村就派我干最脏最累的苦活，试图用劳动惩罚来压垮我。我原本就是肩不能挑的人，挑上四十斤的担子走路就摇摇晃晃，后来逐渐能挑上一百斤，右肩磨出了一个鸡蛋大小的茧子。1979年我参加赴香港的演出，到友谊商店去定做西装，试样子总是不服帖，尺寸一点没错，怎么会不服帖呢？裁缝师傅让我脱了上衣检查，才发现右肩上长这么大一个茧子，所以怎么穿也不匀称了。奉贤"五七干校"的住宿条件不如上海，不能让我单独住一间，要和群众一起住集体宿舍。我睡在角落里一张双层铁床的上层，爬上爬下固然不便，但与群众共居一室，还能听听他们之间的交谈，比起以前独自一人，对外面的情况一无所知要好得多了。一次，偶然听到一个信息：朱慧珍在上海跳楼自杀！

尽管这已是很早以前的事件，但对我来说却是一个骇人听闻的噩耗！我既感到十分震惊，内心又哀痛不已。仰躺在高层铁床上，眼睁睁地望着屋顶的椽子，思绪起伏，回忆起慧珍的往事，一幕一幕闪现在脑际。

1951年冬，我们俩一起加入评弹团，慧珍是"十八艺人"之一，建团后又一起奔赴安徽参加治淮，在五河县漴潼河疏浚工地上一起经历着北风怒号、雨雪交加的严寒。在集体创作《一定要把淮河修好》的中篇评弹里，朱慧珍饰演女民工王秀英，一曲"新年锣鼓响连天"的唱段风靡一时，灌成唱片发行，并被评弹学校列为教材。

1952年冬，我和陈希安、朱慧珍一起赴朝慰问。在朝鲜的四十天，我们跋山涉水，美机轰炸扫射，在照明弹照耀下随时有牺牲的危险。慧珍坚定沉着地为志愿军演出，受到战士们的热烈欢迎。

1953年冬，我妻子住院待产。当时我住在评弹团里，过着文工团式的集体生活，不能回家。长子、次女在小学读书，三岁的四子由父亲照料，四岁的三女儿暂时无人照顾。这期间，慧珍将我女儿领到家中，由她的大姐代为照料，解除了我的后顾之忧。慧珍在困难时给予我的无私帮助，我是永远不会忘记的。

1954年，朱慧珍与蒋月泉拼双档，两位好唱功珠联璧合。在月泉的点拨下，慧珍的艺术更上一层楼，《白蛇》中的《端阳》《赏中秋》《断桥》《合钵》等唱段广为流传。

1955年，朱慧珍在《庵堂认母》中的三师太志贞唱段成为评弹界的经典唱段，也是她艺术上的一个高峰，后来唱片公司授予她"金唱片奖"，慧珍的贡献是人们所公认的。

1958年参加中国曲艺会演优秀节目的全国巡回演出，慧珍劳累过度，积劳成疾，1959年住院做手术，落下后遗症，从此离开书台。她所灌制的唱片流传广泛，为评弹界留下了一份珍贵的艺术财富。

慧珍非但艺品好，其人品更好，她自奉甚俭，却把存款多次捐赠给朝鲜孤儿及邢台地震灾区，对团内有困难的同行慷慨解囊，这样的品格使我非常钦佩。受"文革"极"左"思潮的巨大压力以及其他刺激而导致朱慧珍的轻生，实在令人惋惜！

驻团工宣队声称朱慧珍自杀是"叛党行为"，一直到"四人帮"垮台，评弹团才举行追悼会，追思她的优秀品质和艺术造诣。在"干校"时我是隔离审查对象，对慧珍的不幸无法表露哀悼之情，只能在心中默默悼念她。

没过多少时候，我又听到一个不幸的消息，就是周云瑞病逝了。周云瑞与我同年，我们在1948年就一起演出，从"七煞档"到"四响档"，以及赴港、说新书、入评弹团、治淮，都没有分开过。他是一个对艺术刻苦钻研的人，在演奏乐器上是多面手，曾跟从卫仲乐教授学过国乐琵琶，能演奏《十面埋伏》《梅花三弄》等国乐。他不仅三弦、琵琶弹得好，还会打扬琴、拉胡琴、吹箫、奏笛，连钢琴也会弹。1951年夏天，我们在苏州说新书，住集体宿舍，临睡前请他吹箫，在《春江花月夜》《彩云追月》等国乐声中我们渐渐进入睡乡。云瑞不但能记谱，还编辑了流派唱腔的乐谱出版。他精心钻研祁莲芳的"祁调"，对"祁调"开篇《秋思》重新谱曲，使"老祁调"有了新的发展，评弹界称之为"周祁调"。抒情歌唱家朱崇懋又将其移植为钢琴伴奏的《秋思》，阐扬了云瑞的创意。云瑞用"俞调"演唱开篇《岳云》，吸收融入了京剧小生的唱腔，使委婉低沉的"俞调"充满了阳刚高亢的清新韵味，显示了他音乐创作的功力。云瑞在塑造老旦人物方面也有较高的造诣，如《珍珠塔》里的方太太，是宰相的儿媳妇、礼部天官的夫人，虽抄家之后家道中落，仍保持着原有的身份和气质；《王十朋》中的王老太，家道清贫而知书达礼，在唱段《祭江》中声情并茂地祭奠投江的儿媳妇，情真意切，感人肺腑；在《三笑》选段《笃穷》中，唱一个小户人家的老妪为儿子赌钱而病故的哀怨之情，他十分细致地用唱腔、声调刻画了三个不同身份的老旦的性格。云瑞还创编了长篇《三千里江山》《王十朋》，等等，写的开篇就更多了。难能可贵的是，60年代初评弹团培养接班人，建立了学馆，领导派他负责学馆的教学工作。学馆的教师大多是年过花甲的老艺人，他们演出已经困难，去担任教学工作顺理成章。而云瑞正值壮年，正是说书的黄金期，但他还是愉快地接受了任务，离开了心爱的舞台。说书本是口传心授的技艺，没有现成的教材，而云瑞从无到有，编写了适合教学的教材，一丝不苟地教授着学员。三年后，学员毕业，他又回到说书岗位，并开始与徐丽仙拼双档。云瑞还将《丰收之后》改编为长篇，创造了二重唱的形式。"文革"前云瑞不幸得了肺结核，只能停止演出，在家养病。由于患的是开放性肺结核，"文革"开始后又得以免于参加集体活动。患病需要营养，他的工资已被硬性地改为生活费，这可难为了他太太，要保证病人的营养，只能在其他方面紧缩开支。1969年1月6日那一天，他也接到通知到交大参加会议，戴了口罩坐在后排，听张鉴庭揭发我是特务，他不相信，对妻子说："这不可思议！"专案组还到他家里威逼他承认自己是特务，被他严词拒绝。女儿"插队落户"去农村，他要女儿带只琵琶下乡为农民服务，又怕琵琶音量太小，农民坐在后排听不见，寻思要装一只电琵琶。他自己又不懂无线电技术，便请一位懂技术的弹词票友来家指导。购买电子元件没有钱，云瑞想卖掉家里的一个五斗橱，他太太舍不得这件结婚家具，但她知道丈夫制作电琵琶是为了下乡"插队"的女儿，于是忍痛卖掉了五斗橱，把钱交给云瑞去做电琵琶的试验。不料云瑞病情恶化，转为癌症，只活了四十九岁就英年早逝，这是评弹界的一大损失。工宣队诬陷他是"特嫌"，不准开追悼会，直到"四人帮"垮台后评弹团才为他补办追悼会，追思他对艺术的贡献。听闻噩耗的我正处于隔离状态，也只能在内心深处默祷云瑞一路走好。

不久运动又有了新的发展，追查历史问题已降为次要，主要是抓现行的"五一六"反革命分子。常熟评弹团有两个"造反派"头头被打成"五一六"分子，在逼供之下，胡乱编出与上海评弹团"造反派"有联系，于是上海评弹团的两个"造反派"头头也被隔离审查。群众开始贴他们的大字报，有一条罪行说"他们包庇唐耿良、蒋月泉特务集团"。唐和蒋简直成了一块烂膏药，哪里有毒都可以贴上去应景。其中一个"造反派"头头原与团里一位青年女演员谈恋爱，结果被工宣队做工作拆散了。所谓"五一六"组织完全是空穴来风，因此也就这么折腾了一阵子算是过去了。

在整"五一六"分子的时候，我们挨斗的次数减少了，劳动改造的强度却增加了。每逢月底，全团放假四天回上海与家人团聚，我们隔离人员留在"干校"食堂劳动，由炊事员负责监督。我们的任务是拣煤渣，把没有烧尽的黑煤粒挑出来，以备二次燃烧。还有就是到食堂后面的小河去挑水，河沿有十几层石阶，挑着重担往上走是非常累人的，我肩上的老茧就是那时压出来的。撒猪榭是最脏的农活，用手掰开猪粪撒到田里，这活专门是由"靠边"人员干的。"干校"的一年就这样过去了，我的冤案既无人审理，也不知何年何月才能搞清真相，只好茫茫然地过着日子。1971年1月，全团拉练回上海，我们背着铺盖步行了一百三十里路，从奉贤海滨一直到黄浦江边的南桥，渡江后经闵行、莘庄再到徐家汇。路上一共两天两夜，口号是"练就铁脚板，打击帝修反，解放全人类！"行军休息大家也不忘阶级斗争，我是隔离人员，成了斗争的活靶子，随时都可以拉出来在小组会上批斗，这已是家常便饭了。批斗结束，大家吃饭休息，第三天早晨进入徐家汇。工宣队让大家各自乘电车回家，对我个别交代，说："你撤销隔离可以回家了，但靠边审查仍旧继续，回家后去居委会向专政组报到，接受里弄的监督。"听完之后，我忧喜参半，喜的是隔离三年今天终于可以回家和子女团聚了，撤销隔离总是象征着减轻了处分；忧的是我必

"文革"后全家福，中坐者为唐耿良

须向里弄报到，接受单位和居委会的双重监督，还是处于和"地富反坏右"一样的境地。

我背了背包，提了旅行袋，踏上26路电车，到瑞金路口下车。走进家门，只有小女儿在家，大女儿和四儿子上班去了，小五子去了学校。由于事先没有得到任何撤销隔离的风声，小女儿见我回家不禁喜出望外。她帮我放下背包，让我在藤椅里坐下。我曾写过纸条关照孩子们，若是生活费不够用，可以把家里值钱的东西卖掉一些。小女儿告诉我，他们根据生活费做预算，量入为出，绝不超支，因此从未卖掉过一样东西。我一看，家中果然收拾得十分整齐干净。每月的6日领工资，因此5日那一天往往是最紧迫最困难的日子，有一次家里竟然连一分钱也没有了。我们四下搜寻，在橱底下找出两只华东医院的空药瓶，贴有"每只退瓶费一角"的纸条，两只药瓶可退两角钱。小五子兴冲冲跑了五站路到华东医院去退瓶，可原为高干、高知看病的华东医院早被砸烂撤销了，看病改在外面的延安医院。华东医院的药瓶延安医院当然不给退。小五子只好沮丧地回了家，钱没得着，却来回白跑了十站路。那一天，无钱买菜，我们只能将就着度过。我说："这个空药瓶的故事一定要记牢，将来有了钱也不能浪费一分。"

在家的日子也不好过，某天一清早就听到弄堂里有人扯着嗓门叫嚷："唐耿良在家吗？""在家！在家！"我走到阳台上打开窗向下张望。"关照侬，今朝尼克松上海，勿许出门，更勿许到淮海路去，在家里老老实实，勿许乱说乱动，知道吗？"我连忙答应："晓得了！"尼克松访问上海，就住在锦江饭店。我是"靠边"审查对象，居委会管治安的干部奉命前来关照，那一天我必须画地为牢，足不出户，在家里接受无产阶级的专政。

八、劫后余生：撤销审查宣告解放

撤销隔离后，又来了一个挖防空洞的运动。上海评弹团的大门口有一块空地，全团投入开挖防空洞，我这个"靠边"人员当然要干最重最累的活了。先是推铁轮车运泥，从泰兴路运到北京路，把泥就地倒在马路上，由于这是贯彻中央"深挖洞，广积粮"的备战任务，影响交通也顾不上了。后来洞越挖越深，我和蒋月泉站在洞底，等别人铲下一块十几斤重的泥块，我就蹲下去抱起泥块送到平地上，每抱一块泥就要弯一次腰，一天也不知要弯多少次。我们尽力表现得积极些，以求博得群众好感，可以早日"解放"。有一天，防空洞边上一台小吊车倒下，压在我后背上，我疼痛难忍，自个儿硬撑着一步一步挨到医院。幸得医生为我打针配药，暂时解除了病痛，我又回到工地继续干活了。工间休息时，革命群众上二楼开大会，"靠边"人员只能坐在工地歇一会儿。忽然二楼传来口号声："打倒林彪！"我一听大吃一惊，林彪是副统帅和党章上写明的接班人，怎么一下子成了打倒的对象呢？回家后听子女讲，林彪叛逃，飞机坠毁在蒙古温都尔汗，这实在是太出乎意料了!

周云瑞逝世一周年,团里几位女演员下班后去周家,在云瑞的遗像前上一炷香,寄托她们的哀思。工宣队得知后小题大做,批判她们搞迷信活动,干扰"批林"斗争的大方向,是路线斗争的表现,逼她们检讨。如此上纲上线令人惊讶。

不久,邓小平复出,老干部"解放",恢复工作,一些人的冤狱得以平反,我似乎看到了一丝希望。评弹团"靠边"的人逐渐减少,因香港专案被隔离的陈希安、张鉴庭、张鉴国先后"解放",只剩下我和蒋月泉还是没有一点消息。我心中的忧虑、烦躁和焦急是难以形容的。这时"上山下乡"运动已有"一片红"的传言,小儿子初中毕业,正属于动员下乡的对象。当时大兴安岭林场待遇较高,月薪有六十元,相当于大学生的待遇,我劝他去学校争取。可我是"特嫌"审查对象,学校认为小儿没有资格去大兴安岭等边疆地区,甚至连崇明农场也不可以去,只能"插队落户"。小儿子不愿"插队",一心想留在上海,但是他的一兄一姐都有工矿名额,他已不具备留城的条件。学校与评弹团联系,工宣队找我谈话,给我施加压力。里弄干部也敲锣打鼓来到我家,逼我表态,我的大儿子在南京大学毕业后去军垦农场劳动了十八个月,其中艰苦自不必说。某一天,他见《参考消息》上的一篇文章写得很好,想剪下留作资料,不料反面的毛主席像被他剪坏了,这下闯了大祸。父亲是"历史反革命",破坏宝像又是"现行反革命",免不了被狠狠批斗一番。连队领导又去做他女友的思想工作,劝她与大儿决裂分手,幸亏她意念坚定没有动摇,一对爱侣差点被硬生生地拆散。大儿分配时又因我是审查"靠边"分子,要派他去贵州工作,我儿不同意。大儿的女友出身较好,派在安徽省东至县东流镇中学教书。依靠她的关系,我儿也派到东流,因成分不好不能教中学,改派在一所小学教书。于是我劝小儿子去安徽省东至县"插队",有大哥在那儿彼此能相互依靠。单位、里弄相继施压,小五不忍见我焦头烂额、走投无路的窘相,也就勉强答应了。下乡"插队"需要添置被褥铺盖、衣帽鞋袜、长筒胶靴、锅碗瓢盆,还要带一些食物,我每月只有二十元生活费,家里每人才十五元生活费,哪有钱置办这些东西?幸亏我小女儿中学时的班主任朱老师借给我一百五十元人民币,总算解决了困难。这真是雪中送炭呀!我是"特嫌""靠边"分子,与我接触要承担政治风险,而且我只拿生活费,何时才有余款还债,也是无法预测的。在这样的状况下肯借钱给我,其恩德永生难忘。小儿临行那天,我到江边码头送他,眼看着这十七岁没娘的孩子要远离家庭去农村独立生活,总有些担心。轮船起航了,渐渐地不见了踪影,我才茫然若失地回到了家里。

防空洞继续施工,工宣队却调换了一批队员,原来专案组的周师傅回厂了,由新来的俞师傅负责香港专案的复查核实工作。他们找我谈话,我就把1950年赴港之事详细地复述了一遍,又将1969年"一六大会"对我的诬陷及写逼供信的过程进行了交代。又过了一段时间,俞把我叫去，向我宣布："清队运动时将你立案审查是对你负责，现在进行复查核实也是对你负责。按照原上海市文化局肃反小组的结论，赴港演出目的是淘金，回上海后没有发现政治问题。现经复查核实，撤销你的专案，取消'靠边'，回到人民队伍。不过你要正确对待运动，正确对待群众，正确对待自己，不要尾巴翘上天，还是要夹着尾巴做人！"我被隔离三年，加上"靠边"四年，从1966年10月一直到1973年5月，前后历时近七年。能够"解放"是我期盼已久的愿望，感激涕零还来不及，哪里还敢记恨报复，尾巴翘上天去呢？

"解放"了，工资恢复，补发工资总数有一万一千余元，在1973年时那是一笔巨款。团里一位中层干部来做我的工作："经过运动，你该懂得钱多要变修，越剧院的袁雪芬补发工资有三万元，全部上缴作为党费。你现在组织生活还没有恢复，这也是一个以实际行动表态的机会，你自己考虑吧！"隐隐中我听出一种施压的味道。我该怎么办呢？"靠边"七年，房租拖欠了七年，要交一千元左右；购买五儿"插队"装备，向朱老师借的钱要还；父亲去世，向团里借的丧葬费要还；五个孩子即将结婚，每人一千元总要准备；七年来家里未添衣被，需要更新……这一桩桩都要花钱，我怎么能把补发的工资全部上缴呢？我和孩子们商量了一下，决定把积欠的房租、债务赶快还清，子女结婚的费用以他们的名义存入银行，余下的六千元现金拿到团里交给工宣队的支部书记作为我的党费。

在恢复组织生活的会议上，我又受到了批判，说我不该编造假口供承认自己是特务，欺骗了专案组，搅了浑水。如果是敌人拷问，必定要做叛徒！我想，难道专案组用逼供的手法就是正确的吗？我没有辩驳，以"千错万错是我错"的态度接受批评，通过表决，总算恢复了我的组织生活。但我的工作已变为文学组一名普通的组员，只能誊写誊写脚本，比"靠边"稍微好一点而已。"解放"后，我做的第一件事就是带着子女到苏州郊外的祖坟去祭告亡故的妻子和老父亲。妻子在我"靠边"八个月时病逝，临终前泪流满面，担心我的前途和五个孩子的未来。父亲临终要求见我最后一面而不能，他是带着遗憾和悬念而咽气的。我在坟前默默祷念："你们放心吧，我已经解放了，五个孩子他们会各有前途的。"这是我"家祭毋忘告乃翁"的意思，且让忧虑不安而过世的妻子能在九泉之下破涕为笑吧！

九、战战兢兢："评法批儒"与"魏蜀吴三家斗法"

一波未平一波又起，刚刚结束"靠边"的日子，"批林批孔"运动的高潮又来了。江青说："法家是推动历史前进的改革派，儒家是阻碍历史前进的保守派，共产党里也有儒家思想的人。"她的矛头实际指向周恩来和邓小平，儒法斗争迅速形成了全民批判的高潮。站在法家一边还是站在儒家一边，是革命与反革命的阶级立场问题，每个人必须表态。

上海市文化局一位领导带着理论组的干部来到评弹团文学组，动员全组写大批判文章，特别关照我："曹操是个大法家，你应该写一篇歌颂曹操和批判儒家的文章。"评话《三国》里的曹操是个"挟天子而令诸侯"的反面形象，书的主题就是拥刘反曹。要我写歌颂曹操的文章，其实是在考验我的旧观念有没有改变？立场有没有回到人民这边来？我只能唯唯诺诺地答应："我考虑后再写。"

写哪一段好呢？而且要和"批林批孔"挂上钩。我在"批林"的材料里看到，林彪非常欣赏青梅煮酒论英雄那段中一首称赞刘备的诗："勉从虎穴暂栖身，说破英雄惊煞人。巧借闻雷来掩饰，临机应变信如神。"林彪命人写成条幅，裱成立轴，挂在书房墙上，当作座右铭。他将自己在毛泽东身边办事，比作身处虎穴，时时刻刻要随机应变地防范着。于是，我从"批林"出发，说林彪"语录不离手，万岁不离口，当面说好话，背地下毒手"的两面派手法与儒家刘备是一脉相承的。林彪欣赏刘备，用那首诗警诫自己，证明了刘备是鉴貌辨色、心口不一的两面派脚色。而曹操则是襟怀坦荡、态度直率的法家英雄人物。

过了几天，那位领导到团检查，我一边念稿子一边观察他的眼色。但见他面色阴沉，摇着头说："不行！刘备也是法家，怎么能批判？"我根本不知刘备也是法家，心想这下完了，这篇稿子是过不了关了。我马上表态重写一篇，写什么呢？我说要么就批判孙权吧！《三国演义》中有一段故事，孙权给曹操写信，劝他废掉汉献帝自立为魏帝。过早篡汉立魏，必遭天下人的反对，曹操当然明白孙权的阴谋，笑着说："是儿（指孙权）欲居我于炉火之上耶？"儒家孙权欲害法家曹操，这个故事能写吗？领导连连摇头，说："孙权也是法家，不能批判！"糟了，曹操、刘备、孙权都是法家，一部《三国》成了法家之间的内部矛盾，我褒谁贬谁好呢？三家斗法，他们都有法，我却没法啦！法家都是惹不起的，叫我如何落笔？后来我挖空心思想出了一段曹操杀孔融的故事。孔子是最大的儒家，孔融是孔子第二十世孙，是嫡传的儒家。曹操是大法家，法家杀儒家，应该是没有问题了。稿子果然通过了，还让我到美琪大戏院文化系统"评法批儒"大会上发言。我用评话的起脚色表演，增添了一点艺术性，赢得全场的鼓掌。他们哪里知道，这是我走投无路中被逼无奈之举，战战兢兢，惶惶恐恐，但求保全性命于乱世。

十、痴心不改：要想说书，难难难！

我是个说书人，平生别无嗜好，只钟情于上台说书，在书台上与听众交流，得到大家的认可便是最大的快乐。七年"靠边"时期，别说上台说书了，连走进书场也不可能，而让我魂牵梦萦的还是书场和听众。1973年5月我被撤销"靠边",却属于内部控制对象,要夹着尾巴做人,依然不能上台说书。当时只有青年演员或不属于"三名三高"的中年演员才能上台演出。

中年演员虽能上台,却受到种种清规戒律的限制,难以发挥自己的特长。杨振言曾参加一个短篇演出,书名是《柜台新风》,讲一名青年店员沉迷于穿着超短裙的时髦装扮,老店员将自己在旧社会当学徒吃的苦头告诉她,规劝青年回心转意,安心于平凡的工作岗位。杨振言唱功好,当年在电台播唱时听众称之为"言调"。在这档唱篇里他饰演老店员,发挥了"言调"的特色,抒情性很强,感情也投入,很受听众欢迎。有一次在美琪大戏院演出,文化部副部长浩亮、上海市委书记徐景贤都来听书,杨振言唱得十分卖力,场内效果也非常好。哪知散场后徐景贤到后台大放厥词:《柜台新风》是批判超短裙的,杨振言的唱腔复旧还潮,它比超短裙还要超短裙……"这样一来,工宣队不许杨振言再唱这回书,另派苏似荫接替,所有唱腔让音乐组另行作曲,清除痕迹,连过门也换成新的。对于新编的唱段,听众则反映:"这个已不像评弹了!"

苏似荫说表功夫十分老练,他参加中篇《血防线上》的演出,饰演反面人物,表达反面人物的思想活动十分细腻,深受听众的欢迎,书场里笑声不断。下台后,工宣队批评他:"你喧宾夺主,抢了正面人物的风头。下次不可以这样!"这可难为了苏似荫,说表时提心吊胆、神经紧张,只要听众有笑声,他就害怕又要吃批评。别人上台可以佩戴毛主席像章,他饰演反面人物就不许戴,书台上他坐的凳子也要低一些,不能和正面人物平起平坐。演出完毕,别人都要上台谢幕,他也不能参加,因为他是反面人物呀!真是:"唱得好是复旧,说得好是抢戏,这样的说书难煞哉!"

后来,政策有些宽松了,其他剧种的主要演员可以上台演出了。评弹团也有所松动,让严雪亭参加演出,与两位学馆毕业不久的青年女演员拼三个档,说一回表扬老茶房好人好事的短篇《旅社新人》。工宣队让严雪亭去定做一套新的麦尔登呢人民装,又去买了双新皮鞋。"文革"中能够上台说书,等于向听众宣布,该演员没有政治问题,有恢复名誉的意思。严雪亭心里当然高兴。我们非常羡慕,向他祝贺:"恭喜恭喜!"《旅社新人》作者是戏剧学院文学系毕业的,对评弹规律并不熟悉,但那时的规矩是剧本制,本子中有不顺的地方,一个字也不能改。严雪亭也有创编的经验,他单档说唱《杨乃武与小白菜》时,技艺超群,轰动书坛,红遍上海和江浙书场,有"弹词皇帝"的称号。这次上演短篇,思想拘谨,不敢改动一字,两个下手又经验不足,甚至连琵琶的弦音也调不准,严雪亭与她们合奏,心里很别扭。彩排审查那一天,严雪亭非常紧张,失却了往日单档说书时的神采。下台后被工宣队斥之为不会说书,取消了他的演出资格,人民装和皮鞋交服装组保管,责令严雪亭去看守大门。

唐耿良(右)与张鸿声(中)、曹汉昌(左)合影(上海评弹团提供)

自左及右为江浙沪评弹工作领导小组组长周良、唐耿良、张鸿声、曹汉昌、吴君玉合影(唐力行提供)

自左及右为蒋云仙、侯莉君、朱雪琴、唐耿良、姚荫梅、顾宏伯等合影(蒋云仙提供)

1983年唐耿良在杭州大学讲课
（苏州评弹博物馆提供）

评弹团的门房都是"三名三高"的老艺人，工资都在二百元以上。张鸿声说："评弹团最值钱的是大门，看门的都是高工资，大门是'金门'，看门的是'金门提督'。"严雪亭说书受挫，又被贬为"金门提督"，他实在受不了这一羞辱，一怒之下打报告申请退休。按当时规定，别的高级演员都是终身制，不用退休的，而工宣队却批准了他的申请。

严雪亭退休之后，郁郁寡欢，整日在家唉声叹气。由于精神压抑，患上了帕金森病，后又跌跤中风，语言困难，行动不便。"四人帮"垮台后，评弹团和上海电台请他去录音，保存《杨乃武与小白菜》长篇资料，他指指自己的口，含糊地说："我勿来事哉！"可惜他那造诣高深的艺术精品，竟然无法保存，只留下为数不多的录音片段。呜呼哀哉！

尽管杨振言、苏似荫、严雪亭三人遭受种种批判、挫折和磨难，我依然痴心不改，念念不忘重新登台说书。后来工宣队领导交给我一个任务，让我带领一名青年演员，去采访远洋公司"风庆"轮的事迹，回来后商量情节结构，由我执笔编写新戏。剧本通过后，内部彩排接受审查，文化局领导同意春节在静园书场公演。工宣队通知我："你的任务完成了，公演就由青年演员去吧！"我白辛苦了一场，也明白了工宣队需要用我的一技之长，至于出头露面，对不起，那就免了。我期待已久的上台说书，结果化为一场泡影。

不久，北京要举办全国曲艺调演，评弹团也要组织节目参加。我的一技之长又派上了用场，工宣队让我辅导一个短篇评话《闪闪的红星》，我自然尽心尽力。夏天演出组赴北京参演，传来消息说《闪闪的红星》很受欢迎，我心里稍有安慰。后来北京来电话，指名各地选派老艺人赴京参加专场演出。上海有两个名额，一个是朱雪琴演唱她的流派"琴调"开篇，另一个由我去说评话《闪闪的红星》。工宣队叫我带一名青年学员去拼双档，他演小冬子，我演反面人物胡汉三，由我负责排练。我心里很别扭，评话是一个人演的，这一次又是要老艺人赴京演出，为什么偏要拼双档？而我演的又是反面脚色。我无可奈何，只能服从安排，能让我进京说书，见到一些久别的老艺人，也算是个安慰了。我和朱雪琴带着学员一起到北京西苑饭店报到，晚上由调演领导小组审查节目。审查结束，带队的工宣队员通知我，评审组认为青年学员口子太嫩，不适宜参演，改由我单档演出。我一听，心想这本来就是你们瞎指挥，难道我只能饰演反面脚色？评审组还是公正的！次日下厂演出，这家纺织厂有一些上海人，听得懂评弹，演出效果很好。明后天要到剧场去公演，我期盼已久的重新登台说书，这下可以圆梦了。

演毕回西苑饭店休息，正蒙眬入睡之际，忽听得一阵巨响，好似汽车的引擎声，震得窗户"轧轧"作响，我差一点从床上滚下来。本以为是兄弟省市曲艺代表队演出归来卡车开过窗前所致，不料听见走廊里人声嘈杂，脚步声很急，打开房门一问，有人告诉我："地震了！"我跟着大家跑到院子里，脚下尚有震感，只见西苑饭店的高烟囱不住地摇晃。当夜，大家在院子里席地而坐，不敢回屋，近处西郊动物园传来凄厉的狼嚎声，令人毛骨悚然。

天亮后消息传来，唐山发生 8 级地震（实为 7.8 级），全市震为一片废墟，震波延及北京、天津，伤亡数十万！文化部下令曲艺调演停止，各团迅速撤离北京。我期盼已久的重上舞台说书之梦，被地震无情地摧毁了！先是"靠边"不许说书，如今能说了，却又遭遇天灾。唉！要想说书，真难哪！

十一、一吐块垒：书坛怒斥江青

1976 年是中国灾难深重的一年。

1 月，周恩来总理病逝。总理就像《三国》里的诸葛亮一样，鞠躬尽瘁，死而后已。记得 1953 年他来上海休假，评弹团为他演出，我演了《海上英雄》抓俘虏一回书，又演了《刘胡兰》就义的短篇。那时我们都穿着人民装，连女演员也是这样，总理十分亲切地对我们说："怎么女同志也穿两尺半？应该要化化妆嘛！"后来我也听过总理的报告，对他非常崇敬。总理逝世后，"四人帮"的爪牙下令各单位不许设灵堂，禁止人民哀悼总理。清明节那天，天安门广场吊唁总理的花圈汇成了海洋，"四人帮"派民兵驱散人群，造成流血事件，反而污蔑群众的悼念活动是"反革命事件"，邓小平是"反革命总后台"，撤销了小平同志的一切职务。人民对"四人帮"的倒行逆施更加不满，可以说是天怒人怨了！

7 月，朱德委员长逝世。唐山大地震。

9 月，毛泽东主席逝世。

10 月初，中央一举粉碎"四人帮"，举国欢腾。上海的"四人帮"余党被扫除，中央派新的领导班子接管了上海。评弹团要演出一场批判"四人帮"的专场，我全力投入，到图书馆翻阅全国各地的报刊资料。我看到《山西日报》上有篇通讯，是江青在大寨的材料，觉得有改编的基础。大寨我去采访过，比较熟悉，此外江青对评弹的疯狂摧残，也是我选择她作为批判对象的原因。江青对评弹的仇恨，源于歌颂杨开慧烈士的弹词开篇毛主席诗词《蝶恋花》。这一开篇由赵开生谱曲，余红仙演唱，唱腔优美，很快风靡全国。江青醋性大发，她妒忌杨开慧，连带痛恨评弹，胡说什么"评弹是靡靡之音，听了要死人的"。从此评弹受到歧视和压制，动辄得咎，实在让人啼笑皆非。这次我动了脑筋，把《山西日报》那段材料编成故事，开场不是用简单化的语言去批判江青，而是用戏剧化的情节来描述：一天清晨，大寨山坡的公路上，一辆五吨的解放牌卡车，前面有二十个小伙用绳索在拉，后面八个壮汉在推，要把卡车推拉上山去。是卡车的引擎出了故障吗？引擎性能良好，没有问题。是汽油用光了跑不动吗？非也，油箱里有很多汽油，再驶三百公里也可以。那为什么要用这么多人来推拉卡车呢？因为江青正住在山上的宾馆里，汽车引擎有响声，为了不影响她的睡眠，只能熄了火，用人力静悄悄地拉上山去。为了保证绝对安静，宾馆服务员一律改穿全棉制服，因为穿着涤卡衣服走路会有"悉豁悉豁"的摩擦声，又要惊动江青。这些不是我夸大其词，都是报纸上刊登的真实材料。改编完成后，在兰心剧场接受上海市领导审查，演出效果很好。

次日早上我到团里去，在办公室正好听到工宣队头头与市里审查组的负责人通电话。我听到他在问："《大寨人斗江青》这个节目怎么样？"对方回答："很好！"他又重复了一句："啊！很好呀！"就这样，节目通过了，决定在西藏书场公演，这是"文革"后我第一次在报纸上刊登广告的正式演出。事后，《文汇报》副刊全文发表了《大寨人斗江青》评话故事。揭批江青，一吐胸中十年的郁气，快哉！快哉！

不久，我又编演了反映大庆油田铁人王进喜英雄事迹的评话。1964年，我去大庆生活了半年左右，有些生活的积累。1966年初，我曾说过王铁人的故事，说的是真人真事，把铁人的英雄事迹全都铺叙进去，事件太多而人物情感挖掘不足，从艺术上来讲是很粗糙的。这一次我从塑造人物出发，简化了故事情节。我构思了安达医院的骨科张大夫，接到大庆油田总指挥部的通知，要他们倾全力治好王铁人的腿伤，防止他再逃回工地带伤操作。张大夫和李护士深夜去查房，王进喜的病房已经熄了灯，手电筒照进去，只见被窝拱起，似乎王已熟睡，但王的两根拐杖没了踪影。开灯一看，被窝中塞着两个枕头，王不放心井台上的工作，用金蝉脱壳之计溜走了。医生和护士好生焦急，出于对病人的负责，马上坐救护车追往火车站，火车刚刚启动，一副拐杖倚在车窗口，王铁人走了。医生和护士驱车赶往大庆火车站，不料天降大雨，公路积水，路况又差，车轮陷入了泥潭。大家到附近生产队借了两匹马和三头黄牛，用绳子拴住车，马嘶、牛吼、人推，车子开足油门，费了"三牛二马"之力总算驶出了泥潭。赶到大庆火车站，火车早到了站，王已挂着拐杖回了井场。这时钻井发生井喷，治不住就要烧毁整个油田。现场没有压井用的重晶粉，而仓库远在二里路外，时间来不及了，王进喜决定用水泥代替。没有搅拌机，水泥搅拌不开，王扔掉拐杖跳入齐腰深的泥浆池，用身体搅拌水泥。王的腿伤未愈，若是水泥的化学成分感染了伤口，病情就要加重。张医生、李护士赶到井场，他们被这种大无畏的精神所感动，也加入了战斗。井喷被止住了，油田被保住了。他们搀扶着王铁人爬出泥浆池，坐上救护车驶回了安达医院。

1964年唐耿良（后排左一）在大庆油田参加合唱（上海评弹团提供）

我从医生、护士的角度切入故事，从一个侧面来写王铁人的感人事迹，比真人真事的简单堆砌更有艺术性，有点像传统评话的结构了，这对我来说是一个突破。演出受到了听众的欢迎，上海文艺出版社和人民文学出版社还先后出版了《铁人的故事》演出本，这使我得到了很大的鼓励。

整理者：唐力行

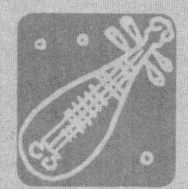

第七十二讲
轻舞飞扬、温文飘逸的薛小飞
——钱正祥、邵小华访谈录*

口述者：钱正祥（1939—　），男，江苏常熟人。1955年春节在常熟拜朱耀祥为师，翌年8月和先生及师姐施美琴拼三股档，弹唱《玉堂春》《啼笑姻缘》《神弹子》《大红袍》。当年，入上海市评弹演出组第五组。1956年，全团迁往常熟，成立常熟评弹团。1959年上调入苏州地区评弹团，1960年合并至苏州评弹团。说表清晰，弹唱在"祥调"基础上，抓住主要旋律，根据自身嗓音和书情，由高亢转为低糯，具有时代性。曾记录整理《大红袍》《神弹子》，为评弹书目库做贡献。有徒十余名，分别来自浙江、江苏和吴中评弹团。任中国曲协江苏分会会员，"文革"后第一届苏州曲协理事、苏州第五届文联会员。1978年始与邵小华拼夫妻档，弹唱《玉堂春》《神弹子》和自编书目《九江府》《胭脂计》，2002年退休。现为第三批苏州市级非物质遗产项目苏州评弹传承人。

邵小华（1939—　），女，江苏常熟人。1951年师从凌文君，翌年与蒋君豪拼档演唱《玉蜻蜓》。后又与薛小飞拼档演唱《珍珠塔》。曾参加上海市评弹演出组第五组。1956年加入常熟评弹团，1959年转入苏州地区评弹团，不久随团合并，入苏州市人民评弹一团。1961年转入苏州市人民评弹三团。1976年后为苏州评弹团演员。80年代曾与钱正祥拼档演出《双鞭呼延庆》《神弹子》《九江府》等书目。说表轻柔流畅；起彩萍等脚色能恰到好处。琵琶伴奏轻松活泼、跳跃自如。

采访者：李明

采访时间：2013年5月3日、8月12日

采访地点：苏州市宫巷第一天门光裕书厅

---

* 本篇所用为苏州话。

薛小飞

薛小飞（1939—2012），江苏常熟人。著名苏州弹词表演艺术家，苏州弹词流派唱腔"小飞调"创始人，国家一级演员，江苏省非物质文化遗产苏州评弹代表性传承人。1950年拜朱霞飞[1]为师学习传统长篇弹词《珍珠塔》；十一岁始登书台；1953年起与邵小华合作，"小双档"崭露头角；1955年二次拜师，从魏含英学习魏派《珍珠塔》及表演艺术。他基于个人条件和演唱习惯，博采众长，革新"魏调"声腔，自创"小飞调"，行云流水，洒脱飘逸；加之邵小华高度默契的琵琶伴奏，给人以浑然天成的整体美感。经典之作为《珍珠塔》之《哭诉》《二见姑》《婆媳相会》《诉恩人》及与邵小华的对唱开篇《我的名字叫解放军》等。为做好苏州评弹传承工作，他准备抽空整理自己弹唱《珍珠塔》的演出本，还打算完成个人的艺术人生回忆录，谁料天妒奇才，2012年9月3日，一代开派宗师因不敌病魔，在常熟静静逝去。他的离去，留给我们的除了悲痛，更有那万般的不舍和深深的怀念。笔者对小飞老师的搭档邵小华老师以及当年的崇拜者、后来成为同事和亲眷的钱正祥老师进行访谈，共同回忆和讲述过去的亲历、亲见、亲闻，以重现小飞老师昔日的生活和从艺片段。

---

[1] 朱霞飞（1918—1980），演员。原名朱寰，苏州人。父朱兼庄为《珍珠塔》名家。朱幼年失亲，十二岁从师兄陈雪舫学《珍珠塔》，十四岁与师兄朱秋帆拼档，二十二岁与朱再卿合作。先后演出的长篇还有《梁祝》《钗头凤》《王十朋》等。1952年加入苏州市新评弹实验工作团，1956年入苏州市人民评弹团，任创作组组长。后又调入苏州市人民评弹二团任团长。曾整理《珍珠塔》，改编并演唱现代书目《南海长城》等。说表刚劲清脱、条理清楚，起脚色注意分寸；擅唱"马调"，叠句快唱，颇具特色。有徒何翔飞、薛小飞等。

一

李明（以下简称李）：有几个问题想请教两位老师。第一，记录一位评弹演员的艺术人生，首先要看其生存环境。你们和小飞老师同是常熟人，常熟被称为评弹的第二故乡，不仅听客的鉴赏水平高，而且还是出响档的地方。请谈谈为啥常熟人那么欢喜评弹？常熟话与苏州话之间存在明显差别，学评弹要先学苏州闲话，为啥常熟人勿怕麻烦，是爱好评弹所致？你们从小生活在弦索叮咚的艺术氛围中吗？如何想到要学评弹？说说小飞老师和你们小时候的相关经历。

钱正祥（以下简称钱）：常熟为啥评弹兴盛，实际原因到现在还呒不弄清爽。评弹界一直有个说法，起源早而且说书人最多的地方是常熟，勿是苏州。最早说书是常熟人。常熟人口众多，过去辰光，常熟大街小巷不亚于苏州，到处是叮叮咚咚弦子琵琶声音，学格人蛮多。

常熟人特别喜欢文艺。一个是京剧，一个是评弹。厂里女工欢喜越剧，特别是女扮男装格女小生。常熟是顶大格书码头。以前，常熟城里有六家大书场，小书场不算。四乡八镇，包括梅李、许浦、董浜、珍门庙（今珍门镇）、王市、东张市（今东张镇）、徐市、支塘、先生桥、塘坊桥等才有书场，所以一个说书先生到常熟之后，可以整整一年勒嗨乡镇码头上，走勿出来。

1956年，当时从欧桥到塘桥要走十几里路，因为要听伲先生[1]格书，农民夜里带了电筒、马灯，来回走二十几里路，从欧桥到庙桥，经过庙前，然后到西塘桥，听好书再回来，对于评弹居然这样疯。

邵小华（以下简称邵）：还有典型例子。格歇辰光，严雪亭、徐云志到常熟说书，从梅李到虞山镇，必须沿河边走，也叫梅塘。有格听客摇船出来听书，有脚踏车格听客，相约一道前往。门前领头格车子，龙头上放电筒，后面车子用一根绳子前后牵好，防止跌勒河里，摸黑去听大响档格书。

---

[1] 即著名评弹演员朱耀祥、赵稼秋。

李：常熟真是说书特别多、票友特别多、听客特别多，已经成为鲜明格地方风俗。

钱：当时禁赌，老百姓屋里有无线电的人家极少，呒不事体做，只有到书场里听书。20世纪80年代初，我搭邵小华拼档，到张家港庙桥演出。庙桥过去有个欧桥大队，书记叫张云雷，就是盛小云格寄爷。俚对我讲，倷现在已经四十几岁哉，我听倷书的辰光，倷还只有十几岁。格种人才是听了几十年书格老听客。

李：那么，小飞老师和你们先后走上从艺道路，就是因为欢喜评弹吗？

邵：一是因为酷爱评弹。倷全家才欢喜听书格，包括倷爷、两个娘舅。中华人民共和国成立初期，常熟有个私人电台，倷爷曾经到私人电台唱过，是票友，技艺虽然勿精，但琵琶、弦子，包括胡琴、笛子都会格。倷娘也是书迷，包括倷舅母，俚笃一日到夜勒书场里听书。我搭小飞两个人，受爷娘[1]影响，放学其他事体不做，也到书场听戤壁书。

倷为啥去学评弹，还有个主要原因就是家里经济勿是太好，蛮苦。小飞跟我一样，是四弟兄姐妹。倷屋里是三女一男，好婆、娘才呒不工作，就靠爷一个人在米行里做职工。当时讲是"三担米养七个人"。我两个娘舅、舅妈，外婆，大娘舅有四个儿子，小娘舅一个儿子，全家开销才靠一爿"薛永寿堂"药店。而格爿药店是经常被人家笑话格，地处西门大街最最市梢头，再过去就要出西门城到乡下了，马上要到虞山了。因此，光临店堂格顾客要么是市里忘记出药格人，要么是勿想跑路，就在近段将就格人。

钱：小飞格爷娘呒不工作，俚有三个兄弟一个妹子。虽然爷搭阿叔弟兄俩家头开爿药材店，结果"三反""五反"辰光才反光，呒不工作哉，那么只好学说书。格歇辰光，小飞搭邵小华两个人，才只有十二三岁，一点点大，两人就上台弹唱，蛮稀奇格，到处蛮疯，生意蛮好。

邵：倷娘舅开药店，由外公传下来，小飞格爷搭倷爷弟兄俩家头经营。后来"三反""五反"，虽然实际上呒不偷税漏税，但是形势逼迫，说你偷税漏税，结果铜钿全部交光，这爿药店关脱。呒不生活来源，哪亨办？倷大娘舅肺不太好，身体勿灵，但是俚会弹唱，也是蛮有名格票友。后来朱霞飞到常熟演出，小飞去听书，听了以后，倷娘舅就说，两个人学学白相相吧。

李：当时俩家头有几岁？

邵：十一二岁。我记得蛮清楚，1949年左右，药店还开勒嗨。倷爷教倷两个娘舅，小娘舅再教倷两个人，教基本的琵琶、弦子弹法。

钱：当初小飞拜朱霞飞，邵小华后来拜格是凌文君。小飞先学，学了之后两人拼档。当时拿

---

[1] 爷娘：苏州话"爹妈"之意。

的脚本像《捐旧衣》啊,《梁祝》啊,稍微排一段,在书场里演员正式演出之前,俚笃俩人先上台说一段,逐步锻炼起来,后来就正式说书。

李:首先是全家人酷爱评弹,浓厚格艺术氛围熏陶,使姐弟俩顺理成章地走上学艺道路;其次学评弹也是生活所迫。我在访谈过程中,遇到交关评弹艺人,似乎才有格种共同经历。

薛小飞演出照

二

李:小飞老师当时是哪亨拜师、跟师格呢?据俚自家讲起过,好像十一岁就已经拜师了。

邵:俚应该是十二岁拜师,勿是十一岁。我跟俚拜师相差一年,我是十三岁跟师格。因为差一年,我是开转年来7月份跟师,记得清清楚楚。

李:有可能邵老师您讲的是虚年龄,小飞老师讲格是实足年龄。

邵:也有可能,因为我搭俚同岁数。

钱:伲三人才是同岁数。

邵:我月份最大,小飞最小。俚是阴历十月,我是阴历三月,钱老师是阴历五月。

李:那么对哉,当初金童玉女小双档上台,"伲两人年纪加起来二十六岁",杨玉麟[1]先生曾经勒文章里记述过。

钱:小飞第一个老师叫朱霞飞。俚呒不子女,打算收小飞做儿子格。因为小飞是薛家长子,伲好婆勿肯,结果呒不成功。

李:小飞老师搭先生非常有缘,俚拜师成功带有点戏剧性,蛮有意思,真可谓是"无心插柳柳成荫"。据俚讲,"1949格年,不读书哉,我爷、爷叔才欢喜听书,是票友。邵小华格爷也是票友。阿拉从小就习惯跟大人去听书,后来讲学学也蛮好。再后来呢,就想拜侯玖霞为师。当时有个人想拜朱霞飞为师,学唱《珍珠塔》,也是常熟人,还是票友。我爷叔陪俚一道到梅李乡下塘坊桥。因为我外婆家勒梅李,所以先拿我带到外婆家,等俚笃拜师出来辰光再一道回常熟,故而

---

[1] 杨玉麟:著名评话演员,师从"评话状元"杨震新先生。擅说《东汉》,参与改编创作《江南红》。"文革"期间下放红木雕刻厂,古稀之年,联合其他几位创作者,耗时四年重改《江南红》剧本,使这部反映苏州本地抗战历史的评话相隔近五十年,又与听客重逢。

就一道去,当时十一岁"[1]。

邵:对,四年级。

钱:阿是桑似霞想拜侯玖霞?

李:当时朱霞飞就讲:这个大的(指欲拜朱霞飞者),唱嘛感觉还好。再问:这个小因(指小飞)阿会唱?说会格,会唱几句,也是《方卿见娘》唱四声。那么说唱唱看。结果朱霞飞讲,大格不收,小格要哉。

钱、邵:是桑似霞。

李:小飞老师还讲到爷曾经专门替俚去算过命,算下来是"双飞蝴蝶命"。

邵:是格,在梅李。

李:这桩事体您详细讲讲。

邵:我只记算命算得蛮准,说小飞要离婚格,婚姻上不如意格。算我算得不对,说我要养四个儿子。我当时就笑,这样种腔调,啥格命啊!

李:"双飞蝴蝶命"好像是指虽然不止一次婚姻,但还是有后福。因为杨玉麟先生就讲:"人家背后说薛小飞运道好,算命先生帮俚算命,是'双飞蝴蝶命'。后来我问阿有这桩事体,俚说是格。"

邵:这是杨玉麟讲格?肯定是小飞吃了酒告诉俚听格,肯定是,呵呵。

李:小飞格个艺名听说还是金声伯先生起格。

邵、钱:勿是格。

钱:是先生帮俚起格。因为先生名叫朱霞飞,师兄何翔飞,所以就叫薛小飞。

邵:倒勿清爽哉,我晓得是先生起格。师母当时是想收俚做儿子,但小飞是长房长子,伲大娘舅格儿子,所以伲外婆不肯。

李:小飞老师曾自家讲,格年十月初六到福山,当时金声伯也在福山,还吤不结婚,开转年来结婚格。到达辰光正好天上飘雪,金声伯讲,徐先生叫朱霞飞,学生就叫小飞吧。小飞老师还讲到,俚差一点点去学绍兴大板。

邵:对,俚欢喜格。小飞这个人,老了之后好像蛮内向,小辰光勿是格样,换脱一个人哉。小辰光,凡是到书场去,我是不欢喜到外头去,俚一日到夜勒嗨外头,哪个地方有戏馆,俚才会闯得去,才会认得人,路道蛮粗。绍兴大板,包括上海滑稽剧团格人,俚才认得、才欢喜格。

李:小飞拜师,邵老师您是否也一道拜呢?

邵:呒不。小飞拜先生后,我也开始学。记得蛮清爽,当时学说书真格苦恼。伲家里药店门面朝

---

[1] 2009年10月28日,薛小飞应邀到杨玉麟家,当时还有陈毓麟,三人吃酒聊天,笔者在旁吃茶作陪,该段文字根据小飞老师当时所讲整理。下文所引同此出处,不再赘述。

北，门前一条弄堂。大冷天，一只高凳子，我就坐勒上面弹琵琶。伲娘手里拿把尺。因为我虽然欢喜听书，但是不愿意学。我不愿意学，娘就打我手。冰冻雪飘，冷是冷得来。小飞当时已经跟先生哉。

李：当时师徒关系哪样一个情况？

邵：朱霞飞为人相当好，包括师母，也是非常好，当小飞像自家儿子一样。小飞小辰光长得好白相，皮肤雪白，一双大眼睛，讨人欢喜。不过身体勿好，有哮喘病，有辰光大小便失禁，床上弄龌龊，床单才是师母汰格。有辰光，小飞调皮，到糖果店买啥事，老板娘勿要俚付钞票，因为师母总归会去还欠账格。为此，先生骂、师母瞒，把俚当儿子，这个师母真是好的。到后来发育辰光，伲娘舅用一种不晓得啥格药，做成糯米丸子，让小飞吃，总算发育头上身体发好哉。

三

李：说说你们的演艺生涯，第一只码头是哪里？

邵：伲第一只书场破口是常熟乡下七水落桥，只能坐七十个人就客满，地方小得来，基本上呒不市面格。第一次我搭俚拼，不是说《珍珠塔》，而是《梁山伯与祝英台》。而且滑稽得来，台上呒不电灯，点格是汽油灯，汽油灯暗脱，点两支白蜡烛。当时还闹出笑话。因为地方实在太小，轧得勿得了，老虎灶旁边是两只大水缸，占了勿少地方，听客一直轧到门口。有一个酒鬼就坐勒水缸边上，结果跌到水缸里，伲是笑得来书也说不下去哉，所以印象特别深。后来跑码头，大多是常熟乡下。现在常熟乡下呒不书场哉，格歇辰光乡下听评弹格人勿得了。

学评弹一上来蛮苦格。小飞十二岁离开爷娘，我搭俚十三岁开始上台演出。两年后到上海，每日六只场子，日里三场，夜里三场。码头上唱是为了要负担家里，我是负担我的家里，俚是负担两家人家。为啥是两家呢？因为俚的娘是吃阿姐奶长大格，爷娘老早就故世格。由于屋里困难，俚一个表哥是我爷介绍，到米行里做职工。家里一大家子，呒不办法生活，就是靠小飞赚的钞票负担两家人家。

钱：小飞一个人要挑两家人家。一家是自己爷娘、兄弟姐妹；还有一家是外婆家。像阿姨，还有表兄一家人家包括子女，全部由俚挑起来。但是俚自家勿晓得，才是娘做主，拼命去养梅李娘家格人。所以，生活一直蛮苦，手头很紧张。

邵：伲是哪亨唱法格呢？所以说现在格小囡真是身在福中不知福。伲唱格辰光，娘舅拿伲领过去，就像现在格经纪人。俚去接生意、安排，伲负责唱。伲吃、住勒嗨场方，生意好，场方对伲也好得不得了。但是，一年到头不好回家格。从年头出来，一直要到大年夜方始回转屋里。衣裳替换哪亨办？到天热，冷天格衣裳就从邮局寄转去，家里大人拿天热衣裳寄过来。到后来是一年只有转去两日天。所以当时唱得真格辛苦。伲两人像发育不全一样，因为唱得太早。所以小飞故世后，想想当时是真正苦。虽然码头上生意好，老板对伲是蛮好，但自己格苦只有自家体会。风雨雪落，大冷天落大雪，下半个身体好像不勒自家身上，台上说书下来要负担家里，家里老小就靠伲吃格。我家里七个人，俚家里也是七个人。想着当时苦恼，俚死了我想想就要哭。

还有，当时年纪轻，上海的六面场子唱得我胃出血，哪亨唱格？日里三场，夜里三场。日里三场要唱到五点钟，哪亨转去吃呢？夜里比如七点钟或七点半要上场了，路亦远，还是三轮车。伲包的三轮车像飞毛腿，冲东冲西，要夜里十点钟才能转来吃夜饭。

因为伲学书太早，所以小飞搭我两人个子瘦小，出门连半票才用勿着买。上台呢，搁脚板踏勿牢，往往场方就拿伲抱上去。由于小，听客倒才蛮稀奇，来听伲两个小人（"小双档"）说书。演出辰光脚本才摊勒台上，因为读不熟的。《珍珠塔》说到哪里，脚本翻到哪里，这是第一只码头。伲娘舅真好，因为有文化，《珍珠塔》的脚本才是俚抄格，而且一式二份。为啥呢？因为伲姐弟两人脾气不合，我欢喜静，小飞喜欢到外面白相，所以从小合勿来，不常要吵格。格歇辰光还有二表弟，就是后来到江苏省曲艺团去格（薛）幼飞，伲三个人勒一道演出格。当时早上不是要唱三场嘛，就关照俚先说大书，伲两个人再说小书，这样可以省力点。

四

李：朱霞飞幼年承继家学，是弹唱《珍珠塔》格名家，请说说格位老先生格个性，有啥格艺术特点？您所晓得格难忘细节？俚格《珍珠塔》与前辈艺人有何不同？二次拜师前，小飞老师在专业上是否还得到过其他名师格指点？

邵：这个问题我倒晓得，我也跟过几只码头，搭小飞一道跟格。朱霞飞这个人相当好，俚收小飞辰光正好搭上海郭彬卿拼档，所以小飞得益不少。你看小飞弦子弹得好，其实琵琶也好得勿得了，是郭彬卿亲自手教格。

李：郭彬卿废寝忘食练功众所周知，琵琶功夫极其了得，小飞老师能得到郭彬卿指点，真是三生有幸。

邵：小飞琵琶弹得好得勿得了，是郭彬卿亲手所教，可惜做上手之后琵琶不弹哉。跟师辰光我也勒嗨。当时我呒不拜先生，因为我也想拜朱霞飞。小飞拜朱霞飞后，年底转来，伲爷娘就说，娘舅格意思就是伲俩人拼成一对，自家人，表姐弟嘛。就问朱霞飞，女小囡阿好跟？结果朱霞飞讲，小飞是关山门了，女学生子我勿收。收嘛勿收，但可以跟我出去。这位老先生人好得勿得了，既诚实亦为人厚。所以，伲俩家头一道跟码头格。第一只码头是嘉兴，大落雪，落雪落得来，但生意也好得来，轧得一天世界[1]。为啥呢？主要因为有郭彬卿。

李：哦，名字叫小飞，果然和雪有缘。越是落大雪，生意越是好。

邵：当时，由伲两个人先上台唱开篇。朱霞飞老先生一面让伲锻炼，一面还拨伲五角一日。五几年辰光的五角钱，蛮值钞票哉，伲是开心得勿得了。第二只码头到松江，那么正好开始"三反""五反"。

钱：当时松江有一爿最大格药房，老板叫俞天成，运动当中卧轨死掉格，所以生意也吆不。

邵：运动结棍得勿得了，书场里基本无人来。因为听客一般才是商家、老板，有点铜钿格人。一般劳动人民日里不大会来，做生活也来不及。但是运动一来，经理跳井、老板卧轨，生意就不好哉。当时，郭彬卿受不了。俚人是蛮好，但是蛮骄傲格，就提出与朱霞飞拆档，为啥呢？还有一层原因：当时朱霞飞思想比较新颖，俚认为单单说老书好像不行，方向要转向说二类书。所以，俚就去叫了原来在上海（评弹）团后来到浙江（评弹）团的曹梅君老先生。当时曹先生是单档，说格是二类书，生意不好。结果一来是由于"三反""五反"，听客本身少；二来曹梅君格书听客勿欢喜，俚笃只要听一档，那么就赔生意，郭彬卿火冒跑脱哉。就这样，朱、郭拆档，我只好回到苏州。

李："小双档"跟师跑码头，虽只有半个月，一定得益不少吧？

邵：得益不少。伲日朝[2]听书。小飞比我聪明，真格聪明。俚搭我一样，只读到四年级上学期，小学也吆不毕业，但俚一手字极其漂亮。因为有家族渊源，伲外婆是私塾先生，教书格。

钱：就是小飞的好婆。

邵：外婆是私塾先生嘛，娘舅包括伲娘文化才是伲外婆教格，所以伲娘舅写字好得勿得了，就像帖一样。小飞的字也是这样格，虽然俚只有读到四年级，（但）好像有遗传因子格。说《珍珠塔》，伲也非常得益，因为老格《珍珠塔》脚本才是繁体字，有人不识，但伲才认得。

钱：老书当中《珍珠塔》唱词最好。

邵：我原来不识繁体字，说了《珍珠塔》，才认得哉，伲文化上也有了进步。

李：这才真正体现了在实践中学。

邵：小飞艺术上是聪明，俚随便啥过门啊，唱腔啊，只要听一遍，一学就会。包括侯玖霞。侯玖霞是沈俭安的大弟子，唱起来弦子要左右晃的，唱《珍珠塔》比较武，但是艺术上很好，小飞在侯玖霞的弦子上也得益勿少。

1　一天世界：吴语方言，"一天"是"满天""到处"之意；"世界"有范围之意；"一天世界"指"满世界"。
2　日朝：苏州话"天天"之意。

钱： 当时侯玖霞是双人档，下手叫沈慧人，这一档《珍珠塔》也蛮疯格。

邵： 当初蛮疯的，小飞经常去听书，弦子功从侯玖霞身上学着不少。

钱： 还有一个李念安，是我师兄，俚先拜朱耀祥，后来再拜沈俭安。李念安弦子也是好格，小飞得益不少。

邵： 因为他先生的弦子技巧不是顶好，一般蛮老的，但侯玖霞、李念安是新颖的，更进一步，小飞得益勿少。他蛮聪明格，样样一学就会，随便啥过门，过耳勿忘，这点要佩服俚格。台上说书，有辰光我一个忘记，俚马上会补漏洞，虽然书不排，我鸡头晕，忘记一档片子，忘记得一个字也吭不，哪亨办？俚看看辰光不够，就临时簧[1]一档片子出来，格方面俚真是蛮聪明格。我起先不会，到后来我也会簧哉。

李： 小飞老师天性伶俐聪颖。

钱： 我认得小飞是1954年，俚比我先学说书，我学辰光就跟俚笃听书，小飞就成为我崇拜格偶像。当时我曾经想拜小飞为师，结果俚爷勿同意，因为同岁，而且月份还比小飞大，就说师不好拜，但听听是可以格。所以我就只好在台下学。小飞的琵琶、弦子才蛮好，也是俚教我弹格。俚笃俩个人做上海辰光，还叫我到上海去听书，住勒一道，吃俚格。我从小就拿小飞当作偶像，到后来大家一道进常熟评弹团第五组（这里指三人先入上海市评弹演出组第五组，后全团迁往常熟，成立常熟评弹团），变成同事，最后变成亲眷。

李： 俚是哪亨教俫格呢？

钱： 就是教过门，小飞、邵小华搭我是同年，我认识俚笃是十六岁格年底。我刚刚学，俚笃已经弹唱得蛮好哉。开转年来我拜伲先生。

五

李： 小飞老师性格内向，为人低调，特别不欢喜张扬，可能搭俚格人生遭遇有关，命运实在坎坷。

钱： 俚一生蛮作孽。十二三岁开始一个人要养两家人家，铜钿是赚仔不少，但是生活还是蛮困难。俚爷薛西平，"文化大革命"当中被人打死格。民国时期，俚爷曾经做过甲长还是保长，但当初是派到你就是你，挂个名而已，亦吭不做过坏事体。当时居民"造反派"就把俚爷关起来敲打，结果死在一条河的河滩边上。再后来，婚姻上亦屡遭挫折。

---

[1] 演员在台上忘记唱词，临场发挥，即兴编造的东西称簧书或簧片。

李：谈谈小飞老师格婚姻情况，为啥离婚？

钱：小飞婚姻不如意。第一个配偶叫徐友静，养了三个小囡后离。离婚之后是靠伲舅母照顾三个小孩。

邵：至于原因么，两个人才勿好。先是女格出轨，也是常熟人，长得蛮漂亮，俚爷是常熟蛮有名的眼科专家。

李：知识分子家庭倒愿意叫女儿出来学说书？

钱：伲格代人遭受极"左"思潮影响蛮结棍格。学生子凡是家庭成分勿好，比如资本家，或者家长有点名气格，才考不进学堂格。我上一届资本家格子女基本上勿曾被录取。

邵：勿要说资本家，伲阿姐常熟县中蛮有名气格，俚要考高中，当时号召抗美援朝，到朝鲜去，伲阿姐报名，伲娘、好婆不同意，结果高中也不给你考。

钱：当时是极"左"思潮影响。我就因为成分不好而在家待业，哪亨办呢？地质队招人，但是要到外省去，要爬山，伲爷娘勿舍得，所以就放在身边。荡在屋里呒不事体，那么就想还是学说书吧。徐友静家庭成分也勿好，上头关照私人诊所必须关脱，呒不办法，就学说书。

邵：俚后来搭小飞结了婚，两个人感情生活勿是太好。主要是小飞性格特别内向，即使心里有勿少事体，嘴巴上勿会响。吃酒也有遗传，伲爷、伲娘舅喜欢吃酒，有家传渊源，所以小飞也欢喜吃酒，到后来就借酒浇愁。俚不响格呀，只有吃了酒那么会开口讲话，随便啥事体，好坏不响。

钱：第二个配偶就是王月香。

邵：王月香性格勿是太好。起初，王月香对小飞蛮好格。当时，小飞已经被下放到灯泡厂。同期下放到灯泡厂格还有其他各个剧团格演员。当时为宣传好人好事，由编剧徐檬丹创作一个短篇，名叫《李月华》，小飞、王月香、言慧珠参加演出。格歇辰光，小飞和王月香才是单身，小飞离了婚呒不屋里，王月香家里有啥吃格，就一直叫声小飞，哪怕跑过去吃碗粥，暖暖身，也是一种慰藉。格种情况底下，两人日久生情。伲觉着这样蛮好，蛮开心，小飞总算有个家哉。但王月香有三个儿子，生活蛮艰苦。俚丈夫张焘是文化局格干部，当初结婚后家里格所有开销全部由王月香负担，另外还要负担娘，还有一个保姆。王月香是不会做家务格。俚搭小飞结婚以后格日脚，是最苦、最穷的一段辰光。

钱：俚一个人要汰五个人格衣裳，我经常跑得去，看见了就帮俚吊水。

李：小飞老师也有三个小囡哪亨办？

邵：三个小人倒才是伲娘舅、舅母领格。

钱：当初正好是样样么事才要凭票供应，煤球票、粮票、布票、糖票、油票，困难时期。

邵：倷曾经听说过三人合着一条裤子吧？格就是王月香。真是穷得来"天看见着袜，地看见赤脚"[1]，人家勿晓得，伲全晓得，苦是苦得呒不办法。到后来两人关系不好哉，就开始分居。王月香住楼上，一张竹榻，只有棉花胎，既呒不单被，亦呒不毯子。小飞睏楼下隔厢里一只小床，三个儿子睏一个大铁床、一条被头。作孽啊，裤子也呒不格。王月香阿姐王兰香，俚女儿的工作裤改改拨俚笃，苦到这样一个程度！家里样样么事才卖光，一房间红木家生，勿曾剩一样，到最后苦得形容不出。王月香告诉我听，当时三个小人才是饭浪头，饭不够吃哪亨办？就调米粉浆糊，三个孩子全部吃光，等俚下班转去，一样吃局也呒不，只好拿米浆碗边刮刮，加点开水就是一顿。

钱：王月香格丈夫叫张翯，文化局干部，后来下放到苏昆剧团做编导。抗战辰光，这个人曾经在周总理、郭沫若领导的第几演出队蹲过，是宣传抗日格。当时金山、赵丹、张瑞芳才是抗日宣传队队员。"文革"辰光被打成文化特务，监督劳动，关起来。

邵：王月香哪亨会和张翯离婚呢？夫妻感情是好格，张翯被下放苏北，上头关照要好人带坏人，实际是要两个人一道到苏北去。王月香为了三个小人格前途，勿下去，只好离婚。

钱：本来王月香也要下放苏北，工宣队跟俚讲：好人带坏人。王月香也会讲话的，俚说："毛主席说，我们都有两只手，不在城里吃闲饭。""我不吃闲饭，我会说书格。"俚还讲："好人带坏人？我带勿好格，要么你们带下去，我不带。"就这样离婚了。

邵：为啥王月香与小飞结婚？两个人一直争吵。小飞也有不到之处，家里这么穷，这么苦，煤球要煤球票、粮食要粮票，俚还带几个人转来打牌、吃茶、烧水要煤球、要票格呀。

钱：自来水还要水钱。

邵：这样穷法，王月香阿要搭俚讲讲，讲讲嘛就吵起来，大伤感情。这样一来只好分居，一共八年夫妻，大约六年分居。

李：王月香搭小飞是姐弟恋，时代造成了俚笃婚姻格悲剧。

钱：王月香比小飞大八岁，小飞现在七十五岁，王月香应该八十三岁。

上海市评弹实验第五组全体组员合照，二排左一为薛小飞

---

[1] 苏州常言俗语，指脚背上有袜，脚底下没有袜子，形容穷。

六

李：1955年，是啥格契机使得小飞老师二次拜师，从魏含英学习魏派《珍珠塔》？

邵：主要因为俚传承格是朱霞飞《珍珠塔》格后半部，而前半部是魏含英的。

钱：当时俚跟朱霞飞时，是从《珍珠塔》后半部开始格。就是从方庆做官开始，勿是全部，所以俚只会后半部。后来进入苏州评弹团，成立一个评弹三团。本来伲才是苏州评弹一团格，是一个大团，后来抽调一批比较有培养前途的青年人，成立评弹三团。包括杨玉麟、陈毓麟一档，陈剑青、俞瑞君一档，作为培养人才。当时上头有指示，要求补全《珍珠塔》，补全《啼笑姻缘》。他们拜魏含英为师，因为魏含英、魏珏卿是说《珍珠塔》的。拜了魏含英之后，拿《珍珠塔》全本书学下来。朱霞飞名气呒不魏含英响，俚后来做评弹二团团长。这个人呒不心计，不会斗别人、害别人；另外，俚比较要求进步，老早就走合作化、集体道路，不单干，所以就做团长。朱霞飞个人艺术，按照现在的评判标准，呒不魏含英好，名气也呒不魏含英大。

李："过堂"投魏含英门下之后，小飞是如何在个人性格和演唱习惯格基础上，对"魏调"声腔进行改革，同时结合自家格天赋，在演唱技巧上另辟蹊径，自创"小飞调"格？

钱：魏含英是家传的"魏调"。俚格养父魏珏卿唱老式"马调"，节奏快，有叠句，但曲调还是比较简单。到魏含英格一代，唱腔有所进化。魏含英欢喜看京戏，特别欢喜程派艺术，俚从中吸取养分，对唱腔进行软化，刚中带柔，比较慢，有小腔，因此形成"新魏调"。小飞跟魏含英后，俚拿到了会员证（以前俚呒不会员证格），搭魏含英拼过档，做过下手。魏含英上手说《珍珠塔》，小飞得益不少。后来再拜魏含英为先生，补前段《珍珠塔》，更加得益。实际上"小飞调"是在"新魏调"基础上发展起来格，再根据自己的嗓音，有所创造。

李：根据自己的嗓音有所变化，格方面小飞倒曾经谈到过，俚说："我在学魏含英'魏调'时，当然我勿跟先生讲，我晓得我是不能完全学俚格。第一，俚单档唱法，我要双档，我不好学俚单档唱法，因为我有琵琶伴奏。第二，伲先生年纪大了，我拜俚辰光已经四十多岁了，各方面才勿能往上面唱上去了；我二十多岁，所以我不好学俚这样唱。另外，根据我的嗓音，我要比俚稍微高一点，我起格音要比俚高。虽然我嗓子不是顶好，但要比俚高。我寻着先生唱腔格缺点，就是小腔少。"

钱：是格，为啥？举个例子：魏含英是单档，单档是自由发挥，要快要慢随便，而且不要琵琶伴奏。有了琵琶就不好这样唱，琵琶要有节奏格呀！双档节奏是由琵琶、弦子控制的；单档是自由发挥的。因为小飞俚笃是双档，就要有双档格唱法。单档有单档格唱法。这样看来，小飞是蛮聪明格。如果俚唱格勿是双档唱法，而是单档唱法，琵琶、弦子肯定会合不拢。

邵：小飞人是真格聪明，就是不用功，如果用功，好好叫要好。俚勿研究说，只是好唱，但脚色俚是熟的。

钱：说表方面再研究就更好。

邵：俚呒不赵开生研究得好。赵开生以前不及小飞格。出去演出只有伲业务好，赵开生、饶一尘不及俚，伲到处客满，俚笃生意不好格。可惜小飞在脚色上呒不好好研究，只研究点唱。

李：小飞唱腔确实有独到之处，洒脱、飘逸，所以能赢得听众喜爱。

钱：这也是一个机会。因为魏含英年纪大了，只有这两个人在说《珍珠塔》，当时，没有新颖的调出来，"小飞调"出来，就是一个机会。因为人家听惯了"魏调"，冒出来的"小飞调"，与"魏调"有点一样，亦有点勿一样，有小腔了，那么好听了。学格人多，就自然成为一种流派调子。称到流派，既要内行承认，又要外行承认，还要有人学，要具备这三个条件。

李："小飞调"格核心技术在啥地方？

邵：俚格独特地方，比方如说快慢节奏，他的唱、口气。这个口气非常要紧。一个特点是透气，还有一个是偷气。偷气就是一个滴答，真正一点间隙，听众听不出格，但是俚已经透气了。一个人的气本来没有这么长，小飞可以几十句一气贯通，俚就是有透气、有偷气。但现在格青年学，呒不这些实实在在格么事，只是学像外形、皮毛、一个壳子。

小飞弹唱时，气是接不上格，因为我在边上听得出来。俚一个需要我琵琶伴奏。为啥呢？主要因为俚格身体，平常酒吃得多、菜吃得少，体质勿好。一个人唱一定要有奔力，丹田气提起来。像俚唱，自己才有感觉格。有辰光一句唱出去，整个身体里厢好像空脱一样，人会得浑身一凛。小飞呒不这种丹田气。哪亨办？结果就形成现在这样一种唱腔，这也是因为体质关系，自己研究出来格。我只能这样唱，如果要像蒋月泉、张鉴庭那样唱，绝对唱勿动，要唱煞脱格。

钱：这里边一定要有琵琶遮挡的，而且邵小华的琵琶伴奏一定要比小飞的唱快半拍。

邵：这是一个上海老听客听出来格，我自家倒呒不格个感觉。俚进来就跟我讲："邵老师，薛老师的唱，你板要比俚快半拍。"我说："真格吗？"

钱：快了半拍，一个是催，让俚透气辰光琵琶齐巧弹过门，而格个过门，就可以拿小飞格透气填脱。

邵：所以人家听不出他透气。实际是俚一句里要透气三四次，因为俚呒不这点体质。

钱：多亏琵琶在遮。

邵：所以到后来殷德全关照伲去录像，小飞勿肯录，本来老早就录哉。开篇录音，开始几次伲去格，还包括《我是中国人民解放军》，实质上格歇辰光已经是假唱。

钱：《我是中国人民解放军》是 1965 年在上海演出辰光录音格，苏州录像辰光再配音格。

邵：是配像，实际上俚已经唱勿出哉，我还可以唱。因为体质问题，俚自家晓得，所以无论如何勿肯唱，唱勿动了。

李：喔，身体实在太亏，搭长期营养不良有很大关系。

钱："透"字，主要是"秀"字下面一个"走之"，就是透气；还有一个是偷气。这两点学会了，加上琵琶填过门，几十句连唱呒不问题。别人听不出你透气，一个人格气再长也要断，总要换气。但是，俚换气辰光有琵琶遮掩，就听勿出来。

邵：喉咙也不会哑。而且上下句可以勿用过门连接。

李：小飞老师孜孜不倦的探索，建立在遵从艺术规律，从客观实际出发的基础上，带给后人很大的启示。今天由于时间关系，我们的回忆还是粗线条的。小飞老师身上可挖掘的宝贝很多，故事很多，希望两位老师再好好回忆，我们抽时间将口述实录继续做下去。谢谢你们！

整理者：李明

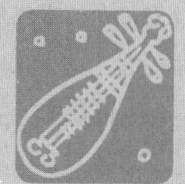

第七十三讲
"文革"前的上海评弹团学馆
—— 江肇焜访谈录

口述者：江肇焜

采访者：王亮

采访时间：2013年5月10日下午

采访地点：上海评弹团接待室

江肇焜

江肇焜（1948— ），弹词演员。江苏苏州人。1961年入上海市人民评弹工作团（今上海评弹团）学馆，师从刘天韵习《三笑》，1966年毕业。1978年单档演出《描金凤》《双按院》《飞刀华》。1979年师从姚荫梅习《啼笑姻缘》，先后与沈玲莉、周映红拼档演出。曾参加《芦苇青青》《如此亲家》《战上海》《春梦》《李双双》《三约牡丹亭》等中篇评弹演出。说表风趣，脚色生动，善用方言，擅唱"姚调"。

王亮（以下简称王）：老师您好，我叫王亮，是上海师范大学博士二年级学生，现在跟随唐力行老师从事评弹的史学研究。我的研究对象是上海评弹团。

我们知道1951年11月20日，上海评弹团成立，可以说是名家荟萃，但是并没有注重师道传承。倒是上海市戏曲学校在1956年的时候建立了首个评弹班，开启了集体授艺的教学模式，同时，上海评弹团也招收了部分随团学员，三年之后，组建了评弹青年队，但这支青年队不久便解散了。1960年上海评弹团建立评弹学馆，正式开始培养评弹学员。

江肇焜（以下简称江）：是的，我就是那一届的学员。

王：因此我想请老师介绍一下评弹学馆的相关情况。

江：好的。评弹团是1951年成立的，成立时的那些演员，应该说是评弹界的佼佼者了，而且他们年龄都不大，才三十多，但是到了1956、1957年的时候，就要考虑培养接班人的问题。

王：为什么一开始不考虑，反而到了1956、1957年才开始考虑？

江：初创嘛，而且当时这些大牌演员本身也就才三十出头，年龄不大，还没有考虑到这个问题。那么在1956年的时候，整个文艺界，包括京剧界，都开始考虑这个问题了，所以杨春霞，京昆班，都是这一年进去的，就是和徐林达、沈伟辰、孙淑英当时都是那一班招了进去，但是这个班级硕果仅存的就是孙淑英和沈伟辰，还留在评弹团，尽管现在已经退休了。他们这一班的人，就只有这么两个人（留下来），淘汰率是很高的。

王：当时那个评弹班有多少人？

江：三十多人。那么淘汰的时候呢，更是因为当时的社会环境，极"左"嘛。现在来看那些把他们甄别出去，甚至于开除的理由，放到现在根本不是问题，就是这些人放在现在大学里，可能还是优秀，学生会干部，当时他们交朋友、谈恋爱，青春期嘛，这很正常的，但在当时可不行，都是因为当时极"左"的思潮。

那么等到我到团里的时候，即1960年的时候，他们这个评弹班在团里的还有七个人。

王：您还记得这七个人的名字吗？

江：嗯，记得。王宗芹、张国栋……王宗芹是跟张鉴庭的。彭本乐，还有他的下手赵菱菱。现在她去美国了，那个时候参军，到南京，和徐林达一起到南京去的。徐林达、孙淑英、沈伟辰。而等我到了团里一年还是两年的时候，对于王宗芹，团里认为：你够不到上海团的要求。还有张国栋。给他们转移到江南评弹团，就是上海五个区级团里最差的一个。所以培养了四年嘛，最终留下的就是两个人：孙淑英和沈伟辰。徐林达是好的，可是参军了，1961年走了。还有一个是我的师兄，叫王树君，他的开除倒是因为发生了一些问题，倒不是极"左"思潮的原因，就是开除掉了。当时还没走，我进团以后，就走了。那么在这样的情况下，开始招收评弹学馆的学生。那个时候戏校不存在这个问题了，不存在开班了，当时就只办了一届，就不再办了。2008年还办了一届。

那个时候还没有文凭什么的，还是觉得放在团里自己招好，不要放在戏校，在戏校的话觉得有些鞭长莫及啊，因为老师都在团里嘛。

王：是的，我也看到一些资料，老师到戏校去上课的时间，就是演出之余。

江：是的。而留在团里呢，学生便于管理，于是就招了第一批学馆学员。我们就是第一批，三十二人还是三十八人。而评弹班的学员四年回来就是青年演员了嘛。就像现在我们的学生，初中毕业到戏校，学三年，毕业以后到团里。他们三年过了以后，学历只有中专。

现在招生讲究是一定要到初中毕业，初三毕业可以考戏校。我们那个时候不管这些的，我们那个时候招生，就是看你条件。条件好的，像我，小学毕业，我还有一个同学，他读高中，高二还是高三啦，也是一起进来的。到了里面呢，我们团里也有文化学习，虽说是文化学习，可是我们不学那些数学、英语啊，外语都不教的，就是一个中文，也就是语文，还有一个是政治，那是肯定要学的。那么我们那个时候学的那个语文啊，也是分班的，高班、低班，因为我是小学毕业，人家是高中。但是有时候，我们小学毕业的班，一年级的班，刚学了半年就和大班并在一起，我们主要是学古文，把文言文翻译成白话文，可是我们的那个老师是海军转业回来的，后来我们这一届毕业后，他就回戏校了。他就要求把白话文翻译成文言文。

王：这样的话，学馆的要求还是非常高的。

江：是的，非常高的。所以我们写信给父母，我们现在都是"爸爸妈妈你们好"，但是我们当时写"父亲大人膝下敬禀者"。所以我跟你说的，现在文艺界考高级职称，一级、二级啊，他要求你，江苏也是这样，上海也是这样，要考三样：电脑、英语，还有古文。可是上海免掉了古文，免掉了电脑，考英文；江苏免掉了英文，免掉了古文，考电脑，这都是在干什么？你那个古文啊，哪怕你考不出，不管怎么样，你还学了，学了以后对你的业务还是有用的。我不是说电脑、英语对你的业务一点也没用，你如果有多余的时间，你可以学英语，现在国际化交流，你会英语也很方便，会电脑，查资料也方便。但是现在我们的学生，最主要的问题就是缺文化。

我们所要求的文化，主要就是历史。

王：因为很多书就是历史故事啊！

江：对。所以我们那个时候，环境也不同。我们那个时候没有文化活动，也没有业余的，最多看电影。看电影，第一点。电影不多，难得看个戏。剩余的时间，除了体育活动，打打乒乓球，剩下就是看书，就是靠书本上学来的东西。所以我也是这样要求学生的（多看书），但是嘴皮子说破，也不会有人听的。我看古文也是这个年代啊，小学毕业嘛。十三岁到评弹团，我十四岁就看古文了。我为什么要求你们看古文？我又不是要求你们看《古文观止》。《古文观止》可能还比较深一点，比较枯燥一点。我说你们看笔记小说啊！明清的笔记小说，代表作《聊斋》。可是除了《聊斋》之外还有很多很多东西。你拿个字典，第一次可能看起来比较吃力，你几篇文章一看以后，基本上就可以了。大同小异，笔记小说还很多。

江肇焜演出照

我说为什么叫你看笔记小说？我是有用意的，因为笔记小说最短的文章一百字都不到，可是一百字不到的（文章）里面，有人物，有背景，有情节，讲得清清楚楚，那么我就反思一下。我们有些演员到台上说了一刻钟，十五分钟，下面的听众还不知道你在说些什么呢，那这就说明问题了，人家一百个字，讲得清清楚楚，你讲了一刻钟，一刻钟要多少话，多少字，是吧？（可是没讲清楚。）那么说明你的语言的逻辑有问题啊，你的思维也有问题啊！但是这个东西呢（指逻辑思维）是靠长期积累的，不是我今天看了书，明天就能派用场的，而是长期积累之后，到时候自然而然就会派用场。

而且我们的书里，尤其是传统的书里，也要讲到很多，比如说古文"尔"，就是"你"啊，可是对于现在的小孩子，"尔"是什么啊，他不知道。"尔"其实不单单就是"你"，说"尔"其实就是长辈对小辈的，平辈的就不能说"尔"，对长辈更不能说"尔"，这个"尔"字是长辈（对小辈）或者官对民，才可以。还有很多讲究，而这些东西呢，在我们的传统书目中都是要用的。这些我们当时都是要学的。

那么到了团里，成立学馆了，当时我们的教研组啊，薛筱卿、杨斌奎、杨仁麟、朱介生、刘天韵,我的第一个老师,教研组组长周云瑞,都是一些老艺人,他们的年龄相对比较大一些,五十多了,近六十啦!可是当时教我们的教研组组长周云瑞,他应该是,我们所说的"在马背上",就是在好档口的时候,三十多岁,四十岁都不到,为了我们放弃了演出,到学馆里来,教我们学生,教我们乐器啊,唱腔啊。

我们进团没跟老师,1960年到团,上大课、文化课、业务课,要打基本功啊!当时的学生学东西啊,相对说起来,比较省力一点。为什么这样说呢?第一点,大多数都是喜欢评弹的,受家里的或者环境的影响,像我家,苏州人,人是在上海,可家里全是苏州人,从小,我爸爸自己也会弹(三弦),会唱,然后我就学。

当然,我们来学东西啊,还有一些从来没有接触过评弹的,但这是少数。大量的,都是喜欢评弹的,所以更容易接受这个东西。像现在这个小孩子啊,他对评弹一点都没有印象,他的父母都没有听过评弹,所以我们现在给他们上课啊,很累的。

王:但是他们还要学苏州话吧。

江:是的,一定要学的。所以我们上大课,唱腔、乐器、说表,学了两年,1961年底结束。

整理者:王亮

第七十四讲

情定西厢,艺术长生的杨振雄

——朱迎迎、许君伟访谈录

口述者[1]:朱迎迎,杨振雄先生遗孀。

　　　　许君伟,杨振雄先生弟子。

采访者:金坡、刘晓海

采访时间:2013年8月5日

采访地点:上海市七莘路万兆家园

---

[1] 除杨振雄太太朱迎迎、杨先生弟子许君伟以外,笔者在2013年7月30日于上海艺术研究所还曾采访杨先生生前同事彭本乐先生(原上海评弹团编剧),彭先生亦提供大量有价值信息,在此表示感谢。

杨振雄

杨振雄（1920—1998），苏州弹词演员。江苏苏州人。弹词名家杨斌奎先生长子，与其父、其弟振言在评弹界有"评弹三杰""书坛杨家将"之誉。九岁随父学《大红袍》《描金凤》，十一岁即登台演出，十四岁上电台播唱。倒嗓期间改编弹词《长生殿》，在"夏调""俞调"基础上吸收借鉴昆剧艺术，形成独特的"杨调"风格。1944年后在江浙一带单档演出。1948年进入上海，以《长生殿》一举成名，红遍江南。1954年父子三人同时加入上海评弹团，杨振雄与弟拼档弹唱《西厢记》《武松》《长生殿》。1962年赴香港演出，受到热烈欢迎，"文革"期间被打倒。"文革"后整理出版《长生殿》《西厢记》，演艺生涯中多次受到陈云老首长赞扬，1998年病逝。

一、杨振雄家世及生活经历

金坡（以下简称金）：杨振雄先生是20世纪著名评弹艺术家。杨太太您陪伴杨先生多年，请您介绍一下杨振雄先生和您的一些基本情况。

朱迎迎（以下简称朱）：许老师主要讲杨振雄艺术方面的情况。我照顾杨振雄比较多，生活上我可以谈。杨老师的父亲杨斌奎，是评弹艺人，杨斌奎十二岁时拜其姐丈赵筱卿为师学习《描金凤》与《大红袍》两书，他于1949年以前曾当选评弹协会理事长，1954年参加上海市人民评弹工作团，后在该团学馆任教。杨振雄的母亲姓曹，叫曹毓琴，是无锡人，平时在家料理家务。杨振雄这辈有三个小孩，小名分别叫"龙""虎""豹"，他是"阿龙"，"阿虎"就是杨振言，"阿豹"很早就死了。杨老师本身没有进学校念过书，九岁就跟着父亲杨斌奎上台说书，说《描金凤》《大红袍》。杨老师说书的原因就是要让弟弟有钱能读书，因为当时的说书先生家中往往经济条件不好。后来家里配婚，他和他姨妈的女儿结婚。生了五个小孩，（其中）三个儿子，两个女儿。杨老师二十多岁（时）生过一次大病，倒嗓[1]。这段时间他就拼命学文化，每天就拿着大饼油条，去西藏路上青年会图书馆看书，查资料，写东西，研究唐诗，当时是他最苦的时候。他根据自己本身的条件发挥，又查了很多唐朝的资料，编写《长生殿》。后来和他弟弟说的是《西厢记》。再后来他自己开创了流派，他的调子叫"杨调"，这个不容易，因为他没念过多少书。杨老师那时有个红颜知己，对他艺术上帮助很大，就是费一苇，费一苇在《长生殿》《武松》《西厢记》等书的改编创作上对杨老师帮助很大。他们后来有了事实上的婚姻关系，生了一个女儿。那个女儿过去是女排的，嫁了个男排的。后来他们在澳大利亚定居。

我的祖父朱祖谋，是光绪朝的侍讲学士，曾做过礼部侍郎，宣统朝做过弼德院顾问。他门下弟子很多，其中汪精卫是比较出名的。我爷爷死的时候，只有汪精卫在旁边。我爸爸那时很小，我爷爷临死前就托孤给汪精卫。我爸爸从小身体不好，有吐血的毛病，但是文化很好的。在苏州文学院毕业后，汪精卫就带他到上海的中西疗养院，也就是现在的虹桥疗养院养病，在伪政府里

---

[1] 倒嗓：指的是演员在青春期变声变坏了，不能发出圆润的声音。

面挂名当科长拿工钱。汪精卫死了，我爸爸就倒霉了，他后来郁郁而终。

我从小就跟我爸爸到书场听书，十三岁时开始学习弹琵琶，十七岁时我就在学校登台演唱《六十年代第一春》了。我十几岁时，和另一个女生去书场听杨老师的书，买前面的座位还买不起，只好坐在后面。结束后我们就赶快跑到前面去，要看看杨老师的人。那时他真的漂亮、儒雅，是美男子。我们就看他，和追星差不多，我那时就是他的粉丝。到后来"文革"大家遭遇不同，但都坎坷。我经历两次婚姻，有两个儿子，后来我到深圳发展，开始时我做裁剪，后来有一个做钟表的女老板看中了我，那时她怀孕了，就把我调过来，培养我做经理。我做了总经理后就攒了点钱。在深圳六年，当时考虑到大儿子已经到成家的年龄了，因此我四十六岁时回上海，回上海后两年就认识了杨老师，五十岁和他结婚。

杨振雄赠送给朱迎迎的画作

1990 年前后，那时费一苇已经过世多年，杨老师曾一个人住在疗养院，他从疗养院出来后还是一个人住，当时他住在田林新村，是（上海市）文化局配给他的房子。我有个朋友是个老姑娘，她帮杨老师裱画，做了点心要送给他。但这个朋友不想一个人去送，就打电话对我说："迎迎，你不是最喜欢杨振雄嘛，我做了点心给他，你陪我去送吧，我一个人去不太好。"我就跟着去了，因为我从小就崇拜杨老师，所以一听说要去探望杨老师就特别激动，当时我买了一束鲜花、一盒红宝石鲜奶蛋糕，像探望病人一样去探望杨老师。当时看到杨老师的凄惨遭遇，我感到很惊讶。那时杨老师一个人生活，并且瘫痪了，他已经不好走路，一个人孤零零的，只有他弟弟和他住得还近，有时候来看他。他雇的一个驼背护工都八十岁了，杨老师只有七十二岁，怎么能很好地护理杨老师呢，这个护工做的饭都像是猫食。我那次去了之后，杨老师就天天给我打电话，不断地叫我去，如果我说不去他就流泪。我和他刚认识的时候，正好电视台在放他的八十一回《西厢记》，他每天晚上给我打电话问我听过没有。后来有一次我和他谈话，他边哭边谈说了六个小时，他说已经离不开我了，他没有一个知心人在身边，就对我说他要发疯了，我被他感动了；他一个人过，我也感觉放心不下。我们结婚时，外面对我的说法褒贬不一，我不是因为他是名人而嫁给他，而是真心崇拜、喜欢他，我们完全是精神上的爱。我对杨老师的爱，是怜爱。我嫁给他没后悔，我五十五岁守寡到现在，很孤单，但我无怨无悔。杨老师很疼我的，他的方式是用嘴巴，什么事情都要太太做。他只会说书，我是他的书迷，我跟他说，我年轻时迷你迷得不得了，你台上说书风流潇洒，好像聪明得不得了，学什么像什么。嫁给你倒霉了，生活上什么都不懂，是小学生。他自己笑了，他自己的退休金都数不清，一点不懂数字。我们结婚后，他的朋友也来得多了。他一个人的时候，他的朋友跑好远来看他，没说多少就该吃午饭了。但杨老师吃的像是猫食，朋友一看怎么和他一起吃，来看他的也就少了。我嫁给他以后，杨老师在生活上有人照顾，来看杨老师的朋友也多了，中午我就烧菜，我们一块吃饭、打牌、聊天，杨老师很开心。他的朋友看到我真心实意地照顾杨老师，也都放心了。后来很不幸的是杨老师得了牙龈癌，医生说要割掉半个下巴。我和杨振言问医生，割掉能活多久，医生说不一定，不割只能活三个月。我和他弟弟商量，就让他去吧，杨老师爱美，割掉活不了，最终我们没有动手术，在我的照顾下杨老师又活了三年多。

二、杨振雄的艺术生涯

金：许先生是杨振雄先生的弟子，请您介绍一下杨老师的艺术情况？

许君伟（以下简称许）：我当时拜老师时和朱师母认识杨老师的时间差不多。我拜老师是因为仰慕他，因为喜欢他的东西，我就提出拜他做老师，但先生当时没回答我。我给先生听了一盘我的磁带，先生很欣赏，先生把我的磁带拿到电台去放。1995 年前后广播书场电话采访老师的时候，老师在电话里面说："我很高兴收他为学生。"先生在电话录音里讲的这句话，等于向全上海广播我是他的学生了。先生对我很好，有什么事情都给我打电话。

先生的很多经历都跟我讲过，先生讲他除了受他父亲影响外，他还受夏荷生的影响。夏荷生很赏识先生。杨斌奎和夏荷生关系好，是隔房的师兄弟，夏荷生是著名响档，他擅长《描金凤》，号称"描王"；杨斌奎说《描金凤》也很有名气。先生九岁破口的时候，是在凤鸣台书场，在新闸路新桥路转弯处，是一个老书场。先生后来还去看过，房子还在，但茶楼已经凋零，书场已经没有了。我小时候曾去那个书场听过书。他九岁上台的时候还是蛮风光的，当时破口讲究最好有"响档"来捧场，先生破口那天夏荷生来了，老听客一看夏荷生来捧场，大家就对杨振雄印象很深。他自己跟我讲，当时唱的是"俞调"开篇《宫怨》。"俞调"是评弹的基础，学评弹的唱，运气、吐字、转腔都在这里面，他最初就学"俞调"。

杨老师具有较好的"俞调"基础，他的"俞调"《宫怨》开篇很受欢迎。当时（上海）评弹团唱《宫怨》有两位先生，一位是杨老师，一位是朱慧珍先生，他们都受（上海）评弹团一位老先生朱介生的影响，他们都请教过朱老，因而他们两个有很多相同的地方，但也有不同的。从音域上来说，从高到低，没有比先生更宽的了。好像有人用钢琴把他的低音到高音按过（一遍），二十八个音，这个不太常见。我为此请教过声学专家，音域这样宽好像没怎么听见过。他唱起来很投入，一个人全部浸在里面，全身心投入。（上海）评弹团内行外行都认为杨老师的是最好的，他的"俞调"和朱介生的有差别，他的"俞调"被称为"杨俞调"。我就是听了他的"俞调"入迷了，不能自拔。"文化大革命"时，评弹是"四旧"，不能公开听了。我家有抄家剩下的留声机和杨老师的唱片，我不敢放在扩音机上，就把唱头放在唱片上，用很小的声音，在旁边听，痴迷到如此。杨老师的《宫怨》录音一共有五次，[1] 其中到唱片厂去过三次。为何去三次呢，每次都有道理。杨老师第一次录音，是团里让他录音，好像是60年代初，[2] 录后大家都说好，发行量很大。"文革"时先生受到批判，到（上海）评弹团学馆看大门，碰到另一个艺人杨德麟也在那里下放劳动，杨德麟也是老先生，琵琶、三弦也很好，两个人从此接触多了。有一天杨德麟对先生说："我听了你的《宫怨》，实在好，但里面有一个字不知道是不是妥当，我觉得有一点别扭。"先生问是什么，他说："是'紫薇花'的'花'，我听起来像是'化'。"先生觉得有道理。"文革"后，[3] 他就向领导提出想再录一次，因为字有出入。团长听了很感动，便同意再录一次。他练好之后去了录音厂，这次三弦是杨德麟托的。后来他反复听这次录制的唱片，感觉有些字不是在人物唱腔上，可以改变一下。比如一句"高力士启娘娘"，整个开篇中高力士只有这一句"高力士启娘娘今宵万岁幸朝阳"，原先唱的没有唱出高力士这个人物的形象，好像不能表现高力士的个性。他后来把腔调改得有点滑，一句话表现高力士，不容易。他不厌其烦，一定要搞，后来第三次比较满意。他不是唱过就算了，他还要听听。还有两次是家里录的，一个开篇唱五个版本，别的说书先生是没有的，足见先生的认真态度。"文革"结束，他"解放"后住在（上海）评弹团，那时年纪接近六十岁，还坚持每天早上起来唱《宫怨》，这个事情整个（上海）评弹团都知道。一般年轻人没有这个精神。他成为一代艺术家不是偶然的，是花了一生的心血，全身心投入，不容易。

先生一生说了五部书，写了三部书，两部出版了。出版的《长生殿》不是演出本，只是话本，（出版的）《西厢记》是演出本。《长生殿》是抗战中先生花数年时间改编的，1949年以后先生与费一苇合作将《水浒》中的武松故事改编为弹词《武松》；50年代先生又跟随黄异庵先生学说《西厢记》。《西厢记》很优美，他曾单档说过，共八十一回，当时杨德麟给他托弦，但杨德麟没有一句话。90年代，《西厢记》在电台里面放过两次。那时听《西厢记》的不多，因为该书文学性很强，文学含量很高。先生的《西厢记》直接脱胎于王实甫的《西厢记》。我写过一篇短

---

1 关于杨振雄先生开篇《宫怨》录音的次数，上海艺术研究所彭本乐研究员认为早在1948年杨振雄先生就曾录制过，彭先生亦有收藏杨振雄先生此时的录音。此为2013年7月30日在上海艺术研究所彭本乐先生接受我们（金坡、刘晓海）采访时告知。算上此时的一次录音，那么《宫怨》总共录音有六次之多。

2 中华人民共和国成立后杨振雄先生第一次录制开篇《宫怨》是在1955年。

3 杨振雄先生"文革"后《宫怨》录音在1979年。

文，我称其为"杨《西厢》"，因为是可以听的《西厢记》了。先生的《西厢》文学水准不亚于王实甫的《西厢记》，其中唱词很多来自王实甫的《西厢记》。《长亭送别》里面的最后唱词，"碧云天，黄花地，（西风紧，）北燕南飞……"他直接唱出来，这个在评弹里没有，因为这不是评弹唱词，是元曲唱词。先生稍微改动，唱出来不失风雅。听不懂唱词的人，就不能欣赏，先生艺术的流传只是在较高层次的，文化比较低的没法欣赏。先生有个观念：雅俗不能共赏，雅是高的，俗是低的，合不起来。昆曲受众也少，不是不好，是太高，欣赏不了就觉得没味了。欣赏层次上分高下的。电台放《西厢记》时就有人给电台写信说，这个他们听不懂。杨先生的东西重视一个"雅"字，是阳春白雪，曲高和寡。他的学问深，尤其是和说书有关的内容上面。现在说杨派书的凤毛麟角，这和他艺术太高太深有关系，艺术的高下最后不在技巧上，（而）是在文化底蕴上，绘画、书法也是如此。先生的文化积淀深厚，学他的书比较难，学好就更难。就像搞音乐，交响乐搞得少，流行音乐搞得多。

先生编《长生殿》的时候，他一边编一边演出，有几回演几回，一点点串联，"杨调"在此过程中成熟，形成流派。先生从艺之初跟其父亲学说《描金凤》和《大红袍》，后来他父亲要和杨振言拼档，那时他就出去放单档，但艺术修养未到水平，也不喜欢这两部书，而且说这两部书的人多，也跳不出老框框，想改变说新的、自己的东西。1937年抗日战争全面爆发，先生当时不到二十岁但有爱国心，看到日本人的罪行，作为一个普通平民很愤怒，就要说一部书，要和这个事情有关系，能够调动起听众的爱国热情来，就编了《长生殿》。《长生殿》不是凭空来的，先生看到一本弹词本，叫《太真外传》，之前有说书先生试图说这部书，但没搞成。他是有了立意，然后找资料，但他文化水平不高，没进过学校，父亲就叫他说书，他只能识字，读过一点《千字文》《百家姓》，只是能看报而已。他偏科很厉害，数学一点不懂，钱数不清，存单也搞不定，乘法口诀背不全，说书说到斤两搞不懂，铜钱和银两的换算也搞不懂。碰到相关内容就问姚荫梅，姚荫梅就给他说。很多人叫他"独头"。他编书过程很艰辛，他本身文化水平不高，仅仅能够识字，后来在倒嗓时加强学习，从而达到很高水平。他在研究文化（的）时候遇到很多困难，他自己跟我讲，当时他住在西藏南路，到青年会图书馆，路不是很远。那时变声倒嗓，缺少营养，生肺病很厉害，一方面要写《长生殿》，（另）一方面要补充知识，那时不说书就没有收入。每天他就带着大饼或者馒头，图书馆开门就进去，直到晚上关门才出来。每天如此，坚持了好几年，我惊奇于他的毅力，他读了很多书，和他谈过话就能知道他有多少东西了。我可以讲，他肚子里的唐朝历史、诗文比一般大学教授还要多，他是专门家，举凡唐朝的文人典故、诗曲歌赋、典章制度，先生均了然于胸。

先生的艺术来源有三个，第一是上海评弹团的团长吴宗锡曾经讲过的：杨振雄天生就有诗人

杨振雄（左一）与评弹艺人相聚

气质，我对此也十分赞同。我的理解是他在文化上追求古典文化美，有一种天然诗人气质，他在台上非常儒雅。众口一词都这样认为，同行不得不承认他的台风儒雅，他一看就是（有）书卷气，这种人不多的，没有文化不可能有的。第二个是读书读得多，我看他读的书是《旧唐书》以及唐代的诗文，一般人看也看不懂，这不是一般人能做到的，他心无旁骛，只搞这个。有次他给我讲，说一次（上海）评弹团集体外出演出，在航船上时其他演员都在船舱里闲谈，只有他一个人在船头看书，严雪亭感慨非常，说："阿龙你这个是真家伙。"第三个是和他结交的朋友有关。他的朋友都是艺术家。唱昆曲的俞振飞，和他私人关系很好。我看过资料，说一次俞振飞吃到什么了，突然想起杨振雄，因为杨振雄家里这个菜烧得好，这就说明他们关系很近。有次杨老师跟我讲，俞振飞和妻子有了一点家庭纠纷，俞振飞就打电话给先生，先生去劝说，然后把俞老带到七宝散心。还有徐凌云，也和他关系好，杨老师经常请教，有个脚色，是原来昆曲里面的雉尾小生，评弹原来没有这个动作。评弹的"演"在先生身上发扬光大，这是先生大胆借鉴昆曲、京剧的艺术效果。有一年吃年夜饭，他突然想起书里有个雉尾生的脚色，但他搞不来，于是立刻放下饭碗就去徐凌云家请教这个事情。当时徐凌云也在吃年夜饭，便不吃了，教给他。回来后还是不能掌握。第二天一早拜年的时候再去问，徐老先生被他感动了。有的人就说他是书呆子。京剧大师盖叫天有"江南活武松"之誉，先生和盖叫天交往也很多。盖叫天家住杭州，杨老师每次去杭州演出，盖老一定去听书，他听的时候坐得很直，盖老一次不漏地听了先生两个月的《武松》，剪书的时候还请杨老师吃饭。盖叫天对先生的艺术评价也很高，演员王玉蓉的儿子给我讲，有一次他问盖老，除了盖老以外谁演武松演得好，盖老脱口而出——杨振雄。京韵大鼓演员骆玉笙跟先生关系也很好。1948年梅兰芳先生做寿的时候请杨老师去做堂会，骆玉笙听了以后大为赞赏。先生从艺六十周年纪念时，骆玉笙曾写过序，对杨老师评价很高。[1]

在评弹界里面，先生和姚荫梅关系最好。"文革"时，两个人都被打倒，一次他们被派去卖旧货，都是（上海）评弹团收来的脚本，足足一箩筐，先生曾对我说："我挑在肩上肚子里在流眼泪。"评弹艺人的脚本一般不轻易示人的，拜老师就是拜这个本子，他给你本子就是承认你这

---

[1] 此一事亦可见骆玉笙：《我与评弹及杨振雄》，《评弹艺术》第12集，新华出版社，1991年，第110页。

个学生了，混乱年代这些脚本全（被）当作废品弄到回收站了。先生和蒋月泉先生的关系也很好。

朱：实际上蒋月泉和杨振雄两个人互相学习、互补。"蒋调"和"杨调"都是流派，但这是别人分的，他们两个人都没有这种隔绝的想法，而是互相借鉴。

许：除了曲艺界的朋友，先生结识的美术界的艺术家也很多，美术大师刘海粟住在复兴路重庆路交界处，先生当时住在巴黎新村，两个人经常往来，他们甚至合作画画。一次刘海粟给老师画了画，有的说书先生看到了也去求画，刘海粟说你要是会说《长生殿》就给你画，这件事情我是在一份资料上看到的。程十发也是大家，杨老师的《西厢记》插图都是程十发画的。他在艺术界的朋友都是顶尖的，他的内涵就高了，其他艺人再红也没有这样的。先生本人是画竹子的，申石伽是他老师。

1980年赴香港演出
（左起为张鉴国、杨振雄、听众、听众、张鉴庭、蒋月泉、杨振言）

朱：90年代初，杨老师追求我的时候曾给我专门画过一幅竹子，上面还有杨老师的题字。

金：杨斌奎、杨振雄、杨振言父子三人在评弹界有"评弹三杰""书坛杨家将"之誉，杨振雄兄弟二人受其父影响颇大，请问他们兄弟二人在性格与艺术上有什么差别？

朱：杨振雄和杨振言，他们在艺术上珠联璧合，在生活上个性不同，杨振言比较喜欢社交，喝喝酒。杨振雄比较内向，他是为了请教、学习才结交朋友的，他也不喝酒。他们在生活上各自有家庭，个性不同。杨振雄老师一个人生活是不行的。

许：杨振言活络。在艺术上杨振雄总是插旗的，杨振言争不过他，杨振言其实也是很好的。杨振言很尊重兄长，也对他很不错，关系很好。先生不懂生活。好多事情要杨振言补。我亲眼所见，有一次他们彩排《王佐断臂》，蒋月泉先生他们都在。演出结束后，杨振言便站起来说："这个剧本是我哥哥的，现在怎么写了其他人？这样不对，原著是我哥哥。"先生也在，但讷于言，他自己没有说，不好争。杨振言帮他出头，帮他忙。

刘晓海（以下简称刘）：杨老师的书艺受到其父亲以及前辈艺人的影响，他不仅说书而且编书，杨老师传艺的情况是什么样子的呢？

许：评弹传艺和别的不同，主要是领会，俗语叫"点拨"，不能一句一句教，（要）先听再领会，再给老师说，老师再点拨。他的《长生殿》没有人说了，因为受到多次批判。他说了《长生

杨振雄（左）、杨振言（右）兄弟演出照

殿》里的一回书《献饭》，讲的是唐明皇出逃时，有老农民献饭给皇帝吃。当时批判他这是"阶级调和"，农民怎么能献饭给皇帝吃。但其实这个是符合历史实际的。批判他之后，他火了，因为这部书都是这个思路下来的，便不说了。现在留下了的《长生殿》录音完整和不完整的大概只有七回书。他的《长生殿》是大书小说，生旦净末丑都有，先生起脚色是评弹界最好的，能想出来以不同方式起不同脚色。举个例子，他起崔莺莺，就是像古典中国画里面的女性。

朱：杨老师的学生中有孙淑英和沈伟晨，是说《西厢记》的，孙淑英是江苏常熟人，起初是上海评弹团里的学员；沈伟晨是苏州人，也是（上海）评弹团的学员。她们俩都跟随杨老师学说《西厢记》，后来她们俩长期拼档演说长篇弹词《西厢记》。她们曾多次赴北京、香港等地演出，影响很大。她们说表清晰，艺术造诣很高，目前她们都在评弹学馆里面教学生。

金：杨振雄先生在1949年以前以《长生殿》红遍上海滩，1951年11月上海市人民评弹工作团成立，当时众多著名评弹艺人纷纷走向集体化，而杨先生父子三人却是在1954年入团的，请问杨先生当时有什么考虑？

许：入团前，评弹界（里）严雪亭和先生当时是收入最高的，迟迟不肯进团，收入这是很现实的问题。当时先生还是单档演出，不必拆帐，而且是他最红的时候。别人在媒体里讲过：他是在评弹界"喝"水倒流。1949年以后国际饭店很冷清，国际饭店的经理就请他去二楼开书场说书，国际饭店以前没有书场的。开了书场生意很好，帮助国际饭店渡过难关。60年代初国际饭店工会主席在电车上碰到杨老师，工会主席讲："你帮了我们大忙，救了我们好多人。"这是杨老师给我讲的。加入团以后，收入就没那么高了，1949年后各行业都走向集体化，这也是大势所趋。

1954年先生父子三人同时加入上海评弹团，走向了集体化。1955—1966年，这是先生评弹艺术的重要发展时期。起初杨斌奎与杨振言父子拼档，先生放单档。入团以后先生与其弟杨振言拼双档弹唱《西厢记》《武松》，红遍江南。在这一阶段，杨派"俞调"不断成熟。同一时期杨氏兄弟北上南下拼档演出，1961年先生与弟弟到北京演出，轰动北京，陈云老首长、田汉、梅兰芳等都去听，当时《人民日报》《曲艺杂志》等均给予整版文章加以赞赏。杨氏双档1962年赴香港演出亦受到香港同胞的热烈欢迎。1961年先生的开篇《宫怨》的唱片被评为"金唱片奖"。1962年发行了中国第一套密纹唱片，总共有五张专辑，每一张四十五分钟，当时主要为用这些唱片赚点外汇，其中一张即为先生的专辑，如此而可以看出杨振雄先生当时在评弹艺术领域里的造诣。

三、杨振雄与陈云老首长的交往[1]

金：陈云老首长一生酷爱评弹，不仅是始终坚持听评弹。老首长亦关心评弹老艺人和青年演员，陈云同志与杨振雄先生的交往亦可算一段佳话。

许：陈云老首长的妻子于若木同志讲过，陈云同志在弥留时还在听评弹。先生跟我讲他第一次见到陈云老首长是在60年代初的北京演出，当时先生在文化部礼堂为老首长演出了《嬉梅》，演出结束后陈云同志跟先生讲"今天听了一回难得听到的好书"。当时茅盾、夏衍等领导对先生亦是鼓励有加。后来陈云在杭州休养的时候，上海评弹团就派先生去杭州说书。先生与杨振言先生在杭州为陈云同志说《描金凤》达一月之久，老首长每场必到。剪书之后陈云请他去吃饭，陈云很客气，和先生关系很好。

金：陈云同志亦曾给杨振雄先生题词。

许：陈云老首长很喜欢先生的《西厢记》，1986年电台播出先生单档演出的八十一回《西厢记》，老首长一回不漏地挤时间听完了八十一回的录音。听完录音后，老首长题词给上海广播电台"极好"，此字现在应该还在广播电台。后来上海评弹团开办乡音书苑，团领导请先生出面求老首长挥毫题匾额，先生给老首长去信不过一个星期墨宝即寄来，至今"乡音书苑"四字仍高悬于书场门口。

朱：不仅如此，80年代末老首长还专门为杨老师题过墨宝。1988年1月，老首长书写两首唐诗送给杨老师，一幅为大诗人张继的《枫桥夜泊》，一幅为李白的《峨眉山月歌》。这不仅是老首长对杨老师的鼓励，亦是老首长对评弹艺术的垂爱。杨老师从来不关心政治，只会说书。

1967年，正当"文革"如火如荼地开展，当年2月众多老干部为纠正"文革"错误而在怀仁堂提出尖锐批评，这在当时被称作"二月黑风"。上海也出现了"杨李事件"，杨就是杨振雄，李就是李玉茹，他们

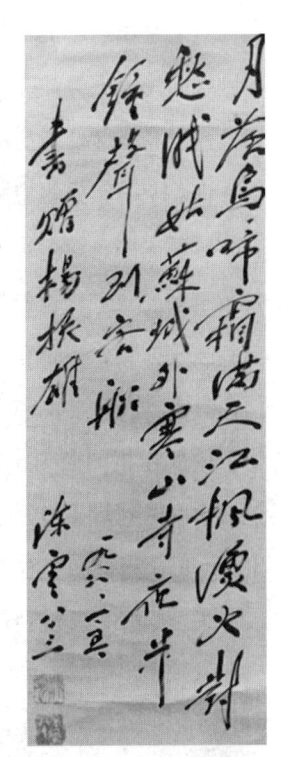

陈云赠送杨振雄的题诗
《枫桥夜泊》

---
[1] 关于杨振雄先生与陈云同志的交往可参见杨振雄口述，许君伟笔录：《关于陈云同志和评弹的几件事》，《评弹艺术》第21集，江苏文艺出版社，1997年，第8页。

二人被认为配合"二月黑风",当时上海评弹团有两股为杨振雄、杨振言和李玉茹等翻案的"黑风",当时揪"黑风"的一派说:"说传统书就是反革命,杨振雄、杨振言、蒋月泉、李玉茹等都是反动学术权威。"[1]很多极"左"的人士认为,杨振雄所写的作品都是反党的。后来杨振雄、杨振言不见了,三天以后国务院接待处打来电话说杨振雄、杨振言到北京上访。"造反派"讲,你们是"反动学术权威",你来北京做什么,押回去批斗,接着就把他们押回上海,当时他们俩穿着破棉袄,口袋里装着北方的两个火烧回到上海。杨振言曾讲:"我的父亲杨斌奎在我们没有去北京之前收到一封信,这封信上没有几个字,信上说:'伯伯,我得到可靠消息,北京电影学院的红卫兵马上要到上海,他们要把杨振雄、杨振言兄弟活活打死。你看到我的信以后,让他们赶快逃。'当时我父亲银行里存有二百二十块钱,他拿出一百块钱给我们兄弟,让我们上北京告状,怕被拦截,我们在前一站买了坐票去北京,当时国务院接待处同志接待蛮好的,他们跟'造反派'讲批斗不能打人。"[2]后来,杨振雄、杨振言兄弟被押回来后被打得一塌糊涂。被冠以"反动学术权威"的帽子后杨老师因此没少吃苦头,"文革"中他被列入"上海评弹团十大牛鬼蛇神"打到"牛棚"里。"造反派"同时将他耗尽一生心血的《长生殿》脚本烧毁,杨老师欲哭无泪。因为其"文革"中的遭遇,受压最重,粉碎"四人帮"以后,在(上海)文化广场演出,杨老师唱到"人民怎不笑开颜"时在唱词及表演中均有开怀大笑的意味。

金:杨老师晚年生病住院时老首长亦不时关照。

许:1991年先生患脑溢血病重被送进市六医院(上海市第六人民医院)。老首长知道后派秘书到医院关照,这个是大艺术家,一定尽全力抢救。后来老首长委派吴宗锡带水果前来探望,并且传言要先生"保重身体"。先生第二次住院以后,老首长亦委派评弹团领导吴宗锡、李庆福同志到医院探望,当时有个领导代老首长问了一个问题:崔莺莺的祖上是不是真的是宰相,崔相国是否有考?先生马上回答说:"唐朝一共有二十二位崔姓宰相,有博陵崔、清河崔,等等。《西厢记》中的崔相国应为崔玄晖。"这个问题一般大学教授都回答不出,先生细枝末节都钻进去了,他做学问做到骨头里去了。唐朝历史在他肚子里,凡是在书里有比较可以运用唐诗的地方,他一定用,肚子里面多,脱口而出,这就是他的内涵。

朱:"文革"以后杨老师夜以继日地努力工作,他奋力将"文革"中烧毁的《长生殿》脚本

---

1 周锡山:《余音绕梁红仙歌·余红仙》,第104页。
2 杨振雄、杨振言兄弟在"文革"中因收到匿名信而去北京上访,被押回上海后遭毒打一事,在周锡山作的余红仙回忆录《余音绕梁红仙歌·余红仙》(第102页)中有所介绍。该书采用杨振言先生的回忆,并未讲匿名信的来历。张盛满、解军等著《"响在弦上":一代"琵王"张鉴国》(《史林》,2012年增刊,第189页),指出当时写信者为张鉴国。杨振雄、杨振言兄弟在"文革"中的遭遇,笔者曾在2013年7月30日下午采访上海艺术研究所研究员彭本乐先生时问及。彭本乐先生在20世纪90年代中期曾听杨振言详细讲过杨氏兄弟在"文革"中的情况,此处即采用彭本乐先生的讲述。

几百万字整理出来。高强度的工作导致杨老师脑梗小中风,紧接着又患上牙龈癌,这对杨老师来讲是致命的打击。90年代初期,杨老师还能偶尔参加演出。1993年底,杨振雄、姚荫梅、蒋云仙、江文兰等评弹名家在石泉路上的金水楼酒家,成立"金水评弹艺苑",杨老师担任会长,每周日举办演唱会。当时新老听客,挤得场内水泄不通。[1] 1996年杨老师参加杨振言从艺六十周年的(纪念)演出后告别舞台,1998年杨老师的《长生殿》终于出版,当年8月12日杨老师去世。杨老师去世后,在福寿园经理的邀请下,当时我们做了双穴,把杨老师葬在了福寿园名人墓区。

整理者:金坡、刘晓海

---

[1] 陈竹:《杨振雄大病初愈昨露面 盼望能重返舞台与观众再相聚》,《新民晚报》1993年12月27日。

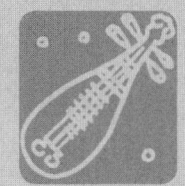

第七十五讲

忆评校生活

——陶谋炯访谈录

口述者：陶谋炯

采访者：刘晓海

采访时间：2013年12月2日上午

采访地点：苏州评弹学校

陶谋炯

陶谋炯（1949— ），苏州评弹学校高级讲师，中国曲艺家协会、中国说唱音乐学会、江苏省音乐家协会会员。20世纪60年代进入苏州评弹学校学习，后留校任教。长期从事苏州弹词音乐的史料搜集、教学实践和理论研究工作，编著《苏州弹词音乐》，参编《中国曲艺音乐集成·江苏卷》等。本文系陶谋炯对60年代评校生活的回忆。

刘晓海（以下简称刘）：陶老师您好，可否首先介绍一下60年代（苏州）评弹学校的成立背景？

陶谋炯（以下简称陶）：我们国家实行"调整、巩固、充实、提高"的八字方针，陈云同志认为各地都有戏校，我们评弹没有专门的学校，还是应该成立专门的评弹学校，从一些初中生中招一批学生，学习专业课。实际上我们招生的时候，小学生、初中生、高中生都有的。遵循陈云同志的指示，苏州市委开始开展这项工作，当时苏州、上海、南京三地分别派老师过来，1961年第一批招生，甲、乙两个班。我是第二批，当时分有评话班、弹词班，我们小学就招进来，我是弹词班，一般年龄比较小，灵活一点。"文革"前正式的毕业生有一百多人，招了四批，分别是1961、1962、1964、1965年。"文革"期间停办，中央办一个五七艺校，苏州办了一个艺术训练班，训练班里也招了一个评弹班，共十八个学员，实际上还是不断地在培养人才，一直到粉碎"四人帮"后，陈云同志讲要恢复评弹学校，在1980年4月份经过江苏省人民政府批复，评弹学校正式复办。那时候招生比较多，老师也比较多，江浙来了好多老师。专业老师有二十多个，老、中、青都有。复校以后到现在，毕业生有一千两百多人。如果没有这个学校，评弹发展早就断层了。现在活跃在书台上的演员大部分是1980年复校以后招的。复校后招生不是非常多，总的方针是细水长流，招得太多也不好消化。评弹学校慢慢不适应社会需求了，1995年以后又扩大招生。评校不但为评弹团培养了人才，还为滑稽团、歌舞团等也培养了一点人才，这就相当于泛评弹了。泛评弹也有好处，因为学生、老师盯着专业的评弹团体有困难，评弹（事业）在萎缩，评弹团也在减少。江浙沪原有三十多个评弹团，现在才十多个。这样就业的范围也扩大了，搞专业评弹的占20%，甚至不到，搞企业文化的倒不少，因为评弹的需求量不是很大。但是现在，曲艺的体制内的不如体制外的多，体制外的民间艺人比较多，苏州的旅游景点、宾馆，有许多民间艺人唱评弹，作为吴文化的代言。但是这块阵地主要是由工厂退休的、年龄比较大的业余人员占据，按理说这种阵地应该是由我们占据的，因为我们学校毕业的毕竟年轻嘛。但是这也说明社会需求还是有的，外地也闻名而来，比如南昌、厦门、北京、新疆来的要听听评弹。就业来讲，我觉得应该把这一块渠道打通、拓宽，否则，只盯着专业这一块，总归是有问题的。我们现在就业是多方面的。在苏州有一个"书香世家"，在平江府里面，是一个餐饮连锁酒店，我们有毕业生每天早中晚都在那儿唱。

评弹作为苏州一种代表性的文艺形式，不管是旅游文化、企业文化，还是群众文化，它还是有一定的市场需求的。所以我觉得陈云同志的眼光还是很长远的，20世纪60年代，他就看到这一点，这么好的传统艺术，如果有一个学校把它传承下去，肯定有利于它的发展。评弹，尤其是专业表演团体，现在并不是很景气，但是有个根在那里，它就可以发芽，长新枝叶，作为一种文化，还是应该保留。现在评弹的书场受众不多，但是广播书场、电视书场受众的面很广，尤其是农村的老头儿、老太太，起床就开始听广播，所以在长江三角洲这一带，评弹的受众还是可以的。20世纪五六十年代是评弹的黄金时代，鼎盛时期都在上海。现在我们评弹学校培养一届一届的评弹演员，培养的青年演员还是不错的，如果没有这个学校，中青年演员接班就有问题。现在浙江、南京、苏州、上海都接收我们的毕业生，评弹学校踏踏实实地做吴文化的传承工作，还是功不可没的。当然也要创新，现在苏州评弹团做了很多探索，团校合并后，我们开始搞团校联动，评弹团的演员来学校当老师，第一线的老师把艺术实践的东西传授给学生，这样就把教学搞活。团校联动，对于我们学校来讲，有新的元素可以吸收进去。目前在校生三百多人，从学校讲这个人数不多，但从专业讲已经非常多。每年都有六七十个毕业生，所以要搞好这个教学，任务还是蛮重的。学校以前的教师梯队结构做得不是太好，团校联动使得评弹团大批的演员来到学校教学，教师的梯队结构比较合理，教学质量也慢慢提高。现在也不愁没有老师，因为这些演员在舞台上摸爬滚打，很有经验，但是他们在教学方面有欠缺，我们也不断努力，给这些老师进行专门的教育教学培训。

评弹是苏州这座城市的名片，中央、省、市领导都蛮重视，现在的杨洁篪、唐家璇，他们是50年代上海的大学毕业生，当时正是评弹发展高峰的时候，他们也喜欢上了评弹，自己还会唱几声，以前的丁关根也大力支持评弹发展。苏州工业园区的领导也重视，我们学校原来在香山路，后来搬到这儿，学校规模扩大了四倍，办学条件也比以前好了。评弹学校目前最主要的问题是专业团体问题，评弹的需求量不足，消化不了这么多毕业生。所以，以后会根据学生的就业导向，开设其他的课程，灵活应对市场需求，这也有利于学生就业。

刘：我看过一些资料了解到，在60年代，评弹学校开设了七门课程，观摩课、创作课等，现在的课程有什么变化吗？

陶：现在的课程比以前要多，现在有外语、计算机。以前学习专业课的时间比现在多，观摩课比较多，以前每个星期都要出去观摩，现在到了这个地方就很不方便了。因为评弹是一种口头艺术，在剧场现场对接的学习效果比较好。现在听广播、看电视的学习效果不大好。评弹专门培养创作也不是很好，最好是说了几年书的评弹演员，他了解评弹的艺术规律、唱词结构，知道怎样峰回连说长篇,有了丰富的实践经验后,编书就比较快了,也比较实用。有的专门搞创作的,就算把书编出来也不能直接用。虽然学校也开设了唱词写作的课程,但是指望在学校这几年就培养出出色的评弹创作者是不现实的。现在无论是苏州评弹团,还是上海评弹团,在80年代毕业的演员中,有几个也在搞创作。文化底蕴也很重要,没有一定的文化底蕴,就没有办法把评弹向前一步推进。所以,写作创作还是蛮重要的。现

陶谋炯在演出期间接受访问

在评弹表演人才不缺,前一段时间,评话班停了一段时间,但是评弹包括评话和弹词,如果没有评话,评弹也就名不副实,所以我们也分了几个批次培养评话演员。我们曾向上海评弹团输送了三个演员,因为江苏人进上海,编制问题不好解决,最终没有站住脚,又回到江苏,现在有几个在苏州评弹团。总之,苏州评弹学校的存在,培养了一批又一批评弹表演者或者一部分创作者。因为现在社会对学生的要求是一专多能,如何适应现在的社会形势,是我们学校面临的最关键的问题。现在去旅游景点或企业表演,不需要会长篇,能唱几首开篇就行了。我们的毕业生就业面也挺广,有的去了银行,有的改行做其他的,因此我们的思路要打开。

刘: 您刚才说的60年代的观摩课,是去书场观摩学习吗?

陶: 是的,那时候没有电视。进书场学得快,因为是现场的,说、唱、表演、噱头等都去现场感受。

刘: 您当时看过谁的演出呢?

陶: 非常多的。比如苏州的徐云志、周玉泉老先生,上海的吴君玉老先生,那时候每个星期五都要去书场直接听书。

刘: 那些老先生知道你们是苏州评弹学校的学生吗?

陶: 知道的。我们这些学生坐在书场的最后两排,因为学校跟书场打好招呼了,我们不需要买票,排着队就进去了。

刘: 您当时评话、弹词都听吗?

陶: 都听的。现在学生观摩少了,现在就算有录像也是死的,跟听众的交流、互动就没有了。以前的观摩课对学生的全方位学习有好处。

刘: 您在学校时,有没有艺术的实践活动,比如下乡演出之类的。

陶: 有的。老师经常组织我们下乡、下厂演出。

刘： 您还记得去过哪些地方吗？

陶： 去过绸缎厂，1980年评弹学校恢复后我们还经常下乡。现在一切都变了，现在农村里有专门的老年活动室或"老年之家"。

刘： 您上学时是三年制是吗？

陶： 是的，学校的学制变化比较大，1980年是三年制，1985年时是四年制，一直到1993年。在1994年，我们招了一个苏昆班，1996年招了一个全文班，后来变成三年制。到2001年又变成五年制了。

整理者：刘晓海、赵倩

第七十六讲
曹家四代与评弹艺术
—— 曹莉茵访谈录

口述者：曹莉茵
采访者：彭本乐、赵倩
采访时间：2014年12月9、15日
采访地点：上海市龙珠书苑、上海艺术研究所

曹莉茵

评弹世家曹家有四代从事评弹,第一代曹汉昌、曹啸君,第二代曹织云,第三代曹莉茵,第四代曹莉茵的儿子李天圣。曹莉茵,1963年生,籍贯无锡。出生于评弹名门世家,1982年毕业于苏州评弹学校,先入江苏省曲艺团,后调入上海评弹团。从小受母曹织云、叔祖父曹啸君、外祖父曹汉昌熏陶,后与出身评弹世家的李奕昂结婚。曹莉茵基本功比较扎实,擅唱"俞调"、女声"蒋调",对"丽调"有自己的理解及演唱方式。在长期的实践演出中,创作了大量的作品。有长篇弹词《神仙塔》《龙子龙孙》,短篇有《咸丰临终》《吴汉杀妻》《人民卫士》。

赵倩（以下简称赵）：您的外公曹汉昌先生是说《岳传》的评话名家，是苏州评弹学校的原校长，您能介绍一下曹先生吗？

曹莉茵（以下简称曹）：外公曹汉昌出道很早，在码头上生意很好，那时评弹艺人多结拜师弟兄，结拜的弟兄有些是评话演员，有的还是评弹名家。外公那时生意好，收入高，他一人养活全家，包括母亲、弟弟、两个妹妹、六个子女，家里有两幢大房子，并雇着佣人。外公出一次码头大约三个月，一天有三场演出，有时在上海演出，便在上海租了房子，外婆主要负责照顾外公的日常起居。外公平常最大的爱好是听京戏，把京戏的元素补充到评弹表演中，身上的江湖气几乎是没有的，是个老好人，乐于帮助他人，"文革"时，大家都护着他。

彭本乐（以下简称彭）：您现在年收入怎样？

曹：我原本在江苏省曲艺团，2001年调到上海评弹团（现为［上海评弹艺术］传习所），现在是国家二级演员，在上海评弹团里的收入一年二十万左右（不包括团外），应该是团里演员最高的了。在外演出，一场会书有一千至两千元，唱一个开篇一千元左右。自上海评弹团改名为上海（评弹艺术）传习所后，财政部全额拨款，工资和补贴都相应提高了。

赵：曹汉昌老先生有六个子女，他们六个都从事评弹了吗？

曹：母亲兄弟姊妹六人，母亲的弟弟和妹妹学过评弹，外公认为母亲的弟弟、妹妹不是苗子，就不让他们学习。比如我，我姐姐也学习，我母亲也不让她学，因为她学不出来。表弟要学评弹，瞒着外公报考评弹学校，学校一看是曹汉昌的孙子就录用了，结果外公还是把他名字划掉。我们家的理念是，不是这块料，别糟蹋了评弹，不能闯祸，闯祸就是丢了全家人的脸。母亲十三岁开始学习评弹，跟着她叔叔曹啸君学说书，叔公对她非常严格。有一次母亲没有把那段书学好，叔公曹啸君不让她上台，结果双档变成单档，剪书时有听众反映，叔公解释说：今天我的侄女生病，不能来。结果母亲搬着小凳子在台下第一排听书，叔公让她进去，母亲不听，叔公就当场把母亲飞踢下去。当时竞争很激烈，叔公对母亲要求很严厉，外公与叔公因为教学出现矛盾，外公心疼女儿。在那时，你越学得好，家里人越喜欢你，学得越不好，对你的要求就越苛刻。母亲后来学得蛮好，叔公一直把母亲带在身边，母亲原来是下手，后来弹三弦，由下手变为上手，在二十五岁左右时开始带学生。叔公后来离开苏州评弹团，调到江苏省曲艺团做团长

（1960年左右），也把母亲带在身边，把母亲培养成骨干。1972年，母亲（被）下放到太仓农村，当时我八岁。在夏天乘凉时，母亲就跟我讲那些故事，就是现在说书的《白蛇传》《秦香莲》等。母亲在太仓待了两三年后，太仓评弹团请母亲回去指导，在1978年把母亲调到了太仓评弹团，后任团长。后来江苏省（曲艺）团要把母亲调回去，母亲终究没回去。

赵：您的外公、叔公、母亲都是团里的干部，这对评弹艺术的传承有哪些影响？

曹：我之前写过一篇文章，剖析了我们家这三个干部，我觉得他们把好多精力放在了行政上，从而没有时间搞艺术了。其实他们不做团长，他们的艺术上能有更好的成就。对于我们这个行当来说，当不当干部并不重要，有好的作品好的艺术才是最重要的。不过他们当领导过程中，也有一些故事发生。在苏州评弹团搞权术时，评话演员杨震新受到冲击，不能说书，外公没有帮他，过了几年，政治风头一过，外公想办法拉他一把，跟他拼档说书，请他到评校教书，让他说书，外公觉得自己做错了，弥补过错。后来他的儿子杨二彤想说书，外公把自己的书传给他。苏州评弹团，"声"字辈都是外公的学生，当了团长后，凡是苏州评弹团的演员都得拜曹汉昌为先生。外公作为老师对学生们非常好，李鸿声自己开了一家书场，煤电很贵，外公（是）很少开后门的人，（但他却）去有关部门打通关系。

赵：您是什么时候开始习评弹的？

曹：我是"文革"之后，评校的第一批学员，我当时十七岁，初中毕业不久，大概1982年，我那一届共七十二个学生。那一届出身评弹艺人家庭的学员蛮多，蒋月泉先生的孙女，我的先生李奕昂，孙志婷的女儿，华国荫的儿子，一大半都是艺人子弟。其他班都是普通学员，我们的班基础较好，别人学三年，我们读一年，跟师一年，共两年就出去演出，只有我们这一届才有评弹艺人子弟班，后来没有专门的艺人子弟班。

彭：您觉得在评校学习与原来的家传有什么区别吗？

曹：我进评弹学校前受家里的熏陶已经会唱了，在学校学习一些基础性的东西，再在今后的演出中慢慢消化家人教给的东西。但是艺人子弟的实战能力比学校里的同学要强，这主要跟平时接触得多有关系。

彭：您的评弹艺术受家里人谁的影响比较多、大？

曹：我跟叔公的感情很好，因为我刚满月就跟随叔公和母亲外出演出。外公几乎没教过我什么，他当过好久的苏州评弹学校校长，我二十岁出头

曹莉茵在演出间隙

时，有一次我演出时跟外公说：你让你的学生都来听我的书吧。外公没答应，当时感觉他有些不近人情。但是外公自己买票在台下听。在苏州演出的时候，一直跟着外公吃茶会，那时候有人跟我外公说类似于你孙女说书说得怎么怎么好，外公就很高兴。南京的叔公就不一样的，那时一年见几次面，见面就喜欢跟我说大气候是怎样的，哪个书场是怎样的。每次让我哼几句给他听，我就随口一哼，他很厉害，每次都把我最糟糕的地方抓出来。有时我会跟叔公说现在有的评弹演员要创造自己的流派，叔公要我放录音给他听，听后说道：他们确实是想创造自己的流派，但是每个流派创造的过程中起初是不足的，那些老先生为什么能成功，就是不断地改进不足。这个时代已经不可能出流派了，你别妄想着出自己的流派，你就想着能有自己的风格，已经是很好的演员了。这话我一直记在心里，现在能有自己的风格就很了不起了，因为我们所处的时代不是评弹发展的时代，而是保存评弹原有艺术的阶段，不是我们没有能力去发展，而是没有机会去发展。我觉得叔公的话很到位，现在仍受用。

叔公有自己的思想、理念，对未来看得很远，他不经意的几句话对我影响很大。叔公这么喜欢我，因为叔公没有自己的孩子，我学评弹，非要把我带到他的团里，并对外称我是他的孙女，包括我的名字也是他改的。我父亲在我十九岁时就生癌去世。叔公鼓励我入党。叔公帮我养成习惯，上班早到，下班最后走，开会的时候倒茶。父辈不只传承艺术，还有艺德。比如去书场说书，一定要保持书场环境的整洁，走之前要打扫干净。我现在教儿子李天圣，也是受前辈的影响。

我艺术的进一步提高与我的公公吴迪君有很大关系，我在公公身上学到很多。传统书不能说时，评弹艺人纷纷编写新书，我母亲虽小学五年级毕业，也写了一部长篇。我母亲在艺术上犯的大忌，就是花腔太多。我年轻时跟着叔公，一天到晚看书，包括历史书、文学书等，中外都有。看书的好处很多。评弹不景气，就是我们一成不变，应该一部分继承传统，一部分要改变它。现在演员肚子里的知识不如听众多，不能吸引听众，小时候一定要多看书，多动笔，这样在台上说书用词就更贴切。

我们几代人没有出去拜师，母亲只跟着叔公，我毕业后，母亲带着我演出，我现在也带着儿子演出。在评弹界有"一日为师，终身为父"一说，我不想像儿子一样供养别人，我家里就有很多书，而且现在拜师只是过过堂而已。后我与我先生李奕昂拼档。我跟我先生拼档最大的好处就是，他能跟着我的节奏，两人配合密切。

彭：您原本就姓曹吗？还是跟从了母亲这边的姓氏？

曹：我本姓杨，考到评弹学校时改为曹，当时父亲不同意，有点不高兴，后也终于同意。改姓完全是为了说明是曹家的孩子在说书，是在传承曹家的评弹艺术。我才满月就跟着叔公、母亲跑码头，好多东西，不学已经会了，说书人的小孩子学评弹比较容易。因为外公他们做了领导，他们认为我是说书的好苗子，就老跟我说学评弹怎么好怎么好，他们就想有个小辈把这个旗帜接下去。我的同龄人或同事，好多跳出评弹，做其他事情了，他们过得都比说书时要好。1983年时评弹已经不景气，我外公、叔公他们也退休了，跟他们关系好的会照顾你，后来别人不知道你，根本不理会你。换了新的领导后，要靠自己去打拼。我现在在微博，推送一些评弹流派唱段，想让书迷了解真正的评弹是什么样的，解说老先生好在哪里，与书迷网友在网上互动探讨。

彭：在书场看您跟听众说话很客气，关系也很亲密的。

曹：在书场说书时，我们是演员与听众的关系，但是我们私下里有的是朋友关系，现在听众以老年人为主，我经常就要提醒他们注意身体，当心路滑等，有时会拉拉家常。有些书迷朋友生病住院了，我也会看望他们。

整理者：赵倩

第七十七讲

金声玉振,忠烈侠义

口述者:金声伯

采访者:秦筝茜、季珩

采访时间:2016年3月5日

采访地点:苏州市姑苏区颜家巷

金声伯

　　金声伯（1930—2017），苏州评话演员。江苏苏州人。少时曾在钱庄学徒，十四岁师从杨莲青习《包公》，后又从汪如云习《三国》，从徐剑衡习《七侠五义》。1957年加入苏州评弹团，后调入江苏省曲艺团。曾对《包公》后段进行加工，增添自《庞吉出逃》至《包公辞朝》一段，共三十回；对《七侠五义》也有所加工，整理《三试颜仁敏》《比剑联姻》等许多选回。还编演过一批现代题材评话书目，如长篇《铁道游击队》《红岩》《江南红》、短篇《顶天立地》等，演出长篇《苦菜花》、选回《刀劈马排长》等，均获得好评。1988年，赴美讲学，推动了苏州评弹的中西文化交流。于2017年6月19日在苏州病逝。

一、初涉书坛

秦箬茜（以下简称秦）：您早年有段在嘉兴的钱庄里当学徒的经历，后来才在杨月槎的介绍下拜师杨莲青学习评话，您能把当时的家庭情况及拜师经过再详细地介绍一下吗？

金声伯（以下简称金）：我是生在苏州，在上海长大的。我祖上是做古董生意的，我父亲早年研究青铜，算是个懂行的专家，抗战胜利后，家里将收藏的一些文物都交给了国家，渐渐地生意也做不下去了。我父亲就在苏州博物院工作，1956年我父亲被调到安徽博物院工作，他介绍了好多专家去了安徽博物院，我的两位堂兄也在安徽博物院工作。我对于古董也是略知一二，我父亲之所以没让我去学古董继承他的事业，主要还是因为当时做古董这个行当不灵，从事的人比较少，不赚钱，所以就没有从事这个行当。

我的爸爸妈妈只养了我一个儿子，小的时候我们一家借住在现在苏州人民路大井巷口弹词艺人杨月槎的房子里，当时的邻居是评话艺人唐耿良，他是看着我长大的，所以我从小就对苏州评弹耳濡目染。到了七岁该读书的年纪，我们一家就搬到了上海，我当时在上海马当路一所贵族学校读小学，来读书的都是一些社会地位较高的人家的孩子，后来我的父母支付不起高额的学费，就将我转到邻近的一所私立学校继续读书。到了1944年，我十四岁那年，家里实在负担不起学校的开销，正巧我的一位姨夫与嘉兴一家钱庄的老板相识，在他的介绍下，我到了浙江嘉兴，在钱庄里当学徒。我在这家钱庄总共待了十一个月，1945年抗日战争胜利，钱庄的老板被证实是汉奸，钱庄开不下去了，警察来查封，说里面的东西一样都不能动，我连铺盖卷都没拿就被赶出来了。那个时候，我父亲正好从上海调到苏州博物院工作，我们一家就又回到了苏州人民路，这座房子的房东是杨月槎，就是上海评弹团杨德麟的爸爸，他跟我父亲相交甚好。杨月槎和其胞弟杨星槎拼双档弹唱《珍珠塔》，红极一时，被称为"大三牲"[1]（三大响档）之一。我学评话是杨老师介绍的，练基本功也得到了他的指导与照顾。

---

[1] 过去祭祀时，将猪、羊、鱼作为主要祭品，俗称"大三牲"。20世纪20年代前后借此对评弹界三大响档的谑称。即弹唱《双珠凤》的朱耀庭、朱耀笙（猪）；弹唱《珍珠塔》的杨月槎、杨星槎（羊）；弹唱《白蛇传》的吴西庚、吴陞泉（鱼，"吴"与"鱼"，吴音都作"唔"）。

过去的艺术行当不像现在，我们从事这个行业主要原因还是求生存，家里环境不行，做生意没有本钱，念书念不起，只有走这条路。我们以前学说书，只要一次性本钱，交了拜师金，跟师父学了本领后，出来赚的都是自己的了。当时家里的考虑是，学唱弹词太麻烦了，要买琵琶、三弦，还要花功夫来学，不如学大书来得方便，只需醒木、折扇，不用太多的投入。就这样，在杨月樵先生的牵线下，我十四岁时拜师杨莲青学说评话。当时的拜师金很昂贵的，家里已经没有多余的钱来供我拜师，父亲微薄的收入只能勉强够一家的吃喝，最后我母亲卖掉了她的两个金镯子，又摆了两桌酒。我父亲对我说，这是我们家的最后一搏了。家里的钱都拿出来了，可以说是"孤注一掷"了，后面没有退路了。这仅仅是拜师费，还有我在学艺期间的生活费要自理。我师父是吃老板的，因为我还不能登台演出，不能给老板赚钱，所以吃喝的费用肯定是自己的。身份地位和所从事的行当发生了变化，行头上又是一笔开销，要跟师父走码头，衣服总归不能穿得太破。为了早点赚到钱，我只跟师了五个月就能独立登台演出了，在当时也算非常不易了。

秦：据说杨莲青老师早先给您起的艺名叫"金胜伯"，有什么寓意吗？

金：我十四岁时拜师杨莲青，当时师父五十三岁，我成了他最小的弟子，当时的师兄陈晋伯、顾宏伯都已经是响档了。虽说后来的陈卫伯也成为杨莲青的徒弟，但按照严格意义来说他不算的，他没有拜师，老师的书他也没听到，后来他是听顾宏伯的书来学的。

就在我拜他为师那年，杨莲青和徐云志在苏州阊门外的龙园书场说书，从五月端阳做到十月初七，业务一开始很好，但到了八月的时候，龙园书场对面的雅乐书场聘请了老师已经成名的学生顾宏伯还有弹词艺人沈俭安和薛筱卿、陈莲卿、祁莲舫三档进行演出，照道理老师在对面书场做，已经出道的学生应该回避，可是当时顾宏伯没有遵守行业规矩，与杨莲青成了"敌档"[1]。当时顾宏伯年富力强，名气正盛，对杨莲青产生不小的压力。有人就劝我师父，让他提前剪书，结束在龙园书场的演出，但他不答应，反而更加努力，要在艺术上与实力极强的徒弟一决高下，以此来证明自己的说书功力。他拿出自己浑身解数，利用自己嗓音的特点起包公、郭槐、庞吉、黄天禄等不同性格的人物脚色，将他们的特点表现得惟妙惟肖，《刀劈黄天禄》一段演绎得尤为精彩，在场的听众如见其人，连声叫绝。这也是我初次跟师，就得到了这个听书的机会，对我后来的艺术启发很大。

至于你们说的我的名字"金胜伯"是要什么"胜过顾宏伯"之类的，只是外界的猜测。当时老师与师兄顾宏伯确实有矛盾，但我的名字是我自己取的，不是什么所谓的"胜过顾宏伯"，这是出自孟子对孔子的评价："集大成也者，金声而玉振之也。金声也者，始条理也；玉振之也者，

---

[1] "敌档"在竞争中处于对抗地位的演员。一般指在同一时间，在邻近书场演出的艺人。如对方演员书目较硬，书艺较强的，称"重敌档"。

终条理也。"现在山东曲阜还有一个"金声玉振"门呢。

秦：在您早年的艺术生涯中，师父杨莲青以及一些评弹界的前辈对您的人生及艺术产生了怎样的影响？能否具体地介绍一下他们的情况？

金：杨莲青是浙江德清市（今德清县）人，他的父亲原本是靠卖麻油为生，后来开了一爿茶馆书场。他从小家境不太好，没读过什么书，但他平日喜欢读书读报，对学生在文化素养上的要求也较高。当时我在跟师期间，要每天在他面前读《古文观止》还有《列国志》，有时老师还会纠正我的咬字和发音，这实际上是在锻炼我的基本功。师父当时经常会夸赞我口齿清楚，朗读起来很有感情，这也就成为我学艺时练习口齿的一个重要的辅助手段。

杨莲青身上有着旧社会艺人所带有的一些不良的习气——抽鸦片和赌博。我跟着杨莲青学艺的时候，他已经在事业上跌倒过一次又重新来过了。其实当时是师母抽鸦片带着他的，是师母不好，师父早先因为吸鸦片将家里的财产都败光了，他也是脾气不得了的人，后来说戒就戒了，事业上也重新有了起色，但还是被师母拉着复吸，这一下就再也没办法戒掉了，以至于1949年以后患了食道癌，贫病交加，无力治疗。当时我在苏州唯亭演出，听到这个消息，我带了六百块专程到上海要接他回苏州疗养，被他婉言拒绝。他又不愿意找朋友或是政府帮助，后来病情加重，他跳楼自杀了，真的很可惜，以这样的方式离开。我是1930年生的，到我快成年的时候已经快到中华人民共和国成立了，时代风气变好了，所以我没有沾染上抽鸦片的恶习。

我的老师穷归穷，但却是穷人中间的"大少爷"，钱不在乎的，一直要讲少爷作风，这一点好也不好，我们很多学生都中了他的"毒"，在生活作风上受了他的影响，钱不当钱用，这是毛病，是"江湖病"。他一直秉持着这样一种想法，就是"我说好了书，有了名气，我的名字挂出去就是钱"。当时的说书先生吃饭是吃书场老板的，你如果能够赚得多，老板当你是财神菩萨。我的老师从不过问钱的，他一天下来挣了多少他是不晓得的，师母在的时候师母管，师母不在的时候，我来管。他很信任我，每天从台上下来他会问我："声伯，今天多少人？""比昨天多还是少？"我说："多两个。"他点点头，也不管的，很潇洒。在名誉最盛的时候，他一回书可以买一两金子，全凭自己的本事，在他身上你能看到旧社会艺人的江湖习气。

再有就是他非常讲义气，总是很慷慨地救济同道，有时在码头上遇到由于业务不好做不下去的同道，不管他认识不认识，只要叫他一声"杨先生，我是某某人，是某某的徒弟，今天从哪里来，哪里生意不好，我准备住一个晚上，明天剪书回上海……"他总是热情伸出援手，示意我"声伯"，交给我来处理，然后会在事后关照我"一宿、二餐、一个路费"，这也算是他的救助标准，但他那时自己还抽鸦片，所以毫无积蓄。

我老师是个自尊心、自信心极强的人，他一直教导我说："吃我们说书这行饭，不靠天，不靠地,主要靠自己,再要好的朋友帮不了你说好书;你对响档艺人马屁拍得再好,也帮不了你能在书场说最后一档送客,要成功就要有本领。"老师的傲气对我的影响很深,激励着我不断在业务上提高自己。直到现在,我的先生要是跟我讲他有什么困难,要我卖掉什么都肯,老师当时对我的好,是我在多年以后慢慢琢磨出来的,这种感情不比现在。我现在有二十多个学生,很多只是慕名而来,却不是真正来学本领的。

除了我师父杨莲青对我的影响较深,程筱舫对我的影响也还蛮多的。他是常熟梅里人,拜润余社弹唱《倭袍传》的沈莲舫为师,人称"旱烟袋",因为一般艺人都抽名牌香烟,只有程筱舫还在抽老式的旱烟。我第一次见到他是在1945年,那时我十五岁,刚跟师在常熟仪凤书场演出,程筱舫就在邻近的长兴书场演出,那时他五十几岁了。程先生个子不高,皮肤紫,眉毛浓,但眼睛却很小,看着不协调的,外形是不美观,他的双手短而粗,外加一手灰指甲,很难想象这双手怎么能弹三弦。我老师和他关系不错,经常称赞他的艺术水平,并命我去请他来吃饭。他头戴"罗宋帽",并没有穿长衫而是穿着布棉袍、纱袜、布底蚌壳式棉鞋,这种装扮在评弹艺人中早已过时。他见到我满面笑容,蛮和蔼可亲的,叫我"小秀峰",因为我长得有点像评话名家石秀峰。

1946年春节,我跟着老师到无锡雅叙书场,这时无锡各大书场内演员阵容强大,当时我师父在城内的雅叙书场说《狸猫换太子》,隔壁的蓬莱书场是程筱舫先生日夜弹唱《唐家书》。我师父让我晚上去听程先生的书,当时有很多响档所莅的书场日日爆满,程先生起初因为外形不占优势所以听众不多。但他大小嗓子运用均好,书情合理,趣在理中,又善于根据书中情节展现脚色,虽然弹奏和唱腔上不能和沈、薛相比,但他的唱腔起伏自如,字正腔圆,句句都清晰可听。起初是八个人开书的,(后来程先生的场子)听客人数天天上升,正月半客满,我后来再去的时候,已经日夜满座,连我听书的位子都没了。晚上我跟老师去澡堂洗澡,像我老师这种身份的一般都是躺着洗,就是在头等间,而程筱舫却是坐着洗的,就是在"箱子间"(最差的浴间)。我就很好奇地问他为什么不去洗头等间,他就对我说了这样一段话:"我们说书人赚些钱不容易,老先生有句名言叫'响勿容易,省更勿容易',一个艺人要在艺术上从严,生活上还是简朴些。"时隔多年,程筱舫先生的书德和人品依然是我们后代艺人的榜样。

二、声名鹊起

秦:在您早年走码头的经历中,在与听众、与场方的互动中,有没有对您影响深远,至今记忆犹新的事情?

金:好的老板和艺人之间是一种"宾主"关系,即宾客和主人,一些比较好的老板就是当说书先生生意不好时他不亏待你,你走的时候他还资助你一笔钱,但这种老板是少数。我年轻时碰到过一个老板就是个坏人。那年我十六岁,拿了封介绍人写给这个老板的信,准备到常熟徐市的一家书场去说书。当时交通不便,到了梅里后我是坐了独轮车才到了徐市。等我找到那家书场时,天已经黑了,我看书场里当时没有人在演,想着我留下来的问题不大。我走到里厢,书场的老板正在和别人打牌,我就问哪位是老板?我将介绍信给了他,他抬眼看了我一下,就说:"不用你演了。"没有理由的,就是因为你这个先生没有名气,就算你书艺再好,他也不给你这个机会。这下怎么办?我急得不得了。我那时身无分文,原想到了书场后吃喝都是场方负责,剪书的时候还能赚一笔钱,但老板的意思很明显是要对我下逐客令了。我请求老板能否让我试演一个晚上,如果不好我再走。老板不客气地对我说:"不行,不要你演,你的水平连我这边点的汽灯的汽油钱都付不出,你还是赶紧走吧。"就这样请求不成还被老板羞辱了一番。

金声伯演出照

我已经一天粒米未进了,实在是饿得不行,就请求老板可不可以给我提供一顿吃食。老板看也不看我,只顾自己打牌,说:"喏,剩饭槽里只有冷饭,要吃自己拿。"我气得掉头就走,两行眼泪瞬间就流了下来。我拎了两只大木板箱,天黑也没车了,我连夜走了十二里路,走了三个多小时,到了常熟的支塘。看到支塘当地的一家书场门前挂了一块牌子,上面贴着秦晓侬的名字,她是说《再生缘》的秦纪文的妹子。我实在是走不动了,无奈之下,只得求助场方,让他们转告秦晓侬,说我是杨莲青的弟子叫金声伯,今天从徐市过来,能不能请他们安排一下,在这里借住一个晚上?她就答应关照我一晚,最后把我安排在放稻柴的屋子里住了一晚,秦晓侬的恩情我到现在都还没有报答。还有一桩事情,是在上海,1949年我刚十九岁,原定在城隍庙日日得邑楼中场第二档开讲《包公》,等到我过去一看,没有了,我的名字已经被替换成了别人。因为我们没有合同,场方说不要你就不要你。我那时候只能晚上偷偷地哭,委屈啊!

后来我自己也想明白了,如果当年不吃那些苦,不经历那些挫折,我是不会有现在的艺术水平的。场方不要我的最根本的原因是我没有名气,而艺人的名气最根本的来源还是你的真本领。此后我更加努力地提升自己的书艺,我二十四岁时就在上海红了,到我最红的时候二十六岁,我在上海买了重庆南路淮海中路妇女用品商店拐角处的一幢房子,上面一层楼面全是我的。后来上海喜欢我的女听众太多了,我的爱人不开心,要我们一家搬回苏州。1957年我从弹词演员姚荫梅手中以三千元的价格买下了颜家巷的这栋房子。

三、加入团体

季珩（以下简称季）：您是什么时候加入苏州（评弹）团的？又是为什么调入江苏（省曲艺）团？这中间的经过请您再具体地介绍一下。

金：在入团前我是属于评弹协会下面的单干艺人，单干艺人收入高，这就引起了国营团内演员的不满，同样的，单干演员也不满国营团垄断演出场所、挤压同行的行为。1956年的公私合营加上1957年"反右"运动，黄异庵和杨震新被打成"黄杨反革命集团"，入团已经成为大势所趋，如果你不加入团体那就是资本主义了。我单干的时候一天平均能赚三百多，入团后我一个月工资才三百二十三块五，虽然在团内算是很高了，但实际收入比从前缩水很多。

1957年我刚刚在苏州买好了房子，加入了苏州评弹团。结果政府在南京设立了江苏省曲艺团，陈云老首长一纸调令将我调了过去。因而我加入苏州（评弹）三个月后就被调走了，去了江苏省曲艺团。最初江苏省人民政府和江苏省曲艺团已经决定任命我为江苏（省曲艺）团的团长，而且可以解决我的入党问题，还是由江苏省文化厅副厅长和江苏省曲艺团书记做我的入党介绍人。结果我拒绝了，也没有去做团长，因为我觉得我是一位说书艺人，并不想当干部。现在想想，当时的艺人都是将艺术放在第一位的，政治上并未做过多的考虑，现在想想就像《钗头凤》中唱的，"错错错"。

加入团体后在南京也经常进行政治学习，除了我本身的归属不同外，演出地点和以前并无差别，主要还是长江三角洲地区。因为本身南京的书场就不多，当时最多时候不过四家，现在一家不剩了，所以老百姓本身听得不多，我在南京的主要工作就是承接招待演出。为了方便为领导人演出，我在南京也购置了套房产。我一开始演出时也受到过批评，批评我是"业务主义"。

当时在团内只有两个人说评话，一个是扬州的王少堂，他的水平很高，另一个就是我了。虽然当时传统书目的演出不那么受到推崇，但是也没有明文规定限制你，就是你演了会批判你，所以我的演出书目还是以传统书《七侠五义》为主，但是其他书目我也说，有些别人都说不了的，比如关于工业的、农业的、解放的、打游击队的，我都能够说。

秦：据您之前的回忆，您和陈云老首长有过多次的交往，您能再具体地回忆一下当时的情况吗？

金：1962年4月，我和庞学庭、刘小琴在杭州大华书场越档演出，他们演日场，我演夜场。恰逢陈云老首长也在杭州疗养，就安排我为他演出。但是这位老首长不是让我单独为他一个人表演，他一再提出要到书场去听书，认为招待演出的书很难演好，没有即兴，也缺少与听众的呼应和氛围，不及书场的演出效果好，可见他是位对评弹十分熟悉懂行的"老听众"。于是，就在每天书场即将开演时，老首长便会准时到场来听书。他穿得非常俭朴，并没有"前呼后拥"，也不用陪客，单身一人坐在听众之中。陪同的警卫都在后排听书。演出开始后，只见老首长和普通听众一样听得津津有味，时而还发出爽朗的笑声。当我看到这位德高望重的老首长那平易近人的举止，我深受感动，更增添了对他的崇敬之情。我们的演出不仅未受拘束，反而更放松，演得更好了。

　　演出期间，老首长因回北京去开会，有好几天没来听书，我们也不知他何时回来。那天，我正好陪爱人和两个儿子一起去玉皇山游玩，汽车刚到山脚下，忽然杭州交际处的一辆轿车随后追来，车上下来一位同志很有礼貌地跟我说："老首长刚回杭州，有几回书想补听一下，特来请您去演出。"我便放弃了原来游玩的计划，让家属先回书场，自己就坐上这辆车去演出了。两天后的一个早上，书场门口又来了一辆轿车，陈云首长的秘书也随车同来。见了我忙打招呼："老首长事后得悉你那天是带一家人去游玩的，感到非常抱歉，让你全家没游玩成功。所以今天特地派一辆车来供你使用，今天你就带了家属痛痛快快地游玩吧！"当时我听了真是非常激动，想老首长对我们演员是多么关心体贴呀，使我受到了很大教育。

　　还有一次是在南京。那天是江苏省曲艺团组织的一场招待演出。当演出结束时，老首长专门将我留下，刚说了几句，外面来了几位华东局的书记，特来看望陈云同志。我见首长们要谈工作，准备退出，老首长却仍要我坐在那里。陈云同志与几位领导的讲话，至今还在我脑海中回荡。他说："你们是各地主要负责人，别轻易讲话，要调查研究再说。你们讲对了还可以，如果讲错了，下面就跟着错，这就造成人民的损失。"就凭这几句话，足见老首长热爱人民的一片赤诚之心。

　　老首长他听书不喜欢一个人的，他说一个人没有情绪，他都是到书场里来听的。单纯从听的角度，很多首长都喜欢评弹，比如彭冲，我见他的次数就特别多。而陈云同志不仅喜欢，并且将听评弹上升到研究的高度。

　　到后来，我的《七侠五义》他（听得）最全。后来他叫秘书来跟我打招呼了，说不要了，没办法听。他说我要听一回书，要整个房子的人都不好做事，耳朵不好了，不仅要放喇叭还要扩音器，要很响很响才听得见。

四、海外访学

秦：我们知道您后来还有段旅美讲学的经历，能跟我们分享一下吗？

金：我是1988年3月接到美国达特茅斯学院狄吉基金会的邀请，要我去美国进行为期四个月的讲学。当时是我的大儿子金少伯陪同我去的,我们走了大概有两万三千里路,在宾夕法尼亚、加利福尼亚、伊利诺斯等州的二十二所高等学府里演讲了二十三场。这次旅美访学的主要筹划者叫白素贞,她是犹太籍的,在美国达特茅斯学院亚洲文学系担任教授。白素贞是她的中文名字,苏珊·布兰德(Susan Blader)是她的真名,按照中国的属相她属羊,比我小十三岁,现在也要七十多了。她曾经在北京大学中文系进修过,说得一口流利的普通话。她对中国曲艺很感兴趣,中文名字就是取自弹词《白蛇传》中女主角的名字。她两年前就开始准备我的这次旅美讲学,为此还放弃了三年一次的休假。

虽然在美国待了四个月,但各州之间的距离很远,讲课日程安排得也很紧促,很多时间都是在汽车、飞机上度过,吃饭也是匆匆啃几片面包,连白素贞自己在给我的日程单上也用中文诙谐幽默地写上:"这不是惬意的日子,是七十二天徒刑呢!"

秦: 那您在美国的大学里都讲些什么呢?

金: 一开始我准备了课题——讲评弹的历史,但到那边后,发现现场的反应不行,我马上就换了内容,将课题改为"苏州评话的语言艺术",我改了这个课题就一炮而红了。我先是简明扼要地介绍苏州评弹的历史起源和流行区域,以及一百年来的发展演变。接着重点围绕着评话的艺术特色着重介绍了评弹艺术的五要素:"理、味、趣、细、奇(技)"。我是运用了评话艺术手法在其中的,我给你们表演下:"今天讲的是苏州的语言艺术。咦?语言也有艺术的?同样上课,为什么他愿意听他的不愿意听你的呢?这就是语言艺术。"我也不用讲稿,纯粹是以讲代表、以说带做,我在讲的时候会根据内容穿插一些噱头。我在讲学时用了普通话,但在每次讲学后会以苏州方言说一段书,会表演《包公》或者《白玉堂》书中的一小段,为的是让听众能从感官上更为直接地体会苏州评话的语言、口劲、面风、眼神、身姿、手势、道具等方面的艺术特色。

白素贞教授真的是聪明啊,可能是因为她是犹太人吧。第一次翻译下来,她高兴得不得了,她兴奋地对我说:"金先生,成功了!"我说:"谢谢!"她又问:"难道不成功吗?"我说:"应当算是成功了,为什么加个'算'呢?你看得出我在台上讲一句,你翻译一句,你在翻译的时候,台下有笑声。你在翻译的时候注意我的脸了吗?我是在刻意地配合你,我脸上的肌肉没有松掉。"她恍然大悟,原来应该是说完一句台下有笑声。她说:"再来!"在这之后的二十二场演讲中,包括后来参加的亚洲东方艺术年会,我们的配合也越来越默契。后来我在普林斯顿遇到两个苏州人,他们说金先生你讲得真的好,我说这都是仰仗白教授的翻译功力。她能把我的语气、音量高低、噱头的幽默趣味,在保持原貌的基础上传神地翻译出来,从而使听众兴味浓生,被演讲的主题吸引。

这次我们的足迹遍布大半个美国,当时纽约、洛杉矶、旧金山等地的报刊、电台都报道了我们的演讲，并称我是"最好的故事大王"，我还因此获得了美国达特茅斯学院授予的名誉博士和狄吉基金会名誉会员的荣誉，推动了中美文化的交流。作为一名评话演员，上台是否能够受到听众欢迎，至关重要，如果一个演员没有了听众，就失去了艺术生命。要实现与听众思想的统一，关键在于要有过硬的艺术基本功，有了基本功才能在台上随机应变，得心应手，充分发挥自己的艺术特长和优势，从而增加听众持续的欣赏情趣。而对于自己的估计不要太高，也不要自卑，否则都要失败。应该在台下刻苦钻研，遇到问题及时总结，找出其中的原因。

整理者：秦箬茜、季珩

第七十八讲
我所了解的传统书目
——王正浩访谈录

口述者：王正浩

采访者：付楠

采访时间：2016年4月15日下午

采访地点：上海市静安寺

王正浩

　　王正浩（1947—　），1960年加入上海市人民评弹工作团。1962年师从著名评弹艺术家张鉴庭，学习传统长篇弹词《顾鼎臣》《十美图》《秦香莲》和现代长篇弹词《红色的种子》，当时在听众中是一位颇受欢迎的青年演员。1982年调入上海市文化局，在演出处、市场处、社会文化管理处工作。负责演出市场管理、调研、法规制定等工作，兼职管理民间艺人组织和文化稽查。1984年担任文化部江浙沪评弹工作领导小组上海方面联络员。曾多次组织江浙沪大型评弹演出会书活动和青年评弹演员比赛活动，也参与其中的一些辅导演出。还多次组织举办江浙沪青年评弹演员艺术培训班。在退休前参与组织了江浙沪青年评弹演员《评弹金榜》电视大奖赛，获奖演员已成为各评弹团的骨干力量。2007年担任上海市书场工作者协会会长。2009年成为国家级非物质文化遗产项目"苏州评弹"上海市级代表性传承人。2015、2016年，带领江浙沪评弹演员先后三次出访日本、美国宣传中国民族艺术，弘扬传统文化，受到外国友人和华侨的热烈欢迎，曾受到日本前首相鸠山由纪夫的亲切会见。现在正整理恩师张鉴庭的传统长篇《十美图》和《顾鼎臣》，为评弹艺术的传承尽一份力。

付楠（以下简称付）：从传统书来看，您觉得女性脚色在书目流传的过程中有什么变化吗？比如以金大娘娘为例，您最早听到的金张氏和您后边听到的金张氏，在人物形象上有什么变化吗？

王正浩（以下简称王）：《玉蜻蜓》这部书比较复杂，《玉蜻蜓》和《珍珠塔》是陈云同志特意提及过的，希望对这两部书进行改编，所以这两部书改得很厉害。如要从这个方面来研究女性形象变化，很难说，这跟1949年后的政治运动背景有关。

比如《珍珠塔》，其实主要是说陈方氏的势利和方卿反势利的嘲讽这么一个故事，但五六十年代我在杭州听过的一回书中，方卿都要上山闹革命了，硬是要把这个故事提到一个政治高度来讨论，就不符合书情逻辑了。再说《玉蜻蜓》，主角是金张氏，你既可以说她是一个受到封建压迫的形象，因为她终身守寡，这是应该承认的；但是到政治运动时期，她就变成了封建阶级、地主阶级的代表，一旦涉及政治，就没办法再单纯地分析金张氏到底是什么样的一个人。

以女性为主的书目还有我老师说的《十美图》，严兰贞也是一个很好的研究例子，在《十美图》中她也是主角，但是她没有涉及政治。毕竟要分析书目、脚色，还是要实事求是地考虑当时的时代背景、历史条件，不能把我们现在的观念、想法套在他们身上，人为地拔高书目的政治意义，（这样）反而损坏了人物的形象。像《厅堂夺子》就是这种问题的代表，内容是金张氏和张太爷强要徐元宰改姓金，回归金氏家族，还要害他的母亲，最后徐元宰就跟着他的养父母、生母一起远走他乡。但原本的书情压根就不是这么回事儿啊！这么写，就是极端化的人物描写，因为她是地主阶级、剥削阶级的代表，所以要把她往极坏的方面写，才有这么一回书的。

付：我所看到的道光年间出版的《绣像芙蓉洞》中，结局是徐元宰一人兼祧三姓，和中篇《厅堂夺子》完全不一样了，是吗？

王：原版里就是一子三姓，民国时一般也是这么说的，但到了后来政治运动频繁的时候，文艺跟着政治走，这个中篇就是这么搞出来的。周玉泉的口述本后来把结局给删掉了，就是因为没有办法自圆其说了。

评弹艺术讲究一个理、味、趣、细、技，理字为先，理都不通，书是没办法说的。研究课题是好的，但是一有政治背景涉入的话，有些事就很难说下去了。

付：再说严兰贞，她是一个复杂、有戏剧冲突的人物，您觉得她是一个怎样的女性呢？

王：严兰贞的形象不涉及什么反封建、剥削之类的问题，说白了，她是一个中间斗争者，她处于奸臣和忠臣之间，她是奸臣严世蕃的女儿，但又嫁给了忠臣曾荣，在书中她是一个知书达礼的大家闺秀，在父亲和丈夫的立场上，她就必须做到忠奸分清、是非明白、恩怨分明，这也是我们评弹中一直宣扬的儒家观点。这个故事本是一个悲剧，但我的老师完全是用喜剧的手法来表现，是一个很值得研究的典型。严兰贞是奸臣之女，但一直保护着她的丈夫，曾荣在整个故事中，一直是有生命危险的，他自己每次闯祸，严兰贞就去帮他收尾，这是很有意思的。

付：《十美图》我只找到了民国时期上海惜阴书局出的《绘图十美图》，这个版本只有故事梗概，那还有没有比较完整的版本呢？像您老师说的这种有没有记录本呢？

王：没有，我老师这个版本没有出版过，完整地从头说到底大概可以说两个月，不过我可以把这个故事跟你大概说一下。

故事从杭州抓曾荣开始，把曾荣抓住之后，鄢懋卿将曾荣收为继子，带到北京。拜见严嵩之后，严嵩让他到花园里去，结果就碰到严兰贞，经过赵文华做媒，严兰贞与曾荣成了夫妻，这一回叫《成亲》。下一回叫《盘夫》，现在说的《盘夫》和我老师说的不一样，我老师说的这一回完全是他自己搞的，现在这个版本是他到上海评弹团后，跟陈灵犀等人修改过的。

《盘夫》之后，严兰贞就同意帮曾荣了。回门做三朝，曾荣误上标本楼，幸有赵婉贞救他，但是还没来得及放走曾荣，赵文华就来了，赵婉贞就带着曾荣下了标本楼到会堂，正要下去的时候，赵夫人来了。为什么来？因为严家找不到姑爷，命人来问，实际上曾荣就在赵婉贞房中。曾荣见赵夫人来了，只好躲起来，但赵夫人没走，陪女儿说话，曾荣就走不了了。

这时严兰贞以为丈夫被赵文华、严世蕃杀了，来赵府索夫，将赵文华打了，结果赵文华到楼上，找到赵夫人要妻子与严家一刀两断，因为赵夫人和严夫人是姊妹。曾荣一听，心想不好，祸事闯大了。赵夫人劝走赵文华以后，跟赵婉贞说，我们一起去劝劝兰贞吧，人总是找得到的。但赵婉贞不能说这人就在你背后呀，就是因为你不走，他不能出来，他要是走了，就什么事也没了。

等夫人一走，丫鬟就把曾荣放下来，告诉他要怎么做，才能避免事态进一步扩大，但是赵夫人带赵婉贞走的时候，还叮嘱一个管家婆看住标本楼，结果管家婆把凳子放在楼梯口，这下曾荣彻底走不了了，被看见了的话赵婉贞的闺誉要受损。但是赵婉贞并不知道曾荣没走成，劝好严兰贞以后，严嵩说这会儿天也晚了，不如住下，让严兰贞跟赵婉贞一起住一晚。赵婉贞就问丫鬟人放走没有，丫鬟说放走了，于是（赵婉贞）带着严兰贞回房，一到楼下看见管家婆，心知不好，于是让丫鬟先去询问。丫鬟就问这婆子楼上可有声音，因为不能直接问楼上有没有人呀。婆子说楼上有声音，听着像是个男人，可能是有鬼祟作怪，丫鬟一听不好，就高声叫一句"严小姐来了"。曾荣一听妻子来了，急忙从会堂下到下边，见一个房间没锁就躲了进去，想等人到了会堂，好顺势离开。但丫鬟也想，曾荣还在会堂，于是假托会堂上锁要回去取钥匙，带了严兰贞和赵婉贞到自己房间，没承想正是曾荣躲藏的房间，夫妻就这么见面了。

等到赵婉贞走了之后，曾荣向严兰贞述说了前因后果，严兰贞就思考这个事情要怎么收尾，然后告诉曾荣要怎么做，再跟赵婉贞说你也嫁与我夫，二人就一直做姊妹吧。但这个事要解决还要过赵文华这个坎，赵婉贞不想算计自己爹也没办法了，不然名声都没了。严兰贞就下来骗赵文华上楼，把曾荣受困标本楼的事栽在赵文华的头上，让他同意严兰贞提出的三个条件。

这事完了之后，严嵩说这次回门没做体面，明天再做一次好了，但是严兰贞知道不行，曾荣的真实身份今天是好不容易瞒住的，要是明天再做一次回门，曾荣就必须出门接待客人，很有可能被人认出来，但严嵩说了还是不能违拗，只能重做三朝。结果敬酒之时曾荣果然被人认了出来，那人立刻到严嵩面前说了，但严嵩不相信，必要曾荣亲口承认才行，赵文华就设计骗得曾荣承认。

虽然曾荣承认了，但他的身份是兵部（官员）的儿子、礼部（官员）的东床、宰相的孙女婿，别人不可能再无声无息地杀了他，赵文华想了个办法，叫一把鸳鸯壶、三杯砒霜酒，送了曾荣性命，对外就宣称是患疾病身亡。结果在商量时被严府管家听到了，这个管家是跟随夫人一起嫁过来的，心向着严夫人和严兰贞，一听三位老爷要对姑爷下毒手，就去告诉夫人。夫人立刻询问严兰贞曾荣的身份，严兰贞只得据实相告，然后求娘救曾荣，严夫人随即将曾荣叫上来，托了三桩事情，告诉他如何应对。后来在吃团圆酒时，严夫人就假装自己误喝砒霜酒，以腹痛骗走严世蕃，严兰贞就带着曾荣到花园里，要放曾荣逃走时，巷门没开，严兰贞让侍女飘香去骗开巷门，曾荣走之后，严兰贞就躲到赵婉贞处去了。

飘香骗巷门时，那巷门童调戏飘香，恰巧海瑞经过看到了，就叫底下人打巷门，巷门童于是扣住海瑞，因为他不认识海瑞，准备以海瑞来应付巷门被打的责任。曾荣逃出去以后，碰到海瑞打巷门跑出去的两个底下人，因为曾荣说要找海瑞，就被带回了海家，由海夫人做主留下了。这两个底下人又出去寻海瑞，见海瑞被扣着，欲上前带走海瑞，海瑞示意他们不要插手，因为巷门童说明天要拿他见严嵩，海瑞想我平常想见严嵩，没这么多钱送连严府大门都进不去，这下好了，正好可以见了。第二天严嵩在等消息的时候，得知巷门被打了，严嵩大怒，让人将打巷门的人带上来，一看是海瑞，坏了。海瑞就趁此机会罚了严嵩三桩，第三桩就是带走巷门童，因为巷门童知道严嵩的一个秘密，严嵩为了息事宁人，就同意了。

海瑞带了人回到家，见曾荣在自己府中便知不好，立刻让人将曾荣送出皇城，曾荣于是投奔兄弟曾贵处。这边曾荣刚走，那边赵文华就找上门来。他怎么知道的？他一开始也是来听信的，结果得知海瑞打巷门，兵部那里又没有消息，就知道曾荣跑了。他察觉到是海瑞这里动了手脚，于是带了兵马上赶到海瑞家中。但人已经走了。于是赵文华搜海府，但是没搜到人，海瑞就不客气了，那个巷门童也帮海瑞，说搜府的时候夫人的一张三千两银票不见了，揪了赵文华去见严嵩，说他私搜朝廷命官府邸，必须要给个交代，严嵩无法，只好让赵文华还了三千两给海瑞。

赵文华吃了哑巴亏，回去的路上看见严兰贞的丫鬟飘香在搬箱子，于是知道严兰贞躲在赵婉贞堂楼上，赵文华大怒，准备到了晚上一把火烧了堂楼，将严、赵二女和飘香一起烧死。但这把火不能让赵家的人来放，要让严家的人来放，这样就可以防止走漏风声。（于是他）又找到了严家的总管，这严总管上次报信救了曾荣一命，这次他又报信给赵夫人，赵夫人就吩咐严总管安排船只，送二女并两个丫鬟一起逃到南京的舅家去。

赵婉贞和严兰贞半夜上船，结果误上海瑞的官船，因为严党想将海瑞等忠臣害死，就向皇上进言让海瑞到南京担任操江一职，海瑞乘船上任，阴差阳错之下严、赵二女就上了海瑞的船。海瑞来了之后，询问严兰贞等人身份，但严、赵二女不能坦言自己是严世蕃、赵文华的女儿，于是说自己是曾荣的家眷，却被巷门童看破形状，告知海瑞。这里边有些十分有趣的细节，比如海瑞安慰赵婉贞说，你别哭了，你男人从杭州出来，到了皇城被严世蕃、赵文华等奸党追杀，这严兰贞倒是个好人，救了你男人的性命，你应该要对严兰贞心存感激的。而海夫人见二女心喜，加上自家又没有孩子，于是提出要收二女为干女儿，这一回叫《海瑞认女》。认女之后，飘香就发现了巷门童，知道此人知道二位小姐的身份，于是她先稳住巷门童，到了南京之后再做计较。

再说曾荣，他出了皇城之后，因为没见过世面，结果被两个强盗抢了盘缠，曾荣万念俱灰之下想要自杀，被路过的林元帅府总管救下来了，这人是认识他的，就问他："严家的，你为什么在这里？"那么曾荣就说鬼话了，说严家要我做他家儿子，我不同意，跟他们吵得不可开交，我就走了。那总管说你走了还了得，你不见一下严兰贞都闹成这样，你这一走她还不得自杀？就将曾荣带到元帅府，林夫人就写了封信到严府说你家女婿在我这里。赵文华一看，那个高兴啊，抓不到你你倒自己碰上来了，跟严嵩一讲就带人去抓，抓到就当场格杀，并通知通州知府汤勤把城门锁住。

这样一来这报信的僮儿知道出事了，原来是曾家的人，不是严家的人，他想了个办法先回去告诉夫人。林夫人一听，这事情麻烦了，问曾荣事情是不是这样，曾荣说是这样。那为什么又要说鬼话？曾荣说我不能不这么说，说了真话就闯祸了。林夫人就说你这次不说真话才闯祸了啊！这时要走也走不了了，赵文华已经到门口了，一个丫鬟想了个办法，将曾荣扮成侍女。

赵文华来搜，没搜到人，林夫人就不客气了，私搜元帅府还了得？罚！赵文华只好认罚，转过头就把气撒到汤勤头上：林夫人讲的事都由你承担。这汤勤就问你查都查了什么地方，赵文华说我里里外外都查了，没有啊！汤勤说你既是来抓人，那么人你查过没有？赵文华就回转林家，要求查人。林夫人一听，还要让汤勤来看，这不好办了。林家的总管这时想了个办法，就是让铃珠扮成僮儿，这样男的扮女的，女的扮男的，先混过去，出去后再把衣服换回来；然后出了个点子，说要出去送礼，实际上就是先让一个丫头让汤勤看一看，待丫头走到外边后再跟曾荣调换一下，这样汤勤看到丫头走了，实际上曾荣就可以脱身了。

曾荣就这么跟铃珠逃出了元帅府，但到外边一看，不好，汤勤把城门给封了，并下命令说没有抓到朝廷要犯不准开门。你看，这个故事的情节就是一环扣一环。再后来曾荣跟铃珠还是逃出去了，到了运河边要换衣服了，结果临行惊慌失措，盘缠没带，曾荣绝望之下想跳河自杀。正巧有只船停在岸边，是要去南京扫墓的徐王爷的，他将曾荣二人带上船，此时二人还未更换衣裳，只能将错就错，因曾荣言明自己是曾家出逃之人，王爷就命他去服侍郡主，而扮男装的丫鬟则受命伺候王爷。你看，这部书里边都是戏剧矛盾，书情是很丰富的。

等曾荣到了郡主身边，有丫头就问了，你会什么呀？曾荣说我什么都不会，只会琴棋书画、吟诗作对，郡主就让曾荣弹一曲，曾荣一弹，这郡主就听出是男人弹的了，马上把人叫出来问怎么回事儿，曾荣就说鬼话把这事迷糊过去，跟着郡主一路到了南京。到南京之后，正好海瑞也到了，两人是多年朋友，见面叙旧时海瑞叫了二位干女儿出来，徐王也叫郡主出来见客，结果曾荣跟着郡主一出来，就看见两位妻子在对面，他被丫鬟飘香看破了形状，飘香告诉了严兰贞，就劝严兰贞住下来，当晚夫妻见面。

夫妻见面后，曾荣把事情前后详说一遍，这话被郡主听见了，得知曾荣男扮女装在她闺房住了这么久，一怒之下要拔出宝剑杀掉曾荣，严兰贞又来求郡主，说曾荣是忠良之后，我是奸臣之女尚且来救，郡主你身为忠臣之女怎么能害他呢？求得郡主的谅解之后，曾荣也不能再待在这里了，于是严兰贞跟王爷说这两个是曾家的丫鬟、僮儿，我要带回去了，徐王同意了。这时候，曾贵来了。

曾贵在家难之后投奔潼关总兵罗文学，这罗夫人跟徐王妃是姐妹，正好罗夫人要做寿，派干儿子曾贵来请徐王妃，这时曾贵已经改名叫罗廷贵。徐王知道曾贵的身份，将他叫进来，告诉他他的两个嫂嫂在这里，曾贵并不知曾荣成亲的事情，与严、赵二女相见不识，这时严兰贞无法，只能承认自己是严家女，把事情的前因后果说出来了。这样一来，严兰贞要僮儿的话也不好出口了，这时曾贵认出了曾荣，二人在书房见面，曾贵斥哥哥认贼作父、娶奸臣之女，曾荣再解释内中情由，最后，曾荣得以更换男装，与弟弟一道到海瑞处。

这时候，汤勤来了，因为此前赵文华骗曾荣说出自己身份的同时，他还不小心吐露了曾贵逃到潼关总兵处的事情，所以汤勤奉了圣旨叫海瑞去抄罗家。海瑞心想不好，曾氏兄弟都在此处，而罗家更要遭殃，但圣旨已下不能不奉旨办理，于是海瑞将严、赵二女留在徐王处，并让徐王认曾贵为义子，改名为徐廷贵，曾荣则算自己的义子，改名叫海荣，让徐王将他们一起带回皇城，自己先跟汤勤去潼关罗家，等到海瑞回京复命时再商量如何对付严党。这么一来，大家都到了徐王处，等徐王祭扫完毕返回北京。

海瑞则让巷门童先去罗家报信，让罗家人快点逃走，所以等到汤勤和海瑞到时，人已经跑完了。汤勤没能完成皇命，于是去敲竹杠，京剧里有个《审头刺汤》说的就是这个故事，用"一捧雪"敲人家家里的一个玉杯，准备拿来送给严家，结果没成功反害死了人，最后那家丫头为主报仇，把汤勤刺死了。

汤勤死了，海瑞就自己返回北京，到北京后就与徐王等人一起商量对策。当然，严嵩和赵文华也在商量，最后严嵩决定再做一次寿来敛财。海瑞等人得知这个消息后，就势去给严嵩庆寿，因为他们从巷门童那里得知，严嵩有个地下室专门存放他从皇宫处偷来的贡物，巷门童就曾经看守这个地下室。到严嵩庆寿之日，海瑞带着巷门童，和徐王、邹应龙、唐王、常王等忠臣一起到了严府，严嵩大惑不解，但也只能将人迎进门。众人在宴饮之时，海瑞就以如厕为名带着巷门童到花园，进到地下室，从那里拿了一只龙嘴夜壶，系在裆下带出严府。

但等到海瑞返回家中，才想起曾荣还在严府，就叫巷门童想办法将他带出来。巷门童到了严府，谎称海瑞因饮毒酒腹痛，引得徐王、常王等人大怒，大闹严府，曾荣得以从严府脱身。皇帝知道徐王、常王闹严府的事情，就来询问，海瑞就势装病，邹应龙就让赵文华来看海瑞，赵文华不敢看，因为唐王说要是海瑞真的七孔流红了，你也别想活着走了，所以赵文华虽到了海府，但听说邹应龙请了名医治疗，海瑞已经好转，于是没见到海瑞就离开了。

如此一来，海瑞拿到了龙嘴夜壶，曾荣当初私闯标本楼时还拿到了严嵩暗害忠臣的本子，就剩下如何进呈给皇帝看了。正在这时，琉球国来了本章，要造反，满朝没有人看得懂琉球文，而曾荣父亲曾铣曾任三边总制，昌言与琉球开边贸而精通琉球文，曾铣也正是因为要求开边贸被严嵩诬为私通番邦而获罪，所以琉球国主十分尊敬曾铣，这次起兵也是为曾铣翻案。此时海瑞向皇帝推荐曾荣读本章，皇帝大喜要授官，严嵩便设计让皇帝任命曾荣为帅，前去攻打琉球。如此，曾荣为帅，曾贵为先锋，由徐王统领将兵一同前去。

曾荣是文人，不通军事，阵前被琉球公主俘虏。琉球国主不知道曾荣是曾铣之子，加上仇恨心切，发誓要杀掉俘虏的所有明兵来祭奠曾铣。这时，曾荣认出台上悬挂的画轴上正是自己父亲，于是痛哭磕头，向琉球国主表明身份，述说前因后果，如此双方罢兵，国主还将公主嫁与曾荣。琉球平定，班师回朝，曾荣、曾贵因为平乱有功，封王封爵，但曾氏兄弟婉拒封赏，当庭指证严家陷害忠良、贪赃枉法、私用贡物等罪行，最让皇帝恼怒的就是海瑞呈上的龙嘴夜壶。如此，皇帝下旨，严嵩去职后打入孤老院，赵文华、鄢懋卿送三法司会审，细审罪行。曾荣、曾贵得封王爵，兄弟二人获赐金殿完姻。

曾荣的故事基本上就是这样了，后面还有一段是曾贵出发去寻找他的四个妻子，这个故事叫《曾贵迎亲》，待曾贵将妻子迎回，兄弟二人在金殿上一同成亲，这样一来，曾荣六位妻子，曾贵四位妻子，就叫《十美图》了。

这个故事实际上是一个悲剧，但却用喜剧的手法来展示，突出这种戏剧冲突。像严兰贞这个人物，性格、行为都让人很清楚，比金张氏要清楚得多了。

付：我选取了几部书，《玉蜻蜓》《十美图》，还有我老师推荐的《倭袍》，民国时期出的《啼笑姻缘》《秋海棠》，以及1949年后新编的《李双双》等，您怎么看？

王：研究《玉蜻蜓》的人太多了，我觉得《十美图》还比较有研究价值，《倭袍》比较俗，《李双双》是60年代中期搞出来的，可能保存得还比较好。

《李双双》有两个版本，一个上海的，是张如君搞的；一个浙江的，是施振眉搞的。这两个版本的说法、表现手法、组合等方式都不一样，上海版有出版物的。

《十美图》也有两个版本，一个是我的，用的是1949年后经过整理的；一个是我师兄周剑萍的，他用的是1949年前没有整理过的版本。这个都是不一样的。

你可以看看《双珠凤》，里面的霍定金也比较正面。还有《孟丽君》，也有两个版本，一个是上海秦纪文的版本，一个是苏州潘伯英的版本。

整理者：付楠

第七十九讲
20世纪四五十年代的上海评弹票房
—— 张国椿口述

口述者：张国椿

采访者：季珩、王正浩

采访时间：2016年4月27日下午

采访地点：上海市闵行区金汇路460弄金汇丽舍小区

张国椿

张国椿（1921— ），上海资深票友，上海人。少时与蒋月泉大师过从甚密，与蒋月泉有五十多年的交情，深得蒋派三昧，弹唱造诣殊深，今已年逾九旬。他与上海市曲艺家协会会员、市宫茉莉花评弹团团长王忠元一起建立了黄浦区文化馆评弹队，在黄浦区文化馆演说长篇、中篇和折子书，曾经连续数月，场场爆满，盛况空前。

季玠（以下简称季）：麻烦张老，您能从中华人民共和国成立前一直到您不玩票房为止来给我介绍一下您对于票房发展的看法，以及您对于票友的界定范围和今昔比照吗？

张国椿（以下简称张）：票房的事是这样的，我本来是唱京戏的，是京戏票友。当时还是民国时期，我有一次在仙乐斯书场，碰到了蒋老师，我进去，他出来。他对我说你不要玩京戏了，一门心思玩评弹好了呀，我说好的呀。当时京戏方面有两位老人带着我，让我年轻人派派用场，我慢慢就在京剧的广播电台里面崭露头角，也就有人叫我做做节目主持人，很热闹。从那时候开始，后来就逐步开始玩评弹。当时评弹刚刚起步还没有什么特别大的市场。当时蒋老师要培养票房，他在电台里面讲我们要办票房，某年某月某日在张先生的店里面，大家碰个头，大家一起去报名。报名那天很奇怪，点名第一个点我，我当时想我和评弹真是有缘啊，但是当时我还没接触呢。到场的人当时至少一百个人，当时大家都是写信去报名的，响应蒋老师在电台里的号召。大家能弹弹唱唱的人不大有，当时其实有很多人支持蒋老师，觉得这是好事情，像杨振雄啊、陈希安、周云瑞都说好。但是有一部分的人，要打蒋月泉。为什么呢？因为我们本来就没饭吃，你还要培养别人说书抢我们饭碗，要打蒋老师。蒋老师说我不管的，我是喜欢爱好玩评弹，扩大喜欢评弹的朋友，你要打我我也不管的。当时陈希安说了，好了好了，别弄了。那怎么办呢？当时有个叫华振亚，岁数比我还大，我就二十出头他已经四十岁了，也是京戏票友。当时碰头的地方就是他找的，蒋老师说我不管了，你来管吧。碰头的时候，票房的名字是我想出来的。当时蒋老师说我们的票房叫什么名字呢？我说叫雅社，文雅的雅，蒋老师说很好。后来蒋老师不是没法做了么？那么每逢礼拜天，在南京路的天天饭店三楼，这里就是我们的活动场所，那时候就每个礼拜天上午每回你唱我弹，有的讲讲怎么弹，有的讲讲怎么唱，互相交流。那时候可以说非常虚心地向对方学习，希望提高。这里面有几个月，就是华振亚他在各方面很活络的，就在东方华美电台，就在南京路的大陆游泳池的对面楼上，电台和专业演员也很熟悉，经常和蒋老师他们合作，就拉拢了一个空中书场。当时头档周玉泉，第二档"张双档"，第三档"蒋王档"，等三档之后就是我在电台东方红书场唱开篇，唱三刻钟。外头听众可以打电话进来点唱。那时候票房不是很多，唱电台的有两三个，除了我还有一两个人家。当时最大的票房叫银联社，银联社也都是我的老朋友。当时银联社的票房（里的人）年纪都大，人数在逐步逐步减少了，只有一两个人在电台唱了。刚才我是讲的我如何进入评弹的圈子的,所以在1949年以前呢,票房不算怎么多,1949年以后还有几家票房。1949年以前有城隍庙的一社,一秒书,那时候基本没什么了。后来大家逐步喜欢评弹的,三五成群几个人都弄点弹弹唱唱玩玩,但是唱电台的不多,我从1950年唱到1952年,连续唱了两年。我义务唱的,一分钱不收,因为票友不能收钱的,收钱就不是票友,就是以此为生了,我是业余的,和专业的先生是两样的。为什么我唱了两年不唱呢,因为我之前没业务,后来工作有业务了,就没有时间不唱了。所以总体上来说当时正式的票房并不多,当时我们雅社外,还有在中西大药房两个头头办的票房,都是太太,没男同志,她们教呀唱呀,到电台里唱唱打发时光,我也被拉去过帮忙,银联社人最少了,我们雅社和中西是一等的,一社也很热闹。当时一社比较热闹,还有一个明月社、联社这些票房名存实亡,老票房都逐步萎缩了。所以当时票房有的,就是大家一起弹弹唱唱、演出、玩乐,可以说抗战胜利以后到1949年以前,票房还是很活跃的,包括(抗战)胜利以前也是有票房的,不是没有。

一直到1949年后,黄浦区文化馆,彭美德请我去。1949年以前票房有是有,但是不多,人也不多,东一家西一家,没有大家组织起来,拼档演出、台上说书是没有的,就是大家在一起弹弹唱唱玩玩。偶尔电台里面唱唱开篇也是有的,但是不多,也不是每个票房都能组织到。当时联社都没有在电台演出,是自己在屋子里玩玩的,有个小书台可以上去唱的,当时蒋老师也到联社过来指导过。蒋老师很支持票友的,大家也很实事求是,蒋老师哪里唱得不对都指出来,当然一开始也会客气客气蒋老师你唱得蛮好的,但是蒋老师说你一定要提出意见的,我们也就有理有据地提出建议,大家处得很开心。所以我和蒋老师一直到晚年都交往甚深,私交甚好,可以说无话不谈。联社夜场很热闹的,但是遭遇反对事件后人就越来越少了,灰心了。后面唱电台的时候人就少了,因为当时人心散了。那么华振亚邀请我去东方电台每天下午两点一刻(唱)到三点,我是一定去的,不去不行,当时下面还有点唱的。

票房当然还是现在热闹,当然现在不能叫票房了,叫沙龙了。沙龙里么就是两码事了,沙龙里的人都是高兴来不高兴就不来,我对你有意见我自己也去办一个沙龙,有啥了不起。性质不一样了,性质变了谁都要做大。有的人刚刚开始学,有个女同志,大家一起玩得挺好的,对你有意见,那我自己去弄了沙龙,结果她没有基础的,不行。现在的情况和过去不同,交往并不多了,在自己的票房里玩得比较多,那是不是因为大家不想交往交流了呢?为什么?因为没机会,大家没时间私底下学习,互相交流学习少了,以前喜欢评弹那就互相学习,在票房里学习。喜欢评弹,想一起学的,才能办起来票房。票房里是我琵琶弹得好,我指导你,你这里弹得不对,应该这样,不是我会的在这里看你笑话的,特别自觉,都是相互帮助的。

季:票房团体还承担着(举办)公益事业的社会功能,在一些(应对)自然灾害、疾病危害和支持国家的公益活动中常见评弹票房组织的身影。比如上海的海上银联社弹词票房,对于募捐之事就十分积极,我在报纸上看到:"银联社弹词票友为筹募儿童教养院捐款,假座沧洲、东方二书场义唱会书,节目相当精彩。"能请张老讲讲当时是确有其事么?

张:当时票房的性质是非常好的,相互交流相互学习,都是你希望我好,我希望你好,唱电台也是义务的。相反,如果有救灾的特别节目,就会播报谁谁谁来了,听众想唱什么开篇?捐钱吗?那么捐了钱就捐给慈善机构,票房里分文不取。所以当时我们这些一起做票房的人思想比较单纯。

季:除了票房自己的活动,票友外出演出的有么?票房会盈利么?

张:以上我说的都是票房内部活动,但是票房在书场里面演出的还是很少了,到了"文革"之后有了登台书场。当时都是偷偷记下来的书,没有脚本的。上海(评弹)团在演出开篇,我们就去听,听的时候谁负责谁的脚色都分配好。张鸿声谁听,陈希安谁听,蒋月泉是谁负责,都是自己负责。都是自己买票去书场听的。我自己在大华书场演出,当时专业演员卖票三角五分,我的场次卖是两角五分。卖好票等客满就等着开书,当时是真的开心。说好书,大热天又没有冷气,只有风扇,每人发个扇子。结果"文革"的时候因此我还被批斗了,说我说一回书赚了多少钱,说我拿二十五元。说是去把大华书场的账簿翻开,说我和账房先生勾结。大华书场的账房先生说:我给他这么多钱,账面上不写,我自己从自己口袋摸出这么多钱来啊?吃的苦头就不谈了,真是觉得好笑。当时的票房就几家,自己内部玩的居多,不大有交往。都是老王今天去你那里玩玩好不?好呀!就去人家家里弹弹唱唱,其乐融融,也没什么你弹得不好我弹得好之类的矛盾。而且主动要求进步,老王我刚刚哪里弹得不对你指出来。都是主动要求进步的,和现在的想法不一样。这就是1949年以前的评弹票房概况,数量不多,但是特别积极主动,特别相互尊重,特别虚心求进步。

季:张老能给我介绍下票房里的职业分层吗?

张:票房里面有普通工人,有店员,我是做外贸的,不论做什么职业都没影响,只论谁琵琶弹得好,谁唱得好。主要是你想要做一件事就要把它作为一件心事,要做一张吸墨纸,你有什么特长就互相交流,我把你的优点学过来,为我所用。今天你讲出我哪里不好,我会谢谢你的,不会说你在针对我,是真谦虚。我刚刚学的时候,有个笑话。我们在雅社里活动,刚刚五六个人,当然我是初学啦。大家都在弹唱,我不说话,我就认真看着,用心学习。到后来,大家让我也要弹弹唱唱。当时有个女同志,岁数比我大,说,哎呀,张国椿唱得这么好,很像样了。其实现在回头看看,刚刚学,唱得不像样的,只是感觉我有点入门了。怎么提升?就是看你有哪些优点,然后我就去学习,自己要有个目标,自求上进。当然大家都是来玩的,来娱乐的,不是来钻研的，但是有的人是来玩玩，有的是来混混。所以1949年以后的票房都是这样的性质，也不请老师教的，都是相互学习的。不分老幼，不是说你年纪大，小年纪的就不能指出你的问题，而是你有擅长，就要请教你，向你学习的。那时候京戏票房也是这样的性质，放在现在不行了，老子都是天下第一，出门就是喝老酒。

季：票房里面女性多么？女同志喜欢的方面和男票友有区别么？

张：比例不多，三七开，其实女同志还挺多的，有时候唱唱还很需要女同志的参与的。和我一起的女同志都是能弹能唱能说的，因为说中篇的需要嘛，当然这和演唱会又是两码事。

1949年以后，黄浦区文化馆的负责文艺方面的领导，叫彭美德，还健在。到我公司里找我，我其实当时业务还挺忙的。但是因为我们是多年的好朋友，他说想组织一个评弹团，你来组织下。我很喜欢这个，当时又可以继续弄了，当然欣然答应。黄浦区也很支持，也不知道从哪里弄来的布料，一人做了一套中山装说新书。上海（评弹）团有什么，我们也要有的，都是有一定水准的。等中山装做好的时候，又可以说传统书了，一人一件长衫或者旗袍。领导也要看成绩的，我们就去听着学，当时我们的表演，上座率也很高，五十人的场子坐不下了，到七楼，九百多个位置。当时我们演出了传统书，蒋老师他们上海（评弹）团还不能演出，就去问黄浦区为什么我还不能演你们都可以演了，其实是彭美德脑子快，灵活。我们当时每个礼拜日做一场，做了六百场，当时目标是一千场。后来黄浦区一个女领导似乎想再弄一个新的东西，于是对我们的政策有所改变，那我觉得有点刁难，就算了。我毕竟是业余的呀，之后很多的文化馆都办起小的晚会来，都是票友弄的。现在是非常多了，这些演出地点，每天都有演出。坐到里面去听，你在上面（唱）我在下面听，然后换我唱你听，无非是一个碰碰头聚会的。人人都是蒋月泉，人人都是朱慧珍，还有什么意思。

季：以前的票房和现在的票房有区别的原因是什么呢？

张：有几个问题。一个是现在娱乐的东西太多了，1949年以前没什么玩的，大家兴趣都在评弹上面。现在娱乐太多，所以兴趣比较多。而且玩评弹的宗旨和目的不是专业和这样学本事，不再是虚心学东西，现在都是"我自己最好"，思想有问题。

有些人办票房，他的宗旨不是朋友碰头学习和娱乐，都是互相吹捧。你本身不是这方面有基础和本事的，但是你有钱就弄一个票房，你以为身边有两三个人，还收学生，那你是谁的学生？你是业余的，怎么能这样？时间一长最后众叛亲离。所以玩评弹目标要清楚，你应该是爱好和钻研这门艺术来接触评弹，而不是为了别的，如果有别的想法就不可靠了。做票友，应该是为了热爱评弹，如果有别的想法，就不可靠了，艺术需要钻研。1949年以后，就是成立工人文化宫团，也是业余，但是重视政治，轻视业务，不行的。那时候是政治第一，导致他们后面就萎缩了。评弹票友不会捧角的，因为：第一没经济条件，第二没这意识，第三是也捧不起来。

季：京戏票友和评弹票友有不同之处么？有哪些？

张：别的我不清楚，京剧（戏）票友我还是知道的。所谓京剧（戏）票友，我说是用钞票的"票"友。这个"票"友绝对不能以此为生，由此得利。我在大华（书场）说书，不能从中拿工资的，给我两角五分车费我可以拿，给我两块五或者二十五，我就不能够收了，这就是票友。靠演出为生的，不算票友，当然有的人可能沾沾自喜，觉得自己就和专业演员一样了，这种人就是不懂"票友"二字。现在反过来了，好多地方两个人能赚钱就是本事，不在乎我是不是专业，票友就是赚钱的。这算什么呢？不伦不类，我九十岁，唱了这么多年评弹，从未从中牟利，我问心无愧。我经历了这么多运动，我不论玩京戏还是评弹，都是问心无愧的。玩京戏花的钱特别多，我请老师教我要交钱，讲好多少钱一个月的，一个礼拜来几次，有时候这次来就问我要下次的钱。学京戏的人也会沾染京戏的习气，挺不好的。学京戏本身有钱，票戏了，老师那里是要给钱的。老师教会我这出戏，我能登台演出了，要孝敬老师。大家碰到一起，喝茶很正常的，我唱京戏的时候就是这样的，大家都如此。京戏的票友用一句话概括就是用钞票的票友。到后来你唱得好了，大家来捧场，今天的一切费用我买单，用钱厉害啊！除此之外，还有服装、场面，一台戏唱下来要十万，今天来说。所以评弹票友和京戏票友不好比，评弹省钱。

整理者：季珩

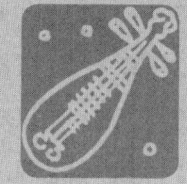

第八十讲
唱不倒的《珍珠塔》
——赵开生口述访谈

口述者：赵开生

采访人：付楠、陈琪伟

采访时间：2016年11月22日

采访地点：上海市浦东新区德州路赵开生宅

赵开生

赵开生（1936— ），江苏常熟人，苏州弹词演员。1936年生，1950年师从周云瑞，学习书目《珍珠塔》，次年与饶一尘拼档表演。1959年加入上海市长征评弹团，改编长篇《青春之歌》，与石文磊拼档演出。1960年调入上海市人民评弹工作团，《青春之歌》列入创新类节目，受到陈云老首长的支持和鼓励。赵开生深受杨振雄和姚荫梅影响，说表细腻，弹唱工整，在评弹唱腔上有长期探索，50年代末以弹词曲调谱唱毛泽东诗词《蝶恋花·答李淑一》，后者成为评弹艺术创新的代表作品。80年代末至今长期在表演之余整理经典长篇《珍珠塔》，并辑录成书，被誉为"赵氏珠塔，常说常新"。其演艺生涯中多次受到陈云老首长的接见和肯定。

一、赵开生早年学艺及表演经历

付楠（以下简称付）：赵老师是著名的评弹演员，首先请您介绍一下自己是如何开始学习评弹的，以及一些早期的演艺经历。

赵开生（以下简称赵）：我是虚岁十四岁跟随老师周云瑞到上海，老师对我很好。以前学生跟着老师出去，花销是自负的，老师不仅不要我的拜师费，还给我贴饭钱，把自己的旧衣服改小给我穿。

我小时候家境是很困难的，我父亲叫赵光勳，是一个国民党军队里的小军官，在抗日战场上牺牲的时候，我还不到一岁，我们也没收到他的尸体，也没有抚恤金。妈妈就带着我和哥哥两个人，孤儿寡母，生活是很困难的。家里租不起房子，就住在妈妈娘家的祠堂里。说起来我母亲也出身于一个大家庭，但她父母去世早，所以她也吃了很多苦。我们住在祠堂里，就靠妈妈做一些洗衣、绣花、纺棉花（的工作）度日，晚上还要帮人家纺纱来赚取一点手工费，那时我们穷得晚上只能点一盏油灯，很昏暗，妈妈就把灯放在纺纱车的锭子边。这时候我就坐在妈妈边上打瞌睡，睡梦中还能听到妈妈纺纱的声音。

当时我们家有个邻居是票友，后来也下海表演了，他经常在家弹弹唱唱，我也学了四句《方卿见娘》，常熟当时开办电台，邀请票友去表演，邻居就把我带过去唱了这四句，这是我第一次表演。后来周老师和陈希安正好来常熟演出，陈希安的妈妈，也就是我的干娘，就带着我去找周老师，说这孩子没有父亲，母亲带着两个孩子生活很困难，周先生你就教教他，给口饭吃。周老师让我唱一段，我就唱了那四句《方卿见娘》，那时我嗓子很好，在教会小学是唱诗班的成员，周老师很满意，就把我收下了。

1948年底我跟着老师去了上海，开始学习评弹。我学得很用功，妈妈说只有学会本领将来才好吃饭，所以每学会一段唱、一段曲子，我都觉得身上添了一份家财，我就是这样入了演艺圈，跟《珍珠塔》结了不解之缘了。

1949年3月份，就是上海解放前夕，周老师说现在时局不稳，叫我回家待一阵子，等局势稳定了继续跟师。但是中华人民共和国成立初期百废待兴，评弹生意很差，很多同行转业，老师说看来新政府是不要评弹的，叫我回家另谋出路，但老师还是把《珍珠塔》的本子给我抄，如果将来能上台也有本子可说，我就回常熟了。

青年时期的赵开生

就是这段时间我碰到了饶一尘，他跟我是同班同学，拜了魏含英为师，跟我一样学的是《珍珠塔》。饶一尘的父亲是一位中医，以前很赚钱的，家里还有轿子，可惜后来中医没落了，家境也不行了，但那时家中还有轿夫，见我们俩弹弹唱唱，就叫我们到乡下去演出。那是我第一次出码头，在毛家桥，离常熟十里不到，只有两家店，一个木匠店，一个日用品小店，我们叫它"百货公司"。没有书场，晚上我们就在一户人家的厅堂里说书，可以坐五六十个人，没有台子就借旁边人家一位老太太的棺材板搭成一个书台。我们想不到的是初次演出反响特别好，四乡八镇的人都来了，人多得厅堂的墙都挤塌了，都称赞我们是"一对好得不得了的小双档"，就是卖一个年轻。我们说了二十多天，来听书的没有票也没有筹，就是来了投钱到台子前的一个筒里，结果我们一分钱也没拿到，就是送了我们一人五斤竹笋，我再问人家拿了一根竹竿，挑着就走回家了。我的演艺生涯就是这样开始的。

我出的第二个码头叫福山塘，这里有很多小码头，像新桥、毛家桥，也只隔个三四里路，我们从这里开始赚钱了。我和饶一尘先是在这种"庙桥村浜"的地方表演，十八岁时我们进了苏州，苏州是评弹演员的考场，现在叫"接受检验"，在龙园书场开书时，碰到对面书场都是大响档、艺术家，我们也是初生牛犊不怕虎，开始时是他们那边客满，要到我们场子里借椅子，一星期下来是我们这边客满，我们就是这样在苏州站住脚跟的。

二十岁那年，我妈妈去世了，她去世前的医药费和家用都是我付的，为了付丧葬费，我在上海和苏州借了八百块钱。新旧交替的时候，解放区的钱是按照 10 000∶1 的比例兑换的，那时候我能借八百块是很不得了的。就是那年年底，我在苏州做年档，上海四家大书场（静园、西藏、大华、仙乐）的场东因为有演员中途解约，于是来苏州找"垫脚"的先生，就挑上我们了，当然签约的时候是说只签一个月，问我们去不去。那时候进上海可不容易，我还欠这么多钱，当时就同意了。进了上海，反响强烈，我和饶一尘赶场子的时候，有很多听客跟在我们三轮车后边，从一

赵开生演出照

家书场跑到下一家书场,当时一些人称我们是响档。可惜那时太年轻,没经验,书场老板敲我们竹杠,要我们送礼、请席,我不愿意低声下气地去讨好他们,结果得罪了他们,沧洲书场的场方在排场子的时候,让我们送严雪亭的客,还不让我们说《珍珠塔》《秦香莲》,结果听众中途退场,我们只能退出上海。

从那时退出上海,到我后来重返上海这段时间,我碰到了第一次"斩尾巴",和饶一尘的合作也有一些变化。1958年我参加了一个小组(红旗评弹队),后来十个小组并成了五个团,我进了长征评弹团,正是在长征(评弹)团,我谱唱了《蝶恋花》,并和石文磊合作改编了《青春之歌》。1960年长征(评弹)团由市属下放到区里,我、石文磊、余红仙、吴静芝这四个比较有影响力的青年演员给调去了上海市人民评弹工作团。当时评弹界有句话:"评弹团要采花。"我们就是被"采"到上海评弹团的。

二、创新:《青春之歌》与《蝶恋花》

付:关于您进长征(评弹)团后,和石文磊编演了长篇《青春之歌》,您当时是怎么萌发了这一想法的呢?创作过程是怎样的?

赵:我是1959年底参加的长征(评弹)团,进团后我开始与石文磊拼双档。因为石文磊原先的搭档是她的先生饶一尘,被调去了上海评弹团,并转向以创作为主,所以石文磊就没有搭档了。恰巧此时我进了长征(评弹)团,团里就建议我们两人拼档。但石文磊在传统书表演上相对弱势。我便想到了我当时正在看的《青春之歌》,建议将其改编进行表演,她欣然接受。创作过程中困难很多,要一边编写一边表演,有时实在来不及,我就只写唱词,列个提纲,表演时就自行组织发挥。那时我二十三岁,她二十一岁,谁也没想到《青春之歌》获得了成功。我想是因为石文磊身上有一种与众不同的气质,她很像女学生,因此能与《青春之歌》很好地结合在一起。陈云同志在听到我们说的一段《青春之歌》后还表扬我们,说我们说这个书好,所以团里也比较重视。

"文革"时《青春之歌》的文本被烧毁了,但我最惋惜的还是我搜集的资料也一起被烧了,

《蝶恋花》获1960年全国业余歌曲创作比赛一等奖

那都是我在藏书楼、图书馆搜集的资料。当时我改编《青春之歌》时，还特意去疗养院向原作者杨沫同志取材，我问他是不是有什么材料可以让我看看，他说并没有什么材料，只是当时看到很多烈士都是学生，都很年轻，产生了写作的欲望，但那时他是随军记者，没有时间写。等到了和平年代想写了，对当时的环境、氛围又感到了淡薄。后来他去了图书馆翻1931年前后的资料，然后再写。所以我改编的时候，材料都是自己去找的。1977年春天，陈云同志还特意把我叫到杭州汇报工作，期间就曾问起《青春之歌》的情况，老首长还是很关心这部书的。

陈琪伟（以下简称陈）：那《青春之歌》在文本都被烧掉之后还有演出吗？反响如何？

赵：有，"文革"结束后陈云同志提出《青春之歌》还是可以演的。1977—1978年间，我重新整理、表演《青春之歌》，那时刚刚放开控制，听众需求很大，我们在大华书场表演，整整一个月天天客满。之后我们到外地演出，听众为了听《青春之歌》，排队要排一晚上。回到上海静园书场，依旧场场客满。但到80年代我将其整理成长篇演出时，情况就有了不同，热度过去了。一方面是因为传统书目解禁，听众兴趣转移了；另一方面是时代发生了变化，听众对那时的历史没有亲身体验，《青春之歌》的表演不会引起这么多听众的共鸣了。60年代我表演《青春之歌》时，民众反应很热烈，我收到了很多来信，当时交大还有一个《青春之歌》研究小组，我们便去说给他们听，给他们更直接的体会。我最感动的一次演出是在北大，整个演出下来，学生们表示最喜欢的就是《青春之歌》，他们说在听《青春之歌》时，发觉在听的已经不是评弹，而是在讲述北大的校史，因此听起来特别亲切。

付：那么《蝶恋花》的创作背景是怎么样的呢？您为什么会想给毛泽东诗词谱曲呢？

赵：那时我一边在创作表演《青春之歌》，同时也在给《蝶恋花》谱曲。因为正在"大跃进"时期，评弹表演产生了很多新变化。表演形式上出现了微型评话，时间在十五到二十分钟；出现了乐器上的改革，比如蒋月泉和朱慧珍在男女对唱上有困难，后来运用乐器变调的方法解决了这个问题。在表演内容上，则有人提出唱"毛泽东思想放光芒""列宁主义万岁"这类开篇。在这一时期，有一天我刚好在一本杂志上看到了《蝶恋花》，但我对它背后的故事并不太了解，只是诗词中涉及的神话人物让我觉得很熟悉，虽然词里的字句不像评弹中那样有规律，但我觉得能够将其以评弹曲调谱写出来也是一种突破。

在这个基础上，我尝试了多种流派唱腔，但都觉得不行。恰巧当时有很多学习毛主席著作的学习班，我参加了一个，主题是学习毛主席《在延安文艺工作座谈会上的讲话》。具体的内容我已经记不清，但毛主席那段没有批判的继承是最没有出息的讲话，令我印象深刻。唱腔都有各自的优劣，比如用评弹曲调谱唱毛主席的诗词就很难，因为字少意多，用一种曲调是不行的，但坚定了我创作的信心。

陈：要克服这么多困难，那么您是怎么进行《蝶恋花》的创作呢？

赵：首先我去查了资料，加深了对杨开慧、李淑一等人的了解，并知道了她们之间的关系以及这首诗词的创作背景等细节。在对这些有了理解后，我通过朗诵的方式培养情感，更深入地了解烈士的心理，再根据这种感情来配调。有些调在评弹中不好找，我就去借鉴歌曲、京剧的曲调，最终完成了《蝶恋花》的谱写。整个过程花费了一两个月，虽然不太长，但那个时候我不懂谱，也不会写谱，只能靠记，一路走一路想，有时候路上想到一个好唱腔，到家就记不得了，所以你们现在听到的《蝶恋花》，只是最后留下来的那一种。

那时我是第一个谱唱毛主席诗词的，《蝶恋花》就是开端。后来我又创作了《为女民兵题照》（与江文兰合作）、《重上井冈山》等作品，还有其他人创作的《送瘟神》《长征》等。《蝶恋花》的成功是我没想到的，因为刚创作出来时，我们不敢跟听众见面，更不知道能不能唱。我最早想让石文磊来唱，但当时她正在写《毛泽东思想放光芒》，对《蝶恋花》是否能表演也没有把握。后来我到书场找到余红仙，和她商量到一些大单位办的毛泽东思想学习小组去表演。上海合唱团听了以后还向我要了谱子，虽然他们没有正式演出，但都很喜欢这首曲子。

付：《蝶恋花》取得了很大的成绩，被誉为评弹艺术创新的典范，当时的情况是怎样的？

赵：《蝶恋花》的成功，与中央首长的支持有很大关系。一次在锦江饭店，我们唱给陈云同志听，周总理也来了。当时我们和陈云同志、周总理只隔了一道幕，我听到陈云同志向周总理推荐《蝶恋花》，之后我们又唱了一遍。正是经过这次表演，《蝶恋花》

1961年发表在报纸上的《蝶恋花》曲谱

得到了周总理和陈云同志的肯定，终于能到台前表演了。而那时叶剑英、陈毅等首长也都很喜欢《蝶恋花》。叶帅到上海我总是要去的，他还对我说："赵开生啊，你的这个《蝶恋花》我会唱了！你几时给我伴奏啊？"我们去了北京后，在中南海紫光阁的舞会中参加一些小节目，一次碰到了陈毅同志，他说："我听说上海评弹团来啦，《蝶恋花》带来没有啊，我听一次晚上乘飞机就要走了。"于是我们便又唱了一次。因此，首长对《蝶恋花》的喜爱对我们的鼓励是很大的。

1960年秋天，《蝶恋花》第一次在西藏书场演出，一圈唱下来之后，书场里一点动静都没有，余红仙站起来也很尴尬，我还想着出于礼貌也应该给点掌声，正在内心不安时，全场"哗"地一声爆发出了掌声。这时我们才知道演出成功了。后来四川、南京都有人来学，就是周总理到四川时，对他们说："评弹有个《蝶恋花》你们知道吗？会唱吗？很好听的，你们去学一下！"所以他们来了，南京军区也来了，《蝶恋花》因此传到了全国。而电台播放一周一专题，就是播放《蝶恋花》，产生了很大的影响。1960年底，我们跟合唱团合作，用交响乐的方式伴奏，男女声合唱表演。团里把我叫去交响乐团问了一些问题，对我说三弦、琵琶上出不来他们可以帮助加强。于是我和他们谈了我创作的经过。当时的乐队指挥黄贻钧老师对我们说，赵开生的发言就是一篇很好的论文，刚出来的学生是写不出来的。1961年春节，交响乐版的《蝶恋花》在音乐厅演出，《文汇报》和《解放日报》都登了我的谱子。朋友还开玩笑说我不得了，毛泽东的词，赵开生的曲，是不得了啊！

《蝶恋花》甚至还唱到了国外，比如越南、日本、印度尼西亚等国。2003年在维也纳金色大厅表演，2011年在美国林肯艺术中心也有演出，这些是最高规格的表演场所了。

关于《蝶恋花》还有几个小故事。一个是发生在"文革"初期，有一天文化局告诉我丹麦的共产党总书记克努德·叶斯佩森（Knud Jespersen）访华，他表示在听了《蝶恋花》之后很感动，到上海来一定要来看我，于是我在团里接待了他。一个是在1962—1963年间，招待江青，在舞会休息时有一些小节目。那时候《蝶恋花》也演出了，江青很不客气带了一批人离场了。后来每一次评弹演出，江青都会这样带人走。我说了一句"江青同志怎么这样没有礼貌"，当时引起了很大的麻烦。文化局、宣传部找我做工作，说以后不能这么说。打倒"四人帮"后，我与赵丹老师在宣传部开会，他过来对我说："赵开生，恭喜！你也上了黑名单，可江青树敌太多，连我都没有整倒，所以来不及修理你。"但毛主席很喜欢这个曲子，我与李淑一见面她告诉我，她好几次去中南海看到毛主席的书桌上就有《蝶恋花》的唱片。后来她写文章怀念毛主席时也提到此事。还有一个是在1977年春天，陈云同志叫我去杭州汇报工作，我住在浙江省招待所（现大华饭店），跟我同一房间的同志是浙江诸暨人，他在与我的聊天中表示苏州话很好听，在得知我就是评弹演员之后,他又问我知不知道《蝶恋花》,并说诸暨人不通吴语,觉得评弹难听懂,但大家都听得懂《蝶恋花》,会唱的也不少。我对他说《蝶恋花》也不完美,也有缺陷。结果这位同志听了不高兴了,对我说:"同志,妒忌是没有用的,虚心才能使人进步!"这样一说我反而不好告诉他我就是《蝶恋花》的作者。直到后来上海台和苏州台采访我,我借着机会澄清:"不知道当时那位同志在不在看这个节目,今天我想澄清一下,《蝶恋花》就是我写的,当时出于礼貌没有说,请你不要生气。"

三、整故:对《珍珠塔》的打磨和整理

付:1984年,您在中南海与陈云老首长见面时,他对您说:"《珍珠塔》不是小修小补,要大刀阔斧。"您这些年也一直在做这项工作,请您简要讲述一下这当中的过程。

赵:我整理《珍珠塔》有个很大的优势,下手、上手、放单档我都说过,对《珍珠塔》的人物、情节有很全面的了解,我这个人也喜欢动脑筋。70年代末的时候,我和饶一尘在苏州电台录音,演到

赵开生与师妹郑缨在表演《珍珠塔》

丫头采平的时候,我觉得这个人物原先的演法是不合适的,方卿二进花园,采平痛恨于方卿的满口谎言,决定"三收三放",让方卿急、跳、哭。这其实是以前说书人故意添加情节、制造冲突、拉长关子的手法,但这样演,采平就不是前文中那个敢作敢为、侠义心肠的采平了。陈云老首长还专门要我放单档录《珍珠塔》给他听。

1984年我作为艺术指导,带着秦建国他们到北京演出,演出将要结束时,我接到老首长要接见我的通知,之后专车接我到中南海,老首长就对我说《珍珠塔》问题很大,修改要大刀阔斧。不过在此之前,我已经开始对《珍珠塔》做"小修小补"了,但面对老首长的嘱托,我的压力是很大的。这项工作做到现在,书已经整理出来出版了,里面很多唱篇、唱词和回目我都做过修改。

比如《方卿跌雪》《雪塘遇救》《写家书》《方母寻子》等书我都斩掉了,因为这些书在以前也是"软档书",是导致与现在节奏不符的回目,方卿离开襄阳后我立刻接上了北京书,这样情

赵开生演出照

节紧凑、环环相扣。当然我也有改动和增加的回目,比如《婆媳相会》,是我改动最大的回目,这两个女性脚色都很正面,惹人喜爱,不过这回书是个大关子,以前说书都是能拖就拖,我以前也是这样的,后来我觉得这样处理会把结构拉散,我让方太太更主动,因为她要寻子,要确定陈小姐手上的家书是真是假。

另一个我改得比较大的回目是《二进花园》,以前的说法是方卿面对陈御史、采平、小姐都是满口谎言,只是为了羞姑,但这样不是把方卿的人写坏了吗?但是"羞姑"是《珍珠塔》存在的意义,是为了给广大受压迫的人出一口气的,这也是《珍珠塔》长演不衰的关键所在。不过现在不能这样了,经典长篇要细细打磨,要注重里面的人物形象和行为逻辑的,不能仅仅注重戏剧冲突,所以我用了一些偷天换日、偷梁换柱的手法,回目依然保存,但旧的说法要改变。

比如《小夫妻相会》一回,我做了一个大胆的改动,就是方卿跟陈采娥说明自己考中状元,但陈采娥不信,不信也是要有道理的,因为方卿是更名毕鼎考中的。这种改动是基于人物形象和心态发展来改的。

甚至出场我也改了,以前是方卿先出场,自我介绍,要说一刻多钟,这是没有故事情节的,现在我改成让采平先出场,就能把线索提出来。我做这件事已经做了几十年,之前是"小修小改",80年代后是"大修大改",但这都是我的个人之见。现在改好了出了书以后,我看了书还有一些想法。

陈: 那您一直以来是边演边改《珍珠塔》的,听众对您的修改有什么回应?

赵: 听众对我的修改反应是很好的,给我的评价是"常说常新,老书新说""赵氏珠塔,别具一格",我改的时候从没有想过要自创一种风格,只是想把它改好而已。我在上海、苏州等地演出时,听众反响很强烈,卖座率也很高。

前几年我去参加一个学习班,有些青年演员说传统书是没人听的,还说只要把这个书目挂出去,书场都不让说。我很不服气,虽然我已经退休了,但是我还在表演啊!2006年我选了上海、苏州、杭州三个城市表演《珍珠塔》,看看听众是不是反应冷淡。第一个地方是杭州,那真是盛况空前,不仅书场里天天客满,外边的休息室都要买票进;第二个地方是上海,票卖完了,但碰上"非典",听众不让停演,最后卫生局来干涉了;最后一个地方是苏州,可惜我发了心脏病要做手术，去不了了。经过这一次，我感觉到听众还是欢迎《珍珠塔》，欢迎传统书的，只是要看演员怎么说，我现在偶尔上台，卖座率还是很高的。我学生说是因为是我赵开生来表演，《珍珠塔》才有这样的号召力，我想你们不好好下功夫来琢磨书情，怎么能提升艺术水准？为什么我平常地说一句，就会有人叫好，是因为我情到了、理到了，听众感觉到了，才会鼓掌的。

整理者：付楠、陈琪伟

第八十一讲
忆评话艺术人生
——周天来访谈录

口述者：周天来

采访者：秦筝茜、高勤

采访时间：2016 年 12 月 5 日

采访地点：苏州市周天来住所

周天来

周天来（1945— ），苏州评话演员、评弹教育工作者。江苏苏州人。1963年毕业于苏州评弹学校，进入苏州评弹团。师承张鸿声，学说长篇评话《英烈》，还说过评话《杜鹃山》。1984年调入苏州评弹学校任教。

一、听书迷加体育迷

我父亲是书场里的常客，只要有空几乎每天夜里要到南津苑书场听书（浒墅关镇当时共有三家书场，乐园、凤祥春。文化馆书场有时候开，有时候关），而且大小书都要听。我童年时候经常跟父亲到书场，听书是假，吃零食才是真的，两分钱南瓜子三分钱长生果吃吃，一个多钟头很快过去了，台上说唱些什么基本上不懂。时间一长，大书有点听得懂了。

记得在50年代中后期，上海市人民评弹工作团组织巡回演出到浒关，在吴县文化馆剧场（体育场的北面）说书，剧场爆满。在我的记忆中，那天有三档书：一档是"朱郭档"（朱雪琴、郭彬卿）《珍珠塔》；一档大书是张鸿声《英烈》；一档是严雪亭《白毛女》。尤其是张鸿声老师说的《英烈·夜进武场》中胡大海的形象至今还历历在目，抢"状元灯"、"清水盆汤的灯笼说成状元灯的祖宗"，剧场里笑声不断。严雪亭老师起的穆仁之印象也十分深刻，黄世仁、穆仁之进奶奶庙看见白毛女以为是鬼出现拼命逃，外头在下大雨。穆仁之只对前面奔快的黄世仁说："前头也在下雨呀……"

就从这时候起我真的喜欢上听书了，而且一发不可收拾成了小书迷。南津苑书场老板叫朱敬山，与我父亲是老朋友。我叫朱敬山老伯伯。那时我还在读小学，每天下午放学后还能到书场听半小时戤壁书（那时候读小学很轻松，放学很早的），夜里我是书场里的常客，叫一声"老伯伯"就坐到书场里听书了（勿买票听白书）。听大书为主。

1961年之前（我1961年10月初进苏州戏曲学校学习评话）听过的大书有：张玉书、张国良、汪如云、顾又良的《三国》；张鸿声、张效声、丁冠渔、陈鹤声的《英烈》，尤其是张效声在浒关演出时几乎天天听的；钟子亮、曹汉昌的《岳传》；张少伯、朱雍伯的《隋唐》《神州会》；余莲伯、吴君玉的《水浒》；方玉峰、钱雪峰、高玉山的《金枪》；方玉峰每天还说半小时的新书《战斗在敌人的心脏里》，他每天上书台时一面走一面吃雪茄烟，生意天天客满；唐凤歧、杨震新的《东汉》；马汉民的《西汉》；宋云飞的《征东》；高孟伯、高侬伯、赵月伯的《包公》；莫天鸿、平雄飞的《金台传》；徐剑衡、邹继衡、胡天如的《七侠五义》；殷小虹的《血滴子》等。相比之下小书就听得少了，记得有的：徐雪月、陈红霞说《梁祝》与吴君玉说《鲁智深》二档越做；张君谋、马燕芳的《武松》，生意十分火爆；徐云志、王鹰的《贩马记》；曹啸君、汪梅韵的《秦香莲》，这档书天天客满，说到最后几天书场里坐不下，就拿书场大门敞开长凳摆到街上，听客立在凳子上听书。真是难得一见。

我从孩童起就喜欢听书，但从心底里从未有过要想学说书的念头。实际上我小时候很喜欢体育运动，打篮球、踢足球、打乒乓球，练过体操、学会了游泳和骑自行车。尤其是打乒乓球在同年龄中属高水平的（当然仅在浒墅关镇上而言），因此在1959年时有一次被选中代表苏州地区少年队准备参加全省少年比赛，不巧的是正好突发乳蛾（扁桃体发炎），发高烧住进中医院治疗而错过一次比赛机会。否则或许就不做评话演员当一名运动员了。当时，我很想吃体育饭的，所以初中毕业就报考了体育学校。1961年夏天，在学校老师带领下我们一部分人来到苏州市体育场参加田径跑跳项目考试，考试结束后几名考官把我和另一位姓蔡的同学留下带到办公室，因为我小时练习过体操，身材体形很好所以被选苗的招生老师一眼看中。到办公室后几位老师用米尺量了我的身高、胸围、腰围、臀围、手脚的大小、大小腿的粗细、做了简单的抬腿弯腰等动作，还问了父母亲的一些情况。结束后，有关领导对我们俩说：这些考官分别来自北京、上海、南京体院，专门来选运动系学生，为培养国家级运动员的，毕业后不是做体育教师的。你们两人的身材很适宜搞体操、技巧运动项目，这次希望很大。看来我要走上体育之路了。

二、一张招生广告改变了我的人生

上午考完体育就各自分散回家，我心里蛮开心，看来要进体院当运动员了。因为难得到苏州，中午吃了碗阳春面就跑到观前街，路过宫巷珍珠弄（现在苏州评弹团团部）看见一张招收评弹学生的广告，招生条件中有一条限本市户口。1961年浒关镇正巧属苏州市户口。听书我从小就欢喜，但没有想过说书。（1960年7月份我曾经考入过苏州地区戏曲学校，校长潘建新，校址设在吴衙场后来搬到宋衙弄，现在的劳动局内。）但是我觉得做个说书先生日脚蛮好的，经常看见说书先生吃鱼吃肉吃鸡吃虾（我与书场老板的小儿子是小朋友，时常到他家见到的）。能做个说书先生倒也不差，进体院也不是百分百有把握的吧？我抱着无所谓的态度，踏进报名的地方。五十年前的事我记得很清楚，接待我的是俞蔚虹、杨泳麟两位领导。"我来报名考说书的。""户口簿带来了吗？""没有带，我是路过这里考考试试的。""苏州人？""勿，浒墅关人。""勿是市内户口的不能考的。""浒关属苏州市户口的，你们可以去了解。"他们俩一商量后就同意我参加初试。

考场很简陋就设在大厅上，坐着七八个主考官。有两个我认识的，曾经听他们说书的，如钟子亮、王鹰等。他们见到我顿时眼前为之一亮：十七岁的我，一米七十的身高，五官端正相貌出众，上身一件白色汗马夹，下身一条白色长裤，脚上一双白色田径鞋，一副运动员的气质，身材匀称肌肉发达（这与练体操有关），一个英俊的青少年。我立在他们面前，见他们在交头接耳窃窃私语，我隐隐约约听见他们在议论："这小伙子登样，卖相好的。"其中有一位主考官叫我唱歌，我说歌勿会唱（其实我会唱而且唱得还可以），我说："我是考大书的。"当时，钟子亮老师叫我跟他喊喉咙，模仿手面动作，王兰香老师叫我跟她学苏州话：九万九千九百九十九，我读成：卷万卷千卷百卷十卷。再来一遍还是老样子，第三遍就念对了。进了学校我就问王兰香老师你怎么叫我念这个数目？她说：我也是浒关人自然晓得浒关人犯头油韵，头念团，油念园。后来她还为我"开小灶"，周日我经常到她家长春巷，她辅导我纠正浒关闲话。考试很简单，很快就结束了，叫我回家等通知。

当天回家后我就把考评弹的事告诉了父母亲，出乎意外父母没说什么，父亲就说"比吃体育饭好，体育是年轻饭，说书五六十岁年纪还可以说"，父母同意了我的选择。但一直没有接到复试通知书，考体院录取与否也没有消息。心里有些七上八下忐忑不安，直到9月下旬我收到了戏曲学校的录取通知书，通知书很简单仅仅是一张明信片，大致内容为"你被录取了，10月3日到苏州市学士街天官坊苏州戏曲学校报到"。虽然我心里很高兴考取了戏曲学校评弹专业，但我内心还是倾向去体院，为此我特地赶到苏州体育场询问了办公室的负责人，他说："到现在全省有七八个人还没最后定下来，今年对运动系学生要求很严，国家培养一名运动员不容易的……"我说："我已被戏曲学校录取学习评弹专业，如果再没有通知来下月3日我就到戏校入学报到了。"他也不阻止我，只讲好的。这样，我就决定学说书这行当了。

三、跨入艺术学校

几天中准备好行装，10月3日上午母亲送我上了轮船，路上一番叮嘱后（我家就住在轮船码头附近）我就孤单一人去苏州了（这是我第二次去苏州独立生活）。经过两小时的航行，在新闾门南星桥船码头上岸，拎着箱子捆着被头铺盖，两角洋钿一部三轮车直到学士街天官坊。学校很破旧，杂草丛生。后来才知道这地方以前曾是道台衙门，办过康复医院、苏州体育专科学校。随即办理好入学手续。苏州戏曲学校分成评弹和苏昆两个专业，校长潘建新，评弹部主任温尚南，苏昆部主任俞蔚虹。

评弹部分评话与弹词专业，弹词又分弹词甲班和弹词乙班，甲班的学生是以评弹艺人子女、亲属、有评弹基础的、江苏省曲艺团学员和高中毕业生组成；弹词乙班则是由初中、小学毕业生、一点没有评弹基础的学生组成。甲班有二十几名学生，乙班有四十余名学生。后来上海评弹团学馆来了三四十名学生（例如：江肇焜、沈世华、胡国梁、周介安、秦锦蓉、张美玲、石琦珍、王正浩、吕泳鸣等）；上海市长征评弹团八人（朱维德、周亚君、徐淑娟等）也到学校学习。

我是评话班的，共有十八位学生：张维明、王维平、王关胜、周苏生、裘泳鑫、朱连生、郑文杰、吕也康、张炳山、蒋浩勤、汪中华、华菊瓶（现名华觉平）、陈孔鑫（现名陈学锋）、周天来、沈昌林、马逢伯、孙敦源、胡德理（其中郑文杰、汪中华、沈昌林、王关胜四人属省团学员）。

苏州戏曲学校评弹部在10月16日上午举行开学典礼，出席开学典礼的有苏州地区、苏州市委宣传部、文化局、上海市人民评弹工作团、江苏省曲艺团、苏州市人民评弹团、学校领导和全校师生：李浩礼（苏州市委宣传部部长）、周良（苏州市文化局副局长）、潘建新（苏州戏曲学校校长）、李庆福（上海市人民评弹工作团副团长）、钟兆靖（江苏省曲艺团团长）、曹啸君（江苏省曲艺团副团长）、颜仁翰（苏州市人民评弹团副团长）、俞红叶（苏州市人民评弹二团副团长）、朱介生、周云瑞、吴子安、杨震新、顾宏伯、吴剑秋、王兰荪、王兰香、景文梅、武家安等，还有评弹部主任温尚南、苏昆部主任俞蔚虹并合影留念。下午老师们为学生做了精彩演出，整整五十年了，记不太清楚了，记得好像有曹啸君、潘伯英、周云瑞、王兰香、景文梅、顾宏伯等老师演出的，不知其他同学记得否？

四、开始学习评话基础

开学典礼之后学习开始了，早晨六点起床后集中在操场上围成一圈，在老师的带领指导下进行运气、吊嗓子，俗称叫晨练课。那个时候的学生学习是很认真很自觉的，有一种勤奋好学的精神。

当时，评话班有三位老师任教：吴子安（四十三岁）、杨震新（四十岁）、顾宏伯（五十岁）。他们都是著名的评话名家，来承担评话艺术最基本的启蒙教学，用现在的话讲等于教授教小学生，所以我们这届的评话班学生是十分幸运的。俗话说"奶水吃得足"，可惜当时我们对他们说的内容是很难理解不能完全领会的。评话专业设置有三门基础课：说表、脚色和动作。

开始，老师们讲了些说评话的基本要求：

例如"吊嗓务必要起身早，运气要懂得吸、蓄、稳、喷"。"三伏三九勤吊嗓，不怕酷热和冰冻"。"台上不露本人音，台下苦练根底深"。"眉目口鼻脸，全是心意形。举手与提足，不繁有分寸，多是丑，少则鲜，静带动，动见静，柔中见刚，刚中有柔"。

开打五忌：忌张翅、忌失拍、忌斜倚、忌失神、忌荒步。

评话班不学琵琶、三弦，不学唱腔的，但有时候也会去拨拨弹弹唱唱，所以，有的评话班学生三弦弹得真不错，开篇也唱得很有韵味，后来在中篇演出中还发挥了一定的作用。

最早有杨震新老师教的《穿窿歌开词》、绕口令《苏州玄妙观》，顾宏伯老师教的《风景赋》《辕门赋》，吴子安老师教的《西江月》(开词)、《八红，八黑》、《金殿赋》，我们一面学手面动作，一面学中州韵。所谓"开词"，听前辈说：弹词说书前要唱只开篇，评话以前叫开讲，即评话说书前要念一段开词起到静场和试嗓的作用。现在弹词演员在每回书之前还是唱开篇的，评话演员念开词早就绝迹了。

接着三位老师分别又教了说表《干板·乔云诉冤》《审郭槐》《狸猫换太子》《岳飞进京》，脚色：武生《郎四马》、花脸《鲁智深》、黑头《张飞》、雉尾生《周瑜》、白大脸《曹操》、红生《关羽》，动作有《单刀》《宝剑》《锤头》《大刀》。尤其要一提的是还把"钟家一条枪"的钟子亮老前辈请到学校来专教《长枪》。第一学期主要是评话的基础教学。

1962年春节后开学，吴子安老师回上海团演出了，吴老师嗓子特别的洪亮浑厚，丹田劲足，早晨带我们练嗓子时，他站在城头上喊脚色（学校靠近胥门城墙下），声震四方余音荡漾，声音会从四面回过来，可想他的中气多足呀！他上课很耐心，脸上一直笑眯眯的。这样就由杨震新、顾宏伯两位老师轮流上课，杨老师教说表为主，顾老师教脚色、动作为主。

杨震新老师称为巧嘴，擅长噱头小卖，说书传神，特别好听，身材虽瘦小，在1.60米左右，但台上开锋却很大，说书口劲十足。我们在学校时特别欢喜听杨老师说书，在我的记忆中有《姚期招亲》《拳打镇关西》《收王横》《辕门投书》《武松打虎》等。他还有绝活"笃扇子""腿功"，笃扇子大家都晓得也看见过，他腿功了得恐怕见的人不多。有一次，在宿舍里他把一条腿拉起来竟然脚尖可以碰到太阳穴，（像京剧武生演员一样）这是我亲眼所见到的。听王兰香老师说：他在练书时为了不受干扰经常把自己反锁在房间里练，可见刻苦精神到何等程度。所以当时他在整个评话界同仁中成为人人钦佩的评话"状元"！

顾宏伯老师身材魁梧，走路挺拔，虽音色沙哑但大小嗓运行自如，他起脚色配动作之身段优美，让人有一种享受的感觉，他十分注重手眼身步、吸蓄稳喷，说书飘逸台风大度，是评话界中公认的大家。经过一个阶段基本功训练之后就开始综合性教育了，学生们学说评话折子书目，顾宏伯老师教了《包公·审范》，杨震新老师教了《水浒·武松打虎》，钟子亮老师教了《岳传·辕门投书》，曹汉昌团长教了《岳传·十败余化龙》。1962年10月份，上海评弹团有三档书：周云瑞、陈希安的《珍珠塔》，张鸿声的《英烈》，张鉴庭、张鉴国的《顾鼎臣》在苏州书场演出。学校就专门请张鸿声老师到学校为评话班上课，教了一回《胡大海大闹演武堂》。张老师日夜要演出两场,每天上午到学校上课教书十分辛苦,对我们学生真是一次千载难逢的机会。他们三档书各带一档学生,某个周日上午三档学生在苏州书场演出早场,学校组织我们去观摩,第一档徐仲达、王燕弹唱《珍珠塔》,第二档朱庆涛评话《英烈·胡大海大闹演武堂》,第三档王正浩、吕泳鸣弹唱《顾鼎臣·花厅评理》。

学校每周六下午经常组织学生到书场观摩演出,最多的是苏州书场,当时苏州书场很大,有七百多只座位,日场一般情况下是不客满的,我们学生听书是免费的。如果不组织学生到书场听书,就在学校听在校任课老师说书。例如:陈瑞麟老师的《倭袍》,王兰荪老师的《描金凤》,杨震新老师的《东汉》《岳传》《水浒》,顾宏伯老师的《包公》。当时学校的师资力量十分强大,评话老师大家都知道了,弹词老师有:朱介生、薛筱卿、杨仁麟、杨斌奎、王兰荪、陈瑞麟、王兰香、景文梅、周云瑞、江文兰、陆雁华、武家安、卜正明、程若仙、俞振飞,等等。刘天韵、蒋月泉、严雪亭、唐耿良、周玉泉、徐云志等名家曾来校视察过,还有一些老师被邀请到学校来临时上课,担任文化老师的也是正规师专毕业,如杨春年、鲁仁旭、戴仕熊、沈晓春等。

苏州戏曲学校在1962年下半年(10月)正式更名为苏州评弹学校。由时任苏州市文化局局长、著名书画家谢孝思题写校牌。有幸我的校徽和学生证编号是苏州评弹学校第一号000001,很可惜由于年长月久校徽遗失了,但学生证还保存至今。我们首批学生享受国家助学金,每月伙食补贴10.5元。当时,这点伙食费每周可以吃两次"稻柴扎红烧肉",已经很好,属高标准的了,一个学生每月若有5—10元的零用钱属小贵族层次,说明你是富裕家庭了。第三学期开始,评话班一面继续在课堂上学折子书目,一面组织学生到书场里上书台实习公演。我正式第一次上书台面对听众亮相说书是在西中市的"大中南"书场,不免心里很紧张。这和课堂上汇课不同,在教室里汇课下面坐的是主课老师和同学们,说错了可以重来,忘记了老师可以提示。书场里演出面对的是听客,如果说错忘记听客或许也会原谅,但毕竟难为情的,所以演出前我在学校做了一天的认真准备,横一遍竖一遍地背书,背得滚瓜烂熟心里有几分底了,夜里到了书场再默默地想了几遍,一回《十败余化龙》总算顺利地演出完,还取得了一定的效果,得到老师的鼓励。有了第一次,第二次到胥江书场演出就没有那么紧张了。

五、毕业分配

1963年3月份,我们评话班面临派团跟师学长篇阶段了。苏州评弹学校行政上属苏州市文化局领导,师资由上海评弹团、江苏省曲艺团、苏州评弹团三地分别派老师到学校任教(三地联合办学），所以毕业生的分配去向就是到这三个评弹团体。（听说：当时三地为抢尖子学生争得很激烈，尤其是评话班学生。弹词学生并不存在此问题，因为上海团、省团都有几十名弹词学生，缺的就是评话。具体分配内幕我们学生就不得而知，只有当时在场的领导知道了。不过从实际分配情况看是有所搭配的。）我说心里话：那年代到任何一个团体都无所谓的，那时也不懂什么全民单位和集体单位之分。最后分派结果：上海评弹团三人：周苏生、王维平、华觉平；江苏省曲艺团二人：马逢伯、蒋浩勤（郑文杰、汪中华、沈昌林，原来就是省团的，王关胜中途参军）；苏州评弹团四人：陈学锋、张维明、裘泳鑫、周天来；苏州评弹三团一人：吕也康。朱连生、张炳山中途辍学。具体跟师情况：上海的周苏生、华觉平跟吴子安学《隋唐》，后来再跟顾宏伯学《包公》；王维平跟唐耿良学《三国》，后来再跟姚声江学《金枪》。省团的马逢伯跟金声伯学《包公》，蒋浩勤跟莫天鸿学《金台传》。苏州的陈学锋跟丁冠渔学《英烈》；张维明跟徐剑衡学《七侠五义》，后跟唐骏麒学《江南红》，再转弹词跟魏含英学《珍珠塔》；裘泳鑫跟杨震新学《武松》，后跟唐骏麒学《刺马》《江南红》。张维明和裘泳鑫曾拼双档说过长篇《江南红》。吕也康先跟秦纪武，后跟张国良学《三国》。

六、跟师张鸿声学《英烈》

最后谈谈我跟师学长篇的情况：3月份到苏州评弹团（原来叫苏州市人民评弹团）报到后，曹汉昌团长和颜仁翰副团长专门找我到团长办公室谈了一次话，他们说："你在学校的学习情况我们知道的，成绩不错。现在分配到我们苏州评弹团，我们考虑下来准备叫你跟上海评弹团的张鸿声学长篇《英烈》，张老师本人也同意了，你4月1日开始就到常熟董浜书场听书。希望你认真学习，不要辜负团领导的期望。"两位团长谈话很简单就结束了。我当时是很开心的，张老师曾经到学校上过课教过书，也算认识的，小时候还听过他的书，印象极为深刻。尽管当时对张老师的艺术造诣不甚了解，但他的名气很响，是评话界中大红大紫的大响档，这我是知道的。我真的很幸运！跟师解决了，离4月1日还有几天时间我就回浒墅关家里休息。父亲听到我将跟师张鸿声也非常高兴，我父亲是老听客，对说书先生知道得蛮多，张鸿声大响档，父亲在三十岁时就听过张先生的书（我父亲小张鸿声三岁）。说"张鸿声的家小（太太）也是浒墅关人，她的父亲（陆某某，我父亲知道名字，我忘了）是下塘朱家弄口开鱼行的，她有个兄弟叫陆云祥跟姐夫（张鸿声）学过说书的"。我师母叫陆文贞，确实是浒墅关人。

4月1日我带了替换衣裳及日常生活用品乘长途汽车从苏州到常熟，再转坐轮船到董浜镇已是下午三点过后，日书场已经散了。（一、第一次出码头不熟悉；二、那时候的交通很不方便）

莫泽春、朱庆涛在轮船码头上等我，领我到书场。莫泽春（今年七十四岁）与孙淑英等同时进上海评弹团，拜张鸿声为师，后去参军，服役回来仍回上海团继续跟先生学《英烈》，现在是我最大的师兄。朱庆涛（今年六十七岁）1962年拜张鸿声为师，是我的师兄。他们俩把我领到楼上老师的房间里，张老师日场结束后横在床上休息，见我进房间他就坐在床沿上，我立在他的前面鞠了一躬，喊了一声"先生"（当时五十六岁）就算正式拜师了。那时很简单，什么仪式都没有，没有拜师金，也没有拜师宴席。先生就问了一句话："你叫周天来，浒墅关镇上人？"我说："是的。""他们两个是我的学生子，一个叫朱庆涛在学堂里上课时你们认得了，还有一个叫莫泽春当过兵，你就和他们一道听书，路上蛮吃力了，去休息吧。"我们三个学生就住在先生房间的隔壁，房间是用板壁隔的，上面相通的，板壁拆脱就是一个大房间。被头由书场提供，吃在书场对面的饭店里。夜场就听书了，先生说的是《英烈·反武场》一节，从刘伯温"访常"开书的。听书非常认真，恨不得把每句话都记牢，那时候没有录音机全凭脑子记的，现在只要录音机甚至于摄像机一字不漏可以全部录下来。虽设备先进但绝对没有通过脑子记下来的好。夜书场结束，二位师兄就回到房间里在簿子上记书（他们以前已经听过加以补充吧）。先生有个习惯书落回后喜欢吃点黄酒，小菜极简单，经常是油氽花生米，一只皮蛋，仅此而已，加黄酒一斤。在我的记忆中没见过喝白酒。他吃酒时把我叫过去，问我：《英烈》的书以前听过没有？我说：小时候听过张效声的。"张效声是我的阿侄，也是跟我的，听的哪一段书？"我说："是从扬州得子（左成龙）到傅友德大战飞天将岳能的一段书。""格是后英烈哉，今朝说的书以前阿曾听过？""勿曾。""今朝听的书俫记牢几化讲点拨我听听？"顿时，我心跳个不停，面孔也红了，显然是紧张的缘故。先生看我紧张就说："勿要紧张，能讲几化就几化。"我就断断续续仅讲了十来分钟的一回书的书路。先生听了说："蛮好，蛮好。"我回到房间马上把刚刚讲的一段记录下来，但行与行之间空几格，以便以后听一遍可以补充内容进去（有些当初的原始记录本至今还保存完好）。隔了几天，先生要叫我送书（就是在先生正式说书之前叫我到台上去说书给听客听，谓之送书），我问先生说啥个书？先生说："学校里教过的书都可以说。"学校里学过的书问题不大，我说："好的，我说《武松打虎》。"开书前一刻钟我走到台上，书场里听客已经几乎坐满了。我没有长衫就着随身衣裳上台，说道："今天先生叫我上台送书，我说一段《武松打虎》。"我说了一刻钟，接下来就是先生正式说书了。先生说书前说："刚刚上台说书的是我客团（因为我是苏州团）学生子，叫周天来。3月份刚刚从评弹学校毕业现在跟我学《英烈》，说得还不错。"先生的认可让我心里有点沾沾自喜。第二天，先生却指出了我存在的问题。有一天，我们三个学生被先生狠狠地训斥了一顿，事情是这样的：书场是沿河的，我们三人把停在书场后面码头上的一艘小船摇出去白相，莫泽春、朱庆涛是上海人看见船觉得很好玩，不知谁说的,"我们摇出去白相相"。我说:"我会摇的。"于是我们三人摇船、扭绷、撑篙把船摇出去了。农民吃好茶要回去到码头上见船不见了,有人告诉他:"看见被三个小先生摇出去的。"他就去告诉先生,等我们回来先生就把我们训斥一番,首当其冲受批评最厉害的是大师兄莫泽春,因为他年纪最大又当过兵,朱庆涛年龄最小,我是客团学生稍微批评几声了事,我们保证今后不再犯错。本来书场有两个房间,一般是由莫和先生同住一室,后来就把莫"革职",改庆涛陪先生住了。

第二只码头是常熟梅李龙园书场,场方瞿老四,还有一个是浒浦书场的三姐,是出了名的好场东。老一代说书艺人都知道,有口皆碑。梅李是常熟县的一个大镇,当时有两家书场,张鸿声做龙园,相隔仅几十米另有一家叫畅园书场。海报上是苏州市人民评弹二团李仲康、李子红弹唱《杨乃武与小白菜》。我马上想着评校弹词甲班同学金丽生在跟李仲康学《杨乃武与小白菜》(弹词甲班的学生第三学期开始就跟师学长篇的)。金丽生普通话很好,很适合说此类书,他一心要想跟上海评弹团的严雪亭学说《杨乃武与小白菜》,后来不知道为什么没有如愿。日场落回后先生带了我们三个学生就去拜客畅园书场的演员李仲康、李子红父子。我先生与李仲康是老相识了,两人年龄也相仿属同时代的人。我是第一次看到李仲康老师,身材比较瘦小,戴一副深度近视眼镜,听说有一千两百度近视。江浙两省码头上演出《杨乃武与小白菜》生意极好,所以称之为"码头老虎"。同时也见到了李子红老师和同学金丽生。拜客也是当时说书先生的一种规矩,同码头有两档先生敌档,晚进场开书的先生要先去拜望早进场开书的先生,改日对方再回访一次,接下来就可以经常走动了。梅李的龙园书场知名度极高,江浙沪各评弹团名家都去演出过,书场极其简陋,茅草盖顶四周用竹竿建造,书场里全是方桌长凳,扁担场子,竖里窄横里宽形如扁担状,所以叫扁担场子。瞿老四略长张鸿声几岁,好像是属马的(具体不详了),他们俩感情很好亲如弟兄一般,经常要说笑话的。他经常还要到上海家里看望张鸿声。由于他们两人关系非比寻常,我们做学生也沾光了,我们师徒四人的中、夜饭都在他家里吃的,而且他烧得一手好菜,时令菜肴不断,鲜美可口。先生演日夜两场,一面《反武场》一面《牛塘角》。《牛塘角》的书我是第一次听,从徐达七路分兵,兵败牛塘斩马为粮开书。朱庆涛陪先生住在书场里,我和莫泽春住在栈房里。等书落回先生喜欢品点黄酒,我们就陪先生讲讲说说,结束我们俩就到栈房里去记书,师兄莫泽春文化基础好,钢笔字写得也漂亮,有些字我不会写就请教师兄,没有记牢的地方也问他,他总是教我告诉我,所以师兄莫泽春对我在学习上帮助很大,我很感激他的。直到现在我们师弟兄的感情很好。农村的供电很不正常,有时夜里经常要停电,书场里的照明就用汽油灯代替,灯光虽亮但噪声也蛮响。那时候,一般农村书场都没有扩音设施,全凭演员的嗓子传到整个书场。我先生的嗓子特别好,音色好听中气足,而且口齿清爽,所以没有话筒我们坐在书场后面照样听得清清楚楚。一停电给晚上记书带来麻烦,当天听的书当天一定得默写记下来,不管怎样能记多少是多少,一条书路一定得记下,没有电灯只能用煤油灯,两个人凑在一盏油灯下认真地记,基本上每日要写到凌晨后再睡觉。

整理者:秦箬茜、高勤

第八十二讲
我与《文武香球》
——王映玉访谈录

口述者：王映玉

采访者：秦箬茜、高勤

采访时间：2016年12月5日、2017年12月16日

采访地点：苏州市姑苏区王映玉家中

王映玉

王映玉（1944— ），江苏无锡人。弹词演员。1959年在苏州戏曲学校评弹班学艺，后分配到苏州评弹团。先跟师金月庵、金凤娟兄妹，后师承周玉泉。和龚克敏拼档，合作演出《文武香球》《玉蜻蜓》等。1985年被聘在评弹学校当老师。2012年被评为苏州市非物质文化遗产项目"苏州评弹"代表性传承人。

一、从艺背景与学艺经历

秦箬茜（以下简称秦）：王老师，您的家庭情况能与我们说说吗？

王映玉（以下简称王）：我出生在无锡，生于1944年4月。兄弟姐妹七个，家境贫困。幼时我爱唱歌，爱跳舞，会扭秧歌，成人嘴里都称我天真活泼，好可爱，父母亲很喜欢我，邻居们也都欢喜我，都爱称我白妹妹。那时我姑姑、大伯都没孩子，也都喜欢我，就以哥、姐的身份与我爸谈话，要我给他们当养女，父母真不知道如何是好（因爸四岁就没了娘，是大哥一手拉扯大的）。为报养育之恩只能忍痛割爱，含泪将我过继给了他们，苦的是从此与家人不能见面，而且要改称呼。从小学到中学这九年中，我先是在姑姑家，因她没生养孩子，生性任性暴躁，我过着逆来顺受的生活，精神压抑，很胆小，从此失去了笑容，也失去了应有的父爱和母爱。但是，在姑姑家的几年，养成了我勤俭节约、谦让的性格。后由于姑姑家道中落，小学毕业就转过继给了大伯家，大伯喜出望外。大伯见多识广是个知书达礼的人，给我讲仁、义、礼、智、信的道理。大伯大妈很珍惜我，决定一定要好好培养我。后来从艺后回家经常与我讲做人的道理，比如谈他的人生经历都要谈到半夜。在大伯的教导下，我从没有发生骂人或吵架的事，受了委屈只会忍让，情愿自己吃亏，对人礼貌，懂得感恩，尊敬师长。这些我都很感激我的养父。

秦：那王老师您是如何接触评弹的？

王：进初中后，正巧在一次毕业生联欢会上看到初三一个女生叫周琪，一个人唱苏州评弹，我觉得很好听，我回家与爸爸妈妈一说（过继给他们后一定要改口，叫他们爸妈，叫亲生父母为叔叔婶婶，为此我心痛不已。但因为大伯大妈待我如亲生我也就让他们开心，心甘情愿叫他们爹爹姆妈），他们听了我讲起有个高年级学生会唱评弹的事情，大伯平时喜欢听书，便有意培养我学评弹，所以让我抓紧时间（因为周琪马上毕业了），放学后跟周琪学琵琶，评弹的几个基本过门和每天学两句唱词。另外经常带我听书，特地请拳师教我少林拳（为以后出码头防范有流氓欺负），所以我初中作息时间排得满满的，在周琪那儿学会了《王贵与李香香》，她就进昆山评弹团了。我学武术很刻苦，练腰腿功，学了小红拳、武松拳、刀、剑、棍、棒、少林拳等（想不到在后来说《文武香球》刀枪功架把式上都派到了用场）。都说我学东西很快，因为会乐器和腰腿有基础，所以当时参加了学校的小乐队和体操队。由于周琪已毕业了，很巧，得信对面隔开一条弄有户人家，人称沈家班，老大拉板胡，老二弹大三弦，老三（女）弹琵琶，老四拉二胡，都在无锡歌舞团，老大乐器全拿手，而且还会唱开篇，我就在暑寒假去沈家（因为他们已是上班的人了）向大哥学唱开篇《罗汉钱》，只学了两天竟学会了，他逢人就夸我唱得味道好！我边学习，边练拳术，主要是养父对我很严，我没一点玩的时间，有空闲时间就练唱，很辛苦，但我不觉得苦，因为比起在姑姑家强多了。我刻苦好学，得到了学校和周围人的赞赏！这一切我很感恩我的养父母对我的培养！

高勤（以下简称高）：您是几几年去戏曲学校的？当时的戏曲学校是一个什么样的规模或者说什么设置？

王：苏州戏曲学校招生正好是周日，我当时在校还未毕业，所以两地赶考。那时候是1959年7月初，设有多个考场，因为戏校招生科目尚多，除评弹外，还有苏昆、越剧、沪剧、木偶戏等。评弹考场设在苏州马医科初试，招生范围有江浙沪两省一市，考生有三千多位。考评弹的都有些弹唱基础，考试内容除了弹唱，还有咬字、小品动作等。弹唱我就唱了一曲"丽调"《罗汉钱》，听得老师们点头含笑，咬字一听就知道是无锡人，"小无锡"就此喊出了名。我做的小品是：看书时突然飞来只蝴蝶，我就边看书，边眼睛随着蝴蝶的飞东飞西，随着眼神移动，慢慢离开了座位拍起了蝴蝶……诸多动作引得监考老师频频点头，窗外看的人很多，见我考好出来，就抢着说："你唱得很好、很甜，小品动作也很好，稳取的。"我当时没心思考虑太多，一心想赶快回无锡复习周一要考的数学、物理、化学、地理，复习了一个通宵，流鼻涕感冒了，不过总算学习成绩都很理想。

毕业后，8月初得到复试通知，顺利过关。8月26日戏曲学校正式开学，校址在现在的孔庙。那时的孔庙杂草丛生，房子只有三大间，一间课堂，两间做男女宿舍，短期两个月强化训练，几个班一共七十三名学生。夏玉才任校长，教师临时聘用，主要学习乐理知识和戏曲动作，七十三个学生在一个课堂里上课，还经常排着队步行到开明大戏院观摩演出，用餐搭伙在隔壁苏高中。那个时候戏曲学校的设置、课堂、宿舍都很简陋，那年是1959年，正值全国人民勒紧裤带大战饥荒的年代。我们这一辈人从不会计较什么设置好坏，因为周围都一个样，课堂也没像样的课椅桌子，只是厅的长窗搁搁当长桌子，长凳坐坐，宿舍都是二尺一宽的双层床。我记得有一天夜里，一个苏昆班的女生从高层滚落下来，摔豁了下巴也不敢声张，坐在门槛上坐等天亮，大家起来了才知道，都是十五六岁的孩子呀，与现在孩子的生活差距太大了，可以说是天壤之别。戏校前后面空地全是一人高的杂草，休息天就劳动割草，最后面有一个殿，估计1949年后没清理和利用过，男生扫出来的蝙蝠屎有好几箩筐，地面上厚厚一层啊！孔庙是我们校址，周围除对面的文化宫，隔壁苏高中好像我们那时候是医学院，其他一无市面。困难期间我们正是长身体的时候，但就是没有吃，我饿出了胃病，老了后自己调养好了。

两个月很快过去了，因为大家参加考试时都有些基础，10月5日就结束了戏校学习，各班进团学专业。当时苏州有五个评弹团，一团（实力最强）、二团、三团、百花团、火箭团，我们评弹班二十三个学员大多进了一团，各人事先根据考试成绩，跟早就定好的老师开始出码头听书学艺，我跟的是金月庵、金凤娟兄妹档学《玉蜻蜓》。11月、12月"金双档"正好做上海，我听了两个月，年底就回苏州汇报演出了。大冬天第一次上台，吓得我腿瑟瑟抖，我与周玉泉老先生的女弟子（比我们一班先进团一年光景）合作演出《庵堂认母》，总算效果不错。我自己知道，十六岁的我第一次登台又是无锡人，背剧本一般，幸亏嗓子好，没出洋相。这次汇报演出后，团领导又有了新的安排，跟师有小变动，因为要重新安排拼双档学书了，决定让我与龚克敏（当时他基础最好，原来就跟周玉泉老先生）拼档学说《文武香球》，此书小书大说，除周老没人能说好，所以团领导寄予厚望，要我们全部继承《文武香球》。

二、跟师学艺与说书经历

秦：跟师周玉泉学说《文武香球》有什么印象深刻的经历可以简单谈一谈。

王：首先说一下，王映玉是我的艺名，我本来的名字叫王丽媛。这个艺名是先生给我取的，因为先生的女弟子是"玉"字辈。但现在喊我王丽媛的人还是很多的。

因为我基础薄弱，又有无锡方言，加上《文武香球》脚色多，生、旦、净、末、丑齐全，尤其武旦武生。幸亏我少年时代学的武术派上了用场，尤其先生和他的下手都是京剧迷，脚色嗓子、架子都有借鉴，我们俩模仿能力还算强，加上我很要面子，要争气，不肯丢脸，不能辜负养父母的厚望，更要对得起团领导对我的看重，不让他们失望，一定要继承好先生几十年所花的心血练成的经典之作，所以加倍刻苦钻研学习。总算功夫不负有心人，在实践演出过程中，处处得到好评和场方、听众的热烈欢迎，生意总是爆满，插足不进。我从不骄傲，知道是先生的书好，我们年轻，模仿得不错，所以听众认可，所幸的是我跟到了大师级的艺术家，学到了经典之作！

龚先生基础好，所以对我这个无锡人要求很严，听先生三个月书（以前先生不教的，全靠学生自己听、记、背、排）。除听书，我们俩就答书，将自己的笔记和心里记的，对起来，有时少不了争起来，你少了句什么什么，我总是忍耐，谁叫我是无锡人呢，唯一的，只有更用功更熬夜私下背，练讲苏州话。不到之处在第二只码头听书的时候加以补充，总之除听书一天到晚在对书、答书、排书，余下的时间我在床上还在背书，将无锡话转为苏州话，小书大说脚色齐全的文武开打，马背上书，都要求自己背得烂熟。跟师三个月，硬生生将《文武香球》给啃下来了，汇报演出时一片叫好声。老师们都认可这对小双档，在团庆十周年时竟安排我们俩说一回《文武香球》，另外有徐老（徐云志）与周老（周玉泉）拼档说《三笑》。一场会书在苏州书场爆满，笑声不断，掌声阵阵。周老上年纪了，六十出头难得演出了，凡有他的演出，团里必然会安排我们听书。因为行家都知道，在成熟的基础上再听，就能琢磨出好东西来。而且我们学会了《文武香球》，团里就安排我们第一个出去代书，因为有演员请假。

先生1962年春天在杭州演出，团里安排我们听书（俗语讲：让我们奶水吃得足点）。其间陈云副主席每天临场听书，还有盖叫天也天天来场听书，他进场的步子就像在舞台上走武生步子那样，精神抖擞。我们书熟了，渐渐就听得出先生好在哪里。先生的唱是根据脚色需要，嗓音明亮醇厚，个个脚色都演到骨里，演什么像什么，说表细腻贴近生活，听着舒服，用词优雅，语言丰富，从不重复，哪怕讲"嘴"，从不多一个字，不说"嘴巴"，多个"巴"字就俗了。而且字正腔圆，讲究文雅。例如鸡楼韵，他说，唱要口齿清晰而且轻巧，如果鸡楼韵出声重、响就难听了；还有新人韵（尾声）不能字出来马上闭口，一闭口韵母马上变了。这些我先生特别讲究，后来蒋月泉老师（我的师兄）秉承了周老的字正腔圆，蒋老师继承了周老的《玉蜻蜓》。因为《文武香球》大脚色多，小书大说，怕倒嗓，所以没学《文武香球》。在杭州期间陈云副主席特地询问了我们的学艺情况，并请先生带我们俩到陈云住地汪庄，叫我们俩为他演出《文武香球》的一折——《胡太医巧断芸姑相思病》。听得老首长满心欢喜，评弹总算有接班人了，要先生让我们一定要将此书全盘继承下来。老首长很看好我们，等"文革"结束还多次提到龚克敏、王映玉可以说《文武香球》了，如果剧本在"文革"中毁了，我有录音！老首长对我们俩的印象之深可想而知了！

因为陈云老首长是上海青浦人，喜欢听书，特别喜欢听先生的《文武香球》，为此先生在上海大华书场演出两个月并请上海电台录音，共录了五十二回《文武香球》。以前的录音磁带是大盘的，他在杭州养病期间经常听，后来听得磁带不清晰了，1987年就叫我们到杭州汪庄（陈云办公室）为他演出，演出后陈云亲笔书写一幅词给我，给予鼓励和肯定。内容是郑板桥的一首诗：新竹高于旧竹枝，全凭老杆相扶持，明年更有新生笋，直上龙孙绕凤池。我真是满心欢喜，欣喜之极。一周间我们先在杭州补录几回已损坏听不清的部分，后来干脆叫我们回苏州到苏州电台录音，我们就录了二十五回书给他，其间我发烧了两次。所以就录了张桂英一条线，侯月英一条线没录，以前码头上日夜场是这样分两条线说的，但张桂英一条线也是很完整的情节。

先生真是评弹界的宝，1961年秋在上海福州书场独做演出日场《文武香球》，对我们来说又是个听书的好机会，夜场开《玉蜻蜓》。上海团团长吴宗锡吩咐全团演员停演一个月，观摩周老演出，由此，就知道先生真是重量级人物，艺术造诣是导师水平，书里全是"肉里噱"，不加"外插花"，这就是干净高雅之处，是后人望尘莫及的。他的说法能形象化地引人入胜，说噱弹唱演全到位了，理味趣细技也都讲究到家了！我们在书熟的基础上再有听书机会，就像补充营养一样。我们认真学习、琢磨，使艺术精益求精，所以我们每到一处演出都是场场爆满。即便上海的场子，团领导也放心让青年

《文武香球》演出本

一代的我们第一个连续代书。一般上海大场子不放心让青年进去演出的，我们很庆幸学到了周老花尽心血研磨出来的经典之作。1963年4月开始，我们一档和青年评话演员陈景声被挑选出来跟随团里主力和省团数名著名演员，如侯莉君、汪梅韵、高雪芳加盟排书，以现代书为主，我们说的是短篇《车厢一角》，讲的是雷锋的故事。我还参与王月香、谢汉庭三人的短篇《一顿饭》，巡回演出回途中，在南京我还与王鹰对唱过《我的名字叫解放军》。

团里挑选了好多短篇排练，茅于一市长亲自听书把关进京巡回演出，从9月起正式进行为期三个月的演出。第一站是南京，十天左右。第二站是天津，住在国民饭店，演出期间常有北方曲艺团来观摩，那时正好洪水淹没了好多县，我们特地去杨柳青观察了灾情，只见一片汪洋，难得看见水面上有些树梢上的绿叶，政府事先将灾民都安排妥当了。第三站就是最重点站，北京。正值10月，9月底前几天到达北京，住前门永安饭店，文化部先安排大巴送我们游览长城、八达岭、十三陵地下宫殿、颐和园、故宫、天坛、北海等著名景点（文化部当时有规定第一次进京演出团体免费招待游玩重要景点），在北京参观了国庆典礼，还有夜间的狂欢，看焰火、放礼炮。其间，在曲协礼堂为首长们演出。平时在四个剧场轮流演出，西单剧场、东安剧场、儿童艺术剧场，我们演出的《车厢一角》，《光明日报》做了专题报道，并刊登了六寸大的我一人抱琵琶的照片。将近下旬，在人民大会堂三楼剧场周总理专程临场听了一回新书，与演员们一一握手，并合影留念！这照片载入了评弹团的史册中！那是多么幸福难忘的晚上！个个兴奋得难以入睡。结束了北京一个月的有纪念意义的演出，接下来的行程就是郑州—洛阳—武汉—南京—无锡，11月底结束巡回演出。然后先生与原下手薛君亚正式拆档。团领导指派先生带我们俩一起演出，从12月开始第一只码头——常熟支塘，全是一个月一个地方，日夜场，本计划我与龚克敏轮流与先生拼档，但由于龚正在变嗓没小嗓，所以他只演了一回，在场方和听众建议下由我与先生拼档说夜场，日场由我与龚合作说《文武香球》。与先生是说《玉蜻蜓》，先生排给我，将我的说唱部分告

诉我，只说一遍，他的书台上见，我就凭这一遍默默地背，演出时竟无一差错，先生很满意，欢喜得叫我小白兔（大概夸我皮肤白）。书场生意好，他也喜欢我这位年轻小下手。第二只码头是常熟白茆（码头全是先生选的）。小码头让我生书练兵，生意都好，口碑也极好。第三只码头进杭州三元了，陈云老首长和盖叫天照旧天天临场听书，奇怪，我与先生拼档虽是生书但很轻松，说起书来很惬意。最后一天说《庵堂认母》，先生叫我：母亲～娘啊～我叫先生：儿啊～当时乐煞了全场听众，都说老头儿叫小丫儿娘，小丫儿叫老头儿为儿子，笑死了！有趣！有趣！上午我们有时陪先生散步，先生出题目，谁看得远，结果当然他输了，输得开心！

与周老先生拼档第四只码头是上海嘉定，日夜两场，生意都极好。我也说得熟透了（因为从第一遍就背得不打"疙轮"，像串头绳上勒下来一样流利），所以越说越熟，与先生拼档说书更得认真。我对台上演出向来认认真真的，通过与先生拼档艺术上得益匪浅，感悟很深！先生在旁的一言一语，所有动作表情，唱得苍劲有力，脚色逼真，说法贴近听众，很有亲切感。因为后来柯庆施主张演现代戏，说现代书，这样就中断了先生与我们的一起演出。好可惜，但很无奈！

秦：1964年说新书的阶段您主要是在干什么？说什么书？

王：当时团里分了好多创作小组，起初我们编在《九八案件》组，边编边演，后来就单独说这长篇了。与此同时，由张君谋改编的长篇《红岩》出炉了，那时正好从各评弹团选出主要实力演员成立演出队，除招待外宾和首长外还带评校一班学生一起下乡演出。我们俩5月1日就在苏州书场演出新长篇《红岩》，那真是辛苦，每天熬夜，因为一天一回生书，它不如传统书是老先生千百遍磨炼下来的，说起来很顺畅。而新书是带政治性的，都是陌生的情节，我一个女孩子演的全是男脚色，表现地下党斗争，很有压力，不能说错一点点，这半月我每夜都背得没能睡多少时间，我们一档年龄最轻，所以负责领导我们的杨作铭就叫我们俩先上，他认为年纪轻该吃苦在前，真是伤透脑筋。后来在码头上两部长篇日夜场演出。在这期间文化局抽调了各团主力组成了演出队，青年演员除我与龚克敏外，还有赵慧兰、周天来、赵善彬，主要任务是专门承担招待外宾、内宾（首长）演出任务，与此同时还带评校学生一起演出。

1965年中期，江苏省进行了会演，我们俩也参加了，演出的是短篇《路遇》，描写下乡知青的故事，参加的还有林慧娟与赵慧兰演的短篇《夜走向阳村》，周天来演出的评话短篇《关键时刻》，张君谋与朱丽安演的短篇《红色饲养员》，薛小飞与邵小华唱的开篇《我的名字叫解放军》，我先生周玉泉唱了新创作的开篇《苍山愚公》，年轻演员和评校毕业生一起合唱，一排女演员拿琵琶，后排男演员弹三弦，演唱毛主席诗词《解放军占领南京》，曲调、弹奏、唱腔、动作全是革新的，重点排演的。现在看来是很奇怪的现象，"文革"前什么会演啊、汇演啊，都是比赛形式，展演，但从没有评什么奖的。只有我们经历过的人知道，所以"文革"中批三名三高，二十年工资没加过，比赛不评奖，哪来的什么名利？有什么三名三高？会演结束全体演出队演员被编入评弹三团，原三团调走一些人到二团。三团以主力演员为主，三团马上排出了中篇《大庆人的故事》在上海西藏书场演出，第一只是我们五个音色相差不大的年轻演员演唱《大庆家属能顶半边天》，周天来单档评话演出了《洗油澡》，是讲王铁人的故事。就在演出期间，"文革"开始了。

秦："文革"期间您身边的老师或者其他人有何遭遇？

王：我先生少不了进"牛棚"了，后来评校小将全是红卫兵造反战士，到我们三团，不管三七二十一，把团长给批斗了。"打倒走资派俞蔚虹"，"大字报"往他身前一贴，还在他眼镜上写上"狗""眼"，戴上走回家去，真是一些毛孩子的恶作剧，看了也啼笑皆非。我先生六十多岁了，本来就文文静静胆小怕事，所以只有叫我们学生揭发，真没啥可写的，他乖乖地挨批斗，倒没遭什么罪，只是苦了小师母（大师母已过世）。先生的大女儿是个好党员，工作人品都很好的。因为写了一封给中央的信，内容只是写了刘少奇是好同志。没出邮局，先生的大女儿就被抓了起来，问她：有否组织？答：没有！问：那受什么人影响？答：我妈说江青原来名字叫蓝苹。就这样大女儿被判了刑，直到"文革"结束才释放，人已经有点痴痴呆呆了。

小师母是没单位的，我单位和评弹学校的"造反派"将先生、师母一起揪到苏州，分开关起来，小师母天天在四平方米的小房间里（原是隔弄旁的小仓库），跪在地上向报纸上的毛主席像讨饶，暗地里请我帮她买一斤萝卜干，当时不能被人知道的，她将家里一生的积蓄和钻戒手镯等一包首饰全缝在被子里，结果被"造反派"搜到充公，还遭打，皮带抽，真是疯狂的野蛮行为，一包首饰至今没还给他们家属，不知下落。后来小师母还收进了拘留所，后来看她态度好，就做从宽处理要送进去的单位去领，但"造反派"竟只送不领（我们后来得知的），因无人领司法部门就将她作为从严对象劳改了，竟有这种荒唐事。算她倒霉，后来80年代初在农场中风才回上海，不久煤气中毒过世。在70年代初团里将两位老艺术家——徐云志、周玉泉安排在传达室，轻松多了，也不斗了，但没自由，睡在团里的地板上，打地铺。1974年先生得肺病半年后在上海家中过世，无人问津，我们正在团里进行中篇演出。

从1969年初开始就结束学习班，有些人去了苏北下乡，有些人到了"五七干校"，有些人到灯泡厂，我侥幸和团里另外三人一起上灵岩山做讲解员。寺里佛像和菩萨都没有了，换上了泥塑《刘文彩》（那时和尚全赶下山在天平果园劳动），展览会供全苏州市民学生参观大地主刘文彩。两年后，大约1972年团里开始排新中篇、新短篇和专场，有《五十七粮店》《海岛女民兵》《艳阳天》《大庆人的故事》专场、长江大桥专场、水乡新歌、《红色娘子军》、毛主席诗词专场等。分三个小分队除在苏州演出外，还到外码头演出。1974年我与另外四位年轻女演员的小组唱《刺绣女工》，参加了全国曲艺会演，在北京同台演出的全是全国各地来的，有北京京韵大鼓、天津单弦、湖南常德丝弦、内蒙古马头琴五人组唱牧民之歌、四川清音，压轴节目是马季、唐杰忠的《小八路》。还去了通州象征性劳动（摆姿势拍个照），去军用机场，轮流上小客机上天在北京上空绕一圈（这飞机只有六个座位，是首长开会用的专机）。中午太阳当顶，我们五人演了小组唱，其实只是摆姿势拍照说用作画报封面。后来我们五人去了两次上海电视台，是中央电视台来人为两个小演唱《大庆家属能顶半边天》《刺绣女工》录像。整个70年代一直到各处演出中篇，大城市都在大剧场演，一演就是一个月，在杭州新中国剧场《海岛女民兵》就演了两个月，之前还特地到温州洞头岛当海岛女民兵体验生活，打枪、夜里巡逻等。1978、1979年我与另外四位演员去重庆体验生活，参观渣滓洞、白公馆，然后在重庆市内国民剧场演了几天《红岩》中篇，主要到大三线为上海工具厂和无锡红岩机械厂演出，一个月，前后两年共两次到重庆，回来坐长江轮船到南京转火车回苏州。直到1979年底恢复传统长篇，结束了演新书。我们老双档仍演《文武香球》，小时候学的忘不了，一排就出来了（辛辛苦苦抄写的剧本"文革"中破四旧交出去烧掉了）。那时陈云老首长还告诉团里，说："龚克敏、王映玉的《文武香球》能演出了，没剧本，我这里有周老的录音。"谢谢老首长关心，幸亏苏州电台有五十二回先生当初1962年与薛君亚演出的录音。我们将录音抄写了下来，总算又有了剧本。恢复了正常的传统演出，恢复了一档单独做，再不是小分队了。那时评弹还是很受欢迎，尤其是传统经典书目，周老的作品还是很受欢迎，因我俩是嫡传弟子，所以上海几家大场子，每年要请我们去演，静园、西藏、大华书场等，业务都不错，都是老面孔，老听众，有很多粉丝捧场。团里业务前三名，总是"金双档"、"龚蔡档"、"小龚王"（即我们）。直到1983年我们俩参加了评弹第一届进修班，老师全是上海的老艺术家，有蒋月泉、张鸿声、张鉴庭、张鉴国、姚荫梅等，讲课，示范演出，还有上海团的前辈陆雁华和石文磊，学员全是两省一市各团抽出一档中年主力，苏州团抽出两档，我们一档和赵慧兰、魏少英一档，那是最后一次欣赏到一代名家的讲课和演出。我们也做了汇报演出，老前辈根据我们的演出情况上课，蒋月泉主要讲唱腔头腹尾、咬字；张鉴国弹奏示范如何伴奏到位，做到珠联璧合；张鸿声主讲各种形式的落回方式；姚荫梅单档演出了《啼笑姻缘》一折片段，里面各种男女脚色，栩栩如生，一个老先生演了十八岁的何丽娜、关秀姑、凤喜、凤喜妈、沈三弦等各个人物，真是形象逼真，看上去竟忘了姚老师而都是剧中人物，真好比吸收到了各种营养。进修班为期一月，圆满结束。我们各自出码头演出。

后来书熟了，我习惯一到码头就喜欢进图书馆借书看，古今中外都喜欢看。尤其是80年代初恢复传统书了，图书馆书目也丰富多彩了，我更加一空就看借来的书，我家里也喜欢买书看，这样不知不觉中丰富了语汇，说起书来闲话盘得转。本身先生说书很雅，多阅读是我们评弹演员必需的功课，这一直以来是我的爱好和习惯，因为学评弹的演员大多文学水平都不高，所以平时一定要养成爱看书的习惯，说书语言丰富了，说书就活了，就不是死背书了。自恢复了传统书，为迎合听众的需求，我在60年代初照搬先生和薛君亚老师的专唱"俞调"的基础上，根据书情需要，大胆使用了各种流派，使脚色感情更加发挥得淋漓尽致，例如书中加了"丽调"（徐丽仙）、"快蒋调"、"香香调"（王月香）、"雄调"（杨振雄）、"侯调"（侯莉君）、"徐调"（徐云志）、"女蒋调"（朱慧珍）、"琴调"（朱雪琴）、"沈薛调"（沈俭安，薛筱卿）。当然仍以"俞调"为主，也加了些快慢节奏的改变，为跳入脚色、感情发挥的需要。一上台我很认真，这是先生的本色，说书语言文雅精致是我必须做到的，因此很得听众喜欢，总是一出场就鼓掌到坐下，《文武香球》内容的良好呈现是先生的一生精力所磨炼出来的，真是有魔力，每年听众复听，还是聚精会神，多少年说下来，从没早退的现象（行话叫抽签）！自始至终，以热烈鼓掌作回报，做演员做到这份儿上心里很欣慰，我无愧于心，无愧于听众！

高：听到现在我们还没了解到您初次出码头独立演出的状况，您第一次出码头还有印象吗？能否给我们讲讲？

王：1960年底，是我第一次出码头，当时我十七岁。其实，我们是去代书的。第一次出码头去的是常熟浒浦，是个大冷天。那时候码头生意挺好的，我们在熙春书场说了半个月书，分日场还有夜场，听客比较多。我日夜两场都说书，晚上人更多，开场的时候人们就一窝蜂跑进来抢位置。我与龚克敏拼档这次出码头说书做得很好，场方季采莲（人称"三姐"）待我们也很热情。这次出码头反响很好。

第二次出码头是去了浙江双林，我印象很深。请人过去说书，团里业务组回复说"去两个小青年"，那边就问"几岁"，说"十七八岁"，然后那边说"不行不行"。可能是觉得我们年纪尚轻，还没有说书的能力。团里说"你们先听了再说"。其实，当时团里应该是对我们俩有把握的。我们去了之后，就说《文武香球》，结果天天客满，还要叫我们延期说书。

高：您当时的生活来源呢？

王：团里面工资四十块，拿了二十年。还要补贴家用，给家里寄二十元，这种情况下我自己生活就比较拮据，比较艰苦。那个时候，演出服不像现在这样一场换一件旗袍。那时候团里面一人就三件服装，一件是短的，一件冬天穿，还有一件深咖啡色的旗袍。当时我们出行，书场到轮船码头是没有汽车的，我们到千灯、乌镇、陆家浜等地方就是靠船。出行路上，身上背的东西很多，箱子、网篮、油盐酱醋都是要带的，自己烧饭吃。条件艰苦，我带一个小瓶大约装半两油。到陆家浜烧白菜加点盐，筷子在油里面蘸一下，菜看上去有点油花就行了，这个就是我当时的生活。挣的钱还要再补贴家里，四十块里寄给大伯二十块。因为我觉得虽然我是领养的，但不能说领养的就没良心，我要有良心。然后还要给十块贴补我家里用，因为当时家里出了一些状况。我母亲生病，父亲就去上海买了些服装放到无锡店里卖，放到现在是正常不过的做生意，然而当时竟将我父当投机倒把抓了起来。真是祸不单行，1960年母亲去世，1962年父亲吃了冤枉官司，开始了劳改，就赚了三千元呀，竟就判刑劳改了，害得我们子女政治上永远背着黑锅。因我已工作，就帮大哥一起挑起了家庭负担。长姐为母，虽然我已嗣出去，但由于从小离家，所以更爱自己家人，当时是计划经济，我每月省粮票贴补给家里。我自己也就靠剩下的十块钱生活，常常中午一盆青菜分两顿吃，去北京演出一直吃榨菜当菜，那时候评弹团都知道我这个"小无锡"是很苦的。

三、评弹学校经历

秦：您是什么时候进入评弹学校的？当时的评弹学校大概是怎样的一个基本情况？

王：我是1985年被聘在评弹学校当教师。评弹学校是"文革"后在陈云老首长关注建议支持下于1980年复校的，老首长是学校的名誉校长，还专门题了字：出人、出书、走正路。当时学校建在市郊黄天荡，学校很简陋，只有两幢大楼，一幢三层楼房，三楼是男宿舍，二楼是女宿舍，底楼是行政办公室，前面一幢三层楼是教育楼。当时校长是曹汉昌，他不同意我进校，认为业务上很好，应该出码头演出（进评校当教师的大多有慢性病，或没搭档的），但当时因我坐月子在"文革"期间没坐好，落下了失眠症，经常换码头，经常睡不着觉，加上女儿要到苏州读中学了（我们夫妻常年出门在外演出，亏欠女儿很多很多，希望初中到户籍所在地苏州读书），尤其是我丈夫1984年生了病毒性感冒转成了心肌炎，我停演，在医院服侍了整整两个月，当时竟没一个领导来探望过，后来丈夫病愈后就进了评弹学校当了评话教师。副校长俞蔚虹（原三团团长），是搞事业的人，很看好我们小龚王档的，想引进我们让学生继承长篇《文武香球》。几经交涉，我作为聘用教师，在学校主要当说表老师和班主任，专业上教《文武香球》片段，好几回折子书，如《一马双驮》《月台相会》《错走徐州》等，脚色、官白及动作都教，还有新书《车厢一角》等。

当时我教过1984级、1985级、1986级、1990级、1991级、1992级，我尽心尽力地教学生，课余学生愿意到办公室来请教（一般学生都怕老师，不敢接近老师），我因为从小缺少爱的缘故，我认为家长把孩子交给了学校，就该把他们视为自己的孩子一样关怀。将艺术教给他们，同时平时关心他们，与他们沟通，犯错是正常的。我不赞成一棍子打死，而应该在萌芽状态时，给予关怀，循循善诱，开导他们，在成长道路上少走歪路。学生们当我慈母一般亲热，学生遇到什么事情都愿意与我说心里话，让我教他们如何处理为好。专业艺术上发现弊病，我就及时指出来，并教他们如何改正。如在眼神上，个别学生眼睛游离不定，这就是没跳进情节里，在背书，我就教她眼睛里一定要有东西，说到什么，眼里看到什么，要有焦点，不能散光，这样才能引人入胜。自己眼中没有书里说的东西，如何让听众去想象？说法也要根据形状大小来处理语气高低。在教育中，有些有弊病的（犯知书韵）我帮她如何纠正，从说表差一跃到前三名。现在活跃在书台上的1984级有景菊平，还有好多转业到本地文化馆当馆长，1985级有季静娟、张丽华、蔡小华、吴伟东、毛勤勤，1986级有陈琰、施斌、石莉娟，1990级有殷琪琳、王春霞、胡蕾磊（先当演员后转为编剧人员）。有好多人成为群众文艺骨干，1991级在书台当演员的有张怡晨、查碧华、蒋春雷、黄庆妍、沈彬、郁群、陆柳柳，1992级有张明、孙立、倪雅静、朱斌、黄娟、凌涛（现在评校当教师）。由于编制关系，毕业生不能全进评弹团，有些在搞群众文化，有些进了电视台当节目主持人，当编辑，有些在搞个人演出，有些下海从商，事业上都搞得有声有色，为他们鼓掌喝彩！

整理者：高勤

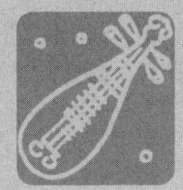

第八十三讲
父亲教伲说好《玉蜻蜓》

——王玉立、庞婷婷访谈录*

口述人：王玉立、庞婷婷

采访者：李明

采访时间：2016 年 12 月 13 日

采访地点：苏州市邓尉小轩

---

* 2016 年 12 月 13 日，作为同学、朋友、街坊邻居，笔者对王柏荫先生的公子和儿媳妇、上海评弹团一级演员、书坛伉俪王玉立和庞婷婷进行采访，缅怀其父王柏荫。谈话氛围坦诚，轻松，感慨颇深。根据访谈录音，按内容分别归类，保留苏州话形式，形成访谈稿，以飨读者。

王柏荫

　　王柏荫(1923—2016),弹词演员。江苏苏州人。十八岁师从汪佳雨习《描金凤》,旋又拜蒋月泉为师,学《玉蜻蜓》。曾先后与张云亭、周玉泉拼档。后与蒋月泉拼档,人称"蒋王档",为当时评弹界"四响档"之一。1951年参加上海评弹团的前身上海市人民评弹工作团,是著名的建团"十八艺人"之一。曾参加《林冲》《一定要把淮河修好》《海上英雄》等新创中短篇书目演出。其说表情脱、蕴藉;脚色注重神似,具有"阴功"特色,继承周(玉泉)派风格。弹唱宗"蒋调",又含"周调"韵致。1959年王柏荫调入刚刚成立的浙江曲艺队即如今的浙江曲艺团,直至20世纪80年代退休才回到上海。2016年8月24日在上海市普陀区人民医院逝世,享年九十四岁。

李明（以下简称李）：玉立、婷婷两位老师，今年8月24日，蒋派掌门弟子、上海评弹团元老之一、书坛中坚王柏荫先生（我习惯称俚"老王老师"）驾鹤西翔，魂归道山。老人格离去，是评弹事业格一大损失，令人扼腕。记得2011年2—3月间，我勒令尊府浪，曾先后五次对老王老师进行采访，倾听俚畅谈艺术人生，神聊《玉蜻蜓》。老人和蔼可亲，谈锋稳健，诸事娓娓道来，引人入胜，至今，俚格音容笑貌犹在眼前，挥之不去。唔笃两位先生，作为老王老师格公子和（儿）媳妇，"婷婷玉立档"勒当今书坛匣颇有名声，公认是弹唱《玉蜻蜓》格佼佼者。我想，唔笃格艺术成就，一定与老王老师格谆谆教诲密切相关。今朝，我想以朋友格身份，请两位一道，以经典书目《玉蜻蜓》为例，讲讲俚教导唔笃说好《玉蜻蜓》格故事，说说老人家还有点啥格心愿，谈点实实在在格末事，共同来缅怀老人，告慰英魂。

王玉立（上）与庞婷婷（下）

王玉立（以下简称王）：我先从太太先生、太先生说起。伲太太先生张云亭，说书诙谐风趣，人称"翡翠玉蜻蜓"。太先生蒋月泉欢喜《玉蜻蜓》，就拜张云亭为师，格歇辰光太先生已经蛮有名。张云亭弹唱《玉蜻蜓》，以说为主，擅长刻画人物心理状态，但弹唱格是"书调"，缺乏优美，那么太先生觉着另一位响档周玉泉唱得好哉。其实，周玉泉是张云亭师兄格学生子，照道理搭蒋月泉是平辈。但是，蒋老师为了要拜周玉泉为先生，俚弗[1]顾辈分，虚心拜师。学习"周调"以后，再发挥自家格末事，形成功"蒋调"，有格场一个转化。太先生蒋月泉一生研究《玉蜻蜓》，格部传统书勒老先生手里，经过张云亭、周玉泉用心改编后，到蒋月泉手里亦有一个突破，进一步丰富完美，形成经典。

父亲开始学说书，是由于我祖父搭汪佳雨是邻居，所以叫我父亲拜汪佳雨说《描金凤》。其实俚听匣勿听，学匣勿学，因为勿欢喜《描金凤》。呒不几化日脚，俚就迷恋上了太先生蒋月泉。哪亨会迷恋么，听唱呀，觉着好听得来，格歇辰光有收音机，一径听。后来通过朋友介绍，就扎

---

1 弗：苏州话"不"之意。

进蒋派艺术当中去了。至于太先生格《白蛇》，是60年代格新《白蛇》。《玉蜻蜓》和《白蛇》两部书，蒋老师还是以《玉蜻蜓》为主；一生心血全部勒嗨《玉蜻蜓》浪。

我父亲其实匪是格场，一生心血放勒《玉蜻蜓》里向。俚曾经告诉我，老早说《玉蜻蜓》，只还过是欢喜，后来是研究《玉蜻蜓》了，因为评弹是语言格最高艺术，所以俚动足脑筋，对全书格结构、说表等进行整理，尽可能做到精练、简洁、幽默、亲切。

我搭庞婷婷结婚后出棄书就是《玉蜻蜓》。后来，因时代变化，传统书有个低潮，听众要听新书，为了生计，俚就自编自演《龙凤璧》，《玉蜻蜓》搁勒旁边。父亲从恢复传统书后，一径勒嗨说《玉蜻蜓》，当时，俚两家头仍旧说《龙凤璧》。俚经常说："唔笃哪亨勿恢复过来？"一径有想法。等到俚拿《玉蜻蜓》全部整理好，俚正式说《玉蜻蜓》是2006年，2007年《玉蜻蜓》折子十回进上海乡音书场（乡音书苑，下同），2008年出《婷婷玉立》光盘。恢复说《玉蜻蜓》，俚整整做两年准备工作，因为要说好《玉蜻蜓》，一定要到码头浪滚过之后，舞台经验老练，口齿老察，方能尽量做到。

庞婷婷（以下简称庞）：玉立爸爸经常来听俚格书，搭俚指点。俚讲话精辟，哪搭有问题，哪搭是优点，才会指出来，对俚两个人艺术提高帮助很大，终生得益。

李：老王老师十八岁拜师，开始学习并弹唱《玉蜻蜓》，直到九十四岁仙逝，一生用七十多年辰光弹唱、研究《玉蜻蜓》，对于哪亨说好格部书体会深刻，心得颇多，俚格闲话才是金玉良言。请两位讲讲老人对"婷婷玉立档"《玉蜻蜓》是哪亨指导教诲格。

王：俚父亲觉着，要说好《玉蜻蜓》，有几点一定要做到。

一、上手板要放单档

王：我放单档断断续续已经好多年。因为俚通常是双档演出，但是，庞婷婷有辰光要到评校辅导学生，有辰光由于身体等原因，勿能演出。凡是遇到类似情况，我就抓住机会放单档。父亲搭我讲，"要说好《玉蜻蜓》，勿放单档弗来事格"。但凡《玉蜻蜓》说得好格演员，才放过单档。我父亲格单档当时勒上海有点名气。俚格学生，苏似荫单档，张君谋单档。只有放了单档后，才能够说好《玉蜻蜓》。举个例子：

潘闻荫是俚父亲格师弟，上海人，跟太先生蒋月泉格年数比俚父亲还要长。俚家底蛮好，欢喜蒋派艺术，但码头实践经验比较缺乏，有点嘴钝。后来公私合营，家底败脱，要养家活口，那么俚父亲就拜托苏似荫和张君谋，陪师叔体验"背包囊、走官塘"格码头生活。等俚有了一定经验后，让俚去放单档。之后，潘闻荫勒说表方面进步明显，能够立牢脚头。

李：当年，我采访老王老师辰光，俚就讲过，要说好书，板要出来放单档，单档顶大格好处就是实践。

王：俚太太先生周玉泉，当年就是名气最响格单档之一，俚搭夏荷生、徐云志合称为30年代最负盛名的"三单档"。

放单档之后，顶大格好处，一个人勿像一本正经格说书，而是完全融合勒嗨书里向。用勿着摆作架子，郑重加其事，弗来事格。而且，单档完全要靠自家发挥，可以增强自信，真格是锻炼人。所以后阶段，俚说《玉蜻蜓》，俚是开心得来。我放单档，俚蛮赞同，主动讲："侬是要放单档，单档说法搭双档完全两样，我爷就是单档浪得益无穷。"俚就要我多放单档，俚欢喜单档。

二、从自身条件出发，兼收并蓄

王：父亲搭我讲："作为一个演员，死学是要到死胡同里去格，必死。"

俚父亲说《玉蜻蜓》属于第三代，俚长期搭太先生拼搭，学着蒋月泉勿少长处。俚还跟张云亭拼过档，后来亦听周玉泉格书，觉着周老节奏好，面风比先生有优势，欢喜周玉泉，欣赏周玉泉。几位先生格优点俚侪吸收，再根据自家格性格、嗓音条件加以发挥。所以，俚后来格《玉蜻蜓》，我听了非常受益。一样一句闲话，摆勒太先生嘴里富丽堂皇，放勒父亲嘴里，既朴素，亦马上能让人听得清清爽爽，全部到位，但又勿是老俗格，格是父亲继承《玉蜻蜓》格一大特点，一大贡献。

李：2011年，我访谈老王老师，俚多次谈起周玉泉，对周老先生推崇备至，特别欢喜周老说书，像谈心一样，平易亲切，觉得搭自家格条件十分接近，就主动去吸收周老说书格长处，尤其是说表特点。所以，俚除了有幸得到蒋老师格衣钵外，还深得周老神韵，最后形成王柏荫格说表风格，简洁勾勒，平易温文。不仅传统书，包括现代书，深受陈云等国家领导人格喜爱。

庞：玉立爸爸勒乡音书场说书，演元宰，我印象蛮深。俚讲，"我是六十几岁格人哉，演元宰要坐得挺，像小人，两只脚要有一滴滴小荡空，头往上仰一滴滴，一定要显得嫩齐齐，'母姨大人……'"，真格像小人。俚格老佛婆脚色，非常非常到位。因为保护三师太，侪靠老佛婆，所以俚格语言、面风，我印象顶深。尤其是面风，真格是强，有种地方胜过太先生。因为一个演员，肯定格浪强点，该浪弱点，要拿自家缺点去脱，优点摆进去，格是俚顶大格特点，我有辰光听俚说书要笑格。

王：讲到面风，勿是我讲太先生格勿足。蒋老师格身价，俚是从旧社会到社会主义国家，格歇辰光格听众，大部分是遗老遗少、姨太太，女听客较多，俚要考虑到说书勿是唱滑稽。所以，是时代因素所造成。太先生并非勿会做，而是免脱面风和肢体语言。周老是面风好，因为动作、

王柏荫演出照

周玉泉

面风一凑,语言可以更加简洁。而且老早叫听书,只要闭上眼睛听。现在是全面格,有视觉格,不仅听,还要看,睁大眼睛看。所以,现在听书格要求搭过去完全两样。

举个周老说书格例子。《打巷门》一回里向,二娘娘"吃着金大娘娘两记耳光,哒哒哒(逃进去),跑到房间里向,(闩门、掀马桶盖、脱裤子、坐到马桶浪)荡、荡、荡,一场急尿",当中吭不表,全部由动作、面风体现。还有《沈方到常州》一段,说到沈方夜里向勒船浪方便,周老是格样表格:"沈方要坏尿[1]哉,平几盖掀开来,刚刚想坏尿么,格面来一阵风,吹过来么沈方觉着冷哉,要紧缩转去么,勿晓得俫沥沥干哪,滴下去么,滴勒别人家面孔浪相,人家还舔舔么,哪亨有点咸溜溜格。"格种说法,多少亲切、生动、发噱、阴功十足,当然,匣有糟粕。伲父亲就拿周老格末事拿过来。伲格面风特别像周老,是因为伲听过两遍周玉泉格书,外加对方非常欢喜伲。周老过脱后,早两年,有一趟勒苏州梅竹书场,纪念周玉泉专场演出,伲父亲说一回书,薛君亚曾经搭周玉泉拼过档,伲讲:"哦哟,像得格先生哇!"为啥道理要学周玉泉,因为蒋月泉有蒋月泉格末事,王柏荫搭勿够,哪亨办?格么就要结合哉,拿能够达到格末事为我所用,形成自家格风格,其实,格匣是蒋派艺术格特点。

举个好白相格例子:《白蛇》里王永昌吃馄饨。本来,吃馄饨一节已经蛮噱哉,"哄"捧头之后,伲还加一只扑绿。伲两个人来搭一搭:

王永昌:阿喜啊!

阿喜:唔,叫喜啊,员外啥体啦?

王永昌:那么格个……搭我端整四色礼物,十两银子,到驿站里向去一趟。驿站格李老爷俫认得格哦?

阿喜:认得格。

王永昌:俫就搭伲说,杭州过来格许相公是员外格阿侄。

阿喜:唔,伲员外是伲格阿侄。

---

[1] 坏尿:苏州话"小解"之意。

王永昌：倷阿听清爽啦？倷搭俚说，许相公是员外格阿侄。

阿喜：唔，俚员外是俚格阿侄。

王永昌：倷阿是人啦？说得蛮清爽格呀，倷就搭李老爷说，俚员外是俚格阿侄！

阿喜：我讲得蛮对勒嗨哇。

王永昌：哦哟，小赤佬……

王永昌是被阿喜缠昏脱格呀，简洁亦清爽。一阵一阵来格。俚勿晓得阿喜是有意格，被阿喜一缠之后，王永昌跟仔说错。格个是倷父亲格末事。

父亲有两个学生，苏似荫、张君谋，为啥道理能受到听众欢迎，勒嗨说《玉蜻蜓》格演员中有一席之地，甚至人家难以超越？关键匣就是两个人俨能够根据自身条件，想办法取胜。硬紧要去学周玉泉、蒋月泉、王柏荫，学勿像，只能够根据个人条件，勒声音格高低、语言格起伏、肢体格配合等方面去取胜，格点拨我启发很大很大，《玉蜻蜓》不能一成不变，死学弗来事格。

父亲经常说："一个演员要看好格末事，勿是死学，死学学勿像，学像了也吃不饭吃。俚是周玉泉，倷是某某某；俚是蒋月泉，倷是某某某。俚是俚，倷是倷。"就是讲要晓得老师格优点是啥，晓得俚格灵魂，学对方格神韵，结合自家格优点，才有心得体会，形成自家格么事。看别人表演同样如此，要看出来人家格缺点，勥去碰，要有分析。格是父亲对我格教导，匣是弹唱《玉蜻蜓》格要领。

举个例子："斩尾巴"，一类书勿好说，蒋月泉就搭俚父亲勒上海成都路沧洲书场说《林冲》。张君谋因为匣要换书，就到书场里听书。蒋月泉搭俚讲："倷来啥体？""我来听先生格书。""我太先生勿拨倷听书。"为啥事体么？为吃饭，因为是刚刚拿出来格长篇。张君谋一气之下放单档，另辟蹊径说《武松》。拿杨振雄格书拨过来，说自家格书，来得格灵。说书硬哉，锻炼出来哉，风头蛮健。本来艺术一般，因为说《玉蜻蜓》勿是俚格路子，重新再说《玉蜻蜓》，大有提高。赛过俚一样，说《龙凤璧》之后，再说《玉蜻蜓》，艺术浪有一个提升。

再譬如，苏似荫搭俚父亲推板[1]一岁，俚格俚子搭阿姐同年，俚跟师格日脚短，因为要养家活口，要紧去赚铜钿。后来书够，回转来："先生，我再来补书。"俚是生活所逼，匣是作孽。虽然俚奶水吃得少，但勒码头浪却能博采众长，自成一派。所以归根结底，说书要从自身条件出发，勥去死学。苏似荫、张君谋，包括俚，俨弗死学，弗死学方可活。

为了说好《玉蜻蜓》，俚两个人勒父亲指导下，匣兼收并蓄，做仔勿少糅合工作。我拿俚比

---

[1] 推板：苏州话"相差"之意。

喻成"五个一工程"。具体就是拿四个人格材料,太先生蒋月泉、父亲王柏荫、大师兄苏似荫、二师兄张君谋格材料,包括我王玉立自家格本子,全部摆勒嗨,每日吃好夜饭后整理,常常要做到天亮快,顶早要到三点钟。好格么事记下来,拿最好格么事撸过来,割脱糟粕,筋筋拉拉全部砍脱,形成新格框架,再讲拨庞婷婷听,告诉俚去掉多少,保留多少,征求俚格意见。所以父亲看我弄格长篇,替我跷大拇指。

庞: 下手部分我自家来。《玉蜻蜓》说表以上手为主,我作为下手,拿尽量能说格书份拿过来,尽我努力,精心说好,说得出彩,勿输拨上手。特别是小脚色,俗话攀谈邋遢脚色,我参照江文兰老师格录像,用心塑造,得到业内认可和大家满意。格场演出辰光我就勿会败拨上手,伲就勿会变跷脚档。

王: 伲还有一个安排,父亲非常赞成。就是等书说熟之后,本来前《玉蜻蜓》说勿着格内容,现在说到一定位置,拿俚再拉过来,拿好白相格么事,以蒙太奇手法,连做带表,撑足整部书,让俚更加丰富。像《云房产子》等,听众要听得勿得了,格是我的创造,父亲匣非常认可。

庞: 伲格书能得到听众喜爱,是几方面因素格综合。一是两个人有长期舞台经验。二是有弹唱优势。因为《玉蜻蜓》是蒋派艺术,弹唱以"蒋""俞"调为主,王玉立擅长"蒋调",我从小跟父亲庞学庭学唱"俞调",得到家父格嫡传,还受到叔公朱介生指点。三是融合各家之长。再加上新法,伲格说法比较新,因为毕竟伲是新人,勿是老先生。格样一来,伲格书就可以尽量做到说表过关,弹唱过关,脚色丰满,变得好听。像元宰、金大娘娘等脚色,我俩演得蛮丰满格,可以衬托上手,使《玉蜻蜓》更加完美。因为伲一道去回书,俚听父亲讲,我匣勒旁边,要紧闲话我才会记牢。

三、精雕细琢,谨严缜密

王: 说好《玉蜻蜓》,一定要精雕细琢,谨严缜密,父亲始终强调格一点。其实,伲理解,俚是要伲坚持和弘扬蒋派格艺术风格。

父亲自从研究《玉蜻蜓》后,就开始重新整理《玉蜻蜓》,舍去糟粕,提炼精华。俚听师弟潘闻荫格书,"哦,格个地方勿对格";听大学生子苏似荫格《玉蜻蜓》,觉着有种地方噜苏;听张君谋格,还比较满意,但仍旧觉得语言式多,觉真正扣到位。父亲说,"俚是一种长篇说法",还呒不像要传承格艺术品一样,精雕细琢。所以,我搭庞婷婷两个人,完全是根据父亲格意思来说《玉蜻蜓》格。

庞: 玉立爸爸对苏、江档《玉蜻蜓》评价蛮高,但是有一句闲话:"到底是长篇,还有勿少噜苏格末事,再弄脱点,更加好。"俚始终认为,长篇匣要勾勒,语言简洁。

王: 江文兰老师曾经有句闲话,俚搭父亲勒乡音书场拼了十三回书,深有体会:"王老师,俚格语言实头勾勒格。"干净，勾勒，赛过苏州人攀谈，"俚格末事才是拗边折角"，"我搭老苏是毛团团，大茫茫"。

父亲后阶段说书中语言极为严谨，我现在听太先生蒋月泉格书，还有伲父亲整理过格书，太师父算得简洁，到父亲嘴里，两句闲话可以并成一句，更加简洁。所以俚现在听格伲格《玉蜻蜓》，基本浪是根据父亲格么事来格。否则十回折子书呒不格场紧。

李：深有体会。2008年，我首次采访唔笃两位老师，有幸拿到了十回《玉蜻蜓》折子光盘，一听为快。今年5月份，我勒嗨光裕书场现场观摩两位先生三十回演出，可以讲，全书勒脚色、情节、语速、语感、片子、弹奏、上下手分量分配、行书速度、化妆等方面，精心设计，回回有关子，回回侪精彩，听众欲罢不能，大家对唔笃格精湛书艺交口称赞。不过匚听得出，里向含有勿勿少少老王老师格心血。

王：我搭庞婷婷两家头说《玉蜻蜓》，回回书要去回复，像考试一样。"俚格段书哪亨说法格，哪亨处理格，说拨我听听。"举个俚画龙点睛格例子：

人家现在说《玉蜻蜓》，一般勿说《夺埠头》，我说格。《夺埠头》一回书，非常精练。简单表表：

去请打手，因为金家里已经请仔天罡党哉，五绅缙匚要请打手。关照凡是挂牌格打手头目过来。格点打手想，五绅缙请伲去么大生意哉，几个老大侪狠得热昏[1]，生怕请勿着。走起路来，格么俚直走那，俚笃侪横走格，狠得来。地煞党、梁山党、金鸡党、蜈蚰党、百脚党、砂锅党分别见过五位老爷之后：

格个，请唔笃到该搭来，主要要叫唔笃保埠头。

五位老爷有伲！（拍胸脯）

对过格家人家匚是大人家，金家里。

随便哪家人家，有伲（拍胸脯）。

俚笃匚请仔打行哉。

随便哪一行，有伲（拍胸脯）。

俚笃请格是天罡党糙胚石狮子。

五位老爷晏歇会[2]！

---

1 热昏：苏州话，指昏了头。
2 晏歇会：苏州话"等会再见"之意。

父亲听下来，觉着勿足，缺脱一环，俚提出来板要加一句：

啊？啥人啊？
糙胚石狮子天罡党。
五位老爷晏歇会！

格个一环一定要摆勒嗨。俚就是趁我说，点我一点，我想赞格，画龙点睛。下面听众就笑勒"啊？啥人啊"浪相。

庞：当然，去芜还要存菁。举个例子：说《玉蜻蜓》，话搭头蛮多。勿能摆格坚决勿摆。但精华话搭头一定要摆。"格种小囡是只有我亢得落，阿晓得啦"，"碰着我是徕蛮额角头勒嗨，阿晓得啦"，格个"阿晓得啦"蒋老师顶欢喜用，衬托格句闲话，使俚丰满，体现仔语言艺术，所以一定要保留。

王：经过父亲格整理，倪现在说《玉蜻蜓》，每回书开头勿是懒踏踏，而是清清爽爽。举个例子：

"苏州府徐长珍，为救饥荒，用空库银"，"徐元宰详明诗句，庵堂认娘，叫啥三师太随便哪亨勿肯认。那么元宰想，难心道亲生格倪子匣亸格？娘一定有苦衷"。

闲话才勒里向，清清爽爽，呒不一句糟蹋。

庞：倪现在格长篇，尽量做到少噜苏。当然，一滴滴小噜苏在所难免，但是十回头格折子，绝对呒不噜苏。反正电视台匣有，倷可以听。

王：所以，倪两家头继承了父亲清晰、干净、起伏格说法。所举例子就是典型，闲话呒不一句糟蹋，全部到位，格个书就好听哉。

庞：玉立爸爸非但对《玉蜻蜓》内容逐字逐句推敲整理，勿能摊板一点点，对于演出服装、道具匣十分讲究，格是长衫、绢头、颜色，等等，考究得勿得了。格就是俚格风格。

王：上趟，倪勒苏州光裕书场说《龙凤璧》，俚匣来白相。倪演出结束后，俚踏到我只休息间，看见挂勒嗨格长衫，笑嘻嘻、笃悠悠，当仔大家面讲："倷格个就勿像唔笃爷哉，倷，纽好俚呢。"我当时因为要紧下台，长衫挂勒嗨，纽头勮纽好。父亲说书，下台之后长衫脱下来，挂勒衣架浪，纽头一粒一粒纽好，要像着勒身浪一样挺。还有，"台浪格末事，绢头对对齐啊好，扇子假使豁脱格话，换一把啊好？"格些，侪体现了俚对艺术格重视和讲究，严谨是俚对我格要求。

庞：还有，俚格长衫里总归摆好插片。格一点王玉立像父亲，呒不一件长衫可以缺脱一点点插片，上台演出，长衫领头总归绑硬笔挺。现在小青年侪勿放插片哉，领头软格。我自家对演出旗袍匣蛮讲究，艺术美应当和整体舞台美完美结合，拨听众美格享受。

王：要谨严缜密，还有一点应该做到，就是单、双档要一视同仁，一样认真。我放单档勿是我特别卖力，而是为了解决懒劲。一放单档困懒少。我觉着两个钟头非常轻松。九点钟辰光起来，上台前喷发胶等侪弄好，干干净净上台。台浪认真，篇子照唱，决勿抽脱。凡是演出，单档半个钟头前板到；双档一个钟头之前板到，全部准备好，等候开场，哪怕是小码头。大场子伲更加重视，格匣是父亲格风格。像伲格场对自家格要求，现在可能已经行勿通哉。

四、要有连续不断格"小扑绿"

王：业内讲起来，《玉蜻蜓》内容家喻户晓，金贵生、金大娘娘、三师太、养私囡，后来私囡成功一代宰相，侪晓得格。为啥大家欢喜听，就是因为语言精练、简洁、勿噜苏，外加最大特点是幽默，俗语攀谈就是噱。太先生、父亲侪讲："《玉蜻蜓》勿噱格闲话勥说。"口俏，嗒啦一来，嗒啦一来，一回书里向总归要连续不断，拨听客小格激动。

庞：用苏州闲话讲，格就叫"小扑绿"，匣是《玉蜻蜓》顶大格优势。就像烧粥，骨碌碌滚哉，哼啰哼啰起泡。玉立爸爸一直讲，赛过一条河里丢石子，有河就要丢石子，勿能让小溪一径流，丢粒石子，就有波浪，就好听哉。

王：婷婷讲得蛮对，说好《玉蜻蜓》，平平坦坦弗来事。因为《玉蜻蜓》内容大家侪清爽，勿靠"小扑绿"，靠背书，格个书哪能说法？所以勒后阶段，父亲搭我讲，俚拿《玉蜻蜓》全部整理过，尤其每一句闲话，每一句表书，要干净、简洁，要拨人家觉着有趣，到位，幽默。格是《玉蜻蜓》顶大格特点，一般人勿会讲究格点末事。一般说书，只晓得情节紧张，《玉蜻蜓》一点勿紧张，但要说得紧张，要设法拿听众格心吊上来。

庞：譬如三搜庵堂、做道场、三娘娘担心阿会穿绷等，侪蛮紧张。

王：格趟，我勒木渎演出，11月30日结束，十几个听客，"先生，倷格书哪亨格场好听，倷阿好下趟再来啦？倷格书搭人家两样格，亦是好听，亦是清爽，亦是好白相"。格就是《玉蜻蜓》格效果。人家总归讲《描金凤》噱，实际浪《玉蜻蜓》比《描金凤》更加噱。为啥噱么，就是"小扑绿"勿断。

王玉立（左）、庞婷婷（右）演出照

五、口齿勤浑，说表用口劲

王：因为我是上海人，自从说了《玉蜻蜓》后，父亲一径暗暗搭我讲："倷说格字要煞，倷呒不争争[1]煞，倷还弗煞。"换句闲话讲，就是口齿勤浑。譬如说，一般女性讲话总归比男格讲话要清晰，假使男格讲话不煞不清，已经吃亏，因为男格声音瓜（低）。板要高声之后好像清点。其实勿是，一样声音低，也要拔拉人家感觉清清爽爽，明明白白，混笼统就叫口劲。"说书一径拼命用力弗来事格。剃头师傅么要用口劲，裁缝师傅要用口劲，说书先生一直嘴巴用力，糟蹋脱。其实，用力要用勒里向，哪亨用口劲么，要倷自家去想。"拨俚格场点一点，后来说书我口齿就煞哉。本来我自家勿晓得，自以为蛮清爽，我声音蛮高，"勤倷高呀，用勿着格，只要口劲"，"倷声音高是虚高，一回书下来几化伤喉咙，只要清晰"，格匣是说好《玉蜻蜓》格特点。

庞：除脱口齿，语感匣蛮要紧。所以玉立爸爸反复讲，说《玉蜻蜓》，最好苏州人，用苏州闲话攀谈，语调顺格。倷阿吃饭勒？今朝吃点啥？伲屋里是呒啥吃，小菜买勿着……假使勿是苏州人，说书往往像背书，味道就勿一样哉。

王：所以，太先生蒋月泉两个上海学生子，说好《玉蜻蜓》俉有点吃力。那么我匣是上海人，父亲常常担心我说勿好《玉蜻蜓》，因为语感勿顺。

庞：王玉立说《玉蜻蜓》，俚自家讲，真叫庞婷婷是苏州人。格点年数，苏州闲话听下来，总归有个优势，不过有辰光还有字眼带有上海腔，上海人脱脱空空学《玉蜻蜓》，是比较难。

六、板要认真排书

王：父亲最早搭太先生拼档说书，一般勿排书，为啥？因为两个人格心版侪一样。后来研究《玉蜻蜓》了，反而要排书哉。

庞：江老师匣讲，"我搭老苏是毛团团，勿哪亨排书格。因为是长篇，要跑码头，只不过是搭搭"。勿晓得1987或1988年辰光，玉立爸爸搭江老师做乡音书场，两个人天天到石门路排书，伲碰头么总归排书。当初辰光勿明白，为啥事体要排书，现在伲两家头上台，凡是说《玉蜻蜓》，也板要排书。

王：说《龙凤璧》勤排书，说《玉蜻蜓》板排书。因为《龙凤璧》主要听情节，而《玉蜻蜓》是听语言，以说为主。我两个师兄所以能立牢脚跟，侪是说表呱呱叫。苏似荫说表好，张君

---

1 争争：庞婷婷原名庞伟争，小名争争。

谋说表好,太先生蒋老师更加说表弹唱俱佳,是个全才。正因为对语言要求高,既要精练幽默,还要细腻生动,所以一定要排书。

庞:《玉蜻蜓》《白蛇》两部书,侪是语言,而且精练,倷事先勿搭一搭,排一排,上台后那么完结。所以《玉蜻蜓》一径要排书。80年代,作为长篇说法,《玉蜻蜓》还可以毛团团,现在毕竟三十多年过去哉,《玉蜻蜓》应以精华为主,勿能再噜苏。特别是十回头折子,当时伲两个人,每日从早上八点钟排,一直要弄到夜里,吃点面包,蹲勒团里死排。伲要求高,五个字不允许六个字,可以简略成四个字,不许五个字,可以说一句闲话,决勿说一句半,所以质量是比较高,格匣是对蒋派艺术格用心发扬。

李:两位老师一席闲话,我心里充满感动,特别感恩老王老师对经典《玉蜻蜓》格辛勤付出,对评弹事业格贡献。两位老师出身世家,不但从小耳濡目染,深受艺术熏陶,更重要格是,唔笃格艺术生涯,有慈父诲尔谆谆,耐心引导,恳切教诲,深得真传,多少幸运!加上自身勤奋刻苦,长期坚持,终于形成颇有自家特色格《玉蜻蜓》,非轻容易!老王老师一定开心吧?俚格心愿可以放下来哉。

庞:当初80年代,伲觉说《玉蜻蜓》,玉立爸爸心里总归有想法。后来伲到了一定年纪,两人进上海评弹团,俚对伲能够说《玉蜻蜓》,格种开心和喜悦是呒不办法形容格。俚一直说:"玉立啊,争争啊,那么唔笃好拿《玉蜻蜓》继承下去哉。"俚一径呒不好好叫格继承人。因为俚有个想法,说《玉蜻蜓》,首先要能说,要有基础,还要弹唱好。俚觉着,弹唱方面自家理论基础蛮好,但实践当中嗓音够勿着。现在,王玉立勒弹唱方面有优势,我庞婷婷对蒋月泉、朱慧珍两位大师格艺术,还能有几分继承,所以俚开心,《玉蜻蜓》可以得到传承哉。当俚晓得伲勒上海评弹团,有一定格成就,而且有一定格信心,非常努力,俚搭伲说:"我桩心病放脱哉。"

王:年纪轻我说勿好书,板要到格个年份浪,可惜稍微晏着点了,再提早格十年还要好。伲传承《玉蜻蜓》,也是多少年努力格积累。父亲是传承人,俚自家觉着肩胛浪分量重,因为俚是蒋月泉格开山门学生,儿子亦勒嗨说《玉蜻蜓》,再加上自家欢喜,还有传承格任务,所以俚拿《玉蜻蜓》全部重新整理,视为生命。确实,现在蒋派传承是勒父亲格条根浪形成气候,除脱伲子媳妇,还有学生子、孙辈。譬如讲,姜啸博、张毅谋、黄海华等,侪是张君谋格学生,全部活跃勒嗨书坛,书艺侪比较上乘。所以,勿是沾沾自喜,有人提出"蒋派王氏""王氏蒋派",匣有一定格理由。因为父亲对《玉蜻蜓》确实煞费苦心,俚对蒋派神韵格研究,还有整部书格传承,侪做得蛮全。虽然俚过脱了,但俚对艺术、对《玉蜻蜓》也有交代了。我作为伲子,匣要想办法拿《玉蜻蜓》传承下去,可惜现在呒不好好叫一档学生。女下手有一个,假使有个男上手,我搭庞婷婷两家头就可以全心全意传承《玉蜻蜓》,我现在心里蛮急格。

李：现在，老王老师格心病要变唔笃格心病哉，因为勒后继有人方面，确实有点不尽如人意。

王：两个学生子匣讲，先生现在还可以示范，再下来，就只好嘴巴浪讲哉。

庞：所以录像录下来蛮对，根据录像，有基本框子，再搭学生讲，就可以传下去。

李：两位老师匣是奔七之人哉，期盼唔笃能够早日寻着称心学生，奋发向上，甘愿吃苦耐劳，多动脑筋和嘴巴，就可有望经典《玉蜻蜓》得以传承，蒋派艺术继续发扬光大。谢谢两位，衷心祝愿唔笃心想事成！

整理者：李明

第八十四讲

"物非人是[1]，愿景长留"

——原静园书场经理罗叔铭访谈录

口述者：罗叔铭

采访者：王宵、高勤

采访时间：2017 年 1 月 10 日

采访地点：上海市黄浦区温州路 88 弄 3 号罗叔铭宅

---

[1] 罗叔铭先生因病于 2017 年 5 月 25 日 8 时 38 分不幸逝世，享年八十八岁。非常遗憾他未能等到本文的发表，该题名拟定时罗老师还健在，现在再用这一题名稍显不妥，但笔者愿保持原名，以此纪念罗叔铭先生。

罗叔铭

罗叔铭(1929—2017),上海人,中国共产党员、上海市曲艺家协会会员、上海演出家协会会员。1957年任静园书场经理直到1992年退休。罗叔铭长期从事书场业务管理工作,在长期工作中积累了丰富的经验。更为难得的是,他曾在《文汇报》《新民晚报》等各大报刊发表多篇文章,也是一位评弹艺术评论人。罗叔铭作为上海地区书场兴衰的见证者,他的叙述对于我们研究1949年后评弹演出机制的演变具有重要史料价值。

20世纪五六十年代,评弹进入到又一个繁荣时期。在刚刚度过30年代繁荣期的评弹业,其辉煌是民族国家时代背景下各种因素的合力造就的。如当时评弹依托于上海娱乐业、新闻出版等行业的整体高度成熟;在民族主义传播和国家危亡的特殊环境下,精英放宽对娱乐业的把持与限制,大众娱乐因此有了"发声"的空间等。与这一阶段相比,五六十年代的上海评弹业繁荣呈现新的特点:政府对舞厅等娱乐场所的压制或取缔扩大和更新了评弹演出的空间,即专业书场的出现;专业书场又促进了评弹演出新形式——中篇评弹的出现和发展;公私合营初期涤荡了旧时评弹业的浊气,评弹演出机制焕发新的活力,因此这一时期出现了书目创作的高潮,书场的经营情况与30年代最繁荣的时期相比,有过之而无不及。静园书场作为上海四大书场之一,既见证了书场业的兴衰,又是最能代表1949年后书场在上海发展变迁的新特点,对研究上海地区书场变迁,甚至1949年后上海娱乐场所的盛衰等都颇具价值。

一、结缘静园书场

我 1929 年出生于上海市，祖父曾经营一家德隆毛纺厂，父亲成年后子承父业，与我的母亲一起在德隆毛纺厂工作。1953 年前我本来在五金店工作，1954 年为迎接公私合营高潮，我被推荐去上海市行政干部学校[1]学习。短训班结束后，我在思想上有很大提高，被分配到上海市文化局工作，后随工作队进驻上海大世界工作。公私合营后，上海大世界机构做了很大调整，分设人事保卫科（接待国内外贵宾）、总务科、财务科、业务科。我在业务科担任与各剧团签订演出合同等事务工作。1955 年我作为公方代表，到时懋书场（西藏路汉口路）任经理，1957 年参加"反右""整风"和 1958 年的评弹界"整风"后，被调到静园书场任经理一直到退休。因为我有在大世界和书场业务管理的经验，并且旧时评弹书场老板最主要的工作就是联系和安排书场的业务，也许是文化局领导基于这方面的考虑，我被调至静园书场担任公方经理一职直至 1992 年退休。因为静园书场是从资本家那里没收来的，属于官僚资本的资产，所以没有私方经理。

静园书场原名大都会花园舞厅，位于静安区江宁路 56 号（近南京西路），其前身是大华饭店，即 1927 年 12 月 1 日蒋介石和宋美龄结婚的地方。大华饭店于 1929 年被拆除，1934 年广东人江姚章[2]在原址的基础上修造了大都会花园舞厅。该资方建造大都会舞厅时，原计划是三层楼的，后因经费筹措有限，改为现在的一层楼，系钢筋水泥柱子木砖结构，总面积五千六百多平方米，观众厅面积六百六十二平方米，有售票窗口两个。

大都会舞厅内部呈八角形，中间有八根庭柱支撑，形成圆形的舞池。舞厅的外貌是古色古香的民族形式，金碧辉煌，镶有双龙含珠雕塑，十分富丽堂皇。正门两旁（后来改为食堂）种植树木花草，并有一片空地可供停车，屋顶部分是木板，上铺铅皮（损坏后改用石棉瓦），为保证室内采光，舞池四周都为玻璃窗。办公部分有经理室、舞女间、酒吧间、衣帽间、职工厕所间、职

---

[1] 上海市行政干部学校位于江湾原上海旧市政府大厦，1949 年后成立，1956 年停办。时任上海市副市长的潘汉年任校长，上海市委领导周原冰任副校长，在校学生两千人左右。学员来源很杂，年龄从十六七岁到五十多岁不等，该校为上海市各区各部门培养储备干部。

[2] 政协上海市静安区委员会：《静安文史（第十二辑）》，1999 年 10 月，第 155 页。一说为江耀章。

青年时期的罗叔铭

工衣帽间等。1949年前在白天舞池暂停营业的时候曾用于拳击、开过书场。后来静园书场内部结构大致保持了大都会舞厅时的原样。

1949年初,江姚章出走香港,职工们迫于生计组织职工维持会继续经营。1949年后,随着社会风气的改变,舞女伴舞被取消,舞客自带舞伴,舞女和舞厅的收入一落千丈。各大舞厅纷纷改弦易辙经营苏州评弹等戏曲节目。那个时候把带洋文的名字都统一改掉了,大华书场原来叫维纳斯舞厅,西藏书场原来叫维也纳舞厅,仙乐书场以前叫仙乐斯舞厅。因为大都会花园舞厅还有一个安静的露天花园,所以1954年大都会花园舞厅改名为静园书场。

当时上海城区书场大致分为三等:三等书场分布在城隍庙附近,都是茶楼书场,如汇泉楼、凤鸣台、富春楼等,名字较为传统;二等书场一般集中在徐汇区、虹口区等,如新华书场、红星书场、东方书场、东吴书场、沧洲书场、大美书场等。三等、二等书场在演出时会推销小吃点心。大人带小孩听书,一开始小孩进书场是为了吃点心,后来听上瘾了便要跟着去了;一等书场是仙乐书场、静园书场、西藏书场(南京西路西藏路)、大华书场,它们并称上海四大书场。这些书场均是由舞厅改建的书场,有的空间大,有的设施优,有的地段好。仙乐书场设施最为高档,内饰有地毯。白天上演小朋友喜爱的木偶戏,晚上舞台改动一下演评弹。当时它的环境、布置、地段都是最好的(南京西路黄陂路)。延安路当时有一个儿童艺术剧场是以前的电影院改的。1949年后上海成立了木偶剧团、沪剧团、淮剧团、越剧团、评弹团、杂技团、民族乐团,这些都是国家所有制团体,都需要调配一个地方作为专有演出场所。所以后来把仙乐书场给了木偶剧团。静园书场固定座位八百六十六个[1],另有花园、衣帽间、休息室、空地等近三千平方米。并且它保存了舞厅时期的进口音响设备,据说这批设备刚买进不久舞厅就改为书场。因为音响效果好,演员在静园说书感觉很舒适,听客也反映视听效果极佳。静园独占三个优势中的两项,所以它成为1949年后上海地区最大、设施最豪华的书场。

静园书场的特点有三:一、座位最多,从最初的八百六十六个座位扩展至九百八十二个,为上海书场之最;二、它可以同时开两个书场,外面的露天花园也可辟为书场,因其夏日环境优雅清凉宜人,它在夏天尤其受到听客们的喜爱;三、音响和话筒的质量均系民国时从国外进口,政府在清查大都会花园舞厅(静园书场前身)时这套设备也作为国家财产留下来继续使用。特别是1949年后外国商品进口途径封闭,因此拥有先进设备的书场便更显难得,这套设备的质量在评弹

---

[1] 静园书场装修后座位扩至九百八十二个。

演员中是有口皆碑的。据弹词演员王正浩回忆："自己'破口'就是在静园书场，当时演员们都喜欢去静园书场演出，因其音响效果好，有助于演员的即兴发挥，同行均表示在这里说书说起来不累很舒服，音响传声的效果很好。"

静园书场有工作人员二十多个，有公方经理一名，售票员、会计、服务员、宣传员（负责海报、中篇介绍，后来开放团体票后也负责向各单位发布购票通知）。我还兼任宣传员的工作，当时我曾写过"向雷锋同志学习"的大横幅布置书场，因为刘少奇和毛泽东都写过这个题词，而我用的是刘少奇的"版本"，后来在"文革"我还因此被定了一项罪名"捧刘少奇"。我的收入来源是工资，经理这一职务是科级干部在机关拿行政工资，我的行政工资是二十级至二十一级，每月工资八十一块。书场其他工作人员也是拿国家工资。以60年代为例，静园书场每月固定开支两千六百多元，每月业务开支五百多元，共计约三千元。书场保本上座率约60%，每年上交利润一百万左右，这个数字在剧场中算是很多的。

公私合营后评弹已有的演出机制不再实行，演员与书场之间不再通过拆帐制和包场制来分配演出收入。作为已加入团体的演员，这时期演出机制变为通过国家和集体所有制团体为媒介协调各方收入所得。各评弹团来书场演出的收入，书场直接给到团里，国家和集体所有制团体的演员不再直接与书场有经济分配活动，而是从团里领取固定工资了。然而，20世纪五六十年代依然有一些未加入国家或集体所有制的单干艺人，静园书场作为国有制的大书场，不接纳单干和流散艺人来本书场演出。这主要基于两方面的考虑，一是当时上海市文化局有明确规定，艺人去书场演出要有团体所开的介绍信；二是当时财务制度规定书场给演员的演出报酬只能给到团体，不能把演出报酬给到个人。

静园书场的票价制定标准之一是根据座位分布情况，最高四角，是前排最好的位子，数量不多。其次是三角五分和两角五分，这一般是后座价格。前座和后座都是软座不是沙发。与其他书场不同，静园书场还有边座，是走廊边上的长条沙发（舞厅时供舞女和舞客休息），价格最便宜。决定票价的另一个因素是演员，响档可以达到四角，稍微差一些的演员是两角五分。当时上海市区专业书场平均票价三角五分，茶楼书场是一至一角五分，农村书场是八分。总之，票价是根据书场的等级和演员的档次综合决定的。一直到80年代基本都维持这个票价水平。当时上海的电影票价是两角五分，而评弹在大书场或响档出码头可以达到四角。当时上海大部分职工工资在四五十元，评弹票价大概是他们工资的1%，这票价看上去并不算很高，但是长篇评弹要说一个月至三个月不等，即使中篇一场可说完一个故事，但是中篇创作量大，对听众颇具吸引力，要想听完一部长篇或追新中篇，这个开销对大部分人而言还是一笔很大的支出。评弹之所以可以维持如此高的票价，说明在当时各戏曲曲艺中它具有相当强的竞争力。

静园每天日夜两场演出评弹，日场听众主要是年老退休职工和家庭妇女，夜场听众来源更广泛，职工、职员、中学教师、大学教授、电影演员等都有。1949年后跳舞等娱乐活动逐渐消弭，加之很多舞厅改为书场，也是很多工厂企业的职员业余时间大多入书场听书的原因之一。很多教授特别是师范学院的教授，他们对师范生讲，你们今后要教好学生要提高语言表达能力，听评弹是最好的方法。评弹演员把故事说得引人入胜，如果你们在讲台上能让学生听得津津有味，讲课水平就达标了。所以当时教师来听评弹的多得不得了。工作多年的中学教师更是一边把听书作为休闲娱乐，一边学习演员讲故事的技巧，以期提高自身讲课水平。电影演员白杨、赵丹曾经来静园听书，席间被听众发现，热情的听众围住了他们，还是我后来带他们从后门出去的。电影导演谢晋很喜欢听评弹，他要演员来书场听书学习评弹的表演手法，学习评弹演员使用语言描摹人的心理活动。话剧导演黄佐临[1]也很喜欢来静园听书，他是研究布莱希特的，他认为评弹的表演手法与布莱希特[2]的表演流派很相似。

二、中篇评弹放彩"静园"

1956年静园书场正式实行公私合营。同时期上海市区和郊县的茶楼书场仍以演出传统长篇书目为主，专业书场开创了评弹演出形式的新局面。选择静园书场作为推行中篇评弹的场所是因为它具有得天独厚的优势。

1947年后舞厅经营颓势难改，并且舞厅改成书场比较容易，舞台比较大，音响好，特别适合中篇评弹演出。因为中篇评弹不是传统评弹演出的上手下手、双档或单档演出，而是好几个演员一起演出，所以要求台面大，静园台面大，方便多个演员同时演出。因为静园是跳舞厅改建的，所以舞台是圆形的，中间是一根一根的柱子，柱子的中间是跳舞的舞池，边上原来是跳舞的客人和舞女坐的地方。它的舞台不像剧院是平面的，而是成"凸"字形外延出来的，所以三面的观众都可以看到舞台，不像剧院只有前面的观众能看到舞台。这样一来，演员的表演可以同时照顾到前面和侧面的观众，使更多的观众可以

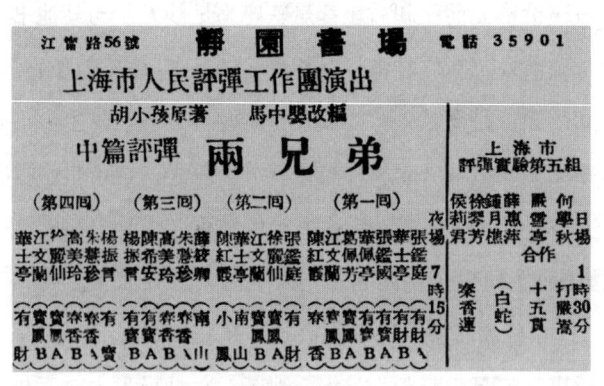

评弹广告

1　1950年任上海人民艺术剧院院长（上海话剧艺术中心前身），并且是创立者之一。
2　评弹界认为三大表演流派是斯坦尼斯拉夫斯基、布莱希特和梅兰芳。

多角度、全方位地欣赏演员的表演。基于上述原因，文化局把静园书场定为中篇评弹的主要演出场所。上海团和长征团等创编中篇的主力就把这里当成检验中篇评弹创作成功与否的考场。

1952年开始出现中篇评弹。在静园书场上演过的传统中篇评弹有著名评弹名家刘天韵、张鉴庭、蒋月泉、朱慧珍、徐丽仙等演出的《老地保》《厅堂夺子》《点秋香》《王魁负桂英》，还有《三约牡丹亭》《三千勇士战烈火》[1]。传统中篇评弹演出在静园书场几乎场场客满。除了《王孝和》创造的连满八十六场的纪录外，严雪亭、张鉴庭等演出的中篇评弹《点秋香》，很多听众通宵达旦排队购票，将书场围得水泄不通，排队的队伍绵延几个路段。另外，现代中篇评弹《青春之歌》[2]《人强马壮》等均在静园首演并获得巨大成功。

第一个在静园演出的中篇评弹是上海评弹团创作的，当时演出阵容相当强大，有张鉴庭、张丽珍、严雪亭。当时听众非常多挤得没办法通行，只能搬到花园中去坐，后来花园里也坐满了。这时其中有位听众身体不好昏倒了，因为人太多救护车也进不来。我很担心出事故，所以求助于对面的美琪大戏院，美琪大戏院派人来支援我们维持秩序，同时区政府调用消防车的吊车把患病的听众送出去。

1955年现代中篇评弹《王孝和》[3]上演，在静园连满八十六场，取得了巨大成功。静园为适应中篇评弹演出[4]的特点，还率先在本市专业书场中实行幕间入场[5]的制度，一改传统书场环境嘈杂影响听书效果的旧貌，在初期颇受社会各界好评和群众欢迎。

当时有热心的听众在《新民报晚刊》发表文章赞扬中篇评弹《王孝和》和幕间入场制度，听众反映除了评弹本身给人以深刻的教育以外，场子里出现的一些新气象，也给听众极良好的印象。《王孝和》虽然历时近四小时，但场子里始终是寂静无声。因而使听众的情绪可能自始至终地保持着高度的集中，中间绝没有任何纷扰来打乱心神。因为实行了"幕间入场"的办法，迟到的人再不会在中途零零落落地进场，不会破坏别人全神贯注的情绪。场子里也不再出售瓜子之类的硬壳果物。在开书以前，场内的播音员会一再要求听众不要吃有声音的食物，因此也没有那种

---

1 《三千勇士战烈火》1964年在静园首演，也是第一次出现评弹专场演出形式。专场即环绕一个主题，结合各种评弹演出形式，有弹词也有评话，也会添加一些其他表演元素。
2 1960年长征评弹团青年演员集体改编了《青春之歌》，分上下两集，均在静园书场演出，取得巨大成功。参加演出的演员有陈希安、石文磊、余红仙、张丽君、赵开生等。下集是在听众的热情鼓舞、喜爱下编写成的。
3 上海市人民评弹工作团集体创作，左弦、唐耿良执笔。讲述的是1948年国民党当局为镇压上海工人运动，制造了上海电力公司发电厂破坏发电机事件，诬陷该厂工会常务理事、中共地下党员王孝和，将他逮捕并处以死刑的故事。1955年首演时，蒋月泉、张鸿声、张鉴庭、姚荫梅、唐耿良、周云瑞、陈希安、张鉴国等参加演出。
4 与传统长篇演出时间的划分不同，中篇一般分为三至四回书并在每回书间有休息时间。
5 幕间入场是指一回书落、第二回书演员未上台的空隙时间让听众进场，实行时间不长，主要是在演出中篇的时候。初期实行时听众很赞成，确实解决了台下声音嘈杂的问题。但后来听众还是有意见，认为书场不是音乐厅，所以慢慢地消失了。

书场里所习闻的满场"毕剥"之声来扰乱大家的听觉。尤其令听众满意的是：在说唱最后的一回书以前，播音员还婉言要求听众不要在演唱尚未完毕时提前离座，以免影响别人听书，这一点也被绝大部分的听众以行动满意地回答了。这些可喜的现象，在书场里确实还是头一回见到。

大多数听众反映这是第一次在这样从头到尾都保持着极度宁静的场子里听书。在这样没有嘈杂的气氛下，听众可以最大限度地领会与消化这篇中篇评弹的内容，欣赏了它的艺术，也接受了它的教育。这样的好风气，无疑是值得所有的书场效法的。静园书场彰显了专业书场的优势，代表了五六十年代书场的新特色。

60年代初，静园书场夜场新年会书把中篇放在春节首演。演出的是《点秋香》《王孝和》《老地保》，场场爆满，好的评弹演出都在静园书场。因为静园是上海最好的一个书场，所以一些好的剧目上海评弹团往往都把它们放在第一场演出，西藏书场是第二家[1]。后来，本市及外地评弹团竞相在静园书场演出中篇评弹，一时静园书场有"中篇评弹书场"的美称。1961年静园书场被评为上海市文教群英会先进集体。

1964年《三千勇士战烈火》的演出标志着评弹专场形式第一次出现，评弹又多了一种新的演出样式。中篇和专场的区别是，中篇一个晚上三四回书说一个内容，专场则有说有唱有评话有小合唱小组唱，所以它的表演手段丰富了，不是三个人坐在那里一面说一面唱，而是五个人唱的，也有两个人对说的，也有一个人讲的，甚至带有一些表演的性质。1964年1月在静园第一次出现专场，后来这种表演形式多起来，但是内容是围绕一个主题，《三千勇士战烈火》反映学生救火，路上的行人也来救火，包括老人、小孩、医生（事件发生地的对面就是上海市第九人民医院），从不同角度和侧面反映当时人的精神面貌，当时正好是向雷锋同志学习时的一件大事，这个节目反映实在很快，反响很好。后来在抗美援越的历史阶段，静园书场又举办《抗美援越》专场，比《三千勇士战烈火》专场的内容更加丰富更加厉害，对口词、三句半形式也上台演出了，专场给听众的印象是评弹好像不只是说说唱唱了。

三、露天花园书场

静园书场于1962年开设露天花园书场。花园书场在夏季开放，一般选择夜场演出，既为市民提供消暑纳凉的好去处，又丰富了人们夏令期间的文化娱乐生活，可谓一举两得，所以当时颇受欢迎。1961年7月上海市人民评弹工作团进行了一次开篇选曲演唱晚会。这次开篇选唱晚

---

[1] 虽然西藏书场档次不如静园书场，但是它位于南京路和西藏路交叉口，地段非常好。

会的内容，除郭彬卿、苏似荫、华士亭等演唱《珍珠塔》《玉蜻蜓》《三笑》中的选曲外，还有评弹团青年演员的节目，如陈希安演唱的《珍珠塔》选曲，余红仙的《拷红》，赵开生的"祁调"《秋思》，刘韵若、孙淑英的"俞调"《宫怨》《思凡》，沈惠辰的"杨调"《闻铃》，徐林达的"徐调"《拜月》，陈瑞琳的"丽调"《情探》等。此外，张如君、吴静芝、张维桢、江文兰、马小虹、赵菱菱等演员也演唱了精彩开篇和选曲。1962年7月，长征评弹团还在这里演出了刚刚排练的传统中篇《吴越春秋》进行夜场演出。这个中篇由秦纪文根据他过去说唱的长篇评弹《范蠡与西施》，剪裁加工而成。演员有顾又良、秦纪文、陆耀良、周剑萍、凌文君、钱雁秋等，并有人民评弹团的青年演员吴静芝参加演出。他们在说唱中都能发挥传统评弹艺术的特色，搭配尤见紧凑。

四、"文革"期间

1968年静园书场一度更名为红艺书场[1]。"文革"期间我去"五七干校"劳动改造，去崇明劳动了七个月。"文革"结束我又重新回静园书场当经理。上海的书场一直营业到1967年2月，后来上海所有书场都关闭了。评弹当时受打击是因为江青一句话"评弹是靡靡之音，听了要死人的"。后来"文革"期间为什么又不禁评弹了呢？据说是张春桥、徐景贤意识到评弹能够非常及时反映现实事件，昨天有新闻今天就可以拿到台上表演去宣传，其他戏曲曲艺做不到如此之快的转化"现实为艺术"的速度，但是评弹有这个能力。"文革"以前评价评弹有文艺轻骑兵的作用，张春桥和徐景贤看到这一点，要利用评弹反邓。所以评弹创作的开篇完全是为了"四人帮"的需要，作为"文革"宣传的工具。"文革"期间，上海保留了三家评弹大书场没有关门歇业，一家是红艺（静园），一家是西藏，还有一家是大华。这三家书场在"文革"时演出的内容都是为了配合当时的政治形势。比如说工宣队进驻啦，那就创编了《一把手术刀》讲知识分子接受工人阶级再教育的问题。工宣队员徐根宝被洪水冲走了，为抢救国家财产牺牲了，那么马上评弹就举办了《徐根宝》的专场。后来流行改编样板戏，评弹团也改了一个《杜鹃山》，当时也是在静园首演，静园永远是大书场，所以首演也总是在静园。因为市区书场大部分关门，所以评弹团就只能到农村巡回演出，但不是在书场演出了。大多是露天演出，或者在广场、大礼堂，当时流行演出的书目是《血防线上》等。"四人帮"很看重评弹反映现实快的特点，所以评弹就没有完全消失。"文革"期间其他书场全部停掉不能营业，但没有被砸被破坏。

---

[1] 1972年恢复名称。

五、在评弹演出机制中充分发挥场方的作用

邢晏春（左）、邢晏芝（右）兄妹在静园

公私合营后，限于演出机制的变化，场方在推广评弹新形式、新内容上，以及对一些新演出书目的主动性、自主性上不像20世纪30年代那么明显了，但是在传统长篇书目上场方还是有很大决定权来挑演员的。因为当时的演出安排是以团体为主，团里叫谁来就是谁来，而不是由经理去选，因为经理去选演员还是要团里同意才行。但是只要静园书场去挑演员的话，没有出不了码头的演员的，因为静园是上海最好的书场。我们的身份变了，为演出、演员服务变成了首要目的，做好宣传工作和售票工作。比如上海团有很多好的演员，作为场方我们不能挑。我们场方主要与各团体的业务组联系，每个团都有业务组，专门负责本团演员的演出和调度工作，由团业务组决定去各书场演出的演员。虽然我作为经理不能像20世纪30年代场方有挑选演员的权力，但是作为有一定鉴赏能力的业内人士还是有自己喜好的演员。通过发挥我的作用捧红的演员要数邢晏春、邢晏芝了。"文革"以后他们两个来静园书场演出过一次，反响不错，所以我主动要求邢晏春、邢晏芝多次来静园演出。"文革"前不存在经理主动挑演员的，"文革"后经理有了一定主动权。这两位演员我很喜欢，邢晏春、邢晏芝是常熟评弹团的演员，那时我到常熟评弹团去，后来他们七进静园书场演出长篇评弹《杨乃武与小白菜》，场场客满。我也在《文汇报》写过文章宣传报道他们，他们的父亲是邢瑞庭，在我的组织下静园书场给他们一家办过专场演出。静园书场这一平台使邢晏春兄妹誉满江浙沪评弹界。

聘请艺人我们讲要门当户对，一流的书场请一流演员。徐云志是流派创始人，周玉泉是蒋月泉的老师，还有江苏省的曹啸君，他们都曾来静园演出。演员把能够进静园书场演出当作很光荣的一件事。另外，静园书场的老听客们素质都很高，与演员的私交都很好。邢晏春、邢晏芝七进静园书场时，他们的演出在开演前如果没有客满，这些老听客就会把剩下的票包下来，所以每当他们演出，写着"客满"的红牌子早早就会挂起来，演员会觉得脸上有光。

六、回归宁静的"静园"

后来"文革"一结束，评弹小高潮期有几年时间，没有一家书场不客满，一天不止两场，甚至三场四场的演，行话说："以前饿死了，听不到评弹，哎呀现在来了，赶紧去听。"但是20世

纪80年代开始，静园书场由于评弹听众青黄不接等多种因素，评弹演出陷入低谷一蹶不振，尤其是夜场，听众更少，书场困难重重，社会环境变了，当时人的心思也不在听评弹了。

于是我想方设法组织滑稽剧团及外地曲艺剧团来书场演出短小精悍的剧目，并邀请著名北方曲艺团、天津市曲艺团、著名曲艺演员骆玉笙（"小彩舞"）等前来演出。为了增加书场收入，夏令期间利用花园场地增设座位，邀请著名电影和歌唱演员李仁堂、吴海燕等做短期演出。总之试过各种方法，但是我深深感到评弹日渐衰落，昔日光辉不再。

1985年起，静园书场为了摆脱困境，改为日场演出评弹，夜场则开办交谊舞会。开始初期，很少有人来跳舞，营业惨淡。书场通过大量宣传，情况有所好转。后来，静园书场与静安区团委联合主办对内舞会，邀请上海歌剧院乐队前来伴舞，受到空前欢迎。于是1985年10月1日，经上海市文化、公安、工商部门核准，静园书场成为改革开放后第一家对外营业性舞厅。这在当时算是件轰动的大事，各地前来参观交流的跳舞爱好者纷至沓来。国外记者们听闻中国改革开放后出现了第一家对外经营的舞厅，日本《每日新闻》，美国《时代》杂志、《华盛顿邮报》等记者都先后采访报道。1988年静园书场更名为大都会欢乐园，欢乐园设有舞厅、书场、餐厅、录像室、咖啡厅等。新辟大都会书场，采用外墙内筑工艺，古色古香，小巧玲珑，富有江南水乡风情。

1994年大都会欢乐园结合静安区商业网点的整体改造，停业五年，于1998年参照原大都会舞厅的规模形式装饰，转至梅龙镇广场九楼继续营业，但作为书场的空间功能已不再。静园书场风风雨雨六十载，我也是将迈入鲐背之年的老人，静园书场是我们那代人的共同记忆，希望静园书场在历史中留下印记并一代一代传承下去。

附记：从书场管理者到艺术评论者

多年来，罗叔铭笔耕不辍，不但关注书场，也关注评弹业的方方面面。各大报纸杂志刊载了他的多篇评弹新闻和艺术评论。先锋评弹团在静园露天花园书场举行几次不同形式的专场演出，有评弹曲调选曲演唱，艺人们将演唱风格迥异的各派名曲，如周燕雯的"侯调"《莺莺拜月》，程美珍的《别凤》，王小燕的"马调"《哭塔》，殷小玉的"祁调"《私吊》，石一凤的"严调"《孔方兄》，华伯明的"周调"《云房产子》，以及张纯英含京剧风味的开篇《霸王别姬》等。有评话艺人王溪良、沈守梅、周天涯整理的《隋唐》中的《贾家楼》，《水浒》中的《蔡家庄》，以及在曲艺公演时深受听众欢迎的《山东马永贞》中的《红庙举鼎》等回目，做一次专场演出。传统折子书目演出，大抵是该团艺人们擅长的长篇书目中的"关子书"，如毕伯明、醉迎仙《文武香球》中的《夫妻相会》，周燕雯、程美珍的《闹严府》中的《托三桩》，潘慧寅、汝美玲的《白蛇传》

罗叔铭任静园书场经理工作照

中的《捉妖》,以及石一凤、乔绿畦的《杨乃武与小白菜》中的《翻案》等。

他在《净化书场后台》一文中点出评弹界存在的问题。他以严雪亭为例,认为他不但技艺超群,在后台他的一丝不苟的严谨作风更是令人赞叹。记得每当演出前,严雪亭总是提前到场,独坐凝思,默背台词,从不轻易与人搭腔闲谈。在演出中篇评弹《三约牡丹亭》《点秋香》时,严雪亭担任书中比较难起的脚色,他经常手托脖子对着镜子,口里念着"赤卜隆咚锵""赤卜隆咚锵",并不断走来踱去,认真揣摩书中人物情态,从不间断。可是,在当前书场的后台,这一严肃艺术创作的圣地却被有些艺人或听众所忽视。大声喧哗、高谈阔论代替了宁静安详的创作气氛。记得有一次,江苏省曲艺团的一位著名评话艺人在本市某书场演出时,曾因后台的干扰,弄得没法休息和进行演前的准备,以致在说书时将书情都说颠倒了,引起台下听众一片议论,幸而演员及时发觉,巧嘴补漏,但事后演员仍感到有愧于听众,一直引为憾事。不仅是书场,各种演出场所都要有净化后台保证演出质量的意识,这值得引起重视。

整理者:王宵、高勤

第八十五讲
我与蒋月泉先生共同经历的那些事
——唐耿良访谈录

口述者：唐耿良

采访者：唐力行

采访时间：2007年8月20日

采访地点：加拿大多伦多唐耿良寓所

蒋月泉

蒋月泉（1917—2001），生于上海，江苏苏州人。著名弹词表演艺术家。1935年拜师学艺。先后师从张云亭、周玉泉。1936年向张云亭学唱《玉蜻蜓》，1941年向周玉泉学唱《文武香球》，当时有人称赞他的演出"说噱得云亭之妙，弹唱有玉泉之神"。借鉴京剧发声方法，在"周调"和"俞调"的基础上他创造发展了旋律优美、韵味醇厚的"蒋调"，成为弹词曲调中传唱最广、影响最大的弹词流派唱腔。1951年加入上海市人民评弹工作团（今上海评弹团），曾任副团长。他随团深入安徽治淮工地，参加了中篇弹词《一定要把淮河修好》的演出。他与弹词作家陈灵犀一起对传统长篇《玉蜻蜓》和《白蛇传》进行了整理加工。他演出的中篇《王孝和》《林冲》《刘胡兰》《王佐断臂》《厅堂夺子》《人强马壮》等深为听客喜爱。蒋月泉与评话名家唐耿良自相识起便成为挚友，本文系唐耿良对故友的回忆。

月落鸟啼泣,泉流声哽咽。

弹词艺术家蒋月泉,因病医治无效,于2001年8月29日在上海华东医院逝世,终年八十四岁,虽可说克享高龄,但我还是感到他走得太早了。十五年前,他曾邀我协助总结艺术经验,方法是我们二人对话,用录音机录下,再请名导演桑弧先生整理成书。桑先生艺术修养深厚,和蒋兄是谈得来的老朋友,而且还是个爱听"蒋调"的老书迷,由桑老执笔一定能写成受读者欢迎的好书。可惜蒋临时有事返港,总结之事搁浅。后来我定居加拿大,蒋定居香港,天涯暌隔,总结之事终付阙如。1999年蒋返沪治病,我亦因病住院,他住十五楼,我住十楼,我登楼去看望他,他因中风口角微歪,舌音不清,讲话非常困难,在这种情况下谈艺术总结已是不可能了。有时我去看他,两人相对而视,默默无言,一个谈笑风生、诙谐幽默的蒋月泉已经成为过去式了。只有在我谈及两人当年的趣事时,他展颜一笑,才流露出欢愉的神色。我做手术住监护病房时,他由护工推了轮椅来探视我,曾经是光裕足球队踢中卫满场飞跑的蒋月泉,变成不会走路常坐轮椅的病号,我黯然神伤地注视着(相识)五十五年的同事老友。我两次住院和蒋前后相聚了十个月,这是我们最后的交往。往事如梦,如今月泉走了,留下记述我们友情的雪泥鸿爪,以寄托我的哀思。

一、"七煞档"的形成与散伙

评弹艺人本是单干的,为了适应上海花式场子的演出,艺术相当的人纷纷组合起来,最早有"四十个档"和"三十个档"的松散组合,后来又有拜"十兄弟"或"九兄弟"的形式,但往往利尽而散,各奔前程。"七煞档"又是怎么一回事儿呢?1948年的正月廿四日是评弹祖师三皇老爷诞辰,全上海书场停演一天,中午在三和楼聚餐,书场老板也来赴宴。张鸿声多喝了几碗黄汤,和沧洲书场老板张亚庸争吵起来。张鸿声酒后失言,张亚庸恼羞成怒,就和书场同业公会的老板们到小房间开会,要把张鸿声的牌子揩掉逐出上海书场。东方书场经纪人高尚德过来通风报信,张鸿声当时傻了眼。蒋月泉当场挺身而出,叫高传言,如果要揩张鸿声牌我们集体剪书。我和潘伯英、张鉴庭等都响应蒋月泉的主张。书场方面怕事态扩大,撤销了驱逐张鸿声的决议。至于

唐耿良（左）与蒋月泉（右）合照

张鸿声的失言，由蒋月泉出面请客向张亚庸道歉，一场风波因而化解。张鸿声对蒋月泉的仗义执言，深表感谢。于是相约八月中秋同赴苏州演出，书场由张鸿声负责安排，参加的人员有张鸿声、韩士良、张鉴庭和张鉴国、蒋月泉和钟月樵、周云瑞和陈希安、潘伯英、唐耿良七档书，上海的书坛小报发表消息称"七煞档"苏州说书。1949年春节上海年档演出，"七煞档"仍由张鸿声安排场子。因为档子安排和利益矛盾，"七煞档"宣告散伙，端午节场子自己接洽，这就是"七煞档"的来龙去脉。我和月泉的合作和友谊在1948年就比较亲密了。

二、"四响档"与香港之行

1949年上海解放，我和月泉仍一道演出。是年冬，月泉请我到他家密谈，告诉我上海米高梅书场老板孙洪元在香港六国饭店开书场，委谈和尚到上海，要蒋组合四档书到香港去做年档，包银是十两黄金一个月，堂会收入归演员，管吃管住管接管送，包三个月。已有三档是张鉴庭和张鉴国、周云瑞和陈希安、蒋月泉和王柏荫，你去么？我一听喜出望外，这么优厚的包银，这样好的机会，求之而不得，我哪有不答应之理。几天后我就在蒋的家里预支了一个月包银。后来军管会文艺处得到消息，来动员我们别去香港，留在上海参加说新书春节竞赛。我们舍不得香港的优厚包银，利用了当时去香港来去自由的政策，坚持赴港淘金。我和"张双档"还到杜月笙家里唱了两个月长堂会，三月期满再返回上海，小报上又出现"四响档"的称谓。后我们参加上海评弹团1953年民主改革交代历史问题，对1950年的香港演出做了详细的交代。当时我为求进步打了入党申请报告，党支部答复我香港问题还没有审查结论，不能考虑我的要求。这对我震动很大，星期天下雨我撑着伞坐在公园里发呆。这个思想我连太太也没有倾诉，只是独个儿苦闷。我的情绪被月泉察觉了，他找我单独谈心，说你的苦闷心情我能理解，这都是我害了你，不是我介绍你到香港去你就不会受到如此的挫折。听了他推心置腹的这席话，我很感动，我说这不能怪你，是我贪图优厚包银，与你无关。挫折、谈心、相知，更加深了彼此的友情。

三、蒋月泉建议参加集体

评弹有史以来是单干形式，怎么会建立评弹团呢？1949年的社会巨变对每个人的生活轨迹冲击极大，当时正在批判电影《武训传》，我看了《武训传》后觉得片子很好，我们编说的新书质量还不如《武训传》，《武训传》尚且要受批判，我们的前景如何？出路又何在呢？月泉曾和我商量去参加苏州的华东（人民）革命大学，学点新思想再来说书。但脱产读书没有收入，家庭的开销从哪里来？虽然1951年春节竞赛我编说《太平天国》得了荣誉奖，月泉说的《林冲》得了二等奖，但他请陈灵犀编书付的稿费很可观，以后年年要编新书也负担不起。当时看到报载京剧演员李少春、叶盛兰参加北京中国京剧院，月泉与我商量，李、叶都是京剧名角儿，他们放弃了巨额包银去赚固定工资，看来这是一条出路，我们何不向（上海）市文化局申请建团？虽说单干收入是建团后固定工资的几倍，但编剧费用由集体负担，夏天脱产学习照常领工资，年老了还有退休工资保障，眼前少赚些钱还是合算的。于是我们分头征得张鉴庭兄弟、"周陈档"、刘天韵双档的同意，由我去（上海）市文化局戏改处拜访刘厚生处长提出申请建团的要求。刘处长表示欢迎我们的进步要求。不久刘处长回复我们，说于伶局长对建团很感兴趣，要我们创造条件再扩大些阵容建团。我告诉了月泉，他又去动员张鸿声、姚荫梅加入；我则向徐雪月、朱慧珍透风。他们觉得蒋月泉是"人精"，蒋要入团我们跟着他是不会吃亏的。就这样形成了"十八艺人"建立（上海）评弹团的基础，月泉的敏感和设想是建立（上海）评弹团的起因。

四、"斩尾巴"

1951年的端午节，"四响档"和刘天韵、谢毓菁到苏州演出，我们九个人住在吴剑秋伯父家的大厅上，雇了一个炊事员，过着集体生活，为建团创造条件。我们在苏州不说原来拿手的传统书目，都说新书，表示我们决心参加革命的意愿。月泉收到上海寄来的一封信，说沈笑梅的《乾隆下江南》在东方电台播出后，有七十多个工人联名盖章写信到电台批判《乾隆下江南》。当时有一股思潮，皇帝是地主头子，清朝是异族入侵，乾隆是满族的皇帝，双料反动派岂可歌颂。东方电台是民营电台，老板感到压力很大，就撤掉了沈的节目。月泉把信给大家传阅。书目问题是个敏感问题，我们受到极大震动，连夜开会。《乾隆下江南》虽不是（上海市）文化局明令禁演，但电台迫于群众来信停播的事是一个信号，以此类推，传统书目的"寿命"不会长了。刘天韵说的《三笑》，唐伯虎有了八个老婆还要去追求秋香，九美团圆和新婚姻法是相抵触的。文艺处开会时曾有干部高呼口号："把唐伯虎送进坟墓去！"这部书是站不住了。"张双档"的《十美图》和《三笑》的一夫多妻相同，《珍珠塔》的方卿也是一夫多妻，《玉蜻蜓》金贵升落庵与众尼姑淫乱是黄色书，《三国》是军阀混战而且有镇压黄巾农民起义军的罪行。这些书目都经不起分析批判，早晚要被禁掉。与其被听众唾弃，不如自己表态不说，还有个自我革命的好名声，这也是为建团创造条件。月泉还说:"只要我们五档书团结一致,在上海书场说新书,二等收入也是有把握的。"蒋的说法合情合理,我们九人连夜起草了"斩尾巴宣言",并签了名。稿子寄(上海市)文化局以及各媒体发表,这在当时也算是与时俱进吧。

五、捐献飞机大炮

在苏州演出时,志愿军代表来苏州宣讲前线的英雄故事,苏州全城掀起了捐献飞机大炮支援前线的热潮。我们九艺人不甘落后,决定举行巡回义演,所有收入除车旅费和每人每天五角钱生活费外,全部捐献出来。我们制作了一面三角红布旗子,上书捐献飞机大炮巡回演出队,选举刘天韵为队长,我担任会计管钱,前往杭州、硤石、嘉兴、昆山、沙头、常熟、无锡等地,一天跑一个码头,不住旅馆就住书场,有时就在书场的凳子上铺一条席子点一根蚊香将就过去。第一站到杭州,下火车不坐黄包车,学文工团排队走路的样子,手提旅行袋自背乐器排队步行走到大华书场。沿途听众围观,月泉觉得一共才九个人,排的队一短短,走在马路上好难为情,于是他离开队伍,独自溜在人行道上走。被我看见一把将他拉下人行道,还批评他"无组织,无纪律,自由散漫",要他排队前进。蒋月泉只得无可奈何地排在队伍中前进。旁边还有听众在窃窃笑他。月泉低着头走,气得脸通红。

第五站我们从昆山赴常熟、沙头,长途汽车只到直塘,而直塘到沙头的公路没有汽车,只有黄包车代步。距沙头有六里路,时间已是中午十一点多,到沙头还要吃中饭,紧接着有两个书场的日场要开书。时间紧迫,只能坐黄包车赶路。我刚坐上黄包车,蒋月泉一把把我拖下车,我一愣,问他:"做啥?"他虎着脸说:"在杭州有听众看见,你就排队步行,现在去沙头公路上没人看见,你就坐黄包车,勿来事,要学文工团学到底,你搭我排队走!"我一听恍然大悟,原来他还在为杭州排队之事生气。路远,时间紧迫,还要吃饭开日场,我只得向他赔礼道歉。他满足地笑了,松开手坐上黄包车前往沙头。这也表现了蒋月泉性格的一面。我们的友情在新的时代的碰碰撞撞中加深了。

六、"蒋调"艺术的突破

1951年11月建团,刘天韵任团长,我和蒋月泉任副团长,张鸿声任秘书兼演出股长。我们的工资都是自报公议,仅及单干时收入的三成,这在当时是很不容易的事,每个人的家属也都支持着丈夫的进步要求,甘愿紧缩开支,量入为出。

月泉创造的"蒋调"虽有《刀会》《战长沙》等比较威武硬朗的曲调,但大多是缠绵悱恻感伤哀怨的，如《杜十娘》《莺莺操琴》《离恨天》《男哭沉香》《女哭沉香》等。他在中华人民共和国成立之初唱的《白毛女》《王贵与李香香》《小二黑结婚》等开篇选曲，由于对人物不熟悉，不免有旧瓶装新酒之嫌。入团后治淮，他演唱中篇《一定要把淮河修好》中先进人物赵盖山的唱段，一扫过去的慢节奏，创造了"快蒋调"，比较符合人物的思想感情。这是突破的开始。后来在《海上英雄》中他演唱战斗英雄王永刚《游水回基地》时，突破了传统的林冲、关羽的唱腔，唱第一句"风急浪高不由人"时，一开口就用高音来表达，比较能体现现代英雄人物在海风呼啸、浪涛汹涌中的精神状态。这段唱唱得神完气足，成功地揭示了新人物的精神风貌。

1955年我参与编写的中篇《王孝和》中，月泉起王孝和脚色。在《写遗书》的一段唱词中"蒋调"又有了新发展。在语言音乐化、音乐语言化的结合中，他把英雄人物的情感发挥得感人肺腑、淋漓尽致。中华人民共和国成立初期旧瓶装新酒的弊病已完全改变，这是他深入生活、体验新人物的感情，将其运用到唱腔中去的成功表现。

七、"蒋调"的第一次高峰

《庵堂认母》是"蒋调"的高峰。1955年夏天，评弹团全体演员休整学习，将"斩尾巴"以来停唱四年的《玉蜻蜓》选回《庵堂认母》拿出来讨论。先由蒋月泉、王柏荫在团内按传统的本子原封不动地说一遍，让全团一起评论。《庵堂认母》本是关子书，但存在着明显的缺点。十六岁的徐元宰，和十六年前的金贵升一样，语言轻佻，戏谑生母志贞，看见了金贵升的遗容竟说"看到真凭实据，捏牢茄门不用刀"，要挟志贞认他为儿，歪曲了元宰至诚认母的一片孝心。团领导做辅导报告，分析了三师太的性格。作家陈灵犀执笔写出了一回感人至深的《庵堂认母》本子。月泉演唱的篇子《世间哪个没娘亲》，唱出了元宰纯孝之心，唱腔委婉动人。接着朱慧珍的志贞出场，母子二人的对唱，珠联璧合而又感情投入，听众被深深感动，纷纷掏出手帕揩泪。这一回书后来灌成密纹唱片畅销全国，80年代被唱片厂评为"金唱片奖"。这是对"蒋调"艺术的高度评价！

八、"蒋调"的又一次高峰

《厅堂夺子》是在1959年上演的，系老作家陈灵犀呕心沥血的著作。月泉唱的《徐公不觉泪汪汪》大段唱词受到听众的热烈欢迎。上海唱片厂艺委主任徐以礼誉之为"珍品"。1962年我和月泉等一道赴港演出。演出二十场，场场爆满。最后第二场在九龙普庆大戏院演出，节目有刘天韵、蒋月泉、杨振言三个档的《厅堂夺子》。我们晚饭后渡海去九龙，在渡轮上我发现刘天

蒋月泉

韵面色升火,额上冒汗,马上请随团医生诊治,发现刘体温三十九摄氏度以上,血压升高。船抵九龙到普庆后台休息室,刘躺卧在长沙发上,额上放冰袋降温,口服降压药。团长陈虞孙召开紧急会议,讨论晚会节目刘天韵上还是不上。刘天韵说:"不要紧的,躺一会儿可以上。"可是刘有心绞痛病史,如果晕倒在台上,风险太大了。换节目吧,海报及说明书上都写着《厅堂夺子》,真是进退两难。这时蒋月泉自告奋勇地说:"刘老就不要上了,三个档的书,由我和振言双档来演,天韵的脚色张国勋和徐老太太由我来兼。徐太太唱篇抽掉,请耿良打灯片时把这段摇过去。"月泉勇挑重担,解决了突发的困难。张国勋的唱片由他临时背熟。我到楼上去打灯片时,心情有些忐忑不安。《厅堂夺子》上演前,舞台上放一块牌子说明刘天韵因病不能登台,改由蒋月泉和杨振言双档演出,敬希谅解。二人出场时听众仍报以热烈掌声。这回书结构完整,人物矛盾尖锐,情节环环紧扣,杨振言一档唱词《若问孩儿本姓金》满场鼓掌。月泉的《徐公不觉泪汪汪》第一句的高腔轻过,低音重刹的甩腔已经赢得全场喝彩声,以后几乎是一句一彩,书场中出现了前所未有的掌声。那天月泉特别卯上,嗓音也出奇的圆润,之前没有这样得心应手过,之后再没有唱得这样地声情并茂,可以说是他声腔艺术中一次最高峰的演出。我有幸听到这样美妙的演唱,是一次极好的艺术享受。那天的谢幕也一谢再谢欲罢不能,听众久久不肯离场,演出获得了超常的成功。现场热烈的反应,在发行的录音带中可以感同身受。

九、1963年的元旦

香港听众热烈欢迎传统书目的情景,使演出归来的我们陶醉不已。事隔数月,1963年的元旦,领导通知我和月泉到文艺会堂参加一个会议。到会的都是上海文艺界各协会各剧种的代表性人物,(上海)市委第一书记柯庆施来了。柯是中央政治局委员,他的到会使我感到气氛非比寻常。柯先是讲了上层建筑和经济基础的关系问题,又说了上海的剧目问题,断言电台广播的节目内容,跟国民党统治时期没有多大差异。还说有一种农村的害虫叫作"地老虎",钻在地皮底下咬棉花的根,地面上一点儿也看不出,结果棉花枯萎死亡。坏的剧目就像地老虎一样在咬社会主义经济基础的根。因此他提出要写"十三年"的题材,凡是1949年前的题材都不要写。

当时我和蒋月泉都愣住了,感到这和中宣部颁布的文艺八条的精神不同。传统节目是地老虎,这叫我们怎么办?回去之后向领导一汇报,领导马上叫我原定春节演的长篇《三国》取消,下农村参加工作队搞社会主义教育,月泉则参加改编农村戏曲《夺印》,与余红仙、苏似荫、江文兰四人一组下农村体验生活,作家陈灵犀协助写唱词。评弹团很多人都在选择题材改编现代节目。

1964年华东话剧会演,柯庆施亲自抓剧目问题,中间上海市组织一场现代戏曲(表演汇报)包括评弹节目,我和蒋月泉都参加,在兰心剧场演出。开演之前场子里空荡荡,来的人很少。柯庆施一问,原来儿艺剧场放内部电影,各省市话剧演员都去看美国电影了。柯庆施大发脾气,马上打电话给儿艺,令电影停映,叫看电影的人都到兰心来看戏。好在儿艺离兰心很近,一下子兰心大戏院坐满了人。那一天我演出一个短篇《穷棒子办社》,讲的是"三条驴腿"办初级社的故事,演出效果不错。接着月泉、余红仙演《夺印》中的一折《夜访陈友才》,余红仙演支书何文英苦口婆心劝被阶级敌人拉下水的贫下中农陈友才交代问题,余红仙唱得很投入,月泉演陈友才,受教育后内心激动、热泪盈眶,一档唱篇唱得声情并茂,赢得了满场掌声,成为整场节目中最突出的一个回目。《解放日报》记者在后台做了专访,次日《解放日报》大幅报道了蒋月泉创造的新腔扣人心弦,等等,说明月泉不但能唱得好《庵堂认母》《厅堂夺子》等书目中的传统人物,而且也能刻画现代人物,抒唱人物的内心情感。

之后蒋月泉又在中篇《人强马壮》中刻画了芒种的形象,芒种劝妻的一档回忆篇子同样也获得了听众的赞赏,显示"蒋调"推陈出新的巨大潜力!

十、在劫难逃

1966年夏天,一场史无前例的"文化大革命"开始了,月泉第一个被"靠边"。我在四个月之后也"靠边"了。我们在靠边组彼此不讲话,从打扫卫生、清洗厕所开始,厨房里买菜、拣菜、洗菜、洗碗碟,刷"大字报",扫马路,挨斗游街,彼此一样待遇。在1968年清理阶级队伍时,月泉被宣布拘留审查,戴上手铐押出评弹团登上吉普车,不知押往何处?我被宣布隔离审查,比留团"靠边"审查又升了一级。

后来我被押往新华路原铜管乐团隔离,当时是两个人住一间,睡地铺,地板上垫两只稻草袋作褥子,另有一只陶瓷钵头盛大小便,上面盖一张马粪纸,一只热水瓶,一条被头和枕头。房门上挖一个小洞盖一张布条,外面看押的人一撩布条便可看见里面的动静,窗户钉有几根木条防止人犯越窗逃跑,一日三餐由人送来。上下午各一次放风,可以在院子里活动身体。活动二十分钟归回房中。放风的人中不少是我认识的各文艺院团的"靠边"对象。集体放风归号后,另有少数人放风,我偶尔看到第二批放风的人中有蒋月泉在内。为什么蒋月泉不能和我一道放风呢?因为

唐蒋两家及评弹团领导合影

我们是同案犯,怕我们串供,这就是隔离中的隔离。我们是什么专案呢?便是莫须有的国民党派遣特务案。1950年我们赴香港淘金的艺人,竟被工宣队专案组诬为国民党派遣潜伏大陆,混进国家剧团的文艺特务。1955年"肃反"时文化局给我发过证明文件,定性为赴港淘金,(定下)回来后并未发现政治问题的结论。此结论在"文革"中被定为是"刘少奇招降纳叛路线"包庇下来,因此要重新审查。专案组用诱供逼供的手法,迫使张鉴庭伪造口供,说我和蒋月泉是特务集团头子。1969年上海文艺界"造反派"报纸《文艺战报》上通栏标题便是"上海文艺界挖出潜伏十九年的特务集团",还发表长篇通讯,指诬我为"少将级特务头目"。这份报纸畅销一时,上海滩乃至全国的听众都知道蒋月泉和唐耿良是"特务头头"。后来经过三年隔离,四年"靠边",七年之后我才被"解放"出来。蒋月泉比我"靠边"还长一年,八年之后再"解放"。当时蒋月泉因神经紧张过头,头发全部秃光。他所经历的折腾,比我更加严重。即使都"解放"了,我们为避嫌疑,彼此见面仍是道路以目,不敢交谈一言。

后来我知道月泉的老师周玉泉,在苏州评弹团被批斗"解放"之后,因年过七旬,被"造反派"放还上海家中,他的老伴被判劳改。周玉泉每月只领六十元生活费,经济窘迫。月泉"解放"后,恢复原工资,他去探望周师,送去一百元孝敬老师。当时的一百元不是一个小数目,周老师一个月工资才拿六十元,真是雪中送炭。周玉泉握住了蒋月泉的手,激动得一句话也没有,四目对视只有眼神交流来表达彼此的心灵。

蒋月泉待周老师如此,他的第一位老师张云亭,有吸鸦片嗜好,年老多病,病逝家中,家境清寒，蒋月泉得讯后，安慰师母，承担了全部丧葬费用，让"翡翠玉蜻蜓"的一代名师得以入土为安。蒋月泉尊重老师的那份感情，在同行中传为美谈。

十一、评校授艺

1981年冬，苏州评弹学校举办中青年演员培训班。校长曹汉昌到上海评弹团邀请姚荫梅、张鸿声、张鉴庭、蒋月泉、唐耿良、张鉴国六人担任指导教师。

学员为江浙沪部分优秀演员如邢晏芝、赵慧兰、魏少英、朱良欣、周剑英、王文稼、严燕君、庞志英、蒋小曼、施雅君、石文磊、陆雁华、江肇焜、沈玲琍等，俱为当时叫座最好的响档。当时有人反映："40年代的响档，来教授80年代的响档，能行吗？"意思是说这些过了时的响档有什么可学呢？

我们听了之后，感到很有压力。几十个当令的响档，放弃演出，脱产来学习，如果学不到什么本事，岂不是要抱怨？我们这些教师平均年龄七十几岁，说书各有专长，教授却大多是"酒壶里的肉圆"——斟不出。因此大家都全力以赴认真备课。

其中蒋月泉上了五课，每课两小时。我每课必去旁听，饱了耳福，长了见识。他以虚带实，既有理论，又有实际。他说唱腔要"快而稳""慢而紧""散而准"，注意"开、齐、撮、合"，区分四声、五音，头腔、鼻腔、胸腔、丹田，注意唱腔的情绪。他说唱《杜十娘》不仅要讲究演唱技巧，还要理解杜十娘的性格、处境，她遇人不淑而沉箱投江，在起唱之前要体会她的内心，先深深地叹一口气，这样就比较准确地表达人物的心情。

蒋月泉在介绍《林冲·酒店》时，从分析林冲性格开始，他之所以逆来顺受、委曲求全，是幻想能和妻子团聚。林娘子死后，林冲决定报仇，《酒店》一段唱词抒发了林冲独困异乡、思念故乡妻子的抑郁之情，体现了他"凄凉岁月奈何天"的情怀。

在介绍《战长沙》的唱腔时，他把京剧《打渔杀家》中一句"桂英儿掌稳了舵，父把网洒……"的甩腔融化到"一个儿宛如蛟龙刚出水……"上，丰富了弹词的旋律，又示范演唱，边唱边介绍咬字、运腔、吸气等技巧，剖析入微，使听者受益匪浅。

在介绍《庵堂认母》的唱段中，他说当年在设计这段唱词的曲调时，自己已经是三十八岁的中年，一直在唱关羽、林冲、王永刚、王孝和等人物，如今要演唱一个十六岁的青少年，怎样来表现他的稚气呢？他想起徐云志的说唱带有孩儿腔可以借鉴，那段《世间哪个没娘亲》便借鉴了"徐调"。

介绍《厅堂夺子》时，月泉思考徐上珍已是年高体衰，能否找到艺术类型相通的人物唱腔来表现他的愤激之情？他想到了《青风亭》的张元秀，但弹词中蒋如庭的"陈调"太讲究圆润，不符合徐老的感情；夏荷生唱的"陈调"，陈勇卖菜又太高亢，与徐老感情有距离；杨振雄唱的雷海青骂贼的"陈调"，表现的是爱国情调，也不能借用。于是他根据塑造人物的需要，吸收"陈调"有益的成分，设计了高腔轻过、低音重刹的唱腔，将《徐公不觉泪汪汪》一曲，唱得声情并茂，回肠荡气，达到了"蒋调"的高峰，至今成为绝唱。

他介绍《陈喜读信》唱段时，煞费苦心，读信的是陈喜，信是他妻子春妮写给指导员的，其内容是一个女人的内心独白，话剧表现是全场转暗，灯光独照春妮，用画外音表现。月泉采用了徐丽仙的唱法，用女声"蒋调"来谱唱。本来"丽调"来自"蒋调"。蒋月泉检查自己，有段时间看不起"丽调"，认为她"哪怕是龙也是我蛇肚皮里养出来的"，后来仔细一听徐丽仙的《新木兰辞》唱片，发觉她在转调方面有很多创造，"可以供我学习，我为什么要视而不见、听而不想呢？这说明我骄傲自满，停滞不前了。"回想自己年轻时创造"蒋调"，当时有几家电台都播唱蒋的开篇，周玉泉的儿子在家里打开收音机收听，引起周玉泉的反感，过去把收音机关掉。周的儿子把这情况告诉月泉时，蒋曾在心里想过"老师呀，你何必关收音机呢？你也可听听我唱法，说不定也可以有所借鉴呢"。现在自己就在做周老师关收音机的动作了。"我骄傲了。"他猛醒过来，研究"丽调"的特点，用女声唱法，谱唱了《陈喜读信》，成为受到听众欢迎的保留节目之一。

听完月泉五堂课之后，我对他讲："月泉呀，我与你相交几十年，赛过勿认得你。想不到你在艺术上，刻苦用功有这么多的创造！"

评校中五课的录音成为"蒋调"艺术总结的宝贵资料，月泉成为一代宗师是名不虚传的。他把评校录音全寄给我，让我可以经常重温他讲课的内容。

十二、合作《星期书会》

1992年春，上海人民广播电台邀蒋月泉和我去谈话，他们要在黄金时段开辟《星期书会》的专栏节目，逢周日播出，内容为评弹的掌故、轶事、流派分析、艺术特色以及听众点播等，请我和月泉担任节目主持人（后来又增邀余红仙、陈希安、石文磊参与主持）。为了振兴评弹，提高听众兴趣，我们接受了邀请。每次事先由电台编辑把节目安排好，让我们先听一遍，大约四十分钟书目，另有二十分钟则由主持人串讲。月泉思维敏捷，有很多临场发挥，语言生动、诙谐、幽默，我们有几十年合作经历，彼此了解，有很多搭口，趣味性很强，听众反映"听蒋月泉、唐耿良的主持讲话，比听说书还要好听"。比如有时听众点播"蒋调"开篇，说"蒋调"比糯米还要糯。我读信时，蒋插白："现在掺仔点粳米勿大糯哉。"我叫蒋分析这开篇的特色时，蒋说："我

久别后 1994 年唐耿良（右）在蒋月泉（左）家中

蒋月泉（左）、唐耿良（右）在主持电台节目《星期书会》

唐耿良（右）在回忆录中收入与蒋月泉（左）的合影

格点花头倷也全晓得勒嗨，你讲讲吧。"我说："我讲是隔靴搔痒，勿及倷自家讲着肉。"蒋说："倷板要逼牢我癞蛤蟆跳勒戥盘里——自称自赞。"我说："倷就跳吧。"这样，就在轻松的对话里，把听众引进了评弹艺术的殿堂。

听众的反应十分强烈，《星期书会》成为收听率很高的节目。我们收到很多听众来信，外滩绿化地带有一个爱听评弹的百人小组，他们星期一上午就在讨论节目的内容，他们说这个节目"比解放前大百万金空中书场还要好听"。

还有一位老华侨回上海探亲，听了《星期书会》后来信说，在美国收听不到这样好听的节目，他为了多听书会的节目，推迟了回美国的时间，今后还要托上海的亲戚把每期书会录了音再寄到美国去。

一次时值清明，我们为了纪念作家陈灵犀对评弹所做的贡献，组织了一个专辑，播放了刘天韵的《林冲·踏雪》、朱慧珍的《寿堂唱曲》、蒋月泉的《庵堂认母·世间哪个没娘亲》、杨振雄的《夜探晴雯》、徐丽仙的《罗汉钱·可恨卖婆话太凶》、严雪亭的《一粒米》、张鉴庭的《误责贞娘》等。蒋月泉深情地说："没有犀老呕心沥血写作的《庵堂认母·夺子》《断桥·合钵·哭容》等唱词，我是谱唱不出这些保留曲目的。听众只道我唱得好，其实是他写得好，为我的唱奠定了基础。"月泉还讲："犀老的外孙女告诉我，在犀老病重时曾嘱咐过她：'将来把我葬到苏州去，苏州是评弹的发祥地，你们来上坟时带只录音机，在坟前放一些弹词录音给我听听，我就含笑九泉了。'"后来犀老的儿子写信给我，听了这期书会他和姐妹们都感动得哭了。回忆当年我和月泉主持书会的一段日子，我们为弘扬评弹艺术所留下的录音资料，是很有价值的，也是我与月泉友谊的结晶。

十三、展演蒋派艺术的一次盛会

1984年夏天，中国曲协和上海曲协联合举办了蒋月泉书坛生涯五十周年的纪念演出，在大华书场连演三场。月泉和苏似荫演《骗上辕门》，跟刘韵若演《白蛇·喷符》，与王柏荫演《沈方哭更》。参加演出的都是蒋门弟子和徒孙，有北京的马增惠，江苏的尤惠秋，浙江的王柏荫、朱良欣，上海的苏似荫、秦建国、江文兰、蒋新月等。那时月泉的嗓音已不如从前，他说的三回书都不是唱功书，但却展现蒋的说表功力、噱头情趣、弹奏三弦的技艺。我参与了纪念演出的筹划并主持了研讨会，再一次加深了对他说书艺术的理解。

月泉是30年代末40年代初在上海民营电台播唱开篇成名的，电台听众深入千家万户，"蒋调"流派赢得广大听众喜爱，知名度响遍江浙沪。说书主要靠说表，但是他在书场说书的机会较少，说表功力相应见弱。月泉在同道中威信不高，有人贬他："跟蒋月泉敌档（同码头两个场子一道演出，行话称为敌档），只要顶住他十支开篇，十天之后可以敌'漂'他。"同道姚荫梅听了他的书中肯地评论："你开篇唱得很好，说书软螃软脚，名大于艺。"蒋月泉思考：开篇唱得好是得电台之利，唱的实践多了唱功就提高。说书机会少，说表显得软弱。我只要多出码头，增加书场实践，同样可以提高说表功力。他在上海的生活条件较高，家有大小卫生设备，出码头住书场宿舍用马桶，条件远不如上海。为了艺术，蒋下决心出码头锻炼，说表技艺大大提高。人们说他："说噱得张云亭之妙，弹唱获周玉泉之神。"把他两位老师的特长，融合一身。再加上他本身的天赋，嗓音醇厚，思维敏捷，勤于学习，善于吸收各种艺术的养料，（故此能）成为青出于蓝胜于蓝的一代宗师！

他在纪念演出开幕式说《骗上辕门》之前，先放一个噱头："今天来捧场的学生中北京的马增惠是知名的单弦演员，人称'马调'；无锡的尤惠秋是'尤调'流派的创造者，我末是'蒋调'，伲三家头一场演出，倒是'蒋（酱）马（麻）尤（油）拌海蜇皮———一等'。"在说《骗上辕门》中"张福抱怨张寿，你鬼话勿肯想，分赏赐倒要一人一半，我倒勿懂，啥说鬼话亦要吃大锅饭格"。当时正值改革批判"大锅饭"，月泉把"大锅饭"用到书里，赢得满堂笑声，噱头跟上了形势，可谓一绝。

有时我去蒋家串门，见他躺在床上，背后垫了高枕头，在弹拨三弦，学京韵大鼓的过门，借鉴其指法，他的弹奏技巧也是属于上乘的。

在文联大礼堂开蒋派艺术研讨会时，很多同道称颂他的艺术造诣，月泉很谦虚地说："我之所以有今天是领导的支持、双档合作者的帮衬，加上听众的帮助。至于我本人只能说是一个'无亲头当中格有亲头'。"恰如其分的自我评价，获得了全场的掌声。

十四、我与蒋月泉的病中交往

1984年12月15日早晨七点，我刚起床不久，忽听楼下有人高呼："唐先生电话。"那时我家里电话还没恢复，是居委会的传呼电话。我想是谁这么早打来电话？忙到传呼站打回电，原来是蒋月泉家里来的电话，告诉我清晨六点钟，月泉起床时突然胸中发闷、心跳加速、呼吸困难，请我马上去一下。我立即赶往蒋家，见他平卧床上，面色苍白。我叫他安心静卧，拿了他的华东医院门诊卡，赶到医院挂号，到内科处告诉医生蒋的发病状况。这医生真好，马上叫我领路去蒋家，她带了护士提着药箱，护士带着检测心电图的仪器，一起上救护车，直奔岳阳路蒋家。医生听了他的心跳，再用心电图测量，我看医生面色凝重，一言不发，料想病情严重。护士抬了担架进来，扶月泉躺上担架，抬上救护车，我和蒋夫人、他女儿一起上车，救护车走小路，连喇叭也

2000年12月唐耿良（左）与蒋月泉（右）摄于华东医院病房

不揿直到医院，立即送进电梯上四楼，用二十四小时监护仪监护，并通知："病危！"原来是突发大面积心肌梗塞，需要紧急抢救，随即内科主任也来会诊。医生告诉我，方才为什么走小路，小路上车稀人少，救护车可以不揿喇叭，因为救护车喇叭鸣叫会惊动病人，对病情不利。我十分吃惊，默默祈祷他能逢凶化吉，转危为安。

幸亏华东医院医生医术高明，医德高超，把月泉从危险关头挽救过来。医生对我说，这种病如果复发，挽救率只有40%，三次复发就很难抢救了。六十七岁的蒋月泉住了几个月院，总算平安无事地出院了，延长了十七年生命。

蒋的家人感谢我，说我是蒋的救命恩人。其实我也只是做了一点朋友该做的事而已。

1987年蒋赴香港定居。

1989年蒋获得"金唱片奖"的殊荣，我向他祝贺。1989年冬我赴加定居，蒋到我家吃晚饭，为我饯行，饭后我送他回长乐路，他到了长乐路自家门口不肯下车，又送我回南昌路，到了南昌路我家门口，我再送他回长乐路，老友分手依依难舍。

整理者：唐力行

第八十六讲
忆嘉兴评弹团
——庞志英访谈录

口述者：庞志英

采访者：沈家悦

采访时间：2017年5月2日

采访地点：嘉兴市珊凤书场内，嘉兴市三水湾牡丹坊

庞志英

庞志英（1945— ），江苏苏州人，其父庞学卿是一代弹词名家。从小庞志英耳濡目染痴迷戏曲，十五岁考取江苏戏剧学院，接受正规艺术教育。毕业后进入嘉兴评弹团，先后拜评话艺术家胡天如、弹词艺术家张鉴庭为师，在艺术实践中博采众长，自成一家。1973年嘉兴评弹团重建时，担任嘉兴评弹团团长直至评弹团消亡。庞志英在长期艺术实践和演出积累中继承了《王十朋》《雷雨》等书目，成功创作了《宋太祖》《隋杨泪》《柳玉娘》《元宰入阁》等长篇作品。

沈家悦（以下简称沈）： 庞老师我有一个问题想问您一下，就是当时嘉兴评弹团是如何组建起来的？艺人构成情况是怎么样的？

庞志英（以下简称庞）： 实质上来讲就是毛泽东同志有一篇文章叫《组织起来》。你们可能对毛主席的文章读得比较少，我们这一代人都读得很多。我年轻的时候可以把他的文章倒背如流。当时进行社会主义改造，包括政治部分、经济部分。政治部分包括"反右"斗争、"反右倾"，后来的"文化大革命"等。经济部分包括打击贪官污吏，对地方上的经济进行整治，进行"大跃进"、人民公社等。在这种大环境下文艺也要进行改造。文艺的改造，首先你们是个体艺人，个体艺人按照毛主席的观念要组织起来，木匠要组织起来，泥水匠也要组织起来。评弹界就在这样的大环境下开始组织起来了。最早的组织是上海市人民评弹工作团，因为上海市人民评弹工作团得天独厚。它地处上海，是文化经济中心，人才济济，30年代开始你要做响档先得进上海，如果你不去上海，你就响不起来，其中就包括上海的书场多。书场多，听众就多。实质文艺包括评弹也是如此，分为三块，一块是政府，一块是社会，一块就是从业人员。从业人员包括政府派下来管理的人员，像吴宗锡、周良等。当时就是在这样的情景下，嘉兴评弹团是整个浙江省第二个成立的评弹团。第一个是1958年的年底成立的浙江省曲艺团。嘉兴当时成立最早的是越剧团，因为它是本土文化。在浙江省曲艺团成立的启发下，嘉兴文教局诚心诚意想要把评弹这一个曲种，移植到嘉兴来。因为在当时，嘉兴也是评弹一个比较重要的书码头。然后在1959年4月份嘉兴文教局开始筹建嘉兴评弹团。嘉兴当时只有一个评弹演员，姓蔡，叫蔡筱舫。他是在文化局登记过的评弹演员，是以唱弹词为主的。当时嘉善还有三个登记艺人马小君、薛小良、蒋奇荪。马小君的丈夫袁逸良是1962年从无锡县评弹团调过来的。这样当然是不可能成立团了，再说他们两个当时的知名度也是比较低的。然后苏州当时有个光裕社，光裕社当时都是登记艺人。登记艺人在政府的干预下自己成立组织，是为了吃饭比较方便一点，当时的书说得好不好，一是老师传下来你自己创作，靠自己的能力；二是码头，就是场子。书场的好坏也决定了你收入的高低。有的地方，像浙江的乌镇、菱湖，这几个地方听众很多，我们行话叫这些地方是"出生意"的，所以当时自己组织起来。嘉兴文教局派到苏州光裕社的文化干部，对评弹实在是不熟悉，在登记的名册上随便选了一些人就完事了。主要就是以我的师父胡天如为主的，还有两个老的评话演员，现在已经去世了，其中一个叫唐尧伯。还有两个叫闵伟君、杨佩君。他们是4月份筹备的时候就引进来了，而我们是在8月31日正式成立的时候参加的。还有几十个演员呢，进进出出很多的。评弹当时有三个社，光裕社、普余社、润余社。润余社的我们团有三个，姓徐，徐家三姐妹。现在两个已经过世了，还有一个是老年痴呆。其他大部分都是从光裕社过来的。后来进团是比他们年轻的，比方说我啊，朱良欣、周剑英、周映红，他们后来退休了就去了杭州。然后就开始成立评弹团，评弹团当时是成立了一个团委，有一个派团干部。我们最早的时候叫嘉兴评弹队。一直到5个月之后批复下来，1959年8月31日批准就叫作嘉兴南湖评弹团。为什么叫这个名字呢？当时肯定是以执政党为主的，执政党是南湖产生的，南湖在全国来说知名度也比较高，好像打南湖的牌子就比较好，所以叫南湖评弹团。等"文革"以后我当评弹团团长的时候就改掉了，就叫作嘉兴评弹团。文教局的派团干部呢，都是不断调动的，先后派了将近十个人，80%是学校的校长。

沈：他们主要是负责评弹团什么方面的工作呢？

庞：主要就是文化局派人来沟通上面和评弹团演员之间的关系。实际上就是监督评弹演员在政治上、业务上、经济上的行为是否符合党的要求。

沈：您是什么时候开始担任评弹团团长的？

庞：第二次评弹团成立是以我为主来建立的。我当时在王江泾丝绸厂担任供销科主任，我当时还不愿意来，那个时候是经济原因。当时胡天如先生已经退了，中间也有派团的干部，但是他们不懂评弹，后来就找到了我。我从"文革"中期开始担任一直到结束，就是我退休了，这个团就完了，也就没有团长了。

沈：嘉兴评弹团在建立之后的演出运营情况如何？

庞：嘉兴评弹团当时前前后后有六十个人。但是经常保持演出的人呢，基本上是四十个左右。那个时候整个大环境对曲艺是比较关心的。评弹团成立以后，首先是没有工资给你的，发工资是要等到一两年之后。你想要生存就要自己去演出，跟摆摊一样的。一开始管理上还没有形成秩序，一直要到50年代末60年代初，才开始定工资。那个时候的工资和现在是两个概念，一级演员除了像梅兰芳这种演员，评弹界真正的一级演员一个都没有，最高就是蒋月泉和我的老师张鉴庭是三级演员。然后你去衡量，你能不能超过张鉴庭和蒋月泉，之后给大家大概排个序，按这个标准来定工资。这个是全国性的，大环境都是这样，所以嘉兴评弹团也是这个时候逐步开始确定工资，逐步系统化。

沈：之前您提到过，评弹团刚刚成立的时候它是没有工资的，还是需要你们自己去外面演出，后来才开始根据级别定工资的对吧？就比如您说的蒋月泉属于第一档，然后后面的人根据档次的高低开始定工资，那么当时嘉兴评弹团定的工资是多少呢？

庞：在50年代的时候，除了上海市人民评弹工作团，浙江省曲艺团，江苏省曲艺团，那个时候它们是属于老牌的国营剧团，其他的都是属于地方性的剧团，当时50年代的中央有一个规定，譬如上海、江苏省、浙江省，是省一级的文艺团体，享受国家正规工资制度。但是像我们地级市，包括杭州市、嘉兴市、湖州市，包括苏州市。苏州市到"文化大革命"开始，还是属于集体所有制的，会进行差额补贴，我们也属于差额补贴。我们1959年建立评弹团的时候，实行工资制，但是这个工资制国家并没有正式颁布，一直到60年代，工资制度从中央到地方开始有一定改变，但是文艺团体工资一般是高于事业单位的，但是那个时候好像并没有现在的公务员的概念，它跟当时实行的规定有关系，地方干部的工资不一定高于我们文艺团体。我们嘉兴评弹团工资最高的就是我的老师胡天如，当时是一百八十块。60年代一百八十块，至少相当于现在的七八千块，像我们年轻人最少的只有三十四块，我就是四十六块。我是几十个年轻人当中最高的一个。再高一点就是五十二块五毛，六十多，七十多。参照全国性的文艺团体，国营剧团跟我们集体所有制是有所不同。

沈：那嘉兴当时评弹团它是属于集体所有制的吗？

庞：是集体所有的。全国除了浙江、江苏和上海这两省一市是国营的之外，其余都是集体所有制的。如上海评弹团在"文化人革命"之后恢复，它还包含许多区级团体，它吸收进来许多像赵开生这样的人，区级剧团相对于我们来说也是属于集体所有的。所以文艺团体里面有各种制度，这种情况全国还有很多，我们这个江南地区相对来讲比较稳定，大多是参照国营团体的工资制度。

沈：那它和国营团体相比还是有区别的，对吗？

庞：还是有区别的。在工资方面还是国营的更高一点。当时上海评弹团的蒋月泉、我老师张鉴庭、杨振雄他们是三级，那个时候三级最高了。那个时候的三级演员和现在的级别是两回事儿，但是和大的剧种来比根本比不上。它是根据曲种的大小、曲种的影响来定从业人员工资制度的。

沈：所以说，当时嘉兴其实和上海这种区级团体是一样的，它的工资也以他们作为参照。

庞：除了上海市人民评弹工作团，包括蒋云仙的长征团都是集体所有制。当时政府对集体制度的政策就是自负盈亏，你能生存就生存。那个时候的生命力是很强的，某种意义上超过了国营团体，为什么呢？因为这个跟政府的政策变化也有关系，所以到了60年代以后，集体所有制的收入比国营的多，因为国营没有附加的收入，集体的是有附加的收入的。我们每年是二百四十场，二百四十天，超过就有奖金了。所以在60年代末，国营剧团的演员没有集体的演员赚得多。

国营的演员赚的就是死工资，但嘉兴评弹团的演员除了正常的工资之外还有各种奖金、路费补贴，名目很多。

沈： 当时嘉兴评弹团演员的工资是政府发给你们的还是靠你们演出的经营？

庞： 政府进行差额补贴，一般一年会开两次会，一次是8月份，还有一次是春节之前。在这个阶段，国家、文化局在你有活动的时候给你补贴，当时嘉兴共有六个剧团，经费可以达到六万到十万。60年代的十万人民币相当于现在一百多万都不止，平均下来一个演员五六十块钱，一个月就是五六万，能够有这个积累不得了。

沈： 当时你们的工资是演出赚的钱发给你们，还是说这些钱还要上交给团里？您之前说过，其实嘉兴市政府是没什么支持对吧，就是说评弹团自负盈亏，但如果你们亏损了，是由政府进行补贴还是要由你们自己演出来填补亏空呢？

庞： 原来是自负盈亏，60年代以前，这个钱是能够留在我们团里的，你自己赚的钱给自己，没关系的，到"文化大革命"开始还有结余。但是到1966年还是1970年，我记不清楚了，工资一律只有四十块，1968年开始，每一个演员不管你之前是一百五十块的还是一百八十块钱，一律只给四十块，这个叫生活费，那四十块钱就是政府补贴了。从60年代中期开始一直到解散为止一直是四十块。也就是说这个时候团里已经没有钱了，政府给每个人发四十块。

沈： 在评弹发展还比较好的时候，当时整个评弹团内部运营的情况是怎么样的？比如当时评弹团联系当地的书场，这些工作是由什么人来具体操作和负责的？

庞： 每一个评弹团都有一个管业务的人，80%以上都是兼职的，一直到80年代的时候，开始有专职的人来做这项工作。全团四十几个人分二十几个档，有弹词，有评话，这个专职的业务管理人员是今年来定明年的业务，比如明年浙江省定多少业务，上海市定多少业务，江苏省苏州市和江阴市定多少，定满了之后，也会有临时的调动，但是那个时候的人比现在的人就是老实，没有太多的想法。比如说1月你们到苏州，下半个月到常熟，3月一个月你们在江阴，4月一个月你们在上海，5月你们再去其他的地方，会预先安排你们这半年的演出，你们就按照这样的路线来安排自己家里的事情。像我们写脚本的话，都是在上海的码头来写资料，要带到什么地方去，放在什么人的家里，我到了上海一个月之后就取来这些资料。

沈： 所以这些都是有人会帮忙全部联系好的，是吗？

庞： 是的，每到年底，每个团都有一个表，某某档在什么地方进行演出，有多少业务，一般情况下除非家里有老人生病不太会请假的。最后那个表排出工作量最多的人比方说第一名庞志英、蒋小曼，第二名袁逸良、马小君等。他们以这个为光荣，而不是以收入多少为光荣。你让我演出二百四十天，但是我演出了三百天，那么超额了六十天，我就会觉得很光荣，现在就是看钱。所以我说世风日下，人心不古，评弹完就完在地方领导不作为，团的领导很自私，从业人员不专业，评弹就一天比一天衰落了。

沈：那团里的业务都是由演员自己来联系各个地方的书场的吗？一般是怎么联系的呢？

庞：好的演员，比如，他会说在4月份，我会来苏州，他会提前约好下次过来的时间。业务的话也会再去联系，如果演员有空档就可以演出。在50年代，演员多书场少，80年代，差不多，因为书场也在不断地发展，90年代以后，特别是2008年以后到现在这段时间书场多，演员少。为什么呢，因为书场很简单，一个教室就可以当一个书场，现在上海每个文化馆都有一个书场。这是政府的行为，每个演员要提钱，比如说早上九点到十一点，在一个教室里面摆一张桌子，四五十个椅子就可以了，卖五块钱一个位子，一年三百六十五天演三百六十场，只有五天不演，评你一个先进单位，就现在欺骗的东西太多，正是因为这些虚的东西带有欺骗性的东西太多，最终害了这个剧种，讲真话的人实在是太少了。五六十年代评弹的发展是蓬勃向前的，70年代受到了一些创伤，到1977、1978年慢慢地进行恢复，这个时期，如果政府行为力度大一点的话，地方领导、从业人员努力一点，那么评弹的恢复会很快。评弹的发展是一个契机，但是并没有抓好，他们都是为了自己的利益。那个时候80年代初到现在这段时间，人的取向都是为个人利益，很少很少为国家，为事业做贡献。

沈：当时嘉兴评弹团的整体实力如何？

庞：嘉兴评弹团的成绩也是很多的。因为它曾经有短篇、中篇剧目，人马虽然参差不齐，不全都是著名演员，但是对于整个浙江省评弹的贡献，嘉兴评弹团应该是最大的。海盐，海宁，湖州，安吉，整个浙江省当时有十几个评弹团，但是存在时间都不长，都比不上嘉兴评弹团。当时他们的团队，要向我们嘉兴团来要人的，就像50年代嘉兴去苏州要人一样。这叫支援人，但是我们当时也是本位主义，不可能再放人了。当时嘉兴评弹团在浙江省的评弹团里面也是举足轻重的。演员质量也是非常高的，嘉兴评弹团演员的质量比较平均，不像上海团，要么就是像蒋月泉、张鉴庭、杨振雄、杨振言、姚荫梅这样的大响档，要么就是一点都没有名的。嘉兴团里就没有相差这么大，都是有一定水平的。我们当时出去演出，中篇都有两个团队，在浙江省巡回演出，甚至于去苏州，当时是比较能打开局面的。可惜这些资料呢，有一大箱子后来被人偷走了。

沈：那嘉兴评弹团发展比较好的时期基本上全都是靠自己的是吗？

庞：是的，1959年8月31日成立到1966年"文化大革命"将近八年时间属于辉煌时期，包括作品、演出、影响等方面，在浙江省可以说是拿到第一块牌子的。

沈：当时嘉兴评弹团比较辉煌的时候，团里面编剧、创作这类的工作是由自己人还是聘请外面的人来完成的呢？

庞志英演出照

庞：都是自己的演员编，然后自己的演员唱。

沈：那即便是钱赚得很多，他们的工资还是这些吗？

庞：不是的，会根据你的级别，国家工资级别，慢慢地提升。工资的涨幅还是按照国家的级别来定的。

沈：结余的钱大部分就是在自己的团里放着，如果团里需要购买服装的话，就可以拨钱来购买是吗？

庞：你现在的概念和我们当时的概念是不一样的，以前的服装是非常便宜的，这个支出只占收入的很小一部分，一场演出如果支出一千块，服装可能只占一百块。

沈：所以当时团里的开支大部分是由团里自己来支付的是吗？

庞：除了行政人员以外，后来有三个行政人员，以前最早的时候，只有一个行政人员，他没有什么开支，因为房子是自己的，开会在屋子里面坐下就好了。其实主要开支就是工资，其实工资开掉之后，剩下来就是赚的钱。所以几年下来就可以积攒很多钱。

沈：嘉兴评弹团是什么时候消亡的？主要原因是什么？艺人主要去向是哪里？

庞：后来嘉兴评弹团一直走下坡路，是80年代只重经济不重精神文明，只重经济效益不重社会效益的后果。嘉兴评弹团1959年8月31日成立以后，海宁、海盐、桐乡、嘉善、平湖曲艺团全都成立，现在全都解散了。"文革"十年，它是在整个动荡时期，开始有一些变化，但还是保留了很多演员。"文革"结束，1979年与1980年，得以恢复。1980—1982年，实际上是文艺的恢复期。但后来只注重经济效益，社会效益不讲了，评弹开始逐步萎缩。结果是人员基本上都流散了。年轻的女艺人嫁人的嫁人，另外有一些出国的出国，转业的转业。人员大量地流散，评弹队伍不断地萎缩，一直到消亡。地方上的文艺团体80%以上都消亡了。有一些人到保险公司去了，有一些人去开书场了，有一些人去开舞厅，有一些去搞音乐厅，有一些去搞美容了，都离开评弹团了。80年代，一个演员如果说不发工资的话只有几百块钱，叫他怎么生活，人最起码的就是生存。等我退休了以后，1995年评弹团就消亡了。以后也没有再派干部，也没有领导，你们就自己去干吧。我们作为事业单位的退休人员只要去社保拿钱，其他他们就不管了。

沈："文革"的时候评弹团还是在的，那演出还可以演吗？

庞：就是政治运动的演出，歌颂政府歌颂党，歌颂"文化大革命"。70年代的时候开始唱革命样板戏，之前是完全不可以唱的。政治运动的时候，根据毛主席的指示，马上编出剧目来，我们编写好就出去唱，起到一个政治宣传的作用。

沈：我之前曾经看到过一个资料，是关于浙江省曲艺团的档案资料。1983年的时候，有一个合同讲到第三演出队，也就是评弹队，它是属于承包演出队，实行承包经营责任制，就是在经济上实行联产包干，独立核算，按比例分红。就是说在这个时候，虽然还是属于集体所有制，但是政府已经默许评弹团在外增加演出，评弹团如果挣到更多的钱，就可以得到更多的分红，但是其中有40%是要交给团里，60%是你们自己可以支配的，也就是多劳多得了。而不是像之前一样只有固定的工资，浙江曲艺团的演员也是根据分级来下发工资，到后来政策开放自由度更大，你只要完成了核定的任务，那么之后所赚的多余的钱就可以进行分红。那么嘉兴团在80年代有没有这种情况出现呢？

庞：80年代时"文革"已经结束了，我们当时恢复了一部分人员，有十几个演员，大概是十个人。

沈：这个时候人员已经流散很多了，是吗？

庞：不是流散的问题，而是因为当时有很多人因为年纪的关系，所以就退休了；也有一部分是被"文化大革命"伤了心，不愿意再吃这碗饭了；有的则是到了别的地方去，因为嘉兴评弹团95%的人都是从苏州来的。包括我在内，除掉我的爱人和去世的蔡筱舫老先生，还有孙漱萍、周志虹等人，只有五六个人不是苏州的。"文革"之后回来的最早只有七个人，后来变成了十几个人。80年代到90年代的时候，嘉兴评弹团已经只剩下一个空壳子，评弹团还在，但是里面的人已经不多了，说得难听一点，有很多事情都只有我一个人在维持。海宁只剩下三个人，海盐只有一个人，桐乡没有人，嘉善也没有人，平湖只剩下一两个人，我们下面五县原来都是有评弹团的，现在都没了，我们现在这儿有十七个人，已经不得了了。当时还有一个文件，现在应该是可以查得到的，评弹团大概收了七个学员，我收了几个，但是后来也都离开了。评弹这几年的发展严格来讲，还是习近平同志做中央领导人以来，使文艺路线有一个比较正确的方向，以前是混乱的，特别是之前的以"砍"为主，而不是以保护和发展为主。发展不好的直接不要了，政府也没有去保护。他们认为这是一种瘤，良性肿瘤，它不是恶性肿瘤，他们认为应该割掉。当时大部分文化干部领导他们都是这种概念想法。生存都是我们从艺人员自己争取到的，自己想办法用作品到各个地方进行演出，在外面形成很大的影响，听众无形当中受到影响和感染，使评弹团最终维持下去。也就是为了维护自己的生存，也不要讲为了评弹事业，就是为了自身的生存，所以开始钻研作品，因为我毕竟是属于这里的演员。

沈：据您了解评弹繁荣的时候，在嘉兴地区评弹的兴盛程度与其他地方相比如何？比如跟上海、苏州、常熟等地相比。

庞：我们浙江省嘉兴评弹的发展，用两个字来形容就是低调。不像上海团和苏州团一样高调，所以也没有那么多的文字资料留下来。因为从整个大局来说，评弹在嘉兴不足为训，因为它不是名片，它不是本土文化、本土文艺，它是移植进来的。嘉兴和常熟是不能比的，嘉兴主要是出听客，但是嘉兴的听众面没有常熟这么广，常熟梅李只是一个小镇，就有两三个书场甚至四个场子竞争。常熟当时的环境更加好。

沈：但是常熟和嘉兴都是属于吴语区，又不像上海、苏州是大城市，为什么两个地方发展有差异？

庞：我父亲是苏州人，我母亲是常熟人，但是我在嘉兴工作。长期去上海跑码头所以我对这些事情很了解。常熟人对吴语的接受、敏感程度，比嘉兴要程度高。我举个例子，听书人有些听两回，有可能就不听了。有些人第三回第四回听听就好了。但是常熟人一般都会听完。还有一个就是乡土文化，常熟人对评弹可以说是情有独钟，所以比较好的评弹演员常熟出了很多。

沈：好的，关于嘉兴评弹团的问题我基本问完了，非常感谢庞老师的讲述，令我受益匪浅，以后有机会还要向您多多请教。

整理者：沈家悦

第八十七讲
光裕书厅的历史与现状
—— 林建方访谈录

口述者：林建方

采访者：王宵

采访时间：2017年5月2日

采访地点：苏州市观前街第一天门8号光裕书厅

林建方

林建方（1972— ），1990年考入苏州评弹学校，1994年进入常州评弹团。2002年调入苏州评弹团负责书场业务调配工作，之后任苏州评弹团业务组负责人、苏州评弹团副团长，兼光裕书厅经理。多年从事评弹团业务调配工作，加之丰富的书场经营管理经验，使他对苏州书场业的现状有独到的见解。

一、光裕书厅的发展历程

林建方（以下简称林）：光裕书厅前身系苏州评弹艺人的行会组织，原名"光裕公所"，1912年更名为"光裕社"。光裕社附设的光裕书厅现在为公益性演出场所，位于苏州市观前街第一天门8号。每天下午一点半书厅开始演出长篇，每半月一档书，主要面向老年听客。晚七点半在二楼开设评弹茶座，主要面向各地游客。

以前两省一市的大的评弹团和一些有一定实力的评弹团都是有业务组的。每个团体的核心部分或者说核心之一应该是业务组，以后又称业务科，因为它是关系到整个团体演员在外面顺畅演出的一个主要的组成部分。因为以前的交通、信息都是很不方便很不发达的，所以各个团体首先要有一个点来支撑这个业务，所以当时各个团体产生了评弹团的业务组。随着时代的变迁和社会发展、经济发展，人民的生活水平和生活质量的提升，评弹演出市场产生了一定萎缩，这是时代在变化，各个团体也在变，所以相应的各个正规团体公认、正式的业务组已为数不多，目前可能只有苏州团业务组在两省一市的演出市场中做得相对比较好，是成规模的，是比较正规的一个安排调度评弹演出业务的机构。为什么我们苏州团还保留业务组呢？因为苏州评弹发源于苏州，逐渐扩散至上海和浙北，苏州评弹不是苏州的评弹，是江浙沪的评弹。我们苏州评弹团要起到一个引领的作用，所以说我们要引导苏州评弹的发展方向，这是我们业务组存在的必要性，因为我们要让市场和演员都稳定。

苏州评弹发源于苏州，但是在上海和杭州都有所发展。我们需要市场和演员都稳定了顺畅了，才能发展我们的演艺事业，我们所有的评弹演出以及产品延伸，才有了基础的保障。如果没有这个畅通的渠道，没有了保障，后面谈什么都是不成立的，所以说苏州评弹团有一个业务组，对评弹团的青年演员有利，对其他兄弟团体的演员也有利。目前我们业务组主要以我一个人为主，其他的行政人员配合我的工作。但规模和以前苏州评弹团业务组相比有所萎缩。

以前业务组至少两至三人。以前队伍比较庞大，所以业务量是比较大的。20世纪六七十年代和七八十年代的时候我们的业务走出去，是其他业务组的老大哥。两省一市的业务都在苏州评弹团，所以以前的规模比较大。20世纪六七十年代，苏州评弹团有三四个小团，演员有百来号人，单单一个评弹团,要百来号人,其他二团三团人少一点,总共要有将近两百人。现在我们团演员没有以前那么多,而且现在的交通和信息都比较发达,所以管理业务组的人员也合理地减缩了。现在业务排列和调度比以前来得灵活和复杂,以前的业务组基本上是以长篇演出为主,长篇是半个月、一个月调动一次,当时的业务组主要的业务就是长篇演出,长篇演出的业务比较单一,当时演员的收入主要依靠长篇演出收入为主,基本没有其他的。演员把长篇演出作为一份工作,作为终身服务的一门艺术。

20世纪30年代到六七十年代的评弹演员,入行以后就会一直工作到退休。中间改行的情况不是很多,人员构成变化不是太大,所以当时的业务安排比较单一。那时业务组工作量大的主要原因是因为交通、信息都不发达,打一个电话都比较奢侈,平信、挂号信都比较少。除非有急事才使用挂号信,有突发事件的时候才会考虑使用电报。所以业务还是比较单一和稳定的。安排业务的方式主要是平信联系,当演员在上半个月的码头演出时,下半个月的演出计划就已经安排好了。

在没有成立评弹团时,也有一个靠演员自发成立的联系业务的地点。主要在光裕公所的早茶会上,现在光裕公所也保留了早上喝茶的习惯,刚才楼下有几个老同志在喝茶就是这种习惯的遗存。1949年以前交通信息更差,连电话电报都没有。那时的演员接业务的主要途径之一就是靠光裕公所早上的茶会,在茶会上,先生们之间的介绍很重要,名角响档手上经常要做好几个大的码头,所以他们手上自然而然就有一些书场的资源,他们就会介绍给别的演员。比如以前的"七煞档""四响档",苏州的周玉泉、魏含英这类大家。徐云志以前在外演出时间比较长,一次在一两个月到半年时间,在码头演出的时候遇到有一些交情比较好的同行,他会介绍某某时间,某个先生到你的书场来演,定下日期,这个业务就算完成了。如果演员有其他事情,那么就要靠书信来更正、调换或回绝。以前接业务,主要靠先生之间互相介绍。演员生病或家中有事无法跑码头,书场在这一时间的档期就出现了空缺。书场的老板或经理就会到社会上的茶馆找演员。演员之间就会互相转告这个消息。演员们根据自己的档期,和书场老板联系是否会去演出。没有业务的演员也会到茶馆里来等业务,等先生与先生之间传递演出的信息,以前的茶楼是信息交汇互通的一个重要地点。光裕公所茶会是苏州较有代表性的交流业务场所,在上海,严雪亭的家是一个比较重要的信息交流互通的地点。

中华人民共和国成立初期,业务组是茶楼、演员之间自发组织起来,互相介绍业务。建立评弹团后,就是各自的团体建立业务组组织业务。当时的娱乐业不发达,20世纪六七十年代的书场规模比较大,数量比较多。同一地区的书场与书场之间,信息是互通的,业务是有联系的,相互之间会介绍先生。每个地区最出业务的书场,它的经理或承包方,说话就比较算数和硬气。他手中就会有演员的联系方式。先生到某一个地区一定会去这些比较有名的书场，能够赚钱的。相对来说小一些的书场、名气差的书场，要接业务就会找这些书场的经理或承包方。所以说当时有一个不成文的规定，同一地区有名的、生意好的书场老板会成为这一地区书场业的领头人物。在苏州地区，光裕书场便是书场业中比较有代表性的龙头书场。集体化后，书场一般有一名公方经理和若干职工，有经理、会计、票务、场务、打扫清洁的职工。60—80年代，集体化后的书场会有专人，一般是经理或业务员兼管业务的。这个时候各个书场的经理业务员，就与评弹团的业务组联系比较多了。这时大部分的演员都加入了正规团体，都要服从团里业务组的演出安排。当时是单纯的长篇演出运作模式。1949年前评弹演出业务机制主要是以茶楼为核心，1949年后主要是以书场和团里的业务组为核心，以计划经济模式运作两省一市的评弹演出。

现在苏州团的业务组，我个人认为它是一个大业务组。因为我们现在的业务包括长篇演出、茶楼演出和接待性质及公益性质演出。一年中很多演出都是交织在一起的。像以前一样的单一性的长篇演出，目前业务组还保留着，因为苏州评弹的根，苏州评弹的生命之线在于长篇演出，如果说放弃了长篇演出，也就是抹杀了苏州评弹的艺术本体，自己摧残这门艺术。我们苏州评弹团为什么要成立演出业务组，也就是要确保我们评弹的长篇演出。我们团每年演出的长篇，纯粹以档为单位计算的每年有六千场左右，甚至要超过六千场。

长篇是评弹的根基，不能有丝毫的放松，有业务组以后会更多地带动适合时代的演出业务，随着时代的变迁，信息量的增加，只安排长篇业务是比较容易的，几分钟就可以全部通知到位，因为手机的普及，用不着像之前两三天的书信来往来确定安排演出业务。信息的发达减轻了我们工作量，但是现在业务组依然比较繁忙，主要原因是因为综合性业务的安排。现在在外地还有很多唱开篇的点，还有一些茶楼的演出，还有专场演出，还有一些节庆期间的演出，如企事业单位在节假日期间的演出活动，这其中有商业性的，也有公益性的。我们讲的专场演出是除茶楼外的，评弹团并不鼓励演员去茶楼唱开篇，当然我们也不反对，这是为了增加演员的演出收入，起稳定演出队伍作用的。专场演出主要是指团里安排打造苏州评弹精品的专场演出，比如团体创作的中篇《雷雨》《欢喜冤家》《碧水蓝天》等，还有现在正在创编的《大脚马皇后》，类似这种都要归纳到业务组里来统一安排排练和演出。

演员平时有演出任务的，我们要考虑到演员参与专场演出与自己演出业务之间的调配，这为现在的演出计划增加了很多不确定性。现在业务组工作的重心就要做到在不妨碍长篇演出的情况下来安排专场演出，如中篇、折子专场、流派演唱会，目的就是培育青年演员，提升演员的专业素养与核心竞争力，提升演员的艺术水平和艺术水准。对演员的要求是长篇演出不能丢，短篇、中篇、折子要去演。演出地点有社区、村镇，也有大剧场和礼堂，是比较丰富的演出形式。

我们业务组还要承担公益性的演出,比如说市委宣传部和我们的主管部门文广新局一些公益性的演出,也要归到业务组来安排和调度演员。还有一些指令性的道德评弹、"高雅艺术进校园"的演出也要归纳到我们业务组来。另外一些突发性的、接待性的演出。苏州评弹现在是苏州的三张文化名片之一,昆曲、苏州评弹、苏剧。文化代表性的内容要拿出去,要呈现给外宾、嘉宾、领导,基本以昆曲和评弹演出为主。这也需要业务组合理调配。现在业务组安排长篇演出是综合性的业务。综合性、规范化、大容量、精确性地安排评弹演出,所以目前评弹团业务组工作量是非常大的。

之前长篇演出的周期长,一般一到四个月不等,但现在因为演出形式的多样化,演出周期的缩短,使得演出业务安排的工作量也随之变大,加之综合性演出业务的不确定性和突发性,也为业务安排增加了很多不确定性。现在最快也只能在每个月的月底和月中安排好下一个月的演出业务。现在社会的开放性和流动性都比较强,在各种活动都比较多的情况下,不可能使用原来的方式提前安排出半年甚至一年的演出计划,即使安排出来也是不科学的,不符合现实情况。因为突发性的演出较多,相应的我们的安排必须要有灵活性。现在交通发达,信息迅速,演员的演出模式也在发生变化,以前演员跑码头是要住在那里的,现在因为交通发达,演员跑码头基本上都是朝九晚五,不再住在码头上。以前码头生活条件与家中的生活条件差不多,现在生活条件远远不如家中生活条件好,所以有很多青年和中年演员,只要书场与家距离较近,他们是不愿住在书场的。所以说我们现在的演出通知业务也非常灵活,基本上要到月中才能通知下个月的演出业务。安排业务的速度跟不上变化的速度,所以说现在通知书场长篇演出的时间就比较晚,这是现实状况。现在的综合性大业务与之前安排业务相比有很多变数。

现在苏州评弹被外界所了解,被外界所尊重,社会开放度进一步提升,海纳百川,政府也提出文化要走出去,这些因素都是功不可没的。评弹有今天的辉煌,受到改革开放的恩惠,是苏州评弹的福音,苏州评弹团业务组中间调配工作也起到了一些积极作用。大的团体成立一个业务组是非常有必要的,我们业务组也是尽心尽力为全体演员服务,为两省一市的演员服务,这是我们的宗旨,目的是推广苏州评弹,振兴我们的苏州评弹市场,如果说没有了这个业务组,评弹的市场会发生混乱。有业务组的存在,至少可以一定程度地缓和市场的乱象。所以说业务组有存在的必要性。以上这些基本上介绍了业务组从雏形到演变,到有形态再到现在的发展情况。

王宵(以下简称王):现在很多演员跳过团业务组自己与场方联系业务,因此很多团业务组大多不存在或名存实亡,为什么苏州团演员能服从业务组的安排?

林:我认为这归根到底还是政府的支持、扶持和团体的实力,首先团体要有演出队伍,没有演员班底,即使有业务也无济于事,所以首先要有基础,苏州团从演员数量到质量都是出类拔萃的。其次是地理位置优越，因为苏州是评弹的发源地，苏州评弹不是苏州的评弹也不是上海的评弹，我们团和上级主管部门对业务组是非常看重的，我们局长说你们的业务组要成为调度所有演出的中心。政府大力扶持苏州评弹，并有政府的经济支持。所以一定要有经济基础，并且有上级领导部门的支持业务组才能运行。我们业务组负责打开演员的业务渠道，不管是接待性任务、公益演出还是商业演出，业务组基本可以做到上传下达。这就是我们业务组的重要性。

苏州团是地级市的团体，上海团是省级团体，我们是政府差额拨款，经费是低于上海团的。我们的项目经费也远远不如上海团，但是苏州团的创新能力却比上海团强很多。我们有我们的办团宗旨，他们有他们的运作模式。我们不谈团体之间的差异。我们苏州团的宗旨就是经费要用在刀刃上，要用在艺术生产上，要用在艺术创作上，要用在培养青年上。我们团的领导班子一致认为不管青年起步时是什么程度，只要是在艺术上有长进，只要演员想在艺术上提高，我们就花经费和精力培养。我们团前两年举办了"光前裕后评弹流派演唱会"，光前裕后的折子专场，都是在培养二梯队、三梯队、四梯队的。青年对象都是三十岁到四十岁的青年演员。2016年和2017年我们又举办了"姑苏韵"春、夏、秋、冬苏州评弹团优秀青年演员风采展系列演出。虽然我们的经费紧张，但我们仍大量投入经费培养青年演员，给他们创造演出机会。为什么这么做呢？因为文艺团体必须要有人的传承，要有文艺产品，要在文艺作品上进行创新，没有人的传承和作品的创新，团体是不能长期有生命力的。我们的宗旨就是把所有能用的经费尽量往演员身上用，让演员得到实惠，让演员感觉到我们苏州团还行。但我们不养懒汉，所以从去年开始苏州团的分配体制又有了新变化。以前我们苏州团和其他所有团的分配模式相同，演员演出费或演出工资都是演员拿90%或100%。

现在苏州评弹团是演员领工资，上交演出费，另有车旅补贴，并且发奖金，工资标准根据演员的级别而定，有全额工资和奖金以及场次补贴，然后再根据演员的演出质量，到年底再有一次绩效奖金的分配。并且设立单项奖金，不论职称级别，根据相应的标准派发。标准主要有：平时参加演出的场次、艺术水平专家认可程度、听众的评定、书场长篇演出反馈的信息、评话和弹词专业综合考核。奖金根据这些标准综合评定。比如苏州团去上海天蟾逸夫舞台演出"姑苏韵"系列演出，在演出开始时派发给每位听众一张表格，等到演出结束时，请每位听众填写喜爱的演员排名表格，进行回收统计。根据这些评定演员的绩效奖金，我们从方方面面考虑，现在的长篇演出主要是在社区书场，大部分演员是在敷衍。社区书场只是提供了一个演出的平台，对演员的艺术水准却没有要求，所以演员在社区书场没有一个竞争、约束机制，艺术水平相应地也很难提高，时间久了，演员对长篇演出会产生消极对待的心理。我们看到了这个问题，不能让这个状况恶化下去，我们感觉到这样下去对演员艺术上的提升完全没有好处，在现在没有竞争机制的大环境下,我们可以在苏州评弹团自身体制里来创造竞争机制和约束机制,提升反馈机制评定演员。让演员在群体内进行竞争,创造一个竞争的环境。

以前演员的收入模式,业务组不用太管演员的业务安排,只要有一个大体的安排让演员去演出即可。现在采用这种收入模式后,演员跑码头演出结束后,我们还要去听书场和听众对演员的反馈信息,还要参与评定每个演员的绩效。对于业务组来说,工作量是增加了,但是为了打造我团优质的演出队伍,必须要这么做。否则时间久了,演出队伍会因此松散掉。之前演员主要收入靠演出,而不是靠团里发的工资,他们更多考虑到短期的经济收益,私下接业务,无视团里业务组的演出安排。所以业务组要与时俱进,根据现今实际情况,结合关注传承评弹艺术的宗旨,逐步改进业务安排的模式。用老的模式套是行不通的。

演员的茶楼演出是他们自己利用晚上的时间调配的,晚上时间是留给演员自己支配的。除了团里办个人专场或集体性的专场,比如说"姑苏韵""光前裕后"等此类集体活动,个人专场的排练和创作我们会组织专家来辅导,在不影响长篇演出的基础上来组织艺术水平的提升和书目的创新活动。比如现在"姑苏韵"在如火如荼地进行中,下午演长篇,长篇结束过后,所有演员集中到团部排练,晚饭团部请客,晚上再排练。科学合理利用剩余时间来排练。等到专场正式开始演出以前,我们业务组还要组织这台节目,要去巡演,相当于正式上台之前的练兵,在练兵的期间休息半个月左右,然后正式上台演出。合理利用演员的休息时间和空余时间,团里集体空出一段时间练兵和休息,若演员在这一时间有其他的演出业务与正常排练不冲突可以去。因为业务组的演出安排,有很大灵活性,所以现在书场的演出安排也变得相对灵活。即使现在书场提前办好半年的业务也是必需的,特别是碰到正规团体的演员不确定的因素就比较多。因为现在的演员成分除了正规团体,单干的艺人也比较多。现在书场如果遇到演员有特殊情况不能演出,就会先去找安排演员演出的负责人或单位协商解决,如果行不通,就通过人脉请临时顶替者,若单干艺人行程紧张,那么就会考虑向团里业务组求助,所以我们业务组到目前为止还起到一个 119 的作用。我们业务组掌握大部分的演员资源,演员互相介绍业务的行为,基本上是在从业期间,演员退休后再负责介绍业务好像是没有的。

二、苏州书场的转型

林:光裕书厅、大华书场、梅竹书苑目前为止是比较正规的经营性书场。这些书场经营情况是非常惨淡的。这是没办法的,也不是某个人能一下子去转变的,这是时代在变,所以书场会出现日渐消退的情况。政府现在大力扶持书场,以光裕书厅来讲,房租等基本费用都是不用出的，靠政府扶持，如果没有政府的扶持，在观前街这样的地段，光裕书厅根本经营不下去。现在光裕书厅和梅竹书苑是我们苏州评弹团的下属单位，财政没有直接拨款给两个书场，是其中一笔款项拨给我们苏州团。并没有明确给书场的拨款数额。两书场的亏空，皆由团里承担。现在两个书场的水电费等费用，如果有钱就交，如果没有钱团部来负担。两个书场的正式职工的工资都是由团部来发放。临时工的工资是由两家书场自己来承担，以前光裕、梅竹在苏州市书场中比较有代表性的，目前也是苏州书场中有代表性的领军的书场。这两家书场在苏州市场的地位是无法动摇的。两家书场目前面临困惑与困难，关键的问题，是社会上的演员还有团里演员来这两个书场演出的热情不高。因为经济原因，以前外面书场的收入远远没有光裕、梅竹来的高，所以演员愿意来演出。我们现在建立了奖励机制，演员每年演一次光裕书厅或梅竹书苑，一次奖励一千块。2016 年我团有一名演员，上半年在光裕书厅演出一次，下半年在梅竹书苑演出一次，那么年末他得到了两千块奖金。今年我们看团里经费情况制定奖励方式和数额，但是作为演员的考核参数是肯定要操作的。并非强迫演员去这两个书场演出，但是作为一个合格的演员，能在光裕、梅竹演出是最基本的要求。光裕、梅竹书场都不敢做的演员怎能成为优秀的演员？我们团就是通过这些机制打造青年艺人，既有经济鼓励又有考核压力。演员对此很抵触，但作为分管书场的副团长，我必须要这样提出来，因为我们不可能做老好人，我就是在风口浪尖的人物。我们业务组直接跟演员的经济挂钩，所以不能让所有演员都满意。为了演员艺术水平的提高，在书台上有一席之地，为了演员的核心竞争力，要求演员必须要在正规的书场中去拼，因为现在社区书场无法提高艺术水平，这样下去演员的艺术水平要退化的，我们并不希望青年演员在现在大好形势下，在政府大力扶持评弹的形势下停滞不前。这是作为分管演出业务的领导也感觉说不过去的。我们千方百计想出的这些办法并不是针对演员，我们是针对整个行业，提升我们的效能，肩负起当代评弹事业该承担的责任。如何提升演员的水准是我们要想的办法，我们要配合政府把拨款用到位，对得起听众和演员。

王：目前光裕的上座率如何？

林：还好，但是没有前两年好，前两年平均上座率在百分之五六十，这两年随着社区书场的增多，现在的上座率在百分之四五十，前几年在一百七十左右，基本客满。前十年的平均数量能做到客满。

光裕书厅现有一百六十个座位。演员因素影响上座率比较大（除了演员水平降低，差距拉大的原因，也有听客流失的原因），知名演员来效果是很好的，经济效益也比较好。来光裕书厅听书的听客是欣赏水平比较高的，听客的艺术品鉴水平较高，对演员更挑剔。所以我们要求青年演员要到这种书场来演出。有听客会对演员提出一些善意的意见。主动要求到光裕和梅竹书场演出的青年演员到目前为止基本没有。一般是苏州团，我们业务组要求演员去做光裕和梅竹书场，有的一口回绝，有的说考虑一下，推脱的人比较多。对演员来说，到光裕书厅演出就像学生上考场。

　　光裕书厅对所有演员开放，只要有演员提出愿意来书场演出，那么演出时间都可以满足演员的要求。现在请演员也有难度，其实对江浙沪所有演员开放还是有难度，原因就是我们还是要回归到评弹的根本原因，评弹艺术本体的凋零，在演员自身缺乏竞争意识的情况下，在演员缺乏提升艺术水平的动力的情况下，书目匮乏，专业人员对书目创作力不足，即使有也只是少数人在改编或创作长篇书目，评弹都是在吃老本，还有一部分原因是演员在艺术上没有追求，这两大原因造成了评弹的衰落。苏州评弹要辉煌，陈云首长早就提出来："出人、出书、走正路。"演员不拿本事出来，不去追求艺术，不去创作新书目，不去改编书目，不去整理传统书目，老是靠一部两部长篇在书场混，书场里面的老听客听得都已经厌烦了。要想改变整个评弹界的颓势，文化环境已经发生了变化，现在人们受快餐文化影响，静不下心来去听评弹。我们要改变评弹书目，一定要让演员静下心来改编和创作书目，这才是未来评弹生存发展的关键。所以现在团里有这样的奖励制度，只要演员或者是编剧创作出一部新的书目，就有上万元的奖励，自编自演的话可以有八万元左右的奖励，如果是为别人写的长篇，团里会为排练和提高安排各种资源，但是没有人热衷于创作。现在问题的关键是没有人，创作新书目才是根本的根本，才能改变现状，如果还是老的书目翻出来演出排练，现在听众已经不要听了。现在一些生意好的演员，他就是靠新写出的书目。虽然现在新书的质量不高，但是为什么效果还不错，是因为听客要去听新鲜。现在听客已经不是听艺术的时代了，大部分听客是来消磨时间的，如果有新的内容就会吸引这些听客，增加书场的上座率。所以说评弹的兴衰还是要靠我们演员对评弹艺术的理解和孜孜不倦的追求，这才是我们评弹的希望。现在书场听客主要是年龄在六十岁以上退休职工，虽然现在社会经济发展，但是大部分年轻人还都在为一日三餐而奋斗，不可能有空闲时间来书场听书。第二，现在的教育追求分数，学业压力大。以前听客都是从小培养的，因为课业压力不大，所以放学之后有大量的时间欣赏评弹，去书场听书。现在的青少年从小没有养成听书的习惯，没有体会评弹艺术的魅力。培养青年听众，第一要从娃娃抓起，第二要出新的书目。但是新书目又不能丢了评弹的艺术本体，不能为了吸引新听众强化视觉效果。还有就是如何吸引年轻听众，这是我们目前在思考的问题。比如说首先要在艺术产品上，表演手法上吸引，这还是要演员来努力，但是这样做是不是符合青年听众的口味呢？这就需要进行推广，而这个推广的工作不应该由书场来做，而是要靠媒体来做。比如说电视台，能不能在黄金时间段抽出一定的时间来宣传苏州评弹，电视书场播放的时间一般都是工作时间，很难有针对性地面向年轻观众宣传苏州评弹。要吸引年轻人，就要像李刚评话《"文革"风云》那样在现在的主流媒体上，给个黄金时间段，给我们传统的民族艺术播放一些适合青年的内容。

评弹艺术要繁荣，实际上还是需要政府和媒体的支持，现在电视书场播放的时间段不合适，还有就是广播书场要不间断地播放评弹，就像中华人民共和国成立初期，一条弄堂从头走到尾，可以不间断地听一部书，这个是媒体宣传的力度方面。我们团体有责任，要编一些适合年轻人口味的新书，但是如何来推广，我认为还是电视广播这些媒体要大力支持。以前人口的流动性没这么大，苏州地区以老苏州人为主。现在苏州人口数量要比之前多很多，并且人口的来源成分也比以前要复杂得多，老苏州人越来越少，大部分都是新苏州人（非吴语区），能够听懂苏州话的苏州人也越来越少。

光裕书厅也在不断提升自己的服务质量，做出自己的特色，比如硬件设施的改善，座椅、空调等。经营模式的改动，白天针对我们苏州的老听客，晚上在二楼开设了休闲评弹茶座，这个是针对外地游客的泡茶、点曲、点唱。从2005年开办到现在已经有十几年了，是针对苏州本地一些高消费的青年人和世界各地游客的。这个上座率有淡季、旺季，受旅游因素影响较大，旺季时上座率很好，但是淡季也有一个客人都没有的情况。节假日期间又爆满。位子也不多，正位有三十多个。还有加座十几个，一共四十多个。不售票，靠卖茶，一杯茶三十到八十块不等，点曲是五十到一百元。如果要点小段可以和演员商量，收入茶座与演员对拆。晚上的休闲茶座在苏州非常多，单平江路就有七八家。光裕书厅和评弹团套在一起是不亏的，如果没有政府拨款书场早就关掉了。即在政府拨款、场团合一的情况下，财政目前可以做到收支平衡。光裕晚上和白天的收入加起来收支基本持平，现在状况不依靠政府的定额拨款，可以自行维持。在江浙沪同类书场中，经营情况算是比较好的，但是要书场交房租的话我们也开不下去，前提还是政府的扶持。

整理者：王宵

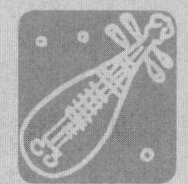

第八十八讲
旧曲重弹人已去，弦音萧索忆（凌）文君

——凌子君访谈录

口述者：凌子君（1943— ），原名凌建国，凌文君之子。1962年进上海市长征评弹团，1972年调进上海市人民评弹工作团，1982年进上海市新长征评弹团。2003年退休，国家二级演员，非物质文化遗产上海市级代表性继承人。家传书目《描金凤》《双金锭》《金陵杀马》，自编《血溅兵部府》（后《描金凤》），现代书《话说蓝苹》等。现积极从事评弹书目及资料的收集整理，青年演员的培训及辅导工作。曾随团赴日本、美国进行对外文化交流及展示活动。

采访者：尹业通、沈家悦

采访时间：2017年6月21日

采访地点：上海市汾阳路上海艺术研究所会议室

凌文君

凌文君（1915—1974），原名凌祥庆，苏州弹词名家。江苏苏州人，祖籍安徽歙县。初中毕业（约十七岁）师从朱琴香，习《描金凤》《双金锭》。30年代中又私淑"描王"夏荷生。因其嗓音嘹亮，有"江南小铁嗓"之誉。民国三十年（1941）正月二十四日，朱琴香领徒凌文君出道。[1] 夏荷生亡故之后，亦被称为"小描王"。50年代初，编演长篇弹词《金陵杀马》。1960年加入上海市长征评弹团。其唱腔为"夏调"和自由调的和谐结合，具飘逸明快的特色，说表活泛风趣，边说边演，引人入胜。他继承并发展了"润余社"前辈评话家朱少卿在表演清代官员时的一整套程式动作，成为其表演上一大特色。传人有徒王兰君、余瑞君、张如君、吴迪君、朱维德，女凌文燕、子凌子君等。

---

[1]《光裕社出道录》，《评弹艺术》第8集，中国曲艺出版社，1987年，第206页。

一、家贫困苦无所计　恩师高洁授技艺

尹业通（以下简称尹）：您的祖上曾在苏州行医，家境颇好。您的父亲是在怎样的情况下拜师学艺的？您能把当年的情况详细介绍一下吗？

凌子君（以下简称凌）：我的祖上是安徽歙县人，我们家是歙县三点"凌"[1]，不过到现在"凌"与"凌"经常混用。我的祖上世代行医，凌先生（即凌文君，下同）的祖父凌大柏是苏州一位名医。凌大柏夫人早亡，家中无子，从老家歙县过继了两个儿子，其中一个即是凌先生的父亲凌润泉。凌大柏因外出就诊受风寒而病倒，撒手西去。在亲友的帮助下，凌润泉便到上海务工，家境贫寒，弟妹幼年夭折，家中只留下凌先生这一个儿子，按家族辈分取名凌祥庆。凌先生十一岁时，三十二岁的父亲猝死于上海闸北中兴路桥堍。我祖母凭苏州半边街老屋作抵押借来四十块大洋，还掉了之前的欠债，又办理我祖父的后事，这张借条我现在仍然保留着。

二十七岁的祖母回到苏州娘家，靠着做裁缝、包粽子，艰难地抚养她唯一的儿子。凌先生中学毕业后到绸布店当了一名学徒。凌先生不喜欢干这个行当，很不安心。正巧在报纸上看到上海电影公司的招聘广告，就瞒着母亲，与一个姓左的小朋友一起去上海报考，（他的朋友没有被录取，据说后来当了警察。）祖母赶到上海，从影院放映间把他拖回苏州，再也不让他出门。凌先生此时待在家里急得一筹莫展！

就在人生的十字路口，一位老邻居的提议，让凌先生走上了一条为之付出一生的道路。这个人就是朱琴香先生。他说既然现在祥庆没有事情做，就让他学说书吧！好动活泼的凌先生欣然接受了这个提议，拜朱琴香先生为师，开始学习评弹。同时跟朱琴香学习的还有曹啸君（这个名字是先生取的），朱琴香给凌先生取艺名凌文君。朱先生考虑到师兄弟两人的家境，朱先生没有收拜师金，师兄弟两个只请了一桌酒。拜师以后认真学艺，丝毫不敢懈怠。天天跟着老师，老师坐车，他们就跟在后面走，到书场里面去听书。早上到老师家里面去，老师教他们乐器，教他们弹唱。早上六点钟一定要起来的，到河边去吊嗓子。当时"光裕社"茶会上不少道众议论纷纷，说

---

[1] 歙县沙溪"凌""凌"两姓并存，分祭祖祠。

这两个学生是不会出师的,因为一个嘴唇太厚（指凌先生），一个太胖（指曹啸君）。这些话传到两个学生的耳朵里,心里很不服气,更加激发了他们学习的决心,拼命唱,拼命练,拼命记,一定要学出来,还要学得好！就这样凌先生在朱琴香业师的身边,一步一个脚印地练习基本功,凭听书时的记忆,把《描金凤》一点一点地刻进自己的脑海里。

其间还有一段轶事：在他们两人刻苦练功的时候,边上总有两个姑娘静静地听着,一个小名叫二囡,一个小名叫毛毛,在她们的脸上洋溢着对优美的评弹旋律的痴迷,以及对两位小先生的敬慕。她们天天来听,唱得好了,两个小姑娘就哈哈笑,给凌、曹二位添加了学艺的动力。可喜的是这两位姑娘最终成了他们的夫人。毛毛就是凌太太,也就是我的母亲,二囡便是曹太太。他们相濡以沫,陪伴终身。

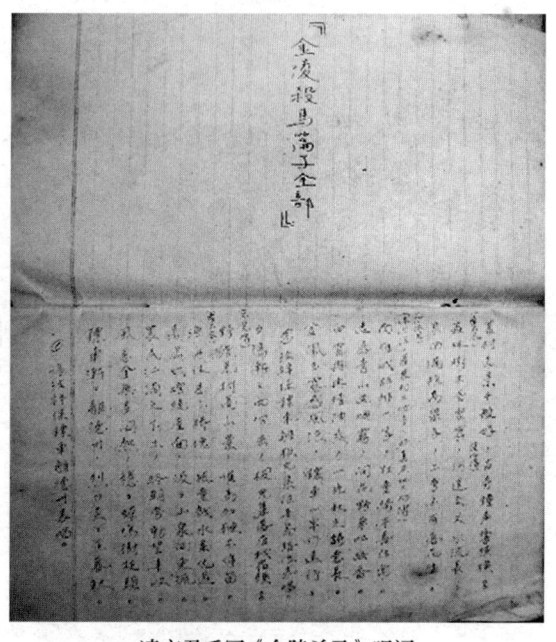

凌文君手写《金陵杀马》唱词

尹：您父亲在拜师以后,用了多长的时间达到出师的水平？怎样在苏州闯出自己的名声的？

凌：我爸爸虽然是跟着朱老师学的,但是他还喜欢听老式的矿石机[1],那个时候在矿石机里面已经有评弹可以听了。他就在这个小小的

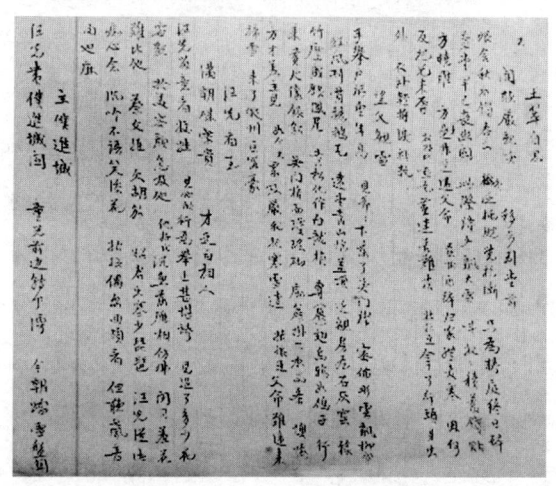

凌文君30年代手抄《描金凤》唱词

矿石机里面听评弹,听夏荷生的唱段。夏荷生那个时候已经是名家了,听了以后早上练声的时候就学。

一年多以后,朱老师说可以让你上台唱开篇了。一开口唱的就是平时练的"夏调",当时年轻、嗓音清亮、高亢甜美,几可乱真,台下一阵惊叹,一曲唱罢,听众连连拍手喊道：小先生,

---

1 矿石收音机是指用天线、地线以及基本调谐回路和矿石做检波器而组成的没有放大电路的无源收音机,它是最简单的无线电接收装置,主要用于中波公众无线电广播的接收。大家习惯把那些不使用电源,电路里只有一个半导体元件的收音机统称为"矿石收音机"。因最初是用矿石来做检波器,故由此而得名。

明朝再来唱啊！朱老师在后台听到了，他还蛮得意的，觉得我的学生还蛮不错的嘛！朱老师也是比较开明的，你唱我的调可以，唱别人的也可以，听众喜欢听什么你就唱什么，没有关系的。自此之后他更加刻苦，勤学苦练，于是在弹唱上有了飞速的提高。过去评弹演出是三十天，有的时候是三个月。冬天冷得不得了，他脚上都生冻疮了，路都不能走，由书场里的伙计把他背上台去。两年不到，朱老师就说我把剧本给你，当时的剧本没有说表的，都是唱词。我父亲抄好以后，老师说以后你就可以单独演出了。我祖母很高兴，为他做了两身棉布的长衫。凌先生开始一个人在苏州的小书场演出了，走上了"背包囊，走官塘"[1]的说书艺人生涯。

凌先生先从乡村茶馆开始，后来走进小镇书场，在实践中摸索，在摸索中前进，多听老听众的意见与批评，多向书场中的老知识分子讨教，多想、多练、多思、多悟。功夫不负苦心人，在"光裕社"的茶会上逐渐提起凌文君、议论凌文君的人多了，各地场东老板来请他演出的也多了。不久电台也邀请凌文君去唱开篇。凌文君的名字逐渐在书场及听众中传播开了。

他刚出来的时候演出的收入只有几毛钱。当时演出结束的时候，书场的老板就会给他一个红纸包，业内叫"签子"，里面有当天的演出报酬。我爸爸回来以后，把赚的钱都交给我的祖母。虽然开始一天的演出收入只有几毛钱，但是我的祖母已经很高兴。到后来能挣到一两个银元了，这样一个月下来有差不多六十块银元，那个时候一个经理也只有六十块钱，收入还是很不错的。

二、寒窗偷师学"描王"　上海代书会先生

尹：您父亲曾经向夏荷生"偷书"，这期间的经过是怎样的？请您为我们详细介绍一下。

凌：当凌先生在苏州渐渐小有名气的时候，"描王"夏荷生来苏州演出了，在茶苑书场。《描金凤》当时有两派，一个是钱幼卿一路，另一个是赵筱卿一路。钱幼卿的学生就是夏荷生等，赵筱卿的学生就是朱琴香等。这两派各有特点。他感觉单单听朱老师这一派书是不够的，两派都应该学，因此他就放弃了演出，专程去听夏荷生说书。

那是一个滴水成冰极其寒冷的冬天，夏先生在苏州阊门外山塘街一家茶馆书场演《描金凤》。当时的夏先生红得发紫，座无虚席。年轻的凌先生混在听众中落座，夏先生上台，正在为三弦调音，尚未开口，突然场内有人大叫："有人偷书！"过去有个规矩，非本场演员的徒弟来听书，而且听的也是他所学的书目，谓之同册，那是被禁止的，且被蔑称为"偷书"。书场老板也过来板着脸："出去，出去！"此时，台上夏先生只是看着，并没有开口。年轻的凌文君满脸通红，在众

1　背包囊，走官塘：评弹演员单独在村镇间流动演出，往往身背行装（包囊），步行往返。此为形象说法。详见吴宗锡主编：《评弹文化词典》，第34页。

目瞪瞪之下，只得站起来含着眼泪，向台上鞠了个躬，转身向外走去。背后有些人还不清不爽地骂着：滚出去，偷书，滚出去！他只得退出来，长叹一声，低头离开书场，此时耳边传来铮铮三弦之声，夏先生开始演唱。凌先生真舍不得走，但又不得不走。

刚走出书场，转头见书场外墙旁有一排几口水缸，上有木盖。他灵机一动，跳上水缸，站在水缸盖上，通过窗户看夏荷生演出。透过玻璃窗虽能看到书台表演，但说与唱均听不清楚，怎么办？他把脸凑过去贴紧玻璃，冰冷的玻璃贴在脸上刀削般的疼痛，就靠这细细的窗户缝隙，仔细地、认真地听完一回书。结束时冻得两腿麻木，久久下不了水缸。但他明白，这个机会决不能错过。就这样天天爬水缸、贴玻璃，去听夏先生的书，后来被书场伙计看到了，很是同情，只是摇了摇头，并不过来驱赶。就这样一直听到夏先生整个演出结束。脸颊旁竟然留下了两小块终生的冻疮之疤，但他感到很开心很满足，因为学到了许多很难学到的本事，完成了自己的心愿。

我的父亲后来回忆这件事的时候对我说，当时听完夏荷生的演出，他宛如吃了很多的补品，学到了过去在朱先生那里没有学到的很多能耐。之后他再出去演出，把学到的东西糅合起来，演出的效果就不同了。就这样我父亲把两派的东西融合在一起，自己再消化吸收，加上那个时候他的嗓子又好，唱夏荷生的"夏调"，唱得很像，所以生意越来越好了。这段经历，20世纪50年代曾由《新民晚报》著名记者吴承惠——即秦绿枝，写成文章在报上发表。

尹：此事之后，您父亲是怎么成为"描王"夏荷生的私淑弟子的？

凌：在我父亲的名气逐渐传开之际，许多人也向当时被称为"描王"的夏荷生先生提起：凌某某像你夏荷生啊，是你徒弟吧？夏先生开始注意这个曾被人逐出书场的年轻人，注意听了凌先生在电台的演唱与会书。有一天，夏先生叫凌文君到上海去见面，我父亲当时有点害怕，因有人曾谣传说叫他去上海是要"做"掉他，因为你是"偷"夏荷声的书成名的。可是后来的事情证明并不是这样一回事儿。

当时夏荷生正好在上海牯岭路湖园书场演出，恰巧临时有急事要去苏州，于是叫来凌先生，命他代几天书。我父亲诚惶诚恐到了湖园书场，夏先生对他说："我们之前已经见过面。"点明我父亲去书场"偷书"的这件事情。夏先生又说，"外面对你的评价很好，嗓子也很好，说得也很像我。这样吧，我要去外地办事情，要出去几天，《描金凤》你帮我接下去。"这下我父亲犯难了，"代书"，夏荷生的书我能接吗？你这么大的名气，我虽然在苏州有点小名气，但还是感觉自己能力不够。夏荷生说你不要怕，只要你认认真真的，到台上去把你会的都拿出来，没事的，放大胆只管上！于是我父亲就咬着牙答应了。我父亲后来回忆说，当时真不敢相信，我能代他的书？很是紧张。此时夏先生正好说到《描金凤》的关子书《劫法场》，犯人还没有救出来，刚说到进法场。

夏先生走了以后，我父亲鼓起勇气，着一件青布长衫上了台。他把从朱先生那儿学的与私下从夏先生那儿学到的相互穿插，结合这几年的书台实践与演出经验，把书情大大展开。待一回书结束，好评如潮，受到了上海听众的欢迎，书场业务丝毫没有受影响，仍是天天满座，我父亲的心里就定了。一个星期以后，夏荷生回来了，问老听众：怎么样？大家异口同声地说：你这个徒弟好！像煞你夏荷生喔。夏先生听了十分高兴，点点头说："是啊，这个学生的唱，我自家听听也像我。"又问我父亲，书说到哪个地方了？我父亲回答说："夏先生，犯人还没有救出去呢！"原来我父亲在这一段书中夹了很多的噱头，上海人听书喜欢听噱头，在代书的一个星期里，我父亲把自己能拿得出来的东西用尽全力展现出来，加入了许多跟书情相关的小故事。我父亲后来对我说，那个时候自己是拼了命了！夏先生最后说，好了，你以后有空的时候可以经常来听听我的书。这样我父亲就名正言顺地去听夏荷生的书了。听了一段时间以后，就有朋友说，你虽然不能拜夏荷生为师，但你还是可以叫一声老师的，夏先生在旁边笑笑，默许了。于是就在众人的鼓励下，摆了一桌酒，吃饭的时候，父亲深深鞠了一躬，就叫了一声"先生"，夏先生说："好，好，有空来听书。"从此每见夏荷生，他总是恭恭敬敬执弟子之礼，夏先生也总是含笑答应。这成了评弹界前辈提携后辈的一段佳话。这样我父亲就成了夏先生的私淑弟子。我父亲第一次进上海，就是替夏荷生代书。就这样，我父亲进入了上海听众的视线，尤其是他不断在电台上的演唱，更得到了上海听众的认可和接受，不久报纸上给予凌文君以"江南小铁嗓"的极高美誉。

1941年《弹词画报》刊载介绍凌文君的文章

三、初成响档遇"倒嗓" 欲起东山"描王"逝

尹：您父亲在苏州"大中南"书场演出非常成功，您能具体说说当时情况吗？

凌：在上海代书结束之后，我父亲就回了苏州。不久，苏州西中市新开的大中南书场场方邀请他"开青龙"[1]，演《描金凤》。凌先生抓住机会，施展平生所学。把朱琴香先生的稳与健，夏

---

1 青龙：起手之意。评弹演员为新开书场做首演。吴宗锡主编：《评弹文化词典》，第21页。

荷生先生的精、气、神,熔于一炉,以一种有别于赵、钱两派的独特面貌出现在书台上:把钱笃笤的江湖、汪宣的徽白、玉翠的纯真、徐惠兰的忠厚、陈勇的忠心、金继春的义气、洪奎良的老练、俊巧的妖媚、汪阿大的小气都表演得丝丝入扣,栩栩如生。他那清新活泛的说表,意想不到的小卖噱头,再加上几可乱真的"夏调",诙谐协调的动作身段,让听众如痴如醉,拍案叫绝,场场爆满达数月之久,一时轰动苏沪。在现今出版的《评弹文化词典》关于书场一节中亦有此记载。[1] 至此,年轻的凌先生已稳稳地跨入了响档之列,书场纷纷来请,生意忙不过来了。

凌文君

到后来不去上海也不行了,江浙地区的书场都跑得差不多了,当时我们家的经济负担很重,押出去的房子要赎回,有几家亲戚失业,家中开销均要依靠我父亲。他去上海能增加些收入,也是考虑之一,毕竟上海的书场演出收入较别处更高。再说上海场方也多次诚邀,他许多结拜的弟兄都已经去了上海,比如蒋月泉等也催他前去。当时有个说法:评弹发源于苏州,发祥于上海。进不了上海,算不得响档。于是我父亲也顺势进了上海,那是1941年的秋天,那时他还不到三十岁。

尹:您父亲"倒嗓"以后是怎么重新再起来的?

凌:进上海后每天除了书场演出,还要赶电台播唱,免不了还有热心听众的应酬,日积月累,累坏了嗓子,于1946年遭遇了"倒嗓"。倒嗓以后就从上海回到了苏州。苏州的一些书场,人家还看着他的面子,仍邀请他演出,只是演出场次频率大大减少了。这期间他就基本在苏州,一边养病,一边思索,摸索新的说书方法。嗓子哑了以后,不能再靠真嗓发音了,要想继续吃这碗饭,必须找到一条新的路子。那时候我父亲住在苏州的桂花弄,那里有一个大花园,他就天天在里面摸索新的发声方法。那时我还小,天天见他一早起来在园子里踱来踱去,边试边练。为找到一条新的发声部位,花了差不多一年的时间。到1947年,一条新路被我父亲摸索出来了。到书场演唱,听众一听纷纷叫好,演出业务又重新兴隆起来了。后来他的嗓音虽然没有先前像夏荷生那样有爆发力,但是更讲究了韵味,讲究大嗓子和小嗓子的结合。让听众听上去觉得别有味道,这样逐渐又重新找回了当初的凌文君。

我父亲"倒嗓"的1946年,夏荷生先生的身体也已经不好,不多久就去世了,年仅四十又

---

[1] 大中南书场,位于江苏省苏州市市区西中市,是该市经营时间最长的旅馆书场,20世纪30年代中期由大中南旅馆老板朱延龄创办,许多名家曾往演出。40年代弹词名家凌文君,在该场演出《描金凤》,引起轰动而场场满座。吴宗锡主编:《评弹文化词典》,第229页。

七。我父亲走出"倒嗓"的阴霾后,"描王"的桂冠便移向于他。但是我父亲学的也不完全是夏荷生,而是把钱幼卿一路与赵筱卿一路的特色放在了一起,有些听夏荷生演出较多的听众,认为这书不完全是夏荷生一路,他又是夏的后辈,为区别起见,就称凌文君为"小描王"。

四、创编新书入团体　政治风波见端倪

沈佳悦（以下简称沈）：您父亲在1949年以后将评话《张文祥刺马》改编为长篇弹词《金陵杀马》,当时具体的过程是怎样的?

凌：1949年以后,有一段时间一些传统书不能说了。全部说现代书的话也没有条件,评弹艺人纷纷在搞新编书目。正好父亲有一位好朋友是说评话《张文祥刺马》的,他在外面的业务不是很好,但是跟我父亲很要好。他到我家来找我父亲,我父亲就请他吃点夜宵喝点小酒。然后,我父亲就跟他说,你把你的书讲给我听听吧,他就把书一点点说给我父亲听。得到好朋友的"吐书"之后,他感觉这个书情是蛮好的,完全可以再加工,但是要拿来用的话,把评话（大书）改编成弹词（小书）还需要花一番功夫。因此他用心去看了好多好多的书,什么《御香缥缈录》《清史稿》《曾左彭》等,包括上演的相似内容的文明戏,他也去剧场观看。本来评话里面是张文祥刺三次把总督马新贻刺杀了,我父亲觉得这样太简单了,应该把"刺"变成"杀"。为什么用"杀"字,因为马新贻这个两江总督太坏,老百姓都说这个人——该死！该杀！用"刺"字不如用"杀"字。"三刺"变成了"七杀",这样矛盾就变得更尖锐,更有悬念,于是书名改为《金陵杀马》。同时在书里面又加进了一些女性脚色,增加了一些唱的段落,增添了许多情节。当时,早上与搭档张如君（凌先生之徒）把这个书对一遍,下午就开始演出,下午演两场,晚上演两场。第一遍是最生疏的,第二遍好一点,演到第四遍就蛮熟了。其间父亲又创造和增添了许多演清代书所必需的特定动作及手面,使演出更能吸引人,弹词《金陵杀马》就这样诞生并被听众认可了。《金陵杀马》在上海一炮而红,轰动书坛,极有影响。这是我父亲在1949年以后为了适应形势转变而改编的新书。

尹：您父亲曾先后加入过上海评弹团和长征评弹团,这之间的经过是怎么样的?

凌：我父亲加入团体的过程是曲折的。他1956年就和我姐姐凌文燕一起进了上海团。那时候上海团有许多人都是我父亲的结义弟兄,如蒋月泉等,工资都挺高的,蒋月泉工资有四百多块,但是后来新进去的人,工资标准定得比较低,一百出头一点点,那时我父亲在外面单干的时候收入是相当可观的。当时家里加上亲戚,开销很大,我父亲无奈之下,向上海团提出请假,出去解决经济上的困难。同时离开的还有严雪亭、陆耀良等。其中严雪亭的情况比较特殊,有人说

凌文君与女儿凌文燕在休息室

上海团要求他也唱"蒋调",但是严雪亭自身自成一派,怎么可能去唱"蒋调"呢?于是严雪亭就出来了,这件事情在评弹界成了一个笑话。

尹:您父亲离开上海团以后为什么被安排去农场劳动了半年?

凌:在1957年"反右"运动中,我父亲也受到冲击。起因是我父亲针对"黄杨事件"[1]说的一句话,我父亲和黄异庵是好朋友。我父亲那时候在上海演出,在后台有人告诉他说苏州的警察打人了,打得很凶的。我父亲就说,哎哟,真的打人了吗?那不太好。后来这句话传来传去就变样了,有人打小报告说凌文君要挑动评弹艺人去北京告状。最后,虽然事情讲清楚了,但是评弹"整风"工作组里传出一句话,凌文君虽然不是右派,但是"右派边缘分子"是跑不掉的。"边缘分子"也不得了啊,这场风波不是那么容易过去的。

那是1958年,我初中毕业,我父亲出去演出,我跟着去听书。记得那是在松江演出时,突然接到通知,要他去上海市文化局谈话,他连夜赶到上海。我们在松江书场里等他,第二天他回来就笑笑,说以后可能不让"说书"了。原来相关人员跟我父亲谈了话,让我父亲今年演出结束完以后,就不要再接场子演出了。第二年待演出任务完成以后,我父亲就被安排到长征公社去劳动。同时和他一起在那里劳动的人,有很多都是文艺界的。电影厂的人也在那里劳动,我父亲就向他们请教电影艺术的知识和手法,也把自己的评弹表演心得与他们分享。那段时间,家里面一下子没有了经济来源,我姐姐又生病住院了,我母亲只能将家里的首饰等东西,或典当或卖掉,维持一家人及苏州亲戚的生计。

尹:您父亲加入上海市长征评弹团的经过是怎样的?您父亲在上海市长征评弹团里的演出情况是怎样的?

凌:半年多以后,我父亲结束劳动回来,接到通知说:你还是评弹演员,可以继续演出。那个时候上海评弹界纷纷组织起来,成立了好几个评弹小组,如红旗队和解放队等。我父亲重回书坛,那时候长征评弹团正在筹备当中。1960年长征评弹团成立的时候,父亲和我姐姐凌文燕,父女双档一起加入了上海市长征评弹团。

---

[1] 1957年"反右"运动,黄异庵和杨震新被打成"黄杨反革命集团"。

当时长征评弹团的工资是这样的，陆耀良、蒋云仙他们是二百八十元，其他有名的演员，如秦纪文也是二百八十元，他们都是单档。我父亲是双档工资定为二百二十元，我姐姐凌文燕工资定的是一百元，（当时一般演员工资是五六十元至一百几十元不等，学员就是津贴十元零五角，实习之后三十四元）。我父亲和我姐姐的工资加起来三百二十元，在当时团内已属较高的了，除了应付家庭的开支，在苏州还有另外两个亲戚的家庭需要照顾，也勉勉强强够用而已。

1962年演出《金陵杀马》

我父亲在团里的艺术地位还是很高的，艺术上有什么事情都会过来问他。在一场评弹演出中，送客档是最难的，送客档就是压台戏，如果艺术上有一些毛病，听众不欢迎，那就压不住场，因此最好的演员往往是在最后出场。而我父亲在团里往往被安排在送客演出。

当时长征评弹团有一个团务委员会，还有一个艺术委员会。艺术委员会负责创作演出，团务委员会负责管理和业务安排。演员到了团里，演出就不是自己决定了，一切都要听从团里的业务安排。当时团里还搞了一个竞争机制，排了一张表，比较业务收入，我父亲往往都是名列第一第二的。虽然有这样一个竞争机制，但演员的业务收入跟自己的工资是没有关系的，拿的是纯工资，没有其他补贴之类的收入。建团的时候大家都有一股劲，都表现得很好的。那个时候我父亲的心思全在演出上，在艺术上，至于钱多钱少，他无所谓。他先后创作了几个中篇，如《大闹辕门》等，都很受听众欢迎。

长征团的这些演员艺术水平都是很不错的，许多人说除了上海评弹团算老大外，在评弹界长征团可位列老二。像团长顾又良人称"活周瑜"；顾宏伯被誉为"活包公"；沈笑梅大家都叫他"活济公"；还有钱雁秋，他后来身体不便上台都是伙计背他上去，他是说《西厢记》的，有"活法聪"之誉。此外还有说《啼笑姻缘》的蒋云仙，说《十美图》的周剑萍（张鉴庭的学生）等也都是名家响档。长征评弹团内除了没有流派的创造者外，许多演员都是上海评弹界的中坚演员和佼佼者，票房收入都很高。经过四五年的时间，长征评弹团的积累已经很不错了，当年书场票价很低，仅几毛钱一张票，除去团里的支出，没多久竟已积累达十几万元，这在当时是很不得了的。这件事情长征团里的人都知道。上海黄浦区有一个魔术团，没有钱发工资，上级领导说长征团有钱，把长征团的钱借给他们十万，一直没有还。还有一个红旗锡剧团，也没有钱发工资，也是找长征团借的。

到 1964 年，长征团发生了一个很大的转变。上级要求文艺界"大写十三年"，不能再说帝王将相传统书了，长征团的所有老演员一下子都惊呆了。从元旦 1 月 1 日起，所有传统书都不能说了，这些老演员怎么办，他们都是传统书说了几十年的人，那只能四处想办法了。有的到新华书店去找，有的到别的地方去找。有一个老演员黄兆熊，六十几岁了，他也要演出，他也要改呀。领导问他，老黄，你说什么书呀？黄兆熊说我马上去找，我马上去找。找来找去，找到一本书，什么书啊？《红色娘子军》。六十几岁的老头怎么去说《红色娘子军》！

我父亲也找了一本书，叫作《平原枪声》，凭借他改编《金陵杀马》的经验，他和我姐姐两个人前天晚上排书，第二天就上台演出，这本书倒还被他改编成功了，现在有的老听众对此还有印象。当时这些老艺人真苦得不得了呀，可是没有办法，这是政治任务。后来长征团还搞了一些现代中篇，我父亲也就参加中篇演出，听众对中篇的反应还是很好的。但是，抛弃了传统书目和长篇，对评弹的发展是不利的，长征评弹团就是从这个时候开始转变，开始走下坡路了。

五、"文革"风雨身飘摇　垂死病中望书台

尹： 您父亲在"文革"期间经历了怎样的故事？

凌： 1966 年 6 月份"文化大革命"风暴席卷，"横扫一切牛鬼蛇神"，团里这些老艺人都开始接受批判，停止演出。随着"文化大革命"的全面展开，我们团里也有一些青年成立了"造反"组织，他们贴出一张大字报，勒令所有"三名三高"[1]演员，工资不能超过七十九元五毛，我父亲也属于"三名三高"的老艺人，和蒋云仙、陆耀良他们一样，后来的工资都被降到了七十九块五毛。长征评弹团也审查了一大批人，进"牛棚"，关隔离的都有。

老演员黄兆熊也遭到审查，他这个人很有意思。有老艺人回忆说，当年解放军打淮海战役之后，国民党政府要筛查评弹界的艺人里面有没有共产党，一通检查下来，怀疑只有一个人是共产党，那个人就是黄兆熊。我们听得好奇怪啊，为什么？据说因为这个人非常正派，可能是共产党。而在 1966 年之后接受审查的时候，他又遭到怀疑。因为他早年在光裕社的时候，接触过一些国民党人物，当然要审查了。

我父亲也是要接受审查的，审查期间一定要我父亲交代他跟国民党、流氓之间有什么关系。我父亲说他自己是工人阶级出身，因为我的祖父是在上海做工人的。他们说你怎么会是工人出身？不承认我父亲的阶级成分，如果你说是工人阶级出身，你要拿证据出来。我父亲为了证明自

---

[1] 三名三高：名作家、名演员、名教授和高工资、高薪酬、高奖金的合称。

己的阶级成分，赶紧去找证据。他找到了一位在中兴路的小学同学，几十年没有见了。我父亲把自己的遭遇讲给他听，他于是答应为我父亲做证。我父亲的这位同学在国际饭店工作，是一位共产党员，在组织里面是担任职务的。他对我父亲的情况非常了解，他答应做证，证明了我父亲是工人阶级出身。这样虽然逃过了这一劫，但是上面还是说我的父亲是"右派边缘分子"。

那个时候团里谁都会挨批，乱得一塌糊涂。我父亲又因为一句话，上海团的"造反派"也要来揪他。那时上海团的"造反派"开会要批斗杨振雄。我父亲说干什么要斗杨振雄呀，他只不过是一个说书的（评弹演员），怎么会是"反动权威"了呢？上海团的"造反派"听到了不得了，"大字报"贴到我们团里来了，要凌文君低头认罪。那个时候我也已经在长征评弹团了，这些事情是我亲眼所见的。他们还要我揭发我父亲，我揭发不出什么东西，就只好说他的书有问题，都是宣扬"封资修"。后来这些老艺人就"靠边"、进"牛棚"。我父亲也"靠边"关"牛棚"写检查，晚上倒还好，不用住在那里，可以回家的。

1966—1969年，黄浦区的几个剧团都到松江县的天马山公社、青浦方家窑、崇明新海农场搞批斗和劳动。我父亲和一批老演员吃的苦太多了，他们晚上睡觉都有人监视，京剧团的一些"造反派"青年看着他们。我就跟着大家一起劳动，虽然很担心我父亲，也能天天见到我父亲，但是不能多说话，他们是被监督着劳动的。那个时候我父亲五十岁刚出头，艺术上是正当最好、最成熟的时候，硬生生地被拉下了舞台。我父亲和整个长征团在1969年之后被分配到黄浦区"五七干校"去劳动，不再称长征团，改称为"黄浦区五七干校二连五班六班"。到1971年底，重新分配，有去商店当营业员的（我姐姐就被分配去皮鞋店卖皮鞋，蒋云仙分配去翠芝斋包糖果，一些青年分配去学校教革命文艺，我也被分配去学校教初中语文，不久又调我到上海评弹团）。我父亲被分配到一个中学（工宣中学）的后勤组。那个时候他已经五十七八岁了，学校安排他去看大门，当看门老头。没多久，经常有许多老听客闻讯赶来看他，于是学校就把他调离了看门岗位，去做工务员，早上烧煤炉，接下来再去做其他杂事。弹了几十年三弦的他，不会烧学校的大煤炉，从小没有做过这样的事情，还好我妈妈早上陪他一起到学校，帮他生好煤炉和烧水。

有一次学校领导叫他用三轮车去新华书店将课本拖回来，他那个时候身体已经很不好，尤其是胃病很严重，心脏也不好，但是不得不去啊，他第一次发心脏病就是在这次拖三轮车回来的路上。好不容易自己休息休息缓过劲来，才把三轮车给拉了回来。学校发现他身体不好，于是就让他做些扫扫地之类的小事。我父亲又很不甘心，看到报上有很多关于小英雄、先进人物的小故事，他就把这些故事进行改编，改编好以后就讲给学生听。后来一下课，所有的学生都跑过来要听他讲故事，效果还蛮好。学校老师一听、一看这么受欢迎，索性就安排他到学校广播电台里面讲故事。尽管他身处逆境，但他对评弹艺术的追求始终没有放下。那时我在上海评弹团演短篇专场,在大华书场夜场演出时,他就不声不响地到书场,坐在最后一排,有许多听众都认识他,纷纷和他搭话,他再三叮嘱大家别声张,不要告诉我儿子,否则他要紧张的。听书结束后他稍早回家,等我散场回去后,他就指点我,你哪些处理正确,你什么地方还可以改进,应该怎么怎么……,说实话这些对话和指点,我真是受益匪浅,帮助是很大的。

沈: 能跟我们讲讲您父亲最后时光的事情么?

凌: 那是1973年底,我正在安徽黄山慰问演出。突然有个电话打过来通知我,让我赶紧回家。到上海回到家,我妈就出来哭着对我说,你爸爸心肌梗死,还在医院抢救。我马上赶到医院,人虽然抢救过来了,但是医生对我说,我父亲现在急需疏通血管的药物"潘生丁",现在来说这是很简单的药,但是那个时候,那么大的一个医院竟然没有。我想办法托人,好不容易从上海的一个药厂拿到两瓶,吃后好了一点,从抢救病房搬到了普通病房。

我父亲生病的时候,有好几个朋友去看他,我记得杨振雄与我父亲在病房里见面,只说了几句话,彼此都只能摇摇头,叹叹气,没有什么好说的了。那个时候正是"批林批孔"最厉害的时候,"文革"的风雨还没有散去,老朋友有什么话也不敢乱说呀。我姐姐去看他,问爸爸您怎么样了?他笑笑说没事,没事,我是练步伐,口中还数着"一二一,一二一"到医院来啦!他在医院睡着的时候手还在虚握着三弦,在弹着乐器,医生查房的时候还问家属,他这个手怎么了?我的母亲站着,看着他的动作,知道他心里的想法,他始终舍不下他的评弹:不允许我再上台演出了,那我在梦里唱总行了吧!我母亲的眼泪止不住地流了下来。

到了1974年2月,我在西藏书场演出回家,我妈妈从医院回来对我说,你爸爸今天好像情况不大好,气喘得厉害,我说我马上去医院。可是没过多久,医院里已派人过来了,说不得了了,快去快去。等我赶到医院,我父亲已经在被实施抢救。我坐在床上抱着他,他的手还在空弹着,没有药啊!那个时候真是没有药啊!医生也实在是没有办法啊!就在半夜钟声敲响时,人就这么走了。这一天是1974年2月28日凌晨。

沈: 回想您父亲的这一生,您有什么感想?

凌: 我的父亲,一生勤奋好学,在家境如此贫寒的情况下,能够勤学苦练,杀出一条路来,在名家辈出、竞争如此激烈的评弹界,能够争得属于自己的一席之地,这是很不简单、很不容易的。他的一生跌宕起伏,小时候那么清苦,稍有经济能力了,为了改善家里的经济条件,为了穷苦亲戚的生计,拼命演出,嗓子过度劳累,却遇到了"倒嗓"。好不容易重新回到挚爱的书台上,却一次又一次卷入风波之中。

我父亲对艺术的追求可说是全身心地投入,每年、每月、每日、每时、每刻,除登台外在生活中都在吸收养分,正如他常说的那样:说书先生除睡觉外,醒着就要学,向老师学、向听众学、向同行学、向兄弟剧种学……博采众长，融会贯通，同时必须把不适应时代的、陈旧的、程式化的东西破掉，但突破后还必须创立更为听众喜闻乐见的新的艺术手段，这叫破而立！我们的评弹前辈也都是这样过来的。他常对学生们说：要成为一个合格艺人，就要多听、多看、多思、多悟、多练、多演，决不满足，艺无止境，艺术才会提高。

他高超的评弹艺术，鲜活的人物形象，他坎坷的童年遭遇，勤奋的从艺道路，跌宕的艺术人生，永远值得我们后辈们缅怀，学习，借鉴。

整理者：尹业通、沈家悦

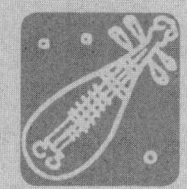

第八十九讲

嘉兴老听客的评弹记忆

——沈金良口述

口述者：沈金良

采访者：沈家悦

采访时间：2017年12月2日

采访地点：嘉兴市南湖区禾东公寓

沈金良

沈金良（1934— ），祖籍苏州车坊，1956年移居嘉兴，在嘉兴汽钢厂工作，改革开放后辞职，开办五金修配店，是嘉兴当地的资深评弹老听客，与嘉兴评弹团第一任团长胡天如关系密切。

沈家悦：您是从什么时候开始听评弹的？

沈金良：我从十几岁的时候就开始听了。我出生在苏州车坊，小时候是在苏州车坊听的，后来到了嘉兴就在嘉兴听。

沈家悦：您是什么时候来嘉兴的，还有印象吗？

沈金良：1956年左右就到嘉兴来了。

沈家悦：那您为什么搬到嘉兴来了呢？

沈金良：那个时候嘉兴的五金厂请我来，然后我全家就到嘉兴来了。

沈家悦：您当时来嘉兴是做什么工作呢？

沈金良：翻砂五金，做机器上的零件，属于技术工人。

沈家悦：您听评弹的这个爱好从苏州一直到嘉兴，对吗？

沈金良：是的，我就喜欢听评弹。

沈家悦：您当时比较喜欢哪个评弹艺人？

沈金良：我喜欢听名家响档的。评话的话，说《三国》的唐耿良、顾又良、陆耀良。常熟评弹团里面的张翼良。唱《英烈》是张鸿声，后来是他的侄子张效声。唱《隋唐》的话是吴子安，《七侠五义》是吴君玉，这些都是上海评弹团的。唱《包公》是顾宏伯、金声伯、张少伯、陈伟伯，这些都是师兄师弟，他们都是唱《包公》的。弹词我也喜欢听的，比如蒋月泉和朱慧珍搭档的《白蛇传》和《三笑》，还有唱《啼笑姻缘》的蒋云仙，南京评弹团的侯莉君，我都是去听这些响档先生。

沈家悦：那这些响档他们都来嘉兴演出过吗？

沈金良：他们都来过的，我都在现场听过他们的演出。

沈家悦：在五六十年代的时候，您从听客的角度来看觉得评弹在嘉兴发展得怎么样？

沈金良：嘉兴听评弹的人是很多的，都是喜欢听几个响档的。如果响档不来呢，其他演员也马马虎虎。拿胡天如来讲呢，他一开始是唱《彭公》的，后来转《七侠五义》了，他的书也不是算最好。他到嘉兴来，是当时南湖评弹团团长。这个时候评弹在嘉兴可以算是佼佼者。听评弹的人很多，嘉兴书场也多，珊凤书场、公益书场、南园书场，最早在荷花堤有一家沧洲书场，建国路有两家书场，一家是大华书场，一家是公益书场。那个时候嘉兴这么多书场，如果有响档来的话，基本上都是客满的。像过去书场牌子挂出来，蒋云仙来唱《啼笑姻缘》，唐耿良来唱《三国》，票子早就抢光了。因为我是老听客，卖书票的人都给我留一张票的，就趁人不注意塞给我一张，因为如果有响档来票子都是需要抢的，一般是买不到的。所以在五六十年代评弹在嘉兴发展得相当好。比越剧、锡剧都要好，听的人要多。

沈家悦：那为什么以前杭嘉湖地区的人都这么喜欢听苏州评弹？

沈金良：一个呢是因为苏州话比较糯。第二个原因是评弹比较容易懂，解说起来比较清楚。比如说他一个字就能分析出很多意思。所以大家都喜欢听评弹，当时连周围新丰这些小码头都喜欢听评弹，因为听得懂。

沈家悦：当时嘉兴市区一共有多少书场？

沈金良：嘉兴市区一共有五六家书场。

沈家悦：您五六十年代在嘉兴听评弹的时候，有没有让你印象很深的名家响档的演出？

沈金良：一般来说，响档到嘉兴来是来的，但是比较少，都是两三等的脚色来嘉兴比较多。响档是要去请的，那要安排好，比方说哪天去嘉兴唱，我跑出去一看，哪家书场有响档那么我就去听了。听书呢，一般是晚上七点半到九点钟，一个半小时。下午呢是一点半到三点钟。下午我一般不太去听，因为要上班。当时的书场一般一天安排两场，下午一场，晚上一场。

沈家悦：当时的书场一天基本都是一档书还是有好几档书？

沈金良：如果是会书的话，就会有好几档人。有时候有四五档人，会书时间比较长。一档比如说唱四十分钟，半个小时，然后马上换一档人。会书一般都是蛮有名气的人来唱。按平常，书场有的时候是两档人在说，有的时候是一档人说，也不一定，要看书场的安排。

沈家悦：那会书在嘉兴多吗？

沈金良：有的，会书请的人一般来说响档也是有一些的。但是不可能全部都是响档。

沈家悦：那当时听一场评弹多少钱？

沈金良：那个时候一角两分一张票，还是算比较便宜的，大家都消费得起。按现在算起来也就十五六元。

沈家悦：您当时工资多少？

沈金良：那个时候我工资蛮高的，九十多块。

沈家悦：您能不能谈一谈嘉兴评弹团？

沈金良：嘉兴这几个演员呢，都是两三等的，没有特等的演员。特等演员杭州曲艺评弹团有的，苏州评弹团、上海评弹团、常熟评弹团也有的。在浙江省范围内杭州曲艺评弹团算是好的，接下来就是嘉兴评弹团了，除了最好的那几个，嘉兴评弹团也还算是可以的。

沈家悦：那么他们在成立团体之后也创作了很多中篇和新的书目，您听过吗？您是更喜欢听传统书还是现代书？

沈金良：一般来说，我是喜欢听传统书的。一般这种新书呢，如果是这些响档创作出来，我还会去听一听，如果不是响档，那么新书我基本上就不去听了。

沈家悦：当时嘉兴的哪几个书场条件比较好？还是都差不多？

沈金良：都差不多。过去呢书场就是一张票一壶茶，差异不大的。有的书场里有毛巾的，让你在听得热时可以擦擦汗，其他没有什么出入。

沈家悦：哪几家书场经营得比较好？

沈金良：过去有一个规定，如果你书场里面的老板派头比较大，为人比较好，那么你去请响档先生肯定会来的。如果这家书场的老板派头不大，他不肯来做的。当时嘉兴坛弄里珊凤书场的老板、南园书场的老板、公益书场的老板都不错的。后来组织起来的书场，响档先生蛮少去的。到嘉兴来唱书的几个响档，要么去珊凤，要么去南园，要么去公益，一般的书场响档不大去唱的。嘉兴还是珊凤书场、南园书场、公益书场经营得比较好。

沈家悦：他们的老板在1949年前后换过吗？

沈金良：组织起来以后是由嘉兴文化局领导，但是老板还是原来的老板。但是组织出面的事就由嘉兴文化局出面。比如说由文化局开介绍信到上海去请先生，但是先生到了这个书场，还是由老板去照顾演员，先生主要是去这个书场里面唱书。你去了以后，这个老板对你的服务态度周不周到，吃的方面、睡的方面，待遇方面是比较要紧的。有一些老板死要钱，对演员服务态度不到位，那么响档先生就很少去了。如果你服务好，演员都知道某某书场的老板不错，可以经常去。过去书场都是私人开的，响档先生到你这家书场，那就是让你老板赚钱。如果老板派头大，那么双方都赚钱。

沈家悦：当时嘉兴的书场规模是怎么样的？

沈金良：嘉兴城区的书场加起来一共可以容纳七八百人吧，珊凤书场稍微小一点，可以坐一百多人，公益书场属于比较大的，最多可以容纳二百人左右。

沈家悦：那么当时会书的时候是由书场自己组织的，还是由嘉兴（市）文化局组织的？

沈金良：组织起来以后，就由文化局来组织，那1949年之前也有会书，就是由书场自己来组织。

沈家悦：你们当时去书场听书都是什么人？男女比例怎么样？

沈金良：一般听评弹的还是男的比较多，女的也有。一百个人中六七十个是男的，二三十个是女的。那为什么这么多人喜欢听评弹，当时剧种也很多，京剧、越剧、锡剧等。主要原因是因为它分析得比较透，听得比较懂，而且是比较文绉绉的，不像有些剧种在舞台上演得很闹。所以听的时候在脑子当中思考得比较清楚，容易理解，可以从评弹当中学到很多知识。还有听评弹呢是连续的有悬念的，今天唱到这一回，明天下一回接下去，后天再继续连下去，这样每天都要去听，唱戏是一本戏唱完就结束了，所以当时很多人喜欢听评弹。有个例子蛮明显的，整个嘉兴戏馆只有两家，一家是在坛弄里，一家就是南湖大戏院。那为什么书场有五六家，就是当时听书的人比看戏的人要多很多。

沈家悦：那去听书的人大多都是什么阶层的呢？

沈金良：一般听评弹的是工人家庭比较多。一张书票价格对他们来说问题也不大，然后吃好饭以后没事去听听评弹，听到九点多正好回家睡觉。当时空的人也比较多，白天上班，晚上都没有什么事。现在文娱活动方式多了，很多人都去搓麻将，像我们这个小区周围就有五六个麻将馆，一个麻将馆五十个人这样加起来就有三百个人，以前这三百个人中如果有一百个人去听书，那就很好了。假如评弹不受"文化大革命"的冲击，评弹艺术不断提高，到目前听书的人肯定还是蛮多的。就是在"文化大革命"之后，艺术水平不断下降，娱乐方式又多种多样，所以评弹就淘汰了。

沈家悦：从苏州到嘉兴，您觉得在嘉兴听书和小时候在苏州听书有什么不同吗？

沈金良：那苏州的几个书场更加好，苏州静园书场很好，能在静园唱的先生都很有水平，一般的先生这家书场是进不去的。到嘉兴来就没有关系，普通书场也有人唱有人听的，但就是不会客满，等到响档来了书票就很紧张。

沈家悦：那嘉兴的听客和苏州的听客有什么不同吗？他们喜欢听的内容有没有差异？

沈金良：没有什么差异的，主要是看你是不是响档，还有就是听你唱的书，书情衔接得牢不牢，内容分析得透不透。

沈家悦：嘉兴当时的听客水平也是蛮高的是吗？

沈金良：是的，艺人唱得好不好我们一听就听得出的。我们去书场听书，演员乐器一弹就知道这个人水平高不高。现在到嘉兴来唱的艺人，这个琵琶、弦子听起来就感觉不对，过去像蒋月泉唱"蒋调"，这个乐器一弹，听上去精神就拎起来了，琵琶和弦子配合得好。现在这种水平听上去眼睛都闭起来了，所以就不要听了。我们去听书呢，不是去听他书里的内容，书里的内容倒背都背得出，主要是听说表说得清不清楚，起脚色起得好不好，这个调门入不入耳。比如说你唱"张调"，不一定要张鉴国、张鉴庭来唱，其他人也可以唱，关键是唱得像不像，一听蛮像样的，就觉得不错，要是不像样，明天肯定就不去了。

沈家悦：那您喜欢听什么调门？

沈金良：我也没有特定喜欢哪个调门，只要唱得好唱得像都喜欢听的。如果喜欢爽气爽快么就是蒋月泉"蒋调"，还有侯莉君"侯调"，张鉴国、张鉴庭"张调"，这些听起来都很入耳。现在这些人唱的，这个调门听起来也不像，那个调门听起来也不像。

沈家悦：我当时看到一些资料，说嘉兴的听客很喜欢听女艺人的演出，尽管这个女艺人书艺并不是很好，但是就因为长得好看也很受欢迎，有这样的情况吗？

沈金良：有一点的。但是这种像我们老听客是很少的，如果她长得很漂亮，一表人才，声音很嗲腔的，很多年轻人就会来听。不是要听她的书，而是冲着她的面孔来的，当时确实也有这种情况的。但是这种现象各个地方都有的，不只是嘉兴才这样。也不单单是评弹，其他戏曲也这样的，比如今天越剧的花旦特别漂亮，大家也都会去看的。比方说苏州静园书场，它有四五档书，可能之前那个老先生唱得比较好，下面拍手的听众倒没有多少人，就因为你是老头子了。下面一档艺人年纪比较轻，又特别漂亮，听众上来就拍手。这种情况相当多的。我自己听书也碰到过这种情况的。他们就跟我说沈师傅啊，大华书场的先生好，我问好在哪里呀？他说这个先生脸长得好看。我说我是要去听书的，跟你这个是两回事情。当时确实也有挺多人有这种想法，冲着她的脸去看一看，他们也听得懂一些，所以去凑凑热闹。如果这个下手长得特别漂亮，那么客满的情况也是经常有的。为什么侯莉君到处客满，她确实也是唱得蛮好的，而且她的长相也是评弹演员当中的佼佼者，所以她无论跑到哪里去都是客满。但她的上手是一个齆鼻子，唱得并不好但是照样客满，没有一场不客满的。主要是下手唱得好，再加上长相也好，还有她的"侯调"是很突出的，所以侯莉君无论跑到哪里都是客满。

沈家悦：当时在嘉兴，学评弹的人多吗？

沈金良：不多的。后来成立了一个苏州评弹学校，这个学校属于招考学员毕业之后再派出来。

沈家悦：那评弹学校嘉兴人去考的多吗？

沈金良：也不多的。主要的原因是评弹要讲苏州话，你嘉兴人讲不好正宗苏州话的，你七腔八调的学校就不录取你。去考的人都没有录取被退回来了，那以后就没什么人再去考了。所以嘉兴从事评弹行业的人比较少，但是听众相当多。五六家书场中，不管你是不是响档，都有五六成的听客。如果响档来肯定客满，有的时候响档的票子买不到，那别的艺人也去听听吧。

沈家悦：您还有印象评弹在嘉兴是从什么时候开始走下坡路的？

沈金良：改革开放以后评弹开始走下坡路。因为开放之后，跳舞、唱歌什么的娱乐活动多了，特别是麻将，几乎每家每户在吃好饭以后都去搓麻将了，评弹跟不上形势，所以后来就淘汰掉了。嘉兴的书场在改革开放以后情况也越来越差，最终就倒闭了。评弹最大的冲击就是改革之后，虽然"文革"的时候不能唱，但是书场都在，还有人去听，但人是不多的。

沈家悦：改革开放之后为什么你们不再去书场听书了？

沈金良：有几个原因。一种是评弹跟不上形势，第二个是真正的响档先生都被冲击掉了，还有在唱书的几个，也是敷衍了事，拿个琵琶唱两个开篇也算完成任务了，艺术性不高，没有好好创作，水平达不到听众的要求，以前都是哪个先生口齿清晰，哪个先生表达得好，哪个先生调门唱得好，后来呢这种兴趣也没有了，所以就淘汰掉了。还有一个是可以录音了，弄两张片子在家里听听也蛮好，自由自在很舒服，而且录音都是以前的响档先生唱的，没有蹩脚的。听书呢还有一个原因，比如今天来的是响档，听书的人多，书场位置都不够坐要加坐，劲道就很足；如果听书的人没有几个，冷冷清清，就没有劲道。还有就是晚上去搓麻将了，这样就没人去书场听书了，大部分人都是这样的原因。如果要想整顿评弹，再吸引听众进书场听书有一定的困难。

沈家悦：现在嘉兴好像还有一家书场，您知道吗？

沈金良：是的，现在嘉兴中基路还有一家书场，属于承包性质，今天你两个先生来，比方说两百块钱一天，他是为了经济收入，而不是为了艺术。他今天一场书叮咚叮咚唱完，两百块钱到手就算了。过去是不一样的，你唱得好，听的人多，那收入就高。你如果今天"漂"掉了，那钱就拿不到，明天就卷铺盖走人了，这样的话会促进你的艺术水平不断提高。所以评弹衰弱也是有多种多样的原因的。国家如果好好重视起来，提高艺术水平，但是不能承包制，你应该是有一百个人来听是一百人的收入，两百人就两百人的收入，这样他就会往好的方面去想，想要吸引听众，吸引的越多我拿的工资就越高。

沈家悦：我的问题大概就是这些，谢谢您的讲述！

整理者：沈家悦

第九十讲
我的从艺经历
——江文兰访谈录

口述者：江文兰

采访者：彭庆鸿、陈琪伟

采访时间：2017 年 12 月 10 日下午

采访地点：苏州市苏州日报社后江文兰家

江文兰

江文兰（1930— ），江苏苏州人。由于家庭贫困，于1950年从邻居亢翰香习艺，曾与王兰荪、亢文娟、朱剑庭等拼档，说唱《描金凤》《落金扇》。1954年加入上海市人民评弹工作团（今上海评弹团），曾演唱长篇《杜十娘》《王魁负桂英》《夺印》等。与著名评弹演员苏似荫先生拼档长达三十年，以演唱《玉蜻蜓》为主。亦有一定编创能力。此外，还先后跟王柏荫、蒋月泉等拼档，被誉为"超级下手"。20世纪80年代后曾从事上海评弹团青年演员的辅导工作。江文兰从事评弹艺术表演几十年，见证了1949年以来苏州评弹艺术的兴衰沉浮，对未来苏州评弹艺术的发展有其独到的思考。

彭庆鸿（以下简称彭）：江老师能够谈一下您小时候家里的具体情况吗？

江文兰（以下简称江）：当时家里除了我，还有一个哥哥、一个妹妹共三个小孩，还有爸妈。我爸爸原籍是常熟，妈妈是苏州郊区农村的，爸爸被亲戚介绍来苏州做学徒。当时我那亲戚是在政府部门的，相当于现在的粮食局那样的单位，管收粮的，收农民与大地主的粮食。他就是在这个单位工作，算是小公务员。（我爸）是十七八岁进去开始工作的，到了二十五岁成家。成家之后，我妈妈就是家庭妇女，不出去工作的。但爸爸的工作开始还好，后来因为种种原因经常失业。我爸没有背景，是常熟来的，又是被亲戚介绍进去的，后来亲戚没了，就没有背景、靠山了，也就失了业。当时家里五个人。我从学校毕业之后先是做手工，苏州手工活是很多的，我什么都做，跟人家做衣服、纳鞋底、绣花、拣茶叶、剥花生。当时妹妹做这些还不熟练，哥哥也找不到工作在家，所以担子是很重的。

彭：是不是因为家庭条件的情况，您决定去学习评弹？

江：一开始我也不想学评弹，我当时做这个做那个，后来社会环境变了，活越来越难找，就跟私人做做。在当时，剪毛线，做小孩子一套一套的套装，这样的事情也是有人垄断的，个人是找不到店去拿活的。所以你一定要去垄断的人那里找活。但很多时候就算找到了，如果没有关系也是做不了的。我是怎么接触评弹的呢？小的时候，邻居喜欢听评弹，常被他们带着去听，听完之后就有印象。因为我乐感很强，台上琵琶一弹，我心里就有数了。我有两个邻居都是唱评弹的，一家邻居，先生身体不好，有肺病，经常吐血。后来就跟着岳父去搞运输公司了，就是相当于现在的物流了。他在做会计，字写得很好。他家里三弦、琵琶都有，我小时候拿着三弦就会弹的。那个时候还有本书叫《弹词大观》，书里面不但有开篇，还有一小段的说唱，比如《玉蜻蜓》里面的《云房产子》，还有《文武香球》的选段。我最先都是自己看书学的，当时听了，有点印象，就一个人弹弹唱唱。但并没有想过要从事评弹这门行当。我还有个邻居家是做檀香扇的，骨子是檀香木，上面是绢。他们兄妹好几个人，是小作坊式的。因为我当时没有工作，就去帮他们，主要是照着模板描图，大部分扇子都是出口的。但到了1949年之后，和马来西亚、南洋那边的贸易就不通了，出口少了，画扇的工作也就冷落了。于是他们就要扣我工资，我本来是四斗米一个月，我妹妹当时也会画了，拜了先生，三斗一个月，两个人七斗。后来扇子销路不好，就减为五斗,当时我就跟他们说:"你们不能再剥削我了!"因为价格行情我是晓得的,就不干了,开始什么事都做,纳鞋底、拣茶叶。当时很辛苦的,我和妹妹两个人带一个大饼,要吃到下午,拣完茶叶,再回到家里吃泡饭。

彭:江老师,您是1950年开始学习评弹的,当时您已经二十一岁了,对评弹艺人入门而言年龄已经蛮大了,能够谈一下您进入评弹界是因为何种契机呢?

江:我是1954年入的评弹团,以前在外面也演出,是单干。1954年上海评弹团要招收青年,我去考了,考取了。我当时也不想学评弹,是没办法,只能学。我以前是高小毕业,毕业之后要念中学已经念不起了,家里比较贫困嘛!

陈琪伟(以下简称陈):您是1950年跟随亢翰香老师学艺的。对于她,我们知道的资料不多,可以谈谈她的情况以及您的学艺经历吗?

江:亢老师很早就去世了。她是和她哥哥(亢文娟)拼的双档。她哥哥当时吸毒(鸦片),后来吸白粉的。当时这样的艺人很多,那个时候没有音响设备,在台上都是自己的声音,很累、很吃力,所以很多人都吸鸦片。当时我住在苏州大石头下30号,走到底最后一家。亢老师就是我家邻居,一个大门进出,我住楼下,他们住楼上。(因为)妹妹准备交朋友嫁人了,所以他们想收一个学生跟哥哥拼档。他们发现我嗓音很好,妹妹(亢翰香)就跟我妈妈说是否可以跟她学(弹词),和他哥哥拼双档,自己准备找对象嫁人了。但那个时候我爸爸不同意,评弹艺人人家是看不起的。我爸爸说下等人的工作你不要去做。到了1949年以后,我父亲由于自己也没工作,也就听了邻居的劝同意我去学评弹了。起初亢老师对我说学了评弹可以跟她哥哥拼档,但我当时已经知道她哥哥是吸毒的,所以我想可不能跟他们一起唱。于是她哥哥另外收了一个学生,叫文英。这个学生的妈妈很喜欢她从事这种工作,可以挣钱。但是这个学生很笨,乐感差,特别是教她往下沉的调的时候,她就是不会沉。而我听过几次就学会了。亢文娟在苏州演出时,对文英很冒火。他说:"回来再唱不像,就要打了。"那个学生一边学一边哭。其实他教文英的时候,我都已经听会了。我就对文英说:"你不要哭了,我教你。"我就一个字、一个字,一个调、一个调教她学开篇。教会了之后,他(亢文娟)要学生唱,发现学生学会了。另外一个邻居讲:她(文英)学会了就是江文兰教的。亢老师非常生气地说:"不学的倒一学就会,要学的学不会。"

后来做檀香扇不行了,其他工作也不好找活了。有一次苏州有个土改干部学校要招生,本来要招一千多名,像我这样高小毕业的可以去考,但是后来不要一千多名,只要三四百名,就没机会去了。那时亢老师(亢翰香)嗓音开始不好了,有点不通畅,于是她哥哥就带着学生去说书,她就空下来了。她想做上手,于是就跟我妈妈讲:"她(江文兰)跟我去好不好?"我妈妈说:"你看她可以不,可以你就带她去。"那个时候,我家里爸爸没有工作,哥哥当时也没有出去工作

（他当时考到天津某个地方去，结果吃不惯就回来了）。当时在台上是一个半小时，日夜两档三个小时。妈妈问我愿不愿意。我只能说："不愿意也只能愿意了，不然家里怎么办呢。"我就跟她去了。我小时候记忆力很好，亢老师晚上给我排书，白天也给我排书，所以我当时胃病都被逼出来了。因为码头上场方供应中饭、晚饭，早饭不供应，要自己解决。吃个大饼、小馄饨两样至少要五分钱。当时亢老师对我很好的，给我三成，那时我还不会说书，给我三成已经很好了。三成的钱凑满五块钱，我就要寄回苏州家里。五分钱可以慢慢积累成五块

苏似萌（左）、江文兰（右）演出照

钱，早上的点心我就不吃，省下来可以寄钱。等到中午、晚上有的吃了，想到要到台上说书了，心里就很慌，又吃不下了。没得吃的时候舍不得吃，可以吃的时候又吃不下，就得了胃病。

陈：那您是1950年第一次登台演出吗？

江：是那个时候，跟她出去就要演出了。

陈：当时跟亢老师出去演出，老师对您严格吗？

江：还好，因为我从小就听，唱腔等我都可以掌握的，嗓音又蛮好，所以出去别人都看不出我是刚学的。

陈：因为师徒关系不同，人的差别还是蛮大的，像有些老师对学徒就很关照，有些老师就不给学生传书或者留上几手，还有让徒弟经常做家务活的。

江：是的，书式你要自己记得。晚上就将白天听的记下，能记多少就记多少，缺的内容下次再补上去。那个时候小码头最多演出一个月，苏州、上海这样的大城市是一季。从春节到端阳，端阳到中秋，中秋到春节，这是最多了。一般乡村码头就是一个月。

彭：可以具体讲讲1954年前您单干时候的事情吗？

江：我出去（从艺）已经是1949年之后了，如果是旧社会会有当地的地痞、霸头找艺人要钱，要艺人为他们去演出。我演出时这些事情就没有了，比较安全。

彭：当时你们在码头上演出的情况如何？

江：还可以。因为亢老师艺术蛮好的，人品也很好，她和我搭女双档听众是很欢迎的。她嗓音不太好，我嗓音好，"俞调""蒋调"都可以唱的。

彭：江老师您加入上海评弹团的原因是什么？

江：我是得到了朱剑庭介绍的。他的艺术是很好的，说表很好，唱稍微差点，弹也还可以，

在台上很会表演。我跟他大概合作了一年。我那个时候和朱剑庭在无锡演出。我嗓音好，电台要我去唱开篇。电台的主持人问我："上海团现在要招青年演员，你要不要去考？"当时我感到说书很累，因为我做下手，每换一个人说双档，就要说他的书。他就会排给你，记他的书。换一个上手，就要换一本书，很费记忆力。所以我当时宁可回去画檀香扇，做女工，也不想说书。那个主持人说："不要紧的，上海团现在要招学生，你去试试看。你要是去了上海团，他们是国营的。说不定去了可以换成行政工作。"我说："我不会写报告。"结果节目主持人就帮我写，叫人帮我带过去。我当时在无锡演出，正巧上海团也有好几档在，张鸿声、唐耿良、陈希安、姚荫梅都在无锡这个码头上演出。他们就叫我去初试，我就去了。因为我去无锡之前，先到过杭州，当时徐丽仙老师在那里演出《可恨媒婆话太凶》。她在开书之前就会放开篇，我听了好几遍就会（"丽调"）了。到了无锡，他们（上海评弹团）要我去试，我就到他们演出的地方去唱。他们都是男演员，没有女演员，调子很高。我当时嗓音好，就唱他们的调子。姚荫梅开玩笑说，把房梁上的灰都震下来了。他们一听我嗓音好，就叫我去上海复试，复试唱"蒋调"。我那个时候"蒋调"唱得多，又正巧蒋（月泉）老师给我伴奏。当时具体情况是这样的，陈希安老师是主考，问我唱什么。我说唱《小二黑结婚》，蒋老师正好在弹三弦。陈希安老师对着蒋老师说："你给他伴奏吧，她要唱《小二黑结婚》。"蒋老师看看我，估计在想，哎哟你胆子大了，等于说在他面前班门弄斧了，唱他的调门，这是他的成名曲呀！但因为我从小喜欢唱歌，六七岁就会了，所以不怕的。话说回来，我唱的是"男蒋调"[1]，有那个胸腔音。所以蒋老师一边伴奏一边笑，你还要唱"男蒋调"了。之后我跟徐雪月说了一段长篇《描金凤》，说了三五分钟，复试就这样通过了。后来唐耿良就通知我（1954年）11月3日去报到。其他参加的人还有杨振雄、杨振言，还有他们的父亲[2]，此外还有数档。[3] 他们都是11月20日参加的，那一天是上海团的团庆，而我是3日。因为那个时候上海正在演出《刘胡兰》，徐丽仙老师是做刘胡兰的妈妈，突然吐血，就无法再演出了，他们知道我会"丽调"，就叫我3日去书场里听。大概到10日，叫我代徐丽仙老师的书。

彭：赵开生老师是和您一起进团的吗？

江：赵开生不是那个时候。赵开生老师那个时候在外边有个红旗小组，都是以青年为主的。

陈：朱介生好像也是那一年入团的。

江：对。他是作为老艺人、老教师，到团里教青年演员。他的"俞调"唱得很好，并且在

---

[1] 男式"蒋调"，具体情况可参见江文兰：《我唱"男蒋调"》，新民网2017年12月9日，网址：http://xinwen.eastday.com/a/171209151737060.html？xx=1&recommendtype=e。

[2] 为杨斌奎（1897—1972），江苏苏州人，弹词演员。长子为杨振雄，次子为杨振言，三人被誉为"评弹三杰"。

[3] 关于他们入团情况可参见《上海市人民评弹工作团举行建团三周年庆祝会 欢迎薛筱卿、杨振雄等十二位新同志参加并将举行"建团三周年纪念文献展览会"》，《新民报晚刊》1954年11月23日。

"俞调"上很有发展。这个老先生人很好的,我们的"俞调"都是他到团里教的。

陈: 入团后去书场说书,伙食还是书场解决吗?

江: 开头是书场解决,后来都是用粮票。书场会帮忙买好米、油、佐料,再给一个炉子和锅,自己烧。烧饭大多数是女下手的事情,男上手大多是不会烧的。

彭: 您觉得入团跟没入团有什么区别呢?

江: 入团之后,码头都是团里帮忙联系的,也不要自己去找了。本来要自己进码头的,有些场方比较势利,如果你没有什么名声,就不会要,尽量要有名气的。

陈: 您入团之后工资是多少,跟以前变化大吗?

江: 以前单干时候,我跟朱剑庭等几个上手拼档时候,大概是五块钱一天。有些人很客气,给我三成或者三成半,一个月有一百多块,寄回家里之后,家里生活就可以过了。不过我自己在外边也要吃,还要做衣服,这也是一笔开销。入团以后,买皮鞋、袜子、衣服、烫头发、化妆品都会给一笔津贴,自己去买。后来团里叫我们自己把乐器买下来,团里先租下这个琵琶,这个琵琶归我,我给团里一笔钱,是很便宜地卖给艺人的。我到团里之后,他们叫我自己报。因为有些费用都是团里开销,我就报三块一天。他们就同意了,九十块钱一个月。加上团里报销的花费,九十块钱我基本上可以维持生活了,也可以寄钱给家里。有些说评话或者弹词单档的艺人,在一个地方演出就可以买一幢房子的。蒋月泉他们一入团里就感到工资低了很多。后来到了1955年还是1956年再评工资时候[1],高低的差距就比较大了。我是把演出津贴算在里面是一百三十块一个月。蒋(月泉)老师、严雪亭他们一个月的演出津贴有四百多。

陈: 当时因为单干艺人和团里工资差异大,团体艺人心理都挺不平衡的,管理层也注意到了这问题,最后建立区级团,将单干艺人集体化,这也是一个重要原因。

江: 对。有五个区级团,长征、星火、先锋、凌霄、江南(区级团)。

彭: 江老师您和区级团之间会有联系吗?

江: 一般没有的。他们的业务一般都是自己去谈。

彭: 你们走码头的地方主要在哪里?

江: 没进上海之前,主要是跟着上手。上手自己去联系,下手不用管这事的。主要集中在苏州、常熟、杭州附近,主要沿着铁路线。

彭: 您在团里面,跟蒋月泉老师有联系吗?

江: 本来蒋老师和朱慧珍拼档。但是朱慧珍老师到海岛演出之后,很累,就生了妇科病,所

---

[1] 时间为1956年,具体工作状况可参见《上海市人民评弹工作团填报1956年全国工资调查基本报表》,1956年11月1日,上海市档案馆藏,档案号:B172-4-481。

以后来就不演出了。朱慧珍在家里又得了高血压，身体不好她自己就老瞎想，这样就进入了一个恶性循环，变得越来越不正常了。于是领导决定叫蒋老师带着余红仙，以后成为"蒋余档"。但是香港演出回来之后（1962年），他跟余红仙排《玉蜻蜓》，发现她不合适。因为《玉蜻蜓》上下手的接口是很严的，他觉得一下子排不了那书。蒋老师就叫我来试试。我当时在苏州教过"蒋调"，教了两个月。当时苏似荫老师带着陆建华、沈伟辰等青年演员去常熟乡下巡回演出了，我在上海正空着。蒋老师临时叫我去和他拼档，我当时和他说一样的书，我和苏老师说的《玉蜻蜓》就是他们的《玉蜻蜓》，大同小异。我每天到蒋老师那里去，晚上排，上午排。有不同之处的时候他就跟我商量，我当时很小心，因为我如果说错了，他就说不下去了。

陈：您和蒋老师合作之后，名气应该大了很多，社会反应怎么样？

江：当时正好在说沈家书，沈方这个脚色我比较擅长。因为王柏荫他们演沈方都是成人，不是小孩。我演的沈方是小孩，上海团对我这个沈方很认可的。

陈：您是怎么和苏似荫老师开始拼档的呢？

江：我因为刚到团里，正巧苏老师和王（柏荫）老师师生之间有点误会。那个时候说《林冲》，林冲由王柏荫老师演，其他脚色都是苏似荫老师演。有些听众就挑拨："你的老师就演一个脚色，坐着上手，而你什么脚色都演反倒坐着下手。"苏似荫老师听了有点不开心，因此就跟王柏荫老师说：你演林冲，这是一个主要脚色，应该坐着上手，怎么听众要你坐到下手去？听众挑拨之后，师生就出现了不团结。团领导考虑到两个男性拼档总不是长久之计，脚色分配也不均匀，就考虑给他们配两个女下手。一个是张维桢，跟着王柏荫，说新书《王十朋》，而我就跟着苏老师。当时苏老师也是说《林冲》《王魁负桂英》等零碎的新书。那个时候《林冲》也算新书，但是内容是老的。我就跟着苏老师说《林冲》《王魁负桂英》这些书。这样正好两个男上手，总让一个男上手坐在下手位置是不行的。

陈：您跟苏老师拼档了很多年。

江：对，我1954年入团就跟苏老师拼档，一起拼档有三十年，一直到1984年。

彭：可否谈谈您对苏似荫老师的印象？

江：苏老师很会说，也很有幽默感。由于他是苏州人，讲的苏州话听上去很顺。他就是唱方面稍弱点，唱不如蒋月泉先生。他就在说的人物上面用功夫。他有自知之明，所以他的脚色演得很好，尤其是说表。因为周玉泉的说表也很好，所以他又喜欢学周玉泉。有些听众觉得他说书比王柏荫、蒋月泉好听。

陈：上海团有个"一三八制度"，就是一个月上门给工农说书，三个月要去外地演出。是不是当时上海团体太多，场子不够，要协调一下？

江：我们当时是一个季节在上海演出，一个季节下农村。下农村是选择农民比较空的时候，一般1月到3月，或11月到1月，总是三个月。那个时候下去不是我们一档，而是一个小组。小组到哪里演出，就住在哪里，提前通知他们准备好房子、稻草。条件比较艰苦，所以有些女同志受不了。比如在田岸上走，下雨了会很滑，穿着高筒套鞋，手拿一根木杖，有时候不小心就跌到田里。由于白天走路太累，像张慧珍、薛惠君等晚上都要哭。

彭：你们当时下乡演出情况如何？

江：演出情况一般挺好。我在上海郊区下乡，根据他们的情况准备节目。书目的主题是农村的，且是他们容易懂的节目。由团里的两个作家编写。

陈：当时中篇比较流行，你们是演中篇吗？

江：中篇当时在农村很少演，主要是短篇为主。因为中篇涉及的人物多，演员也要多，而当时中篇是大家在一起的时候演的，演短篇就分开了。

陈：1958年第一届曲艺会演，您和严雪亭、苏似荫编了《白毛女追打黄世仁》，您还记得吗？

江：《白毛女》是一个中篇，我是说第三回《狭路相逢》。《白毛女》共四回书，第三回最抒情、人物冲突最强烈，所以这回书后来单独演出。几个折子比较好的，选出来演一场。

陈：1959年第二届曲艺会演，您跟朱慧珍一起演了《人民公社好》。

江：《人民公社好》是唱，是"大九连环"这个调，词基本上是我自己填的。因为曲调我是很熟悉的。当时对人民公社有不少宣传，我就把这些宣传的句子填进去。到农村去演出效果很好。[1]

彭：你们刚入团时，主要是以演长篇还是中篇为主？

江：还是以长篇为主。没有长篇我们在码头上没法立足。一个中篇演一两天，半个月就要很多中篇。长篇原本一个月，后来就变为了半个月。

彭：你们在码头上演出，有没有出现漂档？

江：基本上有好有坏，但是我们上海团不是连续一档、一档在某个地方，而是去了一档要隔好久再去一档。

陈：当时也有上海团这块牌子的因素。

江：对的。

彭：当时在某个地方演出，是否存在与区级团的竞争？

江：存在的。如果一个码头有两个书场，区级团就在另一书场。有的地方只有一个书场，有

---

[1] 关于江文兰演唱《人民公社好》，当时新闻有较多报道。详细可参见《加强艺术交流—发扬各种流派 京剧、评弹举行大会串 著名演员将同台演出拿手节目》，《新民晚报》1959年7月7日；杜仲：《夏夜聆妙曲 上海市人民评弹团演唱开篇介绍》，《文汇报》1959年7月11日；等等。

的地方有两三个书场，我们称之为"叠档"。

陈：1949年之后，官方是不允许评弹界收徒的？亢老师和您的师徒关系是怎么处理的呢？

江：我当时是没有拜师，没有收拜师金。因为她跟我是邻居，就带我出去的。我们是三个档，原来她和王兰荪是双档。后来王兰荪有个女儿，带着一起三个档。我和王兰荪的女儿轮流三个档，今儿她上，明儿我上。亢老师很好，她不要我叫她师父，让我叫她为姐姐。

彭：后来亢老师有没有参加组织？

江：后来她去了苏州评弹团托儿所。她嗓子不好，苏州评弹团就照顾她，让她去托儿所，成为苏州评弹团的行政人员。

陈：你们在团里有没有演出压力？比如朱慧珍就因为没有形成流派而遭到了批评。

江：我们评弹有流派，徐丽仙、朱雪琴当时是流派，我们团长就对朱慧珍说：你是一个党员，怎么没有形成一个流派？好像在批评朱慧珍不努力，没有尽职。

陈："文革"时期，许多评弹演员都分配到工厂了，您当时也分配去工厂了吗？

江：我基本上没怎么下工厂。男演员分配去糖果厂，其他人则分配到其他厂。我下工厂时间不长，当时是被分配到电机厂。我去工厂做工，做的是病号的工种。病号的工作是做不完的，一直延续下来，但我一去其他老师傅就知道可以完工了。我很努力，随便做什么，总是要看好时间，自己逼自己，所以我一去堆着的工作就可以完成了。

彭：您对上海团的团领导印象如何？怎么看待他们的工作？例如吴宗锡先生等。

江：他是挺不容易的。他以前不是学评弹的，因为他是苏州人，熟悉评弹，所以领导叫他来抓评弹。开始他是上海评弹团教导员，后来担任团长，陈灵犀是指导员。

彭：您当时对唐耿良先生印象怎么样？

江：他很能干的，会说、会写，能够跟上政治形势，需要跟上政治形势的节目他一下子就写出来了。他写好之后就去演出，并且他演出很有激情。

彭：在团里，跟同事间的关系如何？

江：跟他们关系都挺好的。因为我不和他们竞争。我自己做好自己，人家好，我也不妒忌，所以与团里老的、少的基本关系都比较好。

彭：入团之后家里的生活条件怎么样，有好转吗？

江：我家里负担比较重，所以生活比较苦，吃饭都在食堂。有些演员父母不要他们照顾的，他们自己赚钱自己用，外面时兴什么时装，都是第一个穿上身，我都是老一套。

陈：那个时候父母还是靠您来维持吗？

江：对的。我自己父母，爸爸七十几岁就去世了，我妈妈八十九岁去世了，生前都是我负担的。我自己有一个女儿，现在外孙在国外读博士。

陈：您是哪一年结婚的？结婚之后生活上如何安排？

江：我是二十三岁结婚的。结婚地点在男方家里，在无锡。到了上海评弹团就住在团里。家属来了，如果只有几天，也住在团里。其他家不在上海的演员，也都是住团里。本来也没有几天，大家都有工作要干。以前也没有探亲假，只是出去走码头有几天空，到家里去住几天。后来，有了探亲假，有了半个月就回去。

彭：建立评弹团之后，还有单干艺人吗？

江：还有。有一些不是评弹协会的会员，叫"飞兄"[1]，演出要去文化馆打证明。

彭：1977年恢复评弹演出之后，当时发展情况怎么样？

江：1977年刚开始恢复书场，有些地方一回书可以演七天，就是从星期一可以说到星期天，重复说，大家很稀奇。当时大家好久没听书了，大家"口渴"了。有些地方的人不懂评弹，朱雪琴老师拿了个三弦演单档，下面人很奇怪，都在那里笑。

彭：您带过学生去走码头吗？

江：很少带。我们上海评弹团，学生一起出去，要住宿、吃饭，团里要给他们联系，很麻烦。都是学生跟场方联系，说要听书，场方安排，一般团里不代安排。

陈：您认为苏州评弹学校现在的状况如何，这类评弹演员的培养体制有什么问题吗？

江：从评弹学校出来的，好多不演评弹了，很多是为了文凭，因为现在是大专学历了。许多评弹学生学出来，父母有办法就去了别的地方。有的去考导游。

彭：以前上海评弹团有学馆，您有没有给他们去上课？

江：以前有学馆。像沈伟辰、孙淑英就是上海评弹团学馆出来的。我没有给他们上过课。我是去苏州评弹学校上过课。

彭：能够谈谈您在苏州评弹学校上课的情况吗？

江：我当时是教他们唱一个开篇和一些唱段。

陈：您是哪一年正式退休的？

江：我是1984年退休的。那个时候我妈妈生病了，要回去照顾她。当时评弹团团长是徐檬丹。她知道我在团里很少请假，就对我说："现在你回苏州去照顾你妈妈，有事我们再叫你过来。"

彭：退休之后还说评弹吗？

江：说的。后来，苏老师去世了。我就和赵开生一起说《珍珠塔》，还说过《三笑》。在常熟

---

[1] 是指未经行政主管部门正式登记、批准演出的评弹演员。原为非法的"非"，后因其到处流动，故又称为"飞兄"。

录音录了四十回，录的是《三笑》（杭州书），时间是1991年。赵开生本来还想叫我录《珍珠塔》。我说不录。《珍珠塔》有陈希安、薛慧君了，我已经录了四十回《三笑》，《玉蜻蜓》我本来就有录音。我表示再录《珍珠塔》，别人要讲话的，会说弹词三部顶尖的书，我都去录。陈希安他们可能会有意见的，但不一定会讲出来，虽然有些人很喜欢我的演出，因为我"薛调"唱得还可以，但是我还是觉得这样做不合适。

彭：您跟票友联系多吗？

江：他们来找我，我有空就会去。我觉得票友也很重要。有些票友唱得很好的，甚至比专业的还好。专业演员是连说带唱，票友基本上只唱。他们听着唱片可以模仿几十遍，学得很好。

陈：您现在还会去书场听评弹吗？

江：有时候在苏州光裕书厅，有些学生在那里演，我会去给他们讲讲。

彭：您觉得评弹的未来发展，应该加强哪方面？

江：其实说唱评弹的演员，首先自己要保证演唱的质量。你有一定的质量，人家来听到的是艺术的评弹，是艺术，听客一定会喜欢。因为人家是要听艺术，不是艺术，你弄得天花乱坠也没有用。你有艺术了，真正懂艺术的人一定会来听，一定会坐得住。上次，也有几个青年以前不听评弹的，但是他们听到台上演员演得很好，就说："很好听。"所以，只要台上有艺术，他们就会觉得好听。另一个是书目。一直说老的书是不行的，我认为应该添加新的书目。出书目不一定要半个月，半个月两部书也行，但是要有质量。质量好了，人家听了第一部就会去听第二部。现在是没有艺术可欣赏，有艺术听客一定会来欣赏的。此外，艺人本身创作力量有限，一定要有其他搞文学的人来帮助。特别是唱词，我们的唱词应该像诗一样，二五四三应该要分得很清楚，并且还要有一定的文学魅力。没有文学魅力就像唱滑稽戏一样，那是不行的。

陈、彭：您是评弹界的老前辈了，衷心希望您能保重身体，健康长寿。您的经验会给后辈带来很好的指导意义，帮助评弹界在当前社会环境中寻找新的出路，衷心地谢谢江老师您！

整理者：彭庆鸿、陈琪伟

第九十一讲

"新长征评弹团的尾声"

——石磊、张蝶飞、程艳秋访谈录

口述者：石磊、张蝶飞、程艳秋

采访者：尹业通

采访时间：2017年12月21日

采访地点：上海市重庆南路308号黄浦区文化馆

石 磊　　　　　　　　张蝶飞　　　　　　　　程艳秋

石磊（1948— ），男，时任黄浦区文化馆副馆长，新长征评弹团团长。

张蝶飞（1948— ），原名冯蝶飞，女，国家二级演员。1982年考入上海市新长征评弹团，师从潘莉韵、张文倩。学习并演出了长篇《三笑》《玉堂春》《林子文》《武则天》《秋海棠》等二十多部长篇。1991年获"三枪杯演出奖"、两省一市开篇年大奖赛一等奖。1996年获江浙沪评弹大奖赛个人二等奖。2003年获中国曲艺南方片曲唱雅集决赛个人二等奖。擅唱"侯调""朱调""俞调"等流派唱腔。

程艳秋（1977— ），原名施小君，女，上海人。上海市新长征评弹团二级演员，毕业于苏州评弹学校、上海戏剧学院，师从父母程振秋、施雅君。先与父母一起拼三股档合作演出，后一人单档演出长篇。1994年起单档演出《珍珠衫》《假婿乘龙》《乾隆遗珠》《天平侯》等长篇。现为黄浦区文化馆创作策划部副主任。

一、区级团从区属到馆属

尹业通（以下简称尹）：请您简单介绍一下长征评弹团与新长征评弹团。

石磊（以下简称石）：长征评弹团是1960年3月成立的，由原来的红旗、长征评弹小组合并成立的，当时的名家很多，包括凌文君、蒋云仙、王再香、秦纪文等。新长征评弹团是1979年成立的。成立的时候，原来的老同志有一部分回来了，有的年纪大了，退休了就没有回来，比如说秦纪文等。陆耀良当时已经退休了，但是新长征评弹团又把他请来做我们团的艺术顾问，还有周剑萍、蒋云仙、王月仙等。另外还有当年老长征时期在黄浦艺术学校评弹班培养的一批青年演员，如朱维德、周亚君等。

尹：您是哪一年到新长征评弹团工作的？

石：我是90年代到新长征评弹团的，之前在黄浦区文化馆工作。当时新长征评弹团的老团长退休了，剧团的人也在逐步地减少，我自己估计局里也不想再怎么发展。有一批和她们（指张蝶飞、程艳秋，下同）一起的同学，如毛新琳、吴新伯等调到上海评弹团去了，只留下了她们几个和几位老同志，朱维德、凌子君等。估计局里面的意思就是让新长征团自然地淘汰。新长征评弹团原来是直接隶属于黄浦区文化局的，是个副科级单位，后来就把新长征评弹团挂在文化馆，当时我是文化馆的副馆长，于是我在新长征评弹团兼职负责人。

尹：划归文化馆以后是怎么实行管理的？

石：后来我们实行一个"零方案"，所谓"零方案"就是他们演员不向团里要工资，单位也不向他们收钱，外出演出所得的收入全都归自己，但是团里面要负责"四金"，演员自己缴纳自己的一部分，团里面会给一些演出补贴。

尹：演出补贴有多少？

石、张蝶飞（以下简称张）：两块、五块的吧，后来才慢慢加上去，在市里面演出是两块钱，到外地去演出，可能就会翻倍，那是以前90年代的时候。

尹：那时候演出是自己联系的吗？当时团的业务是怎么安排的？

石：各个书场有一个负责人，每个剧团也有一个业务员，业务员负责跟各个书场联系演出时间和派人。剧团里的业务员回到团里以后，根据每个人演员的具体情况安排业务。

张：书场的演出关系到我们的收入，所以当时业务的安排非常重要，以前我们团里面安排业务的业务员张新根，工作非常出色，他搭配得非常好。现在书场的演出都是包场，随便演出都可以，随便怎么安排都可以。那个时候我们如果没有特殊情况，都是服从安排的，叫我们到哪里去演出我们就到哪里。90年代以后，业务组基本上就解散了，在"零方案"以后，基本上业务也没有了。剧团里没有业务组以后，因为我们对书场也熟悉了，就自己联系演出，书场会主动打电话过来联系我，后来的这十几二十年，都是自己跟书场联系。

石：那个时候每年都会开一次书场和剧团的联谊会，我也去参加过几次。我们团的演员都是自己跟书场联系。

张：现在的评弹演出据我所知，只有两个评弹团还有业务员，一个是苏州评弹团，还有一个就是上海评弹团，其他都是自己联系。新长征评弹团也是这个情况，业务员走了以后，留下一个团长还有一个会计，到后来包括演员在一起，只剩下四个人。当时团里的做法就是让我们自主选择，你们要走，我们不拦，你们在这里我们也不赶。

石：我们以前有业务组，但是后来业务由演员自己解决，我当团长的时候，演员的演出是自己联系的，只是平常的一些行政管理由我来负责，团里面有一些什么事务通知他们，演员遇到什么困难了，他们就来找我向局里面反映，还有就是签签字，负责报销什么的。团里面没钱了，有时候就跑跑腿去向上级申请经费。所以当演员有去处，我们这边就会放人，像吴新伯、毛新琳等就去了上海评弹团。

张：我们是受到大环境影响的一代，那个时候国家不再养我们了，自己自负盈亏，定了一个"零方案"，把我们的工资全砍了，自己出去演出，演出的钱团里也不拿，只保留账面上的工资，就是写在档案上的工资。

石：档案工资的作用是每年交社保的时候根据工资的数额来交，我们团里交社保的水平是按照最低的标准，后来才逐步提高。我到团里以后每年争取增加一定的数量。

张：我们工资不合理的地方就是"零方案"以后，什么都不管我们的，我们出去演出一档是十五天，如果没有演出的话，整个十五天就没有经济来源，假如生病了的话就没法演出，没有演出就没有收入，还要向团里交纳自己应该出的部分。我们只能演出，生病也要坚持演出，说得难听一点，就是死也要死在台上，否则没有办法生存。这种制度影响了我们大半生。我是1982年进的团，甜酸苦辣我都尝过了。现在没有团了，也许对我来说是最好的，我被分配到了文化馆，有了固定的收入，有一个稳定的生活方式，不用出去跑。当时我们团加起来只有几个人，是没有存在的必要了。

当时在上海，长征团是第二块牌子，此外还有星火、凌霄等团。我妈妈是星火评弹团的，此外还有苏毓荫、陈再文等人。星火评弹团的人在评弹团解散以后有的去了新艺评弹团，新长征团的张凤鸣以前也是星火评弹团的成员。

石："文化大革命"以后，长征评弹团的团长并没有回到新长征评弹团，他在另外一个部门工作，新长征评弹团的杜团长退休以后，是我们局的一个干部叫谢春来任团长，现在也已经退休，在他之后就是我在新长征评弹团任团长。局领导当时跟我谈的时候，知道我对戏剧曲艺方面有一定的了解，所以让我接手新长征评弹团的工作。

尹：您一直工作到新长征评弹团的解散吗？

石：新长征评弹团最后的工作是在我手上完成的。新长征评弹团的演员到文化馆工作以后，他们的待遇在逐步提高，最后等到老同志都退休以后，只剩下她们两个，不能让她们自生自灭。黄浦区和卢湾区合并，任何一个领导都不愿意让剧团在自己的手里解散，谁都不愿做这个恶人。区里也在调研。当时我记得区长还说："就这么几个人，我们区里怎么还养不活？"但是最后还是从整个发展的角度来看，再坚持下去也没有什么实际意义，区里就决定把剧团划归到文化馆，退休的老同志全部作为文化馆退休的人员。

尹：张老师、程老师后来是怎么安排去向的呢？

张：黄浦区对我和程艳秋的事情还是当作一个很大的事情来对待。

石：当时我在处理这件事情的时候，就想着要为她们处理好这件事情，要把她们以后的出路解决好，不能什么都不管，就把她们晾着，真的由其自生自灭。区里包括文化馆原来的领导，都是很负责的，一定要把她们安排好，不留后遗症。老同志也都安排得很好，现在我们的老同志基本上都划归文化馆管理，都是算文化馆的退休人员。团里有很多老同志以前不在事业单位编制中，现在全部纳入到范围之中，包括她们两个，她们两个原来也不是事业编制。杨晓渡任上海市副市长的时候，我们三个团曾经开过一次会，在上海市文化局的领导下搞了一次调研，设想把三个评弹团合并作为一个区级的团，因为当时三个团都没有什么人，最后把调研报告送上去，结果这个事情后来不了了之。

二、世纪之交的单档艺人

尹：请您简单谈谈您是怎么加入新长征评弹团的？

程艳秋（以下简称程）：我是1991年进的长征评弹团，当时我十四岁。当时我们少年宫还有评弹班，就跟现在的培训班是一样的性质，大大小小的孩子有好几十个人，有大班和小班，大班是初中生，小班是幼儿园的孩子，学龄前后。学了一年以后，1991年新长征评弹团去少年宫招学员，朱维德等老师去少年宫招生，我们每个同学都唱了一小段。朱维德老师是原来长征评弹团的老人，他们去外面招生都是自己去，就像给自己家的孩子娶媳妇一样。1991年这一年，他通过各个渠道去了多处地方，一共挑了三个学生。新长征评弹团刚成立时招收过一批学员，是"新"字辈，学员都在自己的名中加了一个新字，像吴新伯，毛新琳，后来就没有再招收新的学员。一直到1991年这一年招收了三个人，我是其中的一个。当时另外两个人已经初中毕业了，就去了评弹学校，我初中还没有毕业，我是过了一年才去评弹学校的。一年后我从光明中学毕业，再送去评弹学校学习了两年。我当时是先入的单位，然后再去学校培养，跟其他学员报考学校还不一样。

尹：您去评弹学校的时候就有编制的？

程：当时我还没想过这样的问题。我是等到毕业以后才开始算工龄的，之前也算是学员吧，但是我是有娘家的，是新长征评弹团把我送去培养，到1994年出来。在当时很少有像我这样的情况，一般都是学校自己招考，学员在毕业的时候再由各个评弹团的人来考察，和招聘一样。那个时候的学制是四年，我没有读完，我只读了两年。1994年出来，我的父母带我演出，学的是我父亲的书。我父母是东方评弹团的，当时因为区级团就三个，所以我跟着我父亲演出也没有问题。东方评弹团的三任团长现在都已经去世了。

尹：您加入新长征评弹团的时候还有多少人？

程：我考进团的时候人还都在的。1991年招生结束以后，团里打电话通知家里初试过了，当时我妈妈还莫名其妙，她当时只知道我每个星期去少年宫学琵琶，并不知道新长征评弹团去招过生了。复试的事情爸妈显得很重视，给我买了身新衣裳才去了在南京路上的团部。团里对待复试也是非常认真和隆重的，虽然那个时候已经不是很兴盛了，但是复试的时候，全团所有二十多个人都到了，挤得满满的一屋子。当时我也挺傻的，一点也不紧张，因为我父母是演员，这种演出的场面我看得多了。我唱了在少年宫学会的一小段。来复试的三个人都通过了。很可惜的是，比我年纪大的两个学员，在我去评弹学校的时候，女学员还在，男学员已经不再学评弹了。半年以后，女孩也不学评弹了，都放弃了。

尹：是什么原因他们退出了呢？

程：就像现在评弹团的那些青年演员，看起来人数还蛮多，其实你没有看到的消失的人更多。被淘汰的，自己放弃的，有很多。每年评弹学校培养出来的学员是有一定数量的，但是流失非常严重。那位女孩子，当时家里情况比较好，来到评弹团学习了一年半以后，觉得太辛苦，评弹学校对学员的要求也挺严格的，小孩子不高兴学。另外一位男孩子叫高俊，他很喜欢评弹，自己要来考评弹，但是评弹团看不上他，觉得他的水平不怎么样，新长征评弹团的老演员的眼光还是挺高的。他的家庭也没有成员从事曲艺方面的工作，他就是真的喜欢评弹，评弹团对他的态度有些模棱两可，他就说评弹学校我自费去上，读完了一年，正好是我去评弹学校的时候，他在评弹学校读完一年之后再去考评弹团。但新长征评弹团还是没有接受他，于是就放弃了。他和高博文是认识的，据说去了国外，发展也挺好的。新长征评弹团最后一批招收的学员就是我们三个，中间还走了两个，只剩下我一个。

尹：请您说说自己的演出经历？您最喜欢自己所说的哪一部书？

程：1994年我从评弹学校出来以后跟师跟了一年，然后在外面放单档，单档一直演了十年。《珍珠衫》是我的第一部书，我们叫作"出科书"，会更熟悉，印象会更深一点。但要说喜欢的程度，我更喜欢后面几部，因为有自己的想法在里面，第一部书是鹦鹉学舌，我爸爸妈妈怎么说，我就怎么说，我妈妈怎么教我唱我就怎么唱。后来就不一样了，随着自己演出经验的丰富，感觉就不一样。《乾隆遗珠》就是我自己比较喜欢的一部，这部书是我和我父亲一起根据《还珠格格》改编的。

我放单档的时候，大多数演出都在外地，都在江浙地区，挺辛苦的。常州，江阴，无锡，苏州，一开始就去了这些大的码头让我跑一遍。当时新长征评弹团和东方评弹团都各有一个业务组，现在都没有了。我第一次出去放单档的时候，是我父亲帮我联系的场子。当时的年轻演员联系场子，你不知道地方在哪里，团里面会帮青年演员联系，能拿多少钱也是团里确定的。

尹：在书场演出的收入能直接拿到手吗？还是要通过团里？

程：拿得到。新长征团里不要求我们上交，东方评弹团好像要先上交到团。在演出结束之后能拿到演出报酬，只要交10%到团里。当时是能够拿到现金的，不像现在演出报酬需要走团里面的账。以前在江浙地区的农村还是有很多的书场，一档书说完以后，书场直接跟我们拆帐，跟1949年前的做法基本一样。在改革开放以后，拆帐的方式越来越少了，而改为包场，拆帐所获得的收入也在减少。在以前评弹市场兴旺的时候，没有一个评弹演员愿意包场，包场对艺人的收入来说是不划算的。

尹：90年代采取包场的形式多吗？

程：有的，但是比较少。那个时候依然也还是不愿意包场，那时候听众人数还是比较多的。

尹：跑单档十年以后就基本在上海演出了吗？您所在的区级团体会影响您演出的号召力吗？

程：是的，十年以后，我从单档变成了双档演出，我找了一个搭档，基本就在上海演出了。团体的影响还是存在的，假如某一书场的听众没有听过你的书，不认识，他们就会看你是哪个团的，如果是上海团，他们就会觉得还不错，期待值比较高，如果是他们没有听过的其他团体，他们会抱着怀疑的态度。

尹：艺人与场方的关系是怎么样的？

程：第一次出去演出的时候，团里的业务组会帮艺人联系演出场地，在熟悉之后，一般艺人和场方会主动地互相联系确定演出安排。一般来说，一人在与某一书场演出之后，要隔上一年以上才会再次来此地演出，越是响档越是不会频繁地在同一书场演出。

尹：江浙沪业务洽谈会现在还有吗？

程：现在还有的，不过已经名存实亡了，去的人很少。每年为了洽谈业务，场方如果觉得从各个团业务组安排的演出不能满足自己的需要，欠缺好的演员，就会去参加，业务安排不是非常丰富的普通演员也会去参加这样的会议。

尹：您是什么时候正式离开新长征团来到文化馆现在的职位的？

程：2014年新长征评弹团正式解散，我就来到了文化馆进行演出活动策划工作。有的时候还是会怀念以前的评弹演出，文化馆每年还是有评弹类的比赛活动，我还是没有彻底告别评弹，只不过平台不一样了。文化馆不属于专业院团，我们比赛搞活动是不能找专业演员的，只能找转业的原专业演员，我个人觉得这是很矛盾的事情，作品创作出来不能找好演员，工作比较难开展。

尹：您对评弹现在的发展情况有什么看法？

程：现在的评弹演员有很多都很浮躁，他们的浮躁来自恐慌。毕竟大家都能看明白评弹现在不景气。评弹现在好像跟社会发展有点背道而驰，经济发展得越快，科技进步得越快，好像我们的评弹就离大众的生活越来越远，至少现在我的感受是这样子，也许以后会有所变化。近十来年中，逐渐感觉到了评弹的不景气。我出道的90年代，来听我的书的听众里有许多已经六十岁了，我十八岁，到2000年，他们已经七十岁了，到现在都已经不能听书，甚至很多人都去世了，评弹听众的一代人离开了，后加入的听众却很少。一代人过去了，新一代的人接不上。新加入的听众，首先是人数少了，其次是他们以前并没有听过评弹，可以说算是"老年新听客"。以前的听客有许多都是从小就听评弹，听了几十年。现在的听众都是新加入进来的，听了一两年以上的都能被说成是老听客了，这跟以前的情况是不一样的。从十几岁开始听评弹的听客现在基本是没有的，现在听客的接受能力和感悟能力跟以前是有很大不一样的。演员的实力在下降，听客的欣赏水平也是有变化的，我一直希望多吸收年轻的听众，他们年轻富有活力，对评弹的发展有至关重要的作用。评弹不仅仅是用苏州话说一段故事，唱一段曲子，并不是这么简单的行为。评弹艺术的魅力不是三言两语能够说得明白的，同一部书，听不同先生的演绎就具有不同的韵味，而这些是需要时间的积累去体验的。

现在有很多评弹艺人各做各的。有的人在尝试"文化评弹"，有的人在尝试做"评弹音乐"，这些我虽然都不排斥，但我也持观望的态度。这些东西或多或少脱离了评弹本质。好还是不好，我也说不好。许多人觉得评弹快死了，必须要找一条路让它复兴。我觉得也不要病急乱投医，评弹还是要保留它原来的特色。《林徽因》在大剧院演出时，我妈妈去听了。虽然我没有去听，但是我认识的许多老师都去听了，批评的意见还是有一些的。

时代在不断发展，方言也在不断地发展，几百年前也没有普通话，评弹也是一样的。评弹也要调整自己，取悦新的受众，评弹以前辉煌的时候也是这么做的。现在大众娱乐的方式多种多样，有艺人想调整评弹的节奏跟上时代的步伐也是无可厚非的。现在的年轻人可能比较难以接受传统长篇，但是我觉得长篇是最有味道的，而不是现在经常出现的专场演出，评弹最精华的部分在长篇当中才能体现出来。

整理者：尹业通

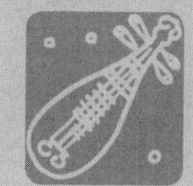

第九十二讲
我和改革开放后的浙江评弹
——魏真柏访谈录

口述者：魏真柏

采访者：张盛满

采访时间：2017年12月31日上午

采访地点：苏州市园林路

魏真柏

魏真柏（1952— ），国家一级演员，曾任浙江省曲艺杂技总团团长，浙江省曲艺家协会副主席。生于评弹世家，父为著名弹词艺术家魏含英。1977年入浙江曲艺团，先后师从苏州评话名家汪雄飞、吴君玉，以《林海雪原》《水浒》及自编的《红花喋血》等书饮誉书坛。从艺经历丰富，除苏州评话外，兼演独脚戏，并曾随著名相声演员唐杰忠学习相声。

张盛满（以下简称张）：魏老师好，很高兴能在苏州见到您。我们这次准备采访评弹界的一百位名家，浙江想访问三位，您、马来法老师，还有施振眉老师。因为马老师刚从法国回来，还在调整阶段，我们想等他先休养一段时间再去拜访。施振眉老师我们见得就比较多了，我也经常登门去请教。之前苏州的周良老师我们已经访问过了，上海的陈希安老师也去过，他是老前辈了。

魏真柏（以下简称魏）：陈希安也是我们家这条脉络的，他是我爷爷这条线下来的。[1]

张：尊祖父钰卿先生是"书坛文状元"，20世纪二三十年代评弹界的大响档，而令尊含英先生子承父业，也是书坛的响档。我之前的一本书里还提到过令尊，民国时期有一次他受邀从上海到苏州来演出，由于知名度太高，遭到一些人的嫉妒与排挤，甚至在他开场前被人暗算，把一包粪便掷在他身上，弄得尴尬不堪，之后还收到一封恐吓信，最后含英先生不得不放弃演出回上海去了。对了，您的姐姐含玉老师现在还在说书吗？

魏：已经很久没有说书了，她原来同侯小莉拼档，后来侯小莉跟她先生去了美国两人就拆档了。评弹的档也是很重要的，不止上手包括下手也是这样的，一拆档就说不好了。相声也是一样，一拆档就麻烦了。

张：下面有几个问题想向您请教一下。像您这样具有家传背景的评弹界人士按正常的家庭安排和事业发展来看的话，我们想您应该会和令祖令尊一样说小书，也就是弹词。但是奇怪的是您后来没有继承这门技艺，而是改说大书评话了。评话和弹词虽然同属评弹，但却是两支在技术表现与艺术气质上完全不同的曲艺。评弹界都知道魏钰卿的"魏调"，"魏调"确切地说应该是出自"马调"，通过两代的雕琢，魏家在《珍珠塔》上的造诣已经很深了，那您为什么会舍近求远选择学评话呢？

魏：这个肯定是有原因的，第一个原因是我哥哥和两个姐姐学的都是小书，所以就不差我一个了。第二是因为我当时下放到了农村，在江苏生产建设兵团，回城以后就一直在找工作，正好碰到浙江省团来招生，团里像汪雄飞、王柏荫这些人都是我父亲的朋友。他们原来在说书道里都

---

[1] 魏真柏的祖父为20世纪20年代被誉为"书坛文状元"的魏钰卿，陈希安业师沈俭安即师承魏钰卿。

是有交往的，关系都蛮好。汪雄飞叫我父亲哥哥，王柏荫辈分要低一些，喊我父亲叔叔。他们知道我正好在找工作，于是就说：那干脆就到团里来吧。我之前没有学过三弦，因为说要扎根农村一辈子嘛，下放后根本就没想到能回来，回来以后找工作也没想到要去学评弹。因为没有学过三弦的缘故，团里招考时我就说了一段评话。那时团里汪雄飞是说评话的，还有蒋希钧。蒋希钧后来转为编创不再说书了，所以团里需要评话演员，而且我这个块头看起来也合适。就是因为这些因缘，我后来才学了评话。

张： 从您习艺的经历来看，您跨界的情况非常突出，既学过评话也说过相声，还表演过滑稽戏，而且拜的都是名师。比如汪雄飞是《三国》大家，吴君玉是说《水浒》的响档。学相声时您投的是唐杰忠的门下，唐老师也是相声界的前辈了，有很多脍炙人口的作品。不过太遗憾了，唐老师今年6月份刚过世。您的经历蛮奇特的，在评弹界并不多见。由于您横跨了几个曲种，后来又成了浙江省曲艺杂技总团的领导，应该说浙江整个曲艺发展的脉络您是很清楚的，既是参与者也是管理者。

魏： 我现在主要在做非物质文化遗产中有关曲艺方面的工作，是专家委员会成员，马来法是主任，我是常务副主任。

张： 我们现在经常会提到大小书的问题，大书在景气度上似乎明显要弱于小书，可能您当时选这门艺术的时候还没有意识到，或者说当时这种情况还没有显示出来。您在习艺和说评话的过程中，有过一些什么样的经历能不能跟我们聊一聊？

魏： 我们正好碰到"文革"结束的时候，也就是在1976—1977年，那时国家刚刚重新开放，应该说评弹发展的势头是相当好的。我和汪老师、蒋希钧三个人一起出去演出，因为听众非常多，怕有人逃票，所以都是我自己站在书场门口收票。当时的情景可以说是盛况空前，而且在一个地方一回书可以演很长时间。刚开始时我还是说《林海雪原》，传统书一时还没有重新演唱，要到80年代的时候才开始出现。我后来拜吴君玉为师，跟他学的最长的就是《李逵迎娘》这回书，一回书我就跟着他听了一年，所以这回书你叫我随时随地来都不会忘的，根扎得比较深。所以在那个时候出去说书还是蛮风光的，到一个地方以后听众对我们说书先生也蛮喜欢。其实到了1984、1985年以后形势开始稍微差了一点，因为那个时候开放度更大了，像一些通俗歌曲包括伦巴舞什么的都逐渐出现了。这些东西多了以后对评弹造成了冲击，开始慢慢不再像之前那样轰动了，稳了，但总体还是可以的，真正出现问题还是在90年代。

张： 在您看来，评弹的式微主要还是在于外来文化和流行艺术的冲击？

魏： 那当然不完全是，我们国家的发展跟人家还是不太一样的，因为我们经过了"文革"这么一段，这一段我们以前不叫"文化大革命"，而是叫"大革文化的命"。这种中断，不是那种暂时停下来的中断，实际上在整个生存环境中都出现了问题，所以在很多年轻人身上出现了断层。应该说国家整个文化的发展在这时处于一个很特殊的时段，不光听众断层，艺术门类上也出现了断层。如果说延顺过去的状况，中间不出现断层的话，那么它的衰退不一定会像现在这种局面。现在的情况是我们发展得很快，但是这一段空掉了，当我们再回过头来的时候才发现电视、手机、网络等已经普遍出现了。整个信息领域的进步不是一天两天慢慢变过来的，它中间突然断掉了这么几千天，这么一来打击的程度就比较大了。我们知道评弹早期的兴盛也是有它的历史背景的，因为当时的文化娱乐生活相对要单调一点，信息不像现在这么快，一分钟就能抵达各地。另一个就是交通环境的影响。所以80年代我们在谈评弹改革的问题时，我就说你们不能这么谈，一定要全面考虑，要把社会发展和我们现在的整个信息、交通联系起来考虑。当时说书业兴盛的时候交通也不行的，你从苏州到杭州坐长途汽车的话要六七个小时，到温州要十多个小时，有的时候甚至要二十四个小时。我们的嘉兴地区全部是水网地区，除了几个大点的市镇通了公路，再往下走全部靠水路。相对来讲这里的听众也被束缚在了当地，有的人甚至几年都没有出去过，所以文化娱乐下去的话当地百姓就像过节一样。那时信息也闭塞，现在有电视、手机，以前家里连广播也不一定有，想装一个有线广播还必须要有点关系。这么一来他们听到、看到的整个都是闭塞的东西，所以我们去的话他们肯定都愿意出来听。而且他们从我们这里也能听到很多外面的事情，我们可以给他们带来很多不一样的信息。

  那个时候的听众群是稳定的，现在如果你不把交通情况和信息情况考虑进去，那么谈衰落的问题就没有根源。我们看日本的歌舞伎，它就保存得很好。因为日本人均生活水准的迅速提高，他们对这种文化的接受程度比较高，也都愿意保存这种文化，所以他们有兴趣了解和追溯传统文化的状态。我们现在就感觉新兴的娱乐形式铺天盖地地出现，比如电视、歌曲。你看现在唱歌的最好，因为它最通俗。我始终是这样认为的，艺术越通俗它的粉丝越多，那么它本身的发展肯定也会越好。你越高雅越尖端，粉丝群越少，因为他要听懂要看明白的话需要一定的文化程度。太高雅的话，他不但一下子无法接受而且也不能参与进去。比如说通俗歌曲谁都能唱，只要不是哑巴都能唱，不管唱得好坏，但他都能唱。因为他们能唱、能听，当他自己感觉不错时，就会相应地去追求这些东西，所以说为什么通俗歌曲演唱会还有市场就是这种原因。相对来说，想听懂评弹的话难度比较大，尤其是现在已经有很多是综合艺术了，它既有视觉效果也有听觉效果。我们评弹就靠嘴巴说出来，很多东西还要加上听众的想象力，我说的东西你要通过想象以后才完整，所以听书还是要有一定的欣赏水准。我上次对他们讲，我们曲艺的表演就是一种呼吸，我呼出去，听众要接受，然后听众呼出来的我也要吸进来，这样我在舞台上才能很好地表演。我光呼出去听众没反应，你接受不到听众的反应等于吸不进氧气，那我会缺氧死掉的，因为如果听众没反应，就像这个房间里没有人一样，让我一个人说书我是说不好的。所以说我们这个艺术不像戏曲，戏曲跟观众是不搭界的，它是镜框式的。比如舞台上饰演的梁山伯与祝英台，他们两个人呼吸就可以了，我给你东西，你给我东西，舞台上的人物互相之间有呼吸就可以了。但是我们曲艺一定要有听众，我们一定要送出去回过来，否则就没办法说书了。

张：这个是曲艺有别于戏曲的一个根本区别了。

魏：曲艺基本上都是这样的，两个人说相声下面没有观众或者下面的观众在搓麻将，那你让上面的演员怎么说？"包袱"都抖不出来。前面铺路的东西没有听到，后面的"包袱"是砸不出来的。

张：我觉得您这种说法还是很有道理的，我们现在都在试图分析评弹断层的因素。因为我也参加了好几次的评弹研讨会，还没有听到这种说法，您的分析很深刻。

魏：我呢也参加过一些讨论会，现在存在的一些问题在哪里呢？这个你不要生气啊，像你们这些学者包括唐先生，他好一点儿，他父亲是说书的。有些学者没有自己的亲身体会，可能就是了解了一些简单的情况，在学术上和书本上有些研究，但他没有真正体会出刚才我说的相互呼吸的东西。你们没体会的，其实你是老师的话也应该会有体会，因为你在上课的时候，如果下面的学生都在讲话、看手机，那么这个课你是讲不好的。现在有一些研究者没有实践经验，所以很多问题的看法不一定深。还有一些人本身是演员，但是他不研究、不分析。所以这里面存在一些问题，我呢因为自己本身是演员出身，第二个因为我当领导对问题要进行分析，对一些事情不分析的话是看不清楚的。包括我们这个团，后来将它发展成曲艺杂技总团，就是因为我有些想法。评弹是好东西，不能丢，而且我们团是从评弹起家的。那么我办其他团的目的是为了保评弹，他们有些人不理解。因为我的观点是，评弹在江浙沪，它的演出范围就框死了它。那么我想评弹要有更多的听众，有更多的经济效益的话就要搞有市场而且市场大经济效益好的团体。于是我们搞了一个滑稽剧团，滑稽可以全国演出。不过全国的滑稽也存在一些问题，后来北方的小品戏曲一来，它在语言的广度上比南方强。第二个杂技，杂技是可以向全世界推广的，它不受任何语言限制，而且只要是眼睛睁得开的都能看，连耳障者都能看，除了盲人以外大家全看得到，这个市场就大了。所以说，我是在用这些产生的效益来养评弹。当时我们团里改革的时候，评弹演员一分钱都不用上交，演出收入全归自己。那我的钱从哪里来？也就是说有两个团在支撑它，拿当时的话叫"以文养文"。我是为了评弹才创办了其他的团，光一个评弹团的话它老早就死掉了。国家给的经费只有40%，另外60%的经费靠自己想办法。我们需要养这些团，而且还要支持日常的运作，如果靠评弹演员演出的钱来支持日常运作，给我们发工资，那是不可能的事情。如果经济情况不好的话，那就不会再有人来从事这门行当了。人家肯定是哪个团好往哪个团走，当时因为我们团最好,所以我到评弹学校去招聘的话,好的演员都可以招来。当时的苏州团、上海团都不如我们,我们的制度是最好的。

张:您说的制度是指什么?待遇、福利吗?

魏:就是待遇啊!比如说你出去演出一场,一般的团都是要上交收入的,有些全部归团里,然后再给你工资。这个是我当时改革的一条思路,有些人是一级演员,有些是三级,有些一级演员年纪相对大一点,一年里他不太愿意演太多的场次。而且他的工资比一般人高,演多演少就这些工资,因为工资收入比其他级别的演员高,所以不愿意比别人多演。但那些三、四级的演员呢?这些小青年压的指标比其他人多,可能一年必须演两三百场,但工资就是这么一点点,于是积极性没有了。我打破了这个框框,只要你出去演,演出收入都是你的。这么一来,有的时候三、四级演员的收入比一级演员还高。你要说为什么他高?你不要找我,找市场,钱在那里你自己去拿,他演三百场你演两百场可能你就能超过他的收入,但是你不能演一百五十场啊!我这个办法起到了市场的综合调节作用,它是一种自我调节,所以大家就没办法对我提意见。否则的话有些问题不好处理,那个时候奖金也低,一级演员一千块,三级演员五百块。三级演员会想啊,我演了三百场,他只演了一百五十场就比我高,这个矛盾总是有的。现在没有了,你们自己去演,有本事就赚,没本事或者你自己躺在家里的话,那就靠一点死工资。

张:付出和所得是成正比的。

魏:对,我们团有相当的一段时间是这么施行的,一直到零几年,应该到我退休之前。

张:您是哪年退的?

魏:我是因为改制提前退的,本来是应该到2012年左右退,大概2010年我就退了。当时对歌舞团、话剧团、评弹团三个团进行改制,我就跟他们说了,你们要把单位变成企业的话那我肯定不干。我四十年工作下来都是事业编制,还剩两年我变成了企业编制,那我不干了。当时说,改制的第一步是保留身份,所以我还当了董事长、总经理。后来说不行要彻底改了,就是说全部撤销事业编制,人事和财政介入了。也就是单位全部撤销,然后重新登记变成企业。那我说我肯定不干,就是因为这个原因,所以我退了下来,是以事业编制身份退的。因为当时有政策,有三十年工龄就可以退,再有就是像我们这种情况提前几年也可以退。我所有的条件都符合,而且有四十年工龄,那我肯定要退了。

张:是啊,现在不要说演艺界,事业编制的两个大头,一个学校一个医院,也在讨论改制的问题,到底以后怎么改?现在还不太清楚,如果一改的话牵扯面太大了。

魏:话扯开了,上面就是我所以学评话的原因了。

张:我记得吴君玉老师在"文革"的时候吃了不少苦啊!主要是因言获罪,说了一些不该说的话，不过那个时候上海方面受打击的也是一大片。

魏：他呢，关键前面还有"反右"时的问题，再加上"文革"嘛就更加艰难了。因为我先生脾气比较耿直，他说话不会拐弯的，错就是错，对就是对，有的时候就容易得罪一些领导。

张：原来有一位说《济公》的沈笑梅，也是爱说话，张剑庭嘛也爱说话的。

魏：说得难听一点呢，评弹演员本身说的就是传统书，里面主要就是忠孝礼义这一套啊，忠臣奸臣书里都有，怎么样分辨忠奸、明辨是非？演员心里有杆秤，他们受这些文化的影响很深。

张：訾议臧否和要求统治者能畅胸纳谏，是传统士人寻求自我身份认定的一种途径。

魏：对，所以他们对一些事情的看法可能都带着这种忠奸判断的标准。你看这些都是一样的，以前的奸臣都是拍马奉承说假话，现在也是这么一种情况。

张：说评话的人相比于说小书的，这种大局观似乎要把得牢一些。里面的金戈铁马、纵横捭阖，理性或者说智慧性的东西可能更多一些。

魏：大书，评话，那主要就是大的历史题材。小书呢主要是才子佳人，它还停留在卿卿我我当中，不像大书这样有大历史的更迭，在宏观视野上不如评话。

张：我有一位同门是去年毕业的，他专门研究评话，因为唐老师给每个学生设计了一个点，基本上会针对当下评弹的一些问题展开思考。因为我们也感觉到评话近十几年以来一直都不如弹词。弹词转型也比较快一些，包括到旅游景点去演出，接受游客的点唱，在效益上也比评话来得好一些。所以我们现在也在谈一个问题，评话到底路向何方？对评话到底应该怎么走，您有什么样的看法呢？

魏：评话本身的艺术特色是形式上面比较简单，弹词相对就更丰富了，一方面它是以拼档形式出现的，还有女演员，这就赚了很大的便宜，因为听众大部分是男的，对女演员比较感兴趣。当然，这也只是说个笑而已。

张：对，性别在这里是一个很大的因素。我记得袁小良曾经说过一句话，说有些听众会买一些角度票，专挑一些面对女演员并且视野好的位置。

魏：是啊，它那个开衩的地方（指女演员的旗袍）就具有吸引力。因为八九十年代开放了一些，穿衣服的尺度比以前大了，原来演员们穿的都是中山装，包得严严实实的，旗袍乍一出来，勾起了一些人的兴趣。现在你是不愿看了，因为你可以在电视里看到，马路上的那些广告什么的都很直接，不像以前那么稀罕了。另一个方面是它还有唱，所以它的式样就比我们多一些。你可以听唱也可以听说，加上男女拼档的形式，它的故事情节又基本上是才子佳人，这样就比我们评话要赚便宜了。评话基本上都是打打杀杀，这些可能要喜欢历史的人才会感兴趣，所以说评话一般都是男同志会听，女同志就不大爱听了。但是我觉得评话现在的问题是什么呢？我说得严肃一点，包括杭州评话在内都不能算作真正的评话艺术，它还只是故事，或者说比以前的故事稍微好一点。所以杭州评话衰落得更加厉害，基本已经到了奄奄一息的地步了。

张：杭州评话的王超堂先生现在还在说吗？

魏：还在说，但已经很少了，年纪也大了。他还会吸收一些苏州评话的东西，比如金声伯、吴君玉的，80年代时他经常会去听苏州评话的。那么其他的评话相对来讲要故事化一点，比如北方的评书实际上就是故事，它没有人物。我们苏州评话有一些演员被称为"活包公""活张飞""活关公"，在这些脚色中都有代表性人物，因为某位人物他说得特别好，对这位人物的描述也特别到位，于是听众就公认他。北方评话就没有了，北方评话也注重情节，但对人物的描写要欠缺一点。后来他们跟苏州评话有过交流之后也学了一点过去，以前它就是讲故事。我听了他（胡达）的评话后就告诉他："你这个基本不算说书了，没有营造出气氛来，你自己的人没有进去，没有进去的话那么仍然还只能算是在讲故事。"你们在研究这方面的也应该知道，我们经常讲"说法现身"，从这个方面理解的话，实际上很多演员没有现身。

张：原来的杨子江先生在说书界应该是很有特点的，也很讲究技法，出现了一种"杨子江现象"，他的特点主要是政治书，敢说。

魏：他那是另外一回事儿了，因为对"文革"有一些看法，老百姓们喜欢骂娘，喜欢听他的东西。但是他的书是好的，他的功底也很好。

张：他本身的文化基础也不错。

魏：是的，你刚才说到我爷爷魏钰卿，就是因为他有文化底蕴，所以人家才会称他为"书坛文状元"。就是说在说书方面啊，现在大家还没有完全理解这个"说法现身"的问题。有一些好的演员虽然已经做到了，但他不一定说得出这个理论。他们只知道在上面说，说给听众听。其实你们如果仔细听金声伯老师的书，包括我先生的书，还有其他一些好的评话艺术家的书，你自己会不由自主被他带进那种场景，带进那种人物的冲突当中去。但是你如果听有些人的书那是进不去的，你就是简单地在听故事。最近我也在反复听金声伯的书，听他的那种场面、那种气氛，他就是可以营造出氛围来，这个才是叫现身。所以我跟他（胡达）说："你这现不了身，你说书时听起来仿佛也在公堂上升堂，但你营造不出公堂的气氛。"以前的先生要说起公堂来，那"呀"一声，衙役三班"威……武……"一齐喊堂威，他就给你营造出了这种气氛。就像我们在舞台上看到的一样，当然舞台上的布景也很重要。有的时候我们干巴巴地说："衙役三班变成一列……"，造不出那种氛围来。我们需要带着情绪说的，比如说那个威虎厅，就是要把威虎厅上杀气腾腾的整体气氛全部渲染出来，要让听众感觉到杨子荣进去的时候这个氛围全部在那里。但是我们有些人说书就是没法营造出这种气氛，仅仅简单地介绍说：边上站着八大金刚什么什么。

他这种说法是散的，只是把文字变成了语言。我们要做的不只是把文字变成语言，而是使文字通过语言形成那种气氛，有身临其境的感觉，这个时候听众不由自主地都会被你带入那个情景当中去。要使听众为了里面的一句话、一个动作紧张、动心，这才是真正的进去了，这个书才好听，就像看戏一样的。闭着眼睛，就算盲人去听脑子里也会呈现出其中的场景。我先生有一句话就说："首先你要心里有，你心中有、眼中有，听众才有。"

张：我们上次去访问蒋云仙老师，她谈到布莱希特的理论，演员与听众双方要互动、要介入，说者要能隐能现。而不是像苏联斯坦尼斯拉夫斯基理论要求的那样，脚色就是脚色，他讲入不讲出，脚色上无法实现转换。

魏：布莱希特也不是转换，他呢更多的就是让演员可以发挥自己的东西。按照斯坦尼斯拉夫斯基的理论，他是不允许这样的，你进去了，现在演的是他，那你就是他不再是你了，你所有的思想行动都要是他的。布莱希特呢他要个性化一点，演员可以有想象。

张：打通了第四堵墙！

魏：首先你自己脑子里要有形象，比如包公，如果你没有原来包公的形象，至少京剧里的形象要有，你喜欢哪个京剧演员那他的形象你脑子里要有。你在说给听众听的时候能够把你想象的东西都给他，让他也能接受这个东西。

张：听说盖叫天也非常喜欢评弹。

魏：喜欢评弹的艺术家很多，比如上海的孙道临、谢晋啊，都喜欢的。盖叫天喜欢更是有原因的，他夫人是苏州人，他夫人喜欢听那他一定要陪着听。我父亲说盖叫天在听书的时候就是一本正经坐在那里。

张：再请教您一个问题。因为您是浙江曲艺，尤其是评弹界的代表，自"文革"以来您与评弹一起成长、成熟再到后来成为管理人员，在这个过程中您既是介入人也是操作者。那么能不能请您谈谈您参与的这个过程，把整个浙江评弹发展的脉络和历史给我们梳理一下？

魏：应该这么说，我进入评弹界是在"文革"以后，当时浙江曲艺团的这些演员也是刚刚"解放"，包括王柏荫先生都是刚刚从"牛棚"里出来，都是很谨慎的。但是这些演员身上确实有很多好的东西，不光是艺术上，包括向学生传授技艺时也都是真心诚意的。当时我们团里有这么一批老演员就是从上海、苏州支援过来的，以后又有从嘉兴过来的朱良欣、周剑英啊，上海过来的孙纪庭和安徽过来的骆德林。他们来了之后充实了我们团的力量，包括我们这批年轻的，我已经算是年纪大一些的了，还有一批年纪更轻的。另外有些演员是我们从评弹学校招收来的，像薛丽兰。后来我们还招了一批随团学员。所以说，当时的梯队还是可以的，虽然人不多但是精。其实后来我的治团方针也是注重少而精，不在于多而烂，主要在质量。这样的话，一是容易做事情,第二也不会砸自己的牌子。"文革"以后我们团首先排了几部中篇,这几个中篇我想施老师也跟你交流过了,那我就不重复了。但有一些演出的情况我可以向你介绍一下,因为我是跟团一起出去演出的。当时的演出主要是在上海,那是真的轰动,我们一个中篇在那里演一两个月是没有问题的,现在一个中篇你演两天就结束了。

张: 那么当时进上海主要是在哪家书场呢,是西藏书场吗?

魏: 西藏书场,我们团基本上还是在西藏书场。那个时候演出的盛况是怎么样的呢?前面出票是一轮一轮的,就是一个星期一个星期出票。第一轮票卖完后我们还没到就客满了,到卖第二轮票的时候是怎么一个情况呢?这些听众今天晚上在听书,听完以后就不走了,整晚坐在书场里,一直坐到第二天早上九点钟开始卖票。然后听众开始从第一排出去买,第二排接着出去,第三排……,那时候就是这么卖后一轮票的,当时就轰动成了这样,那时我们团给评弹界至少带来了一点——"新"。

有的时候让演员来当团长,包括我后来干杂技,也是让杂技团的演员来当团长。但是有一个问题,演员的思路容易保守,还有他受的教育也会影响到他的管理模式。那个时候我们浙江曲艺团是从浙江歌舞团分离出来的,唱《一粒米》的时候我们还在浙江歌舞团。当时的书记之前是歌舞团舞蹈队的队长,是个军人,原来吹长笛的。像他们这样的人来了之后想法和思路不一样,对舞台上的东西会更讲究一些。评弹演员都有两副家什,上手和下手声调不一样,演出的时候都是搁在凳子边上,听众看到了有时都感觉会滑下来,这样的话肯定会分散精力影响演出效果。后来我们团第一个开始做乐器架子,在上海演出时也让人耳目一新。乐器可以随手放在架子上,很稳当。现在各个团都用上了,大家都学到了。当时有人质疑这种架子,说这种架子放在台上不会抢眼吗?但我们就是感觉方便,不认为会出现问题。这是一个方面,第二是舞台上比较讲究,当时我们有几部现代书,像《琵琶行》这类的,出现了穿西装上台的问题。

张: 去年上海新出了一部中篇《林徽因》,里面出现了一人一角,也引起了很大的争论。

魏: 一人一角是一直有的,中篇就是一人一角的,但是他没有离开语言来塑造人,他不是演戏,他没有说我今天演的是林徽因,我就应该按照她那个年代来表演,它里面有很多表书。我说我现在演的是《琵琶行》里的一个国民党军官,我就穿国民党军官的服装上台啊,或是演日本人就穿着日本人的军装上台啊,这个是没有的,也绝对不可能。

张: 您看过《林徽因》吗?演员就穿着西装上来了。

魏: 对,是穿西装上来了,穿西装上台我们团是第一个。80年代还没有人敢这么穿着西装上来,当时都是中山装,说现代书都是穿中山装。我说《林海雪原》时穿的就是中山装,他们最早说《李双双》也都是中山装,但穿西装我们团是第一个。也就是说,有一些不是评弹出身的领导他的思想要开放一点。所以我们到上海第一次穿西装的时候，大家都有议论。但是一看好的嘛，慢慢也都穿起西装来了，现在穿中山装的少了。

张：中山装应该是一种革命装了，带有时代特征的。

魏：中山装应该是属于中国的近代装，因为以前是穿长衫马褂，辛亥革命孙中山先生开始穿中山装之后才开始有了这种服装，所以叫中山装。

张：还有一种毛装，毛泽东穿的样式。

魏：毛装是毛泽东穿的，领口稍微大一点，中山装领口要小一点。

张：穿中山装应该是上海团开始的吧，当时演中篇《一定要把淮河修好》。

魏：中山装是他们开始的，这个也不是叫开始，长衫到了1949年以后因为带有封建色彩，"文革"时就"革"掉了，"革"了之后都改穿中山装，那么他们演《一定要把淮河修好》时就都是穿中山装了。但是西装还没有人敢穿，那个是西方的东西，是资产阶级的东西，谁敢穿啊？一直到"文革"以后才有人开始穿，但是舞台上是没有穿的，舞台上的东西有一种标志性的意义，舞台上出现了那就说明开始认定这个东西了。所以我们穿西装上台还是有点议论的，当时大家都在谈论："怎么说评弹还可以穿西装的啊？"因为一方面评弹是一种完全中式的表演，而西装纯粹是西式的，当时人的思想还很保守。

张：应该说上海接受新事物的情况还是可以的，海派的特征就是包容。

魏：上海80年代"左"的东西比我们的厉害多了，因为那里有王洪文、张春桥和姚文元，都是从上海出来的。他们"左"得不得了，你所谓上海的包容那是30年代，那时候开放的，四五十年代也还可以，五六十年代以后它变得非常"左"。柯庆施也是"左"的，到了王洪文、姚文元的时候就更"左"了。所以当时虽然说"文化大革命"结束了，因为之前的影响，它也是慢慢才缓过来的。但是我们浙江呢，因为当时的文化局局长是史行同志，史行是总政话剧团的导演，所以他对舞美这些讲究得不得了。我们当时去唱《一粒米》的时候，这里挂着纱幕，每一条线他都要看过，有一条线歪掉了都不行，就像是用尺子量过一样。

张：这么看来，他是很重视舞美的！

魏：非常讲究，他是导演话剧的。

张：这个对评弹来说是不是意味着形式多了一些呢？

魏：弹词是这样的，它有唱、有女性，服装也多，评话就是一个人和一块醒木。实际上应该这么讲，对评话演员提出了更高的要求，要有好的书，但好的书并不一定只是弄一些噱头。当然噱我们是需要保持和必要的，主要是避免过分迎合那些低俗的、低级的东西，这个我是坚决反对的。但是应该这么说，好的评话演员现在也还有，但问题在于什么呢？现在的冲击不光光是对这门艺术,而是存在着一些思想上的问题。这个已经不是之前"左"还是"右"的问题了,而是要考虑演员对艺术的价值,对金钱的价值如何认定和取舍的问题,目前这个问题很棘手。现在很多好演员不能坚持说书,实质上就是因为经济上的问题。比如上电台或电视的话一场收入要比到书场演出高得多,因为电视传播的范围广,通过电视的传播,演员立即就能成为明星。实际上这个我是最清楚的,90年代我就在杭州明珠电视台上做节目了,那时杭州很多百姓都认识我,甚至我连出门都会有些麻烦,走出去都能碰到认识我的人。当时一年里我要上一百五十六次电视,等于说大家每两天要看到我一次,现在当然他们是每天都可以看了。那么上电视台既方便又不用去说那么多书,去塑造那么多的人物,也不用在语言方面去考虑那么多的技巧,很容易,出名也很快,随便给你播个新闻也行。出了名以后出去主持一场婚礼要一万两万块,刚开始嘛三千五千,现在是一两万,多的要五万。这么一来,他为什么还要去说书呢?现在大家都把物质摆在第一位,买房子、买车子,说个评弹那要积累多少年才能够买一辆车,可能还只是一辆十多万元的车子。

张:聊到这个,我觉得有个问题似乎是可以思考一下的。这个市场到底对艺术起了一种什么样的作用?评弹演员到底要不要追求物质?因为我们说评弹黄金期,1949年前以及50年代、80年代,市场在其中起了非常重要的作用。

魏:是这样的,我先生吴君玉跟我说,他怎么会学评话的呢?他当时家里很穷,就在苏州的一家书场卖香烟,小孩嘛,脖子上挂着一个烟箱卖香烟。他说:"我看见那些说书先生,看到严雪亭啊一出书场坐的是包车。"那个包车不是现在的汽车,是黄包车,也就是说这辆黄包车是他包下来的。以前的人家能叫辆黄包车已经不得了了,包车就更少了,包下来以后这辆车就是他的了,车夫必须跟着他。包的车上面他们会装饰一下,在上面铺着绣花的垫子,边上有铃还有车灯,坐上去威风凛凛,按他们的说法就是穿着"狐开袍子"坐在包车里,气派得不得了。然后呢盖着毯子,羊毛的毯子膝盖一盖,"嗒嗒……"就转场子去了。我先生说:"我就跟在车后面奔啊,奔到他下一个书场去听书。"当时我先生心里就想,他们唱一场书,我干几年都赚不回来,这么一来他就开始学说书了。他说第一个码头跑下来收入相当于现在的一百多块,那个时候可能就几块钱,但足够家里一个月的开销了,当时心里高兴得不得了。"人为财死,鸟为食亡",这肯定是一个很重要的因素,没有人会说我做这件事情不要钱。但是这个问题肯定有一些综合的因素在里面,包括我们的政府有没有考虑要真正的保留传统。

张:由政府介入有意保留一些传统文化,目前中国做得相对还是比较多一些的,但是政府介入也有一种双刃的作用,一方面它虽然保证了艺术的暂时性存在,但也束缚了艺术特性的发展。

魏:这种情况主要是因为由一些没有实际艺术演出经验的人来管理造成的。

张：也就是说是外行管内行。

魏：对，就是这样。我们团 1983 年开始搞改革，一路走过来。我这个人喜欢研究问题，所以我们团出来的一些政策什么的其他单位都来学。那么这里面有些什么问题呢？有些事情政府是好心，给听众提供免费的精神食粮，演员只要去演就有钱。但是你要知道，这样的市场肯定是不行的，那不是真正的市场。以前说书是你自己有多少本事你拿多少钱，现在有本事和没本事的人一样。像他（胡达）这样三百一场五百一场，其他人稍微好一点，但也就相差百把块钱。那么听众呢？不要钱的，我今天愿意去听就去听听，不愿意听就不去。再比如说，现在是冬天了，里面有空调我就进来打个瞌睡，夏天时进来睡个午觉。你说这种状态下怎么演得好？

张：原来都是排日听书，是听众日常生活中的重要组成部分。

魏：以前是我要听，我是出了钱来的。出了钱那我要对得起这份钱，现在不需要出钱了，那有什么稀奇的呢？有一段时间甚至在书场里搓麻将的人都有，上面在说书下面在搓麻将，演员也不管，反正演出费是给了他的。那个时候一百五十元一场，后来两百元一场到现在是三百五百元，收入都上去了。你说这种情况怎么能提高水平，怎么能讲是为了这份事业在做贡献？这些钱给白白浪费掉了。我是一直主张什么呢？贴补的方式要根据上座率来定，你演员在那里演，可能听众有三四十个人，但是一张票可能卖五块钱，政府再贴你十块，鼓励你多演，鼓励你演好。比如你演到有一百人的时候，可能给你十五块，你演到三百人的时候可能给你二十块，再加上书场上的五块就有二十五块钱一张票，那么演员的收入有保障了，积极性也提高了。这才是动了脑筋促进演员往好的方面发展。而且不卖票的话那些听众是很不负责任的，甚至有一次我生气得不得了，当时我们在杭州大华书场演出，是我们团的中篇。我们不卖票，纯粹免费，但是我们印的节目单是花了钱的，印一张是十块钱，我卖给听众一块钱，那你总可以买了吧？没想到有的听众开始骂娘，他说："我听书都不要钱，你这个东西还要钱啊！"你看，这些事情都是不合理的。所以这个评弹事业要搞好确实要将来慢慢沉淀下来，现在政府还要搞经济，国家要处理各种复杂的国际关系，还没有真正沉下心来。包括昨天晚上的那台中央领导在看的节目，这是一种标志性的东西，这是新时代的标志，全国所有的剧种都在演，中央政治局常委全部在看。

张：时间很快啊！我再请教您最后一个问题。浙江评弹，相对而言，在江浙沪的三大核心板块中，浙江表现得比较弱。请您分析一下这个弱的因素是什么？到目前来看的话，似乎它弱的程度也有加速的状态。对于这种现象，您是怎么看待的？

魏：浙江的评弹始终是这么一个方向，因为评弹发源于苏州，所以苏州做得好是肯定的，上海是我们评弹的发祥地，做得好也是肯定的。浙江是出了一些名家，但是从两省一市比较看的话，浙江从一开始到现在一直保持着一种比较弱的状态。但是有一点，它的特点是少而精，它一开始就是这样。我们团"文革"前有这么几位演员，特点也是少而精。"文革"以后我们团也有过辉煌，尤其在八九十年代的时候，应该说两省一市我们的力量是强的，因为所有到上海去演的中篇，我们团的节目都让其他团刮目相看，包括上海评弹团都会来学习。到了后来，也就是90年代对外开放以后，各种传统娱乐形式都遭到了冲击，也使评弹的整体情况发生了变化。我当团长以后其实还是坚持这种少而精的方针，所以我们团当时在上海举办的两省一市"评弹金榜"比赛的十佳中占了两位，而且是第一和第七，第一是黄海华，第七是颜丽花。其实王承也是进了十佳的，但他们（比赛组委会）当时就跟我商量："你们团一共来了这么几个人，人家团是来了几十个人，你们团拿了三个，十个当中就占了三个。"他们要搞平衡，后来王承就变成了银奖的第一，所以那个时候我们这批青年演员不管到上海还是到苏州都是没话说的。后来就碰上了改制，改制以后我也不管了，他们要跑就跑，这也不是我管得了的事情了。这就是为什么你感觉浙江方面越来越弱的主要问题，当时我们浙江有十个评弹团，钱塘江以北，上海以南。

张：杭嘉湖地区。

魏：对，杭嘉湖地区。每个县都有，这个你肯定也知道，施振眉老师会跟你讲的。连海盐、硖石都有评弹团，问题就是当地的政府不重视，不光是评弹，包括越剧团这样的单位都没有了，也就是说杭嘉湖地区整个文化的倒退现象是很厉害的。本来杭州市也有（评弹团），那个吴迪君、郑樱啊，最早是金彩芳、金秀芳，包括金声伯的儿子他们都在，现在全部没了，仅剩下我们团。现在的情况就是这样。在这种情况下要想重新有点起色难度还是蛮大的，所以后来我就提了一个建议，什么建议呢？我们浙江是不是可以重视那些业余的票友，我跟翁仁康也谈过，我说是不是曲协能够给票友一些支持？其实我们曲艺很多都是业余的，包括现在的绍兴莲花落，没有几个是专业团，他们也就是一个文化馆，大部分都不是专业团体。专业团体没有了，曲艺团没有了，但我们浙江现在的业余力量很强，我参加过两届在江苏常熟梅李镇举行的两省一市票友大赛，梅李三年搞一次。第一届第一名就是我们杭州的，第二届也是我们浙江，而且总体力量都靠前，当然上海也不错。所以我觉得我们浙江有这么多票友，现在周映红在学校里面教评弹，在杭州也搞了一个像会所这样的业余组织，她倒是全力以赴在搞评弹。我觉得浙江的票友是可以抓一抓的，现在可能也有一百多人。

张：这是不是意味着我们准备采用一种外打进的策略呢？

魏：这个怎么说呢，通俗歌曲过去也是从民众当中来的，你说"好声音"也好，上海现在在搞的"天籁之音"也好，也都是业余的，无非是因为进了这个平台以后开始从事这个行业的。如果说我们有一大批业余爱好者，年轻的听众也跟上来一批，喜欢上了评弹，那就好了。什么东西我觉得都要有粉丝，要有喜欢的人，他喜欢上了这个东西以后就会慢慢形成欣赏的习惯。我们说毛主席说的：从群众中来，到群众中去！现在可能各地都在做这个事情，上海也有很多票友，上海方面甚至到学校里去给学生上评弹课，我师弟吴兴伯他们就经常到学校去。像我们浙江的越剧、昆剧啊也都在下去，就是铺开一个更加广阔的面，尤其是年轻人的面，让他们产生一种兴趣。还有一种情况是这样的，家长喜欢评弹，感觉自己的孩子学一学也蛮有意思，于是会鼓励孩子学习这方面的东西，这种情况也很好，终归可以让评弹后继有人，不会被人完全忘掉。

张：现在这个高雅艺术进高校活动搞得还是不错的。

魏：有时候免费送要看具体的情况，这件事情刚开始我就很有想法，我在会上都说过的。我说你们现在把我们的艺术演出当成了产品在送，那电视机可以送吗？如果说现在人民商场的电视机不要钱，但是像苏宁这样的商场却要花钱买，你说苏宁还能活吗？或者说现在苏州老百姓只要到人民商场去搬台电视机就可以走，苏宁还怎么活？就好比听众去听书可以不要钱，政府补贴我们剧团，演出一场给一万块钱，剧团当然是可以过的，但那些小团就没有出路了。再比方说现在杭州小百花越剧团如果送戏不要钱，但是余杭越剧团是要收钱的，那余杭越剧团还活不活？现在当然各地政策都好、都送。对于这种方式的好坏，其实政府还没有时间来考虑，但是制约的手段一定要有。现在因为加入了WTO，你政府再贴人家要制裁你的。文艺这个东西你要把它弄好，还是有很多问题。

张：我记得1949年前嘉兴地区应该有几十家书场。

魏：不得了的，我都去演过，什么陶庄、干窑啊，桐乡、乌镇是不要说的，都是大码头。桐乡、乌镇下面什么石门、练市、新市啊，80年代我们去演《林海雪原》时全扫遍了。在这种码头演出我自己还必须在门口售票，否则的话听众不买票就要冲进来了，那时我还特意穿了一件军装，傻得不得了。

张：蒋云仙说过一句话叫作"饿煞听众"！

魏：因为"文革"的时候什么都不能听，那么现在听什么都觉是好的，越剧当时也是轰翻了天，任何一种艺术样式出来都非常受欢迎。到了90年代慢慢就稳定了，我们国家的文化也开始多元化，尤其是电视开始普及，不用出去坐在家里听听广播书场就可以了，为什么要风风雨雨跑到外面去呢？有的书场条件还不好，在家里开着电视，吹着空调，泡着茶，水果削着，香烟抽着，还更自由自在。

张：我觉得以这个作为评弹听众断层的因素来解释分析的话似乎还有待商榷，流行音乐也可以坐在家里面看，但还是有很多人愿意去听现场演唱会。

魏：这就是我刚才说的问题，流行音乐容易传播，可能你母亲都会唱歌，因为容易唱所以也就容易产生粉丝。但评弹大家不一定都会唱，可能听客当中有几个会哼哼，但他不一定会去学。

但流行音乐的粉丝们都会学,甚至去现场听,我刚才说的就是这个问题,粉丝越多你的市场肯定越好。因为不需要特别高的技巧,大家都可以自己唱,有音乐伴奏能唱没有音乐也能唱,卡拉OK你去的话也照样能唱。歌迷学唱王菲的歌,王菲来了,他们可能会去听。就像我正在唱"蒋调",正在学"蒋调",今天蒋月泉来了,我会不去听吗?所以你刚才说的就是这个问题。为什么通俗歌曲有那么多人愿意去现场,喜欢周杰伦的,周杰伦演唱会他肯定去听,因为他哼呀哈呀也在乱唱。评弹的受众面本身就小,而且在这些受众中能投入进去的更少。你说他们是不是一定要到书场去?那不一定。这些问题我都研究过的。

张: 评弹的通俗化也曾经铺得很广,特别是开篇。

魏: 是铺得很广的,所以有一段时间书场里很满。但是到了现在,就算你去问苏州人,哪怕是问那些三四十岁的人评弹是什么?大部分都不知道。但是如果你问他周杰伦是谁的话,可能都知道,现在出来的谁谁谁他可能也知道。像这些人我们都不知道了,现在出来的那些新歌手我们都不知道。毕竟喜欢唱歌的人比喜欢听评弹的人要多得多,他们一千个人当中有一个去跟我们十个人当中有一个人去相比,那还是他们多。上海京剧院的王佩瑜有一句话,她说演员要自己造粉丝,那么她做的工作就不光光是唱戏了。所以说评弹演员自己要有意识,先是建立自己的网站,然后把来听书的听众都加到网络中去。比如说我在苏州可能有一百个听众,在杭州有十个,在上海有五十个,那就有一百六十个了,然后把无锡这些地方加起来,可能就有千把听众了。我在跟这千把个听众不断交流的过程中,介绍我的唱腔、书路,他们可能会再给自己的朋友听一听、说一说,也许听众面又扩大了。王佩瑜自己说她在上海有四千个铁粉,她也是这么造的,有些喜欢听京剧的人可能就是来听听,她就跟这些听众交流,她不会放弃一个听众,不把这些听众当成今天买了票听完回去就算了的临时听众。这样她培养了四千个铁粉,所以她说:"我在上海演出,演两场的话百分之百会爆满,马路上等退票的人肯定是很多,演三场基本上也是满座,四场以后可能会弱一点。"

什么是铁粉,铁粉就是下雨下雪都会来的,再加上还有一些喜欢听京剧的人,这样她的粉丝可能就有一万。实际上她是谦虚,她说只能演两场,实际上她演五场可能也是满的。我听了她的话以后就感觉评弹演员的脑筋要动一动了,你在各地演出,在这个地方有一百个哪怕三四十个听众,你要跟他们交流。比如告诉听众今天过年我要剪书停演了,年初五以后会演出的,然后把信息发到网上,告诉听众你会在哪里演出。那么这些粉丝当中可能也有二三十人会过来听,再加上周边的一些听众,这样市场就打开了。所以现在的工作不是像以前那样挂个牌出来就行了,比如说蒋月泉的牌子一挂就可以了,他这是自然的粉丝,现在要造粉丝,在这个时代我们要充分利用高科技手段。

张：这个话说得容易啊，但怎么个造法？像这个造粉呢，我想很多演员都在想办法，但是能造到什么程度，还是受环境的影响。我上次跟严小方团长也聊过，是不是合适的时候请团里到我们学校去演出一次，由我们出钱，也培养一些听众。

魏：对的，整个的环境有影响。现在团里的力量不行，要给人家听，那要听好的。

张：上海团有一部《林徽因》，苏州团也有一部《雷雨》，这两部书都是现代中篇，学生们在书本上也学到过，对这些人物也耳熟能详，接受起来更容易，其实说什么书也很重要。

魏：现在团里没有书，演员也没有水平了，真要演你还是要找苏州，为什么呢？这些没听过评弹的人要让他一听就感觉到：呀！这么好听啊！如果没有这种效果，他们听的时候昏昏欲睡，那你反而起了反作用。

张：我原来在上海师大读书的时候，唐老师带我们搞过一次活动，请苏州团去说《雷雨》，效果很好。一个很重要的因素是打出了字幕，因为没有字幕是难懂的，学生来自五湖四海，有些人听不懂苏白。

魏：对的，所以评弹到北大、清华去演出，反映都很好。以前我也去浙大这些学校演出，那个时候是80年代，原来的省委宣传部部长孙家贤带着我们去的，效果也不错。当时说的是现代书，我说《林海雪原》。《林海雪原》当中很多关白都是普通话，表白呢我们还是稍微带着一点，但是还不能完全脱掉苏州话，脱掉苏州话就没意思了。把评弹送到学校这个想法是好的，但一定要说好的书。另外也不是说一次、两次，要阶段性的。你要做这个事情那你就要有想法，要在相当一段时间当中持续下来。因为学生是一批一批的，今年在学校可能明年就毕业离开了。你要在学校里形成一种气氛，让大家都感觉这个评弹蛮有意思。

现在其实听众的流失倒还不可怕，可怕的是演员的流失。你看接下去几个大团都不行了，你看这个势头啊，我们团是第一个。接下去包括上海、苏州，这个后继的问题回避不了。现在苏州的盛小云、吴静，如果她们慢慢退出书坛的话还有谁？后面这些人没有一个叫得出来，她们这一批是在上一代比如金丽声在的时候就已经闯出来了。你说上海团嘛，就是秦建国他们一批，但秦建国之后还有几个？他们这一批四十岁左右的还有几个可以，再往下叫不出来了。而且他们这一批还是以上海为主，以唱开篇为主，说长篇的越来越少，如果说长篇不行的话，评弹就不行了。

张：现在评弹界评话突出的有哪几位呢？

魏：现在就这几位，王池良，他现在长篇也不大说了。那天我跟金丽声也在说，他就这几回书，折子，就是《康熙吃凉粉》，反正什么地方要演都是这回书。其他比如江苏的姜永春，常熟的陈伟春，还有上海的吴新伯。

张：现在浙江地方上的评弹总体情况怎么样？好像团都没有了。我现在重点关注的是嘉兴，嘉兴市档案馆我去了几次，找到了一些档案材料。我想把浙江评弹的材料整理成一本文献集，首先在文字上推一下，也希望能得到像您这样的世家、专家的支持。我现在跟施老师一起合作，准备把浙江评弹史整理出来，后继我们会再讨论一下提纲，做些必要的梳理。因为目前还没有一本专门讨论浙江评弹史的书，我们想看看能不能先做起来。

魏：你不是苏州人，要学苏州话的话我建议你听听金声伯的书，听金声伯的书有一个好处，他说书就跨在这个传统和现代之间。你如果听那些再老一点的先生可能旧的东西比较多一点，他呢又有新又有旧，我觉得这个才是评话。我对评弹的看法就是：在中国曲艺当中，它是比较全面的一个东西。

张：从目前来说，中国曲艺界在理论的饱和度以及文章的量上，评弹在国内还是比较突出的。

魏：它确实有东西，其他的你说北方曲艺，包括全国的，都比较单一。有一些像北方的评书呢它有自己的局限性，倒不是语言局限，是在表演手法上的局限。我们叫作评弹，一个是评话一个是弹词，那么它就全。有说有唱有演，都有。它对场景的问题，对展现的问题，都要比其他曲艺全，它是真正起到了曲艺那种现身的作用。

张：因为评弹是展现江南文化的一张代表性名片，我们的目的就是想通过对评弹的解剖追踪它的演变过程，打开我们观察江南文化流变的一根线索。那么评弹确实是一个不可多得的切入口，因为它参与了明清以来江南文化的不断整合与调适过程。对于评弹在当前的式微我们也不讳言，那么这种式微呈现出了怎样的文化背景？社会的综合因素有哪些？都是我们试图探讨和回答的。

魏：我那天还在跟金丽声说，我们关键是受语言的限制，否则在中国曲艺界当中其他曲艺是没办法跟我们比的，但是现在你看大多还是北方曲艺的天下。不过话说回来了，评弹也就是因为语言才有自己的特征。

张：这个就是矛盾了，如果去掉吴语的话，它又不能称之为苏州评弹了。

魏：它有很多语言上的技巧和味道，有很多我们方言中俏皮的内容。

张：非常感谢您接受我的访谈，打扰了您这么久，也确实让我们听到了很多有内容有见地的东西。以后我肯定还会去打扰您，到时您回杭州了再去拜访应该会更方便一些。

魏：好的，没关系的，谢谢你！

整理者：张盛满

第九十三讲
风雨六十年
——陈景声访谈录

口述者：陈景声

采访者：彭庆鸿

采访时间：2018 年 4 月 10 日上午

采访地点：无锡市广益博苑陈景声宅

陈景声

陈景声（1941— ），江苏无锡人。十四岁就登台演出，十六岁师从陈鹤声，但因当时不允许私自带徒而中断，后考入苏州戏曲学校，分配至苏州评弹团，师从评弹名家曹汉昌学说《岳飞传》。1963年作为苏州评弹团青年评话演员中的佼佼者赴京演出，并受到周恩来总理的接见。1975年调入江阴县文艺宣传队（1978年恢复为江阴评弹团）。1979年离团单干，后一直从事个体演出，现今仍活跃在书坛，是当今评弹界有影响力的评话个体艺人。陈景声的个体演出经历，反映了改革开放以来评弹个体艺人的生存状况。

彭庆鸿（以下简称彭）：首先我想问一下，1956年您师承陈鹤声，当时说不让带学生，但当时个体艺人都不收学生了吗？有没有私自收的现象？

陈景声（以下简称陈）：不允许私下收徒的命令下来是在1956年的下半年。从1956年的下半年开始到年底左右，艺人都不允许私收学生。命令不是通知给我们的，是通知我们的老师，比如我是跟着陈鹤声，命令就通知给了陈鹤声。他接到通知以后就告知我，不能跟他学习了。他是上海的艺人，还没有进上海的组织里边，所以他接到的是上海市评弹协会不允许私自带徒的通知。当时叫上海市评弹协会，不是评弹团。正式的评弹团，第一个是上海市人民评弹工作团，最初也不是叫上海市人民评弹工作团，要后来才改为上海市人民评弹工作团。总之，在1956年的11或12月份，艺人私自收的学生一律要退回，但这里边有没有人偷偷收，就不好讲了。

彭：那有没有？

陈：我不了解。1956年的时候，我虚岁十六。当时私人拜师都要出拜师金的。比如我跟陈鹤声，当时拜师金是十担米钱，那时候每担米大概是十二块钱，十担米就是一百二十块。中间还有介绍人的费用，要给介绍人十块或者二十块，这个是第一件事情。第二件事情就是举行拜师仪式。我当时在无锡四时新酒楼办了两桌酒席，点了红蜡烛，跪下去，举行私人拜师（仪式）。不允许私人收徒的通知下来，就是他通知我不能跟他了，他也很苦恼。有没有艺人私下偷偷地收徒，我就不知道了。当时还有一个原则，私人收徒而没有带他出道，应该要退还拜师金，但我的老师没有退还拜师金给我。从他当时的生活来讲，倒并不是很富裕，他有五个儿子，老婆也不工作，生活负担很大。后来在1962年我结婚之时，他也只出了五块钱的礼钱。总之在1956年的年底左右，私人收徒是一律没有演出证的，徒弟没出道，原则上要退还学生的拜师金。

彭：您对陈鹤声老师还有印象吗？他后来还一直单干吗？

陈：不是。等到"文艺整风"及"反右"过后，[1] 个体艺人都要归到组织里，所以他成了上海市星火评弹团的艺人，跟杨子江在一个团队。他的工资是一百二十块。他在星火评弹团的时候，我和他一直有联系，"文革"之后，他又参加了东方评弹团。现在东方评弹团已经解散了，但他

---

1 此处口述者记忆有误，"文艺整风"是在1958年。

到了东方评弹团不久就去世了,还不到六十岁。"文革"期间他转业,还被打成了"反革命小组",不过这方面的具体情况我就不太了解,因为当时我在苏州,而他在上海。当时杨子江、陈鹤声、潘闻荫、陈再文四个是一起遭到打击的,在世的还有陈再文。陈再文现在也是一个老艺人了,大概今年有八十八岁了,早期进过星火评弹团,后来进入新艺评弹团,当过业务负责人。

彭:评弹"整风"到底是什么样子?就是大概有多少人被打成了"右派"?

陈:这个我不能讲的。我不是不能讲,而是没有资格讲,因为我没有参加。我没有参加,没有进到评弹圈子里边,就是我讲的内容,也是很不可信的。大概有多少人被打成"右派",或者多少人被转业,这个事情应该要问一个人。他是一个执政者,是处理的人,这个人就是吴宗锡。如果这个人能够讲真话,就是好事了。

彭:我们曾采访过李庆福。

陈:如果他们讲实话这就好了,还有个人叫蒋开华,不过已经去世了。你问当时的演员,他们也讲不清。比方说有多少人被打成"右派",吴宗锡是上海(评弹)团的,只有他知道。因为当时被打成"反革命"的艺人主要上海(评弹)团的人员,都是吴宗锡手下的演员。我那时候还在无锡家里,都没有资格说书。1956年底私收的学生全部退回以后,年底开会就是"文艺整风",[1] 随后就到了1957年全国层面的"反右"运动,其中有评弹演员在里边。在这样一个大的气候下,一些评弹演员被打成"反革命",如杨震新、黄异庵。

彭:60年代您跟"飞兄"有接触吗?

陈:不单单是60年代,应该讲是1957年以后,从1958年一直到1963年,大概在这一段时间里,有很多"飞兄"。上海有,苏州有,无锡也有,各地都有。为什么要讲1958年开始,因为从1958年"文艺整风"开始,有很多艺人被排斥出评弹圈子,而当时各个乡村都有茶楼书场、茶馆书场,这些不能进入评弹圈子的艺人,就可以到这些茶馆书场说书,多少可以赚点钱。那时候书场不是包场制,艺人去书场演出要凭本事赚钱。比方说,今儿演出能够吸引到一百个听客,票价一毛二,场方与艺人对账分,艺人就可以赚到六块钱。六块一天的收入在当时已经很高了。那个时候的书场,不管大书场还是小书场,都是日夜两场,不是单单一场。甚至于有些乡村茶馆书场还有三场,有早场、中场、晚场。那种茶馆主要是靠茶(赚钱),早上卖早茶,有的农民天没亮就去茶馆喝茶了。但是没人喝茶的时候,老板也不能空着房子,就请说书人来说书,所以"飞兄"就很多。

彭:政府对"飞兄"会管吗?

---

[1] 此处口述者记忆有误,1957年6月爆发"光裕书场事件",开始了评弹界的"反右"斗争,随后在1958年,评弹界开展"整风运动"。

陈：会管的，尤其是"曲联"。苏州的是"曲联"，上海的是上海市评弹协会。

彭：他们一般是怎么管的？

陈：不应该叫管，应该叫"派"。文化（主管）部门得到"飞兄"演出的消息，就派一个文化干部到那个地方去实地核查，就是在80—90年代，尤其是80年代的中后期到90年代，有一支"文化稽查队"，具体名字不是叫稽查队，相当于这个性质。比如我是苏州文化（主管）部门派来的干部，是管这个的，我到书场一查，他没有介绍信，就让他停止演出。用我们的行业话，介绍信就是"叶子"。但是如果文化干部查不到和管不到，这些"飞兄"的生存也很好的。"飞兄"演出跟开出书场的老板是不相关的，因为老板请艺人来说书，不知道艺人演出要"叶子"的。我的书场不是文化（主管）部门分派的，不归文化（主管）部门管理的。文化干部不好意思得罪书场老板，只能直接来查演出的个体艺人。如果没有演出证，文化干部就拿出证明来，让艺人停止演出。这个已经算是很客气的，但如果艺人跟他们评理，他们就会将艺人带走。按法律讲这样是不允许的，要当地公安局才可以带走艺人，而当地文化干部禁止艺人演出可以，但是带艺人离开就不行。当地文化干部一般会再跟场方讲明白，以后你请的演员一定要有文化（主管）部门的介绍信。评弹团不开介绍信，由评弹团组织上直接通知书场，将安排某某艺人来你处说书。不是正式团体的艺人，就要艺人拿出"曲联"的介绍信，个体艺人演出一定要有文化主管部门的介绍信。书场如果要接收个体艺人演出，文化（主管）部门就会跟书场负责人讲这方面的政策。书场是没有责任的，因为书场开在那儿，如果没有艺人来说书，书场老板一分钱都挣不到。而艺人来说书，如果有一百个听客，艺人就有六块钱，老板也有六块钱。书场老板是不犯法的，这个违规是指艺人演出的违规，跟书场老板是没有关联的。那时候我已经开始走码头演出了，我在码头上碰到很多"飞兄"，但是我不会去举报他们，也没有必要去举报他们。其中有很多艺人我都认识，甚至有的艺人还是团里开除出去的，有的是艺人从团里退出去的，他们也要生存，也有部分"飞兄"最后还参加到组织里。[1] 最后有的艺人进了组织，有的艺人仍没有进组织。

彭：当时个体艺人的演艺水平怎么样？

陈：这个说书的演出水平很难讲的。为什么很难讲，因为说书的人，他都认为自己演出了就会有生意，觉得生意好坏是我一个人的本事，他不会承认自己比人家差，如果让我进去说，我也照样说得很好。

彭："飞兄"的生活水平、家境如何？

陈：这方面我就不好讲了。他们的家里情况跟我不相关的。大家在码头碰头，一般人都不肯

---

[1] 这个组织应该是指"曲联"。

讲家里很穷，因为人都是需要脸面的。

彭：他们看到您会打招呼吗？

陈：有的。

彭：有没有"飞兄"跟您成敌档？

陈：也有成为敌档的。我们团体的艺人演出的地方普遍是在镇上，"飞兄"的演出是在镇以下的村浜庙桥。我们主要是以镇为主，再往下也有，但很少，特别是我基本上不去镇下面的书场。镇以下有很多偏僻的小茶馆书场，特别是常熟。常熟东乡十八个镇都有书场。那时候东乡十八镇底下的乡村都有书场，还不是一家两家书场，数量还挺多的，对"飞兄"而言就是广阔天地了。对演员来讲，演出能够有一百个听客，就有六块钱收入。当时一天六块钱已经是很高的收入了。拿当时的收入比较，一天有几块钱的收入，应该讲生活不成问题，所以很多人就喜欢去说书。实际当时"飞兄"的收入比我的收入还要高，我那时一个月的工资只有四十六块两毛，而有些"飞兄"一天可以有三块钱收入，一个月就有九十块钱了。但是我出去演出，"飞兄"知道是我，他们有些人会来看望，表示："我们在底下演出，请帮帮忙，不要去警局告状。"因为假如我打电话给文化（主管）部门，说某某地方有"飞兄"，（他们）就会马上派人来查，然后就会停止他们的演出。但是不管"飞兄"会不会跟我打招呼，这种事情我都不会做，这是我的底线。因为个体演出不是犯法，只是违反文化（主管）部门的规定。我认为，这个"法"和犯法是不同的，艺人演出又没有作案，他只是说书，又没干违法的事情。他说得好，听客多；说得坏，听客少。如果"飞兄"在台上胡说八道，文化（主管）部门可以派人去听，听下来发现有问题，再查禁他。因为我不做这种告状的事情，他们演出也跟我没关系，所以那时候认识我的"飞兄"，如果现在没有去世，都跟我关系很好。他们在哪里演，跟我没有秋毫影响。他们如果本事好，生意也比我好，我应该承认人家本事好。但反过来，一般的"飞兄"不会比我演艺好。我在1958年参加了苏州评弹团，进入评弹团我就会说书，因为我原来跟过师。何况我还是苏州评弹团派出去的艺人，演出场子一般都是乡镇上的大书场。"飞兄"问题是存在的，被称为"流散艺人"，也叫"非兄"。那时候大家不讲"流散艺人"，一般都是称呼为"非兄"，属于非法演出。辖区内停止"飞兄"演出都是有些文化干部的问题，这种做法是不对的。文化干部不能这样。"非兄"这个"非"应该是"非法"的"非"，因为在文化（主管）部门认为他们是非法的。我们也理解为"飞来飞去"的"飞"，你来抓，我就跳来跳去进行演出，飞到这个地方去。你到这里，我就那里去，你在这里抓，我就跑，飞来飞去。政府定义是非法，其实不能称为非法，实际没有触犯法律，只能说是违反了文化（主管）部门的规定。文化（主管）部门要把这些艺人组织起来，就成立了"曲联"，把个体艺人集中起来进行考核、登记。

彭：五六十年代，有没有评弹团演员私自进行个体演出，或者从评弹团退出来？

陈：有的，不过人数不多。我知道的，可以举出几个。我讲两个书艺好的艺人。上海有一个艺人叫方玉峰，说《杨家将》，以前在星火评弹团。他就是从团里退出来走了单干，做了"飞兄"，最后死掉了，本事挺不错的。苏州有个艺人叫查馥如。查馥如是苏州人，那个时候不叫单干，但退团出来就叫非法演出。查馥如是苏州地区的艺人，不是我们苏州市人民评弹一团的，好像是苏州市人民评弹二团的。他退团单干的时间是在60年代的初中期，最晚到1965年，因为1966年"文化大革命"就开始了。他们走了单干的命运，都是暴病而死。他们拿到的收入确实是比团里的艺人高很多，之前讲了一百个听客就有六块，一天两场就有两百个听客，一天就有十二块收入。他们几乎天天演出，一个月有三百六十块收入，收入大概要超过蒋月泉了。[1] 三百六十块一个月的收入，应该讲是很高了，其他团里的艺人眼红，但都不敢出去，都没有这个魄力。因为他们两个退团之后，最后都是暴病而死了。他们拼命演出，身体太累容易得病，一得病以后再看病，时间就来不及了。如果身体要有一点不舒服就去看病，病情会得到抑制，真正拖着成了病症、绝症了，再去看病就挺难恢复了，而且他们往往都是患了不治之症，所以最后都是唱到病死。我说这些都是真话，这些人我都见过。他们在单位里边，都是有本领的艺人。我不能说（他们）水平最好，（但）至少是有一定的水平。当时单干收入很高，但在生活上缺少休息，或者是太辛苦了。实际上他们也没有劳保的，那时候我们团里的艺人都有劳保，身体不舒服都是单位开张医疗单，就去医院看病。个体艺人则没有劳保，他们得了病，说书就说不动了。或者他们是一边在看病，一边是带病说书，这情况往往看病的钱也相当于白白丢水里了，既然去看病，就不能再说书，要病好了以后才可以再说书，但是他们不说书了，就坐吃山空。这两个人可以作为典型。方玉峰的事情，你如果碰到陈再文，也可以再问他。方玉峰、查馥如，一个是上海的艺人，一个苏州的艺人。我就举这两个例子。

彭："文革"期间许多艺人都转业了，当时您还演出吗？

陈：我也转业了，去了苏州市人民灯泡厂，到厂里面参加了（苏州市）毛泽东思想宣传队，但很少演出，主要是在厂里上班的。

陈景声演出照

---

[1] 上海评弹团成立初，蒋月泉的工资为三百七十六元。参见《上海市人民政府、文化局关于科普分会筹委会、人民评弹团的领导关系、编制、经费等问题指示、函件及各出版单位情况》，1951年11月，上海市档案馆藏，档案号：A22-2-67。

彭："文化大革命"结束之后，什么时候恢复演出？

陈：我不是恢复演出，我是1975年4月由苏州市轻工业二局支援调离到江阴县评弹团[1]，是有工资调令单的。这是我自己找的门路。那时候苏州还没全部落实政策，演员还没有全部归队，有些艺人是下放到苏北，有些艺人就转业在苏州市（人民）灯泡厂，还有一部分艺人留在了苏州市毛泽东思想宣传队。评弹团恢复之后，留在苏州市毛泽东（思想）宣传队的艺人都全部归队了，灯泡厂的是不是全部归队了，我就不知道了。有的艺人可能归队了，有的艺人在灯泡厂关闭之后可能就转业了。苏州市人民灯泡厂不是只有评弹艺人，苏州整个文艺界的艺人都有，如滑稽戏、越剧、喜剧、京剧，但评弹演员人数最多，有五十多人。"文革"期间，评弹团解散之后，五十人到了苏北，五十人到了灯泡厂，五十个留在（苏州市）毛泽东思想宣传队，差不多都是三分之一。

彭：您为什么要选择去江阴？

陈：因为我喜欢评弹，当时江阴评弹团已经恢复了。我通过一定的关系，就跟江阴方面的负责人见了面，他们也观看了我的演出，之后就给我办了调离手续，我通过手续就转移过去了。那时候苏州的评弹团体还没有具体落实政策。

彭：当时苏州就您一个人调到江阴吗？当时江阴评弹团有多少演员？

陈：我一个人去的江阴，江阴（县评弹）团里艺人有二十个左右，最多二十个演员。我在那儿只待了四年，从1975年到1978年，再包括1979年是五年，实际是四年。具体时间是1975年4月份离开苏州，当年5月份到江阴报到，到1979年8月30日正式离开江阴评弹团。

彭：当时为什么要选择单干？

陈：1978年12月中共十一届三中全会召开，强劲东风吹遍祖国各地。内部的文件是允许人才流动，内部文件传达到各级党委，每个党委书记都知道。我有亲戚、朋友知道这个消息，我从他们那里获取到这个信息。这样一来，我就请求调回无锡，因为我的父母、妻子、儿子都在无锡。所以，1978年我提交了第一份请调报告，当时迟迟没有答应。到了1979年上半年，我又提交了第二次报告，第二次报告是催调报告，催他们同意，但也没有答应。最后一次，我自动辞退。这样不管你答不答应，我就都选择离开。这个过程中，我给了他们三份报告，这个过程中间有半年时间，关键是中间还出现一个问题。十一届三中全会之前，全国普加一级工资四十六块二毛，那个时候我是文艺十七级，属于中专生队伍的工资一列。全国普加工资一级之后，我加了十块钱左右，加到了五十六块五毛。这件事之后，紧接着就是每个单位要拔尖，每个单位有2%的

---

[1] 当时应为江阴县文艺宣传队，由以前评弹团、锡剧团合并，"文化大革命"时期恢复了。1978年才恢复江阴评弹团的建制。参见吴宗锡：《评弹文化词典》，第406页。

名额。江阴评弹团属于县级团,有一个党支部但有两个名额,一个是给戏剧,一个是给评弹。结果这个拔尖名额,团里没有给我而给了另外一个女艺人。拔尖主要是业务支撑,不然如何叫拔尖。我业务是团里第一,但拔尖名额并没有给我,这种不公平对待,使我更要离开江阴评弹团。而且我最后一份报告,就是要跟局长翻脸的。我第三份报告就放在局长的办公室门前。他讲了一句错误的话:"某某人跟你拉拉平。"因为这个女艺人比我低一级,所以把她跟我拉拉平。我就拍桌子回复:"拉拉平叫什么拔尖!"第三份报告给局长之后,我就走了。我是摆正规矩的,如果我当时还留在江阴评弹团,局长以后肯定会刁难我。

我离团单干是有原因的:第一,我家里有营生度日的后路。我父母开店,父亲有单位,母亲开店。第二,我的户口在无锡,没有在他们手里。所以在这种情况下,我跟我爱人讲了以后,就回来了。1979年8月31日回来,9月份听书,10月1日我就正式单干了。我自己单干,也有政治背景的。我单干(时)是(由)我家所在的街道办事处文化站出证明的,上交街道办事处30%的管理费。假如我有一百块收入,就要上交给街道办文化站三十块,我只拿七十块。那个时候我们的收入都要经过银行汇款的,不允许私人拿。我这个单干,现在讲起来我选择单干应该是很光荣的。那时的单干艺人没人敢称呼自己是单干演出,都是偷偷摸摸地演出。比如改革开放之初没有人公开讲改革开放,真正提改革开放要到1984年的下半年了,包括下海经商都是1984年以后才盛行。我1979年跑单干,一个月收入有四百到五百块,比评弹团演员的最高工资还多,所以(我)在整个评弹界成了众矢之的。我本事大,年纪轻,而且还有政治资本,是周恩来总理接见过的演员。我当时出去演出既有介绍信,也带了总理的照片。

彭:您去演出的时候应该听客很多吧?

陈:每次演出应该在一百人以上。就一般来讲,不少艺人都不会超过一百。因为我出去演出,日夜两次一般有两百人。一个听客只有九分钱,一天就有十八块。一天十八块是很高的收入了,一个月就将近六百块。六百块交掉一百八十块的管理费,还剩四百二十块,是很高的收入了,应该超过蒋月泉了。四百多块的收入跟我在团里五十八块的工资比,这是什么比例?四百多块,就以三百块计算,五十八元就算六十,这就是五倍的差距。那个时候陈景声所谓的疯狂,应该是借着改革开放的强劲东风。如果当时艺人都像我这样,评弹不是现在这个样子。

彭:当时跟您一样从评弹团出来的艺人还有没有?

陈:基本上很少,他们不敢退团。那时候跟我年纪差不多的艺人,他们的收入也很低。金丽生一个月工资是三十块,赵惠兰是三十六块,邢晏春是三十六块。第一,如果他们的户口不在家,而在单位里的话,就不太可能出来。第二,艺人退团单干,生存就没有依靠,他们不一定有这个魄力。但客观上来讲,是江阴评弹团的领导没有尊重我,才使得我被迫出来单干。

彭：70年代末"飞兄"有没有？

陈：1979年之后，就有"飞兄"，但也很少了。[1]

彭：那时候个体演出不是比较流行吗？

陈：那个时候不能算流行，在单位的艺人不敢出来。像我这样，从正式单位退出来单干的，也就我一个了。杨子江出来单干，是"文革"期间从团里转业出来的。

彭：转业退休单干的演员多吗？

陈："文革"期间转业的艺人，到后来"文革"结束评弹团恢复以后，还有一批艺人又进了评弹团。比如，蒋月泉有个儿子叫蒋培生，原来是正常转业，"文革"以后新艺评弹团成立，又靠着他父亲的关系回到了新艺评弹团。现在大概跟我年纪相当，这个事情可以问陈再文。蒋培生后来就在新艺评弹团退休了。他的老婆姓曹，属于无锡县评弹队。

彭：评弹团恢复期间，是不是也有很多演员从事个体演出？

陈：有些评弹团恢复得慢，这个过程中间有很多艺人到其他地方的团体挂靠了。以前无锡有个太湖评弹团，现在没有了。当时有很多上海的演员，由于还没有落实政策，就到无锡太湖评弹团挂靠。无锡太湖评弹团不是演员组织的，而是无锡市郊区工会文化站一个干部提名组织成立的。这个团里的艺人，有不少是上海、苏州等地的，包括杨子江也去过。

彭：太湖评弹团是一种集体的模式，还是个体的模式？

陈：个体模式。挣了钱要上交一定比例的管理费，或者给你多少工分，或者组织拿大头艺人拿小头，最后就不存在了。但是我跟无锡太湖评弹团是没有任何关系的，我是直接挂靠在家所的街道办事处的文化站。那个文化站可以开证明，而且我的收入不经过私人的，都是银行转账，文化（管理）部门查起来也很清楚。我是靠演出收入，不犯法的，而且街道办（事处）文化站要收30%的管理费，后来改为20%。这个30%的比例就是参照了无锡太湖评弹团。太湖评弹团当时也邀请我参加，不过我没有参加，原因是无锡太湖评弹团里面的艺人太混杂了，而我自己一个人演出也很好。

彭：当时出去演出，您如何找书场？

陈：靠写信，写信给书场负责人，主要是向场方做自我介绍。书场负责人不知道我的情况，也是要打听，就会问演员有关我的信息。找到场子以后，就是靠自己的实力了。比方说写十封信出去，有一封信来了，就是场子来了，然后马上再给场方回复信息。还有就是要经过演员的介绍，这个也很重要。演员介绍，场方一听陈景声的情况，也会要的。跟场方讲好时间，我们就签

---

[1] 事实上1979—1984年"飞兄"很多，陈景声应该特指退团做"飞兄"的人数比较少。

合同。签订合同的原则就是守信用，关键是要有信用了。我有一个很重要的观念，就是进任何一个书场，就一定要说好书，演出好了明年再去这个书场就容易了。这就是我自己的立足之本。自己在一个地方演出，周围也会有影响，其他书场负责人就会想："这个艺人挺不错的。"演出久了，就有了所谓的名气。个体在外说书，一是靠名气，二是艺人靠艺人演出的实力了。

彭：名气出来之后，应该有蛮多书场请您去说书吧？

陈：不是请，反正就是问题不大。也有主动上门请的，但我主要是靠写信和靠演员的互相介绍。

彭：您刚开始单干的时候碰到什么困难吗？

陈：不是叫困难，这是叫打击。比方说上海就不让我去演唱。上海市有个机构叫（上海市文化局）社会文化管理处，无锡也有文化管理处。讲上海的情况，就要提到一个人，名字叫王正浩[1]。从 1979 年我刚刚退团出来单干到 1984 年要进上海市区这期间，上海市（文化局社会）文化管理处就不许我进上海演出。

彭：为什么不让您进上海？

陈：影响太大。因为我本事大，收入高。上海的文化（管理）部门的干部认为我是对抗社会主义。当然也不能怪王正浩，他是执行上层领导的意志。为了不让我在上海演出，他不好直接当面跟我讲，而是直接通知场方。他跟书场负责人讲，书场负责人再给我讲："你不能来，上面来通知了，不允许你进来演出。"我的看法是不能怪王正浩，要怪上层的决策者。上海还算客气了，客气在哪里呢？大的书场不许我去，上海郊区小点的茶馆书场可以我去演出。我要进上海市区，最后是通过和我女儿拼双档才进的，没有我女儿在常熟评弹团，他们就不许我进。有几家场子，都是他们通知场方废除我的合同，场方也无奈给我回复："不是我们不要你，是他们上面不允许你进。"王正浩是我弟弟，年纪比我小。除了上海，我在江阴还碰到过。我出来单干的时候，对整个江浙两省和上海市的评弹团、江阴评弹团都发出了通告，说我在外边从事非法演出。后来我就写信给中央纪委、江苏省纪委，双方都有回信，最后这个问题也就不了了之，他们也就不再为难我了。还有一个打击是发生在苏州，魏含英那时候是苏州评弹团的副团长，是负责管理评弹市场业务的，苏州城门外边的石路和平书场是他负责的。大概 80 年代，他答应让我进去演出。我进去演出，白天加晚上有七百个听客。七百个听客就有六十三块钱一天，结果场方不允许我演出了，也不给我钱。魏含英没有告知我具体原因，就跟我说："是文化局通知我不能给你钱，我也没有办法。"为什么会这样，因为我演出影响太大，收入太高，而团体艺人进去演出，则没有

---

[1] 长期在上海市文化局社会文化管理处任职。

自己的收入。但是他们不给我，我就报警了。所以我单干演出受到一定的打击。苏州（评弹）团的艺人，当时很多人的工资一个月只有几十块钱，就算是五十块，加上奖金也就一百块钱，还是不能跟我的收入比。那时候我进大场子一个月收入就有八百、一千块。我在苏州碰到这种事情，上海也碰到这种事情，对我产生了一定打击。上海是王正浩，但是不能怪他，他是一个工作人员；苏州是魏含英，在苏州评弹团担任副团长，而且是跟我一起到北京的老前辈，跟我先生同年，关系挺要好。他本人同意我进去演出，后来也是他通知我不能演出了，他也是没有办法。你怎么好怪他，只能怪制定政策的人。

彭：除了您之外，还有其他有名气的个体艺人吗？

陈：后来是程振秋、惠中秋，但他们不能跟我相提并论。程振秋也是挂靠在单位，当时个体艺人不挂（靠）单位是不允许演出的，因此一定都要挂（靠）单位，挂（靠）了单位也就要上交管理费。个体艺人没有挂（靠）单位，在乡村演出没有关系，但是到了无锡市市区或者上海市市区就不允许了，否则文化（管理）部门就要来查了。

彭：当时您演出的书场是大场子居多，还是乡村的小场子居多？

陈：我一般以大场子为主，小场子我一般不去，因为我家里有退路，我也开店。评弹团艺人的收入主要是评级以后工资才高上去，如评了一级、二级、三级。评弹团艺人也有退休工资，所以现在老了就可以享受了。以前他们的收入很低，都比我低。团体艺人要从80年代末90年代初之后才开始逐渐加工资，年年加、年年加，这样工资才提上去。

彭：您一直坚持单干，还有其他原因吗？

陈：没有其他原因。主要是我想进无锡评弹团，并且无锡评弹团也答应要我，而江阴评弹团不放行，这样就造成我退团单干了，特别是最后拔尖的问题出来，更使得我决心要走。

彭：1983年出台政策要对个体艺人进行登记，您当时去登记了吗？

陈：个体艺人登记是在1984年之前。[1] 无锡的个体艺人是在文化市场管理处登记，属于无锡市文化局的一个下属部门。户口在无锡，是评弹演员出身，而且现在还是以评弹演出为生活来源的艺人才可以进行登记。艺人需要将户口本、居委会证明、原来单位的证明（上）报到文化局，再由文化局组织进行身份考核，考核通过就转变为民间艺人。民间艺人登记是面向全部艺人开放的，我自然也要去登记。我进乡音书苑的时候就是无锡市友联评弹队的成员，上海（市）文化（管理）部门承认这个评弹队。我第一次进乡音书苑，也是当时单干演员中第一个进乡音书苑演出的，我开了这个先例以后，就有一个叫张君舫的艺人也进去演出了。我曾经四进乡音书苑说

---

[1] 应为1983年。

书，当时王正浩还在上海市文化局工作，但已经不再阻止我演出了，所以不能以以前的事情来评判他好坏。

彭：个体艺人登记考核难不难？

陈：考核不难，考核的主要标准是说一段书。登记艺人说一段书，让考核的领导看下来是否达标，但是登记之后文化市场管理处也不负责个体艺人的业务，得自己去找书场，自己去找收入。艺人演出之后，要上交20%的管理费给文化市场管理处，后来改为10%。那时候（我）曾挂靠过苏州评弹团，实际上不是评弹团的演员，挂苏州（评弹）团的牌子也要上交20%的管理费。当时的苏州（评弹）团的领导叫龚华声，副团长是金丽生。

彭：当时有很多个体艺人登记考核吗？

陈：挺多的，具体有多少，我就不知道了。无锡登记的个体艺人应该也有十五个人左右。除了无锡，还有江阴、常熟等地方也有，因此总人数还挺多。这些登记的艺人实际上就是个体模式，但演出一定要挂个牌子，就成了民间艺人。现在我的性质也是民间艺人。我走了单干（这条路）以后，我就称自己为一名民间老艺人。程振秋娶了老婆之后，跟着老婆挂靠在东方评弹团，依靠他爱人施亚君。

彭：您从事个体演出之后，跟杨子江有接触吗？

陈：有接触。没有单干以前也有过接触，我还跟他吃过饭吃过酒。曾经有次在无锡演出，我们俩还是敌档，我请他到我家来吃饭。虽然我家里不是什么富翁（家庭），（但）还是比一般家庭好点。那时候请杨子江来吃饭，还有苏州的朱汉文，上海的潘溶伯。但是我和杨子江平常没有具体来往，只是一种表面的交往。

彭：请简单谈谈程振秋、惠中秋。

陈：惠中秋在工作的时候就喜欢听评弹，尤其喜欢听程振秋说书，但他当时有工作。后来惠中秋正式离开单位，才走了单干的道路，不过时间已经算好晚了。他走单干的时候，有一个常州女艺人和他拼双档，一起说小书。那时他还没有自己写书，等到他变成单档以后，生意也逐渐变得更好。惠中秋是说了《宋氏三姐妹》之后，才开始崭露头角，积累起了名气。

彭：当时个体艺人说传统书还是新书多？

陈：都是传统书，要到传统书不行了，才说新书。程振秋一直是说传统书，我也是说传统书。杨子江是到了说《康熙皇帝》以后，才有了名气。在杨子江没有说《康熙皇帝》以前，业务不是很突出，比我少得多。程振秋主要是跟施亚君拼档以后业务才逐渐好转，说《林则徐》的时候没有生意，在无锡书场的时候只有六个听客。杨子江说《康熙皇帝》也不是一出来业务就很好的。他是在无锡的乡下慢慢演出锻炼出来的，《康熙皇帝》原来书名叫《清宫十三朝》，后来在上海西藏书场（演出）客满。他说书有着几个阶段的磨炼。以前我在码头上演出，他也在常熟乡下说书，某一年的春节我跟他还一起在无锡演出，当时他还是说《清宫十三朝》，之后他才将书名定为《康熙皇帝》，最好（时是）做到了（在）上海西藏书场（演出）客满。这在当时很轰动，因为西藏书场客满（的话）有一千多客人。从那以后，杨子江就更加自信了，说话也更加有台风了。杨子江是一个有本事的艺人，我女儿现在也在说他的《康熙皇帝》，但是我没有说其他艺人的书，坚持说《岳飞传》。因为我说《岳飞传》业务也一直没有受到损害。有些艺人出去说《三国》等书业务不好，才需要改说其他人的书。杨子江有个学生叫吕也康，以前是张国良的学生，说《三国》生意不好，一些书场老板不要他演出，于是他就拜了杨子江为师，出了两百块钱在苏州举行了拜师仪式，最后生意就逐渐好转，还将书传给了王池良。王池良是现在苏州评弹团的副团长。

彭：他们都是个体（艺人）？

陈：不是，都是团体艺人。

彭：您会不会收个体艺人为学生？

陈：我没有，其他艺人的情况我就不知道了。但是程振秋收惠中秋，惠中秋就是个体艺人，团体艺人中还收了沃建东。

彭：当时个体主要是在乡村码头说书吗？

陈：以前上海每年要开一次业务会，苏州每年也开一次业务会，无锡每年（也）开会。当时有个组织叫江浙沪两省一市评弹联合工作领导小组，正组长是吴宗锡，副组长是周良，浙江的负责人是施振眉。业务会，艺人都可以去参加，书场也会参加，主要是解决艺人接书场的问题，要签订合同。订合同的目的是不要艺人轻易违约，关键是要守住信用。参加业务会的艺人，有正规评弹团体的业务负责人，如上海的王正浩、柳振忠，苏州的李宏声；也有像我这样的个体艺人，我几乎每年都会去参加。

彭：当时其他个体艺人的演出水平怎么样？

陈：总归解决温饱没有问题，总比一般工人收入要好。

彭：当时个体艺人之间有没有成立团体？

陈：没有，但评弹团体会联络起来接业务，都是以单位名义去接业务，比如说德清（评弹）团的张雪麟，常熟（评弹）团的张惠麟。他们接业务的时候都联合起来，要一起开会。有很多场子，被他们接到手里。有很多演员没有能力接业务，就会去联系他们。我跟这帮人不打交道。

彭：您是自己找业务？

陈：我一是自己接生意，二是培养女儿，女儿现在已经进评弹团了。我不跟那帮人打交道，他们钩心斗角得很厉害。他们看不起我，我也看不起他们，这是相互的。我认为艺人演出就是要靠艺人的本事。艺人有本事了，不管书场大小，演出都站得住脚，业务也就自然来了。我说的《岳飞传》是优秀传统书，我是靠真本事生存。如果我和他们面对面看见了，一般点点头也就可以了。

彭：有没有个体艺人寻求您给他介绍业务？

陈：那也有，这方面就不讲了。当时不少个体艺人都会向评弹团的业务组负责人靠拢，目的是套场子。当时各个评弹团都有业务负责人，当然场子最多的就是苏州评弹团，就是我师弟在负责。当时上海的业务负责人是刘正宗。我刚刚提到了，艺人都会向他们靠拢，靠拢目的是套场子。我不担心缺少业务，因此不需要向他们靠拢。我如果需要场子，就直接跟我师弟讲，这是我们的私人关系。他以前建房子，他还曾向我借过一千块钱，他亲口来借的，约定第二年还款，最后三年才把钱还给我。现在我又没有开口向他借钱，而是问他拿点业务，并且这也是他的工作范围之内的事情，此外我还教过他挺多技巧。但一般个体艺人跟我的情况有所不同，他们需要依附团里的业务负责人，需要送东西，等等。

彭：您觉得上海、浙江、江苏，三个地方对个体艺人的政策有什么差异吗？

陈：基本上没有什么差异。

彭：个体艺人跟评弹团艺人之间有什么优势与不足？

陈：客观上讲，单干艺人跟团里艺人关系是不要好的，比较好的正规团体是看不起单干艺人的。比如说程振秋，正规团体就看不起他；杨子江也常被团体看不起，碰到评弹会演，就不会让杨子江参加。我曾经在苏州碰到会演，基本上都参加。原因：第一，我是说《岳飞传》；第二，我的师傅是曹汉昌；第三，我是《岳飞传》的传承人。

彭：个体艺人都说长篇书目吗？

陈：都是说长篇书目。

彭：80—90年代，好多艺人说武侠书、"文革书"吗？

陈：对。先是说武侠书，后来再是说"文革书"。艺人流行说武侠书是受到武侠电视剧的冲击和影响。最开始流行的电视剧是日本的《姿三四郎》，第二部是《霍元甲》。武侠电视剧的流行，使得很多茶馆书场就放电视剧。《姿三四郎》《霍元甲》一进来，艺人晚上的业务遇

陈景声演出照

到了普遍的下坡，许多艺人业务上挺不住了，就改说武侠书，包括我也说了武侠书《彭公案》。尤其是说《三国》《英烈》《隋唐》的许多艺人，业务都不行了，说其他小书的艺人业务也不行了，所以都要说《屠龙刀》等武侠书。再后来有部分艺人开始自编"文革书"。这些说"文革书"的艺人中就包括了杨子江。从时间来讲，先是武侠书，后是"文革书"。惠中秋说武侠书的时期，业务还不是很突出，要等到说"文革书"的时候才有了名气。他说了《宋氏三姐妹》以后名气就出来了。惠中秋倒也不是说"文革书"，当时说"文革书"的主要代表是杨子江。杨子江之后就是李刚，一直说"文革书"。李刚可能跟过杨子江学艺，至少也听过杨子江说书。李刚原先是跟一个小老板做生意，当生意不行了，就要说书了。他最初说书时生意不是很好，有次杨子江在江阴月城桥演出，他听了杨子江的书之后受到启发，再自己补充书的内容，后来说"文革书"就有了名气。

彭：当时个体艺人中有没有偷书的？

陈：当然有。个体艺人偷学人家的书目，这个现象挺多的。"文革书"是从杨子江开始，书目有《上海滩》《潘汉年》《于成龙》《彭大将军》。杨子江这个人不容易。如果评弹界能够多出几个杨子江这样的人物，评弹节目就会很丰富多彩，现在再要出一个杨子江一样的艺人都没有了。杨子江的书目和书艺都很好，而且也没有人教，全靠自学自编，在这一点上，我们要重新审视、评定一个人的能力，要讲心里话。龚华声最后也是说武侠书，说过《屠龙刀》。他也是没有办法，因为以前说《孟丽君》没有生意。虽然他有工资，但书场上没有生意，别人会看不起他。人家会想："苏州评弹团的团长来演出，居然也没有生意。"我们没有生意倒不要紧，又不是团长。

彭：您是哪一年挂在无锡市友联评弹队的？

陈：应该在1984年以前，我有正式登记手续。因为我第一次进上海乡音书苑，我就挂在了无锡市友联评弹队，所以时间应该在1984年之前。[1] 无锡市友联评弹队也属于个体演出模式，艺人在无锡市友联评弹队登记仍是个体性质，自生自灭。当时组织评弹队的干部叫丁新元，现在已经退休了，关系跟我挺要好。

彭：无锡现在还有没有个体艺人？

陈：现在有几个个体艺人，也都是挂靠了评弹团，他们演出还是要开发票，实质还是单干演出的性质。举个例子，有一个艺人叫钱惠良，现在就挂在我女婿的单位。我女婿的单位在浙江湖州。现在不管是不是个体演员，都不能直接挂民间艺人的牌子，一定要挂个评弹团。比如说上海现在退休艺人出来，就挂在吴韵评弹团。张兆君是从东方（评弹）团退休的，现在出来演出还要

---

[1] 无锡市友联评弹队成立于1982年7月，参见《关于建立"友联评弹队"和"书场、民间艺人管理组的函"》，无锡市档案馆藏，档案号：B043-1982-003-0039-0073。

去挂一个评弹团,而且他现在还是上海市吴韵评弹团的团长。

彭: 成立民营评弹团是不是为了转账的需要?不能用现金支付演出费?

陈: 不绝对,实际上我在有些地方演出还是拿现金,不能给现金就通知我女婿开一张发票。无锡没有开发票的单位,只能去我女婿的单位,单位名字叫湖州同乐曲艺团。政府现在规定文艺演出一定要是文艺单位才可以开发票,评弹演出属于文艺专用税务发票,艺人演出之后一定要在某个评弹团开发票,所以上海就成立了一些个体性质的团体,如火箭队、新东方评弹团、吴韵评弹团。无锡市没有这种团体,苏州有苏韵评弹团,苏州的个体艺人都挂在苏韵评弹团。我女婿是湖州同乐曲艺团的法人代表,而且我已经挂在里边了。其实我挂无锡、苏州也可以。我作为苏州评弹代表去参加全国演出,可以称呼自己为苏州评弹艺人陈景声,出去演出在哪里都可以开一张发票,关键是这个发票要属于文艺专用税务发票。这种发票上交比例很小,只有5%的税点。我觉得5%的税是应该要交的,但其中管理很混乱。

彭: 现在稍微有点名气的个体艺人很少了?

陈: 是的,关键有名气的艺人年龄都大了。有点名气的艺人也有,如庞志豪。庞志豪现在是苏韵评弹团的法人代表、团长。他也收了学生,如挂在上海吴韵评弹团的马恺[1]。他继续走个体演出道路。比如还有我徒孙,我女儿的学生,原是苏州评弹团的,正规团不要他,现在就是挂在我女婿的单位。这种艺人挺多的。再如钱惠良没有单位,也挂在我女婿那里,还有退休的艺人还挂在苏韵评弹团,赵桂兰实际上是从苏州评弹团退休的。原来的个体艺人组织,还有严格的考核,考核艺人说书水平怎么样,原来是不是说书艺人,现在这些组织都没有了这种考核和要求。这需要文化主管部门真心抓,既要提高说书质量,也要国营、集体、个体三者同行。如果现在书场不是包场制度,这些艺人又该怎么办?现在不管是我自己,还是其他艺人,不管艺人到哪个书场上演出,也不管演出质量好坏,只要演出了就有三百至四百块钱,甚至有五百至六百块钱,这些钱都是由政府买单。虽然是政府拨款,但资金到了具体人手里又该如何分配,这里边的状况就很难说了。比如办个老年书场,政府要给每个社区拨一笔钱。这一笔钱是否全部投入到书场运营里了?这里面可能就有水分了。演员是拿到了三百至四百块,但是书场在中间托人介绍,或者托评弹团负责介绍,这个书场的二十万就全给了评弹团,而评弹团到底有没有将二十万全部用在书场运营上,这也很难说。比如苏州市吴中区大约有三十家书场,这笔钱就全给了吴中区评弹团。如果艺人要业务,就要去找吴中区评弹团,至于他们给你一家场子多少钱,则是他们说了算。比如说给我三百八十块,我就到吴中区评弹团直接拿现金。不管怎样,这个艺人演出的定价是谁定

---

[1] 现在属于苏韵评弹团的演员。

的，这些问题都属于管理上的混乱。当然对于演员来讲，不管他们是给演员三百块，还是给两百五十块，或者给四百块，都应该感谢政府。在政府的支持下，现在说书的艺人人数很多，但管理乱七八糟。我已经七十八岁了，现在出去演出也是属于混的。

现在要抢救、弘扬民族文化。就以《岳飞传》而言，我有一个学生叫徐伟东，现在在上海评弹团，但他们也不能够挽回大局。此外，现在苏州评弹学校的教育方式有问题，评弹团、苏州评弹学校评话班没有了。去年在杭州开会，唐力行老师请我发言。我说："我恐怕得罪大家。我说苏州评弹学校到现在连评话班都没有了，叫什么评弹。"谢谢！

彭：谢谢陈老师！

整理者：彭庆鸿

第九十四讲
从"飞兄"到"响档"
——庞志豪访谈录

口述者：庞志豪

采访者：彭庆鸿

采访时间：2018年4月12日、6月10日、11月1日

采访地点：上海市仙霞路700弄虹仙小区，

　　　　　苏州市区静慧寺220号，

　　　　　上海市南京西路石门二路13号小区德义大楼

庞志豪

庞志豪（1950— ），江苏苏州人。出身于评弹世家，父亲、兄弟均为评弹艺人，父亲为评弹名家庞学卿。他早年师从高翔飞学说《乾隆下江南》。改革开放之初，从苏州光学仪器厂转业从事个体演出，四十年来一直坚持个体演出，是当今评弹界有影响力的个体艺人。2012年成立苏州市相城区元和苏韵评弹团，任团长。该团现有个体艺人四十多名，为当今评弹界最大的民营团体。庞志豪由"飞兄"到"响档"的演出经历，反映出改革开放后个体艺人的发展状况。

彭庆鸿（以下简称彭）：先请您谈谈对个体艺人的见解？

庞志豪（以下简称庞）：50年代初期民间艺人首先成立评弹小组，后来评弹小组被国家包下就成为评弹团了。[1] 苏州有评弹团，上海也有好几个，基本每个区都有一个评弹团。[2] 五六十年代，先后发生过两次"斩尾巴"运动，艺人不能说传统书，要说现代书，最后就禁止了传统书。[3] "文化大革命"时期，江青说："评弹是靡靡之音，听了要死人的。"这种形势下，评弹演员被全部下放到厂子，到了"文革"结束以后，评弹团才逐渐恢复。而当时一批评弹艺人回不到团体，我们称之为"不能归队"，这批艺人又流散出来了。但是这些艺人也要生存，而说书又是他们唯一的技能。"文革"结束之后评弹最繁盛的时期是在1979年之后，尤其是1980—1982年，甚至安徽（省）宿松县、浙江（省湖州市）安吉县都有评弹团。浙江（省湖州市）安吉、德清等县都是很偏远的县，一些艺人到那儿之后，就与当地的文化部门联系，申请组建评弹团，当地文化部门就批准了，因此这些地方也就有了评弹团。到90年代初期，有的评弹团、队又解散了，不少艺人又流入民间。（这是）因为他们没有进入团体，而当时文化部门对个体演出又查得很紧。当时个体艺人要到文化部门开介绍信才可以演出，并且当时还有文化纠察队对书场进行检查。如果不是正规团体的艺人，没有文化部门的介绍信，就不能进书场演出。那时候形势是书场多而演员少，如果演员不去演出，许多书场就要空缺。当时的书场主要是镇上的私人茶馆书场。老年退休（听客）听日场，青年听客听夜场，场子多演员少。民间艺人也要生存，在艺人供不应求的情况下，逐渐就有一些演员暗自、私自演出。我们称这些艺人为"飞兄"，也不犯法，就是犯禁。文化部门查到了就通知他们："今天演了，明儿不能演了。"但是私立茶馆书场的老板需要演员，又找不到演员。像陈景声老师这样的演员都是一流的，评弹界很少有的。他虽然不在团体，但是书场老板很喜欢他，听众也很欢迎他。个体艺人暗中演出，其实从来都没有停止过。改革开放以后，尤其是近几年习近平总书记上台之后，开始重视传统文化，文化部门也很重视。当时在苏州成立了

---

1 这些评弹团是区级评弹团。
2 上海只有五个区级评弹团，分属于黄浦区、静安区、杨浦区、徐汇区、闸北区。
3 第一次"斩尾巴"于1951年开始，第二次"斩尾巴"于1964年开始，而区级评弹团的成立是在1960年，因此第一次"斩尾巴"是在区级评弹团成立之前。

一个组织叫"苏州市民间艺人管理组",简称"曲联"。[1] 苏州评弹团派了一个退休评弹老艺人(指俞振飞)负责,给一个办公室让他在里面办公,流散在外面的艺人就到这里来登记。有的艺人六十多岁退休了,还可以演出,当时场子多演员少,就给他们登记,给他们开介绍信,允许他们出去演出。后来"曲联"没有银行账号,也没有演出证,组织不下去了。后来我也退休了,文化局找我谈话,让我出来牵头,成立一个民营团体来代替"曲联"。我当时问:"这个行不行?"他们说:"没事,文化局给你撑腰,现在形势不一样了,我们很支持的。"于是我就开始着手这件事,于2012年成立了苏韵评弹团。我家就住在苏州市中心,加之我家又是评弹世家,我父亲也是评弹演员,我们弟兄几个也是评弹演员,分别是庞志英、庞志雄、庞志豪。我说评话,他们说弹词。1962年在陈云同志的建议和支持下,苏州创办了苏州评弹学校,全世界只有一个,我孙女也在里面学艺。苏州评弹学校每年要培养五十至六十个学生,有部分学生毕业就转业了,有部分学生很喜欢评弹,坚持要从事评弹演出,但是评弹团受到编制的限制,不可能毕业一个学生就吸收一个。有的评弹团到现在都没有编制,如吴江(评弹)团、张家港(评弹)团、常熟(评弹)团。这批(苏州)评弹学校毕业的学生怎么办呢?他们中间有些人很喜欢评弹,考进(苏州)评弹学校就是想要说书,而评弹团没有编制,他们就只能进我的苏韵评弹团。我负责给他们接场子,负责汇款。我们的团现在都是参照以前的"曲联"(的做法)。现在演员的演出收入一定要银行汇款,要开正规发票,而我这个团体的财务制度等都很健全。

一、脱厂单干做"飞兄"

彭:您是什么原因从事个体演出的?

庞:"文化大革命"中我有很长一段时间是在"上山下乡",1975年才调回来的。我父亲以前是常州评弹团团长,"文革"期间被打成"反动艺术权威",被转业到苏州光学仪器厂。我调回来的时候,他已经退休了,我当时就顶替他去了厂里上班。后来光学仪器厂倒掉了,我也就下岗了。下岗之后,我就待在家里,想着以后的出路。我小时候说过书,还拜过常州评弹团的高翔飞为师。高翔飞当时很有名气,他有部书叫《乾隆皇帝下江南》就传给了我。下岗之后,我进过丹阳县曲艺团,后来1993年丹阳县曲艺团也解散了。

彭:70年代末80年代初的时候您演出吗?

庞:在演出。那时候就在厂里请病假。一开始是请病假,后来到了1986年厂子就倒闭了。

---

[1] "曲联"是60年代"苏州市曲艺者联合会"的称呼,下属一个机构叫"苏州市个体曲艺艺人管理小组",简称"曲管组"。1983年底恢复为"苏州市民间艺人管理组",简称"民管组",但由于习惯,不少艺人仍称之为"曲联"。

厂子虽倒闭了，但我的个人材料还留在光学仪器厂，自己就借调到了丹阳县曲艺团。

彭：丹阳县曲艺团是正规团吗？

庞：是正规团。当时有些评弹团恢复了，而有些评弹团又解散了，如昆山评弹团。许多到了退休（年龄）的艺人都退休了，我本来在单位里是有编制的，属于转业下岗。下岗之后我是挂靠在团里，1993年丹阳（曲艺）团解散之后，我又挂靠在了吴江（评弹）团，还挂靠过苏州（评弹）团等好几个评弹团。

彭：挂靠相当于个体演出吗？

庞：挂靠相当于个体演出。评弹团给挂靠艺人开介绍信，艺人每年给评弹团交纳一定的管理费，实际上还是个体演出。当时挂靠没有编制，没有养老金。我的养老金是我自己交的，演出收入归自己，每年给团里上交演出收入的10%。我后来又挂靠过吴江评弹团，但很快就退出来了。现在吴江评弹团的建制还在，只有团长和他夫人有编制，其他招收的演员都没有编制。现在吴江（评弹）团是有编制就招一个演员，但是没有编制的演员，团里也会帮助他们交五金，性质相当于企业，艺人实质上还是相当于个体演出。因为有这批无编制的艺人的存在，他们需要演出，需要交税，所以苏州市文广新局就跟我商量。苏韵评弹团就是在这样的背景下应运而生。

彭：挂靠相当于个体演出，那特约演员就可以理解为个体演员？

庞：嗯，因为那时候文化部门不允许个体演出，不允许民营团体，所以个体艺人就挂在团体名下。

彭：特约艺人要向团体交管理费，一般要交多少钱？

庞：那时候一年要交几百块，是按收入的固定比例缴纳的。

彭：您做过特约演员，您当时一个月要交多少管理费？

庞：最早是每个月交两块钱。

彭：两块钱在您那时的收入当中占多大比例？

庞：两块钱大概是只占一个月收入的1%。因为刚出来演出，一个月能够挣到几百块钱就属于非常好了，而那时工厂里工人的工资一个月才四十九块或五十二块，最高的六十多块钱。当时不能进编制的艺人差不多都是运用做特约这种策略，因此当时特约演员比较多。

彭：国家对特约演员会限制吗？

庞：一开始不会，但后来就限制了。国家的政策也是此一时彼一时，有时候限制，有时候不限制，而限制的时候只能让它限制。

彭：限制是通过提高上交的费用来限制，还是怎么回事儿？

庞：限制就是文化部门不允许个体艺人演出就行，也不让退休艺人去演了。

彭：您开始每个月交两块，后来呢？

庞：90年代初期登记在"曲联"[1]，每年就要交两百块。两百块钱大概占收入的20%（应为10%），那时候每年大概是两千块的收入。现在我们一个月的收入，如果天天演出，有一万上下，收入多的艺人一个月有一万三千，有的艺人一个月也不到一万，甚至有的艺人只有七八千块。

彭：90年代的时候每年交两百块钱，但我看苏州市民间艺人管理组的规定是交10%，或者15%。

庞：不是这样。[2] 因为那时候不开发票的。那时候的书场都是私人办的，书场很赚钱的。因为没有其他娱乐活动，书场生意很好。比如卖两毛钱一张票，他一百个听客就有二十块钱。书场按四六比例拆帐，二十块钱艺人就拿十二块，老板就拿八块。

彭：我看材料，您哥哥也在苏州市民间艺人管理组登记过。

庞：对，好像是1984年开始的，不过他没有登记，我登记过。[3]

彭：80年代早期个体艺人书艺水平怎么样？

庞：有一些个体艺人书艺是可以的，但有一些艺人的书艺就差点。

彭：汤仲良是说什么书的？

庞：汤仲良是一个评话演员，说大书的。

彭：他书艺怎么样？

庞：也一般。

彭：当时你们去外面演出，业务是艺人互相介绍还是"民管组"介绍？

庞：那时候有一个业务组，俞振飞老师就做过业务组的组长。那时候，他就介绍艺人去演出，定好时间与地点。有的艺人艺术水平比较好一点，他就不用"民管组"介绍。他把你介绍给了场子里的老板，就相当于请了你。请你演出，书场老板就付订金，定好你明年元旦到我这里来演出。这种模式跟1949年前是一样的，当时都是口头交易，没有签订协议，艺人收下了订金也就代表同意了，就不能再反悔了。

彭：那剪书之后是给现金还是银行转账？

庞：那时没有银行转账，都是现金。

彭：什么时候开始是银行转账？

---

1 应是苏州市民间艺人管理组，简称"民管组"，但不少艺人喜欢称之为"曲联"。
2 前面提到每年收入二千元左右，管理费为二百元，计算比例应该为10%。根据苏州"民管组"的材料显示，管理费一般为10%，因此此处记忆有误。
3 根据《苏州市民间艺人管理组成立以来的变化状况的报告》（苏州市民间艺人管理组办公室藏），庞志雄在1983年底曾登记过，获得过临时演出证。1984年退组，去金山县评弹团做特约演员。1985年又重新在苏州市民间艺人管理组登记。

庞：最近几年才是，以前都是付现金。以前我们刚出来演时，卖票是一毛二，有的地方卖一毛，宜兴卖八分。最普遍的票价还是一毛二，四六拆帐，艺人拿六成，场方拿四成。不过有些好书场票价是两毛，如杭州的大华书场，四六拆帐，艺人就可以拿到一毛二。但是书艺差的艺人，书场就不让他们来演出，基本上老板是很势利的。

彭：那时候个体艺人都是去乡村小书场吗？

庞：普遍是。好点的小书场个体艺人也去。常熟地方的书场老板待人很热情，艺人一天三顿的伙食都由场方供应。因为艺人去他那儿演出就是让他发财，艺人一场演出如果有两百个听客，老板拿六分钱一个人，就有十二块钱收入，一天两场就是二十四块。五六十年代，二十四块钱是什么样的概念？那时猪肉只要两毛四一斤。到80年代以后国家开的很多书场是包场，也就是二十块一场，有的是十五块。[1]

彭：包场的话，你们个体进得去吗？

庞：也去的，只要国家允许个体演出，就是凭本领生存，有些国营团体的艺人也不一定本领就好。我们说书队伍中间有三种类型：一种是神仙，一种是老虎，一种是狗。

彭：庞效芳有段时间住在那个桥洞下面？

庞：嗯，一直很苦的，就住在桥洞下面的，他的东西都堆在那里。在桥洞下面铺着席子，就睡在那里。后来政府看他身体也不好，没有子女去管他，也不能强令子女把他接回家里，加上人又疯疯癫癫的，后来政府就把他送到养老院去了。他虽然有低保，但生活很潦倒，房子也没有，任何财产都没有。

彭：我看材料，1987年他还在演出。

庞：对。1987年他还在演出，即使到了90年代，他也还说过书。[2]

彭：他说什么书？

庞：也是传统书。那时候团里艺人收入没有单干艺人收入高。他单干生意很好，以前在团里一个月只拿几十块钱的死工资，他单干一月收入就有一百多、二百多。[3]有点本领的艺人，总是要折腾一下，于是就退团出来了。如陈景声老师，就从苏州（评弹）团出来了。

彭：我这儿有一份1965年苏州"曲联"的人员名单，请您看看。除了庞效芳之外，名单上其他艺人现在怎么样了？

---

1 此处口述者记忆有误，可能为90年代。根据《苏州市民间艺人管理组1986年度统计表》（苏州市民间艺人管理组藏）显示，包场价格一般在五至十元之间。
2 根据《苏州市民间艺人管理组2009年总结》（苏州市民间艺人管理组藏）记载，庞效芳在2009年仍在演出。
3 根据《苏州市民间艺人管理组1986年度统计表》（苏州市民间艺人管理组藏）记载，除去10%的管理费，庞效芳1986年的收入3 189.90元。

庞：汤仲良现在患了肝腹水，估计生命也不是很长了。他天天要打针，每一天就要八十块钱，天天要打一针，隔一段时间要去医院把水抽出来，生活很惨。汤仲良有八十六或八十八岁了，还经常出现在茶会上。茶会上年龄最大的艺人叫高雪芳，[1]今年有九十四岁，在茶会上喝茶的，现在每天带只小狗，抽着香烟。那时候高雪芳和我的叔叔庞学庭都属于江苏省曲艺团。她后来退休了，也只是二级（演员），不是一级演员，现在一些小青年都成为一级演员了。一级（演员）现在一个月工资大概是九千块，二级（演员）只有七千块，还差两千块。不过她说："我寿命活得长，等于一级（演员）了，我多活一年就多拿不少钱，而其他同时期的艺人都已经死了。"个体艺人以前还有两个女艺人，一个叫吕小平，一个叫陈美云，也都八十几岁了。周玉倩还在世，已经八十六岁了，住在汤仲良家对面，现在身体还好，以前在星火评弹团待过，"文革"以后大概还说过书。杨耐寒可能也还在世，但是不出来活动了，而其他同时期的老艺人都不在世了。因此，加上庞效芳就四个老艺人还在世。[2]

彭：您说团里出来单干的艺人都是有点水平的吗？

庞：嗯，书艺较差的艺人抱住评弹团这个铁饭碗，就不可能出来。这是双向的。有的是评弹团不要艺人，如庞效芳就是评弹团里不要他。有的是艺人不要团。我父亲庞学卿以前在常州评弹团做团长。1958年建立了一个常州评弹团，有批艺人多自愿过去，常州评弹团那时候很好。为什么？因为待遇高，工资高。50年代初期我父亲一个月就拿一百五十一块，那时候是很高的收入。在五六十年代拿六十多块已经很好了，属于六级工的工资了。我的师父高翔飞拿一百八十一块，工资在常州评弹团里属于最高的了。而且常州（评弹）团实行奖金制，是我父亲那个时候定出来的。奖金是提成演出收入的30%，因此有时候奖金比工资高。

彭：五六十年代好多团是没有奖金的？

庞：有的，在三年自然灾害以后有一个飞跃。1959—1961年的三年自然灾害（困难时期）艺人的生活很艰苦。评弹（发展）最好的时候是1963—1965年这三年。那时候说书收入很高，一般的工人工资都很低的，而说书艺人出去最起码有几百块钱一个月。

彭：因此那时候"单干风"就很严重？

庞：对，就是"单干风"那时候。1958年常州评弹团成立，常州有一批本土艺人，就是用常州话说书的，不是用苏州话。其中有白亚刚、张唯一、曹建平几个人，是常州说书，那时候他们生意很好。因此，常州评弹团就把他们吸收进来。他们在团里待了几个月，觉得不行，认为自己一天出去赚五六十块，全部上交了，而工资一个月只有八十几块，就不愿意了。他们就从团体里

---

[1] 高雪芳不是苏州"曲联"艺人。

[2] 1965年"曲联"名单上还在世的四个老艺人分别是庞效芳、周玉倩、杨耐寒、汤仲良。

退出来，退出来不久就到了1964年，国家政策开始就收紧了。1963年从团里退出来的艺人，就不允许再进团了，而当时"飞兄"也要抓了。他们从团里退出来，一年好日子也没过到。那时候我父亲是常州（评弹）团的副团长，正团长是由（常州市）文化局派来的一位干部，是个外行，对评弹不是很懂，主要作用是坐镇团里。这位正团长就强调，团里现在不可以再招个体艺人进来了。以前艺人出去单干演出很自由，后来看形势已经不对了，演出需要文化主管单位介绍信，没有进团体的艺人就不能演了，以前退团单干的艺人就又想再回到团里来，但此时政府的政策已经不允许了。他们认为是我父亲不允许他们进团，就怪罪我父亲，因此"文化大革命"期间我父亲在红星大剧院遭到了批斗。后来我父亲讲："那是他们自己要出去单干的，本来能待在团里的，而出去单干以后要再回来，政策已经不允许了。""文化大革命"以后，不少地方还成立了评弹团。从1978年开始，就又到处都是评弹团，除了苏州、上海的正规团外，常熟、吴江、吴县、太仓、昆山、金山、南汇、青浦也成立了评弹团。评弹团成立以后，我就从光学仪器厂借调到丹阳（县曲艺）团，后来（苏州）光学仪器厂倒闭了，而丹阳（县曲艺）团在1993年也解散了。从1992年开始，国家要求"文革"以前没有成立的团体要全部解散，那时候浙江（省湖州市）安吉县、安徽（省）宿松县都有评弹团，就全部不允许存在了，要全部解散。再后来是太仓评弹团、无锡评弹团也撤销了。以前无锡有两个评弹团，一个是无锡市评弹团，一个是无锡县评弹团，后来都撤销了。现在据说无锡市评弹团还要整顿起来，现在还有三个艺人，最近又招了两个学员。

彭：苏韵评弹团里有四十九个艺人，年龄大点的艺人有多少人？

庞：年龄大点的艺人有十几人，如金鉴伯、胡小如等。金鉴伯是金声伯的儿子，"文化大革命"时他只有十一岁，"文革"结束以后就出来演出了。

彭：他进团了吗？

庞：没有，可以说一直是个体演员。

彭：为何民管组的名单上没有他的名字？

庞：那个名单也看不到我的名字，我们那时候不是挂在民管组，我挂在丹阳县曲艺团。

彭：去评弹团做特约（演员），是不是比在曲管组业务更好？

庞：在评弹团做特约（演员）业务范围比较大。挂在一个团，比如有的艺人挂在苏州（评弹）团做特约（演员），给苏州（评弹）团交一笔钱，就可以拿到苏州评弹团给他开出的介绍信，出去演出比较硬气一点。有的地方，像上海，那时候对评弹演出查得很紧，如果不是正规团，而是"曲联"的艺人，上海（市）文化部门就不让他们进来。那时候对个体演员还是有一种偏见，觉得个体演员不能演出。

彭：您挂靠在评弹团（曲艺团）时候，谁负责给您接业务？

庞：那时候是团里面给场子。上海（评弹）团、苏州（评弹）团也有，（上海市）文化局下面专门有负责业务的人，80年代的时候专门有业务组，有两个人。你和他关系好一点，就派好一点场子给你，关系差点，就派差点场子给你。有些人就没有场子，只能待在家里待业。有些人际关系差点的就是这样。后来业务开放了，情况也就好点了，艺人可以自己接业务了。我们都知道码头上有三个字——陈景声。如果他主动打电话来，请你什么时候去演出，比如说好5月的下半个月，场子一般就这样定下来。那时候每年还会召开一次业务会。场子里的经理、演员和团体，在上海或者其他地方的某一天专门订合同。现在基本上都是口头协议。现在业务也有团里派的，但自己也可以接。

彭：去评弹团做特约（演员），也意味着要给团里交一定的管理费，一般是20%吗？

庞：也不一定。各个团体的比例不一样，有的团体的比例是20%，也有的团只交10%的比例。那时候有个无锡太湖评弹团，大概要交40%了。无锡太湖评弹团是改革开放之后评弹界（成立）的第一个民营团，其中一个组织者叫张倩。后来主要是上海对评弹演出查得很紧，不允许无锡市太湖评弹团的个体艺人进上海演出。上海的书场，外地艺人要进，除非是正规的团艺人，如苏州评弹团等；如果是民营团的艺人就不允许进来演出。张倩的父亲，是常熟评弹团的一个元老，叫张中山。张中山有个弟弟就是常熟（评弹）团团长，叫张慧琳。张倩现在也不挂在任何一个正规团体里。他主要是创业，很少出来演出。我过去和他相处得很好，他有时候出来演出，也会来和我打好招呼，要开发票的地方，就由我帮他开发票。他现在在诸翟书场演出。

二、码头闯荡成"响档"

彭：您去过诸翟书场吗？崇明去过吗？

庞：我都没去过。因为真正要到崇明去的艺人，书艺都比较差一点。即使是诸翟这个地方，各方面条件也都比较差。此外还有启东等，这些地方我都没去过。"文化大革命"以后，上海的南翔（镇）、大场镇、嘉定（镇）都是好的书码头。

彭：嘉定大众书场怎么样？

庞：大众书场比较差一点。

彭：宜兴的书场很多吗？

庞：以前宜兴城里边有两家书场，其中有一个在周王庙里面。宜兴有好多场子，我都去演出过。宜兴的听客专听评话，小书不听，因为听不懂弹词。

彭：宜兴比较偏，以前去宜兴演出的都是个体艺人吗？

庞：团里也有去。团里去都是比较大一点的场子，就是宜兴市里边几家大的场子，如官林、新坊等。

彭：宜兴下面的镇上，团里艺人是不会去的？

庞：嗯，小镇上不去，大镇也有几家场子是比较大的，也有团里艺人会去。如果有人请，他们也会去演出。此外，江阴也有不少场子，无锡也有不少。无锡书场旺的时候，仅市区里面就有十几家场子。个体艺人走启东、崇明的比较多，其中启东以前有评弹团，有启东说书，后来解散了。现在启东也没有书场了，因此大批启东说书的艺人都去其他地方演出，我自己就有两个学生是启东的。现在不光启东的书场没有了，整个评弹市场范围都在缩小，就靠苏州、上海这些社区书场养着。如果没有这些社区书场，艺人也就没生意了。

彭：以前宜兴的书场都是茶馆书场？

庞：嗯，有茶馆书场。宜兴官林还有一家澡堂书场。书场在澡堂隔壁，艺人去书场要穿过澡堂子。有的人不穿衣服，女先生都要掩面而过。这种书场不是很正规。

彭：去崇明、宜兴说书，怎么过去？

庞：坐汽车去，也有坐轮船的，到浙江一些地方的时候需要坐轮船。我们到浙江（省嘉兴市桐乡市）乌镇、崇德（今崇福镇），都是坐一天轮船。上午九点出发，下午四点到，这一天就不能说书了，顶多只能开个夜场，那时候日夜两场，一天就浪费掉了。

彭：有些时候两个书场演出之间，相隔有十天，艺人会回家还是就待在原地方找书场？

庞：因为有十天，起先的是一排，十天就一排书。刚出来的时候，有的人就是昼夜说书十天，那时候我大哥、嫂子叫庞志英、蒋小曼，属于嘉兴（评弹）团的，还有一档是湖州（评弹）团的艺人，叫许百乐、陆艺红。那时候他们都很红的，带着我演出，十天一个地方演出。他们和很多老板签订了合同，有的书场很好的。如周庄，一天要有一千多听客，那个场子很难进，一般的水平低的艺人，老板就不让他进。再如杭州大华书场，一定要有一定水平的艺人才可以进。这个书场老板对一些书艺比较差的艺人看不起，会直接说：您不要开口，这个场所您进不来。大华书场是拆帐的，他们卖票是两毛钱一张，拆给艺人是一毛二，而一般书场卖票是一毛二，拆给艺人是七分二。大华书场一天四百多人，艺人收入就很好了。那时候我跟着我哥、我嫂一起演出，是十天换一个地方演出。如果1—10日是我哥、我嫂演出，我是挑扁担[1]的，那我就是11—20日接他们的演出。许百乐、陆艺红就是21—30日接我的演出。三档艺人就是一排书，循环演出，我哥演完，我就到他演完的这个书场。我哥再到另外一个书场，11日在新书场继续演出，我21

---

1 指前后都有艺人接档。

日再去接他的书场,许百乐、陆艺红就是下个月的1日再来接这个书场。我们三档人就是一个月一个月地循环。

彭:其他时候也是这样安排吗?

庞:1989年和1990年是十回书一排,后来变成十五回书一排了。不过有时候两三天就被"漂"掉了,那时候被"漂"掉的次数也蛮多。那时候几乎每一个大队、一个村都有书场,甚至有的村里边就有三个场子。书场是村里的老板自己开的,放几十张桌子、椅子,也不需要营业执照,老板自己买点茶壶。早晨可能就有人要来茶馆喝茶,到中午再来听一回书,晚上再听一回。场子反正是老板自己的房子,成本低,因此只有赚钱,不亏本。说书先生来说书,票价一毛二,拆给艺人七分二,其他四成就归书场老板。此外,老板还卖茶,比如一壶茶三分钱,自己就烧点水,当时没有自来水,老板到河里挑水。当时农村也没有电,晚上使用火油照明,烧水用的是老虎灶。我们艺人一天三顿的伙食是书场老板供应的,由老板娘烧饭给我们吃。如果你说得好,有几百个听客,书场老板肯定就发财了。那时候一天赚十几块钱,收入就非常好了。我那时候在苏州光学仪器厂,一个月工资只有二十九块七毛,而出来说书一天就要赚二三十块,一天就等于一个月了。老板也是这样,我赚多少钱,书场老板也赚多少钱,他一天连卖茶也有三十块钱,有的老板还卖小馄饨等。夫妻两个人经营一个茶馆,一天能有三十块钱,一个月就有九百块钱。

彭:您特别有印象的是哪个地方的书场?

庞:江阴。江阴那时候有几家好的场子,还有周庄,还有就是华士镇的两家书场,都是生意很好的,一天有几百个听客。有时候两个先生水平相差很大,一边客满有四五百人,而另一边就只有一百多人。那时候一百多人不算好,如果拆八分,也只有八块多,日夜场都是一百多人,有十六块钱。而如果是四百个人,就有三十几块,一天两场就有七十块。

彭:什么时候夜场没了?

庞:1984年以后夜场就没有了,因为晚上电视剧《霍元甲》《陈真》流行。武侠电视剧出来以后,大家晚上就看电视了,就不出来听书了,1986年就只有日场没有夜场,现在开夜场就没有人听了。以前夜场生意比日场好,因为白天大家要上班。1979—1982年是评弹(发展)最好的时期,那时候小镇的夜场肯定是客满,因为没有其他娱乐,也没电视。当时书场都是日夜两场,只要有点本领的艺人都是客满。民管组成立以前艺人演出不需要介绍信,更加剧了个体艺人到处乱飞(的情况)。那时候还有一个称呼叫"两块头",就是每个月交两块钱,也就是民管组的前身。

彭:两块交给谁?

庞:就交给苏州评弹团下面的一个人。一月只要交两块钱,就可以出去演出,也不要"叶子"（介绍信）。如果有人来问你，你就让他去问某某人，我们是特约演员。一个月交两块钱管理费就可以挂靠团体，汤仲良他们也都是这样。

彭：这也是团里在赚外快？

庞：是的。特约艺人挂靠在评弹团里面，肯定要收一定的管理费。评弹团即使给特约艺人开一张介绍信也无所谓，指定某个地方你去演出就可以，因为市场有这样的需要。那时候到处都开书场，一些场方请不到说书先生。有时候书场老板还专门到艺人家里来请，"庞先生你帮下忙，元旦来说一个月，先付给你五块、四块钱订金，请一定要来"。如果艺人同意了，双方就签订合同。如果书场10月份下半月有空闲，而到了10月初还没有定哪个艺人来演出，书场老板心里就很慌。因为书场空起来就没钱赚，老板肯定要到艺人家里来请，就对艺人说："10月16日开始到30日，你到我这里来说书，好不好？"如果艺人已经有安排了，那老板就到另外的地方去。如果下一个艺人答应了，就付给订金，签订合同。

彭：那时候是老板写信给艺人，还是亲自去艺人家里找？

庞：有的写信，电报也有，那时候打电报是七分钱一个字，不过主要是写信。当时没有人打电话，家里头也没有电话、手机，基本上都是写信。场方写信之后，如果艺人定下来了，艺人就再回个信给书场老板，书场老板就有依据了。如果艺人毁约了，书场老板就拿着信来找你了。艺人如果有事不去，也一定要请一档先生来垫，再给书场老板说："我家里有事情，等等，我现在请某某先生来垫。"书场老板一定要保证全年都有业务。有的书场一年的业务都已经定好。有的好书场，如周庄（镇）、华士镇的一些书场，他们老板不请演员，都是说书先生主动写信来。那时候团体里面有一个人专门接洽业务，就是专门跟书场订合同。团里业务负责人跟书场老板签订三个月合同，比如10、11、12月这三个月的业务，老板给了这个团，团里就派几档人来演出。老板也定心，团体也定心。像我这次在乡音书苑要演出两个半月，场方一定要请我来说，而他这里需要一档大书和一档小书，还跟我特别强调一定要来。因为我以前好几次进乡音书苑，听众比较欢迎，上座率也比较有保证。

彭：以前演出需要介绍信的时候，您的介绍信是哪里来的？

庞：那时候我基本上没有介绍信。因为我家是评弹世家，父亲也说书，我两个哥哥也说书，一个弟弟也说书，他们都在正规团体。我哥哥在一个书场说书，他就对老板说："我弟弟也蛮好的，让他12月份来一次。"老板一般就答应了。这个业务我不担心，而且一般去演出的场子，总是比较好的书场。演出得好，老板会再邀请你来，"请您明年一定再来"。下次再去就相当于帮他忙了。所以很多书场第一年做了，第二年也可以再去，不仅自己可以再去演出，还可以介绍别人也去那儿演出。因为那儿老板信任你了。

彭：您去得比较多的书场有哪些？

庞：江阴的书场，我基本上都要去好几次，还有就是上海的书场。上海的一些书场，刚刚出来演出的艺人是进不去的，如大华书场、西藏书场等。西藏书场有六百多个座位，这种书场一般的艺人不能进去。那时候我有不少我父亲的师弟、师兄在上海，我还有我父亲的先生薛筱卿那边的关系，还有我兄妹的关系。我想去上海演出，很多人都熟悉我，会给场方介绍我，说这人水平可以。去上海的大书场演出，一是自己书艺要可以，二是要有人互相帮忙。总之，我那时候的业务是不愁的。

彭：那时候个体艺人有业务很差的吗？

庞：有。那时候像汤仲良，还有一些艺人，就不会说书。有一个叫梁君玉，这人去世了。梁君玉说《四进士》。他实际上没有什么文化，小时候就听说书先生演出，天天听，听了就背，再稍微写一点内容。他整天就背书，他所有（的内容）都一样。他不知道自己说了什么，就是把要说两个小时的书背下来。那时候没有两个小时，只有一个小时四十五分钟。有一次他下台的时候，听客就问他："梁先生，四个进士是哪四个进士，你给我讲讲。"他回答道："这个问题，我怎么知道。"他根本就不知道《四进士》说的是哪四个进士。因此，他的演出就没有超过五天，一般三天、两天就漂档了。

彭：那为什么还有人请他演出？

庞：有时候请他演出是人家帮忙，有时候就没有演出，有时候是救场。因此他不是天天说书，而是天天在茶会上喝茶。有时候其他艺人有场子了，但是家里有事，就对梁君玉说："你帮我去代两天书。"于是他就跑去代书了，说两天是两天。他有时候第一天进去说书，到中间休息，人就已经走光了，一个人都没有了，就这样"漂"掉了。老板就将第一天生意的收入发给他。如果有两百个人，每个人一毛，他第一天演出就有二十块，去几毛钱的路费成本。那时候路费很便宜的，只要说一天书，路费等就全都有了。他就说一天，然后第二天早晨又出现在茶会上。这边已经"漂"掉了，那边又有人（需要）代书，就又请他。他就靠这种方式生存。总之他说书从来没有超过五天，就是靠一天两天生存。

彭：请他代书的艺人会很多吗？

庞：有一些艺人请他代书，艺人难免家里会有点事而去不了演出。那时候的书场不像现在是包场制，现在听客不买票，艺人混一下也可以过去。那时候听客是花钱买票的，如果艺人说得不好，听客肯定要骂的，以后就不来听了。

彭：像梁君玉这样的艺人多吗？

庞：不是很多，多了评弹就完了，一般艺人都能演出满十天。

三、组建最大民营评弹团——苏韵评弹团

彭：现在苏韵评弹团有多少个艺人？

庞：现在有四十几个艺人，具体好像是四十二个人。[1] 评话艺人居多，是轻骑兵中的轻骑兵，一个人，不需要乐器，出来比较方便。以前有些地方没书场，现在政府买单，惠民政策，有书场了。评话他们听得懂，而弹词有些听不懂。

彭：四十多个艺人构成如何？

庞：主要由三部分构成。第一部分是原来从事评弹的，但进不了正规评弹团体，像我一样。我以前可以进团体，但是那个时候事业单位不如企业好，企业奖金高，单位拿着死工资。好多人都是由事业单位转到了企业，去了一些钢铁厂。有些企业上一个月班，假如工资就三百块，但奖金就有五百块，而事业单位只有三百块。当时的形势，就跟现在房价要涨一样，估计不到。1995年的时候，我花五百块钱买了一张房卡，山塘街门面房，房卡就是房子，现在五十万也买不到。第二部分是退休的评弹团艺人。这些艺人退休了，但觉得自己还可以出来说书。评弹演出不是体力活，有些艺人反而是越老生意越好。他们嗓子好，精力充沛，待在家里也没事，喜欢到码头上来，如同旅游一样，也很受听客欢迎，但是他们没有去处，只能到我的苏韵评弹团来。第三部分就是评校毕业不久的青年演员。他们从（苏州）评弹学校毕业之后进不了正规团体，或者自己不想进团体，自己交三金，自己每天赚五百至六百块。如果两个人拼档，每个艺人每天也有两百至三百块，收入也很好，只要自己交了五金，以后退休也有保障。

彭：原个体艺人、退休艺人和年轻演员，哪种类型居多？

庞：三个类别差不多。现在评校每年毕业五十至六十号人。比如我孙女，现在已经三年级了，四年级就要去实习了，五年级就要跟师学习了，要到码头上去说书了。

彭：苏韵评弹团有什么规章制度约束和组织艺人？

庞：我每年要开两次碰头会。因为我们这些艺人是分散在各地的。（苏州市）文化局的一些政策和精神要传达给他们。一般就是要求他们遵纪守法，还要注意舆论导向。

彭：苏韵评弹团平常怎么运作？

庞：我是基本上下半年不出来了，我有退休工资，苏州市文广新局每年也会给我补贴。我在苏州有自己的办公室，也有会计，也有接业务的人，可以专门给艺人安排场子。

彭：个体艺人剪书之后，会来苏韵评弹团吗？

---

[1] 根据苏韵评弹团汇报给苏州市文化局的材料，2017年有四十九名艺人。

庞：一般每个月31日会来的。苏韵评弹团里苏州人比较多，我在家的时候，天天有人来，我不在的时候也有人来，大家一起聚聚，一起喝茶聊天。我们艺人有茶会，就会交流一下在码头上的一些见闻。年轻的演员也来，但年轻人来聚的次数比较少。

彭：茶会除了交流信息，会不会互相介绍一些场子？

庞：有的。现在苏州评弹团会有人专门安排场子，有的场子喜欢你就会和你直接联系。我们团的艺人也有这种情况。比如上海的场子，今年安排给这个评弹团，每年书场都会反馈，反馈这个团不好，然后场方就会来找我竞标。比如黄浦区文化馆，以前属于上海评弹团的，但是上海评弹团排得不好。我前年就把这个场子竞标下来了，我现在连续三年都竞标竞上了。

彭：苏韵评弹团每年演出多少场？

庞：我们现在应该有一万多场，但是每年我们写给苏州市文广新局的报告上只写六千四百场。他们还觉得多，因为好多剧团每年能够演出一百场就很多了。评弹艺人出去一个码头，演十二天就是十二场，我们四十几个演员，二十几档书，除了休息的演员，大概每天有十五档艺人在演出。

彭：你们团和其他团体有联系吗？

庞：苏州评弹团和吴中区评弹团有专门接业务的人，我们经常和他们联络，取长补短。有时候他们有场子没演员，而这个演员在这个场子已经演过了，最起码两年不能去演，他们不可能霸着一个场子自己长期演，总要和我们协调。我这边有场子，有时候也要请他们团的艺人来演出，互相协调。

彭：有没有冲突的时候？

庞：一般没有，因为要通好气的。他们有场子没人去，就会问我："双档有没有的？"我就说："有，需要什么书目？"双方交流之后就商量好了，艺人和场子的事情就这样定下来了。我有场子他们也有场子，我有演员他们也有演员。我们协同的多，不像企业竞争多。

彭：艺人有没有自己接场子？

庞：也有。我这个场子就是我自己接的。场方认可我，听众也认可我，场子里的负责人也欢迎我，我就来了。

彭：你们团艺人的书艺水平怎么样？

庞：艺人演艺水平参差不齐。有的艺人水平高点，有的艺人水平就要差点，艺人之间有差异的。一些（苏州）评弹学校刚毕业（出来）的演员，演出经验不够，书艺需要锻炼几年，水平才会提高。有的书目，也有冲突，比如《珍珠塔》，团里就有两档。两档艺人不可能放在同一个场子里去。不过有的艺人书艺水平确实不怎么高。

彭：书艺不好，会不会被书场退回来？

庞：一般不会，就是价格会低点。水平高点的双档一般包场在五百至七百块。单档演出，像我，是三百五十至四百五十之间，刚出来的演员可能就是三百块。单档是三百块以上，双档是五百五十块以上。这里边全是包场。每个书场，国家每年有十八万至二十五万的投入，一年是安排二十四档书。江阴地区有的书场还是搞拆帐制，人多就钱多，人少（就）钱少。

彭：一般艺人喜欢拆帐还是包场？

庞：听众多的，喜欢拆帐。像我去江阴都是拆帐的，有些本领差的，他就怕拆帐制。江阴大概票价四块五，他给你两块五或两块两毛五。如果我有三百五十个人，就有七八百块钱，而有的演员去演出只有七八十个听客，就是给他三块，也只有两百块。这种演员就喜欢包场，旱涝保收。现在包场的多，中间虽然还分档次，但是相差不多，相差三十至五十块。

彭：包场对艺人的水平就无要求了？

庞：争论就在这里。这是双刃剑。如果不包场，可能有一半艺人要失业，包场最起码可以让他们有出来锻炼的机会，不然连锻炼的机会都没有。如果一天只有几十块钱，艺人会转业从事其他工作。但包场的弊端在于缺乏竞争力。我刚出来演出的时候，每天要演两场，收入取决于生意好坏，因此每天都要动脑筋，努力把自己的绝活展现出来。现在的年轻艺人说书不怎么努力，尤其是进了一个固定的团体之后，就更加不会努力了。

彭：现在个体艺人收入是多少？

庞：给你算一算。双档六百块一天，一人三百块，一个月天天演，毛收入就有九千块，扣掉车费等，最起码也有七千五百块。如果是评话演员，单档都是一万多，包括陈景声老师和我，出去包账都是比较高的，有四百五十块一场，也有五百块一场。如果五百块的话，一个月就有一万五千块。我现在这里还不止五百块一场了，应该有七八百块一场。

彭：天天有演出吗？

庞：天天有，我这次就要演出到 31 日。应该讲收入不错。即使评话单档最差的艺人，也有六七千块一个月。

彭：他们收入要不要按比例上交管理费？

庞：进我的团，门槛是比较低的，每年交两块的管理费。现在我们没有演出证，就是填表之后，到（苏州市）文广新局审批，审批之后他们就给备案了。备案以后，没有证明的，但有一份名单。你只要报身份证号，一查就可以查到。现在开发票，国税是 3%，地税是 0.36%，还有 1% 的个人所得税，一共是 4.36%。因为我要给他们寄发票、汇款等，所以我收他们 5% 的费用。一万块扣除 4.36% 的税就还剩六十四块的管理费，这其中还包括给他们寄快递等费用，应该讲费用是比较低的。我跟书场联系的，哪个演员，多少钱。有些演员，根据业务情况，也会有浮动。这档原本是三百五十，假如业务好，书场老板也有可能给艺人三百八十或者四百。场方将价格报给我，我就根据他报的价格给艺人开发票。比如五百块一场，十五天就是四千五百块。开过去之后，书场就汇款到我账上，我就按照四千五百块扣掉5%，其他的钱都给演员。

彭：现在都是说长篇吗？

庞：基本上都是长篇。现在评弹团都是以评奖为主，真正说长篇的很少，好多演员评到一级之后，就不演出了，混到退休为止。

彭：都是什么书目？传统书还是自创的新书？

庞：传统书目多，自创书目也是为了生存。有些艺人是把旧题材（进行）创新；有些听的就是一个情境，一个故事。以前说《珍珠塔》有十五档演员，上个月《珍珠塔》，下个月还是《珍珠塔》，听客也愿意听，因此听客听的是艺术。现在不一样，上个月《珍珠塔》，再来《珍珠塔》，听众听过了就不愿意再听了。同一档书必须等两年才可以再来说，听众要忘了才会再来听。现在不同，现在正规团体，书目创新很少。

彭：大概有什么书目？

庞：一般传统书目、现代书目都有的。评话、弹词，比如《描金凤》《珍珠塔》，大书《三国》《英烈》，我的《乾隆皇帝下江南》《康熙皇帝》，都有，新书目有《潘汉年》《抗美援朝》《"文革"风云》，现在有《反腐风暴》《中纪委在行动》等，还有近代上海主题的书目，此外新书目也比较多。

彭：您走码头遇到过什么困难？

庞：困难多了，你要生存下来，你要比人家过得好。第一个要面子，现在也是，虽然是包场，如果没有人听，你也觉得丢脸，问心有愧。第二个肯定是经济收入，那个时候不像现在有汽车，有时候两场，从常州到宁波，2000年以后，从杭州到上海还可以，有时候从杭州到一些小码头，错过了汽车就没有办法去了，弄不好就要打车去书场。有时候碰到下雨、下雪，一个人在码头上生病了，就有蛮多困难。

彭：谢谢庞老师！

整理者：彭庆鸿

第九十五讲

从票房里走出来的评弹艺术家

—— 薛君亚访谈录

口述者：薛君亚

采访者：潘讯

采访时间：2015年5月16日

采访地点：苏州市宫巷第一天门8号光裕书厅

薛君亚

薛君亚（1932— ），弹词女演员。生于上海。十七岁起进票房学唱评弹，二十二岁拜周玉泉为师。1956年加入苏州市人民评弹团，长期与周玉泉合作弹唱《文武香球》《玉蜻蜓》，还先后与俞筱云、俞筱霞、徐檬丹等合作说《白蛇传》《秦香莲》《王十朋》《青春之歌》《秋海棠》等书目。艺术上受周玉泉影响较深，具"阴功"特色。说表清晰老练，台风飘逸大方，起脚色感情真挚，起男脚亦具特色。擅唱"俞调""蒋调"。运腔讲究四声平仄，并能腔随情转，引人入胜。

一、票房练幼功

潘讯（以下简称潘）：薛老师，您好！我计划陆续访谈在苏的评弹老艺术家，周良老先生首先就提起您。他评价您在数十年的说唱生涯中，积累了许多宝贵的艺术经验，值得总结整理出来。那么，先从您的学艺经历开始吧。您出生在上海，是在20世纪40年代浓厚的海派艺术氛围中成长起来的。

薛君亚（以下简称薛）：是的。我从小喜爱文艺，十四岁以前，我迷恋越剧。那时候袁雪芬的班子开始在上海红起来。

潘：她组建了雪声剧团，力主越剧改革。

薛：我很想去唱越剧，整天流连在她们后台，袁雪芬、戚雅仙、陆锦花等都很喜欢我。十四岁以后，我开始喜欢京剧了。家里有一个留声机，有许多百代公司的唱片，我跟在大人后面听，听着听着，就跟着唱。有一天，我们账房先生说，你站起来，放开嗓门唱。那时候也不晓得害羞，一口气竟唱完了全部《四郎探母》，老生、花旦、小生，各种行当全唱。

我们弄堂里面也有一家京剧票房，我晚上去票房玩，他们的琴师也让我唱。我那时还是童声啊，经常因为调门太高，把胡琴丝线崩断（那时候还没有尼龙琴弦）。后来就开始听书了，三四十年代上海的电台很多。

潘：我看过一条资料，20世纪40年代上海的私营电台有一百多家。

薛：电台里常常播出评弹节目，"一个儿叫林妹妹，一个儿把表兄称"，我跟着电台里哼唱，买个琵琶自己练练。

潘：接着您就进评弹票房。

薛：是的。不过到20世纪50年代，上海的评弹票房已经没落了。在我出道之前，上海知名的评弹票房有两个，一个叫和平社，其中各路人马都有；还有个叫银联社，成员主要来自银钱行业，又称宁绍帮。你知道，过去上海滩各行业的从业人员都带有一定地域性，比如广东帮，主要开饭店，经营粤菜。

潘：评弹票房的活跃是20世纪三四十年代评弹兴盛的重要现象，似乎可以1949年为界，以后票房就衰落了。

薛：旧社会花钱玩票，玩票的都是大爷。1949年以后，社会环境发生很大变化，票友们的生活失去依托，转而在票房里授徒谋生。我们一起活动的也有不少年轻人，当时评弹界出现了不少新书，像《罗汉钱》《白毛女》，我们结伴去偷书，先分配好脚色，听完大家聚在一起排练，还老是出去义务演出，很是起劲。

潘：您从什么时候正式下海呢？

薛：1954年。我母亲是苏州人；父亲是扬州人，1949年以前在上海开染织厂。1949年以后，运动不停，"三反""五反"啊，接二连三地抄家，家境渐渐坏了。没有人养你，你得自己去找饭吃。我怎么办呢？下海说书吧。

潘：做出这个决定，家庭有阻力吗？

薛：起先父亲并不同意我出去说书。他说，我们这样的人家怎么能去说书呢？可是我已经结婚了，应该靠自己，出去就不回头。

潘：您高中毕业了吗？

薛：没有，在读高中两年级，十九岁的样子。

二、码头尝甘苦

潘：薛老师，听说在您拜师周玉泉先生后，却因为某种原因无法跟他学艺，只好开始了跑码头的生涯？

薛：是的，当时上海有一个评弹协会是吧？

潘：上海市评弹改进协会。

薛：对，协会规定评弹演员只有加入协会，取得会员资格才可以在上海演出，同时对于艺人收徒也有严格约束。

潘：有点"关门主义"。

薛：是啊，当时"关"在外面很多人。其实外面很多是人才，不一定招进评弹团、加入协会才是人才。

潘：周老是很欣赏您的。

薛：他心里觉得我条件很好，是块料。他顶着压力，带我在上海演了八天《花魁女》（一天跑四家场子），最后还是被拉下来了，因为我是非会员。那时徐云志住在淮海路，我经常到徐家玩，和徐家太太很熟悉（和徐老最小的一个徒弟孙珏亭也很熟识）。徐家太太同情我，就约了严雪亭

（严是徐老大弟子，评弹改进协会副主任委员）和我见面，帮我说项。严雪亭听了我的情况，对我说，上海管得严一点，但你可以到码头上说。

后来，经人介绍了一个上手，我们就开始了跑码头的生涯。直至这时我才知道，所有老先生都是从码头上滚过来的。先在小码头演出，渐渐打进集镇、县城，然后做到无锡，最后进入苏州、上海。

潘： 我觉得这个"滚"字很有意思，在码头上摸爬滚打，磨炼艺术。

薛： 我刚出来，做的也是桥庙村浜这些小地方，不久进无锡，由边上的场子做到市中心的场子，然后接二连三有人请，好像一下子就出名了。没多久，作为列席代表参加第一次评弹会演（苏州书场），与周老合作了一档书，我的口碑很好。接着进上海。

潘： 进上海对于评弹艺人来说是一大考验，您却一帆风顺。

薛： 因为我是上海人，对上海书场环境很熟悉（过去我常在书场唱开篇或为人代书），许多听众认识我，格外容易讨好；再加上二十几岁一个小姑娘，年纪轻，又有一定的嗓子，容易得到人家的同情。

潘： 回忆这段经历您谈得很轻松，但是据我所知，20世纪50年代的码头生活还是很艰苦的。

薛： 1949年以前，特别是女艺人，常常受到流氓、地痞的欺负。50年代，生活上辛苦一点，但已经没人欺负你了。

潘： 还是请您谈谈20世纪50年代码头生活的记忆片段吧。

薛： 我刚出道的时候，一肩行李，四处飘荡。在农村，三五里路一个码头，交通工具只有独轮车，老乡推着我在狭窄的田埂上奔波。有时一个人在乡间码头，夜晚孤独凄凉，很有感触。我写过一首打油诗记录那种情景："一张板桌一张床，一盏孤灯半夜光。惊醒睁眼四下看，窗棂透进满地霜。"

潘： 听您读一遍，我就记下来了。这是最真实的生活记录。

薛： 那时候，农村的文艺生活很枯燥，评弹大约是江南乡间唯一的娱乐。虽然乡间书场规模不大，分布却很密集。每当夜晚，老乡们打着灯笼、汽油灯、手电筒，从四乡八里赶来听书，形成一片火海，很是壮观。

我记得，在江阴附近乡下，有一个场子挤满了二百多人，我从房间到书台上，只能横着走进去。当地白相人养一种很大的鸟叫"青椿"，戴着黑皮眼罩，嘴又尖又弯。他们进了书场，就往我脚边一放，我一坐下就不敢动了。

还有一个地方叫门村（靠近长江边），只有短短一条街，却有两家书场。

潘： 是专营书场？

薛： 是茶馆书场（过去乡间书场还有附设澡堂的）。我做其中一家，老板看得起我这个先生，让我住在他儿子的新房里，算是特别优待。每天下来，还为我蒸好两条刀鱼，即便在当时，也算是很名贵的了。在那里，每天开两场书，早场书的听客多是"乡帮"；下午没事；晚上开夜场书，听客主要是镇上的店员等。

潘： 早场几点开书？

薛： 八九点钟。乡里人作息早，书场老板半夜起来烧老虎灶，到三四点钟，赶早的乡里人就进来喝茶了，高谈阔论，热闹盈天。书场空间小，又密不透风，待到开早场书，生炉子的烟还没有散去，听客们呼出的黄烟又弥散开来，常常呛得我嗓子生疼。

三、考进评弹团

潘： 1956年，您考入苏州市人民评弹团，结束了"单干"，这是怎样的机缘？

薛： 我大概在码头上做了一年多，第二年年底在江阴，又是评弹协会出来，收掉我的介绍信，不许演出了。这时有人介绍我到苏州去考评弹团。待我赶到苏州，正是大雪天，我背着琵琶、三弦，去颜家巷（评弹团驻地）考试。

潘： 考官是谁？

薛： 是几位六七十岁的老艺人了，记得有江凤荪、王兰荪等。

潘： 说什么书呢？

薛：《秦香莲·寿堂唱曲》。

潘： 这回书行当很全。

薛： 我好现本事啊！我说了一大半的时候，外面进来一个人，叫王习凡，他是当时评弹协会的秘书。他听了我一小段书后，让我起两个脚色看看。女同志起脚色一般生旦分不清，容易一道汤。我借鉴京剧，把生旦分清，就起了陈世美和秦香莲两个脚色。他又说，你起一个公主给我看看。公主打京片子，这又是我的拿手好戏。结果，老先生们给我打了一百分。

潘： 一百分？

薛： 艺术没有一百分啊，这是老先生过于偏爱了。

潘： 您和徐檬丹老师一同考进评弹团的？

薛： 是的，我们一起考的还有石文磊。

潘： 石文磊老师刚刚过世了。

薛： 是啊，一晃五十多年过去了，一个花甲子。我还和徐檬丹合作过一段时间。

潘：但不久又拆开？

薛：入团以后，考虑到我的说表基础好一点，团里有意培养我做女上手，跟徐檬丹拼档。我和檬丹私下感情很好，但是我认为，单凭我们两个稚稚嫩嫩的，是出不来的。我主张由老先生带着，逐步积累书台经验。

我是听客出身，看得多了，年轻演员出来，要么父亲带着，要么师父带着。那时候一个女下手，台上只有两三成书，一般开头唱一段开篇，或者中间唱一段，对白的时候简单搭一搭，就没事了，等着下去拿钱吧。

团里还有两个男青年。他们说，薛君亚和徐檬丹两个女的占点便宜，我们两个男的，在台上干巴巴的。后来，团里就把我和檬丹拆开。在上海的时候，我、檬丹分头和两个男演员拼三个档。

潘：大家匀匀。

薛：大家匀匀。但是，三个档的书很难排，要比双档多花两倍以上的功夫。两个人的书，衔接比较容易；三个档，一个等两个，不容易紧凑。有时候三个人同时开口，下面哄堂大笑，当然听众也原谅我们。

潘：后来，您和老艺人俞筱云、俞筱霞兄弟合作过。他们留下的资料不多，您能谈谈他们的艺术特点吗？

薛：我跟他们做了几个码头，主要说《王十朋》等二类书。俞筱云规规矩矩说书，很朴素。俞筱霞更是个老实人，他长年跟哥哥拼双档，坐在那里，说的全是女下手的书，还闹了一个笑话。有一年夏天在码头上，晚上月光很好，大家都睡了。我们宿舍后面有一个不大的园子，跨过园子是厕所。我睡不着，穿了一套白色睡衣，在月光底下，照着自己的影子练"掬翎子"。俞筱霞半夜起来小解，迷迷蒙蒙中看见月光之下一个白衣女子在指手画脚，他吓得退了回去。明天白天一问，才恍然大悟。他瞪了我一眼：你这个小鬼把我吓得够呛。你看，他是多么老实，真是个好好先生。

四、回忆周玉泉

潘：您二十二岁就开始拜弹词大家周玉泉为师，应该是很幸运的。

薛：未出道之前，我常以票友身份在书场活动，与上海各书场老板很熟悉，我拜师周玉泉先生就是大美书场老板介绍的。

潘：周老留下了不少谈艺文字，别人的回忆文章也很多，谈谈周老教您的细节吧？

薛君亚

薛：俗话说，读万卷书，不如走万里路；走万里路，不如名师指路；名师指路，不如自己悟。我觉得这段话很切合周老的教育思想，他是一种启发式教育，他总是引导你，你自己想啊，悟啊，自己悟到的，才是你自己的。比如，我在台上也有弄僵的时候，他绝不会当场把你戳穿。也有那些脾气坏的老先生，会当场开销你，甚至三弦戳到你头上。而周老事先就叮嘱我，说错也不要对我看，如果不对，下来我会跟你讲。这样台下经他一提，我常常一辈子也忘不了。

后来，经过一段码头生活的历练后，正式和老师拼档。他也并不是怎么手把手地教，每天晚上给我排第二天的书，就像你我一样，两个人对面坐着，他轻轻地用心地说一遍，就这一遍，没有第二遍，然后马上要我还一遍。说着说着，两个人就对起来，就是排练了，也只有一次，以后永远也不排了。

潘："引而不发，跃如也"，然后就需要自己的悟性了。

薛：他还有点孩子气，看见稀奇的东西会蹲在那里看半天。

潘：有好奇心。

薛：实际上也是向生活学习。比如，苏州人有这么句话，江西人钉碗——自顾自。50年代补碗已经比较少了，有一次周老碰见了，就蹲在那里看了半天。这都是生活的积累，以后说到类似的情节，无形中脑子里会跳出来。

潘：周老以"阴功"闻名，他在谈艺录中说："功夫越深，越不轻易露。""阴功"在周老说书中如何体现？

薛：老听客们说，听周先生的书，夏天也不会出汗。周老也常说，硬功弄不过软功。他说书的时候，对着听客就像家常交谈一样，没有距离，偶尔还问听客一句："你说阿对？"好像征求意见。

潘：与听众有互动。

薛：我理解，周老的"阴功"是一种高超的语言艺术，概言之，就是欲擒故纵、欲扬先抑，话不要说得太透彻、太明白，否则就没有味道了。

比方他说新好日挑方巾，有的用竹竿挑，寓意生活节节高；有的用甘蔗挑，寓意甘蔗老头甜；有的用秤挑，寓意称心如意；但是不会有人用尺格。他前面都是安安静静地说，说到这里把声音稍微拎一拎，下面就不说了。尺（同"拆"音）什么意思，就是拆家败山嘛。再比方他说老法结婚，新娘在前面走，后面有两个麻袋，走过这个，再把后面一个拿起来，只能说"传"，不能叫"撷"。也只是点到为止。撷（同"绝"音）袋就是"绝代"嘛。

《玉蜻蜓》演出本

他的语言简单却含义隽永，语气轻轻的，安安静静的，在关键的时候稍微拎高一点，也只是一言带过，博得听客会心一笑，这就是评弹中的"小卖"。他不是一本正经地费许多口舌安排一个大噱头。按我们内行来说，小卖是最好的，所谓妙语如珠，引人入胜。

潘：《玉蜻蜓》的传承，从俞秀山算起，到周老一辈是第五代，周老演出与前辈艺人有哪些区别？

薛：1949年以后，《玉蜻蜓》一直在改，一会儿推翻老的，一会儿又回到过去，走了许多弯路。比如金大娘娘这个脚色，传统的说法是"书中之胆"，但1949年以后把她说成是地主婆，反面人物。那么《抢救三娘》等许多情节就立不起来了，你不能为坏人树碑立传啊，只好又回来，还按老的说。对智贞的处理也是这样，一直有两个极端。其实，一部书老先生一代代传下来不容易，其中人物性格已经定型了，轻易很难改动。当时，周老也有意见，但他不敢说，只是偶尔咕一句：有这么简单？！

潘：我知道1949年以后有许多内容不许说了，要么说它黄色淫秽，要么说它封建迷信。我想，周老心里一定充满矛盾。

薛：周老的《玉蜻蜓》是王子和传下来的，被称为"翡翠玉蜻蜓"，货色多。1949以后，比如《游地府》《问卜》等回目涉嫌迷信，就不能做了。

潘：我看过《游地府》几回书的记录本，充满人情味和人性美，是塑造金大娘娘形象的重要一笔。

薛：我听老师说过，1949年以前在什么场子里演出《游地府》，没有灯，书台上点一支蜡烛，他在台上起一个夜叉小鬼，借鉴京剧《探阴山》中的小鬼形象，一边耍钢叉（扇子功），一边嘴里伴以"叉朗朗……"的钢叉声（口技），顿时书场内影影绰绰，阴气森森。

潘：真能让人身临其境了。

薛：他喜欢研究，又注意观察生活，故而他起脚色逼真传神。再比如，他为了练好《问卜》中吴瞎子的"睁眼瞎"（看不见眼黑），几乎生了一场病。我试过"睁眼瞎"，很难练，眼睛很酸很胀。

潘：《文武香球》这部书由清道光年间艺人张洪涛创始，传给孙子张福田，周老便是福田先生的嫡传弟子，我听过部分您和周老60年代的录音。

薛：《文武香球》很难说，有人说这是一部破书。但是，这部书又很噱，有些地方明明不合理，但是拿人，好玩，一经改动，书就不好听了。

潘：周老的唱腔很有特色，与他的说表艺术浑然一体，独得"阴功"之妙。

薛：他常说大嗓子是我的发明。周老早年做王子和下手，也是小嗓子唱"俞调"。后来因为常起大脚色，声带渐渐屏不起来（抽鸦片也有影响），就另辟蹊径，改用本嗓演唱。

五、京剧及其他

潘：您说过，除了评弹，这辈子最钟爱京剧。20世纪三四十年代评弹界流行过一阵子唱京戏开篇？

薛：是的。我在台下听听，觉得这个很容易。后来就通过自己改编，在说书中插入几段京剧唱腔，结果场场客满。好比烧盘小菜，加点味精，小菜就鲜了。不过，也得罪了很多人，对面场子里的同行啊，就不服气了，他们说这不是评弹，野头野脑。

潘：野路子。

薛：对，"野路子"，哈哈。

潘：您学京剧主要是跟唱片学？

薛：对，"留学生"。现在是"录先生"教的，录音机。学京剧，是因为我喜爱，从内心发出来的，用心程度就不一样了。我是要把你拿下来，为我所用；到后来是我要吃饭，一定要吸收新东西，我才能丰富自己。

潘：除了加点"味精"，京剧对您说书还有哪些帮助？

薛：有帮助。一个是我嗓子没出过毛病，还有一个，对起脚色也有很大帮助。后来我在苏州（评弹）团唱中篇的时候，许多人都喜欢我的小生脚色（包括动作、手势、身段），这主要得益于京剧。一般女下手起脚色不敢站起来，我就不怕站起来，我会跨出去，兜一个圈子，再回过来，这样整个人就活起来了，在舞台上生色不少。我记得，有一次与周老演出《玉蜻蜓·沈家书·父子相会》一折，有三个叫头，"君卿儿啊"，"爹爹"，下面掌声雷动。周老下来很开心，说这样的小生我满意了。后来，我演了不少小生脚色，像《红楼梦》里的贾宝玉，《碧玉簪》里的王玉林。

潘： 现在不少人感觉还是传统书好听，新书比较平淡。

薛： 老书为什么好听，好听就好在两个人对话中间的小闲话，这个必须台上来。这是日积月累、千锤百炼的结晶。比如，一回书三刻钟，反复排，就可能排出话来，原来本子上一百句，排着排着可能变两百句，实际上就是磨炼啊，不经意地冒出一句话了，这个很好，以后就保留下来。现在打一部新书，要在一代人中把这部书说好，我觉得真是很难，不知道要下多少功夫。就像盘玉，三五天盘不好，一代代盘下来，玉才有光彩。

整理者：潘讯

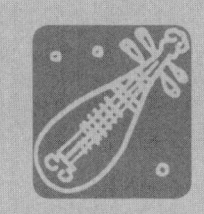

第九十六讲
我是说书人的儿子
——唐力行访谈录

口述者：唐力行

采访者：高琪，《苏周刊》记者。

采访时间：2014 年 6 月 13 日

采访地点：上海师范大学文苑楼 1303 室

唐力行

唐力行（1946—　），评话名家唐耿良长子，毕业于南京大学历史系。长期从事中国社会经济史（16世纪至20世纪上半叶）研究。现为上海师范大学人文与传播学院教授，中国近现代史博士点学科带头人，上海市教委重点学科带头人，上海师范大学中国近代社会研究中心主任，上海师范大学学术委员会委员。唐力行回忆他小时候初到上海时，讲一口苏州话，"人家都叫我小苏州"。五岁那年，父亲唐耿良早已是"上海响档"，又成为刚组建的上海评弹团副团长，全家迁到上海。唐力行从读了半年的干将小学退学，在上海度过了从小学到中学的时光，其后考入南京大学历史系。此后半生坎坷，父亲受审查，唐力行也被牵连，毕业之后被发配到安徽的白湖农场劳动，在小镇上教书，直至落实政策之后调到安徽师范大学，再调到苏州，回到上海。唐力行说，他已经不会说纯正的苏州话了。普通话里夹着的吴音，听得出上海的腔调，不像苏州话那么软糯。但是他说，他深爱苏州，"常年漂泊，心中感觉是家的就是苏州"。

如今，著名历史学者唐力行主持国家社科基金重大项目"评弹历史文献资料整理与研究"。从整理父亲唐耿良的回忆录开始，这位以地域文化史研究著称的历史学者，把他的目光投向了苏州评弹。从小听评弹，耳濡目染，钟爱评弹，但真正研究它，始于父子俩的交流与合作，倾注了一个儿子对父亲的爱，也倾注了两代人对评弹的情感和心血。

1989年，唐力行的父亲——评弹艺术家唐耿良退休，随后移居加拿大，在海外演出、讲课，传播评弹，同时在儿子的鼓励下，开始撰写回忆录。父亲一笔一笔把过去的事写下来，拍照，由加拿大的女儿发电子邮件给国内的儿子。唐力行收到图片之后，逐字逐句打出来，整理修改。这项工作持续了十几年，直至2007年完成。《别梦依稀——我的评弹生涯》在2007、2008年先后由中国台湾和大陆的商务印书馆出版。2009年4月，八十八岁的唐耿良先生去世。

《别梦依稀——我的评弹生涯》出版后，上海人民广播电台征求唐力行的意见，想在节目中讲这本书里的故事。唐力行说，我怎么会不同意呢？但是提出一个要求：这个故事得用苏州话讲，不用普通话，也不用上海话。后来，电台请了个老评话演员，说了五十讲，每天播二十分钟。

如今，唐力行组织旗下博士生，致力于"评弹与江南社会研究"的课题，已经出版了不少专著。唐耿良撰写、唐力行整理的回忆录《别梦依稀——我的评弹生涯》就是这个项目的第一项成果；此外，《别梦依稀——说书人唐耿良纪念文集》《技艺与性别：晚清以来江南女弹词研究》《晚清以来苏州评弹与苏州社会：以书场为中心的研究》《评弹与上海社会变迁》《近代大众传媒下的评弹研究》《评弹与乡镇社会：江南第一书码头常熟》《评弹1949：大变局下的上海说书艺人研究》等著作，将陆续在他主编的"评弹与江南社会研究丛书"中面世。目前，这个课题的研究还在继续，最终将推出三百八十万字的《中国苏州评弹社会史料集成》。

近年来，唐力行的研究生，研究领域大都集中于两部分：一是评弹，二是苏州。而苏州评弹当然和苏州有关，所以可以说，他们几乎都在研究苏州。现在已经积累了十四篇写苏州的论文，包括研究吴趋汪氏的、研究山塘洪氏的；有行业的研究，有街区的研究，比如研究苏州的邮政，研究观前街区；还有研究苏州的社会保障史的……唐力行准备把它们整合成一个论文集出版，献给家乡苏州。唐力行还主编着"江南社会历史研究丛书"，其中大部分也是关于苏州的研究。本文系唐力行对父亲唐耿良及个人评弹情缘的回忆。

我父亲做的第二件大事,留下了评弹的历史

高琪(以下简称高):您整理出版了您父亲的回忆录《别梦依稀——我的评弹生涯》,不仅让我们了解了唐耿良先生的艺术人生,还留下许多关于评弹的史料,请谈谈您整理这部回忆录的过程和感受。

唐力行(以下简称唐):这本书的写作和整理从90年代就开始了。我父亲近七十岁才退休,退休以后移居加拿大,那时候回来的次数比较多,我很喜欢听他跟我讲过去的事。听着听着我产生了个想法,我答应他,如果他能把过去的事记下来,我就一定帮他整理成一本书。他就真的开始做了。他自己的写作能力很强,编过很多新书;他的记忆力极好,因为他是说评弹的,尤其对很多细节有着惊人的记忆。我们俩讨论了一个初步的提纲,我说你想到什么就记什么,记得越详细越好。他在加拿大花了十几年,一笔一笔把他过去的事记下来。写好一部分,就让我妹妹拍好照从网上传到我这里,我打印出来,再根据它修改整理。这样的工作做了很长时间。完成之后,我集中了一年多时间整理。我知道我父亲年纪大了,要赶快帮他出。他一生就是两件事,第一件事是说《三国》,晚年把他说的《三国》整理出版了一部分,现在周良先生正在组织将他的一百回《三国》录音全部整理出版;第二件事就是出回忆录。这不仅是他个人的回忆录,我是把它作为从评弹角度研究江南文化的一个文献,而且作为评弹史的一个记录。好在他在世的时候看到了。这是我父亲做的第二件大事,留下了评弹的历史,留下了上海评弹团的历史,留下了江南文化的历史。张振华(曾任上海评弹团团长)说,他看这本书,拿起来就放不下,两三天看完,很多关于上海评弹团的事,他也不知道。我觉得这是个很有意义的工作。台北出了之后北京出,出了两版,很快就卖完了。

高:这本书里记录了您父亲当年跑码头的经历,您小时候跟父母跑过码头,还有印象吗?

唐:大码头像无锡、杭州都有印象。有时候坐船,有时候坐火车。小码头,具体的地方记不清了,但是还记得,坐着航船,住在书场里的情景。我记得很清楚,有一次在上海沧洲书场,当时上海最好的一个书场,1949年前后,我们家就住在那里。当时顾宏伯在上面说书的时候,我调皮,爬到台上去,他做一个动作,我就学一个,搞得下面哄堂大笑。后来人家把我父亲叫来把我抱下去。平时家里接触的都是说书人,耳朵里面听到的都是苏州话,都是说书,那个时候谈不上喜欢,但是听书成了种习惯。现在评弹界的一些老艺人还记得,日前碰到陈希安,他还说起这段往事。

第九十六讲 我是说书人的儿子 | 1411

唐耿良《别梦依稀——我的评弹生涯》
学术研讨会会场

唐家人在《别梦依稀——我的评弹生涯》
研讨会后合影

2007年唐耿良（右）、唐力行（左）
父子在加拿大相聚

脑海里时常萦回这流水声、琵琶声合成的乡音、乡情

高: 关于您的童年,关于评弹,或者关于苏州,还有没有什么比较深刻的记忆?

唐: 我生在苏州,出生的时候我的家在今天的西善长巷,那时候父亲刚结婚,还没买房子,是租的房子。房子北边是一条河。从小,我生活在苏州水乡。现在那个房子还在,道前街到养育巷,转弯的街口,往西走一点,还能看见,一个古旧的房子。我去年去,还在。这幢楼过去是一位教书先生的家,我父亲向他租了一个亭子间,我就出生在那里。医生请回家来接生,我就生在那房间里。90年代初我还在安徽师范大学工作,特意回到苏州,陪我父亲去看了那座旧宅。我们去的时候,房东已经过世,房东的太太还在。父亲在我出生的第二年就买房子搬走了,但是房东太太一眼就认出了我父亲。

第二年,父亲买了豆粉园的房子。在乐桥下面,从乐桥往南往西走,转弯进去就是豆粉园。当时父亲已经在上海成为响档,一年的积蓄就买了这幢房子。房子很大,是民国时期造的西式房子,进去是一个大天井,天井后面是客厅,客厅后面,白颜色、很高的门,边上是厢房,再往后,是一个储藏室,一个厨房,客厅后面是个柴房,再后面是个小门,小门后面就是现在干将路上那条河。那条河当时就在我们屋后流过。二楼更大一点,后面是个大阳台。这个房子直到90年代造干将路时拆掉了。小时候,夜深人静,可以听见屋后小河的水流声,以及随水声而来的悠扬的评弹声。后来我在安徽多年,听不到评弹,听不到乡音,脑海里还时常萦回这流水声、琵琶声合成的乡音、乡情。

父亲最后一次到苏州,大概是1996年,那次电视书场请他录了十二回《三国》。他在加拿大给我打电话,问的就是苏州。我告诉他苏州开了很多茶馆,等你回来我们一起去孵茶馆。后来他又回来过几次,每次都想回苏州,但都因住院而无法如愿。即使是他过世前,2009年,他也要到苏州去,但是很快住进了医院,没法回苏州了。他梦中想的就是苏州。

高: 当年选择学历史,而且特别钟情于社会史,有您父亲的影响吗?

唐力行在《别梦依稀——我的评弹生涯》研讨会上发言

唐： 不光是听书，因为父亲的缘故，各种文艺演出的票很多，小时候除了听书，还喜欢看京剧、看话剧，那时候我对话剧很感兴趣，高中毕业想考上海戏剧学院，做编剧。当时读了很多戏剧理论的文章。但是差了几分，没有考取，两千多人报名，只取十几个人。我报考大学的时候，中文、历史两个专业，都是我感兴趣的。我父亲的《三国》我是非常熟悉的，这些东西对我确实有比较深的影响。

评弹有这么高的艺术水平，是多少代苏州人和说书先生互动的结果

高： 您父亲的《三国》做了很多加工？

唐： 是做了很多加工。评弹艺术和戏剧不同，戏剧演出，演员只能按脚色规定去演，要融入人物中去；评弹有脚本，但是每一代演员都会改变。如果没有变化，是不会受欢迎的，一个"评"字，表示它要根据书的情节，结合当时的场景，做出评论。这个评论恰恰是听众最欢迎的。到书场去听书，说书人虽然讲的不是这个时代的事，但常常要结合时事，比如什么东西涨价了，让听众会心一笑。说书人，会根据时局对社会做出评论，这恰恰是老百姓喜欢的。这就是评弹有生命力的一个重要方面，这是很灵活的。就像教师上课，要联系现实，才吸引学生。各个说书人的社会经历、文化程度、修养、喜好、性格不一样，这些东西都会带到书里。基本情节不变，比如张飞今天讲这句话，明年同样的场合，就会有变化。情节需要不断锤炼，要让听众认可，这是很不容易的。说书人和听众之间的互动是非常频繁的。尤其是过去，没有电视、电影，大家的关注点就在说书先生身上，你今天说的书，下面的人都会评论，第二天大家喝茶的时候就会成为话题。有的说书先生早晨就会去茶馆喝茶，和听众讨论，一段唱词怎么唱好，一个情节怎么设计更好，听客也在帮你设计。我觉得，评弹之所以现在有这么高的艺术水平，是多少代苏州人和说书先生互动的结果，和苏州人的文化水平有一定的关系。

高： 您父亲的回忆录中多次谈到政治对评弹的影响，谈到艺术中对历史人物的诠释，比如对曹操的评价。作为一位历史学者，您怎么看待这个问题？

唐： 那个时候郭沫若提出要为曹操翻案，得到毛泽东支持。在传统戏曲（和曲艺）中，从儒家文化的人文道德出发，曹操是个奸臣、逆臣，我父亲说《三国》，当然和传统是一致的。忠孝仁义，刘备不管怎么说是汉室皇叔，关云长的义气，桃园三结义的忠，刘备的仁，这些都是传统文化所肯定的。我父亲说《三国》，表现的其实是一种社会价值观。儒家文化作为一个价值系统，它的最终目的是达到专制。三纲五常，所有的合理性、合法性都是建立在对妇女的压迫之上的。我父亲想，忠孝仁义虽属传统儒学，但它们所体现的却是一种人伦的普遍价值。同时，从中国统

一大业来讲,郭沫若讲得也有道理。但是艺术与政治是有差别的。我觉得,这些思考就是一个艺术家和艺匠之间的区别。艺匠只需要学,学了照着演,艺术家就要思考这合理不合理。我父亲平反之后,要评法批儒,我父亲没有办法,就说曹操是法家,刘备孙权是儒家。结果上面一听,很不满意,说刘备不是法家吗?六出祁山,不也是要统一中国吗?孙权不愿意投降曹操,占领江东,他不也是为了统一吗?我父亲想,这没法讲了,《三国》不成了三家斗法了吗?最后,我父亲挖空心思想出了一段曹操杀孔融的故事,法家杀儒家,总算过了关。按我的看法,什么是最终的价值观?按马克思主义的,经济发展,人民幸福,就是最终的价值观。历史上意识形态多元的时期,往往是文化昌盛的时期;大一统的时期往往是文化衰落的时期,可以做点大事,但那不是真正的文化繁荣。什么样的价值观是正确的,这还需要思考。

高: 您父亲曾经编过不少很成功的新书。

唐: 我觉得我父亲1949年以后在党的教育下,真诚地认为自己说旧书错了,应该改头换面做一个新的人,所以他写了一些新的东西,有很多已经成为现在的经典。他参与写了一些中篇,比如说《芦苇青青》,还写了《黄继光》《王铁人的故事》《大寨人的故事》。我父亲所编写的那些新书目,体现了当时的知识分子想要跟上时代,想为这个时代做些事情。有些已经成为经典,有些是为当时的政治服务的,从今天的眼光看,要重新判断。我父亲真正做到文艺为现实服务,最成功的是《三国用人之道》。当时改革开放,企业要用人,不要因为出身贫贱就不用,不要因为这个人曾经做过错事就不用了,应该是不拘一格用人才,才能把经济搞上去。日本企业家用《三国》中的智慧来规范自己的行为,中国的企业家也应该学习。当时很成功,苏州、上海、昆山很多地方都请他去讲。

苏州人的文化高、素养高,和评弹有着紧密的关系

高: 您是怎么转入评弹与江南社会生活的研究的?

唐: 本来我只是喜欢听评弹,把评弹作为研究对象,说实在的,和整理我父亲的回忆录有关。我搞评弹研究,是受了我父亲的影响,也是我从小的喜爱,最大的理由:我是苏州人,我爱苏州;我是说书人的儿子,我爱我父亲。

当然我也经过了理性的学术思考。1992年,我到英国参加一个社会文化史的会议。我当时主要还在攻(克研究)徽州,到那里一看,人家做的确实都是文化的东西,也许跟我们传统意义上的历史有差别,传统的历史必须有时间、地点、人物,但是那样的历史有很大的局限性,史料中留下的时间、地点、人物很可疑,有很多是编造的。文化这样东西,可以是物质的,可以是非

物质的，它留下的信息、符号确实是那个时代的反映。比如丰子恺的漫画，不是画的哪个具体的人，但它确实是那个时代的反映。包括苏州的工艺美术、评弹、建筑，都反映了一个时代人们的好恶、价值观，反映了社会一些共有的东西，这些东西如果能够跟我们通常意义上的历史结合起来，那么我们所重构的历史，可以说更真实，更接近当时社会的真实。从那次会议以后，我感觉到这已经成为国际前沿，历史在西方世界已经经历了区域社会经济研究，到区域社会研究，走向社会文化研究。这样的国际前沿，是我下一步应该追寻的目标。如果说我在安徽是搞社会经济史的，而且是以商人为主要研究对象的话，那么我到苏州主要是搞社会史了。

高：从历史学的角度研究评弹，和过去从文学艺术的角度对评弹的研究有哪些不同？能不能举例说说评弹和江南社会生活的关系？

唐：评弹有很多故事都是从江南社会生活中来的，曲折地反映了江南社会生活的现状，评弹的发展史和江南社会生活的变迁也不可分割。评弹和整个社会的关系如何，过去很少有人研究，评弹和社会变迁的关系、和社会生活的关系，这是我们的关注点，和过去曲艺史的研究、文学史的研究组合在一起，也就构成了比较全面的评弹研究。

苏州的社会秩序为什么这么好？实际上评弹在不断地教育人。评弹这门艺术和其他艺术都不一样，只需要一两个人，也不需要专门的演出场所，就是一个茶馆，江南地区到处都是，只需要背着琵琶、弦子，像我父亲说评话的，只要一块醒木、一把扇子、替换衣服，一个藤箱，一拎，就可以去了。评弹艺术固有的特征就是走码头，一个书目说半个月到一个月，最多说半年，然后就要换地方了，一个书场又有新的人来。在江南地区，一个镇上往往有几个书场，一个村里可能有一个书场，说书人不断来往，像一个网络一样。评弹的受众面很广，渗透到社会的细胞中，士大夫喜欢，老百姓也喜欢。它和任何其他艺术形式不同的是，江南地区的老百姓几乎天天面对它，他们所受到的伦理道德的教育基本上都来自评弹。比如说"孝"，《庵堂认母》，徐元宰中了解元后，前途无量，当他知道自己的生母是个尼姑时，虽然他知道他认了这个母亲可能会被人看不起，但在这种价值选择中，他还是选择了母亲。母亲比功名更重要。孝是儒家文化的核心，由孝而生忠，孝是第一位的。苏州人天天在听评弹，听多了，（这些内涵）就变成了自己的价值观。苏州孝子很多。人文的关怀，价值的获取，都是从听书中得来的。苏州人的文化高、素养高，和评弹有着紧密的关系。

整理者：高琪

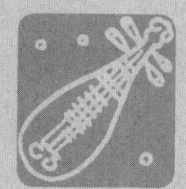

第九十七讲

"文华绚丽，磊落胸襟"的弹词名家石文磊小传

——口述与文献

（韩秀丽）

　　20世纪50年代初期，由于对评弹艺术十分热爱，石文磊拜师学艺成为一名评弹演员。在早期演艺生涯中，她加入了长征评弹团，积极从事评弹改革，参与编写、演唱《蝶恋花·答李淑一》《七律·长征》《七律·到韶山》《春青之歌》等开篇，产生很大影响。演艺后期，她担任上海人民广播电台的《星期书会》《星期广播戏曲会》的主持人，成为评弹界的"金话筒"；此外，她还积极培养评弹青年演员，积极参与各种评弹演出活动，推广评弹文化。

石文磊

　　石文磊（1937—2011），弹词女演员。原名瑾珍，安徽歙县人，出身知识分子家庭，中学时对评弹产生浓厚兴趣，拜评弹名家祝逸亭学艺。1959年加入长征评弹团，说唱现代题材长篇《青春之歌》，受到陈云同志的赞扬。1960年加入上海市人民评弹工作团（今上海评弹团），先后参加长、中、短篇《啼笑姻缘》《真情假意》《礼拜天》等演出，也曾参与毛泽东诗词谱曲工作。1986年英国女王来上海访问，石文磊在城隍庙豫园湖心亭旁的茶室里为女王表演，得到女王的高度赞赏。2011年因病去世，享年七十四岁。

1986年10月，英国女王伊丽莎白二世应邀来华访问。女王在为期一周的访问中，在上海逗留一天，畅游城隍庙。接待贵宾的文艺节目选中了具有江南文化特色的苏州评弹，由上海评弹团著名弹词演员石文磊在（城隍庙）豫园湖心亭演唱特地为女王谱写的开篇《湖心亭阵阵飘香》。演出那天，上海的豫园修葺一新，金风送爽，丹桂飘香，绿湖映着蓝天。下午四时许，仪态万方的伊丽莎白女王来到湖心亭，石文磊转轴调弦，抑扬动听的弹词音乐顿时在白云绿波、飞檐红柱之际萦绕："九曲栏杆桥九曲，金风吹拂绿波浪。清晨起，亭楼品茗茶真好，飘出莲峰晨露香；到晚来，倚栏频眺皎皎月，一阵阵风，一阵阵凉，一阵阵凉风一阵阵香，水面凉风郁馥香。迎宾客，送清香，主人殷勤客来忙，祝君幸福身健康……"因为事先经过翻译，女王已知道弹词的大意，所以听时不时点头微笑。一曲奏罢，女王盈盈起立，鼓掌表示谢意，并脱下白丝手套，与石文磊亲切握手，还用手势装着弹琵琶的姿势，对评弹这种弹唱艺术表示赞赏。[1]

石文磊事后回忆说：当时女王再三说非常感谢你。中国的随从人员告诉石文磊，这次是女王第一次脱手套鼓掌、握手，可见女王的表示赞赏不仅是出于礼节。试想女王走进有中国园林特色的湖心亭，眼看飞檐、龙墙、绿波九曲，手捧醇香沁脾的龙井，对着身穿中国服饰，手抱琵琶捻、抹、拨、挑的艺人，谛听舒徐抑扬的评弹曲调，此境此情，听觉、视觉、味觉、触觉和心灵感受达到高度和谐的统一。湖心亭，一池荷花，一杯清茶，冲泡出江南特有的茶韵袅袅，一曲苏州评弹开篇，深深叩动了到访者的心扉。听苏州评弹，悠闲品茗，女王初步体验了上海人民的一种生活方式。

传说苏州评弹前辈王周士曾受乾隆帝召见，令弹唱数节，赐七品小京官。后因病乞归乡居。乾隆四十一年（1776），他在苏州创建苏州弹词界同业组织光裕公所，于联系艺人和培养后进颇起积极作用。他的主要贡献还在于总结了弹词艺术的说唱经验，提出许多有益的见解，留下了《书品》《书忌》等著作。这些总结虽是初步探讨，但为后世艺人所重视，产生了深远的影响。石文磊与曾在清朝乾隆皇帝"御前弹唱"的王周士，时间相隔了差不多两个世纪，石文磊可算是在英国女王"御前弹唱"第一人。

---

[1] 石敢当：《石文磊在湖心亭为英女王演唱》，《新闻报·副刊》1987年9月8日。

珠联璧合　评弹伉俪情深

　　石文磊,著名苏州弹词女演员。原名瑾珍,祖籍安徽歙县。1937年8月27日出生于上海。石文磊从小喜欢文艺。在上海众多的剧种中,性格开朗活泼、爱说爱笑的石文磊喜欢上了新兴的滑稽戏。石文磊上初中时,适逢姚慕双、周柏春共同组建了蜜蜂滑稽剧团,主演的《小儿科》《老账房》《不夜的村庄》等现代剧目,风靡一时。石文磊迷恋滑稽大师姚慕双、周柏春的表演,时而开怀大笑,时而又为滑稽大师幽默、风趣的语言陶醉不已。有一天,石文磊竟然独自跑到姚、周家中要拜他们俩为师。姚、周二人也喜欢上了这位大胆的小姑娘,但拜师是件大事,首先要征得家长的同意啊!石文磊出身于知识分子家庭,祖父做过《申报》记者。当时中华人民共和国成立不久,石文磊父母受旧社会伶人的社会地位低这些旧思想的影响,再说唱戏除非唱成名角,否则做伶人就意味着没有社会地位、政治地位、经济地位,很难出头,何况她还是一个女孩子,于是家人坚决反对,少年的石文磊拜师没有成功。

　　好在年轻人没有定性,学滑稽戏没有学成的石文磊,随即又喜欢上了苏州评弹。苏州评弹是江浙沪一带的主要曲种,它有着迷人的魅力。从事苏州评弹的有男有女,而且不论男女一律称为先生。在说书时,男的身着传统的长袍,文儒潇洒;女的穿旗袍,清丽脱俗,加上清新、淡雅的舞台布置,这些构成了一幅静谧美丽的图画。苏州评弹的说表,干净利落;苏州评弹的弹唱,清脆悦耳。苏州评弹"舌底莲花弹唱离合悲欢,胸中成竹评说今来古往",语言极其生动形象。

　　石文磊喜欢苏州评弹,上中学的她听说启秀女中有个业余评弹队,就千方百计地想到那所中学去读书。启秀女中创建于1905年,第一任校长是清末上海招商局会办徐润的女儿徐婉珊。中华人民共和国第一位驻外女总领事朱青,原国家主席李先念夫人林佳楣,革命烈士茅丽瑛都曾在启秀女中就读过。启秀女中风气开化。石文磊深深地喜欢上了这所中学,在上初三的那一年终于实现了她的愿望。1953年2月她由上海市私立南屏女子中学转入卢湾区启秀女中读书,成了业余评弹队中的积极分子。

　　在启秀女中,石文磊如鱼得水,个性得到极大的发展。1953年7月初中毕业。在那时,初中毕业可算得上知识分子,也是个有文化的人了。当时的女性能够从事的工作不多,也有做老师的、护士的。石文磊喜欢评弹,这次她吸取了上次拜师不成的教训,十七岁的石文磊先是拜一个喜欢苏州评弹的人为过房娘,过房娘给了她三百元拜师费,她瞒着家人拜了评弹名家祝逸亭学艺。祝逸亭先是从张月泉学《三笑》,后又拜徐云志为师,徐云志是圆润软糯的"徐调"的创始人。祝逸亭又曾向刘天韵求教,他的《三笑》集数家之长。而且他的三弦弹得很好,能单指弹奏《夜深沉》《王昭君》《旱天雷》等乐曲,还能弹奏京剧曲调,人称"大套弦子"。

中华人民共和国成立后，在新形势下，评弹艺人自发地起来推行评弹改革，开展说新书的运动，希望能做到这种靠近人民的形式，真正能为人民大众服务。在石文磊拜师的20世纪50年代，《三笑》作为"斩尾巴"运动的最早八个对象已经被禁，当时二类书、三类书的创作弹唱风行。《三笑》不能唱了，她和师父祝逸亭就弹唱《四进士》。《四进士》由传统的京剧剧目改编而来，情节曲折，感人至深，对封建官场贪污受贿、口是心非、草菅人命、腐败堕落的黑暗现象做了有力的揭露和抨击。人物性格鲜明生动，很受听众欢迎，该词主要高度赞扬和宣传了宋士杰不畏强暴、刚正不阿、路见不平、拔刀相助的义举。可惜由于祝逸亭的早逝，学艺不到一年的石文磊就结束了短暂的学艺生涯。

1954年下半年和1955年，石文磊在里灵自学十组学习，进一步学习文化知识。1956—1958年，石文磊先后与余韵霖、黄静芬、徐绿霞、饶一尘拼档，在江浙沪一带巡回演出，说唱《白蛇传》《林冲》《珍珠塔》《秦香莲》等，并时而单档演出《钱秀才》等。跑码头演出很辛苦，至于女弹词跑码头，身边恒有父母、姑嫂做码头"监护人"，免受侵扰，也为防止被人引诱。中华人民共和国成立前，女弹词汪竹韵、汪兰韵，在浙江硖石开书，闹出了一场风波，"因为汪家姊妹的后台监察汪老太太，到上海大女儿那边去看看外甥，所以造成浮头浪子的机会"[1]。虽是新时代了，但石文磊的父母很不放心，尤其是一个女孩子单档演出。石文磊的父母虽然不赞成女儿"跑码头"，唱评弹，但每次石文磊出码头，母亲总是跟随着她。

石文磊与擅说长篇弹词《珍珠塔》的著名演员饶一尘先生拼档时，配合默契，脚色把握得入木三分。两人由评弹结缘，相知、相恋，牵手走入婚姻的殿堂。当年他们俩结婚的照片中，洁白的婚纱掩映着新娘娇媚的脸，笔挺的西装衬托着新郎伟岸的身躯，新郎英俊潇洒，新娘媚而不俗，是现实生活中绝佳的才子佳人。在以后的岁月中，他们相伴了半个多世纪，相濡以沫，对结婚誓词"从今天开始相互拥有、相互扶持，无论是好是坏，富裕或贫穷，疾病还是健康，都彼此相爱、珍惜，直到死亡才能将我们分开"做出了人世间最美的阐释。

饶一尘是一位著名的弹词演员、弹词作家，曾创作《人强马壮》《春草闯堂》《丹心谱》《女排英豪》等数篇评弹作品。1948年师从魏含英学《珍珠塔》。1950年后与赵开生拼档说唱《珍珠塔》《秦香莲》《陈圆圆》等长篇书目。1953年又拜黄异庵为师。1959年与石文磊同台演出他自己创作的评弹短篇《礼拜天》，参加上海市1959年话剧、戏曲、杂技、评弹青年汇报演出获奖。[2] 其书艺说表有力，层次分明，脚色富有感情。《礼拜天》写老工人马大方和他的女儿，在一个晴朗

---

[1]《汪兰韵硖石受辱》，《上海人报》1947年6月28日。
[2]《上海市委宣传部、上海市文化局关于举办1959年话剧、戏曲、杂技、评弹青年汇报演出的计划、批复、总结、得奖名单（1959年6月—1960年3月）》，上海市档案馆藏，档案号：B172-1-334。

的礼拜天,参加了十三陵水库工地的义务劳动。马妻在家准备了便餐,在等待着女儿的男朋友钱大民——从未见过面的新婿。在工地上,马大方见着了钱大民,彼此互不相识,发生了一些小误会。晚上,马大方回到家里,发现钱大民就是自己的新女婿,于是,在全家欢乐的气氛中,解开了这场误会。《礼拜天》具有清新的风格,使人听了轻松愉快,反映了中国人民生活的丰富多彩和幸福。善于说唱新书的石文磊,在《礼拜天》中,刻画了三个不同类型的脚色,在汇报演出中成就突出。而且,她在党的培养下,有了一定的创作能力,曾参加中篇《革命的一家》、短篇《徐学惠》的创作,两部作品都得到好评,具有一定的质量。石文磊等写了作品,让给别的同志演唱,体现了集体主义精神,[1] 也体现了无私奉献的精神。

锐意革新　终成一代名家

　　1949年以前评弹艺人虽有像光裕社、润余社、普余社这样的类似行会组织的集体,但评弹艺人演出的形式是个体。1949年以后,评弹艺人自动组织起评弹队、评弹团,接受党的领导。1958年,积极要求进步的石文磊加入由张玉书之子张如君任队长的上海市红旗评弹队。1959年,赵开生、石文磊等尝试以弹词曲调谱唱毛泽东诗词。周云瑞是他们热情的支持者和老师。青年演员赵开生首先执笔谱写了一首《蝶恋花·答李淑一》,这是一次大胆的尝试,融合了"蒋调""丽调""俞调""薛调"等多种弹词流派唱腔的旋律,很有新意。赵开生等谱唱的《蝶恋花》,最初基础虽好,但不免粗糙,周云瑞便帮他们揣摩、修润。《蝶恋花》成为谱唱毛泽东诗词的代表作,传唱全国,使许多过去不知道苏州评弹的人喜欢上了苏州弹词。听众非常欢迎这一评弹新作。石文磊更积极地加入到为毛泽东诗词谱曲的工作中来,她成功地为多首开篇如《毛泽东思想放光芒》《七律·长征》《七律·到韶山》谱曲,这充分展示了石文磊先生在评弹曲调上的独立性和审美性。作为一位擅唱的当代名家,她当然对自身曲调的性格发展是最关注的,为此她倾注了大量的精力,石文磊先生的唱,曾受到周云瑞等名家的亲授和深刻影响。她所唱的《蝶恋花·答李淑一》《七律·长征》《七律·到韶山》都具有很大的影响,已成为当今评弹界传唱的经典曲目。

　　她为毛主席诗词《七律·长征》作曲,演唱十分成功,词曲朗朗上口,流传至今。"红军不怕远征难,万水千山只等闲。五岭逶迤腾细浪,乌蒙磅礴走泥丸。金沙水拍云崖暖,大渡桥横铁索寒。更喜岷山千里雪,三军过后尽开颜。"五十六个字,负载着长征路上的千种艰难险阻,饱含着中国共产党的万般豪情壮志。石文磊给毛主席《七律·长征》谱曲时,十分认真,诗中提到

---

[1] 上海市1959年话剧、戏曲、杂技、评弹青年汇报演出工作委员会编印:《青年汇报演出简报》1959年第2期,上海市档案馆藏,档案号:B172-5-40-109。

的地点，她在地图上都仔细地标出来，计算距离，查找历史地理书籍，对长征有了深刻的体验和感受。所以，在她演唱时，眼前仿佛出现了这样形象的画面：在毛泽东的指挥下，英勇的红军战士击溃了敌军无数次围追堵截，他们跋山涉水，翻过连绵起伏的五岭，突破了乌江天险，四渡赤水，越过乌蒙山，巧渡金沙江，飞夺泸定桥，爬雪山，过草地，最后翻过岷山，历经十一个省，找到了红军安扎的大本营，长征胜利在望。石文磊演唱的《七律·长征》形象地概括了红军长征的战斗历程，热情洋溢地赞扬了中国工农红军不畏艰险、英勇顽强的革命英雄主义和革命乐观主义精神。《七律·长征》为石文磊的代表作之一。

石文磊嗓音清脆，虽未自成流派，但在弹词名家周云瑞的亲自指点、帮助下，唱腔显得新颖、悠扬、曼妙动听。石文磊唱过的开篇、选曲不少，石文磊唱《蝶恋花》时，还尝试加入西洋音乐元素，丰富弹词的音乐。[1]1986年她与中央人民广播电台和中央民族乐团合作，对改革弹词音乐进行进一步的尝试。传统的弹词演唱，一般是以三弦、琵琶伴奏，这次她和余红仙对唱《梁祝·惜别》，有电子琴、小提琴、三弦、琵琶等众多乐器伴奏，格外扣人心弦。1986年10月石文磊在城隍庙豫园九曲桥湖心亭为英国女王演唱开篇《湖心亭阵阵飘香》，博得了中外嘉宾的一致好评，充分显示了苏州评弹的迷人魅力。

石文磊1959年加入上海市长征评弹团的时候，当时女作家杨沫写的长篇小说《青春之歌》出版后在社会上影响深广，很受读者欢迎。小说写了一个"小资产阶级知识分子"林道静如何走上革命道路，并成为无产阶级战士的曲折过程。石文磊很喜欢《青春之歌》，就与赵开生商量把它改编为苏州弹词说唱。经过一段时间的酝酿，她与赵开生开始拼档说唱现代题材长篇《青春之歌》。他们俩说唱《青春之歌》时，基本上是边改编边演出。演出的时候，每天八点半，石文磊和赵开生准时碰头，赵开生把改好的唱篇给石文磊，她看了能够唱的通过，不能唱的还要和赵开生商量修改，到十点钟的时候石文磊和赵开生两人把修改后的唱篇背熟，背熟之后开始排书，排好书，一点半开书。这样日复一日，年复一年，由他们俩拼档说唱的《青春之歌》声名鹊起。

陈云同志对赵开生、石文磊改编《青春之歌》获得初步成绩，给予很大鼓励。1960年上半年他在杭州休养，很关心《青春之歌》的改编，问起赵开生、石文磊是否看过秦纪文改编长篇弹词《孟丽君》的经验，他说在编说新书时可以作为学习参考。他说，就他已听过的十二回看，其中《书店》《公园》等回是比较好的，有穿插，不使人感到寂寞，其余的还要加工。陈云同志的这些教导，给《青春之歌》的加工、提高指出了方向。

石文磊初中毕业，在当时的评弹界可算得上是高学历。旧社会过来的艺人一般文化水平都比

---

[1] 《陈云同志对评弹的意见（1961年5月至1961年7月）》，第38页，上海市档案馆藏，档案号：A22-1-519。

较低。她跟师学艺不到一年，很大程度上自学成才。她爱好新文艺，很注重从电影、话剧、其他戏曲中吸收养料，兼收并蓄。这种得天独厚的积累，无疑对她说现代书极有好处。尤其是她的新文化思想，运用在现代书目中得心应手，普通话流利犹如讲话剧台词。在长篇《青春之歌》中，她用普通话起脚色，在当时能用流利、标准普通话说书的女演员还不多见。她在评弹"说表"上独树一帜，形成了自己独特的风格。她对书中主人翁林道静的性格剖析得恰到好处，林道静的善良、济困扶贫、向往光明、热爱革命的人物形象，在书坛上被演绎得活灵活现，栩栩如生，故而石文磊有"活林道静"之称。在演唱的处理上，她善于应用自身特点的中音区，不一味追求华丽的音色，而善于运用低音家生演唱，以最大的嗓音发挥。《青春之歌》取得了极大的成功，特别是吸引了一些年轻的听众，还有一些知识界的人士的青睐。1960年7月22日—8月13日，石文磊参加了全国第三届文代会，在全国文联做招待演出，会后受到了毛主席的亲切接见！随着她在艺术上的成功，原来反对她搞文艺的家人态度也转变了。他们成为石文磊热心的支持者和听众。

1961年《青春之歌》到北京演出期间，还走进了北大校园。北大的学子特别喜欢听，剧场里面容纳不下全部听众，就在教室里接个喇叭，让同学们在教室里面听。他们听完后激动得不得了，对整个演出的评价很高。北大的学子说，听石文磊、赵开生说《青春之歌》，好像在讲北大校史，在讲北大的斗争史，听起来格外亲切。当时拍成电影的《青春之歌》也是非常红火，电影里面余永泽扮演者于是之，他也来听苏州评弹《青春之歌》，觉得演得很好。

石文磊的艺术特色是一个"新"字，说新书、唱新腔使她有别于其他演员，作为青年演员中的佼佼者，石文磊1960年底加入上海评弹团，先后参加长、中、短篇《啼笑姻缘》《真情假意》《一往情深》《春草闯堂》《夺印》《红梅赞》《礼拜天》《错进错出》等演出。上海评弹团成立于1951年，是评弹界第一个国家剧团。由刘天韵、蒋月泉、唐耿良、张鸿声、张鉴庭、姚荫梅、周云瑞、朱慧珍、徐雪月、陈希安、张鉴国等首批十八位评弹演员发起组建。不久，又有严雪亭、薛筱卿、吴子安、杨振雄、杨振言、朱雪琴、徐丽仙、杨仁麟等颇有造诣的评弹演员参加，他们或以说表见长，或以弹唱闻名，大都为艺术流派的创始人。石文磊在这样一个人才汇聚的集体中，能得到众多名家指点，加上她本身对苏州评弹虔诚和锲而不舍的精神，终令她在现代的诸多作品中，留下了大量鲜明生动、极富个性的人物形象，在20世纪60年代的评弹剧目中，她塑造的《青春之歌》中的林道静、《战地之花》中的高山、《红梅赞》中的江姐等都给听众留下了极其深刻的印象。石文磊口齿伶俐，能说擅唱会编，学生出身的她说得一口标准、流利的普通话，这在她同时代的演员中是凤毛麟角，加上她形象靓而不俗、甜而不媚，颇具学生本色，使她在当时的大学生和青年知识分子中拥有一大批粉丝。石文磊跻身名家之列，和余红仙、刘韵若一起被誉为60年代上海评弹界青年女演员"三鼎甲"。

不计名利　培养青年接班人

　　正当石文磊演出获得成功、评弹创作和演出日趋繁荣之时,"文化大革命"开始了。评弹被扣上了"靡靡之音""听了要死人"的黑帽子,诸多优秀艺术家及其代表作品受到了批判,优秀书目和艺术流派全面遭禁,评弹这枝百花园中的江南奇葩枯萎了。

　　粉碎"四人帮",文艺迎来了第二个春天。1976年12月30日首都新闻界主办庆胜利迎新春联欢晚会,由上海评弹团赵开生作曲、上海评弹团演员石文磊演唱的《蝶恋花·答李淑一》再度响起。周恩来、叶剑英曾经给予《蝶恋花·答李淑一》以热情的肯定,它在人民群众中广泛流传。而"四人帮"却勒令停演达九年之久。打倒了"四人帮",重唱《蝶恋花》,凯歌满天下。1977年1月,在纪念周恩来总理逝世一周年的文艺演唱会上,由赵朴初作词、赵开生谱曲、石文磊演唱的《金缕曲·周恩来逝世周年感赋》:

　　　　转瞬周年矣。念年前伤心情景,谁能忘记?缓缓灵车经过路,万众号呼总理。泪尽也赎公无计。人似川流花似海,天安门尽足觇民意。愁鬼蜮,喜魑魅。

　　　　古今相业谁堪比?为人民鞠躬尽瘁,死而后已。雪侮霜欺香益烈,功德长留天地,却身与云飞无际。乱眼妖氛今净扫,笑蚍蜉撼树谈何易。迎日出,看霞起。

激起了人民对总理的无限怀念之情。

　　历史终究是向前发展的,评弹这一植根于人民土壤的优美曲艺始终受到广大听众的热爱,也受到党的领导人的关爱。然而"十年浩劫"对评弹艺术所造成的创伤何其深重,身心备受摧残的老艺术家们大都因年高体衰而退出书坛,中青年演员则难免技艺生疏,书坛上演出的又几乎都是传统书目,听众也越来越老龄化,评弹艺术日渐衰落……振兴评弹任重而道远。为了改变这种局面,上海评弹团将七名青年演员组织起来,并配备了擅长写新书的编剧徐檬丹和擅长说新书的著名演员石文磊担任艺术辅导,上演一批反映时代风貌的新书目,争取青年听众。在演出形式上,他们也进行了大胆探索和创新。石文磊生动活泼的主持,不仅使听众感到十分亲切,而且增长了不少知识。[1]

　　事业是靠人做的,苏州评弹的发展,最主要的是后继有人。石文磊遵循陈云同志"出人、出书、走正路,保存和发展评弹艺术"的指示,脚踏实地、兢兢业业地为振兴评弹做着不懈的努

---

[1] 孙东海、黄罗怡:《青春评弹演出队给书坛增添青春活力　上演新书目赢得新观众》,《文汇报》1983年7月4日。

力，抓紧书目建设，抓紧人才培养。她深入工厂、农村、部队和社会各阶层，与志同道合者一起创作出一批具有现代气息的作品。苏州评弹作为一种口头艺术形式，是一门兼具文学、音乐、表演等多种因素的综合艺术，表演以"档"的形式，如单档、双档、多档演出。演员并不像其他表演团体那样，有着严格的分工。评弹演员往往也要参与创作，体验生活。1982年5月石文磊和演员杨振雄、创作人员顾彬彬一起在乍浦街道访问上海市"三八"红旗手、上海市第一人民医院内科护士长刘慧珠的家庭，为创作反映里弄新风的对白开篇《好婆媳》收集素材。[1] 1982年她又到福建去体验生活。[2]

过去，传承苏州评弹艺术的唯一方法就是师父带徒弟，"口传心授"，师徒口口相传，把书艺一代一代承继下去。这种方法有其局限性。上海评弹团成立不久，便以委托培训、开办学馆或以师带徒等方式培养了孙淑英、沈伟辰、沈世华、江肇焜等后起之秀。"文革"以后，评弹艺术名家对自己的接班人提出了更高的要求。上海评弹团自己培养出来的那批1974届的学员在独立行走码头之前，曾组建了希望演出队和青年演出队，由石文磊担任艺术指导，带队领他们历练码头生涯。以"上演新书目，争取新观众"为宗旨的上海评弹团青年演出队成立后，上演了富有浓郁生活气息、艺术上也各有特色的《真情假意》《老子、折子、孝子》《江湖血泪》（一、二集）和《春梦》等现代中篇以及一些现代短篇，到无锡、硖石、杭州等地演出，犹如一股春风，给书坛增添了新意。许多听众看了演出以后，给青年演出队寄来了一封封热情洋溢的信，称赞他们的创造精神。

石文磊带领青年演出队时，有人担心说新书吸引不了听众。石文磊带领青年演出队的同志们不怕艰苦，不计个人名利得失，在艺术质量上狠做工作，他们的演出，引起了青年人的共鸣。书场里的青年听众由少到多，达到80%以上。不少青年看了演出以后，激动地到书场后台找青年演出队的演员们谈自己所受到的教育和感受。以前这些青年演员到各地说老书，听众寥寥，演员也十分苦闷，有的甚至改行转业。现在说新书，一天两场仍不能满足需要，大家信心百倍，劲头越来越足。在杭州演出时，他们下午、晚上一天两场，每天上午还在住处练说练唱，互相切磋，提高技艺。十几天下来，直到演出结束，还没有顾得上到西湖去游览名胜。为了扩大新书的影响，青年演出队的同志还主动上门，到工厂、学校去演出，介绍评弹艺术，吸引了一批新的听众。

1984年上海评弹团希望演出队从"五一"起在杭州大华书场演出，给杭州曲坛带来了一批新书目和优秀传统折子书，其中有获得江浙沪听众一致好评的现代中篇《一往情深》，这个中篇评

---

1 《解放日报》1982年5月18日。
2 曾宪成摄：《上海著名评弹演员石文磊来闽体验生活》，《福建日报》1982年5月，收入上海评弹团石文磊个人艺术档案《石文磊剪报》，案卷号：19，卷内号：4，第1页。

弹是著名评弹女作家徐檬丹继《真情假意》后的又一新作。它通过歌坛新秀林娟和医院勤杂工罗明华的婚姻问题的曲折经历，歌颂了当代青年的高尚情操。故事情节感人，关子设计巧妙，语言生动，噱头穿插得当，在唱词的安排上，充分发挥了评弹的特色。如林娟被迫和杨群去结婚登记时，巧遇她日夜思念的罗明华，一段对唱，情深意切，"张调"和"俞调"运用得当，唱得楚楚动人。石文磊担任艺术指导并参加演出。[1]

后来他们又排练了徐檬丹新编的又一部中篇《这不是爱》。这部中篇发扬评弹特色，并学习其他艺术的表现手法，使演出更加新鲜活泼，引人入胜。上海评弹团青年演出队奔赴江浙沪城乡书场演出，在为听众服务的同时也磨炼自己的书艺，他们深入部队、农村、工厂等各条战线，齐心合力在新的形势下创造着新的业绩。当时的青年演员，师承不同流派，唱腔风格各异。其中秦建国（蒋调）、王惠凤（丽调）、黄嘉明（张调）等已在舞台上崭露头角。学唱"蒋调"的顾建华、学唱"琴调"的王松艳、说评话的张小平、一度离开书台的蒋文亦各有特点。以前说老书，大抵都是对着录音机单纯模仿老师的东西。现在他们自己创造脚色，塑造人物，艺术上得到进一步提高。希望演出队的演员是一批曲坛新秀，在说、噱、弹、唱方面继承了各自的流派，他们已成为当今评弹界的中坚力量。

石文磊在带领上海评弹团 1974 届时，功不可没。她全身心地投入辅导，看《一往情深》的演出，就能知道她倾注了多少心血，她赢在听众心里。石文磊先生的累累硕果，印证了一条艺术的成功之路，凸显了一种当今缺失的精神。正因为有如此成就，1984 年，中华人民共和国成立三十五周年时，石文磊应邀参观毛主席在中南海的故居。

妙语连珠　评弹界的"金话筒"

20 世纪 80 年代石文磊与蒋月泉、唐耿良、陈希安、余红仙担任上海人民广播电台的《星期书会》《星期广播戏曲会》的主持人。《星期书会》是上海人民广播电台于 1983 年元旦创办的一档专栏节目，采用了节目主持人主持节目的方式，目的是进一步丰富群众的娱乐生活，普及评弹艺术知识，提高评弹欣赏水平。在主持节目的过程中，石文磊出口成章、妙语连珠，深受听众的欢迎。她伶牙俐齿，反应特别快，如果有什么书坛信息之类需要临时插进去，备稿又来不及，只需稍稍与她交代几句，她能滴水不漏、侃侃而谈地播报出来，应变能力很强，而且很少"吃螺丝"。[2] 石文磊思维敏捷、口齿清晰，蒋月泉、唐耿良称赞她，说她"脑子长在舌头上"，充分显

---

[1] 蓝方:《评弹听众的喜讯　上海评弹团来杭演出"一往情深"》,《经济生活报》1984 年 5 月 5 日。
[2] 周介安:《亲切幽默　妙语如珠——记〈星期书会〉节目的几位主持人》,《每周广播》1987 年 2 月 23 日。

示了其主持节目的才华和能力。

《星期书会》丰富多彩,形式多样,有艺人谈艺、书坛逸闻、评弹知识讲座介绍、精彩唱段欣赏、书场信息报道、听众点播和答复听众问题等环节,开播后受到了广大听众以及各地评弹界的热情关注和支持,成了评弹艺人与听众交流的空中桥梁。主持人通过《星期书会》这扇窗户,与听众交朋友,把评弹艺术介绍给大家。在电台的收发室里,在编辑的办公桌上,几乎每天都可以看到听众给他们几位的来信。石文磊的女儿饶汲回忆说:"人们只知道我妈妈很聪明,实际上她是个很努力的人。在主持《星期书会》的时候,每天晚上,她都会在灯下认真地读听众的来信。"听众有些来信很有见解,有的来信点播节目。而石文磊作为节目主持人会尽力满足听众的要求,还给他们寄约听通知单。常州戚墅堰听众李伯乐回忆说,有一次他点播节目,在播放点播节目前,播音员说:"来信点播蒋如庭演唱的《三笑·笃穷》,很抱歉,我们没有这段录音,今天请您听他的学生庞学庭和刘小琴的弹唱录音,但愿您能满意。"电台这样认真对待一个听众的要求,使他很感动,于是点播节目的兴趣一下子增强了。[1] 正是主持人热诚、谦逊的工作作风,使《星期书会》成为听众的知心朋友,听众成为《星期书会》的知音。电台就像纽带一样,把听众、演员联系得越来越紧了。

《星期书会》拥有众多的热心的听客,例如上文提到的李伯乐。从《星期书会》第一期开始,他就把收听后的感想写信告诉节目主持人,期期都写。他不光点播节目,还向节目主持人谈对节目内容、形式改进的建议、设想。如某个演员的伴奏艺术很出色,他就建议《星期书会》搞个欣赏伴奏专题,把《星期书会》的评弹知识讲座与某一流派唱腔结合起来,搞一个专题点播,很有特色。电台还请听众和主持人一起录制节目,《星期书会》第一一二期由石文磊和听客李伯乐一起主持,两位配合默契、自然,这有深远的意义。李伯乐珍藏着当时的录音带,他说:"这是《星期书会》第一一二期的录音,电台请我与著名评弹演员石文磊一起主持。那一期书会的内容是我点播的评弹各流派唱腔的著名唱段,是节目编辑故意安排的。作为一名普通听众被请到电台,与著名演员一道主持节目,是一件值得纪念的事。"

石文磊同时还担任1983年元旦开播的《星期戏曲广播会》的节目主持,努力贯彻"百花齐放,推陈出新"的方针,在振兴曲艺、崇尚改革、出人出戏、精神文明等方面发挥了积极作用。《星期戏曲广播会》内容丰富,形式多样,不仅活跃于上海市的舞台及空间,还发扬广播优势,与兄弟台合作,先后在无锡、杭州、合肥等城市组织现场演唱的两地联播,扩大了广播区域。听众遍及江浙沪皖等广大地区。

---

[1] 朱惠明、郑可壮:《"伯乐"与〈星期书会〉》,《上海广播电视报》1986年2月。

为了丰富老年听众的文化生活，使老人既受到艺术熏陶又丰富知识，电台《老年天地》节目从1987年9月2日开始，每周三在老年大学栏目里，举办戏剧戏曲讲座，由艺术家石文磊、唐耿良等主讲弹词、评话、滑稽戏等知识。9月2日的播出中，石文磊担任电台节目《老年天地》的主讲，向老年人介绍苏州评弹的特点和欣赏评弹艺术的要领，其中包括评弹的说表、噱头以及弹唱。别看石文磊在话筒前谈笑风生，在后台，每句解说词都是自己采访、动手撰写的，她是煞费了苦心的。上海评弹团保存着石文磊主持这一期节目时所拟写的稿本，看来字字句句经过斟酌才落笔写下来的，而且她几乎把要说的每一句话都写了下来，字迹清秀、工整，然后她才到电台上讲，从中可以看出石文磊对工作、对听众是多么认真负责！

　　石文磊的主持才能，在评弹圈内有口皆碑。1984年12月朱雪琴参加无锡迎新会书时，因喜欢无锡的听众，千方百计要为这次会书增色，特地要求石文磊来当节目主持人。不料石文磊另有任务，她要带领上海评弹团青年演出队，到各地巡回演出。石文磊既是带队者又是节目主持人，怎么走得开？朱雪琴只得去找团长徐檬丹办"交涉"，说"我这么大年纪了，难得去趟无锡，行动生活都不方便，一定要让石文磊去照顾我"。一番话说得徐檬丹让了步，于是决定让石文磊去主持无锡的会书。会书精彩，也有不尽如人意的地方：由于供电问题，首场延误一小时十分钟。这可急坏了后台的朱雪琴，因为她和薛惠君唱《珠塔》是送客书，演出时间晚了，怕听众"抽签"（中途退场）。但出乎朱雪琴的意料，时间已过五点，场内秩序还是非常好。演出结束谢幕，全场掌声热烈，使她十分感动，连声说，无锡听众真好！节目主持人石文磊确有新招。因为断电，听众听书欲望有所减弱，她灵机一动，一出场就向听众说明原因，接着连出两个噱头，把沉闷的情绪一挑，全场气氛顿时活跃，为下面的正常演出创造了条件。

　　在1987年无锡的评弹音乐演唱会上，上海评弹团石文磊和中央电台曹山主持节目，虽然南腔北调，但配合默契，刚柔相济，风趣横生，不但调动了剧场气氛，也使听众感到是一种艺术的享受。石文磊和曹山在台上轻松自如，在台下却付出了许多辛劳，他们和撰稿人饶一尘四易其稿，每天工作到深夜。为了组织每个节目前的小"包袱"，他们边写、边改、边琢磨，还征求意见，使节目主持为演唱会增添了光彩。[1]

　　评弹爱好者都有这个感觉，石文磊是个"活口"，由她主持节目，台上台下融洽，气氛活跃热烈。1981、1984、1987年分别与著名广播人万仰祖、话剧名家李光耀、评话名家唐耿良等人主持上海评弹界联合会，她都给人留下了不可磨灭的印象。有人说过，倘若当时评弹界有评选"金话筒奖"的话，石文磊当之无愧。

---

[1] 钱同朋：《为了共同的目标——评弹音乐演唱会花絮》，《无锡广播电视报》1987年2月6日。

尽心尽力　推广评弹文化

作为中国民主促进会会员，原民进上海市委文化艺术委员会副主任，上海市静安区政协第八、第九届委员会委员，中国曲艺家协会会员，上海市曲艺家协会会员，国家一级演员，上海评弹团著名演员，石文磊尽可能地推广评弹，她所起的作用，实令评弹界、文化界受惠无穷。

1982年底，《上海科技报》、中国音乐家协会上海分会、上海人民广播电台、上海电视台和上海市科普创作协会等单位积极筹办"科技工作者之歌音乐会"。在"科技工作者之歌"征歌活动中，张镜人写了一首《醉花阴》："绿遍葫芦瓜与豆，压架凌霄秀。篱落缀牵牛，小圃晴烘，采药香盈袖。——中医宝库称丰富，本草饶研究。愿效李时珍，泽惠神州，亿万人增寿。"张镜人教授是上海中医事业的奠基人之一，中华人民共和国成立之初，他最早关闭自己的诊所，在上海市卫生局从事中医行政管理工作，数十年来他栉风沐雨，为中医事业的发展奔走呼号，殚精竭虑；在临床和科研上孜孜以求，从不懈怠，对病人"不论贫富、药施一例"。他平生视为快乐的事是"重病人抢救过来了，病人的病好了"。他的这种济世救人、和病人休戚与共的仁爱之心，对中医的热爱和执着追求，以及为中医事业奉献一切的献身精神，洋溢在他的诗篇中。歌词在报上刊登后，得到了作曲家践耳的欣赏，他创作了富有评弹风味的曲调。石文磊很欣赏这首词与曲子，积极主动地琢磨演唱。他们三人本来并不相识，因此都很希望见见面，谈谈心，共同提高艺术质量。就这样，著名作曲家践耳和著名评弹演员石文磊一起访问了著名中医张镜人，老中医、上海市卫生局副局长张镜人把自己创作的词拿出来，同践耳、石文磊在一起切磋研究。[1] 由于三人精诚合作，这首曲子在这次活动中获奖。1983年2月2日，在上海市政府礼堂举行了"科技工作者之歌"授奖大会。这次征歌活动体现了科学家、音乐家的结合，十分有意义。石文磊在会上演唱了获奖歌曲《醉花阴》，受到了大家的热烈欢迎。[2]

石文磊在苏州评弹唱新、演新中成绩斐然，她自己还撰写文章，推广经验。《曲艺》于1984年1月发表了石文磊撰写的文章《为新时代多言新书》，文中追忆了国家领导人陈云同志关心、支持评弹的改革和发展，使这一传统艺术能够适应时代的要求，更好地为人民服务，为社会主义服务。特别是陈云同志对《青春之歌》的指导，不仅给《青春之歌》的加工、提高指出了方向，而且对改编新书缺乏评弹艺术特色、质量不高的状况，也很有指导意义。她表示不辜负陈云同志的关怀和期望，下决心认真学习，努力为评弹的改革和发展，为建设社会主义精神文明贡献自己

---

[1] 本报编辑部：《音乐艺术在科技界大有可为》，《上海科技报》1983年5月13日。
[2] 《科技工作者之歌活动胜利结束　55首优秀作品获奖》，《上海科技报》1983年2月4日。

的一份力量。[1] 石文磊在文章中这样写，在现实中也是这样做的。

20 世纪 80 年代，全国文艺界学习布莱希特的戏剧理论。布莱希特，德国剧作家、戏剧理论家、导演、诗人。布莱希特演剧方法推崇"间离方法"，要求演员与脚色保持一定的距离，不要把二者融合为一，演员要高于脚色、驾驭脚色、表演脚色。1985 年在上海举行的"布莱希特讨论会"期间，上演了三出布莱希特戏剧。导演们对布氏名剧所做的某些"中式"处理，引起了人们的兴趣。在青年话剧团演出的《潘第拉老爷和他的男仆马狄》(片段) 中，评弹演员石文磊应邀客串厨娘赖娜，同时兼任串场说唱人。石文磊与话剧表演艺术家李家耀、王洪生等同台演出话剧，把评弹与戏剧的手法结合起来。导演李家耀解释说，布莱希特戏剧与评弹在表演形式上有相似之处，如评弹演员在表演中既可出任剧中人，又可以第三者身份客观地叙述和发表评论，甚至还可代替听众提问题，这与布莱希特以间离效果阻止观众与脚色感情交融的手法颇为相似。剧中赖娜软软的苏州话，不时地把听众从戏剧的规定情景和氛围中"拉出"，促使人们冷静地思考有关的问题。[2] 石文磊多才多艺，她在这场戏剧中的精彩演出，深得中国话剧大师黄佐临的赏识。

1986 年中国曲艺家协会上海分会在庐山南麓太乙村举办了现代曲目创作夏令营，评弹名家唐耿良、石文磊等参加这次活动。这次创作活动有相当收获：对已花了半年时间创作的中篇评弹《秋思》进行了讨论及修改；对反映南汇人民与龙卷风做斗争的说唱《龙卷风》、写新型婆媳关系的上海说唱《西瓜情》、反映个体户思想和生活的短篇评弹《变戏法》、长篇评弹《上海滩》片段和上海说唱《风雨之夜》、独脚戏《爷佴子》等新作也进行了座谈和研究。正在写作、改编和酝酿的，还有长篇弹词《芙蓉镇》和短篇评话《狗尾巴》等。[3] 在江中一号轮上，石文磊等曲艺演员们在归途中还给旅客与船员演出。

石文磊活跃在上海、苏州、无锡、杭州等地，几乎每次文艺界大型活动都留下了她忙碌的身影。1986 年她在上海市总工会宣传部、上海人民广播电台文艺部、中国曲艺家协会上海分会主办的上海市职工曲艺之花交流演出中担任评委。1986 年 11 月 9 日她参加上海人民广播电台和苏州人民广播电台在开明大戏院联合举办的纪念苏州建城二千五百年活动，参加评弹流派曲牌联唱《苏州，我可爱的家乡》。1987 年她参加在无锡举行的第二届"太湖之春"艺术节，在无锡吟春会场献艺。[4] 同年 8 月参加无锡"锡剧梅派演唱会"，交流演出。同年 9 月参加在苏州举行的中国苏州评弹艺术节，除担任弹词名家徐云志传统流派艺术《三笑》专场、苏州评弹流派唱腔专场的节

---

[1] 石文磊：《为新时代多言新书》，《曲艺》1984 年 1 月。
[2] 王容：《"中式"的布莱希特戏剧》，《文汇报》1985 年 4 月 20 日。
[3] 紫千摄影报道：《曲协办创作学习班》，《新民晚报》1986 年 9 月 3 日。
[4] 上海评弹团石文磊个人艺术档案，案卷号：19，卷内号：2，第 1 页。

目主持人外,她还和来自香港的"雅韵集"评弹票友协会的成员同台演出,苏州评弹在故乡苏州再度展示了其迷人的魅力,在海外也得到发扬推广。

同时,石文磊还在上海社区文化建设上做出了自己的贡献。1987年她担任上海市闸北区评弹联谊会的艺术指导。由上海市部分中青年业余评弹爱好者发起,在静安区文化馆具体指导下的群众文艺社团"静苑集"评弹协会成立后,她和陈希安、蒋云仙、王柏荫等一道担任艺术指导。"静苑集"积极为宣传社会主义两个文明建设服务,振兴评弹事业,坚持形式和内容的创新,不断吸收中青年评弹爱好者参加,提倡自娱自乐,以研究学习为主要工作任务,它得到专业评弹团体和社会各界的支持,是业余评弹界一次改革的尝试。

1989年11月4日,当她踏上飞机,赴美参加女儿的婚礼,不少人在暗暗猜测,她会如期回来吗?可到1989年12月11日,她已坐在上海家中的书桌旁,伏案准备电台所约的1990年元旦《星期书会》的解说词了。本来,去美国探亲,她可以留在美国。但她在美国待了不久,就急匆匆地回来了,她忘不了陈云同志与她的多次接触,对她和赵开生联档自编自演的长篇评弹《青春之歌》的热情关怀;忘不了她与评弹同行探索用大小嗓结合创出评弹新腔,从而解决了男女对唱时乐器高低不一的矛盾;她忘不了主持《星期书会》时,听众难以计数的来信、来电、来访中对评弹以及对她本人在内的评弹演员表达的深情挚意……她的事业在祖国。她讲:"有些东西是难以计价的。作为一个演员,我的知音在中国,离开了他们,我将一事无成,生活也将变得暗淡,毫无意义。"[1]

遗憾的是,由于脑溢血,石文磊五十二岁就离开了舞台,接下来是二十多年的瘫痪和语言不清。但是在这二十多年中,有老伴厮守、小辈关爱,年年情人节饶一尘先生还送玫瑰,光前裕后,堪称评弹道中的楷模,她从来没有丧失对生活的信心。她热爱生活,不放弃、不抛弃,盼望着重上舞台。2010年电视台要为她做一场专辑,她说:"我要说的第一句话就是冯巩的名言'观众朋友们,我想死你们了'。"当时把在场的听众都逗乐了。是的,把评弹艺术视为第二生命的石文磊,她早在20世纪60年代就对评弹曲调进行改革,唱来颇具新意,但还未形成自己的弹词流派,怎不令人遗憾?在评弹低迷的今天,需要像石文磊那样锐意革新、唱新说新、重振评弹的领军人物。石文磊是那样热爱自己的评弹事业,她想要做的事情还很多很多。她把希望寄托在青年身上,2008年由文化部艺术司、上海市文广局、江浙两省文化厅,以及上海文广新闻传媒集团共同主办的"评弹金榜——江浙沪优秀青年演员电视大赛",她是每场必看。"评弹金榜"以江浙沪三十五岁以下的评弹专业院团演员为参赛对象,主办方力图通过舞台演出和电视综艺手段的运

---

[1] 干建达:《我的事业在祖国——访著名评弹演员石文磊》,《联合时报》1990年11月20日。

用、包装，达到推出青年评弹演员的目的。这是中国评弹史上规模最大的赛事。石文磊虽然不能亲临现场，但她通过电视熟识这些青年演员，她的生命与评弹事业的发展息息相关。

因脑溢血后遗症，行动、语言障碍，并发心、肾衰竭，回天乏术，2011年2月8日22时15分，石文磊先生因病医治无效，在上海市第六人民医院逝世，享年七十四岁。纵观石文磊的一生，她对苏州评弹、对上海文化事业所做出的贡献，"文华绚丽红旗下茁壮成长，磊落胸襟书台上光彩照人"，这是石文磊丈夫饶一尘给爱妻的挽联，也是石文磊先生一生最真实的写照。2011年11月25日上午，天气晴朗，阳光明媚，苏州弹词名家石文磊的骨灰安葬仪式在上海青浦"福寿园"举行。平卧的墓石上镌刻着由饶一尘先生题写的挽联，竖立的黑色大理石墓碑正面用影雕技术呈现着石文磊先生的照片，碑后镌刻碑文。地表绿草茵茵，周围疏密有致的绿色植物把黑白基调的墓碑衬托得大气肃穆。祭扫者敬献的鲜花把墓地装扮得生机盎然，犹如石文磊先生的艺术人生那样绚丽多彩。

整理者：韩秀丽

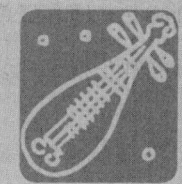

第九十八讲

对苏州评弹历史及艺术特征的探索

——周良访谈录

口述者：周良

采访者：潘讯

采访时间：2016 年 5 月 10 日

采访地点：苏州市三香路周良家中

周　良

周良（1926— ），原名濮良汉，江苏海门人。毕业于上海大夏大学。1948年参加革命，1957年开始从事文艺工作。曾任苏州市文化局局长、苏州市文联主席、苏州评弹研究会干事长、江苏省曲艺家协会主席、江浙沪评弹工作领导小组副组长兼办公室主任、中国说唱文艺学会副会长、《中国曲艺志》副主编等职。长期从事评弹的管理、组织、研究工作。著有《苏州评弹旧闻钞》《苏州评弹艺术初探》《论苏州评弹书目》《再论苏州评弹艺术》《话说平潭》《苏州评弹艺术论》《苏州评话弹词史》等书。曾主编《苏州评弹知识手册》《苏州评弹文选》《苏州评弹书目选》《中国曲艺音乐集成·江苏卷》《陈云和苏州评弹界交往实录》《苏州评弹书目库》等书。

一、周良与苏州评弹研究

潘讯（以下简称潘）：周老，您好。您是苏州评弹研究界的前辈，我是通过阅读您的著作而走上评弹研究之路的。我将您的评弹研究分作三个阶段：第一阶段，是评弹史料的收集、整理，时间跨度在20世纪60—80年代，代表性研究成果是出版了《苏州评弹旧闻钞》，这部书在出版之前就得到了赵景深等老一辈学人的好评。第二阶段，是对评弹艺术本体的深入探讨和评弹经典书目的系列研究，从20世纪80年代到90年代，代表性著作是《苏州评弹艺术初探》，后来又在此基础上修订扩充为《苏州评弹艺术论》，以及《论苏州评弹书目》等，前者是评弹艺术研究的奠基之作，您从廓清称谓着手，为苏州评弹正本清源，疏通脉络，还首创了不少概念，如"拟弹词"等，为大家所认同、沿用。在《论苏州评弹书目》中，您又对评弹经典书目进行了介绍和研究，这些都是拓荒的工作。第三阶段，那是进入21世纪以来，您又步入了一个更高的研究层次，即评弹通史的撰述，当然此前您已经做了大量基础性工作，部分初稿已经披露过了，代表作应该是《苏州评话弹词史》了，为一种地方曲艺撰写专门史这在国内外业界是不多见的。这三个阶段应该是一个递进与深化的过程，您的著作也构筑了一个相当完整的评弹研究体系。

周良（以下简称周）：很感谢您。我写的东西，主要的你都看过了，而且做了若干的概括。从结果看，我的研究分了几个部分。但不是事先有计划的，而且几个部分是交叉进展，互相推动。其中也有不少偶然性因素。工作需要是一个重要的原因，推动了研究工作。比如，对传统书目的了解和研究，完全是工作需要。我开始接触评弹的时候，到书场去听书，评话能听懂一些，因为评话来自章回小说，许多章回小说以前是看过的，如《三国》《水浒》《隋唐》等都看过。弹词的故事不知道，不熟悉，去听一回、两回，听不懂。听不懂怎么工作？只好去问老艺人，看一点史料，再看一点弹词小说。

潘：渐渐就开始研究了？

周：1958年"大跃进"时期，研究工作也要"放卫星"。当时，我们几个人开过两次会，要写"苏州评弹史"，写了一个提纲。但是，大家都没有动手，最终没有写成。

潘：修史是一个需要沉淀、积累的过程，"大跃进"时期显然不具备这种条件。

周：是的。我们集体创作的《苏州评弹史稿》完成于 2002 年，离开"放卫星"已经四十多年了。

但是，这件事促使我去留意评弹的历史，苏州曲联资料组曾收集了一部分书面资料，我在看书的时候遇到评弹的资料也摘录下来，这段时期从 60 年代中期到 70 年代中期，十年左右。这些资料就成为《苏州评弹旧闻钞》的最初稿本。

潘：《苏州评弹旧闻钞》是您出版的第一部评弹专著，以丰富的史料和精要的按语深受学术界赞誉。比如，赵景深先生在序言中，将您的著作和鲁迅的《小说旧闻钞》相提并论，并认为是到今天为止，"编著苏州评弹史料的一部最好的书"。朱栋霖老师也说，《苏州评弹旧闻钞》"最厚重、最具学术价值"。

周：在积累资料的过程中，我对苏州评弹形成的历史也有了一些想法。当时有两种说法，一种是外部的，讲评弹的历史上溯汉唐，从变文开始。另一种是行内的，都说从王周士开始。一开始我就想破这个成说。我认为，这种说法是不合理的。艺术品种哪有一个人来完成创造？一开始就有如此成就？不可能。而且王周士是弹词艺人，怎么又创造了"评话"？但是，我也拿不出具体的历史资料。70 年代末，我还写了一部《苏州评弹史话》，后来发表在《评弹艺术》上。

到了 70 年代末，在评弹界揭批"四人帮"的过程中，为了阐释陈云同志提出的"评弹要像评弹"，就涉及评弹艺术特征的研究，后来就写了你提到的《苏州评弹艺术初探》，并引出了讨论。讨论的时间不短，但参与的人不多，进展不大，反映了评弹研究队伍小、理论水平不高。特别是没有研究文艺理论的人参加。涉及理论、概念的问题，难以吸引演员参加。

二、周良谈苏州评弹的艺术特征

潘：关于评弹艺术特征的讨论，看似概念之争，其实意义重大，因为阐释"评弹要像评弹"的前提就应明确"到底什么是评弹"？

周：对各个艺术门类的特征，要加强研究，应该深入下去。各种艺术，没有特征，特征不坚持，不稳定，怎么积累提高？保护什么也不明确。"创新"不是变异。这一点在目前尤其要注意。不钻研、不勤奋、不努力、不下苦功，借"创新"以哗众取宠，强取豪夺，这种风气不好。现在又有人说，不要怕"四不像"，不要拘泥于像不像。不懂可以理解，但有些负有责任的人，他们不应该信口开河。"大跃进"中，创作"群众运动"的教训，现在的年轻人，都不知道了。

潘：从这个意义上说，"保守"反而是创新，而所谓"创新"恰是一种保守，不利艺术发展。

周：对。说"守望家园""坚守阵地""守土有责"，都是强调艺术的稳定性。是不是保守？原来意义上的、不是贬义的"保守",是必要的。没有这个基础,创新会陷入盲目性。"运动"就是一切,没有目的,不是盲目吗?

潘: 我认为,从非物质文化遗产保护角度来说,对评弹艺术特征的讨论有助于我们把握苏州评弹的原真性。我们保护与传承的应该是原汁原味、正统正宗的苏州评弹,而不是异化的、变味的"苏州评弹"。最近,苏州一批年逾七旬的昆曲"继"字辈、"承"字辈老艺人赴京演出,有评论说他们演出的是"非转基因昆曲"。我想借用这句话,今天我们亟待抢救和保护的应该是"非转基因苏州评弹"。

周: 还是那句老话,"评弹要像评弹",套用这句话,就是"昆曲要像昆曲"。展开说,昆曲要保持昆曲的艺术特色和艺术特征,按昆曲自身固有的艺术规律存在发展。我认为,王元化讲的,"虚拟性、写意性、程式性",可视为昆曲的艺术特征。昆曲向连台本戏学习的"海派"做法,是不可取的。"原真性""原汁原味",意思应该是明白的,但如果有争议,"原"有时空定位的问题。这一点要注意,不然可能有多种多样的"原"。

潘: 我理解,您始终坚持苏州评弹是"想象艺术",其要点也在于坚守评弹的原真性,坚守陈云提出的"评弹要像评弹"。您的这些精要之谈,在今天日益浮躁、功利的文化环境中,也是一服"清凉剂"。从当前评弹艺术实践来看,戏剧化、歌唱化倾向也日益明显,表现为"起脚色"的泛滥,对说表的忽略、轻视,评弹被简化为唱曲,等等。总之,苏州评弹在有意无意中被"异化",传播数百年的江南曲艺明珠的原真性在流失、淡化。当然,这其中不乏市场的引导、利益的驱动。但是,作为苏州评弹的艺术家和研究者,有责任坚守评弹艺术的原真性,以原真的、感人的作品服务听众。

周: 评弹艺术特征的讨论对我研究苏州评弹是一次有力的推动。不但对评弹、小说、戏曲的异同,重新做了概括,还对苏州评弹的叙述语言及其特征展开了分析。我简要地说一说。

苏州评话、弹词和小说的不同:第一,评弹用口头语言,小说用书面语言。第二,小说的作者作为叙述者,不和读者见面,以客观叙述为主,少主观叙述。苏州评弹的叙述者为演员,直面听众,常用第一人称,与听众对话。第三,苏州评弹又是表演艺术,创作和欣赏同时进行,同时完成。苏州评弹和小说的相同之处,是创造艺术形象的方法及其被欣赏者所感知的方法相同。口头语言和文字,都是符号,都是思维工具。叙述者的叙事、描写、形容、刻画,借助欣赏者(听众和读者)的生活经历和艺术欣赏经验、欣赏者的想象力,共同创造形象和艺术意境,都是想象艺术,想象是不具象的。

苏州评弹和戏曲的相同点,两者都是表演艺术。两者的不同,主要为:第一,评弹演员作为叙述者,演出是讲故事。不是故事中的某一人物。演戏的演员,装扮成故事中的某一人物,是脚色。第二，评弹以第三人称叙述为主，说书人也用第一人称出来说话，都用全知视角。这两种语言，戏曲是不用的。演戏，都是故事中人物（脚色）的话，都用限知视角。第三，评弹以顺时序叙事为主，辅之以多时空灵活转换的往复叙事。未来先说，过去重谈，既有故事中的现在时，又有说书人的现在时。这在戏曲中都是没有的。

潘： 以上是您对评弹艺术特征的最新表述了。

周： 可以这么说。在讨论过程中，我还想到，是不是可以从说书的实际出发，因此我就从分析评弹的演出脚本入手，分析说书的语言。正好当时我在编《苏州评弹书目选》，在这个过程中，我找了不少例子。急来抱佛脚，又读了几本叙述学著作，小说叙述学、戏剧叙述学。写了一篇有关评弹叙事方式和叙述语言的文章，现已编在《苏州评弹研究六十年》（古吴轩出版社，2009年）一书中。

潘： 在这篇文章中，您所举的例子生动而贴切，没有深厚的积累是提不出的。

周： 用实例来比较说书语言的特色，和戏剧语言的不同，比较有说服力。这种明显的不同，我想演员只要用心是能体会到的。这是这次讨论对我的推动，从另一个角度去研究评弹的语言。从这个角度也明显表明，说书和演戏的不同。如：第一，说书人作为叙述者，以本来面目直面听众。而演戏的演员在舞台上化装为故事中的人物（脚色）。第二，也因此，说书人可以用第一人称，以演员身份对听众讲话。演戏时没有演员的第一人称，第一人称都是脚色。第三，说书人用全知视角叙事，只有"起脚色"用限知视角。演戏的脚色语言，都用限知视角叙事。第四，说书人有自己的"现在时"，故事有"现在时"，有两个现在时。而演戏，只有一个现在时。因为多时空、多视角、多人称，说书的语言，显得生动而丰富。

潘： 叙事学是20世纪西方结构主义文论的核心理论，叙事学创立了一系列概念，并对叙事文本做技术分析。苏州评弹的叙事独具特色，不仅与戏剧不同，而且与传统小说也迥异其趣，以叙事学视角切入评弹研究，的确有意想不到的收获。

比如，我注意到叙事学理论家普洛普从大量材料出发，在《民间故事的形态》一书中总结出民间故事的三十一种"母题"，并细分为准备阶段、复杂化阶段、转移阶段、斗争阶段、返回阶段、公认阶段，等等。这六个阶段大约构成了一则故事的"起承转合"，深入一些分析，以这些"母题"对照苏州评弹的故事形态，也有不少契合之处，这是中西文化心理结构的相通点和共性——亦即钱锺书所谓"东海西海，心理攸同"。

但是，包括苏州评弹在内的中国叙事文学还有自己的特点。比如，中国叙事文学独具抒情性。这在弹词文本中体现得最为充分，弹词中的唱段，其实都是诗歌体裁，富有浓郁的抒情性。像《庵堂认母》中"世间哪个没娘亲"，《英台哭灵》中"在那耳边一片哭声音"，《赏中秋》中

"七里山塘景物新"等唱段，都是品位极高的抒情诗，情感意境，或深沉感人，或痛彻心扉，或清新缠绵。这种体裁和特性在西方叙事文学中是没有的。

又如，西方汉学家浦安迪在《中国叙事学》一书中认为，中国叙事文学特别注意节令的时间处理，在节令中安排人物活动，表现人物性格，塑造人物形象，通过节令的变化，象征人生经验起落的美学意义；而在空间布局上，具有山水画和园林艺术的章法。"注意节令的时间处理"，在评弹文本中也很常见。比如《白蛇》中有"端阳"一回书，是个大关子，酒后白素贞现原形，吓坏许仙，由此书中人物关系出现了大转折。《玉蜻蜓》中也有两件事发生在端阳日，一则是"看龙船"，此回书情和人物命运发生逆转；一则是"沈方拾钗"，由一支小小金钗酿成了一场泼天大祸，书情与人物关系又跌宕开来。在我国传统文化中，端阳被称为"恶日"，东汉应劭《风俗通义》中甚至说"五月五日生子，男害父，女害母"，可见这个节令禀有邪毒之气。据说，宋徽宗赵佶就是因为五月初五生，故从小被寄养在宫外。联系上述几个例子，"端阳"这个节令是不是也负有某种暗指或隐喻？至于"园林艺术的章法"，苏州园林是中国古典园林的巅峰之作，在评弹叙事结构中，借鉴园林建构技巧的例子比比皆是，前人已有涉及。

周：你举的几个例子很有意思，说明你听过书，看过脚本。由此我再强调一下从实际出发。研究评弹，要听书，要看脚本，要重视搜集史料、资料，向听众调查，向演员、老艺人学习。重视资料，重视记录老艺人的回忆录、口述历史，记录总结他们的艺术经验。所以，研究工作也是群众性的工作，要很多人的努力，才能取得成绩。苏州市曲联艺术组开始编写的"传统书目流传概要"这份资料，就是很多人努力的结果，对研究评弹的书目、历史、书目史、艺人史都起了很好的作用。很多参加提供资料的人，都没有留下名字。再如《评弹艺术》，分开来一本一本看，理论水平很高的、出类拔萃的文章，似乎不多。但四十多本，汇集起来，成了一个"宝库"。这也是众多人努力的结果。

潘：我记得2009年，在《评弹艺术》创刊四十集的时候，您曾经约我写了一篇文章，现在两年过去了，《评弹艺术》已经出至四十四集，一路跋涉，难能可贵。记得我在那篇纪念文中说，在《评弹艺术》刊载的文章中"最富神采、最有价值的当属评弹艺术家口述或撰写的谈艺录，它们是最鲜活的评弹史料，最凝练的艺术精华"。

从2008年开始，我陆续访问了一些评弹老艺术家，如薛君亚、薛小飞、王鹰、杨玉麟、金丽生、邢晏芝、邢晏春等，形成了近十五万字的访谈录，有些已经陆续发表了。我做这些工作，不能不说是受到您主持的《书坛口述历史》《艺海聚珍》等书的启发。

周：《艺海聚珍》这本书出版的时候，吴文科同志写过书评，题目是《聆听大师》。听听大师们是怎么说的？这个意思很好。研究评弹应该不时向大师们请教。比如，说书是以说长篇为主，说书不是演戏，研究这些问题，我都向他们请教。所以，写老艺人的回忆录、口述历史、访谈，是我们做研究工作的必要步骤，调查研究、从实际出发，是重要的研究工作。

三、周良谈评弹史的写作

潘：评弹作为非物质文化遗产，其特征之一便是口传心授，活态传承。艺术精华存储在老艺人的"心"里、"身"上。这些"活儿"能一代代传承下去当然最好，来不及传承的也要抓紧记录下来，留待来者。比如，在潘伯英的回忆录中，提到前辈老艺人何云飞说"武十回"中有潘金莲"七举七放"的细节。潘金莲在毒死武大前，七次举碗进毒七次放下。第八次举碗时，王婆又在房门口逼她，才决定下毒手。（《书坛口述历史》第26页）这段心理描写很了不起，对潘金莲这个人物没有做简单化的处理。尤其是出自前辈艺人口中，更显得可贵。这种说法恐怕已经失传，也不见于其他艺术形式中。幸有潘老的回忆，留下了一笔。

口述史中还留下了珍贵的评弹发展史料，比如，老艺人曹汉昌回忆幼年听李金祥说书，李的神态如何呢？"一只脚踏在桌子的横档上，一脚跷起，双手抱腿而说。很少手面和动作。"（《书坛口述历史》第39页）这段回忆就为我们还原了20世纪初评弹演出的大致情景，还可见今天的评弹表演艺术有了多少发展。

评弹艺人走官塘，跑码头，见多识广，他们的口述还具有丰富的史学价值，有助于我们深入了解不同时代的江南社会。薛君亚老师在访谈中，向我回忆起20世纪50年代在江阴一带小码头演出的情景，恍然在目，历历如绘。我想，研究社会史的人读了这段材料，一定会感到津津有味。我访问杨玉麟老师时，他谈起20世纪40年代前后苏州书场发展情况，由临顿路延伸到阊门外，又将我带入了一个花甲之前的苏州城。

下面，再请您讲讲评弹史的写作。

周：在20世纪70年代末，我曾经写过《苏州评弹史话》，主要是资料汇集和分析。后来，写过一本《苏州评弹史稿》，同样以史料汇集、分析、归纳为主。这本书是集体创作，经过讨论，认识上大体一致的，就写在书上了，没有展开。

展开我个人的思考、讲经验教训比较多的，是《苏州评话弹词史》这本书。写历史，需要较多的积累，所以时间晚一点。写历史，还要有镜鉴作用，要"通古今之变"，这就不能避开1949年后的评弹历史。要逐渐认识"左"的思想对文艺的危害，就要研究总结1949年后评弹工作中的经验教训。而且对保护评弹，总结经验也很重要。苏州评弹的衰落，有客观原因，也有主观原因，包括要总结几十年来工作上的缺点和错误。而实事求是地总结这段历史，很不容易。

潘：2009年中华人民共和国成立六十周年前夕，您主编了《苏州评弹研究六十年》一书，对1949年以来评弹研究做了整体回顾。作为六十年历程的亲历人和主事者，您写了一篇长文，我读过之后，发现您的侧重点还是在于对1949年以后评弹研究的反思和总结经验。

周：我们总结评弹工作中的经验教训，早在20世纪70年代末就开始了。比较集中的一次，是由苏州市评弹研究室以"卅年来评弹工作"为题，开了一系列的座谈会，有上百人次参加，总结讨论，也有不同的认识。当时就有人提出，1949年以后的评弹没有成绩，认为评弹没有发展提高，没有出新的响档，新的流派。

潘：现在仍有不少人持这种看法。

周：我的看法，1949年以后的评弹工作，有成绩，有失误；艺术上有发展，有提高。比如说，20世纪60年代前后，曾经出现过一个很兴旺的时期。经过学习，演员的思想艺术水平普遍提高。新社会带给他们崇高使命和平等地位，他们树立了艺术为人民的责任感。很多艺人拥有翻身感，使他们有报答新社会的热情。传统书经过整理，思想性提高，语言纯净，艺术性也有提高。虽然不多，但也有过新的响档、新的流派、新的唱腔。

潘："侯调""丽调""王月香调""薛小飞调"等流派都是在50年代以后诞生或成熟的。

周：还创编了大批新的长篇书目。有反映近现代生活的新长篇，扩展了评弹反映社会生活的面，反映了新的生活、新的人物、新的思想。其中有一批比较优秀的书目，如《林海雪原》《红色的种子》等，如果不是"文革"中长期停演，有可能保留下来，成为"新经典"。演员的音乐水平也提高了，特别是青年人都识谱，懂乐理，弹词唱的水平普遍提高。

潘：对1949年以后的评弹发展应该做实事求是的、历史的分析，在反思失误的同时，对成绩也应该有充分的评价。

周：回顾历史，前事不忘，后事之师。总结经验，目的是改进工作。条件虽然不同，表现也有所不同，但过去工作中存在的问题，有的今天仍然存在，有的还有发展。1949年以后评弹工作中存在的问题，在《苏州评话弹词史》一书中，我已经讲了不少。联系当前，我扼要说几点：第一，中华人民共和国成立初期的"斩尾巴"，1964年停说传统书，忽视传统书、传统艺术的继承，忽视传统艺术形式和特色的继承。传统书目淘汰、剔除过快、过多，传统艺术流失。第二，新书目的创编，脱离传统基础。"为政治服务"的急功近利，搞了大量的短小作品，大多不能在书场演出，不能保留。搞群众性的创作运动，但往往忽视书场演出的长篇书目建设。现在，"为政治服务"的口号没有了，但仍然有类似的要求，把文艺的作用，搞得很狭隘。第三，分配上的平均主义，阻塞了竞争机制，束缚了演员的积极性和艺术创造力。吃"大锅饭"，把人养懒、养穷。如工资制大大影响了评弹演员的收入水平，过去一档的收入是一人拿的，有的响档艺人，只要演出两三个月，就够他一年的工资了。第四，艺术创作中的行政干预多，缺乏艺术民主，束缚了艺术创造力。

几百年来，苏州评弹生存、发展在书场之中，千千万万听众哺育着评弹艺术，成为苏州评弹的"衣食父母"。而在1949年以后的评弹工作中，总是有一种趋向，眼睛不是向着群众，工作的努力目标不是首先而且主要地为书场群众服务，演出他们喜欢的传统书目和保留书目，不是去努力搞好长篇书目建设。脱离传统，脱离群众，这是艺术上的致命伤。这种现象现在仍没有多少改变。

潘：1949年以后文艺受政治干扰太多，评弹自然也不能免。我在《评弹书简》中看到几封潘伯英老艺人给您的信，谈长篇《孟丽君》的改编，他非常细心地向您请教具体的创作问题。我想冒昧地提一个问题，作为一名成熟的艺术家，而且潘伯英是评弹艺人中积极要求进步、主动向党靠拢的，为什么这时又表现得如此不自信？可以说，自1949年以后，评弹就是在党的领导下接受改造，为新政权服务。您曾经对我谈到，1949年以后苏沪两地文艺界对《玉蜻蜓》等传统书目的不同处理和修改，回过头来看，正反两方面经验都很清楚了。我想了解的是，在这个过程中，老艺人的态度到底如何？听众的态度又如何？有没有"口无所臧否，而心有所褒贬"的情况呢？

周：当时演员、文艺工作者，包括我们干部的认识，现在回过头来做历史的分析，可以说，很多人是接受、拥护，努力去实现党的任务和方针、政策的。党和政府的要求、政策，很多是正确的。许多艺人相信党，听党的话，意气风发，积极性很高。包括"左"的思想、政策，很多人当时也是接受的，自觉去努力实现。"左"是以革命的名义出现的，响应党的号召就是革命的表现。当时也有人认识到某些做法、说法、要求不对，那是局部的、一时的。如有人说，"新戏、新书像白开水"，"四不像"。有人说了，被认为是不正确的意见，甚至是落后的思想，受教育、受批评。有的批评很粗暴，扣帽子。比如，那时要求写中篇，就说中篇、长篇是方向问题，是为谁服务的问题。不参加评弹团，也说是方向问题，批评"单干道路"。就使群众有顾虑，不敢讲了。有人公开不讲，私下发牢骚，被揭发出来，也会受到批判。

回顾过去，有一点体会比较深，那就是社会主义民主建设的重要性。文艺是群众的事业，要让群众当家做主，发扬民主，走群众路线，尊重群众的意愿，接受群众的监督。20世纪70年代，我在过去的档案中，看到了1957年一位评话演员给文化部写的一封信，信中反映，评弹"斩尾巴"是不对的，要重视传统书目；评弹演员是个体劳动，不应该组成集体。他的这些意见总体说，是很正确的，但未被重视。1965年，有领导提出了"评弹要以中短篇为主"，当时潘伯英同志提出不同意见，后来在"文革"中受到严厉的批判，致命的打击。正确的意见往往得不到重视，甚至受到严厉批判。这里有对艺术规律的认识问题，同时也有领导体制、民主管理的问题。

我们过去讲内行领导、外行领导，其实都是人的领导，而不重视体制建设。邓小平在第四次"文代会"祝辞中说过："党对文艺工作的领导，不是发号施令，不是要求文学艺术从属于临时的、具体的、直接的政治任务，而是根据文学艺术的特征和发展规律，帮助文艺工作者获得条件来不断繁荣文学艺术事业。""在文艺创作、文艺批评领域的行政命令必须废止。""写什么和怎么写，只能由文艺家在艺术实践中去摸索和逐步求得解决，在这方面，不要横加干涉。"[1] 吸取过去的教训，评弹工作是如此，整个文艺工作也应该如此。

四、周良谈评弹的现状与做法

潘： 现在有一种看法，说存在"评弹危机"。

周： "十七年"工作中间的失误，"左"的思想、政策，在"文革"中被推向极端，评弹受到严重摧残。到20世纪80年代，评弹有所恢复，即遭遇困难，濒临危险。评弹的衰落，在当时，和所有其他传统艺术一样，有主观上的原因，其中包括我们工作上的失误，使艺术脱离传统，脱离群众，而趋向衰落。但是另一方面，也有客观上的原因。对外开放，市场经济，评弹不能适应这样的要求。这种现象不仅是我国出现了，在欧洲早期资本主义兴起阶段，在资本主义统一市场的形成过程中，就有许多民间艺术、传统艺术消失。应该说，我们发现尚早，如抢救及时，还可以保护一部分。

潘： 每当社会处在急剧变革的前夜，传统文化总是首当其冲受到冲击。改革开放初期是这样，"文革"中是这样，五四时期也是这样。作为传统艺术的苏州评弹的发展也是如此，一波三折。请您再深入谈一谈。

周： 传统书目和传统艺术，几十年中，曾多次冲击传统，是什么原因？而且，不止是苏州评弹，整个曲艺、戏曲以及其他传统艺术，如美术、文学等，都有类似的问题，应该很好研究。特别是今天，有些问题仍然存在。不过，这是一个需要研究文化思想史、艺术史和社会政治史的学者一起来研究的问题。

忽视传统的表现，在评弹方面，我已经讲过几次。在《苏州评话弹词史》中讲过一次。现在再展开一点。

比如，思想上的绝对化、简单化。封建社会、封建思想、封建人物一概否定，不做分析。"斩尾巴"就是如此。封建社会有早期、中期、晚期，封建思想在不同的时空、不同的人和事上，

---

[1] 邓小平：《在中国文学艺术工作者第四次代表大会上的祝辞》，《邓小平文选》第二卷，人民出版社，1997年，第213页。

表现也不同，意义也不同。在弹词《玉蜻蜓》中有金大娘娘，有沈家三个娘娘，都是娘娘，但很不相同。诬陷沈氏三娘的二娘娘，不能和大娘娘等量齐观，更和金大娘娘不能相比。你不肯定金大娘娘的侠义行为，其实就在客观上肯定了沈家二娘娘的行为，肯定了封建礼教，肯定了沈氏三娘的"三从四德"，不是很残酷的吗？具体的人和事，要做具体分析。

苏州弹词里有很多私定终身的故事，有人说落套。弹词里的这类故事，来自明清才子佳人小说的影响。但比起小说来，弹词多民间性，渗透了很多下层群众的思想色彩。弹词故事里才子佳人，少了很多吟诗答对、吟风弄月，少了很多酸腐之气。长期传承的几部男女定情的弹词故事，有不少新意。如弹词《双珠凤》里，佳人做了官去救才子，冲击了男尊女卑的思想。弹词《落金扇》中的才子佳人，实现的是"违旨完婚大团圆"。弹词《描金凤》中的钱笃笤平步青云，从下层走上金殿，成了护国军师，能够左右军国大事，洋洋得意。苏州人称"棉纱线扳倒石牌楼"，说明群众想要当家做主。

在封建社会里，封建思想是统治思想。但存在对立的阶级，会产生与统治思想对立的思想。就是列宁讲的"两种文化"。苏州评话、弹词，活动在下层，听众以劳动群众为多。所以，会产生一些值得珍视的异端思想，具有人民性。

潘：评弹是在苏州文化的沃土中发育、生长的，苏州文化雅致、细腻这些共性，影响了苏州评弹的艺术特征，比如苏州评弹说表细致，曲词典雅，这在中国曲艺中是独树一帜的。评弹传统书目不少也获得当时文人的青睐，或经过文人染指，表现出不俗的文化品位。但是，并不能因此说评弹代表了文人文化，评弹依然是民间文化、通俗文化。

我举一个例子。杨绛有一篇散文，回忆她的姑母杨荫榆。其中记了这样几行："她又喜欢听说书，我家没人爱'听书'，父亲甚至笑她'低级趣味'。苏州有些人家请一个说书的天天到家里来说书，并招待亲友听书。"[1] 杨绛的口气，对"听书"就很不以为然，有点瞧不起，认为是"低级趣味"。这是20世纪20年代的事情，杨家在苏州，算一个上层知识分子家庭，这种倾向能不能代表当时上流社会对评弹的一般看法？评弹的流传主要在民间，评弹的听众主要是市井百姓。

评弹传统书目中所体现出的伦理道德、处世准则、价值判断等意识形态，大多是民间性的。评弹中也表现上层社会，但也主要以说书人自己的社会经验和情感体验去描绘、表现。鲁迅不是说过一个农妇的笑话吗？农妇一天清晨醒来，觉得饿，她想，皇后娘娘是怎么享福的呢？一定是一觉醒来就叫："大姐，拿一个柿饼来吃吃。"撇除鲁迅的讽刺因素，这的确也是事实，而且"只能如此"。这是一个农妇的生活经验。

1　杨绛：《将饮茶》，生活·读书·新知三联书店，2010年，第90页。

我很喜欢听《珍珠塔》中"薛小飞调"的许多唱段，比如"诉恩情"。这个唱篇中方老太太絮絮叨叨，叮嘱方卿，你是"偶图侥幸把功名就"，左一个"恩情不能忘"，右一个"恩情不能忘"。知恩图报甚至以德报怨，恐怕还是民间的道德感。《三笑》的主角唐伯虎就完全是民间立场重塑的一个人物。金大娘娘也是如此，她出生在诗礼官宦家庭，但身上的市井气息很重，是说书人塑造出来的一个理想人物。

周：反映了下层群众的情感、心理和愿望。这个话题，涉及道德的继承问题，以前曾经批判过"抽象继承"。但是，要研究传统文化、传统艺术包括苏州评弹的传统书目，总是会涉及这个问题。具体的人，在具体环境、具体条件下的思想观念，是具体的。对具体的思想，要具体分析。陈方氏看不起方卿，虽然他是自己的侄子，而且方家有恩于陈家。但现在方卿没有了功名，没有了身价，也没有了家产。这是势利。现在，仍有不少人只认金钱和权势，不认人。拜金主义，翻脸不认人。研究其思想属性，有所不同，但利己主义、重利轻义，是一样的。"知恩图报"的表现，在传统书目中往往和封建意识结合在一起。但感恩报答的观念，不应一概否定。人民群众在改造统治的观念和道德。

潘：我有这样一个基本判断：在浩繁的评弹书目中，一流的作品只有少数几部，多数是平庸之作，这种比例与我国明清以来小说发展相似。真正的杰作，只有少数几部，如《水浒传》《红楼梦》《儒林外史》等。不少评弹脚本显得很浅陋、粗糙，还有的是改头换面的抄袭、模拟。即便是郭沫若所盛赞的《再生缘》，这是"拟弹词"作品了，今天看来，也多有过誉了。

周：就所有传统书目的艺术质量而言，其结构是宝塔形的。好的少，顶尖小。能保留下来的是一部分，包括较好的，一般的，保留的时间有长短。新的不断产生，保留的逐渐有淘汰。保留下来的书目，也要不断加工，丰富提高，常说常新。

潘：但我又从另一角度来思考这一现象。简单地说，评弹是表演艺术，文学性有时候并不成为衡量评弹作品价值高低的第一标准。上次我举了《玄都求雨》的例子，认为这个作品单看文本，也是品位极高的讽刺文学。但是，评弹传统书目中也有那些文学性不高，但在书坛上常演常新的经典作品。评弹艺诀是"理、味、细、趣、技"，我想是不是应该主要地以这五个字来衡量一部作品的高低，文学性等也是蕴含在这五个字中的。

当然，这五个字在具体的书目或书回中，呈现也是不均衡的，有侧重的。比如，一回书可能以"理"见长，另一回书也可能以"趣"取胜。就像戏曲中，有唱功戏，有做功戏，有生旦对手戏，也有以丑行见彩的戏。比如，昆曲有一个折子戏叫《狗洞》，没有多少情节，唱功身段都不复杂，只是因为戏的主角鲜于佶是个无行文人，这类脚色昆曲中称为"二面"，而这出戏很好展示了"二面"行当的表演要求，所以保留下来了，经久不衰。评弹中也有这种情况。像《问卜》

（《玉蜻蜓》）这回书，好就好在塑造了几个小人物，还有他们之间妙趣横生的对话。《一马双驮》《文武香球》很难说有什么文学性，但是有趣，能拉牢人。《密室相会》《杨乃武与小白菜》）的艺术容量就丰富不少，既蕴含了"理"和"味"，又展现了"细"和"技"，后来又发展出不少"严调"代表性唱段。

周：但你也应注意，评弹与小说不同，与戏曲也不同。

潘：对待传统文化，现在又出现了另一种泛滥化的倾向。在轰轰烈烈的背后是空空洞洞，表面上大张旗鼓，实质是阉割"文化"、扭曲"文化"、消解"文化"。

周：认识不到传统书目的价值和意义，一概否定，是简单化，这种认识，现在仍有。一概肯定，全盘接受，也是一种简单化。现在到处都是文化，什么都是文化，文化省、文化市、文化古村落，文化都好，连糟粕也没有，都"优秀"。

潘：走到另一个极端了。好像总有这么一阵风，一阵风刮过了，又空空如也。

周：不重视艺术性，不尊重艺术规律，不尊重群众的艺术爱好，也是不重视传统艺术的一个重要原因。评弹反映的社会生活面很广，比较深入，长期积累的艺术富有魅力，吸引着广泛的听众。而急功近利创新的书目，缺乏艺术性。也不能说重视思想内容，把标语口号当作主题，把政策要求当成"思想性"，和艺术性是分离的。把创新变成提倡短节目，以追求评奖为目的。提倡这种缺少艺术、不能保留、不受听众欢迎的作品，怎么为群众服务呢？

不懂艺术，不热爱艺术，不重视艺术。但从事评弹工作，不会一开始就懂艺术，喜欢艺术也不是一朝一夕能做到的。重要的是，从事评弹艺术的人，要有责任心。要尊重群众的爱好，了解群众对艺术的需求，让听众能听到好书，对他们有益的书。把优秀的艺术品给听众欣赏，这对从事评弹工作的人是一个考验。

潘：评弹艺谚有"常说常生，常说常新"的说法。我觉得这八个字中蕴含了相互关联的两重意思。其一，"熟书"要当"生书"说。演员要保持一股创作的激情，不麻痹，不懈怠。其二，"老书"要当"新书"说。要结合当下挖掘传统书目新的意蕴。创作激情是第一位的，只有饱满的创作激情，才能充分调动艺术家的理性思考。只有"常说常生"，才能"常说常新"。

我记得，您多次批评当今评弹界流行的那种片面的、狭隘的"创新观"。以为只有不断创编新书目才是"创新"。其实，如果我们稍微放宽一些眼界，去回复"创新"的本意，就会发现创编新书目仅是"创新"的一种形态，或一个部分，真正的"创新"必须建立在艺术的"再创造"上。现在甚嚣尘上大谈所谓"创新"，与"常说常新"的内涵相去甚远。"常说常新"的对象主要的还是传统书目，尤其是传统书目中的经典。不要认为，面对传统我们只能亦步亦趋，更不要认为，对待传统我们无能为力。传统书目仍然给今天的评弹艺术家留足了"再创造"的空间，至少有两个层面：

第一，对传统脚本的整理、加工、提高。老艺人流传下来的脚本，能够从头至尾在书坛上演出的很少。我们不仅要有所取舍，还要适当整理、加工。过去老艺人，文化水平普遍不高，留下的本子还很粗糙，后人有责任在前人基础上逐步提高。这也并不违背"非遗"保护的要求，"非遗"的特性之一就是艺人代际传承，在传承中艺术会发生流变。但是，我们对传统脚本的整理、加工，步子又不宜迈得太大。过去一代代老艺人在实际演出中，对一部书加工整理，都是一点一滴地调整、加工，慢慢积累，还必须经过听众检验，弄不好还得回去。我们更不能像1949年后某个阶段的"整旧"一样，把传统书目弄得面目全非。前几年，白先勇主创"青春版"《牡丹亭》时，他的编剧原则是"只删不改"，我认为这个尺度就把握得非常好。这也是一种"常说常新"，"青春版"《牡丹亭》已经不同于汤显祖的原著了。我们评弹艺人今天表演《三笑》，与徐云志、王鹰那个时代恐怕也有所不同了。我们是不是也可以对本子进行适当删节，使戏剧性更加突出，人物性格更加饱满？

第二，对传统书目的重新解读、阐释与演绎。同一部书、同一人物，在不同时代，对他的理解会不尽相同。我还是先举一个昆曲的例子。比如折子戏《活捉》，对阎惜娇这个人物怎么理解？过去的处理都是把她当作一个反面人物，她出卖宋江，宋江是农民起义的领袖啊，又和张三郎勾搭在一起。但是，去年底，我看师从梁谷音的苏昆青年演员吕佳的这段表演，她就对这个人物寄寓了同情，表现出了阎的真情和悲剧。这种演绎也感染了观众，产生了共鸣。当然，这要求演员去深入研究这个人物，从这个人物身上发掘出与时代精神的契合点。这是一种更高层次的"再创造"。再到评弹传统书目中，比如对金大娘娘这个人物的评价，历来就有很大争论，而且种种评价也常被意识形态左右。这些评论很少能深入这个人物的内心世界，去分析她的性格矛盾。且先不论褒之贬之，在几回关子书中，金大娘娘所表现出来的性格都是很要强，都是"刚"的一面，无所畏惧，一味向前冲。但是，她毕竟是女性，难道就没有"柔"的一面吗？没有渴望爱的一面吗？最近我在周玉泉演出本中就看到了"金大娘娘游地府"几回书，实在是好书，值得挖掘出来。书中写到正当五更将尽之时，张秀英猛然听见背后一声呼叫，回头一看正是十六年来不知生死、朝思暮想的丈夫金贵生，顿时悲不自禁。夫妻泉下相见，回首往事，追悔感泣，惨惨凄凄。张秀英转身拜倒在土地爷面前，苦苦哀求："去回复老爷，我要在此，不要回阳的了。"她愿意永远沉沦地狱陪伴自己的丈夫。这一幕不禁令人想起《情探》中的敫桂英，面对王魁的负心，入赘相府，桂英含愤忍悲，以死抗争复仇。阎王派小鬼引着敫桂英的魂魄飘飘荡荡前去活捉王魁，可是，就在临到相府门首的一刻，桂英的心里又涌起一丝怜悯，她跪伏在判官爷面前，哀婉陈词，只要王魁人性未泯，"我情愿收回"，不再追究。多么富有人情味的鬼魂，两者不是有异曲同工之妙吗？这几回书就展现了金大娘娘女性的柔情，虽化为鬼魂犹未磨灭，充满人性美。这种演绎，也很符合现代人的审美判断。

周：基本赞同你的看法。常说常新，有几种情况。一种是新创编的书，经过听众考验，争取保留下来，需要付出很大的努力。还有一种情况，保留书目、传统书目，在长期流传过程中，适应时代的变化，听众要求的变化，也要不断加工、修改，丰富提高。这种自觉的变异性，是苏州评弹顽强生命力的表现。

潘：在《苏州评弹艺术论》一书的结语中，您附了一篇《保护好苏州评弹》的讲话，提出亟待着手的三个具体问题："第一，抢救传统书目。第二，重视长篇书目和书场艺术的建设。第三，加强理论建设，重视评弹艺术特征和规律的研究。"对此，您身体力行。

在抢救传统书目方面，我知道，早在20世纪90年代您就曾组织专业人员开展了一项跨世纪工程，遴选、出版评弹书目中的精华回目，至2004年陆续出齐了《苏州评弹书目选》五集十三册。这几年您集中精力做了一件大事——主编"苏州评弹书目库"——将苏州评弹传统长篇中公认的经典书目汇集出版，可以看作是"书目选"工作的延续和深入。对于"书目库"，吴文科、朱栋霖等学者都给予了很高评价。

吴文科认为，（书目库）"无疑是非物质文化遗产保护语境下苏州评弹曲本保护和艺术传承工作的重要成果！对于保存苏州评弹艺术的曲本文献资料，传扬苏州评弹艺术的曲本文学精华，展示苏州评弹艺术的历史文化积淀，激扬苏州评弹艺术的当代传承发展，推动苏州评弹艺术的学术理论研究，丰富中国曲艺的传统曲本文库，都具有重要的现实意义和深远的历史意义"。朱栋霖评价，"（书目库）体现了苏州评弹作为一门说唱叙述艺术的诸多特色。其中许多编剧方面的经验与智慧，不仅值得今日评弹演员细读琢磨，而且可以启动戏剧影视编导和小说家的创作灵感，提供借鉴。更为重要的是，对其进行整理，还是一项具有战略眼光的工作，是这些传统经典书目得以留下完整的文本，是苏州评弹作为中国非物质文化遗产有了切实的历史传承载体"。

周：他们的评价是讲这项工作的意义和价值。但是现在的编辑工作，还不能说已经做到、做好了。到现在为止，虽然已经编了六辑，包括二十多种传统书目，但只是把现有的，选择其中比较有价值的，先编印出来。而且只是这几部传统书在一定时期的演出本。你知道，一部书在流传演变中会形成不同演出本，它会有以前的演出本，还会有以后的演出本。即使在一定时期中，一部书还有"各家各说"的不同，有不同派别的本子。有许多优秀的传统书目，有代表性、比较好的演出本，现在尚未挖掘出来。可惜还有不少已经失传了。要把挖掘工作和编选工作结合起来。有些优秀的演出本，没有文字本，但有演出录音，要抓紧变成文字再印出来。

总之，更大、更重的任务在后面，希望能投入更多的人力物力，在更大规模上长期做下去。

这两项工作需要有年轻的人来参与，做下去。

潘：印出的这些本子主要是什么年代记录的？

周：个别是80年代，大多数是60年代记录的。

潘：您作为主其事者，如何看待书目库的价值？

周：书目库的编辑出版工作，有助于传统书目和传统艺术的传承。对说书有用，可以作为学习资料。对评弹研究有用，既是研究对象，又是研究工具。对艺术研究有用，还有认识价值，对了解历史，了解苏州文化，了解地方风俗、民情等都有用。

作为传承研究用，在编辑工作中，我们尽量保留原貌。不同书目、不同演出本，思想、艺术水平不一致，文字上也有粗细不同。但是编辑出版时，为保持原貌，我们大体不动，仅在文字上稍加修饰，过于重复、粗糙的，稍加删略。穿插的语言，彼时彼地的即兴语言，也有删略。方言用字，但求一部书内前后一致，不求各书一律。

对认识价值，再说一点。古人的文学作品流传到后世，文字上不会改变。反映的社会生活、细节描写都是古代的事物、古人的认识。但说书的语言是变异的。作为叙述者的说书人，他的语言也在变，既有故事中的现在时，还有说书人的现在时。加以说书人的历史知识、文化水平高低不一，都影响作品的认识价值。所以，变异性有长处，亦有短处。

潘：今年6月1日《中华人民共和国非物质文化遗产法》正式实施，标志着我国"非遗"保护事业进入法制化轨道，让人们对"非遗"保护的未来充满信心。

周：对苏州评弹保护的重视和扶持，可以说是空前的，现在的条件非常好。但是检查成效，要用保护非物质文化遗产的方针来衡量。保护评弹的要求，我认为主要是：第一，抢救、传承传统书目；第二，抢救、传承评弹传统艺术，包括传统艺术形式及其特色，艺术传承发展的规律；第三，让评弹主要在书场里流传发展。

潘："让评弹主要在书场里流传发展"，这一点尤显重要。我知道，国际上对于非物质文化遗产的分类中，专列有"文化空间"（the culture space）一类，在已公布的世界"非遗"名录中，不少是以独特的"文化空间"入选的；在我国的"非遗"分类中，将"文化空间"的概念更加扩展开来，视为一切文化遗产赖以生存的生态环境。您所说的"保护苏州评弹的客观环境"，也正是苏州评弹的文化空间。其"空间"，从狭义理解，即书场（尤其是传统书场），从广义理解，则可扩大为文化苏州乃至昔年评弹盛行的整个江南文化圈。这就将评弹保护引入一个更其深广的背景，有利于保护工作的深入。

周：现在做得如何呢？上面说，过去的问题，有的目前还存在，而且有发展。举一些例子。"非遗"保护的方针要求"保护为主，抢救第一"，而现在我们的工作往往是强调创新，而且这种"创新"是局限在创编新节目上。苏州评弹是以演长篇书目为主要演出形式的,而现在要求的"创新"却提倡奖励中篇、短篇等小节目,不能到书场去演出的节目。以得奖为成绩,以政绩为目的。为了"政绩",还讲了不少豪言壮语。《苏州日报》今年6月20日头版,有四个大字"昆曲复兴",着实惊人,不啻当年"大跃进"中报道小麦亩产几万斤,浮夸不实之词,"叹为观止"。还有以变异为"创新",离开了艺术发展提高的规律,以不像原来就算创造,哗众取宠。加以奖励的,作为引导的,就是这种急功近利的表现。为了保护评弹,要做踏踏实实的工作。要推动、奖励演员,传承传统书目,带了长篇书目到书场为听众说书,提高艺术水平,评弹才有希望。

潘: 放眼非物质文化遗产保护工作,或许都存在这种忧虑,那就是表面上看起来热闹喧腾,但是文化遗产的精髓正在无形中流失。那些为大众所热衷、追逐的东西恰恰与文化遗产的精神背道而驰。国家层面也注意到这一问题,所以现在提出"非遗"名录应有退出机制,保护不力或丧失"非遗"原真性,就要被"除名"。

周: 如果评弹在保护声中慢慢衰落,那就是"保护性"破坏。

潘: 近年来,上海师范大学唐力行教授带领学术团队,引进新文化史等史学理论,从社会学角度切入评弹研究。我认为,这种研究边界的拓展和研究视野的交叉,无论对提升研究水平还是促进艺术发展,都有益处。

周: 多年来,好像是在苏州评话、弹词进入国家级非物质文化遗产名录以前,就已经开始了。在几个大专院校中,陆续出现了研究苏州评弹的老师、学生。如你讲到的唐力行老师那边,作为研究项目,他是从社会学、历史学的角度研究苏州评弹。也可以说,从苏州评弹的历史来考察社会历史,是两个学科的交叉,也可以说是评弹研究的一个方面。大专院校的条件比较好、资料多、专家多,理论学术水平高。希望他们多做出成绩,推动评弹研究,提高研究水平。

我看到苏州大学李明老师的一篇访谈录,这篇访谈录对了解20世纪三四十年代上海的评弹演员的生活很有价值。听说,她已经写了好几篇,还没看到。朱栋霖老师为宣传苏州评弹、推进评弹研究,做了很多工作。苏大还有几位老师,研究评弹,他们上次来访问过一次。苏州其他院校(如苏州科技学院)中,也有几位评弹研究者。

潘: 北方也有几位研究评弹的学者,如鲍震培、盛志梅、秦燕春等;台湾地区有胡晓真、陈文瑛等;他们可以说是评弹研究的"学院派"。

周: 希望逐步推开、发展,到一定时候,有人出来联系交流,推进学科建设,建立学术规范。在这个过程中,希望增加愿意长期投入的学者,巩固、积累研究成果。你参加研究工作已经好几年了,算一个。

潘: 现在以评弹为方向的硕士论文、博士论文也不少。

周： 短时间的研究也欢迎。不少大学生、研究生，写评弹方面的论文，我看过的，好像已经超过十篇了，还有许多听说了，没有看过的。每一篇文章，如能提供一二新的研究资料，提出一二新的论点，积少成多，丰富研究内容，推进研究工作，都是好事。如果其中有少数人愿意在写作论文之后，继续做一点研究，就更好了。比如台湾的陈文瑛，在写了论文之后，还继续研究。我向他们建议，从历史、文学方面入手，比较方便。研究表演艺术比较困难，除非他有兴趣、有条件经常到书场里去听书。如果不听书，对苏州评弹的演出不甚熟悉，研究表演艺术，容易成为万花筒里看世界，琳琅满目却看不真切。短期研究，匆匆而来，匆匆而去，缺点是难以深入，但是有新鲜感，他们的感觉常常是我们不能有的。这方面情况，了解得不多，谈不好。但是，这里提一个要求，要加强评弹研究的信息交流，社会科学方面的研究情报工作，一直很薄弱，亟待加强。如果这方面工作能加强，那可以推进我们的研究工作。

潘： 1949年后评弹事业的发展与陈云同志结下了不解之缘，因为工作关系，您和陈云同志也多有接触。陈云同志关于苏州评弹的论述，今天读来仍难掩其光辉，与"非遗"保护的原则也不谋而合。比如，他重视文化遗产的原真性。他说过"评弹要像评弹"，这是他的核心观点。他重视苏州评弹的活态传承，重视老艺人的价值，又倡导创办评弹学校；他重视对评弹资料的收集、保存，并在此基础上开展研究。他倡导创办《评弹艺术》，至今已四十四集；他主张艺术的问题要由艺术家自己解决，在处理文艺与政治的关系上堪称典范。

周： 在革命战争时期，文艺工作是革命工作的一部分，是革命工作的分工。文艺工作者是革命队伍中的一分子。毛泽东《在延安文艺座谈会上的讲话》中，把文艺工作作为团结人民、战胜敌人的武器。在当时的条件下，要求文艺工作直接为革命服务，对人民群众进行革命思想的灌输，开展政治宣传鼓动工作。这是革命的需要。文艺的其他作用和需求，服从革命的需要。为革命服务，就是为工农兵服务，为人民服务。这主要是指革命队伍里的文艺工作，而且也不是没有文艺的其他作用和需求。即使当时在延安，也举办舞会、演出平剧。陈云在延安时期，对文艺工作者的一次讲话中，要求从事文艺工作者的党员，首先是党员，其次才是专家。文艺工作是党内的分工，[1] 也是这个意思。

潘： 但是，到了和平时期，陈云文艺思想明显发展了，尤其对于苏州评弹，他发表了大量真知灼见。

周： 陈云对苏州评弹发表意见，开始于20世纪60年代，在80年代逐渐公开。到他的那本关于评弹的书出版，才被文艺界所广泛了解。但缺少人来研究，评弹界不少人写了回忆、学习心

---

[1] 《关于党的文艺工作者的两个倾向问题》，中共中央文献研究室、中央档案馆编：《建党以来重要文献选编（一九二一——一九四九）》第20册，中央文献出版社，2011年，第148页。

得体会，但停留在感怀、经验层面上，缺少理论上的探讨和阐释。

我认为，陈云文艺思想有几个特点：第一，他讲评弹是传统艺术。1949年后面对的文艺工作，大量是传统艺术，如何对待传统艺术，陈云同志强调艺术的传承性，保护传统艺术。第二，苏州评弹是民间艺术，联系群众，有广泛的群众基础。陈云同志的文艺思想强调群众需求，为群众服务，对群众有益。在主客观一致的要求下实现为人民服务。第三，文艺通过市场为群众服务，要满足群众的需要，但群众需要的，并不等于对群众有益。如何在市场经济条件下实现为人民服务，对人民有益。第四，批评"左"的文艺思想，实事求是地评价文艺作品。

潘：陈云同志关于评弹的谈话，有不少都是您当面听到的，当时有什么感受？

周：陈云同志恢复听书，开始于20世纪50年代的后期，当我们在20世纪60年代初，陆续看到和当面听到陈云对评弹工作的几次讲话时，如同得到一服"清凉剂"。

潘：您能就上面提到的几个特点，再展开一点吗？

周：好的。比如，对评弹艺术的传承性。陈云多次讲话，在提倡创编新书目的同时，非常重视、强调对传统书目的保存、继承和整理。他认为，传统书目精华不少，"如果不整理，精华部分也就不会被广大听众、特别是青年一代接受。精华部分如果失传了，很可惜"。"要防止反历史主义倾向，以免损害精华部分，好的东西，优秀的传统艺术，千万不能丢掉"。他还说，即使不好的部分，也要记录保存下来。这是为了研究评弹的历史和艺术，也是重视艺术的传承性的要求。陈云要求注重传统艺术的传承，不但在内容方面。用审慎的态度，传承传统书目，克服"左"的思想，同时，要保存传统艺术、艺术特色及艺术形式的相对稳定性。苏州评弹历史很长，艺术积累丰富，已经具有很高的艺术水平。艺术积累应该很好保护并不断丰富，不注重保持艺术特征，保持艺术形式的相对稳定性，艺术积累就无法保存，已经达到的水平，也会消失。评弹艺术失去了自己的艺术特征、形式特点，就不再是评弹艺术，更谈不上传承和保护了。

潘：是的。陈云同志虽然说，"对新书有三分好就鼓掌"，但他不是一般地鼓励创新，他提倡的是建立在传承基础上的创新。早在1962年，他就提出进口一批胶带，把老艺人的传统长篇书目录下来。他十分尊重老艺人，重视老艺术家的价值。他甚至嘱咐，上海评弹团要准备一些沙发给老艺人坐，让他们把艺术传下来。

周：又如，他提出文艺要对人民有益。在20世纪五六十年代，当时的情况下，陈云提出，"要懂得听众的心理。他们来听曲艺，首先是为文化娱乐的需要，不是来上政治课"。这种本为很普通的常识，但在"文艺为政治服务"这个观念的笼罩下，提出这样的观点，当时，起到了振聋发聩的作用。生产的目的是需要，满足需要是生产的动力。离开了需要，生产就是盲目的。正本清源，还原为很浅显的道理。真理是朴素的。群众需要文化娱乐，需要休息，需要文艺欣赏并借以提高文化，提高素养。文艺离开了这样的需要，就会脱离群众。脱离群众的文艺，怎么能为人民服务呢？

潘：1949年后评弹的历史，绕不开陈云同志。他关于评弹的论述，仍有很大的研究空间。

周：陈云同志长期分管经济工作，曾经做过组织部部长。对他的经济思想和党建思想，已经有不少人在研究。但对他的文艺思想，很少有人研究，关注的人也不多。我认为研究陈云文艺思想有很重要的现实意义。

陈云接触到的评弹，是在书场演出、在市场周转中，作为商品存在的。听众来听书，是买票的。要受到听众欢迎，有人来听书，又要对听众有益。至今，文艺仍然面对这样的要求。1949年以后，毛泽东文艺思想，有不少新的发展，提出了"推陈出新""百花齐放"等要求。但因"左"的思想存在，执行得并不顺畅。陈云在当时讲的文艺的传承性、群众性、艺术特征及其质的规定性和艺术民主等方面的意见，是为了克服"左"的思想。对文艺的作用，在认识上有发展。他讲的文艺要满足群众的需要，要对群众有益，在今天，文艺在商品经济条件下，仍然是一个非常重要的问题。两者要结合好，陈云同志提出了"出人、出书、走正路"的要求。要教育演员、提高演员，这是实现文艺为人民服务的关键。经济发展，物质财富增长，这是文明的基础。但没有精神文明的相应提高，人往往会被财富俘虏，物质淹没精神。文艺工作者能否做到"钱的问题是第二位的"，是一个重要考验。

我建议重视陈云文艺思想的研究。这个话题还刚开始，以后有机会再讨论。

整理者：潘讯

第九十九讲
续谈苏州评弹的研究

口述者：周良

采访者：潘讯

采访时间：2016 年 10 月 20 日

采访地点：苏州市三香路周良家中

周　良

周良（1926—　），苏州评弹理论家。江苏海门人。曾任苏州市文化局局长、苏州市文联主席、苏州评弹研究会干事长、江苏省曲艺家协会主席、江浙沪评弹工作领导小组副组长、中国说唱文艺学会副会长、《中国曲艺志》副主编。曾长期担任文艺和苏州评弹的管理工作，并长期从事苏州评弹及曲艺艺术的历史、艺术理论研究。编著有《苏州评弹旧闻钞》《苏州评话弹词史》《苏州评话弹词艺术概论》《苏州评弹书目库》等书。几十年来，周良对评弹理论工作的开拓和建设倾注了全部心血和精力，撰写和主持编写有关论著近二十部，共数百万字。

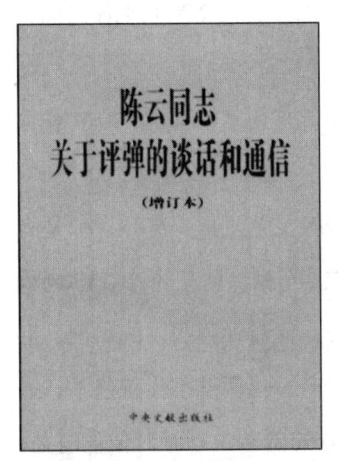

《陈云同志关于评弹的谈话和通信》增订本，图为中央文献出版社版

潘讯（以下简称潘）：中华人民共和国成立后的评弹艺术事业，与陈云同志结下了不解之缘。因工作关系，您和陈云同志也多有接触。您能否对陈云文艺思想及其评弹观做一个归纳？

周良（以下简称周）：我们在讨论中，已多次谈及陈云同志对苏州评弹艺术的关心和钟爱、他对评弹艺术的研究。陈云同志和苏州评弹界的交往，他听书，找演员、创作人员和干部谈话，他对评弹艺术及其书目、表演发表的意见，已经记录在《陈云同志关于评弹的谈话和通信》增订本（中国曲艺出版社，1983年）及《陈云和苏州评弹界交往实录》（中央文献出版社，2000年）这两本书中。近十多年中，评弹界有人又写了一批回忆、纪念文章，为《陈云和苏州评弹界交往实录》补充了一点史料。这份材料，以后有机会争取再发表一次，有助于对陈云文艺思想、对评弹的研究。

陈云对评弹艺术发表的意见，陈云文艺思想已经有人在研究，发表过一些文章，但是不多。我也写过一点，你可能大部分看过了。

潘：我都认真拜读过了。对我而言，您的文章是一种"导读"——帮助我加深对陈云原著的理解。

周：我前几年写的学习陈云评弹观及文艺思想的文章，主要是结合实际工作谈的心得体会，没有从理论上进行深入探讨。我可以在后面概括几点，不过，我想先讲一点陈云文艺思想的特点。

在革命战争时期，包括抗日战争时期，党的文艺工作是革命工作的一部分，文艺工作是革命队伍里革命工作的分工。文艺工作的主要任务是"团结人民、战胜敌人"，要求文艺工作直接为革命服务，对人民群众进行革命思想的灌输，开展政治宣传鼓动，

《陈云和苏州评弹界交往实录》

这是革命的需要。毛泽东文艺思想形成于本阶段。可以说，这是包括陈云及其他党的领导人的思想观点。如陈云在他《关于党的文艺工作者的两个倾向问题》（1943年3月）的讲话中，就是这样看待党的文艺工作的。

潘：我看过这篇讲话，主要论述了两个问题，一个是文化人以什么资格做党员，另一个是文化人如何正确估计自己。这个时期，毛泽东《在延安文艺座谈会上的讲话》已经发表，陈云的讲话其实是对毛泽东文艺思想的申发和展开。

周：中华人民共和国成立后，党和政府掌管全国政权和全社会的文化艺术事业。文艺队伍扩大了，而且主要是职业艺术团体和民间职业艺人。传统的、民间的艺术，成为文艺的主体。而且文化、艺术大都通过市场实现为人民服务。

潘：马克思主义的观点是，存在决定意识。我感觉，陈云在延安时期的那个讲话，有些措辞比较严厉，那么到了和平时期，陈云文艺思想是不是有所发展？

周：在20世纪50年代后期，陈云同志首先从听苏州评弹开始接触文艺工作。苏州评弹是有悠久历史的、丰富积累的传统艺术，是老百姓喜闻乐见的民间艺术。当时，队伍不小，书场很多，通过书场，评弹为听众服务，在经济上自给自足，演员收入很好。面对评弹当时的状况，形成的陈云的评弹观和文艺思想，有如下的特点：重视保护历史文化遗产，强调继承传统艺术；通过市场实现为人民服务的文艺，先要为群众所欢迎和需要；满足群众的要求，同时对他们有益；针对当时"左"的思想，具有鲜明的批判精神。

潘：您开始听到陈云同志的讲话，当时有什么感受？

周：我到文化部门工作，开始接触传统艺术。第一批学习的文件，是第一次全国戏曲剧目工作会议的文件，及此前进行的反对戏曲工作中的民族虚无主义的有关文件。那些文件是强调继承传统文化的。我还学习了列宁关于文化遗产的几篇文章。

潘：列宁在《关于民族问题的批评意见》等文章中，提出了每个民族都有两种民族文化、两种文化遗产的著名观点，还是比较辩证的。

周：但从"大跃进"开始，厚今薄古、藐视古人、贬薄传统的思想愈来愈盛。思想跟不上。在20世纪60年代初，听到陈云同志的几次讲话，有服清凉剂的感觉。所以，当时对陈云同志关于传统的讲话，比较容易接受。但是，他的讲话，只是在很小的范围内传达，只能在若干具体工作中起作用。

同时，这反映了我们当时的认识也很模糊，有不少形而上学的思想。还有一件事，很难忘记。20世纪60年代前期，江苏省委宣传部常务副/代部长陶白同志，是个文化人，懂得并热爱传统艺术，在当时算得上是个内行领导。他也喜欢苏州评弹。在南京、在苏州曾经多次和我单独交谈。一方面向我了解情况，另一方面谈谈他的看法和意见。我当时记有要点，后来成为"黑话"。经过"文革"，还有两篇保存下来。后来收集在《苏州评弹文选》（江苏文艺出版社，1997年）第一册中。当时，我虽然感到他讲得很透彻，但因为和别的领导、更上一层的领导讲的侧重点不同，恐有违碍，所以只在小范围内传达过。"左"的思想，势不可挡。

潘：我知道，在20世纪五六十年代，陶白是和邓拓齐名的杂文家，被誉为"敢说真话，乐民之所乐，忧民之所忧，赞其所爱，攻其所恨，一身正气"（黄伟经《记陶白》）。在"文革"中自然不能幸免，他被打成"三家村黑店"分店老板，受到严厉批判。您提到的这篇文章我看过，充满真知灼见，在1961年那个时代说出来，更见胆识。比如，他提出："传统书有群众基础。书目应该丰富，多搞些书。二类书慢慢加工。提倡一类书，不是不要二类书。"又说："对艺人们要求不能过高，应该慢慢来。有什么事，跟他们讲讲就是了。让他们把本领传给下一代就好了。"他还具体指出："老艺人的经验都要记下来。评弹史首先要搞起来。评弹的起源，每部书的历史，再搞些艺人传。"可见，他对评弹艺术是多么在行，对传统文化又是多么珍视。

周：历史、文化艺术是靠传承积累的。忽视传统，就是不尊重热爱文化艺术。不尊重热爱传统文化艺术，怎么能做好文化艺术工作呢？对待传统文化艺术的态度，应该是检验每一个文化艺术工作者能否做好工作的试金石。

回到陈云文艺思想的话题。现在，我把以前写过的文章，概括为如下几点：

第一，陈云文艺思想，重视传统民间艺术，重视历史文化遗产、重视传统，强调继承。要求用历史唯物主义观点对待传统，不能用今人的观点要求古人。要传承、整理优秀的传统书目，保存思想上无害、艺术上有益的传统书目，即使内容不好，艺术上有特色的传统书目，也要保存利用。

"评弹要像评弹"，陈云强调要保持艺术形式的相对稳定性。改革、创新，评弹应该仍然是评弹。没有稳定性，怎么积累、提高？一人千面，就没有了一人。

第二，鼓励创造、创新。陈云同志有一句名言："新书有三分好就鼓掌。"[1] 我认为，重点在"好"。有三分好为提高的基础。陈云在称赞他听过的新书的同时，身体力行地加以帮助，并要求艺术领导部门不断给予帮助，经过创作人员和演员的努力，逐步提高。"好比拉面条就是由粗到细的。"[2] 不能满足于三分好。就像现在的一些"得奖而死"的作品。三分好是远远不够的。

潘：是的。陈云虽然说，"对新书有三分好就鼓掌"，但他不是一般地鼓励创新，他提倡的

---

[1] 陈云：《关于评弹创作和演唱的一些问题》，收入《陈云同志关于评弹的谈话和通信》增订本，第12页。以下所引除另行说明外，均与第四讲所引版本一致。

[2] 陈云：《关于评弹创作和演唱的一些问题》，第12页。

是建立在传承基础上的创新。早在1962年,他就提出进口一批胶带,把老艺人的传统书目录下来。他十分尊重老艺人,重视老艺术家的价值。他甚至嘱咐,上海评弹团要准备一些沙发给老艺人坐。

周: 陈云对"好"的要求,既要有益的内容,又要能受到群众欢迎,为群众所喜闻乐见。应该重视作品的艺术性。所以,也就要重视文艺的传承性和艺术积累。

第三,文艺有教育作用。前提是群众要接受。"要懂得听众的心理。他们来听曲艺,首先是为了文化娱乐的需要,不是来上政治课。"[1] 寓教于乐的观点,批评了当时那种脱离群众、脱离实际的生硬灌输的做法。需要、适应相结合。

第四,评弹是听众喜闻乐见的艺术。听众很多。要对听众有益。"衡量一个节目的好坏,要看对人民是否有利。"[2] 但是,再好的书目,如果不演出,很少演出,不能实现"有益",那怎么能算"好"呢?苏州评弹应该满足听众的娱乐需求,听书的需求。

第五,提倡和鼓励研究苏州评弹的历史和理论,研究评弹艺术的特征。陈云多次讲要研究评弹的历史,而且提出了若干研究题目。如他要求研究20世纪三四十年代评弹的历史,就是要研究在市场激烈竞争条件下发展的评弹。他讲的"出人、出书、走正路"[3],就是对评弹艺术发展史总结的一条规律。可以着重指出,这里讲的"书",是指评弹长篇书目。

陈云同志在中华人民共和国成立后,恢复听书不久,从说"评弹以说表为主"[4]开始,就注意研究评弹的艺术特征和艺术规律,他把苏州评弹和戏剧、小说相比较,探讨其不同的艺术规律,从而要求"评弹要保持自己的特色"[5],以区别各种艺术形式的"质的规定性"[6]。他要求评弹克服戏剧化倾向,反对评歌、评戏。我对苏州评弹艺术特征所做的探讨,是沿着这个思想前行的。

第六,艺术领导要实行艺术民主。要尊重艺术、尊重艺人,重视发挥艺术工作者的自主创造精神。陈云为我们也做出了榜样。一开始,我认为,陈云同志虽然是党的领导人,但从未分管文艺,加以他谦逊、虚心的精神和民主作风,所以,他从不把自己发表的意见,作为指导,作为最后意见,一定要别人遵照办理,他只要求别人考虑他的意见,怎么做,让别人自己定。后来,我认识到,艺术领导应该发扬艺术民主。艺术创作最需要自由和自主精神。给艺术工作者以自主创作的自由,艺术才能有生气,才能蓬勃发展。艺术上不要干预,不能包办代替,瞎指挥。

---

[1] 陈云:《不能忽视曲艺的娱乐作用》,第51页。
[2] 陈云:《衡量一个节目的好坏,要看对人民是否有利》,第69页。
[3] 陈云:《出人、出书、走正路》,第105页。
[4] 陈云:《做好整理旧书的工作》,第17页。
[5][6] 陈云:《〈珍珠塔〉的整理及其他》,第40页。

潘： 中华人民共和国成立后评弹的历史，绕不开陈云同志。他关于评弹的论述，仍有很大的研究空间。

周： 陈云同志长期分管经济工作，曾经做过组织部部长。对他的经济思想和党建思想，已经有不少人在研究。但对他的文艺思想，很少有人研究，关注的人也不多。我认为研究陈云文艺思想有很重要的现实意义。

陈云接触到的评弹，是在书场演出、在市场周转中，作为商品存在的。听众来听书，是买票的。（评弹）要受到听众欢迎，有人来听书，（评弹）又要对听众有益。至今，文艺仍然面对这样的要求。中华人民共和国成立后，毛泽东文艺思想，有不少新的发展，提出了"推陈出新""百花齐放"等要求。但因"左"的思想存在，执行得并不顺畅。陈云在当时讲的文艺的传承性、群众性、艺术特征及其"质的规定性"和艺术民主等方面的意见，是为了克服"左"的思想。对文艺的作用，在认识上有发展。他讲的文艺要满足群众的需要，要对群众有益，在今天，文艺在商品经济条件下，仍然是一个非常重要的问题。两者要结合好。陈云同志提出了"出人、出书、走正路"的要求。要教育演员、提高演员，这是实现文艺为人民服务的关键。经济发展，物质财富增长，这是文明的基础。但没有精神文明的相应提高，人往往会被财富俘虏，物质淹没精神。文艺工作者能否做到"钱的问题是第二位的"，是一个重要考验。

我希望重视、加强对陈云文艺思想的研究。你说过要写这方面的研究文章。你先说一点。

潘： 去年以来，在您的督促下，我陆续看了不少资料，除了再三阅读《陈云同志关于评弹的谈话和通信》这部书外，还看了《陈云传》《出人出书走正路——陈云与评弹艺术》《陈云和苏州评弹界交往实录》等参考文献；当然也仔细拜读了您的文章。我很赞同上海师范大学唐力行先生在一篇文章中对您的评价，他认为改革开放以来，您不仅继承而且发展了陈云评弹观。据我理解，所谓"继承与发展"，主要是指您自觉以陈云评弹观指导研究工作，对陈云那些原则性、指导性的论述，结合时代发展，做了进一步延伸和补充，并将陈云同志的基本观点贯穿到具体的艺术分析和研究中。

我认为，如果将陈云对于评弹艺术的论述作为历史文献来看的话，就不能仅仅局限或偏执于一字一句的笺注式理解，而是应该采取历史主义的科学态度，整体把握陈云观点的本质和灵魂。正如恩格斯在致瓦·博尔吉乌斯信中所说，"请您不要过分推敲上面所说的每一字句，而要始终注意到总的联系"[1]。此外，还要充分考虑到当时的文化背景和时代语境，有些表述是出于一种语言策略。比如，陈云十分强调创新（主要是书目创新），他提出新书有三分好就鼓掌。那么，他

---

[1] 《马克思恩格斯选集》第四卷，人民出版社，1972年，第508页。

对待传统书的态度到底如何？如果我们单从字句中去寻找答案，就会发现和我们今天的看法还是有一些距离的。但是，一旦我们回归到历史场景，就会发现"文革"结束不久，他是首先提出开放一部传统书的，这就需要一定的胆识和眼光。不过，他在不少公开讲话中仍以主张说好现代题材的新书为主。但是，最近我又看到另一则资料。1977年"杭州会议"前夕，陈云在和赵开生的单独谈话中，又说过这样的话："对传统书以后会给它应有的地位和正确的评价。"[1]但不是现在，而是将来。我由此联想到当代学术史上的一桩公案。20世纪50年代，毛泽东亲自发起了对胡适的批判，可是1964年在北戴河和哲学工作者的谈话中，毛泽东又说，"胡适对《红楼梦》的看法比较对一点"，"到21世纪给胡适平反吧"。后人该取哪一种说法？是不是应该采取历史主义的态度？

诸如此类，还可以举出一例。不久前，我看到《评弹艺术》第45集上刊有刘家昌一文，驳斥那种"跳过弄堂书，把评弹长篇分割成中篇演出"的说法。我忽然想起，1960年1月21日，陈云在杭州与徐丽仙、张维桢等谈话，曾说到赞同她们将《双珠凤》改成六个中篇的设想。岂不是陈云同志早就有这样的主张？但是，如果我们联系那段历史背景，这时候正是对传统书目大动刀斧"整旧"的阶段，也是"斩尾巴"风潮刚刚平息的阶段，陈云的表态实际上起到了保护传统书目的作用，而且改成六个中篇也是针对"整旧"而言，也就是说，"六个中篇"是"整旧"的六段"试点"，并不是说"中篇"将成为演出的常态。随后，在该年2月间的谈话中，陈云就明确指出："传统书如果只剩下一截一截的，我们这一代艺人就没有尽到责任。"[2]

周：这一点非常重要。唯物辩证法讲时间、地点、条件，一切从实际出发。传统长篇改中篇，当时作为一种整理传统的方法，使之既符合老听客的要求，又适合新听客的要求。这种设想并未能实现。这和我们要谈的评弹长、中篇书目在艺术上的不同有关。当时，尚未能认识到这一点。认识事物，总是由浅入深，逐步完成的。认识是在实践中完成的。又如，陈云同志讲的评弹要就青年。青年人有人喜欢听评弹，有人喜欢听流行歌曲，喜欢迪斯科、太空舞。评弹的努力，是适应喜欢听书的青年人的要求，不可能适应喜欢唱歌、跳舞的青年人的要求。相信他们也不会要求评弹像唱歌、跳舞。而且适应是为了征服。"就青年"也不能离开"评弹要像评弹"。

潘：我感到，在非物质文化遗产保护与传承的时代背景下，陈云评弹观中蕴藏的思想精粹，对今天的工作仍然具有指导、借鉴意义。我有这么几点心得体会，向您做一个汇报。

第一，重视评弹艺术的原真性、本体性。"评弹要像评弹"，是陈云的一句名言。在陈云论评弹的那本书中，收录的文献最早的一篇创作于1959年，最晚的一篇创作于1990年，时间跨度三十一年，在这么多论述中，始终围绕的一个核心观点就是"评弹要像评弹"。当然，在不同时

---

[1] 中共中央文献研究室第三编研部编：《陈云与评弹界》，中央文献出版社，2012年，第114页。
[2] 陈云：《关于评弹创作和演唱的一些问题》，第14页。

期，陈云强调的侧重点不同，但都是针对评弹艺术的"异化"而发。"文革"前，评弹工作的大事是"整旧"。在这个阶段，陈云的论述主要围绕"整旧"过程中的反历史主义倾向。他在通信中，在座谈中，在书面意见中，不止一次提到这个问题。比如，"传统书目的整理工作，不能离开时代条件。要用历史唯物主义观点来看问题，不能以对现代人的要求来要求古人"[1]。又如，"传统书目的整理，要剔除糟粕。传统书目中，有精华，有糟粕，还有中间的即无害的部分，应做些分析。无害的部分暂时保留，不必急于删去。"[2] 如果说以上论述还主要围绕评弹的思想内容，那么在如下论述中，就涉及评弹的艺术本体或艺术形式了。比如，他说："说表是评弹的重要手段。说表主要用于人物的心理描写。说表好，塑造的人物才给人深刻的印象。唱也要用说表把它连起来。"[3] "评弹应以说表为主，但也要适当注意唱的部分。"[4] "没有适当的说表，光唱，一定缺乏艺术感染力，而且唱也会逊色的。"[5] 这些论述都指向评弹最主要的艺术特征。"文革"以后，陈云的论述始于对"四人帮"戕害评弹做法的拨乱反正，他是旗帜鲜明地反对那些所谓"评歌""评戏"的，在1977年6月召开的"评弹座谈会"上，他就明确提出"评弹要像个评弹的样子"，"只希望评弹能像评弹"，就是针对此而发。这个阶段，他提出了评弹的戏剧化倾向问题，还有针对性地举了一些例子。凡此种种，都体现陈云对评弹艺术原真性、本体性的坚守。也即您说到的"保持艺术形式的相对稳定性"。对任何非物质文化遗产的保护而言，保持其原真性应该成为一个首要的条件。

第二，重视评弹艺术的活态传承。活态传承是"非遗"保护的一条重要原则，这一点集中体现在陈云尊重老艺人、关心老艺人上。几十年来，陈云同志和不少评弹老艺人都结下了深厚的感情，他从政治、艺术、生活等多方面关心老艺人，还为不少老艺人写过条幅，《陈云和苏州评弹界交往实录》那本书中就收录了不少。对评弹老艺人，他说过很多意义深远且感人至深的话。"艺人年老了，不能演出，可做些整旧、研究等工作。"[6] "有经验的老艺人，可以集中起来，到学馆去当教师，也可以整理传统书目。买些沙发，不要坐长板凳，泡一壶浓茶，让他们多一些时间聊聊，不要老拖住他们开会。"[7] 他所念念不忘的就是老艺人如何将自己宝贵的艺术经验完整地传给下一代，他在看了秦纪文写的《改编〈孟丽君〉弹词的一些回忆》后，立即提出："找些艺人再写些说书经验，是很有用的。"[8] 为了培养青年一代评弹演员，陈云不仅倡导创办了苏州评弹学

1　陈云：《关于〈玉蜻蜓〉》，第72—73页。
2　5　陈云：《做好整理旧书的工作》，第17页。
3　陈云：《关于评弹创作和演唱的一些问题》，第13页。
4　陈云：《再谈评弹工作中的几个问题》，第22页。
6　陈云：《评弹工作中的几个问题》，第5页。
7　陈云：《根据不同对象进行工作》，第71页。
8　周良编：《陈云和苏州评弹界交往实录》，第36页。

校，亲任名誉校长，而且还对艺术传承工作提出了许多具体的意见，比如，他说"在评弹艺人中，举办进修班，辅导他们提高创作和表演水平，……这是当前最现实的办法，也应看作是一个长期的重要的工作。""训练方法，应以集中、分散相辅而行。"[1] 这些方法至今还为评弹界所继承、沿用，事实证明是行之有效的。

第三，重视评弹艺术的推陈出新。对此，不能不看到，在陈云同志发表一系列谈话的历史语境下，对继承传统和推陈出新的认识，与当下还有较大不同。这不仅在于，那个时代传统艺术还没有普遍面临今天这样濒临灭亡的危机，更在于表现新时代、塑造新人物、歌颂新风尚是很长一个历史阶段内文艺思想的主潮。作为党和国家领导人之一，陈云自然不可能跳出这个背景。但是，陈云的可贵之处在于，他从不单纯、片面地提倡创新，相反，他总是将改革创新与继承传统结合起来加以论述。不论在怎样的政治、文化环境下，他一贯珍视评弹艺术传统。陈云是真正懂评弹的，他提倡评弹艺术的创新革新，始终是冷静而理性的，他所主张的是，在完整、充分继承传统的基础上扎扎实实地创新。他深知，创作一部成熟的新作品不可能一蹴而就，需要几代人的打磨，还要接受群众的检验。所以，他主张创新要循序渐进，还要精雕细镂。他听了新书《青春之歌》以后，很有见地地指出创编新书的要领："一是要有穿插，二是要改得适合于评弹的特点，三是眼光要看得远些，要用较长的时间去琢磨。"[2] 不仅于此，他对创新评弹书目、提升艺术品位还有更高的期待，他反复提醒评弹艺人要学点历史，学点政治，学点哲学，要提高自身的文化素养和思想水平。这绝不是空洞说教。评弹发展史告诉我们，艺术家只有奠定深厚的艺术修养，才能创造出传世作品。陈云同志所提倡的创新，与今天以政绩、获奖为目的的"创新"，岂能相提并论？

第四，重视评弹艺术资料的收集、保存，并在此基础上开展研究。陈云是较早提出加强评弹资料收集、研究工作的，这是极富远见的看法。对于数目众多但良莠不齐的评弹传统书，他主张"把每部书都记录下来，这对今后评弹的发展是大有好处的"[3]。"要把曲艺艺人表演的所有节目都记录下来。记录时，还必须现场录音，才有意义。……录音记录之后，再逐字逐句作文字整理。"[4] "传统书目要整理。书目都要记下来，可以先录音，再翻成文字本。"[5] "传统书目必须记录、整理。"[6] 在当时的历史条件下，这确是远见卓识。对于评弹研究工作，他提出"要搞研究机构

---

[1] 陈云：《再谈评弹工作中的几个问题》，第24页。
[2] 陈云：《对弹词〈青春之歌〉的意见》，第60页。
[3] 陈云：《做好整理旧书的工作》，第19页。
[4] 陈云：《改变新书艺术水平低的状况》，第45页。
[5] 陈云：《关于评弹创作和演唱的一些问题》，第13页。
[6] 陈云：《再谈评弹工作中的几个问题》，第23页。

（室或组）"[1]，并十分具体地指出："要研究评弹的历史。对抗日战争前后这一段评弹的历史也要研究。不研究这段历史，就不能了解评弹发展的全过程。……要欢迎研究文学、戏剧、音乐的同志来研究评弹，请他们帮助，这对评弹是有好处的。"[2] 他就曾亲自委托中国社会科学院历史研究所查考了明代苏州与开封之间的水路等问题，这已经是很深入的考证了。我想，他是有意为评弹研究工作以及传统书整理树立一个典范。20 世纪 60 年代，在您的主持下，搜集了评弹口诀、赋赞，并印刷了几辑《评弹研究资料》，陈云同志阅后，在致您的信中，表示了充分肯定。《评弹艺术》也是在陈云同志的倡导和支持下创刊的。今天，在全国数百剧种、曲种中，评弹的史料收集和研究工作做得最好，与陈云同志长年身体力行的倡导是分不开的。

周： 我记得，你在一封信中讲到了评弹的中篇，中篇的戏剧化倾向等问题。所以，我建议你研究一下。

潘： 最近因为研究徐丽仙的关系，我集中听了几回 20 世纪五六十年代上海评弹团创作的中篇，发觉一个共同的倾向就是戏剧化色彩很强，脚色的对话成了一回书的主干。从传统书目中改编出来的中篇情况尚好，在新编作品中这种倾向尤烈，造成书回缺乏"咬嚼"，也缺乏"趣味"，显得拙劣、勉强。正如王朝闻说的，离开了曲艺，也得不到戏剧。我比较了徐丽仙的一些说书作品，比如《抱头庄》《私吊》《关亡》《三约牡丹亭》都很好听（分别出自传统长篇《双珠凤》《玉蜻蜓》《三笑》），而《王佐断臂》《杨八姐游春》等则逊色不少，虽然有很长的唱段，终究缺少韵味，距离评弹的本质隔了一层。

周： 这里涉及两个问题。一是戏剧化倾向问题，二是中篇的作用问题。

评弹的戏剧化倾向，不是从中篇演出开始的。中篇产生之前，苏州评弹进入大城市以后，和戏曲及其他表演艺术相竞争，同时又借鉴戏曲和其他艺术，模仿戏曲的表演，如语言，尤其是"起脚色"。适度借鉴，使语言、脚色更加生动、鲜明，有助于评弹表演的提高。但过度地模仿是缺点。像演戏那样说书，"起脚色"变成脚色表演，就不是艺术的上乘，而是生搬硬套的表现。如果男演员起女脚色，过度地模仿就不雅。过度的动作，会被称为"洒狗血"。有人把过度地"起脚色"，过于像真的表演，称为现实主义表演，曾引起歧义。

潘： 将"现实主义"这个术语套用在这里，不免方枘圆凿。不过，评弹借鉴戏曲等表演艺术，如何掌握"度"，确是一个颇费斟酌的问题。在艺术实践中，正反两方面经验都不在少数。借鉴过火了，难免出乖露丑，正如您说的"洒狗血"。我想关键在于艺术家对评弹的艺术特征要有准确的把握，在此基础上，借鉴、学习其他表演艺术经验，才能不失本体。杨振雄吸收昆曲

---

[1] 陈云：《再谈评弹工作中的几个问题》，第 25 页。
[2] 陈云：《要研究评弹的历史》，第 62—63 页。

周良在做研究

唱腔、身段,他所表演的仍是评弹;蒋月泉唱腔有京剧韵味,但具体又难以明指;张鉴庭借鉴麒派风格,并没有唱成海派京戏。前人创造了"化用"这个词,"化"就要求不露痕迹,化用的最高境界,即是中国美学所谓"羚羊挂角,无迹可求"。

周: 在中篇创演中的戏剧化倾向,不只表现在"起脚色"表演中,而且首先表现在创编的脚本中。中篇篇幅小,演出时间短,情节要求紧凑,要求很快展开矛盾,趋向冲突。人物的白和唱,"起脚色"多。其间,也有对评弹艺术特征的认识上的原因,或认为"起脚色"多好。中篇演出的戏剧化倾向的发展,有客观原因。还有如参加演出的演员增多。作品编得快,演得少,丢得也快,很少能加工、保留,艺术上不能积累,难于提高。

所以,对中篇艺术特色的分析,要和它的历史及作用联系起来看。这就是中篇的作用问题。有一位同志对我说,"中篇的作用利少弊多"。我动员他写文章,以总结历史经验。所以,这里没有提名。

潘: 我在《评弹艺术》上看到您与吴文科同志的几封通信,也谈到这一问题。当然,从评弹发展史看,中篇的兴起有其客观原因。中华人民共和国成立后,经济社会结构的变化以及由此衍生的评弹听众群体的变化,应该是很重要的一个因素。就艺术生产来说,有什么需求,才有什么产品。

周: 是的。20世纪五六十年代,中篇的形成并发展,其客观原因是要求评弹迅速反映新社会、新时代,创演长篇还不具备充足的条件,创演中篇比较快,是客观需要;也反映了当时许多演员要说新书的主观要求。

当时有"左"的思想。反映新时代的作品,才是为工农兵服务的"新评弹"。"新评弹"和"旧评弹"相对立。"文艺为政治服务",提倡新评弹。还有一种"左"的思想,认为工农兵没有时间听评弹长篇,说长篇是为有闲阶级服务的,后来还说是为遗老遗少服务的。因此,长、中、短的评弹篇幅问题,成了方向问题、为谁服务的道路问题。

中篇演出之后,受到欢迎。吸引了一部分新听众。新听众中又有一部分成了听评弹长篇的"老听客",这是中篇的积极作用。所以,后来的中篇,也不限于反映当代题材,有据小说、戏曲故事改编的中篇,有据传统书目改编的中篇。

但是,创演中篇演出场次少,人员多,成本大,要依托"组织起来"的集体支持。大城市听众多，能多演；中小城市听众少，很少演出。所以，虽然有"左"的思想支持和提倡，在20世纪五六十年代，中篇演出的场次和听众人数，在评弹总的演出场次和听众人次中，只占少数，比重很小，只是百分之几。其影响、作用不能和长篇相比。

潘： 您从全局出发考察评弹生态，而不是把眼光局限在几座大城市，这确是别人未曾注意到的。

周： 当时，只是在个别由国家经济扶持的团体里，他们有条件经常创演中篇。他们有编创人员，有一批名老艺人，在大城市里，一个中篇能演一两个月。他们创编过一些好的、影响大的作品。但是，经常创演中篇，这对长篇传统书目的传承、整理和提高，对新编长篇书目的提高、积累，形成保留书目，是很大的缺失。好像把一群生龙活虎关在笼子里。如果让那么多有成就的艺人，多到书场去演出长篇，带着学生，对长篇书目的传承积累、青年一代的培养，就能做出很大的成绩。不重视长篇，带来多大的损失，其间得失，应该总结。

而中篇是难于保留、积累的。有几个中篇曾经复演？中篇演出对表演艺术的影响，已如上述。好的中篇作品，有语言精练的优点，但缺少细致描摹。

在"文革"期间，苏州评弹很少演出。没有长篇，实现了"唯中短篇演出"。这是对评弹艺术的摧残，评弹苟延残喘。粉碎"四人帮"以后，长篇尚未恢复，出现了一批较好的中篇作品。但评弹的恢复和兴旺，还是依靠长篇的恢复演出。

潘： 中华人民共和国成立六十多年来，评弹经历的风风雨雨，愈加证明了您这一论断的正确。不过至今人们对这个问题还存在模糊的看法。

周： 评弹经过一个阶段的困难，在进入作为非物质文化遗产的保护阶段后，一些方面，不重视传统书目的保护、长篇保留书目的积累，而提倡"创新"，提倡、鼓励中篇的创演，这是不对的。这些得奖作品，很少演出，很难去书场演出，所以，演出很少，听众不多。真的是"为奖而生，得奖而死"。这样的作品，有什么积极作用，有多少积极作用呢？

潘： 最近，看到陆军先生（江苏省政协原副主席、昆评室主任）在苏州评弹团建团六十周年的讲话中，转达丁关根同志的意见，提到："中青年演员要学到评弹艺术的真本领，还是要靠经典传统书目，还是要靠长篇。"受这个精神的启发，我又做了一点思考。

我认为，评弹艺术之所以宝贵，其根源在于评弹保留与传承了中国说唱（说话）艺术的传统。中国说话艺术的成熟形态始于唐变文，发展至宋元平话，遂蔚为大观，不仅书目繁多，还出现了不少著名的职业化的说书艺人，这都是有明确记载的。由宋元平话而演变形成两大脉系，一脉在民间不绝如缕，以说书等曲艺形式传承下来（其间还经历了地方化运动）；一脉则为文人所摘取、移植，直接导致了中国白话小说的诞生。对评弹艺术价值的认识和把握，可以有多重维度、多种视角,但是,从中国说书艺术史的角度来把握与考量无疑是一个重要的视角,由此可以帮助我们看到评弹艺术真正的精华和神髓所在。前人已经做了很好的工作,如已故上海戏剧学院教授陈汝衡先生专事说书史研究,他的《说书史话》《宋代说书史》等书,很细致具体地梳理了中国说话艺术的源流发展,已经成为学术经典。我们今天研究评弹,有必要重拾这段历史,从中国艺术史、美学史、文化史等宏观视野,真正提炼出评弹艺术的价值所在。

周:民间说书影响、滋养、助推了小说(的发展)。而小说也反哺、丰富、提高了说书(艺术)。

潘:您反复提到的一个观点,即"评弹以长篇为主",也不仅是艺术形式的问题。内容决定形式,形式又"决定"本质,形式异化了,本质也茫无踪影。我认为,评弹长篇艺术的特性决定了苏州评弹艺术的特性,失去了长篇书目这一载体(艺术形式),苏州评弹的艺术特征就会丧失。

周:苏州评弹造就了长篇书目,长篇书目造就了评弹的艺术特色和艺术水平。我在一篇文章中曾经写过,要认识、实践艺术内容与形式的辩证关系。盲目创新,是受"左"的思想影响。只讲内容决定形式,(便会)忽视形式制约内容。有了形式的相对稳定性,艺术才能积累、提高。"创新"的盲动,不以提高艺术为目的。创作的目的,是内容和形式完美一致,和谐结合。艺术形式的相对稳定,就是要求传统艺术的传承,创新要在传承的基础上进行。

潘:长篇的哪些艺术特征联系着评弹的本体性呢?以我不太成熟的想法,至少有以下几点。反之,中篇或短篇是不具备这些特征的。

第一,继承传统、独具魅力的叙事方式。前面已经说过,评弹保留与传承了中国说唱(说话)艺术的传统。说唱是叙事艺术,在说唱艺术传统中,处于核心位置的就是叙事方式与技巧。苏州评弹当然是说书艺术地方化的产物,在其数百年发展演变过程中,继承中国说书艺术传统,又经过历代评弹艺人的摸索、总结、丰富,逐渐形成了独具特色的评弹叙事艺术。对此,您在不少文章中都做了归纳和分析,列举了许多精彩又有说服力的例证。比如,您举过《珍珠塔》中对"前见姑"这一核心事件的反复渲染的例子。现行评弹演出本中,没有"前见姑"情节,而是通过几十次的反复叙述,加深给听众的印象。评弹艺人的高超在于从不同人物口中,从各种不同角度反复叙述,做到"意叠语不叠,事复句不复"。这种叙事技巧就是中国叙事艺术的传统,更确切地说,就是中国说书(说话、平话)艺术所形成的传统。而且在评弹长篇书目中,这种例子是常见的。金圣叹在《水浒传》批评中,就提到过:"笔有左右,墨有正反;用左笔不安换右笔,用右笔不安换左笔;用正墨不现换反墨,用反墨不现换正墨。"这不就是"意叠语不叠,事复句不复"吗?又如,金圣叹评《水浒传》还提到多种"文法"。比如,倒插法、夹叙法、草蛇灰线法、大落墨法、欲合故纵法、横云断山法、鸾胶续弦法,等等。他是评《水浒》,《水浒》也是根据说话人底本敷演开来的。虽不免八股腔,确也符合实际,施之于评弹书目也对得上号。但是,有一点必须注意,要展开上述种种叙事技巧,就必须有足够的叙述长度,即必须有长篇的格局,换言之,在中短篇结构中是无法施展的。比如"草蛇灰线,伏脉千里",没有相当的叙事长度,这种技巧就展不开。评弹艺谚说"说书容易种根难","种根"就是"草蛇灰线",就是埋下伏笔,从"种根"到真相大白,往往需要几回甚至十几回书的篇幅。

第二,跌宕生姿、环环相扣的关子艺术。评弹独具魅力的关子艺术也与长篇结构紧密相连。自有说书艺术,就有"关子""扣子"。宋代罗烨《醉翁谈录·小说开辟》论及说书技巧时说:"讲论处不滞搭,不絮烦;敷演处有规模,有收拾。冷淡处提掇得有家数,热闹处敷演得越久长。"什么是"热闹处"?我想,大概就是指情节曲折、紧凑的关节,就是"关子"。"敷演得越久长",就是延宕开来,增加叙事长度,做足悬念。当然,也不是"卖关子"。苏州评弹确有自身独特的关子结构和类型,这是与长篇形式对应的。夏玉才总结了评弹传统书的各种"关子"类型,如鸳鸯关子、母子关子、连环关子等(见夏著《苏州评弹文学论》)。评弹关子艺术的一个重要特点就是,没有那种一般意义上的孤立的"关子",而是在一个大的悬念(往往关乎人物的命运)的统领下,由若干环环相扣的小关子组合连缀,由此造成情节连绵,波澜起伏。如此一来,评弹中的所谓"关子书",不是一二回书,往往占据相当的篇幅。像《杨乃武与小白菜》(邢晏春、邢晏芝演出本)中《密室相会》关子就有五回书,约占全书六分之一篇幅;《珍珠塔》(魏含英演出本)中的《婆媳相会》关子,也有七八回书,占全书相当分量。不仅于此,在关子前后还有不少与之相关的书回,或为关子做情节铺点,或是关子的余声。中短篇书目因篇幅的局促,则较难呈现这种艺术,中短篇中也有关子,但已经戏剧化了,与传统意义上的关子艺术有所区别。

第三,细致深入、耐人寻味的内心描写。这方面,前人已多有论述,评弹的细腻和韵味主要体现在内心描写和心理分析上。评弹心理描写的特点是,深入开掘,小中见大,条分缕析,抽丝剥茧,合情合理,耐人回味。比如"浔阳楼题反诗"这个情节,《水浒传》原著中描写不长,评弹中就抓住这一点深入开掘进去,通过合理的艺术想象,呈现出宋江流转、复杂的内心世界。这天,宋江在浔阳楼上一个人喝闷酒,忽然看见江上有人在运送假山石,奇怪的是,船上没有壮士,拉纤的是爷孙俩,掌舵的是老太。于是,宋江就问小二这是怎么回事儿,小二回答,老头的儿子为了运送生辰纲而死,因此他们家只能老小妇孺艰难度日。宋江听了,越发觉得朝廷昏暗。这时,天空下起雨来,一时间狂风大作。有些醺醺然的宋江望着被风吹得忽明忽暗的蜡烛,竟在烛光中看到了陷害自己的阎婆惜的影子,联想到自己如今刺配江州,一时间百感交集,于是提笔写下诗句:"心在山东身在吴,飘蓬江海谩嗟吁。他时若遂凌云志,敢笑黄巢不丈夫。"这段情节当然是评弹艺人的创造,但其高妙之处在于通过合理想象,把宋江此时此地的心理世界完整地呈现出来。一首"反诗"固然是宋江的内心写照，是一回书的点睛之笔，但是评弹艺人的心理分析无疑为这首诗做了最富艺术性的注脚。这种过细的心理描写同样需要充裕的叙事空间，中短篇为了在较短的时间内造成戏剧冲突，在心理分析方面就不能不俭省，不能不主要通过脚色的对话和抒情性唱段等方式来传达人物内心的变化和层次。

第四，逸出书外、不离其宗的评论穿插。宋人在总结说话艺术的诗里就说："春浓花艳佳人胆，月黑风寒壮士心。讲论只凭三寸舌，称评天下浅与深。""评"，是评弹的一个特色。戏剧大师曹禺也盛赞评弹之"评"的特点。陈云同志在20世纪60年代的氛围中，还这样说："也许去掉了噱头和穿插，才真的破坏了评弹艺术的完整性。"[1] 前年，我在访问薛君亚老艺人时，她在回顾周玉泉艺术时对我说，评弹好听就好听在"小闲话"，富有"咬嚼"。评弹"六白"中的托白、衬白、表白，大概都属于这一类。这类穿插和评论，在一回书或一部书中，分量所占虽不多，却极其重要，不仅是考量艺人艺术水准和功底的关键，有时简直成为听众欣赏的兴奋点和核心所在，为"一篇之警策"（《文心雕龙》）。而在篇幅紧凑的中短篇书目中，这类"评论与穿插"就不能不大为缩水，或简直没有，无形中评弹的精髓流失了。

以上概括的四点，仅是一个大致的轮廓，还需补充更多的实例来说明问题。

周：已经讲的这些，足以说明长篇的叙事特点，中篇已难以体现。还有情节的推进，矛盾的展开，均有特色。希望你充实实例，做成一篇好文章。

潘：您还提出要谈谈规范称谓的问题。我赞同您的说法，您多次讲，反复讲，很有感慨。

周：在接触评弹艺术之初，向老艺人学习，听他们谈艺，读他们谈艺的记录，就听到、读到很多行话、术语，逐渐了解，弄明白，那时，就开始想到规范称谓的问题。同样的内涵，称谓不尽相同。同一个称谓，解释不一样，有几种不同的说法。如"六白"一词，指哪几种"白"，有几种说法。涉及的白，有表白、官白、私白、咕白（还分官咕白、私咕白），衬白、托白，还有人说有诗白、韵白。罗列的多种"白"，区别的标准也不是一个。"以说表为主"，认识上比较一致，但对"说"和"表"的区别，所指内涵，也有歧义。

20世纪五六十年代，我多次去南京、北京参加艺术交流活动，要写材料。就开始注意到评话、弹词和评弹，有时要加上"苏州"两字。在苏州，我曾经邀请王少堂来苏公演，为他做宣传，写文章，就要加上"扬州"两字。相对应，苏州评话也不能略去"苏州"两字。在我参加江苏省曲协的工作以后，省曲协活动或开会，或到扬州去参加活动，我非常注意，苏州评弹不用省称。江苏有苏州评弹，有扬州评弹，有苏州评话和苏州弹词，还有扬州评话和扬州弹词（亦称弦

---

[1] 陈云：《不能忽视曲艺的娱乐作用》，第53页。

词）。如果用省称，就不清楚，容易搞混，以致产生误会。而且在那个阶段，确实苏州评弹比扬州评弹兴旺。大家在一起，讲到苏州评弹，老用省称，是不应该的。岂非以老大自居，目中无他人，无视老大哥曲种。事实上，扬州评话和弹词，艺术上根基深厚，艺术积累深厚，有不少有成就的、值得尊敬的艺术家、老艺人，我是很尊重他们，取虚心学习态度的。

自从我参加《中国曲艺志》的编辑工作以后，更加明确，要规范称谓。各地的曲种，有各自的行话、术语，有许多词，内涵相同，称谓不一；或者用词相同，内涵不同。迄今为止，有关曲艺历史及其艺术著作，尚少能为很多人共同接受的规范的称谓，显出研究工作的薄弱和理论研究工作的落后。规范称谓是深入研究的需要，为提高研究水平的必要步骤。在评弹艺术特征的谈论中，也提出了规范的要求。

由于苏州评弹的衰落，尤其是评话的很快衰落，听众少了，熟悉评弹的少了，出现了混称，"评弹"成了一个曲种，两者混为一物，以致在实际运用中，"评弹"只指弹词。有人说是"合流"，这好像在逻辑上也说不通。评弹衰落，研究工作也难于有序展开。真是艰难前行，连称谓的规范也不容易。

潘： 翻译家严复说："一名之立，旬月踟蹰。"可见名词、称谓的重要性。苏州评弹"称谓"看起来是一件小事，却与艺术特征、艺术兴衰等紧密关联，不容小视。艺术和世界上任何其他事物的发展一样，都是由简单走向繁复。苏州评弹的称谓最初也很简单、模糊，就是"说书""大书""小书"，也无所谓唱腔、流派；评弹流派的命名，是迟至20世纪40年代以后的事。苏州评弹称谓的细分化、规范化，是从1949年以后开始的，到60年代已经取得比较一致的看法。其中，您付出了大量的心血。我想，称谓规范化背后还有一个深层次的原因，那就是20世纪二三十年代以来，苏州评弹艺术始终处于不断创新、发展中，至五六十年代迎来了一个百花齐放的黄金时代。艺术的发展推动了称谓的规范。京剧、越剧乃至相声的发展史，都证明了这条规律。反之，当下出现的种种称谓模糊、混乱，是与包括苏州评弹在内的传统文化的整体衰落联系在一起的。

整理者：潘讯

第一百讲
漫漫评弹路，弹指一挥间
——周亚君自述

  本文是周亚君自述。一次偶然的机会，周亚君被戏曲学校录取，从此开始了属于她曲折的评弹人生。进入戏曲学校后她跟随杨斌奎、刘天韵等名家学习评弹，后被分配到长征评弹团，拜李伯康为师，学习《杨乃武与小白菜》，出码头到嘉定、杭州等地，还短暂地在苏州评弹学校学习。在周亚君不断学习评弹技艺的时候，"大写十三年"开始，传统书目停止演出，她只能在实践中渐渐学会创作现代书。其间，外出巡演和去郊区劳动与演出不断穿插进行，在艰苦的环境中她还创作出了《欧阳海之歌》。"文革"期间，停止一切评弹演出，她的评弹艺术之路也因此被葬送。

周亚君

周亚君（1945— ），弹词演员。又名周树新，浙江吴兴人，生于上海。1960年入上海黄浦区戏曲学校评弹班，1961年师从弹词演员李伯康，习长篇《杨乃武与小白菜》。毕业后与其师姐徐淑娟拼档。1972年入上海评弹团。1979年入新长征评弹团后，与朱维德长期合作，演出《描金凤》《双金锭》。并编演弹词《三斩魏忠贤》等。

一、理想在召唤

1960年是全市文艺大招生的一年，各个市级剧团招生，各区都办了戏曲学校也招生。上海评弹团招生了，我浑然不知，也没有想到去考。听说黄浦区戏曲学校也招生，我觉得好玩就去了。考场就设在黄浦区文化局，局长也来了。当时我唱了半只"刀会"，复试时他们准备好了一段文字，要我们看了自己用评弹唱出来，我也完成了。不料在自以为好玩的两次考试后我竟然收到了录取通知书。

黄浦区戏曲学校的录取通知单，在我们家里就好像一颗原子弹爆炸了。一向平静的家里掀起了波澜！第一个反对的是我的妈妈。她的理由非常奇怪，因为我一旦到戏校报到就要把户口迁到学校去，这是她最担心的事情。

第二个反对的是最最爱我的，手把手教我弹琵琶的哥哥。他来信说文艺这东西，可以喜欢，可以学习，但不能当职业，只能业余玩玩。

想不到冷镬子里爆出一个热栗子，一向以妈妈意见是从的爸爸，从来没有这样坚决地发表意见，拿出了不可动摇的决心："我就是希望女儿去说书，现在既然已经录取了，为什么不去呢？我们家里可以出一个说书先生有什么不好呢？女儿你自己说去还是不去？"我懂事以来从来没有见到过爸爸有如此男子汉的举动，想不到为了我，他豁出去了。

但是一个圈子兜下来还是回到了我这里，主意还是要我自己拿。我从小听书，我是想读书还是想说书呢？我要说书！所以我使劲地点了点头！我以为妈妈会生气，想不到没有，因为她喜欢我，就顺从我的意见了！至于哥哥，那是天高皇帝远，远水救不了近火，我一封信诉说了自己的意愿，求得了哥哥无奈的同意。家里的关过去了，我离开了只念了一年的第六女中，跨进黄浦区戏曲学校，去实现自己的理想。

二、一片新天地

我马上要成为黄浦区戏曲学校评弹班的一名学生了，其实说学校是不合格的，它的地址就在大上海电影院隔壁，过去的宁波同乡会，一个旧式的剧场。楼下一个大厅一个舞台，以后这里就是练功房、大会场、大剧场……一场多用。楼上是剧场的花楼,半圆形的中间一隔两,就算男女生宿舍,放满了双层床,所有的男女生就分别住到了男女宿舍。全校有不少专业班,京剧、越剧、沪剧、锡剧、杂技、评弹。所有班里评弹班的年龄最大,其他剧种都是很小的同学,我们就成大哥哥大姐姐了。评弹班共有八个同学,二男六女。男生是陈兴国、朱维德,女生是张渭霖、钱凤娟(钱蕴华)、徐淑娟、周时馨(周亚君)、林淑英、陆梅莺。我们当时还没有专业指导老师,因为还不知道黄浦区分到了哪一个评弹团,暂时请了一位名票陆鸣来教我们唱"薛调"的"灯映月,月映灯,今宵登月倍分明……",专业课没有主教老师,但是我们自己练得很卖力,除了林淑英都会弹乐器,所以大家弹弹唱唱都很起劲。当时宣传"南京路上好八连",我们自告奋勇自己创作开篇,自己写,自己排,自己伴奏,像模像样。

三、初见大名家

我们终于盼来了正宗的老师,杨斌奎老师,他是一位大名家,平时只能在书场里看到,无线电里听到。杨老师平易近人,对我们略做了解,知道我们是戏校的学生,就说,既然是专业的学生就应该接受正规的教育,要打基本功,要从学"俞调"开始。要不就和我们团里的学员并并拢,一起学算啦!他一时间也不知道教我们什么,就问我们最近在学什么。我们就告诉他,我们写了一个开篇《南京路上的好八连》,自己在排练。杨老师非常开心,说想不到你们已经自己学写开篇了,叫我们唱给他听听。

我和朱维德是伴奏,其他六位同学演唱。老师听了以后一点也没有笑话我们,很认真地教我们手面(动作,我们的行话),下雨怎么做,刮风怎么做,手指要怎么指,……我们一一记在心里。老师在结束语中有这么几句:"你们积极性很高,自己动手写开篇,但是要先学怎么写开篇,唱词是要押韵的,你们的开篇没有韵脚。"什么叫韵脚我们一点不懂,也许就是杨老师对我们写作的启蒙教育。

后来刘天韵老师来教我们了。他知道我们是专业学生,就开始教我们唱"老俞调"《西湖十景》"一出门来二条桥"……弹的都是长过门,从来没有听到过,觉得新鲜极了。周云瑞老师来了,他又是一位大名家。他耐心细致的教育方式,让我们学得愉快享受。教我们唱了《大九连环》《苏州好风光》《小九连环》《人民公社好》(评弹曲牌)。

四、崇明大围垦

一天校领导到我们教室来,我们以为又要介绍新来的老师。不料他是来宣布一个决定,我们评弹班参加黄浦区文化局组织的文化工作队，去崇明参加围垦。当时我们一片茫然，反正我们是孩子，领导叫干啥就干啥。那时要求排练一出节目，要参加慰问演出的。我们没有上过正规课，一只没有韵脚的《好八连》算是主打节目，还有周云瑞老师教的《大九连环》《小九连环》，加上自己平时学会的《六十年代第一春》，反正是带泥的萝卜吃一段汰一段。

这个文化工作队由多方面人员组成，黄浦区文化馆、艺华沪剧团、前进沪剧团、上海杂技团等单位抽调出来的人员。当然是由文化局领导带队。好像是1960年11月份出发的，天气已经有点冷了。先坐船到崇明南门港，再等车子来接我们。晚上开会明确任务，次日开始要分三个班，跟工地上的职工一起上班，早班，中班，夜班。边劳动，边演出。文化馆还带来了连环画，小说书可以出租……内容非常丰富。我们评弹班的同学根据年龄大小分了早中夜三班，陆梅莺，林淑英年纪太小就不跟班，安排借书工作。

五、有了爷娘家

我们结束了崇明的围垦回到了学校，回来的时候受到了全校老师同学的欢迎，并且介绍了我们参加围垦的情况。校方向我们宣布，长征评弹团已经划归黄浦区，也就是说我们评弹班八个学生就是长征评弹团的人了。当时我们一点不知道长征评弹团是一个什么团体，后来才慢慢地知道，原来长征评弹团也是威名赫赫，在上海滩排名第二，上海市人民评弹工作团下来就轮到它了。团里著名演员众多，蒋云仙、陆耀良、李伯康、秦纪文、钱雁秋、顾友良、黄静芬、王再香、顾宏伯，青年演员有程丽秋、凌文燕、卞迎芳、秦香莲。当时团里正好有一批青年演员调到上海团去了，有张振华、马小虹、张如君、刘韵若、余红仙、吴静芝。他们出团我们进团，正好是交接班，团里也算增添了新鲜血液。团领导对我们这批青年寄予了极大期望，所以郑重地制订了我们的教育计划。要培养出好演员一定要打好基本功，我们团里人才济济，各路神仙都有，但是校方偏偏选了一位老学究黄兆熊老先生来当我们的启蒙老师兼班主任。

六、狠打基本功

其实这位黄兆熊老师是有点来历的，他的兄长黄兆麟是一代评话大名家，而他的名气虽然没有这么大，但是他基本功扎实，嗓音洪亮，说书中规中矩。他唱"俞调"的水平与朱介生老师不相上下，就是他老派，朱介生革新。他对我们倾囊传授，一点一画，绝不含糊。

唱腔课教的是清一色"老俞调"，长过门。《宫怨》是必学不可的，那冗长的老过门，曲曲折折的长腔，一只开篇要唱一刻钟，一只学会了举一反三再唱第二只，所有开篇都唱"老俞调"，一只"林黛玉"开篇要唱二十分钟，我们二话不说，认认真真学着，一句一句练着。

说表课从头学起。苏州话的基本功首先是分清尖团声。要求我们开口说苏州话，尖团声都要分清楚。老师说一个说书先生如果连尖团声也分不清楚就成不了大家，因为开口见喉咙。老师的话我们记住了，拼命地记，拼命地背，开口就是苏州话，尖团声说错了互相纠正，不准取笑。

紧接着是教韵脚，十三个半韵脚，用苏州话来读清楚，这给我以后写作打下了基础。然后就是教四声五音，平仄规律。这是一门沉闷费心思的功课，整天就是平、上、去、入，把一只只开篇注出四声来，真是昏昏欲睡，眼花缭乱。说也奇怪，不少同学对这门作业深恶痛绝，或者根本听不进去，拒绝接受，而我就是听得津津有味，脑子里都记住了，还试着运用。把一只只开篇注出四声，平仄、四三、二五怎么分出来，这是黄兆熊老师最得意的事情。

乐器课是没有的，因为大部分同学都会弹了，主要是自学，互相学习，当时没有录音机，没有磁带，收音机偶尔听得到就赶紧把过门记住了，再互相交流反复练习，学习气氛太浓了！

我们还要上文化课，我们评弹班上的是高中的讲义，教我们语文的老师是一位温和耐心有修养、戴一副眼镜的女教师吴芳润，四十岁左右，嗓音单薄，经常要"开花"，成了我们课余模仿的笑料。

七、我会说书啦

我们真的要学说书了，先学什么，老师有点拿不定主意，他知道有的同学有《三约牡丹亭》的剧本，他看了以后决定就地取材，就学第一回《三约》，这个过程很奇怪，因为黄老师他不说《三笑》的，他对书也不熟，他没有办法教我们其中的脚色。可是他叫我们说这回书是有原因的，书中有小生，花旦，丑角（大踱，二刁），就这样我们开始读本子，拼双档，开始时打乱了搭档大家都说，慢慢开始固定下来，我和徐淑娟做女双档，其他同学还是灵活搭配的。老师要求我们不一定按原版里面的唱腔，基本上都唱的"书调"，你们会怎么唱就怎么唱，但是二五、四三不能唱错。他就指导说表，字眼，表演，动作，口齿，坐姿。

第一学期汇报演出的时候，老师就挑了我们一档参加，在中国大戏院。我们和全校其他剧种的同学一起演出。第二学期教的书就更多了，黄老师自己说"落金扇"，以后就学他书中的选回，一回是《十门脚色》，一个戏班子里出来十个人，每人一门脚色，几句挂口，老生，小生，花旦，老旦，彩旦，花脸，文丑，武丑……样样都学，有点难度。让我们全面学会起脚色。还有一回书，里面有个陆福，是个邋遢脚色，我们做上手的都要学会，这样拓宽了我们的书路。

在学说书的同时，钱雁秋老师来教我们弹"三六"，那是一只沈薛三六，里面有不少"沈薛调"的过门，我自己抄的这张谱子保留到现在，成了戏校同学的教材。李伯康老师也来上课，他教我们坐在台上的台风，手势，还有平仄声的重要性。蒋云仙老师来教我们唱《蝶恋花》。

八、拜师众生相

在戏校的一年学习结束了，团里决定让我们回团跟师学长篇了。但是愿意跟哪一位老师，志愿让我们自己填，然后根据我们的意愿团领导再考虑决定。我们不了解哪位老师适合自己，所以就暗暗地去找黄兆熊老师请教，听听他的建议。他郑重其事地对我说："你跟秦纪文老师最合适，他有书卷气，有才情，《孟丽君》这部书也蛮好的。"我听了他的话，就在志愿书上填了秦纪文做自己的先生。大家都填好了交到领导那里，团长看了傻眼了，大家都填了秦纪文做自己的先生。原来真相是我们大家都去问了黄老师，他都推荐了秦纪文，所以志愿书等于白填了。领导也只能根据我们的实际情况做决定了。

我们伸长头颈等领导的宣布，结果出来了，意想不到的是安排我和徐淑娟跟李伯康老师学《杨乃武与小白菜》。钱凤娟和张渭霖跟秦纪文学《孟丽君》，朱维德和陆梅莺跟凌文君学《描金凤》，陈兴国和林淑英跟黄兆熊学《落金扇》。尘埃落定，我们就等举行拜师仪式了。

好像是1961年的8月下旬吧，团里要举行拜师仪式了。全团老师都来了，家长们也来了，但是仪式迟迟没有开始，领导们进进出出，窃窃私语，好像出了什么情况，弄得我们心里忐忑不安，到底是怎么啦？原来是说好了钱凤娟、张渭霖跟秦纪文的，但是仪式开始之前，秦纪文突然反悔了，不知为了什么原因坚决不收了。这下子事情十分尴尬，这两个学生怎么安排？不见得今朝取消拜师仪式啊！就在此时钱雁秋老师挺身而出，愿意收下钱凤娟、张渭霖。事情总算摆平了，仪式开始了！

这个拜师仪式十分隆重。因为是夏天，我们小姑娘当然是穿了裙子，但是老人们说不可以，为了郑重起见我们特地回家换了长裤。我们两个开的头，先生坐在中间，地上放着红垫子，我们手里拿着大红信封，里面有我们的名字和团里拿出来的每人一百元拜师金。说是向先生鞠三个躬，可是家长在边上说，跪下去，跪下去！我们就跪下去叩了三个头，然后恭恭敬敬把信封呈上。拜师仪式就算成了！其他同学依样画葫芦都行了拜师礼。

九、跟师出码头（一）

我们跟先生的第一个码头是嘉定，那时候要坐长途车，班次间隔长，晚上末班车很早，再说我们还要做夜场，来不及回来，就是来得及我们也舍不得来回的车钱。

当时我们先生刚和王月仙拼双档，需要排生书，所以是两档越做。还有一档是秦香莲说《孟丽君》，他们每档说一个小时。书场的台两边有两个房间，一间比较正气，一张大床，一个八仙桌，像个房间。理所当然是我们先生睡的。还有一间是紧靠炉子间，像火炉一样热，里面是两只小床面对面，中间最多两尺距离，没有任何家具。一张床是王月仙睡，一张床是我和淑娟挤在一起，阳历九月上半月天气还是很热的，我们就这样扛着。秦香莲就住在街上的小旅馆里。

我们先生不苟言笑，性格内向，非常严肃，我们看到他心生胆怯，小心翼翼。吃好饭自觉地收拾桌子，洗碗。先生要上台了马上帮先生拿长衫，竹衫（夏天穿在长衫里面隔汗的），下台后马上给先生脱长衫，挂好。然后坐在边上听先生给王月仙排书，先生说，王月仙用本子记下来。有时候听王月仙小心翼翼地问先生："伯伯，我这档篇子唱'侯调'好吗？"先生面无表情地说"俞调"。王月仙二话没有点点头顺从。我们看在眼里心里对先生更加敬畏。幸亏秦香莲和王月仙两位老师对我们很关心，让我们放松了不少。

开始说书了，生意很好，场子里座无虚席，我们没有地方坐了，书场职工给我们拿了两只骨牌凳，坐在书场角落里，津津有味地听书。头档是秦香莲说《孟丽君》，她嗓音清脆，说表清楚，唱得也好，我们听得很开心。第二回是先生上了，我们听先生的书心里的感觉很复杂，对杨乃武的书一点也不熟悉。一上来觉得先生的声音不响亮，但是声声句句听得清清楚楚，唱起来音调很高，但是听上去一点也不吃力，书很陌生，但是很好听。

散场了我们赶紧给先生倒好了洗脸水，挂好长衫，想让先生好好休息，回身要去自己的房间。先生把我们叫住了说：你们把今朝听的书说给我听听。我们两个呆住了，听了书还要还给先生？一时无从说起。先生没有批评我们，对我们说：你们是要说书的，听书不单单是好玩，从明天开始，听了书一定要记住，能说出多少就多少。我们使劲点了一下头，以后听书要认真听，好好记，因为要把书说出来的。

十、跟师出码头（二）

自从跟先生出码头，尝到了出码头的艰辛。虽然先生是大名家，但是码头上的书场条件还是比较差的。真的是只要有一只可以安身的床就可以了。当时场方对先生的待情（对演员的生活照顾）比较好，书场安排有专人买菜烧菜，生意好了还给你们添菜。我们跟师的时候正好"三年自然灾害"开始，副食品供应紧张，也没有什么好东西吃，但是哪怕是素菜也是新鲜的。乡下有鱼有虾都是鲜活的，基本上天天都有。

第二个书场是吴淞，书场很大，但是屋顶是草盖的，而且没有话筒。书场里生意好，听客都坐满了，我们就坐在最后的门口。心里担心这样的闹，先生的喉咙搭得够吗？不料先生开口后没有几句话，书场里静下来了，先生的声音，声声句句传到我们的耳朵里，煞清！

说到第五天，先生突患重感冒，嗓子哑得一点声音也没有，大家急死了，这么多听客怎么办啊？想不到先生做了一个惊人的决定，书要连下去说，他不能上台就叫王月仙带我们两个人三个档上，代几天书。我们听了心里既开心又担心。担心上了台要出洋相，开心的是先生对我们的信任。所以赶紧排书，背书。第一场演下来听众反应不错，说两个小姑娘蛮讨人喜欢的。先生在房间里听后，先是鼓励我们，接着指出缺点，这几场演出，让我们对上台演出更是充满渴望了。

十一、跟师出码头（三）

第三个码头是杭州（当时一档生意是一个月），去杭州是我们盼望已久的。

杭州大华书场，我们进场了。两间房一大一小，老规矩先生住大间，我们和王月仙住小间，照样生意兴隆，照样认真听书，照样起早练功，只是心里多了一个小小的愿望，就是什么时候可以到西湖边上走走，看看西湖是个什么样子的。可是我们没有时间，再说也不认识。脑子里还在担心临出来的时候钱雁秋老师布置的作业（他是团里分管学员的），要我们到码头上写一篇作文寄回去交给他，我们不知道写点啥。书场一散我们马上把自己听书时记住的书说给先生听，我们的脑子一面听一面记，真的给我们记住了不少。

一天早上，我们起来后照例拿了琵琶三弦到书场里去练唱。先生叫住我们，说今天不要唱了，我带你们出去玩。我们简直不相信自己的耳朵，兴高采烈地跟先生出去，先到奎元馆吃片儿川面。当时自然灾害时期，食品匮乏，店堂里有一个职工站在长凳上，说现在自然灾害，我们的面浇头用的都是素的食材，但是烹调工序一点没有偷工减料，保证面的质量。果然，面送上来味道鲜美，十分可口，齿颊留香。接着先生带我们去了灵隐寺。作文题有了，"灵隐之行"，我描述了灵隐寺的壮观，神圣，和我内心的感受，写好了寄回上海，这是我又一个收获！下一个码头是南翔，先生要求我们把书一回一回排出来，看来跟先生的时间不会很长了。

十二、跟师出码头（四）

南翔是全国有名的卫生城镇，果然街上是一尘不染，看着十分舒服。已经是冬天了，年近岁底，寒风刺骨。那时出码头都要自己带行李铺盖，所以我们每人一个圆形的行李袋，被子和衣服什么东西都塞在里面，所以体积相当大。肩上还要背一个乐器，小小年纪有点不堪重负。到了书场我和淑娟睡一个被窝，这样可以盖两条被子暖和一点。

南翔有两个书场，另一个书场是蔡小娟带一个十六岁的小姑娘女双档，据说生意也很好。第一天散了日场，她们就过来拜客了。（这是我们的行规，同码头演出的先生不管是否认识，都要互相拜客的。不像现在要么鸡犬之声相闻，老死不相往来，要么聚在一起打麻将喝酒，没有艺术气氛）小娟与我同年，已经带了下手独当一面，我很是羡慕。因此我所有的时间都花在背书记书排书上，先生把唱篇给我们抄了，我们不懂的地方就问先生。

一天淑娟的妈妈意外地来看我们了，淑娟兴奋我也兴奋，好像自己妈妈来了一样。先生同意我们到外面去吃饭。我们开心啊，终于有了一个撒娇的机会。她妈妈带我们两个去吃面，她居然十分奢侈地叫了三碗鳝丝面。哇！要八毛钱一碗（当初阳春面是八分一碗啊），自然灾害的时候能够吃一碗鳝丝面，这是什么待遇啊！面送上来香气扑鼻，我拿起筷子正要吃，不料身边有一个乞丐，在我的面碗里吐了一口口水，这碗面还吃得下去啊？我真要哭出来了！那个乞丐洋洋得意地把面吃得精光。她妈妈哭笑不得，只好叫服务员拿个碗来，把两碗面分成三碗，但吃起来已经没有滋味了！当时这碗面的情形，到现在还是耿耿于怀，不怪乞丐，要怪"自然灾害"啊！

十三、小荷尖尖角

半年时间过去了，团里要检阅一下我们跟师学长篇的成绩。要在西藏书场演一个早场，让我们选一回书。我们问了先生该说哪一回书，他说你们就说一回《密室》吧。我想既然是一场非常重要的演出，一定要选一回比较讨巧的书。要扬优藏拙，发挥我们优秀的一面。我动了一下脑子，把两个当差去带杨乃武、小白菜的两段书接在一起，就成了一回噱书。

那一天终于到了，我们要正式演出了。那天是我们送客（最后一档），前面是陈兴国的"蒋调"开篇《拳打镇关西》，模仿得惟妙惟肖，效果很好。后面是钱蕴华、张渭霖《西厢》一折，朱维德、陆梅莺《描金凤》一折，最后一回是我们《杨乃武与小白菜》一折，演下来效果很好，笑声不断，我们觉得成功了！

演出结束以后，领导表扬我们，说我们学得不错。想不到先生却给了我们批评。他严肃地指出，你们这次演出效果不错，反响也很好，我很高兴，说明你们努力了！但是你们选这回书我不赞成，也怪我事先没有听一下。你们只重视轻松，没有想到把真本事表现给听众看，说明你们偷懒了。我们点头表示接受先生的教育。正当我们摩拳擦掌准备好好说长篇的时候，团里接到了到北京演出的任务，而且是全团成行。

十四、评校轶事多

我们大概 1962 年 2 月与长征团全体人员到了苏州,我们进了苏州评弹学校,当时评校在黄鹂坊桥天官坊。团里的人全部住进了乐乡饭店,苏州最高档的饭店了。钱雁秋老师叫我到他那里去,说有事叫我做,原来进京演出,每人有一份材料,要叫我帮他抄写。当时钱雁秋老师在团里是负责创作的,他对我的创作意向很关注,他是有意在培养我。

评校里分甲班乙班,其实就是大小班,评话也分甲乙两班。我们分在甲班里,有江苏省团的,苏州团的,同学还蛮多的。江苏团的有:徐兵、严志雄(庞志雄)、刘天真、汤敏、邹正玉、张咏霖、蔡正基、袁小琴、袁寅琴、郭莲芬……苏州团的有:金丽声、毕璐年、曹瑞珍、杨羊……评话班里还有周天来、王维平、周苏生、华菊瓶(华觉平)等,人才济济,非常热闹!学校里每星期有老师示范演出,在评校的学习,使我们如鱼得水,吸收了平时学不到的养料,我们拼命地学和记,用行话来说就是我们吸足了"奶水",为我们打下了扎实的基础。

十五、无奈《落金扇》

结束了评校的生活,告别了同学们,回到了自己的团里。

长征团这次北上收获颇丰,得到了陈云老首长和其他中央首长的接见和招待,再就是自然灾害时期北上演出伙食得到改善,受到特殊招待也是老师们感到颇为风光的事情。接着就是大华书场老师们的汇报演出,盛况空前!我们听到了先生与王再香的《拾凤》,使我们眼前一亮!先生把这回书的剧本给了我们,我们一边排,先生一边辅导我们,这回书就是我们以后出去巡回演出的保留剧目。先生开始在大华书场说长篇了,我们也把精力用到排长篇中去,准备演出。

可是往往事与愿违,情况发生了变化,王月仙怀孕了,要生孩子了,先生没有了下手,领导决定让淑娟与先生拼档去说《杨乃武与小白菜》。黄兆熊老师也没有下手,让我去做他的下手说《落金扇》,这个决定让我们懵了!完全不是我们想象的那样。

领导上已经决定了的事,我们是小学员,哪怕有一百廿四个不情愿也只好服从,没有还价的余地。何况黄兆熊老师还是我们的启蒙老师,我也不好意思说不愿意。黄老师倒是很高兴,因为他比较喜欢我,再说老是单档也不是个事,接不到大场子,有了下手安排就比较方便了。于是我就和淑娟分开各自上台说书了。

记得第一个书场是"江湾五角场",那时也是出码头了。陈兴国已经不跟黄兆熊,去跟程洪奎说《大红袍》了,林淑英还是跟着黄老师,我也有了个伴儿。我们的排书相当简单,黄老师不要我把书记下来，就记在脑子里，篇子可以记一下。有时候晚上他要回家去，我就也回家，我们的排书就在3路电车上，他与我讲一遍。虽然仓促，但我记性很好，马上背出来，台上能够说出来。书场里可以看电影，场方小金夫妇对我们很好，就像妹妹一样，后来我们离开以后还有联系，通电话或到上海来看我们。

第二个书场是上海雅庐书场。这让黄老师比较重视，因为书场比较大，他单档不大能进的。所以把书重新排了，说前段《落金扇》了。第三个书场是杭州铁路书场，那里是吃食堂的，我们很乐意，因为我们平时一个月只有十元八毛，说长篇是十五元一个月再加两毛钱一天补贴。不料黄老师出花样了，今天叫我们吃片儿川，明天叫我们吃虾爆鳝，后天叫我们吃肴肉面……起先我们以为是老师请客，想不到是劈硬柴（AA制），我们怎么经得起啊，没几天就囊中空空了，只得叫家里寄钱，后来经我们要求终于吃食堂了。

我虽然说着《落金扇》，心里总是不着落，只怕先生不要我了。想不到先生终于想出把我调回去的理由了。他向领导提出来，说他的《杨乃武与小白菜》前段书要记下来，要把我调回去记书，同时还要叫我与淑娟把双档书排出来，不要荒废了。这样我结束了《落金扇》，又回到了《杨乃武与小白菜》。

十六、先生的苦心

我终于回到了先生的身边，当时先生已经和淑娟拼档说书了。记得我们去的码头是崇德。到了那里我觉得自己的任务不轻，首先是要听书，把离开先生这段时间的进度补上。上午起来以后帮先生记书，把前段《杨乃武与小白菜》一回一回记下来。这个过程对我来讲收获实在是太大了，首先我知道了前段《杨乃武与小白菜》是怎么一回事儿，在记的过程中有不懂的就问先生，先生就耐心地给我解释，不识的字先生就写给我看。而且先生在给我讲述的时候声情并茂，让我学到了先生的艺术真髓，这记书的过程对我来说实在是"太补了"。下午先生他们说书我在下面听书，把有点远离的思路很快接上去了。日场结束了，我就在台子上放一个三弦，开始说书给先生听，有说有唱不能偷懒。

水到渠成，我和淑娟要正式说长篇了。第一个码头就是杭州铁道书场。这一次是今非昔比了，我和淑娟是原双档，说的又是先生原版的书，心里非常高兴。我和淑娟说日场，先生和淑娟说夜场。我们俩认真地排书，书也排得蛮熟了，先生比我们还紧张，他还是不放心。夜场结束后一定要我们把书说一遍，有不对的地方马上纠正，哪怕说到半夜一点钟，一定要他满意了才收兵。白天我们上台，先生原本可以休息了，但他就坐在后台听书，比自己说书还辛苦。

下面一个码头是南京。当时南京有两个书场，一个是和平书场，一个是百花书场。我们跟先生先到和平书场，钱雁秋、杜剑华带了钱蕴华和张渭霖先到百花书场，半个月以后两档交换！照样是先生夜场，我们日场，一根弦绷得很紧。附近有家照相馆，听说书场里有两个小姑娘说书，就叫我们去拍照，放在橱窗里，我们就去拍了几张也算艺术照吧，两个人梳着长辫子的照片保留至今，也算是个纪念了。南京给我们的印象是好像在马路上看见有散养的猪，食堂伙食极差，偶尔到熟食店买两毛钱"素肠"是用荷叶包的，觉得很好吃！

接下来到嘉兴南苑书场，那里的书场与宿舍不在一起，我们心里窃喜，这样我们说书先生就听不见了，所以有点放松，结果有天台上出了点小事故，差点笑场。

十七、常熟去巡演

领导决定让我们这批学员成立青年队，到常熟几个小码头巡回演出，让我们集中在一起去锻炼一下。青年队由黄兆熊老师带队。当时我们有点意外，长篇说得好好的，怎么一下子停下来，不要生疏了吗？我们先生也有点不乐意，一是怕影响了长篇演出，二是他不大赞同黄老师对我们的教育方法。但是领导已经决定了的事也只能服从！

第一个书场是兴隆桥，书场简陋得不能再简陋了，场子是扁担形，书台很小，台下是长短不一的板凳，而且没有话筒。书场虽小生意倒不错。记得我们当时就说先生传给我们的《拾凤》，还有《杨乃武与小白菜》中的《船访》《密室》，我开篇就唱《剑阁闻铃》（是王月仙的版本），淑娟当然是"俞调"开篇。其他同学也是折子和开篇，演出的气氛很热闹。离我们很近的九亭也有一家小书场，是庞志英和朱良兴在演出。

我们换场子要坐船，正值自然灾害期间，到常熟去我们称之为"加油"！因为那里的小菜好，油水足，荤菜多，还有鸡吃，可以去加点油水，有的书场还让我们自己点菜。

十八、传统一刀切

我们这一届八个同学都努力地说着长篇。先生各自不同，教育态度和方法也不同。我们先生李伯康是一位传统式的老师，愿意倾囊传授的老先生。钱雁秋老师年纪比较轻，教育方式也比较新颖，通俗易懂，他的学生得益匪浅。凌文君老师基本不教，让你们自己学。所以他的学生就特别自觉地听书，模仿，背书，所以进步也不慢。黄兆熊老师是一位老学究式的老师，比较迂腐，学生见他敬而不畏，对他有点过时的说和唱不想全盘接受，所以学起来有点难。团领导非常重视我们，像西藏、大华、仙乐等大场子都让我们去演出，所以我们就大大地露脸了，在听众中有了一点小小的影响。

正在我们春风得意的时候，想不到政治气候正在发生不小的变化。当时上海市市长柯庆施对文艺界做了转折性的指示：大写十三年（1949年后的十三年），大演十三年，传统剧目一律停下。1964年开始一律上演现代题材的书目。这对我们团乃至整个文艺界就是一颗重磅炸弹！说了几十年的书要丢掉，去说一部自己完全不熟悉的书，还要自己创作，自己演出，而且是限时限刻拿出来。大家最近的路就是找一本小说书，基本上照书宣读，再加几档篇子，牛牵马绷也勉强演出了。于是秦纪文的《苦菜花》，钱雁秋的《红岩》，凌文君的《平原枪声》，祝逸伯的《铁道游击队》，陆耀良的《林海雪原》……反正是林林总总，看上去书台上又是一片繁华的景象了。但是传统书一刀切掉了，不论好坏就是不能说了。

我们当然也不能说《杨乃武与小白菜》了，我们就看着先生，他有新书了我们就马上学，可是先生上了点年纪，一时还不能马上弄出书来。于是领导上决定我们先去跟浦剑峰、浦曼莉学说《红色的种子》，这部书是苏州一个创作组写出来的。我们听了这部书发现存在不少毛病，而且他们父女俩的表演也很一般，心里很不满意。但是箭在弦上不得不发，团里已经给我们安排了场子。我们就向领导提出，上海团张鉴庭、张维桢也在说《红色的种子》，能否让我们去学习一下。领导同意了，让我们开了介绍信去听他们的书。这一下可忙了，下午我们在顺园说头档，下了台马上赶到东方书场听"浦双档"的书，到了晚上再赶到静园听"张双档"，然后次日上午我们再把双方书的优点合并起来，整理一下，下午我们自己就到台上去说了。就这样我们把一部《红色的种子》说下来了，一边学书，一边学创作，要加篇子或者内容就自己动手，在实践中渐渐学会创作。

十九、跨上一层楼

说现代书体现出年轻人的优势。我们打过传统的基本功，但是不很牢固，对新生事物接受比较快。再说我们的普通话略胜老演员，起现代脚色就略胜老演员了，我们的进步就体现出来了。我们说的《红色的种子》就成熟得比较快。记得有一次和沈小梅老师越做朱家角，他说的是《新儿女英雄传》，我们做头档，他第二档。为了尊重老师和学习老师的艺术，我们下了台马上坐在书场里听书。可是一听之下大跌眼镜！完全没有了说《济公》时的风采，他说的书我们竟然听不懂，不要说听众了。难为老先生了！他在台上把民兵队长形容得毫无纪律，总之什么都反了！加上他因为书比较生，所以苏州话中全是扬州口音，听得我们不敢听了，因为受他的影响，我们嘴里的字眼也跟他走了。但是沈老师在生活里相当有趣，到食堂吃饭他总是吃粥，自己带一个大碗。回到房间里总拿个小算盘滴滴嘟嘟地算账，不知道他在算什么账。剪书那天他买了一些河虾带回去，我们问他带回去给谁吃啊？他很滑稽地说"小爷"（他儿子的意思），因为沈老师有两位太太（历史遗留问题），所以经济负担比较重，每天要算账。

我们与黄兆熊老师也合作过，在南翔书场，就是我们当初跟先生去的那家书场。黄老师是单档，说的是《香飘四季》。到书场以后黄老师就关照我们做第二档，他做头档。我们觉得不好意思，他说就这样决定了。我们觉得老师对我们真好，那是他在培养我们。开书了，我们在后面偷偷听他说第一回书，想不到他一回书就是说了一位区长跟别人下棋，一回书的棋下得下面的听众都睡着了。等我们上去说书，听众才苏醒过来。

我们先生有点苦恼，要创作一部新书没有这样快，加上没有下手，所以有点尴尬。钱雁秋老师非常慷慨地把自己的《红岩》剧本给了我先生，于是我们就和先生拼三个档演出。先生毕竟有点年纪了，背书不是很快，加上几十年的《杨乃武与小白菜》说下来，这深深的烙印对说新书有阻力，但是他非常努力。团里出了不少现代的中篇短篇，大部分是钱雁秋老师创作的。领导突发奇想让我们年轻人排一批现代中短篇，发挥青年优势安排我们去巡回演出。

二十、第二次巡演

随着学员们艺术上的提高，领导上又要安排我们青年队巡回演出了。这一次的规模要比上一次去常熟时大得多了。由团领导之一浦剑峰老师带队，去演出的码头也大得多了，从杭州开始，长安，嘉兴，嘉善，接着到太仓地区，码头多，时间长。我们带去的剧目有中篇，专场，短篇，折子，形式蛮多，花样不少。我们认真地排练，做准备。中篇《战斗在魔窟中》（红岩片段），专场《红色熔炉》（和平丝绸复制厂先进事迹）是主打节目。还有短篇《礼拜天》、《补苗》（李双双片段）、《成刚脱险》……总之都是属于团里的比较优秀的节目。

我们青年队这个时候已经多了一个成员凌建国（凌子君），当时我们的演出服也很特别，是我们自己设计的，男女生是清一色的卡其学生装，女生是淡灰的，男生的学生装灰色略为深一点。另外还有的确良面料的长袖短袖的衬衫，女生是鲜艳的粉红，血牙红，苹果绿，湖绿。男生就是白色的了，面料新颖，挺括，很漂亮的。

1964年5月份，我们青年队出发了，第一个码头就是杭州大华书场，场方宣传工作做得很好，第一炮打得不错。为了纪念这次演出，特地把浦剑峰老师请到照相馆里照了一个合影，一直保留至今。第二个码头是长安。下面一个码头是嘉兴南苑书场，青年队进场，海报一贴，人头攒动，出票率很高，人气蛮旺。我们团长顾昆山也亲自赶到嘉兴给我们壮胆。我们这位团长为人和气,深度近视(几乎看不清人的面孔)。下一个码头是嘉善,照样是生意兴隆。书场是个草棚,虽然很大但是吸音,说书很吃力。为了满足听众的要求加了个早场,有四回书。

我们在浙江一站一站走下来到了江苏地界了,记得到了无锡以后,又转移到无锡乡下一个码头叫"安镇"。天气相当热了,身上已经生出了痱子。因为是个小镇,来了上海的一群小先生十分新鲜,场方认为书场太小了,一定坐不下,特地安排在大礼堂。我们的住宿是大家想不到的,不是什么旅店,不是什么宿舍,而是在大礼堂台上的两边,拉两根绳子,挂好一顶一顶帐子,地上铺好席子,两个人合睡一顶帐子,男女生各一边。老师实在看不过去,让女生住进了小旅馆。离开安镇进入太仓地区,沙溪、双凤等地,因为天气实在太热,我们女生一致决定,把长辫子剪成了短辫子,终于到了最后一个码头太仓,完成了这次巡回演出的任务。

二十一、洋山当兵去

根据《在延安文艺座谈会上的讲话》的精神,文艺工作者要到工农兵中间去体验生活,熟悉他们,学习他们,才能演好工农兵。黄浦区文化局组织了一支文化工作队到部队去体验生活。参加的有海燕滑稽剧团、长征评弹团、上海杂技团等,主力军是青年演员,也有几位主要演员。像海燕滑稽剧团的团长田丽丽也参加了。听说到部队去是要经过政审的,我们团就去了程丽秋、钱忠亮(我们团的编剧)、张文倩、张渭霖、钱蕴华、林淑英、陈兴国和我。

部队驻地是在大洋山和小洋山,要坐机帆船才能到达。到部队已经是下午了,为我们安排好营房,都是石头垒起来的,一排一排整整齐齐,每一间都一模一样的。我们被分配到了连队里,穿上了军装。开班会与战士们一起,但是训练是与他们分开的,我们是跟不上他们的。先是队列训练,男女分开训练,这是基本功。海水好看却不能吃的,淡水要靠机帆船送来,每人一天只有一杯淡水。洗衣服就是一口井,这么多人就用一口井,吊上来的水和泥浆一样。

在洋山的训练是正规的,战士带领,严格要求。在部队的一个多月对我们来说太宝贵了,因为它的内容实在是丰富,让我们改变了许多。我们文艺战士的任务就是要表现他们,歌颂他们,宣传他们。后面这段时间就是一边训练,一边创作,一边演出,很紧张也很激动。我们把学到的思想和精神变成作品,马上搬上舞台。我们还把节目送到隔壁的公社演出。

二十二、崇明一百天

我们从部队回来,汇报演出很热闹,在部队里创作的几个剧目后来成了经常演出的保留剧目。那时我们陆续已经积累了好多节目，可以说是内容丰富。我们青年队有一个相当好的传统，一是练功不断，互相伴奏，对方唱的内容也会记住，也能唱出来，所以一旦有什么情况马上可以替补，青年队成了团里一支生力军。

那时团里来了一位新的支部书记，叫黄寿松，年纪三十出头，是区文化局下面年轻有为的干部。到了我们团，任何事情身先士卒，任劳任怨。文化局要组织农村文化工作队，目的地又是崇明。工作队由海燕滑稽剧团、长征评弹团、上海魔术团、文化馆、图书馆，及各剧场，影剧院部分同志组成。参加的成员当然是以青年队为主，我和淑娟一档，张渭霖、钱蕴华一档，陈兴国、林淑英一档，还有程丽秋、蒋云仙、张丽萍等。其他剧团都有主要演员参加。这次活动有演出，有劳动。白天劳动，工间慰问演出，晚上是正式的演出。一个一个公社走下去。我们去的工作队分成两个队，走两个地方然后交换。一两天换一个地方，住的基本是仓库，地上铺稻草，放上我们的铺盖，这就是我们的"榻榻米"。天气比较冷，开出门来一片白茫茫，屋面上一层霜，口中都呼出热气了！我们评弹演出的节目是《社员都是向阳花》《毛泽东思想放光芒》等。为了通俗易懂，我学唱沪剧《芦苇疗养院》，我是向滑稽剧团一位青年学的，就在田间唱给农民们听，居然还说我唱得蛮好的！

崇明也有书场，文化工作队与我们接了几天生意，在陈桥有一家小的茶楼书场，安排我们评弹团的几个人去演出几天。过去的是程丽秋、徐淑娟、林淑英、陈兴国、张渭霖、钱蕴华、我。到了书场，场方已经给我们买好了菜，几棵青菜和一条咸带鱼。这对我们来说已经是很奢侈了，因为开荤了。就这一条咸带鱼和几棵青菜我们一直吃到离开书场。三天的演出我们就排了几回《夺印》，都是程丽秋和陈兴国排给我们的（他们说长篇《夺印》的）。有双档和三个档。我们积极性很高，背书也很努力。在工作队临近尾声的时候，要安排几个人去当地公社生产队帮助他们"小四清"。（又一个政治运动开始了，要在生产队查账，清经济）我与张丽萍一起安排在一个生产队里做工作队。我们两眼一抹黑，什么都不懂。只晓得一天到晚拿着账簿，查有没有白发票，有没有做假账，我们怎么弄得清爽？好在还有几个大学生也是工作队，他们总比我们懂。其实天地良心他们到底懂不懂只有天知道了。就是说一场荒唐的、要延续好多年的政治运动那时已经悄悄酝酿了。

二十三、第三次巡演（一）

崇明工作队结束了，吃了一百天大白菜的我们回到了团里。大家想不到在艰苦环境中锻炼的我们非但没有消瘦，一个个精神抖擞反而长胖了。工作队全体人员在人民公园以国际饭店做背景拍了张集体照。我们回到团里后马上投入了演出,青年队又聚在一起了!当时演出的短篇、中篇,积累得越来越多了。有我们团里自己创作的,有向兄弟团学习的。如苏州团的中篇《家庭问题》,上海团的《红梅曲》等,还有短篇《苏州三兄弟》《车厢一角》《探女》等,还有我们自己动手改编的《借牛》《补锅》……好像我们的家当越来越多了,经常穿梭于西藏、大华、仙乐、沧洲、东方……各个书场,有分有合,可以说生气勃勃。

1965年5月,领导决定青年演员第三次巡回演出,打出我们长征评弹团青年队的影响,领队是陆耀良老师。他也是团领导之一,负责业务的团委会成员。他的能力,威信,关系都非常强。我们认真做了准备,第一站还是杭州!

因为去年浦剑峰老师带我们去过,在杭州听众中留下了好的印象,场方领导也非常重视,宣传工作做得相当好。我们的演出场场客满,生意兴隆。特别要提起的是听众席里有一位气度不凡的老先生,他就是京剧艺术家盖叫天!他正襟危坐,腰板笔挺,目不斜视,从不迟到,听书就像练功夫一样,让我们对他肃然起敬!因为陆老师与盖老是好朋友,因此受到了他的邀请,请我们到他府上做客,我们真是受宠若惊!我们兴致勃勃,一批小字辈恭恭敬敬地进了盖老的大宅子!接着盖老又请我们到楼外楼用餐。我们第一次吃到了杭州的"西湖醋鱼""油淋鸡",那感受至今不忘。

二十四、第三次巡演(二)

杭州下来就是苏州。苏州书场的那几天我们演得轰轰烈烈,日夜场都有演出。记得周玉泉老师天天来听我们的书,听后指出我们演出中的不足之处。听众座谈会开得非常热烈,老听众充分肯定我们,也说很喜欢我们,同时提出了中肯的意见。在苏州团的团部,我们与他们团的青年演员进行了交流演出,我和淑娟参加了,好像钱蕴华、张渭霖也参加了,具体记不清楚了。他们团里是袁伟民女双档,还有一档是谁也不记得了,互相学习,互相交流。

苏州下来是无锡吟春书场。这是无锡最大的书场,除了楼下书场还有楼厅。我们对无锡没有苏州熟悉,陆耀良老师带我们四处走走。早上崇安寺吃早点,八分钱一碗素面,吃拌面还送一碗汤,上面还有芝麻,味道好得很,虽然是素的但是绝不输给荤的。

我们到常州的时候天气已经有点热了,但是我们一点也不怕。一个一个走的都是大码头,在台上演出特别有劲,好像我们有点分量了,青年队有点苗头了。那一天演出的是中篇《石师傅》,已经演得熟透熟透了,思想上有点放松。上台之前,陆老师对我们说,今天说得好点,常州团的演员都来听书的。我们知道陆老师要面子,那些演员都叫他阿叔的,因此要争足面子。

二十五、第三次巡演（三）

离开常州以后的码头就是评弹不常去和对评弹不甚熟悉和爱好的码头。我们的好奇心越来越浓厚。到了镇江，那是我们从来没有涉足过的地方。关键是晚上的演出，镇江是否能接受评弹？按理是能够的。因为镇江也有评弹团（吴迪君当初就是镇江评弹团的），但是语言上总有点障碍。所以陆老师安排第一场就是演唱会。开篇花色很多，演员悉数上场。独唱，对唱，小组唱，大合唱，可以说百花齐放。放票班的情况来看出票率很高，到开场前已经全部卖光，我们也放心了。开场前陆老师做了简短的动员，意思就是这一场一定要演好，打好头炮，集中思想，发挥出最好的水平。大家点头表示明白，化妆，换装。天气很热，没有空调（当时都没有空调），台上只有一台摇头电扇，那是唯一的降温设备，我们习以为常。

朱维德（左）、周亚君（右）演出照

晚上七点钟准时开场，台上在唱，台下在听，陆老师在台边把场，看来一切正常。突然台下发出一阵笑声，台上的演员声音发抖，好像也在笑，台上那个唱完的人笑着奔下舞台。陆老师面色阴沉，对将要上台的演员轻声嘱咐：上台要严肃，不要笑场！不料到了台上，外甥提灯笼——照舅（照旧），台下笑声依旧，台上还是笑黄了。每个节目都是如此，这种情况从来没有发生过，到底发生了什么情况啊？总要知道个究竟啊。陆老师终于忍不住要弄个明白。于是从侧幕边上对台下看去，台上陆梅莺正在唱"天上有个红太阳"，只见台下第四排中间坐着一个老人，手里拿着一把蒲扇，做出弹琵琶的样子，身体跟着台上的节奏扭动，当陆梅莺唱到"稻谷香"的时候，他跟着节奏扭动的样子非常滑稽，陆梅莺忍不住笑出来了，陆老师也笑出来了，原来笑的源头在这里！当我们唱到最后一只大合唱"越南必胜"的时候，他干脆站起来了，做的动作比我们还要幅度大！笑声从全场发出来。真是大千世界无奇不有，接着我们就要到扬州去了。

二十六、第三次巡演（四）

扬州出美女，这是我们大家都知道的。就在我们为找不到美女而失望的时候进了书场（也是临时书场），接待我们的书场女负责人让我们兴趣顿生！一位四十出头的扬州女人出现在面前，一头标志性的扬州式的头发，一口夸张的扬州话，每天由她为我们安排伙食，隔夜要给我们报菜单。我们的演出效果不好，主要是语言障碍，听众听不懂。唱还好一点，可以听听曲调。说书不行了，台下乱糟糟的，所以我们担心最后一只码头泰州就更困难了。果然不出所料，一到那里一看我们傻了！一个圆顶的场子，像个杂技场，破旧不堪，好像好久没有演出了。没有门面，看上去像煤球店。两块水泥墙上画了两个方块，上面写着"短篇大合唱，中篇折子书，开篇联唱会……"不伦不类，让人哭笑不得。他们根本不知道什么是评弹。

演出终于开始了，出现了一个奇怪的现象，卖票处总是在排队买票，场子里总是这点人。原来他们坐下来一点听不懂（当时不打字幕的），听得昏昏欲睡，坚持不了就出去了，外面的人又进来了，所以听众总是当中一块。听客东面进来西面出去像调龙灯一样。

我们领导的本意是让我们去探探路，是否可以扩展一点评弹阵地，实践下来语言这一关有点难过，所以扩展的希望不大，这次尝试基本上是失败了。

但是总的来说，这次巡回演出让我们开阔了眼界，打出了影响，提高了艺术实践经验，在互相竞争中提高。在夏日炎炎的酷暑中回到了上海，结束了这次巡回演出。

二十七、奉贤小分队

1965年11月，团里组织了两支小分队，分别到奉贤和松江去劳动和演出。我被安排在奉贤一队，领队是团里的支部书记黄寿松。还有一位就是来自剧场的娄光明，负责业务联系和把演员带领到演出的地点。演员有祝逸伯、张文倩、程丽秋、浦曼莉、徐淑娟、凌子君、陆梅莺和我。我们住的地方原来是一座小庙，隔壁有个灶头，可以烧饭，祝逸伯兼做火头军负责烧饭。我们这点人还要分两个组，白天劳动，晚上分别到娄光明联系好的两个地方去演出。

我们的伙食非常简单，基本上就是一个素菜一碗饭。晚上演出分两个队，因为人少节目多，所以每个人基本上都要上两回书，有时候演中篇还要上三次。有一次我们到一个大队演出，场地是一个打谷场，几只柏油桶上面放几块板就算是一只台了，上面一只课桌两把凳子就算完事了。这一天我与浦曼莉两个人在这个台上说书，正是全神贯注的时候，觉得台下有点动静，椅子一个晃动，脚下的板活络了，这个台坍掉了，真是叫坍台了。台下的农民笑得东倒西歪。七手八脚把台搭好，我们继续演出也不抱怨，因为我们难得到农村来，应该为他们服务的。在奉贤演出的后期因为松江小分队人员不够，我和程丽秋支援他们去了。

二十八、四清工作队（一）

1966年初，我们正在演出中篇《电闪雷鸣》的时候接到了通知，我们团部分同志要集中学习，参加川沙东沟公社的四清工作，进入四清工作队。我们团参加的人员有：我和淑娟、钱蕴华、张渭霖、朱维德、陈兴国。还有陆耀良、蒋云仙、周剑萍。海燕滑稽剧团、上海淮剧团、上海杂技团、黄浦区文化局，还有大学老师和有关专业人士，一支非常庞大的四清工作队成立了。动员报告以后简单地布置了任务，做了分工。每个生产队分两到三个工作队员。因为已经有二军大的解放军在那里了，我们去了以后配合他们工作。

当时我们二十岁刚出头，长期从事评弹演出，一下子成了四清干部，还要负责一个生产队的四清工作，说实话我们是一头雾水，心里一点底也没有。从来没有做过干部，要离开本行，去与那些生产队干部接触，查清他们的账目，与他们谈话（准确一点说就是训话），我们能行吗？一点把握也没有。但是我们当时的头脑单纯，要求上进，不行也要行！我们就这样在对四清工作毫不了解的情况下，进驻了东沟公社！

我和周剑萍分配到朱家弄生产队，那里已经有一个二军大解放军在那里了，年纪很轻，好像叫王庆元，是云南人。还有滑稽剧团的商福生。为了工作便利，我们都隐瞒了来自文艺界的身份。淑娟和蒋云仙分在隔壁的生产队，总之我们自己人都分开了，心里空空的没着落。首先把我们每个人分配到贫下中农家里，住在他们家里，吃在他们家里，与他们同吃同住同劳动，以便开展我们工作。当时的伙食费是三角五分一天，交给房主人。这个任务农民们非常愿意接受，因为每天有三角五分进账（他们平时是拿不到现金的，都是记工分，到年底分红只能拿到微细的现金，有的还要倒欠队里钱，他们的生活极其艰苦的）。周剑萍分到一个贫农家，男主人在上海做工人，每个月有工资拿，所以生活条件略微好一点，每个星期还可以开一次荤，这是老周最最开心的事情。我因为是个小姑娘，队里比较照顾我，把我分配到一个中农的家里，主人是个寡妇，有个女儿在上海读大学。她为了招待我，特地去买了一条咸带鱼，只给我吃她自己不碰的。我怎么好意思呢，所以节约着吃，一条咸带鱼吃了一个多月。其他就是她自己腌制的胡萝卜干，特别好吃。她们家里房子比较宽敞，安排我一个人住一间，比较自由。所以后来我们文化局局长下来蹲点要想把这里当办公室，但是被人家拒绝了。

接着就要开始工作了。我负责朱家弄青年工作，发动他们揭发队里的会计队长可有贪污行为。我这个人有点怕难为情，工作能力也不强，心里紧张得要命。怎么办呢？自己关照自己不要怕，都是青年呀，与他们交朋友就是了。第一次开会，坐得一屋子都是人，我心里忐忑不安极不流利地把要讲的内容表达完，然后如释重负地请他们谈谈。想不到虽是农村青年，倒是非常活跃，发言热烈，笑声不断，我总算松了一口气。从此与他们成了好朋友，他们加夜班轧稻，我也不休息与他们一起轧稻。工间还与他们一起唱歌。他们教我骑自行车，带我去看下猪仔，我给他们剪头发，缝衣服……他们也知道了我的弱点，在批斗干部贪污、查假账的时候他们冲在前面，比我激烈，强硬！其实大家心里都疑惑，这些干部真的有问题吗？这场运动到底是为了什么呢？但这是任务，我们就硬着头皮干下去吧！

二十九、四清工作队（二）

在东沟当四清工作队有四五个月，实在是难为了我们。我们从心里弄不明白为什么要到这里来搞四清。在生产队里我接触最多的就是两个生产队长和一个会计。她们三个都是女的，是我们的革命对象。但是我怎么也看不出她们有贪污和反动的倾向。

一个正队长叫孙扣珍。虽然她是苏北人，但是上代人已经搬到了川沙，她就是个地道的本地人了。四十岁不到，说话干脆，泼辣，实事求是。她是负责计划生育工作的，宣传起来生动形象，而且以身作则。她对我们说从小是苦出身，1949年以后才翻身当家做了主人，热爱党，热爱社会主义，很早就入了党，她没有理由反党，也没有机会贪污……我听她说得入情入理，我们为什么要搞她呢？

还有一位队长，年纪已经近六十了，头发花白，但是身体硬朗，声音洪亮，大家叫她老队长。她是管理生产的。晚上工作队找她谈话到半夜，明天一早照样吹哨子，一家一家叫大家出工劳动。我心里很感动，这样好的干部为什么要整她呢？

还有一位会计，是个漂亮的少妇，一点不像农村人，有文化，很文静，性格内向。她的丈夫是部队里的军官，因为她是军属，所以对她还是比较客气的。但是还要叫她交代贪污问题。这种没有证据的怀疑令人难以接受，所以丈夫就把她接到部队里去了。于是我们的工作就是在毫无进展的情况下进行。

但是总要搞出点名堂啊，纵深不行就横向发展，查查队里有没有可疑对象。于是疑云四起，草木皆兵！这家好像有特务嫌疑，那家好像漏划地主……到了晚上夜深人静就四面去听听是否有发报的声音。再到外面去调查可疑对象的档案材料。我这个外行也分配去做外调，我又不懂，到了那里（好像是外滩的一座大楼里面）用介绍信调到了材料，抄了其中一段，把材料还给人家就回来了。到了队里他们问我材料上怎么没有盖章？我是一脸茫然，他们说没有单位盖章，这个材料就没有用的！我这才知道自己什么都不懂啊！

几个月中只听见某某队的会计自杀了，某某队的队长失踪了……心中存着一个又一个想不通的问题，我们到底扮演了什么脚色啊？我唯一可以做到的就是融入贫下中农，做他们的贴心朋友，也算是文艺工作者的本分吧。于是我就离开了先前住的那个中农家庭，搬进了一个贫农老太太的家里。他们家条件艰苦，房间小得两张床面对面，中间只有一尺来宽的距离。老太太很喜欢我，嘴里老是叫我"猴子"（本地话就是"儿子"），把我当自己人，我很开心。和女青年就像自己的姐妹。一个女青年生得蛮好看的，她暗恋一位大队长，比他大六岁，简直对他入迷了。她与我商量怎么办？我鼓励她勇敢地向他去表白，看看对方的态度如何。她鼓足勇气做到了，向人家表示了自己的想法，结果人家友好地告诉她自己已经有了对象，马上要结婚了。这样她就死了心，最后成功地与另外一个男青年结婚了。老队长要娶孙媳妇了，也要找我商量，叫我把把关。我自己还是个孩子呢，哪能弄得清啊，但是人家是把我当自己人了呀！

终于我们的文化局局长来了，召集我们开会，要我们把几个月来的深入生活总结一下，创作出新的节目，要开始演出了！我们开心得很，解放啦！可以做回自己，干我们的老本行了！

三十、四清工作队（三）

我们的文化局局长叫流泽。当时我们考黄浦区戏曲学校的时候他就是主考官之一。喜欢京剧，会拉京胡。是个老革命，经历了不少战争。记得他对我们讲过，现在我们最喜欢吃的蟹，是他最痛恨的。当初他们部队到达了沿海地区，一度断粮，没有东西吃，只能就地取材。结果战士们就在海边抓了很多蟹，炊事员煮一下当饭吃，没有什么作料，也没有主食，越吃越饿，真是恨死这些蟹了。我们听的时候觉得好笑，因为无法体会当时的艰苦。

流局长到了东沟，他看中了我先前住的那个寡妇家，一是住房宽敞，二是还有一部电话，办公比较方便。但是与主人商量下来遭到了拒绝，原因是她是个寡妇不方便。说得在理也只好放弃了这个打算，就在四清大队办公室与大家一起办公了。

流局长的到来，给我们带来了生气。首先把队员的安排做了调动，一部分调到了高行，一部分留在东沟。后来才知道，留在东沟的是要用来创作演出的。所以我们就顺理成章地留下来创作演出了。这样一来我们这批四清工作队员的身份就大揭秘了！原来是一批文艺工作者，农民们互相转告，心情激动，好像他们沾了什么光一样。

局长就像家里的大人，总想把自己孩子的特长和成绩显示给别人看。他经常蹲点在我们队，有时就住在我们队里。这里的住处有里外两间，周剑萍总是对局长特别亲热和唯唯诺诺。有趣的是他老是跟在局长后面，局长到里间他跟到里间，局长到外间他跟到外间，跟得局长吃不消了，就对他说："老周啊，你是不是可以不要跟牢我，你说的话我听得见的！"我们大笑他也不生气。

一次,局长突然问我:"小周啊,如果叫你唱《蝶恋花》,你能唱吗?"我知道他又要想献宝了,让我在队里的群众面前露露脸,他也有面子。所以只好说可以啊!他马上说那你就唱给他们听听!我说好啊,我马上就唱起来了(其实就是哼哼),人家还没有喝彩,他先带头叫好拍手。我心里暗好笑,他这是癞痢头儿子自己好!周剑萍创作了一回短篇,与我合作演出。今天拿剧本,明天就上台演出了。他听了非常开心,说"人家说你小周胖了,我就不懂了,背书要动脑子的,怎么不瘦的呢?说明脑子好啊,用得不吃力!"我听了当然有点得意。

就在我们基本上已经亮出演员本色,脱离了工作队员身份的时候,我们的四清工作也到了尾声。就在那个时候,我完成了自己的心愿——加入了共青团。我们回到了上海,回到了团里。我们团里已经进驻了工作队,一场长达十年的"文化大革命"正在展开,我们这批人会干点什么呢?

三十一、《欧阳海之歌》(一)

这时团里政治运动的味道已经很浓了,上面派来了工作组,领头的叫王毓敏,是一个戴眼镜的很干练的干部。首先他表示欢迎我们胜利归来,希望我们成为骨干。我们顿时有一种被信任和被重用的感觉,很快进入了工作状态。我和陆梅莺被安排进了材料组。几天后就在下面新华书场的场子里(已经搬掉了椅子,成了会议大厅)开了一个青年会议,我和陆梅莺光荣地戴上了团徽,真正成了一名共青团员,心里非常激动。当时的演出还在正常进行,我陪着工作组的同志到书场去听书,还给他们介绍评弹的特点形式,他们听得津津有味。

这个时候有一本新书出版了——《欧阳海之歌》。我们青年队人手一本,大家看得非常投入,没有几天都看完了。一种创作的冲动在我们青年队中蔓延,我们在没有任何领导参与的情况下,聚在一起,探讨,交流,设想。我们要用自己的力量创作一部作品出来,用评弹的形式塑造一个欧阳海搬上舞台。我们把青年队的意愿向团领导和工作组表达了,想不到得到了他们的支持。我们决定人人动手,把自己觉得最最感动的,最想写的,不管用什么形式写出来,第一步是拿出东西来。当时我们的平均年龄是二十一岁,大部分人没有搞过创作,但是积极性很高。我们利用业余时间写,不到一个星期初稿出来了。

三十二、《欧阳海之歌》(二)

青年队每一个成员都拿出了自己的所谓作品。大家聚在一起,把自己写的东西认真读了一遍。虽然十分粗糙，但是把一条主线理出来了。那就是我们的作品里有三个人物一定不能少，一个就是主角欧阳海，一个就是调皮捣蛋又十分可爱的小战士魏武跃，再一个是大个子战士，在技术上不输给欧阳海的对手。主线就是贯串欧阳海的成长的故事。

讨论下来决定把所有的稿子聚在一起，交给三个写作能力强的人：我、朱维德、凌子君。我们又看了一遍小说，再看了大家写的稿子，仔细商量，一个基本思路定下来了。在我的记忆中有这样几段：参军，第一线，母亲忆苦思甜，小战士魏武跃救火，大个子和欧阳海比武，最后欧阳海牺牲。我们脑子清晰了，成熟了。马上动笔开工，时间很短。我好像是写了参军，第一线，忆苦思甜，魏武跃救火，还有最后欧阳海把马匹推出铁道自己牺牲。写出来以后大家讨论再修改。

有了剧本以后就要研究怎么样演出新意，朝气，要有部队的气息。在形式上要革新，不能用老套子来演。我们就一个一个节目讨论，第一个"参军"，要有气势。我们就用群口词的形式，在"我是一个兵"的歌声中"一二一"踏上舞台，然后面朝听众，我们八个人就是一列火车的车厢，演绎了一群新参军战士的面面观，生气勃勃，把听众带进了部队。第二回是"第一线"，一回双档小书，反映了欧阳海不安心后勤工作要求上第一线，唱腔上有所革新。第三回是个故事，讲的是战士之间的友谊感人至深，我们用女双档来表演，就有了新鲜感。第四回是欧阳海妈妈讲家史，不能用简单的一档片子来解决，不能平平淡淡，先不唱，用念白，然后乐器伴奏，就像李奶奶诉家史一样，讲完了再唱，非常感人。第五回是"打锤"大比武，就用评话的形式。第六回小个子魏武跃救火，双档书。开头时部队来的一封表扬信，不用唱也不用读，而是在幕后用话筒传出来，新颖别致。最后一个重头戏表演唱。由一个人表演欧阳海，边上一支小乐队伴唱加说白。欧阳海表演时充分利用了三弦当道具，做了不少动作，如张思德挑担等动作，乐队把欧阳海想到的英雄人物的语言朗诵出来，还加了口技马嘶等，加强了气势。现在还记得有这样几句："在冲上去的四秒钟里也许想起了……"反复出现几次后接着唱："在冲上去的四秒钟里也许一切都未曾想，因为谆谆教导刻在心，关键时刻不必重新温。"中间有串联词，我们不用单调的报幕形式，有快板，有开篇，有表演，幕间也不枯燥。

三十三、《欧阳海之歌》（三）

从我们认定创作《欧阳海之歌》到写出剧本来时间很短，一个月左右吧。然后就是分脚色，作曲，排练。欧阳海这个脚色是个年轻的解放军战士，应该用普通话来演绎。定下来欧阳海这个脚色由我和张渭霖担任，演欧阳海妈妈的是徐淑娟，魏武跃是林淑英，大个子是凌子君，其他脚色大家各司其职。当时我在材料组工作，明确不参加演出了，我们青年队与团领导和工作组再三协商，终于同意在不影响工作的前提下让我参加排练演出，陆梅莺就不参加演出了。

　　接着就是排练了。为了最后一个大合唱的曲调有过一点争执。原因很简单，就是想把曲调写得更好。按理作曲总是朱维德承担，这是他的特长。根据他的水平，为了更精彩一点所以过门比较复杂，我们一时难以胜任，再说时间比较紧张，几只琵琶怎么也弹不整齐。所以我和钱蕴华自说自话把过门简化了一点，这样弹出来倒是整齐了。可是朱老兄不高兴了，因为不尊重他的创作。最终为了考虑排练的效果，还是采纳了我们的意见，把过门理顺了，再谱上曲，可以集中排练了。

　　当时已经是盛夏季节，这一年的夏天实在是热，每天总是三十八摄氏度以上。因为团里上午下午都有正常工作，开会学习安排得很紧，我们都要参加不能缺席的。我们排练只能用业余时间。每天上午七点钟到团里报到，没有一个人会迟到。然后拿着乐器到顶楼搭出来的棚里排练，最后一个表演唱，我们严格要求自己，不好就重来，一遍又一遍。亏得团里来了一位新干部俞玉萍，他是杭州越剧团调过来的，演员出身。他当了我们的义务导演。他在旁边指挥，眼睛往什么方向看，手往哪里指，感情如何表达，欧阳海的动作怎么做……我们得益匪浅，表演水平提高了一个层次。我们每天汗流浃背，衣服湿透了，没有一个人叫苦，下班了我们再要排练几遍。

三十四、《欧阳海之歌》（四）

　　团里为了支持我们演出，想方设法为我们创造条件。首先解决服装问题。起先是做了一批衬衫，女的是天蓝色的，男的是灰色的。但是实践下来不满意，没有军人气息，所以决定穿军装。团里为我们到戏剧用品商店定制了军装、军帽、军皮带、军跑鞋、帽徽、领章，万事俱备，只欠东风，就等待演出了。

　　团部的业务是张新根负责的，他是一个老业务，工作认真负责。他与我们青年队感情特别好，因为他是看着我们进团，看着我们长大，好像自己的孩子一样。而且我们所到的书场口碑特别好，他听了脸上飞金。我们进团后都叫他"老爷叔"，我们这一叫不要紧，团里老老小小都叫他"老爷叔"，"老爷叔"就是他的代号，自己的名字倒是没有了。这次为了我们的演出，他也费尽了心思，在他的努力之下，联系到了西藏书场，国庆节开始演出。

　　想不到老爷叔给我们带来这样的信息，上海团吴宗锡团长通知西藏书场，一号到三号三天必须让给上海团演出，而且没有商量余地。消息传来我们愤愤不平，上海团欺负人啊，吴宗锡也太霸道了！老爷叔只好接了天山一个小书场，让我们先演三天，四号再进西藏书场。我们心里憋足了气，我们干脆住在书场不回家，认真排练。八个人房间里睡不下，我们就睡在书场里，把桌子拼起来，就睡在上面。在天山书场的三天对我们很有好处，我们进行了练兵，实践下来知道哪里有效果，哪里有不足，我们马上做了修改。

1966年10月4日，我们的《欧阳海之歌》专场登上了西藏书场的舞台。我们是一群名不见经传的青年，没有什么轰动效应。但是口碑会传出去，引来了好奇的听客，新的演员、新的形式、新的内容吸引了一批又一批的听客，而且是青年听客。书场天天客满，买票要排队了，可以说在上海引起了不小的轰动。电视台来找我们了，在电视还不普及的时候，我们登上了"七重天"（电视台），第一次在直播现场看到了自己的形象，充满了新鲜感！我们隐隐感觉到也许我们真的成功了。

三十五、《欧阳海之歌》（五）

我们的《欧阳海之歌》在西藏书场的演出改变了听众对小青年的看法。他们从我们这批朝气蓬勃的小演员身上看到了评弹的未来。也让听众不再轻视区级剧团，只要热爱评弹，认真演绎评弹，不论什么团都能做出成绩来。记得有一次我到售票处去买票，看见在排队，我正要离开，有一个男青年叫住了我，他很腼腆地问了一声："你是周亚君吗？"我说是的，你来买票啊？他说："是的，我今天已经是第九趟听了。"我十分惊讶，我说有什么意见吗？他说："我们很喜欢听，里面的唱词我都记得住。"他就哼了几句"东方拂晓天将明……"我好感动啊！他说今天是与几个朋友来买票，陪他们再来听一遍。

当然其中的小插曲也有不少，我们六点半到书场报到，演出结束以后再讨论当场演出情况，存在什么问题。我们八个人拧成一股绳，演出非常顺利。我们演出的成功居然惊动了吴宗锡大团长。大概出于好奇，他带着上海团的青年来听书，有所触动。回到团里希望他团青年也要做出成绩来，所以后来他们也搞出了"越南专场"。我们在西藏书场的演出，破天荒持续了三个月。

当时团里程丽秋等一批比我们年纪大一点的青年也创作了一个反映32111钻井队事迹的专场，但是最后的大合唱怎么也不理想，有人说让青年队来帮忙吧。我们接受了，当我们完成这个大合唱以后，他们高兴得跳起来了，我们相拥而笑，看到了青年队在团里的位置。

三十六、"文化大革命"

正当我们一门心思要在艺术上攀登高峰的时候，一场史无前例的"无产阶级文化大革命"愈演愈烈。思想单纯的我们只有一个信念，党叫干啥就干啥。就在脑子里还是一片混沌的时候就风风火火投入了进去。

　　这一场"革命"整整十年，基本上脱离了演出，所有的时间都是开会，揪出"牛鬼蛇神"！"大字报"铺天盖地。好端端的群众分成了两大派，"造反派"和"保皇派"。双方打口水仗，美其名曰"革命大辩论"。大家手捧一本"红宝书"，一个个都变得伶牙俐齿，一边说"我们都是来自五湖四海，为了一个革命目标走到一起来了……"那边说"革命不是请客吃饭，不是做文章，不是绘画绣花……"总之谁也不错，但是脸红耳赤各不相让，从辩论到武斗，真刀真枪动起来了，一句话天下大乱了，是非不分，黑白颠倒。我们身在其中，就像不会游泳的人跌入了大海，浪头冲到哪里是哪里。

　　我们手臂上戴着红袖章，当上了红卫兵。我们青年队自己成立了造反队，取名"先驱造反队"以示学习鲁迅精神。团里的同志也学习我们青年队纷纷成立了造反队。一时间"风雷激""金箍棒"……什么造反队都是成天喊革命口号。

　　上北京大串联，坐火车不要钱，旅馆打到国务院。任何一个单位可以进去看"大字报"，任何一家毫不相关的人家可以冲进去抄家，搜查，批斗。这是当初的时尚，这就是"革命"行动！记得我们也到秦纪文家里去抄过家。说是去抄金银财宝，结果毫无收获，只有一个香烟罐头里有一点太子参，张文倩就大声呼叫："看见没有？人参！他竟然吃人参！"我们听了有点脸红！这种不可理喻、滑稽与悲惨天天在演绎。我公公朱瘦竹的家也遭到了红卫兵的洗劫，没什么金银财宝，就把所有的书籍手稿放在弄堂中付之一炬，可惜啊，一生的心血在火中化为灰烬！一个带队老师实在看不下去，在火中抢出了两本《辞海》，说这不是大毒草，这就是朱家幸存的财富！

　　在那个时代，有知识的就是有罪，有权力的就是"走资派"，"靠边站"！我们团也不例外，所有略有名气的演员都受到了冲击，秦纪文，凌文君，周剑萍，李伯康，黄静芬……就连一向老实的杜剑华也因为受她丈夫的牵连关进了"牛棚"（关"牛鬼蛇神"的房间）……那个年代人没有尊严，没有隐私，没有道理，没有亲情，没有朋友，什么都乱套了，哪有什么艺术可言，所以我们美好的青春就在这"十年浩劫"中一点一点无谓地葬送了。

整理者：周亚君、季珩